vitae
La Guida Vini 2024

Associazione Italiana Sommelier

Associazione Italiana Sommelier

Presidente Associazione Italiana Sommelier
Sandro Camilli

Referente Vitae 2024
Nicola Bonera

Redazione Centrale
Emanuele Lavizzari (responsabile), Gherardo Fabretti

Testi delle introduzioni regionali
Luciano Ferraro

Referenti regionali
Nicola Abbrescia, Giuseppe Baldassarre, Sebastiano Baldinu, Giulio Balsarin, Roberto Bellini, Orazio Di Maria, Pier Paolo Fiori, Fabio Gallo, Giovanni Geremia, Gian Luca Grimani, Tommaso Luongo, Vitaliano Marchi, Andrea Ostuni, Carlo Pagano, Bruno Paialunga, Luca Panunzio, Christoph Patauner, Angelo Petracci, Maria Rosaria Romano, Daniele Scapicchio, David Tombolato, Vladimiro Tulisso.

Hanno collaborato nelle redazioni regionali
Annito Abate, Francesco Albertini, Anna Albertosi, Marco Aldegheri, Danilo Amato, Vincenzo Ameruso, Paolo Amici, Silvia Andreini, Riccardo Antonelli, Francesco Antonini, Anna Chiara Baiocchi, Domenico Balducci, Maria Grazia Barbagallo, Anna Basile, Annalisa Barison, Christian Belardi, Fabio Berchiesi, Mario Bevione, Ilaria Blasioli, Sabrina Blasioli, Emiliano Bogani, Marco Bordon, Michele Busbani, Simona Cairo, Federica Calzolari, Riccardo Cannistraci, Michele Canonici, Serena Capuzzo, Marisa Carelli, Silvia Carloni, Luca Carmignani, Matteo Carosso, Mauro Carosso, Matteo Carpinelli, Michele Carta, Tania Cassani, Flavia Catalano, Bruno Cataletto, Fausto Catellani, Paolo Cavasin, Daniela Cavina, Cristina Cavina, Vito Sante Cecere, Vincenzo Celi, Irene Chiarugi, Carmela Chimento, Diego Ciarrocca, Teresa Ciccarone, Salvatore Circosta, Luca Civerchia, Simone Clerin, Federico Cocchetto, Valerio Conti Borbone, Christian Corinaldesi, Manuela Cornelii, Federico Cosentino, Elvis Costa, Danilo Cretarola, Anita Croci, Giacomo D'Ambruoso, Andrea Dani, Raffaello De Crescenzo, Roberto Delfi, Amalia Della Gatta, Franco De Luca, Mariagrazia De Luca, Giorgio Demuru, Roberto Dessanti, Diego De Vargas, Attilia De Vito, Agnese Di Noia, Emanuela Di Palma, Giovanna Di Pietro, Alessandro Di Venosa, Marco Dorandini, Gianluca Falcinelli, Tiziano Fantini, Francesco Fantò, Gianfranco Ferrarese, Mattia Ferrari, Alberto Ferron, Ivana Festinese, Valeria Fazio, Fabio Ferri, Maurizio Dante Filippi, Antonio Follo, Lorella Forti, Antonio Furesi, Antonio Fusco, Vincenzo Galati, Luca Gambucci, Gianluigi Garattoni, Altai Garin, Mauro Garolfi, Robertino Gasparrini, Oriana Gavelli, Adriana Ghersi, Luca Giaccaglia, Davide Gilioli, Luca Giordana, Tiziana Girasella, Maria Grazia Grande, Girolamo Grisafi, Anna Grossi, Silvia Gulisano, Pietro Iadicicco, Valentina Infusino, Stefano Isidori, Carla Laghi, Ernesto Lamatta, Giovanni Lampis, Cesare Lapadula, Claudio Latorre, Filippo Lazzerini, Elsa Leandri, Alberto Levi, Rossella Lupo, Michele Manca, Marco Mancini, Augusto Manfredi, Gianfranco Manfredi, Pietro Marchi, Paola Marcone, Daniele Marcucci, Alessandra Marras, Roberto Marro, Barbara Massai, Antonio Massaiu, Vito Matarrese, Emanuel Mattea, Luigi Mattioli, Giusy Mauro, Salvatore Mauro, Margherita Mazzantini, Attilia Medda, Maria Grazia Melegari, Franco Melis, Betty Mezzina, Fabrizio Miccoli, Mara Micolino, Alessandro Milesi, Gabriele Merlo, Federica Milazzo, Sara Missaglia, Alex Molinari, Andrea Morelli, Franco Morena, Stefano Morgagni, Marcello Morichi, Cristiano Morini, Mariafede Morrone, Angelica Mosetti, Biagio Motta, Paolo Novara, Maria Rita Olivas, Maurizio Orlandi, Barbara Paglialunga, Andrea Palomba, Gianpaolo Palumbo, Teresa Palumbo, Michela Pantini, Alessandro Pareschi, Giovanni Rosario Parisi, Mariangela Pasceri, Sara Passerini, Daniela Perria, Barbara Pettinati, Aniel Piazza, Marco Pirrotta, Antonio Poidomani, Fabio Poli, Gabriele Pollio, Marco Pondrelli, Andrea Possidente, Vincenzo Possidente, Arcangelo Prologo, Stefano Quagliere, Alessandro Ranieri, Ilaria Ranucci, Marica Rendina, Alessandra Riccitelli, Claudio Rinaldi, Margherita Romano, Tania Rossi, Chiara Russo, Giovanni Sabaini, Cristina Sacchetti, Davide Sacchi, Roberta Salati, Eros Sanelli, Maria Sarnataro, André Senoner, Simona Sestili, Giovanni Solaroli, Daniele Sordoni, Debora Spinelli, Marica Spuria, Matteo Tagliabracci, Valentina Tagliente, Luisa Margherita Teatini, Antonella Teodori, Adriana Terreri, Francesco Tombesi, Alice Torcellini, Guido Tosini, Nevio Toti, Eugenio Tropeano, Walter Tullio, Marisa Uras, Fabio Valentini, Giuseppe Vallone, Simone Vanoli, Fabio Vezzani, Paolo Xausa, Renzo Zorzi.

Editore
Associazione Italiana Sommelier
Via Ronchi, 9 - 20134 Milano
Tel. +39 02 2846237
www.aisitalia.it

Progetto grafico
Davide Garofalo - Concettilaterali - Milano
Simone Pellicelli Design - Poviglio (RE)

Impaginazione
Simone Pellicelli

Mappe
Marco Zeni - Inez Design - Verona

Software e consulenza informatica
Sinergy Studio - Firenze

Stampa
Grafica Veneta S.p.A. - GV Group - Trebaseleghe (PD)

L'analisi organolettica dei vini di tutte le nostre recensioni è stata effettuata con il metodo e la scuola dell'Associazione Italiana Sommelier

Introduzione

Alzi la mano chi, almeno una volta nella vita, non si è soffermato a contemplare con incanto la vista di un vigneto. I tantissimi panorami del vino italiano, da nord a sud, suscitano il desiderio di scoperta di luoghi, dell'anima ancor prima che geografici. Già individuato come motivo portante delle attività e degli eventi istituzionali di quest'anno, il paesaggio è anche il tema dell'edizione 2024 di Vitae, un'edizione importante, poiché segna i primi dieci anni della nostra fortunata pubblicazione. Il nostro è un invito al viaggio, fisico e sentimentale, nei tanti luoghi d'Italia dove un filare diventa sinonimo di bellezza e umanità, cui noi desideriamo contribuire con i futuri appuntamenti di Esperienze di Vitae, il ciclo di presentazioni locali della nostra Guida, declinati anche in ottica interregionale, per offrirvi esperienze di degustazione ancor più estese e ambiziose. Per illustrare al meglio il messaggio, le ventidue copertine a introduzione delle regioni sono state realizzate con un tocco retrò, dal sottile richiamo futurista: cartoline dai tratti essenziali, quasi astratti; immagini da un mondo possibile, che ciascuno può interpretare secondo la propria sensibilità, così come farebbe davanti alla veduta di un filare. E invitando, quella vista, all'incontro con i custodi di tanta bellezza, il paesaggio diventa anche impulso per la scoperta del sostrato produttivo del luogo che rappresenta: le cantine, dunque, qui recensite in più di 1.300 pagine, attraverso quasi 15.000 vini (tra versione cartacea e App, selezionati tra oltre 25.000 etichette sottoposte a giudizio) valutati rigorosamente alla cieca dai nostri bravi degustatori. Un prezioso strumento di lavoro e di piacere, ogni anno più ricco di novità, grazie al quale anche voi, come loro, potete contribuire a valorizzare il tessuto, economico e umano, del nostro Paese, in quanto orgogliosi ambasciatori della più grande e accreditata organizzazione di comunicatori del vino esistente al mondo. Buona lettura allora, e buona Vitae.

Presidente Nazionale
Sandro Camilli

La Guida

E sono dieci. È un compleanno importante per Vitae, alla sua decima edizione. Certe ricorrenze vanno festeggiate e le modalità cambiano in rapporto alle persone e ai contesti, alternando emozioni e sensazioni.
A dieci anni un bambino affronta l'ultimo anno della scuola primaria, comincia ad avere un vissuto tale da permettersi di raccontarlo e, magari, vantarsene con i compagni. Allo stesso istante è sufficientemente fanciullo per andare incontro con timore al suo futuro scolastico, la scuola secondaria, fatta di molti più adulti e alunni più grandi. Dieci anni è ancora, fortunatamente, l'età dove un viaggio in automobile, vissuto dai sedili posteriori, ti fa scoprire il mondo dal finestrino e ti fa sussultare per ogni cambio di paesaggio o di colori, ti fa emozionare per un prato verde o per un cielo blu, o per il rosso, l'arancione o il rosa di un bel tramonto.
Noi di Vitae – sì, siamo in tanti a voler condividere questo nome – vogliamo immaginarci come questi bambini e godere delle emozioni che scaturiscono da un paesaggio abbellito dalla vigna, culturalmente arricchito da chi si dedica alla coltivazione dell'uva e alla produzione del vino. Vogliamo credere di essere su quel sedile posteriore e poter vagare con lo sguardo, viaggiare con la mente e farci trascinare nelle storie che solo certi paesaggi possono custodire, elaborate nel tempo da chi quei luoghi li ha vissuti, arricchite da chi ha viaggiato e portato un contributo.
Vitae vuole essere sempre più un viaggio nel paesaggio del vino e dello star bene, sentendosi accolti, nelle nostre belle terre, godendo dei pensieri che ispirano un assaggio, raccontandoci di come un calice ci proietti in luoghi che non conosciamo ma che sentiamo intimamente vicini, di come un vino sia capace di attraversare il tempo e lo spazio e ci trascini in questo peregrinare.
Viviamo questo decennale con grande emozione, da un lato per la gioia del raggiungimento di un traguardo significativo, frutto di un grande lavoro di squadra, per il quale vanno ringraziati con affetto e stima tutti coloro che negli anni hanno contribuito, dai presidenti nazionali a quelli regionali, dai referenti territoriali fino a coloro che hanno prestato i propri sensi per valutare i vini o il proprio operato, tramite la mescita, fino a chi ha spostato cartoni e preparato al meglio le bottiglie, per essere correttamente approcciate.
D'altro canto quando si taglia un traguardo si festeggia per un breve tempo e si cominciano a gettare le basi per la successiva corsa, tappa o appuntamento. Noi vogliamo fare lo stesso e, per tornare al pensiero del bambino di dieci anni, vogliamo prepararci fin da ora al passaggio alla scuola secondaria, con alcune novità che vogliono esaltare le sfumature dell'essere e del saper fare dei luoghi del vino.
Green è un nuovo simbolo, identificato da una fogliolina, che non vuole sposare certe filosofie produttive o specifici protocolli agronomici o enologici, non cerca di parteggiare per una parrocchia o per un'altra, l'Associazione Italiana Sommelier non deve e non vuole; questo riconoscimento pone l'accento sull'etica produttiva rapportata ai bisogni del pianeta.
Virtus Loci, con l'icona della torre stilizzata, vuole enfatizzare ancor più quanto un areale dove c'è vigna e dove si produce vino sia centro di culture, patrimonio tangibile di tradizioni, scrigno di storie da raccontare, compendio di arte e paesaggio, luogo bello da vedere e da pensare.
Passepartout, riprodotto visivamente con una chiave, vuole suggellare il ruolo che il vino svolge a tavola, come fidato servitore del cibo, non in un ruolo di passivo mutismo, ma come attore coprotagonista su di un palcoscenico che in tanti vorrebbero calpestare, ma che da tempo immemore gli vede riservato un posto di diritto. Questo riconoscimento premia Il vino e le sue capacità di interagire trasversalmente con la gastronomia.
Ci auguriamo che il viaggio di Vitae 2024 inizi per tutti con i migliori auspici, per proseguire colmo di emozioni per molti anni ancora, ricordandoci che siamo fortunati, poiché chi può raccontare di aver vissuto dieci Vitae?

Nicola Bonera

La Consultazione

La trattazione regionale di Vitae si compone essenzialmente di due parti: la prima riguarda l'introduzione che contestualizza storia e geografia dei territori, ogni anno differente poiché curata da un noto giornalista del settore vinicolo; la seconda è la guida vera e propria, con le schede aziendali.

Le introduzioni dell'edizione 2024 sono state curate da Luciano Ferraro e hanno lo scopo di rappresentare i paesaggi delle regioni italiane. Sono realizzate sulla scorta delle esperienze di viaggio dell'autore e di noti personaggi del mondo della cultura italiana che, intervistati allo scopo, hanno riportato le proprie impressioni su come sia cambiato il paesaggio che conoscono fin da bambini, per via del turismo, dell'industria o anche grazie alla viticoltura, spesso in grado di abbellire o salvaguardare un luogo.

Le citazioni dei luoghi del vino, dei vitigni e delle denominazioni di origine sono utilizzate allo scopo di raccontare il loro ruolo all'interno di quello specifico paesaggio. Nelle intenzioni dell'autore non c'è la volontà di illustrare in maniera sistematica l'evoluzione della produzione vitivinicola in un dato territorio, né tantomeno la pretesa di una trattazione esaustiva.
Ciò premesso, i testi hanno l'ambizione di enfatizzare, quando possibile, l'impronta definita ma rispettosa che la produzione vinicola può imprimere sul territorio.

Oltre al testo sono presenti una o più mappe delle denominazioni regionali e una sezione denominata "gli highlights".
Le mappe sono realizzate sulla base degli aggiornamenti che hanno interessato i vari disciplinari di produzione al momento della pubblicazione.
Gli highlights comprendono la ripartizione degli ettari vitati in funzione dell'utilizzo delle uve, per vini DOP, IGP o generici, le percentuali produttive riferite ai vini delle medesime tre tipologie, la suddivisione per colore e la quota percentuale dei vigneti delle province più vitate. Tali informazioni sono state stilate elaborando i dati ISTAT aggiornati a gennaio 2023.

Una descrizione introduttiva riporta per ogni azienda gli aspetti più significativi. I dati anagrafici e quelli legati ai dettagli tecnici della produzione sono stati forniti o confermati dall'azienda stessa.

Prima del nome dell'azienda produttrice compare l'indicazione di una fascia di punteggio, graficamente proposta come una serie di blasoni affiancati, colorati o vuoti in funzione della valutazione. Identifica il valore medio dell'azienda, elaborato sulla storicità della produzione, i riconoscimenti ottenuti, la costanza qualitativa espressa dai vini nel tempo. Questa classifica, aggiornata ogni anno, prende in considerazione l'arco temporale dalla prima edizione di Vitae a quella immediatamente precedente alla presente (per Vitae 2024 sono state considerate le edizioni dalla 2015 alla 2023); rappresenta, dunque, uno spaccato dell'esperienza accumulata e dei risultati acquisiti nelle varie edizioni della guida.

IL RANKING

azienda che nella media ha sempre proposto vini di ottimo profilo stilistico e organolettico o che muove i primi passi in Vitae, proponendo ottimi vini.

azienda che nella media ha sempre proposto vini di ottimo profilo stilistico e organolettico, saltuariamente meritevoli dell'eccellenza.

azienda di riferimento per il territorio, che nella media ha sempre proposto vini di pregio, presentando frequentemente eccellenze.

azienda storicamente e qualitativamente consolidata, che nella media ha presentato molto frequentemente uno o più vini eccellenti.

nel caso in cui il valore dell'azienda abbia subito spostamenti significativi, se confrontati al risultato dell'edizione precedente di Vitae, troverete blasoni colorati a metà, ad identificare un innalzamento o abbassamento dei valori medi ottenuti rispetto all'edizione 2023.

LE QUATTRO VITI

L'aspetto qualitativo dei campioni degustati è stato suddiviso in cinque fasce di valutazione, identificate graficamente da una vite stilizzata che, moltiplicata, compone idealmente un piccolo filare.

da 75 a 79 punti: vini di discreto profilo stilistico e organolettico

da 80 a 84 punti: vini di buon profilo stilistico e organolettico

da 85 a 87 punti: vini di ottimo profilo stilistico e organolettico

da 88 a 90 punti: vini dal profilo stilistico e organolettico di pregio

da 91 punti: vini di eccellente profilo stilistico e organolettico

Vino bianco | Vino rosato | Vino rosso

Ai vini che hanno ottenuto le Quattro Viti viene affiancato il punteggio medio ottenuto nei panel di degustazione, arrotondato al mezzo punto.

GLI ALTRI RICONOSCIMENTI

Il Tastevin. Con il logo dell'Associazione Italiana Sommelier sono stati premiati 22 vini con valutazione di eccellenza. Si tratta di vini che, a nostro avviso, hanno contribuito a imprimere una svolta produttiva al territorio di origine, che rappresentano modelli di riferimento di indiscusso valore nella rispettiva zona, o che hanno strappato all'oblio e riportato all'attenzione del settore vitigni dimenticati, senza alcuna sudditanza psicologica nei confronti del numero di bottiglie prodotte o dell'immagine del produttore.

La gemma identifica i vini Quattro Viti che per questa edizione hanno ottenuto le performance migliori, meritando i punteggi medi più elevati, è un estratto dei circa 100 migliori valori espressi nei panel di degustazione. Il valore è ottenuto considerando anche i decimi di punto.

Il cuore identifica i vini "Cupido", vini dall'intenso valore emozionale che in degustazione hanno suscitato amore al primo sorso.

La bilancia identifica i vini Valore/Prezzo, vini che esprimono un esemplare valore produttivo se rapportati al prezzo di vendita

Il progetto green pone l'attenzione su aziende che, oltre a distinguersi per un dichiarato profilo sostenibile, investono risorse su una iniziativa ben precisa degna di nota.

Virtus loci segnala luoghi o siti di valore storico, artistico o ambientale in cui risiede l'azienda vinicola, o che l'azienda stessa rappresenta o testimonia.

Il vino passepartout è una referenza preziosa per le carte dei vini dei professionisti della ristorazione, poiché si dimostra ampiamente versatile negli abbinamenti.

Per ciascun vino è stata indicata la denominazione di origine per esteso nel caso di vini Dop/Docg e Dop/Doc, mentre nel caso di vini Igp/Igt è stato indicato esclusivamente il nome con cui il prodotto è comunemente conosciuto. In questa fase di adeguamento normativo, le sigle sono quelle indicate dal produttore in etichetta, stante la possibilità di usare il sinonimo corrispondente.

I vitigni, con la relativa percentuale, sono indicati in ordine decrescente di composizione. Nel caso in cui il produttore abbia indicato solo i vitigni prevalenti, per la parte omessa è stata utilizzata la dicitura "altre varietà".

La gradazione alcolica è quella dichiarata dal produttore e riportata in etichetta.

Il prezzo è quello segnalato o suggerito dal produttore per la vendita al pubblico. Questo dato deve essere considerato come una media tra differenti tipologie di esercizi e diverse aree geografiche.

Il numero di bottiglie e la loro capacità nominale, nel caso di formati differenti dalla bottiglia standard, è quello dichiarato dall'azienda.

Nel caso di informazioni non dichiarate o non reperibili compare la sigla "N.d."

Per differenziare i nomi dei vini da quelli dei vitigni, nei testi descrittivi i primi sono stati riportati con l'iniziale maiuscola, gli altri con la lettera minuscola.

La descrizione organolettica è sempre riportata per il primo vino di ogni azienda e in tutti quei casi in cui sia stato raggiunto il traguardo delle Quattro Viti, fino a un massimo di 3 vini descritti. Non sempre è stato possibile presentare l'intera gamma di ciascun produttore, talvolta per limiti di spazio, in altri casi perché non ancora disponibili, in altri ancora perché poco rappresentativi per definire il profilo aziendale. Riteniamo tuttavia che i vini recensiti siano in grado di rappresentare adeguatamente la filosofia che anima ogni specifica realtà e costituiscano un utile stimolo di approfondimento.

Per tutti i vini presentati in Vitae 2024 sono proposti i principali metodi di elaborazione, ovvero fermentazioni e maturazioni, sono abbreviati con "Ferm." e "Mat.", seguiti dai contenitori utilizzati per quel processo produttivo e dai tempi indicati sulle schede tecniche fornite dai produttori. L'indicazione di differenti contenitori e diversi periodi di maturazione sottintende che una parte del vino sfrutta un materiale e una parte un altro, oppure che, in due momenti distinti, matura in entrambi i contenitori.

Per tutti i vini è stato suggerito l'abbinamento a una pietanza o una preparazione gastronomica, indicando piatti o ingredienti della tradizione italiana e delle cucine regionali, con qualche interferenza internazionale o rimandi a piatti fusion. In alcuni casi sono stati mantenuti i nomi dialettali.

Al termine di ogni scheda aziendale sono stati riportati i vini che nelle edizioni precedenti di Vitae hanno ottenuto i migliori risultati, dando precedenza ai vini che hanno ottenuto le Quattro Viti; sono indicati al massimo due vini per ogni produttore e fino a tre annate che hanno ricevuto la valutazione più alta per ogni etichetta proposta. Non sono presenti vini nel caso in cui le aziende facciano il loro esordio sulle pagine di Vitae.

Nell'ottica di valorizzazione del settore olivicolo messa in atto dall'Associazione Italiana Sommelier, anche attraverso la Giornata Nazionale della Cultura del Vino e dell'Olio, sono state segnalate le aziende che affiancano alla produzione vitivinicola quella di olio extravergine di oliva.

I PROTAGONISTI

I vini Tastevin

Le Gemme del 2024

VAL
LE D'AO
STA

I ghiacciai, gli alpeggi e l'incanto che cambia

Luciano Ferraro

I ghiacciai valdostani, che si riducono, si sciolgono, perdono forza e terreno, sono il più eclatante segno di come il clima stia modificando il paesaggio italiano. In un video girato la scorsa estate, lo scrittore Paolo Cognetti mostra un torrente impetuoso, con una forza degna di un autunno piovoso. Cognetti, Premio Strega 2017, è l'autore del best seller *Le otto montagne* (Einaudi), dal quale nel 2022 è stato tratto l'omonimo film diretto da Felix van Groeningen e Charlotte Vandermeersch, con Luca Marinelli e Alessandro Borghi. Quest'anno lo scrittore ha partecipato alla Carovana dei ghiacciai organizzata da Legambiente. E ha visto il ghiacciaio del cuore, quello di Verra, in Val d'Ayas, sotto il Monte Rosa. "Si sta sciogliendo tutto – dice sconsolato nel video – speriamo che non succeda mai, speriamo di lasciare ai nostri figli e ai nostri nipoti la montagna di neve, acqua e ghiaccio che abbiamo conosciuto".

Il paesaggio della Val d'Aosta sta cambiando, decennio dopo decennio. Cognetti frequenta la regione da quaranta anni. Il suo sguardo di narratore ha colto le due trasformazioni: "L'economia dell'alpeggio – ci spiega – è scomparsa, e il bosco si riprende i vecchi pascoli. Non è una montagna abbandonata. Ma il bosco, di anno in anno, conquista spazio. Basta guardare qualche vecchia cartolina per capirlo. Si vedono paesi circondati da campi, con segale e altri cereali: adesso è tutto bosco. Hai la sensazione di una montagna non più lavorata".

E così l'emorragia dei ghiacciai è solo uno dei sintomi dei mutamenti. "Sul Ghiacciaio del Miage, l'"himalayano' della Valle D'Aosta – ha rilevato la Carovana del 2022 – nell'ultimo decennio si registra una forte accelerazione di perdita di massa, 100 volte maggiore rispetto al cinquantennio precedente (dal 1957 al 2008). Si pensi che in quattordici anni sono spariti circa 100 miliardi di litri di acqua (almeno 100.000.000 di metri cubi di ghiaccio, pari a tre volte il volume dell'idroscalo di Milano). Stessa sofferenza per il Ghiacciaio di Pré de Bar che, a causa dell'aumento delle temperature, registra dal 1990 a oggi una contrazione sempre più rapida, perdendo mediamente 18 metri di superficie l'anno".

In un recente articolo sulla *Repubblica* Cognetti ha messo a disposizione di tutti l'esperienza accumulata in tanti anni di letture e di vita in montagna. A partire da un dato che stupisce: "Nel nostro Paese così urbanizzato l'habitat degli animali selvatici, ovvero il bosco, occupa 11 milioni di ettari, circa un terzo della superficie totale. È come dire che due terzi dell'Italia sono usati dall'uomo, e un terzo è a disposizione dei selvatici. Questa superficie è più che raddoppiata dalla metà del Novecento a oggi. Quella fu l'epoca in cui il bosco e i suoi abitanti raggiunsero il minimo storico: la legna si usava per scaldarsi, gli animali per sfamarsi, e la maggior parte dei mammiferi era praticamente estinta, sulle Alpi e sugli Appennini. Non è quello che leggiamo nelle favole, ma per il nonno di Heidi l'incontro con un cervo o un capriolo era un'esperienza rara se non inimmaginabile: nella prima metà del Novecento, gli esseri umani si erano mangiati tutto".

Paolo Cognetti: "L'economia dell'alpeggio è scomparsa e il bosco si riprende i vecchi pascoli".

Quella montagna usata per scaldarsi e per cibarsi è scomparsa. "Sono paradossi dell'età contemporanea – ci racconta Cognetti – ho costruito un rifugio e volevo usare il legno, nello stesso periodo dopo la tempesta Vaia. In Veneto è stata disastrosa, ma anche in Val d'Aosta c'erano alberi abbattuti. Pensavo di usare quel legno. Le cataste sono state vendute all'asta, ma era impossibile usarle perché non esiste in Italia la produzione di legname per edilizia. Quindi, ho costruito una casa in larice austriaco in Valle d'Aosta".

Mario Rigori Stern, lo scrittore de *Il sergente nella neve*, parlava sempre di bosco umano, coltivato. E i suoi erano ricordi precisi. "I ricordi – scriveva – sono come il vino che decanta dentro la bottiglia: rimangono limpidi e il torbido resta sul fondo. Non bisogna agitarla, la bottiglia". Ora il lato selvatico del bosco si fa più forte, un bene per la biodiversità, ma non sempre per gli umani. Nelle valli c'è la folla del turismo. Più in basso i capannoni.

In molti non si accorgono della Valle d'Aosta che cambia. "Ci sono turisti che non osservano il mondo che attraversano, partono con la loro auto da Milano, arrivano alla loro seconda casa in Valle d'Aosta e pensano che montagna sia tutta lì. Poi ci sono i residenti, così abituati al paesaggio che faticano a scorgerne la bellezza quotidiana". Cognetti (che ha aperto un centro a Estoul, in Val d'Ayas, accanto alla sua casa, per ospitare artisti, studiosi e operatori culturali che vogliono lavorare alle loro opere) fa parte di un piccolo movimento di ritorno alla montagna. "Composto da chi non ci è cresciuto qui ma che ha magari trascorso le vacanze e che guarda questo mondo con occhi nuovi. Vedono l'incanto dove gli abitanti non vedono. La ricchezza di questo sguardo è una risorsa, indica un futuro possibile. Ci sono persone che tornano alla montagna perché hanno un'idea di felicità diversa, e questo rappresenta un'energia preziosa". Talvolta si occupano anche di agricoltura e di vino.

Ecco la coppia, con bambini piccoli, che pensa a un ambiente lontano dalla metropoli per farli crescere. Ecco quelli che invece avevano a disposizione una casa di famiglia e hanno provato lo smart working continuando la propria professione da remoto. Ecco quelli che, come Cognetti, vivono un po' in città e un po' sulla montagna valdostana. Lui divide il suo anno in due, metà in Valle d'Aosta, metà a Milano.

"La scomodità viene ripagata dalla bellezza e dalla libertà che si respira in montagna".

Non è facile. Perché, racconta, stando in Valle d'Aosta ci si scontra con i servizi carenti in modo spaventoso. "Si impiega un'ora per arrivare al primo ospedale, i mezzi pubblici quasi non esistono, serve una automobile a testa per muoversi, i disservizi sono continui, un giorno non prende il telefono, un giorno finisce l'acqua. Ma la scomodità viene ripagata dalla bellezza e dalla libertà che si respira in montagna".

Highlights

450 ETTARI VITATI COMPLESSIVI
320 destinati a DOP,
130 destinati a vini generici.

18.764 HL DI PRODUZIONE TOTALE
85,08% di vino DOP,
14,92% di vini generici.

RIPARTIZIONE COLORE
Vini bianchi 38,31%
Vini rossi o rosati 61,69%

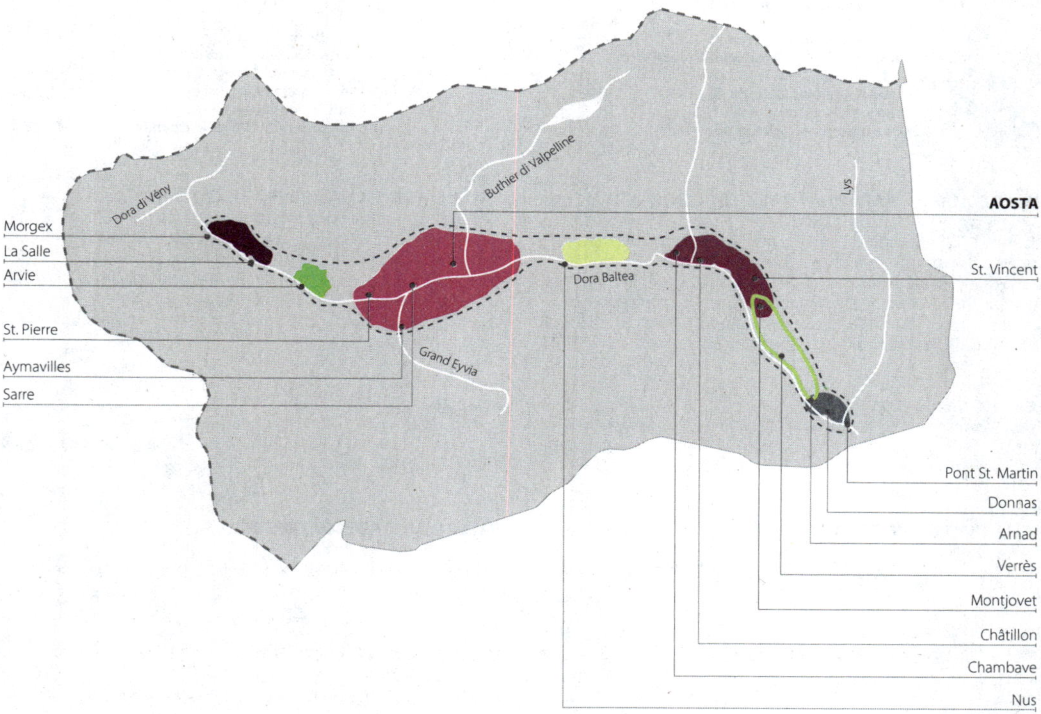

Legenda

- **Valle d'Aosta**
- Blanc de Morgex et de la Salle
- Enfer d'Arvier
- Torrette
- Nus
- Chambave
- Arnad-Montjovet
- Donnas

Maison Anselmet
(2001)

Dedizione, ricerca e grande tenacia sono il filo conduttore che caratterizza la cantina Anselmet, dove la continuità di una storia familiare vitivinicola crea di anno in anno vini fatti con passione. Tra le novità di quest'anno una nuova vigna, sempre nella zona di S. Pierre e Villeneuve, il cuore della viticoltura valdostana, da dedicare alla coltivazione di due vitigni: il fumin e la syrah. Un nuovo vino entra nella produzione degli Anselmet, un delicato rosé da merlot, dedicato da Giorgio ai suoi nipotini Mathieu e Aron; non poteva che chiamarsi "Les deux petits coeurs".

Frazione Vereytaz, 30 - 11018 Villeneuve (AO)
T. 0165 904851 | M. segreteria@maisonanselmet.it
www.maisonanselmet.it

Viticoltura: Convenzionale
Ettari: 10 | **Bottiglie:** 80.000 | **Produzione olearia:** No
Proprietà: Giorgio Anselmet
Cond. enologica: Giuseppe Caviola
Cond. agronomica: Bruna Cavagnet
Vendita diretta: Sì | **Visite in azienda:** Sì

VALLE D'AOSTA CHARDONNAY MAIN ET CŒUR 2021
Bianco Doc - Chardonnay 100%
Alc. 14% | € 75 | Bt. 2.000 | Ferm. Legno | Mat. Legno 18 mesi
Sontuoso manto giallo paglierino intarsiato da riflessi dorati. Ventaglio odoroso deciso e di classe con incipit fumé, intarsiato da sbuffi di grafite, camomilla, ananas e bergamotto; sfumano delicate note di burro. Il sorso è pieno e rotondo, dominato da una lunga scia sapida. Tortelli di branzino con salsa d'astice.

LE PRISONNIER 2021
Rosso - Petit rouge 40%, Cornalin 35%, Fumin 20%, Mayolet 5%
Alc. 15% | € 80 | Bt. 2.000 | Ferm. Acciaio | Mat. Legno 18 mesi
Guanciale di vitello in umido con patate.

VALLE D'AOSTA PETITE ARVINE 2021
Bianco Doc - Petite arvine 100%
Alc. 13,5% | € 33 | Bt. 2.200 | Ferm. Legno | Mat. Legno 8 mesi
Insalata di mare.

VALLE D'AOSTA CHAMBAVE MUSCAT 2022
Bianco Doc - Muscat petit grain 100%
Alc. 13,5% | € 18 | Bt. 6.000 | Ferm. Acciaio | Mat. Acciaio 7 mesi
Stracciatella di bufala.

VALLE D'AOSTA PINOT NOIR SEMEL PATER 2021
Rosso Doc - Pinot nero 100%
Alc. 14% | € 46 | Bt. 3.800 | Ferm. Legno e Acciaio | Mat. Legno 18 mesi
Terrina di coniglio.

VALLE D'AOSTA MERLOT LES DEUX PETITS COEURS 2022
Rosato Dop - Merlot 100%
Alc. 14% | € 15 | Bt. 4.000 | Ferm. Acciaio | Mat. Acciaio 6 mesi
Rotolo di tacchino alle mele ed erbe aromatiche.

LE PRISONNIER
S.A.

VALLE D'AOSTA CHARDONNAY ÉLEVÉ EN FÛT DE CHÊNE
2019

Edoardo Braga
(2014)

Edoardo è al passo coi tempi con nuove tecniche di vinificazione e cura del vigneto, in linea col cambiamento climatico, tra cui l'adozione della nuova tecnica di potatura soffice definita "Simonie e Sirch", che preserva lo stato di salute della vite, allungandone il ciclo di vita e la produttività. L'utilizzo di diverse tipologie di lieviti, in particolare per i bianchi e il rosé, conferiscono differenti complessità aromatiche e un bouquet olfattivo degno di nota, senza perdere di vista l'aspetto varietale del vitigno. Quest'anno esce la prima annata della Petite Arvine 2022.

Villaggio Vianoz, 27 - 11020 Quart (AO)
T. 340 7609371 | M. edoardo.braga@libero.it

Viticoltura: Lotta integrata
Ettari: 3 | **Bottiglie:** 20.000 | **Produzione olearia:** No
Proprietà: Edoardo Braga
Cond. enologica: Edoardo Braga
Cond. agronomica: Edoardo Braga
Vendita diretta: Sì | **Visite in azienda:** Sì

VALLE D'AOSTA CHAMBAVE MUSCAT 2022
Bianco Doc - Moscato bianco 100%
Alc. 14% | € 18 | Bt. 1.500 | Ferm. Acciaio | Mat. Acciaio 6 mesi
Veste paglierino dai ricami dorati, regala un profilo dai profumi di cedro e resina di pino, seguiti da frutta a polpa gialla e sottili cenni di pompelmo. Il palato è vibrante, freschezza e sapidità si legano in un equilibrato intreccio con un allungo coerente. Canapè di pasta sfoglia al formaggio.

ROSÉ 2022
Rosato - Petit rouge 80%, altre varietà 20%
Alc. 13,5% | € 18 | Bt. 1.500 | Ferm. Acciaio | Mat. Acciaio 6 mesi
Crostini con burro e salmone.

VALLE D'AOSTA PINOT GRIS 2022
Bianco Doc - Pinot grigio 100%
Alc. 14% | € 18 | Bt. 1.500 | Ferm. Acciaio | Mat. Acciaio 6 mesi
Riso venere con verdure e crostacei.

VALLE D'AOSTA CORNALIN 2021
Rosso Doc - Cornalin 100%
Alc. 14% | € 20 | Bt. 2.000 | Ferm. Acciaio | Mat. Legno 8 mesi
Arista di maiale con salsa di prugne.

VALLE D'AOSTA PETITE ARVINE 2022
Bianco Doc - Petite arvine 100%
Alc. 14% | € 20 | Bt. 600 | Ferm. Acciaio | Mat. Acciaio 6 mesi
Abbacchio al forno con verdure grigliate.

VALLE D'AOSTA CHAMBAVE MUSCAT
2021

VALLE D'AOSTA PINOT GRIS
2020 | 2021

Cave des Onze Communes
(1990)

Si respira fermento e voglia di rinnovamento in questa storica realtà valdostana. C'è il desiderio di affrancarsi dalla veste di semplice cooperativa di produttori per indossare quella di una cantina più attenta al mercato e alla qualità. La squadra, capitanata da André Gerbore, presenta quest'anno la nuova linea Coin Noble, realizzata appositamente per l'Horeca, con selezione delle uve più accorta e un packaging raffinato rivisto in chiave moderna. La linea Coin Noble si affianca alla linea Miniera e a quella classica per ampliare l'offerta accontentando una platea maggiore di consumatori.

Via Village Urbains, 14 - 11010 Aymavilles (AO)
T. 0165 902912 | M. info@caveonzecommunes.it
www.caveonzecommunes.it

Viticoltura: Convenzionale
Ettari: 63 | **Bottiglie:** 500.000 | **Produzione olearia:** No
Proprietà: Cooperativa di produttori
Cond. enologica: Davide Glarey
Cond. agronomica: Paolo Terzolo
Vendita diretta: Sì | **Visite in azienda:** Sì

VALLE D'AOSTA TORRETTE SUPERIEUR MINIERA 2021
Rosso Doc - Petit rouge 70%, Fumin 20%, Cornalin 10%
Alc. 14% | € 25 | Bt. 3.700 | Ferm. Acciaio | Mat. Granito del Monte Bianco 10 mesi
Lucentezze rosso cremisi. Si apre su piccoli frutti rossi maturi e agrumi, poi spezie e fiori in appassimento. La beva è fresca e strutturata; il tenore alcolico ben sostenuto da una sapidità tipicamente montana. I fiori e le spezie lasciano spazio a un finale fruttato e minerale. Braciola di cervo con salsa di ribes.

VALLE D'AOSTA FUMIN 2021
Rosso Doc - Fumin 100%
Alc. 13,5% | € 13 | Bt. 7.000 | Ferm. Acciaio | Mat. Acciaio 3 mesi e Legno 10 mesi
Brasato di lepre con riduzione di vino rosso.

VALLE D'AOSTA GEWÜRZTRAMINER COIN NOBLE 2022
Bianco Doc - Gewürztraminer 100%
Alc. 14% | € 24 | Bt. 6.800 | Ferm. Acciaio | Mat. Acciaio 6 mesi
Carpaccio di crostacei su mela verde.

VALLE D'AOSTA PETITE ARVINE MINIERA 2021
Bianco Doc - Petite arvine 100%
Alc. 14% | € 25 | Bt. 3.600 | Ferm. Acciaio | Mat. Acciaio 2 mesi e Granito del Monte Bianco 10 mesi
Polpette di pesce d'acqua dolce.

VALLE D'AOSTA PETITE ARVINE 2022
Bianco Doc - Petite arvine 100%
Alc. 14% | € 11 | Bt. 26.000 | Ferm. Acciaio | Mat. Acciaio 5 mesi
Tartare di scampi.

VALLE D'AOSTA PETITE ARVINE
2021

VALLE D'AOSTA MUSCAT PETIT GRAIN
2020

Cave Gargantua
(2013)

Laurent e André Cunéaz continuano il loro lavoro incentrato sulla produzione di vini espressione del territorio valdostano. Non mancano però, idee e novità: hanno acquisito vigneti per incrementare la produzione, allargato gli spazi della cantina e cominciato sperimentazioni con diversi materiali di maturazione come il cocciopesto. Non ultimo la coltivazione di vitigni come la petite arvine che da quest'anno troviamo in blend per un 40%, insieme allo chardonnay, nel loro Vallée d'Aoste Blanc Daphne che all'assaggio ci ha piacevolmente colpiti.

Frazione Clos Chatel, 1 - 11020 Gressan (AO)
T. 329 9271999 | M. cavegargantua@gmail.com
www.cavegargantua.com

Viticoltura: Convenzionale
Ettari: 6,5 | **Bottiglie:** 30.000 | **Produzione olearia:** No
Proprietà: Laurent Cunéaz
Cond. enologica: Laurent Cunéaz
Cond. agronomica: Laurent Cunéaz
Vendita diretta: Sì | **Visite in azienda:** Sì

VALLE D'AOSTA PINOT GRIS 2021
Bianco Doc - Pinot grigio 100%
Alc. 13,5% | € 20 | Bt. 1.800 | Ferm. Legno e Acciaio | Mat. Acciaio 7 mesi e Legno 7 mesi
Paglierino fulgido. Sensazioni agrumate s'intrecciano a indizi d'erbe di campo, maggiorana e menta. In un secondo momento emerge la pietra focaia. Fresco e sapido al palato, arricchito da tracce mentolate. Epilogo che s'allunga su aromi agrumati. Crema di zucca con gamberi croccanti.

VALLE D'AOSTA GAMARET 2021
Rosso Doc - Gamaret 100%
Alc. 14,5% | € 27 | Bt. 1.600 | Ferm. Legno | Mat. Legno 12 mesi
Capriolo ai porcini.

VALLE D'AOSTA BIANCO DAPHNE 2021
Bianco Doc - Chardonnay 60%, Petite arvine 40%
Alc. 13,5% | € 34 | Bt. 2.600 | Ferm. Legno | Mat. Legno 12 mesi
Foie gras in torchon.

VALLE D'AOSTA TORRETTE SUPÉRIEUR LABIÉ 2021
Rosso Doc - Petit rouge 90%, Fumin 5%, Vien de Nus 5%
Alc. 13,5% | € 22 | Bt. 2.500 | Ferm. Acciaio | Mat. Legno 12 mesi
Tagliere di salumi.

VALLE D'AOSTA ROSSO IMPASSE 2020
Rosso Doc - Merlot 50%, Petit rouge 30%, Fumin 20%
Alc. 14,5% | € 40 | Bt. 1.800 | Ferm. Legno | Mat. Legno 24 mesi
Filetto di cervo ai mirtilli.

VALLE D'AOSTA PINOT NOIR PIERRE 2020
Rosso Doc - Pinot nero 100%
Alc. 13% | € 40 | Bt. 1.100 | Ferm. Legno | Mat. Legno 24 mesi
Risotto ai porcini.

VALLE D'AOSTA GAMARET
2020

MON DADÀ
2020

Cave Mont Blanc de Morgex et La Salle
(1983)

La Cave Mont Blanc ha dichiarato guerra al cambiamento climatico! Per garantire una qualità sempre crescente dei propri vini in un'epoca di aumento delle temperature, la cooperativa con sede in Valdigne ha scelto di puntare senza esitazioni su una più completa zonazione del territorio vitato, ora in fase di realizzazione. Novità anche in cantina, con la sperimentazione di nuovi impianti per il controllo delle temperature e con l'arrivo di una nuova pressa a membrana, per ottenere il miglior mosto fiore da cui elaborare le proprie basi spumanti.

Chemin des Îles, 31 - La Ruine - 11017 Morgex (AO)
T. 0165 800331 | M. info@cavemontblanc.com
www.cavemontblanc.com

Viticoltura: Lotta integrata
Ettari: 18 | **Bottiglie:** 140.000 | **Produzione olearia:** No
Proprietà: Cooperativa di produttori
Cond. enologica: Nicola Del Negro
Cond. agronomica: Staff aziendale
Vendita diretta: Sì | **Visite in azienda:** Sì

VALLE D'AOSTA BLANC DE MORGEX ET DE LA SALLE VINI ESTREMI 2022
Bianco Doc - Prié blanc 100%
Alc. 11,5% | € 16 | Bt. 14.000 | Ferm. Acciaio | Mat. Acciaio 6 mesi
Striature verdoline a impreziosire il giallo paglierino. Profilo variegato, piacevoli tratti di panificazione, sbuffi di erba falciata, frutta matura dalla pera alla pesca bianca e al pompelmo rosa. Fresco e ricco il gusto con un finale sapido, lievemente agrumato che sfuma molto lentamente. Spaghetti con mazzancolle e pomodorini.

CUVÉE DES GUIDES
Bianco Metodo Classico - Prié blanc 100%
Alc. 12% | € 90 | Bt. 800 | Ferm. Legno e Acciaio | Mat. Acciaio 8 mesi e Legno 8 mesi | 36 mesi sui lieviti
Pizza fritta con provola e salsiccia.

VALLE D'AOSTA BLANC DE MORGEX ET DE LA SALLE EXTRA BRUT GLACIER 2019
Bianco Doc Metodo Classico - Prié blanc 100%
Alc. 12% | € 24 | Bt. 8.000 | Ferm. Legno e Acciaio | Mat. Acciaio 8 mesi e Legno 8 mesi | 30 mesi sui lieviti
Asparagi verdi con uovo croccante e fonduta di Taleggio.

VALLE D'AOSTA BLANC DE MORGEX ET DE LA SALLE XT
2019

VALLE D'AOSTA BLANC DE MORGEX ET DE LA SALLE CHAUDELUNE VIN DE GLACE
2019

Caves Coopératives de Donnas
(1971)

La Caves Coopératives de Donnas è una realtà consolidata della viticultura eroica valdostana; fondata nel 1971, prosegue nel recupero di particelle di vigne, particolarmente frammentate e su pendii scoscesi che altrimenti verrebbero abbandonate dai proprietari. Carattere e struttura caratterizzano la vendemmia 2022, che per le temperature raggiunte ricorda la 2003. L'attenzione è sempre incentrata sulla valorizzazione dei vitigni autoctoni, primo su tutti il nebbiolo picotendro, da cui nasce l'autorevole Napoleon, che, come ricorda il nome, era apprezzato anche da Napoleone Bonaparte.

Via Roma, 97 - 11020 Donnas (AO)
T. 0125 807096 | M. info@donnasvini.it
www.donnasvini.it

Viticoltura: Convenzionale
Ettari: 22 | **Bottiglie:** 150.000 | **Produzione olearia:** No
Proprietà: Cooperativa di produttori
Cond. enologica: Massimo Bellocchia
Cond. agronomica: Staff aziendale
Vendita diretta: Sì | **Visite in azienda:** Sì

VALLE D'AOSTA DONNAS NAPOLÉON 2019
Rosso Doc - Nebbiolo 100%
Alc. 14% | € 24 | Bt. 3.300 | Ferm. Acciaio | Mat. Acciaio 6 mesi e Legno 12 mesi
Rosso granato di buona fittezza. Bouquet composto da frutta rossa e spezie dolci, cui seguono ricordi di sottobosco e cuoio. Il sorso è austero e sostenuto da tannini di qualità, che contribuiscono a bilanciare con classe un tenore alcolico generoso. Bocconcini di cinghiale con salsa di prugne.

VALLE D'AOSTA ROSSO BARMET 2022
Rosso Doc - Nebbiolo 100%
Alc. 13% | € 15 | Bt. 35.000 | Ferm. Acciaio | Mat. Acciaio 8 mesi
Lasagnette con ragù di coniglio e crema di piselli.

VALLE D'AOSTA ROSÉ LARMES DU PARADIS 2022
Rosato Doc - Nebbiolo 100%
Alc. 13,5% | € 13 | Bt. 3.500 | Ferm. Acciaio | Mat. Acciaio 6 mesi
Rotolo di tacchino alle mele ed erbe aromatiche.

VALLE D'AOSTA DONNAS NAPOLÉON
2018

VALLE D'AOSTA DONNAS SUPÉRIEUR VIEILLES VIGNES
2015 | 2016 | 2017

Château Feuillet
(1995)

L'acquisto di due ettari di terreno è finalizzato all'ambizioso progetto di raggiungere le 60.000 bottiglie per il 2026, con nuovi impianti di petite arvine, petit rouge, merlot, cabernet sauvignon e fumin. Da quattro anni Maurizio sta lavorando minuziosamente a soluzioni legate al biodinamico e tutti i nuovi impianti sono stati dotati di un sistema di irrigazione di soccorso goccia a goccia. Oltre all'aumento del numero delle bottiglie della linea in essere, sono in progetto nuove referenze, sicuramente una sarà dedicata alla nascita del primo nipote.

Località Château Feuillet, 12 - 11010 Saint-Pierre (AO)
T. 0165 903905 - 328 7673880 | M. fiorano@vievini.it
www.chateaufeuillet.vievini.it

Viticoltura: Convenzionale
Ettari: 8,5 | **Bottiglie:** 40.000 | **Produzione olearia:** No
Proprietà: Maurizio Fiorano
Cond. enologica: Maurizio Fiorano
Cond. agronomica: Maurizio Fiorano
Vendita diretta: Sì | **Visite in azienda:** Sì

VALLE D'AOSTA MOSCATO BIANCO 2022
Bianco Dop - Moscato bianco 100%
Alc. 14% | € 20 | Bt. 3.500 | Ferm. Acciaio | Mat. Acciaio 3 mesi
Tenue giallo paglierino con bagliori verdolini. Ouverture decisa, accattivante e caratteristica: rosa bianca, fiori di zagara, poi salvia, rosmarino, pesca tabacchiera e mandorla. Fresco, sapido, beva scorrevole e tenore alcolico ben sostenuto. Lunga scia di erbe aromatiche. Canapè di pasta sfoglia al formaggio.

VALLE D'AOSTA TORRETTE SUPÉRIEUR 2021
Rosso Doc - Petit rouge 100%
Alc. 14,5% | € 26 | Bt. 4.000 | Ferm. Legno e Acciaio | Mat. Legno 10 mesi
Bocconcini di cervo al cavolo nero.

VALLE D'AOSTA PINOT NOIR 2021
Rosso Dop - Pinot nero 100%
Alc. 14% | € 24 | Bt. 4.000 | Ferm. Acciaio | Mat. Acciaio 6 mesi e Legno 6 mesi
Arista di maiale con salsa di prugne.

VALLE D'AOSTA FUMIN 2022
Rosso Doc - Fumin 90%, Syrah 10%
Alc. 13,5% | € 30 | Bt. 5.000 | Ferm. Acciaio | Mat. Legno 8 mesi
Agnolotti al piccione con sugo d'arrosto.

VALLE D'AOSTA PETITE ARVINE 2022
Bianco Doc - Petite arvine 100%
Alc. 14% | € 24 | Bt. 6.000 | Ferm. Acciaio | Mat. Acciaio 3 mesi
Riso venere con verdure e crostacei.

VALLE D'AOSTA FUMIN
2019

VALLE D'AOSTA TORRETTE SUPÉRIEUR
2020

Château Vieux
(2019)

Nuova azienda, fondata nel 2019, dalla passione di due giovani cugini, Sara e Marco, risultato di tre generazioni di viticoltori. La cantina, ristrutturata in chiave moderna, nasce tra le mura storiche di Pont-Saint-Martin. Le vigne, tutt'altro che giovani, sono situate per la maggior parte in terrazzamenti storici attorno al Castello Baraing. Si possono effettuare interessanti degustazioni sia in vigna che in cantina. Focalizzati sullo storico vitigno della zona, il nebbiolo, i giovani ragazzi hanno come obiettivo quello di uscire con un Donnas Doc maturato in legno.

Via Motta, 3 - 11026 Pont-Saint-Martin (AO)
T. 340 6478863 | M. chateauvieux@libero.it
www.chateau-vieux.com

Viticoltura: Lotta integrata
Ettari: 3 | **Bottiglie:** 5.000 | **Produzione olearia:** No
Proprietà: Sara Manganone
Cond. enologica: Roberto Avetrani
Cond. agronomica: Stefania Dozio
Vendita diretta: Sì | **Visite in azienda:** Sì

VALLE D'AOSTA NEBBIOLO GREGOIRE 2021
Rosso Doc - Nebbiolo 100%
Alc. 13% | € 24 | Bt. 1.200 | Ferm. Acciaio | Mat. Acciaio 7 mesi
Un vivace rubino delinea l'aspetto visivo di questo vino giovane, contraddistinto dai sentori di fragole di bosco, prugne, fiori e delicati accenni speziati. Il fresco palato richiama la frutta e le spezie. Echi terrosi ben accompagnati da un tannino che chiude il ricco sipario. Risotto ai finferli.

VALLE D'AOSTA ROSÉ ECLAIRE 2022
Rosato Doc - Nebbiolo 100%
Alc. 14% | € 22 | Bt. 800 | Ferm. Acciaio | Mat. Acciaio 5 mesi
Rotolo di coniglio con pomodorini ed erbe aromatiche.

VALLE D'AOSTA PINOT GRIS GRISAILLE 2021
Bianco Doc - Pinot grigio 100%
Alc. 12,5% | € 24 | Bt. 1.200 | Ferm. Acciaio | Mat. Acciaio 7 mesi
Filetti di trota al vapore con maionese.

Chemin
(2016)

Unica cantina dell'intera regione specializzata nella spumantizzazione, rigorosamente a Metodo Classico. L'intuizione nasce pochi anni fa: andare incontro al cambiamento climatico innalzando l'altezza delle vigne sui pendii della valle; l'altitudine regala uve mature e dal giusto corredo zuccherino. A oggi i vini prodotti sono due e affinano sui lieviti fino a 72 mesi nei "Barmet", locali ricavati nella barma che permette di mantenere una temperatura costante. Grazie anche alla conduzione enologica di Beppe Caviola, Chemin si candida a diventare un leader delle bollicine nel Nord Italia.

Via Porta Pretoria, 19 - 11100 Aosta (AO)
T. 347 4054677 | M. ciski@ciski.it

Viticoltura: Lotta integrata
Ettari: 1,5 | **Bottiglie:** 8.800 | **Produzione olearia:** No
Proprietà: Andrea Malgaroli, Elio Ottin, Mattia Parello
Cond. enologica: Elio Ottin, Beppe Caviola
Cond. agronomica: Elio Ottin
Vendita diretta: No | **Visite in azienda:** No

LA RISERVA DI ETRAL 2 METODO CLASSICO EXTRA BRUT
Bianco Metodo Classico - Chardonnay 80%, Prié blanc 20%
Alc. 12,5% | € 67 | Bt. 600 | Ferm. Acciaio | 60 mesi sui lieviti
Lucente paglierino con perlage finissimo illuminato da riflessi dorati. Bouquet ricco che spazia dalle erbe officinali alla piccola pasticceria, dalla crosta di pane all'agrume. Sorso profondo, vibrante e raffinato, coerente con il naso, che allunga su sensazioni agrumate. Catalana di crostacei.

ETRAL 4 METODO CLASSICO EXTRA BRUT
Bianco Metodo Classico - Chardonnay 80%, Prié blanc 20%
Alc. 12,5% | € 37 | Bt. 3.500 | Ferm. Acciaio | 24 mesi sui lieviti
Crostini con burro e alici.

NEVECRINO EXTRA BRUT
Bianco Metodo Classico - Chardonnay 90%, Prié blanc 10%
Alc. 12,5% | € 37 | Bt. 9.000 | Ferm. Acciaio | 30 mesi sui lieviti
Risotto alla zucca e astice.

Coenfer
(1975)

Malgrado la vendemmia 2022 abbia subito un calo, a causa della presenza di animali selvatici ormai stanziali nei vigneti, la qualità dei vini prodotti resta invariata. Fabrizio, che gestisce la cantina della cooperativa, ci ha rivelato una curiosità, che sicuramente pochi conoscono: il significato del nome del suo Enfer d'Arvier Digne du Pape, "degno del Papa". Il nome di questo cru si deve al fatto che si trova proprio di fronte al luogo dove ha soggiornato per diversi anni Papa Giovanni Paolo II, che tanto amava la Valle d'Aosta.

Via Corrado Gex, 52 - 11011 Arvier (AO)
T. 0165 99238 | M. info@coenfer.it
www.coenfer.com

Viticoltura: Biologica certificata
Ettari: 4,5 | **Bottiglie:** 18.000 | **Produzione olearia:** No
Proprietà: Cooperativa di produttori
Cond. enologica: Fabrizio Prosperi
Cond. agronomica: Fabrizio Prosperi
Vendita diretta: Sì | **Visite in azienda:** Sì

VALLE D'AOSTA ENFER D'ARVIER CLOS DE L'ENFER 2019
Rosso Doc - Petit rouge 100%
Alc. 14,5% | € 40 | Bt. 5.000 | Ferm. Acciaio | Mat. Legno 36 mesi
Impenetrabile e vivido rosso rubino, sfoggia decise fragranze di frutti di bosco, mirtillo e mora, accenni di viola, noce moscata e pepe nero. Al palato è fresco, sapido e con tannini ben integrati. Si allunga sui richiami fruttati. Cinghiale arrosto con castagne.

VALLE D'AOSTA ENFER D'ARVIER DIGNE DU PAPE 2020
Rosso Doc - Petit rouge 100%
Alc. 16% | € 50 | Bt. 1.400 | Ferm. Acciaio | Mat. Legno 12 mesi
Civet di capriolo ai funghi.

VALLE D'AOSTA ENFER D'ARVIER 2020
Rosso Doc - Petit rouge 100%
Alc. 13% | € 30 | Bt. 20.000 | Ferm. Acciaio | Mat. Legno 24 mesi
Guanciale di manzo in umido con polenta.

TRISKELL
Rosato Metodo Classico - Mayolet 100%
Alc. 12% | € 30 | Bt. 5.000 | Ferm. Acciaio | Mat. Acciaio 9 mesi | 40 mesi sui lieviti
Involtini di melanzana con scamorza.

VALLE D'AOSTA ENFER D'ARVIER CLOS DE L'ENFER
2018

VALLE D'AOSTA ENFER D'ARVIER
2015

Diego Curtaz
(1981)

L'azienda Diego Curtaz è presente sul territorio dal 1981, da quando Diego ha rilevato l'azienda del nonno e ha iniziato a curare il suo ettaro e mezzo di vigna, impervia e dalle forti pendenze. La cantina è un punto di riferimento del piccolo villaggio valdostano e capita sovente ai visitatori di incontrare i compaesani di Diego di passaggio a fine giornata. Chiacchierare con loro al fresco, sotto le volte di pietra scolpite nel 1717, dà la possibilità di immergersi nell'autenticità e unicità di una cantina storica legata al territorio non solo dal punto di vista produttivo.

Frazione Viserand, 61 - 11020 Gressan (AO)
T. 0165 251079 | M. diegocurtaz@tiscali.it
www.diegocurtazvini.it

Viticoltura: Convenzionale e lotta integrata
Ettari: 1,5 | **Bottiglie:** 10.000 | **Produzione olearia:** No
Proprietà: Diego Curtaz
Cond. enologica: Diego Curtaz
Cond. agronomica: Diego Curtaz
Vendita diretta: Sì | **Visite in azienda:** Sì

VALLE D'AOSTA PETIT ROUGE 2022
Rosso Doc - Petit rouge 100%
Alc. 13% | € 16 | Bt. 1.900 | Ferm. Acciaio | Mat. Acciaio 8 mesi
Rosso rubino, fitto e con vivaci sfumature porpora. Emana risoluti profumi di gelatina di lamponi, more e gelsi, con refoli di rosa canina e peonia. L'ingresso è dinamico e fresco, con tannini cesellati e una chiusura balsamica di buona persistenza. Abbacchio al forno con verdure grigliate.

DÏ MEUN
Rosso - Petit rouge 50%, Cornalin 20%, Mayolet 20%, Fumin 10%
Alc. 13,5% | € 14 | Bt. 500 | Ferm. Acciaio | Mat. Acciaio 6 mesi
Asiago stravecchio.

VALLE D'AOSTA CHARDONNAY DI NOUTRO 2022
Bianco Doc - Chardonnay 100%
Alc. 13,5% | € 16 | Bt. 1.600 | Ferm. Acciaio | Mat. Acciaio 7 mesi
Alici panate e fritte.

VALLE D'AOSTA TORRETTE 2022
Rosso Doc - Petit rouge 70%, Vien de Nus 20%, Fumin 10%
Alc. 13,5% | € 14 | Bt. 3.100 | Ferm. Acciaio | Mat. Acciaio 6 mesi
Bocconcini di cervo al cavolo nero.

VALLE D'AOSTA GAMAY 2022
Rosso Doc - Gamay 100%
Alc. 13% | € 14 | Ferm. Acciaio | Mat. Acciaio 8 mesi
Coniglio al forno con patate.

VALLE D'AOSTA SYRAH FREDY 2022
Rosso Doc - Syrah 100%
Alc. 13,5% | € 17 | Bt. 730 | Ferm. Acciaio | Mat. Acciaio 8 mesi
Arista di maiale con salsa di prugne.

VALLE D'AOSTA CHARDONNAY
2021

VALLE D'AOSTA SYRAH
2021

Nicola Del Negro
(2011)

Lavori in corso presso l'azienda di Nicola Del Negro, enologo e produttore di vino a Saint-Pierre. È in fase di ultimazione un nuovo magazzino, per ottimizzare la gestione dello spazio produttivo e permettere una nuova collocazione della barricaia aziendale. In vigna, si segnala la presenza di 2 nuovi sesti di impianto, uno per l'allevamento di petit rouge e petite arvine, l'altro per quello di fumin e neyret. Il sogno di Nicola: arrivare alle 30.000 bottiglie di produzione ed esplorare nuovi mercati per l'esportazione.

Via Rue de la Colline, 28 - 11010 Saint-Pierre (AO)
T. 338 3954657 | M. nicola_delnegro@libero.it

Viticoltura: Convenzionale e lotta integrata
Ettari: 2,2 | **Bottiglie:** 18.000 | **Produzione olearia:** No
Proprietà: Nicola Del Negro
Cond. enologica: Nicola Del Negro
Cond. agronomica: Nicola Del Negro
Vendita diretta: Sì | **Visite in azienda:** Sì

VALLE D'AOSTA TORRETTE SUPÉRIEUR DANTE 2020
Rosso Doc - Petit rouge 85%, Cornalin 15%
Alc. 14,5% | € 36 | Ferm. Acciaio | Mat. Legno 12 mesi
Screziature porpora ringiovaniscono il cremisi. Intrigante al naso, si focalizza sulle more di rovo cui fanno seguito spezie dolci e ricordi di fernet. La bocca regala freschezza e sapori d'arancia sanguinella, nonché sensazioni vanigliate. Nella chiosa è sostenuto da un'incisiva sapidità. Piccione ai porcini e tartufo nero.

VALLE D'AOSTA CHAMBAVE VESAN 2020
Rosso Doc - Petit rouge 95%, Fumin 5%
Alc. 14% | € 31 | Bt. 800 | Ferm. Acciaio | Mat. Legno 12 mesi
Brasato di lepre con riduzione di vino rosso.

VALLE D'AOSTA PETITE ARVINE 2022
Bianco Doc - Petite arvine 100%
Alc. 13,5% | € 16 | Bt. 1.300 | Ferm. Acciaio | Mat. Acciaio 6 mesi
Risotto con seppie e burrata.

VALLE D'AOSTA MUSCAT DE CHAMBAVE 2022
Bianco Doc - Muscat petit grain 100%
Alc. 14% | € 20 | Bt. 2.500 | Ferm. Acciaio | Mat. Acciaio 6 mesi
Gorgonzola naturale.

VALLE D'AOSTA PETITE ARVINE
2018 | 2020 | 2021

VALLE D'AOSTA FUMIN
2020

Di Barrò
(1999)

Quando si tratta di pratiche agronomiche, l'azienda Di Barrò di Saint-Pierre non smette mai di superarsi. Continua così a crescere, in vigna, la percentuale di piante potate a cordone speronato, sistema sperimentato per la prima volta a seguito della terribile gelata della primavera del 2017 e che ha dimostrato di saper contenere ottimamente la vigoria dei vitigni autoctoni. Proseguono anche i lavori di recupero dei terrazzamenti ottocenteschi della proprietà, dove è intenzione integrare le attuali vecchie vigne ad alberello di 60 anni con nuovi impianti allevati con lo stesso sistema.

Località Château Feuillet, 8 - 11010 Saint-Pierre (AO)
T. 0165 903671 | M. dibarro@vievini.it
www.dibarro.vievini.it

Viticoltura: Convenzionale e lotta integrata
Ettari: 3,8 | **Bottiglie:** 20.000 | **Produzione olearia:** No
Proprietà: Elvira Stefania Rini Barmaz
Cond. enologica: Matteo Barmaz, Andrea Barmaz
Cond. agronomica: Matteo Barmaz, Andrea Barmaz
Vendita diretta: Sì | **Visite in azienda:** Sì

VALLE D'AOSTA FUMIN 2020
Rosso Doc - Fumin 100%
Alc. 13% | € 18 | Bt. 2.000 | Ferm. Acciaio | Mat. Acciaio 24 mesi
Rubino compatto con splendide venature purpuree. Esordio di ciliegie e spezie orientali, evolve poi in stille mentolate e foglie di tabacco. Il sorso è fresco ed equilibrato, in cui echi di frutta rossa matura s'intrecciano a un tannino delicato e ancora dai tratti giovanili. Brasato di manzo al vino rosso.

VALLE D'AOSTA TORRETTE SUPERIEUR OSTRO 2018
Rosso Doc - Petit rouge 90%, altre varietà 10%
Alc. 15% | € 30 | Bt. 1.200 | Ferm. Acciaio | Mat. Acciaio 48 mesi
Piccione al forno con cipollotti.

VALLE D'AOSTA PETITE ARVINE 2022
Bianco Doc - Petite arvine 100%
Alc. 15% | € 16 | Bt. 2.300 | Ferm. Acciaio | Mat. Acciaio 10 mesi
Risotto con salsiccia e Taleggio.

VALLE D'AOSTA TORRETTE SUPERIEUR OSTRO
2017

LO FLAPÌ
S.A.

Di Francesco - Gasperi
(2008)

L'azienda Di Francesco-Gasperi nasce dall'amicizia di due famiglie che decisero di omaggiare i viticoltori eroici che già nel 1700 coltivavano i meravigliosi terrazzamenti scavati nella pietra: Planchettes nel dialetto locale. Sono tre i vini prodotti attualmente: il Fumin e la Petite Arvine vinificati in purezza e il Planchettes, un blend di petit rouge e pinot noir. Nell'ultima annata sono state messe a dimora circa 400 barbatelle di pinot noir che andranno ad aumentare ulteriormente la percentuale dello stesso vitigno nel Planchettes.

Rue de la Gare, 1 - 11010 Saint-Pierre (AO)
T. 349 5422170 | M. stefano.difrancesco@libero.it
www.difrancescogasperi.it

Viticoltura: Convenzionale
Ettari: 2 | **Bottiglie:** 8.000 | **Produzione olearia:** No
Proprietà: Vilma Ciocchetti
Cond. enologica: Fabrizio Prosperi
Cond. agronomica: Stefano Di Francesco
Vendita diretta: Sì | **Visite in azienda:** Sì

VALLE D'AOSTA FUMIN 2019
Rosso Doc - Fumin 100%
Alc. 13% | € 32 | Bt. 1.500 | Ferm. Legno | Mat. Legno 36 mesi
Lucente orlatura porpora sul rubino. Si rivela con un coté speziato di chiodi di garofano e pepe nero, poi piccoli frutti rossi, bouquet di fiori appassiti, liquirizia, anice stellato e dolce tabacco da pipa. Sorso scorrevole ben sorretto da una trama tannica vellutata che si allunga in un finale speziato. Filetto di cervo ai mirtilli.

VALLE D'AOSTA PETITE ARVINE 2022
Bianco Doc - Petite arvine 100%
Alc. 13,5% | € 24 | Bt. 4.000 | Ferm. Acciaio | Mat. Acciaio 7 mesi
Robiola di Roccaverano.

VALLE D'AOSTA ROSSO PLANCHETTES 2022
Rosso Doc - Petit rouge 90%, Pinot nero 10%
Alc. 13% | € 18 | Bt. 2.000 | Ferm. Acciaio | Mat. Acciaio 7 mesi
Pappardelle con sugo di lepre.

VALLE D'AOSTA FUMIN
2018

PLANCHETTES
2021

Feudo di San Maurizio
(1989)

Uomo di poche parole e schivo, Michel Vallet ama le sue viti. Essenziale e pulito, il suo stile è ben definito: poco di tutto per rispettare il ciclo naturale delle piante. Altri esperimenti lo contraddistinguono in un continuo "gioco", come lo descrive lui, insieme al figlio Pierre, tra cui il Müller Thurgau con fermentazione sulle bucce che dona al vino un bouquet da scoprire. Due nuove vigne all'insegna del merlot e cabernet sauvignon, con potatura ad alberello di tipo provenzale. Il suo cuore batte, però, per il Pierrot, ottenuto da uve stramature con una storia tutta da leggere.

Frazione Maillod, 44 - 11010 Sarre (AO)
T. 338 3186831 | M. feudo@vievini.it
www.routedesvinsvda.it

Viticoltura: Lotta integrata
Ettari: 10 | **Bottiglie:** 80.000 | **Produzione olearia:** No
Proprietà: Michel Vallet
Cond. enologica: Pierre Vallet
Cond. agronomica: Michel Vallet
Vendita diretta: Sì | **Visite in azienda:** Sì

PIERROT
Rosso Passito - Petit rouge 70%, Syrah 30%
Alc. 15% | € 30 | Bt. 1.500 | Ferm. Legno | Mat. Legno 6 mesi
Rubino di grande intensità. Variegato profilo olfattivo con malie di amarene sotto spirito, confettura di frutti di bosco, un bouquet di fiori appassiti e memorie eteree di smalto ci portano a un assaggio importante, corposo con chiusura su nuance di ciliegie mature in confettura e spezie dolci. Babà.

VALLE D'AOSTA VUILLERMIN 2020
Rosso Doc - Vuillermin 100%
Alc. 13% | € 25 | Bt. 2.000 | Ferm. Acciaio | Mat. Legno 12 mesi
Bresaola di punta d'anca.

VALLE D'AOSTA TORRETTE SUPÉRIEUR 2021
Rosso Doc - Petit rouge 95%, Syrah 5%
Alc. 13,5% | € 19 | Bt. 5.000 | Ferm. Legno | Mat. Legno 9 mesi
Bocconcini di cervo al cavolo nero.

VALLE D'AOSTA MAYOLET 2021
Rosso Doc - Mayolet 100%
Alc. 12,5% | € 17 | Bt. 3.000 | Ferm. Acciaio | Mat. Acciaio 6 mesi
Tortelli al Castelmagno.

VALLE D'AOSTA ROUGE CHATEAU DE SARRE 2018
Rosso Doc - Nebbiolo 100%
Alc. 14% | € 30 | Bt. 2.000 | Ferm. Legno | Mat. Legno 24 mesi
Allodole tartufate in casseruola.

VALLE D'AOSTA MÜLLER THURGAU 2022
Bianco Doc - Müller Thurgau 100%
Alc. 12% | € 13 | Bt. 2.000 | Ferm. Acciaio | Mat. Acciaio
Anelli di cipolla pastellati fritti.

VALLE D'AOSTA VUILLERMIN
2014

VALLE D'AOSTA PETITE ARVINE
2021

Didier Gerbelle
(2006)

Annata di fuochi artificiali in casa Gerbelle, palingenesi dei vitigni a bacca bianca valdostani. Didier, grazie alla preziosa collaborazione di José Vouillamoz, genetista svizzero, e Giulio Moriondo, bio-enologo, ci regala il Blanc Commun e il Petit Rouge Bianco, due vini in purezza, il primo dal vitigno omonimo, quasi scomparso, il secondo da quella che, molto probabilmente, è un'antica mutazione del petit rouge a bacca rossa. Entrambi i vitigni hanno il prié blanc come progenitore e suscitano, nel degustatore, emozioni indimenticabili all'insegna dell'eleganza e della piacevolezza.

Frazione Cheriettes, 20 - 11010 Aymavilles (AO)
T. 339 8433452 | M. gerbelle@hotmail.it
www.gerbelle.vievini.it

Viticoltura: Convenzionale
Ettari: 8 | **Bottiglie:** 65.000 | **Produzione olearia:** No
Proprietà: Didier Gerbelle
Cond. enologica: Didier Gerbelle
Cond. agronomica: Didier Gerbelle
Vendita diretta: Sì | **Visite in azienda:** Sì

(91,5)

BLANC COMMUN
Bianco - Blanc commun 100%
Alc. 13,5% | € 45 | Bt. 650 | Ferm. Acciaio | Mat. Acciaio 4 mesi
Veste giallo paglierino con filigrana dorata. Il naso è opulento, caratterizzato inizialmente da frutta tropicale: maracuja, ananas e mango; seguono gelsomino e pesca bianca. In bocca dominano anice e liquirizia, mela e zenzero candito. La beva è generosa, lunga, appagante e di delicata sapidità. Coregone al forno.

VALLE D'AOSTA ROSSO L'AÎNÉ V EDIZIONE 2018
Rosso Dop - Neyret 100%
Alc. 13% | € 65 | Bt. 500 | Ferm. Terracotta | Mat. Legno 12 mesi
Petto di germano reale al balsamico.

VALLE D'AOSTA ROSSO CŒUR DE MÉLÈZE 2018
Rosso Doc - Mayolet 40%, Petit rouge 40%, Vuillermin 20%
Alc. 13,5% | € 45 | Bt. 1.300 | Ferm. Acciaio | Mat. Legno 36 mesi
Stufato di daino.

VALLE D'AOSTA ROSATO 2022
Rosato Doc - Petit rouge 95%, Gamay 5%
Alc. 14,5% | € 18 | Bt. 2.500 | Ferm. Acciaio | Mat. Acciaio 3 mesi
Lasagne di verdure.

PETIT ROUGE BIANCO
Bianco - Petit rouge bianco 100%
Alc. 14,5% | € 60 | Bt. 400 | Ferm. Acciaio | Mat. Acciaio 6 mesi
Risotto con silene e cime di luppolo selvatico.

VALLE D'AOSTA ROSSO PEQUE-NA! 2021
Rosso Dop - Cornalin 80%, Fumin 10%, Prëmetta 10%
Alc. 13,5% | € 25 (0,5l) | Bt. 10.000 | Ferm. Acciaio | Mat. Legno 10 mesi
Tigelle e salumi.

VALLE D'AOSTA ROSSO L'AÎNÉ
2016 | 2019

VALLE D'AOSTA ROSSO PEQUE-NA!
2017 | 2018 | 2020

Grosjean Vins
(1968)

Azienda in evoluzione continua: elevata produzione di energia grazie ai 54 Kw di fotovoltaico, attenzione per l'ambiente con la realizzazione di un nuovo bacino per l'accumulo delle acque piovane e funzione di abbeveratoio. Le novità sono l'uscita sul mercato dello spumante Metodo Classico "Blanc de Noir" con pinot noir in purezza, e dopo 8 anni di attesa, le prime 300 bottiglie di Clairet. Inoltre la creazione di due grandi Riserve di petite arvine e pinot noir dal nome Les Frères per onorare e ringraziare la famiglia che iniziò negli anni '80 ad avere cura di questi vitigni.

Villaggio Ollignan, 2 - 11020 Quart (AO)
T. 0165 775791 | M. info@grosjeanvins.it
www.grosjeanvins.it

Viticoltura: Biologica certificata
Ettari: 26 | **Bottiglie:** 160.000 | **Produzione olearia:** No
Proprietà: Fratelli Grosjean
Cond. enologica: Hervé Grosjean
Cond. agronomica: Staff aziendale
Vendita diretta: Sì | **Visite in azienda:** Sì

(91)

VALLE D'AOSTA PETITE ARVINE LES FRÈRES 2019
Bianco Doc - Petite arvine 100%
Alc. 13,5% | € 30 | Bt. 1.300 | Ferm. Acciaio | Mat. Legno 24 mesi
Giallo paglierino con preziose venature dorate. Deciso e intrigante il profilo: agrumi, frutti tropicali, papaia, essenze di gelso, vaniglia, zenzero e refoli di erbe aromatiche e anice. Bevuta corposa, fresca, sapida che si congeda con tonalità piacevolmente ammandorlate. Abbacchio al forno con verdure grigliate.

VALLE D'AOSTA PINOT NOIR LES FRÈRES 2019
Rosso Doc - Pinot nero 100%
Alc. 13,5% | € 30 | Bt. 1.300 | Ferm. Acciaio | Mat. Legno 24 mesi
Asiago stravecchio.

VALLE D'AOSTA FUMIN VIGNE ROVETTAZ 2021
Rosso Doc - Fumin 100%
Alc. 13% | € 25 | Bt. 2.500 | Ferm. Acciaio | Mat. Legno 15 mesi
Brie de Meaux.

MAS DU JARIO - BLANC DE NOIR EXTRA BRUT
Bianco Metodo Classico - Pinot nero 100%
Alc. 11,5% | € 25 | Bt. 1.450 | Ferm. Acciaio | 36 mesi sui lieviti
Alici panate e fritte.

CLAIRET
Rosso - Nebbiolo 80%, Neyret 20%
Alc. 14% | € 30 | Bt. 300 | Ferm. Acciaio | Mat. Legno 24 mesi
Arista di maiale con salsa di prugne.

VALLE D'AOSTA CHARDONNAY LE VIN DE MICHEL
2019 | 2020

VALLE D'AOSTA FUMIN VIGNE ROVETTAZ
2018 | 2020

Institut Agricole Régional
(1982)

L'Institut Agricole Régional, nato nel 1951, è un punto storico di riferimento per la ricerca e la riscoperta di antichi vitigni autoctoni valdostani. Recentissima è l'iscrizione del primo clone di cornalin e l'accettazione nel registro nazionale delle varietà di vite del roussin di Morgex, una varietà autoctona quasi in via di estinzione imparentata col prié blanc, col nome di roussì. La vendemmia del 2022 ha risentito dei cambiamenti climatici per quantità -inferiore-, ma non per qualità, regalandoci ancora una volta vini di grande espressività e gioia.

Regione La Rochère, 1/A - 11100 Aosta (AO)
T. 0165 215811 | M. iar@iaraosta.it
www.iaraosta.it

Viticoltura: Convenzionale
Ettari: 7,3 | **Bottiglie:** 34.000 | **Produzione olearia:** No
Proprietà: Fondazione Institut Agricole Régional
Cond. enologica: Daniele Domeneghetti
Cond. agronomica: Odoardo Zecca
Vendita diretta: Sì | **Visite in azienda:** Sì

VALLE D'AOSTA SYRAH 2020
Rosso Doc - Syrah 85%, altre varietà 15%
Alc. 14% | € 26 | Bt. 1.400 | Ferm. Acciaio | Mat. Acciaio 4 mesi e Legno 12 mesi
Rosso rubino lucente. Notevole la complessità odorosa con grande impatto speziato di cannella, pepe nero, sentori di ribes e prugna, che lasciano il campo a ricordi di viola e amarena. Il sorso è avvolgente, sorretto da una ben integrata trama tannica, si congeda con aromi di fava di cacao e liquirizia. Gulasch di cervo con patate stufate.

VALLE D'AOSTA PINOT NOIR SANG DES SALASSES 2021
Rosso Doc - Pinot nero 100%
Alc. 13,5% | € 20 | Bt. 1.400 | Ferm. Acciaio | Mat. Acciaio 4 mesi e Legno 12 mesi
Faraona ripiena con salsa tartufata.

VALLE D'AOSTA PETITE ARVINE 2022
Bianco Doc - Petite arvine 100%
Alc. 14% | € 20 | Bt. 3.450 | Ferm. Acciaio | Mat. Acciaio 6 mesi
Crema di patate e asparagi con cappesante scottate.

VALLE D'AOSTA FUMIN 2020
Rosso Doc - Fumin 100%
Alc. 13% | € 20 | Bt. 4.400 | Ferm. Acciaio | Mat. Acciaio 4 mesi e Legno 12 mesi
Filetto al vino rosso e scalogno.

VALLE D'AOSTA ROSÉ DU COTEAU 2022
Rosato Doc - Petit rouge 50%, Gamay 30%, Vuillermin 15%, altre varietà 5%
Alc. 13% | € 15 | Bt. 2.600 | Ferm. Acciaio | Mat. Acciaio 6 mesi
Cartoccio di pescatrice agli agrumi.

VALLE D'AOSTA VUILLERMIN
2014 | 2016 | 2020

VALLE D'AOSTA PETIT ROUGE
2021

La Crotta di Vegneron
(1980)

La cooperativa è in forte ascesa: buone idee, l'impegno di tutti i soci produttori, analisi delle uve e del prodotto, sono i segnali e gli strumenti per la ricerca di una produzione di alta qualità. Il successo, dopo l'esperimento dello scorso anno, del magico progetto soprannominato "vino in miniera", porta l'azienda al raddoppio del numero di bottiglie della linea "Mines". Nella porzione di miniera che un tempo era destinata alla polveriera sono oggi stoccate le bottiglie di Moscato e di Fumin, che nel buio e a temperatura costante maturano oltre i 2000 metri delle miniere di Costa del Pino.

Piazza Roncas, 2 - 11023 Chambave (AO)
T. 0166 46670 | M. info@lacrotta.it
www.lacrotta.it

Viticoltura: Convenzionale
Ettari: 30 | **Bottiglie:** 15.000 | **Produzione olearia:** No
Proprietà: Cooperativa di produttori
Cond. enologica: Andrea Costa
Cond. agronomica: Fabrizio Prosperi
Vendita diretta: Sì | **Visite in azienda:** Sì

VALLE D'AOSTA CHAMBAVE MUSCAT ATTENTE 2020
Bianco Dop - Muscat petit grain 100%
Alc. 13% | € 19 | Bt. 5.200 | Ferm. Acciaio | Mat. Acciaio 40 mesi
Oro profondo e lucente. L'esordio aromatico aristocratico e deciso, contraddistinto da pompelmo rosa, papaia, erbe aromatiche, salvia e rosmarino, vira poi su indizi più evoluti di zenzero, fiori appassiti e fieno. Beva vigorosa, fresca e sapida dalla lunga progressione agrumata. Cotoletta di tonno al sesamo.

VALLE D'AOSTA CHAMBAVE MUSCAT FLÉTRI PRIEURÉ 2021
Bianco Doc Passito - Muscat petit grain 100%
Alc. 14% | € 28 (0,375l) | Bt. 2.660 | Ferm. Acciaio | Mat. Acciaio 12 mesi
Roquefort.

VALLE D'AOSTA SYRAH CRÈME 2019
Rosso Doc - Syrah 100%
Alc. 13,5% | € 19 | Bt. 7.000 | Ferm. Acciaio | Mat. Legno 12 mesi
Capretto allo spiedo.

VALLE D'AOSTA CHAMBAVE MUSCAT MINES 2021
Bianco Doc - Muscat petit grain 100%
Alc. 14% | € 20 | Bt. 2.000 | Ferm. Acciaio
Ravioli di patate e baccalà.

VALLE D'AOSTA FUMIN LA GRIFFE DES LIONS 2020
Rosso Doc - Fumin 100%
Alc. 13% | € 60 | Bt. 2.600 | Ferm. Acciaio | Mat. Acciaio 6 mesi e Legno 12 mesi
Risotto con le quaglie.

VALLE D'AOSTA NUS MALVOISIE 2022
Bianco Dop - Pinot grigio 100%
Alc. 14% | € 15 | Bt. 3.000 | Ferm. Acciaio
Agnolotti al piccione con sugo d'arrosto.

VALLE D'AOSTA CHAMBAVE MUSCAT FLÉTRI PRIEURÉ
2014 | 2016 | 2017

VALLE D'AOSTA CHAMBAVE MUSCAT
2021

La Plantze
(2013)

Festeggiando il decennale della sua azienda La Plantze, Henri Anselmet è al termine di una prima fase di brainstorming circa le modalità con cui raggiungere lo scopo prefissato a inizio carriera: produrre vini longevi esaltando il territorio e impiegando non esclusivamente vitigni autoctoni. Henri ha intuito, a ragione, che syrah, sauvignon e viognier, nel terroir valdôtain possono raggiungere risultati di grande pregio. La novità di quest'anno è la definitiva consacrazione del Pas Toi, un viognier impreziosito da una sosta in pièce bourguignonne che sorprenderà per freschezza e agilità.

Frazione Vereytaz, 30 - 11018 Villeneuve (AO)
T. 0165 904851 | M. laplantze@gmail.com
www.laplantze.eu

Viticoltura: Convenzionale
Ettari: 6 | **Bottiglie:** 30.000 | **Produzione olearia:** No
Proprietà: Henri Anselmet
Cond. enologica: Henri Anselmet
Cond. agronomica: Henri Anselmet
Vendita diretta: Sì | **Visite in azienda:** Sì

LA COPINE
Bianco - Sauvignon 100%
Alc. 13,5% | € 18 | Bt. 3.600 | Ferm. Acciaio | Mat. Acciaio 7 mesi
Giallo paglierino dai lucenti riflessi verdolini. Olfatto avvolgente con sensazioni di fiori gelsomino e geranio, frutto agrumato di cedro e bergamotto. Chiude con note vegetali di finocchietto selvatico. Il sorso fresco, sapido e ben bilanciato garantisce una beva appagante. Robiola di Roccaverano.

PAS TOI
Bianco - Viognier 100%
Alc. 13,5% | € 30 | Bt. 2.000 | Ferm. Legno | Mat. Legno 7 mesi
Sushi e sashimi.

VALLE D'AOSTA SYRAH 2021
Rosso Doc - Syrah 100%
Alc. 14,5% | € 35 | Bt. 1.300 | Ferm. Acciaio | Mat. Legno 12 mesi
Lepre in salmì.

NAGÒTT
Rosso - Petit rouge 60%, Fumin 15%, Cornalin 10%, Mayolet 10%, Prëmetta 5%
Alc. 14% | € 70 | Bt. 900 | Ferm. Acciaio | Mat. Legno 18 mesi
Cinghiale in umido.

VALLE D'AOSTA CORNALIN VIOUX 2022
Rosso Doc - Cornalin 100%
Alc. 13,5% | € 30 | Bt. 700 | Ferm. Acciaio e Terracotta | Mat. Legno 7 mesi e Terracotta 7 mesi
Carré di maiale al forno con mele renette.

VALLE D'AOSTA PINOT GRIS 2022
Bianco Doc - Pinot grigio 100%
Alc. 14,5% | € 25 | Bt. 2.500 | Ferm. Legno e Acciaio | Mat. Acciaio 8 mesi e Legno 8 mesi
Spaghetti con mazzancolle e pomodorini.

LA COPINE
S.A.

1935 C.C.
S.A. | S.A. | 2017

La Source
(2003)

L'azienda, condotta sapientemente da Stefano Celi, continua ormai da vent'anni la produzione di vini di qualità, sia da vitigni autoctoni che internazionali. Stefano è riuscito a superare brillantemente questi ultimi anni difficili sia da un punto di vista climatico che sociale grazie alle sue capacità di agronomo e alle innovazioni apportate in azienda, come l'impianto fotovoltaico che rende praticamente autonoma, da un punto di vista energetico, la cantina. Il Gamay quest'anno ci ha sorpreso per la sua grande facilità di beva.

Località Bussan Dessous, 1 - 11010 Saint-Pierre (AO)
T. 0165 904038 | M. info@lasource.it
www.lasource.it

Viticoltura: Lotta integrata
Ettari: 9 | **Bottiglie:** 45.000 | **Produzione olearia:** No
Proprietà: Stefano Celi
Cond. enologica: Mario Ronco
Cond. agronomica: Stefano Celi
Vendita diretta: Sì | **Visite in azienda:** Sì

VALLE D'AOSTA GAMAY 2019
Rosso Dop - Gamay 100%
Alc. 13,5% | € 15 | Bt. 3.000 | Ferm. Acciaio | Mat. Acciaio 12 mesi
Porpora di media fittezza con intarsi rosso rubino. Olfatto stuzzicante con suggestioni vegetali ammantate da lampone e fragoline di bosco e da lievi accenni di fiore di sambuco. Fresco e invitante con trama tannica serica. Persistente il frutto nell'epilogo. Coniglio alla ligure.

VALLE D'AOSTA CORNALIN 2018
Rosso Dop - Cornalin 100%
Alc. 13,5% | € 16 | Bt. 5.000 | Ferm. Acciaio | Mat. Acciaio 12 mesi
Ossobuco alla milanese.

VALLE D'AOSTA TORRETTE 2018
Rosso Dop - Petit rouge 90%, Prëmetta 5%, Vien de Nus 5%
Alc. 13% | € 14 | Bt. 7.500 | Ferm. Acciaio | Mat. Acciaio 12 mesi
Tagliere di salumi.

VALLE D'AOSTA PETITE ARVINE 2022
Bianco Dop - Petite arvine 100%
Alc. 13% | € 25 | Bt. 3.500 | Ferm. Legno e Acciaio | Mat. Acciaio 6 mesi
Gnocchi di patate viola con carciofi morbidi e croccanti.

VALLE D'AOSTA BIANCO ENSEMBLO 2019
Bianco Dop - Traminer aromatico 50%, Muscat petit grain 40%, Müller Thurgau 10%
Alc. 13,5% | € 16 | Bt. 3.500 | Ferm. Acciaio | Mat. Acciaio 6 mesi
Risotto con gamberi di fiume e piselli.

VALLE D'AOSTA CHARDONNAY 2021
Bianco Dop - Chardonnay 100%
Alc. 13,5% | € 15 | Bt. 2.500 | Ferm. Acciaio | Mat. Acciaio 6 mesi
San Pietro alla siciliana con dadolata di patate.

VALLE D'AOSTA SYRAH
2015

VALLE D'AOSTA CHARDONNAY
2020

La Vrille
(2005)

L'azienda La Vrille si è distinta fin dalla sua costituzione per la conduzione di pratiche agronomiche rispettose delle piante, finalizzate a rafforzare la vite e metterla in condizione, al centro del suo ecosistema, di difendersi quanto più possibile da sola dagli agenti patogeni. Per far conoscere questa filosofia e i tesori della zona di produzione, da quest'anno si è puntato sull'enoturismo e sulle degustazioni di vino anche in vigna, in abbinamento a prodotti locali. L'ambìto Tastevin va alla versione passita del loro moscato per la sua eleganza e il suo equilibrio gustativo.

Frazione Grangeon, 1 - 11020 Verrayes (AO)
T. 0166 543018 | M. lavrille.caves@gmail.com
www.lavrille.it

Viticoltura: Biologica
Ettari: 3 | **Bottiglie:** 20.000 | **Produzione olearia:** No
Proprietà: Hervé Daniel Deguillame
Cond. enologica: Hervé Daniel Deguillame
Cond. agronomica: Hervé Daniel Deguillame
Vendita diretta: Sì | **Visite in azienda:** Sì

(92)

VALLE D'AOSTA CHAMBAVE MUSCAT FLÉTRI 2021
Bianco Doc Passito - Muscat petit grain 100%
Alc. 13,5% | € 41 (0,375l) | Bt. 900 | Ferm. Acciaio | Mat. Acciaio 19 mesi
Prezioso topazio, giallo dorato intenso e vivissimo. L'olfatto è un vortice di profumi: arancia candita, tarte tatin con gelato alla vaniglia, erbe alpine e miele di zagara. Grande coerenza aromatica tra naso e bocca. Il finale è lungo e tonico, all'insegna dell'arancia e dell'albicocca candita. Crostata alle mandorle e albicocche.

VALLE D'AOSTA FUMIN 2019
Rosso Doc - Fumin 100%
Alc. 13,5% | € 30 | Bt. 1.400 | Ferm. Acciaio | Mat. Legno 12 mesi
Costata di manzetta con salsa allo zenzero.

VALLE D'AOSTA VUILLERMIN 2020
Rosso Doc - Vuillermin 100%
Alc. 14,5% | € 20 | Bt. 1.900 | Ferm. Acciaio | Mat. Legno 12 mesi
Gulasch di manzo alla paprica dolce.

VALLE D'AOSTA CHAMBAVE MUSCAT 2021
Bianco Doc - Muscat petit grain 100%
Alc. 14,5% | € 20 | Bt. 4.500 | Ferm. Acciaio | Mat. Acciaio 7 mesi
Risotto al tartufo bianco.

VALLE D'AOSTA CHAMBAVE 2021
Rosso Doc - Petit rouge 70%, Syrah 20%, Vuillermin 10%
Alc. 13,5% | € 16 | Bt. 1.400 | Ferm. Acciaio | Mat. Acciaio 7 mesi
Mocetta di camoscio.

VALLE D'AOSTA CORNALIN 2020
Rosso Doc - Cornalin 100%
Alc. 13,5% | € 18 | Bt. 2.800 | Ferm. Acciaio | Mat. Acciaio 9 mesi
Capriolo in salmì con polenta di grano saraceno.

VALLE D'AOSTA CHAMBAVE MUSCAT
2014 | 2020

VALLE D'AOSTA CHAMBAVE MUSCAT FLÉTRI
2019

Le Grain
(2012)

L'azienda le Grain di Saint-Pierre ha cominciato la produzione nel 2012, puntando decisa sui vitigni autoctoni valdostani. 5 anni fa, il patron Claudio Berthod ha deciso di allargare la produzione al pinot nero, allevato su nuovi impianti strappati al bosco, nel Comune di Aymavilles, sulla collina che da Saint-Léger va verso la Poyaz, una delle zone considerate tra le più vocate dai testi di viticultura valdostana. A partire da queste uve, esce quest'anno per la prima volta sul mercato un nuovo vino rosato, vinificato in acciaio dopo una veloce criomacerazione in cella frigo a 4°C.

Via Chateau-Feuillet, 9 - 11010 Saint Pierre (AO)
T. 327 7734488 | M. legrain@libero.it
le-grain-di-berthod-claudio.business.site

Viticoltura: Convenzionale
Ettari: 1,1 | **Bottiglie:** 6.000 | **Produzione olearia:** No
Proprietà: Claudio Berthod
Cond. enologica: Mattia Nicoletta
Cond. agronomica: Claudio Berthod
Vendita diretta: Sì | **Visite in azienda:** Sì

VALLE D'AOSTA PETITE ARVINE 2022
Bianco Doc - Petite arvine 100%
Alc. 15% | € 25 | Bt. 864 | Ferm. Acciaio | Mat. Acciaio 6 mesi
Un tenue e splendente giallo sabbia. Il naso racconta energico di tiglio e sambuco, melone bianco e pompelmo, intrecciati a un ventaglio di frutta tropicale. Il sorso è generoso e invitante, con una persistente scia fresca condotta da echi agrumati nella chiosa. Risotto alla milanese.

VALLE D'AOSTA PETIT ROUGE 2020
Rosso Doc - Petit rouge 100%
Alc. 13% | € 22 | Bt. 1.600 | Ferm. Acciaio | Mat. Acciaio 6 mesi
Coppa piacentina.

VALLE D'AOSTA ROSÉ 2022
Rosato Doc - Pinot nero 100%
Alc. 13,5% | € 25 | Bt. 630 | Ferm. Acciaio | Mat. Acciaio 6 mesi
Piccione al forno con cipollotti.

VALLE D'AOSTA TORRETTE SUPÉRIEUR
2020

VALLE D'AOSTA TORRETTE
2016 | 2020

Les Crêtes
(1989)

Storica azienda valdostana ubicata ad Aymavilles, comune più vitato nella regione. Giulio, che ormai da anni gestisce con successo la cantina, è un uomo in continuo fermento. Nell'ultimo anno sono stati acquisiti circa cinque ettari di terreni dislocati in diversi comuni della valle che andranno a aumentare la selezione di vini già ampia. Per far posto alla maggiore produzione è prossimo anche l'ampliamento della cantina con la costruzione di una nuova e più moderna barricaia. Ampliamenti che hanno alla base la produzione di vini di qualità che rispecchino e rispettino l'identità valdostana.

Località Villetos, 50 - 11010 Aymavilles (AO)
T. 0165 902274 | M. info@lescretes.it
www.lescretes.it

Viticoltura: Convenzionale
Ettari: 35 | **Bottiglie:** 250.000 | **Produzione olearia:** No
Proprietà: Famiglia Charrère
Cond. enologica: Raffaele Crotta
Cond. agronomica: Federico Curtaz, Carlo Bataillon
Vendita diretta: Sì | **Visite in azienda:** Sì

VALLE D'AOSTA PETITE ARVINE 2022
Bianco Dop - Petite arvine 100%
Alc. 14% | € 18 | Bt. 42.000 | Ferm. Acciaio | Mat. Acciaio 5 mesi
Giallo paglierino di spiccata luminosità. Un ventaglio di agrumi, gelsomino e stille di bergamotto introducono il profilo olfattivo prima di lasciare spazio ad erbe aromatiche di montagna. L'assaggio è equilibrato e caratterizzato da una fine sapidità che sfocia su soffi di mela e nuance balsamiche. Parmigiano Reggiano Riserva.

VALLE D'AOSTA FUMIN 2021
Rosso Dop - Fumin 100%
Alc. 13,5% | € 24 | Bt. 10.000 | Ferm. Acciaio | Mat. Legno 12 mesi
Cinghiale arrosto con castagne.

VALLE D'AOSTA CHARDONNAY CUVÉE BOIS 2021
Bianco Dop - Chardonnay 100%
Alc. 14% | € 44 | Bt. 20.000 | Ferm. Legno | Mat. Legno 11 mesi
Totani ripieni con salsa mediterranea.

VALLE D'AOSTA BIANCO NEIGE D'OR 2019
Bianco Dop - Petite arvine 60%, Pinot grigio 40%
Alc. 14% | € 58 | Bt. 1.800 | Ferm. Legno | Mat. Acciaio 6 mesi e Legno 12 mesi
Bocconcini di rana pescatrice in crosta di mandorle.

VALLE D'AOSTA NEBBIOLO 2020
Rosso Dop - Nebbiolo 100%
Alc. 13,5% | € 33 | Bt. 6.000 | Ferm. Acciaio | Mat. Legno 18 mesi
Manzo brasato con funghi.

VALLE D'AOSTA MERLOT LE MERLE 2020
Rosso Dop - Merlot 100%
Alc. 14,5% | € 27 | Bt. 5.000 | Ferm. Acciaio | Mat. Legno 18 mesi
Cosciotto di maiale farcito.

VALLE D'AOSTA CHARDONNAY CUVÉE BOIS
2015 | 2019

VALLE D'AOSTA PINOT NERO REVEI
2018 | 2019

Les Granges
(2003)

In vigna c'è sempre qualcosa da rinnovare! Si riassume così la filosofia di Gualtiero Crea, proprietario, assieme al figlio Edoardo e alla moglie Liana Grange, di questo feudo valdostano della biodinamica. Approfittando dei rinnovamenti, Gualtiero persegue l'obiettivo della tipicità, puntando via via sempre di più sui vitigni della tradizione, come testimonia l'impianto di ner d'ala, ormai quasi in produzione. Intanto, la vendemmia 2022 è stata la prima in vigna per la nipote, la piccola Agata. Per ora nonno Gualtiero raccoglie l'uva, Agata la mangia!

Frazione Les Granges, 8 - 11020 Nus (AO)
T. 0165 767229 | M. info@lesgrangesvini.com
www.lesgrangesvini.com

Viticoltura: Biologica certificata e biodinamica
Ettari: 3,5 | **Bottiglie:** 15.000 | **Produzione olearia:** No
Proprietà: Gualtiero e Edoardo Crea e Liana Grange
Cond. enologica: Gualtiero Crea
Cond. agronomica: Gualtiero Crea
Vendita diretta: Sì | **Visite in azienda:** Sì

VALLE D'AOSTA FUMIN 2020
Rosso Doc - Fumin 100%
Alc. 13,5% | € 22 | Bt. 4.000 | Ferm. Acciaio | Mat. Acciaio 24 mesi e Legno 24 mesi
Veste rosso rubino profondo e impenetrabile. Lo slancio iniziale sui toni fruttati di more, marasca e prugna evolve in note speziate e balsamiche con sbuffi di cacao. Il gusto, ricco e avvolgente è ben strutturato con doti di equilibrio e gradevole freschezza; tannini di velluto in una piacevole risacca. Fagiano arrosto.

VALLE D'AOSTA NUS MALVOISIE 2021
Bianco Doc - Pinot grigio 100%
Alc. 14% | € 15 | Bt. 1.200 | Ferm. Acciaio | Mat. Acciaio 12 mesi
Provola di Agerola.

VALLE D'AOSTA NUS 2020
Rosso Doc - Vien de Nus 60%, Petit rouge 30%, altre varietà 10%
Alc. 13,5% | € 15 | Bt. 4.000 | Ferm. Acciaio | Mat. Acciaio 12 mesi
Guanciale di manzo in umido con polenta.

VALLE D'AOSTA PINOT NOIR L'ETRANGER 2020
Rosso Doc - Pinot nero 100%
Alc. 12% | € 19 | Bt. 2.200 | Ferm. Acciaio | Mat. Acciaio 24 mesi e Legno 24 mesi
Cosciotto d'agnello al forno con patate novelle.

VALLE D'AOSTA FUMIN
2015

VALLE D'AOSTA NUS MALVOISIE
2019

Lo Triolet
(1993)

Marco Martin, proprietario dell'azienda, ha festeggiato i 30 anni di attività e continua con dedizione e orgoglio la coltivazione delle sue amate vigne. È possibile degustare i suoi ottimi vini nella splendida sala degustazioni ricavata in una vecchia stalla con volta a crociera e meravigliosamente restaurata. Quest'anno ci propone un Pinot Gris passato in barrique per 10 mesi che svetta, e un Pinot Nero ottenuto con il 20% di grappoli con raspo per dare al vino maggior carattere.

Frazione Junod, 4 - 11010 Introd (AO)
T. 0165 95437 | M. lotriolet@vievini.it
www.lotriolet.vievini.it

Viticoltura: Convenzionale e lotta integrata
Ettari: 5 | **Bottiglie:** 60.000 | **Produzione olearia:** No
Proprietà: Marco Martin
Cond. enologica: Marco Martin
Cond. agronomica: Staff aziendale
Vendita diretta: Sì | **Visite in azienda:** Sì

95

VALLE D'AOSTA PINOT GRIS 2022
Bianco Doc - Pinot grigio 100%
Alc. 14% | € 20 | Bt. 14.000 | Ferm. Acciaio | Mat. Acciaio 8 mesi
Giallo di magnifica stoffa con riflessi di rame. L'olfatto è un vortice di profumi dolci: uva spina e pesca bianca a cui seguono il fiore della magnolia e intarsi balsamici di talco mentolato, eucalipto e anice. Il sorso è fine, misurato ma potente. Nella lunghissima chiusura troneggia il lime. Capretto arrosto alle erbe aromatiche.

VALLE D'AOSTA PINOT GRIS ÉLEVÉ EN BARRIQUE 2021
Bianco Doc - Pinot grigio 100%
Alc. 14% | € 30 | Bt. 2.000 | Ferm. Legno | Mat. Legno 10 mesi
Risotto alla zucca e astice.

VALLE D'AOSTA ROSSO CÔTEAU BARRAGE 2021
Rosso Doc - Syrah 80%, Fumin 20%
Alc. 14% | € 30 | Bt. 8.000 | Ferm. Acciaio | Mat. Acciaio 9 mesi e Legno 9 mesi
Controfiletto di bue alla brace.

VALLE D'AOSTA PINOT NOIR 2021
Rosso Doc - Pinot nero 100%
Alc. 13% | € 21 | Bt. 7.000 | Ferm. Legno e Acciaio | Mat. Acciaio 9 mesi e Legno 9 mesi
Coniglio in umido alle erbe aromatiche.

VALLE D'AOSTA FUMIN 2020
Rosso Doc - Fumin 100%
Alc. 13,5% | € 30 | Bt. 6.000 | Ferm. Acciaio | Mat. Acciaio 9 mesi e Legno 9 mesi
Medaglioni di cervo con riduzione di cottura.

VALLE D'AOSTA TORRETTE 2021
Rosso Doc - Petit rouge 95%, altre varietà 5%
Alc. 13,5% | € 18 | Bt. 4.000 | Ferm. Acciaio | Mat. Acciaio 8 mesi
Gnocchetti di zucca con porcini.

VALLE D'AOSTA PINOT GRIS
2017 | 2019

VALLE D'AOSTA PETITE ARVINE
2019 | 2020 | 2021

Mai Domi
(2016)

Mai Domi è il nome di questa piccola realtà vitivinicola valdostana ma anche il motto di Alex Salvi che, mai stanco, si butta sempre in nuove sfide come quella della nuova bollicina che riposa in cantina in attesa dei suoi 36 mesi sui lieviti e di farsi conoscere. Gli ettari vitati di cui occuparsi sono quest'anno aumentati a due e oltre ai vini ormai iconici sui quali continuare a lavorare, come l'Imago da müller thurgau, Alex ha l'obiettivo e il sogno di avere una linea completa di prodotti, dalla bollicina fino ad arrivare ai liquori.

Frazione Chez Buillet, 1/B - 11020 Pollein (AO)
T. 320 0985585 | M. info@maidomi.it
www.aziendaagricolamaidomi.it

Viticoltura: Convenzionale
Ettari: 2 | **Bottiglie:** 6.000 | **Produzione olearia:** No
Proprietà: Alex Salvi
Cond. enologica: Fabrizio Prosperi
Cond. agronomica: Alex Salvi
Vendita diretta: Sì | **Visite in azienda:** Sì

ORTO DELLE LUMACHE 2020
Rosso - Barbera 100%
Alc. 13,5% | € 28 | Bt. 300 | Ferm. Acciaio | Mat. Legno 18 mesi
Cremisi elegante, intenso e luminoso. Olfatto caratterizzato da slanci di ciliegia e mora a cui si alternano riverberi di liquirizia, mentolo, anice stellato e gradevoli sbuffi di vaniglia. Sorso volumico, fresco e succoso con tannini setosi. Si allunga in un finale fruttato. Brasato di lepre con riduzione di vino rosso.

VALLE D'AOSTA MÜLLER THURGAU IMAGO 2022
Bianco Doc - Müller Thurgau 90%, Traminer aromatico 10%
Alc. 12% | € 16 | Bt. 1.000 | Ferm. Acciaio | Mat. Acciaio 6 mesi
Crostini con burro e alici.

IOCUS
Rosso - Petit rouge 60%, altre varietà 40%
Alc. 13,5% | € 16 | Bt. 1.000 | Ferm. Acciaio
Agnolotti al sugo di carne.

VALLE D'AOSTA TORRETTE SUPERIEUR DOMUS NOSTRA
2019 | 2020

VALLE D'AOSTA PINOT NOIR ÉLITE
2020

Ottin
(2007)

A Porossan Elio continua, a mezzacosta tra tradizione e innovazione, il percorso vitivinicolo intrapreso. "Canto decimo", decimo vino, decima sinfonia in casa Ottin: un divertissement onomastico che evoca il canto degli eretici e degli epicurei dell'Inferno della Commedia. I terreni su cui sorgono le vigne furono acquistati grazie alla confisca dei beni ecclesiastici conseguente alla breccia di Porta Pia. Eretici dunque ma anche epicurei: la barrique, l'aria di montagna, l'esperienza di Elio e la passione di Nicolas per lo chardonnay ci regalano emozione e godimento a ogni sorso. Edonismo.

Frazione Porossan Neyves, 209 - 11100 Aosta (AO)
T. 347 4071331 | M. info@ottinvini.it
www.ottinvini.it

Viticoltura: Convenzionale
Ettari: 10 | **Bottiglie:** 70.000 | **Produzione olearia:** No
Proprietà: Elio Ottin
Cond. enologica: Elio Ottin
Cond. agronomica: Elio Ottin
Vendita diretta: Sì | **Visite in azienda:** Sì

92

VALLE D'AOSTA PINOT NOIR 2021
Rosso Dop - Pinot nero 100%
Alc. 13% | € 30 | Bt. 9.500 | Ferm. Legno e Acciaio | Mat. Legno 12 mesi
Sipario rosso rubino, naso melanconico che si apre su memorie di anguria, lampone e melagrana. Seguono malie di rosa, peonia e spezie dolci. Una sapidità briosa sottende e sostiene un palato dove troneggiano rosa e ciliegia. La beva è lunga e ammandorlata. Braciola di cervo con salsa di ribes.

VALLE D'AOSTA PINOT NOIR L'EMERICO 2020
Rosso Dop - Pinot nero 100%
Alc. 13% | € 50 | Bt. 3.500 | Ferm. Acciaio | Mat. Legno 20 mesi
Stufato di daino.

VALLE D'AOSTA CHARDONNAY CANTO X 2021
Bianco Doc - Chardonnay 100%
Alc. 13,5% | € 40 | Bt. 2.500 | Ferm. Legno | Mat. Legno 12 mesi
Lumache alla bourguignonne.

VALLE D'AOSTA PETITE ARVINE NUANCES 2021
Bianco Dop - Petite arvine 100%
Alc. 14,5% | € 40 | Bt. 3.500 | Ferm. Legno | Mat. Legno 10 mesi
Tajarin al tartufo bianco d'Alba.

VALLE D'AOSTA FUMIN 2021
Rosso Dop - Fumin 100%
Alc. 13,5% | € 33 | Bt. 6.200 | Ferm. Legno e Acciaio | Mat. Legno 12 mesi
Coda alla vaccinara.

VALLE D'AOSTA TORRETTE SUPÉRIEUR 2021
Rosso Dop - Petit rouge 80%, Cornalin 10%, Fumin 10%
Alc. 13,5% | € 28 | Bt. 4.000 | Ferm. Acciaio | Mat. Legno 12 mesi
Oca arrosto.

VALLE D'AOSTA PINOT NOIR L'EMERICO
2016 | 2018 | 2019

VALLE D'AOSTA TORRETTE SUPÉRIEUR
2014 | 2016

Ermes Pavese
(1999)

Dalla sua cantina di Morgex, alle pendici del Monte Bianco, la famiglia Pavese è sempre in fermento e anche quest'anno ci propone delle novità. Nella loro magnifica vigna "Le sette scalinate", vigneto tra i più alti e spettacolari d'Europa, è stata predisposta un'area, per poter degustare direttamente tra le viti i loro vini. L'ultima uscita di quest'anno è l'ottimo PAVESE LX, un Pas Dosé Metodo Classico che affina sui lieviti per ben 60 mesi. 100% Prié blanc, il tipico vitigno autoctono della zona. Presente anche quest'anno, in formato Magnum, Le sette scalinate Carlo Pavese.

Strada Pineta, 26 - 11017 Morgex (AO)
T. 347 4409153 | M. info@ermespavese.it
www.ermespavese.it

Viticoltura: Biologica e lotta integrata
Ettari: 7 | **Bottiglie:** 40.000 | **Produzione olearia:** No
Proprietà: Ermes Pavese
Cond. enologica: Ermes Pavese
Cond. agronomica: Ermes Pavese
Vendita diretta: Sì | **Visite in azienda:** Sì

VALLE D'AOSTA BLANC DE MORGEX ET DE LA SALLE PAS DOSÉ PAVESE XXXVI 2018
Bianco Dop Metodo Classico - Prié blanc 100%
Alc. 13% | € 45 | Bt. 900 | Ferm. Acciaio | 36 mesi sui lieviti
Puro cristallo paglierino con barlumi color smeraldo e finissimo perlage. Incipit di fiori bianchi e fragranze di panificazione precedono profumi di timo e maggiorana. Il sorso cremoso è sostenuto da una buona vena sapida e si accomiata su insistenze di cedro. Frittura di calamari, gamberi e zucchine.

VALLE D'AOSTA BLANC DE MORGEX ET DE LA SALLE LE SETTE SCALINATE 2019
Bianco Dop - Prié blanc 100%
Alc. 12,5% | € 70 (1,5l) | Bt. 200 | Ferm. Acciaio | Mat. Acciaio 12 mesi
Sarde a beccafico.

VALLE D'AOSTA BLANC DE MORGEX ET DE LA SALLE 2022
Bianco Dop - Prié blanc 100%
Alc. 12% | € 17 | Bt. 25.000 | Ferm. Acciaio | Mat. Acciaio 9 mesi
Carpaccio di crostacei su mela verde.

VALLE D'AOSTA BLANC DE MORGEX ET DE LA SALLE PAVESE LX 2016
Bianco Doc Metodo Classico - Prié blanc 100%
Alc. 13% | € 65 | Bt. 600 | Ferm. Acciaio | Mat. Acciaio 9 mesi
60 mesi sui lieviti
Risotto con silene e cime di luppolo selvatico.

VALLE D'AOSTA BLANC DE MORGEX ET DE LA SALLE PAS DOSÉ PAVESE XLVIII
2016

VALLE D'AOSTA BLANC DE MORGEX ET DE LA SALLE SETTE SCALINATE
2018

André Pellissier
(2017)

Questa piccola azienda gestita da un giovane e brillante Vigneron è specializzata nella produzione di vini rossi da vitigni autoctoni e internazionali. La lavorazione delle vigne, ubicate in una zona particolarmente vocata nel centro valle, è improntata al massimo rispetto per l'ambiente. Le lavorazioni sono esclusivamente manuali e i trattamenti sono pochi e il meno invasivi possibile. In cantina André sta sperimentando e ha iniziato ad utilizzare il legno soprattutto sul fumin e sul torrette. Su appuntamento è possibile degustare i vini in una caratteristica sala degustazione.

Frazione Bussan Dessous - 11010 Saint-Pierre (AO)
T. 340 5704029 | M. info@pellissierwine.it

Viticoltura: Convenzionale
Ettari: 2,5 | **Bottiglie:** 14.000 | **Produzione olearia:** No
Proprietà: André Pellissier
Cond. enologica: Fabrizio Prosperi
Cond. agronomica: André Pellissier
Vendita diretta: Sì | **Visite in azienda:** Sì

VALLE D'AOSTA SYRAH 2021
Rosso Dop - Syrah 95%, Fumin 5%
Alc. 14% | € 26 | Bt. 2.000 | Ferm. Acciaio | Mat. Acciaio 12 mesi
Rosso rubino di intensa vivacità. Ribes rosso, fragoline di bosco e muschio padroneggiano l'olfatto insieme a nuance speziate di pepe nero e cannella. In bocca entra sottile con aromi fruttati e di sottobosco per poi chiudere con freschezza. Civet di capriolo ai funghi.

VALLE D'AOSTA FUMIN 2020
Rosso Dop - Fumin 95%, Syrah 5%
Alc. 13,5% | € 30 | Bt. 1.800 | Ferm. Acciaio | Mat. Legno 24 mesi
Cinghiale arrosto con castagne.

VALLE D'AOSTA TORRETTE SUPÉRIEUR 2020
Rosso Dop - Petit rouge 80%, Fumin 15%, Syrah 5%
Alc. 13,5% | € 26 | Bt. 4.000 | Ferm. Acciaio | Mat. Legno 24 mesi
Fettuccine al ragù d'agnello.

BOUQUET
Rosso - Petit rouge 40%, Vien de Nus 40%, altre varietà 20%
Alc. 13,5% | € 28 | Bt. 700 | Ferm. Acciaio | Mat. Acciaio 24 mesi
Rotolo di coniglio con pomodorini ed erbe aromatiche.

VALLE D'AOSTA SYRAH
2017

VALLE D'AOSTA TORRETTE SUPÉRIEUR
2018

Piantagrossa
(2014)

Luciano Zoppo Ronzero, titolare dell'azienda Piantagrossa a Donnas, fondata nel 2014, si prepara ai festeggiamenti della decima vendemmia, con una nuova etichetta, il Rosé Rose Tendre, un profumato rosato di buona struttura, ottenuto da uve nebbiolo picotendro, allevato a pergola valdostana nelle ripide toupie, i terrazzamenti scavati nella roccia. È emozionante visitarle camminando tra i filari con Luciano. Grande successo per questo entusiasta imprenditore nei mercati statunitensi, dove i suoi vini sono particolarmente apprezzati.

Via Roma, 213 - 11020 Donnas (AO)
T. 348 0077404 | M. info@piantagrossadonnas.it
www.piantagrossadonnas.it

Viticoltura: Lotta integrata
Ettari: 4,5 | **Bottiglie:** 25.000 | **Produzione olearia:** No
Proprietà: Luciano Zoppo Ronzero
Cond. enologica: Andrea Costa
Cond. agronomica: Stefania Dozio
Vendita diretta: Sì | **Visite in azienda:** Sì

(91,5)

VALLE D'AOSTA DONNAS GEORGOS 2020
Rosso Doc - Nebbiolo 100%
Alc. 13,5% | € 45 (1l) | Bt. 3.000 | Ferm. Acciaio | Mat. Legno 24 mesi
Abito rosso granato, delicatamente pigmentato. All'olfatto, a rosa rossa e rosa canina seguono mallo di noce, mirto e cumino. La dotazione alcolica è splendidamente bilanciata da un buon corpo e da una stuzzicante sapidità. Il finale è all'insegna di frutta rossa e arancia. Braciola di cervo con salsa di ribes.

VALLE D'AOSTA NEBBIOLO 396 AESCULUS HIPPOCASTANUM 2021
Rosso Doc - Nebbiolo 100%
Alc. 13% | € 18 | Bt. 12.000 | Ferm. Acciaio | Mat. Acciaio 12 mesi
Cacciucco alla livornese.

VALLE D'AOSTA ROSÉ ROSE TENDRE 2022
Rosato Doc - Nebbiolo 100%
Alc. 13% | € 17 | Bt. 2.000 | Ferm. Acciaio | Mat. Acciaio 7 mesi
Triglie in guazzetto.

BIANC>ONE
Bianco - Erbaluce 100%
Alc. 12,5% | € 24 | Bt. 1.200 | Ferm. Legno | Mat. Legno 12 mesi
Coniglio al forno con funghi.

VALLE D'AOSTA NEBBIOLO DESSUS 2021
Rosso Doc - Nebbiolo 100%
Alc. 13,5% | € 26 | Bt. 800 | Ferm. Acciaio | Mat. Legno 12 mesi
Filetto di bue con salsa di Roquefort.

VALLE D'AOSTA DONNAS GEORGOS
2016 | 2019

BIANCONE
S.A.

Rosset Terroir
(2005)

L'azienda Rosset Terroir, nonostante gli importanti riconoscimenti nazionali e internazionali conseguiti, non si ferma mai e prosegue nel recupero di antiche vigne in quota. La filosofia che anima quest'azienda è il grande rispetto per l'ambiente, nessun trattamento di sintesi in vigna e solo energia autoprodotta in tutto il processo produttivo; in cantina la giovane squadra di enologi, oltre a incrementare la già splendida barricaia, sperimenta lunghe maturazioni in orci e anfore di terracotta. Sempre emozionante il Syrah dall'elegante struttura.

Località Torrent de Maillod, 4 - 11020 Quart (AO)
T. 0165 774111 | M. info@rosseterroir.it
www.rosseterroir.it

Viticoltura: Convenzionale
Ettari: 12 | **Bottiglie:** 50.000 | **Produzione olearia:** No
Proprietà: Nicola Rosset
Cond. enologica: Matteo Moretto
Cond. agronomica: Matteo Moretto
Vendita diretta: Sì | **Visite in azienda:** Sì

VALLE D'AOSTA SYRAH 870 2021
Rosso Dop - Syrah 100%
Alc. 14,5% | € 40 | Bt. 2.000 | Ferm. Acciaio e Terracotta | Mat. Legno 12 mesi
Rosso rubino, rilucente e di pregio. Caleidoscopio ampio: mora, cannella, viola, geranio, seguiti da cenni balsamici, ematici, tabacco trinciato, liquirizia e cacao. Palato pieno e succoso, sorretto da tannini calibrati seppur ancora giovanili. Si congeda su aromi di mirtillo e lamponi. Filetto alla Wellington.

SOPRAQUOTA 900
Bianco - Petite arvine 100%
Alc. 14,5% | € 50 | Bt. 3.000 | Ferm. Legno e Acciaio e Terracotta
Mat. Acciaio 12 mesi e Legno 12 mesi e Terracotta 12 mesi
Ravioli di patate e baccalà.

VALLE D'AOSTA PETITE ARVINE 2021
Bianco Dop - Petite arvine 100%
Alc. 14,5% | € 22 | Bt. 6.000 | Ferm. Acciaio | Mat. Acciaio 12 mesi
Rollè di cernia con patate al rosmarino.

VALLE D'AOSTA PINOT NOIR 850 2021
Rosso Dop - Pinot nero 100%
Alc. 13,5% | € 30 | Bt. 1.500 | Ferm. Acciaio | Mat. Legno 12 mesi
Risotto con le quaglie.

VALLE D'AOSTA CHARDONNAY 770 2021
Bianco Dop - Chardonnay 100%
Alc. 14% | € 35 | Bt. 3.000 | Ferm. Legno | Mat. Legno 12 mesi
Bracioline di maiale al calvados.

VALLE D'AOSTA CHAMBAVE MUSCAT 2021
Bianco Dop - Moscato 100%
Alc. 14,5% | € 22 | Bt. 6.000 | Ferm. Acciaio | Mat. Acciaio 6 mesi e Terracotta 6 mesi
Asparagi verdi allo zabaione salato.

SOPRAQUOTA 900
2017 | 2019

VALLE D'AOSTA SYRAH 870
2020

Tanteun e Marietta
(2012)

Federico e Alessandra Marcoz festeggiano nel 2022 i loro primi dieci anni di attività e decidono di iniziare un grande lavoro di re-branding. Si chiude un primo capitolo dell'azienda carico di soddisfazioni e ne inizia uno nuovo sotto il nome di TAEMA, dove il punto di partenza sono il rispetto delle origini e del passato ma si punta a un futuro più smart e ancora più vicino alla clientela. Il loro rosso Farouche si riconferma portavoce del terroir valdostano, impossibile non assaggiarlo in una delle degustazioni organizzate da Alessandra in cantina.

Via Vevey, 23 - 11100 Aosta (AO)
T. 334 1822471 | M. info@tanteunemarietta.it
www.tanteunemarietta.it

Viticoltura: Convenzionale
Ettari: 3 | **Bottiglie:** 12.000 | **Produzione olearia:** No
Proprietà: Federico Marcoz
Cond. enologica: Federico Marcoz
Cond. agronomica: Federico Marcoz
Vendita diretta: Sì | **Visite in azienda:** Sì

VALLE D'AOSTA ROSSO FAROUCHE 2021
Rosso Dop - Petit rouge 70%, Cornalin 15%, Vien de Nus 10%, Gamay 5%
Alc. 13,5% | € 20 | Bt. 2.287 | Ferm. Acciaio | Mat. Acciaio 7 mesi
Vivace sipario rubino dai lucenti intarsi violacei. Si concede con piccoli frutti rossi, pepe bianco, garofano e garbate sfumature di fieno. Assaggio teso con sapori fragranti di ciliegia, agrume e fiori. Volge a un finale minerale ed equilibrato. Pappardelle al ragù di cervo.

VALLE D'AOSTA ROSSO BOHEME 2020
Rosso Doc - Petit rouge 70%, Cornalin 15%, Vien de Nus 15%
Alc. 13,5% | € 30 | Bt. 2.073 | Ferm. Acciaio | Mat. Legno 12 mesi
Cinghiale in umido.

VALLE D'AOSTA ROSSO BOHEME
2016 | 2019

VALLE D'AOSTA ROSSO FAROUCHE
2017 | 2019 | 2020

Albert Vevey
(1968)

È l'amore per il proprio territorio che anima Mirko e Mario Vevey, figli del fondatore Albert, nella conduzione di questa realtà ai piedi del Monte Bianco vocata alla valorizzazione del prié blanc. La filosofia che li anima nella produzione del loro Blanc de Morgex et La Salle è il massimo rispetto per l'unicità di questo prezioso e delicato vitigno; di qui la scelta della fermentazione e maturazione solo in vetroresina. Ne deriva un vino dal carattere montano, profumato, fresco e sapido particolarmente apprezzato dai mercati asiatici per l'eccellente abbinamento col pesce.

Frazione Villair, 67 - 11017 Morgex (AO)
T. 347 4351738 | M. mariovevey@vievini.it

Viticoltura: Lotta integrata
Ettari: 1,5 | **Bottiglie:** 10.000 | **Produzione olearia:** No
Proprietà: Mario Vevey
Cond. enologica: Mirko Vevey, Mario Vevey
Cond. agronomica: Mirko Vevey, Mario Vevey
Vendita diretta: Sì | **Visite in azienda:** Sì

VALLE D'AOSTA BLANC DE MORGEX ET DE LA SALLE NON FILTRATO 2022
Bianco Dop - Prié blanc 100%
Alc. 12,5% | € 19 | Bt. 3.000 | Ferm. Vetroresina| Mat. Vetroresina 6 mesi
Giallo solare, pieno di vita. Profilo odoroso aderente alla tipicità del vitigno, con apertura su grafite, poi erbe di montagna, tarassaco e fiori di achillea. Il gusto è dinamico, di calibrata acidità e conduce con spiccata sapidità a una durevolezza aromatica di fienagione e lime. Bocconcini di rana pescatrice in crosta di mandorle.

VALLE D'AOSTA BLANC DE MORGEX ET DE LA SALLE 2022
Bianco Dop - Prié blanc 100%
Alc. 12,5% | € 19 | Bt. 6.000 | Ferm. Acciaio | Mat. Vetroresina 6 mesi
Battuto di gamberi rossi di Sicilia.

BLANC FLAPÌ
Bianco Passito - Prié blanc 100%
Alc. 14,5% | € 25 (0,375l) | Bt. 3.000 | Ferm. Acciaio | Mat. Acciaio 5 mesi
Tarte Tatin di mele.

BLANC FLAPÌ
S.A. | S.A.

VALLE D'AOSTA BLANC DE MORGEX ET DE LA SALLE
2016 | 2018

●●○○

Marziano Vevey
(1981)

Passione e coraggio animano questa storica azienda ora condotta da Valeria Vevey, che con un grande lavoro ha recuperato alcuni vigneti su pendii ripidissimi al Villair di Morgex. Qui la viticoltura è veramente eroica ma la fatica viene ripagata da uve sane, cresciute in una zona ben soleggiata e particolarmente vocata per ottenere un prodotto straordinario atto la spumantizzazione. La scelta di fermentazioni e maturazioni solo in acciaio conferisce ai vini del prié blanc grande tensione e verticalità con un impatto olfattivo che ricorda i fiori e le erbe delle montagne dove nasce.

Viale del Convento, 1 - 11017 Morgex (AO)
T. 328 4583541 | M. infoveveymarziano@gmail.com
www.vievini.it

Viticoltura: Convenzionale e biologica
Ettari: 1 | **Bottiglie:** 7.000 | **Produzione olearia:** No
Proprietà: Marziano Vevey
Cond. enologica: Marziano Vevey
Cond. agronomica: Marziano Vevey
Vendita diretta: Sì | **Visite in azienda:** Sì

VEVEY BRUT NATURE
Bianco Metodo Classico - Prié blanc 100%
Alc. 11,5% | € 30 | Bt. 1.500 | Ferm. Acciaio | Mat. Acciaio 3 mesi
24 mesi sui lieviti
Giallo verdolino con lampi luminosi che evidenziano le piccole e numerose bollicine. Fiori bianchi e cenni di panificazione preparano a un olfatto attraente, cui seguono mela Golden, erbe aromatiche ed esili stille di pirite. Sorso tagliente e rinfrescante, equilibrato da cremosa effervescenza. Insalata di polpo, patate e olive.

VALLE D'AOSTA BLANC DE MORGEX ET DE LA SALLE 2022
Bianco Doc - Prié blanc 100%
Alc. 11,5% | € 16 | Bt. 500 | Ferm. Acciaio | Mat. Acciaio 6 mesi
Risotto con gamberi di fiume e piselli.

VEVEY BRUT NATURE
S.A. | 2019

VALLE D'AOSTA BLANC DE MORGEX ET DE LA SALLE
2021

●○○○

Vintage
(2016)

Una realtà giovane e sempre in espansione, dal 2016 Vintage si impegna nel recupero di vecchie vigne, senza estirpare e mantenendo il più possibile le piante già presenti. Fermentazioni spontanee, nessuna aggiunta enologica, dosi minime di solforosa, nessuna filtrazione, poco legno, tanto olio di gomito e rispetto del frutto sono il fil rouge che accompagnano Elisabetta in tutto il ciclo produttivo. Con la nuova annata si aggiungono, alle vigne di proprietà e a quelle storicamente in affitto, alcune collaborazioni che hanno dato vita a produzioni molto innovative.

Località Pallein, 13 - 11020 Saint Christophe (AO)
T. 320 4047325 | M. vintage.vin.natural@gmail.com
www.vin-t-age.it

Viticoltura: Biologica certificata
Ettari: 2,5 | **Bottiglie:** 5.000 | **Produzione olearia:** No
Proprietà: Elisabetta Sedda
Cond. enologica: Elisabetta Sedda
Cond. agronomica: Elisabetta Sedda
Vendita diretta: Sì | **Visite in azienda:** Sì

TACSUM
Bianco - Moscato bianco 100%
Alc. 13,5% | € 60 | Bt. 350 | Ferm. Acciaio | Mat. Legno 12 mesi
Livrea arancio brillante dalle screziature ramate. Un'intensa esplosione di fiori di riviera si susségue a essenze di frutti maturi. Ricordi marini e di cappero riportano irresistibilmente il naso al calice. In bocca il vino è dinamico, la sapidità si erge a contorno del palato in un epilogo appagante. Piccione ai porcini e tartufo nero.

DI ROSSO VESTITA
Rosso - altre varietà 100%
Alc. 12% | € 30 | Bt. 360 | Ferm. Acciaio | Mat. Legno 14 mesi
Carré di maiale al forno con mele renette.

TOUR DES FOUINES
Rosso - Gamay 100%
Alc. 13,5% | € 30 | Bt. 500 | Ferm. Acciaio | Mat. Legno 12 mesi
Fettuccine ai funghi porcini.

LA PERGOLA DI TICO
Rosso - altre varietà 100%
Alc. 12% | € 28 | Bt. 200 | Ferm. Acciaio | Mat. Legno 12 mesi
Tagliere di salumi.

MERENDENDI
Rosato - Petit rouge 50%, Syrah 50%
Alc. 13% | € 25 | Bt. 250 | Ferm. Acciaio | Mat. Acciaio 5 mesi e Legno 4 mesi
Risotto alla pescatora.

DOMUS DE JANAS
S.A.

TACSUM III
S.A.

PIE
MO
NTE

Le colline diventate un paesaggio della mente

Luciano Ferraro

Il Piemonte è un paesaggio della mente. La definizione è di Aldo Cazzullo, giornalista e scrittore albese. Per capire il paesaggio bisogna guardarlo dall'alto, bisogna osservare le distese infinite e ordinate di filari, un'avanzata dei vitigni che negli anni ha messo in secondo piano, o per meglio dire ha espulso, le varietà delle piccole proprietà, quelle che servivano al sostentamento delle famiglie. È un cambiamento del paesaggio partito da lontano, dalla metà dell'Ottocento, ma che ha avuto un effetto moltiplicatore nell'ultimo mezzo secolo.

Lo si capisce volando sulle Langhe, come ha fatto – con un drone – Alessandro Masnaghetti, che ha navigato in quota, ha scrutato la terra e ha riportato un carico di immagini e storie.

Il cartografo del vino, conosciuto in tutto il mondo, ha mappato ogni singolo vigneto, immortalandolo da angolature diverse. Il risultato è una mappa del Barolo precisa e appassionante (visibile nel sito BaroloMGA.360.it): lunghe scie ordinate di piante, pennellate di colore e di luce, proprio come le ha dipinte Tullio Pericoli, qualche anno fa, nei quadri per la mostra "Le colline davanti".

Nei quadri di Pericoli, Langhe, Roero e Monferrato sono luoghi liberati dalla presenza umana e dalla ferita degli edifici. Le colline vengono scomposte e riassemblate. La sua è una radiografia artistica che aiuta a capire le colline, meglio di una foto, perché in qualche modo estremizza l'atticità umana che ha riempito di vigneti le colline. "Come se i contadini – riflette Pericoli – non si fossero resi conto che invece di arare disegnavano il paesaggio. Con il passare delle stagioni, lo diceva Cesare Pavese, il disegno diventa pittura: tra il rosso arancio del Dolcetto e il verde ocra del Barolo, ogni vigna ha il suo colore in autunno".

Quando il signore del Barbaresco Angelo Gaja andò a trovare Pericoli nel suo studio di Milano, l'artista non riusciva a capire il motivo di quella visita. Gaja parlava e parlava delle bellezze delle Langhe, terra che comunque Pericoli conosceva bene, perché l'aveva percorsa assieme al grande giornalista Giorgio Bocca, che del vino è sempre stato un attento appassionato. Fin dai tempi della guerra partigiana, quando si fermava dai contadini e stappava le bottiglie offerte, dicendo: "Meglio che le apriamo noi dei Tedeschi". A un certo punto Gaja disse la frase che cambiò il significato di quel pomeriggio: "Amerei che il nostro paesaggio la ispirasse". Così Pericoli salì su una moto e per due mesi fotografò e prese appunti, disegnò e scelse i colori. Fino a mettere assieme 85 quadri. Accanto al verde ordinato delle vigne, ecco le marne, le argille, le sabbie. Nella mente di Pericoli questa zona del Piemonte, trasformata dal Barolo e dal Barbaresco che hanno fatto svanire la povertà agricola narrata da Beppe Fenoglio, "è un teatro che cambia scenografia un paio di volte l'anno. Anche i boschi mangiati dalle vigne sembrano essersi ritirati dolcemente".

Aldo Cazzullo: "La collina di La Morra è una sorta di montagna incantata. C'è il cedro del Libano dove andavamo il sabato sera da ragazzi".

Insisto, ci vuole un certo numero di metri dal livello del mare, uno sguardo aperto dell'orizzonte per farsi un'idea del paesaggio piemontese. Ecco il racconto di Cazzullo quando ritorna nel "suo" Piemonte, quello di Alba, della nonna materna di Barbaresco e della nonna paterna di Roddino. "Salgo volentieri a Verduno, dove la sindaca Marta Giovannini assegna ogni anno – da ultimo a Javier Cercas – il premio Fulvia, dedicato a sua prozia, la protagonista di *Una questione privata*, il capolavoro di Beppe Fenoglio. E trovo sempre un motivo per salire sulla collina di La Morra.

Far vedere le Langhe dall'alto a qualcuno che non c'è mai stato. Parlare con i miei genitori o con i miei figli degli argomenti che non si affrontano nella quotidianità. Oppure riflettere, da solo. La collina di La Morra è una sorta di montagna incantata. C'è il cedro del Libano dove andavamo il sabato sera da ragazzi. Sulle prime balze c'è la cappella affrescata per Bruno e Roberta Ceretto da David Tremlett e Sol LeWitt. A mezza costa c'è l'abbazia dell'Annunziata, dove sono le vigne di Renato Ratti, ora curate dai figli Giovanni – che ha studiato alla Bocconi – e Pietro, che ha fatto l'enologica ad Alba. Sull'altro versante, nella contrada detta Serra dei Turchi, c'è il quartier generale di Gianni Gagliardo, che ha inventato l'asta del Barolo e ha raccontato la sua storia in un bel libro, "I segreti delle Langhe". Dal belvedere di La Morra i vigneti corrono via a perdita d'occhio.

Tullio Pericoli: "Come se i contadini non si fossero resi conto che invece di arare disegnavano il paesaggio".

Sono i Cannubi, una delle zone più vocate al mondo. Da Sud soffia il "marin", il vento che sale dal Mar Ligure. Da Ovest i venti freddi che scendono dal Monviso. Di fronte i castelli che portano il nome dei grandi piemontesi, come quello di Grinzane Cavour, e la tenuta Mirafiore, donata da Vittorio Emanuele II alla Bela Rosin e ora fatta rivivere da Oscar Farinetti. Le cascine dove si allevano i tabui, i cani da tartufo. E tutto questo ruota attorno al vino".

In questo "paesaggio della mente", sono state istituite con legge regionale 86 aree protette per un totale di 155.208 ettari. Poi ci sono due Parchi Nazionali: il Gran Paradiso e la Val Grande (istituiti nel 1992), altri 48.527 ettari. Le montagne che fanno fa sfondo alle città, il sistema dei fiumi che converge sul Po, il cuore pedemontano che ha dato il nome alla regione, una zona cuscinetto tra l'invasione antropica della pianura e la natura delle vette, fanno del Piemonte una regione che ha resistito al cambiamento sociale ed economico. "Anche mantenendo un grande patrimonio di paesaggi rurali storici legati a pratiche agricole tradizionali – sostiene la relazione della Regione sul paesaggio – evolutesi sulla base di tecniche ingegnose, diversificate e a basso o nullo ricorso a energie non rinnovabili, che ne hanno consentito attraverso i secoli il continuo adattamento alle condizioni ambientali ed economiche, spesso difficili". Il riconoscimento dell'Unesco ai Paesaggi vitivinicoli del Piemonte, Langhe, Roero e Monferrato, è un omaggio al lavoro dei vignaioli che per secoli hanno plasmato le colline, tra i borghi e i castelli.

Highlights

43.536 ETTARI VITATI COMPLESSIVI
40.922 destinati a DOP,
2.614 destinati a vini generici.

2.413.025 HL DI PRODUZIONE TOTALE
93,96% di vino DOP,
6,04% di vini generici.

RIPARTIZIONE COLORE
Vini bianchi 41,05%
Vini rossi o rosati 58,95%

LE PROVINCE PIÙ PRODUTTIVE
Cuneo 37,87% sul totale, Asti 32,53% sul totale,
Alessandria 24,51% sul totale

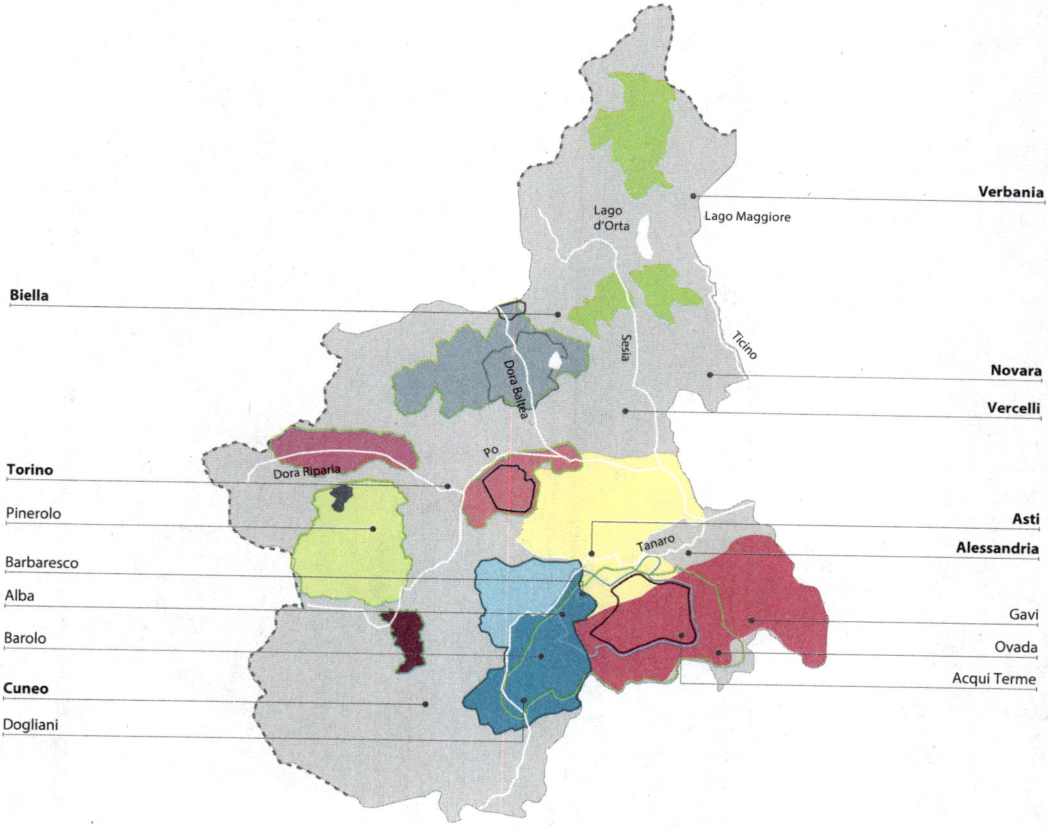

Legenda

- Saluzzese e Torinese
  - Canavese
  - Erbaluce di Caluso o Caluso DOCG
  - Carema
  - Valsusa
  - Pinerolese
    - Pinerolese Ramié
  - Collina Torinese
  - Freisa di Chieri
  - Colline Saluzzesi
- Monferrato Astigiano
- Alto Monferrato
  - Asti DOCG
  - Brachetto d'Acqui DOCG
- Roero
- Langhe
  - Langhe
  - Alta Langa DOCG
- Alto Piemonte
  - Valli Ossolane
  - Coste della Sesia
  - Lessona
  - Bramaterra
  - Gattinara DOCG
  - Colline Novaresi
  - Boca
  - Ghemme DOCG
  - Sizzano
  - Fara

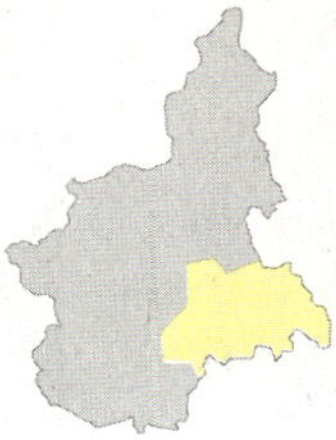

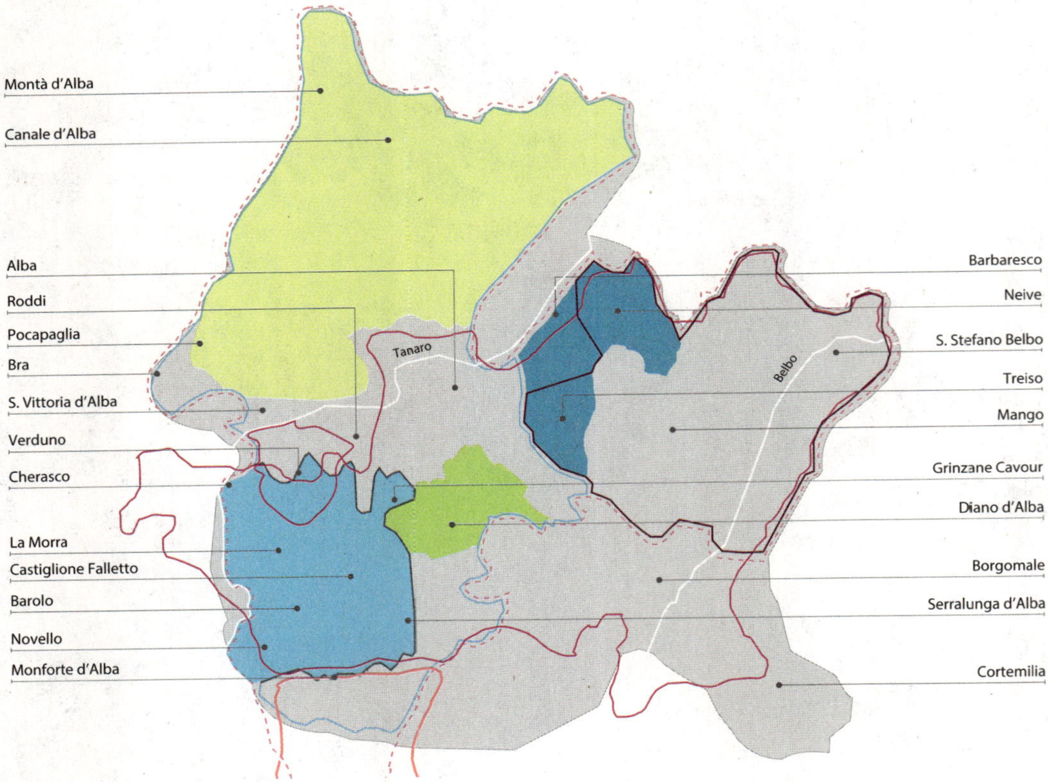

Legenda

- Dolcetto di Diano d'Alba o Diano d'Alba DOCG
- Alba
- Nebbiolo d'Alba
- Roero DOCG
- Verduno Pelaverga o Verduno
- Barolo DOCG
- Barbaresco DOCG
- Barbera d'Alba
- Dogliani DOCG
- Dolcetto d'Alba
- Canelli DOCG (parte cuneese)

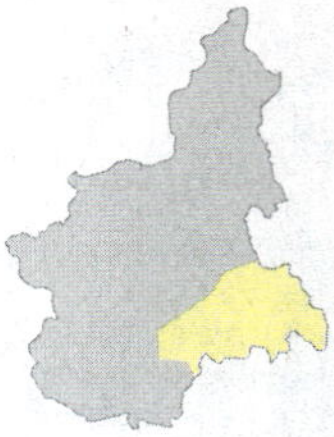

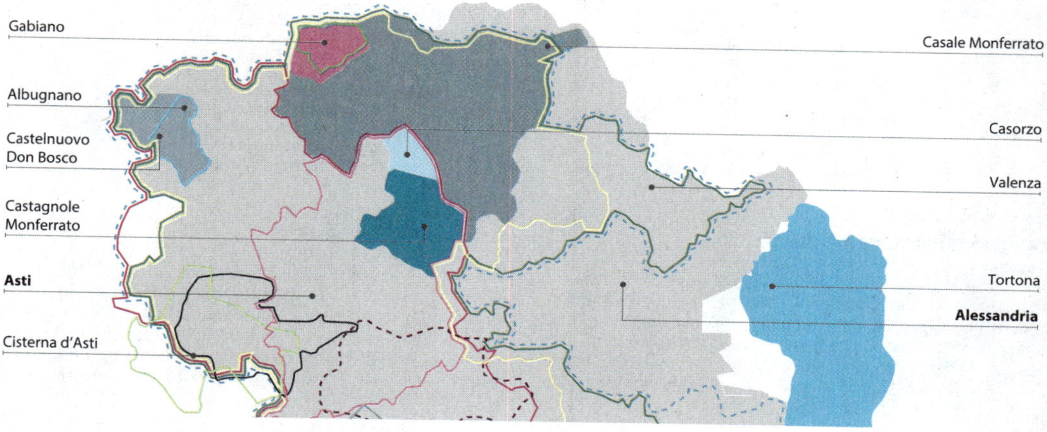

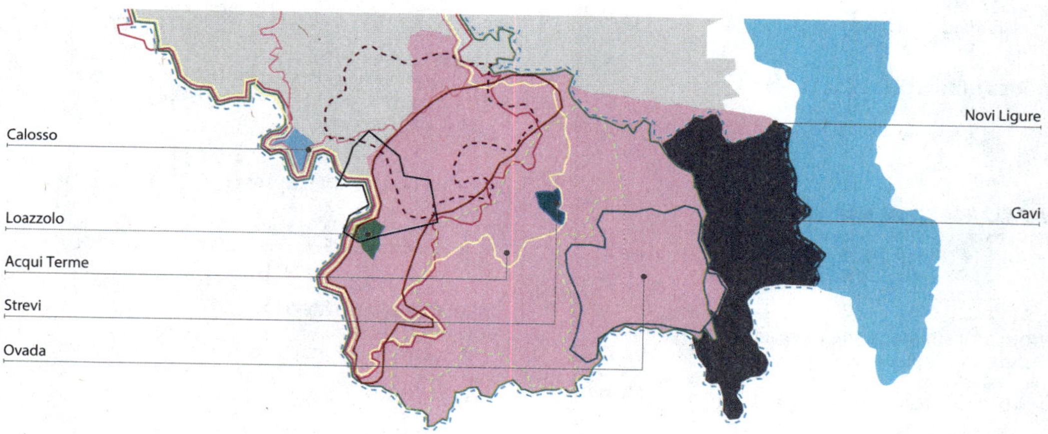

Legenda

- Barbera del Monferrato Superiore DOCG
- Barbera del Monferrato
- Freisa d'Asti
- Barbera d'Asti DOCG
- Cisterna d'Asti
- Grignolino d'Asti
- Terre Alfieri DOCG
- Albugnano
- Malvasia di Castelnuovo Don Bosco
- Rubino di Cantavenna
- Gabiano
- Grignolino del Monferrato Casalese
- Malvasia di Casorzo o Casorzo
- Ruchè di Castagnole Monferrato DOCG
- Calosso
- Cortese dell'Alto Monferrato
- Loazzolo
- Strevi
- Gavi o Cortese di Gavi DOCG
- Colli Tortonesi
- Nizza DOCG
- Dolcetto d'Asti
- Dolcetto d'Acqui
- Dolcetto di Ovada Superiore o Ovada DOCG
- Dolcetto di Ovada
- Monferrato
- Canelli DOCG (parte astigiana)

Anna Maria Abbona
(1989)

Anna Maria è instancabile, determinata, sempre appassionata, ma attenta e rigorosa quando si tratta di intraprendere nuovi progetti o valorizzare vitigni e vini delle Langhe. La conoscenza della vigna del marito e l'entusiasmo dei figli completano il quadro di un'azienda riconosciuta come riferimento assoluto per il territorio. Molte le novità anche quest'anno: un Alta Langa davvero di "quota", fresco, delicato e fragrante e una nuova struttura ricettiva in partenza a Monforte. Sempre solidi e golosi i Dolcetto, austero il notevole ritorno del San Bernardo, commovente il Langhe Barbera Cadò.

Frazione Moncucco, 21 - 12060 Farigliano (CN)
T. 0173 797228 | M. info@annamariaabbona.it
www.annamariaabbona.it

Viticoltura: Lotta integrata
Ettari: 22 | **Bottiglie:** 130.000 | **Produzione olearia:** No
Proprietà: Anna Maria Abbona
Cond. enologica: Lorenzo Schellino, Giorgio Barbero
Cond. agronomica: Franco Schellino
Vendita diretta: Sì | **Visite in azienda:** Sì

(91,5)
DOGLIANI SUPERIORE MAIOLI 2021
Rosso Docg - Dolcetto 100%
Alc. 14,5% | € 15 | Bt. 7.000 | Ferm. Acciaio | Mat. Acciaio 20 mesi
Compatto amaranto profondo. Invitanti promesse fruttate, golose bacche nere, lampone, slanci di menta piperita. Sorso pieno, dal tannino preciso e dalla consueta freschezza cui questa zona ci ha abituato. Espressività e carattere in un finale lungo e appagante. Sempre un Dogliani di riferimento. Pappardelle con sugo di capriolo.

BAROLO BRICCO SAN PIETRO 2019
Rosso Docg - Nebbiolo 100%
Alc. 14% | € 43 | Bt. 7.000 | Ferm. Acciaio | Mat. Acciaio 6 mesi e Legno 24 mesi
Involtini di vitello lardellati.

DOGLIANI SORÌ DIJ BUT 2022
Rosso Docg - Dolcetto 100%
Alc. 13,5% | € 13 | Bt. 28.000 | Ferm. Acciaio | Mat. Acciaio 10 mesi
Tagliatelle al ragù.

ALTA LANGA EXTRA BRUT SAN BARTOMÈ 2019
Bianco Docg Metodo Classico - Pinot nero 85%, Chardonnay 15%
Alc. 12% | € 28 | Bt. 4.000 | Ferm. Acciaio | 36 mesi sui lieviti
Cappesante scottate allo zenzero.

DOGLIANI SUPERIORE SAN BERNARDO 2019
Rosso Docg - Dolcetto 100%
Alc. 14,5% | € 24 | Bt. 7.000 | Ferm. Acciaio | Mat. Legno 12 mesi
Piccione ai porcini e tartufo nero.

LANGHE BARBERA CADÒ 2019
Rosso Doc - Barbera 90%, Dolcetto 10%
Alc. 14,5% | € 22 | Bt. 6.000 | Ferm. Acciaio | Mat. Acciaio 12 mesi e Legno 18 mesi
Quaglie alla cacciatora.

DOGLIANI SUPERIORE SAN BERNARDO
2012

DOGLIANI SORÌ DIJ BUT
2021

Marziano Abbona
(1970)

I protagonisti della nouvelle vague doglianese puntano sempre più sul Barolo. Marziano Abbona, un grande del dolcetto, è un esempio. Così, se in degustazione mancano i valorosi Dogliani – dal successo San Luigi al potente Papà Celso – e pure il Cinerino, il bianco più goloso di Langa, un raffinato Viognier nato dalla passione di Marziano per i vini del Rodano, sono invece presenti in formazione compatta i nebbiolo che arrivano dalla vicina Langa del Barolo: sono quattro, son giovani e forti e in grande forma nel supermillesimo 2019. Il Pressenda, da Serralunga, corre un passo avanti agli altri.

Borgata San Luigi, 40 - 12063 Dogliani (CN)
T. 0173 721317 | M. abbona@abbona.com
www.abbona.com

Viticoltura: Biologica
Ettari: 60 | **Bottiglie:** 350.000 | **Produzione olearia:** Sì
Proprietà: Famiglia Abbona
Cond. enologica: Marziano Abbona, Gianluca Marciano
Cond. agronomica: Marziano Abbona
Vendita diretta: Sì | **Visite in azienda:** Sì

(91,5)
BAROLO PRESSENDA 2019
Rosso Docg - Nebbiolo 100%
Alc. 14,5% | € 42 | Bt. 6.200 | Ferm. Acciaio | Mat. Legno 36 mesi
Granato. All'esame olfattivo affascina per le raffinate tonalità crepuscolari: lampone macerato, agrumi, erbe officinali, menta, sandalo e legni preziosi. Concentrato e tannico, ha gran volume di bocca, con lieve ammandorlato in una progressione sostanziosa, foriera di intriganti evoluzioni future. Cinghiale arrosto con castagne.

BAROLO 2019
Rosso Docg - Nebbiolo 100%
Alc. 14,5% | € 32 | Bt. 30.300 | Ferm. Acciaio | Mat. Legno 26 mesi
Petto d'anatra alle prugne.

BAROLO RAVERA 2019
Rosso Docg - Nebbiolo 100%
Alc. 14,5% | € 50 | Bt. 3.400 | Ferm. Acciaio | Mat. Legno 36 mesi
Filetto di scottona in sfoglia.

BARBERA D'ALBA RINALDI 2021
Rosso Doc - Barbera 100%
Alc. 15% | € 24 | Bt. 29.800 | Ferm. Acciaio | Mat. Legno 12 mesi
Tacchino stufato con peperoni e radicchio.

BAROLO CERVIANO-MERLI 2019
Rosso Docg - Nebbiolo 100%
Alc. 14,5% | € 55 | Bt. 6.200 | Ferm. Acciaio | Mat. Legno 36 mesi
Fagiano arrosto.

NEBBIOLO D'ALBA BRICCO BARONE 2021
Rosso Doc - Nebbiolo 100%
Alc. 14,5% | € 25 | Bt. 27.000 | Ferm. Acciaio | Mat. Legno 10 mesi
Fettuccine al ragù d'agnello.

BAROLO PRESSENDA RISERVA
2015

DOGLIANI PAPÀ CELSO
2016 | 2017 | 2021

Abrigo Giovanni
(1968)

Quando tre generazioni portano avanti un progetto condividendo tanta passione i risultati non possono che essere esaltanti. Gli sforzi sono interamente rivolti alla valorizzazione degli storici vitigni autoctoni di Langa: nebbiolo, barbera, dolcetto, favorita e arneis. Per il loro esordio in Guida hanno scelto di proporre l'unico Barolo in produzione, Ravera 2019, e due Dolcetto di Diano d'Alba, Garabei e Sorì dei Crava. Ma il cuore non batte solo per il vino: da sempre ci si dedica con attenzione anche alla produzione di nocciole, attività d'importanza rilevante nell'economia dell'azienda agricola.

Via Santa Croce, 9 - 12055 Diano d'Alba (CN)
T. 0173 69345 | M. info@abrigo.it
www.abrigo.it

Viticoltura: Lotta integrata
Ettari: 15 | **Bottiglie:** 70.000 | **Produzione olearia:** No
Proprietà: Giorgio Abrigo
Cond. enologica: Sergio Abrigo, Luca Faccenda
Cond. agronomica: Giorgio Abrigo, Giulio Abrigo
Vendita diretta: No | **Visite in azienda:** Sì

BAROLO RAVERA 2019
Rosso Docg - Nebbiolo 100%
Alc. 14% | € 40 | Bt. 3.000 | Ferm. Acciaio | Mat. Acciaio 6 mesi e Legno 20 mesi e Cemento 6 mesi
Elegante rosso granato. L'orchestra sinfonica è affiatata: fluttuano nell'aere note di peonia, fragolina, achillea, clorofilla e spezie gentili. Le papille gustative vengono allietate da una misurata trama tannica e l'assaggio risulta molto raffinato, pur mostrando la giusta proporzione di muscoli. Capriolo con salsa di ribes rosso.

DOLCETTO DI DIANO D'ALBA SUPERIORE GARABEI 2021
Rosso Docg - Dolcetto 100%
Alc. 14,5% | € 18 | Bt. 5.000 | Ferm. Acciaio | Mat. Cemento 10 mesi
Terrina di coniglio.

DOLCETTO DI DIANO D'ALBA SORÌ DEI CRAVA 2022
Rosso Docg - Dolcetto 100%
Alc. 14% | € 13 | Bt. 5.000 | Ferm. Acciaio | Mat. Acciaio 10 mesi
Risotto ai porcini.

Orlando Abrigo
(1968)

Questa è anzitutto la storia di un ritorno. È il 1973 quando Orlando Abrigo torna a lavorare i 3 ettari di terra di famiglia, rinunciando alle certezze d'un lavoro dipendente. Una scelta che troverà continuità quando, nel 1988, passa il testimone al figlio Giovanni, fresco diplomato, poi laureato in enologia ad Alba. Da allora: acquisto di nuovi vigneti (oggi gli ettari sono 21), dotazione di strumenti tecnologici d'avanguardia in cantina, la nascita di uno stile ben radicato nel mondo del Barbaresco, ma con uno sguardo rivolto alla Francia (soprattutto per i bianchi). Livello sempre molto alto.

Via Cappelletto, 5 - 12050 Treiso (CN)
T. 0173 630533 | M. info@orlandoabrigo.it
www.orlandoabrigo.com

Viticoltura: Lotta integrata
Ettari: 21 | **Bottiglie:** 110.000 | **Produzione olearia:** No
Proprietà: Giovanni Abrigo
Cond. enologica: Giovanni Abrigo, Mario Ronco
Cond. agronomica: Dino Bevione
Vendita diretta: Sì | **Visite in azienda:** Sì

BARBARESCO MONTERSINO 2019
Rosso Docg - Nebbiolo 100%
Alc. 14,5% | € 50 | Bt. 8.000 | Ferm. Acciaio | Mat. Legno 15 mesi
Granato. Piace per espressività olfattiva: profumi di lampone e mora di rovo, sottobosco di pineta, menta, spezie dolci e punteggiatura balsamica. Ma anche al palato mostra la sua completezza, tra un ingresso caldo e avvolgente e un saliente tannino che indirizza verso l'equilibrio. Giovane, persistente. Guanciale di manzo al brandy.

BARBERA D'ALBA MERVISANO 2020
Rosso Doc - Barbera 100%
Alc. 14,5% | € 35 | Bt. 4.800 | Ferm. Acciaio | Mat. Legno 12 mesi
Sella di coniglio al tartufo con timballo di patate.

SAUVIGNON D'AMBLÉ TEMPO 2016
Bianco - Sauvignon 100%
Alc. 13% | € 35 | Bt. 1.200 | Ferm. Acciaio | Mat. Acciaio 10 mesi
Asparagi verdi allo zabaione salato.

NEBBIOLO D'ALBA VALMAGGIORE 2020
Rosso Doc - Nebbiolo 100%
Alc. 14,5% | € 28 | Bt. 12.000 | Ferm. Acciaio | Mat. Legno 10 mesi
Pizzoccheri valtellinesi.

BARBARESCO RONGALIO RISERVA
2017

BARBARESCO CN_111
2018

●●●○

Accornero

(1897)

Il fine settimana del 13 e 14 maggio 2023 a Casale Monferrato è stato dedicato all'anteprima dell'ultima annata delle denominazioni di questa parte di Monferrato. Nelle sale del castello Paleologo, insieme a Ermanno Accornero abbiamo guidato un'interessante degustazione, nella quale abbiamo analizzato i vini protagonisti dell'evento attraverso interessanti e apprezzabili versioni. Vedendo infine come grignolino, barbera e freisa nel Basso Monferrato sono vitigni che danno vita a bottiglie di grande personalità, immagini della passione e dell'impegno delle aziende di questo grande territorio.

Cà Cima, 1 - 15049 Vignale Monferrato (AL)
T. 0142 933317 | M. info@accornerovini.it
www.accornerovini.it

Viticoltura: Convenzionale
Ettari: 27 | **Bottiglie:** 120.000 | **Produzione olearia:** No
Proprietà: Giulio Accornero
Cond. enologica: Mario Ronco
Cond. agronomica: Ermanno Accornero
Vendita diretta: Sì | **Visite in azienda:** Sì

BARBERA DEL MONFERRATO SUPERIORE BRICCO BATTISTA 2019
Rosso Docg - Barbera 100%
Alc. 14,5% | € 28 | Bt. 12.000 | Ferm. Legno | Mat. Legno 18 mesi
Rubino con riflessi granato. Naso orientato su profumi fruttati, floreali e terrosi. Prevalgono ricordi di humus e sottobosco, accompagnati da ribes e susine che danno spazio a rose e viole appassite. La bocca decisa e gustosa traccia un preciso equilibrio tra setosa morbidezza, acidità e fine e percettibile tannino. Filetto di maiale lardellato.

GRIGNOLINO DEL MONFERRATO CASALESE BRICCO DEL BOSCO 2022
Rosso Doc - Grignolino 100%
Alc. 14% | € 12 | Bt. 18.000 | Ferm. Acciaio | Mat. Acciaio 4 mesi
Robiola di Roccaverano.

GRIGNOLINO DEL MONFERRATO CASALESE BRICCO DEL BOSCO VIGNE VECCHIE 2019
Rosso Doc - Grignolino 100%
Alc. 14% | € 35 | Bt. 2.500 | Ferm. Legno | Mat. Legno 36 mesi
Finanziera.

BARBERA DEL MONFERRATO SUPERIORE GIULIN 2021
Rosso Docg - Barbera 100%
Alc. 14,5% | € 14 | Bt. 40.000 | Ferm. Legno e Acciaio | Mat. Acciaio 6 mesi e Legno 6 mesi
Quaglie alla cacciatora.

MALVASIA DI CASORZO D'ASTI BRIGANTINO 2022
Rosso Doc Frizzante Dolce - Malvasia di Casorzo 100%
Alc. 5% | € 12 | Bt. 10.000 | Ferm. Acciaio | Mat. Acciaio 2 mesi
Mousse alle fragole con sciroppo di marasche.

MONFERRATO ROSSO GIROTONDO 2020
Rosso Doc - Nebbiolo 100%
Alc. 14,5% | € 19 | Bt. 2.500 | Ferm. Legno | Mat. Legno 12 mesi
Grana Padano Riserva.

GRIGNOLINO DEL MONFERRATO CASALESE BRICCO DEL BOSCO VIGNE VECCHIE
2016 | 2017 | 2018

BARBERA DEL MONFERRATO SUPERIORE BRICCO BATTISTA
2018

●●○○

Adriano Marco e Vittorio

(1994)

Non era facile continuare senza sbalzi dopo la scomparsa di Vittorio Adriano, per anni uno dei fattori trainanti dell'azienda. Ma siamo in Langa, non ci si piega di fronte alle peggiori avversità e la famiglia è un valore che emerge proprio nelle circostanze più dure. Anche grazie al sempre maggior coinvolgimento di Michela, figlia di Grazia e Vittorio, l'azienda ha trovato subito un assetto che le consente di navigare con sapienza nel mare periglioso del Barbaresco. Ben lo dimostra l'eccellente Basarin 2020, che conferma quanto di buono i fratelli Adriano hanno fatto negli anni. Avanti così.

Frazione San Rocco Seno d'Elvio, 13/A - 12051 Alba (CN)
T. 0173 362294 | M. info@adrianovini.it
www.adrianovini.it

Viticoltura: Lotta integrata
Ettari: 30 | **Bottiglie:** 150.000 | **Produzione olearia:** No
Proprietà: Famiglia Adriano
Cond. enologica: Marco Adriano, Giacomo Viberti
Cond. agronomica: Marco Adriano
Vendita diretta: Sì | **Visite in azienda:** Sì

91

BARBARESCO BASARIN 2020
Rosso Docg - Nebbiolo 100%
Alc. 14,5% | € 32 | Bt. 25.000 | Ferm. Acciaio | Mat. Legno 12 mesi
Granato. Ampia progressione gustativa: erbe aromatiche e tratti vegetali in un caldo sottobosco di pineta, cenni olivastri, viola e lampone. La sontuosa concentrazione gustativa vede dipanarsi un avvincente dialogo fra masse tanniche e fruttate, che raggiunge un'equilibrata sintesi nell'epilogo. Reale di vitello alla senape antica.

BARBARESCO SANADAIVE 2020
Rosso Docg - Nebbiolo 100%
Alc. 14% | € 27 | Bt. 12.000 | Ferm. Acciaio | Mat. Legno 12 mesi
Piccione al forno con cipollotti.

BARBERA D'ALBA SUPERIORE 2020
Rosso Doc - Barbera 100%
Alc. 15% | € 13 | Bt. 20.000 | Ferm. Acciaio | Mat. Acciaio 6 mesi e Legno 6 mesi
Tortelli al Castelmagno.

MOSCATO D'ASTI MADDALENA 2022
Bianco Docg Frizzante Dolce - Moscato bianco 100%
Alc. 5% | € 10 | Bt. 20.000 | Ferm. Acciaio
Fagottino di mele.

LANGHE NEBBIOLO CAINASSA 2021
Rosso Doc - Nebbiolo 90%, Dolcetto 10%
Alc. 13,5% | € 15 | Bt. 20.000 | Ferm. Acciaio | Mat. Acciaio 6 mesi
Coniglio al forno con patate.

ARDÌ 2021
Bianco - Moscato bianco 100%
Alc. 13% | € 10 | Bt. 10.000 | Ferm. Acciaio | Mat. Acciaio 6 mesi
Crostini al lardo d'Arnad.

BARBARESCO BASARIN
2015 | 2018

BARBARESCO SANADAIVE
2017 | 2018 | 2019

Claudio Alario
(1900)

Costanza produttiva, un'impronta stilistica che, nel tempo, è diventata chiarissima, nessun tentennamento modaiolo e un livello qualitativo indiscutibile: in sintesi questa è l'azienda di Claudio Alario. Si può iniziare dal tris di Dolcetto, sempre molto personali nella ricchezza della struttura e nella concentrazione delle sensazioni, per poi passare ai due Barolo, di cui Riva Rocca ci regala un favoloso 2019, per chiudere con la Barbera, felice espressione dall'invidiabile morbidezza e golosità.

Via Santa Croce, 23 - 12055 Diano d'Alba (CN)
T. 0173 231808 | M. info@alarioclaudio.it
www.alarioclaudio.it

Viticoltura: Lotta integrata
Ettari: 10 | **Bottiglie:** 45.000 | **Produzione olearia:** No
Proprietà: Claudio Alario
Cond. enologica: Sergio Molino
Cond. agronomica: Claudio Alario
Vendita diretta: Sì | **Visite in azienda:** Sì

(91)

BAROLO RIVA ROCCA 2019
Rosso Docg - Nebbiolo 100%
Alc. 14,5% | € 46 | Bt. 4.000 | Ferm. Acciaio | Mat. Legno 36 mesi
Granato. Generoso esordio fruttato, fragole in gelatina, susine. L'afflato balsamico si libra tra richiami mentolati, accenni di macchia mediterranea, tè e humus. Nel sorso esplode la densità tannica, misurata da un'avvolgenza calorosa; ricordi di pesca di vigna e foglie di castagno in gustosa progressione. Gulasch di cervo con patate stufate.

DOLCETTO DI DIANO D'ALBA SORÌ COSTA FIORE 2022
Rosso Docg - Dolcetto 100%
Alc. 14,5% | € 14 | Bt. 8.000 | Ferm. Acciaio | Mat. Acciaio 10 mesi
Pappardelle al ragù di cinghiale.

BARBERA D'ALBA VALLETTA 2021
Rosso Doc - Barbera 100%
Alc. 15% | € 28 | Bt. 8.000 | Ferm. Legno e Acciaio | Mat. Legno 20 mesi
Straccetti di vitello al rosmarino.

BAROLO SORANO 2019
Rosso Docg - Nebbiolo 100%
Alc. 14,5% | € 50 | Bt. 4.000 | Ferm. Acciaio | Mat. Legno 36 mesi
Manzo brasato con funghi.

DOLCETTO DI DIANO D'ALBA SUPERIORE SORÌ PRADURENT 2021
Rosso Docg - Dolcetto 100%
Alc. 14,5% | € 15 | Bt. 4.000 | Ferm. Acciaio | Mat. Legno 10 mesi
Pecorino di Pienza.

DOLCETTO DI DIANO D'ALBA SORÌ MONTAGRILLO 2022
Rosso Docg - Dolcetto 100%
Alc. 14,5% | € 12 | Bt. 4.000 | Ferm. Acciaio | Mat. Acciaio 10 mesi
Maltagliati con funghi porcini.

BAROLO SORANO
2017

BAROLO RIVA ROCCA
2018

Alberto Ballarin
(2021)

L'azienda condotta da Alberto e Giorgio Viberti, dopo la separazione da Gianni, avvenuta nel 2020, in occasione del grande millesimo 2019 tiene a battesimo un nuovo cru di Barolo: è il Boiolo, MGA lamorrese molto estesa, che confina a nord con Rocchettevino, Torriglione e Rocche dell'Annunziata e a sud con La Serra e Brunate. Incuneata in una zona di potente vocazione, ha tutto per dare grandi risultati. La seguiremo nel tempo, anche perché le grandi vigne del Barolo non sanno mentire: come ben si vede dal sostanzioso Bussia, ancora una volta in testa al plotone aziendale.

Frazione Annunziata, 116 - 12064 La Morra (CN)
T. 333 1774175 | M. info@www.albertoballarin.it
www.albertoballarin.it

Viticoltura: Ecosostenibile
Ettari: 9 | **Bottiglie:** 55.000 | **Produzione olearia:** No
Proprietà: Alberto e Giorgio Viberti
Cond. enologica: Piero Ballario, Alberto Viberti
Cond. agronomica: Giorgio Viberti
Vendita diretta: Sì | **Visite in azienda:** Sì

BAROLO BUSSIA 2019
Rosso Docg - Nebbiolo 100%
Alc. 14% | € 60 | Bt. 3.500 | Ferm. Acciaio | Mat. Acciaio 2 mesi e Legno 24 mesi
Granato. Naso variegato, giovane: t'accoglie con una nitida fragolina scortata da sensazioni balsamiche, di erbe aromatiche, menta, una spezia lussuosa e mai invasiva, un raffinato floreale diffuso. Barolo completo per struttura, appena ruvido ma sostanzioso nel tannino, succoso e fruttato fino al lungo finale. Carré di maiale al forno con mele renette.

BAROLO BRICCO ROCCA 2019
Rosso Docg - Nebbiolo 100%
Alc. 14% | € 60 | Bt. 3.500 | Ferm. Acciaio | Mat. Acciaio 2 mesi e Legno 24 mesi
Capriolo con salsa di ribes rosso.

BAROLO 2019
Rosso Docg - Nebbiolo 100%
Alc. 14% | € 48 | Bt. 16.000 | Ferm. Acciaio | Mat. Acciaio 2 mesi e Legno 24 mesi
Agnolotti al piccione con sugo d'arrosto.

BAROLO BOIOLO 2019
Rosso Docg - Nebbiolo 100%
Alc. 14% | € 60 | Bt. 3.500 | Ferm. Acciaio | Mat. Acciaio 2 mesi e Legno 24 mesi
Controfiletto di bue alla brace.

BAROLO BUSSIA
2018

BAROLO BRICCO ROCCA
2018

Fratelli Alessandria
(1830)

La vendemmia 2019 porta tanta qualità in casa Alessandria. L'ormai classico Monvigliero, le cui bottiglie sono un must per i grandi appassionati, ma anche uno strepitoso Gramolere, finalmente nel gruppo dei migliori e poi gli altri Barolo, sempre una garanzia. Si respira aria buona a Verduno e Vittore Alessandria sorride, ben conscio del valore della sua produzione, ogni anno più forte e concreta. Da una cantina che trasforma un raccolto di una quindicina di ettari, utilizzo di pregiate varietà albesi, e tanta classe nella produzione, che altro chiedere? Cantina e resort da visitare.

Via Beato Valfrè, 59 - 12060 Verduno (CN)
T. 0172 470113 | M. info@fratellialessandria.it
www.fratellialessandria.it

Viticoltura: Biologica
Ettari: 15 | **Bottiglie:** 90.000 | **Produzione olearia:** No
Proprietà: Gian Battista Alessandria
Cond. enologica: Franco Alessandria
Cond. agronomica: Gian Battista Alessandria
Vendita diretta: Sì | **Visite in azienda:** Sì

93,5

BAROLO GRAMOLERE 2019
Rosso Docg - Nebbiolo 100%
Alc. 14,5% | € 60 | Bt. 7.000 | Ferm. Acciaio | Mat. Legno 32 mesi
Forse il miglior Gramolere di sempre. È tutto polpa di frutta rossa, lampone e ciliegia, fragola macerata e melagrana ma anche geranio e glicine, viola e pepe bianco. La bocca è monfortese: importante e vigorosa, succosa nello sviluppo, appena tannica sul finale. Squisito. Carré di maiale al forno con mele renette.

93,5

BAROLO MONVIGLIERO 2019
Rosso Docg - Nebbiolo 100%
Alc. 14,5% | € 74 | Bt. 7.000 | Ferm. Acciaio | Mat. Legno 32 mesi
Superba espressione olfattiva, fatta da fiori e frutti di sublime eleganza: iris, violetta, pesca, melagrana, lampone, confetture. Naso fresco e puro che prosegue con una bocca equilibrata, gentile nel tannino, notevole nello sviluppo. Al meglio dal 2030. Primo anno di produzione: 1978. Scaloppa di vitello con asparagi trifolati.

VERDUNO PELAVERGA SPEZIALE 2022
Rosso Doc - Pelaverga piccolo 100%
Alc. 13% | € 16 | Bt. 25.000 | Ferm. Acciaio
Crostini al lardo di Colonnata.

BAROLO SAN LORENZO DI VERDUNO 2019
Rosso Docg - Nebbiolo 100%
Alc. 14,5% | € 55 | Bt. 5.000 | Ferm. Acciaio | Mat. Legno 32 mesi
Medaglioni di cervo con riduzione di cottura.

BAROLO DEL COMUNE DI VERDUNO 2019
Rosso Docg - Nebbiolo 100%
Alc. 14,5% | € 40 | Bt. 20.000 | Ferm. Acciaio | Mat. Legno 34 mesi
Bra d'alpeggio.

BARBERA D'ALBA SUPERIORE PRIORA 2020
Rosso Doc - Barbera 100%
Alc. 15% | € 19 | Bt. 7.000 | Ferm. Acciaio | Mat. Legno 12 mesi
Zuppa d'orzo e chiodini.

BAROLO MONVIGLIERO
2015 | 2017 | 2018

BAROLO GRAMOLERE
2011

Gianfranco Alessandria
(1986)

Il tempo passa, ma forse non così tanto sulle alture di Monforte d'Alba dove ha sede la cantina di Gianfranco Alessandria che senza mai cambiare una virgola (un vino, un'etichetta) ci fornisce ogni anno i vini della sua produzione, praticamente immutata dalla fondazione. A parte il Dolcetto, non ancora pronto per l'assaggio, il resto è la solita bella e concreta qualità; fatta di sostanza, precisione e forte legame con il territorio. Vini di Monforte insomma, generosi e prestanti. Da segnalare uno splendido Barolo classico, campione di rapporto qualità prezzo. Squadra vincente non si cambia...

Località Manzoni, 13 - 12065 Monforte d'Alba (CN)
T. 0173 78576 | M. azienda.alessandria@gmail.com
www.gianfrancoalessandria.com

Viticoltura: Convenzionale
Ettari: 7,5 | **Bottiglie:** 60.000 | **Produzione olearia:** No
Proprietà: Gianfranco Alessandria
Cond. enologica: Gianfranco Alessandria
Cond. agronomica: Gianfranco Alessandria
Vendita diretta: Sì | **Visite in azienda:** Sì

93

BAROLO SAN GIOVANNI 2019
Rosso Docg - Nebbiolo 100%
Alc. 14,5% | € 70 | Bt. 5.000 | Ferm. Acciaio | Mat. Legno 24 mesi
Colore scuro, naso molto fruttato, sciolto e aperto: toni polposi si uniscono a sensazioni floreali di grande eleganza, poi noce moscata, liquirizia e pepe a impreziosire il panorama olfattivo. La bocca è morbida, giustamente tannica, lunga in persistenza. Fagiano arrosto.

91,5

BAROLO 2019
Rosso Docg - Nebbiolo 100%
Alc. 14% | € 45 | Bt. 12.000 | Ferm. Acciaio | Mat. Legno 24 mesi
Una chicca. Naso dolce e avvolgente, legato a profumi di fiori passiti e frutti di sottobosco, lampone, caramella alla fragola, ciliegia in confettura. La bocca è ricca e tosta, molto equilibrata nello sviluppo. Un piccolo paradiso. Ossobuco alla milanese.

BARBERA D'ALBA VITTORIA 2020
Rosso Doc - Barbera 100%
Alc. 15% | € 35 | Bt. 5.000 | Ferm. Acciaio | Mat. Legno 18 mesi
Stinco di maiale al forno in pancetta affumicata.

LANGHE NEBBIOLO 2022
Rosso Doc - Nebbiolo 100%
Alc. 15% | € 25 | Bt. 6.000 | Ferm. Acciaio | Mat. Legno 12 mesi
Pasta e fagioli.

BARBERA D'ALBA 2022
Rosso Doc - Barbera 100%
Alc. 14,5% | € 22 | Bt. 15.000 | Ferm. Acciaio | Mat. Acciaio 6 mesi
Risotto con le quaglie.

BAROLO SAN GIOVANNI
2016 | 2017 | 2018

BAROLO
2016 | 2017 | 2018

Giovanni Almondo
(1978)

Già nel XIV secolo la famiglia Almondo era censita nei registri del comune di Montà d'Alba, a testimoniare il legame di questi vignaioli con la terra su cui sono nati e che coltivano. Legame che è evidentissimo appena si assaggiano i vini, tutti capaci di esprimere al meglio le caratteristiche del suolo roerino. Ma il territorio non basta, occorre saperlo rispettare e interpretare: per questo qui si seguono personalmente tutte le fasi produttive, dalle tante vigne di proprietà alla cantina, che dal 2015 conta su tecnologie avanzate soprattutto per la produzione dei vini bianchi.

Via San Rocco, 26 - 12046 Montà (CN)
T. 0173 975256 | M. almondo@giovannialmondo.com
www.giovannialmondo.com

Viticoltura: Biologica
Ettari: 23 | **Bottiglie:** 130.000 | **Produzione olearia:** No
Proprietà: Famiglia Almondo
Cond. enologica: Domenico Almondo, Federico Almondo
Cond. agronomica: Domenico Almondo, Federico Almondo
Vendita diretta: Sì | **Visite in azienda:** Sì

93

ROERO ARNEIS BRICCO DELLE CILIEGIE 2022
Bianco Docg - Arneis 100%
Alc. 13,5% | € 20 | Bt. 48.000 | Ferm. Acciaio | Mat. Acciaio 6 mesi
Un classico della denominazione. La veste giallo paglierino è luminosa; il naso ricco e preciso, con richiami di pietra, erbe aromatiche, fiori gialli, frutta ancora viva e croccante, miele, spezie dolci. Il sorso racconta il territorio: sapidità, bella freschezza, finale gradevolmente amarognolo e tanta persistenza. Tacchino stufato con peperoni e radicchio.

BARBERA D'ALBA VALBIANCHÈRA VECCHIE VITI 2021
Rosso Doc - Barbera 100%
Alc. 14,5% | € 30 | Bt. 600 | Ferm. Legno | Mat. Legno 18 mesi
Risotto alla milanese con ossobuco.

ROERO BRIC VALDIANA 2020
Rosso Docg - Nebbiolo 100%
Alc. 14,5% | € 35 | Bt. 3.500 | Ferm. Legno | Mat. Legno 18 mesi
Gulasch di cervo con patate stufate.

ROERO ARNEIS LE RIVE DEL BRICCO 2021
Bianco Docg - Arneis 100%
Alc. 13,5% | € 25 | Bt. 4.500 | Ferm. Legno e Acciaio | Mat. Acciaio 10 mesi
Risotto agli scampi.

ROERO 2021
Rosso Docg - Nebbiolo 100%
Alc: 14% | € 20 | Bt. 12.000 | Ferm. Acciaio | Mat. Legno 18 mesi
Tonnarelli cacio e pepe.

ROERO ARNEIS BRICCO DELLE CILIEGIE
2019 | 2020 | 2021

ROERO ARNEIS LE RIVE DEL BRICCO
2017

Antichi Vigneti di Cantalupo
(1977)

Una conoscenza enciclopedica del territorio, la consapevolezza di essere stato un tassello importante nella sua valorizzazione e al contempo profonda umiltà; sono queste le doti di Alberto Arlunno, che del Ghemme è da sempre il custode e il promotore. L'azienda nasce nel 1977, ma con radici nella viticoltura locale e nella viticoltura che risalgono ai primi anni del Cinquecento. Alberto ha sempre avuto chiaro che l'obiettivo sarebbe stato quello della qualità, valorizzando il nebbiolo in uno dei suoi areali storici e di grande fascino, deliziando il palato di tanti appassionati.

Via Michelangelo Buonarroti, 5 - 28074 Ghemme (NO)
T. 0163 840041 | M. info@cantalupo.net
www.cantalupo.net

Viticoltura: Convenzionale ed ecosostenibile
Ettari: 35 | **Bottiglie:** 180.000 | **Produzione olearia:** No
Proprietà: Famiglia Arlunno
Cond. enologica: Donato Lanati
Cond. agronomica: Staff aziendale
Vendita diretta: Sì | **Visite in azienda:** No

GHEMME COLLIS BRECLEMAE 2016
Rosso Docg - Nebbiolo 100%
Alc. 14,5% | € 60 | Bt. 3.000 | Ferm. Acciaio | Mat. Legno 36 mesi
Colore carminio fitto con riflessi granato. Olfatto di suggestione che ricorda la frutta nera in confettura, speziatura balsamica e cenni di china, profumi che si completano con ricordi di fiori essiccati e di tabacco dolce. Al sorso risulta ricco e sostanzioso, dotato di energico tannino e ottima freschezza. Medaglioni di cervo con riduzione di cottura.

COLLINE NOVARESI NEBBIOLO ABATE DI CLUNY 2016
Rosso Doc - Nebbiolo 100%
Alc. 13,5% | € 46 | Bt. 1.400 | Ferm. Acciaio | Mat. Acciaio 6 mesi e Legno 18 mesi
Beccacce allo spiedo.

GHEMME CANTALUPO 2016
Rosso Docg - Nebbiolo 100%
Alc. 13,5% | € 40 | Bt. 12.000 | Ferm. Acciaio | Mat. Legno 24 mesi
Nodini di cinta senese lardellati al forno.

CAROLUS 2022
Bianco - Erbaluce 60%, Arneis 35%, Chardonnay 5%
Alc. 13% | € 15 | Bt. 14.000 | Ferm. Acciaio | Mat. Acciaio 4 mesi
Mozzarella di bufala campana.

COLLINE NOVARESI NEBBIOLO AGAMIUM 2021
Rosso Doc - Nebbiolo 100%
Alc. 12,5% | € 20 | Bt. 10.000 | Ferm. Acciaio | Mat. Legno 12 mesi
Stinco d'agnello al forno.

COLLINE NOVARESI ROSATO IL MIMO 2022
Rosato Doc - Nebbiolo 100%
Alc. 13,5% | € 15 | Bt. 80.000 | Ferm. Acciaio | Mat. Acciaio 3 mesi
Pizza fritta con provola e salsiccia.

GHEMME COLLIS CARELLAE
2009 | 2011

COLLINE NOVARESI NEBBIOLO ABATE DI CLUNY
2015

Antoniolo
(1948)

Una serie di Gattinara di alto profilo. Non è una novità per la cantina Antoniolo, azienda nata dalla passione di Mario Antoniolo e portata avanti con determinazione e sicurezza dalla figlia Rosanna che oggi, nei due figli, Lorella e Alberto, ha degna continuità. Da sempre la filosofia è di lavorare in armonia con i tempi della vigna e della cantina per realizzare vini che esprimano il carattere del territorio, intervenendo con intelligenza e sensibilità. È sempre emozionante riuscire a ritrovare nei loro Gattinara il marchio del vigneto, quel dettaglio che imprime al vino un fascino in più.

Corso Valsesia, 277 - 13045 Gattinara (VC)
T. 0163 833612 | M. antoniolovini@bmm.it

Viticoltura: Convenzionale
Ettari: 12 | **Bottiglie:** 60.000 | **Produzione olearia:** No
Proprietà: Famiglia Antoniolo
Cond. enologica: Alberto Zoppis Antoniolo
Cond. agronomica: Alberto Zoppis Antoniolo
Vendita diretta: Sì | **Visite in azienda:** Sì

(94)
GATTINARA OSSO SAN GRATO RISERVA 2019
Rosso Docg - Nebbiolo 100%
Alc. 14% | € 70 | Bt. 4.000 | Ferm. Cemento | Mat. Legno 36 mesi
Luminoso granato, l'articolazione olfattiva è ricca di sentori fruttati di piccoli frutti di bosco, floreali di rosa appassita, malie speziate di cannella, zenzero e delicata sfumatura di liquirizia. Sorso di grande impatto, ricco di sapore, di imponente volume tannico e perfettamente bilanciato. Sapida e lunga persistenza. Reale di vitello alla senape antica.

(91,5)
GATTINARA SAN FRANCESCO RISERVA 2019
Rosso Docg - Nebbiolo 100%
Alc. 14% | € 60 | Bt. 4.000 | Ferm. Cemento | Mat. Legno 36 mesi
Granato vivido, colpisce per la grande intensità, ricco di suggestioni floreali di viola, balsamiche di erbe aromatiche e officinali con chiusura fruttata di confettura di ciliegia. In bocca è caldo, avvolgente e di notevole struttura tannica, che in sinergia con la freschezza chiude il sorso con distinta sapidità. Maiale in agrodolce.

GATTINARA RISERVA 2019
Rosso Docg - Nebbiolo 100%
Alc. 14% | € 40 | Bt. 20.000 | Ferm. Cemento | Mat. Legno 36 mesi
Piccione al forno con cipollotti.

GATTINARA OSSO SAN GRATO RISERVA
2017 | 2018

GATTINARA SAN FRANCESCO RISERVA
2016 | 2017 | 2018

Antoniotti
(1860)

Il Bramaterra Antoniotti 2019 rappresenta un classico per la denominazione. A Casa del Bosco, piccola frazione di Sostegno, i legami con la famiglia Antoniotti sono antichi e raccontano una storia di forte passione per il territorio e la produzione del vino. Vigneti circondati dai boschi, una lotta continua per recuperare zone abbandonate, la competizione con terreni poveri e difficili da lavorare ma capaci di dare uve di grande qualità, base fondamentale per vini ricchi di sapore e profumi. Odilio e Mattia con il loro lavoro vogliono continuare a regalarci un sorso di questa storia.

Vicolo Antoniotti, 5 - Frazione Casa del Bosco - 13868 Sostegno (BI)
T. 0163 860309 | M. antoniottiodilio@libero.it

Viticoltura: Lotta integrata
Ettari: 5,5 | **Bottiglie:** 16.000 | **Produzione olearia:** No
Proprietà: Mattia Antoniotti
Cond. enologica: Odilio Antoniotti, Mattia Antoniotti
Cond. agronomica: Odilio Antoniotti, Mattia Antoniotti
Vendita diretta: Sì | **Visite in azienda:** Sì

(93)
BRAMATERRA 2019
Rosso Doc - Nebbiolo 70%, Croatina 20%, Vespolina 7%, Uva rara 3%
Alc. 14% | € 35 | Bt. 6.500 | Ferm. Acciaio | Mat. Legno 36 mesi
Carminio con cenni rubino. Esordio fruttato che ricorda susina, arancia, fragola e visciola, segue la stilla speziata e delicatamente vegetale di resina, muschio, pepe nero e alloro. Sorso di gran freschezza e tensione sapida, lineare la massa tannica già gradevole nell'equilibrio. Succosa persistenza. Vellutata di erbette con crostini di pane ai cereali.

BRAMATERRA
2016 | 2017 | 2018

COSTE DELLA SESIA NEBBIOLO
2017 | 2018 | 2019

Anzivino
(1998)

Dalla ristrutturazione dell'antica distilleria di Gattinara alla realizzazione della cantina, per poi unire l'offerta dell'ospitalità concretizzata con la realizzazione delle camere e del punto di ristorazione. Dal 1998 una scelta di vita per l'imprenditore milanese Emanuele Anzivino, che in Gattinara è tornato alle radici della sua famiglia. Sono ormai 25 anni che con la produzione di deliziosi Gattinara e qualche proposta enologica innovativa e particolare, l'azienda Anzivino fa parte a pieno titolo di questo territorio, contribuendone alla crescita e valorizzazione.

Corso Valsesia, 162 - 13045 Gattinara (VC)
T. 0163 827172 | M. agriturismo@anzivino.it
www.anzivino.it

Viticoltura: Convenzionale
Ettari: 6 | **Bottiglie:** 35.000 | **Produzione olearia:** No
Proprietà: Emanuele Anzivino
Cond. enologica: Giuseppe Zatti
Cond. agronomica: Giuseppe Zatti
Vendita diretta: Sì | **Visite in azienda:** Sì

GATTINARA CESARE RISERVA 2018
Rosso Docg - Nebbiolo 100%
Alc. 14,5% | € 60 | Bt. 1.858 | Ferm. Legno | Mat. Acciaio 6 mesi e Legno 36 mesi
Granato compatto, ottima progressione, si propone inizialmente con toni speziati e balsamici dalle sfumature vegetali di radice di liquirizia e tabacco dolce, seguite da ventate floreali e di frutti rossi in confettura. Il sorso è ricco, di intensa freschezza, articolato su dolce tannino e sapida persistenza. Straccetti di cavallo.

GATTINARA 2020
Rosso Docg - Nebbiolo 100%
Alc. 13,5% | € 23 | Bt. 6.000 | Ferm. Legno | Mat. Acciaio 5 mesi e Legno 30 mesi
Grigliata di carne bianca e verdure.

BRAMATERRA RISERVA 2019
Rosso Doc - Nebbiolo 70%, Croatina 25%, Vespolina 5%
Alc. 13,5% | € 20 | Bt. 3.000 | Ferm. Legno | Mat. Acciaio 12 mesi e Legno 24 mesi
Risotto alla parmigiana.

GATTINARA CESARE RISERVA
2017

GATTINARA RISERVA
2015

Aresca
(1952)

La famiglia Aresca è legata alla tradizione vitivinicola monferrina, dove da sempre vinifica la barbera in diverse declinazioni, dalla più fresca all'evoluta Nizza. Il presente è rappresentato da Bruno, instancabile e appassionato vignaiolo, che porta avanti con dedizione la storia vinicola della famiglia. Il futuro è il figlio Fabio, laureato in viticoltura, il quale grazie alle sue esperienze all'estero ha portato importanti novità in azienda, impegnandosi anche per il bene della collettività, ricoprendo ruoli nell'amministrazione comunale di Mombercelli, testimoniando la dedizione alla sua terra.

Via Pontetto, 8/A - 14047 Mombercelli (AT)
T. 0141 955128 | M. info@arescavini.it
www.arescavini.it

Viticoltura: Convenzionale
Ettari: 10 | **Bottiglie:** 200.000 | **Produzione olearia:** No
Proprietà: Famiglia Aresca
Cond. enologica: Domenico Perroncito, Fabio Aresca
Cond. agronomica: Staff aziendale
Vendita diretta: Sì | **Visite in azienda:** Sì

NIZZA SAN LUIGI 2019
Rosso Docg - Barbera 100%
Alc. 14,5% | € 16 | Bt. 8.000 | Ferm. Acciaio | Mat. Legno 12 mesi
Rubino compatto e impenetrabile. Ampio ventaglio olfattivo di ciliegie in confettura, amarene sotto spirito, fiori appassiti, a cui seguono noce moscata, tabacco e pepe nero. Scalda subito il palato e apre immediatamente al connubio fresco-sapido, che aiuta notevolmente la beva. Lungo epilogo dei sentori retronasali. Grigliata di carne con salsa barbecue.

BARBERA D'ASTI SUPERIORE LA ROSSA 2020
Rosso Docg - Barbera 100%
Alc. 14% | € 11 | Bt. 12.000 | Ferm. Acciaio | Mat. Legno 6 mesi
Cinghiale arrosto con castagne.

GRIGNOLINO D'ASTI TESTABALORDA 2022
Rosso Doc - Grignolino 100%
Alc. 13% | € 9 | Bt. 12.000 | Ferm. Acciaio | Mat. Acciaio 5 mesi
Faraona al forno.

BARBERA D'ASTI SUPERIORE LA MORETTA 2021
Rosso Docg - Barbera 100%
Alc. 13,5% | € 9 | Bt. 18.000 | Ferm. Acciaio | Mat. Acciaio 6 mesi
Toma di Murazzano.

BARBERA D'ASTI SUPERIORE LA ROSSA
2019

GRIGNOLINO D'ASTI TESTABALORDA
2018 | 2019 | 2021

Arnaldo Rivera
(1958)

L'azienda Arnaldo Rivera ha finalmente completato i lavori del nuovo punto vendita e della sala degustazione, ambiente che rispecchia in pieno la qualità dei suoi vini. Quest'anno ha presentato con orgoglio la prestigiosa etichetta del Barolo Cannubi, che si aggiunge a una gamma completa e rappresentativa di tutti gli 11 comuni, un'offerta difficilmente riscontrabile in altre aziende. La passione e l'impegno di questa importante realtà si riflette nel nuovo spazio accogliente e moderno e nella selezione di vini che interpreta tutto il notevole e meraviglioso potenziale produttivo delle Langhe.

Via Alba Barolo, 8 - 12060 Castiglione Falletto (CN)
T. 0173 262053 | M. info@arnaldorivera.com
www.arnaldorivera.com

Viticoltura: Lotta integrata
Ettari: 20 | **Bottiglie:** 100.000 | **Produzione olearia:** No
Proprietà: Cooperativa di produttori
Cond. enologica: Daniele Ponzo
Cond. agronomica: Daniele Ronco, Martina Tarditi
Vendita diretta: Sì | **Visite in azienda:** Sì

(91)

BAROLO CANNUBI 2019
Rosso Docg - Nebbiolo 100%
Alc. 14% | € 80 | Bt. 3.000 | Ferm. Acciaio | Mat. Legno 36 mesi
Granato magistrale. Naso espansivo, centrato su una ricca presenza di spezie tra cui chiodi di garofano, radice di liquirizia, noce moscata; punteggiato da interludi balsamico-mentolati. Chiude con sensazioni tostate e ferruginose. Ottimo sorso, con gran rilievo tannico e piacevole tensione gustativa. Filetto di scottona in sfoglia.

BAROLO BUSSIA 2019
Rosso Docg - Nebbiolo 100%
Alc. 14,5% | € 55 | Bt. 3.800 | Ferm. Legno e Acciaio | Mat. Legno 32 mesi
Brasato di manzo al vino rosso.

BAROLO VIGNARIONDA 2019
Rosso Docg - Nebbiolo 100%
Alc. 14% | € 80 | Bt. 3.400 | Ferm. Legno e Acciaio | Mat. Legno 32 mesi
Filetto al vino rosso e scalogno.

BAROLO MONVIGLIERO 2019
Rosso Docg - Nebbiolo 100%
Alc. 14% | € 55 | Bt. 3.500 | Ferm. Legno e Acciaio | Mat. Legno 32 mesi
Reale di vitello alla senape antica.

BAROLO RAVERA 2019
Rosso Docg - Nebbiolo 100%
Alc. 14% | € 55 | Bt. 4.500 | Ferm. Legno e Acciaio | Mat. Legno 32 mesi
Tagliata di manzo al rosmarino.

BAROLO ROCCHE DELL'ANNUNZIATA 2019
Rosso Docg - Nebbiolo 100%
Alc. 14,5% | € 80 | Bt. 3.500 | Ferm. Legno e Acciaio | Mat. Legno 32 mesi
Castelmagno.

BAROLO VIGNARIONDA
2014 | 2015 | 2018

BAROLO ROCCHE DI CASTIGLIONE
2013 | 2017 | 2018

Ascheri
(1880)

Ogni volta che Matteo Ascheri ci apre le porte della sua cantina, ci immergiamo in un mondo profondamente piemontese in cui discrezione, consapevolezza, prudenza, umiltà, intelligenza sottile e umanità si fondono con la storia e lo stile imprenditoriale dell'azienda, offrendoci un viaggio che i vini di quest'azienda raccontano con puntualità. Lo stile estrattivo dei Barolo si è orientato verso una maggiore delicatezza, e l'eleganza ne ha beneficiato. Territoriale, varietale e cristallina l'interpretazione di dolcetto, nebbiolo e barbera.

Via Piumati, 25 - 12042 Bra (CN)
T. 0172 412394 | M. ascheri@ascherivini.it
www.ascherivini.it

Viticoltura: Convenzionale
Ettari: 40 | **Bottiglie:** 240.000 | **Produzione olearia:** No
Proprietà: Matteo Ascheri
Cond. enologica: Giuliano Bedino
Cond. agronomica: Edoardo Monticelli
Vendita diretta: Sì | **Visite in azienda:** Sì

BAROLO ASCHERI 2019
Rosso Docg - Nebbiolo 100%
Alc. 14% | € 100 | Bt. 3.500 | Ferm. Acciaio | Mat. Legno 26 mesi
Granato luminoso e vivace, d'impatto l'esordio fruttato: gelatina di ribes, fragola già in confettura, lamponi macerati. Si addensano guizzi di spezia dolce, cannella e cardamomo, per suggerire un incipiente respiro balsamico. Sorso denso, potente, dal tannino deciso ma mirabilmente integrato. Manzo brasato con funghi.

BAROLO COSTE&BRICCO 2019
Rosso Docg - Nebbiolo 100%
Alc. 14% | € 100 | Bt. 3.500 | Ferm. Acciaio | Mat. Legno 26 mesi
Stracotto d'asino.

BAROLO SORANO 2019
Rosso Docg - Nebbiolo 100%
Alc. 14% | € 80 | Bt. 3.500 | Ferm. Acciaio | Mat. Legno 26 mesi
Stufato di daino.

BAROLO PISAPOLA 2019
Rosso Docg - Nebbiolo 100%
Alc. 14% | € 65 | Bt. 3.500 | Ferm. Acciaio | Mat. Legno 26 mesi
Capriolo in salmì con polenta di grano saraceno.

LANGHE DOLCETTO NIRANE 2022
Rosso Doc - Dolcetto 100%
Alc. 14% | € 10 | Bt. 22.000 | Ferm. Acciaio
Risotto ai porcini.

LANGHE NEBBIOLO SAN GIACOMO 2022
Rosso Doc - Nebbiolo 100%
Alc. 14,5% | € 14 | Bt. 20.000 | Ferm. Acciaio
Risotto alla milanese con ossobuco.

LANGHE ROSSO MONTALUPA
2016

LANGHE BARBERA FONTANELLE
2020 | 2021

L'Astemia Pentita
(2010)

Le bottiglie dell'Astemia Pentita, moderne ed estrose, al di là delle apparenze racchiudono vini molto classici, la cui fama è ormai giunta un po' dappertutto. Quest'anno l'uscita sul mercato delle nuove annate previste per le due etichette di spicco, il Barolo Cannubi e il Barolo Terlo, è stata posticipata. Abbiamo però avuto occasione di riassaggiare il Barolo Cannubi 2016, pubblicato su queste pagine un paio di anni fa: un vino davvero eccezionale, in grandissima crescita, frutto di un'annata stupenda e di una tra le migliori vigne di tutto il Piemonte. Consigliatissimo!

Via Crosia, 40 - 12060 Barolo (CN)
T. 0173 560501 | M. info@astemiapentita.it
www.astemiapentita.it

Viticoltura: Biologica
Ettari: 20 | **Bottiglie:** 70.000 | **Produzione olearia:** No
Proprietà: Sandra Lesina Vezza
Cond. enologica: Donato Lanati
Cond. agronomica: Staff aziendale
Vendita diretta: Sì | **Visite in azienda:** Sì

BAROLO 2019
Rosso Docg - Nebbiolo 100%
Alc. 14,5% | € 32 | Bt. 9.200 | Ferm. Acciaio | Mat. Legno 36 mesi
Rosso carminio con intarsi granato. Decise fragranze di frutta matura, mora, prugna e viola, lasciano spazio a delicate nuance di liquirizia, radice di genziana, chiodi di garofano e menta. In bocca il sorso è ricco. L'ingresso, caldo e tannico, cede il passo a una persistenza aromatica dai ricordi floreali. Costata di cavallo con patate al rosmarino.

LANGHE RIESLING 2021
Bianco Doc - Riesling 100%
Alc. 13,5% | € 20 | Bt. 8.500 | Ferm. Acciaio | Mat. Acciaio 5 mesi
Gamberoni al curry.

BARBERA D'ALBA SUPERIORE 2021
Rosso Doc - Barbera 100%
Alc. 14,5% | € 18 | Bt. 8.000 | Ferm. Acciaio | Mat. Legno 12 mesi
Carré di maiale affumicato.

LANGHE NASCETTA 2022
Bianco Doc - Nascetta 100%
Alc. 13,5% | € 20 | Bt. 8.500 | Ferm. Acciaio | Mat. Acciaio 6 mesi
Seppie in umido con piselli.

BAROLO
2018

BAROLO TERLO
2017

L'Autin
(2010)

L'Autin, di Mauro Camusso, mantiene viva la tradizione della produzione di un'ampia gamma di vini, che rappresentano in modo inconfondibile la bellezza e la ricchezza della terra pinerolese. La passione e l'arte enologica si uniscono per creare bottiglie di alta qualità in tutte le tipologie, che riflettono la genuinità e l'autenticità del territorio circostante. Grazie alla dedizione e all'attenzione ai dettagli, l'azienda continua a proporre prodotti buoni e significativi, portando nel calice un pezzo di storia e un concentrato di emozioni che solo il pinerolese può regalare.

Via Sant'Agostino, 40 - 12032 Barge (CN)
T. 335 205440 | M. info@lautin.it
www.lautin.it

Viticoltura: Biologica certificata
Ettari: 8,5 | **Bottiglie:** 30.000 | **Produzione olearia:** No
Proprietà: Mauro Camusso
Cond. enologica: Gianfranco Cordero, Francesco Beccaria
Cond. agronomica: Staff aziendale
Vendita diretta: Sì | **Visite in azienda:** Sì

VERBIAN
Bianco - Bian ver 100%
Alc. 13,5% | € 13 | Bt. 3.000
Classico giallo paglierino con riflessi più verdolini. Sinonimo di un vino giovane ed esuberante, che al naso ci dona scie vegetali, balsamiche e minerali, dove prevalgono ortica, mix di erbe alpine e finale ferroso e carnaceo. Il sorso è caratterizzato da notevole tensione gustativa dove prevale la notevole acidità. Branzino al forno con erbe aromatiche.

PASSI DI GIO
Bianco Passito - Malvasia moscata 100%
Alc. 13% | € 35 | Bt. 1.500 | Ferm. Legno | Mat. Legno 12 mesi
Pandolce genovese.

EL BERTU
Bianco - Timorasso 100%
Alc. 13,5% | € 16 | Bt. 2.500
Risotto alla pescatora.

PELLENGO
Bianco - Riesling renano 100%
Alc. 13% | € 12 | Bt. 3.000
Risotto con tinca di lago e datterini.

CUPA D'OR
Bianco - Sauvignon 100%
Alc. 12,5% | € 12 | Bt. 3.000
Linguine allo scoglio.

ELI METODO CLASSICO 84 MESI
2013

PINEROLESE PINOT NERO RE NERO
2020

Azelia
(1920)

Gli spazi non bastano più e dagli Scavino fervono i lavori di costruzione della nuova cantina che negli ultimi anni è cresciuta molto a livello qualitativo, non solo nei top wines ma anche tra le seconde linee, aumentando piacevolezza ed eleganza. Tra i 2019 presentati quest'anno vola ancora alto il Cerretta, seguito a ruota dagli altri (tutti cru di prim'ordine che il mondo invidia) ma poi arriva la sorpresa che non ti aspetti: la Riserva Voghera del 2013. È una selezione prodotta solo in grande annata, che fulmina il parterre e si pone tra i migliori assaggi di quest'anno. Complimenti.

Via Alba Barolo, 143 - 12060 Castiglione Falletto (CN)
T. 0173 62859 | M. l.scavino@azelia.it
www.azelia.it

Viticoltura: Biologica
Ettari: 16 | **Bottiglie:** 85.000 | **Produzione olearia:** No
Proprietà: Luigi Scavino
Cond. enologica: Lorenzo Scavino, Luigi Scavino
Cond. agronomica: Lorenzo Scavino, Luigi Scavino
Vendita diretta: Sì | **Visite in azienda:** Sì

96,5

BAROLO BRICCO VOGHERA RISERVA 2013
Rosso Docg - Nebbiolo 100%
Alc. 14,5% | € 190 | Bt. 3.100 | Ferm. Acciaio | Mat. Legno 60 mesi
Amazing! Una Riserva del 2013 in grandissima forma: complessa, tosta, vigorosa. Il naso è voluminoso, mentolato e olivastro, denso di liquirizia, sukai, radici, more, frutta macerata, terra bagnata. La bocca è succosa, importante, dolce nello sviluppo. Un vinone. Al meglio dal 2026. Guanciale di vitello alle erbe aromatiche.

93,5

BAROLO CERRETTA 2019
Rosso Docg - Nebbiolo 100%
Alc. 14,5% | € 105 | Bt. 3.300 | Ferm. Acciaio | Mat. Legno 36 mesi
Erbe, paglia, radici, scorza d'arancia, poi pesca e frutta zuccherata, ciliegia e ribes. Tanto vigore ed espressione, bocca tersa e gustosa, giovane e finemente tannica. Una perla. Dal 2035. Piccione ai porcini e tartufo nero.

93

BAROLO SAN ROCCO 2019
Rosso Docg - Nebbiolo 100%
Alc. 14,5% | € 90 | Bt. 6.500 | Ferm. Acciaio | Mat. Legno 24 mesi
Naso fresco ed espressivo, frutta rossa di ribes e ciliegia, amarena e fragole, ma anche fiori, rose, foglie secche e noce moscata. Al gusto è pieno e durevole, sapido e molto lungo. Fiore sardo.

BAROLO MARGHERIA 2019
Rosso Docg - Nebbiolo 100%
Alc. 14,5% | € 90 | Bt. 6.200 | Ferm. Acciaio | Mat. Legno 36 mesi
Spezzatino di manzo.

BAROLO 2019
Rosso Docg - Nebbiolo 100%
Alc. 14,5% | € 38 | Bt. 23.600 | Ferm. Acciaio | Mat. Legno 30 mesi
Tagliata al pepe verde.

BAROLO BRICCO FIASCO 2019
Rosso Docg - Nebbiolo 100%
Alc. 14,5% | € 90 | Bt. 5.400 | Ferm. Acciaio | Mat. Legno 24 mesi
Grana Padano Riserva.

BAROLO CERRETTA
2016 | 2017 | 2018

BAROLO MARGHERIA
2010 | 2012 | 2015

Banfi Piemonte
(1979)

Il comprensorio dell'Acquese è da sempre considerato una delle aree migliori per la coltivazione dei vitigni aromatici moscato e brachetto, ma va ricordato che Strevi rappresenta un polo storico della tradizione spumantistica piemontese. La famiglia Mariani, proprietaria del marchio, ha sviluppato il segmento degli Alta Langa ottenendo prodotti di elevato profilo qualitativo, che quest'anno si arricchiscono di una preziosa gemma: la Cuvée Aurora Blanc de Noirs Pas Dosé 60 mesi. Banfi Piemonte si distingue anche per la valorizzazione di vitigni locali e grandi vini della tradizione.

Via Vittorio Veneto, 76 - 15019 Strevi (AL)
T. 0144 362600 | M. banfi@banfi.it
www.banfi.it

Viticoltura: Convenzionale
Ettari: 46 | **Bottiglie:** N.d. | **Produzione olearia:** No
Proprietà: Famiglia Mariani
Cond. enologica: Antonio Massucco
Cond. agronomica: Alessandro Marruchi
Vendita diretta: Sì | **Visite in azienda:** Sì

ALTA LANGA PAS DOSÉ CUVÉE AURORA BLANC DE NOIRS 2016
Bianco Docg Metodo Classico - Pinot nero 100%
Alc. 12,5% | € 24 | Ferm. Acciaio | 60 mesi sui lieviti
Paglierino brillante, perlage rapido e fine. Delicate suggestioni olfattive di fiori di prati alpini, poi pompelmo, lime, mela renetta, ananas, salvia, timo, erba sfalciata e fragranti frollini al limone. Bocca accarezzata da minuscole bollicine e avvolgente cremosità; il finale fresco-sapido invita al riassaggio. Aragosta in bellavista.

ALTA LANGA EXTRA BRUT ROSÉ CUVÉE AURORA 2019
Rosato Docg Metodo Classico - Pinot nero 100%
Alc. 12,5% | € 24 | Ferm. Acciaio | 30 mesi sui lieviti
Risotto agli asparagi con gamberi croccanti.

ALTA LANGA EXTRA BRUT CUVÉE AURORA 2019
Bianco Docg Metodo Classico - Pinot nero 70%, Chardonnay 30%
Alc. 12,5% | € 22 | Ferm. Acciaio | 30 mesi sui lieviti
Seppie in umido con piselli.

PIEMONTE ALBAROSSA LA LUS 2020
Rosso Doc - Albarossa 100%
Alc. 14% | € 17 | Ferm. Acciaio | Mat. Legno 12 mesi
Bracioline di maiale al calvados.

ASTI ROSA REGALE
Bianco Docg Metodo Martinotti Dolce - Moscato bianco 100%
Alc. 7% | € 7 | Ferm. Acciaio
Torta Margherita al profumo d'arancia.

GAVI PRINCIPESSA GAVIA 2022
Bianco Docg - Cortese 100%
Alc. 13% | € 10 | Ferm. Acciaio
Spaghetti con vongole veraci.

ALTA LANGA EXTRA BRUT CUVÉE AURORA
2016 | 2017 | 2018

ALTA LANGA EXTRA BRUT ROSÉ CUVÉE AURORA
2016 | 2017 | 2018

Barale
(1870)

Assaggiare i vini dei Barale è un'esperienza formativa. Significa calarsi nella storia del Barolo, assaporarne i contorni, conoscerne i profumi e i sapori, comprendere la giusta definizione di classico. Sergio Barale, con le figlie Eleonora e Gloria, guida la cantina con passione, proponendo vini autentici e di gran fascino, vinificati come una volta, in tini di legno e botti grandi o, come nel caso della Riserva Bussia, addirittura in damigiana. I risultati sono ogni volta entusiasmanti: vini d'autore, dallo stile caldo e generoso che sa di storia, di tradizioni e di ricordi.

Via Roma, 6 - 12060 Barolo (CN)
T. 0173 56127 | M. info@baralefratelli.it
www.baralefratelli.it

Viticoltura: Biologica certificata
Ettari: 13 | **Bottiglie:** 80.000 | **Produzione olearia:** No
Proprietà: Sergio Barale
Cond. enologica: Staff aziendale
Cond. agronomica: Sergio Barale
Vendita diretta: Sì | **Visite in azienda:** Sì

(93,5)
BAROLO BUSSIA RISERVA 2016
Rosso Docg - Nebbiolo 100%
Alc. 14,5% | € 70 | Bt. 2.308 | Ferm. Legno | Mat. Legno 36 mesi e damigiana 24 mesi
Grande annata, grande vino. Naso generoso dal tono maturo di frutti scuri, confetture, susina, pellame e tamarindo. Poi evolve superbo, profondo e nitido, magico nell'evoluzione. La bocca è tosta, grassa e prestante, sempre calibrata e avvolgente. Un vino che appaga. Filetto di capriolo ai mirtilli.

(93)
BAROLO BUSSIA 2019
Rosso Docg - Nebbiolo 100%
Alc. 14% | € 60 | Bt. 2.800 | Ferm. Legno | Mat. Legno 36 mesi
Profilo olfattivo dolce e complesso di frutta matura, menta, sukai, mora e confetture, liquirizia e cioccolatino. Al gusto risponde con superba proporzione e morbidezza, equilibrio e tanta lunghezza. Che bocca! Maiale in agrodolce.

BAROLO MONROBIOLO DI BUSSIA 2019
Rosso Docg - Nebbiolo 100%
Alc. 14% | € 70 | Bt. 1.433 | Ferm. Legno | Mat. Legno 30 mesi
Beccacce allo spiedo.

BARBARESCO SERRABOELLA 2020
Rosso Docg - Nebbiolo 100%
Alc. 14,5% | € 40 | Bt. 5.980 | Ferm. Legno | Mat. Legno 24 mesi
Scaloppa di vitello con asparagi trifolati.

BAROLO CASTELLERO 2019
Rosso Docg - Nebbiolo 100%
Alc. 14% | € 60 | Bt. 4.000 | Ferm. Legno | Mat. Legno 36 mesi
Guanciale di manzo in umido con polenta.

LANGHE NEBBIOLO 2022
Rosso Doc - Nebbiolo 100%
Alc. 14,5% | € 20 | Bt. 12.000 | Ferm. Legno | Mat. Legno 12 mesi
Risotto al tartufo nero.

BAROLO MONROBIOLO DI BUSSIA
2018

BAROLO BUSSIA
2015

Sergio Barbaglia
(1947)

I vigneti della Cascina del Buonumore in Cavallirio sono il fiore all'occhiello della famiglia Barbaglia che dedica cura meticolosa e attenzione, non solo alla vigna, ma in particolare all'ambiente circostante. Una sensibilità che ha caratterizzato il lavoro di Silvia fin dall'inizio del suo ingresso in azienda, allargando orizzonti in sinergia con gli altri produttori locali. La qualità dei vini è in costante crescita, sempre più significativi e di forte identità, efficaci nel trasmettere con precisione il loro carattere e il territorio. Nebbiolo, vespolina ed erbaluce tre grandi vitigni.

Via Dante, 80 - 28010 Cavallirio (NO)
T. 0163 80115 | M. info@vinibarbaglia.it
www.vinibarbaglia.it

Viticoltura: Convenzionale
Ettari: 8 | **Bottiglie:** 25.000 | **Produzione olearia:** No
Proprietà: Sergio Barbaglia
Cond. enologica: Sergio Barbaglia
Cond. agronomica: Staff aziendale
Vendita diretta: Sì | **Visite in azienda:** Sì

BOCA 2019
Rosso Doc - Nebbiolo 80%, Vespolina 20%
Alc. 13% | € 40 | Bt. 5.000 | Ferm. Acciaio | Mat. Legno 24 mesi
Granato. Esordio caratterizzato da linee balsamiche e speziate, confettura di rabarbaro, china e arancia amara che segnano la progressione olfattiva articolata su sensazioni mature. Anche al sorso il vino rivela un ottimo equilibrio, sorretto da una piacevole persistenza sapida. Stinco di maiale al forno in pancetta affumicata.

COLLINE NOVARESI VESPOLINA LEDI 2022
Rosso Doc - Vespolina 100%
Alc. 13% | € 15 | Bt. 3.300 | Ferm. Acciaio | Mat. Acciaio 6 mesi
Insalata nizzarda.

COLLINE NOVARESI BIANCO LUCINO 2022
Bianco Doc - Erbaluce 100%
Alc. 14% | € 15 | Bt. 8.500 | Ferm. Acciaio | Mat. Acciaio 6 mesi
Torta salata ai broccoli.

BOCA
2018

COLLINE NOVARESI BIANCO LUCINO
2015 | 2017 | 2020

Batasiolo
(1978)

L'azienda della famiglia Dogliani è una delle cantine private piemontesi più grandi e più conosciute a livello internazionale. Quest'anno mancano purtroppo all'appello tutti i famosi cru di Barolo di cui quest'azienda si fregia; nomi importanti come Boscareto, Briccolina, Cerequio, Brunate e Bussia che dovremo attendere fino alla prossima edizione della Guida Vitae. Non ci resta che segnalare la recente riapertura in grande stile del ristorante La Rei Natura, all'interno del Boscareto Resort & SPA, oggi curato dal ben noto chef Michelangelo Mammoliti.

Frazione Annunziata, 87 - 12064 La Morra (CN)
T. 0173 50130 | M. info@batasiolo.com
www.batasiolo.com

Viticoltura: Convenzionale
Ettari: 140 | **Bottiglie:** 2.500.000 | **Produzione olearia:** No
Proprietà: Famiglia Dogliani
Cond. enologica: Paolo Pronzato, Oreste Dogliani
Cond. agronomica: Staff aziendale
Vendita diretta: Sì | **Visite in azienda:** Sì

BAROLO 2019
Rosso Docg - Nebbiolo 100%
Alc. 14% | € 42 | Bt. 200.000 | Ferm. Acciaio | Mat. Acciaio 6 mesi e Legno 30 mesi
Manto carminio tenue con riverberi granato. Si apre lentamente su toni di confettura di ribes, rosa, viola, liquirizia, menta, foglie autunnali, china, rabarbaro, cuoio e tabacco. In bocca è coerente, giustamente tannico e di ottima sapidità. Pluma di maialino Bellota con cipolle caramellate.

LANGHE CHARDONNAY VIGNETO MORINO 2022
Bianco Doc - Chardonnay 100%
Alc. 14% | € 25 | Bt. 20.000 | Ferm. Acciaio | Mat. Legno 7 mesi
San Pietro alla siciliana con dadolata di patate.

BARBARESCO 2020
Rosso Docg - Nebbiolo 100%
Alc. 14,5% | € 40 | Bt. 60.000 | Ferm. Acciaio | Mat. Acciaio 12 mesi e Legno 18 mesi
Carré di maiale con patate al forno.

DOLCETTO D'ALBA BRICCO DI VERGNE 2022
Rosso Doc - Dolcetto 100%
Alc. 13,5% | € 15 | Bt. 24.000 | Ferm. Acciaio
Pappardelle con funghi porcini.

MOSCATO D'ASTI BOSC D'LA REI 2022
Bianco Docg Frizzante Dolce - Moscato bianco 100%
Alc. 5,5% | € 15 | Bt. 400.000 | Ferm. Acciaio
Fagottino di mele.

BARBERA D'ALBA SOVRANA 2021
Rosso Doc - Barbera 100%
Alc. 14,5% | € 19 | Bt. 110.000 | Ferm. Acciaio | Mat. Acciaio 12 mesi e Legno 15 mesi
Abbacchio al forno con verdure grigliate.

BAROLO BRICCOLINA
2014 | 2015

BAROLO BRUNATE
2018

Luigi Baudana
(1975)

Salendo a Serralunga non sfugge, in frazione Baudana, l'ingresso della piccola cantina di Luigi Baudana, insegna modesta, quasi timida che ci rimanda all'inizio di quella che fu davvero l'impresa di Luigi, un vero garagista del vino, inserita in un territorio unico, ottimizzando quella che era una tradizione di famiglia. L'unione delle famiglie Baudana e Vaira ha dato solidità e confermato il valore di quel progetto, finalizzato fin dall'inizio a cercare di tradurre nella bottiglia la forte personalità del Barolo di Serralunga. Complice la favorevole annata 2019 ci godiamo due favolosi Barolo.

Frazione Baudana, 43 - 12050 Serralunga d'Alba (CN)
T. 0173 56257 | M. welcome@gdvajra.it
www.baudana.com

Viticoltura: Biologica
Ettari: 4 | **Bottiglie:** 19.000 | **Produzione olearia:** No
Proprietà: Famiglia Vaira
Cond. enologica: Giuseppe Vaira, Aldo Vaira
Cond. agronomica: Aldo Vaira, Isidoro Vaira
Vendita diretta: Sì | **Visite in azienda:** No

95
BAROLO BAUDANA 2019
Rosso Docg - Nebbiolo 100%
Alc. 14% | € 80 | Bt. 3.200 | Ferm. Legno | Mat. Legno 30 mesi
Granato luminoso con lampo rubino. Olfatto improntato sui fiori rosa e glicine, seguono piccoli frutti dominati dalla mora matura. La sfumatura speziata e balsamica anticipa un sorso di grande freschezza e perfetto tannino. Succosa l'estensione, di grande bellezza il finale, lodevole la proporzione. Tartare di manzo.

94
BAROLO CERRETTA 2019
Rosso Docg - Nebbiolo 100%
Alc. 14% | € 80 | Bt. 3.000 | Ferm. Legno | Mat. Legno 30 mesi
Un virtuoso Cerretta, dal delicato colore granato di estrema luminosità, profumi distesi e delicati, sentori di rosa essiccata, violetta e liquirizia dolce. Segue la proposta fruttata di pesca e ciliegia. In bocca è slanciato, snello e dinamico con tannini delicati, lunga dissolvenza sulle spezie dolci e balsamiche. Ossobuco alla milanese.

LANGHE BIANCO DRAGON 2022
Bianco Doc - Chardonnay 56%, Nascetta 18%, Sauvignon 18% Riesling 8%
Alc. 14% | € 13 | Bt. 20.000 | Ferm. Acciaio | Mat. Acciaio 6 mesi
Rombo al forno ai sapori mediterranei.

BAROLO BAUDANA
2016 | 2017 | 2018

BAROLO CERRETTA
2015 | 2017 | 2018

Bava
(1911)

"Dobbiamo ascoltare il linguaggio della natura e rispondervi coerentemente": con questo messaggio chiaro e inequivocabile la famiglia Bava trasmette la sua filosofia green nel pieno rispetto dell'ambiente. Qui tutto è ecosostenibile; nel vigneto assenza di diserbanti e concimi chimici (quelli utilizzati provengono da sfalci d'erba e scarti di potatura), utilizzo solo di pali in legno da foreste coltivate, e il fabbisogno energetico della cantina è totalmente coperto da impianti fotovoltaici. Vini che raccontano l'amore per la natura, l'ambiente e una secolare e prestigiosa storia di famiglia.

Strada Monferrato, 2 - 14023 Cocconato (AT)
T. 0141 907083 | M. bava@bava.com
www.bava.com

Viticoltura: Ecosostenibile
Ettari: 50 | **Bottiglie:** 490.000 | **Produzione olearia:** No
Proprietà: Famiglia Bava
Cond. enologica: Giulio Bava
Cond. agronomica: Paolo Bava
Vendita diretta: Sì | **Visite in azienda:** Sì

NIZZA PIANOALTO 2018
Rosso Docg - Barbera 100%
Alc. 14% | € 20 | Bt. 18.000 | Ferm. Legno | Mat. Legno 18 mesi
Carminio di luminosità intensa. Complesso bouquet di prugne essiccate, ciliegie in alcol, crème de cassis, e ancora pepe, bastoncino di liquirizia e generose trame di nocciole tostate e caffè macinato. Lo slancio in bocca è vivo, risultato di una verde freschezza, tannini precisi e moderato tenore alcolico. Costata di cavallo con patate al rosmarino.

BAROLO SCARRONE 2017
Rosso Docg - Nebbiolo 100%
Alc. 13,5% | € 45 | Bt. 7.000 | Ferm. Legno | Mat. Legno 30 mesi
Tajarin al tartufo bianco d'Alba.

BARBERA D'ASTI LIBERA 2021
Rosso Docg - Barbera 100%
Alc. 13,5% | € 11 | Bt. 50.000 | Ferm. Acciaio
Bra d'alpeggio.

PIEMONTE CHARDONNAY THOU BIANC 2022
Bianco Doc - Chardonnay 100%
Alc. 13,5% | € 11 | Bt. 30.000 | Ferm. Acciaio | Mat. Acciaio 6 mesi
Polpettine di alici con crema di piselli.

NIZZA PIANOALTO
2017

BAROLO SCARRONE
2015 | 2016

Bel Colle
(1974)

Prosegue l'investimento del gruppo Bosio nelle Langhe e, in particolare, nelle grandi zone del nebbiolo: quest'anno le sorprese sono due, un nuovo Barbaresco, che rivendica la MGA Gallina e una super Riserva 2017 del Barolo Monvigliero, che conquista il vertice con carattere e autorevolezza. Cresce anche il dettaglio, la finezza stilistica nell'interpretazione del vitigno, con risultati davvero appaganti: il Barbaresco Pajorè si raffina ulteriormente e mostra tutta la sua affascinante differenza rispetto al "cugino" di Neive. Sempre territoriale ed emozionante il Pelaverga.

Frazione Castagni, 56 - 12060 Verduno (CN)
T. 0172 470196 | M. info@belcolle.it
www.belcolle.it

Viticoltura: Convenzionale
Ettari: 22 | **Bottiglie:** 200.000 | **Produzione olearia:** No
Proprietà: Bosio Vini
Cond. enologica: Gianfranco Cordero, Mario Albrito, Luca Bosio
Cond. agronomica: Luca Bosio
Vendita diretta: Sì | **Visite in azienda:** Sì

(91)

BAROLO MONVIGLIERO RISERVA 2017
Rosso Docg - Nebbiolo 100%
Alc. 14,5% | € 80 | Bt. 500 | Ferm. Acciaio | Mat. Acciaio e Legno 36 mesi
Granato fitto. Fresche note fruttate, bacche rosse dall'invitante dolcezza, susine in gelatina, quindi aghi di pino, balsamici effluvi estivi e spunti caramellati, quasi di croccante. Sorso di sostanza, dal respiro terroso, con austeri tannini, integrati perfettamente in un finale succoso, ancora fruttato. Brasato di manzo al vino rosso.

BARBARESCO PAJORÈ 2020
Rosso Docg - Nebbiolo 100%
Alc. 15% | € 38 | Bt. 7.000 | Ferm. Acciaio | Mat. Acciaio 6 mesi e Legno 23 mesi
Risotto con salsiccia e Taleggio.

BARBARESCO GALLINA 2020
Rosso Docg - Nebbiolo 100%
Alc. 14% | € 43 | Bt. 1.000 | Ferm. Acciaio | Mat. Acciaio 6 mesi e Legno 18 mesi
Straccetti di cavallo.

BAROLO MONVIGLIERO 2019
Rosso Docg - Nebbiolo 100%
Alc. 14,5% | € 48 | Bt. 10.000 | Ferm. Acciaio | Mat. Acciaio 6 mesi e Legno 24 mesi
Civet di capriolo ai funghi.

VERDUNO PELAVERGA 2022
Rosso Doc - Pelaverga piccolo 100%
Alc. 14% | € 15 | Bt. 25.000 | Ferm. Acciaio | Mat. Acciaio 6 mesi
Prosciutto d'oca affumicato.

LANGHE NASCETTA 2022
Bianco Doc - Nascetta 100%
Alc. 13,5% | € 11 | Bt. 10.000 | Ferm. Acciaio | Mat. Acciaio 5 mesi
Toma di Murazzano.

BARBARESCO PAJORÈ
2019

BAROLO MONVIGLIERO
2016 | 2017 | 2018

Bera
(1975)

Una forte grandinata ha colpito a inizio luglio un vasto territorio tra Torino e il Mar Ligure, coinvolgendo il comune di Neviglie e l'azienda di Valter Bera. Nonostante l'evento sfortunato, siamo certi che Valter saprà affrontare la situazione con la consueta determinazione. Con la sua esperienza riuscirà a trarre il meglio anche da quest'annata complicata, continuando a proporre grandi bottiglie, come quelle che abbiamo avuto il privilegio di degustare quest'anno. Siamo al suo fianco, pronti a sollevare il calice e brindare al futuro, fiduciosi che i suoi vini ci stupiranno ancora.

Località Castellero, 12 - Cascina Palazzo - 12050 Neviglie (CN)
T. 0173 630500 | M. info@bera.it
www.bera.it

Viticoltura: Biologica certificata
Ettari: 30 | **Bottiglie:** 200.000 | **Produzione olearia:** No
Proprietà: Valter Bera
Cond. enologica: Valter Bera, Umberto Bera
Cond. agronomica: Riccardo Bera, Umberto Bera
Vendita diretta: Sì | **Visite in azienda:** Sì

BAROLO MOSCONI 2018
Rosso Docg - Nebbiolo 100%
Alc. 14,5% | € 50 | Bt. 2.000
Granato fine ed esemplare. Esprime il classico bouquet floreale, si riconoscono dapprima rosa, violetta, lampone, ribes e pesca, poi menta, pepe bianco, liquirizia e anice stellato. In bocca la trama tannico-sapida è intensa e soprattutto il tannino è duro e impattante. Chiusura balsamica. Filetto di vitello alla Rossini.

BARBARESCO RISERVA RABAJÀ 2016
Rosso Docg - Nebbiolo 100%
Alc. 14,5% | € 55 | Bt. 1.000
Brasato di lepre con riduzione di vino rosso.

BARBARESCO SERRABOELLA RISERVA 2018
Rosso Docg - Nebbiolo 100%
Alc. 14,5% | € 40 | Bt. 1.500
Parmigiano Reggiano Riserva.

BARBARESCO 2020
Rosso Docg - Nebbiolo 100%
Alc. 14% | € 30 | Bt. 6.000 | Ferm. Acciaio | Mat. Acciaio 12 mesi e Legno 24 mesi
Guanciale di vitello alle erbe aromatiche.

BARBARESCO SERRABOELLA 2020
Rosso Docg - Nebbiolo 100%
Alc. 14,5% | € 35 | Bt. 3.000 | Ferm. Acciaio | Mat. Legno 24 mesi
Scaloppa di vitello con asparagi trifolati.

BAROLO 2019
Rosso Docg - Nebbiolo 100%
Alc. 14,5% | € 35 | Bt. 2.000
Castelmagno.

BARBARESCO SERRABOELLA
2018 | 2019

BAROLO MOSCONI
2017

Nicola Bergaglio
(1946)

Costante eccellenza qualitativa: il Minaia è sempre lui e non sbaglia un colpo. Ogni anno ci ricorda come un singolo vigneto possa regalare capolavori, vuoi per la splendida posizione, intorno ai 300 metri sul livello del mare, esposto a sottili brezze marine e poggiato su terre rosse di matrice ferrosa, ma anche per la maestria e la grande esperienza di Gianluigi Bergaglio e del figlio Diego nel trasformare in modo del tutto artigianale uve perfettamente sane. Un grande vino schietto e sincero, con una straordinaria tenuta nel tempo, come dimostrato in assaggi verticali di varie annate.

Frazione Rovereto, 59 - Località Pedaggeri - 15066 Gavi (AL)
T. 0143 682195 | M. nicolabergaglio@alice.it

Viticoltura: Convenzionale
Ettari: 17 | **Bottiglie:** 140.000 | **Produzione olearia:** No
Proprietà: Gianluigi Bergaglio
Cond. enologica: Gianluigi Bergaglio
Cond. agronomica: Gianluigi Bergaglio
Vendita diretta: Sì | **Visite in azienda:** No

92

GAVI DEL COMUNE DI GAVI ROVERETO MINAIA 2022
Bianco Docg - Cortese 100%
Alc. 13% | € 15 | Bt. 65.000 | Ferm. Acciaio | Mat. Acciaio 5 mesi
Paglierino luccicante. Naso articolato su nettarine bianche, albicocche, succose clementine, ananas fresco, per proseguire su fiori di acacia, tiglio e camomilla, fieno e la tipica matrice gessosa. Assaggio di gran classe, fresco, sapido e duraturo, che esalta l'ampio corredo odoroso. Come ogni anno, sempre al top. Rombo al forno con patate e carciofi.

GAVI DEL COMUNE DI GAVI ROVERETO ETICHETTA BIANCA 2022
Bianco Docg - Cortese 100%
Alc. 13% | € 12 | Bt. 75.000 | Ferm. Acciaio | Mat. Acciaio 5 mesi
Zuppa di stoccafisso e patate.

GAVI DEL COMUNE DI GAVI ROVERETO MINAIA
2019 | 2020 | 2021

GAVI DEL COMUNE DI GAVI ROVERETO ETICHETTA BIANCA
2019 | 2020 | 2021

Bersano
(1907)

Un patrimonio unico di vigneti e cascine quello della Bersano vini, dislocati nelle aree a maggiore vocazione vitivinicola tra Monferrato e Langhe, che consentono di proporre vini di alto pregio, rappresentando la vera tradizione enologica piemontese. Visitare l'azienda e le storiche cantine, significa immergersi in un caldo ambiente dove si respira autentica cultura contadina. Arturo Bersano, già dai primi anni Cinquanta, pensò di raccogliere vecchi attrezzi agricoli e creare un museo di civiltà rurale, tramandando nel tempo testimonianze di rispetto e passione per il lavoro in vigna.

Piazza Dante, 21 - 14049 Nizza Monferrato (AT)
T. 0141 720211 | M. wine@bersano.it
www.bersano.it

Viticoltura: Convenzionale
Ettari: 230 | **Bottiglie:** 1.000.000 | **Produzione olearia:** No
Proprietà: Famiglia Massimelli
Cond. enologica: Roberto Morosinotto
Cond. agronomica: Staff aziendale
Vendita diretta: Sì | **Visite in azienda:** Sì

BAROLO CANNUBI RISERVA 2017
Rosso Docg - Nebbiolo 100%
Alc. 14% | € 60 | Bt. 3.300 | Ferm. Acciaio | Mat. Legno 36 mesi
Carminio vivace. S'apre con la trama fruttata dei frutti di bosco, fragole pestate, confettura di prugne, amarene sciroppate, per poi virare sul balsamico: ginepro, liquirizia e tabacco dolce. La beva è morbida, durevole, con tannini e acidità ben integrati. Già godibile ma con lunghe prospettive. Manzo brasato con funghi.

BAROLO BADARINA RISERVA 2016
Rosso Docg - Nebbiolo 100%
Alc. 14% | € 60 | Bt. 6.000 | Ferm. Acciaio | Mat. Legno 36 mesi
Civet di capriolo ai funghi.

NIZZA GENERALA RISERVA 2019
Rosso Docg - Barbera 100%
Alc. 15% | € 30 | Bt. 40.000 | Ferm. Acciaio | Mat. Legno 12 mesi
Maltagliati con funghi porcini.

ARTUR.O PAS DOSÉ 2015
Bianco Metodo Classico - Pinot nero 100%
Alc. 12,5% | € 30 | Bt. 6.600 | Ferm. Acciaio | 66 mesi sui lieviti
Crostini con paté de foie gras d'anatra.

BARBARESCO MANTICO 2020
Rosso Docg - Nebbiolo 100%
Alc. 14% | € 33 | Bt. 12.000 | Ferm. Acciaio | Mat. Legno 18 mesi
Parmigiano Reggiano Riserva.

BARBERA D'ASTI SUPERIORE COSTALUNGA 2021
Rosso Docg - Barbera 100%
Alc. 14,5% | € 12 | Bt. 290.000 | Ferm. Acciaio | Mat. Legno 6 mesi
Risotto all'isolana.

NIZZA GENERALA RISERVA
2017 | 2018

BAROLO BADARINA RISERVA
2010

Boasso Gabutti
(1970)

La borgata e la MGA Gabutti si trovano poco a occidente di due zone storiche di Serralunga, Lazzarito e Parafada. Qui Franco Boasso e i figli Ezio e Claudio gestiscono 7 ettari di vigneto, riservati ai puri classici di Langa: nebbiolo, barbera, dolcetto, arneis, moscato. Spicca il Barolo Margheria, quest'anno nella vigorosa versione Riserva 2017, un'annata calda capace di esaltare la peculiare florealità del nebbiolo di questo cru. Nota: i Boasso gestiscono il suggestivo agriturismo I Grappoli a Parafada, con vista sul castello dei Falletti. Perfetto per un weekend nel cuore di Serralunga.

Borgata Gabutti, 3 - 12050 Serralunga d'Alba (CN)
T. 0173 613165 | M. boasso@gabuttiboasso.com
www.gabuttiboasso.com

Viticoltura: Convenzionale
Ettari: 7 | **Bottiglie:** 30.000 | **Produzione olearia:** No
Proprietà: Franco Boasso
Cond. enologica: Ezio Boasso
Cond. agronomica: Ezio Boasso
Vendita diretta: Sì | **Visite in azienda:** Sì

BAROLO MARGHERIA RISERVA 2017
Rosso Docg - Nebbiolo 100%
Alc. 15% | € 75 | Bt. 1.500 | Ferm. Acciaio | Mat. Acciaio 6 mesi e Legno 45 mesi
Granato chiaro e lucente. Calda eleganza olfattiva serralunghiana: viola e balsamicità diffuse, fragoline mature, ancora iris, sbuffi vegetali e di tabacco. Tannino vigoroso, che impegna il palato fino all'ultimo istante, in un quadro di promettente potenziale evolutivo. Brasato di lepre con riduzione di vino rosso.

BAROLO DEL COMUNE DI SERRALUNGA 2019
Rosso Docg - Nebbiolo 100%
Alc. 14,5% | € 30 | Bt. 15.000 | Ferm. Acciaio | Mat. Acciaio 6 mesi e Legno 30 mesi
Guanciale di manzo al brandy.

BARBERA D'ALBA SUPERIORE 2021
Rosso Doc - Barbera 100%
Alc. 15% | € 25 | Bt. 7.000 | Ferm. Acciaio | Mat. Acciaio 6 mesi e Legno 6 mesi
Capretto arrosto alle erbe aromatiche.

BAROLO GABUTTI 2019
Rosso Docg - Nebbiolo 100%
Alc. 15% | € 60 | Bt. 4.000 | Ferm. Acciaio | Mat. Acciaio 6 mesi e Legno 30 mesi
Petto di germano reale al balsamico.

LANGHE NEBBIOLO 2021
Rosso Doc - Nebbiolo 100%
Alc. 14% | € 20 | Bt. 6.000 | Ferm. Acciaio | Mat. Acciaio 6 mesi e Legno 6 mesi
Bigoli con l'anatra.

DOLCETTO D'ALBA 2022
Rosso Doc - Dolcetto 100%
Alc. 13,5% | € 15 | Bt. 5.000 | Ferm. Acciaio | Mat. Acciaio 6 mesi
Fusilli di kamut al ragù di faraona.

BAROLO GABUTTI
2012 | 2018

BAROLO MARGHERIA RISERVA
2016

Enzo Boglietti
(1991)

Sempre divertente il confronto con i vini di Enzo Boglietti. I tanti cru a disposizione sono un viaggio infinito all'interno del versante meridionale di La Morra: Boiolo, Fossati, Brunate, Case Nere, menzioni e vini importanti da cui emergono intensità, sfumature, toni via via diversi e affascinanti. E poi c'è Serralunga, con la perla Arione, cru di grande personalità e poi gli altri vini, i buonissimi "quotidiani": Barbera, Nebbiolo, Dolcetto che sono sempre un gran bel bicchiere. Insomma, consuete buone notizie da casa Boglietti, dove la qualità è sempre la cosa che conta. Da visitare.

Via Fontane, 18/A - 12064 La Morra (CN)
T. 0173 50330 | M. info@enzoboglietti.com
www.enzoboglietti.com

Viticoltura: Biologica certificata
Ettari: 22 | **Bottiglie:** 100.000 | **Produzione olearia:** No
Proprietà: Enzo Boglietti
Cond. enologica: Sergio Molino, Enzo Boglietti
Cond. agronomica: Massimo Pinna
Vendita diretta: Sì | **Visite in azienda:** Sì

(94)
BAROLO BRUNATE 2019
Rosso Docg - Nebbiolo 100%
Alc. 14,5% | € 98 | Bt. 2.200 | Ferm. Acciaio | Mat. Legno 24 mesi
Timbro fruttato di prim'ordine. Definizione splendida di ciliegia e fragola macerata, arancia sanguinella, bacche e fiori passiti. Al gusto è un Brunate pieno e potente, perfetto nello sviluppo, con setale tannico sfumato e ritorni fruttati. Eccellente. Guanciale di manzo in umido con polenta.

(92,5)
BAROLO ARIONE 2019
Rosso Docg - Nebbiolo 100%
Alc. 14,5% | € 98 | Bt. 3.500 | Ferm. Acciaio | Mat. Legno 24 mesi
Granato classico, naso molto fresco, fiorito e fruttato. L'avvio è di fiori recisi, rosa e viola, poi ribes e melagrana, ciliegia e noce moscata. Al gusto ha volume e persistenza, tannini fini e smussati e finale fruttato. Parmigiano Reggiano Riserva.

BAROLO CASE NERE 2019
Rosso Docg - Nebbiolo 100%
Alc. 14,5% | € 98 | Bt. 3.100 | Ferm. Acciaio | Mat. Legno 30 mesi
Gulasch di cervo con patate stufate.

BAROLO FOSSATI 2019
Rosso Docg - Nebbiolo 100%
Alc. 14% | € 77 | Bt. 5.000 | Ferm. Acciaio | Mat. Legno 30 mesi
Cosciotto di maiale farcito.

BAROLO BOIOLO 2019
Rosso Docg - Nebbiolo 100%
Alc. 14,5% | € 59 | Bt. 4.700 | Ferm. Acciaio | Mat. Legno 24 mesi
Cinghiale in umido.

BAROLO DEL COMUNE DI LA MORRA 2019
Rosso Docg - Nebbiolo 100%
Alc. 14% | € 35 | Bt. 7.000 | Ferm. Acciaio | Mat. Legno 30 mesi
Ossobuco alla milanese.

BAROLO ARIONE
2016 | 2017 | 2018

BAROLO BRUNATE
2012 | 2015

Silvano Bolmida
(1999)

La Bussia di Monforte è una vasta e importante area, all'interno della quale si possono trovare diverse interpretazioni del nebbiolo, che danno vita a Barolo dalla forte personalità. Silvano Bolmida, da questa prestigiosa zona, anche quest'anno riesce a creare vini di grande significato, offrendoci la sua personale interpretazione della Bussia. La sua abilità e dedizione alla viticoltura si riflettono in bottiglie che racchiudono l'anima e il carattere di questo territorio unico, autentica essenza di questa fortunata area monfortina, una delle menzioni più pregiate dell'enologia italiana.

Località Bussia, 30 - 12065 Monforte d'Alba (CN)
T. 0173 789877 | M. silvanobolmida@tiscalinet.it
www.silvanobolmida.com

Viticoltura: A basso impatto ambientale
Ettari: 7,4 | **Bottiglie:** 40.000 | **Produzione olearia:** No
Proprietà: Silvano Bolmida
Cond. enologica: Silvano Bolmida, Alessandra Bolmida
Cond. agronomica: Francesco Bolmida
Vendita diretta: Sì | **Visite in azienda:** Sì

BAROLO LE COSTE DI MONFORTE 2019
Rosso Docg - Nebbiolo 100%
Alc. 14% | € 60 | Bt. 4.000 | Ferm. Acciaio | Mat. Legno 24 mesi
Limpido e luminoso rosso granato. Naso complesso in costante evoluzione: note iniziali di torrefazione e balsamiche, che virano verso ricordi fruttati quali fragola macerata, lampone maturo e amarena. La bocca apre a una godibile contrapposizione tra freschezza e tannino, che evidenzia la vigoria giovanile. Bra d'alpeggio.

BAROLO BUSSIA 2019
Rosso Docg - Nebbiolo 100%
Alc. 14,5% | € 65 | Bt. 11.000 | Ferm. Acciaio | Mat. Legno 24 mesi
Brasato di lepre con riduzione di vino rosso.

BAROLO BUSSIA VIGNA DEI FANTINI 2019
Rosso Docg - Nebbiolo 100%
Alc. 14,5% | € 75 | Bt. 3.000 | Ferm. Acciaio | Mat. Legno 24 mesi
Stracotto d'asino.

LANGHE ANTICA NOVELLA 2021
Bianco Doc - Sauvignon 100%
Alc. 14% | € 26 | Bt. 5.400 | Ferm. Acciaio
Robiola di Roccaverano.

LANGHE NEBBIOLO FRALES 2021
Rosso Doc - Nebbiolo 100%
Alc. 14% | € 28 | Bt. 6.000 | Ferm. Acciaio | Mat. Acciaio 6 mesi e Legno 4 mesi
Beccacce allo spiedo.

BAROLO BUSSIA VIGNA DEI FANTINI
2018

BAROLO BUSSIA
2017 | 2018

Gilberto Boniperti
(2008)

Da alcuni anni la famiglia Boniperti ci offre una selezione di pregiate etichette che traducono in vino le peculiarità di un territorio dove la viticoltura ha origini antiche e raffinate. La denominazione Fara non ha molti interpreti, vuoi per l'abbandono della viticoltura in anni di espansione dell'industria che garantiva maggior sicurezza e meno fatica, vuoi per il diverso ruolo del vino e del suo consumo nell'epoca attuale. La sensibilità, la ricerca della qualità e la voglia di riprendersi un pezzo di storia sono la base del lavoro della famiglia Boniperti.

Via Vittorio Emanuele, 43 - 28010 Barengo (NO)
T. 347 0302469 | M. info@bonipertivignaioli.com
www.bonipertivignaioli.com

Viticoltura: Lotta integrata
Ettari: 5,5 | **Bottiglie:** 20.000 | **Produzione olearia:** No
Proprietà: Gilberto Boniperti
Cond. enologica: Gilberto Boniperti, Cristiano Garella
Cond. agronomica: Gilberto Boniperti
Vendita diretta: Sì | **Visite in azienda:** Sì

FARA BARTÖN 2020
Rosso Doc - Nebbiolo 70%, Vespolina 30%
Alc. 13,5% | € 28 | Bt. 3.000 | Ferm. Acciaio | Mat. Legno 15 mesi
Rosso granato con filigrana carminio. Inizialmente riservato nei profumi che lentamente si esprimono con ricordi di frutta rossa, fiori, pepe bianco e tabacco, tutto avvolto da erbe aromatiche. L'assaggio si propone decisamente sapido, tannino tenue ma presente, delicata struttura. Rigatoni al ragù bianco di carne.

COLLINE NOVARESI NEBBIOLO CARLIN II 2021
Rosso Doc - Nebbiolo 100%
Alc. 13% | € 15 | Bt. 8.000 | Ferm. Acciaio | Mat. Acciaio 18 mesi
Salame di Varzi.

FARA BARTÖN
2016 | 2018 | 2019

COLLINE NOVARESI NEBBIOLO CARLIN II
2019

Borgo Maragliano
(1986)

L'autorevolezza conquistata in anni di lavoro appassionato, senza scorciatoie, la capacità di aver costruito un proprio stile spumantistico, fatto di precisione, verticalità, pulizia: questo il bagaglio che Borgo Maragliano porta nella Docg Alta Langa, in cui quest'anno rientra, per la prima volta, uno dei vini di Carlo e Silvia. Per il resto, il 2018 si conferma un millesimo felice per la spumantizzazione, e il Dogma ce lo conferma in modo perentorio. Qui non si tratta di trovare paragoni irragionevoli con altri territori, zone o denominazioni: è il calice che parla. Ottima tutta la proposta.

Regione San Sebastiano, 2 - 14051 Loazzolo (AT)
T. 0144 87132 | M. info@borgomaragliano.com
www.borgomaragliano.com

Viticoltura: Convenzionale
Ettari: 44 | **Bottiglie:** 385.000 | **Produzione olearia:** No
Proprietà: Carlo e Silvia Galliano
Cond. enologica: Carlo Galliano
Cond. agronomica: Carlo Galliano
Vendita diretta: Sì | **Visite in azienda:** Sì

(91)
DOGMA BRUT NATURE BLANC DE NOIRS 2018
Bianco Metodo Classico - Pinot nero 100%
Alc. 12,5% | € 32 | Bt. 8.300 | Ferm. Acciaio | Mat. Acciaio 8 mesi
48 mesi sui lieviti
All'insegna della piacevolezza da subito: invitanti sfumature d'oro, sbuffi tropicali di mango e generose dolcezze alla susina. È il sorso a conquistare, per struttura ampia ma vivace, una morbidezza di sapiente misura che lascia esprimere il carattere del vino: una sapidità spiccata, precisa, appagante. Tortelli di branzino con salsa d'astice.

ALTA LANGA BRUT FRANCESCO GALLIANO BLANC DE BLANCS 2019
Bianco Docg Metodo Classico - Chardonnay 100%
Alc. 13% | € 24 | Bt. 28.104 | Ferm. Acciaio | Mat. Acciaio 10 mesi
32 mesi sui lieviti
Totani ripieni con salsa mediterranea.

CUVÉE GERMANA BELTRAME EDITIONE IV BRUT NATURE
Bianco Metodo Classico - Chardonnay 100%
Alc. 12,5% | € 33 | Bt. 3.400 | Ferm. Acciaio | Mat. Acciaio 18 mesi
36 mesi sui lieviti
Rotolo di tacchino alle mele ed erbe aromatiche.

FEDERICO GALLIANO BRUT NATURE 2018
Bianco Metodo Classico - Riesling renano 100%
Alc. 13% | € 33 | Bt. 3.200 | Ferm. Acciaio | 39 mesi sui lieviti
Seppie ripiene su crema di ceci.

GIUSEPPE GALLIANO BRUT NATURE 2018
Bianco Metodo Classico - Pinot nero 80%, Chardonnay 20%
Alc. 12,5% | € 27 | Bt. 22.000 | Ferm. Acciaio | Mat. Acciaio 7 mesi
39 mesi sui lieviti
Crostini con baccalà mantecato.

LOAZZOLO VENDEMMIA TARDIVA 2018
Bianco Doc Dolce - Moscato bianco 100%
Alc. 11,5% | € 30 (0,375l) | Bt. 4.266 | Ferm. Acciaio | Mat. Acciaio 36 mesi e Legno 32 mesi
Stilton.

CUVÉE GERMANA BELTRAME EDITIONE III BRUT NATURE
S.A.

GIUSEPPE GALLIANO BRUT NATURE
2016

Borgogno
(1761)

È un peccato: solo parte della produzione di Borgogno può rientrare in questa scheda. Purtroppo ne resta fuori un gruppo di vini di valore, per i quali rimandiamo all'app: il mondo digitale, nella sua virtualità, non ha problemi di spazio. Qui, però, c'è un nucleo di fuoriclasse e campioni che impressiona. Merito delle grandi annate del Barolo: la 2019 per il tris dei cru, su cui regna sovrano il Cannubi, seguito da vicino dal classico Liste e dal Fossati; e la superba 2016, rappresentata da una Riserva che attraverserà le generazioni. E non perdete di vista i Timorasso.

Via Gioberti, 1 - 12060 Barolo (CN)
T. 0173 56108 | M. info@borgogno.com
www.borgogno.com

Viticoltura: Biologica certificata
Ettari: 42,5 | **Bottiglie:** 250.000 | **Produzione olearia:** No
Proprietà: Famiglia Farinetti
Cond. enologica: Simone Borsari
Cond. agronomica: Giuseppe Valletti
Vendita diretta: Sì | **Visite in azienda:** Sì

(94)
BAROLO RISERVA 2016
Rosso Docg - Nebbiolo 100%
Alc. 14,5% | € 190 | Bt. 15.000 | Ferm. Cemento | Mat. Legno 70 mesi
Classico: dal luminoso granato alla mirabile performance olfattiva, una variegata sequenza di violetta e piccoli frutti, con ritmica punteggiatura d'erbe aromatico-balsamiche. Struttura superiore, tannino squisito, passo maestoso, lungo, intenso finale: chapeau. Camoscio in umido.

(92,5)
BAROLO CANNUBI 2019
Rosso Docg - Nebbiolo 100%
Alc. 14,5% | € 140 | Bt. 5.600 | Ferm. Cemento | Mat. Legno 33 mesi
Fitta stratificazione olfattiva: china, menta, bacche d'alta montagna, melagrana, iris, vibranti nuance vegetali. In bocca ha un incedere nobile, un'eleganza che vela la potenza, un epilogo lunghissimo di perfetta misura tannica. Bocconcini di cervo al cavolo nero.

(91,5)
BAROLO LISTE 2019
Rosso Docg - Nebbiolo 100%
Alc. 14,5% | € 105 | Bt. 5.600 | Ferm. Cemento | Mat. Legno 39 mesi
Balsamico-mentolato, con sbuffi vegetali, garbato corteggio di spezie che avvolge i piccoli frutti rossi, un che di ferrigno: naso avvincente. Sorso classico e grintoso, di persistenza da ricordare. Faraona al forno.

BAROLO FOSSATI 2019
Rosso Docg - Nebbiolo 100%
Alc. 14,5% | € 86 | Bt. 5.600 | Ferm. Cemento | Mat. Legno 33 mesi
Guanciale di manzo in umido con polenta.

COLLI TORTONESI TIMORASSO DERTHONA SCALDAPULCE 2020
Bianco Doc - Timorasso 100%
Alc. 14% | € 129 | Bt. 1.300 | Ferm. Cemento | Mat. Acciaio 18 mesi
Tartare di gamberi.

COLLI TORTONESI TIMORASSO DERTHONA 2021
Bianco Doc - Timorasso 100%
Alc. 14% | € 40 | Bt. 13.000 | Ferm. Cemento | Mat. Acciaio 12 mesi
Lasagne con scamorza, funghi e zucca.

BAROLO CANNUBI
2014 | 2015 | 2017

BAROLO FOSSATI
2011

Fratelli Serio e Battista Borgogno
(1897)

L'azienda Serio e Battista Borgogno occupa un posto di prestigio tra i produttori storici di Barolo. Da sempre radicata nel cuore dei Cannubi, questa cantina offre pregevoli versioni del celebre vino, provenienti da questa meravigliosa collina che rappresenta una storia e un baluardo del Barolo nel mondo. Anche quest'anno, sebbene la Riserva non sia stata presentata, il Cannubi si è dimostrato di alto livello, mantenendo raffinatezza e carattere distintivo. La passione per la terra si esprime in queste bottiglie, che portano con sé l'essenza autentica e l'eleganza del Barolo.

Via Crosia, 12 - Località Cannubi - 12060 Barolo (CN)
T. 0173 56107 | M. info@borgognoseriobattista.it
www.borgognoseriobattista.it

Viticoltura: Convenzionale
Ettari: 10 | **Bottiglie:** 70.000 | **Produzione olearia:** No
Proprietà: Famiglia Borgogno
Cond. enologica: Marco Bolla, Luca Sarotto, Emanuela Bolla
Cond. agronomica: Edoardo Monticelli
Vendita diretta: Sì | **Visite in azienda:** Sì

BAROLO CANNUBI 2019
Rosso Docg - Nebbiolo 100%
Alc. 14% | € 60 | Bt. 16.000 | Ferm. Legno | Mat. Legno 30 mesi
Lucente abito rosso granato. Al naso si mostra con un ventaglio austero e balsamico con ricordi di terra come radice, humus e sottobosco, sfumando in toni più fruttati e floreali. Il sorso è deciso e dotato di una media carica tannica pregevolmente integrata con la succosa freschezza che dona echi fruttati. Risotto al tartufo bianco.

BARBERA D'ALBA SUPERIORE 2020
Rosso Doc - Barbera 100%
Alc. 14,5% | € 22 | Bt. 10.000 | Ferm. Legno | Mat. Acciaio 12 mesi e Legno 12 mesi
Grigliata di carne con salsa barbecue.

BAROLO 2019
Rosso Docg - Nebbiolo 100%
Alc. 14% | € 50 | Bt. 10.000 | Ferm. Legno | Mat. Legno 30 mesi
Parmigiano Reggiano Riserva.

NEBBIOLO D'ALBA 2021
Rosso Doc - Nebbiolo 100%
Alc. 13,5% | € 25 | Bt. 10.000 | Ferm. Legno | Mat. Acciaio 12 mesi e Legno 12 mesi
Allodole tartufate in casseruola.

LANGHE NASCETTA 2022
Bianco Doc - Nascetta 100%
Alc. 13,5% | € 20 | Bt. 4.700 | Ferm. Acciaio | Mat. Acciaio 4 mesi
Flan di zucchine e carote.

LANGHE NEBBIOLO 2022
Rosso Doc - Nebbiolo 100%
Alc. 14,5% | € 20 | Bt. 6.600 | Ferm. Acciaio | Mat. Acciaio 2 mesi
Risotto al tartufo nero.

BAROLO CANNUBI RISERVA
2013 | 2015 | 2016

BAROLO CANNUBI
2016 | 2017 | 2018

Boroli
(1993)

Sarà l'annata a 5 stelle o la sempre maggior esperienza acquisita dal team di Achille Boroli, ma i vini di questa "giovane" cantina di Castiglione Falletto sono arrivati quest'anno a una qualità davvero importante. Tutti i vini che abbiamo degustato sono risultate di altissimo profilo, con espressione e carattere da vendere. Barolo in primis, con il "monopole" Brunella che incanta e poi gli altri tra cui lo Chardonnay Bel Amì, prodotto solo in alcune annate, che si piazza tra i migliori vini della sua tipologia. Cantina di visitare.

Via Brunella, 4 - 12060 Castiglione Falletto (CN)
T. 0173 62927 | M. info@boroli.it
www.boroli.it

Viticoltura: Convenzionale
Ettari: 8,2 | **Bottiglie:** 40.000 | **Produzione olearia:** No
Proprietà: Famiglia Boroli
Cond. enologica: Lorenzo Alluvione
Cond. agronomica: Daniele Alluvione
Vendita diretta: Sì | **Visite in azienda:** Sì

(94,5)
BAROLO BRUNELLA 2019
Rosso Docg - Nebbiolo 100%
Alc. 14% | € 85 | Bt. 2.000 | Ferm. Acciaio | Mat. Legno 24 mesi
Tanta frutta deliziosa: lampone, ribes, fragolina di bosco, melagrana, poi caffè e cioccolatino. Naso superbo per definizione e complessità a cui fa eco una bocca dolce e morbida di gran livello ed equilibrio, con lunga e fruttata persistenza. Dal 2033. Stinco di maiale al forno in pancetta affumicata.

(94)
BAROLO VILLERO 2019
Rosso Docg - Nebbiolo 100%
Alc. 14% | € 85 | Bt. 4.300 | Ferm. Acciaio | Mat. Legno 24 mesi
Dolcissimo nel frutto, profondo, succoso, fitto di sentori di lampone maturo, marasca, moka, cacao, cola, fumo, ferro, liquirizia. Bocca super, gustosa, piena e fresca, tanto lunga. Guanciale di vitello alle erbe aromatiche.

BAROLO CEREQUIO 2019
Rosso Docg - Nebbiolo 100%
Alc. 14% | € 85 | Bt. 5.000 | Ferm. Acciaio | Mat. Legno 24 mesi
Piccione al forno con cipollotti.

LANGHE CHARDONNAY BEL AMÌ 2021
Bianco Doc - Chardonnay 100%
Alc. 13,5% | € 27 | Bt. 5.400 | Ferm. Acciaio | Mat. Acciaio 6 mesi e Legno 6 mesi
Linguine con bottarga e pomodori secchi.

BAROLO DEL COMUNE DI CASTIGLIONE FALLETTO 2019
Rosso Docg - Nebbiolo 100%
Alc. 14% | € 38 | Bt. 11.500 | Ferm. Acciaio | Mat. Legno 24 mesi
Manzo brasato con funghi.

LANGHE NEBBIOLO 1661 2021
Rosso Doc - Nebbiolo 100%
Alc. 14% | € 20 | Bt. 9.000 | Ferm. Acciaio
Tajarin al tartufo bianco d'Alba.

BAROLO CEREQUIO
2014

BAROLO VILLERO
2013 | 2015 | 2018

Francesco Boschis
(1919)

Assaggiare i Dogliani della famiglia Boschis è sempre un'esperienza decisamente istruttiva: in un luogo di così importante vocazione per il dolcetto, in condizioni di quota, esposizione e contesto pedoclimatico generalmente, diversi tra vigna e vigna, si ha la possibilità di capire come questo vitigno, croce e delizia del Doglianese, si esprima in relazione alle annate. Ottima la 2021, promettente la 2022 (qui, nonostante l'annata caldissima, si mantiene un'invidiabile freschezza). Sempre un riferimento importante per il dolcetto e per la denominazione.

Borgata Pianezzo, 57 - 12063 Dogliani (CN)
T. 0173 70574 | M. info@boschisfrancesco.it
www.boschisfrancesco.it

Viticoltura: Convenzionale ed ecosostenibile
Ettari: 8 | **Bottiglie:** 35.000 | **Produzione olearia:** No
Proprietà: Famiglia Boschis
Cond. enologica: Paolo Boschis
Cond. agronomica: Paolo Boschis, Marco Boschis
Vendita diretta: Sì | **Visite in azienda:** Sì

DOGLIANI SUPERIORE PIANEZZO VIGNA DEI PREY 2021
Rosso Docg - Dolcetto 100%
Alc. 13,5% | € 15 | Bt. 5.331 | Ferm. Acciaio | Mat. Acciaio 11 mesi
Impenetrabile amaranto, orlo purpureo. Densità olfattiva eccezionale, frutti neri macerati, more, confettura di lamponi, erbe di montagna, achillea, spunti balsamici, maggiorana. Carattere ed espressività definiscono un sorso potente: tannino marcato, freschezza dinamica. Lungo, ancora giocato sul frutto. Risotto con le quaglie.

DOGLIANI SUPERIORE VIGNA DEL CILIEGIO 2020
Rosso Docg - Dolcetto 100%
Alc. 13,5% | € 19 | Bt. 1.936 | Ferm. Acciaio | Mat. Acciaio 12 mesi e Legno 12 mesi
Pappardelle con sugo di lepre.

BARBERA D'ALBA SUPERIORE VIGNA LE MASSERIE 2020
Rosso Doc - Barbera 100%
Alc. 14% | € 19 | Bt. 1.897 | Ferm. Acciaio | Mat. Acciaio 12 mesi e Legno 10 mesi
Monte Veronese d'allevo.

DOGLIANI SUPERIORE PIANEZZO VIGNE SORÌ SAN MARTINO 2021
Rosso Docg - Dolcetto 100%
Alc. 13,5% | € 15 | Bt. 4.249 | Ferm. Acciaio | Mat. Acciaio 9 mesi e Cemento 2 mesi
Trippa in umido.

DOGLIANI SUPERIORE PIANEZZO VIGNE SORÌ SAN MARTINO
2020

DOGLIANI SUPERIORE VIGNA DEL CILIEGIO
2017

Agostino Bosco
(1980)

Per Andrea, saldamente al timone della cantina insieme a papà Agostino, non esistono figli prediletti: distribuisce passione in identica percentuale fra i suoi pupilli barbera, dolcetto e nebbiolo, preservando intatta la filosofia di nonno Pietro. Lo scrupoloso rispetto delle tradizioni, coniugato a una magistrale precisione in vigna e cantina, permette ogni anno di degustare vini emozionanti, testimoni di un territorio tanto generoso con chi sa valorizzarlo. Come da ormai consolidate abitudini gli assaggi si confermano di ottimo livello, con il trio dei Barolo 2019 sugli scudi.

Via Fontane, 24 - 12064 La Morra (CN)
T. 0173 509466 | M. info@barolobosco.com
www.barolobosco.com

Viticoltura: Ecosostenibile
Ettari: 6 | **Bottiglie:** 32.000 | **Produzione olearia:** No
Proprietà: Famiglia Bosco
Cond. enologica: Andrea Bosco
Cond. agronomica: Andrea Bosco, Carlo Arnulfo
Vendita diretta: Sì | **Visite in azienda:** Sì

BAROLO NEIRANE 2019
Rosso Docg - Nebbiolo 100%
Alc. 14,5% | € 36 | Bt. 4.400 | Ferm. Acciaio | Mat. Legno 24 mesi
Granato luminoso. Sfilano in successione slanci di piccoli frutti rossi, ribes e lampone, seguiti dalla suadente florealità della violetta appassita. Non mancano richiami balsamici e sussurri speziati. La trama tannica è finemente espressiva, vigorosa e mai esondante. Magnifico equilibrio. Beccacce allo spiedo.

BAROLO LA SERRA 2019
Rosso Docg - Nebbiolo 100%
Alc. 14,5% | € 43 | Bt. 3.800 | Ferm. Acciaio | Mat. Legno 24 mesi
Terrina di lepre con salsa di prugne.

BAROLO DEL COMUNE DI LA MORRA 2019
Rosso Docg - Nebbiolo 100%
Alc. 14,5% | € 28 | Bt. 2.600 | Ferm. Acciaio | Mat. Legno 24 mesi
Tagliata di manzo al rosmarino.

BARBERA D'ALBA SUPERIORE VOLUPTA 2021
Rosso Doc - Barbera 100%
Alc. 15% | € 18 | Bt. 7.000 | Ferm. Acciaio | Mat. Legno 14 mesi
Tagliatelle al ragù.

LANGHE NEBBIOLO RUREM 2021
Rosso Doc - Nebbiolo 100%
Alc. 14% | € 19 | Bt. 4.500 | Ferm. Acciaio | Mat. Legno 14 mesi
Agnolotti al piccione con sugo d'arrosto.

BAROLO LA SERRA
2018

BAROLO NEIRANE
2018

Vigneti Boveri Giacomo
(1996)

Giacomo Boveri è l'erede di una tradizione familiare vecchia almeno un paio di secoli: le prime tracce di un'attività agricola datano a fine Settecento. L'azienda attuale, peraltro, risale agli anni '90 del secolo scorso, quando Giacomo, con scelta in controtendenza, anziché impiegarsi nell'industria, ha deciso di rinverdire la vocazione di famiglia. C'è tutto per raggiungere alti livelli di qualità: scelta dura e pura di usare vitigni tortonesi, due consulenti langaroli di vaglia come Piero Ballario (cantina) e Carlo Arnulfo (vigna), una passione trasmessa via DNA. Lacrime del Bricco über alles.

Via Costa Vescovato, 15 - Frazione Montale Celli - 15050 Costa Vescovato (AL)
T. 0131 838223 | M. info@vignetiboveri.it
www.vignetiboveri.it

Viticoltura: Ecosostenibile
Ettari: 10 | **Bottiglie:** 25.000 | **Produzione olearia:** No
Proprietà: Giacomo Boveri
Cond. enologica: Piero Ballario
Cond. agronomica: Carlo Arnulfo
Vendita diretta: Sì | **Visite in azienda:** Sì

COLLI TORTONESI DERTHONA TIMORASSO LACRIME DEL BRICCO 2020
Bianco Doc - Timorasso 100%
Alc. 14% | € 28 | Bt. 3.500 | Ferm. Acciaio | Mat. Acciaio 18 mesi
Paglierino chiaro. Olfazione fine e giovanile, pervasa da sensazioni gessose e agrumate, ritmata da profumi d'erbe aromatiche. Al palato freschezza e sapidità conferiscono verticalità e lunghezza a un sorso che si distingue per finezza ed equilibrio strutturale. Andrà lontano. Filetto di orata allo zenzero.

COLLI TORTONESI TIMORASSO DERTHONA MUNTÀ L'È RUMA 2020
Bianco Doc - Timorasso 100%
Alc. 13,5% | € 22 | Bt. 3.500 | Ferm. Acciaio | Mat. Acciaio 18 mesi
Sformatino di zucca con fonduta di Asiago.

COLLI TORTONESI FREISA LA CAPPELLETTA 2019
Rosso Doc - Freisa 100%
Alc. 13,5% | € 15 | Bt. 2.000 | Ferm. Acciaio | Mat. Acciaio 10 mesi
Carré d'agnello al timo e lardo di Colonnata.

COLLI TORTONESI TIMORASSO DERTHONA MUNTÀ L'È RUMA
2019

COLLI TORTONESI DERTHONA TIMORASSO LACRIME DEL BRICCO
2019

Luigi Boveri
(1992)

Se ci dicessero di pensare a un vigneron emblematico dei colli tortonesi, ci verrebbe subito in mente Luigi Boveri. Tortonese vero, per lignaggio familiare radicato sulle colline di Costa Vescovato, rappresenta benissimo quella generazione di "artigiani della terra" (espressione che gli è cara) che negli anni '90 ha fatto la rivoluzione in questo territorio contadino, traghettandolo in una nuova era. Un giusto mix tra legami familiari antichi con queste colline e innovazioni tecnologiche. E poi, certo, il Timorasso, di cui il Filari 2021 è un esempio brillante, autentico come il suo creatore.

Via XX Settembre, 6 - Frazione Montale Celli - 15050 Costa Vescovato (AL)
T. 340 4803352 - 338 2684269 | M. info@boveriluigi.com
www.boveriluigi.com

Viticoltura: Convenzionale
Ettari: 30 | **Bottiglie:** 80.000 | **Produzione olearia:** No
Proprietà: Luigi Boveri
Cond. enologica: Luigi Boveri
Cond. agronomica: Luigi Boveri
Vendita diretta: Sì | **Visite in azienda:** Sì

(91)

COLLI TORTONESI TIMORASSO FILARI DI TIMORASSO 2021
Bianco Doc - Timorasso 100%
Alc. 14,5% | € 40 | Bt. 5.000 | Ferm. Acciaio | Mat. Acciaio 12 mesi
Giallo tenue. Un Timorasso in stile Luigi Boveri: con tutti i crismi varietali (finezze agrumate e pietrose) e in più un tocco balsamico-offficinale che è il sigillo del produttore e del terroir. In bocca ha un bell'equilibrio, con baricentro fresco-sapido e ottima struttura; la persistenza parla già di futuro. Tartare di tonno.

COLLI TORTONESI TIMORASSO DERTHONA 2021
Bianco Doc - Timorasso 100%
Alc. 14% | € 20 | Bt. 20.000 | Ferm. Acciaio | Mat. Acciaio 12 mesi
Cappesante gratinate.

COLLI TORTONESI BARBERA POGGIO DELLE AMARENE 2021
Rosso Doc - Barbera 100%
Alc. 14,5% | € 25 | Bt. 5.000 | Ferm. Acciaio | Mat. Cemento 12 mesi
Tacchino stufato con peperoni e radicchio.

COLLI TORTONESI CORTESE TERRE DEL PRETE 2022
Bianco Doc - Cortese 100%
Alc. 12,5% | € 12 | Bt. 6.000 | Ferm. Acciaio | Mat. Acciaio 6 mesi
Torta salata alle zucchine e origano.

COLLI TORTONESI BARBERA BOCCANERA 2022
Rosso Doc - Barbera 100%
Alc. 13,5% | € 15 | Bt. 40.000 | Ferm. Acciaio | Mat. Acciaio 6 mesi
Salame di Varzi.

COLLI TORTONESI TIMORASSO FILARI DI TIMORASSO
2020

COLLI TORTONESI TIMORASSO DERTHONA
2019 | 2020

Renato Boveri Vignaiolo
(1860)

Daniele Boveri veglia su uno dei vigneti più antichi del Piemonte, il Santambroeus di Monleale. La dedicazione al vescovo milanese si spiega: divenne patrono del paese per concessione di Carlo Borromeo come "risarcimento" (solo morale...) ai monlealesi per il loro contributo (concreto, questo: vino, prodotti alimentari) alla Veneranda Fabbrica del Duomo. Nel 1610 nella vigna fu eretta un'edicola sacra, ed è ancora lì. Ci nascono il Monleale e due Barbera vinificate in pietra e cemento, Barlou e Santambroeus (vigne del 1917). Vini che più storici di così. In testa, l'ottimo, moderno Derthona.

Strada Costa del Ronco, 2 - 15059 Monleale (AL)
T. 347 9302791 | M. renatoboverimonleale@gmail.com

Viticoltura: Convenzionale
Ettari: 8 | **Bottiglie:** 30.000 | **Produzione olearia:** No
Proprietà: Danilo Boveri
Cond. enologica: Danilo Boveri
Cond. agronomica: Danilo Boveri
Vendita diretta: Sì | **Visite in azienda:** Sì

DERTHONA 2021
Bianco - Timorasso 100%
Alc. 14% | € 35 | Bt. 3.000 | Ferm. Acciaio | Mat. Cemento 24 mesi
Paglierino. Intriga per l'esordio agrumato di cedro e arancia amara, seguito e scortato da sensazioni d'erbe mediterranee e di roccia calda, quasi di scisto bituminoso. Sorso caldo e verticale, fresco, con potenti ritorni fruttati che in coda ricordano l'aromaticità della pesca; sapido e lungo. Risotto agli asparagi con gamberi croccanti.

CAPLÈT 2022
Bianco - Cortese 100%
Alc. 13,5% | € 16 | Bt. 1.000 | Ferm. Terracotta | Mat. Cemento 10 mesi e Terracotta 8 mesi
Coda di rospo gratinata.

COLLI TORTONESI MONLEALE 2021
Rosso Doc - Barbera 100%
Alc. 14% | € 26 | Bt. 2.500 | Ferm. Legno | Mat. Legno 24 mesi
Costine d'agnello in crosta di noci.

SANTAMBROEUS 2021
Rosso - Barbera 100%
Alc. 14% | € 26 | Bt. 6.000 | Ferm. Cemento | Mat. Cemento 24 mesi
Sella di coniglio al tartufo con timballo di patate.

BARLOU 2021
Rosso - Barbera 100%
Alc. 13,5% | € 16 | Bt. 8.000 | Ferm. Cemento | Mat. Cemento 8 mesi
Pizzoccheri valtellinesi.

DERTHONA
2020

CAPLÈT
2021

Gianfranco Bovio

(1976)

La cantina Bovio ci presenta una serie di ottimi Barolo annata 2019 a cui si aggiunge la Riserva De-Rieumes 2017, un Barolo prodotto solo nelle migliori annate, ottenuto dalla selezione delle uve migliori di tutti i vigneti di proprietà dell'azienda. Il vino è dedicato alla trisnonna di Alessandra, Eugenia Brezza De-Rieumes. Degno di nota il lavoro di Alessandra Bovio e della sua famiglia in continuità con quanto costruito dal papà Gian Bovio, artefice e convinto sostenitore della gastronomia albese di cui fu un pioniere riconosciuto e apprezzato dai colleghi, dalla clientela e dalla critica.

Borgata Ciotto, 63 - Frazione Annunziata - 12064 La Morra (CN)
T. 0173 50667 | M. boviogianfranco@boviogianfranco.com
www.boviogianfranco.com

Viticoltura: Convenzionale ed ecosostenibile
Ettari: 9 | **Bottiglie:** 65.000 | **Produzione olearia:** No
Proprietà: Alessandra Bovio
Cond. enologica: Giuseppe Caviola, Matteo Franchi
Cond. agronomica: Gian Piero Romana
Vendita diretta: Sì | **Visite in azienda:** Sì

BAROLO PARUSSI 2019
Rosso Docg - Nebbiolo 100%
Alc. 14,5% | € 55 | Bt. 2.700
Classico granato, si esprime con garbo e delicatezza, preciso nel floreale di rosa essiccata e viola per continuare sui piccoli frutti in gelatina. Al palato fanno eco le sfumature speziate che danno sapore e persistenza, delicato il tannino e piacevole la sapidità che completa l'assaggio. Rotolo di tacchino alle mele ed erbe aromatiche.

BAROLO ARBORINA 2019
Rosso Docg - Nebbiolo 100%
Alc. 14,5% | € 49 | Bt. 3.300 | Ferm. Acciaio | Mat. Legno 24 mesi e Cemento 6 mesi
Guanciale di vitello in umido con patate.

BAROLO DE-RIEUMES RISERVA 2017
Rosso Docg - Nebbiolo 100%
Alc. 15% | € 75 | Ferm. Legno | Mat. Legno 24 mesi
Bra d'alpeggio.

BARBERA D'ALBA SUPERIORE REGIAVEJA 2020
Rosso Doc - Barbera 100%
Alc. 14,5% | € 19 | Bt. 4.500 | Ferm. Acciaio | Mat. Acciaio 2 mesi e Legno 12 mesi
Toma di Murazzano.

BAROLO 2019
Rosso Docg - Nebbiolo 100%
Alc. 14% | € 33 | Ferm. Acciaio | Mat. Legno 22 mesi e Cemento 8 mesi
Risotto con rape rosse e Gorgonzola.

LANGHE CHARDONNAY ALESSANDRO 2021
Bianco Doc - Chardonnay 100%
Alc. 14% | € 17 | Bt. 4.500 | Ferm. Legno e Acciaio | Mat. Legno 10 mesi
Linguine con asparagi e calamaretti.

BAROLO ARBORINA
2012

BAROLO GATTERA
2010

Braida Giacomo Bologna

(1961)

L'azienda dei fratelli Beppe e Raffaella Bologna è sempre in movimento. Numeri produttivi importanti che, grazie a un attento lavoro in vigna e in cantina, sono sempre accompagnati da un altissimo livello qualitativo, nel rispetto del nome e della storia di questa cantina. Qui la Barbera non delude mai e quest'anno il Bricco dell'Uccellone svetta su tutti. All'interno della vasta gamma proposta, vogliamo anche segnalarvi un vino di grande carattere ed espressività: il Grignolino Limonte, una storica etichetta firmata Braida, da un classico vitigno piemontese.

SP 27 - Località Ciappellette, 9 - 14030 Rocchetta Tanaro (AT)
T. 0141 644113 | M. info@braida.it
www.braida.it

Viticoltura: Convenzionale
Ettari: 70 | **Bottiglie:** 700.000 | **Produzione olearia:** No
Proprietà: Raffaella e Giuseppe Bologna
Cond. enologica: Giuseppe Bologna, Paolo Chiola
Cond. agronomica: Roberto Abate
Vendita diretta: Sì | **Visite in azienda:** Sì

93

BARBERA D'ASTI BRICCO DELL'UCCELLONE 2020
Rosso Docg - Barbera 100%
Alc. 16,5% | € 60 | Bt. 70.000 | Ferm. Acciaio | Mat. Legno 12 mesi
Rubino fitto e luminoso. Intensi profumi fruttati di more, prugne e ciliegie in confettura si accompagnano a sentori di fiori, vaniglia, spezie e sfumature vegetali. Al palato l'importante presenza alcolica viene perfettamente bilanciata dalla rinfrescante acidità e dal delicato tannino. Finale molto lungo e coerente. Ossobuco alla milanese.

BARBERA D'ASTI AI SUMA 2020
Rosso Docg - Barbera 100%
Alc. 16,5% | € 90 | Bt. 10.000 | Ferm. Acciaio | Mat. Acciaio 3 mesi e Legno 12 mesi
Cinghiale in umido.

GRIGNOLINO D'ASTI LIMONTE 2022
Rosso Doc - Grignolino 100%
Alc. 14% | € 15 | Bt. 20.000 | Ferm. Acciaio | Mat. Acciaio 6 mesi
Petto d'anatra all'arancia.

BARBERA D'ASTI MONTEBRUNA 2020
Rosso Docg - Barbera 100%
Alc. 15% | € 20 | Bt. 90.000 | Ferm. Acciaio | Mat. Legno 12 mesi
Ravioli al sugo di chianina e tartufo nero.

MOSCATO D'ASTI VIGNA SENZA NOME 2022
Bianco Docg Frizzante Dolce - Moscato bianco 100%
Alc. 5,5% | € 15 | Bt. 100.000 | Ferm. Acciaio
Crostata agli agrumi.

BRACHETTO D'ACQUI 2022
Rosso Docg Frizzante Dolce - Brachetto 100%
Alc. 5,5% | € 15 | Bt. 60.000 | Ferm. Acciaio
Crostata ai frutti di bosco con mandorle e noci.

BARBERA D'ASTI BRICCO DELLA BIGOTTA
2014 | 2018 | 2019

BARBERA D'ASTI BRICCO DELL'UCCELLONE
2015 | 2016 | 2017

Brezza
(1885)

È sempre molto interessante assaggiare i vini della famiglia Brezza, un'esperienza tra cru differenti che passa attraverso dettagli, armonie, profumi e sensazioni che ogni volta si svelano e dopo poco si contraddicono. Questo per capire qualcosa di più: le differenze dei terroir, il timbro di vinificazione, la bontà delle scelte della cantina. Ebbene, a parte le riflessioni di rito, riscopriamo sempre grande qualità in casa Brezza: vini buoni, equilibrati, che sanno raccontare qualcosa di bello; qualcosa che fa stare bene e che soddisfa a ogni assaggio. E non solo tra i Barolo.

Via Lomondo, 4 - 12060 Barolo (CN)
T. 0173 560921 | M. brezza@brezza.it
www.brezza.it

Viticoltura: Biologica certificata
Ettari: 20 | **Bottiglie:** 100.000 | **Produzione olearia:** No
Proprietà: Famiglia Brezza
Cond. enologica: Piero Ballario, Enzo Brezza
Cond. agronomica: Francesco Brezza
Vendita diretta: Sì | **Visite in azienda:** Sì

(94)
BAROLO SARMASSA VIGNA BRICCO RISERVA 2017
Rosso Docg - Nebbiolo 100%
Alc. 14,5% | € 70 | Bt. 3.000 | Ferm. Acciaio | Mat. Legno 24 mesi e Cemento 8 mesi
Grande naso; profondità di bacche e radici, frutta carnosa a bacca rossa, fragole in confettura, ciliegia matura, poi via via si alleggerisce donando note più sobrie di fiori e frutti. Al gusto non molla: è rotondo, morbido, un piacere. Dal 2027. Coda alla vaccinara.

(93,5)
BAROLO CANNUBI 2019
Rosso Docg - Nebbiolo 100%
Alc. 14,5% | € 45 | Bt. 9.500 | Ferm. Acciaio e Cemento | Mat. Legno 24 mesi
Tanta dolcezza in questo Cannubi, frutta rossa a go go, erbe di montagna, fieno, lampone, caramelle, frutta zuccherata. La bocca è tosta e di volume: i tannini si fanno sentire, la persistenza lunga e fruttata. Guanciale di vitello alle erbe aromatiche.

(93,5)
BAROLO SARMASSA 2019
Rosso Docg - Nebbiolo 100%
Alc. 14,5% | € 50 | Bt. 6.500 | Ferm. Acciaio | Mat. Legno 24 mesi e Cemento 8 mesi
Tanta frutta rossa nel bicchiere, unita a fiori passiti e piccole spezie a impreziosire: ciliegia, lampone, arancia sanguinella, noce moscata, viola e rosa. La beva conferma gusto e qualità ed è un distillato di sapore. Castelmagno.

BAROLO CASTELLERO 2019
Rosso Docg - Nebbiolo 100%
Alc. 14% | € 40 | Bt. 5.060 | Ferm. Acciaio | Mat. Legno 24 mesi e Cemento 8 mesi. Tagliata di manzo al rosmarino.

NEBBIOLO D'ALBA VIGNA SANTA ROSALIA 2021
Rosso Doc - Nebbiolo 100%
Alc. 14% | € 18 | Bt. 9.450 | Ferm. Acciaio | Mat. Acciaio 8 mesi e Legno 12 mesi. Risotto con le spugnole.

LANGHE NEBBIOLO 2022
Rosso Doc - Nebbiolo 100%
Alc. 14,5% | € 16 | Bt. 16.000 | Ferm. Acciaio | Mat. Acciaio 8 mesi
Ravioli al sugo di chianina e tartufo nero.

BAROLO SARMASSA
2016 | 2017 | 2018

BAROLO SARMASSA VIGNA BRICCO RISERVA
2011 | 2015 | 2016

Bric Castelvej
(1956)

Mario e Cristiano, padre e figlio, sono le due anime di Bric Castelvej e i loro vini sono il risultato della collaborazione tra due diverse generazioni. Accanto alle tradizionali produzioni del Roero, vengono sperimentate tecniche innovative e anche qualche vitigno internazionale. Quest'anno l'assaggio ha confermato un'ottima qualità media di tutta la proposta aziendale. Sia l'Arneis che il Roero non hanno tradito le aspettative, ma su tutti svetta la Barbera d'Alba Superiore proveniente da uno storico cru del Roero, la Vigna Mompissano; un vino di grande carattere!

Via Castelvecchio, 70 - Località Boera - 12043 Canale (CN)
T. 0173 98108 | M. info@briccastelvej.com
www.briccastelvej.com

Viticoltura: Convenzionale e lotta integrata
Ettari: 16 | **Bottiglie:** 100.000 | **Produzione olearia:** No
Proprietà: Mario e Cristiano Repellino
Cond. enologica: Cristiano Repellino
Cond. agronomica: Mario Repellino
Vendita diretta: Sì | **Visite in azienda:** Sì

BARBERA D'ALBA SUPERIORE VIGNA MOMPISSANO 2022
Rosso Doc - Barbera 100%
Alc. 14,5% | € 30 | Bt. 2.500 | Ferm. Acciaio | Mat. Legno 12 mesi
Colore rubino, fitto e luminoso. Espressioni di confettura di mirtillo, mora e ciliegia che si fondono con vigorosi accenni di rosa appassita e spezie. In bocca è molto ricco e persistente. Una rinfrescante acidità dona equilibrio e invoglia a un secondo sorso. Cosciotto di maiale farcito.

ROERO ARNEIS VIGNA BRICCO NOVARA 2022
Bianco Docg - Arneis 100%
Alc. 13,5% | € 20 | Bt. 2.500 | Ferm. Acciaio | Mat. Acciaio 6 mesi e Legno 6 mesi
Risotto agli asparagi e frutti di mare.

ROERO PANERA ALTA RISERVA 2020
Rosso Docg - Nebbiolo 100%
Alc. 14,5% | € 40 | Bt. 2.000 | Ferm. Acciaio | Mat. Legno 36 mesi
Cinghiale arrosto con castagne.

NEBBIOLO D'ALBA IL PILONE 2022
Rosso Doc - Nebbiolo 100%
Alc. 14% | € 20 | Bt. 3.000 | Ferm. Acciaio | Mat. Terracotta 6 mesi
Risotto al tartufo nero.

LANGHE BIANCO SAN VITTORE 2022
Bianco Doc - Viognier 100%
Alc. 13,5% | € 20 | Bt. 3.000 | Ferm. Acciaio | Mat. Acciaio e Terracotta 4 mesi
Insalata greca.

ROSATO IL NINI 2022
Rosato - Nebbiolo 100%
Alc. 13,5% | € 20 | Bt. 3.000 | Ferm. Acciaio | Mat. Terracotta 7 mesi
Crescentine e salumi.

ROERO PANERA ALTA RISERVA
2019

BARBERA D'ALBA SUPERIORE VIGNA MOMPISSANO
2017 | 2021

Bricco Maiolica

(1928)

Diano d'Alba è zona storica per il dolcetto, vitigno a cui oggi è richiesto di affrontare una sfida ardua e, forse, ridefinire la propria futura identità, ma anche uno dei Comuni del Barolo, condividendo, peraltro, con Serralunga una MGA "classica" come Sorano. La vigna che ci dà il Barolo Contadin è un prolungamento del Sorano e, da qui, eredita austerità, longevità, finezza. Come sempre, l'interpretazione che ne danno Beppe e Claudia è impeccabile, come per gli altri vini degustati, legati alla tradizione ma con l'entusiasmo, inalterato, di chi vive con pienezza le proprie radici.

Via Bolangino, 7 - Frazione Ricca - 12055 Diano D'Alba (CN)
T. 0173 612049 | M. info@briccomaiolica.it
www.briccomaiolica.it

Viticoltura: Ecosostenibile
Ettari: 24 | **Bottiglie:** 100.000 | **Produzione olearia:** No
Proprietà: Beppe Accomo e Claudia Castella
Cond. enologica: Beppe Accomo
Cond. agronomica: Beppe Accomo
Vendita diretta: Sì | **Visite in azienda:** Sì

BAROLO DEL COMUNE DI DIANO CONTADIN 2019
Rosso Docg - Nebbiolo 100%
Alc. 14,5% | € 50 | Bt. 3.000 | Ferm. Acciaio | Mat. Legno 24 mesi
Granato d'intensa saturazione. Generoso e goloso il frutto, bacche rosse selvatiche, accenni a effluvi salmastri, macchia mediterranea, succo dolce della pesca di vigna e fresche essenze vegetali. Il sorso distende con chiarezza una trama tannica di carattere, inserita in una struttura ricca ma proporzionata. Stinco di maiale al forno in pancetta affumicata.

BARBERA D'ALBA SUPERIORE VIGNA VIGIA 2020
Rosso Doc - Barbera 100%
Alc. 14,5% | € 24 | Bt. 8.000 | Ferm. Acciaio | Mat. Legno 18 mesi
Lombata di vitello su letto di cipolline saltate.

DOLCETTO DI DIANO D'ALBA 2022
Rosso Docg - Dolcetto 100%
Alc. 13% | € 14 | Bt. 10.000 | Ferm. Acciaio | Mat. Acciaio 6 mesi
Rigatoni al ragù bianco di carne.

LANGHE CHARDONNAY PENSIERO INFINITO 2019
Bianco Doc - Chardonnay 100%
Alc. 14% | € 36 | Bt. 3.000 | Ferm. Legno | Mat. Legno 30 mesi
Piacentinu Ennese.

ALTA LANGA PAS DOSÉ BLANC DE BLANCS 2018
Bianco Docg Metodo Classico - Chardonnay 100%
Alc. 12,5% | € 25 | Bt. 8.000 | Ferm. Acciaio | Mat. Acciaio 6 mesi
38 mesi sui lieviti
Plateau royal di crudité.

NEBBIOLO D'ALBA SUPERIORE CUMOT 2020
Rosso Doc - Nebbiolo 100%
Alc. 14,5% | € 24 | Bt. 8.000 | Ferm. Acciaio | Mat. Legno 15 mesi
Tagliata al pepe verde.

BAROLO DEL COMUNE DI DIANO CONTADIN
2018

LANGHE CHARDONNAY PENSIERO INFINITO
2016 | 2017 | 2018

Francesco Brigatti

(1920)

Sulle colline novaresi da sempre è presente il vitigno barbera. Certamente nebbiolo, vespolina ed erbaluce sono tra i più diffusi e caratteristici, ma anche il barbera esprime su questi terreni una spiccata personalità. La famiglia Brigatti ha sempre valorizzato la produzione di questa varietà ottenendo un vino che unisce alla potenza una particolare freschezza e una notevole sapidità. Sempre di livello il MötZiflon, elegante nebbiolo che nel tempo si mantiene fragrante e saporito. Completano l'assortimento un elegante Ghemme, una profumatissima Vespolina e un sapido Erbaluce.

Via Olmi, 31 - 28019 Suno (NO)
T. 0322 85037 | M. info@vinibrigatti.it
www.vinibrigatti.it

Viticoltura: Convenzionale
Ettari: 6 | **Bottiglie:** 30.000 | **Produzione olearia:** No
Proprietà: Francesco Brigatti
Cond. enologica: Francesco Brigatti
Cond. agronomica: Francesco Brigatti
Vendita diretta: Sì | **Visite in azienda:** Sì

GHEMME OLTRE IL BOSCO 2019
Rosso Docg - Nebbiolo 100%
Alc. 13,5% | € 30 | Bt. 4.000 | Ferm. Cemento | Mat. Legno 24 mesi
Granato, estremamente cristallino. Naso ampio e complesso di erbe officinali, fogliame e leggera speziatura, poi piccoli frutti rossi, ciliegia e succo di melagrana di distinta espressione. La bocca esprime una bella energia, precisa corrispondenza con i profumi, tannino presente e lunga persistenza. Zuppa di legumi e cereali.

COLLINE NOVARESI NEBBIOLO MÖTZIFLON 2019
Rosso Doc - Nebbiolo 85%, Vespolina 10%, Uva rara 5%
Alc. 13% | € 25 | Bt. 6.000 | Ferm. Acciaio e Cemento | Mat. Legno 20 mesi
Fagiano arrosto.

COLLINE NOVARESI UVA RARA SELVALUNGA 2022
Rosso Doc - Uva rara 100%
Alc. 13% | € 20 | Bt. 3.000 | Ferm. Acciaio | Mat. Acciaio 6 mesi
Spaghetti alla carbonara.

COLLINE NOVARESI BARBERA CAMPAZZI 2022
Rosso Doc - Barbera 100%
Alc. 13,5% | € 20 | Bt. 3.000 | Ferm. Acciaio | Mat. Legno 6 mesi
Coniglio al forno con polenta di Storo.

COLLINE NOVARESI BIANCO MOTTOBELLO 2022
Bianco Doc - Erbaluce 100%
Alc. 14% | € 20 | Bt. 5.000 | Ferm. Acciaio | Mat. Acciaio 6 mesi
Ricciola al forno con capperi e pomodori ciliegino.

COLLINE NOVARESI VESPOLINA MARIA 2022
Rosso Doc - Vespolina 100%
Alc. 13% | € 20 | Bt. 500 | Ferm. Cemento | Mat. Acciaio 6 mesi e Cemento 6 mesi
Zuppa di legumi e cereali.

GHEMME OLTRE IL BOSCO
2016 | 2017 | 2018

COLLINE NOVARESI NEBBIOLO MÖTFREI
2018 | 2019

Broglia
(1972)

Abbiamo aspettato ben due anni il rientro in Guida del Bruno Broglia, uno dei vini simbolo dell'azienda. Un'uscita, la 2019, volutamente prolungata dai proprietari per permettere al cru di maturare per un periodo ancora più lungo, a riprova che i grandi Gavi regalano nel tempo intense emozioni. La Famiglia Broglia crede e si concentra molto in questa filosofia produttiva, perché i loro vini, a distanza di anni, sono sempre eleganti, precisi ed eccellenti. Come il raffinato Metodo Classico, il cui vino base aspetta più di 5 anni prima di essere messo in bottiglia sui lieviti per minimo altri 3.

Località Lomellina, 22 - 15066 Gavi (AL)
T. 0143 642998 | M. broglia.azienda@broglia.eu
www.broglia.it

Viticoltura: Convenzionale
Ettari: 65 | **Bottiglie:** N.d. | **Produzione olearia:** No
Proprietà: Famiglia Broglia
Cond. enologica: Donato Lanati
Cond. agronomica: Davide Ferrarese
Vendita diretta: Sì | **Visite in azienda:** Sì

(92,5)
GAVI DEL COMUNE DI GAVI BRUNO BROGLIA 2019
Bianco Docg - Cortese 100%
Alc. 14% | € 26 | Ferm. Acciaio | Mat. Acciaio 24 mesi
Paglierino brillante. Inizia con pesca di vigna, uva spina, piccoli ribes bianchi, cedro, poi fiori di montagna, ginestre, salvia e una tenue trama iodata marina. Assaggio composto, bilanciato, con freschezza citrina e sapidità stuzzicante ben integrate alla struttura; beva dinamica e di grande pregio. Battuto di gamberi rossi di Sicilia.

BROGLIA BLANC DES BLANCS BRUT 2010
Bianco Metodo Classico - Cortese 100%
Alc. 12,5% | € 33 | Ferm. Acciaio | Mat. Acciaio 60 mesi | 36 mesi sui lieviti
Ostriche Bouzigues.

GAVI DEL COMUNE DI GAVI LA MEIRANA 2022
Bianco Docg - Cortese 100%
Alc. 13,5% | € 18 | Ferm. Acciaio | Mat. Acciaio 6 mesi
Salmone al timo.

COLLI TORTONESI TIMORASSO DERTHONA BROGLIA 2020
Bianco Doc - Timorasso 100%
Alc. 14% | € 25 | Ferm. Acciaio | Mat. Acciaio 18 mesi
Coniglio in umido alle erbe aromatiche.

GAVI DEL COMUNE DI GAVI VILLA BROGLIA 2022
Bianco Docg - Cortese 100%
Alc. 13,5% | € 18 | Ferm. Acciaio | Mat. Acciaio 6 mesi
Linguine allo scoglio.

GAVI DEL COMUNE DI GAVI LA MEIRANA
2020 | 2021

COLLI TORTONESI TIMORASSO DERTHONA BROGLIA
2018 | 2019

Brovia
(1863)

Sono uno meglio dell'altro i vini dei Brovia, un autentico giacimento di qualità al servizio dei grandi appassionati. I loro Barolo sono fini, complessi, a volte un pò cerebrali nell'espressione, forse non per tutti, ma stupefacenti nei dettagli: e questo non è poco. Tra i 2019, grande vendemmia, è stato difficile fare una classifica, perché ognuno è diverso, come diverso è il territorio da cui provengono. Alla fine abbiamo preferito Villero, Ca' Mia, Rocche di Castiglione e poi gli altri. Sono vini classici, dai contorni raffinati e precisi che hanno sempre qualcosa da dire. Numeri uno.

Via Alba Barolo, 145 - 12060 Castiglione Falletto (CN)
T. 0173 62852 | M. info@brovia.net
www.brovia.net

Viticoltura: Biologica certificata
Ettari: 15 | **Bottiglie:** 80.000 | **Produzione olearia:** No
Proprietà: Elena Brovia e Alex Sanchez
Cond. enologica: Alex Sanchez
Cond. agronomica: Elena Brovia
Vendita diretta: Sì | **Visite in azienda:** Sì

♡ (95)
BAROLO BREA VIGNA CA' MIA 2019
Rosso Docg - Nebbiolo 100%
Alc. 14,5% | € 115 | Bt. 5.000 | Ferm. Cemento | Mat. Legno 24 mesi
Elegante e raffinato. Olfatto molto dolce di erbe e tè, pesca, menta, caramella di liquirizia, ribes e succo di frutta. Al gusto è succoso, dal corpo pieno e morbido. Una delizia di Barolo. Piccione al forno con cipollotti.

♡ (95)
BAROLO VILLERO 2019
Rosso Docg - Nebbiolo 100%
Alc. 14,5% | € 115 | Bt. 5.000 | Ferm. Cemento | Mat. Legno 24 mesi
Gran fascino. Colore chiaro, naso di gran frutto, polposo e puro con sentori preziosi e zuccherati; note di succo di ciliegia, arancia sanguinella, poi con l'ossigenazione si fonde in una meravigliosa essenza fragolina. Al gusto equilibrio e sapienza. Filetto di vitello alla Rossini.

(94)
BAROLO ROCCHE DI CASTIGLIONE 2019
Rosso Docg - Nebbiolo 100%
Alc. 14,5% | € 115 | Bt. 5.000 | Ferm. Cemento | Mat. Legno 24 mesi
Spettacolare, con tanta frutta, fiori e mineralità. Corteccia, spezia, ferrosità, poi peonia, viola, marasca, lampone croccante: un naso splendente e austero al tempo stesso. La bocca si esprime con tratto morbido e fresco. Pernici farcite.

BAROLO BROVIA 2019
Rosso Docg - Nebbiolo 100%
Alc. 14,5% | € 66 | Bt. 25.000 | Ferm. Acciaio e Cemento | Mat. Legno 36 mesi
Stinco di maiale al forno in pancetta affumicata.

BARBERA D'ALBA SORÌ DEL DRAGO 2021
Rosso Doc - Barbera 100%
Alc. 14% | € 29 | Bt. 9.500 | Ferm. Acciaio | Mat. Acciaio 18 mesi
Pappardelle con sugo di lepre.

DOLCETTO D'ALBA VIGNAVILLEJ 2021
Rosso Doc - Dolcetto 100%
Alc. 14% | € 19 | Bt. 15.000 | Ferm. Acciaio e Cemento | Mat. Acciaio 18 mesi
Mocetta di camoscio.

BAROLO VILLERO
2015 | 2017 | 2018

BAROLO BREA VIGNA CA' MIA
2015 | 2016 | 2018

Bugia Nen
(2013)

Davide Fregonese sorride perché giorno dopo giorno è riuscito, nella seconda parte della vita, a ritagliarsi il profilo del vignaiolo, e per di più del barolista. Trovare vigneti di qualità negli anni del boom del territorio non è stato facile, ma ora che la produzione è a regime può dire di avercela fatta. I suoi sono vini classici di Serralunga, ricchi, nobili, ineccepibili nella qualità e nell'espressione, provenienti da menzioni di grido. A queste si aggiunge un'antica passione per la Sicilia, cioè una piccola produzione proveniente dall'Etna che, manco a dirlo, sa catturare l'attenzione.

Via XX Settembre, 13 - 12050 Serralunga D'Alba (CN)
T. 340 9643537 | M. davidefregonese@gmail.com
www.davidefregonese.com

Viticoltura: Convenzionale
Ettari: 7,5 | **Bottiglie:** 9.000 | **Produzione olearia:** No
Proprietà: Davide Fregonese
Cond. enologica: Andrea Delpiano
Cond. agronomica: Gian Piero Romana
Vendita diretta: No | **Visite in azienda:** No

BAROLO PRAPÒ 2019
Rosso Docg - Nebbiolo 100%
Alc. 14% | € 60 | Bt. 3.000 | Ferm. Cemento | Mat. Legno 24 mesi
Prapò succoso dalla notevole finezza olfattiva: complessa nell'intreccio di erbe e paglia, menta, scorza di arancia e praline, tanta ciliegia e succo di lampone. Espressione ricercata anche al gusto, dinamico e preciso, dal grande sapore ed equilibrio. Zuppa di funghi.

BAROLO CERRETTA 2019
Rosso Docg - Nebbiolo 100%
Alc. 14% | € 60 | Bt. 3.000 | Ferm. Cemento | Mat. Legno 24 mesi
Filetto alla Wellington.

BAROLO CERRETTA
2017 | 2018

BAROLO PRAPÒ
2016 | 2017 | 2018

Comm. G.B. Burlotto
(1850)

Marchio tra i più prestigiosi del mondo albese, deve parte del suo blasone alla sua grande storia e alle intuizioni delle generazioni passate tra cui il Commendator Burlotto che con le sue scelte decise, a fine Ottocento, di puntare sulla qualità per i vini del territorio. Oggi a più di un secolo da quel periodo pionieristico, è l'erede Fabio Alessandria a guidare la produzione sfruttando un parco vigneti straordinario tra cui le menzioni Cannubi, Monvigliero e Castelletto. Vini di culto e stile rarefatto, riservati ai grandi appassionati e a coloro che chiedono qualcosa in più.

Via Vittorio Emanuele, 28 - 12060 Verduno (CN)
T. 0172 470122 | M. burlotto@burlotto.com
www.burlotto.com

Viticoltura: Convenzionale
Ettari: 15 | **Bottiglie:** 85.000 | **Produzione olearia:** No
Proprietà: Marina Burlotto
Cond. enologica: Fabio Alessandria
Cond. agronomica: Staff aziendale
Vendita diretta: Sì | **Visite in azienda:** Sì

(95)
BAROLO CANNUBI 2019
Rosso Docg - Nebbiolo 100%
Alc. 14% | € 100 | Bt. 4.000 | Ferm. Legno | Mat. Legno 36 mesi
Gran fusione di frutta e fiori, piccole spezie e indizi mentolati: ciliegia e fragola, melagrana e bacche, sukai e liquirizia, noce moscata e mora. La bocca è molto gustosa, ineccepibile nell'equilibrio, sfumata nei tannini. Che mano! Filetto di bue con salsa di Roquefort.

(95)
BAROLO MONVIGLIERO 2019
Rosso Docg - Nebbiolo 100%
Alc. 14% | € 90 | Bt. 7.000 | Ferm. Legno | Mat. Legno 36 mesi
Un vino audace, unico nel suo genere. Colore chiaro, olfatto strepitoso, freschissimo di fiori appena recisi, petunia, iris, rosa, violetta, poi foglie e sottobosco, pepe bianco e presenza fruttata. In bocca si riscoprono ancora fiori e frutti, buon corpo e sviluppo ordinato. Un elisir. Tagliata di manzo al rosmarino.

(93)
BAROLO CASTELLETTO 2019
Rosso Docg - Nebbiolo 100%
Alc. 14% | € 100 | Bt. 2.000 | Ferm. Legno | Mat. Legno 36 mesi
Espressivo e molto equilibrato con naso nitido di frutta e finissime spezie. Bocca monfortese, piena e gustosa con finale preciso e fruttato. Dal 2030. Filetto di scottona in sfoglia.

BAROLO ACCLIVI 2019
Rosso Docg - Nebbiolo 100%
Alc. 14% | € 80 | Bt. 4.500 | Ferm. Legno | Mat. Legno 36 mesi
Beccacce allo spiedo.

VERDUNO PELAVERGA 2022
Rosso Doc - Pelaverga piccolo 100%
Alc. 14% | € 18 | Bt. 20.000 | Ferm. Legno | Mat. Legno 2 mesi
Risotto con le quaglie.

BARBERA D'ALBA AVES 2021
Rosso Doc - Barbera 100%
Alc. 15% | € 19 | Ferm. Legno | Mat. Legno 12 mesi
Costine d'agnello in crosta di noci.

BAROLO MONVIGLIERO
2016 | 2017 | 2018

BAROLO CANNUBI
2011 | 2017 | 2018

Piero Busso
(1953)

La splendida annata 2019 porta grandi successi in casa Busso. I vini presentati quest'anno sono risultati tutti di eccellenza, sottolineando pregio e precisione. Dal gruppo emerge però il vino a cui Piero ha dimostrato sempre maggiore affetto: il vino della vigna Borgese, situata all'interno del cru Albesani. Che dire poi dei Busso? Semplicemente che è una famiglia di vignaioli a cui vogliamo bene e le cui redini sono ora nelle abili mani del figlio Pierguido. Vini stilosi, dominati da pregevoli sensazioni fruttate, equilibrio e beva. Bravissimi, cantina da visitare.

Via Albesani, 8 - 12057 Neive (CN)
T. 0173 67156 | M. info@bussopiero.com
www.bussopiero.com

Viticoltura: Biologica
Ettari: 8,5 | **Bottiglie:** 45.000 | **Produzione olearia:** No
Proprietà: Famiglia Busso
Cond. enologica: Pierguido Busso
Cond. agronomica: Staff aziendale
Vendita diretta: Sì | **Visite in azienda:** Sì

(94,5)
BARBARESCO ALBESANI VIGNA BORGESE 2019
Rosso Docg - Nebbiolo 100%
Alc. 14% | € 55 | Bt. 3.000 | Ferm. Acciaio | Mat. Legno 24 mesi
Un vino che abbaglia. Il naso è croccante e profondo. Poi si scioglie evidenziando una notevole espressione fruttata con fragola macerata, ciliegia, lampone e confetture. In bocca regna grande equilibrio e dolcezza: il corpo è pieno, il finale lungo e fruttato. Ossobuco alla milanese.

(93)
BARBARESCO SAN STUNET 2019
Rosso Docg - Nebbiolo 100%
Alc. 14,5% | € 50 | Bt. 4.000 | Ferm. Legno | Mat. Legno 24 mesi
Gode di un ventaglio ampio e seducente: fitto di tracce fruttate ma anche fiori passiti e bacche, poi piccole spezie e dolci nuance di torrefazione. La bocca è importante e incisiva: gustosa, fresca e leggera nel tannino. Castelmagno.

(92)
BARBARESCO GALLINA 2019
Rosso Docg - Nebbiolo 100%
Alc. 14% | € 65 | Bt. 3.460 | Ferm. Legno | Mat. Legno 24 mesi
Gallina tanto fiorito e delicatamente speziato: iris, viola, fiori appena recisi ma anche succo di ciliegia e fragola, liquirizia e noce moscata. Molto gustosa la beva, lunga, fine, di gran qualità. Risotto con salsiccia e Taleggio.

BARBARESCO MONDINO 2020
Rosso Docg - Nebbiolo 100%
Alc. 14,5% | € 40 | Bt. 5.000 | Ferm. Acciaio | Mat. Legno 18 mesi
Filetto di vitello alla Rossini.

BARBARESCO ALBESANI VIGNA BORGESE
2016 | 2017 | 2018

BARBARESCO GALLINA
2018

Ca' del Baio
(1870)

Siamo ammirati: i vini di Ca' del Baio sono impressionanti. E c'è una new entry: il Vallegrande Riserva 2018, che sublima i caratteri dei terroir "freddi" di Treiso con un sorso di scultorea eleganza. Il "solito" Asili Riserva è formidabile per finezza e potenza, e il Pora 2019 uno dei nebbiolo più completi degustati quest'anno (peccato la "tiratura" confidenziale). In cantina si predilige l'uso di botti non tostate e, why not?, in ceramica. Occhio: la performance dei vini più maturi non faccia trascurare i 2020, squisiti e votati a un luminoso avvenire. Eccoci ai vertici della denominazione.

Via Ferrere Sottano, 33 - 12050 Treiso (CN)
T. 0173 638219 | M. cadelbaio@cadelbaio.com
www.cadelbaio.com

Viticoltura: A basso impatto ambientale
Ettari: 31 | **Bottiglie:** 150.000 | **Produzione olearia:** No
Proprietà: Famiglia Grasso
Cond. enologica: Famiglia Grasso
Cond. agronomica: Famiglia Grasso
Vendita diretta: Sì | **Visite in azienda:** Sì

(95)
BARBARESCO PORA 2019
Rosso Docg - Nebbiolo 100%
Alc. 14,5% | € 75 | Bt. 900 | Ferm. Legno e Acciaio | Mat. Legno 26 mesi
Granato. Ouverture di mora e lampone, menta, poi resina, spezie fini, erbe aromatiche: una sequenza di rarefatta, irriducibile eleganza. Sorso deflagrante, di potenza misurata e fantastico sostegno tannico, con scia infinita, fruttata e gustosa. Magnifico. Braciola di cervo con salsa di ribes.

(93,5)
BARBARESCO ASILI RISERVA 2018
Rosso Docg - Nebbiolo 100%
Alc. 15% | € 102 | Bt. 2.600 | Ferm. Acciaio | Mat. Legno 26 mesi e Terracotta 8 mesi
Granato. Intenso, olivastro all'inizio, poi entusiasmante declinazione di erbe aromatiche, menta artica, nitori balsamici e piccoli frutti. Estrazione tannica vigorosa ed eccellente; un sorso lunghissimo, di grande soddisfazione. Filetto di scottona in sfoglia.

(93)
BARBARESCO VALLEGRANDE RISERVA 2018
Rosso Docg - Nebbiolo 100%
Alc. 15% | € 89 | Bt. 2.000 | Ferm. Acciaio | Mat. Legno 26 mesi
Toni vegetali finissimi, iris, menta, erbe alpine, conifera e fragoline di bosco. Nel disteso percorso gustativo s'ammira il dialogo tra frutti rossi e tannini "freddi", scolpiti, gustosi. Sinfonico. Brasato di manzo al vino rosso.

BARBARESCO ASILI 2020
Rosso Docg - Nebbiolo 100%
Alc. 15% | € 50 | Bt. 7.000 | Ferm. Acciaio | Mat. Legno 26 mesi
Pernici farcite.

BARBARESCO VALLEGRANDE 2020
Rosso Docg - Nebbiolo 100%
Alc. 15% | € 37 | Bt. 12.000 | Ferm. Acciaio | Mat. Legno 26 mesi
Asiago stravecchio.

BARBARESCO AUTINBEJ 2020
Rosso Docg - Nebbiolo 100%
Alc. 15% | € 32 | Bt. 20.000 | Ferm. Acciaio | Mat. Legno 26 mesi
Pappardelle con sugo di capriolo.

BARBARESCO ASILI
2017 | 2018 | 2019

BARBARESCO PORA
2010 | 2011 | 2017

Ca del Bric
(2000)

Un territorio in forte crescita quello dell'ovadese, area in cui il vitigno dolcetto si esprime a livelli di eccellenza, in un terroir particolarmente vocato, influenzato dalla vicinanza al Mar Ligure. In un contesto a così alta vocazione, Erika e Giuseppe, giovani e appassionati proprietari di Ca del Bric, si sono impegnati nel coltivare la vite in modo più spontaneo possibile, rinunciando totalmente alla chimica, ottenendo la certificazione biologica. I loro vini sono prodotti senza l'aggiunta di solfiti, e il risultato non può che essere genuino, ma anche straordinariamente buono.

Via Marconi, 28 - 15010 Montaldo Bormida (AL)
T. 0143 85255 | M. info@cadelbric.it
www.cadelbric.it

Viticoltura: Biologica
Ettari: 7 | **Bottiglie:** 45.000 | **Produzione olearia:** No
Proprietà: Giuseppe Ravera
Cond. enologica: Giuseppe Ravera, Vincenzo Munì
Cond. agronomica: Giuseppe Ravera
Vendita diretta: Sì | **Visite in azienda:** Sì

OVADA TRELUSTRI RISERVA 2016
Rosso Docg - Dolcetto 100%
Alc. 14,5% | € 30 | Bt. 3.600 | Ferm. Acciaio | Mat. Acciaio 6 mesi e Legno 50 mesi
Carminio compatto. Naso caratterizzato da confettura di frutti di bosco, amarene in sciroppo, prugne essiccate, poi chiodi di garofano, pepe nero, tabacco da sigaro, cuoio e grafite. Il sorso è succoso, pieno di gusto, con tanta freschezza, tannini precisi, stuzzicanti ritorni sapidi e persistenze. Pappardelle al ragù di cervo.

GIUDITTA DALLA FRASCHETTA PAS DOSÉ ROSÉ 2020
Rosato Metodo Classico - Nebbiolo 100%
Alc. 12,5% | € 25 | Bt. 1.500 | Ferm. Acciaio | 24 mesi sui lieviti
Guazzetto di moscardini.

BARBERA DEL MONFERRATO SUPERIORE QUATTORDICI.02 2019
Rosso Docg - Barbera 100%
Alc. 15% | € 22 | Bt. 3.000 | Ferm. Acciaio | Mat. Acciaio 6 mesi e Legno 24 mesi
Trippa in umido.

BARBERA DEL MONFERRATO SUPERIORE FLORIN 2017
Rosso Docg - Barbera 100%
Alc. 15,5% | € 28 | Bt. 3.600 | Ferm. Acciaio | Mat. Acciaio 6 mesi e Legno 48 mesi
Risotto al tartufo nero.

OVADA MAYNOZERO 2021
Rosso Docg - Dolcetto 100%
Alc. 14% | € 12 | Bt. 8.000 | Ferm. Acciaio | Mat. Acciaio 12 mesi
Bra d'alpeggio.

BARBERA DEL MONFERRATO MANSUR 2021
Rosso Doc - Barbera 100%
Alc. 13,5% | € 12 | Bt. 5.000 | Ferm. Acciaio | Mat. Acciaio 10 mesi
Anatra ai funghi.

OVADA MAYNOZERO
2019 | 2020

OVADA RISERVA CONTE DI GELVES
2018

Ca' d'Gal
(1989)

L'azienda Ca' d'Gal ha intrapreso una strategia di continuità verso il futuro, affiancando ad Alessandro Boido la figura di Alessandro Varagnolo nella gestione aziendale. Questa scelta è un segno di apertura verso nuove prospettive. Nonostante i cambiamenti, la produzione è rimasta fedele alla sua grande qualità, con una particolare attenzione alla coltivazione del vitigno moscato e alle sue diverse interpretazioni in vinificazione. Uno dei punti di forza dell'azienda è il Vigna Vecchia, che si distingue come testimonianza dell'ottimo risultato dell'invecchiamento del vino Moscato.

Strada Vecchia di Valdivilla, 1 - 12058 Santo Stefano Belbo (CN)
T. 0141 847103 | M. info@cadgal.it
www.cadgal.it

Viticoltura: Convenzionale
Ettari: 32 | **Bottiglie:** 95.000 | **Produzione olearia:** No
Proprietà: Alessandro Varagnolo
Cond. enologica: Staff aziendale
Cond. agronomica: Davide Ferrarese
Vendita diretta: Sì | **Visite in azienda:** Sì

MOSCATO D'ASTI VIGNA VECCHIA 2018
Bianco Docg Frizzante Dolce - Moscato bianco 100%
Alc. 5% | € 60 | Bt. 5.300 | Ferm. Acciaio
Colore dorato antico, nobilitato da una spuma persistente. Sentori signorili di acacia, fiori appassiti, frutta essiccata e agrumi canditi su cui spicca la scorza d'arancia. La bocca non delude per ricchezza e complessità, la percepiamo snella, veloce ed equilibrata tra fine freschezza e misurata dolcezza. Crostini con burro e salmone.

MOSCATO D'ASTI CANELLI SANT'ILARIO 2022
Bianco Docg Frizzante Dolce - Moscato bianco 100%
Alc. 5% | € 22 | Bt. 8.500 | Ferm. Acciaio
Sfogliatelle Santa Rosa.

MOSCATO D'ASTI LUMINE 2022
Bianco Docg Frizzante Dolce - Moscato bianco 100%
Alc. 5% | € 15 | Bt. 60.000 | Ferm. Acciaio
Tortino di frutta esotica.

ASTI
Bianco Docg Metodo Martinotti Dolce - Moscato bianco 100%
Alc. 7% | € 16 | Bt. 15.000 | Ferm. Acciaio
Crostini con baccalà mantecato.

MOSCATO D'ASTI CANELLI SANT'ILARIO
2021

ASTI
S.A. | 2018 | 2019

Ca' Viola
(1991)

L'azienda di Beppe Caviola, incastonata nelle pittoresche colline delle Langhe, rappresenta un autentico scrigno di tradizione vinicola. Con passione e dedizione, Beppe continua a creare vini dalla personalità unica, radicati nelle profonde tradizioni del territorio. Ogni anno, la tenacia e l'esperienza si manifestano attraverso la produzione di vini tradizionali, in particolare Barbera, Dolcetto e Nebbiolo, le classiche uve delle Langhe. I vigneti dell'azienda sono coltivati con metodi rispettosi dell'ambiente. Il risultato è una gamma di vini che cattura l'autentico spirito del territorio.

Borgata San Luigi, 11 - 12063 Dogliani (CN)
T. 0173 70547 | M. info@caviola.com
www.caviola.com

Viticoltura: Biologica certificata
Ettari: 22 | **Bottiglie:** 100.000 | **Produzione olearia:** No
Proprietà: Giuseppe Caviola
Cond. enologica: Giuseppe Caviola
Cond. agronomica: Staff aziendale
Vendita diretta: Sì | **Visite in azienda:** Sì

(92)
BAROLO SOTTOCASTELLO DI NOVELLO 2019
Rosso Docg - Nebbiolo 100%
Alc. 14,5% | € 65 | Bt. 5.000 | Ferm. Acciaio | Mat. Legno 36 mesi
Granato luminoso. Olfatto che lentamente rivela la tradizionale e austera complessità. Sfumature subito speziate e balsamiche, ricordi di erbe alpine, accompagnati da toni finali di fiori essiccati. Gusto nobile, assicura soddisfazione in accordo con le suggestioni olfattive completandosi in un piacevole equilibrio. Risotto al tartufo bianco.

DOLCETTO D'ALBA BARTUROT 2022
Rosso Doc - Dolcetto 100%
Alc. 14% | € 20 | Bt. 5.000 | Ferm. Acciaio | Mat. Legno 8 mesi
Agnolotti al sugo di carne.

BAROLO CAVIOT 2019
Rosso Docg - Nebbiolo 100%
Alc. 14% | € 46 | Bt. 10.000 | Ferm. Acciaio | Mat. Legno 24 mesi
Brasato di manzo al vino rosso.

BARBERA D'ALBA BRIC DU LUV 2021
Rosso Doc - Barbera 100%
Alc. 15,5% | € 32 | Bt. 5.000 | Mat. Legno 15 mesi
Piccione al forno con cipollotti.

LANGHE RIESLING CLEM 2022
Bianco Doc - Riesling renano 100%
Alc. 12,5% | € 24 | Bt. 6.000 | Ferm. Acciaio | Mat. Acciaio 10 mesi
Terrina di coniglio.

DOLCETTO D'ALBA VILOT 2022
Rosso Doc - Dolcetto 100%
Alc. 13,5% | € 15 | Bt. 20.000 | Ferm. Acciaio | Mat. Acciaio 10 mesi
Vitello tonnato.

BAROLO SOTTOCASTELLO DI NOVELLO
2012 | 2013 | 2017

BARBERA D'ALBA BRIC DU LUV
2013

Cagliero
(1961)

Roberto Cagliero guida con grande passione la piccola azienda di famiglia situata in posizione panoramica proprio a due passi dal centro di Barolo. La sua è una produzione molto classica, come si nota visitando la cantina, dove si alternano vasche di cemento e acciaio e grandi botti di rovere di Slavonia utili a maturare al meglio i suoi due Barolo delle MGA Terlo e Ravera. Ed è proprio quest'ultimo vino che ancora una volta ci appassiona, con il suo timbro complesso e minerale che ricorda i vini di un tempo. Piacevoli e corretti gli altri vini prodotti con le tipiche varietà del territorio.

Via Monforte, 34 - 12060 Barolo (CN)
T. 0173 56172 | M. info@cagliero.com
www.cagliero.com

Viticoltura: Convenzionale
Ettari: 6 | **Bottiglie:** 50.000 | **Produzione olearia:** No
Proprietà: Famiglia Cagliero
Cond. enologica: Roberto Cagliero
Cond. agronomica: Rosita Allara
Vendita diretta: Sì | **Visite in azienda:** Sì

(92)
BAROLO RAVERA 2019
Rosso Docg - Nebbiolo 100%
Alc. 14,5% | € 40 | Bt. 15.000 | Ferm. Acciaio | Mat. Legno 24 mesi
Naso copioso, ricco di sensazioni fruttate miste a spezie e abbondanti elegie minerali: fragola, ciliegia, confetture, ferro e cacao. La bocca non manca di struttura, è dolce nei tannini, morbido e con ottima lunghezza. Dal 2030, non prima. Parmigiano Reggiano Riserva.

BAROLO TERLO 2019
Rosso Docg - Nebbiolo 100%
Alc. 14,5% | € 38 | Bt. 4.500 | Ferm. Acciaio | Mat. Legno 24 mesi
Oca arrosto.

LANGHE NEBBIOLO CANEBBIO 2021
Rosso Doc - Nebbiolo 85%, Barbera 15%
Alc. 14,5% | € 20 | Bt. 1.500 | Ferm. Acciaio | Mat. Legno 16 mesi
Risotto al gorgonzola.

LANGHE ROSSO GALVERNO 2019
Rosso Doc - Dolcetto 60%, Nebbiolo 40%
Alc. 14,5% | € 30
Salame di cinta senese.

LANGHE BIANCO RABEL 2022
Bianco Doc - Arneis 40%, Sauvignon 40%, Favorita 20%
Alc. 14,5% | € 15 | Bt. 2.000 | Ferm. Acciaio | Mat. Acciaio 6 mesi
Ravioli di patate e baccalà.

BAROLO RAVERA
2015 | 2016 | 2018

BAROLO TERLO
2018

Cantina del Pino

(1997)

Franca Miretti e la famiglia Vacca, con l'appoggio dell'agronomo Simone Lavezzaro e dell'enologo Mario Ronco (attivo dalle Langhe al Nord Piemonte, dalla Valle d'Aosta alla Liguria alla Sicilia), hanno trovato una velocità di crociera che consente all'azienda di viaggiare nella business class di Barbaresco. Come al solito, i grandi Nebbiolo sono indietro di un anno, vale a dire che in degustazione c'è il sommo 2019. Sui pur valorosi Ovello e Gallina prevale l'Albesani, per la superiore espressività olfattiva e un percorso gustativo già ampio e confortevole. Valore sicuro, direbbero i francesi.

Strada Ovello, 31 - 12050 Barbaresco (CN)
T. 0173 635147 | M. cantina@cantinadelpino.com
www.cantinadelpino.com

Viticoltura: Convenzionale
Ettari: 10 | **Bottiglie:** 50.000 | **Produzione olearia:** No
Proprietà: Famiglia Vacca Miretti
Cond. enologica: Franca Miretti, Mario Ronco
Cond. agronomica: Franca Miretti, Simone Lavezzaro
Vendita diretta: No | **Visite in azienda:** No

92

BARBARESCO ALBESANI 2019
Rosso Docg - Nebbiolo 100%
Alc. 14% | € 50 | Bt. 3.000 | Ferm. Acciaio | Mat. Legno 24 mesi
Granato. Naso eloquente, declinato su lussuosi indizi di aghi di pino, coulis di frutti rossi, iris e menta. Colpisce per il volume con cui impegna il palato e l'ottima progressione tannica che conduce a un finale lungo e appagante. Grintoso, possiede ottime riserve gusto-olfattive per il futuro. Quaglie alla cacciatora.

BARBARESCO OVELLO 2019
Rosso Docg - Nebbiolo 100%
Alc. 14,5% | € 50 | Bt. 6.000 | Ferm. Acciaio | Mat. Legno 24 mesi
Controfiletto di bue alla brace.

BARBARESCO GALLINA 2019
Rosso Docg - Nebbiolo 100%
Alc. 14,5% | € 50 | Bt. 2.000 | Ferm. Acciaio | Mat. Legno 24 mesi
Medaglioni di cervo con riduzione di cottura.

BARBARESCO 2019
Rosso Docg - Nebbiolo 100%
Alc. 14% | € 40 | Bt. 12.000 | Ferm. Acciaio | Mat. Legno 24 mesi
Guanciale di vitello alle erbe aromatiche.

BARBERA D'ALBA SUPERIORE 2021
Rosso Doc - Barbera 100%
Alc. 14% | € 25 | Bt. 3.000 | Ferm. Acciaio | Mat. Legno 12 mesi
Coniglio alla cacciatora.

DOLCETTO D'ALBA 2022
Rosso Doc - Dolcetto 100%
Alc. 13% | € 15 | Bt. 6.500 | Ferm. Acciaio | Mat. Acciaio 9 mesi
Bigoli con salsiccia.

BARBARESCO OVELLO
2011 | 2018

BARBARESCO GALLINA
2014

Cantina Delsignore

(2009)

Stefano ci delizia anche quest'anno con due superbe versioni di Metodo Classico ottenute dal nebbiolo delle colline di Gattinara. Uva meravigliosa capace di tradursi non solo in superbi rossi di grande longevità, ma anche in gustosi spumanti con rifermentazione in bottiglia. Il termine gustoso non è causale ma traduce perfettamente il timbro stilistico del Metodo Classico di Stefano. Di assoluto livello le due versioni di Gattinara che ha nel Borgofranco la tensione alla complessità e nel Putto Vendemmiatore l'agilità e la piacevole bevibilità senza rinunciare al carattere e a la struttura.

Corso Vercelli, 88 - 13045 Gattinara (VC)
T. 345 4804736 | M. info@cantinadelsignore.com
www.cantinadelsignore.com

Viticoltura: Lotta integrata
Ettari: 3 | **Bottiglie:** 17.000 | **Produzione olearia:** No
Proprietà: Stefano Dorelli
Cond. enologica: Stefano Dorelli
Cond. agronomica: Stefano Dorelli
Vendita diretta: Sì | **Visite in azienda:** Sì

91

GATTINARA BORGOFRANCO RISERVA 2018
Rosso Docg - Nebbiolo 100%
Alc. 13,5% | € 42 | Bt. 2.700 | Ferm. Acciaio | Mat. Acciaio 6 mesi e Legno 42 mesi
Delicata veste granato, profumo delizioso, ricco di sfaccettature; alle iniziali indicazioni di piccoli frutti rossi, lampone e fragolina seguono toni floreali di rosa canina e viola e scie mentolate. Carattere e vigore al gusto, ricco di sapore e tensione articolata su un tannino delizioso. Decisamente sapido. Tordi in salmì.

DELSIGNORE EXTRA BRUT ROSÉ 2021
Rosato Metodo Classico - Nebbiolo 100%
Alc. 12,5% | € 25 | Bt. 3.000 | Ferm. Acciaio | Mat. Acciaio 6 mesi
12 mesi sui lieviti
Risotto ai frutti di mare.

GATTINARA IL PUTTO VENDEMMIATORE 2019
Rosso Docg - Nebbiolo 100%
Alc. 13,5% | € 30 | Bt. 6.800 | Ferm. Acciaio | Mat. Acciaio 6 mesi e Legno 28 mesi
Storico Ribelle.

MECCO BRUT 2018
Rosato Metodo Classico - Nebbiolo 100%
Alc. 12,5% | € 35 | Bt. 1.000 | Ferm. Acciaio | Mat. Acciaio 6 mesi
48 mesi sui lieviti
Linguine con asparagi e calamaretti.

COSTE DELLA SESIA SPANNA LA CROTTA 2021
Rosso Doc - Nebbiolo 85%, Vespolina 15%
Alc. 13,5% | € 18 | Bt. 1.200 | Ferm. Acciaio | Mat. Acciaio 6 mesi e Legno 12 mesi
Vellutata di patate e porri.

GATTINARA BORGOFRANCO RISERVA
2016 | 2017

GATTINARA IL PUTTO VENDEMMIATORE
2017 | 2018

Cantina Produttori Nebbiolo di Carema
(1960)

Intessiamo le lodi di una virtuosa cantina cooperativa che ha contribuito a salvare una denominazione, un vino e un territorio: la Cantina dei Produttori del Nebbiolo di Carema. Il villaggio di Carema, confine naturale tra Piemonte e Valle d'Aosta è scenario della viticoltura eroica. Un lembo di montagna da sempre dedicato alla viticoltura. In questi anni sono aumentate le etichette di Carema, e sono stati fatti nuovi investimenti con l'impegno di giovani e appassionati viticoltori. La Cantina dei Produttori ci delizia con le nuove annate, un Carema estremamente territoriale e raffinato.

Via Nazionale, 32 - 10010 Carema (TO)
T. 0125 811160 | M. cantinaproduttori@caremadoc.it
www.caremadoc.it

Viticoltura: Convenzionale
Ettari: 20 | **Bottiglie:** 65.000 | **Produzione olearia:** No
Proprietà: Cooperativa di produttori
Cond. enologica: Maurizio Forgia
Cond. agronomica: Elena Mania
Vendita diretta: Sì | **Visite in azienda:** Sì

(92)

CAREMA RISERVA 2019
Rosso Doc - Nebbiolo 100%
Alc. 13,5% | € 20 | Bt. 28.000 | Ferm. Acciaio e Cemento | Mat. Legno 24 mesi e Cemento 36 mesi
Un Carema smagliante, granato terso e luminoso, si porge aperto e odoroso di fiori rossi, piccoli frutti, raffinati soffi mentolati e balsamici che instaurano un fitto dialogo con le sensazioni di liquirizia. Tenue, ma di estremo vigore e forza nell'integrità fruttata che mantiene salda la persistenza. Involtini di vitello lardellati.

CAREMA 2019
Rosso Doc - Nebbiolo 100%
Alc. 14% | € 29 | Bt. 35.000 | Ferm. Acciaio e Cemento | Mat. Legno 18 mesi e Cemento 24 mesi
Parmigiano Reggiano Riserva.

CAREMA BARRIQUE 2018
Rosso Doc - Nebbiolo 100%
Alc. 14% | € 29 | Bt. 3.000
Nodini di cinta senese lardellati al forno.

SPUMANTE "LUNANUEVA" 2019
Rosato Metodo Classico - Nebbiolo 100%
Alc. 12,5% | € 17 | Bt. 3.000 | Ferm. Acciaio | 30 mesi sui lieviti
Spaghetti con vongole e bottarga.

CAREMA RISERVA
2016 | 2017 | 2018

CAREMA
2018

Cantine Balbiano
(1941)

Ha destato scalpore, lo scorso febbraio, la notizia della rinuncia da parte della famiglia Balbiano alla partecipazione all'asta per il rinnovo della concessione della storica vigna di Villa della Regina a Torino, vigna che i Balbiano avevano contribuito a riportare in auge con tanto lavoro, tantissima passione e grandi risultati. Lavoro e passione che non verranno meno negli altri progetti dell'azienda, con il dinamico Luca che rimane comunque presidente dell'UVA (Urban Vineyards Association), che raggruppa undici vitigni urbani in Italia, Francia, Stati Uniti e altri paesi.

Corso Vittorio Emanuele II, 1 - 10020 Andezeno (TO)
T. 011 9434044 | M. info@balbiano.com
www.balbiano.com

Viticoltura: Convenzionale
Ettari: 7 | **Bottiglie:** 80.000 | **Produzione olearia:** No
Proprietà: Famiglia Balbiano
Cond. enologica: Gianpiero Gerbi
Cond. agronomica: Gianpiero Gerbi
Vendita diretta: Sì | **Visite in azienda:** Sì

FREISA DI CHIERI SUPERIORE BARBAROSSA 2021
Rosso Doc - Freisa 100%
Alc. 13,5% | € 14 | Bt. 3.000 | Ferm. Acciaio | Mat. Cemento 5 mesi
Bel rosso rubino. Sussurrato al naso, propone spezie, violetta essiccata, piccoli frutti di bosco macerati, caramella al lampone, incenso, legni nobili. L'assaggio si rivela ricco e fresco, con una bella sapidità. I tannini sono vivi e scalpitanti ma precisi e saporiti. Bocconcini di cinghiale con salsa di prugne.

FREISA DI CHIERI SURPREISA 2022
Rosso Doc - Freisa 100%
Alc. 13,5% | € 10 | Bt. 18.000 | Ferm. Acciaio | Mat. Acciaio 3 mesi
Pollo al curry.

FREISA DI CHIERI FRIZZANTE 2022
Rosso Doc Frizzante - Freisa 100%
Alc. 13% | € 10 | Bt. 50.000 | Ferm. Acciaio
Culatello di Zibello e gnocco fritto.

FREISA DI CHIERI SUPERIORE VILLA DELLA REGINA
2017 | 2018

FREISA DI CHIERI SUPERIORE BARBAROSSA
2016 | 2018 | 2020

Cantine Sant'Agata
(1992)

Correva l'anno 1993 quando Franco Cavallero e sua moglie decisero di investire tutto il denaro ricevuto come regalo di nozze per partecipare alla loro prima fiera vinicola all'estero, in Germania. Fu certamente una luna di miele sui generis, di vitale importanza per quello che sarebbe stato il radioso futuro dell'azienda. Al termine degli assaggi si potrebbe stilare un trattato sulle potenzialità del ruchè, vitigno simbolo della casa: presentato in quattro distinte versioni, ciascuna caratterizzata da proprie specifiche peculiarità e spiccata personalità, molto versatile negli abbinamenti.

Regione Mezzena, 19 - 14030 Scurzolengo (AT)
T. 0141 203186 | M. info@santagata.com
www.santagata.com

Viticoltura: Convenzionale
Ettari: 12 | **Bottiglie:** 100.000 | **Produzione olearia:** No
Proprietà: Famiglia Cavallero
Cond. enologica: Andrea Paglietti
Cond. agronomica: Franco Cavallero
Vendita diretta: Sì | **Visite in azienda:** Sì

RUCHÈ DI CASTAGNOLE MONFERRATO GENESI RISERVA 2019
Rosso Docg - Ruchè 100%
Alc. 15,5% | € 35 | Bt. 6.000 | Ferm. Acciaio | Mat. Legno 30 mesi
Rilucente rosso carminio con screziature granato. Emerge in modo nitido il profilo varietale: lampone, fragolina di bosco, fiori scuri in appassimento, liquirizia dolce e polvere di cacao. Il palato viene avvolto in un calorico e vellutato abbraccio. Confortante, una coccola per le papille gustative. Petto d'anatra all'arancia.

BARBERA D'ASTI SUPERIORE CAVALÈ 2020
Rosso Docg - Barbera 100%
Alc. 15% | € 28 | Bt. 4.000 | Ferm. Acciaio | Mat. Legno 24 mesi
Gnocchetti di zucca con porcini.

BAROLO BUSSIA 2019
Rosso Docg - Nebbiolo 100%
Alc. 15% | € 42 | Bt. 4.000 | Ferm. Acciaio | Mat. Legno 36 mesi
Carré di vitello alle erbe aromatiche.

RUCHÈ DI CASTAGNOLE MONFERRATO 'NA VOTA 2022
Rosso Docg - Ruchè 100%
Alc. 14% | € 16 | Bt. 18.000 | Ferm. Acciaio | Mat. Acciaio 6 mesi
Yakitori, spiedini di pollo con zenzero.

RUCHÈ DI CASTAGNOLE MONFERRATO PRO NOBIS RISERVA 2020
Rosso Docg - Ruchè 100%
Alc. 15% | € 20 | Bt. 4.000 | Ferm. Legno | Mat. Legno 12 mesi
Bigoli con l'anatra.

RUCHÈ DI CASTAGNOLE MONFERRATO IL CAVALIERE 2022
Rosso Docg - Ruchè 100%
Alc. 14% | € 13 | Bt. 12.000 | Ferm. Acciaio | Mat. Acciaio 3 mesi
Pollo al curry.

RUCHÈ DI CASTAGNOLE MONFERRATO 'NA VOTA
2019 | 2020 | 2021

RUCHÈ DI CASTAGNOLE MONFERRATO PRO NOBIS RISERVA
2019

Careglio
(1986)

Se osserviamo una cartina vitivinicola del Roero, Baldissero d'Alba ne risulta al margine, con sole due vigne menzionate: Costabella e Valmezzana. Non ci si lasci ingannare da questa marginalità, perché il territorio è vocato e sa regalare grandi espressioni di nebbiolo e di arneis. Testimone attendibile è questa cantina, che ogni anno ci propone in assaggio vini precisi e identitari. Proprio dalla vigna Valmezzana arriva un Roero che colpisce per come sa coniugare ricchezza e bevibilità. Un invito a scoprire, non solo nel bicchiere, zone meno conosciute e ingiustamente poco considerate.

Località Aprato, 15 - 12040 Baldissero d'Alba (CN)
T. 333 9905448 | M. cantinacareglio@tiscali.it
www.cantinacareglio.it

Viticoltura: Convenzionale ed ecosostenibile
Ettari: 10,2 | **Bottiglie:** 35.000 | **Produzione olearia:** No
Proprietà: Andrea Careglio
Cond. enologica: Pierangelo Careglio, Andrea Careglio
Cond. agronomica: Pierangelo Careglio, Andrea Careglio
Vendita diretta: Sì | **Visite in azienda:** Sì

ROERO VALMEZZANA RISERVA 2019
Rosso Docg - Nebbiolo 100%
Alc. 14,5% | € 26 | Bt. 4.000 | Ferm. Acciaio | Mat. Acciaio 8 mesi e Legno 12 mesi
Il rubino tende già al granato. Naso subito dolce e accogliente: aghi di pino, frutta dolce macerata, spezie, incenso, tabacco biondo. Il sorso è coerente e ricco, con tannini ancora tosti e figli dell'annata bilanciati da una bella freschezza e un'ottima e territoriale sapidità. Persistente e buono. Risotto al tartufo nero.

ROERO ARNEIS SAVIJ RISERVA 2019
Bianco Docg - Arneis 100%
Alc. 13,5% | € 21 | Bt. 1.000 | Ferm. Acciaio | Mat. Acciaio 10 mesi
Coniglio in porchetta.

LANGHE NEBBIOLO 2021
Rosso Doc - Nebbiolo 100%
Alc. 14% | € 13 | Bt. 5.000 | Ferm. Acciaio | Mat. Acciaio 8 mesi
Canestrato pugliese.

ROERO ARNEIS 2022
Bianco Docg - Arneis 100%
Alc. 14% | € 12 | Bt. 22.000 | Ferm. Acciaio | Mat. Acciaio 4 mesi
Sformatino di zucca con fonduta di Asiago.

BARBERA D'ALBA 2021
Rosso Doc - Barbera 100%
Alc. 15,5% | € 13 | Bt. 3.500 | Ferm. Acciaio | Mat. Acciaio 9 mesi
Provola di Agerola.

LANGHE FAVORITA 2022
Bianco Doc - Favorita 100%
Alc. 13,5% | € 11 | Bt. 3.000 | Ferm. Acciaio | Mat. Acciaio 4 mesi
Crostini con baccalà mantecato.

ROERO RISERVA
2018

ROERO ARNEIS
2018 | 2020 | 2021

Cascina Amalia
(2003)

A Cascina Amalia la rigorosa gestione del vigneto e le vinificazioni attente e rispettose delle tradizioni consentono di realizzare vini precisi, molto classici, che esprimono tutto il carattere del territorio e in particolare dei cru Bussia e Le Coste di Monforte. Oltre alla produzione di vino, nella scenografica cascina incastonata tra le colline di Monforte, la famiglia Boffa ha creato una bellissimo B&B, studiato per offrire agli enoturisti italiani e stranieri un luogo di relax e un punto di vista privilegiato su tutta la zona del Barolo.

Località Sant'Anna, 85 - 12065 Monforte d'Alba (CN)
T. 0173 789013 | M. info@cascinaamalia.it
www.cascinaamalia.it

Viticoltura: Biologica
Ettari: 7 | **Bottiglie:** 35.000 | **Produzione olearia:** No
Proprietà: Famiglia Boffa
Cond. enologica: Paolo Boffa, Piero Ballario
Cond. agronomica: Paolo Boffa, Gian Piero Romana
Vendita diretta: Sì | **Visite in azienda:** Sì

BAROLO LE COSTE DI MONFORTE 2019
Rosso Docg - Nebbiolo 100%
Alc. 14,5% | € 41 | Bt. 3.000 | Ferm. Acciaio | Mat. Legno 32 mesi
Carminio tenue e luminoso. Profumi floreali di rosa e viola, confettura di lampone, pesca di vigna, arancia sanguinella, lavanda, liquirizia, erbe aromatiche. Sorso ricco, caldo, finemente tannico e di lunga persistenza balsamica. Guanciale di vitello alle erbe aromatiche.

BAROLO BUSSIA VIGNA FANTINI 2019
Rosso Docg - Nebbiolo 100%
Alc. 15% | € 41 | Bt. 3.000 | Ferm. Acciaio | Mat. Legno 32 mesi
Carré di maiale alle prugne.

LANGHE ROSSESE BIANCO 2021
Bianco Doc - Rossese bianco 100%
Alc. 13% | € 15 | Bt. 2.000 | Ferm. Legno e Acciaio | Mat. Acciaio 12 mesi e Legno 12 mesi
Petto di pollo agli asparagi.

BARBERA D'ALBA SUPERIORE 2021
Rosso Doc - Barbera 100%
Alc. 15,5% | € 20 | Bt. 3.500 | Ferm. Acciaio | Mat. Legno 12 mesi
Bucatini all'amatriciana.

LANGHE NEBBIOLO 2021
Rosso Doc - Nebbiolo 100%
Alc. 14,5% | € 17 | Bt. 4.000 | Ferm. Acciaio | Mat. Legno 12 mesi
Risotto con salsiccia e Taleggio.

DOLCETTO D'ALBA 2021
Rosso Doc - Dolcetto 100%
Alc. 14,5% | € 9 | Bt. 6.000 | Ferm. Acciaio | Mat. Acciaio 8 mesi
Maltagliati con funghi porcini.

BAROLO LE COSTE DI MONFORTE
2015 | 2017 | 2018

BAROLO BUSSIA VIGNA FANTINI
2018

Cascina Bongiovanni
(1950)

Solo tre vini presentati: mai come quest'anno Cascina Bongiovanni s'identifica con i suoi 2 ettari più prestigiosi, situati nella MGA Pernanno. Posizionata a nord di Castiglione Falletto, sul côté orientale della strada che scende verso Alba, tra Bricco Boschis e Parussi, questa menzione è meno nota rispetto ad altre di Castiglione, in primis quelle che guardano a ponente. Ma Davide Mozzone lavora da anni per valorizzarne il potenziale, che c'è tutto: assaggiate il grande millesimo 2019 e vi convincerete. Non abbiate paura di seguirlo negli anni: queste son terre forti, il tempo gioca per loro.

Via Alba Barolo, 3 - Località Uccellaccio - 12060 Castiglione Falletto (CN)
T. 0173 262184 | M. info@cascinabongiovanni.com
www.cascinabongiovanni.com

Viticoltura: Ecosostenibile
Ettari: 7 | **Bottiglie:** 50.000 | **Produzione olearia:** No
Proprietà: Davide Mozzone
Cond. enologica: Davide Mozzone
Cond. agronomica: Staff aziendale
Vendita diretta: Sì | **Visite in azienda:** Sì

(91,5)

BAROLO PERNANNO 2019
Rosso Docg - Nebbiolo 100%
Alc. 14,5% | € 45 | Bt. 5.000 | Ferm. Acciaio | Mat. Acciaio 12 mesi e Legno 18 mesi
Granato fitto. Sentori puri di mora, lampone e viola si stagliano su un substrato di liquirizia e altre dolcezze speziate, con lindi interludi vegetali. L'impatto tannico sostiene una struttura gustativa importante, fatta per la durata; e tuttavia il finale è già elegante, rarefatto. Giovanile nobiltà. Stufato di daino.

BAROLO 2019
Rosso Docg - Nebbiolo 100%
Alc. 14% | € 35 | Bt. 10.000 | Ferm. Acciaio | Mat. Acciaio 18 mesi e Legno 18 mesi
Petto di germano reale al balsamico.

LANGHE ARNEIS 2022
Bianco Doc - Arneis 100%
Alc. 13,5% | € 12 | Bt. 10.000 | Ferm. Acciaio | Mat. Acciaio 5 mesi
Flan di zucchine e carote.

BAROLO PERNANNO
2012 | 2013 | 2014

BAROLO
2016 | 2018

Cascina Ca' Rossa
(1967)

Sino agli anni '80 il Roero era decisamente più conosciuto per la sua produzione ortofrutticola: pesche, asparagi, fragole. Poche aziende producevano vino, e una di queste era quella della famiglia Ferrio; che nel tempo, grazie ai sacrifici di papà Alfonso e alle intuizioni di Angelo, ha saputo crescere e trovare un posto nell'eccellenza del territorio. L'hanno dimostrato gli assaggi non solo di questa edizione, lo dimostrano i punteggi che trovate sotto. Vini personali e identitari, che sanno raccontare il Roero con precisione e dovizia di particolari, senza urlare ma con estrema eleganza.

Località Cascina Ca' Rossa, 56 - 12043 Canale (CN)
T. 0173 98348 | M. info@cascinacarossa.com
www.cascinacarossa.com

Viticoltura: Biologica certificata
Ettari: 13,5 | **Bottiglie:** 90.000 | **Produzione olearia:** No
Proprietà: Angelo Ferrio
Cond. enologica: Giuseppe Caviola
Cond. agronomica: Staff aziendale
Vendita diretta: Sì | **Visite in azienda:** Sì

(94)
ROERO MOMPISSANO RISERVA 2020
Rosso Docg - Nebbiolo 100%
Alc. 14,5% | € 30 | Bt. 6.000 | Ferm. Acciaio | Mat. Legno 30 mesi
Bella veste rosso granato. Timido e seducente all'esordio, si fa ricco e accogliente: spezie, fiori essiccati, frutta dolce macerata, fragolina di bosco, tabacco, selce, sottobosco, note balsamiche. Il sorso è ricco e appagante grazie a una sapidità spiccatamente territoriale e a tannini precisi ed energici. Capriolo ai porcini.

(92)
ROERO LE COSTE RISERVA 2020
Rosso Docg - Nebbiolo 100%
Alc. 14,5% | € 35 | Bt. 5.000 | Ferm. Acciaio | Mat. Legno 30 mesi
Classico abito rosso granato. Al naso sussurra ma è preciso nello scandire una notevole progressione fatta di frutta macerata, pietra, grafite, mentolo, sottobosco, erbe aromatiche, spezie e un accenno cosmetico. L'assaggio lo vede persistente, già equilibrato ma con tantissima strada ancora da percorrere. Carré d'agnello al timo e lardo di Colonnata.

ROERO VALMAGGIORE VIGNA AUDINAGGIO 2021
Rosso Docg - Nebbiolo 100%
Alc. 14% | € 25 | Bt. 2.800 | Ferm. Acciaio | Mat. Legno 18 mesi
Spezzatino di manzo.

ROERO ARNEIS LE COSTE RISERVA 2021
Bianco Docg - Arneis 100%
Alc. 14% | € 25 | Bt. 2.500 | Ferm. Acciaio | Mat. Acciaio 6 mesi e Legno 12 mesi
Rotolo di coniglio con pomodorini ed erbe aromatiche.

BARBERA D'ALBA MULASSA 2021
Rosso Doc - Barbera 100%
Alc. 14,5% | € 20 | Bt. 5.000 | Ferm. Acciaio | Mat. Acciaio 6 mesi e Legno 18 mesi
Rigatoni al ragù bianco di carne.

ROERO ARNEIS MERICA 2022
Bianco Docg - Arneis 100%
Alc. 13% | € 18 | Bt. 20.000 | Ferm. Acciaio | Mat. Acciaio 10 mesi
Ravioli di patate e baccalà.

ROERO MOMPISSANO RISERVA
2018

ROERO VALMAGGIORE VIGNA AUDINAGGIO
2017 | 2018 | 2020

Cascina Castlèt
(1970)

Anche quest'anno i vini di Mariuccia Borio non deludono le aspettative. Il Passum è un gigante, sempre ai vertici della sua categoria, l'Avié è un campione di classe e piacevolezza, il Moscato d'Asti è un eccellente rappresentante di questa denominazione e anche tutto il resto della gamma è di altissimo livello. Per i pochi che ancora non li conoscessero, i vini di Cascina Castlèt sono vere chicche dell'enologia piemontese. Nomi inconfondibili ed etichette artistiche per vini molto tradizionali che rappresentano la cultura e la storia del Monferrato astigiano.

Strada Castelletto, 6 - 14055 Costigliole d'Asti (AT)
T. 0141 966651 | M. info@cascinacastlet.com
www.cascinacastlet.com

Viticoltura: Convenzionale
Ettari: 30 | **Bottiglie:** 240.000 | **Produzione olearia:** No
Proprietà: Maria Borio
Cond. enologica: Roberto Austa, Giorgio Gozzelino
Cond. agronomica: Giorgio Gozzelino
Vendita diretta: Sì | **Visite in azienda:** Sì

(92)
BARBERA D'ASTI SUPERIORE PASSUM 2019
Rosso Docg - Barbera 100%
Alc. 15% | € 25 | Bt. 15.000 | Ferm. Acciaio | Mat. Legno 12 mesi
Colore carminio impenetrabile. Sprigiona profumi di frutta scura in confettura, ciliegie sotto spirito, spezie, sandalo, vaniglia, caffè e legno. Al palato è robusto, avvolgente, caldo, piacevolmente fresco e molto persistente. Civet di capriolo ai funghi.

(92)
PIEMONTE MOSCATO PASSITO AVIÉ 2021
Bianco Doc Passito - Moscato 100%
Alc. 13,5% | € 17 (0,375l) | Bt. 2.500 | Ferm. Legno | Mat. Legno 12 mesi
Paglierino brillante con sfumature oro verde. Olfatto molto intenso. Erbe aromatiche, agrume candito, pesca, coriandolo e citronella. Bocca fresca e sapida di ponderata dolcezza. Lunghissimo finale di erbe aromatiche. Blu di pecora.

MOSCATO D'ASTI 2022
Bianco Docg Frizzante Dolce - Moscato bianco 100%
Alc. 5,5% | € 8 | Bt. 30.000 | Ferm. Acciaio
Crostata di albicocche.

BARBERA D'ASTI SUPERIORE LITINA 2020
Rosso Docg - Barbera 100%
Alc. 15% | € 14 | Bt. 25.000 | Ferm. Acciaio | Mat. Legno 10 mesi
Carré di maiale alle prugne.

MONFERRATO ROSSO UCELINE 2016
Rosso Doc - Uvalino 100%
Alc. 15,5% | € 23 | Bt. 3.000 | Ferm. Acciaio | Mat. Legno 10 mesi
Tagliata al pepe verde.

PIEMONTE CHARDONNAY ATAJ 2022
Bianco Doc - Chardonnay 100%
Alc. 13,5% | € 9 | Bt. 15.000 | Ferm. Acciaio | Mat. Acciaio 5 mesi
Filetto di ombrina e radicchio.

BARBERA D'ASTI SUPERIORE PASSUM
2015 | 2016 | 2017

PIEMONTE MOSCATO PASSITO AVIÈ
2012 | 2015

Cascina Chicco
(1950)

Nella vasta produzione dell'azienda, sia in termini di bottiglie sia come numero di etichette proposte al pubblico, spicca la novità della nuova Riserva di Arneis, da una vigna storica quale è Renesio. Esordio col botto, visto che gli assaggi l'hanno eletto come il migliore della gamma. Gamma che si dimostra tutta di ottima fattura, con Nebbiolo e Barbera sugli scudi e con una menzione particolare per il Barolo Ginestra (storico cru di Monforte) che sa ben interpretare un millesimo come il 2017 che ha messo a dura prova i vignaioli evidenziandone abilità e competenze.

Via Valentino, 14 - 12043 Canale (CN)
T. 0173 979411 | M. cascinachicco@cascinachicco.com
www.cascinachicco.com

Viticoltura: Convenzionale
Ettari: 50 | **Bottiglie:** 440.000 | **Produzione olearia:** No
Proprietà: Marco ed Enrico Faccenda
Cond. enologica: Enrico Faccenda, Marco Faccenda
Cond. agronomica: Enrico Faccenda, Marco Faccenda
Vendita diretta: Sì | **Visite in azienda:** Sì

ROERO ARNEIS RENESIO INCISA RISERVA 2021
Bianco Docg - Arneis 100%
Alc. 14% | € 20 | Bt. 3.500 | Ferm. Legno e Acciaio | Mat. Acciaio 12 mesi e Legno 12 mesi
Luminosissimo abito giallo paglierino. Naso che spicca per eleganza e definizione, proponendo fiori gialli, agrumi canditi, frutta esotica ancora succosa, mirabella, pietra, erbe aromatiche. Il sorso è coerente e ricco, ottima espressione della sapidità territoriale e di notevole estensione. Filetto di orata in crosta di mandorle e patate.

BAROLO GINESTRA RISERVA 2017
Rosso Docg - Nebbiolo 100%
Alc. 14,5% | € 75 | Bt. 3.000 | Ferm. Acciaio | Mat. Acciaio 6 mesi e Legno 42 mesi
Risotto al tartufo nero.

NEBBIOLO D'ALBA MOMPISSANO 2021
Rosso Doc - Nebbiolo 100%
Alc. 14,5% | € 21 | Bt. 17.500 | Ferm. Acciaio | Mat. Legno 12 mesi
Manzo brasato con funghi.

BAROLO ROCCHE DI CASTELLETTO 2019
Rosso Docg - Nebbiolo 100%
Alc. 14,5% | € 39 | Bt. 23.000 | Ferm. Acciaio | Mat. Acciaio 6 mesi e Legno 30 mesi
Camoscio in umido.

BARBERA D'ALBA BRIC LOIRA 2021
Rosso Doc - Barbera 100%
Alc. 15% | € 24 | Bt. 15.000 | Ferm. Acciaio | Mat. Acciaio 3 mesi e Legno 15 mesi
Tortelli di zucca e salvia.

ROERO VALMAGGIORE RISERVA 2020
Rosso Docg - Nebbiolo 100%
Alc. 14,5% | € 28 | Bt. 17.500 | Ferm. Acciaio | Mat. Legno 18 mesi
Storico Ribelle.

ROERO VALMAGGIORE RISERVA
2017 | 2018 | 2019

BAROLO GINESTRA RISERVA
2013 | 2015 | 2016

Cascina Fonda
(1988)

Neive e Mango sono i due poli entro cui si esprimono i vini e la storia di Cascina Fonda: moscato quindi, e nebbiolo. Moscato d'Asti e Canelli Docg, per essere più precisi (tra poco anche in etichetta da solo) e Barbaresco. Completano la gamma pinot nero e chardonnay per l'Alta Langa e, quest'ultimo, anche da solo in un gradevole Langhe Chardonnay. Conoscenza delle vigne e del territorio, una grande concretezza e costanza produttiva. Anche quest'anno ci piace riconoscere, in cima alla proposta, il Bel Piano: un Moscato davvero ben fatto.

Via Spessa, 27 - 12052 Neive (CN)
T. 0173 677877 | M. fonda@cascinafonda.com
www.cascinafonda.com

Viticoltura: Certificazione SQNPI
Ettari: 12 | **Bottiglie:** 120.000 | **Produzione olearia:** No
Proprietà: Marco e Massimo Barbero
Cond. enologica: Massimo Barbero
Cond. agronomica: Marco Barbero
Vendita diretta: Sì | **Visite in azienda:** Sì

MOSCATO D'ASTI BEL PIANO 2022
Bianco Docg Frizzante Dolce - Moscato bianco 100%
Alc. 5% | € 13 | Bt. 8.000 | Ferm. Acciaio
Luminosa effervescenza dal paglierino caldo. Dolce di frutta matura l'incipit olfattivo: pesca, accenni tropicali e cedro, salvia e melissa. Pieno il sorso, in evidenza la rotondità succosa dei frutti gialli, sostenuta da una decisa dolcezza. Finale di buona persistenza, con ritorni ancora agrumati. Tortino di marroni tiepido.

MOSCATO D'ASTI CANELLI 2022
Bianco Docg Frizzante Dolce - Moscato bianco 100%
Alc. 6% | € 15 | Bt. 5.000 | Ferm. Acciaio
Torta paradiso.

BARBARESCO 2019
Rosso Docg - Nebbiolo 100%
Alc. 14% | € 28 | Bt. 2.000 | Ferm. Legno | Mat. Legno 18 mesi
Capretto allo spiedo.

ASTI SPUMANTE BEL PIASÌ 2022
Bianco Docg Metodo Martinotti Dolce - Moscato bianco 100%
Alc. 7,5% | € 13 | Bt. 16.000 | Ferm. Acciaio
Torta delle rose.

LANGHE CHARDONNAY 2021
Bianco Doc - Chardonnay 100%
Alc. 12,5% | € 14 | Bt. 3.000 | Ferm. Legno
Tataki di tonno al sesamo.

ALTA LANGA EXTRA BRUT CASCINA FONDA RISERVA 2018
Bianco Docg Metodo Classico - Chardonnay 50%, Pinot nero 50%
Alc. 12,5% | € 31 | Bt. 1.500 | Ferm. Acciaio | 48 mesi sui lieviti
Sushi e sashimi.

MOSCATO D'ASTI BEL PIANO
2018 | 2019 | 2021

MOSCATO D'ASTI CANELLI
2019 | 2020 | 2021

Cascina Fontana
(1995)

Mario presenta il Barolo annata 2018, un vino integro e ricco di sfaccettature. Dalla cantina di Cascina Fontana in quel di Perno, un tempo comune autonomo, oggi frazione di Monforte, ci propone un fragrante Dolcetto d'Alba pieno di colore, una sostanziosa Barbera d'Alba di piacevole beva di e un Langhe Nebbiolo. Vini che comunicano con precisione le caratteristiche dei vitigni secondo lo stile e il progetto di Mario: preservare la tradizione ma con audacia e coraggio, guardare a nuovi orizzonti. Dopo un piacevole conversare con Mario questo concetto è sempre più chiaro e attuale.

Vicolo della Chiesa, 2 - Località Perno - 12065 Monforte d'Alba (CN)
T. 0173 789005 | M. info@cascinafontana.com
www.cascinafontana.com

Viticoltura: Lotta integrata
Ettari: 6 | **Bottiglie:** 35.000 | **Produzione olearia:** No
Proprietà: Mario Fontana
Cond. enologica: Mario Fontana
Cond. agronomica: Mario Fontana
Vendita diretta: Sì | **Visite in azienda:** Sì

(92,5)

BAROLO 2018
Rosso Docg - Nebbiolo 100%
Alc. 14% | € 60 | Bt. 12.000 | Ferm. Acciaio | Mat. Acciaio 5 mesi e Legno 24 mesi e Cemento 7 mesi
Barolo integro, autorevole, granato di cristallina trasparenza, naso articolato su profumi squisitamente balsamici di erbe officinali, spezie dolci, sfumatura di liquirizia in bastoncino completati da indizi vegetali. Marcata e decisa la risposta gustativa, articolata su mansueto tannino e lungheggiare di aromi. Brasato di manzo al vino rosso.

LANGHE NEBBIOLO 2021
Rosso Doc - Nebbiolo 100%
Alc. 13,5% | € 22 | Bt. 7.000 | Ferm. Acciaio | Mat. Acciaio 7 mesi e Legno 12 mesi
Risotto con le spugnole.

DOLCETTO D'ALBA 2022
Rosso Doc - Dolcetto 100%
Alc. 12,5% | € 12 | Bt. 4.000 | Ferm. Acciaio | Mat. Acciaio 8 mesi
Tagliatelle al ragù.

BARBERA D'ALBA 2021
Rosso Doc - Barbera 100%
Alc. 14% | € 18 | Bt. 6.000 | Ferm. Acciaio | Mat. Acciaio 6 mesi e Legno 12 mesi
Soufflé con pecorino e crema di patate.

BAROLO DEL COMUNE DI CASTIGLIONE FALLETTO
2015 | 2016 | 2017

BAROLO
2015

Cascina Gavetta
(2004)

Azienda da scoprire. I Cogno della Gavetta sono una tipica famiglia di Langa, fortemente legata alla storia e alla cultura agricola di Novello. In questa terra, da generazioni, producono vino e non solo, nel rispetto della natura e della biodiversità. Tra i primi a credere nella potenzialità del vitigno nascetta, che vinificano in purezza dal 2010, oggi ne producono una delle versioni più interessanti. A Cascina Gavetta ci sono molti progetti in corso e siamo certi che nei prossimi anni i loro vini continueranno a sorprenderci.

Località Pallaretta, 3 - 12060 Novello (CN)
T. 328 9355750 | M. cascinagavetta@libero.it
www.cascinagavetta.com

Viticoltura: Certificazione SQNPI
Ettari: 6 | **Bottiglie:** 10.000 | **Produzione olearia:** Sì
Proprietà: Roberto Cogno
Cond. enologica: Sergio Molino, Claudio Pirra
Cond. agronomica: Roberto Cogno
Vendita diretta: Sì | **Visite in azienda:** Sì

LANGHE NAS-CETTA DEL COMUNE DI NOVELLO 2016
Bianco Doc - Nascetta 100%
Alc. 14% | € 43 | Bt. 1.968 | Ferm. Acciaio | Mat. Acciaio 6 mesi
Giallo paglierino lucente con riflessi dorati. Progressione olfattiva giocata su note di frutta esotica, ananas, mela, pera, fiori di acacia, camomilla, ginger, miele. Sorso appagante, equilibrato, fresco e saporito. Rombo al forno con patate e carciofi.

BAROLO 2019
Rosso Docg - Nebbiolo 100%
Alc. 14,5% | € 28 | Bt. 933 | Ferm. Acciaio | Mat. Acciaio 6 mesi e Legno 20 mesi
Costata di cavallo con patate al rosmarino.

BAROLO CORINI – PALLARETTA 2018
Rosso Docg - Nebbiolo 100%
Alc. 14,5% | € 50 | Bt. 768 | Ferm. Acciaio | Mat. Acciaio 3 mesi e Legno 20 mesi
Guanciale di manzo in umido con polenta.

LANGHE NAS-CETTA DEL COMUNE DI NOVELLO
2021

BAROLO CORINI – PALLARETTA
2016

Cascina Gilli
(1983)

A Castelnuovo Don Bosco, nel cuore delle dolci colline astigiane, è incastonata una gemma preziosa nata da un'intuizione imprenditoriale di Gianni Vergano nei primi anni '80. Cascina Gilli è oggi una realtà ben consolidata, di cui possiamo parlare con grande ammirazione. Vendemmia dopo vendemmia, il percorso di crescita qualitativa è costante ed evidente. La valorizzazione dei vitigni territoriali continua a rappresentare, con sempre rinnovato vigore, il fulcro della filosofia produttiva. Malvasia di Schierano, freisa, barbera e nebbiolo trovano un habitat ideale per esprimersi ad alti livelli.

Frazione Nevissano, 36 - 14022 Castelnuovo Don Bosco (AT)
T. 011 9876984 | M. info@cascinagilli.it
www.cascinagilli.it

Viticoltura: Certificazione SQNPI
Ettari: 12 | **Bottiglie:** 100.000 | **Produzione olearia:** No
Proprietà: Giovanni Vergnano
Cond. enologica: Giovanni Matteis, Gianpiero Gerbi
Cond. agronomica: Daniele Dellavalle
Vendita diretta: Sì | **Visite in azienda:** Sì

BARBERA D'ASTI SUPERIORE DEDICA 2020
Rosso Docg - Barbera 100%
Alc. 14,5% | € 20 | Bt. 4.000 | Ferm. Acciaio | Mat. Legno 12 mesi
Rubino squillante di ottima intensità cromatica. Spiccano piccoli frutti rossi in confettura e fragola macerata, preludio a una decisa sterzata verso cenni speziati che richiamano cannella e chiodi di garofano. L'irreprensibile freschezza gustativa ben contrasta la suadente morbidezza. Carré di maiale con patate al forno.

BARBERA D'ASTI SUPERIORE LE MORE 2021
Rosso Docg - Barbera 100%
Alc. 14,5% | € 15 | Bt. 20.000 | Ferm. Acciaio | Mat. Acciaio 6 mesi
Tigelle e salumi.

ALBUGNANO SUPERIORE NOTTURNO 2021
Rosso Doc - Nebbiolo 100%
Alc. 14% | € 20 | Bt. 4.000 | Ferm. Acciaio | Mat. Legno 12 mesi
Faraona al forno.

FREISA D'ASTI IL FORNO 2020
Rosso Doc - Freisa 100%
Alc. 13,5% | € 15 | Bt. 7.000 | Ferm. Acciaio | Mat. Cemento 6 mesi
Zuppa di farro e borlotti.

MALVASIA DI CASTELNUOVO DON BOSCO GILLI 2022
Rosso Doc Frizzante Dolce - Malvasia di Schierano 80%, Malvasia nera 20%
Alc. 5,5% | € 15 | Bt. 10.000 | Ferm. Acciaio
Crostata alle ciliegie.

PIEMONTE CHARDONNAY RAFÉ 2022
Bianco Doc - Chardonnay 100%
Alc. 14% | € 15 | Bt. 10.000 | Ferm. Acciaio | Mat. Acciaio 2 mesi
Crostini con baccalà mantecato.

ALBUGNANO SUPERIORE NOTTURNO
2018 | 2020

BARBERA D'ASTI SUPERIORE DEDICA
2017 | 2019

Cascina La Barbatella
(1982)

Trovare Cascina la Barbatella fra le eccellenze vinicole regionali è ormai un'abitudine: in quest'edizione il Nizza La Vigna dell'Angelo Riserva 2019, punta di diamante di un parterre enoico di assoluto prestigio, ha raggiunto a furor di popolo i pieni voti. Complimenti per l'entusiasmo con cui Lorenzo e Cinzia Perego gestiscono l'azienda, realtà fra le più dinamiche del panorama piemontese. La ricettività è il marchio di fabbrica, con numerose proposte stimolanti: arte, cultura e intrattenimento incontrano le meraviglie enogastronomiche locali, in un contesto di raro splendore paesaggistico.

Strada Annunziata, 55 - 14049 Nizza Monferrato (AT)
T. 345 0413704 | M. direzione@labarbatella.com
www.labarbatella.com

Viticoltura: Lotta integrata
Ettari: 4 | **Bottiglie:** 28.000 | **Produzione olearia:** No
Proprietà: Lorenzo e Cinzia Perego
Cond. enologica: Claudio Dacasto
Cond. agronomica: Claudio Dacasto
Vendita diretta: Sì | **Visite in azienda:** Sì

91

NIZZA LA VIGNA DELL'ANGELO RISERVA 2019
Rosso Docg - Barbera 100%
Alc. 15% | € 50 | Bt. 1.200 | Ferm. Acciaio | Mat. Legno 24 mesi
Luminoso rosso carminio con screziature rubino. Profilo olfattivo di seducente complessità: more, amarene e bouquet di fiori scuri accompagnano il degustatore verso un delicato setale di cacao amaro e menta fresca. Sorso prodigioso, vibrante, sapido e vellutato, suggellato da tannini carezzevoli. Cinghiale arrosto con castagne.

NIZZA LA VIGNA DELL'ANGELO 2020
Rosso Docg - Barbera 100%
Alc. 15% | € 40 | Bt. 3.000 | Ferm. Acciaio | Mat. Legno 12 mesi
Faraona arrosto con salsa di frutti di bosco.

MONFERRATO ROSSO SONVICO 2017
Rosso Doc - Cabernet sauvignon 70%, Barbera 30%
Alc. 16% | € 45 | Bt. 1.370 | Ferm. Acciaio | Mat. Legno 30 mesi
Capriolo in salmì con polenta di grano saraceno.

BARBERA D'ASTI LA BARBATELLA 2022
Rosso Docg - Barbera 100%
Alc. 14,5% | € 17 | Bt. 9.000 | Ferm. Acciaio | Mat. Acciaio 6 mesi
Cotechino e lenticchie.

PIEMONTE CHARDONNAY NON È 2021
Bianco Doc - Chardonnay 100%
Alc. 13,5% | € 30 | Bt. 2.200 | Ferm. Legno | Mat. Legno 10 mesi
Risotto ai porcini.

MONFERRATO BIANCO NOÈ 2021
Bianco Doc - Cortese 70%, Sauvignon 30%
Alc. 13% | € 18 | Bt. 3.200 | Ferm. Legno e Acciaio | Mat. Acciaio 6 mesi e Legno 6 mesi
Linguine agli scampi.

NIZZA LA VIGNA DELL'ANGELO
2019

NIZZA LA VIGNA DELL'ANGELO RISERVA
2016 | 2018

Cascina Melognis
(2009)

In questi anni lo stile dei vini di Vanina e Michele si è definito inequivocabilmente: eleganza, dettaglio e territorio. Nessuna novità per il Pelaverga, che resta il riferimento per l'azienda e per la Doc delle Colline Saluzzesi, mentre ci sorprendono, frutto di una maturazione sostanziale, le intepretazioni del pinot nero. Intendiamoci, non è divertissement, il territorio saluzzese emerge senza incertezze anche qui: nella verticalità senza mezze misure dell'Olim Atrum, nella nobile freschezza, appena decorata dalla sensualità del legno, nell'Econverso. Occhio ai Pét Nat: danno dipendenza!

Mulino Cerrati - Via San Pietro, 10 - 12036 Revello (CN)
T. 333 6676235 | M. cascina.melognis@gmail.com

Viticoltura: Biologica certificata
Ettari: 6 | **Bottiglie:** 20.000 | **Produzione olearia:** No
Proprietà: Vanina Maria Carta
Cond. enologica: Michele Antonio Fino
Cond. agronomica: Michele Antonio Fino
Vendita diretta: Sì | **Visite in azienda:** Sì

OLIM ATRUM DOSAGGIO ZERO 2018
Bianco Metodo Classico - Pinot nero 100%
Alc. 12,5% | € 27 | Bt. 2.000 | Ferm. Acciaio | Mat. Acciaio 8 mesi
50 mesi sui lieviti
Brillante il tenue paglierino dal riflesso algido. Freschissimo l'esordio olfattivo: mela estiva, caprifoglio, piccole bacche acerbe di ribes. Sorso dichiaratamente verticale, nervoso, elegante nel non concedere alcuna mollezza a qualsivoglia residuo: uno spumante di dettaglio, cesellato, affilato, tagliente. Risotto con gamberi di fiume e piselli.

COLLINE SALUZZESI PELAVERGA DIVICAROLI 2022
Rosso Doc - Pelaverga 100%
Alc. 12% | € 19 | Bt. 5.000 | Ferm. Acciaio | Mat. Acciaio 8 mesi
Vellutata di cavolfiore.

ECONVERSO 2020
Rosso - Pinot nero 100%
Alc. 13,5% | € 45 (1,5l) | Bt. 600 | Ferm. Acciaio | Mat. Acciaio 8 mesi e Legno 12 mesi
Allodole tartufate in casseruola.

CA' MELÒ PÉT NAT BIANCO 2022
Bianco Metodo Ancestrale - Malvasia moscata 100%
Alc. 13% | € 16 | Bt. 1.500 | Ferm. Acciaio | Mat. Acciaio 8 mesi
4 mesi sui lieviti
Mozzarella di bufala campana.

CA' MELÒ PÉT NAT ROSATO 2022
Rosato Metodo Ancestrale - Neretta cuneese 50%, Barbera 25%, Chatus 10%, Freisa 10%, Pelaverga 5%
Alc. 13% | € 16 | Bt. 1.500 | Ferm. Acciaio | Mat. Acciaio 4 mesi
4 mesi sui lieviti
Tagliere di salumi.

COMITIS 2022
Bianco - Chasselas 60%, Gouais blanc 40%
Alc. 11,5% | € 16 | Bt. 1.000 | Ferm. Acciaio | Mat. Acciaio 8 mesi
Crostini con burro e alici.

COLLINE SALUZZESI PELAVERGA DIVICAROLI
2020 | 2021

NOVAMEN
2019

Cascina Morassino
(1984)

Negli anni Roberto Bianco ha saputo ritagliarsi un ruolo di primaria importanza nel panorama del Barbaresco. Grazie a una viticoltura e a uno stile di vinificazione rigorosi, i suoi vini son sempre forti ma serici, longevi ed espressivi. Nelle degustazioni del millesimo 2020, poi, tutte le etichette del cru Ovello si sono dimostrate di valore; e siccome la famiglia Bianco ne possiede una generosa porzione (3,5 ettari) da cinque generazioni, i risultati sono conseguenti: il Barbaresco eponimo supera senza fatica la soglia dell'eccellenza. Mai l'espressione "genius loci" è parsa più giusta.

Strada Bernino, 10 - 12050 Barbaresco (CN)
T. 347 1210223 | M. morassino@gmail.com

Viticoltura: Lotta integrata
Ettari: 4,5 | **Bottiglie:** 20.000 | **Produzione olearia:** No
Proprietà: Roberto Bianco
Cond. enologica: Sergio Molino, Roberto Bianco
Cond. agronomica: Roberto Bianco, Dino Bevione
Vendita diretta: Sì | **Visite in azienda:** Sì

91,5

BARBARESCO OVELLO 2020
Rosso Docg - Nebbiolo 100%
Alc. 14,5% | € 48 | Bt. 3.500 | Ferm. Acciaio | Mat. Acciaio 6 mesi e Legno 12 mesi
Granato. All'esordio caldi sentori vegetali e di iris, una base su cui danzano i piccoli frutti (ribes rosso, melagrana, lampone) e una speziatura in fase aurorale. Bocca importante, strutturata, di equa misura tannica (quel che serve per sostenere il sorso e garantire un eccellente futuro), di valorosa persistenza. Spezzatino di manzo.

BARBARESCO MORASSINO 2020
Rosso Docg - Nebbiolo 100%
Alc. 14,5% | € 35 | Bt. 6.000 | Ferm. Acciaio | Mat. Acciaio 6 mesi e Legno 12 mesi
Filetto al vino rosso e scalogno.

BARBARESCO OVELLO
2017 | 2018 | 2019

BARBARESCO MORASSINO
2019

Cascina Val del Prete
(1977)

Sono ormai parecchi anni che l'azienda guidata da Mario Roagna ci regala grandi interpretazioni del nebbiolo in terra di Roero (qui siamo a Priocca). E anche quest'anno non si smentisce, con vini se possibile ancora più eleganti e definiti. Ma tutta la gamma è di notevole livello, con l'Arneis che sfiora l'eccellenza e due Barbera che sanno coniugare perfettamente complessità ed estrema piacevolezza di beva. Una menzione meritano poi i prezzi: in un periodo in cui molti produttori hanno proposto incrementi considerevoli e non sempre giustificati, qui restano assolutamente adeguati.

Via Santuario, 2 - 12040 Priocca (CN)
T. 0173 616534 | M. valdelprete@tiscali.it
www.valdelprete.com

Viticoltura: Biologica
Ettari: 10 | **Bottiglie:** 40.000 | **Produzione olearia:** No
Proprietà: Mario Roagna
Cond. enologica: Ludovica Tedeschi
Cond. agronomica: Cristina Marello
Vendita diretta: Sì | **Visite in azienda:** Sì

(95)
ROERO BRICCO MEDICA 2020
Rosso Docg - Nebbiolo 100%
Alc. 14,5% | € 25 | Bt. 2.500 | Ferm. Cemento | Mat. Legno 12 mesi e Cemento 12 mesi
Sfavillante rosso granato. Allo stesso tempo fine e sfaccettato, con progressione quasi interminabile propone dolcezze di frutti rossi macerati, fiori ancora freschi, sbuffi balsamici, spezie chiare, pietra ed erbe aromatiche. Sapidità e tannini misuratissimi contraddistinguono l'assaggio, persistente e appagante. Petto di germano reale al balsamico.

(92)
ROERO VIGNA DI LINO 2020
Rosso Docg - Nebbiolo 100%
Alc. 15,5% | € 28 | Bt. 2.000 | Ferm. Acciaio | Mat. Legno 24 mesi
Classico rosso granato. Un sussurro lascia avvertire spezie dolci, erbe aromatiche, incenso, legni nobili, frutta macerata, mentolo e sottobosco. La sapidità racconta il territorio, i tannini paiono cesellati, la freschezza invita a ripetuti assaggi, la persistenza è da manuale. Agnello al forno con rosmarino.

ROERO ARNEIS LUÈT 2022
Bianco Docg - Arneis 100%
Alc. 14% | € 14 | Bt. 10.000 | Ferm. Acciaio | Mat. Acciaio 6 mesi
Coniglio al forno con patate.

BARBERA D'ALBA SUPERIORE CAROLINA 2020
Rosso Doc - Barbera 100%
Alc. 15% | € 30 | Bt. 3.000 | Ferm. Acciaio | Mat. Legno 24 mesi
Oca arrosto.

BARBERA D'ALBA SERRA DE' GATTI 2022
Rosso Doc - Barbera 100%
Alc. 14,5% | € 15 | Bt. 12.000 | Ferm. Acciaio e Cemento | Mat. Acciaio 6 mesi e Cemento 6 mesi
Formaggio di fossa di Sogliano.

ROERO BRICCO MEDICA
2016 | 2017 | 2019

ROERO VIGNA DI LINO
2017 | 2018

Cascina Vano
(1960)

Entra in Guida dalla porta principale questa bella cantina di Neive, situata nella parte più orientale del comune, tra vigneti di ottima vocazione spesso sottovalutati. Alla conduzione c'è Bruno Rivetti che con i figli vinifica le uve dei cru Rivetti e Canova, Barbaresco di classe che ben figurano nelle nostre degustazioni grazie a uno stile molto elegante che privilegia precisione ed equilibrio. Molto apprezzato per finezza e proporzione il Canova, siamo stati sorpresi dalla Riserva Pilone, che senza clamori, è riuscita a mettere in fila molti competitor più blasonati. Da conoscere.

via Rivetti, 9 - 12057 Neive (CN)
T. 0173 67263 | M. info@cascinavano.com
www.cascinavano.com

Viticoltura: Convenzionale
Ettari: 16 | **Bottiglie:** 40.000 | **Produzione olearia:** No
Proprietà: Azienda Agricola Ditta Individuale
Cond. enologica: Piero Ballario, Bruno Rivetti
Cond. agronomica: Bruno Rivetti
Vendita diretta: Sì | **Visite in azienda:** Sì

BARBARESCO PILONE NEI RIVETTI RISERVA 2020
Rosso Docg - Nebbiolo 100%
Alc. 14,5% | € 45 | Bt. 6.000 | Ferm. Acciaio
È un vino di grande personalità, dal profilo olfattivo dolce e fruttato con mora e frutta rossa, noce moscata e ciliegia, viola, rosa e spunti di torrefazione. La bocca è piena e rigogliosa e non tradisce la splendida annata: ha freschezza, giusti tannini e lungo finale. Un bellissimo Barbaresco. Dal 2030. Tagliata al pepe verde.

BARBARESCO CANOVA 2020
Rosso Docg - Nebbiolo 100%
Alc. 14% | € 30 | Bt. 9.000 | Ferm. Acciaio
Capretto allo spiedo.

LANGHE NEBBIOLO 2021
Rosso Doc - Nebbiolo 100%
Alc. 14% | € 20 | Bt. 9.000 | Ferm. Acciaio
Tortelli al Castelmagno.

Francesca Castaldi
(1997)

Abbiamo sempre nutrito stima per il lavoro e l'impegno di Francesca Castaldi, produttrice in Briona che insieme al figlio Marco si è sempre spesa per la valorizzazione del territorio. Le radici della famiglia Castaldi nel territorio di Briona risalgono ai primi del 1700 e da allora la famiglia si è sempre occupata di viticoltura anche se in modi e tempi diversi. Francesca invece ha ricominciato a tempo pieno questa attività; tra le prime a credere e aderire ai protocolli di una viticoltura a minimo impatto ambientale e a un'enologia attenta e intelligente, nonostante le avversità.

Via Tenente Solaroli, 8 - 28072 Briona (NO)
T. 338 7869887 | M. francesca@cantinacastaldi.it
www.cantinacastaldi.it

Viticoltura: Biologica
Ettari: 7,5 | **Bottiglie:** 20.000 | **Produzione olearia:** No
Proprietà: Francesca Castaldi
Cond. enologica: Maurizio Forgia
Cond. agronomica: Michele Colombo
Vendita diretta: Sì | **Visite in azienda:** Sì

FARA 2019
Rosso Doc - Nebbiolo 70%, Vespolina 30%
Alc. 13,5% | € 30 | Bt. 2.500 | Ferm. Acciaio | Mat. Legno 24 mesi
Carminio compatto, profumi che evidenziano ciliegia sotto spirito, confetture di more e arance amare, una sfumatura di liquirizia nera e un'allusione minerale ferrosa. Sorso scorrevole, accompagnato da vibrante freschezza e cesellato tannino. Buona persistenza, sapidità con richiami fruttati. Arrosto di pollo ripieno.

COLLINE NOVARESI BIANCO LUCIA 2022
Bianco Doc - Erbaluce 100%
Alc. 13,5% | € 18 | Bt. 2.000 | Ferm. Acciaio | Mat. Acciaio 6 mesi
Alici panate e fritte.

COLLINE NOVARESI VESPOLINA NINA 2022
Rosso Doc - Vespolina 100%
Alc. 13% | € 15 | Bt. 2.000 | Ferm. Acciaio
Minestrone con ortaggi invernali.

FARA
2015 | 2017

COLLINE NOVARESI UVA RARA VALCERESOLE
2020

Castellari Bergaglio
(1979)

I vigneti, nelle mani della stessa famiglia già a fine Ottocento, periodo in cui iniziò la produzione vinicola di Castellari Bergaglio, affondano le radici in un'area ad alta vocazione, tra la frazione Rovereto del comune di Gavi e il comune di Tassarolo. L'azienda, attualmente guidata con maestria e sapienza da Marco Bergaglio, ha sempre perseguito l'idea che produrre Gavi fosse un'arte (come riporta del resto lo slogan aziendale), dando un'impronta identitaria e territoriale ai vini proposti. Fornaci e Rolona sono sempre etichette schiette, precise, e che non deludono mai le aspettative.

Frazione Rovereto, 136/R - 15066 Gavi (AL)
T. 0143 644000 | M. gavi@castellaribergaglio.it
www.castellaribergaglio.it

Viticoltura: Convenzionale
Ettari: 12 | **Bottiglie:** 100.000 | **Produzione olearia:** No
Proprietà: Marco Bergaglio
Cond. enologica: Staff aziendale
Cond. agronomica: Staff aziendale
Vendita diretta: Sì | **Visite in azienda:** Sì

GAVI DEL COMUNE DI TASSAROLO FORNACI 2022
Bianco Docg - Cortese 100%
Alc. 12,5% | € 10 | Bt. 30.000 | Ferm. Acciaio | Mat. Acciaio 6 mesi
Paglierino vivace con riflessi verdolini. Articolate fragranze di fiori di montagna, acacia, pesca bianca, albicocca, susine, poi erbe aromatiche mediterranee, felci selvatiche e scie iodate marine. La bocca scandisce sensazioni fresche, sapide e lunghi richiami olfattivi, e la beva snella invoglia al riassaggio. Orata all'acqua pazza.

GAVI DEL COMUNE DI GAVI ROLONA 2022
Bianco Docg - Cortese 100%
Alc. 13% | € 14 | Bt. 20.000 | Ferm. Acciaio | Mat. Acciaio 6 mesi
Linguine al sugo di totani e piselli.

GAVI DEL COMUNE DI TASSAROLO FORNACI
2019 | 2020 | 2021

GAVI DEL COMUNE DI GAVI ROLONA
2021

Castello di Castellengo
(1998)

Posto incantevole, grande suggestione e sguardo aperto e libero sulla pianura e sulla grande montagna: il Monterosa. Sulle Prealpi biellesi il Castello di Castellengo è custode di un'antica tradizione vitivinicola. Magda e Alessandro in questi anni hanno attuato un vero e proprio restauro di antiche porzioni di vigneti che oggi compongono la loro azienda: Centovigne appunto. Dalle splendide cantine escono vini profumati ed eleganti frutto di un'attenta selezione del nebbiolo, vitigno principe di questo magico territorio alle porte di Biella.

Via Castello, 29 - Frazione Castellengo - 13836 Cossato (BI)
T. 335 5252890 | M. info@centovigne.it
www.centovigne.it

Viticoltura: Convenzionale
Ettari: 8 | **Bottiglie:** 35.000 | **Produzione olearia:** No
Proprietà: Magda Zago e Alessandro Ciccioni
Cond. enologica: Alessandro Ciccioni
Cond. agronomica: Magda Zago
Vendita diretta: Sì | **Visite in azienda:** Sì

COSTE DELLA SESIA NEBBIOLO CASTELLENGO 2016
Rosso Doc - Nebbiolo 100%
Alc. 13% | € 35 | Bt. 5.000 | Mat. Legno 36 mesi
Granato di bella trasparenza, profilo deciso, speziato e balsamico, liquirizia, noce moscata ed erbe officinali, segue corredo floreale di rosa essiccata e violetta, frutta in confettura a completare. Il gusto gioca sulle sensazioni di freschezza e tannino decisamente piacevole. Carré di maiale con patate al forno.

COSTE DELLA SESIA ROSSO IL CENTOVIGNE 2018
Rosso Doc - Nebbiolo 100%
Alc. 13% | € 20 | Bt. 3.000 | Mat. Legno 24 mesi
Risotto alla milanese con ossobuco.

ROSSO DELLA MOTTA
2020

COSTE DELLA SESIA NEBBIOLO CASTELLENGO
2014 | 2015

Castello di Gabiano
(1800)

Dopo alcuni anni di assenza, ritorna sulle pagine della Guida Vitae l'azienda del marchese di Gabiano Giacomo Cattaneo Adorno. All'interno di una gamma vini molto vasta e di ottima qualità, svetta su tutti il Gabiano Riserva dedicato alla Principessa Matilde Giustiniani, ottenuto dal vigneto storico della tenuta, e solo nelle migliori annate. Sebbene non presente tra i vini recensiti quest'anno, vi segnaliamo anche il Rubino di Cantavenna, sicuramente la più interessate interpretazione di questa storica denominazione piemontese.

Via San Defendente, 2 - 15020 Gabiano (AL)
T. 0142 945004 | M. info@castellodigabiano.com
www.castellodigabianowine.it

Viticoltura: Convenzionale e biologica
Ettari: 24 | **Bottiglie:** 150.000 | **Produzione olearia:** No
Proprietà: Giacomo Cattaneo Adorno
Cond. enologica: Mario Ronco
Cond. agronomica: Giuseppe Lucido
Vendita diretta: Sì | **Visite in azienda:** Sì

GABIANO A MATILDE GIUSTINIANI RISERVA 2016
Rosso Doc - Barbera 95%, Freisa 5%
Alc. 15% | € 41 | Bt. 3.000 | Ferm. Acciaio | Mat. Legno 24 mesi
Granato scuro di elevata fittezza. Bouquet olfattivo complesso e intrigante. Frutta in confettura, ciliegie sotto spirito, pot-pourri, liquirizia, cioccolato, tabacco, cuoio, pepe e chiodi di garofano. All'assaggio non lesina in materia. Morbido e fresco, lascia dietro di sé un'estensione dai toni balsamici. Carré di maiale alle prugne.

BARBERA D'ASTI SUPERIORE ADORNES 2016
Rosso Docg - Barbera 100%
Alc. 15% | € 34 | Bt. 14.000 | Ferm. Acciaio e Cemento | Mat. Legno 18 mesi
Stinco di maiale al forno in pancetta affumicata.

PIEMONTE CHARDONNAY CASTELLO 2019
Bianco Doc - Chardonnay 100%
Alc. 12,5% | € 24 | Bt. 4.000 | Ferm. Legno | Mat. Legno 9 mesi
Tacchinella ripiena su letto di patate.

BARBERA D'ASTI LA BRAJA 2020
Rosso Docg - Barbera 100%
Alc. 14,5% | € 10 | Bt. 6.000 | Ferm. Acciaio | Mat. Legno 12 mesi e Cemento 12 mesi
Risotto con salsiccia e Taleggio.

PIEMONTE PINOT NERO 2021
Rosso Doc - Pinot nero 100%
Alc. 14% | € 14 | Bt. 4.000 | Ferm. Legno e Acciaio | Mat. Legno 10 mesi
Rigatoni al ragù bianco di carne.

GRIGNOLINO DEL MONFERRATO CASALESE IL RUVO 2021
Rosso Doc - Grignolino 100%
Alc. 13% | € 11 | Bt. 6.000 | Ferm. Acciaio | Mat. Acciaio 8 mesi
Lepre alla cacciatora.

GABIANO A MATILDE GIUSTINIANI RISERVA
2011

BARBERA D'ASTI SUPERIORE ADORNES
2011 | 2012 | 2013

Castello di Neive
(1964)

Italo Stupino, "l'ingegnere", ci ha lasciati quest'anno. È stato un personaggio di spicco nel mondo del Barbaresco che tanto ha dato alla denominazione e alla sua azienda. Abbiamo condiviso una grande amicizia, la sua presenza ha sempre arricchito e dato importanza ai nostri eventi, consolidando l'ottimo legame tra AIS e Castello di Neive nel corso degli anni. Lo ricorderemo con affetto e riconoscenza per il suo contributo prezioso alla storia del vino in Piemonte. La sua eredità e la sua passione continueranno a ispirarci e a guidarci nel promuovere la bellezza e l'eccellenza del Barbaresco.

Corso Romano Scagliola, 205 - 12052 Neive (CN)
T. 0173 67171 | M. info@castellodineive.it
www.castellodineive.it

Viticoltura: Convenzionale
Ettari: 27 | **Bottiglie:** 150.000 | **Produzione olearia:** Sì
Proprietà: Carolina Stupino
Cond. enologica: Gianfranco Cordero, Claudio Roggero
Cond. agronomica: Dino Bevione, Claudio Roggero
Vendita diretta: Sì | **Visite in azienda:** Sì

(94)
BARBARESCO ALBESANI SANTO STEFANO RISERVA 2018
Rosso Docg - Nebbiolo 100%
Alc. 14,5% | € 62 | Bt. 6.500 | Ferm. Acciaio | Mat. Acciaio 6 mesi e Legno 20 mesi
Italo Stupino non c'è più, ma rimane questo capolavoro. Un vino molto espressivo dotato di una lucente veste rosso granato. Il naso abbraccia le classiche note che hanno reso grande questa vigna: balsamico, fruttato, floreale e finemente speziato. La bocca è brillante, morbida, dolce ed equilibrata in tutto. Castelmagno.

(92)
BARBARESCO 2020
Rosso Docg - Nebbiolo 100%
Alc. 14,5% | € 33 | Bt. 50.000 | Ferm. Acciaio | Mat. Acciaio 6 mesi e Legno 12 mesi
I Barbaresco sono risultati tutti di grande livello. Ha sorpreso per la sua intensità olfattiva e struttura gustativa la versione classica, un vino che riassume tutta la storia dell'azienda e di Italo Stupino. Risotto al tartufo bianco.

BARBARESCO GALLINA 2020
Rosso Docg - Nebbiolo 100%
Alc. 14,5% | € 40 | Bt. 6.500 | Ferm. Acciaio | Mat. Acciaio 6 mesi e Legno 15 mesi
Brasato di manzo al vino rosso.

BARBARESCO ALBESANI SANTO STEFANO 2020
Rosso Docg - Nebbiolo 100%
Alc. 14,5% | € 47 | Bt. 25.000 | Ferm. Acciaio | Mat. Acciaio 6 mesi e Legno 15 mesi. Grana Padano Riserva.

BARBERA D'ALBA VIGNA SANTO STEFANO 2021
Rosso Doc - Barbera 100%
Alc. 15% | € 20 | Bt. 12.000 | Ferm. Acciaio | Mat. Acciaio 6 mesi e Legno 8 mesi. Cotechino e lenticchie.

DOLCETTO D'ALBA VIGNA BASARIN 2021
Rosso Doc - Dolcetto 100%
Alc. 14% | € 18 | Bt. 2.500 | Ferm. Acciaio | Mat. Acciaio 6 mesi
Vitello tonnato.

BARBARESCO ALBESANI SANTO STEFANO RISERVA
2015 | 2016 | 2017

BARBARESCO ALBESANI SANTO STEFANO
2012 | 2016

Castello di Verduno
(1838)

Sempre bella la sosta al Castello di Verduno, luogo dal grande significato storico in cui si sono intrecciati i destini di due grandi viticoltori: Gabriella Burlotto e Franco Bianco. La loro produzione, fondata sulla passione per il nebbiolo, si è sviluppata grazie alla dote di famiglia, quindi terra di Verduno e Barbaresco. È una proposta enologica colta e ricercata con vini dalle sensazioni calde ed espressive sempre definite nei dettagli. Gli assaggi di quest'anno meritano la consueta ammirazione con menzione d'onore per Monvigliero e Rabajà, fiori all'occhiello di una grande realtà.

Via Umberto I, 9 - 12060 Verduno (CN)
T. 0172 470284 | M. info@cantinecastellodiverduno.it
www.castellodiverduno.it

Viticoltura: Lotta integrata
Ettari: 12 | **Bottiglie:** 80.000 | **Produzione olearia:** No
Proprietà: Famiglie Bianco e Burlotto
Cond. enologica: Mario Andrion
Cond. agronomica: Gian Piero Romana
Vendita diretta: Sì | **Visite in azienda:** Sì

(93,5)
BAROLO MONVIGLIERO RISERVA 2017
Rosso Docg - Nebbiolo 100%
Alc. 14,5% | € 95 | Bt. 2.600 | Ferm. Legno | Mat. Legno 32 mesi
Una Riserva che lascia sempre il segno. Tanta purezza, tanti fiori nel bicchiere: viola, rosa, peonia poi fragola macerata, ciliegia e melagrana. Superba definizione che unisce eleganza e vigore. Al gusto giusta struttura e pienezza, tannini fini e lunga persistenza. Guanciale di vitello alle erbe aromatiche.

BAROLO MASSARA 2019
Rosso Docg - Nebbiolo 100%
Alc. 14% | € 70 | Bt. 4.050 | Ferm. Legno | Mat. Legno 31 mesi
Piccione al forno con cipollotti.

BARBARESCO RABAJÀ 2020
Rosso Docg - Nebbiolo 100%
Alc. 14,5% | € 56 | Bt. 4.450 | Ferm. Legno | Mat. Legno 20 mesi
Manzo brasato con funghi.

BARBARESCO RABAJÀ-BAS 2020
Rosso Docg - Nebbiolo 100%
Alc. 14% | € 46 | Bt. 3.900 | Ferm. Acciaio | Mat. Legno 19 mesi
Reale di vitello alla senape antica.

BAROLO MONVIGLIERO RISERVA
2011 | 2012 | 2015

BARBARESCO RABAJÀ
2010 | 2019

Caudrina
(1940)

Caudrina, Galeisa e Selvatica sono sempre riferimenti importanti per il moscato e l'azienda di Romano Dogliotti è parte integrante della storia contemporanea del territorio: ce lo ricordano ogni anno i vini all'assaggio, quando apprezziamo la costanza produttiva, il livello qualitativo e la soddisfazione della beva. Oltre al verbo del Moscato d'Asti, qui si parla anche di barbera: varie espressioni tradizionali, giustamente diverse tra loro per impostazione, complessità e compito a tavola, ma sempre contraddistinte da precisione, pregio, espressività.

Via Valle Bera, 10 - 12053 Castiglione Tinella (CN)
T. 0141 855126 | M. romano@caudrina.it
www.caudrina.it

Viticoltura: Convenzionale e lotta integrata
Ettari: 25 | **Bottiglie:** 180.000 | **Produzione olearia:** No
Proprietà: Romano Dogliotti
Cond. enologica: Alessandro Dogliotti
Cond. agronomica: Sergio Dogliotti
Vendita diretta: Sì | **Visite in azienda:** Sì

MOSCATO D'ASTI LA CAUDRINA 2022
Bianco Docg Frizzante Dolce - Moscato bianco 100%
Alc. 5% | € 11 | Bt. 100.000 | Ferm. Acciaio
Luminoso, brillanti lampi verdolini. Salvia, ortica, menta glaciale, poi respiri fruttati di pesca bianca e susina. Il sorso è dolce, pieno e appagante, bilanciato da una freschezza che invita a prolungare l'esperienza gustativa e una sapidità che sostiene una chiosa di anice e finocchietto. Tortino di marroni tiepido.

BARBERA D'ASTI LA SOLISTA 2021
Rosso Docg - Barbera 100%
Alc. 14,5% | € 12 | Bt. 6.000 | Ferm. Acciaio | Mat. Acciaio 12 mesi
Pappardelle con funghi porcini.

MOSCATO D'ASTI LA GALEISA 2022
Bianco Docg Frizzante Dolce - Moscato bianco 100%
Alc. 5,5% | € 14 | Bt. 12.000 | Ferm. Acciaio
Spuma di ricotta con salsa di albicocche.

ASTI SPUMANTE LA SELVATICA 2022
Bianco Docg Metodo Martinotti Dolce - Moscato bianco 100%
Alc. 7% | € 14 | Bt. 30.000 | Ferm. Acciaio
Torta paradiso.

NIZZA MONTEVENERE 2020
Rosso Docg - Barbera 100%
Alc. 14,5% | € 18 | Bt. 4.000 | Ferm. Acciaio | Mat. Acciaio 6 mesi e Legno 12 mesi
Trippa in umido.

PIEMONTE MOSCATO PASSITO REDENTO 2018
Bianco Doc Passito - Moscato bianco 100%
Alc. 12,5% | € 18 (0,5l) | Bt. 3.000 | Ferm. Acciaio | Mat. Acciaio 10 mesi e Legno 18 mesi
Semifreddo al torroncino.

ASTI SPUMANTE LA SELVATICA
2018

MOSCATO D'ASTI LA GALEISA
2019

Cavallotto
(1928)

Non sono stati tanti i produttori che hanno creduto nella Riserva 2017, ma quei pochi hanno avuto grandi soddisfazioni. È il caso dei Cavallotto che sono riusciti a produrre due vini di forte carattere e profondità tra cui un magico Vignolo. Per il resto, il potente Bricco Boschis ci ha ben anticipato quello che saranno i vini della superba annata 2019. Ma è anche il resto della gamma ad alimentare il blasone di questo storico marchio di Castiglione Falletto, con una qualità molto al di sopra della media: vini di personalità, finezza e sempre forte legame al territorio. Siamo al top.

Via Alba Monforte, 104 - 12060 Castiglione Falletto (CN)
T. 0173 62814 | M. info@cavallotto.com
www.cavallotto.com

Viticoltura: Biologica certificata
Ettari: 25 | **Bottiglie:** 100.000 | **Produzione olearia:** No
Proprietà: Alfio, Giuseppe e Laura Cavallotto
Cond. enologica: Giuseppe Cavallotto, Alfio Cavallotto
Cond. agronomica: Giuseppe Cavallotto, Alfio Cavallotto
Vendita diretta: Sì | **Visite in azienda:** Sì

94
BAROLO VIGNOLO RISERVA 2017
Rosso Docg - Nebbiolo 100%
Alc. 15% | € 130 | Bt. 2.600 | Ferm. Acciaio | Mat. Legno 60 mesi
Tanta frutta, vigore, complessità. Il naso è molto deciso, con presenze di fiori, erbe e menta, poi bacche rosse, durone, fragola macerata e arancia sanguinella, ferrosità e orme salmastre. Al gusto morbidezza e sapore su tutto. Che carattere! Arista di maiale con salsa di prugne.

93,5
BAROLO BRICCO BOSCHIS 2019
Rosso Docg - Nebbiolo 100%
Alc. 14,5% | € 95 | Bt. 20.000 | Ferm. Acciaio | Mat. Legno 36 mesi
Frutta scura, liquirizia, confetture, susina: opulenza di frutti e di sottobosco, un naso grosso e ancora in via di definizione. La beva è potente e dominante, ma ha dolcezza, dinamismo, gran qualità. Castelmagno.

92
BAROLO BRICCO BOSCHIS VIGNA SAN GIUSEPPE RISERVA 2017
Rosso Docg - Nebbiolo 100%
Alc. 15% | € 170 | Bt. 6.635 | Ferm. Acciaio | Mat. Legno 60 mesi
Potente, generoso, indomito. Il naso è profondo e complesso, denso di frutta e spezie. Goudron, moka, mora, confetture. La bocca ricca e morbida con tanta lunghezza e gioventù. Dal 2035. Stinco di maiale al forno in pancetta affumicata.

BARBERA D'ALBA SUPERIORE VIGNA CUCULO 2021
Rosso Doc - Barbera 100%
Alc. 14,5% | € 37 | Bt. 8.370 | Ferm. Acciaio | Mat. Legno 24 mesi
Risotto ai porcini.

LANGHE NEBBIOLO 2021
Rosso Doc - Nebbiolo 100%
Alc. 14,5% | € 37 | Bt. 20.000 | Ferm. Acciaio | Mat. Legno 18 mesi
Ossobuco alla milanese.

LANGHE FREISA 2021
Rosso Doc - Freisa 100%
Alc. 13,5% | € 26 | Bt. 3.850 | Ferm. Acciaio | Mat. Legno 15 mesi
Ravioli burro e salvia.

BAROLO BRICCO BOSCHIS VIGNA SAN GIUSEPPE RISERVA
2013 | 2015 | 2016

BARBERA D'ALBA SUPERIORE VIGNA CUCULO
2017

Ceretto
(1937)

La corazzata Ceretto stupisce ancora e presenta (complici le due grandi annate 2019 e 2020) una serie di vini d'eccezione. Sono i cru a brillare, ma la qualità è presente in tutte le etichette di questo prestigioso marchio albese, dal Blangè al Nebbiolo fino alle grandi bottiglie di Barolo e Barbaresco. Sono vini di classe quelli dei Ceretto, ma che non disdegnano sostanza e carattere. L'assaggio è un viaggio infinito attraverso le migliori vigne di Langa: menzioni storiche che si differenziano tra loro nei caratteri ma che trasmettono le grandi emozioni di un territorio straordinario.

Località San Cassiano, 34 - 12051 Alba (CN)
T. 0173 268033 | M. visit@ceretto.com
www.ceretto.com

Viticoltura: Biologica certificata e biodinamica
Ettari: 160 | **Bottiglie:** 950.000 | **Produzione olearia:** No
Proprietà: Famiglia Ceretto
Cond. enologica: Alessandro Ceretto
Cond. agronomica: Gianluigi Marenco
Vendita diretta: Sì | **Visite in azienda:** Sì

97

BAROLO BRICCO ROCCHE 2019
Rosso Docg - Nebbiolo 100%
Alc. 14% | € 200 | Bt. 4.000 | Ferm. Acciaio | Mat. Legno 24 mesi
Formidabile. Un vino opulento, grosso, potente, equilibrato. Il naso è soffuso, colmo di frutta matura e confetture, susina, fragole e marasche. In bocca risponde potente, gustoso e denso di volume con succosità lunga e dolce. Urca! Controfiletto di bue alla brace.

94

BAROLO BUSSIA 2019
Rosso Docg - Nebbiolo 100%
Alc. 14,5% | € 140 | Ferm. Acciaio | Mat. Legno 24 mesi
Bussia di fascino, sopraffino in eleganza e personalità. Colore scuro, naso trascinante di frutta rossa e fiori passiti, spezie fumose e rintocchi ferrosi: ciliegia, viola, melagrana, macis, liquirizia, arancia, moka. Al gusto parla di Bussia, di energia e di sostanza. Super. Pluma di maialino Bellota con cipolle caramellate.

93

BARBARESCO ASILI 2020
Rosso Docg - Nebbiolo 100%
Alc. 14% | € 190 | Bt. 4.000 | Ferm. Acciaio | Mat. Legno 24 mesi
Il naso è una delizia: viola, rosa, ciliegia, lampone, frutta zuccherata, grande nitidezza. La bocca sapida e piena, con tannini presenti ma dolci. Notevole. Finanziera.

92

BAROLO BRUNATE 2019
Rosso Docg - Nebbiolo 100%
Alc. 14% | € 120 | Ferm. Acciaio | Mat. Legno 24 mesi
Filetto al vino rosso e scalogno.

BAROLO PRAPÒ 2019
Rosso Docg - Nebbiolo 100%
Alc. 14,5% | € 120 | Ferm. Acciaio | Mat. Legno 26 mesi
Gorgonzola naturale.

BAROLO ROCCHE DI CASTIGLIONE 2019
Rosso Docg - Nebbiolo 100%
Alc. 14% | € 140 | Ferm. Acciaio | Mat. Legno 24 mesi
Fagiano arrosto.

BAROLO BRICCO ROCCHE
2012 | 2013 | 2018

BARBARESCO ASILI
2016 | 2018 | 2019

Cerutti
(1931)

I vini di Gianmario Cerutti si distinguono sempre per equilibrio, precisione, pulizia, riescono a cogliere l'identità dei vitigni tradizionali e dei territori senza forzature. Lo si conferma anche quest'anno, in una gamma davvero di livello: ottima e golosa la Barbera d'Asti; potente e "made in Agliano Terme" fino all'osso il Nizza (esordio in questa denominazione di quella che era la Barbera Superiore Föje Rùsse); elegante l'Alta Langa. Attende un giro lo Chardonnay Riva Granda, mentre guadagna la vetta il Surì Sandrinet, un Moscato d'Asti Canelli che è, da sempre, una garanzia.

Via Canelli, 205 - 14050 Cassinasco (AT)
T. 0141 851286 | M. info@cascinacerutti.it
www.cascinacerutti.it

Viticoltura: Certificazione SQNPI
Ettari: 8,5 | **Bottiglie:** 30.000 | **Produzione olearia:** No
Proprietà: Enrico Cerutti
Cond. enologica: Gianmario Cerutti
Cond. agronomica: Gianmario Cerutti
Vendita diretta: Sì | **Visite in azienda:** Sì

MOSCATO D'ASTI CANELLI SURÌ SANDRINET 2022
Bianco Docg Frizzante Dolce - Moscato bianco 100%
Alc. 5% | € 13 | Bt. 7.000 | Ferm. Acciaio | Mat. Acciaio 5 mesi
Paglierino delicato. In equilibrio tra la freschezza balsamica dai brividi vegetali di muschio e melissa e la dolcezza sincera delle pesche sciroppate, il naso lascia spazio a un sorso appagante, misurato con sapienza tra l'avvolgenza zuccherina, le rotondità del frutto e una lunga e saporita verve sul finale. Torta sbrisolona.

BARBERA D'ASTI CERUTTI 2022
Rosso Docg - Barbera 100%
Alc. 14,5% | € 12 | Bt. 4.000 | Ferm. Acciaio | Mat. Acciaio 6 mesi
Cotolette di pollo con melanzane e provola.

NIZZA FÖJE RÙSSE 2019
Rosso Docg - Barbera 100%
Alc. 15% | € 25 | Bt. 4.000 | Ferm. Acciaio | Mat. Legno 12 mesi
Stufato di daino.

ALTA LANGA BRUT CUVÉE ENRICO CERUTTI 2019
Bianco Docg Metodo Classico - Pinot nero 80%, Chardonnay 20%
Alc. 12,5% | € 25 | Bt. 5.000 | Ferm. Acciaio | Mat. Acciaio 6 mesi | 30 mesi sui lieviti
Yakitori, spiedini di pollo con zenzero.

CORTESE DELL'ALTO MONFERRATO 2022
Bianco Doc - Cortese 100%
Alc. 12,5% | € 12 | Bt. 2.000 | Ferm. Acciaio | Mat. Acciaio 6 mesi
Pizza con bufala e pomodorini.

MOSCATO D'ASTI CANELLI SURÌ SANDRINET
2019 | 2021

BARBERA D'ASTI CERUTTI
2021

Michele Chiarlo
(1956)

La già pregevole gamma della Michele Chiarlo si è ulteriormente allargata quest'anno con le Riserva di Cerequio e Cannubi del 2016 che ci sono piaciute molto. L'azienda di Calamandrana, colosso capace di più di un milione di bottiglie, mostra i muscoli e presenta un filotto di bottiglie di alto profilo che non manca di stupire. Impossibile parlar di tutte ma buonissime risultano le Barbera, ottimo il Gavi, notevoli Barolo e Barbaresco. Vini dallo stile Chiarlo: generosi nei profumi, godibili, sempre morbidi e gustosi. Vini che piacciono e appagano gli appassionati di mezzo mondo. Da visitare.

SS Nizza-Canelli, 99 - 14042 Calamandrana (AT)
T. 0141 769030 | M. info@chiarlo.it
www.michelechiarlo.it

Viticoltura: Ecosostenibile
Ettari: 150 | **Bottiglie:** 1.100.000 | **Produzione olearia:** No
Proprietà: Michele Chiarlo
Cond. enologica: Stefano Chiarlo, Gianni Meleni
Cond. agronomica: Stefano Chiarlo
Vendita diretta: Sì | **Visite in azienda:** Sì

(93)
BAROLO CANNUBI RISERVA 2016
Rosso Docg - Nebbiolo 100%
Alc. 14% | € 180 | Bt. 1.500
Grande annata, grande sostanza. Il naso è generoso con frutta matura e nuance minerali: susina, mora, confetture, sottobosco e ferrosità. Al gusto è piacevolissimo per equilibrio e sostanza: ha morbidezza, precisione e perfetto sviluppo. Notevole. Piccione ai porcini e tartufo nero.

(93)
BAROLO CEREQUIO RISERVA 2016
Rosso Docg - Nebbiolo 100%
Alc. 14% | € 180 | Bt. 3.000 | Ferm. Legno | Mat. Legno 24 mesi
Potente, naso di frutta matura, mora, confetture, cacao. Incredibile sostanza e bocca morbida e completa, dolce, lunga in persistenza. Un vino da grandi incontri. Castelmagno.

(92)
BARBARESCO ASILI 2020
Rosso Docg - Nebbiolo 100%
Alc. 13,5% | € 64 | Bt. 5.000 | Ferm. Legno | Mat. Legno 18 mesi
Molto complesso, fiori e frutta rossa e scura, anche bacche e corteccia, terra e liquirizia; ottima profondità ed espressione. Al gusto è ricco e morbido, lungo e gustoso. Dal 2030. Guanciale di vitello alle erbe aromatiche.

BAROLO CEREQUIO 2019
Rosso Docg - Nebbiolo 100%
Alc. 14% | € 100 | Bt. 13.000 | Ferm. Legno | Mat. Legno 24 mesi
Filetto al vino rosso e scalogno.

NIZZA LA COURT RISERVA 2020
Rosso Docg - Barbera 100%
Alc. 14,5% | € 46 | Bt. 14.400 | Ferm. Legno | Mat. Legno 12 mesi
Faraona al forno.

BAROLO CANNUBI 2019
Rosso Docg - Nebbiolo 100%
Alc. 14% | € 100 | Bt. 4.000 | Ferm. Legno | Mat. Legno 24 mesi
Cosciotto d'agnello al forno con patate novelle.

BAROLO CANNUBI
2015 | 2018

BAROLO CEREQUIO
2013 | 2017 | 2018

Chionetti
(1912)

Nicola, paladino del Dogliani con un occhio al Barolo: mai unione fu così felice, per il dolcetto e il nebbiolo, vitigni che ricamano le colline di un territorio unico e inimitabile. Ci mancano le conversazioni con Quinto Chionetti, patriarca del dolcetto, che aveva capacità dialettica e imprenditorialità contadina unica, ma Nicola ne ha ereditato con determinazione e consapevolezza il ruolo. Ecco dunque che oggi, più che mai, c'è bisogno di produttori con visioni ampie e lungimiranti per il futuro del nobile e grande vitigno di Dogliani. Un vino grande nella sua apparente semplicità.

Borgata Valdiberti, 44 - 12063 Dogliani (CN)
T. 0173 71179 | M. chionettiquinto@chionettiquinto.com
www.chionettiquinto.com

Viticoltura: Biologica certificata
Ettari: 14 | **Bottiglie:** 85.000 | **Produzione olearia:** No
Proprietà: Nicola Chionetti
Cond. enologica: Marco Devalle, Giuseppe Caviola
Cond. agronomica: Marco Devalle, Gianpiero Romana
Vendita diretta: Sì | **Visite in azienda:** Sì

(93)
BAROLO BUSSIA VIGNA PIANPOLVERE 2019
Rosso Docg - Nebbiolo 100%
Alc. 14% | € 80 | Bt. 1.900 | Ferm. Legno | Mat. Legno 24 mesi
Granato cristallino; finezza a partire dal floreale di violetta seguito da piccoli frutti in confettura ed erbe officinali che completano un quadro raffinato. Sorso generoso di sostanza, sostenuto da nobile tannino. Piacevole la corrispondenza naso-bocca che nobilita la risacca aromatica. Bocconcini di cinghiale con salsa di prugne.

(91,5)
DOGLIANI SAN LUIGI 2022
Rosso Docg - Dolcetto 100%
Alc. 13,5% | € 13 | Bt. 30.000 | Ferm. Acciaio | Mat. Acciaio 9 mesi
Amaranto ricco e compatto, gran frutto, visciole, lamponi, fragole poi fiori rossi, lillà e garofano. Al gusto c'è suadenza e ricchezza estremamente piacevole. Equilibrato e persistente. Vellutata di patate e porri.

BAROLO PARUSSI 2019
Rosso Docg - Nebbiolo 100%
Alc. 14% | € 40 | Bt. 3.300 | Ferm. Legno | Mat. Legno 24 mesi
Fondue bourguignonne.

DOGLIANI BRICCOLERO 2022
Rosso Docg - Dolcetto 100%
Alc. 13,5% | € 16 | Bt. 20.000 | Ferm. Legno e Acciaio e Cemento | Mat. Legno 4 mesi
Pollo fritto.

LANGHE NEBBIOLO LA CHIUSA 2021
Rosso Doc - Nebbiolo 100%
Alc. 14% | € 18 | Bt. 4.000 | Ferm. Legno e Acciaio | Mat. Legno 14 mesi
Maialino in agrodolce.

BAROLO RONCAGLIE 2019
Rosso Docg - Nebbiolo 100%
Alc. 14% | € 60 | Bt. 4.700 | Ferm. Legno | Mat. Legno 24 mesi
Bitto stravecchio.

BAROLO BUSSIA VIGNA PIANPOLVERE
2018

BAROLO PARUSSI
2017

Ciabot Berton
(1960)

In dialetto piemontese il ciabot è una piccola costruzione in muratura, solitamente edificata in mezzo alla vigna, che veniva usata dai lavoratori come rimessaggio per gli attrezzi ma anche come abitazione nei periodi di lavoro più intenso. Ed è proprio vicino ai resti di un ciabot che questa bella azienda lamorrina ha costruito la propria cantina, segno di un attaccamento alla terra e alla tradizione. Attaccamento che si rivela subito lampante assaggiando i vini, non solo buoni e precisi, ma tutti sincera espressione del vitigno e - lo scrivevamo già lo scorso anno - del millesimo.

Frazione Santa Maria, 1 - 12064 La Morra (CN)
T. 0173 50217 | M. info@ciabotberton.it
www.ciabotberton.it

Viticoltura: Lotta integrata
Ettari: 14 | **Bottiglie:** 80.000 | **Produzione olearia:** No
Proprietà: Marco Oberto
Cond. enologica: Marco Oberto
Cond. agronomica: Marco Oberto
Vendita diretta: Sì | **Visite in azienda:** Sì

BAROLO ROCCHETTEVINO 2018
Rosso Docg - Nebbiolo 100%
Alc. 14,5% | € 40 | Bt. 4.000 | Ferm. Cemento | Mat. Acciaio 6 mesi e Legno 24 mesi e Cemento 6 mesi
Rosso granato ancora compatto. Il naso sussurra violetta essiccata, frutti di bosco macerati, spezie chiare, sottobosco, tabacco, selce, mentolo. Il sorso si rivela preciso e saporito, con la freschezza e l'approcciabilità dell'annata, evidenziando una buona persistenza e tannini ancora vigorosi ma ben cesellati. Lepre in salmì.

BAROLO ROGGERI 2018
Rosso Docg - Nebbiolo 100%
Alc. 14,5% | € 40 | Bt. 8.000 | Ferm. Cemento | Mat. Acciaio 6 mesi e Legno 24 mesi e Cemento 6 mesi
Grana Padano Riserva.

BAROLO CIABOT BERTON 1961 2018
Rosso Docg - Nebbiolo 100%
Alc. 14,5% | € 35 | Bt. 12.000 | Ferm. Cemento | Mat. Acciaio 6 mesi e Legno 24 mesi
Tagliata di manzo al rosmarino.

BARBERA D'ALBA FISETTA 2021
Rosso Doc - Barbera 100%
Alc. 14,5% | € 14 | Bt. 10.000 | Ferm. Acciaio | Mat. Acciaio 12 mesi
Risotto con piselli e ricotta affumicata.

LANGHE NEBBIOLO 3 UTIN 2022
Rosso Doc - Nebbiolo 100%
Alc. 14,5% | € 16 | Bt. 8.000 | Ferm. Acciaio | Mat. Acciaio 3 mesi e Cemento 6 mesi
Cotolette di pollo con melanzane e provola.

DOLCETTO D'ALBA RUTUIN 2022
Rosso Doc - Dolcetto 100%
Alc. 13% | € 12 | Bt. 4.000 | Ferm. Acciaio | Mat. Acciaio 8 mesi
Agnolotti al sugo di carne.

BAROLO ROGGERI
2017

BAROLO DEL COMUNE DI LA MORRA
2016 | 2017 | 2018

Cieck
(1985)

L'ingegnere prestato alla viticoltura, così abbiamo onorato Remo in occasione dei suoi 90 anni in un convegno sui brevetti dell'Olivetti tenutosi al Castello di San Giorgio. Remo è stato uno dei protagonisti nel team di ricerca nei tempi d'oro dell'industria eporediese. In questa circostanza Remo ha illustrato un sistema, da lui brevettato, per ottimizzare l'allevamento della vite in canavese. Non solo in vigna, anche in cantina i risultati sulla qualità del vino sono sempre più apprezzati in particolare nel preservare l'identità dell'erbaluce declinato nelle varie tipologie.

Cascina Castagnola, 2 - 10090 San Giorgio Canavese (TO)
T. 0124 330522 | M. info@cieck.it
www.cieck.it

Viticoltura: Convenzionale
Ettari: 13 | **Bottiglie:** 70.000 | **Produzione olearia:** No
Proprietà: Domenico Caretto e Lia Falconieri
Cond. enologica: Gianpiero Gerbi
Cond. agronomica: Domenico Caretto
Vendita diretta: Sì | **Visite in azienda:** Sì

91

ERBALUCE DI CALUSO MISOBOLO 2021
Bianco Docg - Erbaluce 100%
Alc. 13,5% | € 15 | Bt. 15.000 | Ferm. Acciaio | Mat. Acciaio 12 mesi
Luminoso paglierino, olfatto variegato e complesso, inizialmente un vegetale di erbe di campo e fiori gialli per poi proseguire su sensazioni fruttate di pera estiva, leggero pompelmo e gelatina di susine gialle. Sorso deciso e coinvolgente, ricco di freschezza, che si chiude in lunga persistenza sapida. Tiella di riso, patate e cozze.

ERBALUCE DI CALUSO PASSITO ALLADIUM 2017
Bianco Docg Passito - Erbaluce 100%
Alc. 14,5% | € 23 (0,375l) | Bt. 1.200 | Ferm. Acciaio | Mat. Legno 48 mesi
Blu di pecora.

ERBALUCE DI CALUSO SPUMANTE NATURE 2018
Bianco Docg Metodo Classico - Erbaluce 100%
Alc. 13% | € 27 | Bt. 2.000 | Ferm. Acciaio | Mat. Acciaio 6 mesi
48 mesi sui lieviti
Guazzetto di scampi.

ERBALUCE DI CALUSO 2022
Bianco Docg - Erbaluce 100%
Alc. 13% | € 11 | Bt. 20.000 | Ferm. Acciaio | Mat. Acciaio 5 mesi
Insalata di spinaci e pesce spada.

ERBALUCE DI CALUSO SPUMANTE BRUT SAN GIORGIO 2019
Bianco Docg Metodo Classico - Erbaluce 100%
Alc. 12,5% | € 20 | Bt. 18.000 | Ferm. Acciaio | Mat. Acciaio 6 mesi
48 mesi sui lieviti
Tempura di gamberi.

CANAVESE NEBBIOLO SUST 2020
Rosso Doc - Nebbiolo 100%
Alc. 13,5% | € 14 | Bt. 3.300 | Ferm. Acciaio | Mat. Legno 18 mesi
Asiago stravecchio.

ERBALUCE DI CALUSO MISOBOLO
2019 | 2020

ERBALUCE DI CALUSO PASSITO ALLADIUM
2014 | 2015

Domenico Clerico
(1976)

Sempre molto elevata la qualità dei vini di Giuliana Viberti, ma soprattutto una qualità diffusa in ogni etichetta prodotta. Brillano i Barolo, con piccole differenze di punteggio, ma non passano in secondo piano i cosiddetti "quotidiani" a cui la grande azienda sa proferire la giusta cura sia nella selezione delle uve che nell'attenta vinificazione. Tra i big ritornano vincenti i vini della grande vigna della Ginestra, che notiamo aver avuto in tutti i suoi interpreti presenti in Guida dei grandissimi risultati. Vini poderosi e fragranti, con tanta frutta, equilibrio e luminoso avvenire.

Località Manzoni, 22/A - 12065 Monforte d'Alba (CN)
T. 0173 78171 | M. info@domenicoclerico.com
www.domenicoclerico.com

Viticoltura: In conversione al biologico
Ettari: 23 | **Bottiglie:** 120.000 | **Produzione olearia:** No
Proprietà: Giuliana Viberti
Cond. enologica: Gianmatteo Raineri, Oscar Arrivabene
Cond. agronomica: Livio Cavalotti
Vendita diretta: Sì | **Visite in azienda:** Sì

(94)
BAROLO GINESTRA CIABOT MENTIN 2019
Rosso Docg - Nebbiolo 100%
Alc. 14,5% | € 95 | Bt. 7.000 | Ferm. Acciaio | Mat. Legno 24 mesi
Ginestra spettacolare, dal naso denso di frutta fresca purissima, accenni balsamici e speziati: fragola macerata, amarena, lampone e melagrana. La bocca risponde con potenza e vigore, tersa di freschezza e succosità, lunga e gustosa persistenza. Dal 2034. Filetto di capriolo ai mirtilli.

(92,5)
BAROLO GINESTRA PAJANA 2019
Rosso Docg - Nebbiolo 100%
Alc. 14,5% | € 90 | Bt. 6.000 | Ferm. Acciaio | Mat. Legno 24 mesi
Frutta fresca a bacca rossa con innesti di erbe e spezie fini: si riconoscono ciliegie e melograno, confetture e gelatina, menta, fieno e liquirizia. Tosta anche la bocca, precisa nello sviluppo e ricca di sostanza. Da far maturare bene. Manzo brasato con funghi.

BAROLO DEL COMUNE DI SERRALUNGA AEROPLANSERVAJ 2019
Rosso Docg - Nebbiolo 100%
Alc. 15% | € 100 | Bt. 4.500 | Ferm. Acciaio | Mat. Legno 24 mesi
Piccione al forno con cipollotti.

BAROLO DEL COMUNE DI MONFORTE 2019
Rosso Docg - Nebbiolo 100%
Alc. 14,5% | € 40 | Bt. 20.000 | Ferm. Acciaio | Mat. Legno 24 mesi
Castelmagno.

LANGHE ROSSO ARTE 2021
Rosso Doc - Nebbiolo 60%, Barbera 40%
Alc. 15% | € 33 | Bt. 7.000 | Ferm. Acciaio
Trippa in umido.

BARBERA D'ALBA TREVIGNE 2021
Rosso Doc - Barbera 100%
Alc. 15% | € 15 | Bt. 22.000 | Ferm. Acciaio
Pappardelle con sugo di lepre.

BAROLO DEL COMUNE DI SERRALUNGA AEROPLANSERVAJ
2016 | 2017 | 2018

BAROLO GINESTRA CIABOT MENTIN
2017

Massimo Clerico
(2004)

Siamo stati sorpresi dal terzetto di Lessona presentati quest'anno da Massimo. Tre vini caratterizzati da carattere e forte personalità. Seguiamo da anni il suo lavoro, la sua passione e dedizione per il territorio, più volte lo abbiamo spronato a insistere sulla qualità e identità dei suoi vini. La fortuna di operare in un territorio splendido con una tradizione vitivinicola tra le più prestigiose d'Italia ma anche responsabilità nei confronti del mercato e degli appassionati, che nel vino di Lessona cercano un'identità forte e chiara, che questo territorio comunica con estrema eleganza.

Via Cappa Dario, 17/A - 13853 Lessona (BI)
T. 015 982176 | M. massimo@clericomassimo.it
www.clericomassimo.it

Viticoltura: Convenzionale
Ettari: 2 | **Bottiglie:** 15.000 | **Produzione olearia:** No
Proprietà: Massimo Clerico
Cond. enologica: Maurizio Forgia
Cond. agronomica: Staff aziendale
Vendita diretta: Sì | **Visite in azienda:** Sì

(91,5)
LESSONA 2020
Rosso Doc - Nebbiolo 100%
Alc. 13,5% | € 35 | Bt. 2.500 | Ferm. Acciaio | Mat. Legno 24 mesi
Trasparente colore granato, un tripudio di erbe officinali, con chiodi di garofano e ondate balsamiche. Non manca il corredo fruttato di gelatina di ciliegia, lampone e agrumi, completato da rosa e lavanda essiccata. Al palato è disteso sul grazioso equilibrio e sulla lunghezza sapida. Guancia di vitello in umido.

LESSONA RISERVA VIGNA GAJA 2015
Rosso Doc - Nebbiolo 100%
Alc. 13,5% | € 65 | Bt. 2.000 | Ferm. Acciaio | Mat. Legno 36 mesi
Brasato di manzo al vino rosso.

LESSONA RISERVA 2016
Rosso Doc - Nebbiolo 100%
Alc. 13,5% | € 45 | Bt. 4.500 | Ferm. Acciaio | Mat. Acciaio 3 mesi e Legno 30 mesi
Coniglio in porchetta.

COSTE DELLA SESIA NEBBIOLO SPANNA 2021
Rosso Doc - Nebbiolo 100%
Alc. 14% | € 25 | Bt. 2.000 | Ferm. Acciaio | Mat. Acciaio 3 mesi e Legno 12 mesi
Pizzoccheri valtellinesi.

COSTE DELLA SESIA ROSSO CÀ DU LEIRA 2019
Rosso Doc - Nebbiolo 50%, Croatina 40%, Vespolina 10%
Alc. 13,5% | € 18 | Bt. 2.200 | Ferm. Acciaio | Mat. Acciaio 3 mesi e Legno 12 mesi
Zuppa di cipolle gratinate.

LESSONA
2017

LESSONA RISERVA
2013 | 2014 | 2015

Cogno
(1991)

Ancora buone notizie dalle alture di Novello dove i Cogno hanno fondato la loro bellissima cantina. L'assaggio dei vini di quest'anno evidenzia ancora la personalità del Bricco Pernice (magica parcella della Ravera) e della Riserva Elena (da sottovarietà rosé) che non risente della calda vendemmia 2017 e che anzi ha forgiato un vino terso ed eccellente. Dell'ampia gamma, che abbraccia tutte le tipiche produzioni albesi, compreso il Barbaresco Bordini, non possiamo fare altro che elogiare la qualità, la precisione e l'eleganza del tratto, sottolineando la sempre piacevole beva. Una bella collezione.

Via Ravera, 2 - 12060 Novello (CN)
T. 0173 744006 | M. elviocogno@elviocogno.com
www.elviocogno.com

Viticoltura: Biologica
Ettari: 16 | **Bottiglie:** 120.000 | **Produzione olearia:** No
Proprietà: Nadia Cogno e Valter Fissore
Cond. enologica: Valter Fissore
Cond. agronomica: Valter Fissore
Vendita diretta: Sì | **Visite in azienda:** Sì

93,5

BAROLO RAVERA VIGNA ELENA RISERVA 2017
Rosso Docg - Nebbiolo 100%
Alc. 15% | € 140 | Bt. 3.800 | Ferm. Acciaio | Mat. Legno 36 mesi
Timido e riservato si svela poco a poco. È fresco di note di frutti di bosco, fieno greco, ciliegia, menta e cioccolatino. È una perla, proporzionata in bocca e lunga di sapore. Ecco l'eleganza. Pluma di maialino Bellota con cipolle caramellate.

93

BAROLO RAVERA BRICCO PERNICE 2018
Rosso Docg - Nebbiolo 100%
Alc. 14,5% | € 110 | Bt. 5.000 | Ferm. Acciaio | Mat. Legno 30 mesi
Fitto, tanta frutta e radici, menta, anice, bacche e foglie secche, amarena e fragola. Il naso è sciolto e delizioso, bocca corposa ma armoniosa con tannino fine e preciso. Dal 2030. Guanciale di vitello in umido con patate.

BAROLO RAVERA 2019
Rosso Docg - Nebbiolo 100%
Alc. 14,5% | € 80 | Bt. 15.000 | Ferm. Acciaio | Mat. Legno 24 mesi
Pernici farcite.

BARBARESCO BORDINI 2020
Rosso Docg - Nebbiolo 100%
Alc. 14,5% | € 40 | Bt. 8.000 | Ferm. Acciaio | Mat. Legno 12 mesi
Bra d'alpeggio.

BAROLO CASCINA NUOVA 2019
Rosso Docg - Nebbiolo 100%
Alc. 14,5% | € 45 | Bt. 20.000 | Ferm. Acciaio | Mat. Legno 24 mesi
Piccione ai porcini e tartufo nero.

LANGHE NEBBIOLO MONTEGRILLI 2022
Rosso Doc - Nebbiolo 100%
Alc. 14% | € 20 | Bt. 15.000 | Ferm. Acciaio | Mat. Acciaio 8 mesi
Risotto con le spugnole.

BAROLO RAVERA VIGNA ELENA RISERVA
2013 | 2015 | 2016

BAROLO RAVERA
2013 | 2015 | 2016

Colle Manora
(1978)

Colle Manora è un fantastico mondo fatto di stile, eleganza, buongusto, in cui troviamo moda, motori e vini di classe. L'azienda è situata nel cuore del Monferrato, tra Fubine e Quargnento, in un naturale anfiteatro circondato da boschi di acacie, querce e ciliegi selvatici, in un contesto ad alta vocazione per la viticoltura. Visitare Colle Manora significa non solo degustare vini di ottima fattura, ma anche poter ammirare alcuni capi della preziosa collezione di Mila Schön e nel museo Lancia Martini le storiche auto da corsa del proprietario Giorgio Schön.

Strada Bozzola, 5 - 15044 Quargnento (AL)
T. 0131 219252 | M. info@collemanora.it
www.collemanora.it

Viticoltura: Certificazione SQNPI
Ettari: 22 | **Bottiglie:** 100.000 | **Produzione olearia:** No
Proprietà: Giorgio Schön
Cond. enologica: Valter Piccinino, Piero Ballario
Cond. agronomica: Valter Piccinino
Vendita diretta: Sì | **Visite in azienda:** Sì

BARBERA D'ASTI SUPERIORE MANORA 2020
Rosso Docg - Barbera 100%
Alc. 15% | € 17 | Bt. 9.000 | Ferm. Acciaio | Mat. Acciaio 4 mesi e Legno 12 mesi
Rubino vivo e luminoso. La parte olfattiva esprime un floreale di violee roselline, seguito da amarene, arilli di melagrana, lamponi e fragoline di bosco, chiudono allusioni di erba medica. L'assaggio offre il preciso equilibrio tra la struttura tipica di una Barbera d'Asti e la fresca e piacevole bevibilità. Cannelloni con radicchio e speck.

MONFERRATO ROSSO BARCHETTA 2020
Rosso Doc - Cabernet sauvignon 60%, Merlot 40%
Alc. 14% | € 24 | Bt. 9.000 | Ferm. Acciaio | Mat. Legno 10 mesi
Lasagnette al ragù di faraona e asparagi.

MONFERRATO BIANCO MIMOSA 2022
Bianco Doc - Sauvignon 100%
Alc. 14% | € 13 | Bt. 18.000 | Ferm. Acciaio | Mat. Acciaio 7 mesi
Spaghetti con mazzancolle e pomodorini.

BARBERA DEL MONFERRATO PAIS 2022
Rosso Doc - Barbera 100%
Alc. 14% | € 10 | Bt. 18.000 | Ferm. Acciaio | Mat. Acciaio 4 mesi
Rigatoni al ragù bianco di carne.

BARBERA D'ASTI SUPERIORE MANORA
2017 | 2018 | 2019

MONFERRATO ROSSO BARCHETTA
2013 | 2019

Collina Serragrilli
(1890)

Pur generalizzando, possiamo dire che se si cerca l'eleganza nel Barbaresco, Neive è il comune su cui puntare. E proprio Neive è la casa di quest'azienda, che anno dopo anno e assaggio dopo assaggio si conferma e si migliora. Se i Barbaresco si mettono in luce, piace anche il classico Nebbiolo e convincono le due interpretazioni della barbera, vitigno molto spesso poco considerato ma capace di grande versatilità sulla tavola. La novità di quest'anno non è produttiva ma di natura tecnica, con l'azienda che diventa certificata SQNP (Sistema di Qualità Nazionale Produzione Integrata).

Via Serragrilli, 30 - 12052 Neive (CN)
T. 0173 677010 | M. info@serragrilli.it
www.serragrilli.it

Viticoltura: Convenzionale ed ecosostenibile
Ettari: 15 | **Bottiglie:** 100.000 | **Produzione olearia:** No
Proprietà: Famiglia Lequio e Piernicola Bruno
Cond. enologica: Gianfranco Cordero
Cond. agronomica: Dino Bevione
Vendita diretta: Sì | **Visite in azienda:** Sì

BARBARESCO STARDERI 2020
Rosso Docg - Nebbiolo 100%
Alc. 14,5% | € 50 | Bt. 4.650 | Ferm. Acciaio | Mat. Legno 28 mesi
Classico nel colore granato e nei sentori, con una grazia fatta di frutta scura macerata, muschio, incenso, cera per mobili, soffi balsamici. Il sorso è coerente, con una sferzante freschezza e un tannino figlio dell'annata, già definito e preciso. La bella estensione invita a più di un riassaggio. Filetto di capriolo ai mirtilli.

BARBARESCO SERRAGRILLI 2020
Rosso Docg - Nebbiolo 100%
Alc. 14,5% | € 35 | Bt. 2.500 | Ferm. Acciaio | Mat. Legno 28 mesi
Risotto con salsiccia e Taleggio.

LANGHE NEBBIOLO BAILÈ 2020
Rosso Doc - Nebbiolo 100%
Alc. 14% | € 18 | Bt. 15.900 | Ferm. Acciaio | Mat. Legno 18 mesi
Soufflé con pecorino e crema di patate.

LANGHE PINOT NERO GRILLONERO 2019
Rosso Doc - Pinot nero 100%
Alc. 13,5% | € 20 | Bt. 2.200 | Ferm. Acciaio | Mat. Legno 18 mesi
Rombo al forno con patate e carciofi.

BARBERA D'ALBA SERRAIA 2020
Rosso Doc - Barbera 100%
Alc. 13,5% | € 13 | Bt. 34.000 | Ferm. Acciaio | Mat. Acciaio 6 mesi e Legno 6 mesi
Caciocavallo Silano.

BARBARESCO STARDERI
2018 | 2019

BARBARESCO SERRAGRILLI
2017 | 2018 | 2019

Colombera & Garella
(2010)

L'azienda si trova a Masserano, in provincia di Biella, nobile e aristocratico villaggio, ricco di un passato in cui era un Principato sotto la giurisdizione dei principi Ferrero-Fieschi e sede di una fiorente zecca, territorio di pregiati vigneti e di notevole storia vitivinicola. Quest'anno la famiglia Colombera e Cristiano Garella ci deliziano con tre vini fortemente legati al territorio: Bramaterra, Lessona e il Vino Rosso Melascone. Eleganza e sapidità sono i caratteri principali del Lessona prodotto nel vigneto Pizzaguerra. Sapore e ricchezza per il Bramaterra.

Cascina Cottignano, 2 - 13866 Masserano (BI)
T. 015 96967 | M. colomberaegarella@gmail.com
www.colomberaegarella.it

Viticoltura: Biologica
Ettari: 8 | **Bottiglie:** 30.000 | **Produzione olearia:** No
Proprietà: Carlo Colombera
Cond. enologica: Cristiano Garella, Giacomo Colombera
Cond. agronomica: Carlo Colombera
Vendita diretta: Sì | **Visite in azienda:** Sì

91

BRAMATERRA CASCINA COTTIGNANO 2019
Rosso Doc - Nebbiolo 80%, Croatina 10%, Vespolina 10%
Alc. 12,5% | € 35 | Bt. 11.000 | Ferm. Cemento | Mat. Legno 24 mesi
Cristallino granato, olfatto articolato su delicate sfumature vegetali, conifera, erbe alpine e menta, non manca il tocco fruttato con gelatina di piccoli frutti seguito da stille di giaggiolo e iris. Al sorso è caratterizzato da tensione acida unita a tannino deciso e rigoroso. Chiude sapido su scie ammandorlate. Costolette d'agnello alle erbe.

LESSONA PIZZAGUERRA 2019
Rosso Doc - Nebbiolo 100%
Alc. 13% | € 35 | Bt. 2.000 | Ferm. Cemento | Mat. Legno 24 mesi
Risotto agli asparagi e provola affumicata.

VINO ROSSO MELASCONE 2021
Rosso - Nebbiolo 60%, Vespolina 20%, Vitigno autoctono 10%, Croatina 5%, Uva rara 5%
Alc. 12,5% | € 14 | Bt. 13.000 | Ferm. Acciaio e Cemento | Mat. Legno 6 mesi e Cemento 6 mesi
Zuppa di farro e borlotti.

BRAMATERRA CASCINA COTTIGNANO
2017 | 2018

LESSONA PIZZAGUERRA
2018

●●○○

Colombo Cascina Pastori

(2007)

I vini di Colombo sono ormai un riferimento per gli amanti dell'Alta Langa e del pinot nero. L'azienda si trova a Bubbio, piccolo borgo delle Langhe Astigiane, terra vocata alla coltivazione di nocciole e di uva moscato oltre che, negli ultimi tempi, di pinot nero e chardonnay per la produzione dei grandi spumanti piemontesi. Sebbene quest'anno manchino all'appello alcune etichette di spicco, come l'Alta Langa Blanc de Blancs, i due vini presentati confermano l'altissimo livello raggiunto da quest'azienda.

Regione Cafra, 172/B - 14051 Bubbio (AT)
T. 0144 852807 | M. info@colombovino.it
www.colombovino.it

Viticoltura: Convenzionale
Ettari: 10 | **Bottiglie:** 70.000 | **Produzione olearia:** No
Proprietà: Antonio e Andrea Colombo
Cond. enologica: Daniele Carboni, Riccardo Cotarella
Cond. agronomica: Daniele Carboni
Vendita diretta: Sì | **Visite in azienda:** Sì

tttt (93)

ALTA LANGA BRUT ROSÉ 2018
Rosato Docg Metodo Classico - Pinot nero 100%
Alc. 12,5% | € 26 | Bt. 7.000 | Ferm. Acciaio | Mat. Acciaio | 36 mesi sui lieviti
Fiore di pesco con sottili riflessi ramati, punteggiato da un fine perlage. Al naso regala ondate di ribes, lampone, fragolina, zagara, rosa, menta e delicati ricordi di pasticceria. Il sorso è cremoso e perfettamente equilibrato. Il finale, lungo e rinfrescante, viene accompagnato da un'appagante sapidità. Crostini con burro e salmone.

ttt

PIEMONTE PINOT NERO MAXIMA 2017
Rosso Doc - Pinot nero 100%
Alc. 14,5% | € 32 | Bt. 1.500 | Ferm. Acciaio | Mat. Legno 18 mesi
Risotto al gorgonzola.

tttt
ALTA LANGA BRUT ROSÉ RISERVA 60 MESI
2016

tttt
ALTA LANGA BLANC DE BLANCS 36 MESI
2018

●●●●

Conterno

(1900)

Roberto Conterno, visto il valore dell'annata 2019, ha deciso di produrre dal vigneto Francia e Arione solo la Riserva Monfortino (che uscirà tra almeno due anni) e quindi quest'anno in scheda trovate solo il Cerretta. Ma che Barolo! È un vino di stazza, integro e prestante, che avrà una grande e lunga vita. E poi le due Barbera d'Alba, di nuovo Francia e Cerretta, ambedue esplosive tanto che non sappiamo mai a chi dare la palma della migliore. Stavolta premiamo la Francia, un vino che "baroleggia" e che non perde mai di vista il carattere del suo vigneto di origine. Solo per numeri 1.

Località Ornati, 2 - 12065 Monforte d'Alba (CN)
T. 0173 78221 | M. conterno@conterno.it
www.conterno.it

Viticoltura: Lotta integrata
Ettari: 23 | **Bottiglie:** 80.000 | **Produzione olearia:** No
Proprietà: Roberto Conterno
Cond. enologica: Donato Lanati
Cond. agronomica: Staff aziendale
Vendita diretta: No | **Visite in azienda:** Sì

tttt (96)

BAROLO VIGNA CERRETTA 2019
Rosso Docg - Nebbiolo 100%
Alc. 14,5% | € 220 | Bt. 7.000 | Ferm. Legno | Mat. Legno 44 mesi
Timbro Conterno, fitto di bacche e foglie secche, rosa, viola, liquirizia e uno splendido mix di frutta rossa, tra cui ciliegia e fragola macerata, fragolina di bosco e gelatina, poi mora e scorza d'arancia. La bocca risponde importante e succosa, perfetta nello sviluppo, matura nel tannino. Un vino nobile. Terrina di lepre con salsa di prugne.

tttt (93)

BARBERA D'ALBA VIGNA FRANCIA 2021
Rosso Doc - Barbera 100%
Alc. 15,5% | € 50 | Bt. 24.000 | Ferm. Legno | Mat. Legno 20 mesi
Grande profondità olfattiva, marasca, lampone maturo, confetture, moka, alloro, foglie secche, terra bagnata. Un naso austero che si concede lentamente ma che libera emozioni. Al gusto è decisa e morbida, ma con slancio e ottima freschezza. Allodole tartufate in casseruola.

tttt (92)

BARBERA D'ALBA VIGNA CERRETTA 2021
Rosso Doc - Barbera 100%
Alc. 15,5% | € 50 | Bt. 4.000 | Ferm. Legno | Mat. Legno 20 mesi
Tanta amarena, mora e note di frutta carnosa e matura ma anche rosa e viola. Al gusto è importante, fresca con finale terso e pulito. Dal 2026. Ossobuco alla milanese.

tttt
BAROLO VIGNA FRANCIA
2016 | 2017 | 2018

tttt
BAROLO VIGNA CERRETTA
2017 | 2018

Conterno Fantino
(1982)

Straordinari i Barolo 2019 di questa storica cantina di Monforte. Polposità, frutto, sostanza, equilibrio: ogni etichetta offre una magistrale interpretazione del suo terroir, sottolineando i caratteri dei singoli vigneti. Azienda tra le più conosciute nel comprensorio, nacque nell'82 dall'unione di due forti personalità, quella di Claudio Conterno e Guido Fantino. Ora è la nuova generazione alla guida di questa corazzata, capace di numeri ma soprattutto di un'ampiezza di gamma che ogni anno sorprende, dove nulla è lasciato al caso e anche i dettagli sono soppesati uno a uno. Complimenti.

Via Ginestra, 1 - 12065 Monforte d'Alba (CN)
T. 0173 78204 | M. info@conternofantino.it
www.conternofantino.it

Viticoltura: Biologica certificata
Ettari: 27 | **Bottiglie:** 150.000 | **Produzione olearia:** No
Proprietà: Guido Fantino e Claudio Conterno
Cond. enologica: Fabio Fantino, Guido Fantino
Cond. agronomica: Matteo Conterno, Claudio Conterno
Vendita diretta: No | **Visite in azienda:** Sì

BAROLO GINESTRA VIGNA SORÌ GINESTRA 2019 (95)
Rosso Docg - Nebbiolo 100%
Alc. 14,5% | € 100 | Bt. 11.800 | Ferm. Acciaio | Mat. Legno 24 mesi
Naso molto generoso e spettacolare. Frutta, fiori, spezie: un'abbondanza olfattiva di prim'ordine con viola, erbe, paglia, confetture, fragola macerata, moka, nuance balsamiche. Al gusto è importante, ricco ma con tanta avvolgenza ed equilibrio. Dal 2033. Castelmagno.

BAROLO MOSCONI VIGNA PED 2019 (94,5)
Rosso Docg - Nebbiolo 100%
Alc. 14,5% | € 100 | Bt. 6.250 | Ferm. Acciaio | Mat. Legno 24 mesi
Tanta sostanza, dolcezza e gioventù. Frutta rossa polposa, viola, menta, torrefazione, cioccolato, tabacco da sigari e mora. Bocca piena ma proporzionata, precisa nei tannini e nello sviluppo. Al meglio dal 2033. Fiorentina alla brace.

BAROLO CASTELLETTO VIGNA PRESSENDA 2019 (93)
Rosso Docg - Nebbiolo 100%
Alc. 14,5% | € 75 | Bt. 6.600 | Ferm. Acciaio | Mat. Legno 24 mesi
Tanta frutta: mirtillo, ciliegia, mora, lampone carnoso poi menta, viola, caffè. Bocca che non tradisce: vigorosa e tonica, ottima nello sviluppo e nella morbidezza. Capriolo in salmì con polenta di grano saraceno.

BAROLO GINESTRA VIGNA DEL GRIS 2019
Rosso Docg - Nebbiolo 100%
Alc. 14,5% | € 75 | Bt. 9.100 | Ferm. Acciaio | Mat. Legno 24 mesi
Filetto di vitello alla Rossini.

LANGHE NEBBIOLO GINESTRINO 2021
Rosso Doc - Nebbiolo 100%
Alc. 14% | € 26 | Bt. 40.000 | Ferm. Acciaio | Mat. Legno 10 mesi
Pappardelle al ragù di cervo.

LANGHE ROSSO MONPRÀ 2020
Rosso Doc - Barbera 50%, Nebbiolo 50%
Alc. 14,5% | € 35 | Bt. 6.100 | Ferm. Acciaio | Mat. Legno 18 mesi
Trippa in umido.

BAROLO GINESTRA VIGNA SORÌ GINESTRA
2014 | 2016 | 2018

BAROLO MOSCONI VIGNA PED
2016 | 2017 | 2018

Contratto
(1867)

La raffinata Cuvée Novecento 2013 è l'ultimo vino della Contratto targata Rivetti che presenti un saldo di uve foreste. Tutti gli altri sono "made in Bossolasco" e sventolano il vessillo dell'Alta Langa. Le vigne d'altura iniziano ad avere anni ed esperienza, e si sente: mai questi eleganti Pas Dosé (lo sono tutti, tranne l'Asti De Miranda) avevano raggiunto un tale livello di espressività varietale e di profondità. Siamo vicinissimi ai grandi modelli d'Oltralpe, come stile e attenzione a tutte le fasi produttive. Un quid in più per Blanc de Blancs 2020 e Blanc de Noirs 2019, di altissimo profilo.

Via G.B. Giuliani, 56 - 14053 Canelli (AT)
T. 0141 823349 | M. info@contratto.it
www.contratto.it

Viticoltura: Biologica
Ettari: 37 | **Bottiglie:** 180.000 | **Produzione olearia:** No
Proprietà: Giorgio Rivetti
Cond. enologica: Giorgio Rivetti, Andrea Rivetti
Cond. agronomica: Giorgio Rivetti
Vendita diretta: Sì | **Visite in azienda:** Sì

ALTA LANGA PAS DOSÉ BLANC DE BLANCS 2020 (94)
Bianco Docg Metodo Classico - Chardonnay 100%
Alc. 12,5% | € 39 | Bt. 16.000 | Ferm. Acciaio | Mat. Acciaio 9 mesi
40 mesi sui lieviti
Paglierino brillante con vibrazioni dorate, perlage impeccabile. Par d'essere in Côte des Blancs più che a Bossolasco, tanta è la coerenza varietale di questo chardonnay: floreale, con fini intrusioni vegetali, profumi di pralina e burro fresco. Bocca fresca e dinamica, di lunga, preziosa tessitura tattile. Cappesante scottate allo zenzero.

ALTA LANGA PAS DOSÉ BLANC DE NOIRS FOR ENGLAND 2019 (93,5)
Bianco Docg Metodo Classico - Pinot nero 100%
Alc. 12,5% | € 40 | Bt. 16.000 | Ferm. Acciaio | 40 mesi sui lieviti
Naso intrigante di fragoline di bosco, cioccolato bianco ed eleganti sensazioni balsamiche. In bocca ha tutta la squisita vinosità d'un pinot nero, un'ampiezza di sorso, una fresca, generosa sapidità che sembra proprio non voler finire. Parmigiano Reggiano Riserva.

CONTRATTO CUVÉE NOVECENTO PAS DOSÉ 2013
Bianco Metodo Classico - Pinot nero 70%, Chardonnay 30%
Alc. 12,5% | € 35 | Bt. 13.000 | Ferm. Acciaio | 90 mesi sui lieviti
Crostini con paté de foie gras d'oca.

ALTA LANGA PAS DOSÉ FOR ENGLAND ROSÉ 2019
Rosato Docg Metodo Classico - Pinot nero 100%
Alc. 12,5% | € 39 | Bt. 15.000 | Ferm. Acciaio | Mat. Acciaio 9 mesi
40 mesi sui lieviti
Salmone al timo.

ALTA LANGA MILLESIMATO PAS DOSÉ 2020
Bianco Docg Metodo Classico - Pinot nero 80%, Chardonnay 20%
Alc. 12,5% | € 26 | Bt. 120.000 | Ferm. Acciaio | Mat. Acciaio 9 mesi
36 mesi sui lieviti
Crostini con baccalà mantecato.

ASTI DE MIRANDA METODO CLASSICO 2017
Bianco Docg Metodo Classico - Moscato bianco 100%
Alc. 6,5% | € 39 | Bt. 1.500 | Ferm. Acciaio | Mat. Acciaio 9 mesi
40 mesi sui lieviti. Panettone.

CONTRATTO SPECIAL CUVÉE PAS DOSÉ RISERVA
2012 | 2013 | 2014

ALTA LANGA PAS DOSÉ FOR ENGLAND BLANC DE NOIRS
2016

Coppo
(1892)

Gianfranco Lanci, scomparso prematuramente a inizio 2023, non ha potuto proseguire il suo ambizioso progetto imprenditoriale nel mondo del vino che, di recente, lo aveva portato ad acquisire questa storica cantina di Canelli. Oggi la famiglia Lanci, insieme alla famiglia Coppo, prosegue nell'intento di conservare il blasone dell'azienda e garantirne un radioso futuro mediante una gestione attenta della produzione e con nuovi investimenti in cantina. Da parte nostra non possiamo che confermare come la qualità dei vini targati Coppo sia sempre altissima.

Via Alba, 68 - 14053 Canelli (AT)
T. 0141 823146 | M. info@coppo.it
www.coppo.it

Viticoltura: Lotta integrata
Ettari: 56 | **Bottiglie:** 420.000 | **Produzione olearia:** No
Proprietà: Gruppo Dosio
Cond. enologica: Guglielmo Grasso
Cond. agronomica: Gianmario Cerutti
Vendita diretta: Sì | **Visite in azienda:** Sì

(93)
PIEMONTE CHARDONNAY RISERVA DELLA FAMIGLIA 2018
Bianco Doc - Chardonnay 100%
Alc. 14,5% | € 110 | Bt. 1.800 | Ferm. Legno | Mat. Legno 20 mesi
Giallo dorato. Ampio bouquet caratterizzato da indizi di banana, albicocca, pasticceria, burro, vaniglia, nocciolina, torroncino, fiori di camomilla, cardamomo e miele. Al palato è energico, ricco e vellutato. Il lungo epilogo sapido è caratterizzato da ritorni balsamici. Coniglio al forno con funghi.

(92)
NIZZA POMOROSSO 2020
Rosso Docg - Barbera 100%
Alc. 16% | € 47 | Bt. 30.000 | Ferm. Acciaio | Mat. Legno 14 mesi
Colore carminio fitto. Olfatto complesso con note di frutta scura, marasca, confettura di gelsi, liquirizia, vaniglia, caffè, polvere di cacao, cuoio e tabacco. Sorso equilibrato, morbido, fresco e molto persistente. Costata di manzetta con salsa allo zenzero.

♡ (91)
PIEMONTE CHARDONNAY MONTERIOLO 2020
Bianco Doc - Chardonnay 100%
Alc. 13,5% | € 38 | Bt. 10.000 | Ferm. Legno | Mat. Legno 9 mesi
Paglierino con ornamenti dorati. Frutta tropicale, ananas, banana, albicocca, sandalo, spezie orientali e vaniglia. Fine al palato. Lungo e saporito, riverbera di vaniglia e spezie. Rombo al forno ai sapori mediterranei.

NIZZA RISERVA DELLA FAMIGLIA 2018
Rosso Docg - Barbera 100%
Alc. 15,5% | € 110 | Bt. 2.400 | Ferm. Acciaio | Mat. Legno 20 mesi
Brasato di lepre con riduzione di vino rosso.

ALTA LANGA RISERVA PIERO COPPO RISERVA DEL FONDATORE BRUT 2013
Bianco Metodo Classico - Pinot nero 60%, Chardonnay 40%
Alc. 13% | € 95 | Bt. 2.000 | Ferm. Legno | Mat. Legno 9 mesi
99 mesi sui lieviti. Coda di rospo gratinata.

ALTA LANGA RISERVA COPPO EXTRABRUT 2018
Bianco Docg Metodo Classico - Pinot nero 80%, Chardonnay 20%
Alc. 12,5% | € 37 | Bt. 11.000 | Ferm. Legno | Mat. Legno 9 mesi
36 mesi sui lieviti. Lasagne con scamorza, funghi e zucca.

NIZZA PONTISELLI
2017 | 2018 | 2019

PIEMONTE CHARDONNAY MONTERIOLO
2013 | 2017

Cordero di Montezemolo
(1340)

I Cordero di Montezemolo sono legati ad alcune fra le più blasonate stirpi sabaude (tra cui i Fallletti, veri protagonisti della nascita della viticoltura moderna nell'area del Barolo). Piemonte d'antico regime, insomma. Ma non in cantina né in vigna, dove l'azienda ha un contegno più che progressista: è stata tra le primissime nel Gotha del Barolo a convertirsi al biologico (2013) e mantiene un atteggiamento analitico, sperimentale, misurandosi a viso aperto pure con il climate change. Esempio: l'Enrico VI 2019, dal cru Villero, per il quale non c'è riscaldamento globale che tenga. Magnifico.

Frazione Annunziata, 67 - 12064 La Morra (CN)
T. 0173 50344 | M. info@corderodimontezemolo.com
www.corderodimontezemolo.com

Viticoltura: Biologica certificata
Ettari: 56 | **Bottiglie:** 300.000 | **Produzione olearia:** No
Proprietà: Giovanni, Elena e Alberto Cordero di Montezemolo
Cond. enologica: Enrico Olivieri, Alberto Cordero di Montezemolo
Cond. agronomica: Emanuele Grasso, Alberto Cordero di Montezemolo
Vendita diretta: Sì | **Visite in azienda:** Sì

(93,5)
BAROLO ENRICO VI 2019
Rosso Docg - Nebbiolo 100%
Alc. 14,5% | € 99 | Bt. 6.000 | Ferm. Acciaio | Mat. Legno 19 mesi
Granato fitto. Il fuoriclasse emerge già al naso: nitide sensazioni fruttate (susina, lampone) su un tappeto odoroso di aghi di pino screziato da intensi effluvi balsamici. In bocca ha passo e misura superiori, potenza e aristocratica eleganza, tannino tenace, ma mai sopra le righe, persistenza hors catégorie. Braciola di cervo con salsa di ribes.

BAROLO GATTERA 2019
Rosso Docg - Nebbiolo 100%
Alc. 14,5% | € 80 | Bt. 6.000 | Ferm. Acciaio | Mat. Legno 19 mesi
Cappone ripieno al forno.

BAROLO MONFALLETTO 2019
Rosso Docg - Nebbiolo 100%
Alc. 14,5% | € 49 | Bt. 50.000 | Ferm. Acciaio | Mat. Legno 20 mesi
Pappardelle al ragù di cervo.

BARBERA D'ALBA SUPERIORE FUNTANÌ 2020
Rosso Doc - Barbera 100%
Alc. 15% | € 38 | Bt. 9.500 | Ferm. Acciaio | Mat. Legno 16 mesi
Agnello al forno con rosmarino.

BARBERA D'ALBA 2022
Rosso Doc - Barbera 100%
Alc. 14,5% | € 15 | Bt. 50.000 | Ferm. Acciaio | Mat. Legno 5 mesi
Gnocchetti di zucca con porcini.

LANGHE NEBBIOLO 2022
Rosso Doc - Nebbiolo 100%
Alc. 14,5% | € 18 | Bt. 50.000 | Ferm. Acciaio | Mat. Acciaio 4 mesi
Bigoli con l'anatra.

BAROLO ENRICO VI
2016 | 2017 | 2018

BAROLO GATTERA
2017 | 2018

Cordero Gabriele
(2016)

Gabriele e Serena Cordero, entrambi enologi e figli d'arte, nel 2016 decidono di mettere a frutto i loro studi e le loro esperienze lavorative recuperando le vigne, i terreni e la cascina dei nonni per produrre i loro vini. Siamo in Roero, a Priocca, nella zona est della denominazione: qui troviamo tutti i vigneti dell'azienda tranne uno, ubicato a Vezza d'Alba. Grande rispetto per la biodiversità, che vuol dire presenza non solo della vite ma anche di noccioleti, frutteti e boschi e un'agricoltura poco interventista. Molto belle le etichette, mentre i vini sono decisamente ben riusciti.

Via Magliano, 11/A - 12040 Priocca (CN)
T. 334 9440947 | M. info.gabrielecordero@gmail.com
www.gabrielecordero.com

Viticoltura: Convenzionale
Ettari: 8 | **Bottiglie:** 20.000 | **Produzione olearia:** No
Proprietà: Gabriele Cordero
Cond. enologica: Gabriele Cordero
Cond. agronomica: Gabriele Cordero
Vendita diretta: Sì | **Visite in azienda:** Sì

ROERO 2020
Rosso Docg - Nebbiolo 100%
Alc. 14% | € 25 | Bt. 800 | Ferm. Acciaio | Mat. Legno 18 mesi
Il rosso rubino inizia a tendere al granato. Naso cosparso di fiori essiccati, frutti di bosco macerati, spezie chiare, tocchi balsamici e minerali. La freschezza e la sapidità sono estremamente territoriali, il tannino è ancora vibrante ma saporito; spiccano la lunghezza e l'ottima bevibilità. Controfiletto di bue alla brace.

BARBERA D'ALBA SUPERIORE HICA 2020
Rosso Doc - Barbera 100%
Alc. 13% | € 25 | Bt. 2.000 | Ferm. Acciaio | Mat. Legno 10 mesi
Lombata di vitello su letto di cipolline saltate.

LANGHE BEBBIOLO FUSCHÌA 2021
Rosso Doc - Nebbiolo 100%
Alc. 14% | € 17 | Bt. 5.000 | Ferm. Acciaio | Mat. Acciaio 7 mesi
Yakitori, spiedini di pollo con zenzero.

BARBERA D'ALBA 2020
Rosso Doc - Barbera 100%
Alc. 14,5% | € 13 | Bt. 3.000 | Ferm. Acciaio | Mat. Acciaio 6 mesi
Rigatoni al ragù bianco di carne.

ROERO ARNEIS INNAV 2021
Bianco Docg - Arneis 100%
Alc. 13% | € 14 | Bt. 5.000 | Ferm. Acciaio | Mat. Acciaio 6 mesi
Spiedo di seppioline ai ferri.

Giovanni Corino
(1952)

C'è una tendenza in atto in questi anni: "scarnificare" sempre più i grandi vini di Langa, rendendoli sottili, talora esangui, togliendo potenza in favore di una visione quasi diafana (nelle migliori intenzioni) del nebbiolo. L'operazione ha esiti talora magnifici, talaltra caricaturali. Chez la famiglia Corino non se ne parla. I Barolo qui son carne e sangue, vigore ed estrazione, struttura e concentrazione. Tutti termini che hanno un contraltare: "tempo". Sarà per questo che la Riserva 2017 s'impone sui pur ottimi cru 2019. Ma provate a dare a Giachini e Arborina due anni in più.

Frazione Annunziata, 25/B - 12064 La Morra (CN)
T. 334 1656087 | M. info@corino.it
www.corino.it

Viticoltura: Convenzionale
Ettari: 9,5 | **Bottiglie:** 55.000 | **Produzione olearia:** No
Proprietà: Giuliano Corino
Cond. enologica: Andrea Corino, Giuliano Corino
Cond. agronomica: Andrea Corino, Giuliano Corino
Vendita diretta: Sì | **Visite in azienda:** Sì

BAROLO RISERVA 2017
Rosso Docg - Nebbiolo 100%
Alc. 15% | € 120 | Bt. 1.300 | Ferm. Acciaio | Mat. Acciaio 7 mesi e Legno 24 mesi
Granato. Si resta impressionati dall'articolazione delle sfumature olfattive: pesca, viola, fine speziatura, legni nobili, liquirizia, intrusioni vegetali. Al palato ha tutto il vigore tannico che ti aspetti da una Riserva, e in più ha un profilo caldo e fruttato che non molla neppure nell'ampio, ficcante finale. Cinghiale in umido.

BAROLO GIACHINI 2019
Rosso Docg - Nebbiolo 100%
Alc. 15% | € 65 | Bt. 4.000 | Ferm. Acciaio | Mat. Acciaio 7 mesi e Legno 24 mesi
Bracioline di maiale al calvados.

BAROLO ARBORINA 2019
Rosso Docg - Nebbiolo 100%
Alc. 15% | € 70 | Bt. 2.600 | Ferm. Acciaio | Mat. Acciaio 7 mesi e Legno 24 mesi
Coq au vin alla borgognona.

BAROLO DEL COMUNE DI LA MORRA 2019
Rosso Docg - Nebbiolo 100%
Alc. 15% | € 45 | Bt. 7.000 | Ferm. Acciaio | Mat. Acciaio 7 mesi e Legno 24 mesi
Agnolotti al piccione con sugo d'arrosto.

BAROLO RISERVA
2016

BAROLO GIACHINI
2018

Renato Corino
(2005)

Da Renato e Stefano Corino arrivano vini raffinati, moderni ma con giudizio. È uno stile: basato sulla valorizzazione dell'infinito potenziale olfattivo del nebbiolo (di cui esaltano i caratteri più sottili ed eleganti, con squisito gioco fra nordicità e mediterraneità) e sulla ricerca di un equilibrio gustativo in costante divenire tra forza tannica e finezza, rigore e piacere, austerità varietale e sensualità. Un esempio lampante è il magnifico Arborina 2019, vero manifesto della poetica dei Corino, ma Rocche dell'Annunziata e Barolo del comune di La Morra son quasi altrettanto virtuosi.

Borgata Pozzo, 49/A - Frazione Annunziata - 12064 La Morra (CN)
T. 0173 500349 | M. info@renatocorino.it
www.renatocorino.it

Viticoltura: Convenzionale
Ettari: 8 | **Bottiglie:** 50.000 | **Produzione olearia:** No
Proprietà: Renato Corino
Cond. enologica: Stefano Corino, Renato Corino
Cond. agronomica: Stefano Corino, Renato Corino
Vendita diretta: Sì | **Visite in azienda:** Sì

(93)

BAROLO ARBORINA 2019
Rosso Docg - Nebbiolo 100%
Alc. 14,5% | € 51 | Bt. 3.500 | Ferm. Acciaio | Mat. Legno 24 mesi
Granato. Esplosione di finezze nebbiolesche: lampone, melagrana, screziature di tabacco, accenni mentolati e d'aghi di pino, erbe aromatiche. In bocca s'apprezza l'avvincente dialogo fra le componenti strutturali, tra le quali spicca un tannino di scalpitante perfezione. Sorso lunghissimo e rinfrescante. Braciola di cervo con salsa di ribes.

BAROLO ROCCHE DELL'ANNUNZIATA 2019
Rosso Docg - Nebbiolo 100%
Alc. 14,5% | € 61 | Bt. 3.700 | Ferm. Acciaio | Mat. Legno 24 mesi
Faraona ripiena con salsa tartufata.

BAROLO DEL COMUNE DI LA MORRA 2019
Rosso Docg - Nebbiolo 100%
Alc. 14,5% | € 40 | Bt. 12.000 | Ferm. Acciaio | Mat. Legno 24 mesi
Guanciale di manzo al brandy.

BAROLO ROCCHE DELL'ANNUNZIATA
2014 | 2015 | 2018

BAROLO ARBORINA
2012 | 2017 | 2018

Cornarea
(1981)

Orfana quest'anno della Riserva di Arneis Enritard, vino a suo modo storico e uno dei primi esempi di come un vitigno ingiustamente considerato semplice e di pronto consumo possa invece col tempo regalare evoluzioni importanti, la gamma della famiglia Bovone si dimostra sempre di livello. Se il Tarasco si conferma un'assoluta eccellenza, mettendo una volta ancora in evidenza la versatilità e le potenzialità dell'arneis, tutte le etichette esprimono grande precisione e aderenza ai canoni territoriali, ben coniugando la classicità con le richieste di un mercato sempre in evoluzione.

Via Valentino, 150 - 12043 Canale (CN)
T. 0173 65636 | M. info@cornarea.com
www.cornarea.com

Viticoltura: Biologica e lotta integrata
Ettari: 15 | **Bottiglie:** 100.000 | **Produzione olearia:** No
Proprietà: Famiglia Bovone
Cond. enologica: Gian Nicola Bovone
Cond. agronomica: Pierfranco Bovone
Vendita diretta: Sì | **Visite in azienda:** Sì

(91,5)

TARASCO 2019
Bianco Passito - Arneis 100%
Alc. 12% | € 35 (0,375l) | Bt. 3.000 | Ferm. Legno | Mat. Legno 40 mesi
Luminosissimo giallo ambrato. Naso ricco e ampio: fichi secchi, iodio, datteri, miele di corbezzolo, erbe aromatiche, scorza d'agrume candita. Progressione quasi infinita e sempre seducente. Il sorso si rivela fresco, sapido e gustoso, in perfetto equilibrio così come perfetti sono i rimandi aromatici. Roquefort.

ROERO 2020
Rosso Docg - Nebbiolo 100%
Alc. 14% | € 22 | Bt. 6.000 | Ferm. Legno | Mat. Legno 22 mesi
Capretto arrosto alle erbe aromatiche.

NEBBIOLO D'ALBA 2021
Rosso Doc - Nebbiolo 100%
Alc. 14% | € 18 | Bt. 10.000 | Ferm. Acciaio | Mat. Acciaio 12 mesi
Filetto di manzo in crosta alle erbette.

ROERO ARNEIS 2022
Bianco Docg - Arneis 100%
Alc. 14% | € 18 | Bt. 70.000 | Ferm. Acciaio | Mat. Acciaio 4 mesi
Riso, cozze e zafferano.

ROERO ARNEIS ENRITARD
2015 | 2017

TARASCO
2018

Giuseppe Cortese
(1971)

Pier Carlo Cortese prosegue nella sua opera di custodia e valorizzazione di uno dei più importanti, storici e vocati cru di Langa. In cantina sta via via eliminando dai vini ogni orpello superfluo, quasi "spiritualizzando" le fasi di maturazione, per arrivare all'essenza dei vitigni. Un lavoro che si rivela particolarmente felice con il nebbiolo del cru Rabajà. Un ottimo esempio è la Riserva della super annata 2016: un vero nebbiolo, forte e completo che più non si può. Il pur ottimo 2020, rigoroso, balsamico e mentolato, ha un solo difetto: è giovane. Ma riparliamone fra qualche anno.

Strada Rabajà, 80 - 12050 Barbaresco (CN)
T. 0173 635131 | M. info@cortesegiuseppe.it
www.cortesegiuseppe.it

Viticoltura: Lotta integrata
Ettari: 9 | **Bottiglie:** 68.000 | **Produzione olearia:** No
Proprietà: Pier Carlo Cortese
Cond. enologica: Pier Carlo Cortese
Cond. agronomica: Pier Carlo Cortese
Vendita diretta: Sì | **Visite in azienda:** Sì

BARBARESCO RABAJÀ RISERVA 2016 (94)
Rosso Docg - Nebbiolo 100%
Alc. 14,5% | € 120 | Bt. 6.000 | Ferm. Cemento | Mat. Legno 40 mesi
Granato. Olfazione di grande intensità fruttata (lampone, mora), con purissimi riconoscimenti di menta e viola; è una Riserva, ma altro che austerità: trabocca di gioventù. In bocca ha massa, potenza, un raffinato rigore tannico e non vuol proprio finire. Dire che è appena all'inizio è poco, ma è già buonissimo! Camoscio in umido.

BARBARESCO RABAJÀ 2020
Rosso Docg - Nebbiolo 100%
Alc. 14,5% | € 55 | Bt. 17.000 | Ferm. Cemento | Mat. Legno 22 mesi
Tagliata al pepe verde.

BARBARESCO 2020
Rosso Docg - Nebbiolo 100%
Alc. 14,5% | € 35 | Bt. 10.000 | Ferm. Acciaio | Mat. Legno 18 mesi
Faraona ripiena con salsa tartufata.

BARBERA D'ALBA MORASSINA 2019
Rosso Doc - Barbera 100%
Alc. 14% | € 20 | Bt. 8.000 | Ferm. Acciaio | Mat. Legno 18 mesi
Stinco d'agnello al forno.

LANGHE BIANCO SCAPULIN 2021
Bianco Doc - Chardonnay 100%
Alc. 14% | € 20 | Bt. 8.000 | Ferm. Legno e Acciaio e Terracotta
Mat. Acciaio 10 mesi e Legno 10 mesi
Salmone al timo.

BARBERA D'ALBA 2022
Rosso Doc - Barbera 100%
Alc. 13,5% | € 15 | Bt. 5.000 | Ferm. Acciaio | Mat. Acciaio 6 mesi
Crostini al lardo di Colonnata.

BARBARESCO RABAJÀ
2016 | 2018 | 2019

BARBARESCO
2017 | 2018 | 2019

Roberto Crosio
(2000)

Accanto alla classicità del suo erbaluce Primavigna Roberto Crosio pone alla nostra attenzione un vino bianco ottenuto da una lunga macerazione del mosto sulle bucce. Un bianco di notevole impatto cromatico che ricorda l'oro caratterizzato da profumi complessi, nato dal desiderio di esplorare anche il potenziale dell'erbaluce in questa versione. Di notevole qualità il resto della gamma dei vini prodotti da Roberto in particolare lo spumante Metodo Classico Incanto, da sempre succoso e corredato da intrigante freschezza.

Via Roma, 75 - 10010 Candia Canavese (TO)
T. 339 8636004 | M. info@cantinecrosio.it
www.cantinecrosio.it

Viticoltura: Lotta integrata
Ettari: 10 | **Bottiglie:** 45.000 | **Produzione olearia:** No
Proprietà: Roberto Crosio
Cond. enologica: Erik Dogliotti
Cond. agronomica: Massimo Pinna
Vendita diretta: Sì | **Visite in azienda:** Sì

ERBALUCE DI CALUSO PRIMAVIGNA 2021
Bianco Docg - Erbaluce 100%
Alc. 14% | € 15 | Bt. 10.000 | Ferm. Acciaio | Mat. Acciaio 6 mesi
Paglierino luminoso, pur nella fase iniziale dello sviluppo olfattivo è già intrigante nelle sensazioni di erbe officinali, pompelmo, pera estiva croccante e abbondante salvia. Buon auspicio le intuizioni di frutta secca. Ampiezza gustativa caratterizzata da freschezza e sapidità che allunga la progressione. Linguine al sugo di totani e piselli.

CALUSO SPUMANTE BRUT INCANTO 2018
Bianco Docg Metodo Classico - Erbaluce 100%
Alc. 12,5% | € 24 | Bt. 5.000 | Ferm. Acciaio | Mat. Acciaio 8 mesi
40 mesi sui lieviti
Pesce spada alla griglia.

ERBALUCE DI CALUSO MACERATO 2020
Bianco Docg - Erbaluce 100%
Alc. 13,5% | € 34 | Bt. 1.000 | Ferm. Acciaio | Mat. Legno 12 mesi
Filetto di dentice in crosta di patate.

PIEMONTE ROSATO ROSADEIMONTI 2022
Rosato Doc - Nebbiolo 85%, Syrah 15%
Alc. 12,5% | € 10 | Bt. 3.300 | Ferm. Acciaio | Mat. Acciaio 4 mesi
Funghi porcini trifolati.

ERBALUCE DI CALUSO ERBALUS 2022
Bianco Docg - Erbaluce 100%
Alc. 12,5% | € 9 | Bt. 13.000 | Ferm. Acciaio | Mat. Acciaio 4 mesi
Tempura di gamberi.

CALUSO SPUMANTE BRUT INCANTO 80
2011 | 2013

ERBALUCE DI CALUSO COSTAPARADISO
2019

Deltetto
(1953)

Anche se la gamma è decisamente ampia, gli spumanti Metodo Classico sembrano essere diventati il marchio di fabbrica di questa cantina, che nel cuore del Roero ha saputo trovare una precisa identità senza però snaturare le proprie radici. Anche quest'anno l'Arneis San Defendente si veste d'autore, con un'etichetta concepita e realizzata dall'artista francese Sterren Depert, che si ispira al plancton (che produce il 60% dell'ossigeno che respiriamo) per raccontare l'interdipendenza del nostro ecosistema. Tema attuale non solo per chi coltiva la terra ma per tutti noi.

Corso Alba, 43 - 12043 Canale (CN)
T. 0173 979383 | M. info@deltetto.com
www.deltetto.com

Viticoltura: Biologica certificata
Ettari: 30 | **Bottiglie:** 190.000 | **Produzione olearia:** No
Proprietà: Famiglia Deltetto
Cond. enologica: Carlo Deltetto, Antonio Deltetto
Cond. agronomica: Staff aziendale
Vendita diretta: Sì | **Visite in azienda:** Sì

ALTA LANGA BRUT NATURE BLANC DE NOIRS RISERVA 2018
Bianco Docg - Pinot nero 100%
Alc. 12,5% | € 35 | Bt. 2.000 | Ferm. Legno | 42 mesi sui lieviti
Ricca e scintillante veste giallo paglierino carico, bella e persistente la spuma. Naso elegante e intenso: erbe aromatiche, fiori di ginestra, agrumi, frutta esotica, pietra. Sorso ricco e potente, ben bilanciato da freschezza e da una saporita sapidità. Risotto alla granseola.

ALTA LANGA RISERVA BLANC DE BLANCS 2018
Bianco Docg Metodo Classico - Chardonnay 100%
Alc. 12,5% | € 35 | Bt. 2.000 | Ferm. Legno | 42 mesi sui lieviti
Pappardelle con coda di rospo e carciofi.

ROERO ARNEIS SAN MICHELE 2022
Bianco Docg - Arneis 100%
Alc. 13,5% | € 15 | Bt. 15.000 | Ferm. Cemento | Mat. Legno 6 mesi e Cemento 6 mesi
Cappesante gratinate.

ALTA LANGA BRUT 2019
Bianco Docg Metodo Classico - Pinot nero 55%, Chardonnay 45%
Alc. 12,5% | € 25 | Bt. 25.000 | Ferm. Acciaio | 30 mesi sui lieviti
Crostini con burro e salmone.

BARBERA D'ALBA SUPERIORE ROCCA DELLE MARASCHE 2020
Rosso Doc - Barbera 100%
Alc. 14,5% | € 25 | Bt. 6.000 | Ferm. Acciaio | Mat. Legno 18 mesi
Tagliatelle al ragù.

ROERO ARNEIS SAN DEFENDENTE RISERVA 2020
Bianco Docg - Arneis 100%
Alc. 13% | € 30 | Bt. 2.678 | Ferm. Legno | Mat. Legno 6 mesi
Ricciola al forno con capperi e pomodori ciliegino.

ROERO BRAJA RISERVA
2014

ALTA LANGA BLANC DE NOIRS RISERVA
2017

Gianni Doglia
(1940)

Gianni è un grande amico e un appassionato difensore della sua terra. La sua dedizione lo ha spinto a partecipare alla certificazione "The Green Experience" di Coldiretti Cuneo, che si impegna nella tutela dell'ambiente. Questo dimostra l'importanza che attribuisce alla sostenibilità e al benessere del territorio, unendo l'amore per il vino a un profondo senso di responsabilità verso l'ambiente. La sua iniziativa ispira e incoraggia altri produttori a seguire il suo esempio, per garantire un futuro migliore per la viticoltura e la biodiversità del territorio vitivinicolo piemontese.

Via Annunziata, 56 - 14054 Castagnole delle Lanze (AT)
T. 0141 878359 | M. info@giannidoglia.it
www.giannidoglia.it

Viticoltura: A basso impatto ambientale
Ettari: 16 | **Bottiglie:** 110.000 | **Produzione olearia:** No
Proprietà: Gianni Doglia
Cond. enologica: Gianni Doglia
Cond. agronomica: Gianni Doglia
Vendita diretta: Sì | **Visite in azienda:** Sì

(94)
MOSCATO D'ASTI CANELLI CASA DI BIANCA 2022
Bianco Docg Frizzante Dolce - Moscato bianco 100%
Alc. 5% | € 22 | Bt. 6.500 | Ferm. Acciaio
Invitante effervescenza che persiste nel calice. Portando il bicchiere al naso si è colpiti da un'aromaticità caratterizzata da fiori bianchi, da una tenue pesca nettarina e da una fine presenza di erbe aromatiche. Questo anticipa una bocca misurata, equilibrata e di sostanza, chiosa impeccabile e pulita. Torta delle rose.

(92)
NIZZA VITI VECCHIE 2021
Rosso Docg - Barbera 100%
Alc. 15% | € 26 | Bt. 3.000 | Ferm. Acciaio | Mat. Legno 18 mesi
Rubino compatto con sfumature granato. Al naso è fruttato, speziato e vegetale. In bocca ha grande struttura e regala un sorso morbido e avvolgente, sostenuto da una sferzante freschezza. Lungo e fruttato. Quaglie alla cacciatora.

GRIGNOLINO D'ASTI 2022
Rosso Doc - Grignolino 100%
Alc. 12,5% | € 12 | Bt. 7.000 | Ferm. Acciaio
Robiola di Roccaverano.

BARBERA D'ASTI SUPERIORE GENIO 2021
Rosso Docg - Barbera 100%
Alc. 15% | € 22 | Bt. 7.000 | Ferm. Acciaio | Mat. Legno 18 mesi
Manzo brasato con funghi.

BARBERA D'ASTI BOSCO DONNE 2022
Rosso Docg - Barbera 100%
Alc. 14% | € 17 | Bt. 12.000 | Ferm. Acciaio | Mat. Acciaio 10 mesi
Pappardelle con sugo di lepre.

MOSCATO D'ASTI LA GIOSTRINA 2022
Bianco Docg Frizzante Dolce - Moscato bianco 100%
Alc. 5% | € 14 | Bt. 60.000 | Ferm. Acciaio
Tiramisù.

BARBERA D'ASTI SUPERIORE GENIO
2018 | 2019 | 2020

MOSCATO D'ASTI CANELLI CASA DI BIANCA
2021

Dosio
(1974)

Recente è la notizia dell'apertura di una struttura dedicata all'hospitality di alta gamma da parte della Dosio Vigneti: l'attività del gruppo prosegue negli investimenti, nonostante la scomparsa improvvisa del compianto Gianfranco Lanci a febbraio. L'assortimento dei vini si fa sempre più solido e compatto, si articolano le diverse sfumature dell'areale di La Morra nel Fossati, Serradenari e Barolo del Comune di La Morra, con il primo, quest'anno, in vetta alle degustazioni. Territoriale il Roero Arneis e ormai di casa il Langhe Riesling.

Regione Serradenari, 6 - 12064 La Morra (CN)
T. 0173 50677 | M. amministrazione@dosiovigneti.com
www.dosiovigneti.com

Viticoltura: Lotta integrata
Ettari: 17 | **Bottiglie:** 100.000 | **Produzione olearia:** No
Proprietà: Gianfranco e Massimo Lanci
Cond. enologica: Gianfranco Cordero
Cond. agronomica: Maresa Novara
Vendita diretta: Sì | **Visite in azienda:** Sì

BAROLO FOSSATI 2019
Rosso Docg - Nebbiolo 100%
Alc. 14,5% | € 52 | Bt. 5.000 | Ferm. Acciaio | Mat. Acciaio 4 mesi e Legno 24 mesi
Granato di buona luminosità. Splendido l'incipit floreale, trame essiccate di rose e viole, poi piccoli frutti dalla timida dolcezza, ribes, visciola. Palpitante il tannino, promette future integrazioni, mentre l'avvolgenza della parte alcolica garantisce un finale di equilibrata piacevolezza. Brasato di lepre con riduzione di vino rosso.

BAROLO SERRADENARI 2019
Rosso Docg - Nebbiolo 100%
Alc. 14% | € 50 | Bt. 10.000 | Ferm. Acciaio | Mat. Acciaio 4 mesi e Legno 22 mesi
Risotto con le quaglie.

BAROLO DEL COMUNE DI LA MORRA 2019
Rosso Docg - Nebbiolo 100%
Alc. 14% | € 33 | Bt. 5.000 | Ferm. Acciaio | Mat. Acciaio 4 mesi e Legno 20 mesi
Lombata di vitello su letto di cipolline saltate.

BARBARESCO 2020
Rosso Docg - Nebbiolo 100%
Alc. 13% | € 28 | Bt. 7.000 | Ferm. Acciaio | Mat. Acciaio 4 mesi e Legno 12 mesi
Tordi in salmì.

LANGHE RIESLING 2022
Bianco Doc - Riesling 100%
Alc. 13,5% | € 15 | Bt. 15.000 | Ferm. Acciaio | Mat. Acciaio 3 mesi
Zuppa di broccolo fiolaro con olio extravergine del Garda.

ROERO ARNEIS 2022
Bianco Docg - Arneis 100%
Alc. 13,5% | € 13 | Bt. 15.000 | Ferm. Acciaio | Mat. Acciaio 3 mesi
Zuppetta di piselli e vongole.

BAROLO FOSSATI
2015 | 2017 | 2018

BAROLO SERRADENARI
2017 | 2018

Giuseppe Ellena
(1946)

Barbera, nebbiolo e nascetta coltivati secondo i dettami della viticoltura biologica: ecco i punti fermi della produzione, su cui la famiglia Ellena investe da sempre risorse e passione. Oggi possiamo asserire che gli sforzi compiuti nei decenni trascorsi siano stati ampiamente ripagati. Gli assaggi di quest'edizione di Vitae lo confermano, ponendosi a un livello qualitativo davvero ragguardevole. Insieme ai grandi classici torna dopo una prolungata assenza il Bosco dell'Abate, vino passito ottenuto da uve nascetta prodotto in appena 600 esemplari: un onore e un piacere poterlo degustare.

Borgata Ascheri Sottani, 62 - 12064 La Morra (CN)
T. 0173 500405 | M. info@ellenagiuseppe.it
www.ellenagiuseppe.it

Viticoltura: Biologica
Ettari: 6 | **Bottiglie:** 40.000 | **Produzione olearia:** No
Proprietà: Giuseppe Ellena
Cond. enologica: Matteo Ellena, Sergio Molino
Cond. agronomica: Paolo Ruaro
Vendita diretta: Sì | **Visite in azienda:** Sì

BAROLO ASCHERI 2019
Rosso Docg - Nebbiolo 100%
Alc. 14,5% | € 45 | Bt. 3.000 | Ferm. Acciaio | Mat. Legno 30 mesi
Elegante rosso granato con riflessi carminio. Accostandolo al naso sussurra delicate sensazioni di violetta, ribes rosso, anice stellato e conifera. Conferma infine di possedere notevole equilibrio e leggiadria, rivelandosi al palato finemente tannico e dotato di una saporita persistenza gustativa. Guancia di vitello in umido.

BAROLO DEL COMUNE DI LA MORRA 2019
Rosso Docg - Nebbiolo 100%
Alc. 14,5% | € 32 | Bt. 10.000 | Ferm. Acciaio | Mat. Legno 24 mesi
Oca arrosto.

BARBERA D'ALBA SUPERIORE ALFERI 2020
Rosso Doc - Barbera 100%
Alc. 14,5% | € 22 | Bt. 3.500 | Ferm. Acciaio | Mat. Legno 24 mesi
Pappardelle al ragù di cervo.

LANGHE NASCETTA 2022
Bianco Doc - Nascetta 100%
Alc. 13% | € 15 | Bt. 5.000 | Ferm. Acciaio | Mat. Acciaio 9 mesi
Asparagi di Bassano e uova in camicia.

BOSCO DELL'ABATE 2021
Bianco Passito - Nascetta 100%
Alc. 12,5% | € 30 | Bt. 600 | Ferm. Acciaio | Mat. Legno 18 mesi
Cannoli di ricotta e canditi.

LANGHE NEBBIOLO 2021
Rosso Doc - Nebbiolo 100%
Alc. 14% | € 18 | Bt. 7.000 | Ferm. Acciaio | Mat. Legno 12 mesi
Agnolotti al sugo di carne.

BAROLO ASCHERI
2018

BAROLO DEL COMUNE DI LA MORRA
2016 | 2017 | 2018

Benito Favaro

(1992)

Anche quest'anno i vini delle Chiusure si rivelano di ottimo livello. Carattere e identità, sono questi i parametri, la linea guida che Camillo applica in vigna e in cantina, in un territorio, il canavese, dalle grandi potenzialità. Le due versioni di erbaluce hanno espresso un piglio fortemente balsamico di erbe aromatiche. Notevole la finezza e la classe floreale del Nebbiolo. Davvero unico nella sua personalità il freisa, che sulla collina morenica ha tratto il giusto sale e il moderato tannino; si chiude con un rosato di grande freschezza, dotato di profumi fini ed energici.

Strada Chiusure, 1/Bis - 10010 Piverone (TO)
T. 0125 72606 | M. info@cantinafavaro.it
www.cantinafavaro.it

Viticoltura: Convenzionale
Ettari: 3,8 | **Bottiglie:** 20.000 | **Produzione olearia:** No
Proprietà: Benito Favaro
Cond. enologica: Benito Favaro, Camillo Favaro
Cond. agronomica: Benito Favaro, Camillo Favaro
Vendita diretta: Sì | **Visite in azienda:** Sì

(91)

ERBALUCE DI CALUSO LE CHIUSURE 2021
Bianco Docg - Erbaluce 100%
Alc. 13,5% | € 19 | Bt. 10.000 | Ferm. Acciaio | Mat. Acciaio 4 mesi
Cristallino con riflessi verdi, profuma intensamente di erbe aromatiche, su tutte la salvia fresca, il timo e la menta, che anticipano il cuore agrumato di pompelmo e lime con sfumature di frutta a polpa bianca. Sorso d'equilibrio giocato su freschezza e salinità che guidano la lunga persistenza. Orata all'acqua pazza.

ERBALUCE DI CALUSO 13 MESI 2021
Bianco Docg - Erbaluce 100%
Alc. 13,5% | € 22 | Bt. 3.500 | Ferm. Legno e Acciaio | Mat. Legno 12 mesi
Linguine agli scampi.

CANAVESE NEBBIOLO 2022
Rosso Doc - Nebbiolo 100%
Alc. 13% | € 12 | Bt. 2.000 | Ferm. Legno | Mat. Legno 12 mesi
Tagliata al pepe verde.

CANAVESE ROSSO F2 2021
Rosso Doc - Freisa 100%
Alc. 13% | € 14 | Bt. 1.000 | Ferm. Acciaio | Mat. Acciaio 12 mesi e Legno 12 mesi
Lasagne di verdure.

ROSACHEROSANONSEI 2022
Rosato - Syrah 100%
Alc. 13% | € 12 | Bt. 2.000 | Ferm. Acciaio
Burrata di Andria.

ERBALUCE DI CALUSO 13 MESI
2019 | 2020

ERBALUCE DI CALUSO LE CHIUSURE
2016 | 2017 | 2018

Giacomo Fenocchio

(1850)

L'ampiezza della proposta dei Barolo di Claudio Fenocchio rende molto interessante il nostro lavoro, soprattutto nell'assaggio dei vini della grande vendemmia del 2019, tutti simili ma diversi a seconda dei caratteri della vigna. Il comune denominatore per questa splendida realtà della Bussia rimane comunque sempre la grande qualità che sa offrire, l'eleganza del tratto, lo stile raffinato. Si afferma ai punti il Villero, cru storico di Castiglione, ma il vino della Bussia è a un passo. Cannubi e Castellero chiudono un quadro importante, costantemente al vertice del territorio.

Località Bussia, 72 - 12065 Monforte d'Alba (CN)
T. 0173 78675 | M. info@giacomofenocchio.com
www.giacomofenocchio.com

Viticoltura: Ecosostenibile
Ettari: 17 | **Bottiglie:** 100.000 | **Produzione olearia:** No
Proprietà: Claudio e Albino Fenocchio
Cond. enologica: Claudio Fenocchio
Cond. agronomica: Staff aziendale
Vendita diretta: Sì | **Visite in azienda:** Sì

(93)

BAROLO VILLERO 2019
Rosso Docg - Nebbiolo 100%
Alc. 14,5% | € 60 | Bt. 5.500 | Ferm. Acciaio | Mat. Acciaio 6 mesi e Legno 30 mesi
Villero dal grande fascino, miscela perfetta di sensazioni fruttate e floreali tra cui lampone, ciliegia, violetta e rosa poi liquirizia, noce moscata e frutta zuccherata. Al gusto piace per volume, freschezza ed equilibrio. Dal 2030. Filetto al vino rosso e scalogno.

(92,5)

BAROLO BUSSIA 2019
Rosso Docg - Nebbiolo 100%
Alc. 14,5% | € 55 | Bt. 25.000 | Ferm. Acciaio | Mat. Acciaio 6 mesi e Legno 30 mesi
Spettacolare: tante erbe di montagna, frutta rossa polposa, menta, cola, sottobosco e spunti ferrosi. La bocca è molto buona, fitta di tannini maturi, lunga nella persistenza fruttata. Al meglio dal 2033. Tagliata di manzo al rosmarino.

BAROLO CANNUBI 2019
Rosso Docg - Nebbiolo 100%
Alc. 14,5% | € 70 | Bt. 3.000 | Ferm. Acciaio | Mat. Legno 30 mesi
Pernici farcite.

BAROLO CASTELLERO 2019
Rosso Docg - Nebbiolo 100%
Alc. 14,5% | € 55 | Bt. 5.000 | Ferm. Acciaio | Mat. Legno 30 mesi
Braciola di cervo con salsa di ribes.

BAROLO BUSSIA 90 DÌ RISERVA
2011 | 2012 | 2016

BAROLO VILLERO
2013 | 2017 | 2018

Ferrando
(1890)

Erbaluce e nebbiolo, su questi due vitigni la famiglia Ferrando ha costruito la propria azienda e la propria reputazione con l'obiettivo di presentare al mondo del vino internazionale le glorie del Canavese e di Carema. Oggi ci sono Roberto e Andrea che continuano sulle orme di Luigi, e non possiamo non ricordare e scrivere della sua ostinazione, passione e genialità per i vini del canavese: l'intuizione dell'etichetta bianca e nera per il Carema, il Solativo, vendemmia tardiva di erbaluce, il Passito dal vigneto Cariola prodotto insieme a un altro personaggio unico, Vittorio Boratto.

Via Torino, 599/A - 10015 Ivrea (TO)
T. 0125 633550 | M. info@ferrandovini.it
www.ferrandovini.it

Viticoltura: Convenzionale
Ettari: 5 | **Bottiglie:** 45.000 | **Produzione olearia:** No
Proprietà: Roberto Ferrando
Cond. enologica: Mario Ronco
Cond. agronomica: Dino Bevione
Vendita diretta: Sì | **Visite in azienda:** No

95

CAREMA ETICHETTA NERA 2019
Rosso Doc - Nebbiolo 100%
Alc. 14% | € 60 | Bt. 2.000 | Ferm. Acciaio | Mat. Legno 30 mesi
Prezioso e unico Carema, naso delizioso e sciolto che narra di petalo di rosa, giaggiolo, erbe officinali, menta e suggestioni balsamiche di caramella di liquirizia. Il sorso è perfettamente in equilibrio, piacevole e saporito, distinta la netta corrispondenza speziata nel richiamo olfattivo. Gustoso nel finale sapido. Oca arrosto.

CAREMA ETICHETTA BIANCA 2019
Rosso Doc - Nebbiolo 100%
Alc. 13,5% | € 40 | Bt. 4.800 | Ferm. Acciaio | Mat. Legno 30 mesi
Pecorino di Pienza.

ERBALUCE DI CALUSO ETICHETTA VERDE 2022
Bianco Docg - Erbaluce 100%
Alc. 13,5% | € 16 | Bt. 7.500 | Ferm. Legno e Acciaio | Mat. Acciaio 5 mesi e Legno 5 mesi
Pesce spada alla griglia.

ERBALUCE DI CALUSO ETICHETTA BIANCA 2022
Bianco Docg - Erbaluce 100%
Alc. 13,5% | € 13 | Bt. 16.000 | Ferm. Acciaio | Mat. Acciaio 5 mesi
Crema di zucca con porcini.

CAREMA ETICHETTA NERA
2016 | 2017 | 2018

CAREMA ETICHETTA BIANCA
2010 | 2012 | 2014

Roberto Ferraris
(1923)

Un secolo di storia è un grande traguardo. L'azienda di Roberto Ferraris e il vigneto Nobbio, piantato dal fondatore Stefano nel 1923, compiono i cento anni, in quel di Agliano Terme, ovvero in quelle colline astigiane da sempre considerate ad alta vocazione vitivinicola. I vigneti godono di posizioni invidiabili per esposizioni e pendenze, e i suoi vini sono sempre genuini, identitari, e rispecchiano in modo fedele il territorio. Ampio il ventaglio delle Barbera prodotte, da quelle giovani e di pronta beva a quelle più strutturate e longeve, tutte di gran livello qualitativo.

Frazione Dogliano, 33 - 14041 Agliano Terme (AT)
T. 0141 954234 | M. info@robertoferraris.com
www.robertoferraris.com

Viticoltura: Lotta integrata
Ettari: 12 | **Bottiglie:** 80.000 | **Produzione olearia:** No
Proprietà: Roberto Ferraris
Cond. enologica: Giuseppe Rattazzo, Roberto Ferraris
Cond. agronomica: Roberto Ferraris
Vendita diretta: Sì | **Visite in azienda:** Sì

BARBERA D'ASTI SUPERIORE BISAVOLO 2021
Rosso Docg - Barbera 100%
Alc. 15,5% | € 17 | Bt. 6.000 | Ferm. Acciaio | Mat. Legno 12 mesi
Rubino luminoso e vivace. Iniziali note floreali di geranio e ciclamino introducono nitide percezioni di mirtillo, mora, ribes nero, freschi sentori balsamici, liquirizia dolce e tabacco da pipa. Beva scorrevole, succosa, con l'acidità e la nota sapida che vanno ad attenuare l'importante struttura alcolica. Maltagliati con funghi porcini.

NIZZA LIBERTA 2020
Rosso Docg - Barbera 100%
Alc. 16% | € 28 | Bt. 3.000 | Ferm. Acciaio | Mat. Legno 18 mesi
Filetto al vino rosso e scalogno.

PIEMONTE PINOT NERO VALMANELLA 2021
Rosso Doc - Pinot nero 100%
Alc. 14,5% | € 25 | Bt. 1.500 | Ferm. Acciaio | Mat. Legno 15 mesi
Grana Padano Riserva.

BARBERA D'ASTI NOBBIO 2022
Rosso Docg - Barbera 100%
Alc. 15% | € 12 | Bt. 20.000 | Ferm. Acciaio | Mat. Acciaio 6 mesi
Gnocchi al ragù.

BARBERA D'ASTI SUPERIORE LA CRICCA 2021
Rosso Docg - Barbera 100%
Alc. 16,5% | € 20 | Bt. 6.000 | Ferm. Acciaio | Mat. Legno 12 mesi
Capriolo con salsa di ribes rosso.

MONFERRATO NEBBIOLO GRIXA 2021
Rosso Doc - Nebbiolo 100%
Alc. 14,5% | € 18 | Bt. 1.500 | Ferm. Acciaio | Mat. Legno 15 mesi
Risotto ai finferli.

NIZZA LIBERTA
2019

BARBERA D'ASTI NOBBIO
2018 | 2019 | 2021

Ferro
(1800)

Le vigne di Carlo Ferro si trovano in una delle zone più vocate per la coltivazione di uva barbera. Nizza e Barbera d'Asti sono i fiori all'occhiello di quest'azienda che li realizza con un'attenta gestione del vigneto, basse rese per ettaro e una vinificazione curata che apporta grande concentrazione e ricchezza. Vini genuini con ottimo rapporto qualità-prezzo che necessitano di qualche anno di affinamento per arrivare a esprimersi al meglio. Da segnalare, per gli amanti dei vini piemontesi da uvaggio, il Monferrato Rosso Paolo, un riferimento nella sua categoria.

Regione Salere, 41 - 14041 Agliano Terme (AT)
T. 0141 954000 | M. ferro.vini@tiscali.it
www.ferrovini.com

Viticoltura: Lotta integrata
Ettari: 15 | **Bottiglie:** 40.000 | **Produzione olearia:** Sì
Proprietà: Carlo Ferro
Cond. enologica: Giuseppe Rattazzo
Cond. agronomica: Raffaella Mirandola
Vendita diretta: Sì | **Visite in azienda:** Sì

BARBERA D'ASTI SUPERIORE ROCHE 2020
Rosso Docg - Barbera 100%
Alc. 15% | € 22 | Bt. 5.000 | Ferm. Acciaio | Mat. Acciaio 6 mesi e Legno 12 mesi
Carminio con ornature granato. Al naso esprime effluvi di frutta in confettura, prugna disidratata, liquirizia, cannella, caffè e cenni vegetali e balsamici. In bocca l'equilibrio è dovuto all'acidità che rinfresca e accompagna la magnifica persistenza. Braciola di cervo con salsa di ribes.

MONFERRATO ROSSO PAOLO 2019
Rosso Doc - Barbera 40%, Cabernet sauvignon 30%, Nebbiolo 30%
Alc. 14,5% | € 23 | Bt. 1.500 | Ferm. Acciaio | Mat. Acciaio 6 mesi e Legno 12 mesi
Trippa in umido.

NIZZA LA CORAZZIERA 2020
Rosso Docg - Barbera 100%
Alc. 15,5% | € 25 | Bt. 2.000 | Ferm. Acciaio | Mat. Acciaio 6 mesi e Legno 15 mesi
Cinghiale in umido.

BARBERA D'ASTI SUPERIORE NOTTURNO 2020
Rosso Docg - Barbera 100%
Alc. 15% | € 15 | Bt. 15.000 | Ferm. Acciaio | Mat. Acciaio 6 mesi e Legno 12 mesi
Tordi in salmì.

LANGHE NEBBIOLO TRE LUNE 2020
Rosso Doc - Nebbiolo 100%
Alc. 14% | € 15 | Bt. 2.000 | Ferm. Acciaio | Mat. Acciaio 6 mesi e Legno 3 mesi
Faraona al forno.

BARBERA D'ASTI GIULIA 2021
Rosso Docg - Barbera 100%
Alc. 15% | € 11 | Bt. 15.000 | Ferm. Acciaio | Mat. Acciaio 6 mesi
Tagliere di salumi.

BARBERA D'ASTI SUPERIORE ROCHE
2018

NIZZA LA CORAZZIERA
2017

Livia Fontana
(1820)

È ancora la Riserva della Bussia il vino che ha raccolto i migliori punteggi nelle nostre degustazioni, frutto di un'annata calda e forse non memorabile ma che ha riservato gran belle sorprese. Gli altri Barolo si sono fermati a un soffio dal successo confermando la bontà della visione stilistica, fatta di trame complesse, piccoli frutti e tanta armonia. La cantina di Livia Fontana, oggi sempre più coadiuvata dai figli, avvalora la sua posizione tra le più "fresche" e dinamiche realtà del territorio, con vini di piglio decisamente tradizionale che comunicano eleganza e ottima beva.

Via Fontana, 1 - 12060 Castiglione Falletto (CN)
T. 0173 62844 | M. info@liviafontana.it
www.liviafontana.it

Viticoltura: Convenzionale
Ettari: 10 | **Bottiglie:** 60.000 | **Produzione olearia:** No
Proprietà: Livia Fontana
Cond. enologica: Michele Fumero Fontana
Cond. agronomica: Daniele Gilberti
Vendita diretta: Sì | **Visite in azienda:** Sì

92

BAROLO BUSSIA RISERVA 2017
Rosso Docg - Nebbiolo 100%
Alc. 14,5% | € 120 | Bt. 2.444 | Ferm. Acciaio | Mat. Acciaio e Legno 30 mesi
Granato chiaro, gode di un naso complesso, fitto di radici e foglie secche, liquirizia e bacche poi frutta rossa e corteccia, tra cui ciliegia e fragolina. La bocca è marcata dall'annata: i tannini presenti, il finale lungo e di buona sostanza. Medaglioni di cervo con riduzione di cottura.

BAROLO FONTANIN 2019
Rosso Docg - Nebbiolo 100%
Alc. 14% | € 45 | Bt. 6.500 | Ferm. Acciaio | Mat. Legno 33 mesi
Fagiano arrosto.

BAROLO VILLERO 2019
Rosso Docg - Nebbiolo 100%
Alc. 14,5% | € 80 | Bt. 3.500 | Ferm. Acciaio | Mat. Legno 24 mesi
Lombata di vitello su letto di cipolline saltate.

BARBERA D'ALBA SUPERIORE 2020
Rosso Doc - Barbera 100%
Alc. 15,5% | € 22 | Bt. 14.000 | Ferm. Acciaio | Mat. Legno 29 mesi
Pappardelle con sugo di capriolo.

LANGHE NEBBIOLO 2021
Rosso Doc - Nebbiolo 100%
Alc. 14% | € 25 | Bt. 6.500 | Ferm. Acciaio | Mat. Legno 20 mesi
Risotto con le spugnole.

ROERO ARNEIS 2022
Bianco Docg - Arneis 100%
Alc. 14% | € 16 | Bt. 12.900 | Ferm. Acciaio | Mat. Acciaio 6 mesi
Tartare di tonno.

BAROLO VILLERO
2011 | 2017

BAROLO BUSSIA RISERVA
2013 | 2015 | 2016

Fontanabianca
(1969)

La famiglia Pola lavora bene. Radicata a Neive, produce vini grintosi, capaci di trasmettere senza artifici stilistici il carattere dei terroir, in particolare quello dei cru piantati a nebbiolo da Barbaresco, Bordini e Serraboella. Entrambi costituiscono un valore sicuro per chi voglia entrare nel cuore di una delle più prestigiose denominazioni piemontesi. Da segnalare la bella performance dell'Arneis, un bianco gustoso, prezioso per la sua versatilità. Novità: è stato appena installato un impianto fotovoltaico che renderà l'azienda sostenibile al 100% a livello energetico. Sempre più green.

Via Bordini, 15 - 12057 Neive (CN)
T. 0173 67195 | M. info@fontanabianca.it
www.fontanabianca.it

Viticoltura: Lotta integrata
Ettari: 17 | **Bottiglie:** 100.000 | **Produzione olearia:** No
Proprietà: Famiglia Pola
Cond. enologica: Aldo Pola, Matteo Pola
Cond. agronomica: Aldo Pola
Vendita diretta: Sì | **Visite in azienda:** Sì

BARBARESCO BORDINI 2020
Rosso Docg - Nebbiolo 100%
Alc. 14% | € 39 | Bt. 12.000 | Ferm. Legno | Mat. Legno 12 mesi e Cemento 3 mesi
Granato pieno. Piccole bacche rosse fragranti, fulgore di viola, sottobosco balsamico con sbuffi speziati. In bocca è tannico e grintoso, concentrato, giovane e persistente. Un Barbaresco di vaglia, ad alto potenziale di sviluppo. Petto di germano reale al balsamico.

BARBARESCO SERRABOELLA 2020
Rosso Docg - Nebbiolo 100%
Alc. 14% | € 39 | Bt. 4.000 | Ferm. Legno | Mat. Legno 14 mesi
Stinco di maiale al forno in pancetta affumicata.

BARBARESCO 2020
Rosso Docg - Nebbiolo 100%
Alc. 14% | € 30 | Bt. 35.000 | Ferm. Acciaio | Mat. Legno 12 mesi
Pappardelle al ragù di cervo.

BARBERA D'ALBA SUPERIORE 2021
Rosso Doc - Barbera 100%
Alc. 14,5% | € 19 | Bt. 17.000 | Ferm. Acciaio | Mat. Legno 11 mesi
Cosciotto d'agnello al forno con patate novelle.

LANGHE ARNEIS SOMMO 2022
Bianco Doc - Arneis 100%
Alc. 13% | € 13 | Bt. 20.000 | Ferm. Acciaio | Mat. Acciaio 3 mesi
Strudel di porcini e zucca con crema al parmigiano.

DOLCETTO D'ALBA 2022
Rosso Doc - Dolcetto 100%
Alc. 13% | € 13 | Bt. 6.000 | Ferm. Acciaio | Mat. Acciaio 5 mesi
Agnolotti al sugo di carne.

BARBARESCO SERRABOELLA
2012

BARBARESCO BORDINI
2013

Fontanafredda
(1858)

Una scheda non basta per raccontare le novità di un'azienda che fa grandi numeri con una filosofia sempre più green, attestata da pluricertificazioni (bio, Vegan Friendly, Equalitas: sostenibilità sociale, ambientale, economica). Vini: segnaliamo il ritorno dei Barolo da singola vigna (La Delizia-Lazzarito, La Villa Paiagallo), ma soprattutto la sontuosa Riserva 2016. In degustazione sono arrivati anche i vini di Il Colombaio di Cencio, di Gaiole in Chianti, nella galassia Fontanafredda dal 2018: molto bene i Chianti classico Gran Selezione 2020, con menzione speciale per l'elegante Vinci.

Via Alba, 15 - 12050 Serralunga d'Alba (CN)
T. 0173 626111 | M. info@fontanafredda.it
www.fontanafredda.it

Viticoltura: Biologica certificata
Ettari: 120 | **Bottiglie:** 8.000.000 | **Produzione olearia:** No
Proprietà: Oscar Farinetti e Luca Baffigo
Cond. enologica: Giorgio Lavagna
Cond. agronomica: Alberto Grasso
Vendita diretta: Sì | **Visite in azienda:** Sì

93
BAROLO RISERVA 2016
Rosso Docg - Nebbiolo 100%
Alc. 14,5% | € 105 | Bt. 11.950 | Ferm. Acciaio | Mat. Legno 12 mesi
Granato. Complesso olfattivo di suggestiva articolazione, all'inizio su toni scuri di liquirizia dolce, poi di viola fanée, lampone macerato, raffinate marezzature balsamiche. In bocca è pure meglio: stoffa tannica robusta e raffinata, profondità di sorso, ampia struttura, persistenza memorabile. Beccacce allo spiedo.

BAROLO VIGNA LA DELIZIA LAZZARITO 2019
Rosso Docg - Nebbiolo 100%
Alc. 14,5% | € 105 | Bt. 3.900 | Ferm. Acciaio | Mat. Legno 30 mesi e Cemento 6 mesi
Stufato di daino.

BAROLO PROPRIETÀ IN FONTANAFREDDA 2019
Rosso Docg - Nebbiolo 100%
Alc. 14% | € 59 | Bt. 6.084 | Ferm. Acciaio | Mat. Legno 24 mesi
Costata di manzetta con salsa allo zenzero.

BAROLO VIGNA LA VILLA PAIAGALLO 2019
Rosso Docg - Nebbiolo 100%
Alc. 14% | € 79 | Bt. 3.800 | Ferm. Acciaio | Mat. Legno 30 mesi
Faraona al forno.

BAROLO DEL COMUNE DI SERRALUNGA D'ALBA 2019
Rosso Docg - Nebbiolo 100%
Alc. 14% | € 38 | Bt. 45.000 | Ferm. Acciaio | Mat. Legno 30 mesi e Cemento 6 mesi
Bigoli con l'anatra.

LANGHE NEBBIOLO EBBIO GRAPPOLO INTERO 2022
Rosso Doc - Nebbiolo 100%
Alc. 13,5% | € 16 | Bt. 31.800 | Ferm. Acciaio | Mat. Legno 4 mesi
Capretto allo spiedo.

BAROLO VIGNA LA ROSA
2013 | 2017 | 2018

BAROLO PROPRIETÀ IN FONTANAFREDDA
2016 | 2017 | 2018

Forteto della Luja
(1790)

Gli eventi magistralmente organizzati da Giovanni Scaglione presso l'oasi naturalistica Forteto della Luja rappresentano ormai un appuntamento fisso per centinaia di partecipanti entusiasti. La Festa della Natura, nel mese di maggio, e il ciclo di appuntamenti denominato Calici al tramonto hanno animato e animeranno la bella stagione, consolidando la vocazione per la promozione del territorio e delle sue eccellenze, autentica mission aziendale. Menzione d'onore per il Loazzolo Piasa Rischei 2020 e il Moscato d'Asti Piasa San Maurizio 2022, eccellenti interpretazioni del noto vitigno aromatico.

Regione Candelette, 4 - 14051 Loazzolo (AT)
T. 0141 831596 | M. info@fortetodellaluja.it
www.fortetodellaluja.it

Viticoltura: Biologica certificata
Ettari: 9 | **Bottiglie:** 50.000 | **Produzione olearia:** No
Proprietà: Giovanni Scaglione
Cond. enologica: Giovanni Scaglione
Cond. agronomica: Giovanni Scaglione
Vendita diretta: Sì | **Visite in azienda:** Sì

LOAZZOLO PIASA RISCHEI 2020
Bianco Doc Passito - Moscato bianco 100%
Alc. 11,5% | € 35 (0,375l) | Bt. 2.000 | Ferm. Legno | Mat. Legno 12 mesi
Si presenta in una brillante veste dorata. L'incipit olfattivo propone rinfrescanti essenze agrumate, seguite da frutta secca, albicocca confit, uva passa e crema chantilly. Acidità e sapidità svolgono egregiamente il loro compito, spalancando le porte alla gradevole componente dolce. Equilibrista. Stilton.

MOSCATO D'ASTI CANELLI PIASA SAN MAURIZIO 2022
Bianco Docg Frizzante Dolce - Moscato bianco 100%
Alc. 5,5% | € 12 | Bt. 12.000 | Ferm. Acciaio | Mat. Acciaio
Torta Margherita al profumo d'arancia.

MONFERRATO ROSSO LE GRIVE 2021
Rosso Doc - Barbera 70%, Pinot nero 30%
Alc. 14,5% | € 17 | Bt. 15.000 | Ferm. Acciaio | Mat. Legno 9 mesi
Faraona al forno.

BARBERA D'ASTI MON ROSS 2022
Rosso Docg - Barbera 100%
Alc. 13,5% | € 10 | Bt. 15.000 | Ferm. Acciaio | Mat. Legno 4 mesi
Crescentine e salumi.

PIEMONTE BRACHETTO PASSITO PIAN DEI SOGNI 2021
Rosso Doc Passito - Brachetto 100%
Alc. 10% | € 22 (0,375l) | Bt. 2.000 | Ferm. Legno | Mat. Legno 12 mesi
Crostata di mirtilli.

LOAZZOLO PIASA RISCHEI
2016 | 2018 | 2019

MONFERRATO ROSSO LE GRIVE
2018 | 2019 | 2020

Fracassi Ratti Mentone
(1800)

Umberto Fracassi riassume magnificamente lo stile sabaudo, con grande signorilità e gentilezza. Vederlo dietro un banco d'assaggio mentre spiega uno dei suoi vini preferiti, la Nascetta, con garbo e pazienza suscita una certa invidia per costanza e volontà. Assaggiando poi i suoi vini non si può non apprezzare il carattere e l'identità del suo Barolo, unico proprietario e produttore del comune di Cherasco. Interessante il nuovo Langhe Nebbiolo, prodotto per la prima volta con solo affinamento in acciaio, che si accompagna alla Barbera d'Alba, austera e ferrosa.

Via Monfalcone, 1 - 12062 Cherasco (CN)
T. 0172 489096 | M. umberto.fracassi@alice.it
www.cantinafracassi.it

Viticoltura: Convenzionale
Ettari: 7 | **Bottiglie:** 20.000 | **Produzione olearia:** No
Proprietà: Umberto Fracassi
Cond. enologica: Umberto Fracassi
Cond. agronomica: Umberto Fracassi
Vendita diretta: Sì | **Visite in azienda:** No

BAROLO MANTOETTO 2019
Rosso Docg - Nebbiolo 70%, Miscela di 14 varietà autoctone bianche e rosse 15%, Rossese 15%
Alc. 14% | € 30 | Bt. 6.000 | Ferm. Acciaio | Mat. Acciaio 12 mesi e Legno 36 mesi
Granato, l'esordio olfattivo inizia con profumi floreali di viola seguiti da piccoli frutti in confettura, erbe officinali e spezie scure che si completano in una traccia fumé. Sorso ricco di sostanza sostenuto da nobile tannino. Piacevole la corrispondenza naso-bocca che nobilita la persistenza. Brasato di lepre con riduzione di vino rosso.

LANGHE NEBBIOLO 2020
Rosso Doc - Nebbiolo 100%
Alc. 13,5% | € 10 | Bt. 1.000 | Ferm. Acciaio | Mat. Acciaio 24 mesi
Risotto al tartufo bianco.

BARBERA D'ALBA CIABOT CONTESSA 2018
Rosso Doc - Barbera 100%
Alc. 14,5% | € 11 | Bt. 5.000 | Ferm. Acciaio | Mat. Legno 6 mesi
Hamburger di manzo con Montasio fuso.

BAROLO MANTOETTO
2015 | 2017

BARBERA D'ALBA CIABOT CONTESSA
2013 | 2016 | 2017

Fratelli Monchiero
(1979)

Un'epopea familiare di quelle che scaldano il cuore: negli anni '70 i fratelli Remo e Meggiorino Monchiero, all'epoca mezzadri, riuscirono a coronare il sogno di imbottigliare e vendere i propri vini. Il Barolo veniva allora destinato al fiorente mercato statunitense, mentre il resto della produzione rimaneva in Italia. L'impulso alla definitiva consacrazione della cantina non tardò ad arrivare, grazie all'avvento di Vittorio, figlio di Meggiorino, abilmente coadiuvato dalla moglie Daniela. La nuova generazione, rappresentata da Luca e Stefano, collabora già proficuamente. Benvenuti in Guida.

Via Alba Monforte, 49 - 12060 Castiglione Falletto (CN)
T. 0173 62820 | M. monchierovini@monchierovini.it
www.monchierovini.com

Viticoltura: Lotta integrata
Ettari: 12 | **Bottiglie:** 45.000 | **Produzione olearia:** No
Proprietà: Famiglia Monchiero
Cond. enologica: Vittorio Monchiero
Cond. agronomica: Se.co.vi.
Vendita diretta: Sì | **Visite in azienda:** Sì

BAROLO ROCCHE DI CASTIGLIONE 2019
Rosso Docg - Nebbiolo 100%
Alc. 14,5% | € 65 | Bt. 6.000 | Ferm. Acciaio | Mat. Legno 18 mesi
Iridescente rosso granato. Sinuosi accompagnamenti fruttati e floreali, dalle piccole bacche rosse alla viola mammola, scortano l'esplorazione olfattiva verso orizzonti di delicata balsamicità e speziatura. Il tannino è serico, spalleggiato da una ricca e persistente sapidità. Assaggio rinvigorente. Filetto di capriolo ai mirtilli.

BAROLO MONTANELLO 2018
Rosso Docg - Nebbiolo 100%
Alc. 14% | € 50 | Bt. 2.000 | Ferm. Acciaio | Mat. Legno 18 mesi
Bocconcini di cinghiale con salsa di prugne.

BAROLO DEL COMUNE DI LA MORRA 2019
Rosso Docg - Nebbiolo 100%
Alc. 14% | € 38 | Bt. 2.400 | Ferm. Acciaio | Mat. Legno 18 mesi
Piccione ai porcini e tartufo nero.

LANGHE NEBBIOLO 2021
Rosso Doc - Nebbiolo 100%
Alc. 14% | € 20 | Bt. 14.000 | Ferm. Acciaio | Mat. Legno 8 mesi
Rigatoni al ragù bianco di carne.

BARBERA D'ALBA SUPERIORE 2021
Rosso Doc - Barbera 100%
Alc. 14,5% | € 18 | Bt. 4.000 | Ferm. Acciaio | Mat. Legno 8 mesi
Gnocchi al ragù.

DOLCETTO D'ALBA 2022
Rosso Doc - Dolcetto 100%
Alc. 12,5% | € 15 | Bt. 1.200 | Ferm. Acciaio | Mat. Terracotta 6 mesi
Zuppa toscana con cavolo nero e crostini di pane.

Gianni Gagliardo
(1973)

Ancora buone nuove dagli assaggi dei vini di Gianni Gagliardo. Anche la bellissima annata 2019 porta tanta qualità e riconferma la bontà del progetto di vinificare e imbottigliare piccole partite di vini delle migliori vigne del territorio. Quest'anno ben due sono state le eccellenze: il solito Mosconi, che riassume nel bicchiere i caratteri del vigneto, sopravanzato dal Monvigliero, un vino di superba eleganza e intensità. Gli altri seguono a breve distanza; vini profumati e cesellati fortemente voluti e pensati da un'azienda più che mai in crescita, sia in termini di risultati che di immagine.

Borgata Serra dei Turchi, 88 - 12064 La Morra (CN)
T. 0173 50829 | M. gagliardo@gagliardo.it
www.gagliardo.it

Viticoltura: Biologica
Ettari: 25 | **Bottiglie:** 190.000 | **Produzione olearia:** Sì
Proprietà: Famiglia Gagliardo
Cond. enologica: Daniele Benevello, Stefano Gagliardo
Cond. agronomica: Alberto Gagliardo
Vendita diretta: Sì | **Visite in azienda:** Sì

(93)
BAROLO MONVIGLIERO 2019
Rosso Docg - Nebbiolo 100%
Alc. 14,5% | € 105 | Bt. 2.400 | Ferm. Acciaio | Mat. Legno 30 mesi
Monvigliero di bellissima espressione, molto fiorito e ricco di profumi fruttati. Il colore è chiaro, il naso di rosa, viola e foglie secche, poi ribes, melagrana, ciliegia e noce moscata. Molto sapida la bocca, fresca e succosa in chiusura. Scaloppa di vitello con asparagi trifolati.

(92)
BAROLO MOSCONI 2019
Rosso Docg - Nebbiolo 100%
Alc. 14,5% | € 85 | Bt. 840 | Ferm. Acciaio | Mat. Legno 33 mesi
Naso affascinante di grande impatto. Tanta frutta dolce e deliziose sensazioni speziate. A succo di ciliegia e lampone si uniscono menta e tabacco dolce, cioccolatino e ribes. La bocca viaggia alla pari. È succosa, equilibrata nella struttura, lunga e gustosa. Ottimo. Manzo brasato con funghi.

BAROLO LAZZARITO VIGNA PREVE 2019
Rosso Docg - Nebbiolo 100%
Alc. 14,5% | € 105 | Bt. 1.900 | Ferm. Acciaio | Mat. Legno 33 mesi
Filetto al pepe verde.

BAROLO CASTELLETTO 2019
Rosso Docg - Nebbiolo 100%
Alc. 14,5% | € 85 | Bt. 3.000 | Ferm. Acciaio | Mat. Legno 30 mesi
Tagliata di manzo al rosmarino.

BAROLO DEL COMUNE DI LA MORRA 2019
Rosso Docg - Nebbiolo 100%
Alc. 14,5% | € 69 | Bt. 4.200 | Ferm. Acciaio | Mat. Legno 30 mesi
Pluma di maialino Bellota con cipolle caramellate.

BAROLO GIANNI GAGLIARDO 2019
Rosso Docg - Nebbiolo 100%
Alc. 14,5% | € 45 | Bt. 30.000 | Ferm. Acciaio | Mat. Legno 33 mesi
Allodole tartufate in casseruola.

BAROLO LAZZARITO VIGNA PREVE
2017

BAROLO MOSCONI
2018

Mario Gagliasso
(1987)

L'annata 2017 è stata, secondo noi ingiustamente, parecchio bistrattata o almeno poco considerata. Ma chi ha saputo gestirla al meglio, approfittando delle poche piogge che l'hanno contraddistinta, ha portato in cantina uve che hanno regalato ottimi vini. Un esempio è proprio la Riserva di Mario Gagliasso, che incarna tutti i paradigmi del Barolo e dell'annata. Una dimostrazione della qualità sempre crescente dell'azienda, evidenziata anche dagli altri Barolo in degustazione. Una menzione speciale merita lo Chardonnay, sempre elegante e fresco, ricco e persistente ma mai smaccato.

Borgata Torriglione, 7 - 12064 La Morra (CN)
T. 0173 50180 | M. info@gagliassovini.it
www.gagliassovini.it

Viticoltura: Lotta integrata
Ettari: 14,5 | **Bottiglie:** 65.000 | **Produzione olearia:** No
Proprietà: Mario Gagliasso
Cond. enologica: Luca Gagliasso, Sergio Molino
Cond. agronomica: Mario Gagliasso
Vendita diretta: Sì | **Visite in azienda:** Sì

BAROLO RISERVA 2017
Rosso Docg - Nebbiolo 100%
Alc. 15% | € 80 | Bt. 1.500 | Ferm. Acciaio | Mat. Legno 60 mesi
Classico rosso granato. Generoso e definito, propone in bella progressione tabacco, incenso, cuoio, frutta rossa macerata, caramella al lampone, sottobosco, tocchi balsamici e minerali. Il sorso è pieno, profondo e appagante, con tannini ancora vispi e vibranti, prodromi di una bella longevità. Ottima estensione. Cinghiale arrosto con castagne.

BAROLO ROCCHE DELL'ANNUNZIATA 2019
Rosso Docg - Nebbiolo 100%
Alc. 14,5% | € 50 | Bt. 8.500 | Ferm. Acciaio | Mat. Legno 30 mesi
Rosticciana.

BAROLO TORRIGLIONE 2019
Rosso Docg - Nebbiolo 100%
Alc. 15% | € 50 | Bt. 4.000 | Ferm. Acciaio | Mat. Legno 30 mesi
Risotto con le quaglie.

BAROLO TRE UTIN 2019
Rosso Docg - Nebbiolo 100%
Alc. 14,5% | € 35 | Bt. 6.500 | Ferm. Acciaio | Mat. Legno 30 mesi
Risotto alla milanese.

LANGHE CHARDONNAY UTINOT 2021
Bianco Doc - Chardonnay 100%
Alc. 13,5% | € 15 | Bt. 4.000 | Ferm. Legno | Mat. Legno 11 mesi
Linguine alla granseola e rosmarino.

BARBERA D'ALBA SUPERIORE VIGNA CIABOT RUSS 2020
Rosso Doc - Barbera 100%
Alc. 14,5% | € 19 | Bt. 6.500 | Ferm. Acciaio | Mat. Legno 15 mesi
Pappardelle al ragù di cervo.

BAROLO TORRIGLIONE
2016 | 2017 | 2018

BAROLO ROCCHE DELL'ANNUNZIATA
2018

Gaja
(1859)

Non è piaggeria ma i campioni presentati quest'anno dalla famiglia Gaja ci hanno entusiasmato. I vini sono tutti straordinari, formidabili nelle espressioni, nel frutto e nel gusto. Difficile il compito di stilare una classifica, tale è la l'abbondanza e la qualità proposta, con due grandi vendemmie sotto esame: 2020 per i Barbaresco e 2019 per i Barolo. Gaja si dimostra una volta di più la cantina leader dell'Italia del vino con una gramma che guarda al futuro con uno stile che coniuga sostanza e grazia, profondità e freschezza. Da oggi l'asticella è ancora più in alto. Chapeau.

Via Torino, 18 - 12050 Barbaresco (CN)
T. 0173 635158 | M. info@gaja.com

Viticoltura: Convenzionale, biologica e biodinamica
Ettari: 96 | **Bottiglie:** 350.000 | **Produzione olearia:** No
Proprietà: Famiglia Gaja
Cond. enologica: Alessandro Albarello
Cond. agronomica: Giorgio Culasso
Vendita diretta: No | **Visite in azienda:** No

98
BARBARESCO SORÌ SAN LORENZO 2020
Rosso Docg - Nebbiolo 100%
Alc. 14% | € 750 | Bt. 9.000
Gran vino. Il naso è ampio, ricco di frutta a bacca rossa purissima, fiori appena recisi, viola e iris, frutta zuccherata, lampone fresco e gelatina di ciliegia. La bocca è splendida nello sviluppo, i tannini fini, la persistenza infinita. Piccione al forno con cipollotti.

97,5
BARBARESCO SORÌ TILDÌN 2020
Rosso Docg - Nebbiolo 100%
Alc. 14% | € 750 | Bt. 12.000
Stupisce sin dall'avvio. Esprime un naso di rara sostanza fruttata, mirtilli in confettura e tisane balsamiche, puramente definite. Al gusto equilibrio e dolcezza, tanta tanta qualità. Dal 2035 Guanciale di vitello in umido con patate.

97,5
BAROLO SPERSS 2019
Rosso Docg - Nebbiolo 100%
Alc. 14% | € 400 | Bt. 19.000 | Ferm. Acciaio | Mat. Legno 24 mesi
Sciolto, molto fruttato, espressivo: è un naso meraviglioso che comunica grande freschezza e dinamismo, polpa di frutti rossi, accenni minerali, succosità. La bocca è gustosa, dolce, sapida e godibile. Un vino strepitoso. Controfiletto di bue alla brace.

96,5
BARBARESCO 2020
Rosso Docg - Nebbiolo 100%
Alc. 14% | € 300 | Bt. 60.000 | Ferm. Acciaio
Castelmagno.

96,5
BARBARESCO COSTA RUSSI 2020
Rosso Docg - Nebbiolo 100%
Alc. 14% | € 750 | Bt. 9.000
Pernici farcite.

96
BAROLO CONTEISA 2019
Rosso Docg - Nebbiolo 100%
Alc. 14% | € 250 | Bt. 13.000 | Ferm. Acciaio | Mat. Legno 24 mesi
Pluma di maialino Bellota con cipolle caramellate.

BAROLO SPERSS
2016 | 2017 | 2018

BAROLO CONTEISA
2017 | 2018

Garesio
(2010)

Da diversi anni seguiamo i progressi della giovane azienda della famiglia Garesio e possiamo piacevolmente constatare come la qualità dei loro vini migliori di anno in anno. Questa crescita è la dimostrazione di come il costante impegno nei vigneti e in cantina porti a esaltare la tipicità e l'espressione del terroir, che diventa particolarmente evidente in una grande annata, come la 2019. Tra i vini di Garesio potrete trovare, oltre alle diverse etichette di Barolo provenienti da cru importanti del comune di Serralunga, anche ottimi Nizza e Barbera d'Asti.

Località Sordo, 1 - 12050 Serralunga d'Alba (CN)
T. 366 7076775 | M. info@garesiovini.it
www.garesiovini.it

Viticoltura: Biologica certificata
Ettari: 25 | **Bottiglie:** 85.000 | **Produzione olearia:** No
Proprietà: Ornella Panico, Giovanna, Giuliano e Clara Garesio
Cond. enologica: Gianluca Colombo
Cond. agronomica: Nicola Argamante
Vendita diretta: Sì | **Visite in azienda:** Sì

BAROLO CERRETTA 2019
Rosso Docg - Nebbiolo 100%
Alc. 14% | € 62 | Bt. 4.300 | Ferm. Acciaio | Mat. Legno 24 mesi e Cemento 12 mesi
Granato tenue e luminoso. Lenta progressione olfattiva. A iniziali profumi di piccoli frutti rossi in confettura, rosa e violetta, seguono erbe aromatiche, liquirizia, spezie dolci e stille balsamiche. Bocca energica, ricca, gustosa, sapida e incessante. Spezzatino di manzo.

BAROLO GIANETTO 2019
Rosso Docg - Nebbiolo 100%
Alc. 14% | € 53 | Bt. 3.900 | Ferm. Acciaio | Mat. Legno 24 mesi
Manzo brasato con olive e porri.

NIZZA GAVELLI 2020
Rosso Docg - Barbera 100%
Alc. 15% | € 20 | Bt. 5.000 | Ferm. Acciaio | Mat. Legno 16 mesi
Hamburger di manzo con Montasio fuso.

BAROLO DEL COMUNE DI SERRALUNGA D'ALBA 2019
Rosso Docg - Nebbiolo 100%
Alc. 14% | € 33 | Bt. 8.800 | Ferm. Acciaio | Mat. Legno 24 mesi
Trippa in umido.

ALTA LANGA PAS DOSÉ 2019
Bianco Docg Metodo Classico - Pinot nero 100%
Alc. 12,5% | € 28 | Bt. 6.600 | Ferm. Acciaio | Mat. Acciaio 6 mesi
36 mesi sui lieviti
Baccalà mantecato.

BARBERA D'ASTI 2022
Rosso Docg - Barbera 100%
Alc. 13,5% | € 13 | Bt. 6.400 | Ferm. Acciaio | Mat. Acciaio 4 mesi e Legno 2 mesi
Salame felino.

BAROLO CERRETTA RISERVA
2016

BAROLO CERRETTA
2013 | 2015 | 2018

Piero Gatti
(1988)

Il territorio del moscato è fatto di angoli di paesaggio bellissimi, panorami mozzafiato, a volte pendenze proibitive. A dispetto di un vino che viene, talvolta, percepito come "semplice", il moscato è un vitigno nobilissimo, in grado di esprimere in dettaglio minime differenze di giacitura, esposizione, terreno. Poche aziende come Piero Gatti, di cui oggi si occupa la figlia Barbara, sanno raccontarlo in modo diretto, immediato, lasciando parlare il vino. Oltre al Moscato, quest'anno tornano in degustazione i due rossi, di cui la Freisa conquista per immediatezza e golosità.

Località Moncucco, 28 - 12058 Santo Stefano Belbo (CN)
T. 0141 840918 | M. info@vinigatti.it
www.vinigatti.it

Viticoltura: Convenzionale
Ettari: 7 | **Bottiglie:** 60.000 | **Produzione olearia:** No
Proprietà: Barbara Gatti
Cond. enologica: Barbara Gatti
Cond. agronomica: Massimo Abrigo
Vendita diretta: Sì | **Visite in azienda:** Sì

PIEMONTE MOSCATO 2022
Bianco Doc Frizzante Dolce - Moscato bianco 100%
Alc. 13,5% | € 15 | Bt. 40.000 | Ferm. Acciaio
Paglierino delicato. L'accento vegetale, fresco, con ricordi di finocchietto e verbena, lascia spazio a un frutto appena maturo, pesca di vigna e albicocca. Il sorso è fresco, verticale, proporzionato nell'equilibrio con una dolcezza slanciata. Il finale ritorna sulle orme fresche del vegetale con accenni alla salvia. Torta caprese.

VIOLETTA 2022
Rosso - Freisa 100%
Alc. 13% | € 13 | Bt. 2.500 | Ferm. Acciaio | Mat. Acciaio 5 mesi
Tagliere di salumi.

PIEMONTE BRACHETTO 2022
Rosso Doc Frizzante Dolce - Brachetto 100%
Alc. 6,5% | € 14 | Bt. 12.000 | Ferm. Acciaio
Crostata alle ciliegie.

VERBEIA 2021
Rosso - Barbera 80%, Freisa 20%
Alc. 13,5% | € 15 | Bt. 2.500 | Ferm. Acciaio | Mat. Acciaio 6 mesi e Legno 3 mesi
Tagliata di manzo al rosmarino.

VIGNOT 2021
Bianco Passito - Moscato bianco 100%
Alc. 13% | € 25 (0,375l) | Bt. 2.000 | Ferm. Acciaio | Mat. Acciaio 12 mesi
Millefoglie con crema e scaglie di mandorle tostate.

PIEMONTE MOSCATO
2019 | 2020 | 2021

PIEMONTE BRACHETTO
2018 | 2019 | 2021

Gaudio - Bricco Mondalino
(1970)

L'idea di realizzare la cantina dei sogni per produrre vini del Monferrato di alta gamma, partì dall'intraprendente capostipite Amilcare. Da allora la famiglia Gaudio si è sempre contraddistinta nel panorama vitivinicolo del Casalese per la ricerca dell'eccellenza, forte di uno stretto legame con la territorialità. Vigneti dislocati nelle migliori posizioni tra Vignale, Camagna e Casorzo danno uve perfettamente sane, permettendo una produzione identitaria e di grande qualità. Vini da apprezzare nella funzionale sala degustazione sotto l'attenta guida di Beatrice e della sua famiglia.

Regione Mondalino, 4 - 15049 Vignale Monferrato (AL)
T. 0142 933204 | M. info@gaudiovini.it
www.gaudiovini.it

Viticoltura: Convenzionale
Ettari: 16 | **Bottiglie:** 100.000 | **Produzione olearia:** No
Proprietà: Famiglia Gaudio
Cond. enologica: Matteo Macchi
Cond. agronomica: Staff aziendale
Vendita diretta: Sì | **Visite in azienda:** Sì

GRIGNOLINO DEL MONFERRATO CASALESE GAUDIO 2022
Rosso Doc - Grignolino 100%
Alc. 13,5% | € 12 | Bt. 20.000 | Ferm. Acciaio | Mat. Acciaio 3 mesi
Rubino tenue e luminoso. Fresche nuance di lamponi, fragoline di bosco e ribes rossi si legano a inserti di rose, ciclamini e peonie, rintocchi di felce, erba medica, gelatine di frutta. La beva snella e gradevole distribuisce equamente sapidità, levigati tannini, il giusto tenore alcolico e mai dome persistenze. Carré d'agnello al timo e lardo di Colonnata.

BARBERA D'ASTI IL BERGANTINO 2020
Rosso Docg - Barbera 100%
Alc. 15% | € 20 | Bt. 4.000 | Ferm. Acciaio | Mat. Legno 18 mesi
Bollito misto con salse.

MALVASIA DI CASORZO DOLCE STIL NOVO 2022
Rosso Doc Frizzante Dolce - Malvasia di Casorzo 100%
Alc. 7% | € 11 | Bt. 5.000 | Ferm. Acciaio
Crostata di mirtilli.

BARBERA D'ASTI IL BERGANTINO
2017 | 2018 | 2019

GRIGNOLINO DEL MONFERRATO CASALESE GAUDIO
2019 | 2020 | 2021

Ettore Germano
(1856)

La qualità della produzione dei Germano è costante. In ogni vino, dagli spumanti ai bianchi fino ai Barolo, s'incontrano i caratteri distintivi di uno stile pensato e ragionato con lungimiranza. Meritorie di riconoscimenti sono gran parte delle etichette proposte, ma quest'anno poniamo l'accento sui grandi rossi di Serralunga: Barolo importanti, caratterizzati da espressione ed eleganza che abbracciando tre annate che riescono a donare un'esperienza sensoriale davvero interessante, dalla Riserva 2017 ai Barolo d'annata passando attraverso il celebrato Vignarionda. C'è da perdersi.

Località Cerretta, 1 - 12050 Serralunga d'Alba (CN)
T. 0173 613528 | M. info@ettoregermano.com
www.ettoregermano.com

Viticoltura: Lotta integrata
Ettari: 20 | **Bottiglie:** 170.000 | **Produzione olearia:** No
Proprietà: Sergio Germano
Cond. enologica: Sergio Germano, Davide Marello
Cond. agronomica: Sergio Germano
Vendita diretta: Sì | **Visite in azienda:** Sì

(94)
BAROLO PRAPÒ 2019
Rosso Docg - Nebbiolo 100%
Alc. 14% | € 52 | Bt. 8.000 | Ferm. Acciaio | Mat. Legno 24 mesi
Un vino delizioso, dal naso dolce di frutta rossa, arancia rossa, pesca, alloro, tè, fragolina di bosco, frutta zuccherata. Al gusto stessa trama, morbida e pura con ottima struttura e grande e fresco equilibrio. Superbo. Parmigiano Reggiano Riserva.

(93,5)
BAROLO VIGNARIONDA 2018
Rosso Docg - Nebbiolo 100%
Alc. 14,5% | € 120 | Bt. 2.700 | Ferm. Acciaio | Mat. Legno 24 mesi
Tanta frutta rossa unita a erbe: ribes e radici, ciliegia e arancia sanguinella, fragolina e bacche. Si conferma al gusto, fine e leggiadro, preciso nei tannini, giovane e vibrante. Piccione al forno con cipollotti.

(93)
BAROLO CERRETTA 2019
Rosso Docg - Nebbiolo 100%
Alc. 14% | € 52 | Bt. 13.000 | Ferm. Acciaio | Mat. Legno 24 mesi
Gran naso, vegetale di alloro e foglie secche, rosa canina e bosso, poi frutta rossa in abbondanza: ciliegia, ribes e lampone in grande e fresca definizione. Al gusto tanta e bella purezza. Tannini e acidità all'unisono, ottima lunghezza. Coq au vin alla borgognona.

(92,5)
BAROLO LAZZARITO RISERVA 2017
Rosso Docg - Nebbiolo 100%
Alc. 15% | € 85 | Bt. 5.000 | Ferm. Acciaio | Mat. Legno 36 mesi
Pernici farcite.

ALTA LANGA PAS DOSÈ BLANC DE BLANCS RISERVA 2016
Bianco Docg - Chardonnay 100%
Alc. 12% | € 50 | Bt. 3.000 | Ferm. Legno e Acciaio | 65 mesi sui lieviti
Culatello di Zibello e gnocco fritto.

ALTA LANGA PAS DOSè BLANC DE NOIRS RISERVA 2016
Bianco Docg - Pinot nero 100%
Alc. 12,5% | € 50 | Bt. 3.000 | Ferm. Legno | 65 mesi sui lieviti
Coniglio alla ligure.

BAROLO LAZZARITO RISERVA
2011 | 2012 | 2016

BAROLO VIGNARIONDA
2015 | 2016 | 2017

Bruno Giacometto

(2001)

Dovessimo tradurre il carattere dell'Erbaluce di Caluso prodotto da Bruno il termine più appropriato è: vino gustoso. In effetti le due tipologie presentate, il classico d'annata 2022 e l'Autoctono 2021, affinato un anno in bottiglia, ci regalano grande piacevolezza di sapore e intriganti profumi. In questi anni i vini dell'azienda non hanno mai deluso le aspettative di chi cerca nell'erbaluce un riscontro varietale, un qualcosa che renda riconoscibile il vitigno, questo è certamente un bel risultato. Ottimo anche il rosato, fresco e sapido, ottenuto da vitigni tradizionali.

Via Armando Diaz, 69 - 10014 Caluso (TO)
T. 348 6522427 | M. info@giacometto.com
www.giacometto.com

Viticoltura: Biologica certificata
Ettari: 8,5 | **Bottiglie:** 20.000 | **Produzione olearia:** No
Proprietà: Bruno Giacometto
Cond. enologica: Gianpiero Gerbi, Gianfranco Cordero
Cond. agronomica: Bruno Giacometto
Vendita diretta: Sì | **Visite in azienda:** Sì

(92)
ERBALUCE DI CALUSO AUTOCTONO 2021
Bianco Docg - Erbaluce 100%
Alc. 12,5% | € 15 | Bt. 5.000 | Ferm. Acciaio | Mat. Acciaio 6 mesi
Paglierino, suggestioni di frutta a polpa gialla matura, pesca e pera estiva con declinazioni agrumate di pompelmo e cedro rifinite da erbe aromatiche e officinali. Il sorso è appagante e deciso, equilibrato e contraddistinto da un'energica dote di salinità che lo rende decisamente saporito. Ribollita.

ERBALUCE DI CALUSO 2022
Bianco Docg - Erbaluce 100%
Alc. 13,5% | € 10 | Bt. 9.000 | Ferm. Acciaio | Mat. Acciaio 9 mesi
Mozzarella di bufala campana.

CANAVESE ROSATO 2022
Rosato Doc - Neretto di Bairo 60%, Barbera 20%, Nebbiolo 20%
Alc. 14% | € 10 | Bt. 2.000 | Mat. Acciaio 6 mesi
Filetto di lucioperca in crosta di patate.

ERBALUCE DI CALUSO AUTOCTONO
2018 | 2019 | 2020

ERBALUCE DI CALUSO
2021

Bruno Giacosa

(1900)

Bruno Giacosa è uno dei grandi marchi del vino italiano, vanto e orgoglio della produzione albese. La storia della cantina è legata a lui, fondatore di un'azienda prestigiosa, immenso conoscitore, sopraffino vinificatore. Ma ora c'è la figlia Bruna alla guida, donna di Langa volitiva, che ereditando onori e oneri sta gestendo benissimo un'azienda non certo facile, sia in termini di numeri che di responsabilità; e ne sono prova gli autorevoli risultati conseguiti con vini straordinari che i mercati assorbono. Non fanno eccezione quelli in uscita quest'anno, fini e prestanti: vini di Langa.

Via XX Settembre, 52 - 12057 Neive (CN)
T. 0173 67027 | M. brunogiacosa@brunogiacosa.it
www.brunogiacosa.it

Viticoltura: Convenzionale
Ettari: 20 | **Bottiglie:** 300.000 | **Produzione olearia:** No
Proprietà: Bruna Giacosa
Cond. enologica: Dante Scaglione
Cond. agronomica: Staff aziendale
Vendita diretta: No | **Visite in azienda:** No

(97)
BAROLO FALLETTO VIGNA LE ROCCHE RISERVA 2017
Rosso Docg - Nebbiolo 100%
Alc. 14,5% | € 650 | Bt. 14.000 | Ferm. Acciaio | Mat. Legno 30 mesi
Rigoroso, preciso, austero. È una Riserva che non si concede facilmente: naso di menta, foglie secche, bacche e corteccia, poi frutti rossi, fragola macerata, ciliegia matura e confetture. La beva è buona, tosta, vigorosa. Dal 2035. Capriolo ai porcini.

(94)
BARBARESCO RABAJÀ 2019
Rosso Docg - Nebbiolo 100%
Alc. 14,5% | € 220 | Bt. 3.600 | Ferm. Acciaio | Mat. Legno 20 mesi
Notevole precisione olfattiva, intensità ed equilibrio. È integro con sussurri di viola, iris e frutti a bacca rossa in perfetta fusione. Bocca dolce e armoniosa, appena tannica e lunga persistenza fruttata. Rabajà cesellato. Stufato di daino.

(93)
BAROLO FALLETTO VIGNA LE ROCCHE 2019
Rosso Docg - Nebbiolo 100%
Alc. 14,5% | € 300 | Bt. 15.000 | Ferm. Acciaio | Mat. Legno 32 mesi
Vivacità cromatica e generosità olfattiva. È carnoso, densamente fruttato di ribes, gelatina di frutta, granatina, ciliegia, poi liquirizia e macis. La bocca è Giacosa, morbida e precisa, giustamente tannica e succosa. Terrina di lepre con salsa di prugne.

ROERO ARNEIS 2022
Bianco Docg - Arneis 100%
Alc. 14% | € 26 | Bt. 151.000 | Ferm. Acciaio | Mat. Acciaio 4 mesi
Torta salata alle zucchine e origano.

BAROLO FALLETTO VIGNA LE ROCCHE RISERVA
2012 | 2014 | 2016

BARBARESCO ASILI
2012 | 2015 | 2019

Carlo Giacosa
(1968)

Il clan Giacosa, guidato da Maria Grazia, con l'affettuosa e saggia supervisione di papà Carlo, vero nume tutelare del terroir, e il crescente contributo del figlio Luca, ha raggiunto un livello di performance che l'ha piazzato nel ristretto novero degli imperdibili di Barbaresco. In vigna, poi, c'è Dante Scaglione a supervisionare la gestione parcellare dei cru: Ovello, Asili e Montefico, qua mica si scherza. Il confidenziale Asili e il Montefico, da sempre etichetta di punta, hanno un passo superiore, ma tutti i vini sono di livello. E le vigne di pinot nero, invecchiando, maturano.

Strada Ovello, 9 - 12050 Barbaresco (CN)
T. 0173 635116 | M. info@carlogiacosa.it
www.carlogiacosa.com

Viticoltura: A basso impatto ambientale
Ettari: 5,5 | **Bottiglie:** 50.000 | **Produzione olearia:** No
Proprietà: Maria Grazia Giacosa
Cond. enologica: Luca Peri, Dante Scaglione
Cond. agronomica: Luca Peri, Carlo Giacosa
Vendita diretta: Sì | **Visite in azienda:** Sì

(94)
BARBARESCO ASILI 2020
Rosso Docg - Nebbiolo 100%
Alc. 14% | € 90 | Bt. 1.900 | Ferm. Acciaio | Mat. Legno 30 mesi
Lucente granato. Olfazione profonda: prorompenti sentori di viola, poi fragolina e mora, menta, sfumature speziate e, su tutto, l'allegiare di una preziosa brezza balsamica. Restiamo colpiti dalla perfetta misura dei tannini, in un quadro succoso, potente, chiuso da una splendida dissolvenza fruttata. Filetto di cervo ai mirtilli.

(93,5)
BARBARESCO MONTEFICO 2020
Rosso Docg - Nebbiolo 100%
Alc. 14,5% | € 55 | Bt. 6.000 | Ferm. Acciaio | Mat. Acciaio e Legno 30 mesi
Granato. Il vero grand cru aziendale si porge dolce al naso, profumato di lampone maturo e cipria, caramellina alla violetta, balsamico, con un che di tabacco e liquirizia fresca. Massiccio e vigoroso, di equilibrata misura in tutte le sue componenti, chiude con portentosa persistenza. Civet di capriolo ai funghi.

BARBARESCO OVELLO 2020
Rosso Docg - Nebbiolo 100%
Alc. 14,5% | € 50 | Bt. 5.000 | Ferm. Acciaio | Mat. Acciaio e Legno 30 mesi
Manzo brasato con olive e porri.

BARBARESCO 2020
Rosso Docg - Nebbiolo 100%
Alc. 14% | € 38 | Bt. 9.000 | Ferm. Acciaio | Mat. Legno 24 mesi
Filetto di scottona in sfoglia.

LANGHE NEBBIOLO MARIA GRAZIA 2021
Rosso Doc - Nebbiolo 100%
Alc. 14% | € 30 | Bt. 8.000 | Ferm. Acciaio | Mat. Acciaio e Legno 12 mesi
Agnello al forno con rosmarino.

LANGHE PINOT NERO 2021
Rosso Doc - Pinot nero 100%
Alc. 13,5% | € 35 | Bt. 3.500 | Ferm. Acciaio | Mat. Legno 12 mesi
Faraona al forno.

BARBARESCO ASILI
2018 | 2019

BARBARESCO MONTEFICO
2016 | 2017 | 2019

Fratelli Giacosa
(1895)

Quest'anno siamo rimasti impressionati dai vini dell'azienda guidata da Maurizio e Paolo Giacosa. In particolare i cru di Barolo e Barbaresco d'annata (rispettivamente 2019 e 2020), grazie all'assoluto valore dei due millesimi, si rivelano ottimi, anzi, di più, a un passo dal Gotha. Ma è il Vigna Mandorlo Riserva 2015, dal cru Scarrone di Castiglione Falletto, a mostrare un passo superiore: supera l'asticella dell'eccellenza in virtù di una "nebbiolicità" forte e senza tempo. Tutta la gamma è affidabile, a partire dal Roero Arneis, vibrante anche in un'annata difficile come la 2022.

Via XX Settembre, 64 - 12052 Neive (CN)
T. 0173 67013 | M. giacosa@giacosa.it
www.giacosa.it

Viticoltura: Biologica
Ettari: 50 | **Bottiglie:** 1.000.000 | **Produzione olearia:** No
Proprietà: Maurizio e Paolo Giacosa
Cond. enologica: Giuseppe Zatti
Cond. agronomica: Giuseppe Zatti
Vendita diretta: Sì | **Visite in azienda:** Sì

(93)
BAROLO SCARRONE VIGNA MANDORLO RISERVA 2015
Rosso Docg - Nebbiolo 100%
Alc. 14,5% | € 60 | Bt. 7.000 | Ferm. Acciaio | Mat. Legno 48 mesi
Granato di media intensità. Il fascino olfattivo di un'evoluzione controllata ad arte: è agrumato, vegetale, dolce di menta e confettura di fragoline, su base ferrigna. Tosto ed elegante, i tannini sostengono e impostano un percorso gustativo lungo, nobile per vigore ed equilibrio dinamico. Chapeau. Cinghiale arrosto con castagne.

BARBARESCO BASARIN VIGNA GIANMATÉ 2020
Rosso Docg - Nebbiolo 100%
Alc. 14,5% | € 45 | Bt. 10.000 | Ferm. Acciaio | Mat. Legno 12 mesi
Fagiano arrosto.

BAROLO BUSSIA 2019
Rosso Docg - Nebbiolo 100%
Alc. 14,5% | € 45 | Bt. 20.000 | Ferm. Acciaio | Mat. Legno 36 mesi
Lepre alla cacciatora.

BARBERA D'ALBA MARIA GIOANA 2019
Rosso Doc - Barbera 100%
Alc. 14,5% | € 30 | Bt. 20.000 | Ferm. Acciaio | Mat. Legno 12 mesi
Arrosto di tacchino lardellato.

ROERO ARNEIS 2022
Bianco Docg - Arneis 100%
Alc. 13% | € 15 | Bt. 30.000 | Ferm. Acciaio | Mat. Acciaio 3 mesi
Sformatino di zucca con fonduta di Asiago.

DOLCETTO D'ALBA VIGNA MADONNA COMO 2022
Rosso Doc - Dolcetto 100%
Alc. 14% | € 13 | Bt. 7.000 | Ferm. Acciaio | Mat. Acciaio 3 mesi
Lasagne alla bolognese.

BAROLO BUSSIA
2013

BAROLO SCARRONE VIGNA MANDORLO RISERVA
2014

Gillardi
(1980)

Sempre notevole la qualità dei vini della famigli Gillardi, contraddistinti da una grande fedeltà alle espressioni del vitigno e alle caratteristiche del territorio ma, al di sopra di tutto, estremamente appaganti: immediati, buoni, golosi, per i Dogliani; nobili promesse che nel tempo si mantengono, invece, per i Barolo e per l'ormai "classico" Harys. La crescente presenza di Elena in azienda, con dedizione, precisione e grande concretezza, è senza dubbio un valore importante e consentirà di realizzare appieno il potenziale di una cantina che, da sempre, merita maggiore visibilità.

Località Corsaletto - 12060 Farigliano (CN)
T. 0173 76306 | M. gillardi@gillardi.it
www.gillardi.it

Viticoltura: Biologica
Ettari: 8,5 | **Bottiglie:** 50.000 | **Produzione olearia:** No
Proprietà: Giacolino ed Elena Gillardi
Cond. enologica: Giacolino Gillardi
Cond. agronomica: Staff aziendale
Vendita diretta: Sì | **Visite in azienda:** Sì

(92)
BAROLO 2019
Rosso Docg - Nebbiolo 100%
Alc. 14% | € 60 | Bt. 4.000 | Ferm. Acciaio | Mat. Legno 36 mesi
Invitanti le piccole bacche rosse, la gelatina di fragoline, le caramelle al latte e frutti di bosco: golosità che si riconferma nel sorso, succoso, attraente, equilibrato, pur tenendo a bada un tannino teso e scalpitante in un finale di grande soddisfazione, che si arricchisce di maggiorana e pesca. Manzo brasato con funghi.

DOGLIANI CURSALET 2022
Rosso Docg - Dolcetto 100%
Alc. 14% | € 19 | Bt. 5.000 | Ferm. Acciaio e Cemento | Mat. Acciaio 10 mesi
Melanzane e peperoni ripieni.

LANGHE ROSSO HARYS 2021
Rosso Doc - Syrah 100%
Alc. 14% | € 60 | Bt. 1.200 | Ferm. Acciaio | Mat. Legno 18 mesi
Capriolo con salsa di ribes rosso.

BAROLO BOIOLO 2019
Rosso Docg - Nebbiolo 100%
Alc. 14% | € 90 | Bt. 800 | Ferm. Acciaio | Mat. Legno 36 mesi
Guanciale di manzo in umido con polenta.

DOGLIANI MAESTRA 2022
Rosso Docg - Dolcetto 100%
Alc. 13% | € 16 | Bt. 18.000 | Ferm. Acciaio e Cemento | Mat. Acciaio 10 mesi
Lasagnette con ragù di coniglio e crema di piselli.

LANGHE NEBBIOLO 2021
Rosso Doc - Nebbiolo 100%
Alc. 14% | € 24 | Bt. 11.000 | Ferm. Acciaio | Mat. Legno 18 mesi
Bitto stravecchio.

LANGHE ROSSO HARYS
2015 | 2016

BAROLO
2017 | 2018

Giuseppe Mascarello e Figlio
(1881)

Povera ma non banale quest'anno la pagina di Giuseppe Mascarello. Purtroppo solo due i vini forniti per le nostre degustazioni, ma non per questo meno interessanti. C'è infatti il Barolo Monprivato, alfiere di questa celebre cantina di Monchiero, nonché uno dei cult-wine più ricercati (e bevuti) dagli appassionati di mezzo mondo. Ebbene torna a punteggi di rilievo il grand cru di casa con un terso e scintillante 2018; un vino che nelle nostre degustazioni abbiamo amato moltissimo. Il Monprivato è un vero purosangue: fresco, cerebrale, quasi una "pietra filosofale" per il territorio. Al vertice.

Strada del Grosso, 1 - 12060 Castiglione Falletto (CN)
T. 0173 792126 | M. info@mascarello1881.com
www.mascarello1881.com

Viticoltura: Convenzionale
Ettari: 12 | **Bottiglie:** 55.000 | **Produzione olearia:** No
Proprietà: Mauro Mascarello
Cond. enologica: Mauro Mascarello, Giuseppe Mascarello
Cond. agronomica: Mauro Mascarello, Elena Mascarello, Giuseppe Mascarello
Vendita diretta: No | **Visite in azienda:** No

(96,5)
BAROLO MONPRIVATO 2018
Rosso Docg - Nebbiolo 100%
Alc. 14,5% | € 160 | Bt. 25.000 | Ferm. Acciaio | Mat. Legno 34 mesi
Monprivato scintillante in freschezza, definizione e leggiadria. Il tratto olfattivo è complesso, fruttato di ribes e melagrana, ciliegia e fragolina di bosco ma anche bacche di sottobosco, radici e liquirizia, foglie secche e tisane. La frutta ritorna al gusto, godibile e sempre armonioso. Una perla. Pernici farcite.

BARBERA D'ALBA SCUDETTO 2020
Rosso Doc - Barbera 100%
Alc. 15,5% | € 30 | Bt. 6.000 | Mat. Legno 20 mesi
Pappardelle con sugo di lepre.

BAROLO MONPRIVATO
2015 | 2016 | 2017

BAROLO VILLERO
2013 | 2015 | 2016

Carlo Gnavi
(1904)

Mentre stiamo scrivendo le pagine della Guida 2024 Carlo Gnavi ci ha lasciato, improvvisamente e discretamente, in modo silenzioso, rispettando così lo stile che lo ha sempre contraddistinto. Ora il timone passa a Giorgio, eclettico e appassionato, che ha dato prova di credere e continuare il lavoro che lo zio gli ha insegnato con dedizione. Noi lo seguiamo e lo sosteniamo. Ciao caro Carlo, la precisa e ambiziosa cura della vigna e della cantina è sempre stato un tuo tratto distintivo, se in paradiso avessero mai bisogno di un vignaiolo sei la persona più indicata e soprattutto discreta.

Via Cesare Battisti, 8 - 10014 Caluso (TO)
T. 340 7316422 - 348 2231844 | M. info@cantinagnavi.it
www.cantinagnavi.it

Viticoltura: Convenzionale
Ettari: 3 | **Bottiglie:** 12.000 | **Produzione olearia:** Sì
Proprietà: Carlo e Giorgio Gnavi
Cond. enologica: Gianpiero Gerbi
Cond. agronomica: Staff aziendale
Vendita diretta: Sì | **Visite in azienda:** Sì

(93)

CALUSO PASSITO REVEJ RISERVA 2010
Bianco Docg Passito - Erbaluce 100%
Alc. 13,5% | € 35 (0,375l) | Bt. 2.000 | Ferm. Acciaio | Mat. Acciaio 3 mesi e Cemento 144 mesi
Una Riserva eccezionale, mirabile mogano, olfatto pieno, opulento di gran complessità: miele di castagno, datteri, erbe officinali, liquirizia dolce e vaniglia, confettura di susine, circondato da nobiltà di legni e fiori essiccati. Dolcezza garbata, freschezza e sapidità accompagnano una risacca ammandorlata. Roquefort.

ERBALUCE DI CALUSO SPUMANTE PAS DOSÉ TURBANTE 60 MESI 2017
Bianco Docg Metodo Classico - Erbaluce 100%
Alc. 12,5% | € 30 | Bt. 1.000 | Ferm. Acciaio | Mat. Acciaio 6 mesi
54 mesi sui lieviti
Cicale di mare su letto di verdure.

ERBALUCE DI CALUSO CAV. GIOVANNI 2017
Bianco Docg - Erbaluce 100%
Alc. 12,5% | € 15 | Bt. 1.000 | Ferm. Acciaio | Mat. Acciaio 8 mesi
Ravioli burro e salvia.

PETRONILLA BRUT ROSÉ
Rosato Metodo Classico - Barbera 25%, Bonarda 25%, Freisa 25%, Neretto di Bairo 25%
Alc. 13% | € 16 | Bt. 1.000 | Ferm. Acciaio | Mat. Acciaio 6 mesi
36 mesi sui lieviti
Insalata di polpo, patate e olive.

CALUSO PASSITO REVEJ RISERVA
1999 | 2007 | 2009

CALUSO VIGNA CRAVA
2018 | 2020

Sergio Gozzelino
(1914)

Sono sempre tanti i vini che l'azienda Gozzelino produce e propone: varie annate e forme di Barbera d'Asti (quest'anno la più convincente è la 2018 Sergio, maturata in rovere di Allier), Moscato d'Asti, Monferrato Nebbiolo, Barolo (dallo scorso anno) e, quest'anno, ben due Grignolino: accanto al Bric d'la Riva, bandiera aziendale, il Luigi, una versione più matura. Nuovi anche due rosati, di cui uno spumante (valutato nella versione App), entrambi a base Barbera e Merlot. Segno di una grande passione e di un'inquietudine produttiva che non lascia intentato alcun percorso.

Strada Bricco Lu, 7 - 14055 Costigliole d'Asti (AT)
T. 0141 966134 | M. gozzelinosergio@gmail.com
www.gozzelinovini.com

Viticoltura: Convenzionale
Ettari: 30 | **Bottiglie:** 120.000 | **Produzione olearia:** No
Proprietà: Sergio Gozzelino
Cond. enologica: Sergio Gozzelino, Lorenzo Gozzelino
Cond. agronomica: Lorenzo Gozzelino
Vendita diretta: Sì | **Visite in azienda:** Sì

BARBERA D'ASTI SUPERIORE SERGIO 2018
Rosso Docg - Barbera 100%
Alc. 14,5% | € 18 | Ferm. Legno e Acciaio | Mat. Acciaio 12 mesi e Legno 24 mesi
Granato profondo. Amarena in confettura, spezie dolci, cannella, chiodi di garofano. Sentori carnosi, foglie secche, liquore al caffè. Sorso di profondo dinamismo: l'austerità dell'evoluzione è increspata da puntuale freschezza, traducendosi in un'ottima bevibilità. Si congeda con cioccolato e refoli balsamici. Pernici farcite.

GRIGNOLINO D'ASTI BRIC D'LA RIVA 2022
Rosso Doc - Grignolino 100%
Alc. 13% | € 8 | Bt. 6.000 | Ferm. Acciaio | Mat. Acciaio 3 mesi
Tonnarelli cacio e pepe.

BARBERA D'ASTI SUPERIORE CIABOT D'LA MANDORLA 2019
Rosso Docg - Barbera 100%
Alc. 14,5% | € 12 | Bt. 7.000 | Ferm. Acciaio | Mat. Legno 24 mesi
Spezzatino di manzo.

GRIGNOLINO D'ASTI LUIGI 2021
Rosso Doc - Grignolino 100%
Alc. 13% | € 10 | Bt. 2.000 | Ferm. Acciaio | Mat. Acciaio 3 mesi
Terrina di coniglio.

BAROLO 2019
Rosso Docg - Nebbiolo 100%
Alc. 14,5% | € 40 | Bt. 1.000 | Ferm. Acciaio | Mat. Legno 24 mesi
Risotto con le quaglie.

MOSCATO D'ASTI BRUNA 2022
Bianco Docg Frizzante Dolce - Moscato bianco 100%
Alc. 5,5% | € 10 | Bt. 8.000 | Ferm. Acciaio | Mat. Acciaio
Torta meringata.

BARBERA D'ASTI CIABOT D'LA MANDORLA
2019

BARBERA D'ASTI SUPERIORE SERGIO
2011 | 2015 | 2017

Elio Grasso
(1928)

Attendendo la Riserva Runcot del 2016 che si prospetta straordinaria, quest'anno negli assaggi ci siamo accontentati con due Barolo formidabili tra cui la parcella Casa Maté della Ginestra che ci ha davvero emozionato. È sempre molto interessante l'assaggio dei vini dei Grasso perché riescono mettere a confronto due terroir distanti pochi metri ma che danno ogni volta risultati diversi e sorprendenti. Quindi sempre buone nuove da questa splendida cantina che ormai da decenni vede il lavoro di Elio e Gianluca in punta alle nostre preferenze, sia per qualità che di simpatia. Da visitare.

Località Ginestra, 40 - 12065 Monforte d'Alba (CN)
T. 0173 78491 | M. info@eliograsso.it
www.eliograsso.it

Viticoltura: Convenzionale e lotta integrata
Ettari: 18 | **Bottiglie:** 100.000 | **Produzione olearia:** No
Proprietà: Gianluca Grasso
Cond. enologica: Gianluca Grasso
Cond. agronomica: Elio Grasso
Vendita diretta: No | **Visite in azienda:** Sì

96

BAROLO GINESTRA CASA MATÉ 2019
Rosso Docg - Nebbiolo 100%
Alc. 14,5% | € 95 | Bt. 16.000 | Ferm. Acciaio | Mat. Legno 30 mesi
Magnifico, un Ginestra austero e lento a mostrarsi. Il profilo è integro e molto classico con confetture e frutti scuri a dominare, poi tanta menta, tabacco e cuoio. La bocca è potente e salda, densa di sapore ed energia ma precisa ed equilibrata nello sviluppo. Un tuono. Non prima del 2035. Piccione al forno con cipollotti.

93,5

BAROLO GAVARINI CHINIERA 2020
Rosso Docg - Nebbiolo 100%
Alc. 14,5% | € 95 | Bt. 16.000 | Ferm. Acciaio | Mat. Legno 30 mesi
Precisione e proporzione. Purezza fruttata da manuale, frutta a bacca rossa, ciliegia, melagrana, lampone maturo. Bocca di struttura salda ma anche morbidezza avvolgente e succosa con tannini gestiti con abilità e ottima persistenza fruttata. Non prima del 2023. Manzo brasato con olive e porri.

BAROLO RUNCOT RISERVA
2010 | 2013 | 2015

BAROLO GAVARINI CHINIERA
2015 | 2016 | 2018

Silvio Grasso
(1927)

Sono solo tre i Barolo presentati per quest'edizione di Vitae: due prodotti con uve provenienti dal comune di La Morra, un altro - il Turnè - con uve di La Morra e di Barolo. Se l'annata 2019 si impone per classicità e tannini decisamente in evidenza, i Barolo di casa Grasso si distinguono anche per rigore e precisione, non rinunciando però a un naso che fa dell'immediatezza e della dolcezza le sue caratteristiche principali. Realtà familiare, come molti in zona hanno iniziato a imbottigliare il proprio vino negli anni '80 del secolo scorso grazie all'attuale titolare Alessio Federico.

Frazione Annunziata, 112 - 12064 La Morra (CN)
T. 0173 50322 | M. info@silviograsso.com
www.silviograsso.com

Viticoltura: Convenzionale e lotta integrata
Ettari: 12 | **Bottiglie:** 80.000 | **Produzione olearia:** No
Proprietà: Alessio Federico Grasso
Cond. enologica: Alessio Federico Grasso
Cond. agronomica: Alessio Federico Grasso
Vendita diretta: Sì | **Visite in azienda:** Sì

BAROLO BRICCO MANZONI 2019
Rosso Docg - Nebbiolo 100%
Alc. 14,5% | € 65 | Bt. 3.000 | Ferm. Acciaio | Mat. Legno 24 mesi
Il rosso granato si fa strada attraverso il rubino. Naso dolce e fresco che concede spezie chiare, sottobosco, mentolo, caramellina al lampone, frutti di bosco macerati, fiori essiccati. Esuberante ma mai smaccato, al sorso si rivela coerente, sapido e gustoso, con un tannino da manuale e già ordinato. Filetto alla Wellington.

BAROLO ANNUNZIATA VIGNA PLICOTTI 2019
Rosso Docg - Nebbiolo 100%
Alc. 14% | € 55 | Bt. 3.000 | Ferm. Acciaio | Mat. Legno 24 mesi
Medaglioni di cervo con riduzione di cottura.

BAROLO TURNÈ 2019
Rosso Docg - Nebbiolo 100%
Alc. 14% | € 55 | Bt. 3.000 | Ferm. Legno | Mat. Legno 24 mesi
Rigatoni al ragù bianco di carne.

BAROLO ANNUNZIATA VIGNA PLICOTTI
2015 | 2016 | 2018

BAROLO BRICCO LUCIANI
2016 | 2017 | 2018

Bruna Grimaldi
(1957)

Tipico esempio di impresa a conduzione familiare, l'azienda guidata da Bruna Grimaldi e Franco Fiorino ha visto già da alcuni anni l'ingresso e l'impegno dei figli Simone e Martina, che con la stessa passione e determinazione dei genitori si occupano di vigna, cantina e mercato. Tutti i vini, non solo le tre sempre convincenti versioni di Barolo, si contraddistinguono come sempre per precisione, eleganza, sapore e facilità di beva: quest'ultima caratteristica da non sottovalutare, perché indicativa di vini equilibrati nonostante le ultime caldissime annate.

Via Parea, 7 - 12060 Grinzane Cavour (CN)
T. 0173 262094 | M. vini@grimaldibruna.it
www.grimaldibruna.it

Viticoltura: Biologica certificata
Ettari: 15 | **Bottiglie:** 80.000 | **Produzione olearia:** No
Proprietà: Bruna Grimaldi e Franco Fiorino
Cond. enologica: Simone Fiorino, Franco Fiorino
Cond. agronomica: Simone Fiorino, Franco Fiorino
Vendita diretta: No | **Visite in azienda:** Sì

(92)
BAROLO BADARINA 2019
Rosso Docg - Nebbiolo 100%
Alc. 14,5% | € 62 | Bt. 6.500 | Ferm. Acciaio | Mat. Legno 30 mesi
Bella veste rosso granato. Il naso è dolce, moderno e accogliente: cenni balsamici, piccoli frutti di bosco macerati, violetta, spezie, cera per mobili, incenso, erbe aromatiche, violetta e iris. Il sorso lo vede saporito e persistente, con tannini vibranti, tipici e definiti che promettono sicura evoluzione. Capriolo con salsa di ribes rosso.

BAROLO BRICCO AMBROGIO 2019
Rosso Docg - Nebbiolo 100%
Alc. 14,5% | € 55 | Bt. 4.500 | Ferm. Acciaio | Mat. Legno 30 mesi
Tagliata al pepe verde.

BARBERA D'ALBA SUPERIORE SCASSA 2021
Rosso Doc - Barbera 100%
Alc. 15% | € 20 | Bt. 25.000 | Ferm. Acciaio | Mat. Legno 12 mesi
Rotolo di coniglio con pomodorini ed erbe aromatiche.

BAROLO CAMILLA 2019
Rosso Docg - Nebbiolo 100%
Alc. 14,5% | € 42 | Bt. 18.000 | Ferm. Acciaio | Mat. Legno 24 mesi
Pollastra alla birra e cipolle di Tropea.

NEBBIOLO D'ALBA BONUREI 2021
Rosso Doc - Nebbiolo 100%
Alc. 14,5% | € 23 | Bt. 18.000 | Ferm. Acciaio | Mat. Legno 12 mesi e Cemento 6 mesi
Bigoli con salsiccia.

BAROLO BADARINA
2017 | 2018

BAROLO BRICCO AMBROGIO
2016

Giacomo Grimaldi
(1939)

Offre sempre tanti spunti di qualità la gamma dei vini prodotti da Ferruccio Grimaldi, più che mai affiancato nella conduzione dal figlio Alberto. I Barolo del 2019 sono buonissimi ed evidenziano sempre più la scelta stilistica della cantina che privilegia eleganza ed equilibrio con profumi e attenzione ai dettagli. Negli assaggi la spunta il Ravera, ma l'acuto ancora una volta giunge dal Barolo classico che si conferma come il campione del rapporto qualità prezzo. Sempre eccellenti i vini minori con il Valmaggiore costantemente al vertice della propria denominazione. Cantina da visitare.

Via Luigi Einaudi, 8 - 12060 Barolo (CN)
T. 0173 560536 | M. info@giacomogrimaldi.com
www.giacomogrimaldi.com

Viticoltura: Convenzionale
Ettari: 16 | **Bottiglie:** 80.000 | **Produzione olearia:** No
Proprietà: Ferruccio Grimaldi
Cond. enologica: Ferruccio Grimaldi, Alberto Grimaldi
Cond. agronomica: Ferruccio Grimaldi, Alberto Grimaldi
Vendita diretta: Sì | **Visite in azienda:** Sì

(92,5)
BAROLO RAVERA 2019
Rosso Docg - Nebbiolo 100%
Alc. 14,5% | € 56 | Bt. 3.500 | Ferm. Acciaio | Mat. Legno 24 mesi
Cuore olfattivo copioso e complesso: propone frutta matura, corteccia, menta, caffè, moka, confetture, frutta zuccherata. È lento nella definizione ma l'ossigenazione lo aiuta a distendersi. La beva è buona, dolce, precisa nello sviluppo e nell'equilibrio. Dal 2030. Maiale in agrodolce.

BAROLO 2019
Rosso Docg - Nebbiolo 100%
Alc. 14,5% | € 38 | Bt. 22.000 | Ferm. Acciaio | Mat. Acciaio 8 mesi e Legno 12 mesi
Gorgonzola naturale.

BAROLO SOTTOCASTELLO DI NOVELLO 2019
Rosso Docg - Nebbiolo 100%
Alc. 14,5% | € 56 | Bt. 3.500 | Ferm. Acciaio | Mat. Legno 24 mesi
Quaglie alla cacciatora.

NEBBIOLO D'ALBA VIGNA VALMAGGIORE 2021
Rosso Doc - Nebbiolo 100%
Alc. 14% | € 24 | Bt. 11.000 | Ferm. Acciaio | Mat. Acciaio 2 mesi e Legno 12 mesi
Spaghetti alla carbonara.

BARBERA D'ALBA FORNACI 2021
Rosso Doc - Barbera 100%
Alc. 15,5% | € 24 | Bt. 3.500 | Ferm. Acciaio | Mat. Acciaio 2 mesi e Legno 12 mesi
Zuppa di funghi.

BAROLO LE COSTE RISERVA
2016

BAROLO RAVERA
2017

Hilberg - Pasquero
(1908)

Pur avendo vigne e cantina in territorio roerino, Annette Hilberg e Michele Pasquero non avevano mai presentato un'etichetta di Roero: lo fanno per la prima volta con il millesimo 2018, per adesso con pochissime bottiglie di un vino ancora giovane ma con un luminoso futuro. Detto della novità, dobbiamo registrare anche un cambiamento di tendenza negli altri vini, soprattutto nei nebbiolo. Che rimangono buonissimi ma che acquistano maggior rigore e perdono un po' di immediatezza, promettendo però a chi li saprà comprendere e soprattutto aspettare soddisfazioni ancora maggiori.

Via Bricco Gatti, 16 - 12040 Priocca (CN)
T. 0173 616197 | M. hilberg@libero.it
www.hilberg-pasquero.com

Viticoltura: Biodinamica
Ettari: 11 | **Bottiglie:** 28.000 | **Produzione olearia:** No
Proprietà: Annette Hilberg
Cond. enologica: Michele Pasquero
Cond. agronomica: Michele Pasquero
Vendita diretta: Sì | **Visite in azienda:** Sì

(94)
NEBBIOLO D'ALBA SUPERIORE MON SURI 2020
Rosso Doc - Nebbiolo 100%
Alc. 14,5% | € 54 | Bt. 3.800 | Ferm. Acciaio | Mat. Legno 24 mesi
Il rosso è ancora un giovanile rubino. Naso che s'apre lento, iniziali sensazioni tostate, regala pungenze speziate, confettura di frutta rossa, ventate balsamiche e iodate, china, grafite. Il sorso è quasi denso, ma rivela tannini precisi, gustosa sapidità, durevolezza e grande potenziale evolutivo. Beccacce allo spiedo.

(92)
NEBBIOLO D'ALBA SUPERIORE SUL MONTE 2021
Rosso Doc - Nebbiolo 100%
Alc. 14,5% | € 38 | Bt. 4.000 | Ferm. Acciaio | Mat. Legno 24 mesi
Rosso rubino. Esordisce scuro di confettura di prugne, tabacco da pipa, cioccolato; arrivano poi freschezze balsamiche e speziate e precisi richiami a pietra e selce. L'assaggio è ricco e quasi masticabile, ma al contempo raffinato e appagante, con tannini saporiti e succosi e bella freschezza. Terrina di lepre con salsa di prugne.

BARBERA D'ALBA SUPERIORE MON SEIJ 2020
Rosso Doc - Barbera 100%
Alc. 14,5% | € 38 | Bt. 4.000 | Ferm. Acciaio | Mat. Legno 24 mesi
Pappardelle al ragù di cinghiale.

ROERO VAL MARTIN 2018
Rosso Docg - Nebbiolo 100%
Alc. 14,5% | € 75 | Bt. 540 | Ferm. Acciaio | Mat. Legno 32 mesi
Cappone ripieno al forno.

VAREIJ 2022
Rosso - Brachetto 75%, Barbera 25%
Alc. 14,5% | € 75 | Bt. 4.800 | Ferm. Acciaio | Mat. Acciaio 12 mesi
Calamarata con ragù di pesce spada.

NEBBIOLO D'ALBA SUPERIORE MON SURJ
2019

NEBBIOLO D'ALBA SUL MONTE
2018 | 2019 | 2020

Paride Iaretti & C.
(2000)

Paride non si ferma mai, un vulcano di idee, progetti e tanta voglia di offrire il frutto del suo lavoro agli appassionati e a tutti quelli che nel nobile vino di Gattinara cercano un sorso di territorio. In effetti nelle sue tre tipologie Paride cerca di comunicare un messaggio liquido emozionale nel Gattinara Valferana, nel Pietro e nella Riserva, vini di alto lignaggio, che non deludono le aspettative. Un vignaiolo vero, figlio d'arte di questo storico territorio del vino, che tra una potatura e un travaso si ritempra passeggiando tra le vette valdostane e le montagne della Valsesia.

Via Luigi Faglia, 107/109 - 13045 Gattinara (VC)
T. 0163 826899 | M. info@parideiaretti.it
www.parideiaretti.it

Viticoltura: Convenzionale
Ettari: 4,5 | **Bottiglie:** 25.000 | **Produzione olearia:** No
Proprietà: Paride Iaretti & C. srl società agricola
Cond. enologica: Corrado Masserano
Cond. agronomica: Paride Iaretti
Vendita diretta: Sì | **Visite in azienda:** Sì

(94)
GATTINARA VIGNA VALFERANA 2019
Rosso Docg - Nebbiolo 100%
Alc. 14% | € 50 | Bt. 3.196 | Ferm. Acciaio | Mat. Legno 36 mesi
Granato luminoso, olfazione profonda giocata sull'eleganza di franchi profumi di fragoline e ribes, nuance vegetali con punteggiatura di erbe officinali e gentile speziatura. In bocca dà il meglio con un incedere autorevole sia nella parte tannica sia nella piacevolezza di gusto che ricama con finezza la persistenza. Sella di coniglio al tartufo con timballo di patate.

GATTINARA RISERVA 2018
Rosso Docg - Nebbiolo 100%
Alc. 14% | € 45 | Bt. 4.856 | Ferm. Acciaio | Mat. Acciaio 12 mesi e Legno 36 mesi
Saltimbocca alla romana.

GATTINARA PIETRO 2019
Rosso Docg - Nebbiolo 100%
Alc. 14% | € 33 | Bt. 14.412 | Ferm. Acciaio | Mat. Legno 36 mesi
Pappardelle con sugo di lepre.

GATTINARA VIGNA VALFERANA
2016 | 2017 | 2018

GATTINARA PIETRO
2013

Icardi
(1914)

Tra i primi a credere nelle coltivazioni biologiche e nella biodinamica, Claudio Icardi realizza vini puliti e precisi, molto marcati sui riconoscimenti fruttati, equilibrati in bocca e dotati di grande bevibilità. Tali caratteristiche hanno contribuito a far conoscere e apprezzare i suoi vini in tutto il mondo. In quest'edizione della Guida Vitae mancano all'appello alcuni dei cru più importanti dell'azienda, come i Barolo Serra e Fossati e il Barbaresco Starderi. Ci consoliamo con un grandissimo Moscato che, anche quest'anno, dimostra di essere tra i migliori della sua categoria.

Strada Comunale Balbi, 30 - 12053 Castiglione Tinella (CN)
T. 0141 855159 | M. info@icardivini.com
www.icardivini.com

Viticoltura: Biologica e biodinamica
Ettari: 48 | **Bottiglie:** 320.000 | **Produzione olearia:** No
Proprietà: Famiglia Icardi
Cond. enologica: Claudio Icardi
Cond. agronomica: Claudio Icardi, Franco Aimasso
Vendita diretta: Sì | **Visite in azienda:** Sì

MOSCATO D'ASTI LA ROSA SELVATICA 2022
Bianco Docg Frizzante Dolce - Moscato 100%
Alc. 5,5% | € 14 | Bt. 82.000 | Ferm. Acciaio
Giallo tenue con lampi verdolini. Olfatto vigoroso e complesso. Si riconoscono profumi d'agrume candito, cedro, pesca bianca, erbe aromatiche, salvia, melissa e citronella. Impatto gustativo fresco, cremoso e bilanciato. Sfuma lentamente su toni agrumati supportati da una delicata dolcezza. Crêpe con confettura di albicocca.

BARBARESCO MOUNTUBERT 2020
Rosso Docg - Nebbiolo 100%
Alc. 14% | € 45 | Bt. 13.000 | Ferm. Acciaio | Mat. Legno 22 mesi
Filetto di scottona in sfoglia.

BAROLO PAREJ 2019
Rosso Docg - Nebbiolo 100%
Alc. 14% | € 60 | Bt. 13.000 | Ferm. Acciaio | Mat. Legno 30 mesi
Guancia di vitello in umido.

LANGHE NEBBIOLO SURIS JVAN 2021
Rosso Doc - Nebbiolo 100%
Alc. 14% | € 25 | Bt. 13.400 | Ferm. Acciaio | Mat. Legno 12 mesi
Risotto con salsiccia e Taleggio.

BARBERA D'ASTI TABAREN 2022
Rosso Docg - Barbera 100%
Alc. 13,5% | € 15 | Bt. 52.000 | Ferm. Acciaio | Mat. Acciaio 8 mesi
Salame felino.

PIEMONTE BIANCO PAFOJ 2022
Bianco Doc - Sauvignon 55%, Chardonnay 40%, Cortese 5%
Alc. 14% | € 22 | Bt. 3.400 | Ferm. Acciaio | Mat. Legno 7 mesi
Ricciola al forno con capperi e pomodori ciliegino.

BAROLO FOSSATI
2015 | 2016 | 2018

BAROLO SERRA RISERVA
2015 | 2016

Il Falchetto
(1940)

All'interno dell'articolata produzione della cantina dei fratelli Forno, ogni anno si presenta lo stesso dilemma tra le due principali anime che i vini esprimono: Moscato o Barbera d'Asti? Certo complementari nel panorama vitivinicolo di Santo Stefano Belbo, quest'anno la spunta il Canelli Tenuta del Fant, uno splendido esempio di qualità, numeri e territorialità. Sempre grande convinzione nelle interpretazioni delle Barbera d'Asti e della Riserva del Nizza, Bricco Roche, un vino che potrà essere valutato con completezza soltanto tra un lustro, almeno. Ottimo il Sauvignon Blanc Pian Craie.

Località Valle Tinella, 16 - Frazione Ciombi - 12058 Santo Stefano Belbo (CN)
T. 0141 840344 | M. tenuta@ilfalchetto.com
www.ilfalchetto.com

Viticoltura: Convenzionale
Ettari: 52 | **Bottiglie:** 280.000 | **Produzione olearia:** No
Proprietà: Fratelli Forno
Cond. enologica: Gianfranco Cordero, Adriano Forno
Cond. agronomica: Giorgio Forno, Gian Piero Romana
Vendita diretta: Sì | **Visite in azienda:** Sì

MOSCATO D'ASTI CANELLI TENUTA DEL FANT 2022
Bianco Docg Frizzante Dolce - Moscato bianco 100%
Alc. 5,5% | € 14 | Bt. 130.000 | Ferm. Acciaio | Mat. Acciaio
Brillante effervescenza su algidi ornamenti verdolini. Rinfrescante il guizzo vegetale, seguito da frutti dalla pacata dolcezza, nettarina ancora immatura, erbe aromatiche, salvia, melissa e fiori di campo. Tesa, verticale, la bocca gestisce con sapienza una dolcezza misurata, liberando un compiaciuto frutto. Spuma di ricotta con salsa di albicocche.

NIZZA BRICCO ROCHE RISERVA 2017
Rosso Docg - Barbera 100%
Alc. 16% | € 42 | Bt. 5.000 | Ferm. Acciaio | Mat. Legno 30 mesi
Bocconcini di cinghiale con salsa di prugne.

BARBERA D'ASTI PIAN SCORRONE 2022
Rosso Docg - Barbera 100%
Alc. 14% | € 14 | Bt. 20.000 | Ferm. Acciaio | Mat. Acciaio 2 mesi
Porchetta di Ariccia.

MOSCATO D'ASTI CANELLI CIOMBO 2022
Bianco Docg Frizzante Dolce - Moscato bianco 100%
Alc. 5,5% | € 14 | Bt. 25.000 | Ferm. Acciaio | Mat. Acciaio
Tarte Tatin di mele.

PIEMONTE SAUVIGNON PIAN CRAIE 2022
Bianco Doc - Sauvignon 100%
Alc. 14,5% | € 18 | Bt. 7.000 | Ferm. Acciaio | Mat. Acciaio 6 mesi
Polpette di pesce d'acqua dolce.

BARBERA D'ASTI SUPERIORE BRICCO PARADISO 2021
Rosso Docg - Barbera 100%
Alc. 15,5% | € 21 | Bt. 14.000 | Ferm. Acciaio | Mat. Legno 14 mesi
Beccacce allo spiedo.

MOSCATO D'ASTI CANELLI TENUTA DEL FANT
2018

BARBERA D'ASTI SUPERIORE BRICCO PARADISO
2018

Il Poggio
(2004)

Il Poggio di Gavi è una graziosa struttura che si trova sopra un crinale contornato da boschi e vigenti con una vista panoramica mozzafiato. A condurre l'azienda è la proprietaria, Francesca, donna briosa e tuttofare che con passione, competenza e dinamismo, anno dopo anno, sfodera nuove idee che riguardano sia l'accoglienza, come le meravigliose serate degustazione a tema con food e i soggiorni nel B&B, che la produzione vitivinicola. E la novità di questa stagione è rappresentata da L'Eco, un profumatissimo cortese frizzante ottenuto con il Metodo Ancestrale rifermentato in bottiglia.

Frazione Rovereto, 171 - 15066 Gavi (AL)
T. 338 3970590 | M. info@ilpoggiodigavi.com
www.ilpoggiodigavi.com

Viticoltura: In conversione al biologico
Ettari: 4,5 | **Bottiglie:** 48.000 | **Produzione olearia:** No
Proprietà: Francesca Poggio
Cond. enologica: Marco Galbagnini
Cond. agronomica: Davide Ferrarese
Vendita diretta: Sì | **Visite in azienda:** Sì

GAVI DEL COMUNE DI GAVI LUNA SUL POGGIO 2022
Bianco Docg - Cortese 100%
Alc. 12,5% | € 17 | Bt. 3.500 | Ferm. Acciaio | Mat. Acciaio 5 mesi
Paglierino con filigrana verdolina. Fragranze floreali di glicine e camomilla, poi il frutto: mela renetta, ananas, ribes bianchi, mandarino, per chiudere con salvia e stille iodate marine. L'ingresso al palato, lineare e scattante, e la marcata trama fresco-sapida rendono la bevibilità snella e pronta al riassaggio. Spiedo di seppioline ai ferri.

GAVI DEL COMUNE DI GAVI ROVERETO SOLE SUL POGGIO 2018
Bianco Docg - Cortese 100%
Alc. 12,5% | € 25 | Bt. 3.300 | Ferm. Acciaio | Mat. Acciaio 12 mesi e Legno 12 mesi
Rotolo di coniglio con pomodorini ed erbe aromatiche.

GAVI DEL COMUNE DI GAVI ROVERETO ETICHETTA NERA 2022
Bianco Docg - Cortese 100%
Alc. 12,5% | € 20 | Bt. 20.000 | Ferm. Acciaio | Mat. Acciaio 6 mesi
Pesce spada al cartoccio.

GAVI NUVOLE SUL POGGIO 2022
Bianco Docg - Cortese 100%
Alc. 12,5% | € 14 | Bt. 14.000 | Ferm. Acciaio | Mat. Acciaio 3 mesi
Alici panate e fritte.

L'APE BRUT
Bianco Metodo Classico - Cortese 100%
Alc. 12,5% | € 19 | Bt. 4.000 | Ferm. Acciaio | Mat. Acciaio 9 mesi
12 mesi sui lieviti
Tartare di scampi.

L'ECO
Bianco Metodo Ancestrale - Cortese 100%
Alc. 12,5% | € 24 | Bt. 1.500 | Ferm. Acciaio | Mat. Acciaio 9 mesi
Farinata di ceci.

GAVI DEL COMUNE DI GAVI SPUMANTE PAS DOSÉ FRANCESCA POGGIO
2015

GAVI DEL COMUNE DI GAVI ROVERETO ETICHETTA NERA
2019 | 2020 | 2021

Ioppa
(1852)

La nuova e funzionale cantina ubicata in mezzo ai vigneti di Romagnano Sesia è il risultato di un grande impegno e lavoro portato avanti da tanti anni da parte di tutta la grande famiglia IJoppa. Il nonno Pierino, promotore appassionato della denominazione Ghemme, Giorgio, l'indimenticato fratello Gianpiero e le loro famiglie hanno saputo portare ad alti livelli il loro vino e onorare la storica denominazione. Tre Ghemme di alto profilo: Santa Fè, complesso, ricco di profumi floreali e succoso al sorso, Balsina delicato e di ottimo equilibrio e il Ghemme classico suadente e fruttato.

Via delle Pallotte, 10 - 28078 Romagnano Sesia (NO)
T. 0163 833079 | M. info@viniioppa.it
www.viniioppa.it

Viticoltura: Convenzionale
Ettari: 40 | **Bottiglie:** 480.000 | **Produzione olearia:** Sì
Proprietà: Famiglia Ioppa
Cond. enologica: Andrea Ioppa, Cristiano Garella
Cond. agronomica: Marco Ioppa
Vendita diretta: Sì | **Visite in azienda:** Sì

GHEMME SANTA FÈ 2018 (92)
Rosso Docg - Nebbiolo 85%, Vespolina 15%
Alc. 14,5% | € 32 | Bt. 1.500 | Ferm. Acciaio | Mat. Legno 36 mesi
Carminio luminoso. Percorso olfattivo articolato su fragranze decisamente fruttate con suggestioni di confetture di marasca e mirtillo, malie balsamiche di erbe alpine, dolce speziatura di zenzero e anice stellato. Avvolgente al sorso, che riprende con decisione la presenza fruttata sorretta da vibrante tannicità. Guanciale di vitello alle erbe aromatiche.

GHEMME 2018
Rosso Docg - Nebbiolo 85%, Vespolina 15%
Alc. 14% | € 20 | Bt. 15.000 | Ferm. Acciaio | Mat. Legno 36 mesi
Coppa piacentina.

GHEMME BRICCO BALSINA 2018
Rosso Docg - Nebbiolo 85%, Vespolina 15%
Alc. 14,5% | € 32 | Bt. 1.500 | Ferm. Acciaio | Mat. Legno 36 mesi
Stracotto d'asino.

COLLINE NOVARESI NEBBIOLO RUSIN 2022
Rosato Doc - Nebbiolo 100%
Alc. 12% | € 8 | Bt. 280.000 | Ferm. Acciaio | Mat. Acciaio 6 mesi
Risotto alla pescatora.

COLLINE NOVARESI VESPOLINA CODA ROSSA 2022
Rosso Doc - Vespolina 100%
Alc. 12,5% | € 10 | Bt. 6.000 | Ferm. Acciaio | Mat. Acciaio 8 mesi
Asiago stravecchio.

COLLINE NOVARESI NEBBIOLO 2022
Rosso Doc - Nebbiolo 100%
Alc. 12,5% | € 10 | Bt. 90.000 | Ferm. Acciaio | Mat. Acciaio 10 mesi
Rigatoni al ragù bianco di carne.

GHEMME SANTA FÈ
2017

GHEMME BRICCO BALSINA
2015

Isolabella della Croce
(2001)

Nel comune di Loazzolo, incastonata nell'anfiteatro di Borgo Isolabella a oltre 500 metri sul livello del mare, è situata quest'azienda a conduzione familiare. I vigneti, dislocati su ripidi pendii, sono immersi in decine di ettari di boschi la cui frescura preserva la vite dai torridi caldi estivi con notti freschissime che permettono il riposo della pianta, oltre a regalare un paesaggio unico. Inoltre, Loazzolo rappresenta il comune con la più piccola Doc d'Italia: prodotto con uve moscato appassite.

Regione Caffi, 3 - 14051 Loazzolo (AT)
T. 0144 87166 | M. info@isolabelladellacroce.it
www.isolabelladellacroce.it

Viticoltura: Convenzionale
Ettari: 14 | **Bottiglie:** 90.000 | **Produzione olearia:** No
Proprietà: Luigi Isolabella della Croce
Cond. enologica: Andrea Elegir
Cond. agronomica: Piero Roseo
Vendita diretta: Sì | **Visite in azienda:** Sì

91

PIEMONTE PINOT NERO BRICCO DEL FALCO 2019
Rosso Doc - Pinot nero 100%
Alc. 13,5% | € 30 | Bt. 5.500 | Ferm. Acciaio | Mat. Legno 16 mesi
Rosso rubino splendente con riflessi granato. Al naso ricorda ribes, melagrana, mirtilli rossi, fragoline di bosco, lamponi, cassis insieme ad allusioni di violetta e rosa, oltre a elegie balsamiche e speziate. Il sorso è morbido e non invadente, con astringenza vellutata e buona acidità. Filetto di capriolo ai mirtilli.

BARBERA D'ASTI SUPERIORE SERENA 2020
Rosso Docg - Barbera 100%
Alc. 15,5% | € 20 | Bt. 4.000 | Ferm. Acciaio | Mat. Legno 14 mesi
Spezzatino di manzo.

NIZZA AUGUSTA 2019
Rosso Docg - Barbera 100%
Alc. 15% | € 30 | Ferm. Acciaio | Mat. Legno 18 mesi
Bocconcini di cervo al cavolo nero.

ALTA LANGA 2018
Bianco Docg Metodo Classico - Chardonnay 75%, Pinot nero 25%
Alc. 12,5% | € 30 | Bt. 3.000 | Ferm. Acciaio | 30 mesi sui lieviti
Crostini con baccalà mantecato.

PIEMONTE SAUVIGNON BLANC 2021
Bianco Doc - Sauvignon 100%
Alc. 13,5% | € 18 | Bt. 4.400 | Ferm. Acciaio
Risotto agli asparagi con gamberi croccanti.

MOSCATO D'ASTI VALDISERRE 2022
Bianco Docg Frizzante Dolce - Moscato bianco 100%
Alc. 5,5% | € 15 | Bt. 10.500 | Ferm. Acciaio
Frittelle di mele.

NIZZA AUGUSTA
2016 | 2017 | 2018

PIEMONTE PINOT NERO BRICCO DEL FALCO
2018

La Chimera Viticoltura Eroica
(2005)

Stefano Turbil è contento del suo spumante Metodo Classico, in particolare dopo un lungo affinamento sui lieviti. Alla base c'è l'uva avanà, hibou noir in Savoia, la più conosciuta tra uve tradizionali della Val Susa, in genere declinata in un gradevole e fruttato vino rosso, di beva piacevole, che nella versione spumante si difende bene. Anche il becuet, tradizionale vitigno valsusino che al di là delle alpi si chiama persan, vinificato in rosso con media maturazione in botte, porta nel bicchiere il profumo della viticoltura eroica della Val Susa. Impegno e tanta fatica.

Via Costonetto, 8 - 10050 Chiomonte (TO)
T. 334 1466075 | M. stefano.turbil@libero.it

Viticoltura: Biologica
Ettari: 4 | **Bottiglie:** 12.000 | **Produzione olearia:** No
Proprietà: Stefano Turbil
Cond. enologica: Maurizio Forgia
Cond. agronomica: Staff aziendale
Vendita diretta: Sì | **Visite in azienda:** Sì

AE ROSÉ BRUT NATURE 60 MESI
Rosato Metodo Classico - Avanà 100%
Alc. 12% | € 45 | Bt. 200 | 60 mesi sui lieviti
Rosa tenue brillante con effervescenza fine. Olfatto sussurrato di piccoli frutti di bosco, delicate sfumature di lievito, nocciola tostata e mandorla e, in chiusura, erbe aromatiche. Al palato è gustoso e sapido, dotato di corroborante effervescenza che allieta la persistenza giocata su aromi fruttati. Risotto con tinca di lago e datterini.

AE BRUT NATURE 24 MESI
Rosato Metodo Classico - Avanà 100%
Alc. 12% | € 28 | Bt. 1.200 | Ferm. Acciaio | Mat. Acciaio 6 mesi
24 mesi sui lieviti
Ostriche Belon.

BAU 2020
Rosso - Becuet 100%
Alc. 14,5% | € 20 | Bt. 600 | Ferm. Acciaio | Mat. Legno 12 mesi
Costolette d'agnello alle erbe.

VALSUSA AVANÀ FINIERE 2022
Rosso Doc - Avanà 100%
Alc. 14,5% | € 20 | Bt. 1.300 | Ferm. Acciaio | Mat. Acciaio 6 mesi
Peperonata.

VALSUSA ROSSO AZAZEL 2022
Rosso Doc - Avanà 40%, Barbera 30%, Dolcetto 30%
Alc. 14,5% | € 15 | Bt. 1.000 | Ferm. Acciaio
Grana Padano Riserva.

CARCAJRUN
Rosso - Gamay 100%
Alc. 14% | € 15 | Bt. 1.000 | Ferm. Acciaio | Mat. Acciaio 6 mesi
Spalla cotta di San Secondo.

AE BRUT NATURE
2020

BAU
2016 | 2019

La Colombera
(1937)

La Colombera è una delle aziende più attive del Tortonese. L'infaticabile opera di Elisa Semino, che si divide tra il lavoro in cantina (con la consulenza di Piero Ballario), la presenza a manifestazioni in Italia e all'estero e la cura della famiglia, ha trovato un nuovo baricentro con l'apertura della nuova sala degustazione con cucina: non si contano più prestigiose degustazioni, merende sinoire, succulenti e partecipati incontri cibo-vino. Un motivo in più per salire sui colli tortonesi. Oltre al timorasso, è chiaro: ma per questo ci sono il raffinato Montino e il vigoroso Derthona.

Strada Comunale per Vho, 7 - 15057 Tortona (AL)
T. 0131 867795 | M. info@lacolomberavini.it
www.lacolomberavini.it

Viticoltura: Convenzionale
Ettari: 28 | **Bottiglie:** 100.000 | **Produzione olearia:** No
Proprietà: Famiglia Semino
Cond. enologica: Piero Ballario, Elisa Semino
Cond. agronomica: Davide Ferrarese, Piercarlo Semino
Vendita diretta: Sì | **Visite in azienda:** Sì

(91)

COLLI TORTONESI TIMORASSO IL MONTINO 2021
Bianco Doc - Timorasso 100%
Alc. 14% | € 38 | Bt. 6.000 | Ferm. Acciaio | Mat. Acciaio 10 mesi
Paglierino. Già mostra i segnali olfattivi d'un Timorasso nel pieno delle sue facoltà olfattive: su sfondo di cedro ed erbe aromatiche, si stagliano i primi tratti appartenenti a un mondo organico-minerale che rimanda ad ambienti enoici del Nord. Ampio, potente, un sorso di sapida lunghezza, salivante e gastronomico. Tortelli di branzino con salsa d'astice.

COLLI TORTONESI TIMORASSO DERTHONA 2021
Bianco Doc - Timorasso 100%
Alc. 14% | € 19 | Bt. 30.000 | Ferm. Acciaio | Mat. Acciaio 10 mesi
Gamberoni al curry.

COLLI TORTONESI BARBERA ELISA 2021
Rosso Doc - Barbera 100%
Alc. 15% | € 25 | Bt. 4.000 | Ferm. Acciaio | Mat. Acciaio 2 mesi e Legno 12 mesi
Costine d'agnello in crosta di noci.

COLLI TORTONESI CORTESE BRICCO BARTOLOMEO 2022
Bianco Doc - Cortese 100%
Alc. 13% | € 10 | Bt. 15.000 | Ferm. Acciaio | Mat. Acciaio 6 mesi
Frittata di erbette.

COLLI TORTONESI BARBERA VEGIA RAMPANA 2022
Rosso Doc - Barbera 100%
Alc. 15% | € 14 | Bt. 15.000 | Ferm. Acciaio | Mat. Acciaio 6 mesi
Salame di Varzi.

COLLI TORTONESI TIMORASSO IL MONTINO
2020

COLLI TORTONESI TIMORASSO DERTHONA
2017 | 2019 | 2020

La Fusina
(1914)

In uno degli scorci più suggestivi del Doglianese per respiro paesaggistico, da oltre un secolo la famiglia Abbona abita La Fusina e, da queste terre, respiriamo e assaggiamo ogni anno vini frutto di un atteggiamento rispettoso della tradizione, equilibrato nell'interpretazione delle novità, sempre accurato e preciso nella produzione. Quest'anno il Barolo Perno brilla per misura e sostanza, il Langhe Nebbiolo conferma grazia ed eleganza. Completano il quadro il Dogliani San Luigi, l'Alta Langa e due interpretazioni di internazionali ormai di casa in Langa, come il pinot nero e il sauvignon.

Borgata Santa Lucia, 33 - 12063 Dogliani (CN)
T. 0173 70488 | M. info@lafusina.com
www.lafusina.com

Viticoltura: Certificazione SQNPI
Ettari: 20 | **Bottiglie:** 80.000 | **Produzione olearia:** No
Proprietà: Famiglia Abbona
Cond. enologica: Gianfranco Cordero
Cond. agronomica: Staff aziendale
Vendita diretta: Sì | **Visite in azienda:** Sì

BAROLO PERNO 2019
Rosso Docg - Nebbiolo 100%
Alc. 14% | € 35 | Bt. 4.500 | Ferm. Acciaio | Mat. Acciaio 2 mesi e Legno 30 mesi
Granato saturo. Slanci fragranti di ciliegia, gelatina di fragola, erbe aromatiche, maggiorana e mentuccia. Il quadro s'arricchisce poi di legni profumati, sandalo, sbuffi d'incenso. Sorso d'interessante tensione, tra freschezza succosa e tannino proporzionato, generosa la struttura. Solare, estroverso. Capriolo ai porcini.

LANGHE NEBBIOLO 2021
Rosso Doc - Nebbiolo 100%
Alc. 14,5% | € 22 | Bt. 7.000 | Ferm. Acciaio | Mat. Acciaio 6 mesi e Legno 6 mesi
Tagliata di manzo al rosmarino.

DOGLIANI SUPERIORE SAN LUIGI 2021
Rosso Docg - Dolcetto 100%
Alc. 14% | € 22 | Bt. 5.000 | Ferm. Acciaio | Mat. Acciaio 6 mesi e Legno 6 mesi e Cemento 6 mesi
Pappardelle con funghi porcini.

LANGHE PINOT NERO 2020
Rosso Doc - Pinot nero 100%
Alc. 14,5% | € 25 | Bt. 3.000 | Ferm. Acciaio | Mat. Acciaio 6 mesi e Legno 18 mesi
Monte Veronese d'allevo.

ALTA LANGA DOSAGGIO ZERO 2019
Bianco Docg Metodo Classico - Pinot nero 100%
Alc. 12% | € 27 | Bt. 3.000 | Ferm. Acciaio | Mat. Acciaio 6 mesi
40 mesi sui lieviti
Canapè di pasta sfoglia al formaggio.

LANGHE SAUVIGNON 2022
Bianco Doc - Sauvignon 100%
Alc. 13,5% | € 22 | Bt. 3.500 | Ferm. Legno
Crema di patate e asparagi con cappesante scottate.

DOGLIANI SUPERIORE SAN LUIGI
2018 | 2020

BARBERA D'ALBA SUPERIORE LA CASTELLA
2017 | 2018 | 2019

La Ghibellina
(2000)

Ambiente familiare e gentile quello con cui si viene accolti alla Ghibellina, dove ci si sente come a casa propria, e il merito va ai proprietari, i coniugi Marina e Alberto che con grande simpatia, calore e professionalità conducono visitatori ed enoappassionati in un percorso che parte dal filare e arriva fino al calice. I loro vigneti, coltivati in regime biologico certificato, sono collocati in posizioni invidiabili per esposizioni e microclima, e le uve danno origine a vini schietti, sinceri, tra cui evidenziamo i due Gavi: il Mainin, fresco e immediato, e l'Altius, complesso e longevo.

Frazione Monterotondo, 61 - 15066 Gavi (AL)
T. 0143 686257 | M. info@laghibellina.it
www.laghibellina.it

Viticoltura: Biologica certificata
Ettari: 9 | **Bottiglie:** 60.000 | **Produzione olearia:** No
Proprietà: Alberto Ghibellini e Marina Galli
Cond. enologica: Marina Galli
Cond. agronomica: Marina Galli
Vendita diretta: Sì | **Visite in azienda:** Sì

GAVI DEL COMUNE DI GAVI MAININ 2022
Bianco Docg - Cortese 100%
Alc. 13% | € 14 | Bt. 50.000 | Ferm. Acciaio | Mat. Acciaio 4 mesi
Paglierino e cristallino. Pulite fragranze floreali e fruttate di acacia, camomilla, fiori di montagna, ribes bianchi, mela Golden, cedro e buccia di limone, poi la salvia e uno sbuffo gessoso. Beva golosa e scorrevole che invita al riassaggio, incentrata sulla freschezza citrina e stuzzicanti percezioni sapide. Insalata di mare.

GAVI DEL COMUNE DI GAVI ALTIUS 2021
Bianco Docg - Cortese 100%
Alc. 13% | € 20 | Bt. 6.000 | Ferm. Acciaio | Mat. Acciaio 9 mesi e Legno 2 mesi
Coniglio alla ligure.

MONFERRATO ROSSO PITUJ 2021
Rosso Doc - Merlot 100%
Alc. 13,5% | € 13 | Bt. 3.000 | Ferm. Acciaio | Mat. Legno 12 mesi
Gnocchi al ragù.

GAVI DEL COMUNE DI GAVI SPUMANTE BRUT
2019

GAVI DEL COMUNE DI GAVI ALTIUS
2018 | 2019 | 2020

La Gironda
(2000)

Coltivare la vite e produrre vino è stato un felice ritorno alle origini per Susanna Galandrino. Un'avventura intrapresa con cuore e passione nel 2000 con papà Agostino e oggi, insieme al marito Alberto, che cura la parte enologica, si è posta come obiettivo prioritario quello di valorizzare al massimo le potenzialità dei suoi vigneti, posizionati in luoghi mozzafiato e coltivati in regime biologico nel massimo rispetto ambientale. Una produzione sempre di elevato livello su cui emerge il Nizza Le Nicchie, che quest'anno si arricchisce con il Pel di Carota, un bianco macerato davvero ottimo.

Strada Bricco, 12 - 14049 Nizza Monferrato (AT)
T. 0141 701013 | M. info@lagironda.com
www.lagironda.com

Viticoltura: Biologica certificata
Ettari: 11 | **Bottiglie:** 80.000 | **Produzione olearia:** No
Proprietà: Famiglia Galandrino
Cond. enologica: Giuseppe Rattazzo, Alberto Adamo
Cond. agronomica: Piero Roseo
Vendita diretta: Sì | **Visite in azienda:** Sì

NIZZA LE NICCHIE 2020
Rosso Docg - Barbera 100%
Alc. 15,5% | € 25 | Bt. 7.000 | Ferm. Acciaio | Mat. Acciaio 6 mesi e Legno 12 mesi
Carminio compatto. Spinta olfattiva di ciliegie mature, more, prugne disidratate, poi liquirizia dolce, bacca di ginepro, tamarindo, anice stellato e cenni balsamici d'eucalipto e menta. Massa gustativa calda, profonda e rotonda, la spiccata acidità e i tannini ben dosati rendono la beva equilibrata e composta. Manzo brasato con funghi.

PEL DI CAROTA
Bianco - Sauvignon 40%, Chardonnay 35%, Cortese 25%
Alc. 13,5% | € 18 | Bt. 1.500 | Ferm. Acciaio | Mat. Acciaio 8 mesi
Robiola di Roccaverano.

MONFERRATO ROSSO CHIESAVECCHIA 2019
Rosso Doc - Barbera 40%, Cabernet sauvignon 40%, Nebbiolo 20%
Alc. 15% | € 20 | Bt. 3.000 | Ferm. Acciaio | Mat. Acciaio 6 mesi e Legno 12 mesi
Fettuccine al ragù d'agnello.

MOSCATO D'ASTI LA GIRONDA 2022
Bianco Docg Frizzante Dolce - Moscato bianco 100%
Alc. 5% | € 11 | Bt. 22.000 | Ferm. Acciaio
Frittelle di mele.

PIEMONTE SAUVIGNON L'AQUILONE 2022
Bianco Doc - Sauvignon 100%
Alc. 13% | € 13 | Bt. 3.000 | Ferm. Acciaio | Mat. Acciaio 7 mesi
Tagliolini al nero di seppia e pomodori ciliegino.

BRACHETTO D'ACQUI LA GIRONDA 2022
Rosso Docg Frizzante Dolce - Brachetto 100%
Alc. 5,5% | € 13 | Bt. 10.000 | Ferm. Acciaio
Mousse alle fragole con sciroppo di marasche.

NIZZA LE NICCHIE
2016 | 2019

NIZZA RISERVA AGO
2016 | 2017

La Giustiniana
(1978)

La Giustiniana è un'elegante villa neoclassica del Seicento, sottoposta a imponenti lavori di restauro, che hanno dato vita a una raffinata location con ampi spazi per eventi, cerimonie, visite private e degustazioni guidate. Ricordiamoci però che è anche una storica azienda vitivinicola nel cuore delle colline di Gavi, i cui vini ben rappresentano i differenti terroir della denominazione: il Lugarara, da terreni bianchi calcarei, immediato e di pronta beva, e il Montessora, da ghiaie e argille rosse, per un vino elegante, complesso e da invecchiamento, e che va meritatamente a premio.

Frazione Rovereto, 5 - 15066 Gavi (AL)
T. 0143 682132 | M. info@lagiustiniana.it
www.lagiustiniana.it

Viticoltura: Convenzionale
Ettari: 40 | **Bottiglie:** 120.000 | **Produzione olearia:** No
Proprietà: Magda Rita Pedrini e Stefano Massone
Cond. enologica: Cristian Pomo
Cond. agronomica: Stefano Massone
Vendita diretta: Sì | **Visite in azienda:** Sì

(91)

GAVI DEL COMUNE DI GAVI MONTESSORA 2022
Bianco Docg - Cortese 100%
Alc. 14% | € 18 | Bt. 30.000 | Ferm. Acciaio | Mat. Acciaio 6 mesi
Giallo sole. Nitore di ananas, pesca di vigna, succose pere e albicocche, bouganville, glicine, tiglio, mix di erbe aromatiche e un ricordo di dolci agrumi in chiusura. Bocca di sostanza, bilanciata a citrina freschezza e stuzzicante sapidità. Lunghi ritorni gusto-olfattivi invitano a golosi riassaggi. Rombo al forno ai sapori mediterranei.

GAVI DEL COMUNE DI GAVI LUGARARA 2022
Bianco Docg - Cortese 100%
Alc. 13,5% | € 15 | Bt. 90.000 | Ferm. Acciaio | Mat. Acciaio 4 mesi
Spaghetti con vongole veraci.

GAVI DEL COMUNE DI GAVI MONTESSORA
2016

GAVI DEL COMUNE DI GAVI LUGARARA
2019 | 2020 | 2021

La Masera
(2005)

I vini della Masera non deludono le aspettative: le varie declinazioni dell'erbaluce hanno confermato la costante qualità di questa cantina. Fin dall'inizio dell'avventura in campo enologico il gruppo di amici che ha creduto in questo progetto ha proposto dei vini piacevoli ed estremamente territoriali. Come sempre intriganti le due versioni del Metodo Classico, in particolare il Pas Dosé che gioca la sua partita sull'invitante freschezza. Sapido e determinato nella persistenza l'Anima Dannata, articolato sulla complessità dei profumi dopo un anno di affinamento in bottiglia.

Strada San Pietro, 32 - 10010 Piverone (TO)
T. 331 8016881 | M. info@lamasera.it
www.lamasera.it

Viticoltura: Convenzionale
Ettari: 5,5 | **Bottiglie:** 30.000 | **Produzione olearia:** No
Proprietà: La Masera
Cond. enologica: Davide Broglia, Claudio Dacasto
Cond. agronomica: Davide Broglia
Vendita diretta: Sì | **Visite in azienda:** Sì

ERBALUCE DI CALUSO SPUMANTE PAS DOSÉ MASILÈ 2019
Bianco Docg Metodo Classico - Erbaluce 100%
Alc. 13% | € 26 | Bt. 4.500 | Ferm. Legno e Acciaio | Mat. Acciaio 6 mesi e Legno 6 mesi | 36 mesi sui lieviti
Corrusco con finissima effervescenza, generoso intreccio di toni vegetali d'erbe aromatiche, salvia e citronella, di linee fruttate di uva spina, pesca e ananas amalgamate con il lievito. Il sorso è attraversato da vibranti freschezza e sapidità che segnano la piacevolezza della lunga coda. Insalata nizzarda.

ERBALUCE DI CALUSO ANIMA 2021
Bianco Docg - Erbaluce 100%
Alc. 13,5% | € 15 | Bt. 13.000 | Ferm. Acciaio | Mat. Acciaio 6 mesi
Zuppa di cipolle gratinate.

ERBALUCE DI CALUSO ANIMA DANNATA 2020
Bianco Docg - Erbaluce 100%
Alc. 13,5% | € 17 | Bt. 3.500 | Ferm. Acciaio | Mat. Acciaio 6 mesi
Fritto di paranza.

ERBALUCE DI CALUSO SPUMANTE BRUT MASILÈ 2018
Bianco Docg Metodo Classico - Erbaluce 100%
Alc. 13% | € 25 | Bt. 5.000 | Ferm. Legno e Acciaio | Mat. Acciaio 6 mesi e Legno 6 mesi | 42 mesi sui lieviti
Crostini con spuma di mortadella.

CANAVESE ROSSO PARIBUN 2021
Rosso Doc - Barbera 70%, Freisa 20%, Vespolina 10%
Alc. 13% | € 11 | Bt. 1.200 | Ferm. Acciaio | Mat. Acciaio 8 mesi
Zuppa toscana con cavolo nero e crostini di pane.

CANAVESE BARBERA MONTE GERBIDO 2021
Rosso Doc - Barbera 100%
Alc. 14% | € 12 | Bt. 1.350 | Ferm. Acciaio | Mat. Acciaio 10 mesi
Tagliatelle al ragù.

ERBALUCE DI CALUSO ANIMA DANNATA
2019

ERBALUCE DI CALUSO SPUMANTE PAS DOSÉ MASILÈ
2016

La Mesma
(2003)

Anna, Paola e Francesca proseguono con entusiasmo nello sperimentare nuove idee, e non sbagliano mai un colpo. La novità 2023 è Tempo Al Tempo, un Gavi che riposa 6 anni in bottiglia, dimostrando straordinaria tenuta e freschezza; ma il premio va a Indi, vino d'incredibile classe a fermentazione spontanea ottenuta da lieviti indigeni. L'ampia gamma dei prodotti abbraccia tutte le tipologie della denominazione, tutti di gran livello qualitativo e l'obiettivo di produrre solo Gavi e coltivare esclusivamente cortese in biologico certificato dà sempre eccellenti risultati. Brave davvero!

Strada Tassarolo, 26 - 15067 Novi Ligure (AL)
T. 0143 342012 | M. info@lamesma.it
www.lamesma.it

Viticoltura: Biologica certificata
Ettari: 28 | **Bottiglie:** 60.000 | **Produzione olearia:** No
Proprietà: Famiglia Rosina
Cond. enologica: Massimo Azzolini
Cond. agronomica: Davide Ferrarese
Vendita diretta: Sì | **Visite in azienda:** Sì

92

GAVI DEL COMUNE DI GAVI INDI 2022
Bianco Docg - Cortese 100%
Alc. 13% | € 20 | Bt. 6.000 | Ferm. Acciaio | Mat. Acciaio 5 mesi
Paglierino cristallino. Iniziale trama olfattiva floreale di zagara, acacia, poi il frutto di mela renetta, cedro, buccia di limone, piccoli ribes bianchi, a chiudere pietra focaia e iodio marino. L'assaggio inizia sapido e prosegue su fresche sensazioni agrumate, rilasciando lunghe e stuzzicanti persistenze. Maltagliati con fiori di zucca e gamberetti.

GAVI DEL COMUNE DI GAVI TEMPO AL TEMPO 2016
Bianco Docg - Cortese 100%
Alc. 12,5% | € 30 | Bt. 3.000 | Ferm. Acciaio | Mat. Acciaio 5 mesi
Petto d'anatra laccato al miele.

GAVI VIGNA DELLA ROVERE VERDE RISERVA 2020
Bianco Docg - Cortese 100%
Alc. 13% | € 30 | Bt. 3.500 | Ferm. Cemento | Mat. Cemento 18 mesi
Filetto di branzino gratinato.

GAVI LA MESMA BRUT 2016
Bianco Docg Metodo Classico - Cortese 100%
Alc. 13% | € 30 | Bt. 2.400 | Ferm. Acciaio | Mat. Acciaio 8 mesi
68 mesi sui lieviti
Tartare di scampi.

GAVI DEL COMUNE DI GAVI ETICHETTA NERA 2021
Bianco Docg - Cortese 100%
Alc. 13% | € 18 | Bt. 6.000 | Ferm. Cemento | Mat. Cemento 12 mesi
Linguine con asparagi e calamaretti.

GAVI DEL COMUNE DI GAVI ETICHETTA GIALLA 2022
Bianco Docg - Cortese 100%
Alc. 13% | € 14 | Bt. 32.000 | Ferm. Acciaio | Mat. Acciaio 5 mesi
Insalata di polpo, patate e olive.

GAVI DEL COMUNE DI GAVI INDI
2020

GAVI VIGNA DELLA ROVERE VERDE RISERVA
2019

La Montagnetta
(1996)

Se ci si vuole fare un'idea della versatilità del vitigno freisa, un assaggio dei vini prodotti da Mimmo Capello potrebbe essere di grande aiuto. Conoscitore del vitigno e del territorio, Mimmo è riuscito a tirare fuori il meglio e a dare personalità alle sue etichette, evidenziando le differenze di terreno, esposizione e vinificazione, dando così il giusto risalto a un vitigno sì ostico ma di grande caratura (non si dimentichi che la freisa è parente strettissimo del nebbiolo). Quest'anno si mette in evidenza la Bugianen, ovvero la Freisa ferma: noi aggiungiamo anche salda e concreta.

Via Bricco Capello, 4 - 14018 Roatto (AT)
T. 0141 938343 | M. info@lamontagnetta.com
www.lamontagnetta.com

Viticoltura: Convenzionale
Ettari: 10 | **Bottiglie:** 50.000 | **Produzione olearia:** No
Proprietà: Domenico Capello
Cond. enologica: Domenico Capello
Cond. agronomica: Domenico Capello
Vendita diretta: Sì | **Visite in azienda:** Sì

91

FREISA D'ASTI SUPERIORE BUGIANEN 2018
Rosso Doc - Freisa 100%
Alc. 14,5% | € 20 | Bt. 5.000 | Ferm. Acciaio | Mat. Legno 18 mesi
Veste rosso rubino. Al naso è complessa e fine, subito ricca di spezie, legno e incenso, a cui seguono frutta scura in confettura, memorie di sottobosco e pietra bagnata. Il sorso rivela grande freschezza, con tannini evidenti ma misuratissimi. Buona e appagante, la beva invita a più di un riassaggio. Tagliata al pepe verde.

BARBERA D'ASTI SUPERIORE PIOVÀ 2020
Rosso Docg - Barbera 100%
Alc. 15% | € 20 | Bt. 5.000 | Ferm. Acciaio | Mat. Legno 24 mesi
Straccetti di vitello al rosmarino.

PIEMONTE FREISA ANPHORA 2020
Rosso Doc - Freisa 100%
Alc. 14,5% | € 20 | Bt. 650 | Ferm. Acciaio | Mat. Terracotta 12 mesi
Risotto alla milanese con ossobuco.

BARBERA D'ASTI PI CIT 2022
Rosso Docg - Barbera 100%
Alc. 14% | € 11 | Bt. 10.000 | Ferm. Acciaio | Mat. Acciaio 6 mesi
Spaghetti alla carbonara.

FREISA D'ASTI L'ALTRA
2020

BARBERA D'ASTI SUPERIORE PIOVÀ
2018 | 2019

La Palazzina
(1986)

Leonardo e Paolo si sono superati presentando un Bramaterra Riserva di alto profilo. Un vino che traduce perfettamente l'identità di questa piccola ma dinamica denominazione che si divide tra sette comuni, parte sotto la provincia di Biella e parte sotto quella di Vercelli. Campanilismi a parte, i vini de La Palazzina sono in costante crescita qualitativa mantenendo un forte legame con la tradizione e il territorio. L'uso delle quattro uve previste dal disciplinare resta un punto fermo. Piacevole e dinamico il Coste della Sesia Vecchi Vigneti, un vino succoso e gratificante per sapidità.

Via Camino, 3 - 13060 Roasio (VC)
T. 328 2932819 | M. info@bramaterralapalazzina.com
www.bramaterralapalazzina.com

Viticoltura: Lotta integrata
Ettari: 4 | **Bottiglie:** 12.000 | **Produzione olearia:** No
Proprietà: Leonardo Montà
Cond. enologica: Maurizio Forgia, Paolo Montà
Cond. agronomica: Leonardo Montà, Paolo Montà
Vendita diretta: Sì | **Visite in azienda:** Sì

(93)

BRAMATERRA BALMI BIOTI RISERVA 2018
Rosso Doc - Nebbiolo 70%, Croatina 15%, Vespolina 10%, Uva rara 5%
Alc. 13% | € 35 | Bt. 1.500 | Mat. Legno 24 mesi
Granato luminoso, espressione di classe di questa nobile denominazione, profumi fruttati che evocano confettura di susine, ciliegie e more, con erbe officinali, assenzio e ruta corredate di gentile speziatura. Al sorso è un vino energico, fresco, di piacevole equilibrio, ricca e calda dissolvenza aromatica. Pappardelle al ragù di cinghiale.

COSTE DELLA SESIA ROSSO VECCHI VIGNETI 2019
Rosso Doc - Nebbiolo 50%, Croatina 40%, Vespolina 10%
Alc. 13% | € 20 | Bt. 1.333 | Ferm. Acciaio | Mat. Legno 18 mesi
Melanzane e peperoni ripieni.

COSTE DELLA SESIA ROSSO 2020
Rosso Doc - Nebbiolo 50%, Croatina 40%, Vespolina 10%
Alc. 12,5% | € 15 | Bt. 2.000
Provolone del Monaco.

BRAMATERRA
2018

COSTE DELLA SESIA ROSSO VECCHI VIGNETI
2016 | 2017 | 2018

La Prevostura
(2003)

Lessona è un comune fortunato, per la geologia, il clima e la storia. Qui la viticoltura ha radici antiche e in particolare di alta qualità. Nel passato i notabili del luogo si sono sempre cimentati con la vigna e il suo prodotto. A La Prevostura il concetto di qualità è alla base della produzione, ma non in senso statico, si punta a sempre nuovi orizzonti e traguardi. Ne abbiamo avuto conferma con i vini presentati quest'anno: un finissimo ed elegante Lessona a cui non manca potenza, un dinamico e fresco Coste della Sesia e, per concludere, uno dei migliori rosati dell'Alto Piemonte.

Cascina Prevostura, 1 - 13853 Lessona (BI)
T. 349 1499863 | M. info@laprevostura.it
www.laprevostura.it

Viticoltura: Convenzionale
Ettari: 6 | **Bottiglie:** 20.000 | **Produzione olearia:** No
Proprietà: Marco Bellini
Cond. enologica: Maurizio Forgia
Cond. agronomica: Michele Colombo, Luca De Marchi
Vendita diretta: Sì | **Visite in azienda:** Sì

(93)

LESSONA 2019
Rosso Doc - Nebbiolo 100%
Alc. 14% | € 34 | Bt. 6.000 | Ferm. Legno e Acciaio | Mat. Acciaio e Legno 22 mesi
Sublime e raffinato Lessona. Esordio fruttato, piccoli frutti, gelatina di fragola e melagrana, poi fiori, erbe alpine e note di tè, la speziatura è di gran dolcezza, misurata e accattivante. In bocca rivendica equilibrio, pienezza e didascalica sapidità che allieta la persistenza. Tacchino farcito con castagne.

PIEMONTE ROSATO CORINNA 2022
Rosato Doc - Nebbiolo 100%
Alc. 13,5% | € 14 | Bt. 4.100 | Ferm. Acciaio | Mat. Acciaio 4 mesi
Triglie in guazzetto.

COSTE DELLA SESIA ROSSO MUNTACC 2020
Rosso Doc - Nebbiolo 85%, Vespolina 15%
Alc. 13,5% | € 20 | Bt. 7.200 | Ferm. Legno e Acciaio | Mat. Acciaio e Legno 15 mesi
Salame felino.

LESSONA
2017 | 2018

COSTE DELLA SESIA ROSSO MUNTACC
2015 | 2017 | 2019

La Raia
(2003)

Possiamo affermare con certezza che La Raia è uno spettacolare esempio di biodiversità, ovvero un ambiente armonico fatto di boschi, un lago ricco di pesci, mucche al pascolo, api e distese di vigneti coltivati nel massimo rispetto ambientale, su cui vengono adottate solo pratiche naturali, quali il sovescio, il corno letame, e potature che seguono la fase lunare discendente. Vini sempre espressivi e di qualità eccellente, che meritano di essere assaggiati nei bellissimi wine-tour, il cui parterre s'arricchisce di un cortese Passito, ma è il Vigna della Madonnina Riserva ad andare a premio.

Strada Monterotondo, 79 - 15067 Novi Ligure (AL)
T. 0143 743685 | M. info@la-raia.it
www.la-raia.it

Viticoltura: Biologica e biodinamica certificate
Ettari: 50 | **Bottiglie:** 200.000 | **Produzione olearia:** No
Proprietà: Famiglia Rossi Cairo
Cond. enologica: Piero Ballario, Clara Milani
Cond. agronomica: Clara Milani
Vendita diretta: Sì | **Visite in azienda:** Sì

(91,5)
GAVI VIGNA DELLA MADONNINA RISERVA 2020
Bianco Docg - Cortese 100%
Alc. 13% | € 20 | Bt. 18.000 | Ferm. Acciaio | Mat. Acciaio 6 mesi
Paglierino radioso. Profumi di fieno estivo, foglie di menta, salvia, poi succose susine, pesche nettarine, melone invernale, pompelmo rosa, ancora una delicata trama floreale e una scia gessosa. Al palato, lunghe percezioni fresco-sapide si uniscono con coerenza alla morbidezza e a mai domi richiami olfattivi. Rombo al forno ai sapori mediterranei.

GAVI LA RAIA PLEO 2022
Bianco Docg - Cortese 100%
Alc. 12,5% | € 13 | Bt. 150.000 | Ferm. Acciaio | Mat. Acciaio 6 mesi
Spaghetti con vongole veraci.

PIEMONTE PINOT NERO 2021
Rosso Doc - Pinot nero 100%
Alc. 12,5% | € 26 | Bt. 3.500 | Ferm. Acciaio | Mat. Acciaio e Legno 12 mesi
Tortelli al Castelmagno.

PIEMONTE BARBERA LARGÉ 2021
Rosso Doc - Barbera 100%
Alc. 13,5% | € 18 | Bt. 3.500 | Ferm. Acciaio | Mat. Acciaio 6 mesi e Legno 18 mesi
Brasato di manzo al vino rosso.

PIEMONTE PASSITO LA RAIA 2021
Bianco Doc Passito - Cortese 100%
Alc. 14% | € 30 (0,5l) | Bt. 750 | Ferm. Acciaio | Mat. Acciaio 6 mesi e Legno 6 mesi
Gorgonzola naturale.

GAVI PISÉ
2015 | 2017 | 2019

GAVI LA RAIA
2019 | 2020 | 2021

La Scolca
(1919)

Una storia iniziata da più di un secolo quella de La Scolca, e fin dalla sua fondazione, nel 1919, la famiglia Soldati ha sempre creduto nella valorizzazione del patrimonio enologico del comprensorio gaviese e del suo vitigno simbolo, il cortese. Già dai primi anni Settanta, il brand La Scolca era sinonimo di stile e buongusto e la mitica Etichetta Nera faceva conoscere al mondo il fascino del cortese di Gavi. Oggi, l'ampio assortimento di prodotti propone vini fermi di tradizione e spumanti Metodo Classico di qualità eccelsa, tra cui i blasonati D'Antan, veri e propri miti senza tempo.

Strada per Rovereto, 170/R - 15066 Gavi (AL)
T. 0143 682176 | M. contatti@soldatilascolca.it
www.lascolca.net

Viticoltura: Biodinamica
Ettari: 70 | **Bottiglie:** 690.000 | **Produzione olearia:** No
Proprietà: Chiara e Giorgio Soldati
Cond. enologica: Giorgio Soldati
Cond. agronomica: Giorgio Soldati
Vendita diretta: Sì | **Visite in azienda:** Sì

(95)
GAVI DEI GAVI D'ANTAN 2009
Bianco - Cortese 100%
Alc. 11,5% | € 72 | Bt. 6.000 | Ferm. Acciaio | Mat. Acciaio 96 mesi
Brillante oro. Affascinanti nuance di composta di arance, nocciole, cedro e papaia canditi, fiori bianchi e gialli appassiti, propoli, cera d'api, melata di tiglio, torrone, anice e altre scie balsamiche. Entra al palato con gentile garbo, sottile e di classe immensa. Un grande vino nobile e aristocratico. Branzino al forno con erbe aromatiche.

(93)
SOLDATI LA SCOLCA D'ANTAN BLANC DE BLANCS BRUT 2011
Bianco Metodo Classico - Cortese 100%
Alc. 12% | € 80 | Bt. 8.000 | Ferm. Acciaio | 120 mesi sui lieviti
Dorato brillante con fini catenelle di minuscole bollicine. Ampio profilo olfattivo di clementine, bergamotto, ribes bianchi, mandorle pelate, poi zagare e gelsomini, e ancora effluvi quasi dolci di panettone e cioccolato bianco. Assaggio cremoso, reso stuzzicante dal vivace perlage che esalta le mai dome persistenze. Ostriche Belon.

GAVI DEI GAVI ETICHETTA NERA 2022
Bianco Docg - Cortese 100%
Alc. 12% | € 27 | Bt. 290.000 | Ferm. Acciaio
Risotto agli scampi.

SOLDATI LA SCOLCA BLANC DE BLANC PAS DOSÉ
Bianco Metodo Classico - Cortese 100%
Alc. 12,5% | € 48 | Ferm. Acciaio | Mat. Acciaio 36 mesi | 42 mesi sui lieviti
Ceviche di gamberi.

PIEMONTE SAUVIGNON LA SCOLCA SOL LUI 2022
Bianco Doc - Sauvignon 100%
Alc. 13% | € 19 | Bt. 10.000 | Ferm. Acciaio
Rotolo di tacchino alle mele ed erbe aromatiche.

LA SCOLCA ROSACHIARA 2022
Rosato - Cortese 95%, Pinot nero 5%
Alc. 12,5% | € 16 | Bt. 11.000 | Ferm. Acciaio
Torta salata alle zucchine e origano.

SOLDATI LA SCOLCA D'ANTAN BLANC DE BLANCS BRUT
2010

GAVI DEI GAVI D'ANTAN
2008

La Spinetta
(1977)

L'esperienza della degustazione dei vini di Giorgio Rivetti lascia sempre il segno. Anzitutto per la qualità eccezionale di tutte le etichette (non limitatevi a questa pagina, esplorate l'app: i grandi vini qui son tali e tanti che la carta non può bastare), ma anche perché il loro assaggio consente una panoramica approfondita sulle magnifiche sorti e progressi del vino piemontese. Che, a giudicare da questi esempi, non è mai stato tanto in forma. Dal mazzo estraiamo il Barbaresco Starderi, il Barolo Campè e la Barbera Bionzo. Ma son solo emblemi: chez Rivetti tutte le carte sono vincenti.

Via Annunziata, 17 - 14054 Castagnole delle Lanze (AT)
T. 0141 877396 | M. info@la-spinetta.com
www.la-spinetta.com

Viticoltura: Biologica certificata
Ettari: 100 | **Bottiglie:** 500.000 | **Produzione olearia:** No
Proprietà: Giorgio, Bruno e Giancarlo Rivetti
Cond. enologica: Marco Rivetti, Giorgio Rivetti
Cond. agronomica: Marco Rivetti
Vendita diretta: Sì | **Visite in azienda:** Sì

95,5

BARBARESCO VIGNETO STARDERI 2020
Rosso Docg - Nebbiolo 100%
Alc. 14,5% | € 103 | Bt. 6.000 | Ferm. Acciaio | Mat. Legno 19 mesi
Granato. Un inno al Barbaresco: lampone, tocchi vegetali e olivastri che sfumano in preziosità balsamiche e di menta. Il sorso è tosto e completo, perfetto nella modulazione dei tannini. Retrolfattivo iperpersistente, rigorosa coerenza aromatica. Medaglioni di cervo con riduzione di cottura.

95

BAROLO VIGNETO CAMPÈ 2019
Rosso Docg - Nebbiolo 100%
Alc. 14,5% | € 115 | Bt. 7.000 | Ferm. Acciaio | Mat. Legno 21 mesi
Ouverture di violetta, poi lampone, menta, tratti vegetali, tabacco nobile, noce moscata: un naso generoso e complesso. Lo stesso il palato: un tannino mirabile spalleggia la succosità fruttata del nebbiolo, lunghissima, appagante. Manzo brasato con olive e porri.

94

BARBERA D'ASTI SUPERIORE BIONZO 2020
Rosso Docg - Barbera 100%
Alc. 14,5% | € 32 | Bt. 7.500 | Ferm. Acciaio | Mat. Legno 18 mesi
Stratificazione olfattiva impressionante: mora, erbe aromatiche e officinali, balsamicità mentolate, sensazioni fiorali alpine, sottobosco. La succosa freschezza trova un poderoso contraltare nella sapida, lunghissima chiusura. Agnello al forno con rosmarino.

BARBARESCO VIGNETO GALLINA 2020
Rosso Docg - Nebbiolo 100%
Alc. 14,5% | € 103 | Bt. 7.000 | Ferm. Acciaio | Mat. Legno 18 mesi
Lombata di vitello su letto di cipolline saltate.

BARBARESCO VIGNETO VALEIRANO 2020
Rosso Docg - Nebbiolo 100%
Alc. 14,5% | € 103 | Bt. 6.000 | Ferm. Acciaio | Mat. Legno 18 mesi
Petto di germano reale al balsamico.

PIEMONTE MOSCATO PASSITO ORO 2015
Bianco Doc Passito - Moscato bianco 100%
Alc. 11% | € 35 (0,5l) | Bt. 2.500 | Ferm. Legno | Mat. Legno 90 mesi
Roquefort.

BARBARESCO VIGNETO STARDERI
2018 | 2019

BAROLO VIGNETO CAMPÈ
2014 | 2017 | 2018

Le Marie
(2000)

Un affascinante ciclo di degustazioni, organizzato da AIS in collaborazione con la scuola Malva Arnaldi di Bibiana, ci ha riuniti per esplorare i vini pinerolesi. Abbiamo avuto l'opportunità di analizzare tutte le tipologie, dallo spumante al pregiato passito. L'azienda della famiglia Raviolo ha svolto un ruolo di primo piano, presentando con orgoglio i vitigni tradizionali da loro coltivati e i vini di cui sono artefici. La degustazione ci ha permesso di scoprire l'autenticità e il carattere distintivo dei vini prodotti tra montagna e pianura e di apprezzare il talento dei produttori locali.

Via San Defendente, 6 - 12032 Barge (CN)
T. 0175 345159 | M. info@lemarievini.eu
www.lemarievini.eu

Viticoltura: Convenzionale
Ettari: 10 | **Bottiglie:** 50.000 | **Produzione olearia:** No
Proprietà: Famiglia Raviolo
Cond. enologica: Francesco Versio
Cond. agronomica: Staff aziendale
Vendita diretta: Sì | **Visite in azienda:** Sì

BLANC DE LISSART 2022
Bianco - Malvasia moscata 100%
Alc. 12,5% | € 14 | Bt. 16.000 | Ferm. Acciaio | Mat. Acciaio 6 mesi
Lucente veste giovanile giallo paglierino. Immediata e fresca l'impronta olfattiva, la suggestione aromatica classica del vitigno è declinata in erbe mediterranee e frutta su cui emergono salvia, pesca e pera. Sorso segnato da un'ottima bevibilità e da una gradevole vena sapida che accompagna la fine freschezza. Risotto al gorgonzola.

PINEROLESE ROSSO DEBARGES 2020
Rosso Doc - Nebbiolo 100%
Alc. 14% | € 18 | Bt. 5.400 | Ferm. Acciaio | Mat. Legno 14 mesi
Fagiano arrosto.

PINEROLESE BARBERA 2021
Rosso Doc - Barbera 100%
Alc. 14% | € 14 | Bt. 5.700 | Ferm. Acciaio | Mat. Acciaio 18 mesi
Tagliere di salumi.

BLANC DE LISSART
2020

PINEROLESE ROSSO DEBARGES
2013 | 2019

Le Piane
(1998)

Finalmente è tornato, nella sua seconda edizione, Plinius, il super Boca delle Piane prodotto solo nelle annate in cui si verificano una serie di condizioni favorevoli. In particolare, una felice coincidenza di eleganza e finezza ma anche potenza e ricchezza di gusto, insomma un vino di altissimo profilo capace di sfidare il tempo, che rende onore alla denominazione. Ma non possiamo non parlare delle due tipologie di bianco a base erbaluce che ci hanno letteralmente colpito per carattere e grande sapore. Un'interpretazione del grande vitigno bianco di assoluto livello. Chapeau.

Piazza Matteotti, 2 - 28010 Boca (NO)
T. 348 8727451 | M. info@bocapiane.com
www.bocapiane.com

Viticoltura: Biologica
Ettari: 11 | **Bottiglie:** 80.000 | **Produzione olearia:** No
Proprietà: Società Le Piane
Cond. enologica: Christoph Kuenzli
Cond. agronomica: Nicola Del Boca
Vendita diretta: Sì | **Visite in azienda:** Sì

96

BOCA PLINIUS 2017
Rosso Doc - Nebbiolo 85%, Vespolina 15%
Alc. 14% | € 110 | Bt. 3.000 | Ferm. Legno
Una gran selezione di Boca, affascinante, dai profumi floreali di rosa e glicine, fruttato di piccoli frutti e agrumato di bergamotto e chinotto, dolcissimo e gradevole l'apporto speziato. Bocca di estrema freschezza e sapidità, mirabile equilibrio e persistenza. Maltagliati con funghi porcini.

92

BOCA 2018
Rosso Doc - Nebbiolo 85%, Vespolina 15%
Alc. 14% | € 65 | Bt. 13.000 | Ferm. Legno e Acciaio | Mat. Legno 48 mesi
Granato limpidissimo, complessità seducente di fiori alpini ed essenze mediterranee, arnica e ginestra, agrumato di pompelmo e cenni di leggera salamoia. Sapore intenso, coerente ed equilibrato, Saporita persistenza. Zuppa di legumi e cereali.

91

EOS VINO BIANCO 2020
Bianco - Erbaluce 100%
Alc. 14% | € 36 | Bt. 2.500 | Ferm. Legno
Virtuoso paglierino, accattivante per complessità olfattiva di frutta a polpa bianca, pesca, albicocca e susina bianca, erba sfalciata e sfumature aromatiche di timo. Sapido e avvolgente attraversato da pungente freschezza. Blu di pecora.

LE PIANE 2021
Rosso - Croatina 95%, Vespolina 5%
Alc. 14% | € 36 | Bt. 7.000 | Ferm. Legno e Acciaio | Mat. Legno 22 mesi
Capriolo con salsa di ribes rosso.

BIANKO 2022
Bianco - Erbaluce 100%
Alc. 14% | € 22 | Bt. 10.000 | Ferm. Legno | Mat. Legno 8 mesi
Tagliata di manzo al rosmarino.

MIMMO 2020
Rosso - Nebbiolo 70%, Croatina 25%, Vespolina 5%
Alc. 13,5% | € 25 | Bt. 15.000 | Ferm. Acciaio | Mat. Legno 12 mesi
Melanzane e peperoni ripieni.

BOCA
2016 | 2017 | 2019

MIMMO
2018

Le Pianelle
(2007)

Alle Pianelle tutto è ordinato e perfetto. Quest'ambizione si traduce in ogni bottiglia: vini che non deludono mai le aspettative. La visione di un Bramaterra leggiadro e delicatamente speziato dove la parte del leone la gioca il nebbiolo creando suggestioni e sfumature di rara eleganza. In particolare nel Bramaterra Robino che offre complessità balsamica e floreale. Classico e intrigante, ricco di speziatura il Coste Della Sesia Al Forte, mentre si conferma di grande pregio e freschezza il rosato al Posto dei Fiori, caratterizzato da una splendida sapidità.

Via Forte, 25 - 13862 Brusnengo (BI)
T. 015 985111 | M. info@lepianelle.com
www.lepianelle.com

Viticoltura: A basso impatto ambientale
Ettari: 5 | **Bottiglie:** 19.000 | **Produzione olearia:** No
Proprietà: Dieter Heuskel e Peter Dipoli
Cond. enologica: Cristiano Garella
Cond. agronomica: Andrea Zanetta
Vendita diretta: Sì | **Visite in azienda:** Sì

91,5

BRAMATERRA ROBINO 2019
Rosso Doc - Nebbiolo 80%, Vespolina 20%
Alc. 13% | € 50 | Bt. 3.100 | Ferm. Legno | Mat. Acciaio 3 mesi e Legno 18 mesi
Granato luminoso, intrigante pot-pourri di frutti di bosco con leggiadre presenze balsamiche d'erbe aromatiche e violetta appassita, un dolce e delicato corteggio speziato e di scorza d'agrume. L'impatto tannico è deciso e tenace, preludio e sicura scorta di longevità, già godibile e saporito nella lunga persistenza. Risotto alla milanese.

BRAMATERRA 2019
Rosso Doc - Nebbiolo 80%, Croatina 10%, Vespolina 10%
Alc. 13% | € 45 | Bt. 5.000 | Ferm. Legno | Mat. Acciaio 3 mesi e Legno 18 mesi
Ravioli al sugo di chianina e tartufo nero.

COSTE DELLA SESIA ROSATO AL POSTO DEI FIORI 2022
Rosato Doc - Nebbiolo 90%, Croatina 5%, Vespolina 5%
Alc. 14% | € 16 | Bt. 5.600 | Ferm. Legno e Acciaio | Mat. Acciaio 5 mesi
Guazzetto di moscardini.

COSTE DELLA SESIA ROSSO AL FORTE 2020
Rosso Doc - Nebbiolo 70%, Croatina 20%, Vespolina 10%
Alc. 13% | € 28 | Bt. 4.000 | Ferm. Legno | Mat. Acciaio 6 mesi e Legno 18 mesi
Involtini di melanzana con scamorza.

BRAMATERRA ROBINO
2018

BRAMATERRA
2017

Le Strette
(1997)

Azienda piccola solo nei numeri, quella condotta da Savio e Ludovica Daniele, padre e figlia. Le poche etichette (e bottiglie) prodotte spiccano tutte per cura e pregio, frutto dell'attenzione che i Daniele hanno sempre posto in vigna e in cantina. Come sempre convincenti i tre Barolo, con la vigna Bergeisa a Barolo, e le altre due a Novello. Ed è proprio a Novello che brilla la Nas-cëtta, da un vitigno che l'azienda ha contribuito a recuperare e diffondere e che quest'anno offre, soprattutto nel Pasinot, una versione di grande respiro, dove struttura ed eleganza si fondono perfettamente.

Via le Strette, 1/F - 12060 Novello (CN)
T. 0173 744002 | M. lestrette@lestrette.com
www.lestrette.com

Viticoltura: Lotta integrata
Ettari: 7 | **Bottiglie:** 25.000 | **Produzione olearia:** No
Proprietà: Savio e Ludovica Daniele
Cond. enologica: Savio Daniele
Cond. agronomica: Savio Daniele
Vendita diretta: Sì | **Visite in azienda:** Sì

BAROLO CORINI PALLARETTA 2019
Rosso Docg - Nebbiolo 100%
Alc. 14,5% | € 40 | Bt. 1.000 | Ferm. Acciaio | Mat. Legno 33 mesi
Il rosso granato è paradigmatico. Serio e timido al naso, si distende lentamente regalando confettura di frutti rossi, cenni balsamici, spezie scure, sottobosco, caramellina al lampone, violetta essiccata. L'assaggio lo vede ricco e saporito, con un tannino ancora vibrante sebbene ben definito e una bella persistenza. Brasato di lepre con riduzione di vino rosso.

BAROLO BERGEISA 2019
Rosso Docg - Nebbiolo 100%
Alc. 14,5% | € 40 | Bt. 1.300 | Ferm. Acciaio | Mat. Legno 35 mesi
Spezzatino di manzo.

BAROLO BERGERA PEZZOLE 2019
Rosso Docg - Nebbiolo 100%
Alc. 15% | € 48 | Bt. 1.500 | Ferm. Acciaio | Mat. Legno 35 mesi
Risotto ai porcini.

LANGHE NAS-CËTTA DEL COMUNE DI NOVELLO PASINOT 2021
Bianco Doc - Nascetta 100%
Alc. 14% | € 25 | Bt. 800 | Ferm. Acciaio | Mat. Acciaio 12 mesi
Coniglio alla ligure.

BARBERA D'ALBA SUPERIORE PERSOLE 2021
Rosso Doc - Barbera 100%
Alc. 14,5% | € 18 | Bt. 5.000 | Ferm. Acciaio | Mat. Acciaio 3 mesi e Legno 12 mesi
Agnolotti al sugo di carne.

LANGHE NAS-CËTTA DEL COMUNE DI NOVELLO 2022
Bianco Doc - Nascetta 100%
Alc. 13,5% | € 18 | Bt. 8.000 | Ferm. Acciaio | Mat. Acciaio 11 mesi
Piovra arrostita.

BAROLO CORINI PALLARETTA
2016

BAROLO BERGERA PEZZOLE
2018

Ugo Lequio
(1981)

Una nuova generazione affianca Ugo Lequio nel suo sartoriale négoce d'alta gamma: la figlia Serena e il genero Andrea sono entrati in azienda. Intanto Ugo ha rinnovato con la proprietà Marcarino l'accordo che lo lega ai 7 ettari del cru Gallina, di cui dai lontani anni '80 è uno dei cantori più accreditati. Proprio dalla Cascina Nuova, nel cuore del cru, arrivano due novità: un ottimo Barbaresco tout-court, da vigne giovani, di beva più diretta del vigoroso Gallina, e una succosa Barbera d'annata. Al top sempre il Barbaresco Gallina e la Barbera Superiore. Vini identitari, intensi, profondi.

Via del Molino, 10 - 12052 Neive (CN)
T. 0173 677224 | M. info@ugolequio.it
www.ugolequio.it

Viticoltura: Convenzionale
Ettari: 7 | **Bottiglie:** 30.000 | **Produzione olearia:** No
Proprietà: Ugo Lequio
Cond. enologica: Gianfranco Cordero, Ugo Lequio
Cond. agronomica: Gianni Marcarino, Alberto Marcarino
Vendita diretta: Sì | **Visite in azienda:** Sì

BARBARESCO GALLINA 2019
Rosso Docg - Nebbiolo 100%
Alc. 14,5% | € 55 | Bt. 6.600 | Ferm. Acciaio | Mat. Legno 20 mesi
Granato classico. Naso d'antica nobiltà, con note di genziana, radice, fragolina sotto spirito, vecchi legni, viola appassita, gentilezza di spezie. Caldo e di robusta dotazione tannica, chiude con buona persistenza. In bocca ha rimarchevole sostanza, che il tempo s'incaricherà di distendere. Cinghiale in umido.

BARBARESCO 2020
Rosso Docg - Nebbiolo 100%
Alc. 14,5% | € 38 | Bt. 3.000 | Ferm. Acciaio | Mat. Legno 20 mesi
Tortelli al Castelmagno.

BARBERA D'ALBA SUPERIORE VIGNA GALLINA 2020
Rosso Doc - Barbera 100%
Alc. 15% | € 30 | Bt. 1.650 | Ferm. Acciaio | Mat. Legno 20 mesi
Coniglio in umido alle erbe aromatiche.

LANGHE NEBBIOLO 2021
Rosso Doc - Nebbiolo 100%
Alc. 14,5% | € 19 | Bt. 4.300 | Ferm. Legno e Acciaio | Mat. Legno 8 mesi
Lasagnette con ragù di coniglio e crema di piselli.

LANGHE ARNEIS 2022
Bianco Doc - Arneis 100%
Alc. 14% | € 17 | Bt. 2.000 | Ferm. Acciaio | Mat. Acciaio 5 mesi
Crespelle con asparagi e ricotta salata.

BARBERA D'ALBA 2022
Rosso Doc - Barbera 100%
Alc. 14% | € 19 | Bt. 4.700 | Ferm. Acciaio | Mat. Legno 3 mesi
Salame d'oca di Mortara.

BARBARESCO GALLINA
2015 | 2016

BARBERA D'ALBA SUPERIORE VIGNA GALLINA
2017 | 2018 | 2019

Walter Lodali
(1939)

Nel 2024 saranno 85 anni d'attività per questa cantina di Treiso, giunta alla terza generazione: fondata da Giovanni Lodali, continuata da Lorenzo (Lorens, a cui son dedicati i vini premium dell'azienda), è ora gestita da Walter con piglio moderno, sempre più teso alla valorizzazione dei cru di Barolo e Barbaresco: Bricco Ambrogio a Roddi e Giacone a Treiso. A questi si aggiungono vigne a Lequio Berria, Alba, La Morra, e Pocapaglia e Montaldo nel Roero. Sugli scudi proprio il Barbaresco e il Barolo Lorens, che ora portano in etichetta i nomi delle rispettive MGA e sfiorano l'ingresso nell'élite.

Viale Rimembranza, 5 - 12050 Treiso (CN)
T. 0173 638109 | M. lodali@lodali.it
www.lodali.it

Viticoltura: Convenzionale
Ettari: 16 | **Bottiglie:** 120.000 | **Produzione olearia:** No
Proprietà: Walter Lodali
Cond. enologica: Walter Lodali
Cond. agronomica: Walter Lodali
Vendita diretta: Sì | **Visite in azienda:** Sì

BARBARESCO LORENS GIACONE 2020
Rosso Docg - Nebbiolo 100%
Alc. 15% | € 55 | Bt. 5.000 | Ferm. Cemento | Mat. Legno 24 mesi
Granato chiaro. Fascinoso: vibrante intensità fruttata (fragolina matura, lampone), viola e sensazioni balsamiche, liquirizia fresca, menta. Sorso caldo, potente, avvolgente, di eccellente qualità tannica e vellutato; in coda, prolungata scia fruttata. Ravioli di germano con foie gras.

BAROLO LORENS BRICO AMROGIO 2019
Rosso Docg - Nebbiolo 100%
Alc. 15% | € 55 | Bt. 5.000 | Ferm. Cemento | Mat. Legno 24 mesi
Capriolo in salmì con polenta di grano saraceno.

BARBARESCO ROCCHE DEI SETTE FRATELLI 2020
Rosso Docg - Nebbiolo 100%
Alc. 15% | € 25 | Bt. 6.800 | Ferm. Cemento | Mat. Legno 18 mesi
Lepre in salmì.

BAROLO BRICCO AMBROGIO 2019
Rosso Docg - Nebbiolo 100%
Alc. 15% | € 30 | Bt. 5.600 | Ferm. Cemento | Mat. Legno 24 mesi
Carré di maiale al forno con mele renette.

BARBERA D'ALBA LORENS 2021
Rosso Doc - Barbera 100%
Alc. 15% | € 25 | Bt. 8.450 | Ferm. Cemento | Mat. Legno 14 mesi
Tacchinella ripiena su letto di patate.

NEBBIOLO D'ALBA 2021
Rosso Doc - Nebbiolo 100%
Alc. 14% | € 15 | Bt. 20.600 | Ferm. Cemento | Mat. Cemento 9 mesi
Pappardelle con sugo di lepre.

BARBARESCO LORENS
2018 | 2019

BAROLO LORENS
2018

Pico Maccario
(1997)

Arte e natura convivono armoniosamente sulle colline di Mombaruzzo, dove sono stati installati oltre 900 pali a forma di matita in tante differenti colorazioni per aggiungere una nota di allegria e spensieratezza al già meraviglioso colpo d'occhio, non a caso patrimonio Unesco dal 2014. Qui nulla è lasciato al caso, dalla vigna alla cantina, nell'incessante ricerca dell'eccellenza a tutto tondo. Tridente di Barbera come d'abitudine, con assaggi molto convincenti: due Nizza, l'imponente Epico Riserva 2020 e il sinuoso Tre Roveri 2021, affiancati dalla corroborante Barbera d'Asti Lavignone 2022.

Via Cordara, 87 - 14046 Mombaruzzo (AT)
T. 0141 774522 | M. infopicomaccario@picomaccario.com
www.picomaccario.it

Viticoltura: Convenzionale
Ettari: 102 | **Bottiglie:** 750.000 | **Produzione olearia:** No
Proprietà: Davide e Vitaliano Maccario
Cond. enologica: Nicolò Giuliani, Giovanni Chiarle
Cond. agronomica: Gianluigi Veggi
Vendita diretta: Sì | **Visite in azienda:** Sì

NIZZA EPICO RISERVA 2020
Rosso Docg - Barbera 100%
Alc. 15% | € 50 | Bt. 4.000 | Ferm. Acciaio | Mat. Legno 18 mesi
Rubino profondo tendente al carminio. Il canovaccio olfattivo, sferzante, si sviluppa su toni di amarena, mora in confettura, iris, mentolo e tabacco. L'impatto gustativo è caldo e potente, prontamente equilibrato da una spiccata acidità e tannini composti. Darà grandi soddisfazioni. Bocconcini di cinghiale con salsa di prugne.

NIZZA TRE ROVERI 2021
Rosso Docg - Barbera 100%
Alc. 14,5% | € 19 | Bt. 25.000 | Ferm. Acciaio | Mat. Legno 12 mesi
Pluma di maialino Bellota con cipolle caramellate.

BARBERA D'ASTI LAVIGNONE 2022
Rosso Docg - Barbera 100%
Alc. 13,5% | € 15 | Bt. 300.000 | Ferm. Acciaio | Mat. Acciaio 6 mesi
Tagliatelle al ragù.

NIZZA EPICO RISERVA
2019

NIZZA TRE ROVERI
2018 | 2019 | 2020

Malabaila
(1986)

I Malabaila sono una famiglia antica e storica. Banchieri ad Asti, alla fine del 1200 si espandono nel vicino Roero, e data 1362 l'atto d'acquisto della prima vigna, il Castelletto, che ancora oggi è uno dei punti di forza dell'azienda. Il Castello di Canale è stato ed è tuttora proprietà della famiglia, ed è servito come cantina, ora spostata in una struttura più moderna e funzionale. Vini raffinati e personali: se il Castelletto si segnala per un'eleganza austera che ha bisogno ancora di qualche anno per esprimersi al meglio, il Bric Volta ha nella fresca godibilità la sua carta vincente.

Via Madonna dei Cavalli, 93 - 12043 Canale (CN)
T. 0173 98381 | M. cantina@malabaila.com
www.malabaila.com

Viticoltura: Lotta integrata
Ettari: 20 | **Bottiglie:** 100.000 | **Produzione olearia:** No
Proprietà: Valerio Falletti e Lucrezia Carrega
Cond. enologica: Valerio Falletti
Cond. agronomica: Valerio Falletti
Vendita diretta: Sì | **Visite in azienda:** Sì

92

ROERO BRIC VOLTA 2020
Rosso Docg - Nebbiolo 100%
Alc. 14% | € 17 | Bt. 8.000 | Ferm. Acciaio | Mat. Acciaio 6 mesi e Legno 18 mesi
Veste ancora rubino. Si concede subito, accogliente ed esuberante con toni balsamici e di sottobosco, frutta dolce macerata, fiori appena appassiti, spezie chiare, erbe aromatiche e pietra calda. L'assaggio racconta di un sorso classico, composto ed equilibrato, dove emergono il vitigno e soprattutto il territorio. Anatra ai funghi.

ROERO CASTELLETTO RISERVA 2019
Rosso Docg - Nebbiolo 100%
Alc. 14,5% | € 34 | Bt. 5.000 | Ferm. Legno e Acciaio | Mat. Acciaio 6 mesi e Legno 24 mesi
Civet di capriolo ai funghi.

ROERO ARNEIS LE TRE 2022
Bianco Docg - Arneis 100%
Alc. 13% | € 15 | Bt. 30.000 | Ferm. Acciaio | Mat. Acciaio 8 mesi
Ricciola al forno con capperi e pomodori ciliegino.

ROERO ARNEIS PRADVAJ 2022
Bianco Docg - Arneis 100%
Alc. 13% | € 17 | Bt. 10.000 | Ferm. Acciaio | Mat. Acciaio 8 mesi
Fregola con le arselle.

LANGHE FAVORITA DONNA COSTANZA 2022
Bianco Doc - Favorita 100%
Alc. 12,5% | € 11 | Bt. 8.000 | Ferm. Acciaio | Mat. Acciaio 8 mesi
Mozzarella di bufala campana.

ROERO BRIC VOLTA
2011 | 2012

ROERO CASTELLETTO RISERVA
2018

Malvirà
(1950)

I fratelli Damonte, coadiuvati ormai dalla terza generazione della famiglia, non sbagliano un colpo: tanti ettari vitati, tante bottiglie e tante etichette (soprattutto per un territorio come il Roero) ma vini con una personalità ben precisa, che riescono a raccontare la vigna da cui provengono e il millesimo della vendemmia. Grande la performance del Renèsio. Una curiosità riguardo al nome dell'azienda: Malvirà in piemontese significa "girato male", visto che il cortile della cantina originaria di fine Ottocento era esposto a nord e non a sud come la tradizione contadina avrebbe voluto.

Via Case Sparse, 144 - Località Canova - 12043 Canale (CN)
T. 0173 978145 | M. malvira@malvira.com
www.malvira.com

Viticoltura: Biologica certificata
Ettari: 43 | **Bottiglie:** 300.000 | **Produzione olearia:** No
Proprietà: Massimo e Roberto Damonte
Cond. enologica: Giacomo Damonte, Roberto Damonte
Cond. agronomica: Francesco Damonte, Massimo Damonte
Vendita diretta: Sì | **Visite in azienda:** Sì

95

ROERO VIGNA RENESIO RISERVA 2019
Rosso Docg - Nebbiolo 100%
Alc. 14% | € 35 | Bt. 9.588 | Ferm. Acciaio | Mat. Legno 30 mesi
Il rosso granato annuncia già un'estrema eleganza, che al naso parla di tocchi mentolati, piccoli frutti rossi macerati, violetta e iris, spezie chiare, incenso e pietra calda. Misura e precisione anche all'assaggio, fatto di freschezza e sapidità, tannini vivissimi ma già definiti e lunghissima persistenza. Finanziera.

91

ROERO ARNEIS VIGNA SAGLIETTO RISERVA 2021
Bianco Docg - Arneis 100%
Alc. 13,5% | € 23 | Bt. 6.042 | Ferm. Legno e Acciaio | Mat. Acciaio 12 mesi e Legno 12 mesi
Sempre radiosa la veste paglierino. Il naso lo vede territoriale, con cenni di minerali, erbe aromatiche, macchia mediterranea, fiori di sambuco e biancospino, agrumi, frutta gialla appena surmatura e un sussurro di spezie. Sorso vibrante di freschezza e soprattutto sapidità, con notevole estensione. Pollastra alla birra e cipolle di Tropea.

ROERO ARNEIS S.S. TRINITÀ 2022
Bianco Docg - Arneis 100%
Alc. 13% | € 18 | Bt. 8.547 | Ferm. Legno e Acciaio | Mat. Acciaio 8 mesi e Legno 8 mesi
Risotto alla pescatora.

ROERO ARNEIS RENESIO 2022
Bianco Docg - Arneis 100%
Alc. 13,5% | € 18 | Bt. 9.100 | Ferm. Acciaio | Mat. Acciaio 8 mesi
Garganelli freschi con gamberi di fiume.

ROERO VIGNA MOMBELTRAMO RISERVA 2019
Rosso Docg - Nebbiolo 100%
Alc. 13,5% | € 35 | Bt. 9.684 | Ferm. Acciaio | Mat. Legno 30 mesi
Tacchino stufato con peperoni e radicchio.

ROERO VIGNA TRINITÀ RISERVA 2019
Rosso Docg - Nebbiolo 100%
Alc. 14% | € 35 | Bt. 12.825 | Ferm. Acciaio | Mat. Legno 30 mesi
Ossobuco alla milanese.

ROERO VIGNA RENESIO RISERVA
2013 | 2018

ROERO VIGNA MOMBELTRAMO RISERVA
2017

Manzone
(1925)

Possiamo tranquillamente affermare, senza timore di essere smentiti, che quella dei Manzone è una delle realtà più interessanti e sottostimate all'interno del comprensorio di Langa. Siamo a Monforte, zona Castelletto, qui la terra sa regalare grandi frutti, vini generosi ma anche molto equilibrati rispetto ad altri terroir; ed è qui che ormai da generazioni i Manzone si sono fatti conoscere per i loro vini, sempre curati nei dettagli, armoniosi ma soprattutto dal tratto magistrale. Non fanno eccezione i 2019 di quest'anno, vini notevoli e con una Riserva 2016 spaziale.

Via Castelletto, 9 - 12065 Monforte d'Alba (CN)
T. 0173 78114 | M. info@manzonegiovanni.com
www.manzonegiovanni.com

Viticoltura: Lotta integrata
Ettari: 8 | **Bottiglie:** 50.000 | **Produzione olearia:** No
Proprietà: Giovanni Manzone
Cond. enologica: Mauro Manzone
Cond. agronomica: Giuseppe Manzone
Vendita diretta: No | **Visite in azienda:** Sì

(95,5)
BAROLO GRAMOLERE RISERVA 2016
Rosso Docg - Nebbiolo 100%
Alc. 14,5% | € 65 | Bt. 2.500 | Ferm. Acciaio | Mat. Legno 54 mesi
Grande bottiglia. Naso meraviglia con tanta intensità e complessità: frutta matura, confetture, cacao, cuoio e pellame, arancia rossa, alloro e sbuffi minerali. Al gusto è da manuale, gustoso, materico, ancora fruttato. Dal 2030. Grigliata di carne con salsa barbecue.

(92)
BAROLO BRICAT 2019
Rosso Docg - Nebbiolo 100%
Alc. 14% | € 45 | Bt. 5.000 | Ferm. Acciaio | Mat. Legno 30 mesi
Proporzione, dettagli, un Bricat che non urla ma mira al sodo. Puro al naso, esprime un frutto di gran qualità e nitidezza, preciso e fine con note di fragola fresca e ciliegia, confetture, ribes e cioccolatino. Al gusto è tosto, ma con struttura calibrata e misurata. Tagliata di manzo al rosmarino.

BAROLO GRAMOLERE 2019
Rosso Docg - Nebbiolo 100%
Alc. 14% | € 45 | Bt. 12.000 | Ferm. Acciaio | Mat. Legno 30 mesi
Petto di germano reale al balsamico.

BAROLO CASTELLETTO 2019
Rosso Docg - Nebbiolo 100%
Alc. 14% | € 45 | Bt. 5.500 | Ferm. Acciaio | Mat. Legno 30 mesi
Camoscio in umido.

LANGHE NEBBIOLO IL CRUTIN 2021
Rosso Doc - Nebbiolo 100%
Alc. 13,5% | € 20 | Bt. 7.500 | Mat. Legno 6 mesi
Pappardelle al ragù di cinghiale.

LANGHE ROSSESE BIANCO ROSSERTO 2020
Bianco Doc - Rossese bianco 100%
Alc. 12,5% | € 15 | Bt. 6.500 | Ferm. Acciaio | Mat. Legno 12 mesi
Risotto alla zucca e astice.

BAROLO GRAMOLERE
2010

BAROLO GRAMOLERE RISERVA
2011 | 2012 | 2015

Paolo Manzone
(1960)

Quest'anno Luisella e Gian Paolo Manzone non ci fanno mancare novità: tra queste ci piace segnalare un Metodo Classico a base pinot nero, ormai consuetudine nelle aziende di Langa. Proviene da vigneti d'altitudine, a 550 m s.l.m. e guadagna subito un buon risultato. Ottimo anche il ritorno del Barbaresco San Giuliano, da vigne nel comune di Neive. Über alles, però, c'è sempre il serralunghiano Barolo Meriame, da tempo etichetta simbolo dell'azienda e manifesto di un cru troppo a lungo rimasto in silenzio, che negli anni i Manzone hanno saputo valorizzare per quel che merita.

Località Meriame, 1 - 12050 Serralunga d'Alba (CN)
T. 0173 613113 - 349 4448201 | M. paolomanzone@barolomeriame.com
www.barolomeriame.com

Viticoltura: Biologica
Ettari: 12 | **Bottiglie:** 85.000 | **Produzione olearia:** No
Proprietà: Gian Paolo Manzone
Cond. enologica: Gian Paolo Manzone
Cond. agronomica: Gian Paolo Manzone
Vendita diretta: Sì | **Visite in azienda:** Sì

BAROLO MERIAME 2019
Rosso Docg - Nebbiolo 100%
Alc. 15% | € 50 | Bt. 7.000 | Ferm. Acciaio | Mat. Legno 27 mesi
Granato. In scena va la florealità del nebbiolo (viola, iris), che sfuma in venature vegetal-balsamiche; un'apertura di ribalta per l'avanzare d'un nitido lampone, su sfondo speziato. Tanta gioventù si specchia nella forza tannica: a Serralunga il tempo è ingrediente primario di un grande millesimo. Bocconcini di cervo al cavolo nero.

BAROLO DEL COMUNE DI SERRALUNGA 2019
Rosso Docg - Nebbiolo 100%
Alc. 14,5% | € 35 | Bt. 15.000 | Ferm. Acciaio | Mat. Legno 27 mesi
Fagiano arrosto.

BARBARESCO SAN GIULIANO 2020
Rosso Docg - Nebbiolo 100%
Alc. 14% | € 30 | Bt. 2.020 | Ferm. Acciaio | Mat. Legno 12 mesi
Spezzatino di manzo.

ROERO ARNEIS REYSÙ 2022
Bianco Docg - Arneis 100%
Alc. 13% | € 20 | Bt. 9.000 | Ferm. Acciaio | Mat. Acciaio 8 mesi
Vitello tonnato.

BARBERA D'ALBA SUPERIORE FIORENZA 2021
Rosso Doc - Barbera 100%
Alc. 14,5% | € 25 | Bt. 15.000 | Ferm. Acciaio | Mat. Legno 12 mesi
Costine d'agnello in crosta di noci.

METODO CLASSICO
Bianco Metodo Classico - Pinot nero 100%
Alc. 12,5% | € 30 | Bt. 4.000 | 36 mesi sui lieviti
Tartare di gamberi.

BAROLO MERIAME
2015 | 2017 | 2018

BAROLO RISERVA
2011

Marcalberto
(1993)

Marcalberto è una delle realtà più attuali ed emblematiche della spumantistica piemontese di qualità. Nel cuore dell'Alta Langa, nel paese che diede i natali a Cesare Pavese, la famiglia Cane ha saputo ben interpretare la richiesta del mercato degli ultimi anni, arrivando a offrire una gamma di bollicine di altissimo livello. Per quanto non presente nella batteria degustata quest'anno, vogliamo segnalarvi una vera chicca della cantina Marcalberto: l'Asti Spumante Metodo Classico; un prodotto di grandissima finezza, che ci riporta alle origini della spumantistica italiana.

Porta Sottana, 9 - 12058 Santo Stefano Belbo (CN)
T. 0141 844022 | M. info@marcalberto.it
www.marcalberto.it

Viticoltura: Convenzionale
Ettari: 9 | **Bottiglie:** 85.000 | **Produzione olearia:** No
Proprietà: Famiglia Cane
Cond. enologica: Piergiorgio Cane, Alberto Cane
Cond. agronomica: Marco Cane, Piergiorgio Cane
Vendita diretta: Sì | **Visite in azienda:** Sì

ALTA LANGA EXTRA BRUT MILLESIMO2MILA19 2019
Bianco Docg Metodo Classico - Pinot nero 70%, Chardonnay 30%
Alc. 12,5% | € 28 | Bt. 20.000 | Ferm. Legno e Acciaio | Mat. Acciaio 8 mesi e Legno 8 mesi | 36 mesi sui lieviti
Giallo radioso e brillante, punteggiato da una sottile effervescenza. Emana profumi d'agrume, cedro, bergamotto, pasticceria, burro, erbe aromatiche e fiori di primavera. Il sorso è teso, saporito, preciso nella progressione agrumata e invoglia a un secondo assaggio. Risotto con seppie e burrata.

ALTA LANGA BLANC DE BLANCS PAS DOSÉ 2019
Bianco Docg Metodo Classico - Chardonnay 100%
Alc. 12,5% | € 30 | Bt. 10.000 | Ferm. Legno | Mat. Acciaio 7 mesi e Legno 7 mesi | 36 mesi sui lieviti
Rombo al forno con patate e carciofi.

ALTA LANGA NATURE 2019
Bianco Docg Metodo Classico - Pinot nero 100%
Alc. 12,5% | € 32 | Bt. 5.000 | Ferm. Legno | Mat. Acciaio 7 mesi e Legno 7 mesi | 36 mesi sui lieviti
Ravioli di pesce con sugo di canestrelli.

MARCALBERTO BRUT ROSÉ
Rosato Metodo Classico - Pinot nero 80%, Chardonnay 20%
Alc. 12,5% | € 20 | Bt. 11.000 | Ferm. Legno e Acciaio | Mat. Acciaio 7 mesi e Legno 7 mesi | 24 mesi sui lieviti
Crostini con burro e salmone.

MARCALBERTO SANSANNÉE BRUT
Bianco Metodo Classico - Pinot nero 60%, Chardonnay 40%
Alc. 12,5% | € 19 | Bt. 28.000 | Ferm. Legno e Acciaio | Mat. Acciaio 7 mesi e Legno 7 mesi | 24 mesi sui lieviti
Totani ripieni con salsa mediterranea.

MARCALBERTO NATURE ALTA LANGA 2018
2018

BLANC DE BLANCS ALTA LANGA 2018
2018

Marchese Luca Spinola
(2006)

Alla Cascina Massimiliana tutto ha un cuore green e Andrea Spinola, alla guida dell'azienda dal 2006, ha sempre creduto nella sostenibilità ambientale. I vigneti di proprietà, coltivati in regime biologico certificato, si trovano in posizioni invidiabili per esposizioni soleggiate, accarezzati da sottili brezze marine e con marcate escursioni termiche, in un contesto in cui uve perfettamente sane richiedono solo trattamenti naturali senza utilizzo di chimica. Vini di ottima fattura vengono prodotti con lieviti selezionati da uve proprie, per mantenere il più possibile un'impronta identitaria.

Cascina Massimiliana, 97 - Frazione Rovereto - 15066 Gavi (AL)
T. 0143 682514 | M. info@marcheselucaspinola.it
www.marcheselucaspinola.it

Viticoltura: Biologica certificata
Ettari: 15 | **Bottiglie:** 30.000 | **Produzione olearia:** No
Proprietà: Andrea Spinola
Cond. enologica: Vincenzo Munì
Cond. agronomica: Davide Ferrarese
Vendita diretta: Sì | **Visite in azienda:** Sì

GAVI DEL COMUNE DI GAVI CARLO 2022
Bianco Docg - Cortese 100%
Alc. 13% | € 16 | Bt. 20.000 | Ferm. Acciaio | Mat. Acciaio 6 mesi
Paglierino tenue e luminoso. Esordio di fiori di acacia, camomilla, ortensie, poi freschi frutti, mela renetta, uva spina, lime e mandarino, fieno umido e una sottile trama gessosa. Assaggio gustoso, esaltato da freschezza citrina e salino vibrante, caratteristiche queste che rendono la beva scorrevole e appagante. Branzino al cartoccio.

GAVI DEL COMUNE DI GAVI MASSIMILIANO 2021
Bianco Docg - Cortese 100%
Alc. 14% | € 20 | Bt. 3.000 | Ferm. Acciaio | Mat. Acciaio 9 mesi e Legno 9 mesi
Coniglio alla ligure.

MARCHESE COL FONDO 2020
Bianco Metodo Ancestrale - Cortese 100%
Alc. 13% | € 25 | Bt. 3.000 | Ferm. Acciaio
Farinata di ceci.

GAVI DEL COMUNE DI GAVI CARLO
2019 | 2020 | 2021

GAVI DEL COMUNE DI GAVI EXTRA BRUT SPINOLA
2018

Marchesi Alfieri
(1985)

La collaborazione tra l'azienda delle sorelle San Martino e AIS prosegue con successo. La sesta edizione di Sbarbatelle, evento dedicato alle giovani produttrici italiane, si è svolta presso l'azienda, con la partecipazione di circa 240 diverse etichette. Qui si continua a mantenere viva la sua storia legata alla Barbera, presentando campioni di assoluto livello in tutte le diverse declinazioni del vitigno, su cui primeggia l'Alfiera per grande finezza e bevibilità. Con la continua ricerca della qualità, l'azienda rafforza la sua posizione di rilievo nel panorama enologico piemontese.

Piazza Alfieri, 28 - 14010 San Martino Alfieri (AT)
T. 0141 976015 | M. info@marchesialfieri.it
www.marchesialfieri.it

Viticoltura: Lotta integrata
Ettari: 20 | **Bottiglie:** 130.000 | **Produzione olearia:** No
Proprietà: Giovanna, Antonella ed Emanuela San Martino
Cond. enologica: Mario Olivero
Cond. agronomica: Piero Roseo
Vendita diretta: Sì | **Visite in azienda:** Sì

(93,5)
BARBERA D'ASTI SUPERIORE ALFIERA 2020
Rosso Docg - Barbera 100%
Alc. 15% | € 29 | Bt. 16.000 | Ferm. Acciaio | Mat. Legno 15 mesi
Rubino pieno e compatto. Il suo è un universo olfattivo aristocratico che propone generose ondate fruttate e floreali, fragole, lamponi e ciliegie, poi iris e glicini in fiore; con nobile finale speziato di pepe e chiodi di garofano. Il sorso è succoso, equilibrato caratterizzato da dinamicità e freschezza. Gorgonzola naturale.

PIEMONTE GRIGNOLINO SANSOERO 2022
Rosso Doc - Grignolino 100%
Alc. 13,5% | € 11 | Bt. 1.500 | Ferm. Acciaio | Mat. Acciaio 6 mesi
Robiola di Roccaverano.

MARCHESI ALFIERI BRUT BLANC DE NOIR 2018
Bianco Metodo Classico - Pinot nero 100%
Alc. 12% | € 25 | Bt. 6.600 | Ferm. Acciaio | 36 mesi sui lieviti
Crostini al foie gras.

BARBERA D'ASTI LA TOTA 2021
Rosso Docg - Barbera 100%
Alc. 14,5% | € 14 | Bt. 80.000 | Ferm. Acciaio | Mat. Acciaio 2 mesi e Legno 10 mesi
Risotto al gorgonzola.

TERRE ALFIERI NEBBIOLO COSTA QUAGLIA 2020
Rosso Docg - Nebbiolo 100%
Alc. 14% | € 20 | Bt. 6.600 | Ferm. Acciaio | Mat. Legno 12 mesi
Lepre alla cacciatora.

PIEMONTE SOSTEGNO 2021
Rosso Doc - Barbera 70%, Pinot nero 30%
Alc. 14,5% | € 11 | Bt. 8.600 | Ferm. Acciaio | Mat. Acciaio 6 mesi
Faraona al forno.

BARBERA D'ASTI SUPERIORE ALFIERA
2017 | 2018 | 2019

BARBERA D'ASTI LA TOTA
2018 | 2019 | 2020

Marchesi di Barolo
(1861)

Fuori i secondi! La famiglia Abbona manda in degustazione solo Barolo e... Barbaresco (i Rio Sordo della rinata Cascina Bruciata, dopo acquisto, ristrutturazione e rebranding). Giusto: I loro valore è tale che non servono comprimari per dare la cifra di un'azienda che è quasi un sinonimo del nebbiolo nel mondo. Se il magnifico Cannubi dimostra che in Langa i cru contano, eccome, colpisce il livello assoluto di tutti i vini. Come il Barolo del Comune di Barolo: un vino d'equilibrio e piacevolezza rari, che ogni nebbiolo-dipendente farebbe bene ad avere in cantina. Per molti, lum nosi anni.

Via Roma, 1 - 12060 Barolo (CN)
T. 0173 564419 | M. reception@marchesibarolo.com
www.marchesibarolo.com

Viticoltura: Convenzionale
Ettari: 150 | **Bottiglie:** 1.600.000 | **Produzione olearia:** No
Proprietà: Famiglia Abbona
Cond. enologica: Marco Marsili
Cond. agronomica: Luciano Botto, Davide Abbona
Vendita diretta: Sì | **Visite in azienda:** Sì

(94,5)
BAROLO CANNUBI 2019
Rosso Docg - Nebbiolo 100%
Alc. 14,5% | € 74 | Bt. 15.000 | Ferm. Acciaio | Mat. Legno 24 mesi
Mirabile, e dategli tempo. Se al naso le primizie cannubiane sono un tutt'uno con il respiro varietale (china, genziana, aliti balsamici, viola, susina, liquirizia dolce), il sorso immortala il ricordo: passo imperioso, eleganza, naturale equilibrio, verve tannica, durata hors catégorie. Già grande. Capriolo ai porcini.

BAROLO DEL COMUNE DI BAROLO 2019
Rosso Docg - Nebbiolo 100%
Alc. 14,5% | € 68 | Bt. 20.000 | Ferm. Acciaio | Mat. Legno 23 mesi
Bitto stravecchio.

BAROLO SARMASSA 2019
Rosso Docg - Nebbiolo 100%
Alc. 14,5% | € 74 | Bt. 9.000 | Ferm. Acciaio | Mat. Legno 24 mesi
Petto di germano reale al balsamico.

BAROLO COSTE DI ROSE 2019
Rosso Docg - Nebbiolo 100%
Alc. 14% | € 60 | Bt. 9.000 | Ferm. Acciaio | Mat. Legno 24 mesi
Reale di vitello alla senape antica.

BARBARESCO RIO SORDO CASCINA BRUCIATA RISERVA 2017
Rosso Docg - Nebbiolo 100%
Alc. 14% | € 90 | Bt. 2.000 | Ferm. Acciaio
Filetto di scottona in sfoglia.

BARBARESCO RIO SORDO CASCINA BRUCIATA 2018
Rosso Docg - Nebbiolo 100%
Alc. 13,5% | € 49 | Bt. 6.000 | Ferm. Acciaio | Mat. Legno 12 mesi
Blu di capra.

BAROLO CANNUBI
2015 | 2017 | 2018

BAROLO SARMASSA
2016

Marchesi di Grésy - Tenute Cisa Asinari
(1797)

Una bella novità: a Treiso, sull'emozionante crinale di Monte Aribaldo, è attivo l'esclusivo agriturismo Dai Grésy in Langa, circondato dai vigneti e da un panorama che fa capire la straordinaria unicità di questo territorio. Purtroppo non è stato presentato un peso massimo, il Barbaresco Gaiun. Un peccato, ma lasciatevi consolare dal Camp Gros 2018, un aristocratico, caldo piacere come solo un grande nebbiolo "monopole" sa dare. Tutte le referenze son di livello assoluto, a cominciare dal Sauvignon 2022, un sorso fresco e rigenerante che fa scordare l'annata più torrida del millennio.

Strada della Stazione, 21 - Località Martinenga - 12050 Barbaresco (CN)
T. 0173 635221 | M. hello@marchesidigresy.com
www.marchesidigresy.com

Viticoltura: Convenzionale
Ettari: 35 | **Bottiglie:** 200.000 | **Produzione olearia:** No
Proprietà: Alberto, Alessandro, Lodovica di Grésy
Cond. enologica: Piero Ballario, Matteo Sasso
Cond. agronomica: Gian Piero Romana
Vendita diretta: Sì | **Visite in azienda:** Sì

(94)

BARBARESCO CAMP GROS MARTINENGA RISERVA 2018
Rosso Docg - Nebbiolo 100%
Alc. 14,5% | € 120 | Bt. 7.700 | Ferm. Acciaio | Mat. Legno 30 mesi
Granato. Fragoline sotto spirito e una leggiadra violetta aleggiano in un sottobosco profumato d'aghi pino e resina, con tratti fungini freschi. Sorso profondo, nobile nella virile massa tannica, che spinge una lunghissima persistenza; in fondo, emozionanti ritorni floreali e di piccoli frutti. Filetto di cervo ai mirtilli.

BARBARESCO MARTINENGA 2020
Rosso Docg - Nebbiolo 100%
Alc. 14,5% | € 65 | Bt. 24.000 | Ferm. Acciaio | Mat. Legno 12 mesi
Controfiletto di bue alla brace.

LANGHE CHARDONNAY GRÉSY 2021
Bianco Doc - Chardonnay 100%
Alc. 14% | € 31 | Bt. 9.900 | Ferm. Legno e Acciaio | Mat. Legno 18 mesi
Coda di rospo gratinata.

DOLCETTO D'ALBA MONTE ARIBALDO 2021
Rosso Doc - Dolcetto 100%
Alc. 14% | € 14 | Bt. 17.880 | Ferm. Acciaio | Mat. Acciaio 6 mesi
Lasagnette con ragù di coniglio e crema di piselli.

LANGHE SAUVIGNON 2022
Bianco Doc - Sauvignon 100%
Alc. 14,5% | € 19 | Bt. 23.100 | Ferm. Acciaio | Mat. Acciaio 6 mesi
Asparagi di Bassano e uova in camicia.

BARBARESCO CAMP GROS MARTINENGA RISERVA
2015 | 2016 | 2017

BARBARESCO GAIUN MARTINENGA
2017

Marenco
(1925)

Bisogna recarsi nella parte alta di Strevi per arrivare alla cantina Marenco, quale punto di partenza per deliziosi wine tour. Un'estensione di 80 ettari di vigneti coltivati in regime biologico, suddivisi in cascine con un proprio nome, tra la Valle Bagnario, area ad alta vocazione per gli aromatici, e le colline intorno a Nizza Monferrato. Sono un allettante stimolo a lasciarsi guidare in coinvolgenti percorsi in mezzo alla natura, alla scoperta di paesaggi mozzafiato ed eccellenti vini di territorio. Moscato e Brachetto sempre sugli allori e, novità, un Nizza che farà molto parlare di sé.

Piazza Vittorio Emanuele II, 18 - 15019 Strevi (AL)
T. 0144 363133 | M. info@marencovini.com
www.marencovini.com

Viticoltura: Biologica
Ettari: 80 | **Bottiglie:** 250.000 | **Produzione olearia:** No
Proprietà: Famiglia Marenco
Cond. enologica: Patrizia Marenco
Cond. agronomica: Filippo Furlani
Vendita diretta: Sì | **Visite in azienda:** Sì

STREVI MOSCATO PASSITO PASSRÌ 2017
Bianco Doc Passito - Moscato bianco 100%
Alc. 14% | € 29 (0,375l) | Bt. 2.000 | Ferm. Legno | Mat. Legno 24 mesi
Ambra antico, brillante. Naso aristocratico di fichi secchi, datteri, uva passa, miele di castagno, croccante di nocciole, purea di albicocche e caramella d'orzo. Assaggio sontuoso che sfoggia una morbidezza setosa e seducente. Millimetrico l'equilibrio tra il dolce, il fresco-sapido e le lunghezze avvolgenti. Gorgonzola naturale.

MOSCATO D'ASTI SCRAPONA 2022
Bianco Docg Frizzante Dolce - Moscato bianco 100%
Alc. 5% | € 14 | Bt. 20.000 | Ferm. Acciaio
Pandoro.

NIZZA RISERVA 2019
Rosso Docg - Barbera 100%
Alc. 14% | € 29 | Bt. 1.400 | Ferm. Acciaio | Mat. Legno 18 mesi
Bollito misto con salse.

BRACHETTO D'ACQUI PINETO 2022
Rosso Docg Frizzante Dolce - Brachetto 100%
Alc. 5,5% | € 13 | Bt. 30.000 | Ferm. Acciaio
Crostata di mirtilli.

PIEMONTE ALBAROSSA 2019
Rosso Doc - Albarossa 100%
Alc. 13,5% | € 20 | Bt. 4.000 | Ferm. Acciaio | Mat. Legno 18 mesi
Grana Padano Riserva.

BARBERA D'ASTI BASSINA 2022
Rosso Docg - Barbera 100%
Alc. 14% | € 12 | Bt. 15.000 | Ferm. Cemento | Mat. Cemento 9 mesi
Lasagne alla bolognese.

STREVI PASSRÌ SCRAPONA
2012 | 2016

MOSCATO D'ASTI SCRAPONA
2019 | 2020 | 2021

Marengo
(1899)

I vini di Marco Marengo sono una solida garanzia. Ogni anno primeggiano nelle nostre degustazioni mettendo in risalto uno stile sempre preciso, croccante e terso nel frutto, morbido e godibile nel sapore. Del 2019 abbiamo preferito il Barolo del Bricco delle Viole, ottenuto dall'omonima menzione proveniente dalle alture del comune di Barolo, ma anche il suo Brunate, vero "totem" per gli appassionati è in grado di dire la sua. Il resto della produzione rimane curata e puntuale: vini fini e concreti tra cui il classico Valmaggiore del Roero che ogni anno strappa grandi applausi. Da visitare.

Località Serradenari, 2/A - 12064 La Morra (CN)
T. 0173 50115 | M. marengo@cantinamarengo.it

Viticoltura: Lotta integrata
Ettari: 7 | **Bottiglie:** 4.000 | **Produzione olearia:** No
Proprietà: Marco Marengo
Cond. enologica: Marco Marengo, Giuseppe Caviola
Cond. agronomica: Paolo Ruaro
Vendita diretta: Sì | **Visite in azienda:** Sì

94,5

BAROLO BRICCO DELLE VIOLE 2019
Rosso Docg - Nebbiolo 100%
Alc. 14,5% | € 45 | Bt. 6.000 | Ferm. Acciaio | Mat. Legno 24 mesi
Un Bricco delle Viole in grande condizione: tanta espressione e morbidezza. Il colore è scuro, il frutto puro, polposo, dalle note dolci di ciliegia e lampone, frutta zuccherata, viola e rosa, spezie fini e praline. Al gusto è tosto e vigoroso, lungo e gustoso. Buonissimo. Grigliata di carne con salsa barbecue.

BAROLO BRUNATE 2019
Rosso Docg - Nebbiolo 100%
Alc. 14,5% | € 50 | Bt. 6.000 | Ferm. Acciaio | Mat. Legno 24 mesi
Cinghiale in umido.

BAROLO 2019
Rosso Docg - Nebbiolo 100%
Alc. 14% | € 40 | Bt. 7.500 | Ferm. Acciaio | Mat. Legno 24 mesi
Reale di vitello alla senape antica.

NEBBIOLO D'ALBA VIGNA VALMAGGIORE 2021
Rosso Doc - Nebbiolo 100%
Alc. 13,5% | € 22 | Bt. 7.500 | Ferm. Acciaio | Mat. Legno 13 mesi
Risotto con le quaglie.

BARBERA D'ALBA VIGNETO PUGNANE 2021
Rosso Doc - Barbera 100%
Alc. 14% | € 22 | Bt. 5.000 | Ferm. Acciaio | Mat. Legno 13 mesi
Tagliatelle al ragù.

BAROLO BRUNATE
2014 | 2015 | 2017

BAROLO BRICCO DELLE VIOLE
2016 | 2017 | 2018

Claudio Mariotto
(1920)

Il Pitasso non si smentisce. Anche nell'annata 2021, Claudio Mariotto sforna un Timorasso d'autore, che mostra con iconica evidenza il potenziale del grande bianco tortonese. Che qui a Vho è trattato con i guanti, per farne emergere le sfumature legate a terroir, esposizione, vinificazione: il Derthona è un'interpretazione classica e meno "spinta" e l'elegante Bricco San Michele, da vigne giovani (ma già sagge), è la voce di un terroir più fresco. E chissà quando arriverà in degustazione L'Imbevibile, macerato e maturato in anfora... Per imparare i segreti del Timorasso, un indirizzo perfetto.

Strada per Sarezzano, 29 - 15057 Tortona (AL)
T. 0131 868500 | M. info@claudiomariotto.it
www.claudiomariotto.it

Viticoltura: Convenzionale
Ettari: 50 | **Bottiglie:** 150.000 | **Produzione olearia:** No
Proprietà: Claudio Mariotto
Cond. enologica: Claudio Mariotto
Cond. agronomica: Claudio Mariotto
Vendita diretta: Sì | **Visite in azienda:** Sì

93,5

COLLI TORTONESI TIMORASSO PITASSO 2021
Bianco Doc - Timorasso 100%
Alc. 14,5% | € 35 | Bt. 6.000 | Ferm. Acciaio | Mat. Acciaio 12 mesi
Paglierino con lampi dorati. Naso magnifico, che mostra l'austera espressività di un'architettura barocca del Nord: pietra focaia, cedro maturo, propoli, fiori gialli, elicriso, un accenno di zafferano. Bocca dalla progressione monumentale, dotata di decisa sapidità, con lunghissimi ritorni minerali e fruttati. Cartoccio di pescatrice agli agrumi.

COLLI TORTONESI TIMORASSO BRICCO SAN MICHELE 2021
Bianco Doc - Timorasso 100%
Alc. 14,5% | € 18 | Bt. 13.000 | Ferm. Acciaio | Mat. Acciaio 12 mesi
Tortelli di branzino con salsa d'astice.

COLLI TORTONESI TIMORASSO DERTHONA 2021
Bianco Doc - Timorasso 100%
Alc. 14% | € 17 | Bt. 35.000 | Ferm. Acciaio | Mat. Acciaio 12 mesi
Risotto con mazzancolle al profumo d'arancia.

COLLI TORTONESI BARBERA POGGIO DEL ROSSO 2017
Rosso Doc - Barbera 100%
Alc. 14,5% | € 18 | Bt. 13.000 | Ferm. Cemento | Mat. Legno 12 mesi
Coniglio al forno con funghi.

COLLI TORTONESI FREISA BRAGHÉ 2020
Rosso Doc - Freisa 100%
Alc. 14% | € 13 | Bt. 6.000 | Ferm. Cemento | Mat. Cemento 12 mesi
Pappardelle con sugo di lepre.

COLLI TORTONESI TIMORASSO PITASSO
2018 | 2019 | 2020

COLLI TORTONESI TIMORASSO CAVALLINA
2019

Gian Piero Marrone
(1957)

Tra le numerose referenze di questa bella realtà familiare troviamo Barbera, Dolcetto, Nebbiolo, Chardonnay, Arneis, Favorita, Moscato, Barbaresco e soprattutto Barolo. A casa Marrone il Barolo Pichemej, ossia "più che meglio", è sempre stato il prodotto delle uve dei migliori vigneti, sapientemente selezionate per ottenere la massima espressione dell'annata. La qualità di una selezione la si nota in modo particolare in un grande millesimo e infatti il Barolo Pichemej 2019 è davvero molto buono, connotato da una potente pienezza che allunga sulle scie balsamiche.

frazione Annunziata 13 - 12064 La Morra (CN)
T. 0173 509288 | M. denise@agricolamarrone.com
www.agricolamarrone.com

Viticoltura: Convenzionale
Ettari: 18 | **Bottiglie:** 80.000 | **Produzione olearia:** No
Proprietà: Gian Piero Marrone
Cond. enologica: Valentina Marrone
Cond. agronomica: Staff aziendale
Vendita diretta: Sì | **Visite in azienda:** Sì

BAROLO PICHEMEJ 2019
Rosso Docg - Nebbiolo 100%
Alc. 14,5% | € 70 | Bt. 5.600 | Ferm. Legno | Mat. Legno 24 mesi
Colore rosso granato tenue e luminoso. Olfatto accattivante giocato su fragranze di rosmarino, erbe officinali, eucalipto, violetta, lampone, piccoli frutti in confettura e spezie. Bocca potente e ricca. Acidità e tannino donano tensione e accompagnano la lunga dissolvenza dai ritorni balsamici. Capriolo con salsa di ribes rosso.

BAROLO BUSSIA 2018
Rosso Docg - Nebbiolo 100%
Alc. 14,5% | € 90 | Bt. 3.340 | Ferm. Legno | Mat. Legno 24 mesi
Brasato di manzo al vino rosso.

BAROLO 2019
Rosso Docg - Nebbiolo 100%
Alc. 14,5% | € 55 | Bt. 14.500 | Ferm. Legno | Mat. Legno 24 mesi
Spezzatino di manzo.

NEBBIOLO D'ALBA AGRESTIS 2021
Rosso Doc - Nebbiolo 100%
Alc. 14% | € 32 | Bt. 3.150 | Mat. Legno 24 mesi
Risotto con le spugnole.

LANGHE CHARDONNAY MEMUNDIS 2021
Bianco Doc - Chardonnay 100%
Alc. 14,5% | € 39 | Bt. 10.500 | Ferm. Legno | Mat. Legno 24 mesi
Coniglio al forno con polenta di Storo.

BARBERA D'ALBA CARLOT 2021
Rosso Doc - Barbera 100%
Alc. 14% | € 18 | Bt. 15.300 | Mat. Acciaio 12 mesi e Legno 12 mesi
Risotto al gorgonzola.

BAROLO BUSSIA
2016

BAROLO PICHEMEJ
2017 | 2018

Marsaglia
(1900)

Chi scrive ricorda che quasi cinquant'anni fa, ancora bambino, era solito accompagnare il nonno (roerino trapiantato a Torino) a comprare il vino a Castellinaldo. Segno che già mezzo secolo or sono nebbiolo e barbera da queste parti davano ottimi risultati (l'arneis doveva ancora iniziare la sua rinascita). E proprio a Castellinaldo i Marsaglia hanno il loro feudo: un'azienda di stampo familiare che non ha però rinunciato all'aiuto di validi consulenti per esaltare al meglio le potenzialità del territorio. Vini precisi, freschi, decisamente godibili, capaci di mettere d'accordo tutti.

Via Madama Mussone, 2 - 12050 Castellinaldo d'Alba (CN)
T. 0173 213048 | M. cantina@cantinamarsaglia.it
www.cantinamarsaglia.it

Viticoltura: Convenzionale
Ettari: 21 | **Bottiglie:** 90.000 | **Produzione olearia:** No
Proprietà: Famiglia Marsaglia
Cond. enologica: Gianfranco Cordero, Enrico Marsaglia
Cond. agronomica: Enrico Marsaglia, Diego Scavino
Vendita diretta: Sì | **Visite in azienda:** Sì

ROERO BRICH D'AMERICA 2019
Rosso Docg - Nebbiolo 100%
Alc. 14,5% | € 19 | Bt. 8.000 | Ferm. Acciaio | Mat. Legno 24 mesi
La veste è ancora di uno smagliante rosso rubino. Al naso è scuro e intenso: frutta rossa macerata e in confettura, fiori essiccati, pepe nero, cardamomo, tabacco, china, grafite. L'assaggio lo vede fresco e soprattutto sapido, con un tannino ancora vivace ma già molto elegante. Tagliata al pepe verde.

NEBBIOLO D'ALBA SAN PIETRO 2020
Rosso Doc - Nebbiolo 100%
Alc. 14,5% | € 15 | Bt. 8.000 | Ferm. Acciaio | Mat. Acciaio 18 mesi
Pasta, patate e provola.

BARBERA D'ALBA SAN CRISTOFORO 2021
Rosso Doc - Barbera 100%
Alc. 14% | € 13 | Bt. 13.000 | Ferm. Acciaio | Mat. Acciaio 8 mesi
Lasagne con scamorza, funghi e zucca.

ROERO ARNEIS ARMONIA 2021
Bianco Docg - Arneis 100%
Alc. 13,5% | € 14 | Bt. 3.000 | Ferm. Acciaio | Mat. Legno 6 mesi
San Pietro alla siciliana con dadolata di patate.

ROERO ARNEIS SERRAMIANA 2022
Bianco Docg - Arneis 100%
Alc. 13,5% | € 13 | Bt. 45.000 | Ferm. Acciaio | Mat. Acciaio 6 mesi
Torta salata alle zucchine e origano.

LANGHE ROSATO RUSTICHEL 2022
Rosato Doc - Nebbiolo 100%
Alc. 13,5% | € 11 | Bt. 4.000 | Ferm. Acciaio | Mat. Acciaio 6 mesi
Zuppetta di piselli e vongole.

ROERO BRICH D'AMERICA
2016 | 2017 | 2018

NEBBIOLO D'ALBA SAN PIETRO
2018 | 2019

Franco Maria Martinetti
(1974)

Franco Martinetti è un mito nel mondo del vino piemontese. Gourmet colto, raffinato degustatore dei più rari vini del mondo, négociant gentiluomo, esercita la sua nobile arte con indefettibile rigore, a partire dal vigneto: così, non ha mai permesso ai conferitori l'uso di pesticidi e diserbanti. I suoi sono tutti vini d'autore. Quest'anno ci piace segnalarne tre: il Metodo Classico Quarantatre, nella cui liqueur entra un Bas Armagnac dell'annata eponima; la Barbera Montruc, che magnifica la forza lussuosa del vitigno; e il Marasco 2019, gran Barolo di gran millesimo. In puro stile Martinetti.

Corso Turati, 14 - 10128 Torino (TO)
T. 011 8395937 | M. info@francomartinetti.it
www.francomartinetti.it

Viticoltura: Convenzionale
Ettari: 5 | **Bottiglie:** 10.000 | **Produzione olearia:** No
Proprietà: Franco Maria Martinetti
Cond. enologica: Gianluca Scaglione, Franco Maria Martinetti
Cond. agronomica: Franco Maria Martinetti
Vendita diretta: No | **Visite in azienda:** No

(91,5)

BAROLO MARASCO 2019
Rosso Docg - Nebbiolo 100%
Alc. 15,5% | € 65 | Bt. 7.500 | Ferm. Acciaio | Mat. Legno 30 mesi
Granato fitto. Il millesimo 2019 lo senti dalla giovanile eloquenza olfattiva: marasca, mora, rosa, fini note di tabacco nobile e spezie dolci. In bocca c'è un calore avvolgente, che modula il sostanzioso tannino, un retrolfattivo fruttato e croccante, una persistenza regale. Ecco: pregevole ora, ha un grande futuro. Terrina di lepre con salsa di prugne.

BARBERA D'ASTI SUPERIORE MONTRUC 2021
Rosso Docg - Barbera 100%
Alc. 15% | € 40 | Bt. 15.500 | Ferm. Legno | Mat. Legno 12 mesi
Tacchino farcito con castagne.

GAVI MINAIA 2022
Bianco Docg - Cortese 100%
Alc. 13,5% | € 33 | Bt. 8.000 | Ferm. Legno | Mat. Legno 10 mesi
Cappesante scottate allo zenzero.

QUARANTATRE BRUT RISERVA 2010
Bianco Metodo Classico - Pinot nero 55%, Chardonnay 45%
Alc. 13,5% | € 65 | Bt. 4.800 | Ferm. Legno e Acciaio | Mat. Acciaio 8 mesi e Legno 8 mesi | 150 mesi sui lieviti
Crostini al foie gras.

COLLI TORTONESI MARTIN 2022
Bianco Doc - Timorasso 100%
Alc. 14% | € 40 | Bt. 4.500 | Ferm. Legno | Mat. Legno 10 mesi
Risotto alla zucca e astice.

MONFERRATO ROSSO SULBRIC 2021
Rosso Doc - Barbera 50%, Cabernet sauvignon 50%
Alc. 14,5% | € 47 | Bt. 8.000 | Ferm. Legno | Mat. Legno 14 mesi
Tagliata al pepe verde.

BAROLO MARASCO
2010 | 2014

GAVI MINAIA
2019 | 2020

Bartolo Mascarello
(1918)

Maria Teresa Mascarello non si lascia scappare l'occasione e come tutti i grandi del vino, risponde all'appello della vendemmia 2019 con un Barolo formidabile. È un ruggito, una manifestazione di potere, un atto di forza, compiuto con un vino che si pone al di fuori dagli schemi abituali, e che comunica libertà, freschezza e tanto stile. Gli appassionati di queste terre possono stare tranquilli, a Barolo è ancora la cantina Bartolo Mascarello a dettare le regole. Purtroppo non recensibili gli altri vini della gamma perché non ancora imbottigliati.

Via Roma, 19 - 12060 Barolo (CN)
T. 0173 56125 | M. info@bartolomascarello.com

Viticoltura: Biologica
Ettari: 5,4 | **Bottiglie:** 45.000 | **Produzione olearia:** No
Proprietà: Maria Teresa Mascarello
Cond. enologica: Maria Teresa Mascarello
Cond. agronomica: Roberto Alessandria
Vendita diretta: Sì | **Visite in azienda:** Sì

(96,5)

BAROLO 2019
Rosso Docg - Nebbiolo 100%
Alc. 14% | € 150 | Bt. 18.000 | Ferm. Cemento | Mat. Legno 30 mesi
È un vino strepitoso, fresco, nitido, dal profilo terso e affascinante. L'avvio è ricco di frutta rossa fresca con ribes e melagrana a dominare, poi pesca, carcadè, cenere, rosa, bacche, agrumi e fragoline. Il tono è prezioso, l'espressione dolce; al gusto precisione ed equilibrio con rigore nello sviluppo. Reale di vitello alla senape antica.

BAROLO
2016 | 2017 | 2018

Massolino - Vigna Rionda
(1896)

È poco lo spazio per raccontare i vini dei Massolino: un'azienda a cui vogliamo bene e che abbiamo visto crescere in maniera esponenziale grazie alla cultura del lavoro e al coraggio delle scelte. Vignaioli veri e generosi, i Massolino sono riusciti mattone dopo mattone a costruire una produzione straordinaria quanto a qualità e numeri. Molto ampia la gamma: dai bianchi Chardonnay e Riesling ai tipici albesi fino ai grandi Barolo e Barbaresco, che hanno reso celebre questa cantina nel mondo. Vini classici, che comunicano qualità, integrità e forte spirito piemontese. Giù il cappello.

Piazza Cappellano, 8 - 12050 Serralunga d'Alba (CN)
T. 0173 613138 | M. massolino@massolino.it
www.massolino.it

Viticoltura: Convenzionale
Ettari: 48 | **Bottiglie:** 420.000 | **Produzione olearia:** No
Proprietà: Franco e Roberto Massolino
Cond. enologica: Roberto Massolino, Franco Massolino, Giovanni Angeli
Cond. agronomica: Staff aziendale
Vendita diretta: Sì | **Visite in azienda:** Sì

96

BAROLO VIGNA RIONDA RISERVA 2017
Rosso Docg - Nebbiolo 100%
Alc. 14,5% | € 155 | Bt. 12.500 | Ferm. Legno | Mat. Legno 42 mesi
Non sente le criticità dell'annata. È tosto e austero, dal tono olfattivo ricco e profondo con memorie di caffè e liquirizia, fragola macerata e menta, marasca e cioccolato. Ha piglio e volume anche al gusto, pieno e importante. Dal 2033. Filetto di scottona in sfoglia.

94,5

BAROLO PARUSSI 2019
Rosso Docg - Nebbiolo 100%
Alc. 14,5% | € 72 | Ferm. Acciaio | Mat. Acciaio 5 mesi e Legno 30 mesi
Non l'abbiamo mai trovato così buono. Frutta e bacche, radici e foglie secche poi frutti rossi in gran definizione: ciliegia e fragoline di bosco, menta, fumo e cacao. La bocca è di Castiglione, fresca ed equilibrata. Meraviglioso. Medaglioni di cervo con riduzione di cottura.

94

BAROLO MARGHERIA 2019
Rosso Docg - Nebbiolo 100%
Alc. 14,5% | € 72 | Bt. 7.500 | Ferm. Acciaio | Mat. Acciaio 5 mesi e Legno 30 mesi
Naso molto classico e articolato: fragrante nei sentori di rosa e foglie secche, radici, liquirizia, alloro e frutto definito. La bocca è corposa, sapida e fresca con giusto tannino. Gran classe. Lepre alla cacciatora.

91,5

BARBARESCO ALBESANI 2020
Rosso Docg - Nebbiolo 100%
Alc. 14,5% | € 68 | Bt. 4.000 | Ferm. Legno | Mat. Legno 18 mesi
Spezzatino di manzo.

BAROLO PARAFADA 2019
Rosso Docg - Nebbiolo 100%
Alc. 14,5% | € 72 | Bt. 6.000 | Ferm. Acciaio | Mat. Acciaio 5 mesi e Legno 30 mesi. Reale di vitello alla senape antica.

BAROLO 2019
Rosso Docg - Nebbiolo 100%
Alc. 14% | € 35 | Bt. 85.000 | Ferm. Legno | Mat. Acciaio 5 mesi e Legno 30 mesi. Capriolo con salsa di ribes rosso.

BAROLO VIGNA RIONDA RISERVA ETICHETTA NERA
2016

BAROLO
2018

Mazzoni
(1999)

La famiglia Mazzoni è un punto di riferimento per il Ghemme e i vini delle Colline Novaresi. Presenti alle manifestazioni con garbo e pazienza, disponibili al racconto e alla condivisione del loro lavoro. I loro vini riflettono questa caratteristica, piacevolezza e disponibilità al sorso, in particolare il bianco Iris e il Nebbiolo del Monteregio, vini immediati e piacevoli, generosi di profumi come anche la Vespolina. Maggior austerità ma anche garbo e finezza nel Ghemme dei Mazzoni mentre il Ghemme Ai Livelli rivela più corpo e una massa tannica che segna un potenziale evolutivo importante.

Via Roma, 73 - 28010 Cavaglio d'Agogna (NO)
T. 347 0644911 | M. info@vinimazzoni.it
www.vinimazzoni.it

Viticoltura: Lotta integrata
Ettari: 4,5 | **Bottiglie:** 30.000 | **Produzione olearia:** No
Proprietà: Tiziano Mazzoni
Cond. enologica: Sandro Bussa
Cond. agronomica: Michele Colombo
Vendita diretta: Sì | **Visite in azienda:** Sì

GHEMME AI LIVELLI 2018
Rosso Docg - Nebbiolo 100%
Alc. 14,5% | € 38 | Bt. 1.500 | Ferm. Acciaio | Mat. Legno 36 mesi
Veste granato luminoso. Non si concede subito, prima avanzano indizi speziati e terrosi di sottobosco, poi libera sbuffi floreali di viola e gladiolo e in successione marasca in confettura e succo di mirtillo. In bocca l'ingresso è teso e fresco. Integerrimo nel tannino, regala una chiosa ricca di sapidità. Pasta alla gricia.

GHEMME DEI MAZZONI 2019
Rosso Docg - Nebbiolo 100%
Alc. 14,5% | € 30 | Bt. 5.000 | Ferm. Acciaio | Mat. Legno 24 mesi
Fondue bourguignonne.

IRIS 2022
Bianco - Erbaluce 100%
Alc. 13,5% | € 15 | Bt. 3.000 | Ferm. Acciaio | Mat. Acciaio 6 mesi
Pesce spada gratinato.

COLLINE NOVARESI NEBBIOLO DEL MONTEREGIO 2021
Rosso Doc - Nebbiolo 100%
Alc. 12,5% | € 17 | Bt. 8.000 | Ferm. Acciaio | Mat. Acciaio 12 mesi e Legno 12 mesi e Cemento 12 mesi
Risotto con silene e cime di luppolo selvatico.

COLLINE NOVARESI VESPOLINA IL RICETTO 2022
Rosso Doc - Vespolina 100%
Alc. 13,5% | € 15 | Bt. 4.000 | Ferm. Acciaio | Mat. Acciaio 6 mesi
Fagioli all'uccelletto.

GHEMME DEI MAZZONI
2013

GHEMME AI LIVELLI
2016 | 2017

Casa E. di Mirafiore
(1878)

Casa E. di Mirafiore è uno dei marchi storici dell'enocultura piemontese, legato a filo doppio alle vicende che hanno portato alla creazione dello Stato unitario (com'è noto, fu creato da Emanuele Alberto Guerrieri, figlio di Vittorio Emanuele II e di sua moglie morganatica, Rosa Vercellana, alias la Bela Rosin). E tuttavia, la tendenza di molti è considerarlo una sorta di semplice spin-off della "casa madre" Fontanafredda. Sbagliatissimo, perché le sue etichette vivono alla grande di vita propria: come il sontuoso Paiagallo 2019 e l'ottimo Blanc de Noir, sempre più intrigante e raffinato.

Via Alba, 15 - 12050 Serralunga d'Alba (CN)
T. 0173 626117 | M. info@mirafiore.it
www.mirafiore.it

Viticoltura: Biologica certificata
Ettari: 25 | **Bottiglie:** 200.000 | **Produzione olearia:** No
Proprietà: Oscar Farinetti e Luca Baffigo
Cond. enologica: Andrea Conti
Cond. agronomica: Alberto Grasso
Vendita diretta: Sì | **Visite in azienda:** Sì

(92)

BAROLO PAIAGALLO 2019
Rosso Docg - Nebbiolo 100%
Alc. 14,5% | € 59 | Bt. 5.820 | Ferm. Acciaio | Mat. Legno 26 mesi
Granato. La grazia olfattiva (iris, lampone, sottigliezze di spezia, corroborante gioco di sensazioni balsamiche e vegetali) trova un potente contraltare nella struttura gustativa, che è forte e succosa, e dà vita a una progressione incalzante, priva di cedimenti, lunghissima e appagante. Chapeau. Bocconcini di cinghiale con salsa di prugne.

BAROLO RISERVA 2016
Rosso Docg - Nebbiolo 100%
Alc. 14% | € 115 | Bt. 6.050 | Ferm. Legno | Mat. Legno 12 mesi e Cemento 24 mesi
Terrina di lepre con salsa di prugne.

BAROLO LAZZARITO 2019
Rosso Docg - Nebbiolo 100%
Alc. 14,5% | € 48 | Bt. 12.660 | Ferm. Acciaio | Mat. Legno 26 mesi
Gulasch di cervo con patate stufate.

ALTA LANGA BLANC DE NOIR 2019
Bianco Docg Metodo Classico - Pinot nero 100%
Alc. 12% | € 29 | Bt. 8.877 | 36 mesi sui lieviti
Carpaccio di crostacei su mela verde.

BARBERA D'ALBA SUPERIORE 2021
Rosso Doc - Barbera 100%
Alc. 14% | € 21 | Bt. 10.000 | Ferm. Acciaio | Mat. Legno 12 mesi
Maltagliati con funghi porcini.

LANGHE NASCETTA 2022
Bianco Doc - Nascetta 100%
Alc. 13% | € 18 | Bt. 13.000 | Ferm. Acciaio
Pesce spada gratinato.

BAROLO LAZZARITO
2016 | 2017 | 2018

BAROLO PAIAGALLO
2015 | 2018

Mirù
(1978)

Marco Arlunno non perde tempo, veloce nei ragionamenti e nell'operatività, in vigna e in cantina. In effetti i vini di Mirù hanno segnato il passo della qualità. Un percorso ragionato sulle varietà tradizionali dove nebbiolo, vespolina ed erbaluce si esprimono con fedeltà e rigore. Profumata e speziata la vespolina, balsamico e mandorlato l'erbaluce, floreale e di sottobosco il classico nebbiolo delle Colline Novaresi. Il Ghemme rivela potenza e speziatura ma non rinuncia a un tocco di florealità vegetale che lo rende intrigante. Non poteva mancare un profumato rosato, sempre da nebbiolo.

Piazza Antonelli, 24 - 28074 Ghemme (NO)
T. 0163 840032 | M. info@aziendaagricolamiru.it
www.aziendaagricolamiru.it

Viticoltura: Convenzionale e lotta integrata
Ettari: 12 | **Bottiglie:** 40.000 | **Produzione olearia:** No
Proprietà: Marco Arlunno
Cond. enologica: Marco Arlunno
Cond. agronomica: Michele Vigasio
Vendita diretta: Sì | **Visite in azienda:** Sì

GHEMME VIGNA CARELLE 2017
Rosso Docg - Nebbiolo 100%
Alc. 13% | € 35 | Bt. 5.000 | Ferm. Acciaio | Mat. Legno 24 mesi
Granato intenso. Lentamente le note tostate e balsamiche di erbe officinali lasciano spazio a spezie più dolci di espressione balsamica, zenzero e noce moscata. Liquirizia e cenni di caffè insistono e incidono nella parte gustativa che rilancia in freschezza e teso tannino con chiusura sapida. Da attendere nel tempo. Fagiano arrosto.

COLLINE NOVARESI NEBBIOLO N50 2020
Rosso Doc - Nebbiolo 100%
Alc. 13% | € 20 | Bt. 10.000 | Ferm. Acciaio | Mat. Legno 6 mesi
Risotto alla milanese con ossobuco.

COLLINE NOVARESI UVA RARA 2021
Rosso Doc - Vespolina 100%
Alc. 12,5% | € 18 | Bt. 5.000 | Ferm. Acciaio
Pizza fritta con provola e salsiccia.

COLLINE NOVARESI BIANCO PIRIET 2022
Bianco Doc - Erbaluce 100%
Alc. 13% | € 14 | Bt. 6.000 | Ferm. Acciaio | Mat. Acciaio 6 mesi
Risotto con gamberi di fiume e piselli.

COLLINE NOVARESI ROSATO ROSSINI 2022
Rosato Doc - Nebbiolo 80%, Uva rara 10%, Vespolina 10%
Alc. 13% | € 16 | Bt. 4.000 | Ferm. Legno e Acciaio
Guazzetto di scampi.

COLLINE NOVARESI VESPOLINA N54 2022
Rosso Doc - Vespolina 100%
Alc. 13% | € 18 | Bt. 5.000 | Ferm. Acciaio
Insalata greca.

GHEMME
2017 | 2018

COLLINE NOVARESI NEBBIOLO N50
2017 | 2019

Moccagatta
(1952)

La novità di quest'anno è un'assenza: manca il Barbaresco Cole. I Minuto han deciso che, dal millesimo 2020, il vino prodotto dai vigneti di questa piccola ma preziosa Menzione Geografica Aggiuntiva diventerà una Riserva; dunque, mentre scriviamo è ancora in fase di maturazione. Appuntamento al 2025. Nel frattempo "consoliamoci" con il deflagrante Basarin e l'ampio Bric Balin. Quest'ultimo, proveniente dai vigneti che circondano la cantina, si fa preferire per un soffio, ma è una questione di sfumature. Lo stile Moccagatta è costante: forte, inconfondibile, sempre più un valore.

Strada Rabajà, 46 - 12050 Barbaresco (CN)
T. 0173 635228 | M. info@moccagatta.eu
www.moccagatta.eu

Viticoltura: Lotta integrata
Ettari: 12 | **Bottiglie:** 65.000 | **Produzione olearia:** No
Proprietà: Martina e Stefano Minuto
Cond. enologica: Sergio Minuto, Martina Minuto
Cond. agronomica: Stefano Minuto, Sergio Minuto
Vendita diretta: Sì | **Visite in azienda:** Sì

(93)
BARBARESCO BRIC BALIN 2020
Rosso Docg - Nebbiolo 100%
Alc. 15% | € 48 | Bt. 12.000 | Ferm. Acciaio | Mat. Legno 18 mesi
Granato profondo. Confettura di more, cacao, tabacco e un'ampia presenza di sensazioni balsamiche rendono l'olfazione intensa e avvolgente. Massiccio, d'imponente struttura tannica; non lasciatevi ingannare dall'elevato tenore alcolico: il sorso rimane sempre in raffinato equilibrio, fino alla lunghissima conclusione. Tordi in salmì.

(92)
BARBARESCO BASARIN 2020
Rosso Docg - Nebbiolo 100%
Alc. 15,5% | € 48 | Bt. 7.000 | Ferm. Acciaio | Mat. Legno 18 mesi
Granato fitto, scuro come le sensazioni olfattive di mora e tabacco, liquirizia ed eucalipto. Il sorso non può lasciare indifferenti gli appassionati di nebbiolo: forte, caldo, concentrato e succoso, virile nei tannini, lascia una scia lunghissima di potente giovinezza. Andrà lontano. Bracioline di maiale al calvados.

BARBARESCO BRIC BALIN
2018

BARBARESCO COLE
2019

Mauro Molino
(1982)

Mirabile equilibrio nei Barolo 2019 della famiglia Molino. Gradazioni alcoliche senza eccessi, sontuosa purezza aromatica che esalta i caratteri varietali del nebbiolo, un bilanciamento già quasi perfetto delle componenti gustative, tra le quali spicca un impeccabile trattamento dei tannini. Lo stile Molino ne esce magnificato; volendo usare un ossimoro, tutti i vini (compreso il Barolo classico, senza menzione del cru: buonissimo) mostrano una leggiadra potenza, sempre più rara in tempi di global warming. Conca über alles, ma tutti van messi in cantina e goduti negli anni, a partire da ora.

Frazione Annunziata - Borgata Gancia, 111/A - 12064 La Morra (CN)
T. 0173 500035 | M. info@mauromolino.com
www.mauromolino.com

Viticoltura: Ecosostenibile
Ettari: 20,5 | **Bottiglie:** 160.000 | **Produzione olearia:** No
Proprietà: Famiglia Molino
Cond. enologica: Matteo Molino
Cond. agronomica: Mauro Molino
Vendita diretta: Sì | **Visite in azienda:** Sì

(93)
BAROLO CONCA 2019
Rosso Docg - Nebbiolo 100%
Alc. 14% | € 105 | Ferm. Legno e Acciaio | Mat. Legno 18 mesi
Granato. Al naso un fuoco d'artificio di sentori purissimi, in armonioso dialogo: lampone, viola, erbe aromatiche, noce moscata, una lussuosa nota di tabacco dolce. Al palato l'ampiezza strutturale e la nobile gioventù dei tannini sono rese vibranti da un'equilibrata freschezza. Lunga, appagante conclusione fruttata. Brasato di lepre con riduzione di vino rosso.

BAROLO GALLINOTTO 2019
Rosso Docg - Nebbiolo 100%
Alc. 14% | € 55 | Bt. 8.000 | Ferm. Acciaio | Mat. Legno 18 mesi
Ravioli di germano con foie gras.

BAROLO 2019
Rosso Docg - Nebbiolo 100%
Alc. 14% | € 45 | Bt. 35.000 | Ferm. Acciaio | Mat. Legno 18 mesi
Lombata di vitello su letto di cipolline saltate.

BAROLO BRICCO LUCIANI 2019
Rosso Docg - Nebbiolo 100%
Alc. 13,5% | € 62 | Bt. 4.200 | Ferm. Acciaio | Mat. Legno 18 mesi
Castelmagno.

BAROLO LA SERRA 2019
Rosso Docg - Nebbiolo 100%
Alc. 14% | € 75 | Bt. 2.700 | Ferm. Acciaio | Mat. Legno 18 mesi
Allodole tartufate in casseruola.

BAROLO CONCA
2018

BAROLO BRICCO LUCIANI
2014 | 2016

Monchiero Carbone
(1990)

I vini di Francesco Monchiero si caratterizzano sempre per una spiccata impronta personale, che li vuole ricchi, quasi opulenti, ma sempre dotati di ottima freschezza e quindi altrettanto ottima bevibilità. E, particolare non da poco, con tanta strada davanti a loro, segno di una materia prima più che valida e di una gestione in vigna e in cantina capace di valorizzare i frutti. Se il Printi si conferma vino di punta dell'azienda, una segnalazione va sicuramente alla Riserva di arneis, che ci ha colpito per finezza e aderenza ai canoni della denominazione.

Via Santo Stefano Roero, 2 - 12043 Canale (CN)
T. 0173 95568 | M. info@monchierocarbone.com
www.monchierocarbone.com

Viticoltura: Certificazione SQNPI
Ettari: 35 | **Bottiglie:** 200.000 | **Produzione olearia:** No
Proprietà: Francesco Monchiero
Cond. enologica: Francesco Monchiero, Marco Monchiero
Cond. agronomica: Matteo Monchiero, Danilo Gallino
Vendita diretta: Sì | **Visite in azienda:** Sì

93,5

ROERO PRINTI RISERVA 2019
Rosso Docg - Nebbiolo 100%
Alc. 14,5% | € 40 | Bt. 5.000 | Ferm. Acciaio | Mat. Legno 24 mesi
L'abito è ancora rosso rubino. Naso esuberante ma mai smaccato e anzi serico: frutta nera macerata, cuoio, tabacco, incenso, legni nobili, macchia mediterranea, grafite. In bocca i tannini graffiano ancora e promettono una lunga evoluzione; piace per freschezza, gustosa sapidità e appagante persistenza. Costine d'agnello in crosta di noci.

ROERO RENESIO INCISA RISERVA 2019
Bianco Docg - Arneis 100%
Alc. 14% | € 35 | Bt. 5.187 | Ferm. Acciaio | Mat. Acciaio 9 mesi e Legno 9 mesi
Rollè di cernia con patate al rosmarino.

ROERO SRÜ 2020
Rosso Docg - Nebbiolo 100%
Alc. 14% | € 25 | Bt. 6.000 | Ferm. Acciaio | Mat. Legno 18 mesi
Cinghiale in umido.

ROERO ARNEIS CECU D'LA BIUNDA 2022
Bianco Docg - Arneis 100%
Alc. 13,5% | € 18 | Bt. 20.000 | Ferm. Acciaio | Mat. Acciaio 6 mesi
Maltagliati con fiori di zucca e gamberetti.

ROERO SRÜ
2015 | 2016 | 2017

ROERO PRINTI RISERVA
2018

Mongioia
(1998)

La passione di Riccardo Bianco per il moscato è totalizzante, quanto la sua perizia tecnica nel gestirlo per produrre vini che non sono mai banali, ma rappresentano un viaggio, a tratti insolito, in territori che pochi hanno il coraggio di sperimentare. Ce lo ricordano, anche quest'anno, la Moscata e il Meramentae, Metodo Classico che trascorre 72 mesi sui lieviti: sono vini da portare a tavola per sfidare i luoghi comuni del pairing. Crostacei, formaggi freschi (mirabile l'abbinamento della Moscata con la Mozzarella di Bufa a Campana Dop affumicata!).

Frazione Valdivilla, 40 - 12058 Santo Stefano Belbo (CN)
T. 0141 847301 | M. info@mongioia.com
www.mongioia.com

Viticoltura: Biologica certificata
Ettari: 10 | **Bottiglie:** 60.000 | **Produzione olearia:** No
Proprietà: Riccardo Bianco
Cond. enologica: Riccardo Bianco
Cond. agronomica: Riccardo Bianco
Vendita diretta: Sì | **Visite in azienda:** Sì

91

MOSCATO D'ASTI CANELLI MOSCATA 2022
Bianco Docg Frizzante Dolce - Moscato bianco 100%
Alc. 5,5% | € 26 | Ferm. Terracotta
All'insegna della complessità, l'impronta aromatica rivendica i canoni della pesca e della salvia all'interno di una cornucopia di sentori orientali, zenzero, spezie, tè verde, mandarino, limone d'Amalfi. La bocca è avvolta da una generosa rotondità in cui la freschezza serpeggia tra sapidi ritorni minerali. Mozzarella di bufala campana.

MOSCATO D'ASTI 2022
Bianco Docg Frizzante Dolce - Moscato bianco 100%
Alc. 5,5% | € 15 | Ferm. Acciaio
Strudel di mele.

MERAMENTAE EXTRA BRUT 2015
Bianco Metodo Classico - Moscato bianco 100%
Alc. 12% | € 40 | Ferm. Acciaio | 72 mesi sui lieviti
Riso venere con verdure e crostacei.

PIEMONTE MOSCATO SECCO LEONHARD 2021
Bianco Doc - Moscato bianco 100%
Alc. 12,5% | € 15 | Ferm. Acciaio | Mat. Acciaio 6 mesi
Sushi e sashimi.

MOSCATO D'ASTI CANELLI LA MOSCATA
2021

LEONHARD
2017 | 2020 | 2021

Montalbera
(2002)

Dici Montalbera e pensi Ruchè. Sebbene anche altri produttori abbiano fatto fruttare l'intuizione di Don Cauda, il primo a recuperare il vitigno, sicuramente il marchio della famiglia Morando per diffusione è quello che ha esportato questo vino fuori dai confini piemontesi, grazie a una produzione quantitativamente rilevante e a una politica commerciale decisamente aggressiva. Lo scrivevamo nelle scorse edizioni: stiamo assistendo a un processo di "alleggerimento" dei vini che, perse le inutili sovrastrutture di qualche anno fa, sono finalmente liberi di esprimere il loro potenziale.

Via Montalbera, 1 - 14030 Castagnole Monferrato (AT)
T. 0141 292125 | M. montalbera@montalbera.it
www.montalbera.it

Viticoltura: Certificazione SQNPI
Ettari: 110 | **Bottiglie:** 550.000 | **Produzione olearia:** Sì
Proprietà: Famiglia Enrico Riccardo Morando
Cond. enologica: Daniel Morellato, Nino Falcone
Cond. agronomica: Roberto Abate, Ettore Sandri
Vendita diretta: Sì | **Visite in azienda:** Sì

RUCHÈ DI CASTAGNOLE MONFERRATO LIMPRONTA RISERVA 2020
Rosso Docg - Ruchè 90%, Barbera 10%
Alc. 15% | € 21 | Bt. 6.000 | Ferm. Acciaio | Mat. Acciaio 2 mesi e Legno 12 mesi
Luminoso cuore rubino. Il naso è serio e leggiadro: le spezie dolci giocano a rimpiattino con i toni tipici di fiori (rosa canina) e frutta appena macerata. Il sorso dimostra un bell'equilibrio e una buona persistenza; ottimi i ritorni gusto olfattivi. Stinco d'agnello al forno.

120+1 PAS DOSÉ
Bianco Metodo Classico - Pinot nero 100%
Alc. 12,5% | € 39 | Bt. 4.000 | Ferm. Acciaio | Mat. Acciaio 3 mesi e Legno 3 mesi | 120 mesi sui lieviti
Risotto con tinca di lago e datterini.

BARBERA D'ASTI SUPERIORE LEQUILIBRIO 2021
Rosso Docg - Barbera 100%
Alc. 14,5% | € 12 | Bt. 25.000 | Ferm. Acciaio | Mat. Acciaio 2 mesi e Legno 10 mesi
Monte Veronese d'allevo.

RUCHÈ DI CASTAGNOLE MONFERRATO LACCENTO 2022
Rosso Docg - Ruchè 100%
Alc. 15% | € 13 | Bt. 60.000 | Ferm. Acciaio | Mat. Acciaio 6 mesi
Faraona arrosto con salsa di frutti di bosco.

BARBERA D'ASTI SUPERIORE NUDA 2021
Rosso Docg - Barbera 100%
Alc. 15% | € 21 | Bt. 8.000 | Ferm. Legno | Mat. Legno 15 mesi
Capretto allo spiedo.

BAROLO LEVOLUZIONE 2019
Rosso Docg - Nebbiolo 100%
Alc. 14,5% | € 29 | Bt. 8.000 | Ferm. Acciaio | Mat. Legno 24 mesi
Spezzatino di manzo.

RUCHÈ DI CASTAGNOLE MONFERRATO LA TRADIZIONE
2019 | 2020 | 2021

RUCHÈ DI CASTAGNOLE MONFERRATO LACCENTO
2021

Monti
(1996)

L'azienda fondata nel 1996 da Paolo Monti, spalleggiato dall'enologo Roberto Gerbino, coltiva 17 ettari a Monforte, compresi un grand cru (Bussia) e una MGA d'ottimo valore (Bricco San Pietro, la più vasta, nel settore ovest del Comune), sempre più presente sulle etichette monfortine negli ultimi anni. Da un mix di uve provenienti da entrambi i cru nasce poi il Barolo del comune di Monforte, che nell'annata 2019 ci affascina ancor più dei monovigneto: forte, stratificato, dotato di gran fondo tannico, esprime a meraviglia la proverbiale profondità dei terroir di questo storico lembo di Langa.

Località San Sebastiano, 39 - 12065 Monforte d'Alba (CN)
T. 0173 78391 | M. wine@paolomonti.com
www.paolomonti.com

Viticoltura: Convenzionale
Ettari: 17 | **Bottiglie:** 50.000 | **Produzione olearia:** No
Proprietà: Pier Paolo Monti
Cond. enologica: Roberto Gerbino
Cond. agronomica: Staff aziendale
Vendita diretta: Sì | **Visite in azienda:** Sì

BAROLO DEL COMUNE DI MONFORTE D'ALBA 2019
Rosso Docg - Nebbiolo 100%
Alc. 15% | € 51 | Bt. 3.000 | Ferm. Acciaio | Mat. Legno 30 mesi
Granato. Espressivo e articolato, seduce con un profilo aromatico che alterna profumi di piccoli frutti sotto spirito, sensazioni ferrigne, poi d'erbe aromatiche e menta. Sorso caldo e tosto, fondato su pilastri tannici imponenti e di ottima qualità, con un epilogo persistente e fruttato. Pernici farcite.

BAROLO BUSSIA 2019
Rosso Docg - Nebbiolo 100%
Alc. 14,5% | € 60 | Bt. 4.000 | Ferm. Acciaio | Mat. Acciaio 3 mesi e Legno 30 mesi
Stufato di daino.

BAROLO BRICCO SAN PIETRO 2019
Rosso Docg - Nebbiolo 100%
Alc. 14,5% | € 56 | Bt. 2.700 | Ferm. Acciaio | Mat. Legno 36 mesi
Guanciale di manzo in umido con polenta.

LANGHE BIANCO L'AURA 2019
Bianco Doc - Chardonnay 70%, Riesling renano 30%
Alc. 13,5% | € 26 | Bt. 1.300 | Ferm. Legno e Acciaio | Mat. Acciaio 5 mesi e Legno 5 mesi
Timballo di riso e gamberi.

BAROLO BUSSIA RISERVA
2010

BAROLO DEL COMUNE DI MONFORTE D'ALBA
2012

Morgassi Superiore
(1992)

Morgassi Superiore è una consolidata realtà nel panorama vitivinicolo di Gavi, che nel corso degli anni ha saputo acquisire classe e prestigio. Sappiamo che i grandi risultati li ottengono le persone, e le proprietarie, Cecilia e Marina Piacitelli, coadiuvate da uno staff di veri professionisti, ottimizzano quello che il meraviglioso contesto ambientale su cui sono posizionati i loro vigneti è in grado di donare. Vini di alto profilo, diversi per stili produttivi: il Tuffo, giovane, fresco, immediato, il Volo, fiero, longevo e di rarefatta eleganza e il Timorgasso, moderno e originale.

Case Sparse Sermoria, 7 - 15066 Gavi (AL)
T. 0143 642007 | M. info@morgassisuperiore.it
www.morgassisuperiore.it

Viticoltura: Biologica
Ettari: 19,5 | **Bottiglie:** 120.000 | **Produzione olearia:** No
Proprietà: Cecilia e Marina Piacitelli
Cond. enologica: Massimo Azzolini
Cond. agronomica: Lydia Bourguignon, Claude Bourguignon
Vendita diretta: Sì | **Visite in azienda:** Sì

GAVI DEL COMUNE DI GAVI VOLO 2021
Bianco Docg - Cortese 100%
Alc. 13% | € 21 | Bt. 36.000 | Ferm. Acciaio | Mat. Acciaio 9 mesi
Sipario giallo tenue. Approccio olfattivo di mela Golden, ananas, ribes bianchi, lime, prosegue su fiori primaverili, erba di prati alpini, timo e salvia, e lieve scia gessosa. Succoso, fresco e sapido già dal primo sorso, richiama con gioiosa e piacevole risacca le fragranze olfattive di frutta e fiori. Branzino al forno con erbe aromatiche.

GAVI DEL COMUNE DI GAVI TUFFO 2022
Bianco Docg - Cortese 100%
Alc. 13% | € 14 | Bt. 65.000 | Ferm. Acciaio | Mat. Acciaio 6 mesi
Linguine all'astice.

MONFERRATO BIANCO TIMORGASSO 2022
Bianco Doc - Timorasso 100%
Alc. 12,5% | € 20 | Bt. 1.500 | Ferm. Acciaio | Mat. Acciaio 7 mesi
Tortelli di zucca e salvia.

GAVI DEL COMUNE DI GAVI VOLO
2015 | 2016 | 2020

GAVI DEL COMUNE DI GAVI TUFFO
2019 | 2020 | 2021

Fratelli Mossio
(1968)

L'azienda dei fratelli Mossio incarna alcuni dei valori più importanti del vino piemontese: una lunga tradizione familiare in primis, legata a un luogo di vocazione per il vino, nel caso, l'area dolcettistica di Rodello; e poi la fedeltà incorruttibile ai vitigni del territorio, tutti interpretati con grande linearità, buon senso, senza voli pindarici dal punto di vista né agronomico né enologico, dal dolcetto al nebbiolo, passando per la barbera. Aggiugeremmo anche una certa ritrosia all'esposizione mediatica e una concretezza d'altri tempi: anche questo ci piace. Una garanzia.

Via Montà, 12 - Località Cascina Caramelli - 12050 Rodello (CN)
T. 0173 617149 | M. mossio@mossio.com
www.mossio.com

Viticoltura: Ecosostenibile
Ettari: 10 | **Bottiglie:** 50.000 | **Produzione olearia:** No
Proprietà: Famiglia Mossio
Cond. enologica: Remo Mossio, Giuseppe Caviola
Cond. agronomica: Michele Mossio, Remo Mossio
Vendita diretta: Sì | **Visite in azienda:** Sì

DOLCETTO D'ALBA BRICCO CARAMELLI 2021
Rosso Doc - Dolcetto 100%
Alc. 14,5% | € 15 | Bt. 5.500 | Ferm. Acciaio | Mat. Acciaio 12 mesi
Impenetrabile rubino dai lampi amaranto. Esordio con succosi frutti maturi, bacche nere, mora di gelso in confettura, gelatina di lampone, quindi glicine e iris dall'impatto vertiginoso. Coerente la bocca per potenza e densità gustativa, tannino muscolare, teso, asciugante. Si congeda con una lunga scia sapida. Risotto ai porcini.

LANGHE NEBBIOLO LUEN 2019
Rosso Doc - Nebbiolo 100%
Alc. 14,5% | € 20 | Bt. 6.000 | Ferm. Acciaio | Mat. Acciaio 12 mesi e Legno 24 mesi
Allodole tartufate in casseruola.

BARBERA D'ALBA 2021
Rosso Doc - Barbera 100%
Alc. 14,5% | € 18 | Bt. 10.000 | Ferm. Acciaio | Mat. Legno 12 mesi
Tagliata al pepe verde.

DOLCETTO D'ALBA PIANO DELLI PERDONI 2021
Rosso Doc - Dolcetto 100%
Alc. 13,5% | € 12 | Bt. 25.000 | Ferm. Acciaio | Mat. Acciaio 12 mesi
Rigatoni al ragù bianco di carne.

DOLCETTO D'ALBA PIANO DELLI PERDONI
2019

BARBERA D'ALBA
2016

Mura Mura

(2008)

Il progetto Mura Mura, del cui esordio vi abbiamo narrato in Vitae 2023, è ora un esempio riuscito d'integrazione tra attività di produzione del vino, ristorazione e ricettività di alto livello. Cultura del dettaglio senza compromessi, instancabile ricerca e passione autentica: la gamma quest'anno si amplia con un Timorasso, si confermano eccellenti i Barbaresco (Faset brilla per pienezza). Unico, per stile produttivo e complessità, il Moscato Passito (con quota di botrite e di uve ghiacciate) ma è il Garibaldi che spariglia confermandosi la vera "terza via" del Grignolino contemporaneo.

Strada Madonnina, 24 - 14055 Costigliole d'Asti (AT)
T. 0141 1852673 | M. info@muramura.it
www.muramura.it

Viticoltura: Certificazione SQNPI
Ettari: 15 | **Bottiglie:** 30.000 | **Produzione olearia:** No
Proprietà: Guido Martinetti e Federico Grom
Cond. enologica: Guido Martinetti
Cond. agronomica: Staff aziendale
Vendita diretta: Sì | **Visite in azienda:** Sì

BARBARESCO FASET 2020
Rosso Docg - Nebbiolo 100%
Alc. 14,5% | € 60 | Bt. 3.370 | Ferm. Legno | Mat. Legno 12 mesi e Terracotta 12 mesi
Granato luminoso. Piccole bacche, fragolina di bosco, un corredo floreale tra violetta appassita e petali di rosa. Freschi sentori di sottobosco, cannella, respiri balsamici di aghi di pino. Sorso dal tannino fitto ma scattante, preciso nella chiusura con ritorni fruttati, ribes, erbe alpine e croccante al caramello. Braciola di cervo con salsa di ribes.

BARBARESCO STARDERI 2020
Rosso Docg - Nebbiolo 100%
Alc. 15% | € 64 | Bt. 3.422 | Ferm. Legno | Mat. Legno 12 mesi e Terracotta 12 mesi
Cinghiale arrosto con castagne.

GRIGNOLINO D'ASTI GARIBALDI 2021
Rosso Doc - Grignolino 100%
Alc. 14,5% | € 28 | Bt. 3.293 | Ferm. Legno | Mat. Legno 12 mesi
Beccacce allo spiedo.

BARBARESCO SERRAGRILLI 2020
Rosso Docg - Nebbiolo 100%
Alc. 14,5% | € 64 | Bt. 1.900 | Ferm. Legno | Mat. Legno 12 mesi e Terracotta 12 mesi
Stinco di maiale al forno in pancetta affumicata.

COLLI TORTONESI TIMORASSO DERTHONA BEATRICE 2021
Bianco Doc - Timorasso 100%
Alc. 15% | € 35 | Bt. 1.345 | Ferm. Acciaio | Mat. Legno 15 mesi e Terracotta 15 mesi
Risotto con seppie e burrata.

PIEMONTE MOSCATO PASSITO OFELIA 2020
Bianco Doc Passito - Moscato 100%
Alc. 12,5% | € 42 (0,375l) | Bt. 2.411 | Ferm. Legno | Mat. Legno 9 mesi e Terracotta 9 mesi
Semifreddo al mascarpone e uvetta sotto spirito.

BARBARESCO FASET
2019

PIEMONTE MOSCATO PASSITO OFELIA
2019

Musso

(1929)

Azienda che ha sede all'ingresso del comune di Barbaresco, fu fondata nel 1929 da Sebastiano Musso e la sua storia si tramanda di generazione in generazione. È oggi condotta da Valter Musso che, insieme al figlio Emanuele e al nipote Luca Accornero, gestisce l'organizzazione della vigna e della cantina. I vigneti sono situati sulle colline intorno a Barbaresco e dalle menzioni Rio Sordo e Pora, si raccolgono uve pregiate con le quali si producono vini di ottima qualità. Nella produzione aziendale troviamo anche varietà internazionali come lo chardonnay.

Via Domizio Cavazza 5 - 12050 Barbaresco (CN)
T. 0173 635129 | M. mussobarbaresco@gmail.com
www.mussobarbaresco.it

Viticoltura: Lotta integrata
Ettari: 11 | **Bottiglie:** 75.000 | **Produzione olearia:** No
Proprietà: Valter Musso
Cond. enologica: Valter Musso
Cond. agronomica: Valter Musso
Vendita diretta: Sì | **Visite in azienda:** Sì

BARBARESCO PORA 2020
Rosso Docg - Nebbiolo 100%
Alc. 14,5% | € 40 | Bt. 12.000 | Ferm. Acciaio | Mat. Acciaio 3 mesi e Legno 24 mesi
Rosso granato fitto. Olfatto pieno di grazia, piccoli frutti rossi maturi che ricordano le ciliegie, le more, i lamponi, il ribes, accompagnati da cenni speziati di vaniglia, liquirizia e pepe bianco . Al gusto è vigoroso e piacevole con buona acidità e importante tessitura tannica che riempie il palato. Cosciotto di maiale farcito.

BARBARESCO RIO SORDO 2020
Rosso Docg - Nebbiolo 100%
Alc. 14,5% | € 40 | Bt. 8.000 | Ferm. Acciaio | Mat. Legno 24 mesi
Ossobuco alla milanese.

BARBARESCO 2020
Rosso Docg - Nebbiolo 100%
Alc. 14,5% | € 35 | Ferm. Acciaio | Mat. Legno 24 mesi
Lepre alla cacciatora.

BARBERA D'ALBA SUPERIORE 2021
Rosso Doc - Barbera 100%
Alc. 15% | € 20 | Ferm. Acciaio | Mat. Legno 18 mesi
Risotto con salsiccia e Taleggio.

LANGHE CHARDONNAY 2020
Bianco Doc - Chardonnay 100%
Alc. 13,5% | € 20 | Bt. 4.500 | Ferm. Acciaio | Mat. Acciaio 8 mesi e Legno 9 mesi
Filetti di sogliola con salsa di asparagi.

BARBARESCO RIO SORDO
2014

BARBARESCO PORA
2016 | 2017 | 2019

Andrea Mutti
(1850)

Andrea Mutti, uno dei più veri, colti e appartati eroi della "rivoluzione tortonese" degli anni '90 del '900, dal suo fortino contadino di Sarezzano invia quattro vini in degustazione. Mancano all'appello i due rossi premium, la Barbera San Ruffino e il taglio bordolese Rivadestra, che stanno completando il percorso di maturazione-affinamento. Tuttavia, si colgono benissimo i segni della vitivinicoltura d'autore di Andrea: nel sapiente sauvignon Sull'Aia, vibrante anche in un'annata torrida come il 2022, e nell'ottimo Timorasso Castagnoli 2021, fatto per soddisfazioni di lunga durata.

Localiltà San Ruffino, 49 - 15050 Sarezzano (AL)
T. 0131 884119 | M. aziendagricola.mutti@libero.it

Viticoltura: A basso impatto ambientale
Ettari: 16 | **Bottiglie:** 65.000 | **Produzione olearia:** No
Proprietà: Andrea Mutti
Cond. enologica: Andrea Mutti
Cond. agronomica: Andrea Mutti
Vendita diretta: Sì | **Visite in azienda:** Sì

COLLI TORTONESI TIMORASSO CASTAGNOLI 2021
Bianco Doc - Timorasso 100%
Alc. 15% | € 21 | Bt. 8.000 | Ferm. Cemento | Mat. Acciaio 12 mesi
Paglierino. Il paesaggio olfattivo di sfondo è pietroso e caldo; in primo piano profumi di cedro maturo ed erbe officinali. La progressione gustativa, l'ampiezza con cui il sorso impegna il palato, la dinamicità fresco-sapida e il lungo finale parlano di un vino da misurare con il metro degli anni. Cappesante scottate allo zenzero.

SULL'AIA 2022
Bianco - Sauvignon 100%
Alc. 14,5% | € 13 | Bt. 8.000 | Ferm. Cemento | Mat. Acciaio 6 mesi
Crespelle con asparagi e ricotta salata.

NOCETO 2022
Bianco - Cortese 100%
Alc. 14% | € 10 | Bt. 8.400 | Ferm. Cemento | Mat. Acciaio 6 mesi
Rollè di cernia con patate al rosmarino.

BOSCO BARONA 2022
Rosso - Barbera 75%, Croatina 15%, Dolcetto 5%, Merlot 5%
Alc. 14,5% | € 12 | Bt. 10.000 | Ferm. Cemento | Mat. Acciaio 6 mesi
Fettuccine al ragù d'agnello.

COLLI TORTONESI TIMORASSO CASTAGNOLI
2020

SAN RUFFINO
2018

Negretti
(2003)

Gradita conferma per l'azienda lamorrese guidata dai fratelli Ezio e Massimo Negretti, alla seconda partecipazione consecutiva in Guida. Nell'edizione 2024 sono state presentate due importanti novità: l'avvolgente Langhe Chardonnay 2021 e il granitico Barolo Bricco Ambrogio Riserva 2017, entrambi appartenenti alla nuova linea produttiva Indio (caratterizzata dall'utilizzo di so i lieviti indigeni in fase fermentativa). Non possiamo fare a meno ci riscontrare la costante evoluzione qualitativa dei vini proposti, evidenziando che il percorso intrapreso è quello giusto. Assaggiare per credere.

Frazione Santa Maria, 53 - 12064 La Morra (CN)
T. 0173 509850 | M. info@negrettivini.com
www.negrettivini.com

Viticoltura: Lotta integrata
Ettari: 15 | **Bottiglie:** 60.000 | **Produzione olearia:** No
Proprietà: Ezio e Massimo Negretti
Cond. enologica: Massimo Negretti
Cond. agronomica: Mario Benotto
Vendita diretta: Sì | **Visite in azienda:** Sì

BAROLO BRICCO AMBROGIO 2019
Rosso Docg - Nebbiolo 100%
Alc. 15% | € 70 | Bt. 6.000 | Ferm. Acciaio | Mat. Legno 24 mesi
Granato cristallino. Rivela subito gran classe, con profumi fruttati di susina e melagrana, seguiti da violetta, liquirizia, erbe officinali e dolci note di legno tostato. L'esperienza gustativa è appagante, impreziosita da nobili tannini e intrigante persistenza sapida. Un sorso non è sufficiente. Petto di germano reale al balsamico.

BAROLO BRICCO AMBROGIO INDIO RISERVA 2017
Rosso Docg - Nebbiolo 100%
Alc. 15% | € 180 | Bt. 2.700 | Ferm. Legno | Mat. Legno 36 mesi
Braciola di cervo con salsa di ribes.

BAROLO MONVIGLIERO 2019
Rosso Docg - Nebbiolo 100%
Alc. 14% | € 90 | Bt. 1.500 | Ferm. Acciaio | Mat. Legno 24 mesi
Faraona ripiena con salsa tartufata.

BAROLO RIVE 2019
Rosso Docg - Nebbiolo 100%
Alc. 14% | € 60 | Bt. 5.000 | Ferm. Acciaio | Mat. Legno 24 mesi
Filetto di scottona in sfoglia.

BAROLO MIRAU 2019
Rosso Docg - Nebbiolo 100%
Alc. 14% | € 50 | Bt. 6.000 | Ferm. Acciaio | Mat. Legno 24 mesi
Carré di vitello alle erbe aromatiche.

BAROLO 2019
Rosso Docg - Nebbiolo 100%
Alc. 14% | € 45 | Bt. 8.000 | Ferm. Acciaio | Mat. Legno 24 mesi
Reale di vitello alla senape antica.

BAROLO BRICCO AMBROGIO
2018

BAROLO MONVIGLIERO
2018

Angelo Negro e Figli
(1670)

La famiglia Negro è sicuramente uno dei riferimenti della zona: per storicità (la fondazione risale al 1670), per numero di bottiglie prodotte e per diffusione sul mercato, non solo quello italiano. Ma quest'anno, al netto delle conferme qualitative dei Roero e degli Arneis, come potete vedere qui sotto, ci piace parlare di due etichette "fuori zona", ovvero i due Barolo, entrambi prodotti con uve di Serralunga, che oltre a essere molto buoni riescono a esprimere il territorio su cui nascono, il millesimo di produzione e la precisa identità dell'azienda.

Frazione Sant'Anna, 1 - 12040 Monteu Roero (CN)
T. 0173 90252 | M. negro@negroangelo.it
www.negroangelo.it

Viticoltura: Biologica e lotta integrata
Ettari: 65 | **Bottiglie:** 430.000 | **Produzione olearia:** No
Proprietà: Giovanni Negro
Cond. enologica: Angelo Negro, Gianfranco Cordero
Cond. agronomica: Gabriele Negro
Vendita diretta: Sì | **Visite in azienda:** Sì

(91)

ROERO CIABOT SAN GIORGIO RISERVA 2020
Rosso Docg - Nebbiolo 100%
Alc. 14% | € 26 | Bt. 6.700 | Ferm. Acciaio | Mat. Legno 24 mesi
Invitante rosso granato. Il naso dice di un vino dapprima timido, che lentamente si concede con allusioni fresche e balsamiche, frutta rossa macerata, viola e geranio essiccati, ciliegia sotto spirito e cioccolato. L'assaggio lo rivela preciso nella trama tannica e saporito nella sapidità: estensione più che godibile. Bracioline di maiale al calvados.

ROERO ARNEIS SETTE ANNI 2016
Bianco Docg - Arneis 100%
Alc. 13,5% | € 45 | Bt. 6.230 | Ferm. Acciaio | Mat. Acciaio 7 mesi e Cemento 7 mesi
Bigoli con l'anatra.

BAROLO BAUDANA 2019
Rosso Docg - Nebbiolo 100%
Alc. 14,5% | € 74 | Bt. 2.000 | Ferm. Cemento | Mat. Legno 24 mesi
Tortelli al Castelmagno.

BAROLO DEL COMUNE DI SERRALUNGA D'ALBA 2019
Rosso Docg - Nebbiolo 100%
Alc. 14% | € 45 | Bt. 11.000 | Ferm. Acciaio | Mat. Legno 28 mesi
Fiorentina alla brace.

ROERO ARNEIS PERDAUDIN RISERVA 2021
Bianco Docg - Arneis 100%
Alc. 13,5% | € 17 | Bt. 28.000 | Ferm. Acciaio | Mat. Acciaio 6 mesi e Cemento 6 mesi
Bra d'alpeggio.

ROERO PRACHIOSSO 2021
Rosso Docg - Nebbiolo 100%
Alc. 14,5% | € 19 | Bt. 16.800 | Ferm. Acciaio | Mat. Legno 20 mesi
Cinghiale in umido.

ROERO CIABOT SAN GIORGIO RISERVA
2019

ROERO PRACHIOSSO
2013 | 2016

Giuseppe Negro
(1985)

L'azienda Negro Giuseppe è l'emblema della tradizione enologica nel comune di Neive. Da anni produce vini di straordinaria qualità con un'enfasi particolare sui grandi Barbaresco provenienti dalle prestigiose menzioni Albesani e Gallina, sempre di altissimo profilo. Recentemente, l'azienda ha fatto un passo importante verso il futuro, acquistando due ettari di vigna nella zona del Roero, i primi vigneti di proprietà a cui si aggiungono quelli già in affitto. Questo simboleggia la determinazione nell'espandersi e continuare a crescere, mantenendo salda la propria identità.

Via Gallina, 22 - 12052 Neive (CN)
T. 335 6478840 | M. cantina@negrogiuseppe.com
www.negrogiuseppe.com

Viticoltura: Convenzionale
Ettari: 10 | **Bottiglie:** 50.000 | **Produzione olearia:** No
Proprietà: Piergiorgio Negro
Cond. enologica: Piergiorgio Negro
Cond. agronomica: Piergiorgio Negro
Vendita diretta: Sì | **Visite in azienda:** Sì

(91)

BARBARESCO PIAN CAVALLO 2020
Rosso Docg - Nebbiolo 100%
Alc. 14,5% | € 36 | Bt. 6.000 | Ferm. Acciaio | Mat. Legno 22 mesi
Il colore è granato compatto. Concentrazione e nitore di profumi: frutti di bosco su cui emergono lampone, melagrana e fragolina arricchiti da cupe sensazioni speziate di radice di liquirizia. Il palato è gustoso, accompagnato da un tannino tosto e maturo e da notevole persistenza. Filetto di vitello alla Rossini.

BARBARESCO GALLINA 2020
Rosso Docg - Nebbiolo 100%
Alc. 14,5% | € 36 | Bt. 3.000 | Ferm. Acciaio | Mat. Legno 22 mesi
Parmigiano Reggiano Riserva.

BARBERA D'ALBA SUPERIORE PULIN 2021
Rosso Doc - Barbera 100%
Alc. 15% | € 17 | Bt. 9.000 | Ferm. Acciaio | Mat. Legno 10 mesi
Toma di Murazzano.

ROERO ARNEIS ARBEUJ 2022
Bianco Docg - Arneis 100%
Alc. 13% | € 14 | Bt. 9.000 | Ferm. Acciaio | Mat. Acciaio 6 mesi
Frittura di calamari, gamberi e zucchine.

LANGHE ROSATO MONSÙ ROSÉ 2022
Rosato Doc - Nebbiolo 100%
Alc. 14,5% | € 16 | Bt. 6.000 | Ferm. Acciaio | Mat. Acciaio 6 mesi
Speck dell'Alto Adige.

BARBARESCO PIAN CAVALLO
2019

BARBARESCO GALLINA
2019

Lorenzo Negro
(2006)

Con un'ammirevole costanza produttiva, Lorenzo Negro ha costruito in questi anni un assortimento di vini molto territoriali, fedeli alla tradizione ma non rigidi, di una qualità media solida e affidabile. La spuntano sempre, per un'incollatura, i rossi: l'interpretazione del nebbiolo nei contesti di Prachiosso o nella Riserva aziendale San Francesco è, anche quest'anno, appassionante. Due anche gli Arneis, quello tradizionale e l'MGA Sant'Anna nella versione Riserva. Potente l'Albarossa, golosa la Barbera d'Alba Superiore La Nanda. Il lavoro prosegue, senza incertezze.

Frazione Sant'Anna, 55 - 12040 Monteu Roero (CN)
T. 339 2278337 | M. info@negrolorenzo.com
www.lorenzonegro.com

Viticoltura: Lotta integrata
Ettari: 8 | **Bottiglie:** 35.000 | **Produzione olearia:** No
Proprietà: Lorenzo Negro
Cond. enologica: Manuele Priolo
Cond. agronomica: Lorenzo Negro
Vendita diretta: Sì | **Visite in azienda:** Sì

ROERO S. FRANCESCO RISERVA 2019
Rosso Docg - Nebbiolo 100%
Alc. 14,5% | € 19 | Bt. 3.500 | Ferm. Acciaio | Mat. Legno 24 mesi
Granato fitto, lampi rubino. Il corredo varietale del nebbiolo si esprime con la fragolina di bosco, poi ciliegia di Vignola, slanci floreali di violetta, anche in pastiglia, che si innestano su una saporita speziatura dolce. Intenso il sorso, teso da un tannino che richiama all'attesa, per coglierne l'eleganza compiuta. Lombata di vitello su letto di cipolline saltate.

ROERO PRACHIOSSO 2020
Rosso Docg - Nebbiolo 100%
Alc. 14,5% | € 15 | Bt. 3.000 | Ferm. Acciaio | Mat. Legno 12 mesi
Risotto al tartufo nero.

ROERO ARNEIS SANT'ANNA RISERVA 2021
Bianco Docg - Arneis 100%
Alc. 13,5% | € 16 | Bt. 2.000 | Ferm. Legno | Mat. Legno 10 mesi
Seppie ripiene su crema di ceci.

ROERO ARNEIS METODO CLASSICO EXTRA BRUT 2016
Bianco Docg Metodo Classico - Arneis 100%
Alc. 13% | € 20 | Bt. 2.500 | Ferm. Legno | Mat. Legno 8 mesi
60 mesi sui lieviti
Petto di pollo agli asparagi.

ROERO ARNEIS 2022
Bianco Docg - Arneis 100%
Alc. 13% | € 10 | Bt. 8.000 | Ferm. Acciaio | Mat. Acciaio 6 mesi
Toma di Murazzano.

BARBERA D'ALBA SUPERIORE LA NANDA 2020
Rosso Doc - Barbera 100%
Alc. 15% | € 16 | Bt. 4.300 | Ferm. Acciaio | Mat. Legno 24 mesi
Tordi in salmì.

ROERO S. FRANCESCO RISERVA
2018

ROERO PRACHIOSSO
2019

Nervi
(1906)

Tutte le volte che varchiamo l'ingresso della nuova Nervi in quel di Gattinara proviamo una certa emozione, in particolare se siamo in compagnia di qualcuno che visita la cantina per la prima volta. Il passaggio successivo al ristorante completa un percorso unico che rimarrà nella memoria. In pochi anni Roberto Conterno ha completato il suo progetto tra le nobili vigne di Gattinara realizzando un'opera faraonica. Ma il progetto più ambizioso non è solo quello edilizio, ma quello di aver raggiunto un livello di qualità nei vini Conterno-Nervi di valore assoluto, memorabili.

Corso Vercelli, 117 - 13045 Gattinara (VC)
T. 0163 833228 | M. info@nervicantine.it
www.nervicantine.it

Viticoltura: Convenzionale
Ettari: 27,5 | **Bottiglie:** 140.000 | **Produzione olearia:** No
Proprietà: Famiglia Conterno
Cond. enologica: Roberto Conterno
Cond. agronomica: Staff aziendale
Vendita diretta: Sì | **Visite in azienda:** Sì

(97,5)
GATTINARA VALFERANA 2019
Rosso Docg - Nebbiolo 100%
Alc. 14% | € 80 | Bt. 16.000 | Ferm. Legno | Mat. Legno 54 mesi
Un Gattinara apollineo, esemplare nel profilo olfattivo, espressivo di piccoli frutti rossi maturi e in gelatina, dolci e garbate le note speziate di delicata suadenza con richiami alle erbe officinali, balsamiche e ferrose. Gran sorso, di notevole impatto sapido e lunghissima progressione. Tagliata di manzo al rosmarino.

(96)
GATTINARA MOLSINO 2019
Rosso Docg - Nebbiolo 100%
Alc. 14% | € 80 | Bt. 16.000 | Ferm. Legno | Mat. Legno 54 mesi
Un Molsino da manuale, proporzionato nell'espressione olfattiva di fiori, frutti rossi maturi, mineralità ferrosa e speziatura nobile. Perfetto il sorso, di gran volume ed equilibrio, con nobili tannini a incardinare l'eccellente partitura. Lunga e balsamica la coda. Faraona ripiena con salsa tartufata.

GATTINARA 2020
Rosso Docg - Nebbiolo 100%
Alc. 14% | € 50 | Bt. 28.000 | Ferm. Legno e Acciaio | Mat. Legno 42 mesi
Quaglie alla cacciatora.

ROSATO 2022
Rosato - Nebbiolo 100%
Alc. 13% | € 20 | Bt. 75.000 | Ferm. Acciaio | Mat. Acciaio 5 mesi
Insalata di mare.

GATTINARA MOLSINO
2014 | 2016 | 2018

GATTINARA
2016 | 2018

Noah
(2010)

Andrea e Giovanna ci hanno nuovamente stupito, i loro vini sono eccezionali, traducono nel bicchiere le suggestioni e sfumature di un territorio dalle peculiarità uniche. La scelta di produrre due Bramaterra è dovuta al desiderio di non perdere le peculiarità di due micro zone che, pur appartenendo alla stessa denominazione, nel vino si rivelano diverse con sottili suggestioni. Elegantissimo, come solo il Lessona sa essere, giocato sullo stile della raffinatezza che sa regalare emozione e piacevolezza. La facilità di beva, nonostante la ricchezza, è la cifra stilistica di questi vini.

Via Forte, 48 - 13862 Brusnengo (BI)
T. 320 1510906 | M. info@noah.wine
www.noah.wine

Viticoltura: Convenzionale
Ettari: 6 | **Bottiglie:** 15.000 | **Produzione olearia:** No
Proprietà: Andrea Mosca e Giovanna Pepe Diaz
Cond. enologica: Maurizio Forgia
Cond. agronomica: Staff aziendale
Vendita diretta: Sì | **Visite in azienda:** Sì

(93)
BRAMATERRA SALERO 2019
Rosso Doc - Nebbiolo 80%, Croatina 10%, Vespolina 10%
Alc. 13,5% | € 30 | Bt. 2.500 | Ferm. Legno | Mat. Legno 22 mesi
Naso dolce, espressioni di frutta rossa polposa, fiori freschi, rosa e glicine, puro nelle sfumature speziate di pepe e chiodi di garofano, purissimo per il tono balsamico. Il sorso ha proporzione ed è dinamico, succoso e sapido con finale ferruginoso. Gran Bramaterra. Pollo alle mandorle e curcuma.

(92,5)
LESSONA 2019
Rosso Doc - Nebbiolo 100%
Alc. 13,5% | € 40 | Bt. 2.500 | Ferm. Legno e Acciaio | Mat. Legno 18 mesi
Lessona elegante, ha fondo balsamico di conifera e erbe officinali per poi porgere frutta in confettura, mora, ribes e susina, fiori aperti e profumati. In bocca è vigoroso, tannino finissimo, già godibile per equilibrio con lunga e sapida persistenza. Tortelli al Castelmagno.

BRAMATERRA ROCCE DI LUCE 2019
Rosso Doc - Nebbiolo 80%, Croatina 10%, Vespolina 10%
Alc. 13,5% | € 35 | Bt. 1.500 | Ferm. Legno | Mat. Legno 22 mesi
Vellutata di zucca spolverata di tartufo nero.

LESSONA
2016 | 2017

BRAMATERRA ROCCE DI LUCE
2018

Oddero
(1878)

Dalle storiche cantine Oddero in Santa Maria di La Morra sono usciti una serie di Barolo di alto profilo, espressione dei migliori vigneti della denominazione: Vigna Rionda, Villero, Rocche di Castiglione, Bussia, Brunate, senza dimenticare il vigneto Gallina di Neive dove si produce un eccellente Barbaresco. Una batteria di primordine completata da un autorevole Nizza. La scelta di quale sia il migliore è ardua e difficile, perché da anni Maria Cristina e i suoi collaboratori hanno intrapreso una strada virtuosa puntando all'assoluta qualità e i risultati si vedono.

Borgata Tetti, 28 - 12064 La Morra (CN)
T. 0173 50618 | M. info@oddero.it
www.oddero.it

Viticoltura: Lotta integrata
Ettari: 36 | **Bottiglie:** 170.000 | **Produzione olearia:** No
Proprietà: Mariacristina e Mariavittoria Oddero
Cond. enologica: Luca Veglio, Mariacristina Oddero
Cond. agronomica: Sergio Blengio, Mariacristina Oddero
Vendita diretta: Sì | **Visite in azienda:** Sì

(95)
BAROLO VIGNA RIONDA RISERVA 2016
Rosso Docg - Nebbiolo 100%
Alc. 15% | € 170 | Bt. 3.500 | Ferm. Legno e Acciaio | Mat. Legno 42 mesi
Granato luminoso, naso decisamente balsamico e dolcemente speziato di genziana e cannella che si fonde con malie floreali di petali di rosa e violetta. In bocca esprime tutta la sua forza e vigore. Lenta dissolvenza aromatica. Nodini di cinta senese lardellati al forno.

(93)
BAROLO VILLERO 2019
Rosso Docg - Nebbiolo 100%
Alc. 14,5% | € 100 | Ferm. Legno e Acciaio | Mat. Legno 24 mesi
Un Villero esemplare, caldo nell'espressione fruttata di confetture con tocco balsamico e speziato corredato di bacche e fogliame autunnale. La bocca è generosa, precisa e succosa dotata di nobile e risoluto tannino. Reale di vitello alla senape antica.

(92)
BAROLO BUSSIA VIGNA MONDOCA RISERVA 2017
Rosso Docg - Nebbiolo 100%
Alc. 14,5% | € 110 | Bt. 3.300 | Ferm. Legno | Mat. Legno 30 mesi
Nobile l'olfatto, preciso in ogni dettaglio tanto da riconoscere la viola profumata, la frutta sotto spirito, le radici balsamiche unite alle dolci spezie che segnano il gusto. Perfetto l'equilibrio articolato su tannino vigoroso e piacevole sapidità. Beccacce allo spiedo.

BAROLO VIGNA RIONDA RISERVA 2017
Rosso Docg - Nebbiolo 100%
Alc. 15% | € 170 | Bt. 3.500 | Ferm. Acciaio | Mat. Legno 42 mesi
Fondue bourguignonne.

BAROLO BRUNATE 2019
Rosso Docg - Nebbiolo 100%
Alc. 14% | € 120 | Bt. 1.800 | Ferm. Legno e Acciaio | Mat. Legno 24 mesi
Ravioli di germano con foie gras.

BAROLO ROCCHE DI CASTIGLIONE 2019
Rosso Docg - Nebbiolo 100%
Alc. 14% | € 90 | Bt. 2.500 | Ferm. Legno e Acciaio | Mat. Legno 24 mesi
Lepre alla cacciatora.

BAROLO BUSSIA VIGNA MONDOCA RISERVA
2008 | 2016

BAROLO BRUNATE
2017

Figli di Luigi Oddero
(2006)

L'annata 2019 sarà ricordata per il suo carattere, l'eleganza e la concretezza. Lo staff della cantina Figli di Luigi Oddero ha lavorato in vigna e in cantina in modo esemplare per poter ottenere il massimo dalle uve dei vigneti di proprietà. Dal vigneto Specola, menzione Rive nel Comune di La Morra, un Barolo elegante e speziato; dalle Rocche Rivera, menzione Scarrone in Castiglione Falletto, finezza ed equilibrio; dalla Vignarionda in Serralunga un vino di struttura e austerità non disgiunta da grande complessità. Ottimo il Barbaresco Rombone dalle alture di Treiso. Una serie tutta di alto profilo.

Tenuta Parà, 95 - Frazione Santa Maria - 12604 La Morra (CN)
T. 0173 500386 | M. info@figliluigioddero.it
www.figliluigioddero.it

Viticoltura: Convenzionale
Ettari: 32 | **Bottiglie:** 100.000 | **Produzione olearia:** No
Proprietà: Lena Gavrilova e figli
Cond. enologica: Francesco Versio, Dante Scaglione
Cond. agronomica: Luciano Botto
Vendita diretta: Sì | **Visite in azienda:** Sì

(92)
BAROLO ROCCHE RIVERA 2019
Rosso Docg - Nebbiolo 100%
Alc. 14% | € 110 | Bt. 3.200 | Ferm. Acciaio | Mat. Legno 24 mesi
Barolo sempre dinamico e scattante nell'espressione floreale di rosa e iris, gentile e graziosa la parte fruttata di fragolina e mora unita a delicate note vegetali, speziatura garbata. Al sorso rivela incisiva freschezza e tannino modulato. Coniglio in umido alle erbe aromatiche.

(91,5)
BAROLO VIGNA RIONDA 2017
Rosso Docg - Nebbiolo 100%
Alc. 14,5% | € 155 | Bt. 3.900 | Ferm. Acciaio | Mat. Legno 36 mesi
Un Vignarionda particolarmente balsamico e mentolato con sussurri di fiori essiccati e toni speziati di nobiltà. Al sorso è imponente, ricco e di corpo, comunque gentile e raffinato nel piacevole equilibrio. Persistenza sapida e continua. Lepre alla cacciatora.

(91)
BAROLO SPECOLA 2019
Rosso Docg - Nebbiolo 100%
Alc. 14% | € 85 | Bt. 2.500 | Ferm. Acciaio | Mat. Legno 24 mesi
Un Barolo che non delude mai, fresco nei toni vegetali di erbe aromatiche e officinali, cenni floreali e di confettura di more. Al sorso è perfettamente coerente con la parte olfattiva, equilibrato e lunghissimo. Bra d'alpeggio.

BARBARESCO ROMBONE 2020
Rosso Docg - Nebbiolo 100%
Alc. 14,5% | € 48 | Bt. 8.000 | Ferm. Acciaio | Mat. Legno 18 mesi
Trippa in umido.

BAROLO 2019
Rosso Docg - Nebbiolo 100%
Alc. 14,5% | € 67 | Bt. 30.000 | Ferm. Acciaio | Mat. Legno 24 mesi
Tagliatelle al ragù.

LANGHE NEBBIOLO 2020
Rosso Doc - Nebbiolo 100%
Alc. 14,5% | € 27 | Bt. 20.000 | Ferm. Acciaio | Mat. Legno 14 mesi
Risotto con le quaglie.

BAROLO ROCCHE RIVERA
2017 | 2018

BAROLO VIGNA RIONDA
2014 | 2015 | 2018

Orsolani
(1894)

Dalla cantina Orsolani una versione impeccabile della Rustia, l'Erbaluce di Caluso che da tanti anni segna il passo della qualità in Canavese. Da sempre la famiglia Orsolani ha lavorato con impegno e determinazione per la crescita del territorio canavesano promuovendo l'erbaluce nelle sue varie espressioni, anche in anni certamente non così favorevoli ai prodotti di questo magnifico territorio. Oggi nuovi produttori e nuove cantine contribuiscono con passione e intuizioni alla crescita dell'areale, consapevoli del forte potenziale ancora da valorizzare.

Via Michele Chiesa, 12 - 10090 San Giorgio Canavese (TO)
T. 0124 32386 | M. info@orsolani.it
www.orsolani.it

Viticoltura: Convenzionale
Ettari: 20 | **Bottiglie:** 130.000 | **Produzione olearia:** No
Proprietà: Famiglia Orsolani
Cond. enologica: Sergio Paolucci
Cond. agronomica: Massimo Pinna
Vendita diretta: Sì | **Visite in azienda:** Sì

ERBALUCE DI CALUSO LA RUSTIA 2022
Bianco Docg - Erbaluce 100%
Alc. 13,5% | € 15 | Bt. 53.000 | Ferm. Acciaio | Mat. Acciaio 8 mesi
Tenue paglierino. Verticale e complesso su uno sfondo di frutti gialli, dove a dominare è il pompelmo, si colgono elegie balsamiche di erbe di campo e aromatiche di salvia e citronella, completate da uno sbuffo mentolato. La bocca regala suggestioni sapide rette da piacevole freschezza che segna la persistenza. Linguine con bottarga e pomodori secchi.

CALUSO SPUMANTE BRUT CUVÉE TRADIZIONE 1968 2017
Bianco Docg Metodo Classico - Erbaluce 100%
Alc. 13% | € 31 | Bt. 3.500 | Ferm. Legno e Terracotta | Mat. Legno 3 mesi
60 mesi sui lieviti
Lumache in umido alle erbette.

CALUSO SPUMANTE CUVEE TRADIZIONE EXTRA BRUT 2018
Bianco Docg Metodo Classico - Erbaluce 100%
Alc. 13% | € 24 | Ferm. Legno e Acciaio | Mat. Legno 3 mesi
48 mesi sui lieviti
Guazzetto di vongole veraci.

CANAVESE ROSSO ACINISPARSI 2021
Rosso Doc - Barbera 85%, Nebbiolo 15%
Alc. 12,5% | € 12 | Bt. 3.500 | Ferm. Acciaio | Mat. Acciaio 10 mesi e Legno 6 mesi
Spaghetti al pomodoro.

CALUSO PASSITO SULÉ
2010 | 2017

CALUSO SPUMANTE BRUT CUVÉE TRADIZIONE 1968
2015

Ottosoldi
(2010)

Ottosoldi è il frutto di un ambizioso progetto, nato nel 2010 da un'idea della famiglia Moccagatta, già proprietaria di Villa Sparina, e della famiglia Marsiaj, legate da sempre da una profonda e sincera amicizia e dalla comune passione per i vini d'eccellenza. Un'idea diventata realtà grazie a una storia di tradizione e sentimento, iniziata quando il nonno dei Moccagatta acquistò per otto soldi il suo primo terreno da adibire a vigneto. Oggi, questo vigneto è uno spettacolare anfiteatro coltivato in biologico, le cui uve danno vita a vini di nicchia, eleganti e raffinati anche nel packaging.

Via Monterotondo - 15069 Serravalle Scrivia (AL)
T. 0143 607978 | M. info@ottosoldi.it
www.ottosoldi.it

Viticoltura: Biologica
Ettari: 7,5 | **Bottiglie:** 60.000 | **Produzione olearia:** No
Proprietà: Famiglie Moccagatta e Marsiaj
Cond. enologica: Giuseppe Caviola
Cond. agronomica: Staff aziendale
Vendita diretta: Sì | **Visite in azienda:** Sì

GAVI SPUMANTE EXTRA BRUT BLANC DE BLANCS OTTOSOLDI 2018
Bianco Docg Metodo Classico - Cortese 100%
Alc. 12,5% | € 27 | Bt. 7.138 | Ferm. Acciaio | Mat. Acciaio 6 mesi
42 mesi sui lieviti
Paglierino pieno con finissime catenelle di bollicine. Fragranze agrumate di cedro e pompelmo rosa lasciano spazio a mela renetta, ribes bianchi, fiori gialli, pan brioche e frollino al limone. Bocca caratterizzata da citrina freschezza e spiccata sapidità, percezioni queste esaltate dal perlage mai domo. Battuto di gamberi rossi di Sicilia.

GAVI OTTOSOLDI 2022
Bianco Docg - Cortese 100%
Alc. 13% | € 16 | Bt. 30.000 | Ferm. Legno e Acciaio | Mat. Acciaio 3 mesi
Rollè di cernia con patate al rosmarino.

BARBERA DEL MONFERRATO OTTOSOLDI 2020
Rosso Doc - Barbera 100%
Alc. 14,5% | € 16 | Bt. 9.344 | Ferm. Acciaio | Mat. Acciaio 12 mesi e Legno 12 mesi
Carré di maiale con patate al forno.

GAVI OTTOSOLDI
2019 | 2020 | 2021

BARBERA DEL MONFERRATO OTTOSOLDI
2013 | 2017 | 2019

Pace
(1996)

I fratelli Dino e Pietro Negro conducono quest'azienda familiare dal 1996, ereditando la passione e ripagando i sacrifici del papà Giovanni e portando la produzione iniziale di diecimila bottiglie alle attuali novantamila. Un attento studio delle vigne (come si può vedere anche nell'istruttivo e chiaro sito aziendale) ha portato alla produzione di vini identitari e dalla spiccata personalità. Se in quest'edizione l'Arneis Giuan da Pas manca di un soffio la vetta, ci piace sottolineare non solo la gradevolezza ma anche la precisone di tutti i vini che abbiamo degustato.

Cascina Pace, 52 - Frazione Madonna di Loreto - 12043 Canale (CN)
T. 338 4323245 | M. dinonegropace@gmail.com
www.pacevini.it

Viticoltura: Convenzionale
Ettari: 28 | **Bottiglie:** 90.000 | **Produzione olearia:** No
Proprietà: Dino e Pietro Negro
Cond. enologica: Lorenzo Quinterno, Pietro Negro, Dino Negro
Cond. agronomica: Matteo Monchiero, Pietro Negro, Dino Negro
Vendita diretta: Sì | **Visite in azienda:** Sì

ROERO ARNEIS GIUAN DA PAS 2014
Bianco Docg - Arneis 100%
Alc. 14% | € 50 | Bt. 600 | Ferm. Acciaio | Mat. Acciaio 12 mesi
Luminoso abito giallo dorato. Naso complesso e sfaccettato, quasi antico, con toni dolci di miele e frutta in confettura e candita, erbe aromatiche, tocchi balsamici e minerali, spezie chiare. La bocca rimane un po' indietro, sebbene abbastanza ricca e corroborata da una buona freschezza e da una saporita sapidità. Rotolo di tacchino alle mele ed erbe aromatiche.

ROERO RISERVA 2018
Rosso Docg - Nebbiolo 100%
Alc. 14% | € 36 | Bt. 4.000 | Ferm. Acciaio | Mat. Acciaio 18 mesi e Legno 18 mesi
Risotto alla milanese.

BARBERA D'ALBA 2021
Rosso Doc - Barbera 100%
Alc. 15% | € 15 | Bt. 12.000 | Ferm. Acciaio | Mat. Acciaio 20 mesi
Strudel di porcini e zucca con crema al parmigiano.

LANGHE NEBBIOLO 2021
Rosso Doc - Nebbiolo 100%
Alc. 14% | € 18 | Bt. 10.000 | Ferm. Acciaio | Mat. Acciaio 20 mesi
Sformatino di zucca con fonduta di Asiago.

ROERO ARNEIS 2022
Bianco Docg - Arneis 100%
Alc. 14% | € 16 | Bt. 30.000 | Ferm. Acciaio | Mat. Acciaio 6 mesi
Scampi alla griglia.

PACE BRUT 2018
Bianco Metodo Classico - Nebbiolo 60%, Pinot nero 40%
Alc. 12,5% | € 26 | Bt. 3.000 | Ferm. Acciaio | 36 mesi sui lieviti
Frittura di rane e verdure croccanti.

ROERO ARNEIS GIUAN DA PAS
2013

ROERO ARNEIS RISERVA MOMPELLINI
2020

Paitin
(1893)

Ci sarebbe l'imbarazzo della scelta tra i Barbaresco di questa bella e solida realtà di Neive. Perché tutte e quattro le etichette presentate e che abbiamo avuto il privilegio di degustare per quest'edizione di Vitae si sono distinte per pregio, tipicità e piacevolezza di beva, interpretando alla perfezione il millesimo 2020. Giunta ormai all'ottava generazione e con oltre 200 anni di storia alle spalle, la famiglia Pasquero Elia conserva un patrimonio vitivinicolo creato nel tempo, rispettando la tradizione ma con gli occhi decisamente spalancati sul futuro.

Via Serraboella, 20 - 12052 Neive (CN)
T. 0173 67343 | M. info@paitin.it
www.paitin.it

Viticoltura: Biologica certificata
Ettari: 19 | **Bottiglie:** 90.000 | **Produzione olearia:** No
Proprietà: Famiglia Pasquero Elia
Cond. enologica: Piero Ballario, Silvano Pasquero Elia
Cond. agronomica: Silvano Pasquero Elia
Vendita diretta: Sì | **Visite in azienda:** Sì

(93)
BARBARESCO SORÌ PAITIN SERRABOELLA 2020
Rosso Docg - Nebbiolo 100%
Alc. 14% | € 55 | Bt. 10.000 | Ferm. Acciaio | Mat. Legno 18 mesi
Invitante rosso granato. Un'elegante progressione, sussurrata ma quasi interminabile, propone freschezze di erbe aromatiche, soffi balsamici, frutta dolce macerata, pietra, spezie, incenso, legni preziosi. L'assaggio conferma la finezza: vino fresco, saporito e con tannini gagliardi che annunciano longevità. Capriolo in salmì con polenta di grano saraceno.

(91)
BARBARESCO FASET 2020
Rosso Docg - Nebbiolo 100%
Alc. 14% | € 46 | Bt. 3.000 | Ferm. Acciaio | Mat. Legno 18 mesi
Classico abito rosso granato. Al naso si esprime elegante con fragoline e frutti di bosco macerati, violetta, spezie dolci, humus, aghi di pino, tabacco biondo, incenso. Il sorso vede protagonista un tannino ancora vibrante ma già preciso, ben sorretto da freschezza e lunga persistenza. Coq au vin alla borgognona.

BARBARESCO BASARIN 2020
Rosso Docg - Nebbiolo 100%
Alc. 14% | € 46 | Bt. 3.032 | Ferm. Acciaio | Mat. Legno 18 mesi
Tagliata di manzo al rosmarino.

BARBARESCO SERRABOELLA 2020
Rosso Docg - Nebbiolo 100%
Alc. 14% | € 42 | Bt. 10.000 | Ferm. Acciaio | Mat. Legno 18 mesi
Storico Ribelle.

NEBBIOLO D'ALBA CA' VEJA 2020
Rosso Doc - Nebbiolo 100%
Alc. 14% | € 25 | Bt. 4.500 | Ferm. Acciaio | Mat. Legno 18 mesi
Lasagne ai cardi con formaggi saporiti.

BARBERA D'ALBA SUPERIORE CAMPOLIVE 2021
Rosso Doc - Barbera 100%
Alc. 14% | € 25 | Bt. 4.000 | Ferm. Acciaio | Mat. Legno 20 mesi
Soufflé con pecorino e crema di patate.

BARBARESCO BASARIN
2019

BARBARESCO SERRABOELLA
2014 | 2015

Palladino
(1974)

Ode all'Ornato, splendido vigneto che ci regala un Barolo di gran pregio e classicità. Vigna storica di Serralunga di circa 6 ettari con due soli proprietari; ma la gamma dei vini presentati quest'anno, complice l'ottima annata 2019, è tutta di alto livello. Intrigante e ricco di profumi fruttati e balsamici il Barolo Parafada; più classico, affidabile e di mirabile equilibrio il Barolo del comune di Serralunga. Vini tutti autorevoli, frutto di lavoro e del grande impegno per la qualità da parte di tutta la famiglia Palladino e collaboratori.

Piazza Cappellano, 9 - 12050 Serralunga d'Alba (CN)
T. 0173 613108 | M. info@palladinovini.com
www.palladinovini.com

Viticoltura: Convenzionale
Ettari: 16 | **Bottiglie:** 180.000 | **Produzione olearia:** No
Proprietà: Maurilio Palladino
Cond. enologica: Maurilio Palladino
Cond. agronomica: Luca Icardi, Matteo Montaldo
Vendita diretta: Sì | **Visite in azienda:** Sì

(95)
BAROLO ORNATO 2019
Rosso Docg - Nebbiolo 100%
Alc. 15% | € 47 | Bt. 3.600 | Ferm. Acciaio e Cemento | Mat. Legno 24 mesi e Cemento 6 mesi
Granato luminoso e compatto, si rivela con estrema leggiadria e profondità, piccoli frutti rossi in confettura, allusioni floreali di rosa e viola, erbe officinali e delicata speziatura con un cenno di cacao e liquirizia. Assaggio davvero appagante dotato di equilibrata trama tannica e sostanziosa lunga risonanza. Controfiletto di bue alla brace.

(93)
BAROLO PARAFADA 2019
Rosso Docg - Nebbiolo 100%
Alc. 15% | € 47 | Bt. 4.400 | Ferm. Acciaio e Cemento | Mat. Legno 24 mesi e Cemento 6 mesi
Colore profondo che anticipa aromi di cuoio, confettura di mirtilli, fieno e note tostate e torrefatte di legna arsa e cacao amaro. Al palato rivela un tannino di gran stoffa ma sapientemente dosato, grazie alla ricca estrazione materica. Maialino in agrodolce.

BAROLO DEL COMUNE DI SERRALUNGA D'ALBA 2019
Rosso Docg - Nebbiolo 100%
Alc. 14,5% | € 37 | Bt. 13.000 | Ferm. Acciaio e Cemento | Mat. Legno 24 mesi e Cemento 6 mesi
Tajarin al tartufo bianco d'Alba.

NEBBIOLO D'ALBA 2021
Rosso Doc - Nebbiolo 100%
Alc. 14,5% | € 20 | Bt. 6.000 | Ferm. Acciaio e Cemento | Mat. Legno 12 mesi e Cemento 6 mesi
Risotto con salsiccia e Taleggio.

BAROLO SAN BERNARDO RISERVA
2012 | 2013 | 2016

BAROLO ORNATO
2017 | 2018

Parusso
(1971)

Dalla cascina Rovella, cuore della Bussia, Marco e Tiziana Parusso non si limitano a governare un patrimonio di vigne in alcune delle più belle posizioni di Langa (Bussia, Mosconi, Mariondino): hanno creato uno stile –di vino, di marketing, di gestione dei suoli vitati – e millesimo dopo millesimo lo affinano. I risultati finiscono nel bicchiere di appassionati e degustatori, che faticheranno a staccarsi dal sorso raffinato del Bussia 2019, ma pure della Riserva Vigna Rocche 2014, annata fin troppo trascurata che i Parusso, con scelta quasi emblematica, ci fan rivedere sotto una nuova luce.

Località Bussia, 55 - 12065 Monforte d'Alba (CN)
T. 0173 78257 | M. info@parusso.com
www.parusso.com

Viticoltura: Convenzionale
Ettari: 28 | **Bottiglie:** 150.000 | **Produzione olearia:** No
Proprietà: Marco e Tiziana Parusso
Cond. enologica: Marco Parusso
Cond. agronomica: Marco Parusso
Vendita diretta: Sì | **Visite in azienda:** Sì

(93)

BAROLO BUSSIA 2019
Rosso Docg - Nebbiolo 100%
Alc. 14,5% | € 100 | Bt. 8.300 | Ferm. Legno e Acciaio | Mat. Legno 18 mesi
Granato. In un sottobosco caldo, pervaso da vibrazioni odorose ferrigne e resinose, si diffondono profumi vegetali di grande finezza, pronti a sconfinare in territori balsamici, e punteggiature di tabacco, mora e fragolina. Segue un sorso caldo, pieno, succoso fin nel lunghissimo, potente finale. Manzo brasato con funghi.

BAROLO BUSSIA VIGNA ROCCHE RISERVA "ORO" 2014
Rosso Docg - Nebbiolo 100%
Alc. 14% | € 210 | Bt. 1.160 | Ferm. Legno e Acciaio | Mat. Legno 18 mesi
Capriolo con salsa di ribes rosso.

BAROLO MOSCONI 2019
Rosso Docg - Nebbiolo 100%
Alc. 14,5% | € 100 | Bt. 5.500 | Ferm. Legno e Acciaio | Mat. Legno 18 mesi
Lepre in salmì.

BAROLO MARIONDINO 2019
Rosso Docg - Nebbiolo 100%
Alc. 14,5% | € 70 | Bt. 6.000 | Ferm. Legno e Acciaio | Mat. Legno 18 mesi
Filetto di manzo in crosta alle erbette.

BAROLO PERARMANDO 2019
Rosso Docg - Nebbiolo 100%
Alc. 14,5% | € 49 | Bt. 5.500 | Ferm. Legno e Acciaio | Mat. Legno 18 mesi
Costata di manzetta con salsa allo zenzero.

PARUSSO EXTRA BRUT ROSÉ 100 MESI 2012
Rosato Metodo Classico - Nebbiolo 100%
Alc. 12,5% | € 50 | Bt. 1.100 | Ferm. Legno e Acciaio | 100 mesi sui lieviti
Tartare di tonno.

BAROLO MARIONDINO
2018

BAROLO BUSSIA VIGNA ROCCHE RISERVA
2013

Pecchenino
(1986)

La proposta dei fratelli Pecchenino si è ampliata nel tempo: agli eccellenti Dolcetto, protagonisti della nouvelle vague doglianese, si è prima aggiunta una solida compagine di Barolo di Monforte (Bussia su tutti), sempre sulla soglia dell'eccellenza. Poi la nuova frontiera: l'Alta Langa. Auspici le vigne a un'altitudine di 700 metri a Bossolasco, il nuovo École affianca il già affermato Psea, e alza l'asticella: 60% di pinot nero fermentato e maturato in legno, dopo 36 mesi sur lie è aristocratico e vibrante. Un grande testimonial delle potenzialità del sempre attraente Metodo Classico piemontese.

Borgata Valdiberti, 59 - 12063 Dogliani (CN)
T. 0173 70686 | M. pecchenino@pecchenino.it
www.pecchenino.com

Viticoltura: Lotta integrata
Ettari: 35 | **Bottiglie:** 150.000 | **Produzione olearia:** No
Proprietà: Attilio e Orlando Pecchenino
Cond. enologica: Orlando Pecchenino
Cond. agronomica: Gian Piero Romana
Vendita diretta: Sì | **Visite in azienda:** Sì

BAROLO BUSSIA 2019
Rosso Docg - Nebbiolo 100%
Alc. 14,5% | € 50 | Bt. 4.000 | Ferm. Acciaio | Mat. Legno 24 mesi e Cemento 12 mesi
Granato. Naso raffinato e accogliente: fragolina di bosco, sbuffi vegetali rinfrescanti, sottobosco caldo, erbe aromatiche. Il percorso gustativo è segnato da un equilibrato vigore strutturale, con giusta acidità e tannini salienti e d'ottima qualità, e si conclude con un prolungato, succoso finale. Reale di vitello alla senape antica.

BAROLO SAN GIUSEPPE 2019
Rosso Docg - Nebbiolo 100%
Alc. 14,5% | € 40 | Bt. 8.000 | Ferm. Acciaio | Mat. Legno 24 mesi
Allodole tartufate in casseruola.

ALTA LANGA BRUT ÉCOLE 2019
Bianco Docg - Pinot nero 60%, Chardonnay 40%
Alc. 13% | € 25 | Bt. 18.000 | Mat. Legno 9 mesi | 36 mesi sui lieviti
Tartare di scampi.

BAROLO LE COSTE DI MONFORTE 2019
Rosso Docg - Nebbiolo 100%
Alc. 14,5% | € 50 | Bt. 4.000 | Ferm. Acciaio | Mat. Legno 24 mesi e Cemento 12 mesi
Bocconcini di cinghiale con salsa di prugne.

DOGLIANI SUPERIORE SIRÌ D'JERMU 2021
Rosso Docg - Dolcetto 100%
Alc. 14% | € 15 | Bt. 20.000 | Ferm. Acciaio | Mat. Legno 12 mesi
Arrosto di tacchino lardellato.

LANGHE RIESLING 2021
Bianco Doc - Riesling renano 100%
Alc. 13% | € 15 | Bt. 3.000 | Ferm. Acciaio | Mat. Acciaio 12 mesi
Lasagne ai cardi con formaggi saporiti.

BAROLO LE COSTE DI MONFORTE
2017

BAROLO SAN GIUSEPPE
2013 | 2014 | 2017

Pelassa
(1960)

Una delle fortune dell'essere redattori di Vitae consiste nel poter osservare, anno dopo anno, vendemmia dopo vendemmia, il percorso intrapreso dalle aziende recensite; soprattutto di quelle meno conosciute che non godono del favore dei riflettori (e di certa critica). È il caso di Daniele Pelassa, che da anni ha avviato un processo di crescita decisamente interessante. Dimostrazione lampante sono i due Roero, rosso e bianco, che spuntano ottimi punteggi e che si mettono in evidenza per l'aderenza ai canoni della denominazione e l'eleganza, anche della veste grafica.

Via Casali Castellero, 2 - 12046 Montà (CN)
T. 0173 976130 | M. pelassa@pelassa.com
www.pelassa.com

Viticoltura: Convenzionale
Ettari: 17 | **Bottiglie:** 110.000 | **Produzione olearia:** No
Proprietà: Daniele Pelassa
Cond. enologica: Giovanni Angeli, Daniele Pelassa
Cond. agronomica: Gian Piero Romana, Davide Pelassa
Vendita diretta: Sì | **Visite in azienda:** Sì

ROERO TUCCI RISERVA 2020
Rosso Docg - Nebbiolo 100%
Alc. 14% | € 25 | Bt. 5.000 | Ferm. Acciaio | Mat. Legno 12 mesi
Luminoso rosso granato. Il naso esordisce con note minerali a cui seguono frutta dolce macerata, fiori appena essiccati, spezie chiare e dolci, tocchi balsamici. Profondo e attraente, il sorso è quasi masticabile, i tannini precisi e saporiti. Può tranquillamente riposare in cantina per almeno 5 anni. Gulasch di cervo con patate stufate.

ROERO ARNEIS TUCCI 2021
Bianco Docg - Arneis 100%
Alc. 14% | € 19 | Bt. 4.300 | Ferm. Acciaio | Mat. Acciaio 9 mesi e Terracotta 9 mesi
Risotto agli scampi.

BAROLO 2018
Rosso Docg - Nebbiolo 100%
Alc. 14,5% | € 30 | Bt. 10.000 | Ferm. Acciaio | Mat. Legno 24 mesi
Parmigiano Reggiano Riserva.

BAROLO SAN LORENZO DI VERDUNO 2019
Rosso Docg - Nebbiolo 100%
Alc. 14% | € 49 | Bt. 3.300 | Ferm. Acciaio | Mat. Legno 24 mesi
Cinghiale arrosto con castagne.

BARBERA D'ALBA SUPERIORE SAN PANCRAZIO 2021
Rosso Doc - Barbera 100%
Alc. 14,5% | € 15 | Bt. 33.000 | Ferm. Acciaio | Mat. Legno 12 mesi
Soufflé con pecorino e crema di patate.

NEBBIOLO D'ALBA SOT 2021
Rosso Doc - Nebbiolo 100%
Alc. 13,5% | € 15 | Bt. 15.000 | Ferm. Acciaio | Mat. Legno 12 mesi
Sella di coniglio al tartufo con timballo di patate.

BAROLO SAN LORENZO DI VERDUNO
2017

ROERO ANTANIOLO RISERVA
2018

Pelissero
(1960)

È stata grande la vendemmia del 2020 e Giorgio Pelissero l'ha interpretata al meglio con una produzione eccelsa. Tanta frutta, armonia e completezza gli ingredienti vincenti dell'annata che si può annoverare tra le migliori del secolo. Barbaresco quindi, ma non solo, perché il resto della gamma è sempre su livelli altissimi: polpose le Barbera, fragranti i Dolcetto, ottimo il Nebbiolo, rinfrescante il Riesling e sempre stravagante il Long Now che proprio quest'anno festeggia i vent'anni di produzione. Una cantina sempre al massimo e sempre tra le migliori della denominazione.

Via Ferrere, 10 - 12050 Treiso (CN)
T. 0173 638430 | M. pelissero@pelissero.com
www.pelissero.com

Viticoltura: Convenzionale
Ettari: 42 | **Bottiglie:** 250.000 | **Produzione olearia:** No
Proprietà: Giorgio Pelissero
Cond. enologica: Giorgio Pelissero
Cond. agronomica: Giorgio Pelissero
Vendita diretta: Sì | **Visite in azienda:** Sì

94,5

BARBARESCO VANOTU 2020
Rosso Docg - Nebbiolo 100%
Alc. 14,5% | € 70 | Bt. 15.000 | Ferm. Acciaio | Mat. Legno 24 mesi
Vanotu spaziale per sostanza, profondità ed equilibrio. Ha tanta frutta al naso, di bacca rossa e scura, effluvi di mora e lampone maturo, ciliegia carnosa, fragolone, moka e mirtillo. Alta definizione anche al gusto, morbido, ricco di sapore e dolcezza, appena tannico, lungo e fruttato. Un gran campione. Filetto di capriolo ai mirtilli.

92

BARBARESCO NUBIOLA 2020
Rosso Docg - Nebbiolo 100%
Alc. 14,5% | € 40 | Bt. 40.000 | Ferm. Acciaio | Mat. Legno 24 mesi
Granato scuro, naso puro e generoso dal tratto fruttato e lievemente speziato. È succoso, bello, con riconoscimenti di fragola macerata e ciliegia, lampone, noce moscata e cioccolatino. La bocca è importante, sapida e gustosa con finale fresco e poco tannico. Splendido, e non solo per il prezzo. Montasio stravecchio.

BARBARESCO TULIN 2020
Rosso Docg - Nebbiolo 100%
Alc. 14,5% | € 70 | Bt. 15.000 | Ferm. Acciaio | Mat. Legno 24 mesi
Coq au vin alla borgognona.

BARBERA D'ALBA TULIN 2021
Rosso Doc - Barbera 100%
Alc. 15% | € 36 | Bt. 8.000 | Mat. Legno 24 mesi
Agnolotti al sugo di carne.

LANGHE NEBBIOLO 2021
Rosso Doc - Nebbiolo 100%
Alc. 14% | € 22 | Bt. 40.000 | Mat. Legno 12 mesi
Risotto alla milanese.

LANGHE ROSSO LONG NOW 2020
Rosso Doc - Barbera 50%, Nebbiolo 50%
Alc. 15,5% | € 35 | Bt. 15.000 | Ferm. Acciaio | Mat. Legno 16 mesi
Trippa in umido.

BARBARESCO VANOTU
2017 | 2018 | 2019

BARBARESCO TULIN
2015 | 2018 | 2019

Elio Perrone
(1989)

L'azienda di Stefano Perrone si trova nella migliore zona di produzione del moscato, tra le colline che da Castiglione Tinella digradano verso Santo Stefano Belbo. Oltre a produrre un eccellente Moscato, l'azienda si distingue anche per la qualità della Barbera. I vigneti di Mongovone a Isola d'Asti danno vini di alto livello, e negli ultimi anni hanno creato un'ottima versione di Barbera prodotta con uve appassite. La capacità di valorizzare al meglio i singoli vigneti rende questa realtà un punto di riferimento per gli amanti del Moscato e della Barbera, offrendo vini autentici e di qualità.

Strada San Martino, 3/Bis - 12053 Castiglione Tinella (CN)
T. 0141 855803 | M. perrone@elioperrone.it
www.elioperrone.it

Viticoltura: Convenzionale
Ettari: 22 | **Bottiglie:** 260.000 | **Produzione olearia:** No
Proprietà: Stefano Perrone
Cond. enologica: Nicola Tucci, Stefano Perrone
Cond. agronomica: Patrizio Gasparinetti, Stefano Perrone
Vendita diretta: Sì | **Visite in azienda:** Sì

(92)
NO 2021
Rosso - Barbera 100%
Alc. 15,5% | € 37 | Bt. 3.000 | Ferm. Acciaio | Mat. Legno 18 mesi
Sfoggia un manto impenetrabile, di colore rubino. Dotato di un bouquet potente dominato dal frutto dolce e maturo, in particolare more e amarene in confettura e sotto spirito, accompagnato da scie balsamiche di mentolo ed eucalipto. Assaggio intenso, la freschezza ricorda il frutto avvertito all'olfatto. Civet di capriolo ai funghi.

(91)
BARBERA D'ASTI SUPERIORE MONGOVONE 2021
Rosso Docg - Barbera 100%
Alc. 15% | € 30 (1l) | Bt. 16.000 | Ferm. Acciaio | Mat. Legno 14 mesi
Magnifico rubino con sfumature granato. Emergono profumi balsamici, fruttati e speziati, su cui spiccano susina e vaniglia. Il sorso è tosto, dotato di notevole freschezza e piacevole struttura. Trippa in umido.

MOSCATO D'ASTI SOURGAL 2022
Bianco Docg Frizzante Dolce - Moscato bianco 100%
Alc. 5,5% | € 10 | Bt. 100.000 | Ferm. Acciaio
Baci di dama.

LANGHE NEBBIOLO 2020
Rosso Doc - Nebbiolo 100%
Alc. 14,5% | € 20 | Bt. 3.000
Brasato di lepre con riduzione di vino rosso.

BARBERA D'ASTI TASMORCAN 2022
Rosso Docg - Barbera 100%
Alc. 14,5% | € 12 | Bt. 110.000 | Ferm. Acciaio | Mat. Legno 4 mesi
Toma di Murazzano.

GI 2022
Bianco - Chardonnay 70%, Moscato bianco 15%, Viognier 15%
Alc. 13,5% | € 11 | Bt. 10.000 | Ferm. Acciaio | Mat. Acciaio 5 mesi
Filetti di trota al vapore con maionese.

BARBERA D'ASTI SUPERIORE MONGOVONE
2018 | 2019 | 2020

MOSCATO D'ASTI SOURGAL
2019 | 2020 | 2021

Pescaja
(2001)

Terre Alfieri è stata una delle ultime denominazioni piemontesi a ottenere la Docg. Siamo al confine tra Monferrato e Roero, e i due vitigni principi sono il nebbiolo e l'arneis. Beppe Pescaja è stato uno dei principali artefici del prestigioso riconoscimento, sapendo coniugare un marchio di sicuro impatto e molto riconoscibile con la sua grande dedizione a questo lembo dell'Astigiano. Vini molto identitari, dunque, dove tecnica e tecnologia sono al servizio del territorio e del suo racconto, evidenziando le differenti sfumature che il nebbiolo e in questo caso soprattutto l'arneis sanno esprimere.

Via Cima, 59 - Frazione San Matteo - 14010 Cisterna d'Asti (AT)
T. 0141 979711 | M. info@pescaja.com
www.pescaja.com

Viticoltura: Convenzionale
Ettari: 35 | **Bottiglie:** 300.000 | **Produzione olearia:** No
Proprietà: Giuseppe Guido
Cond. enologica: Mario Redoglia
Cond. agronomica: Staff aziendale
Vendita diretta: Sì | **Visite in azienda:** Sì

(92)
TERRE ALFIERI ARNEIS SOLOLUNA 2021
Bianco Doc - Arneis 100%
Alc. 14% | € 22 | Bt. 8.000 | Ferm. Legno | Mat. Legno 12 mesi
Invitante giallo sole. Naso appena segnato dal passaggio in legno, si fa fresco di frutta esotica, agrumi e sbuffi minerali, allusioni floreali ed erbe aromatiche. Sorso opulento, muscolare ma ben sorretto da freschezza e soprattutto sapidità, evidente richiamo alle sabbie che caratterizzano il territorio. Rotolo di coniglio con pomodorini ed erbe aromatiche.

MONFERRATO ROSSO SOLIS 2020
Rosso Doc - Barbera 70%, Cabernet sauvignon 30%
Alc. 14,5% | € 22 | Bt. 2.500 | Ferm. Legno | Mat. Legno 18 mesi
Filetto di scottona in sfoglia.

TERRE ALFIERI NEBBIOLO TUKÉ 2021
Rosso Docg - Nebbiolo 100%
Alc. 14,5% | € 13 | Bt. 20.000 | Ferm. Legno e Acciaio | Mat. Acciaio 6 mesi e Legno 6 mesi
Bra d'alpeggio.

BARBERA D'ASTI SOLITER 2022
Rosso Docg - Barbera 100%
Alc. 14,5% | € 11 | Ferm. Acciaio | Mat. Acciaio 6 mesi e Legno 6 mesi
Lasagne con scamorza, funghi e zucca.

ROERO ARNEIS STELLA 2022
Bianco Docg - Arneis 100%
Alc. 13% | € 10 | Bt. 4.000 | Ferm. Acciaio
Stracciatella di bufala.

TERRE ALFIERI ARNEIS SOLEI 2022
Bianco Doc - Arneis 100%
Alc. 13% | € 12 | Bt. 24.000 | Ferm. Acciaio | Mat. Acciaio 6 mesi
Bruschetta al pomodoro.

TERRE ALFIERI ARNEIS SOLOLUNA
2020

BARBERA D'ASTI SOLITER
2021

Piazzo Comm. Armando
(1969)

Per il secondo anno di presenza in Guida, Marina Piazzo e il marito Franco, con i figli Simone e Marco, inviano in degustazione un ampio e convincente assortimento della loro produzione. Nata nel 1969, l'azienda possiede un vasto (per le Langhe) patrimonio fondiario, nelle aree del Barbaresco e del Barolo. Proprio i supernebbiolo sono ai vertici: menzione d'onore per il Barbaresco Fratin (dalla menzione Rizzi) e per il Pajorè, entrambi da Treiso. Bene i Barolo di Novello, uno dal cru Sottocastello, l'altro, il Valente, un classico assemblaggio di diversi vigneti. Vini solidi e affidabili.

Frazione San Rocco Seno d'Elvio, 31 - 12051 Alba (CN)
T. 0173 286798 | M. apiazzo@piazzo.it
www.piazzo.it

Viticoltura: Convenzionale
Ettari: 70 | **Bottiglie:** 300.000 | **Produzione olearia:** No
Proprietà: Marina Piazzo
Cond. enologica: Marco Allario Piazzo
Cond. agronomica: Franco Allario
Vendita diretta: Sì | **Visite in azienda:** Sì

BARBARESCO RIZZI VIGNA FRATIN 2020
Rosso Docg - Nebbiolo 100%
Alc. 14,5% | € 36 | Bt. 3.000 | Ferm. Acciaio | Mat. Acciaio 6 mesi e Legno 12 mesi
Granato. Naso di suggestiva profondità aromatica, subito speziato (ginepro, un che di noce moscata), poi, in sequenza, profumato di viola, mora, fragola matura, susina. Bocca di eccellente volume, equilibrata, con stimolante titillamento tannico. Ricco, completo, persistente. Quaglie alla cacciatora.

BARBARESCO PAJORÈ 2020
Rosso Docg - Nebbiolo 100%
Alc. 14,5% | € 36 | Bt. 1.500 | Ferm. Acciaio | Mat. Acciaio 6 mesi e Legno 12 mesi
Tagliata di manzo al rosmarino.

BAROLO SOTTO CASTELLO DI NOVELLO 2019
Rosso Docg - Nebbiolo 100%
Alc. 14,5% | € 39 | Bt. 6.000 | Ferm. Acciaio | Mat. Acciaio 6 mesi e Legno 24 mesi
Camoscio in umido.

BAROLO VALENTE 2019
Rosso Docg - Nebbiolo 100%
Alc. 14,5% | € 32 | Bt. 15.000 | Ferm. Acciaio | Mat. Cemento 18 mesi
Stufato di daino.

BARBARESCO ARGÈ 2020
Rosso Docg - Nebbiolo 100%
Alc. 14,5% | € 27 | Bt. 45.000 | Ferm. Acciaio | Mat. Acciaio 6 mesi e Legno 12 mesi
Ravioli al sugo di chianina e tartufo nero.

BARBERA D'ALBA SUPERIORE MUGIOT 2021
Rosso Doc - Barbera 100%
Alc. 14,5% | € 19 | Bt. 6.000 | Ferm. Acciaio | Mat. Legno 12 mesi
Pappardelle con funghi porcini.

BARBARESCO NERVO VIGNA GIAIA
2016

BAROLO SOTTO CASTELLO DI NOVELLO
2017

Pio Cesare
(1881)

Sì, è vero: questa scheda è la copia quasi esatta di quel a dello scorso anno. Ma vi assicuriamo: non lo si fa apposta. Il fatto è che, alla fine di tiratissime sessioni di degustazione, hanno di nuovo prevalso i vini nati nei più storici cru aziendali, il sontuoso Il Bricco, da Treiso, e il nobile Ornato, da una MGA di Serralunga, stretta tra Falletto, Boscareto e Briccolina. Il terzo cru, il monfortese Mosconi, regala altre due grandi bottiglie, il Barolo e la Barbera omonime. Nessuno però trascuri il Barolo e il Barbaresco che portano il nome di Pio Boffa: ci accompagneranno per molti anni.

Via Cesare Balbo, 6 - 12051 Alba (CN)
T. 0173 440386 | M. direzione@piocesare.it
www.piocesare.it

Viticoltura: Lotta integrata
Ettari: 75 | **Bottiglie:** 400.000 | **Produzione olearia:** No
Proprietà: Federica Boffa Pio
Cond. enologica: Paolo Fenocchio
Cond. agronomica: Claudio Pirra
Vendita diretta: No | **Visite in azienda:** Sì

94
BARBARESCO IL BRICCO BRICCO DI TREISO 2019
Rosso Docg - Nebbiolo 100%
Alc. 14% | € 110 | Bt. 7.000 | Ferm. Acciaio | Mat. Legno 24 mesi
Granato. Naso ricco di sottigliezze: lampone, mora, fitto rincorrersi di toni balsamici, menta artica, liquirizia fresca; ma è al palato che si rivela: per la forza e la grazia della progressione, ritmata da un'ideale misura dei tannini, per la giustezza delle vibrazioni retrolfattive, per la solenne persistenza. Piccione ai porcini e tartufo nero.

93,5
BAROLO ORNATO 2019
Rosso Docg - Nebbiolo 100%
Alc. 14,5% | € 110 | Bt. 13.000 | Ferm. Legno e Acciaio | Mat. Legno 24 mesi
Granato. Ambiente olfattivo boschivo: un tappeto d'aghi di pino con sospetti fungini, mora, nordicità balsamiche, spezia mai invasiva, bastoncino di liquirizia. Succoso e lungo, è già a un passo dall'equilibrio gustativo in virtù di un tannino tosto, sì, ma di stoffa aristocratica, preziosa. Capriolo in salmì con polenta di grano saraceno.

BAROLO MOSCONI 2019
Rosso Docg - Nebbiolo 100%
Alc. 14,5% | € 130 | Bt. 6.600 | Ferm. Acciaio | Mat. Legno 24 mesi
Braciola di cervo con salsa di ribes.

BAROLO PIO 2019
Rosso Docg - Nebbiolo 100%
Alc. 14,5% | € 65 | Bt. 98.000 | Ferm. Acciaio | Mat. Legno 24 mesi
Faraona arrosto con salsa di frutti di bosco.

BARBARESCO PIO 2019
Rosso Docg - Nebbiolo 100%
Alc. 14,5% | € 65 | Bt. 36.000 | Ferm. Acciaio | Mat. Legno 24 mesi
Stracotto d'asino.

BARBERA D'ALBA SUPERIORE FIDES VIGNA MOSCONI 2021
Rosso Doc - Barbera 100%
Alc. 14,5% | € 30 | Bt. 9.900 | Ferm. Acciaio | Mat. Legno 12 mesi
Coq au vin alla borgognona.

BARBARESCO IL BRICCO
2016 | 2017 | 2018

BAROLO ORNATO
2015 | 2017 | 2018

Pira
(1950)

Forti di un parco vigneti di grande valore, i Pira sono da sempre una delle più importanti realtà del comune di Serralunga d'Alba. Oltre a essere proprietari di una parcella di grande dimensione della Vignarionda (probabilmente la più importante vigna del Barolo), i Pira detengono parcelle nei cru Margheria e Marenca, situate proprio sotto il centro abitato. E ogni anno gli assaggi dei vini di questa cantina sono sempre fonte di discussione e confronto su quale sia la migliore tra le tre etichette: vini forti e vigorosi che non tradiscono mai la terra di origine. Cantina da visitare.

Via XX Settembre, 9 - 12050 Serralunga d'Alba (CN)
T. 0173 613106 | M. pira@piraluigi.it
www.piraluigi.it

Viticoltura: Convenzionale
Ettari: 13 | **Bottiglie:** 65.000 | **Produzione olearia:** No
Proprietà: Famiglia Pira
Cond. enologica: Gianpaolo Pira
Cond. agronomica: Gianpaolo Pira
Vendita diretta: Sì | **Visite in azienda:** Sì

(92,5)
BAROLO VIGNARIONDA 2019
Rosso Docg - Nebbiolo 100%
Alc. 14,5% | € 74 | Bt. 4.000 | Ferm. Acciaio | Mat. Legno 24 mesi
Barolo di razza, dal naso carnoso e profondo seppur caratterizzato da tersa freschezza di frutta rossa, confettura di fragole e ciliegie, bacche, radici e corteccia. La bocca è in linea con l'annata: si notano freschezza e tensione, equilibrio e ottimo finale. Gorgonzola naturale.

(92)
BAROLO MARGHERIA 2019
Rosso Docg - Nebbiolo 100%
Alc. 14,5% | € 50 | Bt. 7.000 | Ferm. Acciaio | Mat. Legno 24 mesi
Armonia ed espressione. Il naso è complesso, di macchia mediterranea, carnoso lampone, ciliegia, mentolo, erbe di montagna. La bocca è molto fresca, sapida con tannini precisi e sfumati. Comodamente dal 2030. Beccacce allo spiedo.

BAROLO MARENCA 2019
Rosso Docg - Nebbiolo 100%
Alc. 14,5% | € 58 | Bt. 9.000 | Ferm. Acciaio | Mat. Legno 24 mesi
Cinghiale in umido.

BAROLO VIGNARIONDA
2016 | 2017 | 2018

BAROLO MARGHERIA
2015 | 2018

Pira E. & Figli - Chiara Boschis
(1890)

Manco a dirlo, Chiara Boschis si presenta quest'anno con una batteria di Barolo 2019 straordinari che conquistano grandi punteggi. Archetipo del cru il Mosconi, denso e polposo, nobile e raffinato il Cannubi, magico il Via Nuova: una triade spettacolare che infiammerà il popolo degli appassionati. Chiara Boschis sembra minimizzare i risultati ottenuti nell'ultimo decennio ma la crescita di personalità della produzione probabilmente non ha eguali. Vini classici, prodotti con rigore e rispetto che trasmettono le grandi emozioni del territorio in uno stile sublime e contemporaneo.

Via Vittorio Veneto, 1 - 12060 Barolo (CN)
T. 0173 56247 | M. info@pira-chiaraboschis.com
www.pira-chiaraboschis.com

Viticoltura: Biologica certificata
Ettari: 12 | **Bottiglie:** 50.000 | **Produzione olearia:** No
Proprietà: Chiara e Giorgio Boschis
Cond. enologica: Giorgio Boschis, Chiara Boschis
Cond. agronomica: Staff aziendale
Vendita diretta: Sì | **Visite in azienda:** Sì

(96)
BAROLO MOSCONI 2019
Rosso Docg - Nebbiolo 100%
Alc. 14,5% | € 100 | Bt. 9.000 | Ferm. Acciaio | Mat. Legno 24 mesi
Un vinone voluminoso, colmo di frutta scura polposa, accenni speziati e minerali, spunti salmastri. Ci sono more e confetture, menta, caffè, salamoia e tamarindo, tanta tarta dolcezza, spettacolo. Al gusto corpo e morbidezza. Pernici farcite.

(95,5)
BAROLO CANNUBI 2019
Rosso Docg - Nebbiolo 100%
Alc. 14% | € 120 | Bt. 3.500 | Ferm. Acciaio | Mat. Acciaio 3 mesi e Legno 24 mesi
Complesso e cerebrale, tanti piccoli e meravigliosi dettagli. Subito frutto dolce e profondo, fragola macerata, lampone, ciliegia, poi il tratto fiorisce su lavanda e tisane. La bocca è precisa ed equilibrata, morbida e gustosa. Filetto al vino rosso e scalogno.

(95,5)
BAROLO VIA NUOVA 2019
Rosso Docg - Nebbiolo 100%
Alc. 14,5% | € 80 | Bt. 14.000 | Ferm. Acciaio | Mat. Legno 24 mesi
Grande e profonda purezza, tanta frutta in polpa, tanta qualità. Con l'ossigenazione si distende fornendo mineralità, spunti fioriti freschi e appassiti. La bocca è importante, generosa, molto persistente. Dal 2035. Manzo brasato con funghi.

BAROLO CANNUBI
2015 | 2017 | 2018

BAROLO VIA NUOVA
2016 | 2017 | 2018

Guido Platinetti
(1971)

Una collaborazione basata sulla stima e volontà di promuovere un territorio unico, unisce la nostra associazione e il Consorzio di Tutela dei Vini dell'Alto Piemonte che ha come presidente Andrea Fontana, il quale si divide tra impegni istituzionali e la conduzione della sua proprietà in Ghemme. Siamo contenti di questa sinergia che si è consolidata negli anni. Gli assaggi della produzione Platinetti ci offrono una serie di etichette dinamiche e scalpitanti. Piacevolissima la Vespolina e la mineralità della Barbera, suadente il Guido, frutto di vari vitigni, teso e tannico il Ghemme 2019.

Via Roma, 60 - 28074 Ghemme (NO)
T. 338 9945783 | M. info@platinettivini.com
www.platinettivini.com

Viticoltura: Lotta integrata
Ettari: 8,3 | **Bottiglie:** 25.000 | **Produzione olearia:** No
Proprietà: Stefano, Andrea, Maria e Pietro Fontana
Cond. enologica: Andrea Fontana
Cond. agronomica: Andrea Fontana
Vendita diretta: Sì | **Visite in azienda:** Sì

(91)
GHEMME VIGNA RONCO AL MASO RISERVA 2018
Rosso Docg - Nebbiolo 100%
Alc. 14% | € 38 | Bt. 4.200 | Ferm. Acciaio | Mat. Legno 30 mesi
Ghemme classico, inizialmente chiuso ma lentamente rivela una bella complessità speziata di pepe nero e chiodi di garofano per poi allargare gli orizzonti su note boschive e delicatamente floreali, confettura di mora e susina e cenni balsamici. In bocca risponde con precisione, bella struttura e giusta energia tannica. Capriolo ai porcini.

GHEMME VIGNA RONCO MASO 2019
Rosso Docg - Nebbiolo 100%
Alc. 14% | € 28 | Bt. 3.500 | Ferm. Acciaio | Mat. Legno 20 mesi
Arista di maiale con salsa di prugne.

COLLINE NOVARESI NEBBIOLO 2021
Rosso Doc - Nebbiolo 100%
Alc. 12,5% | € 13 | Bt. 4.500 | Ferm. Acciaio | Mat. Legno 8 mesi
Parmigiano Reggiano Riserva.

COLLINE NOVARESI ROSSO GUIDO 2022
Rosso Doc - Nebbiolo, Vespolina, Croatina, Uva rara, Barbera e Merlot 100%
Alc. 13,5% | € 10 | Bt. 4.800 | Ferm. Acciaio | Mat. Acciaio 8 mesi
Minestra d'orzo perlato con fagioli di Lamon.

COLLINE NOVARESI VESPOLINA 2022
Rosso Doc - Nebbiolo 100%
Alc. 12,5% | € 12 | Bt. 3.000 | Ferm. Acciaio | Mat. Acciaio 6 mesi
Vellutata di zucca e porri.

GHEMME VIGNA RONCO MASO
2018

COLLINE NOVARESI NEBBIOLO
2014 | 2016 | 2020

Podere Rocche dei Manzoni
(1974)

Il sogno di Valentino Migliorini prese forma a metà degli anni '70 e crebbe fino a far diventare la sua azienda uno dei più brillanti punti di riferimento della zona. Dopo l'acquisizione di vigne importanti si sviluppò la produzione dei grandi rossi albesi e nel contempo anche degli spumanti, vero sfizio di Valentino. Oggi Rodolfo è stabilmente in sella a un'azienda formidabile che gestisce 80 ettari di vigna e una produzione numericamente importante ma soprattutto di valore. Vini di stile e sostanza, che dopo il giusto affinamento possono competere con tutti. Da visitare.

Località Manzoni Soprani, 3 - 12065 Monforte d'Alba (CN)
T. 0173 78421 | M. info@rocchedeimanzoni.it
www.rocchedeimanzoni.it

Viticoltura: Convenzionale
Ettari: 80 | **Bottiglie:** 250.000 | **Produzione olearia:** No
Proprietà: Rodolfo Migliorini
Cond. enologica: Giuseppe Albertino
Cond. agronomica: Vicki Saccuzzo
Vendita diretta: Sì | **Visite in azienda:** Sì

(94)
BAROLO PERNO VIGNA CAPPELLA SANTO STEFANO 2019
Rosso Docg - Nebbiolo 100%
Alc. 14% | € 85 | Bt. 12.000 | Ferm. Legno | Mat. Legno 30 mesi
Barolo ampio e complesso, colmo di note fruttate e minerali. Il naso è polposo con sentori di amarena e fragola macerata, confetture, succo di ciliegia, menta, pesca, ferro e ruggine. Gustosa poi la bocca, potente e morbida, con ottimo equilibrio e tensione. Non prima del 2035. Parmigiano Reggiano Riserva.

(94)
VALENTINO BRUT ZERO ROSÉ 2018
Rosato Metodo Classico - Pinot nero 85%, Chardonnay 15%
Alc. 12,5% | € 47 | Bt. 3.000 | Mat. Legno 6 mesi | 48 mesi sui lieviti
Un grande spumante dalla bolla finissima, colore leggero, naso incredibile e prezioso con rosa, iris, ribes, uva spina, fragolina di bosco, cenere, erbe e leggere fragranze minerali. La bocca è raffinata, cremosa nell'impatto, fresca ed equilibrata nello sviluppo. Che classe. Plateau royal di crudité.

BAROLO BIG 'D BIG 2019
Rosso Docg - Nebbiolo 100%
Alc. 14% | € 74 | Bt. 3.000
Tordi in salmì.

LANGHE CHARDONNAY L'ANGELICA 2021
Bianco Doc - Chardonnay 100%
Alc. 13,5% | € 42 | Bt. 5.000 | Ferm. Legno | Mat. Legno 12 mesi
Ravioli di pesce con sugo di canestrelli.

BAROLO BRICCO SAN PIETRO VIGNA D'LA ROUL 2019
Rosso Docg - Nebbiolo 100%
Alc. 14% | € 74 | Bt. 6.000 | Ferm. Legno | Mat. Legno 30 mesi
Guanciale di vitello alle erbe aromatiche.

LANGHE ROSSO BRICCO MANZONI 2017
Rosso Doc - Nebbiolo 80%, Barbera 20%
Alc. 14% | € 29 | Bt. 18.000 | Ferm. Acciaio | Mat. Legno 30 mesi
Medaglioni di cervo con riduzione di cottura.

BAROLO PERNO VIGNA CAPPELLA SANTO STEFANO
2014 | 2016 | 2018

VALENTINO BRUT ZERO
2005 | 2010

Podere Ruggeri Corsini
(1995)

Se la scorsa edizione di Vitae vedeva l'esordio del viognier, quest'anno è un altro vino bianco a prendersi la prima pagina. Si tratta del baratuciàt, un vitigno quasi sconosciuto e originario della Val di Susa, che ha trovato spazio e casa anche in qualche filare di Langa. Poche bottiglie per un debutto più che convincente, segno che territorio e mano dei vignaioli sono quelli giusti. Per il resto tante conferme, a incominciare dal Barolo Bussia per proseguire con una gamma decisamente ampia ma contraddistinta da un'attenzione quasi maniacale.

Località Bussia Bovi, 18 - 12065 Monforte d'Alba (CN)
T. 0173 78625 | M. info@ruggericorsini.com
www.ruggericorsini.it

Viticoltura: Ecosostenibile
Ettari: 12 | **Bottiglie:** 85.000 | **Produzione olearia:** No
Proprietà: Loredana Addari e Nicola Argamante
Cond. enologica: Mario Redoglia
Cond. agronomica: Nicola Argamante
Vendita diretta: Sì | **Visite in azienda:** Sì

BAROLO BUSSIA 2019
Rosso Docg - Nebbiolo 100%
Alc. 14% | € 36 | Bt. 5.600 | Ferm. Acciaio | Mat. Acciaio 6 mesi e Legno 30 mesi
Rubino con sfumature granato. Il naso è serio, timido e composto: arrivano spezie, fiori secchi, frutta rossa macerata, sottobosco, pietra bagnata. L'assaggio rivela una bella freschezza e una gustosa sapidità a fare da contraltare a tannini già ordinati ma vivi. Ottima la persistenza, grande potenziale evolutivo. Quaglie alla cacciatora.

BAROLO BRICCO SAN PIETRO 2019
Rosso Docg - Nebbiolo 100%
Alc. 14% | € 28 | Bt. 4.300 | Ferm. Acciaio | Mat. Acciaio 6 mesi e Legno 30 mesi
Stracotto d'asino.

BARBERA D'ALBA SUPERIORE ARMUJAN 2021
Rosso Doc - Barbera 100%
Alc. 15% | € 19 | Bt. 11.700 | Ferm. Acciaio | Mat. Acciaio 6 mesi e Legno 18 mesi
Gnocchi di patate viola con carciofi morbidi e croccanti.

LANGHE BIANCO BERLU'D CIAT 2022
Bianco Doc - Baratuciàt 100%
Alc. 12,5% | € 16 | Bt. 980 | Ferm. Acciaio | Mat. Acciaio 6 mesi
Coniglio al forno con patate.

LANGHE CHARDONNAY LOLLY 2021
Bianco Doc - Chardonnay 100%
Alc. 14% | € 18 | Bt. 6.200 | Ferm. Legno | Mat. Acciaio 4 mesi e Legno 6 mesi
Risotto con tinca di lago e datterini.

PIEMONTE ALBAROSSA AUTENZIO 2021
Rosso Doc - Albarossa 100%
Alc. 14,5% | € 20 | Bt. 2.600 | Ferm. Acciaio | Mat. Legno 24 mesi
Zuppa d'orzo e chiodini.

BAROLO BUSSIA
2017 | 2018

BAROLO BRICCO SAN PIETRO
2016 | 2017 | 2018

Poderi Aldo Conterno
(1969)

I fratelli Conterno alzano l'asticella della qualità proponendo vini straordinari in un'annata, la 2019, che si conferma l'annunciata vendemmia "maestosa" in grado di produrre vini di grande struttura e profondità. Orfani del Granbussia, non prodotto nella 2014, non ci rimane che tessere le lodi per i grandi classici dei Poderi Aldo Conterno: Romirasco, Cicala, Colonnello, Bussia, insomma grandi fuoriclasse che comunicano, ognuno a modo proprio, la meravigliosa espressione della terra della Bussia di cui i Conterno detengono il cuore più vocato. Qui siamo davvero ai massimi: chapeau.

Località Bussia, 48 - 12065 Monforte d'Alba (CN)
T. 0173 78150
www.poderialdoconterno.com

Viticoltura: Biologica
Ettari: 25 | **Bottiglie:** 80.000 | **Produzione olearia:** No
Proprietà: Famiglia Conterno
Cond. enologica: Stefano Conterno
Cond. agronomica: Giacomo Conterno
Vendita diretta: No | **Visite in azienda:** Sì

97,5
BAROLO BUSSIA ROMIRASCO 2019
Rosso Docg - Nebbiolo 100%
Alc. 15% | € 220 | Bt. 6.000 | Ferm. Acciaio | Mat. Legno 30 mesi
Un Romirasco profondo ed esplosivo. Naso con tanta frutta, polposa, dolce, voluminosa: lampone, fragola, succo di ciliegia, arancia sanguinella ma anche menta e china, grafite e viola. Al gusto stessa matrice, stessa grandezza. Lepre in salmì.

96,5
BAROLO BUSSIA CICALA 2019
Rosso Docg - Nebbiolo 100%
Alc. 15% | € 140 | Bt. 6.000 | Ferm. Acciaio | Mat. Legno 28 mesi
Naso detonante, superbo in volume e intensità. Fragoline, erbe di montagna, gelatina di ciliegia, lampone, confettura di melagrana, leggeri spunti minerali e torrefatti. Poi bocca potente e vigorosa ma con tanta dolcezza finale. Carré di vitello alle erbe aromatiche.

95
BAROLO BUSSIA COLONNELLO 2019
Rosso Docg - Nebbiolo 100%
Alc. 15% | € 140 | Bt. 5.000 | Ferm. Acciaio | Mat. Legno 28 mesi
Notevole complessità: dalle erbe al sottobosco, all'arancia rossa, poi succo di pomodoro, mora, confettura di fragola, sbuffi minerali e tartufati. Al palato tanto volume e abbondanza, ma sempre un grande equilibrio e morbidezza. Castelmagno.

91,5
BAROLO BUSSIA 2019
Rosso Docg - Nebbiolo 100%
Alc. 14,5% | € 80 | Bt. 15.000 | Ferm. Acciaio | Mat. Legno 24 mesi
Pluma di maialino Bellota con cipolle caramellate.

LANGHE NEBBIOLO IL FAVOT 2020
Rosso Doc - Nebbiolo 100%
Alc. 13,5% | € 40 | Bt. 15.000 | Ferm. Acciaio | Mat. Legno 12 mesi
Agnolotti al piccione con sugo d'arrosto.

LANGHE ROSSO QUARTETTO 2020
Rosso Doc - Merlot 25%, Nebbiolo 25%, Pinot nero 25%, Syrah 25%
Alc. 13,5% | € 30 | Bt. 4.000 | Ferm. Acciaio
Pappardelle con funghi porcini.

BAROLO BUSSIA GRANBUSSIA RISERVA
2010 | 2012 | 2013

BAROLO BUSSIA ROMIRASCO
2016 | 2017 | 2018

Poderi Colla
(1992)

"In un vino si deve sentire lo stile del produttore, non la sua mano". Questo ci ha detto recentemente Tino Colla per spiegarci la filosofia dell'azienda: rispetto del vitigno e della terra su cui viene coltivato. Rispetto che si traduce in un concetto che viene ripetuto spesso nella Cascina Drago, quasi fosse un mantra: "un vitigno, una vigna, un'etichetta". E se è vero che i vini Colla anno dopo anno sono facilmente riconoscibili per finezza e bevibilità, hanno però la capacità di raccontare come pochi altri l'annata, rivelandosi ora più accoglienti e immediati, ora più austeri e longevi.

San Rocco Seno d'Elvio, 82 - 12051 Alba (CN)
T. 0173 290148 | M. info@podericolla.it
www.podericolla.it

Viticoltura: Certificazione SQNPI
Ettari: 29 | **Bottiglie:** 145.000 | **Produzione olearia:** No
Proprietà: Tino, Federica e Pietro Colla
Cond. enologica: Pietro Colla
Cond. agronomica: Pietro Colla
Vendita diretta: Sì | **Visite in azienda:** Sì

(93)

BARBARESCO RONCAGLIE 2020
Rosso Docg - Nebbiolo 100%
Alc. 14% | € 40 | Bt. 20.000 | Ferm. Cemento | Mat. Legno 12 mesi e Cemento
Classico rosso granato. Naso dapprima timido che col tempo si fa elegante, raccontando di spezie chiare e frutti rossi macerati, incenso e legni nobili, sottobosco, tocchi balsamici, erbe aromatiche. L'assaggio lo vede saporito e ricco, persistente e con tannini virili e definiti che promettono una lunga evoluzione. Filetto di manzo alla Voronoff.

BAROLO BUSSIA DARDI LE ROSE 2019
Rosso Docg - Nebbiolo 100%
Alc. 14% | € 55 | Bt. 22.000 | Ferm. Acciaio | Mat. Legno 24 mesi e Cemento
Risotto al tartufo bianco.

LANGHE ROSSO BRICCO DEL DRAGO 2019
Rosso Doc - Dolcetto 85%, Nebbiolo 15%
Alc. 14% | € 26 | Bt. 8.500 | Ferm. Cemento | Mat. Legno 24 mesi
Carré d'agnello al timo e lardo di Colonnata.

BONMÈ 2022
Bianco Aromatizzato - Moscato 100%
Alc. 14,5% | € 25 (0,5l) | Bt. 3.000 | Ferm. Acciaio
Crostini con paté de foie gras d'anatra.

BARBARESCO RONCAGLIE
2019

BAROLO BUSSIA DARDI LE ROSE
2017 | 2018

Poderi Giovanni Rosso
(1930)

Storica realtà, presente sul territorio di Agliano Terme da tre generazioni, a cui Lionello Rosso, attuale proprietario, ha saputo infondere modernità e dinamismo, sempre rispettando le tradizioni. I vigneti aziendali, quasi tutti a barbera, che qui si esprime a livelli di eccellenza, si estendono intorno a cascina San Sebastiano e cascina Perno, e sono coltivati secondo rigidi protocolli di sostenibilità ambientale. La certezza di trovarsi in un terroir unico per la barbera ha spinto Lionello a specializzarsi in questa varietà, proposta in diverse declinazioni tutte di elevata qualità.

Piazza Roma, 1 - 14041 Agliano Terme (AT)
T. 0141 954006 | M. info@rossowines.it
www.rossowines.it

Viticoltura: Certificazione SQNPI
Ettari: 12 | **Bottiglie:** 67.000 | **Produzione olearia:** No
Proprietà: Lionello Rosso
Cond. enologica: Lionello Rosso, Lorenzo Quinterno
Cond. agronomica: Lionello Rosso, Davide Ferrarese
Vendita diretta: Sì | **Visite in azienda:** Sì

NIZZA GIOCO DELL'OCA RISERVA 2020
Rosso Docg - Barbera 100%
Alc. 15,5% | € 45 (1l) | Bt. 2.360 | Ferm. Acciaio | Mat. Acciaio 6 mesi e Legno 18 mesi
Carminio compatto e impenetrabile. L'approccio olfattivo introduce confetture di more e altri frutti rossi, poi pepe, bacca di ginepro, fiori rossi in appassimento, in chiusura cioccolato fondente e chicchi di caffè. Bocca sorprendente per struttura, volume e lunghezza, con tannini levigati e marcata acidità. Stracotto d'asino.

BARBERA D'ASTI SUPERIORE CASCINA PERNO 2021
Rosso Docg - Barbera 100%
Alc. 15,5% | € 15 | Bt. 15.000 | Ferm. Acciaio | Mat. Acciaio 6 mesi e Legno 6 mesi
Ossobuco alla milanese.

BARBERA D'ASTI SAN BASTIAN 2022
Rosso Docg - Barbera 100%
Alc. 15% | € 10 | Bt. 36.000 | Ferm. Acciaio | Mat. Acciaio 6 mesi
Risotto con salsiccia e Taleggio.

BARBERA D'ASTI SUPERIORE CARLINET 2020
Rosso Docg - Barbera 100%
Alc. 15,5% | € 25 | Bt. 12.000 | Ferm. Acciaio | Mat. Acciaio 6 mesi e Legno 12 mesi
Fettuccine ai funghi porcini.

NIZZA GIOCO DELL'OCA RISERVA
2017 | 2019

BARBERA D'ASTI SUPERIORE CASCINA PERNO
2018 | 2019 | 2020

Poderi Luigi Einaudi
(1897)

Non è mai semplice essere all'atezza delle proprie radici, soprattuto quando queste sono immerse in una storia che non è solo quella personale di una famiglia, ma diventa, in questo caso, storia di un Paese, di un territorio e, se vogliamo, anche di un vitigno. Matteo Sardagna oggi sta mantenendo le promesse: investimenti importanti, crescita in tutte le direzioni e vini di elevatissima qualità. Quest'anno ci regala un Cannubi che è la quintessenza del valore che questo vigneto ha sempre rappresentato per il Barolo, e che può emergere solo in annate grandi come la 2019: l'equilibrio assoluto.

Borgata Gombe, 31/32 - Cascina Tecc - 12063 Dogliani (CN)
T. 0173 70919 | M. info@poderieinaudi.com
www.poderieinaudi.com

Viticoltura: Convenzionale
Ettari: 65 | **Bottiglie:** 400.000 | **Produzione olearia:** No
Proprietà: Matteo Sardagna Einaudi
Cond. enologica: Giuseppe Caviola
Cond. agronomica: Gianpiero Romana
Vendita diretta: Sì | **Visite in azienda:** Sì

(93)

BAROLO CANNUBI 2019
Rosso Docg - Nebbiolo 100%
Alc. 14,5% | € 82 | Bt. 9.600 | Ferm. Cemento | Mat. Legno 24 mesi
Granato. Esordio floreale, slanciato nei ricami di viola e rosa essiccata, poi piccoli frutti e pesca di vigna. Freschi i respiri vegetali, foglia di castagno, sottobosco, humus, radici, funghi e refoli balsamici. Bocca di proporzione assoluta, tannino pronto a scandire, nel tempo, una trama gustosa e piena. Un classico. Guanciale di vitello in umido con patate.

DOGLIANI SUPERIORE MADONNA DELLE GRAZIE VIGNA TECC 2021
Rosso Docg - Dolcetto 100%
Alc. 14,5% | € 20 | Bt. 25.000 | Ferm. Legno e Cemento | Mat. Legno 12 mesi e Cemento 12 mesi
Pappardelle con funghi porcini.

BAROLO TERLO VIGNA COSTA GRIMALDI 2019
Rosso Docg - Nebbiolo 100%
Alc. 14,5% | € 60 | Bt. 4.400 | Ferm. Cemento | Mat. Legno 24 mesi
Lepre alla cacciatora.

BAROLO BUSSIA 2019
Rosso Docg - Nebbiolo 100%
Alc. 14,5% | € 82 | Bt. 10.600 | Ferm. Cemento | Mat. Legno 24 mesi
Capriolo ai porcini.

BAROLO LUDO 2019
Rosso Docg - Nebbiolo 100%
Alc. 14% | € 45 | Bt. 31.200 | Ferm. Cemento | Mat. Legno 24 mesi
Lombata di vitello su letto di cipolline saltate.

LANGHE LUIGI EINAUDI 2018
Rosso Doc - Cabernet sauvignon 30%, Nebbiolo 30%, Barbera 20%, Merlot 20%
Alc. 14,5% | € 38 | Bt. 5.000 | Ferm. Acciaio | Mat. Legno 24 mesi
Involtini di vitello lardellati.

BAROLO BUSSIA
2017 | 2018

BAROLO TERLO VIGNA COSTA GRIMALDI
2010 | 2011 | 2012

Ezio Poggio
(1993)

L'azienda di Ezio e Mary Poggio è notevole per vari motivi. Anzitutto perché incarna la viticoltura della Val Borbera, compresa nella poco frequentata sottozona Terre di Libarna: vigne in quota, ambiente appenninico, un altro mondo rispetto al resto della Doc Colli Tortonesi. Poi perché è una delle rare aziende (l'unica?) che vinifica il timorasso in tutti i modi possibili: fermo, spumante (Metodo Classico, Charmat) e, da quest'anno, passito (Acinaticum) e Metodo Ancestrale (Lunatico). Ma, soprattutto, per l'eleganza rarefatta dell'Archetipo 2021: ecco l'altra faccia del superbianco tortonese.

Località Colombaie, 1 - 15060 Vignole Borbera (AL)
T. 0143 67106 | M. info@eziopoggio.com
www.eziopoggio.com

Viticoltura: Biologica
Ettari: 8 | **Bottiglie:** 36.000 | **Produzione olearia:** No
Proprietà: Ezio e Mary Poggio
Cond. enologica: Claudio Dacasto, Ezio Poggio
Cond. agronomica: Alberto Pansecchi
Vendita diretta: Sì | **Visite in azienda:** Sì

(91)

COLLI TORTONESI TERRE DI LIBARNA TIMORASSO ARCHETIPO 2021
Bianco Doc - Timorasso 100%
Alc. 13,5% | € 20 | Bt. 7.000 | Ferm. Acciaio | Mat. Acciaio 12 mesi
Paglierino. Un sommarsi d'eleganze odorose di stampo nordico: fiori bianchi, cedro, malie pietrose, erbe montane. Al palato, di sostanziosa struttura, s'apprezza la verticalità del sorso, in un contesto fresco-sapido fine, persistente, che ancora richiama ai valorosi bianchi di latitudini ben più settentrionali. Filetti di sogliola con salsa di asparagi.

COLLI TORTONESI TERRE DI LIBARNA TIMORASSO CAESPES 2021
Bianco Doc - Timorasso 100%
Alc. 12,5% | € 16 | Bt. 16.000 | Ferm. Acciaio | Mat. Acciaio 8 mesi
Risotto con mazzancolle al profumo d'arancia.

ACINATICUM 2021
Bianco Passito - Cortese 50%, Timorasso 50%
Alc. 15% | € 29 | Bt. 660 | Ferm. Acciaio | Mat. Legno 14 mesi
Roquefort.

COLLI TORTONESI TERRE DI LIBARNA SPUMANTE EZIO POGGIO METODO CLASSICO 2019
Bianco Doc Metodo Classico - Timorasso 100%
Alc. 13% | € 29 | Bt. 2.600 | Ferm. Acciaio | Mat. Acciaio 5 mesi
32 mesi sui lieviti
Tartare di scampi.

COLLI TORTONESI TERRE DI LIBARNA CAESPES ROSSO 2021
Rosso Doc - Barbera 60%, Bonarda 40%
Alc. 14% | € 12 | Bt. 4.000 | Ferm. Acciaio | Mat. Acciaio 6 mesi
Gnocchi al ragù.

LUNATICO 2022
Bianco Metodo Ancestrale - Timorasso 100%
Alc. 12% | € 15 | Bt. 3.500 | Ferm. Acciaio | Mat. Acciaio 6 mesi
Canapè di pasta sfoglia al formaggio.

COLLI TORTONESI TERRE DI LIBARNA TIMORASSO CAESPES
2020

COLLI TORTONESI TERRE DI LIBARNA TIMORASSO ARCHETIPO
2019 | 2020

Pomodolce
(2005)

Lassù a Montemarzino, Silvio e Alessandro Davico non sbagliano un colpo. L'azienda è piccola e la produzione artigianale nel senso migliore del termine (ogni vino è curato con l'attenzione che si dedica ai pezzi unici), ma ciò non significa che le scelte non siano adeguate alla contemporaneità. Così, i Davico son stati pionieri del bio duro e puro nel Tortonese e il loro Timorasso è sì territoriale, varietale senza compromessi, ma in perfetta risonanza con il gusto per i bianchi eleganti e strutturati diffuso nel popolo degli enoappassionati. Grue e Diletto: due best buy.

Via IV Novembre, 7 - 15050 Montemarzino (AL)
T. 333 4320029 | M. info@pomodolce.it
www.pomodolce.it

Viticoltura: Biologica certificata
Ettari: 5 | **Bottiglie:** 30.000 | **Produzione olearia:** No
Proprietà: Alessandro Davico
Cond. enologica: Silvio Davico
Cond. agronomica: Silvio Davico
Vendita diretta: Sì | **Visite in azienda:** Sì

92,5

COLLI TORTONESI TIMORASSO GRUE 2021
Bianco Doc - Timorasso 100%
Alc. 14,5% | € 20 | Bt. 4.000 | Ferm. Acciaio | Mat. Acciaio 11 mesi
Paglierino pieno, risplendente. Subito colpisce per l'imperiosa e giovanile attraenza dei profumi, incentrati su seducenti sentori di bergamotto e pietra calda, con frequenti interludi d'erbe aromatiche. Al palato scorre ampio, caldo ma sempre vibrante di freschezza; la persistenza sapida e avvolgente non si scorda. Risotto alla zucca e astice.

COLLI TORTONESI TIMORASSO DILETTO 2021
Bianco Doc - Timorasso 100%
Alc. 14% | € 15 | Bt. 4.000 | Ferm. Acciaio | Mat. Acciaio 11 mesi
Crema di zucca con gamberi croccanti.

COLLI TORTONESI TIMORASSO GRUE
2018 | 2019 | 2020

COLLI TORTONESI MONLEALE MARSÈN
2012 | 2015 | 2016

Maurizio Ponchione
(1936)

Da qualche anno presente sulle pagine di Vitae, l'azienda guidata da Maurizio Ponchione non solo si conferma ma evidenzia un bel percorso di crescita. Quest'anno dalla cantina di Govone arriva anche una novità: l'albarossa (vitigno creato nel 1938 dal professor Giovanni Dalmasso incrociando nebbiolo di Dronero e barbera) che riesce bene a coniugare potenza ed eleganza. La vigna ha solo 6 anni di vita, particolare che fa intuire una crescita futura che ci rende curiosi di assaggiare i frutti delle prossime vendemmie. Poche bottiglie prodotte e, particolare non da poco, prezzi decisamente onesti.

Via Sacco, 9/A - 12040 Govone (CN)
T. 0173 58037 | M. ponchione.m@virgilio.it
www.ponchionemaurizio.com

Viticoltura: Lotta integrata
Ettari: 11 | **Bottiglie:** 30.000 | **Produzione olearia:** No
Proprietà: Maurizio Ponchione
Cond. enologica: Maurizio Ponchione
Cond. agronomica: Maurizio Ponchione, Massimo Abrigo
Vendita diretta: Sì | **Visite in azienda:** Sì

ROERO MONFRINI 2018
Rosso Docg - Nebbiolo 100%
Alc. 15% | € 20 | Bt. 3.000 | Ferm. Acciaio | Mat. Legno 18 mesi
Ancora rosso rubino. All'olfatto si rivela scuro e deciso, propone confettura di mora e lampone, cenni eterei, chiodi di garofano, pepe nero, china, sottobosco. In bocca è sorprendentemente fresco e sapido, di ottima persistenza e con tannini presenti ma misurati. Buono e territoriale. Filetto di scottona in sfoglia.

ROERO ARNEIS MONFRINI 2022
Bianco Docg - Arneis 100%
Alc. 13,5% | € 11 | Bt. 6.800 | Ferm. Legno e Acciaio | Mat. Legno 3 mesi
Linguine con asparagi e calamaretti.

BARBERA D'ALBA MONFRINI 2018
Rosso Doc - Barbera 100%
Alc. 15,5% | € 18 | Bt. 2.500 | Ferm. Acciaio | Mat. Legno 18 mesi
Pasta alla gricia.

PIEMONTE ALBAROSSA CIABOT DA RU 2020
Rosso Doc - Albarossa 100%
Alc. 14% | € 16 | Bt. 1.400 | Ferm. Acciaio | Mat. Legno 12 mesi
Spezzatino di manzo.

BRUT ROSÉ ALBAZZI
Rosato Metodo Classico - Nebbiolo 100%
Alc. 13% | € 20 | Bt. 3.000 | Ferm. Acciaio | Mat. Acciaio 5 mesi
70 mesi sui lieviti
Vellutata ai porri.

LANGHE SAUVIGNON CHERPORE 2021
Bianco Doc - Sauvignon 100%
Alc. 14,5% | € 11 | Bt. 2.000 | Ferm. Acciaio | Mat. Legno 3 mesi
Asparagi di Bassano e uova in camicia.

ROERO MONFRINI
2016 | 2017

BARBERA D'ALBA MONFRINI
2016 | 2017

Marco Porello
(2002)

Uno degli effetti che il Covid ha avuto sul mondo del vino è stato senz'altro un generalizzato aumento dei prezzi. Se è vero che molte materie prime sono rincarate, è altrettanto vero che c'è chi ne ha approfittato per lucrarci su. Non è il caso di questa cantina, che ha mantenuto i listini praticamente invariati, proponendo etichette non solo valide ma decisamente di ottimo livello, come dimostrano i punteggi ottenuti. C'è anche una novità: il nebbiolo da quest'anno mette in mostra anche la vigna di provenienza: Valmaggiore, ovvero uno dei cru più vocati del territorio roerino.

Corso Alba, 71 - 12043 Canale (CN)
T. 0173 979324 | M. info@porellovini.it
www.porellovini.it

Viticoltura: Convenzionale
Ettari: 18 | **Bottiglie:** 140.000 | **Produzione olearia:** No
Proprietà: Marco Porello
Cond. enologica: Marco Porello
Cond. agronomica: Marco Porello
Vendita diretta: Sì | **Visite in azienda:** Sì

ROERO SAN MICHELE RISERVA 2020
Rosso Docg - Nebbiolo 100%
Alc. 14% | € 28 | Bt. 2.500 | Ferm. Acciaio | Mat. Legno 24 mesi
Luminoso rosso granato. Naso fresco, balsamico e speziato. Seguono in una bella progressione frutta dolce macerata, cenni di sottobosco e minerali, fiori secchi, spezie chiare. Sorso preciso e territoriale, fresco e gustosamente sapido, con tannini vivi, saporiti ed eleganti. Bella la persistenza. Filetto alla Wellington.

ROERO ARNEIS CAMESTRÌ 2022
Bianco Docg - Arneis 100%
Alc. 13,5% | € 15 | Bt. 30.000 | Ferm. Acciaio | Mat. Acciaio 4 mesi
Bocconcini di rana pescatrice in crosta di mandorle.

ROERO TORRETTA 2021
Rosso Docg - Nebbiolo 100%
Alc. 14% | € 20 | Bt. 7.000 | Ferm. Acciaio | Mat. Legno 18 mesi
Bra d'alpeggio.

BARBERA D'ALBA MOMMIANO 2022
Rosso Doc - Barbera 100%
Alc. 14,5% | € 10 | Bt. 30.000 | Ferm. Acciaio | Mat. Acciaio 6 mesi
Zuppa toscana con cavolo nero e crostini di pane.

NEBBIOLO D'ALBA VIGNA VALMAGGIORE 2022
Rosso Doc - Nebbiolo 100%
Alc. 14% | € 28 | Bt. 40.000 | Ferm. Acciaio | Mat. Acciaio 4 mesi e Legno 12 mesi
Canederli alla tirolese in brodo.

ROERO ARNEIS 2022
Bianco Docg - Arneis 100%
Alc. 13% | € 10 | Bt. 40.000 | Ferm. Acciaio | Mat. Acciaio 4 mesi
Minestra di lenticchie.

ROERO ARNEIS CAMESTRÌ
2019 | 2020 | 2021

ROERO SAN MICHELE RISERVA
2016 | 2017 | 2019

Guido Porro
(1900)

Sbalorditi dalla qualità dei vini targati Serralunga della famiglia Porro. Quattro etichette di Barolo che emozionano. Vigna Rionda di alto profilo, vino superbo. Lazzairasco di fascino, complesso ma soprattutto dotato di struttura importante. Il Santa Caterina, piccola vigna all'interno del Lazzarito che colpisce per i profumi fruttati e il grande equilibrio. Magistrale la prontezza del Gianetto, Barolo di ottima freschezza. Grandi vini per la quotidianità sono la Barbera d'Alba e un sapido Langhe Nebbiolo. Complimenti a Guido, vignaiolo autentico.

Via Alba, 1 - 12050 Serralunga d'Alba (CN)
T. 0173 613306 | M. guidoporro@guidoporro.com
www.guidoporro.com

Viticoltura: Convenzionale
Ettari: 10 | **Bottiglie:** 40.000 | **Produzione olearia:** No
Proprietà: Guido Porro
Cond. enologica: Guido Porro
Cond. agronomica: Guido Porro
Vendita diretta: Sì | **Visite in azienda:** Sì

(95)
BAROLO VIGNA RIONDA 2019
Rosso Docg - Nebbiolo 100%
Alc. 14,5% | € 80 | Bt. 3.000 | Ferm. Acciaio | Mat. Legno 36 mesi
Dalla Vigna Rionda un Barolo di classe, ricco di sostanza e sapore. I profumi, netti e intensi, ricordano la rosa, il glicine e la viola, nobili confetture e mirabile speziatura balsamica di zenzero e noce moscata. Bocca succosa, generosa morbidezza con trama tannica da manuale. Un vino di grande piacevolezza. Costata di manzo alla griglia.

(94)
BAROLO VIGNA LAZZAIRASCO 2019
Rosso Docg - Nebbiolo 100%
Alc. 14,5% | € 40 | Bt. 11.000 | Ferm. Acciaio | Mat. Legno 36 mesi
Un fuoriclasse, da un super vigneto, Barolo di deliziosa fattura, fine, preciso, sorprendente nell'espressione, fruttato fresco e dolce, floreale con ricordi classici di rosa e viola, dolce speziatura e sbuffi minerali. La bocca è armoniosa, saporita, perfettamente equilibrata e dotata di tannini dolci e maturi. Bollito misto con salse.

BAROLO VIGNA SANTA CATERINA 2019
Rosso Docg - Nebbiolo 100%
Alc. 15% | € 35 | Bt. 6.000 | Ferm. Acciaio | Mat. Legno 36 mesi
Anatra ai funghi.

BAROLO GIANETTO 2019
Rosso Docg - Nebbiolo 100%
Alc. 14,5% | € 40 | Bt. 6.000 | Ferm. Acciaio | Mat. Legno 36 mesi
Stinco d'agnello al forno.

LANGHE NEBBIOLO CAMILU 2022
Rosso Doc - Nebbiolo 100%
Alc. 15% | € 15 | Bt. 8.000 | Ferm. Acciaio
Gnocchi al ragù.

BARBERA D'ALBA VIGNA SANTA CATERINA 2022
Rosso Doc - Barbera 100%
Alc. 15,5% | € 12 | Bt. 6.000 | Ferm. Acciaio | Mat. Legno 36 mesi
Bitto stravecchio.

BAROLO VIGNA RIONDA
2016 | 2017 | 2018

BAROLO VIGNA LAZZAIRASCO
2014 | 2017 | 2018

Ferdinando Principiano

(1993)

Mosso da grande entusiasmo e passione, Ferdinando Principiano ha saputo costruire, mattone dopo mattone e non senza difficoltà, una delle più interessanti realtà del territorio seguendo una filosofia produttiva per l'epoca completamente nuova. Non è il modello biologico o il biodinamico quello che persegue, ma semplicemente il metodo Principiano, cioè il buonsenso applicato alla viticoltura. Ne derivano vini di spiccato carattere, saporiti e leggiadri, che incantano i consumatori. Assente il Boscareto, quest'anno ci siamo divertiti con le seconde linee e con un Ravera superbo. Complimenti.

Via Alba, 47 - 12065 Monforte d'Alba (CN)
T. 0173 78585 | M. info@ferdinandoprincipiano.it
www.ferdinandoprincipiano.it

Viticoltura: Biologica
Ettari: 21 | **Bottiglie:** 120.000 | **Produzione olearia:** No
Proprietà: Ferdinando Principiano
Cond. enologica: Ferdinando Principiano
Cond. agronomica: Ferdinando Principiano
Vendita diretta: Sì | **Visite in azienda:** Sì

93

BAROLO RAVERA DI MONFORTE 2019
Rosso Docg - Nebbiolo 100%
Alc. 13% | € 65 | Bt. 3.000 | Ferm. Acciaio | Mat. Legno 24 mesi
Vino di gran personalità, seducente al naso con bacche, radici e foglie secche poi china, confetture e frutta rossa polposa. La bocca gode di gran beva e leggiadria: ha corpo proporzionato, tanto gusto e lunghezza. Un Barolo che strappa applausi. Risotto al gorgonzola.

ALTA LANGA EXTRA BRUT LEONARDO 2018
Bianco Docg Metodo Classico - Pinot nero 60%, Chardonnay 40%
Alc. 12% | € 32 | Bt. 4.000 | 30 mesi sui lieviti
Ravioli di pesce con sugo di canestrelli.

BAROLO DEL COMUNE DI SERRALUNGA 2019
Rosso Docg - Nebbiolo 100%
Alc. 13,5% | € 40 | Bt. 30.000 | Ferm. Acciaio | Mat. Acciaio 6 mesi e Legno 24 mesi
Lepre alla cacciatora.

LANGHE NEBBIOLO 2021
Rosso Doc - Nebbiolo 100%
Alc. 13% | € 20 | Bt. 20.000 | Ferm. Acciaio | Mat. Acciaio 10 mesi
Ravioli burro e salvia.

BARBERA D'ALBA 2021
Rosso Doc - Barbera 100%
Alc. 13% | € 17 | Bt. 18.000 | Ferm. Acciaio | Mat. Acciaio 10 mesi
Risotto ai porcini.

DOLCETTO D'ALBA 2022
Rosso Doc - Dolcetto 100%
Alc. 13,5% | € 13 | Bt. 10.000 | Ferm. Acciaio | Mat. Acciaio 6 mesi
Coppa piacentina.

BAROLO RAVERA DI MONFORTE
2018

BAROLO DEL COMUNE DI SERRALUNGA
2013 | 2015 | 2018

Giuseppe Principiano

(1958)

Francesco Principiano, quarta generazione alla guida della cantina situata a Monforte d'Alba, si prodiga ogni giorno con l'obiettivo di amalgamare i preziosi insegnamenti del passato con le doverose innovazioni richieste dalla volontà di stare al passo con i tempi. L'elevato livello qualitativo dei vini proposti rispecchia fedelmente la fatica spesa in tutte le fasi produttive. Accanto a Dolcetto, Barbera e Nebbiolo svettano per godibilità i due Barolo, entrambi annata 2019: quest'anno la palma di migliore della classe spetta al Boscareto, campione assoluto di attraenza e bevibilità.

Località San Giuseppe, 23 - 12065 Monforte d'Alba (CN)
T. 0173 78424 | M. info@giuseppeprincipiano.it
www.giuseppeprincipiano.it

Viticoltura: Convenzionale
Ettari: 8 | **Bottiglie:** 30.000 | **Produzione olearia:** No
Proprietà: Giuseppe Principiano
Cond. enologica: Andrea Paglietti
Cond. agronomica: Giuseppe Principiano
Vendita diretta: Sì | **Visite in azienda:** Sì

BAROLO BOSCARETO 2019
Rosso Docg - Nebbiolo 100%
Alc. 14% | € 40 | Bt. 1.500 | Ferm. Acciaio | Mat. Acciaio 6 mesi e Legno 24 mesi
Granato terso, molto classico. Connubio di eleganza e profondità, mostra molteplici sfaccettature: dapprima rivela sensazioni di piccoli frutti rossi, rosa canina, rabarbaro, poi erbe officinali, pepe bianco e mentolo. Tannini leggeri e piacevolezza di beva completano il raffinato quadro d'autore. Filetto di vitello alla Rossini.

BAROLO 2019
Rosso Docg - Nebbiolo 100%
Alc. 14% | € 28 | Bt. 4.200 | Ferm. Acciaio | Mat. Acciaio 6 mesi e Legno 24 mesi
Bra d'alpeggio.

BARBERA D'ALBA SUPERIORE 2020
Rosso Doc - Barbera 100%
Alc. 13,5% | € 16 | Bt. 2.000 | Ferm. Acciaio | Mat. Acciaio 6 mesi e Legno 12 mesi
Ravioli al sugo di chianina e tartufo nero.

LANGHE NEBBIOLO 2021
Rosso Doc - Nebbiolo 100%
Alc. 14% | € 14 | Bt. 4.200 | Ferm. Acciaio | Mat. Acciaio 10 mesi
Risotto alla milanese con ossobuco.

DOLCETTO D'ALBA 2022
Rosso Doc - Dolcetto 100%
Alc. 13,5% | € 10 | Bt. 6.500 | Ferm. Acciaio | Mat. Acciaio 5 mesi
Zuppa di legumi e cereali.

BARBERA D'ALBA 2022
Rosso Doc - Barbera 100%
Alc. 13,5% | € 12 | Bt. 6.500 | Ferm. Acciaio | Mat. Acciaio 6 mesi
Capocollo di Martina Franca.

BAROLO BOSCARETO
2015 | 2016 | 2018

BAROLO
2016 | 2017 | 2018

Produttori del Barbaresco
(1958)

Grazie al mito delle Riserve, quest'imperdibile cooperativa è diventata protagonista dell'enoglamour planetario. Così, quando s'è sparsa la notizia della nascita di una nuova etichetta dedicata a don Fiorino Marengo, parroco di Barbaresco e anima fondatrice della cantina, il tam tam mediatico è partito, con sussulti speculativi da supervino global. Assemblaggio non fisso di vari vigneti (i "soliti" delle Riserve, più Basarin, Cottà, Cole, Fasèt, San Cristoforo), vuol essere un superblend emblematico di zona e annata. Il 2016 è memorabile. Prossima edizione: 2021. Occhio agli accaparramenti.

Via Torino, 54 - 12050 Barbaresco (CN)
T. 0173 635139 | M. produttori@produttoridelbarbaresco.com
www.produttoridelbarbaresco.com

Viticoltura: Convenzionale
Ettari: 107 | **Bottiglie:** 550.000 | **Produzione olearia:** No
Proprietà: Cooperativa di produttori
Cond. enologica: Fabio Accomasso, Gianni Testa
Cond. agronomica: Staff aziendale
Vendita diretta: Sì | **Visite in azienda:** Sì

(94,5)

BARBARESCO DON FIORINO RISERVA 2016
Rosso Docg - Nebbiolo 100%
Alc. 14,5% | € 100 | Bt. 15.500 | Ferm. Acciaio | Mat. Legno 36 mesi
Granato fitto. Volete sapere che cosa c'è nel profilo aromatico di un grande Barbaresco? Ecco: violetta, lampone e fragola, sospiri balsamici, erbe aromatiche, tocchi speziati orientaleggianti. Al palato è emozionante per volume, quantità e qualità tannica, ampiezza, profondità del sorso. Rigoroso e sensuale. Camoscio in umido.

LANGHE NEBBIOLO 2021
Rosso Doc - Nebbiolo 100%
Alc. 14,5% | € 18 | Bt. 110.000 | Ferm. Acciaio | Mat. Acciaio 6 mesi e Legno 4 mesi
Ravioli di magro con funghi chiodini.

BARBARESCO RABAJÀ RISERVA
2015 | 2016 | 2017

BARBARESCO OVELLO RISERVA
2016 | 2017

Proprietà Sperino
(2000)

Luca e Paolo ci presentano con orgoglio due nuovi vini: Il Lessona Riserva vigneto Covà e il Bramaterra insieme allo storico Coste della Sesia Uvaggio e al raffinato Rosa del Rosa, il rosato che profuma di viola. Il Vigna Covà e il Lessona classico si esprimono in modo eccezionale, certamente per qualità ma anche per raffinata aderenza al vitigno e al territorio lessonese. Complessità, raffinatezza e persistenza caratteristiche dei grandi vini. Ci piace molto il Bramaterra, vino da tempo nei pensieri di Luca che finalmente ha preso forma in una bottiglia rivestita dalla bellissima etichetta.

Via Orolungo, 38 - 13853 Lessona (BI)
T. 015 99408 | M. info@proprietasperino.it
www.proprietasperino.it

Viticoltura: Biologica
Ettari: 12 | **Bottiglie:** 50.000 | **Produzione olearia:** No
Proprietà: Famiglia De Marchi
Cond. enologica: Luca De Marchi, Paolo De Marchi
Cond. agronomica: Luca De Marchi, Paolo De Marchi
Vendita diretta: No | **Visite in azienda:** Sì

(95,5)

LESSONA 2018
Rosso Doc - Nebbiolo 100%
Alc. 13,5% | € 80 | Bt. 7.000 | Ferm. Legno | Mat. Legno 33 mesi
Carminio, vino di eleganza e sostanza. Espressivo nei ricordi di frutta matura con note agrumate magistralmente fuse nella piacevolezza delle erbe officinali, menta e alloro. Bocca di grande finezza, leggiadra ma intensa nel sapore e sublime nella tessitura tannica. Lungo e persistente. Pesce spada gratinato.

(94,5)

LESSONA VIGNA COVÀ 2017
Rosso Doc - Nebbiolo 100%
Alc. 13,5% | € 120 | Bt. 1.000
Floreale di rosa e giaggiolo, fruttato con stille d'agrume, pesca di vigna, erbe officinali che completandosi nelle suggestioni di liquirizia e china predispongono a un sorso nobile. Grande equilibrio, magistrale struttura tannica, lunga sapidità. Faraona al forno.

(91)

BRAMATERRA 2019
Rosso Doc - Nebbiolo 70%, Vespolina 20%, Croatina 10%
Alc. 13,5% | € 50 | Bt. 3.000
Granato, olfatto ricco e complesso di bacche, spezie, erbe officinali ma anche abbondanza di piccoli frutti in confettura. Gustoso, verace nel proporzionato tannino. Coniglio al forno con patate.

COSTE DELLA SESIA ROSATO ROSA DEL ROSA 2022
Rosato Doc - Nebbiolo 80%, Vespolina 15%, Croatina 5%
Alc. 13% | € 20 | Bt. 25.000 | Ferm. Acciaio | Mat. Acciaio 5 mesi
Zuppa di pesce.

COSTE DELLA SESIA ROSSO UVAGGIO 2020
Rosso Doc - Nebbiolo 80%, Vespolina 15%, Croatina 5%
Alc. 13,5% | € 40 | Bt. 20.000 | Ferm. Legno | Mat. Legno 22 mesi
Bra d'alpeggio.

LESSONA
2015 | 2016 | 2017

COSTE DELLA SESIA ROSSO UVAGGIO
2017 | 2018 | 2019

Prunotto
(1904)

Un profluvio di viti. Certo, Prunotto, gestita con mano felice dalla famiglia Antinori, rappresenta la storia. Ma non sempre basta. Qui c'è ben di più: terroir unici, soprattutto la creazione d'uno stile inconfondibile (leggero, profondo, un vinificare per sottrazione), di lungimirante modernità nella sua antichità concettuale. Uno stile che in molti cercano d'imitare e che porta l'appassionato a finire la bottiglia in un amen, senza mai rinunciare a nulla della complessità e della finezza del nebbiolo, che anzi sono esaltate. Ogni cru è un piccolo capolavoro; il Colonnello 2017 la sublimazione.

Corso Barolo, 14 - 12051 Alba (CN)
T. 0173 280017 | M. prunotto@prunotto.it
www.prunotto.it

Viticoltura: Convenzionale
Ettari: 84 | **Bottiglie:** 1.116.000 | **Produzione olearia:** No
Proprietà: Famiglia Antinori
Cond. enologica: Gianluca Torrengo
Cond. agronomica: Domenico Franco
Vendita diretta: Sì | **Visite in azienda:** Sì

96

BAROLO BUSSIA VIGNA COLONNELLO RISERVA 2017
Rosso Docg - Nebbiolo 100%
Alc. 14% | € 170 | Bt. 5.000 | Ferm. Acciaio | Mat. Legno 20 mesi
Granato chiaro. Profumi emozionanti di rosa antica, caramellina alla violetta, fragolina, legni centenari incerati, nobili echi vegetali e balsamici che creano un'eccezionale profondità aromatica. Caldo e potente eppure leggero, di miracolosa perfezione tannica, sembra non voler mai finire. Cinghiale arrosto con castagne.

94

BAROLO BUSSIA 2019
Rosso Docg - Nebbiolo 100%
Alc. 14% | € 71 | Bt. 24.800 | Ferm. Acciaio | Mat. Legno 18 mesi
Fragoline macerate, sbuffi vegetali, spezie orientaleggianti, menta e balsamicità varie. Ancora una volta, un tannino di emozionante ma solida levigatezza, corroborante freschezza e calda, ampia persistenza. Castelmagno.

92,5

BARBARESCO BRIC TUROT 2020
Rosso Docg - Nebbiolo 100%
Alc. 14% | € 43 | Bt. 12.500 | Ferm. Acciaio | Mat. Legno 9 mesi
Viola fanée, freschezze di sottobosco, chiodi di garofano, piccole bacche. Vigoroso, ha squisita misura tattile e un'avvincente persistenza. Beccacce allo spiedo.

BAROLO CERRETTA 2019
Rosso Docg - Nebbiolo 100%
Alc. 14% | € 95 | Bt. 10.200 | Ferm. Acciaio | Mat. Legno 18 mesi
Filetto di bue con salsa di Roquefort.

BAROLO 2019
Rosso Docg - Nebbiolo 100%
Alc. 13,5% | € 39 | Bt. 150.000 | Ferm. Acciaio | Mat. Legno 18 mesi
Grana Padano Riserva.

BARBARESCO SECONDINE 2020
Rosso Docg - Nebbiolo 100%
Alc. 14% | € 70 | Bt. 12.000 | Ferm. Acciaio | Mat. Legno 12 mesi
Filetto di capriolo ai mirtilli.

BAROLO BUSSIA VIGNA COLONNELLO RISERVA
2014 | 2015 | 2016

BAROLO BUSSIA
2014 | 2017

Punset
(1964)

Ci sono produttori che inseguono le tendenze e il mercato, altri che invece continuano sulla propria strada coerenti con la loro filosofia. Marina Marcarino appartiene senza ombra di dubbio a questa seconda categoria, e ormai da parecchi anni propone vini che non concedono nulla alle mode ma che anzi con il loro essere austeri possono risultare quasi ostici, soprattutto a chi li considera con superficialità. Ma se gli si dedicano il giusto tempo e la giusta attenzione sanno emozionare e regalare un sapore quasi antico che, non è banale dirlo, parla del territorio nella sua espressione più pura.

Via Zocco, 2 - 12052 Neive (CN)
T. 0173 67072 | M. punset@punset.com
www.punset.com

Viticoltura: Biologica certificata e biodinamica
Ettari: 15 | **Bottiglie:** 80.000 | **Produzione olearia:** No
Proprietà: Famiglia Marcarino
Cond. enologica: Piero Ballario, Marina Marcarino
Cond. agronomica: Marina Marcarino
Vendita diretta: Sì | **Visite in azienda:** Sì

93

BARBARESCO SAN CRISTOFORO CAMPO QUADRO RISERVA 2016
Rosso Docg - Nebbiolo 100%
Alc. 14% | € 42 | Bt. 4.500 | Ferm. Acciaio | Mat. Legno 48 mesi
Il rosso granato è ancora compatto. Serio, composto, profondo al naso, concede note iodate e spezie scure, china, rabarbaro, sottobosco, confettura di frutta rossa, grafite. Il sorso è ricco, coerente, persistente; fresco e saporito, con tannini elegantissimi che annunciano grande potenziale evolutivo. Capriolo ai porcini.

BARBARESCO BASARIN RISERVA 2018
Rosso Docg - Nebbiolo 100%
Alc. 14% | € 35 | Bt. 10.000 | Ferm. Cemento | Mat. Legno 36 mesi
Filetto alla Wellington.

LANGHE NEBBIOLO 2021
Rosso Doc - Nebbiolo 100%
Alc. 14% | € 20 | Bt. 6.000 | Ferm. Acciaio | Mat. Legno 3 mesi e Cemento 12 mesi
Risotto con salsiccia e Taleggio.

BARBERA D'ALBA 2021
Rosso Doc - Barbera 100%
Alc. 14,5% | € 15 | Bt. 16.000 | Mat. Cemento 6 mesi
Tonnarelli cacio e pepe.

DOLCETTO D'ALBA SUPERIORE 2021
Rosso Doc - Dolcetto 100%
Alc. 13% | € 13 | Bt. 4.500 | Ferm. Acciaio | Mat. Cemento 12 mesi
Agnolotti al sugo di carne.

LANGHE ARNEIS 2022
Bianco Doc - Arneis 100%
Alc. 13,5% | € 17 | Bt. 5.000 | Ferm. Acciaio | Mat. Acciaio 9 mesi
Gazpacho.

BARBARESCO BASARIN RISERVA
2016 | 2017

BARBARESCO SAN CRISTOFORO CAMPO QUADRO RISERVA
2014

Raineri
(2005)

A dimostrazione della dinamicità di questa giovane cantina di Langa (siamo a Novello, tra Barolo e Monforte), anche quest'anno segnaliamo una novità: l'esordio di un Pinot Nero che seppur da una vigna giovanissima di appena 4 anni promette già molto bene; ne aspettiamo con ansia le prossime annate. Per il resto tante conferme (e confermarsi non è mai banale, anzi) e una qualità decisamente elevata che riscontriamo in tutta la gamma, che riesce a coniugare classico e moderno, proponendo vini perfettamente aderenti alle denominazioni e al territorio, sempre precisi e mai banali.

Località Panerole, 24 - 12060 Novello (CN)
T. 339 6009289 | M. info@rainerivini.com
www.rainerivini.com

Viticoltura: Lotta integrata
Ettari: 8 | **Bottiglie:** 50.000 | **Produzione olearia:** No
Proprietà: Gianmatteo Raineri e Fabrizio Giraudo
Cond. enologica: Gianmatteo Raineri, Fabrizio Giraudo
Cond. agronomica: Gianmatteo Raineri
Vendita diretta: Sì | **Visite in azienda:** Sì

BAROLO CASTELLETTO 2019
Rosso Docg - Nebbiolo 100%
Alc. 14,5% | € 77 | Bt. 1.500 | Ferm. Acciaio | Mat. Legno 20 mesi
Il rubino ha già lampi granato. Naso che esordisce scuro e serio: corteccia, china, sottobosco, per farsi più generoso di confettura di frutti scuri, grafite, pietra, mentolo. Sorso coerente e dai bei rimandi gusto-olfattivi: generoso, persistente, di ottima sapidità; il tannino è muscoloso e tipico dell'annata. Bocconcini di cervo al cavolo nero.

BAROLO PERNO 2019
Rosso Docg - Nebbiolo 100%
Alc. 14,5% | € 55 | Bt. 4.000 | Ferm. Acciaio | Mat. Legno 20 mesi
Risotto con le quaglie.

BAROLO 2019
Rosso Docg - Nebbiolo 100%
Alc. 14% | € 33 | Bt. 13.000 | Ferm. Acciaio | Mat. Legno 20 mesi
Bra d'alpeggio.

BARBERA D'ALBA SUPERIORE SAGRIN 2021
Rosso Doc - Barbera 100%
Alc. 14,5% | € 17 | Bt. 4.000 | Ferm. Acciaio | Mat. Legno 10 mesi
Risotto ai finferli.

LANGHE BIANCO 2022
Bianco Doc - Arneis 50%, Chardonnay 50%
Alc. 12,5% | € 11 | Bt. 4.000 | Ferm. Acciaio | Mat. Acciaio 4 mesi
Stoccafisso in umido con porcini.

LANGHE PINOT NERO 2021
Rosso Doc - Pinot nero 100%
Alc. 14% | € 20 | Bt. 3.000 | Ferm. Acciaio | Mat. Legno 12 mesi
Pappardelle con coda di rospo e carciofi.

BAROLO
2018

BAROLO CASTELLETTO
2017

Rattalino
(2000)

Se è vero, verissimo, che il vino è passione, fatica, poesia, è altrettanto vero che chi lo produce deve avere almeno un occhio al rendiconto economico. Fa quindi estremo piacere notare che, in un periodo di prezzi che aumentano in modo non sempre giustificato, i vini di Massimo Rattalino sfuggono alla regola e permettono di godere di ottimi Barbaresco e Barolo senza svenarsi. Se il primo plauso va alla "politica economica" dell'azienda, il secondo va alla qualità dei vini, dove il nebbiolo è rispettato e messo in condizione di esprime al meglio la sua capacità di raccontare il territorio.

Strada Giro del Mondo, 4 - 12050 Barbaresco (CN)
T. 0173 1996827 | M. info@massimorattalino.it
www.massimorattalino.it

Viticoltura: Convenzionale
Ettari: 17 | **Bottiglie:** 140.000 | **Produzione olearia:** No
Proprietà: Massimo Rattalino
Cond. enologica: Andrea Paglietti
Cond. agronomica: Staff aziendale
Vendita diretta: Sì | **Visite in azienda:** Sì

BARBARESCO 45 RISERVA 2016
Rosso Docg - Nebbiolo 100%
Alc. 14% | € 42 | Bt. 1.800 | Mat. Legno 48 mesi
Classico rosso granato. Serio e composto, concede in bella progressione frutta secca, spezie, incenso, legni nobili, fiori essiccati, erbe aromatiche, piccoli frutti dolci macerati. Il sorso gioca tra imponenza e freschezza, con grande equilibrio e persistenza. I tannini sono eleganti, precisi e gustosi. Brasato di lepre con riduzione di vino rosso.

BAROLO 34 2019
Rosso Docg - Nebbiolo 100%
Alc. 14% | € 30 | Bt. 8.500 | Ferm. Acciaio | Mat. Acciaio 6 mesi e Legno 30 mesi
Manzo brasato con olive e porri.

BAROLO 37 RISERVA 2016
Rosso Docg - Nebbiolo 100%
Alc. 14,5% | € 46 | Bt. 1.600 | Mat. Legno 48 mesi
Fagiano arrosto.

BARBARESCO 42 2020
Rosso Docg - Nebbiolo 100%
Alc. 14% | € 27 | Bt. 11.000 | Ferm. Acciaio | Mat. Legno 24 mesi
Reale di vitello alla senape antica.

BAROLO 92 BRICCO SAN PIETRO 2019
Rosso Docg - Nebbiolo 100%
Alc. 14,5% | € 38 | Bt. 3.000 | Ferm. Acciaio | Mat. Legno 36 mesi
Ragusano.

BARBARESCO 43 MERUZZANO 2020
Rosso Docg - Nebbiolo 100%
Alc. 14,5% | € 34 | Bt. 3.200 | Ferm. Acciaio | Mat. Legno 26 mesi
Zuppa di cipolle gratinate.

BARBARESCO 42
2016 | 2018 | 2019

BARBARESCO 43 MERUZZANO
2019

Renato Ratti
(1965)

C'è del nuovo in una delle cantine che più hanno determinato la modernità del Barolo: un inedito cru entra nel team dei grandi nebbiolo aziendali. Con l'annata 2019 esordisce il Serradenari, MGA con le più elevate altitudini per il nebbiolo da Barolo di La Morra. Vigne da 20 a 40 anni, in un anfiteatro esposto a sud/sud-ovest, a 500 m, dove la vendemmia è ritardata rispetto ai caldi vigneti intorno all'Annunziata. Bello studiare le differenze tra lo storico Rocche e il Serradenari, che ci sembra già pronto per le sfide imposte dai cambiamenti climatici. Azienda che guarda lontano, come sempre.

Frazione Annunziata, 7 - 12064 La Morra (CN)
T. 0173 50185 | M. info@ratti.com
www.ratti.com

Viticoltura: Convenzionale
Ettari: 35 | **Bottiglie:** 350.000 | **Produzione olearia:** No
Proprietà: Pietro Ratti
Cond. enologica: Pietro Ratti
Cond. agronomica: Pietro Ratti
Vendita diretta: Sì | **Visite in azienda:** Sì

BAROLO SERRADENARI 2019
Rosso Docg - Nebbiolo 100%
Alc. 14% | € 95 | Bt. 6.000 | Ferm. Acciaio | Mat. Legno 12 mesi
Granato chiaro, vivido. Se la gioca tutto in finezza: piccoli frutti sotto spirito, noce moscata e spezie orientali, violetta secca, primizie balsamiche. Di struttura equilibrata, tannico e nervoso, s'insinua nel ricordo gustativo con il sigillo dell'eleganza più che della potenza. Filetto di bue con salsa di Roquefort.

BAROLO ROCCHE DELL'ANNUNZIATA 2019
Rosso Docg - Nebbiolo 100%
Alc. 14,5% | € 95 | Bt. 6.000 | Ferm. Acciaio | Mat. Legno 24 mesi
Capriolo in salmì con polenta di grano saraceno.

BAROLO MARCENASCO 2019
Rosso Docg - Nebbiolo 100%
Alc. 14% | € 49 | Bt. 70.000 | Ferm. Acciaio | Mat. Legno 24 mesi
Gulasch di manzo alla paprica dolce.

LANGHE NEBBIOLO OCHETTI 2021
Rosso Doc - Nebbiolo 100%
Alc. 14% | € 18 | Bt. 150.000 | Ferm. Acciaio | Mat. Legno 8 mesi
Lasagnette con ragù di coniglio e crema di piselli.

BARBERA D'ALBA BATTAGLIONE 2022
Rosso Doc - Barbera 100%
Alc. 14,5% | € 15 | Bt. 50.000 | Ferm. Acciaio | Mat. Legno 6 mesi
Filetto di maiale lardellato.

LANGHE CHARDONNAY BRIGATA 2022
Bianco Doc - Chardonnay 100%
Alc. 13,5% | € 14 | Bt. 15.000 | Ferm. Acciaio | Mat. Acciaio 7 mesi e Legno 7 mesi
Fagottino di persico con melanzane, pomodori e basilico.

BAROLO ROCCHE DELL'ANNUNZIATA
2010

BAROLO CONCA
2016 | 2017 | 2018

Ressia
(1997)

L'azienda agricola Ressia è situata nel cru di Canova a Neive e prende il nome dalla cascina di famiglia, che fu la prima casa costruita sulla cima della collina. La famiglia Ressia, fin dai primi del Novecento, si è occupata della produzione di uve e di vini in concomitanza con la gestione di altre attività agricole. Dal 1997, l'attività è effettuata esclusivamente da Fabrizio Ressia che si dedica solo alla produzione vinicola, con una visione della cantina più moderna senza però dimenticare di salvaguardare la tradizione. L'annata 2020 regala punti al Barbaresco Canova, di ricco e giovanile vigore.

Via Canova, 28 - 12052 Neive (CN)
T. 339 6900131 | M. info@ressia.com
www.ressia.com

Viticoltura: A basso impatto ambientale
Ettari: 8,5 | **Bottiglie:** 25.000 | **Produzione olearia:** No
Proprietà: Fabrizio Ressia
Cond. enologica: Fabrizio Ressia
Cond. agronomica: Fabrizio Ressia
Vendita diretta: Sì | **Visite in azienda:** Sì

BARBARESCO CANOVA 2020
Rosso Docg - Nebbiolo 100%
Alc. 14,5% | € 40 | Bt. 7.000 | Ferm. Acciaio | Mat. Acciaio 6 mesi e Legno 26 mesi
Colore rosso granato. L'ingresso olfattivo ricorda viola e rosa appassite insieme a indizi di confettura di lamponi, di ribes e di amarene con note speziate di noce moscata, liquirizia, pepe bianco, tabacco e chiodi di garofano. In bocca è fresco, supportato da un'importante struttura e un tannino vigoroso e giovane. Bocconcini di cinghiale con salsa di prugne.

BARBERA D'ALBA SUPERIORE VIGNA CANOVA 2021
Rosso Doc - Barbera 100%
Alc. 14,5% | € 20 | Bt. 4.000 | Ferm. Acciaio | Mat. Legno 22 mesi
Agnolotti al sugo di carne.

BARBERA D'ALBA VIGNA CANOVA GREEN 2022
Rosso Doc - Barbera 100%
Alc. 14,5% | € 18 | Bt. 5.000 | Ferm. Acciaio | Mat. Acciaio 6 mesi
Cotechino e lenticchie.

EVIEN 2022
Bianco - Moscato 100%
Alc. 14,5% | € 15 | Bt. 10.000 | Ferm. Acciaio | Mat. Acciaio 6 mesi
Risotto agli asparagi e frutti di mare.

BARBARESCO RISERVA CANOVA SERIE ORO
2016

BARBARESCO CANOVA
2017 | 2018 | 2019

Réva
(2012)

Un raffinato resort, un ristorante stellato (Fre) con annesso bistrot, un campo da golf a 9 buche con vista sui vigneti di Monforte e un'ampia gamma di possibili attività territoriali: Réva non vuol essere solo vino, ma un presidio esperienziale per esplorare le meraviglie di Langa. Il vino, peraltro, è sempre più stimolante – e come potrebbe essere altrimenti, con un patrimonio di 23 ettari di vigna in cui s'incastonano gemme come Cannubi, Ravera, Lazzarito – Il livello di tutte le etichette è impeccabile. I Barolo spiccano, ma nessuno tralasci il Grey, originale bianco a base sauvignon gris.

Località San Sebastiano, 68 - 12065 Monforte d'Alba (CN)
T. 0173 789269 | M. info@revawinery.com
www.revawinery.com

Viticoltura: Biologica
Ettari: 23,5 | **Bottiglie:** 90.000 | **Produzione olearia:** No
Proprietà: Miroslav Lekes
Cond. enologica: Giuseppe Caviola, Matteo Revelli
Cond. agronomica: Roberto Abate
Vendita diretta: Sì | **Visite in azienda:** Sì

BAROLO CANNUBI 2019
Rosso Docg - Nebbiolo 100%
Alc. 14,5% | € 180 | Bt. 1.800 | Ferm. Legno | Mat. Legno 24 mesi
Granato fitto. Toni aromatici scuri, di sottobosco che profuma di resina, aghi di pino e mora, con cenni di foglia di tabacco. Sorso convincente, di ampia e appagante dimensione fruttata; finale lungo, integro, serico. Il miglior Cannubi finora prodotto dall'azienda. Gulasch di cervo con patate stufate.

BAROLO RAVERA 2018
Rosso Docg - Nebbiolo 100%
Alc. 14,5% | € 90 | Bt. 3.600 | Ferm. Legno | Mat. Legno 24 mesi
Piccione al forno con cipollotti.

BAROLO 2019
Rosso Docg - Nebbiolo 100%
Alc. 14% | € 40 | Bt. 12.500 | Ferm. Acciaio | Mat. Legno 24 mesi
Spezzatino di manzo.

LANGHE BIANCO GREY 2021
Bianco Doc - Sauvignon 100%
Alc. 13,5% | € 24 | Bt. 10.000 | Ferm. Acciaio | Mat. Legno 6 mesi
Asparagi verdi con uovo croccante e fonduta di Taleggio.

NEBBIOLO D'ALBA 2021
Rosso Doc - Nebbiolo 100%
Alc. 14,5% | € 24 | Bt. 10.000 | Ferm. Acciaio | Mat. Legno 9 mesi
Pizzoccheri valtellinesi.

DOLCETTO D'ALBA 2022
Rosso Doc - Dolcetto 100%
Alc. 13,5% | € 12 | Bt. 10.000 | Ferm. Acciaio | Mat. Acciaio 3 mesi
Crespelle con funghi e Asiago.

BAROLO RAVERA
2016 | 2017

BAROLO
2016 | 2017 | 2018

Eraldo Revelli
(1930)

I Dolcetto di Eraldo e Claudia sanno sempre emozionare, riescono a coniugare la golosità del frutto, esuberante, ricco e invitante, con la pienezza del sorso, sempre percorso da una freschezza che solo le vigne in quota e l'ambito pedoclimatico possono regalare. In un periodo in cui il Dolcetto è di fronte a scelte importanti sulla propria identità, ci troviamo anche di fronte alle migliori espressioni del Dogliani prodotte dall'intera denominazione: il San Matteo ancora un volta raggiunge l'eccellenza. Solidi, come sempre, i due Dolcetto dell'annata, dinamico e stimolante il rosé Rosset.

Località Pianbosco, 29 - 12060 Farigliano (CN)
T. 0173 797154 | M. eraldorevelli@tin.it
www.eraldorevelli.com

Viticoltura: Lotta integrata
Ettari: 7 | **Bottiglie:** 35.000 | **Produzione olearia:** No
Proprietà: Claudia Revelli
Cond. enologica: Claudia Revelli
Cond. agronomica: Eraldo Revelli
Vendita diretta: Sì | **Visite in azienda:** Sì

92

DOGLIANI SUPERIORE SAN MATTEO 2021
Rosso Docg - Dolcetto 100%
Alc. 14% | € 18 | Bt. 8.000 | Ferm. Acciaio | Mat. Legno 12 mesi
Rubino profondo dai lampi amaranto, la densità cromatica si rispecchia in un profilo olfattivo che rimanda alle bacche nere, mirtillo in gelatina, mora di gelso e golose incursioni nell'ambito del cioccolato. Rinfrescanti gli spunti di grafite e ferro. L'eccellenza si completa nel sorso, fresco, dinamico, invitante. Agnolotti al sugo di carne.

DOGLIANI AUTIN LUNGH 2022
Rosso Docg - Dolcetto 100%
Alc. 13,5% | € 14 | Bt. 12.000 | Ferm. Acciaio | Mat. Acciaio 9 mesi
Risotto con le quaglie.

DOGLIANI OTTO FILARI 2022
Rosso Docg - Dolcetto 100%
Alc. 12,5% | € 11 | Bt. 12.000 | Ferm. Acciaio | Mat. Acciaio 8 mesi
Caciocavallo podolico.

LANGHE BARBERA LA BASARISCA 2022
Rosso Doc - Barbera 90%, Dolcetto 10%
Alc. 14,5% | € 18 | Bt. 3.000 | Ferm. Acciaio | Mat. Legno 12 mesi
Pasta alla gricia.

LANGHE ROSATO ROSSÈT 2022
Rosato Doc - Dolcetto 100%
Alc. 12,5% | € 14 | Bt. 2.000 | Ferm. Acciaio | Mat. Acciaio 8 mesi
Zuppa di stoccafisso e patate.

DOGLIANI SUPERIORE SAN MATTEO
2018 | 2020

DOGLIANI AUTIN LUNGH
2019 | 2020 | 2021

Fratelli Revello
(1992)

Un grande Cerretta. L'ultimo arrivato (2013) tra i cru della famiglia Revello esce dal mazzo e si svela carta vincente in un millesimo perfetto, il 2019, in cui tutti i Barolo aziendali raggiungono livelli vicini all'eccellenza. Non solo: anche la Barbera Ciabot du Re è un vino da ricordare, frutto di un savoir-faire aziendale, via via raffinato nel tempo, che ha raggiunto livelli tecnico-espressivi davvero ammirevoli. Uno stile forgiato sui terroir di La Morra, ma che, come dimostra il Cerretta, funziona benissimo pure a Serralunga: il segno della maturità di un'azienda sempre più eccitante.

Frazione Annunziata, 103 - 12064 La Morra (CN)
T. 0173 50276 | M. revello@revellofratelli.com
www.revello.wine

Viticoltura: Lotta integrata
Ettari: 12 | **Bottiglie:** 70.000 | **Produzione olearia:** No
Proprietà: Lorenzo, Simone ed Elena Revello, Luciana Veglio Revello
Cond. enologica: Simone Revello, Lorenzo Revello
Cond. agronomica: Simone Revello, Lorenzo Revello, Paolo Ruaro
Vendita diretta: Sì | **Visite in azienda:** Sì

93,5

BAROLO CERRETTA 2019
Rosso Docg - Nebbiolo 100%
Alc. 15% | € 51 | Bt. 2.500 | Ferm. Legno e Acciaio | Mat. Legno 24 mesi
Granato. Summa di eleganze: menta, lampone, chiodi di garofano, squarci balsamici, seduzioni boschive. Non fatevi ingannare dalla presenza alcolica: l'equilibrio è al limite del virtuosismo, grazie alla mediazione di acidità e tannini, che esaltano la gioventù atemporale delle vibrazioni fruttate. Maestosa persistenza. Capriolo con salsa di ribes rosso.

BAROLO CONCA 2019
Rosso Docg - Nebbiolo 100%
Alc. 14,5% | € 51 | Bt. 2.500 | Ferm. Legno e Acciaio | Mat. Legno 24 mesi
Anatra ai funghi.

BARBERA D'ALBA CIABOT DU RE 2021
Rosso Doc - Barbera 100%
Alc. 15,5% | € 27 | Bt. 4.500 | Ferm. Legno e Acciaio | Mat. Legno 18 mesi
Tacchinella ripiena su letto di patate.

BAROLO GATTERA 2019
Rosso Docg - Nebbiolo 100%
Alc. 14,5% | € 37 | Bt. 2.500 | Ferm. Acciaio | Mat. Legno 24 mesi
Stracotto d'asino.

BAROLO GIACHINI 2019
Rosso Docg - Nebbiolo 100%
Alc. 14,5% | € 44 | Bt. 1.200 | Ferm. Legno e Acciaio
Beccacce allo spiedo.

BAROLO 2019
Rosso Docg - Nebbiolo 100%
Alc. 14,5% | € 29 | Bt. 18.000 | Ferm. Acciaio | Mat. Legno 24 mesi
Pappardelle con sugo di capriolo.

BAROLO CERRETTA
2015 | 2016

BARBERA D'ALBA CIABOT DU RE
2017 | 2019 | 2020

Reverdito
(2000)

C'è tanto – ottimo – Barolo nella gamma di questa cantina con sede a La Morra ma con vigne anche in molti altri comuni della denominazione: lo si evince facilmente andando a leggere poco più sotto, dove presentiamo quattro delle sette etichette prodotte. Ma quest'anno ci piace sottolineare anche la bontà e la tipicità degli altri vini presentati alla nostra redazione: una Nascetta e un Pelaverga che non solo rispettano tutti i canoni delle rispettive denominazioni, ma anche due vini che fanno della piacevolezza e della precisione le loro carte vincenti.

Borgata Garassini, 74 - Frazione Rivalta - 12064 La Morra (CN)
T. 347 9166279 | M. info@reverdito.it
www.reverdito.it

Viticoltura: Lotta integrata
Ettari: 24 | **Bottiglie:** 110.000 | **Produzione olearia:** No
Proprietà: Michele Reverdito
Cond. enologica: Michele Reverdito
Cond. agronomica: Gianpiero Romana
Vendita diretta: Sì | **Visite in azienda:** Sì

BAROLO ASCHERI 2019
Rosso Docg - Nebbiolo 100%
Alc. 14,5% | € 38 | Bt. 4.200 | Ferm. Legno | Mat. Legno 18 mesi
Rosso rubino con bordo granato. Naso che esordisce chiuso e timido: il tempo e la pazienza regalano una bella progressione fatta di spezie, frutta dolce macerata, fiori secchi, sottobosco, corteccia, pietra. Ricco e persistente il sorso, con tannini vivi ma vellutati e saporiti, ottime freschezza ed estensione. Petto di germano reale al balsamico.

BAROLO RISERVA 2017
Rosso Docg - Nebbiolo 100%
Alc. 14,5% | € 85 | Bt. 7.000 | Ferm. Legno | Mat. Legno 36 mesi
Civet di capriolo ai funghi.

BAROLO 2019
Rosso Docg - Nebbiolo 100%
Alc. 14,5% | € 18 | Bt. 15.000 | Ferm. Legno | Mat. Legno 18 mesi
Cinghiale in umido.

BAROLO CASTAGNI 2019
Rosso Docg - Nebbiolo 100%
Alc. 14,5% | € 32 | Bt. 9.600 | Ferm. Legno | Mat. Legno 18 mesi
Tagliata di manzo al rosmarino.

LANGHE NASCETTA 2022
Bianco Doc - Nascetta 100%
Alc. 14% | € 13 | Bt. 9.800 | Ferm. Acciaio | Mat. Acciaio 5 mesi
Caciocavallo Silano.

VERDUNO PELAVERGA 2022
Rosso Doc - Pelaverga piccolo 100%
Alc. 14% | € 18 | Bt. 2.980 | Ferm. Acciaio | Mat. Acciaio 5 mesi
Stoccafisso in umido con porcini.

BAROLO
2018

BAROLO RISERVA
2016

Carlo Daniele Ricci
(1929)

Confessiamo un debole per i Timorasso di Daniele Ricci. Non sono mainstream neanche un po' e potrebbero risultare estremi per chi inizia a frequentare questo grande bianco. Per tutti è previsto l'utilizzo di soli lieviti indigeni e una macerazione sulle bucce più o meno lunga: dai 10 giorni del Derthona e del magnifico San Leto Riserva 2020 (a un alito dal podio; nel tempo sfiderà almeno alla pari i più blasonati campioni del territorio) fino ai 90 del Giallo di Costa, un "orange" che non perde mai i caratteri varietali del vitigno. Vini mai banali. Magari fuori norma, ma ispirati, d'autore.

Via Montale Celli, 9 - 15050 Costa Vescovato (AL)
T. 335 8296312 | M. cascinasanleto@libero.it

Viticoltura: Biologica certificata
Ettari: 12 | **Bottiglie:** 60.000 | **Produzione olearia:** No
Proprietà: Carlo Daniele Ricci
Cond. enologica: Mattia Ricci, Carlo Arnulfo
Cond. agronomica: Mattia Ricci, Carlo Arnulfo
Vendita diretta: Sì | **Visite in azienda:** Sì

COLLI TORTONESI TIMORASSO SAN LETO RISERVA 2020
Bianco Doc - Timorasso 100%
Alc. 13,5% | € 30 | Bt. 5.000 | Ferm. Legno | Mat. Legno 12 mesi
Paglierino fitto, percorso da brividi d'oro antico, quasi ramato. Naso segnato da un immediato picco olfattivo seguito da una fascinosa stratificazione: zafferano, cedro candito, buccia d'arancia amara, erbe officinali. Caldo ma con giudizio, vigoroso, ampio e avvolgente, ha memorabile persistenza. Petto d'anatra all'arancia.

COLLI TORTONESI TIMORASSO DERTHONA 2021
Bianco Doc - Timorasso 100%
Alc. 15% | € 20 | Bt. 12.000 | Ferm. Acciaio | Mat. Acciaio 12 mesi
Cartoccio di pescatrice agli agrumi.

COLLI TORTONESI TIMORASSO IL GIALLO DI COSTA 2021
Bianco - Timorasso 100%
Alc. 16% | € 38 | Bt. 4.000 | Ferm. Acciaio | Mat. Acciaio 12 mesi
Pollo al curry.

COLLI TORTONESI BARBERA DRITTO AL CUORE 2020
Rosso Doc - Barbera 100%
Alc. 14% | € 16 | Bt. 7.000 | Mat. Acciaio 12 mesi
Bra d'alpeggio.

COLLI TORTONESI TIMORASSO DERTHONA
2020

COLLI TORTONESI TIMORASSO SAN LETO
2019

Rinaldi
(1890)

Eccolo finalmente il nuovo Barolo delle sorelle Rinaldi, una delle grandi novità di quest'anno. Si tratta del vino della Bussia, zona tra le più vocate del comprensorio che va ad affiancare il pluridecorato Brunate e il Tre Tine, assemblaggio dei cru Le Coste, Ravera e Cannubi S. Lorenzo. Ebbene l'esordio del '19 è splendido e crea entusiasmo: è un Barolo ricco e intenso che comunica bene il suo territorio di origine e lo fa con grande slancio. Eccellente poi il Barolo Brunate, magico nella sua complessità e leggiadria. La cantina che fu di Beppe Rinaldi è un luogo di culto sempre in auge.

Via Monforte, 3 - 12060 Barolo (CN)
T. 0173 56156 | M. info@rinaldigiuseppe.com

Viticoltura: Biologica
Ettari: 8 | **Bottiglie:** 50.000 | **Produzione olearia:** No
Proprietà: Famiglia Rinaldi
Cond. enologica: Marta Rinaldi
Cond. agronomica: Carlotta Rinaldi
Vendita diretta: Sì | **Visite in azienda:** Sì

BAROLO BUSSIA 2019 (95)
Rosso Docg - Nebbiolo 100%
Alc. 14% | € 100 | Bt. 4.000
Debutto col botto. Grande vigore e intensità olfattiva, fragola macerata, viola, rosa, foglie secche, tisane, poi ciliegia e fragolina di bosco. La bocca è sapida e precisa, dolce nello sviluppo, molto fine nei tannini sfumati. Una delizia. Dal 2028. Scaloppa di vitello con asparagi trifolati.

BAROLO BRUNATE 2019 (93,5)
Rosso Docg - Nebbiolo 100%
Alc. 14% | € 100 | Bt. 7.000 | Ferm. Legno | Mat. Legno 36 mesi
Tanti fiori e piccole spezie: un naso ammaliante condito da lavanda ed erbe di montagna, tisane, radici, erbe in concia, cenere, susina e ciliegia; poi sbuffi minerali e di pepe bianco. Al gusto è preciso, proporzionato e sapido, sempre molto bevibile. Dal 2028. Medaglioni di cervo con riduzione di cottura.

BAROLO TRE TINE 2019
Rosso Docg - Nebbiolo 100%
Alc. 14% | € 100 | Bt. 9.000 | Ferm. Legno | Mat. Legno 36 mesi
Scaloppa di vitello con asparagi trifolati.

BAROLO BRUNATE
2016 | 2017 | 2018

BAROLO TRE TINE
2013 | 2018

Francesco Rinaldi & Figli
(1870)

Sono vini di eccellenza i grand cru Cannubi e Brunate del 2019. Piera e Paola Rinaldi interpretano al meglio una delle migliori vendemmie degli ultimi anni riuscendo a portare nel bicchiere i caratteri dominanti delle singole menzioni. Complessità, misura ed eleganza nel Cannubi; frutto, densità e morbidezza nel vino delle Brunate con valori di assoluto prestigio. Il marchio Francesco Rinaldi è solido e gode di radici profonde; una storia fatta di scelte rigorose e di uno stile classico che non è mai cambiato nei decenni ma che ora più che mai rappresenta un valore aggiunto importantissimo.

Via Crosia, 30 - 12051 Barolo (CN)
T. 0173 440484 | M. info@rinaldifrancesco.it
www.rinaldifrancesco.it

Viticoltura: Convenzionale
Ettari: 11 | **Bottiglie:** 70.000 | **Produzione olearia:** No
Proprietà: Famiglia Rinaldi
Cond. enologica: Fabio Gemme
Cond. agronomica: Staff aziendale
Vendita diretta: Sì | **Visite in azienda:** Sì

(94)
BAROLO BRUNATE 2019
Rosso Docg - Nebbiolo 100%
Alc. 14,5% | € 56 | Bt. 10.000 | Ferm. Acciaio | Mat. Acciaio 3 mesi e Legno 36 mesi
È lo stereotipo del vino delle Brunate: naso carnoso, generoso e dolce. Frutta rossa e scura, ciliegia e lampone maturi, fragoline, confetture, un pizzico di menta. Il tono è austero, integro ma di superba espressione. Al gusto bel volume e masticabilità, ritorni fruttati e tannini dolci. Dal 2033. Spezzatino di manzo.

(93)
BAROLO CANNUBI 2019
Rosso Docg - Nebbiolo 100%
Alc. 14% | € 58 | Bt. 8.000 | Ferm. Acciaio | Mat. Legno 36 mesi
Naso puro, dolce, con tanta frutta e ottima profondità di espressione. Lampone, frutta zuccherata, ciliegia ma anche viola e fiori passiti, tanta proporzione e dettagli. Al gusto lo sviluppo è perfetto, preciso, sfumato nei tannini. Da godere non prima del 2030. Castelmagno.

BAROLO CANNUBI RISERVA
2013 | 2015 | 2016

BAROLO CANNUBI
2016 | 2017 | 2018

Silvia Rivella
(2010)

È l'eleganza il tratto distintivo dei vini di Guido Rivella. La si trova in ogni suo vino, dal fulgido Langhe Nebbiolo ai pregiati Barbaresco provenienti da menzioni di valore: Marcorino e Faussoni dal comune di Neive e poi il superbo Montestefano, cru storico tra i più famosi del mondo Barbaresco. È da qui che Guido è ripartito nel 2010, alle soglie della pensione ma arricchito dall'invidiabile esperienza di anni e anni di militanza presso la più importante cantina di Langa. Già, il Montestefano, borgata di famiglia ma anche terra consacrata per tutti coloro che amano questa denominazione.

Località Montestefano, 17 - 12050 Barbaresco (CN)
T. 0173 635040 | M. cantina@agriturismorivella.it
www.agriturismorivella.it

Viticoltura: Lotta integrata
Ettari: 3,7 | **Bottiglie:** 16.000 | **Produzione olearia:** No
Proprietà: Silvia Rivella
Cond. enologica: Staff aziendale
Cond. agronomica: Guido Rivella
Vendita diretta: Sì | **Visite in azienda:** Sì

(94)
BARBARESCO MONTESTEFANO 2020
Rosso Docg - Nebbiolo 100%
Alc. 14,5% | € 100 | Bt. 2.400 | Ferm. Acciaio | Mat. Legno 18 mesi
Tanta purezza e cura dei dettagli in questo Montestefano, fresco nel tono fruttato di ciliegia, lampone e fragolina ma anche fiorito nelle sfumature di viola e spezie fini, iris e rosa passita. Naso sciolto e affascinante che si conferma al gusto, pulito, importante, dai tannini presenti ma maturi e lunga persistenza. Bocconcini di cervo al cavolo nero.

(91)
BARBARESCO FAUSONI 2020
Rosso Docg - Nebbiolo 100%
Alc. 14% | € 75 | Bt. 2.500 | Ferm. Acciaio | Mat. Legno 19 mesi
Colore chiaro, naso dolce, impeccabile, di fiori passiti, frutti rossi, radici e bacche, liquirizia e moka. Espressione di valore, delicata a cui fa eco l'equilibrio gustativo, corposo, persistente, molto fine nei tannini. Al meglio dal 2028. Parmigiano Reggiano Riserva.

BARBARESCO MARCORINO 2020
Rosso Docg - Nebbiolo 100%
Alc. 14,5% | € 75 | Bt. 2.400 | Ferm. Acciaio | Mat. Legno 18 mesi
Terrina di lepre con salsa di prugne.

BARBARESCO 2020
Rosso Docg - Nebbiolo 100%
Alc. 14% | € 55 | Bt. 3.700 | Ferm. Acciaio | Mat. Legno 18 mesi
Finanziera.

BARBARESCO MONTESTEFANO
2017 | 2018 | 2019

BARBARESCO MARCORINO
2019

Dante Rivetti
(1973)

Due succose novità, quest'anno. La prima è un ritorno all'antico: una superversione del Bricco di Neive Riserva, da vigne settantenni. Matura per 48 mesi, si chiama Etichetta Storica e porta la livrea dei vini aziendali degli anni '70. Il millesimo 2016 è ottimo e la differenza di passo rispetto alla pur valorosa Riserva 2018 si sente. Poi un nuovissimo Barbaresco: il Rivetti, da vigne che, a 20 anni dall'impianto, han raggiunto l'età della ragione e si trovano nella MGA omonima, nella zona ovest del comune di Neive, tra Canova e Serraboella. Bell'esordio, che completa una gamma di pregio.

Via Bricco, 12 - 12052 Neive (CN)
T. 0173 67125 | M. info@danterivetti.com
www.danterivetti.com

Viticoltura: Convenzionale
Ettari: 60 | **Bottiglie:** 200.000 | **Produzione olearia:** No
Proprietà: Famiglia Rivetti
Cond. enologica: Ivan Rivetti, Donato Lanati
Cond. agronomica: Staff aziendale
Vendita diretta: Sì | **Visite in azienda:** Sì

BARBARESCO BRICCO DI NEIVE ETICHETTA STORICA RISERVA 2016
Rosso Docg - Nebbiolo 100%
Alc. 14,5% | € 114 | Bt. 6.000 | Ferm. Acciaio | Mat. Legno 48 mesi
Granato classico. Viola secca, antichi legni nobili, piccoli frutti sotto spirito, aleggianti sensazioni di menta e intriganti sentori boschivi. Al palato scorre potente, dotato di un tannino multidimensionale, ben inserito in una struttura completa, di ostinata persistenza. Gulasch di cervo con patate stufate.

BARBARESCO BRICCO DI NEIVE RISERVA 2018
Rosso Docg - Nebbiolo 100%
Alc. 14,5% | € 55 | Bt. 13.000 | Ferm. Acciaio | Mat. Legno 36 mesi
Faraona arrosto con salsa di frutti di bosco.

BARBARESCO RIVETTI 2020
Rosso Docg - Nebbiolo 100%
Alc. 14% | € 43 | Bt. 6.000 | Ferm. Acciaio | Mat. Legno 24 mesi
Tagliata al pepe verde.

BARBARESCO BRIC-MICCA 2020
Rosso Docg - Nebbiolo 100%
Alc. 14,5% | € 43 | Bt. 13.000 | Ferm. Acciaio | Mat. Legno 24 mesi
Tordi in salmì.

BARBERA D'ALBA SUPERIORE VIGNA BOSCHI 2019
Rosso Doc - Barbera 100%
Alc. 14,5% | € 18 | Bt. 7.600 | Ferm. Acciaio | Mat. Legno 18 mesi
Fettuccine ai funghi porcini.

MOSCATO D'ASTI RIVETO 2022
Bianco Docg Frizzante Dolce - Moscato bianco 100%
Alc. 5,5% | € 15 | Bt. 30.000 | Ferm. Acciaio
Focaccia dolce alle mele.

BARBARESCO BRICCO DI NEIVE RISERVA
2016 | 2017

BARBARESCO BRIC-MICCA
2015 | 2018

Massimo Rivetti
(2000)

Serraboella è una vigna diversa. La presenza di argilla è alta e consente di produrre in questo storico cru della zona ovest di Neive sia una Barbera tostissima sia un valoroso nebbiolo da Barbaresco. Vini di gran profondità gustativa, talora irruenti in gioventù, ma dotati di fondo e personalità. Sarà per questo che Massimo Rivetti ha deciso di eseguire l'update: la Barbera qui diventa Superiore, il Barbaresco esce sistematicamente come Riserva. Proprio quest'ultimo, millesimo 2018, ha sedotto i degustatori, meritandosi la menzione d'eccellenza. 25 ettari di biologico certificato. Bravi.

Via Rivetti, 22 - 12052 Neive (CN)
T. 0173 67505 | M. massimo@rivettimassimo.it
www.rivettimassimo.it

Viticoltura: Biologica certificata
Ettari: 25 | **Bottiglie:** 100.000 | **Produzione olearia:** No
Proprietà: Massimo Rivetti
Cond. enologica: Massimo Rivetti
Cond. agronomica: Massimo Rivetti
Vendita diretta: Sì | **Visite in azienda:** Sì

93

BARBARESCO SERRABOELLA RISERVA 2018
Rosso Docg - Nebbiolo 100%
Alc. 14% | € 50 | Bt. 3.000 | Ferm. Legno | Mat. Legno 48 mesi
Granato tenue, tralucente. Gran naso, stiloso e aristocratico: rosa e viola emozionanti, fragoline macerate, uno speziato viaggio nell'antico Oriente, legni nobili, menta. Al palato è succoso, dotato di raffinato equilibrio tannico e saggia misura strutturale, persistente e pervasivo. Serraboella di gran carattere. Guancia di vitello in umido.

BARBERA D'ALBA SUPERIORE VIGNA SERRABOELLA 2020
Rosso Doc - Barbera 100%
Alc. 15% | € 30 | Bt. 7.500 | Ferm. Legno | Mat. Legno 24 mesi
Pappardelle con funghi porcini.

BARBARESCO FROI 2020
Rosso Docg - Nebbiolo 100%
Alc. 14% | € 40 | Bt. 10.000 | Ferm. Legno | Mat. Legno 24 mesi
Spezzatino di manzo.

BARBARESCO 2020
Rosso Docg - Nebbiolo 100%
Alc. 14% | € 30 | Bt. 15.000 | Ferm. Legno | Mat. Legno 18 mesi
Pernici farcite.

BARBERA D'ALBA SUPERIORE VIGNA SERRABOELLA
2019

BARBARESCO FROI
2016 | 2017 | 2019

Rivetto
(1902)

La novità è una nuova etichetta di Barbaresco, ottenuto dalla vigna Nervo: siamo a Treiso, e nella bottiglia ritroviamo quel mix di eleganza e potenza che caratterizza il cru. Da segnalare anche la prima annata di Barolo certificata biodinamica, la 2019 del comune di Serralunga. Enrico Rivetto prosegue con la barra del timone ben salda e grande consapevolezza il percorso intrapreso anni fa, che ha trasformato la collina di Lirano non solo nel suo angolo di coscienza (così la definisce) ma in un progetto dove la vite non è più monocultura ma coabita con grano, siepi, erbe officinali.

Via Roddino, 17 - 12050 Serralunga d'Alba (CN)
T. 0173 613380 | M. rivetto@rivetto.it
www.rivetto.it

Viticoltura: Biologica e biodinamica
Ettari: 15 | **Bottiglie:** 90.000 | **Produzione olearia:** No
Proprietà: Enrico Rivetto
Cond. enologica: Enrico Rivetto, Sergio Molino
Cond. agronomica: Staff aziendale
Vendita diretta: Sì | **Visite in azienda:** Sì

BAROLO BRICCOLINA 2018
Rosso Docg - Nebbiolo 100%
Alc. 14,5% | € 110 | Bt. 2.000 | Ferm. Legno | Mat. Legno 40 mesi
Luminoso rosso granato. Timido e serio, esce lento e quasi con ritrosia: bacche rosse, violetta essiccata, cipria, sottobosco, sbuffi balsamici, lampi fruttati, selce e grafite. Colpisce per freschezza e un tannino ancora scalpitante ma gustoso e prossimo all'eleganza. Bella e appagante la persistenza. Petto d'anatra alle prugne.

BARBARESCO NERVO 2020
Rosso Docg - Nebbiolo 100%
Alc. 14,5% | € 40 | Bt. 6.000
Pluma di maialino Bellota con cipolle caramellate.

BAROLO DEL COMUNE DI SERRALUNGA D'ALBA 2019
Rosso Docg - Nebbiolo 100%
Alc. 14,5% | € 47 | Bt. 15.000 | Ferm. Acciaio | Mat. Legno 24 mesi
Brasato di lepre con riduzione di vino rosso.

LANGHE NASCETTA VIGNA LIRANO 2021
Bianco Doc - Nascetta 100%
Alc. 13,5% | € 25 | Bt. 7.000 | Ferm. Acciaio | Mat. Acciaio 6 mesi
Scampi alla griglia.

BAROLO BRICCOLINA
2017

BAROLO DEL COMUNE DI SERRALUNGA D'ALBA
2017

Rizzi
(1974)

Rizzi cala il tris. Mai come stavolta, la proverbiale piacevolezza fruttata dei Barbaresco di quest'essenziale cantina di Treiso si sposa con equilibri tannico-strutturali ammirevoli. Il Pajorè, di cui Enrico Dellapiana è diventato negli anni il più autorevole interprete, si stacca seppur di poco dal gruppo, seguito da un nobile Nervo e da un Boito Riserva davvero convincente, che ci piacerà seguire nel tempo. Il Rizzi è appena sotto, ma il suo rapporto valore/prezzo ne fa uno dei best buy della denominazione. Il vibrante Alta Langa Pas Dosé 2019 prosegue la lunga marcia verso l'eccellenza.

Via Rizzi, 15 - 12050 Treiso (CN)
T. 0173 638161 | M. cantinarizzi@cantinarizzi.it
www.cantinarizzi.it

Viticoltura: Ecosostenibile
Ettari: 44 | **Bottiglie:** 110.000 | **Produzione olearia:** No
Proprietà: Ernesto, Enrico e Jole Dellapiana
Cond. enologica: Enrico Dellapiana
Cond. agronomica: Ernesto Dellapiana, Enrico Dellapiana
Vendita diretta: Sì | **Visite in azienda:** No

(94,5)
BARBARESCO PAJORÈ 2020
Rosso Docg - Nebbiolo 100%
Alc. 14,5% | € 42 | Bt. 5.000 | Ferm. Acciaio | Mat. Acciaio 4 mesi e Legno 13 mesi e Cemento 4 mesi
Granato. L'inconfondibile, esuberante esordio di frutti rossi maturi s'arricchisce di sentori di menta, pineta, viola sfiorente e spezie freschissime. Equilibrio, sapidità e persistenza ne fanno già ora un campione. Filetto di cervo ai mirtilli.

(93,5)
BARBARESCO NERVO 2020
Rosso Docg - Nebbiolo 100%
Alc. 14,5% | € 42 | Bt. 5.000 | Ferm. Acciaio | Mat. Acciaio 5 mesi e Legno 12 mesi e Cemento 6 mesi
Il Nervo è diverso: melagrana e viola, corroboranti cenni vegetali, tratti agrumati e speziati fini. Gustoso, dotato di splendido tannino, ha lunga e succosa dissolvenza. Costoletta alla valdostana.

(93,5)
BARBARESCO RIZZI VIGNA BOITO RISERVA 2018
Rosso Docg - Nebbiolo 100%
Alc. 15% | € 65 | Bt. 2.200 | Ferm. Acciaio | Mat. Acciaio 5 mesi e Legno 18 mesi
Profondo granato. Olfazione intensa di fragola, ma soprattutto mentolata e balsamica, con corteggio di viola ed erbe di montagna. Sontuoso equilibrio, fondato su tannini potenti ma cesellati ad arte e su un'inestinguibile scia fruttata. Camoscio in umido.

BARBARESCO RIZZI 2020
Rosso Docg - Nebbiolo 100%
Alc. 14,5% | € 28 | Bt. 24.000 | Ferm. Acciaio | Mat. Acciaio 5 mesi e Legno 12 mesi e Cemento 6 mesi. Gulasch di manzo alla paprica dolce.

ALTA LANGA PAS DOSÉ 2019
Bianco Docg Metodo Classico - Chardonnay 80%, Pinot nero 20%
Alc. 12,5% | € 26 | Bt. 13.000 | Ferm. Acciaio | Mat. Acciaio 7 mesi | 36 mesi sui lieviti. Carpaccio di crostacei su mela verde.

DOLCETTO D'ALBA 2022
Rosso Doc - Dolcetto 100%
Alc. 13% | € 14 | Bt. 4.900 | Ferm. Acciaio | Mat. Acciaio 6 mesi
Tortelli al Castelmagno.

BARBARESCO PAJORÈ
2017 | 2018 | 2019

BARBARESCO NERVO
2013 | 2019

Roagna
(1890)

Vero patrimonio dei vigneti della famiglia Roagna sono le vecchie viti. Piante di almeno 50 anni di età, che arrivano in alcuni casi anche a 80 anni. Ceppi che continuano a produrre poca uva ma di alta qualità. Cura e attenzione viene dedicata a questo patrimonio nei vari vigneti di proprietà tra i territori del Barbaresco e del Barolo, per ottenere un prodotto finale di assoluto livello. Vini che esprimono appieno il terroir, nel vero senso del termine dove il vitigno e il suo luogo rivendicano nel bicchiere riconoscibilità e autenticità. Questo il desiderio di Alfredo e Luca Roagna.

Località Paglieri, 9 - 12050 Barbaresco (CN)
T. 0173 635109 | M. info@roagna.com
www.roagna.com

Viticoltura: Biologica
Ettari: 15,5 | **Bottiglie:** 30.000 | **Produzione olearia:** No
Proprietà: Famiglia Roagna
Cond. enologica: Alfredo Roagna, Luca Roagna
Cond. agronomica: Alfredo Roagna, Luca Roagna
Vendita diretta: No | **Visite in azienda:** No

(96,5)
BARBARESCO CRICHËT PAJÈ 2015
Rosso Docg - Nebbiolo 100%
Alc. 14% | € 600 | Bt. 1.200 | Ferm. Legno | Mat. Legno 50 mesi
Olfatto di superba classe, elegie floreali di viola, rosa, erbe aromatiche, amarena e fragolina, speziatura balsamica invitante. Al gusto regala uno sviluppo di esemplare equilibrio. Nobile tannino, che alimenta una pregiata persistenza. Guanciale di vitello in umido con patate.

(95)
BAROLO PIRA VECCHIE VITI 2018
Rosso Docg - Nebbiolo 100%
Alc. 14% | € 300 | Bt. 1.500 | Mat. Legno 18 mesi
Vino di fascino per complessità olfattiva, elegante e succoso articolato su note di frutti rossi, fiori essiccati e piccole spezie dolci. Al sapore sfodera piacevolezza, struttura e notevole equilibrio, dolce tannicità e lunga persistenza. Risotto con le quaglie.

(94)
BARBARESCO PAJÈ VECCHIE VITI 2018
Rosso Docg - Nebbiolo 100%
Alc. 14% | € 300 | Bt. 2.500 | Ferm. Legno | Mat. Legno 18 mesi
Naso puro e coinvolgente, frutta rossa, scie mentolate e di radici, mora matura e liquirizia dolce e sentori balsamici. Palato rispondente, con tannini raffinati e lunga scia sapida. Camoscio in umido.

(93,5)
BARBARESCO MONTEFICO VECCHIE VITI 2018
Rosso Docg - Nebbiolo 100%
Alc. 14% | € 300 | Bt. 1.200 | Ferm. Legno | Mat. Legno 50 mesi
Pappardelle con sugo di capriolo.

(92,5)
BARBARESCO ASILI VECCHIE VITI 2018
Rosso Docg - Nebbiolo 100%
Alc. 14% | € 300 | Bt. 1.000 | Ferm. Legno | Mat. Legno 50 mesi
Piccione al forno con cipollotti.

(91,5)
DERTHONA MONTEMARZINO 2021
Bianco - Timorasso 100%
Alc. 12,5% | € 100 | Bt. 3.500
Zuppa di pesce.

BARBARESCO CRICHËT PAJÈ
2012 | 2013 | 2014

BARBARESCO ASILI VECCHIE VITI
2014 | 2017

Albino Rocca
(1940)

Le sorelle Rocca e Carlo Castellengo, allievo prediletto del vulcanico Angelo Rocca, spediscono in degustazione quattro Barbaresco: tre cru 2020 (Ovello Vigna Loreto, Cottà e Ronchi) e l'Angelo 2019, che assembla uve provenienti dai vigneti di Barbaresco e San Rocco Seno d'Elvio (Montersino) e, stante il lungo periodo di maturazione e affinamento, arriva sempre con un anno di ritardo. Il Vigna Loreto e il Cottà, nella loro affascinante diversità, rientrano di slancio nel novero dei Barbaresco 2020 d'assoluta eccellenza, gli altri due sono a un soffio. Azienda da cui non si può prescindere.

Strada Ronchi, 18 - 12050 Barbaresco (CN)
T. 0173 635145 | M. roccaalbino@roccaalbino.com
www.albinorocca.com

Viticoltura: A basso impatto ambientale
Ettari: 18 | **Bottiglie:** 100.000 | **Produzione olearia:** No
Proprietà: Daniela, Monica e Paola Rocca
Cond. enologica: Carlo Castellengo, Paola Rocca
Cond. agronomica: Carlo Castellengo, Paola Rocca
Vendita diretta: Sì | **Visite in azienda:** Sì

(93)
BARBARESCO OVELLO VIGNA LORETO 2020
Rosso Docg - Nebbiolo 100%
Alc. 15% | € 54 | Bt. 2.700 | Ferm. Acciaio | Mat. Legno 23 mesi
Granato. Lussuoso profilo aromatico: pot-pourri di piccoli frutti rossi, viola, corteccia di china calissaia, variegata sensazione speziata, eucalipto. A tanta giovane complessità corrisponde un sorso imponente, di robusta architettura tannica, lunghissimo e con prospettive pluridecennali. Filetto di cervo ai mirtilli.

(92)
BARBARESCO COTTÀ 2020
Rosso Docg - Nebbiolo 100%
Alc. 14,5% | € 45 | Bt. 2.000 | Ferm. Acciaio | Mat. Legno 23 mesi
Granato. Bello e diverso al naso: agrumato, con interludi di melagrana e iris, è punteggiato da chiodi di garofano e sensazioni vegetali. In bocca ha massa ed estrazione simili al Vigna Loreto, con tannino gustoso, appena ammandorlato nel persistente finale. Beata gioventù. Allodole tartufate in casseruola.

BARBARESCO RONCHI 2020
Rosso Docg - Nebbiolo 100%
Alc. 15% | € 47 | Bt. 8.000 | Ferm. Acciaio | Mat. Legno 23 mesi
Filetto di manzo alla Voronoff.

BARBARESCO ANGELO 2019
Rosso Docg - Nebbiolo 100%
Alc. 14,5% | € 80 | Bt. 2.500 | Ferm. Legno | Mat. Legno 20 mesi
Pernici farcite.

BARBARESCO ANGELO
2016 | 2017 | 2018

BARBARESCO COTTÀ
2015

Bruno Rocca Rabajà
(1978)

I Rocca sono un team che marcia come un orologio. Francesco e Luisa affiancano papà Bruno, e il dialogo fra generazioni, insieme all'osmosi quotidiana tra loro e i supervigneti aziendali, dà esiti di valore assoluto, più raffinati millesimo dopo millesimo. Si sa: le grandi firme del vino mondiale (e Bruno Rocca fa parte del club a giusto titolo) non smettono di affinare osservazioni e soluzioni per esaltare i più prestigiosi terroir del pianeta. E quindi: Rabajà o Currà? Ecco un dubbio che ogni appassionato vorrebbe avere. Ci rifiutiamo di scioglierlo. Pilateschi, li abbiamo ammirati entrambi.

Strada Rabajà, 60 - 12050 Barbaresco (CN)
T. 0173 635112 | M. info@brunorocca.it
www.brunorocca.it

Viticoltura: Biologica
Ettari: 15,5 | **Bottiglie:** 80.000 | **Produzione olearia:** No
Proprietà: Bruno, Luisa e Francesco Rocca
Cond. enologica: Bruno Rocca, Francesco Rocca
Cond. agronomica: Bruno Rocca, Francesco Rocca
Vendita diretta: No | **Visite in azienda:** No

(93,5)

BARBARESCO RABAJÀ 2019
Rosso Docg - Nebbiolo 100%
Alc. 14% | € 81 | Bt. 5.900 | Ferm. Acciaio | Mat. Legno 14 mesi
Granato. Naso di esemplare purezza ed espressività: un avvincente dialogo tra piccoli frutti rossi e menta si svolge in un ambiente balsamico; in secondo piano un ritmico e soffuso sottofondo di spezie e sottobosco. Palato tostissimo, con la massa tannica che t'aspetti dal cru; un sorso di lunghezza diabolica. Bocconcini di cinghiale con salsa di prugne.

(93)

BARBARESCO CURRÀ 2019
Rosso Docg - Nebbiolo 100%
Alc. 14% | € 81 | Bt. 3.000 | Ferm. Acciaio | Mat. Legno 14 mesi
Granato. Altro scintillio olfattivo: lampone, menta, aghi di pino, fulgori di viola si contendono il palcoscenico, e son tutti grandi attori che recitano con voce limpida. Ne esce un piccolo capolavoro corale. Massa gustativa equilibrata, vigorosa nei tannini, perfetta nella dimensione pseudocalorica. Superpersistenza. Costoletta alla valdostana.

BARBARESCO RABAJÀ
2011 | 2016 | 2018

BARBARESCO CURRÀ
2018

Rocche Costamagna
(1841)

La storica azienda di Alessandro Locatelli possiede poco più di 9 ettari a La Morra e ne gestisce quasi 7 in affitto; per quanto riguarda le pratiche in vigneto, dove officia un agronomo di vaglia come Gian Piero Romana, aderisce al Sistema di Qualità Nazionale di Produzione Integrata (SQNPI). Grande attenzione alla sostenibilità; poi, certo, molto dipende dalle grandi vigne, come il supercru Rocche dall'Annunziata, da cui arrivano le etichette di punta: il sontuoso Bricco Francesco Riserva 2017 e l'altrettanto esemplare Rocche 2019. Vigore e piacevolezza; pugno di ferro in guanto di velluto.

Via Vittorio Emanuele II, 8 - 12064 La Morra (CN)
T. 0173 509225 | M. barolo@rocchecostamagna.it
www.rocchecostamagna.it

Viticoltura: Convenzionale e lotta integrata
Ettari: 15,8 | **Bottiglie:** 95.000 | **Produzione olearia:** No
Proprietà: Alessandro Locatelli
Cond. enologica: Alessandro Locatelli, Lorenzo Quinterno
Cond. agronomica: Gian Piero Romana
Vendita diretta: Sì | **Visite in azienda:** Sì

BAROLO ROCCHE DELL'ANNUNZIATA BRICCO FRANCESCO RISERVA 2017
Rosso Docg - Nebbiolo 100%
Alc. 14,5% | € 75 | Bt. 5.500 | Ferm. Acciaio | Mat. Legno 24 mesi
Granato. Fascinosa stratificazione olfattiva: aliti di mora e violetta, profondità di china calissaia e sottobosco, elegante soffusione speziata. Un'incipiente, calda complessità, che trova un puntuale contraltare gustativo, fra potenza tannico-alcolica e succosità fruttata. Lungo, accogliente. Filetto di bue con salsa di Roquefort.

BAROLO ROCCHE DELL'ANNUNZIATA 2019
Rosso Docg - Nebbiolo 100%
Alc. 14,5% | € 48 | Bt. 16.500 | Ferm. Acciaio | Mat. Legno 18 mesi
Pluma di maialino Bellota con cipolle caramellate.

BAROLO 2019
Rosso Docg - Nebbiolo 100%
Alc. 14% | € 37 | Bt. 11.600 | Ferm. Acciaio | Mat. Legno 18 mesi
Fagiano arrosto.

BARBERA D'ALBA SUPERIORE ROCCHE DELLE ROCCHE 2019
Rosso Doc - Barbera 100%
Alc. 14,5% | € 22 | Bt. 7.400 | Ferm. Acciaio | Mat. Legno 12 mesi
Pappardelle con sugo di lepre.

LANGHE NEBBIOLO ROCCARDO 2021
Rosso Doc - Nebbiolo 100%
Alc. 13,5% | € 16 | Bt. 23.850 | Ferm. Acciaio | Mat. Legno 9 mesi
Trippa in umido.

BARBERA D'ALBA 2021
Rosso Doc - Barbera 100%
Alc. 14,5% | € 13 | Bt. 18.000 | Ferm. Acciaio | Mat. Legno 6 mesi
Capretto allo spiedo.

BAROLO ROCCHE DELL'ANNUNZIATA
2017

BAROLO ROCCHE DELL'ANNUNZIATA BRICCO FRANCESCO RISERVA
2012

Gigi Rosso
(1979)

Gigi Rosso è stato uno dei personaggi che maggiormente hanno contribuito alla rinascita della Langa. Oggi la sua cantina, guidata dal figlio Maurizio con il nipote Andreas, continua a produrre grandi vini, sinceri e territoriali. Oltre a grandissimi Barolo, come il Rocche Moriondino Riserva dell'Ulivo, qui troviamo anche delle curate espressioni di Diano d'Alba, denominazione in cui Gigi Rosso ha sempre creduto, valorizzandone i Sorì. Quest'anno manca all'appello il Diano d'Aba Superiore Vigna Vecchia del Pinnacolo, ma vi segnaliamo l'ottimo Diano d'Alba Sorì del Moncolombetto.

Strada Alba-Barolo, 34 - 12060 Castiglione Falletto (CN)
T. 0173 262369 | M. info@gigirosso.com
www.gigirosso.com

Viticoltura: Convenzionale
Ettari: 15 | **Bottiglie:** 150.000 | **Produzione olearia:** No
Proprietà: Maurizio Rosso & C.
Cond. enologica: Andrea Paglietti
Cond. agronomica: Claudio Rosso
Vendita diretta: Sì | **Visite in azienda:** Sì

(92)
BAROLO ROCCHE MORIONDINO RISERVA DELL'ULIVO 2017
Rosso Docg - Nebbiolo 100%
Alc. 15,5% | € 50 | Bt. 2.000 | Ferm. Acciaio | Mat. Legno 62 mesi
Un luminoso rosso granato introduce una lenta progressione olfattiva. A intensi profumi di frutti rossi in confettura e violetta, seguono note di liquirizia dolce, assenzio, resina di pino e spezie. In bocca è austero, caldo, potente. Il tannino, inizialmente teso, cede a un epilogo molto lungo e saporito. Lepre alla cacciatora.

BAROLO BRICCO SAN PIETRO 2019
Rosso Docg - Nebbiolo 100%
Alc. 14,5% | € 42 | Bt. 9.700 | Ferm. Acciaio | Mat. Legno 36 mesi
Costata di manzetta con salsa allo zenzero.

BARBERA D'ALBA SUPERIORE BRICCO DEL CAVALLO 2018
Rosso Doc - Barbera 100%
Alc. 15% | € 20 | Bt. 1.800 | Ferm. Acciaio | Mat. Legno 24 mesi
Coq au vin alla borgognona.

BAROLO TRECOMUNI 2019
Rosso Docg - Nebbiolo 100%
Alc. 14,5% | € 35 | Bt. 7.500 | Ferm. Acciaio | Mat. Legno 36 mesi
Guancia di vitello in umido.

BARBARESCO 2020
Rosso Docg - Nebbiolo 100%
Alc. 14,5% | € 27 | Bt. 3.700 | Ferm. Acciaio | Mat. Legno 24 mesi
Cosciotto di maiale farcito.

DIANO D'ALBA SORÌ DEL MONCOLOMBETTO 2021
Rosso Docg - Dolcetto 100%
Alc. 14,5% | € 12 | Bt. 4.000 | Ferm. Acciaio
Fegato alla veneziana.

BAROLO BRICCO SAN PIETRO
2018

BAROLO TRECOMUNI
2017

Giovanni Rosso
(1960)

Nonostante la sua già grande esperienza, ci piace considerare Davide Rosso come un giovane produttore anche se i tempi in cui lo definivamo "talentuoso vigneron di Serralunga" sono ormai lontani. Sta di fatto che il buon Davide sorprende a ogni vendemmia riuscendo a produrre vini di grande classe che non mancano di stupire ma che soprattutto non si pongono limiti. Dove possono arrivare le sue "visioni" quando raggiungerà l'età della piena maturità? È presto per dirlo. Per ora godiamoci questi splendidi Barolo, ogni anno più belli, ma soprattutto grandi esempi di vini di Serralunga d'Alba.

Via Roddino, 10/1 - 12050 Serralunga d'Alba (CN)
T. 0173 613340 | M. info@giovannirosso.com
www.giovannirosso.com

Viticoltura: Convenzionale
Ettari: 9 | **Bottiglie:** 180.000 | **Produzione olearia:** No
Proprietà: Giovanni Rosso
Cond. enologica: Davide Rosso
Cond. agronomica: Davide Rosso
Vendita diretta: Sì | **Visite in azienda:** Sì

(97)
BAROLO VIGNARIONDA ESTER CANALE ROSSO 2019
Rosso Docg - Nebbiolo 100%
Alc. 14% | € 330 | Bt. 1.800 | Ferm. Cemento | Mat. Legno 36 mesi
Carnoso, profondo, puro: un naso di gran razza segnato da polpose allusioni fruttate di ciliegia e lampone, susina, moka e cioccolatino. La bocca è grossa e potente, dolce nello sviluppo, lunghissima e buona in persistenza. Un vinone. Tagliata di manzo al rosmarino.

(95)
BAROLO CERRETTA 2019
Rosso Docg - Nebbiolo 100%
Alc. 14% | € 65 | Bt. 8.000 | Ferm. Cemento | Mat. Legno 30 mesi
Impatto nobile e austero. Poi scioglie frutti rossi e scuri, polpa dolce, marasca, menta, cioccolato, confetture, sukai. La bocca è gustosa, molto equilibrata e lunga. L'eleganza di Serralunga. Dal 2033. Guanciale di manzo in umido con polenta.

(95)
BAROLO SERRA 2019
Rosso Docg - Nebbiolo 100%
Alc. 14% | € 65 | Bt. 4.500 | Ferm. Cemento | Mat. Legno 30 mesi
Fantastica definizione, dolce nel profilo fruttato denso di ciliegia matura, fragola macerata e menta, arancia sanguinella e tracce di torrefazione. Al gusto non manca di potenza ed equilibrio, precisione e gusto. Bitto stravecchio.

(91)
LANGHE NEBBIOLO ESTER CANALE ROSSO 2020
Rosso Doc - Nebbiolo 100%
Alc. 14% | € 150 | Bt. 3.200 | Ferm. Cemento | Mat. Legno 12 mesi
Guancia di vitello in umido.

BAROLO DEL COMUNE DI SERRALUNGA 2019
Rosso Docg - Nebbiolo 100%
Alc. 14% | € 36 | Bt. 50.000 | Mat. Legno 26 mesi
Manzo brasato con funghi.

ETNA BIANCO CONTRADA MONTEDOLCE 2022
Bianco Doc - Carricante 100%
Alc. 13% | € 25 | Ferm. Acciaio | Mat. Acciaio 5 mesi
Risotto con gamberi di fiume e piselli.

BAROLO VIGNARIONDA ESTER CANALE ROSSO
2017 | 2018

BAROLO CERRETTA
2016 | 2017 | 2018

Stefano Rossotto
(1923)

La collina torinese e il suo prolungamento verso il Monferrato sono sempre stati terra di grandi vini, anche se come molte altre aree hanno dovuto fare i conti con l'abbandono delle campagne a vantaggio dell'industrializzazione. Se la tendenza sta cambiando, con molti giovani che ritornano alla terra e alla vite, alcune aziende e famiglie non hanno mai smesso di credere nella vigna e nel lavorarla. Tra questi, Rossotto è sicuramente uno dei nomi di riferimento, che seguita nel proporci vini curati e precisi, che raccontano passione e rispetto per la terra.

Via Colla, 17 - 10090 Cinzano (TO)
T. 011 9608230 | M. info@vinirossotto.it
www.vinirossotto.it

Viticoltura: Lotta integrata
Ettari: 11 | **Bottiglie:** 45.000 | **Produzione olearia:** No
Proprietà: Stefano Rossotto
Cond. enologica: Maurizio Forgia, Federico Rossotto
Cond. agronomica: Matteo Rossotto, Stefano Rossotto
Vendita diretta: Sì | **Visite in azienda:** Sì

ALBUGNANO JUBÈ 2020
Rosso Doc - Nebbiolo 100%
Alc. 14,5% | € 15 | Bt. 3.000 | Ferm. Acciaio | Mat. Legno 6 mesi e Cemento 6 mesi
Compatto rosso granato. Si apre su toni di spezie e tocchi eterei; poi si fa più accogliente con ciliegia sotto spirito, piccoli frutti rossi macerati, soffi balsamici. Il sorso rivela una freschezza sorprendente, tannini precisi e bella persistenza per una beva equilibrata e di grande piacevolezza. Filetto di maiale alla senape.

FREISA DI CHIERI SUPERIORE ANDVINÀ 2020
Rosso Doc - Freisa 100%
Alc. 14% | € 12 | Bt. 3.000 | Ferm. Acciaio | Mat. Legno 6 mesi e Cemento 6 mesi
Grigliata di carne bianca e verdure.

PIEMONTE BARBERA BRIC GRAFÌ 2019
Rosso Doc - Barbera 100%
Alc. 14,5% | € 12 | Bt. 3.000 | Ferm. Acciaio | Mat. Legno 6 mesi e Cemento 12 mesi
Lasagnette con ragù di coniglio e crema di piselli.

FREISA DI CHIERI SECCO 2022
Rosso Doc - Freisa 100%
Alc. 13% | € 9 | Bt. 5.000 | Ferm. Acciaio | Mat. Acciaio 2 mesi
Zuppa di legumi e cereali.

PIEMONTE SAUVIGNON MATINÈE 2021
Bianco Doc - Sauvignon 100%
Alc. 13% | € 12 | Bt. 3.000 | Ferm. Acciaio | Mat. Acciaio 6 mesi
Frittata di finferli.

MARCHESINA BRUT ROSÉ 2019
Rosato Metodo Classico - Freisa 100%
Alc. 13% | € 19 | Bt. 2.500 | Ferm. Acciaio | 36 mesi sui lieviti
Sarde a beccafico.

ALBUGNANO JUBÈ
2017 | 2018 | 2019

FREISA DI CHIERI SUPERIORE ANDVINÀ
2017 | 2018

Rovellotti
(1972)

Urca che vino: il Ghemme Riserva Costa del Salmino è un vino firmato Rovellotti eccezionale, potente e fruttato, di corpo e di grande morbidezza. Anche il Ghemme Chioso de Pomi traduce alla perfezione il nebbiolo che sulla collina di Ghemme, in unione a una piccola percentuale di Vespolina, come vogliono la tradizione e il disciplinare ci offre vini fruttati e intensamente speziati. Gradevole e sapido, il bianco a base erbaluce. Antonello e Paolo Rovellotti proseguono il loro percorso, da sempre con estrema attenzione alla qualità per riportare nel bicchiere il territorio.

Via Interno Castello, 22 - 28074 Ghemme (NO)
T. 0163 841781 | M. info@rovellotti.it
www.rovellotti.it

Viticoltura: Lotta integrata
Ettari: 20 | **Bottiglie:** 75.000 | **Produzione olearia:** No
Proprietà: Fratelli Rovellotti
Cond. enologica: Mario Ronco
Cond. agronomica: Michele Vigasio
Vendita diretta: Sì | **Visite in azienda:** Sì

92,5

GHEMME COSTA DEL SALMINO RISERVA 2018
Rosso Docg - Nebbiolo 95%, Vespolina 5%
Alc. 13,5% | € 40 | Bt. 6.000 | Ferm. Acciaio | Mat. Legno 42 mesi
Granato trasparente e luminoso. Olfatto leggiadro, deliziosamente floreale, cenni vegetali e boschivi di erbe officinali ed essenze balsamiche, in chiusura ci regala suggestioni fruttate. La bocca traduce al meglio l'intrigante aroma agrumato che accompagna la progressione con sapidità e grinta tannica. Risotto con le quaglie.

GHEMME CHIOSO DEI POMI 2018
Rosso Docg - Nebbiolo 85%, Vespolina 15%
Alc. 14% | € 30 | Bt. 12.500 | Ferm. Acciaio | Mat. Legno 36 mesi
Gulasch di cervo con patate stufate.

COLLINE NOVARESI NEBBIOLO VALPLAZZA 2020
Rosso Doc - Nebbiolo 100%
Alc. 13,5% | € 15 | Bt. 5.000 | Ferm. Acciaio
Melanzane e peperoni ripieni.

VALDENRICO 2020
Bianco Passito - Erbaluce 100%
Alc. 13% | € 25 (0,375l) | Bt. 2.000 | Ferm. Legno | Mat. Legno 24 mesi
Salame al cioccolato.

COLLINE NOVARESI VESPOLINA RONCO AL MASO 2022
Rosso Doc - Vespolina 100%
Alc. 12% | € 14 | Bt. 8.000 | Ferm. Acciaio
Zuppa di farro e borlotti.

GHEMME CHIOSO DEI POMI
2015

GHEMME COSTA DEL SALMINO RISERVA
2017

Ilaria Salvetti
(2012)

Una bella sorpresa i vini di Ilaria, un'interpretazione del vitigno erbaluce declinato perfettamente nelle tre tipologie classiche. Spumante Metodo Classico di estrema freschezza corredato di ottima complessità olfattiva. Il classico Erbaluce di Caluso, un bianco davvero ricco di sfumature che si integrano perfettamente con la piacevolissima sapidità. Non può mancare la tipologia passito, che esprime un ottimo equilibrio giocando sulla gradevole freschezza. Uno stimolo per Ilaria a continuare nel solco della tradizione e della qualità.

Via Marconi, 7 - 10014 Caluso (TO)
T. 331 3056119 | M. passito@cantinailariasalvetti.it
www.cantinailariasalvetti.it

Viticoltura: Biologica certificata
Ettari: 3 | **Bottiglie:** 12.000 | **Produzione olearia:** No
Proprietà: Ilaria Salvetti
Cond. enologica: Gianpiero Gerbi
Cond. agronomica: Staff aziendale
Vendita diretta: Sì | **Visite in azienda:** Sì

ERBALUCE DI CALUSO 2021
Bianco Docg - Erbaluce 100%
Alc. 12,5% | € 15 | Bt. 866 | Ferm. Acciaio | Mat. Acciaio 6 mesi
Giallo paglierino di bella intensità, olfatto ricco e complesso giocato su fragranze dai toni maturi: mela annurca, albicocca e pompelmo rosa, fiori estivi gialli ed erbe aromatiche. Gran sapore, del tutto coerente con il naso, perfetto equilibrio, sinuosa freschezza e deliziosa sapidità. Mozzarella di bufala campana.

ERBALUCE DI CALUSO SPUMANTE 2019
Bianco Docg Metodo Classico - Erbaluce 100%
Alc. 12,5% | € 28 | Bt. 2.644 | Ferm. Acciaio | 36 mesi sui lieviti
Cappesante gratinate.

ERBALUCE DI CALUSO PASSITO TALIN 2018
Bianco Docg Passito - Erbaluce 100%
Alc. 13% | € 28 (0,375l) | Bt. 600 | Ferm. Acciaio | Mat. Legno 48 mesi
Roquefort.

ERBALUCE DI CALUSO SPUMANTE
2018

ERBALUCE DI CALUSO PASSITO TALIN
2016

San Fereolo
(1992)

Non è un errore quel 2012 indicato come millesimo a fianco del Dolcetto 1593 (data della prima menzione del vitigno nella zona di Dogliani), che quest'anno si mette in evidenza tra tutta l'ottima produzione di San Fereolo. Potrebbe sorprendere chi non conosce sia la potenzialità e la versatilità del vitigno sia la tenacia con cui Nicoletta Bocca si adopera per metterle in evidenza. E se i Dolcetto - tra cui manca il San Fereolo 2017, non ancora in commercio - stupiscono ancora una volta, l'intera gamma ha un filo conduttore ben preciso e ben identificabile, con una Barbera di bontà commovente.

Borgata Valdibà, 59 - 12063 Dogliani (CN)
T. 0173 742075 | M. info@sanfereolo.com
www.sanfereolo.com

Viticoltura: Biodinamica
Ettari: 20 | **Bottiglie:** 45.000 | **Produzione olearia:** No
Proprietà: Nicoletta Bocca
Cond. enologica: Nicoletta Bocca
Cond. agronomica: Nicoletta Bocca
Vendita diretta: Sì | **Visite in azienda:** Sì

LANGHE ROSSO 1593 2012
Rosso Doc - Dolcetto 100%
Alc. 14,5% | € 40 | Bt. 2.800 | Ferm. Legno | Mat. Legno 60 mesi
Invitante rosso rubino. Naso di magistrale evoluzione, che concede in bella progressione spezie pungenti, legni nobili, incenso, frutta scura in confettura, violetta essiccata, sottobosco, pietra. Il sorso è ancora vibrante di tannini e sapidità per un assaggio composto e di notevole persistenza. Gulasch di cervo con patate stufate.

DOGLIANI SUPERIORE VALDIBÀ 2021
Rosso Docg - Dolcetto 100%
Alc. 13,5% | € 20 | Bt. 10.000 | Ferm. Acciaio | Mat. Acciaio 10 mesi
Cinghiale in umido.

LANGHE ROSSO AUSTRI 2016
Rosso Doc - Barbera 100%
Alc. 14,5% | € 30 | Bt. 10.000 | Ferm. Legno | Mat. Legno 24 mesi
Filetto di scottona in sfoglia.

COSTE DI VALANCHE 2020
Bianco - Riesling renano 70%, Gewürztraminer 30%
Alc. 13% | € 25 | Bt. 2.200 | Ferm. Legno e Acciaio | Mat. Legno 10 mesi
Coniglio in porchetta.

DOGLIANI SUPERIORE VIGNE DOLCI 2021
Rosso Docg - Dolcetto 100%
Alc. 14% | € 20 | Bt. 2.200 | Ferm. Acciaio | Mat. Acciaio 18 mesi
Agnolotti al sugo di carne.

LA LUPA 2022
Rosato - Dolcetto 85%, Gewürztraminer 15%
Alc. 13% | € 20 | Bt. 4.000 | Ferm. Acciaio | Mat. Acciaio 6 mesi
Tonnarelli cacio e pepe.

DOGLIANI SUPERIORE SAN FEREOLO
2016

LANGHE ROSSO 1593
2009 | 2010 | 2011

Sandrone

(1978)

La morte di Luciano Sandrone avvenuta prematuramente nel mese di gennaio ha generato tra gli appassionati un'ondata di forti emozioni, ricordi, ma anche riflessioni sugli anni ruggenti del Barolo, i meravigliosi anni '90 di cui Luciano è stato un protagonista assoluto. Oggi sono la figlia Barbara e il fratello Luca a continuare la produzione, che manterrà ovviamente quello stile unico che ha fatto innamorare migliaia di cultori di tutto il mondo. Vini straordinari i loro, da sempre campioni di eleganza e proporzione e costruiti nel tempo con la passione e la saggezza dei grandi.

Via Pugnane, 4 - 12060 Barolo (CN)
T. 0173 560023 | M. info@sandroneluciano.com
www.sandroneluciano.com

Viticoltura: Convenzionale
Ettari: 30 | **Bottiglie:** 120.000 | **Produzione olearia:** No
Proprietà: Luciano Sandrone
Cond. enologica: Luca Sandrone
Cond. agronomica: Luca Sandrone
Vendita diretta: Sì | **Visite in azienda:** Sì

96,5

BAROLO VITE TALIN 2017
Rosso Docg - Nebbiolo 100%
Alc. 14,5% | € 420 | Bt. 2.500 | Ferm. Legno | Mat. Legno 48 mesi
Un Barolo fuori dagli schemi, assolutamente trascinante e contaminante. Il naso è fitto di frutta rossa e nera, polposa e pura: mora e susina, confetture e moka, corteccia e fragola macerata. La bocca di gran volume e sostanza. Non sprecare prima del 2035. Castelmagno.

95

BAROLO ALESTE 2019
Rosso Docg - Nebbiolo 100%
Alc. 14,5% | € 100 | Bt. 11.000 | Ferm. Acciaio | Mat. Legno 24 mesi
Molto fruttato e carnoso, denso di frutti rossi e scuri: fragoline, marasca, mora, sukai e frutta zuccherata e poi accenni minerali di gran fascino. La bocca è importante ma bilanciata, con finale lungo e saporoso. Una delizia. Brasato di manzo al vino rosso.

93,5

BAROLO LE VIGNE 2019
Rosso Docg - Nebbiolo 100%
Alc. 14,5% | € 90 | Bt. 23.000 | Ferm. Acciaio | Mat. Legno 24 mesi
Tanta purezza, frutta rossa ed erbe di montagna, ciliegia e gelatine. Bellissima precisione e nitidezza. Bocca tosta e vigorosa con tannini ancora giovani. Dal 2033. Guanciale di vitello alle erbe aromatiche.

NEBBIOLO D'ALBA VALMAGGIORE 2021
Rosso Doc - Nebbiolo 100%
Alc. 13,5% | € 30 | Bt. 24.000 | Ferm. Acciaio | Mat. Legno 12 mesi
Risotto con salsiccia e Taleggio.

BARBERA D'ALBA 2021
Rosso Doc - Barbera 100%
Alc. 13,5% | € 25 | Bt. 25.000 | Ferm. Acciaio | Mat. Legno 12 mesi
Risotto con le spugnole.

BAROLO VITE TALIN
2014 | 2015 | 2016

BAROLO LE VIGNE
2013 | 2016 | 2018

Sant'Anna dei Bricchetti

(2011)

Sant'Anna dei Bricchetti è, prima di ogni altra cosa, per Orsetta e Ruggero Lenti, un luogo del cuore, ricco di emozioni, storia, paesaggio e famiglia, incastonato sulla colline di Sant'Anna a Costigliole d'Asti. Senza dubbio è la Barbera la protagonista del territorio: anche quest'anno Ricordi è un vino vero, con radici solide e grande bevibilità. Ritorna anche in versione spumante, nel Metodo Classico Incanto. Chiude la gamma dei vini proposti quest'anno a Vitae il Moscato d'Asti, sempre gradevole, immediato, dinamico.

Strada dei Bricchetti, 11 - Frazione Sant'Anna - 14055 Costigliole d'Asti (AT)
T. 348 4420363 | M. info@santanna-dei-bricchetti.it
www.santanna-dei-bricchetti.it

Viticoltura: Lotta integrata
Ettari: 5 | **Bottiglie:** 20.000 | **Produzione olearia:** No
Proprietà: Ruggero e Orsetta Lenti
Cond. enologica: Claudio Dacasto
Cond. agronomica: Piero Roseo
Vendita diretta: Sì | **Visite in azienda:** Sì

BARBERA D'ASTI RICORDI 2021
Rosso Docg - Barbera 100%
Alc. 14,5% | € 10 | Bt. 1.600 | Ferm. Acciaio | Mat. Acciaio 6 mesi
Esuberante il carminio, fitto e compatto. Incipit fresco, sui toni golosi di marasca e lampone, quindi slanci di iris e un brivido vegetale d'erbe aromatiche e pepe. La bocca vibra di eccezionale freschezza, si congeda con una chiosa dinamica di fiori freschi, invitando ad altri sorsi. Piccione ai porcini e tartufo nero.

MOSCATO D'ASTI 2022
Bianco Docg Frizzante Dolce - Moscato bianco 100%
Alc. 5% | € 12 | Bt. 1.600 | Ferm. Acciaio
Tortino di mele con salsa alla vaniglia.

INCANTO BRUT ROSÉ 2016
Rosato Metodo Classico - Barbera 90%, Moscato 10%
Alc. 13% | € 24 | Bt. 1.300 | Ferm. Legno | Mat. Legno 8 mesi
65 mesi sui lieviti
Crostini con baccalà mantecato.

SUGGESTIONI
2018

PIEMONTE BARBERA VIVACE
2017 | 2021

Saracco
(1900)

Paolo Saracco è stato uno dei protagonisti nel processo di promozione della neonata Docg Canelli, che riguarda il moscato. La sua passione per questo vitigno e per le tradizioni del suo paese, Castiglione Tinella, è evidente in ogni aspetto dell'attività. La cantina è un simbolo di eccellenza nella produzione di Moscato, e i suoi vini sono un'ode all'autenticità e all'eleganza del territorio. La completa dedizione alla vigna e alla tradizione è un esempio di amore e rispetto, dando vita a bottiglie raffinate e inconfondibili, che regalano esperienze di degustazione indimenticabili.

Via Circonvallazione, 6 - 12053 Castiglione Tinella (CN)
T. 0141 855113 | M. info@paolosaracco.it
www.paolosaracco.it

Viticoltura: Convenzionale
Ettari: 74 | **Bottiglie:** 700.000 | **Produzione olearia:** No
Proprietà: Paolo Saracco
Cond. enologica: Paolo Saracco
Cond. agronomica: Paolo Saracco
Vendita diretta: No | **Visite in azienda:** No

(93)

PIEMONTE MOSCATO D'AUTUNNO 2022
Bianco Doc Frizzante Dolce - Moscato bianco 100%
Alc. 5,5% | € 13 | Bt. 12.000 | Ferm. Acciaio
Nella fine effervescenza risalta la lucente veste solare. La misurata aromaticità dona ricordi fruttati, floreali e balsamici con una notevole eleganza vegetale. La beva ha una misurata dolcezza, non eccessiva, che ben si bilancia con la freschezza, e porta immediatamente a un altro sorso. Millefoglie con crema e scaglie di mandorle tostate.

PIEMONTE PINOT NERO 2021
Rosso Doc - Pinot nero 100%
Alc. 14% | € 27 | Bt. 20.000 | Ferm. Acciaio | Mat. Legno 12 mesi
Pappardelle con sugo di capriolo.

LANGHE CHARDONNAY PRASUÈ 2022
Bianco Doc - Chardonnay 100%
Alc. 13% | € 13 | Bt. 4.000 | Ferm. Acciaio | Mat. Acciaio 6 mesi
Cappone ripieno al forno.

MOSCATO D'ASTI 2022
Bianco Docg Frizzante Dolce - Moscato bianco 100%
Alc. 5,5% | € 13 | Bt. 650.000 | Ferm. Acciaio
Crème caramel.

LANGHE RIESLING 2022
Bianco Doc - Riesling renano 100%
Alc. 13% | € 13 | Bt. 3.000 | Ferm. Acciaio | Mat. Acciaio 12 mesi
Rigatoni al ragù bianco di carne.

PIEMONTE MOSCATO D'AUTUNNO
2019 | 2020 | 2021

MOSCATO D'ASTI
2017 | 2021

Simone Scaletta
(2002)

I vini di Simone Scaletta sono precisi, sinceri e ricchi di personalità. Rappresentano il carattere delle vigne di Langa e in particolare di quell'angolo di Monforte che ha contribuito a rendere grande il nome del Barolo. Il rispetto per il territorio e per quel delicato equilibrio tra uomo e natura ha da sempre condizionato il lavoro di Simone, che negli ultimi tempi ha intrapreso la conversione del vigneto al biologico. Da parte nostra non possiamo che testimoniare la bontà dei suoi vini e in modo specifico della sua interpretazione della Bussia.

Località Manzoni, 61 - 12065 Monforte d'Alba (CN)
T. 348 4912733 | M. simone@simonescaletta.it
www.simonescaletta.it

Viticoltura: Biologica
Ettari: 7 | **Bottiglie:** 35.000 | **Produzione olearia:** No
Proprietà: Simone Scaletta
Cond. enologica: Simone Scaletta, Francesco Passone
Cond. agronomica: Simone Scaletta, Daniele Eberle
Vendita diretta: Sì | **Visite in azienda:** Sì

BAROLO BUSSIA 2019
Rosso Docg - Nebbiolo 100%
Alc. 14,5% | € 60 | Bt. 2.400 | Ferm. Acciaio | Mat. Legno 24 mesi e Cemento 12 mesi
Carminio tenue con riflessi aranciati. Sprigiona profumi di pesca, arancia rossa, violetta, fiori primaverili oltre a note di menta, liquirizia ed erbe officinali. Al palato spicca per freschezza e sapidità e chiude su un finale piacevolmente mentolato e agrumato. Brasato di manzo al vino rosso.

BAROLO CHIRLET BRICCO SAN PIETRO 2019
Rosso Docg - Nebbiolo 100%
Alc. 14,5% | € 40 | Bt. 5.500 | Ferm. Acciaio | Mat. Legno 24 mesi e Cemento 12 mesi
Costata di manzetta con salsa allo zenzero.

BARBERA D'ALBA SUPERIORE SARSERA 2021
Rosso Doc - Barbera 100%
Alc. 14% | € 18 | Bt. 3.500 | Ferm. Acciaio | Mat. Legno 12 mesi e Cemento 12 mesi
Tacchino farcito con castagne.

LANGHE NEBBIOLO AUTIN 'D MADAMA 2021
Rosso Doc - Nebbiolo 100%
Alc. 14,5% | € 18 | Bt. 6.500 | Ferm. Acciaio | Mat. Legno 12 mesi e Cemento 12 mesi
Straccetti di vitello al rosmarino.

DOLCETTO D'ALBA VIGLIONI 2022
Rosso Doc - Dolcetto 100%
Alc. 13,5% | € 12 | Bt. 3.500 | Ferm. Acciaio | Mat. Acciaio 6 mesi
Fettuccine ai funghi porcini.

BAROLO BUSSIA
2014

BAROLO RISERVA
2016

Scarpa

(1854)

Finalmente, dopo l'acquisizione dei vigneti nel 2018, l'azienda Scarpa ha presentato la sua prima annata del Barolo Monvigliero. Questo nuovo vino è un sorso autentico che riflette la tradizione enologica di questa storica azienda nicese. La passione e la dedizione della Scarpa si fondono nella creazione di questo Barolo, esprimendo l'anima del territorio e l'arte della vinificazione tramandata a tutte le proprietà che si sono alternate dalla sua nascita. La prima annata del Monvigliero è segno di crescita per l'azienda, che continua a preservare e valorizzare la sua antica eredità vinicola.

Via Montegrappa, 6 - 14049 Nizza Monferrato (AT)
T. 0141 721331 | M. info@scarpawine.com
www.scarpawine.com

Viticoltura: Convenzionale e biologica
Ettari: 30 | **Bottiglie:** 130.000 | **Produzione olearia:** No
Proprietà: Fondo straniero
Cond. enologica: Silvio Trinchero, Gianfranco Cordero
Cond. agronomica: Silvio Trinchero, Gianfranco Cordero
Vendita diretta: Sì | **Visite in azienda:** Sì

(91)
BARBERA D'ASTI LA BOGLIONA 2017
Rosso Docg - Barbera 100%
Alc. 14% | € 39 | Bt. 15.000 | Ferm. Legno | Mat. Legno 28 mesi
Il colore è un classico rosso granato, limpido. Olfatto magistrale, dove emergono note minerali, speziate e floreali su cui spicca un dolce ricordo di rosa. Il sorso è caratterizzato da una freschezza vivace che ne nobilita la beva. Robiola di Roccaverano.

(91)
BAROLO TETTIMORRA 2019
Rosso Docg - Nebbiolo 100%
Alc. 14% | € 55 | Bt. 3.000 | Ferm. Legno | Mat. Legno 36 mesi
Barolo dotato di antico colore granato. Note balsamiche, floreali e speziate si alternano al naso con un continuo effluvio di sensazioni ricche e dinamiche. La bocca è tenace e decisa dominata da un rigoroso tannino. Castelmagno.

MONFERRATO FREISA 2019
Rosso Doc - Freisa 100%
Alc. 12,5% | € 18 | Bt. 2.500 | Ferm. Acciaio | Mat. Acciaio 6 mesi
Salame di Varzi.

BAROLO MONVIGLIERO 2018
Rosso Docg - Nebbiolo 100%
Alc. 14% | € 65 | Bt. 3.000
Reale di vitello alla senape antica.

NEBBIOLO D'ALBA BRIC DU NOTA 2021
Rosso Doc - Nebbiolo 100%
Alc. 13,5% | € 22 | Bt. 9.000 | Ferm. Legno | Mat. Acciaio 6 mesi e Legno 24 mesi
Lombata di vitello su letto di cipolline saltate.

BARBERA D'ASTI CASASCARPA 2021
Rosso Docg - Barbera 100%
Alc. 13,5% | € 12 | Bt. 30.000 | Ferm. Acciaio | Mat. Acciaio 24 mesi
Toma di Murazzano.

BARBERA D'ASTI LA BOGLIONA
2012 | 2016

BAROLO TETTIMORRA
2010

Scarzello

(1947)

Da anni ormai solido punto di riferimento della produzione barolese, gli Scarzello presentano come di consueto una gamma di prodotti di alto livello, coniugati alla finezza di espressione, all'equilibrio e alla beva. Come non apprezzare il succoso Nebbiolo di Federico Scarzello (uno dei migliori della denominazione) o la fulgida Barbera d'Alba Superiore? E poi i Barolo, buoni, eleganti e proporzionati; vini intellettuali figli di una zona, il comune di Barolo, che affascina sempre e che conferma ogni volta di più, di essere "l'ombelico del mondo" di Langa. Cantina da visitare.

Via Alba, 29 - 12060 Barolo (CN)
T. 0173 56170 | M. info@scarzellobarolo.com
www.scarzellobarolo.com

Viticoltura: Biologica
Ettari: 5,5 | **Bottiglie:** 48.000 | **Produzione olearia:** No
Proprietà: Federico Scarzello
Cond. enologica: Federico Scarzello
Cond. agronomica: Staff aziendale
Vendita diretta: Sì | **Visite in azienda:** No

(93)
BAROLO SARMASSA VIGNA MERENDA 2019
Rosso Docg - Nebbiolo 100%
Alc. 14% | € 60 | Bt. 3.700 | Ferm. Acciaio | Mat. Legno 30 mesi
Molto fine e complesso, esprime i frutti del sottobosco, poi ciliegia, melagrana e gelatina di frutta ma anche bacche, foglie secche, pellame e humus. La bocca è fresca e succosa con ottimo e preciso sviluppo. Una delizia. Finanziera.

(92)
BAROLO DEL COMUNE DI BAROLO 2019
Rosso Docg - Nebbiolo 100%
Alc. 14% | € 50 | Bt. 10.800 | Ferm. Acciaio | Mat. Legno 24 mesi
Grande fascino. Naso ammaliante che richiama la tradizione. Fogliame autunnale che e radici, noce moscata e liquirizia, corteccia e bacche e poi tanta frutta a impreziosire. La bocca è proporzionata e molto gustosa con finale saporito. Dal 2026. Gorgonzola naturale.

BAROLO BOSCHETTI 2019
Rosso Docg - Nebbiolo 100%
Alc. 14% | € 60 | Bt. 1.500 | Ferm. Acciaio | Mat. Legno 24 mesi
Quaglie alla cacciatora.

LANGHE NEBBIOLO 2021
Rosso Doc - Nebbiolo 100%
Alc. 14% | € 20 | Bt. 22.500 | Ferm. Acciaio | Mat. Legno 6 mesi
Risotto al tartufo nero.

BARBERA D'ALBA SUPERIORE 2020
Rosso Doc - Barbera 100%
Alc. 14,5% | € 20 | Bt. 14.000 | Ferm. Acciaio | Mat. Legno 14 mesi
Tortelli al Castelmagno.

BAROLO SARMASSA VIGNA MERENDA
2015 | 2017 | 2018

BAROLO DEL COMUNE DI BAROLO
2016

Paolo Scavino
(1921)

Enrico Scavino è uno dei grandi di Langa e l'assaggio dei suoi vini è sempre emozionante. Dai suoi vigneti, eccellenti parcelle sparse per il comprensorio, giungono come di consueto vini di personalità, un mosaico di indicazioni utili a capire i vari comuni del Barolo e le loro caratteristiche. L'assaggio dell'annata 2019 non riserva sorprese e conferma qualità diffusa in ogni etichetta, a partire dal Barolo classico fino allo storico Bric dël Fiasc. Menzione d'onore spetta poi al Monvigliero, che tra i Barolo di Verduno è ormai considerato un solido punto di riferimento. Complimenti.

Via Alba Barolo, 157 - 12060 Castiglione Falletto (CN)
T. 0173 62850 | M. info@paoloscavino.com
www.paoloscavino.com

Viticoltura: Lotta integrata
Ettari: 30 | **Bottiglie:** 170.000 | **Produzione olearia:** No
Proprietà: Enrico Scavino
Cond. enologica: Enrico Scavino
Cond. agronomica: Enrico Scavino
Vendita diretta: Sì | **Visite in azienda:** Sì

(95)
BAROLO BRIC DËL FIASC 2019
Rosso Docg - Nebbiolo 100%
Alc. 14% | € 85 | Bt. 12.000 | Ferm. Acciaio | Mat. Legno 22 mesi
Stupisce sempre per il piglio generoso, il volume, il grande equilibrio. Il naso è opulento, decisamente fruttato di ciliegia, pesca e arancia, fiori freschi e succo di amarena, fragole e melagrana. La bocca è fresca e armoniosa. Cosciotto di maiale farcito.

(94)
BAROLO MONVIGLIERO 2019
Rosso Docg - Nebbiolo 100%
Alc. 14% | € 65 | Bt. 4.600 | Ferm. Acciaio | Mat. Legno 24 mesi
Sempre tra i migliori del comune. Naso generoso e soffuso. A note fresche di fiori appena recisi fa eco una massa fruttata di prim'ordine con rosa e iris a dominare, poi succo di ciliegia e fragolina di bosco. Al sorso ancora ritorni fruttati, tanto gusto e tannino leggero. Un favola. Maialino in agrodolce.

(93,5)
BAROLO RAVERA 2019
Rosso Docg - Nebbiolo 100%
Alc. 14% | € 65 | Bt. 8.200 | Ferm. Acciaio | Mat. Legno 24 mesi
Frutta copiosa, ma anche erbe e sbuffi minerali e mentolati. Il naso è una delizia, preciso, ricco e frutta macerata e tanta viola. Al palato è rinfrescante, dal corpo prestante ma armonioso. Gorgonzola naturale.

BAROLO PRAPÒ 2019
Rosso Docg - Nebbiolo 100%
Alc. 14,5% | € 65 | Bt. 4.300 | Ferm. Acciaio | Mat. Legno 22 mesi
Beccacce allo spiedo.

BAROLO 2019
Rosso Docg - Nebbiolo 100%
Alc. 14% | € 40 | Bt. 45.000 | Ferm. Acciaio | Mat. Legno 12 mesi
Oca arrosto.

BAROLO BRICCO AMBROGIO 2019
Rosso Docg - Nebbiolo 100%
Alc. 14,5% | € 55 | Bt. 6.800 | Mat. Legno 22 mesi
Hamburger di manzo con Montasio fuso.

BAROLO BRIC DËL FIASC
2015 | 2016 | 2017

BAROLO ROCCHE DELL'ANNUNZIATA RISERVA
2013 | 2015 | 2016

Schiavenza
(1956)

La grande vendemmia del 2019 è stata interpretata al meglio da Luciano Pira che ci ha fornito una serie di Barolo di grande polposità ed equilibrio. Questa piccola cantina di Serralunga è una vera e propria chicca e i suoi prodotti sono in grado di sfidare anche i brand più blasonati del territorio. Il merito è dell'esperienza di Luciano e Walter, la loro mano felice nella vinificazione di stile classico ma anche del parco vigneti a disposizione; quei Cerretta, Prapò e Broglio che garantiscono con la loro vocazione un "plus" fondamentale. Vini di personalità e rigore, adatti a tutte le tasche.

Via Mazzini, 4 - 12050 Serralunga d'Alba (CN)
T. 0173 613115 | M. schiavenza@schiavenza.com
www.schiavenza.com

Viticoltura: Lotta integrata
Ettari: 11,5 | **Bottiglie:** 55.000 | **Produzione olearia:** No
Proprietà: Luciano Pira
Cond. enologica: Luciano Pira
Cond. agronomica: Luciano Pira
Vendita diretta: Sì | **Visite in azienda:** Sì

(93,5)
BAROLO CERRETTA 2019
Rosso Docg - Nebbiolo 100%
Alc. 14,5% | € 50 | Bt. 3.000 | Ferm. Cemento | Mat. Legno 30 mesi
Sempre un gran Barolo. Potente, profondo, generoso, ha naso di frutta rossa e scura, liquirizia e dolci nuance torrefatte: mora carnosa, menta, marasca, cacao e confetture. Al gusto non manca di struttura e personalità ma è l'equilibrio a sorprendere. Non prima del 2032. Tagliata di manzo al rosmarino.

(91)
BAROLO BROGLIO 2019
Rosso Docg - Nebbiolo 100%
Alc. 14,5% | € 39 | Bt. 3.600 | Ferm. Cemento | Mat. Legno 30 mesi
Spettro olfattivo di prim'ordine: ciliegioso, mentolato, superbo nella dolce trama di erbe di montagna, paglia, lamponi freschi, fragole macerate e confetture. La bocca svetta per freschezza e tensione, giocata su leggiadria e grande beva. Un vino delizioso. Castelmagno.

BAROLO PRAPÒ 2019
Rosso Docg - Nebbiolo 100%
Alc. 15% | € 65 | Bt. 3.400 | Ferm. Cemento | Mat. Legno 30 mesi
Filetto di capriolo ai mirtilli.

LANGHE NEBBIOLO 2021
Rosso Doc - Nebbiolo 100%
Alc. 14,5% | € 23 | Bt. 17.000 | Ferm. Cemento
Tagliatelle al ragù.

BAROLO PERNO 2019
Rosso Docg - Nebbiolo 100%
Alc. 13,5% | € 38 | Bt. 3.600
Filetto alla Wellington.

BAROLO DEL COMUNE DI SERRALUNGA 2019
Rosso Docg - Nebbiolo 100%
Alc. 15% | € 35 | Bt. 15.000 | Ferm. Cemento | Mat. Legno 36 mesi
Trippa in umido.

BAROLO CERRETTA
2015 | 2017 | 2018

BAROLO PRAPÒ
2014 | 2016

Mauro Sebaste
(1991)

Nel 1979 Mauro Sebaste, dopo essersi diplomato alla Scuola Enologica di Alba entra in campo al fianco della madre Sylla Dogliani, che cambia il nome dell'azienda in Sebaste. Nel ricordo di Sylla e per celebrare il 40° anniversario, nell'annata 2019 è stato realizzato un Barolo classico con uve provenienti da vigne di Serralunga e di La Morra, affinato in botti grandi di rovere francese da 15 Hl, proprio come veniva fatto a quell'epoca. 3500 bottiglie numerate, impreziosite da una grafica che richiama l'elegante etichetta originale del 1979.

Via Garibaldi, 222 - Frazione Gallo - 12051 Alba (CN)
T. 0173 262148 | M. info@maurosebaste.it
www.maurosebaste.it

Viticoltura: Convenzionale
Ettari: 32 | **Bottiglie:** 150.000 | **Produzione olearia:** No
Proprietà: Mauro Sebaste
Cond. enologica: Mauro Sebaste
Cond. agronomica: Mauro Sebaste, Domenico Franco
Vendita diretta: Sì | **Visite in azienda:** Sì

(91)

BAROLO CERRETTA 2019
Rosso Docg - Nebbiolo 100%
Alc. 14,5% | € 60 | Bt. 3.500 | Ferm. Acciaio | Mat. Legno 30 mesi
Rosso carminio con riflessi granato. L'olfatto complesso gioca su presenze di confettura di frutta scura, ciliegie sotto spirito, pot-pourri, caffè, liquirizia, radice, china e legno. In bocca svela un Barolo di grande struttura e carattere. Il lungo finale è accompagnato da una fitta trama tannica e sapida. Manzo brasato con olive e porri.

BAROLO 40° ANNIVERSARIO 2019
Rosso Docg - Nebbiolo 100%
Alc. 14,5% | € 50 | Bt. 3.500 | Ferm. Acciaio | Mat. Legno 30 mesi
Stracotto d'asino.

NIZZA COSTEMONGHISIO 2020
Rosso Docg - Barbera 100%
Alc. 15,5% | € 28 | Bt. 2.500 | Ferm. Acciaio | Mat. Legno 18 mesi
Filetto di maiale lardellato.

ALTA LANGA AVREMO 2019
Bianco Docg Metodo Classico - Pinot nero 80%, Chardonnay 20%
Alc. 12,5% | € 28 | Bt. 2.300 | Ferm. Legno e Acciaio | Mat. Acciaio 5 mesi e Legno 5 mesi | 36 mesi sui lieviti
Risotto alla pescatora.

BAROLO TRÈSÜRI 2019
Rosso Docg - Nebbiolo 100%
Alc. 14,5% | € 38 | Bt. 10.000 | Ferm. Acciaio | Mat. Legno 36 mesi
Fiorentina alla brace.

BARBERA D'ALBA SUPERIORE CENTOBRICCHI 2021
Rosso Doc - Barbera 100%
Alc. 15,5% | € 26 | Bt. 6.500 | Ferm. Acciaio | Mat. Legno 12 mesi
Beccacce allo spiedo.

BAROLO CERRETTA
2018

NIZZA COSTEMONGHISIO
2019

Seghesio
(1985)

Torna il Barolo La Villa e lo fa con il botto. La versione del 2019, complice anche la grande vendemmia, è un Barolo di grande sostanza e vigore, ma anche tanto equilibrio. Siamo contenti di questo exploit perché riteniamo i Seghesio tra le più importanti realtà della zona di Castelletto, uno dei punti più belli e suggestivi della Langa del Barolo. Degli altri vini possiamo solo cantare lodi: precisione ed espressione le loro virtù, con la super Barbera d'Alba della Chiesa a guidare il gruppo. Avanti così. Cantina da visitare.

Frazione Castelletto, 19 - 12065 Monforte d'Alba (CN)
T. 0173 78108 | M. info@fratelliseghesio.com
www.fratelliseghesio.com

Viticoltura: Certificazione SQNPI
Ettari: 12 | **Bottiglie:** 60.000 | **Produzione olearia:** No
Proprietà: Famiglia Seghesio
Cond. enologica: Giuseppe Caviola
Cond. agronomica: Paolo Ruaro
Vendita diretta: Sì | **Visite in azienda:** Sì

(94)

BAROLO LA VILLA 2019
Rosso Docg - Nebbiolo 100%
Alc. 15% | € 60 | Bt. 3.500 | Ferm. Acciaio | Mat. Acciaio 6 mesi e Legno 30 mesi
Forse il miglior vino di sempre dei Seghesio. Frutta e spezie dolci di alta scuola: mix perfetto di mora e cacao, lampone maturo e menta, durone e moka, poi sbuffi ferrosi, personalità da vendere. La bocca ha volume notevole, sviluppo regolare, ottima fittezza tannica. Superbo, dal 2035. Tagliata al pepe verde.

BARBERA D'ALBA LA CHIESA 2020
Rosso Doc - Barbera 100%
Alc. 14,5% | € 30 | Bt. 1.200 | Ferm. Acciaio | Mat. Legno 18 mesi
Lasagnette al ragù di faraona e asparagi.

BAROLO CASTELLETTO 2019
Rosso Docg - Nebbiolo 100%
Alc. 15% | € 40 | Bt. 15.000 | Ferm. Acciaio | Mat. Legno 30 mesi
Costata di manzo alla griglia.

BAROLO CASTELLETTO
2018

BARBERA D'ALBA LA CHIESA
2017 | 2018 | 2019

Enrico Serafino

(1878)

Per gli amanti delle bollicine piemontesi, il nome Enrico Serafino è ormai un punto di riferimento assoluto. Nella vasta gamma di questa storica cantina di Canale, oltre ai numerosi Alta Langa, ci sono anche i Barolo, Barbaresco, Roero, Gavi, Arneis e Moscato, tutti di altissimo livello. L'assaggio dell'Alta Langa Zero 140 mesi ha confermato come questa sia una delle migliori espressioni della spumantistica italiana di qualità. Tra i migliori campioni dell'annata, segnaliamo anche il Barolo Riserva 2017 proveniente dalla Briccolina, storico cru del comune di Serralunga.

Corso Asti, 5 - 12043 Canale (CN)
T. 0173 970474 | M. info@enricoserafino.it
www.enricoserafino.it

Viticoltura: Convenzionale ed ecosostenibile
Ettari: 60 | **Bottiglie:** 360.000 | **Produzione olearia:** No
Proprietà: Gruppo Krause
Cond. enologica: Paolo Giacosa
Cond. agronomica: Gabriele Fenocchio, Gianni Malerba
Vendita diretta: Sì | **Visite in azienda:** Sì

(93)

ALTA LANGA ZERO 140 MESI LUNA PAS DOSÉ RISERVA 2010
Bianco Docg - Pinot nero 85%, Chardonnay 15%
Alc. 12,5% | € 118 | Bt. 3.000 | Ferm. Acciaio | Mat. Acciaio 6 mesi 140 mesi sui lieviti
Paglierino brillante, con finissima effervescenza. Lenta progressione caratterizzata da aromi di frutta matura, burro, pasticceria, arachidi e balsamicità. Sorso cremoso che sfuma in una saporosa risacca. Baccalà mantecato.

(92)

BAROLO BRICCOLINA RISERVA 2017
Rosso Docg - Nebbiolo 100%
Alc. 14,5% | € 132 | Bt. 2.400 | Ferm. Acciaio | Mat. Legno 28 mesi
Manto carminio fitto e luminoso. Olfatto complesso di grande tipicità. Frutta rossa in confettura, ribes, ciliegia e violetta su sfondo balsamico. Al palato convince per carattere e precisa persistenza. Brasato di manzo al vino rosso.

(91)

ALTA LANGA ZERO PAS DOSÉ 2017
Bianco Docg Metodo Classico - Pinot nero 100%
Alc. 12,5% | € 45 | Bt. 25.000 | Ferm. Acciaio | Mat. Acciaio 6 mesi 60 mesi sui lieviti
Giallo sole dalla fine effervescenza. Olfatto elegante giocato su toni agrumati e vegetali. Bocca tesa, sapida e rinfrescante; chiude soave e armonioso. Polpette di pesce d'acqua dolce.

GAVI DEL COMUNE DI GAVI MANEO 2018
Bianco Docg - Cortese 100%
Alc. 13% | € 35 | Bt. 2.400 | Ferm. Acciaio | Mat. Acciaio 18 mesi
Calamari con ripieno di tarassaco e patate.

ALTA LANGA ZERO DE SAIGNÉE PAS DOSE 2017
Rosato Docg Metodo Classico - Pinot nero 100%
Alc. 12,5% | € 51 | Bt. 25.000 | Ferm. Acciaio | Mat. Acciaio 6 mesi 60 mesi sui lieviti. Oca arrosto.

ALTA LANGA OUDEIS BRUT 2019
Bianco Docg Metodo Classico - Pinot nero 85%, Chardonnay 15%
Alc. 12,5% | € 25 | Bt. 120.000 | Ferm. Acciaio | 36 mesi sui lieviti
Burrata di Andria.

ALTA LANGA ZERO 140 MESI LUNA RISERVA PAS DOSÉ
2009

ALTA LANGA ZERO PAS DOSÉ
2016

Serra dei Fiori

(1988)

In questi ultimi anni la qualità dei vini bianchi piemontesi è cresciuta moltissimo, grazie anche ad aziende come Serra dei Fiori, una piccola realtà che rappresenta l'anima "bianchista" delle ben note famiglie Bologna e Giacosa. Se oggi si parla di Nascetta e sempre più produttori credono in questo vitigno autoctono delle Langhe, lo si deve anche agli studi portati avanti da quest'azienda in collaborazione con la facoltà di Agraria dell'Università di Torino. Oltre all'uva nascetta a Serra dei Fiori si vinifica l'ormai tradizionale chardonnay e il sorprendente riesling renano.

Strada della Serra - 12057 Trezzo Tinella (CN)
T. 0141 644113 | M. info@braida.it
www.braida.it

Viticoltura: Convenzionale
Ettari: 10 | **Bottiglie:** 35.000 | **Produzione olearia:** No
Proprietà: Famiglie Bologna e Giacosa
Cond. enologica: Giuseppe Bologna, Giuseppe Zatti
Cond. agronomica: Giuseppe Zatti
Vendita diretta: No | **Visite in azienda:** No

LANGHE CHARDONNAY ASSO DI FIORI 2021
Bianco Doc - Chardonnay 100%
Alc. 13,5% | € 25 | Bt. 3.000 | Ferm. Acciaio | Mat. Acciaio 4 mesi e Legno 6 mesi
Ha il colore del grano e splende. Al naso esprime ventate di ananas maturo, banana, albicocca, fiore di camomilla, fiore di tiglio e caramella d'orzo. Il sorso è gustoso ed equilibrato e chiude su netti richiami floreali. Piccione al forno con cipollotti.

LANGHE NASCETTA LA REGINA 2022
Bianco Doc - Nascetta 100%
Alc. 12,5% | € 15 | Bt. 6.000 | Ferm. Acciaio | Mat. Acciaio 6 mesi
Pappardelle con coda di rospo e carciofi.

LANGHE RE DI FIORI 2022
Bianco Doc - Riesling renano 100%
Alc. 12,5% | € 15 | Bt. 3.000 | Ferm. Acciaio | Mat. Acciaio 6 mesi
Pizza con bufala e pomodorini.

LANGHE IL FIORE 2022
Bianco Doc - Chardonnay 70%, Nascetta 30%
Alc. 12,5% | € 15 | Bt. 25.000 | Ferm. Acciaio | Mat. Acciaio 4 mesi
Risotto alla zucca.

LANGHE CHARDONNAY ASSO DI FIORI
2018 | 2019 | 2020

LANGHE NASCETTA LA REGINA
2017 | 2018 | 2021

Sobrero Francesco
(1940)

Uno dei privilegi del nostro mestiere è quello di poter osservare da vicino l'evoluzione stilistica dei singoli produttori: nel caso di Sobrero possiamo affermare senza remore che ci si trovi di fronte al raggiungimento di un picco qualitativo importante. In degustazione il Barolo Parussi 2019 raggiunge l'eccellenza, mettendo in riga due fieri rappresentati dello stratosferico millesimo 2016, le Riserve Villero e Pernanno, in una sfida all'ultimo tannino. Vini provenienti da vigneti leggendari, frutto di investimenti lungimiranti e un caparbio e incessante lavoro di squadra. Chapeau.

Via Brunella, 5 - 12060 Castiglione Falletto (CN)
T. 0173 62864 | M. info@sobrerofrancesco.it
www.sobrerofrancesco.it

Viticoltura: Biologica
Ettari: 16 | **Bottiglie:** 90.000 | **Produzione olearia:** No
Proprietà: Famiglia Sobrero Settimo
Cond. enologica: Flavio Sobrero, Valter Bonetti
Cond. agronomica: Flavio Sobrero
Vendita diretta: Sì | **Visite in azienda:** Sì

91

BAROLO PARUSSI 2019
Rosso Docg - Nebbiolo 100%
Alc. 15% | € 38 | Bt. 2.500 | Ferm. Legno | Mat. Acciaio e Legno 24 mesi
Granato trasparente, di rara sottigliezza. Effluvi di pesca, violetta appassita, lampone, delicate speziature ed eucalipto danzano magistralmente senza mai rubarsi la scena. Leggiadro e finemente tannico, è dotato di ottima struttura ed eccellente persistenza gustativa. Un Parussi da capogiro. Brasato di lepre con riduzione di vino rosso.

BAROLO VILLERO RISERVA 2016
Rosso Docg - Nebbiolo 100%
Alc. 14,5% | € 88 | Bt. 1.400 | Ferm. Legno | Mat. Legno 36 mesi
Fagiano arrosto.

BAROLO PERNANNO RISERVA 2016
Rosso Docg - Nebbiolo 100%
Alc. 14,5% | € 68 | Bt. 2.782 | Ferm. Legno | Mat. Legno 36 mesi
Manzo brasato con funghi.

LANGHE NEBBIOLO 2021
Rosso Doc - Nebbiolo 100%
Alc. 14% | € 20 | Bt. 18.000 | Ferm. Acciaio | Mat. Acciaio e Legno 10 mesi
Pappardelle con sugo di lepre.

DOLCETTO D'ALBA SELECTIO 2022
Rosso Doc - Dolcetto 100%
Alc. 14% | € 16 | Bt. 4.930 | Ferm. Acciaio | Mat. Acciaio 2 mesi
Risotto ai finferli.

LANGHE BIANCO VII 2022
Bianco Doc - Chardonnay 100%
Alc. 13% | € 16 | Bt. 4.500 | Ferm. Acciaio | Mat. Acciaio 2 mesi
Alici panate e fritte.

BAROLO PARUSSI
2016 | 2017

BAROLO VILLERO RISERVA
2015

Edoardo Sobrino
(2000)

Godono tutta la nostra stima i vini di Edoardo Sobrino che ogni anno ci appaga con una gamma di prodotti di valore. Si parte dai classici Nebbiolo e Barbera, poi i "nuovi" Chardonnay e Rosé (da nebbiolo) fino ai Barolo delle menzioni Monvigliero e Pisapola di Verduno, autentiche perle di eleganza e raffinatezza. Lo stile è terso, preciso, ottenuto da un appassionato lavoro in vigna e poi trasformato da vinificazioni attente per salvaguardare i caratteri del vitigno. Dai Barolo del 2019 segnaliamo finezza e misura, virtù sempre presenti nei vini di questa bella cantina di Diano. Avanti così.

Via San Sebastiano, 31 - 12055 Diano d'Alba (CN)
T. 0173 440850 | M. info@edoardosobrino.com
www.edoardosobrino.com

Viticoltura: Convenzionale
Ettari: 9 | **Bottiglie:** 20.000 | **Produzione olearia:** No
Proprietà: Edoardo Sobrino
Cond. enologica: Piero Ballario
Cond. agronomica: Staff aziendale
Vendita diretta: Sì | **Visite in azienda:** Sì

93,5

BAROLO MONVIGLIERO 2019
Rosso Docg - Nebbiolo 100%
Alc. 14,5% | € 62 | Bt. 1.200 | Ferm. Acciaio | Mat. Legno 24 mesi
Monvigliero molto complesso che unisce caratteri floreali e fruttati di grande finezza. I profumi sono di lampone e ciliegia, viola e rosa freschi, pesca, melagrana, ruggine, carcadè. La bocca è ordinata e proporzionata, sapida, fresca, incessante. Guanciale di vitello alle erbe aromatiche.

BAROLO PISAPOLA 2019
Rosso Docg - Nebbiolo 100%
Alc. 14,5% | € 48 | Bt. 2.400 | Ferm. Acciaio | Mat. Legno 24 mesi
Lombata di vitello su letto di cipolline saltate.

BARBERA D'ALBA SUPERIORE VIGNA NIRANE 2018
Rosso Doc - Barbera 100%
Alc. 15% | € 28 | Bt. 1.600 | Ferm. Acciaio | Mat. Legno 24 mesi
Abbacchio al forno con verdure grigliate.

NEBBIOLO D'ALBA SUPERIORE VIGNA CARZELLO 2020
Rosso Doc - Nebbiolo 100%
Alc. 14% | € 20 | Bt. 3.000 | Ferm. Acciaio | Mat. Acciaio 12 mesi e Legno 12 mesi
Risotto alla milanese con ossobuco.

BARBERA D'ALBA SUPERIORE VIGNA CARZELLO 2020
Rosso Doc - Barbera 100%
Alc. 15% | € 18 | Bt. 4.000 | Mat. Legno 12 mesi
Gnocchi al ragù.

BAROLO MONVIGLIERO
2017 | 2018

BAROLO PISAPOLA
2016 | 2017 | 2018

Sordo Giovanni
(1912)

L'azienda Sordo possiede diversi ettari in molte delle più prestigiose menzioni dell'areale di produzione del Barolo. In particolare, a Castiglione Falletto, paese in cui è situata l'azienda, coltiva una piccola porzione della celebre menzione Monprivato, una vigna speciale da cui si ottengono vini di grandissimo valore. Un Barolo veramente significativo, fedele alla tradizione di questa zona, in cui la cura e l'attenzione verso la vigna si riflettono in ogni sorso, offrendo un'esperienza enologica di alto livello. I Barolo da loro prodotti sono un omaggio al territorio e alla sua ricchezza.

Via Alba Barolo, 175 - 12060 Castiglione Falletto (CN)
T. 0173 62853 | M. visit@sordogiovanni.it
www.sordogiovanni.it

Viticoltura: Convenzionale
Ettari: 53 | **Bottiglie:** 350.000 | **Produzione olearia:** No
Proprietà: Giorgio Sordo
Cond. enologica: Staff aziendale
Cond. agronomica: Emanuele Fenocchio
Vendita diretta: Sì | **Visite in azienda:** Sì

(91,5)
BAROLO VILLERO 2019
Rosso Docg - Nebbiolo 100%
Alc. 14% | € 60 | Ferm. Acciaio | Mat. Acciaio 6 mesi e Legno 24 mesi
Granato fine ed esemplare. Profilo olfattivo purissimo e integro, con incipit balsamico dominato dalla mentuccia, prosegue con accenni vegetali di sottobosco, terminando con un ricordo dolce di miele e cera d'api. Il gusto è caratterizzato da tensione, con tannini decisi e risonanze aromatiche. Risotto al tartufo bianco.

BAROLO RAVERA 2019
Rosso Docg - Nebbiolo 100%
Alc. 14% | € 48 | Ferm. Acciaio | Mat. Acciaio 6 mesi e Legno 24 mesi
Castelmagno.

BAROLO MONPRIVATO 2019
Rosso Docg - Nebbiolo 100%
Alc. 14% | € 72 | Ferm. Acciaio | Mat. Acciaio 6 mesi e Legno 24 mesi
Guanciale di vitello alle erbe aromatiche.

BAROLO PERNO 2019
Rosso Docg - Nebbiolo 100%
Alc. 14% | € 48 | Ferm. Acciaio | Mat. Acciaio 6 mesi e Legno 24 mesi
Brasato di manzo al vino rosso.

NEBBIOLO D'ALBA VIGNA VALMAGGIORE 2020
Rosso Doc - Nebbiolo 100%
Alc. 13% | € 23 | Ferm. Acciaio | Mat. Acciaio 6 mesi e Legno 9 mesi
Allodole tartufate in casseruola.

BAROLO PERNO
2014

BAROLO GABUTTI
2012 | 2013 | 2018

Sottimano
(1975)

Rino e Andrea Sottimano alzano ancora il livello della qualità presentando quest'anno una batteria di Barbaresco di altissimo profilo tra cui uno spettacolare Currà che rende omaggio alla grande vendemmia del 2019. Potenti e fragranti i vini dell'annata 2020, frutto della vinificazione delle menzioni di Neive situate nei pressi dalla cantina, cioè Cottà, Fausoni e Basarin e l'autorevole cru Pajorè di Treiso. Esempi di forte personalità, a cui negli ultimi anni si è aggiunta una maggior nitidezza ed equilibrio. Vini costantemente al vertice della denominazione. Complimenti.

Località Cottà, 21 - 12052 Neive (CN)
T. 0173 635186 | M. info@sottimano.it
www.sottimano.it

Viticoltura: Biologica
Ettari: 19,5 | **Bottiglie:** 90.000 | **Produzione olearia:** No
Proprietà: Rino Sottimano
Cond. enologica: Rino Sottimano, Andrea Sottimano
Cond. agronomica: Rino Sottimano, Andrea Sottimano
Vendita diretta: No | **Visite in azienda:** Sì

(95)
BARBARESCO CURRÀ 2019
Rosso Docg - Nebbiolo 100%
Alc. 14% | € 105 | Bt. 3.000 | Ferm. Legno e Acciaio | Mat. Legno 20 mesi
Currà formidabile che unisce purezza, dimensione ed equilibrio. Frutta dai toni rossi, ribes e fragola, arancia e melagrana, poi lieve liquirizia e confetture. La bocca è vasta, tosta, potente. Un vinone. Parmigiano Reggiano Riserva.

(93,5)
BARBARESCO BASARIN 2020
Rosso Docg - Nebbiolo 100%
Alc. 14,5% | € 80 | Bt. 8.000 | Ferm. Acciaio | Mat. Legno 24 mesi
Tanta frutta, purissima nell'espressione. Il piglio è fresco, nitido, dominato da amarena, lampone croccante, confettura di fragoline di bosco e menta. La bocca è voluminosa, prestante, ricca di sapore e lunga persistenza. Dal 2030. Spezzatino di manzo.

(93)
BARBARESCO PAJORÈ 2020
Rosso Docg - Nebbiolo 100%
Alc. 14,5% | € 80 | Bt. 4.800 | Ferm. Acciaio | Mat. Legno 20 mesi
Pigro, ma con tanta energia. Naso integro e concentrato; con l'ossigenazione scioglie note profonde di viola e durone, frutta macerata. Stesso rigore al gusto, pieno e deciso, potente nell'espressione, tannico il giusto e persistente. Gorgonzola naturale.

BARBARESCO COTTÀ 2020
Rosso Docg - Nebbiolo 100%
Alc. 14,5% | € 80 | Bt. 9.000 | Ferm. Acciaio | Mat. Legno 20 mesi
Pernici farcite.

BARBARESCO FAUSONI 2020
Rosso Docg - Nebbiolo 100%
Alc. 14% | € 80 | Bt. 4.500 | Ferm. Acciaio | Mat. Legno 20 mesi
Stinco di maiale al forno in pancetta affumicata.

BARBARESCO COTTÀ
2015 | 2016 | 2019

BARBARESCO PAJORÈ
2014 | 2018 | 2019

Luigi Spertino
(1890)

Nel suggestivo panorama del Monferrato astigiano, un'azienda tradizionale si distingue per la sua dedizione alla produzione di Barbera e Grignolino, testimoniando la gloriosa tradizione vitivinicola. Mauro e i suoi figli Andrea e Marina preservano con passione le vigne ereditate da Luigi, il grande patriarca, il cui lavoro instancabile ha plasmato la nascita e la storia della cantina. L'azienda trova nella superba collina della Mandorla il suo simbolo, riflettendo la continuità di generazioni in armonia con la storia e in lotta contro le avversità che da queste parti non mancano mai.

Strada Lea, 505 - 14047 Mombercelli (AT)
T. 0141 959098 | M. luigi.spertino@libero.it
www.luigispertino.it

Viticoltura: Biologica
Ettari: 11 | **Bottiglie:** 38.000 | **Produzione olearia:** No
Proprietà: Mauro Spertino
Cond. enologica: Mauro Spertino
Cond. agronomica: Mauro Spertino
Vendita diretta: Sì | **Visite in azienda:** Sì

92

GRIGNOLINO D'ASTI 2022
Rosso Doc - Grignolino 100%
Alc. 13% | € 16 | Bt. 14.000 | Ferm. Legno e Acciaio | Mat. Acciaio 2 mesi e Legno 2 mesi
Rubino vivace e radioso. Profilo intrigante con ouverture quasi aromatica arricchita da ribes e mirtilli. Effluvi agrumati e floreali, con memorie di fiori d'arancio e scorze candite. Il sorso è sorprendente, completo e abbondante, accompagnato da fresco e vigoroso tannino. Canapè di pasta sfoglia al formaggio.

MONFERRATO ROSSO LA MANDORLA 2021
Rosso Doc - Barbera 100%
Alc. 17% | € 70 | Bt. 4.500 | Ferm. Legno e Acciaio | Mat. Acciaio e Legno 18 mesi
Involtini di vitello lardellati.

BARBERA D'ASTI LA BIGIA 2021
Rosso Docg - Barbera 100%
Alc. 16,5% | € 20 | Bt. 10.000 | Ferm. Legno e Acciaio | Mat. Acciaio 3 mesi e Legno 15 mesi
Pernici farcite.

VERMOUTH BELLE EPOQUE
Bianco Aromatizzato Dolce - Cortese 90%, Moscato bianco 10%
Alc. 16,5% | € 35 | Bt. 2.000 | Ferm. Acciaio | Mat. Acciaio 3 mesi
Crostini al foie gras.

GRIGNOLINO D'ASTI MARGHERITA BARBERO
2016 | 2017 | 2020

MONFERRATO ROSSO LA MANDORLA
2020

Stella
(1920)

Paolo è una figura di grande intraprendenza, d'indiscussa competenza, il cui contributo va oltre all'attività nell'azienda di famiglia, ma riguarda ambiti imprenditoriali, sempre nel mondo del vino, a cui il territorio deve molto. A fronte di questo dinamismo, del tutto contemporaneo, troviamo però, nei vini dell'azienda, un'integrità profonda, radicata nell'identità dell'astigiano: barbera in primis ma anche grignolino, freisa. "Il Maestro", l'espressione più profonda della loro Barbera, ogni anno ci fa pensare: è vino in cui, all'uscita, appena si intravede la gloria che potrà raggiungere.

Frazione Santa Margherita - 14055 Costigliole d'Asti (AT)
T. 0141 966142 | M. stellavini@libero.it
www.stellavini.it

Viticoltura: Convenzionale
Ettari: 12 | **Bottiglie:** 55.000 | **Produzione olearia:** No
Proprietà: Famiglia Stella
Cond. enologica: Paolo Stella
Cond. agronomica: Massimo Stella, Paolo Stella
Vendita diretta: Sì | **Visite in azienda:** Sì

BARBERA D'ASTI SUPERIORE IL MAESTRO 2021
Rosso Docg - Barbera 100%
Alc. 15,5% | € 25 | Bt. 4.300 | Ferm. Acciaio | Mat. Acciaio e Legno 18 mesi
Cupo amaranto, lampi saturi di granato. Potente, quasi fiero, il naso, densa la mora di rovo, afflati ferrosi, spezie scure e ombrosi anfratti di sottobosco. Il sorso è pieno, muscolare, generose le venature di confettura, vibrante la freschezza. Doma la verve alcolica e si congeda con una scia di gelatina al lampone. Filetto di cervo ai mirtilli.

GRIGNOLINO D'ASTI SUFRAGIO 2022
Rosso Doc - Grignolino 100%
Alc. 14% | € 18 | Bt. 4.500 | Ferm. Acciaio
Risotto ai porcini.

BARBERA D'ASTI STRAVISAN 2022
Rosso Docg - Barbera 100%
Alc. 15,5% | € 18 | Bt. 16.000 | Ferm. Acciaio | Mat. Acciaio 8 mesi
Porchetta di Ariccia.

BARBERA D'ASTI SUPERIORE GIAIET 2021
Rosso Docg - Barbera 100%
Alc. 15,5% | € 25 | Bt. 4.500 | Ferm. Acciaio | Mat. Legno 10 mesi
Brasato di lepre con riduzione di vino rosso.

PIEMONTE CHARDONNAY GIAIET 2022
Bianco Doc - Chardonnay 100%
Alc. 14% | € 23 | Bt. 2.000 | Ferm. Legno | Mat. Acciaio 2 mesi e Legno 18 mesi
Seppioline ai ferri.

BARBERA D'ASTI SUPERIORE IL MAESTRO
2017 | 2019 | 2020

BARBERA D'ASTI STRAVISAN
2021

Stroppiana
(1962)

Un'impressionante batteria di Barolo, quella presentata dai giovani Altea e Leonardo Stroppiana, dal 2017 al timone di questa bella azienda con vigneti spartiti fra il côté ovest del comune di La Morra (zona Rivalta) e la Bussia di Monforte. Proprio le etichette della Bussia (Riserva e non) 2017 si piazzano in testa, intervallate dal lamorrese San Giacomo, che se la gioca alla grande. L'azienda ha giuste ambizioni, conformi al valore dei terroir che possiede. Il cambio generazionale è in corso, con papà Danilo che sorveglia e consiglia. Ci attendiamo importanti sviluppi nei prossimi anni. Avanti così.

Frazione Rivalta San Giacomo, 6 - 12064 La Morra (CN)
T. 0173 509419 | M. info@cantinastroppiana.com
www.cantinastroppiana.com

Viticoltura: Convenzionale
Ettari: 8 | **Bottiglie:** 50.000 | **Produzione olearia:** No
Proprietà: Famiglia Stroppiana
Cond. enologica: Andrea Paglietti, Leonardo Stroppiana
Cond. agronomica: Edoardo Monticelli, Altea Stroppiana
Vendita diretta: Sì | **Visite in azienda:** Sì

BAROLO BUSSIA RISERVA 2017
Rosso Docg - Nebbiolo 100%
Alc. 14,5% | € 49 | Bt. 1.300 | Ferm. Acciaio | Mat. Acciaio 12 mesi e Legno 36 mesi
Granato. Un picco di fragolina è il sigillo della Bussia: poi, in un dialogo fitto e intrigante, s'alternano erbe officinali, conifera e violetta. In bocca è tosto, sotto il segno dei tannini, ottimi per quantità e quantità, con lieve cenno amaricante nell'ampio finale. Lo aspetta un lungo cammino. Bocconcini di cervo al cavolo nero.

BAROLO SAN GIACOMO 2019
Rosso Docg - Nebbiolo 100%
Alc. 14,5% | € 35 | Bt. 2.900 | Ferm. Acciaio | Mat. Acciaio 6 mesi e Legno 24 mesi
Carré di maiale alle prugne.

BAROLO BUSSIA 2017
Rosso Docg - Nebbiolo 100%
Alc. 14% | € 45 | Bt. 3.000 | Ferm. Acciaio | Mat. Acciaio 6 mesi e Legno 24 mesi
Petto di germano reale al balsamico.

BAROLO BRICCO COGNI 2019
Rosso Docg - Nebbiolo 100%
Alc. 14% | € 35 | Bt. 3.000 | Ferm. Acciaio | Mat. Acciaio 6 mesi e Legno 24 mesi
Carré di maiale al forno con mele renette.

BAROLO LEONARDO 2019
Rosso Docg - Nebbiolo 100%
Alc. 14% | € 35 | Bt. 13.000 | Ferm. Acciaio | Mat. Acciaio 6 mesi e Legno 24 mesi
Faraona arrosto con salsa di frutti di bosco.

BARBERA D'ALBA SUPERIORE ALTEA 2021
Rosso Doc - Barbera 100%
Alc. 15% | € 15 | Bt. 4.000 | Ferm. Acciaio | Mat. Legno 12 mesi
Fettuccine ai finferli.

BAROLO BUSSIA RISERVA
2013

BAROLO BUSSIA
2013 | 2015 | 2016

Tacchino
(1961)

Una dinamica realtà produttiva – che si trova tra le colline dell'Ovadese, area in cui è il vitigno dolcetto a farla da padrone – l'azienda Tacchino è attualmente guidata da Romina e Alessio, due fratelli che rappresentano la terza generazione di vignaioli, e proseguono con entusiasmo e piglio giovanile il lavoro e le tradizione tramandate dal papà Luigi e dal nonno Carletto. Una linea produttiva ben diversificata, fatta di vini schietti, sinceri, con una propria identità personale e tutti di ottima fattura, e che ben rappresentano il terroir di questa parte di Alto Monferrato.

Via Martiri della Benedicta, 26 - 15060 Castelletto d'Orba (AL)
T. 0143 830115 | M. info@luigitacchino.it
www.luigitacchino.it

Viticoltura: Lotta integrata
Ettari: 12 | **Bottiglie:** 120.000 | **Produzione olearia:** No
Proprietà: Famiglia Tacchino
Cond. enologica: Mario Ronco, Romina Tacchino
Cond. agronomica: Alessio Tacchino, Daniele Eberle
Vendita diretta: Sì | **Visite in azienda:** Sì

DOLCETTO D'OVADA SUPERIORE DU RIVA 2019
Rosso Docg - Dolcetto 100%
Alc. 14,5% | € 26 | Bt. 7.000 | Ferm. Acciaio | Mat. Acciaio 18 mesi e Legno 24 mesi
Rubino compatto. Profilo olfattivo articolato da richiami di succose ciliegie, more mature, fragole pestate, seguiti da sbuffi balsamici e mentolati, bacca di ginepro e cioccolato fondente. Palato di un Ovada di gran classe: tannini fitti e gradevoli, stuzzicante salinità, alcol bilanciato, lunghe persistenze. Guanciale di vitello in umido con patate.

MONFERRATO ROSSO DI FATTO 2019
Rosso Doc - Barbera 40%, Albarossa 30%, Dolcetto 20%, Cabernet sauvignon 10%
Alc. 14,5% | € 23 | Bt. 11.000 | Ferm. Acciaio | Mat. Legno 24 mesi
Pappardelle con funghi porcini.

DOLCETTO DI OVADA TRALCI 2021
Rosso Doc - Dolcetto 100%
Alc. 13,5% | € 15 | Bt. 10.000 | Ferm. Acciaio | Mat. Acciaio 18 mesi
Gnocchi al ragù.

GAVI DEL COMUNE DI GAVI TRALCI 2022
Bianco Docg - Cortese 100%
Alc. 12,5% | € 18 | Bt. 15.000 | Ferm. Acciaio | Mat. Acciaio 3 mesi
Crema di zucca con gamberi croccanti.

BARBERA DEL MONFERRATO TRALCI 2021
Rosso Doc - Barbera 100%
Alc. 14% | € 15 | Bt. 10.000 | Ferm. Acciaio | Mat. Acciaio 18 mesi
Toma di Murazzano.

PIEMONTE CORTESE TRIVOLÌ 2022
Bianco Doc Frizzante - Cortese 100%
Alc. 12,5% | € 16 | Bt. 8.000 | Ferm. Acciaio | Mat. Acciaio 6 mesi
Canapè di pasta sfoglia al formaggio.

DOLCETTO D'OVADA SUPERIORE DU RIVA
2018

DOLCETTO DI OVADA TRALCI
2020

Michele Taliano

(1930)

Alla già ricca proposta di etichette sfornate dalla famiglia Taliano quest'anno si aggiunge un nuovo Arneis in versione Riserva, che ci ha subito convinto. E se la sede aziendale e le radici sono a Montà d'Alba, uno dei comuni più vocati del Roero, i Taliano hanno preso dimora anche a Barbaresco, anzi più precisamente a Treiso, con due versioni - di cui una Riserva - che ben raccontano il territorio. Una menzione doverosa per i prezzi, assolutamente concorrenziali e che permettono a tutti di poter godere di vini molto spesso non solo costosi ma decisamente cari. Insomma, bravi!

Corso Alessandro Manzoni, 24 - 12046 Montà (CN)
T. 0173 976512 | M. taliano@libero.it
www.talianomichele.com

Viticoltura: Biologica
Ettari: 14 | **Bottiglie:** 80.000 | **Produzione olearia:** No
Proprietà: Alberto Taliano
Cond. enologica: Ezio Taliano
Cond. agronomica: Alberto Taliano
Vendita diretta: Sì | **Visite in azienda:** Sì

ROERO RÒCHE DRA BÒSSORA RISERVA 2019
Rosso Docg - Nebbiolo 100%
Alc. 14,5% | € 15 | Bt. 4.000 | Ferm. Acciaio | Mat. Legno 24 mesi
Il rubino inizia a tendere al granato. L'impatto olfattivo è accogliente e moderno: subito balsamico e speziato, pungente, seguito da rimandi a fiori essiccati e frutta dolce macerata. L'assaggio evidenzia una bella freschezza, sapidità territoriale, tannini già ordinati e buona persistenza. Bocconcini di cinghiale con salsa di prugne.

BARBARESCO MONTERSINO TERA MIA RISERVA 2017
Rosso Docg - Nebbiolo 100%
Alc. 14,5% | € 27 | Bt. 2.000 | Ferm. Acciaio | Mat. Legno 48 mesi
Formaggio di fossa di Sogliano.

BARBARESCO MONTERSINO AD ALTIORA 2019
Rosso Docg - Nebbiolo 100%
Alc. 14,5% | € 20 | Bt. 3.000 | Ferm. Acciaio | Mat. Legno 24 mesi
Carré d'agnello al timo e lardo di Colonnata.

BARBERA D'ALBA À BON RENDRE 2022
Rosso Doc - Barbera 100%
Alc. 13,5% | € 8 | Bt. 8.000 | Ferm. Acciaio | Mat. Acciaio 6 mesi
Lasagne con scamorza, funghi e zucca.

BARBERA D'ALBA SUPERIORE LABORIOSA 2019
Rosso Doc - Barbera 100%
Alc. 14,5% | € 14 | Bt. 3.000 | Ferm. Acciaio | Mat. Legno 24 mesi
Fesa di vitello al latte.

ROERO ARNEIS RISERVA 2019
Bianco Docg - Arneis 100%
Alc. 13,5% | € 13 | Bt. 1.500 | Ferm. Acciaio | Mat. Acciaio 6 mesi
Garganelli con julienne di calamari e ortiche.

BARBARESCO MONTERSINO TERA MIA RISERVA
2013 | 2015 | 2016

ROERO RÒCHE DRA BÒSSORA RISERVA
2017

Tenuta Carlin de Paolo

(2000)

Il sorriso è il marchio di fabbrica in quel di San Damiano d'Asti. I fratelli Ponte, fierissimi custodi di una terra con cui sembra essersi instaurato un rapporto di amicizia e fedeltà indissolubile, sprigionano entusiasmo da tutti i pori. Non solo vigne e cantina: in Tenuta avrete la possibilità di trascorrere ore piacevoli e spensierate, facendovi allietare dai deliziosi manicaretti proposti dal giovane chef Lorenzo nei bucolici spazi della Merenderia. Non dimenticate di visitare Bricco della Cappelletta, luogo elettivo per i magnifici quattro: barbera, nebbiolo, croatina e arneis.

Frazione Gorzano, 238/A - 14015 San Damiano d'Asti (AT)
T. 0141 983833 | M. info@carlindepaolo.com
www.carlindepaolo.com

Viticoltura: Convenzionale
Ettari: 40 | **Bottiglie:** 280.000 | **Produzione olearia:** No
Proprietà: Giancarlo, Davide, Lorenzo, Paolo Ponte
Cond. enologica: Gianfranco Cordero
Cond. agronomica: Domenico Franco
Vendita diretta: Sì | **Visite in azienda:** Sì

TERRE ALFIERI NEBBIOLO BRICCO DELLA CAPPELLETTA 2017
Rosso Doc - Nebbiolo 100%
Alc. 14,5% | € 42 | Bt. 1.500 | Ferm. Acciaio | Mat. Legno 18 mesi
Rosso carminio con riflessi granato. Confettura di susine, ciliegia sotto spirito, liquirizia dolce, noce moscata e tabacco da pipa ne definiscono l'intrigante profilo olfattivo. Denso, avvolgente e di gradevole persistenza, l'assaggio evidenzia il raggiungimento di un livello di maturità ottimale. Ossobuco alla milanese.

CISTERNA D'ASTI SUPERIORE CIVCHIN 2020
Rosso Doc - Croatina 100%
Alc. 14% | € 18 | Bt. 6.000 | Ferm. Acciaio | Mat. Legno 6 mesi
Risotto con le quaglie.

BARBERA D'ASTI CURSUS VITAE 2022
Rosso Docg - Barbera 100%
Alc. 13,5% | € 14 | Bt. 60.000 | Ferm. Acciaio | Mat. Acciaio 6 mesi
Pasta e fagioli.

TERRE ALFIERI ARNEIS MACADÌ 2022
Bianco Docg - Arneis 100%
Alc. 13,5% | € 16 | Bt. 26.000 | Ferm. Acciaio | Mat. Acciaio 6 mesi
Calamari con ripieno di tarassaco e patate.

MOSCATO D'ASTI FIULIN 2022
Bianco Docg Frizzante Dolce - Moscato bianco 100%
Alc. 5,5% | € 10 | Bt. 40.000 | Ferm. Acciaio
Baci di dama.

CISTERNA D'ASTI SUPERIORE CIVCHIN
2019

Tenuta Carretta
(1985)

Parlando di Alba e di industria, i più ricordano subito la Ferrero. Ma c'è un'altra famiglia che ha contribuito a fare la storia (e il benessere) della cittadina: i Miroglio e il loro impero tessile sono stati altrettanto determinanti nello sviluppo non solo del tessuto sociale albese ma anche delle Langhe. Avendo anche il merito di impegnarsi in prima persona nel comparto vitivinicolo, con un'azienda che oltre ad avere numeri importanti si segnala anno dopo anno per una sempre maggior qualità delle sue etichette, cha spaziano dal Roero alle colline di Barolo e Barbaresco.

Località Carretta, 2 - 12040 Piobesi d'Alba (CN)
T. 0173 619119 | M. info@terremiroglio.com
www.tenutacarretta.it

Viticoltura: Lotta integrata
Ettari: 80 | **Bottiglie:** 550.000 | **Produzione olearia:** No
Proprietà: Franco Miroglio
Cond. enologica: Paolo Scaiola
Cond. agronomica: Staff aziendale
Vendita diretta: Sì | **Visite in azienda:** Sì

BAROLO CANNUBI SELEZIONE FRANCO MIROGLIO RISERVA 2017
Rosso Docg - Nebbiolo 100%
Alc. 14% | € 160 | Bt. 1.260 | Ferm. Acciaio | Mat. Legno 36 mesi
Ancora carminio con filigrana granato. Incisivo e austero, propone subito erbe aromatiche e china, poi frutta rossa macerata e in confettura, grafite, spezie scure, corteccia e rabarbaro. Sorso misurato, ricco e vigoroso, con tannini precisi e una gustosa sapidità. Capriolo ai porcini.

ROERO ARNEIS CANOREI RISERVA 2020
Bianco Docg - Arneis 100%
Alc. 13,5% | € 21 | Bt. 6.500 | Ferm. Acciaio | Mat. Legno 12 mesi
San Pietro alla siciliana con dadolata di patate.

BARBARESCO CASCINA BORDINO RISERVA 2017
Rosso Docg - Nebbiolo 100%
Alc. 14% | € 49 | Bt. 4.000 | Ferm. Acciaio | Mat. Legno 36 mesi
Cinghiale in umido.

BARBARESCO GARASSINO 2019
Rosso Docg - Nebbiolo 100%
Alc. 14% | € 32 | Bt. 4.500 | Ferm. Acciaio | Mat. Legno 18 mesi
Agnolotti al piccione con sugo d'arrosto.

BAROLO CANNUBI 2018
Rosso Docg - Nebbiolo 100%
Alc. 14% | € 70 | Bt. 9.000 | Ferm. Acciaio | Mat. Legno 24 mesi
Quaglie alla cacciatora.

ALTA LANGA AIRALI PAS DOSÉ 2019
Bianco Docg - Pinot nero 100%
Alc. 12,5% | € 27 | Bt. 3.000 | Ferm. Acciaio | 30 mesi sui lieviti
Pesce spada alla griglia.

BAROLO CANNUBI SELEZIONE FRANCO MIROGLIO RISERVA
2015

BARBARESCO CASCINA BORDINO RISERVA
2014 | 2015 | 2016

Tenuta Cucco
(1966)

È dal 2015 che la famiglia Rossi Cairo, già proprietaria di La Raia, un'azienda del gaviese, ha acquistato questa Tenuta, che prende il nome dalla sommità - il "cucco" in dialetto piemontese - della collina dove sorge la vigna più antica, quel Cerrati che quest'anno regala una prova d'autore sia col millesimo 2019 sia con la Riserva. Se l'azienda di Gavi dal 2007 ha conseguito la certificazione biodinamica, qui a Serralunga la strada è stata intrapresa e il raggiungimento del traguardo è solo questione di tempo. I vini? Di anno in anno sempre più fini, precisi e territoriali.

Via Mazzini, 10 - 12050 Serralunga d'Alba (CN)
T. 0173 613003 | M. info@tenutacucco.it
www.tenutacucco.it

Viticoltura: Biologica certificata
Ettari: 13 | **Bottiglie:** 70.000 | **Produzione olearia:** No
Proprietà: Famiglia Rossi Cairo
Cond. enologica: Piero Ballario, Mauro Vioglio
Cond. agronomica: Gian Piero Romana
Vendita diretta: Sì | **Visite in azienda:** Sì

(92)
BAROLO CERRATI 2019
Rosso Docg - Nebbiolo 100%
Alc. 14% | € 85 | Bt. 4.000 | Ferm. Acciaio | Mat. Legno 30 mesi
Invitante veste rosso granato. Al naso emergono in bella progressione note balsamiche, pungenze di spezie esotiche, incenso, frutta dolce macerata, erbe aromatiche. L'assaggio è composto, saporito, elegante e persistente. I tannini sono territoriali e cesellati, prodromi di una notevole evoluzione nel tempo. Fagiano arrosto.

BAROLO BRICCO VOGHERA 2019
Rosso Docg - Nebbiolo 100%
Alc. 14,5% | € 85 | Bt. 4.000 | Ferm. Acciaio | Mat. Legno 30 mesi
Cinghiale arrosto con castagne.

BAROLO CERRATI VIGNA CUCCO RISERVA 2017
Rosso Docg - Nebbiolo 100%
Alc. 15% | € 110 | Bt. 2.500 | Ferm. Acciaio | Mat. Legno 36 mesi
Brasato di manzo al vino rosso.

BAROLO DEL COMUNE DI SERRALUNGA 2019
Rosso Docg - Nebbiolo 100%
Alc. 14,5% | € 65 | Bt. 35.000 | Ferm. Acciaio | Mat. Legno 24 mesi
Risotto con salsiccia e Taleggio.

BARBERA D'ALBA SUPERIORE 2021
Rosso Doc - Barbera 100%
Alc. 14% | € 22 | Bt. 6.000 | Ferm. Acciaio | Mat. Legno 12 mesi
Gnocchi al ragù.

LANGHE NEBBIOLO 2022
Rosso Doc - Nebbiolo 100%
Alc. 13,5% | € 24 | Bt. 8.000 | Ferm. Acciaio | Mat. Acciaio 8 mesi
Straccetti di cavallo.

BAROLO CERRATI
2018

BAROLO CERRATI VIGNA CUCCO RISERVA
2015 | 2016

Tenuta Garetto

(1935)

La grande novità dell'anno è la presentazione del Derthona Timorasso 2021, neonato di casa Tenuta Garetto in grande spolvero in fase di degustazione. Attese conferme dal fronte vini rossi, con particolare riferimento a un Nizza Favà in stato di grazia. Non ci stancheremo mai di ripetere come la gestione della famiglia Gagliardo stia apportando benefici straordinari in termini di qualità e ricercatezza, risultati piacevolmente riscontrabili calice alla mano. Se amate il vitigno barbera venite a rafforzare la vostra cultura in materia, ma se pensate di non amarlo preparatevi a cambiare idea.

SS Asti-Mare, 30 - 14041 Agliano Terme (AT)
T. 0173 50829 | M. tenutagaretto@tenutagaretto.it
www.tenutagaretto.it

Viticoltura: Biologica
Ettari: 15 | **Bottiglie:** 75.000 | **Produzione olearia:** No
Proprietà: Famiglia Gagliardo
Cond. enologica: Daniele Benevello, Stefano Gagliardo
Cond. agronomica: Alberto Gagliardo
Vendita diretta: Sì | **Visite in azienda:** Sì

NIZZA FAVÀ 2021
Rosso Docg - Barbera 100%
Alc. 14,5% | € 30 | Bt. 12.500 | Ferm. Acciaio e Cemento | Mat. Legno 22 mesi e Cemento 22 mesi
Carminio profondo. Sinfonia di profumi molto nitidi: aprono le danze mora in confettura, amarena sotto spirito e fragola macerata, liberando fiori appassiti e delicate speziature su sottofondo balsamico. La proverbiale freschezza incita le papille gustative a desiderare un tempestivo bis. Potente. Carré di maiale affumicato.

BARBERA D'ASTI SUPERIORE 2021
Rosso Docg - Barbera 100%
Alc. 14,5% | € 17 | Bt. 20.600 | Ferm. Acciaio | Mat. Legno 18 mesi
Tacchinella ripiena su letto di patate.

COLLI TORTONESI DERTHONA TIMORASSO 2021
Bianco Doc - Timorasso 100%
Alc. 14,5% | € 27 | Bt. 5.000 | Ferm. Acciaio | Mat. Acciaio 6 mesi
Risotto ai frutti di mare.

GRIGNOLINO D'ASTI GIASSÀ 2021
Rosso Doc - Grignolino 100%
Alc. 13,5% | € 17 | Bt. 6.400 | Ferm. Acciaio | Mat. Acciaio 6 mesi
Robiola di Roccaverano.

BARBERA D'ASTI ROSINA 2021
Rosso Docg - Barbera 100%
Alc. 14% | € 13 | Bt. 33.000 | Ferm. Acciaio | Mat. Acciaio 6 mesi
Porchetta di Ariccia.

NIZZA FAVÀ
2016 | 2018 | 2019

BARBERA D'ASTI SUPERIORE
2018 | 2020

Tenuta Langasco

(1979)

Claudio è tenace, oltre che coraggioso e appassionato. L'anno che ha attraversato non è stato facile: la dipartita del padre, ancora attivo e prezioso tra i filari di Madonna di Como, la grandinata estiva di cui, mentre scriviamo, è freschissima la memoria. I suoi vini raccontano, sempre, in modo diretto, l'annata, con pochi filtri stilistici e un'espressione chiara delle caratteristiche varietali dei vitigni: il dolcetto, il nebbiolo, elegante e goloso il Sorì Coppa, le Barbera, di ottima bevibilità. Il Saccorosso è, invece, un Langhe rosso che affascina e promette interessanti evoluzioni .

Frazione Madonna di Como, 10 - 12051 Alba (CN)
T. 0173 286972 | M. info@tenutalangasco.it
www.tenutalangasco.it

Viticoltura: Convenzionale
Ettari: 22 | **Bottiglie:** 60.000 | **Produzione olearia:** No
Proprietà: Claudio Sacco
Cond. enologica: Gianfranco Cordero
Cond. agronomica: Claudio Sacco
Vendita diretta: Sì | **Visite in azienda:** Sì

LANGHE SACCOROSSO 2021
Rosso Doc - Nebbiolo 70%, Barbera 25%, Cabernet sauvignon 5%
Alc. 14% | € 18 | Bt. 3.000 | Ferm. Acciaio | Mat. Legno 18 mesi
Profondità carminio con lampi rubino. Avvolgenti bacche rosse e nere, di invitante dolcezza, confettura di mora di gelso, amarena in sciroppo, sbuffi speziati di cannella e una lunga scia di cioccolato nero in tavoletta. Piena e appagante la morbidezza setosa del sorso, appena screziato da un tannino profondo ma domo. Civet di capriolo ai funghi.

BARBERA D'ALBA SUPERIORE VIGNA MADONNA DI COMO 2021
Rosso Doc - Barbera 100%
Alc. 14,5% | € 14 | Bt. 5.000 | Ferm. Acciaio | Mat. Legno 18 mesi
Hamburger di manzo con Montasio fuso.

NEBBIOLO D'ALBA SORÌ COPPA 2021
Rosso Doc - Nebbiolo 100%
Alc. 14,5% | € 16 | Bt. 6.000 | Ferm. Acciaio | Mat. Legno 18 mesi
Tordi in salmì.

BARBERA D'ALBA SORÌ 2021
Rosso Doc - Barbera 100%
Alc. 14% | € 10 | Bt. 6.000 | Ferm. Acciaio | Mat. Legno 18 mesi
Risotto ai porcini e zucca.

DOLCETTO D'ALBA VIGNA MICLET 2022
Rosso Doc - Dolcetto 100%
Alc. 13,5% | € 8 | Bt. 6.000 | Ferm. Acciaio | Mat. Acciaio 9 mesi
Tagliatelle al ragù.

ALTA LANGA EXTRA BRUT GREDO 2019
Bianco Docg Metodo Classico - Chardonnay 70%, Pinot nero 30%
Alc. 12% | € 18 | Bt. 3.500 | Ferm. Acciaio | 48 mesi sui lieviti
Tigelle e salumi.

DOLCETTO D'ALBA VIGNA MICLET
2017 | 2018 | 2021

LANGHE ROSSO SACCOROSSO
2016 | 2018 | 2020

Tenuta Montemagno
(2005)

Tenuta Montemagno nasce dopo una maestosa opera di ristrutturazione di un casale del XVI secolo, e dà vita a un luogo di charme nel cuore del Monferrato. Antiche cantine affrescate che ospitano le botti di legno fanno da cornice a moderne e tecnologiche attrezzature, dove le uve dei vigneti di proprietà vengono trasformate in vini di ottima fattura e dalla forte identità territoriale. L'accogliente sala degustazione con vista panoramica consente ai visitatori di apprezzare l'ampia selezione di prodotti. Tenuta Montemagno è anche un lussuoso relais dove trascorrere soggiorni in totale relax.

Cascina Valfossato, 9 - 14030 Montemagno (AT)
T. 0141 63624 | M. info@tenutamontemagno.it
www.tenutamontemagno.it

Viticoltura: Lotta integrata
Ettari: 20 | **Bottiglie:** N.d. | **Produzione olearia:** No
Proprietà: Tiziano Barea
Cond. enologica: Gianfranco Cordero
Cond. agronomica: Maurizio Cerrato
Vendita diretta: Sì | **Visite in azienda:** Sì

BARBERA D'ASTI SUPERIORE MYSTERIUM 2018
Rosso Docg - Barbera 100%
Alc. 15% | € 24 | Bt. 15.000 | Ferm. Acciaio | Mat. Acciaio 10 mesi e Legno 18 mesi
Carminio luminoso. Progressioni olfattive di scure ciliegie, more mature, ribes neri, e ancora gommose di liquirizia, grafite, bacche di ginepro, tabacco e profonde scie balsamiche. Massa gustativa muscolosa, ma tannini vibranti e tanta freschezza rendono la beva pulita e scorrevole, allungando le persistenze. Camoscio in umido.

BAROLO SORANUS 2018
Rosso Docg - Nebbiolo 100%
Alc. 14% | € 47 | Bt. 3.000 | Ferm. Acciaio | Mat. Legno 24 mesi
Filetto al vino rosso e scalogno.

RUCHÈ DI CASTAGNOLE MONFERRATO NOBILIS 2021
Rosso Docg - Ruchè 100%
Alc. 14,5% | € 17 | Bt. 15.000 | Ferm. Acciaio | Mat. Acciaio 10 mesi
Maltagliati con funghi porcini.

MONFERRATO BIANCO NYMPHAE 2022
Bianco Doc - Sauvignon 60%, Timorasso 40%
Alc. 13% | € 15 | Bt. 25.000 | Ferm. Acciaio | Mat. Acciaio 6 mesi
Seppie in umido con piselli.

RUCHÈ DI CASTAGNOLE MONFERRATO INVICTUS 2021
Rosso Docg - Ruchè 100%
Alc. 14,5% | € 26 | Bt. 20.000 | Ferm. Acciaio | Mat. Acciaio 10 mesi
Tagliata di manzo al rosmarino.

TM BRUT 36
Rosato Metodo Classico - Barbera 100%
Alc. 13% | € 31 | Bt. 3.000 | Ferm. Acciaio | 36 mesi sui lieviti
Tartare di gamberi.

RUCHÈ DI CASTAGNOLE MONFERRATO INVICTUS
2020

MONFERRATO BIANCO MUSAE
2016 | 2020

Tenuta Olim Bauda
(1961)

Il nome Bauda, che compare in documenti risalenti al 1220, fa riferimento alla famiglia che per secoli ha posseduto la Tenuta di Incisa Scapaccino e i terreni intorno a essa. Oggi con questo nome, dalle uve barbera provenienti dalla storica vigna della Tenuta, piantata nel 1961 da Agostino Bertolino, si produce uno dei migliori vini della denominazione, la Nizza Riserva Bauda. Oltre a questo purosangue, la gamma di Olim Bauda si compone di tanti altri vini, tutti di grandissimo valore e tipicità, prodotti con uve barbera, moscato, cortese, grignolino, freisa e nebbiolo.

Strada Prata, 50 - 14045 Incisa Scapaccino (AT)
T. 0141 702171 | M. info@tenutaolimbauda.it
www.tenutaolimbauda.it

Viticoltura: Convenzionale
Ettari: 30 | **Bottiglie:** 200.000 | **Produzione olearia:** No
Proprietà: Dino, Gianni e Diana Bertolino
Cond. enologica: Dino Bertolino, Giuseppe Caviola
Cond. agronomica: Dino Bertolino
Vendita diretta: Sì | **Visite in azienda:** Sì

(93)
NIZZA BAUDA RISERVA 2019
Rosso Docg - Barbera 100%
Alc. 15,5% | € 45 | Bt. 4.700 | Ferm. Acciaio | Mat. Legno 30 mesi
Rubino impenetrabile. Grande progressione olfattiva con riconoscimenti di more e gelsi in confettura, marasca, chiodi di garofano, liquirizia, eucalipto, cioccolato amaro e polvere di caffè. Palato avvolgente. Il calore alcolico viene rinfrescato dall'acidità. Lunghissimo finale su toni fruttati e balsamici. Gulasch di manzo alla paprica dolce.

(91)
NIZZA RISERVA 2020
Rosso Docg - Barbera 100%
Alc. 15,5% | € 35 | Bt. 16.000 | Ferm. Acciaio | Mat. Legno 30 mesi
Colore rubino. Sprigiona intensi profumi di confettura di frutta rossa, note floreali e delicati sentori di legno e spezie. Sorso gustoso. Acidità e fini tannini donano equilibrio e agevolano la beva. Filetto di maiale lardellato.

MOSCATO D'ASTI CENTIVE 2022
Bianco Docg Frizzante Dolce - Moscato bianco 100%
Alc. 5% | € 13 | Bt. 25.000 | Ferm. Acciaio
Panettone.

BARBERA D'ASTI SUPERIORE LE ROCCHETTE 2020
Rosso Docg - Barbera 100%
Alc. 15,5% | € 19 | Bt. 29.000 | Ferm. Acciaio | Mat. Legno 18 mesi
Pappardelle al ragù di cinghiale.

BARBERA D'ASTI LA VILLA 2022
Rosso Docg - Barbera 100%
Alc. 14,5% | € 13 | Bt. 70.000 | Ferm. Acciaio | Mat. Acciaio 9 mesi
Tigelle e salumi.

GAVI DEL COMUNE DI GAVI 2022
Bianco Docg - Cortese 100%
Alc. 12,5% | € 16 | Bt. 25.000 | Ferm. Acciaio | Mat. Acciaio 6 mesi
Gnocchi alla sorrentina.

NIZZA RISERVA
2016 | 2017 | 2018

BARBERA D'ASTI SUPERIORE LE ROCCHETTE
2012

Tenuta Santa Caterina
(2000)

Esistono davvero luoghi speciali, che danno emozioni e lasciano dentro di noi ricordi indelebili, e Tenuta Santa Caterina è uno di questi. Un antico borgo che già nel 1737 era censito come tenuta agraria, e che nel 2000 la famiglia Alleva sottopone a un'imponente opera di restauro conservativo, seguendo criteri rispettosi di storia e paesaggio, ottenendo come risultato un vero e proprio capolavoro fatto di stile. I vigneti aziendali sono coltivati in piena ecosostenibilità, seguendo i principi di agricoltura simbiotica, le cui uve danno vita a vini precisi e d'eccellente qualità.

Via Marconi, 17 - 14035 Grazzano Badoglio (AT)
T. 0141 925108 | M. info@tenuta-santa-caterina.it
www.tenuta-santa-caterina.it

Viticoltura: In conversione al biologico
Ettari: 21 | **Bottiglie:** 60.000 | **Produzione olearia:** No
Proprietà: Guido Carlo Alleva
Cond. enologica: Mario Ronco
Cond. agronomica: Luciana Biondo
Vendita diretta: Sì | **Visite in azienda:** Sì

(91,5)

GRIGNOLINO D'ASTI MONFERACE 2018
Rosso Doc - Grignolino 100%
Alc. 15% | € 38 | Bt. 1.898 | Ferm. Legno e Acciaio | Mat. Legno 30 mesi
Granato luminoso. Decisi e raffinati intermezzi di confettura di fragole, ciliegie in alcol, arance amare, poi liquirizia nera, cioccolato fondente, tabacco dolce, erbe officinali e spezie orientali. Dimensione gustativa aristocratica, che unisce setose morbidezze a tannini coerenti e persistenze mai dome. Lepre in salmì.

MONFERRATO BIANCO SILENTE DELLE MARNE 2018
Bianco Doc - Chardonnay 100%
Alc. 13,5% | € 40 | Bt. 2.540 | Ferm. Legno | Mat. Legno 12 mesi
Pollo al curry.

BARBERA D'ASTI SUPERIORE SETECÀPITA 2018
Rosso Docg - Barbera 100%
Alc. 15,5% | € 29 | Bt. 2.262 | Ferm. Acciaio | Mat. Legno 20 mesi
Tagliata al pepe verde.

FREISA D'ASTI SUPERIORE SORÌ DI GIUL 2018
Rosso Doc - Freisa 100%
Alc. 14,5% | € 30 | Bt. 2.260 | Ferm. Acciaio | Mat. Legno 20 mesi
Castelmagno.

MONFERRATO NEBBIOLO SUPERIORE ILLEGALE 2020
Rosso Doc - Nebbiolo 100%
Alc. 14% | € 20 | Bt. 8.533 | Ferm. Acciaio | Mat. Legno 12 mesi
Straccetti di vitello al rosmarino.

MONFERRATO BIANCO SALIDORO 2021
Bianco Doc - Chardonnay 75%, Sauvignon 25%
Alc. 13,5% | € 18 | Bt. 5.800 | Ferm. Legno e Acciaio | Mat. Acciaio 9 mesi e Legno 9 mesi
Risotto con zucchine, fiori di zucca e zafferano.

GRIGNOLINO D'ASTI MONFERACE
2017

BARBERA D'ASTI SUPERIORE SETECÀPITA
2015 | 2016 | 2017

Tenuta Tamburnin
(2004)

Tra i tanti tesori che regala il nebbiolo, l'Albugnano è uno dei meno noti. Qui, dove la collina torinese si fonde con il basso Monferrato, la famiglia Gaidano crede da sempre in questa denominazione, tanto da proporne differenti versioni. L'ultimo nato, che esordisce con la vendemmia 2021, è il Carlin, dedicato a Carlo "ragazzo curioso di conoscere il mondo", come testimoniano i due grandi occhi che dominano le colorate etichette. Una versione fresca e immediata, che completa una gamma ricca e sfaccettata. Lascatevi contagiare anche voi dalla curiosità e scoprite questa denominazione.

Frazione Bardella, 4 - 14022 Castelnuovo Don Bosco (AT)
T. 011 9876225 | M. info@tamburnin.it
www.tamburnin.it

Viticoltura: Biologica certificata
Ettari: 9 | **Bottiglie:** 40.000 | **Produzione olearia:** No
Proprietà: Elena, Valeria e Claudia Gaidano
Cond. enologica: Gianpiero Gerbi
Cond. agronomica: Emilio Omedè
Vendita diretta: Sì | **Visite in azienda:** Sì

ALBUGNANO SUPERIORE 2019
Rosso Doc - Nebbiolo 100%
Alc. 14,5% | € 21 | Bt. 1.000 | Mat. Legno 28 mesi
Luminoso e classico granato. Naso di timida eleganza, sempre misurato e sussurrato: la bella progressione è fatta di spezie dolci, frutti rossi macerati, legni nobili, incenso, tabacco. Il sorso è equilibrato, con i tannini al centro della scena. Persistente e territoriale, conferma l'esperienza olfattiva. Medaglioni di cervo con riduzione di cottura.

ALBUGNANO 2020
Rosso Doc - Nebbiolo 100%
Alc. 14,5% | € 15 | Bt. 3.300 | Ferm. Acciaio | Mat. Legno 24 mesi
Risotto ai porcini.

BARBERA D'ASTI SUPERIORE LA MALANDRONA 2021
Rosso Docg - Barbera 100%
Alc. 15,5% | € 15 | Bt. 6.200 | Ferm. Acciaio | Mat. Acciaio 2 mesi e Legno 12 mesi
Pizzoccheri valtellinesi.

FREISA D'ASTI SUPERIORE LE 3 SEURI 2021
Rosso Doc - Freisa 100%
Alc. 13,5% | € 15 | Bt. 2.650 | Ferm. Legno | Mat. Acciaio 4 mesi e Legno 12 mesi
Terrina di coniglio.

ALBUGNANO CARLIN 2021
Rosso Doc - Nebbiolo 100%
Alc. 13,5% | € 13 | Bt. 4.000 | Mat. Acciaio 8 mesi
Storico Ribelle.

ALBUGNANO
2018 | 2019

BARBERA D'ASTI SUPERIORE LA MALANDRONA
2018 | 2020

Tenuta Tenaglia
(1600)

Durante il periodo invernale, capita a volte di assistere a scenari quasi surreali, e cioè di vedere il Sacro Monte di Crea e i vigneti circostanti sospesi sopra la bassa nebbia. Sono proprio i vigneti della Tenuta Tenaglia, a 450 metri sul livello del mare, disposti ad anfiteatro naturale, coltivati secondo criteri ecosostenibili e rigorosi di agricoltura integrata, a produrre uve perfettamente sane e pronte per essere trasformate in vini di qualità assoluta che rispecchiano la tradizione del Monferrato Casalese. La Tenuta offre anche tre appartamenti per rilassanti soggiorni di charme.

Strada Santuario di Crea, 5 - 15020 Serralunga di Crea (AL)
T. 0142 940252 | M. info@latenaglia.com
www.tenutatenaglia.it

Viticoltura: Certificazione SQNPI
Ettari: 17 | **Bottiglie:** 100.000 | **Produzione olearia:** No
Proprietà: Sabine Ehrmann
Cond. enologica: Roberto Imarisio
Cond. agronomica: Davide Ferrarese
Vendita diretta: Sì | **Visite in azienda:** Sì

BARBERA D'ASTI GIORGIO TENAGLIA 2019
Rosso Docg - Barbera 100%
Alc. 14,5% | € 18 | Bt. 9.982 | Ferm. Acciaio | Mat. Legno 12 mesi
Carminio scuro e compatto. Il naso conduce a nere ciliegie, more mature, amarene sciroppate, a speziature di pepe nero, chiodi di garofano, bacche di ginepro, per chiudere con tabacco dolce e gommosa di liquirizia. L'assaggio è lineare e composto nell'evidenziare setose morbidezze, tannini garbati e tanta freschezza. Guanciale di manzo in umido con polenta.

BARBERA D'ASTI SUPERIORE EMOZIONI 2018
Rosso Docg - Barbera 100%
Alc. 14,5% | € 35 | Bt. 3.209 | Ferm. Acciaio | Mat. Legno 12 mesi
Medaglioni di cervo con riduzione di cottura.

GRIGNOLINO DEL MONFERRATO CASALESE MONFERACE 2018
Rosso Doc - Grignolino 100%
Alc. 14,5% | € 30 | Bt. 1.500 | Ferm. Acciaio | Mat. Legno 30 mesi
Pappardelle con funghi porcini.

BARBERA DEL MONFERRATO SUPERIORE 1930 UNA BUONA ANNATA 2018
Rosso Docg - Barbera 100%
Alc. 14,5% | € 35 | Bt. 4.506 | Ferm. Acciaio | Mat. Legno 12 mesi
Agnolotti al sugo di carne.

OTIUM 2022
Bianco - Timorasso 34%, Chardonnay 33%, Sémillon 33%
Alc. 13% | € 11 | Bt. 3.869 | Ferm. Acciaio | Mat. Acciaio 4 mesi
Riso, cozze e zafferano.

GRIGNOLINO DEL MONFERRATO CASALESE 2022
Rosso Doc - Grignolino 100%
Alc. 14% | € 13 | Bt. 6.194 | Ferm. Acciaio | Mat. Acciaio 5 mesi
Vitello tonnato.

BARBERA D'ASTI GIORGIO TENAGLIA
2016

GRIGNOLINO DEL MONFERRATO CASALESE MONFERACE
2015

Tenute Guardasole
(1993)

Ci godiamo con soddisfazione i vini di Marco Bui prodotti sulle colline di Grignasco, uno dei cinque comuni di produzione del Boca. Vini che bene interpretano la personalità dei vitigni che su queste colline trovano un suolo e un clima ideale per esprimere carattere e complessità. Un Boca ricco e complesso nelle sue sfaccettature fruttate e balsamiche. Il Pio Decimo, rosso ottenuto da vari vitigni, fresco e delicato, dedicato al Papa che, quando era ancora cardinale di Venezia, ne apprezzò la bontà. Il Virgilio, dedicato al vecchio proprietario della vigna si propone con finezza e eleganza.

Frazione Isella, 35 - 28075 Grignasco (NO)
T. 347 7638601 | M. info@tenuteguardasole.com
www.tenuteguardasole.com

Viticoltura: Biologica
Ettari: 2 | **Bottiglie:** 8.000 | **Produzione olearia:** No
Proprietà: Marco Bui
Cond. enologica: Marco Bui
Cond. agronomica: Marco Bui
Vendita diretta: Sì | **Visite in azienda:** Sì

BOCA 2019
Rosso Doc - Nebbiolo 80%, Vespolina 20%
Alc. 14% | € 34 | Bt. 3.000 | Ferm. Acciaio | Mat. Legno 34 mesi
Granato cristallino con riflessi carminio. All'olfatto è copioso e denso di profumi. Abbondanza di confetture di frutti rossi ma anche di agrumi, chinotto e arancia amara deliziosa e intrigante, con sbuffi balsamici e speziati di zenzero. Al palato è robusto, morbido, con solida struttura tannica e piacevole freschezza. Filetto di scottona in sfoglia.

PIO DECIMO 2021
Rosso - Nebbiolo 100%
Alc. 13% | € 22 | Bt. 1.200 | Ferm. Acciaio | Mat. Legno 18 mesi
Risotto al radicchio tardivo.

VIRGILIO 2021
Rosso - Vespolina 50%, Nebbiolo 30%, Dolcetto 20%
Alc. 12,5% | € 18 | Bt. 1.200 | Ferm. Acciaio | Mat. Acciaio 6 mesi e Legno 18 mesi
Coniglio al forno con funghi.

BOCA
2018

PIO DECIMO
2020

Tenute Sella
(1671)

Siamo al centro della storia del vino delle colline biellesi: Lessona e Bramaterra. Come non citare l'operato della famiglia Sella quando si racconta la storia della viticoltura di questo nobile territorio. Come non fare riferimento a Mario Soldati quando nel suo libro, Vino al Vino, racconta della sua visita alla villa di famiglia sulla collina di San Sebastiano. Ebbene, sorseggiare un eccellente Lessona o un Bramaterra senza andare con la memoria alla storia e al territorio di questi vini ci priverebbe del piacere di comprenderlo e apprezzarlo nelle sue sfaccettature più intime e suggestive.

Via IV Novembre, 130 - 13853 Lessona (BI)
T. 015 99455 | M. info@tenutesella.it
www.tenutesella.it

Viticoltura: Convenzionale
Ettari: 23 | **Bottiglie:** 70.000 | **Produzione olearia:** No
Proprietà: Famiglia Sella
Cond. enologica: Riccardo Giovannini
Cond. agronomica: Riccardo Giovannini
Vendita diretta: Sì | **Visite in azienda:** Sì

92

LESSONA SAN SEBASTIANO ALLO ZOPPO 2015
Rosso Doc - Nebbiolo 85%, Vespolina 15%
Alc. 13% | € 40 | Bt. 4.000 | Ferm. Acciaio | Mat. Acciaio 6 mesi e Legno 36 mesi
Lessona cangiante di erbe officinali e balsamiche, salvia, elicriso e menta, ricordi fruttati di pesca e uva spina, sentori chiari e luminosi che incontrano spezie delicate di noce moscata e pepe bianco. Al sorso è giocato sulla freschezza, sapido ed equilibrato con architettura tannica mirabile e solida. Filetto al pepe verde.

BRAMATERRA I PORFIDI 2014
Rosso Doc - Nebbiolo 75%, Croatina 15%, Vespolina 10%
Alc. 13% | € 40 | Bt. 4.000 | Ferm. Acciaio | Mat. Acciaio 6 mesi e Legno 40 mesi
Cappellacci di zucca.

LESSONA 2016
Rosso Doc - Nebbiolo 85%, Vespolina 15%
Alc. 13,5% | € 24 | Bt. 4.000 | Ferm. Acciaio | Mat. Acciaio 6 mesi e Legno 24 mesi
Arrosto di pollo ripieno.

PIEMONTE BIANCO PIANDORO 2022
Bianco Doc - Erbaluce 60%, Riesling renano 40%
Alc. 13,5% | € 14 | Bt. 5.000 | Ferm. Acciaio | Mat. Acciaio 6 mesi
Branzino al sale su letto di patate.

COSTE DELLA SESIA ROSATO MAJOLI 2022
Rosato Doc - Nebbiolo 100%
Alc. 13% | € 14 | Bt. 4.000 | Ferm. Acciaio | Mat. Acciaio 5 mesi
Sarde a beccafico.

COSTE DELLA SESIA ROSSO ORBELLO 2022
Rosso Doc - Nebbiolo 50%, Barbera 20%, Croatina 15%, Vespolina 10%, Cabernet sauvignon 5%
Alc. 13% | € 14 | Bt. 4.000 | Ferm. Acciaio | Mat. Acciaio 6 mesi e Legno 12 mesi
Lasagnette con ragù di coniglio e crema di piselli.

LESSONA SAN SEBASTIANO ALLO ZOPPO
2010 | 2012 | 2013

BRAMATERRA I PORFIDI
2010

Tibaldi
(2014)

La piccola produzione delle sorelle Monica e Daniela Tibaldi è una delle più interessanti novità della zona del Roero. Un successo dato dal loro contaminante entusiasmo ma anche dall'impegno profuso alla ricerca della migliore qualità. I vini sono precisi, concreti, molto eleganti. A partire dalla Riserva di Arneis Bricco delle Passere, raffinata e leggiadra, agli ottimi Favorita e Arneis d'annata fino allo spumante Ritastè da uve arneis, sorprendente e sbarazzino. Purtroppo non ancora pronto il Roero Roccapalea del 2020. Insomma, da Pocapaglia una bellissima conferma. Avanti così.

Strada San Giacomo, 49 - 12060 Pocapaglia (CN)
T. 0172 246424 | M. info@cantinatibaldi.com
www.cantinatibaldi.com

Viticoltura: Biologica
Ettari: 10 | **Bottiglie:** 45.000 | **Produzione olearia:** No
Proprietà: Famiglia Tibaldi
Cond. enologica: Daniela Tibaldi, Monica Tibaldi
Cond. agronomica: Daniela Tibaldi, Monica Tibaldi
Vendita diretta: Sì | **Visite in azienda:** Sì

ROERO ARNEIS BRICCO DELLE PASSERE RISERVA 2021
Bianco Docg - Arneis 100%
Alc. 13% | € 24 | Bt. 2.800 | Ferm. Acciaio | Mat. Acciaio 10 mesi
Un Arneis di valore, dai profumi freschi di erbe aromatiche, frutta bianca e infusi. Naso terso e d'impeccabile definizione. Al gusto conquista per sapore e giusta proporzione, finale persistente e fruttato. Fritto di paranza.

ROERO ARNEIS RITASTÈ PAS DOSÉ 2016
Bianco Docg Metodo Classico - Arneis 100%
Alc. 12% | € 26 | Bt. 600 | Ferm. Acciaio | 40 mesi sui lieviti
Zuppa di pesce.

ROERO ARNEIS 2022
Bianco Docg - Arneis 100%
Alc. 13,5% | € 15 | Bt. 18.000 | Ferm. Acciaio | Mat. Acciaio 6 mesi
Linguine all'astice.

LANGHE FAVORITA 2022
Bianco Doc - Favorita 100%
Alc. 13,5% | € 15 | Bt. 5.000 | Ferm. Acciaio | Mat. Acciaio 6 mesi
Frittata di cipolle.

BARBERA D'ALBA 2021
Rosso Doc - Barbera 100%
Alc. 14,5% | € 20 | Bt. 6.100 | Ferm. Acciaio | Mat. Acciaio 7 mesi
Tajarin al tartufo bianco d'Alba.

ROERO ARNEIS RISERVA BRICCO DELLE PASSERE
2020

ROERO ROCCAPALEA
2019

Torraccia del Piantavigna
(1997)

Torraccia del Piantavigna è un importante realtà del territorio che abbraccia due importanti denominazioni: Ghemme e Gattinara. Le famiglie Francoli e Ponti hanno in Mattia Donna un collaboratore preparato e dinamico, capace di sviluppare sinergia tra i vari attori della filiera del vino. Produrre un vino buono oggi non è difficile, un po' più complicato è comunicare un vino di territorio particolare che nasce da un vitigno nobile, ma non tra i più facili. La sfida è la certezza che tutta l'azienda sia consapevole di questa peculiarità e si impegni per approfondirla sempre più.

Via Romagnano, 20 - 28074 Ghemme (NO)
T. 0163 840040 | M. info@torracciadelpiantavigna.it
www.torracciadelpiantavigna.it

Viticoltura: A basso impatto ambientale
Ettari: 39 | **Bottiglie:** 250.000 | **Produzione olearia:** No
Proprietà: Alessandro Francoli e Giacomo Ponti
Cond. enologica: Leonardo Valenti, Mattia Donna
Cond. agronomica: Mattia Donna
Vendita diretta: Sì | **Visite in azienda:** Sì

(91,5)
GHEMME VIGNA PELIZZANE 2016
Rosso Docg - Nebbiolo 100%
Alc. 14,5% | € 60 | Bt. 6.160 | Ferm. Acciaio | Mat. Legno 48 mesi
Granato. Al copioso irrompere di rosa e lillà risponde una ficcante intensità agrumata di chinotto e arancia amara e una sfumatura minerale ferrigna che evolve in spezie balsamiche. Caldo e ricco di gusto, tenace il tannino corredato da vivida e prolungata freschezza. Piccione al forno con cipollotti.

GATTINARA RISERVA 2017
Rosso Docg - Nebbiolo 100%
Alc. 14% | € 60 | Bt. 5.000 | Ferm. Acciaio | Mat. Acciaio 5 mesi e Legno 48 mesi
Costoletta di vitello alla milanese.

COLLINE NOVARESI BIANCO ERBAVOGLIO 2022
Bianco Doc - Erbaluce 100%
Alc. 13% | € 13 | Bt. 20.000 | Ferm. Acciaio | Mat. Acciaio 6 mesi
Stracciatella di bufala.

COLLINE NOVARESI ROSATO BARLÀN 2022
Rosato Doc - Nebbiolo 100%
Alc. 12,5% | € 14 | Bt. 16.000 | Ferm. Acciaio | Mat. Acciaio 6 mesi
Pizza con fiordilatte e prosciutto crudo.

COLLINE NOVARESI VESPOLINA LA MOSTELLA 2020
Rosso Doc - Vespolina 100%
Alc. 12,5% | € 14 | Bt. 2.800 | Ferm. Acciaio
Vellutata di patate e porri.

GHEMME VIGNA PELIZZANE
2008 | 2011 | 2015

GATTINARA
2016 | 2017 | 2018

Travaglini
(1958)

Travaglini è sinonimo di Gattinara, fama guadagnata sul campo per l'impegno e la determinazione nel credere in un territorio che da sempre ha, nella produzione del vino, un punto di forza. Erede di Giancarlo, Cinzia porta avanti con passione e determinazione l'azienda, insieme al marito Massimo e alle due figlie Alessia e Carolina. Ogni anno, importanti investimenti in cantina e in vigna, fatti per migliorare costantemente la qualità. Quest'anno accanto alle classiche tipologie di Gattinara propongono una versione del Sogno, da uve appassite di notevole livello, ricco e suadente.

Via delle Vigne, 36 - 13045 Gattinara (VC)
T. 0163 833588 | M. amministrazione@travaglinigattinara.it
www.travaglinigattinara.it

Viticoltura: Convenzionale
Ettari: 118 | **Bottiglie:** 250.000 | **Produzione olearia:** No
Proprietà: Cinzia Travaglini
Cond. enologica: Massimo Collauto, Sergio Molino
Cond. agronomica: Massimo Collauto
Vendita diretta: Sì | **Visite in azienda:** Sì

(92)
GATTINARA RISERVA 2018
Rosso Docg - Nebbiolo 100%
Alc. 13,5% | € 40 | Bt. 30.000 | Ferm. Acciaio | Mat. Acciaio 6 mesi e Legno 40 mesi
Granato limpido, precisa l'espressione balsamica che subito emerge dal calice, di erbe, sottobosco, spezie dolci, radici con cenno di tostatura nobile. Lentamente subentrano confettura di mora e marasca. Sapore netto e austero per la ricca dotazione fresco-tannica che garantisce un grande avvenire. Carré di maiale con spinaci.

GATTINARA TRE VIGNE 2019
Rosso Docg - Nebbiolo 100%
Alc. 13,5% | € 36 | Bt. 23.000 | Ferm. Acciaio | Mat. Acciaio 6 mesi e Legno 36 mesi
Camoscio in umido.

IL SOGNO 2019
Rosso - Nebbiolo 100%
Alc. 15,5% | € 60 | Bt. 3.800 | Ferm. Acciaio | Mat. Acciaio 4 mesi e Legno 46 mesi
Lepre in salmì.

GATTINARA 2020
Rosso Docg - Nebbiolo 100%
Alc. 13,5% | € 26 | Bt. 170.000 | Ferm. Acciaio | Mat. Acciaio 6 mesi e Legno 30 mesi
Mocetta di camoscio.

NEBOLÉ DOSAGGIO ZERO 2018
Bianco Metodo Classico - Nebbiolo 100%
Alc. 12,5% | € 45 | Bt. 4.000 | Ferm. Acciaio | Mat. Acciaio 8 mesi
48 mesi sui lieviti
Catalana di crostacei.

COSTE DELLA SESIA NEBBIOLO 2022
Rosso Doc - Nebbiolo 100%
Alc. 13,5% | € 16 | Bt. 22.000 | Ferm. Acciaio | Mat. Acciaio 4 mesi e Legno 10 mesi
Minestra di lenticchie.

GATTINARA RISERVA
2012 | 2015 | 2016

GATTINARA TRE VIGNE
2013 | 2014 | 2018

Trediberri
(2011)

Con l'annata 2019 il Barolo Classico rivendica la menzione Berri di La Morra, vigne di altitudine che rivelano la dimensione di freschezza e finezza il loro tratto distintivo. Super il Barolo Rocche dell'Annunziata, frutto di un'annata eccellente, un vino di carattere estremamente elegante. La Barbera d'Alba si offre ricca di frutto e molto godibile al sorso, seguita da un Langhe Nebbiolo profumato e sapido. Un percorso virtuoso quello di questa cantina di La Morra che negli anni ha saputo fidelizzare gli appassionati del Barolo offrendone un'immagine fedele e autentica.

Località Torriglione, 4 - 12064 La Morra (CN)
T. 339 1605470 | M. info@trediberri.com
www.trediberri.com

Viticoltura: Biologica certificata
Ettari: 8 | **Bottiglie:** 50.000 | **Produzione olearia:** No
Proprietà: Nicola e Federico Oberto, Vladimiro Rambaldi
Cond. enologica: Federico Oberto
Cond. agronomica: Federico Oberto
Vendita diretta: Sì | **Visite in azienda:** Sì

(92)
BAROLO ROCCHE DELL'ANNUNZIATA 2019
Rosso Docg - Nebbiolo 100%
Alc. 13,5% | € 50 | Bt. 5.000 | Ferm. Legno | Mat. Legno 23 mesi
Rosso granato, inizialmente schivo, lento nella proposta floreale che svela elegie speziate di chiodi di garofano, caramella di liquirizia e cenni di canfora. Erbe officinali e poi il frutto, bello e polposo di ciliegia e susina. Palato ricco, sostenuto da una fitta trama tannica solidale con la netta freschezza. Costata di cavallo con patate al rosmarino.

BAROLO BERRI 2019
Rosso Docg - Nebbiolo 100%
Alc. 14% | € 35 | Bt. 10.000 | Ferm. Legno | Mat. Legno 24 mesi
Fettuccine al ragù d'agnello.

LANGHE NEBBIOLO 2022
Rosso Doc - Nebbiolo 100%
Alc. 14% | € 20 | Bt. 37.000 | Ferm. Acciaio | Mat. Acciaio 6 mesi
Castelmagno.

BARBERA D'ALBA 2022
Rosso Doc - Barbera 100%
Alc. 14,5% | € 15 | Bt. 9.000 | Ferm. Cemento | Mat. Cemento 6 mesi
Lasagne alla bolognese.

BAROLO DEL COMUNE DI LA MORRA
2018

LANGHE NEBBIOLO
2018 | 2020 | 2021

Vajra
(1972)

La ricerca della qualità è l'obiettivo che ha animato fin dall'inizio il lavoro di Aldo e Milena e che oggi è portato avanti con la stessa determinazione e volontà dai figli Giuseppe, Francesca e Isidoro. Non solo la ricerca della perfezione nel vino ma anche della bellezza nelle cose che circondano il mondo della produzione e del commercio. La bellezza di una cantina ospitale e funzionale, la bellezza dei rapporti umani e la bellezza di un dialogo alto e profondo nelle conversazioni. Ecco che il vino in questo contesto abbandona l'effimero per divenire il vero simbolo del territorio.

Via delle Viole, 25 - 12060 Barolo (CN)
T. 0173 56257 | M. welcome@gdvajra.it
www.gdvajra.it

Viticoltura: Biologica
Ettari: 80 | **Bottiglie:** 500.000 | **Produzione olearia:** No
Proprietà: Famiglia Vaira
Cond. enologica: Giuseppe Vaira, Aldo Vaira
Cond. agronomica: Aldo Vaira, Isidoro Vaira
Vendita diretta: Sì | **Visite in azienda:** Sì

(95)
BAROLO BRICCO DELLE VIOLE 2019
Rosso Docg - Nebbiolo 100%
Alc. 14% | € 90 | Ferm. Acciaio | Mat. Legno 36 mesi
Bricco Viole di rara eleganza, complesso nell'espressione floreale e fruttata. Classicità di rosa e viola, fragolina matura e ciliegia carnosa. Erbe officinali e caramella di liquirizia. Superbo al sorso, proporzionato nel dolce e dinamico tannino e nella lunga e sapida persistenza. Filetto di bue con salsa di Roquefort.

(94)
BAROLO RAVERA 2019
Rosso Docg - Nebbiolo 100%
Alc. 14% | € 80 | Ferm. Acciaio | Mat. Legno 30 mesi
Luminoso, esemplare nella dotazione di fiori freschi e smaglianti, scie vegetali e piccoli frutti che creano sinergia in bocca. Deliziosamente fresco e sapido, tannino serico, lunga persistenza. Capretto arrosto alle erbe aromatiche.

(93,5)
BAROLO COSTE DI ROSE 2019
Rosso Docg - Nebbiolo 100%
Alc. 14% | € 70 | Ferm. Acciaio | Mat. Legno 30 mesi
Magnifico nel colore e all'olfatto, regala tocchi balsamici e copiosa confettura di mora e susina, fitta speziatura di cannella ed erbe officinali. Bocca gustosa e sapida, signorile e intrigante il tannino. Lasagnette al ragù di faraona e asparagi.

BAROLO ALBE 2019
Rosso Docg - Nebbiolo 100%
Alc. 14% | € 36 | Ferm. Acciaio | Mat. Legno 30 mesi
Bollito misto con salse.

DOLCETTO D'ALBA COSTE E FOSSATI 2022
Rosso Doc - Dolcetto 100%
Alc. 14% | € 20 | Ferm. Acciaio | Mat. Legno 12 mesi
Pappardelle al ragù di cinghiale.

LANGHE FREISA KYÈ 2020
Rosso Doc - Freisa 100%
Alc. 14,5% | € 25 | Ferm. Acciaio | Mat. Legno 26 mesi
Trippa in umido.

BAROLO BRICCO DELLE VIOLE
2016 | 2017 | 2018

BAROLO RAVERA
2017 | 2018

Mauro Veglio
(1992)

Cade una pioggia di Viti sulla cantina di Mauro Veglio, che ci presenta una serie di Barolo di altissimo profilo, interpretando al meglio la superba vendemmia del 2019. Sono i soliti Paiagallo e Castelletto a guidare la gamma, ma grande espressione e armonia la troviamo anche nelle altre etichette, confermando un cambio di passo decisivo iniziato qualche anno fa con l'ingresso in azienda del nipote Alessandro. Molto buoni risultano anche i vini quotidiani, che anche se non recensiti riescono a comunicare costantemente qualità e precisione da vendere. Cantina da visitare.

Frazione Annunziata, 50 - 12064 La Morra (CN)
T. 0173 509212 | M. mauroveglio@mauroveglio.com
www.mauroveglio.com

Viticoltura: Convenzionale
Ettari: 24 | **Bottiglie:** 115.000 | **Produzione olearia:** No
Proprietà: Mauro Veglio
Cond. enologica: Mauro Veglio, Alessandro Veglio
Cond. agronomica: Mauro Veglio, Alessandro Veglio
Vendita diretta: Sì | **Visite in azienda:** Sì

(93,5)
BAROLO PAIAGALLO 2019
Rosso Docg - Nebbiolo 100%
Alc. 14,5% | € 75 | Bt. 4.000 | Ferm. Acciaio | Mat. Acciaio 8 mesi e Legno 24 mesi
Barolo molto elegante, dal naso succoso di frutta rossa e tanti fiori. Si avvertono la fragola e la ciliegia fresca, la rosa e la viola, corredate da, profonde note di frutti macerati. La bocca è buona e precisa, lunga e molto equilibrata. Ottimo. Costolette d'agnello alle erbe.

(93)
BAROLO CASTELLETTO 2019
Rosso Docg - Nebbiolo 100%
Alc. 14,5% | € 50 | Bt. 6.500 | Ferm. Acciaio | Mat. Legno 24 mesi
Naso terso di frutta rossa purissima, succo di ciliegia, fragola macerata, lampone croccante poi erbe di montagna, menta, pepe bianco e cioccolatino: un naso seducente che invoglia alla beva, vigorosa ma equilibrata, lunga e gustosa. Non sprecarlo prima del 2030. Guanciale di vitello alle erbe aromatiche.

(91)
BAROLO GATTERA 2019
Rosso Docg - Nebbiolo 100%
Alc. 14% | € 50 | Bt. 9.000 | Ferm. Acciaio | Mat. Acciaio 12 mesi e Legno 24 mesi
Gattera vigoroso: erbe e paglia, foglie secche e menta ma anche tanta ciliegia e frutti rossi. Al gusto è importante ma molto puntuale con chiusura fruttata e sfumata nei tannini. Oca arrosto.

BAROLO ARBORINA 2019
Rosso Docg - Nebbiolo 100%
Alc. 14,5% | € 50 | Bt. 6.500 | Ferm. Acciaio | Mat. Legno 24 mesi
Pernici farcite.

BAROLO DEL COMUNE DI SERRALUNGA 2019
Rosso Docg - Nebbiolo 100%
Alc. 14,5% | € 40 | Ferm. Acciaio | Mat. Acciaio 8 mesi e Legno 24 mesi
Stinco d'agnello al forno.

BARBERA D'ALBA CASCINA NUOVA 2021
Rosso Doc - Barbera 100%
Alc. 15% | € 30 | Bt. 6.500 | Ferm. Acciaio | Mat. Acciaio 3 mesi e Legno 18 mesi. Grana Padano Riserva.

BAROLO CASTELLETTO
2015 | 2017 | 2018

BAROLO PAIAGALLO
2016 | 2018

Eraldo Viberti
(1987)

Dopo un anno sabbatico, riaccogliamo con piacere Eraldo Viberti. L'anno scorso i suoi campioni non erano arrivati in tempo, ed è un peccato quando manca all'appello un protagonista così "territoriale". Perché i vini di Viberti son specchi fedelissimi dei terroir lamorresi. Dei cru presentati, abbiamo preferito l'accogliente Rocchettevino, MGA con prevalente esposizione a est, proprio sotto il borgo di La Morra, su quel tratto di collina che precede l'Arborina, rispetto al pur valido Roncaglie, quasi al confine con Verduno. E nessuno trascuri il Barolo del comune di La Morra: un nebbiolo vero.

Borgata Tetti, 53 - Frazione Santa Maria - 12064 La Morra (CN)
T. 0173 50308 | M. info@eraldoviberti.it
www.eraldoviberti.it

Viticoltura: Biologica certificata
Ettari: 6,5 | **Bottiglie:** 30.000 | **Produzione olearia:** No
Proprietà: Eraldo Viberti
Cond. enologica: Eraldo Viberti
Cond. agronomica: Eraldo Viberti
Vendita diretta: Sì | **Visite in azienda:** Sì

BAROLO ROCCHETTEVINO 2019
Rosso Docg - Nebbiolo 100%
Alc. 15% | € 30 | Bt. 2.000 | Ferm. Acciaio | Mat. Acciaio 6 mesi e Legno 24 mesi
Granato. Al naso mette in campo una suggestiva galassia olfattiva, incentrata su profumi di frutti rossi macerati, violetta, noce moscata, chiodi di garofano, tratti ferrigni e balsamici. Sorso caldo, generoso nei tannini e nella lunga scia fruttata. Puro esprit lamorrese. Filetto di manzo in crosta alle erbette.

BAROLO RONCAGLIE 2019
Rosso Docg - Nebbiolo 100%
Alc. 14,5% | € 40 | Bt. 3.000 | Ferm. Acciaio | Mat. Legno 18 mesi
Guancia di vitello in umido.

BAROLO DEL COMUNE DI LA MORRA 2019
Rosso Docg - Nebbiolo 100%
Alc. 14,5% | € 25 | Bt. 6.000 | Ferm. Acciaio | Mat. Legno 18 mesi
Faraona arrosto con salsa di frutti di bosco.

BAROLO ROCCHETTEVINO
2017

BAROLO RONCAGLIE
2015 | 2017

Giacomo Vico
(1899)

Molto spesso si abusa del termine "storico", in tempi dove tutto corre veloce e anche 10 anni paiono un'eternità. Ma in questo caso l'aggettivo è più che adeguato, visto che la famiglia Vico vendeva vino – in piccole botti da 300 e 500 litri – già alla fine dell'800. E se è vero che tutto si evolve e la cantina storica è stata ampliata e riammodernata anche per venire incontro a esigenze di sostenibilità, i vini rimangono classici e identitari, liberi da mode e tendenze, fedeli solo a territorio e qualità. I nostri assaggi, anno dopo anno, continuano a dar loro ragione.

Via Torino, 82 - 12043 Canale (CN)
T. 0173 979126 | M. info@giacomovico.it
www.giacomovico.it

Viticoltura: Convenzionale
Ettari: 10,5 | **Bottiglie:** 70.000 | **Produzione olearia:** No
Proprietà: Corrado Vico
Cond. enologica: Gianfranco Cordero, Gianpiero Gerbi
Cond. agronomica: Simone Veglio
Vendita diretta: Sì | **Visite in azienda:** Sì

(92)

ROERO BRICCO PATARRONE 2018
Rosso Docg - Nebbiolo 100%
Alc. 14,5% | € 25 | Bt. 2.000 | Ferm. Acciaio | Mat. Legno 24 mesi
Rosso granato compatto. Naso scuro e fitto, giocato tra continui rimandi a frutta rossa in confettura, spezie anche esotiche, soffi balsamici, sottobosco, cioccolato, incenso e grafite. L'assaggio lo vede potente, dal tannino vigoroso ma sempre equilibrato grazie alla gustosa sapidità e a una bella freschezza. Risotto con le quaglie.

NEBBIOLO D'ALBA 2018
Rosso Doc - Nebbiolo 100%
Alc. 14% | € 19 | Bt. 3.000 | Ferm. Acciaio | Mat. Legno 18 mesi
Spezzatino di manzo.

LANGHE CHARDONNAY 2021
Bianco Doc - Chardonnay 100%
Alc. 13,5% | € 19 | Bt. 3.000 | Ferm. Legno | Mat. Legno 12 mesi
Rombo al forno con patate e carciofi.

ROERO ARNEIS RISERVA 2020
Bianco Docg - Arneis 100%
Alc. 13,5% | € 20 | Bt. 2.000 | Mat. Legno 18 mesi
Pollo alle mandorle e curcuma.

BARBERA D'ALBA 2021
Rosso Doc - Barbera 100%
Alc. 14% | € 14 | Bt. 4.000 | Ferm. Acciaio | Mat. Legno 12 mesi
Bucatini all'amatriciana.

ROERO ARNEIS 2022
Bianco Docg - Arneis 100%
Alc. 13% | € 17 | Bt. 7.000 | Ferm. Acciaio | Mat. Acciaio 6 mesi
Linguine allo scoglio.

NEBBIOLO D'ALBA VALMAGGIORE
2017

ROERO ARNEIS BRICCO AL PASCOLO RISERVA
2018

Luigi Vico
(2016)

È da apprezzare l'instancabile opera di Luigi Vico che, diventato vignaiolo nel 2016, non ha perso un istante per lavorare alla promozione del suo vino e di quello del suo comune: Serralunga d'Alba. Nel locale di sua proprietà, una splendida terrazza sui vigneti, si godono le sue eccellenze (Barolo Prapò su tutti) ma anche quelle degli altri colleghi produttori, interpreti di un territorio straordinario. Dai 2019, poche nuove: vini buonissimi, come sempre espressivi, profondi e dotati di grande equilibrio e finezza. Oltre ai Barolo segnaliamo anche un ottimo Moscato d'Asti. Da visitare!

Via XX Settembre, 13 - 12050 Serralunga d'Alba (CN)
| M. pr@luigivico.it
www.serralungacasamia.it

Viticoltura: Biologica
Ettari: 2,1 | **Bottiglie:** 10.000 | **Produzione olearia:** No
Proprietà: Luigi Vico
Cond. enologica: Davide Rosso, Alessandro Baglio
Cond. agronomica: Staff aziendale
Vendita diretta: Sì | **Visite in azienda:** Sì

BAROLO PRAPÒ 2019
Rosso Docg - Nebbiolo 100%
Alc. 14% | € 60 | Bt. 3.300 | Ferm. Cemento | Mat. Legno 24 mesi
Prapò fine e delizioso, ricco di frutta rossa, fragole e fragoline, ribes, violetta e rosa, leggero mentolo e cioccolatino. La bocca ha pari valore, è gustosa, ricca, bilanciata nel sapore e nei tannini. Dal 2030. Buonissimo. Filetto di scottona in sfoglia.

BAROLO DEL COMUNE DI SERRALUNGA 2019
Rosso Docg - Nebbiolo 100%
Alc. 14% | € 38 | Bt. 2.200 | Ferm. Acciaio | Mat. Legno 24 mesi
Lepre alla cacciatora.

MOSCATO D'ASTI ECHINOPSIS MIRABILIS 2022
Bianco Docg Frizzante Dolce - Moscato bianco 100%
Alc. 5,5% | € 13 | Bt. 3.200 | Ferm. Acciaio
Torta meringata.

LANGHE NEBBIOLO NE BIS IN IDEM 2021
Rosso Doc - Nebbiolo 100%
Alc. 13,5% | € 20 | Bt. 2.500 | Ferm. Acciaio | Mat. Legno 8 mesi
Ravioli di germano con foie gras.

BAROLO PRAPÒ
2016 | 2017 | 2018

BAROLO DEL COMUNE DI SERRALUNGA
2016 | 2017 | 2018

Vietti
(1873)

A gennaio Luca Currado ed Elena Penna hanno lasciato l'azienda Vietti. Il grande marchio del vino, conosciuto in tutto il mondo e di proprietà dal 2016 di Kyle Krause proseguirà così la produzione con lo staff esistente forte di uno stato di salute invidiabile. Altissima la reputazione di questa cantina di Castiglione Falletto che anche quest'anno non smentisce il proprio Dna e ci emoziona con succose Barbera, un notevole Timorasso e straordinari Barolo. Vini che parlano di territorio, di eleganza e di espressione: una lingua tanto cara agli appassionati. Al vertice.

Piazza Vittorio Veneto, 5 - 12060 Castiglione Falletto (CN)
T. 0173 62825 | M. info@vietti.com
www.vietti.com

Viticoltura: Biologica certificata
Ettari: 75 | **Bottiglie:** 500.000 | **Produzione olearia:** No
Proprietà: Gruppo Krause
Cond. enologica: Staff aziendale
Cond. agronomica: Gian Piero Romana
Vendita diretta: No | **Visite in azienda:** Sì

(95,5)
BAROLO RAVERA 2019
Rosso Docg - Nebbiolo 100%
Alc. 14% | € 210 | Bt. 10.000 | Ferm. Acciaio | Mat. Legno 30 mesi
Unisce eleganza a vigore. Ha naso molto fine, mentolato, terso nelle note di violetta e fragola, ribes, ciliegia, agrume e scorza d'arancia. La bocca è potente, con tannino vivace e lunga e rigorosa persistenza. Dal 2035. Grigliata di carne con salsa barbecue.

(95)
BAROLO MONVIGLIERO 2019
Rosso Docg - Nebbiolo 100%
Alc. 14% | € 210 | Bt. 10.000 | Ferm. Acciaio | Mat. Legno 24 mesi
Impronta floreale straordinaria con innesti di frutta rossa dolce e di grande definizione: fiori freschi, geranio, ribes, succo di melagrana, cola, violetta, gelatina di frutta. Al gusto tanto equilibrio che non manca di corpo e prestanza. Finanziera.

(94,5)
BAROLO ROCCHE DI CASTIGLIONE 2019
Rosso Docg - Nebbiolo 100%
Alc. 14,5% | € 210 | Bt. 3.600 | Ferm. Acciaio | Mat. Legno 30 mesi
Tanta dolcezza e frutta rossa, presenze dolci e suadenti, dalla viola alla fragola macerata, ciliegia e succo di frutta. Generosità anche al gusto, sostanzioso e con tanta precisione tannica e lunghezza. Super. Medaglioni di cervo con riduzione di cottura.

(93)
BAROLO CEREQUIO 2019
Rosso Docg - Nebbiolo 100%
Alc. 14% | € 210 | Bt. 4.900 | Ferm. Acciaio | Mat. Legno 30 mesi
Agnello al forno al rosmarino.

(91)
BAROLO BRUNATE 2019
Rosso Docg - Nebbiolo 100%
Alc. 14,5% | € 210 | Bt. 4.500 | Ferm. Acciaio | Mat. Legno 30 mesi
Bocconcini di cinghiale con salsa di prugne.

BAROLO LAZZARITO 2019
Rosso Docg - Nebbiolo 100%
Alc. 14,5% | € 210 | Bt. 10.500 | Ferm. Acciaio | Mat. Legno 30 mesi
Beccacce allo spiedo.

BAROLO CEREQUIO
2018

BAROLO RAVERA
2015 | 2017 | 2018

Gian Paolo Viglione Generaj
(1947)

"Generaj" in piemontese è il generale. E proprio "general" veniva chiamato un antenato della famiglia, classe 1817. A dispetto del nome non si trattava però di un militare, ma di un riferimento della comunità, quello che oggi sarebbe un conciliatore. C'è però un rigore quasi militaresco nei vini prodotti, sempre precisi e identitari, che poco concedono alla moda e alla facile apparenza, ma che al contrario richiedono attenzione da parte del degustatore-bevitore, che col giusto approccio riuscirà a goderne appieno. Sempre sugli scudi il Roero, ma decisamente interessante e buono lo spumante.

Borgata Tucci, 4 - 12046 Montà (CN)
T. 0173 976142 | M. aziendaagricolagenerj@generaj.it
www.generaj.it

Viticoltura: Lotta integrata
Ettari: 14 | **Bottiglie:** 72.000 | **Produzione olearia:** No
Proprietà: Giuseppe Viglione
Cond. enologica: Lorenzo Quinterno
Cond. agronomica: Giuseppe Viglione
Vendita diretta: Sì | **Visite in azienda:** Sì

ROERO BRIC AÛT 2020
Rosso Docg - Nebbiolo 100%
Alc. 15% | € 18 | Bt. 5.000 | Ferm. Cemento | Mat. Legno 18 mesi
Rosso rubino con bordo granato. Serio e composto al naso, propone subito spezie e sottobosco, seguiti da frutta macerata, fiori essiccati, legni nobili, pietra bagnata e grafite. Fresco e gustoso all'assaggio, con tannini ancora vividi e bella persistenza. Classico e buono, invita a più di un riassaggio. Carré di maiale affumicato.

GENERAJ PAS DOSÉ 2017
Bianco Metodo Classico - Arneis 50%, Chardonnay 25%, Pinot nero 25%
Alc. 13% | € 25 | Bt. 5.000 | Ferm. Acciaio | 60 mesi sui lieviti
Scampi alla griglia.

ROERO ARNEIS QUINDICILUNE RISERVA 2021
Bianco Docg - Arneis 100%
Alc. 13,5% | € 15 | Bt. 20.000 | Ferm. Legno e Acciaio | Mat. Acciaio 9 mesi e Legno 9 mesi
Pollastra alla birra e cipolle di Tropea.

ROERO ARNEIS BRIC VAROMALDO 2022
Bianco Docg - Arneis 100%
Alc. 13,5% | € 12 | Bt. 20.000 | Ferm. Acciaio | Mat. Acciaio 6 mesi
Risotto con cannellini e canestrelli.

ROERO ARNEIS QUINDICILUNE RISERVA
2019

ROERO BRIC AÛT
2017 | 2018 | 2019

I Vignaioli di Santo Stefano
(1976)

La Vignaioli di Santo Stefano è un omaggio alla cultura contadina e all'amore per la natura che trasforma il moscato in un autentico simbolo di identità e tradizione. Grazie alla loro missione, i vini di quest'azienda sono un autentico viaggio nella storia e nell'anima del territorio di Santo Stefano Belbo. Con passione e dedizione, la cantina si impegna a valorizzare il patrimonio vitivinicolo locale, creando vini che esprimono appieno la bellezza e le tradizioni della terra. La famiglia Ceretto, fondando quest'azienda, ha avuto la lungimiranza di puntare su questo magnifico territorio.

Località Marini, 26 - 12058 Santo Stefano Belbo (CN)
T. 0141 840419 | M. info@ivignaiolidisantostefano.it
www.ivignaiolidisantostefano.it

Viticoltura: Biologica certificata
Ettari: 41 | **Bottiglie:** 213.000 | **Produzione olearia:** No
Proprietà: Famiglia Ceretto, Gianpiero e Andrea Scavino
Cond. enologica: Gianpiero Scavino, Andrea Scavino
Cond. agronomica: Gianpiero Scavino
Vendita diretta: Sì | **Visite in azienda:** Sì

MOSCATO D'ASTI 2022
Bianco Docg Frizzante Dolce - Moscato bianco 100%
Alc. 5,5% | € 13 | Bt. 200.000 | Ferm. Acciaio | Mat. Acciaio
La notevole effervescenza nobilita l'aspetto giallo paglierino. L'olfatto è dominato dalla garbata aromaticità, declinata in sbuffi vegetali con ricordi di erbe aromatiche come salvia e rosmarino. La beva è rinfrescante, caratterizzata da una dolcezza fine e misurata, accompagnata dalla generosa freschezza. Crostata di mirtilli.

ASTI SPUMANTE 2022
Bianco Docg Metodo Martinotti Dolce - Moscato bianco 100%
Alc. 7% | € 14 | Bt. 13.000 | Ferm. Acciaio | Mat. Acciaio 3 mesi
Zuppa inglese.

MOSCATO D'ASTI
2021

ASTI SPUMANTE
2018 | 2019 | 2021

Vigne dei Mastri
(2002)

Vigne dei Mastri rappresenta il sogno della famiglia Comba di riuscire a produrre vino di qualità nel pieno rispetto dell'ambiente. In questi vent'anni l'impegno messo in atto ha portato a un risultato qualitativo consolidato e costante. Eleganza e tipicità, accompagnate da un ottimo rapporto qualità-prezzo, hanno reso grande la fama di questi vini tra gli appassionati. Anche quest'anno la Superba è all'altezza del suo nome ma è il Galileo che, tra le tante Barbera assaggiate per questa edizione della Guida Vitae, ci ha piacevolmente convinto.

Strada Loreto, 5/A - 14055 Costigliole d'Asti (AT)
T. 333 1210071 | M. info@vignedeimastri.it
www.vignedeimastri.it

Viticoltura: Convenzionale
Ettari: 4 | **Bottiglie:** 25.000 | **Produzione olearia:** No
Proprietà: Daniele e Paola Comba
Cond. enologica: Gianpiero Gerbi, Gianfranco Cordero
Cond. agronomica: Paola Rapetto
Vendita diretta: Sì | **Visite in azienda:** Sì

BARBERA D'ASTI SUPERIORE GALILEO 2019
Rosso Docg - Barbera 100%
Alc. 16% | € 15 | Bt. 8.000 | Ferm. Acciaio | Mat. Acciaio e Legno 14 mesi
Colore rubino di ottima fittezza. All'olfatto esprime intensi profumi di frutta matura, confettura di more selvatiche, iris e liquirizia dolce. Al palato non tradisce le aspettative. Colpisce per struttura ed equilibrio, grazie a un'avvolgente morbidezza, rinfrescata dall'acidità. Gulasch di manzo alla paprica dolce.

BARBERA D'ASTI SUPERIORE SUPERBA 2019
Rosso Docg - Barbera 100%
Alc. 16% | € 20 | Bt. 2.000 | Ferm. Acciaio | Mat. Legno 18 mesi
Bocconcini di cervo al cavolo nero.

BARBERA D'ASTI ARTURO 2021
Rosso Docg - Barbera 100%
Alc. 15% | € 10 | Bt. 4.000 | Ferm. Acciaio | Mat. Acciaio 3 mesi
Lumache alla bourguignonne.

MONFERRATO BIANCO CHIARA 2021
Bianco Doc - Riesling renano 70%, Viognier 30%
Alc. 13,5% | € 13 | Ferm. Acciaio | Mat. Acciaio 8 mesi
Pizza fritta con provola e salsiccia.

MONFERRATO ROSATO CHIARA ROSÉ 2022
Rosato Doc - Barbera 100%
Alc. 13,5% | € 12 | Bt. 1.000 | Ferm. Acciaio | Mat. Acciaio 6 mesi
Stracciatella di bufala.

DANIEL VIII BRUT MILLESIMATO 2018
Bianco Metodo Classico - Barbera 100%
Alc. 12,5% | € 21 | Bt. 1.500 | Ferm. Acciaio | 48 mesi sui lieviti
Crostini con baccalà mantecato.

BARBERA D'ASTI SUPERIORE SUPERBA
2015 | 2016 | 2017

BARBERA D'ASTI SUPERIORE GALILEO
2016 | 2017 | 2018

Vigne Marina Coppi
(2003)

Vent'anni: tanto è passato da quando Francesco e Anna decisero di rinverdire a Castellania le glorie di nonno Fausto, non più a forza di imprese ciclistiche, ma di bottiglie capaci di trasmettere la bellezza di un territorio intatto, a due passi dalle metropoli del Nordovest. Quattro lustri, un bilancio fulgido: oggi l'azienda è nell'élite del vino sabaudo. È fatale la vocazione bianchista – lo dimostrano il Grand Fostò 2018, forse meno impattante che in altre annate, ma di grande finezza, il Fausto, il vivido Marine – ma non trascurate i rossi, tra i più precisi del Tortonese. Buon compleanno.

Via Sant'Andrea, 5 - 15051 Castellania (AL)
T. 0131 837089 | M. info@vignemarinacoppi.com
www.vignemarinacoppi.com

Viticoltura: Biologica certificata
Ettari: 6 | **Bottiglie:** 30.000 | **Produzione olearia:** No
Proprietà: Francesco Bellocchio
Cond. enologica: Francesco Bellocchio, Gianfranco Cordero
Cond. agronomica: Francesco Bellocchio
Vendita diretta: Sì | **Visite in azienda:** Sì

(91,5)
COLLI TORTONESI TIMORASSO GRAND FOSTÒ RISERVA 2018
Bianco Doc - Timorasso 100%
Alc. 14% | € 60 | Bt. 1.000 | Ferm. Acciaio | Mat. Acciaio 9 mesi
Nel millesimo 2018 il Grand Fostò sembra puntare più su un'articolata finezza che su un'espressività dimostrativa: profumi di propoli, cedro candito, gesso, erbe mediterranee, un ricordo di stecca di vaniglia. Il sorso ha forza e materia, ma al palato regnano equilibrio, freschezza e una persistente, rarefatta grazia. Baccalà mantecato.

COLLI TORTONESI TIMORASSO FAUSTO 2021
Bianco Doc - Timorasso 100%
Alc. 14% | € 36 | Bt. 5.600 | Ferm. Acciaio | Mat. Acciaio 9 mesi
Gnocchetti al sugo d'astice.

COLLI TORTONESI FAVORITA MARINE 2021
Bianco Doc - Favorita 100%
Alc. 14% | € 22 | Bt. 2.100 | Ferm. Acciaio | Mat. Acciaio 9 mesi
Filetto di branzino gratinato.

COLLI TORTONESI BARBERA SUPERIORE I GROP 2018
Rosso Doc - Barbera 100%
Alc. 14% | € 26 | Bt. 2.800 | Ferm. Legno | Mat. Acciaio 9 mesi
Coniglio alla cacciatora.

COLLI TORTONESI BARBERA SANT'ANDREA 2022
Rosso Doc - Barbera 100%
Alc. 13,5% | € 18 | Bt. 6.600 | Ferm. Acciaio | Mat. Acciaio 9 mesi
Pappardelle con funghi porcini.

COLLI TORTONESI TIMORASSO FRANCESCA 2022
Bianco Doc - Timorasso 100%
Alc. 13,5% | € 18 | Bt. 6.700 | Ferm. Acciaio | Mat. Acciaio 9 mesi
Maltagliati con fiori di zucca e gamberetti.

COLLI TORTONESI TIMORASSO GRAND FOSTÒ RISERVA
2016

COLLI TORTONESI TIMORASSO FAUSTO
2015 | 2017

Vigneti Massa
(1879)

Ecco le novità: il maestro Walter Massa aggiunge ettari ai suoi terroir di Monleale. Un ettaro rafforza la superficie vitata a barbera, un ettaro e mezzo è dedicato al timorasso e mezzo al moscato (ahinoi, quest'anno assente). Walter ritarda l'uscita dei cru 2021 e preferisce proporre i timorasso più pop, a partire dall'iconico Derthona: un'edizione da ricordare. Golosa la seconda annata del Piccolo Derthona, le barbera sono d'alto livello e la Pertichetta è una croatina hors catégorie. Azienda essenziale per scoprire passato, presente e futuro dei sempre più rampanti colli tortonesi.

Piazza G. Capsoni, 10 - 15059 Monleale (AL)
T. 0131 80302 | M. massa@vignetimassa.com

Viticoltura: Convenzionale
Ettari: 32 | **Bottiglie:** 150.000 | **Produzione olearia:** No
Proprietà: Famiglia Massa
Cond. enologica: Walter Massa
Cond. agronomica: Walter Massa
Vendita diretta: Sì | **Visite in azienda:** Sì

(91,5)
DERTHONA TIMORASSO 2021
Bianco - Timorasso 100%
Alc. 14% | € 18 | Bt. 60.000 | Ferm. Acciaio | Mat. Acciaio 12 mesi
Paglierino. Naso con imprinting da vero timorasso: agrume dolce su una nordica base pietrosa, sfumature di zafferano e tiglio. Al palato è prestante, esplosivo, con vibrante freschezza che sostiene una gran verve fruttata e una sapidità che non molla mai; lungo, ghiotto finale. Corroborante. Filetto di orata allo zenzero.

MONLEALE 2019
Rosso - Barbera 100%
Alc. 14,5% | € 24 | Bt. 20.000 | Ferm. Acciaio | Mat. Legno 12 mesi
Costine d'agnello in crosta di noci.

COLLI TORTONESI MONLEALE BIGOLLA 2011
Rosso Doc - Barbera 100%
Alc. 15% | € 58 | Bt. 5.000 | Ferm. Legno e Acciaio | Mat. Legno 24 mesi
Coq au vin alla borgognona.

PICCOLO DERTHONA 2022
Bianco - Timorasso 100%
Alc. 13% | € 13 | Bt. 25.000 | Ferm. Acciaio | Mat. Acciaio 6 mesi
Ravioli di magro con funghi chiodini.

PERTICHETTA 2015
Rosso - Croatina 100%
Alc. 14,5% | € 20 | Bt. 6.000 | Ferm. Acciaio | Mat. Legno 12 mesi
Stinco di maiale al forno in pancetta affumicata.

SENTIERI 2022
Rosso - Barbera 100%
Alc. 13,5% | € 12 | Bt. 12.000 | Ferm. Acciaio | Mat. Acciaio 4 mesi
Salame d'oca di Mortara.

ANARCHIA COSTITUZIONALE MARCA OBERTENGA
2019 | 2020 | 2021

COLLI TORTONESI MONLEALE BIGOLLA
2010

Vigneti Repetto
(2015)

Tecnologia e legame con la campagna, capacità di problem solving e senso della comunità contadina si sono incontrati nella decisione presa nel 2015 da Gian Paolo Repetto e dalla moglie Marina: tornare alla terra dopo anni di impresa nel mondo dell'engineering. Di più: tornare alle colline tortonesi. Una scelta che oggi vede Gian Paolo impegnarsi nella valorizzazione del territorio come presidente del Consorzio Tutela Colli Tortonesi, in un periodo di crescita e turbinosi mutamenti. Al centro, il re di queste colline: il timorasso, di cui Origo e Quadro sono affidabili, preziose declinazioni.

Località Mongualdone - 15050 Sarezzano (AL)
T. 0131 1936041 | M. repetto@vignetirepetto.it
www.vignetirepetto.it

Viticoltura: Convenzionale
Ettari: 27 | **Bottiglie:** 70.000 | **Produzione olearia:** No
Proprietà: Gian Paolo Repetto
Cond. enologica: Claudio Dacasto
Cond. agronomica: Davide Ferrarese
Vendita diretta: Sì | **Visite in azienda:** Sì

COLLI TORTONESI DERTHONA ORIGO 2020
Bianco Doc - Timorasso 100%
Alc. 14% | € 35 | Bt. 3.000 | Ferm. Acciaio | Mat. Acciaio 10 mesi
Paglierino intenso, vivido. Finezza ed eloquenza olfattiva: pera matura, erbe di gariga, cedro, propoli, calcari scaldati dal sole. Il combinato disposto di freschezza, sapidità, pienezza fruttata e rigorosa (ma non austera) trama minerale rende il sorso persistente, profondo, accattivante. Blu di capra.

COLLI TORTONESI TIMORASSO DERTHONA QUADRO 2021
Bianco Doc - Timorasso 100%
Alc. 14% | € 18 | Bt. 15.000 | Ferm. Acciaio | Mat. Acciaio 9 mesi
Insalatina di porcini e scaglie di formaggio.

COLLI TORTONESI TIMORASSO PICCOLO DERTHONA 2021
Bianco Doc - Timorasso 100%
Alc. 13% | € 13 | Bt. 14.000 | Ferm. Acciaio | Mat. Acciaio 6 mesi
Crostini con baccalà mantecato.

COLLI TORTONESI BIANCO MACERATO POLIEDRO 2021
Bianco Doc - Cortese 100%
Alc. 13,5% | € 20 | Bt. 3.000 | Ferm. Acciaio | Mat. Legno 9 mesi
Risotto con le spugnole.

COLLI TORTONESI MONLEALE EVOLUTA 2019
Rosso Doc - Barbera 100%
Alc. 14,5% | € 30 | Bt. 2.500 | Ferm. Acciaio | Mat. Legno 18 mesi
Tacchino farcito con castagne.

DIAGONALE 2022
Rosato - Barbera 70%, Freisa 30%
Alc. 14% | € 13 | Bt. 5.000 | Ferm. Acciaio | Mat. Acciaio 3 mesi
Pasta alla gricia.

COLLI TORTONESI DERTHONA ORIGO
2019

COLLI TORTONESI TIMORASSO DERTHONA QUADRO
2019 | 2020

Villa Giada
(1934)

Villa Giada è una delle aziende appartenenti alla famiglia del compianto Gianfranco Lanci, scomparso prematuramente a gennaio 2023. Negli ultimi anni l'ex direttore operativo di Lenovo aveva acquisto, oltra a questa cantina, anche la Dosio di La Morra e la Coppo di Canelli, nell'intento di realizzare un gruppo forte, capace di creare quelle sinergie sempre più utili per affrontare il mercato. La distribuzione dei vini è oggi gestita da Coppo e quest'anno la gamma di Villa Giada si presenta impreziosita nonché dotata di una nuova veste grafica.

Regione Ceirole, 10 - 14053 Canelli (AT)
T. 0141 831100 | M. info@villagiada.wine
www.villagiada.wine

Viticoltura: Lotta integrata
Ettari: 28 | **Bottiglie:** 150.000 | **Produzione olearia:** No
Proprietà: Gruppo Dosio
Cond. enologica: Andrea Autino
Cond. agronomica: Andrea Faccio
Vendita diretta: Sì | **Visite in azienda:** Sì

91,5

NIZZA RISERVA 2019
Rosso Docg - Barbera 100%
Alc. 16% | € 30 | Bt. 8.000 | Ferm. Acciaio | Mat. Legno 14 mesi
Colore rosso rubino, fitto e luminoso. Olfatto di grande attraenza e carattere. Esprime frutta macerata, confettura di gelsi, ciliegia sotto spirito, rosa appassita, iris, liquirizia e spezie. In bocca è materico, equilibrato e succoso. Lascia dietro di sé un lunghissimo e appagante finale. Nodini di cinta senese lardellati al forno.

NIZZA 2020
Rosso Docg - Barbera 100%
Alc. 16% | € 22 | Bt. 14.000 | Ferm. Acciaio | Mat. Legno 12 mesi
Arista di maiale con salsa di prugne.

BARBERA D'ASTI SURÌ 2022
Rosso Docg - Barbera 100%
Alc. 15,5% | € 9 | Bt. 45.000 | Ferm. Acciaio | Mat. Acciaio 3 mesi
Salame felino.

MOSCATO D'ASTI SURÌ 2022
Bianco Docg Frizzante Dolce - Moscato bianco 100%
Alc. 5% | € 10 | Bt. 40.000 | Ferm. Acciaio | Mat. Acciaio 3 mesi
Crostata di arance.

PIEMONTE CHARDONNAY SURÌ 2022
Bianco Doc - Chardonnay 100%
Alc. 12,5% | € 13 | Bt. 7.000 | Ferm. Acciaio | Mat. Acciaio 6 mesi
Frittata di cipolle.

PIEMONTE CHARDONNAY BRUT SURÌ 2021
Bianco Doc Metodo Martinotti - Chardonnay 100%
Alc. 12,5% | € 15 | Bt. 7.000 | Ferm. Acciaio | Mat. Acciaio 8 mesi
8 mesi sui lieviti
Pizza Margherita.

NIZZA DANI
2017 | 2018 | 2019

NIZZA DEDICATO RISERVA
2018

Villa Sparina
(1974)

È sui crinali più alti e meglio esposti alle ore di sole e ai venti marini che poggiano i vigneti di proprietà di Villa Sparina, alcuni dei quali, quelli destinati ai cru, di oltre settant'anni. Attualmente l'azienda rappresenta una realtà fatta di stile, eleganza e raffinato buongusto, a partire dall'esclusiva bottiglia fino alla produzione di gran pregio, ovvero di vini simbolo di una filosofia che punta solo all'eccellenza e alla massima valorizzazione del vitigno cortese. Villa Sparina è anche un lussuoso resort dove rilassarsi e assaporare i piatti da favola del ristorante La Gallina.

Frazione Monterotondo, 56 - 15066 Gavi (AL)
T. 0143 607801 | M. info@villasparina.it
www.villasparinaresort.it

Viticoltura: Convenzionale
Ettari: 74 | **Bottiglie:** 830.000 | **Produzione olearia:** No
Proprietà: Famiglia Moccagatta
Cond. enologica: Giuseppe Caviola
Cond. agronomica: Staff aziendale
Vendita diretta: Sì | **Visite in azienda:** Sì

(95)
GAVI DEL COMUNE DI GAVI VILLA SPARINA 10 ANNI 2011
Bianco Docg - Cortese 100%
Alc. 13% | € 215 (1,5l) | Bt. 987 | Ferm. Legno e Acciaio | Mat. Acciaio 9 mesi e Legno 12 mesi
Paglierino con bagliori oro. Rara eleganza olfattiva di propoli, pompelmo, ananas maturo, erbe aromatiche di timo e maggiorana, fiori gialli appassiti, stecca di vaniglia, pietra focaia. L'assaggio sontuoso e aristocratico lascia esterrefatti per l'incessante progressione delle persistenze a dispetto degli oltre 10 anni. Tartare di scampi.

(92)
GAVI DEL COMUNE DI GAVI MONTEROTONDO 2020
Bianco Docg - Cortese 100%
Alc. 13% | € 45 | Bt. 12.000 | Ferm. Acciaio | Mat. Acciaio 12 mesi e Legno 6 mesi
Paglierino luminoso e calde sfumature oro. Compendio olfattivo che richiama melone invernale, cedro, bergamotto, pesca di vigna, un ricco mazzo di fiori di montagna, miele di acacia e foglioline di menta. Il sorso è gustoso, ricco, persistente, e lascia nel palato il ricordo di lunghe e fresche scie balsamiche. Rombo al forno ai sapori mediterranei.

GAVI DEL COMUNE DI GAVI VILLA SPARINA 2022
Bianco Docg - Cortese 100%
Alc. 13% | € 16 | Bt. 580.000 | Ferm. Acciaio | Mat. Acciaio 3 mesi
Trenette al pesto, patate e fagiolini.

VILLA SPARINA BRUT BLANC DE BLANCS
Bianco Metodo Classico - Cortese 100%
Alc. 12,5% | € 22 | Bt. 50.000 | Ferm. Acciaio | 42 mesi sui lieviti
Carpaccio di crostacei su mela verde.

BARBERA DEL MONFERRATO VILLA SPARINA 2021
Rosso Doc - Barbera 100%
Alc. 14,5% | € 16 | Bt. 53.000 | Ferm. Acciaio | Mat. Legno 12 mesi
Tagliatelle al ragù.

PIEMONTE VILLA SPARINA ROSÉ 2022
Rosato Doc - Barbera 60%, Merlot 40%
Alc. 13% | € 16 | Bt. 28.000 | Ferm. Acciaio | Mat. Acciaio 4 mesi
Faraona al forno.

GAVI DEL COMUNE DI GAVI MONTEROTONDO
2017 | 2018 | 2019

GAVI DEL COMUNE DI GAVI VILLA SPARINA 10 ANNI
2010

Virna Borgogno
(1950)

Salutiamo con soddisfazione l'ingresso in Guida di questa virtuosa realtà, i cui 10 ettari di proprietà si distendono fra i prestigiosi comuni di Barolo (vigneti Cannubi, Sarmassa e Preda), La Morra, Monforte d'Alba e Novello. Una conduzione tutta al femminile che evidenzia grande sensibilità per temi divenuti centrali: autonomia energetica e basso impatto ambientale. Le sorelle Borgogno gestiscono ogni aspetto della loro attività: Virna è stata la prima donna in Italia a conseguire la laurea in enologia, nel 1991; Ivana si occupa degli aspetti commerciali e amministrativi della cantina.

Via Alba, 73/24 - 12060 Barolo (CN)
T. 0173 56120 | M. info@virnabarolo.it
www.virnabarolo.it

Viticoltura: Lotta integrata
Ettari: 15 | **Bottiglie:** 65.000 | **Produzione olearia:** No
Proprietà: Virna e Ivana Borgogno
Cond. enologica: Virna Borgogno, Lorenzo Quinterno
Cond. agronomica: Edmondo Bonelli
Vendita diretta: Sì | **Visite in azienda:** Sì

BAROLO SARMASSA 2019
Rosso Docg - Nebbiolo 100%
Alc. 14,5% | € 68 | Bt. 3.500 | Ferm. Acciaio | Mat. Acciaio 6 mesi e Legno 18 mesi
Granato d'altri tempi. L'aspetto olfattivo esprime profonde e perduranti espressioni floreali e balsamiche, definite da violetta, bastoncino di liquirizia, eucalipto ed erbe aromatiche. Non mancano all'appello richiami fruttati e speziati. Il sorso risulta goloso e aggraziato, sostenuto dal godibile tannino. Manzo brasato con olive e porri.

BAROLO CANNUBI 2019
Rosso Docg - Nebbiolo 100%
Alc. 14,5% | € 68 | Bt. 6.000 | Ferm. Acciaio | Mat. Acciaio 6 mesi e Legno 18 mesi
Cinghiale in umido.

BAROLO RISERVA 2016
Rosso Docg - Nebbiolo 100%
Alc. 14,5% | € 70 | Bt. 4.000 | Ferm. Acciaio | Mat. Acciaio 6 mesi e Legno 30 mesi
Braciola di cervo con salsa di ribes.

BAROLO DEL COMUNE DI BAROLO 2019
Rosso Docg - Nebbiolo 100%
Alc. 14,5% | € 50 | Bt. 5.500 | Ferm. Acciaio | Mat. Acciaio 6 mesi e Legno 18 mesi
Gulasch di cervo con patate stufate.

BARBARESCO MONTERSINO 2020
Rosso Docg - Nebbiolo 100%
Alc. 14,5% | € 45 | Bt. 4.000 | Ferm. Acciaio | Mat. Acciaio 6 mesi e Legno 18 mesi
Faraona arrosto con salsa di frutti di bosco.

BAROLO NOI 2019
Rosso Docg - Nebbiolo 100%
Alc. 14,5% | € 38 | Bt. 15.000 | Ferm. Acciaio | Mat. Acciaio 6 mesi e Legno 18 mesi
Tagliata di manzo al rosmarino.

Vite Colte
(1980)

Con una storia lunga più di quarant'anni Vite Colte è una delle cooperative piemontesi di maggior valore. All'interno ci sono centottanta viticoltori che coltivano trecento ettari. I soci condividono da anni un protocollo volto a ottenere la massima qualità dai vigneti con un approccio sostenibile. La produzione, molto vasta, copre quasi tutte le principali denominazioni piemontesi, concentrandosi soprattutto su Barolo, Barbaresco e Barbera. Oltre a grandi numeri qui troviamo anche piccole produzioni di qualità, racchiuse dietro ai nomi Essenze e Spezie.

Via Bergesia, 6 - 12060 Barolo (CN)
T. 0173 564611 | M. info@vitecolte.it
www.vitecolte.it

Viticoltura: Biologica e lotta integrata
Ettari: 300 | **Bottiglie:** 1.200.000 | **Produzione olearia:** No
Proprietà: Cooperativa di produttori
Cond. enologica: Bruno Cordero
Cond. agronomica: Daniele Eberle
Vendita diretta: Sì | **Visite in azienda:** Sì

BAROLO ESSENZE RISERVA 2015
Rosso Docg - Nebbiolo 100%
Alc. 14,5% | € 55 | Bt. 10.000 | Mat. Legno 24 mesi
Rosso granato con riflessi aranciati. Sprigiona profumi di confettura di frutti di bosco, violetta appassita, erbe aromatiche, aghi di pino, eucalipto, genziana, chiodi di garofano e tabacco dolce. Al palato rivela il suo carattere. La struttura non manca e la freschezza e il tannino accompagnano la lunga persistenza. Pluma di maialino Bellota con cipolle caramellate.

NIZZA LA LUNA E I FALÒ 2020
Rosso Docg - Barbera 100%
Alc. 15% | € 18 | Bt. 18.000 | Mat. Legno 15 mesi
Capriolo con salsa di ribes rosso.

BAROLO ESSENZE DEL COMUNE DI SERRALUNGA 2019
Rosso Docg - Nebbiolo 100%
Alc. 14,5% | € 45 | Bt. 14.000 | Ferm. Acciaio | Mat. Legno 24 mesi
Guancia di vitello in umido.

COLLI TORTONESI TIMORASSO DERTHONA 2021
Bianco Doc - Timorasso 100%
Alc. 14% | € 20 | Bt. 18.000 | Ferm. Acciaio | Mat. Acciaio 12 mesi
Cappesante gratinate.

ALTA LANGA OLTREQUOTA CINQUECENTO 2019
Bianco Docg Metodo Classico - Pinot nero 85%, Chardonnay 15%
Alc. 12,5% | € 22 | Bt. 22.000 | Ferm. Acciaio | 30 mesi sui lieviti
Burrata di Andria.

PIEMONTE MOSCATO PASSITO LA BELLA ESTATE 2021
Bianco Doc Passito - Moscato bianco 100%
Alc. 12,5% | € 25
Semifreddo alla ricotta con gocce di cioccolato e scorze di mandarino.

BARBARESCO SPEZIE RISERVA
2010 | 2012 | 2015

BAROLO ESSENZE DEL COMUNE DI BAROLO
2015 | 2016 | 2018

Viticoltori Rodello
(1976)

Anna Anselmo conduce la propria azienda agricola con la cura e le premure che si riservano al migliore dei figli, portando avanti con vibrante orgoglio l'eredità paterna. Menzione speciale per il nuovissimo Dolcetto d'Alba Superiore Miraggio, prodotto per la prima volta nella vendemmia 2021 con l'aiuto dell'enologo Giuseppe Caviola. Barbera, nebbiolo, pinot nero e arneis completano una produzione artigianale di straordinaria qualità. Se volete osservare con i vostri occhi il significato del termine passione, venite a fare un giro da queste parti: vi dedicheranno un'accoglienza straordinaria.

Via Montà, 13 - 12050 Rodello (CN)
T. 338 7329753 | M. info@viticoltorirodello.it
www.viticoltorirodello.it

Viticoltura: Convenzionale
Ettari: 9,5 | **Bottiglie:** 35.000 | **Produzione olearia:** No
Proprietà: Anna Anselmo
Cond. enologica: Giuseppe Caviola
Cond. agronomica: Anna Anselmo
Vendita diretta: Sì | **Visite in azienda:** Sì

DOLCETTO D'ALBA SUPERIORE MIRAGGIO 2021
Rosso Doc - Dolcetto 100%
Alc. 14% | € 30 | Bt. 650 | Ferm. Acciaio | Mat. Legno 10 mesi
Amaranto rilucente. Il naso è paradigmatico: coro di frutta polposa, con assoli di lampone, mora, mirtillo e ribes nero; poi ancora viola mammola e rosa rossa. In bocca mantiene fieramente le promesse, sapido, succoso e rinfrescante come solo un Dolcetto di carattere sa essere. Esordio superlativo. Agnolotti al sugo di carne.

LANGHE PINOT NERO LA CUNDINA 2021
Rosso Doc - Pinot nero 100%
Alc. 13,5% | € 25 | Bt. 800 | Ferm. Acciaio | Mat. Legno 12 mesi
Petto d'anatra laccato al miele.

DOLCETTO D'ALBA DES'ERT 2022
Rosso Doc - Dolcetto 100%
Alc. 14% | € 14 | Bt. 4.500 | Ferm. Acciaio | Mat. Cemento 8 mesi
Vitello tonnato.

LANGHE ROSSO VAJ 2021
Rosso Doc - Barbera 80%, Nebbiolo 20%
Alc. 14,5% | € 20 | Bt. 650 | Ferm. Cemento | Mat. Legno 12 mesi
Risotto all'isolana.

LANGHE NEBBIOLO 2022
Rosso Doc - Nebbiolo 100%
Alc. 14% | € 20 | Bt. 8.000 | Ferm. Acciaio | Mat. Legno 8 mesi
Cappone ripieno al forno.

BARBERA D'ALBA 2022
Rosso Doc - Barbera 100%
Alc. 14% | € 18 | Bt. 7.000 | Ferm. Acciaio | Mat. Legnc 8 mesi
Vellutata di zucca e porri.

DOLCETTO D'ALBA CAMP VIGIN
2018 | 2019 | 2021

LANGHE PINOT NERO LA CUNDINA
2018 | 2019 | 2020

Alberto Voerzio
(2006)

Ci sono termini e parole che diventano prima di moda e poi abusate. Una di queste è l'aggettivo "sartoriale", ormai appiccicato a tanti (troppi) campi. Non è però sbagliato accostare il termine sartorialità alla produzione di Alberto Voerzio: poco più di ventimila bottiglie distribuite su cinque sole etichette. Gli assaggi anche quest'anno rivelano l'attenzione che Alberto mette in ogni fase della produzione, curando personalmente sia la conduzione delle vigne sia le attività di cantina. Se i Barolo si prendono giustamente la scena, da non sottovalutare la gustosa bevibilità della Barbera.

Borgata Brandini, 1/A - 12064 La Morra (CN)
T. 333 3927654 | M. albertovoerzio@yahoo.it
www.voerzioalberto.com

Viticoltura: Convenzionale
Ettari: 6 | **Bottiglie:** 24.000 | **Produzione olearia:** No
Proprietà: Alberto Voerzio
Cond. enologica: Alberto Voerzio
Cond. agronomica: Alberto Voerzio
Vendita diretta: Sì | **Visite in azienda:** Sì

BAROLO LA SERRA 2019
Rosso Docg - Nebbiolo 100%
Alc. 14% | € 55 | Bt. 3.036 | Ferm. Acciaio | Mat. Acciaio 7 mesi e Legno 24 mesi
Rosso rubino tendente al granato. Naso dolce e balsamico: frutti di bosco macerati e in confettura, gelatina al lampone, muschio, foglie secche, aghi di pino, mentolo, pietra bagnata. Aggraziato e preciso anche al sorso: volumico e dai tannini impetuosi (si sente l'annata) ma saporiti. Buono e appagante. Fagiano arrosto.

BAROLO CASTAGNI 2019
Rosso Docg - Nebbiolo 100%
Alc. 14% | € 50 | Bt. 2.748 | Mat. Acciaio 7 mesi e Legno 24 mesi
Reale di vitello alla senape antica.

BARBERA D'ALBA 2020
Rosso Doc - Barbera 100%
Alc. 14,5% | € 16 | Bt. 7.016 | Ferm. Acciaio | Mat. Acciaio 7 mesi e Legno 12 mesi
Tacchino stufato con peperoni e radicchio.

LANGHE NEBBIOLO 2020
Rosso Doc - Nebbiolo 100%
Alc. 14% | € 19 | Bt. 3.500 | Ferm. Acciaio | Mat. Acciaio 7 mesi e Legno 12 mesi
Risotto al tartufo nero.

BAROLO CASTAGNI
2014 | 2018

BAROLO LA SERRA
2018

Voerzio Martini
(2015)

C'è una novità in casa Voerzio Martini: un Barolo ottenuto da uve della vigna Cerequio (cru a cavallo tra i comuni di Barolo e di La Morra). Esce nel millesimo 2018 e di quest'annata racconta perfettamente la freschezza e l'immediatezza. Gli altri due Barolo, classe 2019, non sono da meno nell'interpretare i paradigmi dell'annata, con il La Serra a spiccare per la grande eleganza e un ottimo potenziale evolutivo. Merita poi una nota di merito una bella interpretazione di Timorasso, a dimostrazione che il sapere fare il vino si può esportare in qualsiasi territorio, purché vocato.

Strada Loreto, 1 - 12064 La Morra (CN)
T. 0173 509194 | M. voerziomartini@gmail.com
www.voerziomartini.com

Viticoltura: Convenzionale
Ettari: 12 | **Bottiglie:** 70.000 | **Produzione olearia:** No
Proprietà: Mirko e Federica Martini
Cond. enologica: Mirko Martini
Cond. agronomica: Mirko Martini
Vendita diretta: Sì | **Visite in azienda:** Sì

BAROLO LA SERRA 2019
Rosso Docg - Nebbiolo 100%
Alc. 14,5% | € 70 | Bt. 8.000 | Ferm. Acciaio | Mat. Legno 30 mesi
Il rosso granato s'insinua nel rubino. Naso timido e sussurrato, magistrale e preciso: spezie, frutta macerata, incenso e legni nobili, sottobosco, cuoio e tabacco. Bella e ricca progressione. Sorso tosto, ricco, persistente; tannini ancora ruggenti e dal grande potenziale evolutivo. Filetto di manzo alla Voronoff.

BAROLO 2019
Rosso Docg - Nebbiolo 100%
Alc. 14,5% | € 45 | Bt. 8.000 | Ferm. Acciaio | Mat. Legno 30 mesi
Gulasch di manzo alla paprica dolce.

BAROLO CEREQUIO 2018
Rosso Docg - Nebbiolo 100%
Alc. 14,5% | € 100 | Bt. 3.000 | Ferm. Acciaio | Mat. Legno 30 mesi
Risotto con le quaglie.

COLLI TORTONESI TIMORASSO DERTHONA 2021
Bianco Doc - Timorasso 100%
Alc. 14,5% | € 25 | Bt. 7.000 | Ferm. Acciaio | Mat. Acciaio 12 mesi
Yakitori, spiedini di pollo con zenzero.

BAROLO LA SERRA
2018

BAROLO
2017

LOMB
AR
DIA

Quel nuovo equilibrio tra natura e sviluppo

Luciano Ferraro

Equilibrio. A chi non vive nella regione, può apparire strano questo concetto per descrivere il paesaggio lombardo. Eppure, se si pensa alle trasformazioni avvenute nell'ultimo secolo, si finisce con il riconoscere che la Lombardia, stretta tra spinte industriali ed edilizie, è riuscita comunque a conservare una parte del suo paesaggio. Una regione che attrae cittadini-lavoratori da tutta Italia, mai stata così popolata e così all'avanguardia nel treno del Pil italiano, a un certo punto della sua storia ha tirato il freno e ha cercato di salvare il salvabile, proteggendo boschi e fiumi, e tutelando montagne e colline.

Chi ha visto *L'albero degli zoccoli*, il film del 1978 di Ermanno Olmi, si è fatto un'idea di come si viveva nella Bergamasca alla fine dell'Ottocento: la povertà si tramandava di generazione in generazione, come il lavoro duro nelle campagne. I bambini percorrevano sei chilometri per raggiungere la scuola, e lo facevano con gli zoccoli. Le mucche che stavano male si curavano con l'acqua benedetta. La cultura contadina era sapere orale composto di proverbi e filastrocche. Le famiglie abitavano nelle cascine fredde e affollate. Un secolo dopo, le vallate della Bergamasca sono piene di capannoni, la provincia di Bergamo è diventata leader in Europa dell'industria manifatturiera. Neppure la pandemia, che ha colpito duro, durissimo, la provincia di Bergamo – l'immagine simbolo del Covid è quella dei camion dell'Esercito per portare via le bare – è riuscita a interrompere la crescita. L'industrializzazione limitata al tessile nei primi del Novecento, si è ramificata nei settori della metalmeccanica, della chimica, della plastica e delle costruzioni.

Bergamo è uno dei simboli dello sviluppo impetuoso della Lombardia. Tiziano Fratus è bergamasco: è uno scrittore, un poeta, un narratore di storie di boschi, un viaggiatore che ha firmato una quarantina di titoli, tra gli ultimi *L'Italia è un giardino* (Laterza). Ed è con lui che entriamo nel cuore della Lombardia.

"La Lombardia ha un territorio vasto e molto popolato rispetto ad altre regioni del Nord, come il Veneto o il Piemonte – analizza Fratus –, è una delle locomotive del Paese ed è abitata da dieci milioni di persone, mentre il Piemonte e il Veneto si fermano a quattro milioni". È chiaro che una pressione abitativa tale grava sulla gestione del paesaggio e delle risorse. Non basta: c'è una attività industriale e commerciale molto pesante. "Il traffico è complicato, ma per fortuna i mezzi di trasporto sono ben mantenuti, come la metropolitana di Milano. Senza la metropolitana Milano sarebbe invivibile. In altre parti d'Italia non funziona così". Poi c'è la vastità della provincia, alle porte dei grandi centri, dove molti hanno scelto di vivere. Una miriade di paesini.

Tiziano Fratus: "Tanti giovani recuperano terreni agricoli, vogliono una vita in armonia con la natura".

"La parte pianeggiante che circonda la città è stata presa d'asfalto – dice Fratus –. La realtà agricola è stata ridotta ed è diventata in parte terreno per il residenziale, con villette e paesi-dormitorio, una dimensione diversa rispetto alla metropoli".

Ma c'è anche l'altro lato, il cuore verde della Lombardia. "C'è un movimento che punta al recupero di terreni agricoli con tanti giovani che vogliono una vita diversa, più in armonia con la natura, anche a costo di sopportare un lavoro faticoso per ottenere prodotti di qualità. Infine, sono arrivate le Riserve, grazie alle azioni di conservazione della natura, dei boschi, delle foreste. Sono stati salvati grandi e piccoli ecosistemi. Una sensibilità che si è sviluppata negli ultimi 40 anni". Nella prima parte del Novecento i parchi erano pochissimi in Italia, poi si è capito, anche in Lombardia, "che era necessario agire pure sui micromondi, su una zona paludosa, ad esempio, che ospita esseri viventi incapaci di sopravvivere in altri ambienti".

"La tutela del territorio è importante perché migliora la vita di ognuno di noi".

Certo la Lombardia non è il Canada d'Italia, ma, sostiene Fratus, poteva andare molto peggio. Negli anni Sessanta e Settanta c'era uno squilibrio a favore dell'industrializzazione. È stato grazie alla mobilitazione di molte associazioni, che il vento è cambiato. Ad esempio, Italia nostra ha fatto un lavoro di fatica e di impegno, con il recupero di cascine, la piantumazione di nuovi boschi, la spinta alla tutela dei territori: una grande rivoluzione di prospettiva. Siamo abituati a parlare sempre male della politica, ma i politici di quel periodo hanno compreso che non si poteva pensare solo alle industrie, che c'erano anche altri valori, la salute, l'ambiente, il paesaggio, tutti temi che sono diventati ora pane quotidiano".
In Lombardia ora ci sono oltre 100 Riserve naturali, sono tutelati fiumi e laghi, territori che rimandano a mondi passati, ci sono Parchi regionali e nazionali: ad esempio, il Parco del Po e il Parco del Serio con una rete di sentieri preziosi sulle sue sponde. "È sorprendente che in una regione come questa siano state create vie di accesso e di transito per alcune specie di uccelli migratori. Tutti i lombardi sanno che questa tutela del territorio è importante, perché migliora la vita di ognuno di noi".
E anche l'agricoltura, viticoltura compresa, ha fatto la sua parte in questo enorme cambio di direzione nella tutela del paesaggio in Lombardia. "Sono finiti gli anni in cui l'agricoltura spazzava via tutto il resto – riflette Fratus – anche in territori vocati per i vitigni si è capita l'importanza della biodiversità, si è capito che l'uso dei pesticidi è dannoso. Il mais è stato importante per i grandi spazi di pianura, oggi si sa che bisogna ruotare con pazienza le coltivazioni e non si possono usare prodotti che danneggiano la terra e le persone e non si devono intaccare le falde acquifere. Bisogna fare i conti con una serie di valori che in passato sono stati ignorati, ora i prodotti nocivi sono stati banditi, la situazione sta migliorando".
Anche se la presenza di dieci milioni di abitanti mette a dura prova persino il sistema agricolo. Di sicuro la sensibilità degli agricoltori si è evoluta e lo dimostra l'aumento dei terreni a conduzione biologica, non solo per i vigneti. Alla ricerca di un equilibrio tra lombardi e Lombardia.

Highlights

23.381 ETTARI VITATI COMPLESSIVI
13.556 destinati a DOP, 6.200 destinati a IGP, 3.625 destinati a vini generici.

RIPARTIZIONE COLORE
Vini bianchi 52,84%
Vini rossi o rosati 47,16%

1.209.704 HL DI PRODUZIONE TOTALE
60,37% di vino DOP, 29,75% di vino IGP, 9,88% di vini generici.

LE PROVINCE PIÙ PRODUTTIVE
Pavia 53,15% sul totale, Brescia 31,39% sul totale, Mantova 7,75% sul totale

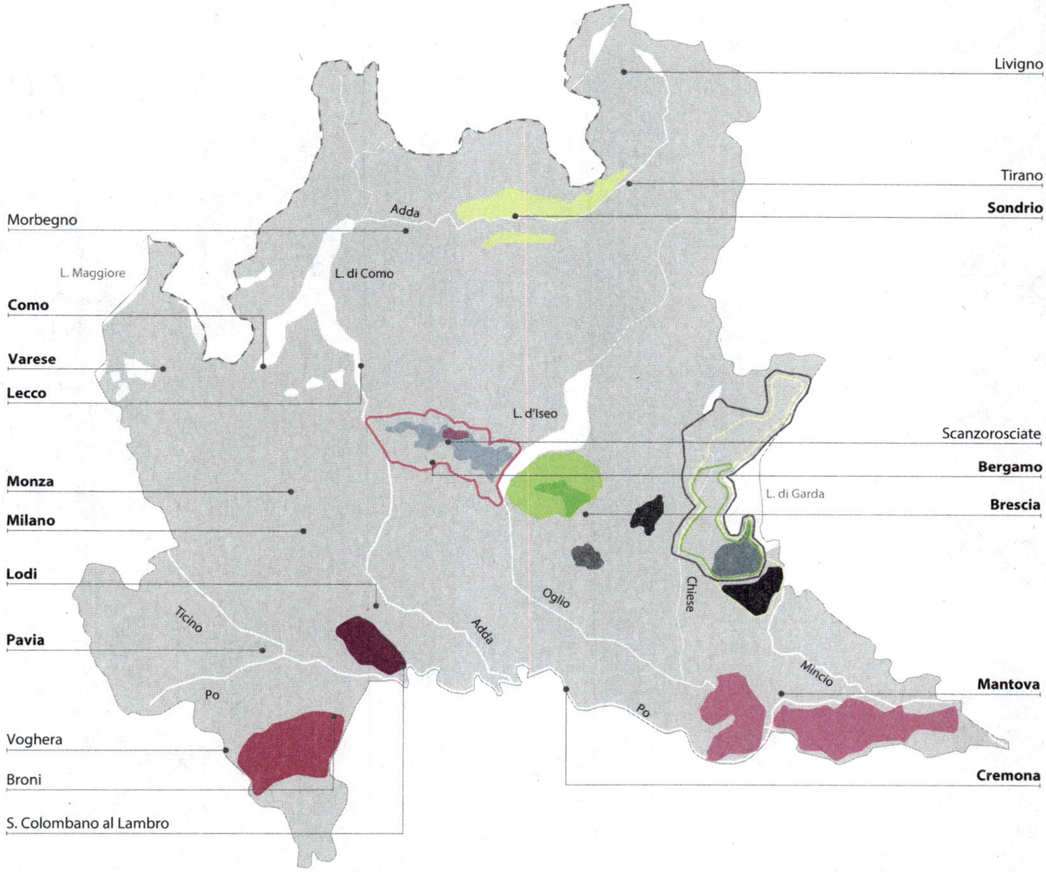

Legenda

- Oltrepò Pavese Metodo Classico DOCG
- Oltrepò Pavese
- S. Colombano al Lambro o S. Colombano
- Terre del Colleoni o Colleoni
- Valcalepio
- Franciacorta DOCG
- Curtefranca
- Valtellina Superiore DOCG
- Sforzato di Valtellina o Sfursat di Valtellina DOCG
- Valtellina Rosso o Rosso di Valtellina
- Capriano del Colle
- Botticino
- Riviera del Garda Classico
  - Valtènesi
- Garda
- Cellatica
- Garda Colli Mantovani
- Lugana
- San Martino della Battaglia
- Lambrusco Mantovano
- Moscato di Scanzo o Scanzo DOCG

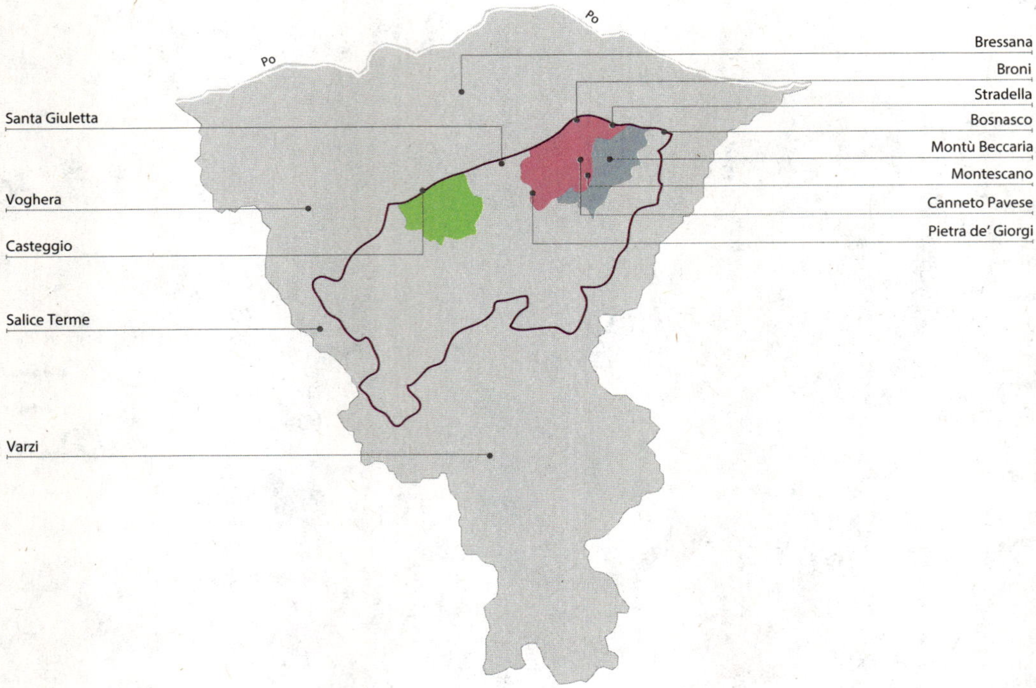

Legenda

- Oltrepò Pavese Metodo Classico DOCG
  Oltrepò Pavese
  Oltrepò Pavese Pinot Grigio
  Bonarda dell'Oltrepò Pavese
  Pinot Nero dell'Oltrepò Pavese
- Casteggio
- Buttafuoco dell'Oltrepò Pavese o Buttafuoco
- Sangue di Giuda

1701
(2012)

Un rapporto con la natura e l'ambiente che si sintetizza nel calice, divenendone parte integrante, e che rende distintiva l'intera produzione, trovando la propria origine sin dalle valutazioni circa la coltivazione della terra, il rispetto del paesaggio e l'abolizione dell'uso di chimica di sintesi nel vigneto. Le scelte biodinamiche hanno visto negli ultimi anni un ricorso maggiore all'anfora, impiegata nella maturazione di alcuni vini presentati in Guida. L'azienda prosegue quindi il proprio percorso verso un obiettivo sempre più sostenibile ed espressivo del terroir di provenienza.

Via Galileo Galilei, 44 - 25046 Cazzago San Martino (BS)
T. 030 7750875 | M. info@1701franciacorta.it
www.1701franciacorta.it

Viticoltura: Biologica certificata e biodinamica
Ettari: 21 | **Bottiglie:** 80.000 | **Produzione olearia:** No
Proprietà: Silvia e Federico Stefini
Cond. enologica: Giulio Salti
Cond. agronomica: Marco Benedini
Vendita diretta: Sì | **Visite in azienda:** Sì

(91)
FRANCIACORTA DOSAGGIO ZERO RISERVA 2016
Bianco Docg - Chardonnay 90%, Pinot nero 10%
Alc. 12,5% | € 60 | Bt. 3.500 | Ferm. Legno e Acciaio | Mat. Acciaio 6 mesi e Legno 6 mesi | 60 mesi sui lieviti
Paglierino vivido, perlage incessante. Fiori bianchi al naso: biancospino, caprifoglio e sambuco, seguiti da cedro, mela renetta, pera abate e nespola del Giappone, tra ricordi di timo, salvia e spezie esotiche. Sorso fresco e sapido, in perfetta sinergia tra slancio e corpo, con ottima persistenza. Linguine con bottarga e pomodori secchi.

FRANCIACORTA BRUT NATURE
Bianco Docg - Chardonnay 85%, Pinot nero 15%
Alc. 12% | € 26 | Bt. 35.000 | Ferm. Acciaio e Cemento | Mat. Acciaio 6 mesi e Legno 18 mesi e Cemento 6 mesi | 18 mesi sui lieviti
Frittura di rane e verdure croccanti.

FRANCIACORTA BRUT NATURE BLANC DE NOIRS 2018
Bianco Docg - Pinot nero 100%
Alc. 12% | € 48 | Bt. 945 | Ferm. Legno e Terracotta | Mat. Terracotta 6 mesi 40 mesi sui lieviti
Rombo al forno con patate e carciofi.

FRANCIACORTA BRUT SATÈN 2018
Bianco Docg - Chardonnay 100%
Alc. 12% | € 32 | Bt. 19.000 | Ferm. Legno e Acciaio | Mat. Acciaio 6 mesi e Legno 6 mesi | 36 mesi sui lieviti
Zuppa di broccolo fiolaro con olio extravergine del Garda.

FRANCIACORTA BRUT ROSÉ 2019
Rosato Docg - Pinot nero 100%
Alc. 12,5% | € 40 | Bt. 4.000 | Ferm. Legno e Cemento e Terracotta Mat. Legno 6 mesi e Cemento 6 mesi e Terracotta 6 mesi | 34 mesi sui lieviti
Ribollita.

FRANCIACORTA BRUT SATÈN
2015 | 2016 | 2017

FRANCIACORTA DOSAGGIO ZERO RACCOLTA 310
2011

Fratelli Agnes
(1900)

Pensando ad aziende che si identificano, in misura quasi simbiotica, con il territorio di origine, non possiamo non citare questa storica e apprezzata realtà oltrepadana. Colpisce l'impegno, inesauribile e integro come quello della prima vendemmia, di preservare l'impronta ampelografica locale ottenendo vini che sono una fedele fotografia enologica del terroir di provenienza. Un impegno che si traduce in un lavoro quotidiano accurato e senza compromessi, figlio di un rispettoso rapporto tra uomo e natura costruito e consolidato nel corso di decenni.

Via Campo del Monte, 3/F - 27040 Rovescala (PV)
T. 0385 75206 | M. info@fratelliagnes.it
www.fratelliagnes.it

Viticoltura: Lotta integrata
Ettari: 20 | **Bottiglie:** 120.000 | **Produzione olearia:** No
Proprietà: Famiglia Agnes
Cond. enologica: Sergio Agnes, Cristiano Agnes
Cond. agronomica: Cristiano Agnes
Vendita diretta: Sì | **Visite in azienda:** Sì

(93,5)
POCULUM 2018
Rosso Igt - Croatina 100%
Alc. 15% | € 17 | Bt. 2.500 | Ferm. Cemento | Mat. Legno 15 mesi
Rosso rubino impenetrabile. Evidenzia vivaci note di confettura di mora, succo d'amarena e prugna essiccata; quindi liquirizia balsamica e spezie di cardamomo e chiodi di garofano. Finale etereo di smalto. L'assaggio, intenso e persistente, vanta un tannino già ben levigato. Agnolotti al piccione con sugo d'arrosto.

(91,5)
LOGHETTO 2021
Rosso - Croatina 75%, altre varietà 25%
Alc. 15% | € 20 | Bt. 1.500 | Ferm. Cemento | Mat. Cemento 9 mesi
Rosso porpora dalla trama fitta. Intrigante al naso, ostenta tonalità di frutta rossa che ricordano la prugna, il durone e il mirtillo; sfumature di viola e pepe verde ne arricchiscono piacevolmente il quadro. Il sorso è gustoso: gradevoli i ritorni fruttati maturi e la vellutata morbidezza. Costata di manzetta con salsa allo zenzero.

BONARDA DELL'OLTREPÒ PAVESE CRESTA DEL GHIFFI 2022
Rosso Doc Frizzante - Croatina 100%
Alc. 13,5% | € 10 | Bt. 10.000 | Ferm. Acciaio e Cemento | Mat. Acciaio 6 mesi
Tortino al radicchio e cannellini.

BONARDA DELL'OLTREPÒ PAVESE CAMPO DEL MONTE 2022
Rosso Doc Frizzante - Croatina 100%
Alc. 14% | € 11 | Bt. 6.200 | Ferm. Acciaio e Cemento | Mat. Acciaio 6 mesi
Minestra di lenticchie.

POSSESSIONE DEL CONSOLE 2021
Rosso - Croatina 80%, altre varietà 20%
Alc. 15% | € 10 | Bt. 6.500 | Ferm. Cemento | Mat. Cemento 9 mesi
Ciauscolo.

VIGNAZZO 2021
Rosso Igt - Croatina 100%
Alc. 14% | € 11 | Bt. 6.500 | Ferm. Acciaio e Cemento | Mat. Acciaio 9 mesi
Lasagne alla bolognese.

LOGHETTO
2017 | 2018 | 2020

POSSESSIONE DEL CONSOLE
2020

Agricola Vallecamonica
(2004)

L'Azienda si colloca tra la Valle Camonica e il Lago d'Iseo, in un territorio ricco di natura, arte e storia: si pensi, ad esempio, al sito Unesco dedicato all'Arte Rupestre della valle. In questo affascinante contesto, Alex Belingheri, autentico one-man band, produce vini di montagna su suoli con pendenze importanti, posti ad altitudini comprese fra i 250 e quasi 800 metri. s.l.m. Oltre ai vitigni tradizionali del luogo, che recupera e valorizza, Alex si dedica da tempo ai vitigni Piwi; in aggiunta a quelli risalenti a dieci anni orsono, ha quest'anno piantato un nuovo vigneto.

via Fornaci, 34/A - 25040 Artogne (BS)
T. 335 5828410 | M. alex@vinivallecamonica.com
www.vinivallecamonica.com

Viticoltura: Lotta integrata
Ettari: 4 | **Bottiglie:** 20.000 | **Produzione olearia:** No
Proprietà: Alex Belingheri
Cond. enologica: Alex Belingheri, Nico Danesi
Cond. agronomica: Alex Belingheri
Vendita diretta: No | **Visite in azienda:** Sì

BIANCO DELLE COLTURE 2020
Bianco Igt - Riesling renano 100%
Alc. 12% | € 16 | Bt. 1.300 | Ferm. Acciaio | Mat. Acciaio 7 mesi
Paglierino luminoso. All'olfatto i profumi di sambuco, caprifoglio, mela renetta, con ananas, burro e vaniglia che si fondono a richiami minerali di pietra focaia. Intenso e invitante all'assaggio, ha freschezza, sapidità, struttura e piacevole persistenza, che porta con sé ritorni fruttati e minerali. Torta salata alle zucchine e origano.

IRRESISTIBILE 2021
Bianco - Souvignier gris 100%
Alc. 14% | € 20 | Bt. 2.500 | Ferm. Acciaio | Mat. Acciaio 7 mesi
Pappardelle con coda di rospo e carciofi.

BIANCO DELL' ANNUNCIATA 2020
Bianco Igt - Manzoni bianco 100%
Alc. 13,5% | € 16 | Bt. 4.000 | Ferm. Acciaio | Mat. Acciaio 7 mesi
Scampi alla griglia.

VERTICALE 2020
Rosso - altre varietà 100%
Alc. 13,5% | € 13 | Bt. 3.500 | Ferm. Acciaio | Mat. Acciaio 12 mesi
Grigliata di carne bianca e verdure.

NAUTILUS CRUSTORICO PAS DOSÉ 2016
Bianco Metodo Classico - altre varietà 100%
Alc. 12% | € 40 | Bt. 6.400 | Ferm. Acciaio | Mat. Acciaio 7 mesi | 65 mesi sui lieviti
Petto di pollo agli asparagi.

CIASS NEGHER 2019
Rosso Igt - Marzemino 80%, altre varietà 20%
Alc. 14,5% | € 16 | Bt. 3.500 | Ferm. Acciaio | Mat. Acciaio 24 mesi
Risotto con salsiccia e Taleggio.

METODO TRADIZIONALE EXTRA BRUT ESTREMO ADAMADUS
2017

BIANCO DELL' ANNUNCIATA
2019

Alessio Brandolini
(1873)

Alessio Brandolini, al timone di un'azienda che porta l suo nome, ma con una tradizione familiare di un secolo e mezzo, affianca l'esperienza che gli viene dall'essere cresciuto tra i vigneti, in una famiglia di viticoltori, a una solida preparazione universitaria, che conta una Laurea in Viticoltura ed Enologia e una Magistrale in Scienze viticole ed enologiche. L'Azienda è attualmente impegnata in investimenti riguardanti i processi di produzione e conservazione dei vini e si è dotata di una capannina meteo a supporto della gestione dei trattamenti in vigneto, limitandoli al minimo.

Frazione Boffalora, 68 - 27040 San Damiano al Colle (PV)
T. 0385 75232 | M. info@alessiobrandolini.com
www.alessiobrandolini.com

Viticoltura: Biologica
Ettari: 13 | **Bottiglie:** 60.000 | **Produzione olearia:** No
Proprietà: Alessio Brandolini
Cond. enologica: Alessio Brandolini
Cond. agronomica: Giuseppe Zatti
Vendita diretta: Sì | **Visite in azienda:** Sì

(92,5)
I GER PAS DOSÉ 2017
Bianco Metodo Classico - Pinot nero 100%
Alc. 12,5% | € 45 | Bt. 500 | Ferm. Acciaio | 60 mesi sui lieviti
I riflessi ramati e il perlage elegante preludono a un olfatto di charme che rivela anice stellato, fieno, camomilla, nocciola tostata, bergamotto, nespola, ribes bianco. Il sorso ha volume e si apprezza la sinergia tra freschezza, sapidità e fine carbonica. Nel finale si afferma un aroma di miele. Tortelli di branzino con salsa d'astice.

OLTREPÒ PAVESE METODO CLASSICO PINOT NERO EXTRA BRUT LUOGO D'AGOSTO
Bianco Docg - Pinot nero 100%
Alc. 13% | € 25 | Bt. 10.000 | Ferm. Acciaio | 36 mesi sui lieviti
Filetti di scorfano con carciofi.

OLTREPÒ PAVESE METODO CLASSICO PINOT NERO EXTRA BRUT ROSÉ NOTE D'AGOSTO
Rosato Docg Metodo Classico - Pinot nero 100%
Alc. 12,5% | € 28 | Bt. 8.000 | Ferm. Acciaio | 36 mesi sui lieviti
Involtini di melanzana con scamorza.

IL POZZO 2020
Rosso Igt - Barbera 100%
Alc. 14% | € 18 | Bt. 2.000 | Ferm. Cemento | Mat. Acciaio 12 mesi e Legno 12 mesi
Vitello tonnato.

I PRA' 2021
Bianco Igt - Riesling renano 100%
Alc. 13% | € 20 | Bt. 2.000 | Ferm. Acciaio | Mat. Acciaio 8 mesi
Salame di cinta senese.

AL NEGRÈS 2021
Rosso Igt - Pinot nero 100%
Alc. 13% | € 22 | Bt. 3.500 | Ferm. Cemento | Mat. Legno 12 mesi
Alette di pollo piccanti.

I GER PAS DOSÉ
2016

LUOGO D'AGOSTO BRUT NATURE
S.A.

Annibale Alziati

(1996)

Sulle colline di Rovescala, da quasi 30 anni Annibale Alziati custodisce vigne vecchie, a potatura corta e con inerbimento spontaneo, evitando concimazioni e qualsiasi prodotto di sintesi. Le lente maturazioni in cemento o vetroresina, unite all'assenza di solfiti aggiunti e alla mancata filtrazione, generano vini ricchi di personalità e carattere, capaci di esaltare i vitigni e il territorio. Anche quest'anno è il mitico Gaggiarone Riserva, in grado di coniugare potenza, struttura e profondità con la piacevolezza di beva, a piazzarsi come capofila di una batteria di alto livello.

Frazione Scazzolino, 55 - 27040 Rovescala (PV)
T. 348 7080841 | M. info@alziati.it
www.gaggiarone.it

Viticoltura: Biologica certificata
Ettari: 24 | **Bottiglie:** 50.000 | **Produzione olearia:** No
Proprietà: Annibale Alziati
Cond. enologica: Annibale Alziati
Cond. agronomica: Annibale Alziati
Vendita diretta: Sì | **Visite in azienda:** Sì

BONARDA DELL'OLTREPÒ PAVESE GAGGIARONE RISERVA 2013
Rosso Doc - Croatina 95%, Uva rara 5%
Alc. 15% | € 25 | Bt. 2.500 | Ferm. Cemento | Mat. Cemento 108 mesi
Granato consistente. Decise percezioni di amarene in confettura, poi spezie nere ed erbe aromatiche, tabacco, caffè, liquirizia e china. In bocca rivela struttura e tannini importanti, sapientemente equilibrati da freschezza e sapidità. Lunghezze di frutti neri lavorati, pepe nero e menta. Pappardelle al ragù di cinghiale.

BONARDA DELL'OLTREPÒ PAVESE GAGGIARONE VIGNE VECCHIE 2019
Rosso Doc - Croatina 95%, Uva rara 5%
Alc. 15% | € 20 | Bt. 2.500 | Ferm. Cemento | Mat. Cemento 36 mesi
Nodini di cinta senese lardellati al forno.

BONARDA DELL'OLTREPÒ PAVESE GARZONCELLO SCHERZOSO 2020
Rosso Doc Frizzante - Croatina 100%
Alc. 12,5% | € 8 | Bt. 5.000 | Ferm. Acciaio | Mat. Vetroresina 12 mesi
Coppa piacentina.

WHITE BERRY 2022
Bianco Igt - Riesling italico 100%
Alc. 12% | € 12 | Bt. 6.000 | Ferm. Acciaio | Mat. Acciaio 5 mesi
Zuppa di cipolle gratinate.

GAGGIARONE DINTORNI 2020
Rosso Igt - Croatina 100%
Alc. 14,5% | € 15 | Bt. 6.000 | Ferm. Vetroresina | Mat. Cemento 24 mesi
Castelmagno.

ROSÉ IS THE WAY 2022
Rosato Igt - Croatina 100%
Alc. 13% | € 12 | Bt. 6.000 | Ferm. Acciaio | Mat. Acciaio 5 mesi
Culurgiones ogliastrini.

BONARDA DELL'OLTREPÒ PAVESE GAGGIARONE RISERVA
2012

BONARDA DELL'OLTREPÒ PAVESE GAGGIARONE VIGNE VECCHIE
2013

Antica Fratta

(1979)

Risale a metà Ottocento la cantina di Antica Fratta, scavata sul fianco di una collina, luogo ideale per l'affinamento dei Franciacorta. Una realtà di tradizione rilanciata a fine anni Settanta e poi progressivamente arrivata a definire un proprio stile, basato su classe ed essenzialità. Il tutto supportato, oltre che dall'attento lavoro in vigna e in cantina, dalla varietà di vigneti e vitigni, che consente in assemblaggio l'equilibrio tra freschezza e longevità. In quest'edizione della Guida i millesimati hanno entrambi espresso grande qualità, in particolare il Satèn.

Via Fontana, 11 - 25040 Monticelli Brusati (BS)
T. 030 652068 | M. info@anticafratta.it
www.anticafratta.it

Viticoltura: Lotta integrata
Ettari: 13 | **Bottiglie:** 280.000 | **Produzione olearia:** No
Proprietà: Famiglia Ziliani
Cond. enologica: Ferdinando Dell'Aquila
Cond. agronomica: Luigi Reghenzi
Vendita diretta: No | **Visite in azienda:** Sì

FRANCIACORTA BRUT SATÈN ESSENCE 2019
Bianco Docg - Chardonnay 100%
Alc. 13% | € 28 | Bt. 60.000 | Ferm. Acciaio | Mat. Acciaio 9 mesi
30 mesi sui lieviti
Luminoso giallo paglierino dal perlage fine e durevole. L'olfatto evoca sentori di biancospino, pesca bianca, mela Golden e lievi echi di erbe aromatiche. Al palato, subito accogliente, la bollicina cremosa accompagna l'assaggio largo e coerente, sino a una chiosa che invoglia alla beva. Piovra arrostita.

FRANCIACORTA BRUT ROSÉ ESSENCE 2019
Rosato Docg - Pinot nero 60%, Chardonnay 40%
Alc. 13% | € 28 | Bt. 41.750 | Ferm. Acciaio | Mat. Acciaio 9 mesi
32 mesi sui lieviti
Pinsa romana con acciughe e capperi.

FRANCIACORTA BRUT CUVÉE REAL
Bianco Docg - Chardonnay 90%, Pinot nero 10%
Alc. 12,5% | € 22 | Bt. 150.000 | Ferm. Acciaio | Mat. Acciaio 9 mesi
24 mesi sui lieviti
Vellutata di erbette con crostini di pane ai cereali.

FRANCIACORTA EXTRA BRUT QUINTESSENCE RISERVA
2015

FRANCIACORTA BRUT ROSÉ ESSENCE
2018

Arpepe
(1860)

Arpepe propone una selezione di vini tanto eccellenti da chiedersi quale sia il segreto. I terreni di Sassella, Grumello e Inferno, con le vigne su terrazze ben esposte e soffiate dal vento? Quel vitigno pazzesco che è la chiavennasca e su queste terre fa faville? Forse la tradizione aziendale di oltre 150 anni? Sì, sì e sì, ma a fare la differenza è soprattutto la capacità di leggere l'annata e di intervenire ad hoc con gli strumenti a disposizione: tini, botti grandi, vasche in acciaio o cemento, e, citiamo, "un sacco pieno fino all'orlo di pazienza".

Via del Buon Consiglio, 4 - 23100 Sondrio (SO)
T. 0342 214120 | M. info@arpepe.com
www.arpepe.com

Viticoltura: Lotta integrata
Ettari: 15 | **Bottiglie:** 100.000 | **Produzione olearia:** No
Proprietà: Famiglia Pelizzatti Perego
Cond. enologica: Isabella Pelizzatti Perego, Emanuele Pelizzatti Perego
Cond. agronomica: Emanuele Pelizzatti Perego
Vendita diretta: Sì | **Visite in azienda:** Sì

96

VALTELLINA SUPERIORE SASSELLA ROCCE ROSSE RISERVA 2016
Rosso Docg - Nebbiolo 100%
Alc. 13% | € 70 | Bt. 25.302 | Ferm. Legno | Mat. Legno 34 mesi
Fulgido rubino dalle striature granato. Un mazzolino di violette fa spazio alle ciliegie sotto spirito, al cioccolato fondente, alla trama balsamica che sorregge cenni di sottobosco. Palato di pregio, fresco e salino, dall'equilibrio ragguardevole. Eucalipto e mon chéri accompagnano a lungo. Filetto di cervo ai mirtilli.

VALTELLINA SUPERIORE GRUMELLO ROCCA DE PIRO 2019
Rosso Docg - Nebbiolo 100%
Alc. 13,5% | € 35 | Bt. 12.850 | Ferm. Legno | Mat. Legno 15 mesi
Piacentinu Ennese.

VALTELLINA SUPERIORE GRUMELLO SANT'ANTONIO RISERVA 2016
Rosso Docg - Nebbiolo 100%
Alc. 13% | € 70 | Bt. 6.246 | Ferm. Legno | Mat. Legno 34 mesi
Stinco d'agnello al forno.

VALTELLINA SUPERIORE INFERNO FIAMME ANTICHE 2019
Rosso Docg - Nebbiolo 100%
Alc. 13,5% | € 35 | Bt. 12.850 | Ferm. Legno | Mat. Legno 15 mesi
Pasta alla gricia.

VALTELLINA SUPERIORE SASSELLA STELLA RETICA 2019
Rosso Docg - Nebbiolo 100%
Alc. 13,5% | € 35 | Bt. 26.050 | Ferm. Legno | Mat. Legno 15 mesi
Zuppa di legumi e cereali.

ROSSO DI VALTELLINA 2021
Rosso Doc - Nebbiolo 100%
Alc. 13,5% | € 20 | Bt. 45.870 | Ferm. Legno | Mat. Legno 6 mesi e Cemento 5 mesi
Sformatino di zucca con fonduta di Asiago.

VALTELLINA SUPERIORE SASSELLA NUOVA REGINA RISERVA
2016

VALTELLINA SUPERIORE GRUMELLO BUON CONSIGLIO RISERVA
2013 | 2016

Assoviuno
(2000)

Grazie ai continui sforzi di Matteo Tarotelli, Assoviuno è oggi una realtà di riferimento della sottozona Maroggia della Valtellina. Ogni anno questa piccola azienda familiare raccoglie sempre nuove sfide, come il continuo accorpamento di minuscoli appezzamenti di terra, essendo questo territorio di montagna estremamente frammentato e parcellizzato tra tante realtà locali; oppure il recente acquisto di un fruttaio, posto a 600 m s.l.m., per l'appassimento naturale delle uve destinate alla produzione dello Sforzato San Bello. Tanta passione che traspare anche nei vini in degustazione.

Via Fontana Savia, 131 - 23010 Berbenno di Valtellina (SO)
T. 338 5851434 | M. maroggia75@gmail.com
www.maroggia.com - www. assoviuno.com

Viticoltura: Lotta integrata
Ettari: 13,5 | **Bottiglie:** 20.000 | **Produzione olearia:** No
Proprietà: Matteo Tarotelli
Cond. enologica: Stefano Nera
Cond. agronomica: Guido Bulgarelli
Vendita diretta: Sì | **Visite in azienda:** Sì

VALTELLINA SUPERIORE MAROGGIA RISERVA 2019
Rosso Docg - Nebbiolo 90%, Rossola nera 5%, altre varietà 5%
Alc. 14% | € 28 | Bt. 900 | Ferm. Acciaio | Mat. Legno 36 mesi
Screziature granato su rosso cremisi. Debutta vigoroso con intarsi di amarena sotto spirito, susina, scorza d'arancia, alloro, ginepro, pot-pourri e incenso. Gustoso, di interessante coerenza e struttura, fresco e dal tannino cesellato. Esteso su rimbalzi di tamarindo e amarena. Petto di germano reale al balsamico.

SFORZATO DI VALTELLINA SAN BELLO 2018
Rosso Docg - Nebbiolo 90%, Rossola nera 5%, altre varietà 5%
Alc. 15,5% | € 45 | Bt. 1.100 | Ferm. Acciaio | Mat. Legno 36 mesi
Cinghiale in umido.

VALTELLINA SUPERIORE MAROGGIA 2020
Rosso Docg - Nebbiolo 90%, Rossola nera 5%, altre varietà 5%
Alc. 13,5% | € 22 | Bt. 3.419 | Ferm. Acciaio | Mat. Legno 24 mesi
Lasagne ai cardi con formaggi saporiti.

ROSSO DI VALTELLINA MALAROGGIA 2021
Rosso Doc - Nebbiolo 90%, Rossola nera 5%, altre varietà 5%
Alc. 13% | € 18 | Bt. 2.666 | Ferm. Acciaio | Mat. Acciaio 2 mesi e Legno 12 mesi
Bresaola di punta d'anca.

I CASINI 2022
Bianco Igt - Nebbiolo 80%, Manzoni bianco 15%, Cortese 5%
Alc. 12,5% | € 17 | Bt. 1.000 | Ferm. Acciaio | Mat. Acciaio 6 mesi
Filetti di pesce persico al burro e timo.

ROSA RETICA 2022
Rosato Igt - Nebbiolo 80%, Rossola nera 10%, altre varietà 10%
Alc. 13% | € 17 | Bt. 1.000 | Ferm. Acciaio | Mat. Acciaio 6 mesi
Bruschetta al pomodoro.

VALTELLINA SUPERIORE MAROGGIA
2015 | 2016 | 2017

VALTELLINA SUPERIORE MAROGGIA RISERVA
2011 | 2015 | 2016

Avanzi
(1931)

L'amore per una terra che è anche la propria casa muove da novant'anni la famiglia Avanzi. Giovanni, Giuseppe, Nicola e Francesco, terza generazione in tolda di comando, conducono con la lungimiranza dei loro antenati una moderna azienda che destina cinquanta ettari di vigne alla celebrazione del Garda Classico e del Lugana. Stelle polari del loro agire sono la cura quotidiana e la passione per le autentiche espressioni della sponda bresciana del Lago. È dunque con fierezza che la famiglia sottolinea di essere l'unica realtà a potersi fregiare della menzione "Lugana di Sirmione" in etichetta.

Via Trevisago, 19 - 25080 Manerba del Garda (BS)
T. 0365 551013 | M. info@avanzi.net
www.avanzi.net

Viticoltura: Convenzionale
Ettari: 50 | **Bottiglie:** 500.000 | **Produzione olearia:** Sì
Proprietà: Famiglia Avanzi
Cond. enologica: Giuseppe Avanzi
Cond. agronomica: Staff aziendale
Vendita diretta: Sì | **Visite in azienda:** Sì

VALTÈNESI RIVIERA DEL GARDA CLASSICO CHIARETTO ROSAVERO 2022
Rosato Doc - Groppello gentile 70%, Barbera 10%, Marzemino 10%, Sangiovese 10%
Alc. 13% | € 12 | Bt. 50.000 | Ferm. Acciaio | Mat. Acciaio 4 mesi
Sottile trama rosata. Esordisce con una diffusa freschezza floreale, di rosa, peonia, mughetto e geranio. Poi fanno capolino pesca, pera, susina, fragolina di bosco, ribes bianco. Squisito il palato, complice l'ottimo equilibrio tra freschezza e sapidità. Soddisfa la persistenza. Pizza con fiordilatte e prosciutto crudo.

LUGANA SIRMIONE VIGNA BRAGAGNA 2022
Bianco Doc - Trebbiano di Lugana 100%
Alc. 13% | € 13 | Bt. 130.000 | Ferm. Acciaio | Mat. Acciaio 5 mesi
Risotto alla milanese.

MONTECORNO 2018
Rosso Igt - Rebo 100%
Alc. 14,5% | € 22 | Bt. 8.000 | Ferm. Legno | Mat. Legno 36 mesi
Coniglio al forno con polenta di Storo.

RIVIERA DEL GARDA CLASSICO GROPPELLO PREDELLI 2021
Rosso Doc - Groppello 60%, Barbera 20%, Marzemino 10%, Sangiovese 10%
Alc. 13% | € 12 | Bt. 15.000 | Ferm. Acciaio | Mat. Acciaio 20 mesi
Pasta alla Norma.

RIVIERA DEL GARDA CLASSICO SUPERIORE GIOVANNI AVANZI
2018

VALTÈNESI CHIARETTO RIVIERA DEL GARDA CLASSICO ROSAVERO
2021

Balgera
(1885)

Nota per essere tra le realtà storiche della Valtellina, ancora a conduzione strettamente familiare, Balgera ha una filosofia aziendale improntata alla cura e al rispetto della tradizione, facendo leva sia sulla qualità delle materie prime, grazie a vigne ubicate nei comuni di Teglio e nelle sottozone Sassella e Grumello, sia sull'uso attento del legno e sull'osservanza degli opportuni periodi di affinamento. Quest'anno i vini presentati in Guida hanno nuovamente mostrato il loro grande pregio, su tutti il Valgella del Vigneto Quigna.

Via Maurizio Quadrio, 26 - 23030 Chiuro (SO)
T. 0342 482203 | M. info@vinibalgera.it
www.vinibalgera.it

Viticoltura: Lotta integrata
Ettari: 6,5 | **Bottiglie:** 45.000 | **Produzione olearia:** No
Proprietà: Paolo Balgera
Cond. enologica: Luca Balgera, Paolo Balgera
Cond. agronomica: Luca Balgera
Vendita diretta: Sì | **Visite in azienda:** Sì

VALTELLINA SUPERIORE VALGELLA VIGNETO QUIGNA 2016
Rosso Docg - Nebbiolo 100%
Alc. 13% | € 40 | Bt. 2.301 | Ferm. Acciaio | Mat. Acciaio 12 mesi e Legno 48 mesi
Limpido e luminoso colore granato. Molto variegato e fine l'olfatto che spazia tra la dolcezza del frutto, la terrosità del fungo, un floreale appassito e tocchi di liquirizia. In bocca è invitante, con spiccata ma composta acidità e tannino vigoroso ma educato. Progressione molto piacevole. Gulasch di cervo con patate stufate.

VALTELLINA SUPERIORE VALGELLA VIGNETO PIZAMÈI 2016
Rosso Docg - Nebbiolo 100%
Alc. 13,5% | € 40 | Bt. 2.037 | Ferm. Acciaio | Mat. Acciaio 12 mesi e Legno 48 mesi
Allodole tartufate in casseruola.

VALTELLINA SUPERIORE VALGELLA MAFERÌN 2017
Rosso Docg - Nebbiolo 100%
Alc. 12,5% | € 25 | Bt. 1.400 | Ferm. Acciaio | Mat. Acciaio 24 mesi e Legno 24 mesi
Pizzoccheri valtellinesi.

SFORZATO DI VALTELLINA SOLSTIZIO
2015

VALTELLINA SUPERIORE SASSELLA LUCE
2016

Ballabio
(1905)

Per Ballabio, Farfalla è più di una semplice "linea", è il legame che unisce la cantina con il territorio: prende il nome, infatti, da un vigneto collocato sulla collina di San Biagio a Calvignano che, visto dall'alto, ricorda di fatto la forma di una farfalla. La parcella ha dimostrato un potenziale qualitativo eccezionale, divenendo la base del Metodo Classico che, fin dalla fondazione, ha rappresentato l'obiettivo enologico dello storico patron Angelo Ballabio. In quest'edizione conferma le aspettative, sfiorando l'eccellenza, il Cave Privée Pas Dosé, teso e di vibrante energia.

Via San Biagio, 32 - 27054 Casteggio (PV)
T. 0383 805878 | M. commerciale@ballabio.net
www.ballabiowinery.it

Viticoltura: Lotta integrata
Ettari: 50 | **Bottiglie:** 120.000 | **Produzione olearia:** No
Proprietà: Mattia Nevelli
Cond. enologica: Carlo Casavecchia
Cond. agronomica: Nicolò Nevelli
Vendita diretta: Sì | **Visite in azienda:** Sì

FARFALLA CAVE PRIVÉE PAS DOSÉ 2016
Bianco Metodo Classico - Pinot nero 100%
Alc. 12,5% | € 60 | Bt. 3.000 | Ferm. Legno e Acciaio | Mat. Acciaio 9 mesi e Legno 9 mesi | 70 mesi sui lieviti
Oro intenso con sfumature cipria contornato da perlage copioso e persistente. Elegante l'incipit su sensazioni di mela e prugna mature; emergono poi interessanti nuance vegetali di tarassaco, rosmarino ed erba falciata. Chiude speziato con ricordi di pepe e incenso. Gusto lungo e coerente. Storione alle prugne.

FARFALLA NOIR COLLECTION N°10 EXTRA BRUT
Bianco Metodo Classico - Pinot nero 100%
Alc. 12,5% | € 26 | Bt. 50.000 | Ferm. Acciaio | Mat. Acciaio 9 mesi 30 mesi sui lieviti
Torta salata ai broccoli.

FARFALLA NOIR COLLECTION EXTRA BRUT ROSÉ
Rosato Metodo Classico - Pinot nero 100%
Alc. 12,5% | € 29 | Bt. 20.000 | Ferm. Acciaio | Mat. Acciaio 9 mesi 30 mesi sui lieviti
Salame d'oca di Mortara.

FARFALLA COLLECTION N°7 DOSAGE ZERO
Bianco Metodo Classico - Pinot nero 100%
Alc. 12,5% | € 30 | Bt. 30.000 | Ferm. Legno e Acciaio | Mat. Acciaio 9 mesi e Legno 9 mesi | 40 mesi sui lieviti
Peperonata.

FARFALLA EXTRA BRUT NOIR COLLECTION
S.A.

FARFALLA EXTRA BRUT CAVE PRIVÉE
2015

Banino
(1951)

Tra le suggestive vie del borgo di San Colombano, nell'accogliente abbraccio di antiche volte a vista, riposano i vini di Antonio Panigada. Voci genuine e veritiere di colui che, con fierezza e orgoglio, interpreta l'essenza del vino di Milano. Parola d'ordine: preservare. Tenere lontano ciò che è dannoso, salvare la natura da interventi che ne mettano a repentaglio l'integrità; salvaguardare tipicità di luogo, vitigni e cultura tradizionale evitando ogni pratica enologica invasiva che tolga o alteri; e soprattutto difendere l'autenticità che ogni anno, nel nettare finale, la terra esprime.

Via Vittoria, 13 - 20078 San Colombano al Lambro (MI)
T. 0371 898795 | M. vinobanino@hotmail.com
www.banino.it

Viticoltura: Convenzionale
Ettari: 5 | **Bottiglie:** 32.000 | **Produzione olearia:** No
Proprietà: Antonio Panigada
Cond. enologica: Antonio Panigada
Cond. agronomica: Antonio Panigada
Vendita diretta: Sì | **Visite in azienda:** Sì

SAN COLOMBANO VIGNA LA MERLA RISERVA 2017
Rosso Doc - Barbera 50%, Croatina 30%, Merlot 10%, Cabernet franc 5%, Uva rara 5%
Alc. 15% | € 24 | Bt. 3.820 | Ferm. Cemento | Mat. Legno 24 mesi
Vivace e impenetrabile rosso rubino. Ouverture di prugna in confettura e ciliegia sotto spirito. Soave, il pot-pourri di rose e cipria è intarsiato da vaniglia, pepe nero e noce moscata. Corposo, ricco di succo e frutto rotondo, trova dinamismo nella fresca e tangibile esuberanza tannica. Manzo brasato con olive e porri.

AUREUM 2020
Bianco Igt Passito - Malvasia di Candia aromatica 100%
Alc. 13% | € 19 (0,375l) | Bt. 1.330 | Ferm. Legno | Mat. Legno 24 mesi
Panettone.

SAN COLOMBANO TRANQUILLO 2020
Rosso Doc - Barbera 50%, Croatina 35%, Uva rara 15%
Alc. 14% | € 12 | Bt. 7.355 | Ferm. Cemento | Mat. Legno 12 mesi
Carré di maiale al forno con mele renette.

BANINO BIANCO 2022
Bianco Igt - Sauvignon 50%, Chardonnay 25%, Riesling renano 25%
Alc. 14% | € 12 | Bt. 6.700 | Ferm. Acciaio e Cemento | Mat. Acciaio 6 mesi e Cemento 6 mesi
Linguine con asparagi e calamaretti.

SAN COLOMBANO GIOVANE 2021
Rosso Doc - Barbera 50%, Croatina 35%, Uva rara 15%
Alc. 13,5% | € 9 | Bt. 4.650 | Ferm. Acciaio | Mat. Cemento 8 mesi
Gnocchi al ragù.

AUREUM
2018

BANINO BIANCO
2021

Barbacarlo
(1958)

Nell'edizione 2022 avevamo segnalato con entusiasmo l'ingresso in Guida dei vini di Lino Maga, che con il suo carattere fiero e deciso ha portato avanti battaglie storiche in Oltrepò per una viticoltura che non tradisse mai il legame con il territorio di origine. Dopo aver registrato, con sommo rammarico, la sua scomparsa, ora è il figlio Giuseppe, che già da anni affiancava il padre, a portare avanti l'azienda, forte degli insegnamenti e degli esempi ricevuti. L'iconico e incisivo Barbacarlo si conferma il vino simbolo del loro viscerale attaccamento alla terra natia.

Strada Bronese, 3 - 27043 Broni (PV)
T. 0385 51212 | M. barbacarlodimaga@libero.it

Viticoltura: Convenzionale
Ettari: 8 | **Bottiglie:** 14.000 | **Produzione olearia:** No
Proprietà: Giuseppe Maga
Cond. enologica: Giuseppe Maga
Cond. agronomica: Giuseppe Maga
Vendita diretta: Sì | **Visite in azienda:** Sì

BARBACARLO 2020
Rosso Igt - Croatina 40%, Ughetta 30%, Uva rara 30%
Alc. 15% | € 38 | Bt. 7.000 | Ferm. Legno | Mat. Legno 6 mesi
Rosso rubino fitto, vividi riflessi porpora. Profuma di ciliegia, amarena, lavanda, petali di rosa macerati in alcol. Seguono carruba e noce moscata. Il sorso fresco richiama frutta rossa succosa e contribuisce all'equilibrio tra il tannino un po' scalpitante e il deciso grado alcolico. Coda alla vaccinara.

MONTEBUONO 2020
Rosso Igt - Croatina 40%, Ughetta 30%, Uva rara 30%
Alc. 14% | € 30 | Bt. 6.500 | Ferm. Legno | Mat. Legno 6 mesi
Ravioli al sugo di chianina e tartufo nero.

BARBACARLO
2017

MONTEBUONO
2017

Barone Pizzini
(1870)

C'è la storia d'Italia nella biografia di Barone Pizzini. Se oggi l'azienda è rinomata e illustre alfiere di Franciacorta, è anche grazie a chi ha saputo valorizzare profonde radici che la legano al territorio. Un cordone stretto, costantemente ravvivato attraverso scelte adottate anche con lungimirante anticipo. Come la conduzione biologica dei vigneti, abbracciata oltre 25 anni fa e ancora oggi chiave dell'assoluto rispetto per l'ambiente che traspare nitidamente nei vini degustati. Si conferma il livello d'eccellenza del Franciacorta Dosaggio Zero Bagnadore Riserva, al millesimo 2015.

Via San Carlo, 14 - 25050 Provaglio d'Iseo (BS)
T. 030 9848311 | M. info@baronepizzini.it
www.baronepizzini.it

Viticoltura: Biologica certificata
Ettari: 58 | **Bottiglie:** 370.000 | **Produzione olearia:** No
Proprietà: Barone Pizzini
Cond. enologica: Leonardo Valenti
Cond. agronomica: Pierluigi Donna
Vendita diretta: Sì | **Visite in azienda:** Sì

92
FRANCIACORTA DOSAGGIO ZERO BAGNADORE RISERVA 2015
Bianco Docg - Chardonnay 59%, Pinot nero 41%
Alc. 12% | € 50 | Bt. 11.328 | Ferm. Legno | Mat. Legno 8 mesi
69 mesi sui lieviti
Giallo paglierino brillante dal perlage splendidamente persistente. Il naso è una gioiosa estasi floreale, cui si aggiungono stuzzicanti accenni di miele e di erbe aromatiche. Palato risoluto, teso e compatto, caratterizzato da un'elegante sapidità. Petto d'anatra laccato al miele.

92
FRANCIACORTA EXTRA BRUT ROSÉ EDIZIONE 2019
Rosato Docg - Pinot nero 70%, Chardonnay 30%
Alc. 12% | € 33 | Bt. 39.996 | Ferm. Legno e Acciaio | Mat. Acciaio 10 mesi e Legno 10 mesi | 35 mesi sui lieviti
Nuance ramata e lucente, dalla bollicina sottile. Quadro olfattivo piuttosto nitido, di fragoline di bosco, lamponi, pompelmo e fiori selvatici. Assaggio terso e lucente di ottima struttura e piacevole e gustosa permanenza. Terrina di coniglio.

FRANCIACORTA DOSAGGIO ZERO ANIMANTE
Bianco Docg - Chardonnay 53%, Pinot nero 23%, Pinot bianco 19%, Erbamat 5%
Alc. 12% | € 25 | Bt. 99.996 | Ferm. Acciaio | Mat. Acciaio 10 mesi
25 mesi sui lieviti. Tartare di gamberi.

FRANCIACORTA BRUT NATURE NATURÆ EDIZIONE 2019
Bianco Docg - Chardonnay 61%, Pinot nero 39%
Alc. 12% | € 33 | Bt. 19.992 | Ferm. Legno | Mat. Legno 10 mesi
35 mesi sui lieviti. Tagliolini al nero di seppia e pomodori ciliegino.

FRANCIACORTA BRUT SATÈN EDIZIONE 2019
Bianco Docg - Chardonnay 100%
Alc. 12% | € 33 | Bt. 49.908 | Ferm. Legno e Acciaio | Mat. Acciaio 10 mesi e Legno 10 mesi | 35 mesi sui lieviti
Rollè di cernia con patate al rosmarino.

FRANCIACORTA EXTRA BRUT GOLF 1927
Bianco Docg - Chardonnay 100%
Alc. 12% | € 25 | Bt. 100.200 | Ferm. Acciaio | Mat. Acciaio 8 mesi
25 mesi sui lieviti. Risotto con zucchine, fiori di zucca e zafferano.

FRANCIACORTA DOSAGGIO ZERO BAGNADORE RISERVA
2011 | 2014

FRANCIACORTA BRUT NATURE NATURAE EDIZIONE
2016

Bellavista
(1977)

"Nel mondo del vino ci sono nata" così narra Francesca Moretti, la bimba che giocava tra le vigne e tra le botti si nascondeva per la caccia al tesoro, donna che senza posa apprende e cresce. In vigna il sistema Terra Moretti, ottimale sinergia tra azioni solo in apparenza contrastanti: droni, robot, satelliti e poi cavalli, dendrochirurgia e potatura preservativa. In cantina proficuo confronto che dall'incontro con Richard Geoffroy, storico Chef de Cave della Dom Pérignon, non poteva che creare la perfetta alchimia. Tre vini conquistano l'eccellenza, svetta la Cuvée Vittorio Moretti 2016.

Via Bellavista, 5 - 25030 Erbusco (BS)
T. 030 7762000 | M. info@bellavistawine.it
www.bellavistawine.it

Viticoltura: Convenzionale
Ettari: 207 | **Bottiglie:** 1.600.000 | **Produzione olearia:** No
Proprietà: Famiglia Moretti
Cond. enologica: Francesca Moretti
Cond. agronomica: Alessandro Bonzoni
Vendita diretta: Sì | **Visite in azienda:** Sì

96

FRANCIACORTA NON DOSATO VITTORIO MORETTI RISERVA 2016
Bianco Docg - Chardonnay 62%, Pinot nero 38%
Alc. 12,5% | € 120 | Bt. 38.000 | Ferm. Legno e Acciaio | Mat. Acciaio 7 mesi e Legno 7 mesi | 70 mesi sui lieviti
Oro al calice, finissimo il perlage. Soave il bouquet: stille di pesca, fresia gialla, mimosa e cedro candito; poi sublimi richiami di pasticceria, miele millefiori e soffi di zenzero. Generoso e materico il sorso, vibra di freschezza. Splendida la chiosa di sale, zagara e nocciola. Caviale Beluga.

92,5

FRANCIACORTA EXTRA BRUT PAS OPERÉ 2017
Bianco Docg - Chardonnay 64%, Pinot nero 36%
Alc. 12,5% | € 50 | Bt. 30.000 | Ferm. Legno e Acciaio | Mat. Acciaio 7 mesi e Legno 7 mesi | 51 mesi sui lieviti
Dorate le sfumature. Fiori di campo, mela Golden, ananas disidratato. Miele d'acacia, frolla con crema al limone vanigliata. Setoso ma deciso all'assaggio, danza sul fine perlage, chiude su volute di cedro. Fettuccine ai funghi porcini.

92,5

FRANCIACORTA BRUT TEATRO ALLA SCALA 2018
Bianco Docg - Chardonnay 76%, Pinot nero 24%
Alc. 12,5% | € 45 | Bt. 110.000 | Ferm. Legno e Acciaio | Mat. Acciaio 7 mesi e Legno 7 mesi | 44 mesi sui lieviti
Luminosi riflessi oro verde. Glicine e biancospino; fresche note di lemongrass, menta, timo e uva spina, soffi di gesso e zeste. Sapido, vivace e succoso il sorso, dalla scia pulita e gustosamente agrumata. Carciofi alla giudia.

FRANCIACORTA BRUT ROSÉ 2018
Rosato Docg - Chardonnay 63%, Pinot nero 37%
Alc. 12,5% | € 48 | Bt. 54.000 | Ferm. Legno e Acciaio | Mat. Acciaio 7 mesi e Legno 7 mesi | 44 mesi sui lieviti.
Oca arrosto.

FRANCIACORTA NON DOSATO GRANDE CUVÉE ALMA
Bianco Docg - Chardonnay 90%, Pinot nero 10%
Alc. 12,5% | € 34 | Bt. 120.000 | Ferm. Legno e Acciaio | Mat. Acciaio 7 mesi e Legno 7 mesi | 29 mesi sui lieviti.
Tataki di tonno al sesamo.

FRANCIACORTA BRUT ROSÉ
2015 | 2016

FRANCIACORTA EXTRA BRUT PAS OPERÉ
2016

Fratelli Berlucchi
(1927)

Una delle cantine storiche di Franciacorta, risalente al '300 e perfettamente restaurata, accoglie anche quest'anno il frutto dell'importante lavoro della terza generazione dei Fratelli Berlucchi, custodi attenti di una tradizione e al tempo stesso comunicatori in tutto il mondo del sapere che quella tradizione comporta, senza tralasciare l'interesse per l'evoluzione del gusto e delle passioni. L'attenzione alla sostenibilità, la vendemmia manuale e il rigore nella produzione costituiscono i criteri identitari che determinano ogni anno una produzione di eccellenza.

Via Broletto, 2 - Località Borgonato - 25040 Corte Franca (BS)
T. 030 984451 | M. info@fratelliberlucchi.it
www.fratelliberlucchi.it

Viticoltura: Convenzionale
Ettari: 70 | **Bottiglie:** 350.000 | **Produzione olearia:** No
Proprietà: Fratelli Berlucchi
Cond. enologica: Alessandro Santini, Cesare Ferrari
Cond. agronomica: Giuseppe Turrini
Vendita diretta: Sì | **Visite in azienda:** Sì

FRANCIACORTA BRUT CASA DELLE COLONNE RISERVA 2014
Bianco Docg - Chardonnay 80%, Pinot nero 20%
Alc. 13% | € 70 | Bt. 5.000 | Ferm. Legno e Acciaio e Terracotta
97 mesi sui lieviti
Paglierino cristallino e con finissimo perlage. L'olfatto è intrigante con profumi di mela e pera mature, pesca gialla, zeste di limone, crema frangipane, cenni floreali ed erbacei freschi di timo e basilico. Al palato è di carattere, saporito e cremoso e al tempo stesso bilanciato, lungo e coerente. Coniglio alla ligure.

FRANCIACORTA NATURE FRECCIANERA 2019
Bianco Docg - Chardonnay 85%, Pinot nero 15%
Alc. 12,5% | € 40 | Bt. 15.000 | Ferm. Acciaio | 35 mesi sui lieviti
Cappellacci di zucca.

FRANCIACORTA BRUT SATÈN FRECCIANERA 2019
Bianco Docg - Chardonnay 100%
Alc. 12,5% | € 34 | Bt. 35.000 | Ferm. Acciaio | 30 mesi sui lieviti
Garganelli freschi con gamberi di fiume.

FRANCIACORTA BRUT ROSÉ FRECCIANERA ROSA 2019
Rosato Docg - Pinot nero 60%, Chardonnay 40%
Alc. 12,5% | € 35 | Bt. 15.000 | Ferm. Acciaio | 33 mesi sui lieviti
Triglie in guazzetto.

FRANCIACORTA BRUT 25
Bianco Docg - Chardonnay 100%
Alc. 12,5% | € 22 | Bt. 150.000 | 22 mesi sui lieviti
Crostini con baccalà mantecato.

FRANCIACORTA BRUT FRECCIANERA 2019
Bianco Docg - Chardonnay 60%, Pinot bianco 30%, Pinot nero 10%
Alc. 12,5% | € 30 | Bt. 50.000 | Ferm. Acciaio | 36 mesi sui lieviti
Pesce spada gratinato.

FRANCIACORTA BRUT CASA DELLE COLONNE RISERVA
2008

FRANCIACORTA BRUT ROSÉ FRECCIANERA ROSA
2013 | 2016

Guido Berlucchi
(1961)

La storica azienda non manca mai di consolidare il suo impegno tra innovazione, tradizione e rispetto ambientale. Il recente posizionamento nel vigneto Brolo di 50 arnie, in cui dimorano circa 30.000 api, l'ampliamento dell'impianto fotovoltaico sulla cantina di vinificazione e l'acquisizione di altri 15 ettari di vigneti nelle zone più vocate della denominazione sono solo gli ultimi esempi. Tra i vini presenti in Guida quest'anno spiccano i millesimi 2016 a dosaggio zero: su tutti il '61 Nature poi, a seguire, il Rosé '61 Nature e il Blanc de Blancs '61 Nature.

Piazza Duranti, 4 - Località Borgonato - 25040 Corte Franca (BS)
T. 030 984381 | M. info@berlucchi.it
www.berlucchi.it

Viticoltura: Biologica certificata
Ettari: 135 | **Bottiglie:** 4.000.000 | **Produzione olearia:** No
Proprietà: Famiglia Ziliani e soci
Cond. enologica: Arturo Ziliani, Ferdinando Dell'Aquila
Cond. agronomica: Diego Cortinovis
Vendita diretta: Sì | **Visite in azienda:** Sì

(91,5)

FRANCIACORTA DOSAGGIO ZERO '61 NATURE 2016
Bianco Docg - Chardonnay 70%, Pinot nero 30%
Alc. 12,5% | € 36 | Ferm. Acciaio | Mat. Acciaio 6 mesi e Legno 6 mesi
60 mesi sui lieviti
Splendenti catenelle numerose e durevoli. Sensazioni olfattive agrumate, di biancospino e macchia mediterranea lasciano spazio a complesse malie di frutta bianca matura e a profumi tostati. L'effervescenza al palato è cremosa senza perdere spinta, regalando una beva fresca di appagante persistenza. Risotto con seppie e burrata.

FRANCIACORTA DOSAGGIO ZERO ROSÉ '61 NATURE 2016
Rosato Docg - Pinot nero 100%
Alc. 12,5% | € 36 | Ferm. Acciaio | Mat. Acciaio 6 mesi e Legno 6 mesi
60 mesi sui lieviti
Vellutata di ceci con gamberi croccanti.

FRANCIACORTA DOSAGGIO ZERO BLANC DE BLANCS '61 NATURE 2016
Bianco Docg - Chardonnay 100%
Alc. 12,5% | € 36 | Ferm. Acciaio | Mat. Acciaio 6 mesi e Legno 6 mesi
60 mesi sui lieviti
Crespelle con funghi e Asiago.

FRANCIACORTA EXTRA BRUT '61
Bianco Docg - Chardonnay 85%, Pinot nero 15%
Alc. 12,5% | € 24 | Ferm. Acciaio | Mat. Acciaio 6 mesi | 24 mesi sui lieviti
Trofie al pesto.

FRANCIACORTA BRUT SATÈN '61
Bianco Docg - Chardonnay 100%
Alc. 12,5% | € 24 | Ferm. Acciaio | Mat. Acciaio 6 mesi | 24 mesi sui lieviti
Crostini con paté de foie gras d'anatra.

FRANCIACORTA BRUT ROSÉ '61
Rosato Docg - Pinot nero 60%, Chardonnay 40%
Alc. 12,5% | € 24 | Ferm. Acciaio | Mat. Acciaio 6 mesi | 24 mesi sui lieviti
Zuppa di pesce.

FRANCIACORTA EXTRA BRUT PALAZZO LANA EXTRÊME RISERVA
2009 | 2010 | 2011

FRANCIACORTA NATURE BLANC DE BLANCS '61
2012

Bersi Serlini
(1886)

La storia di questa cantina rappresenta in modo significativo anche quella della viticoltura di Franciacorta: qui, infatti, in epoca medievale, i monaci cluniacensi dell'Abbazia di San Pietro in Lamosa fondarono i primi edifici agricoli. Sul finire dell'Ottocento, diventarono di proprietà della famiglia Bersi Serlini, i quali, rivelandosi imprenditori illuminati, investirono nel territorio competenze e risorse senza mai tradirne identità e vocazione. Anche quest'anno i loro vini dimostrano il solido livello qualitativo ormai raggiunto, con il Brut Anteprima in evidenza.

Via Cereto, 7 - 25050 Provaglio d'Iseo (BS)
T. 030 9823338 | M. visite@bersiserlini.it
www.bersiserlini.it

Viticoltura: Biologica
Ettari: 15 | **Bottiglie:** 160.000 | **Produzione olearia:** No
Proprietà: Famiglia Bersi Serlini
Cond. enologica: Nico Danesi
Cond. agronomica: Agostino Migliorati, Sergio Bonomelli
Vendita diretta: Sì | **Visite in azienda:** Sì

FRANCIACORTA BRUT ANTEPRIMA
Bianco Docg - Chardonnay 100%
Alc. 12,5% | € 22 | Bt. 20.000 | Ferm. Acciaio | Mat. Acciaio 6 mesi
20 mesi sui lieviti
Paglierino dai riflessi dorati, luminoso e con bollicine numerose e persistenti. Bouquet di fiori di acacia e ginestra, susina goccia d'oro e mela cotogna, arricchito da un fresco sentore di erbe aromatiche e delicata tostatura. Sorso graziosamente sapido, morbido e con effervescenza cremosa. Filetto di ombrina e radicchio.

FRANCIACORTA BRUT BLANC DE BLANCS ANNIVERSARIO
Bianco Docg - Chardonnay 100%
Alc. 12,5% | € 25 | Bt. 40.000 | Ferm. Acciaio | Mat. Acciaio 6 mesi
24 mesi sui lieviti
Crema di zucca con porcini.

FRANCIACORTA BRUT SATÈN
Bianco Docg - Chardonnay 100%
Alc. 12,5% | € 28 | Bt. 40.000 | Ferm. Legno e Acciaio | Mat. Acciaio 6 mesi e Legno 5 mesi | 30 mesi sui lieviti
Cappesante scottate allo zenzero.

FRANCIACORTA BRUT CUVÉE N°4 2019
Bianco Docg - Chardonnay 100%
Alc. 12,5% | € 30 | Bt. 20.000 | Ferm. Legno e Acciaio | Mat. Acciaio 6 mesi e Legno 5 mesi | 30 mesi sui lieviti
Flan di zucchine e carote.

FRANCIACORTA EXTRA BRUT 2019
Bianco Docg - Chardonnay 90%, Pinot nero 10%
Alc. 12,5% | € 35 | Bt. 5.000 | Ferm. Acciaio | Mat. Acciaio 6 mesi
30 mesi sui lieviti
Puntarelle croccanti con colatura di alici, arance e melagrana.

FRANCIACORTA BRUT ROSÉ 2019
Rosato Docg - Chardonnay 65%, Pinot nero 35%
Alc. 12,5% | € 30 | Bt. 20.000 | Ferm. Acciaio | Mat. Acciaio 6 mesi
30 mesi sui lieviti
Fagottino di persico con melanzane, pomodori e basilico.

FRANCIACORTA BRUT CUVÉE N°4
2015 | 2016 | 2018

FRANCIACORTA BRUT ROSÉ ROSA ROSAE
2010

Gianfranco Bertagna
(1980)

Gianfranco Bertagna è un uomo innamorato della sua terra e del suo lavoro: la sua grande passione trova concretezza in uno spiccato spirito d'intraprendenza e rispetto per le meravigliose colline che circondano l'azienda. Un avanzato impianto fotovoltaico e quello solare termico riescono a soddisfare fino all'80% del fabbisogno energetico. Inoltre, da diversi anni, l'obiettivo della sostenibilità viene portato avanti attraverso la Misura 10, che garantisce una gestione ottimale delle superfici agricole, cui si affianca l'adesione alla certificazione SNQPI.

Strada Madonna della Porta, 14 - Località Bande - 46040 Cavriana (MN)
T. 0376 82211 | M. info@cantinabertagna.it
www.cantinabertagna.it

Viticoltura: Lotta integrata
Ettari: 14 | **Bottiglie:** 200.000 | **Produzione olearia:** Sì
Proprietà: Gianfranco Bertagna
Cond. enologica: Marco Simonetti
Cond. agronomica: Enzo Corazzina
Vendita diretta: Sì | **Visite in azienda:** Sì

(92,5)
MONTEVOLPE ROSSO 2018
Rosso Igp - Cabernet 40%, Merlot 40%, Corvina 20%
Alc. 15% | € 25 | Bt. 11.500 | Ferm. Acciaio | Mat. Acciaio 6 mesi e Legno 38 mesi
Ammaliante rosso rubino di buona fittezza. Debutta su intriganti accenti balsamici che virano su sbuffi vegetali di peperone rosso; segue un sottofondo fruttato di amarena e mora. Un mazzolino di fiori rossi invita all'assaggio che si mostra fresco e scorrevole, dal finale perfettamente corrispondente. Pluma di maialino Bellota con cipolle caramellate.

ROSSO DEL BARONE 2020
Rosso Igp - Cabernet sauvignon 85%, Cabernet franc 15%
Alc. 14% | € 18 | Bt. 6.666 | Ferm. Acciaio | Mat. Acciaio 6 mesi e Legno 10 mesi
Fettuccine al ragù d'agnello.

LUGANA 2022
Bianco Doc - Trebbiano di Lugana 100%
Alc. 13% | € 12 | Bt. 68.600 | Ferm. Acciaio | Mat. Acciaio 6 mesi
Lasagne di verdure.

ROSSO DEL NANDO 2022
Rosso Igp - Merlot 100%
Alc. 13,5% | € 11 | Bt. 9.500 | Ferm. Acciaio | Mat. Acciaio 12 mesi
Capocollo di Martina Franca.

ROSSO DEL CHINO 2019
Rosso Igp - Merlot 100%
Alc. 14% | € 18 | Bt. 6.666 | Ferm. Acciaio | Mat. Acciaio 6 mesi e Legno 10 mesi
Risotto alle ortiche.

CORVINA 2021
Rosso Igt - Corvina 50%, Corvinone 50%
Alc. 14% | € 20 | Bt. 3.333 | Ferm. Acciaio | Mat. Acciaio 4 mesi e Legno 6 mesi
Zuppa di fagioli neri messicana.

MONTEVOLPE ROSSO
2014 | 2016 | 2017

MONTEVOLPE BIANCO
2019 | 2021

Bettini
(1881)

È ancora lo Sfursat a primeggiare in degustazione, guadagnando quest'anno le Quattro Viti, complice il felice millesimo 2019. Ottimi anche i Valtellina Superiore delle Selezioni, prodotti solo nelle migliori annate. Il Vigna La Cornella è il frutto di un vigneto eccezionalmente vocato, le cui uve vengono vendemmiate tardivamente. Il Sassella Reale è invece realizzato con una vinificazione tradizionale, selezionando i grappoli tra i pendii assolati della sottozona. La maturazione dei vini è per Bettini una questione sartoriale, che quest'anno ha visto l'introduzione di nuove botti e tonneau.

Via Nazionale, 4/A - Frazione San Giacomo - 23036 Teglio (SO)
T. 0342 786068 | M. info@vinibettini.it
www.vinibettini.it

Viticoltura: Convenzionale
Ettari: 15 | **Bottiglie:** 200.000 | **Produzione olearia:** No
Proprietà: Famiglia Bettini
Cond. enologica: Cesare Ferrari, Pietro Bettini
Cond. agronomica: Pietro Bettini, Sonia Mancini
Vendita diretta: Sì | **Visite in azienda:** Sì

(91,5)
SFURSAT DI VALTELLINA 2019
Rosso Docg - Nebbiolo 100%
Alc. 15% | € 45 | Bt. 8.990 | Ferm. Acciaio | Mat. Legno 12 mesi
Rubino antico nel colore, profondo ed energico il respiro di rosa rossa e garofano, arancia amara e ciliegia, con echi di rabarbaro, genziana e cera d'api a spalancare una quinta balsamica di eucalipto. Ampio il sorso, di ottima dotazione tannica e senza sbavature nella lunga persistenza. Medaglioni di cervo con riduzione di cottura.

VALTELLINA SUPERIORE SASSELLA REALE 2018
Rosso Docg - Nebbiolo 100%
Alc. 13,5% | € 28 | Bt. 8.600 | Ferm. Acciaio | Mat. Legno 15 mesi
Storico Ribelle.

VALTELLINA SUPERIORE VALGELLA VIGNA LA CORNELLA 2018
Rosso Docg - Nebbiolo 100%
Alc. 13,5% | € 26 | Bt. 3.700 | Ferm. Acciaio
Bigoli con l'anatra.

SFURSAT DI VALTELLINA
2015 | 2017 | 2018

VALTELLINA SUPERIORE SASSELLA REALE
2017

Biava
(1988)

Rischiò la scomunica Giovanni, nonno di Manuele, che per ottemperare alla richiesta del vescovo di Bergamo di non sporcare i tovaglioli da liturgia, elaborò un vino da sole bacche bianche per la messa. Non uso a vinificare in bianco le uve rosse, vero simbolo del sangue di Cristo, ricorse a moscato giallo biotipo fior d'arancio, così intenso per aromi e corpo da dare vini in apparenza tratti da bacca scura. Scoperto, rimediò con l'aggiunta in uvaggio del moscato di Scanzo, vitigno di tradizione della cantina Biava, dando origine così all'Exenthia, ancora in cima al podio dei vini più premiati.

Via Monte Bastia, 7 - 24020 Scanzorosciate (BG)
T. 335 349313 | M. manuel@aziendabiava.it
www.aziendabiava.it

Viticoltura: Lotta integrata
Ettari: 3 | **Bottiglie:** 10.000 | **Produzione olearia:** Sì
Proprietà: Manuele Biava
Cond. enologica: Roberto Ravelli
Cond. agronomica: Manuele Biava
Vendita diretta: Sì | **Visite in azienda:** Sì

(91,5)
EXENTHIA
Bianco Passito - Moscato giallo 80%, Moscato di Scanzo 20%
Alc. 16% | € 50 (0,5l) | Bt. 650 | Ferm. Legno | Mat. Legno 30 mesi
Palpitante oro ramato. Rivela al naso frutti tropicali maturi, zenzero candito, scorza di chinotto e frutta disidratata, refoli iodati e d'erbe officinali, fiori di genziana, melissa e caramello. Dolce e setoso il palato, bilanciato da saporita freschezza, prosegue generoso con vivaci toni evoluti. Panforte.

GUELFO
Rosso - Cabernet franc 90%, Merlot 10%
Alc. 14% | € 22 | Bt. 2.600 | Ferm. Acciaio | Mat. Acciaio 24 mesi e Legno 24 mesi
Asiago stravecchio.

GHIBELLINO
Rosso - Merlot 60%, Cabernet franc 40%
Alc. 13,5% | € 15 | Bt. 2.800 | Ferm. Acciaio | Mat. Acciaio 36 mesi
Filetto alla Wellington.

GIALLO
Bianco Passito - Moscato giallo 100%
Alc. 15% | € 38 (0,5l) | Bt. 1.200 | Ferm. Acciaio | Mat. Acciaio 30 mesi
Pastiera napoletana.

GUELFONERO
Rosso - Cabernet franc 100%
Alc. 14% | € 35 | Bt. 600 | Ferm. Acciaio | Mat. Legno 96 mesi
Civet di capriolo ai funghi.

EXENTHIA
2013 | 2016 | 2017

GIALLO
2017 | 2018 | 2019

Bosio
(1998)

Come affermano Cesare e Laura, proprietari e conduttori di quest'importante tenuta franciacortina, "la passione per la terra, il rispetto per l'ambiente e la voglia di innovare sono i valori che ci contraddistinguono". Un'attività che, come dimostrano anche i risultati di quest'anno, punta decisa verso prodotti di alto pregio e qualità; un lavoro che parte dalla vigna, dove si privilegiano alte densità, basse rese e minimo impatto ambientale. Infine, non solo Franciacorta: l'azienda riserva infatti energie e impegno anche alla produzione di ottimi vini rossi rientranti nella Doc Curtefranca.

Via Mario Gatti, 4 - Località Timoline - 25040 Corte Franca (BS)
T. 030 9826224 | M. info@bosiofranciacorta.it
www.bosiofranciacorta.it

Viticoltura: Biologica
Ettari: 22 | **Bottiglie:** 140.000 | **Produzione olearia:** No
Proprietà: Cesare e Laura Bosio
Cond. enologica: Umberto Ivaldi, Marco Zizioli
Cond. agronomica: Cesare Bosio
Vendita diretta: Sì | **Visite in azienda:** Sì

(95)
FRANCIACORTA PAS DOSÉ ROSÉ GIROLAMO BOSIO RISERVA 2015
Rosato Docg - Pinot nero 100%
Alc. 12,5% | € 60 | Bt. 2.000 | Ferm. Acciaio | Mat. Acciaio 7 mesi
80 mesi sui lieviti
Ammaliante rosa fior di pesco. Fresche nuance di fragolina, ribes, mirtillo e melagrana giocano in sinergia con profumi di geranio, radice di liquirizia e pepe rosa. Il sorso, fine e di vivace sapidità, mette in risalto l'ottimo equilibrio e i piacevoli ritorni fruttati. Filetto di orata in crosta di mandorle e patate.

FRANCIACORTA PAS DOSÉ GIROLAMO BOSIO RISERVA 2016
Bianco Docg - Pinot nero 70%, Chardonnay 30%
Alc. 12,5% | € 60 | Bt. 3.000 | Ferm. Legno e Acciaio | Mat. Acciaio 7 mesi e Legno 6 mesi | 70 mesi sui lieviti
Caviale Sevruga.

FRANCIACORTA EXTRA BRUT BOSCHEDÒR 2018
Bianco Docg - Chardonnay 50%, Pinot nero 50%
Alc. 12,5% | € 40 | Bt. 7.000 | Ferm. Acciaio | Mat. Acciaio 7 mesi
44 mesi sui lieviti
Timballo di riso e gamberi.

FRANCIACORTA NATURE 2019
Bianco Docg - Chardonnay 70%, Pinot nero 30%
Alc. 12,5% | € 33 | Bt. 10.000 | Ferm. Acciaio | Mat. Acciaio 7 mesi
30 mesi sui lieviti
Minestra di fagioli di Lamon.

FRANCIACORTA BRUT
Bianco Docg - Chardonnay 90%, Pinot nero 10%
Alc. 12,5% | € 25 | Bt. 60.000 | Ferm. Acciaio | Mat. Acciaio 7 mesi
24 mesi sui lieviti
Tonnarelli cacio e pepe.

FRANCIACORTA BRUT SATÈN
Bianco Docg - Chardonnay 100%
Alc. 12,5% | € 30 | Bt. 30.000 | Ferm. Legno e Acciaio | Mat. Acciaio 7 mesi e Legno 6 mesi | 28 mesi sui lieviti
Grana Padano Riserva.

FRANCIACORTA DOSAGGIO ZERO B.C. RISERVA
2011

FRANCIACORTA EXTRA BRUT BOSCHEDÒR
2013 | 2016

Bruno Verdi
(1948)

Da otto generazioni i Verdi praticano attività agroalimentare nell'areale di Canneto: dapprima grano e altri cereali, poi la vite e, con la terza generazione, anche la trasformazione delle uve in vino. Ora è tempo anche per Laura e Jacopo, figli di Paolo ed Enrica, di entrare a pieno titolo in azienda seguendo la strada della sostenibilità i cui principi hanno fatto pienamente propri. Quest'anno in Guida non poteva mancare il Cavariola - espressosi a livelli davvero sublimi - così come il Campo del Marrone, dove la consueta potenza è stata magistralmente domata in grazia.

Via Vergomberra, 5 - 27044 Canneto Pavese (PV)
T. 0385 88023 | M. info@brunoverdi.it
www.brunoverdi.it

Viticoltura: Convenzionale
Ettari: 13,5 | **Bottiglie:** 100.000 | **Produzione olearia:** No
Proprietà: Paolo Verdi
Cond. enologica: Paolo Verdi, Stefano Testa
Cond. agronomica: Gianpiero Romana
Vendita diretta: Sì | **Visite in azienda:** Sì

96

OLTREPÒ PAVESE ROSSO CAVARIOLA RISERVA 2019
Rosso Doc - Croatina 55%, Barbera 25%, Ughetta 10%, Uva rara 10%
Alc. 15,5% | € 35 | Bt. 4.300 | Ferm. Legno | Mat. Legno 22 mesi e Cemento 8 mesi
Mantello rosso rubino fitto. Esordisce su amarena, prugna e mora di gelso seguite da memorie floreali di viola e peonia; scie minerali di grafite e speziate di noce moscata spalleggiano infine un lieve accento smaltato. Il sorso è pieno, di buona freschezza e garbata sapidità. Tannino scalpitante. Capriolo con salsa di ribes rosso.

92,5

OLTREPÒ PAVESE BARBERA CAMPO DEL MARRONE 2021
Rosso Doc - Barbera 100%
Alc. 15,5% | € 24 | Bt. 3.300 | Ferm. Legno | Mat. Legno 18 mesi
Affascinate rosso porpora dalla trama compatta. Mirtilli croccanti e confettura di fragole precedono l'anice e i toni speziati di pepe nero e ginepro. Ricordi finali di cioccolato e balsamici di eucalipto. L'assaggio, fresco e sapido, rivela un corpo superbo e una buona persistenza. Guanciale di vitello in umido con patate.

OLTREPÒ PAVESE METODO CLASSICO DOSAGE ZERO VERGOMBERRA 2019
Bianco Docg Metodo Classico - Pinot nero 85%, Chardonnay 15%
Alc. 12% | € 26 | Bt. 12.000 | Ferm. Legno e Cemento | Mat. Legno 8 mesi e Cemento 8 mesi | 36 mesi sui lieviti. Fritto di paranza.

OLTREPÒ PAVESE RIESLING VIGNA COSTA 2021
Bianco Doc - Riesling renano 100%
Alc. 13% | € 15 | Bt. 3.700 | Ferm. Cemento | Mat. Cemento 7 mesi
Caciocavallo podolico.

BONARDA DELL'OLTREPÒ PAVESE POSSESSIONE DI VERGOMBERA 2022
Rosso Doc Frizzante - Croatina 100%
Alc. 14% | € 11 | Bt. 11.000 | Ferm. Acciaio | Mat. Cemento 5 mesi
Risotto con le spugnole.

BUTTAFUOCO 2022
Rosso Doc - Croatina 50%, Barbera 25%, Uva rara 15%, Ughetta 10%
Alc. 15% | € 11 | Bt. 12.000 | Ferm. Acciaio | Mat. Cemento 7 mesi
Bucatini all'amatriciana.

OLTREPÒ PAVESE ROSSO CAVARIOLA RISERVA
2016 | 2017 | 2018

OLTREPÒ PAVESE BARBERA CAMPO DEL MARRONE
2016

Bulgarini
(1968)

Dinamismo ed evoluzione sono un mantra per l'azienda condotta da Fausto e Virginia Bulgarini. Negli ultimi mesi il lavoro di rinnovamento si è focalizzato sulla cantina con un nuovo impianto di ricezione e pressatura delle uve che mira a preservare il potenziale aromatico del frutto. Inoltre, l'azienda si è posta importanti obiettivi di riduzione delle emissioni di CO_2 autoproducendo energia tramite pannelli solari, ristrutturando l'edificio con materiali naturali e di recupero, riducendo il peso dei vetri delle bottiglie e utilizzando carta riciclata.

Località Vaibò, 1 - 25010 Pozzolengo (BS)
T. 030 918224 | M. info@vini-bulgarini.com
www.vini-bulgarini.com

Viticoltura: Convenzionale
Ettari: 65 | **Bottiglie:** 700.000 | **Produzione olearia:** No
Proprietà: Fausto Bulgarini
Cond. enologica: Marco Simonetti
Cond. agronomica: Simone Righetti
Vendita diretta: Sì | **Visite in azienda:** Sì

RIVIERA DEL GARDA CLASSICO CHIARETTO 2022
Rosato Doc - Groppello 40%, Barbera 20%, Marzemino 20%, Sangiovese 20%
Alc. 12,5% | € 15 | Bt. 85.321 | Ferm. Acciaio | Mat. Acciaio 3 mesi
Rosa ammaliante; l'olfatto apre su decise note di ciliegia croccante, ribes e arancia sanguinella, che si affiancano a sensazioni floreali di peonia, rosa canina e gelsomino. Finale speziato di noce moscata. Perfettamente corrispondente all'assaggio, il sorso è fresco e gradevolmente sapido. Filetto di orata allo zenzero.

LUGANA 010 2022
Bianco Doc - Trebbiano di Lugana 100%
Alc. 13,5% | € 17 | Bt. 41.264 | Ferm. Acciaio | Mat. Acciaio 5 mesi e Legno 5 mesi
Ravioli di ricotta e spinaci.

LUGANA 2022
Bianco Doc - Trebbiano di Lugana 100%
Alc. 13% | € 15 | Bt. 233.236 | Ferm. Acciaio | Mat. Acciaio 3 mesi
Crostini con burro e alici.

LUGANA SUPERIORE CÀ VAIBÒ 2021
Bianco Doc - Trebbiano di Lugana 100%
Alc. 14,5% | € 20 | Bt. 11.331 | Ferm. Acciaio | Mat. Legno 12 mesi
Arrosto di pollo ripieno.

GARDA MERLOT GERUMÌ ROSSO DEL FONDATORE 2019
Rosso Doc - Merlot 100%
Alc. 15% | € 20 | Bt. 10.666 | Ferm. Acciaio | Mat. Legno 12 mesi
Straccetti di vitello al rosmarino.

LUGANA SUPERIORE CÀ VAIBÒ
2017 | 2018 | 2020

LUGANA 010
2019 | 2020 | 2021

Cà Bianche
(2011)

Il paesaggio montano delle Alpi fa da cornice perfetta ai vigneti dell'azienda Cà Bianche, nel cuore della Valtellina. Davide Bana, proprietario e deus ex machina, racconta attraverso i suoi vini una storia di passione, impegno, salvaguardia e rinnovamento di una tradizione di famiglia che affonda le radici nel territorio e che attraversa le generazioni. Il nebbiolo, declinato nelle sue varie forme, si dona ricco nel calice, raggiungendo risultati di pregio. Lo Sforzato di Valtellina Fasèt 2020 ne incarna appieno doti e potenzialità.

Via Santo Stefano, 15 - 23037 Tirano (SO)
T. 339 2045524 | M. info@cabianche.it
www.cabianche.it

Viticoltura: Lotta integrata
Ettari: 3 | **Bottiglie:** 9.500 | **Produzione olearia:** No
Proprietà: Davide Bana
Cond. enologica: Davide Bana
Cond. agronomica: Davide Bana
Vendita diretta: Sì | **Visite in azienda:** Sì

SFORZATO DI VALTELLINA FASÈT 2020
Rosso Docg - Nebbiolo 100%
Alc. 15,5% | € 35 | Bt. 2.200 | Ferm. Acciaio | Mat. Legno 24 mesi
Veste rosso granato. Profumo intenso di spezie dolci, tamarindo, chiodi di garofano, sbuffi di dragoncello; poi cioccolato e amarena sotto spirito. Potente al palato, sfoggia tannini levigati e avvolgenti, mentre nella chiosa svela aromi speziati. Persistente e fine. Lepre in salmì.

VALTELLINA SUPERIORE LA TÈNA RISERVA 2017
Rosso Docg - Nebbiolo 100%
Alc. 14% | € 30 | Bt. 1.500 | Ferm. Acciaio | Mat. Legno 36 mesi
Montasio stravecchio.

SFORZATO DI VALTELLINA FASET
2018

VALTELLINA SUPERIORE LA TENA RISERVA
2016

Ca' del Bosco
(1968)

Siamo abituati a considerare Ca' del Bosco un'eccellenza della spumantistica italiana. Ma l'obiettivo, pervicacemente perseguito, di incarnare l'identità di Franciacorta per diventare simbolo del territorio rende l'azienda il faro cui rivolgersi per puntare alla bellezza. Non è dunque un caso se dalla gestione della vigna alla cosiddetta "spa del grappolo", fino alle opere d'arte che punteggiano la proprietà, tutto parli il linguaggio della fine armonia, dell'estrema eleganza, della straordinarietà che si fa consuetudine.

Via Albano Zanella, 13 - 25030 Erbusco (BS)
T. 030 7766111 | M. cadelbosco@cadelbosco.com
www.cadelbosco.com

Viticoltura: Biologica certificata
Ettari: 260 | **Bottiglie:** N.d. | **Produzione olearia:** Sì
Proprietà: Santa Margherita Gruppo Vinicolo e famiglia Zanella
Cond. enologica: Stefano Capelli
Cond. agronomica: Paolo Bonini
Vendita diretta: No | **Visite in azienda:** Sì

96,5

FRANCIACORTA DOSAGE ZÉRO ANNAMARIA CLEMENTI RISERVA 2014
Bianco Docg - Chardonnay 76%, Pinot nero 15%, Pinot bianco 9%
Alc. 13% | € 120 | Ferm. Legno | Mat. Legno 6 mesi | 96 mesi sui lieviti
Brillante luce solare, perlage copioso. Esordio di maggiorana, cedro e nespola cui segue un'intrigante eco iodata e di pasticceria. L'assaggio, elogio d'eleganza, svela la struttura potente e una persistenza infinita. Faraona ripiena con salsa tartufata.

94

FRANCIACORTA DOSAGE ZÉRO VINTAGE COLLECTION 2018
Bianco Docg - Chardonnay 76%, Pinot nero 16%, Pinot bianco 8%
Alc. 12,5% | € 50 | Ferm. Legno | Mat. Legno 5 mesi | 48 mesi sui lieviti
Paglierino lucente. Apre con toni di pesca, nespola, guava e timo limonato; sullo sfondo cenni di brioche e spezie dolci. Tensione fresco-sapida all'assaggio, bel corpo e vibrante effervescenza. Incessante chiusa citrina. Plateau royal di crudité.

91

FRANCIACORTA BRUT SATÈN VINTAGE COLLECTION 2018
Bianco Docg - Chardonnay 85%, Pinot bianco 15%
Alc. 12,5% | € 50 | Ferm. Legno | Mat. Legno 5 mesi | 48 mesi sui lieviti
Oro terso. Ampio bouquet di glicine, fresia, zucchero a velo e confetto; muschio bianco e melissa, scie d'incenso e bergamotto. Palato vivido, seducente e lungo nel setale di soavi cenni agrumati. Ostriche Speciale de Claire Marennes-Oléron.

FRANCIACORTA EXTRA BRUT VINTAGE COLLECTION 2018
Bianco Docg - Chardonnay 65%, Pinot nero 29%, Pinot bianco 6%
Alc. 12,5% | € 50 | Ferm. Legno | Mat. Legno 5 mesi | 48 mesi sui lieviti
Garganelli con julienne di calamari e ortiche.

FRANCIACORTA EXTRA BRUT CUVÉE PRESTIGE R.S. 36ª EDIZIONE
Bianco Docg - Chardonnay 75%, Pinot nero 15%, Pinot bianco 10%
Alc. 12,5% | € 70 | Ferm. Acciaio | Mat. Acciaio 7 mesi | 124 mesi sui lieviti
Parmigiano Reggiano Riserva.

FRANCIACORTA EXTRA BRUT ROSÉ CUVÉE PRESTIGE 45ª EDIZIONE
Rosato Docg - Pinot nero 80%, Chardonnay 20%
Alc. 12,5% | € 44 | Ferm. Legno e Acciaio | Mat. Acciaio 7 mesi e Legno 7 mesi | 30 mesi sui lieviti
Fiori di zucca ripieni di ricotta e acciughe.

FRANCIACORTA DOSAGE ZÉRO ANNAMARIA CLEMENTI RISERVA
2010 | 2011 | 2013

FRANCIACORTA EXTRA BRUT ROSÉ ANNAMARIA CLEMENTI RISERVA
2009 | 2011 | 2013

Ca' del Gè
(1985)

È ancora l'Oltrepò Pavese Metodo Classico Pinot Nero Brut Millesimato a guadagnare il vertice delle nostre preferenze, ma la vocazione spumantistica dell'azienda si conferma anche con la nuova etichetta che va ad affiancare al Brut la tipologia Pas Dosé: frutto anch'esso della vendemmia 2017, è prodotto con le uve provenienti da un cru impiantato nel 1977, su suoli poveri e calcarei esposti a nord, nel comune di Montalto Pavese, a 400 metri di altitudine. Di tutto rispetto anche il posizionamento dei vini fermi, in particolare il Riesling Filagn Long 2021 della selezione Vigne Storiche.

Frazione Ca' del Gè, 3 - 27040 Montalto Pavese (PV)
T. 0383 870179 | M. info@cadelge.it
www.cadelge.com

Viticoltura: Lotta integrata
Ettari: 58 | **Bottiglie:** 170.000 | **Produzione olearia:** No
Proprietà: Famiglia Padroggi
Cond. enologica: Claudio Colombi, Stefania Padroggi
Cond. agronomica: Carlo Padroggi
Vendita diretta: Sì | **Visite in azienda:** Sì

OLTREPÒ PAVESE METODO CLASSICO PINOT NERO BRUT 2017
Bianco Docg Metodo Classico - Pinot nero 100%
Alc. 13% | € 23 | Bt. 30.000 | Ferm. Acciaio | Mat. Acciaio 7 mesi
54 mesi sui lieviti
Paglierino brioso con fini e abbondanti bollicine. Carezzevole, il profilo aromatico richiama sentori di pesca gialla, melone e mango; poi spezie dolci e un lieve accenno di crema pasticcera. Pieno e materico, il sorso non perde in compostezza, con interessanti ritorni di frutta esotica. Risotto con piselli e ricotta affumicata.

OLTREPÒ PAVESE METODO CLASSICO PINOT NERO PAS DOSÉ 2017
Bianco Docg Metodo Classico - Pinot nero 100%
Alc. 13% | € 29 | Bt. 10.000 | Ferm. Acciaio | Mat. Acciaio 7 mesi
48 mesi sui lieviti
Frittata di finferli.

RIESLING FILAGN LONG 2021
Bianco Igt - Riesling italico 100%
Alc. 15% | € 16 | Bt. 3.200 | Ferm. Cemento | Mat. Acciaio 8 mesi
Insalata di fagiolini e pinoli.

BONARDA DELL'OLTREPÒ PAVESE LA FIDELA 2021
Rosso Doc - Croatina 100%
Alc. 16% | € 25 | Bt. 6.000 | Ferm. Cemento | Mat. Acciaio 9 mesi
Lombata di vitello su letto di cipolline saltate.

COSTA DEL VENTO 2022
Rosso Igt - Pinot nero 100%
Alc. 14,5% | € 13 | Bt. 7.000 | Ferm. Acciaio | Mat. Acciaio 6 mesi
Coniglio al forno con patate.

OLTREPÒ PAVESE RIESLING IL MARINONI 2021
Bianco Doc - Riesling renano 100%
Alc. 12,5% | € 19 | Bt. 3.300 | Ferm. Acciaio | Mat. Acciaio 9 mesi
Spaghetti con mazzancolle e pomodorini.

OLTREPÒ PAVESE METODO CLASSICO PINOT NERO BRUT CA' DEL GÈ
2016

BUTTAFUOCO FAJRO
2019

Cà Maiol
(1967)

La storia dell'azienda è legata a doppio filo al territorio del Lago di Garda: da un lato le brezze miti che spirano dal bacino lacustre e dall'altro le correnti più fredde che giungono da Nord; un sottosuolo ricco di argilla e calcare. Al centro la turbiana, a la cui valorizzazione Cà Maiol ha creduto, investendo nel suo potenziale: versatilità, personalità e forte espressività per via di quella sottile vena rinfrescante e sapida. La tenuta di 118 ettari testimon a il legame con il passato nella volontà di produrre vini innovativi, in grado di soddisfare sempre le aspettative dei consumatori.

Via Colli Storici, 119 - 25015 Desenzano del Garda (BS)
T. 030 9910006 | M. showroom@camaiol.it
www.camaiol.it

Viticoltura: Lotta integrata
Ettari: 118 | **Bottiglie:** 1.450.000 | **Produzione olearia:** Sì
Proprietà: Santa Margherita Gruppo Vinicolo
Cond. enologica: Loris Vazzoler
Cond. agronomica: Andrea Bettoli
Vendita diretta: Sì | **Visite in azienda:** Sì

LUGANA FABIO CONTATO RISERVA 2020
Bianco Doc - Trebbiano di Lugana 100%
Alc. 13,5% | € 29 | Bt. 5.000 | Ferm. Legno e Acciaio | Mat. Acciaio 12 mesi e Legno 12 mesi
Il giallo delicato, prezioso e luminoso si esprime con un mazzolino di fresia, glicine ed elicriso; erbe aromatiche quali aneto e dragoncello; poi caffè verde, vaniglia, cumino e menta. Ricco e generoso il gusto, con chiusura balsamica e sapida, di ottima freschezza e buon corpo. Invoglia a un nuovo assaggio. Risotto ai porcini e zucca.

LUGANA SPUMANTE BRUT 2018
Bianco Dop Metodo Classico - Trebbiano di Lugana 100%
Alc. 12,5% | € 19 | Bt. 11.000 | Ferm. Acciaio | Mat. Acciaio 5 mesi
40 mesi sui lieviti
Lumache in umido alle erbette.

LUGANA MOLIN 2021
Bianco Doc - Trebbiano di Lugana 100%
Alc. 13,5% | € 16 | Bt. 55.000 | Ferm. Acciaio | Mat. Acciaio 10 mesi e Legno 10 mesi
Bigoli con le sarde di lago.

VALTÈNESI RIVIERA DEL GARDA CLASSICO CHIARETTO ROSERI 2022
Rosato Dop - Groppello 60%, Barbera 15%, Marzemino 15%, Rebo 5%, Sangiovese 5%
Alc. 12,5% | € 13 | Bt. 70.000 | Ferm. Acciaio | Mat. Acciaio 4 mesi
Sauté di cozze.

LUGANA PRESTIGE 2022
Bianco Dop - Trebbiano di Lugana 100%
Alc. 13,5% | € 13 | Bt. 460.000 | Ferm. Acciaio | Mat. Acciaio 4 mesi
Zuppa toscana con cavolo nero e crostini di pane.

LUGANA SPUMANTE BRUT METODO CLASSICO
2017

LUGANA MOLIN MARIANNA TOMMASELLI LIMITED EDITION
2020

Patrizia Cadore

(1811)

Rispetto del territorio e delle tradizioni, radici che traggono nutrimento dal passato e qualità ancorata al presente, con un occhio sempre rivolto al futuro. A ridosso del Lago di Garda, a Pozzolengo, terra di Lugana, Patrizia Cadore porta avanti questa filosofia e la esprime pienamente nei suoi vini, anche nel San Martino della Battaglia, piccola denominazione a base di tocai friulano, o meglio tuchì, come viene chiamato in loco. La valorizzazione dell'autoctono trebbiano di Lugana, invece, trova nel Lugana Riserva 2019 una vetta di ricchezza e piacevolezza.

Località Campagna Bianca, 1 - 25010 Pozzolengo (BS)
T. 348 7937923 | M. info@vinicadore.com
www.vinicadore.com

Viticoltura: Lotta integrata
Ettari: 10,5 | **Bottiglie:** 70.000 | **Produzione olearia:** No
Proprietà: Patrizia Cadore
Cond. enologica: Luigi Biemmi
Cond. agronomica: Donatella Vezzaro, Flaviano Cordioli
Vendita diretta: Sì | **Visite in azienda:** Sì

LUGANA RISERVA 2019
Bianco Doc - Trebbiano di Lugana 100%
Alc. 13,5% | € 16 | Bt. 3.300 | Ferm. Cemento | Mat. Acciaio 18 mesi
Paglierino luminoso. Intenso, ricco, declinato su frutta matura, polposa: pera, pesca, cenni di agrumi e maracuja; evolve su erbe fresche e camomilla; macis e legno di cedro chiudono un profilo accattivante. Sorso deciso, saporito, persistente, concorde negli aromi, in un quadro di piacevole grazia. Paella.

LUGANA 2022
Bianco Doc - Trebbiano di Lugana 100%
Alc. 13,5% | € 11 | Bt. 40.000 | Ferm. Acciaio | Mat. Acciaio 5 mesi
Polpette di pesce d'acqua dolce.

SAN MARTINO DELLA BATTAGLIA 2022
Bianco Doc - Tocai friulano 100%
Alc. 13,5% | € 13 | Bt. 4.600 | Ferm. Acciaio | Mat. Acciaio 5 mesi
Frittata di ortiche.

Calatroni

(1964)

Calatroni si distingue nella produzione di vini in Oltrepò e da anni si impegna, inoltre, nella salvaguardia ambientale, nel recupero di vitigni autoctoni e nella diffusione di quelli tradizionali cui dedica la linea Mon Carul, espressione dialettale per Montecalvo Versiggia, sede dell'azienda. Fiore all'occhiello sono i cru storici di pinot nero da cui nascono eccellenti Metodo Classico. Nel 2019 arriva la certificazione biologica e oggi la cantina, autonoma energeticamente grazie all'impianto fotovoltaico, ha anche un sistema di recupero delle acque tramite pozzi situati nei vigneti.

Località Casa Grande, 7 - 27047 Montecalvo Versiggia (PV)
T. 348 0195118 | M. info@calatronivini.it
www.calatronivini.com

Viticoltura: Biologica
Ettari: 25 | **Bottiglie:** 120.000 | **Produzione olearia:** No
Proprietà: Cristian Calatroni
Cond. enologica: Cristian Calatroni
Cond. agronomica: Cristian Calatroni
Vendita diretta: Sì | **Visite in azienda:** Sì

OLTREPÒ PAVESE METODO CLASSICO PINOT NERO EXTRA BRUT ROSÉ NOREMA 2020
Rosato Docg Metodo Classico - Pinot nero 100%
Alc. 12,5% | € 30 | Bt. 2.000 | Ferm. Acciaio | 24 mesi sui lieviti
Delicato oro rosa con minute e vivaci bollicine. Ricordi di rododendro e rosa rossa lasciano posto a frutta matura, pesca, fragolina di bosco e nespola; cenni di pepe bianco e tostatura di pane alla curcuma. Calore e scansione fresco-sapida disegnano un corpo di struttura ed equilibrio. Carré d'agnello al timo e lardo di Colonnata.

OLTREPÒ PAVESE METODO CLASSICO PINOT NERO PAS DOSÉ RIVA RINETTI 2018
Bianco Docg Metodo Classico - Pinot nero 100%
Alc. 12,5% | € 35 | Bt. 2.000 | Ferm. Acciaio | 48 mesi sui lieviti
Crema di patate e asparagi con cappesante scottate.

PINOT 64 CUVÉE BRUT 2019
Bianco Metodo Classico - Pinot nero 100%
Alc. 12,5% | € 25 | Bt. 5.000 | Ferm. Acciaio | 36 mesi sui lieviti
Culatello di Zibello e gnocco fritto.

OLTREPÒ PAVESE RIESLING CAMPO DOTTORE RISERVA 2020
Bianco Doc - Riesling renano 100%
Alc. 13,5% | € 25 | Bt. 1.500 | Ferm. Acciaio | Mat. Acciaio 6 mesi
Linguine all'astice.

OLTREPÒ PAVESE METODO CLASSICO PINOT NERO PAS DOSÉ CUVÉE ROSÉ 2016
Rosato Docg Metodo Classico - Pinot nero 100%
Alc. 12,5% | € 40 | Bt. 1.800 | Ferm. Acciaio | 70 mesi sui lieviti
Guazzetto di moscardini.

OLTREPÒ PAVESE METODO CLASSICO PINOT NERO EXTRA BRUT POGGIO DEI DUCA 2018
Bianco Docg Metodo Classico - Pinot nero 100%
Alc. 12,5% | € 35 | Bt. 2.000 | Ferm. Legno e Acciaio | 48 mesi sui lieviti
Canederli alla tirolese in brodo.

OLTREPÒ PAVESE METODO CLASSICO PINOT NERO EXTRA BRUT ROSÉ NOREMA
2019

OLTREPÒ PAVESE METODO CLASSICO PINOT NERO DOSAGGIO ZERO CUVÉE ROSÉ
2015

Calvi
(1950)

Legame con la tradizione senza compromessi: ecco il leitmotiv che guida l'azienda. Sì, perché l'inerbimento naturale è una scelta che si porta avanti da oltre un secolo, la cura della vigna e le pratiche di cantina si eseguono osservando gli usi degli antenati. Il tutto è finalizzato al miglior risultato che la natura può offrire. L'uomo, cultore ammirato, è a disposizione dell'ambiente che lo ospita. Pazientemente disegna vini di personalità, pronti a durare nel tempo, ciascuno espressione univoca della vigna da cui l'uva proviene. Un riferimento di sostenibilità senza ostentazioni.

Frazione Palazzina, 24 - 27040 Castana (PV)
T. 347 0985741 | M. info@vinicalvi.it
www.vinicalvi.it

Viticoltura: Lotta integrata
Ettari: 19 | **Bottiglie:** 25.000 | **Produzione olearia:** No
Proprietà: Davide Calvi
Cond. enologica: Valter Calvi, Davide Calvi
Cond. agronomica: Davide Calvi
Vendita diretta: Sì | **Visite in azienda:** Sì

BUTTAFUOCO DON ANGELO 2018
Rosso Doc - Croatina 50%, Barbera 30%, Ughetta 10%, Uva rara 10%
Alc. 15% | € 15 | Bt. 3.500 | Ferm. Cemento | Mat. Legno 12 mesi
Rubino profondo sferzato da riflessi violacei. Si presenta al naso con intensi richiami di ciliegia, per poi aprirsi a complessità speziate, una tostatura eterea e un pot-pourri che alterna maggiorana e goudron. Materico il sorso, in equilibrio grazie a freschezza e sapidità. Tannino elegante. Risotto al tartufo bianco.

BUTTAFUOCO STORICO VIGNA MONTARZOLO 2018
Rosso Doc - Croatina 50%, Barbera 30%, Ughetta 10%, Uva rara 10%
Alc. 15% | € 25 | Bt. 3.000 | Ferm. Cemento | Mat. Legno 24 mesi
Filetto di bue con salsa di Roquefort.

PINOT NERO DELL'OLTREPÒ PAVESE MARION 2018
Rosso Doc - Pinot nero 100%
Alc. 14% | € 15 | Bt. 1.000 | Ferm. Acciaio | Mat. Legno 12 mesi
Zuppa di funghi.

BUTTAFUOCO STORICO VIGNA MONTARZOLO
2013 | 2016 | 2017

PINOT NERO DELL'OLTREPÒ PAVESE MARION
2016 | 2017

Cantina Gozzi
(1920)

Le Colline Moreniche del Garda rappresentano un ambiente ideale per la viticoltura, grazie alle loro varietà geomorfologiche che offrono grandi opportunità in termini enologici. Qui si trova la cantina dei fratelli Gozzi, a pochi passi dal Lago di Garda, un'azienda a conduzione familiare dedita esclusivamente alla produzione di vini dell'areale gardesano. Si distingue nelle espressioni di cru come il Saline, il Garda Chardonnay Colombara e il Magrini, anche se a emergere quest'anno è il moscato giallo Le Falme, ineccepibile sia sotto l'aspetto olfattivo che gustativo.

Via Ortaglia, 16 - Località Olfino - 46040 Monzambano (MN)
T. 0376 800377 | M. info@cantinagozzi.com
www.cantinagozzi.com

Viticoltura: Biologica e lotta integrata
Ettari: 26 | **Bottiglie:** 12.000 | **Produzione olearia:** No
Proprietà: Fratelli Gozzi
Cond. enologica: Cesare Gozzi
Cond. agronomica: Franco Gozzi, Mauro Bompieri
Vendita diretta: Sì | **Visite in azienda:** Sì

LE FALME 2021
Bianco Igt - Moscato giallo 100%
Alc. 14,5% | € 20 | Bt. 2.600 | Ferm. Acciaio | Mat. Acciaio 2 mesi e Legno 12 mesi
Giallo solare e cristallino con nuance dorate. Aromaticità evidenziata da toni fruttati di pesca gialla e bergamotto, gelsomino e zagara, sfumati su ricordi di eucalipto. Sorso strutturato e pieno, dotato di vivace freschezza e buona persistenza. Chiude con ritorni agrumati. Seppie ripiene su crema di ceci.

GARDA CHARDONNAY COLOMBARA 2021
Bianco Doc - Chardonnay 100%
Alc. 14% | € 15 | Bt. 5.200 | Ferm. Acciaio | Mat. Legno 12 mesi
Gnocchetti al sugo d'astice.

MAGRINI 2018
Rosso Igt - Cabernet sauvignon 50%, Merlot 50%
Alc. 15% | € 20 | Bt. 4.800 | Ferm. Acciaio | Mat. Acciaio 6 mesi e Legno 12 mesi
Bracioline di maiale al calvados.

SALINE 2017
Rosso Igt - Cabernet sauvignon 50%, Merlot 50%
Alc. 14% | € 15 | Bt. 8.000 | Ferm. Acciaio | Mat. Acciaio 8 mesi e Legno 12 mesi
Risotto con le quaglie.

GARDA COLLI MANTOVANI CHIARETTO 2022
Rosato Doc - Rondinella 50%, Molinara 30%, Merlot 10%, Sangiovese 10%
Alc. 13% | € 8 | Bt. 6.000 | Ferm. Acciaio | Mat. Acciaio 5 mesi
Insalata di spinaci e pesce spada.

GARDA CHARDONNAY 2022
Bianco Doc - Chardonnay 100%
Alc. 13% | € 8 | Bt. 15.000 | Ferm. Acciaio | Mat. Acciaio 5 mesi
Frittata di cipolle.

LE FALME
2019

GARDA CHARDONNAY COLOMBARA
2018 | 2019 | 2020

Cascina San Pietro
(2001)

Superato il ventennale di attività si può ben dire che i vini dell'azienda hanno ormai consolidato quella credibilità qualitativa che solo un costante e preciso lavoro può garantire. Se in più, come nel caso della famiglia Pecis, questo lavoro è svolto con attenzione al territorio su cui si coltivano le vigne, ecco che i risultati acquistano un significato ancora più di valore. A farsi alfiere della produzione aziendale in quest'edizione della Guida è stato il Franciacorta Pas Dosé Terre dei Trici 2018, con i suoi 45 mesi di permanenza sui lieviti.

Via Alessandrini, 2 - Frazione Calino - 25046 Cazzago San Martino (BS)
T. 030 6363196 | M. info@cascinaspietro.it
www.cascinaspietro.it

Viticoltura: Lotta integrata
Ettari: 6 | **Bottiglie:** 40.000 | **Produzione olearia:** No
Proprietà: Giuseppe Pecis
Cond. enologica: Alessandro Santini
Cond. agronomica: Giuseppe Pecis
Vendita diretta: Sì | **Visite in azienda:** Sì

FRANCIACORTA PAS DOSÉ TERRE DEI TRICI 2018
Bianco Docg - Chardonnay 100%
Alc. 13% | € 24 | Bt. 2.700 | Ferm. Legno e Acciaio | Mat. Acciaio 7 mesi e Legno 7 mesi | 45 mesi sui lieviti
Paglierino vivido, effervescenza persistente. Rivela subito malie di cedro e pompelmo, seguite da maggiorana, santoreggia, fiori di tiglio e una tostatura sottile. Raffinata progressione gustativa in equilibrio tra freschezza e cremosità delle bollicine che sfocia in allusioni d'agrume e sapidità. Risotto al lavarello del Garda.

FRANCIACORTA BRUT SATÈN CUVÉE F.P.
Bianco Docg - Chardonnay 100%
Alc. 13% | € 19 | Bt. 7.000 | Ferm. Legno e Acciaio | Mat. Acciaio 7 mesi e Legno 7 mesi | 32 mesi sui lieviti
Vellutata di patate e porri.

FRANCIACORTA BRUT CUVÉE ORO
Bianco Docg - Chardonnay 100%
Alc. 13% | € 17 | Bt. 16.000 | Ferm. Acciaio | Mat. Acciaio 7 mesi
27 mesi sui lieviti
Gnocchi alla romana.

FRANCIACORTA BRUT ROSÉ CUVÉE R.R.
Rosato Docg - Chardonnay 50%, Pinot nero 50%
Alc. 13% | € 19 | Bt. 2.300 | Ferm. Acciaio | Mat. Acciaio 7 mesi
24 mesi sui lieviti
Calamarata con ragù di pesce spada.

FRANCIACORTA PAS DOSÉ CUVÉE TERRE DEI TRICI
2011 | 2016 | 2017

FRANCIACORTA BRUT CUVÉE ORO
S.A.

Castel Faglia
(1989)

Siamo a Calino, nel cuore della Franciacorta, tra le mura di un antico castello che ha la peculiarità di essere circondato da piccoli appezzamenti, alcuni dei quali terrazzati. La cantina, costruita sotto la collina, ha un duplice vantaggio: ha infatti un basso impatto ambientale e, allo stesso tempo, riesce a garantire le condizioni ottimali per la conservazione del vino; d'altronde la famiglia Cavicchioli, che ne è proprietaria, vanta un'esperienza nel mondo del vino, soprattutto il Lambrusco, dal 1928.

Località Boschi, 3 - Frazione Calino - 25046 Cazzago San Martino (BS)
T. 030 7751042 | M. cantina@castelfaglia.it
www.castelfaglia.it

Viticoltura: Lotta integrata
Ettari: 17 | **Bottiglie:** 700.000 | **Produzione olearia:** No
Proprietà: Famiglia Cavicchioli
Cond. enologica: Sandro Cavicchioli
Cond. agronomica: Giuseppe Turrini
Vendita diretta: Sì | **Visite in azienda:** Sì

FRANCIACORTA DOSAGE ZÉRO CUVÉE MONOGRAM ZERO
Bianco Docg - Chardonnay 100%
Alc. 12,5% | € 28 | Bt. 10.000 | Ferm. Legno e Acciaio | Mat. Acciaio 5 mesi
30 mesi sui lieviti
Dorato brillante esaltato da fini catenelle. Delicato al naso, svela cenni di mela matura e crostata di albicocca, quindi ginestra, mandarino in confettura e tocchi di timo. Vellutato all'assaggio, si allarga in un sorso dinamico, sapido, dai lunghi toni agrumati e riverberi di erbe aromatiche. Risotto con mazzancolle al profumo d'arancia.

FRANCIACORTA BRUT NATURE
Bianco Docg - Chardonnay 100%
Alc. 12,5% | € 20 | Bt. 12.000 | Ferm. Acciaio | Mat. Acciaio 5 mesi
30 mesi sui lieviti
Vellutata di asparagi.

FRANCIACORTA BRUT CUVÉE MONOGRAM
2014

FRANCIACORTA DOSAGE ZÉRO CUVÉE MONOGRAM
S.A. | 2012

Castello Bonomi

(1985)

Ancora una straordinaria conferma per quest'azienda franciacortina e il suo consolidato team, affiancato dal professor Leonardo Valenti dell'Università degli Studi di Milano. Specialisti dei lunghi affinamenti, come dimostrano i 120 mesi sui lieviti dell'Extra Brut Lucrezia Etichetta Nera Riserva, al Castello Bonomi si valorizza al meglio il microclima del monte Orfano: l'esposizione a mezzogiorno, riparata dai venti alpini, la scarsa piovosità e i suoli di calcare e gesso trovano piena espressione all'assaggio, nella freschezza e nella finezza dei vini.

Via San Pietro, 46 - 25030 Coccaglio (BS)
T. 030 7721015 | M. info@castellobonomi.it
www.castellobonomi.it

Viticoltura: Biologica certificata
Ettari: 29 | **Bottiglie:** 200.000 | **Produzione olearia:** No
Proprietà: Roberto Paladin
Cond. enologica: Luigi Bersini, Leonardo Valenti
Cond. agronomica: Staff aziendale
Vendita diretta: No | **Visite in azienda:** Sì

(96,5)

FRANCIACORTA EXTRA BRUT LUCREZIA ETICHETTA NERA RISERVA 2009
Bianco Docg - Pinot nero 100%
Alc. 12,5% | € 80 | Bt. 320 | Ferm. Acciaio | Mat. Acciaio 8 mesi
120 mesi sui lieviti
L'aspetto signorile introduce un bouquet di preziosa complessità: lavanda essiccata, cedro, cotogna, marzapane, grano arso, vaniglia, curcuma, legno di sandalo. Raro l'equilibrio gustativo e perfetta la coerenza gusto-olfattiva, sfocia in una lunga eco che ricapitola tutti gli aromi emersi. Piccione ai porcini e tartufo nero.

(94,5)

FRANCIACORTA BRUT CRU PERDU GRANDE ANNATA 2016
Bianco Docg - Chardonnay 70%, Pinot nero 30%
Alc. 12,5% | € 30 | Bt. 9.000 | Ferm. Legno e Acciaio | Mat. Acciaio 8 mesi e Legno 8 mesi | 72 mesi sui lieviti
Brillante e luminoso. Cangiante il ventaglio odoroso ricco di sentori in cui risaltano fiori di acacia e tiglio, lime e bergamotto, finocchietto selvatico e sesamo. L'assaggio è coerente, equilibrato e molto fine. Tartare di manzo.

(93)

FRANCIACORTA BRUT CRU PERDU 2018
Bianco Docg - Chardonnay 70%, Pinot nero 30%
Alc. 12,5% | € 26 | Bt. 50.000 | Ferm. Legno e Acciaio | Mat. Acciaio 8 mesi e Legno 8 mesi | 36 mesi sui lieviti
Cedro, pesca gialla, ananas, nespola e poi noce di cocco, mandorla, crema pasticcera e pan brioche connotano l'olfatto e il sorso di questo vino raffinato, invitante e ricco di sfumature. Guazzetto di vongole veraci.

FRANCIACORTA BRUT SATÈN 2019
Bianco Docg - Chardonnay 100%
Alc. 12,5% | € 28 | Bt. 15.000 | Ferm. Legno e Acciaio | Mat. Acciaio 8 mesi e Legno 8 mesi | 30 mesi sui lieviti.
Filetto di branzino gratinato.

FRANCIACORTA DOSAGGIO ZÉRO 2016
Bianco Docg - Chardonnay 50%, Pinot nero 50%
Alc. 12,5% | € 33 | Bt. 10.000 | Ferm. Legno e Acciaio | Mat. Acciaio 8 mesi e Legno 8 mesi | 60 mesi sui lieviti.
Reblochon.

FRANCIACORTA EXTRA BRUT CUVÉE LUCREZIA ETICHETTA BIANCA RISERVA
2009

FRANCIACORTA BRUT CRU PERDU
2015

Tenuta Castello di Grumello

(1954)

Il castello medievale, che sorveglia la Collina di Grumello del Monte, ha da tempo dismesso la vocazione originaria per custodire, da oltre un secolo, la tradizione vinicola della Valcalepio. L'incessante vento di innovazione che spira da Angelo e Daniel Gotti, alla guida dell'azienda dal 2022, ha visto la nascita di numerosi progetti, in parte realizzati e altri in itinere: una nuova gestione dei boschi che mira a incrementare la biodiversità della tenuta, l'aumento della superficie vitata a merera e con vitigni Piwi, le nuove dotazioni di cantina.

Via Fosse, 11 - 24064 Grumello del Monte (BG)
T. 345 3623069 | M. visit@castellodigrumello.it
www.castellodigrumello.it

Viticoltura: Lotta integrata
Ettari: 18 | **Bottiglie:** 90.000 | **Produzione olearia:** No
Proprietà: Angelo e Daniel Gotti
Cond. enologica: Paolo Zadra
Cond. agronomica: Staff aziendale
Vendita diretta: Sì | **Visite in azienda:** Sì

VALCALEPIO ROSSO COLLE CALVARIO RISERVA 2017
Rosso Doc - Cabernet sauvignon 60%, Merlot 40%
Alc. 14% | € 40 | Bt. 3.600 | Ferm. Acciaio | Mat. Legno 14 mesi
Granato compatto e lucente. La palette dei profumi è ampia: viola appassita, rosa canina, ciliegia, prugna, mora di rovo, anice stellato, chiodi di garofano e sbuffi di timo e fico secco. Palato vigoroso, strutturato, il tannino è ben integrato con un'acidità fine e una sapidità saporita. Manzo brasato con funghi.

VALCALEPIO ROSSO VR18 2018
Rosso Doc - Cabernet sauvignon 50%, Merlot 50%
Alc. 14% | € 17 | Bt. 20.000 | Ferm. Acciaio | Mat. Acciaio 6 mesi e Legno 9 mesi
Cannelloni con radicchio e speck.

VALCALEPIO MOSCATO PASSITO 2017
Rosso Doc Passito - Moscato di Scanzo 100%
Alc. 16% | € 32 (0,5l) | Bt. 2.000 | Ferm. Acciaio | Mat. Legno 12 mesi
Mousse di castagne e cioccolato.

BURDUNÌ 2018
Rosso Igt - Cabernet sauvignon 60%, Merlot 40%
Alc. 14% | € 28 | Bt. 13.000 | Ferm. Legno | Mat. Legno 12 mesi
Coniglio in porchetta.

IL ROCCOLO DEI GELSI 2020
Bianco - Bronner 80%, Johanniter 20%
Alc. 12,5% | € 22 | Bt. 1.000 | Ferm. Acciaio | Mat. Acciaio 6 mesi
Brie de Meaux.

VALCALEPIO BIANCO 2022
Bianco Doc - Chardonnay 80%, Pinot grigio 20%
Alc. 12,5% | € 15 | Bt. 10.000 | Ferm. Acciaio | Mat. Acciaio 4 mesi
Coda di rospo gratinata.

VALCALEPIO MOSCATO PASSITO
2012

VALCALEPIO ROSSO IL CASTELLO RISERVA
2013

Castello di Gussago La Santissima
(2005)

Genuina, artigianale, dinamica. Sono solo tre parole eppure, racchiusa al loro interno, vi è tutta la filosofia produttiva dell'azienda. Genuina, perché sul Monte della Santissima si conserva ancora oggi tutta la storia che ha attraversato buona parte della Franciacorta. Artigianale, perché il lavoro in cantina punta a valorizzare al massimo ogni grappolo raccolto. Dinamica, perché la famiglia Gozio in soli diciotto anni di attività ha rinnovato locali, ottenuto certificazioni, recuperato antichi terrazzamenti: investimenti che hanno dato risultati oltre ogni aspettativa.

Via Manica, 8 - 25064 Gussago (BS)
T. 030 2069967 | M. info@cdgsantissima.it
www.castellodigussago.it

Viticoltura: Biologica certificata
Ettari: 21 | **Bottiglie:** 100.000 | **Produzione olearia:** No
Proprietà: Famiglia Gozio
Cond. enologica: Mauro Lorenzi, Sabrina Gozio
Cond. agronomica: Angelo Divittini
Vendita diretta: Sì | **Visite in azienda:** Sì

FRANCIACORTA PAS DOSÉ ANIMAPURA 2017
Bianco Docg - Chardonnay 90%, Pinot nero 10%
Alc. 12% | € 30 | Bt. 9.000 | Ferm. Acciaio | Mat. Acciaio 8 mesi
36 mesi sui lieviti
Paglierino profondo con riflessi dorati, di grande luminosità. Inebrianti nuance di frutta tropicale matura si accompagnano a ricordi di polvere di caffè e frutta a guscio. Sorso fresco e fruttato, chiude su rimandi sapidi che accompagnano la notevole persistenza. Luccio alla Gardesana.

FRANCIACORTA BRUT BLANC DE NOIR NOBLENOIR
Bianco Docg - Pinot nero 100%
Alc. 12% | € 23 | Bt. 10.500 | Ferm. Acciaio | Mat. Acciaio 8 mesi
24 mesi sui lieviti
Insalata di finocchi, arance e olive nere.

FRANCIACORTA BRUT BLANC DE BLANCS NOBLEBLANC
Bianco Docg - Chardonnay 100%
Alc. 12% | € 23 | Bt. 15.000 | Ferm. Acciaio | Mat. Acciaio 8 mesi
24 mesi sui lieviti
Frittura di canestrelli e calamari.

FRANCIACORTA NATURE '800 2017
Bianco Docg - Chardonnay 100%
Alc. 12% | € 30 | Bt. 2.700 | Ferm. Legno | Mat. Legno 8 mesi
36 mesi sui lieviti
Fregola con le arselle.

FRANCIACORTA BRUT SATÈN CLUB CUVÉE
Bianco Docg - Chardonnay 100%
Alc. 12% | € 25 | Bt. 25.000 | Ferm. Acciaio | Mat. Acciaio 8 mesi
36 mesi sui lieviti
Spaghetti al pomodoro.

FRANCIACORTA EXTRA BRUT ROSÉ INGANNI 2018
Rosato Docg - Pinot nero 100%
Alc. 12% | € 25 | Bt. 6.000 | Ferm. Acciaio | Mat. Acciaio 8 mesi
36 mesi sui lieviti
Porchetta di Ariccia.

FRANCIACORTA EXTRA BRUT ROSÉ OPERAROSA RISERVA
2013

FRANCIACORTA PAS DOSÉ ANIMAPURA
2016

Castello di Stefanago
(1878)

Dai suoi 500 metri di altitudine, il Castello di Stefanago, suggestiva struttura medioevale, veglia sui 135 ettari di prati, boschi, colture e viti che compongono la tenuta. Il biologico per l'azienda è stata una scelta fatta oltre venti anni fa, nella convinzione che ciascun vigneto rappresenti un ecosistema a sé, dove ogni azione debba essere finalizzata a preservarne equilibrio, vitalità e biodiversità. In cantina non si usano correzioni, perché l'uva deve essere sia l'autrice che scrive il copione, sia la protagonista attorno alla quale ruota il racconto del vino.

Località Stefanago, 1 - 27040 Borgo Priolo (PV)
T. 0383 875227 - 335 6992052 | M. info@castellodistefanago.it
www.castellodistefanago.it

Viticoltura: Biologica certificata
Ettari: 20 | **Bottiglie:** 80.000 | **Produzione olearia:** No
Proprietà: Antonio e Giacomo Baruffaldi
Cond. enologica: Antonio Baruffaldi
Cond. agronomica: Antonio Baruffaldi
Vendita diretta: Sì | **Visite in azienda:** Sì

PINOT GRIGIO MACERATO 2022
Bianco Igt - Pinot grigio 100%
Alc. 13,5% | € 23 | Bt. 3.280 | Ferm. Acciaio | Mat. Acciaio 6 mesi
Smagliante veste ramata di pregiata stoffa. Inondano l'olfatto ribes rosso, fragolina di bosco, visciola, geranio, garofano, erba falciata, zenzero e ricordi di resina. Pieno e morbido, scandito da una dissetante freschezza e da una godibile vena sapida. Interminabile persistenza sui ritorni fruttati. Anatra alla pechinese.

SAN ROCCO 2016
Bianco Igt - Riesling renano 100%
Alc. 13% | € 32 | Bt. 3.200 | Ferm. Acciaio | Mat. Legno 18 mesi
Totani ripieni con salsa mediterranea.

STEFANAGO 36 ANCESTRALE BRUT ROSÉ
Rosato Metodo Ancestrale - Pinot nero 100%
Alc. 12,5% | € 28 | Bt. 4.200 | Ferm. Acciaio | Mat. Acciaio 9 mesi
36 mesi sui lieviti
Zuppa di stoccafisso e patate.

SAN ROCCO
2015

PINOT GRIGIO MACERATO
2021

Caven
(1982)

Sono trascorsi più di quarant'anni da quando Stefano e Simone Nera hanno deciso di dare vita a Caven, che sin dal nome voleva essere un omaggio alla civiltà camuna che in tempi immemori sostò nell'omonima località in Valgella, nel comune di Teglio. Dall'iniziale vigneto di 5 ettari, il progetto si è esteso nel tempo, nello spazio e nelle varietà impiantate. Non di solo nebbiolo, infatti, parlano i fratelli Nera: accanto all'uva principe di Valtellina si trovano anche chardonnay, incrocio Manzoni e cabernet sauvignon.

Via Stelvio, 40/A - 23040 Chiuro (SO)
T. 0342 482631 | M. info@cavencamuna.it
www.neravini.com

Viticoltura: Convenzionale
Ettari: 18 | **Bottiglie:** 50.000 | **Produzione olearia:** No
Proprietà: Stefano e Simone Nera
Cond. enologica: Stefano Nera
Cond. agronomica: Stefano Nera
Vendita diretta: Sì | **Visite in azienda:** Sì

VALTELLINA SUPERIORE SASSELLA LA PRIORA RISERVA 2016
Rosso Docg - Nebbiolo 100%
Alc. 13,5% | € 35 | Bt. 4.160 | Ferm. Acciaio e Cemento | Mat. Legno 18 mesi
Splendido colore granato. Profilo aristocratico e profondo: ribes, uva fragola, arancia amara, ciliegia, rabarbaro e genziana. Al palato è aggraziato e vibrante: l'acidità duetta con un tannino incisivo, donando forza e sostanza alla beva. Chiusura intrigante su echi di radice. Piccione al forno con cipollotti.

VALTELLINA SUPERIORE INFERNO AL CARMINE RISERVA 2016
Rosso Docg - Nebbiolo 100%
Alc. 13,5% | € 38 | Bt. 5.320 | Ferm. Acciaio e Cemento | Mat. Legno 18 mesi
Pappardelle con funghi porcini.

SFORZATO DI VALTELLINA MESSERE 2018
Rosso Docg - Nebbiolo 100%
Alc. 16% | € 50 | Bt. 4.559 | Ferm. Acciaio e Cemento | Mat. Legno 12 mesi
Stufato di daino.

VALTELLINA SUPERIORE GIUPA RISERVA 2016
Rosso Docg - Nebbiolo 100%
Alc. 13,5% | € 38 | Bt. 5.180 | Ferm. Acciaio e Cemento | Mat. Legno 15 mesi
Risotto alla milanese con ossobuco.

CERASUM ROSÉ 2021
Rosato Igt - Nebbiolo 100%
Alc. 13% | € 24 | Bt. 2.228 | Ferm. Acciaio e Cemento | Mat. Acciaio 6 mesi
Pizza Margherita.

VALTELLINA SUPERIORE INFERNO LA MARTELLINA 2019
Rosso Docg - Nebbiolo 100%
Alc. 13,5% | € 28 | Bt. 4.840 | Ferm. Acciaio e Cemento | Mat. Acciaio 12 mesi e Legno 12 mesi
Ribollita.

SFORZATO DI VALTELLINA MESSERE
2008 | 2015

VALTELLINA SUPERIORE INFERNO LA MARTELLINA
2011 | 2015 | 2018

Centinari
(2018)

L'airone rosso è un uccello raro, elegante, sfuggevole; è un uccello migratore e tra le sue mete c'è anche una porzione di Franciacorta. Lo immaginiamo riposare un attimo tra i vigneti, per poi prendere il volo. Centinari, un'azienda giovane ma dall'animo antico, l'ha scelto come simbolo avendo ben in mente l'obiettivo da centrare: voglia di creare qualcosa di unico, che tenda all'eccellenza. Quest'anno debutta in Guida con vari Franciacorta: Brut, Dosaggio Zero e due Millesimati. I risultati sono ottimi, ma sugli allori troviamo il Franciacorta Brut Rosé Ardea Pacifica 2018.

Via Roma, 12 - Frazione Bornato - 25046 Cazzago San Martino (BS)
T. 0731 8191 | M. info@centinari.it
www.centinari.it

Viticoltura: Convenzionale
Bottiglie: 25.700 | **Produzione olearia:** No
Proprietà: Paola Togni
Cond. enologica: Cesare Ferrari
Cond. agronomica: Staff aziendale
Vendita diretta: No | **Visite in azienda:** No

FRANCIACORTA BRUT ROSÉ ARDEA PACIFICA 2018
Rosato Docg - Chardonnay 65%, Pinot nero 35%
Alc. 12,5% | € 38 | Bt. 2.000 | Ferm. Acciaio | Mat. Acciaio 7 mesi
42 mesi sui lieviti
Rosa salmone dal fine perlage. Un naso di ribes rosso, la dolcezza della gelatina di fragola, intarsi di coriandolo e tracce di gesso. Una sensazione di peonia che piano si trasforma in acqua di rose e si accompagna al sorso bellissimo: pungente, salino, volumico; lungheggia con cenni di nocciola. Coregone al forno.

FRANCIACORTA BRUT SATÈN ARDEA HERODIAS 2018
Bianco Docg - Chardonnay 100%
Alc. 12% | € 35 | Bt. 3.750 | Ferm. Acciaio | Mat. Acciaio 7 mesi
42 mesi sui lieviti
Caesar salad.

FRANCIACORTA DOSAGGIO ZERO
Bianco Docg - Chardonnay 100%
Alc. 12,5% | € 30 | Bt. 2.250 | Ferm. Acciaio | Mat. Acciaio 7 mesi
28 mesi sui lieviti
Linguine al sugo di totani e piselli.

FRANCIACORTA BRUT
Bianco Docg - Chardonnay 100%
Alc. 12% | € 25 | Bt. 9.750 | Ferm. Acciaio | Mat. Acciaio 7 mesi
28 mesi sui lieviti
Flan di zucchine e carote.

Cantina Chiara Ziliani
(2001)

È vivace e squillante la voce di Chiara Ziliani mentre parla dell'incantevole scenario che avvolge la sua cantina, animata dall'entusiasmo di chi realmente sente, comprende e ama il viaggio che sta facendo. Dall'architettura all'enologia, un passaggio non scontato ma sostenuto dall'istintiva consapevolezza di possedere una spontanea affinità con quel cantuccio di Franciacorta. Un progetto totalizzante che con rigore scandisce la vita ma, come attestano i risultati, è capace di restituire grandi soddisfazioni. Brilla il Franciacorta Brut Ziliani C, ma tutti gli altri sono lì, a un solo passo.

Via Franciacorta, 7 - 25050 Provaglio d'Iseo (BS)
T. 030 981661 | M. info@cantinachiaraziliani.it
www.cantinachiaraziliani.it

Viticoltura: Convenzionale
Ettari: 41 | **Bottiglie:** 500.000 | **Produzione olearia:** No
Proprietà: Chiara Ziliani
Cond. enologica: Marco Zizioli, Jean-Pierre Valade
Cond. agronomica: Giacomo Groppetti
Vendita diretta: No | **Visite in azienda:** Sì

FRANCIACORTA BRUT ZILIANI C 2019
Bianco Docg - Chardonnay 75%, Pinot nero 25%
Alc. 12,5% | € 22 | Bt. 10.000 | Ferm. Acciaio | Mat. Acciaio 6 mesi
31 mesi sui lieviti
Perlage fine e durevole, riflessi dorati. Esordisce con indizi di panificazione e frutta gialla matura, pesca e pera. Poi lievi stille di biancospino e un curioso tocco di nocciola tostata. Armonico il sorso, ben si sviluppa in un fresco e croccante profilo di gustosa sapidità. Risotto alla granseola.

FRANCIACORTA EXTRA BRUT ZILIANI C 2019
Bianco Docg - Chardonnay 65%, Pinot nero 35%
Alc. 1,5% | € 22 | Bt. 2.000 | Ferm. Acciaio | Mat. Acciaio 6 mesi
31 mesi sui lieviti
Verdure in tempura.

FRANCIACORTA BRUT NOIR ZILIANI C 2019
Bianco Docg - Pinot nero 100%
Alc. 12,5% | € 24 | Bt. 1.500 | Ferm. Acciaio | Mat. Acciaio 6 mesi
31 mesi sui lieviti
Melanzane e peperoni ripieni.

FRANCIACORTA BRUT ROSÉ ZILIANI C 2018
Rosato Docg - Pinot nero 75%, Chardonnay 25%
Alc. 12,5% | € 23 | Bt. 5.000 | Ferm. Acciaio | Mat. Acciaio 6 mesi
31 mesi sui lieviti
Brodetto all'anconetana.

FRANCIACORTA PAS DOSÉ ZILIANI C 2019
Bianco Docg - Chardonnay 65%, Pinot nero 35%
Alc. 12,5% | € 23 | Bt. 6.700 | Ferm. Acciaio | Mat. Acciaio 6 mesi
31 mesi sui lieviti
Battuto di gamberi rossi di Sicilia.

FRANCIACORTA BRUT SATÈN ZILIANI C 2019
Bianco Docg - Chardonnay 100%
Alc. 12,5% | € 23 | Bt. 10.000 | Ferm. Legno e Acciaio | Mat. Acciaio 6 mesi e Legno 6 mesi | 31 mesi sui lieviti
Burrata di Andria.

FRANCIACORTA BRUT NOIR ZILIANI C MILLESIMATO
2018

FRANCIACORTA BRUT SATÈN ZILIANI C MILLESIMATO
2018

Club del Buttafuoco Storico
(1996)

Mentre continuano i lavori per la costruzione della nuova sede, il club, guidato dal presidente Davide Calvi e dal direttore Armando Colombi, si allarga sempre di più, sia come numero di aziende partecipanti che come vigne storiche. A oggi sono 17 i produttori consorziati che condividono 20 vigne storiche, valutate attentamente dall'apposita commissione, in 7 comuni diversi del comprensorio oltrepadano. Un club più che mai attivo per l'organizzazione di eventi, master, degustazioni, che ha lo scopo di promuovere e far conoscere quest'eccellenza della nostra regione.

Frazione Vigalone, 106 - 27044 Canneto Pavese (PV)
T. 0385 60154 | M. info@buttafuocostorico.com
www.buttafuocostorico.com

Viticoltura: Convenzionale
Ettari: 22 | **Bottiglie:** 12.000 | **Produzione olearia:** No
Proprietà: Consorzio
Cond. enologica: Jean-François Coquard
Cond. agronomica: Eugenio Achilli, Silvio Rocca
Vendita diretta: Sì | **Visite in azienda:** Sì

(94,5)
BUTTAFUOCO I VIGNAIOLI DEL BUTTAFUOCO STORICO 2018
Rosso Doc - Croatina 50%, Barbera 25%, Uva rara 15%, Ughetta 10%
Alc. 15% | € 25 | Bt. 7.000 | Ferm. Cemento | Mat. Acciaio 24 mesi e Legno 18 mesi
Manto rosso compatto e di buona consistenza. Esordio olfattivo incentrato sull'intreccio di confettura di prugna, ciliegia, sbuffi di peonia, sottobosco, pepe nero, liquirizia e tabacco Kentucky. Beva fresca, sapida, supportata da un tannino vigoroso ed elegante; equilibrato, coerente e dal lungo e piacevole epilogo. Stracotto d'asino.

BUTTAFUOCO I VIGNAIOLI DEL BUTTAFUOCO STORICO
2017

BUTTAFUOCO STORICO COLLEZIONE 25 ANNI
2016

Cobue
(1971)

Cobue ha scelto di promuovere a tuttotondo la mitezza di un territorio ricco di storia, bellezze naturalistiche e tradizioni enogastronomiche attraverso una proposta enoturistica trasversale, che spazia da eventi e meeting, a cerimonie e fughe benessere. Altrettanto diversificata è la proposta enologica, che abbraccia varie tipologie declinate in numerose etichette. Una qualità media sempre di alto livello, che quest'anno si avvicina all'apice con due vini bianchi, uno più giovane e disinvolto, ma di grande finezza, l'altro più ricco e complesso, di brillante incisività

Località Cobue Sopra - 25010 Pozzolengo (BS)
T. 030 9108319 | M. info@cobue.it
www.cobue.it

Viticoltura: Lotta integrata
Ettari: 17 | **Bottiglie:** 105.000 | **Produzione olearia:** Sì
Proprietà: Laura Gettuli
Cond. enologica: Emiliano Rossi
Cond. agronomica: Massimiliano Perazzoli
Vendita diretta: Sì | **Visite in azienda:** Sì

LUGANA CAMP8 2019
Bianco Doc - Trebbiano di Lugana 100%
Alc. 13,5% | € 21 | Bt. 4.000 | Ferm. Acciaio | Mat. Acciaio 8 mesi
Il vivace paglierino introduce un ventaglio odoroso nitido e cangiante, dove la frutta gialla interseca l'agrume del pompelmo, il timo e la santoreggia, dominati da effluvi di salsedine e un preludio di idrocarburo. Nerboruto e coinvolgente il sorso, con una decisa sapidità che guida la beva e l'equilibrio. Sarde in saor.

SAN MARTINO DELLA BATTAGLIA CAMPOLIVI 2021
Bianco Doc - Tocai friulano 100%
Alc. 13,5% | € 15 | Bt. 9.350 | Ferm. Acciaio | Mat. Acciaio 8 mesi
Asparagi di Bassano e uova in camicia.

VALTÈNESI RIVIERA DEL GARDA CLASSICO CHIARETTO 29 AGOSTO 2022
Rosato Doc - Groppello gentile e di Mocasina 30%, Marzemino 30%, Barbera 25%, Sangiovese 15%
Alc. 12,5% | € 14 | Bt. 6.700 | Ferm. Acciaio | Mat. Acciaio 5 mesi
Carpaccio di branzino.

GETULIO 2019
Rosso Igt - Rebo 100%
Alc. 14% | € 21 | Bt. 6.700 | Ferm. Acciaio | Mat. Acciaio 12 mesi e Legno 36 mesi
Gulasch di manzo alla paprica dolce.

ROSEO DOSAGGIO ZERO
Rosato Metodo Classico - Groppello 100%
Alc. 12,5% | € 27 | Bt. 4.000 | Ferm. Acciaio | Mat. Acciaio 7 mesi
24 mesi sui lieviti
Tartare di gamberi.

LUGANA MONTE LUPO 2022
Bianco Doc - Trebbiano di Lugana 100%
Alc. 13,5% | € 13 | Bt. 54.000 | Ferm. Acciaio | Mat. Acciaio 5 mesi
Pennette con pesto alla trapanese.

LUGANA MONTE LUPO
2016

DOSAGGIO ZERO ZERO
S.A.

Cola Battista
(1985)

Tanta attenzione e cura per quest'azienda della Franciacorta: in vigna, dove i trattamenti, le potature e i diradamenti vengono condotti in maniera precisa e puntale, seguendo i dettami della sostenibilità; in cantina, dove il 60% dell'energia necessaria a produrre i vini è ottenuta grazie a un impianto fotovoltaico. In bottiglia, infine, dove si afferma lo stile aziendale, incentrato su purezza e pregio. Gli assaggi di quest'anno ne sono testimonianza: nel Dosaggio Zero, a un passo dal massimo riconoscimento, traspare infatti tutta la dedizione della famiglia Cola.

Via Indipendenza, 3 - 25030 Adro (BS)
T. 030 7356195 | M. info@colabattista.it
www.colabattista.it

Viticoltura: Lotta integrata
Ettari: 16 | **Bottiglie:** 50.000 | **Produzione olearia:** No
Proprietà: Battista Cola
Cond. enologica: Andrea Rudelli
Cond. agronomica: Stefano Cola
Vendita diretta: Sì | **Visite in azienda:** Sì

FRANCIACORTA DOSAGGIO ZERO MILLESIMATO 2017
Bianco Docg - Chardonnay 100%
Alc. 12,5% | € 25 | Bt. 3.000 | Ferm. Legno e Acciaio | Mat. Acciaio 6 mesi e Legno 6 mesi | 55 mesi sui lieviti
Corrusco giallo tenue vivacizzato da fine perlage. Si apre su fragranze di tiglio e gelsomino, cipria, pesca bianca e zucchero filato su uno sfondo tostato e iodato. Deciso il palato, con l'intreccio fresco-sapido in primo piano e una delicata pungenza. Chiude su una lunga scia tostata e fruttata. Sushi e sashimi.

FRANCIACORTA BRUT ROSÉ ATHENA 2019
Rosato Docg - Chardonnay 50%, Pinot nero 50%
Alc. 12,5% | € 24 | Bt. 3.000 | Ferm. Legno e Acciaio | Mat. Acciaio 6 mesi e Legno 6 mesi | 36 mesi sui lieviti
Speck dell'Alto Adige.

FRANCIACORTA BRUT SATÈN 2019
Bianco Docg - Chardonnay 100%
Alc. 12,5% | € 24 | Bt. 10.000 | Ferm. Legno e Acciaio | Mat. Acciaio 6 mesi e Legno 6 mesi | 36 mesi sui lieviti
Maltagliati con fiori di zucca e gamberetti.

FRANCIACORTA BRUT SATÈN
2017

FRANCIACORTA BRUT ROSÉ ATHENA
2014 | 2017 | 2018

Conte Vistarino
(1674)

I possedimenti che circondano Rocca de Giorgi, residenza storica della famiglia tutt'oggi titolare dell'azienda, paiono un ameno dipinto a olio dove si esprimono pennellate precise di pinot nero, attentamente selezionato e messo a dimora nelle migliori parcelle. Il tempo ha permesso all'esperienza di maturare e oggi Ottavia Giorgi di Vistarino, depositaria del lascito culturale visionario dei suoi avi, può continuare l'opera: l'esaltazione della qualità attraverso un'interpretazione del territorio sapiente e minuziosa. Un futuro sostenibile su profonde radici.

Frazione Villa Fornace, 11 - 27040 Rocca de' Giorgi (PV)
T. 0385 241171 | M. hospitality@contevistarino.it
www.contevistarino.it

Viticoltura: Lotta integrata
Ettari: 102 | **Bottiglie:** 250.000 | **Produzione olearia:** No
Proprietà: Ottavia Giorgi di Vistarino
Cond. enologica: Giuseppe Caviola, Vittorio Merlo
Cond. agronomica: Marco Cau
Vendita diretta: No | **Visite in azienda:** Sì

94,5

PINOT NERO DELL'OLTREPÒ PAVESE PERNICE 2020
Rosso Doc - Pinot nero 100%
Alc. 14,5% | € 40 | Bt. 6.600 | Ferm. Legno | Mat. Legno 12 mesi
Preziosa gemma, rubino dall'anima profonda. Fermo nel calice, effonde dolci frutti di bosco mentolati, di eterea balsamicità. Scura è anche la spezia, tra pepe del Sichuan e chiodi di garofano, impreziosita da rosa di Damasco e sandalo. Sensuale al palato, armonie variopinte su una nobile tela di tannini. Pappardelle con sugo di capriolo.

OLTREPÒ PAVESE METODO CLASSICO PINOT NERO PAS DOSÉ 1865 2016
Bianco Docg Metodo Classico - Pinot nero 100%
Alc. 13% | € 36 | Bt. 5.000 | Ferm. Acciaio | Mat. Acciaio 6 mesi
60 mesi sui lieviti
Anatra ai funghi.

PINOT NERO DELL'OLTREPÒ PAVESE TAVERNETTO 2020
Rosso Doc - Pinot nero 100%
Alc. 14,5% | € 28 | Bt. 5.000 | Ferm. Legno | Mat. Legno 12 mesi
Coniglio in umido alle erbe aromatiche.

PINOT NERO DELL'OLTREPÒ PAVESE BERTONE 2020
Rosso Doc - Pinot nero 100%
Alc. 14,5% | € 36 | Bt. 5.000 | Ferm. Legno | Mat. Legno 12 mesi
Ravioli di germano con foie gras.

OLTREPÒ PAVESE METODO CLASSICO BRUT CÉPAGE
Bianco Docg Metodo Classico - Pinot nero 85%, Chardonnay 15%
Alc. 12,5% | € 18 | Bt. 15.000 | Ferm. Acciaio | Mat. Acciaio 6 mesi
36 mesi sui lieviti
Orecchiette con cime di rapa.

OLTREPÒ PAVESE METODO CLASSICO PINOT NERO BRUT ROSÉ SAIGNÉE DELLA ROCCA
Rosato Docg Metodo Classico - Pinot nero 100%
Alc. 12,5% | € 21 | Bt. 6.000 | Ferm. Acciaio | Mat. Acciaio 6 mesi
24 mesi sui lieviti
Risotto con gamberi di fiume e piselli.

PINOT NERO DELL'OLTREPÒ PAVESE PERNICE
2017 | 2019

PINOT NERO DELL'OLTREPÒ PAVESE BERTONE
2018 | 2019

Convento San Lorenzo
(2018)

Il successo della Riserva 2018 sancisce l'esordio di una distinta identità aziendale per questo, gioiello di architettura e storia, che Mamete Prevostini coltiva come cru da quasi vent'anni. Il cuore di Convento San Lorenzo è infatti il vigneto cintato dalle antiche mura dell'omonimo convento benedettino del 1100, unico esempio di clos nel meraviglioso panorama valtellinese, affiancato negli anni da alcuni appezzamenti circostanti. Gli edifici, tutelati dalla Soprintendenza Archeologia Belle Arti e Paesaggio, costituiscono l'acquisizione più recente e presto ospiteranno un'area dedicata alle degustazioni.

via Sant'Anna, 1 - 23100 Sondrio (SO)
T. 0343 41524 | M. info@conventosanlorenzo.it
www.conventosanlorenzo.it

Viticoltura: Convenzionale e lotta integrata
Ettari: 8 | **Bottiglie:** 37.000 | **Produzione olearia:** No
Proprietà: Mamete Prevostini
Cond. enologica: Mamete Prevostini
Cond. agronomica: Paolo Prevostini
Vendita diretta: Sì | **Visite in azienda:** Sì

91,5

VALTELLINA SUPERIORE CLOS CONVENTO SAN LORENZO RISERVA 2018
Rosso Docg - Nebbiolo 100%
Alc. 15% | € 46 | Bt. 5.000 | Ferm. Legno | Mat. Legno 18 mesi
Vivace granato con trasparenze aranciate. Fiori e frutta lavorati segnano una minuzia olfattiva che incede tra petali di rosa macerati, gelatine di ribes, uva fragola e arancia amara corredati di incenso, eucalipto e noce moscata. La progressione fresco-sapida dà profondità e vigore al sorso senza scalfirne l'eleganza. Braciola di cervo con salsa di ribes.

VALTELLINA SUPERIORE SASSELLA DE LE MUR 2019
Rosso Docg - Nebbiolo 100%
Alc. 14% | € 25 | Bt. 12.000 | Ferm. Acciaio | Mat. Legno 12 mesi
Bitto stravecchio.

SFORZATO DI VALTELLINA VENTUM 2018
Rosso Docg - Nebbiolo 100%
Alc. 15,5% | € 50 | Bt. 6.000 | Ferm. Acciaio | Mat. Legno 15 mesi
Cosciotto di maiale farcito.

ROSSO DI VALTELLINA VESPER 2020
Rosso Doc - Nebbiolo 100%
Alc. 13,5% | € 16 | Bt. 14.000 | Ferm. Acciaio | Mat. Legno 6 mesi
Ravioli di magro con funghi chiodini.

Cooperativa Cellatica-Gussago
(1952)

Cooperativa come strumento di salvaguardia del territorio. Recupero dei vigneti abbandonati, in particolare a ridosso dei confini cittadini; tutela delle denominazioni minori; attività concrete di sostenibilità diffusa. Ecco i valori che accomunano i piccoli conferitori di questa realtà avanguardista. Una missione che passa dalla ricerca della qualità, attraverso un coordinamento produttivo preciso e l'approccio a un pubblico giovane con una forte azione di rebranding, per proteggere, valorizzare e rilanciare i luoghi della Franciacorta maggiormente prossimi a Brescia capoluogo.

Via Caporalino, 25 - 25060 Cellatica (BS)
T. 030 2522418 | M. info@cvcgwine.it
www.cvcgwine.it

Viticoltura: Lotta integrata
Ettari: 20 | **Bottiglie:** 120.000 | **Produzione olearia:** No
Proprietà: Cooperativa, Presidente Mauro Tognoli
Cond. enologica: Cesare Ferrari, Andrea Bianchi
Cond. agronomica: Stefano Toninelli
Vendita diretta: Sì | **Visite in azienda:** Sì

FRANCIACORTA DOSAGGIO ZERO RISERVA 2016
Bianco Docg - Chardonnay 100%
Alc. 13% | € 30 | Bt. 1.500 | Ferm. Acciaio | Mat. Acciaio 9 mesi
60 mesi sui lieviti
Oro rilucente dalla raffinata effervescenza. Invitante lo spettro di crostata di albicocche e marzapane delicatamente sfumato di cipria. Intrigante la maturità floreale, ricordo di una peonia gialla. La beva si presenta decisa e strutturata, e incede morbida e appagante, per congedarsi su toni di agrume candito. Coniglio all'ischitana.

FRANCIACORTA BRUT SATÈN 2017
Bianco Docg - Chardonnay 100%
Alc. 13% | € 26 | Bt. 2.000 | Ferm. Acciaio | Mat. Acciaio 9 mesi
45 mesi sui lieviti
Ravioli di patate e baccalà.

FRANCIACORTA BRUT
Bianco Docg - Chardonnay 100%
Alc. 12,5% | € 18 | Bt. 6.000 | Ferm. Acciaio | Mat. Acciaio 9 mesi
25 mesi sui lieviti
Caciocavallo Silano.

D'AMÛR 2018
Rosso Igt - Merlot 60%, Cabernet franc 40%
Alc. 14% | € 16 | Bt. 5.000 | Ferm. Acciaio | Mat. Acciaio 30 mesi e Legno 18 mesi
Costolette d'agnello alle erbe.

CELLATICA SUPERIORE 2020
Rosso Doc - Barbera 40%, Marzemino 40%, Incrocio terzi n. 1 10%, Schiava gentile 10%
Alc. 13% | € 10 | Bt. 12.000 | Ferm. Acciaio | Mat. Acciaio 18 mesi
Roast beef.

FRANCIACORTA BRUT SATÈN
2016

CURTEFRANCA CONCHÈT
2018

Cordero San Giorgio
(2019)

È la forte passione per il vino a portare tre fratelli langaroli nelle terre pavesi. La sfida: trovare una nuova "casa" per i propri vini, in un territorio vocato che garantisce ai più nobili vitigni di esprimersi al meglio. Caterina, Francesco e Lorenzo Cordero hanno le idee chiare e molta esperienza. Ecco, quindi, che senza perdere di vista il rispetto per la biodiversità, scegliendo con cura le tecniche di cantina e mettendoci sempre tanta passione hanno recentemente intrapreso quest'avventura e i risultati non si sono fatti attendere.

Tenuta San Giorgio, 1 - 27046 Santa Giuletta (PV)
T. 0383 398090 | M. info@corderosangiorgio.wine
www.corderosangiorgio.wine

Viticoltura: Biologica
Ettari: 45 | **Bottiglie:** 80.000 | **Produzione olearia:** No
Proprietà: Francesco, Lorenzo e Caterina Cordero
Cond. enologica: Lorenzo Cordero, Francesco Cordero
Cond. agronomica: Lorenzo Cordero
Vendita diretta: Sì | **Visite in azienda:** Sì

PINOT NERO DELL'OLTREPÒ PAVESE TIAMAT 2021
Rosso Doc - Pinot nero 100%
Alc. 13,5% | € 17 | Bt. 14.000 | Ferm. Legno e Acciaio | Mat. Acciaio 8 mesi e Legno 8 mesi
Delicato rubino dalla filigrana purpurea. Coccola l'olfatto con ciliegia matura e lampone croccante. Completano lo scrigno dei profumi arancia rossa, rabarbaro ed erbe aromatiche mediterranee. Vivace il gusto, di intrigante freschezza. Tannini composti propagano una buona persistenza speziata. Rigatoni al ragù bianco di carne.

PINOT NERO DELL'OLTREPÒ PAVESE SG'67 2020
Rosso Doc - Pinot nero 100%
Alc. 14,5% | € 45 | Bt. 2.553 | Ferm. Acciaio | Mat. Acciaio e Legno 20 mesi
Sella di coniglio al tartufo con timballo di patate.

PINOT NERO DELL'OLTREPÒ PAVESE PARTÙ RISERVA 2021
Rosso Doc - Pinot nero 100%
Alc. 14% | € 25 | Bt. 5.192 | Ferm. Legno | Mat. Legno 12 mesi
Bra d'alpeggio.

OLTREPÒ PAVESE CHARDONNAY RIVONE 2021
Bianco Doc - Chardonnay 100%
Alc. 13,5% | € 27 | Bt. 6.000 | Ferm. Legno e Acciaio e Terracotta
Mat. Acciaio 12 mesi e Legno 12 mesi e Terracotta 12 mesi
Ovoli freschi crudi su letto di rucola.

OLTREPÒ PAVESE PINOT GRIGIO RAMÈ 2022
Rosato Doc - Pinot grigio 100%
Alc. 13% | € 17 | Bt. 3.000 | Ferm. Acciaio | Mat. Acciaio 6 mesi e Legno 6 mesi
Pollastra alla birra e cipolle di Tropea.

Costaripa
(1928)

È l'interpretazione annata del Rosamara a imporsi sotto la lente delle nostre degustazioni. La severa siccità che ha segnato il 2022 ha compromesso le rese ma non la qualità, che ne ha beneficiato in termini di perfetta sanità delle uve. Complici le caratteristiche pedologiche del territorio e la sapiente gestione del vigneto unite a una vinificazione "a lacrima" che separa il puro fiore del mosto attraverso lo sgrondo statico, il vino brilla per incisività e purezza conquistando per la prima volta le Quattro Viti, sfiorate anche dal Brut Rosé Grande Annata. Assente il Molmenti.

Via della Costa, 1/A - 25080 Moniga del Garda (BS)
T. 0365 504816 | M. info@costaripa.it
www.costaripa.it

Viticoltura: Biodinamica
Ettari: 65 | **Bottiglie:** 480.000 | **Produzione olearia:** Sì
Proprietà: Mattia Vezzola
Cond. enologica: Mattia Vezzola
Cond. agronomica: Staff aziendale
Vendita diretta: Sì | **Visite in azienda:** Sì

(91)

VALTÈNESI RIVIERA DEL GARDA CLASSICO ROSAMARA 2022
Rosato Doc - Groppello 50%, Marzemino 30%, Barbera 10%, Sangiovese 10%
Alc. 13% | € 16 | Bt. 160.000 | Ferm. Legno e Acciaio | Mat. Acciaio 6 mesi e Legno 6 mesi
Il calice perlato lucente brulica di una delicata speziatura che prelude alle freschezze floreali e fruttate di sambuco, fiori d'arancio, succo di melagrana e gelée di pesca. La beva è golosa e vitale, vibrante di tensione sapida e dall'intensa piacevolezza. Perfettamente integro nei ritorni aromatici. Crema di zucca con gamberi croccanti.

MATTIA VEZZOLA BRUT ROSÉ GRANDE ANNATA 2017
Rosato Metodo Classico - Chardonnay 80%, Pinot nero 20%
Alc. 13% | € 40 | Bt. 5.000 | Ferm. Acciaio | Mat. Acciaio 6 mesi e Legno 6 mesi | 60 mesi sui lieviti
Scaloppa di foie gras con prugne e albicocche secche.

MATTIA VEZZOLA BRUT ROSÉ
Rosato Metodo Classico - Chardonnay 80%, Pinot nero 20%
Alc. 12,5% | € 22 | Bt. 85.000 | Ferm. Acciaio | Mat. Acciaio 6 mesi e Legno 6 mesi | 24 mesi sui lieviti
Filetto di lucioperca in crosta di patate.

VALTÈNESI CHIARETTO RIVIERA DEL GARDA CLASSICO MOLMENTI
2018

MATTIA VEZZOLA BRUT ROSÉ
S.A. | S.A.

De Toma
(1981)

Un vitigno al centro della produzione, il moscato di Scanzo, che ha scritto la storia dell'azienda diventandone il simbolo, dal 1894, e che quest'anno raggiunge l'eccellenza per l'assoluta aderenza al territorio. Il vitigno viene inoltre impiegato anche con merlot e cabernet sauvignon nella produzione del Cardinale, un rosso frutto di vigne storiche. Quattro generazioni si sono susseguite con il desiderio di innovare, come attesta la proposta del Franciacorta, un Blanc de Blancs agile e incisivo.

Via Medolago, 35 - 24020 Scanzorosciate (BG)
T. 389 8367132 | M. info@detomawine.com
www.detomawine.com

Viticoltura: Convenzionale
Ettari: 2,5 | **Bottiglie:** 18.000 | **Produzione olearia:** No
Proprietà: Stefania Castoldi
Cond. enologica: Sergio Cantoni, Andrea Gozzini
Cond. agronomica: Giacomo De Toma
Vendita diretta: Sì | **Visite in azienda:** Sì

(91)

MOSCATO DI SCANZO 2018
Rosso Docg Passito - Moscato di Scanzo 100%
Alc. 15% | € 55 (0,5l) | Bt. 5.000 | Ferm. Acciaio | Mat. Acciaio 24 mesi
Granato fitto, vivido e luminoso. Sfoggia un bouquet d'incenso e rosa essiccata, con echi di spezie dolci quali cardamomo e coriandolo. Il sorso, che restituisce le sensazioni olfattive, colpisce per l'assoluta freschezza e il bilanciamento con il residuo zuccherino. Grande personalità che invoglia alla beva. Tortino di marroni tiepido.

FRANCIACORTA BRUT BLANC DE BLANCS RISERVA 2015
Bianco Docg - Chardonnay 100%
Alc. 12,5% | € 50 | Bt. 1.000 | Ferm. Acciaio | 72 mesi sui lieviti
Polpo alla Luciana.

CARDINALE
Rosso - Merlot 50%, Cabernet sauvignon 30%, Moscato di Scanzo 20%
Alc. 13% | € 28 | Bt. 2.000 | Ferm. Acciaio | Mat. Acciaio 24 mesi e Legno 6 mesi
Fondue bourguignonne.

MOSCATO DI SCANZO
2015 | 2017

CAMERLENGO
2014 | 2017

Derbusco Cives
(2004)

Il Franciacorta, senza compromessi: con questo slogan la cantina Derbusco Cives si presenta al consumatore, consapevole della posizione privilegiata in cui è ubicata e garante del rispetto della materia prima in ogni fase della lavorazione. Rese bassissime, utilizzo del solo mosto fiore, nessuna aggiunta di zuccheri sia nella prima che nella seconda fermentazione, impiego esclusivo di mosto come liqueur. E infine la sosta sui lieviti, lunghissima, in modo da consentire al vino di esprimersi al suo meglio. E anche quest'anno la qualità non fatica a mostrarsi nel calice.

Via Provinciale, 83 - 25030 Erbusco (BS)
T. 030 7731164 | M. info@derbuscocives.com
www.derbuscocives.com

Viticoltura: Convenzionale
Ettari: 12,5 | **Bottiglie:** 75.000 | **Produzione olearia:** No
Proprietà: Giuseppe e Dario Vezzoli, Luigi Dotti, Paolo Brescianini e Stefano Pedrotti
Cond. enologica: Domenico Danesi
Cond. agronomica: Luigi Reghenzi
Vendita diretta: Sì | **Visite in azienda:** Sì

FRANCIACORTA EXTRA BRUT GRANDE TAILLE 2015
Bianco Docg - Chardonnay 55%, Pinot nero 45%
Alc. 12% | € 48 | Bt. 4.500 | Ferm. Acciaio | 60 mesi sui lieviti
Un perlage fine e incessante solca il bel paglierino. Camomilla, mughetto ed erba sfalciata fanno da cornice a sensazioni agrumate di lime e mandarino, pesca bianca, ananas, litchi e scie di vaniglia e nocciola. Il palato è pieno e coerente, ben bilanciato da freschezza e sapidità, con una chiusura lunghissima. Cicale di mare su letto di verdure.

FRANCIACORTA BRUT BLANC DE NOIR CRISALIS 2017
Bianco Docg - Pinot nero 100%
Alc. 12% | € 47 | Bt. 3.100 | Ferm. Acciaio | 50 mesi sui lieviti
Rotolo di coniglio con pomodorini ed erbe aromatiche.

FRANCIACORTA BRUT DOPPIO ERRE DI
Bianco Docg - Chardonnay 85%, Pinot nero 15%
Alc. 12% | € 30 | Bt. 30.000 | Ferm. Acciaio | 30 mesi sui lieviti
Pizza con bufala e pomodorini.

FRANCIACORTA BRUT BLANC DE BLANC
Bianco Docg - Chardonnay 100%
Alc. 12% | € 32 | Bt. 7.500 | Ferm. Acciaio | 30 mesi sui lieviti
Manteca.

FRANCIACORTA BRUT ROSÉ 2016
Rosato Docg - Pinot nero 100%
Alc. 12% | € 44 | Bt. 8.000 | Ferm. Acciaio | 54 mesi sui lieviti
Risotto al nero di seppia con seppie croccanti.

FRANCIACORTA BRUT BLANC DE NOIR CRISALIS
2015

FRANCIACORTA BRUT BLANC DE BLANC
S.A.

Enrico Gatti
(1975)

In un territorio dove la moderna imprenditoria spesso regna incontrastata, la famiglia Gatti Balzarini mantiene ancora ben saldo il contatto con la terra e con l'uva, presidiando e vivendo il territorio franciacortino quotidianamente. L'obiettivo è quello di preservare ed esaltare le caratteristiche di ogni singola vigna cercando di non alterare gli equilibri naturali, grazie anche a una viticoltura a basso impatto ambientale. In quest'ottica, la gamma di vini presentati s'impreziosisce quest'anno di un nuovo Franciacorta, il Nature La Casella Riserva, che sfiora l'eccellenza.

Via Metelli, 9 - 25030 Erbusco (BS)
T. 030 7267999 | M. info@enricogatti.it
www.enricogatti.it

Viticoltura: Biologica
Ettari: 21 | **Bottiglie:** 123.000 | **Produzione olearia:** No
Proprietà: Famiglia Gatti Balzarini
Cond. enologica: Andrea Rudelli
Cond. agronomica: Massimiliano Perazzoli
Vendita diretta: Sì | **Visite in azienda:** Sì

(91)
FRANCIACORTA NATURE 2016
Bianco Docg - Chardonnay 85%, Pinot nero 15%
Alc. 12,5% | € 38 | Bt. 3.000 | Ferm. Legno e Acciaio | 32 mesi sui lieviti
Finissime bollicine illuminano il giallo sole. Sfoggia fragranze di croissant salato, panna, zeste di limone, fiori e miele d'acacia, nocciola, vaniglia bourbon, nepitella ed elicriso. Ingresso sapido, fresco, perfettamente calibrato da corpo e rotondità, raffinato e armonioso. Lunga persistenza minerale. Foie gras in torchon.

FRANCIACORTA NATURE LA CASELLA RISERVA 2015
Bianco Docg - Chardonnay 100%
Alc. 12,5% | € 40 | Bt. 3.000 | Ferm. Legno e Acciaio | 60 mesi sui lieviti
Tataki di tonno al sesamo.

FRANCIACORTA BRUT SATÈN 2019
Bianco Docg - Chardonnay 100%
Alc. 12,5% | € 32 | Bt. 19.000 | Ferm. Legno e Acciaio | 32 mesi sui lieviti
Caviale Oscietra.

FRANCIACORTA BRUT
Bianco Docg - Chardonnay 100%
Alc. 12,5% | € 25 | Bt. 66.000 | Ferm. Acciaio | 24 mesi sui lieviti
Camembert.

FRANCIACORTA NATURE
Bianco Docg - Chardonnay 85%, Pinot nero 15%
Alc. 12,5% | € 28 | Bt. 19.000 | Ferm. Acciaio | 24 mesi sui lieviti
Timballo di riso e gamberi.

FRANCIACORTA NATURE MILLESIMO
2015

FRANCIACORTA BRUT SATÈN
2018

Faccoli
(1963)

Sono passati sessant'anni dalla fondazione di quest'azienda che ha reso i legami familiari un punto di forza nella produzione del vino e che di recente ha rinnovato la solidità della squadra con l'affiancamento nella conduzione enologica e agronomica di altri due membri della famiglia: Francesca e Giorgio. Il modus operandi rimane l'innovazione, con una visione agile e moderna anche degli strumenti produttivi, come dimostrato dalla scelta di sostituire quattro delle vasche utilizzate in cantina con altrettante inertizzate con azoto. Si conferma sempre alta la qualità dei vini presentati.

Via Cava, 7 - 25030 Coccaglio (BS)
T. 030 7722761 | M. info@faccolifranciacorta.it
www.faccolifranciacorta.it

Viticoltura: Convenzionale
Ettari: 6,5 | **Bottiglie:** 50.000 | **Produzione olearia:** No
Proprietà: Claudio e Gian Mario Faccoli, Stefania Sciaguri
Cond. enologica: Cesare Ferrari, Claudio Faccoli, Francesca Faccoli
Cond. agronomica: Gian Mario Faccoli, Giorgio Faccoli
Vendita diretta: Sì | **Visite in azienda:** Sì

95

FRANCIACORTA EXTRA BRUT RISERVA 2013
Bianco Docg - Chardonnay 60%, Pinot bianco 20%, Pinot nero 20%
Alc. 12,5% | € 75 | Bt. 1.000 | Ferm. Acciaio | 108 mesi sui lieviti
Dorato brillante, perlage fine e persistente. Sontuosi profumi di mela cotogna, pesca gialla e nespola anticipano fiori d'acacia, mandorla tostata, polvere di caffè e piccola pasticceria. Sorso avvolgente e cremoso, sapientemente equilibrato tra freschezza e sapidità, con un finale pieno e persistente. Pollo al curry.

92

FRANCIACORTA DOSAGGIO ZERO MILLESIMATO 2018
Bianco Docg - Chardonnay 60%, Pinot bianco 20%, Pinot nero 20%
Alc. 12,5% | € 38 | Bt. 8.000 | Ferm. Acciaio | 48 mesi sui lieviti
Giallo limone con riflessi dorati, perlage infinito. Richiami di mela Fuji e aloe accompagnano un floreale di ginestra, tiglio e fiordaliso. Seguono fragranti stille tostate, poi vaniglia e miele millefiori. Al palato è cremoso con freschezza e sapidità in ottimo contrappunto. Stoccafisso all'anconetana.

FRANCIACORTA EXTRA BRUT
Bianco Docg - Chardonnay 60%, Pinot bianco 20%, Pinot nero 20%
Alc. 12,5% | € 26 | Bt. 22.000 | Ferm. Acciaio | 24 mesi sui lieviti
Risotto con zucchine, fiori di zucca e zafferano.

FRANCIACORTA DOSAGGIO ZERO MILLESIMATO
2016

FRANCIACORTA EXTRA BRUT
S.A.

Fay
(1971)

La famiglia Fay e la Valgella sono diventati nel tempo un binomio indissolubile. A confermarlo, anche quest'anno, è l'altissima qualità media delle etichette che trova il suo apice nel Carterìa Riserva che conquista le Quattro Viti. Una costante l'abilità di Marco ed Elena – affiancati dalla preziosa esperienza di papà Sandro – di ottenere il meglio dalla chiavennasca. I vigneti, che arrivano a toccare anche i novecento metri di altitudine, sono gestiti con maestria e pazienza da un'azienda che, oramai, è un simbolo della Valtellina in Italia e nel mondo.

Via Pila Caselli, 1 - Frazione San Giacomo - 23036 Teglio (SO)
T. 0342 786071 | M. info@vinifay.it
www.vinifay.it

Viticoltura: Lotta integrata
Ettari: 15 | **Bottiglie:** 70.000 | **Produzione olearia:** No
Proprietà: Sandro, Elena e Marco Fay
Cond. enologica: Marco Fay
Cond. agronomica: Sandro Fay
Vendita diretta: Sì | **Visite in azienda:** Sì

93

VALTELLINA SUPERIORE VALGELLA CARTERÌA RISERVA 2018
Rosso Docg - Nebbiolo 100%
Alc. 14% | € 32 | Bt. 9.600 | Ferm. Acciaio | Mat. Legno 24 mesi
Mantello granato di ammaliante luminosità. Regala allusioni di rosa e viola; a seguire la ciliegia sotto spirito ed echi di chiodi di garofano e grafite. Snello e gustoso il corpo, tannino levigato e freschezza ben presente. Ritorni armoniosi di caramella alla liquirizia. Brasato di lepre con riduzione di vino rosso.

VALTELLINA SUPERIORE VALGELLA CÀ MORÉI 2019
Rosso Docg - Nebbiolo 100%
Alc. 13,5% | € 30 | Bt. 12.200 | Ferm. Acciaio | Mat. Legno 12 mesi
Tacchino stufato con peperoni e radicchio.

VALTELLINA SUPERIORE VALGELLA COSTA BASSA 2020
Rosso Docg - Nebbiolo 100%
Alc. 13% | € 23 | Bt. 32.000 | Ferm. Acciaio | Mat. Legno 12 mesi
Fettuccine ai finferli.

SFORZATO DI VALTELLINA RONCO DEL PICCHIO
2013 | 2018

VALTELLINA SUPERIORE SASSELLA IL GLICINE
2012 | 2017

Ferghettina
(1991)

Ci sono famiglie che hanno fatto la Storia della Franciacorta, tra queste rientra quella di Gatti che, con Ferghettina, vanta un percorso di crescita esemplare. Certo, l'iconica bottiglia a base quadrata, unica al mondo, è nota a tutti: l'idea è nata dalla tesi di laurea di Matteo – enologo insieme alla sorella Laura – che ha studiato come poter incrementare la superficie di contatto tra i lieviti presenti nella bottiglia durante la fase di presa di spuma. In un assortimento di altissimo livello, quest'anno si registra la prestazione sontuosa di Eronero 2015, che guadagna l'eccellenza.

Via Saline, 11 - 25030 Adro (BS)
T. 030 7451212 | M. info@ferghettina.it
www.ferghettina.it

Viticoltura: Biologica certificata
Ettari: 200 | **Bottiglie:** 536.000 | **Produzione olearia:** Sì
Proprietà: Roberto Gatti
Cond. enologica: Laura Gatti, Roberto Gatti, Matteo Gatti
Cond. agronomica: Laura Gatti, Roberto Gatti, Matteo Gatti
Vendita diretta: Sì | **Visite in azienda:** Sì

(91)

FRANCIACORTA EXTRA BRUT ERONERO 2015
Bianco Docg - Pinot nero 100%
Alc. 12,5% | € 55 | Bt. 4.300 | Ferm. Acciaio | Mat. Acciaio 6 mesi
84 mesi sui lieviti
Calice dorato con riverberi ramati, solcato da finissimo e copioso perlage. Bouquet variegato, alterna albicocca, mandarino, curcuma e paprika. Al palato la malia agrumata prevale, con una splendida freschezza che si esalta nella cremosità della bollicina. Lunghissima progressione di zenzero e frutti rossi. Pollo alle mandorle e curcuma.

FRANCIACORTA BRUT MILLEDÌ 2019
Bianco Docg - Chardonnay 100%
Alc. 13% | € 35 | Bt. 75.000 | Ferm. Acciaio | Mat. Acciaio 6 mesi
36 mesi sui lieviti
Tagliolini al nero di seppia e pomodori ciliegino.

FRANCIACORTA PAS DOSÉ RISERVA 33 2015
Bianco Docg - Chardonnay 100%
Alc. 12,5% | € 55 | Bt. 5.500 | Ferm. Acciaio | Mat. Acciaio 6 mesi
84 mesi sui lieviti
Crostini con paté de foie gras d'anatra.

FRANCIACORTA BRUT ROSÉ 2019
Rosato Docg - Pinot nero 100%
Alc. 13% | € 40 | Bt. 79.000 | Ferm. Acciaio | Mat. Acciaio 6 mesi
36 mesi sui lieviti
Scampi alla busara.

FRANCIACORTA BRUT SATÈN 2019
Bianco Docg - Chardonnay 100%
Alc. 13% | € 35 | Bt. 72.000 | Ferm. Acciaio | Mat. Acciaio 6 mesi
36 mesi sui lieviti
Grana Padano Riserva.

FRANCIACORTA BRUT
Bianco Docg - Chardonnay 85%, Pinot nero 15%
Alc. 12% | € 25 | Bt. 300.000 | Ferm. Acciaio | Mat. Acciaio 6 mesi
24 mesi sui lieviti
Pesce spada alla griglia.

FRANCIACORTA BRUT MILLEDÌ
2010 | 2013 | 2016

FRANCIACORTA BRUT ROSÉ
2012

Fiamberti
(1814)

Duecento anni di storia raccontano un'azienda fiera delle proprie radici che si tramandano per generazioni, di passione e conoscenza che si intrecciano con le vicissitudini dell'Oltrepò Pavese e che oggi si declinano sia nella gamma degli spumanti da pinot nero, sia nei vini che hanno fatto la storia del territorio. Quest'anno è proprio uno degli ultimi vini prodotti a mettersi in evidenza, il Buttafuoco Storico Vigna Sacca del Prete, che sfiora l'apice e conferma il motto aziendale: il vino è storia e geografia liquida.

Via Chiesa, 17 - 27044 Canneto Pavese (PV)
T. 0385 88019 | M. info@fiambertivini.it
www.fiambertivini.it

Viticoltura: Convenzionale
Ettari: 20 | **Bottiglie:** 200.000 | **Produzione olearia:** No
Proprietà: Giulio Fiamberti
Cond. enologica:
Cond. agronomica: Giuseppe Zatti
Vendita diretta: Sì | **Visite in azienda:** Sì

BUTTAFUOCO STORICO VIGNA SACCA DEL PRETE 2019
Rosso Doc - Croatina 65%, Barbera 25%, Ughetta 5%, Uva rara 5%
Alc. 15,5% | € 30 | Bt. 1.800 | Ferm. Cemento | Mat. Legno 24 mesi
Rubino impenetrabile. Naso articolato tra indizi di amarena e prugna sotto spirito, bastoncino di liquirizia, speziatura dolce, lieve tostatura di caffè ed effluvi di lavanda. Il gusto è pieno, al contempo morbido e teso, dal tannino ammaliante. Si congeda con un coerente epilogo di frutta ed erbe aromatiche. Capriolo ai porcini.

OLTREPÒ PAVESE METODO CLASSICO PINOT NERO EXTRA BRUT CARISTORO
Bianco Docg Metodo Classico - Pinot nero 100%
Alc. 12,5% | € 24 | Bt. 2.500 | Ferm. Acciaio | 60 mesi sui lieviti
Granseola al vapore su misticanza.

BUTTAFUOCO STORICO VIGNA SOLENGA 2019
Rosso Doc - Croatina 65%, Barbera 25%, Ughetta 5%, Uva rara 5%
Alc. 15,5% | € 45 | Bt. 2.500 | Ferm. Cemento | Mat. Legno 24 mesi
Maialino in agrodolce.

BUTTAFUOCO IL CACCIATORE 2021
Rosso Doc - Croatina 65%, Barbera 25%, Ughetta 5%, Uva rara 5%
Alc. 14% | € 15 | Bt. 13.300 | Ferm. Cemento | Mat. Legno 18 mesi
Fettuccine al ragù d'agnello.

OLTREPÒ PAVESE METODO CLASSICO PINOT NERO BRUT ROSÉ CARISTORO
Rosato Docg Metodo Classico - Pinot nero 100%
Alc. 12,5% | € 24 | Bt. 2.000 | Ferm. Acciaio | 48 mesi sui lieviti
Tiella di riso, patate e cozze.

BONARDA DELL'OLTREPÒ PAVESE LA BRICCONA 2022
Rosso Doc Frizzante - Croatina 100%
Alc. 13% | € 12 | Bt. 8.000 | Ferm. Cemento | Mat. Acciaio 3 mesi
Tigelle e salumi.

BUTTAFUOCO STORICO VIGNA SACCA DEL PRETE
2013 | 2017

BUTTAFUOCO STORICO VIGNA SOLENGA
2016

Finigeto
(2005)

Finigeto è il sogno che Aldo Dallavalle ha reso realtà e che continua a coltivare curando ogni dettaglio. Nel 2017 ha elaborato il protocollo "Love Nature", un sistema innovativo di produzione integrata che interessa ogni aspetto della filiera, compresa la bioarchitettura, e quest'anno ha installato un impianto di novanta moduli fotovoltaici ottenendo una riduzione di 40.000 Kg di CO2 annui. La linea aziendale dà voce al territorio attraverso le uve tradizionalmente coltivate. Esordisce in Guida il Marcovaldo 2022, pinot nero vinificato in acciaio, ottima e schietta espressione del vitigno.

Località Cella, 27 - 27040 Montalto Pavese (PV)
T. 328 7095347 | M. info@finigeto.com
www.finigeto.com

Viticoltura: Convenzionale
Ettari: 44 | **Bottiglie:** 100.000 | **Produzione olearia:** Sì
Proprietà: Aldo Dallavalle
Cond. enologica: Marco Terzoni
Cond. agronomica: Aldo Dallavalle
Vendita diretta: Sì | **Visite in azienda:** Sì

OLTREPÒ PAVESE RIESLING LO SPAVALDO RISERVA 2020
Bianco Doc - Riesling renano 100%
Alc. 13% | € 14 | Bt. 6.600 | Ferm. Acciaio | Mat. Acciaio 12 mesi
Ha il colore del grano che brilla al sole e profumi di pesca e mela renetta, con rimandi di cedro e una manciata di erbe aromatiche tra cui si snoda una mineralità pietrosa. È il sorso a rivelarne il carattere: deciso e corposo, sferico ma vivace grazie alla sapidità che ne guida e delinea la beva. Vitello tonnato.

OLTREPÒ PAVESE RIESLING SUPERIORE LO SPAVALDO 2022
Bianco Doc - Riesling renano 100%
Alc. 13,5% | € 10 | Bt. 6.660 | Ferm. Acciaio | Mat. Acciaio 6 mesi
Branzino al forno con erbe aromatiche.

PINOT NERO DELL'OLTREPÒ PAVESE IL MARCOVALDO 2022
Rosso Doc - Pinot nero 100%
Alc. 13,5% | € 10 | Bt. 6.600 | Ferm. Acciaio | Mat. Acciaio 6 mesi
Parmigiana di melanzane.

OLTREPÒ PAVESE CHARDONNAY IL CAROALDO 2021
Bianco Doc - Chardonnay 100%
Alc. 14,5% | € 19 | Bt. 3.000 | Ferm. Acciaio | Mat. Legno 12 mesi
Tajarin al tartufo bianco d'Alba.

PINOT NERO DELL'OLTREPÒ PAVESE IL NIRÒ RISERVA 2020
Rosso Doc - Pinot nero 100%
Alc. 13,5% | € 20 | Bt. 3.000 | Ferm. Legno | Mat. Acciaio 6 mesi e Legno 12 mesi
Ossobuco alla milanese.

OLTREPÒ PAVESE METODO CLASSICO PINOT NERO BRUT "2005" 2020
Bianco Docg Metodo Classico - Pinot nero 100%
Alc. 13% | € 23 | Bt. 6.660 | Ferm. Acciaio | Mat. Acciaio 6 mesi
24 mesi sui lieviti
Risotto all'isolana.

Frecciarossa
(1919)

La famiglia Radici Odero è un cardine nella storia vitivinicola dell'Oltrepò Pavese. Non è solo un fattore temporale che enumera generazioni, o la certezza di una elevata qualità trasversale, che abbraccia tutte le differenti tipologie di vino. È l'impegno concreto nel prendersi cura della terra, investendo sulla biodiversità affinché il sistema natura prosperi in un'armonica condizione di equilibrio. Ultimo progetto, che verrà completato per la fine dell'anno, l'installazione di un sistema di pannelli fotovoltaici per raggiungere la completa autonomia e la produzione di energia rinnovabile.

Via Fratelli Vigorelli, 141 - 27045 Casteggio (PV)
T. 0383 804465 | M. info@frecciarossa.com
www.frecciarossa.com

Viticoltura: Biologica certificata
Ettari: 21,5 | **Bottiglie:** 100.000 | **Produzione olearia:** No
Proprietà: Famiglia Radici Odero
Cond. enologica: Cristiano Garella, Gianluca Scaglione
Cond. agronomica: Pierluigi Donna
Vendita diretta: Sì | **Visite in azienda:** Sì

PINOT NERO DELL'OLTREPÒ PAVESE GIORGIO ODERO 2019
Rosso Doc - Pinot nero 100%
Alc. 13% | € 30 | Bt. 3.200 | Ferm. Legno | Mat. Acciaio 6 mesi e Legno 12 mesi
Il rosso carminio fitto e lucente veste un prisma aromatico intenso, articolato sull'incedere fruttato di marasca, mora e sciroppo di lamponi, impreziosito da rosa damascena, violetta e lieve speziatura orientale. In bocca la gioventù e l'integrità aromatica presagiscono grandi prospettive. Pappardelle con sugo di lepre.

OLTREPÒ PAVESE RIESLING GLI ORTI 2021
Bianco Doc - Riesling renano 100%
Alc. 12,5% | € 13 | Bt. 3.000 | Ferm. Acciaio | Mat. Acciaio 12 mesi
Involtini di melanzana con scamorza.

PINOT NERO DELL'OLTREPÒ PAVESE CARILLO 2022
Rosso Doc - Pinot nero 100%
Alc. 12,5% | € 13 | Bt. 25.000 | Ferm. Acciaio | Mat. Acciaio 6 mesi e Legno 3 mesi
Crescentine e salumi.

FRECCIAROSSA EXTRA BRUT 2020
Bianco Metodo Classico - Pinot nero 100%
Alc. 12% | € 20 | Bt. 10.000 | Ferm. Acciaio | Mat. Acciaio 6 mesi
22 mesi sui lieviti
Catalana di crostacei.

OLTREPÒ PAVESE ROSSO ANAMARI RISERVA 2019
Rosso Doc - Croatina 45%, Barbera 30%, Uva rara 25%
Alc. 13% | € 28 | Bt. 3.200 | Ferm. Legno | Mat. Acciaio 6 mesi e Legno 12 mesi
Filetto di manzo alla Voronoff.

UVA RARA 2022
Rosso Igt - Uva rara 100%
Alc. 13% | € 13 | Bt. 6.600 | Ferm. Acciaio | Mat. Acciaio 5 mesi e Legno
Gnocchi al ragù.

PINOT NERO DELL'OLTREPÒ PAVESE GIORGIO ODERO
2014 | 2016 | 2018

OLTREPÒ PAVESE RIESLING GLI ORTI
2019 | 2020

Giorgi
(1875)

L'azienda Giorgi è indiscutibilmente un simbolo dell'Oltrepò Pavese riconosciuto a livello internazionale. Nonostante le dimensioni importanti, è rimasta una realtà familiare: sotto l'esperienza e la supervisione del padre Antonio, è condotta con il supporto dei figli Fabiano, Eleonora e Ileana. Giorgi è da sempre anche sinonimo di pinot nero, in particolare di Metodo Classico: il non dosato T.O.P. Zero si conferma vino di carattere e di alto livello anche in quest'edizione della Guida, posizionandosi su gradino più alto.

Frazione Campo Noce, 39/A - 27044 Canneto Pavese (PV)
T. 0385 262151 | M. info@giorgi-wines.it
www.giorgi-wines.it

Viticoltura: Convenzionale
Ettari: 70 | **Bottiglie:** 1.000.000 | **Produzione olearia:** No
Proprietà: Famiglia Giorgi
Cond. enologica: Andrea Bonfanti
Cond. agronomica: Angelino Mazzocchi, Andrea Bonfanti
Vendita diretta: Sì | **Visite in azienda:** Sì

(91)

T.O.P. ZERO PAS DOSÉ
Bianco Metodo Classico - Pinot nero 100%
Alc. 12,5% | € 26 | Bt. 15.000 | Ferm. Legno e Acciaio | Mat. Acciaio 6 mesi
70 mesi sui lieviti
Paglierino intarsiato d'oro, solcato da bollicine fini e durevoli. Al naso fiori bianchi, mela Golden, agrumi canditi e crema pasticcera, con tocchi di zenzero e maggiorana. Coerente l'ingresso in bocca, cremoso e rinfrescante, con un lungo finale di mela, agrumi e spezie orientali. Carpaccio di crostacei su mela verde.

OLTREPÒ PAVESE RIESLING IL BANDITO 2022
Bianco Doc - Riesling renano 100%
Alc. 13% | € 12 | Bt. 25.000 | Ferm. Cemento | Mat. Acciaio 9 mesi
Lumache alla bourguignonne.

OLTREPÒ PAVESE METODO CLASSICO PINOT NERO BRUT GIORGI 1870 GRAN CUVÉE STORICA 2019
Bianco Docg Metodo Classico - Pinot nero 100%
Alc. 12,5% | € 23 | Bt. 45.000 | Ferm. Acciaio | Mat. Acciaio 6 mesi
36 mesi sui lieviti
Riso, cozze e zafferano.

T.O.P. ZERO PAS DOSÈ
S.A.

OLTREPÒ PAVESE METODO CLASSICO PINOT NERO BRUT GIORGI 1870 GRAN CUVÉE STORICA
2018

I Gessi
(1907)

Un motivo ci sarà se un'azienda nata ben più di un secolo fa rappresenta ancora oggi un baluardo della produzione oltrepadana. Noi, in realtà, ne troviamo ben più di uno: legame con il territorio, accoglienza, ospitalità e massima cura per le proprie produzioni, sono solo alcuni dei capisaldi su cui si fonda questa realtà. Gli incantevoli luoghi che creano uno sfondo da cartolina, poi, sono fonte di quotidiana ispirazione alla bellezza che trova il suo più nitido riflesso nella qualità della produzione enologica e nella perfetta convivialità dell'agriturismo di proprietà.

Frazione Fossa, 8 - 27050 Oliva Gessi (PV)
T. 0383 896606 | M. agricola.defilippi@gmail.com
www.cantineigessi.it

Viticoltura: Convenzionale
Ettari: 42 | **Bottiglie:** 160.000 | **Produzione olearia:** No
Proprietà: Fabbio Defilippi
Cond. enologica: Federico Defilippi, Alessandro Defilippi, Riccardo Cotarella, Emilio Defilippi
Cond. agronomica: Fabbio Defilippi, Federico Defilippi
Vendita diretta: Sì | **Visite in azienda:** Sì

FABBIO 2022
Bianco Igt - Riesling renano 100%
Alc. 13% | € 17 | Bt. 8.000 | Ferm. Acciaio | Mat. Acciaio 6 mesi
Affascinante giallo paglierino dalle venature dorate. Sensazioni estive di pesca gialla e melone bianco giocano in sinergia con profumi floreali di glicine e mimosa. Netto lo spunto di erbe aromatiche, salvia e timo in particolare. Sapido e fresco, l'assaggio si distingue per ottimo corpo ed equilibrio. Frittura di rane e verdure croccanti.

OLTREPÒ PAVESE METODO CLASSICO PINOT NERO PAS DOSÉ ROSÉ MARIACRISTINA 2017
Rosato Docg Metodo Classico - Pinot nero 100%
Alc. 12% | € 37 | Bt. 700 | Ferm. Acciaio | Mat. Acciaio 3 mesi
68 mesi sui lieviti
Spaghetti con vongole veraci.

OLTREPÒ PAVESE METODO CLASSICO PINOT NERO PAS DOSÉ MARIACRISTINA 2017
Bianco Docg Metodo Classico - Pinot nero 100%
Alc. 12% | € 37 | Bt. 1.000 | Ferm. Acciaio | Mat. Acciaio 3 mesi
68 mesi sui lieviti
Aragosta in bellavista.

MADDALENA 2022
Bianco Igt - Pinot bianco 100%
Alc. 12% | € 18 | Bt. 2.000 | Ferm. Cemento | Mat. Acciaio 6 mesi
Triglie in guazzetto.

OLTREPÒ PAVESE PINOT GRIGIO CROCETTA 2022
Bianco Doc - Pinot grigio 100%
Alc. 12,5% | € 17 | Bt. 3.000 | Ferm. Acciaio | Mat. Acciaio 6 mesi
Cappellacci di zucca.

NEBBIOLO 1933 2019
Rosso Igt - Nebbiolo 100%
Alc. 14% | € 30 | Bt. 3.000 | Ferm. Acciaio | Mat. Acciaio 3 mesi e Legno 18 mesi
Filetto di maiale lardellato.

OLTREPÒ PAVESE METODO CLASSICO PINOT NERO PAS DOSÉ MARIACRISTINA
S.A.

OLTREPÒ PAVESE METODO CLASSICO PINOT NERO PAS DOSÉ ROSÉ MARIACRISTINA
2015 | 2016

Il Cipresso
(2003)

Angela Cuni, manager di esperienza proveniente dal settore automotive, acquista nel 2003 una villa colonica del '600 in quel di Scanzorosciate. Folgorata dai vigneti storici di moscato di Scanzo che abbracciano la tenuta, è subito consapevole della necessità di doverne preservare e valorizzare l'inestimabile patrimonio. Supportata dal marito Alfonso Esposito, che senza esitazione la sprona, intraprende la magnifica avventura con il vino. Rigore, professionalità, rispetto e amore per il territorio trovano ogni anno conferma nella qualità dei risultati di questa piccola grande azienda di famiglia.

Via Cerri, 2 - Località Tribulina - 24020 Scanzorosciate (BG)
T. 035 4597005 | M. a.cuni@ilcipresso.info
www.ilcipresso.info

Viticoltura: Biologica certificata
Ettari: 6,5 | **Bottiglie:** 35.000 | **Produzione olearia:** No
Proprietà: Angelica Cuni
Cond. enologica: Marco Testi, Sergio Cantoni
Cond. agronomica: Marco Testi
Vendita diretta: Sì | **Visite in azienda:** Sì

VALCALEPIO ROSSO BARTOLOMEO RISERVA 2016
Rosso Doc - Cabernet sauvignon 60%, Merlot 40%
Alc. 13% | € 30 | Bt. 1.400 | Ferm. Acciaio | Mat. Acciaio 6 mesi e Legno 36 mesi
Vivido rosso rubino. Vigoroso il naso, rosa rossa, polpa di lampone, mirtillo in confettura; poi rintocchi di liquirizia, soffi di cannella e un lieve accenno di tabacco. Materico, scalpitante di gioventù per l'esuberanza dei tannini, ricama un invitante equilibrio, energico e ricco di sapore. Tagliata al pepe verde.

MOSCATO DI SCANZO SERAFINO 2019
Rosso Docg Passito - Moscato di Scanzo 100%
Alc. 14,5% | € 43 (0,5l) | Bt. 3.200 | Ferm. Acciaio | Mat. Acciaio 24 mesi
Salame al cioccolato.

GIUSTINO 2021
Bianco Igt - Manzoni bianco 40%, Chardonnay 30%, Pinot grigio 30%
Alc. 14% | € 25 | Bt. 1.000 | Ferm. Legno | Mat. Acciaio e Legno 6 mesi
Ravioli di pesce con sugo di canestrelli.

TERRE DEL COLLEONI MANZONI BIANCO FAUSTINO 2022
Bianco Doc - Manzoni bianco 100%
Alc. 14% | € 25 | Bt. 1.000 | Ferm. Acciaio | Mat. Acciaio 7 mesi
Frittata di piselli, fave e fagiolini.

AUGUSTO 2019
Rosso Igt - Cabernet sauvignon 100%
Alc. 15% | € 45 | Bt. 800 | Ferm. Acciaio | Mat. Acciaio 6 mesi e Legno 24 mesi
Finanziera.

TERRE DEL COLLEONI INCROCIO TERZI GREGORIO 2021
Rosso Doc - Incrocio terzi n. 1 100%
Alc. 13,5% | € 25 | Bt. 1.500 | Ferm. Acciaio | Mat. Acciaio 18 mesi e Legno 12 mesi
Cappone ripieno al forno.

MOSCATO DI SCANZO SERAFINO
2013 | 2016 | 2018

VALCALEPIO ROSSO BARTOLOMEO RISERVA
2013 | 2014 | 2015

Il Molino di Rovescala
(1953)

Papà Lidio produceva vino di qualità, ma non lo promuoveva, chi lo voleva doveva andare a scoprirlo. Alberto e Daniele ne raccolgono l'eredità e con dedita competenza attualizzano la pregressa esperienza. Brillano gli occhi di Daniele a parlar di viti, singoli individui che ogni anno, al momento cruciale e intimo della potatura, riconosce e interpreta. A ogni vigna un nome: Venerella, Crocello, Composta, Gabetto e Pövromme, la faticosa, "pover'uomo" colui che di lei si cura; mai abbandonata e fortemente voluta visto che per comprarla furono necessari undici rogiti. Che dire, ne è valsa la pena.

Località Molino, 2 - 27040 Rovescala (PV)
T. 339 4739924 | M. info@ilmolinodirovescala.it
www.ilmolinodirovescala.it

Viticoltura: Lotta integrata
Ettari: 27 | **Bottiglie:** 47.000 | **Produzione olearia:** No
Proprietà: Daniele Passerini
Cond. enologica: Alberto Passerini
Cond. agronomica: Daniele Passerini
Vendita diretta: Sì | **Visite in azienda:** Sì

BONARDA DELL'OLTREPÒ PAVESE PÖVROMME 2021
Rosso Doc - Croatina 100%
Alc. 15,5% | € 25 | Bt. 4.000 | Ferm. Cemento | Mat. Legno 14 mesi e Cemento 5 mesi
Compattezza color cremisi. Ventaglio odoroso piuttosto invitante: s'alternano piccoli frutti neri maturi come mora e mirtillo e ricordi di viola; chiodi di garofano e cannella giocano con stuzzicanti tocchi di foglia di cappero. Gusto pieno, vibra per freschezza e golosa esuberanza tannica. Lepre in salmì.

OLTREPÒ PAVESE MALVASIA VIGNA DEL MADONE 2022
Bianco Doc - Malvasia 100%
Alc. 13,5% | € 20 | Bt. 2.000 | Ferm. Acciaio | Mat. Acciaio 8 mesi
Insalatina di porcini e scaglie di formaggio.

OLTREPÒ PAVESE RIESLING FELICE 2022
Bianco Doc - Riesling renano 100%
Alc. 13,5% | € 20 | Bt. 2.000 | Ferm. Acciaio | Mat. Acciaio 8 mesi
Risotto agli asparagi con gamberi croccanti.

BONARDA DELL'OLTREPÒ PAVESE 2022
Rosso Doc - Croatina 100%
Alc. 13,5% | € 8 | Bt. 10.000 | Ferm. Cemento | Mat. Cemento 4 mesi
Lasagne alla bolognese.

Isimbarda
(1991)

Immersa in un paesaggio straordinario che spazia per la Pianura Padana, l'azienda vitivinicola Isimbarda rappresenta una storia millenaria, legata all'antica famiglia dei marchesi Isimbardi. Sin dal XVII secolo questa passione per la viticoltura è stata tramandata di generazione in generazione, trovando un apice con Don Luigi Isimbardi, figura di spicco dell'Ottocento e pioniere delle moderne tecniche di produzione. Da sempre promotrice di una produzione rispettosa del forte legame territoriale, l'azienda si impone nuovamente con i risultati dei due Riesling.

Cascina Isimbarda, 4 - Frazione Castello - 27046 Santa Giuletta (PV)
T. 0383 899256 | M. info@isimbarda.com
www.isimbarda.com

Viticoltura: Convenzionale
Ettari: 40 | **Bottiglie:** 135.000 | **Produzione olearia:** No
Proprietà: Claudio Battaini
Cond. enologica: Daniele Zangelmi
Cond. agronomica: Daniele Zangelmi
Vendita diretta: Sì | **Visite in azienda:** Sì

(91)

OLTREPÒ PAVESE RIESLING SUPERIORE VIGNA MARTINA LE FLEUR 2021
Bianco Doc - Riesling renano 100%
Alc. 13,5% | € 18 | Bt. 4.500 | Ferm. Acciaio | Mat. Acciaio 12 mesi
Giallo paglierino tendente al dorato. Nitido il naso, floreale e fruttato con pesca gialla e fiori bianchi in evidenza. Fragranze che evolvono dapprima in frutta tropicale per poi chiudere su orme di nocciola. Persistente e saporito il sorso, mosso su una veemente salinità. Cacciucco alla livornese.

OLTREPÒ PAVESE RIESLING SUPERIORE VIGNA MARTINA 2022
Bianco Doc - Riesling renano 100%
Alc. 13% | € 15 | Bt. 6.000 | Ferm. Acciaio | Mat. Acciaio 3 mesi
Moeche fritte.

OLTREPÒ PAVESE METODO CLASSICO PINOT NERO BRUT BLANC DE NOIR
Bianco Docg Metodo Classico - Pinot nero 100%
Alc. 12% | € 25 | Bt. 7.000 | Ferm. Acciaio | Mat. Acciaio 6 mesi
45 mesi sui lieviti. Tartare di tonno.

OLTREPÒ PAVESE METODO CLASSICO PINOT NERO PAS DOSÉ SNIPER
Bianco Docg Metodo Classico - Pinot nero 100%
Alc. 12% | € 29 | Bt. 3.500 | Ferm. Acciaio | Mat. Acciaio 6 mesi
45 mesi sui lieviti. Polpettine di alici con crema di piselli.

OLTREPÒ PAVESE METODO CLASSICO PINOT NERO BRUT ROSÉ CRUASÉ
Rosato Docg Metodo Classico - Pinot nero 100%
Alc. 12% | € 28 | Bt. 3.500 | Ferm. Acciaio | Mat. Acciaio 6 mesi
45 mesi sui lieviti. Sformato di patate e prosciutto cotto.

OLTREPÒ PAVESE METODO CLASSICO PINOT NERO BRUT PREMIÈRE CUVÉE
Bianco Docg Metodo Classico - Pinot nero 90%, Chardonnay 10%
Alc. 12% | € 24 | Bt. 6.000 | Ferm. Acciaio | Mat. Acciaio 6 mesi
45 mesi sui lieviti. Alette di pollo piccanti.

OLTREPÒ PAVESE RIESLING SUPERIORE VIGNA MARTINA LE FLEUR
2019 | 2020

OLTREPÒ PAVESE METODO CLASSICO PINOT NERO BRUT PREMIÈRE CUVÉE
S.A.

La Costa
(1992)

Ha compiuto 30 anni nel 2022 questa azienda molto versatile, che si trova nel cuore del Parco di Montevecchia e della Valle del Curone. Da allora, con l'impianto del primo vigneto a riesling e il recupero di una cascina e di terreni abbandonati, La Costa è cresciuta divenendo una realtà a conduzione familiare, molto attenta al rispetto del territorio e alla sostenibilità. Le attività si sono ampliate affiancando alla produzione di vini, sia fermi che spumanti, il ristorante - con i suoi menu tradizionali e stagionali - e infine gli alloggi.

Via Curone, 15 - 23888 La Valletta Brianza (LC)
T. 039 5312218 | M. info@la-costa.it
www.la-costa.it

Viticoltura: Biologica
Ettari: 12 | **Bottiglie:** 45.000 | **Produzione olearia:** Sì
Proprietà: Claudia Crippa
Cond. enologica: Luca Bennato
Cond. agronomica: Staff aziendale
Vendita diretta: Sì | **Visite in azienda:** Sì

SAN GIOBBE SELEZIONE MUNEDA 2019
Rosso Igt - Pinot nero 100%
Alc. 14% | € 30 | Bt. 1.200 | Ferm. Acciaio | Mat. Legno 12 mesi
Carminio splendente. Ben articolato e ritmato l'olfatto, intreccio superbo di more, mirtilli e lamponi, arricchito da pepe, vaniglia e chiodi di garofano su un sottofondo di fiori appassiti. Caldo e avvolgente il palato, intenso e di perfetta corrispondenza aromatica. Nodini di cinta senese lardellati al forno.

SAN GIOBBE 2020
Rosso Igt - Pinot nero 100%
Alc. 14% | € 24 | Bt. 6.100 | Ferm. Acciaio | Mat. Legno 12 mesi
Tagliatelle al ragù.

INCREDIBOLL EXTRA BRUT 2019
Bianco Metodo Classico - Riesling renano 100%
Alc. 12,5% | € 25 | Bt. 3.800 | Ferm. Acciaio | 30 mesi sui lieviti
Insalata di polpo, patate e olive.

BRIGANTE BIANCO 2022
Bianco Igt - Chardonnay 40%, Manzoni bianco 30%, Verdese 30%
Alc. 12,5% | € 15 | Bt. 10.000 | Ferm. Acciaio | Mat. Acciaio 5 mesi
Filetto di orata allo zenzero.

SERÌZ 2020
Rosso Igt - Merlot 70%, Syrah 30%
Alc. 14,5% | € 22 | Bt. 6.300 | Ferm. Acciaio | Mat. Legno 12 mesi
Soppressata di Calabria.

SOLESTA 2020
Bianco Igt - Riesling renano 100%
Alc. 13% | € 22 | Bt. 3.800 | Ferm. Acciaio | Mat. Legno 12 mesi
Risotto agli asparagi e provola affumicata.

SAN GIOBBE
2016 | 2018 | 2019

SERIZ
2019

La Fiòca
(1998)

Sono le bottiglie di "Pinò" messe a punto da Orazio Gatti a dare i natali a La Fiòca. Ora guidata dal figlio Sergio e dal nipote Massimiliano, che negli anni hanno selezionato terreni a Timoline e Passirano, la produzione mantiene il proprio fulcro a Nigoline, dove il primo vigneto a forma di falce diede nome all'azienda. Ai piedi del Monte Alto con la sua prevalenza calcarea, ma posta in collina lì dove l'azione erosiva dei ghiacciai ha dato luogo a un paesaggio unico, la cantina vede il Lago d'Iseo e l'arco alpino godendo di un contesto perfetto per la creazione di eleganti Franciacorta.

Via Villa, 13/B - Frazione Nigoline - 25040 Corte Franca (BS)
T. 030 9826313 | M. mail@lafioca.com
www.lafioca.com

Viticoltura: Biologica certificata
Ettari: 5 | **Bottiglie:** 40.000 | **Produzione olearia:** No
Proprietà: Erina Turla e Massimiliano Gatti
Cond. enologica: Cesare Ferrari
Cond. agronomica: Giacomo Groppetti
Vendita diretta: Sì | **Visite in azienda:** Sì

FRANCIACORTA BRUT SATÈN DEL DIAVOLO ALLEGRO 2018
Bianco Docg - Chardonnay 100%
Alc. 12,5% | € 28 | Bt. 10.000 | Ferm. Legno e Acciaio | Mat. Acciaio 6 mesi e Legno 6 mesi | 24 mesi sui lieviti
Vivace perlage in un calice paglierino, profumato d'agrumi di bergamotto e cedro, di pesca e melone bianchi. Note d'erbe aromatiche, fiori di gelsomino e camomilla ampliano il bouquet, concluso da mineralità gessosa. L'assaggio fresco e carezzevole di bolle cremose, aggiunge nel finale tocchi tostati. Stoccafisso in umido con porcini.

FRANCIACORTA BRUT DEL DIAVOLO ALLEGRO
Bianco Docg - Chardonnay 80%, Pinot nero 20%
Alc. 12,5% | € 27 | Bt. 25.000 | Ferm. Acciaio | Mat. Acciaio 6 mesi 18 mesi sui lieviti
Petto d'anatra all'arancia.

FRANCIACORTA EXTRA BRUT
Bianco Docg - Pinot nero 70%, Chardonnay 30%
Alc. 12,5% | € 32 | Bt. 5.000 | Ferm. Acciaio | Mat. Acciaio 6 mesi e Legno 6 mesi | 24 mesi sui lieviti
Riso venere con verdure e crostacei.

FRANCIACORTA BRUT DEL DIAVOLO ALLEGRO
S.A.

FRANCIACORTA BRUT SATÈN DEL DIAVOLO ALLEGRO
S.A. | S.A.

La Genisia
(1907)

Il costante lavoro di squadra improntato sul dialogo continuo tra la cantina e i venti viticoltori coinvolti nella realtà cooperativa di La Genisia ne rappresentano un tratto distintivo. L'attenzione all'ambiente e le attività di analisi e ricerca completano un quadro aziendale finalizzato all'ottenimento della qualità e alla valorizzazione delle peculiarità di un territorio vasto, vario e vocato qual è l'Oltrepò Pavese. Come da tradizione di questo areale, trova un posto di rilievo la spumantizzazione, tra cui spicca, in quest'edizione, il Brut Nature Centodieci 2019 da pinot nero in purezza.

Via Villa, 2 - 27050 Codevilla (PV)
T. 0383 373001 | M. info@lagenisia.com
www.lagenisia.com

Viticoltura: Convenzionale, biologica e lotta integrata
Ettari: 70 | **Bottiglie:** 200.000 | **Produzione olearia:** No
Proprietà: Cooperativa di produttori
Cond. enologica: Simone Fiori
Cond. agronomica: Alessandro Rodà
Vendita diretta: Sì | **Visite in azienda:** Sì

OLTREPÒ PAVESE METODO CLASSICO PINOT NERO BRUT NATURE CENTODIECI 2019
Bianco Docg Metodo Classico - Pinot nero 100%
Alc. 12,5% | € 23 | Bt. 3.000 | Ferm. Acciaio | Mat. Acciaio 7 mesi 36 mesi sui lieviti
Brillante dorato con lievi nuance buccia di cipolla. Energico l'approccio: sciroppo di ribes, caramella al lampone, tiglio e gelsomino, sbuffi iodati, nespola e arancia bionda. Beva coerente con il naso, caratterizzata da aromi fruttati, intensità, struttura e buona lunghezza. Rollè di cernia con patate al rosmarino.

OLTREPÒ PAVESE METODO CLASSICO PINOT NERO BRUT
Bianco Docg Metodo Classico - Pinot nero 100%
Alc. 12,5% | € 17 | Bt. 12.000 | Ferm. Acciaio | Mat. Acciaio 7 mesi 24 mesi sui lieviti
Linguine allo scoglio.

OLTREPÒ PAVESE RIESLING SUPERIORE 2022
Bianco Doc - Riesling renano 100%
Alc. 12% | € 9 | Bt. 6.000 | Ferm. Acciaio | Mat. Acciaio 6 mesi
Lumache in umido alle erbette.

PINOT NERO DELL'OLTREPÒ PAVESE CENTODIECI 2020
Rosso Doc - Pinot nero 100%
Alc. 13% | € 23 | Bt. 3.000 | Ferm. Acciaio | Mat. Acciaio 6 mesi e Legno 12 mesi
Capretto arrosto alle erbe aromatiche.

OLTREPÒ PAVESE METODO CLASSICO BRUT ROSÉ
Rosato Docg Metodo Classico - Pinot nero 100%
Alc. 12,5% | € 17 | Bt. 6.500 | Ferm. Acciaio | Mat. Acciaio 7 mesi 24 mesi sui lieviti
Cocktail di gamberetti.

PINOT NERO DELL'OLTREPÒ PAVESE 2022
Rosso Doc - Pinot nero 100%
Alc. 13% | € 9 | Bt. 10.000 | Ferm. Acciaio | Mat. Acciaio 6 mesi
Zuppa di legumi e cereali.

OLTREPÒ PAVESE METODO CLASSICO PINOT NERO BRUT NATURE RISERVA 110
2018

OLTREPÒ PAVESE RIESLING SUPERIORE
2021

La Gerla di Zanotti Marialuisa
(2002)

I terreni calcarei dell'area di Gussago e uve provenienti da vigneti siti quasi esclusivamente sopra i trecento metri di altitudine, donano agli spumanti de La Gerla grande carattere e personalità. Sotto la guida di Marialuisa Zanotti, figlia del fondatore Giuseppe, l'azienda è riuscita negli anni a ottenere straordinari risultati, confermando e, anzi, aumentando di edizione in edizione, la qualità delle proprie etichette. Con ventuno vendemmie alle spalle, un'interpretazione di Franciacorta più che collaudata.

Via Carrebbio, 3 - 25064 Gussago (BS)
T. 030 2770552 | M. gerlazanotti@libero.it

Viticoltura: Biodinamica
Ettari: 6 | **Bottiglie:** 19.000 | **Produzione olearia:** No
Proprietà: Marialuisa Zanotti
Cond. enologica: Cesare Ferrari
Cond. agronomica: Staff aziendale
Vendita diretta: Sì | **Visite in azienda:** Sì

FRANCIACORTA BRUT
Bianco Docg - Chardonnay 80%, Pinot bianco 20%
Alc. 12% | € 16 | Bt. 7.500 | Ferm. Acciaio | Mat. Acciaio 7 mesi
24 mesi sui lieviti
Paglierino dalla pienezza cromatica e dai bordi dorati. Naso che dialoga tra voluttuose elegie di frutta a polpa gialla matura, erbe aromatiche e un'invitante pasticceria secca. Al palato è molto soddisfacente e chiama il secondo sorso. Chiosa minerale gessosa. Ravioli di ricotta e spinaci.

FRANCIACORTA DOSAGGIO ZERO VITAE
Bianco Docg - Chardonnay 85%, Pinot bianco 10%, Pinot nero 5%
Alc. 12% | € 21 | Bt. 2.500 | Ferm. Acciaio | Mat. Acciaio 9 mesi
48 mesi sui lieviti
Risotto alla pescatora.

FRANCIACORTA BRUT SATÈN
Bianco Docg - Chardonnay 100%
Alc. 12% | € 17 | Bt. 4.500 | Ferm. Acciaio | Mat. Acciaio 9 mesi
30 mesi sui lieviti
Pinsa romana con acciughe e capperi.

FRANCIACORTA BRUT ROSÉ
Rosato Docg - Pinot nero 90%, Chardonnay 10%
Alc. 12% | € 18 | Bt. 2.500 | Ferm. Acciaio | Mat. Acciaio 8 mesi
36 mesi sui lieviti
Alici a scapece.

FRANCIACORTA DOSAGGIO ZERO VITAE
S.A. | S.A.

FRANCIACORTA BRUT SATÈN
S.A.

La Montina
(1987)

La Montina ha una storia ricca e affascinante. Nel 1620 la famiglia Montini possedeva la casa padronale che diede il nome alla tenuta; nel 1982 i fratelli Bozza l'acquistarono in stato di abbandono e costruirono una moderna cantina interrata. Negli anni successivi, la tenuta si è espansa fino ad annoverare vigneti in 7 comuni franciacortini. Dopo l'ampliamento della cantina, nel 2008, ora la capacità di stoccaggio è di 3.000.000 di bottiglie. Un simbolo dell'eccellenza lombarda che si distingue quest'anno con l'esordio del Brut Nature Quor Riserva 2016, prima annata prodotta.

Via Baiana, 17 - Località Baiana - 25040 Monticelli Brusati (BS)
T. 030 653278 | M. info@lamontina.it
www.lamontina.it

Viticoltura: Lotta integrata
Ettari: 70 | **Bottiglie:** 400.000 | **Produzione olearia:** Sì
Proprietà: Famiglia Bozza
Cond. enologica: Rocco Marino
Cond. agronomica: Alceo Totò
Vendita diretta: No | **Visite in azienda:** Sì

(91)
FRANCIACORTA BRUT NATURE QUOR RISERVA 2016
Bianco Docg - Chardonnay 55%, Pinot nero 45%
Alc. 12% | € 42 | Bt. 8.200 | Ferm. Legno e Acciaio | 89 mesi sui lieviti
Dorato brillante con sfumature verdi impreziosito da un fine perlage. Frutta continentale si mescola a ricordi d'ananas e mango per un naso che intercetta effluvi balsamici, di frutta secca e lievito. Gusto deciso, di struttura e coerente nelle sfaccettature aromatiche. Bocconcini di rana pescatrice in crosta di mandorle.

FRANCIACORTA DEMI-SEC ROSÉ
Rosato Docg - Chardonnay 60%, Pinot nero 40%
Alc. 12% | € 20 | Bt. 71.000 | Ferm. Acciaio | 26 mesi sui lieviti
Mousse alle fragole con sciroppo di marasche.

FRANCIACORTA BRUT SATÈN
Bianco Docg - Chardonnay 100%
Alc. 12% | € 21 | Bt. 89.000 | Ferm. Legno e Acciaio | 30 mesi sui lieviti
Capitone in umido.

FRANCIACORTA EXTRA BRUT
Bianco Docg - Chardonnay 75%, Pinot nero 25%
Alc. 12% | € 19 | Bt. 60.000 | Ferm. Legno e Acciaio | 24 mesi sui lieviti
Minestra di fagioli di Lamon.

FRANCIACORTA BRUT
Bianco Docg - Chardonnay 85%, Pinot nero 15%
Alc. 12% | € 19 | Bt. 90.000 | Ferm. Legno e Acciaio | 24 mesi sui lieviti
Risotto con piselli e ricotta affumicata.

FRANCIACORTA EXTRA BRUT ROSÉ
S.A.

FRANCIACORTA BRUT MILLESIMATO
2018

La Perla
(2009)

Un simbolo marino, La Perla, è quello scelto per esprimere la viticoltura di montagna che la maison ha consolidato negli anni. Termine mai più adatto per designare il cuore di polpa chiara dell'acino, ma pure appellativo attribuito alla madre di Marco, viticoltore talentuoso per discendenza e ingegno. Con il motto "coltiviamo sogni" propone tale nitore non solo nel raro Metodo Classico da pignola valtellinese, ma soprattutto nel nebbiolo; principe di una viticoltura eroica sorretta da muri a secco, Patrimonio Unesco ormai dal 2018, è elaborato in diverse versioni con risultati di alto livello.

Via Valgella, 29/B - Frazione Tresenda - 23036 Teglio (SO)
T. 346 2878894 | M. info@vini-laperla.com
www.vini-laperla.com

Viticoltura: Lotta integrata
Ettari: 3,3 | **Bottiglie:** 20.000 | **Produzione olearia:** No
Proprietà: Marco Triacca
Cond. enologica: Marco Triacca
Cond. agronomica: Marco Triacca
Vendita diretta: Sì | **Visite in azienda:** Sì

VALTELLINA SUPERIORE ELISA RISERVA 2017
Rosso Docg - Nebbiolo 100%
Alc. 15% | € 31 | Bt. 3.500 | Ferm. Acciaio | Mat. Legno 48 mesi
Granato terso e dai bagliori ramati. Ampio ventaglio odoroso d'arancia amara e confettura di rabarbaro; un pot-pourri fiorito; tabacco, cuoio e polvere di caffè; ancora cola e ruta seguite da sbuffi mentolati e d'incenso. La fitta trama tannica abbraccia le morbidezze con lunghi riverberi balsamici. Risotto con le quaglie.

SFORZATO DI VALTELLINA QUATTRO SOLI 2018
Rosso Docg - Nebbiolo 100%
Alc. 15,5% | € 45 | Bt. 2.500 | Ferm. Acciaio | Mat. Legno 36 mesi
Camoscio in umido.

VALTELLINA SUPERIORE LA MOSSA 2018
Rosso Docg - Nebbiolo 100%
Alc. 13,5% | € 21 | Bt. 9.500 | Ferm. Acciaio | Mat. Legno 36 mesi
Monte Veronese d'allevo.

LA PERLA EXTRA BRUT 2020
Bianco Igt Metodo Classico - Pignola 100%
Alc. 12,5% | € 23 | Bt. 4.500 | Ferm. Acciaio | Mat. Acciaio 6 mesi
24 mesi sui lieviti
Filetto di dentice in crosta di patate.

VALTELLINA SUPERIORE ELISA RISERVA
2014 | 2016

SFORZATO DI VALTELLINA QUATTRO SOLI
2011 | 2013

La Piotta
(1985)

Una cantina fortemente ispirata ai valori della famiglia, del territorio e della comunità di cui è parte: fondata nel 1985 da Luigi Padroggi, oggi prosegue con la terza generazione di vignaioli nel cuore dell'Oltrepò, a Montalto Pavese. Il nome è legato al termine "pietra", di cui il sottosuolo è ricco, e risale alla seconda metà dell'Ottocento, quando la zona era una provincia del Piemonte. Legame importante con la terra e con la storia, che si traduce in rispetto e tutela per l'ambiente, come richiama la coccinella presente sulle capsule degli spumanti Metodo Classico.

Località Piotta, 2 - 27040 Montalto Pavese (PV)
T. 0383 870178 | M. info@padroggilapiotta.it
www.padroggilapiotta.it

Viticoltura: Biologica certificata
Ettari: 35 | **Bottiglie:** 90.000 | **Produzione olearia:** No
Proprietà: Famiglia Padroggi
Cond. enologica: Marco Marsili
Cond. agronomica: Giuseppe Zatti
Vendita diretta: Sì | **Visite in azienda:** Sì

OLTREPÒ PAVESE METODO CLASSICO PINOT NERO BRUT ROSÉ SUSPIR 2019
Rosato Docg Metodo Classico - Pinot nero 100%
Alc. 12,5% | € 18 | Bt. 2.500 | Ferm. Acciaio | Mat. Acciaio 7 mesi
24 mesi sui lieviti
Eleganza nel colore, su tonalità rosa tenue vivace e delicato. Accenni di rosa, peonia e fiore di pesco, seguiti da sensazioni fruttate di fragola e ribes rosso, con evidenze burrose di pasta frolla e panna. Assaggio delicato e fine, in cui tornano la fragola e la pesca; freschezza, slancio e avvolgenza in equilibrio. Risotto alla milanese.

89/90 PAS DOSÉ 2016
Bianco Metodo Classico - Pinot nero 100%
Alc. 12% | € 28 | Bt. 1.000 | Ferm. Acciaio | Mat. Acciaio 7 mesi
66 mesi sui lieviti
Linguine con asparagi e calamaretti.

PINOT NERO DELL'OLTREPÒ PAVESE PIOTA 2021
Rosso Doc - Pinot nero 100%
Alc. 13,5% | € 10 | Bt. 5.000 | Ferm. Acciaio | Mat. Acciaio 6 mesi
Carpaccio di chianina e insalata di porcini.

BONARDA DELL'OLTREPÒ PAVESE LA PIOTTA 2022
Rosso Doc Frizzante - Croatina 95%, Barbera 5%
Alc. 12,5% | € 9 | Bt. 20.000 | Ferm. Acciaio | Mat. Acciaio 4 mesi
Sformatino di zucca con fonduta di Asiago.

OLTREPÒ PAVESE METODO CLASSICO PINOT NERO NATURE 2019
Bianco Docg Metodo Classico - Pinot nero 100%
Alc. 12% | € 19 | Bt. 4.000 | Ferm. Acciaio | Mat. Acciaio 7 mesi
30 mesi sui lieviti. Frittura di moscardini.

OLTREPÒ PAVESE METODO CLASSICO PINOT NERO BRUT TALENTO 2019
Bianco Docg Metodo Classico - Pinot nero 100%
Alc. 12% | € 18 | Bt. 8.000 | Ferm. Acciaio | Mat. Acciaio 7 mesi
24 mesi sui lieviti. Sarde a beccafico.

PINOT NERO DELL'OLTREPÒ PAVESE PIOTA
2016

OLTREPÒ PAVESE METODO CLASSICO PINOT NERO NATURE
2017

La Spia
(2006)

Continua a passo spedito il cammino di questa dinamica cantina, impegnata a esplorare le tante potenzialità della chiavennasca - o nebbiolo delle Alpi, come sono soliti chiamarlo - sperimentando le più diverse produzioni. Si spazia dalle tipologie di rosso maggiormente tradizionali sino a spumantizzazioni con Metodo Classico, passando per vinificazioni in bianco con fermentazione e maturazione in barrique, fino a originali assemblaggi con moscato giallo, sauvignon blanc e gewürztraminer. Gli assaggi dei vini in Guida, esclusivamente a base nebbiolo, confermano la validità del percorso scelto.

Strada privata Carlo Buzzi, 78 - 23012 Castione Andevenno (SO)
T. 0342 1892250 | M. info@laspia.wine
www.laspia.wine

Viticoltura: Lotta integrata
Ettari: 4,5 | **Bottiglie:** 35.000 | **Produzione olearia:** No
Proprietà: Michele Rigamonti
Cond. enologica: Emil Galimberti
Cond. agronomica: Emil Galimberti
Vendita diretta: Sì | **Visite in azienda:** Sì

VALTELLINA SUPERIORE PR28 2019
Rosso Docg - Nebbiolo 100%
Alc. 15% | € 24 | Bt. 2.950 | Ferm. Acciaio | Mat. Acciaio 8 mesi e Legno 28 mesi
Luminoso granato, consistente. Profumi di frutta rossa croccante e sotto spirito caratterizzano l'olfatto, accompagnati da intarsi mentolati, di cioccolato fondente, pepe nero, cuoio e lievi malie vanigliate. Sorso fresco e appagante, tannini levigati e sferzante sapidità nel finale. Cinghiale in umido.

VALTELLINA SUPERIORE SASSELLA PG40 2019
Rosso Docg - Nebbiolo 100%
Alc. 14% | € 28 | Bt. 4.600 | Ferm. Acciaio | Mat. Acciaio 8 mesi e Legno 28 mesi
Abbacchio al forno con verdure grigliate.

NOVANTANOVE BRUT 2020
Bianco Igt Metodo Classico - Nebbiolo 100%
Alc. 12,5% | € 22 | Bt. 4.600 | Ferm. Acciaio | 21 mesi sui lieviti
Verdure pastellate.

VALTELLINA SUPERIORE SASSELLA MR72 RISERVA 2018
Rosso Docg - Nebbiolo 100%
Alc. 15% | € 55 | Bt. 2.550 | Ferm. Acciaio | Mat. Acciaio 9 mesi e Legno 36 mesi
Bitto stravecchio.

BIANCO 2021
Bianco Igt - Nebbiolo 100%
Alc. 13% | € 16 | Bt. 6.800 | Ferm. Legno e Acciaio | Mat. Acciaio 9 mesi e Legno 9 mesi
Zuppa di farro e borlotti.

VALTELLINA SUPERIORE SASSELLA PG40
2018

VALTELLINA SUPERIORE PR28
2018

La Travaglina
(1966)

La Travaglina è un'azienda che ha radici profonde. Fondata negli anni Sessanta nella cascina omonima, si trova nel cuore delle colline dell'Oltrepò Pavese. Con i suoi vigneti che circondano la vecchia cascina, la famiglia Decarro gestisce autonomamente tutte le fasi della produzione. Ma c'è di più: una filosofia che ha accettato la sfida della sostenibilità ambientale, abbandonando i diserbanti, riducendo le lavorazioni in vigna e diminuendo l'uso di fertilizzanti e trattamenti chimici, valorizzando al contempo il patrimonio storico e preservando le vecchie vigne della tenuta.

Via Cascina Travaglina, 1 - 27046 Santa Giuletta (PV)
T. 0383 899195 | M. info@latravaglina.it
www.latravaglina.it

Viticoltura: In conversione al biologico
Ettari: 30,5 | **Bottiglie:** 110.000 | **Produzione olearia:** No
Proprietà: Elisabetta e Stefano Dacarro
Cond. enologica: Stefano Dacarro, Stefano Torre
Cond. agronomica: Elisabetta Dacarro
Vendita diretta: Sì | **Visite in azienda:** Sì

OLTREPÒ PAVESE METODO CLASSICO PINOT NERO BRUT ROSÉ CRUASÉ JULILLIÆ 2011
Rosato Docg Metodo Classico - Pinot nero 100%
Alc. 12,5% | € 35 | Bt. 5.000 | Ferm. Acciaio | 120 mesi sui lieviti
Cuore rosa antico, spuma compatta che dipana in bollicine finissime. Olfatto dimensionato sull'agrume che si lega a memorie di radice ed erbe amare per poi far emergere ricordi dolci di composta di frutta e acqua di rose. Ingresso esuberante con aromi di liquirizia a chiudere un sorso pieno. Coniglio al forno con funghi.

OLTREPÒ PAVESE ROSSO TRELUNE RISERVA 2016
Rosso Doc - Croatina 65%, Barbera 35%
Alc. 15% | € 25 | Bt. 1.200 | Ferm. Legno | Mat. Legno 24 mesi
Rosticciana.

PINOT NERO DELL'OLTREPÒ PAVESE TARAMÀS 2020
Rosso Doc - Pinot nero 100%
Alc. 13,5% | € 13 | Bt. 1.200 | Ferm. Acciaio | Mat. Acciaio 18 mesi
Reblochon.

OLTREPÒ PAVESE CORTESE VIGNA DELLE ROCCHE 2019
Bianco Doc - Cortese 100%
Alc. 13% | € 18 | Bt. 3.000 | Ferm. Legno | Mat. Legno 7 mesi
Insalata di mare.

OLTREPÒ PAVESE METODO CLASSICO PINOT NERO BRUT MARTINBURGO
Bianco Docg Metodo Classico - Pinot nero 90%, Chardonnay 10%
Alc. 12,5% | € 20 | Bt. 5.000 | Ferm. Acciaio | 60 mesi sui lieviti
Agnolotti al sugo di carne.

BONARDA DELL'OLTREPÒ PAVESE PSEI 2019
Rosso Doc - Croatina 100%
Alc. 13,5% | € 17 | Bt. 3.000 | Ferm. Acciaio | Mat. Legno 18 mesi
Peperonata.

Lantieri de Paratico

(1970)

È una storia di secoli, per non dire millenni, quella della famiglia Lantieri de Paratico in Franciacorta, con la prima prova documentale che risale al 930 d.C. Data diversi secoli anche la parte antica dell'azienda, che ha sede nel borgo medievale di Capriolo e vigneti nell'areale circostante, prevalentemente coltivati a chardonnay. L'avventura con il Franciacorta ha inizio invece negli anni '70 del Novecento, per arrivare nel tempo a proporre un'ampia gamma di vini. Tra quelli proposti per quest'edizione della Guida abbiamo particolarmente apprezzato l'Extra Brut Arcadia.

Via Videtti, 23 ingresso da via 2 agosto - 25031 Capriolo (BS)
T. 030 736151 | M. info@lantierideparatico.it
www.lantierideparatico.it

Viticoltura: Biologica certificata
Ettari: 22 | **Bottiglie:** 150.000 | **Produzione olearia:** No
Proprietà: Famiglia Lantieri
Cond. enologica: Alessandro Santini, Cesare Ferrari
Cond. agronomica: Pierluigi Donna
Vendita diretta: No | **Visite in azienda:** Sì

FRANCIACORTA EXTRA BRUT ARCADIA 2019
Bianco Docg - Chardonnay 80%, Pinot nero 15%, Pinot bianco 5%
Alc. 12,5% | € 28 | Bt. 10.000 | Ferm. Legno e Acciaio | Mat. Acciaio 7 mesi e Legno 6 mesi | 42 mesi sui lieviti
Un giallo tenue ornato da sottili linee verdoline. Bollicine sferzanti risalgono in superficie portando con sé fiori bianchi, in particolare gelsomino, mela croccante, pan brioche, erbe aromatiche e una nota iodata. All'assaggio spicca per equilibrio e forza. Sapido oltre che fresco, lungo, godibilissimo. Torta salata alle zucchine e origano.

FRANCIACORTA CUVÉE BRUT LANTIERI
Bianco Docg - Chardonnay 80%, Pinot bianco 10%, Pinot nero 10%
Alc. 12,5% | € 21 | Bt. 80.000 | Ferm. Acciaio | Mat. Acciaio 7 mesi 24 mesi sui lieviti
Vellutata di erbette con crostini di pane ai cereali.

FRANCIACORTA BRUT SATÈN
Bianco Docg - Chardonnay 100%
Alc. 12,5% | € 24 | Bt. 30.000 | Ferm. Acciaio | Mat. Acciaio 7 mesi e Legno 6 mesi | 30 mesi sui lieviti
Robiola di Roccaverano.

FRANCIACORTA ROSÈ
Rosato Docg - Pinot nero 75%, Chardonnay 25%
Alc. 12,5% | € 25 | Bt. 15.000 | Ferm. Acciaio | Mat. Acciaio 7 mesi e Legno 6 mesi | 30 mesi sui lieviti
Orata all'acqua pazza.

FRANCIACORTA EXTRA BRUT
S.A.

FRANCIACORTA BRUT CUVÉE
S.A.

Lazzari

(1993)

Il legame tra Capriano del Colle, l'areale del Montenetto e la famiglia Lazzari si rinsalda ogni anno con rinnovato entusiasmo. Dall'ancora operativo nonno Fausto (a cui è dedicato uno dei bianchi aziendali) al nipote Davide, oggi factotum dell'azienda, questa storia si è impreziosita attraverso nuove esperienze e progresso tecnologico, abbracciando storici vitigni autoctoni del territorio e nuove varietà di recente introduzione. Spicca quest'anno il Capriano del Colle Rosso Riserva degli Angeli, in una versione 2020 particolarmente convincente.

Via Mella,49 - 25020 Capriano del Colle (BS)
T. 030 9747387 | M. info@lazzarivini.it
www.lazzarivini.it

Viticoltura: Biologica certificata
Ettari: 13,9 | **Bottiglie:** 55.900 | **Produzione olearia:** No
Proprietà: Famiglia Lazzari
Cond. enologica: Angelo Divittini
Cond. agronomica: Angelo Divittini
Vendita diretta: Sì | **Visite in azienda:** Sì

CAPRIANO DEL COLLE ROSSO RISERVA DEGLI ANGELI 2020
Rosso Doc - Marzemino 60%, Merlot 20%, Cabernet sauvignon 10%, Sangiovese 10%
Alc. 15% | € 24 | Bt. 15.379 | Ferm. Acciaio | Mat. Legno 12 mesi
Carminio con screziature granato. Al naso dona viola essiccata, prugna in confettura e toni speziati di pepe nero, cannella e liquirizia. Caldo e potente, con buona freschezza e tannino polveroso. Finale durevole e sapido, con richiami di frutta nera in confettura, spezie e cioccolato fondente. Manzo brasato con olive e porri.

CAPRIANO DEL COLLE BIANCO SUPERIORE BASTIAN CONTRARIO 2020
Bianco Doc - Trebbiano di Lugana 100%
Alc. 14,5% | € 29 | Bt. 1.265 | Ferm. Legno | Mat. Legno 12 mesi
Gorgonzola naturale.

CAPRIANO DEL COLLE ROSSO ADAGIO 2020
Rosso Doc - Marzemino 50%, Sangiovese 25%, Merlot 20%, Barbera 5%
Alc. 13,5% | € 10 | Bt. 10.665 | Ferm. Acciaio | Mat. Cemento 18 mesi
Ciauscolo.

CAPRIANO DEL COLLE BIANCO FAUSTO ORIGINI 2021
Bianco Doc - Trebbiano di Lugana 100%
Alc. 13% | € 14 | Bt. 2.600 | Ferm. Acciaio | Mat. Acciaio 8 mesi
Garganelli freschi con gamberi di fiume.

CAPRIANO DEL COLLE BIANCO FAUSTO 2022
Bianco Doc - Trebbiano di Lugana 100%
Alc. 13% | € 12 | Bt. 12.200 | Ferm. Acciaio | Mat. Acciaio 6 mesi
Squacquerone di Romagna.

CAPRIANO DEL COLLE ROSSO RISERVA DEGLI ANGELI
2018 | 2019

CAPRIANO DEL COLLE BIANCO SUPERIORE BASTIAN CONTRARIO
2019

Tenuta Le Fracce
(1905)

I nobili fini ai quali è indirizzata l'opera della Fondazione Bussolera-Branca raccontano molto, o forse tutto, della magnifica unicità di Tenuta Le Fracce: oltre alla conservazione della storica villa, del parco e delle preziose collezioni, Fernando Bussolera e Lina Branca vollero che, dopo di loro, continuassero la promozione e la diffusione della conoscenza scientifica, anche riguardo al patrimonio agricolo dell'Oltrepò Pavese. Quest'anno il Bohemi Riserva si staglia a fulgida testimonianza che le volontà dei fondatori sono tutt'oggi perseguite e meritatamente celebrate.

Via Castel del Lupo, 7 - Frazione Mairano - 27045 Casteggio (PV)
T. 0383 82526 | M. commerciale@lefracce.com
www.lefracce.com

Viticoltura: Biologica
Ettari: 80 | **Bottiglie:** 120.000 | **Produzione olearia:** No
Proprietà: Tenuta Le Fracce
Cond. enologica: Roberto Gerbino
Cond. agronomica: Roberto Gerbino
Vendita diretta: Sì | **Visite in azienda:** Sì

94

CASTEGGIO BOHEMI RISERVA 2018
Rosso Doc - Barbera 65%, Croatina 20%, Pinot nero 15%
Alc. 15% | € 35 | Bt. 2.200 | Ferm. Acciaio | Mat. Legno 48 mesi
Rubino profondo. Il naso è ampio e gentile: confettura di prugne, mora di gelso e lillà, quindi pepe nero, liquirizia, tabacco biondo e legno di sandalo. Il palato è strutturato, con il tannino sapientemente dosato e un felice connubio di freschezza e sapidità. Speziati gli aromi nella chiosa. Bocconcini di cervo al cavolo nero.

FERNANDO BUSSOLERA SPECIAL CUVÉE PAS DOSÈ 2018
Bianco Metodo Classico - Pinot nero 100%
Alc. 12,5% | € 25 | Bt. 2.000 | Ferm. Acciaio | Mat. Acciaio 8 mesi
48 mesi sui lieviti
Risotto con silene e cime di luppolo selvatico.

PINOT NERO DELL'OLTREPÒ PAVESE RISERVA 2018
Rosso Doc - Pinot nero 100%
Alc. 14,5% | € 28 | Bt. 2.200 | Ferm. Acciaio | Mat. Legno 24 mesi
Costine d'agnello in crosta di noci.

OLTREPÒ PAVESE RIESLING LANDÒ 2022
Bianco Doc - Riesling renano 100%
Alc. 13,5% | € 18 | Bt. 8.000 | Ferm. Acciaio | Mat. Acciaio 6 mesi
Provola di Agerola.

FERNANDO BUSSOLERA SPECIAL CUVÉE BRUT 2019
Bianco Metodo Classico - Pinot nero 100%
Alc. 12,5% | € 20 | Bt. 6.000 | Ferm. Acciaio | Mat. Acciaio 8 mesi
36 mesi sui lieviti
Seppioline ai ferri.

BONARDA DELL'OLTREPÒ PAVESE RUBIOSA 2022
Rosso Dop Frizzante - Croatina 100%
Alc. 13,5% | € 12 | Bt. 40.000 | Ferm. Acciaio | Mat. Acciaio 4 mesi
Zampone e lenticchie.

CASTEGGIO BOHEMI RISERVA
2015 | 2016 | 2017

PINOT NERO DELL'OLTREPÒ PAVESE RISERVA
2017

Le Marchesine
(1985)

"L'Arte di creare l'Eccellenza" è il claim di apertura del sito aziendale de Le Marchesine. A ben vedere, un'intuizione felice, perché l'esperienza formata e consolidata in quasi quarant'anni di diligente conoscenza del territorio, declinata in una gestione accorta delle vigne e nella costruzione di una cantina improntata alle più moderne ed efficienti tecnologie, fa sì che della famiglia Biatta si possa effettivamente dire che eserciti in scienza e coscienza l'arte di realizzare una spumantistica capace di collocarsi stabilmente nell'empireo franciacortino.

Via Vallosa, 31 - 25050 Passirano (BS)
T. 030 657005 | M. info@lemarchesine.it
www.lemarchesine.it

Viticoltura: Lotta integrata
Ettari: 54 | **Bottiglie:** 425.000 | **Produzione olearia:** No
Proprietà: Famiglia Biatta
Cond. enologica: Jean-Pierre Valade
Cond. agronomica: Giacomo Groppetti
Vendita diretta: Sì | **Visite in azienda:** Sì

FRANCIACORTA DOSAGE ZÉRO SECOLO NOVO RISERVA 2014
Bianco Docg - Chardonnay 100%
Alc. 13% | € 65 | Bt. 2.500 | Ferm. Acciaio | Mat. Acciaio 6 mesi
72 mesi sui lieviti
Veste paglierino brillante e lucente, dal perlage fine e persistente. Esordio di biancospino e zagara, poi mela, fico e melone bianco, zucchero filato e in chiusura un accenno di anice stellato. Assaggio sontuoso, coerente con il naso, di magnifica fattura salina e dal finale vellutato. Gamberoni al curry.

FRANCIACORTA DOSAGGIO ZERO AUDENS
Bianco Docg - Chardonnay 75%, Pinot nero 15%, Pinot bianco 10%
Alc. 12,5% | € 28 | Bt. 65.000 | Ferm. Acciaio | Mat. Acciaio 6 mesi
24 mesi sui lieviti
Risotto al gorgonzola.

FRANCIACORTA BRUT ESUS 2015
Bianco Docg - Chardonnay 100%
Alc. 13% | € 45 | Bt. 12.000 | Ferm. Acciaio | Mat. Acciaio 6 mesi
60 mesi sui lieviti
Spaghetti alla carbonara.

FRANCIACORTA BRUT ROSÉ ARTIO 2019
Rosato Docg - Chardonnay 50%, Pinot nero 50%
Alc. 13% | € 38 | Bt. 65.000 | Ferm. Acciaio | Mat. Acciaio 6 mesi
36 mesi sui lieviti
Coniglio al forno con patate.

FRANCIACORTA BRUT NITENS
Bianco Docg - Chardonnay 75%, Pinot nero 15%, Pinot bianco 10%
Alc. 12,5% | € 28 | Bt. 95.000 | Ferm. Acciaio | Mat. Acciaio 6 mesi
24 mesi sui lieviti
Farinata di ceci.

FRANCIACORTA BRUT SATÈN BRIGANTIA 2019
Bianco Docg - Chardonnay 100%
Alc. 13% | € 38 | Bt. 65.000 | Mat. Acciaio 6 mesi | 36 mesi sui lieviti
Guazzetto di moscardini.

FRANCIACORTA DOSAGE ZÉRO SECOLO NOVO RISERVA
2013

FRANCIACORTA BRUT NATURE SECOLO NOVO GIOVANNI BIATTA RISERVA
2009 | 2010

Le Strie
(2003)

Si potrebbe scrivere un bellissimo romanzo a lieto fine intorno alla storia di Stefano, Paolo, Luciana e Marisa. Stefano di Roma, sua moglie Luciana marchigiana, Paolo e Marisa veneziani, incrociano le strade delle loro vite nel 1993 in Valtellina; e proprio qui, una decina di anni dopo, vinificano per la prima volta le loro uve. A distanza di 20 anni dalla prima vendemmia, l'azienda è rimasta fedele ai principi fondatori: "fare vini artigianali, personali e di territorio" che siano perfetta esaltazione del nebbiolo, re di questa incantevole valle.

Via Sant'Ignazio - 23026 Ponte in Valtellina (SO)
T. 335 1273509 | M. info@lestrie.it
www.lestrie.it

Viticoltura: Lotta integrata
Ettari: 2,2 | **Bottiglie:** 10.000 | **Produzione olearia:** No
Proprietà: Stefano Vincentini
Cond. enologica: Stefano Vincentini
Cond. agronomica: Stefano Vincentini
Vendita diretta: Sì | **Visite in azienda:** Sì

VALTELLINA SUPERIORE 2010
Rosso Docg - Nebbiolo 100%
Alc. 14% | € 28 | Bt. 4.100 | Ferm. Acciaio | Mat. Legno 24 mesi
Granato impreziosito da tonalità aranciate. Violetta e rosa in appassimento incalzano sensazioni di frutta in confettura: ciliegia, prugna e mirtillo su tutte. Percezioni balsamiche di eucalipto e speziate di cannella e noce moscata completano il profilo. Beva profonda, sapida e dal tannino serico. Medaglioni di cervo con riduzione di cottura.

SFORZATO DI VALTELLINA 2016
Rosso Docg - Nebbiolo 100%
Alc. 15% | € 38 | Bt. 1.300 | Ferm. Acciaio | Mat. Legno 24 mesi
Montasio stravecchio.

Lo Sparviere
(1974)

La bellezza dei luoghi e l'amore per la terra: è quello che Monique Poncelet Gussalli Beretta intende apportare ai suoi vini, espressioni non solo di radici antiche, ma di una passione che sembra non avere confini. Ogni vino è testimonianza del particolare terroir: qui il microclima è più fresco e la vendemmia posticipata di circa due settimane rispetto ad altre aree della Franciacorta. Il pinot nero trova un'interpretazione di grande personalità e lo chardonnay ha in sé un'eleganza distintiva. Il Satèn sfiora l'eccellenza con sensazioni gustative di grande personalità.

Via Costa, 2 - 25040 Monticelli Brusati (BS)
T. 030 652382 | M. info@losparviere.com
www.losparviere.com

Viticoltura: Biologica certificata
Ettari: 28 | **Bottiglie:** 120.000 | **Produzione olearia:** No
Proprietà: Monique Poncelet
Cond. enologica: Francesco Polastri
Cond. agronomica: Giuseppe Turrini
Vendita diretta: Sì | **Visite in azienda:** Sì

FRANCIACORTA BRUT SATÈN
Bianco Docg - Chardonnay 100%
Alc. 12,5% | € 28 | Bt. 15.000 | Ferm. Legno e Acciaio | Mat. Acciaio 9 mesi e Legno 9 mesi | 36 mesi sui lieviti
Manto giallo paglierino e naso molto variegato, dalle zeste di limone alla crema pasticcera, seguite da note iodate e tostate, con vaniglia, mandorla e pane speziato. Il sorso è generoso, pieno e coerente, con sfumature rinfrescanti legate alle sensazioni agrumate. In chiusura, ricordi di erbe aromatiche e officinali. Ostriche Belon.

FRANCIACORTA EXTRA BRUT SYLVÒ 2015
Bianco Docg - Chardonnay 100%
Alc. 13% | € 41 | Bt. 2.015 | Ferm. Legno e Acciaio | Mat. Acciaio 9 mesi e Legno 9 mesi | 60 mesi sui lieviti
Piovra arrostita.

FRANCIACORTA EXTRA BRUT
Bianco Docg - Chardonnay 100%
Alc. 12,5% | € 24 | Bt. 10.000 | Ferm. Acciaio | Mat. Acciaio 9 mesi
36 mesi sui lieviti
Crostini al lardo d'Arnad.

FRANCIACORTA BRUT ROSÉ MONIQUE
Rosato Docg - Pinot nero 100%
Alc. 12,5% | € 29 | Bt. 17.000 | Ferm. Legno e Acciaio | Mat. Acciaio 6 mesi e Legno 6 mesi | 24 mesi sui lieviti
Puntarelle croccanti con colatura di alici, arance e melagrana.

FRANCIACORTA DOSAGGIO ZERO RISERVA
2009 | 2013 | 2015

FRANCIACORTA BRUT ROSÉ MONIQUE
S.A.

Eligio Magri
(1993)

Una cantina, una famiglia – i "Magri" – e una zona d'elezione per la produzione dei propri vini: la Valcalepio. Qui, i suoli sono caratterizzati da strati di natura argillosa di medio impasto e substrati sabbiosi con marne calcaree, che danno luogo a diverse tipologie di vino: un Metodo Classico da chardonnay e/o pinot nero, eleganti vini bianchi da chardonnay e moscato giallo, ma a beneficiarne sono soprattutto i vini rossi di ottima profondità e dal gusto generoso e deciso, ottenuti dall'uvaggio di cabernet sauvignon e merlot. Completano la gamma due passiti e due grappe.

Via Colle dei Pasta, 8/A - 24060 Torre de' Roveri (BG)
T. 035 4528868 | M. info@eligiomagri.it
www.eligiomagri.it

Viticoltura: Lotta integrata
Ettari: 17 | **Bottiglie:** 100.000 | **Produzione olearia:** No
Proprietà: Eligio Magri
Cond. enologica: Marco Zizioli
Cond. agronomica: Giacomo Groppetti
Vendita diretta: Sì | **Visite in azienda:** Sì

ELOGIO 2017
Rosso Igt - Cabernet 90%, Merlot 10%
Alc. 16,5% | € 40 | Bt. 3.000 | Ferm. Legno e Acciaio | Mat. Acciaio 36 mesi e Legno 36 mesi
Cuore rubino compatto, con rimandi al naso vegetali, di bosso, peperone verde e foglia di pomodoro; lievi accenni balsamici, mora di rovo, tamarindo e cioccolato al latte. Il sorso è potente, con un tannino presente e scalpitante e una chiusura sapida che ricorda sensazioni da vermouth. Guanciale di vitello alle erbe aromatiche.

PATRIZIO MAGRI 2017
Rosso Igt - Cabernet sauvignon 60%, Merlot 40%
Alc. 16% | € 25 | Bt. 16.000 | Ferm. Legno e Acciaio | Mat. Acciaio 18 mesi e Legno 18 mesi
Tortelli al Castelmagno.

VALCALEPIO ROSSO LYR 2019
Rosso Doc - Cabernet 60%, Merlot 40%
Alc. 13,5% | € 15 | Bt. 30.000 | Ferm. Legno e Acciaio | Mat. Acciaio 48 mesi e Legno 48 mesi
Risotto ai porcini e zucca.

CATERINA MERLOT 2017
Rosso Igt - Merlot 100%
Alc. 15% | € 22 | Bt. 4.000 | Ferm. Legno e Acciaio | Mat. Acciaio 3 mesi e Legno 15 mesi
Straccetti di cavallo.

MARTINA MAGRI 2021
Bianco Igt - Chardonnay 100%
Alc. 13% | € 15 | Bt. 11.000 | Ferm. Acciaio | Mat. Acciaio 6 mesi
Polpette di pesce d'acqua dolce.

LUCELIO 2021
Bianco Igt - Moscato giallo 100%
Alc. 13% | € 15 | Bt. 10.000 | Ferm. Acciaio | Mat. Acciaio 6 mesi
Vellutata di ortiche.

IL PASSITO DI GIULIA
2015 | 2017

MERLOT
2015

Sereno Magri
(1992)

"Essere creatori di buon vino è un compito impegnativo, richiede cura e attenzione in ogni particolare: dalla coltivazione delle viti, alla raccolta, alla vinificazione sino all'imbottigliamento": una chiara dichiarazione di intenti che campeggia sul sito aziendale riportando le parole di Sereno Magri. Quattro generazioni di passione per la vitivinicoltura si sono fino a oggi susseguite in questa interessante realtà che, aderendo ai due consorzi della provincia di Bergamo – Consorzio Tutela Moscato di Scanzo e Consorzio Tutela Valcalepio – testimonia lo stretto legame con il territorio.

Piazza Alberigo da Rosciate, 2 - 24020 Scanzorosciate (BG)
T. 347 3457993 | M. sereno.magri@virgilio.it
www.aziendaagricolamagrisereno.it

Viticoltura: Convenzionale
Ettari: 7 | **Bottiglie:** 30.000 | **Produzione olearia:** No
Proprietà: Andrea Simone Magri
Cond. enologica: Paolo Zadra
Cond. agronomica: Paolo Zadra
Vendita diretta: Sì | **Visite in azienda:** Sì

VALCALEPIO ROSSO RISERVA 2019
Rosso Doc - Cabernet sauvignon 60%, Merlot 40%
Alc. 14% | € 35 | Bt. 2.152 | Ferm. Acciaio | Mat. Acciaio 20 mesi e Legno 16 mesi
Accattivante rubino fitto. L'olfatto apre su energici profumi di ciliegia, fragola e mora di gelso che si ampliano verso tonalità di viola mammola e iris; chiude su una speziatura di cannella, cardamomo e soffi di erbe aromatiche. L'assaggio, fresco, sapido, dal tannino vigoroso e ben integrato, invita al nuovo sorso. Zuppa toscana con cavolo nero e crostini di pane.

MOSCATO DI SCANZO 2018
Rosso Docg Passito - Moscato di Scanzo 100%
Alc. 14,5% | € 55 (0,5l) | Bt. 6.345 | Ferm. Acciaio | Mat. Acciaio 24 mesi
Sachertorte.

VALCALEPIO ROSSO 2021
Rosso Doc - Merlot 60%, Cabernet sauvignon 40%
Alc. 14% | € 25 | Bt. 16.000 | Ferm. Acciaio | Mat. Acciaio 12 mesi e Legno 6 mesi
Salame di cinta senese.

MOSCATO DI SCANZO
2017

VALCALEPIO ROSSO RISERVA
2017

Malavasi Daniele
(2009)

Delle meraviglie del territorio gardesano parlava già Catullo, innamorato della sua bellezza naturalistica e dei prodotti che ne scaturivano. Oggi, la famiglia Malavasi lavora quotidianamente con dinamismo e continua tensione verso una produzione qualitativa, per offrire ai propri clienti etichette in grado di raccontare il territorio con fedeltà. L'offerta enoica è affiancata da interessanti proposte legate all'ospitalità: degustazioni a tema e facoltà di soggiornare, garantiscono ampie possibilità a chiunque fosse interessato ad approfondire la conoscenza di questi incantevoli luoghi.

Località San Giacomo di Sotto, 1 - 25010 Pozzolengo (BS)
T. 030 9918759 | M. info@malavasivini.com
www.malavasivini.com

Viticoltura: Lotta integrata
Ettari: 20 | **Bottiglie:** 150.000 | **Produzione olearia:** No
Proprietà: Daniele Malavasi
Cond. enologica: Gianpietro Ancelotti
Cond. agronomica: Massimiliano Perazzoli
Vendita diretta: Sì | **Visite in azienda:** Sì

NERO DEL LAGO 2022
Rosso - Petit verdot 100%
Alc. 13% | € 14 | Bt. 9.000 | Ferm. Acciaio
Cremisi di buona fittezza. Incipit deciso e intrigante in cui risaltano presenze di ciliegia, mirtillo e tamarindo che sfociano in venature speziate di pepe verde e noce moscata. Sfumature di glicine e rosmarino. L'assaggio è profondo, corrispondente all'olfatto e dalla garbata persistenza. Controfiletto di bue alla brace.

LUGANA CAMILLA 2022
Bianco Doc - Trebbiano di Lugana 100%
Alc. 13% | € 13 | Bt. 100.000 | Ferm. Acciaio | Mat. Acciaio 6 mesi
Torta salata ai broccoli.

LUGANA SAN GIACOMO 2022
Bianco Doc - Trebbiano di Lugana 100%
Alc. 13% | € 18 | Bt. 6.000 | Ferm. Legno e Acciaio | Mat. Legno 3 mesi
Calamarata con ragù di pesce spada.

ROSA DEL LAGO 2022
Rosato - Petit verdot 100%
Alc. 13% | € 11 | Bt. 5.000 | Ferm. Acciaio | Mat. Acciaio 3 mesi
Pizza prosciutto e funghi.

MULINERO
2018

HOTTONE MILLESIMATO BRUT
2019

Mamete Prevostini
(1928)

Mamete Prevostini ci ha abituati a numerosi investimenti di carattere ambientale e sociale che lo hanno consacrato tra gli esponenti più lungimiranti della viticoltura in valle. Oggi la superficie vitata è incrementata di tre ettari: un nuovo progetto di associazione fondiaria che coinvolge circa 15 proprietari tra cui il comune di Castione Andevenno e del quale Mamete è capofila; due anni solo per riconvertire a vigneto diverse microproprietà abbandonate. Oggi possiamo già ammirare il grandioso lavoro di recupero paesaggistico, per assaggiare il nuovo cru occorrerà invece attendere.

Via Don Primo Lucchinetti, 63 - 23020 Mese (SO)
T. 0343 41522 | M. info@mameteprevostini.com
www.mameteprevostini.com

Viticoltura: Convenzionale e lotta integrata
Ettari: 37 | **Bottiglie:** 220.000 | **Produzione olearia:** No
Proprietà: Mamete Prevostini
Cond. enologica: Mamete Prevostini
Cond. agronomica: Paolo Prevostini
Vendita diretta: Sì | **Visite in azienda:** Sì

SFORZATO DI VALTELLINA ALBAREDA 2019
Rosso Docg - Nebbiolo 100%
Alc. 15,5% | € 50 | Bt. 7.500 | Ferm. Legno | Mat. Legno 20 mesi
Una coltre balsamica si dipana dal calice color granato, finemente articolata negli infusi d'erbe di montagna, un ricco sottobosco di more e di viole, radici di genziana, composta di prugne, caffè e gomma arabica. Il sorso è risoluto e volumico, ma slanciato e vivido nel tannino, con ispirazioni di vermouth. Arista di maiale con salsa di prugne.

VALTELLINA SUPERIORE SASSELLA SOMMAROVINA 2020
Rosso Docg - Nebbiolo 100%
Alc. 14,5% | € 26 | Bt. 11.000 | Ferm. Acciaio | Mat. Legno 12 mesi
Allodole tartufate in casseruola.

VALTELLINA SUPERIORE RISERVA 2019
Rosso Docg - Nebbiolo 100%
Alc. 15% | € 32 | Bt. 6.800 | Ferm. Acciaio | Mat. Legno 30 mesi
Pappardelle al ragù di cervo.

VALTELLINA SUPERIORE GRUMELLO VIGNA SASSINA 2020
Rosso Docg - Nebbiolo 100%
Alc. 14% | € 28 | Bt. 6.000 | Ferm. Acciaio | Mat. Legno 12 mesi
Strudel di porcini e zucca con crema al parmigiano.

SFORZATO DI VALTELLINA CORTE DI CAMA
2015 | 2016 | 2018

VALTELLINA SUPERIORE RISERVA
2017

Manuelina
(1952)

La freschezza di un diminutivo suggella una storia risalente a inizio Novecento. La famiglia Achilli, alla seconda generazione con Paolo a guida dell'azienda, custodisce un vigneto condotto in un'ottica di rigorosa sostenibilità ambientale. Pratiche accorte, in campagna e in cantina, e una generale attenzione al dettaglio, accompagnano l'intero ciclo produttivo e raccontano di un inscalfibile amore per la propria casa che, quest'anno, traspare con particolare chiarezza nell'intrigante Pinot Nero Solonero.

Frazione Ruinello di Sotto, 3/A - 27047 Santa Maria della Versa (PV)
T. 0385 278247 | M. info@manuelina.com
www.manuelina.com

Viticoltura: Lotta integrata
Ettari: 26 | **Bottiglie:** 200.000 | **Produzione olearia:** No
Proprietà: Famiglia Achilli
Cond. enologica: Stefano Testa
Cond. agronomica: Paolo Achilli
Vendita diretta: Sì | **Visite in azienda:** Sì

PINOT NERO DELL'OLTREPÒ PAVESE SOLONERO 2020
Rosso Doc - Pinot nero 100%
Alc. 13% | € 13 | Bt. 8.000 | Ferm. Acciaio | Mat. Acciaio 12 mesi
Rubino con riflessi granato. Il naso racconta di rosa canina, gelso, ciliegia, ribes, poi liquirizia in polvere, pepe nero, resina e infuso di eucalipto. Al palato il tannino levigato contribuisce ad arricchire una struttura che poggia su verve sapida e freschezza tratteggiata. Lasagnette con ragù di coniglio e crema di piselli.

145 BRUT ROSÈ 2018
Rosato Metodo Classico - Pinot nero 100%
Alc. 12,5% | € 26 | Bt. 5.000 | Ferm. Acciaio | Mat. Acciaio 6 mesi
42 mesi sui lieviti
Insalata di pollo e verdure.

BONARDA DELL'OLTREPÒ PAVESE PÀ LUIGI 2018
Rosso Doc - Croatina 100%
Alc. 13,5% | € 12 | Bt. 5.000 | Ferm. Acciaio | Mat. Acciaio 12 mesi e Legno 12 mesi
Saltimbocca alla romana.

OLTREPÒ PAVESE RIESLING FILARE 52 2020
Bianco Doc - Riesling renano 100%
Alc. 13% | € 13 | Bt. 5.300 | Ferm. Acciaio | Mat. Acciaio 12 mesi
Vastedda della Valle del Belice.

BONARDA DELL'OLTREPÒ PAVESE ACHILLIUS 2021
Rosso Doc Frizzante - Croatina 100%
Alc. 12,5% | € 11 | Bt. 3.500 | Ferm. Acciaio | Mat. Acciaio 4 mesi
Culatello di Zibello e gnocco fritto.

Marchesi di Montalto
(1922)

Gabriele Marchesi è convinto che il vino sia un prezioso alleato delle relazioni sociali: chi non ama la convivialità gioiosa che può donare un calice condiviso? È anche persuaso che il vino sia un insostituibile alleato della tradizione culinaria italiana, capace com'è di valorizzarla ed esaltarla. Ecco perché da trent'anni si dedica alla ricerca delle migliori espressioni di pinot nero e riesling renano, splendidamente rappresentati quest'anno dal V.T.B. Riès 2017, che raggiunge l'eccellenza, seguito dal SEC. 2021 e dal Pizzotorto Riserva dei Marchesi 2016, a un passo.

Località Costa Gallotti, 5 - 27040 Montalto Pavese (PV)
T. 349 1097441 | M. info@marchesidimontalto.it
www.marchesidimontalto.it

Viticoltura: Lotta integrata
Ettari: 107 | **Bottiglie:** 50.000 | **Produzione olearia:** No
Proprietà: Gabriele Marchesi
Cond. enologica: Daniele Zangelmi
Cond. agronomica: Alberto Marini
Vendita diretta: Sì | **Visite in azienda:** Sì

91
V.T.B. RIÈS 2017
Bianco Igt Passito - Riesling renano 100%
Alc. 12% | € 36 (0,5l) | Bt. 786 | Ferm. Acciaio | Mat. Acciaio 10 mesi
Oro lucente. Miele d'acacia, arancia candita, cioccolato bianco, dattero e cannella sono i protagonisti della narrazione olfattiva. Seguono macchia mediterranea, resina e fiori gialli appassiti. Il sorso è dolce e rotondo, snellito da una freschezza che corrobora. Si congeda lento e gentile. Seadas.

OLTREPÒ PAVESE RIESLING SUPERIORE SEC. 2021
Bianco Doc - Riesling renano 100%
Alc. 12,5% | € 20 | Bt. 4.000 | Ferm. Acciaio | Mat. Acciaio 10 mesi
Insalata di spinaci e pesce spada.

PINOT NERO DELL'OLTREPÒ PAVESE PIZZOTORTO RISERVA DEI MARCHESI 2016
Rosso Doc - Pinot nero 100%
Alc. 12,5% | € 40 | Bt. 4.000 | Ferm. Acciaio | Mat. Acciaio 10 mesi
Oca arrosto.

OLTREPÒ PAVESE METODO CLASSICO PINOT NERO BRUT COSTAGROSSA 2016
Bianco Docg Metodo Classico - Pinot nero 100%
Alc. 12,5% | € 34 | Bt. 8.000 | Ferm. Acciaio | Mat. Acciaio 10 mesi
36 mesi sui lieviti
Pasta alla gricia.

TRE GRAN LUSTRY D.T. EXTRA BRUT 2004
Bianco Metodo Classico - Pinot nero 100%
Alc. 12,5% | € 120 | Bt. 1.500 | Ferm. Acciaio | Mat. Acciaio 10 mesi
200 mesi sui lieviti
Guazzetto di fasolari.

CUVÈECENTO R.D. EXTRA BRUT 2009
Rosso Metodo Classico - Pinot nero 100%
Alc. 12,5% | € 80 | Bt. 1.500 | Ferm. Acciaio | Mat. Acciaio 10 mesi
110 mesi sui lieviti
Fegato alla veneziana.

Alberto Marsetti
(1986)

Nella cantina di Angela e Alberto, situata a Scarpatetti - splendido quartiere nel centro storico di Sondrio, che con le sue tipiche architetture ha mantenuto intatte le atmosfere rurali di un mondo passato - c'è sempre fermento: un nuovo Valtellina Superiore Riserva, in uscita a fine anno e due grappe, una bianca e una barricata, ottenute dalle vinacce dello Sforzato. Inoltre, nei mesi scorsi è iniziata la procedura per il riconoscimento della certificazione 3E EQUALITAS, prevista per gli inizi del 2024. Tra i vini presentati, il Grumello sfiora la vetta, tallonato dall'ottimo Sfursat.

Via Scarpatetti, 15 - 23100 Sondrio (SO)
T. 0342 216329 | M. info@marsetti.it
www.marsetti.it

Viticoltura: Convenzionale
Ettari: 12,5 | **Bottiglie:** 65.000 | **Produzione olearia:** No
Proprietà: Alberto e Angela Marsetti
Cond. enologica: Andrea Pilatti
Cond. agronomica: Staff aziendale
Vendita diretta: Sì | **Visite in azienda:** Sì

VALTELLINA SUPERIORE GRUMELLO 2019
Rosso Docg - Nebbiolo 100%
Alc. 14,5% | € 23 | Bt. 16.000 | Ferm. Legno | Mat. Legno 24 mesi
Il calice granato acceso introduce un dialogo olfattivo complesso, dall'esordio fruttato di more e amarene in confettura a ricordi di peonia e una trama balsamica dove si delineano tamarindo, tabacco e chiodi di garofano, perfettamente trasposti in un assaggio senza spigoli e di pregiato equilibrio. Lombata di vitello su letto di cipolline saltate.

SFURSAT DI VALTELLINA 2017
Rosso Docg - Nebbiolo 100%
Alc. 16,5% | € 45 | Bt. 4.300 | Ferm. Legno | Mat. Legno 30 mesi
Fagiano arrosto.

VALTELLINA SUPERIORE GRUMELLO VIGNA LE PRUDENZE 2019
Rosso Docg - Nebbiolo 100%
Alc. 15,5% | € 30 | Bt. 9.000 | Ferm. Legno | Mat. Legno 24 mesi
Formaggio di fossa di Sogliano.

ROSSO DI VALTELLINA 2022
Rosso Doc - Nebbiolo 90%, altre varietà 10%
Alc. 13,5% | € 15 | Bt. 16.000 | Ferm. Acciaio | Mat. Acciaio 6 mesi
Crespelle con funghi e Asiago.

IMPAZIENTE 2021
Bianco Igt - Nebbiolo 100%
Alc. 13,5% | € 20 | Bt. 3.000 | Ferm. Legno | Mat. Legno 8 mesi
Risotto alla parmigiana.

IMPALLIDITO 2022
Rosato Igt - Nebbiolo 100%
Alc. 14% | € 20 | Bt. 4.000 | Ferm. Acciaio | Mat. Acciaio 6 mesi
Bresaola di punta d'anca.

VALTELLINA SUPERIORE GRUMELLO VIGNA LE PRUDENZE
2018

VALTELLINA SUPERIORE GRUMELLO
2013 | 2014 | 2018

Marzaghe
(2005)

Un anno di crescita, successi, restyling, progettualità e novità per l'azienda franciacortina. Marzaghe punta sul "tempo" e trasforma tutta la linea, a eccezione del Brut LM 1935, in Franciacorta Millesimati: un modo di valorizzare struttura ed evoluzione e mettere in luce i pregi dell'annata. Esordiscono i primi tre vini biologici Brut Treha 2017, Satèn Premier 2016 e il Brut Rosé Cantico 2017. Viene presentato, e sale senza indugi agli onori di cronaca, l'Extra Brut D-Istinto 2011 con 125 mesi di affinamento. La nuova cantina sarà in funzione dal 2024, aspettiamo curiosi i prossimi trionfi.

Via Parlamento, 28 - Frazione Zocco - 25030 Erbusco (BS)
T. 030 7267245 | M. info@marzaghefranciacorta.it
www.marzaghefranciacorta.it

Viticoltura: Biologica certificata
Ettari: 10 | **Bottiglie:** 45.000 | **Produzione olearia:** No
Proprietà: Marcello Lamberti
Cond. enologica: Cesare Ferrari
Cond. agronomica: Giuseppe Turrini
Vendita diretta: Sì | **Visite in azienda:** Sì

FRANCIACORTA EXTRA BRUT D-ISTINTO 2011
Bianco Docg - Chardonnay 80%, Pinot nero 20%
Alc. 12,5% | € 40 | Bt. 3.000 | Ferm. Acciaio | Mat. Acciaio 8 mesi e Legno 8 mesi | 125 mesi sui lieviti
Oro puro, solcato da fini bollicine che irradiano profumi di frutta a polpa gialla e scorzette di arancia candita, fiori bianchi e acqua di rose che bagna sassi soleggiati. Sorso equilibrato, nella riuscita dicotomia tra sapidità e cremosità che riporta il fiore e l'agrume nella lunga persistenza. Vellutata di ceci con gamberi croccanti.

FRANCIACORTA BRUT TREHA 2017
Bianco Docg - Chardonnay 100%
Alc. 12,5% | € 23 | Bt. 18.000 | Ferm. Acciaio | Mat. Acciaio 8 mesi
56 mesi sui lieviti
Branzino al forno con erbe aromatiche.

FRANCIACORTA BRUT SATÈN PREMIER 2016
Bianco Docg - Chardonnay 100%
Alc. 12,5% | € 25 | Bt. 10.000 | Ferm. Acciaio | Mat. Acciaio 8 mesi
66 mesi sui lieviti
Paella.

FRANCIACORTA DOSAGGIO ZERO SUPERNO 2013
Bianco Docg - Chardonnay 90%, Pinot nero 10%
Alc. 12,5% | € 35 | Bt. 5.000 | Ferm. Acciaio | Mat. Acciaio 8 mesi e Legno 5 mesi | 100 mesi sui lieviti
Brie de Meaux.

FRANCIACORTA BRUT ROSÉ CANTICO 2017
Rosato Docg - Chardonnay 60%, Pinot nero 40%
Alc. 12,5% | € 29 | Bt. 4.000 | Ferm. Acciaio | Mat. Cemento 8 mesi
56 mesi sui lieviti
Fesa di vitello al latte.

FRANCIACORTA BRUT LM 1935
Bianco Docg - Chardonnay 100%
Alc. 12,5% | € 19 | Bt. 8.000 | Ferm. Acciaio | Mat. Acciaio 8 mesi
30 mesi sui lieviti
Lasagne ai cardi con formaggi saporiti.

FRANCIACORTA DOSAGGIO ZERO SUPERNO
S.A. | S.A.

FRANCIACORTA BRUT ROSÉ PALACE
S.A. | S.A. | S.A.

Mirabella
(1979)

Esperienza vinicola e tecnologia s'intrecciano a Mirabella, ponendo in rilievo il territorio franciacortino e un'attenzione per il vitigno pinot bianco. Sostenibilità, in azienda, è pratica costante: dal 2012 è utilizzata sola energia da fonti rinnovabili; la cantina interrata sfrutta la falda freatica affiorante così da mantenere umidità e temperatura; le vasche sono in cemento armato per un naturale isolamento; la chiarifica dei mosti avviene per flottazione con un alto risparmio energetico. Portavoce di tali accortezze è la Riserva Døm, che anche con il millesimo 2016 soddisfa grandi aspettative.

Via Cantarane, 2 - 25050 Rodengo Saiano (BS)
T. 030 611197 | M. info@mirabellafranciacorta.it
www.mirabellafranciacorta.it

Viticoltura: Biologica certificata
Ettari: 45 | **Bottiglie:** 350.000 | **Produzione olearia:** No
Proprietà: Azienda societaria
Cond. enologica: Alessandro Schiavi
Cond. agronomica: Luigi Reghenzi
Vendita diretta: Sì | **Visite in azienda:** Sì

(91)

FRANCIACORTA DOSAGGIO ZERO DØM RISERVA 2016
Bianco Docg - Chardonnay 60%, Pinot nero 30%, Pinot bianco 10%
Alc. 12,5% | € 55 | Bt. 5.000 | Ferm. Legno e Cemento | Mat. Acciaio 6 mesi 72 mesi sui lieviti
Paglierino di luce. Fini catenelle dirigono all'olfatto effluvi d'agrumi, frutti maturi e succosi come ananas, pesca nettarina, litchi e uva spina. Le zagare anticipano la tostatura di nocciola e accenti di talco e gesso. Presa gustativa forte, di viva trama e freschezza nel profilo aromatico che persiste con grazia. Scaloppa di foie gras con prugne e albicocche secche.

FRANCIACORTA BRUT SATÈN 2019
Bianco Docg - Chardonnay 100%
Alc. 12,5% | € 26 | Bt. 70.000 | Ferm. Legno e Cemento | Mat. Acciaio 6 mesi 30 mesi sui lieviti
Faraona al forno.

FRANCIACORTA BRUT NATURE DEMETRA 2018
Bianco Docg - Chardonnay 70%, Pinot nero 20%, Pinot bianco 10%
Alc. 12,5% | € 30 | Bt. 10.000 | Ferm. Legno e Cemento | Mat. Acciaio 6 mesi 48 mesi sui lieviti
Bra d'alpeggio.

FRANCIACORTA BRUT NATURE DEMETRA PINOT NERO 2018
Bianco Docg - Pinot nero 100%
Alc. 12,5% | € 35 | Bt. 3.500 | Ferm. Cemento | Mat. Acciaio 6 mesi 48 mesi sui lieviti
Risotto con cannellini e canestrelli.

FRANCIACORTA BRUT ROSÉ
Rosato Docg - Chardonnay 45%, Pinot nero 45%, Pinot bianco 10%
Alc. 12,5% | € 26 | Bt. 60.000 | Ferm. Cemento | Mat. Acciaio 6 mesi 36 mesi sui lieviti. Tempura di gamberi.

FRANCIACORTA BRUT BLANC DE BLANCS EDEA
Bianco Docg - Chardonnay 80%, Pinot bianco 20%
Alc. 12,5% | € 21 | Bt. 200.000 | Ferm. Cemento | Mat. Acciaio 6 mesi 30 mesi sui lieviti. Ravioli burro e salvia.

FRANCIACORTA DOSAGGIO ZERO DØM RISERVA
2009 | 2015

FRANCIACORTA BRUT NATURE ROSÈ DEMETRA MILLESIMATO
2015

Monchieri
(2008)

Nel contesto naturale della Valle Camonica, il rispetto dell'ambiente e del territorio rappresentano elementi fondamentali per Monchieri. Azienda familiare nata nel 2008, con i piedi ben saldi nel terreno e nella tradizione e gli occhi aperti e orientati al futuro e alle novità, contribuisce alla valorizzazione dell'areale e si comunica nel calice attraverso le due linee di produzione dei rossi e degli spumanti Metodo Classico. Il Quinto 2018 esprime le caratteristiche di un merlot in purezza dal pregiato profilo organolettico.

Località Sendini - 25050 Losine (BS)
T. 329 1049614 | M. info@cantinemonchieri.it
www.cantinemonchieri.it

Viticoltura: Lotta integrata
Ettari: 2,2 | **Bottiglie:** 12.000 | **Produzione olearia:** Sì
Proprietà: Silvia Maria Toretti
Cond. enologica: Marco Zizioli
Cond. agronomica: Sergio Bonomelli
Vendita diretta: Sì | **Visite in azienda:** Sì

IL QUINTO 2018
Rosso Igt - Merlot 100%
Alc. 14% | € 16 | Bt. 2.000 | Ferm. Acciaio | Mat. Acciaio 24 mesi e Legno 12 mesi
Rubino fitto. Naso che esordisce con chiodi di garofano e cannella uniti alla radice di genziana, evolve su ciliegia matura e confettura di more per chiudere con un ricordo di legno di cedro. Il sorso, fresco e di gustosa sapidità, gode dell'integrazione equilibrata tra alcol e tannino. Capriolo con salsa di ribes rosso.

MONCHIERI EXTRA BRUT
Bianco Metodo Classico - Chardonnay 100%
Alc. 12,5% | € 20 | Bt. 420 | Ferm. Acciaio | 64 mesi sui lieviti
Crostini con burro e alici.

MONCHIERI PAS DOSÉ
Bianco Metodo Classico - Chardonnay 100%
Alc. 12,5% | € 24 | Bt. 420 | Ferm. Acciaio | 64 mesi sui lieviti
Cappesante gratinate.

MONCHIERI DEMI-SEC
Rosato Metodo Classico - Chardonnay 70%, Marzemino 30%
Alc. 12,5% | € 19 | Bt. 420 | Ferm. Acciaio | 28 mesi sui lieviti
Semifreddo al mascarpone e uvetta sotto spirito.

DONNA 2020
Rosso Igt - Merlot 80%, Marzemino 20%
Alc. 13% | € 12 | Bt. 2.000 | Ferm. Acciaio | Mat. Acciaio 24 mesi
Minestrone con ortaggi invernali.

MONCHIERI BRUT
Bianco Metodo Classico - Chardonnay 100%
Alc. 12,5% | € 18 | Bt. 1.400 | Ferm. Acciaio | 52 mesi sui lieviti
Terrina di coniglio.

Monsupello
(1893)

Ormai saldamente nelle mani dei due fratelli Pierangelo e Laura, coadiuvati dall'aiuto di mamma Carla, Monsupello rappresenta una delle storiche realtà e dei punti di riferimento dell'Oltrepò Pavese, specialmente per quanto riguarda la spumantizzazione. Ben quattro Metodo Classico all'attenzione dei degustatori quest'anno, tra i quali spicca l'eccellenza del Nature Pas Dosé 2019. Un vino che rivela la potenzialità straordinaria del pinot nero in questo territorio, soprattutto quando viene interpretato da chi lo sa comprendere a fondo, come sa fare, da anni, la famiglia Boatti.

Via San Lazzaro, 5 - 27050 Torricella Verzate (PV)
T. 0383 896043 | M. monsupello@monsupello.it
www.monsupello.it

Viticoltura: Biologica e lotta integrata
Ettari: 50 | **Bottiglie:** 320.000 | **Produzione olearia:** No
Proprietà: Carla, Laura e Pierangelo Boatti
Cond. enologica: Stefano Torre, Federico Fermini, Marco Bertelegni
Cond. agronomica: Marco Bertelegni, Giovanni Bigot, Carlo Montanelli
Vendita diretta: Sì | **Visite in azienda:** Sì

(91)
NATURE PAS DOSÉ 2019
Bianco Metodo Classico - Pinot nero 90%, Chardonnay 10%
Alc. 13% | € 28 | Bt. 68.000 | Ferm. Acciaio | Mat. Acciaio 9 mesi
34 mesi sui lieviti
Riflessi dorati ornano il giallo tenue. Il naso fruttato di pesca e mela renetta apre a uno charme tostato di tabacco biondo e note affumicate, chiudendo su un finale di crema pasticcera. Fresco, espressivo nella coerenza olfattiva e millimetrico nell'equilibrio, persiste sulla scia sapida. Filetti di pesce persico al burro e timo.

EXTRA BRUT BLANC DE BLANCS
Bianco Metodo Classico - Chardonnay 100%
Alc. 13% | € 60 | Bt. 6.000 | Ferm. Legno e Acciaio | Mat. Acciaio 9 mesi e Legno 15 mesi | 60 mesi sui lieviti
Caviale Sevruga.

BONARDA DELL'OLTREPÒ PAVESE VAIOLET 2022
Rosso Doc Frizzante - Croatina 100%
Alc. 13,5% | € 10 | Bt. 30.000 | Ferm. Cemento | Mat. Cemento 4 mesi
Capocollo di Martina Franca.

PINOT NERO BRUT 2017
Bianco Metodo Classico - Pinot nero 90%, Chardonnay 10%
Alc. 13% | € 35 | Bt. 12.000 | Ferm. Acciaio | Mat. Acciaio 9 mesi
55 mesi sui lieviti
Guazzetto di scampi.

RIESLING 2022
Bianco Igp - Riesling renano 100%
Alc. 13,5% | € 12 | Bt. 18.000 | Ferm. Acciaio | Mat. Acciaio 6 mesi
Frittata di ortiche.

BRUT ROSÉ 2020
Rosato Metodo Classico - Pinot nero 100%
Alc. 13,5% | € 30 | Bt. 30.000 | Ferm. Acciaio | Mat. Acciaio 9 mesi
26 mesi sui lieviti
Risotto al nero di seppia con seppie croccanti.

MONSUPELLO NATURE PAS DOSÉ
S.A. | S.A.

MONSUPELLO BRUT MILLESIMATO
2014

Monte Rossa
(1972)

La prima vasca d'acciaio che fa bella mostra di sé al centro di un vigneto storico e la statua di un valoroso cavaliere in sella a una bottiglia, sono gli omaggi che Emanuele Rabotti ha dedicato ai suoi genitori, Paola Rovetta e Paolo Rabotti, quest'ultimo primo presidente del Consorzio Franciacorta. Ammirando i doni, il pensiero corre al sogno pioneristico di due giovani che nel tempo non soltanto si è realizzato, ma è diventato un'icona di Franciacorta conosciuta e rinomata a livello internazionale. A risplendere sul podio ci sono tre stelle, tutte dal firmamento Cabochon.

Via per Ospitaletto, 131 - Località Barco - 25040 Cazzago San Martino (BS)
T. 030 725066 | M. info@monterossa.com
www.monterossa.com

Viticoltura: Convenzionale
Ettari: 70 | **Bottiglie:** 500.000 | **Produzione olearia:** No
Proprietà: Emanuele Rabotti
Cond. enologica: Emanuele Rabotti
Cond. agronomica: Consulenza esterna
Vendita diretta: Sì | **Visite in azienda:** Sì

(92)
FRANCIACORTA BRUT CABOCHON 2016
Bianco Docg - Chardonnay 70%, Pinot nero 30%
Alc. 12,5% | € 100 | Bt. 3.000 | Ferm. Legno e Acciaio | 54 mesi sui lieviti
Paglierino con barbagli dorati e perlage finissimo. Quadro olfattivo risoluto e variopinto: alla mela Golden e ai fiori gialli seguono stuzzicanti accenni di lievito fresco e noce moscata. Deciso il sorso, mirabile l'equilibrio tra freschezza e avvolgenza. Gusto lungo e saporito. Rotolo di tacchino alle mele ed erbe aromatiche.

FRANCIACORTA BRUT NATURE CABOCHON DOPPIOZERO 2018
Bianco Docg - Chardonnay 70%, Pinot nero 30%
Alc. 12,5% | € 110 | Bt. 3.000 | Ferm. Legno e Acciaio | 48 mesi sui lieviti
Cotoletta di tonno al sesamo.

FRANCIACORTA BRUT CABOCHON FUORISERIE N° 024
Bianco Docg - Chardonnay 70%, Pinot nero 30%
Alc. 12,5% | € 65 | Bt. 40.000 | Ferm. Legno e Acciaio | 36 mesi sui lieviti
Lasagnette al ragù di faraona e asparagi.

FRANCIACORTA BRUT NATURE COUPÉ
Bianco Docg - Chardonnay 95%, Pinot nero 5%
Alc. 12,5% | € 28 | Bt. 35.000 | Ferm. Legno e Acciaio | 24 mesi sui lieviti
Pecorino di Pienza.

FRANCIACORTA BRUT ROSÉ FLAMINGO
Rosato Docg - Chardonnay 60%, Pinot nero 40%
Alc. 12,5% | € 31 | Bt. 55.000 | Ferm. Legno e Acciaio | 24 mesi sui lieviti
Luccio alla Gardesana.

FRANCIACORTA BRUT SATÈN SANSEVÉ
Bianco Docg - Chardonnay 100%
Alc. 12,5% | € 28 | Bt. 110.000 | Ferm. Legno e Acciaio | 24 mesi sui lieviti
Tartare di scampi.

FRANCIACORTA BRUT CABOCHON FUORISERIE N° 023
S.A.

FRANCIACORTA BRUT NATURE CABOCHON DOPPIOZERO
2016

Montelio
(1848)

Montelio è varco sulla storia e sguardo al futuro, dove fare vino è la costante. La prima produzione risale al 1200 quando la cantina forma il Monastero femminile benedettino. Il torchio nel cortile centrale, prima chiostro del convento, e la ghiacciaia ottagonale ora custode delle bottiglie storiche, risalgono al '600. Tali beni, tolti al Clero da Napoleone, sono acquisiti solo nel 1803 dall'avo dell'odierna proprietà, Angelo Domenico Mazza. Suo figlio ingegnere darà poi vita all'azienda con l'impianto d'innovativi vitigni, la definizione di un vetro speciale e l'elaborazione di celebri vini.

Via Domenico Mazza, 1 - 27050 Codevilla (PV)
T. 0383 373090 | M. cantine@montelio.it
www.montelio.it

Viticoltura: Lotta integrata
Ettari: 27 | **Bottiglie:** 100.000 | **Produzione olearia:** No
Proprietà: Caterina e Giovanna Brazzola
Cond. enologica: Edoardo Scanavino, Leonardo Valenti
Cond. agronomica: Pierluigi Donna, Roberto Tinelli
Vendita diretta: Sì | **Visite in azienda:** Sì

NOBLEROT 2019
Bianco Igt Passito - Malvasia bianca di Candia 50%, Moscato giallo 50%
Alc. 15% | € 30 (0,5l) | Bt. 1.500 | Ferm. Legno | Mat. Legno 36 mesi
Oro ramato lucente. Dirompente e ricco di frutti l'olfatto: papaia e albicocche disidratate, confettura di pesche, fichi. Completano il complesso profilo allusioni fiorite e di miele, gentili tostature ed erbe fini. Il corpo è importante, dolce ma di grande equilibrio e lunga durata. Torta sbrisolona.

MIROSA 2016
Rosso Igt - Merlot 100%
Alc. 14% | € 23 | Bt. 3.000 | Ferm. Cemento | Mat. Legno 18 mesi
Agnello al forno con rosmarino.

PINOT NERO DELL'OLTREPÒ PAVESE NÈOS 2021
Rosso Doc - Pinot nero 100%
Alc. 13% | € 15 | Bt. 3.000 | Ferm. Acciaio | Mat. Acciaio 9 mesi
Terrina di lepre con salsa di prugne.

BONARDA DELL'OLTREPÒ PAVESE 2022
Rosso Doc Frizzante - Croatina 85%, Barbera 15%
Alc. 13% | € 10 | Bt. 8.000 | Ferm. Cemento | Mat. Cemento 6 mesi
Costoletta alla valdostana.

OLTREPÒ PAVESE BARBERA MANE 2020
Rosso Doc - Barbera 100%
Alc. 13,5% | € 9 | Bt. 8.000 | Ferm. Cemento | Mat. Cemento 24 mesi
Gnocchetti di zucca con porcini.

NULLA HORA 2021
Bianco Igt - Müller Thurgau 100%
Alc. 12,5% | € 10 | Bt. 7.000 | Ferm. Acciaio | Mat. Acciaio 9 mesi
Branzino al cartoccio.

NOBLEROT
2016 | 2017

OLTREPÒ PAVESE BARBERA MANE
2018 | 2019

Monterucco
(1936)

Luigi Valenti fonda l'azienda vitivinicola nel 1936 nel Comune di Cigognola; oggi i figli Roberto e Silvano non solo ne proseguono l'attività, ma ogni giorno si propongono di rinnovare il patto con il territorio. Le uve vinificate sono esclusivamente quelle allevate, e la gamma dei vini vede nel pinot nero il vitigno di punta, vinificato sia come Metodo Classico sia in rosso. La tradizione passa anche attraverso l'iconico dolce frizzante Sangue di Giuda, senza dimenticare il Buttafuoco. L'esemplare connubio tra innovazione e storia della cantina porta a vini schietti e di appagante beva.

Via Valle Cima, 38 - 27040 Cigognola (PV)
T. 0385 85151 | M. info@monterucco.it
www.monterucco.it

Viticoltura: Lotta integrata
Ettari: 14 | **Bottiglie:** 100.000 | **Produzione olearia:** No
Proprietà: Fratelli Valenti
Cond. enologica: Carlo Saviotti
Cond. agronomica: Matteo Lavagna
Vendita diretta: Sì | **Visite in azienda:** Sì

PINOT NERO DELL'OLTREPÒ PAVESE NEGAR 2020
Rosso Doc - Pinot nero 100%
Alc. 14% | € 13 | Bt. 2.000 | Ferm. Acciaio | Mat. Legno 12 mesi
Rubino luminoso dall'elegante trasparenza, con un corredo olfattivo intrigante per via dei ricordi di liquirizia e noce moscata, con balsamicità profonde e ritorni di ruta, spezie orientali e sandalo. Al palato, protagonista il rinfrescante effetto mentolato, accompagnato da gradevole tannino e da ampia freschezza. Parmigiano Reggiano Riserva.

BUTTAFUOCO SANLUIGI 2020
Rosso Doc - Croatina 50%, Barbera 35%, Vespolina 15%
Alc. 15% | € 15 | Bt. 6.500 | Ferm. Cemento | Mat. Legno 12 mesi
Petto di germano reale al balsamico.

OLTREPÒ PAVESE METODO CLASSICO PINOT NERO BRUT CLASSESE 2018
Bianco Docg Metodo Classico - Pinot nero 85%, Chardonnay 15%
Alc. 12,5% | € 19 | Bt. 6.500 | Ferm. Acciaio | Mat. Acciaio 6 mesi
48 mesi sui lieviti
Baccalà mantecato.

SANGUE DI GIUDA DELL'OLTREPÒ PAVESE 2022
Rosso Doc Frizzante Dolce - Croatina 100%
Alc. 7,5% | € 8 | Bt. 3.000 | Ferm. Acciaio | Mat. Acciaio 6 mesi
Pere al vino rosso.

BONARDA DELL'OLTREPÒ PAVESE VIGNA IL MODELLO 2022
Rosso Doc Frizzante - Croatina 100%
Alc. 14% | € 12 | Bt. 6.500 | Ferm. Acciaio e Cemento | Mat. Acciaio 6 mesi
Salame di Varzi.

MALVASIA VALENTINA 2022
Bianco Igt - Malvasia di Candia aromatica 100%
Alc. 13% | € 12 | Bt. 2.000 | Ferm. Acciaio | Mat. Acciaio 6 mesi
Pizza marinara.

OLTREPÒ PAVESE ROSSO METELLIANUM RISERVA
2018

BUTTAFUOCO SANLUIGI
2016 | 2018

Montonale

(1911)

Oltre un secolo di vendemmie per questa storica azienda gardesana che vide la luce con Francesco Girelli, tenace contadino, il quale si impegnò a dissodare in solitudine due ettari di terreno, che ospitarono i primi vigneti. Oggi i fratelli Claudio, Roberto e Valentino, pronipoti di Francesco, proseguono il percorso tracciato dai predecessori in una cantina tecnologicamente avanzata e costruita secondo i dettami della bioarchitettura, dotata, inoltre, di un impianto fotovoltaico da 96KW, con l'unico obiettivo di offrire vini di riflesso sincero del terroir e capaci di attraversare il tempo.

Via Conta 4/A - Località Montonale - 25015 Desenzano del Garda (BS)
T. 030 9103358 | M. info@montonale.com
www.montonale.it

Viticoltura: Lotta integrata
Ettari: 35 | **Bottiglie:** 170.000 | **Produzione olearia:** Sì
Proprietà: Fratelli Girelli
Cond. enologica: Roberto Girelli
Cond. agronomica: Valentino Girelli
Vendita diretta: Sì | **Visite in azienda:** Sì

LUGANA ORESTILLA 2021
Bianco Doc - Trebbiano di Lugana 100%
Alc. 13,5% | € 30 | Bt. 9.000 | Ferm. Legno e Acciaio | Mat. Acciaio 10 mesi e Legno 10 mesi
Suadente giallo paglierino. Il profilo delinea nette tonalità di pompelmo, pesca bianca e pera che si fondono a intriganti suggestioni di macchia mediterranea, ma anche di timo e rosmarino. Soffi di grafite. L'assaggio, dai cenni agrumati gradevolmente rinfrescanti, è sapido e in ottimo equilibrio. Coniglio in umido alle erbe aromatiche.

LUGANA MONTUNAL 2022
Bianco Doc - Trebbiano di Lugana 100%
Alc. 13,5% | € 15 | Bt. 120.000 | Ferm. Acciaio | Mat. Acciaio 6 mesi
Maltagliati con fiori di zucca e gamberetti.

LUGANA SPUMANTE BRUT PRIMESSENZA 2019
Bianco Doc Metodo Classico - Trebbiano di Lugana 100%
Alc. 12,5% | € 25 | Bt. 10.000 | Ferm. Cemento | Mat. Acciaio 6 mesi
30 mesi sui lieviti
San Pietro alla siciliana con dadolata di patate.

LUGANA ORESTILLA
2019

LUGANA MONTUNAL
2021

Monzio Compagnoni

(1995)

Negli ormai oltre trent'anni di attività, Monzio Compagnoni ha mostrato una grande versatilità. La sua produzione di vini spazia tra la Franciacorta e la Bergamasca, con vitigni diversi e anche in areali di nicchia, come il Moscato di Scanzo, per un totale di quindici differenti referenze. Un impegno, considerato che le due zone sono vicine ma anche molto diverse, per tradizione vitivinicola, territorio e vitigni. Presentate quest'anno diverse interpretazioni di Franciacorta, tutte rivelatesi in forma alle degustazioni, con il Brut Rosé della Cuvée alla Moda in evidenza.

Via Nigoline, 98 - 25030 Adro (BS)
T. 030 7457803 | M. info@monziocompagnoni.com
www.monziocompagnoni.com

Viticoltura: Convenzionale
Ettari: 21 | **Bottiglie:** 220.000 | **Produzione olearia:** No
Proprietà: Giovanni Monzio Compagnoni e Viktor Kharitonin
Cond. enologica: Donato Lanati
Cond. agronomica: Luigi Reghenzi
Vendita diretta: Sì | **Visite in azienda:** Sì

FRANCIACORTA BRUT ROSÉ CUVÉE ALLA MODA
Rosato Docg - Chardonnay 65%, Pinot nero 35%
Alc. 12,5% | € 22 | Bt. 10.000 | Ferm. Acciaio | 24 mesi sui lieviti
Luminoso rosa tenue. Perlage finissimo. Articolato e gentile nei profumi il naso, tra frutta a buccia rossa, lampone, pera, arancia ma anche menta, timo e rosmarino. In bocca il vino è goloso, coerente, e presenta un evidente equilibrio fresco sapido. Lungo e privo di sbavature il congedo, ritmato tra frutta ed erbe aromatiche. Sushi e sashimi.

FRANCIACORTA BRUT CUVÉE ALLA MODA
Bianco Docg - Chardonnay 90%, Pinot nero 10%
Alc. 12,5% | € 21 | Bt. 40.000 | Ferm. Acciaio | Mat. Acciaio 6 mesi
18 mesi sui lieviti
Riso, cozze e zafferano.

FRANCIACORTA BRUT SATÈN 2019
Bianco Docg - Chardonnay 100%
Alc. 12,5% | € 26 | Bt. 20.000 | Ferm. Acciaio | Mat. Acciaio 6 mesi
30 mesi sui lieviti
Vellutata ai porri.

FRANCIACORTA BRUT 2019
Bianco Docg - Chardonnay 80%, Pinot nero 20%
Alc. 12,5% | € 25 | Bt. 30.000 | Ferm. Legno e Acciaio | Mat. Acciaio 6 mesi
30 mesi sui lieviti
Burrata di Andria.

FRANCIACORTA BRUT ROSÉ 2019
Rosato Docg - Pinot nero 80%, Chardonnay 20%
Alc. 12,5% | € 27 | Bt. 10.000 | Ferm. Acciaio | Mat. Acciaio 6 mesi
30 mesi sui lieviti
Rigatoni al ragù bianco di carne.

FRANCIACORTA BRUT NATURE BLANC DE NOIR MONTI DELLA CORTE RISERVA
2009

FRANCIACORTA BRUT
2012 | 2014 | 2015

Mosnel
(1836)

Tra Mosnel e il tempo c'è un'alleanza indissolubile tradotta in attesa, qualità e ambizione. Quest'anno la storica azienda propone due sfumature del 2007 in Riedizione: Franciacorta Extra Brut EBB e Franciacorta Parosé Rosé Pas Dosé, entrambi già usciti con sboccatura 2011. Le Riedizioni 2023 torreggiano sul tempo e lo sublimano nel suo potente racconto, ma a scalare l'Olimpo è la Riserva Pas Dosé 2009. Necessaria una menzione per l'altra alleanza cardinale, quella con l'ambiente: Mosnel persevera nell'impegno verso una viticoltura biologica a tutto tondo. Complimenti.

Contrada Barboglio, 14 - Località Camignone - 25050 Passirano (BS)
T. 030 653117 | M. info@mosnel.com
www.mosnel.com

Viticoltura: Biologica certificata
Ettari: 40 | **Bottiglie:** 250.000 | **Produzione olearia:** No
Proprietà: Giulio e Lucia Barzanò
Cond. enologica: Flavio Polenghi
Cond. agronomica: Pierluigi Donna
Vendita diretta: Sì | **Visite in azienda:** Sì

(96,5)
FRANCIACORTA PAS DOSÉ RISERVA 2009
Bianco Docg - Chardonnay 64%, Pinot bianco 24%, Pinot nero 12%
Alc. 12,5% | € 78 | Bt. 3.900 | Ferm. Legno e Acciaio | Mat. Acciaio 6 mesi e Legno 6 mesi | 144 mesi sui lieviti
Oro fulgido, perlage inebriante. Pesca bianca, susina e melone rafforzano la trama di mentuccia e biancospino, pepe bianco e zenzero. Rintocchi gessosi conducono a un sorso che ha grazia da vendere e seducente cremosità. Carne cruda all'albese.

(95)
FRANCIACORTA PAS DOSÉ ROSÉ PAROSÉ "RIEDIZIONE 2023" 2007
Rosato Docg - Pinot nero 70%, Chardonnay 30%
Alc. 12,5% | € 73 | Bt. 900 | Ferm. Legno e Acciaio | Mat. Acciaio 6 mesi e Legno 6 mesi | 174 mesi sui lieviti
Seta ramata con perle finissime. Opulenze: zagara, ginestra, ciliegia bianca, ribes, mirtilli rossi, aneto, elicriso, agrumi, pepe e cumino, note mentolate, muschio bianco, tabacco biondo. Bocca d'equilibrio vibrante e fine. Storione alle prugne.

(94,5)
FRANCIACORTA EXTRA BRUT EBB "RIEDIZIONE 2023" 2007
Bianco Docg - Chardonnay 100%
Alc. 12,5% | € 73 | Bt. 900 | Ferm. Legno | Mat. Legno 6 mesi
174 mesi sui lieviti
Giallo intenso, minute bolle. Naso festoso: frutta matura, fiori di campo essiccati, cenni di cannella e fiori di garofano, lieve torrefazione. Bocca articolata, acidità carezzevole, proporzione e lunghezze appaganti. Ravioli di germano con foie gras.

FRANCIACORTA PAS DOSÉ
Bianco Docg - Chardonnay 69%, Pinot bianco 29%, Pinot nero 2%
Alc. 12% | € 28 | Bt. 15.000 | Ferm. Legno e Acciaio | Mat. Acciaio 6 mesi e Legno 6 mesi | 30 mesi sui lieviti.
Calamari con ripieno di tarassaco e patate.

FRANCIACORTA BRUT SATÈN 2019
Bianco Docg - Chardonnay 100%
Alc. 12% | € 33 | Bt. 29.960 | Ferm. Legno e Acciaio | Mat. Acciaio 6 mesi e Legno 6 mesi | 36 mesi sui lieviti.
Aragosta in bellavista.

FRANCIACORTA PAS DOSÉ RIEDIZIONE 2022 RISERVA
2007

FRANCIACORTA PAS DOSÉ ROSÉ PAROSÉ
2014 | 2015 | 2016

Muratori
(1999)

Se Villa Crespia resta il nome della tenuta dove da oltre vent'anni nascono eleganti Franciacorta, l'entrata in azienda della terza generazione ha segnato un rinnovamento che muta il nome dell'azienda in "Muratori", per valorizzare l'identità della famiglia fondatrice e la sua storia imprenditoriale. Rimane in continuità con la qualità del passato la nuova linea prodotta con i vini base della vendemmia 2020, in collaborazione con l'enologo Riccardo Cotarella, che condivide la filosofia aziendale di diversificare e definire i vini partendo unicamente dalla selezione dell'uva.

Via Valli, 31 - 25030 Adro (BS)
T. 030 7451051 | M. relazioni.esterne@muratoriwine.it
www.muratoriwine.it

Viticoltura: Biologica certificata
Ettari: 54 | **Bottiglie:** 409.000 | **Produzione olearia:** No
Proprietà: Bruno e Giuliano Muratori
Cond. enologica: Lorenzo Chiesa
Cond. agronomica: Staff aziendale
Vendita diretta: Sì | **Visite in azienda:** Sì

(91)
FRANCIACORTA BRUT MILLÈ RISERVA 2012
Bianco Docg - Chardonnay 100%
Alc. 13% | € 50 | Bt. 6.000 | Ferm. Legno e Acciaio | Mat. Acciaio 8 mesi e Legno 8 mesi | 60 mesi sui lieviti
Sfavillante dorato, impreziosito da fitte, fini e infinite bollicine. Fiori di zagara e caprifoglio preludono a cedro, mandarino, kumquat, ananas e maracuja, con accenni di aneto e origano. Cremoso, pieno e morbido al palato, corroborato da stuzzicanti freschezza e sapidità. Persiste su una scia agrumata. Coniglio alla ligure.

FRANCIACORTA DOSAGGIO ZERO BLANC DE BLANCS NUMEROZERO
Bianco Docg - Chardonnay 100%
Alc. 12,5% | € 29 | Bt. 20.000 | Ferm. Acciaio | Mat. Acciaio 8 mesi
18 mesi sui lieviti
Ostriche Bouzigues.

FRANCIACORTA DOSAGGIO ZERO RISERVA DEL GELSO 2016
Bianco Docg - Pinot nero 100%
Alc. 13% | € 50 | Bt. 3.000 | Ferm. Legno e Acciaio | Mat. Acciaio 8 mesi e Legno 8 mesi | 60 mesi sui lieviti
Risotto all'isolana.

FRANCIACORTA BRUT SIMBIOTICO
Bianco Docg - Chardonnay 100%
Alc. 13% | € 31 | Bt. 15.000 | Ferm. Acciaio | Mat. Acciaio 8 mesi
18 mesi sui lieviti
Moeche fritte.

FRANCIACORTA BRUT
Bianco Docg - Chardonnay 80%, Pinot bianco 10%, Pinot nero 10%
Alc. 12,5% | € 22 | Bt. 240.000 | Ferm. Acciaio | Mat. Acciaio 8 mesi
18 mesi sui lieviti. Mozzarella di bufala campana.

FRANCIACORTA BRUT SATÈN
Bianco Docg - Chardonnay 100%
Alc. 12,5% | € 27 | Bt. 30.000 | Ferm. Acciaio | Mat. Acciaio 8 mesi
24 mesi sui lieviti. Sarde in saor.

FRANCIACORTA BRUT MILLÈ RISERVA
2007

FRANCIACORTA DOSAGGIO ZERO NUMERO ZERO
S.A. | S.A. | S.A.

Nera
(1940)

Giunti alla terza generazione alla guida dell'azienda, Stefano, Simone e Angela Nera confidano con inscalfibile forza nell'ambiente naturale e nell'insostituibile presenza umana che li circonda. Da qui l'incessante e quotidiano impegno per manutenere l'importante patrimonio di muretti a secco che costellano i propri vigneti terrazzati, per coordinare i tanti qualificati conferitori e per formare costantemente il personale impiegato in vigna. A suggello di questo sforzo rivolto alla comunità e da questa ricambiato, sta quest'anno lo Sforzato di Valtellina, che raggiunge la piena eccellenza.

Via Stelvio, 40/A - 23030 Chiuro (SO)
T. 0342 482631 | M. info@neravini.com
www.neravini.com

Viticoltura: Convenzionale
Ettari: 8,5 | **Bottiglie:** 500.000 | **Produzione olearia:** No
Proprietà: Famiglia Nera
Cond. enologica: Stefano Nera
Cond. agronomica: Stefano Nera
Vendita diretta: Sì | **Visite in azienda:** Sì

93

SFORZATO DI VALTELLINA 2018
Rosso Docg - Nebbiolo 100%
Alc. 15% | € 50 | Bt. 10.878 | Ferm. Acciaio e Cemento | Mat. Acciaio 6 mesi e Legno 18 mesi
Cromie che danzano dal rubino al granato. Ricordi di rosa canina, frutta rossa, cipria e pepe bianco si stagliano su scaglie di cioccolato, tabacco biondo e legno di sandalo. Sorprendente equilibrio al palato, grazie alla sinergia tra tannino sottile, freschezza tratteggiata e confortevole avvolgenza. Gulasch di manzo alla paprica dolce.

VALTELLINA SUPERIORE INFERNO RISERVA 2017
Rosso Docg - Nebbiolo 100%
Alc. 13,5% | € 42 | Bt. 5.890 | Ferm. Acciaio e Cemento | Mat. Acciaio 6 mesi e Legno 18 mesi
Beccacce allo spiedo.

VALTELLINA SUPERIORE PARADISO RISERVA 2019
Rosso Docg - Nebbiolo 90%, Pignola 5%, Rossola nera 5%
Alc. 13,5% | € 32 | Bt. 4.960 | Ferm. Acciaio e Cemento | Mat. Acciaio 6 mesi e Legno 18 mesi
Pizzoccheri valtellinesi.

VALTELLINA SUPERIORE INFERNO EFESTO 2019
Rosso Docg - Nebbiolo 100%
Alc. 13,5% | € 27 | Bt. 17.850 | Ferm. Acciaio e Cemento | Mat. Acciaio 6 mesi e Legno 18 mesi
Ragusano.

SFORZATO DI VALTELLINA
2011 | 2016 | 2017

VALTELLINA SUPERIORE INFERNO EFESTO
2018

Nettare dei Santi
(1948)

Della speciale collina meneghina così Francesco Redi lodava il frutto "io sono il vino che dall'ameno colle del vecchio Mombrione ebbe i natali. Con l'oro del sol ch'entro mi bolle dei sogni in dolci voli, allargo l'ali. Mi esaltano i poeti nei lor canti definendomi Nettare dei Santi". Da qui il nome dell'azienda che, con dedizione e dinamicità imprenditoriale, Gianenrico Riccardi continua a elevare. Brioso come le sue bollicine, che con continuità si confermano fiore all'occhiello della sfaccettata produzione, con entusiasmo asseconda la nuova onda che dell'accoglienza fa onore e vanto.

Via Capra, 17 - 20078 San Colombano al Lambro (MI)
T. 0371 897381 | M. info@viniriccardi.com
www.nettaredeisanti.it

Viticoltura: Lotta integrata
Ettari: 40 | **Bottiglie:** 500.000 | **Produzione olearia:** No
Proprietà: Gianenrico Riccardi
Cond. enologica: Federico Carenzi
Cond. agronomica: Federico Carenzi
Vendita diretta: Sì | **Visite in azienda:** Sì

DOMM CUVÉE ENRICO RICCARDI PAS DOSÉ 2017
Bianco Metodo Classico - Chardonnay 80%, Pinot nero 20%
Alc. 12,5% | € 25 | Bt. 3.000 | Ferm. Acciaio | Mat. Acciaio 7 mesi
60 mesi sui lieviti
Perlage vivace dai lampi dorati. Golosi profumi di pesca gialla, papaia e mango duettano con soffi di gelsomino e ginestra bianca; sullo sfondo lieve memoria di pasticceria. Vivida la beva, si libra in perfetto equilibrio tra vena salina e suadenti rimbalzi di frutta tropicale. Spaghetti con mazzancolle e pomodorini.

DOMM BRUT 2019
Bianco Metodo Classico - Chardonnay 80%, Pinot nero 20%
Alc. 12,5% | € 15 | Bt. 15.000 | Ferm. Acciaio | Mat. Acciaio 7 mesi
30 mesi sui lieviti
Sogliola alla mugnaia.

SAN COLOMBANO VIGNA ROVERONE RISERVA 2019
Rosso Doc - Croatina 45%, Barbera 35%, Merlot 12%, Uva rara 8%
Alc. 14,5% | € 10 | Bt. 20.000 | Ferm. Acciaio | Mat. Acciaio 6 mesi e Legno 12 mesi
Filetto alla Wellington.

DOMM BRUT ROSÉ 2019
Rosato Metodo Classico - Pinot nero 60%, Chardonnay 40%
Alc. 12,5% | € 17 | Bt. 4.000 | Ferm. Acciaio | Mat. Acciaio 7 mesi
30 mesi sui lieviti
Crespelle con asparagi e ricotta salata.

DOMM BRUT
2018

DOMM BRUT ROSÉ
2016 | 2018

Nino Negri
(1897)

Funambolica come le pendenze di certe terrazze valtellinesi, la cantina Nino Negri passeggia disinvolta ai vertici dell'eccellenza governando i suoi numeri da capogiro con ammirevole scioltezza. Ce lo raccontano i risultati delle degustazioni, che negli anni non hanno mai mostrato flessioni nonostante gli inevitabili cambiamenti, grazie alla solidità di una regia attenta e fortemente radicata al territorio. L'iconico Sfursat 5 Stelle è ormai abbonato all'eccellenza, ma si posiziona molto bene anche tutta la linea Vigne di Montagna, espressione delle sottozone Inferno, Valgella e Grumello.

Via Ghibellini, 3 - 23030 Chiuro (SO)
T. 0342 485211 | M. n.negri@giv.it
www.ninonegri.it

Viticoltura: Lotta integrata
Ettari: 160 | **Bottiglie:** 750.000 | **Produzione olearia:** No
Proprietà: Gruppo Italiano Vini
Cond. enologica: Danilo Drocco, Claudio Alongi
Cond. agronomica: Matteo Borserio
Vendita diretta: Sì | **Visite in azienda:** Sì

95

SFORZATO DI VALTELLINA SFURSAT 5 STELLE 2020
Rosso Docg - Nebbiolo 100%
Alc. 15,5% | € 80 | Bt. 20.000 | Ferm. Acciaio | Mat. Legno 12 mesi
Vivace rubino con elevata propensione al granato. Svetta al naso un fruttato di visciola e marasca, corredato di peonia e rosa damascena, che si infittisce di sottobosco, legni aromatici e infinite suggestioni di spezie e tostature dolci. Il sorso è volumico e di sostanza, dinamico e molto bilanciato. Capriolo in salmì con polenta di grano saraceno.

VALTELLINA SUPERIORE INFERNO VIGNA CA' GUICCIARDI 2020
Rosso Docg - Nebbiolo 100%
Alc. 13% | € 40 | Bt. 14.000 | Ferm. Acciaio | Mat. Legno 12 mesi
Vellutata di finferli con crostini.

VALTELLINA SUPERIORE VALGELLA VIGNA FRACIA 2019
Rosso Docg - Nebbiolo 100%
Alc. 13,5% | € 45 | Bt. 15.000 | Ferm. Acciaio | Mat. Legno 12 mesi
Agnolotti al piccione con sugo d'arrosto.

VALTELLINA SUPERIORE GRUMELLO VIGNA SASSOROSSO 2020
Rosso Docg - Nebbiolo 100%
Alc. 13% | € 40 | Bt. 18.000 | Ferm. Acciaio | Mat. Legno 12 mesi
Cannelloni con radicchio e speck.

SFORZATO DI VALTELLINA SFURSAT CARLO NEGRI
2015 | 2016 | 2019

VALTELLINA SUPERIORE MAZÈR
2019

Nobili
(1985)

Prosegue senza tentennamenti il percorso qualitativo intrapreso da Nicola Nobili ormai più di vent'anni fa, ossia da quando è succeduto al padre nell'azienda di famiglia, arroccata sulle colline di Poggiridenti, il comune meno esteso della provincia di Sondrio. Passione e duro lavoro sui terrazzamenti eroici patrimonio Unesco garantiscono anche quest'anno ai vini della cantina di raggiungere lusinghieri risultati, con il Valtellina Superiore Sassella 2019 in evidenza e la conferma di tutte le altre etichette, compreso il Valtellina Superiore Grumello 2019, appena alla seconda vendemmia.

Via Masoni, 20 - 23020 Poggiridenti (SO)
T. 0342 430262 | M. info@vininobili.it
www.vininobili.it

Viticoltura: Convenzionale
Ettari: 5 | **Bottiglie:** 30.000 | **Produzione olearia:** No
Proprietà: Nicola Nobili
Cond. enologica: Adriano Cappelletti, Nicola Nobili
Cond. agronomica: Martino Salvetti
Vendita diretta: Sì | **Visite in azienda:** Sì

VALTELLINA SUPERIORE SASSELLA 2019
Rosso Docg - Nebbiolo 100%
Alc. 12,5% | € 18 | Bt. 6.000 | Ferm. Acciaio | Mat. Acciaio 2 mesi e Legno 30 mesi
Cremisi di bella trasparenza e luminosità. Immediati e fini gli accenni balsamici a braccetto di prugne, more e ciliegie mature. Seguono tabacco, cioccolato, cuoio e liquirizia. Il tannino è misurato, l'assaggio è fresco e persistente, coerente con le presenze fruttate e mentolate dell'olfatto. Bigoli con salsiccia.

VALTELLINA SUPERIORE INFERNO RISERVA 2016
Rosso Docg - Nebbiolo 100%
Alc. 13% | € 20 | Bt. 14.000 | Ferm. Acciaio | Mat. Acciaio 2 mesi e Legno 48 mesi
Guanciale di manzo in umido con polenta.

SFORZATO DI VALTELLINA IL MONTESCALE 2018
Rosso Docg - Nebbiolo 100%
Alc. 15,5% | € 35 | Bt. 2.000 | Ferm. Acciaio | Mat. Acciaio 6 mesi e Legno 36 mesi
Asiago stravecchio.

VALTELLINA SUPERIORE GRUMELLO 2019
Rosso Docg - Nebbiolo 100%
Alc. 13,5% | € 18 | Bt. 8.000 | Ferm. Acciaio | Mat. Acciaio 2 mesi e Legno 30 mesi
Vellutata di zucca spolverata di tartufo nero.

SFORZATO DI VALTELLINA IL MONTESCALE
2011 | 2013

VALTELLINA SUPERIORE SASSELLA
2017 | 2018

Nove Lune
(2015)

Il mondo dei Piwi non è più così giovane, eppure la libertà di sperimentazione che lo abita ci ammalia e seduce: sperimentazione negli incroci dapprima, nelle vinificazioni e nei suoi contenitori poi e infine nella ricerca di blend e invecchiamenti. Alessandro Sala, titolare di Nove Lune nonché presidente di Piwi Lombardia, è in questo mondo da ormai 15 anni e la sua esperienza si traduce anno dopo anno in vini magistrali, dove la scelta del biologico e dei vitigni non è fatta solo in nome di una viticoltura difensiva, ma dà forma a vini le cui sfumature sono bellezza assoluta.

Via Valpredina, 5 - 24060 Cenate Sopra (BG)
T. 335 5827757 | M. info@nove-lune.com
www.nove-lune.com

Viticoltura: Biologica certificata
Ettari: 1,5 | **Bottiglie:** 7.000 | **Produzione olearia:** No
Proprietà: Alessandro Sala
Cond. enologica: Alessandro Sala
Cond. agronomica: Alessandro Sala
Vendita diretta: Sì | **Visite in azienda:** Sì

(92)

RUKH 2022
Bianco - Bronner 50%, Johanniter 50%
Alc. 12,5% | € 38 | Bt. 2.000 | Ferm. Terracotta | Mat. Terracotta 12 mesi
Un gioiello d'ambra impreziosito dal soffio della rosa canina, dalla dolcezza del frutto esotico e maturo di ananas, pesca e cedro, e dalla morbidezza della nocciola tostata, intrecciata alle erbe mediterranee. Una bocca gustosa, dal piglio deciso e dai durevoli aromi di resine balsamiche. Petto d'anatra alle prugne.

310 2022
Bianco - Bronner 40%, Johanniter 40%, Solaris 20%
Alc. 12,5% | € 26 | Bt. 2.000 | Ferm. Acciaio | Mat. Acciaio 12 mesi e Legno 12 mesi
Insalata di carciofi con scaglie di parmigiamo.

THEIA
S.A. | S.A.

310
S.A.

Oltrenero
(1987)

L'esperienza della famiglia Zonin ha selezionato, ormai decenni fa, questa prestigiosa tenuta all'interno del vasto areale dell'Oltrepò Pavese, alla ricerca di un'importante vocazione spumantistica. Il nome scelto, Oltrenero, è un chiaro tributo a questo territorio e al suo vitigno principe, il pinot nero, che l'azienda vinifica in Metodo Classico con affinamenti sui lieviti non inferiori ai 30 mesi. Nella variegata batteria di bollicine presentata quest'anno, spicca proprio il Brut Oltrenero, forse la più classica, morbida e rassicurante delle cuvée aziendali.

Località Il Bosco - 27049 Zenevredo (PV)
T. 0385 245326 | M. info@ilbosco.com
www.ilbosco.com

Viticoltura: A basso impatto ambientale
Ettari: 100 | **Bottiglie:** 500.000 | **Produzione olearia:** No
Proprietà: Famiglia Zonin
Cond. enologica: Cristiano Trambusti, Paolo Tealdi
Cond. agronomica: Roberto Lanciotti
Vendita diretta: No | **Visite in azienda:** Sì

OLTREPÒ PAVESE METODO CLASSICO PINOT NERO BRUT OLTRENERO
Bianco Docg Metodo Classico - Pinot nero 100%
Alc. 12% | € 19 | Bt. 70.000 | Ferm. Legno e Acciaio | Mat. Acciaio 9 mesi 36 mesi sui lieviti
Oro antico, striato da fini e persistenti bollicine. Naso evoluto, che richiama la pasticceria: crema inglese, pasta sfoglia, miele, cannella, frutta secca. Opulento e coerente con l'olfatto il gusto: aromi di agrumi canditi, vaniglia e mandorle tostate. Una gradevole sapidità accompagna la buona persistenza. Grana Padano Riserva.

OLTREPÒ PAVESE METODO CLASSICO PINOT NERO BRUT ROSÉ CRUASÉ OLTRENERO
Rosato Docg Metodo Classico - Pinot nero 100%
Alc. 12% | € 20 | Bt. 26.000 | Ferm. Legno e Acciaio | Mat. Acciaio 9 mesi 36 mesi sui lieviti
Granseola al vapore su misticanza.

OLTREPÒ PAVESE METODO CLASSICO PINOT NERO BRUT NATURE OLTRENERO 2018
Bianco Docg Metodo Classico - Pinot nero 100%
Alc. 12% | € 27 | Bt. 10.000 | Ferm. Legno e Acciaio | Mat. Acciaio 9 mesi 48 mesi sui lieviti
Crostini al foie gras.

CUVÉE EMME BRUT 2018
Bianco Metodo Classico - Meunier 100%
Alc. 12% | € 29 | Bt. 5.000 | Ferm. Acciaio | Mat. Acciaio 9 mesi 36 mesi sui lieviti
Gnocchi alla sorrentina.

OLTREPÒ PAVESE METODO CLASSICO PINOT NERO BRUT ROSÉ CRUASÉ OLTRENERO
S.A.

OLTREPÒ PAVESE METODO CLASSICO PINOT NERO BRUT OLTRENERO
S.A.

Pasini San Giovanni
(1958)

Pasini è il cognome, San Giovanni la cascina dove tutto ha avuto inizio: famiglia e territorio sono le parole chiave a fondamento di questa realtà, condotta con tangibile passione dalla terza generazione. Gli assaggi di quest'anno vedono protagonista il vitigno groppello declinato in diverse versioni, che cresce anche nella superficie aziendale con un nuovo impianto. In cantina prende più spazio l'affinamento nelle clayver di ceramica, che in via sperimentale accolgono anche il Lugana Busocaldo Riserva e il Valtènesi Arzane, nell'ottica di una relazione vino-territorio sempre più fedele.

Via Videlle, 2 - Località Raffa - 25080 Puegnago del Garda (BS)
T. 0365 651419 | M. info@pasinisangiovanni.it
www.pasinisangiovanni.it

Viticoltura: Biologica certificata
Ettari: 40 | **Bottiglie:** 260.000 | **Produzione olearia:** Sì
Proprietà: Famiglia Pasini
Cond. enologica: Luca Pasini, Nico Danesi
Cond. agronomica: Luca Pasini, Pierluigi Donna
Vendita diretta: Sì | **Visite in azienda:** Sì

91

VALTÈNESI RIVIERA DEL GARDA CLASSICO CHIARETTO LETTERA C 2021
Rosato Doc - Groppello 100%
Alc. 12% | € 40 | Bt. 2.500 | Ferm. Acciaio | Mat. Acciaio 12 mesi e Terracotta 5 mesi
Rosa tenue, fulgido. Il profilo aromatico svela un singolare connubio d'intensità e delicatezza, la pesca gialla croccante si interseca a rosa tea, poi cenni di gelatina di lampone, pompelmo rosa, erbe aromatiche fresche e pepe bianco. Teso e sapido al palato, appagante e integro negli aromi. Risotto alla zucca e astice.

VALTÈNESI RIVIERA DEL GARDA CLASSICO ARZANE 2018
Rosso Doc - Groppello 100%
Alc. 12,5% | € 17 | Bt. 5.000 | Ferm. Acciaio | Mat. Acciaio 18 mesi e Legno 12 mesi
Coniglio all'ischitana.

CEPPO 326 DOSAGGIO ZERO ROSÉ 2019
Rosato Metodo Classico - Groppello 75%, Erbamat 25%
Alc. 12% | € 20 | Bt. 5.000 | Ferm. Acciaio | 40 mesi sui lieviti
Minestra di riso, patate, porri, sedano e speck.

LUGANA IL LUGANA 2022
Bianco Doc - Trebbiano di Lugana 100%
Alc. 12,5% | € 12 | Bt. 120.000 | Ferm. Acciaio | Mat. Acciaio 3 mesi
Crostini al lardo di Colonnata.

CENTOPERCENTO EXTRA BRUT 2020
Bianco Metodo Classico - Groppello 100%
Alc. 12% | € 19 | Bt. 9.000 | Ferm. Acciaio | 30 mesi sui lieviti
Sauté di cozze.

VALTÈNESI RIVIERA DEL GARDA CLASSICO ROSAGREEN 2022
Rosato Doc - Groppello 100%
Alc. 12,5% | € 13 | Bt. 9.000 | Ferm. Acciaio | Mat. Acciaio 2 mesi
Pennette con pesto alla trapanese.

VALTÈNESI RIVIERA DEL GARDA CLASSICO ARZANE
2015 | 2016

CENTOPERCENTO EXTRA BRUT
S.A.

Pavò Franciacorta
(2015)

Il nome cita il pavone, e lo riporta su tutte le eleganti etichette, l'azienda ha sede ai piedi del Monte Cognolo, vicino alla Riserva Naturale delle Torbiere del Sebino, al Lago d'Iseo e al monastero di San Pietro in Lamosa. Le ottime le condizioni climatiche, favorite da una felice esposizione a sud, le migliori tecnologie e l'incessante ricerca della qualità danno luogo a prodotti divenuti ormai un valore sicuro. Il recente impianto di un nuovo vigneto di pinot nero ha consentito di inserire nuove referenze, tra le quali il Rosé de Noir Brut.

Via per Monterotondo, 20 - 25050 Provaglio di Iseo (BS)
T. 030 6854428 | M. ettore@pavofranciacorta.it
www.pavofranciacorta.it

Viticoltura: Convenzionale
Ettari: 6 | **Bottiglie:** 25.000 | **Produzione olearia:** No
Proprietà: Ettore Cristini
Cond. enologica: Cesare Ferrari
Cond. agronomica: Andrea Salvoni
Vendita diretta: No | **Visite in azienda:** Sì

FRANCIACORTA BRUT NATURE
Bianco Docg - Chardonnay 100%
Alc. 12,5% | € 27 | Bt. 1.000 | Ferm. Acciaio | Mat. Acciaio 6 mesi 30 mesi sui lieviti
Veste luminosa e perlage aristocratico invitano a soffermarsi su un ventaglio di percezioni: albicocca, albedo d'agrume, salvia, menta e confetto alla mandorla, avvolti in un velo di iodio. La bocca, coerente e garbata, evoca granita al limone e foglie di menta fresca. Linguine con bottarga e pomodori secchi.

FRANCIACORTA BRUT 2013
Bianco Docg - Chardonnay 90%, Pinot nero 10%
Alc. 12,5% | € 28 | Bt. 500 | Ferm. Legno e Acciaio | Mat. Acciaio 6 mesi e Legno 2 mesi | 108 mesi sui lieviti
Sformato di patate e prosciutto cotto.

ROSÉ DE NOIR BRUT
Rosato Metodo Classico - Pinot nero 100%
Alc. 12,5% | € 19 | Bt. 1.500 | Ferm. Acciaio | Mat. Acciaio 6 mesi e Legno 3 mesi | 15 mesi sui lieviti
Filetto di maiale alla senape.

FRANCIACORTA BRUT GIROLAMO CRISTINI RISERVA
2010 | 2015

FRANCIACORTA BRUT SATÈN
S.A. | S.A. | S.A.

Pecis
(1982)

Accoglienza, amore per il territorio, passione per il proprio lavoro sono alcuni dei principi intorno ai quali la famiglia Pecis ha basato la sua quarantennale attività. Il vigneto, diviso tra il nucleo originale a San Paolo d'Argon e la proprietà di Cenate Sotto, è un gioiello, un vero e proprio "vigneto giardino". Godere di tanta bellezza qui è possibile grazie all'opportunità di organizzare gradevoli pic-nic in vigna per respirare fino in fondo l'incanto di luoghi che la famiglia preserva con determinazione, conservandoli con rispetto e affetto.

Via San Pietro delle Passere, 12 - 24060 San Paolo d'Argon (BG)
T. 035 959104 | M. info@pecis.it
www.pecis.it

Viticoltura: Lotta integrata
Ettari: 5,5 | **Bottiglie:** 30.000 | **Produzione olearia:** No
Proprietà: Angelo Pecis
Cond. enologica: Angelo Pecis
Cond. agronomica: Giacomo Groppetti
Vendita diretta: Sì | **Visite in azienda:** Sì

TERRE DEL COLLEONI MOSCATO GIALLO PASSITO LAURENZIO 2019
Bianco Doc Passito - Moscato giallo 100%
Alc. 13,5% | € 28 (0,375l) | Bt. 1.000 | Ferm. Legno e Acciaio
Mat. Acciaio 12 mesi e Legno 12 mesi
Suadente giallo dorato. Vigoroso l'esordio di pesca, susina Regina Claudia e bergamotto cui fanno seguito cespugli di erbe aromatiche: lavanda, melissa e timo. Soffi di cardamomo, pepe bianco e incenso preludono a un sorso avvolgente e vellutato, fresco e persistente. Blu di capra.

VALCALEPIO MOSCATO PASSITO ARGO 2017
Rosso Doc Passito - Moscato di Scanzo 100%
Alc. 15,5% | € 33 (0,375l) | Bt. 920 | Ferm. Acciaio | Mat. Acciaio 24 mesi e Legno 12 mesi
Mousse al cioccolato fondente.

SOFFIO DEL MISMA 2017
Rosso Igp - Cabernet sauvignon 45%, Merlot 45%, Franconia 10%
Alc. 15% | € 25 | Bt. 5.000 | Ferm. Acciaio | Mat. Acciaio 30 mesi e Legno 12 mesi
Carré di maiale affumicato.

SOLEMNE 2020
Bianco Igp - Chardonnay 45%, Pinot bianco 45%, Moscato giallo 10%
Alc. 13% | € 15 | Bt. 2.700 | Ferm. Legno e Acciaio | Mat. Acciaio 6 mesi e Legno 6 mesi
Capitone in umido.

QUADRIFOGLIO PAS DOSÉ ROSÉ
Rosato Metodo Classico - Franconia 100%
Alc. 12,5% | € 21 | Bt. 2.000 | Ferm. Acciaio | Mat. Acciaio 6 mesi
55 mesi sui lieviti
Crema di zucca con porcini.

IMBERGHEM 2022
Rosso Igp - Franconia 100%
Alc. 13% | € 13 | Bt. 3.400 | Ferm. Acciaio | Mat. Acciaio 6 mesi
Zuppa di legumi e cereali.

VALCALEPIO MOSCATO PASSITO ARGO
2016

TERRE DEL COLLEONI MOSCATO GIALLO PASSITO LAURENZIO
2017

Perla del Garda
(2006)

Se la turbiana è il vitigno protagonista, ormai eccellente interprete del Lugana in tutte le tipologie previste dal disciplinare, la cantina riserva una piccola parte delle vigne anche a groppello e merlot; quest'ultimo è accasato sulle colline moreniche a sud del Lago di Garda da oltre 200 anni ed è quindi considerato di tradizione. Giovanna Prandini e il fratello Ettore ne fanno un'interpretazione complessa e strutturata che quest'anno si posiziona al vertice della gamma per quella palpitante freschezza che è filo conduttore di tutti i vini dell'azienda.

Via Fenil Vecchio, 9 - 25017 Lonato del Garda (BS)
T. 030 9103109 | M. info@perladelgarda.it
www.perladelgarda.it

Viticoltura: Biologica e biologica certificata
Ettari: 40 | **Bottiglie:** 300.000 | **Produzione olearia:** Sì
Proprietà: Famiglia Prandini
Cond. enologica: Cesare Ferrari
Cond. agronomica: Marco Tonni
Vendita diretta: Sì | **Visite in azienda:** Sì

GARDA MERLOT TERRE LUNARI 2019
Rosso Dop - Merlot 100%
Alc. 13,5% | € 15 | Bt. 13.000 | Ferm. Acciaio | Mat. Legno 12 mesi
Rubino fitto dalle screziature granato. Mora, mirtillo, cassis in composta, rose rosse, geranio e peperone si stagliano su un fondale di vaniglia, macis e cardamomo. In bocca, la dotazione acida intrecciata ai tannini morbidi rende la beva corposa, succosa e agile. Lungo, sapido e speziato. Pappardelle con sugo di lepre.

GARDA MERLOT FILO ROSSO 2019
Rosso Dop - Merlot 100%
Alc. 14% | € 43 | Bt. 1.500 | Ferm. Acciaio | Mat. Legno 12 mesi
Filetto di bue con salsa di Roquefort.

LUGANA SUPERIORE MADONNA DELLA SCOPERTA 2022
Bianco Dop - Trebbiano di Lugana 100%
Alc. 12,5% | € 25 | Bt. 6.733 | Ferm. Acciaio | Mat. Acciaio 8 mesi
Reblochon.

LUGANA BIO 2022
Bianco Dop - Trebbiano di Lugana 100%
Alc. 12,5% | € 17 | Bt. 18.000 | Ferm. Acciaio | Mat. Acciaio 5 mesi
Fritto di paranza.

LUGANA PERLA 2022
Bianco Dop - Trebbiano di Lugana 100%
Alc. 12,5% | € 15 | Bt. 40.000 | Ferm. Acciaio | Mat. Acciaio 6 mesi
Risotto con seppie e burrata.

VALTÈNESI RIVIERA DEL GARDA CLASSICO CHIARETTO 2022
Rosato Dop - Groppello 72%, Sangiovese 13%, Marzemino 8%, Barbera 7%
Alc. 12,5% | € 17 | Bt. 13.200 | Ferm. Acciaio | Mat. Acciaio 5 mesi
Prosciutto d'oca affumicato.

LUGANA PERLA
2017

LUGANA SUPERIORE MADONNA DELLA SCOPERTA
2013 | 2021

Picchi
(2000)

Gabriele Picchi - con la moglie Silvia e il fratello Stefano - si è costruito anno dopo anno la solida reputazione d'essere uno degli interpreti più genuini del Pinot Nero oltrepadano, sia in chiave Metodo Classico sia con la vinificazione in rosso. Sono solo tre le referenze proposte in Guida quest'anno, ma sono tutte di alto livello, a testimoniare la proverbiale caparbietà e volontà di migliorarsi continuamente. Il gradino più alto se lo aggiudica ancora una volta il Terramossa, che stacca di un'incollatura il Brut Nature, a un passo dall'eccellenza.

Via Sgarbina 69 - 27045 Casteggio (PV)
T. 0383 805381 | M. info@picchivini.it
www.picchivini.it

Viticoltura: Lotta integrata
Ettari: 15 | **Bottiglie:** 4.000 | **Produzione olearia:** No
Proprietà: Famiglia Picchi
Cond. enologica: Gabriele Picchi
Cond. agronomica: Staff aziendale
Vendita diretta: Sì | **Visite in azienda:** Sì

PINOT NERO DELL'OLTREPÒ PAVESE TERRAMOSSA 2020
Rosso Dop - Pinot nero 100%
Alc. 13% | € 35 | Bt. 2.000 | Ferm. Acciaio | Mat. Legno 12 mesi
Cremisi dai riflessi purpurei. Esordio di classe con accenni di viola, ribes e arancia rossa, punteggiati da pepe nero e noce moscata. Beva materica ed equilibrata tra decisa freschezza e tannini in chiaroscuro. Chiude sapido su una lunga scia di cassis e agrumi scuri. Coq au vin alla borgognona.

OLTREPÒ PAVESE METODO CLASSICO PINOT NERO BRUT NATURE 2019
Bianco Docg Metodo Classico - Pinot nero 100%
Alc. 12,5% | € 30 | Bt. 7.000 | Ferm. Acciaio | Mat. Acciaio 6 mesi
36 mesi sui lieviti
Risotto con rape rosse e Gorgonzola.

EXTRA BRUT ROSÉ
Rosato Metodo Classico - Pinot nero 100%
Alc. 12,5% | € 25 | Bt. 7.000 | Ferm. Acciaio | Mat. Acciaio 6 mesi
24 mesi sui lieviti
Cappesante scottate allo zenzero.

OLTREPÒ PAVESE METODO CLASSICO PINOT NERO BRUT NATURE
2017

PINOT NERO DELL'OLTREPÒ PAVESE TERRAMOSSA
2017 | 2018 | 2019

Pietramatta
(2018)

Fa il suo ingresso in Guida Pietramatta, già ben nota e apprezzata in ambito regionale. Una viticoltura attenta, oltre il biologico, caratterizzata da studio, passione e un dialogo continuo con il territorio al fine di preservarne l'integrità, ha portato l'azienda ad avere zero emissioni attraverso l'uso limitatissimo di carburanti fossili per i lavori in vigna e l'impiego di vitigni resistenti, che consentono di abbattere i trattamenti fitosanitari. E i risultati non si fanno attendere: Amber, il macerato da souvignier gris, conquista da subito le Quattro Viti.

Via dei Mille, 20 - Frazione Loreto - 24069 Cenate Sotto (BG)
T. 348 9068797 | M. info@pietramatta.com
www.pietramatta.com

Viticoltura: Biologica certificata
Ettari: 3,5 | **Bottiglie:** 7.000 | **Produzione olearia:** No
Proprietà: Andrea Sala
Cond. enologica: Andrea Sala
Cond. agronomica: Andrea Sala
Vendita diretta: Sì | **Visite in azienda:** Sì

91

AMBER
Bianco - Souvignier gris 100%
Alc. 13,5% | € 35 | Bt. 1.000 | Ferm. Ceramica | Mat. Acciaio 2 mesi e Legno 3 mesi
La lucente ambra anticipa un vigoroso incedere di pera, mango e albicocca, frammisto a tratti agrumati, erba sfalciata, acacia, mandorle tostate e sfumature iodate. Coerente il palato nei toni fruttati, ammalia con una sapida freschezza che proporziona e allunga verso richiami gessosi. Anatra alla pechinese.

MISMA 2022
Bianco - Sauvignon 50%, Sauvignon nepis 50%
Alc. 13% | € 35 | Bt. 1.000 | Ferm. Acciaio | Mat. Acciaio 6 mesi
Ovoli freschi crudi su letto di rucola.

SASS 2020
Rosso Igt - Cabernet sauvignon 60%, Cabernet franc 20%, Merlot 20%
Alc. 12,5% | € 35 | Bt. 1.000 | Ferm. Acciaio | Mat. Legno 18 mesi
Roast beef.

035 2022
Rosato Igt - Moscato di Scanzo 95%, Merlot 5%
Alc. 14% | € 30 | Bt. 1.000 | Ferm. Acciaio | Mat. Acciaio 6 mesi
Scampi alla griglia.

Pilandro
(1980)

"La passione per il vino ha il potere di spegnere il campanilismo. Quando incontri un prodotto di qualità, anche se non è nato tra i tuoi filari, ti devi arrendere all'evidenza." Le parole di Pietro Lavelli, titolare dell'Azienda Pilandro, meritano un plauso, e lo stesso fanno i suoi vini che anche quest'anno raggiungono ottimi risultati. L'offerta aziendale si amplia e punta sull'enoturismo; nell'ultimo periodo è stato costruito uno spazio esterno alla cantina da dedicare alla comunicazione dei suoi prodotti e del territorio.

Località Pilandro, 1 - 25015 Desenzano del Garda (BS)
T. 030 9910363 | M. info@pilandro.it
www.pilandro.com

Viticoltura: Convenzionale e lotta integrata
Ettari: 37 | **Bottiglie:** 500.000 | **Produzione olearia:** Sì
Proprietà: Pietro Lavelli
Cond. enologica: Enrico Mignone, Alessandro Santini
Cond. agronomica: Giulio Vavassori
Vendita diretta: Sì | **Visite in azienda:** Sì

LUGANA ARILICA 2020
Bianco Dop - Trebbiano di Lugana 100%
Alc. 13% | € 12 | Bt. 4.000 | Ferm. Legno e Acciaio | Mat. Acciaio 12 mesi e Legno 12 mesi
Paglierino fitto e sfavillante. Dapprima frutta dai toni maturi: pesca, pera, cedro, frutto della passione; poi le nuance floreali fuse con salvia e timo limonato, bagnate da una stilla di nespola. In bocca sprigiona la sua avvolgenza con una cremosità serica e tanta carica sapida. Cotolette di pollo con melanzane e provola.

LUGANA 2022
Bianco Dop - Trebbiano di Lugana 100%
Alc. 12,5% | € 9 | Bt. 100.000 | Ferm. Acciaio | Mat. Acciaio 4 mesi
Cartoccio di pescatrice agli agrumi.

LUGANA TERECRÉA 2022
Bianco Doc - Trebbiano di Lugana 100%
Alc. 13% | € 10 | Bt. 150.000 | Ferm. Acciaio | Mat. Acciaio 4 mesi
Spaghetti con vongole veraci.

SANTA MARTINA BRUT ROSÉ 2021
Rosato Metodo Classico - Trebbiano di Lugana 90%, Barbera 10%
Alc. 12,5% | € 13 | Bt. 5.000 | Ferm. Acciaio | Mat. Acciaio 8 mesi 12 mesi sui lieviti
Pomodori gratinati con paté di olive.

GARDA MERLOT SETTANTANNI 2020
Rosso - Merlot 100%
Alc. 15% | € 10 | Bt. 26.000 | Ferm. Legno | Mat. Legno 12 mesi
Spezzatino di manzo.

ROSATO 2022
Rosato - Trebbiano di Lugana 90%, Barbera 10%
Alc. 13% | € 8 | Bt. 23.000 | Ferm. Acciaio | Mat. Acciaio 6 mesi
Asparagi di Bassano e uova in camicia.

LUGANA TERECREA
2014 | 2015 | 2021

LUGANA SPUMANTE BRUT ORO
2017

Plozza
(1919)

Un'azienda con più di un secolo di storia tra Svizzera e Valtellina, animata dal costante desiderio di produrre vini contemporanei, espressivi del terroir e in linea con i gusti del mercato: 15 referenze caratterizzate da un packaging innovativo e sperimentale, come le etichette in pietra o in legno. Desiderio di sperimentare con i valori saldi nella tradizione, come ben esprimono il Numero Uno e l'Inferno Rededition Riserva: vini di grande personalità e finezza, struttura e profondità. Vini eleganti e ben aderenti alle espressioni del territorio.

Via Cappuccini, 16 - 23037 Tirano (SO)
T. 0342 701297 | M. tirano@plozza.com
www.plozza.com

Viticoltura: Convenzionale
Ettari: 25 | **Bottiglie:** 250.000 | **Produzione olearia:** No
Proprietà: Plozza Wine Group
Cond. enologica: Luca Redaelli
Cond. agronomica: Staff aziendale
Vendita diretta: Sì | **Visite in azienda:** Sì

(91)

N° 1 - NUMERO UNO 2019
Rosso Igt - Nebbiolo 100%
Alc. 16% | € 50 | Bt. 20.000 | Ferm. Acciaio | Mat. Legno 24 mesi
Granato vivace e di ottima consistenza glicerica. Spettro olfattivo raffinato: evidenze di frutta rossa matura, cannella, ginepro e chiodi di garofano, con ricordi floreali e di spezie esotiche. Morbido e d'eccelsa struttura, bilanciato da freschezza adeguata e da un tannino rotondo e vellutato. Bitto stravecchio.

VALTELLINA SUPERIORE INFERNO REDEDITION RISERVA 2019
Rosso Docg - Nebbiolo 100%
Alc. 14% | € 19 | Bt. 20.000 | Ferm. Acciaio | Mat. Legno 30 mesi
Pappardelle al ragù di cinghiale.

ROSSO DI VALTELLINA 2018
Rosso Doc - Nebbiolo 100%
Alc. 13,5% | € 10 | Bt. 60.000 | Ferm. Acciaio | Mat. Legno 36 mesi
Minestra di fagioli di Lamon.

ROSSO DI VALTELLINA SEDUZIONE 2018
Rosso Doc - Nebbiolo 100%
Alc. 14,5% | € 22 | Bt. 10.000 | Ferm. Acciaio | Mat. Legno 36 mesi
Costolette d'agnello alle erbe.

N° 1 - NUMERO UNO
2015

SFORZATO DI VALTELLINA BLACKEDITION
2015 | 2016 | 2017

Plozza Ome
(2010)

Un po' di Valtellina e Svizzera nella Franciacorta, e viceversa: Plozza Ome è parte del Gruppo Plozza Wine Group, e risponde non solo a una logica di diversificazione e ampliamento produttivo rispetto alla Valtellina e al Canton Grigioni, ma al desiderio di valorizzare il territorio franciacortino partendo dall'ambiente. Plozza Ome opera infatti in regime biologico certificato, ed è la versione sparkling di una filosofia che punta all'eccellenza. Il Dosaggio Zero 2015 cresce in profondità e finezza, a conferma dell'ottimo percorso aziendale.

Via Lizzana, 13 - 25050 Ome (BS)
T. 0342 701297 | M. tirano@plozza.com
www.plozzaome.com

Viticoltura: Biologica certificata
Ettari: 7 | **Bottiglie:** 40.000 | **Produzione olearia:** No
Proprietà: Plozza Wine Group
Cond. enologica: Luca Redaelli
Cond. agronomica: Staff aziendale
Vendita diretta: Sì | **Visite in azienda:** Sì

FRANCIACORTA DOSAGGIO ZERO 2015
Bianco Docg - Pinot nero 60%, Chardonnay 40%
Alc. 12,5% | € 32 | Bt. 3.000 | Ferm. Acciaio | Mat. Acciaio 9 mesi e Legno 6 mesi | 48 mesi sui lieviti
Riflessi dorati vividi, perlage di rara persistenza. Al naso mela Golden matura, pompelmo e cedro candito, tra fiori di tiglio e di camomilla. Suggestioni di pasta frolla e zabaione, caramello e grano arso. Bocca setosa, in equilibrio tra morbidezza e sapidità: risultato di classe, chiusura sapida e tostata. Risotto al tartufo bianco.

FRANCIACORTA BRUT
Bianco Docg - Chardonnay 60%, Pinot nero 40%
Alc. 12,5% | € 22 | Bt. 25.000 | Ferm. Acciaio | Mat. Acciaio 9 mesi
30 mesi sui lieviti
Pesce spada al cartoccio.

FRANCIACORTA BRUT SATÈN
Bianco Docg - Chardonnay 100%
Alc. 12,5% | € 27 | Bt. 7.000 | Ferm. Acciaio | Mat. Acciaio 9 mesi
36 mesi sui lieviti
Insalatina di porcini e scaglie di formaggio.

FRANCIACORTA BRUT SATÈN
S.A.

FRANCIACORTA BRUT
S.A.

Poderi di San Pietro
(1998)

Dalla "collina di Milano", questa dinamica cantina continua a stupire con il coraggio d'innovare e sperimentare nuove tecniche per esprimere la potenzialità dei terreni di San Colombano, prezioso lascito di antichi fondali marini: dopo i bianchi affinati in anfore di gres porcellanato e i rossi evoluti nelle profondità dell'Adriatico, la poliedrica gamma aziendale si arricchisce di un bianco macerato da uve di pinot grigio. Una valorizzazione del territorio che, sia per i classici che per le novità, parte dalla cura delle vigne, luogo sovente adibito a un'eccellente ospitalità.

Via Steffenini, 2-6 - 20078 San Colombano al Lambro (MI)
T. 0371 208084 | M. info@poderidisanpietro.it
www.poderidisanpietro.it

Viticoltura: Convenzionale
Ettari: 50 | **Bottiglie:** 150.000 | **Produzione olearia:** No
Proprietà: Giuliano Toninelli
Cond. enologica: Roberto Gerbino
Cond. agronomica: Fabio Bernizzoni
Vendita diretta: Sì | **Visite in azienda:** Sì

91

SAN COLOMBANO MONASTERO DI VALBISSERA RISERVA 2016
Rosso Doc - Croatina 47%, Barbera 43%, Uva rara 10%
Alc. 14,5% | € 27 | Bt. 1.200 | Ferm. Acciaio | Mat. Legno 36 mesi
Rubino vivido e compatto. Effluvi di rose rosse carnose, amarene in confettura e vaniglia precedono malto d'orzo, caffè, tabacco, cioccolato fondente. E ancora resina, menta e liquirizia. Potente, intenso e dal tannino evoluto il sorso, slanciato da una verve fresco-sapida. Lunghissime balsamicità. Costata di cavallo con patate al rosmarino.

AMPHORA MORIS 2019
Bianco Igt - Chardonnay 90%, Verdea 10%
Alc. 13,5% | € 18 | Bt. 1.200 | Ferm. Acciaio | Mat. Ceramica 12 mesi
Zuppa d'orzo e chiodini.

SAN COLOMBANO ROSSO DI VALBISSERA 2018
Rosso Doc - Barbera 45%, Croatina 45%, Uva rara 10%
Alc. 13,5% | € 45 | Bt. 300 | Ferm. Acciaio | Mat. Legno 5 mesi
Risotto con le quaglie.

CA' DELLA SIGNORA BRUT
Bianco Metodo Martinotti - Chardonnay 90%, Trebbiano 10%
Alc. 12,5% | € 8 | Bt. 9.000 | Ferm. Acciaio | Mat. Acciaio 6 mesi
6 mesi sui lieviti
Ravioli di pesce con sugo di canestrelli.

ARCHAAN 2021
Bianco Igt - Pinot grigio 100%
Alc. 13% | € 14 | Bt. 2.000 | Ferm. Acciaio | Mat. Acciaio 6 mesi
Rollè di cernia con patate al rosmarino.

SOLARO' 2018
Bianco Igt Passito - Malvasia di Candia aromatica 100%
Alc. 14,5% | € 15 (0,5l) | Bt. 2.000 | Ferm. Legno | Mat. Legno 12 mesi
Tortino di mele con salsa alla vaniglia.

AMPHORA MORIS
2018

SAN COLOMBANO ROSSO DI VALBISSERA
2016 | 2019

Prendina
(1900)

Storia recente ma radici antiche: se il marchio aziendale nasce nel 1990, l'azienda sorge su un antico areale già citato ai tempi dei Gonzaga. La filosofia si poggia su una parola: rispetto, che si realizza attraverso modalità improntate alla tutela ambientale. Il merlot, imbottigliato per la prima volta nel 1980 per Gualtiero Marchesi, è il vitigno di punta della cantina, che appartiene al Gruppo Tenute di Famiglia, nelle mani della Famiglia Piona; ai rossi, dati anche dalla presenza di cabernet sauvignon, si affiancano vitigni come riesling, pinot grigio e sauvignon blanc.

Strada San Pietro, 86 - 46040 Monzambano (MN)
T. 045 516002 | M. info@cavalchina.com
www.prendina.com

Viticoltura: Convenzionale
Ettari: 42 | **Bottiglie:** 255.000 | **Produzione olearia:** No
Proprietà: Luciano Piona
Cond. enologica: Luciano Piona
Cond. agronomica: Luciano Piona
Vendita diretta: Sì | **Visite in azienda:** No

GARDA MERLOT FAIAL 2020
Rosso Doc - Merlot 100%
Alc. 16,5% | € 30 (1,5l) | Bt. 9.000 | Ferm. Acciaio | Mat. Legno 18 mesi
Rubino di grande concentrazione. Al naso ricordi di rose appassite, foglia di pomodoro e gelatine di: lampone e mirtillo, seguiti da aromi mentolati, cannella e pepe. Beva ricca, calda, generosa e vigorosa, con tannino aggraziato e corpo di bella struttura. Filetto di manzo alla Voronoff.

GARDA RIESLING PARONI 2022
Bianco Doc - Riesling 100%
Alc. 12,5% | € 15 | Bt. 5.000 | Ferm. Acciaio | Mat. Acciaio 6 mesi
Asparagi verdi con uovo croccante e fonduta di Taleggio.

GARDA SAUVIGNON VALBRUNA 2022
Bianco Doc - Sauvignon 100%
Alc. 13,5% | € 15 | Bt. 6.000 | Ferm. Legno e Acciaio | Mat. Acciaio 6 mesi e Legno 6 mesi
Bigoli con le sarde di lago.

GARDA SPUMANTE BRUT CUVÉE MAISON
Bianco Doc Metodo Classico - Chardonnay 90%, Corvina 10%
Alc. 12,5% | € 20 | Bt. 25.000 | Ferm. Acciaio | 24 mesi sui lieviti
Verdure pastellate.

GARDA PINOT GRIGIO 2022
Bianco Doc - Pinot grigio 100%
Alc. 12,5% | € 15 | Bt. 100.000 | Ferm. Acciaio | Mat. Acciaio 5 mesi
Coregone al forno.

GARDA CABERNET SAUVIGNON FALCONE 2020
Rosso Doc - Cabernet sauvignon 85%, Merlot 15%
Alc. 14,5% | € 25 | Bt. 5.000 | Ferm. Acciaio | Mat. Legno 12 mesi
Castelmagno.

GARDA MERLOT FAIAL
2016 | 2017

GARDA CABERNET SAUVIGNON FALCONE
2018 | 2019

Priore
(1904)

Esordio in Guida per una storica azienda franciacortina, che oltre alla cura della vite si dedica all'allevamento e all'agricoltura, a sottolineare un radicato e profondo attaccamento alla terra. Fondata all'inizio del Novecento da Alessandro Mingotti e oggi diretta dai nipoti Bruno e Alessandro, la cantina ha vigneti in 4 comuni della Franciacorta con diverse caratteristiche pedoclimatiche, le cui uve vengono sapientemente assemblate per dare vita a vini generosi ed equilibrati. L'offerta è arricchita da una macelleria e da due magnifiche strutture agrituristiche.

Via Sala, 41 - Località Calino - 25046 Cazzago San Martino (BS)
T. 030 7254710 | M. info@aziendaagricolapriore.it
www.aziendaagricolapriore.it

Viticoltura: Lotta integrata
Ettari: 18 | **Bottiglie:** 120.000 | **Produzione olearia:** No
Proprietà: Bruno e Alessandro Mingotti
Cond. enologica: Daniele Rossi, Simone Interdonato
Cond. agronomica: Alessandro Mingotti
Vendita diretta: Sì | **Visite in azienda:** Sì

FRANCIACORTA BRUT GIOVANNI MINGOTTI RISERVA 2016
Bianco Docg - Chardonnay 60%, Pinot nero 40%
Alc. 12% | € 28 | Bt. 3.000 | Ferm. Acciaio | Mat. Acciaio 6 mesi
70 mesi sui lieviti
Tra l'oro e la paglia, fine e incessante il perlage. Ouverture evoluta di mango, susina matura, salvia, erba cedrina, zeste candite, creme brulè e miele di castagno. Volumico al palato, avvolgente e cremoso, saporito e di decisa acidità. Indugia a lungo su echi di pasticceria. Tortelli di branzino con salsa d'astice.

FRANCIACORTA DOSAGGIO ZERO
Bianco Docg - Chardonnay 100%
Alc. 12% | € 20 | Bt. 8.000 | Ferm. Acciaio | Mat. Acciaio 6 mesi
32 mesi sui lieviti
Seppie ripiene su crema di ceci.

FRANCIACORTA BRUT LIHANDER 2018
Bianco Docg - Chardonnay 65%, Pinot nero 35%
Alc. 12% | € 25 | Bt. 4.000 | Ferm. Acciaio | Mat. Acciaio 6 mesi
40 mesi sui lieviti
Vellutata di patate e porri.

FRANCIACORTA BRUT SATÈN
Bianco Docg - Chardonnay 100%
Alc. 12% | € 20 | Bt. 15.000 | Ferm. Acciaio | Mat. Acciaio 6 mesi
25 mesi sui lieviti
Polpettine di alici con crema di piselli.

CURTEFRANCA ROSSO 2019
Rosso Doc - Merlot 60%, Cabernet franc 28%, Cabernet sauvignon 12%
Alc. 12,5% | € 9 | Bt. 10.000 | Ferm. Acciaio | Mat. Acciaio 18 mesi
Reale di vitello alla senape antica.

CURTEFRANCA BIANCO 2021
Bianco Doc - Chardonnay 100%
Alc. 12% | € 9 | Bt. 5.000 | Ferm. Acciaio | Mat. Acciaio 9 mesi
Camembert.

Quadra
(2003)

Compie 20 anni l'idea di Ugo Ghezzi e, guardandosi indietro, la famiglia può dirsi orgogliosa della strada percorsa. Quadra rappresenta infatti una solida realtà franciacortina, con uno stile chiaro e ben definito, basato sulla ricerca costante di verticalità e di una generale armonia, anche dopo lunghi affinamenti. Da sottolineare, oggi, la volontà dell'azienda di valorizzare il pinot bianco, utilizzato in diversi Franciacorta in percentuali non secondarie, e la voglia di evidenziare ed esaltare la qualità della materia prima, anche attraverso la linea Vegan.

Via Sant'Eusebio, 1 - 25033 Cologne (BS)
T. 030 7157314 | M. visite@quadrafranciacorta.it
www.quadrafranciacorta.it

Viticoltura: Convenzionale
Ettari: 20 | **Bottiglie:** 175.000 | **Produzione olearia:** No
Proprietà: Famiglia Ghezzi
Cond. enologica: Mario Falcetti, Antonia Tancredi
Cond. agronomica: Mario Falcetti, Sergio Gatti
Vendita diretta: Sì | **Visite in azienda:** Sì

FRANCIACORTA BRUT SATÈN UG 1941+81 RISERVA 2011
Bianco Docg - Chardonnay 80%, Pinot bianco 20%
Alc. 12% | € 30 | Bt. 5.000 | Ferm. Acciaio | Mat. Acciaio 7 mesi
130 mesi sui lieviti
Oro abbagliante ravvivato da un perlage scattante. Fiori di zagara ed erbette fini, poi banana, papaia e crosta di pane. Assaggio rotondo, coeso e di magistrale equilibrio, sostenuto anche dalla bollicina, con aromi che incedono facendosi più maturi e determinati. Ostriche Belon.

FRANCIACORTA BRUT SATÈN QSATÈN 2018
Bianco Docg - Chardonnay 72%, Pinot bianco 28%
Alc. 12% | € 23 | Bt. 51.073 | Ferm. Acciaio | Mat. Acciaio 7 mesi
45 mesi sui lieviti
Lasagne di verdure.

FRANCIACORTA NATURE QZERO NERO RISERVA 2015
Bianco Docg - Pinot nero 100%
Alc. 12,5% | € 29 | Bt. 3.650 | Ferm. Legno e Acciaio | Mat. Acciaio 7 mesi e Legno 7 mesi | 82 mesi sui lieviti
Rotolo di coniglio con pomodorini ed erbe aromatiche.

FRANCIACORTA BRUT ROSÉ QROSÉ 2018
Rosato Docg - Pinot nero 70%, Chardonnay 30%
Alc. 12,5% | € 23 | Bt. 23.669 | Ferm. Legno e Acciaio | Mat. Acciaio 7 mesi e Legno 7 mesi | 44 mesi sui lieviti
Linguine allo scoglio.

FRANCIACORTA DOSAGGIO ZERO ERETIQ
2013

FRANCIACORTA DOSAGGIO ZERO QZERO RISERVA
2013

Francesco Quaquarini
(1900)

Situata nel cuore pulsante dell'Oltrepò Pavese, lungo la Fascia della Vite che accomuna molte delle principali zone vinicole del mondo, l'azienda agricola Quaquarini vanta la presenza di diverse tipologie di terreni ed esposizioni che permettono ai vitigni di esprimere al meglio le proprie peculiarità; ciò, unito a una conduzione attenta e lungimirante e a una filosofia volta al rispetto del paesaggio rurale, al biologico e alla sostenibilità, ha consentito di ottenere la certificazione Bios: il tutto con ovvi riflessi sui vini prodotti, che si distinguono per l'alto livello e la genuinità.

Via Casa Zambianchi, 26 - 27044 Canneto Pavese (PV)
T. 0385 60152 | M. info@quaquarinifrancesco.it
www.quaquarinifrancesco.it

Viticoltura: Biologica certificata
Ettari: 60 | **Bottiglie:** 600.000 | **Produzione olearia:** No
Proprietà: Umberto e Maria Teresa Quaquarini
Cond. enologica: Umberto Quaquarini
Cond. agronomica: Umberto Quaquarini
Vendita diretta: Sì | **Visite in azienda:** Sì

BUTTAFUOCO STORICO VIGNA PREGANA 2017
Rosso Doc - Croatina 50%, Barbera 35%, Vespolina 15%
Alc. 14% | € 30 | Bt. 4.000 | Ferm. Acciaio | Mat. Acciaio 6 mesi e Legno 16 mesi e Cemento 15 mesi
Carminio attraente e compatto. Le sensazioni dolci di frutta matura a bacca nera e in confettura si avvicendano a fiori secchi, caffè in polvere, noce moscata e lieve fumé. Armonioso e di corpo, evidenzia sapidità e persistenza balsamica, con un tannino vellutato a far da contorno. Guanciale di manzo al brandy.

BUTTAFUOCO VIGNA LA GUASCA 2019
Rosso Doc - Croatina 60%, Barbera 30%, Ughetta 10%
Alc. 14% | € 16 | Bt. 6.000 | Ferm. Acciaio | Mat. Acciaio 6 mesi e Legno 8 mesi e Cemento 8 mesi
Cosciotto d'agnello al forno con patate novelle.

UGHETTA DI CANNETO 2021
Rosso Igt - Vespolina 100%
Alc. 12% | € 16 | Bt. 2.500 | Ferm. Acciaio | Mat. Cemento 6 mesi
Fagioli all'uccelletto.

OLTREPÒ PAVESE METODO CLASSICO PINOT NERO BRUT CLASSESE 2015
Bianco Docg Metodo Classico - Pinot nero 100%
Alc. 12,5% | € 25 | Bt. 18.000 | Ferm. Acciaio | Mat. Acciaio 6 mesi
66 mesi sui lieviti
Gnocchi al burro e ricotta affumicata.

BONARDA DELL'OLTREPÒ PAVESE LA RIVA DI SASS 2022
Rosso Doc Frizzante - Croatina 100%
Alc. 13,5% | € 16 | Bt. 12.000 | Ferm. Acciaio | Mat. Acciaio 6 mesi
Toma di Murazzano.

SANGUE DI GIUDA DELL'OLTREPÒ PAVESE 2022
Rosso Doc Frizzante Dolce - Croatina 65%, Barbera 25%, Vespolina 10%
Alc. 6% | € 12 | Bt. 120.000 | Ferm. Acciaio | Mat. Acciaio 6 mesi
Torta Foresta Nera.

SELEZIONE UNICA FQ BIO
2021

BUTTAFUOCO VIGNA LA GUASCA BIO
2018

Aldo Rainoldi
(1925)

Le migliaia di chilometri di muretti a secco, patrimonio Unesco, ospitano meravigliose vigne di chiavennasca che se sapientemente lavorata porta in bottiglia qualità, potenza, finezza, longevità. Rainoldi questa arte la custodisce e contribuisce alla sua valorizzazione. Un lavoro attento ai dettagli, di ricerca e di innovazione. Alle porte del primo secolo di storia, sono diversi i progetti in cantiere, volti al continuo miglioramento e all'integrazione del sistema azienda nell'ambiente che rende possibile la favola del nebbiolo delle alpi. Eleganza in vetta.

Via Stelvio, 128 - Località Casacce - 23030 Chiuro (SO)
T. 0342 482225 | M. rainoldi@rainoldi.com
www.rainoldi.com

Viticoltura: Lotta integrata
Ettari: 16,5 | **Bottiglie:** 185.000 | **Produzione olearia:** No
Proprietà: Famiglia Rainoldi
Cond. enologica: Stefano Cattaneo, Aldo Rainoldi
Cond. agronomica: Giovanni Bigot, Carlo Montanelli
Vendita diretta: Sì | **Visite in azienda:** Sì

(94)

SFURSAT DI VALTELLINA FRUTTAIO CA' RIZZIERI 2019
Rosso Docg - Nebbiolo 100%
Alc. 16% | € 50 | Bt. 13.500 | Ferm. Acciaio | Mat. Legno 18 mesi
Danza lento nel calice tinto di rubino e sferzato da toni granato. Austero e solenne si presenta in ampiezza e profondità. Confettura di susine, viola in appassimento, tè nero. Poi ancora cacao, anice stellato ed eucalipto. Materico e goloso alla bocca. Tannino sartoriale, armonia tenace. Blu di pecora.

VALTELLINA SUPERIORE SASSELLA VIGNA DEGLI APOSTOLI 2016
Rosso Docg - Nebbiolo 100%
Alc. 14% | € 55 | Bt. 2.800 | Ferm. Acciaio | Mat. Legno 25 mesi
Bocconcini di cinghiale con salsa di prugne.

VALTELLINA SUPERIORE GRUMELLO RISERVA 2018
Rosso Docg - Nebbiolo 100%
Alc. 14% | € 40 | Bt. 4.000 | Ferm. Acciaio | Mat. Legno 18 mesi
Coniglio al forno con polenta di Storo.

SFURSAT DI VALTELLINA FRUTTAIO CA' RIZZIERI
2015 | 2017 | 2018

VALTELLINA SUPERIORE SASSELLA VIGNA DEGLI APOSTOLI
2015

Rebollini
(1968)

Continua nel segno della tradizione l'azienda Rebollini, realtà familiare risalente a oltre un secolo fa, a inizio Novecento, ma rilanciata come realtà commerciale nel 1968. Situata nel nucleo dell'Oltrepò Pavese a Borgoratto Mormolo, ma con vigneti in diversi comuni della denominazione, è dedita soprattutto alla coltivazione delle varietà più caratterizzanti dell'areale, in particolare pinot nero e riesling. Dopo i successi dell'anno passato sfiora il massimo riconoscimento, in quest'edizione della Guida, con un affascinante Cruasé.

Loc. Sbercia, 1/a - 27040 Borgoratto Mormorolo (PV)
T. 0383 872295 | M. info@rebollini.it
www.rebollini.it

Viticoltura: Convenzionale
Ettari: 35 | **Bottiglie:** 110.000 | **Produzione olearia:** No
Proprietà: Gabriele Rebollini
Cond. enologica: Giulio Zanmarchi
Cond. agronomica: Leonardo Valenti
Vendita diretta: Sì | **Visite in azienda:** Sì

OLTREPÒ PAVESE METODO CLASSICO PINOT NERO BRUT ROSÉ CRUASÉ 2019
Rosato Docg Metodo Classico - Pinot nero 100%
Alc. 12,5% | € 30 | Bt. 2.000 | Ferm. Acciaio | Mat. Acciaio 6 mesi
36 mesi sui lieviti
Rosa dagli intarsi ramati, luminoso e fitto di bollicine. Accoglie con forti profumi di fragolina di bosco, lampone, salvia e timo, crosta di pane e pasta sfoglia, lavanda e rosa. La bocca è ben bilanciata tra freschezza e sapidità. Articolato tra erbe aromatiche e frutta il finale. Tacchino farcito con castagne.

OLTREPÒ PAVESE RIESLING RENIO 2021
Bianco Doc - Riesling renano 100%
Alc. 12,5% | € 17 | Bt. 8.000 | Ferm. Acciaio | Mat. Acciaio 4 mesi
Risotto alle ortiche.

OLTREPÒ PAVESE RIESLING RENIO
2020

OLTREPÒ PAVESE METODO CLASSICO PINOT NERO BRUT NATURE
2017 | 2018

Ricchi
(1960)

Nel suggestivo panorama delle Colline Moreniche Mantovane, si tramanda da generazioni una grande passione familiare: coltivare, nel miglior modo, il talento di vigneti che godono di terreni e condizioni climatiche eccezionali. Le tecnologie avanzate aiutano a migliorare la qualità dei vini prodotti e lasciano alla profonda etica produttiva, di cui è pervasa l'azienda, il rispetto di modi e tempi di lavorazione, aspetti di primaria importanza per il raggiungimento degli obiettivi preposti. Passione e cura si riflettono in ciascun assaggio.

Strada Festoni, 13/D - 46040 Monzambano (MN)
T. 0376 800238 | M. info@cantinaricchi.it
www.cantinaricchi.it

Viticoltura: Lotta integrata
Ettari: 53 | **Bottiglie:** 320.000 | **Produzione olearia:** Sì
Proprietà: Famiglia Stefanoni
Cond. enologica: Giancarlo Stefanoni
Cond. agronomica: Claudio Stefanoni
Vendita diretta: No | **Visite in azienda:** Sì

LE CIME 2020
Bianco Igt Passito - Garganega 50%, Moscato giallo 50%
Alc. 14,5% | € 22 (0,5l) | Bt. 6.000 | Ferm. Legno e Acciaio
Mat. Legno 12 mesi
Dorato brillante, di suadente consistenza. Timo e maggiorana accarezzano il naso che si fa subito dolce di pesca sciroppata, ingentilito da glicini in fiore e impreziosito da zafferano e curcuma. Spezia rilevata anche al gusto, dove un dolce equilibrio tratteggia una fine persistenza. Torrone di Tonara.

GARDA CHARDONNAY MERIDIANO 2022
Bianco Doc - Chardonnay 100%
Alc. 14% | € 18 | Bt. 24.000 | Ferm. Acciaio | Mat. Legno 6 mesi
Pesce spada alla griglia.

VITTORIO 2015
Rosso Igt - Cabernet sauvignon 50%, Merlot 50%
Alc. 14,5% | € 32 | Bt. 1.100 | Ferm. Acciaio | Mat. Legno 36 mesi
Pluma di maialino Bellota con cipolle caramellate.

ESSENZA 0 PAS DOSÉ 2016
Bianco Metodo Classico - Chardonnay 85%, Pinot nero 15%
Alc. 13% | € 19 | Bt. 18.000 | Ferm. Cemento | 60 mesi sui lieviti
Risi e bisi.

GARDA COLLI MANTOVANI BIANCO 2022
Bianco Doc - Chardonnay 35%, Garganega 35%, Trebbiano 30%
Alc. 12,5% | € 9 | Bt. 15.000 | Ferm. Acciaio | Mat. Cemento 6 mesi
Insalata di ceci e pomodorini.

GARDA COLLI MANTOVANI CHIARETTO 2022
Rosato Doc - Cabernet 25%, Merlot 25%, Rondinella 25%, Sangiovese 25%
Alc. 12,5% | € 9 | Bt. 12.000 | Ferm. Acciaio | Mat. Cemento 6 mesi
Spaghetti al pomodoro.

GARDA CABERNET RIBÒ
2014

GARDA MERLOT CARPINO
2012 | 2017

Ricci Curbastro
(1885)

Radici profonde percorrono la storia di quest'azienda e si esprimono in vini poliedrici, capaci di attraversare il tempo e innovativi. È la prima Società Benefit in Franciacorta, la prima in Lombardia a essere stata certificata come sostenibile; oggi punta a integrare la produzione con vini provenienti da vitigni Piwi senza tralasciare le varietà tradizionali: il tutto alla ricerca continua dell'eccellenza. Quest'anno è proprio il Franciacorta Dosaggio Zero Gualberto a meritare le Quattro Viti, dedicato a Gualberto Ricci Curbastro, pioniere nel 1967 della Doc Franciacorta.

Via Adro, 37 - 25031 Capriolo (BS)
T. 030 736094 | M. info@riccicurbastro.it
www.riccicurbastro.it

Viticoltura: Biologica
Ettari: 31 | **Bottiglie:** 200.000 | **Produzione olearia:** No
Proprietà: Riccardo Ricci Curbastro
Cond. enologica: Annalisa Massetti, Riccardo Ricci Curbastro, Andrea Rudelli, Filippo Ricci Curbastro
Cond. agronomica: Luigi Reghenzi
Vendita diretta: Sì | **Visite in azienda:** Sì

91,5

FRANCIACORTA DOSAGGIO ZERO GUALBERTO 2013
Bianco Docg - Pinot nero 70%, Chardonnay 30%
Alc. 12,5% | € 43 | Bt. 6.000 | Ferm. Legno e Acciaio | Mat. Acciaio 7 mesi e Legno 7 mesi | 96 mesi sui lieviti
Oro lucente, solcato da finissimo perlage. Il bouquet rivela dapprima agrumi e crosta di pane, per poi aprirsi su erbe, ginestra, toni vanigliati, ricordi di tabacco da pipa e sbuffi di grafite. L'assaggio è coerente, di classe, equilibrato e ritmato nella dinamica fresco-sapida. Caviale Tradition.

FRANCIACORTA BRUT SATÈN MUSEUM RELEASE 2009
Bianco Docg - Chardonnay 100%
Alc. 12,5% | € 48 | Bt. 2.500 | Ferm. Legno e Cemento | Mat. Acciaio 7 mesi e Legno 7 mesi | 144 mesi sui lieviti
Risotto con tinca di lago e datterini.

FRANCIACORTA EXTRA BRUT 2018
Bianco Docg - Chardonnay 50%, Pinot nero 50%
Alc. 12,5% | € 30 | Bt. 15.000 | Ferm. Legno e Cemento | Mat. Acciaio 7 mesi e Legno 7 mesi | 42 mesi sui lieviti
Coda di rospo gratinata.

FRANCIACORTA BRUT SATÈN 2019
Bianco Docg - Chardonnay 100%
Alc. 12,5% | € 30 | Bt. 15.000 | Ferm. Legno | Mat. Legno 7 mesi
40 mesi sui lieviti
Gnocchi di patate viola con carciofi morbidi e croccanti.

CURTEFRANCA VIGNA SANTELLA DEL GRÖM 2016
Rosso Doc - Cabernet franc 30%, Merlot 28%, Cabernet sauvignon 20%, Carmenère 12%, Barbera 10%
Alc. 13% | € 18 | Bt. 6.000 | Ferm. Acciaio | Mat. Legno 18 mesi
Costata di manzo alla griglia.

CURTEFRANCA VIGNA BOSCO ALTO 2019
Bianco Doc - Chardonnay 100%
Alc. 12,5% | € 15 | Bt. 3.000 | Ferm. Legno | Mat. Legno 12 mesi
Roquefort.

FRANCIACORTA DOSAGGIO ZERO GUALBERTO
2009 | 2010 | 2012

FRANCIACORTA BRUT SATÈN MUSEUM RELEASE
2007

Rivetti & L'Orco
(2013)

È da una visione di struggente bellezza che nasce "il volo" di Catia Dell'Orco e Alberto Rivetti. Complici un'alba di fine inverno, la luce rarefatta d'alta quota che con cristallina precisione disegna i profili e poi loro, "le vigne verticali, le vigne di pietra", fiera conquista della tenacia valtellinese, vivida immagine della terra che salendo vertiginosa incontra il cielo. Un richiamo irresistibile che nell'uva che si fa vino ha visto la via per rendere tangibile e godibile l'incanto. I vini, interpreti del luogo, fedele espressione del nebbiolo delle Alpi, puntualmente svettano in alto.

Via Nazionale, 121 - 23030 Villa di Tirano (SO)
T. 335 6688743 | M. info@rivettidellorco.it
www.rivettidellorco.it

Viticoltura: Convenzionale
Ettari: 11 | **Bottiglie:** 50.000 | **Produzione olearia:** No
Proprietà: Catia Dell'Orco
Cond. enologica: Alberto Rivetti
Cond. agronomica: Staff aziendale
Vendita diretta: Sì | **Visite in azienda:** No

VALTELLINA SUPERIORE UÌ RISERVA 2019
Rosso Docg - Nebbiolo 100%
Alc. 13,5% | € 27 | Bt. 6.000 | Ferm. Acciaio | Mat. Legno 12 mesi
Vivacissimo granato. Caleidoscopico nei profumi: lavanda, viola e iris; poi menta piperita, rabarbaro e radice di liquirizia. Tra vapori di cardamomo, anice stellato e noce moscata si rivela la scorza di arancia. Un'elegante vena balsamica rende vivido il sorso, avvolgente e dai tannini setosi. Fusilli di kamut al ragù di faraona.

SFORZATO DI VALTELLINA SFORZATO DELL'ORCO 2017
Rosso Docg - Nebbiolo 100%
Alc. 15,5% | € 42 | Bt. 4.500 | Ferm. Legno | Mat. Legno 24 mesi
Fiorentina alla brace.

SFORZATO DI VALTELLINA SFORZATO DELL'ORCO
2013

VALTELLINA SUPERIORE UÌ RISERVA
2016

Rocche dei Vignali
(2000)

Nel cuore della Val Camonica, a partire dal 2003, un gruppo di agricoltori, ormai arrivati a 20 soci, ha deciso di valorizzare il territorio creando prodotti enogastronomici di qualità a chilometro zero: così è nata Rocche dei Vignali, che oggi può contare su un areale di oltre 10 ettari di vigneto coltivati storicamente lungo terrazzamenti di considerevole pendenza sul versante destro della valle e con ottime esposizioni, volti alla produzione di vini realizzati con uve tradizionali e alla sperimentazione con l'impianto di vitigni Piwi.

Loc. Sant, snc - 25040 Losine (BS)
T. 3393698953 | M. info@rocchedeivignali.it
www.rocchedeivignali.it

Viticoltura: Biodinamica e lotta integrata
Ettari: 10 | **Bottiglie:** 30.000 | **Produzione olearia:** No
Proprietà: Gianluigi Bontempi
Cond. enologica: Massimo Gigola
Cond. agronomica: Sergio Bonomelli
Vendita diretta: No | **Visite in azienda:** Sì

CAMUNNORUM 2018
Rosso Igt - Merlot 80%, Cabernet 10%, Marzemino 10%
Alc. 16% | € 26 | Bt. 6.000 | Ferm. Legno e Acciaio | Mat. Legno 18 mesi
Rubino fitto e vivido. L'incipit odoroso è ricco: tostatura di tabacco, succose more, ribes e marasche, quindi peonia in appassimento, spezie dolci e bergamotto. L'ammaliante rotondità al palato è rinvigorita da sapidità e tannino che cadenzano la scia lunga e seducente. Lepre alla cacciatora.

L'ASSOLO DELLE ROCCHE 2018
Rosso Igt - Merlot 100%
Alc. 13,5% | € 13 | Bt. 5.000 | Ferm. Acciaio | Mat. Legno 18 mesi
Melanzane e peperoni ripieni.

CA' DELLA LUCE
Bianco - Solaris 100%
Alc. 12,5% | € 15 | Bt. 1.400 | Ferm. Acciaio | Mat. Acciaio 8 mesi
Rombo al forno con patate e carciofi.

IL SANT 2021
Bianco Igt Passito - Manzoni bianco 100%
Alc. 14% | € 22 (0,5l) | Bt. 800 | Ferm. Legno | Mat. Legno 12 mesi
Crostata ai frutti di bosco con mandorle e noci.

COPPELLE 2020
Bianco Igt - Manzoni bianco 95%, Riesling renano 5%
Alc. 13% | € 11 | Bt. 4.000 | Ferm. Acciaio | Mat. Acciaio 9 mesi
Canederli alla tirolese in brodo.

DESS
Bianco Metodo Classico - Chardonnay 80%, Manzoni bianco 20%
Alc. 12,5% | € 20 | Bt. 2.500 | Ferm. Acciaio | 36 mesi sui lieviti
Risotto agli scampi.

PASSITO IL SANT
2012

Romantica
(2010)

Nata a mo' di esperimento in un terroir e con una denominazione profondamente diversi da quelli di cui la famiglia Avanzi aveva esperienza, oggi Romantica può senza dubbio dirsi una solida gemma del panorama franciacortino. Saranno la cura e la passione infuse, di grado pari a quelle dedicate ai vini della sponda bresciana del Garda, sarà l'ottimale disposizione del parco vigneti, dieci ettari a pinot nero e chardonnay che circondano interamente la cantina; fatto sta che l'azienda – alla terza apparizione in Vitae – conferma anche quest'anno la solida qualità dei suoi vini.

Via Vallosa, 29 - 25050 Passirano (BS)
T. 0365 551013 | M. info@romanticafranciacorta.com
www.romanticafranciacorta.com

Viticoltura: Convenzionale
Ettari: 10 | **Bottiglie:** 55.000 | **Produzione olearia:** No
Proprietà: Famiglia Avanzi
Cond. enologica: Giuseppe Avanzi
Cond. agronomica: Staff aziendale
Vendita diretta: Sì | **Visite in azienda:** Sì

(92,5)

FRANCIACORTA DOSAGE ZÉRO RISERVA 2013
Bianco Docg - Chardonnay 100%
Alc. 12,5% | € 45 | Bt. 2.016 | Ferm. Legno e Acciaio | Mat. Acciaio 6 mesi
90 mesi sui lieviti
Dorato, con perlage di gioiosa esuberanza. Mousse di mela, nespola e melone giallo danno il timbro olfattivo, ginestra, timo e limone apportano intensità; nocciola tostata, miele di tiglio e agrume candito completano il quadro. Sorso fresco e di volume, la bollicina è carezza stuzzicante. Finale in pasticceria. Pappardelle con coda di rospo e carciofi.

FRANCIACORTA BRUT ROSÉ 2019
Rosato Docg - Pinot nero 90%, Chardonnay 10%
Alc. 12,5% | € 26 | Bt. 6.700 | Ferm. Acciaio | Mat. Acciaio 7 mesi
36 mesi sui lieviti
Cicale di mare su letto di verdure.

FRANCIACORTA BRUT BLANC DE BLANCS 2019
Bianco Docg - Chardonnay 100%
Alc. 12,5% | € 22 | Bt. 27.000 | Ferm. Acciaio | Mat. Acciaio 6 mesi
36 mesi sui lieviti
Filetti di sogliola con salsa di asparagi.

FRANCIACORTA EXTRA BRUT 2019
Bianco Docg - Chardonnay 100%
Alc. 12,5% | € 28 | Bt. 6.000 | Ferm. Legno e Acciaio | Mat. Acciaio 7 mesi e Legno 8 mesi | 48 mesi sui lieviti
Zuppa di broccolo fiolaro con olio extravergine del Garda.

FRANCIACORTA BRUT SATÈN 2019
Bianco Docg - Chardonnay 100%
Alc. 12,5% | € 24 | Bt. 24.000 | Ferm. Legno e Acciaio | Mat. Acciaio 6 mesi e Legno 8 mesi | 36 mesi sui lieviti
Anelli di cipolla pastellati fritti.

FRANCIACORTA DOSAGGIO ZERO RISERVA
2011

FRANCIACORTA EXTRA BRUT MILLESIMATO
2016

Rupi del Nebbiolo
(2002)

Cooperativa "che opera insieme". Questo è lo spirito che anima Le Rupi del Nebbiolo. Un gruppo di motivati vigneron che, custodi consapevoli, senza distinzioni di genere o età, con dedizione e cura ricambiano la generosa terra di Valtellina onorandone il frutto. Un agire sincronico che ben interpreta il termine terroir nell'accezione più autentica e sincera: terra, luogo, comunità umana, "sapere collettivo fondato su un sistema di interazioni tra un ambiente fisico e biologico, e un insieme di fattori umani". Un'etica necessità: congrua remunerazione e cosciente progettualità per il futuro.

Via Foppa, 18 - 23030 Villa di Tirano (SO)
T. 0342 746518 | M. rupidelnebbiolo@gmail.com
www.rupidelnebbiolo.com

Viticoltura: Convenzionale
Ettari: 7 | **Bottiglie:** 20.000 | **Produzione olearia:** No
Proprietà: Cooperativa di produttori
Cond. enologica: Claudio Alongi
Cond. agronomica: Elena Tognela
Vendita diretta: Sì | **Visite in azienda:** Sì

VALTELLINA SUPERIORE TRADIZIONE 2018
Rosso Docg - Nebbiolo 100%
Alc. 13,5% | € 15 | Bt. 3.000 | Ferm. Legno e Acciaio | Mat. Acciaio 12 mesi e Legno 12 mesi
Carminio dai riflessi granato. Sfaccettato all'olfatto: mora, ribes, gelso in confettura; sambuco, caramella al rabarbaro, tracce di pot-pourri e scorza di arancia essiccata. Soffi di caffè e spezie orientali. Mirabile la piacevolezza di beva giocata sul perfetto equilibrio tra materia e nobile leggerezza. Risotto al tartufo nero.

SFORZATO DI VALTELLINA 2019
Rosso Docg - Nebbiolo 100%
Alc. 15% | € 25 | Bt. 3.000 | Ferm. Legno e Acciaio | Mat. Acciaio 12 mesi e Legno 12 mesi
Filetto di scottona in sfoglia.

VALTELLINA SUPERIORE CREAZIONE 2018
Rosso Docg - Nebbiolo 100%
Alc. 13,5% | € 13 | Bt. 2.000 | Ferm. Legno e Acciaio | Mat. Acciaio 12 mesi e Legno 12 mesi
Provolone del Monaco.

SFORZATO DI VALTELLINA
2016 | 2017 | 2018

VALTELLINA SUPERIORE IL VINO DEL PREVOSTO
2016 | 2017 | 2018

Santa Lucia
(1999)

La magia tra i palazzi storici della capitale franciacortina prende vita nei primi anni '90. L'antico brolo testimonia una tradizione medievale che permea le passeggiate tra i vigneti di quest'azienda a conduzione familiare. L'esperienza di Pierluigi Villa tesse la trama del progetto, assecondato dalla passione contagiata ai figli Gregorio e Maurizio. Ardenia è moglie, madre e complice di questo prezioso, incastonato in uno scenario epico. Questi gli elementi da cui nascono vini identitari, innovativi, decisi a dimostrare il valore di un terroir tanto ameno quanto bucolico.

Via Verdi, 6 - 25030 Erbusco (BS)
T. 030 7769814 | M. info@santaluciafranciacorta.it
www.santaluciafranciacorta.it

Viticoltura: Biologica certificata
Ettari: 26 | **Bottiglie:** 130.000 | **Produzione olearia:** No
Proprietà: Gregorio Villa
Cond. enologica: Gregorio Villa
Cond. agronomica: Pierluigi Villa
Vendita diretta: Sì | **Visite in azienda:** Sì

FRANCIACORTA BRUT SATÈN
Bianco Docg - Chardonnay 100%
Alc. 12,5% | € 21 | Bt. 15.000 | Ferm. Legno e Acciaio | Mat. Acciaio 6 mesi e Legno 6 mesi | 24 mesi sui lieviti
Paglierino verdeggiante acceso da punti di luce. Mimosa, giglio e pesca bianca aprono a sensazioni di timo limonato e salvia avvolti da una nube vanigliata. Agrumi mentolati invitano a un sorso che esprime freschezza e sapidità decise, ben corrisposte da un corpo morbido e perseverante. Pizza con fiordilatte e prosciutto crudo.

FRANCIACORTA BRUT
Bianco Docg - Chardonnay 90%, Pinot nero 10%
Alc. 12,5% | € 19 | Bt. 60.000 | Ferm. Legno e Acciaio | Mat. Acciaio 6 mesi e Legno 6 mesi | 18 mesi sui lieviti
Frittata di cipolle.

FRANCIACORTA DOSAGGIO ZERO MILLESIMATO
2015 | 2016

FRANCIACORTA BRUT SATÈN
S.A.

Santus
(1995)

Maria Luisa Santus e Gianfranco Pagano si conoscono all'università. Nati agronomi, frequentano al principio solo marginalmente il modo del vino. Poi, franciacortina lei, folgorato dalla Toscana enologica e forte di esperienze maturate tra Puglia e Friuli lui, incontrano le bollicine. L'approccio, vent'anni fa, è di rottura degli standard, mostrare la Franciacorta da una diversa angolazione. Dai vigneti adagiati tra Passirano e Paderno, più che l'acidità, ricercano maturità del frutto per dare risalto a struttura e complessità, alle singole annate e ai singoli cru..

Via Case Sparse, 2 - 25050 Passirano (BS)
T. 348 6512920 | M. info@santus.it
www.santus.it

Viticoltura: Biologica certificata
Ettari: 10 | **Bottiglie:** 55.000 | **Produzione olearia:** No
Proprietà: Maria Luisa Santus e Gianfranco Pagano
Cond. enologica: Alessandro Santini
Cond. agronomica: Pierluigi Donna, Gianfranco Pagano
Vendita diretta: Sì | **Visite in azienda:** Sì

FRANCIACORTA DOSAGGIO ZERO
Bianco Docg - Chardonnay 70%, Pinot nero 30%
Alc. 12,5% | € 26 | Bt. 8.000 | Ferm. Acciaio | Mat. Acciaio 6 mesi 30 mesi sui lieviti
Giallo tenue, brillante e vivace il perlage. Ai profumi di pesca bianca, ananas, caprifoglio e fiori di acacia, seguono freschi appunti di rosmarino, menta selvatica e agrume. Lievi cenni di frutta secca. D'immediata piacevolezza al sorso, fresco e sapido; chiude rievocando pesca e nocciola. Asparagi verdi allo zabaione salato.

FRANCIACORTA DOSAGGIO ZERO ROSÉ 2018
Rosato Docg - Pinot nero 100%
Alc. 12,5% | € 27 | Bt. 8.000 | Ferm. Acciaio | Mat. Acciaio 6 mesi 48 mesi sui lieviti
Riso venere con verdure e crostacei.

FRANCIACORTA BRUT SATÈN 2019
Bianco Docg - Chardonnay 100%
Alc. 12,5% | € 26 | Bt. 8.000 | Ferm. Legno e Acciaio | Mat. Acciaio 6 mesi e Legno 6 mesi | 30 mesi sui lieviti
Pasta, patate e cozze.

FRANCIACORTA DOSAGGIO ZERO
2018

FRANCIACORTA BRUT SATÈN
2018

Sartieri 1931
(1997)

Prima passerella in Guida per Sartieri 1931, giovane e interessante realtà vitivinicola dell'Oltrepò Pavese che si propone orgogliosamente come Atelier del Vino. Tuxedo, Caban, Suit, Zefir, Madagascar e non solo: in omaggio a zia Zelinda, talentuosissima sarta e figura cardine della famiglia Saviotti, tutti i vini portano nomi fortemente legati al mondo dell'haute couture. L'azienda ha recentemente aperto a Casteggio un elegante wine bar, uno spazio di degustazione in cui è possibile assaggiare l'intera gamma prodotta in abbinamento alle eccellenze gastronomiche del territorio.

Via Milano, 44 - 27045 Casteggio (PV)
T. 0383 1755446 | M. info@sartieriwines.it
www.sartieriwines.it

Viticoltura: Convenzionale
Ettari: 20 | **Bottiglie:** 30.000 | **Produzione olearia:** No
Proprietà: Enrica Saviotti
Cond. enologica: Daniele Zangelmi, Federico De Filippi
Cond. agronomica: Mario Saviotti
Vendita diretta: Sì | **Visite in azienda:** Sì

OLTREPÒ PAVESE METODO CLASSICO PINOT NERO BRUT ROSÉ ALLURE
Rosato Docg Metodo Classico - Pinot nero 100%
Alc. 12% | € 20 | Bt. 5.000 | Ferm. Acciaio | 36 mesi sui lieviti
Rosa tenue con lampi salmone, impreziosito da bollicine incessanti. Il ventaglio olfattivo si stende su delicati tratti di peonia e piccoli frutti rossi, seguiti da sbuffi di cipria, confetto e pasticceria. In bocca è fresco e ben proporzionato; si congeda lento su ritorni ammandorlati. Orata all'acqua pazza.

OLTREPÒ PAVESE METODO CLASSICO PINOT NERO BRUT PREMIÈRE
Bianco Docg Metodo Classico - Pinot nero 100%
Alc. 12% | € 20 | Bt. 10.000 | Ferm. Acciaio | 36 mesi sui lieviti
Impepata di cozze.

TUXEDO 2017
Rosso Igt - Barbera 100%
Alc. 14,5% | € 12 | Bt. 4.500 | Ferm. Legno e Acciaio | Mat. Legno 12 mesi
Risotto alla milanese con ossobuco.

SUIT 2019
Rosso Igt - Croatina 100%
Alc. 15% | € 10 | Bt. 2.000 | Ferm. Legno e Acciaio | Mat. Legno 6 mesi
Lasagne con scamorza, funghi e zucca.

Scuropasso
(1962)

Fabio Marazzi – terza generazione a gestire la bella cantina Scuropasso, ma la quarta generazione, tutta al femminile, è già in campo! – in un'intervista, ha proposto l'ascolto di Via con me, di Paolo Conte, mentre si assaggiano il Roccapietra, storica bollicina dell'azienda, i Buttafuoco Pianlong e Lunapiena, il Riesling Pienosole. Abbiamo accettato il consiglio e ci ha sorpresi scoprire nella produzione della cantina di Pietra de' Giorgi quello stesso canto d'amore e di libertà, e quell'invito a guardare avanti, non senza una punta di preziosa autoironia.

Frazione Scorzoletta, 40/42 - 27040 Pietra de' Giorgi (PV)
T. 0385 85143 | M. info@scuropasso.it
www.scuropasso.it

Viticoltura: Biologica certificata
Ettari: 21 | **Bottiglie:** 80.000 | **Produzione olearia:** No
Proprietà: Fabio Marazzi
Cond. enologica: Flavia Marazzi
Cond. agronomica: Giuseppe Zatti, Flavia Marazz
Vendita diretta: Sì | **Visite in azienda:** Sì

93

ROCCAPIETRA ZERO PAS DOSÉ 2017
Bianco Metodo Classico - Pinot nero 100%
Alc. 12,5% | € 34 | Bt. 6.000 | Ferm. Acciaio | Mat. Acciaio 6 mesi
60 mesi sui lieviti
Paglierino con perle dorate. Ampiezze di susina goccia d'oro, melone bianco, giunchiglie, iris, caprifoglio e rose bianche. Un ricamo di vaniglia e zenzero candito cede alle erbe aromatiche e a una chiusura di confetto. Palato parimenti generoso, racconta senza fretta dell'abbraccio di cedro e pepe bianco. Sella di coniglio al tartufo con timballo di patate.

OLTREPÒ PAVESE METODO CLASSICO PINOT NERO BRUT ROSÉ CRUASÉ ROCCAPIETRA 2017
Rosato Docg Metodo Classico - Pinot nero 100%
Alc. 12,5% | € 32 | Bt. 5.000 | Ferm. Acciaio | Mat. Acciaio 6 mesi
58 mesi sui lieviti
Plateau royal di crudité.

BUTTAFUOCO STORICO VIGNA PIANLONG 2019
Rosso Doc - Croatina 50%, Barbera 25%, Ughetta 13%, Uva rara 12%
Alc. 14,5% | € 25 | Bt. 2.500 | Ferm. Cemento | Mat. Legno 24 mesi
Cinghiale arrosto con castagne.

ROCCAPIETRA BLANC DE NOIRS BRUT
Bianco Metodo Classico - Pinot nero 90%, Meunier 10%
Alc. 12,5% | € 30 | Bt. 5.000 | Ferm. Acciaio | 50 mesi sui lieviti
Carpaccio di crostacei su mela verde.

PIENOSOLE 2019
Bianco Igt - Riesling italico 100%
Alc. 13% | € 13 | Bt. 3.000 | Ferm. Cemento | Mat. Cemento 24 mesi
Garganelli con julienne di calamari e ortiche.

BUTTAFUOCO COSTA BAROSINE 2019
Rosso Doc - Croatina 50%, Barbera 35%, Uva rara 10%, Ughetta 5%
Alc. 13% | € 15 | Bt. 5.000 | Ferm. Cemento | Mat. Cemento 24 mesi
Bollito misto con salse.

ROCCAPIETRA ZERO PAS DOSÉ
2016

OLTREPÒ PAVESE METODO CLASSICO PINOT NERO BRUT ROSÉ CRUASÉ ROCCAPIETRA
2014 | 2016

Podere Selva Capuzza
(1917)

L'anima di Selva Capuzza è poliedrica: cantina ma pure ristorante e agriturismo nel vicino Borgo San Donino. La produzione stessa di vini ricade in tre denominazioni: Riviera del Garda Classico, San Martino della Battaglia e Lugana, all'insegna della biodiversità. Il podere è, infatti, area a divieto di caccia e il 15% della superficie è destinata a bosco e campagna. Anche in vigna passaggi minimi dei mezzi, abolizione di erbicidi, metodi naturali contro i parassiti, impronta idrica e carbonica costantemente monitorate hanno portato alla certificazione SQNPI per la produzione integrata.

Località Selva Capuzza - 25015 Desenzano del Garda (BS)
T. 030 9910381 | M. info@selvacapuzza.it
www.selvacapuzza.it

Viticoltura: Convenzionale e lotta integrata
Ettari: 32 | **Bottiglie:** 300.000 | **Produzione olearia:** Sì
Proprietà: Luca Formentini
Cond. enologica: Renato Beozzo
Cond. agronomica: Donatella Vezzaro
Vendita diretta: Sì | **Visite in azienda:** Sì

LUGANA MENASASSO RISERVA 2019
Bianco Doc - Trebbiano di Lugana 100%
Alc. 13,5% | € 22 | Bt. 8.000 | Ferm. Acciaio | Mat. Acciaio 18 mesi
Paglierino di chiara luce. Prima sciroppo di limone e sambuco, poi infuso d'erbe di finocchio e aneto, il bouquet è definito pure da menta e fiori di calendula, frutti esotici maturi e memorie di gesso. Fresco e sapido con brio; pieno nel corpo, lascia al gusto una scia agrumata e di kren. Filetto di dentice in crosta di patate.

SAN MARTINO DELLA BATTAGLIA CAMPO DEL SOGLIO 2022
Bianco Doc - Tocai friulano 100%
Alc. 14% | € 15 | Bt. 8.000 | Ferm. Acciaio | Mat. Acciaio 9 mesi
Spaghetti con vongole e bottarga.

LUGANA SPUMANTE BRUT HIRUNDO 2018
Bianco Doc Metodo Classico - Trebbiano di Lugana 100%
Alc. 12,5% | € 22 | Bt. 3.300 | Ferm. Acciaio | Mat. Acciaio 6 mesi
36 mesi sui lieviti
Crescentine e salumi.

LUGANA 2022
Bianco Doc - Trebbiano di Lugana 100%
Alc. 12,5% | € 11 | Bt. 90.000 | Ferm. Acciaio | Mat. Acciaio 5 mesi
Pasta e fagioli.

LUGANA SELVA 2022
Bianco Doc - Trebbiano di Lugana 100%
Alc. 13,5% | € 15 | Bt. 35.000 | Ferm. Acciaio | Mat. Acciaio 8 mesi
Frittura di rane e verdure croccanti.

RIVIERA DEL GARDA CLASSICO CHIARETTO SAN DONINO 2022
Rosato Doc - Groppello 70%, Barbera 10%, Marzemino 10%, Sangiovese 10%
Alc. 12,5% | € 10 | Bt. 8.000 | Ferm. Acciaio | Mat. Acciaio 4 mesi
Risotto con gamberi di fiume e piselli.

SAN MARTINO DELLA BATTAGLIA CAMPO DEL SOGLIO
2014 | 2015 | 2020

LUGANA MENASASSO RISERVA
2016

Silvano Zanetti
(2017)

Dopo una vita spesa nel settore, Silvano e Daniele Zanetti hanno deciso di realizzare il sogno paterno e quest'anno fanno il loro ingresso in Guida. Dalle uve dei vigneti di famiglia accanto alla riserva naturale delle Torbiere del Sebino nasce una piccola produzione, curata e coccolata anche attraverso vinificazioni separate per ogni parcella e lunghi affinamenti in bottiglia. Il fine dichiarato è quello di realizzare vini che valorizzino ed esprimano un preciso carattere d'eccellenza, obiettivo brillantemente raggiunto con entrambi i Franciacorta degustati.

Via Torcoli, 4/B - 25050 Provaglio d'Iseo (BS)
T. 329 9853569 | M. silvano.zanetti@yahoo.it
www.silvanozanetti.com

Viticoltura: Lotta integrata
Ettari: 10 | **Bottiglie:** 7.000 | **Produzione olearia:** No
Proprietà: Famiglia Zanetti
Cond. enologica: Silvano Zanetti
Cond. agronomica: Silvano Zanetti, Daniele Zanetti
Vendita diretta: Sì | **Visite in azienda:** Sì

(94)
FRANCIACORTA EXTRA BRUT
Bianco Docg - Chardonnay 100%
Alc. 12,5% | € 32 | Bt. 4.000 | Ferm. Acciaio | Mat. Acciaio 6 mesi
42 mesi sui lieviti
Giallo paglierino di accattivante intensità, dal perlage molto fine. Il naso è suadente, si apre con mela renetta, melone bianco, pesca e susina, poi sambuco, fresia, coriandolo, zenzero e un accenno di pepe di Sichuan. L'assaggio è fresco e avvolgente, con lunghi ritorni di aromi fruttati. Ricciola al forno con capperi e pomodori ciliegino.

FRANCIACORTA BRUT SATÈN
Bianco Docg - Chardonnay 100%
Alc. 12,5% | € 35 | Bt. 2.000 | Ferm. Acciaio | Mat. Acciaio 6 mesi
46 mesi sui lieviti
Battuto di gamberi rossi di Sicilia.

Sincette
(1978)

Il legame tra l'azienda e l'incantevole territorio in cui è insediata è profondissimo. Un abbraccio tale da condurre quest'interessante realtà gardesana a intraprendere, anno dopo anno, importanti percorsi di studio e conoscenza che nel 2012 l'hanno portata a diventare la prima realtà vitivinicola lombarda con certificazione Demeter. La consulenza di Jacques Mell, uno dei padri fondatori della filosofia biodinamica, è stata fondamentale per raggiungere ciò che la famiglia Brunori si era prefissata: "ascoltare la natura rispettando le sue leggi e coltivare la terra senza arrecare danno".

Via Rosario, 44 - Frazione Picedo - 25080 Polpenazze del Garda (BS)
T. 0365 651471 | M. info@lesincette.it
www.sincette.it

Viticoltura: Biodinamica
Ettari: 10 | **Bottiglie:** 40.000 | **Produzione olearia:** Sì
Proprietà: Brunori srl
Cond. enologica: Luca D'Attoma
Cond. agronomica: Staff aziendale
Vendita diretta: Sì | **Visite in azienda:** Sì

DINAMICO 2020
Rosso Igt - Marzemino 50%, Barbera 25%, Groppello 25%
Alc. 13,5% | € 19 | Bt. 13.000 | Ferm. Legno | Mat. Legno 12 mesi
Intrigante rubino, uno scrigno che dona sfumature speziate di cannella, anice stellato e cardamomo. Nuance fruttate di mirtilli e more e tonalità tostate di tabacco biondo. L'assaggio, di corpo ed equilibrato, mette in luce un tannino giovane ma garbato. Carciofi alla giudia.

VALTÈNESI RIVIERA DEL GARDA CLASSICO CHIARETTO 2022
Rosato Doc - Groppello 60%, Barbera 20%, Marzemino 20%
Alc. 13% | € 18 | Bt. 6.600 | Ferm. Legno e Terracotta | Mat. Legno 4 mesi e Terracotta 4 mesi
Spiedo di seppioline ai ferri.

RIVIERA DEL GARDA CLASSICO GROPPELLO 2022
Rosso Doc - Groppello 100%
Alc. 13% | € 20 | Bt. 13.000 | Ferm. Cemento e Terracotta
Mat. Cemento 4 mesi e Terracotta 4 mesi
Maialino in agrodolce.

SoloUva
(2009)

Il metodo SoloUva è ormai noto agli appassionati di vino e, come dice il nome stesso, consiste nell'usare solo l'uva e il suo mosto per l'intero processo produttivo. L'ha ideato l'omonima cantina, con sede sulle colline di Erbusco, che con maestria coltiva vigneti di chardonnay e pinot nero che crescono beati su vocati terreni morenici e propone un'eccellente triade di etichette: il Franciacorta Brut, il Dosaggio Zero e il Brut Rosé. È quest'ultimo a svettare e stupire la commissione con i suoi profumi intriganti e la sua salinità sferzante.

Via Costa Sopra, 22 - 25030 Erbusco (BS)
T. 348 5581508 | M. info@solouva.com
www.solouva.com

Viticoltura: Biologica
Ettari: 3 | **Bottiglie:** 25.000 | **Produzione olearia:** No
Proprietà: Andrea Rudelli
Cond. enologica: Consulenza esterna
Cond. agronomica: Consulenza esterna
Vendita diretta: Sì | **Visite in azienda:** Sì

FRANCIACORTA BRUT ROSÉ
Rosato Docg - Pinot nero 100%
Alc. 12% | € 35 | Bt. 4.500 | Ferm. Acciaio | 24 mesi sui lieviti
Brillante rosa tenue contornato da numerose bollicine. Profumi di zagara, acacia, pesca gialla e mango introducono un naso di buona complessità che chiude su note di elicriso e liquirizia. Gusto equilibrato tra freschezza e sapidità, che sfocia in un'eco minerale. Sarde a beccafico.

FRANCIACORTA DOSAGGIO ZERO
Bianco Docg - Chardonnay 100%
Alc. 12% | € 28 | Bt. 4.000 | Ferm. Acciaio | Mat. Acciaio 5 mesi
24 mesi sui lieviti
Linguine alla granseola e rosmarino.

FRANCIACORTA BRUT
Bianco Docg - Chardonnay 100%
Alc. 12% | € 25 | Bt. 18.000 | Ferm. Acciaio | 24 mesi sui lieviti
Risotto con silene e cime di luppolo selvatico.

FRANCIACORTA BRUT
S.A.

FRANCIACORTA DOSAGGIO ZERO
S.A. | S.A. | S.A.

Tenuta Casa Virginia

(2002)

Ogni etichetta porta il nome di una leggenda legata alla terra bergamasca da cui proviene. Ed è proprio il legame con la terra l'elemento dominante in tutti i vini prodotti da Antonio Lecchi, deus ex machina della cantina. Nata nel 2002 con il ripristino di un antico vigneto nei pressi della città di Bergamo, oggi Tenuta Casa Virginia può vantare riconoscimenti a livello nazionale e internazionale, segno di un grande lavoro che in poco tempo ha portato una giovane realtà a uno status di eccellenza.

Via Cascina Violo, 1 - 24018 Villa d'Almè (BG)
T. 035 571223 | M. info@tenutacasavirginia.it
www.tenutacasavirginia.it

Viticoltura: Convenzionale e lotta integrata
Ettari: 3,8 | **Bottiglie:** 13.000 | **Produzione olearia:** Sì
Proprietà: Antonio Lecchi
Cond. enologica: Antonio Lecchi
Cond. agronomica: Michele Elitropi
Vendita diretta: Sì | **Visite in azienda:** Sì

IL DRAGO DI SANTA BRIGIDA 2020
Rosso Igp - Cabernet sauvignon 50%, Merlot 50%
Alc. 14% | € 14 | Bt. 366 | Ferm. Acciaio | Mat. Legno 24 mesi
Rubino lucente, granato sull'orlo. Grande profondità tra le fragranze giocate sull'amarena sotto spirito e sulle spezie: pepe, chiodi di garofano, noce moscata e liquirizia. Il palato è di struttura, ha tannino vivido ma gentile e rivela una chiusura che riverbera d'armellina. Tagliata di manzo al rosmarino.

IL CASTELLO DELLA REGINA 2020
Rosso Igp - Merlot 60%, Cabernet sauvignon 40%
Alc. 13% | € 12 | Bt. 3.000 | Ferm. Acciaio | Mat. Legno 24 mesi
Coniglio in umido con verze e purea di patate.

IL SERPENTE CON LA CRESTA 2020
Rosso Igp - Syrah 100%
Alc. 13,5% | € 14 | Bt. 2.100 | Ferm. Acciaio | Mat. Legno 24 mesi
Caciocavallo Silano.

TENUTA CASA VIRGINIA PAS DOSÉ 2011
Bianco Metodo Classico - Chardonnay 100%
Alc. 12,5% | € 30 | Bt. 940 | Ferm. Acciaio | 126 mesi sui lieviti
Stoccafisso all'anconetana.

L'ORO DEL DIAVOLO
2020

IL VIOLINO ESSENZA
2018

Tenuta La Vigna

(1870)

Un secolo e mezzo di viticoltura per valorizzare la Doc Capriano del Colle, una denominazione ricca di storia e di vini di qualità: amore, umiltà e pazienza sono le tre parole chiave che uniscono la necessaria modernità in vigneto e in cantina all'applicazione di nuovi impianti ad alta fittezza e attrezzature tecnologicamente avanzate. Il marzemino è al centro della vinificazione in rosso, mentre lo chardonnay è il vitigno principe impiegato nella spumantizzazione: l'indirizzo stilistico è per la piena valorizzazione dell'espressività del terroir.

Cascina La Vigna - 25020 Capriano del Colle (BS)
T. 030 9748061 | M. info@tenutalavigna.it
www.tenutalavigna.it

Viticoltura: Lotta integrata
Ettari: 9 | **Bottiglie:** 38.000 | **Produzione olearia:** No
Proprietà: Anna Botti
Cond. enologica: Marco Zizioli, Andrea Mereghetti
Cond. agronomica: Marco Zizioli
Vendita diretta: Sì | **Visite in azienda:** Sì

CAPRIANO DEL COLLE MONTE BRUCIATO RISERVA 2020
Rosso Doc - Merlot 45%, Marzemino 40%, Sangiovese 15%
Alc. 14,5% | € 24 | Bt. 3.400 | Ferm. Acciaio e Cemento | Mat. Acciaio 12 mesi e Legno 12 mesi
Splendide tonalità rubino, buona consistenza e passerella olfattiva intrigante con accenni floreali di viola mammola e ricordi fragranti di ribes, confettura di prugne e spezie tra pepe nero e cannella. Vino di corpo, contraddistinto da un tannino morbido e un bilanciato asse acido-sapido. Bracioline di maiale al calvados.

CAPRIANO DEL COLLE RUBINERA 2021
Rosso Doc - Merlot 45%, Marzemino 40%, Sangiovese 15%
Alc. 13,5% | € 12 | Bt. 9.000 | Ferm. Acciaio e Cemento | Mat. Acciaio 12 mesi
Caciocavallo podolico.

UGO BOTTI NATURE
Bianco Metodo Classico - Chardonnay 100%
Alc. 12% | € 33 | Bt. 1.300 | Ferm. Legno | Mat. Acciaio 5 mesi e Legno 12 mesi
60 mesi sui lieviti
Scampi alla busara.

ANNA BOTTI BRUT BLANC DE BLANC
Bianco Metodo Classico - Chardonnay 100%
Alc. 12% | € 19 | Bt. 7.000 | Ferm. Legno e Acciaio | Mat. Acciaio 8 mesi e Legno 8 mesi | 30 mesi sui lieviti
Trenette al pesto, patate e fagiolini.

CAPRIANO DEL COLLE TORRAZZA 2021
Bianco Doc - Trebbiano 100%
Alc. 12,5% | € 13 | Bt. 10.000 | Ferm. Acciaio | Mat. Acciaio 8 mesi
Alici panate e fritte.

CAPRIANO DEL COLLE LAMETTINO 2021
Rosso Doc - Marzemino 100%
Alc. 13,5% | € 13 | Bt. 6.500 | Ferm. Acciaio | Mat. Acciaio 15 mesi
Peperonata.

Tenuta Maddalena
(2009)

Santa Maria Maddalena è la patrona di Volta Mantovana, ed è qui, nell'Oasi del Parco Naturale del Mincio, che Adamo Tempesta produceva vino per pochi eletti selezionati. A un paio di generazioni di distanza, nuova linfa scorre tra le vigne dando vita a Tenuta Maddalena, frutto di un sogno condiviso di Paolo, nipote di Adamo, con un gruppo di amici uniti dalla stessa passione. Giovani e intraprendenti le idee, fedeli e memori dell'esperienza i fondamenti che, al soffio gentile del Lago di Garda, tra dolci rilievi, narrano di vini che dal legame intimo tra passato e futuro traggono nutrimento.

Strada Tibassi, 12/A - 46049 Volta Mantovana (MN)
T. 0376 83323 | M. info@tenutamaddalena.it
www.tenutamaddalena.it

Viticoltura: Convenzionale
Ettari: 13 | **Bottiglie:** 65.000 | **Produzione olearia:** No
Proprietà: Elisa Sutti e Simona Scè
Cond. enologica: Paolo Tempesta
Cond. agronomica: Paolo Tempesta
Vendita diretta: Sì | **Visite in azienda:** Sì

MONTE CERVO 2020
Rosso Igt - Merlot 100%
Alc. 13,5% | € 13 | Bt. 18.500 | Ferm. Acciaio | Mat. Acciaio 17 mesi e Legno 3 mesi
Vivace cremisi dalle screziature granato. Sentori di frutta matura, ribes, mirtillo, cassis e prugna sono avvolti da soffi autunnali di foglia secca e radice. Piacevoli incursioni d'arancia rossa, curcuma e rabarbaro. Succoso e fresco al palato, lunga la scia salina gustosamente speziata. Carré d'agnello al timo e lardo di Colonnata.

VAL DI PIETRA 2019
Rosso Igt - Cabernet sauvignon 80%, Cabernet franc 20%
Alc. 14% | € 16 | Bt. 25.000 | Ferm. Acciaio | Mat. Acciaio 18 mesi e Legno 18 mesi
Faraona arrosto con salsa di frutti di bosco.

COLFIORÌ 2022
Bianco Igt - Sauvignon 100%
Alc. 13% | € 10 | Bt. 5.200 | Ferm. Acciaio | Mat. Acciaio 6 mesi
Manteca.

D'ALLORO 2022
Bianco Igt - Chardonnay 100%
Alc. 12% | € 9 | Bt. 9.300 | Ferm. Acciaio | Mat. Acciaio 6 mesi
Filetto di lucioperca in crosta di patate.

FOSSEDAL 2022
Rosato Igt - Merlot 80%, Barbera 20%
Alc. 12,5% | € 7 | Bt. 5.300 | Ferm. Acciaio | Mat. Acciaio 6 mesi
Paccheri con salsa di pomodoro e basilico.

COLFIORÌ
2018 | 2019 | 2021

MONTE CERVO
2017 | 2018 | 2019

Tenuta Martinelli
(2018)

I fratelli Martinelli proseguono la tradizione familiare nell'azienda di Cologne, ma possiedono vigne anche a Provaglio d'Iseo e Passirano, che forniscono le uve per i Franciacorta. I vigneti sui suoli di origine marina e caratterizzati da terra rossa, argillosa e ricca di ferro a 250 metri s.l.m., nel versante sud del Monte Orfano, sono dedicati principalmente ai vini fermi: quest'anno, in particolare, daranno i primi frutti gli impianti di carmenère e di pinot nero. Tra i vini in Guida si segnala la performance del Franciacorta Brut Benedetta Buizza, che i fratelli hanno dedicato alla mamma.

Via Cadamocco, 24 - 25033 Cologne (BS)
T. 030 7999173 | M. info@martinellifranciacorta.it
www.martinellifranciacorta.it

Viticoltura: Biologica
Ettari: 12 | **Bottiglie:** 40.000 | **Produzione olearia:** No
Proprietà: Fabio, Giuseppe e Cristian Martinelli
Cond. enologica: Marco Zizioli
Cond. agronomica: Marco Tonni
Vendita diretta: No | **Visite in azienda:** Sì

FRANCIACORTA BRUT BENEDETTA BUIZZA 2020
Bianco Docg - Chardonnay 80%, Pinot nero 20%
Alc. 12,5% | € 25 | Bt. 12.500 | Ferm. Acciaio | Mat. Acciaio 8 mesi 20 mesi sui lieviti
Paglierino dai riflessi verdolini. Sfoggia una tavolozza di caprifoglio, nespola del Giappone, pesca tabacchiera, ananas, crosta di pane e anice stellato, avvolti da un'orma di gesso. Ottima coerenza gusto-olfattiva, convince per la struttura e l'efficace sinergia tra sapidità e freschezza. Petto di pollo agli asparagi.

ERMAN RISERVA 2019
Rosso Igt - Cabernet 60%, Merlot 40%
Alc. 15% | € 35 | Bt. 3.000 | Mat. Legno 12 mesi
Grigliata di carne con salsa barbecue.

FRANCIACORTA BRUT SATÈN BENEDETTA BUIZZA 2019
Bianco Docg - Chardonnay 100%
Alc. 12,5% | € 35 | Bt. 10.000 | Ferm. Legno e Acciaio | Mat. Acciaio 8 mesi e Legno 6 mesi | 36 mesi sui lieviti
Cocktail di gamberetti.

CURTEFRANCA CURTÈ 2021
Bianco Doc - Chardonnay 100%
Alc. 13% | € 20 | Bt. 2.000 | Ferm. Legno | Mat. Legno 6 mesi
Cacciucco alla livornese.

FRANCIACORTA BRUT BENEDETTA BUIZZA
S.A.

FRANCIACORTA BRUT SATÈN BENEDETTA BUIZZA
S.A.

Tenuta Mazzolino
(1980)

"Collina del pinot nero", così è da sempre conosciuta la Tenuta acquistata negli anni '80 da Enrico Braggiotti: terra bianca e gessosa, sin dall'Ottocento aveva infatti messo in luce una lampante attitudine per il nobile vitigno. Impegno e dedizione del fondatore prima, della figlia Sandra poi, hanno gettato le basi di una realtà che ha saputo valorizzare un terroir vocato, realizzando vini fermi e spumanti Metodo Classico di sapiente e assoluta qualità. Francesca Seralvo, che nel 2015 ha preso le redini aziendali dalla madre, porta avanti oggi una tradizione d'eccellenza.

Via Mazzolino, 34 - 27050 Corvino San Quirico (PV)
T. 0383 876122 | M. info@tenuta-mazzolino.com
www.tenuta-mazzolino.com

Viticoltura: Biologica
Ettari: 20 | **Bottiglie:** 100.000 | **Produzione olearia:** No
Proprietà: Francesca Seralvo
Cond. enologica: Kyriakos Kynigopoulos
Cond. agronomica: Stefano Malchiodi
Vendita diretta: Sì | **Visite in azienda:** Sì

(91)

OLTREPÒ PAVESE METODO CLASSICO PINOT NERO BRUT ROSÉ CRUASÉ 2018
Rosato Docg Metodo Classico - Pinot nero 100%
Alc. 12,5% | € 32 | Bt. 7.000 | Ferm. Acciaio | Mat. Acciaio 9 mesi 36 mesi sui lieviti
Rosa tenue di luminosa vivacità. Ouverture di fragolina di bosco macerata, pan brioche, cera d'api, miele, liquirizia, timo e alloro. L'ingresso è efficace, il sorso è equilibrato: la bollicina cremosa esalta una piacevole acidità e una garbata salinità. Ottima persistenza. Guazzetto di moscardini.

PINOT NERO DELL'OLTREPÒ PAVESE NOIR 2020
Rosso Doc - Pinot nero 100%
Alc. 13,5% | € 40 | Bt. 9.000 | Ferm. Acciaio | Mat. Legno 12 mesi
Costata di manzetta con salsa allo zenzero.

BRUT BLANC DE BLANCS 2019
Bianco Metodo Classico - Chardonnay 100%
Alc. 12,5% | € 31 | Bt. 10.000 | Ferm. Acciaio | Mat. Acciaio 9 mesi 36 mesi sui lieviti
Crostini al lardo d'Arnad.

TERRAZZE ALTE 2021
Rosso Igt - Pinot nero 100%
Alc. 13,5% | € 23 | Bt. 7.000 | Ferm. Acciaio | Mat. Acciaio 12 mesi
Tajarin al tartufo bianco d'Alba.

BLANC 2021
Bianco Igt - Chardonnay 100%
Alc. 13,5% | € 34 | Bt. 9.000 | Ferm. Legno | Mat. Legno 10 mesi
Pollo al curry.

PINOT NERO DELL'OLTREPÒ PAVESE NOIR
2017 | 2018 | 2019

BLANC
2019

Tenuta Quvestra
(2014)

Il particolare nome "Quvestra" racchiude in sé tutti gli obiettivi e i propositi di questa realtà di Santa Maria della Versa. "Qualità" lo scopo e il fine del lavoro quotidiano, "Uve" la priorità a cui vengono dedicate cura e fatica ripagate durante la vendemmia, "Cuvée" utilizzate negli spumanti, vanto della produzione aziendale, "Vestra" che in latino significa "vostra" e rappresenta l'impegno condiviso con chiunque apprezzi i vini e il territorio. Infine, la parola Vestra strizza l'occhio anche a Versa, la suggestiva valle dell'Oltrepò Pavese dove si trova la tenuta.

Località Case Nuove, 9 - 27047 Santa Maria della Versa (PV)
T. 348 8921526 | M. info@quvestra.it
www.quvestra.com

Viticoltura: Lotta integrata
Ettari: 11 | **Bottiglie:** 35.000 | **Produzione olearia:** No
Proprietà: Famiglie Ballerio Corti
Cond. enologica: Mario Maffi, Franco Passarin
Cond. agronomica: Sara Monaco, Fabio Bisi
Vendita diretta: Sì | **Visite in azienda:** Sì

OLTREPÒ PAVESE METODO CLASSICO PINOT NERO EXTRA BRUT SYMPOSIUM
Bianco Docg Metodo Classico - Pinot nero 85%, Chardonnay 15%
Alc. 12,5% | € 26 | Bt. 3.500 | Ferm. Acciaio | Mat. Acciaio 9 mesi e Legno 9 mesi | 54 mesi sui lieviti
Ha il colore della paglia che imbiondisce al sole, solcata da una spuma fine. Profumi di fiori bianchi e gialli, pesca, mela Golden, limone, pasta di pane e una malia di pietra focaia. Bocca di decisa sapidità e nitida freschezza. S'estende in sensazioni di anice e iodate. Filetto di orata in crosta di mandorle e patate.

CROATINA 2017
Rosso Igp - Croatina 100%
Alc. 14,5% | € 20 | Bt. 2.200 | Ferm. Acciaio | Mat. Acciaio 12 mesi e Legno 24 mesi
Abbacchio al forno con verdure grigliate.

PINOT NERO 2017
Rosso Igp - Pinot nero 100%
Alc. 13,5% | € 20 | Bt. 2.600 | Ferm. Acciaio | Mat. Acciaio 12 mesi e Legno 24 mesi
Filetto di vitello alla Rossini.

OLTREPÒ PAVESE METODO CLASSICO PINOT NERO EXTRA BRUT ROSÉ ZEPHIRO
Rosato Docg Metodo Classico - Pinot nero 100%
Alc. 12,5% | € 26 | Bt. 3.500 | Ferm. Acciaio | Mat. Acciaio 9 mesi 54 mesi sui lieviti
Calamarata con ragù di pesce spada.

CHARDONNAY 2019
Bianco Igp - Chardonnay 100%
Alc. 14% | € 14 | Bt. 2.500 | Ferm. Acciaio | Mat. Acciaio 24 mesi e Legno 12 mesi. Risotto con le spugnole.

BONARDA DELL'OLTREPÒ PAVESE 2021
Rosso Doc Frizzante - Croatina 100%
Alc. 14% | € 8 | Bt. 3.500 | Ferm. Acciaio | Mat. Acciaio 12 mesi
Robiola di Roccaverano.

PINOT NERO
2016

OLTREPÒ PAVESE BIANCO SINFONIA IN BIANCO
2017

Tenuta Roveglia
(1930)

Terreno, microclima, uomo. Alla fine è l'intreccio perfetto di questi elementi a fare di un vino un buon vino. Il terreno di origine morenica argilloso e calcareo è perfetto per la turbiana di Lugana, grazie alla termoregolazione del Lago di Garda il microclima si fa ventilato e con buone escursioni e infine Sara, Vanessa e Babettli Azzone: un tassello fondamentale per il successo di Tenuta Roveglia, insieme a Fabio Prà, enologo, e Paolo Fabiani, agronomo. È così che prende vita la magia che anche quest'anno conferma il Lugana Vigne Di Catullo Riserva 2020 un vino da primo posto.

Località Roveglia, 1 - 25010 Pozzolengo (BS)
T. 030 918663 | M. info@tenutaroveglia.it
www.tenutaroveglia.com

Viticoltura: Biologica
Ettari: 120 | **Bottiglie:** 850.000 | **Produzione olearia:** No
Proprietà: Famiglia Zweifel-Azzone
Cond. enologica: Flavio Prà
Cond. agronomica: Paolo Fabiani
Vendita diretta: Sì | **Visite in azienda:** Sì

95

LUGANA VIGNE DI CATULLO RISERVA 2020
Bianco Doc - Trebbiano di Lugana 100%
Alc. 13% | € 22 | Bt. 30.000 | Ferm. Acciaio | Mat. Acciaio 24 mesi
Giallo dorato di luce intensa. Fragranze invitanti di pera decana, scorza di cedro e pesca gialla impreziosite da salvia, mentuccia, maggiorana, erba cedrina, ligustro e poi fiori: narciso e fresia. Al gusto l'eleganza si trasforma in potenza scalpitante, vino dalla struttura decisa e dalla salinità persistente. Fagottino di persico con melanzane, pomodori e basilico.

GARDA CABERNET SAUVIGNON CA' D'ORO 2018
Rosso Doc - Cabernet sauvignon 100%
Alc. 15,5% | € 30 | Bt. 7.000 | Ferm. Acciaio | Mat. Legno 24 mesi
Guancia di vitello in umido.

LUGANA LIMNE 2022
Bianco Doc - Trebbiano di Lugana 100%
Alc. 13,5% | € 14 | Bt. 550.000 | Ferm. Acciaio | Mat. Acciaio 4 mesi
Frittata di finferli.

RIVIERA DEL GARDA CLASSICO CHIARETTO MITI 2022
Rosato Doc - Groppello 40%, Barbera 20%, Marzemino 20%, Sangiovese 20%
Alc. 12,5% | € 14 | Bt. 40.000 | Ferm. Acciaio | Mat. Acciaio 5 mesi
Risotto con mazzancolle al profumo d'arancia.

LUGANA SPUMANTE BRUT
Bianco Doc Metodo Martinotti - Trebbiano di Lugana 100%
Alc. 12,5% | € 16 | Bt. 10.000 | Ferm. Acciaio | Mat. Acciaio 4 mesi
8 mesi sui lieviti
Tortelli al Castelmagno.

LUGANA VIGNE DI CATULLO RISERVA
2017 | 2018 | 2019

LUGANA LIMNE
2016

Tenuta Scerscé
(2008)

Fondata nel 2008 da un'avvocata decisa a trasformarsi in vignaiola, Tenuta Scerscé è già cresciuta arrivando a coprire diverse tipologie e sottozone, con vigneti tra i 400 e i 720 metri, come da tradizione su terrazze coltivate a rittochino, ultimo acquisto nel 2021 in zona Bianzone. Produzioni piccole e frutto di microvinificazioni e sperimentazione, mirate a valorizzare i diversi terroir. Nell'attesa di un nuovo cru del Valgella, cui si sta lavorando, si distingue quest'anno, al panel della nostra Guida, il Valtellina Superiore Inferno Flammante, che ha mancato di poco l'eccellenza.

Via Lungo Adda V Alpini, 124 - 23037 Tirano (SO)
T. 0342 233580 | M. info@tenutascersce.it
www.tenutascersce.it

Viticoltura: Lotta integrata
Ettari: 7 | **Bottiglie:** 45.000 | **Produzione olearia:** No
Proprietà: Cristina Scarpellini
Cond. enologica: Attilio Pagli
Cond. agronomica: Stefano Dini
Vendita diretta: Sì | **Visite in azienda:** Sì

VALTELLINA SUPERIORE INFERNO FLAMMANTE 2020
Rosso Docg - Nebbiolo 100%
Alc. 13% | € 35 | Bt. 3.793 | Ferm. Cemento | Mat. Legno 12 mesi
Limpido rubino con bagliori granato. Olfatto di classe, intenso e complesso, passa da ricami di frutta rossa sotto spirito, al fiore appassito, alla spezia, ginepro e pepe nero, a una soffusa balsamicità. Le stesse integrità ed espressività si ripropongono al sorso, articolato, dinamico e di buona lunghezza. Faraona ripiena con salsa tartufata.

VALTELLINA SUPERIORE VALGELLA CRISTINA SCARPELLINI RISERVA 2019
Rosso Docg - Nebbiolo 100%
Alc. 13% | € 41 | Bt. 5.249 | Ferm. Acciaio | Mat. Legno 23 mesi
Pappardelle con funghi porcini.

SFORZATO DI VALTELLINA INFINITO 2019
Rosso Docg - Nebbiolo 100%
Alc. 15% | € 50 | Bt. 4.866 | Ferm. Cemento | Mat. Legno 19 mesi
Bocconcini di cervo al cavolo nero.

VALTELLINA SUPERIORE SASSELLA INCANTO 2020
Rosso Docg - Nebbiolo 100%
Alc. 13% | € 33 | Bt. 3.540 | Ferm. Cemento | Mat. Legno 12 mesi
Mocetta di camoscio.

VALTELLINA SUPERIORE ESSENZA 2019
Rosso Docg - Nebbiolo 100%
Alc. 13% | € 27 | Bt. 6.626 | Ferm. Legno | Mat. Legno 24 mesi
Storico Ribelle.

ROSSO DI VALTELLINA NETTARE 2021
Rosso Doc - Nebbiolo 100%
Alc. 12% | € 18 | Bt. 13.720 | Ferm. Acciaio e Cemento | Mat. Cemento 6 mesi
Pizza fritta con provola e salsiccia.

VALTELLINA SUPERIORE VALGELLA CRISTINA SCARPELLINI RISERVA
2018

VALTELLINA SUPERIORE INFERNO FLAMMANTE
2018

Tognazzi
(1920)

Lasciatosi alle spalle le turbolenze della Prima guerra mondiale e della Spagnola, Battista Tognazzi, detto Caratì, ebbe l'intuizione di vendere nella vicina Brescia il vino prodotto dalle proprie vigne. Fu l'inizio di una storia di successo: oggi, i suoi diretti discendenti rappresentano una solida e affermata realtà della Doc Botticino, con proprietà anche nella vicina Doc Lugana. Tra i vini presentati, brilla il Cobio: un rosso di carattere proveniente da un impianto di circa due ettari - acquistati nel 1981 - nell'omonima vigna, considerata tra le più prestigiose dell'intero areale.

Via Sant'Orsola, 161 - Frazione Caionvico - 25135 Brescia (BS)
T. 030 2692695 | M. agricolatognazzivini@libero.it
www.tognazzivini.it

Viticoltura: Convenzionale
Ettari: 10 | **Bottiglie:** 90.000 | **Produzione olearia:** No
Proprietà: Giuliano Tognazzi
Cond. enologica: Cesare Ferrari
Cond. agronomica: Marco Tonni
Vendita diretta: Sì | **Visite in azienda:** Sì

BOTTICINO COBIO 2020
Rosso Doc - Barbera 40%, Sangiovese 30%, Marzemino 20%, Schiava gentile 10%
Alc. 15% | € 20 | Bt. 10.000 | Ferm. Acciaio | Mat. Acciaio 4 mesi e Legno 20 mesi
Rubino fitto con bagliori porpora. Esprime seducenti profumi di ciliegia sotto spirito, rosa passita e cioccolato, insieme a refoli di erbe officinali. Appagante l'assaggio: morbido e strutturato, ha buona progressione gustativa, sostenuta dalle vibranti freschezza e sapidità. Camoscio in umido.

LUGANA SELEZIONE ORO 2021
Bianco Doc - Trebbiano di Lugana 95%, Chardonnay 5%
Alc. 13,5% | € 13 | Bt. 5.000 | Ferm. Acciaio | Mat. Acciaio 7 mesi
Carpaccio di branzino.

LUGANA CASCINA ARDEA 2022
Bianco Doc - Trebbiano di Lugana 100%
Alc. 13,5% | € 9 | Bt. 60.000 | Ferm. Acciaio | Mat. Acciaio 3 mesi
Verdure in tempura.

BOTTICINO UVE DI MATTINA 2020
Rosso Doc - Barbera 30%, Marzemino 30%, Sangiovese 30%, Schiava gentile 10%
Alc. 14% | € 9 | Bt. 12.000 | Ferm. Acciaio | Mat. Acciaio 4 mesi e Legno 20 mesi
Cappone ripieno al forno.

BOTTICINO COBIO
2018

LUGANA CASCINA ARDEA
2021

Tosca
(2004)

Nel cuore delle colline di Pontida sorge l'Azienda Agricola Tosca, un'oasi della viticoltura biologica. I vigneti, coltivati con amore e senza l'uso di prodotti chimici, producono vini di grande impronta territoriale. Ma l'impegno per la sostenibilità non si ferma qui: la famiglia Locatelli ha restaurato la Polisena, una cascina del Settecento, certificata CasaClima. Qui si può gustare una gastronomia locale e biologica, in perfetta armonia con i loro vini. Un luogo dove la bellezza e l'ecosostenibilità si abbracciano, invitandoci a condividere i valori di un futuro più verde.

Via Ca' di Maggio, 333 - 24030 Pontida (BG)
T. 035 795841 | M. info@vinitosca.it
www.vinitosca.it

Viticoltura: Biologica certificata
Ettari: 9 | **Bottiglie:** 30.000 | **Produzione olearia:** No
Proprietà: Tosca Comi
Cond. enologica: Romildo Locatelli, Paolo Zadra, Marco Locatelli
Cond. agronomica: Angelo Divittini
Vendita diretta: Sì | **Visite in azienda:** Sì

VALCALEPIO ROSSO DEL LUPO 2020
Rosso Doc - Merlot 75%, Cabernet sauvignon 25%
Alc. 13,5% | € 13 | Bt. 5.700 | Ferm. Acciaio | Mat. Legno 12 mesi
Rubino fitto fitto. Naso invitante giocato su frutta nera e memorie vegetali con una netta collocazione varietale che permette d'individuare timbri di cedro e di peperone verde. Sfuma su speziature pepate. Palato saporito, denso con ritorni aromatici erbacei a supporto di un bel tannino giovane. Straccetti di cavallo.

TERRE DEL COLLEONI INCROCIO MANZONI 2022
Bianco Doc - Manzoni bianco 100%
Alc. 15% | € 14 | Bt. 2.100 | Ferm. Acciaio | Mat. Acciaio 7 mesi
Filetti di trota al vapore con maionese.

MAINARDO EXTRA BRUT
Bianco Metodo Classico - Chardonnay 100%
Alc. 12,5% | € 22 | Bt. 1.400 | Ferm. Acciaio | 45 mesi sui lieviti
Pollo fritto.

PRIMORÒ 2021
Rosso Igt - Merlot 100%
Alc. 13,5% | € 12 | Bt. 3.400 | Ferm. Acciaio | Mat. Acciaio 7 mesi
Coniglio alla ligure.

CÒL DI FRA 2021
Rosato Igt - Moscato rosso 60%, Merlot 40%
Alc. 13,5% | € 12 | Bt. 1.900 | Ferm. Acciaio | Mat. Acciaio 7 mesi
Mozzarella di bufala campana.

VALCALEPIO ROSSO BEMÙ RISERVA
2015

VALCALEPIO ROSSO DEL LUPO
2019

Travaglino
(1868)

Non è semplice scrivere qualcosa che non sia già stato menzionato in precedenza riguardo a quest'azienda, veterana della Guida: la storia secolare, l'omonima e suggestiva località, l'offerta ricettiva, i grandi vini, sempre al vertice delle tipologie. Quest'anno però ci sono novità che mirano a rendere la cantina più moderna e sostenibile: la decisione di dotarsi di un impianto fotovoltaico per essere indipendenti dal punto di vista energetico, e la coibentazione del magazzino e della cantina, per migliorare l'efficienza dell'isolamento termico e ridurre i consumi. Bravi.

Località Travaglino - 27040 Calvignano (PV)
T. 0383 872222 | M. info@travaglino.it
www.travaglino.it

Viticoltura: Lotta integrata
Ettari: 80 | **Bottiglie:** 180.000 | **Produzione olearia:** No
Proprietà: Famiglia Comi
Cond. enologica: Donato Lanati, Achille Bergami
Cond. agronomica: Achille Bergami
Vendita diretta: Sì | **Visite in azienda:** Sì

(91,5)
OLTREPÒ PAVESE RIESLING CAMPO DELLA FOJADA RISERVA 2019
Bianco Doc - Riesling renano 100%
Alc. 13% | € 25 | Bt. 3.000 | Ferm. Acciaio | Mat. Acciaio 12 mesi
Dorato vivace e luminoso, consistente. Ampio spettro olfattivo: mela Golden e scorza di limone, ginestra, calendula, poi vaniglia, cumino e miele millefiori. Sorso caldo, morbido, avvolgente, ben equilibrato da freschezza e sapidità. Ottima corrispondenza e attraente persistenza. Ostriche Speciale de Claire Marennes-Oléron.

OLTREPÒ PAVESE RIESLING CAMPO DELLA FOJADA 2022
Bianco Doc - Riesling renano 100%
Alc. 13% | € 18 | Bt. 20.000 | Ferm. Acciaio | Mat. Acciaio 6 mesi
Fiori di zucca ripieni di ricotta e acciughe.

OLTREPÒ PAVESE METODO CLASSICO PINOT NERO BRUT VINCENZO COMI RISERVA DEL FONDATORE 2016
Bianco Docg Metodo Classico - Pinot nero 100%
Alc. 12,5% | € 60 | Bt. 3.000 | Ferm. Acciaio | Mat. Acciaio 6 mesi
60 mesi sui lieviti
Rotolo di tacchino alle mele ed erbe aromatiche.

OLTREPÒ PAVESE METODO CLASSICO PINOT NERO EXTRA BRUT GRAN CUVÉE BLANC DE NOIR 2018
Bianco Docg Metodo Classico - Pinot nero 100%
Alc. 13% | € 28 | Bt. 20.000 | Ferm. Acciaio | Mat. Acciaio 6 mesi
36 mesi sui lieviti
Brie de Meaux.

OLTREPÒ PAVESE RIESLING CAMPO DELLA FOJADA RISERVA
2016 | 2018

PINOT NERO DELL'OLTREPÒ PAVESE POGGIO DELLA BUTTINERA RISERVA
2017

Triacca
(1897)

Festeggiati i 125 anni di attività, la storica cantina rinnova la sua immagine con un rebranding fresco ma senza stravolgimenti, nel rispetto dei fondamentali elementi che caratterizzano il pensiero della famiglia. Triacca infatti non ha mai smesso di essere un'azienda a conduzione familiare, pur crescendo in modo ragguardevole nel tempo grazie all'esperienza e alla passione trasmesse di generazione in generazione. Una crescita non solo dimensionale ma anche qualitativa, che ci porta anche quest'anno a decretare l'eccellenza per lo Sforzato, in una gamma tutta di altissimo profilo.

Via Nazionale, 121 - 23030 Villa di Tirano (SO)
T. 0342 701352 | M. info@triacca.com
www.triacca.com

Viticoltura: Convenzionale
Ettari: 40 | **Bottiglie:** 350.000 | **Produzione olearia:** Sì
Proprietà: Famiglia Triacca
Cond. enologica: Barbara Tamburini, Vittorio Fiore, Luca Triacca
Cond. agronomica: Luca Triacca
Vendita diretta: Sì | **Visite in azienda:** Sì

(91,5)
SFORZATO DI VALTELLINA SAN DOMENICO 2018
Rosso Docg - Nebbiolo 100%
Alc. 15% | € 33 | Bt. 10.000 | Ferm. Acciaio | Mat. Legno 12 mesi
Riflessi granato nel calice rubino compatto. Caldo e avvolgente il panorama olfattivo, affianca viole e lampone in confettura, fichi, frutta secca e pain d'épices, sferzati da un lieve soffio etereo e balsamico. Il palato è materico e morbido, ravvivato di acidità e sapidità, sferico nel tannino. Capretto allo spiedo.

VALTELLINA SUPERIORE SASSELLA RISERVA 2019
Rosso Docg - Nebbiolo 100%
Alc. 13,5% | € 22 | Bt. 6.000 | Ferm. Acciaio | Mat. Legno 24 mesi
Pernici farcite.

VALTELLINA SUPERIORE PRESTIGIO 2019
Rosso Docg - Nebbiolo 100%
Alc. 13,5% | € 33 | Bt. 20.000 | Ferm. Acciaio | Mat. Legno 12 mesi
Lasagne ai cardi con formaggi saporiti.

VALTELLINA SUPERIORE CASA LA GATTA 2020
Rosso Docg - Nebbiolo 100%
Alc. 13% | € 15 | Bt. 40.000 | Ferm. Acciaio | Mat. Legno 12 mesi
Fettuccine ai finferli.

VALTELLINA SUPERIORE SASSELLA 2020
Rosso Docg - Nebbiolo 100%
Alc. 13% | € 16 | Bt. 30.000 | Ferm. Acciaio | Mat. Legno 12 mesi
Zuppa di farro e borlotti.

SFORZATO DI VALTELLINA IL MONASTERO
2017 | 2018

VALTELLINA SUPERIORE PRESTIGIO
2015

Uberti
(1793)

La sensibilità con la quale la famiglia continua a interpretare il territorio franciacortino, nel quale è presente con una storicità che pochi possono vantare, è garanzia di risultati eccezionali. Vigne particolarmente vocate site nei territori di Erbusco, Adro e Calino con giaciture collinari e terreni ricchi di scheletro e minerali, asciutti ben esposti e ventilati, unite a scelte enologiche precise che prevedono vinificazioni separate, fermentazioni in tini di rovere naturale da 32 Hl e lunghi affinamenti, danno vita a prodotti iconici che raccontano tutta l'espressività dello chardonnay.

Via Enrico Fermi, 2 - Località Salem - 25030 Erbusco (BS)
T. 030 7267476 | M. info@ubertivini.it
www.ubertivini.it

Viticoltura: Biologica e lotta integrata
Ettari: 26 | **Bottiglie:** 180.000 | **Produzione olearia:** No
Proprietà: Famiglia Uberti
Cond. enologica: Silvia Uberti
Cond. agronomica: Silvia Uberti
Vendita diretta: Sì | **Visite in azienda:** Sì

(95,5)
FRANCIACORTA EXTRA BRUT DEQUINQUE CUVÉE 15 VENDEMMIE
Bianco Docg - Chardonnay 100%
Alc. 13% | € 95 | Bt. 3.946 | Ferm. Legno | 66 mesi sui lieviti
Ipnotico il perlage così come la progressione aromatica, incantevole per ampiezza e nobile definizione. Pan brioche e semi di sesamo tostati, cardamomo, incenso e pepe bianco, erbe officinali e agrumi, eucalipto, miele di tiglio e suggestioni infinite. L'assaggio è immenso e indimenticabile. Piccione ai porcini e tartufo nero.

(94,5)
FRANCIACORTA EXTRA BRUT QUINQUE CUVÉE 5 VENDEMMIE
Bianco Docg - Chardonnay 100%
Alc. 13,5% | € 75 | Bt. 4.184 | Ferm. Legno | 135 mesi sui lieviti
Splendida effervescenza a ravvivare l'oro. Infiniti i rimandi, tra cui gli agrumi con grafite e incenso, achillea con lavanda e zenzero, alloro e pasticceria salata. Deciso, estatico e vertiginoso il sorso. Risotto alla granseola.

(92,5)
FRANCIACORTA DOSAGGIO ZERO SUBLIMIS RISERVA 2015
Bianco Docg - Chardonnay 100%
Alc. 13% | € 50 | Bt. 4.500 | Ferm. Legno | 71 mesi sui lieviti
Paglierino pieno, infaticabile il perlage. Intenso il dialogo olfattivo tra tiglio e acacia, pesca e susina, tostature e mineralità di sfondo. Equilibrata e precisa la beva. Emblema di eleganza. Caviale Oscietra.

FRANCIACORTA EXTRA BRUT COMARÌ DEL SALEM 2016
Bianco Docg - Chardonnay 80%, Pinot bianco 20%
Alc. 13% | € 49 | Bt. 4.500 | Ferm. Legno e Acciaio | 66 mesi sui lieviti
Foie gras in torchon.

FRANCIACORTA BRUT SATÈN MAGNIFICENTIA 2019
Bianco Docg - Chardonnay 100%
Alc. 12,5% | € 45 | Bt. 20.000 | Ferm. Legno e Acciaio | 36 mesi sui lieviti
Brodetto all'anconetana.

FRANCIACORTA EXTRA BRUT FRANCESCO I
Bianco Docg - Chardonnay 75%, Pinot nero 15%, Pinot bianco 10%
Alc. 12,5% | € 29 | Bt. 22.000 | Ferm. Acciaio | 30 mesi sui lieviti
Zuppa di cipolle gratinate.

FRANCIACORTA EXTRA BRUT DEQUINQUE CUVÉE 10 VENDEMMIE
S.A. | S.A. | S.A.

FRANCIACORTA DOSAGGIO ZERO SUBLIMIS RISERVA
2011 | 2014

Vigna Dorata
(1995)

La cascina di famiglia posizionata al centro della tenuta vitivinicola ospita la moderna cantina e la sala di degustazione, con numerose proposte per l'enoturismo. Non c'è soluzione di continuità tra l'essere e il fare, per chi si identifica nel frutto del proprio lavoro, con l'orgoglio e l'ambizione di raccogliere e riflettere un'identità costruita da generazioni di rapporto intimo con la terra, di cui la certificazione biologica in etichetta da quest'anno rappresenta solo un tassello. Guardando al futuro sono stati impiantati 0,3 ettari di erbamat, che entrerà nelle masse dai prossimi anni.

Via Sala, 80 - Frazione Calino - 25046 Cazzago San Martino (BS)
T. 030 7254275 | M. info@vignadorata.it
www.vignadorata.it

Viticoltura: Biologica certificata
Ettari: 9 | **Bottiglie:** 60.000 | **Produzione olearia:** No
Proprietà: Luciana Savina Mingotti
Cond. enologica: Vigilio Rocco , Alessandro Santini
Cond. agronomica: Giacomo Groppetti
Vendita diretta: Sì | **Visite in azienda:** Sì

FRANCIACORTA BRUT
Bianco Docg - Chardonnay 85%, Pinot nero 15%
Alc. 12,5% | € 19 | Bt. 18.000 | Ferm. Acciaio | 24 mesi sui lieviti
Il fine perlage verticalizza le dorature del calice. L'incipit è dolce, di miele e pasticceria; seguono pesca, ananas e albicocca, fiori gialli, erbe aromatiche da cucina, pepe bianco e sbuffi minerali. Coerente e terso in bocca, progredisce fresco e succoso tra ricordi di frutta e sale. Polpo alla Luciana.

FRANCIACORTA BRUT SATÈN
Bianco Docg - Chardonnay 100%
Alc. 13% | € 22 | Bt. 24.000 | Ferm. Acciaio | Mat. Acciaio 5 mesi
30 mesi sui lieviti
Strudel di porcini e zucca con crema al parmigiano.

FRANCIACORTA NATURE
Bianco Docg - Chardonnay 80%, Pinot nero 20%
Alc. 12,5% | € 25 | Bt. 4.000 | Ferm. Acciaio | 30 mesi sui lieviti
Sushi e sashimi.

CURTEFRANCA ROSSO RUNCAT 2018
Rosso Doc - Merlot 34%, Cabernet franc 33%, Cabernet sauvignon 33%
Alc. 14,5% | € 15 | Bt. 4.500 | Ferm. Acciaio | Mat. Legno 24 mesi
Manzo brasato con olive e porri.

FRANCIACORTA BRUT SATÈN
S.A.

FRANCIACORTA BRUT SATÈN MILLESIMATO
2016

Vigne Olcru
(2012)

Già undici anni da quando i fratelli Brambilla hanno avviato il loro sogno: un'azienda votata alla sperimentazione e all'innovazione. Tanti i progetti legati al mondo dell'istruzione e della ricerca, che nel corso del tempo hanno visto coinvolta questa realtà ad alto contenuto tecnologico: dalla sezione della cantina dedicata all'Università Statale di Milano alla collaborazione con l'Università IULM e alla creazione di un laboratorio di neuro-marketing, fino al programma "vignifichiamo insieme, dalla vigna al vino", un percorso formativo rivolto alle scuole superiori.

Via Buca, 26/A - 27047 Santa Maria della Versa (PV)
T. 0385 799958 | M. info@vigneolcru.com
www.vigneolcru.com

Viticoltura: Lotta integrata
Ettari: 29 | **Bottiglie:** 200.000 | **Produzione olearia:** No
Proprietà: Massimiliano e Matteo Brambilla
Cond. enologica: Leonardo Valenti, Marco Calatroni
Cond. agronomica: Marco Calatroni
Vendita diretta: Sì | **Visite in azienda:** Sì

VERVE PAS DOSÉ 2017
Bianco Metodo Classico - Pinot nero 100%
Alc. 12% | € 35 | Bt. 6.000 | Ferm. Acciaio | Mat. Acciaio 9 mesi
50 mesi sui lieviti
Riverberi ramati, puntinati da un'elegante bollicina, impreziosiscono il bel giallo. Effluvi di eucalipto a braccetto di curcuma e cannella convergono su nuance di mela cotogna, pera e camomilla. La perfetta corrispondenza e una persistenza speziata regalano un assaggio di grande pregio. Pollo alle mandorle e curcuma.

COPPIERE NERO 2019
Rosso Igt - Pinot nero 100%
Alc. 13,5% | € 35 | Bt. 25.000 | Ferm. Acciaio | Mat. Acciaio 8 mesi e Legno 18 mesi
Pappardelle con sugo di capriolo.

VICTORIA PAS DOSÉ ROSÉ 2019
Rosato Metodo Classico - Pinot nero 100%
Alc. 12,5% | € 31 | Bt. 15.000 | Ferm. Acciaio | Mat. Acciaio 9 mesi
24 mesi sui lieviti
Salmone al timo.

VICTORIA PAS DOSÉ ROSÉ
2018

VERVE PAS DOSÉ
2016

Vigneti Cenci
(1979)

La Boscaiola, una cascina del 1600 attorniata dai vigneti e riportata in vita dalla visione del fondatore Nelson Cenci oltre 40 anni fa, continua a essere la culla di vini che si distinguono per sapidità, pienezza ed eleganza. Merito dei peculiari suoli di argille rosse calcaree del Monte Orfano, dell'esposizione soleggiata, ma soprattutto della filosofia aziendale mirata a utilizzare il solo mosto d'uva per rifermentazione e dosaggio dei Franciacorta, unitamente a bassi livelli di solfiti, con l'obiettivo di ottenere vini digeribili e che esaltino le caratteristiche dell'uva di partenza.

Via Riccafana, 19 - 25033 Cologne (BS)
T. 030 7156386 | M. info@vigneticenci.com
www.vigneticenci.com

Viticoltura: Convenzionale
Ettari: 6 | **Bottiglie:** 50.000 | **Produzione olearia:** Sì
Proprietà: Giuliana Cenci e Maurizio Bassi
Cond. enologica: Massimo Messina
Cond. agronomica: Massimo Messina
Vendita diretta: Sì | **Visite in azienda:** Sì

(91)

FRANCIACORTA BRUT CUVÉE LA CAPINERA
Bianco Docg - Chardonnay 70%, Pinot bianco 30%
Alc. 12,5% | € 25 | Bt. 25.000 | Ferm. Acciaio | Mat. Acciaio 6 mesi
24 mesi sui lieviti
Luminoso paglierino dal fine e continuo perlage. Seduce con effluvi di fresie, gerani, pesca bianca, mela Golden, timo e dragoncello su uno sfondo di pan brioche e tartelletta alla crema. Invitante, cremoso, di dissetante freschezza e garbata sapidità. Il lungo finale riecheggia d'agrumi ed erbe aromatiche. Risotto agli asparagi con gamberi croccanti.

FRANCIACORTA BRUT MILLESIMATO NELSON CENCI L'INSOLITA ANNATA 2015
Bianco Docg - Chardonnay 70%, Pinot bianco 20%, Pinot nero 10%
Alc. 12,5% | € 42 | Bt. 2.500 | Ferm. Acciaio | Mat. Acciaio 6 mesi
72 mesi sui lieviti
Totani ripieni con salsa mediterranea.

FRANCIACORTA PAS DOSÉ CUVÉE ZERO
Bianco Docg - Chardonnay 70%, Pinot bianco 30%
Alc. 12,5% | € 28 | Bt. 6.000 | Ferm. Acciaio | Mat. Acciaio 6 mesi
24 mesi sui lieviti
Zuppetta di piselli e vongole.

FRANCIACORTA BRUT ROSÉ CUVÉE LA CAPINERA
Rosato Docg - Pinot nero 100%
Alc. 12,5% | € 26 | Bt. 6.000 | Ferm. Acciaio | Mat. Acciaio 6 mesi
24 mesi sui lieviti
Grigliata di carne bianca e verdure.

FRANCIACORTA BRUT SATÈN CUVÉE LA VIA DELLA SETA
Bianco Docg - Chardonnay 90%, Pinot bianco 10%
Alc. 12,5% | € 27 | Bt. 12.500 | Ferm. Acciaio | Mat. Acciaio 6 mesi
30 mesi sui lieviti. Orecchiette con cime di rapa.

FRANCIACORTA EXTRA BRUT CUVÉE NELSON CENCI 2018
Bianco Docg - Chardonnay 80%, Pinot bianco 20%
Alc. 12,5% | € 36 | Bt. 3.000 | Ferm. Acciaio | Mat. Acciaio 4 mesi
48 mesi sui lieviti. Ravioli di patate e baccalà.

FRANCIACORTA EXTRA BRUT CUVÉE NELSON CENCI
S.A. | S.A. | S.A.

FRANCIACORTA PAS DOSÉ CUVÉE ZERO
S.A. | S.A.

Villa Franciacorta
(1960)

Una realtà sempre dinamica e pronta a nuove sfide, la conduzione biologica, l'approccio sostenibile certificato, l'utilizzo di energie rinnovabili e, da pochi anni, l'acquisizione della tenuta cinquecentesca il Martinello a Provaglio d'Iseo. Un nuovo terroir che vede protagonista il pinot nero e che, grazie alla giacitura dei terreni, alla maggior altitudine, all'ottima esposizione, ventilazione ed escursioni termiche, darà origine a vini di indiscussa qualità. Il cru Martinello rappresenta quindi l'obiettivo e la sfida futura, oggi godiamoci invece l'eccellenza del Franciacorta Rosé Bokè.

Via Villa, 12 - Località Villa - 25040 Monticelli Brusati (BS)
T. 030 652329 | M. info@villafranciacorta.it
www.villafranciacorta.it

Viticoltura: Biologica certificata
Ettari: 42 | **Bottiglie:** 300.000 | **Produzione olearia:** No
Proprietà: Famiglia Bianchi
Cond. enologica: Angelo Divittini, Alessandro Gobbetti
Cond. agronomica: Pierluigi Donna
Vendita diretta: Sì | **Visite in azienda:** Sì

(91)

FRANCIACORTA BRUT ROSÉ BOKÈ 2019
Rosato Docg - Pinot nero 100%
Alc. 12,5% | € 32 | Bt. 13.798 | Ferm. Acciaio | Mat. Acciaio 8 mesi
35 mesi sui lieviti
Vivace e raffinato rosa salmone dalle fini catenelle. Fresco e vibrante olfatto: fragola, lampone, mandarino, petali di rosa, cannella e vaniglia. Sorso fresco, equilibrato, dal setoso volume e dall'incisiva pungenza. Piacevole sensazione minerale che prolunga la persistenza speziata e balsamica. Coniglio in porchetta.

FRANCIACORTA BRUT SATÈN MON 2019
Bianco Docg - Chardonnay 100%
Alc. 12,5% | € 31 | Bt. 47.336 | Ferm. Acciaio | Mat. Acciaio 8 mesi
35 mesi sui lieviti
Ostriche Bouzigues.

FRANCIACORTA BRUT CUVETTE 2018
Bianco Docg - Chardonnay 80%, Pinot nero 20%
Alc. 12,5% | € 36 | Bt. 4.715 | Ferm. Legno e Acciaio | Mat. Acciaio 8 mesi e Legno 8 mesi | 45 mesi sui lieviti
Risotto al lavarello del Garda.

FRANCIACORTA EXTRA BRUT EXTRA BLU 2018
Bianco Docg - Chardonnay 90%, Pinot nero 10%
Alc. 12,5% | € 36 | Bt. 6.140 | Ferm. Legno e Acciaio | Mat. Acciaio 8 mesi e Legno 8 mesi | 44 mesi sui lieviti
Stoccafisso in umido con porcini.

FRANCIACORTA BRUT EMOZIONE 2019
Bianco Docg - Chardonnay 85%, Pinot nero 10%, Pinot bianco 5%
Alc. 12,5% | € 28 | Bt. 67.415 | Ferm. Acciaio | Mat. Acciaio 8 mesi
32 mesi sui lieviti
Insalata nizzarda.

CURTEFRANCA BIANCO PIAN DELLA VILLA 2021
Bianco Doc - Chardonnay 100%
Alc. 13,5% | € 22 | Bt. 3.600 | Ferm. Acciaio | Mat. Acciaio 11 mesi
Vellutata ai porri.

FRANCIACORTA BRUT SATÈN MON
2018

FRANCIACORTA BRUT EMOZIONE
2018

Cantine Virgili Luigi
(2008)

La determinazione e la passione sono tratti distintivi per Cantine Virgili, che da oltre un secolo rappresenta un punto di riferimento per la viticoltura mantovana. Anche quest'anno Andrea Virgili si fa interprete del territorio e delle sue peculiarità, in un'ottica di anticipazione delle esigenze del mercato, ma sempre nel rispetto delle proprie radici, attraverso prodotti, come Rays, che dimostrano che il lambrusco mantovano, se coltivato con le giuste tecniche, dà vita a un vino non solo conviviale e piacevole, ma anche testimone delle potenzialità del territorio.

Via Donati, 2 - 46100 Mantova (MN)
T. 0376 322560 | M. info@cantinevirgili.it
www.cantinevirgili.it

Viticoltura: Biologica certificata
Ettari: 11 | **Bottiglie:** 500.000 | **Produzione olearia:** No
Proprietà: Gian Andrea Virgili
Cond. enologica: Gian Paolo Virgili
Cond. agronomica: Staff aziendale
Vendita diretta: No | **Visite in azienda:** Sì

(91)

LAMBRUSCO MANTOVANO RAYS 2022
Rosso Doc Frizzante - Grappello Ruberti 80%, Ancellotta 20%
Alc. 12% | € 10 | Bt. 12.000 | Ferm. Acciaio | Mat. Acciaio 4 mesi
Intriga il color porpora compatto che prelude a fragranze di ciliegia matura, yogurt alla fragola e mirtilli, ma anche trame di geranio, tamarindo ed erba sfalciata. L'assaggio evidenzia una perfetta corrispondenza con l'olfatto e una tendenza dolce sorretta da una chiosa sapida che invoglia la beva. Cotechino e lenticchie.

PJAFÖC IMPERIALE 2022
Rosso Igt Frizzante - Ancellotta 50%, Grappello Ruberti 50%
Alc. 11% | € 9 | Bt. 20.000 | Ferm. Acciaio | Mat. Acciaio 4 mesi
Risotto al gorgonzola.

INCIOSTAR 2022
Rosso Igt Frizzante - Ancellotta 80%, Grappello Ruberti 20%
Alc. 11% | € 9 | Bt. 9.000 | Ferm. Acciaio | Mat. Acciaio 4 mesi
Tortelli di zucca e salvia.

ANCELLOTTA 2022
Rosso Igt Metodo Martinotti - Ancellotta 100%
Alc. 11% | € 9 | Bt. 5.000 | Ferm. Acciaio | Mat. Acciaio 3 mesi
Culatello di Zibello e gnocco fritto.

LAMBRUSCO MANTOVANO RAYS
S.A.

PJAFÖC IMPERIALE
S.A.

VEN
ETO

Il volo di un airone sui boschi che avanzano

Luciano Ferraro

Ogni giorno, da vent'anni, uno scrittore attraversa il Veneto, dalla collina alla pianura. È un paesaggio di ricca variabilità, che ha resistito alla cultura cementizia. Così l'ha celebrato il poeta Andrea Zanzotto. Dall'Adriatico alle Dolomiti, dal Garda alle colline del Prosecco Superiore e dell'Amarone della Valpolicella. Lo scrittore che, come un ricognitore, perlustra ogni giorno una parte della regione, è Matteo Melchiorre, autore del romanzo *Il Duca* (Einaudi), una storia epica, una battaglia tra il rampollo di una dinastia decaduta e il capopopolo di un paesino, con il bosco che avanza come sfondo e terreno di battaglia.

Dal finestrino della sua auto che lo porta ogni giorno da Feltre – dove abita – a Castelfranco – dove vive – Melchiorre osserva "il paesaggio che si è consumato alla velocità della luce". Velocità forsennata, quando è partita la locomotiva del Nordest, con il suo carico di fabbriche e capannoni, di zone industriali e artigianali, con Vicenza che aveva un Pil pari a tutta la Grecia, con gli imprenditori che esportavano ovunque qualunque merce, dagli ombrellini di carta per i gelati alle scarpe, dalle scale a chiocciola alle pompe idrauliche. "L'avanzare forsennato dei capannoni aveva un nome – ricorda Melchiorre – lo chiamavano ictus collettivo. Un meccanismo di distruzione e sostituzione. Un 'far neto', come si dice in dialetto, spazzare via. Quando Ghoete, nel suo viaggio in Italia, arrivò nel Veneto, descrisse un paesaggio rigoglioso, in cui la tradizione del costruire, dai monaci cistercensi alla stessa opera della Repubblica Serenissima di Venezia, era svolto con molto equilibrio e cura. Invece, anche in un territorio meno centrale come il Bellunese, è arrivato per forza il cemento. La superficie agricola si è ridotta del 30% dagli anni Novanta al Duemila, in favore dell'edificato". Negli ultimi anni, soprattutto per la parte degli edifici industriali, c'è stato un blocco. Ed è iniziata una fase nuova. Quella delle rovine: migliaia e migliaia di capannoni deserti, cadenti, privati di ogni funzione e senso. "Sono i lasciti materiali di un'era di benessere esplosivo, monumenti di sé stessi che pongono un problema di riqualificazione e di ripensamento".

Tutto ciò non è riuscito a offuscare lo splendore di squarci veneti di paesaggio: bastano un airone che volteggia sulle isole della Laguna nord o i raggi del tramonto che tingono di rosa le Dolomiti per ritrovare la bellezza d'altri tempi.

Matteo Melchiorre: "Ci sono persone legate al territorio diventate protagoniste di una nuova cultura del paesaggio".

Nei film degli anni Sessanta i veneti erano tutti carabinieri ingenui o cameriere in cerca di marito. Poi sono diventati, anche in romanzi e saggi, un popolo che inseguiva solo gli "schei", i soldi. Luoghi comuni, banalizzazioni. "Invece in Veneto – assicura Melchiorre – ci sono presidi, luoghi virtuosi, con persone legate al terriorio diventate protagoniste di una nuova cultura del paesaggio. Penso alle piccole aziende che producono formaggi nella Valmorel, il paese che ispirò un libro a Dino Buzzati. Come alle aziende agricole della Valle di Seren del Grappa". Anche il lavoro a distanza, lo smartworking per coloro che lo possono praticare, sta cambiando lentamente il paesaggio, permettendo di realizzare la vita professionale senza separarsi dalla cura del territorio in cui si abita.

Ciò che sta accadendo ora al paesaggio veneto, pianura esclusa, è il problema opposto a quello della cementificazione. Nell'Alta Pedemontana e nelle zone di mezza montagna si sta fronteggiando il problema dell'avanzamento del bosco, proprio come nel romanzo di Melchiorre. "È un paradosso – dice lo scrittore – le zone marginali, quelle che sono state attraversate solo in parte dalla locomotiva del Nordest, si sono gradualmente spopolate, l'attività agricola si è ridotta e il bosco cammina". In altre zone collinari ad avanzare è stata la vite, soprattutto il vitigno glera, dopo le regole del 2009 che hanno definito i confini del Prosecco, nella Doc e nelle Docg di Conegliano-Valdobbiadene e di Asolo. Una marcia trionfale.

Il Prosecco e l'Amarone sono stati per il Veneto negli anni Duemila quello che la chimica e l'industria sono stati nel Novecento. Stessa rapidità, stessa potenza, stessa volontà di conquista. Seguiamo il filo storico degli eventi che hanno portato il Veneto a diventare da regione agricola depressa nell'Ottocento a polo industriale e chimico nel Novecento, fino all'insieme odierno di macchina del turismo, del post artigianato industriale e del dominio produttivo vinicolo.

È accaduto questo: dopo la Prima guerra mondiale si decide di costruire un nuovo porto commerciale a Marghera, Venezia era troppo piccola. Come avverrà un secolo dopo col Prosecco, i tempi dello sviluppo sono rapidissimi. Fino al 1910 erano stati investiti 2 milioni di lire, in pochi anni ne arrivano 600. Venezia aumenta gli abitanti, che nel 1931 arrivano a 172 mila. I nuovi operai arrivano dalle campagne, molti non abbandonano i terreni, continuano a lavorarli dopo il turno nelle fabbriche, senza sapere che le vigne porteranno il benessere ai posteri, mentre il salario operaio serve solo al sostentamento.

Con la Edison e la Montecatini a Marghera, il polo tessile a Vicenza con Marzotto, il calzaturiero nella Riviera del Brenta e la rete di piccole e medie industrie tra Padova e Treviso, si crea una città-regione della produzione. Nel 1962 il primo piano provinciale di sviluppo punta a "una utilizzazione di tipo estensivo per le colture foraggere, come base della zootecnia, per rosee prospettive". È l'epoca dell'agricoltura capitalistica, che aumenta da 263 mila a 411 mila ettari, mentre la mezzadria cala di 167 mila ettari (dagli anni Cinquanta ai Settanta). Gli addetti all'industria salgono dal 32,7% al 49,7%, quelli dell'agricoltura calano dal 43,1% al 14%. Alla fine del secolo, la sbornia industriale finisce ed esplode il turismo di massa, mentre nell'agricoltura domina la vite. Che ha avuto un ruolo importante nel contenere il bosco nelle zone collinari. In una stasi della fame edificatoria, i segnali del bosco che avanza sono molti: gli animali selvatici, ad esempio. Sono sempre più vicini.

"Esistono zone che si sono gradualmente spopolate, l'attività agricola si è ridotta e il bosco cammina".

Dopo una nevicata, Melchiorre passeggia con la figlia poco distante dal centro del paese. Ecco le tracce di un lupo. "Non avrei mai pensato, fino a dieci anni fa, che questa scena fosse possibile", si stupisce. E risale in auto, dalle pendici delle Dolomiti alla Pianura Padana, osservando come cambia ogni giorno il Veneto.

Highlights

97.497 ETTARI VITATI COMPLESSIVI
81.426 destinati a DOP, 13.670 destinati a IGP, 2.401 destinati a vini generici.

11.869.737 HL DI PRODUZIONE TOTALE
77,28% di vino DOP, 19,78% di vino IGP, 2,94% di vini generici.

RIPARTIZIONE COLORE
Vini bianchi 80,80%
Vini rossi o rosati 19,20%

LE PROVINCE PIÙ PRODUTTIVE
Treviso 43,18% sul totale, Verona 29,98% sul totale, Venezia 10,45% sul totale

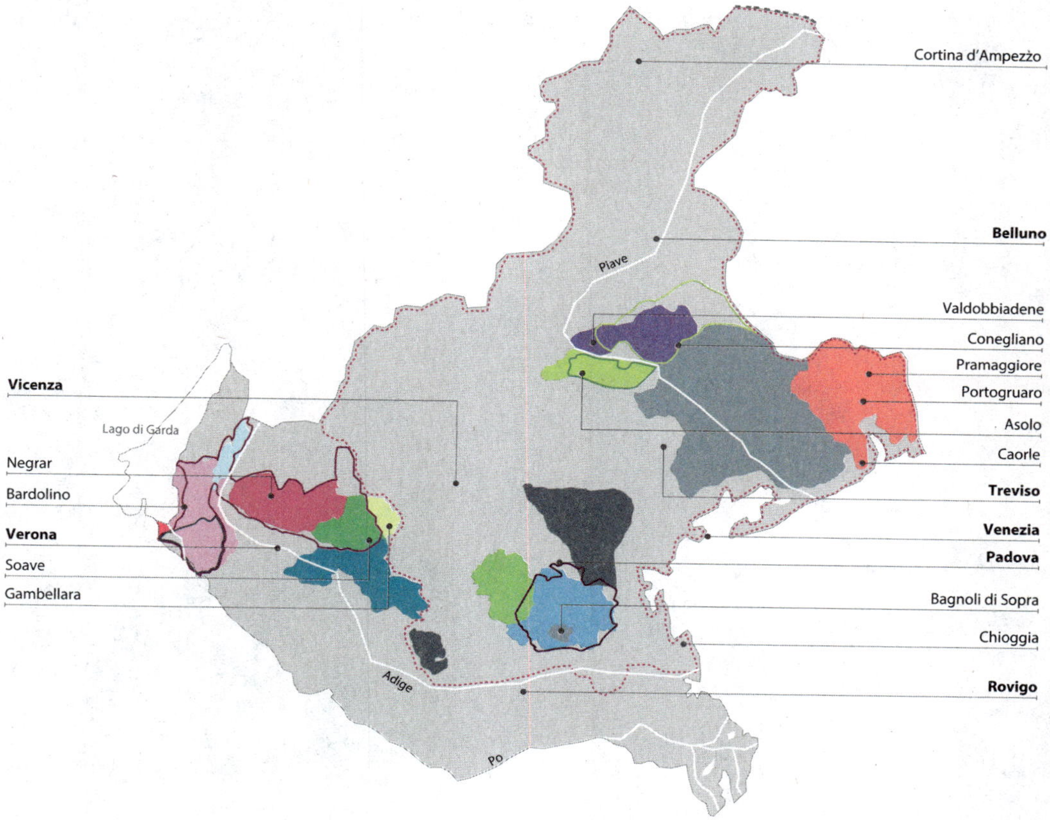

Legenda

- Delle Venezie (tutta la regione)
- Bardolino Superiore DOCG
  Bardolino
- Amarone della Valpolicella DOCG
  Recioto della Valpolicella DOCG
  Valpolicella
  Valpolicella Ripasso
- Recioto di Soave DOCG
  Soave Superiore DOCG
  Soave
- Recioto di Gambellara DOCG
- Lison DOCG
- Colli Euganei Fior d'Arancio
  o Fior d'Arancio
  Colli Euganei DOCG
  Colli Euganei
- Bagnoli Friularo o
  Friularo di Bagnoli DOCG
- Bagnoli di Sopra o Bagnoli
  Classico
- Montello Rosso
  o Montello DOCG
- Colli Asolani - Prosecco
  o Asolo - Prosecco DOCG
- Conegliano Valdobbiadene -
  Prosecco DOCG
- Colli di Conegliano DOCG
- Piave Malanotte
  o Malanotte del Piave DOCG
- Garda (zone veronesi)
- S. Martino della Battaglia
  Lugana
- Bianco di Custoza o Custoza
- Valdadige
  Valdadige Terradeiforti
  o Terradeiforti
- Arcole
- Merlara
- Corti Benedettine del Padovano
- Riviera del Brenta
- Prosecco

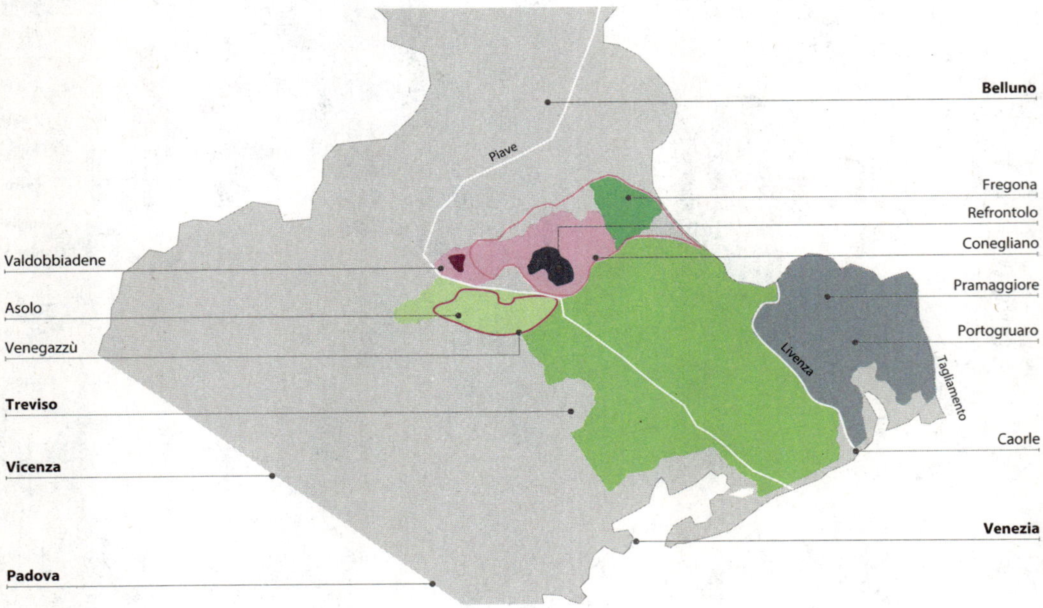

Legenda

- Montello Rosso o Montello DOCG Montello - Colli Asolani
- Colli Asolani - Prosecco o Asolo - Prosecco DOCG
- Conegliano Valdobbiadene - Prosecco DOCG
- Superiore di Cartizze DOCG
- Colli di Conegliano DOCG
- Colli di Conegliano DOCG Refrontolo
- Colli di Conegliano DOCG Torchiato di Fregona
- Piave Malanotte o Malanotte del Piave DOCG Piave
- Lison DOCG Lison Pramaggiore

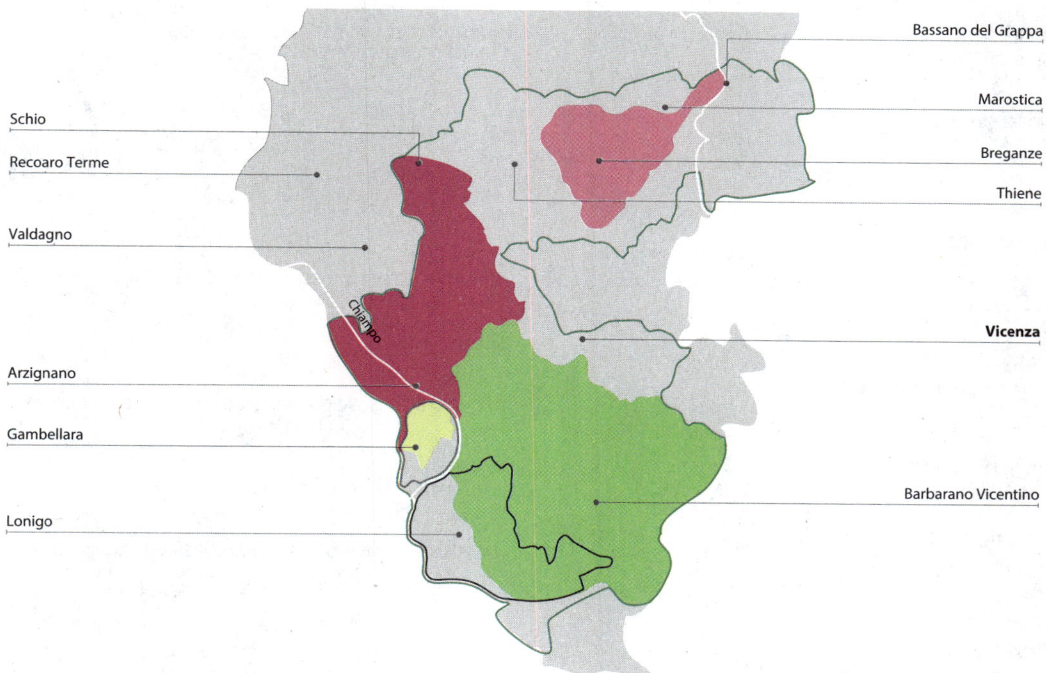

Legenda

- Monti Lessini
- Lessini Durello o Durello Lessini
- Vicenza
- Gambellara
- Recioto di Gambellara DOCG
- Gambellara
- Arcole
- Colli Berici
- Breganze

A Mi Manera
(2011)

La singolare, esuberante e vulcanica azienda di Lison si arricchisce quest'anno della presenza del figlio di Toni Bigai, Carlo, scrupoloso, attento, curioso e ingegnoso. La cura in vigna è condita dalla geniale voglia di sperimentare, azzardando blend o tagli diversi o impiegando vasi vinari differenti, secondo ciò che più aggrada alle uve raccolte. Capaci di coinvolgere e infondere energica positività a ogni visita in cantina, trasformandola talvolta in un'irrefrenabile festa, sono innamorati dell'essere vignaioli. In quest'edizione segnaliamo il Merlot e l'affascinante Tai Anfora.

Via Caduti per la Patria, 27 - Frazione Lison - 30026 Portogruaro (VE)
T. 336 592660 | M. info@amimanera.eu
www.vinicolamimanera.com

Viticoltura: Convenzionale
Ettari: 10 | **Bottiglie:** 50.000 | **Produzione olearia:** No
Proprietà: Antonio Bigai
Cond. enologica: Antonio Bigai
Cond. agronomica: Antonio Bigai
Vendita diretta: Sì | **Visite in azienda:** Sì

A MI MANERA MERLOT 2020
Rosso Igt - Merlot 100%
Alc. 14% | € 17 | Bt. 4.000 | Ferm. Acciaio | Mat. Legno 16 mesi
Rosso granato impenetrabile, sinuoso nel calice. Olfatto dominato dai toni tostati di caffè, cacao e tabacco. Seguono pepe, cannella, viola e glicine appassito, quindi sentori balsamici. Al sorso risulta polposo, dal tannino sferico e morbido. Lunga persistenza fruttata. Gulasch di manzo alla paprica dolce.

TAI ANFORA 2022
Bianco Igt - Tai 100%
Alc. 13% | € 21 | Bt. 3.000 | Ferm. Terracotta | Mat. Terracotta 11 mesi
Risotto con zucchine, fiori di zucca e zafferano.

PINOT NERO 2022
Rosso Igt - Pinot nero 100%
Alc. 13% | € 16 | Bt. 2.000 | Ferm. Legno | Mat. Legno 10 mesi
Risotto con le quaglie.

MALVASIA 2022
Bianco Igt - Malvasia istriana 100%
Alc. 13% | € 16 | Bt. 4.000 | Ferm. Cemento | Mat. Cemento 10 mesi
Frittura di rane e verdure croccanti.

LISON CLASSICO
2021

TAI ANFORA
2018

Stefano Accordini
(1900)

A Cavalo di Fumane, quest'azienda produce vini caratterizzati da una florealità vibrante. L'abilità artigianale e la storica esperienza della famiglia Accordini hanno portato i vigneti – unici in alta Valpolicella Classica (500-600 m s.l.m.) – a esprimere al meglio il terroir, esaltando freschezza, classe e finezza del frutto, i cardini delle loro creazioni. Dal vigneto storico Il Fornetto di Pedemonte emerge la Riserva, che in Guida conquista il podio con le sue espressioni tostate e balsamiche. Gastronomico il Superiore Stefano, molto frutto per l'Amarone Acinatico.

Località Camparol, 10 - Frazione Cavalo - 37022 Fumane (VR)
T. 045 7760138 | M. info@accordinistefano.com
www.accordinistefano.it

Viticoltura: Biologica certificata
Ettari: 27 | **Bottiglie:** 210.000 | **Produzione olearia:** Sì
Proprietà: Famiglia Accordini
Cond. enologica: Daniele Accordini
Cond. agronomica: Giacomo Accordini
Vendita diretta: Sì | **Visite in azienda:** Sì

92,5
AMARONE DELLA VALPOLICELLA CLASSICO VIGNETO IL FORNETTO RISERVA 2016
Rosso Docg - Corvina 75%, Corvinone 25%
Alc. 16,5% | € 91 | Bt. 2.000 | Ferm. Acciaio | Mat. Legno 48 mesi
Granato compatto. Concede note balsamiche e di sottobosco, seguite da cioccolato fondente. Ricordi di macchia mediterranea, viola e rosa Baccara. Sbuffi di vaniglia. Sorso elegante e sobrio con tannini ancora piacevolmente presenti. Saporito, dotato di persistenza che si allunga su mallo di noce. Bocconcini di cinghiale con salsa di prugne.

AMARONE DELLA VALPOLICELLA CLASSICO ACINATICO 2019
Rosso Docg - Corvina 75%, Rondinella 20%, Molinara 5%
Alc. 16% | € 39 | Bt. 40.000 | Ferm. Acciaio | Mat. Legno 24 mesi
Stracotto d'asino.

RECIOTO DELLA VALPOLICELLA CLASSICO ACINATICO 2020
Rosso Docg Passito - Corvina 75%, Rondinella 20%, Molinara 5%
Alc. 13,5% | € 26 (0,5l) | Bt. 10.000 | Ferm. Acciaio | Mat. Acciaio 20 mesi e Legno 4 mesi
Torta con mandorle e cioccolato.

VALPOLICELLA RIPASSO CLASSICO SUPERIORE ACINATICO 2021
Rosso Doc - Corvina 60%, Rondinella 20%, Corvinone 15%, Molinara 5%
Alc. 14% | € 16 | Bt. 85.000 | Ferm. Acciaio | Mat. Legno 12 mesi
Tagliata al pepe verde.

VALPOLICELLA SUPERIORE STEFANO 2021
Rosso Doc - Corvina 80%, Rondinella 15%, Molinara 5%
Alc. 13% | € 12 | Bt. 15.000 | Ferm. Acciaio | Mat. Legno 6 mesi
Ravioli di germano con foie gras.

VALPOLICELLA CLASSICO 2022
Rosso Doc - Corvina 65%, Rondinella 30%, Molinara 5%
Alc. 12% | € 10 | Bt. 55.000 | Ferm. Acciaio | Mat. Acciaio 3 mesi
Pizza con fiordilatte e prosciutto crudo.

AMARONE DELLA VALPOLICELLA CLASSICO ACINATICO
2018

VALPOLICELLA RIPASSO CLASSICO SUPERIORE IL FORNETTO
2015

Adami
(1933)

Adami, vero riferimento della denominazione, ci parla di un 2022 dall'importante siccità, che ha obbligato a un particolare impegno in cantina nella complicata gestione della vinificazione. Vendemmia anticipata, per mantenere al meglio il corredo acido, indispensabile all'equilibrio desiderato. Profumi e gusti di macedonia, stile Adami, lievemente più maturi, sono presenti anche nell'annata 2022. Ancora limitate le produzioni per la flavescenza dorata. Le giovani viti ormai cresciute daranno i loro frutti dal prossimo anno. Per quest'edizione è in grande spolvero lo splendido Vigneto Giardino.

Via Rovede, 27 - 31020 Vidor (TV)
T. 0423 982110 | M. info@adamispumanti.it
www.adamispumanti.it

Viticoltura: Lotta integrata
Ettari: 54 | **Bottiglie:** 800.000 | **Produzione olearia:** No
Proprietà: Armando e Franco Adami
Cond. enologica: Franco Adami
Cond. agronomica: Giovanni Pascarella
Vendita diretta: Sì | **Visite in azienda:** Sì

(92)

VALDOBBIADENE PROSECCO SUPERIORE RIVE DI COLBERTALDO DRY VIGNETO GIARDINO 2022
Bianco Docg Metodo Martinotti - Glera 100%
Alc. 11% | € 19 | Bt. 38.000 | Ferm. Acciaio | Mat. Acciaio 6 mesi 1 mese sui lieviti
Bel paglierino lucente, ma ancora più accattivante è la raffinata trama olfattiva, che richiama una macedonia di frutta fresca impreziosita da essenze di salvia e gelsomino. La dolcezza è appena accennata e si perde tra i rivoli di una grande freschezza e di una delicata salinità. Equilibrio e armonia. Asparagi verdi allo zabaione salato.

VALDOBBIADENE SUPERIORE DI CARTIZZE DRY
Bianco Docg Metodo Martinotti - Glera 100%
Alc. 11% | € 32 | Bt. 12.000 | Ferm. Acciaio | Mat. Acciaio 6 mesi 1 mese sui lieviti
Tataki di tonno al sesamo.

VALDOBBIADENE PROSECCO SUPERIORE BRUT BOSCO DI GICA
Bianco Docg Metodo Martinotti - Glera 95%, Chardonnay 5%
Alc. 11% | € 15 | Bt. 300.000 | Ferm. Acciaio | Mat. Acciaio 6 mesi 2 mesi sui lieviti. Rombo al forno con patate e carciofi.

VALDOBBIADENE PROSECCO SUPERIORE RIVE DI FARRA DI SOLIGO BRUT COL CREDAS 2022
Bianco Docg Metodo Martinotti - Glera 100%
Alc. 11% | € 19 | Bt. 14.000 | Ferm. Acciaio | Mat. Acciaio 6 mesi 2 mesi sui lieviti. Tartare di scampi.

VALDOBBIADENE PROSECCO SUPERIORE SUI LIEVITI BRUT NATURE COL FONDO 2021
Bianco Docg Rifermentato in bottiglia senza sboccatura - Glera 100%
Alc. 11% | € 14 | Bt. 12.000 | Ferm. Acciaio | Mat. Acciaio 9 mesi 12 mesi sui lieviti. Crostini con spuma di mortadella.

VALDOBBIADENE PROSECCO SUPERIORE EXTRA DRY DEI CASEL
Bianco Docg Metodo Martinotti - Glera 100%
Alc. 11% | € 15 | Bt. 95.000 | Ferm. Acciaio | Mat. Acciaio 6 mesi 1 mese sui lieviti. Cappesante scottate allo zenzero.

VALDOBBIADENE SUPERIORE DI CARTIZZE DRY
S.A. | 2016 | 2021

VALDOBBIADENE PROSECCO SUPERIORE RIVE DI COLBERTALDO DRY VIGNETO GIARDINO
2017 | 2020

Aldo Adami
(1980)

Custoza, Bardolino e qualche incursione con vini da vitigni internazionali costituiscono l'offerta di questa solida cantina, condotta da Aldo Adami coi figli Deborah e Mirco. Offerta con un'impostazione definita, che vuole far emergere vitigni e territorio, scevra di interpretazioni che rincorrono stili e dettami di moda. I vini appaiono luminosi e veri, a cominciare dal Ciampani 2021, Custoza Superiore dal tratto pieno e fragrante. Fresco e dinamico il passito Il Radioso di Nonno Ciampani 2021, una sorpresa il vellutato Cabernet Sauvignon 2020.

Strada Valbusa - Custoza - 37066 Sommacampagna (VR)
T. 045 516105 | M. aldoadami@cantinaaldoadami.com
www.cantinaaldoadami.com

Viticoltura: Convenzionale
Ettari: 12 | **Bottiglie:** 120.000 | **Produzione olearia:** Sì
Proprietà: Aldo Adami
Cond. enologica: Giuseppe Vassanelli
Cond. agronomica: Staff aziendale
Vendita diretta: Sì | **Visite in azienda:** Sì

CUSTOZA SUPERIORE CIAMPANI 2021
Bianco Doc - Garganega 40%, Manzoni bianco 30%, Trebbiano 20%, Trebbianello 10%
Alc. 13,5% | € 11 | Bt. 4.000 | Ferm. Acciaio | Mat. Acciaio 12 mesi
Giallo paglierino, limpido. Olfatto che regala gradite percezioni di lime e zenzero incrocianti quelle di mela verde, ananas e pesca bianca croccante su uno sfondo floreale di sambuco. Sorso pieno, strutturato, dai contorni fruttati, dove emergono equilibrata freschezza e persistente sapidità. Gnocchetti al sugo d'astice.

IL RADIOSO DI NONNO CIAMPANI 2021
Bianco Igt Passito - Garganega 80%, Cortese 20%
Alc. 14% | € 16 (0,375l) | Bt. 2.000 | Ferm. Acciaio | Mat. Acciaio 12 mesi
Crostata di albicocche.

CABERNET SAUVIGNON CIAMPANI 2020
Rosso Igt - Cabernet sauvignon 100%
Alc. 13% | € 12 | Bt. 3.000 | Ferm. Acciaio | Mat. Cemento 24 mesi
Oca arrosto.

BARDOLINO 2022
Rosso Doc - Corvina 90%, Rondinella 10%
Alc. 13% | € 8 | Bt. 20.000 | Ferm. Acciaio | Mat. Cemento 4 mesi
Costolette d'agnello alle erbe.

CHIARETTO DI BARDOLINO SPUMANTE BRUT 2022
Rosato Doc Metodo Martinotti - Corvina 90%, Rondinella 10%
Alc. 12% | € 10 | Bt. 20.000 | Ferm. Acciaio | Mat. Acciaio 3 mesi 3 mesi sui lieviti
Zuppa di stoccafisso e patate.

CUSTOZA SPUMANTE EXTRA DRY CIAMPANI 2022
Bianco Doc Metodo Martinotti - Garganega 40%, Bianca Fernanda 30%, Trebbianello 15%, Trebbiano di Soave 15%
Alc. 12% | € 11 | Bt. 4.000 | Ferm. Acciaio | Mat. Acciaio 3 mesi 3 mesi sui lieviti
Seppioline ai ferri.

CUSTOZA SUPERIORE CIAMPANI
2017 | 2018

BARDOLINO
2021

Ai Galli
(1980)

Una passione radicata da più di quarant'anni, quella tra la famiglia Galli e il vino, mantenuta nel tempo da una dedizione costante e un'importante ricerca innovativa. Azienda integrata armonicamente in un paesaggio vitivinicolo di antica tradizione, tra Veneto e Friuli Venezia Giulia, dove è la natura a dettare i ritmi. Una produzione che spazia dagli spumanti ai passiti, dai vitigni internazionali ai protagonisti del territorio come tai e refosco, da vini più immediati e versatili a vini carezzati dal legno: tra questi si riconferma come elegante eccellenza il Probus 2019.

Via Loredan, 28 - 30020 Pramaggiore (VE)
T. 0421 799314 | M. info@aigalli.it
www.aigalli.it

Viticoltura: Convenzionale
Ettari: 60 | **Bottiglie:** 600.000 | **Produzione olearia:** No
Proprietà: Elide Buziol
Cond. enologica: Roberto Galli
Cond. agronomica: Roberto Galli
Vendita diretta: Sì | **Visite in azienda:** Sì

LISON PRAMAGGIORE ROSSO PROBUS RISERVA 2019
Rosso Doc - Merlot 65%, Cabernet franc 35%
Alc. 14% | € 20 | Bt. 5.000 | Ferm. Acciaio | Mat. Legno 18 mesi
Cremisi con fugaci nuance granato. Esordio olfattivo speziato, vaniglia, noce moscata e pepe di Sichuan. Si correda poi di percezioni di mora matura, succo d'arancia, petali di rosa appassita e un tocco tostato di tabacco e caffè. Palato scalpitante, con tessitura tannica serrata ma nobilmente fusa. Guanciale di manzo in umido con polenta.

LISON PRAMAGGIORE REFOSCO D.P.R. SELEZIONE 2020
Rosso Doc - Refosco dal peduncolo rosso 100%
Alc. 13,5% | € 12 | Bt. 5.000 | Ferm. Acciaio | Mat. Legno 10 mesi
Risotto all'isolana.

TRAMINER AROMATICO 2022
Bianco Igt - Traminer aromatico 100%
Alc. 13,5% | € 10 | Bt. 9.000 | Ferm. Acciaio | Mat. Acciaio 6 mesi
Risotto alla zucca e astice.

LISON PRAMAGGIORE CABERNET FRANC SELEZIONE 2020
Rosso Doc - Cabernet franc 100%
Alc. 14% | € 12 | Bt. 9.000 | Ferm. Acciaio | Mat. Legno 10 mesi
Agnello al forno con rosmarino.

TAI 2022
Bianco Igt - Tai 100%
Alc. 13% | € 8 | Bt. 20.000 | Ferm. Acciaio | Mat. Cemento 6 mesi
Risotto agli scampi.

LISON PRAMAGGIORE SAUVIGNON SELEZIONE 2021
Bianco Doc - Sauvignon 100%
Alc. 14% | € 13 | Bt. 4.000 | Ferm. Acciaio | Mat. Cemento 12 mesi
Branzino al forno con erbe aromatiche.

LISON PRAMAGGIORE CHARDONNAY SELEZIONE
2017

LISON PRAMAGGIORE VERDUZZO PASSITO
2015

Aldegheri
(1956)

Azienda familiare di Sant'Ambrogio di Valpolicella, attiva dal 1956. Proprio sulla famiglia viene posto l'accento, in quanto viene riconosciuta come il fattore determinante che ha permesso col tempo di far raggiungere alla cantina le dimensioni attuali, nell'ambito di una costanza qualitativa sempre di alto livello. Classicità e tradizione nei prodotti, tra i quali primeggia un Amarone della Valpolicella Classico Riserva 2011 in forma smagliante. Notevole anche il Ripasso Classico Superiore Santambrogio 2020, al contempo potente e arioso.

Via A. Volta, 9 - 37015 Sant'Ambrogio di Valpolicella (VR)
T. 045 6861356 | M. info@cantinealdegheri.it
www.cantinealdegheri.it

Viticoltura: Convenzionale
Ettari: 50 | **Bottiglie:** 700.000 | **Produzione olearia:** Sì
Proprietà: Famiglia Aldegheri
Cond. enologica: Gianmaria Zanella
Cond. agronomica: Staff aziendale
Vendita diretta: Sì | **Visite in azienda:** Sì

AMARONE DELLA VALPOLICELLA CLASSICO RISERVA 2011
Rosso Docg - Corvina 65%, Rondinella 25%, Corvinone 5%, Dindarella 5%
Alc. 15,5% | € 107 | Bt. 2.666 | Ferm. Acciaio | Mat. Legno 96 mesi
Granato trasparente. Concede con lentezza la sua tessitura di frutta sotto spirito e liquirizia. Guizzi di tabacco e noce moscata insieme a mirto e santoreggia. Delicati sbuffi di fungo. Fresco al sorso, con un piacevole equilibrio tannico-sapido, ha una lunga estensione che richiama il mallo di noce. Cinghiale in umido.

VALPOLICELLA RIPASSO CLASSICO SUPERIORE SANTAMBROGIO 2020
Rosso Doc - Corvina 65%, Rondinella 25%, altre varietà 10%
Alc. 14% | € 19 | Bt. 35.000 | Ferm. Acciaio | Mat. Legno 18 mesi
Faraona al forno.

AMARONE DELLA VALPOLICELLA CLASSICO SANTAMBROGIO 2018
Rosso Docg - Corvina 65%, Rondinella 25%, Corvinone 10%
Alc. 15,5% | € 48 | Bt. 40.000 | Ferm. Acciaio | Mat. Legno 24 mesi
Allodole tartufate in casseruola.

RECIOTO DELLA VALPOLICELLA 2020
Rosso Docg Passito - Corvina 60%, Corvinone 20%, Croatina 10%, Rondinella 10%
Alc. 13,5% | € 31 | Bt. 35.000 | Ferm. Acciaio | Mat. Legno 8 mesi
Crostata di mirtilli.

LUGANA CÀ PERLAR 2022
Bianco Doc - Trebbiano di Lugana 90%, Chardonnay 10%
Alc. 12,5% | € 16 | Bt. 30.000 | Ferm. Acciaio | Mat. Legno 2 mesi
Ricciola al forno con capperi e pomodori ciliegino.

VALPOLICELLA CLASSICO SUPERIORE I LASTARI 2021
Rosso Doc - Corvina 60%, Rondinella 30%, Dindarella 5%, Molinara 5%
Alc. 13% | € 15 | Bt. 50.000 | Ferm. Acciaio | Mat. Acciaio
Fusilli di kamut al ragù di faraona.

AMARONE DELLA VALPOLICELLA CLASSICO SANTAMBROGIO
2017

AMARONE DELLA VALPOLICELLA CLASSICO
2017

Allegrini
(1854)

La tecnica dell'appassimento come patrimonio del territorio da preservare e gestire nel migliore dei modi, grazie all'intuizione di Franco, scomparso nel 2022, ma anche la convinzione che deve essere l'eleganza e non la struttura a tutti i costi a trainare la denominazione. Emerge in quest'edizione La Poja, dall'unico vigneto di 3 ettari sulla sommità della collina a base calcarea: solo corvina veronese, leggera surmaturazione delle uve, poi subito pigiate. Nasce nel 1979 per volere di Giovanni Allegrini. Moderno e dinamico per la bella freschezza l'Amarone 2019, senza tralasciare il frutto.

Via Giare, 5 - 37022 Fumane (VR)
T. 045 6832011 | M. info@allegrini.it
www.allegrini.it

Viticoltura: A basso impatto ambientale
Ettari: 150 | **Bottiglie:** 1.300.000 | **Produzione olearia:** Sì
Proprietà: Famiglia Allegrini
Cond. enologica: Paolo Mascanzoni, Lorenzo Fortini
Cond. agronomica: Staff aziendale
Vendita diretta: Sì | **Visite in azienda:** Sì

(92,5)

LA POJA 2018
Rosso Igt - Corvina 100%
Alc. 14,5% | € 143 | Bt. 15.000 | Ferm. Acciaio | Mat. Legno 20 mesi
Vivido carminio. Note fresche di felce ed erbe aromatiche si fondono presto a sensazioni di frutti di bosco non ancora maturi, il ribes, il lampone, poi la ciliegia ma anche il legno di rosa. Magistrale. Il sorso è slanciato, però anche fiero, dove acidità e sapidità sono protagoniste su un tannino setoso. Filetto di cervo ai mirtilli.

AMARONE DELLA VALPOLICELLA CLASSICO 2019
Rosso Docg - Corvina 45%, Corvinone 45%, Oseleta 5%, Rondinella 5%
Alc. 16% | € 90 | Bt. 100.000 | Ferm. Acciaio | Mat. Legno 18 mesi
Terrina di lepre con salsa di prugne.

LA GROLA 2020
Rosso Igt - Corvina 90%, Oseleta 10%
Alc. 14% | € 32 | Bt. 70.000 | Ferm. Acciaio | Mat. Legno 16 mesi
Manzo brasato con funghi.

PALAZZO DELLA TORRE 2020
Rosso Igt - Corvina 40%, Corvinone 30%, Rondinella 25%, Sangiovese 5%
Alc. 13,5% | € 23 | Bt. 600.000 | Ferm. Acciaio | Mat. Legno 15 mesi
Nodini di cinta senese lardellati al forno.

SOAVE 2022
Bianco Doc - Garganega 80%, Chardonnay 20%
Alc. 13% | € 12 | Bt. 50.000 | Ferm. Acciaio | Mat. Acciaio 4 mesi
Luccio alla Gardesana.

LUGANA OASI MONTELLINA 2022
Bianco Doc - Trebbiano di Lugana 96%, Cortese 4%
Alc. 13% | € 19 | Bt. 100.000 | Ferm. Acciaio | Mat. Acciaio 4 mesi
Ravioli di pesce con sugo di canestrelli.

AMARONE DELLA VALPOLICELLA CLASSICO
2011 | 2016

PALAZZO DELLA TORRE
2018

Antonio Facchin & Figli
(1980)

Fondata nel 1870 e ora condotta dai fratelli Angelo, Giuseppe e Giusi Facchin, quarta generazione, la tenuta Antonio Facchin & figli si trova a metà tra le Dolomiti e il Mare Adriatico. Passione, tradizioni e rispetto dell'ambiente uniti a voglia di innovare si traducono in una proposta di vini ampia e di qualità. I vigneti si estendono da San Polo di Piave fino a Motta di Livenza e alle colline del Conegliano Valdobbiadene. Molti i riconoscimenti ricevuti ai concorsi internazionali per i loro Prosecco, ma ai nostri panel è il rosso Barucchella a sorprendere ed emozionare.

Via Barucchella, 10 - 31020 San Polo di Piave (TV)
T. 0422 743550 | M. info@antoniofacchin.com
www.antoniofacchin.com

Viticoltura: Convenzionale
Ettari: 70 | **Bottiglie:** 400.000 | **Produzione olearia:** No
Proprietà: Antonio Facchin, Angelo Facchin, Giuseppe Facchin
Cond. enologica: Giuseppe Facchin, Angelo Facchin
Cond. agronomica: Giuseppe Facchin, Angelo Facchin
Vendita diretta: Sì | **Visite in azienda:** Sì

BARUCCHELLA 2015
Rosso Igt - Cabernet sauvignon 60%, Cabernet franc 30%, Merlot 10%
Alc. 15% | € 20 | Bt. 4.000 | Ferm. Acciaio | Mat. Legno 24 mesi
Consistente rosso granato. Profumi di confetture di frutti di bosco, ciliegie e more, poi peperone grigliato e pepe, cannella e vaniglia, nuance di viola e rosa appassite, tabacco e cuoio. Avvolgente ed equilibrato al palato, setosi i tannini. Lunghi i richiami di frutta e spezie, con sapidità finale di lignaggio. Filetto al vino rosso e scalogno.

GERON 2012
Rosso Igt - Raboso piave 100%
Alc. 15% | € 39 | Bt. 2.000 | Ferm. Acciaio | Mat. Legno 48 mesi
Costata di cavallo con patate al rosmarino.

PIAVE CABERNET 2020
Rosso Doc - Cabernet sauvignon 80%, Cabernet franc 10%, Carménère 10%
Alc. 13,5% | € 8 | Bt. 4.000 | Ferm. Acciaio | Mat. Acciaio 12 mesi
Filetto di maiale lardellato.

INCROCIO MANZONI 6.0.13 2022
Bianco Igt - Incrocio Manzoni 6.0.13 100%
Alc. 14% | € 7 | Bt. 5.000 | Ferm. Acciaio | Mat. Acciaio 6 mesi
Filetto di orata in crosta di mandorle e patate.

PROSECCO TREVISO ROSÉ EXTRA BRUT 2022
Rosato Doc Metodo Martinotti - Glera 87%, Pinot nero 13%
Alc. 11,5% | € 9 | Bt. 20.000 | Ferm. Acciaio | Mat. Acciaio 2 mesi
3 mesi sui lieviti
Sformatino di zucca con fonduta di Asiago.

PROSECCO TREVISO BRUT MILLESIMATO 2022
Bianco Doc Metodo Martinotti - Glera 100%
Alc. 11,5% | € 8 | Bt. 80.000 | Ferm. Acciaio | Mat. Acciaio 3 mesi
2 mesi sui lieviti
Crostini al lardo d'Arnad.

Luciano Arduini

(1994)

L'area collinare a sud di San Pietro in Cariano, caratterizzata dal borgo di Castelrotto, dal nome dell'antico castello che qui sorgeva, è un luogo suggestivo, ricco di dimore storiche. L'azienda è sul versante sud di questo promontorio. Tanta storia, ma con l'entrata in azienda dei figli Andrea in cantina e Sofia per la parte amministrativa ecco un nuovo entusiasmo e anche l'ambizione, che ritroviamo nel profondo e piacevolissimo sorso dell'Amarone Simison 2018. Forza e struttura nel Superiore Sacheta 2018 e il frutto che ci si aspetta nel Ripasso Classico Superiore 2021.

Via Belvedere, 3 - Loc. Corrubbio - 37029 San Pietro in Cariano (VR)
T. 045 7725880 | M. arduinivini@yahoo.it
www.arduinivini.it

Viticoltura: Convenzionale
Ettari: 8 | **Bottiglie:** 75.000 | **Produzione olearia:** No
Proprietà: Luciano Arduini, Andrea Arduini, Silvana Zocca
Cond. enologica: Andrea Arduini
Cond. agronomica: Staff aziendale
Vendita diretta: Sì | **Visite in azienda:** Sì

(93,5)

AMARONE DELLA VALPOLICELLA CLASSICO SIMISON 2018
Rosso Docg - Corvina 60%, Corvinone 20%, Oseleta 10%, Rondinella 10%
Alc. 16,5% | € 56 | Bt. 3.000 | Ferm. Acciaio | Mat. Legno 33 mesi
Granato compatto con intarsi rubino. Confettura di frutti di bosco fusa a tocchi pepati e di noce moscata, tabacco dolce, china e viola. Richiami balsamici con delicate nuance di humus e foglie di tè nel finale. Sorso spettacolare, morbido e avvolgente, fresco e con tannino incisivo su una ficcante sapidità. Capriolo ai porcini.

VALPOLICELLA CLASSICO SUPERIORE SACHETA 2018
Rosso Doc - Corvina 50%, Corvinone 20%, Rondinella 20%, Oseleta 10%
Alc. 15,5% | € 36 | Bt. 3.000 | Ferm. Acciaio | Mat. Legno 30 mesi
Parmigiano Reggiano Riserva.

VALPOLICELLA RIPASSO CLASSICO SUPERIORE 2021
Rosso Doc - Corvina 60%, Corvinone 20%, Rondinella 20%
Alc. 14,5% | € 19 | Bt. 25.000 | Ferm. Acciaio | Mat. Legno 12 mesi
Guancia di vitello in umido.

VALPOLICELLA CLASSICO SUPERIORE COSTELONGHE 2020
Rosso Doc - Corvina 50%, Corvinone 30%, Rondinella 20%
Alc. 13,5% | € 16 | Bt. 8.000 | Ferm. Acciaio | Mat. Legno 6 mesi e Cemento 6 mesi
Pasta alla gricia.

Albino Armani

(1962)

La Famiglia Armani vanta 400 anni di storia nella Valle dell'Adige. Tutti i territori che Albino sceglie per coltivare si trovano in luoghi montani, per sentirsi a casa: le tenute spaziano dalla Val d'Adige alla Vallagarina, dall'alta Valpolicella alla Marca Trevigiana, poi vicino al Monte Baldo e in Lessinia, per finire nelle Grave friulane a Sequals. Grande anfitrione dei vitigni autoctoni e in via d'estinzione, con la Fondazione Mach ha riportato in vita svariati vitigni reliquia, il tutto a partire da una spedizione di ricerca sul Monte Baldo. Magnifico l'Amarone Cuslanus 2017.

Via Ceradello, 401 - 37020 Dolcè (VR)
T. 0457 290033 | M. info@albinoarmani.com
www.albinoarmani.com

Viticoltura: Convenzionale, biologica e biodinamica
Ettari: 380 | **Bottiglie:** 1.700.000 | **Produzione olearia:** Sì
Proprietà: Albino Armani
Cond. enologica: Marco Campostrini, Alberto Massaro, Emanuele Tonolli
Cond. agronomica: Staff aziendale
Vendita diretta: Sì | **Visite in azienda:** Sì

AMARONE DELLA VALPOLICELLA CLASSICO CUSLANUS RISERVA 2017
Rosso Docg - Corvina 70%, Corvinone 20%, Rondinella 10%
Alc. 16% | € 50 | Bt. 10.000 | Ferm. Acciaio | Mat. Legno 36 mesi
Rubino pieno e vivace. Immediatezze d'arancia rossa e di confettura di rabarbaro. Ricordi di pepe rosa e curry con refoli di erbe mediterranee uniti a stille di sottobosco. Gusto rotondo e al contempo fresco e sapido, con ottimo allungo che riporta al gusto tutti i sentori percepiti all'olfatto. Cinghiale arrosto con castagne.

VALDADIGE TERRADEIFORTI CASETTA FOJA TONDA 2018
Rosso Doc - Casetta 100%
Alc. 13,5% | € 21 | Bt. 6.500 | Ferm. Acciaio | Mat. Legno 24 mesi
Anatra ai funghi.

VALPOLICELLA SUPERIORE EGLE 2021
Rosso Doc - Corvina 70%, Corvinone 20%, Rondinella 10%
Alc. 13,5% | € 16 | Bt. 20.000 | Ferm. Acciaio | Mat. Legno 12 mesi
Carré di maiale con patate al forno.

VALDADIGE TERRADEIFORTI PINOT GRIGIO CORVARA 2022
Bianco Doc - Pinot grigio 100%
Alc. 13% | € 15 | Bt. 100.000 | Ferm. Acciaio | Mat. Acciaio 6 mesi
Ravioli burro e salvia.

VALPOLICELLA RIPASSO CLASSICO SUPERIORE 2020
Rosso Doc - Corvina 40%, Corvinone 40%, Rondinella 20%
Alc. 14% | € 21 | Bt. 65.000 | Ferm. Acciaio | Mat. Legno 12 mesi e Terracotta 12 mesi
Abbacchio al forno con verdure grigliate.

CAMPO NAPOLEONE 2022
Bianco Igt - Sauvignon 100%
Alc. 13% | € 16 | Bt. 25.000 | Ferm. Acciaio | Mat. Acciaio 6 mesi
Frittata di cipolle.

VALPOLICELLA SUPERIORE EGLE
2019

VALDADIGE TERRADEIFORTI CASETTA FOJA TONDA
2012

Astoria
(1987)

Cura e qualità nei vini, creatività nelle presentazioni, impegno sociale: è la combinazione unica che dal 1987 ha fatto di Astoria Wines uno dei brand distintivi nel panorama del Prosecco. Una produzione destinata in gran parte a clienti di oltre 100 Paesi nel mondo. Paolo Polegato e il figlio Filippo, alla guida dell'azienda, portano avanti con orgoglio la tradizione di famiglia: se da un lato interpretano con eccellenti risultati il Prosecco Superiore in tutte le sue varie sfaccettature, non rinunciano a mantenere un legame con le espressioni più antiche della viticoltura del territorio.

Via Crevada, 12 - 31020 Refrontolo (TV)
T. 0423 6699 | M. info@astoria.it
www.astoria.it

Viticoltura: Certificazione SQNPI
Ettari: 40 | **Bottiglie:** 2.000.000 | **Produzione olearia:** No
Proprietà: Filippo e Paolo Polegato
Cond. enologica: Roberto Sandrin
Cond. agronomica: Guido Teot
Vendita diretta: Sì | **Visite in azienda:** Sì

VALDOBBIADENE PROSECCO SUPERIORE RIVE DI REFRONTOLO BRUT CASA VITTORINO 2022
Bianco Docg Metodo Martinotti - Glera 100%
Alc. 11,5% | € 17 | Bt. 100.000 | Ferm. Acciaio | Mat. Acciaio 2 mesi 1 mese sui lieviti
Bianco perla tenue con corona di spuma che dura a lungo. Aromi freschi, puliti, gioiosi e tipici: acacia e gelsomino, mela e pera, agrumi e banana, salvia e maggiorana. Assaggio cremoso e giustamente morbido con crescendo fresco e poi sapido per un congedo lungo, equilibrato e asciutto. Fritto di paranza.

VALDOBBIADENE SUPERIORE DI CARTIZZE DRY ARZANÀ 2022
Bianco Docg Metodo Martinotti - Glera 100%
Alc. 11,5% | € 29 | Bt. 60.000 | Ferm. Acciaio | Mat. Acciaio 2 mesi 1 mese sui lieviti
Pasticceria secca.

VALDOBBIADENE PROSECCO SUPERIORE EXTRA DRY CUVÉE TENUTA VAL DE BRUN 2022
Bianco Docg Metodo Martinotti - Glera 100%
Alc. 11,5% | € 18 | Bt. 80.000 | Ferm. Acciaio | Mat. Acciaio 2 mesi 1 mese sui lieviti
Ravioli di patate e baccalà.

ROSÉMINA 2022
Rosato Igt - Pinot nero 50%, Corvina 40%, Raboso piave 10%
Alc. 12% | € 12 | Bt. 50.000 | Ferm. Acciaio | Mat. Acciaio 4 mesi
Lasagne alla bolognese.

PROSECCO ROSÉ EXTRA DRY VELÈRE 2022
Rosato Doc Metodo Martinotti - Glera 85%, Pinot nero 15%
Alc. 11% | € 15 | Bt. 200.000 | Ferm. Acciaio | Mat. Acciaio 2 mesi 2 mesi sui lieviti
Alici panate e fritte.

VALDOBBIADENE SUPERIORE DI CARTIZZE DRY ARZANÀ
2018

VALDOBBIADENE PROSECCO SUPERIORE RIVE DI REFRONTOLO BRUT CASA VITTORINO
2017 | 2020 | 2021

Barollo
(2001)

Marco e Nicola Barollo, supportati dall'autorevole contributo enologico di Cotarella, hanno saputo creare uno spazio nel panorama enoico veneto per un territorio in cui la viticoltura non era in primissimo piano. Il corso del Sile, il microclima che si crea tra le Dolomiti e l'Adriatico, gli antichi fondali marini e i terreni ricchi di marne e argille fanno da fondamenta a una produzione di vini dal profilo non scontato. Le attenzioni moderne in vigna, la gestione della chioma e le potature corte innalzano la qualità e la complessità dello stile, come nel Frank!, etichetta di punta aziendale.

Via Rio Serva, 4/B - 31022 Preganziol (TV)
T. 0422 633014 | M. info@barollo.com
www.barollo.com

Viticoltura: Convenzionale
Ettari: 45 | **Bottiglie:** 150.000 | **Produzione olearia:** No
Proprietà: Marco e Nicola Barollo
Cond. enologica: Mario Barbieri, Riccardo Cotarella
Cond. agronomica: Riccardo Cotarella
Vendita diretta: Sì | **Visite in azienda:** Sì

FRANK! 2020
Rosso Igt - Cabernet franc 100%
Alc. 14,5% | € 31 | Bt. 10.000 | Ferm. Acciaio | Mat. Legno 14 mesi
Manto rubino compatto e luminoso. Registro olfattivo nitido e accattivante, composto da ciliegie mature, ribes, vaniglia, pepe bianco, liquirizia e fieno. La poderosa carica alcolica non pecca di invadenza, appare invece stemperata dall'elegante freschezza e completamente disciolta nella trama tannica. Monte Veronese d'allevo.

ALFREDO BAROLLO EXTRA BRUT RISERVA 2016
Bianco Metodo Classico - Chardonnay 100%
Alc. 12% | € 31 | Bt. 7.000 | Ferm. Acciaio | 72 mesi sui lieviti
Catalana di crostacei.

VENEZIA MERLOT FRATER ROSSO 2022
Rosso Doc - Merlot 100%
Alc. 13,5% | € 16 | Bt. 10.000 | Ferm. Acciaio | Mat. Acciaio 6 mesi
Crespelle con funghi e Asiago.

VENEZIA CHARDONNAY 2021
Bianco Doc - Chardonnay 100%
Alc. 13,5% | € 31 | Bt. 10.000 | Ferm. Legno | Mat. Legno 10 mesi
Camembert.

VENEZIA CHARDONNAY FRATER BIANCO 2022
Bianco Doc - Chardonnay 100%
Alc. 12,5% | € 16 | Bt. 10.000 | Ferm. Acciaio | Mat. Acciaio 6 mesi
Aragosta in bellavista.

PROSECCO BRUT 2022
Bianco Doc Metodo Martinotti - Glera 100%
Alc. 11% | € 12 | Bt. 25.000 | Ferm. Acciaio | Mat. Acciaio 3 mesi
Insalata di mare.

FRANK!
2019

RISERVA ALFREDO BAROLLO EXTRA BRUT
2014 | 2015

Begali
(1943)

In casa Begali ci si muove piano, alla ricerca di minore forza e opulenza e di maggiore freschezza, mostrando anche il legame col territorio che a questo stile deve la sua fortuna. Ecco che anche l'ultimo nato, il Superiore, pensato per adattarsi alle nuove tendenze, fa un pizzico di appassimento e lo si nota nella piacevole lunghezza. Il frutto per l'Amarone di ingresso, ampio il Ripasso La Cengia, ma anche una bella beva sapida e sbarazzina nel Valpolicella base. Ambizioso per la bella complessità il Monte Ca' Bianca.

Via Cengia, 10 - 37029 San Pietro in Cariano (VR)
T. 045 7725148 | M. info@begaliwine.it
www.begaliwine.it

Viticoltura: Convenzionale
Ettari: 12 | **Bottiglie:** 100.000 | **Produzione olearia:** Sì
Proprietà: Famiglia Begali
Cond. enologica: Lorenzo Begali, Giordano Begali
Cond. agronomica: Giordano Begali
Vendita diretta: Sì | **Visite in azienda:** Sì

AMARONE DELLA VALPOLICELLA CLASSICO MONTE CA' BIANCA RISERVA 2018
Rosso Docg - Corvina 40%, Corvinone 35%, Rondinella 20%, Oseleta 5%
Alc. 16,5% | € 58 | Bt. 6.000 | Ferm. Acciaio | Mat. Legno 40 mesi
Tra il rubino e il granato. Presenze fresche di macchia mediterranea fanno strada a percezioni di cioccolato, liquirizia e spezie, il cardamomo soprattutto. Infine mora matura e i fiori, la viola e la rosa. Assaggio teso, di spiccata balsamicità e dal tannino ben integrato. Il frutto maturo segna l'allungo. Civet di capriolo ai funghi.

AMARONE DELLA VALPOLICELLA CLASSICO 2019
Rosso Docg - Corvina 65%, Rondinella 30%, Molinara 3%, Oseleta 2%
Alc. 16% | € 45 | Bt. 25.000 | Ferm. Acciaio | Mat. Legno 36 mesi
Manzo brasato con olive e porri.

VALPOLICELLA RIPASSO CLASSICO SUPERIORE VIGNETO LA CENGIA 2021
Rosso Doc - Corvina 65%, Rondinella 30%, Molinara 3%, Oseleta 2%
Alc. 14,5% | € 16 | Bt. 30.000 | Ferm. Acciaio | Mat. Legno 12 mesi
Tagliata al pepe verde.

VALPOLICELLA CLASSICO SUPERIORE 2019
Rosso Doc - Corvina 65%, Rondinella 30%, altre varietà 5%
Alc. 14% | € 16 | Bt. 30.000 | Ferm. Acciaio | Mat. Legno 18 mesi
Pappardelle al ragù di cervo.

VALPOLICELLA CLASSICO 2022
Rosso Doc - Corvina 65%, Rondinella 30%, Molinara 3%, Oseleta 2%
Alc. 12,5% | € 8 | Bt. 10.000 | Ferm. Acciaio | Mat. Acciaio 12 mesi
Spaghetti alla carbonara.

AMARONE DELLA VALPOLICELLA CLASSICO MONTE CA' BIANCA RISERVA
2016 | 2017

AMARONE DELLA VALPOLICELLA CLASSICO
2017 | 2018

Benedetti Corte Antica
(1995)

Tre fratelli e due aree, entrambe in Valpolicella: la prima, storica, nella zona classica pedecollinare di Sant'Ambrogio, da dove arrivano tutti i vini di quest'edizione, la seconda nella Valpolicella Orientale. "Dalla terra alla bottiglia un'unica mano" è il loro motto, per rimarcare la passione e l'attenzione al territorio. Si respira anche un'importante coesione familiare e non potrebbe essere diversamente, viste le tante parcelle e le diverse etichette per un'estensione piuttosto piccola. Notevole l'Amarone Black Riserva 2012, il frutto tra le spezie per il Ripasso Black 2015.

Via Case Sparse Prunea di Sotto - Fraz. Gargagnago - 37015 Sant'Ambrogio di Valpolicella (VR)
T. 045 6801736 | M. info@cantine-benedetti.com
www.cantine-benedetti.com

Viticoltura: In conversione al biologico
Ettari: 12 | **Bottiglie:** 70.000 | **Produzione olearia:** No
Proprietà: Giuseppe, Davide e Simone Benedetti
Cond. enologica: Gianmaria Zanella
Cond. agronomica: Staff aziendale
Vendita diretta: Sì | **Visite in azienda:** Sì

AMARONE DELLA VALPOLICELLA CLASSICO CROCE DEL GAL BLACK RISERVA 2012
Rosso Docg - Corvina 40%, Corvinone 40%, Rondinella 10%, Croatina 5%, Oseleta 5%
Alc. 17,5% | € 72 | Bt. 3.000 | Ferm. Acciaio | Mat. Legno 60 mesi
Granato luminoso. Marasca sotto spirito, bergamotto e cardamomo. Cuoio e resina di pino, poi tabacco dolce e sbuffi di cacao. Sorso sapido e mediamente fresco con tannino ancora presente. Equilibrato, con decisa persistenza che richiama il mallo di noce e leggeri e piacevoli sentori evolutivi. Braciola di cervo con salsa di ribes.

VALPOLICELLA RIPASSO CLASSICO SUPERIORE CROCE DEL GAL BLACK 2015
Rosso Doc - Corvina 40%, Corvinone 40%, Rondinella 15%, Croatina 5%
Alc. 15% | € 23 | Bt. 2.700 | Ferm. Acciaio | Mat. Legno 28 mesi
Guanciale di manzo al brandy.

VALPOLICELLA CLASSICO SUPERIORE 2019
Rosso Doc - Corvina 40%, Corvinone 40%, Rondinella 20%
Alc. 14% | € 13 | Bt. 8.000 | Ferm. Acciaio | Mat. Legno 12 mesi
Gnocchi al ragù.

AMARONE DELLA VALPOLICELLA CLASSICO CROCE DEL GAL GOLD RISERVA
2006

RECIOTO DELLA VALPOLICELLA CLASSICO CROCE DEL GAL
2009

Bertani
(1857)

Protagonisti i vini sui quali l'azienda ha fortemente investito per far emergere quanto più possibile il territorio più che la mano dell'uomo o le tecniche di cantina. Le Miniere e Ognisanti sono dei veri e propri cru di impostazione francese, come assorbito in Borgogna da Gaetano Bertani nel 1850. I vigneti sono scelti per esposizione e matrice dei terreni ed esclusivamente dedicati al singolo vino. Nessun appassimento, nemmeno una vendemmia tardiva ma solo cemento per il primo e botte grande per il secondo, coerenza filosofica anche per l'Amarone Classico che quest'anno svetta.

Via Asiago, 1 - 37023 Grezzana (VR)
T. 045 8658444 | M. bertani@bertani.net
www.bertani.net

Viticoltura: Convenzionale
Ettari: 200 | **Bottiglie:** 1.000.000 | **Produzione olearia:** Sì
Proprietà: Bertani Domains - Gruppo Angelini
Cond. enologica: Staff Bertani
Cond. agronomica: Staff Bertani
Vendita diretta: Sì | **Visite in azienda:** Sì

(94)

AMARONE DELLA VALPOLICELLA CLASSICO 2013
Rosso Docg - Corvina 80%, Rondinella 20%
Alc. 15,5% | € 130 | Bt. 60.000 | Ferm. Cemento | Mat. Legno 96 mesi
Granato dal tocco aranciato. Erbe aromatiche, ginepro e alloro, fruttato di mora selvatica croccante, ma ancor di più floreale di iris tra tocchi di bastoncino di liquirizia e tabacco biondo. Vibrante e importante al gusto, secco, deciso, fresco e dal tannino gentile su memorie di rabarbaro. Capriolo in salmì con polenta di grano saraceno.

VALPOLICELLA CLASSICO SUPERIORE OGNISANTI DI NOVARE 2021
Rosso Doc - Corvina 95%, Rondinella 5%
Alc. 12,5% | € 37 | Bt. 18.500 | Ferm. Acciaio | Mat. Legno 12 mesi
Tortelli di zucca e salvia.

VALPOLICELLA CLASSICO LE MINIERE DI NOVARE 2022
Rosso Doc - Corvina 70%, Corvinone 20%, Rondinella 10%
Alc. 12,5% | € 30 | Bt. 20.000 | Ferm. Acciaio | Mat. Cemento 9 mesi
Lumache in umido alle erbette.

SOAVE SEREOLE 2022
Bianco Doc - Garganega 100%
Alc. 12% | € 16 | Bt. 53.300 | Ferm. Acciaio | Mat. Legno 4 mesi
San Pietro alla siciliana con dadolata di patate.

VALPOLICELLA CLASSICO SUPERIORE OGNISANTI DI NOVARE
2018 | 2020

AMARONE DELLA VALPOLICELLA VALPANTENA
2018

Biancavigna
(2004)

Ottimo risultato per le tre espressioni di Rive della cantina Biancavigna, che l'annata 2022 porta alla ribalta. Il Rive di Soligo Extra Brut, il Rive di Collalto Extra Dry e il Rive di Ogliano Extra Brut, pur con residui zuccherini differenti, riescono a esprimere al meglio le peculiarità della denominazione e del vitigno glera. Nella cantina di Conegliano, condotta con passione dai fratelli Moschetta, Elena ed Enrico, non manca lo sguardo alle tendenze attuali con il Rosé Brut 2022 dall'invitante tonalità e il Valdobbiadene Brut Nature sui lieviti 2022 di appagante equilibrio.

Via Monte Nero, 8 - 31015 Conegliano (TV)
T. 0438 788403 | M. info@biancavigna.it
www.biancavigna.it

Viticoltura: A basso impatto ambientale
Ettari: 32 | **Bottiglie:** 600.000 | **Produzione olearia:** No
Proprietà: Elena ed Enrico Moschetta
Cond. enologica: Enrico Moschetta
Cond. agronomica: Staff aziendale
Vendita diretta: Sì | **Visite in azienda:** Sì

CONEGLIANO VALDOBBIADENE PROSECCO SUPERIORE RIVE DI SOLIGO EXTRA BRUT 2022
Bianco Docg Metodo Martinotti - Glera 100%
Alc. 11,5% | € 20 | Bt. 10.000 | Ferm. Acciaio | Mat. Acciaio 3 mesi
Giallo paglierino con bollicine finissime e durevoli. Profuma di glicine, tiglio, caprifoglio, agrumi e ananas. Intensità gustativa e carbonica setosa danno scorrevolezza a una progressione che risulta di buon equilibrio. Lunghezza contraddistinta da riverberi d'agrume frammisti a toni salmastri. Pesce spada al cartoccio.

CONEGLIANO VALDOBBIADENE PROSECCO SUPERIORE RIVE DI COLLALTO EXTRA DRY 2022
Bianco Docg Metodo Martinotti - Glera 100%
Alc. 11,5% | € 18 | Bt. 10.000 | Ferm. Acciaio | Mat. Acciaio 3 mesi
Crostini al foie gras.

CONEGLIANO VALDOBBIADENE PROSECCO SUPERIORE RIVE DI OGLIANO EXTRA BRUT 2022
Bianco Docg Metodo Martinotti - Glera 100%
Alc. 11,5% | € 18 | Bt. 20.000 | Ferm. Acciaio | Mat. Acciaio 3 mesi
Crostini con burro e alici.

CONEGLIANO VALDOBBIADENE SUPERIORE BRUT 2022
Bianco Docg Metodo Martinotti - Glera 100%
Alc. 11,5% | € 15 | Bt. 100.000 | Ferm. Acciaio | Mat. Acciaio 3 mesi
Filetto di ombrina e radicchio.

CONEGLIANO VALDOBBIADENE PROSECCO SUPERIORE BRUT NATURE SUI LIEVITI 2022
Bianco Docg Rifermentato in bottiglia senza sboccatura - Glera 100%
Alc. 11,5% | € 17 | Bt. 4.400 | Ferm. Acciaio | Mat. Acciaio 3 mesi
Salmone al timo.

CONEGLIANO VALDOBBIADENE PROSECCO SUPERIORE BRUT BIOLOGICO 2022
Bianco Docg Metodo Martinotti - Glera 100%
Alc. 11,5% | € 17 | Bt. 16.000 | Ferm. Acciaio | Mat. Acciaio 3 mesi
Risotto alla pescatora.

CONEGLIANO VALDOBBIADENE PROSECCO SUPERIORE EXTRA DRY
2019 | 2020 | 2021

CONEGLIANO VALDOBBIADENE PROSECCO SUPERIORE RIVE DI SOLIGO EXTRA BRUT
2020 | 2021

Bisol 1542
(1875)

Bisol 1542, che può vantare cinque secoli di storia tra le Colline di Valdobbiadene, è parte del Gruppo Lunelli dal 2014, in un percorso di continuo miglioramento, espressione dell'eccellenza del bere. Frequenti i progetti innovativi nei vigneti e in cantina, come ad esempio "Prosecco Superiore EYE", la prima live webcam in vigna per l'enoturismo o come, da quest'anno, l'utilizzo di vasi in ceramica per un archivio di mosti e vini da usare nelle future cuvée. Si creano così vini che rappresentano le migliori sfumature di Prosecco Superiore, nell'area storica della denominazione in zona Unesco.

Via Follo, 33 - 31049 Valdobbiadene (TV)
T. 0423 900138 | M. info@bisol.it
www.bisol.it

Viticoltura: Convenzionale
Ettari: 60 | **Bottiglie:** 2.000.000 | **Produzione olearia:** No
Proprietà: Famiglia Lunelli
Cond. enologica: Gruppo Tecnico Bisol 1542
Cond. agronomica: Gruppo Tecnico Bisol 1542
Vendita diretta: Sì | **Visite in azienda:** Sì

VALDOBBIADENE SUPERIORE DI CARTIZZE DRY 2022
Bianco Docg Metodo Martinotti - Glera 85%, Chardonnay 15%
Alc. 11,5% | € 39 | Bt. 35.000 | Ferm. Acciaio | Mat. Acciaio 3 mesi
2 mesi sui lieviti
Chiaro e vivace il colore, il fine perlage apre un'intenso ventaglio di profumi floreali, dal sambuco al fiore delle fragoline di bosco. Riconoscibili melone, pesca bianca e agrumi con leggera caramellatura che si ritrova, assieme a un'elegia di amaretto, in chiusura di sorso. Equilibrio da manuale e bollicine soffuse. Crostata alle mandorle e albicocche.

VALDOBBIADENE PROSECCO SUPERIORE RIVE DI CAMPEA DRY 2022
Bianco Docg Metodo Martinotti - Glera 100%
Alc. 11,5% | € 22 | Bt. 40.000 | Ferm. Acciaio | Mat. Acciaio 3 mesi
2 mesi sui lieviti
Ostriche Belon.

VALDOBBIADENE PROSECCO SUPERIORE EXTRA DRY MOLERA 2022
Bianco Docg Metodo Martinotti - Glera 100%
Alc. 11,5% | € 20 | Bt. 60.000 | Ferm. Acciaio | Mat. Acciaio 3 mesi
2 mesi sui lieviti
Cicale di mare su letto di verdure.

VALDOBBIADENE PROSECCO SUPERIORE BRUT CREDE 2022
Bianco Docg Metodo Martinotti - Glera 100%
Alc. 11,5% | € 20 | Bt. 350.000 | Ferm. Acciaio | Mat. Acciaio 3 mesi
2 mesi sui lieviti. Cappesante gratinate.

VALDOBBIADENE PROSECCO SUPERIORE BRUT I GONDOLIERI MILLESIMATO 2022
Bianco Docg Metodo Martinotti - Glera 100%
Alc. 10,5% | € 21 | Bt. 30.000 | Ferm. Acciaio | Mat. Acciaio 3 mesi
2 mesi sui lieviti. Sushi e sashimi.

VALDOBBIADENE PROSECCO SUPERIORE RIVE DI GUIA EXTRA BRUT RELIO 2022
Bianco Docg Metodo Martinotti - Glera 85%, Chardonnay 15%
Alc. 11,5% | € 26 | Bt. 5.000 | Ferm. Acciaio | Mat. Acciaio 3 mesi
2 mesi sui lieviti. Pesce spada gratinato.

VALDOBBIADENE SUPERIORE DI CARTIZZE DRY
2016 | 2020 | 2021

VALDOBBIADENE PROSECCO SUPERIORE RIVE DI CAMPEA DRY
2020

Bonotto delle Tezze
(1860)

Collocata nel borgo di Tezze, sullo sfondo un anfiteatro di colline che ha come palco il Piave, tramanda la testimonianza della viticoltura da venti generazioni e versa nel calice il sapore autentico delle radici e la precisione del sorso, conquistata con l'esperienza e l'innovazione. Terreni variegati, dalla ghiaia al caranto e all'argilla, permettono la coltivazione di molteplici tipologie di uva. Anche se è il Raboso Piave il più identitario, dal carattere indomabile, che solo se accudito e addomesticato può arrivare a lodevoli apprezzamenti, come avviene nell'etichetta Potestà.

Via Duca d'Aosta, 16 - Località Tezze di Piave - 31020 Vazzola (TV)
T. 0438 488323 | M. info@bonottodelletezze.it
www.bonottodelletezze.it

Viticoltura: Convenzionale
Ettari: 48 | **Bottiglie:** 150.000 | **Produzione olearia:** No
Proprietà: Antonio Bonotto
Cond. enologica: Antonio Bonotto
Cond. agronomica: Staff aziendale
Vendita diretta: Sì | **Visite in azienda:** Sì

PIAVE RABOSO POTESTÀ 2020
Rosso Doc - Raboso piave 100%
Alc. 13,5% | € 17 | Bt. 6.500 | Ferm. Acciaio | Mat. Legno 24 mesi
Rubino traslucido con sfumature granato. Seducente l'olfatto speziato dolce e floreale secco di rosa in petali, poi mora di rovo, cassis, arancia rossa essiccata e tabacco da pipa. Ingresso teso, tannino d'impatto, vibrante e saporito, dalla lunga persistenza balsamica e speziata. Beccacce allo spiedo.

CARMENÈRE BARABANE 2021
Rosso Igt - Carménère 100%
Alc. 13% | € 12 | Bt. 6.500 | Ferm. Acciaio | Mat. Legno 8 mesi
Tagliere di salumi.

MERLOT SPEZZA 2021
Rosso Igt - Merlot 100%
Alc. 13,5% | € 12 | Bt. 4.800 | Ferm. Acciaio | Mat. Legno 18 mesi
Tagliata di manzo al rosmarino.

CONEGLIANO VALDOBBIADENE PROSECCO SUPERIORE BRUT RIVE COL REAL COLLABRIGO 2022
Bianco Docg Metodo Martinotti - Glera 100%
Alc. 11,5% | € 12 | Bt. 3.300 | Ferm. Acciaio | Mat. Acciaio 6 mesi
Crostini al lardo d'Arnad.

MANZONI BIANCO NOVALIS 2022
Bianco Igt - Manzoni bianco 100%
Alc. 12,5% | € 10 | Bt. 3.500 | Ferm. Acciaio | Mat. Acciaio 8 mesi
Vellutata di asparagi.

MANZONI MOSCATO DOLCE
Rosato Igt Metodo Martinotti Dolce - Manzoni moscato 100%
Alc. 11% | € 10 | Bt. 3.500 | Ferm. Acciaio
Tarte Tatin di mele.

PIAVE RABOSO POTESTÀ
2016 | 2017

MALANOTTE DEL PIAVE
2012 | 2017 | 2018

Borgo Stajnbech
(2000)

La famiglia Valent produce vino a Pramaggiore da diverse generazioni. Oggi è un punto di riferimento nella viticoltura della zona. Giuliano e Adriana, insieme alle figlie Rebecca e Medea, lavorano in sinergia con i collaboratori, in un'ottica sostenibile e rispettosa dell'ambiente, che dà origine a vini individuali e identitari. La novità dell'anno è rappresentata da L'Enologa: ottenuto da uve autoctone e internazionali tipiche del luogo, un vino creato da Rebecca, che vuole essere un manifesto di equità e si dipana con un carattere dominato da gentilezza, leggiadria e proporzione.

Via Belfiore, 109 - Frazione Belfiore - 30020 Pramaggiore (VE)
T. 0421 799929 | M. info@borgostajnbech.com
www.borgostajnbech.com

Viticoltura: Convenzionale
Ettari: 17 | **Bottiglie:** 120.000 | **Produzione olearia:** No
Proprietà: Adriana Marinatto
Cond. enologica: Walter Zamburlini, Giuliano Valent
Cond. agronomica: Staff aziendale
Vendita diretta: Sì | **Visite in azienda:** Sì

(91,5)
LISON CLASSICO 150 2021
Bianco Docg - Tai 100%
Alc. 13% | € 23 | Bt. 10.000 | Ferm. Acciaio | Mat. Acciaio 14 mesi
Brillante paglierino con riflessi d'oro etrusco. Intrigante l'esordio olfattivo, tratteggiato da note salmastre, pepe bianco e un tocco di timo. Si apre poi con un mix di agrumi, cardamomo e verbena. Il palato è una sequenza cadenzata di freschezza, sapidità e lieve avvolgenza. Interminabile. Catalana di crostacei.

STAJNBECH BIANCO 2021
Bianco Igt - Chardonnay 100%
Alc. 13,5% | € 29 | Bt. 5.000 | Ferm. Acciaio | Mat. Legno 12 mesi
Terrina di coniglio.

STAJNBECH ROSSO 2020
Rosso Igt - Refosco dal peduncolo rosso 70%, Cabernet sauvignon 30%
Alc. 13,5% | € 30 | Bt. 5.000 | Ferm. Acciaio | Mat. Legno 15 mesi
Asiago stravecchio.

L'ENOLOGA 2021
Bianco Igt - Tai 60%, Chardonnay 40%
Alc. 13% | € 23 | Bt. 2.500 | Ferm. Acciaio | Mat. Legno 9 mesi
Vitello tonnato.

MERLOT 2021
Rosso Igt - Merlot 100%
Alc. 13% | € 18 | Bt. 5.000 | Ferm. Acciaio | Mat. Acciaio 12 mesi
Filetto di maiale lardellato.

EVÒ 2020
Bianco Igt - Sauvignon 100%
Alc. 13,5% | € 29 | Bt. 2.000 | Ferm. Acciaio | Mat. Legno 14 mesi
Filetto di orata allo zenzero.

LISON CLASSICO 150
2018 | 2019 | 2020

STAJNBECH BIANCO
2016

Borgoluce
(2008)

Borgoluce, progetto di Ninni e Caterina Collalto, è sinonimo di genuinità, attenzione all'ambiente e ospitalità. L'azienda si estende su una superficie di più di 1.000 ettari, in cui i vigneti si alternano a boschi e pascoli, coltivazioni a mais, frumento e orzo, noceti e uliveti. Oltre alla cantina, stalle, caseificio, macelleria, negozio, ristoranti, case in collina e B&B propongono una terra da scoprire e assaporare attraverso i vari prodotti. Come il Conegliano Valdobbiadene Prosecco Superiore, che rappresenta, nelle sue differenti tipologie, la migliore espressione viticola dell'azienda.

Località Musile, 2 - 31058 Susegana (TV)
T. 0438 435287 | M. borgoluce@borgoluce.it
www.borgoluce.it

Viticoltura: Certificazione SQNPI
Ettari: 106 | **Bottiglie:** 480.000 | **Produzione olearia:** Sì
Proprietà: Caterina, Trinidad, Ninni di Collalto
Cond. enologica: Alessandro Bernardi
Cond. agronomica: Staff aziendale
Vendita diretta: Sì | **Visite in azienda:** Sì

VALDOBBIADENE PROSECCO SUPERIORE RIVE DI COLLALTO EXTRA BRUT 2022
Bianco Docg Metodo Martinotti - Glera 100%
Alc. 11,5% | € 20 | Bt. 14.000 | Ferm. Acciaio | Mat. Acciaio 5 mesi
3 mesi sui lieviti
Paglierino dai vividi riflessi verdi, il perlage è fine e durevole. Spiccano presenze di frutta come la pera, poi le erbe aromatiche, menta, gesso e fiori bianchi. Freschissimo, di bella ricchezza in grande equilibrio. Agrumato e rinfrescante il setale, che lascia emergere una lunga sapidità. Yakitori, spiedini di pollo con zenzero.

CAPIFOSSO 2019
Rosso Igt - Cabernet sauvignon 80%, Merlot 20%
Alc. 13,5% | € 23 | Bt. 2.500 | Ferm. Acciaio | Mat. Legno 24 mesi
Stinco di maiale al forno in pancetta affumicata.

VALDOBBIADENE PROSECCO SUPERIORE RIVE DI COLLALTO EXTRA DRY 2022
Bianco Docg Metodo Martinotti - Glera 100%
Alc. 11,5% | € 20 | Bt. 12.000 | Ferm. Acciaio | Mat. Acciaio 6 mesi
2 mesi sui lieviti
Lasagne ai cardi con formaggi saporiti.

VALDOBBIADENE PROSECCO SUPERIORE BRUT 2022
Bianco Docg Metodo Martinotti - Glera 100%
Alc. 11,5% | € 15 | Bt. 145.000 | Ferm. Acciaio | Mat. Acciaio 4 mesi
1 mese sui lieviti. Alici a scapece.

VALDOBBIADENE PROSECCO SUPERIORE EXTRA DRY 2022
Bianco Docg Metodo Martinotti - Glera 100%
Alc. 11,5% | € 15 | Bt. 60.000 | Ferm. Acciaio | Mat. Acciaio 4 mesi
1 mese sui lieviti. Pollo fritto.

VALDOBBIADENE PROSECCO SUPERIORE BRUT NATURE SUI LIEVITI 2021
Bianco Docg Rifermentato in bottiglia senza sboccatura - Glera 100%
Alc. 11% | € 20 | Bt. 5.000 | Ferm. Acciaio | Mat. Acciaio 6 mesi
12 mesi sui lieviti. Salame d'oca di Mortara.

VALDOBBIADENE PROSECCO SUPERIORE RIVE DI COLLALTO EXTRA BRUT
2021

VALDOBBIADENE PROSECCO SUPERIORE RIVE DI COLLALTO EXTRA DRY
2021

Borin Vini e Vigne
(1963)

Da sempre attivi nel panorama vitivinicolo euganeo, i fratelli Borin, coadiuvati dalla presenza di papà Gianni, presentano con orgoglio un importante traguardo: la certificazione della produzione di vino sostenibile. La cantina Borin, infatti, entra a far parte del progetto VIVA, il programma del Ministero dell'Ambiente e della Sicurezza Energetica che misura l'effettiva sostenibilità di tutta la filiera analizzando quattro indicatori: aria, acqua, vigneto e territorio. Podere Coldivalle ne è un esempio: un vigneto circondato da aree boschive intrecciate a vegetazione di macchia mediterranea.

Via dei Colli, 5 - Frazione Monticelli - 35043 Monselice (PD)
T. 0429 74384 | M. info@viniborin.it
www.viniborin.it

Viticoltura: Certificazione SQNPI
Ettari: 25 | **Bottiglie:** 100.000 | **Produzione olearia:** Sì
Proprietà: Famiglia Borin
Cond. enologica: Francesco Borin
Cond. agronomica: Gianni Borin
Vendita diretta: Sì | **Visite in azienda:** Sì

COLLI EUGANEI CABERNET SAUVIGNON COLDIVALLE 2019
Rosso Doc - Cabernet sauvignon 100%
Alc. 14,5% | € 34 | Bt. 2.000 | Ferm. Acciaio | Mat. Legno 15 mesi
Rubino saturo. Curiosa pietra focaia e malie iodate in apertura seguite da prugna in confettura, erbe aromatiche di alloro e rosmarino, cioccolato, grafite e in chiusura pepe verde. Sorso energico e succoso, con freschezza pronunciata e tannino indomito che richiede tempo; lunga dissolvenza ammandorlata. Costata di manzo alla griglia.

COLLI EUGANEI CABERNET SAUVIGNON MONS SILICIS RISERVA 2019
Rosso Doc - Cabernet sauvignon 100%
Alc. 15% | € 24 | Bt. 3.096 | Ferm. Acciaio | Mat. Legno 18 mesi
Petto di germano reale al balsamico.

COLLI EUGANEI CHARDONNAY VIGNA BIANCA 2021
Bianco Doc - Chardonnay 100%
Alc. 14% | € 18 | Bt. 3.460 | Ferm. Legno | Mat. Legno 12 mesi
Coregone al forno.

GIOVANNI BORIN ZUÀN 2019
Rosso Igt - Cabernet sauvignon 60%, Syrah 30%, Merlot 10%
Alc. 14,5% | € 22 | Bt. 4.050 | Ferm. Acciaio | Mat. Legno 18 mesi
Monte Veronese d'allevo.

COLDIVALLE 2020
Rosso Igt - Syrah 100%
Alc. 14,5% | € 15 | Bt. 2.100 | Ferm. Acciaio | Mat. Legno 12 mesi
Cinghiale arrosto con castagne.

COLLI EUGANEI FIOR D'ARANCIO SECCO FIORE DI GAIA 2022
Bianco Docg - Moscato giallo 100%
Alc. 13,5% | € 16 | Bt. 6.200 | Ferm. Acciaio | Mat. Acciaio 6 mesi
Involtini di melanzana con scamorza.

COLLI EUGANEI MERLOT ROCCA CHIARA RISERVA
2018

COLLI EUGANEI CABERNET SAUVIGNON MONS SILICIS RISERVA
2015 | 2017 | 2018

Bortolin Angelo
(1968)

A Guia, nel cuore delle Colline di Valdobbiadene, Desiderio, terza generazione di questa cantina familiare, guida l'azienda rispettando un preciso e identitario messaggio che accompagna i propri spumanti: comunicare il territorio. Ciò lo ha portato all'esigenza di abbandonare la dicitura Prosecco, che ormai non rappresenta più in alcun modo i suoi Valdobbiadene Docg. Vini che raccontano la terra attraverso selezioni attente e particolari di caratteristiche organolettiche uniche e inimitabili che solo quelle specifiche colline possono regalare. Notevoli i due Rive di Guia presentati quest'anno.

Strada di Guia, 107 - 31049 Valdobbiadene (TV)
T. 0423 900125 | M. andreas@bortolinangelo.com
www.bortolinangelo.com

Viticoltura: Convenzionale
Ettari: 12 | **Bottiglie:** 450.000 | **Produzione olearia:** No
Proprietà: Desiderio Bortolin
Cond. enologica: Loris Dall'Acqua
Cond. agronomica: Staff aziendale
Vendita diretta: Sì | **Visite in azienda:** Sì

91,5
VALDOBBIADENE RIVE DI GUIA EXTRA BRUT ANGELIN BEO 2022
Bianco Docg Metodo Martinotti - Glera 100%
Alc. 11,5% | € 13 | Bt. 7.638 | Ferm. Acciaio | Mat. Acciaio | 1 mese sui lieviti
Giallo verdolino chiarissimo e brillante, dal perlage fine e incessante. Grande intensità olfattiva con erbe alpine, pompelmo, rosa bianca, gelsomino e tiglio. Ottima beva: assaggio verticale che risulta scorrevole come solo un grande Rive sa essere. Bella lunghezza con decisa mineralità marina. Battuto di gamberi rossi di Sicilia.

VALDOBBIADENE RIVE DI GUIA DRY DESIDERIO 2022
Bianco Docg Metodo Martinotti - Glera 100%
Alc. 11,5% | € 12 | Bt. 20.000 | Ferm. Acciaio | Mat. Acciaio | 1 mese sui lieviti
Crostata di albicocche.

VALDOBBIADENE TRANQUILLO BARCH 2022
Bianco Docg - Glera 100%
Alc. 11% | € 13 | Bt. 8.000 | Ferm. Acciaio | Mat. Acciaio
Fritto di paranza.

VALDOBBIADENE RIVE DI GUIA EXTRA BRUT SOMMAVAL 2022
Bianco Docg Metodo Martinotti - Glera 100%
Alc. 11,5% | € 13 | Bt. 4.668 | Ferm. Acciaio | Mat. Acciaio | 2 mesi sui lieviti
Tartare di tonno.

VALDOBBIADENE SUPERIORE DI CARTIZZE DRY 2022
Bianco Docg Metodo Martinotti - Glera 100%
Alc. 11,5% | € 20 | Bt. 4.000 | Ferm. Acciaio | Mat. Acciaio | 1 mese sui lieviti
Fiori di zucca ripieni di ricotta e acciughe.

VALDOBBIADENE EXTRA DRY 2022
Bianco Docg Metodo Martinotti - Glera 100%
Alc. 11,5% | € 11 | Bt. 220.000 | Ferm. Acciaio | Mat. Acciaio | 2 mesi sui lieviti
Pizza con bufala e pomodorini.

VALDOBBIADENE SUPERIORE DI CARTIZZE DRY
2017 | 2019 | 2020

VALDOBBIADENE PROSECCO SUPERIORE RIVE DI GUIA EXTRA BRUT SOMMAVAL
2020

Fratelli Bortolin
(1950)

Questa famiglia di viticoltori è già citata in un documento del 1542 e, tra gli estimatori del Valdobbiadene, i loro vini sono considerati un fulgido esempio di rigore stilistico e fedeltà al territorio. Poche parole, nessun inutile eccesso, solo impegno semplice e incessante, che diventa pura eleganza nel bicchiere. Che si parli di un superbo Cartizze, di un Extra Dry dalla disarmante salinità o di un Brut senza solfiti aggiunti in grande crescita, la costante è sempre una perfetta trasposizione in bottiglia di tutte quelle caratteristiche che compongono questo terroir unico e inconfondibile.

Via Menegazzi, 5 - 31049 Valdobbiadene (TV)
T. 0423 900135 | M. info@bortolin.com
www.bortolin.com

Viticoltura: Convenzionale
Ettari: 20 | **Bottiglie:** 300.000 | **Produzione olearia:** No
Proprietà: Valeriano Bortolin e figli
Cond. enologica: Valeriano Bortolin, Andrea Bortolin
Cond. agronomica: Diego Bortolin, Valeriano Bortolin
Vendita diretta: Sì | **Visite in azienda:** Sì

VALDOBBIADENE SUPERIORE DI CARTIZZE DRY 2022
Bianco Docg Metodo Martinotti - Glera 100%
Alc. 11% | € 18 | Bt. 40.000 | Ferm. Acciaio | Mat. Acciaio 4 mesi
2 mesi sui lieviti
Luminoso bianco perla dall'eccellente effervescenza. Olfatto delineato da fiori di acacia e di pesco, pera e mela al forno. Poi salvia, erbe aromatiche, anice, cedro e note iodate. Palato cremoso, ricco e intenso. Si distende con bello spunto sostenuto da freschezza e sapidità, per un lungo riverbero di frutta matura. Zuppa di stoccafisso e patate.

VALDOBBIADENE PROSECCO SUPERIORE EXTRA DRY RÙ MILLESIMATO 2022
Bianco Docg Metodo Martinotti - Glera 100%
Alc. 11% | € 12 | Bt. 15.000 | Ferm. Acciaio | Mat. Acciaio 4 mesi
2 mesi sui lieviti
Calamari con ripieno di tarassaco e patate.

VALDOBBIADENE PROSECCO SUPERIORE EXTRA DRY 2022
Bianco Docg Metodo Martinotti - Glera 100%
Alc. 11% | € 10 | Bt. 160.000 | Ferm. Acciaio | Mat. Acciaio 4 mesi
2 mesi sui lieviti
Torta salata alle zucchine e origano.

VALDOBBIADENE PROSECCO SUPERIORE BRUT ZAN 2022
Bianco Docg Metodo Martinotti - Glera 100%
Alc. 11% | € 12 | Bt. 15.000 | Ferm. Acciaio | Mat. Acciaio 6 mesi
6 mesi sui lieviti
Gnocchi al burro e ricotta affumicata.

VALDOBBIADENE PROSECCO SUPERIORE DRY 2022
Bianco Docg Metodo Martinotti - Glera 100%
Alc. 10,5% | € 10 | Bt. 20.000 | Ferm. Acciaio | Mat. Acciaio 4 mesi
2 mesi sui lieviti. Carciofi alla giudia.

VALDOBBIADENE PROSECCO SUPERIORE BRUT 2022
Bianco Docg Metodo Martinotti - Glera 100%
Alc. 12% | € 10 | Bt. 90.000 | Ferm. Acciaio | Mat. Acciaio 4 mesi
2 mesi sui lieviti. Tagliolini al nero di seppia e pomodori ciliegino.

VALDOBBIADENE PROSECCO SUPERIORE EXTRA DRY RÙ MILLESIMATO
2020

VALDOBBIADENE SUPERIORE DI CARTIZZE DRY
2018 | 2020 | 2021

Bortolomiol
(1949)

Bortolomiol, storica azienda di Valdobbiadene, nel 2023 termina i festeggiamenti per i 100 anni dalla nascita del fondatore, Giuliano Bortolomiol. Varie le iniziative, quali la riedizione del libro biografia "Il Sogno del Prosecco" e l'esposizione nel suo Parco della Filandetta del "Guzzino" restaurato sul quale Giuliano girava, legando al portapacchi le prime bottiglie da far assaggiare ai clienti. Interessante è il "Tour del Centenario", degustazione di vecchie annate della Grande Cuvée del Fondatore Rive di San Pietro di Barbozza Extra Brut, alla scoperta della longevità di questo vino.

Via Garibaldi, 142 - 31049 Valdobbiadene (TV)
T. 0423 9749 | M. commerciale@bortolomiol.com
www.bortolomiol.com

Viticoltura: Biologica certificata
Ettari: 5 | **Bottiglie:** 2.300.000 | **Produzione olearia:** No
Proprietà: Famiglia Bortolomiol
Cond. enologica: Emanuele Serafin
Cond. agronomica: Staff aziendale
Vendita diretta: Sì | **Visite in azienda:** Sì

(91,5)
VALDOBBIADENE PROSECCO SUPERIORE RIVE DI SAN PIETRO DI BARBOZZA EXTRA BRUT GRANDE CUVÉE DEL FONDATORE MOTUS VITAE 2021
Bianco Docg Metodo Martinotti - Glera 100%
Alc. 12% | € 25 | Bt. 8.100 | Ferm. Acciaio | Mat. Acciaio 10 mesi
10 mesi sui lieviti
Paglierino intriso di clorofilla, bollicine molto sottili, numerose e durevoli. Buona verve olfattiva di pera, fiori bianchi, sedano, gelsomino, crema al limone e gesso. Il sorso è ampio, di inattesa struttura, asciutto e con netta tensione fresca. Molto persistente, con risacca piacevolmente amaricante. Tataki di tonno al sesamo.

VALDOBBIADENE PROSECCO SUPERIORE RIVE DI COL SAN MARTINO EXTRA BRUT 70TH ANNIVERSARY 2021
Bianco Docg Metodo Martinotti - Glera 100%
Alc. 12% | € 28 | Bt. 8.100 | Ferm. Acciaio | Mat. Acciaio 3 mesi
3 mesi sui lieviti. Guazzetto di scampi.

VALDOBBIADENE PROSECCO SUPERIORE EXTRA DRY BANDAROSSA SPECIAL EDITION 2022
Bianco Docg Metodo Martinotti - Glera 100%
Alc. 11,5% | € 20 | Bt. 8.000 | Ferm. Acciaio | Mat. Acciaio 4 mesi
4 mesi sui lieviti. Filetto di orata in crosta di mandorle e patate.

VALDOBBIADENE SUPERIORE DI CARTIZZE DRY 2022
Bianco Docg Metodo Martinotti - Glera 100%
Alc. 11,5% | € 33 | Bt. 44.000 | Ferm. Acciaio | Mat. Acciaio 2 mesi
1 mese sui lieviti. Pastiera napoletana.

VALDOBBIADENE PROSECCO SUPERIORE BRUT PRIOR 2022
Bianco Docg Metodo Martinotti - Glera 100%
Alc. 12% | € 16 | Bt. 380.000 | Ferm. Acciaio | Mat. Acciaio | 2 mesi sui lieviti
Risotto agli asparagi e provola affumicata.

VALDOBBIADENE PROSECCO SUPERIORE BRUT IUS NATURAE 2022
Bianco Docg Metodo Martinotti - Glera 100%
Alc. 11,5% | € 21 | Bt. 28.000 | Ferm. Acciaio | Mat. Acciaio 3 mesi
3 mesi sui lieviti. Linguine alla granseola e rosmarino.

VALDOBBIADENE PROSECCO SUPERIORE RIVE DI SAN PIETRO DI BARBOZZA EXTRA BRUT GRANDE CUVÉE DEL FONDATORE MOTUS VITAE
2020

VALDOBBIADENE SUPERIORE DI CARTIZZE DRY
2016

Bortolotti
(1947)

Orientata da oltre 75 anni alla tecnica di spumantizzazione in autoclave, la famiglia Bortolotti, per evidenziare il carattere e la particolarità del proprio territorio, ha presentato quest'anno alcuni Valdobbiadene Docg rifermentati almeno 12 mesi in piccola autoclave, tutti in versione Extra Brut e tutti da vigna singola. Lunghe permanenze su fecce e lieviti e lente attese rappresentano ormai il leitmotiv della filosofia aziendale, slegato da mode estemporanee, per incidere maggiormente sulla propria e specifica personalità.

Via Ruio d'Arcane, 6 - 31049 Valdobbiadene (TV)
T. 0423 975668 | M. info@bortolotti.com
www.bortolotti.com

Viticoltura: Convenzionale
Ettari: 61 | **Bottiglie:** 515.000 | **Produzione olearia:** No
Proprietà: Bruno ed Emanuela Bortolotti
Cond. enologica: Emanuele Miotto
Cond. agronomica: Staff aziendale
Vendita diretta: Sì | **Visite in azienda:** Sì

VALDOBBIADENE PROSECCO SUPERIORE EXTRA DRY 47 2021
Bianco Docg Metodo Martinotti - Glera 100%
Alc. 11,5% | € 18 | Bt. 24.500 | Ferm. Acciaio | Mat. Acciaio 4 mesi
7 mesi sui lieviti
Magnifici lampi verdolini, ricchissimo di sottili bollicine. Trama olfattiva stuzzicante centrata su sensazioni di limetta, erbe officinali e mela verde. Palato che dimostra coerenza con evidenti ritorni agrumati, che donano grande acidità e bevibilità a un calice che chiude pulito e lungo. Filetto di ombrina e radicchio.

VALDOBBIADENE PROSECCO SUPERIORE RIVE DI SANTO STEFANO EXTRA BRUT VIGNA MONTAGNOLE 2021
Bianco Docg Metodo Martinotti - Glera 100%
Alc. 11,5% | € 18 | Bt. 12.580 | Ferm. Acciaio | Mat. Acciaio 3 mesi
12 mesi sui lieviti
Plateau royal di crudité.

VALDOBBIADENE PROSECCO SUPERIORE RIVE DI COL SAN MARTINO EXTRA BRUT VIGNA CASTEL DE DONÀ 2021
Bianco Docg Metodo Martinotti - Glera 100%
Alc. 11,5% | € 16 | Bt. 7.328 | Ferm. Acciaio | Mat. Acciaio 4 mesi
12 mesi sui lieviti
Bocconcini di rana pescatrice in crosta di mandorle.

VALDOBBIADENE PROSECCO SUPERIORE RIVE DI COLBERTALDO EXTRA DRY RIVA CRIVÈL 2021
Bianco Docg Metodo Martinotti - Glera 100%
Alc. 11,5% | € 18 | Bt. 7.578 | Ferm. Acciaio | Mat. Acciaio 3 mesi
12 mesi sui lieviti. Ceviche di gamberi.

ROSATO LAGREIN BRUT 2021
Rosato Metodo Martinotti - Lagrein 100%
Alc. 12% | € 14 | Bt. 18.400 | Ferm. Acciaio | Mat. Acciaio 4 mesi
6 mesi sui lieviti. Melanzane e peperoni ripieni.

VALDOBBIADENE PROSECCO SUPERIORE BRUT 2022
Bianco Docg Metodo Martinotti - Glera 100%
Alc. 11,5% | € 14 | Bt. 85.000 | Ferm. Acciaio | Mat. Acciaio 3 mesi
4 mesi sui lieviti. Pizza con fiordilatte e prosciutto crudo.

VALDOBBIADENE SUPERIORE DI CARTIZZE DRY
2017 | 2019 | 2020

PINOT COUPAGE EXTRA BRUT
2014

Bortoluz
(1970)

Una piccola casa che fa anche da cantina a Saccol, nel cuore del Valdobbiadene, è il luogo dove nascono i vini di Bortoluz. Qui sembra di tornare indietro nel tempo, dove tutto era fatto a mano, le dimensioni erano contenute, l'amore per la propria terra e la voglia di fare le cose fatte bene prevalevano su ogni logica commerciale. Nella piccola casa, certo, adesso è entrata la tecnologia moderna, ma la viticoltura segue ancora gli stessi ritmi di sempre. E i vini sono lo specchio di tutto questo. Vini di grande personalità, diretti e salini, perché cambiano i tempi ma le cose buone rimangono.

Via Consumina, 3 - 31049 Valdobbiadene (TV)
T. 0423 973737 | M. info@cantinabortoluz.it
www.cantinabortoluz.it

Viticoltura: Convenzionale
Ettari: 13 | **Bottiglie:** 140.000 | **Produzione olearia:** No
Proprietà: Pierina Bortoluz
Cond. enologica: Luca Agostinetto
Cond. agronomica: Luca Agostinetto
Vendita diretta: No | **Visite in azienda:** No

VALDOBBIADENE PROSECCO SUPERIORE EXTRA DRY 2022
Bianco Docg Metodo Martinotti - Glera 100%
Alc. 11,5% | € 14 | Bt. 20.000 | Ferm. Acciaio | Mat. Acciaio 3 mesi
2 mesi sui lieviti
Giallo lime dal perlage sottile e continuo. Apre con profumi di glicine, pasticceria al limone, albicocca, mela verde, pera Abate, lime con tocchi aromatici di salvia e gessosi. Assaggio morbido, di volume, equilibrato tra freschezza e sapidità per una lunga progressione salina. Scampi alla griglia.

VALDOBBIADENE PROSECCO SUPERIORE BRUT CUVÉE 3 BORGHI 2022
Bianco Docg Metodo Martinotti - Glera 100%
Alc. 11,5% | € 15 | Bt. 4.000 | Ferm. Acciaio | Mat. Acciaio 2 mesi
2 mesi sui lieviti
Canapè di pasta sfoglia al formaggio.

VALDOBBIADENE PROSECCO SUPERIORE BRUT 2022
Bianco Docg Metodo Martinotti - Glera 100%
Alc. 11,5% | € 14 | Bt. 50.000 | Ferm. Acciaio | Mat. Acciaio 3 mesi
2 mesi sui lieviti
Verdure pastellate.

PROSECCO EXTRA DRY 2022
Bianco Doc Metodo Martinotti - Glera 100%
Alc. 11,5% | € 10 | Bt. 20.000 | Ferm. Acciaio | Mat. Acciaio 2 mesi
2 mesi sui lieviti
Crescentine e salumi.

PROSECCO BRUT 2022
Bianco Doc Metodo Martinotti - Glera 100%
Alc. 11,5% | € 10 | Bt. 8.000 | Ferm. Acciaio | Mat. Acciaio 2 mesi
2 mesi sui lieviti
Porchetta di Ariccia.

CUVÉE BRUT NATURE 2022
Bianco Metodo Martinotti - Glera 100%
Alc. 11,5% | € 9 | Bt. 20.000 | Ferm. Acciaio | Mat. Acciaio 2 mesi
2 mesi sui lieviti. Gnocchi alla romana.

Brigaldara
(1979)

Nata negli anni Ottanta da una piccola proprietà a San Pietro in Cariano, quest'azienda familiare conta oggi 50 ettari vitati suddivisi tra Valpolicella Classica, Valpantena e Valpolicella Orientale, tra i quali spiccano i cru Brigaldara, Cavolo e Case Vecie, dove è stata di recente realizzata anche un'attività agrituristica. Attenzione alla sostenibilità e volontà di far emergere le caratteristiche peculiari dei diversi territori sono la solida base di vini che coniugano franchezza espressiva ed eleganza. Uno stile assai ben rappresentato dal dinamico e mediterraneo Amarone Riserva 2013.

Via Brigaldara, 20 - 37029 San Pietro in Cariano (VR)
T. 045 7701055 | M. info@brigaldara.it
www.brigaldara.it

Viticoltura: Convenzionale
Ettari: 50 | **Bottiglie:** 350.000 | **Produzione olearia:** Sì
Proprietà: Stefano Cesari
Cond. enologica: Enrico Nicolis
Cond. agronomica: Staff aziendale
Vendita diretta: Sì | **Visite in azienda:** Sì

AMARONE DELLA VALPOLICELLA RISERVA 2013
Rosso Docg - Corvina 50%, Corvinone 35%, Rondinella 15%
Alc. 16,5% | € 79 | Bt. 3.500 | Ferm. Acciaio | Mat. Legno 72 mesi
Granato di bella trasparenza. Ampiezze fresche di macchia mediterranea, bosso, mirto, tocchi di rosmarino e menta su un frutto ancora acerbo. Man mano incenso e ginepro, una pennellata agrumata. Sulle papille ha una struttura non ingombrante, di grande dinamicità, freschezza ed eleganza. Capriolo in salmì con polenta di grano saraceno.

AMARONE DELLA VALPOLICELLA CAVOLO 2018
Rosso Docg - Corvina 55%, Corvinone 25%, Rondinella 20%
Alc. 16% | € 39 | Bt. 15.000 | Ferm. Acciaio | Mat. Legno 48 mesi
Stracotto d'asino.

AMARONE DELLA VALPOLICELLA CASE VECIE 2017
Rosso Docg - Corvinone 40%, Corvina 35%, Rondinella 20%, altre varietà 5%
Alc. 16,5% | € 44 | Bt. 20.000 | Ferm. Acciaio | Mat. Legno 48 mesi
Guanciale di manzo al brandy.

AMARONE DELLA VALPOLICELLA CLASSICO 2018
Rosso Docg - Corvina 45%, Corvinone 45%, Rondinella 10%
Alc. 16,5% | € 35 | Bt. 50.000 | Ferm. Acciaio | Mat. Legno 36 mesi
Tagliata al pepe verde.

VALPOLICELLA SUPERIORE CASE VECIE 2021
Rosso Doc - Corvina 55%, Corvinone 25%, Rondinella 20%
Alc. 13,5% | € 13 | Bt. 20.000 | Ferm. Acciaio | Mat. Legno 8 mesi
Pappardelle al ragù di cinghiale.

VALPOLICELLA RIPASSO SUPERIORE IL VEGRO 2021
Rosso Doc - Corvina 45%, Corvinone 45%, Rondinella 10%
Alc. 14,5% | € 14 | Bt. 60.000 | Ferm. Acciaio | Mat. Legno 24 mesi
Stinco di maiale al forno in pancetta affumicata.

AMARONE DELLA VALPOLICELLA RISERVA
2011 | 2012

AMARONE DELLA VALPOLICELLA CLASSICO
2016

Brunelli
(1936)

La passione e la professionalità di Luigi trainano la sempre magistrale conduzione enologica, nello stile raffinato, pulito e ricercato anche nelle strutture, ma che si sa adattare anche al mutare dei tempi con maggiori freschezze e belle dinamicità. La quarta generazione è impersonata da Alberto all'accoglienza, coadiuvato da mamma Luciana. Molto bello il restauro dell'antica corte. In quest'edizione tocca al Campo Inferi 2017 tirare le fila, seguito dal polposo Ripasso Pa' Riondo e dall'Amarone d'ingresso 2019. Intrigante il Super Valpo Campo del Maestro, dissetante l'Overnight.

Via Cariano, 10 - 37029 San Pietro in Cariano (VR)
T. 045 7701118 | M. info@brunelliwine.com
www.brunelliwine.com

Viticoltura: Convenzionale
Ettari: 20 | **Bottiglie:** 150.000 | **Produzione olearia:** No
Proprietà: Luigi Brunelli
Cond. enologica: Luigi Brunelli
Cond. agronomica: Luigi Brunelli
Vendita diretta: Sì | **Visite in azienda:** Sì

AMARONE DELLA VALPOLICELLA CLASSICO CAMPO INFERI RISERVA 2017
Rosso Docg - Corvina 65%, Rondinella 25%, Corvinone 10%
Alc. 16,5% | € 48 | Bt. 7.000 | Ferm. Acciaio | Mat. Legno 42 mesi
Granato con riflessi rubino. More e lamponi, composta di ciliegia ed erbette aromatiche essiccate. Memorie di cioccolato fondente allo zenzero e pepe con guizzi di sottobosco e fungo. Sbuffi di resina di pino. Sorso di classe, avvolgente, fresco e sapido con un tannino presente ma integrato. Faraona ripiena con salsa tartufata.

VALPOLICELLA RIPASSO CLASSICO SUPERIORE PA' RIONDO 2019
Rosso Doc - Corvina 65%, Rondinella 25%, Corvinone 10%
Alc. 14% | € 17 | Bt. 18.000 | Ferm. Legno | Mat. Legno 15 mesi
Gulasch di manzo alla paprica dolce.

AMARONE DELLA VALPOLICELLA CLASSICO 2019
Rosso Docg - Corvina 65%, Rondinella 25%, Corvinone 10%
Alc. 15% | € 34 | Bt. 18.000 | Ferm. Legno | Mat. Legno 24 mesi
Controfiletto di bue alla brace.

CAMPO DEL MAESTRO 2020
Rosso Igt - Corvina 40%, Oseleta 20%, Cabernet franc 10%, Corvinone 10%, Rondinella 10%, Croatina 5%, altre varietà 5%
Alc. 15% | € 26 | Bt. 9.000 | Ferm. Legno | Mat. Legno 24 mesi
Petto d'anatra laccato al miele.

OVERNIGHT BRUT NATURE 2021
Rosato Metodo Martinotti - Molinara 100%
Alc. 12% | € 26 | Bt. 4.500 | Ferm. Acciaio
Pizza marinara.

CORTE CARIANO 2020
Rosso Igt - Corvina 100%
Alc. 14% | € 13 | Bt. 10.000 | Ferm. Legno | Mat. Legno 12 mesi
Bucatini all'amatriciana.

AMARONE DELLA VALPOLICELLA CLASSICO CAMPO INFERI RISERVA
2015

AMARONE DELLA VALPOLICELLA CLASSICO CAMPO DEL TITARI RISERVA
2013

Buglioni
(2000)

Damiano Buglioni diventa vignaiolo per caso, acquistando un casale con 3 ettari di vigneto e raccogliendo le uve con gli amici. La passione prende presto il sopravvento e la sua diventa, col tempo, una solida attività con gli attuali 54 ettari. Alla grande capacità comunicativa e all'amore per l'ospitalità si è aggiunta l'ambizione di fare anche un ulteriore passo avanti con il Valpolicella 44 Verticale 2020, fresco, diretto, senza ammiccamenti vellutati e con l'affascinante e ampio Amarone Teste Dure Riserva 2015, che matura in anfora.

Via Campagnole, 55 - 37029 San Pietro In Cariano (VR)
T. 045 6760676 | M. buglioni@buglioni.it
www.buglioni.it

Viticoltura: Convenzionale
Ettari: 54 | **Bottiglie:** 350.000 | **Produzione olearia:** Sì
Proprietà: Alfredo Buglioni
Cond. enologica: Diego Bertoni
Cond. agronomica: Staff aziendale
Vendita diretta: Sì | **Visite in azienda:** Sì

92,5

AMARONE DELLA VALPOLICELLA CLASSICO TESTE DURE RISERVA 2015
Rosso Docg - Corvina 60%, Corvinone 15%, Oseleta 10%, Rondinella 10%, Croatina 5%
Alc. 17% | € 234 | Bt. 3.213 | Ferm. Acciaio | Mat. Legno 30 mesi e Terracotta 30 mesi
Granato cupo. Un tocco di austerità su essenze di argilla, foglie di tè e humus per poi distendersi su sensazioni di china e rabarbaro punteggiate da un frutto profondo, ma che diviene ben presto protagonista. Intrigante sulle papille con freschezza, dinamica potenza e ritorni ammandorlati e di ginepro. Medaglioni di cervo con riduzione di cottura.

VALPOLICELLA CLASSICO SUPERIORE 44 VERTICALE 2020
Rosso Doc - Corvina 65%, Corvinone 20%, Rondinella 15%
Alc. 12,5% | € 45 | Bt. 9.999 | Ferm. Acciaio | Mat. Legno 10 mesi
Lasagnette al ragù di faraona e asparagi.

AMARONE DELLA VALPOLICELLA CLASSICO IL LUSSURIOSO 2019
Rosso Docg - Corvina 60%, Corvinone 20%, Rondinella 10%, Croatina 5%, Oseleta 5%
Alc. 16% | € 58 | Bt. 35.000 | Ferm. Acciaio | Mat. Legno 30 mesi
Abbacchio al forno con verdure grigliate.

VALPOLICELLA RIPASSO CLASSICO SUPERIORE IL BUGIARDO 2021
Rosso Doc - Corvina 60%, Corvinone 20%, Rondinella 10%, Croatina 5%, Oseleta 5%
Alc. 13,5% | € 29 | Bt. 47.000 | Ferm. Acciaio | Mat. Legno 12 mesi
Filetto di manzo in crosta alle erbette.

AMARONE DELLA VALPOLICELLA CLASSICO TESTE DURE RISERVA
2010

VALPOLICELLA RIPASSO CLASSICO SUPERIORE IL BUGIARDO
2016

Tommaso Bussola
(1978)

Tra gli interpreti più interessanti della Valpolicella classica, la cantina di Tommaso Bussola propone vini rossi corposi e di grande struttura, in cui personalità e carattere danno sempre emozioni nell'esperienza di beva. Svetta in quest'edizione l'Amarone della Valpolicella VignetoAlto, grande rosso da evoluzione che ci sorprende, oltre che per mole, anche per le freschezze balsamiche e un tannino vibrante. A seguire, il Valpolicella Ripasso Superiore Cà del Laito, affinato per 26 mesi in botte grande, che conquista per la morbidezza e l'armonia degli aromi.

Via Molino Turri, 30 - Frazione San Peretto - 37024 Negrar (VR)
T. 045 7501740 | M. info@bussolavini.com
www.bussolavini.com

Viticoltura: Convenzionale
Ettari: 14 | **Bottiglie:** 80.000 | **Produzione olearia:** Sì
Proprietà: Tommaso Bussola
Cond. enologica: Paolo Bussola
Cond. agronomica: Paolo Bussola
Vendita diretta: Sì | **Visite in azienda:** Sì

94

AMARONE DELLA VALPOLICELLA CLASSICO VIGNETOALTO 2011
Rosso Docg - Corvina 45%, Corvinone 30%, Rondinella 25%
Alc. 17% | € 195 | Bt. 3.096 | Ferm. Legno | Mat. Legno 90 mesi
Granato luminoso, lento. L'olfatto è mirabile per tratto e pregio. Eucalipto, bosso, mirto e ribes nero poi sottofondo etereo, caffè, liquirizia, violetta, tabacco, cuoio, spezie scure e dolci. Gusto pieno, vellutato e setoso, ma dalla grande briosa freschezza e tannino sodo. Brasato di lepre con riduzione di vino rosso.

AMARONE DELLA VALPOLICELLA CLASSICO 2018
Rosso Docg - Corvina 35%, Corvinone 30%, Rondinella 25%, Molinara 10%
Alc. 17% | € 82 | Bt. 21.000 | Ferm. Acciaio | Mat. Legno 46 mesi
Reale di vitello alla senape antica.

VALPOLICELLA RIPASSO CLASSICO SUPERIORE CA' DEL LAITO 2018
Rosso Doc - Corvina 35%, Rondinella 30%, Corvinone 25%, Molinara 10%
Alc. 15,5% | € 30 | Bt. 40.000 | Ferm. Acciaio | Mat. Legno 26 mesi
Stracotto di manzo all'Amarone.

AMARONE DELLA VALPOLICELLA CLASSICO TB RISERVA
2012

VALPOLICELLA CLASSICO SUPERIORE TB
2013 | 2016

Buvoli - Opificio del Pinot Nero
(2001)

Quella di Marco Buvoli per il pinot nero si può definire una passione a tutto tondo. I suoi spumanti sono molto riconoscibili. La tecnica del produttore è quella di affinare le basi in legno e arricchirle, in fase d'assemblaggio, della sua famosa solera: quel tocco che rivela la magia e che per il produttore è un momento mistico: cuvée complesse che sono il risultato di prodotti identitari che rispecchiano e valorizzano il territorio dei Colli Berici. Come novità, quest'anno Buvoli ha presentato un Cabernet Franc, ottenuto ispirandosi alle tecniche produttive della Loira.

Via Mondeo, 1 - 36050 Gambugliano (VI)
T. 348 4102919 | M. info@opificiopinotnero.it
www.opificiopinotnero.it

Viticoltura: Biodinamica
Ettari: 7 | **Bottiglie:** 18.000 | **Produzione olearia:** No
Proprietà: Eddy Carli
Cond. enologica: Marco Buvoli
Cond. agronomica: Marco Buvoli
Vendita diretta: Sì | **Visite in azienda:** Sì

TRE EXTRA BRUT
Bianco Metodo Classico - Pinot nero 100%
Alc. 12,5% | € 43 | Bt. 4.000 | Ferm. Acciaio | 36 mesi sui lieviti
Oro antico brillante con sfumature topazio, impreziosito da bollicine fini e persistenti. Ventaglio olfattivo molto raffinato con malie floreali di geranio e violetta e un frutto che richiama prugna estiva e mela cotogna. Molto fresco l'assaggio, di grande finezza, ricco di materia citrina. Tartare di scampi.

TRE EXTRA BRUT ROSÉ
Rosato Metodo Classico - Pinot nero 100%
Alc. 12,5% | € 43 | Bt. 2.500 | Ferm. Legno | 36 mesi sui lieviti
Pesce spada alla griglia.

SUPER SEI EXTRA BRUT
Bianco Metodo Classico - Pinot nero 100%
Alc. 12,5% | € 68 | Bt. 1.200 | Ferm. Acciaio | 72 mesi sui lieviti
Capretto arrosto alle erbe aromatiche.

FRANC 2020
Rosso Igt - Cabernet franc 100%
Alc. 14% | € 59 | Bt. 1.200 | Ferm. Legno | Mat. Legno 16 mesi
Fegato alla veneziana.

PINOT NERO 2018
Rosso Igt - Pinot nero 100%
Alc. 13,5% | € 44 | Bt. 4.500 | Ferm. Legno | Mat. Legno 14 mesi
Lepre in salmì.

CINQUE PAS DOSÉ
S.A.

SETTE EXTRA BRUT ROSÉ
S.A. | S.A.

Ca' di Rajo
(2005)

Un'avventura nata nel 2005 dall'intuizione di un giovanissimo Simone Cecchetto, allora ventenne, che decise di fondare un'impresa vitivinicola propria. Negli anni si sono affiancati i fratelli Alessio e Fabio, e la cantina Ca' di Rajo è ormai una realtà affermata e dinamica in costante crescita. Fin dagli albori l'azienda ha puntato sulla promozione dei vitigni legati al territorio del Piave, prediligendo le vinificazioni in purezza per esaltarne le singole caratteristiche. In quest'edizione regala emozioni il Notti di Luna Piena, Piave Malanotte Docg 2016.

Via del Carmine, 2 - 31020 San Polo di Piave (TV)
T. 0422 855885 | M. info@cadirajo.it
www.cadirajo.it

Viticoltura: Convenzionale
Ettari: 100 | **Bottiglie:** 1.800.000 | **Produzione olearia:** No
Proprietà: Famiglia Cecchetto
Cond. enologica: Luca Bagarolo
Cond. agronomica: Luca Bagarolo
Vendita diretta: Sì | **Visite in azienda:** Sì

PIAVE MALANOTTE NOTTI DI LUNA PIENA 2016
Rosso Docg - Raboso piave 100%
Alc. 14% | € 31 | Bt. 6.200 | Ferm. Acciaio | Mat. Legno 48 mesi
Trasparente granato vivido, aranciati i riflessi. Esprime fragranze evolute con spunti di bella freschezza. Ciliegia sotto spirito e ribes nero; aprendosi: liquirizia, tabacco, chiodi di garofano, pepe, china, assenzio e sanguinella. Setoso, energico e dinamico, dal tannino ancora vivo. Lungo il finale balsamico. Capriolo ai porcini.

PIAVE RABOSO SANGUE DEL DIAVOLO 2019
Rosso Doc - Raboso piave 100%
Alc. 14% | € 18 | Bt. 10.000 | Ferm. Acciaio | Mat. Legno 36 mesi
Stinco d'agnello al forno.

VALDOBBIADENE PROSECCO SUPERIORE BRUT CUVÉE DEL FONDATORE 2022
Bianco Docg Metodo Martinotti - Glera 100%
Alc. 11% | € 10 | Bt. 40.000 | Ferm. Acciaio | Mat. Acciaio 3 mesi
Tempura di gamberi.

VENEZIA ROSSO MARINÒ 2019
Rosso Doc - Merlot 50%, Cabernet sauvignon 30%, Raboso veronese 20%
Alc. 14% | € 21 | Bt. 10.000 | Ferm. Legno | Mat. Legno 14 mesi
Straccetti di cavallo.

PIAVE BIANCO ICONEMA 2020
Bianco Doc - Tai 100%
Alc. 14% | € 31 | Bt. 2.980 | Ferm. Acciaio | Mat. Acciaio 8 mesi
Pollo al curry.

VALDOBBIADENE PROSECCO SUPERIORE EXTRA DRY 2022
Bianco Docg Metodo Martinotti - Glera 100%
Alc. 11% | € 10 | Bt. 100.000 | Ferm. Acciaio | Mat. Acciaio 3 mesi
Crespelle con funghi e Asiago.

PIAVE BIANCO ICONEMA
2018

PIAVE RABOSO SANGUE DEL DIAVOLO
2018

Ca' La Bionda
(1902)

"Più che seguire gli altri, preferisco farmi seguire". Così Alessandro Castellani, figlio di Pietro, condensa in poche parole la personalità dei propri iconici vini maranesi. La visione vincente è stata quella di adattare alla realtà locale le più moderne tecniche di cantina e vigna apprese nell'esperienza borgognona, arrivando a una gestione del vigneto aziendale finalizzata all'esaltazione del terroir, che ritroviamo magistralmente espresso negli emblematici Valpolicella e Amarone, arditi nella sfida al tempo. Stupisce l'Amarone Riserva Ravazzol 2013 per dinamismo e gentilezza tannica.

Via Bionda, 4 - 37020 Marano di Valpolicella (VR)
T. 045 6801198 | M. info@calabionda.it
www.calabionda.it

Viticoltura: Biologica certificata
Ettari: 29 | **Bottiglie:** 120.000 | **Produzione olearia:** Sì
Proprietà: Pietro Castellani
Cond. enologica: Alessandro Castellani
Cond. agronomica: Nicola Castellani
Vendita diretta: Sì | **Visite in azienda:** Sì

96

AMARONE DELLA VALPOLICELLA CLASSICO RAVAZZOL RISERVA 2013
Rosso Docg - Corvina 70%, Corvinone 20%, Rondinella 7%, Molinara 3%
Alc. 16% | € 110 | Bt. 6.809 | Ferm. Legno | Mat. Legno 96 mesi
Rubino luminoso. Splendido bouquet caratterizzato da balsamicità verticale e frutto croccante di ciliegia e mora su un fondo di rosa appassita. Beva di perfetto equilibrio e tensione con tannino sottile e carezzevole. Fine e dinamico, si fa notare per piacevolezza. Interminabile nei sussurri fruttati. Camoscio in umido.

VALPOLICELLA CLASSICO SUPERIORE CASALVEGRI 2020
Rosso Doc - Corvina 70%, Corvinone 20%, Rondinella 8%, Molinara 2%
Alc. 13,5% | € 30 | Bt. 20.000 | Ferm. Acciaio | Mat. Legno 18 mesi
Bigoli con l'anatra.

VALPOLICELLA CLASSICO 2022
Rosso Doc - Corvina 70%, Corvinone 20%, Rondinella 8%, Molinara 2%
Alc. 12,5% | € 17 | Bt. 40.666 | Ferm. Acciaio | Mat. Acciaio 4 mesi
Pasta alla Norma.

VALPOLICELLA CLASSICO SUPERIORE CASALVEGRI
2019

AMARONE DELLA VALPOLICELLA CLASSICO RAVAZZOL
2015

Ca' Lojera
(1992)

Tra le poche aziende a uscire sia con il Superiore che con la Riserva. Il primo matura in botti grandi di legno in parte usate, nato non appena fu inserito nel disciplinare di produzione, come evoluzione naturale del base. Il secondo c'è sempre stato ed era il Lugana del Lupo, una coraggiosa vendemmia tardiva con le uve in parte botritizzate, a percentuali e volumi variabili a seconda dell'annata, che matura in solo acciaio, e ha ispirato la Riserva, che arriverà nel 2003. Da quel momento l'austera e longeva Riserva del Lupo è uno dei simboli del territorio.

Via Bella Italia, 30 - 37019 Peschiera del Garda (VR)
T. 045 7551901 | M. info@calojera.com
www.calojera.com

Viticoltura: Convenzionale
Ettari: 18 | **Bottiglie:** 160.000 | **Produzione olearia:** No
Proprietà: Franco Tiraboschi
Cond. enologica: Franco Tiraboschi
Cond. agronomica: Franco Tiraboschi
Vendita diretta: Sì | **Visite in azienda:** Sì

LUGANA RISERVA DEL LUPO 2005
Bianco Doc - Trebbiano di Lugana 100%
Alc. 14% | € 33 | Bt. 4.000 | Ferm. Acciaio | Mat. Acciaio 24 mesi
Oro, fulgido e pieno. Emergono percezioni di agrumi canditi, elicriso, zenzero e zafferano, poi miele d'acacia ed echi speziati di cardamomo e pepe, con un cenno di arachide. Palato con freschezza ancora protagonista e sale di contorno. Vino potente e austero di grande autorevolezza. Ricciola al forno con capperi e pomodori ciliegino.

LUGANA RISERVA DEL LUPO 2019
Bianco Doc - Trebbiano di Lugana 100%
Alc. 14% | € 21 | Bt. 6.000 | Ferm. Acciaio | Mat. Acciaio 24 mesi
Ostriche Bouzigues.

LUGANA 2022
Bianco Doc - Trebbiano di Lugana 100%
Alc. 13% | € 14 | Bt. 100.000 | Ferm. Acciaio | Mat. Acciaio 6 mesi
Filetto di lucioperca in crosta di patate.

LUGANA SUPERIORE
2001 | 2002

LUGANA RISERVA DEL LUPO
2016 | 2017 | 2018

Ca' Lustra - Zanovello
(1977)

Un forte legame con il territorio è ciò che valorizza i vini di Ca' Lustra, storica azienda del panorama euganeo, guidata, sotto il segno della sostenibilità, dai fratelli Linda e Marco Zanovello. Entrambi impegnati in ruoli precisi e uniti nel tramandare la tradizione familiare affrontando le nuove sfide che si presentano, oggi legate al cambiamento climatico. Ecco allora intensificare le prove di vitigni e cloni diversi in aree diverse, di nuovi sistemi di allevamento, come l'alberello, per "anticipare il futuro". Perché le scelte di oggi saranno i vini di domani.

Via San Pietro, 50 - Località Faedo - 35030 Cinto Euganeo (PD)
T. 0429 94128 | M. info@calustra.it
www.calustra.it

Viticoltura: Biologica certificata
Ettari: 27 | **Bottiglie:** 120.000 | **Produzione olearia:** Sì
Proprietà: Marco e Linda Zanovello
Cond. enologica: Marco Zanovello
Cond. agronomica: Marco Zanovello
Vendita diretta: Sì | **Visite in azienda:** Sì

COLLI EUGANEI FIOR D'ARANCIO PASSITO 2019
Bianco Docg Passito - Moscato giallo 100%
Alc. 15% | € 23 (0,5l) | Bt. 3.600 | Ferm. Legno | Mat. Legno 12 mesi
Ondeggia tra l'ambra e il topazio. L'olfatto raccoglie ampie presenze di albicocca disidratata, caramella d'orzo, miele di castagno ed erbe aromatiche, spezie dolci e allusioni iodate. Sinergia di morbidezze tra zuccheri, dote alcolica e glicerica, contrapposte a viva freschezza e lieve asciuttezza. Blu di capra.

COLLI EUGANEI CABERNET ZANOVELLO GIRAPOGGIO 2018
Rosso Doc - Cabernet sauvignon 100%
Alc. 13,5% | € 26 | Bt. 9.000 | Ferm. Legno | Mat. Legno 30 mesi e Cemento 6 mesi
Carré di maiale al forno con mele renette.

COLLI EUGANEI ROSSO ZANOVELLO MORO POLO 2020
Rosso Doc - Merlot 60%, Cabernet sauvignon 25%, Carménère 15%
Alc. 13,5% | € 15 | Bt. 12.000 | Ferm. Legno | Mat. Legno 20 mesi e Cemento 4 mesi
Lombata di vitello su letto di cipolline saltate.

COLLI EUGANEI MERLOT ZANOVELLO SASSONERO 2019
Rosso Doc - Merlot 100%
Alc. 14,5% | € 22 | Bt. 20.000 | Ferm. Legno | Mat. Legno 30 mesi e Cemento 6 mesi
Oca arrosto.

ZANOVELLO MANZONI BIANCO 2020
Bianco Igt - Manzoni bianco 100%
Alc. 13,5% | € 15 | Bt. 8.000 | Ferm. Legno | Mat. Legno 12 mesi e Cemento 10 mesi
Riso venere con verdure e crostacei.

ZANOVELLO OLIVETANI 2020
Bianco Igt - Garganega 30%, Pinot bianco 25%, Sauvignon 20%, Tai 20%, Moscato bianco 5%
Alc. 12,5% | € 15 | Bt. 9.800 | Ferm. Legno | Mat. Legno 12 mesi e Cemento 10 mesi
Robiola di Roccaverano.

COLLI EUGANEI FIOR D'ARANCIO PASSITO
2015 | 2017 | 2018

COLLI EUGANEI CABERNET ZANOVELLO GIRAPOGGIO
2012

Ca' Rugate
(1986)

È una storia ultracentenaria quella che lega la famiglia Tessari alla Collina delle Rugate. La lungimirante vena imprenditoriale di Michele Tessari ha permesso di rinnovare e di espandersi prima in Valpolicella e poi nella limitrofa zona del Lessini Durello. Grande eterogeneità nei prodotti quindi e ora anche una novità che porta il nome di Vermouth di Amarone della Valpolicella. L'Enomuseo aziendale è riconosciuto dal Veneto come museo regionale, in cui il tempo sembra essersi di colpo fermato. In Guida il bianco passito Corte Durlo si distingue per preziosa fattura.

Via Pergola, 36 - 37030 Montecchia di Crosara (VR)
T. 045 6176328 | M. carugate@carugate.it
www.carugate.it

Viticoltura: Biologica certificata
Ettari: 90 | **Bottiglie:** 750.000 | **Produzione olearia:** Sì
Proprietà: Famiglia Tessari
Cond. enologica: Giuseppe Caviola, Michele Tessari
Cond. agronomica: Staff aziendale
Vendita diretta: Sì | **Visite in azienda:** Sì

CORTE DURLO 2015
Bianco Igt Passito - Garganega 100%
Alc. 13% | € 72 (0,375l) | Bt. 250 | Ferm. Legno | Mat. Legno 72 mesi
Prezioso color ambra. Non si contano ma si pesano le suggestioni olfattive che alternano sentori evolutivi a soavi indizi canditi di dattero, noce, fico secco, distillato di frutta e miele. Scorre compatto ma con rilassatezza, gratificando il palato con mitigante freschezza e infiniti ritorni zuccherini. Pasticceria secca.

LESSINI DURELLO SPUMANTE RISERVA PAS DOSÉ AMEDEO 2017
Bianco Doc Metodo Classico - Durella 100%
Alc. 12,5% | € 34 | Bt. 12.600 | Ferm. Acciaio | Mat. Acciaio 8 mesi 42 mesi sui lieviti
Crostini con spuma di mortadella.

RECIOTO DELLA VALPOLICELLA L'EREMITA 2019
Rosso Docg Passito - Corvina 45%, Corvinone 40%, Rondinella 15%
Alc. 13,5% | € 33 (0,5l) | Bt. 5.000 | Ferm. Legno | Mat. Legno 12 mesi
Sachertorte.

AMARONE DELLA VALPOLICELLA PUNTA 470 2019
Rosso Docg - Corvina 45%, Corvinone 40%, Rondinella 15%
Alc. 15% | € 52 | Bt. 30.000 | Ferm. Acciaio | Mat. Legno 36 mesi
Faraona al forno.

SOAVE CLASSICO MONTE ALTO 2020
Bianco Doc - Garganega 100%
Alc. 13% | € 19 | Bt. 10.000 | Ferm. Legno | Mat. Legno 6 mesi
Asparagi di Bassano e uova in camicia.

SOAVE CLASSICO SAN MICHELE 2022
Bianco Doc - Garganega 100%
Alc. 12% | € 11 | Bt. 300.000 | Ferm. Acciaio | Mat. Acciaio 5 mesi
Garganelli freschi con gamberi di fiume.

RECIOTO DI SOAVE LA PERLARA
2012 | 2015

CORTE DURLO
2009

Cadis 1898
(1898)

Cadis nasce nel 1898 e da allora ha iniziato a collezionare, con vari brand, un mosaico di espressioni e stili produttivi nelle principali denominazioni veronesi: dal Soave, al Lessini Durello, fino a Valpolicella, Custoza, Garda e Bardolino. Sistemi di controllo all'avanguardia, analisi del terreno, del meteo e degli aspetti agronomici fanno parte di un progetto che mira a salvaguardare e valorizzare i vitigni autoctoni. Sperimentazioni sulle tecniche di allevamento vengono poi realizzate su circa 40 vitigni all'interno di un giardino botanico, per una ricerca qualitativa costante.

Viale della Vittoria, 128 - 37038 Soave (VR)
T. 045 6139811 | M. cantina@cantinasoave.it
www.cantinasoave.it

Viticoltura: Convenzionale
Ettari: 6400 | **Bottiglie:** 40.000.000 | **Produzione olearia:** No
Proprietà: Cooperativa di produttori
Cond. enologica: Paolo D'Agostin
Cond. agronomica: Staff aziendale
Vendita diretta: Sì | **Visite in azienda:** Sì

SOAVE CLASSICO FITTÀ 2022
Bianco Doc - Garganega 100%
Alc. 12,5% | € 8 | Bt. 30.000 | Ferm. Acciaio | Mat. Acciaio 12 mesi
Un sole lucente. All'olfatto gocce agrumate di pompelmo e lime si mescolano a quelle di gelsomino e sambuco. Segue l'alternarsi di rosmarino e di santoreggia. Sorso pieno e morbido, volumico. Fresco e con buona sapidità, invoglia alla beva. Riverberi di mandorla fresca. Filetto di branzino gratinato.

SOAVE CLASSICO CASTELCERINO 2022
Bianco Doc - Garganega 100%
Alc. 13% | € 15 | Bt. 30.000 | Ferm. Acciaio | Mat. Acciaio 6 mesi
Ravioli di ricotta e spinaci.

RISERVA DEI CINQUE
Bianco Metodo Classico - Pinot nero 80%, Chardonnay 20%
Alc. 12,5% | € 65 | Bt. 2.000 | Ferm. Acciaio | 120 mesi sui lieviti
Sogliola alla mugnaia.

EQUIPE 5 2019
Bianco Metodo Classico - Chardonnay 80%, Pinot nero 20%
Alc. 12% | € 23 | Bt. 50.000 | Ferm. Acciaio | 36 mesi sui lieviti
Seppioline ai ferri.

AMARONE DELLA VALPOLICELLA 2020
Rosso Docg - Corvina 70%, Corvinone 15%, Rondinella 15%
Alc. 14,5% | € 28 | Bt. 50.000 | Ferm. Acciaio | Mat. Legno 36 mesi
Anatra ai funghi.

VALPOLICELLA RIPASSO SUPERIORE CAMPOBRUN 2019
Rosso Doc - Corvina 70%, Corvinone 15%, Rondinella 15%
Alc. 13% | € 12 | Bt. 60.000 | Ferm. Acciaio | Mat. Legno 36 mesi
Brasato di manzo al vino rosso.

Camerani - Adalia & Corte Sant'Alda
(1986)

Portatrice sana della filosofia secondo cui il produttore prima di tutto deve essere ministro dei propri vini, ovvero al loro servizio, in quasi quarant'anni Marinella Camerani ha dapprima rivoluzionato l'omonimo vigneto di Corte Sant'Alda per poi acquisire e plasmare le vigne di Adalia e più recentemente quelle di Podere Castagnè. Tutto è volto al rispetto identitario del singolo vino, dall'applicazione degli insegnamenti di Steiner, alla scelta dei materiali più adatti alla maturazione e all'affinamento in cantina. Sugli scudi l'eleganza e la nobile espressività dell'Amarone Valmezzane 2016.

Via Capovilla, 28 - Località Fioi - 37030 Mezzane di Sotto (VR)
T. 045 8880006 | M. info@camerani.wine
www.camerani.wine

Viticoltura: Biodinamica
Ettari: 22 | **Bottiglie:** 140.000 | **Produzione olearia:** Sì
Proprietà: Marinella Camerani
Cond. enologica: Marinella Camerani
Cond. agronomica: Marinella Camerani
Vendita diretta: Sì | **Visite in azienda:** Sì

94,5

AMARONE DELLA VALPOLICELLA CORTE SANT'ALDA VALMEZZANE 2016
Rosso Docg - Corvina 40%, Corvinone 40%, Rondinella 20%
Alc. 15,5% | € 75 | Bt. 9.000 | Ferm. Legno | Mat. Legno 48 mesi
Granato trasparente. Un elogio all'eleganza: petali di rosa rossa e violetta, mirtilli sotto spirito, radice di liquirizia, speziature ben dosate, un accenno vegetale in chiusura. Gusto materico, lungo ed espressivo; finissima tessitura del tannino, perfetto equilibrio e grande bevibilità. Faraona arrosto con salsa di frutti di bosco.

VALPOLICELLA SUPERIORE MITHAS 2018
Rosso Doc - Corvina 40%, Corvinone 40%, Rondinella 20%
Alc. 14,5% | € 62 | Bt. 3.300 | Ferm. Legno | Mat. Legno 36 mesi
Fiorentina alla brace.

AMARONE DELLA VALPOLICELLA ADALIA RUVALN 2018
Rosso Docg - Corvina 40%, Corvinone 40%, Rondinella 20%
Alc. 15,5% | € 49 | Bt. 6.000 | Ferm. Acciaio | Mat. Legno 24 mesi
Involtini di vitello lardellati.

RECIOTO DELLA VALPOLICELLA ADALIA ROASAN 2020
Rosso Docg Passito - Corvina 40%, Corvinone 40%, Rondinella 20%
Alc. 14,5% | € 31 (0,375l) | Bt. 1.000 | Ferm. Legno | Mat. Legno 12 mesi
Selezione di cioccolato fondente.

SOAVE ADALIA SINGAN 2022
Bianco Doc - Garganega 80%, Chardonnay 10%, Trebbiano di Soave 10%
Alc. 12,5% | € 13 | Bt. 9.000 | Ferm. Acciaio | Mat. Acciaio 7 mesi
Risotto al lavarello del Garda.

VALPOLICELLA CORTE SANT'ALDA CA' FIUI 2021
Rosso Doc - Corvina 40%, Corvinone 40%, Rondinella 15%, Molinara 5%
Alc. 12,5% | € 19 | Bt. 21.000 | Ferm. Legno | Mat. Legno 10 mesi
Pizza fritta con provola e salsiccia.

VALPOLICELLA SUPERIORE PODERECASTAGNE
2018

SOAVE CORTE SANT'ALDA
2021

Coldovigo
(2002)

La cantina Col Dovigo, sulla collina alle spalle della cittadina di Breganze, vanta un secolo di storia. Giusto 100 anni fa, nel 1923, gli antenati degli attuali proprietari vi si trasferirono dalla campagna. Riconosciuti allora come i "dovighi", nome con il quale i breganzesi identificavano coloro che provenivano da altri luoghi. Dai vigneti attorno alla proprietà che insistono su terreni di origine vulcanica si ricavano il bordolese Suam e il Merlot Bragetti, vini rossi da invecchiamento. L'autoctona vespaiola, oltre al vino fermo, dà anche lo spumante Perlena.

Via Brogliati Contro, 38 - 36042 Breganze (VI)
T. 339 8362142 | M. info@coldovigo.com
www.coldovigo.com

Viticoltura: A basso impatto ambientale
Ettari: 25 | **Bottiglie:** 200.000 | **Produzione olearia:** No
Proprietà: Stefano e Battista Bonollo
Cond. enologica: Alessandro Favaro
Cond. agronomica: Staff aziendale
Vendita diretta: Sì | **Visite in azienda:** Sì

SUAM 2019
Rosso Igt - Cabernet sauvignon 55%, Merlot 45%
Alc. 14,5% | € 19 | Bt. 12.500 | Ferm. Legno | Mat. Legno 24 mesi
Rubino con bordo carminio luminoso. Fiori rossi in pot-pourri, prugna e ciliegia in composta, sottobosco, mirto e macchia mediterranea. Sorso sostenuto e cremoso. Il tannino vivace è ben stemperato dalle morbidezze. Gustoso in lunghezza con ritorni di cioccolatino boero e pepe nero. Tordi in salmì.

BRAGETTI 2021
Rosso Igt - Merlot 100%
Alc. 13,5% | € 19 | Bt. 5.000 | Ferm. Acciaio | Mat. Legno 12 mesi
Carré di maiale affumicato.

BREGANZE BIANCO RIVOLE 2022
Bianco Doc - Tai 55%, Chardonnay 37%, Sauvignon 8%
Alc. 13% | € 12 | Bt. 10.000 | Ferm. Acciaio | Mat. Acciaio 4 mesi
Ravioli burro e salvia.

BREGANZE VESPAIOLO SPUMANTE BRUT PERLENA 2022
Bianco Doc Metodo Martinotti - Vespaiola 100%
Alc. 11,5% | € 11 | Bt. 25.000 | Ferm. Acciaio | Mat. Acciaio 6 mesi
3 mesi sui lieviti
Guazzetto di fasolari.

GROPPELLO 2022
Rosso Igt - Groppello 100%
Alc. 13% | € 12 | Bt. 12.000 | Ferm. Acciaio | Mat. Acciaio 6 mesi
Filetto al pepe verde.

BREGANZE VESPAIOLO 2022
Bianco Doc - Vespaiola 100%
Alc. 12,5% | € 11 | Bt. 20.500 | Ferm. Acciaio | Mat. Acciaio 4 mesi
Sauté di cozze.

Cantina Colli del Soligo
(1957)

Nel cuore della Strada del Prosecco e dei Vini dei Colli Conegliano Valdobbiadene, la Cantina Colli del Soligo è stata fondata nel 1957 da un gruppo di viticoltori della zona che volevano produrre vini esclusivi e rappresentativi del territorio. Oggi la Cantina conta circa 1200 ettari di superficie a vigneto e continua la sua instancabile ricerca al miglioramento, come dimostrano i numerosi premi internazionali ottenuti ogni anno. Rassegna di spumanti di particolare pregio e personalità quest'anno, orfana purtroppo della linea "Col de Mez", non presentata ai nostri panel.

Via L. Toffolin, 6 - 31053 Pieve di Soligo (TV)
T. 0438 840092 | M. info@collisoligo.com
www.collisoligo.com

Viticoltura: Convenzionale
Ettari: 1200 | **Bottiglie:** 10.000.000 | **Produzione olearia:** No
Proprietà: Cooperativa di produttori
Cond. enologica: Loris De Bortoli, Carlo Panziera
Cond. agronomica: Carlo Panziera
Vendita diretta: Sì | **Visite in azienda:** Sì

CONEGLIANO VALDOBBIADENE PROSECCO SUPERIORE BRUT SOLICUM METODO CLASSICO 2020
Bianco Docg Metodo Classico - Glera 100%
Alc. 11% | € 16 | Bt. 4.000 | Ferm. Acciaio | Mat. Acciaio 2 mesi
24 mesi sui lieviti
Luminosissimo paglierino solcato da sottili bollicine. Intensità e finezza distinguono subito i profumi di fiori bianchi, mela verde, ananas e maggiorana. Al palato ha grinta e definizione, sostenuto da ottimo nerbo fresco che si allunga elegante verso una piacevole salinità richiamante note di gesso e mandorla. Linguine agli scampi.

CONEGLIANO VALDOBBIADENE PROSECCO SUPERIORE EXTRA DRY SOLICUM CUVÉE 2022
Bianco Docg Metodo Martinotti - Glera 85%, Chardonnay 15%
Alc. 11,5% | € 12 | Bt. 80.000 | Ferm. Acciaio | Mat. Acciaio 5 mesi
1 mese sui lieviti. Guazzetto di vongole veraci.

VALDOBBIADENE PROSECCO SUPERIORE RIVE DI SOLIGO EXTRA BRUT SOLICUM 2022
Bianco Docg Metodo Martinotti - Glera 100%
Alc. 11% | € 13 | Bt. 12.200 | Ferm. Acciaio | Mat. Acciaio 5 mesi
2 mesi sui lieviti. Carpaccio di crostacei su mela verde.

CONEGLIANO VALDOBBIADENE PROSECCO SUPERIORE BRUT SOLICUM CUVÉE 2022
Bianco Docg Metodo Martinotti - Glera 85%, Chardonnay 15%
Alc. 11,5% | € 12 | Bt. 10.548 | Ferm. Acciaio | Mat. Acciaio 5 mesi
1 mese sui lieviti. Sogliola alla mugnaia.

VALDOBBIADENE PROSECCO SUPERIORE RIVE DI SOLIGO DRY SOLICUM 2022
Bianco Docg Metodo Martinotti - Glera 100%
Alc. 11% | € 13 | Bt. 20.000 | Ferm. Acciaio | Mat. Acciaio 5 mesi
1 mese sui lieviti. Fagottino di mele.

SAUVIGNON BLANC 2022
Bianco Igt - Sauvignon 100%
Alc. 12% | € 9 | Bt. 5.400 | Ferm. Acciaio | Mat. Acciaio 2 mesi
Melanzane e peperoni ripieni.

VALDOBBIADENE SUPERIORE DI CARTIZZE BRUT SOLICUM
2019

VALDOBBIADENE PROSECCO SUPERIORE RIVE DI SOLIGO DRY SOLICUM
2021

●○○○

Cantina Mattiello

(2014)

La cantina Mattiello si trova a poca distanza dal centro storico di Costozza di Longare. Tra le varie dimore nobiliari che compongono il borgo c'è anche Villa Eolia, famosa, oltre che per aver ospitato Galileo Galilei nel 1593, qui giunto da Padova, anche per i giri d'aria della sua cantina. Questo per rimarcare che i vini dei Colli Berici erano conosciuti e rinomati fin da allora. L'azienda produce i classici bordolesi e il Tai rosso, mentre tra i bianchi propone un'ottima versione di Incrocio Manzoni, varietà a bacca bianca in espansione che sta dando in zona ottimi risultati.

Via Volto, 57 - 36023 Longare (VI)
T. 0444 555258 | M. info@cantinamattiello.it
www.cantinamattiello.it

Viticoltura: A basso impatto ambientale
Ettari: 12 | **Bottiglie:** 40.000 | **Produzione olearia:** No
Proprietà: Natalino e Andrea Mattiello
Cond. enologica: Fabio Lotto, Andrea Mattiello, Luca Pendin
Cond. agronomica: Andrea Mattiello
Vendita diretta: Sì | **Visite in azienda:** Sì

6.0.13 MANZONI 2022
Bianco Igt - Manzoni bianco 100%
Alc. 13,5% | € 8 | Bt. 4.000 | Ferm. Acciaio | Mat. Acciaio 6 mesi
Color limone con sfumature verdoline. Fragranti aromi di scorza d'agrumi aprono un quadro più dolce di frutta matura tropicale, fiori di campo, camomilla, salvia e cardamomo. Palato fresco, sapido, ben equilibrato per una portata glicerica che tiene il passo e non prevarica. Retrolfatto coerente. Risotto con silene e cime di luppolo selvatico.

COLLI BERICI BIANCO I COVOLI 2022
Bianco Doc - Garganega 70%, Chardonnay 30%
Alc. 12,5% | € 10 | Bt. 2.000 | Ferm. Acciaio | Mat. Acciaio 8 mesi
Filetti di trota al vapore con maionese.

COLLI BERICI ROSSO CARMENÈRE 2021
Rosso Doc - Carménère 100%
Alc. 12% | € 9 | Bt. 8.000 | Ferm. Acciaio | Mat. Acciaio 12 mesi
Pappardelle con sugo di capriolo.

COLLI BERICI TAI ROSSO 2022
Rosso Doc - Tocai rosso 100%
Alc. 12% | € 10 | Bt. 2.000 | Ferm. Acciaio | Mat. Acciaio 6 mesi
Tagliere di salumi.

COLLI BERICI CABERNET SAUVIGNON 2020
Rosso Doc - Cabernet sauvignon 100%
Alc. 13% | € 12 | Bt. 8.000 | Ferm. Acciaio | Mat. Legno 12 mesi
Bracioline di maiale al calvados.

COLLI BERICI CARMENÈRE FOLIAGE RISERVA 2019
Rosso Doc - Carménère 100%
Alc. 12,5% | € 21 | Bt. 600 | Ferm. Acciaio | Mat. Legno 18 mesi
Capriolo in salmì con polenta di grano saraceno.

COLLI BERICI GARGANEGO
2021

COLLI BERICI SAUVIGNON
2021

●●○○

Cantina Produttori di Fregona

(2012)

L'attesa non è mai troppo vana, soprattutto quando si parla di vini passiti e delle eccellenze di un territorio come quello di Fregona e del suo Torchiato. Le ultime difficili annate avevano imposto uno stop alla produzione, che ritorna oggi con la fresca annata 2016. Le novità però non finiscono qui: attesa per 10 anni, esce quest'anno in commercio l'annata 2013 che subito sbaraglia ogni dubbio sul potenziale di affinamento del dolce fregonese. Un calice che va ben oltre la meditazione e rappresenta la sintesi perfetta tra l'attesa e la lunga gratificazione del suo sorso.

Via Castagnola, 50 - 31010 Fregona (TV)
T. 340 2706497 | M. info@torchiato.com
www.torchiato.com

Viticoltura: Convenzionale
Ettari: 10 | **Bottiglie:** 15.000 | **Produzione olearia:** No
Proprietà: Cooperativa di produttori
Cond. enologica: Emanuele Serafin
Cond. agronomica: Staff aziendale
Vendita diretta: Sì | **Visite in azienda:** Sì

96

COLLI DI CONEGLIANO TORCHIATO DI FREGONA PIERA DOLZA 10 ANNI 2013
Bianco Docg Passito - Glera 45%, Boschera 30%, Verdiso 25%
Alc. 16% | € 46 (0,375l) | Bt. 2.500 | Ferm. Legno | Mat. Legno 96 mesi
Mirabile già alla vista, gioiello di ambra e topazio lucenti. Intreccio olfattivo che il tempo ha reso raffinato: fichi al forno, zagara, canditi e zafferano decorati da note di iodio ed eteree. Estasiante il sorso, il tempo ha dato e non tolto, freschezza e dolcezza evolute si abbracciano perfettamente. Infinito. Semifreddo al mascarpone e uvetta sotto spirito.

COLLI DI CONEGLIANO TORCHIATO DI FREGONA PIERA DOLZA 2016
Bianco Docg Passito - Glera 80%, Verdiso 20%
Alc. 15,5% | € 27 (0,375l) | Bt. 10.000 | Ferm. Legno | Mat. Legno 32 mesi
Tarte Tatin di mele.

BOSCHERA 2021
Bianco Igt - Boschera 100%
Alc. 11% | € 9 | Bt. 3.300 | Mat. Acciaio 6 mesi
Coppa piacentina.

COLLI DI CONEGLIANO TORCHIATO DI FREGONA PIERA DOLZA
2013 | 2015

PROSECCO TREVISO SPUMANTE EXTRA DRY ALTO PROFILO
2015 | 2016 | 2019

Cantina Terra Felice
(2012)

Una felice combinazione di suoli, clima, conoscenza e competenze. Tanto impegno e determinazione. Un vigneto ad Arquà Petrarca ereditato dal nonno Felice e successivamente ampliato. Un amore cresciuto insieme a Elena Cardin che, seguita dal papà Graziano, ha assunto la guida aziendale con l'obiettivo di fare solo vino buono. Basse rese e limitati interventi in vigna, accorto uso del legno e sensibilità verso l'ambiente rappresentano il suo credo. In una decade di vendemmie, si sono sempre distinti i suoi vini: uno su tutti il Cabernet, frutto di un taglio tra cabernet franc e sauvignon.

Via Marlunghe, 19 - 35032 Arquà Petrarca (PD)
T. 347 7025928 | M. info@cantinaterrafelice.it
www.cantinaterrafelice.it

Viticoltura: Convenzionale
Ettari: 9 | **Bottiglie:** 40.000 | **Produzione olearia:** No
Proprietà: Elena Cardin
Cond. enologica: Flavio Tonin
Cond. agronomica: Graziano Cardin
Vendita diretta: Sì | **Visite in azienda:** Sì

CABERNET 2018
Rosso Igt - Cabernet franc 50%, Cabernet sauvignon 50%
Alc. 14% | € 40 | Bt. 4.200 | Ferm. Acciaio | Mat. Legno 36 mesi
Granato uniforme, fitto. Profumi di piccoli frutti scuri di bosco si fondono a essenze di violetta, prugna disidratata, spezie dolci e tabacco da pipa; uno spunto vegetale balsamico di sottobosco resinoso rimane sullo sfondo. Beva strutturata senza mostrare i muscoli, freschissima e con tannino mordace e levigato. Fiorentina alla brace.

ALTAVIA 2018
Rosso Igt - Merlot 80%, Cabernet franc 20%
Alc. 14% | € 22 | Bt. 3.600 | Ferm. Acciaio | Mat. Legno 20 mesi
Carré di maiale con spinaci.

GÀRRULO SUI LIEVITI 2021
Rosato Igt Frizzante - Pinot nero 100%
Alc. 13% | € 20 | Bt. 1.900 | Ferm. Acciaio | 12 mesi sui lieviti
Tartare di tonno.

PIANORO 2018
Rosso Igt - Merlot 60%, Cabernet sauvignon 40%
Alc. 14% | € 17 | Bt. 13.000 | Ferm. Acciaio | Mat. Legno 24 mesi
Costine d'agnello in crosta di noci.

CABERNET
2015 | 2016 | 2017

PIANORO
2015 | 2017

Cantine di Verona
(2022)

Frutto di grandi coesioni di realtà consortili su un territorio che va dai Colli Morenici a Custoza a Bardolino e alla Valpolicella, è una realtà che vanta 500 soci conferitori. Nonostante la mole e le varie sedi produttive, non mancano l'entusiasmo e la voglia di stupire con l'etichetta Brolo dei Giusti, inizialmente dedicata solo alla Valpolicella, ora anche a un ambizioso e sapido Custoza, un 2020. Il frutto e il velluto caratterizzano la piacevole linea Val dei Molini. Emerge in quest'edizione l'Amarone Brolo dei Giusti Riserva 2013.

Via Colonia Orfani di Guerra, 5B - 37142 Verona (VR)
T. 045 550032 | M. info@cantinediverona.it
www.cantinediverona.it

Viticoltura: Convenzionale
Ettari: 2000 | **Bottiglie:** 20.000.000 | **Produzione olearia:** Sì
Proprietà: Cooperativa di produttori
Cond. enologica: Luca Oliosi, Luca Degani, Michele Peroni
Cond. agronomica: Staff aziendale
Vendita diretta: Sì | **Visite in azienda:** Sì

(92,5)

AMARONE DELLA VALPOLICELLA BROLO DEI GIUSTI RISERVA 2013
Rosso Docg - Corvina 75%, Corvinone 15%, Rondinella 10%
Alc. 15,5% | € 64 | Bt. 10.000 | Ferm. Acciaio | Mat. Legno 24 mesi
Carminio tenebroso. Il cuoio e l'humus del sottobosco lasciano presto spazio a un frutto ben maturo, buccia d'arancia, note chinate a braccetto con sensazioni di polvere d'orzo e macchia mediterranea. Sulle papille è cremoso, con una bella spalla fresca e tannica a fare da cornice. Capriolo con salsa di ribes rosso.

VALPOLICELLA SUPERIORE BROLO DEI GIUSTI 2015
Rosso Doc - Corvina 70%, Corvinone 20%, Rondinella 10%
Alc. 15% | € 32 | Bt. 18.000 | Ferm. Acciaio | Mat. Legno 6 mesi
Ravioli al sugo di chianina e tartufo nero.

CUSTOZA SUPERIORE BROLO DEI GIUSTI 2020
Bianco Doc - Cortese 30%, Garganega 20%, Tai 20%, Chardonnay 15%, Manzoni bianco 15%
Alc. 13,5% | € 20 | Bt. 10.000 | Ferm. Acciaio | Mat. Legno 8 mesi
Vitello tonnato.

CHIARETTO DI BARDOLINO CLASSICO VAL DEI MOLINI 2022
Rosato Doc - Corvina 85%, Molinara 10%, Rondinella 5%
Alc. 12,5% | € 10 | Bt. 30.000 | Ferm. Acciaio | Mat. Acciaio 3 mesi
Tartare di scampi.

LUGANA TORRE DEL FALASCO 2022
Bianco Doc - Trebbiano di Lugana 100%
Alc. 13% | € 15 | Bt. 50.000 | Ferm. Acciaio | Mat. Acciaio 3 mesi
Risotto ai frutti di mare.

BARDOLINO CLASSICO VAL DEI MOLINI 2022
Rosso Doc - Corvina 80%, Molinara 10%, Rondinella 10%
Alc. 12,5% | € 10 | Bt. 30.000 | Ferm. Acciaio | Mat. Acciaio 3 mesi
Rigatoni al ragù bianco di carne.

CORDISASSO
2018

AMARONE DELLA VALPOLICELLA TORRE DEL FALASCO
2018

Cantine Lenotti
(1906)

Lungo un secolo di attività, l'azienda è passata dal commerciare vino sfuso alla vinificazione conto terzi, per poi investire esperienza e conoscenze nella produzione diretta, che oggigiorno si articola in una proposta ricca e diversificata: nonostante la sede si trovi a Bardolino e sia quindi naturale porre l'accento sull'omonimo vino, sono ben rappresentate tutte le altre denominazioni del Garda e del Veronese. Emerge il Bardolino Classico Vigna le Giare, tallonato dal più corposo Bardolino Superiore Le Olle, entrambi 2021; equilibrati e ben fatti anche gli Amarone.

Via S. Cristina, 1 - 37011 Bardolino (VR)
T. 045 7210484 | M. info@lenotti.com
www.lenotti.com

Viticoltura: Convenzionale
Ettari: 105 | **Bottiglie:** 1.500.000 | **Produzione olearia:** Sì
Proprietà: Giancarlo Lenotti
Cond. enologica: Giancarlo Lenotti
Cond. agronomica: Staff aziendale
Vendita diretta: Sì | **Visite in azienda:** Sì

BARDOLINO CLASSICO VIGNA LE GIARE 2021
Rosso Doc - Corvina 60%, Rondinella 30%, altre varietà 10%
Alc. 12% | € 12 | Bt. 20.000 | Ferm. Acciaio | Mat. Acciaio 6 mesi
Rubino dai riflessi purpurei. Profumi affascinanti che suggeriscono toni scuri di torba, tabacco, china e radici amare, quindi il pepe nero e una polposa amarena. Sorso nitido e di ottima scorrevolezza, che lascia un graffio sapido nella lunga chiusura caratterizzata da aromi perfettamente coerenti con l'olfatto. Tagliatelle al ragù.

BARDOLINO SUPERIORE CLASSICO LE OLLE 2021
Rosso Docg - Corvina 65%, Rondinella 25%, Cabernet sauvignon 10%
Alc. 14% | € 16 | Bt. 50.000 | Ferm. Acciaio | Mat. Legno 10 mesi
Saltimbocca alla romana.

AMARONE DELLA VALPOLICELLA CLASSICO DI CARLO 2013
Rosso Docg - Corvina 70%, Rondinella 25%, Oseleta 5%
Alc. 15,5% | € 56 | Bt. 6.000 | Ferm. Acciaio | Mat. Legno 48 mesi
Formaggio di fossa di Sogliano.

AMARONE DELLA VALPOLICELLA CLASSICO 2017
Rosso Docg - Corvina 70%, Rondinella 25%, Molinara 5%
Alc. 15,5% | € 43 | Bt. 60.000 | Ferm. Acciaio | Mat. Legno 36 mesi
Braciola di cervo con salsa di ribes.

VALPOLICELLA RIPASSO CLASSICO SUPERIORE LE CROSARE 2020
Rosso Doc - Corvina 70%, Rondinella 25%, Molinara 5%
Alc. 14,5% | € 18 | Bt. 50.000 | Ferm. Acciaio | Mat. Legno 14 mesi
Stracotto d'asino.

VALPOLICELLA RIPASSO CLASSICO SUPERIORE DECUS 2019
Rosso Doc - Corvina 40%, Corvinone 40%, Rondinella 20%
Alc. 15% | € 27 | Bt. 13.000 | Ferm. Acciaio | Mat. Legno 18 mesi
Filetto di scottona in sfoglia.

BARDOLINO SUPERIORE CLASSICO LE OLLE
2013 | 2014

LUGANA DECUS
2015

Casa Cecchin
(1978)

Sulla collina dell'Agugliana, Casa Cecchin da oltre quarant'anni è un punto fermo nel panorama enologico che ha come protagonista la durella, antico vitigno della Lessinia a cui l'ingegner Renato e la figlia Roberta hanno dedicato tempo e passione. Custodiscono e curano le vigne che dimorano sui suoli originati da primordiali vulcani, circondate da ulivi e macchie boschive, e ne traggono vini dalla nitida personalità. Ritorna in quest'edizione il Lessini Durello Riserva, millesimo 2016, complesso e incisivo, al vertice di una poliedrica serie di espressioni dell'antica "uva durasena".

Via Contrada Agugliana, 11 - 36054 Montebello Vicentino (VI)
T. 0444 649610 | M. info@casacecchin.it
www.casacecchin.it

Viticoltura: A basso impatto ambientale
Ettari: 7 | **Bottiglie:** 30.000 | **Produzione olearia:** Sì
Proprietà: Renato Cecchin
Cond. enologica: Roberta Cecchin
Cond. agronomica: Staff aziendale
Vendita diretta: Sì | **Visite in azienda:** Sì

LESSINI DURELLO SPUMANTE DOSAGGIO ZERO RISERVA 2016
Bianco Doc Metodo Classico - Durella 100%
Alc. 12,5% | € 42 | Bt. 7.800 | Ferm. Acciaio | Mat. Acciaio 8 mesi
60 mesi sui lieviti
Di un vivido giallo oro, impreziosito da perlage durevole e fine. Suggestiona con accenti affumicati e di incenso che accompagnano allusioni balsamiche e di pietra focaia. Sapido, scorre fresco al palato, che è percorso da un'effervescenza decisa e solleticante. Ritorni citrini nel lungo e saporito congedo. Spaghetti con vongole e bottarga.

LESSINI DURELLO SPUMANTE EXTRA BRUT NOSTRUM RISERVA 2018
Bianco Doc Metodo Classico - Durella 100%
Alc. 12,5% | € 31 | Bt. 10.000 | Ferm. Acciaio | Mat. Acciaio 8 mesi
36 mesi sui lieviti
Anguilla ai ferri.

MANDÉNGOLO 2022
Bianco Igt Frizzante - Durella 100%
Alc. 12% | € 10 | Bt. 6.200 | Ferm. Acciaio | Mat. Acciaio 6 mesi
Tigelle e salumi.

LESSINI DURELLO SPUMANTE DOSAGGIO ZERO RISERVA
2014

MONTI LESSINI PIETRALAVA
2020

Casa Roma
(1984)

La simbiosi tra la famiglia Peruzzetto e le terre del Piave è trasferita nell'autentica proposta enologica di Casa Roma. La bellussera, affiancata ai moderni sistemi di allevamento, non è effige di un passato remoto, ma uno strumento produttivo più vivo e attuale che mai. Il raboso Piave, il Manzoni bianco e il Manzoni moscato ci parlano di terroir e di storia. I vitigni internazionali sono illustri ospiti che qui si sono trovati talmente bene da non andarsene più. Ma è il raboso, nelle versioni sia Piave Malanotte sia Raboso del Piave, a far gioire i nostri sensi.

Via Ormelle, 19 - 31020 San Polo di Piave (TV)
T. 0422 855339 | M. casaromavini@gmail.com
www.casaroma.com

Viticoltura: In conversione al biologico
Ettari: 17 | **Bottiglie:** 250.000 | **Produzione olearia:** No
Proprietà: Luigi Peruzzetto
Cond. enologica: Luigi Peruzzetto
Cond. agronomica: Antonio Peruzzetto
Vendita diretta: Sì | **Visite in azienda:** Sì

(92)

PIAVE MALANOTTE 2017
Rosso Docg - Raboso piave 100%
Alc. 14% | € 23 | Bt. 5.000 | Ferm. Acciaio | Mat. Legno 24 mesi
Rubino fitto e concentrato. Ouverture odorosa di amarena e cioccolato seguita da guizzi di tabacco e caffè, poi arrivano i fiori appassiti e una dolce speziatura con rintocchi di rabarbaro. Assaggio avvolgente e di grande struttura, con tannini ottimamente integrati che regalano morbidezza. Petto di germano reale al balsamico.

PIAVE RABOSO 2016
Rosso Doc - Raboso piave 100%
Alc. 14% | € 16 | Bt. 10.000 | Ferm. Acciaio | Mat. Legno 24 mesi
Filetto di maiale lardellato.

SAN DORDI 2021
Bianco Igt - Manzoni bianco 100%
Alc. 14% | € 10 | Bt. 5.000 | Ferm. Acciaio
San Pietro alla siciliana con dadolata di patate.

CARMENÈRE 2022
Rosso Igt - Carménère 100%
Alc. 13% | € 8 | Bt. 20.000 | Ferm. Acciaio | Mat. Acciaio 8 mesi
Carré di maiale con patate al forno.

MANZONI BIANCO 2022
Bianco Igt - Manzoni bianco 100%
Alc. 12,5% | € 8 | Bt. 10.000 | Ferm. Acciaio | Mat. Acciaio 8 mesi
Pappardelle con coda di rospo e carciofi.

MARZEMINA BIANCA 2022
Bianco Igt - Marzemina bianca 100%
Alc. 12,5% | € 8 | Bt. 5.000 | Ferm. Acciaio | Mat. Acciaio 8 mesi
Risotto alle ortiche.

PIAVE MALANOTTE
2011

PIAVE RABOSO
2014

Case Paolin
(1968)

Diego, Adelino e Mirco hanno continuato la costruzione di una rampa di lancio, iniziata da papà Emilio, verso una stilosa qualità, all'insegna del biologico, a disposizione dei bisogni delle piante. Alcuni vigneti aggrappati ai ciottoli, di quello che una volta era il letto di una parte del Piave, a regalarci vini di franca immediatezza e stuzzicante freschezza. Altri adagiati sui terreni rossi e ferruginosi del Montello, a forgiare capolavori di notevole spessore e di longevo fascino, sorvegliati dal capitello di San Carlo, che dà il nome a un vino che emoziona ora e conquisterà in futuro.

Via Madonna Mercede, 55 - 31040 Volpago del Montello (TV)
T. 0423 871433 | M. info@casepaolin.it
www.casepaolin.it

Viticoltura: Biologica certificata
Ettari: 17 | **Bottiglie:** 180.000 | **Produzione olearia:** No
Proprietà: Diego, Adelino e Mirco Pozzobon
Cond. enologica: Mirco Pozzobon
Cond. agronomica: Diego Pozzobon
Vendita diretta: Sì | **Visite in azienda:** Sì

(91,5)

MONTELLO COLLI ASOLANI ROSSO SAN CARLO 2020
Rosso Doc - Cabernet sauvignon 60%, Merlot 40%
Alc. 14% | € 30 | Bt. 8.500 | Ferm. Acciaio | Mat. Legno 36 mesi
Carminio pieno e ricco di luce. Olfatto incisivo e complesso, con uva passa, mora, mirtillo e prugna, sentori di tabacco, pepe nero, liquirizia e caffè. Il sorso è magistrale, fresco e corposo, con tannini evidenti ma rifiniti e pregiata mineralità. Persistente e caldo. Fagiano arrosto.

ASOLO PROSECCO SUPERIORE BRUT
Bianco Docg Metodo Martinotti - Glera 100%
Alc. 11,5% | € 14 | Bt. 45.000 | Ferm. Acciaio | Mat. Acciaio 2 mesi
Cappesante gratinate.

ASOLO PROSECCO SUPERIORE EXTRA BRUT PIETRA FINE 2021
Bianco Docg Metodo Martinotti - Glera 100%
Alc. 12% | € 16 | Bt. 6.600 | Ferm. Acciaio | Mat. Acciaio 10 mesi
Scampi alla griglia.

ROSSO DEL MILIO 2021
Rosso Igt - Merlot 70%, Carménère 30%
Alc. 13,5% | € 18 | Bt. 20.000 | Ferm. Acciaio | Mat. Legno 14 mesi
Tartare di manzo.

MANZONI BIANCO COSTA DEGLI ANGELI 2022
Bianco Igt - Manzoni bianco 100%
Alc. 13% | € 14 | Bt. 13.500 | Ferm. Acciaio | Mat. Acciaio 10 mesi
Insalata di polpo, patate e olive.

PROSECCO TREVISO EXTRA DRY CAMPO DEI SASS
Bianco Doc Metodo Martinotti - Glera 100%
Alc. 11% | € 11 | Bt. 33.000 | Ferm. Acciaio | Mat. Acciaio 2 mesi
Fritto di paranza.

MONTELLO COLLI ASOLANI ROSSO SAN CARLO
2016 | 2017 | 2019

ASOLO PROSECCO FRIZZANTE COLFONDO
2017 | 2018 | 2020

Cavalchina
(1900)

La famiglia Piona è la storia di questa denominazione. Fu infatti la prima a chiamare Custoza il vino bianco Amedeo nel 1962, dedicandolo al Principe Amedeo di Savoia, ferito nella II Guerra di Indipendenza a Cavalchina e tuttora ricordato dal vicino obelisco in ardesia. La sede aziendale è l'ex residenza del Conte Cavalchini, al cui interno si erge una dolce collina dalla cui sommità si possono vedere tutte le altre tenute: il micro vigneto 'L Lac in Lugana, poi La Prendina, in cui si esprimono al meglio i vitigni bordolesi, e infine Torre d'Orti, a Marcellise in Valpolicella.

Via Sommacampagna, 7 - Frazione Custoza - 37066 Sommacampagna (VR)
T. 045 516002 | M. info@cavalchina.com
www.cavalchina.com

Viticoltura: Convenzionale
Ettari: 40 | **Bottiglie:** 385.000 | **Produzione olearia:** No
Proprietà: Giulietto Piona
Cond. enologica: Francesco Piona, Franco Piona
Cond. agronomica: Francesco Piona, Franco Piona
Vendita diretta: Sì | **Visite in azienda:** Sì

CHIARETTO DI BARDOLINO 2022
Rosato Doc - Corvina 60%, Rondinella 35%, Molinara 5%
Alc. 12,5% | € 9 | Bt. 65.000 | Ferm. Acciaio | Mat. Acciaio 5 mesi
Rosa corallo luminoso. Naso variegato fra sensazioni floreali di rosa, fruttate di pompelmo e arancia, accompagnate da elegie di erbe aromatiche, ricordi di panetteria e tracce minerali. Possiede sferzante freschezza al gusto, ma mostra poi anche un tocco di velluto nella bella sapidità. Crema di zucca con porcini.

CUSTOZA 2022
Bianco Doc - Garganega 40%, Bianca Fernanda 30%, Trebbianello 15%, Trebbiano 15%
Alc. 12,5% | € 9 | Bt. 210.000 | Ferm. Acciaio | Mat. Acciaio 6 mesi
Frittata di ortiche.

CUSTOZA SUPERIORE AMEDEO 2021
Bianco Doc - Garganega 40%, Bianca Fernanda 30%, Trebbianello 15%, Trebbiano 15%
Alc. 13,5% | € 14 | Bt. 28.000 | Ferm. Acciaio | Mat. Acciaio 6 mesi
Luccio alla Gardesana.

BARDOLINO SUPERIORE SANTA LUCIA 2021
Rosso Docg - Corvina 60%, Rondinella 20%, Barbera 10%, Marzemino 10%
Alc. 13% | € 13 | Bt. 6.500 | Ferm. Acciaio | Mat. Legno 12 mesi
Bollito misto con salse.

BARDOLINO 2022
Rosso Doc - Corvina 65%, Rondinella 35%
Alc. 12,5% | € 9 | Bt. 60.000 | Ferm. Acciaio | Mat. Acciaio 5 mesi
Capretto arrosto alle erbe aromatiche.

BARDOLINO CASELLA 2020
Rosso Doc - Corvina 70%, Rondinella 30%
Alc. 13,5% | € 20 | Bt. 1.000 | Ferm. Acciaio | Mat. Legno 12 mesi
Risotto ai finferli.

CUSTOZA SUPERIORE AMEDEO
2016 | 2017 | 2020

CHIARETTO DI BARDOLINO
2021

Cavazza
(1928)

La cantina è a Selva di Montebello, nella zona classica del Gambellara. Terreno vulcanico e uva garganega sono il binomio che ha dato visibilità e apprezzamento ai prodotti della zona. I vigneti, acquisiti nel secondo dopoguerra, sono divisi in piccoli appezzamenti, ognuno con il proprio nome che identifica anche i vini Bocara e Creari. Nel 1987 l'acquisto della tenuta Cicogna sui Colli Berici. Da allora, dai terreni calcareo-argillosi della proprietà e con una lungimirante visione di viticoltura per quel periodo, si producono i rossi Merlot, Cabernet, Syrah, Tai Rosso e Corallo.

Contrada Selva, 22 - 36054 Montebello Vicentino (VI)
T. 0444 649166 | M. info@cavazzawine.com
www.cavazzawine.com

Viticoltura: Lotta integrata
Ettari: 135 | **Bottiglie:** 620.000 | **Produzione olearia:** No
Proprietà: Famiglia Cavazza
Cond. enologica: Giancarlo Cavazza
Cond. agronomica: Francesco Cavazza
Vendita diretta: Sì | **Visite in azienda:** Sì

COLLI BERICI TAI ROSSO CORALLO 2020
Rosso Doc - Tocai rosso 100%
Alc. 13,5% | € 17 | Bt. 5.000 | Ferm. Acciaio | Mat. Legno 6 mesi
Rubino saturo, riflessi violacei, fitto e luminoso. Esprime viola, lampone in composta, erbe aromatiche, timo, maggiorana, radice di liquirizia, coriandolo e grafite. Leggiadro e pieno, potente, rotondo ed equilibrato. Lascia una scia di vaniglia e frutta rossa dolce e matura. Ravioli al sugo di chianina e tartufo nero.

SYRAH CICOGNA 2019
Rosso Igt - Syrah 100%
Alc. 14% | € 26 | Bt. 13.500 | Ferm. Acciaio | Mat. Legno 12 mesi
Oca arrosto.

COLLI BERICI MERLOT CICOGNA 2019
Rosso Doc - Merlot 100%
Alc. 14% | € 26 | Bt. 13.000 | Ferm. Acciaio | Mat. Legno 12 mesi
Pluma di maialino Bellota con cipolle caramellate.

COLLI BERICI CABERNET CICOGNA 2019
Rosso Doc - Cabernet sauvignon 100%
Alc. 14% | € 26 | Bt. 13.000 | Ferm. Acciaio | Mat. Legno 12 mesi
Piccione ai porcini e tartufo nero.

COLLI BERICI TAI ROSSO 2022
Rosso Doc - Tai rosso 100%
Alc. 12,5% | € 8 | Bt. 15.000 | Ferm. Acciaio | Mat. Acciaio 5 mesi
Salame felino.

GAMBELLARA CLASSICO CREARI 2020
Bianco Doc - Garganega 100%
Alc. 13% | € 14 | Bt. 5.000 | Ferm. Acciaio | Mat. Cemento 6 mesi
Risotto agli asparagi e provola affumicata.

COLLI BERICI CABERNET CICOGNA
2015

GAMBELLARA CLASSICO CREARI
2016

Cecchetto
(1986)

L'azienda Giorgio Cecchetto è da sempre tesa a valorizzare i vitigni storicamente legati al comprensorio del Piave, con un occhio di riguardo al raboso Piave che, domato il suo carattere caparbio, riesce a dare grandi soddisfazioni. L'azienda ormai da anni abbraccia una filosofia tesa alla sostenibilità a 360 gradi, volta alla tutela del territorio attraverso opportune pratiche in vigneto e in cantina, ma anche alla partecipazione a iniziative legate alle comunità locali. Sugli scudi il Sante Rosso 2021, prossimo vino a rappresentare l'iniziativa enosolidale Alba Vitae 2023.

Via Piave, 67 - Tezze di Piave - 31028 Vazzola (TV)
T. 0438 28598 | M. info@rabosopiave.com
www.rabosopiave.com

Viticoltura: A basso impatto ambientale
Ettari: 103 | **Bottiglie:** 250.000 | **Produzione olearia:** No
Proprietà: Giorgio Cecchetto
Cond. enologica: Giorgio Cecchetto, Marco Cecchetto
Cond. agronomica: Marco Cecchetto
Vendita diretta: Sì | **Visite in azienda:** Sì

93

SANTE ROSSO 2021
Rosso Igt - Merlot 100%
Alc. 14% | € 23 | Bt. 8.440 | Ferm. Acciaio | Mat. Legno 8 mesi
Aristocratico rubino che sfuma nel granato. L'impeccabile portamento olfattivo esordisce con ciliegia, arancia e bouquet di fiori, quindi richiami di alloro, fava di cacao e pepe nero. Grande eleganza palatale, dal tannino già godibile, in cui il corpo è vera espressione del frutto. Goduriosa persistenza. Brasato di manzo al vino rosso.

RABOSO PASSITO
Rosso Igt Passito - Raboso piave 100%
Alc. 15% | € 26 (0,5l) | Bt. 2.240 | Ferm. Acciaio | Mat. Legno 48 mesi
Salame al cioccolato.

PIAVE RABOSO 2020
Rosso Doc - Raboso piave 100%
Alc. 14% | € 18 | Bt. 13.938 | Ferm. Acciaio | Mat. Legno 12 mesi
Anatra ai funghi.

MANZONI BIANCO 2022
Bianco Igt - Manzoni bianco 100%
Alc. 13% | € 11 | Bt. 16.000 | Ferm. Acciaio | Mat. Acciaio 6 mesi
Arrosto di pollo ripieno.

PIAVE RABOSO
2017

RABOSO PASSITO
S.A.

Italo Cescon
(1957)

Oggi i fratelli Gloria, Graziella e Domenico Cescon continuano a scrivere la storia dell'azienda fondata da papà Italo nei lontani anni Cinquanta. A mamma Chiara, che sin dagli albori segue le vicissitudini della cantina, hanno dedicato Madre, un'interpretazione ricercata di Manzoni bianco che negli anni riscuote sempre autorevoli apprezzamenti e che qui ritroviamo nell'annata 2021. L'attenzione alle potenzialità del territorio, allo studio e alla sperimentazione ha dato il via all'innovativa linea TesiRare, che mira proprio all'espressione più pura e autentica del connubio tra uomo e natura.

Piazza dei Caduti, 3 - 31024 Ormelle (TV)
T. 0422 851033 | M. cesconitalo@cesconitalo.it
www.cesconitalo.it

Viticoltura: Biologica certificata
Ettari: 115 | **Bottiglie:** 950.000 | **Produzione olearia:** No
Proprietà: Gloria, Graziella, Domenico Cescon e Chiara Barbarotto
Cond. enologica: Domenico Cescon, Federico Giotto
Cond. agronomica: Domenico Cescon, Federico Giotto
Vendita diretta: Sì | **Visite in azienda:** Sì

91,5

MADRE 2021
Bianco Igt - Manzoni bianco 100%
Alc. 14% | € 31 | Bt. 12.000 | Ferm. Acciaio | Mat. Acciaio 9 mesi
Giallo oro che brilla di luce propria. Olfatto su frutta matura sciroppata e tropicale a tratti candita, poi le spezie orientali e cenni fumé. Un'intrigante nota salmastra a chiudere. Palato di grande struttura dalla morbidezza importante, con ancora verve fresca accompagnata da una risacca marina. Agnello al forno con rosmarino.

DELLE VENEZIE PINOT GRIGIO GRIGIORAMATO 2020
Bianco Doc - Pinot grigio 100%
Alc. 13% | € 24 | Bt. 8.000 | Ferm. Terracotta | Mat. Terracotta 6 mesi
Bigoli con le sarde di lago.

PINOT NOIR 2021
Rosso Igt - Pinot nero 100%
Alc. 12% | € 12 | Bt. 200.000 | Ferm. Acciaio | Mat. Cemento 6 mesi
Piccione al forno con cipollotti.

MERLOT 2021
Rosso Igt - Merlot 100%
Alc. 13% | € 12 | Bt. 180.000 | Ferm. Acciaio | Mat. Legno 9 mesi
Filetto al vino rosso e scalogno.

DELLE VENEZIE PINOT GRIGIO BIANCOGRIGIO 2021
Bianco Doc - Pinot grigio 100%
Alc. 13,5% | € 12 | Bt. 8.000 | Ferm. Acciaio
Risotto con zucchine, fiori di zucca e zafferano.

DELLE VENEZIE PINOT GRIGIO TRALCETTO 2022
Bianco Doc - Pinot grigio 100%
Alc. 12,5% | € 11 | Bt. 250.000 | Ferm. Acciaio | Mat. Acciaio 5 mesi
Linguine al sugo di totani e piselli.

MADRE
2018 | 2019 | 2020

DELLE VENEZIE PINOT GRIGIO GRIGIORAMATO
2019

Cirotto
(2000)

In una denominazione in grande crescita essere giovani vuole dire anche avere il coraggio di percorrere strade nuove. Ed è quello che hanno fatto Francesco e Gilberto, affiancando al tradizionale Asolo Prosecco quella che è la loro uva del cuore: il Manzoni bianco. Un coraggio che, unito alla grande passione e alla ormai consolidata esperienza, consente loro di stupire ogni anno con etichette di indubbio valore. Non a caso il Sogno Metodo Classico e il Costalunga, entrambi da Manzoni bianco, sono ormai diventati dei classici per gli estimatori di questo vitigno che da Cirotto ha trovato casa.

Via Bassanese, 51 - 31011 Asolo (TV)
T. 0423 952396 | M. info@cirottovini.com
www.cirottovini.com

Viticoltura: Convenzionale
Ettari: 10 | **Bottiglie:** 85.000 | **Produzione olearia:** No
Proprietà: Gilberto Cirotto
Cond. enologica: Luciano Vettori, Francesco Siben
Cond. agronomica: Gilberto Cirotto
Vendita diretta: Sì | **Visite in azienda:** Sì

(91,5)

SOGNO DOSAGGIO ZERO 2017
Bianco Metodo Classico - Manzoni bianco 100%
Alc. 12,5% | € 36 | Bt. 2.000 | Ferm. Acciaio | Mat. Acciaio 6 mesi
48 mesi sui lieviti
Oro di grande lucentezza, perlage molto fine. Olfatto intenso di pasticceria che apre a intriganti sbuffi di zenzero candito, buccia di cedro e spezie orientali. Palato avvolgente con persistenti richiami di frutta croccante e agrumi. La continua sapidità incentiva un sorso esemplare per espressività e finezza. Stoccafisso all'anconetana.

ASOLO PROSECCO SUPERIORE MILLESIMATO EXTRA BRUT 2021
Bianco Docg Metodo Martinotti - Glera 90%, Bianchetta trevigiana 3%, Glera lunga 3%, Perera 3%, Rabbiosa 1%
Alc. 11% | € 16 | Bt. 10.000 | Ferm. Acciaio | Mat. Acciaio 7 mesi
1 mese sui lieviti
Carpaccio di crostacei su mela verde.

MANZONI BIANCO COSTALUNGA 2021
Bianco Igt - Manzoni bianco 100%
Alc. 13,5% | € 20 | Bt. 5.000 | Ferm. Acciaio | Mat. Acciaio 8 mesi
Coregone al forno.

ASOLO PROSECCO SUPERIORE MILLESIMATO EXTRA DRY 2022
Bianco Docg Metodo Martinotti - Glera 100%
Alc. 11% | € 14 | Bt. 30.000 | Ferm. Acciaio | Mat. Acciaio 5 mesi
1 mese sui lieviti
Prosciutto di Norcia.

MANZONI BIANCO COSTALUNGA
2016 | 2019

SOGNO DOSAGGIO ZERO
2011 | 2015 | 2016

Coffele
(1971)

La cantina storica è nel centro di Soave, e ci si arriva attraversando un portale medievale con mura turrite e pergolato in glicine. Giovanna Visco e Giuseppe Coffele hanno dato vita a questa realtà negli anni '70, mantenendo viva la storica dimora del 1600, mentre il fruttaio dove riposano le uve per il Recioto di Soave si trova a Castelcerino. Alberto e Chiara ne sono gli eredi, custodi di una nuova generazione che si lascia aiutare da una splendida cavalla Norica, addestrata per il lavoro in vigna. Ottima espressività nel Soave Classico Alzari 2021, da garganega in purezza.

Via Roma, 5 - 37038 Soave (VR)
T. 045 7680007 | M. info@coffele.it
www.coffele.it

Viticoltura: Biologica certificata
Ettari: 25 | **Bottiglie:** 120.000 | **Produzione olearia:** Sì
Proprietà: Chiara e Alberto Coffele
Cond. enologica: Alberto Coffele
Cond. agronomica: Alberto Coffele
Vendita diretta: Sì | **Visite in azienda:** Sì

(91,5)

SOAVE CLASSICO ALZARI 2021
Bianco Doc - Garganega 100%
Alc. 13% | € 23 | Bt. 10.000 | Ferm. Acciaio | Mat. Legno 12 mesi
Paglierino fulgido con intarsi dorati. Profumi incisivi e aggraziati: fiori bianchi appena appassiti come magnolia e sambuco, poi presenza fruttata con richiami alla susina e garbati refoli di lime. Sorso impeccabile e coerente, con deliziosi rimbalzi di spezie orientali e vaniglia. Gnocchetti al sugo d'astice.

RECIOTO DI SOAVE CLASSICO LE SPONDE 2021
Bianco Docg Passito - Garganega 100%
Alc. 14% | € 37 (0,5l) | Bt. 8.000 | Ferm. Acciaio | Mat. Legno 6 mesi
Pandoro.

SOAVE CLASSICO CA' VISCO 2022
Bianco Doc - Garganega 75%, Trebbiano di Soave 25%
Alc. 13% | € 20 | Bt. 25.000 | Ferm. Acciaio | Mat. Acciaio 5 mesi
Risotto ai finferli.

SOAVE CLASSICO CASTEL CERINO 2022
Bianco Doc - Garganega 100%
Alc. 12% | € 14 | Bt. 65.000 | Ferm. Acciaio | Mat. Acciaio 4 mesi
Vitello tonnato.

SOAVE CLASSICO CA' VISCO
2013

SOAVE CLASSICO ALZARI
2018

Col Vetoraz
(1993)

Assecondare e rispettare i cicli della natura, dandole voce nella sua integrità, è la missione di Col Vetoraz, per ritrovare nel calice tutte le declinazioni di armonia, equilibrio ed eleganza che la vite sa donare. Uno dei principi fondanti della filosofia aziendale è sempre stato il forte legame identitario con le proprie radici, che affondano in un territorio, quello di Valdobbiadene, di estrema unicità e valore. Dalla terra alla vite al calice, ogni scelta ha sempre avuto un obiettivo preciso: produrre eccellenza. Il Valdobbiadene Superiore di Cartizze Dry si conferma nuovamente in cima alle nostre preferenze.

Strada delle Treziese, 1 - Santo Stefano - 31049 Valdobbiadene (TV)
T. 0423 975291 | M. info@colvetoraz.it
www.colvetoraz.it

Viticoltura: Convenzionale
Ettari: 140 | **Bottiglie:** 1.200.000 | **Produzione olearia:** No
Proprietà: Francesco Miotto, Loris Dall'Acqua e Paolo De Bortoli
Cond. enologica: Loris Dall'Acqua
Cond. agronomica: Staff aziendale
Vendita diretta: Sì | **Visite in azienda:** Sì

VALDOBBIADENE SUPERIORE DI CARTIZZE DRY 2022
Bianco Docg Metodo Martinotti - Glera 100%
Alc. 11,5% | € 32 | Bt. 40.000 | Ferm. Acciaio | Mat. Acciaio 2 mesi
2 mesi sui lieviti
Un sole dalla briosa spuma. Seducente all'olfatto con fragranze di frutta sciroppata, pasta sfoglia, gelée al limone e buccia di agrumi. Poi memorie di zagara, acacia e sbuffi minerali di polvere di gesso. Ingresso morbido, rinfrescato da tracce saline. Ritorni di frutta candita nella chiosa. Plum-cake con cedro e albicocche candite.

VALDOBBIADENE PROSECCO SUPERIORE DRY MILLESIMATO 2022
Bianco Docg Metodo Martinotti - Glera 100%
Alc. 11,5% | € 19 | Bt. 360.000 | Ferm. Acciaio | Mat. Acciaio 2 mesi
2 mesi sui lieviti
Cannoli di ricotta e canditi.

VALDOBBIADENE PROSECCO SUPERIORE EXTRA BRUT CUVÉE 5 2022
Bianco Docg Metodo Martinotti - Glera 100%
Alc. 11,5% | € 19 | Bt. 40.000 | Ferm. Acciaio | Mat. Acciaio 3 mesi
3 mesi sui lieviti
Risotto alla granseola.

VALDOBBIADENE PROSECCO SUPERIORE BRUT 2022
Bianco Docg Metodo Martinotti - Glera 100%
Alc. 11,5% | € 17 | Bt. 320.000 | Ferm. Acciaio | Mat. Acciaio 3 mesi
2 mesi sui lieviti. Insalata di spinaci e pesce spada.

VALDOBBIADENE PROSECCO SUPERIORE EXTRA DRY 2022
Bianco Docg Metodo Martinotti - Glera 100%
Alc. 11,5% | € 17 | Bt. 440.000 | Ferm. Acciaio | Mat. Acciaio 3 mesi
2 mesi sui lieviti. Frittura di moscardini.

VALDOBBIADENE PROSECCO SUPERIORE EXTRA DRY CUVÉE 13 2022
Bianco Docg Metodo Martinotti - Glera 100%
Alc. 11,5% | € 19 | Bt. 40.000 | Ferm. Acciaio | Mat. Acciaio 3 mesi
3 mesi sui lieviti. Fiori di zucca ripieni di ricotta e acciughe.

VALDOBBIADENE SUPERIORE DI CARTIZZE DRY
2020 | 2021

VALDOBBIADENE PROSECCO SUPERIORE EXTRA DRY CUVÉE 13
2020

Collalto
(1904)

Storica cantina ai piedi del millenario castello di San Salvatore, da sempre proprietà della famiglia Collalto, a sentinella dei 164 ettari di vigneto nei colli patrimonio dell'UNESCO. L'azienda agricola è improntata sulla sostenibilità, ambientale ed economica: eliminazione del glifosato, riduzione dei trattamenti fitosanitari, ottenimento della certificazione SQNPI, oltre al ripristino di un maglio per l'energia idroelettrica e pannelli fotovoltaici che la rendono energicamente autonoma. Impegno che si concretizza nel livello qualitativo dei prodotti, internazionalmente riconosciuto.

Via XXIV Maggio, 1 - 31058 Susegana (TV)
T. 0438 435811 | M. info@cantine-collalto.it
www.cantine-collalto.it

Viticoltura: Certificazione SQNPI
Ettari: 164 | **Bottiglie:** 800.000 | **Produzione olearia:** Sì
Proprietà: Principessa Isabella Collalto
Cond. enologica: Enzo Michelet, Umberto Marchiori, Andrea Affili
Cond. agronomica: Consulenza esterna, Mirco De Pieri
Vendita diretta: Sì | **Visite in azienda:** Sì

PIAVE CABERNET TORRAI RISERVA 2018
Rosso Doc - Cabernet sauvignon 100%
Alc. 14% | € 25 | Bt. 3.300 | Ferm. Acciaio | Mat. Legno 36 mesi
Dalle Grave del Piave un profilo decisamente raffinato. Rubino energico con decori granato. Al naso incede con gentile ricchezza: mora, rosa essiccata, erba, un tocco di cuoio e grafite. Garbo anche nell'ampiezza del sorso, col tannino che si integra e sostiene le sfaccettature della persistente beva. Fagiano arrosto.

CONEGLIANO VALDOBBIADENE PROSECCO SUPERIORE RIVE DI COLLALTO BRUT ISABELLA 2021
Bianco Docg Metodo Martinotti - Glera 100%
Alc. 12% | € 18 | Bt. 6.000 | Ferm. Acciaio | Mat. Acciaio 6 mesi
9 mesi sui lieviti
Flan di zucchine e carote.

COLLI DI CONEGLIANO ROSSO VINCIGUERRA RISERVA 2018
Rosso Docg - Merlot 40%, Cabernet sauvignon 33%, Cabernet franc 17%, Marzemino 10%
Alc. 13,5% | € 25 | Bt. 4.000 | Ferm. Acciaio | Mat. Legno 36 mesi
Coda alla vaccinara.

CONEGLIANO VALDOBBIADENE PROSECCO SUPERIORE BRUT SAN SALVATORE MILLESIMATO 2022
Bianco Docg Metodo Martinotti - Glera 90%, Bianchetta trevigiana 5%, Verdiso 5%
Alc. 11,5% | € 13 | Bt. 100.000 | Ferm. Acciaio | Mat. Acciaio 4 mesi
3 mesi sui lieviti
Rigatoni al ragù bianco di carne.

MANZONI MOSCATO EXTRA DRY ROSÉ VIOLETTE 2022
Rosato Metodo Martinotti - Manzoni moscato 100%
Alc. 11,5% | € 12 | Bt. 40.000 | Ferm. Acciaio | Mat. Acciaio | 1 mese sui lieviti
Cheesecake alle fragole.

WILDBACHER 2019
Rosso Igt - Wildbacher 100%
Alc. 13% | € 11 | Bt. 25.000 | Ferm. Acciaio | Mat. Legno 24 mesi
Bigoli con l'anatra.

COLLI DI CONEGLIANO ROSSO VINCIGUERRA RISERVA
2017

CONEGLIANO VALDOBBIADENE PROSECCO SUPERIORE RIVE DI COLLALTO BRUT ISABELLA
2019

Commendator Pozzobon Rosalio
(2009)

Rosalio Pozzobon, conosciuto in paese come il commendatore di Volpago, con l'aiuto dei suoi quattro figli porta avanti la produzione di quest'azienda, che vede le sue origini nel lontano 1700. Nata da un insediamento contadino, la cantina continua a offrire ai consumatori vini creati nella salvaguardia dell'ambiente, in cui si riflettono la passione e il sacrificio di una famiglia dedita da generazioni alla viticoltura. A emergere quest'anno è una nuova etichetta realizzata con il vitigno resistente cabernet cortis, attraente e gastronomico. Intransigente e caratteriale la Recantina.

Via Madonna della Mercede, 58 - 31040 Volpago del Montello (TV)
T. 339 7178436 | M. info@cantinepozzobon.com
www.cantinepozzobon.com

Viticoltura: Convenzionale
Ettari: 11 | **Bottiglie:** 80.000 | **Produzione olearia:** No
Proprietà: Rosalio, Giuliano, Antonio, Fabrizio e Bruno Pozzobon
Cond. enologica: Giuliano Pozzobon
Cond. agronomica: Staff aziendale
Vendita diretta: Sì | **Visite in azienda:** Sì

(91,5)
MONTELLO ROSSO DEL COMMENDATOR 2020
Rosso Docg - Cabernet sauvignon 50%, Merlot 50%
Alc. 13,5% | € 16 | Bt. 8.000 | Ferm. Legno | Mat. Legno 24 mesi
Impenetrabile carminio dal luminoso lampo granato. Piacevoli indizi evolutivi di tabacco dolce aprono su uno sfondo di violetta e mora e anticipano rabarbaro e mentolo. Il gusto è dinamico con tannino ben espresso, cesellato e coeso al frutto che nella dissolvenza riprende la confettura di more. Medaglioni di cervo con riduzione di cottura.

58 2020
Rosso Igt - Cabernet Cortis 100%
Alc. 13,5% | € 12 | Bt. 2.500 | Ferm. Legno | Mat. Legno 12 mesi
Faraona al forno.

MONTELLO COLLI ASOLANI RECANTINA 2020
Rosso Doc - Recantina 100%
Alc. 13,5% | € 13 | Bt. 2.500 | Ferm. Acciaio | Mat. Legno 12 mesi
Pappardelle con sugo di lepre.

ASOLO PROSECCO SUPERIORE EXTRA DRY 2022
Bianco Docg Metodo Martinotti - Glera 100%
Alc. 11% | € 12 | Bt. 8.000 | Ferm. Acciaio | Mat. Acciaio 4 mesi
Bigoli con le sarde di lago.

ASOLO PROSECCO SUPERIORE BRUT 2022
Bianco Docg Metodo Martinotti - Glera 100%
Alc. 11% | € 12 | Bt. 4.000 | Ferm. Acciaio | Mat. Acciaio 4 mesi
Polpette di pesce d'acqua dolce.

CARMENÈRE 2021
Rosso Igt - Carménère 100%
Alc. 13% | € 7 | Bt. 2.000 | Ferm. Acciaio | Mat. Acciaio 7 mesi
Manzo brasato con olive e porri.

MONTELLO ROSSO RISERVA DEL COMMENDATOR
2019

ASOLO PROSECCO SUPERIORE EXTRA DRY PALE-FOX
2020

Conte Emo Capodilista - La Montecchia
(1900)

La nobiltà abita qui. Non solo per il casato familiare, non solo per la maestosa sede aziendale, ma anche per il pregio della produzione vinicola. Il conte Giordano esercita il mestiere del vignaiolo con dedizione, apponendo la sua firma su prodotti che interpretano vocazione, potenzialità e valenza dei Colli Euganei. La leggiadria dei bianchi da uve autoctone, la potenza dei rossi da vitigni bordolesi e la raffinatezza dei vini dolci assurgono a emblema della vitivinicoltura euganea. Un esempio è il Baòn, un taglio bordolese prodotto solo nelle migliori annate, e la 2019 ne è la conferma.

Via Montecchia, 16 - 35030 Selvazzano Dentro (PD)
T. 049 637294 | M. lamontecchia@lamontecchia.it
www.lamontecchia.it

Viticoltura: Convenzionale
Ettari: 30 | **Bottiglie:** 144.000 | **Produzione olearia:** No
Proprietà: Giordano Emo Capodilista
Cond. enologica: Andrea Boaretti
Cond. agronomica: Patrizio Gasparinetti
Vendita diretta: Sì | **Visite in azienda:** Sì

(91,5)
BAÒN 2019
Rosso Igt - Cabernet sauvignon 60%, Merlot 40%
Alc. 14% | € 52 | Bt. 2.200 | Ferm. Acciaio | Mat. Legno 16 mesi
Rubino fittissimo. Ampio respiro su confetture di piccoli frutti neri e prugna disidratata assieme a rabarbaro, mirto, radice di liquirizia, polvere di cacao e pepe nero, in un sottofondo di humus e violetta. Sorso morbido con dote fresco-sapida ben fusa in una trama tannica viva. Progressione gustativa eccellente. Stufato di daino.

COLLI EUGANEI FIOR D'ARANCIO PASSITO DONNA DARIA 2019
Bianco Docg Passito - Moscato giallo 100%
Alc. 11% | € 31 (0,375l) | Bt. 2.000 | Ferm. Acciaio | Mat. Acciaio 6 mesi
Blu di pecora.

COLLI EUGANEI MERLOT CARLOTTO 2019
Rosso Doc - Merlot 100%
Alc. 14% | € 18 | Bt. 2.500 | Ferm. Acciaio | Mat. Legno 18 mesi
Brasato di manzo al vino rosso.

COLLI EUGANEI FIOR D'ARANCIO SPUMANTE 2022
Bianco Docg Metodo Martinotti Dolce - Moscato giallo 100%
Alc. 6% | € 12 | Bt. 50.000 | Ferm. Acciaio | Mat. Acciaio 2 mesi
Budino agli agrumi.

CA' EMO 2020
Rosso Igt - Merlot 40%, Cabernet franc 30%, Cabernet sauvignon 25%, Raboso piave 5%
Alc. 13,5% | € 12 | Bt. 12.000 | Ferm. Acciaio | Mat. Legno 14 mesi
Controfiletto di bue alla brace.

FORZATÈ 2018
Rosso Igt - Raboso veronese 100%
Alc. 14,5% | € 12 | Bt. 3.000 | Ferm. Acciaio | Mat. Legno 18 mesi
Carré di maiale con spinaci.

COLLI EUGANEI CABERNET SAUVIGNON IRENÈO
2017

COLLI EUGANEI MERLOT CARLOTTO
2017

Corte Adami
(2004)

L'anima centrale è uno sviluppo bifronte di due delle realtà simbolo dell'enologia veneta: il Soave e la Valpolicella. Nel Soave è la parte più intima a essere espressa, quella che fonde i vitigni autoctoni con l'areale di Castelcerino, una delle UGA più significative della denominazione classica. La novità di quest'anno è il Decennale 2019, prodotto da garganega in purezza con vendemmia tardiva, che matura solo in acciaio. Per la Valpolicella, invece, i vigneti si trovano sia in Valpantena che più a est, nella zona orientale, in cui le vecchie vigne incontrano le nuove tecnologie.

Via Circonvallazione Aldo Moro, 32 - 37308 Soave (VR)
T. 045 6190218 | M. info@corteadami.it
www.corteadami.it

Viticoltura: Certificazione SQNPI
Ettari: 40 | **Bottiglie:** 170.000 | **Produzione olearia:** No
Proprietà: Martina e Andrea Adami
Cond. enologica: Andrea Adami
Cond. agronomica: Staff aziendale
Vendita diretta: Sì | **Visite in azienda:** Sì

SOAVE DECENNALE 2019
Bianco Doc - Garganega 100%
Alc. 13,5% | € 18 | Bt. 2.000 | Ferm. Acciaio | Mat. Acciaio 5 mesi
Oro dalla fitta trama. Una girandola variegata offre profumi di china e ortica, frutta esotica matura e foglie di tè. Man mano le sensazioni minerali, appena salmastre, si stemperano nei fiori gialli della ginestra. Sulle papille grande struttura con nuance vellutate e sapide, soprattutto nell'epilogo. Risotto alle ortiche.

AMARONE DELLA VALPOLICELLA 2018
Rosso Docg - Corvina 55%, Corvinone 35%, Rondinella 5%, altre varietà 5%
Alc. 15,5% | € 36 | Bt. 10.000 | Ferm. Acciaio | Mat. Legno 24 mesi
Capriolo con salsa di ribes rosso.

AMARONE DELLA VALPOLICELLA RISERVA 2015
Rosso Docg - Corvina 55%, Corvinone 35%, Rondinella 5%, altre varietà 5%
Alc. 16% | € 55 | Bt. 1.410 | Ferm. Acciaio | Mat. Legno 36 mesi
Gulasch di cervo con patate stufate.

SOAVE SUPERIORE VIGNA DELLE CORTE 2020
Bianco Docg - Garganega 100%
Alc. 13,5% | € 14 | Bt. 8.000 | Ferm. Acciaio | Mat. Acciaio 6 mesi
Orata all'acqua pazza.

SOAVE CLASSICO CIMALTA 2021
Bianco Doc - Garganega 100%
Alc. 13% | € 12 | Bt. 9.000 | Ferm. Acciaio | Mat. Acciaio 5 mesi
Branzino al cartoccio.

VALPOLICELLA SUPERIORE 2020
Rosso Doc - Corvina 55%, Corvinone 35%, Rondinella 5%, altre varietà 5%
Alc. 13,5% | € 15 | Bt. 25.000 | Ferm. Acciaio | Mat. Legno 12 mesi
Pizzoccheri valtellinesi.

SOAVE
2021

AMARONE DELLA VALPOLICELLA
2015 | 2016 | 2017

Corte Figaretto
(2004)

La contrada Maroni è un luogo magico, dal sapore nobile, ma anche dimenticato e abbandonato per le difficoltà di raggiungerlo. Quando Mauro Bustaggi decise di acquisire la proprietà, i muretti a secco erano completamente sommersi dal bosco e ci sono voluti anni di lavoro per ricostruirli. Più cuore che calcolo, ma ora è divenuto il vigneto simbolo dell'azienda, esposto a sud con una piccola casetta dedicata all'ospitalità. Piace l'Amarone Musa del Figaretto per un'interpretazione moderna del territorio, dove le sensazioni fresche e balsamiche anticipano il frutto.

frazione Poiano, via Clocego 48/a - 37142 Verona (VR)
T. 045 8700753 | M. cortefigaretto@cortefigaretto.it
www.cortefigaretto.com

Viticoltura: Convenzionale
Ettari: 8 | **Bottiglie:** 75.000 | **Produzione olearia:** No
Proprietà: Mauro e Alberto Bustaggi
Cond. enologica: Paolo Grigolli
Cond. agronomica: Staff aziendale
Vendita diretta: Sì | **Visite in azienda:** Sì

(93,5)
AMARONE DELLA VALPOLICELLA VALPANTENA MUSA DEL FIGARETTO 2018
Rosso Docg - Corvina 50%, Corvinone 20%, Rondinella 20%, Molinara 5%, Oseleta 5%
Alc. 16,5% | € 78 | Bt. 3.000
Rubino compatto. Subito piante balsamiche e ceralacca, poi si espande sui toni di frutta sotto spirito, floreale appassito, spezie dolci con declinazioni verso china e radici di bosco. Solido, strutturato e coeso nelle componenti tannica-fresco-sapida, regala un perfetto equilibrio. Manzo brasato con olive e porri.

AMARONE DELLA VALPOLICELLA VALPANTENA BROLO DEL FIGARETTO 2015
Rosso Doc - Corvina 50%, Corvinone 20%, Rondinella 20%, Molinara 5%, Oseleta 5%
Alc. 16% | € 39 | Bt. 17.000 | Ferm. Acciaio | Mat. Legno 24 mesi
Petto d'anatra all'arancia.

MERLOT LE MORE 2012
Rosso Igt - Merlot 100%
Alc. 16% | € 23 | Bt. 3.000 | Ferm. Acciaio | Mat. Legno 18 mesi
Filetto di manzo alla Voronoff.

AMARONE DELLA VALPOLICELLA VALPANTENA GRAAL 2015
Rosso Docg - Corvina 50%, Corvinone 25%, Rondinella 25%
Alc. 16% | € 78 | Bt. 3.600
Filetto di capriolo ai mirtilli.

VALPOLICELLA SUPERIORE ALTE QUARE 2019
Rosso Doc - Corvina 50%, Corvinone 20%, Rondinella 20%, Molinara 5%, Oseleta 5%
Alc. 14,5% | € 23 | Bt. 3.500 | Ferm. Acciaio | Mat. Legno 14 mesi
Saltimbocca alla romana.

VALPOLICELLA RIPASSO VALPANTENA SUPERIORE ACINI AMENI 2021
Rosso Doc - Corvina 50%, Corvinone 20%, Rondinella 20%, Molinara 5%, Oseleta 5%
Alc. 14% | € 19 | Bt. 34.000 | Ferm. Acciaio | Mat. Legno 12 mesi
Filetto di vitello alla Rossini.

Corte Moschina
(1998)

Circa un ventennio fa, Patrizia Niero e il marito Silvano Danese diedero vita a quest'azienda familiare, oggi a conduzione biologica e condotta dai figli Alessandro e Giacomo. Garganega e durella sono le protagoniste principali della loro produzione, coltivate sui terreni collinari basaltici di Roncà; a queste si affiancano alcune varietà internazionali sui Colli Berici e altre autoctone in Valpolicella. Franchezza ed espressività sono la cifra distintiva dei vini, in particolare dei Soave e dei Lessini Durello. Eleganza floreale e sapidità nella notevole Riserva Dosaggio Zero 2016.

Via Moschina, 1 - 37030 Roncà (VR)
T. 045 7460788 | M. info@cortemoschina.it
www.cortemoschina.it

Viticoltura: Convenzionale
Ettari: 35 | **Bottiglie:** 140.000 | **Produzione olearia:** No
Proprietà: Maria Patrizia Niero
Cond. enologica: Alessandro Danese
Cond. agronomica: Staff aziendale
Vendita diretta: Sì | **Visite in azienda:** Sì

LESSINI DURELLO SPUMANTE DOSAGGIO ZERO RISERVA 2016
Bianco Doc Metodo Classico - Durella 100%
Alc. 12,5% | € 32 | Bt. 2.000 | Ferm. Acciaio | Mat. Acciaio 6 mesi
60 mesi sui lieviti
Cristallini riflessi smeraldo punteggiati di fitte e minute bollicine. Ventaglio sensoriale raffinato fatto di appunti sottili e ben scritti: mela, albicocca, fico, miele millefiori, gelsomino e panna acida. Di grande slancio al palato, l'assaggio è fresco e salino. Lungamente sfumato d'arancia amara. Battuto di gamberi rossi di Sicilia.

SOAVE SUPERIORE I TARAI 2021
Bianco Docg - Garganega 100%
Alc. 13,5% | € 21 | Bt. 7.000 | Ferm. Acciaio | Mat. Legno 12 mesi
Ravioli di magro con funghi chiodini.

LESSINI DURELLO SPUMANTE EXTRA BRUT 2017
Bianco Doc Metodo Classico - Durella 100%
Alc. 12,5% | € 25 | Bt. 8.000 | Ferm. Acciaio | Mat. Acciaio 6 mesi
36 mesi sui lieviti
Filetto di dentice in crosta di patate.

SOAVE EVAOS 2021
Bianco Doc - Garganega 100%
Alc. 13% | € 11 | Bt. 6.000 | Ferm. Acciaio | Mat. Acciaio 5 mesi
Asparagi di Bassano e uova in camicia.

LESSINI DURELLO SPUMANTE BRUT 60 MESI RISERVA
2010

SOAVE EVAOS
2016

Corte Scaletta
(2011)

Nel 2011 questa famiglia di viticoltori decide di fare il grande salto e di produrre la sua prima etichetta. Riccardo, Giulia e Michele, con circa una dozzina di ettari situati in gran parte a Marcellise, dove sono anche la cantina e la bottaia, principalmente nel lussureggiante parco della Tenuta Musella, producono vini freschi e magistrali che esprimono tutta la territorialità della Valpolicella orientale. Coltivano le tre uve autoctone per eccellenza, corvina, corvinone e rondinella, più un piccolo appezzamento a cabernet sauvignon, vinificato rigorosamente a parte.

Via Cao di Sopra, 19 - 37036 San Martino Buon Albergo (VR)
T. 045 8740269 | M. info@cortescaletta.it
www.cortescaletta.it

Viticoltura: A basso impatto ambientale
Ettari: 12 | **Bottiglie:** 25.000 | **Produzione olearia:** No
Proprietà: Famiglia Cavedini
Cond. enologica: Flavio Peroni
Cond. agronomica: Staff aziendale
Vendita diretta: Sì | **Visite in azienda:** Sì

AMARONE DELLA VALPOLICELLA 2016
Rosso Docg - Corvina 40%, Corvinone 30%, Rondinella 30%
Alc. 16% | € 52 | Bt. 6.500 | Ferm. Acciaio | Mat. Legno 60 mesi
Granato. Guizzi di frutti di bosco in confettura, rintocchi d'arancia rossa seguiti da pepe, vaniglia e cannella con viole appassite, refoli di tabacco, alloro e sensazioni fumé. Equilibrato al sorso, dai tannini vellutati, di estensione fruttata e speziata con lungo setale sapido. Civet di capriolo ai funghi.

VALPOLICELLA RIPASSO SUPERIORE 2019
Rosso Doc - Corvina 40%, Corvinone 30%, Rondinella 30%
Alc. 14,5% | € 26 | Bt. 3.500 | Ferm. Acciaio | Mat. Legno 30 mesi
Guanciale di vitello alle erbe aromatiche.

CABERNET SAUVIGNON 2016
Rosso Igt - Cabernet sauvignon 100%
Alc. 14,5% | € 23 | Bt. 3.500 | Ferm. Acciaio | Mat. Legno 48 mesi
Anatra alla pechinese.

VALPOLICELLA 2020
Rosso Doc - Corvina 40%, Corvinone 30%, Rondinella 30%
Alc. 13% | € 14 | Bt. 4.000 | Ferm. Acciaio | Mat. Cemento 18 mesi
Pasta alla gricia.

AMARONE DELLA VALPOLICELLA
2015

VALPOLICELLA SUPERIORE
2015

Corte Sermana
(2008)

San Benedetto di Lugana si trova a sud del Lago di Garda, le cui acque arrivano a lambire i vigneti monovitigno di turbiana tramite il Rio Sermana, che dà il nome alla cantina e divide il Veneto dalla Lombardia. Qui, grazie anche ai terreni glaciali composti da stratificazioni di argilla calcarea e limo, si raggiungono elevate espressioni qualitative per il Lugana. Lo stretto legame col territorio per Filippo e Nicolò Bottacini è poi in qualche modo rappresentato dal logo aziendale, in cui campeggia una faraona, a ricordare le origini e la tradizione del loro allevamento.

Loc. Sermana, 1a - 37019 Peschiera del Garda (VR)
T. 045 7550903 | M. info@cortesermana.it
www.cortesermana.it

Viticoltura: Convenzionale
Ettari: 6 | **Bottiglie:** 25.000 | **Produzione olearia:** No
Proprietà: Filippo e Nicolò Bottacini
Cond. enologica: Marco Simonetti
Cond. agronomica: Staff aziendale
Vendita diretta: Sì | **Visite in azienda:** Sì

LUGANA SPUMANTE PINTADE 2016
Bianco Doc Metodo Classico - Trebbiano di Lugana 100%
Alc. 12,5% | € 39 | Bt. 1.000 | Ferm. Acciaio | Mat. Acciaio 8 mesi
60 mesi sui lieviti
Fulgido giallo dorato, carico di bollicine sottili e incessanti. Profumi molto gradevoli di crema pasticciera e arancia candita si fondono alla nocciola tostata e al burro salato. Il sorso si dimostra affabile, con una morbida freschezza di mandorla e una salinità che dona carattere. Scampi alla griglia.

LUGANA CROMALGO 2022
Bianco Doc - Trebbiano di Lugana 100%
Alc. 13% | € 16 | Bt. 15.000 | Ferm. Acciaio | Mat. Acciaio 7 mesi
Maltagliati con fiori di zucca e gamberetti.

LUGANA SPUMANTE LE PALAFITTE 2021
Bianco Doc Metodo Martinotti - Trebbiano di Lugana 100%
Alc. 12,5% | € 20 | Bt. 4.000 | Ferm. Acciaio | Mat. Acciaio 6 mesi
Spaghetti con vongole veraci.

LUGANA SERMANA RISERVA
2017

LUGANA CROMALGO
2021

Corteforte
(1990)

Caratterizza l'azienda l'Amandorlato, anello di congiunzione tra l'Amarone e il Recioto, da cui tutto nasce, vero vino dell'anima in Valpolicella. Un Recioto "scapà" si dice nel veronese, un errore, ma non qui dove viene creato appositamente con le tecniche di cantina, preciso e raffinato, ma con gli zuccheri residui più bassi: un grande tributo al territorio. Croccante, potente e balsamico il Terre di San Zeno 2016, ampiezze fruttate e vellutate che tanto identificano il territorio per XXX Anni in Due Secoli, con la migliore annata del decennio.

Via Osan, 45 - 37022 Fumane (VR)
T. 045 6839104 | M. info@corteforte.it
www.corteforte.it

Viticoltura: Biologica certificata
Ettari: 3 | **Bottiglie:** 40.000 | **Produzione olearia:** No
Proprietà: Carlo Maria Cerutti
Cond. enologica: Luigi Andreoli
Cond. agronomica: Staff aziendale
Vendita diretta: Sì | **Visite in azienda:** Sì

AMARONE DELLA VALPOLICELLA CLASSICO TERRE DI SAN ZENO 2016
Rosso Docg - Corvina 50%, Rondinella 20%, Corvinone 15%, Dindarella 5%, Molinara 5%, Oseleta 5%
Alc. 15% | € 47 | Bt. 8.000 | Ferm. Acciaio | Mat. Legno 24 mesi
Carminio. Il frutto del territorio, ciliegia e prugna, a fare da cornice a intriganti sensazioni balsamiche, freschezze speziate e cenni austeri di humus, corteccia di pino e foglie di tè. Teso e definito, è vibrante sulle papille, seppur importante e vellutato e di grande struttura glicerica. Bollito misto con salse.

RECIOTO DELLA VALPOLICELLA CLASSICO AMANDORLATO 2016
Rosso Docg Passito - Corvina 50%, Corvinone 20%, Rondinella 10%, Dindarella 5%, Molinara 5%, Oseleta 5%, altre varietà 5%
Alc. 14,5% | € 36 (0,5l) | Bt. 1.000 | Ferm. Acciaio | Mat. Legno 18 mesi
Pandolce genovese.

AMARONE DELLA VALPOLICELLA CLASSICO XXX ANNI IN DUE SECOLI 2013
Rosso Docg - Corvinone 45%, Corvina 25%, Rondinella 20%, Croatina 10%
Alc. 15,5% | € 91 | Bt. 1.000 | Ferm. Acciaio | Mat. Legno 42 mesi
Capriolo ai porcini.

VALPOLICELLA RIPASSO CLASSICO SUPERIORE PODERE BERTAROLE 2020
Rosso Doc - Corvina 65%, Rondinella 20%, Dindarella 5%, Molinara 5%, Oseleta 5%
Alc. 14% | € 23 | Bt. 15.000 | Ferm. Acciaio | Mat. Legno 6 mesi
Sella di coniglio al tartufo con timballo di patate.

CONCENTUS 2017
Rosso Igt - Sangiovese 40%, Corvina 25%, Corvinone 20%, Rondinella 15%
Alc. 14% | € 26 | Bt. 4.000 | Ferm. Acciaio | Mat. Legno 12 mesi
Carré d'agnello al timo e lardo di Colonnata.

AMARONE DELLA VALPOLICELLA CLASSICO VIGNETI DI OSAN
2012 | 2015

AMARONE DELLA VALPOLICELLA CLASSICO TERRE DI SAN ZENO
2015

Croda Rossa
(2014)

Paolo e Martina, alla guida di Tenuta Croda Rossa fin dal 2014, hanno saputo creare attorno alla viticoltura resistente il loro fil rouge. Dai poliedrici vitigni solaris e souvignier gris al più tannico cabernet cortis, l'azienda offre un panorama unico e ricercato in tutta la provincia bellunese. Che sia espressione di vini fermi o spumantizzati, il risultato è indice di un ottimo lavoro in vigna e di attenzione in cantina. Non manca uno sguardo all'autoctona pavana, che nella loro interpretazione matura in tonneau di rovere francese per 12 mesi.

Frazione Colderù, 14 - 32020 Lentiai (BL)
T. 345 6605382 | M. info@crodarossa.it
www.crodarossa.it

Viticoltura: A basso impatto ambientale
Ettari: 2 | **Bottiglie:** 10.000 | **Produzione olearia:** No
Proprietà: Paolo Remini
Cond. enologica: Vlady Bortolin
Cond. agronomica: Marco De Bacco
Vendita diretta: No | **Visite in azienda:** No

DERÙ BRUT 2022
Bianco Metodo Martinotti - Solaris 100%
Alc. 11,5% | € 13 | Bt. 4.000 | Ferm. Acciaio
Giallo verdolino dal perlage fine e continuo. Linea olfattiva elegante su allusioni di mela verde, pera, pompelmo e tocchi mandorlati, vegetali di fieno e fiori di sambuco. Palato deciso, risulta equilibrato e sapido, dal sostegno acido. Si congeda lungo, ammandorlato e con progressione salina. Rombo al forno con patate e carciofi.

SIESA DEL MERLO 2020
Rosso Igt - Merlot 100%
Alc. 13% | € 20 | Bt. 600 | Ferm. Acciaio | Mat. Legno 12 mesi
Piccione ai porcini e tartufo nero.

COL DEL JEVERO 2022
Bianco Igt - Solaris 100%
Alc. 13% | € 13 | Bt. 800 | Ferm. Acciaio | Mat. Acciaio 5 mesi
Sushi e sashimi.

SASERA WHITE 2021
Bianco Igt - Souvignier gris 100%
Alc. 13% | € 16 | Bt. 600 | Ferm. Legno | Mat. Legno 12 mesi
Ravioli di patate e baccalà.

SASERA 2021
Bianco Igt - Souvignier gris 100%
Alc. 13% | € 13 | Bt. 800 | Ferm. Acciaio | Mat. Acciaio 5 mesi
Risotto alla zucca.

Valentina Cubi
(1970)

Non si può dire che interessi e capacità nel campo enologico manchino in famiglia, eppure qui ciò che più conta è l'amore di Valentina per la terra della Valpolicella, concretizzato nella scelta della conduzione biologica e nell'apertura di un agriturismo nell'antica corte rurale: scelta che è valsa all'azienda il recente riconoscimento internazionale Best of Wine Tourism per la categoria ricettività. Una vibrante leggerezza stilistica e la vocazione gastronomica sono i tratti che accomunano tutti i vini. Grazia floreale, freschezza e tannini setosi nell'Amarone Morar 2015.

Via Casterna, 60 - 37022 Fumane (VR)
T. 045 7701806 | M. info@valentinacubi.it
www.valentinacubi.it

Viticoltura: Biologica certificata
Ettari: 10 | **Bottiglie:** 45.000 | **Produzione olearia:** Sì
Proprietà: Valentina Cubi
Cond. enologica: Gian Maria Zanella
Cond. agronomica: Staff aziendale
Vendita diretta: Sì | **Visite in azienda:** Sì

AMARONE DELLA VALPOLICELLA CLASSICO MORAR 2015
Rosso Docg - Corvina 65%, Corvinone 25%, Rondinella 10%
Alc. 16% | € 52 | Bt. 10.000 | Ferm. Acciaio | Mat. Legno 36 mesi
Granato trasparente. L'olfatto sussurra fragranze di polvere di caffè, china, humus e corteccia intercalati da arancia rossa e petali di rosa appassita, fino a ricordi balsamici e di ceralacca. Sorso ampio e suadente, freschezza e trama tannica setosa regalano grande beva a una struttura importante. Costolette d'agnello alle erbe.

VALPOLICELLA RIPASSO CLASSICO SUPERIORE ARUSNATICO 2018
Rosso Doc - Corvina 65%, Rondinella 25%, Molinara 10%
Alc. 13,5% | € 22 | Bt. 4.200 | Ferm. Acciaio | Mat. Legno 12 mesi
Pappardelle al ragù di cinghiale.

VALPOLICELLA IPERICO 2021
Rosso Doc - Corvina 75%, Rondinella 25%
Alc. 12,5% | € 9 | Bt. 6.600 | Ferm. Acciaio | Mat. Acciaio 4 mesi
Gnocchi alla sorrentina.

AMARONE DELLA VALPOLICELLA MORAR BIO
2015

VALPOLICELLA RIPASSO CLASSICO SUPERIORE ARUSNATICO
2017

Dal Cero
(1934)

Veneto, ma non solo. L'azienda Dal Cero nasce nel 1934 sugli scoscesi terreni vulcanici di Soave, per poi avventurarsi nelle zone argillose dei grandi vini rossi toscani, a Cortona, con Tenuta Monticchiesi. Infine, la terza generazione si concentra di nuovo vicino a casa, in Valpolicella orientale, dove uve autoctone su suoli calcarei e vulcanici riescono a interpretare al meglio l'areale e le sue potenzialità. Grande finezza e proprietà espressiva nel Monti Lessini Niconero 2019, cru realizzato tra i due vulcani spenti Calvarina e Crocetta, che riassume l'amore di Nico per il suo pinot nero.

Via Moschina, 11 - 37030 Roncà (VR)
T. 045 7460110 | M. info@dalcerofamily.it
www.dalcerofamily.it

Viticoltura: Convenzionale
Ettari: 40 | **Bottiglie:** 300.000 | **Produzione olearia:** No
Proprietà: Nico, Francesca e Davide Dal Cero
Cond. enologica: Davide Dal Cero
Cond. agronomica: Staff aziendale
Vendita diretta: Sì | **Visite in azienda:** Sì

MONTI LESSINI NICONERO 2019
Rosso Doc - Pinot nero 100%
Alc. 13,5% | € 47 | Bt. 4.000 | Ferm. Acciaio | Mat. Legno 18 mesi
Carminio vivido, trasparente. Iniziale e coinvolgente percezione fumé; a seguire genziana, lamponi e mirtilli, sottobosco, fungo. Poi ancora arancia e vaniglia. Il sorso è tanto dinamico quanto suadente. Sottile, fresco, morbido; non nasconde il riposo in legno, ma senza esagerazioni. Costine d'agnello in crosta di noci.

AMARONE DELLA VALPOLICELLA 2017
Rosso Docg - Corvina 60%, Rondinella 30%, Molinara 10%
Alc. 16% | € 57 | Bt. 10.000 | Ferm. Acciaio | Mat. Legno 48 mesi
Filetto di manzo alla Voronoff.

LESSINI DURELLO SPUMANTE CUVÉE AUGUSTO 2017
Bianco Doc Metodo Classico - Durella 100%
Alc. 12,5% | € 36 | Bt. 5.000 | Ferm. Acciaio | 50 mesi sui lieviti
Risotto agli asparagi con gamberi croccanti.

SOAVE SUPERIORE VIGNETO RUNCATA 2021
Bianco Docg - Garganega 100%
Alc. 13% | € 32 | Bt. 10.000 | Ferm. Legno | Mat. Legno 12 mesi
Crostini con burro e salmone.

SOAVE CORTE GIACOBBE 2022
Bianco Doc - Garganega 100%
Alc. 12,5% | € 13 | Bt. 80.000 | Ferm. Acciaio | Mat. Acciaio 4 mesi
Risi e bisi.

VALPOLICELLA RIPASSO SUPERIORE 2020
Rosso Doc - Corvina 60%, Rondinella 30%, Molinara 10%
Alc. 14,5% | € 23 | Bt. 25.000 | Ferm. Acciaio | Mat. Legno 12 mesi
Fagiano arrosto.

LESSINI DURELLO SPUMANTE NON DOSATO CUVÉE AUGUSTO
2016

AMARONE DELLA VALPOLICELLA
2015 | 2016

Dal Maso
(1919)

Il bisnonno fonda l'azienda a Selva di Montebello ai primi del '900. I pronipoti, oggi alla guida della cantina, lo hanno voluto ricordare dando all'ultimo vino nato, un Lessini Durello con 80 mesi di permanenza sui lieviti, il suo nome, Cuvée Serafino: novità in Guida quest'anno che nasce sul Monte Calvarina, antico vulcano, in località Brenton da 3 ettari di vigneto a quasi 400 m s.l.m. Dai terreni sui Colli Berici acquistati negli anni Settanta da papà Luigino derivano le due versioni del Tai rosso e le due del Merlot, che culmina con la seconda edizione del 25° Anniversario Casara Roveri.

Contrada Selva, 62 - 36054 Montebello Vicentino (VI)
T. 0444 649104 | M. info@dalmasovini.com
www.dalmasovini.com

Viticoltura: Lotta integrata
Ettari: 33 | **Bottiglie:** 300.000 | **Produzione olearia:** No
Proprietà: Anna, Silvia e Nicola Dal Maso
Cond. enologica: Nicola Dal Maso
Cond. agronomica: Nicola Dal Maso
Vendita diretta: Sì | **Visite in azienda:** Sì

94

LESSINI DURELLO PAS DOSÉ CUVÉE SERAFINO 2016
Bianco Doc Metodo Classico - Durella 100%
Alc. 12,5% | € 65 | Bt. 4.500 | Ferm. Acciaio | 80 mesi sui lieviti
Scintillante paglierino punteggiato da sottile perlage. Profumo tenero e appagante, dai richiami dolci di pompelmo rosa e frutta a polpa gialla incorniciati da una stilla fragrante. Assaggio piacevole e composto, dal giusto gioco fresco e sapido che si alterna donando brio al palato. Battuto di gamberi rossi di Sicilia.

COLLI BERICI MERLOT 25° ANNIVERSARIO 2020
Rosso Doc - Merlot 100%
Alc. 15% | € 78 | Bt. 4.000 | Ferm. Acciaio | Mat. Legno 18 mesi
Brasato di manzo al vino rosso.

COLLI BERICI TAI ROSSO COLPIZZARDA 2020
Rosso Doc - Tai rosso 100%
Alc. 14,5% | € 26 | Bt. 8.000 | Ferm. Acciaio | Mat. Legno 14 mesi
Cinghiale arrosto con castagne.

COLLI BERICI MERLOT CASARA ROVERI 2020
Rosso Doc - Merlot 100%
Alc. 14,5% | € 26 | Bt. 8.000 | Ferm. Acciaio | Mat. Legno 18 mesi
Tordi in salmì.

RECIOTO DI GAMBELLARA CLASSICO RIVA DEI PERARI 2021
Bianco Docg Passito - Garganega 100%
Alc. 12,5% | € 23 (0,5l) | Bt. 3.000 | Ferm. Legno | Mat. Legno 12 mesi
Crostata alle mandorle e albicocche.

GAMBELLARA CA' FISCHELE 2022
Bianco Doc - Garganega 100%
Alc. 12,5% | € 11 | Bt. 20.000 | Ferm. Acciaio | Mat. Cemento 5 mesi
Lasagne alle melanzane.

COLLI BERICI MERLOT 25° ANNIVERSARIO
2019

COLLI BERICI TAI ROSSO COLPIZZARDA
2013 | 2015 | 2016

De Bacco
(2011)

Terminata l'attesa per l'affinamento del tanto sospirato passito dolomitico, i fratelli Valentina e Marco De Bacco ci propongono il frutto dell'appassimento di bianchetta e moscato bianco in un blend di due differenti annate. Il risultato non smentisce la cura e l'attenzione che da anni questa cantina impiega, stupendoci sempre con nuove proposte. Non mancano le eccellenze anche nel campo degli internazionali, con un posto di riguardo per il Cuss 2020, a base merlot, e per il Vanduja 2020, da uve pavana. Piacevole il Solaris 2022, dall'omonimo vitigno resistente.

Via San Giuseppe, 14 - 32032 Feltre (BL)
T. 338 1803453 | M. Info@debacco.it
www.debacco.it

Viticoltura: Convenzionale
Ettari: 7 | **Bottiglie:** 40.000 | **Produzione olearia:** No
Proprietà: Marco De Bacco
Cond. enologica: Marco De Bacco
Cond. agronomica: Marco De Bacco
Vendita diretta: Sì | **Visite in azienda:** Sì

(93)
SAROEL
Bianco Igt Passito - Bianchetta trevigiana 50%, Moscato bianco 50%
Alc. 15% | € 33 (0,5l) | Bt. 500 | Ferm. Acciaio | Mat. Acciaio 6 mesi
Color topazio, consistente e fitto. Olfatto energico, balsamico, speziato, con elegie di dattero, frutta secca, frutta candita, carruba e amaretto. Il sorso entra dolce, morbido, caldo, con componenti dure equilibrate tra sapidità e freschezza. Persiste lungamente con retrogusto dolce ma non stucchevole. Mousse di castagne e cioccolato.

VANDUJA 2020
Rosso Igt - Pavana 100%
Alc. 13% | € 16 | Bt. 7.000 | Ferm. Acciaio | Mat. Legno 16 mesi
Sella di coniglio al tartufo con timballo di patate.

CUSS 2020
Rosso Igt - Merlot 85%, Carménère 15%
Alc. 13% | € 16 | Bt. 7.000 | Ferm. Acciaio | Mat. Legno 16 mesi
Guanciale di manzo in umido con polenta.

SOLARIS 2022
Bianco - Solaris 100%
Alc. 14% | € 26 | Bt. 1.900 | Ferm. Acciaio | Mat. Acciaio 7 mesi
Strudel di porcini e zucca con crema al parmigiano.

ICO BRUT ROSÉ
Rosato Metodo Classico - Pinot nero 100%
Alc. 12,5% | € 26 | Bt. 980 | 65 mesi sui lieviti
Cocktail di gamberetti.

JENIA 2021
Bianco Igt - Chardonnay 50%, Manzoni bianco 50%
Alc. 13,5% | € 16 | Bt. 3.500 | Ferm. Acciaio | Mat. Acciaio 12 mesi
Triglie in guazzetto.

ICO BRUT
2019

VANDUJA
2017 | 2019 | 2021

De Stefani
(1866)

Negli anni, Alessandro De Stefani ha portato avanti e consolidato una produzione di qualità, apprezzata dai consumatori e punto di riferimento fra i prodotti di alto livello. Non lontano dal Piave, il terreno ricco di caranto contribuisce a far nascere vini caratterizzati da personalità e pregio, che esprimono un forte senso di appartenenza. Il contesto biodinamico e rispettoso dell'ambiente, nel quale da anni opera quest'azienda, conferma ancora una volta il suo impegno verso la sostenibilità. Eccezionale in quest'edizione il Kreda 2020, Refosco dal profilo materico ed elegante.

Via Cadorna, 92 - 30020 Fossalta di Piave (VE)
T. 0421 67502 | M. info@de-stefani.it
www.de-stefani.it

Viticoltura: Biologica e biodinamica
Ettari: 80 | **Bottiglie:** 500.000 | **Produzione olearia:** No
Proprietà: Famiglia De Stefani
Cond. enologica: Alessandro De Stefani
Cond. agronomica: Tiziano De Stefani, Alessandro De Stefani
Vendita diretta: Sì | **Visite in azienda:** Sì

(91,5)
VENEZIA REFOSCO DAL PEDUNCOLO ROSSO KREDA 2020
Rosso Doc - Refosco dal peduncolo rosso 100%
Alc. 14,5% | € 60 | Bt. 6.849 | Ferm. Acciaio | Mat. Legno 18 mesi
Rubino impenetrabile. Un profilo di ciliegia e prugna sotto spirito, mora, lampone e piccoli frutti scuri, poi toni più evoluti di pepe nero, tabacco, liquirizia, cuoio in uno sfondo di violetta. Gusto pieno, caldo, equilibrato tra tessitura tannica vigorosa e sapidità, dal congedo di rinfrescante acidità. Grigliata di carne con salsa barbecue.

MALANOTTE DEL PIAVE 2018
Rosso Docg - Raboso piave 100%
Alc. 15,5% | € 83 | Bt. 3.102 | Ferm. Acciaio | Mat. Legno 24 mesi
Piccione al forno con cipollotti.

COLLI DI CONEGLIANO REFRONTOLO STÈFEN 1624 2018
Rosso Docg - Marzemino 100%
Alc. 16,5% | € 153 | Bt. 1.725 | Ferm. Acciaio | Mat. Legno 24 mesi
Capriolo con salsa di ribes rosso.

VALDOBBIADENE PROSECCO SUPERIORE RIVE DI REFRONTOLO EXTRA BRUT 2022
Bianco Docg Metodo Martinotti - Glera 100%
Alc. 11,5% | € 28 | Bt. 34.998 | Ferm. Acciaio | Mat. Acciaio 6 mesi
Insalata di mare.

OLMERA 2021
Bianco Igt - Tai 60%, Sauvignon 40%
Alc. 14% | € 51 | Bt. 4.812 | Ferm. Cemento | Mat. Legno 12 mesi
Cappesante scottate allo zenzero.

VENEZIA SAUVIGNON VENIS 2022
Bianco Doc - Sauvignon 100%
Alc. 13% | € 25 | Bt. 20.000 | Ferm. Cemento | Mat. Cemento 6 mesi
Arrosto di tacchino lardellato.

COLLI DI CONEGLIANO REFRONTOLO STÈFEN 1624
2013

KREDA
2014 | 2016

Dominio di Bagnoli
(954)

Azienda poliedrica che si sviluppa su più ambiti agricoli. Non solo vino, quindi, ma anche coltivazione di riso carnaroli, così come la produzione di miele e, da quest'anno, anche quella di mirtilli. È la portabandiera indiscussa di una realtà tutta padovana: la Docg Friularo di Bagnoli, vitigno autoctono biotipo del raboso piave, che tra le terre nebbiose della Bassa Padovana trova la sua eccellenza. Tannicità e acidità sono le sue caratteristiche principali, che lo rendono così versatile e ottimale per la produzione di vini da lungo affinamento.

Piazza Marconi, 63 - 35023 Bagnoli di Sopra (PD)
T. 049 5380008 | M. cantina@ildominiodibagnoli.it
www.ildominiodibagnoli.it

Viticoltura: A basso impatto ambientale
Ettari: 40 | **Bottiglie:** 60.000 | **Produzione olearia:** No
Proprietà: Famiglia Borletti
Cond. enologica: Federico Giotto
Cond. agronomica: Luca Cavallaro
Vendita diretta: Sì | **Visite in azienda:** Sì

BAGNOLI SPUMANTE DEL DOMINIO BRUT 2016
Bianco Doc Spumante Metodo Classico - Raboso piave 100%
Alc. 12% | € 23 | Bt. 4.000 | Ferm. Acciaio | Mat. Acciaio 6 mesi
70 mesi sui lieviti
Veste dorata, corrusca, con perle fini e incessanti. Il ventaglio olfattivo si sviluppa su toni di pasticceria, brioche, crème caramel con refoli di fiori gialli e leggere nuance vegetali. Palato avvolgente, con lieve aroma citrino che accompagna il gusto intenso di frutta a polpa bianca. Polpettine di alici con crema di piselli.

BAGNOLI FRIULARO CLASSICO PASSITO 2018
Rosso Docg Passito - Raboso piave 100%
Alc. 14,5% | € 26 (0,5l) | Bt. 2.200 | Ferm. Acciaio | Mat. Legno 24 mesi
Salame al cioccolato.

BAGNOLI FRIULARO CLASSICO VENDEMMIA TARDIVA 2015
Rosso Docg - Raboso piave 100%
Alc. 14% | € 26 | Bt. 6.000 | Ferm. Acciaio | Mat. Legno 18 mesi
Petto di germano reale al balsamico.

BAGNOLI FRIULARO CLASSICO 2019
Rosso Docg - Raboso piave 100%
Alc. 13% | € 13 | Bt. 4.100 | Ferm. Acciaio | Mat. Legno 6 mesi
Straccetti di vitello al rosmarino.

BAGNOLI FRIULARO CLASSICO PASSITO
2009

BAGNOLI CLASSICO ROSSO RISERVA
2011

Dotta
(2013)

Entusiasmo, intuito, idee chiare e innovative sono la chiave della crescita di questa giovane realtà. Andrea Dotta ha praticamente stretto con la natura un patto in cui una gestione agronomica improntata al minimo intervento viene ricambiata dai terreni argillosi di Refrontolo con un'uva di grande qualità. Uva che Andrea, nonostante la giovane età, riesce a trasformare in vini dall'innata espressività. La riprova è il raffinato Rive di Refrontolo, punta di diamante di un millesimo dove si distinguono anche il Brut Verizzo e il tradizionale Peresina Col Fondo Agricolo.

Via Federa, 1 a - 31020 Refrontolo (TV)
T. 0438 978058 | M. info@cantinadotta.it
www.cantinadotta.it

Viticoltura: Convenzionale
Ettari: 6 | **Bottiglie:** 12.000 | **Produzione olearia:** No
Proprietà: Andrea Dotta
Cond. enologica: Andrea Dotta
Cond. agronomica: Staff aziendale
Vendita diretta: Sì | **Visite in azienda:** Sì

VALDOBBIADENE PROSECCO SUPERIORE RIVE DI REFRONTOLO EXTRA BRUT 2022
Bianco Docg Metodo Martinotti - Glera 100%
Alc. 11,5% | € 23 | Bt. 3.000 | Ferm. Acciaio | Mat. Acciaio 6 mesi
2 mesi sui lieviti
Bella tonalità giallo paglierino con riflessi verdolini. La cremosità della spuma anticipa delicate sensazioni di rosa, fiori di limone, pesca e mela. Qualche ricordo di asparago fresco selvatico. Sorso pulito, secco ed elegante che dischiude aromi agrumati uniti a gradevoli tratti vegetali. Granseola al vapore su misticanza.

VALDOBBIADENE PROSECCO SUPERIORE BRUT VERIZZO 2022
Bianco Docg Metodo Martinotti - Glera 100%
Alc. 11% | € 18 | Bt. 6.000 | Ferm. Acciaio | Mat. Acciaio 4 mesi
1 mese sui lieviti
Mortadella Bologna.

PERESINA COL FONDO AGRICOLO 2021
Bianco Igt Rifermentato in bottiglia senza sboccatura - Glera 100%
Alc. 11% | € 16 | Bt. 2.000 | Ferm. Acciaio | Mat. Acciaio 8 mesi
Tortelli di zucca e salvia.

INCROCIO MANZONI 13.0.25 ROSÉ EXTRA BRUT
Rosato Metodo Martinotti - Manzoni moscato 100%
Alc. 11,5% | € 22 | Bt. 1.000 | Ferm. Acciaio | Mat. Acciaio 3 mesi
3 mesi sui lieviti
Crostini al lardo di Colonnata.

Drusian
(1985)

È un percorso cominciato tanto tempo fa quello di Drusian. Un percorso che ha attraversato periodi e stili diversi, trasformazioni necessarie e positive, ma che ha consentito di accumulare un bagaglio di esperienze e, perché no, anche di vigneti vocati, che pochi possono vantare nel Valdobbiadene. Un percorso che ancora adesso Francesco Drusian, che con orgoglio si definisce prima di tutto un coltivatore, affronta con l'entusiasmo e la passione di sempre. Un percorso, infine, che ha condotto a creare vini di un'eleganza e una precisione che vengono da lontano ma che guardano al futuro.

Via Anche 1 - 31049 Valdobbiadene (TV)
T. 0423 982151 | M. drusian@drusian.it
www.drusian.it

Viticoltura: Convenzionale
Ettari: 80 | **Bottiglie:** 1.700.000 | **Produzione olearia:** No
Proprietà: Francesco Drusian
Cond. enologica: Marco Spironelli
Cond. agronomica: Francesco Drusian
Vendita diretta: Sì | **Visite in azienda:** Sì

VALDOBBIADENE PROSECCO SUPERIORE CARTIZZE DRY 2022
Bianco Docg Metodo Martinotti - Glera 100%
Alc. 11,5% | € 25 | Bt. 6.880 | Ferm. Acciaio | Mat. Acciaio 3 mesi
1 mese sui lieviti
Un cuore paglierino dal perlage fitto e allegro. Suadenti fragranze di frutta sciroppata, a tratti in composta, aprono una serica trama olfattiva. Sorso cremoso, giustamente morbido, ma sostenuto dalla vivace freschezza e da una delicata salinità che regala nella chiosa una memoria di mandorla. Crostata di albicocche.

VALDOBBIADENE PROSECCO SUPERIORE BRUT NATURE SUI LIEVITI 2021
Bianco Docg Rifermentato in bottiglia senza sboccatura - Glera 100%
Alc. 11,5% | € 17 | Bt. 6.000 | Ferm. Acciaio | 6 mesi sui lieviti
Sarde in saor.

VALDOBBIADENE PROSECCO SUPERIORE RIVE DI SANTO STEFANO EXTRA DRY 2022
Bianco Docg Metodo Martinotti - Glera 100%
Alc. 11,5% | € 17 | Bt. 6.966 | Ferm. Acciaio | Mat. Acciaio 3 mesi
1 mese sui lieviti
Lasagne alle melanzane.

VALDOBBIADENE PROSECCO SUPERIORE RIVE DI COLFOSCO BRUT 2022
Bianco Docg Metodo Martinotti - Glera 100%
Alc. 11,5% | € 17 | Bt. 6.810 | Ferm. Acciaio | Mat. Acciaio 5 mesi | 2 mesi sui lieviti. Frittata di erbette.

VALDOBBIADENE PROSECCO SUPERIORE EXTRA DRY 2022
Bianco Docg Metodo Martinotti - Glera 100%
Alc. 11% | € 14 | Bt. 13.706 | Ferm. Acciaio | Mat. Acciaio 3 mesi
2 mesi sui lieviti. Tempura di gamberi.

VALDOBBIADENE PROSECCO SUPERIORE EXTRA BRUT 30 RACCOLTI
Bianco Docg Metodo Martinotti - Glera 100%
Alc. 11,5% | € 17 | Bt. 6.800 | Ferm. Acciaio | Mat. Acciaio 4 mesi
2 mesi sui lieviti. Tagliolini all'astice.

VALDOBBIADENE PROSECCO SUPERIORE DRY MILLESIMATO
2021

VALDOBBIADENE PROSECCO SUPERIORE BRUT NATURE SUI LIEVITI
2020

Falezze
(2008)

La formazione di biologo porta naturalmente Luca Anselmi a concentrarsi sulla primissima fase del processo vitivinicolo, indagando in profondità il terroir al fine di personalizzare un prodotto che esprima autenticamente le peculiarità dei vigneti di famiglia nella Valle di Mezzane. Particolarmente degno di nota quest'anno è l'Amarone 2017, con profumi che spaziano da un ventaglio di spezie ai piccoli frutti sotto spirito, note che con coerenza si ritrovano anche nel Ripasso Superiore, distinguendosi entrambi anche per la sottile freschezza e la sfericità dei tannini.

Località Pigno 1 - 37031 Illasi (VR)
T. 348 7241477 | M. info@falezze.it
www.falezze.it

Viticoltura: In conversione al biologico
Ettari: 5 | **Bottiglie:** 10.000 | **Produzione olearia:** No
Proprietà: Luca Anselmi
Cond. enologica: Luca Anselmi
Cond. agronomica: Staff aziendale
Vendita diretta: Sì | **Visite in azienda:** Sì

AMARONE DELLA VALPOLICELLA 2017
Rosso Docg - Corvinone 45%, Corvina 35%, Rondinella 15%, Oseleta 5%
Alc. 16% | € 143 | Bt. 6.000 | Ferm. Acciaio | Mat. Legno 24 mesi
Carminio vivido. Apertura speziata, la polvere di caffè, le scaglie di cioccolato, china e rabarbaro, per poi convergere su profumi di frutta sotto spirito, il ribes nero e la mora. Tocchi floreali di rosa. Il sorso è dinamico, con freschezza agrumata, tannino morbido e il vigore alcolico ben integrato. Parmigiano Reggiano Riserva.

VALPOLICELLA RIPASSO SUPERIORE 2016
Rosso Doc - Corvinone 40%, Corvina 35%, Rondinella 20%, Oseleta 5%
Alc. 14,5% | € 62 | Bt. 6.250 | Ferm. Acciaio | Mat. Legno 24 mesi
Stinco di maiale al forno in pancetta affumicata.

AMARONE DELLA VALPOLICELLA
2015

VALPOLICELLA RIPASSO SUPERIORE
2015

Farina
(1973)

Da Farina, conoscendo la conduzione dei due cugini Elena e Claudio, si respira il desiderio imprenditoriale di superare i propri bisogni personali per creare, rimettendosi in gioco, qualcosa di bello e di buono, cercando di lasciare il segno. Forti investimenti in cantina, le collaborazioni con l'Università di Verona per la riduzione della solforosa senza aumentare l'ossidazione dei vini, attenzione all'ospitalità e al punto vendita. Alto anche il livello qualitativo con prodotti godibili, precisi, in cui si riconoscono orgoglio e bella ambizione.

Via Bolla, 11 - Località Pedemonte - 37029 San Pietro in Cariano (VR)
T. 045 7701349 | M. info@farinawines.com
www.farinawines.com

Viticoltura: Convenzionale
Ettari: 65 | **Bottiglie:** 1.350.000 | **Produzione olearia:** No
Proprietà: Alessandro, Claudio ed Elena Farina
Cond. enologica: Andrea Zerman
Cond. agronomica: Staff aziendale
Vendita diretta: Sì | **Visite in azienda:** Sì

AMARONE DELLA VALPOLICELLA MONTEFANTE RISERVA 2017
Rosso Docg - Corvina 45%, Corvinone 30%, Rondinella 15%, Molinara 10%
Alc. 16% | € 45 | Bt. 8.000 | Ferm. Acciaio | Mat. Legno 48 mesi
Granato compatto. La frutta rossa matura risalta arricchita dalle spezie dolci, pepe bianco, cannella e vaniglia. Sullo sfondo le erbe officinali e un tocco di china. Ingente freschezza sulle papille, vibrante e ben verticale. Di grande beva nonostante la decisa forza. Anatra alla pechinese.

AMARONE DELLA VALPOLICELLA CLASSICO FAMIGLIA FARINA 2018
Rosso Docg - Corvina 70%, Corvinone 10%, Molinara 10%, Rondinella 10%
Alc. 16% | € 40 | Bt. 30.000 | Ferm. Acciaio | Mat. Legno 24 mesi
Reale di vitello alla senape antica.

VALPOLICELLA CLASSICO SUPERIORE ALESSANDRO 2020
Rosso Doc - Corvina 70%, Rondinella 25%, Molinara 5%
Alc. 13,5% | € 21 | Bt. 10.000 | Ferm. Acciaio | Mat. Legno 12 mesi
Pappardelle con sugo di lepre.

VALPOLICELLA RIPASSO CLASSICO SUPERIORE MONTECORNA 2021
Rosso Doc - Corvina 70%, Molinara 15%, Rondinella 15%
Alc. 14% | € 9 | Bt. 100.000 | Ferm. Acciaio | Mat. Legno 12 mesi
Risotto con le quaglie.

AMARONE DELLA VALPOLICELLA CLASSICO 2020
Rosso Docg - Corvina 50%, Corvinone 20%, Rondinella 20%, Molinara 10%
Alc. 15% | € 34 | Bt. 120.000 | Ferm. Acciaio | Mat. Legno 24 mesi
Grigliata di carne con salsa barbecue.

AMARONE DELLA VALPOLICELLA CLASSICO FAMIGLIA FARINA
2016 | 2017

AMARONE DELLA VALPOLICELLA MONTEFANTE RISERVA
2015 | 2016

Gino Fasoli
(1925)

Storia di una famiglia ormai alla quarta generazione e ricca di esperienza viticola: dal passaggio al biologico negli anni '80, fino alla filosofia biodinamica di oggi come concetto centrale di abbandono dell'agricoltura intensiva. Un territorio interpretato da Amadio e Natalino, nell'areale di Colognola ai Colli, in grado di dare un Valpolicella nella versione Ripasso con richiami di erbe aromatiche e ottima sapidità e un Soave come il Borgoletto, di grande freschezza e piacevolezza. Non delude mai il Pieve Vecchia, vino dai ricordi caldi, in grado di vincere il tempo.

Via Cesare Battisti, 47 - 37030 Colognola ai Colli (VR)
T. 045 7650741 | M. be@fasoligino.com
www.fasoligino.com

Viticoltura: Biologica certificata e biodinamica
Ettari: 80 | **Bottiglie:** 500.000 | **Produzione olearia:** Sì
Proprietà: Amadio e Natalino Fasoli
Cond. enologica: Natalino Fasoli
Cond. agronomica: Staff aziendale
Vendita diretta: Sì | **Visite in azienda:** Sì

VALPOLICELLA RIPASSO SUPERIORE VALPO 2017
Rosso Doc - Corvinone 50%, Corvina 30%, Rondinella 20%
Alc. 15,5% | € 16 | Bt. 10.000 | Ferm. Acciaio | Mat. Legno 20 mesi
Rubino luminoso di media fittezza. Olfatto attraente, con riconoscimenti vanigliati, caldi e floreali che ricordano violetta, rosa rossa e glicine. Gusto trascinato da decisa freschezza con richiami a erbe aromatiche e frutto dolce. Da premiare la gustosa sapidità. Lasagnette al ragù di faraona e asparagi.

PIEVE VECCHIA 2020
Bianco Igt - Garganega 100%
Alc. 14,5% | € 16 | Bt. 20.000 | Ferm. Acciaio | Mat. Legno 14 mesi
Rotolo di tacchino alle mele ed erbe aromatiche.

SOAVE BORGOLETTO 2022
Bianco Doc - Garganega 100%
Alc. 12,5% | € 8 | Bt. 100.000 | Ferm. Acciaio | Mat. Acciaio 2 mesi
Paccheri con salsa di pomodoro e basilico.

AMARONE DELLA VALPOLICELLA ALTEO
2012

CALLE
2016

Fattori
(1918)

Antonio e Giovanni Fattori custodiscono una solida tradizione familiare, il primo nella conduzione enologica e il secondo nella gestione dei vigneti, entrambi coadiuvati in azienda dalla giovane Chiara, che rappresenta l'ultima generazione. Sui terreni basaltici di Roncà dimorano garganega, trebbiano di Soave e durella e nella panoramica alta collina di Montecchia le varietà autoctone della Valpolicella. Una rigorosa franchezza espressiva e un attraente equilibrio gustativo emergono nel sapido Lessini Durello Pas Dosé 60 mesi 2015 e nel balsamico e vellutato Amarone Riserva 2018.

Via Olmo, 6 - Frazione Terrossa - 37030 Roncà (VR)
T. 045 7460041 | M. info@fattoriwines.com
www.fattoriwines.com

Viticoltura: A basso impatto ambientale
Ettari: 94 | **Bottiglie:** 330.000 | **Produzione olearia:** No
Proprietà: Famiglia Fattori
Cond. enologica: Antonio Fattori, Fabio Basile
Cond. agronomica: Giovanni Fattori
Vendita diretta: Sì | **Visite in azienda:** Sì

LESSINI DURELLO SPUMANTE 60 MESI PAS DOSÉ 2015
Bianco Doc Metodo Classico - Durella 100%
Alc. 12% | € 34 | Bt. 7.000 | Ferm. Acciaio | Mat. Acciaio | 60 mesi sui lieviti
Vivace paglierino dall'esuberante perlage. Raffinato quadro olfattivo di frutta con evidenze di susina, albicocca e pesca bianca su uno sfondo più silvestre e citrino. Palato gratificato dalla succosa freschezza ben supportata da una scolpita sapidità che ne esalta il gusto di frutta e mandorla salata. Sushi e sashimi.

AMARONE DELLA VALPOLICELLA RISERVA 2018
Rosso Docg - Corvina 65%, Corvinone 15%, Rondinella 10%, altre varietà 10%
Alc. 16% | € 68 | Bt. 4.000 | Ferm. Acciaio | Mat. Legno 48 mesi
Filetto di cervo ai mirtilli.

AMARONE DELLA VALPOLICELLA COL DE LA BASTIA 2019
Rosso Docg - Corvina 65%, Corvinone 15%, Rondinella 10%, altre varietà 10%
Alc. 16% | € 43 | Bt. 10.000 | Ferm. Acciaio | Mat. Legno 36 mesi
Controfiletto di bue alla brace.

VALPOLICELLA RIPASSO SUPERIORE COL DE LA BASTIA 2019
Rosso Doc - Corvina 65%, Corvinone 15%, Rondinella 10%, altre varietà 10%
Alc. 15,5% | € 23 | Bt. 20.000 | Ferm. Acciaio | Mat. Legno 18 mesi
Tacchino stufato con peperoni e radicchio.

SOAVE DANIELI 2022
Bianco Doc - Garganega 85%, Trebbiano di Soave 15%
Alc. 12,5% | € 10 | Bt. 85.000 | Ferm. Acciaio | Mat. Acciaio 6 mesi
Risotto alla milanese con ossobuco.

VALPOLICELLA SUPERIORE COL DE LA BASTÌA 2021
Rosso Doc - Corvina 65%, Corvinone 15%, Rondinella 10%, altre varietà 10%
Alc. 13% | € 13 | Bt. 10.000 | Ferm. Acciaio | Mat. Acciaio 9 mesi
Spaghetti alla carbonara.

SOAVE DANIELI
2013

AMARONE DELLA VALPOLICELLA RISERVA
2015 | 2016 | 2017

Fongaro
(1975)

Il triangolo sì, Fongaro lo ha considerato: durella, metodo classico e conduzione biologica, ma anche Tanita Danese, l'enologo Luigi Borgna e il consulente Nicolas Secondé. La prima terna è il cardine su cui gira l'idea di valorizzazione del vitigno autoctono che si esalta sul locale terreno vulcanico, di cui il secondo trio cerca l'upgrade stilistico con tratto più rigoroso e preciso, tramite un'attenzione maniacale alla fase di pressatura. Idea semplice ma non facile. La nuova Cuvée etichetta rosa condensa in sé le storiche etichette bianca e grigia e le Riserve si confermano una garanzia.

Via Motto Piane, 12 - 37030 Roncà (VR)
T. 045 7460240 | M. info@fongarospumanti.it
www.fongarospumanti.it

Viticoltura: Biologica certificata
Ettari: 12 | **Bottiglie:** 65.000 | **Produzione olearia:** No
Proprietà: Famiglie Danese e Molinarolo
Cond. enologica: Pier Luigi Borgna
Cond. agronomica: Staff aziendale
Vendita diretta: Sì | **Visite in azienda:** Sì

(92,5)
LESSINI DURELLO SPUMANTE BRUT RISERVA 2015
Bianco Doc Metodo Classico - Durella 100%
Alc. 12,5% | € 55 | Bt. 3.700 | Ferm. Acciaio | Mat. Cemento 9 mesi
75 mesi sui lieviti
Quasi oro, impreziosito da un'infinità di preziose bollicine. Sprigiona una seducente sinfonia di ginestra e biancospino, virando su tratti campestri di salvia, maggiorana, rosmarino e cenni di pan brioche. Sapidità asciugante che dona profondità al sorso dal sapore fumé, ben rivitalizzato dall'effervescenza. Granseola al vapore su misticanza.

LESSINI DURELLO SPUMANTE PAS DOSÉ RISERVA 2015
Bianco Doc Metodo Classico - Durella 100%
Alc. 12,5% | € 55 | Bt. 2.500 | Ferm. Acciaio | Mat. Cemento 10 mesi
75 mesi sui lieviti
Crespelle con funghi e Asiago.

FONGARO CUVÉE EXTRA BRUT 2019
Bianco Metodo Classico - Durella 70%, Chardonnay 15%, Manzoni bianco 15%
Alc. 12,5% | € 29 | Bt. 10.000 | Ferm. Acciaio | Mat. Cemento 8 mesi
36 mesi sui lieviti
Pasta, patate e provola.

LESSINI DURELLO SPUMANTE BRUT 2018
Bianco Doc Metodo Classico - Durella 100%
Alc. 12,5% | € 34 | Bt. 10.000 | Ferm. Acciaio | Mat. Cemento 10 mesi
45 mesi sui lieviti
Crostini con paté de foie gras d'oca.

LESSINI DURELLO SPUMANTE BRUT RISERVA
2010 | 2011 | 2013

LESSINI DURELLO SPUMANTE PAS DOSÉ
2017

Gamba
(2003)

Quest'anno è doppia la soddisfazione per la cantina maranese che vede affermarsi due Amarone, gemelli diversi. Entrambi i vini hanno corvina e corvinone (in percentuali invertite) e rondinella in egual misura, per un totale del 95%; quello che cambia è il 5% di oseleta nel Campedel, con affinamento in legni piccoli, mentre Le Quare ha un 5% di molinara e affinamento in legno grande. In vetta il Campedel Riserva 2016, con un sorso di maggior relax, potente e con una decisa impronta tannica e tostata; segue di stretta misura il più austero e verticale Le Quare 2018.

Via Gnirega, 19 - Frazione Valgatara - 37020 Marano di Valpolicella (VR)
T. 045 6801714 | M. info@vinigamba.it
www.vinigamba.it

Viticoltura: Biologica certificata
Ettari: 15 | **Bottiglie:** 90.000 | **Produzione olearia:** Sì
Proprietà: Giovanni, Giuseppe e Martino Aldrighetti
Cond. enologica: Martino Aldrighetti, Massimo Mameli
Cond. agronomica: Giovanni Aldrighetti
Vendita diretta: Sì | **Visite in azienda:** Sì

(92)

AMARONE DELLA VALPOLICELLA CLASSICO CAMPEDEL RISERVA 2016
Rosso Docg - Corvinone 50%, Corvina 30%, Rondinella 15%, Oseleta 5%
Alc. 16,5% | € 117 | Bt. 2.700 | Ferm. Acciaio | Mat. Legno 48 mesi
Tra il rubino e il granato. Profumi di frutti rossi sotto spirito, mora e sentori di sottobosco. Erbe balsamiche con refoli di mentolo, sbuffi di pepe e caffè. A seguire cuoio e fungo champignon. Sorso fresco e deciso con tannini presenti ma ben integrati, per un perfetto equilibrio che invita alla beva. Filetto di capriolo ai mirtilli.

AMARONE DELLA VALPOLICELLA CLASSICO LE QUARE 2018
Rosso Docg - Corvina 50%, Corvinone 30%, Rondinella 15%, Molinara 5%
Alc. 15% | € 39 | Bt. 15.000 | Ferm. Acciaio | Mat. Legno 36 mesi
Bocconcini di cervo al cavolo nero.

RECIOTO DELLA VALPOLICELLA CLASSICO LE QUARE 2019
Rosso Docg Passito - Corvinone 50%, Corvina 30%, Croatina 10%, Rondinella 10%
Alc. 14% | € 32 (0,5l) | Bt. 2.000 | Ferm. Acciaio | Mat. Legno 12 mesi
Muffin al cioccolato.

AMARONE DELLA VALPOLICELLA CLASSICO CAMPEDEL 2018
Rosso Docg - Corvina 50%, Corvinone 30%, Rondinella 15%, Croatina 5%
Alc. 14% | € 57 | Bt. 10.000 | Ferm. Acciaio | Mat. Legno 36 mesi
Manzo brasato con funghi.

CAMPEDEL 2018
Rosso Igt - Corvina 40%, Corvinone 40%, Croatina 10%, Oseleta 10%
Alc. 14,5% | € 26 | Bt. 10.000 | Ferm. Acciaio | Mat. Legno 12 mesi
Costine d'agnello in crosta di noci.

VALPOLICELLA CLASSICO LE QUARE 2021
Rosso Doc - Corvina 40%, Corvinone 30%, Rondinella 20%, Molinara 10%
Alc. 12,5% | € 10 | Bt. 15.000 | Ferm. Acciaio | Mat. Acciaio 6 mesi
Tortelli di zucca e salvia.

AMARONE DELLA VALPOLICELLA CLASSICO LE QUARE
2010

AMARONE DELLA VALPOLICELLA CLASSICO CAMPEDEL
2012 | 2016 | 2017

Giannitessari
(2013)

Gianni Tessari è così tanto legato al suo territorio da inserire l'antica parrocchiale di Brognoligo nel logo della sua azienda, di cui ha guidato l'aspetto enologico sin dagli anni '80. Si trova in piena Val d'Alpone, ma il focus è ben definito e ripartito tra le varie tipologie: gli spumanti vengono realizzati da vigneti di durella coltivati nella zona dei Lessini, i vini bianchi fermi nel territorio di Soave, mentre i vini rossi nei Colli Berici. Anche i Piwi trovano spazio, fornendo vini prodotti da varietà resistenti che consentono un'importante riduzione dei trattamenti in vigneto.

Via Prandi, 10 - 37030 Roncà (VR)
T. 045 7460070 | M. office@giannitessari.wine
www.giannitessari.wine

Viticoltura: A basso impatto ambientale
Ettari: 40 | **Bottiglie:** 350.000 | **Produzione olearia:** No
Proprietà: Gianni Tessari
Cond. enologica: Gianni Tessari
Cond. agronomica: Gianni Tessari
Vendita diretta: Sì | **Visite in azienda:** Sì

SOAVE CLASSICO SCALETTE CRU TENDA 2022
Bianco Doc - Garganega 85%, Trebbiano di Soave 15%
Alc. 12,5% | € 10 | Bt. 20.000 | Ferm. Acciaio | Mat. Acciaio 6 mesi
Un sole luminoso. Offre un bouquet di salvia, sambuco, mentuccia e ortica, accompagnati da fiori di biancospino e gelsomino. A seguire la mela, la mora di gelso e la nespola. Al palato si mostra fresco e sapido, di buon equilibrio e decisa persistenza gustativa. Chiude su percezioni ammandorlate. Risotto ai frutti di mare.

LESSINI DURELLO SPUMANTE BRUT RISERVA
Bianco Doc Metodo Classico - Durella 100%
Alc. 12,5% | € 17 | Bt. 45.000 | Ferm. Acciaio | Mat. Acciaio 6 mesi
36 mesi sui lieviti
Verdure pastellate.

LESSINI DURELLO SPUMANTE EXTRA BRUT RISERVA 2016
Bianco Doc Metodo Classico - Durella 100%
Alc. 12,5% | € 26 | Bt. 15.000 | Ferm. Acciaio | Mat. Acciaio 6 mesi
60 mesi sui lieviti
Timballo di riso e gamberi.

DUE BIANCO
Bianco Igt - Garganega 80%, Durella 10%, Pinot grigio 10%
Alc. 13% | € 10 | Bt. 13.000 | Ferm. Acciaio | Mat. Acciaio 4 mesi
Insalata di pollo e verdure.

SOAVE CLASSICO PERINATO CRU PIGNO 2021
Bianco Doc - Garganega 100%
Alc. 12,5% | € 20 | Bt. 8.000 | Ferm. Legno | Mat. Legno 10 mesi
Filetto di dentice in crosta di patate.

COLLI BERICI TAI ROSSO 2021
Rosso Doc - Tai rosso 100%
Alc. 12,5% | € 10 | Bt. 8.000 | Mat. Legno 12 mesi
Filetto di manzo in crosta alle erbette.

LESSINI DURELLO SPUMANTE EXTRA BRUT RISERVA
2014

LESSINI DURELLO DOSAGGIO ZERO
2010 | 2013

Gini
(1980)

Radici ben salde e sguardo volto al futuro sono i capisaldi della famiglia Gini, giunta ormai alla sedicesima generazione. Con vigne centenarie e prefillossera e con l'introduzione di cambiamenti enologici significativi, a partire dalla microfiltrazione (1982) e dal primo vino al mondo prodotto senza l'uso di anidride solforosa (1985). In regime rigorosamente biodinamico, i loro vini puntano alla qualità e alla longevità. Ne sono conferma gli eccellenti Soave prodotti dai loro due cru, Froscà e Salvarenza, e i due Recioto, Col Foscarin e Renobilis.

Via G. Matteotti, 42 - 37032 Monteforte d'Alpone (VR)
T. 0457 611908 | M. info@ginivini.com
www.ginivini.com

Viticoltura: Biologica certificata
Ettari: 65 | **Bottiglie:** 200.000 | **Produzione olearia:** No
Proprietà: Sandro, Matteo e Claudio Gini
Cond. enologica: Sandro Gini
Cond. agronomica: Staff aziendale
Vendita diretta: Sì | **Visite in azienda:** Sì

(92,5)

SOAVE CLASSICO CONTRADA SALVARENZA VECCHIE VIGNE 2021
Bianco Doc - Garganega 100%
Alc. 13% | € 32 | Bt. 10.000 | Ferm. Legno | Mat. Legno 9 mesi
Abbagliante paglierino con vena dorata. Ammalia con il suo tenero e ricco ventaglio olfattivo scandito da precise note di ginestra, gelso bianco, uva spina, pesca e zenzero, con cenni vanigliati e di erbe campestri. Potenza di sorso che lascia intravedere la reale trama suadente. Che eleganza! Risotto con salsiccia e Taleggio.

RECIOTO DI SOAVE CLASSICO RENOBILIS 2016
Bianco Docg Passito - Garganega 100%
Alc. 13% | € 60 (0,375l) | Bt. 2.000 | Ferm. Legno | Mat. Legno 36 mesi
Cantucci di Prato.

SOAVE CLASSICO LA FROSCÀ 2021
Bianco Doc - Garganega 100%
Alc. 12,5% | € 25 | Bt. 20.000 | Ferm. Acciaio | Mat. Legno 6 mesi
Linguine con bottarga e pomodori secchi.

RECIOTO DI SOAVE CLASSICO COL FOSCARIN 2016
Bianco Docg Passito - Garganega 100%
Alc. 13% | € 32 (0,375l) | Bt. 3.000 | Ferm. Legno | Mat. Legno 18 mesi
Sfogliatelle Santa Rosa.

AMARONE DELLA VALPOLICELLA SCAJARI RISERVA 2011
Rosso Docg - Corvina 60%, Corvinone 25%, Rondinella 10%, Oseleta 5%
Alc. 16% | € 91 | Bt. 3.000 | Ferm. Acciaio | Mat. Legno 60 mesi
Bocconcini di cinghiale con salsa di prugne.

AMARONE DELLA VALPOLICELLA MONTE SEREA 2015
Rosso Docg - Corvina 60%, Corvinone 25%, Rondinella 10%, Oseleta 5%
Alc. 15,5% | € 85 | Bt. 6.500 | Ferm. Acciaio | Mat. Legno 34 mesi
Stracotto d'asino.

SOAVE CLASSICO LA FROSCÀ
2015 | 2019

SOAVE CLASSICO CONTRADA SALVARENZA VECCHIE VIGNE
2016 | 2020

Giusti Wine
(2004)

Giusti Wine nasce dall'amore di Ermenegildo Giusti per la propria terra natia, che lo ha portato a investire in quest'azienda vinicola nel cuore del Montello dopo essersi affermato nel settore edile in Canada. Merita un plauso la recente cantina ipogea, sviluppata su cinque piani scavati nel terreno. La struttura è stata studiata per offrire al visitatore un vero viaggio nel mondo del vino che inizia dal viale d'ingresso immerso nei vigneti. L'azienda possiede dei terreni anche in Valpolicella, dove ritroviamo l'apprezzato Amarone della Valpolicella Classico 2018.

Via del Volante, 4 - 31040 Nervesa della Battaglia (TV)
T. 0422 720198 | M. mb@giustiwine.com
www.giustiwine.com

Viticoltura: Convenzionale
Ettari: 125 | **Bottiglie:** 650.000 | **Produzione olearia:** Sì
Proprietà: Ermenegildo Giusti
Cond. enologica: Graziana Grassini
Cond. agronomica: Staff aziendale
Vendita diretta: Sì | **Visite in azienda:** Sì

AMARONE DELLA VALPOLICELLA CLASSICO 2018
Rosso Docg - Corvina 50%, Corvinone 30%, Rondinella 20%
Alc. 16,5% | € 130 | Bt. 10.000 | Ferm. Acciaio | Mat. Legno 24 mesi
Rubino cupo orlato di granato. Olfatto di frutti rossi di bosco e ciliegia in confettura e sotto spirito, poi tamarindo, rabarbaro, tabacco, liquirizia e spezie dolci. Sorso morbido, equilibrato tra struttura, forza fresco-sapida e tannino vigoroso ma ben inserito nella materia. Finale lungo e saporito. Braciola di cervo con salsa di ribes.

ASOLO PROSECCO SUPERIORE BRUT 2022
Bianco Docg Metodo Martinotti - Glera 100%
Alc. 11,5% | € 17 | Bt. 50.000 | Ferm. Acciaio | Mat. Acciaio 3 mesi
Casatella trevigiana.

ASOLO PROSECCO SUPERIORE EXTRA BRUT 2022
Bianco Docg Metodo Martinotti - Glera 100%
Alc. 11,5% | € 14 | Bt. 13.300 | Ferm. Acciaio | Mat. Acciaio 3 mesi
Mortadella Bologna.

DELLE VENEZIE PINOT GRIGIO LONGHERI 2021
Bianco Doc - Pinot grigio 100%
Alc. 12,5% | € 11 | Bt. 30.000 | Ferm. Acciaio | Mat. Acciaio 3 mesi
Luccio alla Gardesana.

CHARDONNAY DEI CARNI 2021
Bianco Igt - Chardonnay 100%
Alc. 13% | € 16 | Bt. 14.000 | Ferm. Acciaio | Mat. Acciaio 3 mesi
Polpettine di alici con crema di piselli.

SANT'EUSTACHIO 2021
Bianco Igt - Sauvignon nepis 100%
Alc. 12% | € 16 | Bt. 13.000 | Ferm. Acciaio | Mat. Acciaio 9 mesi
Asparagi di Bassano e uova in camicia.

AMARONE DELLA VALPOLICELLA CLASSICO
2012 | 2013 | 2017

MONTELLO COLLI ASOLANI ANTONIO
2018

Gorgo
(1977)

Impegnata al timone dell'azienda di famiglia e pure a quello del Consorzio del Custoza, Roberta Bricolo cesella di anno in anno vini ottenuti in regime biologico sempre più espressivi. L'obiettivo è quello di mettere in luce l'identità territoriale delle denominazioni storiche delle colline moreniche affacciate sul Lago di Garda. Ne sono la prova, in questa edizione, il Summa 2021, un Custoza Superiore da vendemmia tardiva di raffinata bevibilità, e il Sommacampagna Bardolino 2020, dai suadenti toni mediterranei, che esalta le caratteristiche di una delle sottozone del rosso gardesano.

Via Gorgo, 15 - Custoza - 37060 Sommacampagna (VR)
T. 045 516063 | M. gorgo@cantinagorgo.com
www.cantinagorgo.com

Viticoltura: Biologica certificata
Ettari: 50 | **Bottiglie:** 600.000 | **Produzione olearia:** No
Proprietà: Roberto Bricolo
Cond. enologica: Roberto Bricolo
Cond. agronomica: Staff aziendale
Vendita diretta: Sì | **Visite in azienda:** Sì

SOMMACAMPAGNA BARDOLINO 2020
Rosso Doc - Corvina 60%, Rondinella 30%, Molinara 10%
Alc. 13% | € 25 | Bt. 2.000 | Ferm. Acciaio | Mat. Acciaio 18 mesi
Rubino piuttosto compatto e splendente. Lo spettro olfattivo è vario e invitante e propone pot-pourri, ciliegia, mora, nocino, chiodi di garofano e assenzio. Al palato è lineare, con un tocco alcolico e il tannino educato. Dinamico e affascinante, conclude con aromi di amarena e china. Fusilli di kamut al ragù di faraona.

CUSTOZA SUPERIORE SUMMA 2021
Bianco Doc - Garganega 50%, Cortese 30%, Trebbiano 20%
Alc. 13% | € 23 | Bt. 10.000 | Ferm. Acciaio | Mat. Acciaio 12 mesi
Tagliolini al nero di seppia e pomodori ciliegino.

CUSTOZA PODERE SAN MICHELIN 2022
Bianco Doc - Garganega 45%, Cortese 35%, Trebbiano 20%
Alc. 13% | € 16 | Bt. 30.000 | Ferm. Acciaio | Mat. Acciaio 6 mesi
Lagane e ceci.

CÀ NOVA 2020
Rosso Igt - Corvina 100%
Alc. 13,5% | € 18 | Bt. 13.000 | Ferm. Acciaio | Mat. Legno 12 mesi
Hamburger di manzo con Montasio fuso.

BARDOLINO 2022
Rosso Doc - Corvina 60%, Rondinella 30%, Molinara 10%
Alc. 12,5% | € 9 | Bt. 30.000 | Ferm. Acciaio | Mat. Acciaio 6 mesi
Culatello di Zibello e gnocco fritto.

CHIARETTO DI BARDOLINO 2022
Rosato Doc - Corvina 65%, Rondinella 30%, Molinara 5%
Alc. 12,5% | € 9 | Bt. 40.000 | Ferm. Acciaio | Mat. Acciaio 6 mesi
Pizza con bufala e pomodorini.

CUSTOZA SUPERIORE SUMMA
2019

CUSTOZA PODERE SAN MICHELIN
2015 | 2016 | 2020

Gregoletto
(1951)

La famiglia Gregoletto vanta una lunga tradizione nel mondo del vino con proprietà situate in media e alta collina della Docg Conegliano Valdobbiadene, nei comuni di Miane, Refrontolo e San Pietro di Feletto, coltivate principalmente con varietà locali. L'azienda, a conduzione familiare, trasforma l'uva seguendo tutto il ciclo produttivo fino alla commercializzazione. Quest'anno vengono proposti in purezza lo Chardonnay (dallo storico vigneto di famiglia), il Pinot Bianco e la Boschera, ma a spiccare è uno splendido Brut Nature Sui Lieviti, incisivo e di territorio.

Via San Martino, 83 - Frazione Premaor - 31050 Miane (TV)
T. 0438 970463 | M. info@gregoletto.com
www.gregoletto.com

Viticoltura: A basso impatto ambientale
Ettari: 17 | **Bottiglie:** 200.000 | **Produzione olearia:** No
Proprietà: Famiglia Gregoletto
Cond. enologica: Antonella Gregoletto
Cond. agronomica: Staff aziendale
Vendita diretta: Sì | **Visite in azienda:** Sì

CONEGLIANO VALDOBBIADENE BRUT NATURE SUI LIEVITI 2021
Bianco Docg Rifermentato in bottiglia senza sboccatura - Glera 100%
Alc. 11,5% | € 13 | Bt. 3.700 | Ferm. Acciaio | Mat. Acciaio 6 mesi
Verdolino brillante e nitido. Un sur lie esemplare per finezza e complessità. Profuma di sambuco, erbe officinali, muschio e mela. Ottima la pienezza del sorso, rilevanti l'armonia e la cremosità. Accattivanti gli aromi di cedro e mentuccia in un calice che entusiasma il palato e conforta l'animo. Tartare di gamberi.

PINOT BIANCO 2021
Bianco Igt - Pinot bianco 100%
Alc. 12,5% | € 11 | Bt. 2.400 | Ferm. Acciaio | Mat. Acciaio 10 mesi
Straccetti di vitello al rosmarino.

MERLOT 2020
Rosso Igt - Merlot 100%
Alc. 12,5% | € 10 | Bt. 7.800 | Ferm. Acciaio | Mat. Legno 12 mesi
Fagioli all'uccelletto.

BOSCHERA FRIZZANTE SUI LIEVI ERTI 2021
Bianco Igt Frizzante - Boschera 100%
Alc. 11,5% | € 11 | Bt. 2.500 | Ferm. Acciaio | Mat. Acciaio 5 mesi
Stracciatella di bufala.

CHARDONNAY ZHOPAI 2021
Bianco Igt - Chardonnay 100%
Alc. 12,5% | € 11 | Bt. 4.000 | Ferm. Acciaio | Mat. Acciaio 10 mesi
Risotto con le spugnole.

COLLI DI CONEGLIANO ROSSO GREGOLETTO
2011

MANZONI BIANCO
2014

Guerrieri Rizzardi
(1914)

Storica l'unione della famiglia dei Guerrieri di Bardolino, ma di origine marchigiana, con i Rizzardi che da Brescia approdarono in Valpolicella. Tutto inizia con la produzione di seta e continua oggi con lo sviluppo sulle quattro denominazioni veronesi, da est a ovest. Molto si deve alla Contessa Maria Cristina Loredan Rizzardi, dal suo concetto di cru nato nel 1985, all'essere una delle artefici della Dop Olio del Garda. Una cantina che vale la visita anche per godere del meraviglioso giardino di Villa Rizzardi. Eccellenti le espressioni del Bardolino Delara e dell'Amarone Villa Rizzardi.

Strada Campazzi, 2 - 37011 Bardolino (VR)
T. 045 7210028 | M. mail@guerrieri-rizzardi.it
www.guerrieri-rizzardi.it

Viticoltura: Convenzionale
Ettari: 100 | **Bottiglie:** 1.000.000 | **Produzione olearia:** Sì
Proprietà: Famiglia Rizzardi
Cond. enologica: Gian Maria Ciman
Cond. agronomica: Staff aziendale
Vendita diretta: Sì | **Visite in azienda:** Sì

(92,5)

BARDOLINO MONTEBALDO DELARA 2021
Rosso Doc - Corvina 95%, Rondinella 5%
Alc. 13,5% | € 17 | Bt. 13.333 | Ferm. Acciaio | Mat. Acciaio 12 mesi
Rubino chiaro e lucente che vira verso il granato. Riconoscimenti particolari, interessanti e fini. Lavanda, geranio, pepe e cannella, poi ribes, amarena, arancia e polvere da sparo. Assaggio impeccabile, dall'esordio morbido, di media struttura, agile e fresco. Tannino aggraziato e dissolvenza perfetta. Coniglio al forno con patate.

AMARONE DELLA VALPOLICELLA CLASSICO RISERVA VILLA RIZZARDI 2016
Rosso Docg - Corvina 35%, Rondinella 30%, Corvinone 25%, Barbera 10%
Alc. 16,5% | € 63 | Bt. 13.213 | Ferm. Acciaio | Mat. Legno 36 mesi
Camoscio in umido.

AMARONE DELLA VALPOLICELLA CLASSICO 3CRU 2018
Rosso Docg - Corvinone 45%, Corvina 20%, Rondinella 20%, Barbera 9%, Sangiovese 6%
Alc. 16% | € 46 | Bt. 46.000 | Ferm. Acciaio | Mat. Legno 36 mesi
Monte Veronese d'allevo.

MUNUS 2021
Rosso Igt - Merlot 40%, Corvina 26%, altre varietà 34%
Alc. 14% | € 17 | Bt. 20.000 | Ferm. Acciaio | Mat. Legno 12 mesi
Costata di manzo alla griglia.

SOAVE CLASSICO FERRA 2021
Bianco Doc - Garganega 100%
Alc. 13% | € 17 | Bt. 3.341 | Ferm. Acciaio e Cemento | Mat. Legno 6 mesi
Costolette d'agnello alle erbe.

CHIARETTO DI BARDOLINO CLASSICO KEYA 2022
Rosato Doc - Corvina 57%, Corvinone 20%, Sangiovese 10%, Merlot 8%, Rondinella 5%
Alc. 13,5% | € 10 | Bt. 42.000 | Ferm. Acciaio | Mat. Acciaio 5 mesi
Puntarelle croccanti con colatura di alici, arance e melagrana.

CHIARETTO DI BARDOLINO CLASSICO KEYA
2021

AMARONE DELLA VALPOLICELLA CLASSICO CALCAROLE
2015 | 2016

I Campi
(2006)

I Campi nasce da un'idea sviluppata da Flavio Prà nel corso della carriera come consulente, con la quale ha voluto sperimentare una viticoltura in altitudine, quando in Valpolicella ancora non si era affacciata questa possibilità. Partendo dai 450 e arrivando ai 600 m s.l.m., con un'occhio puntato sul cambiamento climatico, ha ricercato lo sviluppo di aromi e profumi sapendo che poi il caldo avrebbe fatto la sua parte. Per lui è fondamentale dare significato al suolo di origine della vite perché ogni vino vuole la sua terra. Soave, Lugana e i Valpolicella perseguono questo obiettivo.

Via delle Pezole, 3 - Località Allodola - 37031 Illasi (VR)
T. 045 6175915 | M. info@icampi.it
www.icampi.it

Viticoltura: Convenzionale
Ettari: 14 | **Bottiglie:** 120.000 | **Produzione olearia:** No
Proprietà: Flavio Prà
Cond. enologica: Flavio Prà
Cond. agronomica: Flavio Prà
Vendita diretta: Sì | **Visite in azienda:** Sì

SOAVE CAMPO VULCANO 2022
Bianco Doc - Garganega 85%, Trebbiano di Soave 15%
Alc. 12,5% | € 20 | Bt. 10.000 | Ferm. Acciaio | Mat. Acciaio 6 mesi
Un giallo paglierino bellissimo. Ouverture fruttata di mango, papaia e pompelmo con ricordi di timo e rosmarino che sono fusi a indizi mentolati e balsamici. Si distende poi con tocchi di frutta secca. Sorso fresco e intrigante con ottima sapidità che si ripresenta protagonista nel ricordo. Rollè di cernia con patate al rosmarino.

AMARONE DELLA VALPOLICELLA CAMPI LUNGHI 2018
Rosso Docg - Corvina 45%, Corvinone 40%, Rondinella 10%, Croatina 5%
Alc. 16% | € 59 | Bt. 10.000 | Ferm. Acciaio | Mat. Legno 18 mesi
Stufato di daino.

DELLE VENEZIE PINOT GRIGIO 2022
Bianco Doc - Pinot grigio 100%
Alc. 12,5% | € 10 | Bt. 20.000 | Ferm. Acciaio | Mat. Acciaio 6 mesi
Riso venere con verdure e crostacei.

LUGANA CAMPO ARGILLA 2022
Bianco Doc - Trebbiano di Lugana 100%
Alc. 13% | € 14 | Bt. 10.000 | Ferm. Acciaio | Mat. Acciaio 6 mesi
Linguine con asparagi e calamaretti.

VALPOLICELLA RIPASSO SUPERIORE CAMPO CIOTOLI 2019
Rosso Doc - Corvina 45%, Corvinone 40%, Rondinella 10%, Croatina 5%
Alc. 14,5% | € 23 | Bt. 20.000 | Ferm. Acciaio | Mat. Legno 12 mesi
Guanciale di vitello alle erbe aromatiche.

SOAVE CAMPO BASE 2022
Bianco Doc - Garganega 100%
Alc. 12,5% | € 13 | Bt. 20.000 | Ferm. Acciaio | Mat. Acciaio 6 mesi
Canapè di pasta sfoglia al formaggio.

SOAVE CAMPO VULCANO
2020

VALPOLICELLA RIPASSO SUPERIORE CAMPO CIOTOLI
2018

Il Filò delle Vigne
(1989)

Il racconto di Matteo Zanaica parla di nuove sfide: oggi l'incognita è senza dubbio il clima, con estati calde e piuttosto asciutte, con l'alternanza di nubifragi e grandinate a portar via il lavoro di un anno intero. Ecco che bisogna saper leggere il territorio, di anno in anno, essere dinamici come lo sono gli stessi cambiamenti e quindi lavorare sulle esposizioni, sulle particelle, su come e quando defogliare o potare. L'annata 2019, decisa, regala un Borgo delle Casette potente, mentre la 2020, in cui la vendemmia è stata anticipata, consegna un Casa del Merlo caldo e vigoroso.

Via Terralba, 14 - 35030 Baone (PD)
T. 0429 56243 | M. info@ilfilodellevigne.it
www.ilfilodellevigne.it

Viticoltura: Convenzionale
Ettari: 22 | **Bottiglie:** 50.000 | **Produzione olearia:** Sì
Proprietà: Carlo e Sergio Giordani, Matteo Zanaica
Cond. enologica: Andrea Boaretti
Cond. agronomica: Filippo Giannone
Vendita diretta: Sì | **Visite in azienda:** Sì

(92,5)

COLLI EUGANEI CABERNET BORGO DELLE CASETTE RISERVA 2019
Rosso Doc - Cabernet sauvignon 70%, Cabernet franc 30%
Alc. 14% | € 36 | Bt. 10.000 | Ferm. Acciaio | Mat. Acciaio 8 mesi e Legno 24 mesi
Rubino con orlo granato. Raffinato nelle sensazioni di violetta e rosa canina appassita, rincorse da confetture scure, macchia mediterranea e spunti ferrosi, con sigaro e china sullo sfondo. Deciso al palato, tannino fitto ma rifinito, coeso nella dote fresco-sapida. Eccellente dinamica gustativa con finale balsamico. Filetto di vitello alla Rossini.

COLLI EUGANEI MERLOT CASA DEL MERLO 2020
Rosso Doc - Merlot 100%
Alc. 14,5% | € 39 | Bt. 3.300 | Ferm. Acciaio | Mat. Acciaio 8 mesi e Legno 12 mesi
Fagiano arrosto.

COLLI EUGANEI CABERNET CECILIA DI BAONE RISERVA 2020
Rosso Doc - Cabernet franc 50%, Cabernet sauvignon 50%
Alc. 13,5% | € 21 | Bt. 10.000 | Ferm. Acciaio | Mat. Cemento 24 mesi
Tartare di manzo.

CALTO DELLE FATE 2021
Bianco Igt - Chardonnay 70%, Riesling italico 20%, Tai 10%
Alc. 13% | € 29 | Bt. 3.300 | Ferm. Legno | Mat. Acciaio 6 mesi e Legno 12 mesi
Filetti di scorfano con carciofi.

IO DI BA-ONE 2020
Rosso Igt - Corbina 60%, Uve tradizionali venete 40%
Alc. 14% | € 29 | Bt. 1.200 | Ferm. Acciaio | Mat. Acciaio 12 mesi
Agnello al forno con rosmarino.

TERRALBA DI BAONE 2022
Bianco Igt - Chardonnay 34%, Riesling italico 33%, Tai 33%
Alc. 12,5% | € 16 | Bt. 6.600 | Ferm. Acciaio | Mat. Acciaio 7 mesi
Risi e bisi.

COLLI EUGANEI CABERNET BORGO DELLE CASETTE RISERVA
2015 | 2016 | 2018

COLLI EUGANEI MERLOT CASA DEL MERLO
2017 | 2018 | 2019

Il Mottolo
(2003)

A vent'anni dalla nascita, Il Mottolo si conferma felice realtà enologica nei Colli Euganei. Situata nella zona meridionale, su terreni di origine vulcanico-marina con intrusioni calcaree, l'azienda si distingue per l'eleganza e la piacevolezza dei vini: dal taglio bordolese Serro, al Carmenère Vinànima. Convince anche l'esordio del Costalupa 2019: un Cabernet di recente impianto, al colmo di un anfiteatro naturale. La consueta cura in vigna e l'oculato uso del legno hanno creato un pregevole blend sauvignon-franc. Notevole anche il debutto del Pinot Nero, un'inedita interpretazione euganea.

Via Comezzara, 13 - 35030 Baone (PD)
T. 347 9456155 | M. info@ilmottolo.it
www.ilmottolo.it

Viticoltura: In conversione al biologico
Ettari: 8 | **Bottiglie:** 35.000 | **Produzione olearia:** Sì
Proprietà: Sergio Fortin e Roberto Dalla Libera
Cond. enologica: Flavio Prà
Cond. agronomica: Filippo Giannone
Vendita diretta: Sì | **Visite in azienda:** Sì

COLLI EUGANEI ROSSO SERRO 2020
Rosso Doc - Cabernet sauvignon 70%, Merlot 30%
Alc. 14% | € 23 | Bt. 4.000 | Ferm. Acciaio | Mat. Legno 22 mesi
Carminio di pregiata stoffa. Ciliegia, prugna e viola essiccata le protagoniste del racconto odoroso, poi pepe, foglia di tabacco, una leggera nota di grafite su toni caldi della macchia mediterranea. Sorso strutturato, fresco e sapido, sa essere morbido mantenendo un tannino vivace. Allungo di vaniglia. Piccione al forno con cipollotti.

COLLI EUGANEI CABERNET COSTALUPA 2019
Rosso Doc - Cabernet sauvignon 60%, Cabernet franc 40%
Alc. 14,5% | € 39 | Bt. 3.000 | Ferm. Acciaio | Mat. Legno 22 mesi
Cinghiale in umido.

COLLI EUGANEI CARMENÈRE VINÀNIMA 2020
Rosso Doc - Carménère 100%
Alc. 14% | € 33 | Bt. 3.000 | Ferm. Acciaio | Mat. Legno 22 mesi
Faraona ripiena con salsa tartufata.

COLLI EUGANEI FIOR D'ARANCIO PASSITO VINO DEL POZZO 2021
Bianco Docg Passito - Moscato giallo 100%
Alc. 13,5% | € 21 (0,375l) | Bt. 900 | Ferm. Acciaio | Mat. Acciaio 12 mesi
Blu di pecora.

A MARÈ 2021
Rosso Igt - Cabernet sauvignon 90%, Cabernet franc 10%
Alc. 13,5% | € 12 | Bt. 12.000 | Ferm. Acciaio | Mat. Legno 18 mesi
Brasato di manzo al vino rosso.

PINOT NERO 2020
Rosso Igt - Pinot nero 100%
Alc. 14% | € 20 | Bt. 1.500 | Ferm. Acciaio | Mat. Legno 18 mesi
Cosciotto di maiale farcito.

COLLI EUGANEI ROSSO SERRO
2013

COLLI EUGANEI CARMENÈRE VINÀNIMA
2018 | 2019

Il Pignetto
(1993)

Adriano Morando e la figlia Silvia, enologa, appartengono a una famiglia che sul dolce declivio dei suoli morenici de Il Pignetto ha sempre prodotto vino, iniziando a imbottigliare in proprio alla fine degli anni '90. Gli otto ettari di vigneti si trovano all'interno del cru Sommacampagna, una delle tre sottozone della denominazione Bardolino. Il risultato del loro lavoro, grazie anche all'entusiasmo di Silvia, sono vini sapidi, franchi, mai scontati. Longevo e seducente Le Morandine 2021, il Chiaretto di Bardolino che Adriano ha dedicato alle quattro figlie.

Via Pignetto, 108 - 37012 Bussolengo (VR)
T. 045 7151232 | M. info@cantinailpignetto.com
www.cantinailpignetto.com

Viticoltura: Convenzionale
Ettari: 8 | **Bottiglie:** 40.000 | **Produzione olearia:** Sì
Proprietà: Adriano Morando
Cond. enologica: Silvia Morando
Cond. agronomica: Staff aziendale
Vendita diretta: Sì | **Visite in azienda:** Sì

(93,5)
CHIARETTO DI BARDOLINO LE MORANDINE 2021
Rosato Doc - Corvina 70%, Rondinella 20%, Sangiovese 10%
Alc. 13% | € 13 | Bt. 2.500 | Ferm. Acciaio | Mat. Acciaio 11 mesi
Rosa litchi tenue con lievi ornamenti aranciati. Si apre su toni speziati, vaniglia e un tocco tostato di caffè d'orzo, lasciando spazio ai classici risvolti agrumati di citronella e lime e piccoli frutti rossi. Forza sulle papille, freschezza, sapidità e un ricordo che si fa caldo e gentile. Armonia ed eleganza. Piovra arrostita.

SOMMACAMPAGNA BARDOLINO 2021
Rosso Doc - Corvina 70%, Rondinella 20%, altre varietà 10%
Alc. 13% | € 20 | Bt. 2.200 | Ferm. Acciaio | Mat. Legno 12 mesi
Maiale in agrodolce.

CHIARETTO DI BARDOLINO 2022
Rosato Doc - Corvina 70%, Rondinella 20%, Molinara 10%
Alc. 12,5% | € 8 | Bt. 15.000 | Ferm. Acciaio | Mat. Acciaio 5 mesi
Soufflé con pecorino e crema di patate.

CUSTOZA SUPERIORE 218 2021
Bianco Doc - Garganega 40%, Trebbiano 25%, Manzoni bianco 15%, Cortese 10%, Trebbianello 10%
Alc. 13,5% | € 13 | Bt. 3.300 | Ferm. Acciaio | Mat. Acciaio 11 mesi
Risotto con tinca di lago e datterini.

CUSTOZA 2022
Bianco Doc - Garganega 40%, Trebbiano 25%, Cortese 20%, Trebbianello 10%, Manzoni bianco 5%
Alc. 12% | € 6 | Bt. 15.000 | Ferm. Acciaio | Mat. Acciaio 5 mesi
Trenette al pesto, patate e fagiolini.

BARDOLINO 2021
Rosso Doc - Corvina 70%, Rondinella 20%, Sangiovese 10%
Alc. 12,5% | € 9 | Bt. 8.000 | Ferm. Acciaio | Mat. Acciaio 11 mesi
Spaghetti alla carbonara.

Ilatium Morini
(2002)

L'azienda è gestita da sette cugini e l'importanza della conduzione familiare è richiamata dai sette petali del logo aziendale. Originari di Illasi, hanno iniziato nel 2002 per poi spostarsi nel 2006 a Mezzane di Sotto, mantenendo però il richiamo alla loro origine nel nome della cantina che deriva dallo storico e antico nome di Illasi. Possiedono diversi appezzamenti a Mezzane di sotto, Illasi, Grezzana, San Pietro in Cariano e Tregnago. Dal 2021 hanno iniziato la conversione biologica. Notevoli il Recioto Septemviri 2013 e l'Amarone Campo Leon 2018.

Via Fienile, 2 - 37030 Mezzane di Sotto (VR)
T. 045 7834648 | M. latiummorini@latiummorini.it
www.latiummorini.it

Viticoltura: Convenzionale
Ettari: 44 | **Bottiglie:** 200.000 | **Produzione olearia:** Sì
Proprietà: Famiglia Morini
Cond. enologica: Pier Giorgio Morini
Cond. agronomica: Eugenio Morini
Vendita diretta: Sì | **Visite in azienda:** Sì

(94)
RECIOTO DELLA VALPOLICELLA SEPTEMVIRI 2013
Rosso Docg Passito - Corvina 35%, Corvinone 35%, Rondinella 20%, Croatina 5%, Oseleta 5%
Alc. 14,5% | € 35 (0,5l) | Bt. 2.000 | Ferm. Acciaio | Mat. Legno 36 mesi
Rubino dai riflessi granato. Ampio al naso: frutta in confettura, fiori rossi appassiti, spezie, vegetale di sottobosco, fino ad allusioni di tabacco e cenni tostati. Morbido, con tannino carezzevole, ottima spalla acida di supporto al notevole residuo zuccherino, lungheggia su ricordi di cioccolato. Sachertorte.

AMARONE DELLA VALPOLICELLA CAMPO LEON 2018
Rosso Docg - Corvina 35%, Corvinone 35%, Rondinella 20%, Croatina 7%, Oseleta 3%
Alc. 16,5% | € 48 | Bt. 40.000 | Ferm. Acciaio | Mat. Legno 30 mesi
Filetto di capriolo ai mirtilli.

VALPOLICELLA RIPASSO SUPERIORE CAMPO DEI CILIEGI 2018
Rosso Doc - Corvina 35%, Corvinone 35%, Rondinella 20%, Croatina 10%
Alc. 14% | € 21 | Bt. 30.000 | Ferm. Acciaio | Mat. Legno 15 mesi
Guanciale di vitello alle erbe aromatiche.

VALPOLICELLA SUPERIORE CAMPO PROGNÀI 2017
Rosso Doc - Corvina 35%, Corvinone 35%, Rondinella 20%, Croatina 10%
Alc. 15% | € 23 | Bt. 35.000 | Ferm. Acciaio | Mat. Legno 15 mesi
Capretto allo spiedo.

SETTE SU SETTE
Bianco Metodo Classico - Garganega 75%, Raboso veronese 25%
Alc. 12% | € 32 | Bt. 4.000 | Ferm. Acciaio | 40 mesi sui lieviti
Storione alle prugne.

SOAVE CAMPO LE CALLE 2022
Bianco Doc - Garganega 100%
Alc. 13,5% | € 13 | Bt. 15.000 | Ferm. Acciaio | Mat. Acciaio 3 mesi
Frittata di ortiche.

AMARONE DELLA VALPOLICELLA CAMPO LEON
2012

VALPOLICELLA RIPASSO SUPERIORE CAMPO DEI CILIEGI
2017

Inama
(1965)

Completamente dediti alla produzione vinicola da oltre 50 anni, sono senza dubbio una delle aziende di riferimento del territorio di Soave e dei Colli Berici. Un incontro tra roccia calcarea, terreni di argille rosse e suoli basaltici di origine vulcanica, fusi nella stessa visione. Gli Inama sono una famiglia dedita alla comunicazione del territorio: espressivi, brillanti e gioviali come i vini che producono e come il loro logo, che unisce il sacro e il profano in due facce della stessa medaglia. Estrema eleganza qualitativa per Oratorio di San Lorenzo 2018, che si riconferma eccellente.

Località Biacche, 50 - 37047 San Bonifacio (VR)
T. 045 6104343 | M. inama@inama.wine
www.inama.wine

Viticoltura: Biologica
Ettari: 70 | **Bottiglie:** 650.000 | **Produzione olearia:** No
Proprietà: Stefano Inama
Cond. enologica: Stefano Inama, Alessandro Sterchele
Cond. agronomica: Staff aziendale
Vendita diretta: Sì | **Visite in azienda:** Sì

96

COLLI BERICI CARMENÈRE ORATORIO DI SAN LORENZO RISERVA 2018
Rosso Doc - Carménère 100%
Alc. 14,5% | € 117 | Bt. 5.000 | Ferm. Acciaio | Mat. Legno 12 mesi
Colore carminio fitto e radioso. Offre fragranze di frutta rossa e nera in composta ed erbe aromatiche, arricchite da cioccolato e balsàmicità. L'assaggio è avvolgente e di grande pregio, con mirabile equilibrio fresco-sapido e tannini setosi. La chiosa è una lunga scia di reminiscenze agrumate. Manzo brasato con funghi.

COLLI BERICI CABERNET BRADISISMO 2020
Rosso Doc - Cabernet sauvignon 70%, Carménère 30%
Alc. 14% | € 36 | Bt. 26.000 | Ferm. Acciaio | Mat. Legno 15 mesi
Petto d'anatra alle prugne.

VULCAIA FUMÉ 2021
Bianco Igt - Sauvignon 100%
Alc. 15% | € 52 | Bt. 21.000 | Ferm. Legno | Mat. Legno 7 mesi
Linguine con asparagi e calamaretti.

SOAVE CLASSICO CARBONARE 2021
Bianco Doc - Garganega 100%
Alc. 13% | € 27 | Bt. 18.000 | Ferm. Acciaio | Mat. Acciaio 12 mesi
Rotolo di coniglio con pomodorini ed erbe aromatiche.

SOAVE CLASSICO FOSCARINO 2021
Bianco Doc - Garganega 100%
Alc. 12,5% | € 33 | Bt. 57.000 | Ferm. Legno | Mat. Legno 6 mesi
Filetto di lucioperca in crosta di patate.

SOAVE CLASSICO I PALCHI FOSCARINO GRANDE CUVÈE 2020
Bianco Doc - Garganega 100%
Alc. 13% | € 65 | Bt. 16.000 | Ferm. Acciaio | Mat. Legno 6 mesi
Fettuccine ai funghi porcini.

COLLI BERICI CARMENÈRE ORATORIO DI SAN LORENZO RISERVA
2016 | 2017

SOAVE CLASSICO FOSCARINO
2019 | 2020

La Cappuccina
(1890)

In vetta in quest'edizione il dolce Arzimo 2019 e il Monte Stelle 2022, il Soave prodotto dall'ultimo vigneto acquisito. Un singolo appezzamento a matrice basaltica in zona classica, interpretato con umiltà dalla conduzione in cantina: un passo indietro del wine maker per far fare due passi avanti al terroir. Complesso il Fontego 2022 e ancor di più il San Brizio 2021 per il passaggio in legno, anche se modernamente appena accennato e gregario al frutto. Le tostature e le spezie nel potente ed elegante Campo Buri. Gustoso e gastronomico il Soave di ingresso, un tocco di velluto nel Filòs.

Via San Brizio, 125 - Frazione Costalunga - 37032 Monteforte d'Alpone (VR)
T. 045 6175036 | M. lacappuccina@lacappuccina.it
www.lacappuccina.it

Viticoltura: Biologica certificata
Ettari: 42 | **Bottiglie:** 300.000 | **Produzione olearia:** Sì
Proprietà: Elena, Pietro e Sisto Tessari
Cond. enologica: Pietro Tessari
Cond. agronomica: Sisto Tessari
Vendita diretta: Sì | **Visite in azienda:** Sì

RECIOTO DI SOAVE ARZIMO 2019
Bianco Docg Passito - Garganega 100%
Alc. 14,5% | € 32 (0,5l) | Bt. 9.000 | Ferm. Legno | Mat. Legno 12 mesi
Manto ambra con lucenti venature topazio. Coinvolgenti i profumi orientali di zafferano e legno di sandalo screziati da spire balsamiche e mentolate. Appaiono poi glicine, fichi secchi e dattero. Elegante ed evocativo, accarezza il palato con una morbidezza dolce e fresca insieme, dalla progressione senza fine. Torta con mandorle e cioccolato.

SOAVE CLASSICO MONTE STELLE 2022
Bianco Doc - Garganega 100%
Alc. 12,5% | € 18 | Bt. 18.000 | Ferm. Acciaio | Mat. Acciaio 8 mesi
Gnocchetti al sugo d'astice.

SOAVE SAN BRIZIO 2021
Bianco Doc - Garganega 100%
Alc. 13,5% | € 20 | Bt. 18.000 | Ferm. Legno | Mat. Legno 7 mesi
Petto di pollo agli asparagi.

SOAVE FONTEGO 2022
Bianco Doc - Garganega 90%, Trebbiano di Soave 10%
Alc. 13% | € 14 | Bt. 24.000 | Ferm. Acciaio | Mat. Acciaio 8 mesi
Spaghetti con mazzancolle e pomodorini.

CAMPO BURI 2018
Rosso Igt - Carménère 90%, Oseleta 10%
Alc. 14% | € 31 | Bt. 25.000 | Ferm. Legno | Mat. Legno 14 mesi
Fondue bourguignonne.

FILÒS BRUT 2022
Bianco Metodo Martinotti - Garganega 100%
Alc. 11,5% | € 16 | Bt. 19.000 | Ferm. Acciaio | Mat. Acciaio 5 mesi
Crostini con baccalà mantecato.

RECIOTO DI SOAVE ARZIMO
2018

SOAVE SAN BRIZIO
2013

La Frassina
(2005)

La storia de La Frassina nasce nel lontano 1939, dalla lungimiranza di nonno Mario che recupera questa terra dalla laguna grazie a un'attenta opera di bonifica. Oggi i fratelli Lucia e Carlo Pasti coltivano qui i loro vigneti, un'oasi di pace dove apprezzare la natura circostante e l'aria del mare ricca di salsedine che conferisce un'impronta minerale comune a tutti i vini. Anche quest'anno il Lison 2021 si conferma uno dei prodotti più apprezzati, mentre tra i rossi si distingue il Refosco dal Peduncolo Rosso 2016.

Strada Vallesina, 3 - 37121 Caorle (VE)
T. 333 2557529 | M. cantina@frassina.it
www.frassina.it

Viticoltura: Convenzionale
Ettari: 13 | **Bottiglie:** 30.000 | **Produzione olearia:** No
Proprietà: Lucia e Carlo Pasti
Cond. enologica: Walter Zamburlini
Cond. agronomica: Walter Zamburlini
Vendita diretta: Sì | **Visite in azienda:** Sì

LISON PRAMAGGIORE TAI 2021
Bianco Doc - Tai 100%
Alc. 13% | € 12 | Bt. 4.000 | Ferm. Acciaio | Mat. Acciaio 12 mesi
Oro raggiante. Stratificato all'olfatto: semi di girasole, salicornia essiccata, malva, foglie di tè, fieno e tocchi balsamici; in seguito emana bergamotto, composta di frutta a polpa gialla e soffuse percezioni esotiche. Le sensazioni prevalenti al sorso sono morbidezza e sapidità, per un calice voluttuoso. Filetto di orata in crosta di mandorle e patate.

LISON PRAMAGGIORE REFOSCO DAL PEDUNCOLO ROSSO 2016
Rosso Doc - Refosco dal peduncolo rosso 100%
Alc. 13% | € 18 | Bt. 3.300 | Ferm. Acciaio | Mat. Legno 12 mesi
Filetto di cervo ai mirtilli.

VENEZIA CABERNET SAUVIGNON 2020
Rosso Doc - Cabernet sauvignon 100%
Alc. 13% | € 10 | Bt. 6.600 | Ferm. Acciaio | Mat. Acciaio 6 mesi
Fettuccine al ragù d'agnello.

VENEZIA MERLOT 2020
Rosso Doc - Merlot 100%
Alc. 13% | € 10 | Bt. 6.000 | Ferm. Acciaio | Mat. Acciaio 15 mesi
Tagliere di salumi.

VENEZIA CHARDONNAY 2021
Bianco Doc - Chardonnay 100%
Alc. 13% | € 10 | Bt. 8.000 | Ferm. Acciaio | Mat. Acciaio 7 mesi
Rigatoni al ragù bianco di carne.

MIGLIO ROSATO 2022
Rosato Igt - Merlot 90%, Refosco dal peduncolo rosso 10%
Alc. 13% | € 10 | Bt. 3.000 | Ferm. Acciaio | Mat. Acciaio 12 mesi
Sformatino di zucca con fonduta di Asiago.

LISON
2020

VENEZIA ROSSO GHEBO
2018

La Maddalena
(2013)

Per l'annata 2021 La Maddalena presenta il suo quartetto al completo. Ritorna dopo un anno di sosta il Pinot Grigio 2021, che ha ridato slancio alla viticoltura in Alpago sul versante degli internazionali. Lo precede di un soffio l'Anulare 2021, frutto di una raccolta tardiva dai vigneti con la migliore esposizione sul versante che guarda il Monte Dolada. Il Pinot Nero prende la doppia via: da una parte quella della vinificazione in acciaio, fermo e beverino, dall'altra la spumantizzazione in rosato per un calice estivo e fresco che ne mette in risalto la versatilità.

Via Vittorio Veneto, 36 - 32010 Pieve d'Alpago (BL)
T. 340 2414268 | M. levismarco@libero.it

Viticoltura: Lotta integrata
Ettari: 4 | **Bottiglie:** 6.000 | **Produzione olearia:** No
Proprietà: Maddalena De Mola
Cond. enologica: Luca Gallina
Cond. agronomica: Luca Gallina
Vendita diretta: Sì | **Visite in azienda:** Sì

ANULARE MARCO LEVIS 2021
Bianco - Pinot grigio 100%
Alc. 13% | € 16 | Bt. 450 | Ferm. Acciaio | Mat. Acciaio 6 mesi
Topazio lucente con una leggera velatura dorata. Olfatto con incastri di mandorla, sottobosco e bastoncino di liquirizia. Buon equilibrio fresco-sapido, mette in rilievo corpo medio e una sussurrata asciuttezza. Adeguata la persistenza con allungo sapido e ammandorlato. Tacchino farcito con castagne.

DELLE VENEZIE PINOT GRIGIO MARCO LEVIS 2021
Bianco Doc - Pinot grigio 100%
Alc. 13% | € 15 | Bt. 3.000 | Ferm. Acciaio | Mat. Acciaio 6 mesi
Frittata di piselli, fave e fagiolini.

PINOT NERO MARCO LEVIS 2021
Rosso Igt - Pinot nero 100%
Alc. 13% | € 21 | Bt. 950 | Ferm. Acciaio | Mat. Acciaio 11 mesi
Carpaccio di chianina e insalata di porcini.

JAMAIS BRUT MARCO LEVIS 2022
Rosato Metodo Martinotti - Pinot nero 100%
Alc. 12% | € 20 | Bt. 1.000 | Ferm. Acciaio | Mat. Acciaio 6 mesi
Guazzetto di scampi.

ANULARE MARCO LEVIS
2020

PINOT NERO MARCO LEVIS
2019 | 2020

La Tordera
(2001)

Natural Balance vuole dire un'agricoltura il più sostenibile possibile, ma allo stesso tempo significa portare benefici al tessuto economico e sociale del territorio. Natural Balance è una forma mentis, una filosofia, che ha sempre guidato il lavoro delle quattro generazioni della famiglia Vettoretti, dal primo vigneto chiamato appunto Tordera fino ai 70 ettari attuali. Natural Balance infine, vuol dire tipicità, classe, vuol dire vini anche quest'anno di alta qualità, come dimostrano l'ammaliante Cartizze o l'accattivante Serrai, specchio fedele della grandezza di questo territorio.

Via Alnè Bosco, 23 - 31020 Vidor (TV)
T. 0423 985362 | M. info@latordera.it
www.latordera.it

Viticoltura: Convenzionale
Ettari: 70 | **Bottiglie:** 1.300.000 | **Produzione olearia:** No
Proprietà: Famiglia Vettoretti
Cond. enologica: Luciano Rebuli, Paolo Vettoretti
Cond. agronomica: Renato Vettoretti
Vendita diretta: Sì | **Visite in azienda:** Sì

(92)

VALDOBBIADENE SUPERIORE DI CARTIZZE DRY 2022
Bianco Docg Metodo Martinotti - Glera 85%, Bianchetta trevigiana 10%, Perera 5%
Alc. 11,5% | € 32 | Bt. 13.000 | Ferm. Acciaio | Mat. Acciaio | 2 mesi sui lieviti
Brillante paglierino chiaro con numerose bollicine e dalla spuma vivace. Aromi prorompenti, distinti, gioiosi: acacia e gelsomino, mela e pera, ma pure mandarino e pesca. Piacevolmente morbido e avvolgente al palato con ottima acidità ed equilibrio a mantenere la splendida dinamicità. Ammalia di sorso in sorso. Cappesante gratinate.

VALDOBBIADENE PROSECCO SUPERIORE EXTRA DRY SERRAI 2022
Bianco Docg Metodo Martinotti - Glera 85%, Bianchetta trevigiana 5%, Perera 5%, Verdiso 5%
Alc. 11,5% | € 16 | Bt. 150.000 | Ferm. Acciaio | Mat. Acciaio | 2 mesi sui lieviti
Robiola di Roccaverano.

ASOLO PROSECCO SUPERIORE EXTRA BRUT A3 2022
Bianco Docg Metodo Martinotti - Glera 100%
Alc. 11,5% | € 14 | Bt. 30.000 | Ferm. Acciaio | Mat. Acciaio | 1 mese sui lieviti
Carpaccio di branzino.

VALDOBBIADENE PROSECCO SUPERIORE RIVE DI GUIA EXTRA BRUT OTREVAL 2022
Bianco Docg Metodo Martinotti - Glera 95%, Verdiso 5%
Alc. 12% | € 17 | Bt. 17.000 | Ferm. Acciaio | Mat. Acciaio | 4 mesi sui lieviti
Alici panate e fritte.

VALDOBBIADENE PROSECCO SUPERIORE RIVE DI VIDOR DRY TITTONI 2022
Bianco Docg Metodo Martinotti - Glera 85%, Perera 15%
Alc. 11,5% | € 17 | Bt. 60.000 | Ferm. Acciaio | Mat. Acciaio | 2 mesi sui lieviti
Bigoli con le sarde di lago.

VALDOBBIADENE PROSECCO SUPERIORE BRUT BRUNEI 2022
Bianco Docg Metodo Martinotti - Glera 85%, Perera 10%, Verdiso 5%
Alc. 11,5% | € 16 | Bt. 150.000 | Ferm. Acciaio | Mat. Acciaio | 2 mesi sui lieviti
Frittura di rane e verdure croccanti.

VALDOBBIADENE SUPERIORE DI CARTIZZE DRY
2020 | 2021

VALDOBBIADENE PROSECCO SUPERIORE RIVE DI VIDOR DRY TITTONI
2016 | 2020

L'Antica Quercia
(1972)

Le maestose querce vigilavano già da lunghissimo tempo sul territorio circostante mentre ai loro piedi, pian piano, nasceva e cresceva il sogno di Claudio Francavilla. E il sogno di creare un ecosistema basato sull'equilibrio tra natura e uomo dove dare vita a vini che fossero la diretta espressione di questo desiderio è diventato realtà. Non a caso territorialità e finezza sono gli aggettivi che meglio definiscono l'annata 2022 di L'Antica Quercia. Basta assaggiare il Matiù o l'Ariò per rendersene conto, mentre un tonico Bruscade mantiene viva la tradizione rossista dei Colli di Conegliano.

Via Cal di Sopra, 8 - Frazione Scomigo - 31015 Conegliano (TV)
T. 0438 789344 | M. info@anticaquercia.it
www.anticaquercia.it

Viticoltura: Biodinamica
Ettari: 20 | **Bottiglie:** 80.000 | **Produzione olearia:** Sì
Proprietà: Claudio Francavilla
Cond. enologica: Uva Sapiens
Cond. agronomica: Staff aziendale
Vendita diretta: Sì | **Visite in azienda:** Sì

CONEGLIANO VALDOBBIADENE PROSECCO SUPERIORE RIVE DI SCOMIGO BRUT MATIÙ 2022
Bianco Docg Metodo Martinotti - Glera 100%
Alc. 11,5% | € 17 | Bt. 45.000 | Ferm. Acciaio | Mat. Acciaio 6 mesi
2 mesi sui lieviti
Riempie il calice di un brillante giallo limone solcato da finissima effervescenza. Grande complessità e progressione olfattiva: erbe e fiori di campo, un susseguirsi di lime, mela, pesca bianca, susina. Secco e rigoroso, con vivida freschezza e sottofondo salino, conquista per raffinatezza e tipicità. Filetto di ombrina e radicchio.

CONEGLIANO VALDOBBIADENE PROSECCO SUPERIORE RIVE DI SCOMIGO EXTRA DRY ARIÒ 2022
Bianco Docg Metodo Martinotti - Glera 100%
Alc. 11,5% | € 17 | Bt. 12.000 | Ferm. Acciaio | Mat. Acciaio 6 mesi
2 mesi sui lieviti. Cicale di mare su letto di verdure.

COLLI DI CONEGLIANO ROSSO BRUSCADE 2020
Rosso Docg - Cabernet sauvignon 40%, Merlot 30%, Cabernet franc 20%, Marzemino 10%
Alc. 13,5% | € 20 | Bt. 2.600 | Ferm. Legno | Mat. Legno 12 mesi
Filetto di maiale lardellato.

CONEGLIANO VALDOBBIADENE PROSECCO SUPERIORE BRUT NATURE SUI LIEVITI A 2021
Bianco Docg Rifermentato in bottiglia senza sboccatura - Glera 100%
Alc. 11,5% | € 21 | Bt. 3.300 | Ferm. Acciaio | Mat. Acciaio 3 mesi
18 mesi sui lieviti. Cotolette di pollo con melanzane e provola.

CONEGLIANO VALDOBBIADENE PROSECCO SUPERIORE TRANQUILLO MORENE 2022
Bianco Docg - Glera 100%
Alc. 11% | € 12 | Bt. 3.600 | Ferm. Acciaio | Mat. Acciaio 6 mesi
Catalana di crostacei.

VINO FRIZZANTE MACERATO COLFONDO Q 2019
Bianco Rifermentato in bottiglia senza sboccatura - Glera 100%
Alc. 11% | € 16 | Bt. 800 | Ferm. Legno | Mat. Legno
Vellutata ai porri.

COLLI DI CONEGLIANO ROSSO BRUSCADE
2019

CONEGLIANO VALDOBBIADENE PROSECCO SUPERIORE RIVE DI SCOMIGO BRUT MATIÙ
2021

Le Albare
(1900)

Stefano Posenato ha quel sorriso sornione che non fa capire se abbia una visione più ampia e un progetto ben definito, oppure se accetti semplicemente lo scorrere del tempo e degli stili, senza dovere per forza rincorrerli. Forse non è un caso che si sia dedicato anche all'ospitalità, costruendo un B&B dallo stile nordico. I vini sono come lui: mai troppo tecnici, ascoltano il territorio e si esprimono nel fluire del tempo. Emozionante il Vigna Vecia 2019, ma anche Ca' Bianchi e Monte Majore hanno un loro carattere senza alzare la voce, dove le erbe aromatiche sono fuse ai tocchi fruttati.

Via Pergola, 33 - 37030 Montecchia di Crosara (VR)
T. 339 4122790 | M. info@lealbare.it
www.lealbare.it

Viticoltura: A basso impatto ambientale
Ettari: 4 | **Bottiglie:** 12.000 | **Produzione olearia:** No
Proprietà: Stefano Posenato
Cond. enologica: Stefano Posenato
Cond. agronomica: Stefano Posenato
Vendita diretta: Sì | **Visite in azienda:** Sì

(92,5)

SOAVE CLASSICO VIGNA VECIA 2019
Bianco Doc - Garganega 100%
Alc. 12,5% | € 20 | Bt. 2.400 | Ferm. Acciaio | Mat. Acciaio 6 mesi
Paglierino pieno e vivido. Nel calice nitide le erbe aromatiche essiccate, timo, maggiorana e salvia. Poi suadenti riverberi fruttati di pesca gialla e melone. Beva gustosa, di elevata sapidità e sostegno acido, morbida ed equilibrata. Persistenze dai ritorni salini e amarostici, di progressione agrumata. Lasagnette con ragù di coniglio e crema di piselli.

SOAVE CLASSICO MONTE MAJORE 2022
Bianco Doc - Garganega 100%
Alc. 12,5% | € 10 | Bt. 7.000 | Ferm. Acciaio | Mat. Acciaio 6 mesi
Pizzoccheri valtellinesi.

SOAVE CA' BIANCHI 2022
Bianco Doc - Garganega 100%
Alc. 12% | € 8 | Bt. 7.000 | Ferm. Acciaio | Mat. Acciaio 4 mesi
Bruschetta al pomodoro.

Le Battistelle
(2002)

L'azienda di Gelmino Dal Bosco ha a sua disposizione un invidiabile patrimonio di vecchie vigne poggianti su terreni vulcanici di colline aspre e scoscese. Non stupisce quindi che se ne ricavino vini di grande personalità, in cui la protagonista è la sola garganega. Centra il bersaglio anche quest'anno il Roccolo del Durlo 2021, Soave Classico di straordinario nitore. Ma gli ruba la scena, per così dire, una dolce sorpresa: il passito Sacripante, addirittura del 2007: appena duecento bottiglie di un nettare che rimane scolpito nella memoria.

Via Sambuco, 110 - 37032 Monteforte d'Alpone (VR)
T. 045 6175621 | M. info@lebattistelle.it
www.lebattistelle.it

Viticoltura: Convenzionale
Ettari: 12 | **Bottiglie:** 80.000 | **Produzione olearia:** Sì
Proprietà: Gelmino Dal Bosco
Cond. enologica: Armando Vesco
Cond. agronomica: Staff aziendale
Vendita diretta: Sì | **Visite in azienda:** Sì

SACRIPANTE 2007
Bianco Igt Passito - Garganega 100%
Alc. 13,5% | € 65 | Bt. 200
Topazio dal cuore scuro. Ampio ed evocativo nei profumi di zenzero, fichi secchi, mandorle tostate, croccante, dattero, albicocca disidratata e miele di castagno. Sorso vellutato, elegante, in cui gli echi speziati morbidi e lievemente dolci sono sorretti da spalla fresca e da un esteso ricordo che si fa agrumato. Semifreddo alla ricotta con gocce di cioccolato e scorze di mandarino.

SOAVE CLASSICO ROCCOLO DEL DURLO 2021
Bianco Doc - Garganega 100%
Alc. 12,5% | € 21 | Bt. 10.000 | Ferm. Acciaio | Mat. Acciaio 9 mesi
Catalana di crostacei.

SOAVE CLASSICO BATTISTELLE 2021
Bianco Doc - Garganega 100%
Alc. 12,5% | € 14 | Bt. 26.000 | Ferm. Acciaio | Mat. Acciaio 9 mesi
Ravioli di pesce con sugo di canestrelli.

SOAVE CLASSICO I RASOLI 2021
Bianco Doc - Garganega 100%
Alc. 12% | € 33 | Bt. 693 | Ferm. Acciaio | Mat. Terracotta 12 mesi
Maltagliati con fiori di zucca e gamberetti.

SOAVE CLASSICO MONTESEI 2022
Bianco Doc - Garganega 100%
Alc. 12,5% | € 12 | Bt. 40.000 | Ferm. Acciaio | Mat. Acciaio 3 mesi
Tartare di scampi.

SOAVE SPUMANTE SETTEMBRINO 2022
Bianco Doc Metodo Martinotti - Garganega 100%
Alc. 12% | € 14 | Bt. 3.633 | Ferm. Acciaio | Mat. Acciaio
Polpette di pesce d'acqua dolce.

SOAVE CLASSICO ROCCOLO DEL DURLO
2015 | 2017 | 2019

SOAVE CLASSICO I RASOLI
2020

Le Bertole
(1997)

Un Cartizze ancora una volta in prima fila, circondato da una serie di Valdobbiadene che fanno della finezza e della tipicità il loro marchio di fabbrica, riassume perfettamente il modo di essere e di fare di Gianfranco Bortolin. Fare vino a Le Bertole è tutta una questione di sostanza e rigore, con lo scopo di portare nel bicchiere un'espressione senza filtri del magnifico territorio di Valdobbiadene e farlo con nobiltà ed eleganza. Per questo ogni volta prendere in mano un calice della famiglia Bortolin equivale ad approdare su una sponda sicura dove godersi il sapore vero di queste colline.

Via Europa, 20 - 31049 Valdobbiadene (TV)
T. 0423 975332 | M. info@lebertole.it
www.lebertole.it

Viticoltura: Convenzionale
Ettari: 18 | **Bottiglie:** 300.000 | **Produzione olearia:** No
Proprietà: Viviana Damin e Gianfranco Bortolin
Cond. enologica: Loris Dall'Acqua
Cond. agronomica: Staff aziendale
Vendita diretta: Sì | **Visite in azienda:** Sì

VALDOBBIADENE SUPERIORE DI CARTIZZE DRY 2022
Bianco Docg Metodo Martinotti - Glera 100%
Alc. 11,5% | € 22 | Bt. 10.000 | Ferm. Acciaio | Mat. Acciaio | 1 mese sui lieviti
Un colore delicato, che ricorda la carta pergamena. Spuma allegra, cremosa e bollicine finissime. L'olfatto è invitante, esordisce con fiori bianchi e frutta: biancospino, pesca, pera e banana. Assaggio vellutato, di grande freschezza e delicata dolcezza con un'estensione di confetto alla mandorla. Pinsa romana con acciughe e capperi.

VALDOBBIADENE PROSECCO SUPERIORE DRY SUPRÈME 2022
Bianco Docg Metodo Martinotti - Glera 100%
Alc. 11,5% | € 14 | Bt. 12.000 | Ferm. Acciaio | Mat. Acciaio | 1 mese sui lieviti
Linguine alla granseola e rosmarino.

VALDOBBIADENE PROSECCO SUPERIORE EXTRA DRY 2022
Bianco Docg Metodo Martinotti - Glera 100%
Alc. 11,5% | € 12 | Bt. 130.000 | Ferm. Acciaio | Mat. Acciaio | 1 mese sui lieviti
Lasagne ai cardi con formaggi saporiti.

VALDOBBIADENE PROSECCO SUPERIORE DRY 2022
Bianco Docg Metodo Martinotti - Glera 100%
Alc. 11,5% | € 12 | Bt. 12.000 | Ferm. Acciaio | Mat. Acciaio 2 mesi
1 mese sui lieviti
Tortino di mele con salsa alla vaniglia.

VALDOBBIADENE PROSECCO SUPERIORE EXTRA BRUT FRANCO 2022
Bianco Docg Metodo Martinotti - Glera 100%
Alc. 11,5% | € 14 | Bt. 8.000 | Ferm. Acciaio | Mat. Acciaio | 1 mese sui lieviti
Prosciutto di Parma 36 mesi.

VALDOBBIADENE PROSECCO SUPERIORE BRUT 2022
Bianco Docg Metodo Martinotti - Glera 90%, Verdiso 10%
Alc. 11,5% | € 12 | Bt. 70.000 | Ferm. Acciaio | Mat. Acciaio | 1 mese sui lieviti
Sformato di patate e prosciutto cotto.

VALDOBBIADENE SUPERIORE DI CARTIZZE DRY
2016 | 2020 | 2021

VALDOBBIADENE PROSECCO SUPERIORE DRY
2020

Le Carezze
(2015)

Sono gli uccelli che propagano i semi della vite e la vite deve a loro il mantenimento della specie. Lo ha ben in mente Luigi Marangoni, che prima di avviare un'azienda agricola ha pensato a loro, creando una macchia boschiva e un ambiente sostenibile, priorità rispetto all'equilibrio economico. È un imprenditore in altri settori, ma anche un ecofilantropo molto appassionato. Ha scelto di piantare la malvasia istriana, che qui è arrivata con la Serenissima Repubblica ed è usata nel Merlara, la rustica palava e alcune varietà resistenti come cabernet volos e merlot khorus.

Via Carezze, 28/A - 37040 Terrazzo (VR)
T. 0442 1723481 | M. info@cantinalecarezze.it
www.cantinalecarezze.it

Viticoltura: Biologica certificata
Ettari: 11 | **Bottiglie:** 30.000 | **Produzione olearia:** No
Proprietà: Luigi Marangoni
Cond. enologica: Fabio Melotto
Cond. agronomica: Staff aziendale
Vendita diretta: Sì | **Visite in azienda:** Sì

MERLARA DIANA 2022
Bianco Doc - Malvasia 100%
Alc. 13% | € 22 | Bt. 1.500 | Ferm. Acciaio | Mat. Acciaio 2 mesi
Giallo citrino, pieno e con screziature dorate. Profumi varietali, memorie esotiche di mango, papaia e litchi. Accenni floreali di ginestra e camomilla. Palato pieno e rotondo, fresco, agrumato con importante spinta sapida. Refrain persistente e molto equilibrato. Trofie al pesto.

JUPITER SPECIAL REFINIMENT 2022
Bianco Igt - Palava 100%
Alc. 14% | € 23 | Bt. 2.000 | Ferm. Acciaio | Mat. Legno
Tataki di tonno al sesamo.

CALYPSO 2022
Bianco Igt Passito - Palava 100%
Alc. 12% | € 30 (0,375l) | Bt. 1.800 | Ferm. Acciaio | Mat. Acciaio 2 mesi
Seadas.

VULCANUS 2018
Rosso Igt - Merlot 100%
Alc. 16,5% | € 44 | Bt. 2.800 | Ferm. Acciaio | Mat. Legno 12 mesi
Reale di vitello alla senape antica.

URANO 2020
Rosso Igt - Cabernet Volos 100%
Alc. 15% | € 37 | Bt. 2.800 | Ferm. Acciaio | Mat. Legno 12 mesi
Costolette di maiale alla brace.

MERLARA DIANA
2021

CALYPSO
2021

Le Carline
(1958)

Primo produttore in Italia a offrire vini vegani certificati, Daniele Piccinin, oggi insieme al figlio Alessandro, continua a lavorare per una viticoltura biologica e senza solfiti aggiunti. Presidente del distretto Biovenezia, è stato premiato quest'anno per il suo impegno in ambito di etica, sostenibilità e innovazione, anche grazie alla coltivazione dei vitigni resistenti, fiore all'occhiello delle sue scelte produttive. Si conferma espressione nobilissima del territorio il suo Dogale, vino passito di estremo equilibrio e raffinatezza.

Via Carline, 24 - 30020 Pramaggiore (VE)
T. 0421 799741 | M. info@lecarline.com
www.lecarline.com

Viticoltura: Biologica certificata
Ettari: 35 | **Bottiglie:** 500.000 | **Produzione olearia:** No
Proprietà: Daniele Piccinin
Cond. enologica: Daniele Piccinin
Cond. agronomica: Daniele Piccinin
Vendita diretta: Sì | **Visite in azienda:** Sì

93

DOGALE
Bianco Igt Passito - Verduzzo trevigiano 100%
Alc. 14% | € 20 (0,375l) | Bt. 2.000 | Ferm. Acciaio | Mat. Legno 9 mesi
Ambra brillante. Prorompente all'olfatto con seducenti note di spezie orientali, esuberanti toni di agrumi e ananas canditi, albicocca disidratata e lavanda. Invitanti ricordi di croccante alla mandorla con intriganti sbuffi di incenso. Volumico il gusto, dall'equilibrio ineccepibile. Interminabile. Panpepato.

DIANA BRUT
Bianco Metodo Classico - Chardonnay 80%, Pinot bianco 20%
Alc. 12,5% | € 22 | Bt. 2.000 | Ferm. Acciaio | Mat. Acciaio 60 mesi
60 mesi sui lieviti
Aragosta in bellavista.

ROSSO RESILIENS 2022
Rosso - altre varietà 100%
Alc. 13% | € 10 | Bt. 2.500 | Ferm. Acciaio | Mat. Acciaio
Arista di maiale con salsa di prugne.

SAUVIGNON NEPIS PIWI 2022
Bianco - Sauvignon nepis 100%
Alc. 13% | € 20 | Bt. 4.000 | Ferm. Acciaio | Mat. Acciaio 6 mesi
Spiedo di seppioline ai ferri.

LISON CLASSICO 2021
Bianco Docg - Tai 100%
Alc. 13,5% | € 10 | Bt. 5.000 | Ferm. Acciaio | Mat. Acciaio
Ravioli di ricotta e spinaci.

LISON PRAMAGGIORE MERLOT CANTASTORIE 2021
Rosso Doc - Merlot 100%
Alc. 13% | € 10 | Bt. 2.000 | Ferm. Acciaio | Mat. Legno 9 mesi
Brasato di manzo al vino rosso.

DOGALE
S.A.

DIANA BRUT
S.A.

Le Colture
(1983)

Grande annata per Le Colture, che ancora una volta dimostra di essere una delle realtà di riferimento per tutto il territorio. La cantina di Santo Stefano, dove tutto ha ancora una dimensione molto familiare, è un crogiolo di idee e passioni in cui si fondono insieme l'entusiasmo di Silvia, Veronica e Alberto, l'esperienza del papà Cesare e la grande qualità delle uve provenienti da vigneti sparsi nelle zone più vocate. Quel che ne risulta è una parata di etichette da applausi. Cartizze, Gerardo e Fagher sono accattivanti come non mai e risultano essere tra i migliori assaggi di quest'anno.

Via Follo, 5 - Località Santo Stefano - 31049 Valdobbiadene (TV)
T. 0423 900192 | M. alberto.ruggeri@lecolture.it
www.lecolture.it

Viticoltura: Convenzionale
Ettari: 45 | **Bottiglie:** 800.000 | **Produzione olearia:** No
Proprietà: Cesare, Silvia, Alberto e Veronica Ruggeri
Cond. enologica: Cristian Agostinetto
Cond. agronomica: Staff aziendale
Vendita diretta: Sì | **Visite in azienda:** Sì

VALDOBBIADENE SUPERIORE DI CARTIZZE DRY 2022
Bianco Docg Metodo Martinotti - Glera 100%
Alc. 11,5% | € 25 | Bt. 20.000 | Ferm. Acciaio | Mat. Acciaio | 2 mesi sui lieviti
Color avorio di grande luce, con numerose fini bollicine a formare una spuma duratura. Fragranze attraenti di acacia e gelsomino unite a mango e susina, poi ravvivate da ricordi vegetali. Cremoso e avvolgente, senza scivolare nella dolcezza, dall'equilibrio rotondo, pulito e con bel finale di cedro. Crostata alle mandorle e albicocche.

VALDOBBIADENE PROSECCO SUPERIORE RIVE DI SANTO STEFANO BRUT GERARDO 2022
Bianco Docg Metodo Martinotti - Glera 100%
Alc. 11,5% | € 16 | Bt. 6.000 | Ferm. Acciaio | Mat. Acciaio 6 mesi
3 mesi sui lieviti
Gamberoni al curry.

VALDOBBIADENE PROSECCO SUPERIORE BRUT FAGHER 2022
Bianco Docg Metodo Martinotti - Glera 90%, Verdiso 10%
Alc. 11,5% | € 13 | Bt. 120.000 | Ferm. Acciaio | Mat. Acciaio | 2 mesi sui lieviti
Frittura di canestrelli e calamari.

VALDOBBIADENE PROSECCO SUPERIORE DRY CRUNER 2022
Bianco Docg Metodo Martinotti - Glera 100%
Alc. 11% | € 14 | Bt. 80.000 | Ferm. Acciaio | Mat. Acciaio | 2 mesi sui lieviti
Risotto alle ortiche.

VALDOBBIADENE PROSECCO SUPERIORE EXTRA DRY PIANER 2022
Bianco Docg Metodo Martinotti - Glera 100%
Alc. 11% | € 13 | Bt. 120.000 | Ferm. Acciaio | Mat. Acciaio | 2 mesi sui lieviti
Fregola con le arselle.

PROSECCO TREVISO BRUT SYLVOZ 2022
Bianco Doc Metodo Martinotti - Glera 100%
Alc. 11,5% | € 10 | Bt. 160.000 | Ferm. Acciaio | Mat. Acciaio | 2 mesi sui lieviti
Casatella trevigiana.

VALDOBBIADENE SUPERIORE DI CARTIZZE DRY
2015 | 2020

VALDOBBIADENE PROSECCO SUPERIORE RIVE DI SANTO STEFANO BRUT GERARDO
2017

Le Guaite di Noemi
(2002)

In una delle zone più vocate per l'olivicoltura, l'intuizione geniale l'ha avuta Stefano Pizzighella che, oltre a gestire il piccolo frantoio, a fine anni '80 decise di iniziare con la viticoltura là dove il terreno spazia dal calcare al ferro e al basalto, in un mix di enorme potenzialità. Noemi, la figlia, coglie la palla al balzo e con la sua tenacia ha il coraggio di investire in quello che diventerà il suo progetto d'eccellenza, Le Guaite di Noemi. In vetta l'identitario Amarone, seguito dall'ammandorlato Il Solitario, una vera rarità, da cui il nome; forza e appassimento nel Tisbe.

Via Capovilla, 10/A - 37030 Mezzane di Sotto (VR)
T. 045 8880396 | M. info@leguaite.it
www.leguaite.it

Viticoltura: Convenzionale
Ettari: 5 | **Bottiglie:** 25.000 | **Produzione olearia:** Sì
Proprietà: Giulietta Dal Bosco
Cond. enologica: Roberto Vassanelli
Cond. agronomica: Staff aziendale
Vendita diretta: Sì | **Visite in azienda:** Sì

(94)

AMARONE DELLA VALPOLICELLA 2012
Rosso Docg - Corvina 35%, Corvinone 35%, Rondinella 20%, altre varietà 10%
Alc. 17% | € 78 | Bt. 5.000 | Ferm. Acciaio | Mat. Legno 36 mesi
Granato compatto. Scura compagine di percezioni terrose seguite da tocchi di cuoio, tabacco e un balsamico con sbuffi di cardamomo. Al palato è secco, molto piacevole e complesso, con aromi di pepe nero, caffè e bacche di ginepro. Tannino equilibrato e ottima acidità. Lunghissimo e armonioso. Capriolo con salsa di ribes rosso.

SOLITARIO 2012
Rosso Igt - Corvina 35%, Corvinone 35%, Rondinella 20%, altre varietà 10%
Alc. 17% | € 117 | Bt. 1.000 | Ferm. Acciaio | Mat. Legno 72 mesi
Blu di pecora.

VALPOLICELLA RIPASSO SUPERIORE 2013
Rosso Doc - Corvina 35%, Corvinone 35%, Rondinella 20%, altre varietà 10%
Alc. 16% | € 52 | Bt. 3.700 | Ferm. Acciaio | Mat. Acciaio 6 mesi e Legno 48 mesi
Spezzatino di manzo.

TISBE 2016
Rosso Igt - Cabernet sauvignon 100%
Alc. 17% | € 104 | Bt. 900 | Ferm. Acciaio | Mat. Legno 36 mesi
Faraona arrosto con salsa di frutti di bosco.

RECIOTO DELLA VALPOLICELLA 2015
Rosso Doc Passito - Corvina 35%, Corvinone 35%, Rondinella 20%, altre varietà 10%
Alc. 13,5% | € 58 (0,5l) | Bt. 1.000 | Ferm. Acciaio | Mat. Legno 36 mesi
Salame al cioccolato.

VALPOLICELLA SUPERIORE 2013
Rosso Doc - Corvina 35%, Corvinone 35%, Rondinella 20%, altre varietà 10%
Alc. 15,5% | € 39 | Bt. 5.900 | Ferm. Acciaio | Mat. Legno 48 mesi
Guanciale di vitello in umido con patate.

AMARONE DELLA VALPOLICELLA
2006 | 2007 | 2011

VALPOLICELLA SUPERIORE
2012

Le Manzane
(1984)

Ci piace definire "sociale" la viticoltura di Le Manzane. Dalle colline che sovrastano Conegliano la famiglia Balbinot ha ricevuto tanto. Ora, una grande sensibilità ambientale e le tante iniziative benefiche e sociali sono il modo per restituire alla natura e alla comunità quanto ottenuto in più di sessant'anni di storia. Di questo forte legame beneficiano anche i vini che sono sempre uno specchio fedele del territorio e del millesimo. Un'annata felice questa 2022, ricca di classe e piacevolezza, dove spicca l'ottimo esordio dello Springo Gold, l'ultimo nato in casa Le Manzane.

Via Maset, 47/8 - 31020 San Pietro di Feletto (TV)
T. 0438 486606 | M. info@lemanzane.it
www.lemanzane.it

Viticoltura: Biodinamica
Ettari: 82 | **Bottiglie:** 1.000.000 | **Produzione olearia:** No
Proprietà: Ernesto Balbinot
Cond. enologica: Massimo Mestriner
Cond. agronomica: Walter Biasi
Vendita diretta: Sì | **Visite in azienda:** Sì

CONEGLIANO VALDOBBIADENE PROSECCO SUPERIORE EXTRA DRY 2022
Bianco Docg Metodo Martinotti - Glera 100%
Alc. 11,5% | € 14 | Bt. 200.000 | Ferm. Acciaio | 2 mesi sui lieviti
Paglierino lucente dai delicati riflessi oro. La mela Golden si fonde con i profumi di fiori d'acacia e allusioni agrumate, di pesca gialla e gesso. Freschezza vibrante che ben si sposa a una bollicina cremosa e a una morbidezza appena accennata e in sintonia. Molti i riverberi di bergamotto. Verdure in tempura.

VALDOBBIADENE SUPERIORE DI CARTIZZE DRY SPRINGO GOLD 2022
Bianco Docg Metodo Martinotti - Glera 100%
Alc. 11,5% | € 33 | Bt. 5.600 | Ferm. Acciaio | Mat. Acciaio 5 mesi
4 mesi sui lieviti. Spuma di ricotta con salsa di albicocche.

CONEGLIANO PROSECCO SUPERIORE RIVE DI FORMENIGA EXTRA BRUT SPRINGO BLUE MILLESIMATO 2022
Bianco Docg Metodo Martinotti - Glera 100%
Alc. 11,5% | € 18 | Bt. 15.800 | Ferm. Acciaio | Mat. Acciaio 2 mesi
4 mesi sui lieviti. Garganelli freschi con gamberi di fiume.

CONEGLIANO PROSECCO SUPERIORE RIVE DI MANZANA DRY SPRINGO BRONZE 2022
Bianco Docg Metodo Martinotti - Glera 100%
Alc. 11,5% | € 18 | Bt. 17.500 | Ferm. Acciaio | Mat. Acciaio 2 mesi
4 mesi sui lieviti. Totani ripieni con salsa mediterranea.

CONEGLIANO VALDOBBIADENE PROSECCO SUPERIORE BRUT MILLESIMATO 20.10 2022
Bianco Docg Metodo Martinotti - Glera 100%
Alc. 11,5% | € 16 | Bt. 39.000 | Ferm. Acciaio | Mat. Acciaio 4 mesi
2 mesi sui lieviti. Bocconcini di rana pescatrice in crosta di mandorle.

CONEGLIANO VALDOBBIADENE PROSECCO SUPERIORE EXTRA DRY MILLESIMATO 20.10 2022
Bianco Docg Metodo Martinotti - Glera 100%
Alc. 11,5% | € 13 | Bt. 89.000 | Ferm. Acciaio | Mat. Acciaio 2 mesi
5 mesi sui lieviti. Orata all'acqua pazza.

CONEGLIANO VALDOBBIADENE PROSECCO SUPERIORE BRUT
2021

CONEGLIANO PROSECCO SUPERIORE RIVE DI FORMENIGA EXTRA BRUT SPRINGO BLUE MILLESIMATO
2021

Le Morette
(1960)

Paolo e Fabio Zenato, quest'ultimo ora presidente del Consorzio del Lugana, hanno fatto della ricerca sulla turbiana il fulcro della loro attività imprenditoriale che ancora mantiene la storica vocazione vivaistica e si declina in interpretazioni del vitigno precise e brillanti: dal Metodo Classico fino al Lugana Riserva che è ai vertici anche in quest'edizione. L'attenzione alle caratteristiche dei suoli dei vigneti aziendali, da San Benedetto di Lugana a Desenzano e a Lazise per i Bardolino, unita alla loro cura meticolosa, è l'imprescindibile punto di partenza.

Viale Indipendenza, 19 - 37019 Peschiera del Garda (VR)
T. 045 7552724 | M. info@lemorette.it
www.lemorette.it

Viticoltura: Convenzionale
Ettari: 50 | **Bottiglie:** 450.000 | **Produzione olearia:** Sì
Proprietà: Valerio Zenato
Cond. enologica: Paolo Zenato, Fabio Zenato
Cond. agronomica: Fabio Zenato
Vendita diretta: Sì | **Visite in azienda:** Sì

(91,5)

LUGANA RISERVA 2020
Bianco Doc - Trebbiano di Lugana 100%
Alc. 13,5% | € 23 | Bt. 5.000 | Ferm. Acciaio | Mat. Legno 12 mesi
Paglierino lucente. Olfatto punteggiato di magistrali intarsi balsamici e mentolati, poi la frutta a guscio in armonia a sensazioni di erbe officinali secche. Seguono agrumi polposi e freschi come bergamotto e chinotto. Palato di grande ma gentile sapidità su una bella cornice di vibrante freschezza. Pollastra alla birra e cipolle di Tropea.

LUGANA BENEDICTUS 2021
Bianco Doc - Trebbiano di Lugana 100%
Alc. 13,5% | € 14 | Bt. 30.000 | Ferm. Acciaio | Mat. Legno 6 mesi
Frittata di finferli.

LE MORETTE BRUT
Bianco Metodo Classico - Chardonnay 70%, Trebbiano di Lugana 30%
Alc. 12,5% | € 20 | Bt. 5.000 | Ferm. Acciaio | 36 mesi sui lieviti
Scampi alla busara.

LUGANA MANDOLARA 2022
Bianco Doc - Trebbiano di Lugana 100%
Alc. 12,5% | € 11 | Bt. 250.000 | Ferm. Acciaio | Mat. Acciaio 3 mesi
Risotto al lavarello del Garda.

CHIARETTO DI BARDOLINO CLASSICO 2022
Rosato Doc - Corvina 55%, Rondinella 35%, Molinara 10%
Alc. 12% | € 8 | Bt. 15.000 | Ferm. Acciaio | Mat. Acciaio
Pizza capricciosa.

PERSEO 2020
Rosso Igt - Cabernet sauvignon 40%, Merlot 40%, Corvina 20%
Alc. 15% | € 21 | Bt. 7.000 | Ferm. Acciaio | Mat. Legno 24 mesi
Guancia di vitello in umido.

LUGANA BENEDICTUS
2016 | 2019 | 2020

LUGANA RISERVA
2018 | 2019

Le Muraglie
(1990)

Le colline moreniche si susseguono una dopo l'altra gentilmente, ancor di più verso Santa Lucia ai Monti. Poco lontano si trova la sede di quest'azienda che conta ormai diverse generazioni e sembra mimare, anche nello stile dei vini, il paesaggio circostante, a bassa voce e senza abbagliare con spettacoli pirotecnici. Vini che si fanno apprezzare soprattutto al secondo sorso e sono grandi gregari del cibo. Le erbe aromatiche sono le vere protagoniste assieme alla decisa e mai invadente sapidità. Le soddisfazioni, anche in campo internazionale, non si sono fatte attendere.

Corte Mostacci, 1 - 37067 Valeggio sul Mincio (VR)
T. 339 4971012 | M. info@cantinalemuraglie.com
www.cantinalemuraglie.com

Viticoltura: Convenzionale
Ettari: 11 | **Bottiglie:** 90.000 | **Produzione olearia:** No
Proprietà: Luigi Vicentini
Cond. enologica: Alessandro Vicentini
Cond. agronomica: Staff aziendale
Vendita diretta: Sì | **Visite in azienda:** Sì

CUSTOZA SUPERIORE REMÌ 2021
Bianco Doc - Trebbiano 35%, Garganega 25%, Trebbianello 15%, Bianca Fernanda 10%, Manzoni bianco 10%, Chardonnay 5%
Alc. 13% | € 13 | Bt. 7.000 | Ferm. Acciaio | Mat. Acciaio 9 mesi
Colore di un timido giallo paglierino. Sentori di agrumi e di frutta a polpa bianca, floreale di gelso e camomilla, un soffio di macchia mediterranea. Fresco, morbido e dalla delicata sapidità, ripresenta gli aromi percepiti all'analisi olfattiva, con un tocco finale di mandorla appena tostata. Baccalà mantecato.

CUSTOZA VICENTINI 2022
Bianco Doc - Trebbiano 35%, Garganega 25%, Trebbianello 20%, Bianca Fernanda 15%, Chardonnay 5%
Alc. 12,5% | € 6 | Bt. 35.000 | Ferm. Acciaio | Mat. Acciaio 4 mesi
Linguine agli scampi.

SPONSÀ 2020
Rosso Igt - Corvina 85%, Merlot 10%, Cabernet 5%
Alc. 14,5% | € 13 | Bt. 5.000 | Ferm. Acciaio | Mat. Legno 12 mesi
Oca arrosto.

LUGANA IL CAPITANO 2022
Bianco Doc - Trebbiano di Lugana 100%
Alc. 13% | € 14 | Bt. 2.000 | Ferm. Acciaio | Mat. Acciaio 6 mesi
Linguine al sugo di totani e piselli.

OHANA BRUT ROSÉ 2018
Rosato Metodo Classico - Corvina 50%, Corvinone 50%
Alc. 12,5% | € 18 | Bt. 1.800 | Ferm. Acciaio | Mat. Acciaio 6 mesi
30 mesi sui lieviti
Risotto con mazzancolle al profumo d'arancia.

CHIARETTO DI BARDOLINO BIRÒ 2022
Rosato Doc - Corvina 75%, Rondinella 20%, Molinara 5%
Alc. 12,5% | € 7 | Bt. 4.500 | Ferm. Acciaio | Mat. Acciaio 4 mesi
Lasagnette al ragù di faraona e asparagi.

Le Ragose
(1969)

Nonno Arnaldo, enotecnico diplomato a Conegliano, acquistò il terreno nel 1969 grazie al suo lavoro di consulente per molte aziende del veronese, ma fu nonna Marta la vera protagonista in vigneto e in cantina. L'azienda fu tra le prime a credere nelle potenzialità di questo territorio, con lunghe maturazioni per l'Amarone e il Valpolicella, oggi scontate. Ora tocca ancora a Marta, figlia di Paolo: è lei la terza generazione. Dura lotta per la vetta tra il Superiore Le Sassine 2019 e l'Amarone Riserva 2012, a seguire la Riserva Marta Galli, sempre 2012.

Località Le Ragose, 1 - Frazione Arbizzano - 37024 Negrar (VR)
T. 045 7513241 | M. leragose@leragose.com
www.leragose.com

Viticoltura: A basso impatto ambientale
Ettari: 18 | **Bottiglie:** 130.000 | **Produzione olearia:** No
Proprietà: Marco e Paolo Galli
Cond. enologica: Marco Galli
Cond. agronomica: Marco Galli
Vendita diretta: Sì | **Visite in azienda:** Sì

VALPOLICELLA CLASSICO SUPERIORE LE SASSINE 2019
Rosso Doc - Corvina 50%, Corvinone 20%, Rondinella 20%, altre varietà 10%
Alc. 14,5% | € 19 | Bt. 13.300 | Ferm. Acciaio | Mat. Legno 12 mesi
Rubino con orlo granato. Subito il mondo delle spezie con cannella e pepe nero, seguito dai frutti rossi sotto spirito in aggiunta a lievi note di sottobosco e accenni di macchia mediterranea. Sorso vigoroso, con grande equilibrio tra dote alcolica, freschezza e sapidità a rendere autorevole la persistenza. Pappardelle con sugo di capriolo.

AMARONE DELLA VALPOLICELLA CLASSICO RISERVA 2012
Rosso Docg - Corvina 50%, Corvinone 25%, Rondinella 25%
Alc. 16% | € 47 | Bt. 18.000 | Ferm. Acciaio | Mat. Legno 90 mesi
Abbacchio al forno con verdure grigliate.

AMARONE DELLA VALPOLICELLA CLASSICO MARTA GALLI RISERVA 2012
Rosso Docg - Corvina 50%, Corvinone 20%, Rondinella 20%, altre varietà 10%
Alc. 16,5% | € 46 | Bt. 1.020 | Ferm. Acciaio | Mat. Legno 76 mesi
Anatra alla pechinese.

VALPOLICELLA CLASSICO SUPERIORE MARTA GALLI 2020
Rosso Doc - Corvina 50%, Corvinone 25%, Rondinella 25%
Alc. 14,5% | € 21 | Bt. 3.400 | Ferm. Acciaio | Mat. Legno 12 mesi
Stracotto di manzo all'Amarone.

VALPOLICELLA CLASSICO SUPERIORE MARTA GALLI
2014

AMARONE DELLA VALPOLICELLA CLASSICO RISERVA
2011

Le Salette
(1846)

Storia centenaria quella della famiglia Scamperle, che vede il suo nome legato al santuario votivo della Madonna delle Salette, a protezione dalla fillossera e simbolo di bellezza del territorio. Contornato dalla macchia boschiva, appena sopra il vigneto aziendale a girapoggio che guarda a sud, segna l'imbocco della valle dei Progni che sfocia poi a Molina: un camino di aria fresca che arriva da nord dove troviamo il vigneto Cà Carnocchio. Amore per l'ospitalità di charme in Casa Isola 1712. Protagonista l'Amarone Pergole Vece 2017, un caposaldo, e si fa notare anche il Valpolicella 2022.

Via Pio Brugnoli, 11 - 37022 Fumane (VR)
T. 045 7701027 | M. info@lesalette.it
www.lesalette.it

Viticoltura: A basso impatto ambientale
Ettari: 20 | **Bottiglie:** 140.000 | **Produzione olearia:** No
Proprietà: Franco Scamperle e figli
Cond. enologica: Franco Scamperle
Cond. agronomica: Staff aziendale
Vendita diretta: Sì | **Visite in azienda:** Sì

AMARONE DELLA VALPOLICELLA CLASSICO PERGOLE VECE 2017
Rosso Docg - Corvina 35%, Corvinone 35%, Croatina 10%, Oseleta 10%, Rondinella 10%
Alc. 16,5% | € 93 | Bt. 4.000 | Ferm. Acciaio | Mat. Legno 36 mesi
Cremisi impenetrabile. Un profilo di ciliegia sotto spirito, tabacco, sottobosco e caffè, poi un contesto balsamico a permeare l'olfatto. Al palato svela un tannino setoso sostenuto da freschezza e sapidità; gusto pieno, morbido, di lunga persistenza con chiusura che vira sul cioccolato. Braciola di cervo con salsa di ribes.

VALPOLICELLA CLASSICO 2022
Rosso Doc - Corvina 30%, Corvinone 30%, Rondinella 30%, Molinara 10%
Alc. 12,5% | € 14 | Bt. 40.000 | Ferm. Acciaio | Mat. Acciaio 6 mesi
Trenette al pesto, patate e fagiolini.

VALPOLICELLA RIPASSO CLASSICO SUPERIORE I PROGNI 2020
Rosso Doc - Corvinone 35%, Corvina 30%, Rondinella 30%, Croatina 5%
Alc. 14% | € 24 | Bt. 38.000 | Ferm. Acciaio | Mat. Legno 18 mesi
Ossobuco alla milanese.

AMARONE DELLA VALPOLICELLA CLASSICO PERGOLE VECE
2015

AMARONE DELLA VALPOLICELLA CLASSICO LA MAREGA
2015

Le Tende
(1990)

È la tenuta del 1880 Villa Le Tende a dare il nome alla cantina, nel luogo dov'erano inizialmente locati vigneti e che oggi ne vede una parte ai suoi piedi, mentre i restanti ettari si trovano a Cavaion Veronese. Scelta lungimirante quella dei dettami biologici, che fanno ormai parte della piena direzione delle famiglie Fortuna e Lucillini da oltre 10 anni. Colline moreniche nella zona classica del Bardolino e poi nella zona del Custoza, dove la trama sabbiosa e calcarea regala caratteristiche importanti ai vini prodotti. Notevole l'espressività del Bardolino Classico Bio 2022.

Via Tende, 35 - Frazione Colà - 37017 Lazise (VR)
T. 045 7590748 | M. info@letende.it
www.letende.it

Viticoltura: Biologica certificata
Ettari: 14 | **Bottiglie:** 100.000 | **Produzione olearia:** No
Proprietà: Franco Lucillini e Mauro Fortuna
Cond. enologica: Mauro Fortuna
Cond. agronomica: Staff aziendale
Vendita diretta: Sì | **Visite in azienda:** Sì

92

BARDOLINO CLASSICO BIO 2022
Rosso Doc - Corvina 80%, Rondinella 20%
Alc. 13,5% | € 9 | Bt. 12.000 | Ferm. Acciaio | Mat. Acciaio 2 mesi
Rubino lucente. Incipit fruttato di pompelmo e melagrana, quindi ciliegia e pepe bianco. Sorso di buona prospettiva, sebbene già di grande piacevolezza, dal performante equilibrio e di apprezzabile sapidità con tannino ben integrato e levigato. Epilogo giocato sugli agrumi. Soufflé con pecorino e crema di patate.

CHIARETTO DI BARDOLINO CLASSICO BIO 2022
Rosato Doc - Corvina 70%, Rondinella 20%, Sangiovese 10%
Alc. 12,5% | € 9 | Bt. 10.000 | Ferm. Acciaio | Mat. Acciaio 3 mesi
Minestra di riso, patate, porri, sedano e speck.

CUSTOZA 2022
Bianco Doc - Garganega 30%, Bianca Fernanda 20%, Trebbianello 20%, Trebbiano 20%, Tai 10%
Alc. 12,5% | € 10 | Bt. 20.000 | Ferm. Acciaio | Mat. Acciaio 3 mesi
Garganelli freschi con gamberi di fiume.

CICISBEO 2020
Rosso Igt - Cabernet sauvignon 100%
Alc. 14% | € 20 | Bt. 4.000 | Ferm. Acciaio | Mat. Legno 12 mesi
Terrina di lepre con salsa di prugne.

BARDOLINO SUPERIORE CLASSICO 2021
Rosso Docg - Corvina 70%, Molinara 20%, Merlot 10%
Alc. 13,5% | € 10 | Bt. 8.000 | Ferm. Acciaio | Mat. Acciaio 12 mesi
Arrosto di tacchino lardellato.

CHIARETTO DI BARDOLINO SPUMANTE VOLUTTÀ BIO 2022
Rosato Doc Metodo Martinotti - Corvina 70%, Rondinella 20%, Sangiovese 10%
Alc. 12% | € 10 | Bt. 8.000 | Ferm. Acciaio | Mat. Acciaio 3 mesi
Calamari con ripieno di tarassaco e patate.

BARDOLINO SUPERIORE CLASSICO
2020

BARDOLINO CLASSICO BIO
2020

Le Vie Angarano
(2019)

Azienda al femminile quella delle sorelle Bianchi Michiel. Ereditata dal padre la proprietà alla fine del secolo scorso, nel 2003 attuano un primo importante processo di trasformazione con il reimpianto dei vigneti. Sempre con lo sguardo al futuro, nel 2019 danno vita a "Le Vie Angarano", coinvolgendo l'ultima generazione. I vigneti sono a ridosso della sponda del Brenta e le uve sono figlie dei terreni alluvionali argillosi del fiume. Il vino del cuore di Giovanna, l'amministratrice della cantina, è l'elegante Chardonnay che ha voluto chiamare Michiel in onore della famiglia.

Via Contrà San Michele, 4 - 36061 Bassano del Grappa (VI)
T. 0424 503086 | M. info@levieangarano.com
www.levieangarano.com

Viticoltura: Biologica certificata
Ettari: 8 | **Bottiglie:** 35.000 | **Produzione olearia:** Sì
Proprietà: Famiglia Bianchi Michiel
Cond. enologica: Marco Bernabei
Cond. agronomica: Staff aziendale
Vendita diretta: Sì | **Visite in azienda:** Sì

MICHIEL 2019
Bianco Igt - Chardonnay 100%
Alc. 14,5% | € 21 | Bt. 4.500 | Ferm. Acciaio | Mat. Legno 10 mesi
Giallo dorato con riflessi lucenti. Olfatto segnato da percezioni di frutta matura come mela, ananas, pesca gialla e banana, poi ricordi di mandorla. Palato corposo, caldo, bilanciato da una progressione fresco-sapida che determina un congedo esteso dai ritorni mentolati e squisitamente marini. Coniglio alla cacciatora.

QUARE 2018
Rosso Igt - Cabernet sauvignon 100%
Alc. 14% | € 26 | Bt. 3.500 | Ferm. Acciaio | Mat. Legno 24 mesi
Filetto al vino rosso e scalogno.

BREGANZE MERLOT MASIERO 2019
Rosso Doc - Merlot 100%
Alc. 13,5% | € 17 | Bt. 8.000 | Ferm. Acciaio | Mat. Legno 9 mesi
Minestra di fagioli di Lamon.

BREGANZE VESPAIOLO BRENTA 2022
Bianco Doc - Vespaiola 100%
Alc. 13,5% | € 16 | Bt. 16.000 | Ferm. Acciaio | Mat. Acciaio 5 mesi
Ravioli di ricotta e spinaci.

5 SISTERS 2022
Rosato Igt - Merlot 100%
Alc. 13% | € 13 | Bt. 3.500 | Ferm. Acciaio | Mat. Acciaio 5 mesi
Anguilla ai ferri.

BREGANZE TORCOLATO SAN BORTOLO RISERVA
2016 | 2017

QUARE
2015 | 2017

Le Volpere
(2010)

Sui ripidi pendii di Farra di Soligo i fratelli Matteo e Luca De Rossi coltivano l'autoctona glera e ci regalano pregiate espressioni del vitigno della gioiosa Marca. 11 sono gli ettari coltivati in 15 diverse zone, che per l'annata 2021 vedono spiccare in alto il Còl Volpere Brut e il Còl Miliane Extra Brut. Il primo deve le sue caratteristiche al terreno ricco di rocce conglomerate detto "puddinga"; il secondo come espressione di un singolo vigneto le cui uve sono attentamente selezionate e lavorate poi per ottenere un prodotto con un residuo zuccherino ridotto al minimo.

Via Cecconi, 13/A - 31010 Farra di Soligo (TV)
T. 0438 801204 | M. info@levolpere.it
www.levolpere.it

Viticoltura: A basso impatto ambientale
Ettari: 11 | **Bottiglie:** 50.000 | **Produzione olearia:** No
Proprietà: Luca e Matteo De Rosso
Cond. enologica: Luca De Rosso
Cond. agronomica: Matteo De Rosso
Vendita diretta: Sì | **Visite in azienda:** Sì

CONEGLIANO VALDOBBIADENE PROSECCO SUPERIORE BRUT CÒL VOLPERE 2021
Bianco Docg Metodo Martinotti - Glera 100%
Alc. 11,5% | € 14 | Bt. 13.000 | Ferm. Acciaio | Mat. Acciaio 4 mesi
Verdolino con innumerevoli bollicine continue a formare ricca spuma. Aromi freschi, tipici e intriganti. Biancospino e acacia, mela e pera, agrumi, timo, maggiorana e un tocco di mentuccia. Assaggio magnifico, quasi asciutto, scorre gradevolmente tra note morbide, sapide e fresche. Sbarazzino. Maltagliati con fiori di zucca e gamberetti.

CONEGLIANO VALDOBBIADENE PROSECCO SUPERIORE EXTRA BRUT CÒL MILIANE 2021
Bianco Docg Metodo Martinotti - Glera 100%
Alc. 12% | € 20 | Bt. 3.300 | Ferm. Acciaio | Mat. Acciaio 6 mesi
Pizza Margherita.

CONEGLIANO VALDOBBIADENE PROSECCO SUPERIORE EXTRA DRY RIPIDO 2022
Bianco Docg Metodo Martinotti - Glera 100%
Alc. 11,5% | € 12 | Bt. 15.000 | Mat. Acciaio 3 mesi
Prosciutto d'oca affumicato.

Le Volpi
(2007)

Non è solo la più estesa azienda vitivinicola privata dei Colli Euganei, ma possiede vigneti in zone con esposizioni molto invidiabili. La passione del patron Luigi Rossi Luciani per il vino e il suo impegno per esprimere l'autenticità dei Colli Euganei passano anche attraverso la rivalutazione dei vitigni autoctoni, la valorizzazione della zonazione e le tecniche di ultima generazione in cantina. Vigneti e uliveti sono a conduzione biologica; tutte le lavorazioni in vigna e in cantina sono svolte a mano e le scelte tecnologiche sono in sinergia con l'obiettivo della sostenibilità ambientale.

Via Gemola, 14 - 35030 Baone (PD)
T. 0429 59019 | M. info@levolpi.it
www.levolpi.it

Viticoltura: Biologica certificata
Ettari: 95 | **Bottiglie:** 200.000 | **Produzione olearia:** Sì
Proprietà: Luigi Rossi Luciani
Cond. enologica: Luciano Vettori
Cond. agronomica: Staff aziendale
Vendita diretta: Sì | **Visite in azienda:** Sì

BRUT NATURE ERO 2018
Bianco Metodo Classico - Chardonnay 100%
Alc. 12% | € 22 | Bt. 3.333 | Ferm. Acciaio | 36 mesi sui lieviti
Fitte catenelle si sviluppano su un campo di grano. Ouverture prevalentemente agrumata con erbe aromatiche, per ampliarsi poi in un ventaglio di frutta esotica e mineralità soffusa. Beva raffinata, dinamica l'acidità e buona la sapidità con continui sbuffi di camomilla. Plateau royal di crudité.

COLLI EUGANEI CABERNET 18 MESI LE VOLPI 2018
Rosso Doc - Cabernet sauvignon 60%, Cabernet franc 40%
Alc. 14% | € 21 | Bt. 3.800 | Ferm. Acciaio | Mat. Legno 18 mesi
Straccetti di vitello al rosmarino.

COLLI EUGANEI SAUVIGNON RÈGI 2021
Bianco Doc - Sauvignon 100%
Alc. 13% | € 13 | Bt. 3.300 | Ferm. Acciaio | Mat. Acciaio 10 mesi
Asparagi verdi allo zabaione salato.

COLLI EUGANEI MANZONI BIANCO ÀRIO 2021
Bianco Doc - Manzoni bianco 100%
Alc. 13,5% | € 13 | Bt. 2.500 | Ferm. Acciaio | Mat. Cemento 8 mesi
Risotto alla pescatora.

COLLI EUGANEI MERLOT 12 MESI LE VOLPI 2021
Rosso Doc - Merlot 100%
Alc. 14% | € 18 | Bt. 3.800 | Ferm. Legno | Mat. Legno 12 mesi
Filetto di manzo alla Voronoff.

COLLI EUGANEI CARMENÈRE MONTE FASOLO I SENTIERI 2021
Rosso Doc - Carménère 100%
Alc. 13,5% | € 12 | Bt. 4.000 | Ferm. Acciaio | Mat. Acciaio 8 mesi
Roast beef.

COLLI EUGANEI ROSSO 24 MESI LE VOLPI
2017

COLLI EUGANEI CABERNET 8 MESI LE VOLPI
2019

Loredan Gasparini
(1951)

L'azienda guidata da Lorenzo Palla, punto di rifermento nella valorizzazione del taglio bordolese veneto, da anni lavora con determinazione rispettando la biodiversità che offre il Montello, da sempre considerato zona vocata per la produzione di vino. Il terreno argilloso ricco di ferro e il microclima ideale conferiscono ai vini profondità, eleganza, equilibrio e una tipicità "montelliana" che ci riconduce a queste meravigliose colline del trevigiano. Dall'altisonante raffinatezza il Capo di Stato, classicamente moderno il Vengazzù Della Casa, un vino che non può mancare in cantina.

Via Martignago Alto, 23 - Frazione Venegazzù - 31040 Volpago del Montello (TV)
T. 0423 870024 | M. info@loredangasparini.it
www.loredangasparini.it

Viticoltura: Convenzionale
Ettari: 60 | **Bottiglie:** 400.000 | **Produzione olearia:** Sì
Proprietà: Giancarlo Palla
Cond. enologica: Mauro Rasera
Cond. agronomica: Staff aziendale
Vendita diretta: Sì | **Visite in azienda:** Sì

91,5

MONTELLO COLLI ASOLANI VENEGAZZÙ SUPERIORE CAPO DI STATO 2018
Rosso Doc - Cabernet sauvignon 60%, Merlot 25%, Cabernet franc 10%, Malbech 5%
Alc. 14% | € 78 | Bt. 15.000 | Ferm. Legno | Mat. Legno 30 mesi
Granato lucente. Una perla di eleganza ed espressione. Olfatto ampio e complesso, fiorito di viole, poi confettura di ciliegie, ribes e spezie dolci. Al gusto l'assetto è equilibrato, possiede corpo e tannini ben presenti, fusi alla perfezione in un contesto ricco di sapore. Persistenza montelliana. Capriolo con salsa di ribes rosso.

MONTELLO COLLI ASOLANI VENEGAZZÙ DELLA CASA 2018
Rosso Doc - Cabernet sauvignon 50%, Merlot 35%, Cabernet franc 10%, Malbech 5%
Alc. 13,5% | € 33 | Bt. 40.000 | Ferm. Acciaio | Mat. Legno 30 mesi
Petto d'anatra alle prugne.

FALCONERA 2020
Rosso Igt - Merlot 100%
Alc. 13,5% | € 20 | Bt. 40.000 | Ferm. Acciaio | Mat. Legno 24 mesi
Tortelli al Castelmagno.

MONTELLO COLLI ASOLANI CABERNET SAUVIGNON 2020
Rosso Doc - Cabernet sauvignon 100%
Alc. 12,5% | € 16 | Bt. 50.000 | Ferm. Acciaio | Mat. Legno 12 mesi
Filetto al vino rosso e scalogno.

MANZONI BIANCO 2022
Bianco Igt - Manzoni bianco 100%
Alc. 12,5% | € 13 | Bt. 10.000 | Ferm. Acciaio | Mat. Acciaio 6 mesi
Rotolo di tacchino alle mele ed erbe aromatiche.

MALBECH 2021
Rosso Igt - Malbech 100%
Alc. 13% | € 14 | Bt. 8.000 | Ferm. Acciaio | Mat. Acciaio 6 mesi
Filetto di maiale alla senape.

MONTELLO COLLI ASOLANI VENEGAZZÙ SUPERIORE CAPO DI STATO
2012 | 2013 | 2015

MONTELLO COLLI ASOLANI VENEGAZZÙ DELLA CASA
2012 | 2017

Lucchetta
(1958)

Immersa nella Calpena a Conegliano, l'azienda produce vini che rispecchiano fedelmente la fama di questo territorio. Terreni che danno spessore e struttura ai vini in ogni tipologia prodotta, oltre alla forte personalità che li contraddistingue. Da oramai 50 anni, inoltre, la cantina si è impegnata a portare avanti la selezione di cloni particolari legati alle tradizioni locali. Oltre al sempre più raro prosecco Balbi, a confluire nella loro gamma vi sono un merlot "dal peduncolo rosso" e un cabernet franc (probabilmente entrambi di provenienza friulana), di bassa resa e grande carattere.

Via Calpena, 38 - 31015 Conegliano Veneto (TV)
T. 0438 32564 | M. info@lucchettavini.com
www.lucchettavini.com

Viticoltura: Convenzionale
Ettari: 45 | **Bottiglie:** 160.000 | **Produzione olearia:** No
Proprietà: Giuseppe, Marco, Mario e Alessandro Lucchetta
Cond. enologica: Alessandro Lucchetta
Cond. agronomica: Maurizio Dalozzo, Marco Lucchetta
Vendita diretta: Sì | **Visite in azienda:** Sì

COLLI DI CONEGLIANO ROSSO MARCELLO 2016
Rosso Docg - Cabernet sauvignon 40%, Merlot 35%, Cabernet franc 20%, Marzemino 5%
Alc. 13,5% | € 20 | Bt. 2.900 | Ferm. Legno | Mat. Legno 48 mesi
Rosso granato saturo, vivido e di buona consistenza. Decisi profumi di ciliegia in confettura, prugna secca, violetta, rabarbaro e note di china. Sorso ineccepibile, secco, di buona morbidezza e modulato equilibrio. Si fa notare l'avvolgenza del tannino frammista a ritorni di frutta rossa. Ottima progressione. Allodole tartufate in casseruola.

CONEGLIANO VALDOBBIADENE PROSECCO FRIZZANTE 2022
Bianco Docg Frizzante - Glera 100%
Alc. 11% | € 9 | Bt. 40.000 | Ferm. Acciaio | Mat. Acciaio 6 mesi
Insalata di polpo, patate e olive.

COLLI DI CONEGLIANO BIANCO 2021
Bianco Docg - Manzoni bianco 55%, Chardonnay 40%, Sauvignon 5%
Alc. 13% | € 11 | Bt. 3.000 | Ferm. Acciaio | Mat. Acciaio 18 mesi
Guazzetto di moscardini.

CONEGLIANO VALDOBBIADENE PROSECCO BRUT CALPENA MILLESIMATO 2022
Bianco Docg Metodo Martinotti - Glera 100%
Alc. 11,5% | € 11 | Bt. 12.000 | Ferm. Acciaio | Mat. Acciaio 3 mesi
3 mesi sui lieviti
Cappesante scottate allo zenzero.

CONEGLIANO VALDOBBIADENE PROSECCO SUPERIORE RIVE DI SAN VENDEMIANO EXTRA BRUT 2021
Bianco Docg Metodo Martinotti - Glera 100%
Alc. 11,5% | € 12 | Bt. 6.000 | Ferm. Acciaio | Mat. Acciaio 12 mesi
6 mesi sui lieviti. Lasagne di verdure.

CONEGLIANO VALDOBBIADENE PROSECCO EXTRA DRY CALPENA 2022
Bianco Docg Metodo Martinotti - Glera 100%
Alc. 11,5% | € 11 | Bt. 12.000 | Ferm. Acciaio | Mat. Acciaio 6 mesi
2 mesi sui lieviti. Cocktail di gamberetti.

CONEGLIANO VALDOBBIADENE PROSECCO SUPERIORE RIVE DI SAN VENDEMIANO EXTRA BRUT
2020

CONEGLIANO VALDOBBIADENE PROSECCO BRUT CALPENA MILLESIMATO
2016 | 2021

Maculan
(1946)

Fausto Maculan ha festeggiato i 50 anni da enologo. È dal lontano 1973, quando prese le redini dell'azienda di famiglia, che il suo obiettivo è quello di mettere la massima qualità in bottiglia. Una continua ricerca che va dai terreni alle varietà, per arrivare alle modalità della vendemmia e per continuare con tutte le pratiche di cantina e di affinamento. Con il classico Torcolato, quest'anno in Guida l'annata 2018 del Fratta, blend bordolese nato nel 1977, che ben rappresenta gli intenti sopracitati. Oltre ai conosciuti vini aziendali, novità di quest'anno il Mawi da vitigni resistenti.

Via Castelletto, 3 - 36042 Breganze (VI)
T. 0445 873733 | M. info@maculan.net
www.maculan.net

Viticoltura: Convenzionale
Ettari: 35 | **Bottiglie:** 600.000 | **Produzione olearia:** Sì
Proprietà: Fausto, Angela e Maria Vittoria Maculan
Cond. enologica: Maria Vittoria Maculan, Fausto Maculan
Cond. agronomica: Fausto Maculan
Vendita diretta: Sì | **Visite in azienda:** Sì

(91)

FRATTA 2018
Rosso Igt - Cabernet sauvignon 65%, Merlot 35%
Alc. 14,5% | € 64 | Bt. 6.000 | Ferm. Acciaio | Mat. Legno 12 mesi
Fitta la veste rubino. Sentori delicati di erba bagnata e resina lasciano poi spazio a mora di gelso, ribes e liquirizia. Lievi echi di rabarbaro, rosa appassita e vaniglia. Magnifico il corpo, caldo, tannino fine sorretto da un perfetto equilibrio fresco-sapido che perpetua le raffinate percezioni finali. Brasato di manzo al vino rosso.

BREGANZE TORCOLATO 2021
Bianco Doc Passito - Vespaiola 100%
Alc. 14% | € 46 | Bt. 20.000 | Ferm. Acciaio | Mat. Legno 12 mesi
Pasticceria secca.

BREGANZE VESPAIOLO VALVOLPARA 2021
Bianco Doc - Vespaiola 100%
Alc. 14,5% | € 23 | Bt. 650 | Mat. Acciaio 3 mesi
Arrosto di pollo ripieno.

DINDARELLO 2022
Bianco Igt Passito - Moscato 100%
Alc. 11,5% | € 23 | Bt. 50.000 | Ferm. Acciaio | Mat. Acciaio 2 mesi
Torta sbrisolona.

SAUVIGNON FERRATA 2022
Bianco Igt - Sauvignon 100%
Alc. 14% | € 23 | Bt. 6.000 | Ferm. Acciaio | Mat. Acciaio 4 mesi
Tortelli di branzino con salsa d'astice.

BREGANZE PINOT NERO ALTURA 2021
Rosso Doc - Pinot nero 100%
Alc. 13% | € 32 | Bt. 2.000 | Ferm. Acciaio | Mat. Legno 12 mesi
Pernici farcite.

ACININOBILI
2009 | 2012

BREGANZE TORCOLATO
2019

Malibràn
(2004)

Giovane, entusiasta e, soprattutto, "colfondista". Tre aggettivi che ben definiscono Maurizio Favrel, terza generazione di vignaioli in Susegana. È una specie di ritorno alle origini il suo, alla tradizione della glera rifermentata in bottiglia, ai vini in cui il tempo è ingrediente fondamentale. Una tipologia questa che egli sente sua e che valorizza attraverso il marchio collettivo del ColFondo Agricolo, di cui è uno dei principali promotori. A ricordarci però che Maurizio è anche un grande spumantista, quest'anno accanto ai ColFondo spicca un 5 Grammi di rara finezza ed espressività.

Via Barca II, 63 - 31058 Susegana (TV)
T. 0438 781410 | M. info@malibranvini.it
www.malibranvini.it

Viticoltura: Convenzionale
Ettari: 14 | **Bottiglie:** 130.000 | **Produzione olearia:** No
Proprietà: Maurizio Favrel
Cond. enologica: Maurizio Favrel
Cond. agronomica: Maurizio Favrel
Vendita diretta: Sì | **Visite in azienda:** Sì

VALDOBBIADENE PROSECCO SUPERIORE RIVE DI SANTA MARIA DI FELETTO EXTRA BRUT 5 GRAMMI 2022
Bianco Docg Metodo Martinotti - Glera 100%
Alc. 11,5% | € 17 | Bt. 10.000 | Ferm. Acciaio | Mat. Acciaio 6 mesi 1 mese sui lieviti
Paglierino tenue, reso ancora più luminoso dalle innumerevoli bollicine. Trama olfattiva decisa, fine, identitaria nella tessitura di mela verde, pesca e roccia umida. Affilato al palato, giocato sull'alternanza di agrumi e timo. Sfuma con delicata grazia su aromi di mandorla amara. Cartoccio di pescatrice agli agrumi.

CREDAMORA COL FONDO AGRICOLO 2021
Bianco Igt Frizzante - Glera 100%
Alc. 11% | € 16 | Bt. 6.600 | Ferm. Acciaio | Mat. Acciaio | 9 mesi sui lieviti
Asparagi verdi con uovo croccante e fonduta di Taleggio.

CENTOGUFI 2021
Bianco Igt - Boschera 100%
Alc. 12% | € 16 | Bt. 1.000 | Ferm. Acciaio | Mat. Acciaio 10 mesi
Ravioli di pesce con sugo di canestrelli.

VALDOBBIADENE PROSECCO SUPERIORE BRUT RUIO 2022
Bianco Docg Metodo Martinotti - Glera 100%
Alc. 11,5% | € 14 | Bt. 35.000 | Ferm. Acciaio | Mat. Acciaio 7 mesi 1 mese sui lieviti
Involtini di vitello lardellati.

TEATRALE 2022
Rosso Igt - Manzoni moscato 25%, Manzoni rosa 20%, Manzoni rosso 20%, Manzoni bianco 5%, altre varietà 30%
Alc. 11,5% | € 13 | Ferm. Acciaio | Mat. Acciaio 6 mesi
Risotto con le quaglie.

VALDOBBIADENE PROSECCO SUPERIORE RIVE DI SANTA MARIA DI FELETTO EXTRA BRUT 5 GRAMMI
2021

VALDOBBIADENE PROSECCO SUPERIORE EXTRA DRY GORIO
2015 | 2020 | 2021

Manara
(1950)

La terza generazione si fa avanti e dà il suo contributo in azienda, anche nel cambio di stile che si respira nei vini. Si tralascia l'impatto fruttato che tanto ha caratterizzato questo territorio per ricercare più ambiziose sensazioni di cuoio e humus, le spezie e i fiori. A condurre la fila l'Amarone Postera 2016, con un tocco di oseleta e la maturazione in tonneau, a seguire il Corte Manara 2018 con la molinara e la maturazione in botti da 10 hl. Sempre squisito il Recioto El Rocolo, leggiadro e magnetico anche per la sua non ingombrante struttura e la freschezza.

Via Don Cesare Biasi, 53 - 37020 San Pietro in Cariano (VR)
T. 045 7701086 | M. info@manaravini.it
www.manaravini.it

Viticoltura: Convenzionale
Ettari: 12 | **Bottiglie:** 160.000 | **Produzione olearia:** Sì
Proprietà: Lorenzo, Fabio e Giovanni Manara
Cond. enologica: Davide Manara
Cond. agronomica: Giuseppe Gardoni
Vendita diretta: Sì | **Visite in azienda:** Sì

AMARONE DELLA VALPOLICELLA CLASSICO POSTERA 2016
Rosso Docg - Corvina 40%, Corvinone 30%, Rondinella 20%, Croatina 5%, Oseleta 5%
Alc. 16% | € 39 | Bt. 11.000 | Ferm. Acciaio | Mat. Legno 18 mesi
Granato compatto. Naso ampio: confettura di more, tabacco, radice di liquirizia e cacao. Seguono note di sottobosco e balsamiche. Al palato è corposo, dotato di tannino carezzevole, buona freschezza e una piacevole sapidità. Chiusura morbida e di decisa profondità gustativa. Faraona ripiena con salsa tartufata.

AMARONE DELLA VALPOLICELLA CLASSICO CORTE MANARA 2018
Rosso Docg - Corvina 40%, Corvinone 30%, Rondinella 20%, altre varietà 10%
Alc. 16% | € 31 | Bt. 16.000 | Ferm. Acciaio | Mat. Legno 24 mesi
Petto d'anatra alle prugne.

RECIOTO DELLA VALPOLICELLA CLASSICO EL ROCOLO 2020
Rosso Docg Passito - Corvina 40%, Corvinone 30%, Rondinella 20%, Croatina 5%, Dindarella 5%
Alc. 13,5% | € 25 (0,5l) | Bt. 2.000 | Ferm. Acciaio | Mat. Cemento 12 mesi
Mousse al cioccolato fondente.

GUIDO MANARA 2017
Rosso Igt - Cabernet sauvignon 70%, Merlot 20%, Corvina 5%, Croatina 5%
Alc. 16% | € 44 | Bt. 3.500 | Ferm. Acciaio | Mat. Legno 28 mesi
Bocconcini di cinghiale con salsa di prugne.

VALPOLICELLA RIPASSO CLASSICO SUPERIORE LE MORETE 2021
Rosso Doc - Corvina 40%, Corvinone 30%, Rondinella 20%, altre varietà 10%
Alc. 14% | € 15 | Bt. 36.000 | Ferm. Acciaio | Mat. Legno 12 mesi
Tagliata al pepe verde.

VALPOLICELLA CLASSICO SUPERIORE VECIO BELO 2021
Rosso Doc - Corvina 40%, Corvinone 30%, Rondinella 20%, altre varietà 10%
Alc. 13,5% | € 12 | Bt. 13.300 | Ferm. Acciaio | Mat. Acciaio 14 mesi
Tagliatelle al ragù.

GUIDO MANARA
2016

AMARONE DELLA VALPOLICELLA CLASSICO CORTE MANARA
2017

Marchetto
(1985)

Monte di Mezzo è il nome del Vin Santo di Gambellara che i Marchetto producono da sempre nella loro cantina. Unico Vin Santo della regione, ottenuto da uva garganega fatta appassire legando con spaghi i grappoli che prendono il nome locale di picai, poi appesi alle travi del granaio. Pigiatura soffice, lenta fermentazione con lieviti indigeni e riposo in botticelle di rovere di secondo passaggio, questa la scelta aziendale per la maturazione. Elisir della tradizione che le famiglie offrivano agli ospiti nelle grandi occasioni, nettare raro considerato ancora oggi un toccasana.

Via Monsignor Fossà, 3 - 36053 Gambellara (VI)
T. 338 8284976 | M. info@marchettovini.it
www.marchettovini.it

Viticoltura: Lotta integrata
Ettari: 4 | **Bottiglie:** 20.000 | **Produzione olearia:** Sì
Proprietà: Luciano Marchetto
Cond. enologica: Matteo Franchetto
Cond. agronomica: Staff aziendale
Vendita diretta: Sì | **Visite in azienda:** Sì

GAMBELLARA CLASSICO VIN SANTO MONTE DI MEZZO 2015
Bianco Doc Passito - Garganega 100%
Alc. 15,5% | € 46 (0,5l) | Bt. 1.000 | Ferm. Legno e Acciaio
Mat. Legno 18 mesi
Mogano fitto e luminoso. Emana opulenza: dattero, noce, uva sultanina, spezie orientali e incenso. Grande attraenza del sorso, stratificato e dinamico, che riporta tutta la complessità del bouquet olfattivo. Impeccabile equilibrio tra dolcezza, morbidezza e freschezza. Lungo finale. Cantucci di Prato.

RECIOTO DI GAMBELLARA SPUMANTE 2020
Bianco Docg Spumante Metodo Classico - Garganega 100%
Alc. 12,5% | € 22 | Bt. 2.500 | Ferm. Acciaio | 5 mesi sui lieviti
Crostata di albicocche.

GARYDÙ 2022
Bianco Igt - Garganega 60%, Durella 40%
Alc. 11,5% | € 17 | Bt. 3.500 | Ferm. Acciaio | Mat. Acciaio 6 mesi
Spaghetti con mazzancolle e pomodorini.

GAMBELLARA CLASSICO CORTE DEI MEI 2021
Bianco Doc - Garganega 100%
Alc. 12% | € 16 | Bt. 4.000 | Ferm. Acciaio | Mat. Acciaio 8 mesi
Riso, cozze e zafferano.

RYO 2021
Bianco Igt Frizzante - Garganega 100%
Alc. 12,5% | € 19 | Bt. 3.000 | Ferm. Acciaio | Mat. Acciaio 4 mesi
Frittura di moscardini.

ZYGO
2020

GAMBELLARA SPUMANTE EXTRA DRY CÀ CRISTOFORI
2020

Marchiori
(2003)

Un fitto e scuro cespuglio di capelli ricci racchiude una delle menti più brillanti e innovative del Valdobbiadene, quella di Umberto Marchiori. Importanti esperienze in Italia e all'estero gli hanno consentito di accumulare conoscenze e una visione dell'enologia scevra da ogni preconcetto. Ecco che da Marchiori convivono l'antico e il moderno, l'osservazioni delle fasi lunari e il rigore scientifico, in un equilibrio umano e naturale che ne fa una delle aziende più interessanti da scoprire per chi vuole capire cos'è il Valdobbiadene oggi. Buona riconferma anche quest'anno per il Rivelazione.

Via Rialto, 3 - 31010 Farra di Soligo (TV)
T. 0438 801333 | M. info@marchioriwines.com
www.marchioriwines.com

Viticoltura: Convenzionale
Ettari: 12 | **Bottiglie:** 45.000 | **Produzione olearia:** No
Proprietà: Famiglia Marchiori
Cond. enologica: Umberto Marchiori
Cond. agronomica: Umberto Marchiori
Vendita diretta: Sì | **Visite in azienda:** Sì

VALDOBBIADENE PROSECCO SUPERIORE RIVE DI FARRA DI SOLIGO EXTRA BRUT RIVELAZIONE 2022
Bianco Docg Metodo Martinotti - Glera 85%, Perera 7%, Verdiso 4%, Bianchetta trevigiana 2%, Glera lunga 2%
Alc. 11,5% | € 23 | Bt. 3.600 | Ferm. Acciaio | Mat. Acciaio 4 mesi
1 mese sui lieviti
Verdolino chiaro e vivido, perlage minuto e persistente. Buona intensità olfattiva fruttata con pesca bianca, cedro e ananas, corredata da glicine, giglio e sasso bagnato. Splendido volume gustativo, equilibrato da freschezza vigorosa e vibrante. Ritorni rocciosi e d'agrumi sull'allungo. Battuto di gamberi rossi di Sicilia.

VALDOBBIADENE PROSECCO SUPERIORE EXTRA DRY PROLOGO 2022
Bianco Docg Metodo Martinotti - Glera 85%, Glera lunga 5%, Perera 4%, Bianchetta trevigiana 3%, Verdiso 3%
Alc. 11,5% | € 20 | Bt. 12.000 | Ferm. Acciaio | Mat. Acciaio 4 mesi
1 mese sui lieviti
Polpo alla Luciana.

VALDOBBIADENE PROSECCO SUPERIORE BRUT NATURE SUI LIEVITI INTEGRALE 2021
Bianco Docg Rifermentato in bottiglia senza sboccatura - Glera 85%, Perera 6%, Bianchetta trevigiana 4%, Verdiso 4%, Glera lunga 1%
Alc. 11% | € 23 | Bt. 6.933 | Ferm. Acciaio | Mat. Acciaio 3 mesi | 12 mesi sui lieviti
Salame di cinta senese.

VALDOBBIADENE PROSECCO SUPERIORE RIVE DI FARRA DI SOLIGO BRUT ROCCIAMADRE 2022
Bianco Docg Metodo Martinotti - Glera 85%, Perera 5%, Verdiso 5%, Bianchetta trevigiana 3%, Glera lunga 2%
Alc. 11,5% | € 21 | Bt. 24.000 | Ferm. Acciaio | Mat. Acciaio 4 mesi
1 mese sui lieviti
Frittura di canestrelli e calamari.

VALDOBBIADENE PROSECCO SUPERIORE EXTRA DRY PROLOGO
2020 | 2021

VALDOBBIADENE PROSECCO SUPERIORE RIVE DI FARRA DI SOLIGO EXTRA BRUT RIVELAZIONE
2021

Marsuret
(1936)

Per sapere come attraversare un secolo di trasformazioni, difficoltà e successi di una denominazione e di un territorio intero, pur sempre da protagonista, chiedere a Marsuret. Nome storico del Conegliano-Valdobbiadene, deve il suo successo al fatto di non essere mai stata legata a una statica tradizione, ma piuttosto di averla presa come base di partenza per una costante sperimentazione e miglioramento tecnico. Ecco quindi che alla freschezza tipica di Valdobbiadene, nei vini di questo millesimo si aggiungono nitore e grazia, volutamente ricercati e davvero moderni.

Via Barch, 17 - Frazione Guia - 31049 Valdobbiadene (TV)
T. 0423 900139 | M. marsuret@marsuret.it
www.marsuret.it

Viticoltura: Convenzionale
Ettari: 75 | **Bottiglie:** 900.000 | **Produzione olearia:** No
Proprietà: Ermes Marsura
Cond. enologica: Mariano Pancot
Cond. agronomica: Staff aziendale
Vendita diretta: Sì | **Visite in azienda:** Sì

VALDOBBIADENE SUPERIORE DI CARTIZZE DRY 2022
Bianco Docg Metodo Martinotti - Glera 100%
Alc. 11,5% | € 26 | Bt. 15.000 | Ferm. Acciaio | Mat. Acciaio | 3 mesi sui lieviti
Giallo citrino, lucente, con bollicine sottili e cremose. Quadro olfattivo ben dipinto, con pennellate di verbena, zagara e fiori di campo; poi profili di pesca bianca, ciliegia acerba, pompelmo e melissa. L'ottimo equilibrio contiene bene il dosaggio: risulta quindi soffice, molto persistente e godurioso. Focaccia dolce alle mele.

VALDOBBIADENE PROSECCO SUPERIORE RIVE DI GUIA BRUT 2022
Bianco Docg Metodo Martinotti - Glera 95%, Verdiso 5%
Alc. 11,5% | € 21 | Bt. 15.000 | Ferm. Acciaio | Mat. Acciaio 2 mesi
2 mesi sui lieviti
Filetti di sogliola con salsa di asparagi.

VALDOBBIADENE PROSECCO SUPERIORE EXTRA BRUT AMOLÉR 2022
Bianco Docg Metodo Martinotti - Glera 95%, Verdiso 5%
Alc. 11,5% | € 20 | Bt. 15.000 | Ferm. Acciaio | Mat. Acciaio 2 mesi
2 mesi sui lieviti. Risotto agli scampi.

VALDOBBIADENE PROSECCO SUPERIORE EXTRA DRY IL SOLLER 2022
Bianco Docg Metodo Martinotti - Glera 100%
Alc. 11,5% | € 16 | Bt. 220.000 | Ferm. Acciaio | Mat. Acciaio 2 mesi
2 mesi sui lieviti. Ceviche di gamberi.

VALDOBBIADENE PROSECCO SUPERIORE BRUT SAN BOLDO 2022
Bianco Docg Metodo Martinotti - Glera 95%, Verdiso 5%
Alc. 11,5% | € 16 | Bt. 110.000 | Ferm. Acciaio | Mat. Acciaio 2 mesi
2 mesi sui lieviti. Baccalà mantecato.

VALDOBBIADENE PROSECCO SUPERIORE DRY MILLESIMATO AGOSTINO 2022
Bianco Docg Metodo Martinotti - Glera 85%, Bianchetta trevigiana 5%, Perera 5%, Verdiso 5%
Alc. 11,5% | € 21 | Bt. 30.000 | Ferm. Acciaio | Mat. Acciaio | 3 mesi sui lieviti
Strudel di mele.

VALDOBBIADENE SUPERIORE DI CARTIZZE DRY
2021

VALDOBBIADENE PROSECCO SUPERIORE EXTRA BRUT AMOLÉR
2021

Masari
(1998)

Massimo e Arianna, MAS-ARI per chi legge, sono i depositari della viticoltura della Valle dell'Agno nel senso più ampio del termine. Di fatto l'hanno riportata al livello che oggi tutti conosciamo dopo il progressivo abbandono avvenuto con il boom industriale. Hanno diversificato i loro vini valorizzando le due sponde della vallata, geologicamente diverse, e hanno continuato a coltivare la durella, da secoli qui presente. Leon è il Metodo Classico ottenuto da quest'uva. La versione passita è l'Antico Pasquale, esplosione di acidità e sapidità in cui la dolcezza è attrice non protagonista.

Contrada Bevilacqua, 2/A - 36078 Valdagno (VI)
T. 0445 410780 | M. info@masari.it
www.masari.it

Viticoltura: Biologica certificata
Ettari: 10 | **Bottiglie:** 40.000 | **Produzione olearia:** Sì
Proprietà: Famiglia Dal Lago
Cond. enologica: Massimo Dal Lago
Cond. agronomica: Massimo Dal Lago
Vendita diretta: Sì | **Visite in azienda:** Sì

(94)
ANTICO PASQUALE 2011
Bianco Igt Passito - Durella 100%
Alc. 12% | € 78 (0,375l) | Bt. 1.000 | Ferm. Legno | Mat. Legno 60 mesi
Prezioso topazio lucente. Sinfonia olfattiva di agrumi canditi, datteri e cotognata. Profumi che ricordano l'oriente, zenzero, zafferano e ceralacca. All'assaggio la dolcezza è solo una nota collaterale. Gli aromi evoluti e la grande freschezza delineano complessità e lunghezza infinita dai rimandi speziati. Roquefort.

MASARI 2018
Rosso Igt - Cabernet sauvignon 70%, Merlot 30%
Alc. 13,5% | € 36 | Bt. 4.000 | Ferm. Legno | Mat. Legno 24 mesi
Costata di manzo alla griglia.

SAN MARTINO 2019
Rosso Igt - Cabernet 50%, Merlot 50%
Alc. 13% | € 17 | Bt. 8.000 | Ferm. Legno | Mat. Legno 24 mesi
Fiorentina alla brace.

LEON BRUT NATURE
Bianco Metodo Classico - Durella 100%
Alc. 12,5% | € 22 | Bt. 3.000 | Ferm. Acciaio | 36 mesi sui lieviti
Frittura di calamari, gamberi e zucchine.

MONTEPULGO
2011 | 2013 | 2015

DORO
2007 | 2016

Masi Agricola
(1772)

Nella storia che ha fatto grande la Valpolicella, non si può non nominare Masi Agricola, che dal 1772 è legata alla famiglia Boscaini ma che solo negli anni '80 ha assunto il nuovo nome che la lega allo storico vigneto di proprietà Vaio dei Masi. Le tenute sono 5, a partire dalla Valpolicella per spostarsi poi a Lazise, sulle Colline di Valdobbiadene e arrivando infine persino in Sudamerica. La chicca aziendale è rappresentata dalla Cantina Privata, composta da bottiglie affinate almeno 10 anni che hanno saputo esprimere il meglio, selezionate dal Gruppo Tecnico Masi.

Via Monteleone, 26 - 37015 Sant'Ambrogio di Valpolicella (VR)
T. 045 6832511 | M. masi@masi.it
www.masi.it

Viticoltura: Convenzionale
Ettari: 560 | **Bottiglie:** 4.200.000 | **Produzione olearia:** No
Proprietà: Famiglia Boscaini
Cond. enologica: Staff aziendale
Cond. agronomica: Staff aziendale
Vendita diretta: Sì | **Visite in azienda:** Sì

AMARONE DELLA VALPOLICELLA CLASSICO RISERVA COSTASERA 2017
Rosso Docg - Corvina 70%, Rondinella 25%, Molinara 5%
Alc. 15,5% | € 78 | Bt. 65.000 | Ferm. Legno | Mat. Legno 40 mesi
Rubino profondo. All'olfatto fragranze di rosa e viola appassite, ciliegia croccante e mora di rovo, incalzati da guizzi di cioccolato, mirto ed eucalipto. Nuance di spezie fresche in chiusura. Sorso di buona tensione; morbido e sapido con trama tannica ben integrata. Chiude lungo su toni di cacao. Capriolo in salmì con polenta di grano saraceno.

OSAR 2016
Rosso Igt - Oseleta 100%
Alc. 14% | € 72 | Bt. 5.230 | Ferm. Legno | Mat. Legno 24 mesi
Pernici farcite.

AMARONE DELLA VALPOLICELLA CLASSICO COSTASERA
2016 | 2017

AMARONE DELLA VALPOLICELLA CLASSICO COSTASERA RISERVA
2012 | 2016

Masottina
(1946)

In una zona come le Colline di Conegliano, dove facile sarebbe dedicarsi esclusivamente alla produzione di Prosecco, riservare tanta attenzione ai vini fermi è sinonimo di grande lungimiranza e attaccamento alla tradizione, che vede in questi vini un simbolo importante di storicità. A racchiuderli adesso c'è la linea Ai Palazzi, magnifica espressione della multiforme vocazione enologica dei Colli di Conegliano. Ecco quindi che quest'anno, a fianco di un raffinato Rive di Ogliano, spiccano il Rosso Montesco e il Bianco Rizzardo, splendidi portabandiera di Masottina e di un territorio intero.

Via Bradolini, 54 - 31015 Conegliano (TV)
T. 0438 400775 | M. info@masottina.it
www.masottina.it

Viticoltura: Convenzionale ed ecosostenibile
Ettari: 280 | **Bottiglie:** 1.200.000 | **Produzione olearia:** No
Proprietà: Famiglia Dal Bianco
Cond. enologica: Adriano Dal Bianco
Cond. agronomica: Staff aziendale
Vendita diretta: Sì | **Visite in azienda:** Sì

COLLI DI CONEGLIANO ROSSO MONTESCO 2017
Rosso Docg - Cabernet sauvignon 47%, Merlot 30%, Cabernet franc 13%, Marzemino 10%
Alc. 13,5% | € 36 | Bt. 5.000 | Ferm. Legno e Acciaio | Mat. Legno 24 mesi
Leggere trasparenze granato su un fitto rubino che colora il calice. Frutta rossa in confettura e bocciolo di rosa anticipano la lunga sfilata di profumi, tra cui rabarbaro, tabacco e cardamomo. Ampio, incalzante, di magistrale equilibrio su una trama tannica finissima degna di un grande vino. Arista di maiale con salsa di prugne.

CONEGLIANO VALDOBBIADENE PROSECCO SUPERIORE R.D.O. EXTRA DRY LEVANTE 2022
Bianco Docg Metodo Martinotti - Glera 100%
Alc. 11,5% | € 21 | Bt. 12.000 | Ferm. Acciaio | Mat. Acciaio 3 mesi
4 mesi sui lieviti. Scampi alla griglia.

COLLI DI CONEGLIANO BIANCO RIZZARDO 2018
Bianco Docg - Chardonnay 40%, Manzoni bianco 30%, Pinot bianco 20%, Riesling renano 5%, Sauvignon 5%
Alc. 13,5% | € 25 | Bt. 5.000 | Ferm. Acciaio | Mat. Legno 24 mesi
Castelmagno.

CONEGLIANO VALDOBBIADENE PROSECCO SUPERIORE EXTRA DRY CONTRADAGRANDA
Bianco Docg Metodo Martinotti - Glera 100%
Alc. 11,5% | € 18 | Bt. 150.000 | Ferm. Acciaio | Mat. Acciaio | 1 mese sui lieviti
Ravioli burro e salvia.

CONEGLIANO VALDOBBIADENE PROSECCO SUPERIORE R.D.O. BRUT PONENTE 2022
Bianco Docg Metodo Martinotti - Glera 100%
Alc. 11,5% | € 21 | Bt. 12.000 | Ferm. Acciaio | Mat. Acciaio 3 mesi
3 mesi sui lieviti. Spaghetti con vongole veraci.

CONEGLIANO VALDOBBIADENE PROSECCO SUPERIORE BRUT CONTRADAGRANDA
Bianco Docg Metodo Martinotti - Glera 100%
Alc. 11,5% | € 18 | Bt. 120.000 | Ferm. Acciaio | Mat. Acciaio | 1 mese sui lieviti
Bocconcini di rana pescatrice in crosta di mandorle.

COLLI DI CONEGLIANO ROSSO MONTESCO
2009 | 2010 | 2015

CONEGLIANO VALDOBBIADENE PROSECCO SUPERIORE R.D.O. EXTRA DRY LEVANTE
2021

Massimago
(2006)

Camilla Rossi Chauvenet, vignaiola per vocazione, è l'anima di Massimago, la tenuta di Mezzane dove l'antica casa di proprietà ospita la cantina e un affascinante Wine Relais, circondato dal bosco e da 12 ettari di vigneti. Qui e negli altri relais a Verona e a Padova, si dà grande valore all'accoglienza, centrata sulla scoperta esperienziale del territorio e dei vini, caratterizzati da uno stile insieme rigoroso e dinamico. Ne sono testimoni, in quest'edizione, ben quattro Amarone ottenuti da diverse parcelle, con in testa il Svt300 Terrazze 2017, dal sorso verticale e dal tannino setoso.

Via Giare, 21 - 37030 Mezzane di Sotto (VR)
T. 0458 880143 | M. info@massimago.com
www.massimago.com

Viticoltura: Biologica certificata
Ettari: 12 | **Bottiglie:** 80.000 | **Produzione olearia:** Sì
Proprietà: Camilla Rossi Chauvenet
Cond. enologica: Valentino Ciarla
Cond. agronomica: Staff aziendale
Vendita diretta: Sì | **Visite in azienda:** Sì

AMARONE DELLA VALPOLICELLA SVT300 2017
Rosso Docg - Corvina 65%, Corvinone 25%, Rondinella 10%
Alc. 15,5% | € 130 | Bt. 1.200 | Ferm. Acciaio | Mat. Legno 30 mesi
Rosso carminio di media compattezza, avvolto da sfumature granato riflettenti. Profumi intensi di frutti di bosco in una cornice di ciliegia sotto spirito, su una trama speziata di cardamomo e pepe rosa. Il sorso è di grande respiro, verticale con tannino setoso, pieno di vitalità e lungamente persistente. Faraona arrosto con salsa di frutti di bosco.

AMARONE DELLA VALPOLICELLA SVM 400 2017
Rosso Docg - Corvina 65%, Corvinone 25%, Rondinella 10%
Alc. 15,5% | € 130 | Bt. 1.200 | Ferm. Acciaio | Mat. Legno 30 mesi
Brasato di lepre con riduzione di vino rosso.

AMARONE DELLA VALPOLICELLA 2017
Rosso Docg - Corvina 65%, Corvinone 25%, Rondinella 10%
Alc. 16% | € 84 | Bt. 7.000 | Ferm. Acciaio | Mat. Legno 30 mesi
Reale di vitello alla senape antica.

AMARONE DELLA VALPOLICELLA CONTE GASTONE 2018
Rosso Docg - Corvina 65%, Corvinone 30%, Rondinella 5%
Alc. 16% | € 44 | Bt. 10.000 | Ferm. Acciaio | Mat. Legno 30 mesi
Pecorino di Pienza.

VALPOLICELLA RIPASSO SUPERIORE MARCHESA MARIABELLA 2021
Rosso Doc - Corvina 65%, Corvinone 25%, Rondinella 10%
Alc. 13,5% | € 28 | Bt. 18.000 | Ferm. Acciaio | Mat. Legno 12 mesi
Nodini di cinta senese lardellati al forno.

AMARONE DELLA VALPOLICELLA
2016

VALPOLICELLA RIPASSO SUPERIORE MARCHESA MARIABELLA
2018

Roberto Mazzi
(1950)

Tra le prime aziende in Valpolicella a scommettere sulla produzione vitivinicola, tant'è che Gaetano Dall'Ora, prozio degli attuali proprietari, fu tra i sei fondatori della Cantina di Negrar. Due Amarone da due diversi vigneti, il frutto profondo nel Castel 2017 e le sensazioni di erbe aromatiche nel Punta di Villa 2018, e due Superiore diversi nello stile: Il Poiega 2019 con il classico appassimento e il vibrante e dinamico Sanperetto 2020, moderno, con sole uve fresche e basso tenore alcolico. Succoso e piacevolmente tostato il Recioto Le Calcarole, gastronomico il Valpolicella.

Via Crosetta, 8 - Frazione San Peretto - 37024 Negrar (VR)
T. 045 7502072 | M. info@robertomazzi.it
www.robertomazzi.it

Viticoltura: Convenzionale
Ettari: 7 | **Bottiglie:** 50.000 | **Produzione olearia:** Sì
Proprietà: Roberto, Stefano e Antonio Mazzi
Cond. enologica: Stefano Mazzi, Antonio Mazzi
Cond. agronomica: Stefano Mazzi
Vendita diretta: Sì | **Visite in azienda:** Sì

AMARONE DELLA VALPOLICELLA CLASSICO CASTEL 2017
Rosso Docg - Corvina 65%, Rondinella 20%, Molinara 10%, Corvinone 5%
Alc. 17% | € 78 | Bt. 3.500 | Ferm. Acciaio | Mat. Legno 30 mesi
Granato brillante. Ammalia con aromi dolci di ciliegia anche in liquore, mora e lampone, viola appassita e arance candite. A far da cornice i toni tostati di cioccolato e caffè in grani, legno di sandalo e incenso. Assaggio caldo e morbido, dotato comunque di adeguata freschezza che lo rende equilibrato e piacevole. Bocconcini di cervo al cavolo nero.

AMARONE DELLA VALPOLICELLA CLASSICO VIGNETO PUNTA DI VILLA 2018
Rosso Docg - Corvina 65%, Rondinella 20%, Molinara 10%, Corvinone 5%
Alc. 17% | € 65 | Bt. 8.000 | Ferm. Acciaio | Mat. Legno 30 mesi
Anatra alla pechinese.

VALPOLICELLA CLASSICO SUPERIORE SANPERETTO 2020
Rosso Doc - Corvina 65%, Rondinella 20%, Molinara 10%, Corvinone 5%
Alc. 13,5% | € 20 | Bt. 10.000 | Ferm. Acciaio | Mat. Legno 12 mesi
Pasta alla Norma.

VALPOLICELLA CLASSICO SUPERIORE POIEGA 2019
Rosso Doc - Corvina 65%, Rondinella 20%, Molinara 10%, Corvinone 5%
Alc. 14,5% | € 31 | Bt. 7.000 | Ferm. Acciaio | Mat. Legno 18 mesi
Gulasch di manzo alla paprica dolce.

RECIOTO DELLA VALPOLICELLA CLASSICO LE CALCAROLE 2020
Rosso Docg Passito - Corvina 75%, Rondinella 20%, Molinara 5%
Alc. 14,5% | € 33 (0,375l) | Bt. 3.000 | Ferm. Acciaio | Mat. Legno 24 mesi
Petit four alle mandorle.

AMARONE DELLA VALPOLICELLA CLASSICO VIGNETO PUNTA DI VILLA
2011

AMARONE DELLA VALPOLICELLA CLASSICO VIGNETO CASTEL
2010 | 2012

Meroni
(1935)

A Sant'Ambrogio di Valpolicella, dal 1953 l'azienda produce vini con sole uve autoctone dei vigneti storici Sengia e Maso, posti tra i 150 e i 300 metri di altitudine. Le due linee offrono buona struttura e acidità sempre presente: Il Velluto, che deve il nome al poeta Barbarani, regala tannini setosi e aromi soffusi, magistrali e complessi. L'Amarone sosta oltre 40 mesi in botti da 25 hl. Per la recente linea Carlo Meroni, con l'uso di botti da 12 hl e soste più brevi, si punta a un sorso più moderno, agile e fresco. Quest'anno la cantina presenta la Color Collection, prodotta a cadenza decennale.

via Roma 16/a - 37015 Sant'Ambrogio di Valpolicella (VR)
T. 045 6861783 | M. carlomeroni@vinimeroni.com
www.vinimeroni.com

Viticoltura: Convenzionale
Ettari: 12 | **Bottiglie:** 50.000 | **Produzione olearia:** Sì
Proprietà: Carlo e Katia Meroni
Cond. enologica: Mario Liut
Cond. agronomica: Staff aziendale
Vendita diretta: Sì | **Visite in azienda:** Sì

AMARONE DELLA VALPOLICELLA CLASSICO IL VELLUTO 2015
Rosso Docg - Corvinone 35%, Corvina 30%, Rondinella 25%, Molinara 10%
Alc. 17,5% | € 85 | Bt. 6.300 | Ferm. Acciaio | Mat. Legno 60 mesi
Rosso granato. L'esame olfattivo lo svela in ottima forma, con profumi soffusi, eleganti e complessi. Sfilano cassis, visciole, infusi speziati e di rosa canina, sottobosco secco. Sorso raffinato e agile, ben calibrato da un'inattesa spinta acida e una lieve impronta tannica. Ricordo con accenni eterei di distillato. Tordi in salmì.

AMARONE DELLA VALPOLICELLA CLASSICO COLOR COLLECTION RISERVA DEL FONDATORE 2012
Rosso Docg - Corvinone 35%, Corvina 30%, Rondinella 25%, Molinara 10%
Alc. 17% | € 117 | Bt. 3.100 | Ferm. Acciaio | Mat. Legno 96 mesi
Allodole tartufate in casseruola.

VALPOLICELLA CLASSICO SUPERIORE IL VELLUTO 2016
Rosso Doc - Corvina 30%, Corvinone 30%, Rondinella 30%, Molinara 10%
Alc. 14,5% | € 29 | Bt. 6.466 | Ferm. Acciaio | Mat. Legno 42 mesi
Coda alla vaccinara.

AMARONE DELLA VALPOLICELLA CLASSICO CARLO MERONI 2016
Rosso Docg - Corvinone 35%, Corvina 30%, Rondinella 25%, Molinara 10%
Alc. 17% | € 65 | Bt. 3.300 | Ferm. Acciaio | Mat. Legno 42 mesi
Montasio stravecchio.

VALPOLICELLA RIPASSO CLASSICO SUPERIORE CARLO MERONI 2018
Rosso Doc - Corvina 30%, Corvinone 30%, Rondinella 30%, Molinara 10%
Alc. 15,5% | € 33 | Bt. 2.700 | Ferm. Acciaio | Mat. Legno 30 mesi
Fondue bourguignonne.

AMARONE DELLA VALPOLICELLA CLASSICO RISERVA IL VELLUTO
2014

AMARONE DELLA VALPOLICELLA CLASSICO CARLO MERONI
2015

Merotto
(1936)

La qualità media di tutti i vini è talmente alta che verrebbe da dire di essere di fronte a un anno di grazia. Ma questo non renderebbe il giusto merito a un'azienda che ha sempre dimostrato di essere tra le migliori della denominazione. Il risultato di questa vendemmia è invece il frutto del grande lavoro che Graziano Merotto e tutto il suo team hanno condotto nel corso degli anni, con totale dedizione alla ricerca della massima qualità. Per questo il nostro imbarazzo nel consigliare un'etichetta in particolare va visto quest'anno come un premio al lavoro di questa splendida cantina.

Via Scandolera, 21 - Frazione Col San Martino - 31010 Farra di Soligo (TV)
T. 0438 989000 | M. merotto@merotto.it
www.merotto.it

Viticoltura: Convenzionale
Ettari: 45 | **Bottiglie:** 610.000 | **Produzione olearia:** No
Proprietà: Graziano Merotto
Cond. enologica: Mark Merotto
Cond. agronomica: Staff aziendale
Vendita diretta: Sì | **Visite in azienda:** Sì

(91,5)

VALDOBBIADENE PROSECCO SUPERIORE RIVE DI COL SAN MARTINO BRUT CUVÉE DEL FONDATORE GRAZIANO MEROTTO 2022
Bianco Docg Metodo Martinotti - Glera 100%
Alc. 11,5% | € 23 | Bt. 33.450 | Ferm. Acciaio | Mat. Acciaio 2 mesi 6 mesi sui lieviti
Paglierino di estrema luminosità, magnifico il perlage. Elegantissimo nei profumi di fiori bianchi, pesca, pompelmo rosa e gesso. Il sorso è tonico, cremoso, con freschezza e salinità fuse perfettamente. La delicata carbonica dà vivacità a un vino che resta negli anni un punto di riferimento. Battuto di gamberi rossi di Sicilia.

VALDOBBIADENE PROSECCO SUPERIORE DRY LA PRIMAVERA DI BARBARA 2022
Bianco Docg Metodo Martinotti - Glera 90%, Perera 10%
Alc. 11,5% | € 16 | Bt. 80.000 | Ferm. Acciaio | Mat. Acciaio | 3 mesi sui lieviti
Frittelle di mele.

VALDOBBIADENE SUPERIORE DI CARTIZZE DRY
Bianco Docg Metodo Martinotti - Glera 100%
Alc. 11,5% | € 36 | Bt. 12.000 | Ferm. Acciaio | Mat. Acciaio 3 mesi 3 mesi sui lieviti. Crostata agli agrumi.

VALDOBBIADENE PROSECCO SUPERIORE BRUT INTEGRAL 2022
Bianco Docg Metodo Martinotti - Glera 100%
Alc. 11,5% | € 19 | Bt. 30.000 | Ferm. Acciaio | Mat. Acciaio 4 mesi 4 mesi sui lieviti
Anguilla ai ferri.

VALDOBBIADENE PROSECCO SUPERIORE EXTRA DRY COLBELO
Bianco Docg Metodo Martinotti - Glera 100%
Alc. 11% | € 17 | Bt. 170.000 | Ferm. Acciaio | Mat. Acciaio | 3 mesi sui lieviti
Moeche fritte.

VALDOBBIADENE PROSECCO SUPERIORE EXTRA DRY MILLESIMATO CASTÈ 2022
Bianco Docg Metodo Martinotti - Glera 100%
Alc. 11,5% | € 19 | Bt. 28.640 | Ferm. Acciaio | Mat. Acciaio 6 mesi 6 mesi sui lieviti. Maltagliati con funghi porcini.

VALDOBBIADENE PROSECCO SUPERIORE RIVE DI COL SAN MARTINO BRUT CUVÉE DEL FONDATORE GRAZIANO MEROTTO
2020 | 2021

VALDOBBIADENE SUPERIORE DI CARTIZZE DRY
2016 | 2019 | 2020

Firmino Miotti
(1958)

La cantina di Firmino Miotti ha le radici alle spalle della cittadina di Breganze, sulle prime colline che si elevano dalla pianura e portano all'Altopiano dei Sette Comuni. Azienda rigorosamente familiare che interpreta fedelmente la tradizione vitivinicola della denominazione. I vini rossi da merlot e cabernet sono dei classici nel panorama enologico della zona, come lo sono i vini sur lie ottenuti da vitigni antichi del luogo. L'autoctona vespaiola dà il vino d'annata, e, con l'appassimento, il dolce Torcolato. Svincolato dalle usanze locali è invece il Metodo Classico Anima.

Via Brogliati Contro, 53 - 36042 Breganze (VI)
T. 0445 873006 | M. info@firminomiotti.it
www.firminomiotti.it

Viticoltura: A basso impatto ambientale
Ettari: 5 | **Bottiglie:** 25.000 | **Produzione olearia:** No
Proprietà: Firmino Miotti
Cond. enologica: Franca Miotti
Cond. agronomica: Staff aziendale
Vendita diretta: Sì | **Visite in azienda:** Sì

BREGANZE ROSSO 2018
Rosso Doc - Merlot 100%
Alc. 14% | € 12 | Bt. 5.325 | Ferm. Acciaio | Mat. Acciaio 12 mesi e Legno 12 mesi
Granato cupo e profondo con ornamenti mattone. Ampio il ventaglio olfattivo con toni speziati e aromatici. Legna arsa, erbe di montagna e bacche nere. Rabarbaro e liquore di marasche. Palato equilibrato, lascia emergere sostanza e calore, tannini setosi e freschezza adeguata. Finale balsamico. Medaglioni di cervo con riduzione di cottura.

BREGANZE TORCOLATO 2018
Bianco Doc Passito - Vespaiola 90%, Tai 8%, Pedevenda 2%
Alc. 13% | € 22 (0,375l) | Bt. 2.000 | Ferm. Acciaio
Crêpe con confettura di albicocca.

BREGANZE VESPAIOLO SPUMANTE ANIMA PAS DOSÉ 2018
Bianco Metodo Classico - Vespaiola 100%
Alc. 12,5% | € 26 | Bt. 1.221 | Ferm. Acciaio | 48 mesi sui lieviti
Cartoccio di pescatrice agli agrumi.

GRUAJO
Rosso - Gruaja 100%
Alc. 13,5% | € 14 | Bt. 2.095 | Ferm. Acciaio | Mat. Acciaio 11 mesi
Filetto al pepe verde.

LE COLOMBARE 2022
Bianco Igt - Tai 70%, Riesling 30%
Alc. 12,5% | € 11 | Bt. 1.200 | Ferm. Acciaio | Mat. Acciaio 9 mesi
Alette di pollo piccanti.

BREGANZE CABERNET 2016
Rosso Doc - Cabernet franc 50%, Cabernet sauvignon 50%
Alc. 14,5% | € 112 | Bt. 5.330 | Ferm. Acciaio | Mat. Acciaio 6 mesi e Legno 12 mesi
Beccacce allo spiedo.

BREGANZE TORCOLATO
2010 | 2014

VALLETTA
2016

Ornella Molon Traverso

(1982)

Una solare Ornella, con il prezioso sostegno di tutta la famiglia, vuole ottenere vini intriganti e seducenti, grazie alle attenzioni minuziose e costanti in vigna. Vigne che si estendono lungo il fiume Piave, tra terreni argillosi, limosi e ricchi di caranto, lambiti da venti montani e brezze marine. È questo lo scenario che ospita e produce uve di grande qualità, sia internazionali che ancorate a quel suolo, come l'austero raboso. Notevole l'eleganza raggiunta dal Rosso di Villa 2016, Merlot Riserva, seguito dal Malanotte 2015. Fascinoso il passito Bianco di Ornella 2016.

Via Risorgimento, 40 - Frazione Campodipietra - 31040 Salgareda (TV)
T. 0422 804807 | M. info@ornellamolon.it
www.ornellamolon.it

Viticoltura: Convenzionale
Ettari: 44 | **Bottiglie:** 500.000 | **Produzione olearia:** No
Proprietà: Ornella Molon e Giancarlo Traverso
Cond. enologica: Stefano Traverso, Giancarlo Traverso
Cond. agronomica: Giancarlo Traverso
Vendita diretta: Sì | **Visite in azienda:** Sì

PIAVE MERLOT ROSSO DI VILLA RISERVA 2016
Rosso Doc - Merlot 100%
Alc. 15% | € 35 | Bt. 2.600 | Ferm. Legno | Mat. Legno 18 mesi
Impenetrabile granato. Esordisce con un intrigo di spezie dolci, sensazioni balsamiche, quasi mentolate, e tostature di cacao. Il frutto è in confettura, sostenuto dalle percezioni di fiori appassiti. Corpo dominato da una seducente e vellutata avvolgenza, chiosa di ampio respiro. Petto di germano reale al balsamico.

PIAVE MALANOTTE 2015
Rosso Docg - Raboso piave 100%
Alc. 14% | € 51 | Bt. 3.000 | Ferm. Legno | Mat. Legno 24 mesi
Filetto di maiale alla senape.

BIANCO DI ORNELLA 2019
Bianco Igt Passito - Verduzzo friulano 70%, Traminer aromatico 20%, Sauvignon 10%
Alc. 11,5% | € 25 (0,5l) | Bt. 1.900 | Ferm. Legno | Mat. Legno 24 mesi
Gorgonzola naturale.

EROS 2021
Rosso Igt - Pinot nero 55%, Malbech 45%
Alc. 13,5% | € 15 | Bt. 6.400 | Ferm. Legno | Mat. Legno 8 mesi
Asiago stravecchio.

TRAMINER 2022
Bianco Igt - Traminer aromatico 100%
Alc. 13,5% | € 12 | Bt. 10.000 | Ferm. Acciaio | Mat. Acciaio 6 mesi
Riso, cozze e zafferano.

VITE BIANCA 2021
Bianco Igt - Chardonnay 100%
Alc. 13,5% | € 15 | Bt. 2.000 | Ferm. Acciaio | Mat. Acciaio 9 mesi
Branzino al cartoccio.

BIANCO DI ORNELLA
2010

PIAVE RABOSO
2012

Monte Brècale

(1999)

Monte Brècale è una di quelle aziende che invita a riscoprire nel calice l'essenza delle tradizioni, del territorio, delle persone che con pazienza e dedizione di vendemmia in vendemmia consegnano un prodotto che è figlio della terra. L'azienda è familiare e artigianale, con un approccio rispettoso al terreno e alla vite; in cantina non si usano lieviti selezionati ma si predilige il pied de cuve. Il 2022 vede il coinvolgimento a tempo pieno del figlio Matteo, accanto a papà Franco e mamma Fabrizia: nuove forze per nuovi progetti che vedremo in futuro, un Sur Lie e un Metodo Classico.

Via Pestrini, 27 - 35030 Cinto Euganeo (PD)
T. 0429 94474 | M. montebrecale@aruba.it
www.montebrecale.it

Viticoltura: Biologica certificata
Ettari: 4 | **Bottiglie:** 12.000 | **Produzione olearia:** Sì
Proprietà: Fabrizia Vezzù
Cond. enologica: Giuseppe Franceschini
Cond. agronomica: Staff aziendale
Vendita diretta: Sì | **Visite in azienda:** Sì

ROSSO FRARI 2019
Rosso Igt - Cabernet franc 50%, Merlot 50%
Alc. 14,5% | € 30 | Bt. 1.000 | Ferm. Acciaio | Mat. Legno 18 mesi
Carminio scuro, orlo granato. L'apertura è sui fiori, petali di rosa, ciclamino e peonia. Poi confetture di mora e ciliegia, quindi mirto, rabarbaro, spezie dolci e tocchi balsamici. Equilibrato grazie e morbidezza alcolica e tannino pregiato che, con la dote sapida e l'adeguata acidità, lo allungano soavemente. Capriolo ai porcini.

MOSCATO SECCO 2022
Bianco Igt - Moscato bianco 100%
Alc. 14% | € 17 | Bt. 1.130 | Ferm. Acciaio | Mat. Acciaio 6 mesi
Insalatina di porcini e scaglie di formaggio.

AMMONITE BIANCO 2021
Bianco Igt - Manzoni bianco 100%
Alc. 14,5% | € 17 | Bt. 1.800 | Ferm. Acciaio | Mat. Cemento 8 mesi
Risotto alle ortiche.

AMMONITE ROSSO 2022
Rosso Igt - Merlot 60%, Malbech 40%
Alc. 13% | € 17 | Bt. 2.600 | Ferm. Acciaio | Mat. Cemento 7 mesi
Grigliata di carne con salsa barbecue.

ROSSO FRARI
2015

CALTO FONDO
2015

Monte Cillario

(2009)

È stato nonno Rinaldo che con coraggio ha suggerito alle generazioni che l'hanno succeduto di diventare protagonisti con i propri vini, e non fare più solo i vignaioli. Ampia la gamma delle etichette e degli stili così da intercettare palati e culture diverse. Emerge in Guida l'Amarone Riserva Rinaldo Marchesini 2015, per le sensazioni fresche e balsamiche, un'interpretazione moderna e vibrante del territorio; è seguito di stretta misura dal notevole Amarone Riserva Excelsus 2012, con le sue ampiezze fruttate di confettura e i tocchi di china.

Via Santa Cristina, 1 - 37124 Verona (VR)
T. 045 941387 | M. montecillariovini@gmail.com
www.montecillariovini.com

Viticoltura: Convenzionale
Ettari: 30 | **Bottiglie:** 80.000 | **Produzione olearia:** Sì
Proprietà: Marchesini Gian Emilio e Franco
Cond. enologica: Armando Vesco, Alessandro Turati
Cond. agronomica: Staff aziendale
Vendita diretta: Sì | **Visite in azienda:** Sì

(93)

AMARONE DELLA VALPOLICELLA RINALDO MARCHESINI RISERVA 2015
Rosso Docg - Corvina 55%, Corvinone 30%, Rondinella 10%, Croatina 5%
Alc. 16% | € 65 | Bt. 3.000 | Ferm. Acciaio | Mat. Legno 48 mesi
Granato compatto. Fragranze agrumate come la buccia d'arancia, poi cardamomo e ginepro. La forza fresca e balsamica di bosso, mirto e macchia mediterranea. Infine cacao e polvere di caffè. Palato coerente di grande freschezza, con tannino appena domo. Potente e di grande beva. Civet di capriolo ai funghi.

AMARONE DELLA VALPOLICELLA EXCELSUS RISERVA 2012
Rosso Docg - Corvina 50%, Corvinone 30%, Croatina 5%, Oseleta 5%, Rondinella 5%, altre varietà 5%
Alc. 17,5% | € 91 | Bt. 878 | Ferm. Acciaio | Mat. Legno 72 mesi
Pernici farcite.

AMARONE DELLA VALPOLICELLA CASA ERBISTI 2018
Rosso Docg - Corvina 55%, Corvinone 25%, Rondinella 15%, altre varietà 5%
Alc. 16% | € 52 | Bt. 3.000 | Ferm. Acciaio | Mat. Legno 42 mesi
Spezzatino di manzo.

AMARONE DELLA VALPOLICELLA EXCELSUS 2018
Rosso Docg - Corvina 55%, Corvinone 25%, Rondinella 15%, altre varietà 5%
Alc. 16% | € 36 | Bt. 2.000 | Ferm. Acciaio | Mat. Legno 42 mesi
Guancia di vitello in umido.

VALPOLICELLA RIPASSO SUPERIORE EXCELLENTIA 2019
Rosso Doc - Corvina 50%, Corvinone 30%, Rondinella 15%, altre varietà 5%
Alc. 14,5% | € 16 | Bt. 10.000 | Ferm. Acciaio | Mat. Legno 19 mesi
Pluma di maialino Bellota con cipolle caramellate.

VALPOLICELLA SUPERIORE BORGO ANTICO 2020
Rosso Doc - Corvina 55%, Corvinone 20%, Rondinella 15%, Croatina 10%
Alc. 14% | € 20 | Bt. 8.000 | Ferm. Acciaio | Mat. Legno 22 mesi
Fettuccine al ragù d'agnello.

RECIOTO DELLA VALPOLICELLA SAN DIONIGI
2018

AMARONE DELLA VALPOLICELLA CASA ERBISTI
2016 | 2017

Monte del Frà

(1958)

A Custoza, da oltre sessant'anni la famiglia Bonomo conduce un'azienda che è sinonimo di fedeltà al territorio e insieme di capacità imprenditoriale che guarda al futuro. Il parco di vigneti si è ampliato nel tempo ai territori del Bardolino, della Valpolicella e del Lugana, delineando una produzione attenta alla sostenibilità, con vini dalla trama solida ed elegante. È in corso un ampliamento della cantina che ora ospita anche Art-Winery, uno spazio artistico permanente per mostre, dove anche i sorsi di vino, come quelli del profondo e sapido Cà del Magro 2021, diventano piccole perle d'arte.

Strada Custoza, 35 - 37066 Sommacampagna (VR)
T. 045 510490 | M. info@montedelfra.it
www.montedelfra.it

Viticoltura: Convenzionale
Ettari: 222 | **Bottiglie:** 1.000.000 | **Produzione olearia:** No
Proprietà: Eligio, Claudio e Marica Bonomo
Cond. enologica: Claudio Bonomo, Claudio Introini
Cond. agronomica: Eligio Bonomo
Vendita diretta: Sì | **Visite in azienda:** Sì

CUSTOZA SUPERIORE CA' DEL MAGRO 2021
Bianco Doc - Garganega 40%, Cortese 30%, Trebbiano 20%, Manzoni bianco 10%
Alc. 13% | € 23 | Bt. 60.000 | Ferm. Acciaio | Mat. Cemento 8 mesi
Giallo paglierino vivace. Si propone dapprima con indizi vegetali: foglia di menta, ortica e salvia; a seguire il tropicale di ananas e banana, lavanda, un pizzico di pepe bianco e un sottofondo di nocciola tostata. Il sorso è molto equilibrato e chiude su aromi di frutta ed erbe aromatiche. Luccio alla Gardesana.

AMARONE DELLA VALPOLICELLA CLASSICO SCARNOCCHIO RISERVA 2017
Rosso Docg - Corvina 50%, Corvinone 30%, Rondinella 20%
Alc. 15,5% | € 78 | Bt. 8.500 | Ferm. Acciaio | Mat. Legno 36 mesi
Filetto di cervo ai mirtilli.

VALPOLICELLA RIPASSO CLASSICO SUPERIORE TENUTA LENA DI MEZZO 2021
Rosso Doc - Corvina 60%, Corvinone 20%, Rondinella 20%
Alc. 14% | € 16 | Bt. 150.000 | Ferm. Acciaio | Mat. Legno 20 mesi
Involtini di vitello lardellati.

AMARONE DELLA VALPOLICELLA CLASSICO TENUTA LENA DI MEZZO 2019
Rosso Docg - Corvina 50%, Corvinone 30%, Rondinella 20%
Alc. 15,5% | € 49 | Bt. 30.000 | Ferm. Acciaio | Mat. Legno 24 mesi
Faraona ripiena con salsa tartufata.

CUSTOZA SUPERIORE BONOMO SEXAGINTA 2018
Bianco Doc - Garganega 40%, Trebbianello 30%, Trebbiano 30%
Alc. 13% | € 39 | Bt. 6.000 | Ferm. Legno | Mat. Legno 18 mesi
Coniglio alla ligure.

CUSTOZA 2022
Bianco Doc - Garganega 40%, Cortese 30%, Trebbianello 15%, Trebbiano 15%
Alc. 12,5% | € 10 | Bt. 600.000 | Ferm. Acciaio | Mat. Acciaio 4 mesi
Risotto alla zucca.

CUSTOZA SUPERIORE CA' DEL MAGRO
2015 | 2018 | 2020

COLOMBARA
2015

Monte Santoccio
(2008)

È più importante il territorio o lo stile del produttore? O magari il produttore si è semplicemente adattato al suo territorio? Siamo sul versante di Fumane, poco lontano da Santa Maria Valverde, ma qui il terreno ha una matrice calcarea. Per quanto riguarda l'uvaggio, in quest'area la molinara c'è sempre stata, nessuno ha mai pensato di sostituirla e i vigneti sono a pergola. Lo stile è leggiadro e raffinato, tutti i vini sono ben luminosi e di bella beva. In quest'edizione l'azienda presenta il suo primo Amarone Riserva: la forza aumenta, ma non si rinnega lo stile.

Località Santoccio, 6 - 37022 Fumane (VR)
T. 348 3608857 | M. laura.ardiri@montesantoccio.it
www.montesantoccio.it

Viticoltura: Convenzionale
Ettari: 10 | **Bottiglie:** 55.000 | **Produzione olearia:** Sì
Proprietà: Nicola Ferrari
Cond. enologica: Nicola Ferrari
Cond. agronomica: Nicola Ferrari
Vendita diretta: Sì | **Visite in azienda:** Sì

AMARONE DELLA VALPOLICELLA CLASSICO RISERVA 2015
Rosso Docg - Corvina 40%, Corvinone 30%, Rondinella 25%, Molinara 5%
Alc. 16,5% | € 78 | Bt. 3.000 | Ferm. Acciaio | Mat. Legno 60 mesi
Rubino profondo. Suadente naso balsamico e mentolato, mirto, liquirizia e cioccolato alla menta; poi spezie come cardamomo e pepe nero, su un letto di lamponi e ciliegie. Infine tocchi di viola e geranio. Fresco il gusto, accattivante, con tannino ben integrato e un eccellente equilibrio gustativo. Guanciale di manzo al brandy.

VALPOLICELLA CLASSICO SUPERIORE 2020
Rosso Doc - Corvina 40%, Corvinone 30%, Rondinella 20%, Molinara 10%
Alc. 13% | € 15 | Bt. 9.000 | Ferm. Acciaio | Mat. Acciaio 12 mesi e Legno 12 mesi
Pappardelle al ragù di cervo.

AMARONE DELLA VALPOLICELLA CLASSICO 2018
Rosso Docg - Corvina 40%, Corvinone 30%, Rondinella 25%, Molinara 5%
Alc. 16% | € 41 | Bt. 9.500 | Ferm. Acciaio | Mat. Legno 36 mesi
Petto d'anatra all'arancia.

VALPOLICELLA RIPASSO CLASSICO SUPERIORE 2020
Rosso Doc - Corvina 40%, Corvinone 30%, Rondinella 20%, Molinara 10%
Alc. 14,5% | € 19 | Bt. 18.000 | Ferm. Acciaio | Mat. Legno 12 mesi
Hamburger di manzo con Montasio fuso.

VALPOLICELLA CLASSICO 2022
Rosso Doc - Corvina 40%, Corvinone 30%, Rondinella 20%, Molinara 10%
Alc. 12% | € 11 | Bt. 8.000 | Ferm. Acciaio | Mat. Cemento 6 mesi
Ravioli di magro con funghi chiodini.

AMARONE DELLA VALPOLICELLA CLASSICO
2013 | 2017

RECIOTO DELLA VALPOLICELLA CLASSICO
2017

Monte Zovo
(2000)

Grande interprete del territorio anche con la capacità di riscrivere la sua storia con modernità e raffinatezza. È il caso del Lugana Riserva Terralbe 2019, in luce già alla sua prima uscita e nato dall'ultima tra le aree produttive inserite nella gamma dei vini aziendali. Dal basso dei terreni dalla matrice argillosa e limosa del Lugana si passa alle altezze della proprietà di Caprino col vino d'autore Calinverno, a quelle del Monte Baldo con il Sauvignon Oltremonte e, ultima ma decisamente non meno importante, alla Valpolicella tra i 300 e i 600 m s.l.m. a Tregnago.

Località Zovo, 23 - 37013 Caprino Veronese (VR)
T. 045 7281301 | M. info@montezovo.com
www.montezovo.com

Viticoltura: Biologica certificata
Ettari: 150 | **Bottiglie:** 1.000.000 | **Produzione olearia:** Sì
Proprietà: Diego Cottini
Cond. enologica: Riccardo Cotarella, Michele Cottini
Cond. agronomica: Staff aziendale
Vendita diretta: Sì | **Visite in azienda:** Sì

91,5

LUGANA TERRALBE LE CIVAIE RISERVA 2019
Bianco Doc - Trebbiano di Lugana 100%
Alc. 13% | € 31 | Bt. 4.500 | Mat. Acciaio 24 mesi
Giallo tenue. Le sensazioni speziate del frutto in primo piano con anice stellato, cardamomo, semi di fieno greco e finocchietto selvatico. Mentolato e balsamico con appena un tocco di salmastro. Palato gentile e dinamico, con sapidità in rilievo, intrigante e di grande beva. Pollo al curry.

AMARONE DELLA VALPOLICELLA 2019
Rosso Docg - Corvina 80%, Corvinone 10%, Rondinella 10%
Alc. 16% | € 71 | Bt. 40.000 | Ferm. Acciaio | Mat. Legno 30 mesi
Camoscio in umido.

SAUVIGNON OLTREMONTE 2022
Bianco Igt - Sauvignon 100%
Alc. 13% | € 26 | Bt. 20.000 | Ferm. Acciaio | Mat. Acciaio 6 mesi
Petto di pollo agli asparagi.

VALPOLICELLA RIPASSO SUPERIORE 2021
Rosso Doc - Corvina 70%, Corvinone 20%, Rondinella 10%
Alc. 14,5% | € 23 | Bt. 180.000 | Ferm. Acciaio | Mat. Legno 18 mesi
Tagliata di manzo al rosmarino.

CALINVERNO 2019
Rosso Igt - Corvina 50%, Corvinone 20%, Rondinella 20%, Cabernet sauvignon 5%, Croatina 5%
Alc. 15% | € 39 | Bt. 40.000 | Ferm. Acciaio | Mat. Legno 24 mesi
Stinco di maiale al forno in pancetta affumicata.

VALPOLICELLA SUPERIORE 2021
Rosso Doc - Corvina 80%, Corvinone 10%, Rondinella 10%
Alc. 13,5% | € 23 | Bt. 40.000 | Ferm. Acciaio | Mat. Acciaio 6 mesi
Pappardelle al ragù di cinghiale.

AMARONE DELLA VALPOLICELLA
2016 | 2017

LUGANA LE CIVAIE
2021

Monteci
(1925)

Monteci è l'antico soprannome dei Righetti, attivi nel settore vitivinicolo dal 1925. Nel 1964 la prima cantina, nel 1999 l'acquisto di altri terreni in località Costa delle Corone, a ben 450-500 metri, sopra Fumane. Arriva nel 2018 la conversione al biologico di tutti i vigneti. Una moderna cantina, adatta anche a grandi ricevimenti e dalle raffinate risorse tecniche, completa il fattore qualità, per un'azienda che spazia fino alle aree del Bardolino e del Lugana. Bene quest'anno l'Amarone Costa delle Corone 2011, dinamico il Superiore 2020, intrigante il Ripasso Tenazio 2015.

Via San Michele, 34 - Loc. Arcè - 37026 Pescantina (VR)
T. 045 7151188 | M. commerciale@monteci.it
www.monteci.it

Viticoltura: Biologica certificata
Ettari: 260 | **Bottiglie:** 500.000 | **Produzione olearia:** Sì
Proprietà: famiglia Righetti
Cond. enologica: Stefano e Francesco Righetti
Cond. agronomica: Staff aziendale
Vendita diretta: Sì | **Visite in azienda:** Sì

AMARONE DELLA VALPOLICELLA COSTA DELLE CORONE 2011
Rosso Docg - Corvina 70%, Corvinone 15%, Rondinella 10%, Molinara 5%
Alc. 15,5% | € 104 | Bt. 6.500 | Ferm. Acciaio | Mat. Legno 60 mesi
Granato compatto e consistente. Ampiezze fruttate a braccetto con toni tostati e speziati a fare da cornice, la ciliegia, la prugna appassita, il pepe nero, l'eucalipto e la foglia di mirto. Sulle papille è setoso e vellutato, ma ha anche bella tensione fresca a sostenere un assaggio di grande importanza. Terrina di lepre con salsa di prugne.

VALPOLICELLA CLASSICO SUPERIORE 2020
Rosso Doc - Corvina 70%, Rondinella 18%, Corvinone 10%, Oseleta 2%
Alc. 13,5% | € 16 | Bt. 7.000 | Ferm. Acciaio | Mat. Legno 15 mesi
Cosciotto d'agnello al forno con patate novelle.

VALPOLICELLA RIPASSO CLASSICO SUPERIORE TENAZIO 2015
Rosso Doc - Corvina 75%, Corvinone 15%, Rondinella 10%
Alc. 15% | € 34 | Bt. 3.000 | Ferm. Legno | Mat. Legno 48 mesi
Guanciale di vitello in umido con patate.

AMARONE DELLA VALPOLICELLA CLASSICO 2018
Rosso Docg - Corvina 75%, Corvinone 10%, Rondinella 10%, Oseleta 5%
Alc. 15,5% | € 42 | Bt. 35.000 | Ferm. Acciaio | Mat. Legno 48 mesi
Formaggio di fossa di Sogliano.

VALPOLICELLA RIPASSO CLASSICO SUPERIORE 2019
Rosso Doc - Corvina 75%, Corvinone 10%, Rondinella 10%, Oseleta 5%
Alc. 14% | € 19 | Bt. 20.000 | Ferm. Acciaio | Mat. Legno 48 mesi
Scaloppa di vitello con asparagi trifolati.

LUGANA 2022
Bianco Doc - Trebbiano di Lugana 100%
Alc. 13% | € 15 | Bt. 20.000 | Ferm. Acciaio | Mat. Acciaio 6 mesi
Ricciola al forno con capperi e pomodori ciliegino.

Montegrande Cristofanon
(1973)

Viticoltori per tradizione, ma ancor più per passione. Una passione animata dalla profonda conoscenza dei Colli Euganei e delle vigne, dall'amore trasmesso negli anni, dalla volontà di onorare le tradizioni, sapendo abbracciare il nuovo quando non tradisce il credo aziendale. Ogni bottiglia è frutto di una scelta ben precisa: i tagli bordolesi, gli autoctoni in purezza, maturati in acciaio, botte o anfora, rappresentano lo stile identificativo della famiglia, che è giunta alla quarta generazione con Paola e Raffaele, ma già la quinta si sta formando e impegnando in azienda.

Via Torre, 2 - 35030 Rovolon (PD)
T. 049 5226276 | M. info@vinimontegrande.it
www.vinimontegrande.it

Viticoltura: Convenzionale
Ettari: 30 | **Bottiglie:** 250.000 | **Produzione olearia:** Sì
Proprietà: Luigi e Raffaele Cristofanon
Cond. enologica: Daniele Stenico
Cond. agronomica: Staff aziendale
Vendita diretta: Sì | **Visite in azienda:** Sì

COLLI EUGANEI CABERNET SEREO RISERVA 2018
Rosso Doc - Cabernet sauvignon 100%
Alc. 14,5% | € 20 | Bt. 7.500 | Ferm. Acciaio | Mat. Legno 24 mesi
Suggestivo rosso tramonto. Un ricamo di fiori rossi appassiti, confetture scure, ricordi di sottobosco e corteccia, rabarbaro e caffè; emerge poi la grafite. Gusto sostenuto da morbidezze integrate alla trama tannica di ottima forgiatura e al nerbo fresco-sapido sapiente. Lungo e corrispondente. Civet di capriolo ai funghi.

COLLI EUGANEI ROSSO DELLE ROCHE RISERVA 2018
Rosso Doc - Merlot 60%, Cabernet franc 20%, Cabernet sauvignon 20%
Alc. 14,5% | € 21 | Bt. 5.000 | Ferm. Acciaio | Mat. Legno 24 mesi
Tagliata di manzo al rosmarino.

COLLI EUGANEI MERLOT CORTEROCCO 2020
Rosso Doc - Merlot 100%
Alc. 14% | € 10 | Bt. 12.000 | Ferm. Acciaio | Mat. Acciaio 18 mesi
Capretto allo spiedo.

COLLI EUGANEI CABERNET BORGOMORO 2020
Rosso Doc - Cabernet sauvignon 80%, Cabernet franc 20%
Alc. 13,5% | € 10 | Bt. 20.000 | Ferm. Acciaio | Mat. Acciaio 18 mesi
Pappardelle con sugo di lepre.

COLLI EUGANEI FIOR D'ARANCIO SPUMANTE 2022
Bianco Docg Metodo Martinotti Dolce - Moscato giallo 100%
Alc. 6,5% | € 10 | Bt. 13.000 | Ferm. Acciaio | 1 mese sui lieviti
Torta paradiso.

ANCESTROSA 2021
Rosato Metodo Ancestrale - Uve tradizionali venete 100%
Alc. 12,5% | € 14 | Bt. 1.500 | 12 mesi sui lieviti
Ravioli di ricotta e spinaci.

COLLI EUGANEI ROSSO OTTOMANO RISERVA
2016

COLLI EUGANEI FIOR D'ARANCIO PASSITO
2013

Montelvini
(1968)

Cinque generazioni di lavoro e passione, oggi coordinati da Alberto, Sara e Armando Serena. Collocata tra le dolci pendenze di Asolo e Montello, nella "Terra delle civette", l'azienda opera per dare voce al paesaggio circostante. Sostiene la fondazione FAI e dal 2017 sta recuperando un vigneto di glera ai piedi della Villa De Mattia di Asolo, presente già nel catasto napoleonico. Dal solo vigneto Fontana Masorin si produce un Asolo Prosecco Superiore, un cru tre volte perfetto, l'FM333, ottenuto esclusivamente con mosto fiore. A riconfermare il suo prestigio resta lo Zuitèr, Montello Rosso.

Via Cal Trevigiana, 51 - 31040 Volpago del Montello (TV)
T. 0423 8777 | M. marketing@montelvini.it
www.montelvini.it

Viticoltura: Convenzionale
Ettari: 35 | **Bottiglie:** 7.300.000 | **Produzione olearia:** No
Proprietà: Armando Serena
Cond. enologica: Stefano Nandi
Cond. agronomica: Staff aziendale
Vendita diretta: Sì | **Visite in azienda:** Sì

ASOLO PROSECCO SUPERIORE BRUT SERENITATIS
Bianco Docg Metodo Martinotti - Glera 100%
Alc. 11,5% | € 12 | Bt. 80.000 | Ferm. Acciaio | Mat. Acciaio 3 mesi
Giallo paglierino brillante con leggeri riflessi verdolini. Perlage e spuma fini e persistenti. Fragranze di timo, scorza di cedro, pompelmo e menta che si ritrovano al palato. Grande bilanciamento, buona morbidezza supportata da giusta freschezza e decisa sapidità. Catalana di crostacei.

MONTELLO ROSSO ZUITÈR 2018
Rosso Docg - Cabernet sauvignon 40%, Cabernet franc 30%, Merlot 30%
Alc. 14% | € 16 | Bt. 6.000 | Ferm. Acciaio | Mat. Legno 12 mesi
Guanciale di manzo in umido con polenta.

ASOLO PROSECCO SUPERIORE EXTRA BRUT SERENITATIS 2022
Bianco Docg Metodo Martinotti - Glera 100%
Alc. 11,5% | € 12 | Bt. 80.000 | Ferm. Acciaio | Mat. Acciaio 3 mesi
Pollo fritto.

ASOLO PROSECCO SUPERIORE BRUT SERENITATIS FM333 2022
Bianco Docg Metodo Martinotti - Glera 100%
Alc. 11,5% | € 18 | Bt. 13.332 | Ferm. Acciaio
Linguine all'astice.

MONTELLO COLLI ASOLANI MANZONI BIANCO ZUITÈR 2021
Bianco Doc - Manzoni bianco 100%
Alc. 13% | € 13 | Bt. 20.000 | Ferm. Acciaio | Mat. Acciaio 6 mesi
Branzino al sale su letto di patate.

PROSECCO TREVISO BRUT SERENITATIS
Bianco Doc Metodo Martinotti - Glera 100%
Alc. 11% | € 10 | Bt. 55.000 | Ferm. Acciaio | Mat. Acciaio 3 mesi
Frittura di rane e verdure croccanti.

MONTELLO ROSSO ZUITÈR
2012

LUNA STORTA
S.A. | S.A. | 2017

Montetondo
(1979)

La cantina Montetondo dimora nella zona Classica del Soave, il cuore più intimo della denominazione, in cui si trova la collina che gli concede il nome. Oltre a trovare le giuste espressività nei vigneti a Monte Tondo, Monte Tenda e nelle zone più scoscese del Monte Foscarino, che danno poi nome ad alcuni dei loro Soave, la famiglia Magnabosco sa anche esprimere la propria passione in località Campiano, dove nascono i Valpolicella. Riscuote un'ottima impressione l'Amarone della Valpolicella 2018, per la grande eleganza e l'equilibrio.

Via San Lorenzo, 89 - 37038 Soave (VR)
T. 045 7680347 | M. info@montetondo.it
www.montetondo.it

Viticoltura: Convenzionale
Ettari: 40 | **Bottiglie:** 300.000 | **Produzione olearia:** Sì
Proprietà: Famiglia Magnabosco
Cond. enologica: Luca Magnabosco
Cond. agronomica: Luca Magnabosco
Vendita diretta: Sì | **Visite in azienda:** Sì

AMARONE DELLA VALPOLICELLA 2018
Rosso Docg - Corvina 50%, Rondinella 30%, Corvinone 20%
Alc. 16% | € 41 | Bt. 8.000 | Ferm. Acciaio | Mat. Legno 36 mesi
Granato fitto. Arancia rossa, frutti di bosco, ciliegia in confettura, viole appassite, pepe, liquirizia e vaniglia raccontano un naso eccellente. Poi cioccolato, tabacco e alloro accompagnano al sorso: equilibrio fresco-sapido, tannini vellutati, persistenza fruttata e di spezie pungenti. Asiago stravecchio.

RECIOTO DI SOAVE CLASSICO NETTARE DI BACCO 2019
Bianco Docg Passito - Garganega 100%
Alc. 14% | € 20 (0,5l) | Bt. 4.000 | Ferm. Acciaio | Mat. Legno 12 mesi
Crêpe con confettura di albicocca.

SOAVE SUPERIORE CLASSICO FOSCARIN SLAVINUS 2021
Bianco Docg - Garganega 100%
Alc. 13,5% | € 18 | Bt. 6.000 | Ferm. Acciaio | Mat. Acciaio 12 mesi
Rigatoni al ragù bianco di carne.

SOAVE CLASSICO CASETTE FOSCARINO 2021
Bianco Doc - Garganega 90%, Trebbiano di Soave 10%
Alc. 13,5% | € 14 | Bt. 7.000 | Ferm. Acciaio | Mat. Acciaio 5 mesi e Legno 8 mesi
Pappardelle con coda di rospo e carciofi.

SOAVE CLASSICO MONTETONDO 2022
Bianco Doc - Garganega 100%
Alc. 12,5% | € 10 | Bt. 35.000 | Ferm. Acciaio | Mat. Acciaio 4 mesi
Gnocchetti al sugo d'astice.

VALPOLICELLA RIPASSO CAMPO GRANDE 2020
Rosso Doc - Corvina 50%, Rondinella 30%, Corvinone 20%
Alc. 14,5% | € 18 | Bt. 10.000 | Ferm. Acciaio | Mat. Legno 18 mesi
Filetto al pepe verde.

SOAVE SUPERIORE CLASSICO FOSCARIN SLAVINUS
2014

SOAVE CLASSICO CASETTE FOSCARINO
2020

Monteversa
(2006)

Il tratto essenziale del logo racconta l'azienda: la radice, il tronco, i tralci, il grappolo. Dalla terra al frutto. Il vino è espressione del terreno, delle varietà d'uva che vi trovano l'habitat più consono, del lavoro di chi ne riconosce il potenziale. Monteversa non intende assecondare il mercato, bensì rappresentare l'impronta enologica di quella collina altamente vocata posta tra Vo' e Cinto Euganeo. Giovanni Bressanin, frontman della cantina, ha ancora tanti progetti e grazie alla famiglia Voltazza, che sposa il suo pensiero, un po' alla volta li sta realizzando.

Via Monte Versa, 1024 - 35030 Vò (PD)
T. 049 9941092 | M. giovanni.bressanin@monteversa.it
www.monteversa.it

Viticoltura: Biologica certificata e biodinamica
Ettari: 25 | **Bottiglie:** 50.000 | **Produzione olearia:** Sì
Proprietà: Famiglia Santino Voltazza
Cond. enologica: Staff aziendale
Cond. agronomica: Staff aziendale
Vendita diretta: Sì | **Visite in azienda:** Sì

COLLI EUGANEI CABERNET SAUVIGNON SELEZIONE 2019
Rosso Doc - Cabernet sauvignon 100%
Alc. 13,5% | € 49 | Bt. 1.180 | Ferm. Acciaio | Mat. Legno 24 mesi
Rubino fitto e luminoso. Olfatto di confetture scure accompagnate da ciliegia, prugna essiccata e rabarbaro assieme a tabacco dolce, pepe nero, polvere di caffè e alloro. Ingresso intenso, caldo e avvolgente, sorretto da tannino ben forgiato e da vibrante freschezza. Progressione salina. Faraona arrosto con salsa di frutti di bosco.

TAI SELEZIONE 2020
Bianco Igt - Tai 100%
Alc. 13,5% | € 46 | Bt. 900 | Ferm. Acciaio | Mat. Acciaio 12 mesi
Filetto di dentice in crosta di patate.

COLLI EUGANEI FIOR D'ARANCIO SPUMANTE 2022
Bianco Docg Metodo Martinotti Dolce - Moscato giallo 100%
Alc. 6% | € 15 | Bt. 3.000 | Ferm. Acciaio | 2 mesi sui lieviti
Tortino di frutta esotica.

COLLI EUGANEI ROSSO VERSACINTO 2020
Rosso Doc - Merlot 60%, Cabernet franc 20%, Cabernet sauvignon 20%
Alc. 13,5% | € 19 | Bt. 9.000 | Ferm. Acciaio | Mat. Cemento 6 mesi
Gulasch di cervo con patate stufate.

ANIMAVERSA BIANCO 2022
Bianco Igt - Manzoni bianco 100%
Alc. 13,5% | € 16 | Bt. 2.300 | Ferm. Acciaio | Mat. Acciaio 9 mesi
Capitone in umido.

VERSAVÒ 2022
Bianco Igt - Garganega 100%
Alc. 13% | € 16 | Bt. 1.200 | Ferm. Acciaio | Mat. Acciaio 9 mesi
Calamari con ripieno di tarassaco e patate.

COLLI EUGANEI CABERNET SAUVIGNON SELEZIONE
2018

TAI SELEZIONE
2019

Nardello
(1993)

Una solida tradizione familiare nella viticoltura e scelte rigorose e senza compromessi sono le basi di quest'azienda condotta dai fratelli Federica e Daniele Nardello. I 14 ettari di vigneti, ora in conversione biologica, sono dislocati in più appezzamenti in alcune Unità Geografiche Aggiuntive del Soave Classico. Nei vini, freschezza e sapidità cesellano una tipicità che unisce grazia e rigore esecutivo. L'austero e dinamico Soave Classico Vigna Turbian 2021 ne è un'ottima dimostrazione. Intriso di mineralità il Monte Zoppega 2020.

Via IV novembre, 56 - 37032 Monteforte D'Alpone (VR)
T. 045 7612116 | M. info@nardellovini.it
www.nardellovini.it

Viticoltura: Convenzionale
Ettari: 14 | **Bottiglie:** 85.000 | **Produzione olearia:** No
Proprietà: Federica e Daniele Nardello
Cond. enologica: Daniele Nardello
Cond. agronomica: Staff aziendale
Vendita diretta: Sì | **Visite in azienda:** Sì

(91)

SOAVE CLASSICO VIGNA TURBIAN 2021
Bianco Doc - Garganega 70%, Trebbiano di Soave 30%
Alc. 13% | € 13 | Bt. 12.000 | Ferm. Acciaio | Mat. Acciaio 6 mesi
Cenni dorati. Potenza olfattiva dettata da una stratificazione golosa di fichi, pesche caramellate, buccia di limone e sambuco, moderata da effluvi di pietra focaia ed erbe aromatiche. Sapore di pepe bianco e caprifoglio. Palato fresco, austero e possente. Scorrevole ma interminabile. Terrina di coniglio.

SOAVE CLASSICO MONTE ZOPPEGA 2020
Bianco Doc - Garganega 100%
Alc. 13% | € 13 | Bt. 7.500 | Ferm. Legno | Mat. Legno 6 mesi
Filetto di orata in crosta di mandorle e patate.

SOAVE CLASSICO MERIDIES 2022
Bianco Doc - Garganega 100%
Alc. 12,5% | € 10 | Bt. 55.000 | Ferm. Acciaio | Mat. Acciaio 6 mesi
Tortelli di branzino con salsa d'astice.

SOAVE CLASSICO MONTE ZOPPEGA
2019

SOAVE CLASSICO MERIDIES
2019 | 2020 | 2021

Ornella Bellia Venezia Wines
(1999)

L'esperienza di tre generazioni di viticoltori, imparare dalla natura e dai suoi tempi, la coerenza con la storia del territorio e una costante tensione a migliorare sono le basi della filosofia di Ornella Bellia. Per ogni vitigno e ogni clone sono impiegate le tecniche di vinificazione più adeguate per ottenere la massima interpretazione; gli assaggi ci confermano vini nei quali la tipicità va di pari passo con la notevole qualità generale. Il sorso più apprezzato è stato il Lison 2021, con la sua caratteristica nota di mandorla, tallonato dal Manzoni Bianco 2021, sempre di grande eleganza.

Via Roma, 117 - 30020 Pramaggiore (VE)
T. 0421 200679 | M. news@ornellabellia.it
www.ornellabellia.it

Viticoltura: Convenzionale
Ettari: 75 | **Bottiglie:** 700.000 | **Produzione olearia:** No
Proprietà: Ornella Bellia
Cond. enologica: Andrea Masat
Cond. agronomica: Andrea Masat
Vendita diretta: Sì | **Visite in azienda:** Sì

LISON PRAMAGGIORE TAI 2021
Bianco Doc - Tai 100%
Alc. 14% | € 12 | Bt. 9.000 | Ferm. Acciaio | Mat. Acciaio 8 mesi
Lucente giallo citrino tendente all'oro. Sensuale all'olfatto, con nette percezioni di pesca, albicocca, zagara, fiori di mandorlo e mandorla in confetto. Deciso il sorso, dalla componente pseudocalorica che esalta sapidità e morbidezza. Finale lievemente ammandorlato. Coniglio alla ligure.

VENEZIA MANZONI BIANCO 2021
Bianco Doc - Manzoni bianco 100%
Alc. 13,5% | € 10 | Bt. 27.000 | Ferm. Acciaio | Mat. Acciaio 12 mesi
Cotoletta di tonno al sesamo.

LISON PRAMAGGIORE REFOSCO D.P.R. G1928 2020
Rosso Doc - Refosco dal peduncolo rosso 100%
Alc. 13% | € 12 | Bt. 12.000 | Ferm. Acciaio | Mat. Legno 24 mesi
Ravioli al sugo di chianina e tartufo nero.

VENEZIA CARMENÈRE 2021
Rosso Doc - Carménère 100%
Alc. 13,5% | € 13 | Bt. 28.000 | Ferm. Acciaio | Mat. Acciaio 12 mesi
Oca arrosto.

Ottella
(1960)

Entrare in Ottella è emozionante, non sembra un luogo di lavoro, sembra che tutto sia volto a valorizzare le tante opere d'arte che compaiono qua e là perfettamente illuminate su sfondo scuro. A completare l'esperienza le trasparenze del vetro per condividere il verde, i cactus, le agavi, i gelsi, anche nella linea di imbottigliamento. Il resto è lo stile della conduzione vinicola elegantemente coerente, dove il saper togliere è sicuramente meglio dell'inutile aggiungere: less is more è il motto dell'azienda, il risultato sono vini dinamici e attuali anche se l'idea parte da lontano.

Loc. Ottella - Fraz. San Benedetto di Lugana - 37019 Peschiera del Garda (VR)
T. 045 7551950 | M. info@ottella.it
www.ottella.it

Viticoltura: Convenzionale
Ettari: 90 | **Bottiglie:** 600.000 | **Produzione olearia:** No
Proprietà: Francesco e Michele Montresor
Cond. enologica: Domenico Mazzotta, Lodovico Montresor
Cond. agronomica: Staff aziendale
Vendita diretta: Sì | **Visite in azienda:** Sì

LUGANA MOLCEO RISERVA 2020
Bianco Doc - Trebbiano di Lugana 100%
Alc. 13% | € 23 | Bt. 30.000 | Ferm. Acciaio | Mat. Legno 24 mesi
Paglierino corrusco. Bouquet finemente sfaccettato di fiori di sambuco, acacia, pesca, melone, mandorla tostata; infine salvia, mentuccia e limoncella. L'assaggio rivela una stoffa generosa e ottimo equilibrio tra le morbidezze del frutto e la vena fresco-sapida. Persiste su note minerali. Spaghetti con vongole e bottarga.

LUGANA LE CREETE 2022
Bianco Doc - Trebbiano di Lugana 100%
Alc. 13% | € 19 | Bt. 80.000 | Ferm. Acciaio | Mat. Acciaio 6 mesi
Tartare di gamberi.

LUGANA 2022
Bianco Doc - Trebbiano di Lugana 100%
Alc. 12,5% | € 14 | Bt. 300.000 | Ferm. Acciaio | Mat. Acciaio 6 mesi
Filetto di ombrina e radicchio.

LUGANA MOLCEO RISERVA
2019

LUGANA LE CREETE
2021

Paladin

(1962)

La cantina Paladin sorge nelle terre venete del caranto, lungo la via romana Postumia, e vanta altre tre tenute in zone rinomate come Chianti e Franciacorta. La passione enologica si tramanda di padre in figlio: partita dal fondatore Valentino oggi coinvolge i figli Carlo e Roberto e i nipoti Martina, Francesca e Valentino. Da sempre attenta a una viticoltura etica, l'azienda persegue il principio di sostenibilità in ogni ambito, potendosi fregiare di numerose certificazioni anche internazionali. In quest'edizione un plauso al Syrah 2021, suadente espressione di questo vitigno.

Via Postumia, 12 - 30020 Annone Veneto (VE)
T. 0422 768167 | M. paladin@paladin.it
www.paladin.it

Viticoltura: Convenzionale
Ettari: 100 | **Bottiglie:** 1.600.000 | **Produzione olearia:** No
Proprietà: Carlo e Roberto Paladin
Cond. enologica: Antonio Lucarelli
Cond. agronomica: Staff aziendale
Vendita diretta: Sì | **Visite in azienda:** Sì

SYRAH 2021
Rosso - Syrah 100%
Alc. 13,5% | € 15 | Bt. 100.000 | Ferm. Acciaio | Mat. Acciaio 8 mesi
Impenetrabile veste rubino con sfumature granato. Ampio spettro odoroso che rilascia gradatamente rosa rossa, geranio e violetta, piccoli frutti neri surmaturi e terra bagnata, su fondo di chiodi di garofano e rabarbaro. Equilibrato e coerente al gusto, dove torna prepotente il timbro fruttato. Petto d'anatra all'arancia.

DRAGO ROSSO 2021
Rosso - Merlot 100%
Alc. 14% | € 18 | Bt. 50.000 | Ferm. Acciaio | Mat. Legno 6 mesi
Fiorentina alla brace.

MALBECH GLI ACERI 2019
Rosso Igt - Malbech 100%
Alc. 14% | € 23 | Bt. 20.000 | Ferm. Acciaio | Mat. Legno 12 mesi
Montasio stravecchio.

PROSECCO ROSÉ BRUT 2022
Rosato Doc Metodo Martinotti - Glera 90%, Pinot nero 10%
Alc. 11,5% | € 16 | Bt. 70.000 | Ferm. Acciaio | Mat. Acciaio 4 mesi
Frittata di cipolle.

VENEZIA PINOT GRIGIO 2022
Bianco Doc - Pinot grigio 100%
Alc. 13% | € 14 | Bt. 130.000 | Ferm. Acciaio | Mat. Acciaio 5 mesi
Insalata di mare.

DRAGO BIANCO 2021
Bianco - Chardonnay 100%
Alc. 13,5% | € 21 | Bt. 7.000 | Ferm. Acciaio | Mat. Legno 4 mesi
Filetto di orata allo zenzero.

MALBECH GLI ACERI
2018

PROSECCO EXTRA DRY
2015 | 2021

Pasqua

(1925)

Pasqua, con la sua brillante comunicazione, sta dando al vino un'interpretazione moderna, cool e pop, empatica più che inarrivabile e aristocratica. Ecco il Freeda Rosé, biologico, con la sua piacevole e molto sapida beva, ma anche le ampiezze senza tempo del Hey French alla terza edizione, visto che si tratta di un assemblaggio di più annate. Forza e austerità per la Riserva Terre di Cariano 2017, il potente Amarone che all'interno dell'ampia gamma si contraddistingue per il tocco di oseleta e croatina, con maturazione in botte grande da 50 ettolitri.

Via Belvedere, 135 - 37131 Verona (VR)
T. 045 8432111 | M. info@pasqua.it
www.pasqua.it

Viticoltura: Convenzionale
Ettari: 322 | **Bottiglie:** 13.200.000 | **Produzione olearia:** No
Proprietà: famiglia Pasqua
Cond. enologica: Carlo Olivari
Cond. agronomica: Staff aziendale
Vendita diretta: Sì | **Visite in azienda:** Sì

AMARONE DELLA VALPOLICELLA CLASSICO CECILIA BERETTA TERRE DI CARIANO RISERVA 2017
Rosso Docg - Corvina 60%, Rondinella 25%, Corvinone 5%, Croatina 5%, Oseleta 5%
Alc. 15,5% | € 86 | Bt. 9.000 | Ferm. Acciaio | Mat. Legno 24 mesi
Granato pieno e luminoso. Nel calice more, mirtilli e ribes nero. Sbuffi di sottobosco e piante officinali con indizi di zenzero, tamarindo e spezie. Sorso equilibrato, morbido e volumico. Tannino deciso e di ottima fattura con freschezza e sapidità ben bilanciate. Lunga persistenza. Brasato di lepre con riduzione di vino rosso.

SOAVE CLASSICO BROGNOLIGO CECILIA BERETTA 2022
Bianco Doc - Garganega 100%
Alc. 13,5% | € 17 | Bt. 25.000 | Ferm. Acciaio | Mat. Acciaio 3 mesi
Linguine all'astice.

HEY FRENCH YOU COULD HAVE MADE THIS BUT YOU DIDN'T EDIZIONE III
Bianco Igt - Garganega 85%, Pinot bianco 10%, Sauvignon 5%
Alc. 13,5% | € 52 | Bt. 25.000 | Ferm. Acciaio | Mat. Legno 8 mesi
Scampi alla busara.

AMARONE DELLA VALPOLICELLA FAMIGLIA PASQUA 2018
Rosso Docg - Corvina 65%, Rondinella 25%, Corvinone 5%, altre varietà 5%
Alc. 15% | € 65 | Bt. 25.000 | Ferm. Acciaio | Mat. Legno 20 mesi
Stracotto di manzo all'Amarone.

FREEDA ROSÉ 2022
Rosato Igt - Corvina 60%, Sauvignon 30%, Carménère 10%
Alc. 12,5% | € 17 | Bt. 60.000 | Ferm. Acciaio | Mat. Acciaio
Anguilla ai ferri.

PICAIE 2015
Rosso Igt - Corvina 40%, Cabernet sauvignon 30%, Merlot 30%
Alc. 14,5% | € 35 | Bt. 30.000 | Ferm. Acciaio | Mat. Legno 18 mesi
Lepre alla cacciatora.

AMARONE DELLA VALPOLICELLA CLASSICO CECILIA BERETTA TERRE DI CARIANO RISERVA
2016

AMARONE DELLA VALPOLICELLA FAMIGLIA PASQUA CASCINA SAN VINCENZO
2017

Pat del Colmèl
(2006)

A pochi chilometri a nord di Asolo, in località Castelcucco, sorge l'azienda Pat del Colmèl, gestita da generazioni dalla famiglia Forner e oggi saldamente nelle mani di Lino e Gabriella e del figlio Matteo. Da sempre attenta alla valorizzazione e alla riscoperta dei vitigni del territorio – non a caso la recantina è censita nel Registro Nazionale come "Recantina Forner" – Pat del Colmèl dispone oggi di circa 16 ettari vitati suddivisi tra le denominazioni Asolo Prosecco Docg e Montello Colli Asolani Doc. Sempre un occhio di riguardo per i vitigni della tradizione come rabbiosa, bianchetta e perera.

Via Costeselle, 5 - 31030 Castelcucco (TV)
T. 0423 545292 | M. colmello_ss@libero.it
www.patdelcolmel.it

Viticoltura: Convenzionale
Ettari: 16 | **Bottiglie:** 150.000 | **Produzione olearia:** No
Proprietà: Lino Forner
Cond. enologica: Franco Dalla Rosa
Cond. agronomica: Staff aziendale
Vendita diretta: Sì | **Visite in azienda:** Sì

MONTELLO COLLI ASOLANI RECANTINA 2018
Rosso Doc - Recantina 100%
Alc. 14% | € 16 | Bt. 5.333 | Ferm. Acciaio | Mat. Legno 18 mesi
Colore granato impenetrabile. Lo spettro di profumi spazia tra violetta e iris, susina e ciliegia sotto spirito. Seguono veli balsamici e tostati di tabacco e cuoio con essenze terrose in chiusura. Materico al palato, con un tannino setoso sostenuto da fresca sapidità. Crostini al lardo di Colonnata.

ASOLO PROSECCO SUPERIORE BRUT DUSE 2022
Bianco Docg Metodo Martinotti - Glera 100%
Alc. 12% | € 12 | Bt. 7.000 | Ferm. Acciaio | Mat. Acciaio 3 mesi
Rombo al forno ai sapori mediterranei.

MONTELLO COLLI ASOLANI MERLOT 2020
Rosso Doc - Merlot 100%
Alc. 14% | € 13 | Bt. 2.666 | Ferm. Acciaio | Mat. Legno 18 mesi
Melanzane e peperoni ripieni.

ASOLO PROSECCO SUPERIORE EXTRA DRY 2022
Bianco Docg Metodo Martinotti - Glera 100%
Alc. 12% | € 10 | Bt. 13.561 | Ferm. Acciaio | Mat. Acciaio 3 mesi
Prosciutto di Parma 36 mesi.

ANGELO PAT 2021
Bianco Frizzante - Malvasia istriana 50%, Marzemina bianca 50%
Alc. 12% | € 10 | Bt. 1.400 | Ferm. Acciaio | Mat. Acciaio 30 mesi
Linguine allo scoglio.

DUSE SPUMANTE EXTRA DRY 2021
Bianco Metodo Martinotti - Glera 80%, Bianchetta trevigiana 10%, Perera 10%
Alc. 12,5% | € 8 | Bt. 3.840 | Ferm. Acciaio | Mat. Acciaio 3 mesi
Fagottino di persico con melanzane, pomodori e basilico.

MONTELLO COLLI ASOLANI RECANTINA
2014

ASOLO PROSECCO SUPERIORE DRY DUSE
2021

Pegoraro
(2012)

Sui dolci pendii delle Colline di Mossano, nella parte sud orientale dei Colli Berici, si trovano i vigneti che la famiglia Pegoraro lavora con impegno e attenzione nel massimo rispetto dell'ambiente. Il tai rosso, principale protagonista della denominazione, è prodotto in più versioni: dalla giovane e fresca d'annata, al Rovea, affinato in legno. Nello Iose c'è la particolare interpretazione che l'azienda dà della garganega, altro vitigno tipico del territorio. Diamo merito alla cantina di essere rimasta tra le poche a produrre nella denominazione il Tai, l'ex tocai friulano.

Via Calbin, 24 - 36048 Barbarano Mossano (VI)
T. 0444 886461 | M. info@cantinapegoraro.it
www.cantinapegoraro.it

Viticoltura: Convenzionale
Ettari: 8 | **Bottiglie:** 50.000 | **Produzione olearia:** Sì
Proprietà: Enrico Pegoraro e Angelina De Stefani
Cond. enologica: Alessandro Pegoraro
Cond. agronomica: Staff aziendale
Vendita diretta: Sì | **Visite in azienda:** Sì

COLLI BERICI TAI ROSSO ROVEA 2019
Rosso Doc - Tai rosso 100%
Alc. 13,5% | € 17 | Bt. 3.300 | Ferm. Acciaio | Mat. Legno 13 mesi
Granato al bordo. Ha variegato patrimonio olfattivo: lavanda, spezie, cuoio, note ferrose, cipria e frutto rosso quasi sotto spirito. Equilibrio di sostanza, il sorso si distende leggero e agile, donando il piacere del riassaggio. Lascia sensazioni fruttate di arancia e mora nel finale. Fagiano arrosto.

COLLI BERICI TAI ROSSO 2022
Rosso Doc - Tai rosso 100%
Alc. 13% | € 10 | Bt. 20.000 | Ferm. Acciaio | Mat. Acciaio 5 mesi
Straccetti di cavallo.

COLLI BERICI TAI 2022
Bianco Doc - Tai 100%
Alc. 13% | € 10 | Bt. 5.000 | Ferm. Acciaio | Mat. Acciaio 5 mesi
Risotto con piselli e ricotta affumicata.

IOSE 2020
Bianco Igt - Garganega 100%
Alc. 13% | € 12 | Bt. 3.000 | Ferm. Acciaio | Mat. Legno 12 mesi
Tonnarelli cacio e pepe.

COLLI BERICI TAI ROSSO ROVEA
2018

SYRAH
2017 | 2019

Pian delle Vette
(2016)

Dove tutto ebbe origine in Valbelluna, ovvero dove il pinot nero per primo ebbe modo di essere coltivato per potersi esprimere. Con questa breve introduzione si può riassumere il valore della cantina Pian delle Vette che a Vignui, nel comune di Feltre, ha fatto del vitigno rosso internazionale la sua principale opera di vocazione. Nella sua versione classica, l'annata 2018, dopo un rigoroso periodo di affinamento, è oggi pronta per affrontare i palati più esigenti. Il Metodo Classico Matt'55 non smentisce la sua potenzialità e con l'annata 2014 ci regala un sorso fresco e gastronomico.

Via Teda, 11 - 32032 Feltre (BL)
T. 329 8191436 | M. info@piandellevette.it
www.piandellevette.it

Viticoltura: A basso impatto ambientale
Ettari: 3 | **Bottiglie:** 12.000 | **Produzione olearia:** No
Proprietà: Egidio D'Incà e Walter Lira
Cond. enologica: Francesco Pol
Cond. agronomica: Francesco Pol
Vendita diretta: Sì | **Visite in azienda:** Sì

PINOT NERO 2018
Rosso Igt - Pinot nero 100%
Alc. 13% | € 26 | Bt. 1.300 | Ferm. Acciaio | Mat. Legno 12 mesi
Rosso rubino che sprigiona luce e mostra consistenza. Magnifica alternanza di sentori fruttati e floreali che evidenzia l'abbraccio di lillà e mirtillo. Sottile la tostatura che li accompagna. Il sorso deciso, dotato di tannino setoso e ancora ben presente, lascia intendere un luminoso futuro. Capriolo ai porcini.

MATT'55 2014
Bianco Metodo Classico - Chardonnay 50%, Pinot nero 50%
Alc. 12,5% | € 39 | Bt. 2.000 | Ferm. Acciaio | 84 mesi sui lieviti
Ostriche Belon.

SACOLET ROSSO 2021
Rosso - Merlot 70%, Gamaret 30%
Alc. 12,5% | € 13 | Bt. 1.300 | Ferm. Acciaio | Mat. Acciaio 12 mesi
Stufato di daino.

SACOLET LA CESCA 2021
Bianco - Müller Thurgau 100%
Alc. 12% | € 13 | Bt. 2.000 | Ferm. Acciaio | Mat. Acciaio 6 mesi
Vellutata di patate e porri.

SACOLET PETILLANT 2021
Rosso - Teroldego 100%
Alc. 12% | € 13 | Bt. 1.600 | Ferm. Acciaio | Mat. Legno 24 mesi
Cinghiale in umido.

SACOLET LE CALIERE 2022
Bianco - Glera 50%, Müller Thurgau 50%
Alc. 11,5% | € 13 | Bt. 2.000 | Ferm. Acciaio
Risotto con cannellini e canestrelli.

Pieropan
(1880)

È dedicata a Leonildo, padre nobile del Soave e della sua fama nel mondo, la nuova cantina Pieropan, inserita nel paesaggio vitato a pochi passi dalle mura del borgo medioevale. Qui Andrea e Dario proseguono l'opera del padre con rinnovato entusiasmo e hanno festeggiato quest'anno il 50° del Calvarino. Primo vino bianco italiano prodotto da una singola vigna, iconica espressione del potenziale di longevità del Soave e dell'essenza della matrice vulcanica. Sembra brillare di luce propria il Calvarino 2021, dalla trama tesa e agrumata, giustamente al vertice in quest'edizione.

Via Camuzzoni, 3 - 37038 Soave (VR)
T. 045 6190171 | M. info@pieropan.it
www.pieropan.it

Viticoltura: Biologica certificata
Ettari: 75 | **Bottiglie:** 680.000 | **Produzione olearia:** Sì
Proprietà: Famiglia Pieropan
Cond. enologica: Dario Pieropan
Cond. agronomica: Staff aziendale
Vendita diretta: Sì | **Visite in azienda:** Sì

91

SOAVE CLASSICO CALVARINO 2021
Bianco Doc - Garganega 70%, Trebbiano di Soave 30%
Alc. 12,5% | € 25 | Bt. 60.000 | Ferm. Cemento | Mat. Cemento 14 mesi
Paglierino luminoso. Ouverture di salvia, seguita da ortica, pesca bianca, mela e zeste di cedro, memorie di biancospino, fiori di ciliegio e un accenno di mandorla in chiusura. Scorre agile, fresco, con eccellente equilibrio, sostenuto da una decisa sapidità. Chiude persistente su mandorla dolce. Calamarata con ragù di pesce spada.

AMARONE DELLA VALPOLICELLA 2017
Rosso Docg - Corvina 60%, Corvinone 30%, Croatina 5%, Rondinella 5%
Alc. 16,5% | € 82 | Bt. 28.000 | Ferm. Acciaio | Mat. Legno 24 mesi
Quaglie alla cacciatora.

SOAVE CLASSICO LA ROCCA 2021
Bianco Doc - Garganega 100%
Alc. 13% | € 32 | Bt. 45.000 | Ferm. Legno | Mat. Legno 14 mesi
Baccalà mantecato.

VALPOLICELLA SUPERIORE RUBERPAN 2020
Rosso Doc - Corvina 60%, Corvinone 30%, Croatina 5%, Rondinella 5%
Alc. 14% | € 22 | Bt. 35.000 | Ferm. Acciaio | Mat. Legno 24 mesi
Filetto di scottona in sfoglia.

SOAVE CLASSICO 2022
Bianco Doc - Garganega 85%, Trebbiano di Soave 15%
Alc. 12% | € 14 | Bt. 500.000 | Ferm. Cemento | Mat. Cemento 6 mesi
Tempura di gamberi.

SOAVE CLASSICO LA ROCCA
2016 | 2017 | 2018

AMARONE DELLA VALPOLICELLA
2016

Albino Piona
(1893)

Alessandro e Massimo Piona guidano un'azienda che vanta oltre un secolo di vita, nel solco tracciato dal padre Albino che tanto ha dato alla denominazione Custoza. Anche con l'apporto dell'enologo Damiano Peroni, i vini interpretano al meglio le potenzialità dei terreni morenici dove sorgono i vigneti, suddivisi in più appezzamenti. Il rispetto della tradizione si accompagna a scelte innovative, come ad esempio la macerazione sulle bucce per il Custoza Crea o il maggior periodo di affinamento delle Selezioni, come nel caso dell'elegante e sapido Custoza Superiore Campo del Selese 2018.

Località Casa Palazzina di Prabiano, 2 - 37069 Villafranca di Verona (VR)
T. 045 516055 | M. info@albinopiona.it
www.albinopiona.it

Viticoltura: Convenzionale
Ettari: 45 | **Bottiglie:** 350.000 | **Produzione olearia:** No
Proprietà: Famiglia Piona
Cond. enologica: Damiano Peroni
Cond. agronomica: Staff aziendale
Vendita diretta: Sì | **Visite in azienda:** Sì

(93)

CUSTOZA SUPERIORE CAMPO DEL SELESE 2018
Bianco Doc - Garganega 40%, Trebbiano 30%, Trebbianello 15%, Manzoni bianco 8%, Pinot bianco 7%
Alc. 12,5% | € 13 | Bt. 688 | Ferm. Acciaio | Mat. Legno 12 mesi
Splendente paglierino dal lampo dorato. I toni salmastri e iodati danno spazio a sensazioni fruttate e a fiori di gelsomino, gardenia e acacia. Tocchi di miele di castagno e orzo, camomilla e fieno. Ricca freschezza su un'aria di legno di sherry nel lungo ricordo accompagnato da gentilezza sapida. Pollo alle mandorle e curcuma.

CUSTOZA 2022
Bianco Doc - Garganega 30%, Trebbiano 30%, Bianca Fernanda 15%, Trebbianello 15%, Manzoni bianco 6%, Pinot bianco 2%, Riesling italico 2%
Alc. 12,5% | € 9 | Bt. 180.000 | Ferm. Acciaio | Mat. Acciaio 5 mesi
Tortellini in brodo.

CUSTOZA CREA 2020
Bianco Doc - Garganega 40%, Trebbiano 30%, Manzoni bianco 15%, Trebbianello 15%
Alc. 13% | € 20 | Bt. 1.766 | Ferm. Acciaio | Mat. Legno 16 mesi
Lasagne con scamorza, funghi e zucca.

CHIARETTO DI BARDOLINO 2022
Rosato Doc - Corvina 70%, Rondinella 30%
Alc. 12,5% | € 9 | Bt. 20.000 | Ferm. Acciaio | Mat. Acciaio 4 mesi
Pizza Margherita.

BARDOLINO 2022
Rosso Doc - Corvina 80%, Rondinella 20%
Alc. 13% | € 9 | Bt. 20.000 | Ferm. Acciaio | Mat. Acciaio 6 mesi
Lasagne alle melanzane.

VERDE PIONA 2021
Bianco Metodo Ancestrale - Rondinella 70%, Garganega 15%, Trebbiano 15%
Alc. 12% | € 10 | Bt. 30.000 | Ferm. Acciaio | Mat. Acciaio 12 mesi
Tartare di tonno.

CUSTOZA SUPERIORE CAMPO DEL SELESE
2012 | 2019

BARDOLINO
2017

Piovene Porto Godi
(1980)

Il luogo dove sono ubicati i vigneti che danno origine alle riserve della cantina Piovene Porto Godi è una piccola valletta-altipiano conosciuta con il nome di Pozzolo e che si trova nella parte meridionale dei Colli Berici. I vini stessi prendono il nome delle specifiche località. Thovara per il noto Tai Rosso Riserva e Pozzare per il blend dei due cabernet, mentre Fra' i Broli dà il nome al Merlot. In Veneto il brolo un tempo era il giardino-frutteto recintato a uso esclusivo della casa padronale. L'annata 2020 ha mostrato ancora una volta la grande vocazione vinicola di questo luogo.

Via Villa, 14 - Frazione Toara - 36021 Villaga (VI)
T. 0444 885142 | M. info@piovene.com
www.piovene.com

Viticoltura: Biologica certificata
Ettari: 40 | **Bottiglie:** 130.000 | **Produzione olearia:** Sì
Proprietà: Tomaso e Mariantonio Piovene Porto Godi
Cond. enologica: Giovanni Nordera, Enzo Mazzocco
Cond. agronomica: Staff aziendale
Vendita diretta: Sì | **Visite in azienda:** Sì

(92,5)

COLLI BERICI MERLOT VIGNETO FRA' I BROLI 2020
Rosso Doc - Merlot 100%
Alc. 14% | € 17 | Bt. 9.000 | Ferm. Acciaio | Mat. Legno 15 mesi
Rubino profondo e brillante. Un mazzo di rose e viole, raffinato nelle declinazioni di ciliegia nera, mora e lampone. Spezie di vin brûlé, noce moscata, cardamomo e tabacco. Snello e gustoso, dote calorica e freschezza si bilanciano perfettamente. Il tannino in divenire dà brio e allunga il finale fruttato. Entrecôte alla griglia con scaglie di formaggio.

COLLI BERICI TAI ROSSO THOVARA RISERVA 2020
Rosso Doc - Tai rosso 100%
Alc. 15% | € 20 | Bt. 4.000 | Ferm. Acciaio | Mat. Legno 12 mesi
Costoletta alla valdostana.

COLLI BERICI CABERNET POZZARE RISERVA 2020
Rosso Doc - Cabernet sauvignon 70%, Cabernet franc 30%
Alc. 14% | € 18 | Bt. 8.000 | Ferm. Acciaio | Mat. Legno 15 mesi
Grana Padano Riserva.

POLVERIERA 2021
Rosso Igt - Merlot 40%, Cabernet franc 20%, Cabernet sauvignon 20%, Carménère 20%
Alc. 13% | € 10 | Bt. 30.000 | Ferm. Acciaio | Mat. Legno 5 mesi
Cosciotto di maiale farcito.

COLLI BERICI SAUVIGNON FOSTINE 2022
Bianco Doc - Sauvignon 100%
Alc. 14,5% | € 11 | Bt. 11.500 | Ferm. Acciaio | Mat. Acciaio 6 mesi
Asparagi di Bassano e uova in camicia.

COLLI BERICI TAI ROSSO 2022
Rosso Doc - Tai rosso 100%
Alc. 14,5% | € 10 | Bt. 30.000 | Ferm. Acciaio | Mat. Acciaio 6 mesi
Guanciale di vitello in umido con patate.

COLLI BERICI TAI ROSSO THOVARA RISERVA
2013

COLLI BERICI CABERNET POZZARE RISERVA
2017

Graziano Prà
(1983)

Artigianalità e innovazione, tese a valorizzare i migliori cru, sono l'anima dei Soave di Graziano Prà che in quest'edizione presenta l'intera produzione con tappo a vite. A seguito di una lunga sperimentazione, ha fondato "Gli Svitati", un gruppo di produttori pionieri che intendono smontare i pregiudizi sull'uso di questo tipo di chiusura. La corretta conservazione e l'evoluzione in una prospettiva di longevità sono gli obiettivi, ben riconoscibili nel Montegrande 2021, complesso e ricco di mineralità, e nel fine e magnetico Colle Sant'Antonio 2018, dai tratti quasi alsaziani.

Via della Fontana, 31 - 37032 Monteforte d'Alpone (VR)
T. 045 7612125 | M. info@vinipra.it
www.vinipra.it

Viticoltura: Biologica certificata
Ettari: 40 | **Bottiglie:** 350.000 | **Produzione olearia:** Sì
Proprietà: Graziano Prà
Cond. enologica: Graziano Prà
Cond. agronomica: Graziano Prà
Vendita diretta: Sì | **Visite in azienda:** Sì

93

SOAVE CLASSICO COLLE SANT'ANTONIO 2018
Bianco Doc - Garganega 100%
Alc. 13% | € 59 | Bt. 4.000 | Ferm. Legno | Mat. Legno 12 mesi
Preziosi riflessi paglierino e oro. Attraente l'incontro aromatico e minerale, che alterna idrocarburi e gesso a tranquille ondate di fiori di campo e frutta esotica con un richiamo citrino. Sorso magnetico e amalgamato, di grande equilibrio, scandito dalla freschezza che ne richiama la beva. Crostini al foie gras.

SOAVE CLASSICO MONTE GRANDE 2021
Bianco Doc - Garganega 70%, Trebbiano di Soave 30%
Alc. 13% | € 29 | Bt. 15.000 | Ferm. Legno | Mat. Legno 6 mesi
Cappesante gratinate.

SOAVE CLASSICO STAFORTE 2021
Bianco Doc - Garganega 100%
Alc. 12,5% | € 21 | Bt. 20.000 | Ferm. Acciaio | Mat. Acciaio 6 mesi
Lasagne di verdure.

AMARONE DELLA VALPOLICELLA 2017
Rosso Docg - Corvina 35%, Corvinone 35%, Rondinella 25%, altre varietà 5%
Alc. 16,5% | € 72 | Bt. 10.000 | Ferm. Legno | Mat. Legno 36 mesi
Beccacce allo spiedo.

VALPOLICELLA RIPASSO SUPERIORE MORANDINA 2020
Rosso Doc - Corvina 35%, Corvinone 35%, Rondinella 25%, Oseleta 5%
Alc. 15% | € 29 | Bt. 25.000 | Ferm. Legno | Mat. Legno 18 mesi
Cinghiale arrosto con castagne.

SOAVE CLASSICO OTTO 2022
Bianco Doc - Garganega 100%
Alc. 12% | € 16 | Bt. 300.000 | Ferm. Acciaio | Mat. Acciaio 6 mesi
Tartare di scampi.

SOAVE CLASSICO MONTE GRANDE
2020

SOAVE CLASSICO STAFORTE
2016

Punto Zero
(2015)

I Colli Berici sono nati da un antico mare tropicale. Le rocce calcaree che li compongono sono il risultato di un lunghissimo processo di sedimentazione di resti vegetali e animali e sono ricchi di fossili. L'ammonite stampata sulle etichette di Punto Zero non è solo un motivo decorativo ma vuole testimoniarne la provenienza. Colline dai declivi dolci dove ordinati vigneti si alternano ai boschi e alla macchia. Gargà è il nome del vino ottenuto dalla garganega dell'azienda. Uva da tanto tempo presente in loco e tenuta molto in considerazione per la sua particolare espressività.

Via Monte Palù, 1 - 36045 Lonigo (VI)
T. 049 659881 | M. info@puntozerowine.it
www.puntozero.it

Viticoltura: A basso impatto ambientale
Ettari: 13 | **Bottiglie:** 20.000 | **Produzione olearia:** Sì
Proprietà: Carolina de' Besi
Cond. enologica: Marco Stevanini
Cond. agronomica: Staff aziendale
Vendita diretta: Sì | **Visite in azienda:** Sì

COLLI BERICI GARGANEGO GARGÀ 2020
Bianco Doc - Garganega 100%
Alc. 13% | € 16 | Bt. 3.000 | Ferm. Acciaio | Mat. Acciaio e Legno 12 mesi
Giallo canarino dalla trama fitta. Frutti e fiori i protagonisti: pesca matura, nespola e albicocca accompagnati da glicine e ginestra. Il gusto dona gradite sensazioni aromatiche di frutta e vegetale. Scia di armellina che arricchisce il retrogusto. Insalata di pollo e verdure.

COLLI BERICI CARMENÈRE RISERVA 2019
Rosso Doc - Carménère 100%
Alc. 14% | € 26 | Bt. 4.500 | Ferm. Acciaio | Mat. Legno 18 mesi
Salame di cinta senese.

COLLI BERICI PINOT BIANCO TRASPARENZA 2021
Bianco Doc - Pinot bianco 100%
Alc. 13,5% | € 17 | Bt. 5.000 | Ferm. Acciaio | Mat. Acciaio
Branzino al sale su letto di patate.

COLLI BERICI CABERNET IDEA 2020
Rosso Doc - Cabernet sauvignon 100%
Alc. 14% | € 16 | Bt. 4.000 | Ferm. Acciaio | Mat. Acciaio
Filetto di bue con salsa di Roquefort.

COLLI BERICI TAI ROSSO RISERVA
2019

PUNTO
2013 | 2015

Quota 101
(2011)

Con il motto "nel calice si assaggia il territorio", Silvia Gardina ha dimostrato di avere le idee ben chiare sulla strada da percorrere: assieme alla famiglia ha sempre puntato alla valorizzazione dei Colli Euganei e ne è stata fatta di strada dalla prima vendemmia nel 2011. La crescita costante è frutto di scelte oculate, come la zonazione, sia della tenuta storica di Torreglia, sia dei più recenti vigneti di Baone, nella parte più a sud dei Colli Euganei, con influenze mediterranee. L'annata 2018 si conferma eccellente anche per i vini passiti, ne è testimonianza il Gelso di Lapo.

Via Malterreno, 12 - 35038 Torreglia (PD)
T. 0425 410922 | M. info@quota101.com
www.quota101.com

Viticoltura: Biologica certificata
Ettari: 20 | **Bottiglie:** 50.000 | **Produzione olearia:** Sì
Proprietà: Silvia, Roberta e Roberto Gardina
Cond. enologica: Andrea Boaretti
Cond. agronomica: Patrizio Gasparinetti
Vendita diretta: Sì | **Visite in azienda:** Sì

(92,5)

COLLI EUGANEI FIOR D'ARANCIO PASSITO IL GELSO DI LAPO 2018
Bianco Docg Passito - Moscato giallo 100%
Alc. 11% | € 27 (0,375l) | Bt. 1.400 | Ferm. Legno | Mat. Cemento 24 mesi
Veste i colori energici dell'ambra che vira al topazio. Sprigiona effluvi di pesca sciroppata, scorza di mandarino candita, erbe aromatiche quasi balsamiche, miele di acacia e tocchi iodati. Grande morbidezza e spiccata dolcezza al sorso, equilibrato grazie a vitale freschezza. Epilogo sapido con ritorni mielati. Roquefort.

COLLI EUGANEI ROSSO ORTONE 2019
Rosso Doc - Merlot 50%, Cabernet franc 25%, Cabernet sauvignon 25%
Alc. 14,5% | € 23 | Bt. 5.200 | Ferm. Cemento | Mat. Legno 24 mesi e Cemento 12 mesi
Pecorino di Pienza.

COLLI EUGANEI CABERNET POGGIO AMENO 2021
Rosso Doc - Cabernet franc 60%, Cabernet sauvignon 40%
Alc. 14% | € 16 | Bt. 7.200 | Ferm. Cemento | Mat. Cemento 18 mesi
Filetto di maiale lardellato.

COLLI EUGANEI MANZONI BIANCO 2021
Bianco Doc - Manzoni bianco 100%
Alc. 14% | € 20 | Bt. 3.500 | Ferm. Legno | Mat. Legno 6 mesi
Carpaccio di crostacei su mela verde.

COLLI EUGANEI FIOR D'ARANCIO SPUMANTE 2022
Bianco Docg Metodo Martinotti Dolce - Moscato giallo 100%
Alc. 6,5% | € 16 | Bt. 3.500 | Ferm. Acciaio | 1 mese sui lieviti
Tortino di mele con salsa alla vaniglia.

TAI 2021
Bianco Igt - Tai 100%
Alc. 12,5% | € 16 | Bt. 1.700 | Ferm. Legno | Mat. Cemento 6 mesi
Filetto di branzino gratinato.

COLLI EUGANEI FIOR D'ARANCIO SECCO
2019

COLLI EUGANEI MANZONI BIANCO
2019

Raval
(1985)

Dal 1985, la famiglia di Nello Rossi gestisce questa dinamica azienda con annesso agriturismo sul versante più interno dell'anfiteatro morenico gardesano, tra Bardolino e Cavaion. I vigneti e gli oliveti sono certificati SQNPI per la produzione integrata e si affacciano sulla sponda lacustre in posizione panoramica. Assoluto protagonista è il Bardolino declinato in più versioni; lo stile unisce tradizione e modernità, offrendo una beva leggiadra e rilassata, di grande equilibrio gustativo. A brillare quest'anno è il Bardolino Superiore Classico 2021, gustoso, vibrante ed equilibrato.

Via Raval, 1 - 37011 Bardolino (VR)
T. 045 7236569 | M. info@agriturismoraval.it
www.agriturismoraval.it

Viticoltura: Convenzionale
Ettari: 11 | **Bottiglie:** 72.500 | **Produzione olearia:** Sì
Proprietà: Maria Clelia Campagnari e Nello Rossi
Cond. enologica: Nello Rossi
Cond. agronomica: Nello Rossi
Vendita diretta: Sì | **Visite in azienda:** Sì

(92,5)

BARDOLINO SUPERIORE CLASSICO 2021
Rosso Docg - Corvina 75%, Rondinella 20%, Molinara 5%
Alc. 14% | € 8 | Bt. 6.500 | Ferm. Acciaio | Mat. Acciaio 10 mesi
Rubino attraente. Ciliegia e confetture di frutta rossa di primo acchito, poi emergono gradevolissime stille erbacee, indizi di geranio e peonia, una delicata speziatura di pepe rosa e bianco accompagnata da orme di grafite e liquirizia. Gustoso e molto bilanciato al palato, dal lungo setale agrumato e speziato. Maialino in agrodolce.

CHIARETTO DI BARDOLINO CLASSICO 2022
Rosato Doc - Corvinone 70%, Rondinella 20%, Molinara 10%
Alc. 12,5% | € 5 | Bt. 25.000 | Ferm. Acciaio | Mat. Acciaio 3 mesi
Pizza con bufala e pomodorini.

BARDOLINO CLASSICO 2022
Rosso Doc - Corvinone 70%, Rondinella 20%, Molinara 10%
Alc. 12,5% | € 6 | Bt. 60.000 | Ferm. Acciaio | Mat. Acciaio 5 mesi
Spaghetti al pomodoro.

CHIARETTO DI BARDOLINO SPUMANTE BRUT 2022
Rosato Doc Metodo Martinotti - Corvina 70%, Rondinella 20%, Molinara 10%
Alc. 12,5% | € 10 | Bt. 6.000 | Ferm. Acciaio | Mat. Acciaio 3 mesi
Triglie in guazzetto.

BARDOLINO CHIARETTO CLASSICO
2013

BARDOLINO CLASSICO
2013

Roccolo Grassi
(1996)

Papà Bruno conduceva un'azienda vitivinicola rivolta maggiormente ai volumi che alla qualità. A fine anni '90, con l'arrivo di Marco, fresco degli studi di enologia, si cambia completamente passo, con coraggio ed energia. Anche il nome dell'azienda cambia, per far capire le nuove intenzioni. Ben presto, e nonostante la giovanissima età, la cantina diventa punto di riferimento nell'area. Francesca, la sorella, segue l'amministrazione: una figura importante anche nelle strategie produttive che hanno visto negli anni allungare i tempi d'uscita dei vini sul mercato e qualche salto d'annata.

Via San Giovanni di Dio, 19 - 37030 Mezzane di Sotto (VR)
T. 045 8880089 | M. info@roccolograssi.it
www.roccolograssi.it

Viticoltura: Convenzionale
Ettari: 17 | **Bottiglie:** 55.000 | **Produzione olearia:** No
Proprietà: Marco e Francesca Sartori
Cond. enologica: Marco Sartori
Cond. agronomica: Marco Sartori
Vendita diretta: No | **Visite in azienda:** Sì

AMARONE DELLA VALPOLICELLA 2018
Rosso Docg - Corvina 60%, Rondinella 20%, Corvinone 15%, Croatina 5%
Alc. 16,5% | € 78 | Bt. 6.300 | Ferm. Acciaio | Mat. Legno 24 mesi
Rosso granato splendente con ancora qualche lampo rubino. Olfatto cadenzato e convincente con iniziali confetture di ciliegia e mora e pot-pourri. Poi sottobosco, tabacco, boero, scorza d'arancia e vaniglia. Palato composto, morbido e avvolgente, deciso e imperterrito con tannino levigato. Guanciale di manzo in umido con polenta.

VALPOLICELLA SUPERIORE 2018
Rosso Doc - Corvina 60%, Corvinone 15%, Rondinella 15%, Croatina 5%, Oseleta 5%
Alc. 14,5% | € 32 | Bt. 12.000 | Ferm. Acciaio | Mat. Legno 18 mesi
Tajarin al tartufo bianco d'Alba.

SOAVE LA BROIA 2021
Bianco Doc - Garganega 100%
Alc. 13% | € 17 | Bt. 10.400 | Ferm. Legno | Mat. Legno 6 mesi e Cemento 6 mesi
Linguine alla granseola e rosmarino.

AMARONE DELLA VALPOLICELLA
2015 | 2016 | 2017

SOAVE LA BROIA
2016 | 2020

Roeno
(1965)

Al cuor non si comanda e qui il cuore batte per l'enantio, con le sue vigne prefillosseriche sulle sabbie a fianco del fiume Adige, un esempio di archeoagricoltura. A seguire il pinot grigio, forse la più global delle cultivar, ma che, in questo angolo lontano da Verona e da Trento, gode di qualcosa in più e lo si percepisce nel Rìvoli. Infine, il riesling renano, coltivato sulla sponda fredda del Monte Baldo, è una scommessa vinta: il Collezione di Famiglia prevede un altro anno di maturazione per far sentire la sua ampiezza minerale, oltre all'imponente frutto.

Via Mama, 5 - 37020 Brentino Belluno (VR)
T. 045 7230110 | M. info@cantinaroeno.com
www.cantinaroeno.com

Viticoltura: Convenzionale
Ettari: 80 | **Bottiglie:** 350.000 | **Produzione olearia:** Sì
Proprietà: Roberta, Cristina e Giuseppe Fugatti
Cond. enologica: Cristina Fugatti, Giuseppe Fugatti
Cond. agronomica: Staff aziendale
Vendita diretta: Sì | **Visite in azienda:** Sì

(93)
RIESLING RENANO COLLEZIONE DI FAMIGLIA 2018
Bianco Igt - Riesling renano 100%
Alc. 12% | € 39 | Bt. 3.500 | Ferm. Acciaio | Mat. Legno 18 mesi
Intenso e lucido paglierino. Ampi i profumi di erbe aromatiche e agrumi; un intrigante idrocarburo dalla nota fumé lascia spazio alla pesca e al glicine bianco. Sorso slanciato nella freschezza quasi mentolata con un perfetto equilibrio sapido, lievemente morbido e dai lunghi echi di scorza di lime. Moeche fritte.

TERRADEIFORTI ENANTIO RISERVA 2018
Rosso Doc - Enantio 100%
Alc. 14% | € 49 | Bt. 3.500 | Ferm. Acciaio | Mat. Legno 24 mesi
Bollito misto con salse.

CRISTINA VENDEMMIA TARDIVA 2020
Bianco Igt Passito - Pinot grigio 40%, Chardonnay 20%, Sauvignon 20%, Traminer aromatico 20%
Alc. 12% | € 36 (0,375l) | Bt. 4.000 | Ferm. Acciaio | Mat. Acciaio 10 mesi
Pasticceria secca.

TERRADEIFORTI PINOT GRIGIO RÌVOLI 2020
Bianco Doc - Pinot grigio 100%
Alc. 14% | € 20 | Bt. 7.000 | Ferm. Acciaio | Mat. Acciaio 14 mesi
Risotto alla milanese con ossobuco.

VALDADIGE TERRADEIFORTI ENANTIO 2020
Rosso Doc - Enantio 100%
Alc. 13% | € 32 | Bt. 30.000 | Ferm. Acciaio | Mat. Legno 15 mesi
Ravioli di germano con foie gras.

PRAECIPUUS 2021
Bianco Igt - Riesling renano 100%
Alc. 12% | € 17 | Bt. 8.000 | Ferm. Acciaio | Mat. Acciaio 12 mesi
Risotto alla granseola.

TERRADEIFORTI ENANTIO RISERVA
2015

CRISTINA VENDEMMIA TARDIVA
2017 | 2018 | 2019

Rubinelli Vajol
(1953)

L'azienda arriva dal nonno ingegnere, frutto dei proventi per la realizzazione di grandi opere veronesi, ma oltre alla proprietà di Vajol, Gaetano Rubinelli ha trasferito anche il valore della cultura e del territorio. Ecco quindi lo stile dal colore tenue tipico della corvina, la sua freschezza e la struttura che non è mai ingombrante. La famiglia, che poi si è allargata, ha accettato questo percorso con umiltà, affidandosi a tecnici giovani, ma con alle spalle le indicazioni del più noto enologo recente che la Valpolicella abbia avuto, il Prof. Roberto Ferrarini.

Via Paladon, 31 - 37029 San Pietro in Cariano (VR)
T. 045 6839277 | M. info@rubinellivajol.it
www.rubinellivajol.it

Viticoltura: Convenzionale
Ettari: 10 | **Bottiglie:** 85.000 | **Produzione olearia:** Sì
Proprietà: Famiglia Rubinelli
Cond. enologica: Filippo Cengiarotti, Gian Maria Ciman
Cond. agronomica: Filippo Cengiarotti, Enrico Casarotti
Vendita diretta: Sì | **Visite in azienda:** Sì

(92,5)

VALPOLICELLA CLASSICO SUPERIORE 2019
Rosso Doc - Corvina 50%, Corvinone 25%, Rondinella 15%, Molinara 5%, Oseleta 5%
Alc. 13,5% | € 21 | Bt. 12.349 | Ferm. Acciaio | Mat. Legno 24 mesi
Carminio tenue e scintillante. Debutta con sensazioni scure e signorili di viola e geranio appassiti, prugna e mora in confettura, sottobosco, chiodi di garofano e caffè. Palato peculiare, di sapidità trainante con interventi freschi e caldi che lasciano un eccellente equilibrio. Affascina e seduce. Bigoli con salsiccia.

AMARONE DELLA VALPOLICELLA CLASSICO 2016
Rosso Docg - Corvina 40%, Corvinone 40%, Rondinella 10%, Molinara 5%, Oseleta 5%
Alc. 16% | € 59 | Bt. 33.000 | Ferm. Acciaio | Mat. Legno 48 mesi
Terrina di lepre con salsa di prugne.

RECIOTO DELLA VALPOLICELLA CLASSICO 2016
Rosso Docg Passito - Corvina 50%, Corvinone 25%, Rondinella 15%, Molinara 5%, Oseleta 5%
Alc. 14,5% | € 43 (0,5l) | Bt. 5.000 | Ferm. Acciaio | Mat. Legno 10 mesi
Crostata di mirtilli.

VALPOLICELLA RIPASSO CLASSICO SUPERIORE 2018
Rosso Doc - Corvina 50%, Corvinone 25%, Rondinella 15%, Molinara 5%, Oseleta 5%
Alc. 14,5% | € 25 | Bt. 22.500 | Ferm. Acciaio | Mat. Legno 36 mesi
Filetto di scottona in sfoglia.

VALPOLICELLA CLASSICO 2022
Rosso Doc - Corvina 45%, Corvinone 35%, Rondinella 15%, Molinara 5%
Alc. 12% | € 13 | Bt. 16.666 | Ferm. Acciaio | Mat. Acciaio 6 mesi
Pasta alla gricia.

AMARONE DELLA VALPOLICELLA CLASSICO DESTINÉE RISERVA
2008 | 2010

VALPOLICELLA RIPASSO CLASSICO SUPERIORE
2017

Ruggeri
(1950)

La cantina Ruggeri per quest'edizione ci regala un tridente d'attacco con eccellenze di tutto rispetto. Tre etichette di fama rinomata che non smentiscono la cura, l'attenzione e la precisione di un lavoro che dalla vigna alla cantina non lascia dubbi sulla qualità. Il Cartizze Brut, il Giustino B. e il Vecchie Viti sottolineano la bontà di un'annata, la 2022, che ha saputo concedersi al meglio. Presentato anche l'Enrosadira Brut 2022, effervescente espressione rosata a base di pinot nero, vitigno che ha trovato spazio nell'ampio panorama aziendale.

Via Prà Fontana, 4 - 31049 Valdobbiadene (TV)
T. 0423 9092 | M. ruggeri@ruggeri.it
www.ruggeri.it

Viticoltura: Convenzionale
Ettari: 32 | **Bottiglie:** 1.700.000 | **Produzione olearia:** No
Proprietà: Gruppo Rotkäppchen-Mumm Sektkellereien
Cond. enologica: Fabio Roversi
Cond. agronomica: Staff aziendale
Vendita diretta: Sì | **Visite in azienda:** Sì

VALDOBBIADENE SUPERIORE DI CARTIZZE BRUT 2022
Bianco Docg Metodo Martinotti - Glera 100%
Alc. 11,5% | € 30 | Bt. 20.000 | Ferm. Acciaio | Mat. Acciaio 3 mesi
Stupendo giallo paglierino, con corona di spuma pronunciata e persistente. Immediata suadenza di mela e pera, salvia e un accenno di arancia dolce. Infine una mandorla appena percettibile. L'ingresso è di straordinaria corrispondenza con quanto riscontrato all'olfatto. Ravioli di magro con funghi chiodini.

VALDOBBIADENE PROSECCO SUPERIORE BRUT VECCHIE VITI 2022
Bianco Docg Metodo Martinotti - Glera 90%, Verdiso 6%, Bianchetta trevigiana 2%, Perera 2%
Alc. 12% | € 27 | Bt. 8.000 | Ferm. Acciaio | Mat. Acciaio 3 mesi
Paella.

VALDOBBIADENE PROSECCO SUPERIORE EXTRA DRY GIUSTINO B. 2022
Bianco Docg Metodo Martinotti - Glera 100%
Alc. 11,5% | € 25 | Bt. 70.000 | Ferm. Acciaio | Mat. Acciaio 3 mesi
Crostini con burro e salmone.

VALDOBBIADENE SUPERIORE DI CARTIZZE DRY 2022
Bianco Docg Metodo Martinotti - Glera 100%
Alc. 11,5% | € 30 | Bt. 50.000 | Ferm. Acciaio | Mat. Acciaio 3 mesi
Minestra d'orzo perlato con fagioli di Lamon.

VALDOBBIADENE PROSECCO SUPERIORE EXTRA BRUT L'EXTRABRUT 2022
Bianco Docg Metodo Martinotti - Glera 100%
Alc. 11,5% | € 20 | Bt. 7.000 | Ferm. Acciaio | Mat. Acciaio 3 mesi
Risotto alle ortiche.

VALDOBBIADENE PROSECCO SUPERIORE BRUT QUARTESE 2022
Bianco Docg Metodo Martinotti - Glera 100%
Alc. 11% | € 18 | Bt. 200.000 | Ferm. Acciaio | Mat. Acciaio 2 mesi
Rombo al forno ai sapori mediterranei.

VALDOBBIADENE PROSECCO SUPERIORE BRUT VECCHIE VITI
2018

VALDOBBIADENE PROSECCO SUPERIORE EXTRA DRY GIUSTINO B.
2020

Salatin
(1947)

Una storia lunga quasi cinque secoli quella della famiglia Salatin, che a Cordignano coltiva nei suoi 21 ettari alcune tra le più interessanti espressioni di vitigni internazionali e autoctoni che la zona è in grado di concedere. Tra questi Le Conche Riserva 2018, uvaggio bordolese con un tocco di marzemino, che ci offre un sorso decisamente intrigante e da guardare con curiosità per il futuro. Non di meno l'autoctona glera, che nella versione Extra Dry del Conegliano Valdobbiadene stupisce per il corredo aromatico che invita al continuo assaggio.

Via Doge Alvise IV Mocenigo - 31016 Cordignano (TV)
T. 0438 995928 | M. alessandro@salatinvini.com
www.salatinvini.com

Viticoltura: A basso impatto ambientale
Ettari: 53 | **Bottiglie:** 600.000 | **Produzione olearia:** No
Proprietà: Alessandro Salatin
Cond. enologica: Alessandro Salatin
Cond. agronomica: Alessandro Salatin
Vendita diretta: No | **Visite in azienda:** No

(91,5)
COLLI DI CONEGLIANO ROSSO LE CONCHE RISERVA 2018
Rosso Docg - Merlot 40%, Cabernet sauvignon 30%, Cabernet franc 10%, Incrocio Manzoni 2.15 10%, Marzemino 10%
Alc. 14% | € 17 | Bt. 3.000 | Ferm. Acciaio | Mat. Legno 30 mesi
Rubino di grande concentrazione, con nuance granato e consistenza decisa. Ottima l'intensità olfattiva con toni balsamici di eucalipto, poi frutta scura, come prugna essiccata e marasca matura. Ma anche rabarbaro e viola. Entrata palatale di ampio respiro, con tensione acida e trama tannica in stato di grazia. Costata di cavallo con patate al rosmarino.

CONEGLIANO VALDOBBIADENE PROSECCO SUPERIORE EXTRA DRY 2022
Bianco Docg Metodo Martinotti - Glera 100%
Alc. 11% | € 11 | Bt. 98.000 | Ferm. Acciaio | Mat. Acciaio 6 mesi
Crescentine e salumi.

CONEGLIANO VALDOBBIADENE PROSECCO SUPERIORE BRUT MILLESIMATO 2022
Bianco Docg Metodo Martinotti - Glera 100%
Alc. 11% | € 11 | Bt. 20.000 | Ferm. Acciaio | Mat. Acciaio 6 mesi
Pomodori gratinati con paté di olive.

PATRIARCHA 2019
Rosso Igt - Merlot 60%, Cabernet sauvignon 40%
Alc. 14% | € 15 | Bt. 2.019 | Mat. Legno 24 mesi
Filetto di capriolo ai mirtilli.

PROSECCO BRUT CARATTERE BIOLOGICO 2022
Bianco Doc Metodo Martinotti - Glera 85%, Verdiso 15%
Alc. 11,5% | € 10 | Bt. 12.000 | Ferm. Acciaio | Mat. Acciaio 6 mesi
Bruschetta al pomodoro.

PROSECCO TREVISO BRUT 2022
Bianco Doc Metodo Martinotti - Glera 85%, Verdiso 15%
Alc. 11% | € 9 | Bt. 30.000 | Mat. Acciaio 6 mesi
Crostini con spuma di mortadella.

COLLI DI CONEGLIANO ROSSO LE CONCHE RISERVA
2015

PINOT BIANCO
2018

Sandro De Bruno
(2002)

Pungente e proiettata al futuro, come la punta di lancia preistorica che ne caratterizza il logo, la cantina sta implementando numerosi progetti i cui frutti sono già in parte apprezzabili nei prodotti a scaffale, che comprendono anche una nuova linea. In rilievo l'acquisizione di nuove parcelle sul versante basaltico vicentino a quote superiori agli 800 metri e il prolungamento della sosta sulle fecce fini con bâtonnage settimanali. Per gli spumanti, l'aumento della permanenza sui lieviti con una riduzione del dosaggio per la Riserva 36 mesi a base durella. Notevole la Riserva 100 mesi.

Via S. Margherita, 26 - Località Pergola - 37030 Montecchia di Crosara (VR)
T. 045 6540465 | M. info@sandrodebruno.it
www.sandrodebruno.it

Viticoltura: Convenzionale
Ettari: 23 | **Bottiglie:** 110.000 | **Produzione olearia:** No
Proprietà: Marina Ferraretto
Cond. enologica: Sandro Tasoniero
Cond. agronomica: Staff aziendale
Vendita diretta: Sì | **Visite in azienda:** Sì

LESSINI DURELLO SPUMANTE EXTRA BRUT 100 MESI RISERVA
Bianco Doc Metodo Classico - Durella 85%, Pinot bianco 15%
Alc. 12,5% | € 58 | Bt. 2.500 | Ferm. Acciaio | Mat. Acciaio 12 mesi
100 mesi sui lieviti
Oro fulgido. Sorprende con percezioni di frutta secca, carruba, castagna, arachide, panna acida, cenere e una balsamicità sottotraccia che richiama costantemente l'olfazione. Pieno e maturo, di lunghissima persistenza, sfoggia un'invidiabile scorrevolezza dai toni maturi. Gastronomico. Cannelloni con radicchio e speck.

LESSINI DURELLO SPUMANTE EXTRA BRUT 60 MESI RISERVA 2017
Bianco Doc Metodo Classico - Durella 90%, Pinot bianco 10%
Alc. 12,5% | € 36 | Bt. 5.000 | Ferm. Acciaio | Mat. Acciaio 6 mesi
60 mesi sui lieviti
Verdure in tempura.

SOAVE MONTE SAN PIERO 2021
Bianco Doc - Garganega 100%
Alc. 13,5% | € 24 | Bt. 6.600 | Ferm. Legno | Mat. Legno 18 mesi
Risotto ai finferli.

LESSINI DURELLO SPUMANTE DOSAGGIO ZERO RISERVA 2018
Bianco Doc Metodo Classico - Durella 90%, Pinot bianco 10%
Alc. 12,5% | € 26 | Bt. 26.000 | Ferm. Acciaio | Mat. Acciaio 18 mesi
36 mesi sui lieviti
Filetto di branzino gratinato.

BIANCO FUMO 2020
Bianco Igt - Sauvignon 100%
Alc. 13% | € 22 | Bt. 7.500 | Ferm. Acciaio | Mat. Acciaio 12 mesi
Carré d'agnello al timo e lardo di Colonnata.

SOAVE COLLI SCALIGERI 2021
Bianco Doc - Garganega 100%
Alc. 13% | € 21 | Bt. 13.000 | Ferm. Acciaio | Mat. Acciaio 18 mesi
Risotto con seppie e burrata.

SOAVE SUPERIORE MONTE SAN PIERO
2013 | 2019

LESSINI DURELLO METODO CLASSICO 60 MESI
2016

Sanfeletto
(1925)

Per l'edizione 2024 l'azienda condotta da Paolo Ceschin, rinomata per la qualità dei suoi prodotti e che annoverava tra i suoi prestigiosi clienti anche Papa Roncalli, presenta un vincente Prosecco Superiore Extra Dry 2022, tallonato da un Rive di San Pietro di Feletto Brut 2022. Due annate diverse così come lo sono i residui zuccherini in bottiglia, ma che sottolineano la bontà di un lavoro in vigna che riesce a premiare anche l'attesa nel tempo. Una nota di riguardo anche per la glera che confluisce nel Bosco di Fratta, Prosecco Superiore Extra Dry, qui presente con l'annata 2021.

Via Borgo Antiga, 39 - 31020 San Pietro in Feletto (TV)
T. 0438 486832 | M. sanfeletto@sanfeletto.it
www.sanfeletto.it

Viticoltura: A basso impatto ambientale
Ettari: 5 | **Bottiglie:** 300.000 | **Produzione olearia:** No
Proprietà: Paolo Ceschin
Cond. enologica: Paolo Ceschin
Cond. agronomica: Staff aziendale
Vendita diretta: Sì | **Visite in azienda:** Sì

CONEGLIANO VALDOBBIADENE PROSECCO SUPERIORE EXTRA DRY 2022
Bianco Docg Metodo Martinotti - Glera 100%
Alc. 11,5% | € 13 | Bt. 30.000 | Ferm. Acciaio | Mat. Acciaio 4 mesi
Radioso alla vista, ravvivato da una vivace spuma. Si concede pian piano con classe e fragranze di pera, erbe officinali e pompelmo rosa. Sorso gentilissimo, leggero, equilibrato. La morbidezza appena accennata e ben smorzata da vivace freschezza ci accompagna in un finale lungo e ben definito. Vellutata di cavolfiore.

CONEGLIANO VALDOBBIADENE PROSECCO SUPERIORE BRUT RIVE DI SAN PIETRO DI FELETTO 2022
Bianco Docg Metodo Martinotti - Glera 100%
Alc. 12% | € 17 | Bt. 7.000 | Ferm. Acciaio | Mat. Acciaio 4 mesi
Risotto alla parmigiana.

CONEGLIANO VALDOBBIADENE PROSECCO SUPERIORE BRUT 2022
Bianco Docg Metodo Martinotti - Glera 100%
Alc. 11,5% | € 13 | Bt. 35.000 | Ferm. Acciaio | Mat. Acciaio 4 mesi
Polpette di pesce d'acqua dolce.

CONEGLIANO VALDOBBIADENE PROSECCO SUPERIORE EXTRA DRY BOSCO DI FRATTA 2021
Bianco Docg Metodo Martinotti - Glera 100%
Alc. 11,5% | € 14 | Bt. 6.000 | Ferm. Acciaio | Mat. Acciaio 4 mesi
Crema di zucca con gamberi croccanti.

ROSEBLANC EXTRA BRUT 2021
Rosato Metodo Martinotti - Glera 85%, Pinot nero 15%
Alc. 12% | € 13 | Bt. 3.000 | Mat. Acciaio 4 mesi
Frittura di canestrelli e calamari.

CONEGLIANO VALDOBBIADENE PROSECCO SUPERIORE EXTRA BRUT BOSCO DI FRATTA 2022
Bianco Docg Metodo Martinotti - Glera 100%
Alc. 12% | € 14 | Bt. 10.000 | Ferm. Acciaio | Mat. Acciaio 4 mesi
Frittura di rane e verdure croccanti.

CONEGLIANO VALDOBBIADENE PROSECCO SUPERIORE EXTRA BRUT BOSCO DI FRATTA
2021

CONEGLIANO VALDOBBIADENE PROSECCO SUPERIORE DRY BOSCO DI FRATTA
2021

Santa Sofia
(1811)

Le svariate uve di proprietà, oltre che in Valpolicella, spaziano dal Soave al Lugana e confluiscono tutte nella cantina di Pedemonte, la quale, in un periodo che molto enfatizza l'enoturismo e il binomio vino-cultura, vanta un ammirabile plusvalore: Santa Sofia, infatti, è anche il nome di una delle più celebri e originali ville progettate da Palladio, nonché sede aziendale. I vini, sempre fedeli al timbro di casa Begnoni, centrato su un attento appassimento, mostrano quest'anno un'elevata complessità e struttura, ma senza eccessi: l'Amarone Gioè 2013 ben ne rappresenta lo spirito.

Via Ca' Dedè, 61 - Frazione Pedemonte - 37029 San Pietro in Cariano (VR)
T. 045 7701074 | M. info@santasofia.com
www.santasofia.com

Viticoltura: Convenzionale
Ettari: 90 | **Bottiglie:** 650.000 | **Produzione olearia:** Sì
Proprietà: Famiglia Begnoni
Cond. enologica: Giancarlo Begnoni
Cond. agronomica: Staff aziendale
Vendita diretta: Sì | **Visite in azienda:** Sì

(92)
AMARONE DELLA VALPOLICELLA CLASSICO GIOÈ 2013
Rosso Docg - Corvina 40%, Corvinone 30%, Rondinella 25%, Molinara 5%
Alc. 15,5% | € 130 | Bt. 6.000 | Ferm. Legno | Mat. Legno 42 mesi
Colore granato fitto. Apre con balsamicità intrisa di frutto maturo, prugna e ciliegia, poi elicriso, liquirizia e tabacco. Morbido, vellutato al gusto, nel quale risalta il cioccolato. Avvolge e seduce la chiosa contraddistinta da aromi di chiodi di garofano e mentuccia. Alchimia perfetta per un vino imponente. Braciola di cervo con salsa di ribes.

AMARONE DELLA VALPOLICELLA CLASSICO 2018
Rosso Docg - Corvina 40%, Corvinone 30%, Rondinella 30%
Alc. 15% | € 65 | Bt. 80.000 | Ferm. Acciaio | Mat. Legno 36 mesi
Filetto di bue con salsa di Roquefort.

VALPOLICELLA CLASSICO SUPERIORE MONTEGRADELLA 2018
Rosso Doc - Corvina 40%, Corvinone 30%, Rondinella 30%
Alc. 14% | € 31 | Bt. 20.000 | Ferm. Acciaio | Mat. Legno 18 mesi
Rigatoni al ragù bianco di carne.

VALPOLICELLA RIPASSO SUPERIORE 2019
Rosso Doc - Corvina 40%, Corvinone 30%, Rondinella 30%
Alc. 14% | € 27 | Bt. 80.000 | Ferm. Acciaio | Mat. Legno 9 mesi
Hamburger di manzo con Montasio fuso.

LUGANA 2022
Bianco Doc - Trebbiano di Lugana 100%
Alc. 13% | € 20 | Bt. 90.000 | Ferm. Acciaio | Mat. Acciaio 3 mesi
Tiella di riso, patate e cozze.

VALPOLICELLA CLASSICO 2022
Rosso Doc - Corvina 40%, Corvinone 30%, Rondinella 30%
Alc. 12,5% | € 17 | Bt. 30.000 | Ferm. Acciaio | Mat. Acciaio 6 mesi
Lasagne di verdure.

AMARONE DELLA VALPOLICELLA CLASSICO
2013 | 2017

AMARONE DELLA VALPOLICELLA CLASSICO RISERVA
2012 | 2013

Santi
(1843)

Il borgo medioevale di Illasi annovera tra le sue eccellenze la storica Cantina Santi, risalente al 1843, che fa parte del Gruppo Italiano Vini dal 1974. La sua cantina è stata di recente rinnovata, per incontrare ancora meglio le esigenze di Cristian Ridolfi, che si occupa della conduzione enologica. I vigneti di produzione sono sparsi in diverse zone della Valpolicella, del Soave e anche nel territorio del Bardolino e del Lugana. In quest'edizione è sicuramente emozionante e di grande pregio l'Amarone Classico Santico 2018, ma tutti gli assaggi hanno evidenziato ottimi livelli.

Via Ungheria, 33 - 37031 Illasi (VR)
T. 045 6269600 | M. cantinasanti@giv.it
www.giv.it

Viticoltura: Convenzionale
Ettari: 53 | **Bottiglie:** 1.200.000 | **Produzione olearia:** No
Proprietà: Gruppo Italiano Vini
Cond. enologica: Cristian Ridolfi
Cond. agronomica: Staff aziendale
Vendita diretta: Sì | **Visite in azienda:** Sì

(93,5)

AMARONE DELLA VALPOLICELLA CLASSICO SANTICO 2018
Rosso Docg - Corvina 80%, Rondinella 20%
Alc. 16% | € 35 | Bt. 75.000 | Ferm. Acciaio | Mat. Legno 30 mesi
Rubino. L'iniziale ritrosia lascia spazio a un grazioso exploit floreale e speziato che si spinge fino a percezioni di uvetta, zafferano e scorze di arancia candita. Rilassato e sapido, mai cedevole nella freschezza, è arricchito da un tannino maturo e offre uno splendido finale di tabacco, cioccolato e caffè. Capriolo in salmì con polenta di grano saraceno.

CHIARETTO DI BARDOLINO L'INFINITO 2022
Rosato Doc - Corvina 65%, Rondinella 30%, Molinara 5%
Alc. 12% | € 11 | Bt. 40.000 | Ferm. Acciaio | Mat. Acciaio 4 mesi
Verdure in tempura.

VALPOLICELLA CLASSICO SUPERIORE VENTALE 2020
Rosso Doc - Corvina 80%, Corvinone 10%, Rondinella 10%
Alc. 14% | € 17 | Bt. 30.000 | Ferm. Legno | Mat. Legno 18 mesi
Cosciotto di maiale farcito.

VALPOLICELLA CLASSICO LE CALESELLE 2022
Rosso Doc - Corvina 75%, Rondinella 25%
Alc. 13% | € 12 | Bt. 50.000 | Ferm. Acciaio | Mat. Legno 3 mesi
Crespelle con funghi e Asiago.

SOAVE CLASSICO 2022
Bianco Doc - Garganega 90%, Trebbiano di Soave 10%
Alc. 13% | € 10 | Bt. 30.000 | Ferm. Acciaio | Mat. Acciaio 5 mesi
Crema di patate e asparagi con cappesante scottate.

VALPOLICELLA RIPASSO CLASSICO SUPERIORE SOLANE 2020
Rosso Doc - Corvina 80%, Rondinella 20%
Alc. 14% | € 20 | Bt. 80.000 | Ferm. Acciaio | Mat. Legno 15 mesi
Filetto al vino rosso e scalogno.

AMARONE DELLA VALPOLICELLA CARLO SANTI 1843
2016

AMARONE DELLA VALPOLICELLA CLASSICO SANTICO
2014 | 2016 | 2017

Sartor Emilio
(1957)

L'azienda prende il nome da quello del suo fondatore, Emilio Sartor "Miliet", che negli anni '50 decise di mettersi in proprio per produrre vini, consapevole delle ottime potenzialità di questo territorio ai piedi del Montello, zona da sempre vocata alla viticoltura. La passione per il vino si tramanda di padre in figlio e così negli anni '80 si assiste a una ventata di modernità, grazie agli interventi dei figli Paolo e Carlo, che oggi conducono l'azienda di famiglia. Anche in quest'edizione il Campo del Pra annata 2020 si conferma un'espressione di eccellenza dei vini del Montello.

Via Monte Grappa - Frazione Venegazzù - 31040 Volpago del Montello (TV)
T. 0423 620567 | M. vinisartor@gmail.com
www.vinisartor.it

Viticoltura: Convenzionale
Ettari: 34 | **Bottiglie:** 120.000 | **Produzione olearia:** No
Proprietà: Paolo e Carlo Sartor
Cond. enologica: Paolo Sartor
Cond. agronomica: Paolo Sartor
Vendita diretta: Sì | **Visite in azienda:** Sì

MONTELLO ROSSO SUPERIORE CAMPO DEL PRA 2020
Rosso Docg - Cabernet sauvignon 50%, Merlot 25%, Cabernet franc 20%, altre varietà 5%
Alc. 14% | € 17 | Bt. 14.480 | Ferm. Acciaio | Mat. Legno 24 mesi
Carminio cupo orlato di granato. Sinfonia di confettura di piccoli frutti scuri e marasca, poi tabacco da pipa, cioccolato, spezie dolci e pepe nero, in uno sfondo di fiori rossi essiccati. Assaggio morbido, corposo, dai tannini marcati ma delicati, fresco e sapido, che imprime dinamicità ed equilibrio. Petto di germano reale al balsamico.

MONTELLO COLLI ASOLANI ROSSO MILIET 2020
Rosso Doc - Cabernet sauvignon 50%, Cabernet franc 25%, Merlot 25%
Alc. 14% | € 12 | Bt. 6.000 | Ferm. Acciaio | Mat. Legno 9 mesi
Arista di maiale con salsa di prugne.

MONTELLO COLLI ASOLANI RECANTINA 2021
Rosso Doc - Recantina 100%
Alc. 13% | € 9 | Bt. 6.665 | Ferm. Acciaio | Mat. Acciaio 6 mesi
Fusilli di kamut al ragù di faraona.

MONTELLO ROSSO SUPERIORE CAMPO DEL PRA
2015 | 2018 | 2019

MONTELLO COLLI ASOLANI MANZONI BIANCO
2018 | 2019 | 2021

Secondo Marco
(2008)

Sin dal primo passo nella tenuta di Fumane si respira tutto l'estro di Marco: numerosi ritratti vogliono sottolineare che gli Speri, nei propri vini, ci mettono la faccia, partendo da una viticoltura biologica sostenibile e vocata all'alta qualità. Gli impianti a pergola modificata nella speciale forma a Y danno frutti che trovano sviluppo, poi, in vinificazioni separate, usando i materiali più diversi. Il progetto sublima in vini spesso tratteggiati da note boschive e speziate, sottolineati da una traccia salina che li esalta con il passare del tempo.

Via Campolongo, 9 - 37022 Fumane (VR)
T. 045 6800954 | M. info@secondomarco.it
www.secondomarco.it

Viticoltura: Biologica certificata
Ettari: 17 | **Bottiglie:** 85.000 | **Produzione olearia:** No
Proprietà: Marco Speri
Cond. enologica: Marco Speri, Attilio Pagli
Cond. agronomica: Marco Speri
Vendita diretta: Sì | **Visite in azienda:** Sì

AMARONE DELLA VALPOLICELLA CLASSICO 2015
Rosso Docg - Corvina 45%, Corvinone 45%, Rondinella 10%
Alc. 16% | € 73 | Bt. 14.500 | Ferm. Acciaio | Mat. Legno 48 mesi
Rubino dalla fine trasparenza. Esordio floreale di rosa canina, lavanda e malva, poi liquirizia, foglia di tabacco, china, rabarbaro e pietra focaia, che sfocia in stille eteree. Al palato è asciutto, con tannino vellutato e buona sapidità. Verticale per grande freschezza e morbidezza fruttata nella dissolvenza. Gulasch di cervo con patate stufate.

VALPOLICELLA RIPASSO CLASSICO SUPERIORE 2018
Rosso Doc - Corvina 45%, Corvinone 40%, Rondinella 10%, Molinara 5%
Alc. 14% | € 31 | Bt. 25.400 | Ferm. Acciaio | Mat. Legno 24 mesi
Rosticciana.

VALPOLICELLA CLASSICO 2020
Rosso Doc - Corvina 50%, Corvinone 40%, Molinara 5%, Rondinella 5%
Alc. 13% | € 17 | Bt. 22.000 | Ferm. Acciaio | Mat. Legno 6 mesi e Cemento 12 mesi
Ravioli al sugo di chianina e tartufo nero.

VALPOLICELLA RIPASSO CLASSICO SUPERIORE
2017

AMARONE DELLA VALPOLICELLA CLASSICO
2012 | 2013

Sengiari
(1994)

La visita all'agriturismo e alla cantina sul Monte Sengiari appaga gli occhi, lo spirito, i sensi. Il vasto panorama si spinge fino alla pianura; il Parco dei Colli Euganei, al cui interno sorge l'azienda, ammalia l'ospite e l'accoglienza della famiglia Dainese soddisfa con le proposte enologiche e culinarie, con molti prodotti a km zero. La cura del vigneto e le lavorazioni in cantina sono seguite personalmente da Stefano: fedele alle tradizioni, rispettoso dell'unicità del luogo, il suo impegno è per vini che parlino dei Colli Euganei e che ne rappresentino l'anima.

Via Pozzacale, 33 - Frazione Tramonte - 35037 Teolo (PD)
T. 049 9935072 | M. info@sengiari.it
www.sengiari.it

Viticoltura: Convenzionale
Ettari: 17 | **Bottiglie:** 90.000 | **Produzione olearia:** No
Proprietà: Famiglia Dainese
Cond. enologica: Claudio De Bortoli
Cond. agronomica: Stefano Dainese
Vendita diretta: Sì | **Visite in azienda:** Sì

COLLI EUGANEI ROSSO VEGRO 2020
Rosso Doc - Merlot 60%, Cabernet sauvignon 40%
Alc. 14% | € 22 | Bt. 14.000 | Ferm. Acciaio | Mat. Legno 12 mesi
Granato compatto. Aprono, in sfilata, mora di rovo, ciliegia, prugna, cardamomo e pepe nero. Poi sensazioni eteree, china, inchiostro e un crescendo balsamico. L'assaggio è pieno, setoso, fitto e maturo il tannino, in perfetto equilibrio. In chiusura slancio fruttato e balsamico. Lepre in salmì.

COLLI EUGANEI ROSSO VEGRO RISERVA 2018
Rosso Doc - Merlot 60%, Cabernet sauvignon 40%
Alc. 15% | € 39 | Bt. 7.500 | Ferm. Acciaio | Mat. Legno 24 mesi
Brasato di manzo al vino rosso.

COLLI EUGANEI CHARDONNAY SASSÀRA 2021
Bianco Doc - Chardonnay 95%, Manzoni bianco 5%
Alc. 13,5% | € 22 | Bt. 8.000 | Ferm. Legno | Mat. Legno 5 mesi
Tacchinella ripiena su letto di patate.

ROSSO SENGIARI 2020
Rosso Igt - Cabernet franc 40%, Cabernet sauvignon 40%, Merlot 20%
Alc. 13% | € 17 | Bt. 15.000 | Ferm. Acciaio | Mat. Legno 12 mesi
Coniglio alla ligure.

COLLI EUGANEI CABERNET FRANC 2022
Rosso Doc - Cabernet franc 100%
Alc. 12,5% | € 12 | Bt. 4.000 | Ferm. Acciaio | Mat. Acciaio 6 mesi
Gnocchi alla sorrentina.

SA' ARINE 2022
Bianco Igt - Sauvignon 100%
Alc. 13% | € 18 | Bt. 5.000 | Ferm. Acciaio | Mat. Acciaio 4 mesi
Maltagliati con fiori di zucca e gamberetti.

COLLI EUGANEI ROSSO VEGRO
2019

ROSSO SENGIARI
2016 | 2017 | 2019

Spagnol Col del Sas
(1986)

La numerosa famiglia Spagnol, composta da papà Orazio, mamma Loreta e i fratelli Stefano, Marco, Alberto e Mattia, non manca di sinergia e suddivisione dei compiti tra chi si occupa con rigore di accudire la vigna e chi segue con attenzione i processi di vinificazione in cantina. I risultati per l'annata 2022 sono legati alla versione Extra Dry del loro Valdobbiadene Superiore e al Rive di Solighetto in versione Brut, con un anno in più di affinamento in bottiglia. Si riconferma la qualità del Quindici16, espressione dei vigneti di Cisa e Solighetto di due annate diverse.

Via Scandolera, 51 - 31020 Vidor (TV)
T. 0423 987177 | M. info@coldelsas.it
www.coldelsas.it

Viticoltura: Convenzionale
Ettari: 38 | **Bottiglie:** 400.000 | **Produzione olearia:** No
Proprietà: Spagnol Orazio
Cond. enologica: Marco Spagnol, Stefano Spagnol
Cond. agronomica: Staff aziendale
Vendita diretta: Sì | **Visite in azienda:** Sì

CONEGLIANO VALDOBBIADENE PROSECCO SUPERIORE EXTRA DRY 2022
Bianco Docg Metodo Martinotti - Glera 100%
Alc. 11,5% | € 13 | Bt. 140.000 | Ferm. Acciaio | Mat. Acciaio 2 mesi
Paglierino tenue dall'abbagliante filigrana verdolina e bollicine fini. Profuma di cedro, pan brioche, pesca e nespola matura, poi vira verso fiori di acacia, lime, bergamotto e tocchi vegetali di salvia. Ottima la fusione al palato tra freschezza, effervescenza e sapidità che regalano carattere e piacevolezza. Crostini con baccalà mantecato.

VALDOBBIADENE PROSECCO SUPERIORE BRUT RIVE DI SOLIGHETTO 2021
Bianco Docg Metodo Martinotti - Glera 100%
Alc. 12% | € 14 | Bt. 30.000 | Ferm. Acciaio | Mat. Acciaio 3 mesi
Risi e bisi.

CONEGLIANO VALDOBBIADENE PROSECCO SUPERIORE EXTRA BRUT QUINDICI16 2022
Bianco Docg Metodo Martinotti - Glera 100%
Alc. 12% | € 18 | Bt. 8.000 | Ferm. Acciaio | Mat. Acciaio 6 mesi
Insalata di spinaci e pesce spada.

CONEGLIANO VALDOBBIADENE PROSECCO SUPERIORE BRUT 2022
Bianco Docg Metodo Martinotti - Glera 100%
Alc. 11,5% | € 13 | Bt. 100.000 | Ferm. Acciaio | Mat. Acciaio 2 mesi
Pasta alla Norma.

VALDOBBIADENE PROSECCO SUPERIORE BRUT RIVE DI SOLIGHETTO
2018

CONEGLIANO VALDOBBIADENE PROSECCO SUPERIORE EXTRA DRY
2017

Speri
(1874)

Azienda storica dal profilo unico, si caratterizza per essere la più grande per estensione a conduzione biologica in Valpolicella, per prodotti di buona reperibilità, per i numeri produttivi e gli ottimi livelli qualitativi, senza avere selezioni a tiratura limitata. Il Valpolicella Superiore, con titolo alcolometrico pari a solo 13,5, è un vero pioniere del territorio, con le spezie e i fiori in primo piano e una freschezza di beva che gli dona grande dinamismo. L'Amarone è un punto fermo, in tanta storia nessuna divagazione stilistica, eppure moderno per la scattante freschezza.

Via Fontana, 14 - Pedemonte - 37029 San Pietro in Cariano (VR)
T. 045 7701154 | M. info@speri.com
www.speri.com

Viticoltura: Biologica certificata
Ettari: 60 | **Bottiglie:** 400.000 | **Produzione olearia:** Sì
Proprietà: Famiglia Speri
Cond. enologica: Alberto Speri
Cond. agronomica: Giampiero Speri
Vendita diretta: Sì | **Visite in azienda:** Sì

(93)
VALPOLICELLA CLASSICO SUPERIORE SANT'URBANO 2020
Rosso Doc - Corvina 70%, Rondinella 20%, Corvinone 5%, Molinara 5%
Alc. 13,5% | € 29 | Bt. 80.000 | Ferm. Acciaio | Mat. Legno 24 mesi
Rubino pieno e rilucente. Offre immediati accenni di mirto, liquirizia, ciliegia sotto spirito e mora selvatica; ad arricchire la gamma, ricordi di spezie dolci, timo e pepe. Gusto deciso, contraddistinto da sapidità e acidità; stuzzicato dalla trama tannica ben levigata, si intrattiene a lungo su ritorni fruttati. Agnolotti al sugo di carne.

AMARONE DELLA VALPOLICELLA CLASSICO SANT'URBANO 2019
Rosso Docg - Corvina 70%, Rondinella 20%, Corvinone 5%, Molinara 5%
Alc. 15% | € 65 | Bt. 100.000 | Ferm. Acciaio | Mat. Legno 40 mesi
Reale di vitello alla senape antica.

RECIOTO DELLA VALPOLICELLA CLASSICO LA ROGGIA 2020
Rosso Docg Passito - Corvina 70%, Rondinella 30%
Alc. 13,5% | € 51 (0,5l) | Bt. 10.000 | Ferm. Legno e Acciaio
Mat. Legno 20 mesi
Praline di cioccolato.

VALPOLICELLA CLASSICO 2022
Rosso Doc - Corvina 60%, Rondinella 30%, Molinara 10%
Alc. 12,5% | € 14 | Bt. 100.000 | Ferm. Acciaio | Mat. Cemento 3 mesi
Pizza prosciutto e funghi.

VALPOLICELLA RIPASSO CLASSICO SUPERIORE 2021
Rosso Doc - Corvina 70%, Rondinella 20%, Molinara 10%
Alc. 13,5% | € 23 | Bt. 100.000 | Ferm. Acciaio | Mat. Legno 12 mesi
Tagliata di manzo al rosmarino.

AMARONE DELLA VALPOLICELLA CLASSICO SANT'URBANO
2016 | 2017 | 2018

RECIOTO DELLA VALPOLICELLA CLASSICO LA ROGGIA
2018 | 2019

David Sterza
(1998)

In questa zona della valle di Fumane l'occhio non può che rimanere rapito dall'impronta antropica, dato che ci troviamo in un vero e proprio mare di vigneti per lo più allevati a pergola veronese e trentina. Rapito è anche il palato che, sorseggiando i vini dell'azienda, coglie la raffinata mano di David e di Paolo Mascanzoni, suo socio ed enologo affermato: mano foriera di uno stile verticale e speziato che prevede l'uso del legno piccolo, pochissimo di primo passaggio. Sugli scudi l'Amarone e il Ripasso, uniti da un fil rouge olfattivo che propone note balsamiche e spezie dolci.

Via Casterna, 37 - 37022 Fumane (VR)
T. 347 1343121 | M. info@davidsterza.it
www.davidsterza.it

Viticoltura: Convenzionale
Ettari: 4 | **Bottiglie:** 40.000 | **Produzione olearia:** No
Proprietà: David Sterza e Paolo Mascanzoni
Cond. enologica: Paolo Mascanzoni, David Sterza
Cond. agronomica: David Sterza
Vendita diretta: Sì | **Visite in azienda:** Sì

AMARONE DELLA VALPOLICELLA CLASSICO 2019
Rosso Docg - Corvina 60%, Corvinone 20%, Rondinella 17%, Oseleta 3%
Alc. 16% | € 33 | Bt. 10.000 | Ferm. Acciaio | Mat. Legno 24 mesi
Carminio compatto e luminoso. In apertura balsamico con confettura di rabarbaro e frutti di bosco accompagnati da spezie dolci e tabacco biondo. Poi sbuffi di cacao, viola e fiori secchi. Morbido all'ingresso, presenta freschezza, tannicità e sapidità ben equilibrate. Finale lungo e profondo. Pernici farcite.

VALPOLICELLA RIPASSO CLASSICO SUPERIORE 2021
Rosso Doc - Corvina 60%, Corvinone 20%, Rondinella 17%, Oseleta 3%
Alc. 14% | € 13 | Bt. 20.000 | Ferm. Acciaio | Mat. Legno 12 mesi
Filetto di maiale alla senape.

VALPOLICELLA CLASSICO SUPERIORE 2020
Rosso Doc - Corvina 45%, Corvinone 30%, Rondinella 20%, Oseleta 5%
Alc. 15% | € 20 | Bt. 2.000 | Ferm. Acciaio | Mat. Legno 12 mesi
Crespelle con asparagi e ricotta salata.

VALPOLICELLA CLASSICO 2022
Rosso Doc - Corvina 60%, Corvinone 20%, Rondinella 17%, Oseleta 3%
Alc. 12,5% | € 8 | Bt. 5.000 | Ferm. Acciaio | Mat. Acciaio 4 mesi
Monte Veronese d'allevo.

AMARONE DELLA VALPOLICELLA CLASSICO
2016 | 2017

VALPOLICELLA CLASSICO SUPERIORE
2018 | 2019

Suavia
(1982)

La lingua di collina che caratterizza l'area del Soave Classico inizia poco prima dell'omonimo castello e della chiesa di Monteforte e poi procede verso nord. A mano a mano, la quota altimetrica sale: Fittà, dove risiede l'azienda, è un po' più in alto e a nord, poco lontano in linea d'aria, ma raggiungibile solo da tortuose stradine. Sarà per l'altezza, sarà per il microclima, sarà per lo stile aziendale, ma qui la garganega dona ai vini piacevoli sensazioni fresche, quasi mentolate: eccole nell'elegante Monte Carbonare 2021; a seguire il Massifitti, il vino d'autore delle sorelle Tessari.

Via Centro, 14 - Frazione Fittà - 37038 Soave (VR)
T. 045 7675089 | M. info@suavia.it
www.suavia.it

Viticoltura: Biologica certificata
Ettari: 30 | **Bottiglie:** 200.000 | **Produzione olearia:** Sì
Proprietà: Valentina, Meri e Alessandra Tessari
Cond. enologica: Valentina Tessari
Cond. agronomica: Staff aziendale
Vendita diretta: Sì | **Visite in azienda:** Sì

92,5
SOAVE CLASSICO MONTE CARBONARE 2021
Bianco Doc - Garganega 100%
Alc. 12,5% | € 21 | Bt. 45.000 | Ferm. Acciaio | Mat. Acciaio 12 mesi
Splendido giallo che si fa man mano oro. Fragranze rarefatte, guizzi soffusi di pietra focaia, poi frutto bianco croccante e polposo, accenni di fiore d'acacia ed erbette balsamiche. Palato energico e fresco, ottima la sapidità con vena minerale e balsamica che marca il sorso. Risotto con mazzancolle al profumo d'arancia.

MASSIFITTI 2020
Bianco Igt - Trebbiano di Soave 100%
Alc. 12,5% | € 20 | Bt. 20.000 | Ferm. Acciaio | Mat. Acciaio 15 mesi
Pennette con pesto alla trapanese.

SOAVE CLASSICO 2022
Bianco Doc - Garganega 100%
Alc. 12% | € 14 | Bt. 130.000 | Ferm. Acciaio | Mat. Acciaio 5 mesi
Spaghetti al pomodoro.

OPERA SEMPLICE BRUT NATURE
Bianco Metodo Classico - Trebbiano di Soave 100%
Alc. 12,5% | € 32 | Bt. 2.500 | Ferm. Acciaio | Mat. Acciaio 6 mesi
24 mesi sui lieviti
Frittura di canestrelli e calamari.

LE RIVE
2011

SOAVE CLASSICO
2021

Tamburino Sardo
(1968)

Il nome Tamburino Sardo riporta a memorie storico-culturali inscindibili e lega la famiglia Fasoli al libro Cuore di De Amicis: una targa affissa all'esterno della cantina ricorda infatti le gesta e l'eroico sacrificio del giovane soldato. La gamma dei vini non si limita alla denominazione Custoza, ma tocca anche il Bardolino e la Valpolicella. I delicati profili morenici del gardesano danno vita al Custoza Superiore La Guglia, tra i più interessanti dell'areale e dal tipico uvaggio variegato, che si rese necessario quando la fillossera costrinse a scelte alternative.

Stradella del Tamburino Sardo, 11 - Custoza - 37066 Sommacampagna (VR)
T. 045 516190 | M. info@aziendaagricolatamburinosardo.it
www.aziendaagricolatamburinosardo.it

Viticoltura: Convenzionale
Ettari: 19 | **Bottiglie:** 150.000 | **Produzione olearia:** No
Proprietà: Famiglia Fasoli
Cond. enologica: Stefano Fasoli
Cond. agronomica: Staff aziendale
Vendita diretta: Sì | **Visite in azienda:** Sì

CUSTOZA 2022
Bianco Doc - Garganega 40%, Trebbianello 20%, Bianca Fernanda 10%, Malvasia 10%, Riesling 10%, Trebbiano 10%
Alc. 12,5% | € 7 | Bt. 80.000 | Ferm. Acciaio | Mat. Acciaio 5 mesi
Paglierino tenue tendente al verdolino. Spettro olfattivo non immediato ma con crescente definizione: susina gialla, ananas, pompelmo, fiori di sambuco e biancospino. Emergono anche profumi di salvia, timo, lavanda e frutta secca. Fresco e sapido il sorso, avvolgente e persistente. Cappesante gratinate.

AMARONE DELLA VALPOLICELLA CLASSICO 2016
Rosso Docg - Corvina 40%, Corvinone 40%, Oseleta 10%, Rondinella 10%
Alc. 15,5% | € 46 | Bt. 3.000 | Ferm. Acciaio | Mat. Legno 30 mesi
Faraona arrosto con salsa di frutti di bosco.

CUSTOZA SUPERIORE LA GUGLIA 2021
Bianco Doc - Garganega 40%, Bianca Fernanda 20%, Trebbiano 20%, Malvasia 10%, Manzoni bianco 10%
Alc. 13,5% | € 13 | Bt. 6.666 | Ferm. Acciaio | Mat. Acciaio 12 mesi
Coregone al forno.

VALPOLICELLA CLASSICO SUPERIORE 2020
Rosso Doc - Corvina 40%, Corvinone 40%, Rondinella 20%
Alc. 13,5% | € 16 | Bt. 8.000 | Ferm. Acciaio | Mat. Acciaio 18 mesi
Pappardelle con sugo di capriolo.

VALPOLICELLA RIPASSO CLASSICO SUPERIORE 2019
Rosso Doc - Corvina 40%, Corvinone 40%, Rondinella 20%
Alc. 14% | € 26 | Bt. 5.000 | Ferm. Acciaio | Mat. Legno 24 mesi
Risotto all'isolana.

CHIARETTO DI BARDOLINO 2022
Rosato Doc - Corvina 60%, Corvinone 30%, Rondinella 10%
Alc. 12,5% | € 10 | Bt. 1.700 | Ferm. Acciaio | Mat. Acciaio 9 mesi
Crema di zucca con gamberi croccanti.

CUSTOZA SUPERIORE LA GUGLIA
2014 | 2020

AMARONE DELLA VALPOLICELLA CLASSICO
2015

Tanorè
(1980)

L'edizione di quest'anno, per la cantina Tanorè, premia le produzioni con un residuo zuccherino più generoso. Dopo i riconoscimenti esteri al Falstaff Prosecco Trophy, anche in patria il Conegliano Valdobbiadene Prosecco Superiore di Cartizze Dry raggiunge un ottimo risultato. Subito a seguire, la versione Extra Dry del Superiore lascia intendere che le ultime annate abbiano originato, in vigna, qualità sempre maggiore. In aggiunta al panorama spumantistico, la cantina propone quest'anno anche un Colfondo 2021, tradizionale frizzante a base di glera.

Via Mont, 3 - Frazione S. Pietro di Barbozza - 31040 Valdobbiadene (TV)
T. 0423 975770 | M. info@tanore.it
www.tanore.it

Viticoltura: Convenzionale
Ettari: 10 | **Bottiglie:** 80.000 | **Produzione olearia:** No
Proprietà: Renato e Sergio Follador
Cond. enologica: Renato Follador
Cond. agronomica: Staff aziendale
Vendita diretta: Sì | **Visite in azienda:** Sì

VALDOBBIADENE SUPERIORE DI CARTIZZE DRY 2021
Bianco Docg Metodo Martinotti - Glera 100%
Alc. 11,5% | € 34 | Bt. 4.400 | Ferm. Acciaio | Mat. Acciaio 4 mesi
Luminosa veste paglierino dal fine perlage. Apre su sentori floreali di tiglio e sambuco, poi erbe aromatiche e banana con finale di bergamotto e mandarino. Sorprendono l'acidità viva e la sapidità, fuse con una spalla morbida di grande equilibrio. Ottima estensione agrumata. Pappa al pomodoro.

VALDOBBIADENE PROSECCO SUPERIORE EXTRA DRY 2022
Bianco Docg Metodo Martinotti - Glera 100%
Alc. 11,5% | € 20 | Bt. 4.400 | Ferm. Acciaio | Mat. Acciaio 4 mesi
Gnocchi alla romana.

VALDOBBIADENE PROSECCO SUPERIORE BRUT 2022
Bianco Docg Metodo Martinotti - Glera 100%
Alc. 11,5% | € 21 | Bt. 4.400 | Ferm. Acciaio | Mat. Acciaio 4 mesi
Filetti di pesce persico al burro e timo.

LONGHIALTI FRIZZANTE COLFONDO 2021
Bianco Frizzante - Glera 100%
Alc. 11,5% | € 8 | Bt. 4.300 | Ferm. Acciaio | Mat. Acciaio 6 mesi
Pizza con bufala e pomodorini.

VALDOBBIADENE SUPERIORE DI CARTIZZE DRY
2013

VALDOBBIADENE PROSECCO SUPERIORE BRUT
2021

Giovanna Tantini
(2002)

Nel 2022 Giovanna Tantini ha festeggiato i vent'anni della sua attività, un percorso di vita e di lavoro che l'ha portata a essere, come lei ama dire, "un'artigiana del vino", alla ricerca di uno stile personale, nutrito da passione e conoscenza. Assieme a un team collaudato, gestisce 13 ettari nei vocati areali vicini al Lago di Garda, con cura meticolosa in vigna e una rigorosa selezione delle uve. Ci ha decisamente convinto quest'anno lo sfaccettato Custoza 2022 intriso di freschezza e gustosa sapidità. A seguire, i due raffinati Bardolino 2021, in uscita a un anno dalla vendemmia.

Località I Mischi - 37014 Castelnuovo del Garda (VR)
T. 045 7575070 | M. info@giovannatantini.it
www.giovannatantini.it

Viticoltura: Convenzionale
Ettari: 12 | **Bottiglie:** 35.000 | **Produzione olearia:** No
Proprietà: Giovanna Tantini
Cond. enologica: Attilio Pagli, Laura Zuddas
Cond. agronomica: Staff aziendale
Vendita diretta: Sì | **Visite in azienda:** Sì

92

CUSTOZA 2022
Bianco Doc - Garganega 60%, Trebbianello 35%, Chardonnay 5%
Alc. 12,5% | € 16 | Bt. 6.000 | Ferm. Acciaio | Mat. Acciaio 12 mesi
Giallo paglierino pallido. Espressioni di fiori di campo e fieno, mela, salvia, un lieve tocco minerale di pietra bianca. Al gusto risulta fresco con aromi di agrumi, sapido e appena balsamico con guizzi di mirto sferzato da brezza marina. Eccellente bilanciamento che sancisce una gustosa gradevolezza. Torta salata ai broccoli.

BARDOLINO LA ROCCA 2021
Rosso Doc - Corvina 90%, Rondinella 10%
Alc. 13% | € 20 | Bt. 3.000 | Ferm. Acciaio | Mat. Legno 12 mesi
Roast beef.

BARDOLINO 2021
Rosso Doc - Corvina 85%, Rondinella 15%
Alc. 12,5% | € 17 | Bt. 12.000 | Ferm. Acciaio | Mat. Acciaio 15 mesi
Agnolotti al sugo di carne.

CHIARETTO DI BARDOLINO 2022
Rosato Doc - Corvina 80%, Rondinella 15%, Molinara 5%
Alc. 12,5% | € 18 | Bt. 22.000 | Ferm. Acciaio | Mat. Acciaio 12 mesi
Seppie in umido con piselli.

CHIARETTO DI BARDOLINO
2021

CUSTOZA
2016

Tedeschi
(1630)

Quattro secoli di storia raccontati sin dal 1630 dalla famiglia Tedeschi, che conosce il territorio in modo straordinario, grazie anche alla certosina attività di zonazione messa in atto nei terreni altamente vocati e di grande qualità dei suoi cru La Fabriseria, Maternigo, Lucchine e Monte Olmi. Questo grande lavoro ha portato a riconoscere e isolare anche sentori ben definiti, raccontando per ogni relativa area una storia unica con il linguaggio dei suoi vitigni. Stupendo l'Amarone Classico Riserva La Fabriseria 2016, prodotto solo una manciata di volte nelle annate più importanti, dal 1983.

Via G. Verdi, 4 - Frazione Pedemonte - 37029 San Pietro in Cariano (VR)
T. 045 7701487 | M. tedeschi@tedeschiwines.com
www.tedeschiwines.com

Viticoltura: A basso impatto ambientale
Ettari: 46 | **Bottiglie:** 500.000 | **Produzione olearia:** Sì
Proprietà: Famiglia Tedeschi
Cond. enologica: Riccardo Tedeschi
Cond. agronomica: Riccardo Tedeschi
Vendita diretta: Sì | **Visite in azienda:** Sì

93

AMARONE DELLA VALPOLICELLA CLASSICO LA FABRISERIA RISERVA 2016
Rosso Docg - Corvina 35%, Corvinone 30%, Rondinella 30%, Oseleta 5%
Alc. 17% | € 215 | Bt. 2.500 | Ferm. Acciaio | Mat. Legno 48 mesi
Tra il rubino e il granato, compatto e luminoso. All'olfatto frutta sotto spirito e pot-pourri di viola e rosa rossa. Rintocchi di cioccolato e tabacco biondo con una punta di zenzero. Sorso magistrale, caldo e volumico. La freschezza e la sapidità sono in perfetto equilibrio e il tannino è fine. Saporito. Cinghiale in umido.

AMARONE DELLA VALPOLICELLA ANSARI 2019
Rosso Docg - Corvinone 40%, Corvina 35%, Rondinella 20%, Oseleta 5%
Alc. 16,5% | € 59 | Bt. 13.300 | Ferm. Acciaio | Mat. Legno 36 mesi
Gulasch di cervo con patate stufate.

VALPOLICELLA CLASSICO LUCCHINE 2022
Rosso Doc - Rondinella 30%, Corvina 25%, Corvinone 25%, Molinara 10%, altre varietà 10%
Alc. 12,5% | € 12 | Bt. 20.000 | Ferm. Acciaio | Mat. Acciaio 6 mesi
Arrosto di tacchino lardellato.

AMARONE DELLA VALPOLICELLA CLASSICO CAPITEL MONTE OLMI RISERVA 2017
Rosso Docg - Corvina 30%, Corvinone 30%, Rondinella 30%, altre varietà 10%
Alc. 17% | € 72 | Bt. 8.000 | Ferm. Acciaio | Mat. Legno 48 mesi
Costata di cavallo con patate al rosmarino.

VALPOLICELLA SUPERIORE MATERNIGO 2020
Rosso Doc - Corvina 40%, Corvinone 40%, Rondinella 20%
Alc. 15% | € 30 | Bt. 13.000 | Ferm. Acciaio | Mat. Legno 18 mesi
Piccione al forno con cipollotti.

AMARONE DELLA VALPOLICELLA MARNE 180 2019
Rosso Docg - Corvina 35%, Corvinone 35%, Rondinella 20%, Dindarella 2%, Oseleta 2%, altre varietà 6%
Alc. 16,5% | € 46 | Bt. 160.000 | Ferm. Acciaio | Mat. Legno 30 mesi
Filetto di bue con salsa di Roquefort.

AMARONE DELLA VALPOLICELLA MARNE 180
2018

AMARONE DELLA VALPOLICELLA CLASSICO CAPITEL MONTE OLMI RISERVA
2013 | 2015 | 2016

Tenuta Chiccheri
(2003)

La passione dell'imprenditore Giancarlo Ruffo per i vini rossi importanti e per lo Champagne fu galeotta. Alla fine degli anni '70 acquista l'ampia tenuta sopra Tregnago. L'altitudine e i terreni calcarei, dopo il lungo ripristino della proprietà, gli suggeriscono di accettare la sfida: produrre eccellenze della Valpolicella e Metodo Classico da chardonnay e pinot nero. Così è stato. Dal 2003 a oggi, i risultati ottenuti dimostrano che la sfida è vinta. Raffinato e complesso il Montpré Cuvée del Fondatore 2013. Affascinante e dinamico il Valpolicella Superiore Campo delle Strie 2017.

Località Chiccheri, 1 - 37039 Tregnago (VR)
T. 045 8774333 | M. info@tenutachiccheri.it
www.tenutachiccheri.it

Viticoltura: Convenzionale
Ettari: 16 | **Bottiglie:** 60.000 | **Produzione olearia:** Sì
Proprietà: Giancarlo Ruffo
Cond. enologica: Massimo Gigola
Cond. agronomica: Staff aziendale
Vendita diretta: Sì | **Visite in azienda:** Sì

(92)
MONTPRÉ CUVÉE DEL FONDATORE 2013
Bianco Spumante Metodo Classico - Chardonnay 50%, Pinot nero 50%
Alc. 12,5% | € 33 | Bt. 6.000 | Ferm. Acciaio | Mat. Acciaio | 96 mesi sui lieviti
Giallo sole con luci d'oro. Perlage finissimo. Stille invitanti di crosta di pane, nocciola, erbe aromatiche secche e timo con nuance agrumate di cedro ed echi minerali che ritornano al palato, offrendo struttura e una decisa freschezza, ben integrata nella progressione sapida. Cappesante scottate allo zenzero.

VALPOLICELLA SUPERIORE CAMPO DELLE STRIE 2017
Rosso Doc - Corvina 75%, Corvinone 10%, Rondinella 10%, Syrah 5%
Alc. 14,5% | € 40 | Bt. 4.000 | Ferm. Acciaio | Mat. Legno 24 mesi
Fettuccine al ragù d'agnello.

MONTPRÉ BELLOCA PAS DOSÉ 2014
Bianco Spumante Metodo Classico - Chardonnay 100%
Alc. 12,5% | € 33 | Bt. 2.500 | Ferm. Acciaio | Mat. Acciaio
84 mesi sui lieviti
Ricciola al forno con capperi e pomodori ciliegino.

AMARONE DELLA VALPOLICELLA CAMPO DELLE STRIE RISERVA 2015
Rosso Docg - Corvina 75%, Rondinella 15%, Corvinone 5%, Syrah 5%
Alc. 16,5% | € 68 | Bt. 5.000 | Ferm. Acciaio | Mat. Legno 36 mesi
Stracotto di manzo all'Amarone.

AMARONE DELLA VALPOLICELLA CAMPO DELLE STRIE
2009

VALPOLICELLA SUPERIORE CAMPO DELLE STRIE
2009

Tenuta La Presa
(2001)

Fabio Dei Micheli, enologo diplomato a S. Michele all'Adige, è l'attuale Presidente del Consorzio di Bardolino e titolare, assieme alla sorella Serena, della bella azienda di famiglia incastonata nell'area più a nord della denominazione: la sottozona Montebaldo. Carattere schivo, nordico, che ritroviamo anche nei suoi vini. Esordisce in Guida l'austero e dinamico Bardolino Montebaldo 2021, che cede però il passo all'affascinante Chiaretto 2022, color confetto molto tenue e dal sorso composto e sapido, con un bel mix di spezie in evidenza.

Via Zuane, 12 - 37013 Caprino Veronese (VR)
T. 045 7281122 | M. info@tenutalapresa.it
www.tenutalapresa.com

Viticoltura: Convenzionale
Ettari: 100 | **Bottiglie:** 35.000 | **Produzione olearia:** Sì
Proprietà: Serena e Fabio Dei Micheli
Cond. enologica: Fabio Dei Micheli
Cond. agronomica: Staff aziendale
Vendita diretta: Sì | **Visite in azienda:** Sì

(91,5)
CHIARETTO DI BARDOLINO 2022
Rosato Doc - Corvina 70%, Rondinella 20%, Molinara 10%
Alc. 12,5% | € 12 | Bt. 5.000 | Ferm. Acciaio | Mat. Acciaio 6 mesi
Rosa confetto appena accennato, radioso. Agrumi di chinotto e bergamotto, poi menta e lavanda, decisamente speziato, con cardamomo e zenzero. Si distende piano con toni di confetto alla fragola. Bocca dall'ingresso gentile che rilascia poi sferzante freschezza e decisa sapidità. Gamberoni al curry.

BARDOLINO MONTEBALDO 2021
Rosso Doc - Corvina 70%, Rondinella 20%, Molinara 10%
Alc. 13% | € 12 | Bt. 6.500 | Ferm. Acciaio | Mat. Cemento 12 mesi
Tartare di manzo.

CUSTOZA SUPERIORE 2022
Bianco Doc - Garganega 45%, Trebbiano 20%, Cortese 14%, Tai 13%, Pinot bianco 8%
Alc. 12,5% | € 13 | Bt. 6.500 | Ferm. Acciaio | Mat. Acciaio 6 mesi
Lasagnette con ragù di coniglio e crema di piselli.

LUGANA 2022
Bianco Doc - Trebbiano di Lugana 100%
Alc. 13% | € 14 | Bt. 4.000 | Ferm. Acciaio | Mat. Acciaio 6 mesi
Risotto alla zucca e astice.

NAPOLEONE
2010

SALASSÀ
2019

Tenuta Mosole
(1982)

Lucio Mosole, instancabile e operoso artefice dell'azienda, è un uomo che riesce a riflettere il proprio carattere, grintoso e dinamico, in tutte le sue creazioni, senza perdere il contatto e l'equilibrio con la natura. Uno stile riconoscibile il suo, attento e costante, forgiato dalla lunga esperienza e dal microclima dell'entroterra veneziano in cui si colloca l'azienda. Luogo che ha dato vita alla nobiltà del vino dedicato alla nona pietra miliare, Ad Nonam 2019, e allo strutturato, verticale e gastronomico Hora Prima 2021.

Via Annone Veneto, 60 - 30029 San Stino di Livenza (VE)
T. 0421 310402 | M. tenuta@mosole.com
www.mosole.com

Viticoltura: Convenzionale
Ettari: 30 | **Bottiglie:** 220.000 | **Produzione olearia:** No
Proprietà: Lucio Mosole
Cond. enologica: Gianni Menotti
Cond. agronomica: Gianni Menotti
Vendita diretta: Sì | **Visite in azienda:** Sì

VENEZIA MERLOT AD NONAM RISERVA 2019
Rosso Doc - Merlot 100%
Alc. 14% | € 24 | Bt. 4.000 | Ferm. Legno | Mat. Legno 24 mesi
Carminio, impenetrabile e vivido. All'olfatto fragranze austere e signorili. Confetture di prugna e mirtillo, boero, fiori secchi, rabarbaro, noce moscata, grafite, caffè. Assaggio strutturato, potente ed energico con un ottimo equilibrio. Tannino vellutato. Ritorni balsamici. Risoluto e convincente. Filetto di scottona in sfoglia.

HORA PRIMA 2021
Bianco Igt - Chardonnay 60%, Tai 30%, Sauvignon 10%
Alc. 14% | € 23 | Bt. 3.000 | Ferm. Acciaio | Mat. Legno 12 mesi
Fritto di paranza.

VENEZIA REFOSCO DAL PEDUNCOLO ROSSO 2021
Rosso Doc - Refosco dal peduncolo rosso 100%
Alc. 13,5% | € 10 | Bt. 12.000 | Ferm. Cemento | Mat. Cemento 6 mesi
Anatra ai funghi.

VENEZIA MERLOT 2021
Rosso Doc - Merlot 100%
Alc. 14% | € 10 | Bt. 20.000 | Ferm. Cemento | Mat. Cemento 6 mesi
Petto d'anatra alle prugne.

VENEZIA TAI 2022
Bianco Doc - Tai 100%
Alc. 13,5% | € 10 | Bt. 24.000 | Ferm. Acciaio | Mat. Acciaio 6 mesi
Pollo fritto.

VENEZIA CHARDONNAY 2022
Bianco Doc - Chardonnay 100%
Alc. 13,5% | € 10 | Bt. 24.000 | Ferm. Acciaio | Mat. Acciaio 6 mesi
Cocktail di gamberetti.

HORA PRIMA
2016

AD NONAM PASSITO
S.A. | 2017 | 2019

Tenuta Mulin di Mezzo
(1978)

Paolo Lazzarini si è posto il caparbio obiettivo di portare nel calice la massima espressività delle proprie uve. In vigna regnano il principio del rispetto della pianta, una vendemmia rigorosamente manuale e contemporanea attenzione all'eco-compatibilità e alle tecnologie di nuova generazione. Nella Tenuta, situata ad Annone Veneto, tra il Livenza e il Tagliamento, hanno trovato il loro spazio ideale sia i vitigni internazionali, di cui l'alfiere è il Rossomolino 2018, sia quelli locali, tra i quali spicca l'opulento Lison Classico 2022.

Via Molin di Mezzo, 16 - 30020 Annone Veneto (VE)
T. 0422 769398 | M. mulindimezzo@libero.it
www.mulindimezzo.com

Viticoltura: Convenzionale
Ettari: 10 | **Bottiglie:** 40.000 | **Produzione olearia:** No
Proprietà: Silvana Battiston
Cond. enologica: Paolo Lazzarin
Cond. agronomica: Paolo Lazzarin
Vendita diretta: Sì | **Visite in azienda:** Sì

LISON CLASSICO 2022
Bianco Docg - Tai 100%
Alc. 14,5% | € 20 | Bt. 4.000 | Ferm. Acciaio | Mat. Acciaio 9 mesi
Paglierino fitto e pieno, quasi oro. Profilo territoriale con classici evidenze di frutta tropicale e macchia mediterranea, poi frutta secca e un refolo salmastro in chiusura. Coerente al palato, con lunghezza aromatica, intrigante sapidità e magnifica chiosa. Costolette d'agnello alle erbe.

ROSSOMOLINO 2018
Rosso Igt - Merlot 40%, Cabernet franc 30%, Cabernet sauvignon 30%
Alc. 14% | € 23 | Bt. 5.000 | Ferm. Acciaio | Mat. Legno 12 mesi
Pernici farcite.

LISON PRAMAGGIORE CHARDONNAY 2022
Bianco Doc - Chardonnay 100%
Alc. 15% | € 18 | Bt. 5.000 | Ferm. Acciaio | Mat. Acciaio 8 mesi
Filetto di orata allo zenzero.

LISON PRAMAGGIORE MERLOT 2018
Rosso Doc - Merlot 100%
Alc. 14,5% | € 20 | Bt. 7.000 | Ferm. Acciaio | Mat. Legno 12 mesi
Costata di manzo alla griglia.

VENEZIA CABERNET FRANC 2018
Rosso Doc - Cabernet franc 100%
Alc. 14% | € 18 | Bt. 7.000 | Ferm. Acciaio | Mat. Legno 20 mesi
Salame di Varzi.

SAUVIGNON 2022
Bianco Igt - Sauvignon 100%
Alc. 13,5% | € 18 | Bt. 2.000 | Ferm. Acciaio | Mat. Acciaio 9 mesi
Granseola al vapore su misticanza.

LISON CLASSICO BLANC
2018

LISON CLASSICO
2017 | 2018 | 2019

Tenuta Natalina Grandi
(1991)

Cinque generazioni di viticoltori innamorati del territorio e dei frutti che questo offre. Eredità questa, passata da una generazione all'altra fino al 1991, quando Natalina Grandi fonda l'azienda vinicola. Nel 2016 viene trasformata in Tenuta e nel 2020 ottiene la certificazione biologica. Oggi i figli hanno ampliato ulteriormente la produzione, aggiungendo a quella tipica di Gambellara i rossi dei Colli Berici. Il Recioto Vivace, ottenuto dalla rifermentazione in bottiglia del vino ricavato con l'appassimento della garganega, rimane sempre l'emblema della cantina e del territorio.

Via Battaglione Vicenza, 8 - 36053 Gambellara (VI)
T. 0444 444102 | M. info@cantinagrandi.com
www.cantinagrandi.com

Viticoltura: A basso impatto ambientale
Ettari: 10 | **Bottiglie:** 30.000 | **Produzione olearia:** No
Proprietà: Luca Framarin
Cond. enologica: Marco Zonato
Cond. agronomica: Staff aziendale
Vendita diretta: Sì | **Visite in azienda:** Sì

GAMBELLARA CLASSICO COL DI MEZZO 2021
Bianco Doc - Garganega 100%
Alc. 13% | € 11 | Bt. 4.000 | Ferm. Acciaio | Mat. Acciaio 6 mesi
Cristallino punteggiato d'oro. Un'ondata di freschezza, con spire erbacee di bosso e fiori bianchi, mandorla dolce e tanti agrumi. Bocca che scivola e appaga per equilibrio, acidità succosa e giusto calore. Percettibile la sapidità che regola i rimandi salini ben fusi al pompelmo. Capretto arrosto alle erbe aromatiche.

RECIOTO DI GAMBELLARA VIVACE 2017
Bianco Docg Passito - Garganega 100%
Alc. 14% | € 20 | Bt. 1.500 | Ferm. Acciaio | Mat. Legno 6 mesi
48 mesi sui lieviti
Frittelle con cuore di Chantilly.

CARMENÈRE 2021
Rosso Igt - Carménère 100%
Alc. 14% | € 11 | Bt. 2.500 | Ferm. Acciaio | Mat. Acciaio 6 mesi
Bigoli con l'anatra.

GAMBELLARA SOLO LEI 2022
Bianco Doc - Garganega 100%
Alc. 12% | € 8 | Bt. 5.000 | Ferm. Acciaio | Mat. Acciaio 3 mesi
Filetto di branzino gratinato.

LESSINI DURELLO SPUMANTE BRUT 2022
Bianco Doc Metodo Martinotti - Durella 100%
Alc. 12% | € 10 | Bt. 7.000 | Ferm. Acciaio | Mat. Acciaio 5 mesi
Seppioline ai ferri.

GAMBELLARA CLASSICO COL DI MEZZO
2019 | 2020

RECIOTO DI GAMBELLARA SPUMANTE
2013 | 2019

Tenuta Santa Maria
(1993)

Una storia di famiglia, con l'orgoglio e la consapevolezza di essere custodi di un patrimonio unico. Ecco Villa Novare, detta anche Villa Mosconi Bertani, dal nome degli antichi proprietari e degli attuali: il brolo, il vigneto contornato dalle antiche mura, il parco centrale con il laghetto che funge da bacino idrico, un tempo ristoro per i nobili ospiti. Bellezza, luogo d'elezione per la viticoltura e punto fermo per l'intero territorio. Da qui arrivano i Valpolicella, dalla tenuta di Colognola ai Colli i futuristici bordolesi - prodotti agli albori della viticoltura veneta -, e il Soave.

Località Novare, 1 - 37024 Negrar (VR)
T. 045 5709086 | M. stefano.gabrieli@tenutasantamaria.wine
www.tenutasantamaria.wine

Viticoltura: Convenzionale
Ettari: 32 | **Bottiglie:** 230.000 | **Produzione olearia:** Sì
Proprietà: Famiglia Bertani
Cond. enologica: Matteo Bernabei, Franco Bernabei, Stefano Gabrieli
Cond. agronomica: Staff aziendale
Vendita diretta: Sì | **Visite in azienda:** Sì

(91,5)
RECIOTO DELLA VALPOLICELLA CLASSICO 2020
Rosso Docg Passito - Corvina 70%, Corvinone 20%, Rondinella 10%
Alc. 13% | € 64 (0,5l) | Bt. 990 | Ferm. Acciaio | Mat. Legno 24 mesi
Carminio molto lento. Splendido naso, con fiori rossi essiccati, ciliegia in confettura, genziana, rabarbaro, china e humus; poi spezie dolci, caffè, tabacco, nocciole tostate, rosmarino e smalto. Il sorso è morbido, molto dolce, ma ben equilibrato da acidità e tannino. Lungo nel ricordo. Praline di cioccolato.

AMARONE DELLA VALPOLICELLA CLASSICO RISERVA 2016
Rosso Docg - Corvina 75%, Corvinone 15%, Rondinella 10%
Alc. 16% | € 95 | Bt. 20.000 | Ferm. Acciaio | Mat. Legno 60 mesi
Brasato di manzo al vino rosso.

VALPOLICELLA RIPASSO CLASSICO SUPERIORE 2019
Rosso Doc - Corvina 75%, Corvinone 15%, Rondinella 10%
Alc. 14,5% | € 34 | Bt. 13.500 | Ferm. Acciaio | Mat. Legno 24 mesi
Brasato di lepre con riduzione di vino rosso.

VALPOLICELLA CLASSICO SUPERIORE 2021
Rosso Doc - Corvina 75%, Corvinone 15%, Rondinella 10%
Alc. 14,5% | € 25 | Bt. 16.500 | Ferm. Acciaio | Mat. Legno 24 mesi
Pluma di maialino Bellota con cipolle caramellate.

PRAGAL 2021
Rosso Igt - Corvina 40%, Merlot 30%, Syrah 30%
Alc. 13,5% | € 16 | Bt. 20.000 | Ferm. Acciaio | Mat. Acciaio 8 mesi
Camoscio in umido.

TORRE PIEVE 2021
Bianco Igt - Chardonnay 100%
Alc. 14% | € 31 | Bt. 6.000 | Ferm. Legno | Mat. Legno 7 mesi
Linguine allo scoglio.

DECIMA AUREA
2010 | 2015

VALPOLICELLA CLASSICO SUPERIORE
2018

Tenuta Sant'Antonio
(1995)

Il padre Antonio Castagnedi era conferitore e fondatore della cantina sociale di Colognola ai Colli. I quattro figli sono alla costante ricerca del miglioramento a basso impatto ambientale, esprimendo al meglio il territorio, con un occhio di riguardo alle sperimentazioni con l'Università di Verona e ai vivai di Rauscedo, per ridurre i trattamenti in vigna. A San Briccio si erge il quartier generale dove si raccontano le 3 linee: la classica Tenuta San Antonio con le declinazioni di Soave e Valpolicella, la linea Scaia, dallo stile fresco e giovane, e la Télos, senza solfiti.

Via Ceriani, 23 - 37030 Colognola ai Colli (VR)
T. 045 7650383 | M. info@tenutasantantonio.it
www.tenutasantantonio.it

Viticoltura: Lotta integrata
Ettari: 150 | **Bottiglie:** 1.800.000 | **Produzione olearia:** No
Proprietà: Massimo, Armando, Tiziano e Paolo Castagnedi
Cond. enologica: Paolo Castagnedi
Cond. agronomica: Massimo Castagnedi
Vendita diretta: Sì | **Visite in azienda:** Sì

AMARONE DELLA VALPOLICELLA CAMPO DEI GIGLI 2018
Rosso Docg - Corvina 70%, Rondinella 20%, Croatina 5%, Oseleta 5%
Alc. 15,5% | € 87 | Bt. 15.000 | Ferm. Legno | Mat. Legno 36 mesi
Carminio fitto fitto. Una compagine di ciliegie, more, ribes in confettura, marasca sotto spirito e pot-pourri di fiori rossi. Si dilunga in pepe, ginepro, vaniglia e cannella con finale di tabacco e alloro. Gusto coeso, dai tannini carezzevoli che indugia su frutto in confettura, spezie e sapidità. Bocconcini di cervo al cavolo nero.

AMARONE DELLA VALPOLICELLA SELEZIONE ANTONIO CASTAGNEDI 2019
Rosso Docg - Corvina 70%, Rondinella 20%, Croatina 5%, Oseleta 5%
Alc. 15% | € 52 | Bt. 90.000 | Ferm. Acciaio | Mat. Legno 24 mesi
Filetto di vitello alla Rossini.

VALPOLICELLA SUPERIORE LA BANDINA 2020
Rosso Doc - Corvina 50%, Corvinone 20%, Rondinella 20%, altre varietà 10%
Alc. 14,5% | € 32 | Bt. 30.000 | Ferm. Acciaio | Mat. Legno 24 mesi
Petto di germano reale al balsamico.

TÉLOS IL BIANCO 2022
Bianco Igt - Garganega 80%, Chardonnay 20%
Alc. 12,5% | € 23 | Bt. 12.000 | Ferm. Acciaio | Mat. Acciaio 6 mesi
Minestra di riso, patate, porri, sedano e speck.

AMARONE DELLA VALPOLICELLA LILIUM EST RISERVA
2010 | 2012

SOAVE MONTE CERIANI
2014

Tenute Ugolini
(2013)

Per godere appieno delle bellezze della Valpolicella, in questo caso varrebbe la pena percorrere a piedi la stradina che parte dal borgo di Bure e va verso Fumane ed è in leggera salita, su quel lembo di collina che arriva da nord. Percorso qualche centinaio di metri, si scorge in basso verso est lo storico casale sede dell'azienda, non lontano da altri begli edifici storici. Un luogo incantevole. Tutto il resto è lo stile della famiglia e la voglia di dire la propria anche con un certo orgoglio. Emerge con forza l'Amarone 2011 per la sua freschezza. Coerente il resto della produzione.

Strada di Bonamico, 11 - 37029 San Pietro in Cariano (VR)
T. 045 7703830 | M. info@tenuteugolini.it
www.tenuteugolini.it

Viticoltura: Biologica certificata
Ettari: 22 | **Bottiglie:** 50.000 | **Produzione olearia:** Sì
Proprietà: Giambattista Ugolini
Cond. enologica: Giambattista Ugolini
Cond. agronomica: Staff aziendale
Vendita diretta: Sì | **Visite in azienda:** Sì

(93)
AMARONE DELLA VALPOLICELLA CLASSICO VALLE ALTA 2011
Rosso Docg - Corvina 60%, Corvinone 30%, Rondinella 10%
Alc. 16% | € 83 | Bt. 10.000 | Ferm. Acciaio | Mat. Legno 38 mesi
Granato vivido. Profumi terziari aperti e variegati: liquirizia, rabarbaro e frutta sotto spirito, cioccolato e spezie, tabacco dolce. Beva intensa e in progressione, sontuosa, ma con freschezza e tannino ancora vibranti. Un vino che ha ancora tanto da dire, dalla persistenza ampia e complessa. Filetto di capriolo ai mirtilli.

VALPOLICELLA CLASSICO SUPERIORE SAN MICHELE 2016
Rosso Doc - Corvina 60%, Corvinone 25%, Rondinella 10%, Oseleta 5%
Alc. 14,5% | € 32 | Bt. 10.000 | Ferm. Acciaio | Mat. Legno 24 mesi
Nodini di cinta senese lardellati al forno.

VALPOLICELLA CLASSICO POZZETTO 2019
Rosso Doc - Corvina 70%, Corvinone 15%, Rondinella 10%, Croatina 5%
Alc. 14% | € 26 | Bt. 10.000 | Ferm. Acciaio | Mat. Acciaio 12 mesi
Lasagne alla bolognese.

AMARONE DELLA VALPOLICELLA CLASSICO
2011

VALPOLICELLA CLASSICO SUPERIORE
2012

Terre di Leone
(2005)

L'azienda, che eredita il nome dal nonno, ha sempre optato per la vinificazione in gravità, nel totale rispetto delle uve, utilizzando il solo mosto fiore al fine di ottenere dai vigneti locati sui terreni basaltici di Marano il massimo della qualità. Qualità ben riconoscibile nella sapidità che evolve in grafite del Classico Superiore 2017 e nell'Amarone 2013, molto apprezzati nella presente edizione. Entrambi ulteriormente identificabili per le costanti note balsamiche di macchia mediterranea integrate nel ventaglio di frutta, fiori e spezie, oltre che per il tannino vigoroso ma ben domato.

Località Porta - 37020 Marano di Valpolicella (VR)
T. 045 6895040 | M. info@terredileone.it
www.terredileone.it

Viticoltura: Convenzionale
Ettari: 7 | **Bottiglie:** 40.000 | **Produzione olearia:** No
Proprietà: Chiara Turati e Federico Pellizzari
Cond. enologica: Roberto Vassanelli
Cond. agronomica: Staff aziendale
Vendita diretta: Sì | **Visite in azienda:** Sì

AMARONE DELLA VALPOLICELLA CLASSICO TERRE DI LEONE 2013
Rosso Docg - Corvina 40%, Corvinone 30%, Rondinella 20%, Oseleta 10%
Alc. 16% | € 78 | Bt. 6.000 | Ferm. Acciaio | Mat. Legno 96 mesi
Un cuore granato. Macchia mediterranea, eucalipto, le freschezze del bosso, accarezzato da refoli fruttati di marasca, mora, mirto e arancia. Chiudono i profumi stille di grafite e pepe che conducono a una freschezza gustativa a braccetto con perfetta astringenza. Equilibrio e persistenze speziate. Petto d'anatra laccato al miele.

VALPOLICELLA CLASSICO SUPERIORE TERRE DI LEONE 2017
Rosso Doc - Corvina 40%, Rondinella 25%, Corvinone 20%, Molinara 10%, Oseleta 5%
Alc. 14,5% | € 34 | Bt. 3.466 | Ferm. Acciaio | Mat. Legno 48 mesi
Risotto al tartufo nero.

DEDICATUM 2018
Rosso Igt - Corvina 10%, Corvinone 10%, Molinara 10%, Rondinella 10%, altre varietà 60%
Alc. 15,5% | € 35 | Bt. 3.400 | Ferm. Acciaio | Mat. Legno 42 mesi
Piccione ai porcini e tartufo nero.

VALPOLICELLA RIPASSO CLASSICO SUPERIORE TERRE DI LEONE 2017
Rosso Doc - Corvina 40%, Rondinella 25%, Corvinone 20%, Molinara 10%, Oseleta 5%
Alc. 15% | € 39 | Bt. 1.333 | Ferm. Acciaio | Mat. Legno 48 mesi
Guanciale di vitello in umido con patate.

AMARONE DELLA VALPOLICELLA CLASSICO IL RE PAZZO
2016 | 2017

VALPOLICELLA RIPASSO CLASSICO SUPERIORE IL RE PAZZO
2017 | 2018 | 2019

Terre di San Venanzio Fortunato
(2007)

Per l'edizione 2024 la cantina Terre di San Venanzio Fortunato propone due eccellenti referenze che fanno capo alla vendemmia 2022: ci riferiamo al Prosecco Superiore di Cartizze in versione Brut e al Prosecco Superiore Brut. Un occhio di riguardo anche al Rive di San Pietro di Barbozza Brut, presentato con l'annata 2021, a rimarcare le potenzialità di un vitigno come la glera che anche nel tempo riesce a trovare il modo di esprimersi. Completa la gamma di prodotti presentati il ben noto Prosecco Superiore Brut Demi Long, che con i suoi 6 mesi di sosta sui lieviti riesce sempre a stupire.

Via Capitello Ferrari, 1 - 31049 Valdobbiadene (TV)
T. 0423 974083 | M. info@terredisanvenanzio.it
www.terredisanvenanzio.it

Viticoltura: Convenzionale
Bottiglie: 300.000 | **Produzione olearia:** No
Proprietà: Monica Ganz e Gabriele Gregolo
Cond. enologica: Luca Antiga
Cond. agronomica: Staff aziendale
Vendita diretta: Sì | **Visite in azienda:** Sì

(91,5)
VALDOBBIADENE SUPERIORE DI CARTIZZE BRUT 2022
Bianco Docg Metodo Martinotti - Glera 100%
Alc. 11,5% | € 27 | Bt. 2.400 | Ferm. Acciaio | Mat. Acciaio 3 mesi
Giallo verdolino chiarissimo e brillante, spuma alimentata da numerose catenelle di fini bollicine. Panorama aperto e soleggiato: pesca gialla, mela renetta, gelsomino, cedro e gesso. Al palato tutta la collina del Cartizze con un dosaggio moderno. Il grande equilibrio e l'avvolgenza permangono a lungo. Faraona al forno.

VALDOBBIADENE PROSECCO SUPERIORE BRUT RIVE DI SAN PIETRO DI BARBOZZA 2021
Bianco Docg Metodo Martinotti - Glera 100%
Alc. 11,5% | € 21 | Bt. 6.600 | Ferm. Acciaio | Mat. Acciaio 3 mesi
Parmigiana di melanzane.

VALDOBBIADENE PROSECCO SUPERIORE BRUT 2022
Bianco Docg Metodo Martinotti - Glera 100%
Alc. 11,5% | € 17 | Bt. 85.000 | Ferm. Acciaio | Mat. Acciaio 3 mesi
Bigoli con le sarde di lago.

VALDOBBIADENE PROSECCO SUPERIORE DRY 2022
Bianco Docg Metodo Martinotti - Glera 100%
Alc. 11,5% | € 18 | Bt. 15.000 | Ferm. Acciaio | Mat. Acciaio 3 mesi
Zuppa di funghi.

VALDOBBIADENE PROSECCO SUPERIORE BRUT DEMI LONG 2022
Bianco Docg Metodo Martinotti - Glera 100%
Alc. 11,5% | € 21 | Bt. 13.000 | Ferm. Acciaio | Mat. Acciaio 3 mesi
Tiella di riso, patate e cozze.

VALDOBBIADENE PROSECCO SUPERIORE SUI LIEVITI BRUT NATURE 2021
Bianco Docg Metodo Martinotti - Glera 100%
Alc. 11,5% | € 22 | Bt. 3.300 | Ferm. Acciaio | Mat. Acciaio 5 mesi
8 mesi sui lieviti
Piovra arrostita.

VALDOBBIADENE SUPERIORE BRUT NATURE
2020

VALDOBBIADENE PROSECCO SUPERIORE DRY
2020

Tommasi
(1902)

In quest'edizione si amplia l'apporto dell'affascinante proprietà De Buris, ormai iconico simbolo dell'azienda, con il Valpolicella Superiore 2017, che non può passare inosservato. Potente e diretto per la freschezza e un frutto profondo e polposo, rivela grande carattere anche stilistico con il contributo dell'oseleta. Quasi in contraltare, l'Amarone Riserva Ca' Florian 2015 con rigore e linearità fa avvertire il fascino del territorio senza alzare la voce; succoso e gentile l'Amarone 2019. Entrambi devono però cedere il passo al Lugana Riserva Le Fornaci 2020, dai toni di ortica e zenzero.

Via Ronchetto, 4 - Località Pedemonte - 37029 San Pietro in Cariano (VR)
T. 045 7701266 | M. wine@tommasi.com
www.tommasi.com

Viticoltura: Convenzionale
Ettari: 262 | **Bottiglie:** 2.800.000 | **Produzione olearia:** No
Proprietà: Famiglia Tommasi
Cond. enologica: Giancarlo Tommasi
Cond. agronomica: Staff aziendale
Vendita diretta: Sì | **Visite in azienda:** Sì

92

VALPOLICELLA CLASSICO SUPERIORE DE BURIS 2017
Rosso Doc - Corvina 50%, Corvinone 30%, Rondinella 15%, Oseleta 5%
Alc. 14% | € 110 | Bt. 8.650 | Ferm. Acciaio | Mat. Legno 36 mesi
Granato profondo e compatto con qualche riflesso ancora rubino. Apre con sensazioni balsamiche e mentolate, poi il floreale di viola e rosa appassita su un sottofondo speziato di pepe e cardamomo. Palato caldo, supportato da freschezza e sapidità con tannino ben integrato. Dissolvenza speziata. Pernici farcite.

LUGANA LE FORNACI RISERVA 2020
Bianco Doc - Trebbiano di Lugana 100%
Alc. 13,5% | € 27 | Bt. 10.600 | Ferm. Acciaio | Mat. Acciaio 18 mesi
Maialino in agrodolce.

AMARONE DELLA VALPOLICELLA CLASSICO CA' FLORIAN RISERVA 2015
Rosso Docg - Corvina 75%, Corvinone 20%, Rondinella 5%
Alc. 15,5% | € 104 | Bt. 10.000 | Ferm. Legno | Mat. Legno 48 mesi
Terrina di lepre con salsa di prugne.

LUGANA LE FORNACI 2022
Bianco Doc - Trebbiano di Lugana 100%
Alc. 12,5% | € 15 | Bt. 350.000 | Ferm. Acciaio | Mat. Acciaio 6 mesi
Risotto ai porcini e zucca.

AMARONE DELLA VALPOLICELLA CLASSICO 2019
Rosso Docg - Corvina 50%, Rondinella 30%, Corvinone 15%, Oseleta 5%
Alc. 15% | € 45 | Bt. 300.000 | Ferm. Acciaio | Mat. Legno 36 mesi
Stracotto di manzo all'Amarone.

VALPOLICELLA CLASSICO SUPERIORE RAFAÈL 2021
Rosso Doc - Corvina 60%, Rondinella 25%, Molinara 15%
Alc. 12,5% | € 17 | Bt. 150.000 | Ferm. Acciaio | Mat. Legno 12 mesi
Pappardelle al ragù di cervo.

AMARONE DELLA VALPOLICELLA CLASSICO DE BURIS RISERVA
2009 | 2010 | 2011

AMARONE DELLA VALPOLICELLA CLASSICO CA' FLORIAN RISERVA
2011 | 2012 | 2013

Torre di Terzolan
(2015)

Un luogo molto affascinante sulle colline veronesi: un'antica dimora del patriziato veneziano con cantine di pietra, ora dedicata all'ospitalità e immersa in un parco secolare e un vigneto-giardino di soli 2 ettari, condotto in biologico, che abbraccia la proprietà. Qui si conoscono le singole viti e non si può immaginare che non sia così. Tutto il resto lo fa l'ambizione unita all'esperienza di Lorenzo Caramazza, alla conduzione enologica. Potente ma vibrante e dinamico l'Amarone 2017, che mette in mostra le tostature della maturazione.

Via Trezzolano, 4 - 37141 Verona (VR)
T. 324 0018421 | M. info@torrediterzolan.it
www.torrediterzolan.it

Viticoltura: Biologica certificata
Ettari: 2 | **Bottiglie:** 12.000 | **Produzione olearia:** No
Proprietà: Roberta Previdi
Cond. enologica: Lorenzo Caramazza
Cond. agronomica: Staff aziendale
Vendita diretta: Sì | **Visite in azienda:** Sì

91,5

AMARONE DELLA VALPOLICELLA 2017
Rosso Docg - Corvina 50%, Corvinone 40%, Rondinella 10%
Alc. 16% | € 102 | Bt. 4.000 | Ferm. Acciaio | Mat. Legno 36 mesi
Rubino con orlo granato. Raccoglie tocchi di china, sottobosco e tostature di caffè e cacao amaro, seguite da ciliegia sotto spirito con sbuffi di ceralacca e macchia mediterranea e un guizzo di balsamicità. Sorso rotondo, intriso di calore e materia. Giusta tensione nel tannino fervido. Capriolo in salmì con polenta di grano saraceno.

VALPOLICELLA SUPERIORE 2019
Rosso Doc - Corvina 60%, Corvinone 25%, Rondinella 15%
Alc. 14,5% | € 56 | Bt. 8.000 | Ferm. Acciaio | Mat. Legno 18 mesi
Carré di maiale con patate al forno.

AMARONE DELLA VALPOLICELLA
2016

VALPOLICELLA SUPERIORE
2018

Trabucchi d'Illasi
(1975)

Uno dei più bei crinali della Valpolicella: a ovest la vallata di Illasi e a est lo sguardo arriva alla collina del castello di Soave. A nord, salendo appena, le rovine del castello di Illasi. La sede è a fianco dell'importante villa padronale dal sapore rinascimentale e la cantina, funzionale e moderna, è completamente interrata e integrata nel paesaggio circostante. Una delle prime aziende a convertirsi al biologico e non poteva essere diversamente, vista la sensibilità e la cultura della famiglia. Materico e vellutato l'Amarone 2013.

Località Monte Tenda, 3 - 37031 Illasi (VR)
T. 045 7833233 | M. azienda.agricola@trabucchidillasi.it
www.trabucchidillasi.it

Viticoltura: Biologica certificata
Ettari: 16 | **Bottiglie:** 70.000 | **Produzione olearia:** Sì
Proprietà: Giuseppe Trabucchi
Cond. enologica: Franco Bernabei
Cond. agronomica: Staff aziendale
Vendita diretta: Sì | **Visite in azienda:** Sì

(93,5)

AMARONE DELLA VALPOLICELLA 2013
Rosso Docg - Corvina 40%, Corvinone 40%, Rondinella 20%
Alc. 17% | € 72 | Bt. 10.000 | Ferm. Acciaio | Mat. Legno 24 mesi
Compattezza contraddistinta da un rosso granato. Munifica compagine di confetture: marasca, mora di rovo e susina, accompagnate da pepe, china, ginepro e rose appassite. Indizi di tabacco, cacao, spunti fumé. Avvolgente, equilibrato, con acidità generosa e tannini setosi. Echi fruttati, con pepe e arancia rossa. Lepre in salmì.

VALPOLICELLA SUPERIORE TERRA DEL CEREOLO 2014
Rosso Doc - Corvina 40%, Corvinone 40%, Rondinella 20%
Alc. 15% | € 36 | Bt. 4.000 | Ferm. Acciaio | Mat. Legno 24 mesi
Cinghiale arrosto con castagne.

VALPOLICELLA SUPERIORE BIO GALANTE 2015
Rosso Doc - Corvina 40%, Corvinone 40%, Rondinella 15%, Croatina 5%
Alc. 14% | € 20 | Bt. 10.000 | Ferm. Acciaio | Mat. Legno 18 mesi
Allodole tartufate in casseruola.

VALPOLICELLA SUPERIORE TERRA DEL CEREOLO
2010

AMARONE DELLA VALPOLICELLA
2009 | 2011

Transit Farm
(2011)

È un'esperienza imperdibile per cicloamatori o podisti percorrere la serpeggiante via Valle Zaccona, nome mutuato dall'antico toponimo. Qui sono ubicati i 12 ettari di vigneto allevati in regime biologico e gestiti da Lara Piccolo, la proprietaria. Siamo a Fara Vicentina, sulle colline della Doc Breganze. L'uva vespaiola è la padrona di casa e nel dolce Torcolato rappresenta la tradizione. Ricerca e sperimentazione invece nel Bojo Fosco, con vinificazione e maturazione in anfora. In compagnia del pinot nero nella cuvée del Metodo Classico, 10 anni di permanenza sui lieviti.

Via Zucchi, 7 - 36030 Fara Vicentino (VI)
T. 0445 397083 | M. info@transitfarm.com
www.transitfarm.com

Viticoltura: Biologica certificata
Ettari: 12 | **Bottiglie:** 30.000 | **Produzione olearia:** Sì
Proprietà: Lara Piccolo
Cond. enologica: Giorgio Todeschini, Franco Dalla Rosa
Cond. agronomica: Staff aziendale
Vendita diretta: Sì | **Visite in azienda:** Sì

BREGANZE TORCOLATO 2016
Bianco Doc Passito - Vespaiola 100%
Alc. 13% | € 20 (0,375l) | Bt. 1.300 | Ferm. Acciaio | Mat. Legno 50 mesi
Raffinato oro chiaro. Naso modulato tra evidenze floreali e scorze d'agrumi, pistilli di zafferano, limoncello e mimosa. L'assaggio è avvolto in una lussuosa sinfonia del gusto, ha corpo sontuoso calibrato perfettamente da splendida freschezza. Pimpante nel lungo finale siglato da ricordi citrini. Blu di capra.

CION SPUMANTE BRUT
Bianco Metodo Martinotti - Pinot nero 50%, Vespaiola 50%
Alc. 12,5% | € 14 | Bt. 7.000 | Ferm. Acciaio | Mat. Acciaio 6 mesi
Filetti di sogliola con salsa di asparagi.

BOJO FOSCO
Bianco - Vespaiola 100%
Alc. 14,5% | € 33 | Bt. 1.300 | Ferm. Terracotta | Mat. Terracotta 24 mesi
Coniglio in porchetta.

SPUMANTE BRUT
Bianco Metodo Classico - Vespaiola 50%, Pinot nero 50%
Alc. 12,5% | € 33 | Bt. 3.000 | Ferm. Acciaio | 120 mesi sui lieviti
Capitone in umido.

BREGANZE PINOT GRIGIO 2022
Bianco Doc - Pinot grigio 100%
Alc. 12% | € 10 | Bt. 2.000 | Ferm. Acciaio | Mat. Acciaio 6 mesi
Risotto agli asparagi e frutti di mare.

BREGANZE VESPAIOLO SPUMANTE BRUT
Bianco Doc Metodo Martinotti - Vespaiola 100%
Alc. 12% | € 12 | Bt. 2.000 | Ferm. Acciaio | Mat. Acciaio 6 mesi
Verdure pastellate.

BREGANZE TORCOLATO ANFORA
2018

SPUMANTE PAS DOSÈ
S.A.

Turetta Ca' Bianca
(1997)

Prosegue sotto il segno della continuità e della tradizione il costante lavoro di Stefano Turetta, volto a valorizzare le potenzialità e l'interazione tra i diversi territori dei Colli Euganei e i vitigni a bacca rossa. Questo ha permesso, anche nelle annate più calde e siccitose come la 2017, di ottenere grandi risultati, in particolare con il vino di punta Rossura dei Briganti. Nonostante siano proprio i vini rossi i veri cavalli di battaglia dell'azienda, la cantina sta sperimentando anche nuove strade per le uve a bacca bianca, che vedremo realizzate nelle prossime edizioni.

Via Cinto, 5 - 35030 Cinto Euganeo (PD)
T. 0429 94288 | M. info@turettacabianca.it
www.turettacabianca.it

Viticoltura: Convenzionale
Ettari: 20 | **Bottiglie:** 150.000 | **Produzione olearia:** Sì
Proprietà: Stefano Turetta
Cond. enologica: Daniele Stenico
Cond. agronomica: Daniele Stenico
Vendita diretta: Sì | **Visite in azienda:** Sì

COLLI EUGANEI ROSSO ROSSURA DEI BRIGANTI RISERVA 2017
Rosso Doc - Merlot 70%, Cabernet sauvignon 30%
Alc. 14% | € 21 | Bt. 8.000 | Ferm. Acciaio | Mat. Legno 12 mesi
Granato di splendida trasparenza. Aromi particolari e accattivanti: mirtillo e ribes, erbe officinali, menta, legno di sandalo; poi ancora pepe, tostature ed eucalipto. Palato inizialmente tondo e caldo, subito ripreso da giusta freschezza. Più elegante che potente. Tannino soffice. Gratificante. Guancia di vitello in umido.

COLLI EUGANEI MERLOT BUMAGRO 2019
Rosso Doc - Merlot 100%
Alc. 13,5% | € 13 | Bt. 6.000 | Ferm. Acciaio | Mat. Legno 12 mesi
Cosciotto di maiale farcito.

COLLI EUGANEI FIOR D'ARANCIO SPUMANTE 2022
Bianco Docg Metodo Martinotti Dolce - Moscato giallo 100%
Alc. 6,5% | € 13 | Bt. 35.000 | Ferm. Acciaio | 1 mese sui lieviti
Crostata di arance.

COLLI EUGANEI CABERNET RITTOCHINO 42 2018
Rosso Doc - Cabernet sauvignon 70%, Cabernet franc 30%
Alc. 13,5% | € 12 | Bt. 7.000 | Ferm. Acciaio | Mat. Legno 12 mesi
Lepre alla cacciatora.

COLLI EUGANEI CHARDONNAY PASSO DI SANTA LUCIA SELEZIONE DI CANTINA 2021
Bianco Doc - Chardonnay 100%
Alc. 13,5% | € 21 | Bt. 1.800 | Ferm. Legno | Mat. Legno 10 mesi
Salmone al timo.

COLLI EUGANEI CHARDONNAY PASSO DI SANTA LUCIA 2021
Bianco Doc - Chardonnay 100%
Alc. 13% | € 13 | Bt. 3.000 | Ferm. Legno e Acciaio | Mat. Acciaio 6 mesi e Legno 6 mesi
Frittata di piselli, fave e fagiolini.

COLLI EUGANEI ROSSO ROSSURA DEI BRIGANTI RISERVA
2011 | 2015

COLLI EUGANEI CABERNET RITTOCHINO 42
2016

Val d'Oca
(1952)

Certificata VIVA dal 2020, ovvero cantina attenta alla sostenibilità della filiera vite-vino attraverso indicatori quali aria, acqua e territorio, il gruppo Val d'Oca riassume e sintetizza i valori del territorio valdobbiadenese che anche per l'annata 2022, nell'espressione delle Rive, raggiunge livelli qualitativi importanti. Ne sono testimoni il Rive di Colbertaldo Extra Dry e il Rive di San Pietro di Barbozza Brut, che, insieme al Cartizze Dry 2022, lasciano particolarmente il segno. A colpo sicuro anche l'Uvaggio Storico, versione Dry del Conegliano Valdobbiadene Prosecco Superiore 2022.

Via San Giovanni, 45 - 31049 Valdobbiadene (TV)
T. 0423 982070 | M. valdoca@valdoca.com
www.valdoca.com

Viticoltura: Convenzionale
Ettari: 1000 | **Bottiglie:** 14.000.000 | **Produzione olearia:** No
Proprietà: Cooperativa di produttori
Cond. enologica: Carlo Pagotto
Cond. agronomica: Staff aziendale
Vendita diretta: Sì | **Visite in azienda:** Sì

VALDOBBIADENE PROSECCO SUPERIORE RIVE DI COLBERTALDO EXTRA DRY 2022
Bianco Docg Metodo Martinotti - Glera 100%
Alc. 11% | € 15 | Bt. 31.000 | Ferm. Acciaio | Mat. Acciaio 6 mesi
La vivace spuma incornicia un calice dalla brillante tonalità paglierino. Il quadro olfattivo è aperto ed espressivo coi suoi profumi di sambuco, agrumi e marzapane. Palato composto, equilibrato, di bella freschezza e pulizia. Perfetto esempio della finezza che le Rive di Colbertaldo sanno regalare. Canapè di pasta sfoglia al formaggio.

VALDOBBIADENE SUPERIORE DI CARTIZZE DRY 2022
Bianco Docg Metodo Martinotti - Glera 100%
Alc. 11,5% | € 24 | Bt. 22.500 | Ferm. Acciaio | Mat. Acciaio 6 mesi
Tagliolini all'astice.

VALDOBBIADENE PROSECCO SUPERIORE RIVE DI SAN PIETRO DI BARBOZZA BRUT 2022
Bianco Docg Metodo Martinotti - Glera 100%
Alc. 11,5% | € 15 | Bt. 90.000 | Ferm. Acciaio | Mat. Acciaio 6 mesi
Ravioli burro e salvia.

VALDOBBIADENE PROSECCO SUPERIORE DRY UVAGGIO STORICO 2022
Bianco Docg Metodo Martinotti - Glera 85%, Bianchetta trevigiana 5%, Perera 5%, Verdiso 5%
Alc. 11,5% | € 22 | Bt. 13.000 | Ferm. Acciaio | Mat. Acciaio 6 mesi
Torta salata ai broccoli.

VALDOBBIADENE PROSECCO SUPERIORE RIVE DI SANTO STEFANO EXTRA BRUT 2022
Bianco Docg Metodo Martinotti - Glera 100%
Alc. 11,5% | € 15 | Bt. 40.000 | Ferm. Acciaio | Mat. Acciaio 6 mesi
Risotto al radicchio tardivo.

ASOLO PROSECCO SUPERIORE EXTRA DRY 2022
Bianco Docg Metodo Martinotti - Glera 100%
Alc. 11% | € 11 | Bt. 85.000 | Ferm. Acciaio | Mat. Acciaio 2 mesi
Minestra di riso, patate, porri, sedano e speck.

VALDOBBIADENE PROSECCO SUPERIORE RIVE DI SAN PIETRO DI BARBOZZA BRUT
2016

VALDOBBIADENE PROSECCO SUPERIORE RIVE DI COLBERTALDO EXTRA DRY
2021

Valdo Spumanti
(1926)

Fresca di vittoria la cantina Valdo: si è aggiudicata per la terza volta il massimo premio al Berliner Wine Trophy come miglior casa spumantistica italiana per il 2023. Non smentisce la qualità dei suoi prodotti che anche per l'annata 2022 si prestano a essere premiati per gli eccellenti risultati. Tra questi il Cartizze Brut Viviana e la Cuvée di Boj, entrambi 2022. Un occhio di riguardo anche per alcune etichette relative a qualche annata più lontana ma che allo stesso tempo non tradiscono la qualità, come il Numero 10 versione Brut, del 2020.

Via Foro Boario, 20 - 31049 Valdobbiadene (TV)
T. 0423 9090 | M. info@valdo.com
www.valdo.com

Viticoltura: Convenzionale
Ettari: 160 | **Bottiglie:** 16.000.000 | **Produzione olearia:** No
Proprietà: Famiglia Bolla
Cond. enologica: Gianfranco Zanon
Cond. agronomica: Staff aziendale
Vendita diretta: Sì | **Visite in azienda:** Sì

VALDOBBIADENE PROSECCO SUPERIORE BRUT NUMERO 10 2020
Bianco Docg Metodo Classico - Glera 100%
Alc. 12% | € 21 | Bt. 20.000 | Ferm. Acciaio | 10 mesi sui lieviti
Giallo lucente, dalla spuma compatta e allegra. Fragranze originali dai toni maturi di mela flambé, torroncino e agrumi canditi. Al palato colpisce invece per la bellissima freschezza che crea contrasto e dinamismo con le malie di miele d'acacia che accompagnano un sorso di ottima lunghezza. Spalla cotta di San Secondo.

VALDOBBIADENE PROSECCO SUPERIORE DI CARTIZZE BRUT VIVIANA 2022
Bianco Docg Metodo Martinotti - Glera 100%
Alc. 11% | € 20 | Bt. 30.000 | Ferm. Acciaio | Mat. Acciaio 4 mesi
Zuppa di broccolo fiolaro con olio extravergine del Garda.

VALDOBBIADENE PROSECCO SUPERIORE BRUT CUVÉE DI BOJ 2022
Bianco Docg Metodo Martinotti - Glera 100%
Alc. 11,5% | € 16 | Bt. 450.000 | Ferm. Acciaio | Mat. Acciaio 3 mesi
Pennette con pesto alla trapanese.

VALDOBBIABENE PROSECCO SUPERIORE BRUT TENUTA PRADASE 2019
Bianco Docg Metodo Classico - Glera 85%, Bianchetta trevigiana 5%, Perera 5%, Verdiso 5%
Alc. 12% | € 23 | Bt. 6.500 | Ferm. Acciaio | 24 mesi sui lieviti
Vitello tonnato.

VALDOBBIADENE PROSECCO SUPERIORE BRUT CUVÉE DEL FONDATORE 2022
Bianco Docg Metodo Martinotti - Glera 85%, Chardonnay 15%
Alc. 12% | € 20 | Bt. 60.000 | Ferm. Acciaio | Mat. Legno 3 mesi
Polpettine di alici con crema di piselli.

VALDOBBIADENE PROSECCO SUPERIORE EXTRA DRY 1926 2022
Bianco Docg Metodo Martinotti - Glera 100%
Alc. 11,5% | € 16 | Bt. 200.000 | Ferm. Acciaio | Mat. Acciaio 3 mesi
Mortadella Bologna.

VALDOBBIADENE PROSECCO SUPERIORE BRUT CUVÉE DEL FONDATORE
2015 | 2019 | 2020

VALDOBBIADENE PROSECCO SUPERIORE BRUT CUVÉE VIVIANA
2020 | 2021

Odino Vaona
(2000)

Storici vignaioli, i Vaona. Ora, con Alberto, praticano il regime biologico perpetuando uno stile tradizionalista, con l'attaccamento a una visione e a valori antichi che ritroviamo perfettamente interpretati nelle due linee proposte, Paerno e Pegrandi. Quest'anno, a parità di un frutto sempre ben definito e di un'apprezzabile morbidezza, il primo dei due Amarone ha maggiormente convinto per scolpita sapidità e viva freschezza, forse imputabili alla presenza della molinara, varietà da sempre allevata nella vallata di Marano e che gode oggi di una ritrovata valorizzazione.

Via Paverno, 41 - Loc. Valgatara - 37020 Marano di Valpolicella (VR)
T. 045 7703710 | M. info@vaona.it
www.vaona.it

Viticoltura: Biologica certificata
Ettari: 10 | **Bottiglie:** 70.000 | **Produzione olearia:** No
Proprietà: Odino Vaona
Cond. enologica: Massimo Mameli
Cond. agronomica: Staff aziendale
Vendita diretta: Sì | **Visite in azienda:** Sì

AMARONE DELLA VALPOLICELLA CLASSICO PAERNO 2018
Rosso Docg - Corvina 40%, Corvinone 30%, Rondinella 25%, Molinara 5%
Alc. 16% | € 30 | Bt. 12.000 | Ferm. Acciaio | Mat. Legno 30 mesi
Granato scuro e compatto, impenetrabile. Profumi intensi, che mettono in evidenza confetture di ciliegie e lamponi contornate da spezie dolci come cannella, vaniglia e noce moscata. Gusto deciso, dotato di tannino presente e giovane e considerevoli freschezza e sapidità. Scalpitante, di ottima beva. Filetto di cervo ai mirtilli.

AMARONE DELLA VALPOLICELLA CLASSICO PEGRANDI 2018
Rosso Docg - Corvina 30%, Corvinone 30%, Rondinella 30%, Oseleta 5%, Raboso veronese 5%
Alc. 16% | € 36 | Bt. 8.000 | Ferm. Acciaio | Mat. Legno 42 mesi
Beccacce allo spiedo.

VALPOLICELLA RIPASSO CLASSICO SUPERIORE PEGRANDI 2020
Rosso Doc - Corvina 35%, Corvinone 30%, Rondinella 30%, Molinara 5%
Alc. 14,5% | € 18 | Bt. 35.000 | Ferm. Acciaio | Mat. Legno 12 mesi
Grana Padano Riserva.

VALPOLICELLA SUPERIORE 2020
Rosso Doc - Corvina 35%, Corvinone 30%, Rondinella 30%, Molinara 5%
Alc. 14% | € 16 | Bt. 8.000 | Ferm. Acciaio | Mat. Terracotta 12 mesi
Pluma di maialino Bellota con cipolle caramellate.

AMARONE DELLA VALPOLICELLA CLASSICO PEGRANDI RISERVA
2013

AMARONE DELLA VALPOLICELLA CLASSICO PEGRANDI
2016

Venturini
(1963)

Giunti alla quarta generazione, con la terza ben inserita in azienda e la seconda che tira piacevolmente il fiato, senza mai perdere il sorriso che li contraddistingue. Bella sfida in quest'edizione tra l'Amarone Riserva 2011 e il Recioto A Mariasole, dedicato alla nipotina di Daniele: vista l'annata 2012, pare particolarmente atteso. A seguire, il Campomasua 2017, che un tempo era la punta di diamante e fa capire l'innalzamento delle ambizioni e il valore dell'area. Gustosi il Ripasso e il Valpolicella.

Via Semonte, 20 - Frazione San Floriano - 37029 San Pietro in Cariano (VR)
T. 045 7701331 | M. info@venturini.com
www.viniventurini.com

Viticoltura: Convenzionale
Ettari: 17 | **Bottiglie:** 150.000 | **Produzione olearia:** Sì
Proprietà: Daniele, Mirco e Giuseppina Venturini
Cond. enologica: Daniele Venturini
Cond. agronomica: Mirco Venturini
Vendita diretta: Sì | **Visite in azienda:** Sì

93,5

AMARONE DELLA VALPOLICELLA CLASSICO RISERVA 2011
Rosso Docg - Corvina 70%, Rondinella 25%, altre varietà 5%
Alc. 17,5% | € 98 | Bt. 1.400 | Ferm. Acciaio | Mat. Legno 120 mesi
Magnifico rosso con i segni dell'evoluzione. È sulla marasca sotto spirito che vira l'olfatto, lasciando appena spazio a noce moscata, paprica dolce e vaniglia. Sorso felpato, morbido, ricco di personalità. Permane a lungo su aromi di cioccolato, confettura di piccoli frutti rossi e soffi di tabacco. Bocconcini di cinghiale con salsa di prugne.

RECIOTO DELLA VALPOLICELLA CLASSICO A MARIASOLE 2012
Rosso Docg Passito - Corvina 70%, Rondinella 20%, Corvinone 10%
Alc. 13% | € 195 | Bt. 665 | Ferm. Acciaio | Mat. Damigiana 120 mesi
Salame al cioccolato.

VALPOLICELLA CLASSICO SUPERIORE 2019
Rosso Doc - Corvina 70%, Rondinella 25%, Molinara 5%
Alc. 14% | € 16 | Bt. 10.000 | Ferm. Acciaio | Mat. Legno 12 mesi
Ravioli di germano con foie gras.

AMARONE DELLA VALPOLICELLA CLASSICO CAMPOMASUA 2017
Rosso Docg - Corvina 70%, Rondinella 20%, Corvinone 10%
Alc. 16,5% | € 39 | Bt. 8.000 | Ferm. Acciaio | Mat. Legno 36 mesi
Petto d'anatra alle prugne.

VALPOLICELLA RIPASSO CLASSICO SUPERIORE SEMONTE ALTO 2019
Rosso Doc - Corvina 70%, Rondinella 25%, Molinara 5%
Alc. 14,5% | € 13 | Bt. 20.000 | Ferm. Acciaio | Mat. Legno 12 mesi
Risotto con salsiccia e Taleggio.

VALPOLICELLA CLASSICO 2022
Rosso Doc - Corvina 70%, Corvinone 25%, Molinara 5%
Alc. 13% | € 7 | Bt. 30.000 | Ferm. Acciaio | Mat. Acciaio 4 mesi
Lasagne alla bolognese.

AMARONE DELLA VALPOLICELLA CLASSICO CAMPOMASUA
2013

AMARONE DELLA VALPOLICELLA CLASSICO
2012 | 2016 | 2017

Agostino Vicentini
(1990)

Emanuele e Francesca Vicentini rappresentano la quarta generazione dell'azienda che, a Colognola ai Colli, concretizza eccellenti ed espressive versioni delle denominazioni Soave e Valpolicella, traducendo al meglio le grandi variabilità dei suoli. Etichette uniche, graficamente disegnate da un pittore amico di famiglia, a cui Agostino e la moglie Teresa hanno affidato appunto il compito di adornare la livrea delle loro bottiglie. Smalto e carattere sia per il Soave Superiore Il Casale 2021 che per il Valpolicella Superiore Palazzo di Campiano 2018.

Via Cesare Battisti, 62 - 37030 Colognola ai Colli (VR)
T. 0457 650539 | M. vicentini@vinivicentini.com
www.vinivicentini.com

Viticoltura: Convenzionale
Ettari: 20 | **Bottiglie:** 100.000 | **Produzione olearia:** No
Proprietà: Agostino, Emanuele e Francesca Vicentini
Cond. enologica: Agostino Vicentini
Cond. agronomica: Staff aziendale
Vendita diretta: Sì | **Visite in azienda:** Sì

VALPOLICELLA SUPERIORE PALAZZO DI CAMPIANO 2018
Rosso Doc - Corvina 60%, Corvinone 20%, Rondinella 20%
Alc. 14% | € 33 | Bt. 3.000 | Ferm. Acciaio | Mat. Legno 24 mesi
Rubino luminoso e trasparente con filigrana granato. Fiori freschi appena colti, rosa rossa e violetta, seguiti da fragolina di bosco, arancia rossa, pepe bianco e noce moscata. Strutturato, con alcol ben integrato; freschezza e tannino sottile rendono l'assaggio leggiadro. Carré di maiale al forno con mele renette.

SOAVE SUPERIORE IL CASALE 2021
Bianco Docg - Garganega 100%
Alc. 13% | € 20 | Bt. 15.000 | Ferm. Acciaio | Mat. Acciaio 12 mesi
Scampi alla griglia.

SOAVE VIGNETO TERRE LUNGHE 2022
Bianco Doc - Garganega 80%, Trebbiano di Soave 20%
Alc. 12,5% | € 12 | Bt. 75.000 | Ferm. Acciaio | Mat. Acciaio 7 mesi
Bigoli con le sarde di lago.

VALPOLICELLA SUPERIORE IDEA BACCO 2018
Rosso Doc - Corvina 60%, Corvinone 20%, Rondinella 20%
Alc. 13,5% | € 23 | Bt. 6.000 | Ferm. Acciaio | Mat. Legno 20 mesi
Pappardelle con sugo di capriolo.

EXEMPLUM 2021
Bianco Igt - Trebbiano 100%
Alc. 14% | € 29 | Bt. 2.500 | Ferm. Acciaio | Mat. Acciaio 12 mesi
Granseola al vapore su misticanza.

SOAVE SUPERIORE IL CASALE
2018

SOAVE VIGNETO TERRE LUNGHE
2021

Vigna Ròda
(1999)

La famiglia Strazzacappa è tutta coinvolta nel lavoro e nella vita da viticoltori, o meglio ancora da vignaioli, con il valore aggiunto di una filosofia artigiana dell'approccio in vigna. Da sempre la sensibilità che caratterizza il pensiero di Vigna Roda si basa sulla salubrità, sulla sostenibilità e sul fare vino "mettendoci la faccia", come ci racconta Gianni. Per questo da gennaio 2023 l'azienda è entrata a far parte della famiglia FIVI. Il tutto in sinergia con nuovi approcci come l'utilizzo delle vasche in cemento per la fermentazione e la previsione di un nuovo rifermentato.

Via Monte Versa, 1569 - Località Cortelà - 35030 Vò (PD)
T. 049 9940228 | M. info@vignaroda.com
www.vignaroda.com

Viticoltura: Convenzionale
Ettari: 20 | **Bottiglie:** 80.000 | **Produzione olearia:** No
Proprietà: Gianni Strazzacappa
Cond. enologica: Daniele Stenico
Cond. agronomica: Staff aziendale
Vendita diretta: Sì | **Visite in azienda:** Sì

COLLI EUGANEI FIOR D'ARANCIO PASSITO PETALI D'AMBRA 2020
Bianco Docg Passito - Moscato giallo 100%
Alc. 12% | € 21 (0,375l) | Bt. 2.500 | Ferm. Acciaio | Mat. Acciaio 12 mesi
Ambra di luce. Olfatto cadenzato da profumi tipici: arancia disidratata, miele di agrumi, confettura di albicocche e zagare appassite, con sbuffi iodati e di pepe bianco. Grande morbidezza sia glicerica che di dolcezza, equilibrata da modulata freschezza che garantisce pregevole bevibilità. Blu di pecora.

IL DAMERINO 2020
Rosso Igt - Merlot 100%
Alc. 13,5% | € 12 | Bt. 8.000 | Ferm. Acciaio | Mat. Acciaio 4 mesi
Filetto di manzo alla Voronoff.

COLLI EUGANEI FIOR D'ARANCIO SPUMANTE PRAESÈO 2022
Bianco Docg Metodo Martinotti Dolce - Moscato giallo 100%
Alc. 6% | € 11 | Bt. 8.000 | Ferm. Acciaio | 2 mesi sui lieviti
Torta Saint Honoré.

AROMA 2.0 2022
Bianco Igt - Moscato bianco 100%
Alc. 13,5% | € 14 | Bt. 4.000 | Ferm. Acciaio | Mat. Acciaio 6 mesi
Frittata di ortiche.

COLLI EUGANEI CABERNET ÉSPERO 2021
Rosso Doc - Cabernet sauvignon 90%, Carménère 10%
Alc. 13,5% | € 14 | Bt. 10.000 | Ferm. Acciaio | Mat. Acciaio 4 mesi
Cotechino e lenticchie.

GOLDEN HOUR 2022
Rosato Igt Metodo Martinotti - Raboso piave 100%
Alc. 12% | € 10 | Bt. 2.500 | Ferm. Acciaio | 2 mesi sui lieviti
Bocconcini di rana pescatrice in crosta di mandorle.

COLLI EUGANEI FIOR D'ARANCIO PASSITO PETALI D'AMBRA
2015

COLLI EUGANEI ROSSO SCARLATTO
2017

Vignalta
(1980)

Sono poche le cantine che riescono a mantenere costantemente alta la qualità e la costanza produttiva, diventando un punto di riferimento nell'areale Euganeo fin dagli esordi. Non è un caso se i vini di Vignalta ricevono riconoscimenti e menzioni anche oltreoceano. Quest'edizione vede protagonista il Cabernet Riserva 2011, nato da un progetto iniziato oltre 30 anni fa che ha visto gli albori con l'annata 1990, da tutti ricordata per aver fatto conoscere il potenziale di questo territorio oltre i confini regionali. Si affianca il Gemola, un taglio bordolese già protagonista di tanti successi.

Via Scalette, 23 - 35032 Arquà Petrarca (PD)
T. 0429 777305 | M. info@vignalta.it
www.vignalta.it

Viticoltura: Lotta integrata
Ettari: 35 | **Bottiglie:** 240.000 | **Produzione olearia:** No
Proprietà: Lucio Gomiero, Cristiano Salvagnin, Mario Guzzo
Cond. enologica: Michele Montecchio
Cond. agronomica: Filippo Scortegagna
Vendita diretta: Sì | **Visite in azienda:** Sì

93,5

COLLI EUGANEI CABERNET RISERVA 2011
Rosso Doc - Cabernet sauvignon 80%, Cabernet franc 20%
Alc. 15% | € 65 | Bt. 8.000 | Ferm. Acciaio | Mat. Legno 24 mesi
Granato cupo. Tracciato olfattivo dai riconoscimenti di sottobosco, corteccia ed erbe officinali fusi a piccoli frutti sotto spirito, violetta essiccata, tostature e un tocco di ruggine. Aristocratico al gusto, ricco e strutturato, alleggerito da freschezza viva e tannino appena domo. Sapido il finale. Quaglie alla cacciatora.

COLLI EUGANEI ROSSO GEMOLA 2017
Rosso Doc - Merlot 70%, Cabernet franc 30%
Alc. 14,5% | € 47 | Bt. 13.000 | Ferm. Acciaio | Mat. Legno 24 mesi
Filetto alla Wellington.

COLLI EUGANEI CHARDONNAY GEMOLA 2020
Bianco Doc - Chardonnay 100%
Alc. 13% | € 36 | Bt. 5.800 | Ferm. Legno | Mat. Legno 12 mesi
Cappellacci di zucca.

COLLI EUGANEI CARMENÈRE RISERVA 2020
Rosso Doc - Carménère 100%
Alc. 13,5% | € 26 | Bt. 10.500 | Ferm. Acciaio | Mat. Legno 24 mesi
Cinghiale in umido.

VIGNALTA BRUT NATURE
Bianco Metodo Classico - Raboso piave 100%
Alc. 11,5% | € 23 | Bt. 5.000 | Ferm. Acciaio | 60 mesi sui lieviti
Parmigiana di melanzane.

COLLI EUGANEI FIOR D'ARANCIO SECCO SIRIO 2022
Bianco Docg - Moscato giallo 100%
Alc. 13% | € 16 | Bt. 10.400 | Ferm. Acciaio | Mat. Acciaio 6 mesi
Strudel di porcini e zucca con crema al parmigiano.

COLLI EUGANEI ROSSO GEMOLA
2013 | 2016 | 2018

COLLI EUGANEI FIOR D'ARANCIO PASSITO ALPIANAE
2013

Vigneti di Ettore

(2012)

L'avventura di una famiglia unita da una grande passione tramandata dal nonno al nipote fa nascere nel 2012 l'azienda Vigneti di Ettore, anche se di fatto le terre appartengono alla famiglia Righetti dal 1930. Lo stile dei vini, caratterizzato da una grande attenzione alla pulizia e all'eleganza, è sorretto da un sorso fresco e piacevole, di cui è un ottimo esempio l'Amarone della Valpolicella 2018. Profondo e deciso il Recioto, narrazione deliziosa del territorio, ricco di suadenti e ampie sfumature, con un tannino nobile ben integrato e raffinato.

Via San Martino, 8 - 37024 Negrar (VR)
T. 340 4620518 | M. info@vignetidiettore.it
www.vignetidiettore.it

Viticoltura: Biologica certificata
Ettari: 20 | **Bottiglie:** 90.000 | **Produzione olearia:** Sì
Proprietà: Gabriele Righetti
Cond. enologica: Gabriele Righetti
Cond. agronomica: Gabriele Righetti
Vendita diretta: Sì | **Visite in azienda:** Sì

AMARONE DELLA VALPOLICELLA CLASSICO 2018
Rosso Docg - Corvina 55%, Corvinone 25%, Rondinella 10%, Croatina 5%, Oseleta 5%
Alc. 16% | € 47 | Bt. 12.000 | Ferm. Acciaio | Mat. Legno 30 mesi
Carminio vivo, con intarsi rubino, compatto. Fresco e speziato al naso, con slanci di cardamomo, paprica e ginepro. Continua su profumi terziari di cuoio e tabacco da pipa. Sorso fresco, di spessore, con tannino scalpitante tutto contornato da persistenti scie mentolate molto piacevoli. Stufato di daino.

RECIOTO DELLA VALPOLICELLA CLASSICO 2018
Rosso Docg Passito - Corvinone 40%, Corvina 35%, Rondinella 15%, Croatina 10%
Alc. 14% | € 30 (0,5l) | Bt. 5.000 | Ferm. Acciaio | Mat. Legno 18 mesi
Sachertorte.

VALPOLICELLA CLASSICO 2021
Rosso Doc - Corvina 45%, Corvinone 25%, Rondinella 25%, Molinara 5%
Alc. 12,5% | € 12 | Bt. 15.000 | Ferm. Acciaio | Mat. Acciaio 8 mesi
Capretto allo spiedo.

AMARONE DELLA VALPOLICELLA CLASSICO
2013

AMARONE DELLA VALPOLICELLA CLASSICO RISERVA
2012 | 2013

Villa Canestrari

(1888)

Cantina ultracentenaria, mosse i primi passi nel 1888 in Val d'Illasi, dove la Valpolicella incontra il suolo vulcanico del Soave. Il Museo del Vino ricorda le tradizioni e il cambio di passo qualitativo con le nuove nozioni di enologia di fine '800, ma non ci si scorda dell'odierna sperimentazione. Da qualche anno partecipa al progetto Coral Wine, che prevede l'affinamento subacqueo di alcuni dei suoi vini, i quali evolvono assumendo caratteristiche uniche, nella tranquillità delle profondità marine, nei pressi dell'Isola di Pago. Quest'anno si mette in luce l'Amarone Riserva Plenum 2015.

Via Dante Broglio, 2 - 37030 Colognola ai Colli (VR)
T. 045 7650074 | M. info@villacanestrari.com
www.villacanestrari.com

Viticoltura: Convenzionale
Ettari: 20 | **Bottiglie:** 180.000 | **Produzione olearia:** No
Proprietà: Adriana Franchi e Francesco Bonuzzi
Cond. enologica: Luigi Andreoli, Alessandro Tacconi
Cond. agronomica: Staff aziendale
Vendita diretta: Sì | **Visite in azienda:** Sì

AMARONE DELLA VALPOLICELLA PLENUM RISERVA 2015
Rosso Docg - Corvina 50%, Rondinella 30%, Corvinone 20%
Alc. 16% | € 60 | Bt. 2.600 | Ferm. Legno | Mat. Legno 24 mesi
Bellissima consistenza, cromia granato. Ammalia con confettura e sciroppo di ciliegia, i piccoli frutti di bosco maturi, prugna disidratata, cioccolato, tabacco e cuoio. Un tocco floreale di viola essiccata. Assaggio gustoso, di morbidezza alcolica in grande equilibrio con acidità, sapidità e tannino pregiato. Bocconcini di cervo al cavolo nero.

SOAVE SUPERIORE RISERVA 2018
Bianco Docg - Garganega 100%
Alc. 14% | € 16 | Bt. 4.800 | Ferm. Acciaio | Mat. Legno 12 mesi
Coniglio al forno con funghi.

VALPOLICELLA SUPERIORE 2018
Rosso Doc - Corvina 60%, Rondinella 25%, Corvinone 15%
Alc. 14% | € 21 | Bt. 4.000 | Ferm. Acciaio | Mat. Legno 18 mesi
Pappardelle al ragù di cervo.

TANBÈ BIANCO 2020
Bianco Igt - Garganega 60%, Traminer aromatico 30%, Sauvignon 10%
Alc. 13% | € 14 | Bt. 6.200 | Ferm. Acciaio | Mat. Legno 13 mesi
Spiedo di seppioline ai ferri.

VALPOLICELLA RIPASSO SUPERIORE I LASI 2019
Rosso Doc - Corvina 70%, Corvinone 20%, Rondinella 10%
Alc. 14% | € 15 | Bt. 6.200 | Ferm. Acciaio | Mat. Legno 12 mesi
Guanciale di manzo in umido con polenta.

TANBÈ ROSSO 2020
Rosso Igt - Corvina 100%
Alc. 13,5% | € 14 | Bt. 3.332 | Ferm. Acciaio | Mat. Legno 6 mesi
Risotto all'isolana.

AMARONE DELLA VALPOLICELLA 1888 RISERVA
2014

AMARONE DELLA VALPOLICELLA PLENUM RISERVA
2012 | 2013 | 2014

Villa Medici
(1966)

Sotto l'ossario di Custoza si stendono i vigneti più vecchi della famiglia Caprara, dominati dalla settecentesca villa padronale che dà il nome all'azienda. Nella corte l'attività vinicola si svolge ormai da 300 anni, a testimonianza di come il bacino morenico del Garda sia storicamente un territorio particolarmente favorevole alla vite, potendo assicurare terreni adatti e ventilazione costante. Il bianco locale, in varie tipologie, è senza dubbio il biglietto da visita della cantina: ricco di profumi ed energico al gusto il Costantia 2021, fresco ed equilibrato il Custoza 2022.

Via Campagnol, 9 - 37066 Sommacampagna (VR)
T. 045 515147 | M. info@cantinavillamedici.it
www.cantinavillamedici.it

Viticoltura: Convenzionale
Ettari: 33 | **Bottiglie:** 230.000 | **Produzione olearia:** Sì
Proprietà: Luigi Caprara
Cond. enologica: Giulio Liut
Cond. agronomica: Staff aziendale
Vendita diretta: Sì | **Visite in azienda:** Sì

CUSTOZA COSTANTIA 2021
Bianco Doc - Bianca Fernanda 30%, Garganega 30%, Trebbiano 30%, Manzoni bianco 10%
Alc. 12,5% | € 9 | Bt. 1.200 | Ferm. Acciaio | Mat. Acciaio 6 mesi
Giallo citrino, vivace. Le erbe aromatiche secche in primo piano, specialmente timo, maggiorana e origano, presto attorniate da pera Kaiser, pepe bianco, caprifoglio e mandorla. Palato di bell'incedere e intrigante freschezza che amplifica l'invitante bevibilità. Ravioli di ricotta e spinaci.

BARDOLINO SUPERIORE 2021
Rosso Docg - Corvina 65%, Rondinella 35%
Alc. 14% | € 11 | Bt. 3.500 | Ferm. Acciaio | Mat. Acciaio 12 mesi
Bracioline di maiale al calvados.

CHIARETTO DI BARDOLINO 2022
Rosato Doc - Corvina 65%, Rondinella 35%
Alc. 12,5% | € 9 | Bt. 13.000 | Ferm. Acciaio | Mat. Acciaio 3 mesi
Torta salata alle zucchine e origano.

CUSTOZA 2022
Bianco Doc - Bianca Fernanda 30%, Garganega 30%, Trebbiano 30%, Trebbianello 10%
Alc. 12,5% | € 8 | Bt. 50.000 | Ferm. Acciaio | Mat. Acciaio 3 mesi
Polpette di pesce d'acqua dolce.

MOSCATO GIALLO 2022
Bianco Igt - Moscato giallo 100%
Alc. 11% | € 9 | Bt. 3.500 | Ferm. Acciaio | Mat. Acciaio 4 mesi
Fagottino di ricotta.

PRIMIZIA 2022
Bianco Igt - Bianca Fernanda 50%, Manzoni bianco 20%, Garganega 15%, Trebbiano toscano 15%
Alc. 12,5% | € 8 | Bt. 20.000 | Ferm. Acciaio | Mat. Acciaio 3 mesi
Sformato di patate e prosciutto cotto.

RE SOLARO
2014

LE MOSCATELLE
2010 | 2013

Villa Rinaldi
(1978)

Villa Rinaldi, maison de négoce tra le più distinguibili nel panorama enologico italiano, fin dagli anni '60 ha saputo ritagliarsi uno spazio grazie alla sua ambizione e artigianalità, dapprima selezionando uve del territorio soavese e, successivamente, approdando con lungimiranza a una selezione viticola trentina per grandi spumanti di qualità. La parte enologica è diretta da Alberto che con grande capacità attua la forte esperienza tramandata dal padre Rinaldo. Da sottolineare in quest'edizione l'ottimo Dolce di Cremé, in grado di emozionare "dolcemente".

Via San Lorenzo, 75 - 37038 Soave (VR)
T. 045 7613228 | M. villarinaldi@villarinaldi.it
www.villarinaldi.it

Viticoltura: Convenzionale
Bottiglie: 100.000 | **Produzione olearia:** No
Proprietà: Rinaldo Rinaldi
Cond. enologica: Alberto Rinaldi, Rinaldo Rinaldi
Cond. agronomica: Staff aziendale
Vendita diretta: Sì | **Visite in azienda:** Sì

VILLA RINALDI DOLCE DI CREMÉ 2010
Bianco Metodo Classico - Pinot nero 40%, Chardonnay 30%, Garganega 30%
Alc. 12,5% | € 79 | Bt. 3.000 | Ferm. Acciaio | Mat. Legno 24 mesi
36 mesi sui lieviti
Rosa antico con bollicine fini e incessanti. Il ventaglio olfattivo molto piacevole richiama evidenze di pasticceria, zabaione, un mix speziato di zafferano e refoli agrumati. Rotondo e cremoso, con sbuffi di spezie esotiche perfettamente esaltate da una bella acidità complessiva. Tarte Tatin di mele.

AMARONE DELLA VALPOLICELLA CLASSICO CORPUS 2008
Rosso Doc - Corvinone 70%, Rondinella 25%, Molinara 5%
Alc. 16% | € 176 | Bt. 1.730 | Ferm. Acciaio | Mat. Legno 48 mesi
Quaglie alla cacciatora.

VILLA RINALDI BRUT BARRICAIA 2017
Bianco Metodo Classico - Chardonnay 50%, Pinot nero 50%
Alc. 12,5% | € 80 | Bt. 6.000 | Ferm. Acciaio | Mat. Legno 24 mesi
30 mesi sui lieviti
Risotto con seppie e burrata.

RINALDIDOMUS 2017
Bianco - Chardonnay 85%, Sauvignon 15%
Alc. 13,5% | € 54 | Bt. 5.000 | Ferm. Acciaio | Mat. Acciaio 24 mesi
Cappone ripieno al forno.

VILLA RINALDI ROSÉ DI BARRICAIA
2005

VILLA RINALDI BRUT BARRICAIA
2011 | 2016

Villa San Carlo
(2009)

L'azienda prende nome dall'affascinante villa di famiglia, nascosta in una macchia boschiva e sconosciuta anche ai veronesi. Si nota l'amore per il bello anche nel recente wine shop. Tutto questo non mette in secondo piano gli sforzi in vigneto e cantina, dove la crescita qualitativa è costante e ferma su uno stile che è ormai ben delineato, composto di florealità e freschezze balsamiche. In luce l'Amarone Gianni Pavesi 2017, dedicato al primo enologo di casa e fondatore. Di carattere anche il Superiore Campo Bianco 2019.

Via della Segheria, 1h - 37041 Verona (VR)
T. 045 9237753 | M. info@villasancarlo.wine
www.villasancarlo.wine

Viticoltura: Convenzionale
Ettari: 20 | **Bottiglie:** 35.000 | **Produzione olearia:** Sì
Proprietà: Antonia Pavesi
Cond. enologica: Marco Signorini
Cond. agronomica: Staff aziendale
Vendita diretta: Sì | **Visite in azienda:** Sì

(92,5)
AMARONE DELLA VALPOLICELLA GIANNI PAVESI 2017
Rosso Docg - Corvina 50%, Corvinone 45%, Rondinella 5%
Alc. 15,5% | € 57 | Bt. 3.900 | Ferm. Acciaio | Mat. Legno 30 mesi
Un sipario granato dalla seducente trasparenza che si apre su una danza di cuoio, humus, foglie secche e cardo, per poi distendersi con note di ribes, visciola, vaniglia, chiodi di garofano e cannella. Al palato risulta scandito, pieno, piuttosto energico, vibrante di bella freschezza e tannino. Guanciale di vitello in umido con patate.

VALPOLICELLA SUPERIORE CAMPO BIANCO 2019
Rosso Doc - Corvinone 70%, Corvina 25%, Rondinella 5%
Alc. 13% | € 21 | Bt. 5.500 | Ferm. Acciaio | Mat. Legno 12 mesi
Formaggio di fossa di Sogliano.

VALPOLICELLA RIPASSO SUPERIORE I PELARI 2020
Rosso Doc - Corvina 70%, Corvinone 25%, Rondinella 5%
Alc. 13,5% | € 26 | Bt. 9.000 | Ferm. Acciaio | Mat. Legno 12 mesi
Agnello al forno con rosmarino.

METRONIS 2021
Bianco Igt - Garganega 100%
Alc. 13% | € 21 | Bt. 1.550 | Mat. Legno 4 mesi
Gnocchi al burro e ricotta affumicata.

VALPOLICELLA SCAGLIA ROSSA 2021
Rosso Doc - Corvina 50%, Corvinone 45%, Rondinella 5%
Alc. 12,5% | € 14 | Bt. 5.000 | Ferm. Acciaio | Mat. Acciaio 6 mesi
Ravioli di germano con foie gras.

AMARONE DELLA VALPOLICELLA RISERVA
2016

VALPOLICELLA RIPASSO SUPERIORE
2019

Villa Sandi
(1975)

Villa Sandi si presenta particolarmente effervescente nell'edizione 2024, con il vertice qualitativo costellato di eccellenti bollicine. Il Prosecco Superiore di Cartizze Brut La Rivetta 2022 sbaraglia ogni dubbio in ordine alla performance della glera vitata nella rinomata collina di 106 ettari a Valdobbiadene. Non di meno il Metodo Classico a memoria di Amalia Moretti, a base degli internazionali pinot nero e chardonnay, è in ottima forma. Completa il panorama il Còrpore 2020, a base merlot, che lascia intendere un futuro radioso.

Via Erizzo, 112 - 31035 Crocetta del Montello (TV)
T. 0423 665033 | M. info@villasandi.it
www.villasandi.it

Viticoltura: Convenzionale
Ettari: 560 | **Bottiglie:** 5.600.000 | **Produzione olearia:** No
Proprietà: Giancarlo Moretti Polegato
Cond. enologica: Stefano Gava
Cond. agronomica: Stefano Gava
Vendita diretta: Sì | **Visite in azienda:** Sì

(91,5)
VALDOBBIADENE SUPERIORE DI CARTIZZE BRUT LA RIVETTA 2022
Bianco Docg Metodo Martinotti - Glera 100%
Alc. 11,5% | € 21 | Bt. 16.200 | Ferm. Acciaio | Mat. Acciaio 3 mesi
Perlage minutissimo ed elegante, come eleganti e variegati sono i profumi che risalgono dal calice e che ricordano gelsomino, zagare e agrumi. Sorso ampio, fine ed equilibrato. Bergamotto e menta, mandorla e sale conquistano anche i palati più esigenti ed esprimono tutta l'unicità del Cartizze. Tartare di tonno.

OPERE TREVIGIANE BRUT RISERVA AMALIA MORETTI
Bianco Metodo Classico - Pinot nero 70%, Chardonnay 30%
Alc. 12% | € 68 | Bt. 1.400 | Ferm. Acciaio | 84 mesi sui lieviti
Aragosta in bellavista.

MONTELLO COLLI ASOLANI MERLOT CÒRPORE 2020
Rosso Dop - Merlot 100%
Alc. 13% | € 26 | Bt. 4.000 | Ferm. Acciaio | Mat. Legno 12 mesi
Coq au vin alla borgognona.

OPERE TREVIGIANE BRUT RISERVA 2017
Bianco Metodo Classico - Pinot nero 60%, Chardonnay 40%
Alc. 12% | € 25 | Bt. 10.500 | Ferm. Legno e Acciaio | 60 mesi sui lieviti
Risotto con gamberi di fiume e piselli.

ASOLO PROSECCO SUPERIORE BRUT BIODIVERSITY 2022
Bianco Docg Metodo Martinotti - Glera 100%
Alc. 11% | € 13 | Bt. 100.000 | Ferm. Acciaio
Speck dell'Alto Adige.

PROSECCO BRUT IL FRESCO 2022
Bianco Doc Metodo Martinotti - Glera 90%, Pinot bianco 10%
Alc. 11% | € 12 | Bt. 1.500.000 | Ferm. Acciaio | Mat. Acciaio 3 mesi
Mocetta di camoscio.

OPERE TREVIGIANE BRUT RISERVA AMALIA MORETTI
S.A.

MONTELLO COLLI ASOLANI MERLOT CÒRPORE
2019

Villa Spinosa
(1990)

Sono tre i principali vigneti dell'azienda: i più noti Jago e Figari dedicati alla corvina e al corvinone, nonché toponimi di cui si fregiano altrettante etichette della cantina, e le vigne di rondinella di Costa del Buso, allevate su una lingua vulcanica organizzata in tre grandi terrazzamenti tra i boschi che al tramonto offrono un incredibile scorcio sulle acque incendiate del Lago di Garda. Oltre all'Amarone Albasini, quest'anno spicca il Valpolicella Classico Superiore Figari 2020, nato da una visione da sempre modernista di Enrico Cascella, con vinificazione in acciaio e senza appassimento.

Località Jago - 37024 Negrar (VR)
T. 045 7500093 | M. info@villaspinosa.it
www.villaspinosa.it

Viticoltura: Convenzionale
Ettari: 20 | **Bottiglie:** 45.000 | **Produzione olearia:** No
Proprietà: Enrico Cascella Spinosa
Cond. enologica: Gian Maria Ciman
Cond. agronomica: Staff aziendale
Vendita diretta: Sì | **Visite in azienda:** Sì

AMARONE DELLA VALPOLICELLA CLASSICO ALBASINI 2016
Rosso Docg - Corvina 45%, Corvinone 45%, Rondinella 10%
Alc. 16% | € 62 | Bt. 3.133 | Ferm. Acciaio | Mat. Legno 60 mesi
Colore granato vivido. Sentori di roseto selvatico e ciliegia croccante con intagli di fresca salvia. Bocca asciutta, snella e calda ma bilanciata da percepibile freschezza e tannino ben integrato. Intenso e persistente, chiude sapido e minerale su rintocchi agrumati e speziati. Lepre in salmì.

VALPOLICELLA CLASSICO SUPERIORE FIGARI 2020
Rosso Doc - Corvina 45%, Corvinone 45%, Rondinella 10%
Alc. 13,5% | € 21 | Bt. 3.293 | Ferm. Acciaio | Mat. Legno 12 mesi
Fettuccine al ragù d'agnello.

AMARONE DELLA VALPOLICELLA CLASSICO 2018
Rosso Docg - Corvina 45%, Corvinone 45%, Rondinella 10%
Alc. 16% | € 39 | Bt. 6.086 | Ferm. Acciaio | Mat. Legno 24 mesi
Stracotto d'asino.

RECIOTO DELLA VALPOLICELLA CLASSICO FRANCESCA FINATO SPINOSA 2019
Rosso Docg Passito - Corvina 60%, Corvinone 30%, Rondinella 10%
Alc. 15% | € 33 (0,5l) | Bt. 2.800 | Ferm. Acciaio | Mat. Legno 36 mesi
Crostata ai frutti di bosco con mandorle e noci.

VALPOLICELLA CLASSICO 2022
Rosso Doc - Corvina 80%, Corvinone 10%, Rondinella 10%
Alc. 12,5% | € 12 | Bt. 7.700 | Ferm. Acciaio | Mat. Acciaio 6 mesi
Risotto con salsiccia e Taleggio.

AMARONE DELLA VALPOLICELLA CLASSICO ALBASINI
2015

VALPOLICELLA CLASSICO SUPERIORE FIGARI
2016 | 2017 | 2019

Villabella
(1971)

La Rivoluzione Rosa continua, e Villabella è uno dei portabandiera più importanti, dimostrando di poter competere con l'Oltralpe, ma non solo. Sin dagli anni '80 l'azienda delle famiglie Delibori e Cristoforetti si è indirizzata verso la qualità. Oggi ci si concentra sulle declinazioni della corvina e sulla riscoperta dell'oseleta, della quale coltivano il maggior numero di ettari in Italia. A Villa Cordevigo poi si ha un ritorno alla tradizione contadina con l'utilizzo del legno di ciliegio per quanto riguarda le botti. La nota di merito quest'anno va all'Amarone Classico Riserva Fracastoro.

Località Ca' Nova, 2 - Frazione Calmasino - 37011 Bardolino (VR)
T. 045 7236448 | M. info@vignetivillabella.com
www.vignetivillabella.com

Viticoltura: Convenzionale e biologica
Ettari: 220 | **Bottiglie:** 600.000 | **Produzione olearia:** Sì
Proprietà: Famiglie Delibori e Cristoforetti
Cond. enologica: Tiziano Delibori, Edoardo Lessio
Cond. agronomica: Staff aziendale
Vendita diretta: Sì | **Visite in azienda:** Sì

AMARONE DELLA VALPOLICELLA CLASSICO FRACASTORO RISERVA 2013
Rosso Docg - Corvina 70%, Rondinella 20%, Corvinone 10%
Alc. 15,5% | € 65 | Bt. 12.800 | Ferm. Legno | Mat. Legno 48 mesi
Granato di bella trasparenza. Apre su frutti rossi maturi, presenze di fiori essiccati e macchia mediterranea. Poi incenso, canfora e tamarindo con tratti balsamici. Sorso fine, equilibrato, fresco e succoso, con un tannino vellutato. Ritorno delle note olfattive nella piacevole ed estesa persistenza. Spezzatino di manzo.

VILLA CORDEVIGO ROSSO 2017
Rosso Igt - Corvina 65%, Cabernet sauvignon 20%, Merlot 15%
Alc. 15% | € 33 | Bt. 12.000 | Ferm. Acciaio | Mat. Legno 30 mesi
Filetto alla Wellington.

VILLA CORDEVIGO BIANCO 2018
Bianco Igt - Garganega 80%, Sauvignon 20%
Alc. 13,5% | € 29 | Bt. 13.000 | Ferm. Legno e Acciaio | Mat. Legno 12 mesi
Ravioli di magro con funghi chiodini.

MONTEBALDO BARDOLINO MORLONGO ANNIVERSARIO 50 VENDEMMIE 2020
Rosso Doc - Corvina 70%, Rondinella 20%, Corvinone 10%
Alc. 13% | € 16 | Bt. 25.400 | Ferm. Acciaio | Mat. Legno 12 mesi
Coniglio al forno con polenta di Storo.

VALPOLICELLA CLASSICO SUPERIORE CA' DEL NIN 2018
Rosso Doc - Corvina 70%, Rondinella 20%, Corvinone 10%
Alc. 13% | € 23 | Bt. 6.500 | Ferm. Legno e Acciaio | Mat. Legno 18 mesi
Brasato di manzo al vino rosso.

CHIARETTO DI BARDOLINO CLASSICO BIOLOGICO VILLA CORDEVIGO 2022
Rosato Doc - Corvina 75%, Rondinella 25%
Alc. 12,5% | € 16 | Bt. 3.600 | Ferm. Acciaio | Mat. Acciaio 12 mesi
Pasta, patate e cozze.

AMARONE DELLA VALPOLICELLA CLASSICO
2010 | 2017

VILLA CORDEVIGO ROSSO
2011 | 2012 | 2016

Pietro Zardini
(2000)

Il tenere da parte, perché si conosce il passato ma non il futuro, appartiene da sempre alla cultura contadina e quest'angolo di Veneto non poteva fare eccezione. Lo è per la tecnica del Ripasso, dove le vinacce dell'Amarone vanno a rinforzare il Valpolicella da uve fresche, ma vale anche per le annate di Amarone particolarmente felici, come la 2012, in questa uscita del Decem, la super Riserva: legno, anfora e ancora legno. Forma smagliante anche per la Riserva Leone Zardini 2017. Gastronomico il Ripasso 2020, leggiadro e croccante il Valpolicella Pietro Junior 2022.

Via Cadeniso, 5 - 37029 San Pietro in Cariano (VR)
T. 045 6800989 | M. pietrozardini@gmail.com
www.pietrozardini.it

Viticoltura: Convenzionale
Ettari: 7 | **Bottiglie:** 80.000 | **Produzione olearia:** Sì
Proprietà: Giampietro Zardini
Cond. enologica: Giampietro Zardini
Cond. agronomica: Staff aziendale
Vendita diretta: Sì | **Visite in azienda:** Sì

96

AMARONE DELLA VALPOLICELLA DECEM RISERVA 2012
Rosso Docg - Corvinone 40%, Corvina 30%, Rondinella 15%, Croatina 10%, altre varietà 5%
Alc. 16,5% | € 182 | Bt. 1.000 | Ferm. Legno | Mat. Legno 120 mesi
Granato corrusco. Nel calice marasca sotto spirito e incenso uniti a stille di tabacco biondo e cardamomo. Lavanda essiccata con delicati refoli di fungo champignon e pino. Ingresso di grande freschezza e struttura ottimamente bilanciata. Allungo saporito e impeccabile con aromi di liquirizia. Stufato di daino.

AMARONE DELLA VALPOLICELLA CLASSICO LEONE ZARDINI RISERVA 2017
Rosso Docg - Corvinone 40%, Corvina 30%, Rondinella 20%, Croatina 5%, Molinara 5%
Alc. 16% | € 39 | Bt. 2.800 | Ferm. Legno | Mat. Legno 48 mesi
Guanciale di manzo al brandy.

VALPOLICELLA RIPASSO SUPERIORE 2020
Rosso Doc - Corvina 50%, Corvinone 40%, Rondinella 10%
Alc. 14% | € 17 | Bt. 8.000 | Ferm. Acciaio | Mat. Legno 24 mesi
Cosciotto di maiale farcito.

AMARONE DELLA VALPOLICELLA 2019
Rosso Docg - Corvina 40%, Corvinone 30%, Rondinella 20%, Molinara 10%
Alc. 15,5% | € 34 | Bt. 6.000 | Mat. Legno 24 mesi
Entrecôte alla griglia con scaglie di formaggio.

VALPOLICELLA PIETRO JUNIOR 2022
Rosso Doc - Corvina 50%, Corvinone 30%, Rondinella 20%
Alc. 13% | € 9 | Bt. 6.000 | Ferm. Acciaio | Mat. Legno 6 mesi
Gnocchi al ragù.

ROSIGNOL 2019
Rosso - Corvina 70%, Rondinella 20%, Molinara 10%
Alc. 15% | € 20 | Bt. 8.000 | Ferm. Acciaio | Mat. Legno 24 mesi
Coda alla vaccinara.

AMARONE DELLA VALPOLICELLA CLASSICO LEONE ZARDINI RISERVA
2013

RECIOTO DELLA VALPOLICELLA ANFORA
2020

Zenato
(1960)

Si rinnova anche quest'anno il binomio vino-arte, con il progetto fotografico "Vino. Oltre la Fotografia", nato dalla collaborazione tra Zenato Academy e il dipartimento di fotografia e video della School of Visual Arts di NYC. L'azienda Zenato viaggia su due binari paralleli: quello del territorio del Lugana e quello della Valpolicella. La denominazione del Lugana deve indubbiamente molto alla lungimiranza di Sergio Zenato, per aver creduto fermamente nella nascita della Doc quando non era considerata, ed è proprio il Lugana Riserva Sergio Zenato 2020 a spiccare.

Via San Benedetto, 8 - 37019 Peschiera del Garda (VR)
T. 045 7550300 | M. info@zenato.it
www.zenato.it

Viticoltura: Convenzionale
Ettari: 95 | **Bottiglie:** 2.000.000 | **Produzione olearia:** Sì
Proprietà: Alberto, Carla e Nadia Zenato
Cond. enologica: Alberto Zenato
Cond. agronomica: Staff aziendale
Vendita diretta: Sì | **Visite in azienda:** Sì

LUGANA SERGIO ZENATO RISERVA 2020
Bianco Doc - Trebbiano di Lugana 100%
Alc. 13,5% | € 32 | Bt. 26.000 | Ferm. Legno | Mat. Legno 18 mesi
Paglierino brioso. Un frutto polposo e maturo, anche in confettura, si fa subito protagonista, con l'albicocca e la pesca. Palato ampio e materico, aristocratico, equilibrato nelle sensazioni, incorniciate da lievi rintocchi speziati che riportano un accenno di vaniglia e pepe. Risotto agli asparagi e frutti di mare.

AMARONE DELLA VALPOLICELLA CLASSICO SERGIO ZENATO RISERVA 2017
Rosso Docg - Corvina 80%, Rondinella 10%, Croatina 5%, Oseleta 5%
Alc. 16,5% | € 90 | Bt. 16.000 | Ferm. Acciaio | Mat. Legno 60 mesi
Tordi in salmì.

AMARONE DELLA VALPOLICELLA CLASSICO 2018
Rosso Docg - Corvina 80%, Rondinella 10%, Croatina 5%, Oseleta 5%
Alc. 16,5% | € 48 | Bt. 80.000 | Ferm. Acciaio | Mat. Legno 36 mesi
Capriolo con salsa di ribes rosso.

VALPOLICELLA RIPASSO SUPERIORE RIPASSA 2019
Rosso Doc - Corvina 85%, Rondinella 10%, Oseleta 5%
Alc. 14% | € 20 | Bt. 150.000 | Ferm. Acciaio | Mat. Legno 18 mesi
Lasagnette con ragù di coniglio e crema di piselli.

LUGANA SANTA CRISTINA 2022
Bianco Doc - Trebbiano di Lugana 100%
Alc. 13% | € 14 | Bt. 180.000 | Ferm. Acciaio | Mat. Acciaio 5 mesi
Cappesante gratinate.

RECIOTO DELLA VALPOLICELLA CLASSICO
Rosso Doc Passito - Corvina 80%, Corvinone 10%, Rondinella 10%
Alc. 14,5% | € 34 (0,50l) | Ferm. Legno | Mat. Legno 24 mesi
Torta Foresta Nera.

LUGANA SERGIO ZENATO RISERVA
2012 | 2015

AMARONE DELLA VALPOLICELLA CLASSICO SERGIO ZENATO RISERVA
2012 | 2013 | 2015

Zeni
(1870)

Doppiata la boa dei 150 anni di attività, la rinomata cantina veronese guarda al futuro con la costanza e la solidità che le sono proprie. Dalla sede storica di Bardolino, in questi anni ha consolidato una serie di proposte che abbracciano ormai tutte le espressioni dei vitigni veronesi, dal Lugana alla Valpolicella. Numeri e qualità quindi, conseguiti con l'uso sia delle varietà locali che di quelle internazionali. In grande spolvero due espressioni di Amarone: il Vigne Alte 2018, raffinato e setoso, e il Barriques 2017, morbido e carezzevole.

Via Costabella, 9 - 37011 Bardolino (VR)
T. 045 7210022 | M. ecommerce@zeni.it
www.zeni.it

Viticoltura: Convenzionale
Ettari: 45 | **Bottiglie:** 1.000.000 | **Produzione olearia:** No
Proprietà: Famiglia Zeni
Cond. enologica: Fausto Zeni
Cond. agronomica: Staff aziendale
Vendita diretta: Sì | **Visite in azienda:** Sì

AMARONE DELLA VALPOLICELLA CLASSICO VIGNE ALTE 2018
Rosso Docg - Corvina 40%, Corvinone 40%, Rondinella 20%
Alc. 15,5% | € 34 | Bt. 50.000 | Ferm. Acciaio | Mat. Legno 36 mesi
Granato. Rabarbaro e china all'esordio, poi confettura di more e marasca sotto spirito: fragranze che si intrecciano con cuoio, tabacco da pipa, carruba e spezie dolci, sbuffi mentolati e incenso. Morbido e di eccellente equilibrio, freschezza e sapidità sono ben integrate con il tannino. Molto persistente. Cinghiale arrosto con castagne.

AMARONE DELLA VALPOLICELLA BARRIQUES 2017
Rosso Docg - Corvina 50%, Corvinone 30%, Rondinella 20%
Alc. 16% | € 49 | Bt. 12.000 | Ferm. Acciaio | Mat. Legno 12 mesi
Abbacchio al forno con verdure grigliate.

CHIARETTO DI BARDOLINO IN ANFORA 2021
Rosato Doc - Corvina 70%, Rondinella 30%
Alc. 13,5% | € 19 | Bt. 5.000 | Ferm. Acciaio | Mat. Terracotta 12 mesi
Rotolo di coniglio con pomodorini ed erbe aromatiche.

BARDOLINO SUPERIORE CLASSICO 2021
Rosso Docg - Corvina 60%, Corvinone 20%, Rondinella 20%
Alc. 13,5% | € 15 | Bt. 30.000 | Ferm. Acciaio | Mat. Legno 9 mesi
Carpaccio di chianina e insalata di porcini.

CHIARETTO DI BARDOLINO SPUMANTE BRUT 2022
Rosato Doc Metodo Martinotti - Corvina 55%, Rondinella 35%, Molinara 10%
Alc. 12,5% | € 12 | Bt. 20.000 | Ferm. Acciaio | Mat. Acciaio
Pizza con bufala e pomodorini.

CHIARETTO DI BARDOLINO CLASSICO VIGNE ALTE 2022
Rosato Doc - Corvina 70%, Rondinella 30%
Alc. 13% | € 10 | Bt. 50.000 | Ferm. Acciaio | Mat. Acciaio 3 mesi
Crema di zucca con gamberi croccanti.

VALPOLICELLA RIPASSO SUPERIORE MAROGNE
2018 | 2019

AMARONE DELLA VALPOLICELLA CLASSICO NINO ZENI
2016

Zymé
(2003)

I due vini che ci hanno maggiormente impressionato in quest'edizione sono l'Harlequin e il Valpolicella Superiore. Un quadro d'artista il primo, da 16 diversi vitigni e con doppio passaggio in barrique nuove: un vino di cui molto si è raccontato, il primo prodotto da Celestino pigiando le uve con i piedi. Per questo è proprio il secondo a fare più notizia per il suo tributo e contributo al territorio. Abbiamo selezionato i Valpolicella con meno di 13,5 in alcol, senza sovrastrutture e interventi quali l'appassimento: ne sono emersi due e questo è uno.

Via Ca' del Pipa, 1 - 37029 San Pietro in Cariano (VR)
T. 045 7701108 | M. info@zyme.it
www.zyme.it

Viticoltura: Convenzionale
Ettari: 30 | **Bottiglie:** 180.000 | **Produzione olearia:** Sì
Proprietà: Celestino Gaspari
Cond. enologica: Celestino Gaspari
Cond. agronomica: Celestino Gaspari
Vendita diretta: Sì | **Visite in azienda:** Sì

96

HARLEQUIN 2016
Rosso Igt - Corvina 15%, Cabernet sauvignon 10%, Corvinone 10%, Croatina 10%, Merlot 10%, Rondinella 10%, Syrah 10%, Cabernet franc 5%, Garganega 5%, Oseleta 5%, Sauvignon 5%, Trebbiano toscano 5%
Alc. 15% | € 314 | Bt. 4.000 | Ferm. Acciaio | Mat. Legno 60 mesi
Carminio tenue, ma denso e ricco di materia. Grande ampiezza olfattiva con la frutta matura e in confettura, ma anche freschezze speziate e, solo a far da cornice, le sensazioni tostate, nonostante un doppio passaggio in barrique nuove. Sulle papille è imponente, ma allo stesso tempo succoso e gentile. Manzo brasato con olive e porri.

VALPOLICELLA CLASSICO SUPERIORE 2019
Rosso Doc - Corvina 40%, Corvinone 30%, Rondinella 25%, Oseleta 5%
Alc. 13,5% | € 40 | Bt. 30.000 | Ferm. Acciaio | Mat. Legno 30 mesi
Tagliata al pepe verde.

OSELETA 2015
Rosso Igt - Oseleta 100%
Alc. 14% | € 62 | Bt. 4.000 | Ferm. Acciaio | Mat. Legno 80 mesi
Beccacce allo spiedo.

KAIROS 2019
Rosso Igt - Cabernet 10%, Corvina 10%, Corvinone 10%, Merlot 10%, Rondinella 10%, altre varietà 50%
Alc. 15% | € 73 | Bt. 40.000 | Ferm. Acciaio | Mat. Legno 24 mesi
Costata di manzo alla griglia.

IL BIANCO FROM BLACK TO WHITE 2020
Bianco Igt - Rondinella bianca 60%, Goldtraminer 15%, Kerner 15%, Manzoni bianco 10%
Alc. 13% | € 18 | Bt. 40.000 | Ferm. Acciaio | Mat. Cemento 6 mesi
Coniglio in umido alle erbe aromatiche.

VALPOLICELLA RÊVERIE 2021
Rosso Doc - Corvina 40%, Corvinone 30%, Rondinella 25%, Oseleta 5%
Alc. 12% | € 14 | Bt. 30.000 | Ferm. Acciaio | Mat. Acciaio 8 mesi
Bollito misto con salse.

VALPOLICELLA CLASSICO SUPERIORE
2015

SYRAH
2015 | 2016

TRE
NTI
NO

Dai gelsi ai vigneti puntando al cielo

Luciano Ferraro

Fino alla prima metà dell'Ottocento, il Trentino era ricco di gelsi, alberi alti anche quindici metri. Lungo molti corsi d'acqua c'erano filari verdi delle piante che servivano a nutrire i bachi da seta. Le filande dominavano il paesaggio. Dalla Vallagrina alla Val di Non, il gelso si era diffuso, dal Settecento in poi, in molte zone della provincia di Trento. Venne l'imperatore Francesco Giuseppe, nel 1894, a inaugurare in città l'Istituto bacologico. Il baco veniva allevato nelle case, un lavoro di cui si occupavano diecimila famiglie.

Poi iniziò la crisi. Con l'apertura del canale di Suez, le vie della seta cambiarono. Arrivarono le malattie dei bachi. E soprattutto prese piede un terribile nemico: la seta sintetica. In pochi decenni l'industria serica scomparve. E con essa i gelsi. E il paesaggio iniziò a cambiare di nuovo.

In un vecchio numero del *Corriere della Sera* del 20 marzo 1930, accanto alla cronaca di una visita del Duce nelle terre bonificate del Lazio, c'era un resoconto della Mostra vinicola trentina. La cronaca enfatizzava il discorso del politico di turno. Si legge: "Venendo a parlare della viticoltura della Venezia Tridentina, l'on. Marescalchi ha notato che essa sorse e prese sviluppo dopo le antiche tristi vicende toccate alla sericoltura, e più si accrebbe quando la fillossera in Austria Ungheria fece strage, e sulle esigenze di quei mercati la viticoltura tridentina si adattò. Si tratta quindi di produzione particolarmente indirizzata per l'estero, essendosi aggiunti negli ultimi anni i mercati germanico e svizzero".

Nell'articolo di quasi un secolo fa c'è una traccia di quello che è diventato il ruolo del vino a Trento: un volano per l'economia locale con un importante affaccio sui mercati esteri. Tutto è cambiato da allora. Ma il presente del vino trentino è sicuramente figlio di quelle scelte dopo il tracollo del mondo dei bachi da seta: i gelsi lasciarono sempre più spesso il posto alle viti. Nel Dopoguerra vigeva la disciplina delle cantine sociali, così la definì il *Corriere* in un articolo del 1967, spiegando che tre viticoltori su quattro conferivano l'intera produzione alle cooperative "senza poter trattenere neppure un chilo d'uva". Si poteva contare, già all'inizio del secolo, sugli studi dell'Istituto di San Michele all'Adige, che nel 1949 assieme a un comitato vinicolo di 400 esperti, mappò i terreni indicando le zone "capaci di garantire una produzione di pregio". Ora esiste una rete di aziende, piccole e di dimensione rilevante, che porta il vino trentino nel mondo. Il fenomeno più rilevante è quello del Trentodoc, le bollicine di montagna che nell'ultimo decennio si sono moltiplicate, ottenendo riconoscimenti in tutto il mondo. Lo dimostrano le cifre: la crescita delle bollicine di montagna è stata confermata anche per il 2022, sia a valore che a volume. Dopo l'impennata avvenuta nel corso del biennio 2020-2021, dovuta alla pandemia, il volume di affari del comparto ha continuato a consolidarsi e a crescere, raggiungendo le 13 milioni di bottiglie vendute.

Dino Buzzati a Trento: "L'interesse che muove tutti è l'amore per la propria terra".

Il paesaggio delle colline, dove agricoltori e viticoltori custodiscono la terra, è il frutto di una lotta eroica per aumentare la fertilità. Come antichi sentieri, si snodano i muretti a secco. È così in Val di Cembra, ad esempio. Lo scrittore Giovanni Montanaro (il suo ultimo libro è *Il libraio di Venezia*) li descrive così: "È qui che bisogna vivere, anche se è impervio, freddo, ghiaccio, e l'inverno ti toglie la pelle e il vento fustiga, impreca, e qualche volta il terreno frana. Qui bisogna far la terra come serve agli uomini, che faccia meno paura, che dia qualcosa. Bisogna rigirarla, svellerla, ararla, irrigarla. Bisogna metterci i semi, e aspettare, andare a vedere le piante, se crescono, se si ammalano, se danno i frutti. Bisogna far crescere, accudire, per sfamare tutti. E poi è necessario proteggere, dare ordine, rendersi l'accesso più comodo, domare il fianco della montagna. E allora si comincia a sistemare le zolle, e poi a far muri, lunghe file di muri, nel modo più antico che esiste, solo pietra su pietra, senza niente in mezzo, e si comincia per caso, e poi si fa un metro, e poi dieci, e poi cento. Non si può smettere mai, di lavorare".

Mario Soldati: "Una fedeltà quasi religiosa alle tradizioni vitivinicole non esclude migliorie moderne".

Più di settecento chilometri di muretti a secco, la cui arte è stata iscritta nella Lista del Patrimonio Immateriale come elemento transnazionale di otto paesi: Croazia, Cipro, Francia, Grecia, Italia, Slovenia, Spagna e Svizzera.

Salendo di quota, il paesaggio cambia ancora. L'occhio di un fotografo trentino, Gianni Zotta, che da mezzo secolo percorre la città e la provincia cercando gli angoli e la luce giusta, coglie bene il cambiamento di passo. Racconta Zotta, in un testo raccolto da Enrico Parola: "Dal Monte Bondone, duemila metri più sopra, vedi il Castello del Buonconsiglio e la Punta Gessel delle Dolomiti di Brenta: ti rendi conto che la Storia, pensiamo al Concilio tenutosi nel Cinquecento, e l'alpinismo, l'arte e la natura sono gli elementi di questo angolo di mondo dove Trento è un punto che attrae e che irradia. Perché il Trentino che sale alla cima La Marzola vede subito dietro il Comelico e la Valsugana, forse percorse nei secoli da chi in città ha forgiato fontane, statue e facciate".

Gli impianti per lo sci hanno ovviamente alterato alcuni versanti. Ma la speculazione è rimasta lontana. Lo aveva capito subito un grande appassionato di montagna, Dino Buzzati, scrittore e inviato speciale del *Corriere della Sera.* Arrivò a Trento nell'agosto del 1967, quando già aveva pubblicato da 27 anni *Il deserto dei Tartari*, il maggiore tra i successi. Come un umile cronista, Buzzati si occupò dei protagonisti di una polemica ambientalista sul progetto per una funivia sul Brenta. Scoprì che c'era un trentino emigrato in Canada che finanziava la funivia come segno di ringraziamento per la sua provincia, ostacolato da Italia nostra e dagli alpinisti. A differenza di altre diatribe, ad esempio quella sull'autostrada per Cortina d'Ampezzo, Buzzati capisce che non esistevano angeli e diavoli, speculatori contro salvatori dell'ambiente. "L'interesse che muove tutti – scrisse Buzzati – è l'amore per la propria terra, inteso, è ovvio, in modo differente". Nella piccola vicenda di cronaca c'è il ritratto di un popolo. I trentini difendono da sempre la loro terra.

Il Trentino è un esempio egregio di come "una fedeltà quasi religiosa alle tradizioni vitivinicole non escluda migliorie moderne... purché adottate solo quando veramente utili". Lo scrisse, l'anno dopo, nel 1968, il regista e scrittore Mario Soldati, diretto verso le Dolomiti alla ricerca di "vini genuini", nel suo percorso di italiano da Nord a Sud, con la capacità straordinaria di tratteggiare i personaggi e di descrivere lo stato dell'agricoltura. Ora è iniziata una nuova era per i vignaioli trentini. Per affrontare il cambiamento climatico, i vigneti hanno raggiunto quota 900 metri: a questa altezza i picchi di calore che affliggono le pianure e i pendii poco elevati sono più rari e di breve durata e intensità. L'oscillazione delle temperatura tra il giorno e la notte favorisce un maturazione più uniforme, all'ombra delle 94 vette trentine che superano i 3.000 metri.

Highlights

10.000 ETTARI VITATI COMPLESSIVI
8.700 destinati a DOP, 1.200 destinati a IGP, 100 destinati a vini generici.

948.963 HL DI PRODUZIONE TOTALE
80,00% di vino DOP, 19,00% di vino IGP, 1,00% di vini generici.

RIPARTIZIONE COLORE
Vini bianchi 77,00%
Vini rossi o rosati 23,00%

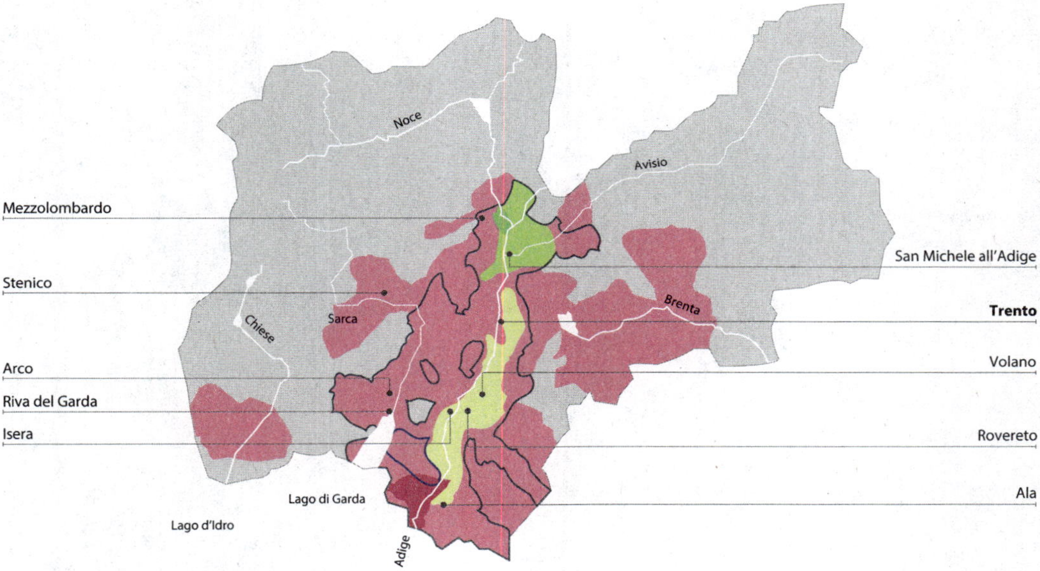

Legenda

- Trento
- Lago di Caldaro o Caldaro
- Teroldego Rotaliano
- Casteller
- Valdadige
- Valdadige Terradeiforti o Terradeiforti
- Delle Venezie (tutta la provincia)

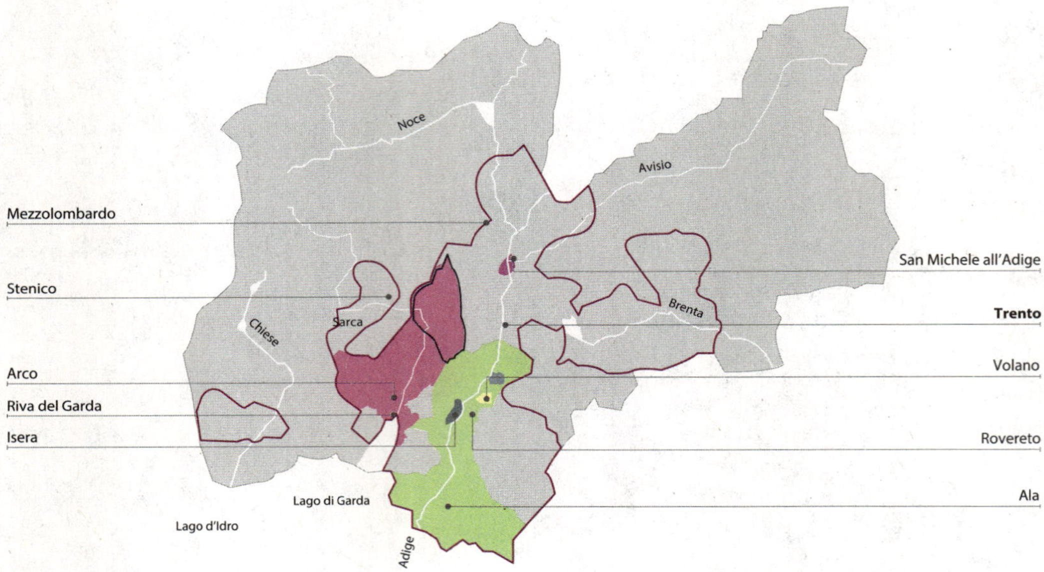

Legenda

- Trentino
- Vino Santo
- Sorni
- Marzemino
- Marzemino Isera o d'Isera
- Marzemino Ziresi o dei Ziresi
- Castel Beseno o Beseno
- Trentino Superiore
- Vino Santo Superiore

Abate Nero
(1973)

Festeggia cinquant'anni di storia questa prestigiosa realtà, sempre alla ricerca della massima qualità, come testimoniano gli innumerevoli riconoscimenti ricevuti. La prima sede è stata palazzo de Schulthaus, nel centro di Lavis, testimone delle prime spumantizzazioni di Giulio Ferrari. Con gran piacere quest'anno viene confermata come eccellenza la Riserva Cuvée dell'Abate, divenuta oramai portabandiera di un percorso aziendale di altissimo profilo che riverbera positivamente su tutta la gamma prodotta.

Sponda Trentina, 45 - 38121 Trento (TN)
T. 0461 246566 | M. info@abatenero.it
www.abatenero.it

Viticoltura: Convenzionale
Ettari: 1 | **Bottiglie:** 70.000 | **Produzione olearia:** No
Proprietà: Roberta Lunelli e Roberto Sebastiani
Cond. enologica: Andrea Tiefenthaler
Cond. agronomica: Staff aziendale
Vendita diretta: Sì | **Visite in azienda:** No

93

TRENTO BRUT CUVÉE DELL'ABATE RISERVA 2012
Bianco Doc Metodo Classico - Chardonnay 90%, Pinot nero 10%
Alc. 12,5% | € 46 | Bt. 2.000 | Ferm. Acciaio | 120 mesi sui lieviti
Giallo paglierino brillante con riflessi dorati ed elegante perlage. Suggestivo spettro olfattivo che evoca sensazioni di giglio, timo, erba limoncina e cedro candito, su sfondo di croissant al burro. Bocca appagata dalla cremosa effervescenza che irradia guizzi di pasticceria. Tortelli di branzino con salsa d'astice.

TRENTO BRUT
Bianco Doc Metodo Classico - Chardonnay 90%, Pinot nero 10%
Alc. 12,5% | € 24 | Bt. 28.000 | Ferm. Acciaio | 24 mesi sui lieviti
Risotto agli scampi.

TRENTO BRUT DOMINI 2018
Bianco Doc Metodo Classico - Chardonnay 90%, Pinot nero 10%
Alc. 12,5% | € 32 | Bt. 2.000 | Ferm. Acciaio | 52 mesi sui lieviti
Branzino al forno con erbe aromatiche.

TRENTO DOSAGGIO ZERO
Bianco Doc Metodo Classico - Chardonnay 90%, Pinot nero 10%
Alc. 12,5% | € 26 | Bt. 18.000 | Ferm. Acciaio | 24 mesi sui lieviti
Filetto di lucioperca in crosta di patate.

TRENTO BRUT ROSÉ
Rosato Doc Metodo Classico - Pinot nero 90%, Chardonnay 10%
Alc. 12,5% | € 26 | Bt. 8.000 | Ferm. Acciaio | 24 mesi sui lieviti
Zuppa di pesce.

TRENTO BRUT DOMINI
2013

TRENTO BRUT DOMINI NERO
2016

Balter
(1990)

L'azienda sorge sulla collina di Rovereto, in un suggestivo castelliere cinquecentesco. Fino agli anni Ottanta la famiglia Balter produceva uve per la vendita a terzi, mentre dal 1990 ha iniziato a vinificare in proprio. Negli ultimi anni inoltre è stato modificato il sistema di allevamento, passando dalla pergola trentina al guyot. Non solo attenzione in vigna; l'accoglienza di Nicola Balter e dei figli Clementina e Giacomo è pari alla loro passione: attraverso le loro bottiglie raccontano il valore e la vocazione per la viticoltura di qualità.

Via Vallunga II, 24 - 38068 Rovereto (TN)
T. 0464 664792 | M. info@balter.it
www.balter.it

Viticoltura: Convenzionale
Ettari: 10 | **Bottiglie:** 80.000 | **Produzione olearia:** No
Proprietà: Famiglia Balter
Cond. enologica: Paolo Inama
Cond. agronomica: Staff aziendale
Vendita diretta: Sì | **Visite in azienda:** Sì

TRENTO BRUT NATURE RISERVA 2016
Bianco Doc Metodo Classico - Chardonnay 80%, Pinot nero 20%
Alc. 12,5% | € 51 | Bt. 2.500 | Ferm. Legno e Acciaio | 72 mesi sui lieviti
Giallo tenue illuminato da sfavillanti e fini bollicine. Slancio iniziale di tarassaco e camomilla che passa a profumi di uva spina, susina e pan brioche. Il sorso è prezioso; la vibrante freschezza e la giusta sapidità s'alternano donando brio al palato. Bellissimi i richiami gusto-olfattivi. Pesce spada alla griglia.

LAGREIN MERLOT 2021
Rosso Igt - Lagrein 60%, Merlot 40%
Alc. 13% | € 15 | Bt. 4.000 | Ferm. Acciaio | Mat. Legno 10 mesi
Tortelli al Castelmagno.

TRENTO BRUT ROSÉ
Rosato Doc Metodo Classico - Pinot nero 80%, Chardonnay 20%
Alc. 12,5% | € 30 | Bt. 6.000 | Ferm. Acciaio | 24 mesi sui lieviti
Sauté di cozze.

TRENTO BRUT
Bianco Doc Metodo Classico - Chardonnay 100%
Alc. 12,5% | € 24 | Bt. 35.000 | Ferm. Legno e Acciaio | 30 mesi sui lieviti
Insalata di mare.

TRENTO BRUT NATURE
Bianco Doc Metodo Classico - Chardonnay 100%
Alc. 12,5% | € 31 | Bt. 6.000 | Ferm. Legno e Acciaio | 36 mesi sui lieviti
Baccalà mantecato.

TRENTO PAS DOSÉ RISERVA
2015

TRENTO BRUT
S.A. | S.A. | S.A.

Bellaveder

(2004)

Tranquillo Luchetta ha creato il suo maso con tenacia, trasformando la conduzione in vigna da tradizionale a biologica. Tranquillo ha deciso fin da subito di coltivare i vitigni rossi a guyot per favorire la loro maturazione, e i bianchi a pergola leggermente modificata per evitare che i raggi di sole nelle ore estive più calde potessero compromettere l'espressione e la verve dei profumi dei vini. La produzione vede un grande assortimento di vini, che riescono a esprimere al meglio sia il terroir sia la gestione in vigna e in cantina.

Maso Belvedere, 1 - Località Faedo - 38098 San Michele all'Adige (TN)
T. 0461 650171 | M. info@bellaveder.it
www.bellaveder.it

Viticoltura: Biologica certificata
Ettari: 12 | **Bottiglie:** 100.000 | **Produzione olearia:** No
Proprietà: Tranquillo Luchetta
Cond. enologica: Luca Gasperinatti
Cond. agronomica: Luca Gasperinatti
Vendita diretta: Sì | **Visite in azienda:** Sì

TRENTINO MÜLLER THURGAU SAN LORENZ 2022
Bianco Doc - Müller Thurgau 100%
Alc. 12,5% | € 12 | Bt. 10.000 | Ferm. Acciaio | Mat. Acciaio 5 mesi
Giallo vivido e di buona fittezza. Multiforme l'olfatto che gioca tra fragranze di artemisia, mela annurca, santoreggia e malie di pasticceria al limone. Slancio gustativo accattivante e ricercato con un equilibrio fine. Finale delicatamente speziato valorizzato dalla sapidità. Risotto alla granseola.

TRENTINO LAGREIN DUNKEL MANSUM RISERVA 2020
Rosso Doc - Lagrein 100%
Alc. 13,5% | € 21 | Bt. 9.000 | Ferm. Acciaio | Mat. Legno 12 mesi
Braciola di cervo con salsa di ribes.

TRENTO BRUT NATURE RISERVA 2018
Bianco Doc Metodo Classico - Chardonnay 100%
Alc. 12,5% | € 25 | Bt. 20.000 | Ferm. Legno e Acciaio | 36 mesi sui lieviti
Arrosto di tacchino lardellato.

TEROLDEGO MAS PICOL 2021
Rosso Igt - Teroldego 100%
Alc. 13,5% | € 14 | Bt. 9.000 | Ferm. Acciaio | Mat. Acciaio 6 mesi e Legno 6 mesi
Controfiletto di bue alla brace.

SAUVIGNON SELEZIONE FAEDI 2022
Bianco Igt - Sauvignon 100%
Alc. 13,5% | € 17 | Bt. 4.000 | Ferm. Acciaio | Mat. Acciaio 5 mesi
Lasagnette al ragù di faraona e asparagi.

TRENTINO GEWÜRZTRAMINER 2022
Bianco Doc - Traminer aromatico 100%
Alc. 13,5% | € 15 | Bt. 14.000 | Ferm. Acciaio | Mat. Acciaio 5 mesi
Risotto con silene e cime di luppolo selvatico.

TRENTINO LAGREIN DUNKEL MANSUM RISERVA
2015

TRENTINO MÜLLER THURGAU SAN LORENZ
2018 | 2019 | 2020

Borgo dei Posseri

(1999)

L'azienda agricola nasce a cavallo fra i primi rilievi affacciati sulla Vallagarina e il gruppo delle Piccole Dolomiti. L'obiettivo è quello di ottenere vini caratterizzati da finezza e spiccata eleganza. Un punto di forza di questa realtà è senza dubbio la location: la sede della cantina è parte di un antico borgo risalente alla fine Ottocento, ristrutturato e conservato con cura maniacale. Simbolo della tenuta è il format "enotour", una visita tra le vigne che permette di sorseggiare fra boschi e radure ammirando scorci mozzafiato.

Località Pozzo Basso, 1 - 38061 Ala (TN)
T. 0464 671899 | M. info@borgodeiposseri.com
www.borgodeiposseri.com

Viticoltura: Convenzionale
Ettari: 20 | **Bottiglie:** 60.000 | **Produzione olearia:** No
Proprietà: Famiglie Marangoni e Mainenti
Cond. enologica: Thomas Passerini
Cond. agronomica: Alvise Caden
Vendita diretta: Sì | **Visite in azienda:** Sì

TRENTO BRUT NATURE TANANAI ZERO 2017
Bianco Doc Metodo Classico - Pinot nero 100%
Alc. 12,5% | € 31 | Bt. 3.000 | Ferm. Acciaio | Mat. Acciaio 9 mesi
50 mesi sui lieviti
Incessante perlage a impreziosire il paglierino. Al naso emergono suggestioni di pesca bianca e susina, seguite a ruota da memorie di crosta di pane appena sfornato e tocchi balsamici. L'assaggio è snello e di raffinata freschezza, con una vitale traccia sapida che appaga il sorso. Gnocchi al burro e ricotta affumicata.

GEWÜRZTRAMINER ARLIZ 2022
Bianco Igt - Traminer aromatico 100%
Alc. 14,5% | € 16 | Bt. 2.000 | Ferm. Acciaio | Mat. Acciaio 6 mesi
Crostini con paté de foie gras d'oca.

TRENTO BRUT TANANAI 2019
Bianco Doc Metodo Classico - Chardonnay 50%, Pinot nero 50%
Alc. 12,5% | € 25 | Bt. 10.000 | Ferm. Acciaio | Mat. Acciaio 9 mesi
24 mesi sui lieviti
Totani ripieni con salsa mediterranea.

TRENTO BRUT ROSÉ TANANAI 2019
Rosato Doc Metodo Classico - Pinot nero 100%
Alc. 12,5% | € 28 | Bt. 1.200 | Ferm. Acciaio | Mat. Acciaio 7 mesi e Cemento 9 mesi | 24 mesi sui lieviti
Risotto con seppie e burrata.

MERLOT ROCOL 2020
Rosso Igt - Merlot 100%
Alc. 13,5% | € 15 | Bt. 3.000 | Ferm. Acciaio | Mat. Legno 12 mesi
Coniglio in umido con verze e purea di patate.

PINOT NERO PARADIS 2022
Rosso Igt - Pinot nero 100%
Alc. 13% | € 16 | Bt. 7.000 | Ferm. Acciaio | Mat. Acciaio 6 mesi e Legno 7 mesi
Carré di maiale al forno con mele renette.

MALUSEL
2015

TRENTO BRUT TANANAI
2013 | 2014 | 2018

Cantina Aldeno
(1910)

Agli inizi del Novecento vennero fondate la Cantina Sociale di Aldeno e, alcuni anni dopo, l'Unione Vinicola Aldeno, due cooperative che per cinquant'anni hanno caratterizzato la vita sociale, agricola e commerciale della comunità. Nel '72 le due realtà si sono fuse nell'attuale cantina, che conta ora oltre 300 soci. Si coltivano uve provenienti da un esteso areale tra i 160 e i 700 metri di altitudine, che consente di ottenere un bel portfolio di prodotti. Portabandiera è senza dubbio il Pas Dosé Altinum che continua a mantenere un ottimo profilo negli anni.

Via Roma, 76 - 38060 Aldeno (TN)
T. 0461 842511 | M. info@cantinaaldeno.com
www.cantinaaldeno.com

Viticoltura: Biologica e lotta integrata
Ettari: 348 | **Bottiglie:** 400.000 | **Produzione olearia:** No
Proprietà: Cooperativa di produttori
Cond. enologica: Walter Webber, Stefano Paternoster
Cond. agronomica: Francesco Nardelli
Vendita diretta: Sì | **Visite in azienda:** Sì

TRENTO PAS DOSÉ ALTINUM 2019
Bianco Doc Metodo Classico - Chardonnay 90%, Pinot nero 10%
Alc. 12,5% | € 19 | Bt. 16.000 | Ferm. Acciaio | Mat. Acciaio 5 mesi
36 mesi sui lieviti
Oro contraddistinto da un copioso e persistente perlage. Naso ricco e attraente: nespola e geranio, poi mela candita arricchita da toni di vaniglia e pasticceria. Il gusto è pieno e deciso con una struttura invidiabile senza perdere di classe. Scia balsamica persistente. Pollo al curry.

TRENTINO SAN ZENO BIANCO RISERVA 2020
Bianco Doc - Chardonnay 80%, Manzoni bianco 15%, Sauvignon 5%
Alc. 13,5% | € 13 | Bt. 4.000 | Ferm. Legno e Acciaio | Mat. Acciaio 12 mesi
Buridda.

TRENTO BRUT ALTINATE BLANC DE BLANC BIOVEGAN 2019
Bianco Doc Metodo Classico - Chardonnay 100%
Alc. 12,5% | € 20 | Bt. 5.040 | Ferm. Acciaio | Mat. Acciaio 5 mesi
36 mesi sui lieviti
Linguine alla granseola e rosmarino.

TRENTINO MERLOT ESCLUSIVI RISERVA 2018
Rosso Doc - Merlot 100%
Alc. 13% | € 13 | Bt. 6.000 | Ferm. Acciaio | Mat. Acciaio 5 mesi
Vellutata di finferli con crostini.

TRENTO EXTRA BRUT ALTINUM RISERVA 2016
Bianco Doc Metodo Classico - Chardonnay 70%, Pinot nero 30%
Alc. 12,5% | € 33 | Bt. 4.200 | Ferm. Legno | Mat. Legno 5 mesi
80 mesi sui lieviti
Risotto al tartufo bianco.

TRENTINO LAGREIN ATHESIM FLUMEN 2022
Rosso Doc - Lagrein 100%
Alc. 13% | € 9 | Bt. 18.000 | Ferm. Acciaio | Mat. Acciaio 5 mesi
Monte Veronese d'allevo.

TRENTO BRUT ALTINUM
2013

TRENTO EXTRA BRUT ALTINUM RISERVA
2010

Cantina di La-Vis e Cembra Cantina di Montagna
(1948)

Nell'anno 2003 le storiche cantine di La-Vis e Valle di Cembra si fondono creando l'unione su un territorio che si sviluppa lungo il torrente Avisio. Terreni vitati che partono dai 200 fino agli oltre 800 metri di altitudine, riuscendo a esprimere caratteristiche diverse e ad avere un'ampia gamma di vini di alto profilo. A fare da cornice i circa 700 chilometri di muri a secco che valgono la visita. Quest'anno torna sul tetto delle eccellenze un Müller di grande personalità che mette in evidenza il grande lavoro svolto da questa realtà.

Via del Carmine, 7 - 38015 Lavis (TN)
T. 0461 440111 | M. cantina@la-vis.com
www.la-vis.com - www.cembracantinadimontagna.it

Viticoltura: Convenzionale e lotta integrata
Ettari: 700 | **Bottiglie:** 5.100.000 | **Produzione olearia:** No
Proprietà: Cooperativa di produttori
Cond. enologica: Stefano Rossi, Ezio Dallagiacoma
Cond. agronomica: Corrado Aldrighetti
Vendita diretta: Sì | **Visite in azienda:** Sì

(92)
TRENTINO MÜLLER THURGAU CEMBRA CANTINA DI MONTAGNA 2021
Bianco Doc - Müller Thurgau 100%
Alc. 12,5% | € 25 | Bt. 9.000 | Ferm. Acciaio | Mat. Acciaio 14 mesi
Lampi verdolini a illuminare il giallo tenue. Al naso entusiasma con la zagara, la pesca bianca, la salvia e il timo. L'assaggio è equilibrato e coerente con il profilo olfattivo, ma è il lunghissimo finale a confermare il valore di questo eccellente vino di montagna. Garganelli con julienne di calamari e ortiche.

MASO FRANCH CANTINA LA-VIS 2017
Bianco Igt - Manzoni bianco 100%
Alc. 14% | € 28 | Bt. 2.000 | Ferm. Legno e Acciaio | Mat. Acciaio 12 mesi e Legno 12 mesi
Linguine con bottarga e pomodori secchi.

TRENTINO LAGREIN GREGGI CANTINA LA-VIS 2018
Rosso Doc - Lagrein 100%
Alc. 13,5% | € 20 | Bt. 3.000 | Ferm. Legno e Acciaio | Mat. Legno 18 mesi e Cemento 18 mesi
Abbacchio al forno con verdure grigliate.

RITRATTO CANTINA LA-VIS 2016
Rosso Igt - Lagrein 40%, Teroldego 40%, Merlot 20%
Alc. 13,5% | € 28 | Bt. 7.000 | Ferm. Legno e Acciaio | Mat. Acciaio 30 mesi e Legno 30 mesi
Ravioli al sugo di chianina e tartufo nero.

TRENTINO MÜLLER THURGAU CANTINA LA-VIS 2022
Bianco Doc - Müller Thurgau 100%
Alc. 12,5% | € 12 | Bt. 80.000 | Ferm. Acciaio | Mat. Acciaio 6 mesi
Scampi alla busara.

TRENTINO CHARDONNAY CEMBRA CANTINA DI MONTAGNA 2021
Bianco Doc - Chardonnay 100%
Alc. 13% | € 25 | Bt. 6.000 | Ferm. Acciaio | Mat. Acciaio 14 mesi e Legno 10 mesi
Orecchiette con cime di rapa.

TRENTINO MÜLLER THURGAU CEMBRA CANTINA DI MONTAGNA
2019 | 2020

TRENTINO CABERNET SAUVIGNON CODROS CANTINA LA-VIS
2017

Cantina d'Isera
(1907)

Il sodalizio operante in Destra Adige è fra i riferimenti cooperativi per produzione e salvaguardia del marzemino, vitigno tradizionale locale al quale sono riservate ben quattro versioni. Con oltre 150 soci conferitori il complesso vitivinicolo lagarino può contare sull'apporto di uve provenienti da circa 200 ettari vitati. Oltre alla meticolosa attenzione al vitigno principe dell'areale, vi è un parterre fornito di bianchi e rossi che trova completamento attraverso l'elaborazione di tre spumanti Metodo Classico con denominazione Trento, prodotti per la prima volta nel 2004.

Via al Ponte, 1 - 38060 Isera (TN)
T. 0464 433795 | M. info@cantinaisera.it
www.cantinaisera.it

Viticoltura: Convenzionale e biologica certificata
Ettari: 200 | **Bottiglie:** 400.000 | **Produzione olearia:** No
Proprietà: Cooperativa di produttori
Cond. enologica: Massimo Tarter
Cond. agronomica: Massimo Tarter
Vendita diretta: Sì | **Visite in azienda:** Sì

TRENTINO SUPERIORE MARZEMINO D'ISERA ETICHETTA VERDE 2020
Rosso Doc - Marzemino 100%
Alc. 13% | € 9 | Bt. 50.000 | Ferm. Acciaio | Mat. Acciaio 12 mesi
Luminoso rosso rubino. Traiettoria odorosa dapprima floreale: rosa canina, violetta, poi confettura di ribes e sensazioni balsamiche. Il gusto è pieno e di straordinario equilibrio. Tutte le componenti manifestano una lunghezza che appaga e rende la beva estremamente gustosa. Lepre alla cacciatora.

TRENTO DOSAGGIO ZERO 907 2018
Bianco Doc Metodo Classico - Chardonnay 100%
Alc. 12,5% | € 18 | Bt. 8.000 | Ferm. Acciaio | Mat. Acciaio 9 mesi
40 mesi sui lieviti
Risotto alla zucca e astice.

TRENTINO SUPERIORE MARZEMINO D'ISERA CORÈ 2020
Rosso Doc - Marzemino 100%
Alc. 12,5% | € 11 | Bt. 6.666 | Ferm. Acciaio | Mat. Acciaio 12 mesi
Coniglio alla cacciatora.

TRENTO BRUT 907 COLLEZIONE 14
Bianco Doc Metodo Classico - Chardonnay 100%
Alc. 12,5% | € 13 | Bt. 20.000 | Ferm. Acciaio | Mat. Acciaio 9 mesi
30 mesi sui lieviti
Risotto agli asparagi con gamberi croccanti.

TRENTINO LAGREIN 1907 2021
Rosso Doc - Lagrein 100%
Alc. 12,5% | € 10 | Bt. 5.000 | Ferm. Acciaio e Cemento | Mat. Acciaio 12 mesi
Capriolo in salmì con polenta di grano saraceno.

TRENTINO CABERNET SAUVIGNON 2021
Rosso Doc - Cabernet sauvignon 100%
Alc. 12,5% | € 7 | Bt. 1.000 | Ferm. Acciaio | Mat. Acciaio 12 mesi
Finanziera.

TRENTINO SUPERIORE MARZEMINO D'ISERA ETICHETTA VERDE
2016 | 2017 | 2019

TRENTO EXTRA BRUT 1907
2015 | 2016 | 2017

Cantina Mori Colli Zugna
(1957)

Realtà cooperativa con sede a Mori, in Vallagarina. Le uve provengono da diversi areali: Valle dei Laghi, lungo il fiume Sarca, Valle dell'Adige, Altopiano di Brentonico e Val di Gresta. Questa varietà consente di ampliare la proposta e le sfumature dei vini. La cantina dove vengono conferite le uve è sviluppata in ottica sostenibile al fine di preservare al meglio l'ambiente circostante. L'obiettivo dichiarato è interpretare il territorio in chiave moderna, con un occhio di riguardo alla tradizione locale.

SP 90 - Località Formigher, 2 - 38065 Mori (TN)
T. 0464 918154 | M. info@cantinamoricollizugna.it
www.cantinamoricollizugna.it

Viticoltura: Convenzionale, biologica e lotta integrata
Ettari: 650 | **Bottiglie:** 250.000 | **Produzione olearia:** No
Proprietà: Cooperativa di produttori
Cond. enologica: Alberto Butterini
Cond. agronomica: Nicola Trainotti
Vendita diretta: Sì | **Visite in azienda:** Sì

TRENTO BRUT MORUS DAL 1957 2017
Bianco Doc Metodo Classico - Chardonnay 100%
Alc. 12,5% | € 26 | Bt. 15.000 | Ferm. Acciaio | 57 mesi sui lieviti
Sfoggia una pregiata veste oro con effervescenza di lunga durata. Tra i fiori di tarassaco e tiglio, il naso si tratteggia su presenze di susina, pesca bianca e indizi di panificazione e biscotti al burro. Setoso ed equilibrato l'assaggio. Calamarata con ragù di pesce spada.

TRENTINO ROSSO VICARIUS 2020
Rosso Dop - Cabernet franc 87%, Merlot 13%
Alc. 12,5% | € 20 | Bt. 5.000 | Ferm. Acciaio | Mat. Legno 18 mesi
Arista di maiale con salsa di prugne.

TRENTO BRUT SAN MAURO
Bianco Doc Metodo Classico - Chardonnay 69%, Pinot nero 31%
Alc. 12,5% | € 23 | Bt. 25.000 | Ferm. Acciaio | 24 mesi sui lieviti
Insalata di polpo, patate e olive.

TRENTO BRUT ROSÉ MORUS DAL 1957
2016

TRENTO BRUT MORUS DAL 1957
2014 | 2016

Cantina Riva del Garda
(1926)

Nel 2000 la Cantina Riva del Garda e l'Associazione Agraria di Riva si sono unite in cooperativa per svolgere insieme le attività di produzione dei vini e la molitura delle olive. Grazie alle diverse altitudini dei vigneti e all'influenza del lago, nascono vini trentini con tocco mediterraneo, in grado di esprimere e valorizzare i vitigni coltivati. Importante il percorso che ha portato alla pubblicazione del Bilancio di sostenibilità, una rendicontazione di filiera del Trentino vitivinicolo volta a certificare le iniziative messe in campo in nome di un approccio moderno e rispettoso.

Via San Nazzaro, 4 - 38066 Riva del Garda (TN)
T. 0464 552133 | M. info@agririva.it
www.agririva.it

Viticoltura: Convenzionale, biologica e lotta integrata
Ettari: 300 | **Bottiglie:** 250.000 | **Produzione olearia:** Sì
Proprietà: Cooperativa di produttori
Cond. enologica: Furio Battelini, Simone Faitelli
Cond. agronomica: Michele Mutinelli
Vendita diretta: Sì | **Visite in azienda:** Sì

TRENTO PAS DOSÉ BREZZA RIVA RISERVA 2018
Bianco Doc Metodo Classico - Chardonnay 100%
Alc. 12% | € 32 | Bt. 2.668 | Ferm. Legno e Acciaio | Mat. Acciaio 7 mesi e Legno 7 mesi | 36 mesi sui lieviti
Un perlage continuo e lucente solca il bel paglierino. Nuance floreali di glicine, mela verde e sentori di ananas si accompagnano alla fragranza del pane. Palato giocato sul contrasto generato dall'alternanza di gradevoli sensazioni morbide con la lunga e intrigante sapidità. Lasagnette con ragù di coniglio e crema di piselli.

TRENTINO CHARDONNAY LORÉ 2021
Bianco Doc - Chardonnay 85%, Manzoni bianco 15%
Alc. 13,5% | € 18 | Bt. 4.073 | Ferm. Legno e Acciaio | Mat. Acciaio 11 mesi e Legno 11 mesi
Stracciatella di bufala.

TRENTINO SUPERIORE MERLOT CRÉA 2019
Rosso Doc - Merlot 100%
Alc. 13,5% | € 17 | Bt. 4.476 | Ferm. Legno e Acciaio | Mat. Legno 12 mesi
Piccione al forno con cipollotti.

TRENTINO SUPERIORE PINOT NERO MASO ÉLESI 2020
Rosso Doc - Pinot nero 100%
Alc. 13,5% | € 25 | Bt. 3.804 | Ferm. Legno e Acciaio | Mat. Legno 12 mesi
Cosciotto d'agnello al forno con patate novelle.

TRENTINO SUPERIORE SAUVIGNON DÒS DE NÒA 2021
Bianco Doc - Sauvignon 100%
Alc. 13% | € 18 | Bt. 2.933 | Ferm. Legno | Mat. Legno 11 mesi
Linguine con asparagi e calamaretti.

TRENTINO SUPERIORE CABERNET SAUVIGNON MASO LIZZONE 2019
Rosso Doc - Cabernet sauvignon 100%
Alc. 14% | € 21 | Bt. 3.222 | Ferm. Acciaio | Mat. Legno 12 mesi
Tagliata di manzo al rosmarino.

TRENTO PAS DOSÉ BREZZA RIVA RISERVA
2016

MASO LIZZONE
2017 | 2018

Cantina Romanese
(2010)

Una realtà giovanile che esprime in pieno la territorialità dell'Alta Valsugana. Ubicata sulle pendici della catena del Lagorai, nel corso degli anni si è fatta conoscere grazie alla caparbietà dei proprietari, i fratelli Andrea e Giorgio. Molto interessante quest'anno è stata la degustazione del Müller Thurgau Laetitia, coltivato a un'altitudine di 600 metri. Degni di nota anche i due spumanti, in particolare il Lagorai Dosaggio Zero, affinato sott'acqua nei fondali del Lago di Levico per poi sostare ulteriormente in una fortezza austroungarica della prima guerra mondiale.

Strada Provinciale per Vetriolo, 52 - 38056 Levico Terme (TN)
T. 347 3817590 | M. info@spumantelagorai.it
www.cantinaromanese.com

Viticoltura: Biologica certificata
Ettari: 4,5 | **Bottiglie:** 20.000 | **Produzione olearia:** No
Proprietà: Fratelli Romanese
Cond. enologica: Andrea Romanese, Giorgio Romanese
Cond. agronomica: Andrea Romanese, Giorgio Romanese
Vendita diretta: Sì | **Visite in azienda:** Sì

TRENTINO MÜLLER THURGAU LAETITIA 2022
Bianco Doc - Müller Thurgau 100%
Alc. 12,5% | € 13 | Bt. 4.172 | Ferm. Acciaio | Mat. Acciaio 6 mesi
Fulgente giallo paglierino dai barlumi verdi. Naso slanciato su sbuffi di fiori di sambuco, pesca bianca, nespola e richiami di papaia. Assaggio accattivante con la verve fresco-sapida ad appagare la bocca. Bella interpretazione del vitigno. Asparagi verdi allo zabaione salato.

TRENTO DOSAGGIO ZERO LAGORAI RISERVA 2019
Bianco Doc Metodo Classico - Chardonnay 100%
Alc. 12,5% | € 60 | Bt. 2.405 | Ferm. Acciaio | 37 mesi sui lieviti
Pesce spada gratinato.

TRENTO BRUT ROMANESE RISERVA 2018
Bianco Doc Metodo Classico - Chardonnay 100%
Alc. 12,5% | € 35 | Bt. 4.503 | Ferm. Acciaio | 43 mesi sui lieviti
Canapè di pasta sfoglia al formaggio.

TRENTINO REBO NARCISO 2022
Rosso Doc - Rebo 100%
Alc. 12,5% | € 15 | Bt. 3.732 | Ferm. Acciaio | Mat. Acciaio 6 mesi e Legno 6 mesi
Zuppa di funghi.

GIOVANNI 2022
Bianco Igt Frizzante - Johanniter 100%
Alc. 11,5% | € 15 | Bt. 1.340 | Ferm. Acciaio | Mat. Acciaio 7 mesi
Crostini con baccalà mantecato.

TRENTO BRUT ROMANESE RISERVA
2017

TRENTINO MÜLLER THURGAU LAETITIA
2020 | 2021

Cantina Rotaliana di Mezzolombardo

(1931)

Situata nel cuore dell'omonima Piana, la Cantina Rotaliana da sempre svolge un ruolo economico di grande rilievo, attirando professionisti e nuove leve del mondo vitivinicolo locale. Caposaldo della cooperativa è naturalmente il Teroldego Rotaliano, anche se diversi soci conferitori possiedono vigneti ubicati nei comuni limitrofi a Mezzolombardo, sulle colline di Faedo, in Val di Non e in Valle di Cembra, permettendo la produzione di vini dal carattere variegato e con una qualità che negli ultimi anni è cresciuta considerevolmente.

Via Trento, 65/B - 38017 Mezzolombardo (TN)
T. 0461 601010 | M. info@cantinarotaliana.it
www.cantinarotaliana.it

Viticoltura: Convenzionale e lotta integrata
Ettari: 330 | **Bottiglie:** 650.000 | **Produzione olearia:** No
Proprietà: Cooperativa di produttori
Cond. enologica: Leonardo Pilati
Cond. agronomica: Daniele Tait
Vendita diretta: Sì | **Visite in azienda:** Sì

(91)

TEROLDEGO ROTALIANO SUPERIORE RISERVA 2020
Rosso Doc - Teroldego 100%
Alc. 14% | € 19 | Bt. 50.000 | Ferm. Acciaio | Mat. Legno 24 mesi
Rosso cremisi compatto e ornato da filigrana granato. Ricco l'olfatto: rintocchi di ribes, mirtillo e mora, accompagnati da essenze balsamiche. Il palato è di struttura ma stupisce per classe e agilità di beva. Morbidezze e durezze in perfetto equilibrio. Eccellente interpretazione del teroldego. Capriolo con salsa di ribes rosso.

TRENTO BRUT R RISERVA 2015
Bianco Doc Metodo Classico - Chardonnay 80%, Pinot nero 20%
Alc. 12,5% | € 37 | Bt. 5.000 | Ferm. Acciaio | Mat. Acciaio 8 mesi e Legno 8 mesi | 80 mesi sui lieviti
Spiedo di seppioline ai ferri.

TRENTO EXTRA BRUT R
Bianco Doc Metodo Classico - Chardonnay 100%
Alc. 12,5% | € 23 | Bt. 25.000 | Ferm. Acciaio | Mat. Acciaio 8 mesi
30 mesi sui lieviti
Rotolo di coniglio con pomodorini ed erbe aromatiche.

TRENTINO MÜLLER THURGAU 2022
Bianco Doc - Müller Thurgau 100%
Alc. 12% | € 13 | Bt. 30.000 | Ferm. Acciaio | Mat. Acciaio 4 mesi
Carpaccio di branzino.

TRENTO BRUT ROSÉ R
Rosato Doc Metodo Classico - Chardonnay 60%, Pinot nero 40%
Alc. 12,5% | € 28 | Bt. 5.000 | Ferm. Acciaio | Mat. Acciaio 8 mesi
30 mesi sui lieviti
Catalana di crostacei.

TRENTINO CHARDONNAY 2022
Bianco Doc - Chardonnay 100%
Alc. 12,5% | € 13 | Bt. 25.000 | Ferm. Acciaio | Mat. Acciaio 4 mesi
Coregone al forno.

TEROLDEGO ROTALIANO SUPERIORE RISERVA
2016 | 2018 | 2019

TRENTO BRUT R RISERVA
2010 | 2012

Cantina Roveré della Luna - Aichholz

(1919)

Questa cantina cooperativa, posta in posizione di confine tra Trentino e Alto Adige, è stata fondata nel 1919 e conta ad oggi 300 soci. L'estensione degli ettari e le diverse altitudini consentono la produzione di varie tipologie di vino e, allo stesso tempo, una selezione più severa. Molto interessanti tutti gli spumanti della linea Vervè Trento Doc con una loro interpretazione e personalizzazione della bollicina di montagna. Uno stile che sta crescendo di qualità anno dopo anno e che non mancherà di sorprendere.

Via 4 Novembre, 9 - 38030 Roveré della Luna (TN)
T. 0461 658530 | M. info@csrovere1919.it
www.csrovere1919.it

Viticoltura: Lotta integrata
Ettari: 430 | **Bottiglie:** 50.000 | **Produzione olearia:** No
Proprietà: Cooperativa di produttori
Cond. enologica: Carlo Alberto Gasperi
Cond. agronomica: Oliviero Sandri
Vendita diretta: Sì | **Visite in azienda:** No

TRENTO EXTRA BRUT VERVÈ RISERVA 2016
Bianco Doc Metodo Classico - Pinot nero 50%, Chardonnay 25%, Pinot bianco 25%
Alc. 12,5% | € 50 | Bt. 3.000 | Ferm. Legno e Acciaio | Mat. Acciaio 6 mesi e Legno 6 mesi | 60 mesi sui lieviti
Brillante giallo paglierino dalle venature dorate. Intrigante ventaglio olfattivo che regala allusioni di pesca noce, ananas, presenze di cedro con sbuffi di cipria, dragoncello e pan brioche. L'assaggio è cremoso ma con un'invidiabile spina dorsale fresco-sapida che supporta gustosi richiami di pasticceria. Montasio stravecchio.

TRENTO BRUT ROSÉ VERVÈ 2019
Rosato Doc Metodo Classico - Pinot nero 100%
Alc. 12% | € 24 | Bt. 4.000 | Ferm. Acciaio | 36 mesi sui lieviti
Crema di zucca con gamberi croccanti.

TRENTO BRUT VERVÈ 2019
Bianco Doc Metodo Classico - Chardonnay 40%, Pinot bianco 40%, Pinot nero 20%
Alc. 12% | € 22 | Bt. 10.000 | Ferm. Acciaio | 36 mesi sui lieviti
Tagliolini al nero di seppia e pomodori ciliegino.

TRENTO EXTRA BRUT VERVÈ RISERVA
2012 | 2013 | 2015

TRENTINO PINOT NERO VIGNA FELDI RISERVA
2019

Cantina Salizzoni
(1986)

I Salizzoni hanno intrapreso fin da subito la strada della valorizzazione del territorio e della varietà autoctona emblema della Vallagarina, il marzemino. Allevato secondo canoni precisi, volti all'ottenimento di uva di alta qualità, viene coniugato ora in ben tre diverse versioni, sfruttando anche la tecnica dell'appassimento. Di recente Valter e il figlio Luca hanno introdotto nella gamma un Trento Doc Riserva, omaggio alla tradizione del luogo in cui ha sede la cantina, il settecentesco Palazzo Valentini, dove l'omonimo proprietario, già a fine '800, produceva un rinomato Metodo Classico.

Via Valentini, 31 - 38060 Calliano (TN)
T. 0464 834087 | M. info@salizzoni.info
www.salizzoni.info

Viticoltura: Lotta integrata
Ettari: 7 | **Bottiglie:** 60.000 | **Produzione olearia:** No
Proprietà: Famiglia Salizzoni
Cond. enologica: Luca Salizzoni
Cond. agronomica: Valter Salizzoni
Vendita diretta: Sì | **Visite in azienda:** Sì

TRENTO BRUT NATURE RHODIUM RISERVA 2017
Bianco Doc Metodo Classico - Chardonnay 80%, Pinot nero 20%
Alc. 12,5% | € 50 | Bt. 3.000 | Ferm. Legno e Acciaio | Mat. Acciaio 9 mesi e Legno 9 mesi | 60 mesi sui lieviti
Brillante effervescenza giallo paglierino dai barlumi dorati. Fitto ventaglio olfattivo che alterna con maestria profumi di mela Golden, susina, pane appena sfornato, nocciole tostate e cenni di pietra focaia. In bocca è affilato e ricco allo stesso tempo. Echi agrumati accompagnano a lungo. Tagliolini all'astice.

TRENTINO PINOT BIANCO RISERVA 2021
Bianco Dop - Pinot bianco 100%
Alc. 13,5% | € 19 | Bt. 2.000 | Ferm. Legno e Acciaio | Mat. Acciaio 9 mesi e Legno 9 mesi
Risi e bisi.

TRENTINO VICTOR 2020
Rosso Dop - Merlot 85%, Lagrein 15%
Alc. 14% | € 26 | Bt. 1.800 | Ferm. Acciaio | Mat. Legno 24 mesi
Agnello al forno con rosmarino.

TRENTINO SUPERIORE MARZEMINO ZIRESI 2021
Rosso Dop - Marzemino 100%
Alc. 13% | € 18 | Bt. 6.000 | Ferm. Acciaio | Mat. Legno 12 mesi e Terracotta 12 mesi
Manzo brasato con funghi.

TRENTINO SUPERIORE CASTEL BESENO 2022
Bianco Dop Dolce - Moscato giallo 100%
Alc. 10,5% | € 19 (0,5l) | Bt. 4.000 | Ferm. Acciaio | Mat. Acciaio 6 mesi
Pasticceria napoletana.

ROSSO VITAE 2020
Rosso Igp - Marzemino 100%
Alc. 15% | € 55 | Bt. 1.000 | Ferm. Acciaio | Mat. Legno 24 mesi
Faraona ripiena con salsa tartufata.

Cantina Sociale di Trento
(1956)

Fondata a metà degli anni Cinquanta da un piccolo gruppo di lungimiranti agricoltori, la Sociale di Trento si annovera tra le realtà cooperative più di spicco del territorio. Forte dei suoi soci e di una superficie vitata dislocata su terreni, altitudini ed esposizioni molto diversi tra loro, ogni anno sceglie di stare al passo coi tempi con contenuti di qualità, specchio di un areale influenzato da molteplici fattori. Tra tecnologia e sostenibilità, varietà autoctone e locali, vitigni tradizionali e resistenti, emergono quest'anno i Metodo Classico.

Via dei Viticoltori, 2/4 - 38123 Trento (TN)
T. 0461 920186 | M. commerciale@cantinasocialetrento.it
www.cantinasocialetrento.it

Viticoltura: Convenzionale, biologica e lotta integrata
Ettari: 100 | **Bottiglie:** 750.000 | **Produzione olearia:** No
Proprietà: Cooperativa di produttori
Cond. enologica: Giorgia Brugnara
Cond. agronomica: Gabriele Ress
Vendita diretta: Sì | **Visite in azienda:** Sì

SANTACOLOMBA BRUT NATURE
Bianco Metodo Classico - Johanniter 70%, Bronner 15%, Solaris 15%
Alc. 12,5% | € 16 | Bt. 5.000 | Ferm. Acciaio | Mat. Acciaio 5 mesi 24 mesi sui lieviti
Paglierino tenue dai riflessi entusiasmanti. Olfatto intrigante di pera Williams, nespola, erba cedrina e delicate essenze di pan brioche. L'assaggio sorprende per la sferzata di freschezza, senza mai perdere di equilibrio. Alternativa e vincente interpretazione del Metodo Classico trentino. Verdure pastellate.

TRENTO BRUT ROSÉ ZELL
Rosato Doc Metodo Classico - Pinot nero 100%
Alc. 12,5% | € 24 | Bt. 5.000 | Ferm. Acciaio | Mat. Acciaio 5 mesi 24 mesi sui lieviti
Pizza Margherita.

TRENTO DOSAGGIO ZERO CUVÉE 601
Bianco Doc Metodo Classico - Chardonnay 100%
Alc. 12,5% | € 20 | Bt. 20.000 | Ferm. Acciaio | Mat. Acciaio 5 mesi 20 mesi sui lieviti
Pollo fritto.

TRENTO BRUT ZELL
Bianco Doc Metodo Classico - Chardonnay 100%
Alc. 12,5% | € 23 | Bt. 15.000 | Ferm. Acciaio | Mat. Acciaio 4 mesi 24 mesi sui lieviti
Risotto con cannellini e canestrelli.

TRENTO BRUT CUVÉE 601
Bianco Doc Metodo Classico - Chardonnay 100%
Alc. 12,5% | € 19 | Bt. 80.000 | Ferm. Acciaio | Mat. Acciaio 5 mesi 24 mesi sui lieviti
Frittura di rane e verdure croccanti.

TRENTINO GEWÜRZTRAMINER GOCCIA D'ORO 2022
Bianco Doc - Traminer aromatico 100%
Alc. 14,5% | € 17 | Bt. 15.000 | Ferm. Acciaio | Mat. Acciaio 5 mesi
Gorgonzola naturale.

TRENTINO GEWÜRZTRAMINER GOCCIA D'ORO
2020

SANTACOLOMBA
2018 | 2019 | 2021

Cantina Toblino
(1960)

Realtà cooperativa situata nella Valle dei Laghi, ove storicamente prevale la coltivazione di uve a bacca bianca. Vitigno bandiera è l'autoctono nosiola, coniugato sia in versioni innovative che tradizionali, tra le quali spicca uno dei più rari passiti italiani, il Trentino Doc Vino Santo. Grazie alla convinzione dei soci è nato, oltre un decennio fa, un progetto di sostenibilità diffusosi in tutto il distretto, concretizzatosi con la nascita della linea Vent. Da segnalare, all'interno del punto vendita, l'Hosteria Toblino, spazio dedicato alla valorizzazione di piatti e prodotti locali.

Via Longa, 1 - Frazione Sarche - 38076 Madruzzo (TN)
T. 0461 564168 | M. info@toblino.it
www.toblino.it

Viticoltura: Convenzionale, biologica e lotta integrata
Ettari: 900 | **Bottiglie:** 350.000 | **Produzione olearia:** No
Proprietà: Cooperativa di produttori
Cond. enologica: Claudio Perpruner, Lorenzo Tomazzoli
Cond. agronomica: Nicola Caveden
Vendita diretta: Sì | **Visite in azienda:** Sì

TRENTINO VINO SANTO SUPERIORE 2006
Bianco Doc Passito - Nosiola 100%
Alc. 14,5% | € 41 (0,5l) | Bt. 3.850 | Ferm. Legno | Mat. Legno 168 mesi
Ambra dalla splendida lucentezza. Esordisce con profumi di mela cotogna, albicocca e miele d'acacia, per poi virare verso la confettura di fichi e ceralacca. Bocca avvolgente e dalla freschezza invidiabile. Epilogo di grande giubilo. Strudel di mele.

TRENTO EXTRA BRUT VENT 2019
Bianco Doc Metodo Classico - Chardonnay 100%
Alc. 12,5% | € 27 | Bt. 28.000 | Ferm. Legno e Acciaio | 36 mesi sui lieviti
Polpette di pesce d'acqua dolce.

NOSIOLA L'ÒRA 2018
Bianco Igt - Nosiola 100%
Alc. 14% | € 19 | Bt. 4.500 | Ferm. Legno e Acciaio | Mat. Acciaio 24 mesi e Legno 12 mesi
Frittata di piselli, fave e fagiolini.

TRENTO BRUT ANTARES 2019
Bianco Doc Metodo Classico - Chardonnay 100%
Alc. 12,5% | € 17 | Bt. 25.500 | Ferm. Acciaio | 36 mesi sui lieviti
Grigliata di carne bianca e verdure.

TRENTO BRUT ROSÉ ANTARES 2019
Rosato Doc Metodo Classico - Pinot nero 100%
Alc. 12,5% | € 26 | Bt. 4.200 | Ferm. Acciaio | 48 mesi sui lieviti
Risotto con piselli e ricotta affumicata.

ELIMARÒ 2018
Rosso Igt - Rebo 100%
Alc. 14,5% | € 17 | Bt. 8.200 | Ferm. Legno | Mat. Legno 36 mesi
Bigoli con l'anatra.

TRENTINO VINO SANTO
2001 | 2004

NOSIOLA LARGILLER
2015

Cantina Zehnhof - Casa Spumantistica Rossi
(2019)

Cantina di recente costituzione, in cui si è sviluppata, grazie alla determinazione di Giacomo Rossi, l'attività viticola familiare avviata quasi un secolo fa. Lungimiranza e attenta condotta in vigna valorizzano al meglio le uve di un areale di coltivazione alquanto peculiare, esattamente al confine fra le province di Trento e Bolzano. Una curiosità: il nome aziendale Zehnhof è la traduzione in tedesco di "Maso alle Dieci", la zona del Comune di Roveré della Luna in cui si trova la sede aziendale.

Via Rosmini, 52/A - 38030 Roveré della Luna (TN)
T. 0461 658946 | M. info@zehnhof.it
www.zehnhof.it

Viticoltura: Lotta integrata
Ettari: 9,3 | **Bottiglie:** 13.000 | **Produzione olearia:** No
Proprietà: Cantina Zehnhof
Cond. enologica: Giacomo Rossi
Cond. agronomica: Staff aziendale
Vendita diretta: Sì | **Visite in azienda:** Sì

TRENTINO PINOT GRIGIO RISERVA 2020
Bianco Doc - Pinot grigio 100%
Alc. 13% | € 20 | Bt. 3.000 | Ferm. Legno e Acciaio | Mat. Legno 7 mesi
Venature verdoline arricchiscono il giallo tenue. Il ventaglio olfattivo si apre con il biancospino, poi cenni d'elicriso, mandarancio e pera, con delicate spolverate di pepe bianco e vaniglia. Assaggio morbido con un'interessante freschezza ad alimentare il desiderio di beva. Rotolo di tacchino alle mele ed erbe aromatiche.

TRENTINO GEWÜRZTRAMINER PRADÉT 2021
Bianco Doc - Traminer aromatico 100%
Alc. 14% | € 19 | Bt. 2.000 | Ferm. Acciaio | Mat. Acciaio 7 mesi
Risotto con zucchine, fiori di zucca e zafferano.

TRENTO BRUT REGE 2019
Bianco Doc Metodo Classico - Pinot nero 80%, Chardonnay 20%
Alc. 12,5% | € 27 | Bt. 70.000 | Ferm. Acciaio | Mat. Acciaio 7 mesi
32 mesi sui lieviti
Tempura di gamberi.

Cantine Monfort - Maso Cantanghel
(1945)

Azienda nata negli anni Quaranta a Palù di Giovo, poi trasferitasi negli anni Cinquanta nel centro di Lavis. Nel 2006 è stato acquisito Maso Cantanghel, che ha ottenuto la certificazione biologica e dove si produce, oltre a vari vini bianchi, un Pinot nero che fermenta in tini troncoconici aperti. Le uve vengono conferite dalle zone più vocate della provincia di Trento con una grande attenzione per le varietà storiche come la pavana, la valderbara e la vernaza. In questi ultimi anni si è creata una linea alta di Metodo Classico "Le Général", che sta dando grandi soddisfazioni.

Via Carlo Sette, 21 - 38015 Lavis (TN)
T. 0461 246353 | M. info@cantinemonfort.it
www.cantinemonfort.it www.masocantanghel.eu

Viticoltura: Biologica e lotta integrata
Ettari: 78,5 | **Bottiglie:** 330.000 | **Produzione olearia:** No
Proprietà: Famiglia Simoni Lorenzo
Cond. enologica: Maurizio Iachemet
Cond. agronomica: Maurizio Iachemet
Vendita diretta: Sì | **Visite in azienda:** Sì

(92)

TRENTO LE GÉNÉRAL BLANC DOSAGGIO ZERO RISERVA 2015
Bianco Doc Metodo Classico - Chardonnay 100%
Alc. 12,5% | € 36 | Bt. 4.300 | Ferm. Acciaio | Mat. Acciaio 10 mesi e Legno 10 mesi | 64 mesi sui lieviti
Giallo paglierino brillante, con numerose e fini bollicine. Il bouquet si apre con fiori di acacia, mela cotogna, anice e crosta di pane. In bocca sorprende la sapidità in armonia con la piacevole cremosità. La persistenza gratifica il palato e lo conduce verso il lunghissimo finale. Crespelle con asparagi e ricotta salata.

NOSIOLA CORYLUS CANTINE MONFORT 2019
Bianco Igt - Nosiola 100%
Alc. 13% | € 20 | Bt. 1.556 | Ferm. Acciaio | Mat. Legno 12 mesi
Sogliola alla mugnaia.

EXTRA BRUT ROSÉ DE SERS CANTINE MONFORT 2020
Rosato Metodo Classico - Pavana 100%
Alc. 12,5% | € 22 | Bt. 3.350 | Ferm. Acciaio | Mat. Acciaio 8 mesi 24 mesi sui lieviti
Coppa piacentina.

SOTSÀS CUVÉE MASO CANTANGHEL 2021
Bianco Igt - Chardonnay 40%, Pinot bianco 40%, Sauvignon 20%
Alc. 13% | € 14 | Bt. 5.330 | Ferm. Legno | Mat. Acciaio 12 mesi e Legno 12 mesi
Ravioli burro e salvia.

TRENTO EXTRA BRUT LE GÉNÉRAL DALLEMAGNE RISERVA 2016
Bianco Doc Metodo Classico - Chardonnay 80%, Pinot nero 20%
Alc. 12,5% | € 33 | Bt. 3.900 | Ferm. Acciaio | Mat. Acciaio 10 mesi e Legno 10 mesi | 64 mesi sui lieviti
Frittura di canestrelli e calamari.

TRENTINO PINOT NERO VIGNA CANTANGHEL 2020
Rosso Doc - Pinot nero 100%
Alc. 13,5% | € 33 | Bt. 6.340 | Ferm. Legno | Mat. Legno 12 mesi
Zuppa d'orzo e chiodini.

TRENTO EXTRA BRUT LE GÉNÉRAL DALLEMAGNE RISERVA
2015

TRENTINO PINOT NERO VIGNA CANTANGHEL
2012

Cavit - Altemasi
(1950)

Cavit, acronimo di Cantina Viticoltori del Trentino, è una cooperativa che unisce undici cantine sociali. Di alto profilo la linea Masi, espressione dei vitigni di miglior qualità della Valle dei Laghi, Vallagarina e Piana Rotaliana. Pregevole la crescita del Trento Doc con il marchio Altemasi, con grande menzione per la Riserva Graal. Tutti i prodotti presentati dall'azienda hanno raggiunto un'ottima valutazione, ma in modo acclarato l'eccellenza è raggiunta da un'espressione di Vino Santo tra le migliori di questi anni.

Via del Ponte, 31 - Località Ravina - 38123 Trento (TN)
T. 0461 381711 | M. cavit@cavit.it
www.cavit.it

Viticoltura: Convenzionale
Ettari: 6.350 | **Bottiglie:** N.d. | **Produzione olearia:** No
Proprietà: Consorzio di secondo grado
Cond. enologica: Fabrizio Marinconz, Guido Mattiello
Cond. agronomica: Andrea Faustini
Vendita diretta: Sì | **Visite in azienda:** Sì

(92)

TRENTINO VINO SANTO ARÈLE 2003
Bianco Doc Passito - Nosiola 100%
Alc. 12,5% | € 70 (0,5l) | Ferm. Legno | Mat. Legno 120 mesi
Ambra preziosa. Al naso offre una tavolozza ricca di sfumature: albicocca disidratata, uva sultanina, agrumi canditi, miele millefiori e ceralacca. Il sorso è vellutato, con una dolcezza che va di pari passo alla marcata freschezza. In chiusura ritornano al gusto pennellate di zafferano. Semifreddo alla ricotta con gocce di cioccolato e scorze di mandarino.

TRENTO BRUT ALTEMASI GRAAL RISERVA 2016
Bianco Doc Metodo Classico - Chardonnay 70%, Pinot nero 30%
Alc. 12,5% | € 44 | Ferm. Legno e Acciaio | Mat. Acciaio 6 mesi e Legno 6 mesi | 70 mesi sui lieviti
Filetto di manzo in crosta alle erbette.

TRENTINO SUPERIORE ROSSO QUATTRO VICARIATI 2019
Rosso Doc - Cabernet sauvignon 65%, Merlot 30%, Cabernet franc 5%
Alc. 13,5% | € 17 | Ferm. Acciaio | Mat. Acciaio 2 mesi e Legno 24 mesi
Stracotto d'asino.

TRENTO BRUT ROSÉ ALTEMASI
Rosato Doc Metodo Classico - Chardonnay 50%, Pinot nero 50%
Alc. 12,5% | € 23 | Ferm. Acciaio | Mat. Acciaio 6 mesi | 17 mesi sui lieviti
Bocconcini di rana pescatrice in crosta di mandorle.

TEROLDEGO ROTALIANO SUPERIORE MASO CERVARA RISERVA 2019
Rosso Doc - Teroldego 100%
Alc. 13,5% | € 25 | Ferm. Acciaio | Mat. Acciaio 2 mesi e Legno 24 mesi
Stufato di daino.

TRENTO BRUT ROSÉ ALTEMASI RISERVA 2018
Rosato Doc Metodo Classico - Chardonnay 50%, Pinot nero 50%
Alc. 12,5% | € 40 | Ferm. Acciaio | Mat. Acciaio 6 mesi | 48 mesi sui lieviti
Tartare di gamberi.

TRENTO BRUT ALTEMASI GRAAL RISERVA
2011 | 2015

TRENTO PAS DOSÉ ALTEMASI
2010

Cembrani Doc
(2012)

Cembrani Doc è un consorzio di aziende che si sono messe in rete, unendo le forze, per favorire lo sviluppo territoriale, culturale e commerciale della Valle di Cembra. Organizzano e promuovono visite, eventi e laboratori nelle cantine, distillerie e aziende agricole della zona. Obiettivo che hanno nel cuore è alimentare la diffusione della cultura del vino e del bere responsabilmente. Gli aderenti sono: Distilleria Pilzer, Azienda Agricola Simoni, Azienda Agricola Zanotelli, Distilleria Paolazzi e Azienda Vitivinicola Nicolodi Alfio.

Viale IV Novembre, 52 - Frazione Cembra - 38034 Cembra Lisignago (TN)
T. 393 5503104 | M. info@cembranidoc.it
www.cembranidoc.it

Viticoltura: Lotta integrata
Bottiglie: 7.800 | **Produzione olearia:** No
Proprietà: Consorzio di cooperative
Cond. enologica: Dino Zanotelli, Alfio Nicolodi
Cond. agronomica: Michele Simoni
Vendita diretta: Sì | **Visite in azienda:** Sì

TRENTO EXTRA BRUT 708 CHILOMETRI 2017
Bianco Doc Metodo Classico - Chardonnay 100%
Alc. 13% | € 35 | Bt. 2.600 | Ferm. Acciaio | Mat. Acciaio 10 mesi
40 mesi sui lieviti
Giallo paglierino vivido di raffinata effervescenza. La sfaccettatura olfattiva si declina in accenni di ginestra, mela e profumi agrumati su sfondo di crema pasticcera. Equilibrato all'assaggio ma con un nerbo fresco sapido di grande spessore che caratterizza i vini di Cembra. Carpaccio di crostacei su mela verde.

708 CHILOMETRI BIANCO 2021
Bianco Igt - Müller Thurgau 60%, Riesling 40%
Alc. 12,5% | € 14 | Bt. 2.600 | Ferm. Acciaio
Lasagne di verdure.

708 CHILOMETRI ROSSO 2021
Rosso Igt - Schiava 60%, Lagrein 40%
Alc. 12,5% | € 16 | Bt. 2.600 | Ferm. Acciaio
Salame felino.

TRENTO EXTRA BRUT 708 CHILOMETRI
2016

708 CHILOMETRI ROSSO
2019

Cesarini Sforza
(1974)

Vicina al traguardo dei cinquant'anni, l'azienda fu fondata dal conte Lamberto Cesarini Sforza, assieme a un ristretto gruppo di amici, con l'obiettivo di produrre spumanti di alta qualità. Passata di proprietà all'inizio del nuovo secolo, è stata infine acquisita da Cavit nel 2019. Le uve provengono dalle zone più vocate della Valle di Cembra e delle colline Avisiane, a nord di Trento. Raffinatezza ed equilibrio sono il filo rosso che unisce l'ampia gamma di Trento Doc, tra cui due Chardonnay in purezza con settanta e cento mesi di affinamento sui lieviti, che emergono per complessità.

Via Stella, 9 - 38123 Trento (TN)
T. 0461 382200 | M. info@cesarinisforza.com
www.cesarinisforza.it

Viticoltura: Convenzionale
Bottiglie: 1.000.000 | **Produzione olearia:** No
Proprietà: Cavit
Cond. enologica: Andrea Buccella
Cond. agronomica: Staff aziendale
Vendita diretta: No | **Visite in azienda:** No

92

TRENTO BRUT AQUILA REALE RISERVA 2013
Bianco Doc Metodo Classico - Chardonnay 100%
Alc. 12,5% | € 40 | Bt. 7.300 | Ferm. Acciaio | Mat. Acciaio 9 mesi
100 mesi sui lieviti
Giallo pieno con lampi oro. La pregiata olfazione libera intrecci di mela cotogna e cedro con ammiccanti richiami di tè verde, miele d'acacia e suggestioni di pasticceria. L'infrastruttura gustativa e l'elevata bevibilità sono la dimostrazione del gran carattere di questo Metodo Classico. Filetto di orata in crosta di mandorle e patate.

TRENTO EXTRA BRUT 1673 RISERVA 2015
Bianco Doc Metodo Classico - Chardonnay 100%
Alc. 12,5% | € 33 | Bt. 15.800 | Ferm. Acciaio | Mat. Acciaio 9 mesi
70 mesi sui lieviti
Branzino al cartoccio.

TRENTO BRUT
Bianco Doc Metodo Classico - Chardonnay 100%
Alc. 12,5% | € 29 | Bt. 80.000 | Ferm. Acciaio | Mat. Acciaio 6 mesi
24 mesi sui lieviti
Crespelle con funghi e Asiago.

TRENTO BRUT ROSÉ
Rosato Doc Metodo Classico - Chardonnay 70%, Pinot nero 30%
Alc. 12,5% | € 29 | Bt. 25.000 | Ferm. Acciaio | Mat. Acciaio 6 mesi
24 mesi sui lieviti
Salmone al timo.

TRENTO DOSAGGIO ZERO 1673 NOIR NATURE 2018
Bianco Doc Metodo Classico - Pinot nero 100%
Alc. 12,5% | € 33 | Bt. 10.800 | Ferm. Acciaio | Mat. Acciaio 9 mesi
48 mesi sui lieviti
Pasta alla gricia.

TRENTO BRUT ROSÉ 1673 2016
Rosato Doc Metodo Classico - Pinot nero 100%
Alc. 12,5% | € 33 | Bt. 10.500 | Ferm. Acciaio | Mat. Acciaio 9 mesi
60 mesi sui lieviti
Spaghetti con vongole veraci.

TRENTO EXTRA BRUT 1673 RISERVA
2012 | 2013 | 2014

TRENTO BRUT AQUILA REALE RISERVA
2012

Comai
(2017)

Azienda a conduzione familiare che da generazioni coltiva vigne e oliveti nell'Alto Garda, zona localmente chiamata "La Busa", nei comuni di Riva del Garda, Arco e Tenno. Negli ultimi anni la conduzione dei terreni avviene solo con il metodo dell'agricoltura biologica. La grande attenzione e la crescente qualità dei prodotti sta progressivamente dando bei risultati tra i vini rossi. Tuttavia è il loro Sauvignon ad aver sorpreso e sta diventando, anno dopo anno, un'interessante interpretazione in chiave trentina.

Via di San Cassiano, 9 - 38066 Riva del Garda (TN)
T. 0464 553485 | M. info@comairivadelgarda.com
www.comairivadelgarda.com

Viticoltura: Biologica certificata
Ettari: 7 | **Bottiglie:** 40.000 | **Produzione olearia:** Sì
Proprietà: Famiglia Comai
Cond. enologica: Marco Comai
Cond. agronomica: Andrea Comai
Vendita diretta: Sì | **Visite in azienda:** Sì

TRENTINO SAUVIGNON 2021
Bianco Doc - Sauvignon 100%
Alc. 13,5% | € 23 | Bt. 1.800 | Ferm. Legno | Mat. Legno 8 mesi
Sfavillante veste paglierina. La dotazione olfattiva si esprime attraverso foglie di basilico, santoreggia, scorza d'agrumi e radice di zenzero. Freschezza vitale e corroborante. Gli echi del naso non abbandonano mai il sorso apportando, di volta in volta, setosità e sapidità. Asparagi verdi con uovo croccante e fonduta di Taleggio.

TRENTINO SUPERIORE ROVERO 2019
Rosso Doc - Cabernet sauvignon 55%, Merlot 45%
Alc. 13% | € 39 | Bt. 1.400 | Ferm. Acciaio | Mat. Legno 8 mesi
Grana Padano Riserva.

BUSAT BIANCO 2022
Bianco Igt - Sauvignon 60%, Chardonnay 40%
Alc. 12,5% | € 15 | Bt. 9.000 | Ferm. Acciaio | Mat. Acciaio 7 mesi
Risotto alla parmigiana.

BUSAT ROSSO 2021
Rosso Igt - Merlot 40%, Rebo 40%, Cabernet sauvignon 20%
Alc. 13% | € 15 | Bt. 5.400 | Ferm. Acciaio | Mat. Legno 12 mesi
Pappardelle al ragù di cinghiale.

BUSAT ROSÉ 2022
Rosato Igt - Merlot 40%, Rebo 40%, Schiava 20%
Alc. 12% | € 14 | Bt. 5.000 | Ferm. Acciaio | Mat. Acciaio 7 mesi
Scampi alla griglia.

TRENTINO REBO MORÈR 2020
Rosso Doc - Rebo 100%
Alc. 13,5% | € 24 | Bt. 2.200 | Ferm. Legno e Acciaio | Mat. Legno 12 mesi
Cosciotto di maiale farcito.

SAUVIGNON
2017

De Tarczal
(1972)

Annoverata tra le cantine più rinomate di Isera, l'azienda si è sempre distinta per un'attenta valorizzazione del territorio e delle sue uve. Ruggero Dell'Adami de Tarczal dopo 50 anni di attività passa orgogliosamente le redini alle figlie Elena e Felicia, trasmettendo la passione e la tecnica. Il terreno basaltico fa il resto, fornendo risultati di eccellenza soprattutto grazie ai vitigni iconici del territorio, come il marzemino. La produzione è limitata e permette di garantire genuinità anche grazie a metodi "antichi" di lavorazione come l'anfora.

Via G. B. Miori, 4 - Fraz. Marano d'Isera - 38060 Isera (TN)
T. 0464 409134 | M. info@detarczal.com
www.detarczal.com

Viticoltura: Convenzionale e lotta integrata
Ettari: 17 | **Bottiglie:** 100.000 | **Produzione olearia:** No
Proprietà: Ruggero Dell'Adami De Tarczal
Cond. enologica: Matteo Marzari
Cond. agronomica: Staff aziendale, Ruggero De Tarczal
Vendita diretta: Sì | **Visite in azienda:** Sì

92

HUSAR 2019
Rosso Igt - Marzemino 100%
Alc. 13,5% | € 29 | Bt. 5.755 | Ferm. Legno e Acciaio | Mat. Legno 18 mesi
Manto rosso rubino screziato di viola. Profumo complesso con petali di rosa canina, dragoncello, confettura di ribes rosso e more di gelso supportati da un'infrastruttura balsamica. Gusto avvolgente, ma con una marcia sapida che è ingranata dall'inizio fino allo splendido e lungo setale. Bocconcini di cervo al cavolo nero.

TRENTINO SUPERIORE MARZEMINO D'ISERA 2020
Rosso Doc - Marzemino 100%
Alc. 13% | € 15 | Bt. 4.000 | Ferm. Acciaio | Mat. Legno 8 mesi
Maltagliati con funghi porcini.

CHARDONNAY FELIX 2020
Bianco Igt - Chardonnay 100%
Alc. 13% | € 29 | Bt. 2.190 | Ferm. Acciaio | Mat. Legno 6 mesi
Squacquerone di Romagna.

PINOT NERO 2020
Rosso Igt - Pinot nero 100%
Alc. 13% | € 29 | Bt. 2.133 | Ferm. Legno e Acciaio | Mat. Legno 12 mesi
Prosciutto di San Daniele.

HUSAR
2018

BELVEDERE
2020

De Vescovi Ulzbach
(2003)

A Mezzocorona, "una storia d'amore con la terra lunga 400 anni" viene sapientemente interpretata da Giulio de Vescovi, enologo e proprietario, che nei propri vini trasmette grande passione e territorialità. I suoi 20 anni di gestione sono un importante traguardo fatto di dedizione al vitigno teroldego, che traduce in prodotti di carattere e qualità, icone della Piana Rotaliana. Un passato sì importante, ma che lascia spazio a un domani fatto di moderne vinificazioni (rosato e Metodo Classico) oltre alla riscoperta di diversi vitigni del territorio trentino.

Piazza Garibaldi, 12 - 38016 Mezzocorona (TN)
T. 0461 1740050 | M. info@devescoviulzbach.it
www.devescoviulzbach.it

Viticoltura: Biologica certificata
Ettari: 8 | **Bottiglie:** 55.000 | **Produzione olearia:** Sì
Proprietà: Famiglia de Vescovi
Cond. enologica: Giulio de Vescovi, Berti Gega
Cond. agronomica: Giulio de Vescovi, Berti Gega
Vendita diretta: Sì | **Visite in azienda:** Sì

(93)

TEROLDEGO ROTALIANO VIGILIUS 2020
Rosso Doc - Teroldego 100%
Alc. 14% | € 32 | Bt. 6.000 | Ferm. Legno e Terracotta | Mat. Legno 15 mesi
Pregiato cremisi ricamato di porpora. Ventaglio olfattivo avvincente: peonia, ciliegia, mirtillo e prugna con indizi di felce di montagna, liquirizia e noce moscata. Il palato è succoso e con tannino intarsiato in un corpo perfettamente equilibrato. Lungimirante interpretazione del vitigno in chiave evolutiva. Capriolo ai porcini.

TEROLDEGO ROTALIANO 2021
Rosso Doc - Teroldego 100%
Alc. 13% | € 18 | Bt. 27.500 | Ferm. Legno e Cemento | Mat. Legno 10 mesi
Petto d'anatra alle prugne.

TEROLDEGO ULZBACH 2022
Rosso Igt - Teroldego 100%
Alc. 12,5% | € 13 | Bt. 3.200 | Ferm. Legno e Acciaio | Mat. Acciaio 4 mesi e Legno 4 mesi
Asiago stravecchio.

TEROLDEGO ROTALIANO LE FRON
2019

TEROLDEGO ROTALIANO VIGILIUS
2015 | 2018 | 2019

De Vigili
(2015)

"Portare le Dolomiti nel calice di tutte le persone del mondo" è il credo che la cantina De Vigili con orgoglio e dedizione persegue da oltre un secolo. Una realtà consolidata della Piana Rotaliana che in diversi momenti storici ha mantenuto l'ideale di territorialità. Precisione e qualità, modernità e rispetto per l'ambiente sono caratteristiche che ben si addicono alla famiglia proprietaria e che ritroviamo nelle diverse espressioni di teroldego e di altri iconici vitigni del territorio, che nel prossimo futuro si produrranno nella cantina in fase di progettazione.

Via Molini, 28 - 38017 Mezzolombardo (TN)
T. 349 5543239 - 333 2633284 | M. info@cantinadevigili.it
www.cantinadevigili.it

Viticoltura: Convenzionale
Ettari: 4 | **Bottiglie:** 25.000 | **Produzione olearia:** No
Proprietà: Francesco De Vigili
Cond. enologica: Francesco De Vigili
Cond. agronomica: Francesco De Vigili
Vendita diretta: Sì | **Visite in azienda:** Sì

(92)

TEROLDEGO ROTALIANO SUPERIORE OTTAVIO RISERVA 2019
Rosso Doc - Teroldego 100%
Alc. 13,5% | € 35 | Bt. 1.500 | Ferm. Legno | Mat. Legno 18 mesi
Rosso rubino con screziature violacee. Spettro olfattivo suadente con richiami di violetta, ribes nero e mora di gelso, valorizzati da una pregevole corona balsamica. Il sorso è pieno e costruito sulla morbida succosità del frutto. Grande pulizia e bevibilità sono il preludio alla lunga persistenza. Castelmagno.

TRENTO BRUT ART
Bianco Doc Metodo Classico - Chardonnay 100%
Alc. 12,5% | € 27 | Bt. 2.500 | Ferm. Acciaio | Mat. Acciaio 8 mesi
36 mesi sui lieviti
Risotto ai frutti di mare.

PERGOLE ROSATO 2021
Rosato Igt - Teroldego 100%
Alc. 12,5% | € 13 | Bt. 5.500 | Ferm. Acciaio | Mat. Acciaio 6 mesi
Bigoli con salsiccia.

PERGOLE ROSSO 2022
Rosso Igt - Teroldego 100%
Alc. 12,5% | € 14 | Bt. 4.000 | Ferm. Acciaio
Risotto all'isolana.

TEROLDEGO ROTALIANO TONALITE 2020
Rosso Doc - Teroldego 100%
Alc. 12,5% | € 18 | Bt. 10.000 | Ferm. Legno e Acciaio e Cemento
Mat. Acciaio 12 mesi e Legno 12 mesi e Cemento 12 mesi
Soppressata di Calabria.

PERGOLE BIANCO 2022
Bianco Igt - Chardonnay 85%, Pinot grigio 15%
Alc. 12% | € 13 | Bt. 4.000 | Ferm. Acciaio
Pasta, patate e cozze.

TEROLDEGO ROTALIANO SUPERIORE OTTAVIO RISERVA
2018

TEROLDEGO ROTALIANO
2018

Marco Donati
(1863)

Situata nel cuore del territorio, sotto il Castello di S. Gottardo, quest'azienda è sempre rimasta nelle mani della famiglia Donati e vede la giovane e dinamica Elisabetta affiancare i genitori Marco ed Emanuela nella conduzione. I vigneti sono distribuiti nelle zone più vocate del Trentino, dalla Valle di Cembra alla Valle dei Laghi, oltre ovviamente alla Piana Rotaliana, permettendo così di variare l'offerta. Il cuore pulsante della cantina è Maso Donati, dalle cui viti quasi centenarie si ottengono le uve per la produzione del Teroldego Sangue di Drago, punta di diamante della gamma.

Via Cesare Battisti, 41 - 38016 Mezzocorona (TN)
T. 0461 604141 | M. info@cantinadonatimarco.it
www.cantinadonatimarco.it

Viticoltura: Lotta integrata
Ettari: 26 | **Bottiglie:** 120.000 | **Produzione olearia:** Sì
Proprietà: Marco Donati
Cond. enologica: Marco Donati
Cond. agronomica: Marco Donati
Vendita diretta: Sì | **Visite in azienda:** Sì

TEROLDEGO ROTALIANO SANGUE DI DRAGO 2020
Rosso Doc - Teroldego 100%
Alc. 13,5% | € 25 | Bt. 8.000 | Ferm. Acciaio | Mat. Acciaio 4 mesi e Legno 18 mesi
Rubino dall'orlo violaceo. Al naso regala sensazioni di mirtillo, visciola, tamarindo, su una traccia di sottobosco e ginepro. Al gusto è succoso e morbido, con un'astringenza integrata nell'ottima struttura. Vino di carattere con persistenze di gran pregio. Pernici farcite.

TRENTINO SUPERIORE GEWÜRZTRAMINER 2021
Bianco Doc - Traminer aromatico 100%
Alc. 13,5% | € 17 | Bt. 3.000 | Ferm. Acciaio | Mat. Acciaio 8 mesi
Gamberoni al curry.

TEROLDEGO ROTALIANO BAGOLARI 2021
Rosso Doc - Teroldego 100%
Alc. 12,5% | € 16 | Bt. 7.000 | Ferm. Acciaio | Mat. Acciaio 3 mesi e Legno 12 mesi
Ribollita.

TRENTINO MÜLLER THURGAU ALBEGGIO 2022
Bianco Doc - Müller Thurgau 100%
Alc. 13% | € 14 | Bt. 6.000 | Ferm. Acciaio | Mat. Acciaio 7 mesi
Polpette di pesce d'acqua dolce.

TEROLDEGO ROTALIANO ROSATO 2022
Rosato Doc - Teroldego 100%
Alc. 13% | € 12 | Bt. 3.000 | Ferm. Acciaio | Mat. Acciaio 8 mesi
Bucatini all'amatriciana.

TRENTINO SUPERIORE GEWÜRZTRAMINER VENDEMMIA TARDIVA 2021
Bianco Doc Dolce - Traminer aromatico 100%
Alc. 12% | € 22 (0,375l) | Bt. 2.000 | Ferm. Acciaio | Mat. Acciaio 8 mesi
Roquefort.

TEROLDEGO ROTALIANO SANGUE DI DRAGO
2013 | 2018

TEROLDEGO ROTALIANO BAGOLARI
2017 | 2018 | 2019

Dorigati
(1858)

La cantina, nata nel 1858 per mano di Luigi Dorigati, è ormai arrivata alla quinta generazione con i cugini Paolo e Michele saldamente al timone di un'azienda che vede nel teroldego il protagonista principale. La sua massima espressione viene raggiunta nei due vini di punta Diedri e Luigi, i quali riescono a esprimere nel calice le diverse sfaccettature e peculiarità dei due vigneti storici dell'azienda, Bagolari e Sottodossi. Anche quest'anno conferma l'eccellenza proprio il Diedri con un'interpretazione del teroldego da lode.

Via Dante, 5 - 38016 Mezzocorona (TN)
T. 0461 605313 | M. vini@dorigati.it
www.dorigati.it

Viticoltura: Lotta integrata
Ettari: 10 | **Bottiglie:** 100.000 | **Produzione olearia:** No
Proprietà: Famiglia Dorigati
Cond. enologica: Paolo Dorigati, Michele Dorigati
Cond. agronomica: Paolo Dorigati
Vendita diretta: Sì | **Visite in azienda:** Sì

(91)
TEROLDEGO ROTALIANO DIEDRI RISERVA 2020
Rosso Doc - Teroldego 100%
Alc. 13% | € 25 | Bt. 8.000 | Ferm. Acciaio | Mat. Acciaio 6 mesi e Legno 12 mesi
Manto rosso rubino impenetrabile. Profilo olfattivo di altissima qualità: marasca macerata, mirtillo rosso, viola essiccata, legno di cedro e rabarbaro. Il palato è vibrante e con una trama tannica ben tessuta nel corpo. La bellissima sapidità si sprigiona lentamente conducendo verso ricordi balsamici. Nodini di cinta senese lardellati al forno.

TEROLDEGO ROTALIANO LUIGI RISERVA 2019
Rosso Doc - Teroldego 100%
Alc. 13,5% | € 44 | Bt. 3.200 | Ferm. Acciaio | Mat. Legno 12 mesi
Montasio stravecchio.

TEROLDEGO ROTALIANO 2021
Rosso Doc - Teroldego 100%
Alc. 12,5% | € 14 | Bt. 25.000 | Ferm. Acciaio | Mat. Legno 12 mesi
Brasato di lepre con riduzione di vino rosso.

TEROLDEGO ROTALIANO DIEDRI RISERVA
2017 | 2018 | 2019

TEROLDEGO ROTALIANO LUIGI RISERVA
2012 | 2013 | 2018

Endrizzi
(1885)

Cantina storica del Trentino che a breve festeggerà il 140° anniversario. La famiglia Endrici segue un percorso di sostenibilità ambientale, sia nelle pratiche agronomiche in vigna che nella lavorazione in cantina. I vigneti si estendono dal fondo valle fino alla montagna e, grazie alla notevole varietà pedologica, ogni vitigno può esprimersi al meglio. Cuore pulsante dell'azienda è il vigneto Masetto, dal quale nasce l'omonima linea di produzione. Al generoso assortimento di vini trentini, tra cui ben quattro Trento Doc, si affianca l'ormai consolidato progetto toscano della Tenuta Serpaia.

Località Masetto, 2 - 38098 San Michele all'Adige (TN)
T. 0461 650129 | M. info@endrizzi.it
www.endrizzi.it

Viticoltura: Ecosostenibile
Ettari: 55 | **Bottiglie:** 500.000 | **Produzione olearia:** No
Proprietà: Famiglia Endrici
Cond. enologica: Thomas Battisti, Tiziana Piffer
Cond. agronomica: Matteo Paolazzi
Vendita diretta: Sì | **Visite in azienda:** Sì

TRENTO DOSAGGIO ZERO PIANCASTELLO ZERO RISERVA 2018
Bianco Doc Metodo Classico - Chardonnay 60%, Pinot nero 40%
Alc. 13% | € 28 | Bt. 15.000 | 42 mesi sui lieviti
Brillante giallo paglierino, solcato da pregevoli catenelle. Racconto odoroso che lascia emergere dapprima la zagara e la ginestra, la mela e la nespola, poi fanno capolino stille di pietra focaia e fragranze di pane. Bocca sorretta da una buona struttura fresco-sapida. Risacca di pan brioche. Tataki di tonno al sesamo.

TEROLDEGO GRAN MASETTO 2019
Rosso Igp - Teroldego 100%
Alc. 15,5% | € 60 | Bt. 10.000 | Mat. Legno 20 mesi
Bocconcini di cinghiale con salsa di prugne.

TEROLDEGO ROTALIANO SUPERIORE LEONCORNO RISERVA 2019
Rosso Dop - Teroldego 100%
Alc. 13% | € 18 | Bt. 20.000 | Mat. Legno 12 mesi
Beccacce allo spiedo.

TRENTO BRUT ROSÉ PIANCASTELLO RISERVA 2018
Rosato Doc Metodo Classico - Pinot nero 60%, Chardonnay 40%
Alc. 12,5% | € 26 | Bt. 20.000 | Mat. Legno 6 mesi | 48 mesi sui lieviti
Rombo al forno ai sapori mediterranei.

TRENTINO PINOT NERO GOLALUPO RISERVA 2020
Rosso Dop - Pinot nero 100%
Alc. 13% | € 20 | Bt. 4.500 | Ferm. Legno | Mat. Legno 12 mesi
Risotto ai finferli.

GRAN MASETTO
2010 | 2011 | 2012

TRENTO BRUT ROSÉ PIANCASTELLO RISERVA
2017

Endrizzi Elio e F.lli
(1945)

Piccola realtà a conduzione familiare dal 1945 a Mezzocorona. Alfredo, Davide e Stefano Endrizzi seguono personalmente tutte le fasi del processo produttivo, dalle operazioni in vigna fino alla lavorazione delle uve in cantina. Gli ottimi risultati raggiunti testimoniano la loro passione e dedizione. Negli ultimi anni l'azienda ha diversificato molto l'offerta con l'introduzione di lagrein, chardonnay, pinot grigio e altri vitigni, ma fiore all'occhiello rimane sempre il Teroldego Rotaliano con particolare menzione per la versione Superiore Riserva Sfere Nere.

Via Rotaliana, 10 - 38016 Mezzocorona (TN)
T. 329 6497361 | M. endrizzivini@endrizzielio.it
www.endrizzielio.it

Viticoltura: Lotta integrata
Ettari: 11 | **Bottiglie:** 32.500 | **Produzione olearia:** No
Proprietà: Famiglia Endrizzi
Cond. enologica: Stefano Endrizzi
Cond. agronomica: Stefano Endrizzi
Vendita diretta: Sì | **Visite in azienda:** Sì

TEROLDEGO ROTALIANO SUPERIORE SFERE NERE RISERVA 2018
Rosso Doc - Teroldego 100%
Alc. 13,5% | € 26 | Bt. 1.000 | Ferm. Legno | Mat. Legno 36 mesi
Sfoggia un rubino dall'orlo porpora. Splendido quadro olfattivo: geranio, glicine, mora di gelso, ciliegia e ardesia con memorie balsamiche che coronano il naso. Il vibrante e succoso assaggio non delude e la ricca e straordinaria sapidità invita a sorsi successivi. Crostini al lardo d'Arnad.

TEROLDEGO ROTALIANO 2020
Rosso Doc - Teroldego 100%
Alc. 13% | € 10 | Bt. 13.000 | Ferm. Acciaio | Mat. Acciaio 10 mesi e Legno 10 mesi
Pappardelle al ragù di cervo.

TRENTO BRUT BASILISCUS 2017
Bianco Doc Metodo Classico - Chardonnay 100%
Alc. 12,5% | € 26 | Bt. 2.000 | Ferm. Acciaio | Mat. Acciaio 5 mesi
60 mesi sui lieviti
Porchetta di Ariccia.

TEROLDEGO ROTALIANO KRETZER 2022
Rosato Doc - Teroldego 100%
Alc. 12,5% | € 10 | Bt. 1.000 | Ferm. Acciaio | Mat. Acciaio 6 mesi
Agnolotti al sugo di carne.

TEROLDEGO ROTALIANO SUPERIORE SFERE NERE
2017

TRENTO BRUT BASILISCUS
2016

Vignaiolo Fanti
(1971)

Tra i fiumi Adige e Avisio, sorge la collina di Pressano. Qui la famiglia Fanti ha costruito la sua cantina, in un contesto splendidamente familiare. Con poco più di 4 ettari, Alessandro ha raccolto l'eredità del papà Giuseppe e con passione e caparbietà è riuscito a ottenere eccellenti risultati. Nosiola, chardonnay, teroldego, cabernet franc, cabernet sauvignon, merlot: tutti vitigni che con sapienti lavorazioni e lunghe attese dalla fermentazione Alessandro trasforma in ottimi vini. Ma l'eccellenza è sempre lui, l'Isidor, un Incrocio Manzoni capolavoro.

Piazza della Croce, 3 - Frazione Pressano - 38015 Lavis (TN)
T. 0461 240809 | M. info@vignaiolofanti.it
www.vignaiolofanti.it

Viticoltura: Biologica certificata
Ettari: 4 | **Bottiglie:** 17.000 | **Produzione olearia:** No
Proprietà: Alessandro Fanti
Cond. enologica: Alessandro Fanti
Cond. agronomica: Alessandro Fanti
Vendita diretta: Sì | **Visite in azienda:** Sì

(92)

TRENTINO MANZONI BIANCO ISIDOR 2020
Bianco Doc - Manzoni bianco 100%
Alc. 14% | € 28 | Bt. 2.800 | Ferm. Acciaio | Mat. Acciaio 9 mesi
Brillante giallo paglierino dagli intarsi d'oro. Naso accarezzato da ricordi di elicriso e maggiorana, e rinvigorito da appunti d'ananas, pompelmo e pesca tabacchiera. Palato volumico e appagante con una straordinaria sapidità che si avverte subito e non ti lascia più. Lunghissimo. Sella di coniglio al tartufo con timballo di patate.

PORTICO ROSSO 2019
Rosso Igt - Teroldego 100%
Alc. 14% | € 26 | Bt. 4.500 | Ferm. Legno e Acciaio | Mat. Legno 21 mesi
Parmigiano Reggiano Riserva.

TRENTINO MANZONI BIANCO 2021
Bianco Doc - Manzoni bianco 100%
Alc. 14% | € 22 | Bt. 3.800 | Ferm. Acciaio | Mat. Acciaio 9 mesi
Torta salata alle zucchine e origano.

TRENTINO MANZONI BIANCO ISIDOR
2018 | 2019

PORTICO ROSSO
2012 | 2015 | 2018

Cipriano Fedrizzi
(1870)

Azienda fondata nel 1870 e giunta alla quinta generazione di vignaioli. I vigneti siti nella Piana Rotaliana sono coltivati esclusivamente per la produzione delle due varietà più vocate: teroldego e lagrein. In cantina, i processi di vinificazione avvengono nello stesso modo sin dagli anni '50, secondo la tradizione di famiglia, con l'utilizzo di vasche di cemento e di fermentazioni spontanee. Quest'anno emerge il Teroldego Due Vigneti: le viti sono allevate sia con la pergola doppia trentina sia con il guyot e il risultato è davvero degno di nota.

Via 4 Novembre, 1 - 38017 Mezzolombardo (TN)
T. 0461 602328 | M. info@fedrizzicipriano.it
www.fedrizzicipriano.it

Viticoltura: Biologica e lotta integrata
Ettari: 6,5 | **Bottiglie:** 30.000 | **Produzione olearia:** No
Proprietà: Giovanni Fedrizzi
Cond. enologica: Giovanni Fedrizzi
Cond. agronomica: Giovanni Fedrizzi
Vendita diretta: Sì | **Visite in azienda:** Sì

(91)

TEROLDEGO ROTALIANO DUE VIGNETI 2020
Rosso Doc - Teroldego 100%
Alc. 13,5% | € 25 | Bt. 4.000 | Ferm. Legno | Mat. Legno 12 mesi
Livrea rosso rubino profondo. Profumi di lampone, more selvatiche, dragoncello, rabarbaro e anice stellato. Palato appagante con un equilibrio in grande stile ad armonizzare la setosa coreografia. Nella chiosa una carezza tannica arricchisce l'esperienza sensoriale. Durevolezza invidiabile. Fagiano arrosto.

TEROLDEGO ROTALIANO TEROLDIGO 2021
Rosso Doc - Teroldego 100%
Alc. 13,5% | € 15 | Bt. 10.000 | Ferm. Cemento | Mat. Cemento 9 mesi
Capocollo di Martina Franca.

TEROLDEGO ROTALIANO 2020
Rosso Doc - Teroldego 100%
Alc. 13,5% | € 18 | Bt. 12.000 | Ferm. Legno | Mat. Legno 6 mesi
Costine d'agnello in crosta di noci.

TRENTINO LAGREIN 2021
Rosso Doc - Lagrein 100%
Alc. 13,5% | € 20 | Bt. 4.000 | Ferm. Acciaio | Mat. Legno 12 mesi
Pappardelle con sugo di capriolo.

TEROLDEGO ROTALIANO DUE VIGNETI
2016

TRENTINO LAGREIN
2012 | 2014 | 2016

Ferrari - Tenute Lunelli
(1902)

Sono centovent'anni di storia aziendale durante i quali la famiglia Lunelli ha saputo interpretare il territorio con una gestione imprenditoriale lungimirante e all'avanguardia. Desideriamo in quest'edizione della Guida elogiare un grande chef de cave, Ruben Larentis, che dopo 37 annate lascia le redini enologiche per andare in pensione. Con la sua professionalità ha firmato bottiglie di altissimo livello e fortunatamente il suo contributo riecheggerà per molti anni a venire. Questa volta il plauso non va a un vino eccellente, ma a una grande persona.

Via del Ponte di Ravina, 15 - 38123 Trento (TN)
T. 0461 972311 | M. info@ferraritrento.it
www.ferraritrento.com

Viticoltura: Convenzionale e biologica certificata
Ettari: 135 | **Bottiglie:** N.d. | **Produzione olearia:** No
Proprietà: Roberta Lunelli e Roberto Sebastiani
Cond. enologica: Ruben Larentis
Cond. agronomica: Luca Pedron, Luca Cavallaro
Vendita diretta: Sì | **Visite in azienda:** Sì

96

TRENTO EXTRA BRUT GIULIO FERRARI RISERVA DEL FONDATORE 2012
Bianco Doc Metodo Classico - Chardonnay 100%
Alc. 12,5% | € 156 | Bt. 32.500 | 120 mesi sui lieviti
Brillante giallo paglierino dai riverberi oro. Naso elegante, ricco: mela Golden, pera candita, miele d'acacia, cioccolato bianco, fieno. Sorso vellutato dal timbro sapido. Infinita lunghezza con ritorni agrumati e di cera d'api. Ceviche di gamberi.

94

TRENTO EXTRA BRUT ROSÉ GIULIO FERRARI RISERVA DEL FONDATORE 2012
Rosato Doc Metodo Classico - Pinot nero 80%, Chardonnay 20%
Alc. 12,5% | € 215 | Bt. 2.300 | Ferm. Acciaio | 120 mesi sui lieviti
Rosa antico dai riflessi ramati. Tela aromatica di cardamomo, peonia, nepitella, fragoline di bosco e china. Palato avvolgente dalla sapidità decisa con finale appagante. Cacciucco alla livornese.

93

TRENTO BRUT PERLÉ BIANCO RISERVA 2016
Bianco Doc Metodo Classico - Chardonnay 100%
Alc. 12,5% | € 46 | Bt. 82.150 | 72 mesi sui lieviti
Affascinante giallo paglierino. Intensa la personalità olfattiva con memorie di glicine, nespola, scorza di clementina candita e pasticceria da forno. L'ingresso in bocca è signorile, favorito da uno splendido afflato fresco-sapido. Persistenza assicurata. Risotto alla pescatora.

93

TRENTO EXTRA BRUT PERLÉ NERO RISERVA 2016
Bianco Doc Metodo Classico - Pinot nero 100%
Alc. 12,5% | € 74 | Bt. 26.400 | Ferm. Acciaio | 72 mesi sui lieviti

TRENTO BRUT PERLÉ ROSÉ RISERVA 2017
Rosato Doc Metodo Classico - Pinot nero 80%, Chardonnay 20%
Alc. 12,5% | € 52 | Bt. 73.300 | 60 mesi sui lieviti
Costoletta di vitello alla milanese.

TRENTO BRUT MAXIMUM BLANC DE BLANCS
Bianco Doc Metodo Classico - Chardonnay 100%
Alc. 12,5% | € 26 | Bt. 990.000 | 30 mesi sui lieviti
Riso venere con verdure e crostacei.

TRENTO EXTRA BRUT ROSÉ GIULIO FERRARI RISERVA DEL FONDATORE
2007 | 2008 | 2010

TRENTO BRUT NATURE PERLÉ ZERO CUVÉE ZERO 15
S.A.

Foradori
(1901)

La cantina è parte integrante dell'azienda agricola Foradori, dove Elisabetta guida la quarta generazione supportata, dai figli Emilio, Theo e Myrtha, che sempre più si fanno portavoce della filosofia familiare. Gioiello della cantina è il teroldego, coniugato in diverse espressioni. L'azienda, tra le prime in Trentino, ha recuperato la vinificazione in anfora che, secondo la sua interpretazione, dona all'uva la libertà completa di esprimersi e al vino di ricollegarsi alla terra. Anche quest'anno siamo felici e orgogliosi di riconfermare eccellenza il Granato.

Via Damiano Chiesa, 1 - 38017 Mezzolombardo (TN)
T. 0461 601046 | M. info@agricolaforadori.com
www.agricolaforadori.com

Viticoltura: Biodinamica
Ettari: 30 | **Bottiglie:** 180.000 | **Produzione olearia:** No
Proprietà: Famiglia Foradori - Zierock
Cond. enologica: Emilio Zierock Foradori
Cond. agronomica: Emilio Zierock Foradori
Vendita diretta: Sì | **Visite in azienda:** Sì

94

TEROLDEGO GRANATO 2020
Rosso Igt - Teroldego 100%
Alc. 13% | € 50 | Bt. 20.000 | Ferm. Legno e Cemento | Mat. Legno 15 mesi e Cemento 12 mesi
Manto rubino impenetrabile. Offre dapprima suggestioni floreali di viola per poi effondere ricordi di ciliegia, mora selvatica, ardesia, pepe rosso e muschio. Ingresso suadente. La fine freschezza e l'invitante sapidità non lasciano mai la bocca. Lunghezza dirompente per un Teroldego d'autore. Strudel di porcini e zucca con crema al parmigiano.

TEROLDEGO MOREI 2021
Rosso Igt - Teroldego 100%
Alc. 12,5% | € 35 | Bt. 12.000 | Ferm. Terracotta | Mat. Terracotta 8 mesi
Petto d'anatra laccato al miele.

PINOT GRIGIO FUORIPISTA 2021
Rosato Igt - Pinot grigio 100%
Alc. 12,5% | € 35 | Bt. 10.000 | Ferm. Terracotta | Mat. Terracotta 8 mesi
Timballo di riso e gamberi.

TEROLDEGO SGARZON 2021
Rosso Igt - Teroldego 100%
Alc. 12,5% | € 35 | Bt. 12.000 | Ferm. Terracotta | Mat. Terracotta 8 mesi
Gulasch di manzo alla paprica dolce.

NOSIOLA FONTANASANTA 2021
Bianco Igt - Nosiola 100%
Alc. 12,5% | € 35 | Bt. 10.000 | Ferm. Terracotta | Mat. Terracotta 8 mesi
Tonnarelli cacio e pepe.

MANZONI BIANCO FONTANASANTA 2022
Bianco Igt - Manzoni bianco 100%
Alc. 12,5% | € 25 | Bt. 25.000 | Ferm. Cemento | Mat. Legno 6 mesi
Burrata di Andria.

TEROLDEGO GRANATO
2017 | 2019

TEROLDEGO MOREI
2017 | 2019

Cantina Furletti
(2018)

Il sogno di Gabriele Furletti si avvera nel 2018, con la sua prima annata, grazie alla vigna ereditata dal nonno. Poi la produzione è cresciuta e il diverso posizionamento dei terreni ha permesso di valorizzare al meglio i singoli vitigni: carménère, pinot nero, rebo, incrocio Manzoni. Dalla storica vigna di famiglia si produce il Pinot Grigio Riserva, mentre dalla vigna Vandrino, alle pendici dei monti che fronteggiano il Lago di Garda, si produce il Pinot Nero Riserva. Degno di nota il Trento Doc Reiff.

Via Sega, 36 - 38066 Riva del Garda (TN)
T. 347 5228641 | M. info@furlettiwines.com
www.furlettiwines.com

Viticoltura: Lotta integrata
Ettari: 5,3 | **Bottiglie:** 35.000 | **Produzione olearia:** No
Proprietà: Gabriele Furletti
Cond. enologica: Gabriele Furletti
Cond. agronomica: Daniele Furletti
Vendita diretta: Sì | **Visite in azienda:** Sì

TRENTO REIFF EXTRA BRUT
Bianco Doc Metodo Classico - Chardonnay 100%
Alc. 13% | € 25 | Bt. 6.000 | Ferm. Legno e Acciaio | Mat. Acciaio 6 mesi e Legno 6 mesi | 32 mesi sui lieviti
Quasi oro. Slancio di erba limoncina, pesca gialla e susina con nuance di tostatura. Assaggio affilato e di grande vitalità per una bocca allietata da una bella sapidità. Cotoletta di tonno al sesamo.

TRENTINO MANZONI BIANCO 2021
Bianco Doc - Manzoni bianco 100%
Alc. 13,5% | € 22 | Bt. 1.200 | Ferm. Acciaio | Mat. Acciaio 9 mesi e Terracotta 9 mesi
Coniglio al forno con patate.

TRENTINO PINOT GRIGIO RISERVA 2021
Bianco Doc - Pinot grigio 100%
Alc. 13,5% | € 22 | Bt. 2.800 | Ferm. Legno | Mat. Legno 9 mesi
Bigoli con le sarde di lago.

FURLET ROSSO 2020
Rosso Igt - Merlot 50%, Cabernet franc 30%, Rebo 20%
Alc. 13% | € 17 | Bt. 4.500 | Ferm. Acciaio | Mat. Legno 12 mesi
Speck dell'Alto Adige.

VIOLOR 2019
Rosso Igt - Merlot 60%, Cabernet franc 40%
Alc. 13,5% | € 44 | Bt. 1.200 | Ferm. Acciaio | Mat. Legno 18 mesi
Stinco di maiale al forno in pancetta affumicata.

TRENTINO PINOT NERO RISERVA 2020
Rosso Doc - Pinot nero 100%
Alc. 13,5% | € 26 | Bt. 1.500 | Ferm. Acciaio | Mat. Legno 12 mesi
Guanciale di vitello in umido con patate.

TRENTINO MANZONI BIANCO
2020

TRENTO REIFF EXTRA BRUT
S.A.

Gaierhof - Maso Poli
(1976)

Romina, Valentina e Martina sono le tre sorelle Togn che portano avanti le due realtà vitivinicole di Gaierhof e Maso Poli: la prima collocata sul caratteristico conoide di Roveré della Luna, la seconda sulle colline di Pressano. La recente scomparsa del padre Luigi, uomo di grande capacità imprenditoriale e umana, non ha modificato gli obiettivi di qualità e territorialità dei vini prodotti dalla famiglia con il prezioso contributo dell'enologo Goffredo Pasolli. Quest'anno è il Teroldego Rotaliano a svettare sulla variegata e affidabile gamma.

Via 4 Novembre, 51 - 38030 Roveré della Luna (TN)
T. 0461 658514 - 0461 871519 | M. info@masopoli.it
www.gaierhof.com - www.masopoli.com

Viticoltura: Convenzionale e lotta integrata
Ettari: 162 | **Bottiglie:** 580.000 | **Produzione olearia:** No
Proprietà: Famiglia Togn
Cond. enologica: Valentina Togn, Goffredo Pasolli
Cond. agronomica: Goffredo Pasolli
Vendita diretta: Sì | **Visite in azienda:** Sì

TEROLDEGO ROTALIANO GAIERHOF 2021
Rosso Doc - Teroldego 100%
Alc. 13% | € 10 | Bt. 50.000 | Ferm. Acciaio | Mat. Acciaio 6 mesi e Legno 6 mesi
Rosso rubino impenetrabile. Al naso emergono sensazioni di mirtillo, mora, fiori di elicriso appassiti e un tocco di cacao bianco. La bocca sorprende per agilità di beva, senza peccare in struttura. Fine equilibrio di tutte le componenti per una persistenza gradevolissima. Tagliere di salumi.

TRENTO BRUT SIRIS GAIERHOF
Bianco Doc Metodo Classico - Chardonnay 100%
Alc. 12,5% | € 17 | Bt. 25.000 | Ferm. Acciaio | 36 mesi sui lieviti
Tartare di scampi.

TRENTO BRUT ROSÉ SIRIS
Rosato Doc Metodo Classico - Pinot nero 60%, Chardonnay 40%
Alc. 12,5% | € 22 | Bt. 3.000 | Ferm. Acciaio | 36 mesi sui lieviti
Filetto di branzino gratinato.

TRENTINO NOSIOLA MASO POLI 2021
Bianco Doc - Nosiola 100%
Alc. 12% | € 12 | Bt. 3.000 | Ferm. Acciaio | Mat. Legno 6 mesi
Sformato di patate e prosciutto cotto.

TRENTO BRUT MASO POLI RISERVA 2017
Bianco Doc Metodo Classico - Chardonnay 80%, Pinot nero 20%
Alc. 12,5% | € 30 | Bt. 4.000 | Ferm. Legno e Acciaio | 60 mesi sui lieviti
San Pietro alla siciliana con dadolata di patate.

TRENTINO RIESLING MASO POLI 2022
Bianco Doc - Riesling renano 100%
Alc. 13% | € 13 | Bt. 4.000 | Ferm. Acciaio | Mat. Acciaio 6 mesi
Ravioli di pesce con sugo di canestrelli.

TEROLDEGO ROTALIANO SUPERIORE GAIERHOF RISERVA
2016 | 2018

TEROLDEGO ROTALIANO GAIERHOF
2018

Grigoletti
(1810)

La cantina è la casa e la casa è la cantina. È con quest'idea che i Grigoletti danno il benvenuto ai propri ospiti nel cuore della Vallagarina, dove il vino è la vera tradizione di famiglia, giunta ormai, con Federico e Martina, alla quinta generazione. Oltre alla produzione enologica grande attenzione è da sempre posta all'accoglienza e all'enoturismo. Questa cantina dedica inoltre spazi a numerosi dipinti e sculture di artisti locali con mostre temporanee dedicate. A breve sarà aperto un nuovo spazio dedicato alla degustazione verticale di preziose vecchie annate.

Via Garibaldi, 12 - 38060 Nomi (TN)
T. 0464 834215 | M. info@grigoletti.com
www.grigoletti.com

Viticoltura: Convenzionale e lotta integrata
Ettari: 7 | **Bottiglie:** 60.000 | **Produzione olearia:** No
Proprietà: Famiglia Grigoletti
Cond. enologica: Renzo Grisenti, Carmelo Grigoletti, Federico Grigoletti
Cond. agronomica: Carmelo Grigoletti, Bruno Grigoletti
Vendita diretta: Sì | **Visite in azienda:** Sì

GONZALIER 2018
Rosso Igt - Cabernet 50%, Merlot 50%
Alc. 14% | € 27 | Bt. 4.000 | Ferm. Acciaio | Mat. Legno 24 mesi
Manto color rubino. Regala un panorama olfattivo variegato: mirtillo rosso, confettura di visciole, cardamomo, cenni di noce moscata e liquirizia su scia balsamica. Assaggio succoso, con un tannino levigato e una bella sapidità. Persistenza sui toni fruttati. Filetto di cervo ai mirtilli.

SAN MARTIM
Bianco Dolce - Chardonnay 34%, Johanniter 33%, Traminer aromatico 33%
Alc. 10,5% | € 19 (0,375l) | Bt. 4.000 | Ferm. Acciaio | Mat. Acciaio 5 mesi
Pasticceria secca.

TRENTINO MARZEMINO 2022
Rosso Doc - Marzemino 100%
Alc. 12,5% | € 12 | Bt. 20.000 | Ferm. Acciaio | Mat. Acciaio 6 mesi
Coniglio al forno con polenta di Storo.

TRENTINO MERLOT ANTICA VIGNA 2019
Rosso Doc - Merlot 100%
Alc. 14% | € 22 | Bt. 6.500 | Ferm. Legno | Mat. Legno 12 mesi
Faraona arrosto con salsa di frutti di bosco.

TRENTINO CHARDONNAY L'OPERA 2022
Bianco Doc - Chardonnay 100%
Alc. 13,5% | € 16 | Bt. 8.000 | Ferm. Acciaio | Mat. Acciaio 6 mesi
Rigatoni al ragù bianco di carne.

RETIKO 2020
Bianco Igt - Chardonnay 40%, Manzoni bianco 30%, Sauvignon 30%
Alc. 13,5% | € 19 | Bt. 3.500 | Ferm. Legno | Mat. Legno 9 mesi
Involtini di melanzana con scamorza.

GONZALIER
2014 | 2017

SAN MARTIM
S.A.

Klinger
(2018)

Enzo, Lorena e Umberto sono fra i vignaioli più giovani della collina di Pressano. Con la nosiola da piante centenarie hanno prodotto il loro primo vino, con cui, con grande passione e caparbietà, hanno fondato la nuova azienda. Successivamente hanno ampliato la proposta enologica, aggiungendo un vino rosso da uve schiava Vernatsch e il Trento Doc Masnen-Vignal. Lo stile è squisitamente da "bianchista", grande leggerezza, verticalità oltre che lettura in chiave territoriale. Realtà in crescita e dal grande potenziale.

Via Clinga, 16 - Frazione Pressano - 38015 Lavis (TN)
T. 334 1539034 | M. info@klingerpilati.it

Viticoltura: Lotta integrata
Ettari: 3,8 | **Bottiglie:** 15.000 | **Produzione olearia:** No
Proprietà: Umberto Pilati
Cond. enologica: Umberto Pilati
Cond. agronomica: Enzo Pilati
Vendita diretta: Sì | **Visite in azienda:** Sì

NOSIOLA 2020
Bianco Igt - Nosiola 100%
Alc. 12,5% | € 20 | Bt. 2.700 | Ferm. Legno e Acciaio | Mat. Acciaio 8 mesi e Legno 8 mesi
Veste di uno sfavillante giallo tenue. Si esprime attraverso essenze di biancospino, glicine, mela verde e gocce d'ardesia e nocciola. Il sorso manifesta una buona acidità con un equilibrio giocato sulla finezza. Chiude con la tipica scia di mandorla a impreziosire l'esperienza gustativa. Garganelli freschi con gamberi di fiume.

TRENTO EXTRA BRUT MASNEN-VIGNAL RISERVA 2018
Bianco Doc Metodo Classico - Chardonnay 85%, Pinot bianco 15%
Alc. 12,5% | € 28 | Bt. 3.969 | Ferm. Legno e Acciaio | Mat. Acciaio 8 mesi e Legno 8 mesi | 38 mesi sui lieviti
Fritto di paranza.

TRENTINO GEWÜRZTRAMINER 2021
Bianco Doc - Traminer aromatico 100%
Alc. 15% | € 20 | Bt. 3.000 | Ferm. Acciaio | Mat. Acciaio 8 mesi
Risotto al gorgonzola.

VERNATSCH 2021
Rosato Igt - Schiava 100%
Alc. 12,5% | € 20 | Bt. 1.200 | Ferm. Legno | Mat. Legno 12 mesi
Pasta alla Norma.

NOSIOLA
2018 | 2019

PIZPÒR
2019

Letrari
(1976)

Lucia è l'essenza del marchio Letrari; porta avanti con stile il viaggio iniziato negli anni '60 con i primi uvaggi e spumanti di pregio. È enologa come lo era il padre, dal quale ha ereditato questa travolgente passione. I prodotti nascono dalla sua visione e si esprimono in contenuto, essenza ed estetica. Negli anni questa azienda ha più volte ottenuto, con vini diversi, il riconoscimento delle Quattro Viti. In quest'edizione della Guida sono addirittura due, segno di un continuo progresso, sempre volto alla ricerca dell'eleganza e della massima qualità. Prosit.

Via Monte Baldo, 13/15 - 38068 Rovereto (TN)
T. 0464 480200 | M. info@letrari.it
www.letrari.it

Viticoltura: Lotta integrata
Ettari: 17 | **Bottiglie:** 160.000 | **Produzione olearia:** Sì
Proprietà: Famiglia Letrari
Cond. enologica: Lucia Letrari
Cond. agronomica: Lucia Letrari
Vendita diretta: Sì | **Visite in azienda:** Sì

(92)
TRENTO BRUT RISERVA DEL FONDATORE 976 2012
Bianco Doc Metodo Classico - Chardonnay 50%, Pinot nero 50%
Alc. 12,5% | € 120 | Bt. 2.800 | Ferm. Acciaio | Mat. Acciaio 6 mesi 120 mesi sui lieviti
Oro corrusco dal perlage finissimo. Bagaglio odoroso variegato: pera, nespola, ribes bianco, erbe aromatiche, sentori di pasticceria e nocciola. L'assaggio è profondo e ritmato con continui rimandi alle componenti fruttate. Armonia di gusto. Coda di rospo gratinata.

(91)
TRENTO BRUT RISERVA 2016
Bianco Doc Metodo Classico - Chardonnay 60%, Pinot nero 40%
Alc. 12,5% | € 48 | Bt. 14.000 | Ferm. Acciaio | Mat. Acciaio 6 mesi 60 mesi sui lieviti
Giallo paglierino coronato di oro dalle cangianti bollicine. Elargisce profumi di camomilla, arancia sanguinella, mela cotogna, cipria e biscotto. In bocca la danza armonica tra cremosità e freschezza è da encomio. Epilogo duraturo. Risotto con mazzancolle al profumo d'arancia.

CABERNET FRANC 2016
Rosso Igt - Cabernet franc 100%
Alc. 13% | € 33 | Bt. 2.800 | Ferm. Legno e Acciaio | Mat. Acciaio 6 mesi e Legno 24 mesi
Bollito misto con salse.

TRENTO BRUT ROSÉ +4 RISERVA 2012
Rosato Doc Metodo Classico - Pinot nero 70%, Chardonnay 30%
Alc. 12,5% | € 60 | Bt. 2.200 | Ferm. Acciaio | 120 mesi sui lieviti
Battuto di gamberi rossi di Sicilia.

TRENTO DOSAGGIO ZERO 2020
Bianco Doc Metodo Classico - Chardonnay 60%, Pinot nero 30%, Pinot bianco 10%
Alc. 12,5% | € 34 | Bt. 11.000 | Ferm. Acciaio | 24 mesi sui lieviti
Arrosto di pollo ripieno.

TRENTO DOSAGGIO ZERO RISERVA 2017
Bianco Doc Metodo Classico - Chardonnay 60%, Pinot nero 40%
Alc. 12,5% | € 51 | Bt. 10.000 | Ferm. Acciaio | Mat. Acciaio 6 mesi 60 mesi sui lieviti. Caviale Tradition.

TRENTO BRUT RISERVA DEL FONDATORE 976
2005 | 2008 | 2010

TRENTO BRUT ROSÉ +4 RISERVA
2011

Mas dei Chini
(2010)

L'azienda Mas dei Chini ha un contatto diretto con la città di Trento. Oltre a quello visivo vi è un filo che ricama passato e presente sulle etichette dei Trento Doc, create in collaborazione con la scuola tridentina Artigianelli e dedicate al missionario Padre Kino, da cui prende il nome l'azienda. Vigneti votati per lo più alla produzione di spumante Metodo Classico, che cresce in qualità anno dopo anno. Grande apprezzamento per la Riserva Carlo V che, oltre all'eleganza nel calice, ricorda la secolare storia trentina.

Via Bassano, 3 - Frazione Martignano - 38121 Trento (TN)
T. 0461 1471030 | M. amministrazione@masdeichini.it
www.masdeichini.it

Viticoltura: Lotta integrata
Ettari: 25 | **Bottiglie:** 90.000 | **Produzione olearia:** Sì
Proprietà: Graziano Chini
Cond. enologica: Enrico Paternoster
Cond. agronomica: Staff aziendale
Vendita diretta: Sì | **Visite in azienda:** Sì

TRENTO BRUT INKINO CARLO V RISERVA 2014
Bianco Doc Metodo Classico - Chardonnay 60%, Pinot nero 40%
Alc. 12,5% | € 44 | Bt. 5.000 | Ferm. Acciaio | 100 mesi sui lieviti
Dorato e brillante. Olfatto di fiori bianchi, glicine e biancospino, seguiti da mela Golden, cedro, sbuffi di cipria e ardesia su note di pasticceria. L'ingresso in bocca evidenzia subito l'energia di una freschezza che spinge a piacevoli riassaggi. Bel finale vivacizzato da ritorni di pan brioche. Luccio alla Gardesana.

MANZONI BIANCO THEODOR 2022
Bianco Igt - Manzoni bianco 100%
Alc. 14% | € 13 | Bt. 7.000 | Ferm. Acciaio
Caciocavallo Silano.

TRENTO BRUT NATURE INKINO NATURE 2017
Bianco Doc Metodo Classico - Chardonnay 100%
Alc. 12,5% | € 28 | Bt. 15.000 | Ferm. Acciaio | 60 mesi sui lieviti
Filetto di dentice in crosta di patate.

TRENTO BRUT INKINO 2019
Bianco Doc Metodo Classico - Chardonnay 100%
Alc. 12,5% | € 23 | Bt. 55.000 | Ferm. Acciaio | 36 mesi sui lieviti
Moeche fritte.

TRENTINO GEWÜRZTRAMINER 2022
Bianco Doc - Traminer aromatico 100%
Alc. 13,5% | € 14 | Bt. 9.000 | Ferm. Acciaio
Riso, cozze e zafferano.

TRENTO EXTRA BRUT ROSÉ INKINO 2019
Rosato Doc Metodo Classico - Pinot nero 100%
Alc. 12,5% | € 26 | Bt. 15.000 | Ferm. Acciaio | 36 mesi sui lieviti
Tigelle e salumi.

TRENTO BRUT INKINO CARLO V RISERVA
2012

TRENTO BRUT NATURE INKINO NATURE
2014

Maso Furli
(1997)

Sopra le colline di Lavis, Maso Furli è tra le realtà vitivinicole più piccole della regione; è gestita da Marco, che si definisce titolare e operaio dell'azienda. Si occupa di tutto, dal lavoro in campagna alle varie fasi della vinificazione, supportato naturalmente dalla preziosa collaborazione dei familiari. Nel 2016 la cantina è stata ampliata costruendo in autonomia una parte nuova interamente scavata nella roccia e il materiale e i sassi recuperati sono stati utilizzati per personalizzarne l'architettura. La produzione si concentra esclusivamente sui bianchi.

Via Furli, 32 - Località Maso Furli - 38015 Lavis (TN)
T. 348 3601062 | M. info@masofurli.it
www.masofurli.it

Viticoltura: Biologica certificata
Ettari: 3 | **Bottiglie:** 12.500 | **Produzione olearia:** No
Proprietà: Marco Zanoni
Cond. enologica: Marco Zanoni
Cond. agronomica: Marco Zanoni
Vendita diretta: Sì | **Visite in azienda:** Sì

MANZONI BIANCO 2020
Bianco Igt - Manzoni bianco 100%
Alc. 15% | € 23 | Bt. 2.000 | Ferm. Acciaio | Mat. Acciaio 11 mesi
Livrea color paglia. Profilo odoroso contraddistinto da artemisia ed elicriso, susina gialla e stille di cera d'api. Gusto avvolgente e struttura importante, con un equilibrio che supporta la lunghezza giocata su rimbalzi agrumati. Risotto con tinca di lago e datterini.

TRENTINO CHARDONNAY 2021
Bianco Doc - Chardonnay 100%
Alc. 14,5% | € 22 | Bt. 2.400 | Ferm. Legno e Acciaio | Mat. Acciaio 11 mesi e Legno 11 mesi
Robiola di Roccaverano.

TRENTINO GEWÜRZTRAMINER 2021
Bianco Doc - Traminer aromatico 100%
Alc. 15,5% | € 21 | Bt. 3.900 | Ferm. Acciaio | Mat. Acciaio 11 mesi
Ravioli di germano con foie gras.

TRENTINO SAUVIGNON 2021
Bianco Doc - Sauvignon 100%
Alc. 13,5% | € 21 | Bt. 3.800 | Ferm. Legno e Acciaio | Mat. Acciaio 11 mesi e Legno 9 mesi
Risotto agli asparagi e frutti di mare.

MANZONI BIANCO
2018

TRENTINO CHARDONNAY
2019 | 2020

Maso Grener
(2000)

Lungo il versante soleggiato di Pressano si trova l'agriturismo di Cinzia e Fausto, appassionata coppia di enologi. Questa zona è storicamente vocata alla produzione di vini bianchi, in particolare da uve nosiola, che raggiungono una maturazione ottimale e qualità notevole. Le vigne sono disposte tutto attorno al maso di famiglia, eccezion fatta per il pinot nero, situato in alcune parcelle più in quota. A breve verrà anche presentato il nuovissimo spumante Metodo Classico che ha quasi terminato la propria maturazione sui lieviti.

SP 131 - Via Strada Del Vino, 21 - Frazione Pressano - 38015 Lavis (TN)
T. 0461 871514 | M. info@masogrener.it
www.masogrener.it

Viticoltura: Biologica
Ettari: 3 | **Bottiglie:** 18.000 | **Produzione olearia:** No
Proprietà: Famiglia Peratoner e Giacomoni
Cond. enologica: Fausto Peratoner
Cond. agronomica: Fausto Peratoner
Vendita diretta: Sì | **Visite in azienda:** Sì

NOSIOLA 2022
Bianco Igt - Nosiola 100%
Alc. 12% | € 14 | Bt. 3.000 | Ferm. Acciaio | Mat. Legno 6 mesi
Bagliori verdolini adornano il paglierino. Debutto floreale di tiglio, poi entrano in scena percezioni di mela, susina, timo e malie di cipria. Sorso verticale dalla briosa sapidità che accompagna il gusto verso una progressione di mandorle. Risotto alle ortiche.

CHARDONNAY L'OV 2021
Bianco Igt - Chardonnay 100%
Alc. 14% | € 18 | Bt. 800 | Ferm. Terracotta | Mat. Terracotta 6 mesi
Culurgiones ogliastrini.

CHARDONNAY VIGNA TRATTA 2022
Bianco Igt - Chardonnay 100%
Alc. 13,5% | € 16 | Bt. 4.000 | Ferm. Legno e Acciaio | Mat. Acciaio 6 mesi e Legno 6 mesi
Spaghetti alla carbonara.

TRENTINO PINOT NERO VIGNA BINDESI 2021
Rosso Doc - Pinot nero 100%
Alc. 13% | € 21 | Bt. 2.500 | Ferm. Legno | Mat. Legno 15 mesi
Guanciale di vitello alle erbe aromatiche.

NOSIOLA
2021

TRENTINO SAUVIGNON VIGNA TRATTA
2021

Maso Martis
(1990)

Maso Martis, un riferimento per il Trento Doc biologico, oltre a produrre vini è una location straordinaria; dai suoi 500 metri di quota circondati da un unico vigneto di 10 ettari si gode di una vista fantastica. Gli spumanti sono prodotti tutti qui anche se, dall'ultima vendemmia, si è alzata l'altitudine dei vigneti. Ancora una volta il massimo riconoscimento va al Rare Vintage Riserva 2013, che supera un comunque eccezionale Monsieur Martis. L'amore per il Trento Doc si conferma dunque vocazione indiscussa per questa realtà.

Via dell'Albera, 52 - Frazione Martignano - 38121 Trento (TN)
T. 0461 821057 | M. info@masomartis.it
www.masomartis.it

Viticoltura: Biologica certificata
Ettari: 10 | **Bottiglie:** 120.000 | **Produzione olearia:** No
Proprietà: Famiglia Stelzer
Cond. enologica: Matteo Ferrari
Cond. agronomica: Antonio Stelzer
Vendita diretta: Sì | **Visite in azienda:** Sì

(93)

TRENTO BRUT MADAME RARE VINTAGE MARTIS RISERVA 2013
Bianco Doc Metodo Classico - Pinot nero 70%, Chardonnay 25%, Meunier 5%
Alc. 13% | € 100 | Bt. 1.300 | Ferm. Legno e Acciaio | Mat. Acciaio 8 mesi 108 mesi sui lieviti
Solare giallo dalle suadenti bollicine. Inebria il naso con fragranze di mela Golden e agrume supportati da delicati richiami di crosta di pane, nuance di grafite e crema pasticcera. La bocca è catturata subito dalla freschezza, ma la profondità d'assaggio è il preludio al caleidoscopico finale. Sushi e sashimi.

TRENTO BRUT MONSIEUR MARTIS ROSÉ DE NOIR 2018
Rosato Doc Metodo Classico - Meunier 100%
Alc. 12,5% | € 70 | Bt. 2.700 | Ferm. Acciaio | Mat. Acciaio 8 mesi 48 mesi sui lieviti
Timballo di riso e gamberi.

TRENTO BRUT BLANC DE BLANCS
Bianco Doc Metodo Classico - Chardonnay 100%
Alc. 12,5% | € 25 | Bt. 50.000 | Ferm. Acciaio | Mat. Acciaio 8 mesi 18 mesi sui lieviti
Pesce spada al cartoccio.

TRENTO EXTRA BRUT ROSÉ 2019
Rosato Doc Metodo Classico - Pinot nero 100%
Alc. 12,5% | € 30 | Bt. 12.000 | Ferm. Acciaio | Mat. Acciaio 8 mesi 34 mesi sui lieviti
Frittura di calamari, gamberi e zucchine.

MÜLLER THURGAU AL-MA 800 2022
Bianco Igt - Müller Thurgau 100%
Alc. 12,5% | € 18 | Bt. 12.000 | Ferm. Acciaio | Mat. Acciaio 6 mesi
Terrina di coniglio.

TRENTO DOSAGGIO ZERO RISERVA
2012 | 2013 | 2018

TRENTO BRUT MONSIEUR MARTIS ROSÉ DE NOIR
2017

Maso Salengo
(1900)

La famiglia Raffaelli, proprietaria di questa realtà, coltiva l'uva sin dai primi del Novecento ed è da sempre in primo piano nella promozione dell'autoctono marzemino della Vallagarina. In particolare, con la versione Superiore proveniente dalla sottozona dei Ziresi, dove il terreno argilloso conferisce alle uve un carattere unico, Maso Salengo riesce a ottenere ottimi risultati in ogni annata. Abbiamo avuto occasione di assaggiare un Lagrein, un prodotto nuovo ancora in vasca che uscirà prossimamente, e le premesse sono già buone. Attenderemo con piacere.

Via Zucchelli, 5 - 38060 Volano (TN)
T. 0464 410455 | M. masosalengo@gmail.com
maso-salengo.business.site

Viticoltura: Lotta integrata
Ettari: 6 | **Bottiglie:** 50.000 | **Produzione olearia:** No
Proprietà: Fratelli Raffaelli
Cond. enologica: Luciano Groff
Cond. agronomica: Staff aziendale
Vendita diretta: Sì | **Visite in azienda:** Sì

TRENTINO SUPERIORE MARZEMINO DEI ZIRESI 2020
Rosso Doc - Marzemino 100%
Alc. 13% | € 18 | Bt. 4.000 | Ferm. Acciaio | Mat. Acciaio 6 mesi e Legno 10 mesi
Rubino dal carattere vivace. Regala profumi di artemisia, lillà, ribes rosso e mirtillo, arricchiti da indizi di carcadè e cannella. La dinamica gustativa inizia morbida e beneficia di una salinità che garantisce persistenza e piacevolezza. Pizzoccheri valtellinesi.

TRENTINO REBO 2020
Rosso Doc - Rebo 100%
Alc. 13% | € 16 | Bt. 3.300 | Ferm. Acciaio | Mat. Acciaio 6 mesi e Legno 10 mesi
Prosciutto di Norcia.

TRENTINO PINOT GRIGIO 2022
Bianco Doc - Pinot grigio 100%
Alc. 13% | € 13 | Bt. 4.000 | Ferm. Acciaio | Mat. Acciaio 4 mesi
Maltagliati con fiori di zucca e gamberetti.

SENNEN 2017
Rosso Igt - Sennen 100%
Alc. 13% | € 17 | Bt. 1.500 | Ferm. Acciaio | Mat. Acciaio 6 mesi e Legno 10 mesi
Filetto di capriolo ai mirtilli.

TRENTINO SUPERIORE MARZEMINO DEI ZIRESI
2017

SALENGO
2015 | 2016

Mezzacorona - Rotari
(1904)

Moderne tecnologie e spirito cooperativistico si fondono perfettamente in questa realtà dagli orizzonti internazionali, ma con salde radici trentine. Siamo nella cittadella del vino in Piana Rotaliana, dove, affascinati dalle dimensioni della cantina, ritroviamo continui richiami all'areale di cui l'azienda si fa portabandiera. Un ottimo esempio è il progetto Musivum, ovvero la scelta delle migliori tessere del mosaico territoriale, con il fine di valorizzare i vigneti più pregiati. Il Teroldego premiato è figlio di questo progetto di altissima qualità.

Via del Teroldego, 1/E - 38016 Mezzocorona (TN)
T. 0461 616399 | M. info@mezzacorona.it
www.mezzacorona.it - www.rotari.it

Viticoltura: Convenzionale e certificata SQNPI
Ettari: 2.800 | **Bottiglie:** 48.000.000 | **Produzione olearia:** No
Proprietà: Cooperativa di produttori
Cond. enologica: Fabio Toscana
Cond. agronomica: Mauro Varner
Vendita diretta: Sì | **Visite in azienda:** Sì

(91)

TEROLDEGO ROTALIANO SUPERIORE MUSIVUM RISERVA 2016
Rosso Doc - Teroldego 100%
Alc. 14% | € 50 | Bt. 4.857 | Ferm. Acciaio | Mat. Legno 15 mesi e Terracotta 15 mesi
Rosso rubino compatto. Debutta con refoli di viola per poi prendere a braccetto stille di mirtillo e ciliegia maturi e continuare con folate speziate e balsamiche. Palato goloso, con impalcatura tannica a dare struttura e personalità e accompagnare al lungo congedo fruttato. Blu di pecora.

TEROLDEGO ROTALIANO SUPERIORE NOS RISERVA 2018
Rosso Doc - Teroldego 100%
Alc. 13,5% | € 35 | Bt. 5.000 | Ferm. Acciaio | Mat. Acciaio 12 mesi e Legno 24 mesi
Carré di maiale alle prugne.

TRENTINO SUPERIORE MARZEMINO CASTEL FIRMIAN 2019
Rosso Doc - Marzemino 100%
Alc. 13,5% | € 17 | Ferm. Acciaio | Mat. Acciaio 12 mesi
Coniglio al forno con funghi.

TRENTO BRUT ROTARI FLAVIO RISERVA 2015
Bianco Doc Metodo Classico - Chardonnay 100%
Alc. 13% | € 50 | Bt. 7.000 | Ferm. Legno e Acciaio | Mat. Acciaio 5 mesi e Legno 5 mesi | 96 mesi sui lieviti
Linguine allo scoglio.

TRENTINO LAGREIN CASTEL FIRMIAN RISERVA 2019
Rosso Doc - Lagrein 100%
Alc. 13% | € 20 | Bt. 30.000 | Ferm. Acciaio | Mat. Legno 10 mesi
Gulasch di cervo con patate stufate.

TRENTO PAS DOSÉ ROTARI ALPEREGIS 2017
Bianco Doc Metodo Classico - Chardonnay 100%
Alc. 13% | € 30 | Bt. 10.000 | Ferm. Legno e Acciaio | Mat. Acciaio 5 mesi e Legno 5 mesi | 60 mesi sui lieviti
Frittura di moscardini.

TEROLDEGO ROTALIANO CASTEL FIRMIAN RISERVA
2013 | 2019

TRENTO BRUT ROTARI FLAVIO RISERVA
2010 | 2013 | 2014

Francesco Moser
(1979)

Varcando il cancello della splendida Villa Warth, si è accolti nell'azienda del grande campione di ciclismo. La famiglia Moser ha consolidato un'opera di rinnovamento iniziata in cantina e portata avanti con la conversione al biologico dei vigneti, con il chiaro obiettivo di far esprimere al massimo il territorio e i vini che qui nascono. La linea Warth migliora anno dopo anno e gli spumanti continuano a regalare emozioni per la splendida interpretazione di bollicina di montagna. Particolare menzione quest'anno al Brut Nature.

Via Castel di Gardolo, 5 - 38121 Trento (TN)
T. 0461 990786 | M. info@mosertrento.com
www.mosertrento.com

Viticoltura: Biologica certificata
Ettari: 19 | **Bottiglie:** 130.000 | **Produzione olearia:** No
Proprietà: Francesco Moser
Cond. enologica: Matteo Moser
Cond. agronomica: Matteo Moser
Vendita diretta: Sì | **Visite in azienda:** Sì

TRENTO BRUT NATURE 2017
Bianco Doc Metodo Classico - Chardonnay 100%
Alc. 12,5% | € 41 | Bt. 7.000 | Ferm. Acciaio | Mat. Acciaio 6 mesi 60 mesi sui lieviti
Luminose bollicine attraversano un bel giallo paglierino. Dispensa effluvi di mela, pera decana e susina bianca, lasciando poi respirare l'intreccio di crosta di pane e crumble di biscotti. Abbrivio verticale che si amalgama con un'ottima cremosità. Allungo giocato sulle erbe alpine e valorizzato dalla sapidità. Risotto al lavarello del Garda.

TRENTO BRUT 51,151
Bianco Doc Metodo Classico - Chardonnay 100%
Alc. 12,5% | € 29 | Bt. 50.000 | Ferm. Acciaio | Mat. Acciaio 6 mesi e Legno 6 mesi | 30 mesi sui lieviti
Pizza con fiordilatte e prosciutto crudo.

TEROLDEGO RUBRO WARTH 2019
Rosso Igt - Teroldego 100%
Alc. 14,5% | € 27 | Bt. 2.600 | Ferm. Acciaio | Mat. Legno 24 mesi
Medaglioni di cervo con riduzione di cottura.

TRENTINO RIESLING RENANO WARTH 2021
Bianco Doc - Riesling renano 100%
Alc. 13,5% | € 18 | Bt. 5.000 | Ferm. Acciaio | Mat. Acciaio 9 mesi e Legno 9 mesi
Filetti di pesce persico al burro e timo.

SAUVIGNON WARTH 2021
Bianco Igt - Sauvignon 100%
Alc. 13% | € 24 | Bt. 3.000 | Ferm. Acciaio | Mat. Acciaio 9 mesi
Crema di patate e asparagi con cappesante scottate.

TEROLDEGO WARTH 2021
Rosso Igt - Teroldego 100%
Alc. 13,5% | € 16 | Bt. 16.900 | Ferm. Acciaio | Mat. Legno 6 mesi
Prosciutto di Parma 36 mesi.

TRENTO BRUT 51,151
S.A.

TRENTO BRUT NATURE
2015

Gino Pedrotti
(1912)

Realtà a conduzione familiare giunta alla terza generazione, mantenendo le tradizioni e la dedizione degli albori. Il panorama dei prodotti realizzati è più ampio delle uve locali, e arriva a includere anche chardonnay e cabernet franc. Tuttavia è sulle uve locali che Pedrotti sta cercando sempre più di cogliere l'essenza e la tipicità riletta in una nuova veste. Come risultato abbiamo espressioni davvero uniche e meritevoli. Conferma l'eccellenza il Vino Santo, un prodotto che in Italia, nel panorama dei vini passiti con una freschezza così marcata, si fatica a trovare.

Via Cavedine, 7 - Frazione Lago di Cavedine - 38073 Cavedine (TN)
T. 0461 564123 | M. info@ginopedrotti.it
www.ginopedrotti.it

Viticoltura: Biologica certificata
Ettari: 5 | **Bottiglie:** 30.000 | **Produzione olearia:** No
Proprietà: Giuseppe Pedrotti
Cond. enologica: Giuseppe Pedrotti
Cond. agronomica: Giuseppe Pedrotti
Vendita diretta: Sì | **Visite in azienda:** Sì

(91)
TRENTINO VINO SANTO 2005
Bianco Doc Passito - Nosiola 100%
Alc. 12% | € 30 (0,375l) | Bt. 2.600 | Ferm. Legno e Acciaio
Mat. Legno 60 mesi
Magnifico giallo oro. Naso complesso in cui spiccano limone candito, albicocca e pepe bianco, miele di tiglio e una delicata sensazione balsamica. La rotondità è in armonia con la splendida verve acida, preludio a un finale dai gradevoli ritorni di agrume caramellato. Crostata alle mandorle e albicocche.

NOSIOLA 2021
Bianco Igt - Nosiola 100%
Alc. 12% | € 11 | Bt. 8.000 | Ferm. Acciaio | Mat. Acciaio 12 mesi
Soufflé con pecorino e crema di patate.

REBO 2019
Rosso Igt - Rebo 100%
Alc. 14% | € 13 | Bt. 5.000 | Ferm. Legno e Acciaio | Mat. Legno 24 mesi
Straccetti di vitello al rosmarino.

TRENTINO VINO SANTO
2001 | 2002

L'AURO
2015

Pedrotti Spumanti
(1901)

A Nomi, in Vallagarina, la famiglia Pedrotti si dedica alla produzione di vini fin dal 1901. Giunta ora alla quarta generazione con la gestione delle sorelle Donatella e Chiara, l'azienda si è focalizzata esclusivamente sulla produzione di spumanti Metodo Classico. Il risultato è di altissimo livello per tutte le etichette, con la punta di diamante rappresentata dall'eccellente 80 40 Riserva. Suggestivo il luogo per le visite e le degustazioni: una grotta naturale in cui maturano gli spumanti di casa e dove l'accoglienza viaggia di pari passo con la qualità.

Via Roma, 6 - 38060 Nomi (TN)
T. 0464 835111 | M. info@pedrottispumanti.it
www.pedrottispumanti.it

Viticoltura: Convenzionale
Ettari: 3 | **Bottiglie:** 85.000 | **Produzione olearia:** No
Proprietà: Famiglia Pedrotti
Cond. enologica: Paolo Pedrotti
Cond. agronomica: Staff aziendale
Vendita diretta: Sì | **Visite in azienda:** Sì

(93)
TRENTO EXTRA BRUT 80 40 RISERVA 2014
Bianco Doc Metodo Classico - Chardonnay 100%
Alc. 12,5% | € 65 | Bt. 400 | Ferm. Acciaio | 84 mesi sui lieviti
Filigrana dorata su un giallo deciso, caratterizzato da bollicine sottili e numerose. Al naso emerge il frutto: agrume e pera, in abbinamento a mandorla e sbuffi di cipria. Il sorso esprime pregio, finezza e facilità di beva: ingredienti vincenti suggellati da intrigante sapidità. Raffinatissimo. Risotto alla granseola.

TRENTO BRUT 2017
Bianco Doc Metodo Classico - Chardonnay 90%, Pinot nero 10%
Alc. 12,5% | € 30 | Bt. 20.000 | Ferm. Acciaio | 58 mesi sui lieviti
Linguine agli scampi.

TRENTO ZERO BRUT NATURE 2017
Bianco Doc Metodo Classico - Chardonnay 90%, Pinot nero 10%
Alc. 12,5% | € 30 | Bt. 15.000 | Ferm. Acciaio | 58 mesi sui lieviti
Risotto ai porcini e zucca.

TRENTO PAS DOSÉ 111 RISERVA 2015
Bianco Doc Metodo Classico - Chardonnay 90%, Pinot nero 10%
Alc. 12,5% | € 45 | Bt. 2.500 | Ferm. Acciaio | 72 mesi sui lieviti
Cappellacci di zucca.

TRENTO BRUT ROSÉ 2018
Rosato Doc Metodo Classico - Chardonnay 70%, Pinot nero 30%
Alc. 12,5% | € 30 | Bt. 8.000 | Ferm. Acciaio | 48 mesi sui lieviti
Crostini con burro e salmone.

TRENTO PAS DOSÉ 111 RISERVA
2010

TRENTO BRUT
2013

Pisoni
(1852)

Realtà fortemente connessa non solo al territorio, ma alla terra stessa, intesa nel suo insieme di ambiente, equilibrio e persone. Produzione variegata che valorizza, con il massimo rispetto verso la natura, tutto quello che la vigna può dare. Il Vino Santo, quest'anno con 15 stagioni alle spalle, continua a essere di ottimo livello, mentre l'altro prodotto di punta, il Reboro, cresce di anno in anno. Quest'azienda merita più di una visita, vista la magnifica accoglienza e l'eccelsa qualità dei prodotti.

Via San Siro, 7/B - Frazione Pergolese - 38076 Madruzzo (TN)
T. 0461 563216 | M. info@pisonivini.it
www.pisonivini.it

Viticoltura: Biologica
Ettari: 16 | **Bottiglie:** 90.000 | **Produzione olearia:** Sì
Proprietà: Marco e Stefano Pisoni
Cond. enologica: Matteo Zucchet, Marco Pisoni
Cond. agronomica: Stefano Pisoni
Vendita diretta: Sì | **Visite in azienda:** Sì

TRENTINO VINO SANTO 2008
Bianco Doc Passito - Nosiola 100%
Alc. 12,5% | € 40 (0,375l) | Bt. 6.000 | Ferm. Acciaio | Mat. Acciaio 72 mesi e Legno 72 mesi
Giallo ambra lucente. Afflato olfattivo giocato su presenza di albicocca candita, composta di fichi, uva sultanina e pesche sciroppate. Bocca sontuosa, corroborata da una vibrante e immortale freschezza. Persistenza lunghissima che ricorda le caramelle al propoli. Tarte Tatin di mele.

REBORO 2018
Rosso Igt Passito - Rebo 100%
Alc. 15,5% | € 50 | Bt. 8.000 | Ferm. Acciaio | Mat. Acciaio 2 mesi e Legno 36 mesi
Grigliata di carne con salsa barbecue.

NOSIOLA ANNADA 2021
Bianco Igt - Nosiola 100%
Alc. 12,5% | € 25 | Bt. 1.300 | Ferm. Legno | Mat. Legno 11 mesi
Verdure in tempura.

REBO 2020
Rosso Igt - Rebo 100%
Alc. 13,5% | € 25 | Bt. 4.000 | Ferm. Acciaio | Mat. Acciaio 2 mesi e Legno 24 mesi
Pecorino di Pienza.

NOSIOLA FOLADA 2022
Bianco Igt - Nosiola 100%
Alc. 12% | € 13 | Bt. 13.000 | Ferm. Acciaio | Mat. Acciaio 6 mesi
Filetti di trota al vapore con maionese.

NOSIOLA ANNADA
2020

REBO
2013 | 2014 | 2019

Pojer e Sandri
(1975)

La conduzione a quattro mani di questa storica realtà si traduce in una lunga serie di successi. Mario Pojer e Fiorentino Sandri, perfetto duo in cantina e in campagna, mantengono il timone dell'azienda, che sta gradualmente passando ai rispettivi figli: la nuova generazione porta avanti la volontà di innovarsi continuamente. La gamma copre molteplici tipologie: cavalli di battaglia come il Merlino e l'Essenzia affiancano numerosi vini fermi e spumantizzati. Grande interpretazione del müller thurgau con il Monogramma e felice ingresso del Molinàr, Metodo Classico da uve meunier.

Via Molini, 4 - Località Faedo - 38098 San Michele all'Adige (TN)
T. 0461 650342 | M. info@pojeresandri.it
www.pojeresandri.it

Viticoltura: Convenzionale e biologica certificata
Ettari: 33 | **Bottiglie:** 250.000 | **Produzione olearia:** No
Proprietà: Mario Pojer e Fiorentino Sandri
Cond. enologica: Mario Pojer
Cond. agronomica: Fiorentino Sandri
Vendita diretta: Sì | **Visite in azienda:** Sì

(91)

MÜLLER THURGAU MONOGRAMMA 2020
Bianco Igt - Müller Thurgau 100%
Alc. 12,5% | € 22 | Ferm. Acciaio | Mat. Acciaio 6 mesi
Splendido giallo paglierino. Sprigiona profumi di erba cedrina e timo, seguiti da pesca bianca e susina con refoli di cipria. Il palato evidenzia subito la propulsione della freschezza che spinge il sorso mantenendo equilibrio. Müller di gusto. Gnocchetti al sugo d'astice.

EXTRA BRUT MOLINÀR 2018
Rosato Metodo Classico - Meunier 100%
Alc. 12,5% | € 45 | Bt. 4.978 | Ferm. Legno | 36 mesi sui lieviti
Fusilli di kamut al ragù di faraona.

ROSSO FAYE 2018
Rosso Igt - Cabernet sauvignon 50%, Merlot 20%, Cabernet franc 15%, Lagrein 15%
Alc. 14% | € 35 | Ferm. Legno | Mat. Legno 12 mesi
Civet di capriolo ai funghi.

ESSENZIA 2019
Bianco Igt Dolce - Chardonnay, Sauvignon, Riesling, Traminer e Kerner 100%
Alc. 9,5% | € 25 (0,375l) | Ferm. Acciaio | Mat. Acciaio 8 mesi
Crostata di albicocche.

MERLINO 20-07
Rosso Liquoroso - Lagrein 75%, Brandy 25%
Alc. 19% | € 28 (0,5l) | Bt. 11.924 | Ferm. Legno e Acciaio | Mat. Legno 6 mesi
Torta con mandorle e cioccolato.

SAUVIGNON 2022
Bianco Igt - Sauvignon 100%
Alc. 12,5% | € 17 | Ferm. Acciaio | Mat. Acciaio 6 mesi
Filetti di sogliola con salsa di asparagi.

MÜLLER THURGAU MONOGRAMMA
2019

ESSENZIA
2013 | 2015 | 2018

Giovanni Poli

(1959)

Le radici dell'azienda affondano nella tradizione locale della distillazione. La famiglia Poli si distingue anche per la predilezione per i vitigni autoctoni, in particolare la nosiola che qui, a Santa Massenza, trova un ambiente particolarmente favorevole. Siamo infatti ai piedi delle Dolomiti di Brenta, in un luogo circondato dai laghi e dove si beneficia dell'Òra, il vento che sale dal Garda: un contesto ideale per lo sviluppo di grappoli adatti all'appassimento e quindi per le massime espressioni del Vino Santo.

Via del Lago, 3 - Frazione Santa Massenza - 38096 Vallelaghi (TN)
T. 0461 864119 | M. info@giovannipolisantamassenza.it
www.giovannipolisantamassenza.it

Viticoltura: Lotta integrata
Ettari: 7,3 | **Bottiglie:** N.d. | **Produzione olearia:** Sì
Proprietà: Graziano Poli
Cond. enologica: Gianpaolo Poli
Cond. agronomica: Graziano Poli
Vendita diretta: Sì | **Visite in azienda:** Sì

TRENTINO VINO SANTO EMBLEMI D'AMOR 2008
Bianco Doc Passito - Nosiola 100%
Alc. 13% | € 35 (0,375l) | Bt. 2.000 | Ferm. Acciaio | Mat. Legno 60 mesi
Compattezza elegante, oro. Albicocca, datteri e cachi s'intrecciano a risvolti di propoli, ceralacca e pistilli di zafferano. Sontuosa l'impalcatura, con l'acidità a fare da splendido contraltare alla dolcezza. Lungheggia su ricordi di miele d'agrumi. Torta sbrisolona.

FUGGÈ ROSSO 2018
Rosso Igt - Carmenère 30%, Rebo 30%, Cabernet sauvignon 25%, Cabernet franc 15%
Alc. 13,5% | € 15 | Bt. 4.000 | Ferm. Acciaio | Mat. Legno 12 mesi
Fiore sardo.

FUGGÈ BIANCO 2021
Bianco Igt - Sauvignon 50%, Goldtraminer 30%, Nosiola 10%, Traminer aromatico 10%
Alc. 13% | € 12 | Bt. 3.500 | Ferm. Acciaio | Mat. Acciaio 12 mesi
Tortelli di zucca e salvia.

NOSIOLA NOSIOI 2022
Bianco Igt - Nosiola 100%
Alc. 12,5% | € 12 | Bt. 6.100 | Ferm. Acciaio | Mat. Acciaio 5 mesi
Tiella di riso, patate e cozze.

REBORO
2015

REBO
2018

Ress

(1948)

Realtà a conduzione squisitamente familiare quella di Ress, da generazioni. I figli hanno seguito le orme del papà Luigi e stanno mettendo a frutto i loro studi e le conoscenze acquisite sia in Italia che all'estero, con una produzione spumantistica che cresce di livello anno dopo anno. Non è una questione di affari, è una filosofia di vita, fatta di rispetto della vigna, del territorio e allo stesso tempo dei propri cari. Un esempio trentino di affetto e professionalità. Sentiremo parlare sempre più di Ress in futuro.

Via Roma, 103 - 38098 San Michele all'Adige (TN)
T. 347 8511776 | M. spumanti.ress@gmail.com
www.spumantiress.it

Viticoltura: Lotta integrata
Ettari: 6 | **Bottiglie:** 35.000 | **Produzione olearia:** No
Proprietà: Famiglia Ress
Cond. enologica: Marco Ress
Cond. agronomica: Franco Ress
Vendita diretta: Sì | **Visite in azienda:** Sì

TRENTO BRUT EMILIO RISERVA 2015
Bianco Doc Metodo Classico - Chardonnay 50%, Pinot nero 50%
Alc. 13% | € 55 | Bt. 2.000 | Ferm. Legno e Acciaio | 84 mesi sui lieviti
Trama color giallo paglierino dalle cangianti bollicine. All'olfatto tratteggia un quadro dalle intriganti sfumature: pennellate di mela Golden e pera su sfondo agrumato, con richiami di pepe bianco e crosta di pane. Slancio di freschezza che gratifica il palato e che trasporta verso il piacevole finale. Garganelli freschi con gamberi di fiume.

TRENTO BRUT
Bianco Doc Metodo Classico - Chardonnay 70%, Pinot nero 30%
Alc. 12,5% | € 23 | Bt. 20.000 | Ferm. Legno e Acciaio | 30 mesi sui lieviti
Risotto al lavarello del Garda.

TRENTO BRUT ROSÉ MARIAROSA
Rosato Doc Metodo Classico - Chardonnay 70%, Pinot nero 30%
Alc. 12,5% | € 25 | Bt. 10.000 | Ferm. Legno e Acciaio | 30 mesi sui lieviti
Cocktail di gamberetti.

TRENTO MARIAROSA BRUT ROSÉ
S.A.

Reví
(1982)

Revì, un'azienda consolidata, ma che con la nuova generazione Malfer sta assumendo sempre più una forte personalità, fatta di novità, di progetti e di esperimenti mirati a stupire con nuove espressioni di Trento Doc. Non è tanto un tentativo di andare incontro al gusto del mercato, ma il desiderio di mettersi in gioco, di puntare all'eccellenza, di credere in quello che si fa e di reinterpretare il territorio. L'impronta identitaria di alta qualità è evidente anche quest'anno, considerando il valore di tutta la gamma assaggiata per la Guida. Indipendentemente dai punteggi, continuate così.

Via Florida, 10 - 38060 Aldeno (TN)
T. 0461 843155 | M. info@revispumanti.com
www.revispumanti.com

Viticoltura: Biologica e lotta integrata
Ettari: 8 | **Bottiglie:** 150.000 | **Produzione olearia:** Sì
Proprietà: Famiglia Malfer
Cond. enologica: Paolo Malfer
Cond. agronomica: Staff aziendale
Vendita diretta: Sì | **Visite in azienda:** Sì

TRENTO BRUT PALADINO BLANC DE BLANCS 2017
Bianco Doc Metodo Classico - Chardonnay 100%
Alc. 13% | € 45 | Bt. 2.000 | Ferm. Acciaio | 56 mesi sui lieviti
Paglierino brillante dai lampi dorati. All'olfatto esprime subito classe e ampiezza: mela Golden, melone bianco e tratti esotici s'incontrano in una morbida distesa di fieno e fiori di ginestra. Sorso appagante con una persistenza che sfocia in felici memorie di scorzette d'agrume e pasticceria. Faraona al forno.

TRENTO EXTRA BRUT RE DI REVÌ RISERVA 2013
Bianco Doc Metodo Classico - Chardonnay 70%, Pinot nero 30%
Alc. 12,5% | € 75 | Bt. 1.500 | Ferm. Acciaio | 108 mesi sui lieviti
Stinco d'agnello al forno.

TRENTO EXTRA BRUT ROSÉ CAVALIERE NERO RISERVA 2016
Rosato Doc Metodo Classico - Pinot nero 100%
Alc. 13% | € 40 | Bt. 3.000 | Ferm. Acciaio | 68 mesi sui lieviti
Polpo alla Luciana.

TRENTO BRUT 2019
Bianco Doc Metodo Classico - Chardonnay 80%, Pinot nero 20%
Alc. 12,5% | € 22 | Bt. 70.000 | Ferm. Acciaio | 36 mesi sui lieviti
Branzino al sale su letto di patate.

TRENTO BRUT ROSÉ 2019
Rosato Doc Metodo Classico - Pinot nero 80%, Chardonnay 20%
Alc. 12,5% | € 25 | Bt. 30.000 | Ferm. Acciaio | 36 mesi sui lieviti
Spaghetti con mazzancolle e pomodorini.

TRENTO DOSAGGIO ZERO 2019
Bianco Doc Metodo Classico - Chardonnay 80%, Pinot nero 20%
Alc. 12,5% | € 24 | Bt. 35.000 | Ferm. Acciaio | 36 mesi sui lieviti
Pomodori gratinati con paté di olive.

TRENTO BRUT
2010 | 2011 | 2018

TRENTO EXTRA BRUT ROSÉ CAVALIERE NERO RISERVA
2011

Eugenio Rosi
(1997)

Scendendo i ripidi gradini calcarei di palazzo Demartin, edificio del Quattrocento nel centro di Calliano, si entra nel mondo di Eugenio Rosi. Campagna, mano e istinto contraddistinguono i vini del sempre più affermato vignaiolo-artigiano, che coltiva frammenti di Vallagarina nel totale rispetto della materia prima e con una spiccata propensione sperimentale. Dal suo lavoro nasce la nobile espressione del Poiema, un'interpretazione del marzemino che, come lo scorso anno, coglie il bersaglio dell'eccellenza.

Via 3 Novembre, 7 - 38060 Calliano (TN)
T. 0464 461375 | M. rosieugenio.viticoltore@gmail.com

Viticoltura: Biologica certificata
Ettari: 8,8 | **Bottiglie:** N.d. | **Produzione olearia:** No
Proprietà: Eugenio e Tamara Rosi
Cond. enologica: Eugenio Rosi
Cond. agronomica: Eugenio Rosi, Samuele Rosi
Vendita diretta: Sì | **Visite in azienda:** Sì

POIEMA 2020 (92)
Rosso Igt - Marzemino 100%
Alc. 13% | € 25 | Bt. 7.400 | Ferm. Cemento | Mat. Legno 12 mesi
Rubino quasi impenetrabile. Il naso è una sinfonia di profumi in cui emergono mora selvatica, amarena sotto spirito, lievi sbuffi di tabacco, pepe bianco e cacao. Struttura imponente, densa, dal tannino ben levigato che appaga la bocca e conduce verso il lungo finale balsamico. Petto di germano reale al balsamico.

CABERNET FRANC 18DICIANNOVE20
Rosso Igt - Cabernet franc 100%
Alc. 14% | € 38 | Ferm. Cemento | Mat. Legno 24 mesi
Cinghiale in umido.

DÒRON
Rosso Passito - Marzemino 100%
Alc. 13,5% | € 29 (0,375l) | Bt. 1.600 | Ferm. Cemento | Mat. Legno 24 mesi
Bonèt.

ESEGESI 2018
Rosso Igt - Cabernet sauvignon 80%, Merlot 20%
Alc. 14% | € 28 | Bt. 7.000 | Ferm. Cemento | Mat. Legno 24 mesi
Bitto stravecchio.

RIFLESSO ROSI 2021
Rosato Igt - Merlot 45%, Cabernet sauvignon 40%, Marzemino 15%
Alc. 12,5% | € 15 | Bt. 6.200 | Ferm. Cemento | Mat. Cemento 9 mesi
Ciauscolo.

ANISOS 2020
Bianco Igt - Nosio a 50%, Pinot bianco 30%, Chardonnay 20%
Alc. 12,5% | € 25 | Bt. 6.500 | Ferm. Cemento | Mat. Legno 12 mesi
Pappardelle con sugo di lepre.

POIEMA
2016 | 2018 | 2019

ESEGESI
2017

San Leonardo
(1724)

Realtà di proprietà della famiglia Guerrieri Gonzaga, situata nella zona di confine fra le province di Trento e Verona. In questa particolare area la produzione, ottenuta principalmente mediante la coltivazione di varietà a bacca rossa di genesi bordolese è più di una tradizione. L'icona aziendale, San Leonardo, è ormai un simbolo italiano di produzione di altissima qualità, alla quale si accompagnano altre intriganti etichette. Il 2023 vede ulteriori ampliamenti grazie alla bonifica di circa 3 ettari ai margini della tenuta.

Località San Leonardo, 1 - 38063 Avio (TN)
T. 0464 689004 | M. info@sanleonardo.it
www.sanleonardo.it

Viticoltura: Biologica certificata
Ettari: 45 | **Bottiglie:** N.d. | **Produzione olearia:** No
Proprietà: Marchesi Guerrieri Gonzaga
Cond. enologica: Carlo Ferrini
Cond. agronomica: Patrizio Gasparinetti
Vendita diretta: Sì | **Visite in azienda:** Sì

(93)

SAN LEONARDO 2018
Rosso Igt - Cabernet sauvignon 60%, Carmenère 30%, Merlot 10%
Alc. 13% | € 94 | Bt. 54.800 | Ferm. Cemento | Mat. Legno 24 mesi e Cemento 9 mesi
Un prezioso rubino con riverberi granato. Appaga l'olfatto con elegie di arancia sanguinella, ribes rosso, mora di gelso, rabarbaro e un veloce appunto officinale. Il sorso è raffinato, con una freschezza invidiabile e grande equilibrio, come si conviene a un vino d'eccellenza; lunghissimo e molto gustoso. Camoscio in umido.

VILLA GRESTI 2019
Rosso Igt - Carmenère 90%, Merlot 10%
Alc. 13% | € 30 | Bt. 18.328 | Ferm. Cemento | Mat. Legno 12 mesi e Cemento 9 mesi
Storico Ribelle.

TERRE DI SAN LEONARDO 2020
Rosso Igt - Cabernet 50%, Merlot 40%, Carmenère 10%
Alc. 13% | € 16 | Bt. 93.000 | Ferm. Cemento | Mat. Legno 12 mesi e Cemento 9 mesi
Guanciale di manzo in umido con polenta.

TRENTINO LAGREIN ROSATO GEMMA DI SAN LEONARDO 2022
Rosato Doc - Lagrein 100%
Alc. 12,5% | € 16 | Bt. 25.000 | Ferm. Acciaio | Mat. Acciaio 6 mesi
Canederli alla tirolese in brodo.

SAUVIGNON VETTE DI SAN LEONARDO 2022
Bianco Igt - Sauvignon 100%
Alc. 12,5% | € 15 | Bt. 95.000 | Ferm. Acciaio | Mat. Acciaio 5 mesi
Petto di pollo agli asparagi.

SAN LEONARDO
2014 | 2015 | 2016

VILLA GRESTI
2017

Tenuta Conti Bossi Fedrigotti
(1600)

Quando si parla dell'azienda Conti Bossi Fedrigotti la mente va immediatamente al Fojaneghe, vino simbolo della tenuta, primo esempio di taglio bordolese realizzato in Italia. I terreni vitati sono suddivisi nelle tenute "Maso San Giorgio" nel comune di Rovereto, "Fojaneghe" nei comuni di Mori e Isera e "Sant'Antonio" a Pomarolo. Le viti più antiche risalgono al 1949, le stesse utilizzate per la prima produzione di Fojaneghe nel 1961. Dal 2007 la Tenuta Conti Bossi Fedrigotti è diventata una delle tenute storiche delle Venezie nell'alveo del Gruppo Masi.

Via Unione, 43 - 38068 Rovereto (TN)
T. 045 6832511 | M. vini@bossifedrigotti.it
www.bossifedrigotti.com

Viticoltura: Convenzionale
Ettari: 40 | **Bottiglie:** 120.000 | **Produzione olearia:** No
Proprietà: Conti Bossi Fedrigotti
Cond. enologica: Staff aziendale
Cond. agronomica: Staff aziendale
Vendita diretta: No | **Visite in azienda:** No

FOJANEGHE 2017
Rosso Igt - Merlot 55%, Cabernet franc 23%, Cabernet sauvignon 22%
Alc. 13,5% | € 25 | Bt. 20.000 | Ferm. Acciaio | Mat. Legno 18 mesi
Manto cremisi di grande concentrazione. Esordio intenso: prugna, more di gelso con un gradevole tenore balsamico e accenni di cannella. Il gusto è pieno, con una struttura che vibra sulla scia di una freschezza ragguardevole. Il tannino è corroborante e conduce verso un susseguirsi di rimandi di ciliegia. Bracioline di maiale al calvados.

TRENTO BRUT CONTE FEDERICO RISERVA 2019
Bianco Doc Metodo Classico - Chardonnay 60%, Pinot nero 40%
Alc. 12,5% | € 30 | Bt. 17.000 | Ferm. Acciaio | 36 mesi sui lieviti
Linguine all'astice.

FOJANEGHE
2016

TRENTO BRUT CONTE FEDERICO RISERVA
2017 | 2018

Tonini Viticoltori in Isera
(2011)

Piccola realtà vitivinicola biologica a conduzione familiare. Nata nel 2011 per desiderio di Marco, viticoltore appassionato, l'abbiamo sempre conosciuta come la "Marco Tonini", ma nel 2023 quest'azienda è cresciuta e ha lasciato spazio alla nuova generazione, in particolare al figlio maggiore Filippo, cambiando il nome in "Tonini Viticoltori in Isera". I prodotti sui quali si concentrano le fatiche della giovane cantina sono l'autoctono Marzemino e il Trento Doc che quest'anno, con la Riserva Le Grile, raggiunge un eccellente risultato.

Via A. Rosmini, 8 - Località Folaso - 38060 Isera (TN)
T. 340 4991043 - 0464 433908 | M. info@toniniwine.it
www.toniniwine.it

Viticoltura: Biologica certificata
Ettari: 8 | **Bottiglie:** 20.000 | **Produzione olearia:** No
Proprietà: Filippo e Marco Tonini
Cond. enologica: Filippo Tonini, Marco Tonni
Cond. agronomica: Filippo Tonini, Marco Tonni
Vendita diretta: Sì | **Visite in azienda:** Sì

TRENTO BRUT NATURE LE GRILE RISERVA 2017
Bianco Doc Metodo Classico - Chardonnay 100%
Alc. 12,5% | € 32 | Bt. 2.500 | Ferm. Acciaio | Mat. Acciaio 9 mesi
60 mesi sui lieviti
Brillante giallo paglierino con riflessi verdi. Accenni succosi di mela Granny Smith, bergamotto e melone bianco per poi sprigionare golosi richiami da laboratorio di pasticceria. Al palato il nerbo è fresco e dal cipiglio sapido, per un'ottima persistenza di tutte le componenti gusto-olfattive. Carré di maiale con patate al forno.

TRENTO BRUT NATURE 2020
Bianco Doc Metodo Classico - Chardonnay 70%, Pinot bianco 30%
Alc. 12,5% | € 22 | Bt. 12.500 | Ferm. Acciaio | Mat. Acciaio 9 mesi
30 mesi sui lieviti
Cappesante gratinate.

TRENTINO SUPERIORE MARZEMINO D'ISERA 2021
Rosso Doc - Marzemino 100%
Alc. 12,5% | € 16 | Bt. 4.500 | Ferm. Acciaio | Mat. Acciaio 10 mesi
Carpaccio di chianina e insalata di porcini.

TRENTO BRUT NATURE LE GRILE RISERVA
2014

TRENTINO SUPERIORE MARZEMINO D'ISERA
2019

Villa Corniole
(2000)

Villa Corniole è scavata nel porfido della Valle di Cembra, là dove si inerpica sui terrazzamenti vitati, ed è una splendida realtà familiare, con una forte componente femminile. Altitudine, esposizione, clima conferiscono caratteri unici ai suoi vini. L'azienda possiede anche dei vigneti in Piana Rotaliana dove coltiva teroldego, lagrein e pinot grigio, quest'ultimo vinificato in un'interessante interpretazione macerata. Merita attenzione la sala dove vengono proposte le degustazioni e anche dei percorsi di cultura enogastronomica della regione.

Via al Grec', 23 - Frazione Verla - 38030 Giovo (TN)
T. 0461 695067 | M. info@villacorniole.com
www.villacorniole.com

Viticoltura: Lotta integrata
Ettari: 10 | **Bottiglie:** 90.000 | **Produzione olearia:** No
Proprietà: Famiglia Onorio Pellegrini
Cond. enologica: Mattia Clementi
Cond. agronomica: Onorio Pellegrini, Mattia Clementi
Vendita diretta: Sì | **Visite in azienda:** Sì

TRENTO EXTRA BRUT ROSÉ SALISA 2019
Rosato Doc Metodo Classico - Pinot nero 80%, Chardonnay 20%
Alc. 12,5% | € 26 | Bt. 4.000 | Ferm. Legno e Acciaio | Mat. Acciaio 9 mesi e Legno 9 mesi | 36 mesi sui lieviti
Rosa antico che sprigiona luce. Bouquet esuberante nei tratti floreali di peonia e tulipano che lasciano il posto a inebrianti profumi di fragoline e ribes. L'ingresso al palato, fine e delicato, risulta perfettamente corrispondente all'olfatto e prosegue con una scia fresca che permane a lungo. Storione alle prugne.

TRENTINO SUPERIORE VALLE DI CEMBRA MÜLLER THURGAU PIETRAMONTIS 2022
Bianco Doc - Müller Thurgau 100%
Alc. 12,5% | € 15 | Bt. 20.000 | Ferm. Acciaio | Mat. Acciaio 7 mesi
Trofie al pesto.

TRENTO DOSAGGIO ZERO SALÍSA 2018
Bianco Doc Metodo Classico - Chardonnay 100%
Alc. 12% | € 27 | Bt. 5.000 | Ferm. Legno e Acciaio | Mat. Acciaio 9 mesi e Legno 9 mesi | 48 mesi sui lieviti
Plateau royal di crudité.

KRÒZ BIANCO 2020
Bianco Igt - Chardonnay 60%, Müller Thurgau 40%
Alc. 13,5% | € 22 | Bt. 4.000 | Ferm. Legno e Acciaio | Mat. Acciaio 20 mesi e Legno 20 mesi
Salame d'oca di Mortara.

TRENTO BRUT SALÍSA 2019
Bianco Doc Metodo Classico - Chardonnay 100%
Alc. 12,5% | € 25 | Bt. 15.000 | Ferm. Legno e Acciaio | Mat. Acciaio 9 mesi e Legno 9 mesi | 36 mesi sui lieviti
Pasta, patate e provola.

TRENTINO SUPERIORE VALLE DI CEMBRA PINOT NERO SAGUM 2020
Rosso Doc - Pinot nero 100%
Alc. 14% | € 32 | Bt. 4.000 | Ferm. Acciaio | Mat. Acciaio 9 mesi e Legno 15 mesi
Coq au vin alla borgognona.

TEROLDEGO ROTALIANO 7 PERGOLE
2012 | 2013 | 2015

TRENTINO SUPERIORE VALLE DI CEMBRA MÜLLER THURGAU PIETRAMONTIS
2021

Vivallis - Valentini di Weinfeld

(1908)

La cantina procede decisa nel suo percorso di innovazione, continuando a promuovere senso di appartenenza e attitudini positive negli 850 soci conferitori. Il nome Vivallis infatti nasce dall'unione della radice "Vi" come vite, vino, vita, viticoltura e "Vallis", per ricordare il forte legame con il comprensorio di riferimento. Merita di essere sottolineato il suggestivo legame della Vivallis con il mondo della creatività: il futurista Depero disegnò il marchio negli anni Cinquanta. Quasi a dire che anche fare del buon vino è una vera arte!

Via per Brancolino, 4 - 38060 Nogaredo (TN)
T. 0464 412073 | M. info@vivallis.it
www.vivallis.it; www.valentini-trentodoc.it

Viticoltura: Lotta integrata
Ettari: 970 | **Bottiglie:** 200.000 | **Produzione olearia:** No
Proprietà: Cooperativa di produttori
Cond. enologica: Flavio Cristoforetti
Cond. agronomica: Andrea Parisi, Francesco Soini, Claudio Lucianer
Vendita diretta: Sì | **Visite in azienda:** Sì

TRENTO BRUT VALENTINI DI WEINFELD 2019
Bianco Doc Metodo Classico - Chardonnay 100%
Alc. 12,5% | € 33 | Bt. 10.000 | 24 mesi sui lieviti
Brillante giallo paglia adornato da seducenti e persistenti bollicine. Olfatto fragrante, con gradevoli accenti di melone bianco e frutta secca, su uno sfondo di erbe di montagna e pane appena sfornato. L'assaggio gioca sul dualismo tra cremosità e vibrante freschezza, per un equilibrio da encomio. Risotto all'isolana.

TRENTINO SUPERIORE MARZEMINO DEI ZIRESI 2021
Rosso Doc - Marzemino 100%
Alc. 13,5% | € 19 | Bt. 6.000 | Ferm. Cemento | Mat. Legno 12 mesi e Cemento 12 mesi
Carré di maiale affumicato.

TRENTO BRUT ROSÉ VALENTINI DI WEINFELD 2019
Rosato Doc Metodo Classico - Chardonnay 50%, Pinot nero 50%
Alc. 12,5% | € 35 | Bt. 4.000 | 24 mesi sui lieviti
Ricciola al forno con capperi e pomodori ciliegino.

TRENTINO MÜLLER THURGAU STIF 2059 2022
Bianco Doc - Müller Thurgau 100%
Alc. 12,5% | € 21 | Bt. 1.200 | Ferm. Acciaio e Cemento | Mat. Legno 12 mesi e Cemento 12 mesi
Linguine al sugo di totani e piselli.

TRENTINO ROSSO REBELÈR STIF 2059 2021
Rosso Doc - Merlot 70%, Cabernet sauvignon 30%
Alc. 13,5% | € 22 | Bt. 6.000 | Ferm. Acciaio | Mat. Legno 12 mesi
Terrina di lepre con salsa di prugne.

TRENTINO SUPERIORE CASTEL BESENO
2021

TRENTINO SUPERIORE MARZEMINO DEI ZIRESI
2017 | 2019

Roberto Zeni - Schwarzhof

(1882)

Questa realtà produceva Teroldego già a fine Ottocento con le vendemmie di nonno Zeni, ma è nel 1975 che i fratelli Roberto e Andrea fondano due entità produttive contigue, la cantina e la distilleria. Ora l'azienda guarda al futuro con l'energia delle nuove generazioni, che hanno caparbiamente convertito in biologico l'intera produzione. Inoltre l'ampliamento derivante dall'acquisto del Maso Nero, sulla collina di Sorni, ha portato a una produzione più variegata. Interessante quest'anno la gamma dei Trento Doc che affianca la produzione dei vini fermi, come l'ottima Nosiola Schwarzhof.

Via Stretta, 2 - Frazione Grumo - 38098 San Michele all'Adige (TN)
T. 0461 650456 | M. info@zeni.tn.it
www.zeni.tn.it

Viticoltura: Biologica certificata
Ettari: 14,5 | **Bottiglie:** 130.000 | **Produzione olearia:** No
Proprietà: Famiglia Zeni
Cond. enologica: Staff aziendale
Cond. agronomica: Staff aziendale
Vendita diretta: Sì | **Visite in azienda:** Sì

NOSIOLA SCHWARZHOF 2021
Bianco Igt - Nosiola 100%
Alc. 12,5% | € 16 | Bt. 2.000 | Ferm. Acciaio | Mat. Legno 2 mesi
Luminoso giallo dorato. Sofisticato olfatto di tiglio e fiori di mandorlo, seguiti da profumi di nespola ed echi vanigliati. Al gusto è dinamico e morbido allo stesso tempo con un'appagante corrispondenza alle suggestioni del naso. Epilogo persistente. Petto d'anatra all'arancia.

TRENTO BRUT MASO NERO 2019
Bianco Doc Metodo Classico - Chardonnay 100%
Alc. 12,5% | € 26 | Bt. 8.000 | Ferm. Acciaio | Mat. Legno 2 mesi
24 mesi sui lieviti
Alici panate e fritte.

TRENTO BRUT ROSÉ MASO NERO 2019
Rosato Doc Metodo Classico - Pinot nero 80%, Chardonnay 20%
Alc. 12,5% | € 26 | Bt. 5.000 | Ferm. Acciaio | Mat. Legno 2 mesi
24 mesi sui lieviti
Spaghetti con vongole e bottarga.

TRENTO DOSAGGIO ZERO MASO NERO RISERVA 2017
Bianco Doc Metodo Classico - Pinot bianco 100%
Alc. 12,5% | € 45 | Bt. 2.000 | Ferm. Legno | 48 mesi sui lieviti
Coniglio alla ligure.

TEROLDEGO ROTALIANO LEALBERE
2012 | 2013 | 2020

TRENTO EXTRA BRUT MASO NERO BLANC DE NOIRS RISERVA
2016

ALTO
ADIGE

Dove la viticultura ha l'età di Ötzi

Luciano Ferraro

Una provincia dove l'hockey conta molto più del calcio, dove tutto sembra uguale ma tutto è diverso, compresa la lingua, che qui non è singola ma doppia. Dal 26% in città fino al 70% nei borghi montani, una parte degli italiani parla tedesco. Il capoluogo ha circa 100mila abitanti e tutto attorno le vette, di cui 350 superano i 3.000 metri. I dati sul paesaggio altoatesino raccontano una provincia tra le più verdi d'Italia, in cui l'agricoltura cerca spazio tra le rocce e le pendenze. "In Alto Adige – analizza l'ultimo rapporto sull'agricoltura di Eurac Research – la superficie agricola totale ammonta a 455.840 ettari, pari a quasi il 62% del territorio; tuttavia, a causa della ripidità dei terreni, solo 209.232 ettari (cioè il 28%) sono sfruttati come superficie coltivata, prativa o pascolo".

Con sette parchi naturali e un parco nazionale, l'Alto Adige è riuscita a dotarsi di una legge-quadro su paesaggio e territorio che unisce e semplifica le precedenti norme. Il concetto base è che prima di costruire nuovi edifici bisogna utilizzare gli spazi liberi: la decisione spetta alle comunità locali e ai Comuni.

Daniele Rielli: "Il turismo ha messo fuori mercato quei lavori tipicamente legati alla montagna, perché non più convenienti".

Nonostante l'attenzione alla tutela dell'ambiente, anche il paesaggio dell'Alto Adige ha subìto importanti trasformazioni. Li descrive Daniele Rielli, scrittore di Bolzano (ma ora vive a Roma), autore di *Storie dal mondo nuovo* (Adelphi) e *Il fuoco invisibile* (Rizzoli), un'inchiesta sulla Xylella in Puglia. Ha firmato anche il documentario "Hockeytown", che racconta la città attraverso lo sport più amato. Inizia così: "Bolzano è una città che nel resto del Paese è conosciuta per le montagne, i mercatini di Natale e soprattutto come concetto limite. Se ti chiedono: ma dove sei andato, a Bolzano? Significa un posto molto, molto distante, praticamente ai confini del mondo. Se ti chiedono: ma che sei, di Bolzano? Può significare non proprio italiano". Visto con lo sguardo dello scrittore, il paesaggio altoatesino è "eccellentemente mantenuto".

La pressione del turismo, primo fra tutti quello sciistico, ha modificato in parte le montagne. "Sono nati negli ultimi decenni – dice Rielli – giganteschi comprensori sciistici, quello del Sella Ronda forse è il più grande del mondo. Certo, hanno un impatto notevole, certi giorni in Val Gardena sembra di stare sulla tangenziale a Milano. È anche l'effetto di un turismo ormai globalizzato. Dove prima c'erano solo turisti italiani e tedeschi, ora arrivano vacanzieri da ogni parte del mondo, basta prendere una ovovia per sentire parlare decine di lingue diverse". Il modello di tutela ambientale altoatesino è, a parere dello scrittore, migliore di altri. La controindicazione del turismo è l'aver messo "fuori mercato quei lavori tipicamente legati alla montagna, perché non risultano più convenienti". Resiste la cultura del maso chiuso, ne sono coinvolte decine di migliaia di persone. "È un istituto giuridico – spiega Rielli – che recentemente è stato aperto alle figlie femmine. Garantisce un mantenimento del territorio alpino di elevata qualità.

È un falso mito che la montagna si regoli da sola, qualcuno la deve lavorare e curare. Per fortuna esistono i contadini, che restano saldi nei loro terreni grazie a un mix di sovvenzioni pubbliche e di forme tradizionali di lavoro. Così si mantiene un livello paesaggistico elevato. E poi non tutte le valli sono frequentate dai turisti, ne esistono di belle ma quasi ignorate dal turismo".

Uno dei temi di cui l'Alto Adige dibatte, alla pari di alcune città d'arte come Venezia, è il numero chiuso. Si possono limitare gli accessi alle montagne per evitare il rischio di trasformarle in un luna park domenicale, tra auto e moto sui sentieri? È una scelta difficile da prendere. A Venezia, infatti, se ne discute da più di trent'anni e nessuno è andato finora oltre qualche sperimentazione. Rielli non si sbilancia. "Non ho una posizione chiara – dice –, da un lato il paesaggio alpino dovrebbe essere di tutti. Altrimenti se lo potrebbe permettere solo chi ha i soldi per pagare il ticket. Dall'altro bisogna regolare la pressione antropica, sicuramente eccessiva. È uno di quei dilemmi tipici romanzeschi, senza soluzione. Sono nato nel 1982, sulla Terra eravamo in quattro miliardi di persone, adesso siamo in 8 miliardi, con una classe media mondiale in crescita che desidera viaggiare nei luoghi tipici della borghesia europea".

"Le cantine sociali sono una peculiarità altoatesina che varrebbe la pena di studiare".

In questo scenario l'agricoltura, e soprattutto la viticoltura, hanno aiutato a preservare le valli e non solo, visto che ormai si trovano vigneti che sfiorano i mille metri di altitudine. Tanti viticoltori, 5.000 circa, su una estensione vitata di quasi 5.800 ettari. Quindi con una media di poco superiore a un ettaro. È anche per questo che le cooperative vinicole hanno avuto un ruolo essenziale. Roncole da potatura e attrezzi da travaso ritrovati di recente e datati attorno al V secolo avanti Cristo dimostrano che la vite ha più o meno la stessa età di Ötzi, la mummia del Similaun.

"Il panorama del vino è cambiato molto. Da anni esiste un percorso per innalzare sempre di più la qualità", sostiene Rielli. "L'Alto Adige è sempre stato un territorio vocato. Fino agli Settanta si produceva soprattutto vino da tavola, di largo consumo. Poi si è investito molto, spesso con formule abbastanza anomale nel patrimonio italiano: le cantine sociali sono una peculiarità altoatesina che varrebbe la pena di studiare".
Il rischio di un cambiamento in negativo del paesaggio viene dal bostrico tipografo, un coleottero che sta facendo strage di abeti rossi in tutto il Nord-est. È stato calcolato che negli ultimi dieci anni ha distrutto due milioni di metri cubi di legname. Secondo un rapporto della Provincia, "è la più importante avversità biotica dell'abete rosso, di cui causa la morte interrompendo il flusso della linfa elaborata. Normalmente attacca singole piante indebolite; le piante sane reagiscono con successo a normali attacchi con l'emissione di resina; condizioni favorevoli possono però determinare la pullulazione di questo insetto". "Si sta cercando di fermarlo tagliando le piante infette – dice Rielli –, c'è chi dice che sia legato alla tempesta Vaia, che colpì il Veneto nel 2019: un trauma importante negli umani abbassa il sistema immunitario, il concetto è lo stesso per un bosco. La cosa certa è che potrebbe cambiare il panorama. Ma qui sicuramente non c'è un fenomeno di negazionismo, come è accaduto in Puglia con la Xylella. Qui ci si affida alla scienza per tutelare i boschi e il paesaggio".

Highlights

5.784 ETTARI VITATI COMPLESSIVI
5.558 destinati a DOP, 151 destinati a IGP, 75 destinati a vini generici.

RIPARTIZIONE COLORE
Vini bianchi 63,60%
Vini rossi o rosati 36,40%

375.870 HL DI PRODUZIONE TOTALE
93,08% di vino DOP, 5,49% di vino IGP, 1,43% di vini generici.

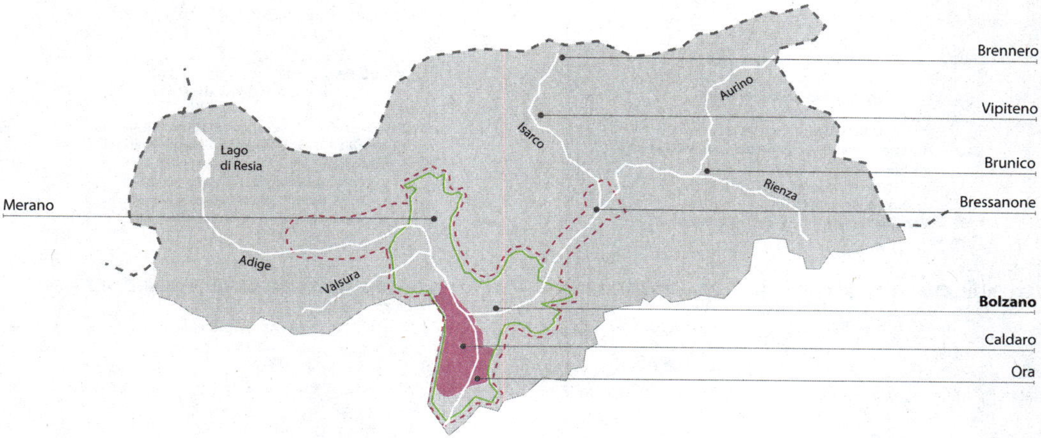

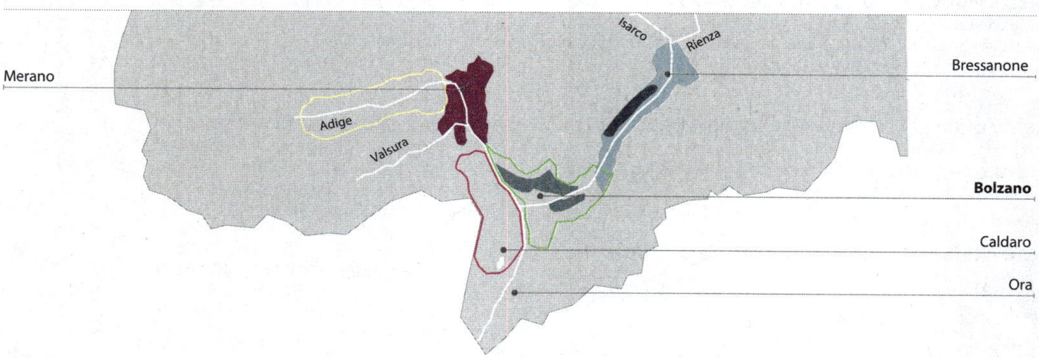

Legenda

- Alto Adige o dell'Alto Adige
- Valdadige
- Lago di Caldaro o Caldaro

Sottozone Alto Adige
- Valle Venosta
- Meranese

- Terlano
- Colli di Bolzano
- Santa Maddalena

- Valle Isarco
  - Valle Isarco - Klausner Leitacher

Abbazia di Novacella
(1142)

Vocazione e produzione vinicola percorrono ininterrottamente tutta la vicenda della famosa e quasi millenaria abbazia a nord di Bressanone; anzi, probabilmente la precedono. Approcciare questi vini equivale a un'immersione nella storia e nella cultura. La produzione è affidata alle capaci mani di Celestino Lucin. La ricca e recentemente rinnovata gamma di vini spazia dai solenni, classici bianchi della Valle Isarco ai vini più caldi e dai toni più avvolgenti, come rossi, bianchi e dolci dei poderi in Oltradige, a Cornaiano, e quelli prodotti nella conca di Bolzano.

Via Abbazia, 1 - Località Novacella - 39040 Varna (BZ)
T. 0472 836189 | M. cantina@abbazianovacella.it
www.abbazianovacella.it

Viticoltura: Convenzionale
Ettari: 100 | **Bottiglie:** 850.000 | **Produzione olearia:** No
Proprietà: Canonici Agostiniani di Novacella
Cond. enologica: Celestino Lucin
Cond. agronomica: Johann Ranzi
Vendita diretta: Sì | **Visite in azienda:** Sì

ALTO ADIGE VALLE ISARCO SYLVANER PRAEPOSITUS 2021
Bianco Doc - Sylvaner 100%
Alc. 13,5% | € 18 | Bt. 12.000 | Ferm. Legno e Acciaio | Mat. Acciaio 10 mesi e Legno 10 mesi
Manto dorato chiaro e brillante con leggeri riflessi verdognoli. Naso signorile che sprigiona indizi fruttati di pera Williams matura e albicocca, seguiti da sbuffi floreali di sambuco e da una scia speziata di coriandolo. Sorso fresco e sapido, con epilogo balsamico. Coniglio al forno con polenta di Storo.

ALTO ADIGE VALLE ISARCO RIESLING PRAEPOSITUS 2021
Bianco Doc - Riesling 100%
Alc. 13,5% | € 27 | Bt. 12.000 | Ferm. Acciaio | Mat. Acciaio 12 mesi
Stoccafisso all'anconetana.

ALTO ADIGE VALLE ISARCO KERNER PRAEPOSITUS 2021
Bianco Doc - Kerner 100%
Alc. 14% | € 18 | Bt. 33.000 | Ferm. Acciaio | Mat. Acciaio 10 mesi
Filetto di dentice in crosta di patate.

ALTO ADIGE PINOT NERO PRAEPOSITUS RISERVA 2019
Rosso Doc - Pinot nero 100%
Alc. 14% | € 29 | Bt. 10.000 | Ferm. Legno | Mat. Legno 18 mesi
Filetto al vino rosso e scalogno.

ALTO ADIGE VALLE ISARCO RIESLING PRAEPOSITUS
2012 | 2019

ALTO ADIGE VALLE ISARCO GRÜNER VELTLINER PRAEPOSITUS
2014 | 2017 | 2018

Arunda
(1979)

Il passaggio di mano graduale tra Wolfgang Tratter, ex kellermeister della cantina di San Paolo, e Sepp Reiterer, patron di Arunda, segna indubbiamente un'epoca. Il più illustre e stimato degli spumantisti altoatesini, colui che ha dato vita e animato il movimento a nord di Trento, appartiene a quella generazione di produttori che ha innovato e rivoluzionato la scena vitivinicola altoatesina, e non solo. A Meltina, 1.200 metri sul livello del mare, i suoi caveau accolgono centinaia di pupitres e bottiglie di spumante con una molteplice varietà di prodotti e di stilistiche, mai banali.

Via Professor Josef Schwarz, 18 - 39010 Meltina (BZ)
T. 0471 668033 | M. info@arundavivaldi.it
www.arundavivaldi.it

Viticoltura: Convenzionale e biologica certificata
Bottiglie: 120.000 | **Produzione olearia:** No
Proprietà: Wolfgang Tratter, Marianne e Josef Reiterer
Cond. enologica: Wolfgang Tratter
Cond. agronomica: Wolfgang Tratter
Vendita diretta: Sì | **Visite in azienda:** Sì

(92)
ALTO ADIGE SPUMANTE EXTRA BRUT BLANC DE BLANCS
Bianco Doc - Chardonnay 100%
Alc. 13% | € 28 | Bt. 10.000 | Ferm. Legno e Acciaio | 36 mesi sui lieviti
Giallo dorato intenso, bollicine fitte e persistenti. Intense pennellate di mele e pere mature si fondono a sentori di brioche, crosta di pane e lievito, con echi di fiori di sambuco. Sorso rinfrescante e sapido, permane molto a lungo al palato su rintocchi fruttati di mela cotta. Risotto alla parmigiana.

ALTO ADIGE SPUMANTE EXTRA BRUT ARUNDA RISERVA 2017
Bianco Doc Metodo Classico - Pinot nero 60%, Chardonnay 40%
Alc. 12,5% | € 31 | Bt. 6.000 | Ferm. Acciaio | Mat. Acciaio 6 mesi
60 mesi sui lieviti
Lumache in umido alle erbette.

ALTO ADIGE SPUMANTE EXTRA BRUT
Bianco Doc Metodo Classico - Chardonnay 80%, Pinot nero 20%
Alc. 12,5% | € 26 | Bt. 10.000 | Ferm. Legno e Acciaio | Mat. Legno 12 mesi
24 mesi sui lieviti
Risotto con mazzancolle al profumo d'arancia.

ALTO ADIGE SPUMANTE EXTRA BRUT PERPETUUM
Bianco Doc Metodo Classico - Chardonnay 40%, Pinot bianco 40%, Pinot nero 20%
Alc. 12,5% | € 33 | Bt. 3.000 | Ferm. Acciaio | Mat. Legno 12 mesi
48 mesi sui lieviti
Crostini con spuma di mortadella.

ALTO ADIGE SPUMANTE BRUT NATURE ZERO
S.A.

ALTO ADIGE SPUMANTE EXTRA BRUT ARUNDA RISERVA
2015

Baron Longo
(2015)

È dal XVII secolo che l'aristocratico casato dei Baron Longo vinifica le uve di proprietà a Egna, nella Bassa Atesina. Pur tuttavia la produzione si è interrotta per circa un secolo a partire dal primo dopoguerra, durante il quale le uve venivano conferite alle cooperative. Finalmente, dal 2015, l'ultimo erede, Anton, ha ripreso la tradizione con risultati eccellenti. Convintamente votato all'agricoltura biodinamica e al rispetto dell'ambiente, egli trae il meglio dagli spettacolari cru aziendali, in collina e nel fondovalle, per vini raffinati e precisi, dal carattere internazionale.

Via Val di Fiemme, 30 - 39044 Egna (BZ)
T. 0471 820007 | M. tenuta@baronlongo.com
www.baronlongo.com

Viticoltura: Biologica certificata
Ettari: 20 | **Bottiglie:** 95.000 | **Produzione olearia:** No
Proprietà: Baron Longo
Cond. enologica: Anton von Longo Liebenstein
Cond. agronomica: Anton von Longo Liebenstein
Vendita diretta: Sì | **Visite in azienda:** Sì

LIEBENSTEIN 2020
Bianco Igt - Chardonnay 80%, Pinot bianco 20%
Alc. 13,5% | € 45 | Bt. 14.000 | Ferm. Legno | Mat. Legno 12 mesi
Manto paglierino intenso con riflessi verdolini. Aprono le danze sentori fruttati tropicali, per passare a note floreali che ricordano il mughetto e l'ibisco, chiudendo con sbuffi tostati di vaniglia e legna arsa. Sorso caldo e morbido, dotato di buona freschezza e sapidità, con epilogo lungo e salino. Risotto alla pescatora.

FRIEDBERG 2021
Rosso Igt - Lagrein 100%
Alc. 13% | € 32 | Bt. 6.000 | Ferm. Legno | Mat. Legno 20 mesi
Allodole tartufate in casseruola.

WELLENBURG 2020
Rosso Igt - Cabernet sauvignon 34%, Cabernet franc 33%, Petit verdot 33%
Alc. 13,5% | € 45 | Bt. 6.000 | Ferm. Legno | Mat. Legno 20 mesi
Terrina di lepre con salsa di prugne.

URGESTEIN 2022
Bianco Igt - Sauvignon 100%
Alc. 13,5% | € 19 | Bt. 8.000 | Ferm. Acciaio | Mat. Acciaio 8 mesi e Legno 8 mesi
Sformato di patate e prosciutto cotto.

URGESTEIN
2021

LIEBENSTEIN
2017 | 2018 | 2019

Bessererhof
(1998)

La produzione in proprio dei vini del maso Besserer dura ormai da più di 30 anni ed è a conduzione strettamente familiare: a Otmar e Rosmarie si è aggiunto a pieno titolo il figlio Hannes, cui sono affidate cura del vigneto e vendemmia. Da queste magnifiche e soleggiate esposizioni affacciate sulla gola rocciosa della parte terminale del fiume Isarco, e da un piccolo appezzamento più a nord, all'imbocco della val di Funes, la famiglia Mair ricava un pregevole e meditato assortimento di vini bianchi, taluni anche in versione evoluta, così come dei rossi da uve schiava e zweigelt.

Strada di Fié, 15 - 39050 Fié allo Sciliar (BZ)
T. 0471 601011 | M. info@bessererhof.it
www.bessererhof.it

Viticoltura: Convenzionale
Ettari: 8 | **Bottiglie:** 80.000 | **Produzione olearia:** No
Proprietà: Othmar Mair
Cond. enologica: Hannes Mair
Cond. agronomica: Staff aziendale
Vendita diretta: Sì | **Visite in azienda:** Sì

ROAN 2019
Rosso Igt - Zweigelt 100%
Alc. 13,5% | € 17 | Bt. 6.000 | Ferm. Acciaio | Mat. Legno 24 mesi
Rosso rubino intenso con riflessi violacei. Esordio floreale di fiori di sambuco rosso, more e ribes nero, seguito da sbuffi di rosmarino e timo e da una leggera scia di pepe bianco. Sorso caldo, moderatamente fresco e sapido, con un tannino presente ma ben integrato. Termina lentamente. Straccetti di cavallo.

ALTO ADIGE SAUVIGNON 2022
Bianco Doc - Sauvignon 100%
Alc. 13,5% | € 14 | Bt. 4.000 | Ferm. Acciaio | Mat. Acciaio 6 mesi
Crostini con burro e alici.

ALTO ADIGE VALLE ISARCO KERNER 2022
Bianco Doc - Kerner 100%
Alc. 15% | € 16 | Bt. 15.000 | Ferm. Acciaio | Mat. Acciaio 6 mesi
Abbacchio al forno con verdure grigliate.

ALTO ADIGE VALLE ISARCO KERNER
2021

Brunnenhof Mazzon
(1999)

La splendida tenuta sui declivi di Mazzon è stata acquistata ormai 40 anni fa dalla famiglia Rottensteiner di Bolzano, che dal 1999 ha cominciato a imbottigliare in proprio gli ettari vitati gestiti da Kurt, la cui attenzione va in primo luogo al pinot nero, che da queste parti è naturalmente di casa. I vigneti sono a ferrea conduzione biologica e offrono bella prova di sé grazie alle condizioni pedoclimatiche ottimali, favorite dalla brezza dell'Ora, il vento che spira dal lago di Garda, mantenendo i grappoli asciutti e sani. Notevole il fresco bianco da chardonnay e il Lagrein.

Via degli Alpini, 5 - Località Mazzon - 39044 Egna (BZ)
T. 0471 820687 | M. info@brunnenhof-mazzon.it
www.brunnenhof-mazzon.it

Viticoltura: Biologica certificata
Ettari: 7 | **Bottiglie:** 40.000 | **Produzione olearia:** No
Proprietà: Kurt Rottensteiner
Cond. enologica: Johanna Rottensteiner
Cond. agronomica: Kurt Rottensteiner
Vendita diretta: Sì | **Visite in azienda:** Sì

ALTO ADIGE LAGREIN BEI DER ALTEN MÜHLE 2021
Rosso Doc - Lagrein 100%
Alc. 13% | € 22 | Bt. 3.000 | Ferm. Legno | Mat. Legno 20 mesi
Rosso rubino fitto con bordo violaceo. Si concede attraverso evidenze fruttate di arancia Sanguinella e frutti di sambuco nero, seguono poi note floreali di lillà e negritella. Sorso caldo e voluminoso, dotato di media freschezza e sapidità e di tannini vellutati e ben integrati. Finale lungo su echi fruttati. Stinco di maiale al forno in pancetta affumicata.

ALTO ADIGE CHARDONNAY 2021
Bianco Doc - Chardonnay 100%
Alc. 15% | € 24 | Bt. 3.000 | Ferm. Legno | Mat. Legno 10 mesi
Risotto ai porcini.

ALTO ADIGE PINOT NERO VIGNA ZIS RISERVA 2018
Rosso Doc - Pinot nero 100%
Alc. 15,5% | € 75 | Bt. 1.500 | Ferm. Legno | Mat. Legno 24 mesi
Capriolo con salsa di ribes rosso.

ALTO ADIGE PINOT NERO MAZZON RISERVA 2020
Rosso Doc - Pinot nero 100%
Alc. 14% | € 40 | Bt. 10.000 | Ferm. Legno | Mat. Legno 12 mesi
Tartare di manzo.

ALTO ADIGE PINOT NERO MAZZON RISERVA
2017

ALTO ADIGE CHARDONNAY
2019

Cantina Andriano
(1893)

La più antica cooperativa vitivinicola dell'Alto Adige, fondata nel 1893, si è fusa nel 2008 con la Cantina Produttori di Terlano, che si trova sul versante opposto della valle dell'Adige, a pochi chilometri da Bolzano, ma con condizioni pedoclimatiche molto diverse. Nonostante lo stesso staff, guidato da Rudi Kofler, ha però mantenuto fisionomia autonoma nelle linee dei vini. Sono i varietali a bacca rossa, posizionati ai vertici dell'enologia altoatesina, a primeggiare. I bianchi spiccano per la vena minerale data dal sottofondo calcareo che marca la zona.

Via Silberleiten, 7 - 39018 Terlano (BZ)
T. 0471 257135 | M. office@cantina-andriano.com
www.cantina-andriano.com

Viticoltura: Convenzionale
Ettari: 80 | **Bottiglie:** 500.000 | **Produzione olearia:** No
Proprietà: Cooperativa di produttori
Cond. enologica: Rudi Kofler
Cond. agronomica: Simon Kompatscher
Vendita diretta: Sì | **Visite in azienda:** Sì

92

ALTO ADIGE MERLOT GANT RISERVA 2020
Rosso Doc - Merlot 100%
Alc. 14,5% | € 43 | Bt. 6.000 | Ferm. Acciaio | Mat. Legno 12 mesi
Rubino con trama fitta. Esordio fruttato di ribes nero e mora, arricchito da sentori floreali di petali di rosa e di lillà, poi da note tostate di cioccolato e caffè. Chiude con sbuffi speziati di pepe bianco. Sorso caldo e voluminoso, moderatamente fresco e sapido; termina lentamente su rintocchi fruttati. Manzo brasato con funghi.

ALTO ADIGE GEWÜRZTRAMINER PASSITO JUVELO 2021
Bianco Doc Passito - Gewürztraminer 100%
Alc. 11% | € 37 (0,375l) | Bt. 1.500 | Ferm. Legno | Mat. Legno 11 mesi
Mousse alle fragole con sciroppo di marasche.

ALTO ADIGE SAUVIGNON BLANC ANDRIUS 2021
Bianco Doc - Sauvignon 100%
Alc. 14% | € 30 | Bt. 10.000 | Ferm. Legno e Acciaio | Mat. Acciaio 6 mesi e Legno 6 mesi
Plateau royal di crudité.

ALTO ADIGE PINOT NERO ANRAR RISERVA 2020
Rosso Doc - Pinot nero 100%
Alc. 14,5% | € 44 | Bt. 4.000 | Ferm. Acciaio | Mat. Legno 12 mesi
Saltimbocca alla romana.

ALTO ADIGE CHARDONNAY DORAN RISERVA
2018

ALTO ADIGE MERLOT GANT RISERVA
2013 | 2018 | 2019

Cantina Bolzano

(1908)

Stephan Filippi non sembra affatto essersi stancato del suo ruolo di guida di una delle maggiori e più complesse realtà cooperativistiche dell'Alto Adige. Ha portato al successo una fusione non facile tra i produttori di Bolzano e l'ha condotta a termine all'insegna dell'armonia. Un processo che ha portato la cantina ai vertici dell'enologia nazionale, come esempio virtuoso. Se i Magdalener storici come Huck Am Bach e Moar, insieme ai vini da lagrein, come il Taber, non sbagliano un colpo e sono icone del capoluogo altoatesino e della cantina, pochi sospetterebbero che il vino più prodotto è il Gewürztraminer.

Via San Maurizio, 36 - 39100 Bolzano (BZ)
T. 0471 270909 | M. info@cantinabolzano.com
www.cantinabolzano.com

Viticoltura: Convenzionale e biologica
Ettari: 350 | **Bottiglie:** 3.000.000 | **Produzione olearia:** No
Proprietà: Cooperativa di produttori
Cond. enologica: Stephan Filippi
Cond. agronomica: Christian Quaglio
Vendita diretta: Sì | **Visite in azienda:** Sì

(91)

ALTO ADIGE LAGREIN PRESTIGE RISERVA 2021
Rosso Doc - Lagrein 100%
Alc. 13,5% | € 28 | Bt. 40.000 | Ferm. Legno | Mat. Legno 12 mesi
Splendente rosso rubino. Si concede con riconoscimenti di ciliegia matura e di more, seguono sentori di spezie essiccate, poi sbuffi di vaniglia e di caffè. Sorso morbido, moderatamente fresco e sapido, con tannini maturi e vellutati. Epilogo lungo con un'elegante vena speziata. Guanciale di manzo in umido con polenta.

ALTO ADIGE LAGREIN TABER RISERVA 2021
Rosso Doc - Lagrein 100%
Alc. 14% | € 47 | Bt. 12.000 | Ferm. Legno | Mat. Legno 12 mesi
Gulasch di cervo con patate stufate.

ALTO ADIGE GEWÜRZTRAMINER KLEINSTEIN 2022
Bianco Doc - Gewürztraminer 100%
Alc. 15% | € 19 | Bt. 10.000 | Ferm. Legno e Acciaio | Mat. Acciaio 6 mesi
Fiore sardo.

ALTO ADIGE SAUVIGNON GREEL RISERVA 2021
Bianco Doc - Sauvignon 100%
Alc. 15% | € 28 | Bt. 5.000 | Ferm. Legno | Mat. Legno 12 mesi
Spiedo di seppioline ai ferri.

ALTO ADIGE LAGREIN TABER RISERVA
2014 | 2017 | 2018

ALTO ADIGE LAGREIN PRESTIGE RISERVA
2019 | 2020

Cantina Colterenzio

(1960)

Il successo dell'orgogliosa cooperativa che sorge nell'anfiteatro vitato della località di Cornaiano, nel paradiso di Appiano, è basato da sempre sui concetti di innovazione e che nella linea Lafóa trovano la massima espressione. Luis Raifer ne è stato il dominus per oltre quatto decenni e a lui è dedicata la cuvée più prestigiosa: l'LR. Soprattutto i vitigni internazionali sono stati il terreno di innovazione di questa realtà con 300 soci e lì grazie a quelli si esprime ancor oggi il suo massimo potenziale, insieme a icone locali come pinot bianco e gewürztraminer.

Strada del Vino, 8 - Località Cornaiano - 39057 Appiano (BZ)
T. 0471 664246 | M. info@colterenzio.it
www.colterenzio.it

Viticoltura: Convenzionale
Ettari: 300 | **Bottiglie:** 1.900.000 | **Produzione olearia:** No
Proprietà: Cooperativa di produttori
Cond. enologica: Martin Lemayr
Cond. agronomica: Staff aziendale
Vendita diretta: Sì | **Visite in azienda:** Sì

(92)

ALTO ADIGE GEWÜRZTRAMINER LAFÓA 2021
Bianco Doc - Gewürztraminer 100%
Alc. 14,5% | € 25 | Bt. 16.000 | Ferm. Acciaio | Mat. Acciaio 10 mesi
Riccamente dorato. Ventaglio olfattivo intenso e complesso con i tipici sentori varietali di albicocche, litchi e frutti tropicali, seguiti da note floreali di petali di rosa e da una nuance speziata di pepe bianco. Sorso caldo e pieno, ben equilibrato da una buona acidità. Lungo e armonioso epilogo. Maltagliati con fiori di zucca e gamberetti.

ALTO ADIGE BIANCO LR RISERVA 2019
Bianco Doc - Chardonnay 70%, Pinot bianco 25%, Sauvignon 5%
Alc. 14% | € 92 | Bt. 4.957 | Ferm. Legno | Mat. Legno 24 mesi
Linguine al sugo di totani e piselli.

ALTO ADIGE CABERNET SAUVIGNON LAFÓA RISERVA 2020
Rosso Doc - Cabernet sauvignon 100%
Alc. 13,5% | € 70 | Bt. 12.000 | Ferm. Acciaio | Mat. Legno 16 mesi
Maiale in agrodolce.

ALTO ADIGE SAUVIGNON LAFÓA 2021
Bianco Doc - Sauvignon 100%
Alc. 14% | € 25 | Bt. 60.000 | Ferm. Legno e Acciaio | Mat. Acciaio 10 mesi e Legno 10 mesi
Stoccafisso in umido con porcini.

ALTO ADIGE PINOT BIANCO BERG 2021
Bianco Doc - Pinot bianco 100%
Alc. 14% | € 19 | Bt. 20.000 | Ferm. Legno | Mat. Legno 10 mesi
Ostriche Bouzigues.

ALTO ADIGE MERLOT SIEBENEICH
2019

ALTO ADIGE SAUVIGNON LAFÓA
2013 | 2019

Cantina Erste + Neue
(1900)

La cantina fondata nel 1986 raccolse l'eredità di due storiche realtà vitivinicole di Caldaro (la Erste nata nel 1900), con la promessa di fondere tradizione e innovazione. Dopo un periodo difficile, in seguito alla fusione con la maggiore cantina di Caldaro, la cooperativa sembra aver ripreso vigore, suddividendo egregiamente la produzione tra diverse linee, adatte a differenti consumatori. Impostata da Andrea Moser, ex enologo di Caldaro, la Erste + Neue ha avviato un processo di conversione alla produzione biologica. A brillare sono sempre le stelle della linea Puntay.

Via delle Cantine, 12 - 39052 Caldaro (BZ)
T. 0471 963149 | M. info@erste-neue.it
www.erste-neue.it

Viticoltura: Convenzionale
Ettari: 60 | **Bottiglie:** 4.000.000 | **Produzione olearia:** No
Proprietà: Cooperativa di produttori
Cond. enologica: Andrea Moser
Cond. agronomica: Andrea Moser
Vendita diretta: Sì | **Visite in azienda:** Sì

ALTO ADIGE LAGO DI CALDARO CLASSICO SUPERIORE PUNTAY 2021
Rosso Doc - Schiava 100%
Alc. 13% | € 14 | Bt. 15.000 | Ferm. Acciaio | Mat. Legno 5 mesi
Manto rubino intenso con bordo granato. Primeggiano netti sentori fruttati di ciliegia e di arancia Sanguinella, seguono spunti floreali di viola e lillà e una leggera nuance fumé. Sorso beverino e fresco, con finale piacevolmente ammandorlato. Crostini al lardo di Colonnata.

ALTO ADIGE GEWÜRZTRAMINER PUNTAY 2021
Bianco Doc - Gewürztraminer 100%
Alc. 14,5% | € 20 | Bt. 4.000 | Ferm. Acciaio | Mat. Acciaio 8 mesi
Storico Ribelle.

ALTO ADIGE CHARDONNAY PUNTAY 2021
Bianco Doc - Chardonnay 100%
Alc. 13,5% | € 18 | Bt. 9.000 | Ferm. Legno | Mat. Legno 9 mesi
Rigatoni al ragù bianco di carne.

ALTO ADIGE SAUVIGNON PUNTAY 2021
Bianco Doc - Sauvignon 100%
Alc. 13,5% | € 18 | Bt. 10.000 | Ferm. Legno | Mat. Legno 12 mesi
Orecchiette con cime di rapa.

ALTO ADIGE PINOT BIANCO PUNTAY 2021
Bianco Doc - Pinot bianco 100%
Alc. 13,5% | € 18 | Bt. 10.000 | Ferm. Legno | Mat. Legno 12 mesi
Oca arrosto.

ALTO ADIGE PINOT BIANCO PUNTAY
2016 | 2020

ALTO ADIGE SAUVIGNON PUNTAY
2016

Cantina Girlan
(1923)

Tagliato il traguardo dei 100 anni, la storica cantina di produttori di Cornaiano, con i suoi 200 soci che si prendono cura di 220 ettari di splendidi vigneti, guarda con estrema fiducia al futuro, grazie a un lavoro ormai decennale operato su vini e vigneti dal dinamico staff guidato dal kellermeister Gerhard Kofler e dal nuovo presidente Oscar Lorandi. Se il punto di forza sono i vini rossi più fini ed eleganti, come la mitica Schiava Gschleier e il poker di vini da pinot nero, anche i bianchi prodotti con gli internazionali marcano stretto le migliori etichette altoatesine e nazionali.

Via San Martino, 24 - Località Cornaiano - 39057 Appiano (BZ)
T. 0471 662403 | M. info@girlan.it
www.girlan.it

Viticoltura: Convenzionale
Ettari: 220 | **Bottiglie:** 1.350.000 | **Produzione olearia:** No
Proprietà: Cooperativa di produttori
Cond. enologica: Gerhard Kofler
Cond. agronomica: Gerhard Kofler
Vendita diretta: Sì | **Visite in azienda:** Sì

93
ALTO ADIGE CHARDONNAY CURLAN RISERVA 2019
Bianco Doc - Chardonnay 100%
Alc. 14% | € 100 | Bt. 1.200 | Ferm. Legno | Mat. Acciaio 2 mesi e Legno 12 mesi
Paglierino tenue. Al naso un tripudio di mela, mango e albicocca, poi note di vaniglia, crème brûlée e fiori di acacia. Sorso morbido, caldo e avvolgente, con finale lungo, dagli eleganti toni caramellati. Rollè di cernia con patate al rosmarino.

91
ALTO ADIGE PINOT NERO CURLAN RISERVA 2020
Rosso Doc - Pinot nero 100%
Alc. 15% | € 100 | Bt. 3.000 | Ferm. Legno | Mat. Acciaio 8 mesi e Legno 18 mesi
Luminoso carminio. Sprigiona un bouquet di fragoline di bosco e lamponi, poi tracce di bucce d'arancia, sbuffi di cannella e fiori di acacia. In bocca è caldo ma ben bilanciato da notevole freschezza e da spiccata sapicità. Finale lungo e speziato. Lepre in salmì.

91
ALTO ADIGE PINOT NERO VIGNA GANGER RISERVA 2019
Rosso Doc - Pinot nero 100%
Alc. 13,5% | € 130 | Bt. 1.900 | Ferm. Legno | Mat. Acciaio 2 mesi e Legno 18 mesi
Rubino intenso. Vario il bouquet, con scie di ciliegia matura, prugna e arancia Sanguinella, seguite da effluvi di viola e ibisco e da una nuance di sottobosco. Sorso moderatamente caldo, fresco e sapido, con tannini eleganti. Lunghissimo. Reale di vitello alla senape antica.

ALTO ADIGE PINOT NERO TRATTMANN RISERVA 2020
Rosso Doc - Pinot nero 100%
Alc. 14,5% | € 36 | Bt. 31.000 | Ferm. Acciaio | Mat. Legno 12 mesi
Beccacce allo spiedo.

ALTO ADIGE SCHIAVA GSCHLEIER ALTE REBEN 2021
Rosso Doc - Schiava 100%
Alc. 13% | € 18 | Bt. 18.000 | Ferm. Acciaio
Piccione al forno con cipollotti.

ALTO ADIGE PINOT BIANCO FLORA RISERVA 2021
Bianco Doc - Pinot bianco 100%
Alc. 14,5% | € 24 | Bt. 8.500 | Ferm. Legno e Acciaio | Mat. Acciaio 6 mesi e Legno 12 mesi
Sarde a beccafico.

ALTO ADIGE PINOT NERO CURLAN RISERVA
2018

ALTO ADIGE PINOT NERO TRATTMANN RISERVA
2018 | 2019

Cantina Kaltern

(1900)

L'uscita di Andrea Moser è stata solo in parte mitigata dal pronto ingresso dell'enologo Thomas Scarizuola, già responsabile di parte delle lavorazioni della consociata Erste + Neue. Un passaggio non facile per la più grande cantina dell'Alto Adige, con quasi 500 ettari vitati, che il trentino Moser, subito dopo la faticosa fusione tra Cantina Kaltern e Erte + Neue, ha condotto con mano ferma per quasi un decennio. Ora si ricomincia, sulla base di un lavoro ben avviato e solide basi strutturali: dalla schiava al bel ventaglio di bianchi locali e internazionali il parco vitigni è completo.

Via Cantine, 12 - 39052 Caldaro (BZ)
T. 0471 963149 | M. info@kellereikaltern.com
www.cantinakaltern.it

Viticoltura: Convenzionale e biologica
Ettari: 440 | **Bottiglie:** 4.000.000 | **Produzione olearia:** No
Proprietà: Cooperativa di produttori
Cond. enologica: Thomas Scarizuola
Cond. agronomica: Simon Ebner
Vendita diretta: Sì | **Visite in azienda:** Sì

ALTO ADIGE MOSCATO GIALLO QUINTESSENZ PASSITO 2019
Bianco Doc Passito - Moscato giallo 100%
Alc. 12,5% | € 40 (0,375l) | Bt. 3.000 | Ferm. Legno | Mat. Legno 24 mesi
Manto ambrato con bordi luminosi. Esordio speziato di cardamomo e pepe bianco, arricchito da note fruttate di pesche e albicocche mature, poi effluvi floreali di camomilla e ibisco. Sorso dolce, dotato di una buona freschezza e di una moderata sapidità. Permane piacevolmente a lungo. Fagottino di ricotta.

ALTO ADIGE CABERNET SAUVIGNON QUINTESSENZ RISERVA 2020
Rosso Doc - Cabernet sauvignon 100%
Alc. 14% | € 38 | Bt. 15.000 | Ferm. Legno | Mat. Legno 14 mesi
Stracotto di manzo all'Amarone.

ALTO ADIGE LAGO DI CALDARO CLASSICO SUPERIORE QUINTESSENZ 2022
Rosso Doc - Schiava 100%
Alc. 13,5% | € 16 | Bt. 60.000 | Ferm. Legno | Mat. Legno 6 mesi
Prosciutto d'oca affumicato.

ALTO ADIGE PINOT BIANCO QUINTESSENZ 2021
Bianco Doc - Pinot bianco 100%
Alc. 13,5% | € 26 | Bt. 15.000 | Ferm. Legno | Mat. Legno 10 mesi
Insalata di polpo, patate e olive.

ALTO ADIGE LAGO DI CALDARO CLASSICO SUPERIORE QUINTESSENZ
2018 | 2021

ALTO ADIGE PINOT GRIGIO SOLL
2021

Cantina Kurtatsch

(1900)

Il 2023 è stato l'anno del cambio generazionale alla cantina di Cortaccia: dopo 30 anni Othmar Donà, enologo concreto e rigoroso, ha passato le consegne a Erwin Carli; il tutto nel segno della continuità, visto che Erwin lavora in cantina da 9 anni e da tempo occupava un ruolo di peso. È ancora presto per rilevare eventuali cambiamenti stilistici nei vini che anche quest'anno trovano la loro migliore espressione nelle prestigiose linee Brenntal e Freienfeld, veri e propri scrigni delle peculiarità pedoclimatiche di queste calde e minerali giaciture della Bassa Atesina.

Strada del Vino, 23 - 39040 Cortaccia (BZ)
T. 0471 880115 | M. info@cantina-cortaccia.it
www.cantina-cortaccia.it

Viticoltura: Ecosostenibile
Ettari: 190 | **Bottiglie:** 1.500.000 | **Produzione olearia:** No
Proprietà: Cooperativa di produttori
Cond. enologica: Erwin Carli
Cond. agronomica: Erwin Carli
Vendita diretta: Sì | **Visite in azienda:** Sì

(91)
ALTO ADIGE CABERNET MERLOT TRES 2015
Rosso Doc - Merlot 77%, Cabernet franc 20%, Cabernet sauvignon 3%
Alc. 15% | € 180 | Bt. 2.120
Rosso granato fitto e luminoso, con bordi aranciati. Naso complesso, caratterizzato da sentori fruttati di ciliegie, prugne e mirtilli neri, poi aromi speziati di pepe nero e note tostate di tabacco e legno di cedro. Sorso caldo e pieno, moderatamente fresco e sapido, con tannini ottimamente integrati. Lungo epilogo. Capriolo in salmì con polenta di grano saraceno.

(91)
ALTO ADIGE MERLOT BRENNTAL RISERVA 2020
Rosso Doc - Merlot 100%
Alc. 14% | € 48 | Bt. 9.800 | Ferm. Acciaio | Mat. Legno 15 mesi
Rosso rubino fitto. Aprono le danze echi fruttati di ciliegia matura, prugna e mora, abbracciati da alloro e da note tostate che ricordano cacao e caffè. Sorso caldo e intenso, ben bilanciato da una buona freschezza e da una spiccata sapidità. Termina su lunghi rintocchi fruttati. Gulasch di cervo con patate stufate.

ALTO ADIGE CABERNET KIRCHHÜGEL RISERVA 2020
Rosso Doc - Cabernet sauvignon 85%, Cabernet franc 15%
Alc. 13,5% | € 20 | Bt. 27.000 | Ferm. Legno e Acciaio | Mat. Legno 12 mesi
Cinghiale arrosto con castagne.

ALTO ADIGE GEWÜRZTRAMINER BRENNTAL RISERVA 2021
Bianco Doc - Gewürztraminer 100%
Alc. 15% | € 28 | Bt. 9.800 | Ferm. Acciaio | Mat. Acciaio 12 mesi e Legno 6 mesi
Tonnarelli cacio e pepe.

ALTO ADIGE MERLOT CABERNET SOMA 2020
Rosso Doc - Merlot 60%, Cabernet franc 30%, Cabernet sauvignon 10%
Alc. 14% | € 25 | Bt. 23.500 | Ferm. Acciaio | Mat. Legno 12 mesi
Piccione ai porcini e tartufo nero.

ALTO ADIGE MERLOT BRENNTAL RISERVA
2016 | 2017

ALTO ADIGE GEWÜRZTRAMINER BRENNTAL RISERVA
2019 | 2020

Cantina Merano
(1901)

Chissà cosa sarebbe successo alle due realtà cooperative del meranese se dopo una lunghissima trattativa non avessero proceduto a fondersi e a unire le forze. A guidarne la complessa macchina è un enologo di grande esperienza e tatto che sta svolgendo il suo lavoro senza troppo clamore ma con grande efficacia: Stephan Kapfinger. Dal suo cilindro stanno uscendo tanti e variegati progetti. Voglia di sperimentare che si fonda sulla grande varietà di microclimi e terroir della zona, spaziando dalla Val Venosta fino al caldo fondovalle.

Via Cantina, 9 - 39020 Marlengo (BZ)
T. 0473 447137 | M. info@cantinamerano.it
www.cantinamerano.it

Viticoltura: Convenzionale
Ettari: 250 | **Bottiglie:** 1.300.000 | **Produzione olearia:** No
Proprietà: Cooperativa di produttori
Cond. enologica: Stefan Kapfinger
Cond. agronomica: Staff aziendale
Vendita diretta: Sì | **Visite in azienda:** Sì

SISSI 2019
Bianco Igt Passito - Moscato giallo 70%, Gewürztraminer 20%, Petit manseng 10%
Alc. 10% | € 27 (0,375l) | Bt. 5.500 | Ferm. Acciaio | Mat. Acciaio 12 mesi e Legno 12 mesi
Ambrato luminoso. Olfatto variegato, dominato da frutti canditi, bucce d'arancia, albicocche e pesche; seguono sbuffi speziati di pepe bianco e nuance di erbette aromatiche essiccate. Sorso dolce, soffice e voluminoso, dotato di buona freschezza e sapidità. Lascia un ricordo appagante. Pasticceria napoletana.

ALTO ADIGE VAL VENOSTA KERNER 2022
Bianco Doc - Kerner 100%
Alc. 14,5% | € 12 | Bt. 4.300 | Ferm. Acciaio | Mat. Acciaio 6 mesi
Torta salata ai broccoli.

ALTO ADIGE MERLOT FREIHERR RISERVA 2020
Rosso Doc - Merlot 100%
Alc. 14,5% | € 19 | Bt. 7.000 | Ferm. Legno | Mat. Legno 18 mesi
Bocconcini di cinghiale con salsa di prugne.

ALTO ADIGE PINOT BIANCO V YEARS RISERVA
2013

SISSI
2018

Cantina Nals Margreid
(1932)

Un lavoro sulla zonazione che sta dando importanti frutti è il punto di forza di questa cantina cooperativa che, come già rivela il nome, trova nella diversità il suo DNA. Nata dalla fusione, nel 1985, di due realtà produttive molto distanti, anche geograficamente, la prima del comune di Nalles tra Bolzano e Merano, dove ha anche sede l'attuale cantina, e l'altra a Magré, al confine meridionale dell'Alto Adige, può disporre di un'ampia gamma di uve sia bianche che rosse con cui giostrarsi, cosa che fa egregiamente il giovane Kellermeister Harald Schraffl.

Via Heiligenberg, 2 - 39010 Nalles (BZ)
T. 0471 678626 | M. info@nalsmargreid.com
www.nalsmargreid.com

Viticoltura: Convenzionale
Ettari: 160 | **Bottiglie:** 1.200.000 | **Produzione olearia:** No
Proprietà: Cooperativa di produttori
Cond. enologica: Harald Schraffl
Cond. agronomica: Staff aziendale
Vendita diretta: Sì | **Visite in azienda:** Sì

ALTO ADIGE BIANCO NAMA 2019
Bianco Doc - Chardonnay 100%
Alc. 14% | € 130 | Bt. 1.500 | Ferm. Acciaio | Mat. Acciaio 9 mesi
Giallo paglierino intenso. Al naso accenni di melone giallo, mele e pere mature, seguiti da leggere sensazioni aromatiche di salvia e zenzero, poi una fine scia di mandorla tostata. Sorso fresco e sapido, si congeda lentamente su note agrumate. Agnello al forno con rosmarino.

ALTO ADIGE CHARDONNAY BARON SALVADORI RISERVA 2020
Bianco Doc - Chardonnay 100%
Alc. 14% | € 40 | Bt. 15.000 | Ferm. Legno | Mat. Legno 10 mesi
Ravioli burro e salvia.

ALTO ADIGE MERLOT CABERNET ANTICUS RISERVA 2020
Rosso Doc - Merlot 80%, Cabernet sauvignon 20%
Alc. 14% | € 50 | Bt. 15.000 | Ferm. Acciaio | Mat. Legno 18 mesi
Tacchino farcito con castagne.

ALTO ADIGE PINOT BIANCO SIRMIAN 2021
Bianco Doc - Pinot bianco 100%
Alc. 14% | € 29 | Bt. 40.000 | Ferm. Legno | Mat. Legno 8 mesi
Coniglio in umido alle erbe aromatiche.

ALTO ADIGE CHARDONNAY BARON SALVADORI RISERVA
2017 | 2019

ALTO ADIGE MERLOT CABERNET ANTICUS RISERVA
2017

Cantina San Michele Appiano

(1907)

Affiancato dal giovane enologo Jakob Gasser, Hans Terzer recita ancora la parte del dominus nella grande cantina cooperativa che da oltre 40 anni lo vede instancabile protagonista. Qui le carte le dà ancora lui, giocando sul suo terreno preferito: i grandi bianchi di elegante e piacevole beva, con le storiche linee che utilizzano sauvignon blanc, pinot bianco e pinot grigio. Una varietà di rossi sempre più convincenti, in cui spicca il Pinot Nero, ne completa il quadro, la cui cornice si illumina sempre più in linee di elevata ambizione, con prezzi proporzionati.

Via Circonvallazione, 17/19 - 39057 Appiano (BZ)
T. 0471 664466 | M. office@stmichael.it
www.stmichael.it

Viticoltura: Convenzionale
Ettari: 390 | **Bottiglie:** 2.500.000 | **Produzione olearia:** Sì
Proprietà: Cooperativa di produttori
Cond. enologica: Hans Terzer
Cond. agronomica: Norbert Spitaler
Vendita diretta: Sì | **Visite in azienda:** Sì

(91)

ALTO ADIGE PINOT NERO THE WINE COLLECTION RISERVA 2019
Rosso Doc - Pinot nero 100%
Alc. 14,5% | € 125 | Bt. 2.500 | Ferm. Acciaio | Mat. Legno 24 mesi
Manto rubino intenso con bordi granato. Esordisce all'olfatto con un'elegante nota fumé, seguita da nuance fruttate di fragoline di bosco, lamponi e ciliegie, poi sbuffi floreali di viola e lillà. Sorso caldo, mitigato da una buona dose di freschezza e sapidità, dal tannino ben integrato. Lungo epilogo di frutti rossi. Petto di germano reale al balsamico.

ALTO ADIGE BIANCO APPIUS 2018
Bianco Doc - Chardonnay 52%, Pinot grigio 20%, Pinot bianco 15%, Sauvignon 13%
Alc. 14% | € 135 | Bt. 7.500 | Ferm. Legno | Mat. Acciaio 36 mesi
Orata all'acqua pazza.

ALTO ADIGE SAUVIGNON THE WINE COLLECTION 2019
Bianco Doc - Sauvignon 100%
Alc. 14,5% | € 110 | Bt. 3.500 | Ferm. Legno | Mat. Acciaio 18 mesi
Linguine con bottarga e pomodori secchi.

ALTO ADIGE CHARDONNAY SANCT VALENTIN 2021
Bianco Doc - Chardonnay 100%
Alc. 14% | € 28 | Bt. 120.000 | Ferm. Legno | Mat. Acciaio 8 mesi
Lasagnette al ragù di faraona e asparagi.

ALTO ADIGE PINOT BIANCO SANCT VALENTIN 2021
Bianco Doc - Pinot bianco 100%
Alc. 14% | € 28 | Bt. 33.000 | Ferm. Legno | Mat. Acciaio 8 mesi
Sauté di cozze.

ALTO ADIGE BIANCO APPIUS
2015 | 2016 | 2017

ALTO ADIGE PINOT GRIGIO SANCT VALENTIN
2015 | 2020

Cantina St. Pauls

(1907)

Nella girandola di nuovi enologi che in poco più di un anno ha scombussolato il decennale assetto delle cooperative altoatesine non poteva mancare San Paolo, dove l'ambizioso Philipp Zublasing ha preso il posto di Wolfgang Tratter. Ma quella che si prospetta all'ombra del grande campanile del paese dell'Oltradige è una rivoluzione che vuole portare a rinverdire i fasti del passato e valorizzare un luogo magico, culla di una delle più antiche vigne di pinot bianco dell'Alto Adige. Se Sanctissumus è da sempre vino di punta, la cantina propone molti altri campioni promettenti.

Via Castel Guardia, 21 - Frazione San Paolo - 39057 Appiano (BZ)
T. 0471 1807700 | M. info@stpauls.wine
www.stpauls.wine

Viticoltura: Convenzionale
Ettari: 185 | **Bottiglie:** 1.500.000 | **Produzione olearia:** No
Proprietà: Cooperativa di produttori
Cond. enologica: Philipp Zublasing
Cond. agronomica: Johannes Pichler
Vendita diretta: Sì | **Visite in azienda:** Sì

ALTO ADIGE PINOT BIANCO SANCTISSIMUS RISERVA 2018
Bianco Doc - Pinot bianco 100%
Alc. 13,5% | € 83 | Bt. 3.000 | Ferm. Terracotta | Mat. Terracotta 12 mesi
Paglierino lucente. Ventaglio olfattivo variopinto, con presenza marcata di note fruttate di mela cotogna e pera matura, poi effluvi speziati e balsamici di salvia e timo. Sorso voluminoso, ma snellito con ritmo da una buona freschezza e sapidità. Finale persistente e cremoso. Calamari con ripieno di tarassaco e patate.

ALTO ADIGE SAUVIGNON SCHLIFF 2021
Bianco Doc - Sauvignon 100%
Alc. 13,5% | € 26 | Bt. 6.000 | Ferm. Acciaio | Mat. Acciaio 9 mesi
Crostini con baccalà mantecato.

ALTO ADIGE LAGREIN LAGRÖLL RISERVA 2020
Rosso Doc - Lagrein 100%
Alc. 13% | € 30 | Bt. 8.000 | Ferm. Legno | Mat. Legno 15 mesi
Piccione al forno con cipollotti.

ALTO ADIGE PINOT BIANCO KALKBERG 2021
Bianco Doc - Pinot bianco 100%
Alc. 13,5% | € 26 | Bt. 10.000 | Ferm. Legno | Mat. Legno 12 mesi
Zuppa di legumi e cereali.

ALTO ADIGE SPUMANTE BRUT PRAECLARUS
Bianco Doc Metodo Classico - Chardonnay 100%
Alc. 12,5% | € 22 | Bt. 30.000 | Ferm. Acciaio | Mat. Acciaio 6 mesi
40 mesi sui lieviti
Plateau royal di crudité.

ALTO ADIGE PINOT BIANCO SANCTISSIMUS RISERVA
2017

ALTO ADIGE SPUMANTE BRUT PRAECLARUS
S.A.

Cantina Terlano
(1893)

Senza sbagliare un colpo da anni, l'enologo Rudi Kofler e la Cantina di Terlano continuano a macinare numeri e successi. Se c'è una realtà produttiva italiana che può stare al pari delle più blasonate cantine internazionali, nel settore dei bianchi di alta gamma, questa è sicuramente l'azienda cooperativa alle porte di Bolzano. Alla base del successo c'è un terroir unico che lo storico Kellermeister Sebastian Stocker seppe interpretare e mettere a frutto al meglio, e i suoi successori raccoglierne la lezione e consolidarne i successi, mantenendone la filosofia. Gamma di altissimo profilo.

Via Silberleiten, 7 - 39018 Terlano (BZ)
T. 0471 257135 | M. office@cantina-terlano.com
www.cantina-terlano.com

Viticoltura: Convenzionale
Ettari: 190 | **Bottiglie:** 1.500.000 | **Produzione olearia:** No
Proprietà: Cooperativa di produttori
Cond. enologica: Rudi Kofler
Cond. agronomica: Simon Kompatscher
Vendita diretta: Sì | **Visite in azienda:** Sì

(95)
ALTO ADIGE TERLANO PINOT BIANCO RARITY 2010
Bianco Doc - Pinot bianco 100%
Alc. 14% | € 130 | Bt. 3.000 | Ferm. Legno | Mat. Acciaio 134 mesi e Legno 12 mesi
Colore sorprendentemente giovanile. Ventaglio olfattivo elegante, con sentori di mela matura, banana e pesca, sbuffi di gesso e fiori d'arancio. Sorso caldo, dotato di buona freschezza e di un'immensa sapidità. Termina molto lentamente su una scia minerale. Petto d'anatra laccato al miele.

(94)
ALTO ADIGE TERLANO PRIMO GRANDE CUVÉE 2020
Bianco Doc - Pinot bianco 65%, Chardonnay 32%, Sauvignon 3%
Alc. 13,5% | € 175 | Bt. 4.000 | Ferm. Legno | Mat. Legno 12 mesi
Giallo paglierino con riflessi dorati. Olfatto sfaccettato. Si apre su note di agrumi, ananas e papaya, seguite da erbette aromatiche essiccate e da un tocco fumé. Sorso elegantissimo, dotato di eccellente freschezza e sapidità. Non vuole lasciare il palato. Risotto alla milanese.

(93)
ALTO ADIGE TERLANO SAUVIGNON QUARZ 2021
Bianco Doc - Sauvignon 100%
Alc. 14% | € 50 | Bt. 70.000 | Ferm. Legno e Acciaio | Mat. Acciaio 9 mesi e Legno 9 mesi
Vaghi ricordi verdolini. Al naso esordisce con albicocca e uva spina, seguite da scie di fiori di sambuco e balsamicità di menta e melissa. Sorso fresco e sapido. Finale lungo. Filetti di pesce persico al burro e timo.

ALTO ADIGE LAGREIN PORPHYR RISERVA 2020
Rosso Doc - Lagrein 100%
Alc. 14% | € 52 | Bt. 20.000 | Ferm. Acciaio | Mat. Legno 18 mesi
Filetto di manzo alla Voronoff.

ALTO ADIGE TERLANO NOVA DOMUS RISERVA 2020
Bianco Doc - Pinot bianco 60%, Chardonnay 30%, Sauvignon 10%
Alc. 14% | € 40 | Bt. 30.000 | Ferm. Legno | Mat. Legno 12 mesi
Risotto al lavarello del Garda.

ALTO ADIGE TERLANO PINOT BIANCO VORBERG RISERVA 2020
Bianco Doc - Pinot bianco 100%
Alc. 13,5% | € 30 | Bt. 70.000 | Ferm. Legno | Mat. Legno 12 mesi
Risotto alla zucca e astice.

ALTO ADIGE TERLANO PINOT BIANCO RARITY
2006 | 2007 | 2009

ALTO ADIGE TERLANO PRIMO GRANDE CUVÉE
2019

Cantina Tramin
(1898)

Willi Stürz è l'uomo simbolo di uno dei più importanti e longevi successi commerciali e di immagine del vino altoatesino a livello nazionale: parliamo naturalmente del Gewürztraminer, che qui è di casa. Ma non è solo l'uva aromatica la protagonista della storia di Cantina Tramin. Contano anche i bianchi eleganti come lo Chardonnay, con il quale Willi si è misurato negli ultimi anni con bottiglie e progetti di livello, come il Troy. C'è la schiava e gli atri classici della produzione vitivinicola locale. Sempre ai massimi livelli.

Strada del Vino, 144 - 39040 Termeno (BZ)
T. 0471 096633 | M. info@cantinatramin.it
www.cantinatramin.it

Viticoltura: Convenzionale e biologica certificata
Ettari: 270 | **Bottiglie:** 1.900.000 | **Produzione olearia:** No
Proprietà: Cooperativa di produttori
Cond. enologica: Willi Stürz
Cond. agronomica: Daniel Mair, Willi Stürz
Vendita diretta: Sì | **Visite in azienda:** Sì

(92)
ALTO ADIGE GEWÜRZTRAMINER NUSSBAUMER 2021
Bianco Doc - Gewürztraminer 100%
Alc. 14,5% | € 28 | Bt. 70.000 | Ferm. Acciaio | Mat. Acciaio 11 mesi
Pagliuzze luminose fanno da preludio a sentori varietali di litchi, mango e papaya, seguiti da floreale di petali di rosa e da una nota di pepe bianco. Sorso caldo e morbido, ma anche fresco e con un lungo finale sapido. Tataki di tonno al sesamo.

(91)
ALTO ADIGE GEWÜRZTRAMINER VENDEMMIA TARDIVA EPOKALE 2016
Bianco Doc Dolce - Gewürztraminer 100%
Alc. 12,5% | € 300 | Bt. 2.400 | Ferm. Acciaio | Mat. Acciaio 11 mesi
Dorato con bordi ambrati. Quadro olfattivo complesso di frutti canditi, uva passa e fichi, seguiti da nuance di cannella e pepe bianco, per chiudere con infuso di rosa. Sorso dolce ed avvolgente, dove il lungo finale appaga con netta sapidità. Stilton.

(91)
ALTO ADIGE GEWÜRZTRAMINER VENDEMMIA TARDIVA TERMINUM 2021
Bianco Doc Dolce - Gewürztraminer 100%
Alc. 9,5% | € 44 (0,375l) | Bt. 4.400 | Ferm. Legno | Mat. Legno 16 mesi
Oro liquido. Naso elegante, con note di albicocche secche, poi fiori d'acacia che s'alternano ad agrumi canditi, pepe bianco e caramello. Sorso dolce e avvolgente, con ritorni mielosi. Foie gras in torchon.

ALTO ADIGE CHARDONNAY TROY RISERVA 2020
Bianco Doc - Chardonnay 100%
Alc. 13,5% | € 75 | Bt. 8.000 | Ferm. Legno | Mat. Acciaio 22 mesi e Legno 12 mesi. Petto d'anatra alle prugne.

ALTO ADIGE PINOT GRIGIO UNTEREBNER 2021
Bianco Doc - Pinot grigio 100%
Alc. 14% | € 25 | Bt. 29.000 | Ferm. Acciaio | Mat. Legno 11 mesi
Timballo di riso e gamberi.

ALTO ADIGE PINOT NERO MAGLEN RISERVA 2020
Rosso Doc - Pinot nero 100%
Alc. 14% | € 32 | Bt. 11.000 | Ferm. Legno | Mat. Legno 12 mesi
Lombata di vitello su letto di cipolline saltate.

ALTO ADIGE GEWÜRZTRAMINER NUSSBAUMER
2017 | 2018 | 2020

ALTO ADIGE GEWÜRZTRAMINER VENDEMMIA TARDIVA TERMINUM
2012 | 2014 | 2020

Cantina Valle Isarco
(1961)

Un vento di novità sta attraversando ormai da qualche anno la più piccola delle cantine cooperative dell'Alto Adige, nata nel 1961. Non solo la consulenza di Riccardo Cotarella, che ha fatto molto discutere, ma anche vari avvicendamenti nello staff di cantina. Anche nel catalogo è stato fatto un po' di ordine, concentrandosi soprattutto sulle varietà di maggiore successo della Valle Isarco, che rappresentano quasi un unicum a livello nazionale: sylvaner, grüner Veltiner, kerner, oltre al pinot bianco, Müller Thurgau e al riesling, a cui ora si aggiunge l'interessante pinot nero.

Località Coste, 50 - 39043 Chiusa (BZ)
T. 0472 847553 | M. info@cantinavalleisarco.it
www.cantinavalleisarco.it

Viticoltura: Convenzionale
Ettari: 150 | **Bottiglie:** 950.000 | **Produzione olearia:** No
Proprietà: Cooperativa di produttori
Cond. enologica: Hannes Munter
Cond. agronomica: Hannes Munter
Vendita diretta: Sì | **Visite in azienda:** Sì

(91)

ALTO ADIGE VALLE ISARCO PINOT GRIGIO ARISTOS 2022
Bianco Doc - Pinot grigio 100%
Alc. 14,5% | € 18 | Bt. 8.000 | Ferm. Legno e Acciaio | Mat. Acciaio 7 mesi e Legno 7 mesi
Giallo paglierino con leggeri riflessi verdognoli. Naso complesso, con evidenti sentori di mela e di pera, seguiti da sfumature di erbette aromatiche. Sorso fresco e sapido, con lungo finale dominato da una leggera scia minerale. Vino gastronomico. Polpettine di alici con crema di piselli.

(91)

ALTO ADIGE VALLE ISARCO SYLVANER ARISTOS 2022
Bianco Doc - Sylvaner 100%
Alc. 14,5% | € 18 | Bt. 25.000 | Ferm. Legno e Acciaio
Mat. Acciaio 7 mesi e Legno 7 mesi
Paglierino delicato. Olfatto dominato dalle erbe officinali quali timo e salvia, poi fruttato di prugne Mirabelle, albicocche e pesche. Sorso beverino, fresco e sapido, con un epilogo lungo e una leggera scia di pepe bianco. Pollastra alla birra e cipolle di Tropea.

ALTO ADIGE VALLE ISARCO GEWÜRZTRAMINER ARISTOS 2022
Bianco Doc - Gewürztraminer 100%
Alc. 14,5% | € 19 | Bt. 10.000 | Ferm. Acciaio | Mat. Acciaio 7 mesi
Asiago stravecchio.

ALTO ADIGE PINOT BIANCO ARISTOS 2022
Bianco Doc - Pinot bianco 100%
Alc. 14% | € 18 | Bt. 4.000 | Ferm. Acciaio | Mat. Acciaio 7 mesi
Sogliola alla mugnaia.

ALTO ADIGE VALLE ISARCO GRÜNER VELTLINER ARISTOS 2022
Bianco Doc - Grüner veltliner 100%
Alc. 14,5% | € 18 | Bt. 8.000 | Ferm. Legno e Acciaio | Mat. Acciaio 7 mesi e Legno 7 mesi
Filetto di lucioperca in crosta di patate.

ALTO ADIGE VALLE ISARCO KERNER ARISTOS 2022
Bianco Doc - Kerner 100%
Alc. 14,5% | € 19 | Bt. 35.000 | Ferm. Acciaio | Mat. Acciaio 7 mesi
Faraona al forno.

ALTO ADIGE VALLE ISARCO KERNER ARISTOS
2019 | 2020 | 2021

ALTO ADIGE VALLE ISARCO RIESLING ARISTOS
2018

Tenuta Castel Englar
(2014)

Lo svettante profilo gotico del Castel Englar, dal 1640 proprietà della famiglia Khuen-Belasi, segna il paesaggio di Appiano Monte, una delle contrade vinicole dell'Oltradige maggiormente vocata alla viticoltura. Su queste dolci colline ai piedi della Mendola i terreni, sabbiosi e ghiaiosi, sono ricchi di scheletro e di materiale calcareo e beneficiano dei venti freschi che di notte scendono dalle pareti rocciose. Condizioni ottimali per vini fini e aggraziati, sempre molto freschi e sapidi, specialmente i bianchi di tradizione.

Via Piganò, 42 - 39057 San Michele Appiano (BZ)
T. 333 4953606 | M. info@weingut-englar.com
www.weingut-englar.com

Viticoltura: Biologica
Ettari: 8 | **Bottiglie:** 60.000 | **Produzione olearia:** No
Proprietà: Johannes Khuen-Belasi
Cond. enologica: Johannes Pichler
Cond. agronomica: Johannes Pichler
Vendita diretta: Sì | **Visite in azienda:** Sì

ALTO ADIGE RIESLING 2021
Bianco Doc - Riesling renano 100%
Alc. 12,5% | € 21 | Bt. 2.000 | Ferm. Acciaio | Mat. Acciaio 12 mesi e Legno 12 mesi
Manto paglierino luminoso con sfumature verdoline. Sprigiona sentori tipici del vitigno, con note fruttate che ricordano l'albicocca e la pesca, seguite da cenni floreali di fiori di sambuco e da una fine allusione agli idrocarburi. Sorso fresco e sapido, con finale su rintocchi salini e agrumati. Tempura di gamberi.

ALTO ADIGE PINOT BIANCO ST.SEBASTIAN RISERVA 2020
Bianco Doc - Pinot bianco 100%
Alc. 13,5% | € 26 | Bt. 1.700 | Ferm. Legno | Mat. Legno 12 mesi
Seppie ripiene su crema di ceci.

ALTO ADIGE RIESLING
2019

ALTO ADIGE PINOT BIANCO BERG
2019

Castel Juval Unterortl

(1992)

La tenuta Unterortl vinifica le uve dei vigneti sospesi lungo le pendici del colle Juval, all'ombra dell'omonimo castello, nel cuore della Val Venosta, fra i 600 e gli 850 metri di quota e su terreni rocciosi di gneiss, capaci di trattenere il calore del soleggiamento diurno rilasciandolo durante le notti più fresche. La famiglia dell'alpinista Reinhold Messner ha affidato l'intera gestione a Martin e Gisela Aurich, che da circa 30 anni realizzano vini eleganti, freschi e filigranati, corroborati da una grande mineralità, che sublimano le caratteristiche del vitigno riesling.

Località Juval, 1/B - 39020 Castelbello (BZ)
T. 0473 667580 | M. info@unterortl.it
www.unterortl.it

Viticoltura: Biologica
Ettari: 4,2 | **Bottiglie:** 38.000 | **Produzione olearia:** No
Proprietà: Simon Messner
Cond. enologica: Martin Aurich
Cond. agronomica: Martin Aurich
Vendita diretta: Sì | **Visite in azienda:** Sì

(93)

ALTO ADIGE VAL VENOSTA RIESLING VIGNA WINDBICHEL 2021
Bianco Dop - Riesling renano 100%
Alc. 13,5% | € 40 | Bt. 2.060 | Ferm. Acciaio | Mat. Acciaio 7 mesi
Giallo paglierino tenue e lucente. Albicocca, pesca e Mirabelle sono i protagonisti indiscussi dello spettacolo odoroso, seguiti da una nota di pietra focaia e di idrocarburi. Palato equilibratissimo, fresco e sapido, termina assai lentamente, colmo di aromi fruttati e su una scia minerale. Polpo alla Luciana.

ALTO ADIGE VAL VENOSTA MÜLLER THURGAU SINGKMOSER VON JUFHAL 2022
Bianco Dop - Müller Thurgau 100%
Alc. 13,5% | € 19 | Bt. 4.650 | Ferm. Acciaio | Mat. Acciaio 7 mesi
Storione alle prugne.

ALTO ADIGE VAL VENOSTA RIESLING UNTERORTL 2022
Bianco Dop - Riesling renano 100%
Alc. 13,5% | € 30 | Bt. 5.100 | Ferm. Acciaio | Mat. Acciaio 7 mesi
Pollo alle mandorle e curcuma.

ALTO ADIGE VAL VENOSTA PINOT BIANCO 2022
Bianco Dop - Pinot bianco 100%
Alc. 13,5% | € 19 | Bt. 8.800 | Ferm. Legno e Acciaio | Mat. Acciaio 7 mesi e Legno 7 mesi
Sarde in saor.

ALTO ADIGE VAL VENOSTA RIESLING VIGNA WINDBICHEL
2019 | 2020

ALTO ADIGE VAL VENOSTA RIESLING GLETSCHERSCHLIFF
2020

Castel Sallegg

(1851)

La storica cantina Salegg della famiglia nobiliare Von Kuenburg ha avviato da un paio di anni un importante restyling, non solo grafico, dei suoi vini. L'azienda, nel cuore di Caldaro, dove tra l'altro sono collocati i natali di un vitigno sempre più raro quanto storicamente significativo come il moscato rosa, da cui si ottengono splendidi vini dolci, può vantare uno dei più importanti cru della schiava dell'Alto Adige come il Bischofsleiten, oltre ad alcuni dei vigneti a corpo unico più estesi della provincia. Se i vini più significativi sono i rossi, anche i bianchi si collocano ai vertici.

Vicolo di Sotto, 15 - 39052 Caldaro (BZ)
T. 0471 963132 | M. info@castelsallegg.it
www.castelsallegg.it

Viticoltura: Convenzionale
Ettari: 30 | **Bottiglie:** 200.000 | **Produzione olearia:** No
Proprietà: Georg Conte Kuenburg
Cond. enologica: Matthias Hauser
Cond. agronomica: Michael Oberrauch
Vendita diretta: Sì | **Visite in azienda:** Sì

(91)

ALTO ADIGE LAGO DI CALDARO SCELTO CLASSICO SUPERIORE VIGNA BISCHOFSLEITEN 2022
Rosso Doc - Schiava 100%
Alc. 13,5% | € 18 | Bt. 15.000 | Ferm. Acciaio | Mat. Acciaio 6 mesi e Legno 6 mesi
Manto rubino tenue e trasparente. La palette odorosa esprime elegantemente i tipici sentori fruttati di lampone e ciliegia, seguiti da sbuffi floreali di viola e lillà, e da una scia speziata di pepe bianco. Sorso moderatamente caldo, fresco, con tannini serici, dal lungo finale di frutta a guscio. Prosciutto di Parma 36 mesi.

ALTO ADIGE MERLOT NUSSLEITEN RISERVA 2019
Rosso Doc - Merlot 100%
Alc. 14% | € 46 | Bt. 6.200 | Ferm. Acciaio | Mat. Legno 18 mesi
Lepre in salmì.

ALTO ADIGE CABERNET SAUVIGNON RISERVA 2019
Rosso Doc - Cabernet sauvignon 100%
Alc. 14% | € 26 | Bt. 4.000 | Ferm. Acciaio | Mat. Legno 12 mesi
Beccacce allo spiedo.

ALTO ADIGE PINOT NERO KARAL 2020
Rosso Doc - Pinot nero 100%
Alc. 14% | € 29 | Bt. 5.200 | Ferm. Acciaio | Mat. Legno 12 mesi
Straccetti di vitello al rosmarino.

ALTO ADIGE CABERNET SAUVIGNON RISERVA
2013 | 2017

ALTO ADIGE MERLOT NUSSLEITEN RISERVA
2018

Castelfeder
(1969)

Da più di 50 anni la famiglia Giovanett porta avanti l'azienda vinicola Castelfeder, ed è oggi giunta alla terza generazione. Una storia di successo e di graduale espansione che oggi comprende anche una tenuta in Germania, nell'area della Mosella. L'assortimento esalta ogni possibile terroir della Bassa Atesina, con un ruolo di preminenza riservato ai bianchi (70% della produzione) e ovviamente al pinot nero. Ai vini della linea Burgum Novum, dedicata alle selezioni, si è da poco aggiunto il top wine costituito dallo Chardonnay Kreuzweg, frutto di un magnifico cru in quel di Magrè.

Via Franz Harpf, 15 - 39040 Cortina sulla Strada del Vino (BZ)
T. 0471 820420 | M. info@castelfeder.it
www.castelfeder.it

Viticoltura: Convenzionale
Ettari: 70 | **Bottiglie:** 600.000 | **Produzione olearia:** No
Proprietà: Günther Giovanett
Cond. enologica: Ivan Giovanett
Cond. agronomica: Ivan Giovanett
Vendita diretta: Sì | **Visite in azienda:** Sì

91

ALTO ADIGE CHARDONNAY KREUZWEG FAMILIY RESERVE 2019
Bianco Doc - Chardonnay 100%
Alc. 13,5% | € 120 | Bt. 1.600 | Ferm. Legno | Mat. Acciaio 6 mesi e Legno 18 mesi
Paglierino intenso e luminoso. Ventaglio olfattivo vasto ed elegante; apre su una nota fumé e di pietra focaia, per passare a fini nuance fruttate di mela fresca e di frutti tropicali; segue una scia di polvere da sparo e incenso. Sorso affascinante, esaltato da freschezza, salinità e dal finale interminabile. Agnolotti al piccione con sugo d'arrosto.

ALTO ADIGE PINOT NERO BURGUM NOVUM RISERVA 2020
Rosso Doc - Pinot nero 100%
Alc. 14% | € 36 | Bt. 14.000 | Ferm. Legno | Mat. Acciaio 12 mesi
Filetto di capriolo ai mirtilli.

ALTO ADIGE CHARDONNAY BURGUM NOVUM RISERVA 2020
Bianco Doc - Chardonnay 100%
Alc. 13% | € 30 | Bt. 11.000 | Ferm. Legno | Mat. Acciaio 6 mesi e Legno 18 mesi
Gnocchetti al sugo d'astice.

ALTO ADIGE PINOT BIANCO TECUM RISERVA 2020
Bianco Doc - Pinot bianco 100%
Alc. 13% | € 65 (1,5l) | Bt. 1.500 | Ferm. Acciaio | Mat. Acciaio 6 mesi e Legno 18 mesi
Ricciola al forno con capperi e pomodori ciliegino.

ALTO ADIGE PINOT NERO GLEN 2021
Rosso Doc - Pinot nero 100%
Alc. 13,5% | € 20 | Bt. 35.000 | Ferm. Legno e Acciaio | Mat. Legno 12 mesi
Bocconcini di cervo al cavolo nero.

ALTO ADIGE CHARDONNAY KREUZWEG FAMILIY RESERVE
2018

ALTO ADIGE PINOT NERO BURGUM NOVUM RISERVA
2015 | 2017 | 2019

Tenuta Donà
(2010)

Questa tenuta giace a Riva di Sotto, sui dolci pendii che dalla Valdadige salgono verso il borgo di San Paolo, gestita con estrema professionalità da Hansjörg Donà, già cantiniere della cantina del Burgraviato. La sua lunga esperienza enologica si traduce in una piccola e concreta produzione, assai fedele alla tradizione e attenta alla valorizzazione del terroir: bianchi quanto mai succosi e profumati e rossi maturi e strutturati, con un occhio di riguardo alla schiava, che esaltano la variegata composizione dei terreni, variabili da sabbioso-argillosi a ghiaioso-calcarei.

Riva di Sotto, 73 - 39057 Appiano (BZ)
T. 335 6058733 | M. info@weingut-dona.com
www.weingut-dona.com

Viticoltura: Convenzionale
Ettari: 5 | **Bottiglie:** 26.000 | **Produzione olearia:** No
Proprietà: Hansjörg Donà
Cond. enologica: Hansjörg Donà
Cond. agronomica: Hansjörg Donà
Vendita diretta: Sì | **Visite in azienda:** Sì

ALTO ADIGE SAUVIGNON 2022
Bianco Doc - Sauvignon 100%
Alc. 14% | € 18 | Bt. 4.000 | Ferm. Acciaio | Mat. Legno 6 mesi
Luminoso paglierino tendente al verdolino. Al naso sprigiona fragranze tipicamente varietali: uva spina, foglia di pomodoro, fiori di sambuco, melissa e pompelmo. Sorso succoso e beverino, con finale che si allunga piacevolmente sui frutti. Triglie in guazzetto.

ALTO ADIGE TERLANO CHARDONNAY 2022
Bianco Doc - Chardonnay 100%
Alc. 13,5% | € 16 | Bt. 7.500 | Ferm. Acciaio | Mat. Legno 6 mesi
Pesce spada alla griglia.

MERLOT LAGREIN 2020
Rosso Igt - Merlot 80%, Lagrein 20%
Alc. 14% | € 25 | Bt. 4.000 | Ferm. Legno | Mat. Legno 12 mesi
Gulasch di manzo alla paprica dolce.

ALTO ADIGE SAUVIGNON
2019 | 2020 | 2021

ALTO ADIGE TERLANO CHARDONNAY
2020

Tenuta Ebner
(2013)

La tenuta Ebner è abbarbicata su una terrazza a strapiombo sulla gola che domina la Valle Isarco, in località Campodazzo. I suoi ripidi vigneti, esposti a sud e sud-est e quindi ben soleggiati, poggiano su terreni complessi, ricchi di porfido e calcare. Diverse viti hanno più di 40 anni e sono allevate a pergola, sistema che si sta rivelando efficace contro i periodi di siccità. Florian e Brigitte Unterthiner ne ricavano con tenacia e passione vini, sia bianchi che rossi, molto personali, intensi nei profumi e dalla spiccata mineralità.

Via del Vigneto, 8 - Località Campodazzo - 39054 Renon (BZ)
T. 339 6952992 | M. info@weingutebner.it
www.weingutebner.it

Viticoltura: Convenzionale
Ettari: 6 | **Bottiglie:** 35.000 | **Produzione olearia:** No
Proprietà: Florian Unterthiner
Cond. enologica: Florian Unterthiner
Cond. agronomica: Florian Unterthiner
Vendita diretta: Sì | **Visite in azienda:** Sì

ALTO ADIGE PINOT BIANCO 2022
Bianco Doc - Pinot bianco 100%
Alc. 14% | € 16 | Bt. 8.000 | Ferm. Legno e Acciaio | Mat. Acciaio 4 mesi e Legno 3 mesi
Giallo paglierino con riflessi dorati. Al naso lievi accenni di frutta tropicale quali ananas e papaya, seguiti da sentori floreali di ginestra. Sorso dominato da una vibrante freschezza e da una buona sapidità, che si allunga verso il finale fruttato. Coniglio al forno con patate.

ALTO ADIGE PINOT NERO 2022
Rosso Doc - Pinot nero 100%
Alc. 13% | € 23 | Bt. 3.000 | Ferm. Legno e Acciaio | Mat. Acciaio 10 mesi e Legno 20 mesi
Hamburger di manzo con Montasio fuso.

ALTO ADIGE VALLE ISARCO GRÜNER VELTLINER 2022
Bianco Doc - Grüner veltliner 100%
Alc. 13,5% | € 16 | Bt. 5.600 | Ferm. Legno e Acciaio | Mat. Acciaio 4 mesi e Legno 4 mesi
Zuppa d'orzo e chiodini.

ALTO ADIGE VALLE ISARCO GEWÜRZTRAMINER
2018 | 2019 | 2021

ALTO ADIGE VALLE ISARCO KERNER
2021

Tenuta Eichenstein
(2004)

A monte della sinistra orografica dell'Adige, ormai all'ingresso della conca meranese, interamente circondati dai tipici boschi di roverella, i vigneti della tenuta Eichenstein poggiano su terreni porfirico-granitici e godono di un clima soleggiato e ventilato, di fatto mediterraneo. Qui il proprietario Josef Waldner, col supporto del valente enologo Martin Pollinger, realizza vini schietti e profondi, dal carattere caldo e vellutato. Un significativo apporto è fornito da alcuni vigneti sulla sponda opposta del fiume, a Marlengo.

Via Castel Gatto, 34 - 39012 Merano (BZ)
T. 344 2820179 | M. info@eichenstein.it
www.eichenstein.it

Viticoltura: Lotta integrata
Ettari: 5,5 | **Bottiglie:** 35.000 | **Produzione olearia:** No
Proprietà: Josef Franz Waldner
Cond. enologica: Martin Pollinger
Cond. agronomica: Martin Pollinger
Vendita diretta: Sì | **Visite in azienda:** Sì

ALTO ADIGE CHARDONNAY SEPPELAIA RISERVA 2020
Bianco Doc - Chardonnay 100%
Alc. 13,5% | € 39 | Bt. 1.400 | Ferm. Legno | Mat. Acciaio 10 mesi e Legno 12 mesi
Paglierino di media intensità. Ventaglio olfattivo variegato, con riconoscimenti speziati di vaniglia, subito seguiti da nuance fruttate di mango e papaya e da sbuffi floreali di ibisco e mughetto. Chiusura balsamica di erbe officinali. Sorso caldo, ben bilanciato dall'acidità, che chiude lentamente. Linguine alla granseola e rosmarino.

ALTO ADIGE SAUVIGNON STEIN 2021
Bianco Doc - Sauvignon 100%
Alc. 13,5% | € 29 | Bt. 2.200 | Ferm. Legno | Mat. Legno 11 mesi
Guazzetto di scampi.

GLORIA DEI 2022
Bianco Igt - Pinot bianco 60%, Sauvignon 30%, Riesling 10%
Alc. 13,5% | € 15 | Bt. 6.500 | Ferm. Acciaio | Mat. Acciaio 7 mesi
Rombo al forno ai sapori mediterranei.

ALTO ADIGE CHARDONNAY SEPPELAIA RISERVA
2019

ALTO ADIGE MERLOT CABERNET BACCARA RISERVA
2019

Falkenstein
(1995)

Fu nel 1989 che Franz Pratzner decise di abbandonare la frutticoltura, principale attività del maso, per dedicarsi alla coltivazione della vite, fino ad allora relegata alla piccola presenza di schiava, utilizzata per l'osteria di famiglia. Da allora la cantina è costantemente cresciuta, ammodernandosi e ampliando la produzione e la gamma, imponendosi ai più alti livelli fra i vini della Val Venosta. È ovviamente il nobile riesling il vitigno principe, attorno al quale tutto ruota e che occupa le giaciture più alte fino a 900 metri di quota, assorbendone forza, freschezza e mineralità.

Via Castello, 19 - 39025 Naturno (BZ)
T. 0473 666054 | M. info@falkenstein.bz
www.falkenstein.bz

Viticoltura: Convenzionale
Ettari: 14 | **Bottiglie:** 90.000 | **Produzione olearia:** No
Proprietà: Franz Pratzner
Cond. enologica: Franz Pratzner
Cond. agronomica: Franz Pratzner
Vendita diretta: Sì | **Visite in azienda:** Sì

ALTO ADIGE VAL VENOSTA RIESLING 2021
Bianco Doc - Riesling 100%
Alc. 13,5% | € 22 | Bt. 39.000 | Ferm. Legno | Mat. Legno 10 mesi
Verdolino che strizza l'occhio alla paglia. Bouquet tipico del vitigno, con presenza di pesca, albicocca e agrumi, appunti di menta e una fine allusione agli idrocarburi. Sorso di vibrante freschezza e buona sapidità, con epilogo di media complessità. Tartare di tonno.

ALTO ADIGE VAL VENOSTA RIESLING ANADÛRON 2019
Bianco Doc - Riesling 100%
Alc. 13,5% | € 45 | Bt. 3.900 | Ferm. Legno | Mat. Acciaio 12 mesi e Legno 12 mesi
Scampi alla busara.

ALTO ADIGE VAL VENOSTA PINOT BIANCO PHILEO 2019
Bianco Doc - Pinot bianco 100%
Alc. 14% | € 42 | Bt. 2.000 | Ferm. Legno | Mat. Acciaio 5 mesi e Legno 12 mesi
Storione alle prugne.

ALTO ADIGE VAL VENOSTA RIESLING
2015 | 2016

ALTO ADIGE VAL VENOSTA RIESLING ANADÛRON
2018

Franz Gojer - Glögglhof
(1972)

I Magdalener del maso Glöggl sono da tempo un riferimento per la tipologia, frutto di scelte coraggiose orientate alla qualità, intraprese in tempi non sospetti, quando ancora il mercato del vino predicava e favoriva la quantità. Del resto la tenuta giace nel cuore della zona di produzione classica, contando su esposizioni eccezionali e pergole con ceppi di età elevata. L'ultima generazione, rappresentata da Florian Gojer, sta esplorando con successo i vigneti dei pendii prospicenti Cornedo all'Isarco, dal clima più fresco, con terreni di basalto, granito e gneiss, ricchi di minerali.

Via Rivellone, 1 - Frazione Santa Maddalena - 39100 Bolzano (BZ)
T. 0471 978775 | M. info@gojer.it
www.gojer.it

Viticoltura: Lotta integrata
Ettari: 8,5 | **Bottiglie:** 60.000 | **Produzione olearia:** No
Proprietà: Franz Gojer
Cond. enologica: Florian Gojer
Cond. agronomica: Florian Gojer
Vendita diretta: Sì | **Visite in azienda:** Sì

ALTO ADIGE SANTA MADDALENA CLASSICO VIGNA RONDELL 2022
Rosso Doc - Schiava 95%, Lagrein 5%
Alc. 13,5% | € 18 | Bt. 7.000 | Ferm. Legno e Acciaio | Mat. Acciaio 8 mesi e Legno 8 mesi
Un rosso rubino tenue apre il sipario, stuzzicando il naso con sentori di ciliegia, lamponi e ribes, seguiti da sbuffi di viola e lillà e da cenni di pepe bianco e cannella. Un tannino moderato e ben integrato pervade la beva, connotata da un'interessante tensione fresco-sapida. Finale moderatamente lungo. Pernici farcite.

ALTO ADIGE SAUVIGNON KARNEID 2022
Bianco Doc - Sauvignon 100%
Alc. 13,5% | € 17 | Bt. 4.000 | Ferm. Acciaio | Mat. Acciaio 8 mesi e Legno 8 mesi
Seppie in umido con piselli.

PIPA XX 2020
Rosso Liquoroso - Lagrein 100%
Alc. 18,5% | € 34 (0,5l) | Bt. 2.000 | Ferm. Acciaio | Mat. Acciaio e Legno 18 mesi
Manzo brasato con olive e porri.

ALTO ADIGE LAGREIN RISERVA 2020
Rosso Doc - Lagrein 100%
Alc. 14% | € 26 | Bt. 6.000 | Mat. Acciaio 6 mesi e Legno 12 mesi
Tagliata di manzo al rosmarino.

ALTO ADIGE KERNER KARNEID 2022
Bianco Doc - Kerner 100%
Alc. 14% | € 13 | Bt. 6.000 | Ferm. Acciaio
Linguine con asparagi e calamaretti.

ALTO ADIGE LAGREIN RISERVA
2011

Griesbauerhof
(1976)

Lo storico maso Griesbauerhof, ai piedi delle colline di Santa Maddalena, appartiene da secoli alla famiglia Mumelter, che ne cura e coltiva i vigneti con passione e fedeltà. Se la tradizione qui si chiama Magdalener, a Georg, e ora al figlio Lukas, non manca lo spirito di ricerca, che si traduce in vini corretti, in linea con la tradizione ma anche in versioni più audaci come l'Isarcus, da uve parzialmente appassite. Il maso si è di recente arricchito di un'osteria curata dall'altro figlio, Michael, dove si possono gustare decine di varietà di pomodori coltivati da mamma Margareth.

Rencio, 66 - 39100 Bolzano (BZ)
T. 0471 973090 | M. info@griesbauerhof.it
www.griesbauerhof.it

Viticoltura: Convenzionale
Ettari: 4,3 | **Bottiglie:** 35.000 | **Produzione olearia:** No
Proprietà: Georg Mumelter
Cond. enologica: Lukas Mumelter
Cond. agronomica: Lukas Mumelter
Vendita diretta: Sì | **Visite in azienda:** Sì

ALTO ADIGE SANTA MADDALENA CLASSICO 2022
Rosso Doc - Schiava 100%
Alc. 13% | € 16 | Bt. 8.000 | Ferm. Acciaio
Rosso granato di luminosa trasparenza. Mette subito in evidenza i tipici sentori di viola e lillà freschi, poi ciliegia e arancia rossa, seguite da leggeri effluvi di pepe bianco. Al palato è intenso, ben equilibrato, con tannini morbidi e ben integrati. Perdurante finale con retrogusto di ciliegia. Tagliere di salumi.

ALTO ADIGE SANTA MADDALENA ISARCUS 2021
Rosso Doc - Schiava 100%
Alc. 13,5% | € 23 | Bt. 3.000 | Ferm. Acciaio | Mat. Acciaio 9 mesi e Legno 9 mesi
Fagiano arrosto.

ALTO ADIGE MERLOT SPITZ 2020
Rosso Doc - Merlot 100%
Alc. 13,5% | € 23 | Bt. 3.500 | Ferm. Acciaio | Mat. Legno 12 mesi
Cinghiale arrosto con castagne.

ALTO ADIGE CABERNET SAUVIGNON RISERVA 2020
Rosso Doc - Cabernet sauvignon 100%
Alc. 13,5% | € 27 | Bt. 2.000 | Ferm. Acciaio | Mat. Legno 12 mesi
Camoscio in umido.

ALTO ADIGE LAGREIN RISERVA 2020
Rosso Doc - Lagrein 100%
Alc. 13,5% | € 29 | Bt. 5.500 | Ferm. Legno | Mat. Acciaio 12 mesi e Legno 12 mesi
Filetto di capriolo ai mirtilli.

ALTO ADIGE PINOT GRIGIO
2021

ALTO ADIGE LAGREIN RISERVA
2017

Gump Hof - Markus Prackwieser
(2000)

Markus Prackwieser, enfant prodige della viticoltura della bassa Valle Isarco, non ha certo bisogno di presentazioni, tante sono le attestazioni di stima ricevute. La sua gamma di vini si articola su tre linee, i cui nomi rimandano al passato di queste plaghe, fatto di castelli, cavalieri e Meistersinger (cantori poeti): si parte dalla più semplice e immediata Mediaevum, dedicata alle vinificazioni in acciaio, passando per le selezioni della linea Praesulis più lungamente affinate, fino alla più pretenziosa linea Reinassance, dove si esplora il mondo dell'elevazione in legno.

Strada di Fiè, 11 - 39050 Fiè allo Sciliar (BZ)
T. 335 1293915 | M. info@gumphof.it
www.gumphof.it

Viticoltura: Convenzionale
Ettari: 7,5 | **Bottiglie:** 65.000 | **Produzione olearia:** No
Proprietà: Markus Prackwieser
Cond. enologica: Markus Prackwieser
Cond. agronomica: Markus Prackwieser
Vendita diretta: Sì | **Visite in azienda:** Sì

(94)
ALTO ADIGE SAUVIGNON RENAISSANCE RISERVA 2020
Bianco Doc - Sauvignon 100%
Alc. 14% | € 38 | Bt. 3.000 | Ferm. Legno | Mat. Legno 12 mesi
Manto paglierino intenso. Impianto olfattivo intenso e intrigante, che sprigiona eleganti sentori di frutta a polpa bianca quali pesca e albicocca, seguiti da rintocchi agrumati e da una fine scia di erbe aromatiche. Al palato si esalta la freschezza, che ne rende piacevole la beva. Termina molto lentamente. Pesce spada al cartoccio.

(92)
ALTO ADIGE PINOT BIANCO PRAESULIS 2021
Bianco Doc - Pinot bianco 100%
Alc. 14% | € 21 | Bt. 12.000 | Ferm. Legno | Mat. Acciaio 10 mesi e Legno 10 mesi
Tra il verdolino e il paglierino. Sprigiona un bouquet intenso di albicocche e pesche nettarine, cui seguono fini sbuffi di ibisco bianco e piante officinali essiccate. Sorso fresco e sapido, di buona struttura e con lungo epilogo fruttato, coerente con l'olfatto. Garganelli freschi con gamberi di fiume.

ALTO ADIGE SCHIAVA MEDIAEVUM 2022
Rosso Doc - Schiava 100%
Alc. 13% | € 14 | Bt. 10.000 | Ferm. Acciaio | Mat. Acciaio 6 mesi e Legno 6 mesi
Carpaccio di chianina e insalata di porcini.

ALTO ADIGE PINOT NERO PRAESULIS 2020
Rosso Doc - Pinot nero 100%
Alc. 13,5% | € 28 | Bt. 6.000 | Ferm. Acciaio | Mat. Legno 12 mesi
Guanciale di vitello alle erbe aromatiche.

ALTO ADIGE PINOT NERO PRAESULIS
2018

ALTO ADIGE PINOT BIANCO PRAESULIS
2020

Franz Haas
(1880)

La scomparsa di Franz Haas non ha privato solo la storica tenuta di famiglia di una guida sicura e creativa, ma ha sottratto a tutto il mondo del vino italiano uno dei suoi interpreti più geniali. Oggi la cantina viene condotta dal figlio Franziskus e dalla moglie Luisa Manna, che portano avanti i suoi progetti e le sue idee, con una gamma di vini molto ampia, in cui spiccano i rossi da pinot nero, in molte declinazioni differenti, ma dove brillano anche esperimenti minori come il vino secco da petit manseng, o le scelte coraggiose come l'adozione del tappo a vite per la maggior parte dei vini.

Via Villa, 6 - 39040 Montagna (BZ)
T. 0471 812280 | M. info@franz-haas.it
www.franz-haas.it

Viticoltura: Convenzionale
Ettari: 60 | **Bottiglie:** 450.000 | **Produzione olearia:** No
Proprietà: Maria Luisa Manna, Franz Haas, Sofia Haas
Cond. enologica: Stefano Tiefenthaler
Cond. agronomica: Klaus Pernter
Vendita diretta: Sì | **Visite in azienda:** Sì

PETIT MANSENG 2021
Bianco Igt - Petit manseng 100%
Alc. 15% | € 22 | Bt. 9.000 | Ferm. Legno | Mat. Acciaio 5 mesi e Legno 3 mesi
Tenue e lucente paglierino. Elargisce penetranti fragranze di frutti canditi, mango e pesca, seguite da marcate scie floreali di fiori di sambuco e gelsomino, per finire con una leggera nota speziata di chiodi di garofano. Sorso caldo e morbido, con finale di ottima lunghezza, cesellato dalla sapidità. Petto di pollo agli asparagi.

ALTO ADIGE GEWÜRZTRAMINER 2021
Bianco Doc - Gewürztraminer 100%
Alc. 14% | € 18 | Bt. 42.500 | Ferm. Acciaio | Mat. Acciaio 4 mesi
Monte Veronese d'allevo.

ALTO ADIGE PINOT NERO SCHWEIZER 2019
Rosso Doc - Pinot nero 100%
Alc. 13,5% | € 37 | Bt. 20.000 | Ferm. Legno e Acciaio | Mat. Legno 16 mesi
Camoscio in umido.

MANNA 2021
Bianco Igt - Riesling renano 40%, Chardonnay 20%, Gewürztraminer 15%, Kerner 15%, Sauvignon 10%
Alc. 13,5% | € 25 | Bt. 50.400 | Ferm. Legno e Acciaio | Mat. Acciaio 10 mesi e Legno 5 mesi
Pasta, patate e cozze.

ALTO ADIGE MOSCATO ROSA 2021
Rosso Doc Dolce - Moscato rosa 100%
Alc. 10,5% | € 29 (0,5l) | Bt. 13.000 | Ferm. Acciaio | Mat. Acciaio 5 mesi
Tortino di marroni tiepido.

ALTO ADIGE PINOT NERO SCHWEIZER
2016 | 2018

ALTO ADIGE PINOT NERO
2017 | 2019

Himmelreich
(2004)

La piccola cantina a conduzione familiare di Markus Fliri sorge in piena Val Venosta, alle pendici del Monte Sole, nome che rivela l'eccezionale livello di soleggiamento di cui godono questi vigneti. Su questi terreni morenici, molto ripidi e magnificamente esposti a mezzogiorno, nonostante l'altimetria e la latitudine, le uve riescono a giungere a piena maturazione, acquisendo carattere e sapidità minerale di prim'ordine. Nella gamma sono rappresentate gran parte delle varietà dell'eroica viticoltura venostana: pinot bianco e nero, riesling, schiava e zweigelt.

Vicolo del Convento, 15/a - Località Ciardes - 39020 Castelbello (BZ)
T. 335 6087807 | M. info@himmelreich.wine
www.himmelreich.wine

Viticoltura: Convenzionale
Ettari: 4 | **Bottiglie:** 37.000 | **Produzione olearia:** No
Proprietà: Markus Fliri
Cond. enologica: Markus Fliri
Cond. agronomica: Markus Fliri
Vendita diretta: Sì | **Visite in azienda:** Sì

(91)
ALTO ADIGE VAL VENOSTA RIESLING 2021
Bianco Doc - Riesling 100%
Alc. 13% | € 11 | Bt. 8.500 | Ferm. Acciaio | Mat. Acciaio 4 mesi
Paglierino con lievi sfumature verdoline. Tipiche presenze di pesca, albicocca e buccia d'arancia, seguite da un delicato ricordo di idrocarburi. Sorso fresco e molto sapido, di facile beva. Termina lentamente su una scia minerale arricchita da aromi fruttati. San Pietro alla siciliana con dadolata di patate.

ALTO ADIGE VAL VENOSTA RIESLING GEIEREGG 2021
Bianco Doc - Riesling 100%
Alc. 13,5% | € 13 | Bt. 3.000 | Ferm. Acciaio | Mat. Acciaio 4 mesi
Sformatino di zucca con fonduta di Asiago.

ALTO ADIGE VAL VENOSTA PINOT BIANCO 2021
Bianco Doc - Pinot bianco 100%
Alc. 13% | € 10 | Bt. 7.500 | Ferm. Acciaio | Mat. Acciaio 4 mesi
Tortellini in brodo.

ALTO ADIGE VAL VENOSTA RIESLING GEIEREGG
2018 | 2019 | 2020

ALTO ADIGE RIESLING GEIEREGG
2017

Kandlerhof
(1793)

Da più di 200 anni proprietà della famiglia Spornberger, e per questo classificato come avito, il maso Kandler sorge in località Prazöll, la contrada primigenia del vigneto di Santa Maddalena, vicino all'omonima pieve romanica, le cui origini sono quasi millenarie. Martin e il figlio Hannes perseguono una viticoltura rigorosa, centrata sulla valorizzazione dell'autoctona schiava, base dei tipicissimi e mai banali Magdalener aziendali, sulla produzione di un promettente rosé, senza trascurare ovviamente il lagrein (siamo a Bolzano) e cimentandosi anche con merlot e sauvignon.

Via Santa Maddalena di Sotto, 30 - 39100 Bolzano (BZ)
T. 0471 973033 | M. info@kandlerhof.it
www.kandlerhof.it

Viticoltura: Convenzionale
Ettari: 4,5 | **Bottiglie:** 20.000 | **Produzione olearia:** No
Proprietà: Hannes Spornberger
Cond. enologica: Hannes Spornberger
Cond. agronomica: Martin Spornberger
Vendita diretta: Sì | **Visite in azienda:** Sì

ALTO ADIGE SANTA MADDALENA CLASSICO SCHLOTERPÖCK 2019
Rosso Doc - Schiava 96%, Lagrein 4%
Alc. 13% | € 16 | Bt. 3.200 | Ferm. Acciaio | Mat. Legno 12 mesi
Di colore rosso granato tenue con bordi leggermente sfumati. Si apre con ricordi di ciliegia, mora e viola. In sottofondo denota un guizzo balsamico. Primeggiano all'assaggio la vena sapida e la gradevole freschezza, i tannini sono rotondi e ben integrati. Il retrogusto fruttato è di media durata. Speck dell'Alto Adige.

ALTO ADIGE SAUVIGNON 2022
Bianco Doc - Sauvignon 100%
Alc. 13% | € 15 | Bt. 5.000 | Ferm. Legno e Acciaio | Mat. Acciaio 6 mesi e Legno 6 mesi
Moeche fritte.

ALTO ADIGE SAUVIGNON
2020

ALTO ADIGE SANTA MADDALENA CLASSICO SCHLOTERPÖCK
2018

Kettmeir
(1919)

Al colosso Santa Margherita, proprietario della gloriosa cantina Kettmeir, va il merito di non averne stravolto l'assetto e di aver lasciato ampio spazio di manovra al gruppo dirigente, con in testa l'enologo Josef Romen. Oggi Kettmeir coglie i frutti dei cospicui investimenti e dell'accurato lavoro svolto nel settore spumantistico, che ne fanno la più grande realtà produttiva altoatesina insieme ad Arunda. Un successo di numeri e di critica che non deve lasciare in ombra gli altri notevoli vini con in cima quelli da pinot grigio, importante sul piano dei numeri ma anche della qualità.

Via Cantine, 4 - 39052 Caldaro (BZ)
T. 0471 963135 | M. info@kettmeir.com
www.kettmeir.com

Viticoltura: Convenzionale
Ettari: 60 | **Bottiglie:** 419.000 | **Produzione olearia:** No
Proprietà: Gruppo Santa Margherita
Cond. enologica: Josef Romen
Cond. agronomica: Staff aziendale
Vendita diretta: Sì | **Visite in azienda:** Sì

ALTO ADIGE SPUMANTE BRUT ATHESIS 2020
Bianco Doc Metodo Classico - Pinot bianco 49%, Chardonnay 42%, Pinot nero 9%
Alc. 12,5% | € 26 | Bt. 58.000 | Ferm. Acciaio | Mat. Acciaio 6 mesi 24 mesi sui lieviti
Veste lucente e catenelle numerose, fini e persistenti. Frutti e fiori al naso: ananas, papaya, mela cotogna e iris, poi sbuffi dolci di pasticceria. Sorso asciutto, rinfrescante e sapido, che chiude con un'ottima lunghezza. Risotto al tartufo nero.

ALTO ADIGE SPUMANTE EXTRA BRUT 1919 RISERVA 2017
Bianco Doc Metodo Classico - Chardonnay 56%, Pinot nero 31%, Pinot bianco 13%
Alc. 13% | € 50 | Bt. 4.300 | Ferm. Legno e Acciaio | Mat. Acciaio 6 mesi e Legno 6 mesi | 56 mesi sui lieviti
Gnocchetti al sugo d'astice.

ALTO ADIGE SPUMANTE BRUT ROSÉ ATHESIS 2020
Rosato Doc Metodo Classico - Chardonnay 50%, Pinot nero 50%
Alc. 12,5% | € 27 | Bt. 47.000 | Ferm. Acciaio | Mat. Acciaio 6 mesi 24 mesi sui lieviti
Crema di patate e asparagi con cappesante scottate.

ALTO ADIGE SPUMANTE PAS DOSÉ
2015

ALTO ADIGE SPUMANTE EXTRA BRUT 1919 RISERVA
2013 | 2015

Tenuta Köfererhof
(1995)

Sulle prime rampe della vecchia strada della Val Pusteria, il maso Köferer domina da nord l'intera conca di Bressanone; i vigneti variano fra i 650 e i 700 metri di quota e sono esposti a sud e sud-ovest, formando spettacolari e scenografici terrazzamenti. In quest'angolo di paradiso, da più di due decenni, Günther Kerschbaumer impone il proprio credo enologico, basato sul rigoroso rispetto delle regole della qualità, in vigna come in cantina. La produzione esalta tutta la gamma dei vitigni bianchi della sottozona Valle Isarco, ove spiccano alcune sue predilezioni: kerner e pinot grigio.

Via Pusteria, 3 - Località Novacella - 39040 Varna (BZ)
T. 347 4778009 | M. info@koefererhof.it
www.koefererhof.it

Viticoltura: Convenzionale
Ettari: 11 | **Bottiglie:** 80.000 | **Produzione olearia:** No
Proprietà: Günther Kerschbaumer
Cond. enologica: Günther Kerschbaumer
Cond. agronomica: Günther Kerschbaumer
Vendita diretta: Sì | **Visite in azienda:** No

(92)

ALTO ADIGE VALLE ISARCO KERNER 2022
Bianco Doc - Kerner 100%
Alc. 13,5% | € 19 | Bt. 45.000 | Ferm. Acciaio | Mat. Acciaio 8 mesi
Paglierino tenue che richiama il verdolino. Olfatto intrigante, che apre su sentori di menta, melissa e origano, seguiti da aromi di albicocche, pesche bianche e da una leggera scia di pepe. Sorso fresco e sapido, dissetante e spigliato. Ammalia a lungo con la sua scia minerale. Spiedo di seppioline ai ferri.

ALTO ADIGE VALLE ISARCO GEWÜRZTRAMINER 2022
Bianco Doc - Gewürztraminer 100%
Alc. 13,5% | € 23 | Bt. 6.000 | Ferm. Acciaio | Mat. Acciaio 8 mesi
Montasio stravecchio.

ALTO ADIGE VALLE ISARCO PINOT GRIGIO 2022
Bianco Doc - Pinot grigio 100%
Alc. 13,5% | € 21 | Bt. 12.000 | Ferm. Legno e Acciaio | Mat. Acciaio 8 mesi e Legno 8 mesi
Risotto all'isolana.

ALTO ADIGE VALLE ISARCO KERNER
2019 | 2020 | 2021

ALTO ADIGE VALLE ISARCO VELTLINER
2015

Cantina Laimburg
(1965)

La cantina Laimburg, annessa all'omonimo Centro di Sperimentazione, è di proprietà della locale Provincia Autonoma. Fedele al suo ruolo istituzionale, si distingue per i costanti sforzi rivolti alla valorizzazione della viticoltura altoatesina, alla ricerca e sperimentazione di nuove varietà o di nuove zone vinicole. La produzione commercializzata è sempre di elevata qualità e col suo ampio assortimento copre gran parte delle tipologie. Estrema attenzione è posta verso i vitigni autoctoni. Prova ne è il Vernacius Solemnis, intrigante espressione delle potenzialità dell'umile schiava/vernatsch.

Laimburg, 6 - 39040 Vadena (BZ)
T. 0471 969500 | M. landesweingut-cantina@laimburg.it
www.laimburg.bz.it

Viticoltura: Convenzionale e biologica
Ettari: 20 | **Bottiglie:** 100.000 | **Produzione olearia:** Sì
Proprietà: Provincia Autonoma di Bolzano
Cond. enologica: Urban Piccolruaz
Cond. agronomica: Stefan Raffl
Vendita diretta: Sì | **Visite in azienda:** Sì

(92)

ALTO ADIGE LAGO DI CALDARO SCELTO CLASSICO SUPERIORE VERNACIUS SOLEMNIS 2021
Rosso Doc - Schiava 100%
Alc. 13,5% | € 15 | Bt. 3.900 | Ferm. Acciaio | Mat. Legno 10 mesi
Carminio lucente e trasparente. Esordisce con note di pepe bianco e cardamomo, arricchiti da ciliegie e lamponi, con sbuffi floreali di viola in sottofondo. Sorso fresco e moderatamente sapido, con tannini ben integrati e lungo epilogo fruttato. Mocetta di camoscio.

ALTO ADIGE GEWÜRZTRAMINER ELYÒND 2020
Bianco Doc - Gewürztraminer 100%
Alc. 15% | € 20 | Bt. 2.800 | Ferm. Acciaio | Mat. Acciaio 22 mesi
Garganelli con julienne di calamari e ortiche.

ALTO ADIGE SAUVIGNON OYÈLL RISERVA 2020
Bianco Doc - Sauvignon 100%
Alc. 13,5% | € 18 | Bt. 2.800 | Ferm. Legno e Acciaio | Mat. Acciaio 12 mesi e Legno 10 mesi
Risotto agli scampi.

ALTO ADIGE GEWÜRZTRAMINER ELYÒND
2019

ALTO ADIGE CABERNET SAUVIGNON SASS ROÀ RISERVA
2018

Lehengut
(2015)

Thomas Plack va annoverato fra i vignaioli eroici della Val Venosta. Dal 2015, col supporto di Martin Aurich, ha intrapreso la vinificazione in proprio delle uve del Lehengut, un feudo risalente al 1627 da lui rilevato nel 1989. Siamo a Colsano, sul versante della valle rivolto a sud, ai piedi del Monte Sole. È quest'ultimo che offre alla vite condizioni ideali: lunghi irraggiamenti, rilascio notturno del calore accumulato nelle ore diurne, costante e fresca ventilazione e ovviamente un terreno composito di gneiss e feldspati. I vini sono inevitabilmente freschi, sapidi ed eleganti.

Via delle Fonti, 2/B - 39020 Castelbello (BZ)
T. 348 7562676 | M. info@lehengut.it
www.lehengut.it

Viticoltura: Biologica certificata
Ettari: 3 | **Bottiglie:** 18.000 | **Produzione olearia:** No
Proprietà: Thomas Plack
Cond. enologica: Martin Aurich
Cond. agronomica: Staff aziendale
Vendita diretta: Sì | **Visite in azienda:** Sì

GEGENWIND 2021
Bianco Igt - Souvignier gris 100%
Alc. 13% | € 18 | Bt. 1.800 | Ferm. Legno | Mat. Legno 12 mesi
Giallo dorato con richiami paglierino. Spettro odoroso che mette subito in evidenza sentori di menta, piante officinali essiccate e té nero, seguiti da echi fruttati di mela. Al gusto è fresco e moderatamente sapido, si congeda lentamente sulla scia piacevolmente ammandorlata. Linguine all'astice.

ALTO ADIGE VAL VENOSTA RIESLING 2022
Bianco Dop - Riesling 100%
Alc. 13% | € 18 | Bt. 4.890 | Ferm. Acciaio | Mat. Acciaio 8 mesi
Totani ripieni con salsa mediterranea.

ALTO ADIGE VAL VENOSTA PINOT BIANCO
2017 | 2019 | 2021

ALTO ADIGE VAL VENOSTA RIESLING
2020

Lieselehof
(1993)

Werner Morandell, con la moglie Claire e i figli Julian e Maximilian, è un viticoltore appassionato e competente; la sua cantina a Caldaro merita una visita, anche per percorrere il sentiero didattico che si snoda attorno alla collezione di 250 vitigni. Antesignano dell'utilizzo delle varietà resistenti alle malattie fungine (Piwi) cui ha dedicato un libro fondamentale, ha da tempo bandito l'uso di pesticidi, perseguendo con convinzione la strada del vino biologico. Vini sempre originali e personali, fra i quali spiccano anche uno spumante, un orange wine e una serie di ben tre passiti.

Via Kardatsch, 6 - Località St. Anton - 39052 Caldaro (BZ)
T. 0471 965060 | M. info@lieselehof.com
www.lieselehof.com

Viticoltura: Biologica certificata
Ettari: 5 | **Bottiglie:** 30.000 | **Produzione olearia:** No
Proprietà: Famiglia Morandell
Cond. enologica: Gianni Gasperi, Maximilian Morandell
Cond. agronomica: Maximilian Morandell
Vendita diretta: Sì | **Visite in azienda:** Sì

JULIAN CUVÉE 2019
Bianco Igt - Bronner 50%, Johanniter 50%
Alc. 13,5% | € 28 | Bt. 4.000 | Ferm. Acciaio | Mat. Acciaio 11 mesi
Veste paglierino tenue e luminoso. Spettro olfattivo composto da sentori di mela e di pompelmo, poi note lattiche che ricordano lo yogurt fresco. Sorso intrigante, moderatamente fresco e salino, con finale di media lunghezza. Puntarelle croccanti con colatura di alici, arance e melagrana.

JULIAN ORANGE 2020
Bianco Igt - Bronner 100%
Alc. 13,5% | € 54 | Bt. 1.600 | Ferm. Acciaio | Mat. Legno 18 mesi
Tartare di scampi.

VINO DEL PASSO 2021
Bianco Igt - Solaris 100%
Alc. 13,5% | € 65 | Bt. 3.000 | Ferm. Acciaio
Pesce spada gratinato.

Loacker Wine Estates - Weingut Loacker
(1979)

Da quasi 50 anni la cantina Loacker racconta di un diverso modo di intendere la viticoltura. Pionieri dei metodi di coltivazione biodinamica, i fratelli Hayo, Franz e Josef hanno raccolto il testimone di papà Rainer, portandone avanti gli ideali. Tra interventi omeopatici e cornoletame, terreni e viti hanno acquisito una indubbia vitalità e resistenza, tanto da superare crisi idriche e climatiche meglio di molti vigneti convenzionali. Un fatto che raccontano anche i vini, mai banali e sempre carichi di fascino e passione. Sicuramente tra i più interessanti della categoria.

Via Santa Giustina, 3 - 39100 Bolzano (BZ)
T. 0471 365125 | M. lo@cker.it
www.loacker.bio

Viticoltura: Biologica certificata e biodinamica
Ettari: 7 | **Bottiglie:** 60.000 | **Produzione olearia:** No
Proprietà: Hayo e Franz Josef Loacker
Cond. enologica: Hayo Loacker
Cond. agronomica: Hayo Loacker
Vendita diretta: Sì | **Visite in azienda:** Sì

GRAN LAREYN 2021
Rosso Igt - Lagrein 100%
Alc. 14% | € 24 | Bt. 6.000 | Ferm. Acciaio | Mat. Legno 24 mesi
Rosso rubino intenso e luminoso. Al naso primeggiano sentori di amarena e di lamponi maturi, seguiti da petali di rosa e di viola; chiude su scie tostate di caffè e cuoio. Impronta gustativa calda, con un tannino presente ma ben integrato, sapidità e freschezza medie, epilogo di buona lunghezza. Braciola di cervo con salsa di ribes.

ALTO ADIGE SANNTA MADDALENA IHLDERHOF 2021
Rosso Doc - Schiava 97%, Lagrein 3%
Alc. 13,5% | € 19 | Bt. 3.000 | Mat. Legno 8 mesi
Salame d'oca di Mortara.

KASTLET 2020
Rosso Igt - Cabernet sauvignon 50%, Lagrein 50%
Alc. 14% | € 30 | Bt. 2.600 | Ferm. Acciaio | Mat. Legno 24 mesi
Stracotto d'asino.

TASNIM 2022
Bianco Igt - Sauvignon 100%
Alc. 13,5% | € 20 | Bt. 5.000 | Ferm. Acciaio | Mat. Acciaio 6 mesi e Legno 6 mesi
Impepata di cozze.

ALTO ADIGE SANTA MADDALENA MORIT 2022
Rosso Doc - Schiava 87%, Lagrein 10%, Pinot nero 3%
Alc. 13% | € 13 | Bt. 4.000 | Ferm. Legno | Mat. Legno 6 mesi
Spalla cotta di San Secondo.

KASTLET
2014

GRAN LAREYN
2018

Malojer - Gummerhof
(1880)

Il maso Gummer, circondato dalle vigne del quartiere Dorf, all'interno dell'area urbana di Bolzano, è menzionato fin dal 1480 e nel 1880 l'allora tenutario, Josef Trafojer, l'ha trasformato in casa vinicola privata, cominciando a vinificare anche le uve di altri conferitori. Oggi, con Alfred e Urban Malojer si è giunta alla quinta generazione di produttori. La gamma dei vini copre tutte le tipologie bolzanine, dal Lagrein di Gries ai Magdalener di Santa Maddalena, Santa Giustina e Leitach, passando per le varietà a bacca bianca dell'altopiano del Renon.

Via Weggenstein, 34/A - 39100 Bolzano (BZ)
T. 0471 972885 | M. info@malojer.it
www.malojer.it

Viticoltura: Convenzionale
Ettari: 13 | **Bottiglie:** 100.000 | **Produzione olearia:** No
Proprietà: Urban Malojer
Cond. enologica: Urban Malojer
Cond. agronomica: Urban Malojer
Vendita diretta: Sì | **Visite in azienda:** Sì

ALTO ADIGE GEWÜRZTRAMINER KUI 2022
Bianco Doc - Gewürztraminer 100%
Alc. 14,5% | € 10 | Bt. 9.000 | Ferm. Acciaio | Mat. Acciaio 6 mesi
Dorato sfumato e lucente. Riconoscimenti nitidi di petali di rosa, pompelmo e agrumi si alternano a pepe bianco e vaniglia. Sorso avvolgente e caldo, tenuto in equilibrio da una moderata ma mai doma freschezza. Si congeda con molta florealità e speziatura. Spaghetti con vongole e bottarga.

ALTO ADIGE SAUVIGNON GUR ZU SAND 2022
Bianco Doc - Sauvignon 100%
Alc. 13,5% | € 9 | Bt. 7.000 | Ferm. Acciaio | Mat. Acciaio 6 mesi
Zuppa di cipolle gratinate.

ALTO ADIGE CABERNET LAGREIN CUVÉE BAUTZANUM RISERVA 2020
Rosso Doc - Cabernet sauvignon 52%, Lagrein 48%
Alc. 13,5% | € 17 | Bt. 3.000 | Ferm. Acciaio | Mat. Legno 18 mesi
Fagiano arrosto.

ALTO ADIGE CABERNET SAUVIGNON 2020
Rosso Doc - Cabernet sauvignon 100%
Alc. 13,5% | € 17 | Bt. 3.000 | Ferm. Acciaio | Mat. Legno 18 mesi
Pernici farcite.

ALTO ADIGE SANTA MADDALENA CLASSICO LOAMER 2022
Rosso Doc - Schiava 90%, Lagrein 10%
Alc. 13% | € 8 | Bt. 9.000 | Ferm. Acciaio | Mat. Acciaio 6 mesi
Pasta e fagioli.

ALTO ADIGE LAGREIN GUMMER ZU GRIES 2021
Rosso Doc - Lagrein 100%
Alc. 14% | € 10 | Bt. 8.000 | Ferm. Acciaio | Mat. Acciaio 6 mesi
Lepre alla cacciatora.

ALTO ADIGE BIANCO BAUTZANUM
2020 | 2021

ALTO ADIGE LAGREIN RISERVA
2016 | 2017 | 2018

Manincor
(1996)

Gli aristocratici natali di Michael Goëss-Enzenberg non impediscono al patron della bella cantina di Caldaro di sporcarsi le mani, curando personalmente varie fasi della produzione. In oltre 20 anni, la tenuta ha saputo guadagnarsi un posto di rispetto anche nel mondo dei vini biodinamici. La conversione ha portato nel tempo frutti sempre più convincenti che si esprimono in vini densi e caratteristici, tecnicamente molto ben eseguiti, che abbracciano la classica gamma dei vitigni locali e non, a eccezione del gewürztraminer, per scelta, non essendo storicamente mai stato coltivato in azienda.

Via San Giuseppe al Lago, 4 - 39052 Caldaro (BZ)
T. 0471 960230 | M. info@manincor.com
www.manincor.com

Viticoltura: Biodinamica
Ettari: 50 | **Bottiglie:** 350.000 | **Produzione olearia:** No
Proprietà: Michael Goëss-Enzenberg
Cond. enologica: Helmuth Zozin, Alistair Khamhing
Cond. agronomica: Manuel Schatzer
Vendita diretta: Sì | **Visite in azienda:** Sì

LE PETIT 2019
Bianco Passito - Petit manseng 100%
Alc. 8,5% | € 50 (0,375l) | Bt. 3.200 | Ferm. Legno | Mat. Legno 9 mesi
Manto ambrato fitto. Profilo olfattivo intenso e variegato, elargisce fragranze fruttate di mela cotta, fichi d'india e uva passa, poi sbuffi di mandarino e note di fiori di sambuco, infine una nuance di pepe del Sichuan. Sorso dolce e molto morbido, che si allontana gradualmente sulla scia minerale. Mousse di castagne e cioccolato.

ALTO ADIGE PINOT NERO MASON DI MASON 2020
Rosso Doc - Pinot nero 100%
Alc. 13,5% | € 75 | Bt. 4.100 | Ferm. Legno | Mat. Legno 12 mesi
Brasato di lepre con riduzione di vino rosso.

CASTEL CAMPAN 2020
Rosso Igt - Cabernet franc 86%, Merlot 14%
Alc. 14% | € 75 | Bt. 3.800 | Ferm. Legno | Mat. Legno 12 mesi
Coq au vin alla borgognona.

ALTO ADIGE TERLANO PINOT BIANCO EICHHORN 2021
Bianco Doc - Pinot bianco 100%
Alc. 13% | € 28 | Bt. 14.000 | Ferm. Legno | Mat. Legno 9 mesi
Luccio alla Gardesana.

ALTO ADIGE TERLANO RÉSERVE DELLA CONTESSA 2022
Bianco Doc - Pinot bianco 57%, Chardonnay 26%, Sauvignon 17%
Alc. 13% | € 19 | Bt. 56.800 | Ferm. Legno | Mat. Legno 9 mesi
Coregone al forno.

ALTO ADIGE TERLANO CHARDONNAY SOPHIE 2021
Bianco Doc - Chardonnay 96%, Viognier 4%
Alc. 13,5% | € 35 | Bt. 14.000 | Ferm. Legno | Mat. Legno 9 mesi
Pennette con pesto alla trapanese.

LE PETIT
2017 | 2018

ALTO ADIGE PINOT NERO MASON DI MASON
2013 | 2017

Lorenz Martini
(1985)

La passione della famiglia Martini per le bollicine dura ininterrottamente dal 1985 e, a giusto titolo, può considerarsi antesignana della tipologia in Sudtirolo. Le uve di pinot bianco, pinot nero e chardonnay per i suoi pregiati Comitissa provengono da svariati vigneti dell'Oltradige, nonché da un piccolo appezzamento a Cologna, sopra Bolzano. I tagli e i processi del metodo classico sono ormai perfezionati al massimo grado, adattandosi ogni anno alle esigenze del millesimo. La permanenza sui lieviti in bottiglia dura almeno tre anni per il pas dosé e fino a otto per il brut.

Pranzoll, 2/D - Località Cornaiano - 39057 Appiano (BZ)
T. 339 7992749 | M. lorenz.martini@rolmail.net
www.lorenzmartini.com

Viticoltura: Convenzionale
Ettari: 2,5 | **Bottiglie:** 10.000 | **Produzione olearia:** No
Proprietà: Lorenz Martini
Cond. enologica: Lorenz Martini
Cond. agronomica: Lorenz Martini
Vendita diretta: Sì | **Visite in azienda:** Sì

ALTO ADIGE SPUMANTE PAS DOSÉ COMITISSA RISERVA 2019
Bianco Doc Metodo Classico - Pinot bianco 50%, Chardonnay 35%, Pinot nero 15%
Alc. 12,5% | € 33 | Bt. 18.000 | Ferm. Acciaio | 36 mesi sui lieviti
Giallo paglierino intenso con fitte catenelle di fini e persistenti bollicine. Al naso sprigiona sentori molto precisi, con incastri di lievito, crosta di pane e marzapane. In sottofondo toni fruttati di mele e pere mature e fiori di sambuco. Sorso asciutto, rinfrescato da succosa acidità. Convincente epilogo fruttato. Sushi e sashimi.

ALTO ADIGE SPUMANTE PAS DOSÉ COMITISSA RISERVA
2013 | 2018

ALTO ADIGE SPUMANTE BRUT COMITISSA GOLD RISERVA
2011

Montris
(2017)

Nata dalla smodata passione per le bollicine di tre amici, già impegnati nel mondo del vino in differenti ambiti fra loro complementari, questa casa spumantistica di Caldaro costituisce una piacevole new entry sulla scena enologica altoatesina. Andreas, Arthur e Martin si cimentano per il momento con un solo spumante, un blanc de blancs a base chardonnay con 36 mesi di permanenza sui lieviti, concepito e costruito nei minimi dettagli allo scopo di diventare, al completamento di tutti i progetti, il miglior metodo classico del territorio.

Località San Giuseppe al Lago, 28 - 39052 Caldaro sulla Strada del Vino (BZ)
T. 340 5861132 | M. info@montris.it
www.montris.it

Viticoltura: Convenzionale e biodinamica
Ettari: 0,7 | **Bottiglie:** 5.000 | **Produzione olearia:** No
Proprietà: Montris snc
Cond. enologica: Andreas Prast
Cond. agronomica: Staff aziendale
Vendita diretta: Sì | **Visite in azienda:** Sì

(91)
MONTRIS BLANC DE BLANC BRUT NATURE 2018
Bianco Metodo Classico - Chardonnay 100%
Alc. 12,5% | € 37 | Bt. 4.500 | Ferm. Acciaio | 36 mesi sui lieviti
Dorato lucente con catenelle fitte e durature. Quadro olfattivo intenso e complesso, che si apre su sentori di lievito e di pasticceria, poi note fruttate di mele mature, agrumi e sbuffi di mughetto e cardamomo. Sorso rinfrescante e salino, con un lungo epilogo dal ritorno agrumato. Aragosta in bellavista.

DEBUT
2017

Cantina Convento Muri Gries
(1845)

Il convento di Gries, dal 1845 di proprietò dei monaci agostiniani svizzeri dell'abbazia di Muri, che lo rilevarono dai benedettini, è il vero e proprio custode del Lagrein, vino simbolo di Bolzano. Ne trattiene gelosamente degli appezzamenti con alcune viti centenarie, all'interno del conglomerato urbano della città, dai quali l'enologo Christian Werth ricava un cru dalle qualità straordinarie. L'area alluvionale di Gries e dell'adiacente San Maurizio sono in effetti la dimora ideale per questo vitigno. Altri vigneti, dedicati a uve bianche e alla schiava, sono ubicati ad Appiano.

Piazza Gries, 21 - 39100 Bolzano (BZ)
T. 0471 282287 | M. info@muri-gries.com
www.muri-gries.com

Viticoltura: Convenzionale
Ettari: 34 | **Bottiglie:** 650.000 | **Produzione olearia:** No
Proprietà: Convento dei Benedettini Muri-Gries
Cond. enologica: Christian Werth
Cond. agronomica: Walter Bernard
Vendita diretta: Sì | **Visite in azienda:** No

(95)
ALTO ADIGE LAGREIN VIGNA KLOSTERANGER RISERVA 2018
Rosso Doc - Lagrein 100%
Alc. 14% | € 80 | Bt. 5.000 | Ferm. Acciaio | Mat. Legno 24 mesi
Rosso carminio fitto. Olfatto variegato, con sentori di mora e di ribes nero, seguiti da liquirizia e spezie scure, intarsi di fiori come la viola e scie tostate di caffè e scatola da sigari. Sorso voluminoso e caldo, ben mitigato da tannini eleganti. Finale lunghissimo. Medaglioni di cervo con riduzione di cottura.

(92)
ALTO ADIGE LAGREIN ROSATO 2022
Rosato Doc - Lagrein 100%
Alc. 13,5% | € 13 | Bt. 60.000 | Ferm. Acciaio | Mat. Acciaio 4 mesi
Rosa corallo chiaro. Olfatto che si apre su note di lamponi, rabarbaro e buccia d'arancia, seguite da marcate scie di rosa damascena. Sorso fresco, con garbata presenza di tannini e finale golosamente fruttato. Tartare di gamberi.

(91)
ALTO ADIGE LAGREIN ABTEI MURI RISERVA 2020
Rosso Doc - Lagrein 100%
Alc. 13,5% | € 31 | Bt. 50.000 | Ferm. Acciaio | Mat. Legno 14 mesi
Rosso rubino impenetrabile con orlo violaceo. Esordisce con sentori di pepe nero e cannella, poi ciliegia e bacche di sambuco e mirto. Palato caldo e denso, con tannini eleganti e lungo finale di sigaro. Filetto di cervo ai mirtilli.

ALTO ADIGE TERLANO PINOT BIANCO ABTEI MURI RISERVA 2020
Bianco Doc - Pinot bianco 100%
Alc. 14% | € 30 | Bt. 5.000 | Ferm. Acciaio | Mat. Legno 16 mesi
Mozzarella di bufala campana.

ALTO ADIGE MOSCATO ROSA VENDEMMIA TARDIVA ABTEI MURI 2021
Rosso Doc Dolce - Moscato rosa 100%
Alc. 14,5% | € 28 (0,375l) | Bt. 4.500 | Ferm. Acciaio | Mat. Acciaio 12 mesi e Legno 12 mesi. Mousse al cioccolato fondente.

ALTO ADIGE SANTA MADDALENA CLASSICO 2022
Rosso Doc - Schiava 95%, Lagrein 5%
Alc. 13% | € 10 | Bt. 30.000 | Ferm. Acciaio | Mat. Acciaio 5 mesi
Bruschetta al pomodoro.

ALTO ADIGE LAGREIN VIGNA KLOSTERANGER RISERVA
2015 | 2016 | 2017

ALTO ADIGE TERLANO PINOT BIANCO ABTEI MURI RISERVA
2016 | 2018

Tenuta Nicolussi-Leck
(2017)

Il Monte di Mezzo è quella lingua di roccia che separa la valle dell'Adige dall'Oltradige, fra Bolzano e Ora; nel suo tratto terminale, caratterizzato dall'iconico profilo delle rovine di Castelchiaro, che domina il sottostante lago di Caldaro, il terreno a base porfirica si arricchisce di sabbia e argilla, permettendo la coltivazione della vite, anche su pendii particolarmente irti. È il piccolo regno del plurisecolare maso Kreithof, oggi proprietà della famiglia Nicolussi-Leck, nella cui moderna cantina Jakob realizza eleganti e precisi vini naturali, a partire dal tradizionale Kalterersee.

Novale al Varco, 2 - 39051 Vadena (BZ)
T. 338 2963793 | M. weingut@nicolussileck.it
www.weingut-nicolussileck.it

Viticoltura: Convenzionale
Ettari: 5 | **Bottiglie:** 20.000 | **Produzione olearia:** No
Proprietà: Jakob Nicolussi-Leck
Cond. enologica: Jakob Nicolussi-Leck, Manfred Bernard
Cond. agronomica: Staff aziendale
Vendita diretta: Sì | **Visite in azienda:** Sì

ALTO ADIGE LAGO DI CALDARO ALEXANDER 2021
Rosso Doc - Schiava 95%, Teroldego 5%
Alc. 13% | € 14 | Bt. 3.700 | Ferm. Legno e Acciaio | Mat. Acciaio 8 mesi e Legno 8 mesi
Colore vivace e smagliante. Spettro odoroso delicato, con aromi di ciliegia, lampone e confettura di fragola, viola e fiori di lillà, poi una leggera nota fumé. Sorso beverino, con tannini ben integrati e ottima sapidità, lungo epilogo che ne prolunga il ricordo. Spaghetti al pomodoro.

ALTO ADIGE CHARDONNAY MAGDALENA 2021
Bianco Doc - Chardonnay 100%
Alc. 14% | € 18 | Bt. 2.400 | Ferm. Legno e Acciaio | Mat. Acciaio 9 mesi e Legno 9 mesi
Filetto di ombrina e radicchio.

ALTO ADIGE PINOT BIANCO VERENA 2021
Bianco Doc - Pinot bianco 100%
Alc. 13,5% | € 15 | Bt. 5.500 | Ferm. Legno e Acciaio | Mat. Acciaio 9 mesi e Legno 9 mesi
Guazzetto di moscardini.

ALTO ADIGE SAUVIGNON BLANC RISERVA 2021
Bianco Doc - Sauvignon 100%
Alc. 14% | € 17 | Bt. 5.000 | Ferm. Legno | Mat. Legno 10 mesi
Torta salata alle zucchine e origano.

ALTO ADIGE CABERNET FRANC RISERVA
2018

ALTO ADIGE CHARDONNAY MAGDALENA
2020

Tenuta Niklas
(1969)

Come anticipato dal nome, il maso Niklas è ubicato a San Nicolò, graziosa frazione sovrastante l'abitato del borgo di Caldaro, a una quota relativamente elevata. Qui, nei vigneti Riegel Vial, Kardatsch e Lavardi, Dieter Sölva realizza freschi ed eleganti vini bianchi da uve pinot bianco, sauvignon e kerner, quest'ultimo una vera e propria specialità della casa. Per la nutrita schiera dei rossi si ricorre invece a vigneti più a ridosso dal lago di Caldaro, e quindi su terreni leggermente più sabbiosi e argillosi, ma pur sempre ricchi di scheletro.

Via delle Fontane, 31/A - 39052 Caldaro (BZ)
T. 0471 963434 | M. wine@niklaserhof.it
www.niklaserhof.it

Viticoltura: Lotta integrata
Ettari: 7 | **Bottiglie:** 50.000 | **Produzione olearia:** No
Proprietà: Famiglia Sölva
Cond. enologica: Dieter Sölva
Cond. agronomica: Michael Sölva
Vendita diretta: Sì | **Visite in azienda:** Sì

91

ALTO ADIGE MERLOT DJJ RISERVA 2020
Rosso Doc - Merlot 100%
Alc. 14,5% | € 39 | Ferm. Acciaio | Mat. Legno 22 mesi
Manto rubino intenso e scuro. Ouverture su inconfondibili note di ribes nero, prugna e ciliegia matura, arancia Sanguinella e petali di fiori essiccati; seguono sensazioni tostate di cioccolato e cuoio. Sorso caldo e pieno, con tannini vigorosi ma ben integrati. Termina molto lentamente su ricordi fruttati. Capriolo con salsa di ribes rosso.

ALTO ADIGE LAGO DI CALDARO CLASSICO SUPERIORE KLASER HECHT 2022
Rosso Doc - Schiava 100%
Alc. 13% | € 11 | Bt. 3.000 | Ferm. Acciaio | Mat. Acciaio 5 mesi
Culatello di Zibello e gnocco fritto.

ALTO ADIGE PINOT BIANCO KLASER SALAMANDER RISERVA 2020
Bianco Doc - Pinot bianco 100%
Alc. 13,5% | € 17 | Bt. 5.000 | Ferm. Legno | Mat. Acciaio 10 mesi e Legno 12 mesi
Risotto con tinca di lago e datterini.

ALTO ADIGE LAGREIN CABERNET KLASER STOANADLER RISERVA 2020
Rosso Doc - Lagrein 80%, Cabernet 20%
Alc. 13,5% | € 17 | Bt. 6.000 | Ferm. Acciaio | Mat. Legno 22 mesi
Fagiano arrosto.

ALTO ADIGE SAUVIGNON DOXS 2022
Bianco Doc - Sauvignon 100%
Alc. 13,5% | € 13 | Bt. 5.000 | Ferm. Legno e Acciaio | Mat. Acciaio 6 mesi e Legno 6 mesi
Cappesante gratinate.

ALTO ADIGE MERLOT DJJ RISERVA
2017 | 2018 | 2019

ALTO ADIGE PINOT BIANCO KLASER SALAMANDER RISERVA
2019

Obermoser
(1890)

Thomas Rottensteiner guida dal 2012 la tenuta del maso Obermoser, acquisito dalla sua famiglia nel lontano 1890. Siamo nel cuore della produzione del Santa Maddalena, in piena zona classica. Da queste pergole iconiche, che marcano indelebilmente il paesaggio dell'ingresso nord-est della conca bolzanina, Thomas trae la materia prima per i suoi Magdalener e il Lagrein Riserva, seguendo processi di vinificazione tradizionali, interamente in tini di legno. Da un'altra vigna di proprietà a Caldaro provengono invece le uve per sauvignon e lagrein, per le versioni d'annata.

Santa Maddalena di Sotto, 35 - 39100 Bolzano (BZ)
T. 0471 973549 | M. info@obermoser.wine
www.obermoser.wine

Viticoltura: Biologica
Ettari: 4 | **Bottiglie:** 33.000 | **Produzione olearia:** Sì
Proprietà: Thomas Rottensteiner
Cond. enologica: Thomas Rottensteiner
Cond. agronomica: Thomas Rottensteiner
Vendita diretta: Sì | **Visite in azienda:** Sì

ALTO ADIGE LAGREIN GRAFENLEITEN RISERVA 2019
Rosso Doc - Lagrein 100%
Alc. 14% | € 28 | Bt. 5.000 | Ferm. Acciaio | Mat. Legno 12 mesi
Rosso amaranto compatto. Bouquet dominato da tracce di prugna e ciliegia, seguite da marcate scie speziate e tostate di chiodi di garofano, cioccolato e caffè. Di struttura voluminosa e sorso caldo ed avvolgente, mitigato da tannini ben integrati. Chiusura in sinergia con l'olfatto. Cinghiale in umido.

ALTO ADIGE SANTA MADDALENA CLASSICO 2022
Rosso Doc - Schiava 95%, Lagrein 5%
Alc. 13% | € 14 | Bt. 15.000 | Ferm. Acciaio | Mat. Acciaio 6 mesi e Legno 6 mesi
Salame felino.

ALTO ADIGE SANTA MADDALENA CLASSICO NOBILIS 2020
Rosso Doc - Schiava 90%, Lagrein 10%
Alc. 13,5% | € 17 | Bt. 2.800 | Ferm. Legno | Mat. Legno 10 mesi
Tagliere di salumi.

ALTO ADIGE LAGREIN 2022
Rosso Doc - Lagrein 100%
Alc. 13,5% | € 14 | Bt. 12.000 | Ferm. Acciaio | Mat. Legno 10 mesi
Piccione ai porcini e tartufo nero.

ALTO ADIGE SANTA MADDALENA CLASSICO NOBILIS
2017 | 2019

ALTO ADIGE SANTA MADDALENA CLASSICO
2019

Pfannenstielhof
(1561)

Il quartetto della famiglia Pfeifer, Hannes e Margareth con le figlie Anna e Veronika, è ormai un ensamble assai affiatato. I vini del maso Pfannenstiel, alle porte di Bolzano, sforna anno dopo anno vini sempre più sorprendenti e affidabili. I loro Santa Maddalena, godendo di terreni ricchi di porfido, quarzite e dolomia, riescono a esaltare come pochi altri le qualità della schiava, anche in termini di struttura gustativa e serbevolezza, di fatto rivaleggiando ormai con i Lagrein. A questi ultimi sono riservati i terreni alluvionali prossimi all'Isarco, fortemente soleggiati.

Via Pfannenstiel, 9 - 39100 Bolzano (BZ)
T. 0471 970884 | M. info@pfannenstielhof.it
www.pfannenstielhof.it

Viticoltura: Convenzionale
Ettari: 4 | **Bottiglie:** 43.000 | **Produzione olearia:** No
Proprietà: Johannes Pfeifer
Cond. enologica: Johannes Pfeifer
Cond. agronomica: Johannes Pfeifer
Vendita diretta: Sì | **Visite in azienda:** Sì

93

ALTO ADIGE SANTA MADDALENA CLASSICO DER PFANNENSTIEL 2017
Rosso Doc - Schiava 95%, Lagrein 5%
Alc. 14% | € 34 | Bt. 1.000 | Ferm. Acciaio | Mat. Acciaio 54 mesi
Rosso carminio intenso. Esordio fruttato di arancia Sanguinella e ciliegia, poi cenni floreali di petali di rosa e di viola, con in sottofondo mandorla e pepe nero: il tutto a creare un contesto di rara eleganza. Il sorso è rinfrescante e sapido. Persistenza lunga e raffinata, con rimbalzi fruttati e speziati. Quaglie alla cacciatora.

ALTO ADIGE SANTA MADDALENA CLASSICO 2022
Rosso Doc - Schiava 95%, Lagrein 5%
Alc. 14% | € 11 | Bt. 20.000 | Ferm. Acciaio | Mat. Acciaio 6 mesi
Pasta, patate e provola.

ALTO ADIGE LAGREIN VOM BODEN 2022
Rosso Doc - Lagrein 100%
Alc. 14% | € 12 | Bt. 14.000 | Ferm. Legno | Mat. Legno 7 mesi
Medaglioni di cervo con riduzione di cottura.

ALTO ADIGE LAGREIN RISERVA 2020
Rosso Doc - Lagrein 100%
Alc. 13,5% | € 23 | Bt. 3.500 | Ferm. Legno | Mat. Legno 24 mesi
Cinghiale arrosto con castagne.

ALTO ADIGE SANTA MADDALENA CLASSICO ANNVER 2020
Rosso Doc - Schiava 95%, Lagrein 5%
Alc. 13,5% | € 16 | Bt. 2.000 | Ferm. Acciaio | Mat. Acciaio 18 mesi
Ravioli burro e salvia.

LAGREIN ROSÉ 2022
Rosato Igt - Lagrein 100%
Alc. 14% | € 12 | Bt. 2.400 | Ferm. Acciaio | Mat. Acciaio 6 mesi
Fiori di zucca ripieni di ricotta e acciughe.

ALTO ADIGE LAGREIN RISERVA
2018

ALTO ADIGE SANTA MADDALENA CLASSICO DER PFANNENSTIEL
2016

Pfitscher
(1861)

Klaus Pfitscher, insieme ai figli Hannes, Daniel e Marion, guida l'omonima cantina, la cui fondazione risale al 1861, ubicata nel comune di Montagna, in Bassa Atesina. Il borgo vinicolo è in posizione privilegiata, 250 metri al di sopra del fondovalle, a disegnare una terrazza fluviale, riconosciuta terra di elezione per il pinot nero. Non a caso la cantina ne propone diverse interpretazioni, tutte di eccellente livello. Il resto della produzione si avvale di uve provenienti dai comuni del circondario.

Via Dolomiti, 17 - 39040 Montagna (BZ)
T. 0471 1681317 | M. info@pfitscher.it
www.pfitscher.it

Viticoltura: Biologica
Ettari: 25 | **Bottiglie:** 180.000 | **Produzione olearia:** No
Proprietà: Famiglia Pfitscher
Cond. enologica: Klaus Pfitscher, Hannes Pfitscher
Cond. agronomica: Klaus Pfitscher, Hannes Pfitscher
Vendita diretta: Sì | **Visite in azienda:** Sì

(91)

ALTO ADIGE PINOT NERO VIGNA DAS LANGEFELD 2019
Rosso Doc - Pinot nero 100%
Alc. 13,5% | € 130 | Bt. 1.296 | Ferm. Acciaio | Mat. Legno 18 mesi
Rosso rubino cristallino. Esordio fruttato di lamponi freschi, fragoline di bosco e arancia Sanguinella, seguono sentori floreali di rosa canina, effluvi di erbe aromatiche e in chiusura uno sbuffo di cacao. Sorso morbido e dal tannino smussato ed elegante, dove il finale appagante propone ottima salinità. Pluma di maialino Bellota con cipolle caramellate.

ALTO ADIGE SAUVIGNON MATHIAS RISERVA 2021
Bianco Doc - Sauvignon 100%
Alc. 13,5% | € 35 (1,5l) | Bt. 3.500 | Ferm. Acciaio | Mat. Acciaio 18 mesi e Legno 18 mesi
Pollo fritto.

ALTO ADIGE MERLOT CABERNET CORTAZO RISERVA 2020
Rosso Doc - Merlot 70%, Cabernet sauvignon 30%
Alc. 14% | € 35 | Bt. 2.000 | Ferm. Acciaio | Mat. Legno 18 mesi
Rosticciana.

ALTO ADIGE PINOT NERO MATAN RISERVA 2020
Rosso Doc - Pinot nero 100%
Alc. 13,5% | € 40 | Bt. 6.500 | Ferm. Acciaio | Mat. Legno 18 mesi
Lepre alla cacciatora.

ALTO ADIGE PINOT NERO MATAN RISERVA
2017 | 2018 | 2019

ALTO ADIGE SAUVIGNON MATHIAS RISERVA
2019

Thomas Pichler
(2003)

Thomas Pichler è un vignaiolo che imbottiglia in proprio da circa 20 anni e che nel tempo è riuscito a ritagliarsi un ruolo di primo piano nel variegato e non sempre facile, data la lunga tradizione, mondo della viticoltura di Caldaro. Pur restando un convinto estimatore dell'uva schiava e del vino che qui se ne ricava, il Kalterersee, Thomas ha via via ampliato la gamma verso vitigni bianchi, sauvignon, chardonnay e pinot bianco, così come verso il lagrein. La sua filosofia predilige una materia prima perfettamente matura e quindi vini ben strutturati, fruttati e dal sorso denso e lungo.

Via delle Vigne, 4/A - 39052 Caldaro (BZ)
T. 340 3540480 | M. info@thomas-pichler.it
www.thomas-pichler.it

Viticoltura: Convenzionale
Ettari: 2,5 | **Bottiglie:** 15.000 | **Produzione olearia:** No
Proprietà: Thomas Pichler
Cond. enologica: Thomas Pichler
Cond. agronomica: Thomas Pichler
Vendita diretta: Sì | **Visite in azienda:** Sì

ALTO ADIGE CHARDONNAY 31/69 2022
Bianco Doc - Chardonnay 100%
Alc. 14% | € 24 | Ferm. Legno e Acciaio | Mat. Legno 10 mesi
Colore paglierino lucente. Si esprime con note fruttate di mela, pera Williams e nettarina bianca, cui seguono aromi floreali di biancospino. Sorso che, nonostante la trama alcolica, si mantiene beverino, grazie a un piacevole allungo rinfrescante. Rombo al forno ai sapori mediterranei.

ALTO ADIGE LAGREIN SOND RISERVA 2020
Rosso Doc - Lagrein 100%
Alc. 13,5% | € 28 | Bt. 2.500 | Ferm. Acciaio | Mat. Legno 19 mesi
Capriolo in salmì con polenta di grano saraceno.

ANIMA VIT EST 2020
Bianco Igt Passito - Sauvignon 100%
Alc. 13% | € 28 (0,375l) | Bt. 600 | Ferm. Acciaio | Mat. Acciaio 7 mesi e Legno 12 mesi
Zuppa inglese.

ANIMA VIT EST
2017

ALTO ADIGE LAGREIN SOND RISERVA
2014 | 2016 | 2017

Tenuta Pitzner
(1971)

Gli istrionici fratelli Puff, Markus e Thomas, conducono questa piccola azienda di Cornedo all'Isarco, alle porte nord di Bolzano, con piglio scanzonato ma assai competente. Fautori di una vinificazione il più possibile naturale e rispettosa dei cicli vitali (dopo la fermentazione le vinacce sono distribuite nel vigneto per rinvigorirlo) e per nulla intimoriti da sperimentazione e innovazione, i loro variegati vini brillano per personalità, precisione e ricchezza organolettica, pur senza abbandonare la via maestra della tradizione, rimanendone fedeli interpreti.

Via Cornedo, 15 - Località Cardano - 39053 Cornedo all'Isarco (BZ)
T. 338 4521694 | M. info@pitzner.it
www.pitzner.it

Viticoltura: Convenzionale
Ettari: 8 | **Bottiglie:** 60.000 | **Produzione olearia:** No
Proprietà: Martin Puff
Cond. enologica: Thomas Puff, Markus Puff
Cond. agronomica: Staff aziendale
Vendita diretta: Sì | **Visite in azienda:** Sì

ALTO ADIGE SANTA MADDALENA MALANDERS 2021
Rosso Doc - Schiava 95%, Lagrein 5%
Alc. 13% | € 14 | Bt. 3.700 | Ferm. Acciaio | Mat. Legno 6 mesi
Trasparente e lucente rubino. Pepe bianco e menta aprono le danze e mantengono a lungo il centro del palcoscenico, supportati da note di ciliegia e di fragola. Dal carattere beverino, di garbata freschezza e sapidità, termina lentamente con ricordi fruttati. Bresaola di punta d'anca.

ALTO ADIGE MERLOT MR20 RISERVA 2020
Rosso Doc - Merlot 100%
Alc. 14,5% | € 33 | Bt. 1.800 | Ferm. Acciaio | Mat. Legno 12 mesi
Spezzatino di manzo.

ALTO ADIGE PINOT NERO PN 20 RISERVA 2020
Rosso Doc - Pinot nero 100%
Alc. 13,5% | € 28 | Bt. 2.500 | Ferm. Legno e Acciaio | Mat. Legno 15 mesi
Filetto di manzo in crosta alle erbette.

ALTO ADIGE MERLOT MR19 RISERVA
2019

ALTO ADIGE CHARDONNAY CH 19
2019

Popphof
(1592)

Popphof è una tipica azienda vinicola del Burgraviato, che dal pittoresco paesino di Marlengo s'affaccia a est sull'ampia conca meranese e a sud sulla Valdadige. In queste contrade la viticoltura è di casa da sempre: la tenuta è menzionata fin dal 1592 e la famiglia Menz la possiede dal 1722. Andreas Menz è scrupoloso e attento a preservare e tramandare la tradizione: il cuore della produzione è quindi la schiava, detta anche uva meranese, i cui vini schietti e diretti godono della sottodenominazione Meranese di Collina. Lodevole è anche la cura per il moscato giallo.

Via Terzo di Mezzo, 5 - 39020 Marlengo (BZ)
T. 0473 447180 | M. info@popphof.com
www.popphof.com

Viticoltura: Convenzionale
Ettari: 2,5 | **Bottiglie:** 23.000 | **Produzione olearia:** No
Proprietà: Andreas Menz
Cond. enologica: Andreas Menz
Cond. agronomica: Andreas Menz
Vendita diretta: Sì | **Visite in azienda:** Sì

ALTO ADIGE MERANESE 2022
Rosso Doc - Schiava 100%
Alc. 13,5% | € 11 | Bt. 2.500 | Ferm. Acciaio | Mat. Legno 6 mesi
Carminio trasparente. Si apre stuzzicando il naso con sentori di marasca e ribes rosso, seguiti da iris e viola e da una speziatura di pepe bianco. Sorso moderatamente caldo, dalla beva facile e coinvolgente, con epilogo di media lunghezza. Capocollo di Martina Franca.

MOSCATO GIALLO 2022
Bianco Igt - Moscato giallo 100%
Alc. 13% | € 13 | Bt. 3.500 | Ferm. Acciaio | Mat. Acciaio 6 mesi
Canapè di pasta sfoglia al formaggio.

MOSCATO GIALLO
2019

Rielinger
(2009)

Il maso Rielinger sorge a 700 m di altitudine, sul bordo orientale dell'altopiano del Renon, dove questo comincia a digradare quasi a precipizio sulla sottostante Valle Isarco. Le terrazze soleggiate a frutteto e vigna, su terreni morenici a base porfirica, sono dominate dall'inconfondibile profilo dello Sciliar. Matthias Messner ha idee enologiche chiare: agricoltura biologica, rispettosa della natura e degli andamenti stagionali. Accanto ai classici vitigni blasonati, Matthias non si è mai sognato di espiantare del tutto quelli più umili della tradizione: vernatsch e blatterle.

Siffiano di Sotto, 7 - Località Collalbo - 39054 Renon (BZ)
T. 349 5927302 | M. info@rielinger.it
www.rielinger.it

Viticoltura: Biodinamica
Ettari: 2,5 | **Bottiglie:** 16.000 | **Produzione olearia:** No
Proprietà: Matthias Messner
Cond. enologica: Matthias Messner
Cond. agronomica: Matthias Messner
Vendita diretta: Sì | **Visite in azienda:** Sì

KONTUR 2020
Bianco - Kerner 100%
Alc. 13% | € 35 | Bt. 1.000 | Ferm. Legno | Mat. Legno 24 mesi
Ambrato intenso e profondo. Ricchezza di frutti canditi, albicocche mature e bucce d'arancia, con effluvi di zafferano e menta, seguiti da una leggera scia di cannella. Orange wine ben riuscito, dominato dalla freschezza e dalla sapidità e da un'asciuttezza ben integrata, con finale di buona lunghezza. Prosciutto di Norcia.

69 2020
Rosso Igt - Schiava 100%
Alc. 11,5% | € 18 | Bt. 2.000 | Ferm. Legno | Mat. Legno 12 mesi
Risotto alla granseola.

ST.EIN 2021
Bianco Igt - Riesling 100%
Alc. 13% | € 20 | Bt. 3.500 | Ferm. Legno | Mat. Legno 14 mesi
Crespelle con asparagi e ricotta salata.

KONTUR
2019

KERNER
2019 | 2021

Ritterhof
(1968)

La tenuta Ritterhof non ha origini cavalleresche né medievali, ma è stata fondata nel 1968 da un produttore altoatesino in società con un partner svizzero. Nel 1999 la cantina, che si trova proprio a ridosso della Strada del Vino, è stata acquistata dalla nota distilleria Roner ed è oggi diretta, con l'aiuto del padre Ludwing, da Eva Kaneppele, che rappresenta la quarta generazione. La gamma dei vini rispecchia la classica produzione della zona con la schiava e il gewürztraminer dell'Oltradige in testa, anche se non mancano dei vitigni internazionali e gli esperimenti.

Strada del Vino, 1 - 39052 Caldaro (BZ)
T. 0471 963298 | M. info@ritterhof.it
www.ritterhof.it

Viticoltura: Lotta integrata
Ettari: 42 | **Bottiglie:** 320.000 | **Produzione olearia:** No
Proprietà: Famiglia Roner
Cond. enologica: Bernard Hannes
Cond. agronomica: Ludwig Kaneppele
Vendita diretta: Sì | **Visite in azienda:** Sì

NATUS 2020
Bianco Igt - Souvignier gris 100%
Alc. 14% | € 24 | Bt. 3.500 | Ferm. Acciaio | Mat. Acciaio 7 mesi
Manto paglierino intenso con bordi dorati. Al naso sentori fruttati di agrumi, di mela e di pesca, con sottofondo di zeste d'arancia. Sorso dalla facile beva, dotato di piacevole acidità, il cui finale richiama nitidamente gli agrumi. Catalana di crostacei.

ALTO ADIGE SAUVIGNON 2022
Bianco Doc - Sauvignon 100%
Alc. 13,5% | € 13 | Bt. 10.000 | Ferm. Acciaio | Mat. Acciaio 6 mesi
Faraona arrosto con salsa di frutti di bosco.

ALTO ADIGE GEWÜRZTRAMINER 2022
Bianco Doc - Gewürztraminer 100%
Alc. 14,5% | € 24 | Bt. 6.700 | Ferm. Acciaio | Mat. Acciaio 7 mesi
Gorgonzola naturale.

ALTO ADIGE PINOT BIANCO VERUS 2022
Bianco Doc - Pinot bianco 100%
Alc. 13,5% | € 15 | Bt. 3.000 | Ferm. Acciaio | Mat. Acciaio 7 mesi
Frittura di canestrelli e calamari.

ALTO ADIGE PINOT GRIGIO OPES 2021
Bianco Doc - Pinot grigio 100%
Alc. 13,5% | € 18 | Bt. 7.000 | Ferm. Acciaio | Mat. Acciaio 7 mesi e Legno 7 mesi
Calamarata con ragù di pesce spada.

ALTO ADIGE GEWÜRZTRAMINER AURATUS
2019 | 2020 | 2021

ALTO ADIGE SAUVIGNON PARATUS
2016

Seeperle
(2013)

La cantina Seeperle, accanto a cui sorgono un albergo e ristorante, si trova quasi in riva al lago di Caldaro. È condotta con entusiasmo e passione da Ingrid e Arthur Rainer che nel copioso assortimento cercano di personalizzare ciascun vino secondo i probabili gusti e preferenze dei consumatori. Intento che viene realizzato con la scelta del vitigno o dell'uvaggio, la selezione del vigneto, le tecniche di vinificazione e affinamento. La degustazione è quindi un vero e proprio viaggio nei vini della zona, dove ogni tipologia è presente anche in più di una versione.

San Giuseppe al Lago, 28 - 39052 Caldaro (BZ)
T. 0471 960158 | M. info@seeperle.com
www.seeperle.com

Viticoltura: Convenzionale
Ettari: 6,5 | **Bottiglie:** 45.000 | **Produzione olearia:** No
Proprietà: Arthur Rainer
Cond. enologica: Jacopo Maria Pace, Andreas Prast, Arthur Rainer
Cond. agronomica: Staff aziendale
Vendita diretta: Sì | **Visite in azienda:** Sì

ALTO ADIGE CHARDONNAY ARTHUR RAINER 2021
Bianco Doc - Chardonnay 100%
Alc. 13% | € 27 | Bt. 870 | Ferm. Legno | Mat. Acciaio 8 mesi e Legno 8 mesi
Dorato chiaro che sfuma delicatamente. Incipit di frutti tropicali, segue poi un elegante contributo fumé, in sottofondo sbuffi floreali di mughetto e ginestra. Sorso armonioso, di moderata freschezza e salinità, con appagante e raffinato finale. Tortelli al Castelmagno.

ALTO ADIGE CABERNET SAUVIGNON HÖHEPUNKT 2018
Rosso Doc - Cabernet sauvignon 100%
Alc. 14,5% | € 57 | Bt. 1.200 | Ferm. Legno e Acciaio | Mat. Legno 24 mesi
Guancia di vitello in umido.

ALTO ADIGE SAUVIGNON ECHT GEIL 2022
Bianco Doc - Sauvignon 100%
Alc. 14% | € 16 | Bt. 7.000 | Ferm. Legno e Acciaio | Mat. Legno 6 mesi
Bigoli con le sarde di lago.

ALTO ADIGE SAUVIGNON ARTHUR RAINER 2021
Bianco Doc - Sauvignon 100%
Alc. 13,5% | € 39 | Bt. 900 | Ferm. Legno | Mat. Acciaio 5 mesi e Legno 5 mesi
Zuppa di stoccafisso e patate.

ALTO ADIGE LAGO DI CALDARO ARTHUR RAINER 2022
Rosso Doc - Schiava 100%
Alc. 13,5% | € 20 | Bt. 2.000 | Ferm. Legno e Acciaio | Mat. Acciaio 6 mesi e Legno 6 mesi
Salame di cinta senese.

ALTO ADIGE LAGO DI CALDARO ARTHUR RAINER
2021

ALTO ADIGE CABERNET SAUVIGNON HÖHEPUNKT
2017

Seppi
(2016)

La più recente vicenda della Tenuta Seppi è segnata da due tappe fondamentali: nel 2005 la conversione all'agricoltura biodinamica e nel 2015 la decisione di vinificare in proprio le uve di proprietà. Il culto della biodiversità e della sostenibilità ambientale permea la filosofia aziendale in ogni fase produttiva. Siamo a Caldaro e la cantina beneficia di svariati piccoli appezzamenti dislocati in zone diverse per esposizione, altimetria e composizione dei terreni. Ciò le consente di realizzare selezioni equilibrate e adeguate agli andamenti vendemmiali.

Via Prey, 18/A - 39052 Caldaro (BZ)
T. 335 5383910 | M. info@seppi.wine
www.seppi.wine

Viticoltura: Biodinamica
Ettari: 3,5 | **Bottiglie:** 9.000 | **Produzione olearia:** No
Proprietà: Werner Seppi
Cond. enologica: Helmuth Zozin
Cond. agronomica: Staff aziendale
Vendita diretta: Sì | **Visite in azienda:** No

ALTO ADIGE GEWÜRZTRAMINER VENDEMMIA TARDIVA PANICUM 2021
Bianco Doc - Gewürztraminer 100%
Alc. 12% | € 26 | Bt. 1.200 | Ferm. Legno e Cemento | Mat. Cemento 9 mesi
Bellissimo dorato luminoso. Ventaglio olfattivo complesso e intenso, con accenni di frutta esotica e candita, seguono note floreali di ibisco e nuance speziate di pepe bianco. Sorso dolce e morbido, con finale lungo giocato sulle spezie e sulla radice di genziana. Frittelle di mele.

LAGO DI CALDARO CLASSICO SUPERIORE PELAGIUM 2021
Rosso Doc - Schiava 100%
Alc. 12,5% | € 15 | Bt. 1.200 | Mat. Cemento 9 mesi
Mortadella Bologna.

ALTO ADIGE PINOT BIANCO SETARIA 2021
Bianco Doc - Pinot bianco 100%
Alc. 14% | € 15 | Bt. 3.290 | Ferm. Cemento | Mat. Cemento 9 mesi
Gamberoni al curry.

ALTO ADIGE GEWÜRZTRAMINER VENDEMMIA TARDIVA PANICUM
2018

Andi Sölva
(2007)

È dal 2007 che l'intraprendente ma concreto Andi Sölva ha compiuto il passo della produzione in proprio. Siamo a Caldaro e le vigne della tenuta di famiglia sono distribuite su diverse parcelle, qui chiamate Riegel, a differenti quote altimetriche fra i 300 e i 530 metri, con le quali Andi si cimenta per dar vita alle sue convinzioni enologiche. Il cuore della produzione risiede nelle varie interpretazioni dell'uva schiava e, prevalentemente, del vino Kalterersee, per la cui tipologia offre un'inusuale versione da vendemmia leggermente tardiva e prolungato affinamento in rovere.

Via Barleit, 24 - 39052 Caldaro (BZ)
T. 349 3233246 | M. info@andisoelva.com
www.andisoelva.com

Viticoltura: Convenzionale
Ettari: 1,8 | **Bottiglie:** 9.000 | **Produzione olearia:** No
Proprietà: Andi Sölva
Cond. enologica: Andi Sölva
Cond. agronomica: Andi Sölva
Vendita diretta: No | **Visite in azienda:** Sì

ALTO ADIGE LAGO DI CALDARO CLASSICO SEA 2022
Rosso Doc - Schiava 91%, Lagrein 9%
Alc. 14% | € 16 | Bt. 2.000 | Ferm. Legno e Acciaio | Mat. Acciaio 2 mesi e Legno 7 mesi
Pregevole rubino con striature amaranto. Ciliegie e lamponi emergono fin da subito come attori protagonisti, seguiti da una scia speziata di pepe bianco. Sorso caldo e moderatamente fresco, con la speziatura ad allungare il piacere del sorso. Salame di Varzi.

LAGO DI CALDARO ERBE + AUFTRAG 2020
Rosso Doc - Schiava 91%, Lagrein 9%
Alc. 14% | € 32 | Bt. 1.000 | Ferm. Legno | Mat. Legno 27 mesi
Costoletta alla valdostana.

CABERNET FRANC GENERATION K 2020
Rosso Igt - Cabernet franc 100%
Alc. 14,5% | € 32 | Bt. 1.000 | Ferm. Legno | Mat. Legno 27 mesi
Guanciale di manzo al brandy.

ALTO ADIGE PINOT BIANCO WIR MUßTEN KÜNSTLER SEIN 2022
Bianco Doc - Pinot bianco 100%
Alc. 14% | € 18 | Bt. 3.200 | Ferm. Legno | Mat. Legno 10 mesi
Sushi e sashimi.

RIESLING 2020
Bianco Igt - Riesling 100%
Alc. 13,5% | € 18 | Bt. 1.000 | Ferm. Legno e Acciaio | Mat. Acciaio 16 mesi e Legno 16 mesi
Insalata di spinaci e pesce spada.

CABERNET FRANC GENERATION K
2013 | 2015

LAGO DI CALDARO ERBE + AUFTRAG
2018

Tenuta Peter Sölva
(1731)

La stirpe dei Sölva ha origini ispaniche e giunse a Caldaro nel XVIII secolo. La tenuta Peter Sölva risale al 1731 e con Stephan è giunta alla decima generazione di vinificatori. La produzione si articola su due linee di qualità: la DeSilva si propone di valorizzare i terreni più vocati, di proprietà e dei conferitori, sparsi nei territori di Caldaro, Bassa Atesina e Bolzano. L'Amistar vuole invece richiamare le lontane origini spagnole, privilegiando le cuvée, le selezioni e le vendemmie tardive. Si tratta in ogni caso di vini assai personali, espressione di forza e maturità.

Via dell'Oro, 33 - 39052 Caldaro (BZ)
T. 0471 964650 | M. info@soelva.com
www.soelva.com

Viticoltura: Convenzionale
Ettari: 18 | **Bottiglie:** 150.000 | **Produzione olearia:** No
Proprietà: Famiglia Sölva
Cond. enologica: Christian Bellutti
Cond. agronomica: Christian Bellutti
Vendita diretta: Sì | **Visite in azienda:** Sì

(92)
ALTO ADIGE CABERNET SAUVIGNON EDIZIONE AMISTAR 2019
Rosso Doc - Cabernet sauvignon 95%, Merlot 3%, Lagrein 1%, Petit verdot 1%
Alc. 14% | € 65 | Bt. 2.000 | Ferm. Legno e Acciaio | Mat. Acciaio 8 mesi e Legno 15 mesi
Carminio vivido. Si apre con ricordi di ciliegia, prugna e ribes nero. In sottofondo denota nuance speziate di chiodi di garofano, cannella e pepe nero, nonché di balsamiche sfumature vegetali. Sorso caldo e possente, con tannini ben integrati e lungo finale su rintocchi fruttati e speziati. Filetto alla Wellington.

ALTO ADIGE LAGO DI CALDARO CLASSICO SUPERIORE PETERLEITEN DE SILVA 2021
Rosso Doc - Schiava grossa 95%, Lagrein 5%
Alc. 12,5% | € 12 | Bt. 5.000 | Ferm. Acciaio | Mat. Acciaio 6 mesi e Legno 6 mesi
Arista di maiale con salsa di prugne.

ALTO ADIGE CABERNET FRANC AMISTAR 2020
Rosso - Cabernet franc 100%
Alc. 14% | € 65 | Bt. 2.000 | Ferm. Legno e Acciaio | Mat. Legno 12 mesi
Camoscio in umido.

AMISTAR CUVÉE BIANCO 2021
Bianco - Chardonnay 80%, Sauvignon 20%
Alc. 14% | € 30 | Bt. 3.000 | Ferm. Legno e Acciaio | Mat. Acciaio 8 mesi e Legno 8 mesi
Totani ripieni con salsa mediterranea.

AMISTAR CUVÈE ROSSO 2020
Rosso - Cabernet sauvignon 50%, Merlot 30%, Cabernet franc 20%
Alc. 14% | € 30 | Bt. 17.000 | Ferm. Legno e Acciaio | Mat. Legno 15 mesi
Bocconcini di cervo al cavolo nero.

ALTO ADIGE SAUVIGNON DE SILVA 2021
Bianco Doc - Sauvignon 100%
Alc. 14% | € 18 | Bt. 7.500 | Ferm. Legno e Acciaio | Mat. Acciaio 6 mesi e Legno 6 mesi
Risotto con le quaglie.

AMISTAR CUVÉE BIANCO
2020

ALTO ADIGE CABERNET FRANC AMISTAR
2018

St. Quirinus
(2013)

San Quirino è il patrono dell'importante abbazia benedettina di Tegernsee in Baviera, che fin dal Medioevo aveva acquisito estese aree vitate in quel di Pianizza di Sopra, località dell'Oltradige fra Appiano e Caldaro. Oggi la tenuta, che comprende anche appezzamenti a Termeno e Terlano, è nelle mani della famiglia Sinn, che dal 2013 produce in proprio. Il competente Michael ha ammodernato la cantina e introdotto i principi dell'agricoltura biodinamica e nuove tecniche di vinificazione, comprese quella in anfora.

Pianizza di Sopra, 4/B - 39052 Caldaro (BZ)
T. 329 8085003 | M. info@st-quirinus.it
www.st-quirinus.it

Viticoltura: Biodinamica
Ettari: 7 | **Bottiglie:** 50.000 | **Produzione olearia:** No
Proprietà: Robert Sinn
Cond. enologica: Michael Sinn
Cond. agronomica: Robert Sinn
Vendita diretta: Sì | **Visite in azienda:** Sì

ALTO ADIGE PINOT NERO 2021
Rosso Doc - Pinot nero 100%
Alc. 14% | € 20 | Bt. 1.300 | Ferm. Acciaio | Mat. Acciaio 7 mesi e Legno 12 mesi
Rubino delicato e sfumato. Ventaglio olfattivo composto da mora, lampone, ribes nero, chiodi di garofano, foglie di tabacco e pepe nero. Sorso gradevolmente caldo, di garbata struttura e dal finale appagante di frutta scura macerata. Cinghiale arrosto con castagne.

MMXXI 2021
Bianco - Sauvignon 100%
Alc. 14,5% | € 28 | Bt. 700 | Ferm. Legno | Mat. Legno 10 mesi
Tortellini in brodo.

PLANTIES BIANCO 2022
Bianco Igt - Bronner 50%, Johanniter 50%
Alc. 14% | € 17 | Bt. 3.000 | Ferm. Acciaio | Mat. Acciaio 7 mesi
Risotto con seppie e burrata.

ALTO ADIGE SAUVIGNON QUIRINUS 2022
Bianco Doc - Sauvignon 100%
Alc. 14,5% | € 18 | Bt. 3.000 | Ferm. Legno e Acciaio | Mat. Acciaio 6 mesi e Legno 6 mesi
Battuto di gamberi rossi di Sicilia.

ALTO ADIGE TERLANO CLASSICO BERGWERK 2021
Bianco Doc - Chardonnay 34%, Pinot bianco 33%, Sauvignon 33%
Alc. 14% | € 39 | Bt. 900 | Ferm. Legno | Mat. Legno 10 mesi
Strudel di porcini e zucca con crema al parmigiano.

ALTO ADIGE SAUVIGNON QUIRINUS
2021

ALTO ADIGE LAGREIN RISERVA
2019

Strasserhof
(2003)

Hannes Baumgartner è sempre stato uno dei più impegnati e attivi piccoli viticoltori altoatesini, pieno di idee e autentica passione. La sua tenuta si estende nella zona più elevata delle colline vitate a nord-est della conca di Bressanone, oltre i 700 metri. I vini riflettono completamente le caratteristiche pedoclimatiche, connotate dalle forti escursioni termiche e da un suolo ricco di sabbia e ghiaia. Risultano infatti estremamente fini ed eleganti, quasi minimalisti, precisi in ogni dettaglio, sostenuti da una buona dose di acidità e con un corpo longilineo.

Unterrain, 8 - Località Novacella - 39040 Varna (BZ)
T. 348 3976680 | M. info@strasserhof.info
www.strasserhof.info

Viticoltura: Convenzionale
Ettari: 6,5 | **Bottiglie:** 60.000 | **Produzione olearia:** No
Proprietà: Hannes Baumgartner
Cond. enologica: Hannes Baumgartner
Cond. agronomica: Hannes Baumgartner
Vendita diretta: Sì | **Visite in azienda:** Sì

ALTO ADIGE VALLE ISARCO SYLVANER 2022
Bianco Doc - Sylvaner 100%
Alc. 13,5% | € 14 | Bt. 9.000 | Ferm. Legno e Acciaio | Mat. Acciaio 7 mesi e Legno 7 mesi
Giallo paglierino intenso con riflessi verdolini. Al naso spiccano nette e immediate le sensazioni di mela matura, melone bianco e pesca, seguite da sbuffi speziati di semi di coriandolo e da una scia di menta peperita. Sorso fresco e sapido, di medio corpo e con finale appagante di frutta a polpa chiara. Linguine allo scoglio.

ALTO ADIGE SAUVIGNON 2022
Bianco Doc - Sauvignon 100%
Alc. 13,5% | € 14 | Bt. 5.000 | Ferm. Acciaio | Mat. Acciaio 7 mesi
Insalata di mare.

ALTO ADIGE VALLE ISARCO KERNER 2022
Bianco Doc - Kerner 100%
Alc. 14% | € 14 | Bt. 25.000 | Ferm. Acciaio | Mat. Acciaio 7 mesi
Frittura di moscardini.

ALTO ADIGE VALLE ISARCO PINOT GRIGIO 2022
Bianco Doc - Pinot grigio 100%
Alc. 13% | € 14 | Bt. 4.000 | Ferm. Legno e Acciaio | Mat. Acciaio 7 mesi e Legno 7 mesi
Piovra arrostita.

ALTO ADIGE VALLE ISARCO KERNER
2019

SYLVANER
2019

Stroblhof
(1890)

La tenuta Stroblhof sorge ad Appiano, ai piedi del massiccio della catena della Mendola, le cui bianche pareti calcaree segnano inconfondibilmente il paesaggio dell'Oltradige e offrono ai vigneti peculiari e ideali caratteristiche pedoclimatiche. Andreas e Thomas Nicolussi-Leck, col prezioso supporto di Hans Terzer, gestiscono la cantina con mano ferma e animati da sincera passione. La produzione è equamente divisa fra vini bianchi e rossi, con predilezione verso le varietà borgognone, ma notevole è pure la materia prima per la cuvée bordolese, da vigneti situati presso il lago di Caldaro.

Via Piganò, 25 - Località San Michele - 39057 Appiano (BZ)
T. 0471 662250 | M. weingut@stroblhof.it
www.stroblhof.it

Viticoltura: Convenzionale
Ettari: 5,8 | **Bottiglie:** 42.000 | **Produzione olearia:** No
Proprietà: Rosmarie Hanni Ausserer e Andreas Nicolussi-Leck
Cond. enologica: Hans Terzer, Andreas Nicolussi-Leck
Cond. agronomica: Thomas Nicolussi-Leck, Andreas Nicolussi-Leck
Vendita diretta: Sì | **Visite in azienda:** Sì

91

ALTO ADIGE CABERNET FRANC MERLOT VALBION 2020
Rosso Doc - Cabernet franc 60%, Merlot 40%
Alc. 14,5% | € 30 | Bt. 2.340 | Mat. Acciaio 6 mesi e Legno 12 mesi
Rubino fitto con bordi amaranto. Apre al naso con un'elegante nota fumé, seguono poi aromi fruttati di ribes nero e mora matura; in sottofondo sbuffi di erbette aromatiche e cenni di cuoio e caffè. Ingresso caldo, di garbata freschezza e spiccata sapidità, con tannini serici. Si congeda con un lungo saluto di ribes. Carré di maiale al forno con mele renette.

ALTO ADIGE PINOT BIANCO STRAHLER 2022
Bianco Doc - Pinot bianco 90%, Chardonnay 5%, Pinot grigio 5%
Alc. 14% | € 17 | Bt. 10.700 | Ferm. Legno | Mat. Legno 7 mesi
Guazzetto di fasolari.

ALTO ADIGE PINOT NERO P!GENO 2020
Rosso Doc - Pinot nero 100%
Alc. 13,5% | € 25 | Bt. 13.600 | Ferm. Legno | Mat. Acciaio 6 mesi e Legno 12 mesi
Filetto al vino rosso e scalogno.

ALTO ADIGE PINOT NERO RISERVA 2019
Rosso Doc - Pinot nero 100%
Alc. 13,5% | € 37 | Bt. 6.500 | Ferm. Legno | Mat. Acciaio 6 mesi e Legno 12 mesi
Guanciale di vitello in umido con patate.

ALTO ADIGE CHARDONNAY SCHWARZHAUS
2021

ALTO ADIGE PINOT NERO P!GENO
2018

Taschlerhof
(2000)

Peter Wachtler è vignaiolo indipendente fin dall'anno 2000; fino ad allora le uve dei vigneti del maso di famiglia venivano conferite all'abbazia di Novacella. Negli anni ha gradualmente ampliato la superficie vitata, costruito una moderna cantina e individuato le varietà più adatte alle singole giaciture. Siamo alle porte meridionali di Bressanone, dove le terrazze vitate poggiano su terreni magri, ricchi di scisti e fillade quarzifera, capaci di infondere ai vini una straordinaria componente minerale e sapida. Sylvaner e riesling le principali passioni di Peter.

Via Lahner, 48 - Località La Mara - 39042 Bressanone (BZ)
T. 335 6914480 | M. info@taschlerhof.com
www.taschlerhof.com

Viticoltura: Convenzionale
Ettari: 6 | **Bottiglie:** 45.000 | **Produzione olearia:** No
Proprietà: Peter Wachtler
Cond. enologica: Peter Wachtler
Cond. agronomica: Peter Wachtler
Vendita diretta: Sì | **Visite in azienda:** Sì

ALTO ADIGE VALLE ISARCO SYLVANER LAHNER 2021
Bianco Doc - Sylvaner 100%
Alc. 14% | € 23 | Bt. 3.500 | Ferm. Legno | Mat. Legno 6 mesi
Pregevole paglierino con sfumature verdoline. Corredo olfattivo composto da tipiche erbe di campo e piante aromatiche quali timo e maggiorana, e da fini profumi di mela e pera polpose. Sorso fresco e sapido, di medio corpo, sbarazzino e rinfrescante. Cappone ripieno al forno

ALTO ADIGE VALLE ISARCO KERNER 2022
Bianco Doc - Kerner 100%
Alc. 14% | € 18 | Bt. 22.000 | Ferm. Acciaio | Mat. Acciaio 6 mesi
Tacchinella ripiena su letto di patate.

ALTO ADIGE VALLE ISARCO RIESLING 2022
Bianco Doc - Riesling 100%
Alc. 13% | € 19 | Bt. 6.500 | Ferm. Legno e Acciaio | Mat. Acciaio 6 mesi e Legno 6 mesi
Guazzetto di vongole veraci.

ALTO ADIGE VALLE ISARCO RIESLING VENDEMMIA TARDIVA 2020
Bianco Doc - Riesling 100%
Alc. 10,5% | € 35 | Bt. 900 | Ferm. Acciaio | Mat. Acciaio 6 mesi
Canestrato pugliese.

ALTO ADIGE VALLE ISARCO KERNER
2021

ALTO ADIGE VALLE ISARCO SYLVANER
2021

Tenuta Kollerhof
(2012)

Questa piccola ma consolidata cantina in quel di Mazzon, di proprietà della famiglia Visintin, è ovviamente dedita alla coltivazione di pinot nero, che in quest'angolo di Sudtirolo ha trovato i suoi terreni e il suo microclima di elezione. È in particolare la famosa Ora del Garda, il vento che giornalmente dal lago risale la valle dell'Adige, a garantire al vitigno borgognone salubrità e pieno sviluppo degli aromi. Oltre al pinot nero, si coltiva anche chardonnay in un appezzamento in riva al lago di Caldaro, e solaris in un vigneto ad Anterivo, a 1200 m di quota.

Via degli Alpini, 11 - Località Mazon - 39044 Egna (BZ)
T. 335 228504 | M. info@tenuta-kollerhof.com
www.tenuta-kollerhof.com

Viticoltura: Convenzionale
Ettari: 5 | **Bottiglie:** 25.000 | **Produzione olearia:** No
Proprietà: Herbert Visintin
Cond. enologica: Tizian Visintin
Cond. agronomica: Tizian Visintin
Vendita diretta: Sì | **Visite in azienda:** Sì

ALTO ADIGE PINOT NERO AEGIS VIGNA EGID RISERVA 2020
Rosso Doc - Pinot nero 100%
Alc. 14% | € 45 | Bt. 1.500 | Ferm. Cemento | Mat. Legno 15 mesi
Manto rosso rubino tenue con riflessi granato. Esordio fruttato di frutti di bosco freschi e ciliegie, poi cenni floreali di viola e per finire nuance speziate di chiodi di garofano, vaniglia e cardamomo. Sorso morbido e con tannini ben levigati e integrati, che non limitano il ricco ricordo fruttato. Filetto di manzo in crosta alle erbette.

Thurnhof
(1985)

Andreas Berger vinifica le uve provenienti da tre vigneti. Quello collinare intorno al maso, fra il dosso del Virgolo e Castel Flavon sopra l'abitato di Bolzano, è il più importante ed è dedicato a uva schiava, lagrein, cabernet e moscato giallo. Più sotto, nella piana alluvionale dell'Isarco, il vigneto Merlau offre al lagrein le condizioni ideali. Infine sull'altopiano del Renon, su terreni morenici e profirici, sono piantati i ceppi del sauvignon blanc. Un assortimento completo, quindi, pienamente aderente alla tradizione vinicola bolzanina.

Castel Flavon, 7 - 39100 Bolzano (BZ)
T. 0471 285446 | M. info@thurnhof.com
www.thurnhof.com

Viticoltura: Convenzionale
Ettari: 4,4 | **Bottiglie:** 22.000 | **Produzione olearia:** No
Proprietà: Andreas Berger
Cond. enologica: Andreas Berger
Cond. agronomica: Andreas Berger
Vendita diretta: Sì | **Visite in azienda:** Sì

ALTO ADIGE CABERNET SAUVIGNON VIGNA WEINEGG RISERVA 2000
Rosso Doc - Cabernet sauvignon 85%, Merlot 15%
Alc. 14,5% | € 27 | Bt. 2.000 | Ferm. Acciaio | Mat. Acciaio 3 mesi e Legno 15 mesi
Colore fitto, impenetrabile e vivace. L'incipit è suadente e si mostra accattivante grazie a ricordi di amarena e ribes nero. Evidenzia poi sfumature di menta piperita, salvia ed erba medica. Voluminoso al palato, con tannini eleganti, ben integrati e partecipi del piacevole finale fruttato. Brasato di lepre con riduzione di vino rosso.

ALTO ADIGE LAGREIN MERLAU 2022
Rosso Doc - Lagrein 100%
Alc. 13% | € 15 | Bt. 6.500 | Ferm. Acciaio | Mat. Acciaio e Legno 5 mesi
Tagliata di manzo al rosmarino.

ALTO ADIGE SAUVIGNON 800 2021
Bianco Doc - Sauvignon 100%
Alc. 14% | € 17 | Bt. 3.000 | Ferm. Acciaio | Mat. Acciaio 6 mesi
Pollo al curry.

ALTO ADIGE MOSCATO GIALLO 2022
Bianco Doc - Moscato giallo 100%
Alc. 13% | € 14 | Bt. 2.000 | Ferm. Acciaio | Mat. Acciaio 5 mesi
Crostini con burro e salmone.

ALTO ADIGE LAGREIN RISERVA
2017 | 2018 | 2020

ALTO ADIGE MOSCATO GIALLO
2021

Tiefenbrunner - Schlosskellerei Turmhof
(1848)

Tiefenbrunner è senza dubbio una delle più importanti e prestigiose cantine private sudtirolesi. Il podere Linticlar di Cortaccia risale al XIII secolo e dal 1675 è nelle mani dell'attuale stirpe proprietaria, prima Tiefenthaler e poi Tiefenbrunner. Questa radicata tradizione vinicola, ricca di storia e di eventi importanti per tutta l'area della Bassa Atesina, è oggi mantenuta viva da Christof Tiefenbrunner che, assieme al fidato enologo Stephan Rohregger, sfodera ogni anno una serie sontuosa di campioni, tutti carichi di sostanza, carattere ed eleganza.

Via Castello, 4 - Frazione Niclara - 39040 Cortaccia (BZ)
T. 0471 880122 | M. info@tiefenbrunner.com
www.tiefenbrunner.com

Viticoltura: Convenzionale
Ettari: 88 | **Bottiglie:** 650.000 | **Produzione olearia:** No
Proprietà: Christof Tiefenbrunner
Cond. enologica: Stephan Rohregger
Cond. agronomica: Markus Weissensteiner
Vendita diretta: Sì | **Visite in azienda:** Sì

ALTO ADIGE CHARDONNAY VIGNA AU RISERVA 2019
Bianco Doc - Chardonnay 100%
Alc. 13,5% | € 69 | Bt. 2.500 | Ferm. Legno | Mat. Legno 18 mesi
Paglierino lucente e vivace. Offre aromi intensi e complessi che spaziano da note fruttate di mango, frutto della passione e ananas, passando per mughetto e leggeri sbuffi di pepe bianco, chiudendo con polvere da sparo e pietra focaia. Sorso fresco e ben salino, bilanciato e dal lento congedo minerale. Sogliola alla mugnaia.

ALTO ADIGE CABERNET MERLOT LINTICLARUS RISERVA 2020
Rosso Doc - Cabernet sauvignon 50%, Merlot 50%
Alc. 14% | € 38 | Bt. 11.000 | Ferm. Acciaio | Mat. Legno 18 mesi
Manzo brasato con olive e porri.

ALTO ADIGE SAUVIGNON RACHTL RISERVA 2020
Bianco Doc - Sauvignon 100%
Alc. 13,5% | € 64 | Bt. 2.000 | Ferm. Legno | Mat. Acciaio 6 mesi e Legno 12 mesi
Salmone al timo.

ALTO ADIGE PINOT NERO LINTICLARUS RISERVA 2020
Rosso Doc - Pinot nero 100%
Alc. 13,5% | € 38 | Bt. 7.000 | Ferm. Legno e Acciaio | Mat. Legno 18 mesi
Tordi in salmì.

ALTO ADIGE SAUVIGNON RACHTL RISERVA
2014 | 2019

ALTO ADIGE CABERNET MERLOT LINTICLARUS RISERVA
2016 | 2018

Maso Unterganzner - Josephus Mayr
(1629)

La tenuta Unterganzner sorge a nord-est di Bolzano, proprio alle porte della cittadina, e da dieci generazioni appartiene alla famiglia Mayr, che l'acquisì nel 1629. Josephus e Barbara Mayr hanno idee molto chiare sullo stile da dare ai loro vini che, godendo di un microclima particolarmente caldo e mite (sono stati i primi frangitori d'olio dell'Alto Adige), si presentano sempre ben maturi, carichi di frutto e struttura. Il lagrein è declinato in tutte le possibili interpretazioni, compresa quella del celebre Lamarein, vinificato a partire da un parziale processo di appassimento delle uve.

Via Campiglio, 15 - 39100 Bolzano (BZ)
T. 0471 365582 | M. info@mayr-unterganzner.it
www.mayr-unterganzner.it

Viticoltura: Convenzionale
Ettari: 10 | **Bottiglie:** 75.000 | **Produzione olearia:** Sì
Proprietà: Josephus Mayr
Cond. enologica: Josephus Mayr, Josef Mayr
Cond. agronomica: Josephus Mayr, Josef Mayr
Vendita diretta: Sì | **Visite in azienda:** Sì

LAMAREIN 2020 (91)
Rosso - Lagrein 100%
Alc. 15% | € 50 | Bt. 9.600 | Ferm. Acciaio | Mat. Legno 17 mesi
Rosso rubino scuro e compatto. Apre le danze con note empireumatiche di caffè e di cioccolato, per poi lasciare il palco a piroette speziate di pepe bianco con balzi di cardamomo. Al palato è corposo e denso, con tannini decisi ma vellutati e ben integrati. Nel lungo finale riemergono decise le spezie. Brasato di manzo al vino rosso.

COMPOSITION REIF 2020
Rosso - Cabernet sauvignon 45%, Cabernet franc 20%, Lagrein 20%, Merlot 10%, Petit verdot 5%
Alc. 14% | € 38 | Bt. 6.750 | Ferm. Acciaio | Mat. Legno 17 mesi
Nodini di cinta senese lardellati al forno.

ALTO ADIGE LAGREIN RISERVA 2020
Rosso Doc - Lagrein 100%
Alc. 13% | € 25 | Bt. 7.500 | Ferm. Acciaio | Mat. Legno 20 mesi
Medaglioni di cervo con riduzione di cottura.

ALTO ADIGE SANTA MADDALENA CLASSICO HEILMANN 2021
Rosso Doc - Schiava 90%, Lagrein 10%
Alc. 13,5% | € 18 | Bt. 3.200 | Ferm. Acciaio | Mat. Legno 17 mesi
Pizzoccheri valtellinesi.

ALTO ADIGE LAGREIN KRETZER 2022
Rosato Doc - Lagrein 100%
Alc. 13,5% | € 14 | Bt. 4.300 | Ferm. Acciaio | Mat. Acciaio 4 mesi
Piovra arrostita.

LAMAREIN
2015 | 2016

COMPOSITION REIF
2017 | 2018

Untermoserhof
(1640)

Georg Ramoser rappresenta la quarta generazione tenutaria del maso Untermoser, la cui prima menzione documentata risale al 1640. Siamo nel cuore della zona classica di Santa Maddalena, la storica e rinomata area vinicola all'interno del comune di Bolzano. Qui, su terreni morenici ricchi di sabbia e argilla, perfettamente esposti a sud, Georg alleva le sue pregiate pergole di schiava e lagrein, le due varietà autoctone che costituiscono il fulcro della produzione. Da un'altra vigna a Frangarto, in Oltradige, provengono invece le uve chardonnay e merlot.

Santa Maddalena di Sotto, 36 - 39100 Bolzano (BZ)
T. 0471 975481 | M. untermoserhof@rolmail.net
www.untermoserhof.com

Viticoltura: Convenzionale e biologica
Ettari: 5 | **Bottiglie:** 40.000 | **Produzione olearia:** No
Proprietà: Georg Ramoser
Cond. enologica: Florian Ramoser, Georg Ramoser
Cond. agronomica: Florian Ramoser, Georg Ramoser
Vendita diretta: Sì | **Visite in azienda:** Sì

(93)

ALTO ADIGE SANTA MADDALENA CLASSICO HUB 2021
Rosso Doc - Schiava 100%
Alc. 13,5% | € 18 | Bt. 3.800 | Ferm. Acciaio | Mat. Legno 9 mesi
Carminio lucente. Al naso apparecchia una tavola imbandita dai tipici sentori di lamponi, fragole e ciliegie, seguiti da cenni floreali di lillà e viola, una scia ben marcata di pepe bianco per chiudere con la mandorla. Sorso caldo, fresco e beverino, dal lungo finale dove i tannini si fanno ancora più carezzevoli. Spaghetti al pomodoro.

ALTO ADIGE LAGREIN RISERVA HOFACKER 2018
Rosso Doc - Lagrein 100%
Alc. 14,5% | € 64 | Bt. 1.400 | Ferm. Legno e Acciaio | Mat. Legno 12 mesi
Terrina di lepre con salsa di prugne.

ALTO ADIGE PINOT BIANCO KARDATSCH 2021
Bianco Doc - Pinot bianco 100%
Alc. 13,5% | € 17 | Bt. 3.000
Scampi alla griglia.

ALTO ADIGE MERLOT - CABERNET LEHM & KIES 2020
Rosso Doc - Merlot 55%, Cabernet franc 45%
Alc. 14% | € 25 | Bt. 3.000
Filetto di cervo ai mirtilli.

ALTO ADIGE SANTA MADDALENA CLASSICO 2022
Rosso Doc - Schiava 97%, Lagrein 3%
Alc. 13,5% | € 14 | Bt. 10.000 | Ferm. Acciaio | Mat. Legno 6 mesi
Spalla cotta di San Secondo.

ALTO ADIGE SANTA MADDALENA CLASSICO HUB
2018 | 2019 | 2020

ALTO ADIGE SANTA MADDALENA CLASSICO
2020

Von Blumen
(2013)

Da circa un decennio la famiglia Fugatti produce i vini della tenuta Von Blumen: 12 ettari di vigneti sulle terrazze collinari che dominano la valle dell'Adige in località Pochi di Salorno. Il terroir è particolarmente vocato per la coltivazione della vite, grazie a terreni ricchi di minerali porfirici e calcarei, l'esposizione a sud-ovest e i benefici effetti dell'Ora del Garda. Roberta, Cristina e Giuseppe s'impegnano con passione e precisione esecutiva nella creazione dei vini, sia da uve internazionali come pinot bianco, sauvignon e pinot nero, che autoctoni come gewürztraminer e lagrein.

Via Dorna, 7/A - 39040 Salorno (BZ)
T. 349 3643036 | M. info@vonblumenwine.com
www.vonblumenwine.com

Viticoltura: Ecosostenibile
Ettari: 16 | **Bottiglie:** 40.000 | **Produzione olearia:** No
Proprietà: Roberta, Cristina e Giuseppe Fugatti
Cond. enologica: Alessandro Corazzola, Mirko Maccani
Cond. agronomica: Giuseppe Fugatti
Vendita diretta: No | **Visite in azienda:** No

ALTO ADIGE SAUVIGNON 505 2022
Bianco Doc - Sauvignon 100%
Alc. 12,5% | € 14 | Bt. 16.852 | Ferm. Acciaio | Mat. Acciaio 8 mesi
Tipico paglierino orlato di verde. Esordio fruttato di nettarina e anguria, seguite da menta piperita e un tocco floreale di petali di rosa bianca appassita. Sorso moderatamente caldo, appagante grazie alla ottima dote di freschezza e sapidità, con finale di piacevole lunghezza. Fritto di paranza.

ALTO ADIGE PINOT BIANCO FLOWERS 2020
Bianco Doc - Pinot bianco 100%
Alc. 13,5% | € 19 | Bt. 4.250 | Ferm. Legno | Mat. Legno 10 mesi
Cocktail di gamberetti.

ALTO ADIGE PINOT NERO 514 2021
Rosso Doc - Pinot nero 100%
Alc. 13% | € 17 | Bt. 19.996 | Ferm. Acciaio | Mat. Legno 8 mesi
Trippa in umido.

ALTO ADIGE SAUVIGNON FLOWERS 2020
Bianco Doc - Sauvignon 100%
Alc. 13% | € 19 | Bt. 4.800 | Ferm. Acciaio | Mat. Legno 10 mesi
Fregola con le arselle.

ALTO ADIGE PINOT BIANCO FLOWERS
2019

ALTO ADIGE SAUVIGNON FLOWERS
2019

Elena Walch
(1988)

Le sorelle Karoline e Julia Walch hanno ormai preso le redini dell'azienda di famiglia. L'iconica cantina di Termeno, portata al successo da Elena Walch, continua a confermarsi tra le più solide e costanti nella qualità. Kastelaz e Castel Ringberg sono le tenute più prestigiose, con splendido affaccio sulla conca del lago di Caldaro. Veri e propri Cru che ogni anno esaltano i vitigni scelti per esprimersi al meglio. Gli ultimi ingressi, in particolare il Pinot Nero Aton e i nuovi vigneti sulle alture di Aldino, proiettano l'azienda verso uno sfavillante futuro.

Via Andrea Hofer, 1 - 39040 Termeno (BZ)
T. 0471 860172 | M. info@elenawalch.it
www.elenawalch.it

Viticoltura: Ecosostenibile
Ettari: 90 | **Bottiglie:** 800.000 | **Produzione olearia:** No
Proprietà: Elena Walch
Cond. enologica: Stefano Bolognani
Cond. agronomica: Gianfranco Faustin
Vendita diretta: Sì | **Visite in azienda:** Sì

(92)

ALTO ADIGE PINOT NERO ATON 2018
Rosso Doc - Pinot nero 100%
Alc. 14% | € 158 | Bt. 2.798 | Ferm. Acciaio | Mat. Legno 12 mesi
Rosso rubino luminoso. Si concede attraverso evidenze di mirtillo rosso, fragolina di bosco e arancia Sanguinella, spolverate da una nota speziata di cannella e da una nuance che ricorda il tè nero. Palato elegante, con tannini levigati, il tutto emulsionato da viva freschezza. Raffinata chiusura su riconoscimenti speziati. Petto di germano reale al balsamico.

ALTO ADIGE GEWÜRZTRAMINER VIGNA KASTELAZ 2021
Bianco Doc - Gewürztraminer 100%
Alc. 14% | € 38 | Bt. 14.000 | Ferm. Acciaio | Mat. Acciaio 7 mesi
Bra d'alpeggio.

ALTO ADIGE CHARDONNAY VIGNA CASTEL RINGBERG RISERVA 2020
Bianco Doc - Chardonnay 100%
Alc. 13,5% | € 47 | Bt. 6.000 | Ferm. Legno | Mat. Acciaio 6 mesi e Legno 10 mesi
Stinco d'agnello al forno.

ALTO ADIGE LAGREIN VIGNA CASTEL RINGBERG RISERVA 2020
Rosso Doc - Lagrein 100%
Alc. 13,5% | € 44 | Bt. 12.000 | Ferm. Acciaio | Mat. Legno 20 mesi
Stufato di daino.

KERMESSE 2019
Rosso - Cabernet sauvignon 20%, Lagrein 20%, Merlot 20%, Petit verdot 20%, Syrah 20%
Alc. 14% | € 56 | Bt. 6.000 | Ferm. Acciaio | Mat. Acciaio 7 mesi e Legno 18 mesi
Ossobuco alla milanese.

ALTO ADIGE GEWÜRZTRAMINER VIGNA KASTELAZ
2017

ALTO ADIGE CHARDONNAY VIGNA CASTEL RINGBERG RISERVA
2017 | 2019

Tenuta Waldgries
(1930)

La storica azienda Waldgries a Santa Maddalena è sempre saldamente guidata da Christian Plattner, il cui rigoroso credo enologico è quanto mai riconoscibile nell'assoluto livello qualitativo dei suoi vini. Essi provengono da vigneti su giaciture estremamente vocate e dalla lunghissima tradizione, dove i vitigni lagrein e schiava si sono perfettamente ambientati da diversi secoli, così come pure il moscato rosa, vera e propria chicca della cantina. Le uve per i vini bianchi provengono invece da alcuni vigneti in Oltradige, ad Appiano Monte e nei pressi del lago di Monticolo.

Via Santa Giustina, 2 - 39100 Bolzano (BZ)
T. 0471 323603 | M. info@waldgries.it
www.waldgries.it

Viticoltura: Convenzionale
Ettari: 8,7 | **Bottiglie:** 80.000 | **Produzione olearia:** No
Proprietà: Christian Plattner
Cond. enologica: Christian Plattner
Cond. agronomica: Christian Plattner
Vendita diretta: Sì | **Visite in azienda:** Sì

(93)

MOSCATO ROSA 2021
Rosso Igt Dolce - Moscato rosa 100%
Alc. 13% | € 28 (0,375l) | Bt. 3.000 | Ferm. Acciaio | Mat. Acciaio 5 mesi
Bellissimo e lucente carminio. Ventaglio olfattivo composto da petali di rosa, infuso di erbe aromatiche e da confettura di lamponi e fragoline di bosco, poi fini tocchi di chiodi di garofano. Sorso dolce, morbido e materico, con moderata freschezza e la giusta tannicità a ravvivare la beva. Interminabile l'allungo. Torta Foresta Nera.

ALTO ADIGE LAGREIN ROBLINUS DE' WALDGRIES 2018
Rosso Doc - Lagrein 100%
Alc. 14% | € 81 | Bt. 3.000 | Ferm. Legno | Mat. Legno 12 mesi
Tagliata al pepe verde.

ALTO ADIGE SANTA MADDALENA CLASSICO ANTHEOS 2021
Rosso Doc - Schiava 92%, Lagrein 8%
Alc. 13,5% | € 17 | Bt. 6.500 | Ferm. Legno | Mat. Legno 8 mesi
Soppressata di Calabria.

ALTO ADIGE LAGREIN MIRELL 2020
Rosso Doc - Lagrein 100%
Alc. 13,5% | € 36 | Bt. 6.000 | Ferm. Legno | Mat. Legno 12 mesi
Capriolo in salmì con polenta di grano saraceno.

ALTO ADIGE SANTA MADDALENA CLASSICO 2022
Rosso Doc - Schiava 99%, Lagrein 1%
Alc. 13,5% | € 12 | Bt. 25.000 | Ferm. Acciaio | Mat. Acciaio 6 mesi
Speck dell'Alto Adige.

ALTO ADIGE SAUVIGNON MYRA 2021
Bianco Doc - Sauvignon 100%
Alc. 14% | € 17 | Bt. 8.000 | Ferm. Legno e Acciaio | Mat. Acciaio 7 mesi e Legno 7 mesi
Triglie in guazzetto.

ALTO ADIGE LAGREIN MIRELL
2019

ALTO ADIGE LAGREIN RISERVA
2014 | 2019

Wassererhof
(1996)

Il Wassererhof, di proprietà della famiglia Mock, sorge nei pressi di Campodazzo, sulla riva sinistra del fiume Isarco. Attorno al maso sono coltivate le uve bianche mentre quelle rosse e il gewürztraminer provengono dall'altra tenuta di famiglia, il Mumelterhof, nella vicina località di Leitach, nella zona classica del Santa Maddalena. La filosofia di Christoph, cantiniere e responsabile della produzione vinicola, persegue lavorazioni rispettose dei cicli naturali e i lunghi affinamenti in bottiglia prima della commercializzazione garantiscono la piena espressività dei vini.

Novale di Fiè - 39050 Fiè allo Sciliar (BZ)
T. 331 6645870 | M. info@wassererhof.com
www.wassererhof.com

Viticoltura: Ecosostenibile
Ettari: 7 | **Bottiglie:** 26.000 | **Produzione olearia:** No
Proprietà: Christoph Mock
Cond. enologica: Christoph Mock
Cond. agronomica: Staff aziendale
Vendita diretta: Sì | **Visite in azienda:** Sì

ALTO ADIGE CABERNET RISERVA 2020
Rosso Doc - Cabernet sauvignon 70%, Cabernet franc 30%
Alc. 14,5% | € 29 | Bt. 5.800 | Ferm. Acciaio | Mat. Legno 18 mesi
Rubino intenso e impenetrabile. L'olfatto esordisce con echi di amarene e prugne mature, seguono sbuffi speziati di noce moscata e una leggera nota fumé. Al palato è caldo, dotato di buona freschezza e moderata sapidità, con le componenti fruttate sugli scudi a garantirne il ricordo. Roast beef.

ALTO ADIGE SANTA MADDALENA 2021
Rosso Doc - Schiava 95%, Lagrein 5%
Alc. 12,5% | € 14 | Bt. 14.500 | Ferm. Acciaio | Mat. Acciaio 8 mesi
Bollito misto con salse.

ALTO ADIGE PINOT GRIGIO 2021
Bianco Doc - Pinot grigio 100%
Alc. 13% | € 20 | Bt. 2.500 | Ferm. Legno e Acciaio | Mat. Acciaio 9 mesi e Legno 9 mesi
Rotolo di coniglio con pomodorini ed erbe aromatiche.

ALTO ADIGE SAUVIGNON RISERVA
2017

ALTO ADIGE CABERNET RISERVA
2016

Peter Zemmer
(1928)

La Peter Zemmer, prossima al secolo di vita, cantina simbolo di Cortina sulla Strada del Vino, il più a sud dei comuni altoatesini, al confine con la Provincia di Trento, tramanda da sempre l'antica e peculiare tradizione vinicola. Helmut Zemmer s'impegna oggi con passione alla valorizzazione di queste plaghe baciate dal sole, sferzate dall'Ora del Garda, su terreni sabbiosi e argillosi, ricchi di ghiaia e detriti calcarei, adatti, oltre che ai vitigni a bacca rossa, anche a chardonnay e pinot grigio. L'azienda conta poi su altri importanti cru in zone più elevate della Bassa Atesina.

Strada del Vino, 24 - 39040 Cortina sulla Strada del Vino (BZ)
T. 0471 817143 | M. info@peterzemmer.com
www.peterzemmer.com

Viticoltura: Convenzionale
Ettari: 59 | **Bottiglie:** 400.000 | **Produzione olearia:** No
Proprietà: Peter Zemmer
Cond. enologica: Alberto Postal
Cond. agronomica: Alberto Postal
Vendita diretta: Sì | **Visite in azienda:** Sì

ALTO ADIGE PINOT GRIGIO PETER ZEMMER 2022
Bianco Doc - Pinot grigio 100%
Alc. 13,5% | € 11 | Bt. 80.000 | Ferm. Acciaio | Mat. Acciaio 6 mesi
Giallo paglierino tenue con riflessi verdolini. Spettro odoroso molto delicato, con mela, pesca, melissa e un tocco di pepe bianco. Sorso rinfrescante e sapido, beverino, con finale di media lunghezza condito dai frutti a polpa bianca. Seppie in umido con piselli.

ALTO ADIGE CHARDONNAY VIGNA CRIVELLI RISERVA 2020
Bianco Doc - Chardonnay 100%
Alc. 14% | € 30 | Bt. 5.000 | Ferm. Legno | Mat. Acciaio 6 mesi e Legno 12 mesi
Sella di coniglio al tartufo con timballo di patate.

ALTO ADIGE CHARDONNAY PETER ZEMMER 2022
Bianco Doc - Chardonnay 100%
Alc. 13,5% | € 11 | Bt. 40.000 | Ferm. Acciaio | Mat. Acciaio 6 mesi
Ravioli di patate e baccalà.

ALTO ADIGE GEWÜRZTRAMINER FRAUENRIGL 2022
Bianco Doc - Gewürztraminer 100%
Alc. 15% | € 20 | Bt. 6.000 | Ferm. Legno e Acciaio | Mat. Acciaio 10 mesi e Legno 10 mesi
Grana Padano Riserva.

ALTO ADIGE CHARDONNAY VIGNA CRIVELLI RISERVA
2018

ALTO ADIGE GEWÜRZTRAMINER FRAUENRIGL
2018

FRIULI
VENEZIA
GIULIA

Il paese di temporali, primule e filari

Luciano Ferraro

Il *Paese di temporali e di primule*, per dirla con il titolo del libro che raccoglie gli scritti giovanili di Pier Paolo Pasolini, è cambiato, ma non troppo, dagli anni Cinquanta. Il paesaggio non è stato sfregiato, come in altre zone d'Italia. In questo lembo del Nordest, l'avamposto dell'Occidente fino alla caduta del Muro di Berlino nel 1989, almeno una parte del territorio è viva e integra. A dirlo è uno scrittore che nel Friuli Venezia Giulia è nato (a Trieste, nel 1965). Ora abita a Roma, nelle case che sembrano sospese nell'aria, al Villaggio Olimpico. A Trieste torna spesso, per far visita alla madre e alla sorella. È l'autore de *La sposa* (finalista nel 2014 al Premio Strega), e di molti altri romanzi, l'ultimo è *L'avventura terrestre* (La Nave di Teseo).

Mauro Covacich ci parla su un treno da Roma e Firenze, mentre osserva dal finestrino l'Italia che scorre via. "Ho l'impressione – ci dice – che il paesaggio del Friuli Venezia Giulia porti in sé anche l'asprezza e l'autenticità delle persone che lo abitano. Penso soprattutto al lavoro splendido che è stato fatto sul Collio, il grande incubatore di vini bianchi che tutti conoscono: non sono state rovinate le colline. Sembrano quasi senesi, non sono state maltrattate come in altre zone, per esempio la Marca trevigiana con l'avanzata del Prosecco".
Non c'è una monocoltura viticola sulle colline del Friuli e della Venezia Giulia. Attorno ai borghi che sono stati ricostruiti con splendida caparbietà, com'erano e dov'erano dopo il terribile terremoto del 1976 (con le pietre di chiese e palazzi numerate e rimesse al loro antico posto), il paesaggio in molte zone è simile a quello del passato. "Non so di chi sia il merito – continua a spiegare Covacich – ma le azioni dell'uomo mi sembrano molto misurate. Ad esempio, sul Carso triestino, regno di vitigni autoctoni come la vitovska. I viticoltori, in fazzoletti di terra aggrappati alle rocce, riescono a fare vini eccellenti".

Se si lascia Trieste alle spalle e si sale con l'auto verso il Carso, con le sue rocce calcaree e le sue grotte, sembra di fare un passo indietro nella storia. I boschi e le pietre sono quelli che, durante la Prima Guerra Mondiale, hanno visto fronteggiarsi per anni, in dodici epiche e sanguinose battaglie, l'esercito italiano e quello austro-ungarico. In trincea c'era anche il caporale Giuseppe Ungaretti, in forza al 19° reggimento di fanteria, che ha scritto una poesia sull'esito dello scontro a San Martino del Carso: "Di queste case / non è rimasto / che qualche / brandello di muro. / Di tanti / che mi corrispondevano / non è rimasto / neppure tanto. / Ma nel cuore / nessuna croce manca. / È il mio cuore / il paese più straziato".

Mauro Covacich: "Qui il paesaggio porta in sé anche l'asprezza e l'autenticità delle persone che lo abitano".

Nel paesaggio per certi versi immutato, resistono le osmize. Sono i locali antesignani degli agriturismi. Esistevano già nel Settecento, per volere di Maria Teresa d'Austria. Quando accanto a un cartello, spesso scritto a mano, compare una frasca, significa che l'osmiza è aperta: ci si può sedere a bere i vini del Carso, Terrano e Malvasia oltre alla Vitovska, e a mangiare salumi, formaggi e uova portate dai contadini del posto.
Non tutta la regione è stata risparmiata come il Carso. E lo si capisce dirigendosi verso Ovest, quando ci si avvicina al Veneto. "In provincia di Pordenone – dice Covacich – la faccenda è più complicata, l'agricoltura è quella della pianura, più intensiva, tra mais e soia. Hanno invece saputo mantenere la loro integrità anche le terre del Friuli del Nord. Se si sale verso la parte montagnosa, a Tarvisio e dintorni, lo si intuisce subito. Forse è dovuto anche allo spirito ecologico che qui alberga da sempre, da prima delle passioni recenti,

uno spirito condiviso con i Paesi di lingua tedesca. Mi sembra che l'Alto Friuli sia stato molto rigoroso nella conservazione del paesaggio".

Il treno entra in una galleria. Nella dimensione racchiusa del tunnel, anche le parole di Covacich sembrano indicare un lato buio con una luce che si intravvede in fondo: "Ricordo le ultime poesie di Andrea Zanzotto, i versi disperati sul paesaggio di Pieve di Soligo. Non credo che un poeta friulano possa scrivere le stesse cose parlando della sua terra".

"Lo spirito ecologico qui alberga da sempre, da prima delle passioni recenti per l'ambiente".

Neppure sulla Bassa Friulana. "È la zona che si fonde e si confonde con la destra del fiume Tagliamento, che fa da confine con il Veneto. Nella pianura, dove l'agricoltura si accosta alla grande iniziativa industriale e delle piccole aziende. Un paesaggio dove si alternano fabbriche che costruiscono scale telescopiche a grandi magazzini e a terra coltivata e vigneti. La Napoleonica, la strada che collega Udine e Pordenone e prosegue verso Treviso, presenta un paesaggio completamente diverso, che somiglia a quello di tutte le regioni ricche del Nordest ma anche dell'Olanda e della Germania. Una urbanizzazione spinta, quella che gli architetti chiamano città diffusa. È un paesaggio interessante da osservare anche di notte, è tutto videosorvegliato, illuminato dai fari delle grandi aziende, un insieme di capannoni. Non ne parlo da nostalgico, lo sviluppo economico ha portato benessere nella regione".

Pochi chilometri di distanza, eppure una diversità notevole tra la zona costiera e quella a confine con il Veneto, e la parte più orientale della regione. E il discorso, mentre il treno di Covacich viaggia verso Nord, torna sull'asprezza e sull'autenticità delle genti del Carso. "Se devo descrivere il friulano carsico, penso a una persona molto chiusa e molto riservata. Uno che parla poco, ma quello che dice è vero, uno senza malizia, con grande fiducia nel prossimo. Il portiere Dino Zoff è quel tipo di uomo, perché ha integrità e autenticità. Un carattere che ricorda quello dei liguri, due popoli simili, che vivono aggrappati al mare". È il carattere che il poeta Umberto Saba aveva attribuito a tutta la città capoluogo, in una delle sue poesie più note, *Trieste*: "Trieste ha una scontrosa / grazia. Se piace / è come un ragazzaccio aspro e vorace / con gli occhi azzurri e mani troppo grandi / per regalare un fiore".

Highlights

28.498 ETTARI VITATI COMPLESSIVI
22.798 destinati a DOP, 4.275 destinati a IGP, 1.425 destinati a vini generici.

RIPARTIZIONE COLORE
Vini bianchi 85,73%
Vini rossi o rosati 14,27%

2209382 HL DI PRODUZIONE TOTALE
78,22% di vino DOP, 15,05% di vino IGP, 6,74% di vini generici.

LE PROVINCE PIÙ PRODUTTIVE
Pordenone 45,62% sul totale, Udine 39,13% sul totale, Gorizia 14,66% sul totale

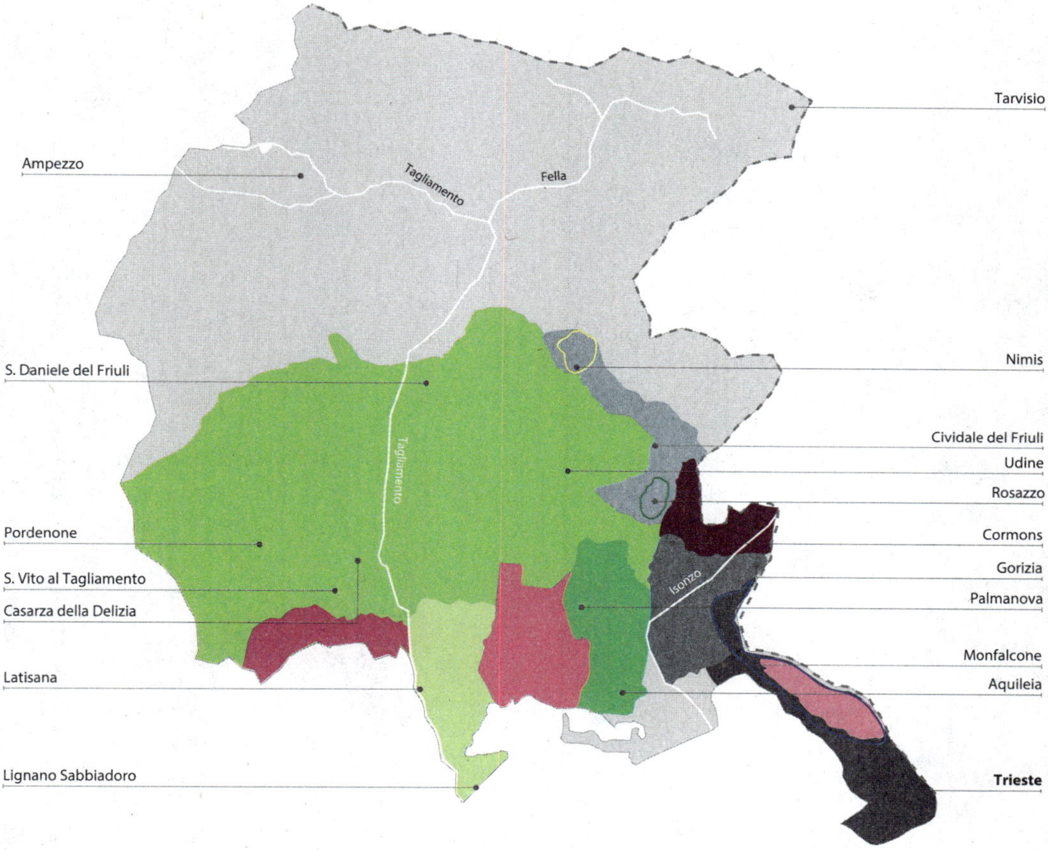

Legenda

- Friuli Grave
- Lison DOCG
- Lison Pramaggiore
- Friuli Latisana
- Friuli Annia
- Friuli Aquileia
- Friuli Isonzo o Isonzo del Friuli
- Ramandolo DOCG
- Rosazzo DOCG
- **Friuli (156 comuni in tutta la regione)**
- Colli Orientali del Friuli
- Picolit DOCG
- Friuli Colli Orientali
- Collio Goriziano o Collio
- Carso
- Carso Terrano
- Carso Terrano Classico
- **Prosecco (tutta la regione)**
- **Delle Venezie (tutta la regione)**

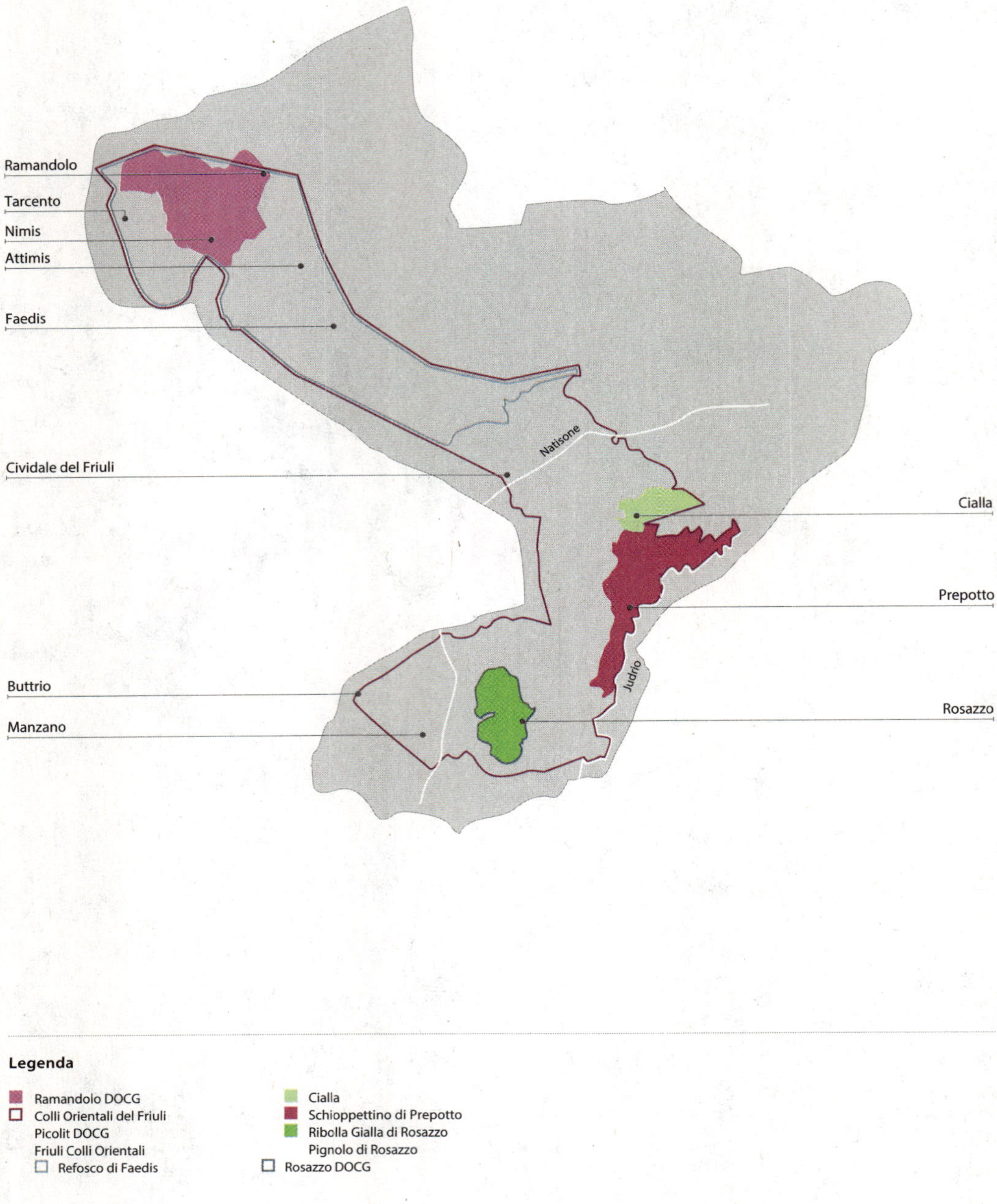
Ramandolo
Tarcento
Nimis
Attimis
Faedis
Cividale del Friuli
Natisone
Cialla
Prepotto
Judrio
Buttrio
Manzano
Rosazzo
Legenda
Ramandolo DOCG
Colli Orientali del Friuli
Picolit DOCG
Friuli Colli Orientali
Refosco di Faedis
Cialla
Schioppettino di Prepotto
Ribolla Gialla di Rosazzo
Pignolo di Rosazzo
Rosazzo DOCG

AD Coos
(2018)

Un Refosco dal peduncolo rosso che a Ramandolo, terra dalla tradizione dei passiti, si mette in mostra, merita già un plauso. Se poi il Refosco è quello di AD Coos c'è un ulteriore elemento di valore perché l'annata 2018 è stata la prima in produzione nonché l'anno di nascita dell'azienda che Alessandro e il padre Dario hanno costituito dopo l'uscita dalla Dario Coos. Una ripartenza che per ora si affida a pochi ettari in affitto, ma che certamente crescerà nelle prossime stagioni, facendo tesoro della già importante e apprezzata esperienza in vigneto e in cantina.

Via Pescia, 3 - Frazione Ramandolo - 33045 Nimis (UD)
T. 335 6101320 | M. info@adcoos.it
www.adcoos.it

Viticoltura: Convenzionale
Ettari: 2,5 | **Bottiglie:** 10.000 | **Produzione olearia:** No
Proprietà: Alessandro Coos
Cond. enologica: Dario Coos, Luigino De Giuseppe
Cond. agronomica: Alessandro Coos
Vendita diretta: Sì | **Visite in azienda:** Sì

REFOSCO PEDUNCOLO ROSSO 2018
Rosso Igp - Refosco dal peduncolo rosso 100%
Alc. 13% | € 24 | Bt. 2.000 | Ferm. Acciaio | Mat. Acciaio 24 mesi
Rubino vivo. Nitidi sentori di piccoli frutti a bacca nera e rossa, succo d'arancia Sanguinella e volute di humus e spezie. Al palato non nasconde i tannini ben controllati dall'equilibrio del sorso. Di media persistenza, chiude con ritorni fruttati. Salame di Varzi.

RIBOLLA GIALLA 2020
Bianco Igp - Ribolla gialla 100%
Alc. 14,5% | € 20 | Bt. 1.200 | Ferm. Acciaio | Mat. Acciaio 18 mesi
Pecorino di Pienza.

SAUVIGNON 2020
Bianco Igp - Sauvignon 100%
Alc. 14% | € 20 | Bt. 1.000 | Ferm. Acciaio | Mat. Acciaio 18 mesi
Riso venere con verdure e crostacei.

RAMANDOLO 2019
Bianco Docg Passito - Verduzzo friulano 100%
Alc. 14% | € 26 (0,5l) | Bt. 3.000 | Ferm. Acciaio | Mat. Acciaio 30 mesi
Stilton.

FRIULI COLLI ORIENTALI FRIULANO 2020
Bianco Dop - Tocai friulano 100%
Alc. 13,5% | € 20 | Bt. 1.800 | Ferm. Acciaio | Mat. Acciaio 18 mesi
Crostini con burro e alici.

FRIULI COLLI ORIENTALI PINOT GRIGIO 2020
Bianco Doc - Pinot grigio 100%
Alc. 13% | € 20 | Bt. 1.500 | Ferm. Acciaio | Mat. Acciaio 18 mesi
Ravioli di patate e baccalà.

RAMANDOLO
2018

Aganis
(2020)

Dai vigneti di San Polo di Piave, nel trevigiano, a quelli della parte nord dei Colli Orientali del Friuli. Un nuovo progetto enologico ha portato in Friuli, a Treppo Grande (Udine), i fratelli Simone, Fabio e Alessio Cecchetto. Con Aganis, la nuova cantina che ha iniziato il proprio percorso nel 2020, i Cecchetto puntano su varietà autoctone come il refosco, il tocai friulano, la ribolla gialla e la malvasia che sapranno ampliare le referenze aziendali che la famiglia veneta già porta sul mercato con il marchio Ca' di Rajo.

Via Cocul, 2 - 33010 Treppo Grande (UD)
T. 0422 855885 | M. info@aganis.wine
www.aganis.wine

Viticoltura: Convenzionale
Ettari: 22 | **Bottiglie:** 60.000 | **Produzione olearia:** No
Proprietà: Famiglia Cecchetto
Cond. enologica: Alberto Toso
Cond. agronomica: Staff aziendale
Vendita diretta: No | **Visite in azienda:** No

FRIULI RIBOLLA GIALLA PETEÇ BRUT
Bianco Doc Metodo Martinotti - Ribolla gialla 100%
Alc. 12% | € 14 | Bt. 12.000
Paglierino dai riflessi smeraldini. L'effervescenza persistente veicola al naso delicate fioriture primaverili a petalo bianco, pesca noce e uva spina. Sorso cremoso, pulito e di giusto equilibrio grazie a un nerbo acido che ricorda la crema al limone. Polpette di pesce d'acqua dolce.

FRIULI COLLI ORIENTALI CHARDONNAY 2022
Bianco Doc - Chardonnay 100%
Alc. 13% | € 14 | Bt. 4.000
Linguine con bottarga e pomodori secchi.

SPUMANTE SLUSINT ROSÉ BRUT 2022
Rosato Metodo Martinotti - Pinot nero 100%
Alc. 12% | € 14 | Bt. 12.000
Pizza con fiordilatte e prosciutto crudo.

FRIULI COLLI ORIENTALI MERLOT 2021
Rosso Doc - Merlot 100%
Alc. 13% | € 14 | Bt. 4.000
Faraona al forno.

FRIULI COLLI ORIENTALI PINOT GRIGIO 2022
Bianco Doc - Pinot grigio 100%
Alc. 13% | € 14 | Bt. 4.000
Risotto ai frutti di mare.

FRIULI COLLI ORIENTALI REFOSCO DAL PEDUNCOLO ROSSO PO' FOLC 2021
Rosso Doc - Refosco dal peduncolo rosso 100%
Alc. 13% | € 14 | Bt. 4.000
Tigelle e salumi.

Albafiorita
(2007)

Albafiorita è un'azienda vitivinicola biologica con sede a Latisana, a pochi chilometri dal mare. Per Dino De Marchi e Laura Sarti non è solo cantina, ma anche uno splendido agriturismo. Nel vigneto sono stati inseriti vitigni resistenti a bacca bianca, ritenuti la soluzione ideale per sviluppare un'agricoltura sostenibile, da sempre obiettivo della famiglia De Marchi e in linea con l'indirizzo qualitativo che ha dettato la realizzazione della struttura ricettiva. Le uve Piwi danno vita a due blend che differiscono per la maturazione, l'uno in acciaio e l'altro in legno.

Via Crosere, 115 - 33053 Latisana (UD)
T. 340 8731918 | M. info@albafiorita.com
www.albafiorita.com

Viticoltura: Biologica
Ettari: 8 | **Bottiglie:** 40.000 | **Produzione olearia:** No
Proprietà: Laura Sarti e Dino De Marchi
Cond. enologica: Nicola Biasi, Dino De Marchi
Cond. agronomica: Antonio Noacco
Vendita diretta: Sì | **Visite in azienda:** Sì

ƚƚƚ
FRIULI MERLOT 2020
Rosso Doc - Merlot 100%
Alc. 14% | € 20 | Bt. 2.300 | Ferm. Legno | Mat. Legno 11 mesi
Rubino fitto e lucente. Note dolci di frutta rossa e nera (lampone, ribes, arancia Sanguinella) si accoppiano a fioriture di rosa e peonia con cenni di frutta secca. Sorso caldo e bilanciato, con una presenza tannica che asciuga il palato. Finale caratterizzato dal ritorno della freschezza con aromi fruttati. Piccione al forno con cipollotti.

ƚƚ
BIANCO SOFFIO 2021
Bianco Igt - Sauvignon kretos 50%, Soreli 50%
Alc. 13% | € 20 | Bt. 480 | Ferm. Acciaio | Mat. Legno 11 mesi
Frittura di moscardini.

ƚƚ
FRIULI CABERNET 2020
Rosso Doc - Cabernet 100%
Alc. 12,5% | € 11 | Bt. 5.000 | Ferm. Acciaio | Mat. Legno 11 mesi
Guanciale di vitello in umido con patate.

ƚƚ
BIANCO M'AMA 2022
Bianco Igt - Sauvignon kretos 50%, Soreli 50%
Alc. 13% | € 15 | Bt. 18.000 | Ferm. Acciaio
Crema di patate e asparagi con cappesante scottate.

ƚƚ
PROSECCO SPUMANTE BRUT
Bianco Doc - Glera 100%
Alc. 11,5% | € 9 | Bt. 40.000 | Ferm. Acciaio
Crostini con spuma di mortadella.

ƚƚƚ
BIANCO M'AMA
2021

Amandum
(2013)

Una storia declinata al femminile quella della cantina di Moraro, grazie a Bianca – la nonna degli attuali proprietari Enrico e Carlo Alberto Agostinis – e a sua figlia Anna. Oggi l'azienda è una splendida realtà che continua a proporre vini in purezza dallo spiccato profilo varietale. Ne è esempio il Sauvignon Mysa, che quest'anno è risultato il campione più convincente, vincendo la sfida della longevità, si tratta infatti della vendemmia 2016: una scelta precisa dell'enologo Alberto Pelos.

Via Petrarca, 38 - 34070 Moraro (GO)
T. 335 242566 - 329 493779 | M. info@amandum.it
www.amandum.it

Viticoltura: Convenzionale
Ettari: 14 **Bottiglie:** 50.000 | **Produzione olearia:** No
Proprietà: Enrico e Carlo Alberto Agostinis
Cond. enologica: Alberto Pelos
Cond. agronomica: Staff aziendale
Vendita diretta: Sì | **Visite in azienda:** Sì

ƚƚƚ
FRIULI ISONZO SAUVIGNON MYSA 2016
Bianco Doc - Sauvignon 100%
Alc. 13% | € 25 | Bt. 3.000 | Ferm. Acciaio | Mat. Acciaio 10 mesi
Giallo tenue con bordo verdolino. Il naso è varietale, con erbe aromatiche in evidenza che si fondono con fiori di sambuco e frutta gialla matura. Il palato, agile, si muove sul binario fresco-sapido, controllato da un'adeguata presenza alcolica. Chiusura saporita e fruttata. Calamarata con ragù di pesce spada.

ƚƚƚ
FRIULI ISONZO REFOSCO DAL PEDUNCOLO ROSSO 2019
Rosso Dop - Refosco dal peduncolo rosso 100%
Alc. 13% | € 25 | Bt. 1.150 | Ferm. Acciaio | Mat. Acciaio 18 mesi
Pernici farcite.

ƚƚ
FRIULI ISONZO FRIULANO 2016
Bianco Doc - Tocai friulano 100%
Alc. 13% | € 25 | Bt. 4.000 | Ferm. Acciaio | Mat. Acciaio 10 mesi
Maltagliati con fiori di zucca e gamberetti.

ƚƚ
FRIULI ISONZO MERLOT 2016
Rosso Dop - Merlot 100%
Alc. 13,5% | € 30 | Bt. 3.600 | Ferm. Acciaio | Mat. Acciaio 18 mesi
Terrina di coniglio.

ƚƚƚ
FRIULI ISONZO FRIULANO
2017 | 2020

ƚƚƚ
FRIULI ISONZO PINOT NERO
2019

Angoris
(1648)

Il valore aggiunto della storica azienda di Cormons, condotta da Marta Locatelli, riguarda i possedimenti dislocati nelle zone più vocate alla viticoltura regionale – Friuli Isonzo, Friuli Colli Orientali e Collio –, con uve che raggiungono perfetta maturazione sfruttando microclimi e terreni che ne determinano la qualità. I 70 ettari vitati e i processi in cantina sono controllati dall'enologo Alessandro Bologna e dal suo dinamico staff. Un plauso va al percorso iniziato qualche anno fa, volto al rispetto e alla valorizzazione dell'ambiente e delle potenzialità naturali.

Località Angoris, 7 - 34071 Cormòns (GO)
T. 0481 60923 | M. info@angoris.it
www.angoris.it

Viticoltura: Lotta integrata
Ettari: 70 | **Bottiglie:** 500.000 | **Produzione olearia:** No
Proprietà: Marta Locatelli
Cond. enologica: Alessandro Bologna
Cond. agronomica: Alessandro Bologna
Vendita diretta: Sì | **Visite in azienda:** Sì

FRIULI COLLI ORIENTALI FRIULANO 2022
Bianco Doc - Tocai friulano 100%
Alc. 14% | € 25 | Bt. 18.000 | Ferm. Acciaio | Mat. Acciaio 8 mesi
Giallo pieno, dalle nuances dorate. Olfatto netto e variegato, con frutta gialla, fienagione estiva, erbe mediterranee, mallo di noce, anice stellato, tiglio e trame agrumate. Gusto avvolgente, saporito e fresco. Si distende ordinato e propone in chiusura ondate di tè verde. Timballo di riso e gamberi.

FRIULI COLLI ORIENTALI MERLOT RAVÒST RISERVA GIULIO LOCATELLI 2018
Rosso Doc - Merlot 100%
Alc. 13,5% | € 30 | Bt. 3.000 | Ferm. Legno e Acciaio | Mat. Acciaio 12 mesi e Legno 12 mesi
Faraona arrosto con salsa di frutti di bosco.

FRIULI ISONZO SAUVIGNON 2022
Bianco Doc - Sauvignon 100%
Alc. 13% | € 18 | Bt. 65.000 | Ferm. Acciaio | Mat. Acciaio 5 mesi
Frittata di ortiche.

COLLIO BIANCO LANGOR RISERVA GIULIO LOCATELLI 2020
Bianco Doc - Sauvignon 70%, Tocai friulano 20%, Malvasia 10%
Alc. 13,5% | € 32 | Bt. 3.000 | Ferm. Acciaio | Mat. Acciaio 12 mesi
Asparagi verdi con uovo croccante e fonduta di Taleggio.

COLLIO PINOT GRIGIO 2022
Rosato Doc - Pinot grigio 100%
Alc. 14% | € 25 | Bt. 7.000 | Ferm. Acciaio | Mat. Acciaio 8 mesi
Risotto alla granseola.

FRIULI COLLI ORIENTALI RIBOLLA GIALLA 2022
Bianco Doc - Ribolla gialla 100%
Alc. 13% | € 25 | Bt. 34.000 | Ferm. Acciaio | Mat. Acciaio 8 mesi
Tonnarelli cacio e pepe.

FRIULI COLLI ORIENTALI REFOSCO DAL PEDUNCOLO ROSSO
2018

FRIULI COLLI ORIENTALI FRIULANO
2019 | 2020 | 2021

Antonutti
(1921)

La cantina Antonutti è una realtà storica che, pur vantando una produzione di oltre un milione di bottiglie, è rimasta a conduzione familiare. Adriana Antonutti e Lino Durandi – insieme anche nella vita – sono supportati dalla terza generazione – Caterina e Riccardo – che contribuisce alla crescita dell'azienda. I vigneti di proprietà, circa 50 ettari, si estendono sulla pianura delle Grave del Friuli. In vigna le lavorazioni sono gestite con l'obiettivo di produrre vini che offrano continuità qualitativa, rispettando l'ambiente e la natura.

Via Luigi D'Antoni, 21 - 33037 Colloredo di Prato (UD)
T. 0432 662001 | M. info@antonuttivini.it
www.antonuttivini.it

Viticoltura: Convenzionale
Ettari: 70 | **Bottiglie:** 1.000.000 | **Produzione olearia:** No
Proprietà: Adriana Antonutti e Lino Durandi
Cond. enologica: Lino Durandi
Cond. agronomica: Lino Durandi
Vendita diretta: Sì | **Visite in azienda:** Sì

ROSSO ROS DI MURÌ 2017
Rosso Igt - Merlot 40%, Cabernet sauvignon 30%, Refosco dal peduncolo rosso 30%
Alc. 14% | € 15 | Ferm. Acciaio | Mat. Acciaio 2 mesi e Legno 18 mesi
Rubino saturo, dal bordo granato. Su un letto balsamico si distende un cocktail di frutta rossa macerata (ciliegia e prugna), poi rosa appassita, erbe aromatiche e spezie dolci (cannella e vaniglia). Buona la lunghezza gustativa con tannini arrotondati e suadenti; finale fruttato. Stinco d'agnello al forno.

FRIULI PINOT GRIGIO 2022
Bianco Doc - Pinot grigio 100%
Alc. 13% | € 9 | Bt. 60.000 | Ferm. Acciaio | Mat. Acciaio 6 mesi
Minestra di riso, patate, porri, sedano e speck.

FRIULI TRAMINER AROMATICO 2022
Bianco Doc - Traminer aromatico 100%
Alc. 13,5% | € 9 | Bt. 30.000 | Ferm. Acciaio | Mat. Acciaio 6 mesi
Spaghetti con vongole veraci.

FRIULI GRAVE PINOT NERO RISERVA 2020
Rosso Doc - Pinot nero 100%
Alc. 13% | € 18 | Bt. 4.000 | Ferm. Acciaio | Mat. Acciaio 6 mesi e Legno 12 mesi
Arrosto di pollo ripieno.

FRIULI MERLOT 2021
Rosso Doc - Merlot 100%
Alc. 13% | € 9 | Ferm. Acciaio | Mat. Acciaio 4 mesi e Legno 4 mesi
Culatello di Zibello e gnocco fritto.

FRIULI SAUVIGNON 2022
Bianco Doc - Sauvignon 100%
Alc. 12,5% | € 9 | Bt. 60.000 | Ferm. Acciaio | Mat. Acciaio 6 mesi
Insalata di spinaci e pesce spada.

FRIULI BIANCO DOLCE LINDUL
2016 | 2018

ROSSO POPPONE
2018

Aquila del Torre
(1996)

È un vitigno a bacca nera, il refosco dal peduncolo rosso, il protagonista della classifica 2023 dell'azienda di Savorgnano del Torre, un exploit da tre viti e mezzo per la versione Riserva del 2016 (che fermenta e matura in legno) e un punteggio appena inferiore per la versione base 2020, che invece nasce e si sviluppa in vasche di cemento. Riconoscimenti importanti per una cantina tradizionalmente bianchista, premiata nelle ultime edizioni della Guida soprattutto per i suoi Sauvignon.

Via Attimis, 25 - Frazione Savorgnano del Torre - 33040 Povoletto (UD)
T. 0432 666428 | M. info@aquiladeltorre.it
www.aquiladeltorre.it

Viticoltura: Biologica certificata e biodinamica
Ettari: 18 | **Bottiglie:** 60.000 | **Produzione olearia:** Sì
Proprietà: Famiglia Ciani
Cond. enologica: Massimo Dell'Osa
Cond. agronomica: Michele Ciani
Vendita diretta: Sì | **Visite in azienda:** Sì

FRIULI COLLI ORIENTALI REFOSCO DAL PEDUNCOLO ROSSO RISERVA 2016
Rosso Doc - Refosco dal peduncolo rosso 100%
Alc. 13,5% | € 50 | Bt. 800 | Ferm. Legno | Mat. Legno 18 mesi
Un cuore carminio che pulsa. Si racconta con indizi di frutta rossa in confettura, senza nascondere erbe aromatiche e spezie dolci. Assaggio avvolgente che a centro bocca libera una presa tannica che allunga la beva, spinta anche da una piacevole sapidità. Dissolvenza di frutta secca. Stinco di maiale al forno in pancetta affumicata.

FRIULI COLLI ORIENTALI REFOSCO DAL PEDUNCOLO ROSSO 2020
Rosso Doc - Refosco dal peduncolo rosso 100%
Alc. 13% | € 30 | Bt. 8.000 | Ferm. Cemento | Mat. Cemento 12 mesi
Saltimbocca alla romana.

FRIULI COLLI ORIENTALI RIESLING 2019
Bianco Doc - Riesling renano 100%
Alc. 12,5% | € 30 | Bt. 7.000 | Ferm. Acciaio | Mat. Acciaio 12 mesi
Alette di pollo piccanti.

FRIULI COLLI ORIENTALI TORRE BIANCO 2020
Bianco Doc - Sauvignon 50%, Tocai friulano 50%
Alc. 12,5% | € 18 | Bt. 10.000 | Ferm. Acciaio e Cemento
Mat. Acciaio 12 mesi
Seppie ripiene su crema di ceci.

FRIULI COLLI ORIENTALI FRIULANO 2021
Bianco Doc - Tocai friulano 100%
Alc. 13% | € 28 | Ferm. Cemento | Mat. Cemento 12 mesi
Pollastra alla birra e cipolle di Tropea.

FRIULI COLLI ORIENTALI SAUVIGNON PRIMALUCE AT
2019

FRIULI COLLI ORIENTALI BIANCO OASI
2018

Arzenton
(1968)

Vigneti storici di ormai cinquant'anni e scelte decise in campagna e in cantina caratterizzano questa piccola realtà di Spessa, paese-simbolo del vino cividalese. Maurizio Arzenton e suo figlio Matteo propongono vini da monovitigno all'insegna della tipicità del territorio, e questa volta vengono premiati per un rosso, lo Schioppettino 2021, dopo che per due volte era stato il Pinot Grigio d'annata il loro portabandiera. Inalterata la filosofia produttiva che prevede la fermentazione in vasche di cemento.

Via Cormòns, 221 - Località Spessa - 33043 Cividale del Friuli (UD)
T. 0432 716139 | M. arzenton.vini@gmail.com
www.arzentonvini.it

Viticoltura: Lotta integrata
Ettari: 7 | **Bottiglie:** 35.000 | **Produzione olearia:** No
Proprietà: Maurizio Arzenton
Cond. enologica: Matteo Arzenton
Cond. agronomica: Matteo Arzenton
Vendita diretta: Sì | **Visite in azienda:** Sì

FRIULI COLLI ORIENTALI SCHIOPPETTINO 2021
Rosso Doc - Schioppettino 100%
Alc. 13% | € 12 | Bt. 1.350 | Ferm. Cemento | Mat. Cemento 12 mesi
Manto cremisi, rivela da principio essenze di frutta rossa con marasche, mora e mirtillo. Una nota varietale è il pepe in grani, con sbuffi d'incenso ed erbe aromatiche secche. Al gusto il tannino non aggressivo integra la forza del sorso, con sensazioni fresco-sapide controllate dal tenore alcolico. Maialino in agrodolce.

FRIULI COLLI ORIENTALI PINOT BIANCO 2022
Bianco Doc - Pinot bianco 100%
Alc. 13,5% | € 12 | Bt. 1.350 | Ferm. Cemento | Mat. Acciaio 7 mesi
Tagliolini all'astice.

FRIULI COLLI ORIENTALI PINOT NERO 2021
Rosso Doc - Pinot nero 100%
Alc. 13,5% | € 12 | Bt. 2.800 | Ferm. Cemento | Mat. Cemento 12 mesi
Oca arrosto.

FRIULI COLLI ORIENTALI CHARDONNAY 2021
Bianco Doc - Chardonnay 100%
Alc. 14% | € 12 | Bt. 2.800 | Ferm. Cemento | Mat. Acciaio 7 mesi
Coniglio alla ligure.

FRIULI COLLI ORIENTALI VERDUZZO FRIULANO 2021
Bianco Doc Passito - Verduzzo friulano 100%
Alc. 13,5% | € 12 | Bt. 800 | Ferm. Cemento | Mat. Acciaio 12 mesi
Torta con mandorle e cioccolato.

FRIULI COLLI ORIENTALI FRIULANO 2022
Bianco Doc - Tocai friulano 100%
Alc. 13,5% | € 12 | Bt. 1.350 | Ferm. Cemento | Mat. Acciaio 7 mesi
Sformato di patate e prosciutto cotto.

FRIULI COLLI ORIENTALI PINOT GRIGIO
2019 | 2020 | 2021

FRIULI COLLI ORIENTALI SAUVIGNON
2019 | 2020 | 2021

Ascevi Luwa
(1972)

Superata la boa del mezzo secolo di attività, l'azienda di San Floriano del Collio continua nel suo percorso di attenzione all'ambiente e anche per questo sta investendo risorse in un impianto fotovoltaico che porterà a rendere autosufficiente la cantina nelle sue esigenze energetiche. Tra i vini firmati da Luana Pintar, cui il padre Mariano – proprietario dell'azienda – ha affidato la responsabilità enologica, c'è il Sauvignon Ronco dei sassi, che si era già messo in mostra la scorsa annata. Interessante anche lo spumante Metodo Martinotti a base ribolla gialla.

Località Uclanzi, 24 - 34070 San Floriano del Collio (GO)
T. 0481 884140 | M. p-l@libero.it
www.asceviluwa.it

Viticoltura: Convenzionale
Ettari: 30 | **Bottiglie:** 150.000 | **Produzione olearia:** Sì
Proprietà: Marjan Pintar
Cond. enologica: Luana Pintar, Marjan Pintar
Cond. agronomica: Marjan Pintar
Vendita diretta: Sì | **Visite in azienda:** Sì

COLLIO SAUVIGNON RONCO DEI SASSI 2022
Bianco Doc - Sauvignon 100%
Alc. 13% | € 15 | Bt. 8.000 | Ferm. Acciaio | Mat. Acciaio 6 mesi
Paglierino radioso. Dettagliato nella declinazione fruttata con agrumi e melone bianco. Poi delicate sensazioni di fiori bianchi ed erbe aromatiche fresche. Buona lunghezza gustativa tenuta in equilibrio da un nerbo sapido contrapposto a un'adeguata presenza alcolica. Estensione vegetale. San Pietro alla siciliana con dadolata di patate.

COLLIO PINOT GRIGIO GRAPPOLI 2022
Bianco Doc - Pinot grigio 100%
Alc. 13% | € 14 | Bt. 15.000 | Ferm. Acciaio | Mat. Acciaio 6 mesi
Castelmagno.

FRIULI ISONZO FRIULANO 2022
Bianco Doc - Tocai friulano 100%
Alc. 13% | € 14 | Bt. 3.000 | Ferm. Acciaio | Mat. Acciaio 6 mesi
Pomodori gratinati con paté di olive.

RIBOLLA GIALLA GALEON BRUT 2022
Bianco Metodo Martinotti - Ribolla gialla 100%
Alc. 12,5% | € 15 | Bt. 3.500 | Ferm. Acciaio
Paella.

COLLIO RIBOLLA GIALLA 2022
Bianco Doc - Ribolla gialla 100%
Alc. 12,5% | € 15 | Bt. 5.000 | Ferm. Acciaio | Mat. Acciaio 6 mesi
Ravioli di patate e baccalà.

COLLIO CHARDONNAY RUPIS 2022
Bianco Doc - Chardonnay 100%
Alc. 13% | € 14 | Bt. 3.000 | Ferm. Acciaio | Mat. Acciaio 6 mesi
Risotto alla zucca.

COLLIO PINOT GRIGIO GRAPPOLI
2019 | 2020 | 2021

COLLIO SAUVIGNON RONCO DEI SASSI
2019 | 2020 | 2021

Attems
(1506)

La recente acquisizione, nel luglio 2023, di un'importante azienda in Oregon (USA) specializzata in Pinot Nero, ha ampliato ulteriormente la galassia dei Marchesi Frescobaldi nel settore del vino. L'Attems del Collio è una delle aziende del gruppo e si caratterizza per la produzione dei vini bianchi, di cui tre sono rappresentati su questa Guida. Ogni tenuta di Frescobaldi è gestita come una singola entità, con persone specializzate che si occupano, con amore, di viticoltura, vinificazione e affinamento.

Via Aquileia, 30 - 34070 Capriva del Friuli (GO)
T. 0481 806098 | M. info@attems.it
www.attems.it

Viticoltura: Lotta integrata
Ettari: 44 | **Bottiglie:** 725.000 | **Produzione olearia:** No
Proprietà: Famiglia Frescobaldi
Cond. enologica: Daniele Vuerich
Cond. agronomica: Gianni Napolitano
Vendita diretta: No | **Visite in azienda:** No

FRIULI PINOT GRIGIO RAMATO 2022
Rosato Doc - Pinot grigio 100%
Alc. 12,5% | € 11 | Bt. 100.000 | Ferm. Acciaio | Mat. Acciaio 4 mesi
Fiore di pesco, lucente. Lascia apprezzare espressioni di mandarino e fragolina di bosco cui si aggiungono delicate note floreali di tiglio e di mughetto, poi erbe aromatiche. Beva fresca, di medio peso, si allunga con equilibrio e chiude con una sapidità iodata. Rollè di cernia con patate al rosmarino.

COLLIO RIBOLLA GIALLA TREBES 2021
Bianco Doc - Ribolla gialla 100%
Alc. 13% | € 20 | Bt. 25.000 | Ferm. Acciaio | Mat. Acciaio 9 mesi
Abbacchio al forno con verdure grigliate.

COLLIO SAUVIGNON CICINIS 2021
Bianco Doc - Sauvignon 100%
Alc. 13% | € 25 | Bt. 15.000 | Ferm. Legno e Cemento | Mat. Legno 9 mesi e Cemento 9 mesi
Gnocchetti al sugo d'astice.

COLLIO SAUVIGNON CICINIS
2019

SAUVIGNON
2021

Bajta
(1985)

Andrej Skerlj ci pensava da molto: dare più tempo ai suoi vini. È nato così il progetto Kronos, una nuova opportunità che l'azienda concede ai propri prodotti, lasciandoli maturare nella cantina scavata nella roccia del Carso per almeno quattro anni. In degustazione la Vitovska Kronos dell'annata 2016, che in bottiglia ha trascorso 72 mesi di affinamento: la cura del tempo l'ha premiata portandola ai primi posti della piramide qualitativa alle spalle di una bellissima espressione di Malvasia.

Via Sales, 108 - 34010 Sgonico (TS)
T. 040 2296090 | M. info@bajta.it
www.bajta.it

Viticoltura: Lotta integrata
Ettari: 6 | **Bottiglie:** 50.000 | **Produzione olearia:** No
Proprietà: Famiglia Skerlj
Cond. enologica: Andrej Skerlj
Cond. agronomica: Andrej Skerlj
Vendita diretta: Sì | **Visite in azienda:** Sì

MALVASIA 2021
Bianco Igt - Malvasia istriana 100%
Alc. 12,5% | € 18 | Bt. 10.000 | Ferm. Acciaio | Mat. Acciaio 12 mesi
Giallo sole. Sensazioni salmastre e speziate arricchiscono un profilo odoroso elegante che sprigiona folate di agrumi (mandarino) ed erbe aromatiche (timo e salvia). Sorso dinamico, fresco, di corpo, sostenuto da freschezza e sapidità marina. Lungo, si congeda con succo di agrumi. Ravioli burro e salvia.

VITOVSKA KRONOS 2016
Bianco Igt - Vitovska 100%
Alc. 13% | € 30 | Bt. 1.500 | Ferm. Acciaio | Mat. Acciaio 12 mesi
Foie gras in torchon.

REFOSCO ROZA 2021
Rosato Igt - Refosco 100%
Alc. 11,5% | € 15 | Bt. 1.000 | Ferm. Acciaio | Mat. Acciaio 12 mesi
Fiore sardo.

SPUMANTE MEDITERRANEO 2019
Bianco Metodo Classico - Malvasia 100%
Alc. 12% | € 25 | Bt. 8.000 | Ferm. Legno e Acciaio | Mat. Legno 6 mesi
36 mesi sui lieviti
Frittura di rane e verdure croccanti.

TERRANO 2021
Rosso Igt - Terrano 100%
Alc. 12,5% | € 18 | Bt. 5.000 | Ferm. Acciaio | Mat. Legno 12 mesi
Filetto di capriolo ai mirtilli.

VITOVSKA MAJNIK 2021
Bianco Igt - Vitovska 100%
Alc. 12% | € 18 | Bt. 15.000 | Ferm. Legno e Acciaio | Mat. Acciaio 12 mesi
Calamarata con ragù di pesce spada.

VITOVSKA
2019 | 2020

MALVASIA
2018 | 2019 | 2020

Barbieri Adele - Della Casa
(1995)

Con l'inaugurazione della nuova cantina, l'azienda dei genitori, cui Renato Della Casa ha ridato smalto dopo l'addio definitivo a un importante incarico dirigenziale a Bruxelles, ha tutte le carte in regola per un futuro di successi. La consulenza dell'enologo Nicola Biasi e le indubbie capacità gestionali di Renato non potranno che garantire un percorso di continua crescita. Nella versione 2021 il Preludio e l'Ouverture già mostrano, nei fatti, un posizionamento di tutto rispetto. L'azienda offre anche accoglienza e una fattoria didattica.

Località Novali, 1 - 34071 Cormons (GO)
T. 339 6888362 | M. info@aziendaagricolabarbiereadele.it
www.aziendaagricolabarbiereadele.it

Viticoltura: Lotta integrata
Ettari: 5 | **Bottiglie:** 15.000 | **Produzione olearia:** No
Proprietà: Adele Barbieri e Umberto Della Casa
Cond. enologica: Nicola Biasi
Cond. agronomica: Staff aziendale
Vendita diretta: Sì | **Visite in azienda:** Sì

COLLIO BIANCO PRELUDIO 2021
Bianco Doc - Tocai friulano 70%, Malvasia istriana 30%
Alc. 13% | € 24 | Bt. 8.000 | Ferm. Cemento | Mat. Cemento 10 mesi
Paglierino luminoso. Sfumature di fiori d'alpeggio e fruttate con mela croccante, fuse a richiami di tostature e note marine. La progressione tattile inizia da un alcol ben integrato per incontrare una sferzata di freschezza sapida che sorregge un sorso armonico e dal finale agrumato. Asparagi verdi allo zabaione salato.

COLLIO ROSSO OUVERTURE 2021
Rosso Doc - Merlot 100%
Alc. 13,5% | € 28 | Bt. 2.000 | Ferm. Cemento | Mat. Legno 12 mesi
Involtini di vitello lardellati.

COLLIO BIANCO PRELUDIO DELLA CASA
2020

COLLIO ROSSO OUVERTURE DELLA CASA
2020

Augusta Bargilli
(2019)

Dare concretezza, in Friuli, al sogno dell'infanzia, nato forse nel ricordo del bisnonno, vignaiolo in Maremma: questo l'intento di Augusta Bargilli, che presenta per la prima volta i propri vini in Guida. I suoi prodotti nascono da una limitata superficie a vigneto sui Colli Orientali e da un grande investimento emotivo. Spiega Augusta: "Il progetto mio e di Pierpaolo Sirch, compagno di vita e di lavoro, vuole esprimere l'identità e l'unicità di noi stessi e di un territorio, il Friuli, che ho imparato ad amare. La vite è il segno tangibile della nostra memoria storica e della nostra identità".

Via Cladrecis, 105/A - 33040 Prepotto (UD)
T. 334 2860711 | M. bargilliaugusta@gmail.com

Viticoltura: Convenzionale
Ettari: 2,5 | **Bottiglie:** 10.000 | **Produzione olearia:** No
Proprietà: Augusta Bargilli
Cond. enologica: Augusta Bargilli, Pierpaolo Sirch
Cond. agronomica: Augusta Bargilli, Pierpaolo Sirch
Vendita diretta: Sì | **Visite in azienda:** Sì

FRIULI COLLI ORIENTALI MERLOT 2019
Rosso Doc - Merlot 100%
Alc. 14% | € 35 | Bt. 1.327 | Ferm. Terracotta | Mat. Legno 24 mesi e Terracotta 5 mesi
Rubino vitale. Profilo segnato da frutta matura (mora, mirtillo, visciola), poi rosa appassita, carruba, tabacco biondo e stille di eucalipto. Chiudono effluvi di spezie e liquirizia. L'attacco è denso e deciso, trainato da freschezza sapida e tannini efficaci. Respiri di spezie e frutta rossa. Stinco di maiale al forno in pancetta affumicata.

FRIULI COLLI ORIENTALI BIANCO CÛR BLANC 2020
Bianco Doc - Ribolla gialla 85%, Tocai friulano 15%
Alc. 13,5% | € 39 | Bt. 1.327 | Ferm. Legno e Terracotta | Mat. Legno 12 mesi e Terracotta 12 mesi
Linguine all'astice.

FRIULI COLLI ORIENTALI BIANCO CÛR BLANC 2019
Bianco Doc - Ribolla gialla 85%, Tocai friulano 15%
Alc. 13,5% | € 39 | Bt. 1.327 | Ferm. Legno e Terracotta | Mat. Legno 12 mesi e Terracotta 12 mesi
Zuppa di cipolle gratinate.

FRIULI COLLI ORIENTALI CHARDONNAY AB 2020
Bianco Doc - Chardonnay 100%
Alc. 13% | € 36 | Bt. 1.327 | Ferm. Legno e Terracotta | Mat. Legno 12 mesi e Terracotta 12 mesi
Stoccafisso in umido con porcini.

FRIULI COLLI ORIENTALI REFOSCO DAL PEDUNCOLO ROSSO 2019
Rosso Doc - Refosco dal peduncolo rosso 100%
Alc. 13% | € 39 | Bt. 1.327 | Mat. Legno 24 mesi e Terracotta 5 mesi
Quaglie alla cacciatora.

Bastianich
(1997)

La star di Masterchef ha affidato da tempo a Emilio Del Medico la guida enologica della sua azienda friulana, che anche quest'anno manca di pochissimo le Quattro Viti, stavolta con due bianchi, Plus, dalle uve che un tempo si chiamavano tocai, e uno splendido Sauvignon. Un bel modo per sottolineare il raccordo tra la personalità internazionale di Joe, che dalla cucina straripa spesso nella musica rock, e l'attenzione alla tradizione e alla natura della terra d'origine della sua famiglia, due elementi che segnano un legame indissolubile coi luoghi dell'infanzia.

Via Darnazzacco, 44/2 - Località Gagliano - 33043 Cividale del Friuli (UD)
T. 0432 700943 | M. winery@bastianich.com
www.bastianich.com

Viticoltura: Convenzionale
Ettari: 27 | **Bottiglie:** 220.000 | **Produzione olearia:** No
Proprietà: Famiglia Bastianich
Cond. enologica: Emilio Del Medico
Cond. agronomica: Alessandro Crosato
Vendita diretta: Sì | **Visite in azienda:** Sì

FRIULANO PLUS 2018
Bianco Igt - Tocai friulano 100%
Alc. 14,5% | € 30 | Bt. 4.000 | Ferm. Acciaio | Mat. Acciaio 12 mesi
Paglierino dalla trina dorata. Al naso è intenso, con frutta gialla matura (melone, mango), erbe aromatiche secche, speziatura di pepe bianco. In bocca è avvolgente, per poi regalare sapidità e freschezza, di buona persistenza e con sensazione alcolica controllata. Scia fruttata. Petto di pollo agli asparagi.

FRIULI COLLI ORIENTALI SAUVIGNON VINI ORSONE 2022
Bianco Doc - Sauvignon 100%
Alc. 13% | € 15 | Bt. 30.000 | Ferm. Acciaio | Mat. Acciaio 6 mesi
Sarde a beccafico.

CALABRONE ROSSO 2018
Rosso Igt - Refosco 70%, Merlot 30%
Alc. 14% | € 50 | Bt. 3.000 | Ferm. Legno e Acciaio | Mat. Acciaio e Legno 24 mesi
Bollito misto con salse.

FRIULI COLLI ORIENTALI RIBOLLA GIALLA VINI ORSONE 2022
Bianco Doc - Ribolla gialla 100%
Alc. 12,5% | € 15 | Bt. 45.000 | Ferm. Acciaio | Mat. Acciaio 6 mesi
Robiola di Roccaverano.

VESPA BIANCO 2019
Bianco Igt - Chardonnay 50%, Sauvignon 50%
Alc. 14% | € 22 | Bt. 10.000 | Ferm. Legno e Acciaio | Mat. Acciaio 12 mesi e Legno 12 mesi
Fregola con le arselle.

VESPA ROSSO
2016

FRIULI COLLI ORIENTALI FRIULANO VINI ORSONE
2019 | 2020 | 2021

Bervini - Vinopera
(1955)

Le lavorazioni in biologico su una superficie di ben 30 ettari caratterizzano l'impegno di Paolo Bergamo per la salvaguardia dei propri vigneti e per la qualità complessiva dei propri vini. La linea denominata Biologico Puro arriva dai vigneti di Sequals; immersi nella zona Doc Friuli Grave, dove un terreno sassoso si rivela perfetto per la produzione di bianchi e spumanti. E proprio lì che Paolo Bergamo coltiva le viti da cui nasce l'intera offerta biologica della produzione Bervini.

Via Treviso - 33083 Chions (PN)
T. 0434 630216 | M. bervini@vinopera.it
www.bervini.it

Viticoltura: Biologica
Ettari: 30 | **Bottiglie:** 500.000 | **Produzione olearia:** No
Proprietà: Famiglia Bergamo
Cond. enologica: Sante Mascarin, Edoardo Fagotto
Cond. agronomica: Mauro Rusalem
Vendita diretta: Sì | **Visite in azienda:** Sì

RIBOLLA GIALLA BIOLOGICA PURO 2021
Bianco Igt - Ribolla gialla 100%
Alc. 13% | € 14 | Bt. 4.000 | Ferm. Acciaio | Mat. Legno 12 mesi
Giallo molto delicato. Al naso sensazioni di mela e pesca cui si aggiungono succo di agrumi e malie vegetali di erbe officinali, nonché sbuffi di biancospino. Fresco al palato, scorrevole e di media estensione con setale agrumato. Caciocavallo Silano.

PROSECCO BRUT 2022
Bianco Doc Metodo Martinotti - Glera 85%, Pinot bianco 15%
Alc. 11,5% | € 14 | Bt. 10.000 | Ferm. Acciaio | Mat. Acciaio 3 mesi
Crostini al foie gras.

RIBOLLA GIALLA BIOLOGICO VEGANA PIANETA
Bianco Metodo Martinotti - Ribolla gialla 100%
Alc. 11% | € 12 | Bt. 3.500 | Ferm. Acciaio | Mat. Acciaio 3 mesi
Ovoli freschi crudi su letto di rucola.

FRIULI PINOT NERO BIOLOGICO 2021
Bianco Doc - Pinot nero 100%
Alc. 13% | € 15 | Bt. 4.000 | Ferm. Acciaio | Mat. Legno 12 mesi
Scaloppa di vitello con asparagi trifolati.

FRIULI SAUVIGNON BIOLOGICO PURO 2022
Bianco Doc - Sauvignon 100%
Alc. 13,5% | € 15 | Bt. 4.000 | Ferm. Acciaio | Mat. Acciaio 5 mesi
Crostini con baccalà mantecato.

FRIULI PINOT GRIGIO BERVINI
2019

PROSECCO SPUMANTE EXTRA DRY
2021

Blason
(1970)

Il Bianco Bruma – blend a base malvasia istriana, con il 30 per cento di friulano – prende il nome dalla località in cui sorge l'azienda e quest'anno conquista il podio, scalzando il Pinot Grigio, storico portabandiera. Una novità interessante per una realtà che ha sempre puntato sui vini freschi d'annata, in quanto i due uvaggi – c'è anche il Rosso Bruma, taglio bordolese con cabernet sauvignon e merlot – fermentano e maturano in tonneaux, con maggiore vocazione alla longevità.

Via Roma, 32 - Località Bruma - 34072 Gradisca d'Isonzo (GO)
T. 0481 92414 | M. info@blasonwines.com
www.blasonwines.com

Viticoltura: Convenzionale
Ettari: 17 | **Bottiglie:** 60.000 | **Produzione olearia:** No
Proprietà: Giovanni Blason
Cond. enologica: Andrea Romano Rossi, Giovanni Blason
Cond. agronomica: Alberto Grion
Vendita diretta: Sì | **Visite in azienda:** Sì

FRIULI ISONZO BIANCO BRUMA 2020
Bianco Doc - Malvasia istriana 70%, Tocai friulano 30%
Alc. 13,5% | € 24 | Bt. 2.000 | Ferm. Legno e Acciaio | Mat. Legno 12 mesi
Di magnifico aspetto giallo paglierino. Tiglio e gelsomino fanno da apripista ad allusioni di frutta, anche esotica e in succo, poi emergono cenni di vaniglia ed erbe aromatiche. Al palato c'è equilibrio, con sapidità e freschezza compensate dalle parti morbide. Lunga dissolvenza di frutta. Filetto di orata allo zenzero.

FRIULI ISONZO CABERNET FRANC 2022
Rosso Doc - Cabernet franc 100%
Alc. 13% | € 18 | Bt. 2.500 | Ferm. Acciaio | Mat. Legno 6 mesi
Capriolo in salmì con polenta di grano saraceno.

FRIULI ISONZO PINOT GRIGIO 2022
Bianco Doc - Pinot grigio 100%
Alc. 13% | € 18 | Bt. 3.000 | Ferm. Acciaio | Mat. Acciaio 6 mesi
Tiella di riso, patate e cozze.

FRIULI ISONZO ROSSO BRUMA 2020
Rosso Doc - Cabernet sauvignon 70%, Merlot 30%
Alc. 14,5% | € 24 | Bt. 2.000 | Ferm. Legno | Mat. Legno 18 mesi
Pappardelle con sugo di capriolo.

CABERNET SAUVIGNON 2022
Rosso Igt - Cabernet sauvignon 100%
Alc. 12,5% | € 18 | Bt. 3.000 | Ferm. Acciaio | Mat. Legno 6 mesi
Tagliatelle al ragù.

RIBOLLA GIALLA 2022
Bianco Igt - Ribolla gialla 100%
Alc. 12% | € 18 | Bt. 2.500 | Ferm. Acciaio | Mat. Acciaio 6 mesi
Linguine al sugo di totani e piselli.

FRIULI ISONZO PINOT GRIGIO
2018 | 2020 | 2021

FRIULI ISONZO CHARDONNAY
2021

Blazic
(1923)

Michele Blazic porta in Guida tre vini di alta qualità con una Malvasia rappresentativa del Collio. Questo risultato è frutto di un percorso di attenzione, studi e dedizione in vigneto che, ad esempio, l'ha visto primo sostenitore del progetto delle api tra i filari: "La nostra realtà, nata dal mio bisnonno nel 1930, è certificata biologica. Quale modo migliore per vedere gli effetti positivi sul territorio del nostro modo di lavorare, rispettoso dell'ambiente e della biodiversità?". Michele è anche presidente dell'Enoteca di Cormons fulcro della promozione dei vini del Collio.

Località Zegla, 16 - 34071 Cormòns (GO)
T. 0481 61720 | M. vinicollio@blazic.it
www.blazic.it

Viticoltura: Biologica
Ettari: 7 | **Bottiglie:** 40.000 | **Produzione olearia:** No
Proprietà: Franco Blazic
Cond. enologica: Michele Blazic
Cond. agronomica: Michele Blazic
Vendita diretta: Sì | **Visite in azienda:** Sì

COLLIO MALVASIA 2022
Bianco Doc - Malvasia 100%
Alc. 13,5% | € 18 | Bt. 4.500 | Ferm. Cemento | Mat. Cemento 6 mesi
Giallo citrino dalla spiccata luce. Avvincente dialogo tra erbe aromatiche (timo serpillo, salvia, maggiorana e origano) e agrumi (scorza di bergamotto) su uno sfondo di acacia fiorita. Sorso caldo e bilanciato da una sapidità rinfrescante. Finale lungo con ritorni di macchia mediterranea. Insalata di polpo, patate e olive.

COLLIO RIBOLLA GIALLA 2022
Bianco Doc - Ribolla gialla 100%
Alc. 12,5% | € 18 | Bt. 12.000 | Ferm. Cemento | Mat. Cemento 6 mesi
Linguine allo scoglio.

COLLIO FRIULANO 2022
Bianco Doc - Tocai friulano 100%
Alc. 13,5% | € 18 | Bt. 7.000 | Ferm. Cemento | Mat. Cemento 6 mesi
Zuppa di legumi e cereali.

COLLIO FRIULANO
2019 | 2020 | 2021

COLLIO MALVASIA
2020

Bolzicco
(1963)

Il blend Vigne da Mont – che mette assieme Friulano e Ribolla gialla – si conferma vino bandiera dell'azienda che Michele Tomba gestisce in quel di Cormons. Mezzo secolo di vita per le viti che si alimentano infilando le radici nella marna e nell'arenaria della ponca e che hanno riportato al primo posto della classifica un vino che va opportunamente segnalato anche per il favorevole rapporto valore/prezzo. In evidenza anche il Sauvignon, a confermare una mano felice nella gestione dei vini da uve bianche.

Via San Giovanni - 34071 Cormòns (GO)
T. 0481 62343 | M. aziendabolzicco@libero.it

Viticoltura: Convenzionale
Ettari: 7,5 | **Bottiglie:** 20.000 | **Produzione olearia:** No
Proprietà: Fausta Bolzicco
Cond. enologica: Mauro Bressan, Michele Tomba
Cond. agronomica: Silvano Tomba, Michele Tomba
Vendita diretta: Sì | **Visite in azienda:** Sì

COLLIO BIANCO VIGNE DA MONT 2021
Bianco Doc - Tocai friulano 60%, Ribolla gialla 40%
Alc. 13,5% | € 18 | Bt. 2.000 | Ferm. Acciaio | Mat. Legno 14 mesi
Filigrana giallo paglierino. Succo d'agrumi e susina goccia d'oro si fondono con ricordi di miele e nocciola, una delicata parte di fiori bianchi e cenni di erbe aromatiche. Il palato è dotato di buon dinamismo, equilibrato e profondo con rintocchi agrumati e sapidi che si allungano regalando una base iodata. Stoccafisso all'anconetana.

COLLIO SAUVIGNON 2022
Bianco Doc - Sauvignon 100%
Alc. 13% | € 16 | Bt. 1.300 | Ferm. Acciaio | Mat. Acciaio 7 mesi
Salmone al timo.

COLLIO RIBOLLA GIALLA 2022
Bianco Doc - Ribolla gialla 100%
Alc. 13% | € 16 | Bt. 4.000 | Ferm. Acciaio | Mat. Acciaio 6 mesi
Salame felino.

FRIULI MALVASIA 2022
Bianco Doc - Malvasia istriana 100%
Alc. 14% | € 16 | Bt. 2.000 | Ferm. Acciaio | Mat. Acciaio 9 mesi e Legno 7 mesi
Linguine alla granseola e rosmarino.

VERDUZZO FRIULANO PASSITO BREZÀN 2021
Bianco Igt Passito - Verduzzo friulano 100%
Alc. 15% | € 18 (0,5l) | Bt. 1.000 | Ferm. Acciaio | Mat. Legno 14 mesi
Foie gras in torchon.

COLLIO FRIULANO 2022
Bianco Doc - Tocai friulano 100%
Alc. 14% | € 16 | Bt. 3.500 | Ferm. Acciaio | Mat. Acciaio 7 mesi
Bruschetta al pomodoro.

COLLIO BIANCO VIGNE DA MONT
2018 | 2019 | 2020

COLLIO FRIULANO
2019 | 2020 | 2021

Borgo del Tiglio
(1982)

Il tiglio che dà il nome all'azienda è stato sostituito da un albero più giovane che sta crescendo, testimone di rinnovamento nella continuità. È un po' quello che accade al lavoro di Nicola Manferrari, uno dei grandi vignaioli friulani, esempio per più di una generazione. I suoi vini crescono nella continuità: perfetti anno dopo anno, grazie a una lettura senza uguali dell'andamento climatico e della gestione del legno, qui rappresentato solo da barrique utilizzate in tutto il percorso del vino, dalla fermentazione alla maturazione. Esito? La perfezione.

Via San Giorgio, 71 - Località Brazzano - 34071 Cormòns (GO)
T. 0481 62166 | M. info@borgodeltiglio.it
www.borgodeltiglio.it

Viticoltura: Convenzionale
Ettari: 10 | **Bottiglie:** 35.000 | **Produzione olearia:** No
Proprietà: Nicola Manferrari
Cond. enologica: Nicola Manferrari
Cond. agronomica: Nicola Manferrari
Vendita diretta: Sì | **Visite in azienda:** Sì

95,5

COLLIO SAUVIGNON 2021
Bianco Doc - Sauvignon 100%
Alc. 14,5% | € 45 | Bt. 1.250 | Ferm. Legno e Acciaio | Mat. Legno 10 mesi
Giallo crema dal bouquet splendido: un cesto di frutta matura con pesca, mandarino e fico, poi toni di erbe fini, fiori di arancio e tostature. Assaggio perfetto costruito sulla forza alcolica e sulla freschezza; chiude lento e sapido. Ostriche Speciale de Claire Marennes-Oléron.

93

COLLIO MALVASIA ITALO & BRUNO 2021
Bianco Doc - Malvasia 100%
Alc. 14,5% | € 50 | Ferm. Legno e Acciaio | Mat. Legno 9 mesi
Paglierino delicato e luminoso. Apertura con mughetto, salicornia, timo limone, erbe officinali fresche e tonalità di agrumi gialli e spezie. Il sorso coniuga struttura, scorrevolezza e identità aromatica. Lentissimo finale sapido. Riso, cozze e zafferano.

92

COLLIO BIANCO STUDIO DI BIANCO 2021
Bianco Doc - Tocai friulano 40%, Sauvignon 35%, Riesling 25%
Alc. 14% | € 50 | Ferm. Legno e Acciaio | Mat. Legno 8 mesi
Paglierino acceso. Una speziatura di pepe bianco inaugura un naso raffinato con salvia, fiore di gelsomino e zest di agrumi. In bocca l'acol è in equilibrio con una freschezza sapida che si allarga regalando richiami agrumati. Branzino al cartoccio.

COLLIO MALVASIA ITALO & BRUNO
2018 | 2019 | 2020

COLLIO ROSSO RISERVA SELEZIONE
2017

Borgo delle Oche
(2004)

La sostituzione delle viti nel vigneto di traminer ha costretto l'azienda di Luisa Menini a rinunciare, nel 2022, a uno dei suoi vini rappresentativi: il passito Alba. In compenso c'è una sorpresa che sta riposando nelle botti. Si tratta di un Refosco dal peduncolo rosso Selezione che è stato vinificato in modo particolare – ancora non rivelato dall'azienda, che non vuole fare lo spoiler prima dell'evento – e che verrà proposto nel 2024, quando la cantina di Valvasone festeggerà vent'anni di vinificazioni. Un'occasione per onorare due decenni d'impegno nella produzione di vino di qualità.

Borgo Alpi, 5 - 33098 Valvasone Arzene (PN)
T. 0434 840640 | M. info@borgodelleoche.it
www.borgodelleoche.it

Viticoltura: Lotta integrata
Ettari: 7 | **Bottiglie:** 42.000 | **Produzione olearia:** No
Proprietà: Luisa Menini
Cond. enologica: Nicola Pittini, Augusto Majero Pittini
Cond. agronomica: Luisa Menini, Luca Majero Pittini
Vendita diretta: Sì | **Visite in azienda:** Sì

SAUVIGNON 2022
Bianco Igt - Sauvignon 100%
Alc. 13% | € 18 | Bt. 1.500 | Ferm. Acciaio | Mat. Acciaio 8 mesi
Quasi oro. L'incipit olfattivo si affida a erbe aromatiche e frutta matura a polpa gialla. Poi fioriture estive con memorie di camomilla. Al palato è volumico, con delicate onde varietali e una buona freschezza che garantisce una media persistenza fruttata. Funghi porcini trifolati.

FRIULI ANNILUME EXTRA BRUT 2019
Bianco Doc Metodo Classico - Chardonnay 75%, Pinot nero 25%
Alc. 12% | € 27 | Bt. 3.700 | 36 mesi sui lieviti
Tempura di gamberi.

FRIULI PINOT GRIGIO LÙSIGNE 2021
Rosato Doc - Pinot grigio 100%
Alc. 13,5% | € 23 | Bt. 1.600 | Ferm. Acciaio | Mat. Acciaio 7 mesi e Terracotta 8 mesi
Pesce spada gratinato.

MERLOT 2020
Rosso Igt - Merlot 100%
Alc. 13,5% | € 24 | Bt. 4.500 | Ferm. Acciaio | Mat. Legno 12 mesi
Porchetta di Ariccia.

REFOSCO DAL PEDUNCOLO ROSSO 2019
Rosso Igt - Refosco dal peduncolo rosso 100%
Alc. 13,5% | € 24 | Bt. 4.000 | Ferm. Acciaio | Mat. Legno 12 mesi
Pernici farcite.

TRAMINER PASSITO ALBA 2020
Bianco Igt Passito - Traminer aromatico 100%
Alc. 13% | € 33 (0,5l) | Bt. 1.000 | Ferm. Acciaio | Mat. Acciaio 10 mesi
Stilton.

TRAMINER AROMATICO
2019 | 2020 | 2021

FRIULI MALVASIA
2018 | 2019 | 2020

Borgo San Daniele

(1990)

La parola arbis, in lingua friulana, significa erba e Arbis non è solo il nome che identifica due delle referenze aziendali, ma anche la filosofia di coltivazione che Mauro e Alessandra hanno applicato nei loro vigneti: la gestione biologica con inerbimento dei filari. Anche senza Arbis in etichetta, a guidare quest'anno la sfilata dei vini aziendali è il Friulano, che si fa vanto di essere maturato tra le doghe di rovere di Slavonia e di aver ricevuto cure particolari come la vendemmia in due passaggi: a maturità e in surmaturazione.

Via San Daniele, 28/38 - 34071 Cormòns (GO)
T. 0481 60552 | M. info@borgosandaniele.it
www.borgosandaniele.it

Viticoltura: Biologica certificata
Ettari: 18,8 | **Bottiglie:** 70.000 | **Produzione olearia:** No
Proprietà: Mauro Mauri
Cond. enologica: Mauro Mauri
Cond. agronomica: Mauro Mauri
Vendita diretta: Sì | **Visite in azienda:** Sì

FRIULI ISONZO RIVE ALTE FRIULANO 2021
Bianco Doc - Tocai friulano 100%
Alc. 13,5% | € 15 | Bt. 13.000 | Ferm. Legno e Acciaio | Mat. Acciaio 8 mesi e Legno 8 mesi
Paglierino luminoso. Raffinato l'insieme dal quale emergono zeste di agrumi e frutta bianca. Sentori di pepe bianco con balsamicità ed erbe officinali. Refoli di zenzero, frutta secca e sbuffi di tostatura. L'entrata in bocca coinvolge l'intero palato con un compiacente gusto morbido e adeguata freschezza. Risotto con cannellini e canestrelli.

FRIULI ISONZO RIVE ALTE PINOT GRIGIO 2021
Bianco Doc - Pinot grigio 100%
Alc. 14% | € 15 | Bt. 13.000 | Ferm. Legno e Acciaio | Mat. Acciaio 8 mesi e Legno 8 mesi
Coniglio in umido con verze e purea di patate.

ARBIS BLANC 2020
Bianco Igt - Sauvignon 40%, Chardonnay 20%, Pinot bianco 20%, Tocai friulano 20%
Alc. 14% | € 26 | Bt. 10.000 | Ferm. Legno | Mat. Legno 12 mesi
Risotto alla pescatora.

FRIULI ISONZO RIVE ALTE MALVASIA 2021
Bianco Doc - Malvasia istriana 100%
Alc. 13,5% | € 15 | Bt. 7.000 | Ferm. Legno e Acciaio | Mat. Acciaio 8 mesi e Legno 8 mesi
Frittata di ortiche.

RIBOLLA GIALLA 2022
Bianco Igt - Ribolla gialla 100%
Alc. 13,5% | € 17 | Bt. 7.000 | Ferm. Acciaio | Mat. Acciaio 8 mesi e Legno 8 mesi
Soufflé con pecorino e crema di patate.

ARBIS BLANC
2016 | 2017 | 2018

FRIULI ISONZO RIVE ALTE PIGNOLO ARBIS RÒS
2017

Borgo Savaian

(1960)

Si è sapienti quando si beve bene: chi non sa bere, non sa nulla. È lo slogan un po' estremo scelto da Stefano Bastiani per introdurre i suoi vini, sempre di grande pulizia e qualità e quest'anno capaci di sfiorare il vertice delle Quattro Viti con una Malvasia Istriana riuscitissima. Si conferma dunque vincente il mix di tradizione e innovazione, tra vini in purezza e la scommessa dell'Aransat, con macerazione sulle bucce. L'azienda dispone di un punto vendita anche in piazzale D'Annunzio a Udine.

Via Savaian, 36 - 34071 Cormòns (GO)
T. 0481 60725 | M. info@borgosavaian.it
www.borgosavaian.it

Viticoltura: Convenzionale
Ettari: 25 | **Bottiglie:** 200.000 | **Produzione olearia:** No
Proprietà: Stefano Bastiani
Cond. enologica: Stefano Bastiani
Cond. agronomica: Stefano Bastiani
Vendita diretta: Sì | **Visite in azienda:** Sì

FRIULI MALVASIA 2021
Bianco Doc - Malvasia istriana 100%
Alc. 15% | € 15 | Bt. 3.000 | Ferm. Acciaio | Mat. Acciaio 3 mesi
Giallo saturo, bordo dorato, brillante e lucente. Naso fuso orientato su note fruttate, tostature, fioriture estive con paglia e fieno. Morbido all'ingresso, esplode al centro bocca con bella gestione dell'alcol ed equilibrio acido-sapido. Chiude su presenze di frutta secca ed esotica. Maltagliati con fiori di zucca e gamberetti.

COLLIO PINOT GRIGIO 2022
Bianco Doc - Pinot grigio 100%
Alc. 14% | € 15 | Bt. 10.000 | Ferm. Acciaio | Mat. Acciaio 3 mesi
Pasta, patate e cozze.

COLLIO RIBOLLA GIALLA 2022
Bianco Doc - Ribolla gialla 100%
Alc. 13% | € 15 | Bt. 10.000 | Ferm. Acciaio | Mat. Acciaio 3 mesi
Vellutata di ortiche.

FRIULI MERLOT 2021
Rosso Doc - Merlot 100%
Alc. 14% | € 15 | Bt. 3.000 | Ferm. Acciaio | Mat. Legno 12 mesi
Parmigiano Reggiano Riserva.

COLLIO FRIULANO 2022
Bianco Doc - Tocai friulano 100%
Alc. 13% | € 15 | Bt. 10.000 | Ferm. Acciaio | Mat. Acciaio 3 mesi
Zuppa di farro e borlotti.

ARANSAT
Rosato - altre varietà 100%
Alc. 13% | € 20 | Bt. 40.000 | Ferm. Acciaio | Mat. Acciaio 3 mesi
Roquefort.

FRIULI REFOSCO DAL PEDUNCOLO ROSSO
2020

COLLIO RIBOLLA GIALLA
2013 | 2020 | 2021

Bortolusso
(1976)

Il dibattito sulla necessità di aumentare l'altitudine dei vigneti non è al centro dei discorsi tra Clara e Sergio Bortolusso. La loro azienda è a livello del mare, posta al margine di una straordinaria laguna – quella di Marano – dall'alto valore ambientale e paesaggistico. Il mare non spaventa, ma diventa partner nel progetto enologico che i due fratelli friulani portano avanti nell'azienda fondata dal padre nel 1970. E il mare lascia traccia di sé anche dentro le bottiglie, firmandone il contenuto con una gradevolissima sapidità mediterranea.

Via Oltregorgo, 10 - 33050 Carlino (UD)
T. 0431 67596 | M. vinibortolusso@bortolusso.it
www.vinibortolusso.it

Viticoltura: Lotta integrata
Ettari: 45 | **Bottiglie:** 150.000 | **Produzione olearia:** No
Proprietà: Sergio e Clara Bortolusso
Cond. enologica: Luigino De Giuseppe
Cond. agronomica: Carlo Petrussi
Vendita diretta: Sì | **Visite in azienda:** Sì

RIBOLLA GIALLA 2022
Bianco Igt - Ribolla gialla 100%
Alc. 12,5% | € 10 | Bt. 6.600 | Ferm. Acciaio
Ha il colore del lino e la lucentezza della seta. Frutta tropicale in macedonia, arricchita di pompelmo rosa, che anticipa erbe aromatiche (timo e maggiorana) e fioriture primaverili. In bocca è rotondo, bilanciato da una scia fresco-sapida. Finale di media lunghezza al sapore di agrume. Risotto agli asparagi e frutti di mare.

FRIULI FRIULANO 2022
Bianco Doc - Tocai friulano 100%
Alc. 13% | € 10 | Bt. 13.000 | Ferm. Acciaio | Mat. Acciaio 6 mesi
Prosciutto di Parma 36 mesi.

MALVASIA 2022
Bianco Igp - Malvasia 100%
Alc. 13% | € 10 | Bt. 6.600 | Ferm. Acciaio | Mat. Acciaio 6 mesi
Tartare di scampi.

FRIULI PINOT GRIGIO 2022
Bianco Doc - Pinot grigio 100%
Alc. 13% | € 10 | Bt. 13.000 | Ferm. Acciaio | Mat. Acciaio 6 mesi
Risi e bisi.

TRAMINER AROMATICO 2022
Bianco Igp - Traminer aromatico 100%
Alc. 13% | € 10 | Bt. 6.600 | Ferm. Acciaio | Mat. Acciaio 6 mesi
Gorgonzola naturale.

CHARDONNAY 2022
Bianco Igt - Chardonnay 100%
Alc. 13% | € 10 | Bt. 6.600 | Ferm. Acciaio | Mat. Acciaio 6 mesi
Squacquerone di Romagna.

MALVASIA
2019 | 2020 | 2021

FRIULI FRIULANO
2020 | 2021

Bosco Albano
(1992)

Circa 40 ettari nelle Grave del Friuli, terreno alluvionale argilloso-calcareo con buon tenore di scheletro e sostanza organica. È qui che la cantina Bosco Albano cura le proprie viti, anche grazie alla presenza di una falda d'acqua in profondità che consente di avere disponibilità idriche pure in periodi caldi e siccitosi. I vitigni sono quelli classici del territorio, soprattutto a bacca bianca: friulano, ribolla gialla, sauvignon, pinot grigio e bianco, chardonnay. Si è aggiunta la glera per la produzione del Prosecco.

Via Bosco di Cecchini, 27/B - Frazione Cecchini - 33087 Pasiano di Pordenone (PN)
T. 0434 628678 | M. tenuta@boscoalbano.com
www.boscoalbano.com

Viticoltura: Lotta integrata
Ettari: 39 | **Bottiglie:** 90.000 | **Produzione olearia:** No
Proprietà: Famiglia Durante
Cond. enologica: Paolo Stival, Mauro Bressan
Cond. agronomica: Alberto Cristante
Vendita diretta: Sì | **Visite in azienda:** Sì

FRIULI SAUVIGNON 2022
Bianco Doc - Sauvignon 100%
Alc. 13% | € 10 | Bt. 9.000 | Ferm. Acciaio | Mat. Acciaio 5 mesi
Un campo di grano. Profumo ricco di note vegetali, a confermare la tipicità varietale, con gradevoli ricordi di erbe aromatiche (salvia e timo), poi cenni di pesca e sbuffi agrumati. Il palato ha un bell'equilibrio, si sviluppa sostenuto da un nerbo acido che porta a un epilogo fruttato. Risotto con gamberi di fiume e piselli.

RIBOLLA GIALLA 2022
Bianco Igp - Ribolla gialla 100%
Alc. 13% | € 9 | Bt. 7.000 | Ferm. Acciaio | Mat. Acciaio 5 mesi e Legno 5 mesi
Fregola con le arselle.

PROSECCO BRUT 2022
Bianco Doc Metodo Martinotti - Glera 100%
Alc. 11,5% | € 9 | Bt. 15.000 | Ferm. Acciaio | Mat. Acciaio 3 mesi
Bigoli con le sarde di lago.

FRIULI PINOT NERO 2021
Rosso Doc - Pinot nero 100%
Alc. 13% | € 10 | Bt. 3.500 | Ferm. Acciaio | Mat. Acciaio 2 mesi e Legno 12 mesi
Coratella di agnello.

FRIULI FRIULANO 2022
Bianco Doc - Tocai friulano 100%
Alc. 13,5% | € 9 | Bt. 7.000 | Ferm. Acciaio | Mat. Acciaio 6 mesi e Legno 6 mesi
Grigliata di carne bianca e verdure.

FRIULI PINOT GRIGIO 2022
Bianco Doc - Pinot grigio 100%
Alc. 13% | € 9 | Bt. 7.000 | Ferm. Acciaio | Mat. Acciaio 6 mesi e Legno 6 mesi
Fritto di paranza.

FRIULI FRIULANO
2018 | 2021

FRIULI SAUVIGNON
2019 | 2020 | 2021

Bosco del Merlo
(1977)

Su un territorio che in antichità ospitò foreste di roveri, l'azienda Bosco del Merlo dal 1977 sviluppa l'idea imprenditoriale del fondatore Valentino Paladin per esprimere al meglio le potenzialità e l'identità del territorio. Il Progetto 4V (rispetto della Vite, salvaguardia del Verde, produzione di Vino sostenibile e tutela della Vita) detta le linee guida dell'attività aziendale, che nel 2021 hanno rappresentato le motivazioni della certificazione Equalitas, standard internazionale del vino sostenibile.

Strada di Sequals, 14 - 33090 Sequals (PN)
T. 0422 768167 | M. casapaladin@gmail.com
www.boscodelmerlo.it

Viticoltura: Lotta integrata
Ettari: 50 | **Bottiglie:** 930.000 | **Produzione olearia:** No
Proprietà: Carlo e Roberto Paladin
Cond. enologica: Carlo Paladin
Cond. agronomica: Leonardo Valenti
Vendita diretta: Sì | **Visite in azienda:** Sì

LISON PRAMAGGIORE ROSSO VINERGENTI RISERVA 2020
Rosso Doc - Merlot 70%, Refosco 30%
Alc. 14,5% | € 25 | Bt. 10.000 | Ferm. Acciaio
Rubino fitto con orlo granato. Sensazioni balsamiche stimolano l'olfatto, attratto anche da confettura di prugne e mirtillo, fioriture secche (viola) ed erbe aromatiche (rosmarino). Materico, avvolgente, con sapidità in evidenza che trasporta un tannino saporito e levigato. Si congeda con gradevoli speziature. Involtini di vitello lardellati.

FRIULI SAUVIGNON TURRANIO 2022
Bianco Doc - Sauvignon 100%
Alc. 13% | € 14 | Bt. 60.000 | Ferm. Acciaio | Mat. Acciaio 5 mesi
Spaghetti con mazzancolle e pomodorini.

PROSECCO BRUT 2022
Bianco Doc Metodo Martinotti - Glera 85%, Pinot grigio 15%
Alc. 11,5% | € 13 | Bt. 250.000 | Ferm. Acciaio | 2 mesi sui lieviti
Frittura di rane e verdure croccanti.

RIBOLLA GIALLA 2022
Bianco Igp - Ribolla gialla 100%
Alc. 13% | € 12 | Bt. 50.000 | Ferm. Acciaio
Puntarelle croccanti con colatura di alici, arance e melagrana.

DELLE VENEZIE PINOT GRIGIO TUDAJO 2022
Bianco Doc - Pinot grigio 100%
Alc. 13% | € 12 | Bt. 50.000 | Ferm. Acciaio
Burrata di Andria.

PROSECCO ROSÈ 2022
Rosato Doc - Glera 85%, Pinot nero 15%
Alc. 11,5% | € 13 | Bt. 70.000 | Ferm. Acciaio
Pizza fritta con provola e salsiccia.

Matteo Braidot
(1870)

Braidot 1870, si legge sulla capsula dei vini aziendali: un'informazione, ma anche la rivendicazione di un percorso storico per una realtà che si identifica con i terreni di Versa di Romans d'Isonzo. Vini all'insegna della tipicità, nel rispetto delle tradizioni, con numerose tipologie a bacca bianca (ben 7 le bottiglie proposte, tutte da monovitigno) e nera (5 diversi prodotti), a cui si aggiungono le Riserve di Friulano e Sauvignon Blanc, quest'ultimo il più convincente secondo i nostri degustatori.

Viale Palmanova - Frazione Versa - 34076 Romans d'Isonzo (GO)
T. 0481 908970 | M. info@matteobraidot.it
www.matteobraidot.it

Viticoltura: Convenzionale
Ettari: 25 | **Bottiglie:** 400.000 | **Produzione olearia:** Sì
Proprietà: Matteo Braidot
Cond. enologica: Daniele Superga
Cond. agronomica: Matteo Braidot
Vendita diretta: Sì | **Visite in azienda:** Sì

FRIULI SAUVIGNON 2022
Bianco Doc - Sauvignon 100%
Alc. 12,5% | € 11 | Bt. 30.000 | Ferm. Acciaio | Mat. Acciaio 4 mesi
Paglierino vivido e delicatamente dorato. Al naso essenze di frutta matura (pesca, albicocca), fiori appassiti ed erbe aromatiche secche. Sorso morbido, con centro bocca pieno ed equilibrato, poi allungo fresco-sapido. Ricordi di erbe aromatiche. Ovoli freschi crudi su letto di rucola.

RIBOLLA GIALLA 2022
Bianco Igt - Ribolla gialla 100%
Alc. 12,5% | € 11 | Bt. 13.000 | Ferm. Acciaio | Mat. Acciaio 4 mesi
Seppie in umido con piselli.

PINOT NERO 2022
Rosso Igt - Pinot nero 100%
Alc. 12,5% | € 12 | Bt. 13.000 | Ferm. Acciaio | Mat. Acciaio 5 mesi
Pollo al curry.

FRIULI CHARDONNAY 2022
Bianco Doc - Chardonnay 100%
Alc. 12,5% | € 11 | Bt. 25.000 | Ferm. Acciaio | Mat. Acciaio 5 mesi
Zuppa di funghi.

FRIULI PINOT GRIGIO 2022
Bianco Doc - Pinot grigio 100%
Alc. 12,5% | € 11 | Bt. 130.000 | Ferm. Acciaio | Mat. Acciaio 5 mesi
Zuppa di stoccafisso e patate.

FRIULI FRIULANO 2022
Bianco Doc - Tocai friulano 100%
Alc. 13% | € 11 | Bt. 15.000 | Ferm. Acciaio | Mat. Acciaio 5 mesi
Prosciutto di Norcia.

FRIULI FRIULANO
2019 | 2020 | 2021

RIBOLLA GIALLA
2021

Livio e Claudio Buiatti
(1900)

I Colli di Buttrio sono tra i più caldi della Dop Friuli Colli Orientali e i due vini proposti in degustazione dalla famiglia Buiatti portano con sé tutta la forza delle annate 2018 e 2019. Arrivate da vigneti che hanno un'età tra i 25 e i 42 anni, le uve hanno garantito vini dalla grande espressività, in grado di raccontare il luogo di origine. Il Cabernet Franc primeggia sul Merlot, ma entrambi dimostrano che l'interpretazione di Claudio e Matteo sono garanzia di qualità e rispetto della tipicità.

Via Lippe, 25 - 33042 Buttrio (UD)
T. 0432 674317 | M. info@buiattivini.it
www.buiattivini.it

Viticoltura: Convenzionale
Ettari: 8 | **Bottiglie:** 30.000 | **Produzione olearia:** No
Proprietà: Claudio Buiatti
Cond. enologica: Staff aziendale
Cond. agronomica: Staff aziendale
Vendita diretta: Sì | **Visite in azienda:** Sì

FRIULI COLLI ORIENTALI CABERNET FRANC 2018
Rosso Doc - Cabernet franc 100%
Alc. 13% | € 10 | Bt. 5.000 | Ferm. Acciaio | Mat. Acciaio 11 mesi e Legno 11 mesi
Carminio saturo. Accenni di speziature aprono l'olfatto, che s'arricchisce di marasca, sandalo, incenso, pepe nero, fioriture di viola e rosa appassita. Stille di sottobosco conducono al sorso, rotondo e in ottima sinergia con la trama tannica saporita. Media persistenza con finale pirazinico. Grigliata di carne con salsa barbecue.

FRIULI COLLI ORIENTALI MERLOT 2019
Rosso Doc - Merlot 100%
Alc. 14,5% | € 10 | Bt. 5.000 | Ferm. Acciaio | Mat. Acciaio 11 mesi e Legno 11 mesi
Fagiano arrosto.

FRIULI COLLI ORIENTALI MALVASIA
2019 | 2020 | 2021

FRIULI COLLI ORIENTALI ROSSO MOMON ROS RISERVA
2016 | 2017 | 2018

Valentino Butussi
(1910)

La vallata del Fiume Judrio, lungo la quale si distendono i vigneti della famiglia Butussi, è caratterizzata dal passaggio di correnti fredde che determinano forti escursioni termiche. Condizioni che esercitano significative modifiche dei microclimi e che hanno suggerito all'azienda di vinificare per singolo vigneto proprio per coglierne le caratteristiche peculiari. Tobia, Filippo e Mattia Butussi hanno individuato tre diversi cru aziendali che ora vengono indagati anche geologicamente per comprenderne al meglio le caratteristiche.

Via Pra' di Corte, 1 - 33040 Corno di Rosazzo (UD)
T. 0432 759194 | M. butussi@butussi.it
www.butussi.it

Viticoltura: Convenzionale e biologica
Ettari: 21 | **Bottiglie:** 110.000 | **Produzione olearia:** Sì
Proprietà: Angelo Butussi e famiglia
Cond. enologica: Filippo Butussi
Cond. agronomica: Tobia Butussi
Vendita diretta: Sì | **Visite in azienda:** Sì

FRIULI COLLI ORIENTALI SAUVIGNON GENESIS 2021
Bianco Doc - Sauvignon 100%
Alc. 14% | € 26 | Ferm. Legno e Acciaio | Mat. Legno 8 mesi
Giallo delicato, ma brioso. Profilo segnato da erbe balsamiche (verbena, timo limone), con malie di frutta a polpa bianca, gelée di cedro, soffi di felce e delicata speziatura dolce. Una sapidità legante regala sorsi armonici dall'ottima lunghezza gustativa e rimandi agrumati. Sogliola alla mugnaia.

FRIULI COLLI ORIENTALI PINOT GRIGIO RAMATO 2022
Rosato Doc - Pinot grigio 100%
Alc. 13,5% | € 26 | Ferm. Legno e Acciaio | Mat. Acciaio 8 mesi
Calamarata con ragù di pesce spada.

FRIULI COLLI ORIENTALI CABERNET SAUVIGNON SANTUARI 2019
Rosso Doc - Cabernet sauvignon 100%
Alc. 13% | € 26 | Mat. Legno 8 mesi
Faraona ripiena con salsa tartufata.

FRIULI COLLI ORIENTALI CHARDONNAY 2022
Bianco Doc - Chardonnay 100%
Alc. 14,5% | € 26 | Ferm. Acciaio
Seppie ripiene su crema di ceci.

FRIULI COLLI ORIENTALI REFOSCO DAL PEDUNCOLO ROSSO GODIE 2019
Rosso Doc - Refosco dal peduncolo rosso 100%
Alc. 13,5% | € 26 | Ferm. Legno | Mat. Legno 8 mesi
Tordi in salmì.

FRIULI COLLI ORIENTALI RIBOLLA GIALLA 2022
Bianco Doc - Ribolla gialla 100%
Alc. 12,5% | € 26 | Ferm. Acciaio | Mat. Legno 6 mesi
Scampi alla busara.

FRIULI COLLI ORIENTALI FRIULANO
2021

FRIULI COLLI ORIENTALI CHARDONNAY
2021

Maurizio Buzzinelli
(1937)

Si rinnova la sfida tra Malvasia e Collio Bianco per il primato in cantina e quest'anno a primeggiare è il blend della tradizione, quello tra tocai friulano, ribolla gialla e malvasia. È l'andamento stagionale a condizionare l'esito finale, che Maurizio Buzzinelli, forte della sua esperienza di vignaiolo, cerca di interpretare al meglio. I vini restano tutti nell'alveo dell'ottima qualità, ma una fine estate più luminosa o una maggiore escursione termica vengono lette diversamente dai singoli vitigni. E nel blend le differenze si esaltano.

Località Pradis, 20 - 34071 Cormòns (GO)
T. 0481 60902 | M. info@buzzinelli.it
www.buzzinelli.it

Viticoltura: Lotta integrata
Ettari: 35 | **Bottiglie:** 140.000 | **Produzione olearia:** No
Proprietà: Famiglia Buzzinelli
Cond. enologica: Maurizio Buzzinelli
Cond. agronomica: Maurizio Buzzinelli
Vendita diretta: Sì | **Visite in azienda:** Sì

COLLIO BIANCO 2021
Bianco Doc - Tocai friulano 50%, Ribolla gialla 30%, Malvasia istriana 20%
Alc. 13% | € 22 | Bt. 3.200 | Ferm. Acciaio | Mat. Acciaio 6 mesi e Legno 6 mesi
Oro puro. Naso complesso con lavanda, rosmarino, arancia rossa, albicocca disidratata, fiori di mandarino, eucalipto e oli essenziali. Rotondo e carezzevole, al palato è caratterizzato da un tannino che rallenta la beva. Si allunga appoggiandosi sulla freschezza e chiude sapido su scie agrumate. Risotto agli asparagi con gamberi croccanti.

COLLIO FRIULANO 2022
Bianco Doc - Tocai friulano 100%
Alc. 14,5% | € 13 | Bt. 20.000 | Ferm. Acciaio | Mat. Acciaio 6 mesi
Torta salata ai broccoli.

COLLIO CHARDONNAY 2022
Bianco Doc - Chardonnay 100%
Alc. 13,5% | € 13 | Bt. 6.000 | Ferm. Acciaio | Mat. Acciaio 6 mesi e Legno 6 mesi
Crema di patate e asparagi con cappesante scottate.

COLLIO MALVASIA 2022
Bianco Dop - Malvasia 100%
Alc. 14% | € 13 | Bt. 6.000 | Ferm. Acciaio | Mat. Acciaio 6 mesi
Zuppetta di piselli e vongole.

COLLIO RIBOLLA GIALLA 2022
Bianco Doc - Ribolla gialla 100%
Alc. 12,5% | € 13 | Bt. 25.000 | Ferm. Acciaio | Mat. Acciaio 6 mesi
Prosciutto d'oca affumicato.

COLLIO PINOT GRIGIO 2022
Bianco Doc - Pinot grigio 100%
Alc. 13,5% | € 13 | Bt. 20.000 | Ferm. Acciaio | Mat. Acciaio 6 mesi
Lumache alla bourguignonne.

COLLIO MALVASIA
2019 | 2020

COLLIO FRIULANO
2016 | 2018 | 2020

Ca' Tullio
(1992)

Con il cuore ad Aquileia e i vigneti anche nella Dop Friuli Colli Orientali, la cantina della famiglia Calligaris consegna alla Guida i vini delle colline friulane, trovando nel Sauvignon il proprio prodotto bandiera per quest'edizione di Vitae. Nato e maturato esclusivamente in acciaio, il Sauvignon di Ca' Tullio arriva da un vigneto allevato a 75 metri s.l.m. e messo a dimora da una quindicina di anni. I cinquemila ceppi a ettaro e i 90 quintali di resa massima testimoniano il desiderio dell'azienda di percorrere con determinazione la strada della qualità.

Via Beligna, 41 - 33051 Aquileia (UD)
T. 0431 919700 | M. info@catullio.it
www.catullio.it

Viticoltura: Convenzionale
Ettari: 90 | **Bottiglie:** 300.000 | **Produzione olearia:** No
Proprietà: Paolo Calligaris
Cond. enologica: Pietro Bormida
Cond. agronomica: Lauro Dal Ponte
Vendita diretta: Sì | **Visite in azienda:** Sì

FRIULI COLLI ORIENTALI SAUVIGNON 2022
Bianco Doc - Sauvignon 100%
Alc. 13% | € 13 | Bt. 10.000 | Ferm. Acciaio | Mat. Acciaio 6 mesi
Paglierino delicato. Note fruttate di agrumi e pesca gialla aprono l'olfazione che si implementa di erbe fini, fiori di campo (margherita) e magnolia. Bocca equilibrata costruita sulla freschezza, controllata da un'adeguata morbidezza. Epilogo fruttato. Petto di pollo agli asparagi.

FRIULI COLLI ORIENTALI CHARDONNAY 2022
Bianco Doc - Chardonnay 100%
Alc. 13% | € 13 | Bt. 10.000 | Ferm. Acciaio | Mat. Acciaio 6 mesi
Trofie al pesto.

FRIULI COLLI ORIENTALI PINOT GRIGIO 2022
Bianco Doc - Pinot grigio 100%
Alc. 12,5% | € 13 | Bt. 25.000 | Ferm. Acciaio | Mat. Acciaio 6 mesi
Zuppa di broccolo fiolaro con olio extravergine del Garda.

FRIULI COLLI ORIENTALI RIBOLLA GIALLA 2022
Bianco Doc - Ribolla gialla 100%
Alc. 12,5% | € 16 | Bt. 35.000 | Ferm. Acciaio | Mat. Acciaio 6 mesi
Risotto con seppie e burrata.

FRIULI COLLI ORIENTALI FRIULANO
2017 | 2020 | 2021

FRIULI COLLI ORIENTALI PINOT GRIGIO
2018 | 2021

Cabert
(1960)

La cantina cooperativa Cabert, dopo sessant'anni di vita, distribuisce sul mercato più di un milione e mezzo di bottiglie all'anno che raggiungono oltre 25 Paesi. Proseguendo nel percorso di miglioramento della qualità, Cabert ha recentemente lanciato la linea Casali Roncali, nata con l'obiettivo di esaltare le potenzialità dei Colli Orientali del Friuli. Enrico De Candido ed Eros Moro, i tecnici che si occupano della produzione, hanno selezionato varietà, vigneti e uve portando in bottiglia espressioni di ottimo valore qualitativo.

Via Madonna, 27 - 33032 Bertiolo (UD)
T. 0432 917434 | M. info@cabert.it
www.cabert.it

Viticoltura: Convenzionale
Ettari: 280 | **Bottiglie:** 1.600.000 | **Produzione olearia:** No
Proprietà: Cantina Di Bertiolo
Cond. enologica: Enrico De Candido, Eros Moro
Cond. agronomica: Enrico De Candido, Eros Moro
Vendita diretta: Sì | **Visite in azienda:** Sì

FRIULI COLLI ORIENTALI MERLOT STORIA 2020
Rosso Doc - Merlot 100%
Alc. 14,5% | € 19 | Bt. 6.000 | Ferm. Acciaio | Mat. Acciaio 6 mesi
Un sipario rubino che apre su splendidi toni di succo di mirtillo, lampone e bergamotto accanto a cenni di rosa, corteccia, sottobosco, malie mentolate e chiodi di garofano. Ottima lunghezza gustativa con tannini succulenti e aggraziati che lasciano la bocca pulita e invogliano all'assaggio. Brasato di manzo al vino rosso.

FRIULI COLLI ORIENTALI MERLOT 2021
Rosso Doc - Merlot 100%
Alc. 13,5% | € 14 | Bt. 6.000 | Ferm. Acciaio | Mat. Acciaio 18 mesi e Legno 18 mesi
Anatra ai funghi.

FRIULI COLLI ORIENTALI FRIULANO CASALI RONCALI 2022
Bianco Doc - Tocai friulano 100%
Alc. 13% | € 14 | Bt. 6.000 | Ferm. Acciaio | Mat. Acciaio 6 mesi
Canapè di pasta sfoglia al formaggio.

FRIULI COLLI ORIENTALI PINOT GRIGIO CASALI RONCALI 2022
Bianco Doc - Pinot grigio 100%
Alc. 13% | € 14 | Bt. 6.000 | Ferm. Acciaio | Mat. Acciaio 6 mesi
Soufflé con pecorino e crema di patate.

FRIULI COLLI ORIENTALI SAUVIGNON CASALI RONCALI 2022
Bianco Doc - Sauvignon 100%
Alc. 12,5% | € 14 | Bt. 6.000 | Ferm. Acciaio | Mat. Acciaio 6 mesi
Vellutata di ceci con gamberi croccanti.

FRIULI COLLI ORIENTALI SCHIOPPETTINO STORIA 2022
Rosso Doc - Schioppettino 100%
Alc. 13,5% | € 19 | Bt. 3.000 | Ferm. Acciaio | Mat. Acciaio 6 mesi e Legno 6 mesi
Ravioli di germano con foie gras.

FRIULI COLLI ORIENTALI FRIULANO STORIA
2021

FRIULI COLLI ORIENTALI SAUVIGNON
2021

CaFelice
(1960)

Entrata in Guida l'anno scorso, l'azienda del giovane Michele Cecconi – che fin dal nome si ispira agli insegnamenti di nonno Felice – mette nuovamente in mostra i suoi fiori all'occhiello: il Friulano 2021, portabandiera dell'azienda, e il Ramandolo 2020, realizzato con uve appassite in pianta e nel fruttaio per garantire una produzione eccellente (solo 400 bottiglie). Tutte scelte enologiche in linea con il terroir di questo lembo di terra che si distende nella parte più alta e più a nord dei Colli Orientali.

Via Trieste, 11 - 33045 Nimis (UD)
T. 0432 790870 | M. info@cafelice.it
www.cafelice.it

Viticoltura: Convenzionale
Ettari: 8 | **Bottiglie:** 10.000 | **Produzione olearia:** No
Proprietà: CaFelice Società Agricola Semplice
Cond. enologica: Michele Cecconi
Cond. agronomica: Staff aziendale
Vendita diretta: Sì | **Visite in azienda:** Sì

FRIULI COLLI ORIENTALI FRIULANO 2021
Bianco Doc - Tocai friulano 100%
Alc. 13,5% | € 22 | Bt. 1.000 | Mat. Acciaio 8 mesi e Legno 8 mesi
Paglierino radioso, al naso richiama fiori primaverili ed erbe aromatiche, ma anche frutta fresca croccante, con un accenno di polpa di mandorla. Freschezza e sapidità danno equilibrio al sorso, che si racconta morbido e ci saluta con erbe e agrumi. Crostini con burro e salmone.

RAMANDOLO 2020
Bianco Docg - Verduzzo friulano 100%
Alc. 13,5% | € 22 (0,5l) | Bt. 400 | Ferm. Acciaio | Mat. Legno 30 mesi
Zeppole di San Giuseppe.

ROSSO SUAVITIS
2019

RAMANDOLO
2018

Cantarutti Alfieri
(1969)

Antonella Cantarutti, piena di energia, si dedica alla promozione e alla gestione amministrativa, mentre il figlio Rodolfo è da qualche anno responsabile della conduzione enologica. È una storia di famiglia quella che accompagna il percorso dell'azienda Cantarutti Alfieri. Un percorso iniziato nel 1969 e che oggi – arrivata la terza generazione – può contare su 42 ettari di proprietà nella Dop Friuli Colli Orientali. La maggior parte del patrimonio viticolo è storico, con vecchi cloni che arrivano a un'età media che raggiunge anche i 40 anni.

Via Ronchi, 9 - 33048 San Giovanni al Natisone (UD)
T. 0432 756317 | M. info@cantaruttialfieri.it
www.cantaruttialfieri.it

Viticoltura: Convenzionale
Ettari: 42 | **Bottiglie:** 60.000 | **Produzione olearia:** No
Proprietà: Famiglia Cantarutti
Cond. enologica: Rodolfo Ceccotti
Cond. agronomica: Staff aziendale
Vendita diretta: Sì | **Visite in azienda:** Sì

FRIULI COLLI ORIENTALI FRIULANO 2022
Bianco Dop - Tocai friulano 100%
Alc. 13,5% | € 17 | Bt. 15.000 | Ferm. Acciaio
Lucente topazio. Una fioritura di ginestre anticipa effusioni di pesca bianca e agrumi con memorie di ananas e delicate spezie dolci. Entra fresco senza marcare la distanza dalle note gliceriche permettendo così al gusto di prolungarsi equilibrato verso un finale fruttato e persistente. Cotolette di pollo con melanzane e provola.

FRIULI COLLI ORIENTALI PIGNOLO 2008
Rosso Doc - Pignolo 100%
Alc. 13% | € 60 | Bt. 2.600 | Ferm. Acciaio e Cemento
Cinghiale in umido.

FRIULI COLLI ORIENTALI PINOT GRIGIO 2022
Bianco Dop - Pinot grigio 100%
Alc. 12,5% | € 17 | Bt. 15.000 | Ferm. Acciaio
Crostini con burro e alici.

FRIULI MALVASIA CIÀRLOT 2020
Bianco Dop - Malvasia 100%
Alc. 12,5% | € 21 | Bt. 3.300 | Ferm. Acciaio
Yakitori, spiedini di pollo con zenzero.

FRIULI COLLI ORIENTALI PINOT GRIGIO
2016

Cantina di Rauscedo
(1951)

La cantina cooperativa, distribuita su 1.700 ettari, riunisce una grande diversità di habitat che rappresentano una straordinaria ricchezza di espressioni varietali. Con la Selezione Casa Quaranta – in Guida rappresentata dal Rosso e dal Sauvignon – la Cantina di Rauscedo vuole mettere in evidenza le grandi potenzialità che si possono estrarre dai terreni di ghiaia di questa zona del Friuli vinicolo tra i corsi dei fiumi Tagliamento, Meduna e Cellina. L'azienda ha due sedi produttive, a Rauscedo e a Codroipo, dove i clienti possono trovare i medesimi servizi.

Via del Sile, 16 - Località Rauscedo - 33095 San Giorgio della Richinvelda (PN)
T. 0427 94020 | M. info@cantinarauscedo.com
www.cantinarauscedo.com

Viticoltura: Certificazione SQNPI
Ettari: 1.700 | **Bottiglie:** 1.500.000 | **Produzione olearia:** No
Proprietà: Cooperativa di produttori
Cond. enologica: Cristian Paladin, Alberto Nimis , Massimo Vidoni
Cond. agronomica: Alberto Sartor
Vendita diretta: Sì | **Visite in azienda:** Sì

ROSSO CASA QUARANTA 2017
Rosso - Refosco dal peduncolo rosso 60%, Merlot 40%
Alc. 13% | € 13 | Bt. 15.000 | Ferm. Acciaio | Mat. Acciaio 10 mesi
Rubino fitto fitto. Espressione odorosa riconducibile a orme di rabarbaro e china, infuso di carcadè con frutta rossa croccante (ciliegia), scorze d'arancia ed erbe aromatiche fresche. Il tannino guida la beva senza diventare aggressivo. Il sorso chiude fruttato. Costine d'agnello in crosta di noci.

FRIULI SAUVIGNON CASA QUARANTA 2021
Bianco Doc - Sauvignon 100%
Alc. 13% | € 13 | Bt. 15.000 | Ferm. Acciaio | Mat. Acciaio 10 mesi
Filetto di orata in crosta di mandorle e patate.

FRIULI TRAMINER AROMATICO 2021
Bianco Doc - Traminer aromatico 100%
Alc. 13,5% | € 8 | Bt. 10.000 | Ferm. Acciaio
Crostini al foie gras.

VILLA MANIN BRUT
S.A. | S.A. | S.A.

VILLA MANIN
2013 | 2014 | 2015

Cantina Produttori Cormòns
(1968)

Dopo due riconoscimenti consecutivi delle Tre Viti e Mezzo, il Collio Bianco di questa storica realtà cooperativa raggiunge la massima fascia di punteggio, scalzando il Pinot Bianco dal podio aziendale. Ed è un altro meritato riconoscimento per il direttore Alessandro Dal Zovo, che negli ultimi anni è riuscito a rivelare appieno il potenziale delle uve conferite da più di cento famiglie, in uno degli areali più vocati del Friuli Venezia Giulia. Va a sfiorare le Quattro Viti anche il Sauvignon, a conferma di un ampio ventaglio di proposte enologiche.

Via Vino della Pace, 31 - 34071 Cormòns (GO)
T. 0481 62471 | M. info@cormons.com
www.cormons.com

Viticoltura: Convenzionale e lotta integrata
Ettari: 340 | **Bottiglie:** 2.000.000 | **Produzione olearia:** No
Proprietà: Cooperativa di produttori
Cond. enologica: Alessandro Dal Zovo
Cond. agronomica: Alessandro Dal Zovo
Vendita diretta: Sì | **Visite in azienda:** Sì

(91)

COLLIO BIANCO DA UVE AUTOCTONE 2021
Bianco Doc - Tocai friulano 50%, Ribolla gialla 40%, Malvasia 10%
Alc. 14% | € 15 | Bt. 15.000 | Ferm. Acciaio | Mat. Legno 16 mesi
Giallo paglierino. Ouverture di macchia mediterranea, timo, santoreggia, maggiorana, erbe secche e tagliate, scorza d'agrume. Al palato l'ingresso è morbido, costellato da frutta matura. La sapidità regge e accompagna verso una dissolvenza agli agrumi, con scie ammandorlate e affumicate. Petto d'anatra all'arancia.

COLLIO SAUVIGNON 2022
Bianco Doc - Sauvignon 100%
Alc. 13,5% | € 12 | Bt. 20.000 | Ferm. Acciaio | Mat. Legno 6 mesi
Garganelli freschi con gamberi di fiume.

COLLIO PINOT GRIGIO 2022
Bianco Doc - Pinot grigio 100%
Alc. 13,5% | € 12 | Bt. 25.000 | Ferm. Acciaio | Mat. Legno 6 mesi
Stoccafisso all'anconetana.

COLLIO PINOT BIANCO 2022
Bianco Doc - Pinot bianco 100%
Alc. 13,5% | € 12 | Bt. 25.000 | Ferm. Acciaio | Mat. Legno 6 mesi
Tartare di tonno.

COLLIO ROSSO MELOGRANO 2021
Rosso Doc - Cabernet franc 50%, Merlot 50%
Alc. 13,5% | € 15 | Bt. 15.000 | Ferm. Acciaio | Mat. Legno 14 mesi
Allodole tartufate in casseruola.

FRIULI MALVASIA HARMO 2021
Bianco Doc - Malvasia istriana 100%
Alc. 13,5% | € 15 | Bt. 15.000 | Ferm. Acciaio | Mat. Legno 12 mesi
Scampi alla griglia.

COLLIO PINOT BIANCO
2020 | 2021

COLLIO BIANCO DA UVE AUTOCTONE
2020

Canus
(2015)

È una collina nata dal mare, con suoli ricchi di fosforo e potassio, quella di Gramogliano, che 50 milioni d'anni fa era bagnata dalle acque. Un terreno ideale per la vite, dove l'azienda rilevata nel 2015 da Otto Casonato punta con decisione sui vitigni della tradizione. Il Pignolo guida per il secondo anno di fila la classifica dei vini proposti ai nostri degustatori, ma vanno segnalati anche gli ottimi punteggi del Refosco e dei bianchi da monovitigno, a conferma della continua ascesa della qualità.

Via Gramogliano, 21 - 33040 Corno di Rosazzo (UD)
T. 0432 759427 | M. info@canus.it
www.canus.it

Viticoltura: Convenzionale
Ettari: 18 | **Bottiglie:** 60.000 | **Produzione olearia:** No
Proprietà: Ottorino Casonato
Cond. enologica: Gianni Bignucolo
Cond. agronomica: Simone De Sabbata
Vendita diretta: Sì | **Visite in azienda:** Sì

FRIULI COLLI ORIENTALI PIGNOLO 2016
Rosso Doc - Pignolo 100%
Alc. 14% | € 51 | Bt. 3.700 | Ferm. Acciaio | Mat. Acciaio 6 mesi e Legno 24 mesi
Cromia carminio. Elegante debutto di frutto rosso croccante, poi fiori a petalo scuro, liquirizia ed essenze balsamiche. L'ingresso è agile, a riportare l'aroma della frutta rossa. Il tannino è presente, ma non invadente. Chiusura fresco-sapida con mora e lampone. Capriolo con salsa di ribes rosso.

FRIULI COLLI ORIENTALI MERLOT 2016
Rosso Doc - Merlot 100%
Alc. 14% | € 27 | Bt. 1.900 | Ferm. Acciaio | Mat. Acciaio 6 mesi e Legno 12 mesi
Soppressata di Calabria.

FRIULI COLLI ORIENTALI REFOSCO DAL PEDUNCOLO ROSSO 2021
Rosso Doc - Refosco dal peduncolo rosso 100%
Alc. 12,5% | € 19 | Bt. 6.600 | Ferm. Acciaio | Mat. Acciaio 12 mesi
Fagiano arrosto.

FRIULI COLLI ORIENTALI CHARDONNAY 2021
Bianco Doc - Chardonnay 100%
Alc. 14% | € 17 | Bt. 3.900 | Ferm. Legno e Acciaio | Mat. Acciaio 12 mesi e Legno 6 mesi
Strudel di porcini e zucca con crema al parmigiano.

FRIULI COLLI ORIENTALI FRIULANO 2021
Bianco Doc - Tocai friulano 100%
Alc. 14% | € 17 | Bt. 9.900 | Ferm. Legno e Acciaio | Mat. Acciaio 12 mesi e Legno 6 mesi
Zuppa d'orzo e chiodini.

FRIULI COLLI ORIENTALI BIANCO GRAMOGLIANO
2019 | 2020

FRIULI COLLI ORIENTALI PIGNOLO
2015

Castello di Buttrio
(1994)

Dieci ettari vitati e un castello che dall'alto guarda la pianura friulana verso il mare. Marco Felluga intuì subito le potenzialità del luogo e decise di acquistarlo. Dal 2007 vigneti e castello sono passati alla figlia Alessandra, che ha investito nel maniero rendendolo adatto a proporre un'elegante ricettività in stile country. Gli ettari sono nel tempo saliti a 38 in un territorio molto vocato per la vite, anche in considerazione di un microclima ventilato che tiene lontane le malattie. Dai vigneti più vecchi arriva la splendida Ribolla Gialla.

Via Morpurgo, 9 - 33042 Buttrio (UD)
T. 0432 673015 | M. info@castellodibuttrio.it
www.castellodibuttrio.it

Viticoltura: Convenzionale
Ettari: 38 | **Bottiglie:** 25.000 | **Produzione olearia:** No
Proprietà: Alessandra Felluga
Cond. enologica: Alessandra Felluga
Cond. agronomica: Donato Lanati
Vendita diretta: Sì | **Visite in azienda:** Sì

FRIULI COLLI ORIENTALI SAUVIGNON ETTARO 2020
Bianco Doc - Sauvignon 100%
Alc. 13% | € 35 | Ferm. Legno e Acciaio | Mat. Acciaio 11 mesi e Legno 9 mesi
Un sole pieno e luminoso che irradia con raggi profumati di gelsomino, poi un bouquet di frutta bianca (pesca in primis), cenni di tostatura e pietra spaccata. Assaggio appagante, con una freschezza sapida che allunga la beva rendendola persistente a saporita. Baccalà mantecato.

FRIULI COLLI ORIENTALI FRIULANO 2022
Bianco Doc - Tocai friulano 100%
Alc. 13,5% | € 19 | Ferm. Acciaio | Mat. Acciaio 6 mesi
Alici panate e fritte.

FRIULI COLLI ORIENTALI MERLOT MARBURG 2020
Rosso Doc - Merlot 100%
Alc. 13,5% | € 20 | Ferm. Legno e Acciaio | Mat. Acciaio 10 mesi e Legno 9 mesi
Carré di maiale al forno con mele renette.

FRIULI COLLI ORIENTALI RIBOLLA GIALLA 2022
Bianco Doc - Ribolla gialla 100%
Alc. 12,5% | € 19 | Ferm. Acciaio | Mat. Acciaio 6 mesi
Sarde in saor.

FRIULI COLLI ORIENTALI FRIULANO
2021

FRIULI COLLI ORIENTALI BIANCO UVE CARATE RISERVA
2020

Castello di Spessa
(1987)

Vale davvero la pena una sosta al Castello di Spessa, storico maniero del 1200 che sovrasta i vigneti dell'azienda omonima di Capriva, dove è possibile alloggiare, consumare un'ottima cena o uno spuntino e rilassarsi dopo una partita a golf. Ma sarebbe un grave errore trascurare le proposte enologiche dell'azienda di Loretto Pali. Dai 98 ettari di proprietà escono vini di pregevole fattura che esaltano le caratteristiche dei vitigni e dei terreni del Collio. È piaciuto il Torriani, vino raffinato e complesso, ottenuto da uve merlot, che affina in barrique nei bunker del castello per 24 mesi.

Via Spessa, 1 - 34070 Capriva del Friuli (GO)
T. 0481 808124 | M. infovini@castellodispessa.it
www.castellodispessa.it

Viticoltura: Lotta integrata
Ettari: 98 | **Bottiglie:** 450.000 | **Produzione olearia:** No
Proprietà: Loretto Pali
Cond. enologica: Enrico Paternoster
Cond. agronomica: Enrico Paternoster, Ivan Culot
Vendita diretta: Sì | **Visite in azienda:** Sì

COLLIO MERLOT TORRIANI 2018
Rosso Doc - Merlot 100%
Alc. 14% | € 25 | Bt. 6.150 | Ferm. Legno | Mat. Legno 24 mesi
Rubino concentrato. Timido e serrato appena versato, gradualmente rilascia spire di confettura di ciliegia, more macerate, pepe, eucalipto, rosa essiccata e spezie dolci. Caldo e morbido in bocca, saporito, piacevolmente fresco e sapido. Coerente e lunghissimo. Petto di germano reale al balsamico.

COLLIO RIBOLLA GIALLA YELLOW HILLS 2021
Bianco Doc - Ribolla gialla 100%
Alc. 13% | € 18 | Bt. 12.800 | Ferm. Acciaio | Mat. Acciaio 7 mesi
Calamarata con ragù di pesce spada.

FRIULI ISONZO SAUVIGNON 2022
Bianco Doc - Sauvignon 100%
Alc. 13,5% | € 12 | Bt. 13.110 | Ferm. Acciaio | Mat. Acciaio 7 mesi
Guazzetto di fasolari.

RIBOLLA GIALLA BRUT PERTÈ 2022
Bianco Metodo Martinotti - Ribolla gialla 100%
Alc. 11,5% | € 12 | Bt. 10.635 | Ferm. Acciaio | 4 mesi sui lieviti
Fritto di paranza.

COLLIO PINOT NERO CASANOVA 2020
Rosso Doc - Pinot nero 100%
Alc. 14,5% | € 26 | Bt. 6.450 | Ferm. Legno e Acciaio
Bitto stravecchio.

COLLIO PINOT BIANCO SANTAROSA
2018 | 2019 | 2020

COLLIO SAUVIGNON SEGRÈ
2019 | 2020 | 2021

Castelvecchio
(1978)

La malvasia istriana, sul Carso, è di casa, e lungo i filari allevati a cordone speronato dalla famiglia Terraneo sa esprimersi al meglio. Così, anche per l'annata 2022, questo vitigno, arrivato con le navi della Serenissima di ritorno dalle missioni nel Peloponneso, ha voluto per sé i posti in prima fila, lasciando alla versione di Leo, con la sua accattivante espressione territoriale, la responsabilità di mostrarsi nel ristretto club dei vini eccellenti. Un risultato raggiunto anche grazie alle cure dell'enologa Erika Barbieri.

Via Castelnuovo, 2 - Località Castelnuovo - 34078 Sagrado (GO)
T. 0481 99742 | M. info@castelvecchio.com
www.castelvecchio.com

Viticoltura: Biologica
Ettari: 35 | **Bottiglie:** 160.000 | **Produzione olearia:** Sì
Proprietà: Famiglia Terraneo
Cond. enologica: Erika Barbieri
Cond. agronomica: Alberto Faggiani
Vendita diretta: Sì | **Visite in azienda:** Sì

(91)

CARSO MALVASIA DILEO 2022
Bianco Doc - Malvasia istriana 100%
Alc. 14% | € 28 | Bt. 8.000 | Ferm. Acciaio e Cemento | Mat. Acciaio 8 mesi e Cemento 8 mesi
Paglierino intenso dal bordo oro. Sfiziose fragranze di macchia mediterranea e resina arrivano subito a impreziosire un ricco corpus di frutta matura, oli essenziali di agrumi, note di tè e fiori di oleandro. L'ingresso è serico, caldo e bilanciato, con un'eco di frutta che svela il vitigno. Gnocchetti al sugo d'astice.

CARSO MALVASIA 2022
Bianco Doc - Malvasia istriana 100%
Alc. 13,5% | € 20 | Bt. 28.000 | Ferm. Acciaio | Mat. Acciaio 6 mesi
Sarde a beccafico.

CARSO CABERNET SAUVIGNON 2021
Rosso Doc - Cabernet sauvignon 100%
Alc. 13% | € 23 | Bt. 38.000 | Ferm. Acciaio | Mat. Acciaio 2 mesi e Legno 18 mesi
Beccacce allo spiedo.

CARSO SAUVIGNON 2022
Bianco Doc - Sauvignon 100%
Alc. 13% | € 20 | Bt. 10.000 | Ferm. Acciaio | Mat. Acciaio 6 mesi
Vellutata di asparagi.

CARSO PINOT GRIGIO 2022
Bianco Doc - Pinot grigio 100%
Alc. 12,5% | € 20 | Bt. 8.000 | Ferm. Acciaio | Mat. Acciaio 6 mesi
Riso venere con verdure e crostacei.

CARSO VITOVSKA 2022
Bianco Doc - Vitovska 100%
Alc. 12% | € 20 | Bt. 18.000 | Ferm. Legno e Acciaio | Mat. Acciaio 6 mesi e Legno 6 mesi
Tartare di scampi.

CARSO MALVASIA DILEO
2021

CARSO MALVASIA
2021

Collavini
(1896)

Da Eugenio a Giovanni a Manlio, fino ai figli Luigi e Giovanni: quella dei Collavini è una storia familiare che inizia a fine Ottocento e s'intreccia con le vicende del vino friulano, nel segno dell'innovazione. Manlio è stato il primo a spumantizzare la ribolla gialla, che resta un cavallo di battaglia dell'azienda di Corno di Rosazzo, anche nella versione a Dosaggio Zero che ha meritato le Tre Viti e Mezzo, avvicinandosi come punteggio al vino top di quest'anno, il giovane Sauvignon Blanc Fumât.

Via della Ribolla Gialla, 2 - 33040 Corno di Rosazzo (UD)
T. 0432 753222 | M. collavini@collavini.it
www.collavini.it

Viticoltura: Convenzionale
Ettari: 136 | **Bottiglie:** 1.100.000 | **Produzione olearia:** No
Proprietà: Manlio Collavini
Cond. enologica: Walter Bergnach
Cond. agronomica: Carlo Peratoner
Vendita diretta: Sì | **Visite in azienda:** Sì

COLLIO SAUVIGNON BLANC FUMÂT 2022
Bianco Doc - Sauvignon 100%
Alc. 12,5% | € 20 | Bt. 28.000 | Ferm. Acciaio | Mat. Acciaio 7 mesi
Giallo citrino con intarsi d'oro. Naso complesso, orientato su frutta a polpa gialla, erbe aromatiche fresche, roccia bagnata, con appunti mentolati e una citazione fumé. Gusto pieno, succoso, supportato da una sapidità marina che allunga la beva. Chiusura che richiama la frutta. Risotto con tinca di lago e datterini.

RIBOLLA GIALLA DOSAGGIO ZERO MILLÉSIMÉ 2018
Bianco Metodo Martinotti - Ribolla gialla 100%
Alc. 12% | € 36 | Bt. 9.300 | Ferm. Legno e Acciaio | Mat. Acciaio 6 mesi e Legno 6 mesi | 40 mesi sui lieviti
Crostini con spuma di mortadella.

COLLIO BIANCO BROY 2021
Bianco Doc - Tocai friulano 50%, Chardonnay 30%, Sauvignon 20%
Alc. 14% | € 45 | Bt. 10.000 | Ferm. Legno e Acciaio | Mat. Acciaio 17 mesi e Legno 17 mesi
Zuppa di fagioli neri messicana.

RIBOLLA GIALLA BRUT MILLÉSIMÉ 2019
Bianco Metodo Martinotti - Ribolla gialla 100%
Alc. 12% | € 36 | Bt. 90.000 | Ferm. Legno e Acciaio | Mat. Acciaio 4 mesi e Legno 4 mesi | 30 mesi sui lieviti
Crostini al foie gras.

FRIULI COLLI ORIENTALI ROSSO FORRESCO 2015
Rosso Doc - Refosco dal peduncolo rosso 40%, Refosco di Faedis 40%, Pignolo 20%
Alc. 14% | € 44 | Bt. 3.300 | Ferm. Acciaio | Mat. Acciaio 4 mesi e Legno 54 mesi
Soppressata di Calabria.

COLLIO FRIULANO T 2022
Bianco Doc - Tocai friulano 100%
Alc. 13% | € 18 | Bt. 11.000 | Ferm. Acciaio | Mat. Acciaio 7 mesi
Spaghetti con mazzancolle e pomodorini.

COLLIO BIANCO BROY
2016 | 2017 | 2020

COLLIO FRIULANO T
2018 | 2019 | 2021

Colle Duga
(1991)

I vigneti della cantina Colle Duga, sul colle omonimo, si estendono per poco più di 11 ettari, ripartiti in quattro poderi diversi, tutti compresi all'interno della Dop Collio. Qui la famiglia di Damian – con lui la moglie e i due figli – si occupa di viticoltura così come prima di loro hanno fatto nonni e bisnonni. Tutti legati al medesimo territorio, conosciuto e lavorato palmo per palmo. Ne escono vini potenti e rappresentativi. Dalle uve di tocai friulano, con la vendemmia 2022, è stato estratto un vino di grandissimo valore.

Località Zegla, 10 - 34071 Cormòns (GO)
T. 0481 61177 | M. info@colleduga.com
www.colleduga.com

Viticoltura: Lotta integrata
Ettari: 12 | **Bottiglie:** 70.000 | **Produzione olearia:** No
Proprietà: Damian Princic
Cond. enologica: Damian Princic
Cond. agronomica: Damian Princic
Vendita diretta: Sì | **Visite in azienda:** Sì

(92,5)

COLLIO FRIULANO 2022
Bianco Doc - Tocai friulano 100%
Alc. 14% | € 20 | Bt. 20.000 | Ferm. Acciaio | Mat. Acciaio 6 mesi
Topazio acceso di luce. Cenni di susina gialla inaugurano un'esperienza olfattiva intrigante. Seguono erbe officinali fresche e fiori di biancospino intercalati da sbuffi di pietra spaccata. In bocca è armonico, perfettamente bilanciato mentre viaggia su un binario fresco-sapido che si estende fino a toni di agrume. Ravioli di magro con funghi chiodini.

COLLIO CHARDONNAY 2022
Bianco Doc - Chardonnay 100%
Alc. 14% | € 20 | Bt. 7.000 | Ferm. Legno e Acciaio | Mat. Acciaio 6 mesi e Legno 6 mesi
Anguilla ai ferri.

COLLIO MERLOT 2021
Rosso Doc - Merlot 100%
Alc. 14% | € 22 | Bt. 18.000 | Ferm. Acciaio e Cemento | Mat. Legno 12 mesi
Zuppa toscana con cavolo nero e crostini di pane.

COLLIO BIANCO 2022
Bianco Doc - Chardonnay 25%, Malvasia istriana 25%, Sauvignon 25%, Tocai friulano 25%
Alc. 14,5% | € 22 | Bt. 8.000 | Ferm. Legno e Acciaio | Mat. Acciaio 6 mesi e Legno 6 mesi
Arrosto di pollo ripieno.

COLLIO RIBOLLA GIALLA 2022
Bianco Doc - Ribolla gialla 100%
Alc. 13% | € 20 | Bt. 5.000 | Ferm. Legno e Acciaio | Mat. Acciaio 6 mesi e Legno 6 mesi
Fagioli all'uccelletto.

COLLIO SAUVIGNON 2022
Bianco Doc - Sauvignon 100%
Alc. 13,5% | € 20 | Bt. 6.500 | Ferm. Acciaio | Mat. Acciaio 6 mesi
Pappardelle con coda di rospo e carciofi.

COLLIO FRIULANO
2015 | 2019 | 2021

COLLIO BIANCO
2015

Colli di Poianis
(1900)

Paolino, e prima ancora il padre, poi Gabriele e ora Alberto. Per la famiglia Marinig la vite cammina assieme alle generazioni, legame indelebile tra uomo e natura. Il 2022 ha visto l'ingresso a pieno titolo nella Colli di Poianis di Alberto, fresco di studi in Ingegneria Gestionale in ottica di Sostenibilità. Spetterà anche a lui continuare a preservare il progetto di valorizzazione delle varietà autoctone, a iniziare dallo schioppettino, negli anni Ottanta salvato, grazie anche al nonno, dal rischio di scomparire dall'elenco delle varietà coltivabili.

Via Poianis, 23 - 33040 Prepotto (UD)
T. 0432 713185 - 0432 713444 | M. info@collidipoianis.it
www.collidipoianis.it

Viticoltura: Convenzionale ed ecosostenibile
Ettari: 12 | **Bottiglie:** 95.000 | **Produzione olearia:** No
Proprietà: Famiglia Marinig
Cond. enologica: Simone Vincenzutti
Cond. agronomica: Gabriele Marinig
Vendita diretta: Sì | **Visite in azienda:** Sì

FRIULI COLLI ORIENTALI CHARDONNAY 2021
Bianco Doc - Chardonnay 100%
Alc. 14% | € 20 | Bt. 2.500 | Ferm. Legno | Mat. Legno 8 mesi
Corredo aromatico incentrato sulla frutta tropicale con ananas e mango in evidenza, poi agrumi e fiori gialli. Ricordi di erbe aromatiche (rosmarino). Solido e avvolgente, il sorso è sorretto da un nerbo fresco-sapido che propone una bella progressione fruttata. Seppie ripiene su crema di ceci.

FRIULI COLLI ORIENTALI FRIULANO 2022
Bianco Doc - Tocai friulano 100%
Alc. 14% | € 20 | Bt. 10.000 | Ferm. Acciaio | Mat. Legno 8 mesi
Pasta, patate e provola.

FRIULI COLLI ORIENTALI SAUVIGNON 2022
Bianco Doc - Sauvignon 100%
Alc. 13,5% | € 20 | Bt. 10.000 | Ferm. Legno e Acciaio | Mat. Legno 8 mesi
Risotto agli asparagi e frutti di mare.

FRIULI COLLI ORIENTALI SCHIOPPETTINO DI PREPOTTO 2020
Rosso Doc - Schioppettino 100%
Alc. 13,5% | € 28 | Bt. 3.000 | Ferm. Legno | Mat. Acciaio 10 mesi e Legno 12 mesi
Vitello tonnato.

FRIULI COLLI ORIENTALI MALVASIA 2022
Bianco Doc - Malvasia istriana 100%
Alc. 14% | € 20 | Bt. 1.000 | Ferm. Acciaio | Mat. Legno 8 mesi
Tagliolini al nero di seppia e pomodori ciliegino.

FRIULI COLLI ORIENTALI CHARDONNAY
2018 | 2019 | 2020

FRIULI COLLI ORIENTALI FRIULANO
2019 | 2020 | 2021

Colmello di Grotta
(1965)

L'azienda fu fondata nel 1965 da Luciana Bennati, veneziana, la cui famiglia era proprietaria dell'hotel Bauer. Con senso estetico e rispetto del contesto circostante trasformò una rovina in cantina, dotandosi sin da allora delle più moderne tecnologie. Conversione al biologico, energia da fonti rinnovabili, elevato numero di ceppi per ettaro assicurano rispetto e qualità costante. Dal 2018 è l'introduzione nel processo enologico delle anfore in ceramica, che assicurano una micro ossigenazione comparabile a quella delle barrique, ma senza cessioni di sapori terzi al vino.

Via Gorizia, 133 - Località Grotta - 34072 Farra d'Isonzo (GO)
T. 0481 888445 | M. info@colmello.it
www.colmello.it

Viticoltura: Biologica
Ettari: 15 | **Bottiglie:** 45.000 | **Produzione olearia:** No
Proprietà: Francesca Bortolotto
Cond. enologica: Daniele Michelet
Cond. agronomica: Roberto Ottogalli
Vendita diretta: Sì | **Visite in azienda:** Sì

ISONZO DEL FRIULI FRIULANO COLDIGROTTA 2020
Bianco Dop - Tocai friulano 100%
Alc. 12,5% | € 25 | Bt. 3.300 | Ferm. Acciaio e Terracotta | Mat. Acciaio 12 mesi e Terracotta 12 mesi
Scrigno paglierino che emana una splendida complessità olfattiva con fieno d'alpeggio, tè verde, erbe officinali, pompelmo rosa, ginestra, zeste d'arancia e scia iodata. Ben bilanciato con la struttura supportata da guizzi fresco-sapidi. Persistente epilogo vegetale. Pasta alla Norma.

COLLIO RIBOLLA GIALLA COLDIGROTTA 2020
Bianco Doc - Ribolla gialla 100%
Alc. 12,5% | € 25 | Bt. 6.000 | Ferm. Acciaio | Mat. Acciaio 12 mesi e Terracotta 12 mesi
Risotto agli scampi.

COLLIO PINOT GRIGIO RAMATO 2020
Rosato Dop - Pinot grigio 100%
Alc. 12,5% | € 25 | Bt. 3.000 | Ferm. Acciaio e Terracotta | Mat. Acciaio 12 mesi e Terracotta 12 mesi
Seppie in umido con piselli.

COLLIO SAUVIGNON COLDIGROTTA 2020
Bianco Dop - Sauvignon 100%
Alc. 13,5% | € 25 | Bt. 6.000 | Ferm. Acciaio e Terracotta | Mat. Acciaio 12 mesi e Terracotta 12 mesi
Risotto agli asparagi e provola affumicata.

ISONZO DEL FRIULI SCHIOPPETTINO COLDIGROTTA 2022
Rosso Dop - Schioppettino 100%
Alc. 12,5% | € 25 | Bt. 3.000 | Ferm. Acciaio | Mat. Acciaio 6 mesi
Coratella di agnello.

COLLIO RIBOLLA GIALLA COLDIGROTTA 2022
Bianco Dop - Ribolla gialla 100%
Alc. 13% | € 35 | Bt. 700 | Ferm. Terracotta | Mat. Terracotta 6 mesi
Parmigiana di melanzane.

COLLIO SAUVIGNON COLDIGROTTA
2019

COLLIO PINOT GRIGIO COLDIGROTTA
2019

Gianpaolo Colutta
(1999)

Tra storia e nobiltà, con lo stemma bianco e blu della famiglia di Prampero a contrassegnare ancora oggi le etichette, l'azienda guidata da Elisabetta Colutta ha proposto anche quest'anno una vasta gamma di vini all'insegna della qualità, tra i quali il più convincente è lo Chardonnay d'annata. C'è grande attenzione anche nei riguardi dell'innovazione, con la vendemmia 2022 che ha ottenuto per la seconda volta consecutiva la conferma della certificazione ambientale SQNPI, il riconoscimento della produzione integrata.

Via Orsaria, 32 - 33044 Manzano (UD)
T. 0432 510654 | M. info@coluttagianpaolo.com
www.coluttagianpaolo.com

Viticoltura: Lotta integrata
Ettari: 25 | **Bottiglie:** 90.000 | **Produzione olearia:** No
Proprietà: Gianpaolo ed Elisabetta Colutta
Cond. enologica: Massimo Golles
Cond. agronomica: Paolo Vanone
Vendita diretta: Sì | **Visite in azienda:** Sì

FRIULI COLLI ORIENTALI CHARDONNAY 2022
Bianco Dop - Chardonnay 100%
Alc. 13% | € 11 | Bt. 4.000 | Ferm. Acciaio | Mat. Acciaio 5 mesi
D'aspetto delicato, verdolino, lucente. Profumi balsamici e di frutta bianca, resina di mugo, magnolia e gelsomino. Ingresso in bocca fresco, su agrumi e buccia di lime. Spinta sapida che conduce a una risacca agrumata e persistente. Rombo al forno ai sapori mediterranei.

FRIULI COLLI ORIENTALI BIANCO PRARION 2021
Bianco Dop - Tocai friulano 69%, Chardonnay 31%
Alc. 13,5% | € 16 | Bt. 1.000 | Ferm. Acciaio | Mat. Acciaio 12 mesi
Zuppa di funghi.

FRIULI COLLI ORIENTALI SCHIOPPETTINO 2021
Rosso Dop - Schioppettino 100%
Alc. 13% | € 21 | Bt. 7.000 | Ferm. Acciaio | Mat. Acciaio 12 mesi
Pappardelle con sugo di lepre.

FRIULI COLLI ORIENTALI MERLOT 2020
Rosso Dop - Merlot 100%
Alc. 13,5% | € 10 | Bt. 8.600 | Ferm. Acciaio | Mat. Acciaio 24 mesi
Fagiano arrosto.

FRIULI COLLI ORIENTALI REFOSCO DAL PEDUNCOLO ROSSO 2020
Rosso Dop - Refosco dal peduncolo rosso 100%
Alc. 13% | € 12 | Bt. 6.200 | Ferm. Acciaio | Mat. Acciaio 24 mesi
Scaloppa di vitello con asparagi trifolati.

FRIULI COLLI ORIENTALI FRIULANO 2022
Bianco Dop - Tocai friulano 100%
Alc. 13% | € 10 | Bt. 8.000 | Ferm. Acciaio | Mat. Acciaio 5 mesi
Petto d'anatra all'arancia.

FRIULI COLLI ORIENTALI BIANCO PRARION
2020

FRIULI COLLI ORIENTALI SCHIOPPETTINO
2017 | 2019 | 2020

Giorgio Colutta
(1998)

I vitigni autoctoni, sia a bacca bianca che nera, premiano l'azienda di Giorgio Colutta, che conferma la qualità della propria carta dei vini. La cantina di Manzano, gestita dalla famiglia dagli inizi del Novecento, utilizza la lotta integrata nei vigneti e predilige l'acciaio in cantina per la gestione delle fermentazioni. I vini rossi affinano in legno di diverse dimensioni: si va dalle botti da 25 ettolitri per il Merlot, ai tonneaux per lo Schioppettino e alle barrique da 225 litri per addomesticare il Pignolo.

Via Orsaria, 32 - 33044 Manzano (UD)
T. 0432 740315 | M. colutta@colutta.it
www.colutta.it

Viticoltura: Lotta integrata
Ettari: 23 | **Bottiglie:** 150.000 | **Produzione olearia:** No
Proprietà: Giorgio Colutta
Cond. enologica: Giacomo Zotti, Michele Zanardo
Cond. agronomica: Cristian Ziman , Antonino Moscatelli, Marco Zuccolo
Vendita diretta: Sì | **Visite in azienda:** Sì

FRIULI COLLI ORIENTALI FRIULANO 2022
Bianco Doc - Tocai friulano 100%
Alc. 13,5% | € 16 | Bt. 8.600 | Ferm. Acciaio | Mat. Acciaio 6 mesi
Giallo splendente. Fiori di tiglio rendono il naso fresco ed elegante per lasciare spazio a ricordi di frutta a polpa bianca e agrumi tra sbuffi mentolati e stille di salsedine. Al palato è saporito, strutturato, con la freschezza a dare brio. Chiude lento con rintocchi balsamici. Triglie in guazzetto.

FRIULI COLLI ORIENTALI RIBOLLA GIALLA 2022
Bianco Doc - Ribolla gialla 100%
Alc. 12% | € 20 | Bt. 10.000 | Ferm. Acciaio | Mat. Acciaio 6 mesi
Seppie ripiene su crema di ceci.

FRIULI COLLI ORIENTALI PIGNOLO 2016
Rosso Doc - Pignolo 100%
Alc. 15% | € 40 | Bt. 660 | Ferm. Acciaio | Mat. Acciaio 4 mesi e Legno 60 mesi
Bocconcini di cervo al cavolo nero.

FRIULI COLLI ORIENTALI SCHIOPPETTINO 2016
Rosso Doc - Schioppettino 100%
Alc. 12,5% | € 20 | Bt. 2.000 | Ferm. Legno e Acciaio | Mat. Legno 48 mesi
Maialino in agrodolce.

ROSAZZO BIANCO NOJAR 2020
Bianco Docg - Tocai friulano 50%, Sauvignon 25%, Chardonnay 20%, Ribolla gialla 5%
Alc. 13,5% | € 20 | Bt. 1.300 | Ferm. Legno e Acciaio | Mat. Acciaio 6 mesi e Legno 8 mesi
Minestrone con ortaggi invernali.

FRIULI COLLI ORIENTALI MERLOT 2021
Rosso Doc - Merlot 100%
Alc. 13,5% | € 16 | Bt. 6.600 | Ferm. Legno e Acciaio | Mat. Acciaio 4 mesi e Legno 12 mesi
Oca arrosto.

FRIULI COLLI ORIENTALI SAUVIGNON
2015 | 2017 | 2021

FRIULI COLLI ORIENTALI MALVASIA
2021

Conte d'Attimis Maniago
(1585)

Dal suo ingresso in azienda nel 1982 fino a prenderne la conduzione nel 1989, il conte Alberto d'Attimis Maniago ha impresso decisi miglioramenti e ammodernamenti alla storica azienda di famiglia. Siamo a Buttrio, comune impreziosito da ville storiche, sede di importanti gruppi industriali, dove la viticoltura occupa da sempre un ruolo di grande pregio. Qui si sente l'influenza del mare che contribuisce alla piena maturazione dei grappoli. I vini esprimono il territorio e tra questi il Ronco Broilo, da uve tocai friulano e pinot bianco, si distingue per struttura e classe.

Via Sottomonte, 21 - 33042 Buttrio (UD)
T. 0432 674027 | M. info@contedattimismaniago.it
www.contedattimismaniago.it

Viticoltura: Lotta integrata
Ettari: 86 | **Bottiglie:** 350.000 | **Produzione olearia:** No
Proprietà: Famiglia D'Attimis Maniago
Cond. enologica: Francesco Spitaleri
Cond. agronomica: Francesco Spitaleri
Vendita diretta: Sì | **Visite in azienda:** Sì

FRIULI COLLI ORIENTALI BIANCO RONCO BROILO 2019
Bianco Doc - Tocai friulano 80%, Pinot bianco 20%
Alc. 14% | € 29 | Bt. 3.000 | Ferm. Legno e Acciaio | Mat. Legno 10 mesi e Cemento 10 mesi
Dorato, seducente. Profilo olfattivo variegato. Pesca gialla e frutta matura su un tappeto floreale di calendula e fieno d'alpeggio. Poi agrumi canditi, erbe aromatiche secche e frollino al limone. Il palato evidenzia un piacevole equilibrio tra alcol e acidità. Lungo, sapido e fruttato. Garganelli con julienne di calamari e ortiche.

FRIULI COLLI ORIENTALI FRIULANO 2022
Bianco Doc - Tocai friulano 100%
Alc. 13,5% | € 16 | Bt. 15.000 | Ferm. Cemento | Mat. Cemento 10 mesi
Squacquerone di Romagna.

FRIULI COLLI ORIENTALI MALVASIA 2021
Bianco Doc - Malvasia istriana 100%
Alc. 13,5% | € 19 | Bt. 6.000 | Ferm. Cemento | Mat. Cemento 10 mesi
Zuppa di stoccafisso e patate.

FRIULI COLLI ORIENTALI VIGNARICCO ROSSO 2016
Rosso Doc - Cabernet 40%, Merlot 40%, Schioppettino 20%
Alc. 14% | € 29 | Bt. 5.000 | Ferm. Cemento | Mat. Legno 36 mesi
Brasato di lepre con riduzione di vino rosso.

FRIULI COLLI ORIENTALI TAZZELENGHE 2019
Rosso Doc - Tazzelenghe 100%
Alc. 14% | € 44 | Bt. 3.000 | Ferm. Cemento | Mat. Cemento 36 mesi
Stinco d'agnello al forno.

FRIULI COLLI ORIENTALI TAZZELENGHE
2010

FRIULI COLLI ORIENTALI MALVASIA
2013

Dario Coos
(2000)

L'opera della botritys cinerea continua a regalare una dotazione aromatica di tutto rispetto alle uve di verduzzo friulano che, raccolte tardivamente, diventano Ramandolo. Due mesi di appassimento naturale sono un altro elemento fondamentale per garantire a questo prodotto della Doc Friuli Colli Orientali di onorare la tradizione del vino dolce, l'unico in grado di sfidare il Picolit, altro gioiello di queste colline. La Dario Coos riesce, vendemmia dopo vendemmia, a salvaguardare un prodotto di qualità.

Via Ramandolo, 5 - 33045 Nimis (UD)
T. 0432 790320 | M. info@dariocoos.it
www.dariocoos.it

Viticoltura: Convenzionale
Ettari: 20 | **Bottiglie:** 100.000 | **Produzione olearia:** No
Proprietà: Dario Coos Soci
Cond. enologica: Matteo Lovo
Cond. agronomica: Andrea Pittana
Vendita diretta: Sì | **Visite in azienda:** Sì

RAMANDOLO VENDEMMIA TARDIVA 2020
Bianco Docg Passito - Verduzzo friulano 100%
Alc. 14% | € 26 (0,5l) | Bt. 3.500 | Ferm. Legno | Mat. Legno 12 mesi
Ambrato pieno e luminoso. Naso profondo di fiore di garofano, viola, fieno ed erbe aromatiche. Poi dattero, miele millefiori, ginger, caramella d'orzo e memorie di pasticceria, fico secco e zucchero caramellato. In bocca è denso di materia con la parte dolce controllata da freschezza e leggera asciuttezza. Stilton.

RAMANDOLO IL LONGHINO 2021
Bianco Docg Passito - Verduzzo friulano 100%
Alc. 13,5% | € 23 | Bt. 16.000 | Ferm. Acciaio | Mat. Acciaio 12 mesi
Baci di dama.

FRIULI COLLI ORIENTALI FRIULANO 2022
Bianco Doc - Tocai friulano 100%
Alc. 14% | € 18 | Bt. 7.500 | Ferm. Acciaio | Mat. Acciaio 5 mesi
Garganelli freschi con gamberi di fiume.

FRIULI COLLI ORIENTALI MALVASIA 2022
Bianco Dop - Malvasia istriana 100%
Alc. 14% | € 20 | Bt. 5.000 | Ferm. Acciaio | Mat. Acciaio 5 mesi
Risotto ai frutti di mare.

FRIULI COLLI ORIENTALI PIGNOLO 2019
Rosso Doc - Pignolo 100%
Alc. 14,5% | € 27 | Bt. 4.000 | Ferm. Acciaio | Mat. Legno 24 mesi
Stinco di maiale al forno in pancetta affumicata.

MERLOT 2019
Rosso Igt - Merlot 100%
Alc. 14% | € 45 | Bt. 1.200 | Ferm. Acciaio
Tacchinella ripiena su letto di patate.

COLLI ORIENTALI DEL FRIULI PICOLIT
2016 | 2018 | 2019

RAMANDOLO VENDEMMIA TARDIVA
2018 | 2019

Cornium
(2016)

L'azienda vitivinicola Cornium è la creatura di Ariedo Gigante, a cui lui stesso dedica tempo e passione. L'azienda si trova a Corno di Rosazzo e Ariedo, enotecnico uscito dall'istituto agrario di Cividale del Friuli che tante figure di vignaioli ha creato negli ultimi decenni, produce vini molto territoriali in grado di raccontare ambiente e caratteristiche di questa parte dei Colli Orientali del Friuli. Quest'anno è il Merlot, vino rosso che i friulani considerano loro nonostante le origini d'oltralpe, a mettersi in mostra e salire sul podio.

Via del Donatore, 13 - 33040 Corno di Rosazzo (UD)
T. 0432 755836 | M. ariedogigante@alice.it

Viticoltura: Biologica
Ettari: 19 | **Bottiglie:** 8.000 | **Produzione olearia:** No
Proprietà: Ariedo Gigante
Cond. enologica: Ariedo Gigante
Cond. agronomica: Ariedo Gigante
Vendita diretta: Sì | **Visite in azienda:** Sì

FRIULI COLLI ORIENTALI MERLOT 2021
Rosso Doc - Merlot 100%
Alc. 13% | € 15 | Bt. 1.300 | Ferm. Acciaio | Mat. Acciaio 8 mesi e Legno 8 mesi
Rubino fulgido. Stimola l'olfatto con slanci di legno di rosa, poi frutta rossa croccante (ciliegia, lampone e fragola di bosco), erbe aromatiche secche e resina. Sorso di medio corpo che entra agile e poi si affida al sostegno di un tannino ancora in evoluzione che allunga il sorso con una persistenza fruttata. Quaglie alla cacciatora.

FRIULI REFOSCO DAL PEDUNCOLO ROSSO 2021
Rosso Doc - Refosco dal peduncolo rosso 100%
Alc. 13% | € 18 | Bt. 1.300 | Ferm. Acciaio | Mat. Acciaio 9 mesi
Caciocavallo Silano.

FRIULI CABERNET FRANC 2021
Rosso Doc - Cabernet franc 100%
Alc. 12,5% | € 15 | Bt. 1.300 | Ferm. Acciaio | Mat. Acciaio 7 mesi e Legno 4 mesi
Tartare di manzo.

RIBOLLA GIALLA BRUT
Bianco - Ribolla gialla 100%
Alc. 11,5% | € 14 | Bt. 4.000 | Ferm. Acciaio | Mat. Acciaio 10 mesi
Frittura di rane e verdure croccanti.

FRIULI PINOT BIANCO 2022
Bianco Doc - Pinot bianco 100%
Alc. 13% | € 15 | Bt. 800 | Ferm. Acciaio | Mat. Acciaio 9 mesi
Vellutata di zucca e porri.

FRIULI COLLI ORIENTALI FRIULANO
2020

FRIULI MALVASIA
2021

Croatto Piero
(1933)

Nella parte più alta dei vigneti, a Buttrio, ci sono due pini marittimi che hanno più di un secolo di vita. È lì che Piero Croatto porta i suoi ospiti per la degustazione dei vini. Un modo per presentare il luogo simbolo di un'esistenza: quella della sua famiglia, che alla terra ha dedicato tre generazioni. Vent'anni fa, quando è toccata a lui la responsabilità della gestione, ha ristrutturato i vigneti passando a una viticoltura biologica. Commenta ora, orgoglioso: "Tutto questo contribuisce a creare il valore e il sapore dei nostri vini, arricchendo la peculiarità delle nostre colline".

Via Orzano, 3 - 33042 Buttrio (UD)
T. 0432 673472 | M. croattovini@gmail.com
www.croattovini.it

Viticoltura: Biologica
Ettari: 6 | **Bottiglie:** 30.000 | **Produzione olearia:** No
Proprietà: Piero e Maria Croatto
Cond. enologica: Christian Patat
Cond. agronomica: Piero Croatto
Vendita diretta: Sì | **Visite in azienda:** Sì

FRIULI COLLI ORIENTALI MERLOT OBELISCO 2018
Rosso Doc - Merlot 100%
Alc. 15% | € 25 | Bt. 3.050 | Ferm. Legno | Mat. Legno 22 mesi
Sfumature granato a impreziosire il rubino. Naso scuro declinato su marasche, liquirizia, prugne, bacche di ginepro, fiori secchi, tabacco, mentolo e fini tostature. Possente, materico ed energico, controllato da freschezza e sapidità, con un tannino saporito e ben integrato. Si congeda con frutta macerata e tostature. Braciola di cervo con salsa di ribes.

FRIULI ROSSO CLAS 2018
Rosso Doc - Merlot 100%
Alc. 13% | € 20 | Bt. 3.050 | Ferm. Legno | Mat. Legno 22 mesi
Scaloppa di vitello con asparagi trifolati.

FRIULI SAUVIGNON 2021
Bianco Doc - Sauvignon 100%
Alc. 14,5% | € 15 | Bt. 2.000 | Ferm. Legno | Mat. Legno 9 mesi
Pasta alla gricia.

FRIULI COLLI ORIENTALI CHARDONNAY 2021
Bianco Doc - Chardonnay 100%
Alc. 14,5% | € 15 | Bt. 1.200 | Ferm. Legno | Mat. Legno 9 mesi
Risotto con cannellini e canestrelli.

FRIULI COLLI ORIENTALI FRIULANO OBELISCO 2021
Bianco Doc - Tocai friulano 100%
Alc. 15% | € 15 | Bt. 800 | Ferm. Legno | Mat. Legno 9 mesi
Tartare di gamberi.

de Puppi - Rosa Bosco
(1991)

Assente il Merlot Boscorosso, spetta al Sauvignon sedersi al posto del leader per quest'edizione della Guida, mentre il Refosco dal peduncolo rosso si assume l'onere di rappresentare i vini da uve a bacca rossa. Per entrambi, un buon risultato qualitativo, così da confermare l'impegno dello staff tecnico dell'azienda di Moimacco lungo un percorso di costante miglioramento. La famiglia de Puppi, di origini toscane, è presente in Friuli fin dalla metà del Trecento e ha sempre gestito direttamente la produzione vinicola.

Via Roma, 5 - 33040 Moimacco (UD)
T. 0432 722461 | M. info@depuppi.it
www.depuppi.it

Viticoltura: Certificazione SQNPI
Ettari: 30 | **Bottiglie:** 80.000 | **Produzione olearia:** No
Proprietà: Famiglia de Puppi
Cond. enologica: Marco Pecchiari
Cond. agronomica: Federico Tacoli
Vendita diretta: Sì | **Visite in azienda:** Sì

SAUVIGNON 2022
Bianco Igt - Sauvignon 100%
Alc. 13,5% | € 17 | Bt. 7.200
Paglierino delicato. Ventaglio con agrumi ed erbe officinali in primo piano. Cenni floreali di mughetto e tracce salmastre. Corpo avvolgente che si distingue per un centro bocca equilibrato. Si allontana regalando aromi di agrumi e iodio. Ravioli burro e salvia.

FRIULI FRIULANO 2022
Bianco Doc - Tocai friulano 100%
Alc. 13,5% | € 17 | Bt. 6.700
Insalata di pollo e verdure.

REFOSCO DAL PEDUNCOLO ROSSO 2020
Rosso Igt - Refosco dal peduncolo rosso 100%
Alc. 13% | € 19 | Bt. 3.800
Manzo brasato con funghi.

ROSA BOSCO BRUT BLANC DE BLANC
Bianco Metodo Classico - Chardonnay 100%
Alc. 12,5% | € 24 | Bt. 3.000 | Ferm. Legno | 48 mesi sui lieviti
Tempura di gamberi.

CHARDONNAY 2022
Bianco Igt - Chardonnay 100%
Alc. 13% | € 17 | Bt. 2.500
Risotto con zucchine, fiori di zucca e zafferano.

MERLOT 2020
Rosso Igt - Merlot 100%
Alc. 13,5% | € 19 | Bt. 6.400
Sella di coniglio al tartufo con timballo di patate.

FRIULI COLLI ORIENTALI MERLOT IL BOSCOROSSO ROSA BOSCO
2016 | 2018

FRIULI COLLI ORIENTALI REFOSCO DAL PEDUNCOLO ROSSO CATE
2018

Di Lenardo
(1878)

I Di Lenardo e il vino hanno una storia che inizia da lontano. Era il 1878 quando il bisnonno, Giuseppe Di Lenardo, decise di acquistare e ristrutturare un fabbricato a Ontagnano di Gonars, nel cuore delle grave friulane. Era una villa del 1737. La famiglia Di Lenardo da allora continua nell'impresa di allevare la vite e produrre dei vini con sempre maggiore attenzione alla qualità. Le bottiglie dell'azienda friulana - circa seicentomila all'anno - prendono la strada di moltissimi Paesi stranieri dove diventano qualificati ambasciatori del Friuli.

Piazza Battisti, 1 - Località Ontagnano - 33050 Gonars (UD)
T. 0432 928633 | M. info@dilenardo.it
www.dilenardo.it

Viticoltura: Lotta integrata
Ettari: 55 | **Bottiglie:** 600.000 | **Produzione olearia:** No
Proprietà: Famiglia Di Lenardo
Cond. enologica: Massimo Di Lenardo
Cond. agronomica: Massimo Di Lenardo
Vendita diretta: Sì | **Visite in azienda:** Sì

FRIULI PINOT GRIGIO RAMATO GOSSIP 2022
Rosato Doc - Pinot grigio 100%
Alc. 13% | € 10 | Ferm. Acciaio | Mat. Acciaio 6 mesi
Un color salmone bello splendente. Coinvolgenti effluvi di pesca noce, ciliegia e albicocca. Poi erbe aromatiche fresche e fioriture estive con sbuffi di scorza di agrumi. Una rotondità che si distende sfruttando un'agile spinta fresco-sapida e una leggera presa tannica, in chiusura, che personalizza la beva. Polpettine di alici con crema di piselli.

BIANCO THANKS 2022
Bianco Igt - Chardonnay 50%, Malvasia 20%, Tocai friulano 20%, Sauvignon 5%, Verduzzo friulano 5%
Alc. 13% | € 20 | Bt. 6.000 | Ferm. Legno e Acciaio | Mat. Acciaio 5 mesi e Legno 3 mesi
Vellutata di zucca spolverata di tartufo nero.

RIBOLLA GIALLA COMEMIVUOI 2022
Bianco Igt - Ribolla gialla 100%
Alc. 13% | € 10 | Bt. 25.000 | Ferm. Acciaio | Mat. Acciaio 5 mesi
Risotto agli asparagi e provola affumicata.

MERLOT JUST ME 2020
Rosso Igt - Merlot 100%
Alc. 14% | € 14 | Bt. 10.000 | Ferm. Acciaio | Mat. Acciaio 2 mesi e Legno 18 mesi
Terrina di coniglio.

REFOSCO DAL PEDUNCOLO ROSSO RISERVA 2020
Rosso Igt - Refosco dal peduncolo rosso 100%
Alc. 13% | € 14 | Bt. 6.000 | Ferm. Acciaio | Mat. Acciaio e Legno 24 mesi
Lombata di vitello su letto di cipolline saltate.

ROSSO RONCO NOLÈ 2021
Rosso - Merlot 50%, Cabernet 25%, Refosco 25%
Alc. 13,5% | € 10 | Bt. 30.000 | Ferm. Acciaio | Mat. Legno 12 mesi
Parmigiano Reggiano Riserva.

BIANCO THANKS
2021

FRIULI FRIULANO TOH!
2020

Alessio Dorigo
(1966)

Dorigo è un'azienda che, a partire dagli anni Settanta, ha scritto pagine indelebili nel mondo dell'enologia regionale e non solo. La performance della proposta è stata ottima e premia sia le referenze di annata che gli spumanti e i rossi Riserva. Vini in cui si riconosce la precisione di Alessio nella scelta dell'epoca vendemmiale e dei legni. In forma il Pignolo 2017, annata in cui a ottobre si è assistito a un rialzo termico e a una severa riduzione delle piogge. Vino severo dal quale emergono il carattere del territorio, del vitigno e del vignaiolo che lo sta narrando.

Località Case Sparse Campo, 1 - 33040 Premariacco (UD)
T. 0432 634161 | M. info@dorigowines.com
www.dorigowines.com

Viticoltura: Convenzionale e lotta integrata
Ettari: 21 | **Bottiglie:** 100.000 | **Produzione olearia:** Sì
Proprietà: Alessio Dorigo
Cond. enologica: Alessio Dorigo
Cond. agronomica: Giovanni Spadari
Vendita diretta: Sì | **Visite in azienda:** Sì

PIGNOLO 2017
Rosso Igt - Pignolo 100%
Alc. 14,5% | € 60 | Bt. 1.000 | Ferm. Acciaio | Mat. Legno 30 mesi
Manto rubino scuro. Spettro variopinto di fragranze quali confettura di more, amarena e prugna sciroppata; liquirizia, spezie scure, humus, genziana e fiori essiccati. In bocca la decisa tensione, data da tannini e acidità, lascia lentamente emergere il calore alcolico che porta la beva verso una gustosa scia fruttata. Terrina di lepre con salsa di prugne.

FRIULI COLLI ORIENTALI ROSSO MONTSCLAPADE 2018
Rosso Doc - Merlot 60%, Cabernet franc 40%
Alc. 14,5% | € 35 | Bt. 3.000 | Ferm. Acciaio | Mat. Legno 30 mesi
Bollito misto con salse.

DORIGO BLANC DE NOIR DOSAGE ZERO BRUT
Bianco Metodo Classico - Pinot nero 100%
Alc. 12,5% | € 30 | Bt. 2.000 | Ferm. Legno | Mat. Legno 8 mesi
60 mesi sui lieviti
Crostini con paté de foie gras d'oca.

DORIGO CUVÉE BRUT
Bianco Metodo Classico - Chardonnay 50%, Pinot nero 50%
Alc. 12,5% | € 21 | Bt. 14.000 | Ferm. Legno | Mat. Legno 8 mesi
30 mesi sui lieviti
Fritto di paranza.

FRIULI COLLI ORIENTALI CHARDONNAY RONC DI JURI 2021
Bianco Doc - Chardonnay 100%
Alc. 14% | € 30 | Bt. 2.500 | Ferm. Legno | Mat. Legno 12 mesi
Pesce spada alla griglia.

FRIULI COLLI ORIENTALI FRIULANO 2022
Bianco Doc - Tocai friulano 100%
Alc. 13% | € 15 | Bt. 7.000 | Ferm. Acciaio | Mat. Acciaio 5 mesi
Pizzoccheri valtellinesi.

COLLI ORIENTALI DEL FRIULI PICOLIT
2015 | 2018 | 2019

DORIGO CUVÉE BRUT
S.A. | S.A.

Draga
(1992)

Mitja Miklus elenca con una punta di orgoglio le numerose occasioni in cui l'azienda Draga ha ricevuto il premio Ecofriendly per la profonda considerazione dimostrata nei confronti della natura. L'instancabile attenzione ai vigneti e l'ottima selezione delle uve creano prodotti di rara qualità. Due linee di produzione: la classica Draga, con vini freschi e aromatici prodotti in acciaio, e la Miklus, che è rappresentata da vini di maggiore struttura derivati da macerazioni sulle bucce e lunghe permanenze dei mosti sui lieviti.

Località Scedina, 8 - 34070 San Floriano del Collio (GO)
T. 0481 884182 | M. info@draga-miklus.com
www.draga-miklus.it

Viticoltura: In conversione al biologico
Ettari: 13 | **Bottiglie:** 50.000 | **Produzione olearia:** No
Proprietà: Mitja Miklus
Cond. enologica: Mitja Miklus
Cond. agronomica: Mitja Miklus
Vendita diretta: Sì | **Visite in azienda:** Sì

COLLIO PICOLIT MIKLUS 2020
Bianco Doc - Picolit 100%
Alc. 14% | € 50 (0,375l) | Bt. 250 | Ferm. Legno | Mat. Legno 24 mesi
Brillante tonalità ambrata. Olfatto elegante con evidenze di pesca sciroppata, albicocca disidratata, mango, papaia, frutto della passione, datteri, miele d'acacia e una scia di fiori secchi di peonia. Sorso ampio, materico, con ricordi fruttati che portano a persistenze fresco-sapide. Tortino di marroni tiepido.

COLLIO PINOT GRIGIO 2022
Rosato Doc - Pinot grigio 100%
Alc. 13,5% | € 28 | Bt. 10.000 | Ferm. Acciaio | Mat. Acciaio 7 mesi
Sushi e sashimi.

RIBOLLA GIALLA MIKLUS 2018
Bianco Igt - Ribolla gialla 100%
Alc. 13,5% | € 48 | Bt. 6.000 | Ferm. Legno | Mat. Legno 48 mesi
Vellutata di finferli con crostini.

COLLIO MALVASIA MIKLUS 2019
Bianco Doc - Malvasia 100%
Alc. 14,5% | € 38 | Bt. 10.000 | Ferm. Legno | Mat. Legno 24 mesi
Piacentinu Ennese.

COLLIO SAUVIGNON
2019 | 2021

COLLIO RIBOLLA GIALLA
2021

Giovanni Dri Il Roncat
(1968)

Quando si parla di vini passiti non si può fare a meno di menzionare Giovanni Dri e la figlia Stefania, che da anni si dedicano a trasmettere l'anima e la potenzialità della Docg Ramandolo. Siamo in una frazione del comune di Nimis alle pendici del Monte Bernardia, la zona vinicola più a nord della regione. Qui elevate escursioni termiche, pendenze, esposizioni e la protezione delle Alpi alle spalle rendono unici non solo i vini ottenuti da uve verduzzo. Eccelle ed emoziona il Ramandolo Uve Decembrine, giunto alla 43° vendemmia, ottenuto da uve appassite in pianta fino a fine novembre.

Via Pescia, 7 - Località Ramandolo - 33045 Nimis (UD)
T. 0432 790260 | M. info@drironcat.com
www.drironcat.com

Viticoltura: Convenzionale
Ettari: 10 | **Bottiglie:** 40.000 | **Produzione olearia:** Sì
Proprietà: Giovanni Dri
Cond. enologica: Stefania Dri
Cond. agronomica: Giovanni Dri
Vendita diretta: Sì | **Visite in azienda:** Sì

RAMANDOLO UVE DECEMBRINE 2018
Bianco Docg Passito - Verduzzo friulano 100%
Alc. 12% | € 30 (0,375l) | Bt. 600 | Ferm. Legno | Mat. Legno 12 mesi
Ambra pura. Scorre lentamente nel calice rilasciando effluvi di frutta secca e disidratata alternati a miele di eucalipto, zagara, resine alpine e zafferano. Convincente il gusto, e articolato. Freschezza e mineralità corrono parallele alla dolcezza glicerica. Lunghissimo e speziato. Castelmagno.

COLLI ORIENTALI DEL FRIULI PICOLIT 2019
Bianco Docg Passito - Picolit 100%
Alc. 13,5% | € 40 (0,375l) | Bt. 600 | Ferm. Legno | Mat. Legno 12 mesi
Gorgonzola naturale.

RAMANDOLO 2019
Bianco Docg Passito - Verduzzo friulano 100%
Alc. 12% | € 16 | Bt. 13.000 | Ferm. Acciaio | Mat. Acciaio 24 mesi
Cannoli di ricotta e canditi.

RAMANDOLO IL RONCAT 2018
Bianco Docg Passito - Verduzzo friulano 100%
Alc. 12% | € 25 | Bt. 1.200 | Ferm. Legno | Mat. Acciaio 12 mesi e Legno 12 mesi
Strudel di mele.

FRIULI COLLI ORIENTALI SAUVIGNON 2021
Bianco Doc - Sauvignon 100%
Alc. 14,5% | € 15 | Bt. 3.300 | Ferm. Acciaio
Alici a scapece.

FRIULI COLLI ORIENTALI PIGNOLO MONTE DEI CARPINI 2018
Rosso Doc - Pignolo 100%
Alc. 13,5% | € 35 | Bt. 1.200 | Ferm. Legno | Mat. Legno 24 mesi
Beccacce allo spiedo.

RAMANDOLO UVE DECEMBRINE
2012 | 2013 | 2017

COLLI ORIENTALI DEL FRIULI PICOLIT
2016 | 2017 | 2018

Drius
(1850)

Il Vignis di Siris presentato in degustazione è l'annata 2020 e da questo millesimo si mostrerà con una nuova veste concepita all'interno di un progetto di restyling delle etichette iniziato dalla linea classica. Dal punto di vista meteorologico il 2020 è stato un anno senza estremismi, con una vendemmia calda, significative escursioni termiche e raccolta iniziata a fine agosto. Il 2021, invece, ha registrato una primavera fredda e piovosa anche se nei mesi successivi non ci sono state criticità. La vendemmia è partita la prima decade di settembre.

Via Filanda, 100 - 34071 Cormòns (GO)
T. 0481 60998 | M. info@driusmauro.it
www.driusmauro.it

Viticoltura: Certificazione SQNPI
Ettari: 17 | **Bottiglie:** 55.000 | **Produzione olearia:** No
Proprietà: Mauro Drius
Cond. enologica: Denis Drius, Mauro Drius
Cond. agronomica: Mauro Drius
Vendita diretta: Sì | **Visite in azienda:** Sì

FRIULI ISONZO BIANCO VIGNIS DI SIRIS 2020
Bianco Doc - Tocai friulano 50%, Pinot bianco 25%, Sauvignon 25%
Alc. 13,5% | € 21 | Bt. 2.440 | Ferm. Legno e Acciaio | Mat. Acciaio 12 mesi e Legno 12 mesi
Una filigrana dorata marca il paglierino. Apertura fruttata con mandarino e banana, polpa disidratata e candita su un letto di fiori di magnolia. Tonalità speziate di curcuma e zafferano. L'entrata in bocca è morbida per poi snellirsi e congedarsi fresca e sapida alternando memorie di spezie e agrumi. Fiori di zucca ripieni di ricotta e acciughe.

FRIULI ISONZO MALVASIA 2021
Bianco Doc - Malvasia 100%
Alc. 13,5% | € 17 | Bt. 6.624 | Ferm. Legno e Acciaio | Mat. Acciaio 10 mesi e Legno 10 mesi
Ostriche Belon.

FRIULI ISONZO MERLOT 2019
Rosso Doc - Merlot 100%
Alc. 13,5% | € 18 | Bt. 5.068 | Ferm. Acciaio | Mat. Legno 24 mesi
Rotolo di tacchino alle mele ed erbe aromatiche.

FRIULI ISONZO FRIULANO SENSAR 2021
Bianco Doc - Tocai friulano 100%
Alc. 14% | € 28 | Bt. 1.980 | Ferm. Acciaio | Mat. Acciaio 11 mesi
Rigatoni al ragù bianco di carne.

FRIULI ISONZO PINOT BIANCO 2021
Bianco Doc - Pinot bianco 100%
Alc. 13% | € 17 | Bt. 6.440 | Ferm. Legno e Acciaio | Mat. Acciaio 10 mesi e Terracotta 10 mesi
Risotto ai finferli.

FRIULI ISONZO CHARDONNAY 2021
Bianco Doc - Chardonnay 100%
Alc. 14% | € 17 | Bt. 5.300 | Ferm. Legno e Acciaio | Mat. Acciaio 10 mesi e Legno 10 mesi
Bigoli con le sarde di lago.

FRIULI ISONZO BIANCO VIGNIS DI SIRIS
2019

FRIULI ISONZO MALVASIA
2018 | 2019 | 2020

Ermacora
(1922)

Sono i vini rossi a guidare la classifica degli Ermacora. Il Pignolo e il blend Riul aprono la sfilata delle referenze aziendali dove fanno bella mostra di sé gli altri vini che l'azienda delle Colline di Montsclapade e Ipplis mette in bottiglia dopo vinificazioni separate per appezzamento. L'annata 2017 non è stata di facile lettura, tormentata da un inverno rigidissimo con temperature di almeno 5 gradi sotto lo zero per diverse settimane. Poi siccità e temperature che hanno sfiorato i 40 gradi. La situazione ha messo in luce le doti di viticoltori e vinificatori.

Via Solzaredo, 9 - Località Ipplis - 33040 Premariacco (UD)
T. 0432 716250 | M. info@ermacora.it
www.ermacora.it

Viticoltura: Lotta integrata
Ettari: 70 | **Bottiglie:** 250.000 | **Produzione olearia:** No
Proprietà: Dario e Luciano Ermacora
Cond. enologica: Marco Chiabai
Cond. agronomica: Demis Ermacora, Giovanni Bigot
Vendita diretta: Sì | **Visite in azienda:** Sì

FRIULI COLLI ORIENTALI PIGNOLO 2017
Rosso Doc - Pignolo 100%
Alc. 15% | € 30 | Bt. 3.092 | Ferm. Acciaio | Mat. Legno 49 mesi
Rubino fitto dal bordo granato. Lamponi e amarena candita si fondono con mandorle croccanti e la rosa appassita, poi sottobosco e rabarbaro. Opulento e ricco di un tannino deciso che tende ad abbracciare la morbidezza donando equilibrio e finezza. Tostature e spezie accompagnano il finale. Cinghiale in umido.

FRIULI COLLI ORIENTALI ROSSO RÎUL 2019
Rosso Doc - Merlot 60%, Cabernet sauvignon 20%, Refosco dal peduncolo rosso 20%
Alc. 14,5% | € 25 | Bt. 3.126 | Ferm. Acciaio | Mat. Legno 36 mesi
Brasato di manzo al vino rosso.

FRIULI COLLI ORIENTALI FRIULANO 2022
Bianco Doc - Tocai friulano 100%
Alc. 13,5% | € 17 | Bt. 50.000 | Ferm. Acciaio
Vellutata di asparagi.

FRIULI COLLI ORIENTALI RIBOLLA GIALLA 2022
Bianco Doc - Ribolla gialla 100%
Alc. 13,5% | € 17 | Bt. 35.000 | Ferm. Acciaio | Mat. Acciaio 7 mesi
Ovoli freschi crudi su letto di rucola.

COLLI ORIENTALI DEL FRIULI PICOLIT 2019
Bianco Docg Passito - Picolit 100%
Alc. 12,5% | € 35 (0,5l) | Bt. 2.326 | Ferm. Acciaio | Mat. Legno 36 mesi
Torta Saint Honoré.

FRIULI COLLI ORIENTALI PINOT BIANCO 2022
Bianco Doc - Pinot bianco 100%
Alc. 13,5% | € 17 | Bt. 12.000 | Ferm. Acciaio | Mat. Acciaio 7 mesi
Minestra di lenticchie.

FRIULI COLLI ORIENTALI PIGNOLO
2014 | 2015 | 2016

FRIULI COLLI ORIENTALI ROSSO RÎUL
2015 | 2016 | 2018

Fantin Nodar
(1992)

Rinnovate la forma delle bottiglie e la veste grafica dell'etichetta, i vini che la famiglia Ermacora affida al brand Fantin Nodàr si confermano apprezzati testimoni del cru di Montsclapade, nella parte sud dei Colli Orientali. La scelta di concentrarsi sui vini bianchi e sul monovitigno continua a determinare l'indirizzo stilistico di una famiglia di viticoltori che non si è mai troppo staccata dalla linea della tradizione. In vigneto prosegue il percorso di attenzione alla salvaguardia ambientale con l'ottenimento della certificazione SQNPI.

Via Casali Otellio, 4 - Frazione Orsaria - 33040 Premariacco (UD)
T. 0432 716250 | M. info@ermacora.it
www.ermacora.it

Viticoltura: Certificazione SQNPI
Ettari: 20 | **Bottiglie:** 40.000 | **Produzione olearia:** No
Proprietà: Dario e Luciano Ermacora
Cond. enologica: Marco Chiabai
Cond. agronomica: Giovanni Bigot, Demis Ermacora
Vendita diretta: No | **Visite in azienda:** Sì

FRIULI COLLI ORIENTALI MALVASIA 2022
Bianco Doc - Malvasia istriana 100%
Alc. 14% | € 15 | Bt. 3.000 | Ferm. Acciaio | Mat. Acciaio 7 mesi
Corrusco giallo paglierino. Naso fuso che raccoglie frutta gialla: pesca, albicocca e melone, unite a malie floreali di glicine e lavanda, erbe aromatiche fresche e aghi di pino. La sinergia tra freschezza e sapidità dà tono al sorso, che si protrae con una media estensione lasciando tracce agrumate. Piovra arrostita.

FRIULI COLLI ORIENTALI FRIULANO 2022
Bianco Doc - Tocai friulano 100%
Alc. 13,5% | € 15 | Bt. 7.000 | Ferm. Acciaio | Mat. Acciaio 7 mesi
Brie de Meaux.

FRIULI COLLI ORIENTALI SAUVIGNON 2022
Bianco Doc - Sauvignon 100%
Alc. 13,5% | € 15 | Bt. 10.000 | Ferm. Acciaio | Mat. Acciaio 7 mesi
Fiori di zucca ripieni di ricotta e acciughe.

FRIULI COLLI ORIENTALI FRIULANO
2018 | 2020 | 2021

FRIULI COLLI ORIENTALI MALVASIA
2020 | 2021

Fantinel
(1969)

I vigneti acquistati nel 1969 da Mario Fantinel, con lo scopo di produrre il vino da servire ai clienti nel proprio ristorante, mezzo secolo dopo occupano ben 300 ettari e, dalle viti che vi vengono allevate, si producono tre milioni e mezzo di bottiglie. Marco e Stefano, nipoti di Mario, sono gli attuali proprietari dell'azienda che ha terreni nelle Dop Friuli, Friuli Grave e Friuli Colli Orientali. Tra i progetti intrapresi anche la partnership con Mary J. Blige, cantante Usa vincitrice del Grammy Award: insieme hanno creato la collezione di vini Sun Goddess.

Via Tesis, 8 - Frazione Tauriano - 33097 Spilimbergo (PN)
T. 0427 591511 | M. fantinel@fantinel.com
www.fantinel.com

Viticoltura: Convenzionale
Ettari: 300 | **Bottiglie:** 3.500.000 | **Produzione olearia:** No
Proprietà: Famiglia Fantinel
Cond. enologica: Alberto Zanello
Cond. agronomica: Luca Grattoni
Vendita diretta: Sì | **Visite in azienda:** Sì

RIBOLLA GIALLA CATERINA TENUTA SANT'HELENA 2022
Bianco Igt - Ribolla gialla 100%
Alc. 13% | € 15 | Bt. 20.000 | Ferm. Acciaio | Mat. Acciaio 6 mesi
Giallo tenue. Profilo piacevolmente fruttato di pera croccante con cenni di biancospino e rosmarino. Approccio al palato fresco con la forza alcolica, tenuta a bada anche dalla sapidità, che garantisce un buon equilibrio al sorso. Finale con rimandi alle erbe aromatiche. Scampi alla griglia.

COLLIO ROSSO VENKO TENUTA SANT'HELENA 2017
Rosso Doc - Merlot 50%, Cabernet franc 30%, Pinot nero 20%
Alc. 13,5% | € 18 | Bt. 7.000 | Ferm. Acciaio | Mat. Legno 30 mesi
Sella di coniglio al tartufo con timballo di patate.

CABERNET SAUVIGNON NEBLO TENUTA SANT'HELENA 2019
Rosso Igt - Cabernet sauvignon 100%
Alc. 13,5% | € 15 | Bt. 25.000 | Ferm. Acciaio | Mat. Legno 18 mesi
Braciola di cervo con salsa di ribes.

COLLIO PINOT BIANCO FRONTIERE TENUTA SANT'HELENA 2021
Bianco Doc - Pinot bianco 100%
Alc. 13% | € 18 | Bt. 7.000 | Ferm. Legno e Acciaio | Mat. Acciaio 6 mesi
Frittura di rane e verdure croccanti.

FRIULI PINOT GRIGIO RAMATO SUN GODDESS 2022
Rosato Doc - Pinot grigio 100%
Alc. 12,5% | € 17 | Bt. 200.000 | Ferm. Acciaio | Mat. Acciaio 6 mesi
Pesce spada gratinato.

FRIULI SAUVIGNON SUN GODDESS 2022
Bianco Doc - Sauvignon 100%
Alc. 12,5% | € 17 | Bt. 100.000 | Ferm. Acciaio | Mat. Acciaio 6 mesi
Vellutata di ceci con gamberi croccanti.

COLLIO PINOT BIANCO FRONTIERE TENUTA SANT'HELENA
2020

COLLIO PINOT GRIGIO TENUTA SANT'HELENA
2016 | 2017 | 2021

Livio Felluga
(1956)

Il Terre Alte continua anche quest'anno, con l'etichetta 2020, a dare lustro alla Docg Rosazzo. Un risultato cui collabora con altrettanto prestigio anche l'Abbazia. Sono due vini di straordinario valore che rappresentano un riferimento nell'enologia regionale e che valorizzano il tocai friulano, vitigno base in entrambi i blend. Efficace il controllo della forza alcolica in una stagione, la 2020, dall'andamento climatico caratterizzato da un agosto con la maggior parte delle giornate tra i 30 e i 35 °C.

Via Risorgimento, 1 - Frazione Brazzano - 34071 Cormòns (GO)
T. 0481 60203 | M. info@liviofelluga.it
www.liviofelluga.it

Viticoltura: Lotta integrata
Ettari: 187 | **Bottiglie:** 900.000 | **Produzione olearia:** No
Proprietà: Famiglia Livio Felluga
Cond. enologica: Viorel Flocea
Cond. agronomica: Daniele Cocetta
Vendita diretta: No | **Visite in azienda:** Sì

95

ROSAZZO TERRE ALTE 2020
Bianco Docg - Tocai friulano 55%, Pinot bianco 25%, Sauvignon 20%
Alc. 13,5% | € 67 | Ferm. Legno | Mat. Legno 9 mesi
Un sole splendente. Al naso: rosmarino e timo serpillo. Cedro, pesca bianca e pompelmo ad arricchire di vividezza una finezza implicita. Lungo e materico, con una progressione sapida che sfocia in una risacca mentolata. Tortelli di branzino con salsa d'astice.

92,5

FRIULI COLLI ORIENTALI BIANCO ILLIVIO 2020
Bianco Doc - Pinot bianco 45%, Chardonnay 35%, Picolit 20%
Alc. 13,5% | € 32 | Ferm. Legno | Mat. Legno 9 mesi
Paglierino con riflessi oro. Infuso di verbena, erbe secche, resine e pietra focaia su sottofondo di agrumi. La bocca, di personalità, regala morbidezza e calore bilanciate da freschezza e sapidità minerale. Crema di patate e asparagi con cappesante scottate.

91,5

ROSAZZO ABBAZIA DI ROSAZZO 2019
Bianco Docg - Tocai friulano 50%, Pinot bianco 20%, Sauvignon 20%, Malvasia istriana 5%, Ribolla gialla 5%
Alc. 13,5% | € 53 | Ferm. Legno | Mat. Legno 9 mesi
Giallo cangiante. Raffinato cocktail di agrumi (bergamotto e limone), fiori bianchi (acacia), note di muschio e felce. Ingresso compatto: la sapidità traina il sorso ben bilanciato dall'alcol. Lungo e saporito con leggera presa tannica. Risotto ai frutti di mare.

FRIULI COLLI ORIENTALI FRIULANO 2022
Bianco Doc - Tocai friulano 100%
Alc. 13,5% | € 23 | Ferm. Acciaio | Mat. Acciaio 9 mesi
Casatella trevigiana.

FRIULI COLLI ORIENTALI RIBOLLA GIALLA 2022
Bianco Doc - Ribolla gialla 100%
Alc. 12,5% | € 23 | Ferm. Acciaio | Mat. Acciaio 9 mesi
Verdure in tempura.

FRIULI COLLI ORIENTALI PINOT GRIGIO 2022
Bianco Doc - Pinot grigio 100%
Alc. 13,5% | € 23 | Ferm. Acciaio | Mat. Acciaio 9 mesi
Risotto al radicchio tardivo.

ROSAZZO TERRE ALTE
2017 | 2018 | 2019

COLLI ORIENTALI DEL FRIULI PICOLIT
2013 | 2015 | 2017

Marco Felluga
(1956)

Arrivata alla sesta generazione, l'azienda, fondata sulle Colline del Collio da Marco Felluga nel 1956, è ora gestita dalla nipote Ilaria, che ha dovuto accettare – nell'autunno 2021 – la prematura scomparsa del padre Roberto e prenderne il posto al timone della cantina. Quest'anno è il vino da uve tocai Amani a fare da guida alla produzione aziendale, mostrando tutte le sue qualità organolettiche. L'annata 2022 non è stata semplice da gestire in conseguenza della siccità estiva e con temperature superiori alla media già dalla primavera.

Via Gorizia, 121 - 34072 Gradisca d'Isonzo (GO)
T. 0481 99164 - 0481 92237 | M. info@marcofelluga.it
www.marcofelluga.it

Viticoltura: Lotta integrata
Ettari: 100 | **Bottiglie:** 600.000 | **Produzione olearia:** No
Proprietà: Ilaria Felluga
Cond. enologica: Alessandro Sandrin, Ilaria Felluga
Cond. agronomica: Staff aziendale
Vendita diretta: Sì | **Visite in azienda:** Sì

COLLIO FRIULANO AMANI 2022
Bianco Doc - Tocai friulano 100%
Alc. 13% | € 17 | Bt. 25.000 | Ferm. Acciaio | Mat. Acciaio 6 mesi
Paglierino lieve con bordo verdognolo. Ouverture di mela croccante, spicchi di agrumi, timo e salvia, e fioriture di gelsomino. Al sorso si esprime con piacevolissima armonia retta da una struttura fresco-sapida che garantisce un esemplare allungo alternando agrumi a una sofisticata mineralità. Risotto con mazzancolle al profumo d'arancia.

COLLIO RIBOLLA GIALLA MARALBA 2022
Bianco Doc - Ribolla gialla 100%
Alc. 13% | € 17 | Bt. 70.000 | Ferm. Acciaio | Mat. Acciaio 6 mesi
Mortadella Bologna.

COLLIO CHARDONNAY 2022
Bianco Doc - Chardonnay 100%
Alc. 13% | € 15 | Bt. 50.000 | Ferm. Acciaio | Mat. Acciaio 6 mesi
Involtini di melanzana con scamorza.

COLLIO PINOT GRIGIO MONGRIS 2022
Bianco Doc - Pinot grigio 100%
Alc. 13% | € 15 | Bt. 225.000 | Ferm. Acciaio | Mat. Acciaio 6 mesi
Zuppa di legumi e cereali.

COLLIO PINOT GRIGIO MONGRIS RISERVA
2013 | 2015

COLLIO FRIULANO AMANI
2020

Ferlat
(1950)

In un'azienda prevalentemente bianchista, a spiccare quest'anno è un rosso, il Cabernet Franc 2020, che fermenta in cemento e matura in tonneaux e barrique. Si tratta, comunque, di uno dei punti fermi della cantina gestita con personalità a Cormons da Federica Tabacchi e Moreno Ferlat. Una realtà particolarmente attenta all'ambiente: solo rame e zolfo per controllare le malattie della vite, fertilizzanti di origine organica e animale e regolazione del manto erboso senza l'uso della chimica. Addio ai lieviti selezionati e macerazioni anche per le uve bianche.

Via Savaian, 1 - 34071 Cormòns (GO)
T. 339 1105324 | M. info@ferlatvini.it
www.ferlatvini.it

Viticoltura: Biologica
Ettari: 7 | **Bottiglie:** 45.000 | **Produzione olearia:** No
Proprietà: Federica Tabacchi e Moreno Ferlat
Cond. enologica: Moreno Ferlat
Cond. agronomica: Moreno Ferlat
Vendita diretta: Sì | **Visite in azienda:** Sì

CABERNET FRANC 2020
Rosso Igt - Cabernet franc 100%
Alc. 13% | € 17 | Bt. 3.000 | Ferm. Cemento | Mat. Legno 15 mesi
Rubino intenso. Il naso si mostra floreale, per poi regalare spire di frutta rossa, spezie dolci e riconoscimenti balsamico-mentolati. Agile, trascinato da un tannino maturo controllato dall'alcol, che rende la beva equilibrata anche grazie alla freschezza balsamica. Reale di vitello alla senape antica.

COLLIO BIANCO 2021
Bianco Doc - Pinot bianco 85%, Tocai friulano 15%
Alc. 14% | € 25 | Bt. 1.400 | Ferm. Acciaio | Mat. Acciaio 10 mesi
Crema di zucca con gamberi croccanti.

MALVASIA GRAME 2021
Bianco Igt - Malvasia istriana 100%
Alc. 13% | € 19 | Bt. 1.700 | Ferm. Cemento | Mat. Legno 12 mesi
Coniglio all'ischitana.

BIANCO NO LAND VINEYARD 2020
Bianco Igt - Tocai friulano 50%, Ribolla gialla 40%, Chardonnay 10%
Alc. 12% | € 18 | Bt. 3.000 | Ferm. Cemento | Mat. Legno 12 mesi
San Pietro alla siciliana con dadolata di patate.

FRIULI ISONZO FRIULANO 2021
Bianco Doc - Tocai friulano 100%
Alc. 13,5% | € 16 | Bt. 7.000 | Ferm. Cemento | Mat. Cemento 12 mesi
Insalata di polpo, patate e olive.

RIBOLLA GIALLA 2022
Bianco Igt - Ribolla gialla 100%
Alc. 11,5% | € 16 | Bt. 6.500 | Mat. Acciaio 6 mesi
Canestrato pugliese.

BIANCO NO LAND VINEYARD
2019

MALVASIA GRAME
2017 | 2018 | 2020

Ferruccio Sgubin
(1960)

Una sosta a Mernico, località che ospita l'azienda Sgubin, vi farà innamorare non solo del luogo, ma soprattutto dell'aria che si respira: quest'aria, nei vini, si tramuta in freschezza di beva e pienezza di gusto. Dagli anni Sessanta l'azienda si è sempre distinta per la qualità, frutto dell'impegno, delle innovazioni in cantina e dei metodi di mantenimento. Sgubin è sinonimo di equilibrio, rispetto e armonia con il paesaggio circostante, dove la natura è sempre al centro. Rispetto che ritroviamo nel nuovo impianto di riscaldamento alimentato dagli scarti di lavorazione.

Località Mernico, 2 - 34070 Dolegna del Collio (GO)
T. 0481 60452 | M. info@ferrucciosgubin.it
www.ferrucciosgubin.it

Viticoltura: In conversione al biologico
Ettari: 18 | **Bottiglie:** 100.000 | **Produzione olearia:** No
Proprietà: Famiglia Sgubin
Cond. enologica: Gianni Menotti
Cond. agronomica: Giovanni Bigot
Vendita diretta: Sì | **Visite in azienda:** Sì

COLLIO SAUVIGNON PETRUSS 2022
Bianco Doc - Sauvignon 100%
Alc. 14,5% | € 26 | Bt. 1.300 | Ferm. Acciaio | Mat. Acciaio 8 mesi e Legno 8 mesi
Vivace color paglierino. Sprigiona le delicate e tipiche fragranze del varietale, erbe aromatiche, sambuco, pesca bianca, impreziositi da agrumi, pompelmo e mandarino, zenzero e macchia mediterranea. Acidità ben cesellata, sapidità marina e carattere solare. Finale allegro e invitante. Asparagi verdi con uovo croccante e fonduta di Taleggio.

COLLIO BIANCO MIRNIK 2021
Bianco Doc - Tocai friulano 34%, Pinot bianco 33%, Sauvignon 33%
Alc. 14,5% | € 30 | Bt. 1.300 | Ferm. Acciaio | Mat. Acciaio 8 mesi e Legno 8 mesi
Farinata di ceci.

COLLIO ROSSO MIRNIK 2019
Rosso Doc - Cabernet sauvignon 50%, Merlot 50%
Alc. 14,5% | € 30 | Bt. 1.350 | Ferm. Acciaio | Mat. Legno 24 mesi
Pollo fritto.

COLLIO FRIULANO PETRUSS 2022
Bianco Doc - Tocai friulano 100%
Alc. 14% | € 26 | Bt. 1.300 | Ferm. Acciaio | Mat. Acciaio 8 mesi e Legno 8 mesi
Risotto con gamberi di fiume e piselli.

COLLIO PINOT BIANCO 2022
Bianco Doc - Pinot bianco 100%
Alc. 14% | € 22 | Bt. 1.500 | Ferm. Acciaio | Mat. Acciaio 8 mesi e Legno 8 mesi
Triglie in guazzetto.

COLLIO PINOT GRIGIO 2022
Bianco Doc - Pinot grigio 100%
Alc. 14% | € 20 | Bt. 4.000 | Ferm. Acciaio | Mat. Acciaio 8 mesi
Zuppa di farro e borlotti.

COLLIO PINOT BIANCO
2021

COLLIO FRIULANO PETRUSS
2021

Fiegl
(1782)

Dall'Impero Austroungarico all'Italia, in 250 anni a Oslavia è cambiato tutto tranne l'arte di fare il vino, che quest'azienda di famiglia porta avanti con tenacia e passione. Anche quest'anno è arrivato il massimo riconoscimento, le Quattro Viti, assegnate a uno dei prodotti più noti dell'azienda, il Collio Bianco Cuvée Leopold, composto da ribolla gialla (35%), friulano (35%) e malvasia (30%), e frutto di una vendemmia tardiva che esalta la qualità delle uve. Di altissimo livello anche il taglio bordolese Leopold Rosso.

Località Lenzuolo Bianco, 1 - Frazione Oslavia - 34170 Gorizia (GO)
T. 0481 547103 | M. info@fieglvini.com
www.fieglvini.com

Viticoltura: Lotta integrata
Ettari: 30 | **Bottiglie:** 250.000 | **Produzione olearia:** No
Proprietà: Rinaldo, Giuseppe, Alessio Figelj con Martin, Robert e Matej Figelj
Cond. enologica: Robert Figelj
Cond. agronomica: Matej Figelj
Vendita diretta: Sì | **Visite in azienda:** Sì

(91)
COLLIO BIANCO CUVÉE LEOPOLD 2021
Bianco Doc - Ribolla gialla 35%, Tocai friulano 35%, Malvasia 30%
Alc. 13% | € 23 | Bt. 2.000 | Ferm. Acciaio | Mat. Legno 9 mesi
Media fittezza per il vivido giallo citrino. L'ingresso olfattivo è di fiori di campo, poi si avvertono sentori agrumati e sambuco. All'esame gusto-olfattivo lascia la bocca fresca e saporita e si mostra raffinato anche al palato con un bell'allungo ricco di persistenti aromi balsamici e mentolati. Ricciola al forno con capperi e pomodori ciliegino.

COLLIO ROSSO CUVÉE LEOPOLD 2017
Rosso Doc - Merlot 95%, Cabernet sauvignon 5%
Alc. 13% | € 35 | Bt. 2.000 | Ferm. Legno | Mat. Legno 72 mesi
Allodole tartufate in casseruola.

COLLIO FRIULANO 2022
Bianco Doc - Tocai friulano 100%
Alc. 13% | € 20 | Bt. 8.000 | Ferm. Acciaio | Mat. Acciaio 6 mesi
Bigoli con le sarde di lago.

COLLIO MERLOT LEOPOLD 2017
Rosso Doc - Merlot 100%
Alc. 13,5% | € 35 | Bt. 8.000 | Ferm. Acciaio | Mat. Legno 60 mesi
Medaglioni di cervo con riduzione di cottura.

COLLIO PINOT GRIGIO 2022
Bianco Doc - Pinot grigio 100%
Alc. 13% | € 20 | Bt. 40.000 | Ferm. Acciaio | Mat. Acciaio 6 mesi
Sformato di patate e prosciutto cotto.

COLLIO SAUVIGNON 2022
Bianco Doc - Sauvignon 100%
Alc. 13% | € 20 | Bt. 40.000 | Ferm. Acciaio | Mat. Acciaio 6 mesi
Petto di pollo agli asparagi.

COLLIO BIANCO CUVÉE LEOPOLD
2019

COLLIO SAUVIGNON
2021

Flaibani
(2000)

Meno di tre ettari da gestire in regime biologico e biodinamico. Bruna Passetti Flaibani porta su di sé la responsabilità di un'azienda che è un progetto di vita. Si sono recuperati vecchi filari, c'è attenzione alla salute delle viti, si limitano al massimo gli interventi in campo e anche in cantina. La filosofia di Bruna si può riassumere con il desiderio di "vivere seguendo ritmi biologici, in cui l'umanità e la vite si intrecciano. La volontà di realizzare un sogno, che parte dalla conservazione e dalla rigenerazione dell'ambiente".

Via Casali Costa, 7 - Località Fornalis - 33043 Cividale del Friuli (UD)
T. 329 4732172 | M. info@flaibani.it
www.flaibani.it

Viticoltura: Biologica e biodinamica
Ettari: 2,7 | **Bottiglie:** 10.000 | **Produzione olearia:** No
Proprietà: Famiglia Flaibani
Cond. enologica: Bruna Flaibani
Cond. agronomica: Staff aziendale
Vendita diretta: Sì | **Visite in azienda:** Sì

FRIULI COLLI ORIENTALI FRIULANO RIVIERE 2021
Bianco Doc - Tocai friulano 100%
Alc. 14,5% | € 20 | Bt. 1.182 | Ferm. Acciaio | Mat. Acciaio 10 mesi e Legno 9 mesi
Quasi oro. Al naso la nota di frutta matura (pesca gialla, albicocca e agrumi) si fonde con agio a guizzi floreali di acacia e magnolia e a un delicato ricordo di favo di miele. Caldo e bilanciato il corpo, con sapidità e parte glicerica che si alternano. Persistente sapidità agrumata. Risotto con mazzancolle al profumo d'arancia.

FRIULI COLLI ORIENTALI SCHIOPPETTINO 2020
Rosso Doc - Schioppettino 100%
Alc. 12,5% | € 30 | Bt. 788 | Ferm. Legno e Acciaio | Mat. Legno 11 mesi
Tordi in salmì.

FRIULI COLLI ORIENTALI PINOT GRIGIO RAMATO 2022
Bianco Doc - Pinot grigio 100%
Alc. 13% | € 21 | Ferm. Acciaio | Mat. Acciaio 9 mesi
Linguine al sugo di totani e piselli.

FRIULI COLLI ORIENTALI SCHIOPPETTINO
2017 | 2018 | 2019

FRIULI COLLI ORIENTALI FRIULANO RIVIERE
2017 | 2019

Formentini
(1520)

Esordio in Guida per l'azienda Formentini. Fondata nel 1520, da alcuni anni proprietà del Gruppo Italiano Vini, conta 58 ettari vitati in 9 località tra le colline del Collio. In cantina c'è il giovane Pietro Bertè, con valide esperienze maturate in Italia e all'estero. Ogni vino degustato riflette l'anima di questa parte nord orientale della Doc, dove le escursioni termiche di San Floriano favoriscono lo sviluppo dei precursori aromatici anche nel Pinot Grigio, vino dalla beva fresca e scorrevole che non esclude una persuasiva complessità e una suadente struttura.

Via Oslavia, 5 - 34070 San Floriano del Collio (GO)
T. 0481 884131 | M. giv@giv.it
www.giv.it

Viticoltura: Lotta integrata
Ettari: 58 | **Bottiglie:** 170.000 | **Produzione olearia:** No
Proprietà: Gruppo Italiano Vini
Cond. enologica: Pietro Bertè
Cond. agronomica: Staff aziendale
Vendita diretta: Sì | **Visite in azienda:** Sì

COLLIO PINOT GRIGIO 2022
Bianco Doc - Pinot grigio 100%
Alc. 13% | € 15 | Bt. 45.000 | Ferm. Acciaio | Mat. Acciaio 6 mesi
Aspetto smagliante, giallo paglierino. Debutto di agrumi e frutta, cedro, mela Golden e pesca bianca, impreziosito da fioriture estive, erbe aromatiche e appunti salmastri. Soffice e bilanciata la beva, spalleggiata da freschezza e sapidità. Epilogo lungo e agrumato. Vellutata di asparagi.

COLLIO CHARDONNAY 2022
Bianco Doc - Chardonnay 100%
Alc. 13,5% | € 15 | Bt. 18.000 | Ferm. Legno | Mat. Legno 6 mesi
Polpettine di alici con crema di piselli.

COLLIO FRIULANO 2022
Bianco Doc - Tocai friulano 100%
Alc. 13,5% | € 15 | Bt. 10.000 | Ferm. Legno e Acciaio | Mat. Legno 6 mesi
Insalata di mare.

COLLIO RIBOLLA GIALLA 2022
Bianco Doc - Ribolla gialla 100%
Alc. 12,5% | € 16 | Bt. 65.000 | Ferm. Acciaio | Mat. Acciaio 6 mesi
Polpo alla Luciana.

COLLIO SAUVIGNON 2022
Bianco Doc - Sauvignon 100%
Alc. 13% | € 15 | Bt. 24.000 | Ferm. Acciaio | Mat. Acciaio 6 mesi
Scampi alla busara.

Francesco Rotolo
(2017)

È trascorso un anno dall'entrata in Guida di questa giovane azienda, ma il suo intraprendente proprietario, Francesco Rotolo, ha già ottenuto numerosi riconoscimenti nazionali e internazionali a riprova dell'elevata qualità dei suoi prodotti. Ispirandosi ai maestri della scuola friulana che hanno fatto conoscere e apprezzare questo territorio al di fuori dei propri confini, Francesco sta proseguendo con caparbietà e passione la sua missione: ottenere vini ricchi di personalità, freschezza e a basso tenore alcolico.

Via Patriarcato, 5 - 33043 Cividale del Friuli (UD)
T. 327 0964990 | M. info@francescorotolovini.com
www.francescorotolovini.com

Viticoltura: Lotta integrata
Ettari: 9 | **Bottiglie:** 95.000 | **Produzione olearia:** No
Proprietà: Francesco Rotolo
Cond. enologica: Francesco Rotolo
Cond. agronomica: Francesco Rotolo
Vendita diretta: Sì | **Visite in azienda:** Sì

FRIULI VENEZIA GIULIA FRIULANO CONFINIS 2022
Bianco Doc - Tocai friulano 100%
Alc. 12,5% | € 15 | Bt. 19.000 | Ferm. Acciaio | Mat. Acciaio 7 mesi
Giallo Napoli, fitto e vibrante. Ventaglio di classe con fioriture primaverili seguite da suggestioni agrumate, pesca a polpa bianca, pera croccante e sbuffi di erbe aromatiche. L'ingresso è fresco e sapido, ben equilibrato con la parte glicerica. Chiude lentamente con agrume rinfrescante. Risotto alla zucca e astice.

FRIULI COLLI ORIENTALI MALVASIA CONFINIS 2022
Bianco Doc - Malvasia istriana 100%
Alc. 12,5% | € 15 | Bt. 6.000 | Ferm. Acciaio | Mat. Acciaio 7 mesi
Spiedo di seppioline ai ferri.

FRIULI VENEZIA GIULIA SAUVIGNON CONFINIS 2022
Bianco Doc - Sauvignon 100%
Alc. 12,5% | € 15 | Bt. 24.000 | Ferm. Acciaio | Mat. Acciaio 7 mesi
Involtini di melanzana con scamorza.

FRIULI COLLI ORIENTALI PINOT GRIGIO CONFINIS 2022
Bianco Doc - Pinot grigio 100%
Alc. 12,5% | € 15 | Bt. 15.000 | Ferm. Acciaio | Mat. Acciaio 7 mesi
Tagliolini al nero di seppia e pomodori ciliegino.

FRIULI COLLI ORIENTALI RIBOLLA GIALLA CONFINIS 2022
Bianco Doc - Ribolla gialla 100%
Alc. 12,5% | € 15 | Bt. 35.000 | Ferm. Acciaio | Mat. Acciaio 7 mesi
Pinsa romana con acciughe e capperi.

FRIULI VENEZIA GIULIA FRIULANO CONFINIS
2021

RIBOLLA GIALLA CONFINIS
2021

Fruscalzo Bruno

(1950)

Primo ingresso in Guida per l'azienda che la famiglia Fruscalzo gestisce a Cavezzo di Dolegna del Collio. La cantina, affidata alle cure di Graziano, propone una lunga serie di referenze: nove bianchi, cinque rossi e anche uno spumante. In degustazione sono state presentate tre varietà autoctone che si possono considerare come il biglietto da visita di chi produce vino sul Collio. I vini sono stati giudicati positivamente per personalità e corrispondenza territoriale con Friulano e Malvasia dell'annata 2021 in leggero vantaggio sulla Ribolla 2022.

Via Cavezzo, 6 - 34070 Dolegna del Collio (GO)
| M. info@fruscalzovini.it
www.fruscalzo.it

Viticoltura: Lotta integrata
Ettari: 18 | **Bottiglie:** 55.000 | **Produzione olearia:** No
Proprietà: Famiglia Fruscalzo
Cond. enologica: Graziano Fruscalzo
Cond. agronomica: Adriano Fruscalzo
Vendita diretta: Sì | **Visite in azienda:** No

COLLIO FRIULANO 2021
Bianco Doc - Tocai friulano 100%
Alc. 13,5% | € 15 | Bt. 8.000 | Ferm. Acciaio | Mat. Acciaio 9 mesi
Paglierino luminoso. Al naso domina la venatura floreale di gelsomino e mughetto cui si aggiungono erbe aromatiche e frutta matura: mela, pera e tonalità agrumate. L'assaggio è armonioso con una scia fresco-sapida che trascina il sorso in un finale di buona estensione con ritorni di limone. Tajarin al tartufo bianco d'Alba.

RIBOLLA GIALLA 2022
Bianco Igt - Ribolla gialla 100%
Alc. 12,5% | € 15 | Bt. 12.000 | Ferm. Acciaio | Mat. Acciaio 9 mesi
Risotto con tinca di lago e datterini.

MALVASIA 2021
Bianco Igt - Malvasia 100%
Alc. 13% | € 16 | Bt. 2.000 | Ferm. Acciaio | Mat. Acciaio 9 mesi
Impepata di cozze.

Galliussi Ivo

(2015)

L'azienda sviluppa i suoi 8 ettari a vigneto sulle colline di Spessa di Cividale. Il progetto di Ivo Galliussi è iniziato nel 2017 con l'inizio dei lavori, l'anno dopo sono stati messi a dimora i primi 5 ettari e nel 2019 la rimanente superficie. Come accade quasi sempre a chi si avvicina alla viticoltura pieno di amore e meno sensibile alle richieste del mercato, la scelta di cloni e portainnesti è arrivata dopo un attento studio delle caratteristiche dei terreni: merlot per il rosso; pinot bianco, malvasia e sauvignon per i bianchi fermi.

Via Cormons, 203 - Località Spessa - 33043 Cividale del Friuli (UD)
T. 389 0510268 | M. hello@galliussi.com
www.galliussi.com

Viticoltura: Biologica
Ettari: 8 | **Bottiglie:** 12.500 | **Produzione olearia:** No
Proprietà: Ivo Galliussi
Cond. enologica: Gianni Menotti
Cond. agronomica: Marco Pinat
Vendita diretta: Sì | **Visite in azienda:** Sì

FRIULI COLLI ORIENTALI SAUVIGNON PORTIS 2021
Bianco Doc - Sauvignon 100%
Alc. 14% | € 15 | Bt. 3.680 | Ferm. Acciaio
Ha la tonalità del grano che imbiondisce. Lievi tracce vegetali riconducono l'olfatto alle caratteristiche varietali: sottofondo di frutta matura anche tropicale ed erbe aromatiche. Il sorso ha personalità e si racconta con uno sviluppo fresco-sapido controllato da appagante morbidezza. Congedo con erbe officinali. Risotto agli scampi.

FRIULI COLLI ORIENTALI REFOSCO DAL PEDUNCOLO ROSSO RISERVA SPITZ 2019
Rosso Doc - Refosco dal peduncolo rosso 100%
Alc. 14% | € 21 | Bt. 560 | Ferm. Acciaio | Mat. Legno 24 mesi
Agnello al forno con rosmarino.

FRIULI COLLI ORIENTALI MERLOT RISERVA ARIMANNI 2019
Rosso Doc - Merlot 100%
Alc. 15,5% | € 28 | Bt. 1.133 | Ferm. Acciaio | Mat. Legno 24 mesi
Stracotto d'asino.

FRIULI COLLI ORIENTALI PINOT BIANCO IL CHIARO 2021
Bianco Doc - Pinot bianco 100%
Alc. 14% | € 15 | Bt. 2.980 | Ferm. Acciaio
Lumache in umido alle erbette.

FRIULI COLLI ORIENTALI SAUVIGNON PORTIS
2020

FRIULI COLLI ORIENTALI MERLOT RISERVA ARIMANNI
2018

Genio
(2015)

Sulle sue etichette Giovanni Genio scrive "vini fatti a mano" perché sono prodotti che nascono da pendenze eroiche, che in qualche caso superano il 30 per cento. Si tratta di superfici a vigneto che non hanno mai dovuto sopportare il peso della ruota di un trattore. Terreni vergini, non compattati, con inerbimenti naturali e sovescio. A questi terreni, Giovanni – enologo con significative esperienze lavorative in importanti aziende – dedica il proprio tempo libero. Si tratta di 1 ettaro e mezzo a Savorgnano del Torre, zona a nord dei Colli Orientali del Friuli.

Via dei Monti, 10 - Località Savorgnano del Torre - 33040 Povoletto (UD)
T. 340 7845021 | M. giovanni.genio@gmail.com

Viticoltura: Convenzionale e lotta integrata
Ettari: 1,5 | **Bottiglie:** 5.500 | **Produzione olearia:** No
Proprietà: Giovanni Genio
Cond. enologica: Giovanni Genio
Cond. agronomica: Giovanni Genio
Vendita diretta: Sì | **Visite in azienda:** Sì

FRIULI COLLI ORIENTALI FRIULANO GIOIRE 2021
Bianco Doc - Tocai friulano 100%
Alc. 13,5% | € 27 | Bt. 1.300 | Ferm. Legno e Acciaio | Mat. Acciaio 10 mesi e Legno 10 mesi
Raffinate erbe aromatiche fresche raggiungono il naso prima di lasciare spazio a frutta bianca e ricordi di tostatura, sensazioni balsamiche e di resine. Il palato è caldo, ben regolato dall'acidità che lo rende lungo e appagante con rintocchi fruttati. Gamberoni al curry.

FRIULI COLLI ORIENTALI BIANCO SOGNARE
Bianco Passito - Verduzzo friulano 100%
Alc. 13,5% | € 50 (0,5l) | Bt. 500 | Ferm. Legno | Mat. Acciaio 2 mesi e Legno 16 mesi
Roquefort.

FRIULI COLLI ORIENTALI REFOSCO PEDUNCOLO ROSSO CREDERE 2020
Rosso - Refosco di Faedis 100%
Alc. 13,5% | € 30 | Bt. 1.100 | Ferm. Acciaio | Mat. Acciaio 2 mesi e Legno 18 mesi
Sella di coniglio al tartufo con timballo di patate.

CREDERE
2017 | 2018 | 2019

SOGNARE
2019

Gigante
(1957)

La prima bottiglia è stata prodotta nel 1999, ma le viti dalle quali arriva il Friulano Vigneto Storico vivono pacificamente sulla Rocca Bernarda da ben prima del 1957, quando il padre di Adriano Gigante acquistò il podere. Da allora non hanno mai conosciuto l'intromissione di nessuno scasso del terreno, solo sfalci dell'erba, nessuna concimazione di sintesi e saltuariamente hanno accolto qualche rimpiazzo. Viene da lì il vino che Adriano custodisce gelosamente e che anche con la vendemmia 2021 ha saputo raccontare il terroir dei Colli Orientali del Friuli.

Via Rocca Bernarda, 3 - 33040 Corno di Rosazzo (UD)
T. 0432 755835 | M. info@adrianogigante.it
www.adrianogigante.it

Viticoltura: In conversione al biologico
Ettari: 27 | **Bottiglie:** 100.000 | **Produzione olearia:** No
Proprietà: Adriano e Giuliana Gigante
Cond. enologica: Ariedo Gigante
Cond. agronomica: Ariedo Gigante
Vendita diretta: Sì | **Visite in azienda:** Sì

FRIULI COLLI ORIENTALI FRIULANO VIGNETO STORICO 2021
Bianco Doc - Tocai friulano 100%
Alc. 15% | € 15 | Bt. 6.000 | Ferm. Acciaio
Sfuma verso l'oro antico. Spettro aromatico elegante con fienagione d'alpeggio e accenti di macchia mediterranea che anticipano macedonia di frutta e frutta secca. Al palato si conferma morbido con un'importante traccia alcolica gestita ottimamente da una freschezza sapida che sa di frutta. Riso, cozze e zafferano.

FRIULI COLLI ORIENTALI SAUVIGNON 2022
Bianco Doc - Sauvignon 100%
Alc. 13,5% | € 15 | Bt. 6.000 | Ferm. Acciaio
Asparagi verdi allo zabaione salato.

FRIULI COLLI ORIENTALI BIANCO SARTORIALE 2021
Bianco Doc - Tocai friulano 60%, Malvasia istriana 30%, Ribolla gialla 10%
Alc. 14% | € 27 | Bt. 2.000 | Ferm. Acciaio | Mat. Cemento 8 mesi
Totani ripieni con salsa mediterranea.

FRIULI COLLI ORIENTALI CHARDONNAY RISERVA 2020
Bianco Doc - Chardonnay 100%
Alc. 14% | € 27 | Bt. 2.000 | Ferm. Legno e Acciaio
Tonnarelli cacio e pepe.

FRIULI COLLI ORIENTALI PINOT GRIGIO RAMATO 2022
Rosato Doc - Pinot grigio 100%
Alc. 13,5% | € 15 | Bt. 8.000 | Ferm. Acciaio
Garganelli con julienne di calamari e ortiche.

RIBOLLA GIALLA BRUT
Bianco Metodo Martinotti - Ribolla gialla 100%
Alc. 12% | € 12 | Bt. 8.000 | Ferm. Acciaio | Mat. Legno 6 mesi
Verdure in tempura.

FRIULI COLLI ORIENTALI FRIULANO VIGNETO STORICO
2018 | 2019 | 2020

FRIULI BIANCO STORICO & FRIENDS
2018

Gori Agricola
(2009)

Exploit da Tre Viti e Mezzo per l'azienda di proprietà di un imprenditore innamorato della sua terra natale, che ha puntato fin da subito sul biologico e sull'attenta valorizzazione dei vitigni tradizionalmente coltivati in questo lembo settentrionale dei Colli Orientali. Quest'anno a meritare un punteggio d'eccezione è un Sauvignon, il Busse Ben, che raccoglie il testimone dello Chardonnay dell'anno precedente e si caratterizza per fermentazione e maturazione in acciaio. Un riconoscimento all'esperienza che Alberto Faggiani ha portato in cantina.

Via G.B. Gori, 14 - 33045 Nimis (UD)
T. 0432 878475 | M. gori@goriagricola.it
www.goriagricola.it

Viticoltura: Biologica certificata
Ettari: 15 | **Bottiglie:** 50.000 | **Produzione olearia:** No
Proprietà: Giampiero Gori
Cond. enologica: Alberto Faggiani
Cond. agronomica: Alberto Faggiani
Vendita diretta: Sì | **Visite in azienda:** Sì

FRIULI COLLI ORIENTALI SAUVIGNON BUSSE BEN 2022
Bianco Doc - Sauvignon 100%
Alc. 13% | € 14 | Bt. 2.000 | Ferm. Acciaio
Lucente e invitante giallo tenue. Ingresso agrumato ben definito, con cenni di frutta tropicale a cui seguono incastri vegetali. Gusto caldo che si allunga su un equilibrio fresco-sapido con la parte glicerica, convalida le note olfattive e chiude su un letto di agrumi. Pollo al curry.

FRIULI COLLI ORIENTALI PINOT NERO NEMAS I° RONC DAL GJAL 2018
Rosso Doc - Pinot nero 100%
Alc. 13% | € 20 | Bt. 4.000 | Ferm. Legno e Acciaio
Costolette d'agnello alle erbe.

FRIULI COLLI ORIENTALI REFOSCO DAL PEDUNCOLO ROSSO PRINCIPE DI NIMIS RONC GJAL 2015
Rosso Doc - Refosco dal peduncolo rosso 100%
Alc. 13% | € 20 | Bt. 1.500 | Ferm. Acciaio
Stracotto d'asino.

FRIULI COLLI ORIENTALI SCHIOPPETTINO TITA G 2018
Rosso Doc - Schioppettino 100%
Alc. 12,5% | € 18 | Bt. 2.000 | Ferm. Legno | Mat. Legno 18 mesi
Pasta, patate e provola.

FRIULI COLLI ORIENTALI CHARDONNAY GIÙ GIÙ 2022
Bianco Doc - Chardonnay 100%
Alc. 13,5% | € 17 | Bt. 3.000 | Ferm. Legno
Linguine al sugo di totani e piselli.

FRIULI COLLI ORIENTALI FRIULANO BON BLANC 2022
Bianco Doc - Tocai friulano 100%
Alc. 13% | € 14 | Bt. 3.000 | Ferm. Acciaio
Seppie in umido con piselli.

FRIULI COLLI ORIENTALI REFOSCO DAL PEDUNCOLO ROSSO RE DEL BOSCO
2015 | 2018

FRIULI COLLI ORIENTALI CHARDONNAY GIÙ GIÙ
2021

Gradis'ciutta
(1997)

Sono trascorsi 26 anni da quando Robert Princic, completati gli studi in Enologia e Viticoltura, ha dato vita a questa splendida realtà nel cuore del Collio, ribadendo in questo modo l'amore e la passione della sua famiglia per il territorio. Fin dal 2008 l'azienda di Giasbana si è avvicinata al mondo della viticoltura biologica al fine di ottenere una migliore conservazione dell'ambiente e, allo stesso tempo, per esaltare maggiormente le qualità dei vitigni autoctoni e internazionali coltivati su queste bellissime colline.

Località Giasbana, 32/A - 34070 San Floriano del Collio (GO)
T. 0481 390237 | M. info@gradisciutta.com
www.gradisciutta.com

Viticoltura: Biologica certificata
Ettari: 40 | **Bottiglie:** 180.000 | **Produzione olearia:** Sì
Proprietà: Robert Princic
Cond. enologica: Robert Princic
Cond. agronomica: Robert Princic
Vendita diretta: Sì | **Visite in azienda:** Sì

COLLIO BIANCO RISERVA 2018
Bianco Doc - Tocai friulano 70%, Malvasia istriana 20%, Ribolla gialla 10%
Alc. 13,5% | € 28 | Bt. 4.000 | Ferm. Acciaio | Mat. Acciaio 18 mesi
Cromia giallo crema. Gli aromi di fiori gialli sono avvolti da sbuffi di miele di acacia, tiglio, mango, crema pasticcera, limone e zenzero candito. Ingresso in bocca cremoso e avvolgente alleggerito da rimbalzi di agrumi. Persistente con un'elegante e intensa corrispondenza naso-bocca. Risotto alla pescatora.

COLLIO MALVASIA 2022
Bianco Doc - Malvasia istriana 100%
Alc. 13% | € 17 | Bt. 6.000 | Ferm. Acciaio | Mat. Acciaio 8 mesi
Alette di pollo piccanti.

COLLIO SAUVIGNON 2022
Bianco Doc - Sauvignon 100%
Alc. 13,5% | € 17 | Bt. 21.000 | Ferm. Acciaio | Mat. Acciaio 8 mesi
Insalata greca.

COLLIO FRIULANO 2022
Bianco Doc - Tocai friulano 100%
Alc. 13% | € 17 | Bt. 24.000 | Ferm. Acciaio | Mat. Acciaio 8 mesi
Tonnarelli cacio e pepe.

COLLIO PINOT GRIGIO 2022
Bianco Doc - Pinot grigio 100%
Alc. 13% | € 17 | Bt. 50.000 | Ferm. Acciaio | Mat. Acciaio 8 mesi
Lumache in umido alle erbette.

COLLIO RIBOLLA GIALLA 2022
Bianco Doc - Ribolla gialla 100%
Alc. 12,5% | € 17 | Bt. 50.000 | Ferm. Acciaio | Mat. Acciaio 8 mesi
Erbazzone.

COLLIO BIANCO RISERVA
2009 | 2017

COLLIO FRIULANO
2016 | 2020

Humar
(1900)

Continua l'avventura enologica della famiglia Humar, vignaioli in San Floriano del Collio sin dal 1900. L'esperienza di Dario e l'entusiasmo di Nataša danno i loro frutti, supportati dalla ponca e dal microclima unico, tra le Alpi Giulie, l'Isonzo e il Mare Adriatico, dove le uve autoctone si esprimono al meglio. Ancora una volta la qualità dei vini emerge chiaramente e il Friulano 2022, da vigne di oltre trent'anni, persuade con quel tocco di freschezza e tenacia che non lascia impassibili.

Località Valerisce, 20 - 34070 San Floriano del Collio (GO)
T. 0481 884197 | M. info@humar.it
www.humar.it

Viticoltura: Convenzionale
Ettari: 14 | **Bottiglie:** 60.000 | **Produzione olearia:** Sì
Proprietà: Famiglia Humar
Cond. enologica: Dario Humar
Cond. agronomica: Nataša Kocijancic
Vendita diretta: Sì | **Visite in azienda:** Sì

COLLIO SAUVIGNON 2022
Bianco Doc - Sauvignon 100%
Alc. 14% | € 25 | Bt. 5.000 | Ferm. Acciaio | Mat. Acciaio 9 mesi
Paglierino vivo. Note vegetali di sambuco ed erbe aromatiche fresche caratterizzano il primo incontro olfattivo, facendosi inseguire da tratteggi di frutta gialla matura e sensazioni fumé. Il sorso è caldo, ma l'alcol è ben gestito dalle parti dure che lo rendono scorrevole e invitano a un nuovo assaggio. Frittata di ortiche.

COLLIO PINOT GRIGIO 2022
Bianco Doc - Pinot grigio 100%
Alc. 13,5% | € 25 | Bt. 6.666 | Ferm. Acciaio | Mat. Acciaio 9 mesi
Risotto con tinca di lago e datterini.

COLLIO CHARDONNAY 2022
Bianco Doc - Chardonnay 100%
Alc. 13% | € 25 | Bt. 2.666 | Ferm. Acciaio | Mat. Acciaio 9 mesi
Sarde a beccafico.

COLLIO PINOT BIANCO 2022
Bianco Doc - Pinot bianco 100%
Alc. 13% | € 25 | Bt. 2.666 | Ferm. Acciaio | Mat. Acciaio 9 mesi
Spaghetti con vongole veraci.

COLLIO RIBOLLA GIALLA 2022
Bianco Doc - Ribolla gialla 100%
Alc. 12,5% | € 25 | Bt. 13.300 | Ferm. Acciaio | Mat. Acciaio 9 mesi
Pizza prosciutto e funghi.

COLLIO FRIULANO
2020

COLLIO PINOT BIANCO
2021

I Clivi
(1996)

Rese basse e vigneti vecchi sono le condizioni sulle quali Mario Zanusso ha costruito il proprio progetto di azienda e di vini. L'età delle viti, ad esempio, va dai 60 agli 80 anni e garantisce un'uva concentrata e complessa nei suoi caratteri sensoriali. Viti longeve gestite con un'agricoltura attenta alle condizioni naturali: i vigneti vengono allevati seguendo l'agricoltura biologica, in cantina le vinificazioni sono spontanee e si è preferito utilizzare contenitori in cemento per la fermentazione. Alcuni vini trascorrono nello stesso materiale anche il periodo di maturazione.

Via Gramogliano, 20 - 33040 Corno di Rosazzo (UD)
T. 328 7269979 | M. iclivi@gmail.com
www.iclivi.wine.it

Viticoltura: Biologica certificata
Ettari: 12 | **Bottiglie:** 80.000 | **Produzione olearia:** No
Proprietà: Mario Zanusso
Cond. enologica: Mario Zanusso
Cond. agronomica: Mario Zanusso
Vendita diretta: Sì | **Visite in azienda:** Sì

(92,5)
BIANCO BRAZAN 2021
Bianco Igt - Tocai friulano 40%, Malvasia istriana 30%, Ribolla gialla 30%
Alc. 13,5% | € 35 | Bt. 3.000 | Ferm. Legno | Mat. Legno 12 mesi
Giallo delicato e brioso. Si alternano raffinate spire di mentolo, eucalipto, finocchietto, mela croccante, succo di agrumi, muschio bianco, felce e salicornia. Assaggio magistrale, con freschezza e sapidità in perfetto equilibrio con le parti morbide. Scie salmastre conducono verso una chiusa d'agrume. Rollè di cernia con patate al rosmarino.

(91)
FRIULI COLLI ORIENTALI BIANCO GALEA 2021
Bianco Dop - Tocai friulano 40%, Chardonnay 30%, Verduzzo friulano 30%
Alc. 13,5% | € 35 | Bt. 3.000 | Ferm. Legno | Mat. Legno 12 mesi
Paglierino luminoso. Olfatto deciso con impronta balsamica di mentolo e resina di pino. Profumi di fiori di camomilla e di glicine con sbuffi di mandarino, spezie, pepe bianco e frutta secca. Di buon corpo, con perfetto equilibrio tra parti dure e morbide. Chiusura sapida su aromi agrumati. Insalata di mare.

COLLIO FRIULANO SAN LORENZO 2021
Bianco Dop - Tocai friulano 100%
Alc. 13% | € 18 | Bt. 6.000 | Ferm. Cemento | Mat. Cemento 18 mesi
Spaghetti con vongole e bottarga.

COLLIO MALVASIA 80 ANNI 2022
Bianco Dop - Malvasia istriana 100%
Alc. 14% | € 18 | Bt. 6.000 | Ferm. Cemento | Mat. Cemento 8 mesi
Zuppa di pesce.

FRIULI COLLI ORIENTALI FRIULANO SAN PIETRO 2022
Bianco Doc - Tocai friulano 100%
Alc. 13% | € 15 | Bt. 20.000 | Ferm. Cemento | Mat. Cemento 8 mesi
Pappardelle con coda di rospo e carciofi.

FRIULI COLLI ORIENTALI SCHIOPPETTINO IL SOCCOMBENTE 2020
Rosso Doc - Schioppettino 100%
Alc. 12,5% | € 35 | Bt. 1.000 | Ferm. Cemento | Mat. Legno 12 mesi
Allodole tartufate in casseruola.

COLLIO BIANCO I CLIVI BRAZAN
2019

FRIULI COLLI ORIENTALI BIANCO I CLIVI GALEA
2019

I Feudi di Romans
(1974)

La cantina I Feudi di Romans, a conduzione familiare, è stata fondata nel 1974 ed è gestita da Enzo Lorenzon, insieme ai figli Davide, in cantina, e Nicola, al commerciale. L'azienda distribuisce ogni anno oltre 500 mila bottiglie, in Italia e nei più importanti Paesi esteri. È una Malvasia a rappresentare il vertice qualitativo dell'azienda che sta perfezionando un progetto che evidenzia la longevità dei vini friulani. In particolare si lavora a una Ribolla in anfora, da uve surmature, macerate e con lieviti indigeni.

Via Cà del Bosco, 16 - Località Pieris - 34075 San Canzian d'Isonzo (GO)
T. 0481 76445 | M. info@ifeudidiromans.it
www.ifeudidiromans.it

Viticoltura: Convenzionale, biologica e lotta integrata
Ettari: 70 | **Bottiglie:** 500.000 | **Produzione olearia:** No
Proprietà: Enzo, Davide e Nicola Lorenzon
Cond. enologica: Davide Lorenzon
Cond. agronomica: Staff aziendale
Vendita diretta: Sì | **Visite in azienda:** Sì

FRIULI ISONZO MALVASIA 2022
Bianco Doc - Malvasia istriana 100%
Alc. 12,5% | € 14 | Bt. 22.000 | Ferm. Acciaio
Un campo di spighe mature. La ginestra si mostra anticipando effluvi di frutta matura: pesca tabacchiera e susina con riferimenti anche alla scorza di agrumi. Erbe aromatiche sullo sfondo. Al palato arriva rotondo, senza cedere all'opulenza dell'alcol, ma bilanciato da freschezza e sapidità. Sogliola alla mugnaia.

FRIULI ISONZO PINOT GRIGIO 2022
Bianco Doc - Pinot grigio 100%
Alc. 13% | € 15 | Bt. 80.000 | Ferm. Acciaio
Yakitori, spiedini di pollo con zenzero.

FRIULI ISONZO BIANCO SONTIUM 2021
Bianco Doc - Pinot bianco 50%, Tocai friulano 30%, Malvasia 15%, Traminer aromatico 5%
Alc. 13% | € 25 | Bt. 6.000 | Ferm. Legno e Acciaio | Mat. Acciaio 10 mesi e Legno 10 mesi
Paella.

FRIULI ISONZO PINOT NERO 2021
Rosso Doc - Pinot nero 100%
Alc. 13% | € 14 | Bt. 20.000 | Ferm. Acciaio
Stinco d'agnello al forno.

FRIULI ISONZO SAUVIGNON 2022
Bianco Doc - Sauvignon 100%
Alc. 13% | € 14 | Bt. 45.000 | Ferm. Acciaio
Crema di zucca con porcini.

RIBOLLA GIALLA BRUT
Bianco Metodo Martinotti - Ribolla gialla 100%
Alc. 11,5% | € 15 | Bt. 12.000 | Ferm. Acciaio
Bruschetta al pomodoro.

FRIULI ISONZO BIANCO SONTIUM
2018 | 2019 | 2020

FRIULI ISONZO PINOT GRIGIO
2016 | 2017 | 2021

Il Roncal
(1986)

Dopo la scomparsa del fondatore Roberto Zorzettig, avvenuta nel 2006, la cantina Il Roncal è sotto la guida della moglie. Martina Moreale non ha abbandonato il progetto del coniuge e continua a concentrarsi sui vigneti di Colle Montebello favoriti da un'ottima esposizione e da un terreno arenario-marnoso ideale per la coltivazione della vite. È un Merlot a rappresentare l'azienda, conquistando un'eccellente valutazione che conferma l'alta risposta qualitativa delle uve a bacca rossa in questa zona dei Colli Orientali del Friuli.

Via Fornalis, 148 - Località Montebello - 33043 Cividale del Friuli (UD)
T. 0432 730138 | M. info@ilroncal.it
www.ilroncal.it

Viticoltura: Convenzionale e lotta integrata
Ettari: 20 | **Bottiglie:** 80.000 | **Produzione olearia:** Sì
Proprietà: Martina Moreale
Cond. enologica: Martina Moreale, Luca Cabai
Cond. agronomica: Carlo Petrussi
Vendita diretta: Sì | **Visite in azienda:** Sì

FRIULI COLLI ORIENTALI MERLOT 2019
Rosso Doc - Merlot 100%
Alc. 14% | € 33 | Bt. 8.000 | Ferm. Acciaio | Mat. Acciaio 3 mesi e Legno 12 mesi
Rubino fitto dal bordo granato. Naso elegante, concentrato su frutta rossa e nera, erbe aromatiche secche, rosa appassita, magnolia, sottobosco ed eucalipto. Spezie dolci e orme mentolate. Sorso avvolgente con tannino educato che sostiene una beva cui partecipa adeguata freschezza. Speziato. Anatra ai funghi.

FRIULI COLLI ORIENTALI BIANCO PLOE DI STELIS 2021
Bianco Doc - Riesling 34%, Chardonnay 33%, Tocai friulano 33%
Alc. 13% | € 30 | Bt. 6.000 | Ferm. Acciaio | Mat. Legno 7 mesi
Ostriche Bouzigues.

FRIULI COLLI ORIENTALI PIGNOLO 2016
Rosso Doc - Pignolo 100%
Alc. 14% | € 54 | Bt. 5.000 | Ferm. Legno e Acciaio | Mat. Acciaio 6 mesi e Legno 48 mesi
Filetto di cervo ai mirtilli.

FRIULI COLLI ORIENTALI SAUVIGNON 2022
Bianco Doc - Sauvignon 100%
Alc. 13% | € 27 | Bt. 10.000 | Ferm. Acciaio
Pennette con pesto alla trapanese.

FRIULI COLLI ORIENTALI REFOSCO DAL PEDUNCOLO ROSSO 2019
Rosso Doc - Refosco dal peduncolo rosso 100%
Alc. 14% | € 33 | Bt. 8.000 | Ferm. Legno e Acciaio | Mat. Acciaio 5 mesi e Legno 12 mesi
Risotto con le quaglie.

FRIULI COLLI ORIENTALI ROSSO CIVON 2016
Rosso Doc - Refosco dal peduncolo rosso 30%, Schioppettino 30%, Pignolo 20%, altre varietà 20%
Alc. 14,5% | € 44 | Bt. 5.000 | Ferm. Legno e Acciaio | Mat. Acciaio 5 mesi e Legno 36 mesi
Bigoli con l'anatra.

FRIULI COLLI ORIENTALI SCHIOPPETTINO
2019

FRIULI COLLI ORIENTALI MERLOT
2013 | 2017 | 2018

Jacùss
(1990)

Niente ponca, ma tanta roccia sotto i vigneti della famiglia Iacuzzi a Torreano, paese di cave che estraggono dal terreno la pietra Piasentina. Marta, giovanissima e talentuosa enologa, dalla terra estrae liquidi odorosi vinificando le uve gestite in regime biologico negli 11 ettari aziendali. Tra i vini che raccontano la storia di una famiglia arrivata alla viticoltura nel 1990 c'è il Friulano Forment, che quest'anno porta in azienda le meritate Tre Viti e Mezzo. Degustarlo permette alla memoria di riscoprire profumi e sapori che si immaginavano smarriti.

Viale Kennedy, 35/A - Località Montina - 33040 Torreano (UD)
T. 0432 715147 | M. jacuss@jacuss.com
www.jacuss.com

Viticoltura: Biologica
Ettari: 11 | **Bottiglie:** 50.000 | **Produzione olearia:** No
Proprietà: Sandro e Andrea Iacuzzi
Cond. enologica: Marta Iacuzzi
Cond. agronomica: Sandro Iacuzzi, Andrea Iacuzzi
Vendita diretta: Sì | **Visite in azienda:** Sì

FRIULI COLLI ORIENTALI FRIULANO FORMENT 2021
Bianco Doc - Tocai friulano 100%
Alc. 14,5% | € 14 | Bt. 2.600 | Ferm. Cemento | Mat. Cemento 12 mesi
Oro antico, concentrato. Su un letto di erbe aromatiche si distendono, con la frutta gialla (pesca nettarina e albicocca) e la polpa di agrumi, anche profumi di camomilla e biancospino. Poi pepe bianco e allusioni mentolate. Ingresso morbido, sostenuto da freschezza e sapidità. Congedo agrumato. Insalatina di porcini e scaglie di formaggio.

COLLI ORIENTALI DEL FRIULI PICOLIT 2021
Bianco Docg Passito - Picolit 100%
Alc. 13% | € 30 (0,5l) | Bt. 400 | Ferm. Legno | Mat. Legno 15 mesi
Foie gras in torchon.

FRIULI COLLI ORIENTALI PINOT BIANCO 2022
Bianco Doc - Pinot bianco 100%
Alc. 13% | € 15 | Bt. 4.000 | Ferm. Legno e Cemento | Mat. Legno 6 mesi e Cemento 6 mesi
Plateau royal di crudité.

FRIULI COLLI ORIENTALI SAUVIGNON 2022
Bianco Doc - Sauvignon 100%
Alc. 13% | € 15 | Bt. 6.000 | Ferm. Cemento | Mat. Cemento 6 mesi
Riso, cozze e zafferano.

FRIULI COLLI ORIENTALI FRIULANO 2022
Bianco Doc - Tocai friulano 100%
Alc. 13,5% | € 13 | Bt. 8.000 | Ferm. Cemento | Mat. Cemento 6 mesi
Risotto con le spugnole.

FRIULI COLLI ORIENTALI REFOSCO DAL PEDUNCOLO ROSSO 2019
Rosso Doc - Refosco dal peduncolo rosso 100%
Alc. 13% | € 15 | Bt. 6.000 | Ferm. Cemento | Mat. Legno 12 mesi e Cemento 15 mesi
Tacchino farcito con castagne.

FRIULI COLLI ORIENTALI PINOT BIANCO
2021

FRIULI COLLI ORIENTALI FRIULANO
2019 | 2020 | 2021

Jermann
(1881)

La straordinaria forza di un vino come il Vintage Tunina è di restare rappresentativo di un territorio a 48 anni dalla sua ideazione. Era il 1975 quando Silvio Jermann, fresco di diploma a San Michele all'Adige, pensò a un nuovo vino per l'azienda di famiglia. Nacque il Vintage Tunina, da un vigneto promiscuo dove le uve di quattro varietà diverse cercano da allora un equilibrio in vigna per continuare la coesione anche in cantina. Un modello che il Capo Martino, nato nel 1991, replica con altrettanto successo.

Località Trussio, 11 - Frazione Ruttars - 34070 Dolegna del Collio (GO)
T. 0481 888080 | M. info@jermann.it
www.jermann.it

Viticoltura: Convenzionale
Ettari: 180 | **Bottiglie:** 1.500.000 | **Produzione olearia:** No
Proprietà: Marchesi Antinori e Silvio Jermann
Cond. enologica: Luca Belluzzo
Cond. agronomica: Marco Rabino
Vendita diretta: Sì | **Visite in azienda:** Sì

92,5
BIANCO VINTAGE TUNINA 2021
Bianco Igp - Chardonnay, Malvasia istriana, Picolit, Ribolla gialla e Sauvignon 100%
Alc. 13,5% | € 47 | Ferm. Acciaio
Giallo limone, radioso. Olfatto raffinatissimo di fioriture bianche e fiori d'arancio. Poi cocktail di agrumi e pesca bianca con sbuffi di eucalipto, tabacco, cardamomo. Il sorso abbraccia il palato con un'aromaticità che non smarrisce mai il proprio equilibrio. Spinta fresco-sapida per una beva quasi interminabile. Risotto alla granseola.

91
BIANCO CAPO MARTINO 2021
Bianco Igt - Malvasia istriana, Picolit, Ribolla gialla e Tocai friulano 100%
Alc. 13,5% | € 50 | Ferm. Legno
Paglierino vivo. Splendide note resinose con timo, rosmarino e maggiorana intersecate da fienagione d'alpeggio, muschio e fresia. La frutta è rappresentata da mela selvatica e pompelmo impreziositi da cenni di pepe bianco. Sorso di perfetta struttura e ricco di dettagli aromatici. Finale balsamico e sapido. Branzino al forno con erbe aromatiche.

BIANCO W... DREAMS 2021
Bianco Igt - Chardonnay 100%
Alc. 13,5% | € 47 | Ferm. Acciaio
Crema di zucca con porcini.

RIBOLLA GIALLA VINNAE 2022
Bianco Igp - Ribolla gialla 100%
Alc. 12,5% | € 18 | Ferm. Acciaio
Stracciatella di bufala.

FRIULI PINOT GRIGIO 2022
Bianco Doc - Pinot grigio 100%
Alc. 13% | € 18 | Ferm. Acciaio
Sushi e sashimi.

SAUVIGNON 2022
Bianco Igt - Sauvignon 100%
Alc. 13,5% | € 19 | Ferm. Acciaio
Vellutata ai porri.

CAPO MARTINO
2016 | 2017 | 2019

VINTAGE TUNINA
2018 | 2020

Kante
(1980)

Ci sono i vini del Carso, ma sul Carso ci sono anche i vini di Kante. Da sempre innovatore in cantina, Edi rifugge dalle lunghe macerazioni e ricerca, invece, i lunghi affinamenti. Lo Chardonnay che ha dato vita alla Bora di Kante è maturato in acciaio per 24 mesi, poi in legno per un altro anno e infine si è rifugiato in bottiglia per 36 mesi aspettando la stappatura. L'esito è un vino di rara eleganza che grazie ai lunghi periodi di affinamento si presenta al mercato in uno stato di forma perfetto.

Località Prepotto, 1/A - 34011 Duino Aurisina (TS)
T. 040 200255 | M. kante@kante.it
www.kante.it

Viticoltura: Convenzionale
Ettari: 18 | **Bottiglie:** 80.000 | **Produzione olearia:** No
Proprietà: Edi Kante
Cond. enologica: Edi Kante
Cond. agronomica: Edi Kante
Vendita diretta: Sì | **Visite in azienda:** Sì

(92)

CHARDONNAY LA BORA DI KANTE 2016
Bianco Igt - Chardonnay 100%
Alc. 12,5% | € 55 | Bt. 4.000 | Ferm. Legno | Mat. Acciaio 24 mesi e Legno 12 mesi
Paglierino fitto con riflessi oro. Apertura raffinata e balsamica (eucalipto e mentolo) e resina di pino. Agrumi in gelée e guizzi terziari di legno di sandalo. Sapidità legante che regala sorsi armonici pur presentando un corpo di sostanza, ma mai pesante. Lungheggia con rimandi agrumati. Tartare di tonno.

SAUVIGNON 2020
Bianco Igt - Sauvignon 100%
Alc. 12% | € 23 | Bt. 8.000 | Ferm. Legno e Acciaio | Mat. Acciaio 12 mesi e Legno 6 mesi
Puntarelle croccanti con colatura di alici, arance e melagrana.

CHARDONNAY 2020
Bianco Igt - Chardonnay 100%
Alc. 13% | € 23 | Bt. 8.000 | Ferm. Legno | Mat. Acciaio 12 mesi e Legno 6 mesi
Zuppa di funghi.

CARSO VITOVSKA 2020
Bianco Doc - Vitovska 100%
Alc. 12% | € 23 | Bt. 15.000 | Ferm. Legno | Mat. Acciaio 6 mesi e Legno 12 mesi
Caciocavallo Silano.

MALVASIA 2020
Bianco Igt - Malvasia 100%
Alc. 12,5% | € 23 | Bt. 10.000 | Ferm. Legno | Mat. Acciaio 12 mesi e Legno 6 mesi
Scampi alla griglia.

SAUVIGNON
2009

VITOVSKA
2010

Edi Keber
(1700)

Quando hai un messaggio chiaro da comunicare non servono tante parole. A un vignaiolo può bastare un solo vino. Kristian Keber e, prima di lui, suo padre Edi sanno quale vino desiderano proporre al mercato. Un prodotto che arrivi da un terreno salvaguardato (da qui la scelta della biodinamica), che rappresenti la storia del luogo (ecco allora in bottiglia l'uvaggio della tradizione), che rispetti i tempi di maturazione e affinamento del vino (quindi in degustazione arriva l'annata 2021). Idee chiare, per un vino immagine di un Collio da ritrovare nel calice.

Località Zegla, 17 - 34071 Cormòns (GO)
T. 0481 61184 | M. edi.keber@virgilio.it
www.edikeber.it

Viticoltura: Biologica certificata e biodinamica
Ettari: 12 | **Bottiglie:** 45.000 | **Produzione olearia:** Sì
Proprietà: Edi Keber
Cond. enologica: Kristian Keber
Cond. agronomica: Kristian Keber
Vendita diretta: Sì | **Visite in azienda:** Sì

(93,5)

COLLIO BIANCO DA UVE AUTOCTONE 2021
Bianco Doc - Tocai friulano 70%, Malvasia istriana 15%, Ribolla gialla 15%
Alc. 13,5% | € 23 | Bt. 45.000 | Ferm. Cemento | Mat. Acciaio 6 mesi
Quasi dorato. L'intreccio di salicornia e asparago di mare, e una riuscita fusione con note di finocchietto, aneto ed erbe officinali. Sbuffi iodati, capperi e salamoia ad arricchire. Personalità esuberante per profondità e sapidità. Costante l'impronta salata. Chiusura lenta e sapore di mare. Linguine alla granseola e rosmarino.

COLLIO BIANCO DA UVE AUTOCTONE
2020

COLLIO BIANCO
2016 | 2018 | 2019

Thomas Kitzmüller
(1987)

Celso Macor, poeta goriziano scomparso alla fine del secolo scorso, negli anni Settanta affidò a un libricino, "L'uomo e la vigna", un nostalgico ricordo di una viticoltura in estinzione. Rileggendolo ora si avverte la nostalgia di un rapporto uomo-natura allora molto più profondo, ma si scopre anche la speranza di un ritorno al passato grazie ad aziende che fanno del rispetto dell'ambiente un impegno quotidiano. Thomas Kitzmüller è uno di questi: di quei produttori che attendono il giudizio su un vino perché è "misura del buon uso della terra, il lavoro, l'intelligenza del vignaiolo".

Via XXIV Maggio, 56 - Frazione Brazzano - 34071 Cormòns (GO)
T. 0481 639636 | M. info@vinikitzmueller.com
www.vinikitzmueller.it

Viticoltura: Biologica
Ettari: 6,3 | **Bottiglie:** 30.000 | **Produzione olearia:** No
Proprietà: Thomas Kitzmüller
Cond. enologica: Thomas Kitzmüller
Cond. agronomica: Thomas Kitzmüller
Vendita diretta: Sì | **Visite in azienda:** Sì

FRIULI ISONZO FRIULANO CORTE MARIE 2022
Bianco Doc - Tocai friulano 100%
Alc. 12,5% | € 11 | Bt. 11.000 | Ferm. Acciaio | Mat. Acciaio 6 mesi
Un cuore paglierino. Al naso domina la nota fruttata di mela e pera con litchi, arancia e pompelmo. Poi fioritura di rosa, sambuco e gelsomino accompagnati da soffi iodati. L'ingresso al palato è aggraziato, avvolgente e con una vena sapida che conduce a una chiusura fruttata e piacevolmente amarognola. Tagliolini all'astice.

COLLIO FRIULANO 2022
Bianco Doc - Tocai friulano 100%
Alc. 13,5% | € 14 | Bt. 7.860 | Ferm. Acciaio
Risotto con mazzancolle al profumo d'arancia.

FRIULI ISONZO MALVASIA JULIAE 2022
Bianco Doc - Malvasia istriana 100%
Alc. 14,5% | € 12 | Bt. 2.900 | Ferm. Acciaio | Mat. Acciaio 6 mesi
Insalata di ceci e pomodorini.

COLLIO CABERNET FRANC 2022
Rosso Doc - Cabernet franc 100%
Alc. 13% | € 14 | Bt. 1.760 | Ferm. Acciaio | Mat. Acciaio 8 mesi
Straccetti di cavallo.

COLLIO FRIULANO
2018 | 2019 | 2020

FRIULI ISONZO FRIULANO CORTE MARIE
2018 | 2019 | 2020

Rado Kocjancic
(1999)

Raccontare la viticoltura carsica non può tralasciare anche un riferimento alla durezza del luogo sferzato dalla Bora, con poca terra, viti che scavano con le radici nella roccia. Un ambiente difficile che uomini solidi riescono a domare o con il quale riescono a convivere. Rado Kocjancic ha l'aspetto fisico di un combattente, ma i suoi vini sono delicati, anche il blend rosso che quest'anno è il portabandiera della produzione aziendale, da vigneti posizionati sull'ultima collina arenario-marnosa a ridosso del Golfo di Trieste.

Via Crogole, 11 - Frazione Dolina - 34018 San Dorligo della Valle (TS)
T. 348 3063298 | M. posta@radokocjancic.eu
www.radokocjancic.eu

Viticoltura: Biologica
Ettari: 5 | **Bottiglie:** 15.000 | **Produzione olearia:** Sì
Proprietà: Rado Kocjancic
Cond. enologica: Rado Kocjancic
Cond. agronomica: Rado Kocjancic
Vendita diretta: Sì | **Visite in azienda:** Sì

ROSSO KROGLE 2019
Rosso Igt - Refosco 85%, Merlot 10%, Piccola nera 5%
Alc. 13,5% | € 25 | Ferm. Acciaio | Mat. Legno 24 mesi
Rubino fitto. La fragranza fruttata di piccole bacche di bosco si amalgama con guizzi più dolci di confettura di ciliegia, poi spezie e stille di cioccolato. Al palato tannini presenti, ma non aggressivi, danno sostanza a un sorso caldo, vibrante e saporito. Faraona ripiena con salsa tartufata.

CARSO MALVASIA 2021
Bianco Doc - Malvasia istriana 100%
Alc. 13% | € 18 | Ferm. Legno | Mat. Legno 7 mesi
Sogliola alla mugnaia.

CARSO VITOVSKA 2021
Bianco Doc - Vitovska 100%
Alc. 12,5% | € 17 | Ferm. Acciaio
Ravioli burro e salvia.

CARSO BIANCO BREŽANKA
2017

CARSO MALVASIA
2016 | 2017 | 2020

Komjanc
(1970)

Soddisfatto di aver portato in etichetta la certificazione SQNPI, per una viticoltura sempre più attenta alla qualità dell'ambiente, Roberto Komjanc affida al palcoscenico della Guida il suo gioiello di famiglia. Il Pinot Bianco si conferma il vino di riferimento dell'azienda di Giasbana, entrando – con la vendemmia 2022 – nel ristretto club delle eccellenze. La mano felice di Roberto, che può contare anche sui consigli di un enologo esperto come Gianni Menotti, ci ha proposto anche ottime interpretazioni di Malvasia e Friulano.

Località Giasbana, 35 - 34070 San Floriano del Collio (GO)
T. 0481 391228 | M. info@komjancalessio.com
www.komjancalessio.com

Viticoltura: Lotta integrata
Ettari: 24 | **Bottiglie:** 80.000 | **Produzione olearia:** Sì
Proprietà: Famiglia Komjanc
Cond. enologica: Gianni Menotti, Roberto Komjanc
Cond. agronomica: Roberto Komjanc
Vendita diretta: Sì | **Visite in azienda:** Sì

(91)

COLLIO PINOT BIANCO 2022
Bianco Doc - Pinot bianco 100%
Alc. 14% | € 15 | Bt. 3.300 | Ferm. Acciaio | Mat. Acciaio 9 mesi
Paglierino lucente. Profumi eleganti e fusi fanno scoprire agrumi in polpa assieme a foglia di limone, rosmarino e cenni di lavanda. Costanti sbuffi di pietra bagnata e felce. L'alcol, ben gestito, permette di bilanciare la spinta fresco-sapida. Raffinatezza e persistenza in un finale saporito. Vellutata di zucca spolverata di tartufo nero.

COLLIO FRIULANO 2022
Bianco Doc - Tocai friulano 100%
Alc. 14% | € 15 | Bt. 8.600 | Ferm. Acciaio | Mat. Acciaio 9 mesi
Gnocchetti al sugo d'astice.

COLLIO MALVASIA 2022
Bianco Doc - Malvasia istriana 100%
Alc. 14% | € 15 | Bt. 3.300 | Ferm. Acciaio | Mat. Acciaio 9 mesi
Ricciola al forno con capperi e pomodori ciliegino.

COLLIO CHARDONNAY DEDICA 2021
Bianco Doc - Chardonnay 100%
Alc. 15% | € 20 | Bt. 660 | Ferm. Acciaio | Mat. Legno 8 mesi
Zuppa d'orzo e chiodini.

COLLIO RIBOLLA GIALLA 2022
Bianco Doc - Ribolla gialla 100%
Alc. 12,5% | € 15 | Bt. 13.000 | Ferm. Acciaio | Mat. Acciaio 9 mesi
Spiedo di seppioline ai ferri.

COLLIO SAUVIGNON 2022
Bianco Doc - Sauvignon 100%
Alc. 14% | € 15 | Bt. 10.000 | Ferm. Acciaio | Mat. Acciaio 9 mesi
Risotto al nero di seppia con seppie croccanti.

COLLIO PINOT BIANCO
2020 | 2021

COLLIO BIANCO BRATJE
2019 | 2020

Korsic
(1969)

Tradizioni e consuetudini firmano da decenni i vini del Collio. La scelta delle varietà, la tipologia degli impianti, le tecniche di macerazione. Tutto si tramanda in un costante flusso di esperienze, qualche errore e diversi successi. La famiglia Korsic è un esempio di questo percorso e dei suoi vini sa darne testimonianza. Dalle Colline di Giasbana, dove la famiglia vive da diverse generazioni, si estraggono non solo ciò che marne e calcare lasciano succhiare alle radici, ma anche il legame con la natura di un luogo che la vicinanza con un confine di Stato ha preservato.

Località Giasbana, 11 - 34070 San Floriano del Collio (GO)
T. 0481 390247 | M. korsicwines@gmail.com
www.korsicwines.it

Viticoltura: Lotta integrata
Ettari: 8 | **Bottiglie:** 25.000 | **Produzione olearia:** No
Proprietà: Rodolfo Korsic
Cond. enologica: Fabian Korsic
Cond. agronomica: Mitja Korsic
Vendita diretta: Sì | **Visite in azienda:** Sì

COLLIO FRIULANO 2022
Bianco Doc - Tocai friulano 100%
Alc. 13,5% | € 17 | Ferm. Acciaio | Mat. Acciaio 5 mesi
Risplende di un giallo tanto delicato quanto comunicativo, con spire di erbe aromatiche, muschio e felce, poi oleandro a cui si aggiungono cedro, bergamotto e incenso. Ricco di calore, ma scorrevole, con equilibrata freschezza sapida che allunga su aromi di agrume. Luccio alla Gardesana.

COLLIO MALVASIA 2022
Bianco Doc - Malvasia istriana 100%
Alc. 14% | € 16 | Ferm. Acciaio | Mat. Acciaio 5 mesi
Tortino al radicchio e cannellini.

COLLIO BIANCO DA UVE AUTOCTONE 2021
Bianco Doc - Tocai friulano 60%, Malvasia istriana 30%, Ribolla gialla 10%
Alc. 14% | € 20 | Ferm. Acciaio | Mat. Acciaio 6 mesi e Legno 6 mesi
Minestra di fagioli di Lamon.

COLLIO RIBOLLA GIALLA 2022
Bianco Doc - Ribolla gialla 100%
Alc. 12,5% | € 17 | Ferm. Acciaio | Mat. Acciaio 5 mesi
Salmone al timo.

COLLIO MALVASIA
2021

COLLIO FRIULANO
2019 | 2021

Kren Luca
(1960)

Accettare la sfida del mercato a poco più di 30 anni mettendo il proprio vino in bottiglia e il proprio nome in etichetta: il futuro da vignaiolo di Luca Kren per ora poggia su un vigneto di 11 ettari, che non sono evidentemente molti anche se posti nel paradiso enologico di Zegla, nel cuore del Collio. I Kren fanno viticoltura dal 1960, ma i vini di Luca sono nati solo da un paio di vendemmie. Ora sono qui a mostrarsi, per comprendere se la strada intrapresa può portare lontano. Le Tre Viti e Mezzo del Bianco Kappa suggerirebbero di sì.

Località Zegla, 14 - 34071 Cormons (GO)
T. 340 8323737 | M. info@vinikren.it

Viticoltura: Lotta integrata
Ettari: 11 | **Bottiglie:** 3.500 | **Produzione olearia:** No
Proprietà: Luca Kren
Cond. enologica: Luca Kren
Cond. agronomica: Luca Kren
Vendita diretta: Sì | **Visite in azienda:** Sì

COLLIO BIANCO KAPPA 2022
Bianco Doc - Chardonnay 60%, Tocai friulano 30%, Sauvignon 10%
Alc. 14% | € 27 | Bt. 2.500 | Ferm. Legno e Acciaio
Cromia delicate e vivace. Su un tappeto di pietra focaia s'intrecciano con garbo sentori di frutta gialla, pompelmo e santoreggia. Ingresso in bocca fresco-sapido che rappresenta il filo conduttore. Epilogo con spinta alcolica equilibrata e ritorni di erbe aromatiche. Risotto al tartufo bianco.

COLLIO FRIULANO 2022
Bianco Doc - Tocai friulano 100%
Alc. 14% | € 27 | Bt. 800 | Ferm. Legno e Acciaio
Petto di pollo agli asparagi.

Kurtin
(1906)

Novali di Cormòns è uno dei grandi cru del Collio Goriziano particolarmente adatto a una viticoltura di alta qualità. Un territorio noto per le sue ampie superfici magnificamente esposte, dove viene garantita abbondante energia luminosa. Ad aprire la classifica si riconferma la Malvasia, ottenuta da viti di oltre 40 anni a circa 300 m di altitudine. Un vino energico e vibrante che esalta le caratteristiche del vitigno malvasia istriana e trasmette l'identità e la struttura del Collio. Coerenza stilistica e armonia vengono garantite anche nelle altre etichette a bacca bianca.

Località Novali, 9 - 34071 Cormòns (GO)
T. 0481 60685 | M. info@kurtin.it
www.kurtin.it

Viticoltura: Convenzionale
Ettari: 11 | **Bottiglie:** 70.000 | **Produzione olearia:** No
Proprietà: Ulisse Bellesso
Cond. enologica: Isacco Curtarello, Mitja Juretic
Cond. agronomica: Staff aziendale
Vendita diretta: Sì | **Visite in azienda:** Sì

COLLIO MALVASIA 2022
Bianco Doc - Malvasia istriana 100%
Alc. 14% | € 16 | Bt. 3.500 | Ferm. Acciaio | Mat. Acciaio 6 mesi
Un magnifico giallo paglia, iridescente. Profilo olfattivo elegante, delicato e articolato. Pompelmo, scorza di arancia, fioriture primaverili, erbe di laguna seguite da allusioni di pasticceria e frutta secca. Sorso agile, rotondità ben mitigata da freschezza e sapidità. Termina lentamente con riverberi agrumati. Orata all'acqua pazza.

COLLIO PINOT GRIGIO 2022
Rosato Dop - Pinot grigio 100%
Alc. 13,5% | € 14 | Bt. 10.000 | Ferm. Acciaio | Mat. Acciaio 6 mesi
Pomodori gratinati con paté di olive.

COLLIO SAUVIGNON 2022
Bianco Doc - Sauvignon 100%
Alc. 13,5% | € 14 | Bt. 10.000 | Ferm. Acciaio | Mat. Acciaio 6 mesi
Vellutata di cavolfiore.

COLLIO CHARDONNAY 2022
Bianco Doc - Chardonnay 100%
Alc. 14% | € 14 | Bt. 3.500 | Ferm. Acciaio | Mat. Acciaio 6 mesi
Risotto con silene e cime di luppolo selvatico.

COLLIO RIBOLLA GIALLA 2022
Bianco Dop - Ribolla gialla 100%
Alc. 13,5% | € 16 | Bt. 11.000 | Ferm. Acciaio | Mat. Acciaio 6 mesi
Brie de Meaux.

RIBOLLA GIALLA BRUT RISPOSTA 110
Bianco Metodo Martinotti - Ribolla gialla 100%
Alc. 11,5% | € 12 | Bt. 7.000 | Ferm. Acciaio | Mat. Acciaio 6 mesi
Crostini con spuma di mortadella.

COLLIO SAUVIGNON
2019 | 2021

COLLIO FRIULANO
2019 | 2020 | 2021

La Bellanotte
(1987)

La tenuta fu acquistata da Zaccaria von Baselli Suessenberg dalla contessa Regina Elisabetta von Strassoldo il 22 aprile 1695. L'antica villa Baselli, in catasto La casa dei Ronchi, è diventata Bellanotte, attuale nome dell'azienda. Farra d'Isonzo, dove ha sede la cantina, è all'incontro tra le Doc Collio e Friuli Isonzo e l'azienda guidata da Paolo Benassi alleva le viti in entrambi gli areali. Si passa così dalle ghiaie profonde dei vigneti di pianura, alle marne arenarie delle colline che si spingono quasi a raggiungere i 200 metri sul livello del mare.

Strada della Bellanotte, 3 - 34072 Farra d'Isonzo (GO)
T. 0481 888020 | M. info@labellanotte.it
www.labellanotte.it

Viticoltura: Biologica certificata
Ettari: 23 | **Bottiglie:** 90.000 | **Produzione olearia:** Sì
Proprietà: Paolo e Valentina Benassi, Giuliana Guadagni
Cond. enologica: Paolo Benassi
Cond. agronomica: Paolo Benassi
Vendita diretta: Sì | **Visite in azienda:** Sì

RIBOLLA GIALLA 2022
Bianco Igt - Ribolla gialla 100%
Alc. 12,5% | € 16 | Bt. 6.666 | Ferm. Acciaio | Mat. Acciaio 6 mesi
Paglierino lucente, bordo verdolino. Delicati cenni di fioriture bianche e gialle si innestano su tracce di frutta croccante (pesca e mela) e agrumi. Sbuffi di pietra spaccata. Sapidità legante che regala armonia, buona lunghezza e risacca con memorie di buccia di agrumi. Garganelli freschi con gamberi di fiume.

FRIULI ISONZO SAUVIGNON L'UMBERTO 2022
Bianco Doc - Sauvignon 100%
Alc. 13,5% | € 16 | Bt. 4.000 | Ferm. Acciaio | Mat. Acciaio 6 mesi
Risotto alla pescatora.

FRIULI PINOT GRIGIO RAMATO CONTE LUCIO 2018
Rosato Doc - Pinot grigio 100%
Alc. 12,5% | € 30 | Bt. 4.000 | Ferm. Acciaio | Mat. Acciaio 12 mesi e Legno 12 mesi
Risotto con rape rosse e Gorgonzola.

COLLIO FRIULANO 2022
Bianco Doc - Tocai friulano 100%
Alc. 13% | € 16 | Bt. 2.666 | Ferm. Acciaio | Mat. Acciaio 6 mesi
Cotolette di pollo con melanzane e provola.

FRIULI ISONZO TRAMINER AROMATICO 2022
Bianco Doc - Traminer aromatico 100%
Alc. 13,5% | € 16 | Bt. 6.666 | Ferm. Acciaio | Mat. Acciaio 6 mesi
Crostini al foie gras.

COLLIO FRIULANO
2017 | 2021

RIBOLLA GIALLA
2021

La Buse dal Lôf
(1972)

Prepotto è un comune in provincia di Udine di circa 700 abitanti, che gode di un clima ideale, complice la cerchia delle Prealpi Giulie che lo proteggono dai venti freddi, e dista non più di 40 km dal Mare Adriatico. La Buse dal Lôf, splendida realtà che si colloca ormai come saldo punto di riferimento di questa zona della Doc Friuli Colli Orientali, sforna anno dopo anno vini schietti e aderenti al terroir. La sapiente conduzione di Michele Pavan evidenzia una qualità sempre maggiore e fa salire sul podio anche quest'anno il Friulano.

Via Ronchi, 90 - 33040 Prepotto (UD)
T. 0432 700808 | M. info@labusedallof.com
www.labusedallof.com

Viticoltura: Lotta integrata
Ettari: 27 | **Bottiglie:** 100.000 | **Produzione olearia:** No
Proprietà: Famiglia Pavan
Cond. enologica: Michele Pavan
Cond. agronomica: Michele Pavan
Vendita diretta: Sì | **Visite in azienda:** Sì

FRIULI COLLI ORIENTALI FRIULANO 2022
Bianco Doc - Tocai friulano 100%
Alc. 13% | € 18 | Bt. 10.000 | Ferm. Acciaio | Mat. Acciaio 6 mesi
Preziose ornature verdoline. Olfatto fine, ricco di erbe aromatiche, fiori e agrumi. Timo, rosmarino, lavanda, zagara, pompelmo e mandarino. Quindi susina, pepe bianco e nocciole tostate. La sapidità indica la strada al sorso, che entra morbido e lascia spazio a una freschezza agrumata. Linguine all'astice.

FRIULI COLLI ORIENTALI CABERNET FRANC 2021
Rosso Doc - Cabernet franc 100%
Alc. 13% | € 18 | Bt. 3.000 | Ferm. Acciaio | Mat. Cemento 6 mesi
Capriolo con salsa di ribes rosso.

FRIULI COLLI ORIENTALI SAUVIGNON 2022
Bianco Doc - Sauvignon 100%
Alc. 13% | € 18 | Bt. 7.500 | Ferm. Acciaio | Mat. Acciaio 6 mesi
Ostriche Bouzigues.

FRIULI COLLI ORIENTALI SCHIOPPETTINO DI PREPOTTO 2019
Rosso Doc - Schioppettino 100%
Alc. 13,5% | € 30 | Bt. 10.000 | Ferm. Acciaio | Mat. Acciaio 6 mesi e Legno 15 mesi
Ragusano.

FRIULI COLLI ORIENTALI MERLOT 2021
Rosso Doc - Merlot 100%
Alc. 13% | € 18 | Bt. 8.000 | Ferm. Acciaio | Mat. Cemento 6 mesi
Piccione ai porcini e tartufo nero.

FRIULI COLLI ORIENTALI REFOSCO DAL PEDUNCOLO ROSSO 2020
Rosso Doc - Refosco dal peduncolo rosso 100%
Alc. 13% | € 20 | Bt. 6.000 | Ferm. Acciaio | Mat. Acciaio 6 mesi e Legno 6 mesi
Bra d'alpeggio.

FRIULI COLLI ORIENTALI FRIULANO
2018 | 2019 | 2021

FRIULI COLLI ORIENTALI SCHIOPPETTINO DI PREPOTTO
2016 | 2017 | 2018

La Castellada
(1985)

Limitare le produzioni a una quarantina di quintali per ettaro per raggiungere ottime maturazioni e concentrazioni nell'uva: è lo stile della famiglia Bensa, che dal 1985 porta in bottiglia le caratteristiche dei vini di Oslavia, la frazione collinare di Gorizia. La gestione storica in regime biologico dei vigneti è una garanzia del rispetto delle piante e anche in cantina gli interventi sono ridotti al minimo grazie all'alta qualità delle uve. Fermentazioni spontanee e uso del legno grande portano i vini de La Castellada ai vertici della qualità.

Località Oslavia, 1 - 34170 Gorizia (GO)
T. 0481 33670 | M. info@lacastellada.it
www.lacastellada.it

Viticoltura: Biologica
Ettari: 10 | **Bottiglie:** 30.000 | **Produzione olearia:** No
Proprietà: Famiglia Bensa
Cond. enologica: Stefano Bensa
Cond. agronomica: Giovanni Bigot
Vendita diretta: Sì | **Visite in azienda:** Sì

(91,5)

COLLIO RIBOLLA GIALLA 2018
Bianco Doc - Ribolla gialla 100%
Alc. 12,5% | € 28 | Bt. 4.100 | Ferm. Legno | Mat. Acciaio 12 mesi e Legno 36 mesi
Espressione sensuale di pienezza fruttata con zeste di arancia rossa e chinotto, avviluppate in volute di erbe aromatiche (timo e rosmarino), spezie (curcuma e zafferano), resine mentolate e note iodate. In bocca è denso di materia con una scia fresco-sapida che sorregge un sorso lunghissimo con respiri marini. Anguilla ai ferri.

COLLIO FRIULANO 2018
Bianco Doc - Tocai friulano 100%
Alc. 12,5% | € 28 | Bt. 4.900 | Ferm. Legno | Mat. Acciaio 24 mesi e Legno 12 mesi
Risotto con tinca di lago e datterini.

COLLIO BIANCO DELLA CASTELLADA 2018
Bianco Doc - Pinot grigio 50%, Chardonnay 30%, Sauvignon 20%
Alc. 14% | € 28 | Bt. 5.800 | Ferm. Legno | Mat. Acciaio 24 mesi e Legno 12 mesi
Pollo al curry.

COLLIO BIANCO DELLA CASTELLADA
2011 | 2013 | 2017

COLLIO FRIULANO
2012 | 2016 | 2017

La Delizia
(1931)

La cantina cooperativa La Delizia riunisce quattrocento produttori e vede da tempo negli spumanti il suo cavallo di battaglia. Così anche quest'anno a guidare la classifica aziendale sono le bollicine ottenute con il Metodo Martinotti della Ribolla Gialla Naonis, prodotta in ventimila bottiglie sui terreni ghiaiosi a destra del Tagliamento. Appena sotto le due versioni più secche del Prosecco, l'Extra Dry e l'Extra Dry Rosé Millesimato, che assecondano il gusto dei consumatori verso questo tipo di prodotto.

Via Udine, 24 - 33072 Casarsa della Delizia (PN)
T. 0434 869564 | M. info@ladelizia.com
www.ladelizia.com

Viticoltura: Convenzionale e lotta integrata
Ettari: 2000 | **Bottiglie:** 26.000.000 | **Produzione olearia:** No
Proprietà: Cooperativa di produttori
Cond. enologica: Alberto Sanzuol
Cond. agronomica: Stefano Facchina
Vendita diretta: Sì | **Visite in azienda:** No

RIBOLLA GIALLA BRUT NAONIS
Bianco Metodo Martinotti - Ribolla gialla 100%
Alc. 11% | € 15 | Bt. 20.000 | Ferm. Acciaio
Paglierino lucente, con bollicine sottili e durevoli. Al naso si avvertono fragranze di frutta croccante a polpa bianca, zeste di limone, una soffusa dolcezza e rosmarino. L'assaggio è vibrante e sfuma sui toni d'agrume. Lumache alla bourguignonne.

PROSECCO NAONIS ROSÉ EXTRA DRY 2022
Rosato Doc Metodo Martinotti - Glera 85%, Pinot nero 15%
Alc. 11,5% | € 15 | Bt. 100.000 | Ferm. Acciaio | 1 mese sui lieviti
Tartare di tonno.

PROSECCO SPUMANTE EXTRA DRY NAONIS
Bianco Doc Metodo Martinotti - Glera 100%
Alc. 11% | € 13 | Bt. 800.000 | Ferm. Acciaio
Scaloppa di foie gras con prugne e albicocche secche.

JADÈR CUVÉE NAONIS BRUT
Bianco Metodo Martinotti - Glera 80%, Ribolla gialla 20%
Alc. 11% | € 9 | Bt. 600.000 | Ferm. Acciaio
Pizza capricciosa.

PROSECCO NAONIS COLLECTION EXTRA DRY
Bianco Metodo Martinotti - Glera 100%
Alc. 11,5% | € 16 | Bt. 30.000 | Ferm. Acciaio
Trenette al pesto, patate e fagiolini.

FRIULI FRIULANO SASS TER 2022
Bianco Doc - Tocai friulano 100%
Alc. 13% | € 15 | Bt. 10.000 | Ferm. Acciaio
Pollastra alla birra e cipolle di Tropea.

PROSECCO UVA SOSTENIBILE EXTRA DRY
S.A.

FRIULI REFOSCO DAL PEDUNCOLO ROSSO SASS TER
2021

La Magnolia
(1968)

Cantina attiva dalla fine degli anni Sessanta quando Guido, nonno dell'attuale proprietaria Cristina Cozzarolo, mise a dimora le prime viti. Da allora La Magnolia è cresciuta arrivando agli attuali 50 ettari vitati che permettono alla cantina di portare sul mercato trecentomila bottiglie all'anno. La scelta di Cristina è stata quella di concentrarsi sui vitigni della tradizione friulana senza trascurare le varietà internazionali ormai accasate in regione. Ubi Es e Ubique sono due blend rappresentativi dell'azienda di Spessa.

Via Magnolia, 169 - Località Spessa - 33043 Cividale del Friuli (UD)
T. 0432 716262 | M. commerciale@vinilamagnolia.it
www.vinilamagnolia.it

Viticoltura: Convenzionale
Ettari: 50 | **Bottiglie:** 300.000 | **Produzione olearia:** No
Proprietà: Cristina Cozzarolo
Cond. enologica: Giovanni Turato
Cond. agronomica: Simone Masutti
Vendita diretta: Sì | **Visite in azienda:** Sì

BIANCO UBIQUE 2021
Bianco Igt - Ribolla gialla 35%, Malvasia istriana 30%, Tocai friulano 30%, Picolit 5%
Alc. 13,5% | € 18 | Bt. 5.000 | Ferm. Acciaio | Mat. Acciaio 3 mesi
Giallo tenue che risplende nel calice. Note di tostatura, sentori di frutta a polpa gialla (pesca e agrumi), erbe officinali e una suadente balsamicità gratificano l'esame olfattivo. In bocca è equilibrato, fresco, con rintocchi di vaniglia e agrumi. Finale piacevolmente asciugante. Risotto al nero di seppia con seppie croccanti.

FRIULI COLLI ORIENTALI PINOT GRIGIO 2022
Bianco Doc - Pinot grigio 100%
Alc. 13% | € 10 | Bt. 11.000 | Ferm. Acciaio | Mat. Acciaio 7 mesi
Lumache alla bourguignonne.

FRIULI COLLI ORIENTALI RIBOLLA GIALLA 2022
Bianco Doc - Ribolla gialla 100%
Alc. 13% | € 10 | Bt. 30.000 | Ferm. Acciaio | Mat. Acciaio 7 mesi
Insalatina di porcini e scaglie di formaggio.

ROSSO UBI ES 2018
Rosso Igt - Merlot 50%, Schioppettino 50%
Alc. 13,5% | € 15 | Bt. 7.000 | Ferm. Legno e Acciaio | Mat. Acciaio 30 mesi e Legno 14 mesi
Rosticciana.

SCHIOPPETTINO 2021
Rosso Igp - Schioppettino 100%
Alc. 13,5% | € 12 | Bt. 8.000 | Ferm. Acciaio | Mat. Acciaio 12 mesi
Tagliere di salumi.

La Rajade
(1999)

Premiato dai benefici delle significative escursioni termiche nei vigneti – tra i più alti della Dop Collio con i loro 300 metri s.l.m. – il Friulano messo in bottiglia da La Rajade è un vino vigoroso, ricco di sostanze odorose. L'esposizione ha garantito un'abbondante energia luminosa che ha permesso il raggiungimento di perfette maturazioni in un'annata, come la 2021, che ha dato la possibilità alle viti di garantire ai loro frutti un'ottima concentrazione zuccherina unita a un buon livello acidico.

Località Petrus, 2 - Restocina - 34070 Dolegna del Collio (GO)
T. 0481 639273 | M. info@larajade.it
www.larajade.it

Viticoltura: Convenzionale
Ettari: 7,5 | **Bottiglie:** 45.000 | **Produzione olearia:** No
Proprietà: Famiglie Campeotto e Faurlin
Cond. enologica: Andrea Romano Rossi, Yuri Bellacicco
Cond. agronomica: Yuri Bellacicco
Vendita diretta: Sì | **Visite in azienda:** Sì

COLLIO FRIULANO 2021
Bianco Doc - Tocai friulano 100%
Alc. 13% | € 18 | Bt. 7.000 | Ferm. Acciaio | Mat. Acciaio 9 mesi
Paglierino saturo e corrusco. Sullo sfondo di una delicata mineralità si apprezzano profumi di frutta croccante e cenni di erbe officinali. Al palato si conferma materico, ma non privo di una piacevole freschezza che accompagna il sorso fino alla fine. Tataki di tonno al sesamo.

COLLIO CABERNET SAUVIGNON RISERVA 2018
Rosso Doc - Cabernet sauvignon 100%
Alc. 14% | € 28 | Bt. 2.500 | Ferm. Legno | Mat. Legno 24 mesi
Terrina di lepre con salsa di prugne.

COLLIO RIBOLLA GIALLA 2021
Bianco Doc - Ribolla gialla 100%
Alc. 13% | € 20 | Bt. 10.000 | Ferm. Acciaio | Mat. Acciaio 9 mesi
Zuppa di stoccafisso e patate.

SCHIOPPETTINO 2021
Rosso Igt - Schioppettino 100%
Alc. 13% | € 20 | Bt. 2.000 | Ferm. Acciaio | Mat. Acciaio 9 mesi e Legno 12 mesi
Costolette d'agnello alle erbe.

COLLIO BIANCO CAPRIZI RISERVA
2016 | 2017 | 2018

COLLIO FRIULANO
2017 | 2018 | 2020

La Roncaia
(1998)

Si conferma interessante e variegata la produzione dell'azienda della famiglia Fantinel, che in uno degli areali più settentrionali dei Colli Orientali sfrutta al meglio i terreni ricchi di marna e arenarie. Quest'anno il vino di punta è il classico Ramandolo Docg nel millesimo 2018, da vendemmia tardiva delle uve verduzzo friulano. Ma raggiungono punteggi importanti anche l'uvaggio bianco Eclisse, blend di sauvignon e picollit e il Cabernet Franc, tutti nati sotto la cura dell'enologo Gabriele Tami.

Via Verdi, 26 - Frazione Cergneu - 33045 Nimis (UD)
T. 0432 790280 | M. info@laroncaia.com
www.fantinel.com

Viticoltura: Convenzionale
Ettari: 25 | **Bottiglie:** 60.000 | **Produzione olearia:** No
Proprietà: Famiglia Fantinel
Cond. enologica: Gabriele Tami
Cond. agronomica: Luca Grattoni
Vendita diretta: Sì | **Visite in azienda:** Sì

RAMANDOLO 2018
Bianco Docg Passito - Verduzzo friulano 100%
Alc. 12,5% | € 25 (0,375l) | Bt. 6.000 | Ferm. Legno | Mat. Legno 24 mesi
Giallo ambrato di pregiata stoffa. Naso ampio e fuso: albicocca in confettura, fico e dattero, miele di eucalipto, erbe aromatiche secche, arancia candita. Al gusto è raffinato, con ingresso pieno, fresco e sapido. Lunghissima e fine la chiusura su toni balsamici e fruttati. Roquefort.

BIANCO ECLISSE 2022
Bianco Igt - Sauvignon 90%, Picolit 10%
Alc. 13% | € 23 | Bt. 12.000 | Ferm. Legno e Acciaio | Mat. Acciaio 6 mesi
Storione alle prugne.

FRIULI COLLI ORIENTALI CABERNET FRANC 2021
Rosso Doc - Cabernet franc 100%
Alc. 13% | € 19 | Bt. 7.000 | Ferm. Acciaio | Mat. Acciaio 6 mesi
Capriolo ai porcini.

FRIULI COLLI ORIENTALI RIBOLLA GIALLA 2022
Bianco Doc - Ribolla gialla 100%
Alc. 12,5% | € 19 | Bt. 6.000 | Ferm. Acciaio | Mat. Acciaio 6 mesi
Risotto con salsiccia e Taleggio.

COLLI ORIENTALI DEL FRIULI PICOLIT 2018
Bianco Docg Passito - Picolit 100%
Alc. 13% | € 32 (0,375l) | Bt. 3.000 | Ferm. Legno e Acciaio
Mat. Legno 24 mesi
Torta sbrisolona.

FRIULI COLLI ORIENTALI FRIULANO 2021
Bianco Doc - Tocai friulano 100%
Alc. 13% | € 19 | Bt. 4.000 | Ferm. Acciaio | Mat. Acciaio 6 mesi
Casatella trevigiana.

COLLI ORIENTALI DEL FRIULI PICOLIT
2017

FRIULI COLLI ORIENTALI MERLOT FUSCO
2015

La Sclusa
(1971)

In attesa di rincontrare in degustazione il Friulano 12 Viti, vino immagine dell'azienda di Spessa, frutto di un vigneto che ha raccolto i cloni storici del tocai friulano, è il Sauvignon a posizionarsi davanti a tutti. L'azienda ci ha abituati a riconoscere nei suoi vini i tratti varietali e anche in questo Sauvignon 2022, gestito in purezza come da tradizione della cantina La Sclusa, s'incontrano le caratteristiche tipiche del vitigno, ma presentate con classe, così che possano emergere anche la relazione con il terreno e la tecnica di produzione.

Strada Sant'Anna, 7/2 - Località Spessa - 33043 Cividale del Friuli (UD)
T. 0432 716259 | M. info@lasclusa.it
www.lasclusa.it

Viticoltura: Lotta integrata
Ettari: 45 | **Bottiglie:** 200.000 | **Produzione olearia:** No
Proprietà: Gino Zorzettig
Cond. enologica: Luciano Zorzettig
Cond. agronomica: Staff aziendale
Vendita diretta: Sì | **Visite in azienda:** Sì

FRIULI COLLI ORIENTALI SAUVIGNON 2022
Bianco Dop - Sauvignon 100%
Alc. 13,5% | € 16 | Bt. 12.000 | Ferm. Acciaio | Mat. Acciaio 8 mesi
Delicata e viva cromia giallo paglia. Su un garbato sfondo varietale di fiore di sambuco, si evidenziano il pompelmo rosa e la pesca bianca con erbe di salicornia e salvia. Percorre agile il palato con la freschezza che controlla la parte alcolica. Dissolvenza sapida, fruttata, e varietale. Rombo al forno ai sapori mediterranei.

FRIULI MALVASIA 2022
Bianco Dop - Malvasia 100%
Alc. 13,5% | € 21 | Bt. 2.000 | Ferm. Acciaio | Mat. Acciaio 8 mesi
Linguine con asparagi e calamaretti.

FRIULI COLLI ORIENTALI FRIULANO 2022
Bianco Dop - Tocai friulano 100%
Alc. 13% | € 14 | Bt. 14.000 | Ferm. Acciaio | Mat. Acciaio 8 mesi
Soufflé con pecorino e crema di patate.

FRIULI COLLI ORIENTALI SCHIOPPETTINO 2021
Rosso Doc - Schioppettino 100%
Alc. 13% | € 18 | Bt. 4.600 | Ferm. Acciaio | Mat. Acciaio 20 mesi
Rotolo di coniglio con pomodorini ed erbe aromatiche.

FRIULI COLLI ORIENTALI
REFOSCO DAL PEDUNCOLO ROSSO 2021
Rosso Dop - Refosco dal peduncolo rosso 100%
Alc. 13% | € 16 | Bt. 3.000 | Ferm. Acciaio | Mat. Acciaio 20 mesi
Gulasch di manzo alla paprica dolce.

FRIULI COLLI ORIENTALI RIBOLLA GIALLA 2022
Bianco Dop - Ribolla gialla 100%
Alc. 13% | € 16 | Bt. 10.000 | Ferm. Acciaio | Mat. Acciaio 8 mesi
Risotto al nero di seppia con seppie croccanti.

FRIULI COLLI ORIENTALI FRIULANO 12 VITI
2020 | 2021

FRIULI COLLI ORIENTALI MALVASIA
2019 | 2021

La Viarte
(1973)

Nella vallata del Fiume Judrio, La Viarte appare appollaiata in cima a una delle colline che qui sfiorano i 200 metri. Bianca, immersa nei vigneti, ha un approccio estetico di grande impatto. Costruita nel 1973, la cantina da una decina di anni è guidata dal nuovo proprietario, Alberto Piovan. Nel vigneto non vengono usati diserbanti chimici, favorendo la biodiversità di tutto l'ecosistema. In azienda si praticano tutti i principi dell'agricoltura biologica. Grande attenzione ai vitigni tradizionali vinificati in purezza.

Via Novacuzzo, 51 - 33040 Prepotto (UD)
T. 0432 759458 | M. laviarte@laviarte.it
www.laviarte.it

Viticoltura: Biologica
Ettari: 22 | **Bottiglie:** 120.000 | **Produzione olearia:** No
Proprietà: Alberto Piovan
Cond. enologica: Gianni Menotti
Cond. agronomica: Davide Mosetti
Vendita diretta: Sì | **Visite in azienda:** Sì

FRIULI COLLI ORIENTALI CHARDONNAY LIENDE 2021
Bianco Doc - Chardonnay 100%
Alc. 15,5% | € 25 | Bt. 750 | Ferm. Legno e Acciaio | Mat. Legno 8 mesi
Dorato, lucente. Effluvi agrumati e di frutta a polpa bianca (pera) che si intersecano con allusioni di vaniglia, fienagione alpina e delicate erbe officinali. Generoso, avvolgente, lungo nel percorso gustativo sorretto da freschezza e sapidità che regolano l'alcol. Si congeda con memorie di frutta. Orata all'acqua pazza.

FRIULI COLLI ORIENTALI FRIULANO 2021
Bianco Doc - Tocai friulano 100%
Alc. 14% | € 20 | Bt. 7.300 | Ferm. Acciaio | Mat. Acciaio 8 mesi
Ravioli di magro con funghi chiodini.

FRIULI COLLI ORIENTALI PINOT BIANCO LIENDE 2021
Bianco Doc - Pinot bianco 100%
Alc. 14,5% | € 27 | Bt. 870 | Ferm. Legno e Acciaio | Mat. Legno 8 mesi
Granseola al vapore su misticanza.

FRIULI COLLI ORIENTALI RIBOLLA GIALLA 2021
Bianco Doc - Ribolla gialla 100%
Alc. 13% | € 20 | Bt. 6.700 | Ferm. Acciaio | Mat. Acciaio 8 mesi
Bigoli con le sarde di lago.

FRIULI COLLI ORIENTALI TAZZELENGHE RISERVA 2014
Rosso Doc - Tazzelenghe 100%
Alc. 13,5% | € 38 | Bt. 1.300 | Ferm. Acciaio | Mat. Legno 24 mesi
Manzo brasato con olive e porri.

FRIULI COLLI ORIENTALI PIGNOLO RISERVA 2011
Rosso Doc - Pignolo 100%
Alc. 15% | € 70 | Bt. 1.300 | Ferm. Acciaio | Mat. Legno 30 mesi
Allodole tartufate in casseruola.

FRIULI COLLI ORIENTALI PINOT BIANCO LIENDE
2020

FRIULI COLLI ORIENTALI CHARDONNAY LIENDE
2020

Le Due Terre
(1984)

Per la seconda volta negli ultimi tre anni lo Schioppettino raggiunge le Quattro Viti! Le Due Terre è una delle aziende-simbolo dei Colli Orientali, attentissima a trarre il meglio dai soli 5 ettari di proprietà. Le due terre del felice marchio aziendale sono la marna da una parte e le terre rosse dall'altra, un mix geologico che contribuisce a definire vini dalla forte personalità come il bianco e il rosso Sacrisassi, i due blend di vitigni autoctoni che hanno reso famoso il tocco enologico di Flavio Basilicata.

Via Roma, 68/B - 33040 Prepotto (UD)
T. 0432 713189 | M. info@leduetere.wine

Viticoltura: Biologica
Ettari: 5 | **Bottiglie:** 18.000 | **Produzione olearia:** No
Proprietà: Silvana Forte e Flavio Basilicata
Cond. enologica: Cora Basilicata, Flavio Basilicata
Cond. agronomica: Cora Basilicata, Flavio Basilicata
Vendita diretta: Sì | **Visite in azienda:** Sì

91

FRIULI COLLI ORIENTALI SCHIOPPETTINO 2019
Rosso Doc - Schioppettino 100%
Alc. 13,5% | € 45 | Bt. 1.200 | Ferm. Acciaio | Mat. Legno 24 mesi
Rubino di media intensità. Ingresso floreale di rosa, poi spire di sottobosco e humus, frutta rossa e amarena. Varietale con una leggera sensazione balsamica. Volumico ed esteso, in grado di governare un tannino vigoroso che firma la chiusa con ricordi di speziature. Carpaccio di chianina e insalata di porcini.

FRIULI COLLI ORIENTALI PINOT NERO 2020
Rosso Doc - Pinot nero 100%
Alc. 13,5% | € 35 | Bt. 2.600 | Ferm. Acciaio
Straccetti di cavallo.

FRIULI COLLI ORIENTALI BIANCO SACRISASSI 2020
Bianco Doc - Tocai friulano 70%, Ribolla gialla 30%
Alc. 13,5% | € 30 | Bt. 2.600 | Ferm. Acciaio
Risotto al lavarello del Garda.

FRIULI COLLI ORIENTALI BIANCO SACRISASSI
2013 | 2015 | 2016

FRIULI COLLI ORIENTALI ROSSO SACRISASSI
2014 | 2017 | 2019

Le Favole
(2005)

Grazie a camion refrigerati i grappoli vengono trasportate dai vigneti che confinano con il mare, a Carlino, fino alle Colline di Caneva, che guardano il Pian del Cansiglio, dove l'azienda Le Favole ha la cantina di trasformazione. È il viaggio che i fratelli Cadorin hanno organizzato per trasformare le uve – che all'inizio della loro avventura in agricoltura si limitavano a vendere – in vino. Un progetto di passione ormai avviato da anni con risultati di tutto rispetto anche grazie a una tipicità territoriale in grado di regalare profonde suggestioni.

Via Ronche, 92 - 33077 Sacile (PN)
T. 0434 735604 | M. info@lefavole.com
www.lefavole-wines.com

Viticoltura: Convenzionale
Ettari: 22 | **Bottiglie:** 80.000 | **Produzione olearia:** Sì
Proprietà: Evio e Angelo Cadorin
Cond. enologica: Evio Cadorin
Cond. agronomica: Staff aziendale
Vendita diretta: Sì | **Visite in azienda:** Sì

FRIULI REFOSCO DAL PEDUNCOLO ROSSO STORIIS 2018
Rosso Doc - Refosco dal peduncolo rosso 100%
Alc. 14,5% | € 16 | Bt. 3.300 | Ferm. Acciaio | Mat. Legno 24 mesi
Granato mediamente fitto. Composta di prugne e marasca sotto spirito in evidenza in un naso deciso, che offre rimandi di cioccolato, grafite, viola secca, fieno e legno arso. Il sorso evidenzia un'importante forza alcolica gestita da una buona freschezza sapida. Tannino non invadente e finale fruttato. Arista di maiale con salsa di prugne.

FRIULI PINOT GRIGIO 2021
Bianco Doc - Pinot grigio 100%
Alc. 13,5% | € 10 | Bt. 5.300 | Ferm. Acciaio
Funghi porcini trifolati.

FRIULI SAUVIGNON 2021
Bianco Doc - Sauvignon 100%
Alc. 14% | € 10 | Bt. 5.340 | Ferm. Acciaio | Mat. Acciaio 6 mesi
Pennette con pesto alla trapanese.

FRIULI BIANCO PICAVÈLT 2020
Bianco Doc - Riesling renano 60%, Pinot bianco 25%, Sauvignon 15%
Alc. 13% | € 11 | Ferm. Acciaio | Mat. Acciaio 6 mesi
Risotto agli scampi.

FRIULI TRAMINER AROMATICO 2022
Bianco Doc - Traminer aromatico 100%
Alc. 13% | € 11 | Bt. 4.000 | Ferm. Acciaio | Mat. Acciaio 6 mesi
Spaghetti con vongole e bottarga.

FRIULI MALVASIA 2020
Bianco Doc - Malvasia 100%
Alc. 13,5% | € 10 | Bt. 4.600 | Ferm. Acciaio | Mat. Legno 6 mesi
Vellutata ai porri.

FRIULI REFOSCO DAL PEDUNCOLO ROSSO
2020

FRIULI SAUVIGNON
2018 | 2019 | 2020

Le Monde
(1970)

Continua l'espansione della superficie vitata dell'azienda di Le Monde, la piccola località del comune di Prata di Pordenone. Con ormai più di 90 ettari e settecentomila bottiglie, la cantina rilevata da Alex Maccan nel 2008 veleggia verso i grandi numeri in una regione, come il Friuli, caratterizzata da produttori di piccole dimensioni. Presentati in Guida tutti vini in purezza secondo il progetto di Alex, che desidera portare sul mercato prodotti dalla spiccata riconoscibilità territoriale, godibili e caratterizzati da un buon rapporto valore/prezzo.

Via Garibaldi, 2 - Località Le Monde - 33080 Prata di Pordenone (PN)
T. 0434 622087 | M. info@lemondewine.com
www.lemondewine.com

Viticoltura: Certificazione SQNPI
Ettari: 92 | **Bottiglie:** 700.000 | **Produzione olearia:** No
Proprietà: Alex Maccan
Cond. enologica: Giovanni Ruzzene
Cond. agronomica: Andrea Pittana
Vendita diretta: Sì | **Visite in azienda:** Sì

FRIULI PINOT BIANCO ALMA 2020
Bianco Doc - Pinot bianco 100%
Alc. 13,5% | € 32 | Bt. 4.000 | Ferm. Legno | Mat. Legno 9 mesi
Oro. Dialogo avvincente tra la frutta matura (ananas, albicocca, pesca) e le erbe aromatiche fresche. Presenze di lavanda, tiglio, tostature e vaniglia. Gusto materico, rotondo e vellutato che regala equilibrio, media persistenza e un bellissimo congedo fruttato. Plateau royal di crudité.

FRIULI MERLOT .73 2018
Rosso Doc - Merlot 100%
Alc. 14% | € 35 | Bt. 2.900 | Ferm. Legno | Mat. Legno 18 mesi
Castelmagno.

FRIULI REFOSCO DAL PEDUNCOLO ROSSO INACO 2019
Rosso Doc - Refosco dal peduncolo rosso 100%
Alc. 14% | € 34 | Bt. 3.600 | Ferm. Legno | Mat. Legno 18 mesi
Risotto ai porcini e zucca.

BIANCO PRATUM 2020
Bianco Igt - Chardonnay 100%
Alc. 13,5% | € 28 | Bt. 5.000 | Ferm. Legno | Mat. Legno 9 mesi
Peperonata.

FRIULI PINOT BIANCO 2022
Bianco Doc - Pinot bianco 100%
Alc. 13% | € 19 | Bt. 36.000 | Ferm. Acciaio | Mat. Acciaio 6 mesi
Caesar salad.

FRIULI MERLOT .73
2016 | 2017

FRIULI PINOT BIANCO
2017 | 2019 | 2020

Le Vigne di Zamò
(1978)

Exploit da Quattro Viti per una delle aziende dalla storia più luccicante del Friuli, grazie al friulano che nasce nelle vigne di cinquant'anni, capaci di offrire un frutto prezioso. Il vino portabandiera di quest'anno rimane per dieci mesi sui lieviti in acciaio e viene imbottigliato a luglio per poi affinarsi un anno in bottiglia. Il riconoscimento premia la costante qualità della cantina e l'impegno in vigneto, gestito in agricoltura biologica. L'anima resta friulana, anche dopo il passaggio al gruppo Fontanafredda.

Via Abate Corrado, 4 - Località Rosazzo - 33044 Manzano (UD)
T. 0432 759693 | M. info@levignedizamo.com
www.levignedizamo.com

Viticoltura: Biologica
Ettari: 43 | **Bottiglie:** 300.000 | **Produzione olearia:** No
Proprietà: Gruppo Fontanafredda
Cond. enologica: Massimo Dell'Osa
Cond. agronomica: Adriano Qualizza
Vendita diretta: Sì | **Visite in azienda:** Sì

(91,5)
FRIULI COLLI ORIENTALI FRIULANO VIGNE CINQUANT'ANNI 2021
Bianco Doc - Tocai friulano 100%
Alc. 14% | € 29 | Bt. 3.000 | Ferm. Acciaio | Mat. Legno 12 mesi
Paglierino saturo, quasi dorato, lucente. Naso fruttato con pompelmo e frutta croccante, bouquet raffinato di erbe officinali con un'attraente speziatura di pepe bianco. Palato che abbraccia, che si amplia con equilibrio e persistenza regalando richiami fruttati e aromi di pietra spaccata. Linguine con bottarga e pomodori secchi.

FRIULI COLLI ORIENTALI MERLOT VIGNE CINQUANT'ANNI 2019
Rosso Doc - Merlot 100%
Alc. 13,5% | € 29 | Bt. 3.000 | Ferm. Legno | Mat. Legno 18 mesi
Manzo brasato con funghi.

FRIULI COLLI ORIENTALI ROSSO RONCO DEI ROSETI 2020
Rosso Doc - Merlot 85%, Cabernet sauvignon 15%
Alc. 13,5% | € 28 | Bt. 2.500 | Ferm. Legno | Mat. Legno 18 mesi
Lepre in salmì.

FRIULI COLLI ORIENTALI CHARDONNAY RONCO DELLE ACACIE 2021
Bianco Doc - Chardonnay 100%
Alc. 14% | € 27 | Bt. 3.200 | Ferm. Legno | Mat. Legno 10 mesi
Filetto di dentice in crosta di patate.

FRIULI COLLI ORIENTALI FRIULANO NO NAME 2021
Bianco Doc - Tocai friulano 100%
Alc. 13,5% | € 18 | Bt. 16.500 | Ferm. Acciaio
Involtini di melanzana con scamorza.

FRIULI COLLI ORIENTALI PINOT BIANCO TULLIO ZAMÒ 2020
Bianco Doc - Pinot bianco 100%
Alc. 13,5% | € 27 | Bt. 1.900 | Ferm. Legno | Mat. Legno 10 mesi
Vellutata di ceci con gamberi croccanti.

FRIULI COLLI ORIENTALI MERLOT VIGNE CINQUANT'ANNI
2011

FRIULI COLLI ORIENTALI PINOT BIANCO TULLIO ZAMÒ
2015

Lis Neris
(1879)

Sauvignon blanc, friulano e riesling: sono i tre vitigni che compongono il blend Fiore di Campo, valutato quest'anno al primo posto tra i campioni presentati dalla storica e magistrale azienda di San Lorenzo Isontino. E si tratta di un vero exploit dal momento che siamo solo alla seconda annata prodotta, anche se le Quattro Viti – alle quali la cantina di Alvaro Pecorari si era abituata negli ultimi anni con i suoi conosciutissimi Lis e Gris – sono state stavolta sfiorate anche da un pregevole Pinot Grigio.

Via Gavinana, 5 - 34070 San Lorenzo Isontino (GO)
T. 0481 80105 | M. lisneris@lisneris.it
www.lisneris.it

Viticoltura: Convenzionale ed ecosostenibile
Ettari: 74 | **Bottiglie:** 450.000 | **Produzione olearia:** No
Proprietà: Alvaro Pecorari
Cond. enologica: Alvaro Pecorari
Cond. agronomica: Alvaro Pecorari
Vendita diretta: Sì | **Visite in azienda:** Sì

(91)
FRIULI ISONZO FIORE DI CAMPO F2 GOLD CUVÉE 2019
Bianco Doc - Sauvignon 34%, Riesling 33%, Tocai friulano 33%
Alc. 14% | € 39 | Bt. 5.000 | Ferm. Acciaio | Mat. Acciaio 11 mesi
Un manto dorato, che sprigiona intriganti fragranze di fiori. Debutta con una parte fumé e pietrosa, poi frutta a polpa gialla, frutta secca e caramella d'orzo. La bocca è ampia e suadente, ma allo stesso tempo tesa e minerale. Lunga coda che lascia sensazioni di zenzero e frutta. Tagliolini al nero di seppia e pomodori ciliegino.

FRIULI ISONZO PINOT GRIGIO GRIS 2021
Bianco Doc - Pinot grigio 100%
Alc. 14% | € 29 | Bt. 45.000 | Ferm. Legno | Mat. Legno 11 mesi
Risotto all'isolana.

FRIULI ISONZO LIS 2019
Bianco Doc - Pinot grigio 50%, Chardonnay 30%, Sauvignon 20%
Alc. 13,5% | € 39 | Bt. 25.000 | Ferm. Legno | Mat. Acciaio 10 mesi e Legno 11 mesi
Garganelli con julienne di calamari e ortiche.

FRIULI ISONZO SAUVIGNON PICOL 2021
Bianco Doc - Sauvignon 100%
Alc. 14% | € 29 | Bt. 40.000 | Ferm. Acciaio | Mat. Legno 10 mesi
Insalata di finocchi, arance e olive nere.

FRIULI ISONZO CONFINI 2019
Bianco Doc - Gewürztraminer 40%, Pinot grigio 40%, Riesling 20%
Alc. 15% | € 39 | Bt. 10.000 | Ferm. Legno e Acciaio | Mat. Acciaio 10 mesi e Legno 11 mesi
Crostini con paté de foie gras d'anatra.

FRIULI ISONZO FRIULANO LA VILA 2021
Bianco Doc - Tocai friulano 100%
Alc. 14,5% | € 29 | Bt. 13.000 | Ferm. Acciaio | Mat. Legno 10 mesi
Timballo di riso e gamberi.

FRIULI ISONZO LIS
2017 | 2018

FRIULI ISONZO PINOT GRIGIO GRIS
2012 | 2016

Livon
(1964)

Ruttars è uno dei migliori cru del Collio. Numerosi sono i vantaggi di questa splendida collina che assieme all'esperienza e alla costante ricerca qualitativa della famiglia Livon assicura vini poliedrici e articolati. L'escursione termica dona profumi e freschezza, l'esposizione soleggiata e la pendenza garantiscono maturazione e ricchezza, il terreno un tratto salino inconfondibile. Convincono tutti i vini della linea Cru, complici le ottime annate e la gestione sapiente dei legni; quest'anno è incisivo, nella sua armonia e profondità, il Solarco, da uve friulano e chardonnay.

Via Montarezza, 33 - Dolegnano - 33048 San Giovanni al Natisone (UD)
T. 0432 757173 | M. info@livon.it
www.livon.it

Viticoltura: Convenzionale
Ettari: 180 | **Bottiglie:** 800.000 | **Produzione olearia:** No
Proprietà: Valneo e Tonino Livon
Cond. enologica: Giovanni Genio
Cond. agronomica: Emanuele Mian
Vendita diretta: Sì | **Visite in azienda:** Sì

COLLIO BIANCO SOLARCO 2021
Bianco Doc - Tocai friulano 70%, Ribolla gialla 30%
Alc. 13,5% | € 20 | Bt. 13.000 | Ferm. Legno e Acciaio | Mat. Acciaio 6 mesi e Legno 6 mesi
Scintillante paglierino. Impronta olfattiva delicata ed elegante. Mazzetto aromatico, tiglio e acacia lasciano spazio a malie di pesca gialla, mandarino, nespola, pepe bianco e mandorla tostata. Fresco e morbido al palato, si esprime dinamico con estensioni minerali. Epilogo agrumato e succoso. Risotto con cannellini e canestrelli.

BRAIDE ALTE 2021
Bianco Igt - Chardonnay 40%, Sauvignon 40%, Picolit 18%, Moscato giallo 2%
Alc. 14% | € 35 | Bt. 15.000 | Ferm. Legno | Mat. Legno 8 mesi
Tartare di tonno.

COLLIO PINOT BIANCO CAVEZZO 2021
Bianco Doc - Pinot bianco 100%
Alc. 13% | € 22 | Bt. 3.000 | Ferm. Legno e Acciaio | Mat. Acciaio 7 mesi e Legno 7 mesi
Lasagne di verdure.

ROSSO TIAREBLÙ 2019
Rosso Igt - Merlot 80%, Cabernet sauvignon 20%
Alc. 14% | € 30 | Bt. 3.000 | Ferm. Legno | Mat. Legno 24 mesi
Capriolo ai porcini.

COLLIO FRIULANO MANDITOCAI 2021
Bianco Doc - Tocai friulano 100%
Alc. 14% | € 30 | Bt. 6.000 | Ferm. Legno e Acciaio | Mat. Acciaio 8 mesi e Legno 8 mesi
Tartare di scampi.

COLLIO RIBOLLA GIALLA RONCALTO 2022
Bianco Doc - Ribolla gialla 100%
Alc. 13% | € 20 | Bt. 35.000 | Ferm. Acciaio | Mat. Acciaio 6 mesi e Legno 6 mesi
Linguine alla granseola e rosmarino.

BRAIDE ALTE
2018 | 2019 | 2020

COLLIO FRIULANO MANDITOCAI
2017 | 2020

Marinig
(1921)

Famiglia da sempre legata al mondo del vino, i Marinig portano avanti con passione una tradizione oramai ultracentenaria: dal capostipite Luigi a suo figlio Guido, fino a Sergio e all'erede Valerio, attualmente alla guida della cantina. Ma in squadra ci sono anche le donne: la moglie di Valerio, Michela e la mamma Marisa, sommelier. Nel segno della tradizione anche i vini: quest'anno a guidare la classifica aziendale è l'uvaggio rosso Biel Cûr che affianca allo schioppettino uve di refosco e pignolo.

Via Brolo, 41 - 33040 Prepotto (UD)
T. 0432 713012 | M. info@marinig.it
www.marinig.it

Viticoltura: Lotta integrata
Ettari: 8 | **Bottiglie:** 30.000 | **Produzione olearia:** No
Proprietà: Valerio Marinig
Cond. enologica: Valerio Marinig
Cond. agronomica: Valerio Marinig
Vendita diretta: Sì | **Visite in azienda:** Sì

FRIULI COLLI ORIENTALI ROSSO BIEL CÛR 2020
Rosso Doc - Refosco dal peduncolo rosso 40%, Schioppettino 40%, Pignolo 20%
Alc. 13,5% | € 28 | Bt. 1.800 | Ferm. Acciaio | Mat. Legno 20 mesi
Rubino vivace nell'aspetto, al naso rivela erbe aromatiche che anticipano frutta rossa, poi fiori a petalo scuro, sottobosco, spezie e balsamicità. Il sorso è pieno, con un tannino educato e sinergico con freschezza e sapidità: assieme allungano la persistenza rendendo piacevole la beva. Nodini di cinta senese lardellati al forno.

FRIULI COLLI ORIENTALI FRIULANO 2022
Bianco Doc - Tocai friulano 100%
Alc. 13,5% | € 13 | Bt. 3.000 | Ferm. Acciaio | Mat. Acciaio 8 mesi
Pollo fritto.

FRIULI COLLI ORIENTALI REFOSCO DAL PEDUNCOLO ROSSO 2020
Rosso Doc - Refosco dal peduncolo rosso 100%
Alc. 13,5% | € 20 | Bt. 2.000 | Ferm. Acciaio | Mat. Legno 20 mesi
Ossobuco alla milanese.

FRIULI COLLI ORIENTALI RIBOLLA GIALLA 2022
Bianco Doc - Ribolla gialla 100%
Alc. 13% | € 13 | Bt. 1.500 | Ferm. Acciaio | Mat. Acciaio 8 mesi
Risotto con tinca di lago e datterini.

FRIULI COLLI ORIENTALI SCHIOPPETTINO DI PREPOTTO 2020
Rosso Doc - Schioppettino 100%
Alc. 13,5% | € 28 | Bt. 3.000 | Ferm. Acciaio | Mat. Legno 20 mesi
Roast beef.

FRIULI COLLI ORIENTALI SAUVIGNON 2022
Bianco Doc - Sauvignon 100%
Alc. 13,5% | € 18 | Bt. 4.000 | Ferm. Acciaio | Mat. Acciaio 8 mesi
Piovra arrostita.

FRIULI COLLI ORIENTALI SCHIOPPETTINO DI PREPOTTO
2012 | 2013 | 2019

FRIULI COLLI ORIENTALI FRIULANO
2015 | 2021

Masùt da Rive
(1995)

Prima vendemmia nel 1990, banco di prova per Silvano Gallo che si era innamorato del Pinot Nero durante un viaggio in Francia nel 1982. Prime viti messe a dimora nel 1985 e dopo cinque anni la prima bottiglia portata sul mercato. Il vino era apparso già allora importante, con grandi potenzialità di crescita. Nonostante i dubbi di molti, la famiglia Gallo ha sempre creduto nel vitigno più antico dell'enologia contemporanea e così ora è in grado di festeggiare gli oltre trent'anni di produzione facendo del suo Pinot Nero il top della cantina.

Via Manzoni, 82 - 34070 Mariano del Friuli (GO)
T. 0481 69200 | M. info@masutdarive.com
www.masutdarive.com

Viticoltura: Convenzionale
Ettari: 30 | **Bottiglie:** 130.000 | **Produzione olearia:** No
Proprietà: Fabrizio e Marco Gallo
Cond. enologica: Fabrizio Gallo, Mattia Morsan
Cond. agronomica: Marco Gallo
Vendita diretta: Sì | **Visite in azienda:** Sì

ISONZO DEL FRIULI PINOT NERO 2020
Rosso Doc - Pinot nero 100%
Alc. 13,5% | € 32 | Bt. 17.000 | Ferm. Acciaio | Mat. Legno 12 mesi
Rubino lucente. Coinvolgenti profumi di piccoli frutti rossi (fragolina di bosco e mirtillo) fusi con rintocchi di rosa e violetta, noce moscata, chinotto e stille balsamiche. I tannini sono serici, lasciano la bocca pulita e il sorso, saporito, invoglia all'assaggio successivo. Petto d'anatra all'arancia.

FRIULI ISONZO CHARDONNAY MAURUS 2021
Bianco Doc - Chardonnay 100%
Alc. 14% | € 29 | Bt. 5.500 | Ferm. Acciaio | Mat. Legno 11 mesi
Parmigiana di melanzane.

ISONZO DEL FRIULI SAUVIGNON 2022
Bianco Doc - Sauvignon 100%
Alc. 13,5% | € 20 | Bt. 25.000 | Ferm. Acciaio | Mat. Acciaio 7 mesi
Risotto agli asparagi e provola affumicata.

ISONZO DEL FRIULI ROSSO SASSIROSSI 2021
Rosso Doc - Cabernet sauvignon 50%, Merlot 50%
Alc. 13,5% | € 22 | Bt. 25.000 | Ferm. Acciaio | Mat. Legno 12 mesi
Piccione al forno con cipollotti.

RIBOLLA GIALLA 2022
Bianco Igt - Ribolla gialla 100%
Alc. 12,5% | € 20 | Bt. 20.000 | Ferm. Acciaio | Mat. Acciaio 7 mesi
Provolone del Monaco.

ISONZO DEL FRIULI PINOT GRIGIO 2022
Bianco Doc - Pinot grigio 100%
Alc. 13,5% | € 20 | Bt. 25.000 | Ferm. Acciaio | Mat. Acciaio 7 mesi
Torta salata ai broccoli.

ISONZO DEL FRIULI PINOT NERO
2019

ISONZO DEL FRIULI PINOT GRIGIO
2021

Meroi
(1920)

Il sapiente uso del legno nelle fermentazioni e nelle successive fasi di maturazione (si utilizzano barrique realizzate con essenze arboree francesi) ha permesso all'azienda di Paolo Meroi di portare in evidenza un Pinot Grigio di classe che conquista il primo posto tra i vini proposti in Guida. Mancano dalla degustazione i prodotti dei cru Zitelle e Dominin che avrebbero reso più accattivante la sfida qualitativa. Ottimo, come da tradizione, il Ros di Buri che arriva da un vigneto che potrà dare molte soddisfazioni.

Via Stretta, 7/B - 33042 Buttrio (UD)
T. 0432 673369 | M. info@meroi.wine
www.meroi.wine

Viticoltura: Convenzionale
Ettari: 20 | **Bottiglie:** 70.000 | **Produzione olearia:** No
Proprietà: Paolo Meroi
Cond. enologica: Mirko Degan
Cond. agronomica: Mirko Degan
Vendita diretta: Sì | **Visite in azienda:** Sì

FRIULI COLLI ORIENTALI PINOT GRIGIO 2021
Bianco Doc - Pinot grigio 100%
Alc. 13,5% | € 16 | Bt. 4.000 | Ferm. Legno | Mat. Acciaio 2 mesi e Legno 10 mesi
Paglierino acceso. L'olfatto scopre l'intreccio di frutta matura (melone, mela Golden, pesca gialla), di erbe aromatiche (rosmarino e timo) e di fioriture a petalo giallo. Ottima lunghezza gustativa, con sapidità elegante e poi subito si fa fresco con bella impronta minerale. Linguine con asparagi e calamaretti.

FRIULI COLLI ORIENTALI MERLOT ROS DI BURI 2019
Rosso Doc - Merlot 100%
Alc. 13% | € 30 (1,5l) | Bt. 4.000 | Ferm. Acciaio | Mat. Acciaio 4 mesi e Legno 24 mesi
Capriolo con salsa di ribes rosso.

FRIULI COLLI ORIENTALI SAUVIGNON 2021
Bianco Doc - Sauvignon 100%
Alc. 14,5% | € 18 | Bt. 7.000 | Ferm. Legno | Mat. Acciaio 2 mesi e Legno 10 mesi
Riso venere con verdure e crostacei.

FRIULI COLLI ORIENTALI MERLOT VIGNA DOMININ
2018

FRIULI COLLI ORIENTALI BIANCO NÈSTRI
2020

Modeano
(1982)

Dopo 41 anni, e si può immaginare con quale stato d'animo, Gabriele Vialetto ha deciso di cedere il passo ai giovani cugini Luca e Andrea Cisorio, che hanno preso in mano l'azienda supportati da una visione fresca e dinamica. La volontà – riferiscono dall'azienda – è quella di mantenere intatte tradizioni e valori e continuare sulla strada dell'aumento della qualità anche per valorizzare il territorio della riviera friulana. Partendo da una mappa del 1805 è stato fatto il restyling, che porterà al cambio di nome dell'azienda in Ca Modeano.

Via Casali Modeano, 1 - Località Modeano - 33056 Palazzolo dello Stella (UD)
T. 0431 58244 | M. info@modeano.it
www.modeano.it

Viticoltura: Lotta integrata
Ettari: 32 | **Bottiglie:** 50.000 | **Produzione olearia:** No
Proprietà: Società Agricola Cisorio
Cond. enologica: Andrea Romano Rossi, Luca Cisorio
Cond. agronomica: Stefano Amadeo, Andrea Cisorio
Vendita diretta: Sì | **Visite in azienda:** Sì

FRIULI SAUVIGNON 2022
Bianco Doc - Sauvignon 100%
Alc. 13% | € 9 | Bt. 3.500 | Ferm. Acciaio | Mat. Acciaio 7 mesi
Un giallo tenue, dal gradevole esordio fiorito. Note di gelsomino e sambuco, erbe aromatiche, come la maggiorana, e la croccantezza di pera, albicocca e pesca, con sbuffi di bergamotto. Gusto agile, fresco al palato, di media lunghezza e dal setale agrumato. Risotto alla pescatora.

FRIULI BIANCO DOME 2021
Bianco Doc - Malvasia istriana 25%, Pinot grigio 25%, Sauvignon 25%, Tocai friulano 25%
Alc. 13% | € 9 | Bt. 2.500 | Ferm. Acciaio | Mat. Acciaio 19 mesi
Seppie in umido con piselli.

FRIULI CHARDONNAY 2022
Bianco Doc - Chardonnay 100%
Alc. 13% | € 9 | Bt. 3.500 | Ferm. Acciaio | Mat. Acciaio 7 mesi
Risotto con seppie e burrata.

FRIULI MALVASIA 2021
Bianco Doc - Malvasia istriana 100%
Alc. 13% | € 9 | Bt. 3.500 | Ferm. Acciaio | Mat. Acciaio 7 mesi
Tataki di tonno al sesamo.

DELLE VENEZIE PINOT GRIGIO 2022
Bianco Doc - Pinot grigio 100%
Alc. 12,5% | € 9 | Bt. 5.000 | Ferm. Acciaio | Mat. Acciaio 7 mesi
Pasta, patate e provola.

RIBOLLA GIALLA BRUT ÀVRIL
Bianco Metodo Martinotti - Ribolla gialla 100%
Alc. 12,5% | € 11 | Bt. 5.000 | Ferm. Acciaio | Mat. Acciaio 7 mesi
3 mesi sui lieviti
Sarde in saor.

FRIULI FRIULANO
2019 | 2020 | 2021

FRIULI CHARDONNAY
2019 | 2020 | 2021

Monviert
(1986)

Con un Picolit eccellente, la cantina che Fulvio Zorzettig, con i figli, gestisce a Spessa di Cividale del Friuli conferma la sua attenzione per i vitigni autoctoni, cui dedica anche la linea Riserve. Alla cura in cantina si unisce una particolare sensibilità ambientale: l'azienda è totally green. Ai sistemi naturali di conduzione delle viti è associato un progetto di sostenibilità. Un impianto fotovoltaico rende l'azienda quasi autonoma dal punto di vista elettrico e una caldaia a cippato, che brucia i residui di potatura, garantisce la copertura di tutto il fabbisogno di calore.

Via Strada di Spessa, 8 - 33043 Cividale del Friuli (UD)
T. 0432 716172 | M. info@monviert.com
www.monviert.com

Viticoltura: Lotta integrata
Ettari: 91 | **Bottiglie:** 400.000 | **Produzione olearia:** No
Proprietà: Francesco, Fulvio e Stefania Zorzettig
Cond. enologica: Fulvio Zorzettig, Emilio Del Medico
Cond. agronomica: Emilio Del Medico, Alessio Zorzettig
Vendita diretta: Sì | **Visite in azienda:** Sì

(91)
COLLI ORIENTALI DEL FRIULI PICOLIT 2019
Bianco Docg Passito - Picolit 100%
Alc. 13% | € 40 (0,5l) | Bt. 2.000 | Ferm. Legno e Acciaio
Mat. Acciaio 12 mesi e Legno 12 mesi
Ambrato brillante. Corredo aromatico ampio e di classe, con allusioni di pesca noce, uva sultanina, cocco, ananas e mango disidratati, zenzero e spezie dolci. Ingresso raffinato che avvolge il palato. Dolcezza controllata da freschezza e sapidità. Infinito con cenni balsamici e di zenzero. Storico Ribelle.

FRIULI COLLI ORIENTALI FRIULANO 2022
Bianco Doc - Tocai friulano 100%
Alc. 13% | € 12 | Bt. 25.000 | Ferm. Acciaio | Mat. Acciaio 3 mesi
Linguine con bottarga e pomodori secchi.

FRIULI COLLI ORIENTALI PINOT GRIGIO 2022
Bianco Doc - Pinot grigio 100%
Alc. 13% | € 12 | Bt. 20.000 | Ferm. Acciaio | Mat. Acciaio 3 mesi e Legno 12 mesi
Frittata di piselli, fave e fagiolini.

FRIULI COLLI ORIENTALI REFOSCO DAL PEDUNCOLO ROSSO RISERVA 2019
Rosso Doc - Refosco dal peduncolo rosso 100%
Alc. 14% | € 30 | Bt. 4.000 | Ferm. Legno e Acciaio | Mat. Acciaio 18 mesi e Legno 24 mesi
Maiale in agrodolce.

FRIULI COLLI ORIENTALI CABERNET FRANC 2022
Rosso Doc - Cabernet franc 100%
Alc. 13% | € 14 | Bt. 15.000 | Ferm. Acciaio | Mat. Acciaio 6 mesi
Manzo brasato con funghi.

FRIULI COLLI ORIENTALI SAUVIGNON 2022
Bianco Doc - Sauvignon 100%
Alc. 13% | € 12 | Bt. 25.000 | Ferm. Acciaio | Mat. Acciaio 3 mesi
Verdure in tempura.

FRIULI COLLI ORIENTALI SCHIOPPETTINO RISERVA
2018

COLLI ORIENTALI DEL FRIULI PICOLIT
2017 | 2018

Murva
(2009)

Alberto Pelos, per 14 anni enologo a Vie di Romans, ha acquisito fortemente la cultura dei climat e con i vini li vuole raccontare. Ad Alberto piace cercare di trattenere nel calice il sapore del frutto e la parte floreale, elementi caratterizzanti che sono dati dall'annata e, di conseguenza, dalle escursioni termiche. I due Chardonnay, ad esempio, arrivano da terreni diversi: medio impasto per il Paladis, calcareo il Monuments. I due Sauvignon differiscono per la tecnica di allevamento: guyot il Corvatis, cordone speronato il Teolis.

Via Celso Macor, 1 - 34070 Moraro (GO)
T. 0481 809079 | M. info@murva.it
www.murva.it

Viticoltura: Biologica
Ettari: 4,5 | **Bottiglie:** 18.000 | **Produzione olearia:** No
Proprietà: Renata Pizzulin
Cond. enologica: Alberto Pelos
Cond. agronomica: Alberto Pelos
Vendita diretta: Sì | **Visite in azienda:** Sì

(91)

FRIULI ISONZO CHARDONNAY PALADIS 2021
Bianco Doc - Chardonnay 100%
Alc. 13,5% | € 24 | Bt. 3.800 | Ferm. Legno | Mat. Legno 11 mesi
Un sole. Custodisce un patrimonio olfattivo di susina gialla matura e agrumi in canditura, su un letto di erbe aromatiche secche miste a fioriture di mandarino e cenni di spezie con cardamomo. In bocca ha spessore, ma con un'adeguata freschezza che regala sapore e dettagli agrumati. Lunga persistenza. Plateau royal di crudité.

FRIULI ISONZO SAUVIGNON CORVATIS 2021
Bianco Doc - Sauvignon 100%
Alc. 13,5% | € 16 | Bt. 5.200 | Ferm. Acciaio | Mat. Acciaio 12 mesi
Risotto con cannellini e canestrelli.

FRIULI ISONZO SAUVIGNON TEOLIS 2021
Bianco Doc - Sauvignon 100%
Alc. 14% | € 18 | Bt. 2.600 | Ferm. Acciaio | Mat. Acciaio 12 mesi
Filetto di orata in crosta di mandorle e patate.

FRIULI ISONZO CHARDONNAY MONUMENTS 2021
Bianco Doc - Chardonnay 100%
Alc. 13,5% | € 18 | Bt. 2.600 | Ferm. Acciaio | Mat. Legno 11 mesi
Stoccafisso in umido con porcini.

FRIULI ISONZO MALVASIA MELARIS 2021
Bianco Doc - Malvasia istriana 100%
Alc. 13,5% | € 18 | Bt. 2.600 | Ferm. Legno | Mat. Legno 12 mesi
Scampi alla busara.

FRIULI ISONZO CHARDONNAY PALADIS
2018 | 2020

FRIULI ISONZO MALVASIA MELARIS
2017

Muzic
(1963)

Quattro generazioni hanno contribuito a consolidare questa azienda-modello del Collio, che per il terzo anno di fila merita le Quattro Viti, stavolta con il Friulano Valeris d'annata, mentre la Malvasia raggiunge le Tre Viti e Mezzo. Fermentazione e maturazione in acciaio sono la caratteristica di tutti i prodotti aziendali, a eccezione dell'uvaggio Stare Brajde che si avvale anche del rovere francese. E, grazie a serbatoi speciali per le microvinificazioni, i Muzic continuano a studiare soluzioni innovative.

Località Bivio, 4 - 34070 San Floriano del Collio (GO)
T. 0481 884201 | M. info@cantinamuzic.it
www.cantinamuzic.it

Viticoltura: Lotta integrata
Ettari: 26 | **Bottiglie:** 130.000 | **Produzione olearia:** No
Proprietà: Giovanni Muzic
Cond. enologica: Fabijan Muzic, Giorgio Bertossi
Cond. agronomica: Elija Muzic
Vendita diretta: Sì | **Visite in azienda:** Sì

(93,5)

COLLIO FRIULANO VALERIS 2022
Bianco Doc - Tocai friulano 100%
Alc. 13,5% | € 21 | Bt. 21.000 | Ferm. Acciaio | Mat. Acciaio 8 mesi
Paglierino con bordo dorato. Frutta gialla croccante, effusioni di resina mentolata, limone verde, erbe aromatiche fresche e balsamicità nel complesso spettro olfattivo. Il sorso è deciso, ma non perde compostezza: freschezza e sapidità guidano la beva che si chiude con scie agrumate. Risotto con mazzancolle al profumo d'arancia.

COLLIO MALVASIA 2022
Bianco Doc - Malvasia istriana 100%
Alc. 13,5% | € 23 | Bt. 11.000 | Ferm. Acciaio | Mat. Acciaio 8 mesi
Ostriche Speciale de Claire Marennes-Oléron.

COLLIO BIANCO STARE BRAJDE 2021
Bianco Doc - Tocai friulano 50%, Malvasia istriana 40%, Ribolla gialla 10%
Alc. 14% | € 30 | Bt. 5.000 | Ferm. Legno e Acciaio | Mat. Acciaio 3 mesi e Legno 6 mesi
Pesce spada alla griglia.

COLLIO CABERNET SAUVIGNON 2021
Rosso Doc - Cabernet sauvignon 100%
Alc. 14,5% | € 24 | Bt. 5.500 | Ferm. Acciaio | Mat. Acciaio 6 mesi e Legno 12 mesi
Hamburger di manzo con Montasio fuso.

FRIULI ISONZO MERLOT 2021
Rosso Doc - Merlot 100%
Alc. 14% | € 24 | Bt. 5.500 | Ferm. Acciaio | Mat. Acciaio 6 mesi e Legno 12 mesi
Rosticciana.

COLLIO SAUVIGNON PAJZE 2022
Bianco Doc - Sauvignon 100%
Alc. 13,5% | € 21 | Bt. 15.000 | Ferm. Acciaio | Mat. Acciaio 8 mesi
Insalata di finocchi, arance e olive nere.

COLLIO FRIULANO VALERIS
2018 | 2020 | 2021

COLLIO BIANCO STARE BRAJDE
2018 | 2019 | 2020

Norina Pez
(1960)

Stefano Bernardis continua a confermare la qualità dei vini che crea dagli 8 ettari di vigneto. Quest'anno si mette in evidenza un blend di merlot e schioppettino da uve che, dopo la raccolta fatta con grande cura per selezionare solo i grappoli più adatti, hanno subito un processo di appassimento naturale di alcune settimane in cassetta. L'esito è un vino possente, dal significativo titolo alcolometrico, in grado di esprimere la forza del Collio. Il nome El Neri di Norina (Il rosso di Norina) è un omaggio alla madre, che assieme al marito, negli anni Settanta, dette il via all'azienda.

Via Zorutti, 4 - 34070 Dolegna del Collio (GO)
T. 345 4181350 | M. info@norinapez.it
www.norinapez.it

Viticoltura: Convenzionale
Ettari: 8 | **Bottiglie:** 60.000 | **Produzione olearia:** No
Proprietà: Stefano Bernardis
Cond. enologica: Stefano Bernardis
Cond. agronomica: Stefano Bernardis
Vendita diretta: Sì | **Visite in azienda:** Sì

COLLIO ROSSO EL NERI DI NORINA 2019
Rosso Igp - Merlot 50%, Schioppettino 50%
Alc. 15% | € 30 | Ferm. Legno | Mat. Acciaio 12 mesi e Legno 24 mesi
Rubino di buona saturazione. Racconto odoroso che comincia da piccoli frutti come lampone e mora maturi, e si arricchisce di suggestioni di sottobosco e di tabacco. Solido corpo, caldo, sostenuto dall'acidità e da tannini ben regolati in buon equilibrio con le morbidezze frutto dell'appassimento. Manzo brasato con olive e porri.

SCHIOPPETTINO 2020
Rosato Igt - Schioppettino 100%
Alc. 12,5% | € 20 | Ferm. Acciaio | Mat. Acciaio 12 mesi e Legno 12 mesi
Porchetta di Ariccia.

COLLIO CABERNET FRANC 2020
Rosso Doc - Cabernet franc 100%
Alc. 12,5% | € 20 | Ferm. Acciaio | Mat. Acciaio 12 mesi
Stracotto d'asino.

COLLIO FRIULANO 2022
Bianco Doc - Tocai friulano 100%
Alc. 13,5% | € 18 | Ferm. Acciaio | Mat. Acciaio 6 mesi
Rigatoni al ragù bianco di carne.

COLLIO RIBOLLA GIALLA 2022
Bianco Doc - Ribolla gialla 100%
Alc. 13% | € 18 | Ferm. Acciaio | Mat. Acciaio 6 mesi
Casatella trevigiana.

COLLIO SAUVIGNON 2022
Bianco Doc - Sauvignon 100%
Alc. 14% | € 18 | Ferm. Acciaio | Mat. Acciaio 6 mesi
Vellutata di zucca e porri.

SCHIOPPETTINO
2019

COLLIO SAUVIGNON
2021

Obiz
(1997)

Salvato grazie a una sollevazione popolare l'areale Obiz – che era minacciato dal progetto di una strada tangenziale – nell'azienda di Borgo Gortani è tornata la serenità e il vino è di nuovo al centro dell'attenzione. L'azienda ha presentato in degustazione anche due vini da vitigni resistenti. Ed è proprio dal cabernet volos che è nato il Rosso L'Opposto che ora si mette in testa alla classifica: un vino magistrale, ben gestito in cantina, che può mostrare con orgoglio il suo 5 per cento di diversità.

Borgo Gortani, 2 - 33052 Cervignano del Friuli (UD)
T. 0431 31900 | M. info@obiz.it
www.obiz.it

Viticoltura: Convenzionale e lotta integrata
Ettari: 40 | **Bottiglie:** 80.000 | **Produzione olearia:** Sì
Proprietà: Yunmani Bergamasco
Cond. enologica: Francesco Visintin
Cond. agronomica: Yunmani Bergamasco
Vendita diretta: Sì | **Visite in azienda:** Sì

FRIULI ROSSO L'OPPOSTO 2021
Rosso Doc - Cabernet Volos 100%
Alc. 12,5% | € 20 | Bt. 1.300 | Ferm. Acciaio | Mat. Acciaio e Legno 12 mesi
Carminio di media fittezza. Elegante e fruttato il naso, con lampone, fragoline di bosco, succo di ciliegia e melagrana. Richiami di sottobosco, humus, viola e ciclamino. Sorso di medio peso, composto, che mostra una discreta avvolgenza con un tannino aggraziato che lascia spazio a una freschezza sapida. Roast beef.

FRIULI MERLOT 2020
Rosso Doc - Merlot 100%
Alc. 13% | € 18 | Bt. 3.000 | Ferm. Acciaio | Mat. Acciaio 5 mesi e Legno 16 mesi
Ravioli di germano con foie gras.

FRIULI PINOT GRIGIO 2022
Bianco Doc - Pinot grigio 100%
Alc. 13% | € 15 | Bt. 6.600 | Ferm. Acciaio | Mat. Acciaio 3 mesi
Risotto al lavarello del Garda.

FRIULI TRAMINER AROMATICO 2022
Bianco Doc - Traminer aromatico 100%
Alc. 13% | € 15 | Bt. 6.600 | Ferm. Acciaio | Mat. Acciaio 3 mesi e Cemento
Crostini con paté de foie gras d'anatra.

FRIULI CABERNET FRANC 2021
Rosso Doc - Cabernet franc 100%
Alc. 13% | € 15 | Bt. 6.600 | Ferm. Acciaio | Mat. Acciaio 4 mesi
Reale di vitello alla senape antica.

FRIULI REFOSCO DAL PEDUNCOLO ROSSO 2021
Rosso Doc - Refosco dal peduncolo rosso 100%
Alc. 13% | € 18 | Bt. 3.000 | Ferm. Acciaio | Mat. Acciaio 4 mesi e Legno 16 mesi
Petto d'anatra alle prugne.

FRIULI REFOSCO DAL PEDUNCOLO ROSSO
2018 | 2019

FRIULI MERLOT
2018 | 2019

Paraschos
(1998)

Fermenta e matura in legno il vino top di quest'anno, che garantisce all'azienda Paraschos le prestigiose Tre Viti e Mezzo. Un premio alla coerenza per una cantina riassunta nello slogan: il territorio è la costante, l'annata la variabile e l'uomo il tramite. E all'origine di tutto – dalla scelta della macerazione anche per le uve a bacca bianca, all'abbraccio con l'agricoltura biologica – la tenacia di Evangelos, arrivato a Trieste dalla Grecia per studiare farmacia e folgorato sulla via di San Floriano e ora ben assistito dai figli Alexis e Jannis.

Località Bucuie, 13/A - 34070 San Floriano del Collio (GO)
T. 0481 884154 | M. info@paraschos.it
www.paraschos.it

Viticoltura: Biologica certificata
Ettari: 7 | **Bottiglie:** 30.000 | **Produzione olearia:** No
Proprietà: Evangelos Paraschos
Cond. enologica: Alexis Paraschos
Cond. agronomica: Jannis Paraschos
Vendita diretta: Sì | **Visite in azienda:** Sì

MERLOT SKALA 2017
Rosso Igt - Merlot 100%
Alc. 13,5% | € 50 | Bt. 600 | Ferm. Legno e Acciaio | Mat. Legno 24 mesi
Trine granato. Delicato ma ricco, con incipit di frutta rossa sotto spirito, liquirizia in radice, fioriture estive, elegie balsamiche e di sottobosco. Entra deciso, poi subito fresco con un abbraccio tannico che allunga la beva. Agrumi e balsamicità in chiusura. Pluma di maialino Bellota con cipolle caramellate.

PINOT GRIGIO NOT 2020
Rosato Igt - Pinot grigio 100%
Alc. 12,5% | € 42 | Bt. 2.700 | Ferm. Legno e Acciaio | Mat. Legno 12 mesi
Risotto ai frutti di mare.

FRIULANO KAI 2020
Bianco Igt - Tocai friulano 100%
Alc. 12,5% | € 42 | Bt. 2.000 | Ferm. Legno e Acciaio | Mat. Legno 24 mesi
Moeche fritte.

RIBOLLA GIALLA ANNATA 2020
Bianco Igt - Ribolla gialla 100%
Alc. 12,5% | € 50 | Bt. 2.000 | Ferm. Legno e Acciaio | Mat. Legno 24 mesi
Polpo alla Luciana.

MERLOT 2016
Rosso Igt - Merlot 100%
Alc. 13,5% | € 27 | Bt. 2.700 | Ferm. Legno e Acciaio | Mat. Legno 24 mesi
Risotto al radicchio tardivo.

PINOT NERO NOIR 2018
Rosso Igt - Pinot nero 100%
Alc. 12,5% | € 50 | Bt. 1.300 | Ferm. Acciaio | Mat. Acciaio 12 mesi e Legno 12 mesi
Rotolo di coniglio con pomodorini ed erbe aromatiche.

PINOT GRIGIO NOT
2013 | 2019

FRIULANO KAI
2019

Alessandro Pascolo
(2006)

Ci sono diversi modi per onorare il fondatore di un'azienda vinicola. Di certo c'è quello di dedicargli un'etichetta, magari una di quelle che identificano i vini di maggior prestigio della cantina. Anche Alessandro Pascolo ha pensato al nonno Angelo, e ha chiamato Agnul (Angelo in friulano) il blend bianco più longevo della sua produzione. Quest'anno, con il vino salito nel cenacolo dell'eccellenza, ci sarà un modo in più per ricordare il lavoro di tre generazioni sulle ripide Colline di Ruttars.

Località Ruttars, 1 - 34070 Dolegna del Collio (GO)
T. 0481 61144 | M. info@vinipascolo.com
www.vinipascolo.com

Viticoltura: Lotta integrata
Ettari: 6,5 | **Bottiglie:** 20.000 | **Produzione olearia:** No
Proprietà: Famiglia Pascolo
Cond. enologica: Alessandro Pascolo
Cond. agronomica: Alessandro Pascolo
Vendita diretta: Sì | **Visite in azienda:** Sì

(91)

COLLIO BIANCO AGNUL 2020
Bianco Doc - Tocai friulano 50%, Pinot bianco 40%, Sauvignon 10%
Alc. 13,5% | € 25 | Bt. 1.000 | Ferm. Legno e Acciaio | Mat. Acciaio 12 mesi e Legno 6 mesi
Paglierino fatto e finito. Profilo intenso dall'intrigante sponda erbacea con rosmarino e macchia mediterranea, poi tonalità di agrumi (cedro e bergamotto), delicate resine e sensazioni salmastre. L'aroma di bocca è sapido e coinvolge l'intero palato con un armonioso allungo a ricordare la pietra focaia. Branzino al cartoccio.

COLLIO MERLOT ROSSO DI PONCA 2019
Rosso Doc - Merlot 100%
Alc. 14,5% | € 25 | Bt. 2.000 | Ferm. Acciaio | Mat. Acciaio 6 mesi e Legno 18 mesi
Carré di maiale affumicato.

CABERNET SAUVIGNON PASCAL 2020
Rosso Igt - Cabernet sauvignon 100%
Alc. 14,5% | € 21 | Bt. 1.000 | Ferm. Acciaio | Mat. Acciaio 6 mesi e Legno 18 mesi
Spezzatino di manzo.

COLLIO FRIULANO ETICHETTA BIANCA 2020
Bianco Doc - Tocai friulano 100%
Alc. 14% | € 25 | Bt. 600 | Ferm. Legno | Mat. Acciaio 3 mesi e Legno 6 mesi
Risotto alla zucca e astice.

COLLIO BIANCO AGNUL
2019

CABERNET SAUVIGNON PASCAL
2019

Pierpaolo Pecorari
(1970)

Contadini da secoli e vignaioli da 50 anni, nella famiglia di Pierpaolo Pecorari si alleva la vite nella zona Rive Alte dell'Isonzo. Con Pierpaolo in azienda c'è il figlio Alessandro, viaggiatore del vino che si occupa in particolare dalle missioni commerciali che lo portano dal nord Europa all'Asia, non trascurando il Nord America. Si coltivano vitigni autoctoni e internazionali, ma anche per quest'ultimi la volontà è quella di produrne vini che rispettino il più possibile le caratteristiche del territorio.

Via Tommaseo, 56 - 34070 San Lorenzo Isontino (GO)
T. 0481 808775 | M. info@pierpaolopecorari.it
www.pierpaolopecorari.it

Viticoltura: Convenzionale
Ettari: 31 | **Bottiglie:** 210.000 | **Produzione olearia:** Sì
Proprietà: Pierpaolo Pecorari
Cond. enologica: Pierpaolo Pecorari
Cond. agronomica: Staff aziendale
Vendita diretta: Sì | **Visite in azienda:** Sì

PINOT BIANCO 2021
Bianco Igp - Pinot bianco 100%
Alc. 13% | € 18 | Bt. 4.000 | Ferm. Acciaio | Mat. Acciaio 6 mesi
Magnifico giallo sole. Lascia apprezzare la foglia di limone, muschio bianco e fiore di acacia con l'aggiunta di erbe aromatiche (timo) e agrumi (scorza di lime). Il sapore si fa strada con classe e freschezza, e con una gradevole corrispondenza aromatica. Di media, sapida persistenza. Guazzetto di moscardini.

MALVASIA 2022
Bianco Igp - Malvasia istriana 100%
Alc. 13% | € 15 | Bt. 4.000 | Ferm. Acciaio | Mat. Acciaio 4 mesi
Riso venere con verdure e crostacei.

FRIULANO 2022
Bianco Igp - Tocai friulano 100%
Alc. 12,5% | € 15 | Bt. 6.000 | Ferm. Acciaio | Mat. Acciaio 4 mesi
Seppioline ai ferri.

SAUVIGNON 2022
Bianco Igp - Sauvignon 100%
Alc. 12,5% | € 15 | Bt. 45.000 | Ferm. Acciaio | Mat. Acciaio 4 mesi
Zuppa di stoccafisso e patate.

SAUVIGNON KOLAUS 2022
Bianco Igp - Sauvignon 100%
Alc. 13% | € 25 | Bt. 3.000 | Ferm. Acciaio | Mat. Acciaio 4 mesi
Involtini di melanzana con scamorza.

CHARDONNAY SORJS 2021
Bianco Igp - Chardonnay 100%
Alc. 13,5% | € 23 | Bt. 4.000 | Ferm. Legno | Mat. Legno 10 mesi
Cotolette di pollo con melanzane e provola.

MALVASIA
2019 | 2020 | 2021

SAUVIGNON KOLAUS
2016 | 2018 | 2019

Petrucco
(1981)

La mano sapiente di Flavio Cabas continua a proporre vini rossi di eccezionale levatura, sapendo ben interpretare le speciali caratteristiche del microclima delle calde colline di Buttrio. Quest'anno a meritare ancora una volta il massimo riconoscimento delle Quattro Viti è il Merlot 2020, dedicato al fondatore dell'azienda Paolo Petrucco, scomparso nel 2022: un vino che matura per due anni in barrique per assicurarsi la necessaria longevità. Di livello eccellente anche un altro dei cavalli di battaglia della cantina di Buttrio, l'autoctono Pignolo nella versione 2018.

Via Morpurgo, 12 - 33042 Buttrio (UD)
T. 0432 674387 | M. info@vinipetrucco.it
www.vinipetrucco.it

Viticoltura: Convenzionale
Ettari: 18 | **Bottiglie:** 70.000 | **Produzione olearia:** No
Proprietà: Lina e Paolo Petrucco
Cond. enologica: Flavio Cabas
Cond. agronomica: Flavio Cabas
Vendita diretta: Sì | **Visite in azienda:** Sì

(92)
FRIULI COLLI ORIENTALI MERLOT RONCO DI PAOLO 2020
Rosso Doc - Merlot 100%
Alc. 20% | € 21 | Bt. 3.000 | Ferm. Acciaio | Mat. Acciaio 4 mesi e Legno 24 mesi
Rubino sferzante. Propone una bellissima balsamicità che vira su toni floreali (viola e fiori rossi), poi frutta rossa (agrumi, mirtillo), chiodi di garofano e anice stellato. Sorso vibrante, con un tannino educato che avvolge il palato. Balsamico anche al gusto, succoso di agrumi rossi e sapidità. Lombata di vitello su letto di cipolline saltate.

FRIULI COLLI ORIENTALI PIGNOLO RONCO DI PAOLO 2018
Rosso Doc - Pignolo 100%
Alc. 15% | € 32 | Bt. 2.000 | Ferm. Acciaio | Mat. Acciaio 4 mesi e Legno 36 mesi
Tagliata al pepe verde.

FRIULI COLLI ORIENTALI MALVASIA 2022
Bianco Doc - Malvasia 100%
Alc. 14% | € 13 | Bt. 3.000 | Ferm. Acciaio | Mat. Acciaio 6 mesi
Risotto agli asparagi con gamberi croccanti.

FRIULI COLLI ORIENTALI PINOT BIANCO 2022
Bianco Doc - Pinot bianco 100%
Alc. 14% | € 13 | Bt. 3.000 | Ferm. Acciaio | Mat. Acciaio 6 mesi
Vellutata di erbette con crostini di pane ai cereali.

FRIULI COLLI ORIENTALI PINOT GRIGIO RAMATO 2022
Rosato Doc - Pinot grigio 100%
Alc. 15% | € 16 | Bt. 2.000 | Ferm. Legno e Acciaio | Mat. Acciaio 6 mesi
Pomodori gratinati con paté di olive.

FRIULI COLLI ORIENTALI REFOSCO DAL PEDUNCOLO ROSSO RONCO DI PAOLO 2020
Rosso Doc - Refosco dal peduncolo rosso 100%
Alc. 15% | € 20 | Bt. 2.600 | Ferm. Acciaio | Mat. Acciaio 4 mesi e Legno 24 mesi
Ravioli al sugo di chianina e tartufo nero.

FRIULI COLLI ORIENTALI PIGNOLO RONCO DEL BALBO
2016 | 2017

FRIULI COLLI ORIENTALI MERLOT RONCO DEL BALBO
2016 | 2017 | 2018

Petrussa
(1900)

In attesa di iniziare la sfida tutta interna all'azienda tra lo Schioppettino del cru Sant'Elena e quello di Brischis, che sta entrando in piena produzione, il rosso autoctono della Dop Friuli Colli Orientali conferma la sua alta qualità a iniziare dalla sottozona di Prepotto. La fermentazione in acciaio e la successiva maturazione in barrique di rovere sono state in grado di portare in bottiglia, anche nel millesimo 2020, un vino di eccellente qualità che i fratelli Petrussa gestiscono con una cura maniacale dei dettagli.

Via Albana, 49 - Località Albana - 33040 Prepotto (UD)
T. 0432 713192 | M. petrussa@petrussa.it
www.petrussa.it

Viticoltura: Convenzionale
Ettari: 10 | **Bottiglie:** 50.000 | **Produzione olearia:** No
Proprietà: Famiglia Petrussa
Cond. enologica: Paolo Petrussa
Cond. agronomica: Gianni Petrussa
Vendita diretta: Sì | **Visite in azienda:** Sì

(91)

FRIULI COLLI ORIENTALI SCHIOPPETTINO DI PREPOTTO S. ELENA 2020
Rosso Doc - Schioppettino 100%
Alc. 13,5% | € 65 | Bt. 1.526 | Ferm. Acciaio | Mat. Legno 20 mesi
Carminio di media fittezza, vivace. Raffinato naso varietale di pepe e spezie, piccoli frutti neri (prugna, ribes, mora) su un letto di viola e foglie di tabacco. Sensazioni balsamiche. In bocca è rotondo, spinto da un tannino saporito in maturazione. Centro bocca bilanciato con epilogo di frutta e tabacco. Piccione ai porcini e tartufo nero.

PENSIERO 2019
Bianco Igt Passito - Verduzzo friulano 100%
Alc. 12% | € 31 (0,375l) | Bt. 822 | Ferm. Legno | Mat. Legno 24 mesi
Parmigiano Reggiano Riserva.

FRIULI COLLI ORIENTALI SCHIOPPETTINO DI PREPOTTO 2020
Rosso Doc - Schioppettino 100%
Alc. 13,5% | € 33 | Bt. 5.660 | Ferm. Acciaio | Mat. Legno 20 mesi
Straccetti di vitello al rosmarino.

FRIULI COLLI ORIENTALI SAUVIGNON 2022
Bianco Doc - Sauvignon 100%
Alc. 14% | € 19 | Bt. 6.800 | Ferm. Acciaio | Mat. Acciaio 7 mesi
Verdure pastellate.

FRIULI COLLI ORIENTALI SCHIOPPETTINO DI PREPOTTO S. ELENA
2017 | 2018 | 2019

PENSIERO
2018

Picéch
(1920)

Lavorando i suoi 8 ettari di vigneto, Roberto Picéch non sostiene solo la propria famiglia, ma perpetua anche un progetto di vita che è stato il sogno dei suoi genitori ed ora è il suo. Il ribèl (il ribelle), com'era chiamato il padre Egidio, arrivò alla viticoltura negli anni Sessanta e da allora i Picéch sono impegnati nella produzione di vini raffinati in grado di esprimere le grandi potenzialità del Collio. Un filo rosso che unisce le generazioni e che Roberto ha già idealmente tramandato ai figli. In degustazione anche il Friulano da vecchie vigne dedicato alla figlia Athena.

Località Pradis, 11 - 34071 Cormòns (GO)
T. 0481 60347 | M. info@picech.com
www.picech.com

Viticoltura: Biologica
Ettari: 8 | **Bottiglie:** 30.000 | **Produzione olearia:** No
Proprietà: Roberto Picéch
Cond. enologica: Roberto Picéch
Cond. agronomica: Roberto Picéch
Vendita diretta: Sì | **Visite in azienda:** Sì

COLLIO PINOT BIANCO 2021
Bianco Doc - Pinot bianco 100%
Alc. 14% | € 19 | Bt. 4.500 | Ferm. Acciaio | Mat. Acciaio 8 mesi
Paglierino intenso. Approccio olfattivo floreale di magnolia e tiglio. Poi scorza di agrumi essiccati, pesca matura, miele, biscotto al malto e resina. In bocca è rotondo, si allunga senza sbavature spinto dalla freschezza sapida tenuta in equilibrio dalla forza alcolica. Lungo e agrumato. Zuppa di pesce.

COLLIO MALVASIA 2021
Bianco Doc - Malvasia istriana 100%
Alc. 14,5% | € 19 | Bt. 6.600 | Ferm. Acciaio | Mat. Acciaio 8 mesi
Riso, cozze e zafferano.

COLLIO BIANCO ATHENA 2019
Bianco Doc - Tocai friulano 100%
Alc. 14% | € 35 | Bt. 900 | Ferm. Legno | Mat. Legno 18 mesi
Vellutata di zucca e porri.

COLLIO FRIULANO 2021
Bianco Doc - Tocai friulano 100%
Alc. 14% | € 19 | Bt. 6.000 | Ferm. Acciaio | Mat. Acciaio 8 mesi
Pollo alle mandorle e curcuma.

COLLIO FRIULANO
2017 | 2019 | 2020

COLLIO BIANCO JELKA
2015 | 2017

Pighin
(1963)

L'azienda Fernando Pighin & Figli, arrivata al sessantesimo anno di attività, rappresenta una tra le maggiori espressioni vitivinicole del Friuli Venezia Giulia. Conta una superficie complessiva di 160 ettari allevati a vigneto e situati in parte a Risano, nella Dop Friuli Grave, e in parte nella Dop Collio dove le vigne formano uno splendido anfiteatro esposto a mezzogiorno. Fedele alla tradizione, ma con un costante interesse per l'innovazione enologica e agronomica, l'azienda ha iniziato da qualche vendemmia un percorso per la produzione biologica.

Viale Grado, 11/1 - Frazione Risano - 33050 Pavia di Udine (UD)
T. 0432 675444 | M. info@pighin.com
www.pighin.com

Viticoltura: Biologica e lotta integrata
Ettari: 160 | **Bottiglie:** 950.000 | **Produzione olearia:** Sì
Proprietà: Fernando Pighin
Cond. enologica: Cristian Peres
Cond. agronomica: Manuel Bracco
Vendita diretta: Sì | **Visite in azienda:** Sì

(91)

COLLIO MALVASIA 2022
Bianco Doc - Malvasia istriana 100%
Alc. 14,5% | € 15 | Bt. 4.000 | Ferm. Acciaio | Mat. Acciaio 5 mesi
Giallo citrino con bordo verdolino. Sensazioni di erbe aromatiche e macchia mediterranea (rosmarino, salvia, origano) fanno spazio a frutta gialla matura, agrumi (bergamotto), zenzero e spezie (pepe bianco e cardamomo). In bocca è equilibrato e sapido. Progressione fruttata con rimbalzi tostati. Linguine all'astice.

COLLIO SAUVIGNON 2022
Bianco Doc - Sauvignon 100%
Alc. 14% | € 15 | Bt. 19.000 | Ferm. Acciaio | Mat. Acciaio 5 mesi
Triglie in guazzetto.

COLLIO BIANCO SORELI 2021
Bianco Doc - Tocai friulano 60%, Malvasia istriana 20%, Ribolla gialla 20%
Alc. 14,5% | € 25 | Bt. 6.000 | Ferm. Legno e Acciaio
Sformato di patate e prosciutto cotto.

COLLIO FRIULANO 2022
Bianco Doc - Tocai friulano 100%
Alc. 14% | € 15 | Bt. 6.600 | Ferm. Acciaio | Mat. Acciaio 5 mesi
Risotto con piselli e ricotta affumicata.

FRIULI GRAVE SAUVIGNON 2022
Bianco Doc - Sauvignon 100%
Alc. 13% | € 11 | Bt. 66.600 | Ferm. Acciaio | Mat. Acciaio 4 mesi
Alette di pollo piccanti.

COLLIO RIBOLLA GIALLA 2022
Bianco Doc - Ribolla gialla 100%
Alc. 13,5% | € 15 | Bt. 52.000 | Ferm. Acciaio | Mat. Acciaio 5 mesi
Grigliata di carne bianca e verdure.

COLLIO MALVASIA
2019 | 2020 | 2021

COLLIO PINOT GRIGIO
2020 | 2021

Marco Pinat
(2015)

Nella piccola "enclave" di Savorgnano, Marco Pinat è uno dei giovani vignaioli che hanno dato entusiastica battaglia perché i vigneti del proprio territorio ottenessero la qualifica di sottozona della Dop Friuli Colli Orientali per portare sul mercato un blend di friulano e picolit. Mentre si aspettano le ultime firme e sigilli, Marco vinifica il verduzzo in purezza e porta in bottiglia il suo Ognicost. Un vino secco – quando qui spesso è dolce, per limitare un'apprezzabile sensazione tannica – che sa raccontare Savorgnano.

Via dei Vigneti - Frazione Savorgnano del Torre - 33040 Povoletto (UD)
T. 349 8125856 | M. info@marcopinatvini.com
www.marcopinatvini.com

Viticoltura: Biologica certificata
Ettari: 1,9 | **Bottiglie:** 3.000 | **Produzione olearia:** No
Proprietà: Marco Pinat
Cond. enologica: Marco Pinat
Cond. agronomica: Marco Pinat
Vendita diretta: Sì | **Visite in azienda:** Sì

FRIULI COLLI ORIENTALI BIANCO OGNICOST 2021
Bianco Doc - Verduzzo friulano 100%
Alc. 14,5% | € 30 | Bt. 800 | Ferm. Legno e Acciaio | Mat. Acciaio 5 mesi e Legno 12 mesi
Oro brillante. Frutti esotici e a polpa bianca s'intrecciano a lavanda e fiori di camomilla, poi erbe aromatiche (rosmarino) e soffi finali di miele millefiori e spezie dolci. Al palato propone un solido scheletro fresco-sapido e una traccia tannica che accompagna a un congedo di spezie e frutta. Rotolo di tacchino alle mele ed erbe aromatiche.

FRIULI COLLI ORIENTALI FRIULANO SORELLE 2021
Bianco Doc - Tocai friulano 100%
Alc. 14,5% | € 25 | Bt. 1.000 | Ferm. Legno e Acciaio | Mat. Acciaio 5 mesi e Legno 12 mesi
Vellutata di patate e porri.

**FRIULI COLLI ORIENTALI
REFOSCO DAL PEDUNCOLO ROSSO MASSALE 2020**
Rosso Doc - Refosco dal peduncolo rosso 100%
Alc. 14% | € 25 | Bt. 1.000 | Ferm. Acciaio | Mat. Acciaio 12 mesi e Legno 12 mesi
Arista di maiale con salsa di prugne.

FRIULI COLLI ORIENTALI FRIULANO SORELLE
2020

FRIULI COLLI ORIENTALI REFOSCO DAL PEDUNCOLO ROSSO MASSALE
2018 | 2019

Pitars
(1968)

È ancora il vino Bianco Tureis il portabandiera della vasta produzione di un'azienda capace di valorizzare i terreni ciottolosi a destra del Tagliamento. Quest'anno il blend di sauvignon, chardonnay e friulano raggiunge l'ambìto traguardo delle Tre Viti e Mezzo, a conferma della sapiente composizione di quest'uvaggio bianco che matura in barrique. Da sottolineare l'elevato numero di campioni in Guida per una cantina che propone anche molte versioni spumantizzate di Ribolla Gialla, Glera e Malvasia.

Via Tonello, 10/A - 33080 San Martino al Tagliamento (PN)
T. 0434 88078 | M. info@pitars.it
www.pitars.it

Viticoltura: Convenzionale
Ettari: 165 | **Bottiglie:** 1.000.000 | **Produzione olearia:** No
Proprietà: Fratelli Pittaro
Cond. enologica: Stefano Pittaro
Cond. agronomica: Alessandro Pittaro
Vendita diretta: Sì | **Visite in azienda:** Sì

BIANCO TUREIS 2019
Bianco Igt - Sauvignon 50%, Chardonnay 25%, Tocai friulano 25%
Alc. 14% | € 25 | Bt. 3.600 | Ferm. Acciaio | Mat. Acciaio 3 mesi e Legno 12 mesi
Tende all'oro. Ouverture di mandarino, alla quale si aggiungono malie di salvia e timo, oltre a effluvi balsamici, frutta fresca e fiori bianchi. Avvolgente al gusto, esprime poi una struttura fresco-sapida in equilibrio con la parte glicerica. Pappardelle con coda di rospo e carciofi.

PROSECCO BRUT NATURE 2022
Bianco Doc - Glera 100%
Alc. 11,5% | € 9 | Bt. 54.000 | Ferm. Acciaio
Pizza fritta con provola e salsiccia.

FRIULI MALVASIA BRAIDA SANTA CECILIA 2022
Bianco Doc - Malvasia istriana 100%
Alc. 12,5% | € 7 | Bt. 8.000 | Ferm. Acciaio
Rollè di cernia con patate al rosmarino.

PROSECCO SPUMANTE EXTRA DRY 2022
Bianco Doc Metodo Martinotti - Glera 100%
Alc. 11,5% | € 9 | Bt. 90.000 | Ferm. Acciaio
Canapè di pasta sfoglia al formaggio.

FRIULI SAUVIGNON BRAIDA SANTA CECILIA 2022
Bianco Doc - Sauvignon 100%
Alc. 13% | € 10 | Bt. 42.000 | Ferm. Acciaio | Mat. Acciaio 3 mesi
Prosciutto di Parma 36 mesi.

RIBOLLA GIALLA BRAIDA SANTA CECILIA 2022
Bianco Igt - Ribolla gialla 100%
Alc. 12,5% | € 7 | Bt. 42.000 | Ferm. Acciaio
Anelli di cipolla pastellati fritti.

FRIULI SAUVIGNON BRAIDA SANTA CECILIA
2019 | 2020 | 2021

BIANCO TURÉIS
2018

Denis Pizzulin
(1960)

Tutto fatto in casa: potrebbe essere questo lo slogan di un'azienda familiare condotta a livello enologico e agronomico dallo stesso proprietario, Denis Pizzulin, ormai un habitué della Guida Vitae. E solo per poco quest'anno non sono arrivati i traguardi sperati, sfiorati dall'ottimo Pinot Bianco che conduce la classifica dei vini della cantina di Prepotto. La recente ristrutturazione di un antico casale con barricaia e sala degustazione ha consentito di rinnovare il complesso aziendale, aumentando ancora di più l'attrattività del luogo.

Via Brolo, 43 - 33040 Prepotto (UD)
T. 0432 713425 | M. info@pizzulin.com
www.pizzulin.com

Viticoltura: Lotta integrata
Ettari: 11 | **Bottiglie:** 40.000 | **Produzione olearia:** No
Proprietà: Denis Pizzulin
Cond. enologica: Denis Pizzulin
Cond. agronomica: Denis Pizzulin
Vendita diretta: Sì | **Visite in azienda:** Sì

FRIULI COLLI ORIENTALI PINOT BIANCO 2022
Bianco Doc - Pinot bianco 100%
Alc. 14,5% | € 18 | Bt. 2.500 | Ferm. Acciaio | Mat. Acciaio 7 mesi
Un tenue giallo. Fiori bianchi (giglio e magnolia), erbe mediterranee, margherita e pesca bianca sono i protagonisti dello spettacolo olfattivo. Al palato è rotondo e morbido e poi si distende sulla sapidità, che governa l'intera beva fino a un finale agrumato. Ostriche Bouzigues.

FRIULI COLLI ORIENTALI REFOSCO DAL PEDUNCOLO ROSSO RISERVA 2020
Rosso Doc - Refosco dal peduncolo rosso 100%
Alc. 14,5% | € 30 | Bt. 4.000 | Ferm. Acciaio | Mat. Legno 24 mesi
Petto di germano reale al balsamico.

FRIULI COLLI ORIENTALI SCHIOPPETTINO DI PREPOTTO 2020
Rosso Doc - Schioppettino 100%
Alc. 14% | € 30 | Bt. 4.000 | Ferm. Acciaio | Mat. Legno 24 mesi
Spezzatino di manzo.

FRIULI COLLI ORIENTALI MERLOT 2021
Rosso Doc - Merlot 100%
Alc. 14% | € 20 | Bt. 3.500 | Ferm. Acciaio | Mat. Acciaio 18 mesi
Roast beef.

FRIULI COLLI ORIENTALI FRIULANO 2022
Bianco Doc - Tocai friulano 100%
Alc. 14% | € 18 | Bt. 4.000 | Ferm. Acciaio | Mat. Acciaio 7 mesi
Zuppa toscana con cavolo nero e crostini di pane.

FRIULI COLLI ORIENTALI SAUVIGNON LASTRIS 2021
Bianco Doc - Sauvignon 100%
Alc. 13,5% | € 25 | Bt. 2.000 | Ferm. Legno | Mat. Legno 12 mesi
Petto di pollo agli asparagi.

FRIULI COLLI ORIENTALI REFOSCO DAL PEDUNCOLO ROSSO RISERVA
2018

FRIULI COLLI ORIENTALI SAUVIGNON LASTRIS
2020

Podversic
(1988)

Arrivano sul mercato i vini nati nella nuova, bellissima cantina di via degli Eroi. Una struttura pensata a lungo da Damijan che con l'architetto Ignazio Vok – mancato prima dell'inaugurazione – ha impegnato tra progetto e realizzazione quasi sei anni. La vendemmia 2019 è stata la prima a entrare nel nuovo fabbricato che affonda le sue pareti per dieci metri nella ponca. Lo spostamento dei liquidi è tutto a caduta per rispettare mosti e vino. Un sofisticato ricircolo dell'aria garantisce ottimali condizioni per le maturazioni. Ora nascono qui le meraviglie di Podversic.

Via degli Eroi, 33 - 34170 Gorizia (GO)
T. 0481 78217 | M. damijan@damijanpodversic.com
www.damijanpodversic.com

Viticoltura: Biologica certificata e biodinamica
Ettari: 11 | **Bottiglie:** 32.100 | **Produzione olearia:** No
Proprietà: Damijan Podversic
Cond. enologica: Damijan Podversic
Cond. agronomica: Alessandro Zanutta, Damijan Podversic
Vendita diretta: Sì | **Visite in azienda:** Sì

(92,5)
COLLIO RIBOLLA GIALLA 2019
Bianco Doc - Ribolla gialla 100%
Alc. 13,5% | € 45 | Bt. 11.000 | Ferm. Legno | Mat. Legno 36 mesi
Oro antico. Naso raffinato da cui emerge l'abbraccio di albicocche e arance disidratate, chiodi di garofano, erbe aromatiche, bacche di ginepro, fichi e breeze d'incenso. Volume controllato dalla presenza della materia, un'asciuttezza che rallenta la beva guidandola al lento finale al sapore di sale affumicato. Spaghetti con vongole veraci.

(91)
COLLIO ROSSO PRELIT 2019
Rosso Doc - Merlot 70%, Cabernet sauvignon 30%
Alc. 14% | € 45 | Bt. 4.000 | Ferm. Legno | Mat. Legno 36 mesi
Un carminio pieno di vita. Bouquet ampio: confettura di ciliegie, prugne, mirtilli, liquirizia, carruba, arance amare, legni balsamici e sfalci d'alpeggio. Al palato l'equilibrio di freschezza e sapidità controlla egregiamente la spinta alcolica. Tannino vigoroso, ma integrato. Chiusura balsamica e fruttata. Brasato di lepre con riduzione di vino rosso.

COLLIO BIANCO KAPLJA 2019
Bianco Doc - Chardonnay 40%, Malvasia 30%, Tocai friulano 30%
Alc. 14% | € 45 | Bt. 6.500 | Ferm. Legno | Mat. Legno 36 mesi
Pollo al curry.

COLLIO FRIULANO NEKAJ 2019
Bianco Doc - Tocai friulano 100%
Alc. 14,5% | € 45 | Bt. 5.000 | Ferm. Legno | Mat. Legno 36 mesi
Parmigiana di melanzane.

COLLIO MALVASIA 2019
Bianco Doc - Malvasia istriana 100%
Alc. 14% | € 45 | Bt. 5.600 | Ferm. Legno | Mat. Legno 36 mesi
Risotto al gorgonzola.

COLLIO FRIULANO NEKAJ
2018

COLLIO RIBOLLA GIALLA
2018

Isidoro Polencic
(1800)

Con due vitigni internazionali – chardonnay e sauvignon – la cantina Idisoro Polencic è stata in grado di raccontare la personalità dei vini del Collio. Nel suo Oblin 2021 sono infatti racchiuse molte delle caratteristiche di questa straordinaria zona vinicola. La sapidità e la finezza dei profumi richiamano subito la ponca eocenica delle colline di questa parte del Friuli. La Isidoro Polencic è un'azienda a conduzione familiare gestita dai fratelli Elisabetta, Michele e Alex, che stanno proseguendo il lavoro iniziato dal padre Isidoro e dallo zio, e ancora prima dal nonno.

Località Plessiva, 12 - 34071 Cormòns (GO)
T. 0481 60655 | M. info@polencic.com
www.polencic.com

Viticoltura: Convenzionale
Ettari: 28 | **Bottiglie:** 130.000 | **Produzione olearia:** No
Proprietà: Famiglia Isidoro Polencic
Cond. enologica: Alex Polencic, Michele Polencic
Cond. agronomica: Alex Polencic, Michele Polencic
Vendita diretta: Sì | **Visite in azienda:** Sì

OBLIN BLANC 2021
Bianco Igt - Chardonnay 50%, Sauvignon 50%
Alc. 14% | € 25 | Ferm. Legno | Mat. Acciaio 5 mesi
Un topazio. Sprigiona i sentori del sauvignon. Sambuco, rosmarino e mentuccia, seguiti da note lime e pompelmo, erbe aromatiche e sbuffi di gelsomino. Dapprima morbido, poi si espande sapido verso la balsamicità. Guazzetto di scampi.

COLLIO CHARDONNAY 2022
Bianco Doc - Chardonnay 100%
Alc. 13,5% | € 16 | Ferm. Legno e Acciaio | Mat. Acciaio 6 mesi e Legno 6 mesi
Seppioline ai ferri.

COLLIO FRIULANO 2022
Bianco Doc - Tocai friulano 100%
Alc. 13,5% | € 16 | Ferm. Acciaio
Polpettine di alici con crema di piselli.

COLLIO FRIULANO FISC 2021
Bianco Doc - Tocai friulano 100%
Alc. 14% | € 20 | Ferm. Legno | Mat. Acciaio 5 mesi
Rigatoni al ragù bianco di carne.

COLLIO PINOT BIANCO 2022
Bianco Doc - Pinot bianco 100%
Alc. 13,5% | € 16 | Ferm. Acciaio | Mat. Acciaio 6 mesi
Linguine allo scoglio.

COLLIO PINOT GRIGIO 2022
Bianco Doc - Pinot grigio 100%
Alc. 13,5% | € 16 | Ferm. Acciaio | Mat. Acciaio 6 mesi
Sformatino di zucca con fonduta di Asiago.

COLLIO FRIULANO FISC
2019

COLLIO FRIULANO
2018

Pradio
(1974)

A pochi chilometri dal sito Unesco di Palmanova, l'azienda della famiglia Cielo continua il percorso di valorizzazione dei suoi vigneti di pianura, all'insegna di freschezza e classe. Quest'anno il portabandiera è l'uvaggio bianco Rok, da uve chardonnay e friulano con una piccola percentuale di traminer. Rigore anche nella sostenibilità: dal 2022 i vini sono certificati SQNPI, Sistema di qualità nazionale nella produzione integrata, con ridotto uso di prodotti chimici, pesticidi e fertilizzanti.

Via Udine, 17 - Località Felettis - 33050 Bicinicco (UD)
T. 0432 990123 | M. info@pradio.it
www.pradio.it

Viticoltura: Lotta integrata
Ettari: 33 | **Bottiglie:** 540.000 | **Produzione olearia:** No
Proprietà: Famiglia Cielo
Cond. enologica: Gianni Menotti
Cond. agronomica: Enrico Della Mora
Vendita diretta: Sì | **Visite in azienda:** Sì

ROK BIANCO 2022
Bianco Igt - Chardonnay 45%, Tocai friulano 41%, Traminer aromatico 14%
Alc. 13% | € 18 | Bt. 10.000 | Ferm. Acciaio | Mat. Acciaio 6 mesi
Un fulgido paglierino, regala l'alternarsi di nespola e pesca gialla, a cui si aggiungono un delicato gelsomino e le erbe aromatiche. Equilibrato in bocca, media persistenza sostenuta dalla freschezza e da una nota sapida. Plateau royal di crudité.

ROK ROSSO 2019
Rosso Igt - Cabernet sauvignon 50%, Merlot 38%, Refosco dal peduncolo rosso 12%
Alc. 13,5% | € 36 | Bt. 10.000 | Ferm. Acciaio | Mat. Legno 12 mesi
Stinco d'agnello al forno.

FRIULI ROSSO STARZ 2019
Rosso Doc - Merlot 100%
Alc. 14% | € 45 | Bt. 3.300 | Ferm. Acciaio | Mat. Legno 30 mesi
Soppressata di Calabria.

FRIULI SAUVIGNON SOBAJA 2022
Bianco Doc - Sauvignon 100%
Alc. 13% | € 20 | Bt. 30.000 | Ferm. Acciaio | Mat. Acciaio 6 mesi
Sformatino di zucca con fonduta di Asiago.

PROSECCO SPUMANTE BRUT PASSAPAROLA
Bianco Doc Metodo Martinotti - Glera 100%
Alc. 11% | € 18 | Bt. 280.000 | Ferm. Acciaio | Mat. Acciaio 5 mesi
Crostini con spuma di mortadella.

FRIULI BIANCO STARZ 2022
Bianco Doc - Chardonnay 100%
Alc. 13,5% | € 35 | Bt. 3.300 | Ferm. Legno e Acciaio | Mat. Acciaio 3 mesi e Legno 5 mesi
Crostini con paté de foie gras d'oca.

FRIULI BIANCO STARZ
2020 | 2021

ROK BIANCO
2019 | 2020 | 2021

Primosic
(1956)

Mettere radici e resistere alla Bora. La ribolla gialla lo fa scavando nella ponca del Collio e la forza della varietà, simbolo enologico di questa parte di Friuli, rappresenta anche la forza della famiglia Primosic, che dalla fine degli anni Cinquanta cammina passo passo con le viti. Ricorda Marko Primosic: "La collina di Oslavia ha due lati: uno esposto al sole, luogo vocato per la ribolla e i vini ambrati, e un secondo lato a est, più fresco, luogo d'elezione per il Klin (Collio Bianco) e i vini dorati. Sono entrambi espressione dell'identità del Collio".

Località Madonnina di Oslavia, 3 - 34070 Oslavia (GO)
T. 0481 535153 | M. info@primosic.com
www.primosic.com

Viticoltura: Certificazione SQNPI
Ettari: 32 | **Bottiglie:** 210.000 | **Produzione olearia:** No
Proprietà: Famiglia Primosic
Cond. enologica: Boris Primosic, Marko Primosic
Cond. agronomica: Staff aziendale
Vendita diretta: Sì | **Visite in azienda:** Sì

COLLIO BIANCO KLIN 2017
Bianco Doc - Chardonnay 30%, Sauvignon 30%, Tocai friulano 30%, Ribolla gialla 10%
Alc. 14% | € 56 | Ferm. Legno | Mat. Legno 24 mesi
Giallo sole dai raggi dorati. Profumi di frutta a polpa gialla matura e disidratata, stille di agrumi canditi e bacche tropicali. Spezie dolci si mischiano a ricordi di pepe aromatico e resine. Sorso di volume che procede lungo un binario fresco-sapido. Risotto agli asparagi con gamberi croccanti.

COLLIO RIBOLLA GIALLA RISERVA 2019
Rosato Doc - Ribolla gialla 100%
Alc. 14% | € 56 | Ferm. Legno | Mat. Legno 24 mesi
Montasio stravecchio.

COLLIO CHARDONNAY GMAJNE 2018
Bianco Doc - Chardonnay 100%
Alc. 13,5% | € 42 | Ferm. Legno | Mat. Legno 24 mesi
Paccheri con salsa di pomodoro e basilico.

COLLIO PINOT GRIGIO SKIN 2020
Rosato Doc - Pinot grigio 100%
Alc. 13,5% | € 47 | Ferm. Legno | Mat. Legno 12 mesi
Vellutata di patate e porri.

RIBOLLA GIALLA THINK YELLOW 2022
Bianco Igt - Ribolla gialla 100%
Alc. 12,5% | € 18 | Ferm. Acciaio | Mat. Acciaio 6 mesi
Flan di zucchine e carote.

COLLIO RIBOLLA GIALLA DI OSLAVIA RISERVA
2013 | 2015 | 2018

COLLIO PINOT GRIGIO SKIN
2019

Doro Princic
(1960)

Un andamento climatico con temperature importanti ha portato energia aggiuntiva sulle colline di Pradis, già note per la loro straordinaria esposizione. Siamo a sud e i vigneti guardano a est: luce per l'intera giornata. Nei vini che Sandro Princic ha presentato quest'anno a Vitae, l'energia del sole è trasformata in gradazioni alcoliche significative, che Sandro ha saputo gestire da esperto e attento artigiano del vigneto. L'equilibrio tra alcol e acidità trova la perfezione nel Friulano, che arriva dalle viti più longeve dell'azienda. Un vino che entra nel gruppo delle eccellenze.

Località Pradis, 5 - 34071 Cormòns (GO)
T. 0481 60723 | M. doroprincic@virgilio.it

Viticoltura: Convenzionale
Ettari: 7 | **Bottiglie:** 40.000 | **Produzione olearia:** No
Proprietà: Alessandro Princic
Cond. enologica: Alessandro Princic
Cond. agronomica: Alessandro Princic
Vendita diretta: Sì | **Visite in azienda:** Sì

92

COLLIO FRIULANO 2022
Bianco Doc - Tocai friulano 100%
Alc. 14,5% | € 28 | Bt. 10.000 | Ferm. Acciaio | Mat. Acciaio 8 mesi
Splendido paglierino. Ingresso odoroso gradevolmente vegetale, accanto troviamo timo e maggiorana, mela Golden e pesca, miele di tiglio, fiori a petalo viola, cardamomo, pepe bianco e zafferano. Al palato è morbido, equilibrato da un nerbo acido che bilancia l'alcol. Persistente. Linguine con asparagi e calamaretti.

COLLIO MALVASIA 2022
Bianco Doc - Malvasia istriana 100%
Alc. 15% | € 28 | Bt. 20.000 | Ferm. Acciaio | Mat. Acciaio 8 mesi
Pesce spada gratinato.

COLLIO PINOT BIANCO 2022
Bianco Doc - Pinot bianco 100%
Alc. 14,5% | € 28 | Bt. 12.000 | Ferm. Acciaio | Mat. Acciaio 8 mesi
Vellutata di finferli con crostini.

COLLIO MALVASIA
2018 | 2019 | 2021

COLLIO FRIULANO
2017 | 2020

Raccaro
(1928)

L'armonia è la concordanza di tutti gli elementi che compongono un'entità complessa. Armonia è l'equilibrio mentre si volteggia sui pattini; armonia è esprimersi con il canto lirico assieme a un'orchestra; armonia è un vino assonante in tutte le fasi della degustazione. Di questi tre concetti si discute spesso in casa Raccaro tra Dario e i figli. Uno di loro – Luca, enotecnico – si occupa di vino, è stato campione mondiale di pattinaggio artistico e da qualche anno canta da baritono. Tutto ciò sarà utile al vino? Noi optiamo per il sì.

Via San Giovanni, 87 - 34071 Cormòns (GO)
T. 0481 61425 | M. info@raccaro.it
www.raccaro.it

Viticoltura: Lotta integrata
Ettari: 7 | **Bottiglie:** 30.000 | **Produzione olearia:** No
Proprietà: Dario Raccaro
Cond. enologica: Luca Raccaro
Cond. agronomica: Paolo Raccaro
Vendita diretta: Sì | **Visite in azienda:** Sì

93,5

COLLIO FRIULANO VIGNA DEL ROLAT 2022
Bianco Doc - Tocai friulano 100%
Alc. 14% | € 30 | Bt. 15.000 | Ferm. Acciaio | Mat. Acciaio 6 mesi
Giallo tenue. Resina, menta secca e fienagioni d'alpeggio aprono un naso ampio e aggraziato. Richiami al fiore di rosmarino, glicine, cera d'api, agrumi e pietra focaia. All'assaggio risulta fitto e avvolgente con delicata spinta alcolica. Si allunga a dismisura su tracce di menta e sale alle erbe. Risotto alla zucca e astice.

91,5

COLLIO BIANCO 2022
Bianco Doc - Ribolla gialla 50%, Malvasia istriana 20%, Tocai friulano 20%, Sauvignon 10%
Alc. 14% | € 30 | Bt. 4.000 | Ferm. Acciaio | Mat. Acciaio 6 mesi
Paglierino vivace e luminoso. Olfatto ricco e dettagliato con oli essenziali di agrumi, scie balsamiche, incenso, scorze di mandarino, erbe mediterranee e frutta secca. Sorso pieno, sapido, con rimandi agrumati. Si allunga composto con ottimo equilibrio fra le parti dure e quelle gliceriche. Finale lento e saporito. Linguine alla granseola e rosmarino.

COLLIO MALVASIA 2022
Bianco Doc - Malvasia istriana 100%
Alc. 14% | € 30 | Bt. 8.000 | Ferm. Acciaio | Mat. Acciaio 6 mesi
Ostriche Belon.

COLLIO FRIULANO VIGNA DEL ROLAT
2019 | 2020 | 2021

COLLIO MALVASIA
2019 | 2020 | 2021

Radovic
(1990)

Infilarsi nella cantina di Peter Radovic richiede il doversi inchinare per attraversare un pertugio che accetta a fatica una barrique alla volta. Oltre quest'apertura c'è il mondo di un giovane vignaiolo che intrattiene un rapporto con le viti fatto di rispetto, cura e passione. I vini di Peter hanno l'energia del Golfo di Trieste, che si allarga poco sotto i vigneti e la voglia di sperimentare. Novità nella tradizione: vasche di pietra del Carso per la fermentazione, legni usati, allevamento a pergola. E un frantoio aziendale per la gestione delle olive.

Aurisina, 138/A - 34011 Duino Aurisina (TS)
T. 040 200173 | M. info@agriturismoradovic.it
www.radovic.it

Viticoltura: Biologica
Ettari: 1,2 | **Bottiglie:** 4.000 | **Produzione olearia:** Sì
Proprietà: Famiglia Radovic
Cond. enologica: Peter Radovic
Cond. agronomica: Peter Radovic
Vendita diretta: Sì | **Visite in azienda:** Sì

MALVASIA MALAVIZIJA 2021
Bianco - Malvasia istriana 100%
Alc. 13% | € 32 | Bt. 1.148 | Ferm. Pietra carsica
Un giallo inteso che tende all'oro. Cesto di frutta matura con sbuffi di mirto, erbe aromatiche, incenso e fienagione estiva. Scie iodate. Sorso splendidamente bilanciato, saporito, supportato da uno scheletro di freschezza che regala pienezza di frutta, iodio e balsamicità Risotto con seppie e burrata.

BIANCO INKANTO 2021
Bianco - Malvasia istriana 34%, Vitovska 33%, altre varietà 33%
Alc. 12,5% | € 32 | Bt. 776 | Ferm. Legno | Mat. Legno 12 mesi
Linguine con bottarga e pomodori secchi.

BIANCO MAESTRAL
Bianco - Malvasia istriana 50%, Vitovska 50%
Alc. 13,5% | € 39 | Bt. 637 | Ferm. Legno
Formaggio di fossa di Sogliano.

VINO ROSSO RARO 2020
Rosso - Terrano 90%, altre varietà 10%
Alc. 13,5% | € 32 | Bt. 1.062 | Ferm. Legno | Mat. Acciaio 12 mesi e Legno 12 mesi
Pernici farcite.

VITOVSKA MARMOR 2021
Bianco - Vitovska 100%
Alc. 12,5% | € 32 | Bt. 1.022 | Ferm. Pietra carsica
Fiori di zucca ripieni di ricotta e acciughe.

MALVASIA MALAVIZIJA
2019 | 2020

BIANCO EUFORIJA '8 '9 '0
2020

Reguta
(1928)

Reguta è una delle cantine di maggior peso produttivo della regione. Dai 230 ettari allevati a vigneto, i fratelli Luigi e Giuseppe Anselmi ricavano quattro milioni di bottiglie che distribuiscono sul mercato nazionale e internazionale. Reguta è nata nel 1928 da un'idea di Ettore Anselmi ed è sempre rimasta sotto il controllo della famiglia. La superficie agraria è situata nella pianura friulana, a Pocenia, su terreni dalla composizione argilloso-sabbiosa. L'azienda esporta in molti Paesi europei e d'oltreoceano più della metà della produzione.

Via Bassi, 16 - 33050 Pocenia (UD)
T. 0432 779157 | M. info@reguta.it
www.reguta.it

Viticoltura: Convenzionale
Ettari: 230 | **Bottiglie:** 4.000.000 | **Produzione olearia:** No
Proprietà: Giuseppe e Luigi Anselmi
Cond. enologica: Luigi Anselmi
Cond. agronomica: Giuseppe Anselmi
Vendita diretta: Sì | **Visite in azienda:** Sì

ROSSO CARANT 2019
Rosso Igp - Merlot 50%, Cabernet sauvignon 30%, Refosco dal peduncolo rosso 20%
Alc. 14% | € 15 | Bt. 8.800 | Ferm. Legno | Mat. Acciaio 6 mesi e Legno 8 mesi
Un carminio dalla bella consistenza. Ingresso speziato con chiodi di garofano e noce moscata, poi melagrana, lampone e gherigli di noce su un fondo di viola, mentolo, more, liquirizia e tostature. Al palato si propone con un'agile scia tannica che trascina il sorso verso un finale con frutta e spezie dolci. Petto d'anatra alle prugne.

BIANCO PREDIALE 2022
Bianco Igp - Sauvignon 50%, Chardonnay 40%, Ribolla gialla 10%
Alc. 13% | € 13 | Bt. 50.000 | Ferm. Acciaio | Mat. Acciaio 6 mesi
Impepata di cozze.

PIGNOLO 2021
Rosso Igt - Pignolo 100%
Alc. 13,5% | € 13 | Bt. 18.000 | Ferm. Acciaio | Mat. Acciaio 6 mesi e Legno 6 mesi
Tagliata di manzo al rosmarino.

PROSECCO ROSÉ BRUT 2022
Rosato Dop Metodo Martinotti - Glera 90%, Pinot nero 10%
Alc. 11,5% | € 12 | Bt. 130.000 | Ferm. Legno e Acciaio | Mat. Acciaio 6 mesi 2 mesi sui lieviti
Pizza prosciutto e funghi.

TRAMINER AROMATICO 2022
Bianco Igt - Traminer aromatico 100%
Alc. 13% | € 13 | Bt. 50.000 | Ferm. Acciaio | Mat. Acciaio 6 mesi
Fettuccine ai funghi porcini.

RIBOLLA GIALLA 2022
Bianco Igp - Ribolla gialla 100%
Alc. 13% | € 13 | Bt. 120.000 | Ferm. Acciaio | Mat. Acciaio 6 mesi
Stracciatella di bufala.

BIANCO PREDIALE
2021

FRIULI PINOT GRIGIO
2021

Roman Rizzi - Piè di Mont
(2005)

Il Blancs de Blanc Pas Dosé è l'ultimo vino spumante nato dall'impegno di Roman Rizzi per il mondo delle bollicine. Dal suo vigneto promiscuo di 1,85 ettari, dove crescono assieme chardonnay, pinot nero e ribolla gialla, Roman estrae uve destinate tutte alla presa di spuma con Metodo Classico. Meno di 20mila bottiglie ad annata che sostano sui lieviti dai 30 ai 42 mesi, con vini base che in piccola percentuale fermentano in barrique. L'esito è l'insieme di spumanti significativi che – come quest'anno – possono vantare un punteggio d'eccellenza.

Via Monte Calvario, 30 - Località Piè di Monte - 34170 Gorizia (GO)
T. 0481 391338 | M. info@piedimont.it
www.piedimont.it

Viticoltura: Convenzionale
Ettari: 1,9 | **Bottiglie:** 17.000 | **Produzione olearia:** No
Proprietà: Roman Rizzi
Cond. enologica: Staff aziendale
Cond. agronomica: Roman Rizzi
Vendita diretta: Sì | **Visite in azienda:** Sì

(91)

PIÈ DI MONT BLANC DE BLANCS PAS DOSÉ 2018
Bianco Metodo Classico - Chardonnay 100%
Alc. 12,5% | € 40 | Bt. 2.812 | Ferm. Legno e Acciaio | 42 mesi sui lieviti
Fini e numerose catenelle di bollicine ravvivano un paglierino delicato. Stimola l'olfatto con zenzero e polpa di agrumi, pesca bianca e biancospino. Al palato, la carbonica è carezzevole, in grado di arricchire un gusto cremoso di una bella freschezza agrumata che invoglia all'assaggio successivo. Maltagliati con fiori di zucca e gamberetti.

PIÈ DI MONT CUVEÊ BRUT 2019
Bianco Metodo Classico - Chardonnay 60%, Pinot nero 20%, Ribolla gialla 20%
Alc. 12,5% | € 35 | Bt. 12.000 | Ferm. Legno e Acciaio | 30 mesi sui lieviti
Lumache alla bourguignonne.

LO SFACCIATO PAS DOSÉ 2017
Bianco Metodo Classico - Chardonnay 50%, Pinot nero 50%
Alc. 12,5% | € 45 | Bt. 1.600 | Ferm. Legno e Acciaio | 42 mesi sui lieviti
Insalata di spinaci e pesce spada.

PIÈ DI MONT BRUT
2018

LO SFACCIATO PAS DOSE'
2016

Rocca Bernarda
(1559)

Tra le più antiche ed eleganti realtà vinicole regionali, Rocca Bernarda si presenta come una residenza fortificata risalente al 1567 incastonata al centro di un panorama disegnato da vigneti e boschi rigogliosi. Icona incontrastata della zona sono i vitigni autoctoni, in particolare il picolit, ma anche i vitigni internazionali si sono adattati raccogliendo identità e caratteristiche dei terreni e microclimi della Collina di Premariacco. Molto interessante il Friulano Vineis, da viti centenarie poste a 150 m di altitudine: sapido, saporito, tenace e affilato.

Via Rocca Bernarda, 27 - Località Ipplis - 33040 Premariacco (UD)
T. 0432 716914 | M. roccabernarda@sagrivit.it
www.sagrivit.it

Viticoltura: Convenzionale
Ettari: 40 | **Bottiglie:** 100.000 | **Produzione olearia:** Sì
Proprietà: Cavalieri di Malta
Cond. enologica: Marina Polencic
Cond. agronomica: Fabio Morandin
Vendita diretta: Sì | **Visite in azienda:** Sì

FRIULI COLLI ORIENTALI FRIULANO VINEIS 2021
Bianco Doc - Tocai friulano 100%
Alc. 14% | € 25 | Bt. 3.300 | Ferm. Acciaio | Mat. Acciaio 4 mesi e Legno 12 mesi
Manto giallo di pregiata stoffa. Riconoscimenti di fioriture estive e fienagione d'alpeggio seguiti da timo limone, agrumi canditi, frutta tropicale croccante e per finire una nuance fumé. Armonico e rotondo, dall'aggraziata spinta sapida e fresca, sfuma lentamente su toni agrumati. Spiedo di seppioline ai ferri.

FRIULI COLLI ORIENTALI PINOT GRIGIO 2022
Bianco Doc - Pinot grigio 100%
Alc. 13,5% | € 14 | Bt. 26.000 | Ferm. Acciaio | Mat. Acciaio 6 mesi
Paccheri con salsa di pomodoro e basilico.

FRIULI COLLI ORIENTALI SAUVIGNON 2022
Bianco Doc - Sauvignon 100%
Alc. 13% | € 14 | Bt. 13.000 | Ferm. Acciaio | Mat. Acciaio 6 mesi
Torta salata alle zucchine e origano.

BIANCO NOVECENTO 2021
Bianco Igt - Tocai friulano 47%, Chardonnay 30%, Ribolla gialla 20%, Sauvignon 3%
Alc. 13,5% | € 18 | Bt. 6.600 | Ferm. Acciaio | Mat. Acciaio 6 mesi
Ravioli di magro con funghi chiodini.

FRIULI COLLI ORIENTALI CABERNET FRANC 2021
Rosso Doc - Cabernet franc 100%
Alc. 13% | € 14 | Bt. 13.000 | Ferm. Acciaio | Mat. Acciaio 8 mesi
Cotechino e lenticchie.

FRIULI COLLI ORIENTALI RIBOLLA GIALLA 2022
Bianco Doc - Ribolla gialla 100%
Alc. 12,5% | € 14 | Bt. 35.000 | Ferm. Acciaio | Mat. Acciaio 6 mesi
Risotto con zucchine, fiori di zucca e zafferano.

FRIULI COLLI ORIENTALI MERLOT CENTIS
2018

BIANCO NOVECENTO
2019 | 2020

Paolo Rodaro
(1846)

Un fiore arancione disegnato dalle mani di una bambina è diventato il logo dei vini secchi d'annata dell'azienda di Spessa di Cividale. Quest'anno è proprio un "fiore" a issarsi in testa alla classifica aziendale, raggiungendo il traguardo delle Tre Viti e Mezzo che l'anno scorso fu appannaggio di un prodotto molto diverso, sempre da uve sauvignon, ma destinato a lunga evoluzione. E l'ottimo punteggio del Refosco Romain 2016 conferma la bontà di questo connubio tra stili diversi in uno stesso terreno.

Via Cormòns, 60 - Località Spessa - 33043 Cividale del Friuli (UD)
T. 0432 716066 | M. info@rodaropaolo.it
www.rodaropaolo.it

Viticoltura: Convenzionale e lotta integrata
Ettari: 68 | **Bottiglie:** 350.000 | **Produzione olearia:** No
Proprietà: Paolo Rodaro
Cond. enologica: Paolo Rodaro
Cond. agronomica: Paolo Rodaro
Vendita diretta: Sì | **Visite in azienda:** Sì

FRIULI COLLI ORIENTALI SAUVIGNON FIORE 2021
Bianco Doc - Sauvignon 100%
Alc. 13% | € 19 | Bt. 13.000 | Ferm. Acciaio | Mat. Acciaio 10 mesi
Giallo delicato, impreziosito da guizzi vivaci. Albicocca e frutta a polpa gialla aprono a refoli lievemente balsamici e spezie, poi l'intensità di pot-pourri. Pieno, succoso, vibrante e in perfetto equilibrio tra parti dure e morbide. Si congeda lento con retrogusto di frutta. Linguine con asparagi e calamaretti.

FRIULI COLLI ORIENTALI REFOSCO DAL PEDUNCOLO ROSSO ROMAIN 2016
Rosso Doc - Refosco dal peduncolo rosso 100%
Alc. 16,5% | € 40 | Bt. 3.000 | Ferm. Acciaio | Mat. Legno 36 mesi
Medaglioni di cervo con riduzione di cottura.

FRIULI COLLI ORIENTALI CHARDONNAY FIORE 2019
Bianco Dop - Chardonnay 100%
Alc. 14% | € 19 | Bt. 3.000 | Ferm. Acciaio | Mat. Acciaio 12 mesi
Guazzetto di vongole veraci.

RODARO BRUT NATURE PAS DOSÉ 2017
Bianco Metodo Classico - Pinot nero 65%, Chardonnay 35%
Alc. 12,5% | € 27 | Bt. 5.000 | Ferm. Acciaio | 53 mesi sui lieviti
Crostini con paté de foie gras d'anatra.

ROSSO PRIMI PASSI 2019
Rosso Igp - altre varietà 100%
Alc. 12,5% | € 19 | Bt. 900 | Ferm. Acciaio | Mat. Legno 6 mesi
Cotechino e lenticchie.

FRIULI COLLI ORIENTALI FRIULANO FIORE 2021
Bianco Dop - Tocai friulano 100%
Alc. 14,5% | € 19 | Bt. 25.000 | Ferm. Acciaio | Mat. Acciaio 12 mesi
Strudel di porcini e zucca con crema al parmigiano.

FRIULI COLLI ORIENTALI REFOSCO DAL PEDUNCOLO ROSSO ROMAIN
2010 | 2015

FRIULI COLLI ORIENTALI SAUVIGNON L'EVOLUTO
2013

Ronco Blanchis
(1950)

Lungo i declivi del Collio goriziano, su terreni appartenuti a nobili casate austriache e spagnole, la squadra guidata dalla famiglia Palla continua a concentrarsi sulla produzione di vini bianchi del territorio. Il nome stesso dell'azienda, Ronco Blanchis – in friulano rispettivamente "collina" e "bianco" – ricorda la naturale vocazione di queste aree geografiche. L'avvenuto ottenimento della certificazione biologica rappresenta un ulteriore stimolo a proseguire sulla strada della sostenibilità e della massima qualità dei vini prodotti.

Via Blanchis, 70 - 34070 Mossa (GO)
T. 0481 80519 | M. info@roncoblanchis.it
www.roncoblanchis.it

Viticoltura: Biologica
Ettari: 12 | **Bottiglie:** 50.000 | **Produzione olearia:** No
Proprietà: Famiglia Palla
Cond. enologica: Gianni Menotti
Cond. agronomica: Nazareno Misuri, Marco Zorzenon
Vendita diretta: Sì | **Visite in azienda:** Sì

COLLIO PINOT GRIGIO 2022
Bianco Doc - Pinot grigio 100%
Alc. 13,5% | € 20 | Bt. 20.000 | Ferm. Acciaio | Mat. Acciaio 6 mesi
Smagliante lucentezza di riflessi dorati. Naso fruttato orientato sulla frutta a polpa gialla, albicocca, nespola, tenui ricordi di fienagione e pietra focaia. Sorso di media struttura e ben bilanciato, dove freschezza e sapidità controllano la spinta alcolica. Lungo e corrispondente. Coniglio in umido alle erbe aromatiche.

COLLIO CHARDONNAY 3 2021
Bianco Doc - Chardonnay 100%
Alc. 14% | € 30 | Bt. 3.000 | Ferm. Legno e Acciaio | Mat. Legno 6 mesi
Guazzetto di fasolari.

COLLIO FRIULANO 2022
Bianco Doc - Tocai friulano 100%
Alc. 14% | € 20 | Bt. 8.000 | Ferm. Acciaio | Mat. Acciaio 6 mesi
Risotto con le spugnole.

COLLIO SAUVIGNON 2022
Bianco Doc - Sauvignon 100%
Alc. 14% | € 20 | Bt. 8.000 | Ferm. Acciaio | Mat. Acciaio 6 mesi
Puntarelle croccanti con colatura di alici, arance e melagrana.

COLLIO MALVASIA 2022
Bianco Doc - Malvasia istriana 100%
Alc. 14% | € 20 | Bt. 3.000 | Ferm. Acciaio | Mat. Acciaio 6 mesi
Moeche fritte.

COLLIO CHARDONNAY PARTICELLA 3
2018

COLLIO FRIULANO
2018 | 2020 | 2021

Ronco dei Pini
(1968)

Con l'ingresso in cantina dell'enologo Tommaso Raffaelli, Ronco dei Pini si avvia a una nuova esperienza. I fratelli Claudio e Giuseppe Novello – che dal 1997 gestiscono direttamente l'azienda di famiglia nata nel 1968 – hanno inseguito con costanza il progetto di portare in bottiglia vini sempre più legati al territorio. Raffaelli è un enologo formatosi tra Conegliano e Udine, con significative esperienze in California, Australia e Francia. Un bagaglio culturale che torna di certo utile anche alla cantina di Prepotto.

Via Ronchi, 93 - 33040 Prepotto (UD)
T. 0432 713239 | M. info@roncodeipini.it
www.roncodeipini.it

Viticoltura: Convenzionale
Ettari: 12 | **Bottiglie:** 100.000 | **Produzione olearia:** No
Proprietà: Giuseppe e Claudio Novello
Cond. enologica: Tommaso Raffaelli
Cond. agronomica: Tommaso Raffaelli
Vendita diretta: Sì | **Visite in azienda:** Sì

FRIULI COLLI ORIENTALI SAUVIGNON 2022
Bianco Doc - Sauvignon 100%
Alc. 13% | € 13 | Bt. 6.000 | Ferm. Acciaio | Mat. Acciaio 7 mesi
Un fulgido giallo paglierino. Olfatto originale, organizzato su frutta a polpa bianca (pesca tabacchiera e mela), note di tè verde, zeste di cedro, fiore di sambuco e mughetto. Approccio gustativo fresco, di bell'equilibrio e media lunghezza. Richiami alla frutta croccante. Asparagi di Bassano e uova in camicia.

FRIULI COLLI ORIENTALI FRIULANO 2022
Bianco Doc - Tocai friulano 100%
Alc. 13% | € 14 | Bt. 24.000 | Ferm. Acciaio | Mat. Acciaio 7 mesi
Pomodori gratinati con paté di olive.

FRIULI COLLI ORIENTALI MERLOT 2021
Rosso Doc - Merlot 100%
Alc. 13% | € 13 | Bt. 20.000 | Ferm. Legno e Acciaio | Mat. Acciaio 12 mesi e Legno 12 mesi
Oca arrosto.

FRIULI COLLI ORIENTALI SCHIOPPETTINO DI PREPOTTO 2019
Rosso Doc - Schioppettino 100%
Alc. 13,5% | € 24 | Bt. 3.500 | Ferm. Legno e Acciaio | Mat. Legno 24 mesi
Risotto al tartufo nero.

FRIULI COLLI ORIENTALI PINOT GRIGIO 2022
Rosato Doc - Pinot grigio 100%
Alc. 13% | € 13 | Bt. 10.000 | Ferm. Acciaio | Mat. Acciaio 6 mesi
Linguine allo scoglio.

FRIULI COLLI ORIENTALI RIBOLLA GIALLA L'IMPERATORE 2022
Bianco Doc - Ribolla gialla 100%
Alc. 13% | € 14 | Bt. 3.000 | Ferm. Legno e Acciaio | Mat. Acciaio 6 mesi e Legno 6 mesi
Crostini con burro e alici.

FRIULI COLLI ORIENTALI MERLOT
2018 | 2019 | 2020

FRIULI COLLI ORIENTALI CABERNET SAUVIGNON
2019 | 2020

Ronco dei Tassi
(1989)

Tre etichette della linea Collezione di famiglia, in degustazione per Vitae 2024, da Ronco dei Tassi, l'azienda di Fabio Coser. Si tratta di vini che i Coser producono solamente nelle annate che ritengono migliori. In cantina l'affinamento viene prolungato a conferma di una scelta che sul Collio sta prendendo piede, ovvero la ricerca della longevità dei vini bianchi di questo straordinario territorio. L'annata 2021 della Collezione, sul mercato dal 2023, si è trovata a sfidare un Collio Bianco e un Sauvignon di eccellente qualità.

Località Montona, 19 - 34071 Cormòns (GO)
T. 0481 60155 | M. info@roncodeitassi.it
www.roncodeitassi.it

Viticoltura: Ecosostenibile
Ettari: 25 | **Bottiglie:** 110.000 | **Produzione olearia:** No
Proprietà: Famiglia Coser
Cond. enologica: Fabio Coser, Enrico Coser
Cond. agronomica: Matteo Coser
Vendita diretta: Sì | **Visite in azienda:** Sì

COLLIO BIANCO FOSARIN 2021
Bianco Dop - Pinot bianco 50%, Tocai friulano 30%, Malvasia istriana 20%
Alc. 13,5% | € 20 | Ferm. Legno e Acciaio | Mat. Acciaio 10 mesi e Legno 7 mesi
Un topazio radioso. Naso fuso che si esprime con ricordi di macedonia di frutta fresca e tropicale con pompelmo rosa in evidenza, poi frutta secca, erbe aromatiche, balsamicità e fioriture primaverili. In bocca l'alcol gestito da una spinta fresco-sapida garantisce un finale di agrumi ed erbe officinali. Luccio alla Gardesana.

COLLIO SAUVIGNON 2022
Bianco Dop - Sauvignon 100%
Alc. 13% | € 16 | Ferm. Acciaio | Mat. Acciaio 7 mesi
Risotto ai porcini e zucca.

COLLIO MALVASIA 2022
Bianco Dop - Malvasia 100%
Alc. 14,5% | € 16 | Ferm. Acciaio | Mat. Acciaio 7 mesi
Frittata di finferli.

COLLIO BIANCO FOSARIN
2016

COLLIO MALVASIA
2020 | 2021

Ronco del Gelso
(1988)

Assecondare clima e terreno, il corpo sapido e la decisa presenza del frutto, per arrivare a vini equilibrati, eleganti e longevi. È questo il mantra di Giorgio Badin e se Ronco del Gelso in poco più di 30 anni è entrato di diritto nella cerchia delle aziende-top, significa che l'appassionato viticoltore di Cormons c'è riuscito. Lo confermano i campioni presentati quest'anno, con la Malvasia della Permuta a scalzare il Friulano che per due anni di fila aveva meritato le Quattro Viti.

Via Isonzo, 117 - 34071 Cormòns (GO)
T. 0481 61310 | M. info@roncodelgelso.com
www.roncodelgelso.com

Viticoltura: Lotta integrata
Ettari: 26 | **Bottiglie:** 150.000 | **Produzione olearia:** No
Proprietà: Giorgio Badin
Cond. enologica: Giorgio Badin
Cond. agronomica: Giorgio Badin
Vendita diretta: Sì | **Visite in azienda:** Sì

FRIULI ISONZO MALVASIA VIGNA DELLA PERMUTA 2021
Bianco Doc - Malvasia istriana 100%
Alc. 13,5% | € 14 | Bt. 6.000 | Ferm. Acciaio | Mat. Legno 12 mesi
Cuore dagli ornamenti verdolini. Apre con fragranze di erbe mediterranee ed erbe fini, fiori di tiglio e acacia, con sottofondo di frutta secca. Ingresso morbido al palato che lascia a centro bocca una spinta fresco-sapida. Epilogo di macchia mediterranea. Riso, cozze e zafferano.

FRIULI ISONZO RIVE ALTE PINOT GRIGIO SOT LIS RIVIS 2021
Bianco Doc - Pinot grigio 100%
Alc. 14,5% | € 16 | Bt. 24.000 | Ferm. Acciaio | Mat. Legno 12 mesi
Tempura di gamberi.

RIESLING SCHULZ 2021
Bianco Igt - Riesling renano 100%
Alc. 13% | € 18 | Bt. 5.000 | Ferm. Acciaio | Mat. Acciaio 6 mesi
Crostini con paté de foie gras d'oca.

FRIULI ISONZO RIVE ALTE SAUVIGNON SOTTOMONTE 2021
Bianco Doc - Sauvignon 100%
Alc. 14% | € 16 | Bt. 21.000 | Ferm. Acciaio | Mat. Legno 12 mesi
Vellutata di finferli con crostini.

TRAMINER PASSITO AUR 2018
Bianco Igt Passito - Traminer aromatico 100%
Alc. 12,5% | € 20 (0,375l) | Bt. 6.000 | Ferm. Acciaio | Mat. Legno 6 mesi
Spaghetti con vongole e bottarga.

FRIULI ISONZO RIVE ALTE FRIULANO TOC BAS 2021
Bianco Doc - Tocai friulano 100%
Alc. 13% | € 14 | Bt. 22.000 | Ferm. Acciaio | Mat. Legno 12 mesi
Crostini con burro e salmone.

FRIULI ISONZO RIVE ALTE FRIULANO TOC BAS
2019 | 2020

FRIULI ISONZO RIVE ALTE PINOT GRIGIO SOT LIS RIVIS
2015 | 2018

Ronco Margherita
(2009)

Dai vini che affondano radici nei magredi, terreni alluvionali delle Grave del Friuli, alla ponca (marne e arenarie) dei Colli Orientali, la mano dell'enologo Alessandro Bellio è la stessa, la cura nell'allevamento dei vigneti gestiti in biologico non cambia, ma la linea Rieppi mostra le potenzialità del territorio sul quale nasce. Un valore aggiunto per l'azienda nata nel 2009 e che a Pinzano ha messo su casa, trovandovi già custoditi anche quattro straordinari vitigni autoctoni ormai quasi scomparsi che Alessandro alleva con cura: piculit neri, forzarin, ucelut e scjarlin.

Via XX Settembre, 106/A - 33094 Pinzano al Tagliamento (PN)
T. 0432 950845 | M. info@roncomargherita.it
www.roncomargherita.it

Viticoltura: Biologica certificata
Ettari: 27 | **Bottiglie:** 200.000 | **Produzione olearia:** No
Proprietà: Malgorzata Wieczoreck
Cond. enologica: Alessandro Bellio
Cond. agronomica: Alessandro Bellio
Vendita diretta: Sì | **Visite in azienda:** Sì

FRIULI COLLI ORIENTALI SCHIOPPETTINO RIEPPI 2019
Rosso Doc - Schioppettino 100%
Alc. 14% | € 16 | Ferm. Acciaio | Mat. Legno 24 mesi
Rubino vivace con bordo granato. Naso ancora croccante di piccola frutta rossa (mirtilli, lamponi) con immediato richiamo alla nota speziata tipica della varietà cui si uniscono cenni di noce moscata e chiodi di garofano. Al palato tannino setoso che regala un sorso fresco che s'allunga con rintocchi fruttati. Tagliata al pepe verde.

FRIULI COLLI ORIENTALI FRIULANO RIEPPI 2022
Bianco Doc - Tocai friulano 100%
Alc. 13% | € 14 | Bt. 1.000 | Ferm. Legno | Mat. Acciaio 5 mesi
Gnocchetti al sugo d'astice.

FRIULI COLLI ORIENTALI REFOSCO DAL PEDUNCOLO ROSSO RIEPPI 2020
Rosso Doc - Refosco dal peduncolo rosso 100%
Alc. 13,5% | € 16 | Ferm. Acciaio | Mat. Acciaio 5 mesi
Abbacchio al forno con verdure grigliate.

ROSSO PARVUS 2019
Rosso Igt - Piculit neri 100%
Alc. 13% | € 14 | Ferm. Acciaio | Mat. Legno 12 mesi
Fagiano arrosto.

FRIULI COLLI ORIENTALI PINOT GRIGIO 2022
Bianco Doc - Pinot grigio 100%
Alc. 13% | € 14 | Mat. Acciaio 5 mesi
Timballo di riso e gamberi.

RIBOLLA GIALLA BRUT 2022
Bianco Metodo Martinotti - Ribolla gialla 100%
Alc. 12% | € 12 | Ferm. Acciaio | Mat. Acciaio 6 mesi | 6 mesi sui lieviti
Tartare di gamberi.

FRIULI COLLI ORIENTALI RIBOLLA GIALLA RIEPPI
2021

FRIULI VENEZIA GIULIA CHARDONNAY
2021

Ronco Severo
(1962)

La convinzione a cui Stefano Novello non ha mai rinunciato è chiara: il vino si trova nelle bucce. Se dunque il resto conta poco, ecco che nella cantina Ronco Severo sono le bucce a essere un osservato speciale. Si lavora in vigna affinché restino integre, si raccolgono in cassetta per non ferirle, si fanno macerare per settimane o mesi a seconda delle necessità. E tutta questa cura – l'Artiul ha macerato per 4 mesi, il Friulano per due – porta al vino: il vino che piace a Stefano. Lui l'ha sempre fatto così anche quando le bottiglie restavano in cantina.

Via Ronchi, 93 - 33040 Prepotto (UD)
T. 0432 713340 | M. info@roncosevero.it
www.roncosevero.it

Viticoltura: Biologica certificata
Ettari: 13 | **Bottiglie:** 30.000 | **Produzione olearia:** No
Proprietà: Stefano Novello
Cond. enologica: Stefano Novello
Cond. agronomica: Stefano Novello
Vendita diretta: Sì | **Visite in azienda:** Sì

(92,5)
FRIULI COLLI ORIENTALI FRIULANO 2021
Bianco Doc - Tocai friulano 100%
Alc. 15% | € 34 | Bt. 5.000 | Ferm. Legno | Mat. Legno 24 mesi
Oro pieno. Bouquet splendido con una spinta verso il frutto: pesca, albicocca, mela e frutta secca cui si associano la buccia di agrumi, il rabarbaro e note di pasticceria. La sapidità balsamica legante regala sorsi armonici con alcol ben integrato e rimandi di frutta secca. Rombo al forno con patate e carciofi.

(91)
FRIULI COLLI ORIENTALI MERLOT ARTIÛL RISERVA 2019
Rosso Doc - Merlot 100%
Alc. 14,5% | € 55 | Bt. 4.000 | Ferm. Legno | Mat. Legno 36 mesi
Rubino di spessore e vivacità. Raffinate note balsamiche aprono un'olfazione ricca di richiami di frutta rossa croccante (ciliegia, mora, lampone, ribes) unita ad arancia rossa, liquirizia e frutta secca. L'energia sapida si mette in mostra e si allarga lenta sostenuta da freschezza e alcol. Tannino arrotondato. Grana Padano Riserva.

FRIULI COLLI ORIENTALI SCHIOPPETTINO DI PREPOTTO 2020
Rosso Doc - Schioppettino 100%
Alc. 13,5% | € 37 | Bt. 4.000 | Ferm. Legno | Mat. Legno 36 mesi
Faraona arrosto con salsa di frutti di bosco.

FRIULI COLLI ORIENTALI PINOT GRIGIO 2021
Rosato Doc - Pinot grigio 100%
Alc. 14,5% | € 34 | Bt. 8.000 | Ferm. Legno | Mat. Legno 24 mesi
Maltagliati con fiori di zucca e gamberetti.

RIBOLLA GIALLA 2021
Bianco Igt - Ribolla gialla 100%
Alc. 13% | € 34 | Bt. 5.000 | Ferm. Legno | Mat. Legno 24 mesi
Vellutata di patate e porri.

FRIULI COLLI ORIENTALI FRIULANO
2016 | 2020

FRIULI COLLI ORIENTALI MERLOT ARTIÛL RISERVA
2016

Roncús
(1985)

Il racconto del ritorno alla natura è comune nelle recensioni enologiche, ma ci sono vignaioli che fanno della produzione "rustica" un principio immutabile. Uno di loro è Marco Perco, che nella sua azienda Roncùs aderisce fermamente a questa tradizione. Qui, la gestione biologica dei vigneti, l'inerbimento, la promozione della biodiversità, la raccolta manuale e la selezione scrupolosa delle uve sono la norma. Marco Perco utilizza lieviti indigeni e non effettua filtrazioni stressanti. Il risultato? Vini straordinari.

Via Mazzini, 26 - 34070 Capriva del Friuli (GO)
T. 0481 809349 | M. info@roncus.it
www.roncus.it

Viticoltura: In conversione al biologico
Ettari: 16 | **Bottiglie:** 55.000 | **Produzione olearia:** No
Proprietà: Marco Perco
Cond. enologica: Marco Perco
Cond. agronomica: Daniele Grion
Vendita diretta: Sì | **Visite in azienda:** Sì

(91)
COLLIO BIANCO VECCHIE VIGNE 2019
Bianco Doc - Malvasia 60%, Tocai friulano 30%, Ribolla gialla 10%
Alc. 14% | € 35 | Ferm. Legno e Acciaio | Mat. Acciaio 20 mesi e Legno 12 mesi
Dorato dalla briosa luce. Biscotto al malto, anice, finocchietto selvatico e Santonego tra i primi profumi. Poi pepe bianco e infusioni di zenzero. Vigoroso al palato, non nasconde una forza alcolica controllata dalla struttura fresco-sapida. Beva lunghissima con soffi di fieno e oli essenziali d'agrume. Rotolo di tacchino alle mele ed erbe aromatiche.

ROSSO VAL DI MIEZ 2019
Rosso Igt - Merlot 80%, Cabernet franc 20%
Alc. 13,5% | € 25 | Ferm. Legno e Acciaio | Mat. Acciaio 12 mesi e Legno 12 mesi
Arista di maiale con salsa di prugne.

PINOT BIANCO 2020
Bianco Igt - Pinot bianco 100%
Alc. 14% | € 20 | Ferm. Legno e Acciaio | Mat. Acciaio 8 mesi e Legno 10 mesi
Gnocchi alla romana.

COLLIO FRIULANO 2020
Bianco Doc - Tocai friulano 100%
Alc. 13,5% | € 19 | Ferm. Legno e Acciaio | Mat. Acciaio 8 mesi e Legno 10 mesi
Zuppa di legumi e cereali.

MALVASIA 2021
Bianco Igt - Malvasia istriana 100%
Alc. 13,5% | € 18 | Ferm. Acciaio
Rombo al forno con patate e carciofi.

COLLIO BIANCO VECCHIE VIGNE
2015 | 2017 | 2018

PINOT BIANCO
2012 | 2013

Russiz Superiore
(1270)

Nella storica azienda della famiglia di Marco Felluga stavolta a distinguersi è il "semplice" Friulano d'annata, che garantisce la conquista delle Quattro Viti, mentre il Pinot Bianco Riserva – per due anni al vertice – si ferma alle porte del conseguimento dell'alloro, in compagnia del possente Rosso degli Orzoni. Intanto, nei 50 ettari di proprietà, Ilaria Felluga continua a portare avanti la svolta green nel segno della sostenibilità e della diversificazione delle produzioni, tra le quali c'è anche l'olio extravergine d'oliva.

Via Russiz, 7 - Località Russiz Superiore - 34070 Capriva del Friuli (GO)
T. 0481 80328 - 0481 99164 | M. info@marcofelluga.it
www.marcofelluga.it

Viticoltura: Lotta integrata
Ettari: 50 | **Bottiglie:** 170.000 | **Produzione olearia:** Sì
Proprietà: Ilaria Felluga
Cond. enologica: Alessandro Sandrin, Ilaria Felluga
Cond. agronomica: Staff aziendale
Vendita diretta: Sì | **Visite in azienda:** Sì

(91,5)

COLLIO FRIULANO 2022
Bianco Doc - Tocai friulano 100%
Alc. 13,5% | € 21 | Bt. 13.000 | Ferm. Legno e Acciaio | Mat. Acciaio 6 mesi
Paglierino intenso, al naso debutta con petali bianchi, ai quali seguono cenni dolci di miele di acacia, propoli, una stilla balsamica di eucalipto ed erbe aromatiche. Al sorso è deciso, agrumato, con la sapidità a guidarlo lungo un percorso dove tornano le sensazioni balsamiche. Linguine alla granseola e rosmarino.

COLLIO ROSSO DEGLI ORZONI RISERVA 2018
Rosso Doc - Merlot 60%, Cabernet franc 20%, Cabernet sauvignon 20%
Alc. 14% | € 37 | Bt. 5.000 | Mat. Legno 24 mesi
Filetto di capriolo ai mirtilli.

COLLIO BIANCO COL DISÔRE 2020
Bianco Doc - Pinot bianco 40%, Tocai friulano 35%, Sauvignon 15%, Ribolla gialla 10%
Alc. 13,5% | € 33 | Bt. 5.000 | Ferm. Legno | Mat. Legno 12 mesi
Risotto alle ortiche.

COLLIO CABERNET FRANC 2021
Rosso Doc - Cabernet franc 100%
Alc. 13,5% | € 22 | Bt. 26.000 | Ferm. Acciaio | Mat. Legno 12 mesi
Civet di capriolo ai funghi.

COLLIO PINOT BIANCO 2022
Bianco Doc - Pinot bianco 100%
Alc. 13,5% | € 21 | Bt. 10.000 | Ferm. Legno e Acciaio | Mat. Acciaio 6 mesi
Guazzetto di vongole veraci.

COLLIO RIBOLLA GIALLA 2022
Bianco Doc - Ribolla gialla 100%
Alc. 13,5% | € 21 | Bt. 7.000 | Ferm. Legno e Acciaio | Mat. Acciaio 6 mesi
Torta salata ai broccoli.

COLLIO PINOT BIANCO RISERVA
2015 | 2016 | 2018

COLLIO BIANCO COL DISÔRE
2015 | 2016 | 2017

Russolo
(1974)

Abbracciati nelle barrique di rovere francese dove maturano, i due vitigni autoctoni più importanti del Friuli – refosco dal peduncolo rosso e pignolo – hanno trovato nel merlot un buon compagno di viaggio. Il Borgo di Peuma, che già altre volte si era assunto il compito di rappresentare l'azienda Russolo, con l'annata 2018 fa un altro passo avanti nella scala della qualità e si avvicina alla soglia dei 90 punti. Un ottimo esempio di come anche il terroir Friuli Grave, con i suoi terreni ghiaiosi, sappia garantire qualità.

Via San Rocco, 58/A - 33080 San Quirino (PN)
T. 0434 919577 | M. info@russolo.it
www.russolo.it

Viticoltura: Lotta integrata
Ettari: 16 | **Bottiglie:** 160.000 | **Produzione olearia:** No
Proprietà: Famiglia Russolo
Cond. enologica: Rino Russolo
Cond. agronomica: Igino Russolo
Vendita diretta: Sì | **Visite in azienda:** Sì

ROSSO BORGO DI PEUMA 2018
Rosso Igt - Merlot 90%, Pignolo 5%, Refosco 5%
Alc. 13% | € 26 | Bt. 2.700 | Ferm. Legno e Acciaio | Mat. Legno 12 mesi
Splendido carminio dal bordo granato. Patrimonio olfattivo di frutta matura e in confettura (marasca, prugna e mirtillo) su un letto di essenze balsamiche, fiori di montagna (ciclamino), corteccia, tè rosso e chiodi di garofano. Entra vellutato, guidato da un tannino dalla trama arrotondata e suadente. Cinghiale arrosto con castagne.

CHARDONNAY RONCO CALAJ 2022
Bianco Igt - Chardonnay 100%
Alc. 12,5% | € 14 | Bt. 6.000 | Ferm. Legno e Acciaio | Mat. Acciaio 5 mesi
Cartoccio di pescatrice agli agrumi.

FRIULI VENEZIA GIULIA SAUVIGNON RONCO CALAJ 2022
Bianco Doc - Sauvignon 100%
Alc. 12,5% | € 14 | Bt. 12.000 | Ferm. Acciaio | Mat. Acciaio 5 mesi
Sauté di cozze.

FRIULI VENEZIA GIULIA FRIULANO RONCO CALAJ 2022
Bianco Doc - Tocai friulano 100%
Alc. 12,5% | € 14 | Bt. 6.000 | Ferm. Acciaio | Mat. Acciaio 6 mesi
Risotto alla parmigiana.

RIBOLLA GIALLA ZUI 2022
Bianco Igt - Ribolla gialla 100%
Alc. 12,5% | € 14 | Bt. 22.000 | Ferm. Acciaio | Mat. Acciaio 5 mesi
Involtini di melanzana con scamorza.

BIANCO SESAN 2022
Bianco Igt - Müller Thurgau 50%, Pinot grigio 30%, Chardonnay 20%
Alc. 12,5% | € 14 | Bt. 5.000 | Ferm. Acciaio | Mat. Acciaio 6 mesi
Peperonata.

ROSSO BORGO DI PEUMA
2017

CABERNET SAUVIGNON RONCO CALAJ
2020

Sant'Elena
(1997)

Continuano a convincere le scelte della cantina di Gradisca d'Isonzo, orientate su vini bianchi di maggiore longevità. Quest'anno è il Sauvignon a guidare la classifica aziendale e a conquistare le Tre Viti e Mezzo. Un notevole successo per Dominic Nocerino, passato da essere un importatore di vini italiani negli Stati Uniti a diventare proprietario dell'azienda a metà anni Novanta, avviando un processo di rinnovamento dei vigneti e della cantina. Dal 2015, ha intrapreso la conversione al biologico con l'obiettivo di valorizzare al massimo il terroir.

Via Gasparini, 1 - 34072 Gradisca d'Isonzo (GO)
T. 0481 92388 | M. info@sant-elena.com
www.sant-elena.com

Viticoltura: Biologica certificata
Ettari: 33 | **Bottiglie:** 100.000 | **Produzione olearia:** No
Proprietà: Dominic Nocerino
Cond. enologica: Vincenzo Mercurio
Cond. agronomica: Vincenzo Mercurio
Vendita diretta: Sì | **Visite in azienda:** Sì

FRIULI ISONZO RIVE ALTE SAUVIGNON 2021
Bianco Dop - Sauvignon 100%
Alc. 14% | € 17 | Bt. 10.000 | Ferm. Acciaio
Paglierino leggero con merletto dorato. Elegante e intenso l'ingresso fruttato, poi sensazioni vegetali, fiori bianchi e nocciolina tostata. Al palato è morbido, equilibrato, lascia emergere la parte fresco-sapida che gareggia con la presenza alcolica. Chiosa di eucalipto. Crespelle con asparagi e ricotta salata.

FRIULI ISONZO RIVE ALTE FRIULANO 2021
Bianco Doc - Tocai friulano 100%
Alc. 13,5% | € 16 | Bt. 8.000 | Ferm. Acciaio
Ravioli di ricotta e spinaci.

MERLOT ROS DI ROL 2016
Rosso Igt - Merlot 100%
Alc. 14,5% | € 22 | Bt. 3.000 | Ferm. Acciaio | Mat. Legno 40 mesi
Risotto con salsiccia e Taleggio.

FRIULI ISONZO RIVE ALTE CHARDONNAY 2021
Bianco Doc - Chardonnay 100%
Alc. 13% | € 15 | Bt. 8.000 | Ferm. Acciaio
Crema di zucca con porcini.

FRIULI ISONZO RIVE ALTE PIGNOLO 2016
Rosso Doc - Pignolo 100%
Alc. 14% | € 22 | Bt. 8.000 | Ferm. Acciaio | Mat. Legno 40 mesi
Filetto di cervo ai mirtilli.

ROSSO TATO 2016
Rosso Igt - Merlot 70%, Cabernet franc 20%, Cabernet sauvignon 10%
Alc. 14,5% | € 22 | Bt. 3.000 | Ferm. Acciaio | Mat. Legno 40 mesi
Salame di cinta senese.

FRIULI ISONZO RIVE ALTE FRIULANO
2018 | 2019 | 2020

ISONZO DEL FRIULI MERLOT
2016

Sara & Sara
(1954)

Savorgano del Torre è una piccola frazione che racchiude l'espressione della collina e l'ambizione dei fratelli Alessandro e Manuela Sara, rispettivamente il primo in cantina e la seconda nel vigneto. Siamo nella sottozona più occidentale e fresca della Doc Friuli Colli Orientali. Le pendenze sono importanti, quindi la maggior parte dei lavori si svolge a mano, i terreni sono costituiti da un'alternanza di argille calcaree e sabbie calcificate, oppure mescolate a pietrisco. Si riconferma l'eccellenza del picolit, da vigneti a 280 m da dove le uve godono di una magnifica esposizione.

Via dei Monti, 5 - Savorgnano del Torre - 33040 Povoletto (UD)
T. 0432 604593 | M. info@sararesara.com
www.saraesara.com

Viticoltura: Biologica certificata
Ettari: 8 | **Bottiglie:** 28.000 | **Produzione olearia:** No
Proprietà: Alessandro e Manuele Sara
Cond. enologica: Alessandro Sara
Cond. agronomica: Manuele Sara
Vendita diretta: Sì | **Visite in azienda:** Sì

COLLI ORIENTALI DEL FRIULI PICOLIT 2019
Bianco Docg Passito - Picolit 100%
Alc. 13,5% | € 30 (0,375l) | Bt. 1.000 | Ferm. Legno | Mat. Legno 18 mesi
Oro vivo. Olfatto policromo che inizia dal miele in favo per passare alla confettura di albicocche, zafferano, fiori di camomilla, erbe aromatiche secche, fieno d'alpeggio e una sottile balsamicità. Sorso rotondo, soavemente dolce, ravvivato dalla tessitura fresca. Lungo e corrispondente. Scaloppa di foie gras con prugne e albicocche secche.

FRIULI COLLI ORIENTALI REFOSCO DAL PEDUNCOLO ROSSO 2021
Rosso Doc - Refosco dal peduncolo rosso 100%
Alc. 14% | € 28 | Bt. 3.000 | Ferm. Legno | Mat. Legno 18 mesi
Fagioli all'uccelletto.

FRIULI COLLI ORIENTALI FRIULANO COLVIERE 2021
Bianco Doc - Tocai friulano 100%
Alc. 13,5% | € 18 | Bt. 2.500 | Ferm. Legno | Mat. Legno 12 mesi
Tortelli di branzino con salsa d'astice.

COLLI ORIENTALI DEL FRIULI PICOLIT
2011 | 2013 | 2014

FRIULI COLLI ORIENTALI FRIULANO
2020

Scarbolo
(1986)

Passeggiando tra i vigneti della famiglia Scarbolo traspaiono ordine, identità e carattere. Sesti d'impianto fitti, basse rese e una zona, Lauzacco nella pianura friulana, caratterizzata da escursioni termiche e terreni adatti alla viticoltura che premiano le uve aromatiche, ma non solo. I vini sono saporiti, privi di gravosità e generosi di profumo, vigore gustativo ed energia. Le uve del Pinot Grigio Mepari provengono da un vigneto, Pozzut, parcella con viti di 25 anni di età e posto su terreni alluvionali di origine calcareo-dolomitica. Matura per 30 mesi tra acciaio e botte.

Viale Grado, 4 - Località Lauzacco - 33050 Pavia di Udine (UD)
T. 0432 675612 | M. info@scarbolo.com
www.scarbolo.com

Viticoltura: Biologica
Ettari: 16 | **Bottiglie:** 100.000 | **Produzione olearia:** No
Proprietà: Famiglia Valter Scarbolo
Cond. enologica: Lara Scarbolo
Cond. agronomica: Valter Scarbolo, Mattia Scarbolo
Vendita diretta: Sì | **Visite in azienda:** No

FRIULI PINOT GRIGIO MEPARI 2020
Bianco Doc - Pinot grigio 100%
Alc. 12,5% | € 35 | Bt. 5.000 | Ferm. Acciaio | Mat. Acciaio 22 mesi e Legno 11 mesi
Filigrana dorata impreziosisce l'aspetto delicato. Si approccia con una distesa di erbe aromatiche, rosmarino e timo, agrumi disidratati, pesca gialla, melone invernale; refoli di liquirizia e wafer al limone a sigillo. Bocca avvolgente e saporita, contraddistinta da una spinta fresca dai riverberi agrumati e speziati. Gnocchetti al sugo d'astice.

FRIULI BIANCO AREORE 2020
Bianco Doc - Chardonnay 40%, Sauvignon 30%, Tocai friulano 30%
Alc. 13,5% | € 25 | Bt. 7.000 | Ferm. Acciaio | Mat. Acciaio 11 mesi e Legno 11 mesi
Soufflé con pecorino e crema di patate.

FRIULI PINOT GRIGIO SALVADI 2020
Bianco Doc - Pinot grigio 100%
Alc. 13% | € 35 | Bt. 5.000 | Ferm. Legno | Mat. Legno 22 mesi
Risotto alla zucca.

FRIULI PINOT GRIGIO MATTIA
2017

FRIULI SAUVIGNON
2018 | 2020

Schiopetto
(1965)

Nel nome di Mario Schiopetto e della sua vita da romanzo – figlio di osti, pompiere e poi camionista prima di diventare uno dei padri dell'enologia friulana – la famiglia Rotolo continua a garantire vini di qualità caratterizzati da una speciale eleganza. Tra i campioni di quest'anno spicca il Friulano (ma Mario avrebbe continuato a chiamarlo Tocai), che sfiora le Quattro Viti ed è anche il vino con i numeri più alti in termini di produzione. A ruota il Pinot Bianco, primatista nell'annata precedente.

Via Palazzo Arcivescovile, 1 - 34070 Capriva del Friuli (GO)
T. 0481 80332 | M. azienda@schiopetto.it
www.schiopetto.it

Viticoltura: Convenzionale
Ettari: 30 | **Bottiglie:** 190.000 | **Produzione olearia:** No
Proprietà: Famiglia Rotolo
Cond. enologica: Lorenzo Landi
Cond. agronomica: Lorenzo Landi
Vendita diretta: Sì | **Visite in azienda:** Sì

COLLIO FRIULANO 2022
Bianco Doc - Tocai friulano 100%
Alc. 13% | € 25 | Bt. 40.000 | Ferm. Acciaio | Mat. Acciaio 9 mesi
Bella intensità per il giallo paglierino. Ouverture di frutta matura (pesca e melone bianco), erbe aromatiche, pepe rosa e scie salmastre. Al gusto ha un ingresso morbido che viene poi equilibrato da una vena sapida e fresca. Dissolvenza speziata. San Pietro alla siciliana con dadolata di patate.

COLLIO PINOT BIANCO 2022
Bianco Doc - Pinot bianco 100%
Alc. 13% | € 25 | Bt. 10.000 | Ferm. Acciaio | Mat. Acciaio 9 mesi
Risotto con zucchine, fiori di zucca e zafferano.

PODERE DEI BLUMERI 2020
Rosso Igt - Merlot 50%, Refosco dal peduncolo rosso 50%
Alc. 15% | € 36 | Bt. 7.800 | Ferm. Legno | Mat. Legno 12 mesi
Straccetti di vitello al rosmarino.

COLLIO MALVASIA 2022
Bianco Doc - Malvasia istriana 100%
Alc. 13,5% | € 25 | Bt. 6.600 | Ferm. Acciaio | Mat. Acciaio 9 mesi
Piovra arrostita.

ROSSO RIVAROSSA 2020
Rosso Igt - Merlot 90%, Cabernet sauvignon 10%
Alc. 13,5% | € 25 | Bt. 12.600 | Ferm. Legno | Mat. Legno 12 mesi
Risotto con le quaglie.

COLLIO SAUVIGNON 2022
Bianco Doc - Sauvignon 100%
Alc. 13% | € 25 | Bt. 20.000 | Ferm. Acciaio | Mat. Acciaio 9 mesi
Insalata di pollo e verdure.

COLLIO FRIULANO
2018 | 2019 | 2020

COLLIO PINOT BIANCO
2019 | 2020 | 2021

Scubla
(1991)

Era il 1995 quando nella prima bottiglia di Pomédes furono celebrate le nozze tra pinot bianco, friulano e riesling renano. Officiante l'enologo Gianni Menotti mentre Roberto Scubla, solo da pochi anni fuggito dal lavoro in banca, temeva per i risparmi di famiglia investiti nel sogno del vino. Quasi tre decenni dopo quell'unione non solo ha retto alle insidie del tempo e delle mode enologiche, ma continua a dare vita, vendemmia dopo vendemmia, a uno dei grandi bianchi italiani. Un amore senza fine.

Via Rocca Bernarda, 22 - Località Ipplis - 33040 Premariacco (UD)
T. 0432 716258 | M. info@scubla.com
www.scubla.com

Viticoltura: Convenzionale
Ettari: 12 | **Bottiglie:** 50.000 | **Produzione olearia:** Sì
Proprietà: Roberto Scubla
Cond. enologica: Gianni Menotti
Cond. agronomica: Alex Martincigh
Vendita diretta: Sì | **Visite in azienda:** Sì

(93)
FRIULI COLLI ORIENTALI BIANCO POMÉDES 2021
Bianco Doc - Pinot bianco 60%, Tocai friulano 30%, Riesling renano 10%
Alc. 14,5% | € 31 | Bt. 3.000 | Ferm. Legno e Acciaio | Mat. Acciaio 10 mesi e Legno 8 mesi
Paglierino netto. Custodisce un patrimonio olfattivo fuso e raffinato con ricordi precisi di cedro e bergamotto, fiori di camomilla e biancospino, erbe officinali e resine di pino. Fresco l'ingresso che non disturba un sorso armonico che chiude con rintocchi sapidi e agrumati. Rombo al forno con patate e carciofi.

(92)
FRIULI COLLI ORIENTALI VERDUZZO FRIULANO PASSITO CRÀTIS 2020
Bianco Doc Passito - Verduzzo friulano 100%
Alc. 12% | € 40 (0,375l) | Bt. 700 | Ferm. Legno | Mat. Acciaio 9 mesi e Legno 20 mesi
Ambrato fitto. Raffinate note di fienagione estiva associate a caramella d'orzo, miele millefiori, datteri, agrumi canditi e albicocca disidratata. Non mancano erbe aromatiche secche e note di pasticceria. La freschezza detta il ritmo al sorso mai appesantito dalla dolcezza. Finale lunghissimo di frutta esotica. Stilton.

FRIULI COLLI ORIENTALI MALVASIA LO SPEZIALE 2022
Bianco Doc - Malvasia istriana 100%
Alc. 14% | € 19 | Bt. 1.500 | Ferm. Acciaio | Mat. Acciaio 8 mesi
Risotto agli asparagi e frutti di mare.

FRIULI COLLI ORIENTALI SAUVIGNON 2022
Bianco Doc - Sauvignon 100%
Alc. 14,5% | € 19 | Bt. 10.000 | Ferm. Acciaio | Mat. Acciaio 8 mesi
Asparagi di Bassano e uova in camicia.

FRIULI COLLI ORIENTALI CABERNET SAUVIGNON 2021
Rosso Doc - Cabernet sauvignon 100%
Alc. 13,5% | € 19 | Bt. 3.000 | Ferm. Legno | Mat. Legno 18 mesi
Tordi in salmì.

FRIULI COLLI ORIENTALI SCHIOPPETTINO 2022
Rosso Doc - Schioppettino 100%
Alc. 13% | € 18 | Bt. 800 | Ferm. Acciaio | Mat. Legno 7 mesi
Abbacchio al forno con verdure grigliate.

FRIULI COLLI ORIENTALI BIANCO POMÉDES
2018 | 2019 | 2020

FRIULI COLLI ORIENTALI VERDUZZO FRIULANO PASSITO CRÀTIS
2017 | 2018 | 2019

Simon di Brazzan
(1905)

Cantina orientata alla coltivazione della vite fin dai primi anni Cinquanta, Simon di Brazzan è la creatura che Daniele Drius alleva con cura da una vita, assistito dal nonno materno Enrico "Simon" morto a 103 anni nel 2021. Dopo gli studi di agraria Daniele ha indirizzato l'azienda sul binario della cultura biologica e biodinamica per "rispettare la natura, la vitalità dei terreni, prendersi cura delle viti". Ne risultano vini molto espressivi, ricchi di energia e in grado di esprimere il miglior rapporto con il proprio territorio.

Via San Rocco, 17 - Frazione Brazzano - 34071 Cormòns (GO)
T. 0481 61182 | M. info@simondibrazzan.com
www.simondibrazzan.com

Viticoltura: Biologica certificata e biodinamica
Ettari: 14 | **Bottiglie:** 70.000 | **Produzione olearia:** No
Proprietà: Famiglia Drius
Cond. enologica: Daniele Drius
Cond. agronomica: Daniele Drius
Vendita diretta: Sì | **Visite in azienda:** Sì

FRIULI PINOT GRIGIO RAMATO TRADIZION 2021
Rosato Doc - Pinot grigio 100%
Alc. 14,5% | € 24 | Ferm. Legno | Mat. Legno 14 mesi
Rosa salmone, luminoso. Incursioni di fragoline di bosco, resine e succo di mandarino fusi con petali di gelsomino e caramella d'orzo. In bocca una lieve traccia asciutta che non rallenta la scorrevolezza, ricca di apporto sapido e balsamico. Chiude lento ricordando ribes e fiori d'amolo. Garganelli freschi con gamberi di fiume.

FRIULI FRIULANO BLANC DI SIMON 2022
Bianco Doc - Tocai friulano 100%
Alc. 14% | € 18 | Ferm. Legno e Acciaio | Mat. Acciaio 7 mesi e Legno 7 mesi
Seppie ripiene su crema di ceci.

MALVASIA 2022
Bianco Igt - Malvasia istriana 100%
Alc. 14,5% | € 18 | Ferm. Legno e Acciaio | Mat. Acciaio 7 mesi e Legno 7 mesi
Risotto al tartufo nero.

FRIULI PINOT GRIGIO 2022
Bianco Doc - Pinot grigio 100%
Alc. 13,5% | € 17 | Ferm. Legno e Acciaio | Mat. Acciaio 7 mesi e Legno 7 mesi
Tiella di riso, patate e cozze.

BIANCO RI - NÉ BLANC 2022
Bianco Igt - Pinot bianco 50%, Sauvignon 25%, Malvasia istriana 20%, Traminer aromatico 5%
Alc. 13% | € 18 | Ferm. Acciaio | Mat. Acciaio 10 mesi
Zuppa di stoccafisso e patate.

SAUVIGNON 2022
Bianco Igt - Sauvignon 100%
Alc. 14,5% | € 18 | Ferm. Legno e Acciaio | Mat. Acciaio 7 mesi e Legno 7 mesi
Provola di Agerola.

MALVASIA
2020

FRIULI FRIULANO BLANC DI SIMON
2020 | 2021

Sirch
(2015)

Ai bordi della splendida cittadina di Cividale, patrimonio mondiale Unesco e terra vocata a esprimere etichette solide e piacevoli, trovano posto i vigneti della famiglia Sirch. Il rispetto in vigna, le attenzioni in cantina e la fortuna di poggiare su terreni marnosi fanno sì che i vini trasmettano una schietta identità territoriale. Quest'anno manca una delle referenze più significative, lo Chardonnay Cladrecis, ma l'azienda si consola con una batteria di ottimi vini, su cui svetta lo Chardonnay da vitigno internazionale che nei Colli orientali acquisisce fascino, territorialità e struttura.

Via Fornalis, 277/I - 33043 Cividale del Friuli (UD)
T. 0432 709835 | M. info@sirchwine.com
www.sirchwine.com

Viticoltura: Convenzionale
Ettari: 100 | **Bottiglie:** 700.000 | **Produzione olearia:** No
Proprietà: Famiglia Sirch
Cond. enologica: Luca Sirch
Cond. agronomica: Pierpaolo Sirch
Vendita diretta: Sì | **Visite in azienda:** Sì

FRIULI COLLI ORIENTALI CHARDONNAY 2022
Bianco Doc - Chardonnay 100%
Alc. 13,5% | € 14 | Bt. 15.000 | Ferm. Acciaio | Mat. Acciaio 6 mesi
Un giallo citrino, propone sentori accattivanti dove prevalgono la frutta dolce e polposa, mela Golden e frutta esotica. Precisioni di agrumi e timo fanno capolino accompagnate da sensazioni di salsedine. Morbido, un gusto che lascia spazio alla freschezza e si fa condurre a un congedo fruttato. Baccalà mantecato.

FRIULI COLLI ORIENTALI FRIULANO 2022
Bianco Doc - Tocai friulano 100%
Alc. 14% | € 14 | Bt. 14.500 | Ferm. Acciaio | Mat. Acciaio 6 mesi
Toma di Murazzano.

FRIULI COLLI ORIENTALI PINOT GRIGIO RAMATO 2022
Bianco Doc - Pinot grigio 100%
Alc. 13% | € 14 | Bt. 20.000 | Ferm. Acciaio | Mat. Acciaio 6 mesi
Risotto alla zucca.

FRIULI COLLI ORIENTALI RIBOLLA GIALLA 2022
Bianco Doc - Ribolla gialla 100%
Alc. 12% | € 14 | Bt. 55.000 | Ferm. Acciaio | Mat. Acciaio 6 mesi
Ovoli freschi crudi su letto di rucola.

FRIULI COLLI ORIENTALI SAUVIGNON 2022
Bianco Doc - Sauvignon 100%
Alc. 13% | € 14 | Bt. 20.000 | Ferm. Acciaio | Mat. Acciaio 6 mesi
Zuppa toscana con cavolo nero e crostini di pane.

FRIULI COLLI ORIENTALI PINOT GRIGIO 2022
Bianco Doc - Pinot grigio 100%
Alc. 13,5% | € 14 | Bt. 45.000 | Ferm. Acciaio | Mat. Acciaio 6 mesi
Rigatoni al ragù bianco di carne.

FRIULI COLLI ORIENTALI CHARDONNAY CLADRECIS
2020

FRIULI COLLI ORIENTALI SCHIOPPETTINO DI PREPOTTO
2018 | 2019

Škerk
(1987)

Ci sono vini che riescono a costruire un rapporto diretto con il loro territorio. Quelli di Sandi Škerk sono in grado di raccontare il Carso e le fatiche di chi – dai pochi centimetri di terra che le pietre hanno lasciato accumulare – estrae vini emozionanti. Il blend Ograde e la Malvasia – che quest'anno salgono entrambi nel gruppo delle meraviglie – appartengono a questa categoria di vini, capaci di immergere chi li assaggia nel calore del terreno carsico affacciato sul punto più a nord dell'intero Mare Mediterraneo.

Località Prepotto, 20 - 34011 Duino Aurisina (TS)
T. 040 200156 - 339 7836739 | M. info@skerk.com
www.skerk.com

Viticoltura: Biologica certificata
Ettari: 8 | **Bottiglie:** 25.000 | **Produzione olearia:** No
Proprietà: Sandi Škerk
Cond. enologica: Sandi Škerk
Cond. agronomica: Staff aziendale
Vendita diretta: Sì | **Visite in azienda:** Sì

92
OGRADE 2020
Rosato Igt - Malvasia 25%, Pinot grigio 25%, Sauvignon 25%, Vitovska 25%
Alc. 13% | € 30 | Bt. 7.000 | Ferm. Legno | Mat. Legno 24 mesi
Una leggera velatura impreziosisce il rosa salmone. Apertura all'infuso di tè verde, pesca percoca, erbe aromatiche con mentuccia, fiore di cappero e balsamicità mediterranea. In bocca è di spessore, vibrante, con un'asciuttezza che dà personalità e trascina l'assaggio in un lungo finale. Risotto al tartufo nero.

91
MALVASIA 2020
Bianco Igt - Malvasia 100%
Alc. 14% | € 30 | Bt. 6.000 | Ferm. Legno | Mat. Legno 24 mesi
Oro antico con lucenti riflessi ambra. Dapprima propone albicocca disidratata, poi agrumi canditi, miele d'eucalipto su una base di rosmarino, santoreggia, sfalci d'erba d'alpeggio e balsamicità. Sorso di corpo, avvolgente, con un vena sapida che allunga una beva saporita e aromi di frutta esotica. Calamarata con ragù di pesce spada.

VITOVSKA 2020
Bianco Igt - Vitovska 100%
Alc. 12,5% | € 30 | Bt. 4.500 | Ferm. Legno | Mat. Legno 24 mesi
Stoccafisso in umido con porcini.

TERRANO RISERVA 2018
Rosso Igt - Terrano 100%
Alc. 13,5% | € 36 | Bt. 2.000 | Ferm. Legno | Mat. Legno 36 mesi
Allodole tartufate in casseruola.

OGRADE
2012 | 2015 | 2017

MALVASIA
2013 | 2016 | 2019

Skok
(1968)

Lontani dalla tradizione delle lunghe macerazioni, Edi e Orietta Skok, che dal 1991 hanno sostituito il padre Giuseppe alla guida dell'azienda di Giasbana, cercano di conservare nei vini la fragranza del frutto. Per questo hanno innovato la produzione e le tecniche di vinificazione. La certosina cura dei vigneti e una consolidata filosofia di produzione, sono alla base del loro progetto produttivo. Una scelta che unita all'esperienza acquisita in ormai tre decenni di lavoro dà ampi risultati qualitativi.

Località Giasbana, 15 - 34070 San Floriano del Collio (GO)
T. 347 4423283 - 348 8034045 | M. skok@skok.it
www.skok.it

Viticoltura: Convenzionale
Ettari: 11 | **Bottiglie:** 40.000 | **Produzione olearia:** No
Proprietà: Edi e Orietta Skok
Cond. enologica: Edi Skok
Cond. agronomica: Edi Skok
Vendita diretta: Sì | **Visite in azienda:** Sì

MERLOT VILLA JASBINAE 2018
Rosso - Merlot 100%
Alc. 15% | € 25 (0,5l) | Ferm. Acciaio | Mat. Legno 20 mesi
Rubino raggiante. Si presenta con una suadente sponda fruttata (ciliegie e fragole sotto spirito, arancia candita) e confettura di frutti rossi. Balsamicità e speziatura con viola, iris e sottobosco, poi cioccolato, caffè e tostature. In bocca è potente, setoso, fresco e giustamente tannico. Braciola di cervo con salsa di ribes.

COLLIO BIANCO PE AR 2021
Bianco Doc - Chardonnay 55%, Pinot grigio 30%, Sauvignon 15%
Alc. 14,5% | € 30 | Bt. 4.000 | Ferm. Legno e Acciaio | Mat. Acciaio 12 mesi e Legno 11 mesi
Ribollita.

COLLIO FRIULANO ZABURA 2022
Bianco Doc - Tocai friulano 100%
Alc. 13,5% | € 22 | Bt. 2.000 | Ferm. Acciaio | Mat. Acciaio 8 mesi
Impepata di cozze.

COLLIO SAUVIGNON 2022
Bianco Doc - Sauvignon 100%
Alc. 13% | € 22 | Bt. 2.500 | Ferm. Acciaio | Mat. Acciaio 8 mesi
Tajarin al tartufo bianco d'Alba.

COLLIO PINOT GRIGIO 2022
Rosato Doc - Pinot grigio 100%
Alc. 13,5% | € 20 | Bt. 3.000 | Ferm. Acciaio | Mat. Acciaio 8 mesi
Insalata nizzarda.

COLLIO CHARDONNAY
2016

BIANCO PE AR
2018 | 2019 | 2020

Sosol
(2020)

Ivan Sosol è un giovane viticoltore a Lenzuolo bianco, un'enclave prossima al confine sloveno. È una località simbolo legata alla Grande guerra e a un gruppo di vignaioli che ha reso Oslavia un cru icona di vini ruvidi e grintosi come i terreni e le persone che lo abitano. Fondamentali per Ivan sono stati la passione e i consigli di amici e parenti confinanti, che lo hanno indirizzato verso a una produzione volta al rispetto della tradizione vinicola locale. Ci ha convinto il Merlot, da vigneti esposti a sud e dalle bassissime rese. Fruttato, succoso e vibrante.

Località Lenzuolo Bianco, 4 - 34170 Gorizia (GO)
T. 349 3433686 | M. info@sosol.it

Viticoltura: Lotta integrata
Ettari: 10 | **Bottiglie:** 10.000 | **Produzione olearia:** No
Proprietà: Silvano Grauner Vida
Cond. enologica: Mariano Sosol
Cond. agronomica: Ivan Sosol
Vendita diretta: Sì | **Visite in azienda:** Sì

COLLIO MERLOT 2021
Rosso Doc - Merlot 100%
Alc. 14% | € 22 | Bt. 1.300 | Ferm. Legno
Compatto, elegante, rubino. Le note balsamiche si fondono a marasca, rosa essiccata, mora selvatica, ardesia, liquirizia, mirto, erbe officinali e soffi fumé. Sorso pieno e bilanciato che regala freschezza e sapidità. Il tannino, cesellato, accompagna il lungo finale fruttato. Ravioli al sugo di chianina e tartufo nero.

BIANCO BORJAC 2022
Bianco Igt - Malvasia istriana 40%, Ribolla gialla 30%, Tocai friulano 20%, Chardonnay 10%
Alc. 13% | € 18 | Bt. 2.000 | Ferm. Acciaio | Mat. Acciaio 8 mesi
Pappardelle con funghi porcini.

COLLIO FRIULANO 2022
Bianco Doc - Tocai friulano 100%
Alc. 13% | € 18 | Bt. 1.300 | Ferm. Acciaio | Mat. Acciaio 8 mesi
Ravioli di ricotta e spinaci.

COLLIO RIBOLLA GIALLA 2022
Bianco Doc - Ribolla gialla 100%
Alc. 12,5% | € 18 | Bt. 2.000 | Ferm. Acciaio | Mat. Acciaio 8 mesi
Paccheri con salsa di pomodoro e basilico.

PINOT GRIGIO BAKREN 2022
Rosato Igt - Pinot grigio 100%
Alc. 13% | € 22 | Bt. 2.000 | Ferm. Acciaio | Mat. Acciaio 8 mesi
Farinata di ceci.

BIANCO BORJAC
2021

COLLIO FRIULANO
2021

Specogna
(1963)

Cristian e Michele non sbagliano un colpo e piazzano ancora sul podio delle Quattro Viti, per il secondo anno di fila, il loro Sauvignon Duality, mentre l'uvaggio bianco Identità sfiora l'eccellenza con le Tre Viti e Mezzo, in gara con Identità Roche Bernarde e il Rosso Oltre. Si consolida così lo status di una realtà enologica nata dal felice intuito di Leonardo Specogna, che tornato in Friuli dalla Svizzera proprio sessant'anni fa – dov'era emigrato come tanti della sua generazione – ha deciso d'investire i risparmi a Rocca Bernarda.

Via Rocca Bernarda, 4 - 33040 Corno di Rosazzo (UD)
T. 0432 755840 | M. info@specogna.it
www.specogna.it

Viticoltura: Biologica
Ettari: 25 | **Bottiglie:** 130.000 | **Produzione olearia:** No
Proprietà: Famiglia Specogna
Cond. enologica: Michele Specogna, Cristian Specogna
Cond. agronomica: Michele Specogna, Cristian Specogna
Vendita diretta: Sì | **Visite in azienda:** Sì

91

FRIULI COLLI ORIENTALI SAUVIGNON DUALITY 2021
Bianco Doc - Sauvignon 100%
Alc. 14% | € 50 | Bt. 4.000 | Ferm. Legno | Mat. Legno 12 mesi
Paglierino concentrato con ornamenti dorati. Debutto fruttato, sentori di sambuco confermano il varietale, poi melone bianco, cenni di spezie dolci e roccia scappata. Il palato, consistente, è privo di sbavature, in perfetto equilibrio con le parti dure. Interminabili richiami fruttati. Risotto agli asparagi e frutti di mare.

FRIULI COLLI ORIENTALI BIANCO IDENTITÀ ROCHE BERNARDE 2021
Bianco Doc - Tocai friulano 70%, Malvasia bianca 15%, Ribolla gialla 15%
Alc. 14% | € 50 | Bt. 4.000 | Ferm. Legno | Mat. Acciaio 12 mesi e Legno 12 mesi
Tortelli al Castelmagno.

FRIULI COLLI ORIENTALI ROSSO OLTRE 2019
Rosso Doc - Refosco dal peduncolo rosso 60%, Pignolo 20%, Schioppettino 20%
Alc. 14% | € 45 | Bt. 2.600 | Ferm. Legno | Mat. Legno 24 mesi
Maiale in agrodolce.

FRIULI COLLI ORIENTALI PINOT GRIGIO 2022
Bianco Doc - Pinot grigio 100%
Alc. 12,5% | € 18 | Bt. 50.000 | Ferm. Acciaio | Mat. Acciaio 8 mesi e Legno 8 mesi
Strudel di porcini e zucca con crema al parmigiano.

FRIULI COLLI ORIENTALI PINOT GRIGIO RAMATO RISERVA 2020
Rosato Doc - Pinot grigio 100%
Alc. 13,5% | € 50 | Bt. 4.000 | Ferm. Legno e Terracotta
Faraona arrosto con salsa di frutti di bosco.

FRIULI COLLI ORIENTALI FRIULANO 2022
Bianco Doc - Tocai friulano 100%
Alc. 13,5% | € 18 | Bt. 18.000 | Ferm. Acciaio | Mat. Acciaio 9 mesi
Tortelli di zucca e salvia.

FRIULI COLLI ORIENTALI PINOT GRIGIO RAMATO RISERVA
2017 | 2018

FRIULI COLLI ORIENTALI SAUVIGNON DUALITY
2020

Spolert Winery
(2018)

Dopo l'esperienza di alcuni anni con l'azienda Le Macioche a Montalcino, in Toscana, la passione dell'ingegnere Riccardo Calieri per il vino si sta sviluppando a Prepotto sui Colli Orientali del Friuli, zona scelta per le caratteristiche ambientali legati a temperatura e disponibilità di acqua. La Spolert winery, intanto, si è già distinta alla 27ª edizione della Vinitaly Design International Packaging Competition aggiudicandosi il titolo "Etichetta d'Oro" nella categoria Dop vini rossi tranquilli.

via Novacuzzo, 41 - 33040 Prepotto (UD)
T. 392 7926901 | M. riccardo@spolert.it
www.spolert.it

Viticoltura: In conversione al biologico
Ettari: 9,5 | **Bottiglie:** 35.000 | **Produzione olearia:** No
Proprietà: Fari Società Agricola Semplice
Cond. enologica: Andrea Brunisso
Cond. agronomica: Andrea Brunisso
Vendita diretta: Sì | **Visite in azienda:** Sì

FRIULI COLLI ORIENTALI MERLOT ZIRLO 2020
Rosso Doc - Merlot 100%
Alc. 14% | € 36 | Bt. 3.500 | Ferm. Acciaio | Mat. Legno 18 mesi e Terracotta 18 mesi
Carminio setoso. Una messa a fuoco di fiori freschi (peonia), frutta secca (noce e mandorla sgusciate), ribes rosso, lampone e prugna. Stille di anice. La verve tannica, viva e in evoluzione, non frena la beva, ma la sorregge portandola a un epilogo saporito di frutta secca. Tacchinella ripiena su letto di patate.

FRIULI COLLI ORIENTALI SCHIOPPETTINO 2021
Rosso Doc - Schioppettino 100%
Alc. 12,5% | € 20 | Bt. 6.500 | Ferm. Acciaio | Mat. Cemento 8 mesi
Spezzatino di manzo.

FRIULI COLLI ORIENTALI SCHIOPPETTINO DI PREPOTTO PEPER 2020
Rosso Doc - Schioppettino 100%
Alc. 12,5% | € 36 | Bt. 2.100 | Ferm. Acciaio | Mat. Legno 18 mesi
Hamburger di manzo con Montasio fuso.

FRIULI COLLI ORIENTALI REFOSCO DAL PEDUNCOLO ROSSO OSTINATO
2019

FRIULI COLLI ORIENTALI MERLOT ZIRLO
2019

Stocco
(1910)

La cantina, ora alla quarta generazione, guidata da Andrea, prosegue nel consolidamento dei buoni risultati, mantenendo ferme le visioni progettuali orientate alla qualità. L'azienda adotta metodi di elaborazione sostenibile, come la lotta integrata e l'utilizzo di energia elettrica da fonti alternative. Da evidenziare l'ammirevole impegno dedicato alla produzione di spumanti e l'equilibrio ottenuto nei vini da uve a bacca bianca. Il Sauvignon di Meris, in particolare, unisce aromi varietali e maturità fruttate, rendendolo perfetto per un aperitivo primaverile.

Via Casali Stocco, 12 - 33050 Bicinicco (UD)
T. 0432 934906 | M. info@vinistocco.it
www.vinistocco.it

Viticoltura: Lotta integrata
Ettari: 69 | **Bottiglie:** 500.000 | **Produzione olearia:** No
Proprietà: Famiglia Stocco
Cond. enologica: Andrea Stocco
Cond. agronomica: Andrea Stocco
Vendita diretta: Sì | **Visite in azienda:** Sì

SAUVIGNON DI MERIS 2022
Bianco Igt - Sauvignon 100%
Alc. 13% | € 11 | Bt. 27.000 | Ferm. Acciaio | Mat. Acciaio 6 mesi
Paglierino sfavillante. Profumo energico, che regala suggestioni varietali arricchite da sambuco, gelsomino, pompelmo, timo, pesca saturnina e menta. Sferzante e deciso al gusto; l'equilibrio è garantito dal contrasto tra acidità e calore gustativo. Si congeda su toni d'agrume. Frittata di erbette.

FRIULI GRAVE MERLOT SANT'ANTONI 2021
Rosso Doc - Merlot 100%
Alc. 13,5% | € 9 | Bt. 8.000 | Ferm. Acciaio | Mat. Acciaio 8 mesi
Mocetta di camoscio.

CABERNET SAUVIGNON DAL MORAR 2021
Rosso Igt - Cabernet sauvignon 100%
Alc. 13% | € 10 | Bt. 15.000 | Ferm. Acciaio | Mat. Acciaio 6 mesi e Legno 6 mesi
Risotto con salsiccia e Taleggio.

FRIULI GRAVE CHARDONNAY BRAIDE 2022
Bianco Doc - Chardonnay 100%
Alc. 13,5% | € 9 | Bt. 8.000 | Ferm. Acciaio | Mat. Acciaio 6 mesi
Linguine allo scoglio.

FRIULI GRAVE FRIULANO GLERIS 2022
Bianco Doc - Tocai friulano 100%
Alc. 13% | € 8 | Bt. 8.000 | Ferm. Acciaio | Mat. Acciaio 6 mesi
Zuppa di funghi.

FRIULI PINOT GRIGIO RAMATO SETTANTACINQUE 2022
Bianco Doc - Pinot grigio 100%
Alc. 13,5% | € 10 | Bt. 5.500 | Ferm. Acciaio | Mat. Acciaio 6 mesi
Storione alle prugne.

MERLOT ROOS DAI LENS
2018

FRIULI GRAVE FRIULANO GLERIS
2016 | 2019 | 2021

Sturm
(2015)

Una crescita esponenziale, quella della cantina di Zegla guidata dai giovani Denis e Patrick, che alla terza presenza in Guida sfiorano l'olimpo con il loro Sauvignon 2022, in testa alla classifica anche l'anno scorso. Chiare e decise le scelte aziendali: i classici monovitigni del Collio, l'agricoltura gestita secondo i dettami biologici e la differenziazione dei prodotti in base alle caratteristiche delle uve; sia il Sauvignon da podio, sia la Ribolla Gialla maturano in tonneaux per 7 mesi.

Località Zegla, 1 - 34071 Cormòns (GO)
T. 0481 60720 | M. sturm@sturm.it
www.sturm.it

Viticoltura: Biologica
Ettari: 17,9 | **Bottiglie:** 120.000 | **Produzione olearia:** No
Proprietà: Denis e Patrick Sturm
Cond. enologica: Patrick Sturm
Cond. agronomica: Giovanni Bigot
Vendita diretta: Sì | **Visite in azienda:** Sì

(91)

COLLIO SAUVIGNON 2022
Bianco Doc - Sauvignon 100%
Alc. 13% | € 24 | Bt. 10.000 | Ferm. Acciaio | Mat. Legno 7 mesi
Giallo citrino dall'ottima intensità. Racconto odoroso varietale ma non solo, mette assieme zeste di agrumi, erbe aromatiche e macchia mediterranea, con le spezie dolci. Preciso e deciso, con adeguata forza alcolica ben gestita dalle parti fresco-sapide. Lunghissimo. Crema di zucca con gamberi croccanti.

FRIULI MERLOT 2020
Rosso Dop - Merlot 100%
Alc. 14% | € 30 | Bt. 5.000 | Ferm. Acciaio | Mat. Legno 24 mesi
Piccione ai porcini e tartufo nero.

COLLIO PINOT GRIGIO RAMATO 2022
Rosato Dop - Pinot grigio 100%
Alc. 13,5% | € 24 | Bt. 8.000 | Ferm. Acciaio
Insalatina di porcini e scaglie di formaggio.

FRIULI REFOSCO DAL PEDUNCOLO ROSSO 2020
Rosso Dop - Refosco dal peduncolo rosso 100%
Alc. 14% | € 30 | Bt. 3.500 | Ferm. Acciaio | Mat. Legno 24 mesi
Quaglie alla cacciatora.

COLLIO FRIULANO 2022
Bianco Doc - Tocai friulano 100%
Alc. 13,5% | € 24 | Bt. 10.000 | Ferm. Acciaio | Mat. Legno 7 mesi
Garganelli con julienne di calamari e ortiche.

COLLIO MALVASIA 2022
Bianco Dop - Malvasia istriana 100%
Alc. 13% | € 19 | Bt. 10.000 | Ferm. Acciaio | Mat. Acciaio 5 mesi
Spaghetti con vongole veraci.

FRIULI CHARDONNAY ANDRITZ
2020 | 2021

FRIULI REFOSCO DAL PEDUNCOLO ROSSO
2018 | 2019

Subida di Monte
(1972)

Fuart, in lingua friulana, significa in grado di esprimere potenza e il tocai friulano finito nella bottiglia del Fuart di casa Subida di Monte è potente e non solo per il titolo alcolometrico che esibisce in etichetta. È forte perché la gestione di Andrea in vigneto e quella di Marinka in cantina, hanno tratto dalle uve un vino ricco di personalità, territoriale e originale. Cambiamenti nel packaging per questo vino che vive in una bottiglia renana a collo lungo, forse con l'ambizione, non nascosta, di guardare lontano.

Via Subida, 6 - 34071 Cormòns (GO)
T. 0481 61011 | M. subida@libero.it
www.subidadimonte.it

Viticoltura: Convenzionale ed ecosostenibile
Ettari: 8 | **Bottiglie:** 30.000 | **Produzione olearia:** No
Proprietà: Società agricola Agrotech
Cond. enologica: Marinka Polencic
Cond. agronomica: Andrea Antonutti
Vendita diretta: Sì | **Visite in azienda:** Sì

91

COLLIO FRIULANO FUART 2021
Bianco Doc - Tocai friulano 100%
Alc. 15% | € 22 | Bt. 2.900 | Ferm. Legno e Cemento | Mat. Acciaio 12 mesi e Legno 6 mesi
Un giallo sole dal bouquet raffinato: tracce balsamiche, la freschezza delle erbe officinali, fiori di acacia e oleandro e frutta a polpa bianca croccante. Ottima gestione dell'alcol che resta controllato da sapidità e acidità perfettamente bilanciate. Sorso lungo guidato dalla sapidità. Agrumato. Pollo alle mandorle e curcuma.

COLLIO FRIULANO 2021
Bianco Doc - Tocai friulano 100%
Alc. 13,5% | € 15 | Bt. 7.200 | Ferm. Acciaio
Prosciutto di San Daniele.

COLLIO MALVASIA 2021
Bianco Doc - Malvasia istriana 100%
Alc. 13,5% | € 17 | Bt. 4.000 | Ferm. Legno e Acciaio | Mat. Legno 7 mesi
Guazzetto di moscardini.

COLLIO SAUVIGNON 2022
Bianco Doc - Sauvignon 100%
Alc. 13,5% | € 15 | Bt. 6.000 | Ferm. Acciaio | Mat. Acciaio 8 mesi
Linguine agli scampi.

COLLIO PINOT GRIGIO 2022
Bianco Doc - Pinot grigio 100%
Alc. 13% | € 15 | Bt. 5.100 | Ferm. Acciaio | Mat. Acciaio 8 mesi
Risotto con piselli e ricotta affumicata.

Tarlao
(1950)

Ritrovare agli stessi posti dell'anno precedente i due Pinot Bianco dell'azienda è riconoscere la qualità che l'enologo Fabio Tarlao sta garantendo alla cantina di famiglia. Che sia previsto un percorso in legno – come l'Ardea Alba – o solo in acciaio, come il Poc Ma Bon, i due vini prodotti da uve pinot bianco in purezza danno alto valore a un territorio, come quello di Doc Friuli Aquileia, genericamente apprezzato per i vini da uve a bacca rossa. Quando ci sono conoscenza, passione e dedizione si ottengono sempre ottimi risultati.

Via San Zilli, 50 - 33051 Aquileia (UD)
T. 0431 91417 | M. info@tarlao.eu
www.tarlao.eu

Viticoltura: Convenzionale e lotta integrata
Ettari: 7 | **Bottiglie:** 34.000 | **Produzione olearia:** No
Proprietà: Francesco e Sabino Tarlao
Cond. enologica: Francesco Tarlao, Sabino Tarlao
Cond. agronomica: Francesco Tarlao
Vendita diretta: Sì | **Visite in azienda:** Sì

FRIULI AQUILEIA PINOT BIANCO ARDEA ALBA 2021
Bianco Doc - Pinot bianco 100%
Alc. 13% | € 18 | Bt. 700 | Ferm. Legno | Mat. Legno 8 mesi
Quasi oro. Apertura di frutta tropicale croccante (litchi) e arancio yuzu fusa con fioritura di magnolia, melissa e origano. Sensazioni iodate e di roccia spaccata. In bocca è scorrevole, morbido, tenuto in equilibrio dalla sapidità e dalla freschezza che accompagnano rimbalzi fruttati. Pesce spada al cartoccio.

FRIULI AQUILEIA PINOT BIANCO POC MA BON 2022
Bianco Doc - Pinot bianco 100%
Alc. 13,5% | € 15 | Bt. 6.000 | Ferm. Acciaio
Guazzetto di scampi.

FRIULI AQUILEIA MALVASIA NINIVE 2022
Bianco Doc - Malvasia 100%
Alc. 14,5% | € 15 | Bt. 5.000 | Ferm. Acciaio
Risotto alla granseola.

FRIULI AQUILEIA REFOSCO DAL PEDUNCOLO ROSSO MOSAIC ROS 2019
Rosso Doc - Refosco 100%
Alc. 14,5% | € 25 | Bt. 5.000 | Ferm. Legno e Acciaio | Mat. Legno 24 mesi
Yakitori, spiedini di pollo con zenzero.

FRIULI AQUILEIA TRAMINER AROMATICO PRISTICE 2022
Bianco Doc - Traminer aromatico 100%
Alc. 14% | € 15 | Bt. 5.000 | Ferm. Acciaio
Foie gras in torchon.

FRIULI AQUILEIA FRIULANO ALBERO DEL NOCE 2022
Bianco Doc - Tocai friulano 100%
Alc. 13,5% | € 15 | Bt. 4.000 | Ferm. Acciaio
Pomodori gratinati con paté di olive.

COLLIO MALVASIA
2020

COLLIO SAUVIGNON
2019 | 2020 | 2021

FRIULI AQUILEIA PINOT BIANCO POC MA BON
2021

FRIULI AQUILEIA MALVASIA NINIVE
2020

Tenuta Baroni del Mestri
(2014)

Le viti, che crescono da oltre ottant'anni a 200 metri sul livello del mare sul Monte Quarin, regalano una Malvasia che si avvicina alle posizioni di vertice. Questo rappresenta un vero riconoscimento del valore del vino, considerando i soli due anni di produzione; la prima annata in bottiglia è il 2020. L'esperienza di Gianni Bignucolo in cantina e di Natascia Riggi in vigneto costituiscono elementi certamente rassicuranti per Giampaolo e Massimo Cramer, che hanno affidato loro la cura e la custodia dei due ettari di proprietà in uno degli angoli più affascinanti del Collio.

Salita del Monte Quarin, 22 - 34071 Cormons (GO)
T. 348 5903070 | M. info@baronidelmestri.it
www.baronidelmestri.it

Viticoltura: Convenzionale
Ettari: 2 | **Bottiglie:** 8.000 | **Produzione olearia:** Sì
Proprietà: Giampaolo e Massimo Cramer
Cond. enologica: Gianni Bignucolo
Cond. agronomica: Natascia Riggi
Vendita diretta: Sì | **Visite in azienda:** Sì

COLLIO MALVASIA 2021
Bianco Doc - Malvasia istriana 100%
Alc. 14,5% | € 22 | Bt. 1.000 | Ferm. Acciaio | Mat. Acciaio 6 mesi
Paglierino netto. Ingresso di erbe aromatiche (origano e santoreggia), prima di virare su frutta a polpa gialla e regalare guizzi di glicine e incenso. Sorso di bella densità, con un nerbo sapido che allunga la beva verso un congedo che conferma le erbe aromatiche. Rotolo di tacchino alle mele ed erbe aromatiche.

COLLIO MERLOT BARONE DI SCHÖNBERG 2020
Rosso Doc - Merlot 100%
Alc. 14,5% | € 28 | Bt. 1.000 | Ferm. Cemento | Mat. Legno 30 mesi
Beccacce allo spiedo.

RIBOLLA GIALLA 2022
Bianco Igt - Ribolla gialla 100%
Alc. 12,5% | € 20 | Bt. 1.000 | Ferm. Acciaio | Mat. Acciaio 6 mesi
Vellutata di erbette con crostini di pane ai cereali.

COLLIO BIANCO SERE D'ESTATE
2020

COLLIO FRIULANO
2021

Tenuta Borgo Conventi
(1975)

Passata nel 2019 sotto la guida della famiglia Moretti Polegato, la Tenuta Borgo Conventi ripropone anche quest'anno come vino simbolo della produzione il nuovo bianco dell'azienda frutto del lavoro congiunto di Stefano Gava, enologo di Villa Sandi e di Paolo Corso, enologo di Borgo Conventi. Il Collio Bianco Luna di Ponca è a base friulano a cui vengono aggiunti chardonnay e malvasia. L'azienda, che ha ottenuto la certificazione Biodiversity Friend SQNPI, si avvale della consulenza enologica di Riccardo Cotarella.

Strada della Colombara, 13 - 34072 Farra d'Isonzo (GO)
T. 0481 888004 | M. info@borgoconventi.it
www.borgoconventi.it

Viticoltura: Lotta integrata
Ettari: 35 | **Bottiglie:** 400.000 | **Produzione olearia:** No
Proprietà: Famiglia Moretti Polegato
Cond. enologica: Paolo Corso
Cond. agronomica: Paolo Corso
Vendita diretta: Sì | **Visite in azienda:** Sì

COLLIO BIANCO LUNA DI PONCA 2020
Bianco Doc - Tocai friulano 70%, Chardonnay 20%, Malvasia istriana 10%
Alc. 14% | € 42 | Bt. 6.000 | Ferm. Legno e Acciaio | Mat. Legno 11 mesi
Un cuore paglierino bordato d'oro. Elegie di frutta esotica si accompagnano a bacche di frutta bianca su un fondo di fioriture gialle, speziatura dolce e roccia spaccata. Gusto pieno, calorico, con perfetto equilibrio arrotondato dalla maturazione in botte grande. Buona persistenza con rimandi fruttati. Crespelle con asparagi e ricotta salata.

COLLIO PINOT GRIGIO 2022
Bianco Doc - Pinot grigio 100%
Alc. 13% | € 15 | Bt. 40.000 | Ferm. Acciaio | Mat. Acciaio 8 mesi
Tiella di riso, patate e cozze.

COLLIO FRIULANO 2022
Bianco Doc - Tocai friulano 100%
Alc. 13,5% | € 15 | Ferm. Acciaio | Mat. Acciaio 6 mesi
Tortelli di branzino con salsa d'astice.

COLLIO RIBOLLA GIALLA 2022
Bianco Doc - Ribolla gialla 100%
Alc. 12,5% | € 15 | Bt. 10.000 | Ferm. Acciaio | Mat. Acciaio 6 mesi
Tartare di gamberi.

SCHIOPPETTINO 2019
Rosso Igt - Schioppettino 100%
Alc. 13,5% | € 21 | Bt. 4.800 | Mat. Legno 12 mesi
Canestrato pugliese.

COLLIO SAUVIGNON 2022
Bianco Doc - Sauvignon 100%
Alc. 13% | € 15 | Bt. 40.000 | Ferm. Acciaio | Mat. Acciaio 6 mesi
Storione alle prugne.

COLLIO FRIULANO
2020

COLLIO BIANCO LUNA DI PONCA
2019

Tenuta Ca' Bolani
(1970)

L'azienda di maggiori dimensioni del Friuli Venezia Giulia porta sul podio per il terzo anno di fila il suo Pinot Bianco a conferma di una vocazione alla valorizzazione di uno dei vitigni di maggiore eleganza. Da segnalare anche l'ottimo punteggio del tipico Refosco dal peduncolo rosso Alturio in una delle zone che lo valorizzano meglio. La famiglia Zonin ha adottato, sui 570 ettari di proprietà, anche una politica ambientale ecosostenibile che prevede la lotta integrata come sistema di controllo degli organismi dannosi.

Via Ca' Bolani, 2 - 33052 Cervignano del Friuli (UD)
T. 0431 32670 | M. info@cabolani.it
www.cabolani.it

Viticoltura: Convenzionale e lotta integrata
Ettari: 570 | **Bottiglie:** 1.820.000 | **Produzione olearia:** No
Proprietà: Famiglia Zonin
Cond. enologica: Roberto Marcolini
Cond. agronomica: Gabriele Carboni
Vendita diretta: Sì | **Visite in azienda:** Sì

FRIULI AQUILEIA PINOT BIANCO 2022
Bianco Doc - Pinot bianco 100%
Alc. 13,5% | € 10 | Bt. 15.000 | Ferm. Acciaio | Mat. Acciaio 6 mesi
Fulgido giallo tenue. Origano, santoreggia e altre erbe aromatiche caratterizzano l'olfazione che poi vira su agrumi, limone verde e sbuffi di frutta secca. Il sorso è rotondo, avvolgente e libera a centro bocca un'acidità che ben si accorda con il congedo sapido. Sogliola alla mugnaia.

FRIULI AQUILEIA REFOSCO DAL PEDUNCOLO ROSSO ALTURIO 2016
Rosso Doc - Refosco dal peduncolo rosso 100%
Alc. 13% | € 15 | Bt. 6.000 | Ferm. Acciaio | Mat. Acciaio 6 mesi e Legno 24 mesi
Stracotto d'asino.

FRIULI AQUILEIA FRIULANO 2022
Bianco Doc - Tocai friulano 100%
Alc. 13% | € 10 | Bt. 8.000 | Ferm. Acciaio | Mat. Acciaio 6 mesi
Sformatino di zucca con fonduta di Asiago.

FRIULI AQUILEIA PINOT GRIGIO 2022
Bianco Doc - Pinot grigio 100%
Alc. 13% | € 10 | Bt. 145.000 | Ferm. Acciaio | Mat. Acciaio 6 mesi
Grana Padano Riserva.

FRIULI AQUILEIA CHARDONNAY 2022
Bianco Doc - Chardonnay 100%
Alc. 13,5% | € 10 | Bt. 40.000 | Ferm. Acciaio | Mat. Acciaio 6 mesi
Strudel di porcini e zucca con crema al parmigiano.

FRIULI VENEZIA GIULIA SAUVIGNON 2022
Bianco Doc - Sauvignon 100%
Alc. 13% | € 10 | Bt. 120.000 | Ferm. Acciaio | Mat. Acciaio 6 mesi
Zuppa di broccolo fiolaro con olio extravergine del Garda.

FRIULI AQUILEIA SAUVIGNON AQUILIS
2017 | 2018 | 2019

FRIULI AQUILEIA PINOT BIANCO
2019 | 2020 | 2021

Tenuta Luisa
(1927)

Tutto ebbe inizio con 5 ettari di proprietà di Delciso, il nonno di Michele e Davide Luisa, i quali sono ora i proprietari della tenuta che è cresciuta fino a comprendere 110 ettari. Questa crescita è stata il risultato degli sforzi di Eddi Luisa, il padre dei due fratelli, il quale ha dedicato una vita al suo ambizioso progetto aziendale. Il 2023 segna un anno triste per i Luisa poiché, agli ultimi giorni di maggio, Eddi è scomparso a 82 anni. Egli è stato una figura chiave nello sviluppo dell'enologia in Friuli, producendo vini che hanno avuto successo in molti Paesi del mondo.

Via Campo Sportivo, 13 - 34070 Mariano del Friuli (GO)
T. 0481 69680 | M. info@tenutaluisa.com
www.tenutaluisa.com

Viticoltura: Convenzionale e lotta integrata
Ettari: 110 | **Bottiglie:** 370.000 | **Produzione olearia:** No
Proprietà: Famiglia Luisa
Cond. enologica: Michele Luisa
Cond. agronomica: Davide Luisa
Vendita diretta: Sì | **Visite in azienda:** Sì

FRIULI ISONZO SAUVIGNON 2022
Bianco Doc - Sauvignon 100%
Alc. 14% | € 20 | Bt. 50.000 | Ferm. Acciaio | Mat. Acciaio 6 mesi
Sipario paglierino che si apre su toni varietali con bosso ed erbe aromatiche fresche salvo poi esprimere una fusione di frutta matura (pesca e pompelmo) e di fiori bianchi. Palato caldo e bilanciato, sorretto da una freschezza che si allunga sapida. Chiude lento con essenze fruttate e di roccia bagnata. Tagliolini all'astice.

CABERNET SAUVIGNON I FERRETTI 2018
Rosso Igt - Cabernet sauvignon 100%
Alc. 12,5% | € 25 | Bt. 6.500 | Ferm. Legno e Acciaio | Mat. Legno 24 mesi
Gulasch di manzo alla paprica dolce.

FRIULI ISONZO MALVASIA 2022
Bianco Doc - Malvasia istriana 100%
Alc. 13,5% | € 20 | Bt. 6.000 | Ferm. Acciaio | Mat. Acciaio 6 mesi
Risotto con mazzancolle al profumo d'arancia.

FRIULI ISONZO FRIULANO 2022
Bianco Doc - Tocai friulano 100%
Alc. 13,5% | € 20 | Bt. 30.000 | Ferm. Acciaio | Mat. Acciaio 6 mesi
Pasta, patate e cozze.

FRIULI ISONZO PINOT GRIGIO 2022
Bianco Doc - Pinot grigio 100%
Alc. 13% | € 20 | Bt. 40.000 | Ferm. Acciaio | Mat. Acciaio 6 mesi
Crema di zucca con porcini.

FRIULI ISONZO CHARDONNAY 2022
Bianco Doc - Chardonnay 100%
Alc. 13,5% | € 20 | Bt. 13.200 | Ferm. Acciaio | Mat. Acciaio 6 mesi
Insalatina di porcini e scaglie di formaggio.

FRIULI ISONZO PINOT BIANCO
2021

FRIULI ISONZO FRIULANO
2019 | 2020 | 2021

Tenuta Pinni
(1998)

La sede della cantina si trova nella villa Pinni-Partenio, una delle ville venete che arricchiscono il Friuli. I vigneti che circondano la barchessa coprono una superficie di 14 ettari, dei 45 complessivi della tenuta. Il Refosco dal peduncolo rosso si riconferma il vino di riferimento dell'azienda posizionandosi al primo posto nella classifica qualitativa aziendale, anticipando di poco un altro vino, il Rosso della Tenuta. La famiglia Pinni è legata da un profondo rapporto sentimentale con la terra friulana e la sua storia.

Via Sant'Osvaldo, 3 - 33098 San Martino al Tagliamento (PN)
T. 0434 899464 | M. info@tenutapinni.com
www.tenutapinni.com

Viticoltura: Convenzionale
Ettari: 14 | **Bottiglie:** 38.000 | **Produzione olearia:** No
Proprietà: Roberto Pinni
Cond. enologica: Roberto Pinni
Cond. agronomica: Tommaso Pinni, Roberto Pinni
Vendita diretta: Sì | **Visite in azienda:** Sì

REFOSCO DAL PEDUNCOLO ROSSO 2021
Rosso Igt - Refosco dal peduncolo rosso 100%
Alc. 13% | € 12 | Bt. 3.500 | Ferm. Acciaio | Mat. Legno 18 mesi
Rubino vivo. Sfoggia note fruttate con riconoscimenti di ciliegia, mela rossa, arancia Sanguinella, lampone e melograno, Profumi di viola, sbuffi di erbe aromatiche fresche. Equilibrato, con tannino saporito che allunga la beva portandola a una dissolvenza agrumata. Lombata di vitello su letto di cipolline saltate.

ROSSO DELLA TENUTA 2019
Rosso Igt - Merlot 90%, Refosco dal peduncolo rosso 10%
Alc. 14% | € 30 | Bt. 1.600 | Ferm. Acciaio | Mat. Legno 36 mesi
Pappardelle con sugo di lepre.

MERLOT 2019
Rosso Igt - Merlot 100%
Alc. 13% | € 12 | Bt. 2.500 | Ferm. Acciaio | Mat. Legno 36 mesi
Salame d'oca di Mortara.

RIBOLLA GIALLA 2022
Bianco Igt - Ribolla gialla 100%
Alc. 13% | € 12 | Bt. 11.000 | Ferm. Acciaio | Mat. Acciaio 9 mesi
Timballo di riso e gamberi.

CHARDONNAY 2022
Bianco Igt - Chardonnay 100%
Alc. 13% | € 12 | Bt. 3.500 | Ferm. Acciaio | Mat. Acciaio 9 mesi
Melanzane e peperoni ripieni.

SAUVIGNON 2022
Bianco Igt - Sauvignon 100%
Alc. 13% | € 12 | Bt. 3.500 | Ferm. Acciaio | Mat. Acciaio 9 mesi
Zuppa di cipolle gratinate.

REFOSCO DAL PEDUNCOLO ROSSO
2018

MERLOT
2017 | 2018

Tenuta Villanova
(1499)

Fondata nel 1499, la tenuta occupa duecento ettari, di cui cento coltivati a vigneto compresi nelle Dop Friuli Isonzo e Collio. La Tenuta Villanova offre spazi magici, come la cantina storica e una spettacolare distilleria. Il progetto aziendale non si è mai discostato troppo dalla linea della tradizione e propone vini espressivi del territorio. Il Friulano della vendemmia 2022 mostra tutte le potenzialità di un territorio che viene confermato anche nelle caratteristiche sensazioni di roccia spaccata che raggiungono il naso in degustazione.

Via Contessa Beretta, 29 - 34072 Farra d'Isonzo (GO)
T. 0481 889311 | M. tenuta@tenutavillanova.com
www.tenutavillanova.com

Viticoltura: Convenzionale
Ettari: 100 | **Bottiglie:** 350.000 | **Produzione olearia:** No
Proprietà: Giuseppina Grossi Bennati
Cond. enologica: Eduardo Colapinto
Cond. agronomica: Staff aziendale
Vendita diretta: Sì | **Visite in azienda:** Sì

COLLIO FRIULANO 2022
Bianco Doc - Tocai friulano 100%
Alc. 13,5% | € 14 | Bt. 6.600 | Ferm. Acciaio | Mat. Acciaio 8 mesi
Riflessi ramati. Presenze odorose di frutta matura a polpa bianca si amalgamano elegantemente con fiori bianchi primaverili, erbe aromatiche e cenni di roccia spaccata. In bocca entra morbido poi mette in evidenza una sferzata di saporita freschezza. Persistente e corrispondente. Tartare di scampi.

FRIULI ISONZO MALVASIA 2021
Bianco Doc - Malvasia istriana 100%
Alc. 12,5% | € 12 | Bt. 3.300 | Ferm. Acciaio | Mat. Acciaio 7 mesi
Funghi porcini trifolati.

FRIULI ISONZO MERLOT 2020
Rosso Doc - Merlot 100%
Alc. 13% | € 15 | Bt. 6.600 | Ferm. Acciaio | Mat. Acciaio 3 mesi e Legno 24 mesi
Quaglie alla cacciatora.

FRIULI ISONZO REFOSCO DAL PEDUNCOLO ROSSO 2020
Rosso Doc - Refosco dal peduncolo rosso 100%
Alc. 12,5% | € 12 | Bt. 3.300 | Ferm. Acciaio | Mat. Acciaio 12 mesi e Legno 12 mesi
Fagioli all'uccelletto.

FRIULI ISONZO SAUVIGNON 2022
Bianco Doc - Sauvignon 100%
Alc. 12,5% | € 12 | Bt. 3.300 | Ferm. Acciaio | Mat. Acciaio 8 mesi
Filetto di orata allo zenzero.

RIBOLLA GIALLA BRUT 2021
Bianco Metodo Martinotti - Ribolla gialla 100%
Alc. 12,5% | € 12 | Bt. 6.600 | Ferm. Acciaio
Tempura di gamberi.

COLLIO FRIULANO
2019 | 2021

COLLIO MERLOT
2017 | 2018

Matijaz Tercic

(1990)

Matijaž ha apportato una svolta significativa all'azienda di famiglia, la quale era stata impegnata nell'agricoltura fin dai primi del Novecento, sebbene vendesse l'uva e non producesse vino, a eccezione di quello utilizzato per l'autoconsumo. Con il suo ingresso in azienda il cambio di marcia: la Ribolla Gialla nel '96, poi il Vino degli Orti, quindi lo Chardonnay Planta nel '97, il Pinot Grigio nel 2008. Il lavoro di Matijaž – su una superficie che arriva ai 9 ettari – segue da allora un preciso obiettivo: lavorare per una sempre maggiore longevità del vino.

Località Bucuie, 4/A - 34070 San Floriano del Collio (GO)
T. 0481 884920 | M. tercic@tercic.com
www.tercic.com

Viticoltura: Convenzionale
Ettari: 9 | **Bottiglie:** 30.000 | **Produzione olearia:** No
Proprietà: Matijaz Tercic
Cond. enologica: Matijaz Tercic
Cond. agronomica: Matijaz Tercic
Vendita diretta: Sì | **Visite in azienda:** Sì

CHARDONNAY PLANTA 2020
Bianco Igt - Chardonnay 100%
Alc. 13% | € 29 | Bt. 2.600 | Ferm. Acciaio | Mat. Legno 7 mesi
Quasi dorato. Ha un profilo odoroso segnato da erbe aromatiche secche (santoreggia), agrumi maturi (pompelmo rosa) cui si aggiungono tabacco chiaro, tiglio e note di caffè. Gusto caldo e bilanciato con aromi di frutta matura. Splendida estensione. Rollè di cernia con patate al rosmarino.

SAUVIGNON 2021
Bianco Igt - Sauvignon 100%
Alc. 14% | € 23 | Bt. 3.300 | Ferm. Acciaio | Mat. Acciaio 9 mesi
Crema di patate e asparagi con cappesante scottate.

BIANCO VINO DEGLI ORTI 2020
Bianco Igt - Malvasia istriana 50%, Tocai friulano 50%
Alc. 13% | € 29 | Bt. 2.500 | Ferm. Acciaio | Mat. Acciaio 7 mesi
Risotto ai finferli.

COLLIO PINOT GRIGIO DAR 2019
Bianco Doc - Pinot grigio 100%
Alc. 13,5% | € 29 | Bt. 2.000 | Ferm. Legno | Mat. Legno 7 mesi
Cotolette di pollo con melanzane e provola.

COLLIO CHARDONNAY
2015 | 2017 | 2018

FRIULI ISONZO FRIULANO
2016 | 2017 | 2018

Terre del Faet

(2012)

Per celebrare il decimo anniversario dell'attività, il giovane vignaiolo di Cormons, Andrea Drius, ha deciso di presentare un vino denominato Decimo, frutto di un blend di diverse annate. Nella bottiglia si fondono vini rappresentativi delle vendemmie 2017, 2018, 2020 e 2021. Questa selezione ha contribuito a ottenere un risultato organolettico straordinario, supportato anche dalla scrupolosa scelta delle uve provenienti da vigneti con un'età media di 60 anni. Questi vigneti sono stati piantati con amore dal nonno, all'epoca mezzadro, e ora sono altrettanto amorevolmente curati dal nipote.

Via Roma, 82 - Località Pradis - 34071 Cormòns (GO)
T. 347 0103325 | M. andreadrius.vino@hotmail.it
www.terredelfaet.it

Viticoltura: Biologica
Ettari: 6,6 | **Bottiglie:** 30.000 | **Produzione olearia:** No
Proprietà: Andrea Drius
Cond. enologica: Andrea Drius
Cond. agronomica: Andrea Drius
Vendita diretta: Sì | **Visite in azienda:** Sì

(91)

DECIMO
Bianco - Tocai friulano 80%, Malvasia istriana 10%, Ribolla gialla 10%
Alc. 14% | € 45 | Bt. 1.500 | Ferm. Legno e Acciaio e Cemento
Mat. Acciaio 60 mesi e Legno 60 mesi e Cemento 60 mesi
Magnifico topazio. Al naso ha personalità e sostanza, propone un bouquet raffinato di frutta a polpa bianca matura (mela Golden), resina, liquirizia e delicati cenni di eucalipto e ginestra. Avvolgente e saporito, palato impreziosito da una nota iodata. Rombo al forno ai sapori mediterranei.

COLLIO BIANCO 2020
Bianco Doc - Tocai friulano 70%, Malvasia istriana 20%, Ribolla gialla 10%
Alc. 13,5% | € 22 | Bt. 4.500 | Ferm. Legno e Acciaio e Cemento
Mat. Acciaio 12 mesi e Legno 12 mesi e Cemento 12 mesi
Tagliolini all'astice.

COLLIO FRIULANO 2021
Bianco Doc - Tocai friulano 100%
Alc. 14,5% | € 17 | Bt. 10.500 | Ferm. Legno e Acciaio e Cemento
Mat. Acciaio 12 mesi e Legno 12 mesi e Cemento 12 mesi
Tartare di gamberi.

RIBOLLA GIALLA 2021
Bianco Igt - Ribolla gialla 100%
Alc. 13% | € 17 | Bt. 4.000 | Ferm. Legno e Acciaio e Cemento
Mat. Acciaio 12 mesi e Legno 12 mesi e Cemento 12 mesi
Parmigiana di melanzane.

COLLIO MALVASIA 2021
Bianco Doc - Malvasia istriana 100%
Alc. 14,5% | € 17 | Bt. 8.000 | Ferm. Legno e Acciaio e Cemento
Mat. Acciaio 12 mesi e Legno 12 mesi e Cemento 12 mesi
Risotto agli scampi.

COLLIO PINOT BIANCO 2021
Bianco Doc - Pinot bianco 100%
Alc. 14% | € 16 | Bt. 4.000 | Ferm. Legno e Acciaio e Cemento
Mat. Acciaio 12 mesi e Legno 12 mesi e Cemento 12 mesi
Mozzarella di bufala campana.

COLLIO FRIULANO
2018 | 2019

COLLIO MALVASIA
2017 | 2019 | 2020

Terre di Ger
(1999)

La lungimiranza e l'apertura al futuro spingono l'azienda Terre di Ger verso importanti traguardi. Dopo la conversione al biologico e la scommessa sui vitigni resistenti, il premio come migliore cantina del Friuli Venezia Giulia per etica, sostenibilità e innovazione all'ultimo Wine in Venice mentre due vini si classificano primi al Concorso nazionale dei vitigni Piwi. Siamo nelle grave del Friuli, la zona più estesa della regione: terreno alluvionale, protezione delle montagne e beneficio del Mare Adriatico marcano in maniera indelebile i vini aziendali, in particolare quelli a bacca bianca.

Strada della Meduna, 17 - Località Frattina - 33076 Pravisdomini (PN)
T. 0434 644452 | M. info@terrediger.it
www.terrediger.com

Viticoltura: Convenzionale e biologica certificata
Ettari: 80 | **Bottiglie:** 100.000 | **Produzione olearia:** Sì
Proprietà: Gianluigi Spinazzè
Cond. enologica: Raoul Brugnera
Cond. agronomica: Raoul Brugnera
Vendita diretta: Sì | **Visite in azienda:** Sì

SAUVIGNON 2022
Bianco Igp - Sauvignon 100%
Alc. 14% | € 8 | Bt. 7.000 | Ferm. Acciaio | Mat. Acciaio 6 mesi
Un manto tessuto di paglia e d'oro. Incipit balsamico con eleganti intrusioni di erbe aromatiche, finocchietto, anice stellato, melone invernale, pesca noce e fioriture primaverili. La beva è morbida e setosa, solcata da freschezza e sapidità rocciosa. Esito agrumato e croccante. Risotto agli asparagi e provola affumicata.

REFOSCO DAL PEDUNCOLO ROSSO 2021
Rosso Igp - Refosco dal peduncolo rosso 100%
Alc. 14% | € 8 | Bt. 5.000 | Ferm. Acciaio | Mat. Acciaio 18 mesi
Petto d'anatra laccato al miele.

FELTRO BIANCO 2022
Bianco Igp - Bronner 70%, Solaris 30%
Alc. 14% | € 12 | Bt. 3.000 | Ferm. Acciaio | Mat. Acciaio 6 mesi
Canestrato pugliese.

FRIULI PINOT GRIGIO 2022
Bianco Doc - Pinot grigio 100%
Alc. 14% | € 8 | Bt. 20.000 | Ferm. Acciaio | Mat. Acciaio 6 mesi
Salmone al timo.

MERLOT 2021
Rosso Igp - Merlot 100%
Alc. 14% | € 8 | Bt. 15.000 | Ferm. Acciaio | Mat. Acciaio 18 mesi
Salame di cinta senese.

ARCONI 2022
Bianco Igp - Sauvignon kretos 100%
Alc. 14% | € 16 | Bt. 3.000 | Ferm. Acciaio | Mat. Acciaio 6 mesi
Frittura di rane e verdure croccanti.

CHARDONNAY
2021

FRIULI PINOT GRIGIO
2019 | 2021

Terre Rosse
(1997)

Dall'allevamento a tendone per allevare il kiwi – che l'azienda continua a produrre – al guyot, cordone speronato o cappuccina in base alle esigenze varietali delle viti. Dedicarsi all'allevamento delle piante da frutto è una tradizione nella famiglia dalla ricca cultura agraria di Adamo Lestani e prima di lui del padre Franco. Entrambe le coltivazioni si ancorano sulle terre rosse di Cuccana, ricche di ferro e generose di sostanze nutritive e dove sono stati anche messi a dimora due impianti di vitigni resistenti.

Via XXV Aprile, 24 - Frazione Cuccana - 33050 Bicinicco (UD)
T. 0432 990102 | M. adamolestani@gmail.com
www.terrerossewines.com

Viticoltura: Convenzionale
Ettari: 7 | **Bottiglie:** 30.000 | **Produzione olearia:** No
Proprietà: Adamo Lestani
Cond. enologica: Staff aziendale
Cond. agronomica: Adamo Lestani
Vendita diretta: Sì | **Visite in azienda:** Sì

FRIULI VENEZIA GIULIA CABERNET FRANC 2021
Rosso Doc - Cabernet franc 100%
Alc. 13,5% | € 10 | Bt. 1.300 | Ferm. Acciaio
Rubino vivido. Varietale, memorie vegetali di peperone verde, poi geranio, frutta rossa (lampone e mora) e tracce di incenso. Sorso agile regolato da un centro bocca con la parte glicerica che tiene a bada il tannino e una freschezza sapida che allunga su ricordi fruttati. Guanciale di vitello alle erbe aromatiche.

FRIULI VENEZIA GIULIA ROSSO UN AMÌ 2017
Rosso Doc - Merlot 50%, Refosco dal peduncolo rosso 50%
Alc. 14% | € 16 | Bt. 1.300 | Ferm. Acciaio | Mat. Acciaio e Legno 12 mesi
Tacchino stufato con peperoni e radicchio.

REFOSCO DAL PEDUNCOLO ROSSO VINEA MEA ELECTA 2017
Rosso Igp - Refosco dal peduncolo rosso 100%
Alc. 14,5% | € 47 | Bt. 1.300 | Ferm. Acciaio | Mat. Legno 18 mesi
Coq au vin alla borgognona.

FRIULI VENEZIA GIULIA MERLOT 2020
Rosso Doc - Merlot 100%
Alc. 14% | € 18 | Bt. 1.300 | Ferm. Acciaio | Mat. Acciaio e Legno 6 mesi
Beccacce allo spiedo.

FRIULI VENEZIA GIULIA PINOT GRIGIO 2022
Bianco Doc - Pinot grigio 100%
Alc. 13% | € 14 | Bt. 6.600 | Ferm. Acciaio
Coniglio alla ligure.

FRIULI VENEZIA GIULIA VERDUZZO FRIULANO SOLEON 2021
Bianco Doc Passito - Verduzzo friulano 100%
Alc. 13,5% | € 25 | Bt. 1.300 | Ferm. Acciaio | Mat. Acciaio 12 mesi
Spuma di ricotta con salsa di albicocche.

FRIULI GRAVE ROSSO UN AMÌ
2015

RIBOLLA GIALLA NORANSE
2020

Tomadoni
(1928)

Si riconferma a un soffio dall'eccellenza l'attraente Friulano Etichetta Nera da vendemmia tardiva di Umberto e Giovanni Tomadoni, piccola realtà vitivinicola a Pradis. Questo cru del comune di Cormons è la zona più calda, e i vini manifestano carattere, complessità ed evoluzione. L'azienda è garante di equilibrio e raffinatezza; 2.000 bottiglie nei due ettari di proprietà, dove i lavori in vigna vengono svolti a mano, vinificazione e affinamento in vasche di cemento. Si è posizionato altrettanto bene l'altro Friulano, tradizionale e territoriale, dal piacevole finale ammandorlato.

Località Pradis, 9 - 34071 Cormòns (GO)
T. 0481 62341 | M. gtomadoni@gmail.com

Viticoltura: Convenzionale e lotta integrata
Ettari: 2 | **Bottiglie:** 2.000 | **Produzione olearia:** No
Proprietà: Umberto Tomadoni
Cond. enologica: Giovanni Tomadoni
Cond. agronomica: Giovanni Tomadoni
Vendita diretta: Sì | **Visite in azienda:** Sì

COLLIO FRIULANO ETICHETTA NERA 2021
Bianco Doc - Tocai friulano 100%
Alc. 16% | € 20 | Bt. 800 | Ferm. Cemento | Mat. Cemento 12 mesi
Paglierino saturo e lucente. Racconti di fiori di tiglio, pesca gialla matura, mela renetta e macedonia tropicale si susseguono alternati a erbe mediterranee secche, pepe bianco, tabacco e tocchi balsamici. Bocca gustosa e volumica, caratterizzata da freschezza mentolata e sapidità salmastra. Risotto alla pescatora.

COLLIO FRIULANO 2022
Bianco Doc - Tocai friulano 100%
Alc. 14,5% | € 16 | Bt. 600 | Ferm. Cemento | Mat. Cemento 6 mesi
Fregola con le arselle.

COLLIO FRIULANO ETICHETTA NERA
2018 | 2019 | 2020

COLLIO FRIULANO
2019 | 2020 | 2021

Toros
(1900)

Dopo due anni di dominio del Pinot Bianco, il Friulano torna in vetta alla classifica di una delle aziende più importanti del Collio, fermandosi quest'anno a un passo dall'eccellenza dopo una sfilza di punteggi-top meritati nelle precedenti edizioni di Vitae. Resta comunque intatta l'altissima qualità dei campioni proposti da Franco Toros, l'uomo che – come testimoniano i suoi collaboratori – se ne sta sempre in vigna a curare i dieci ettari di Novali, che circondano la moderna e funzionale cantina.

Località Novali, 12 - 34071 Cormòns (GO)
T. 0481 61327 | M. info@vinitoros.com
www.vinitoros.com

Viticoltura: Convenzionale
Ettari: 12 | **Bottiglie:** 60.000 | **Produzione olearia:** No
Proprietà: Franco Toros
Cond. enologica: Franco Toros
Cond. agronomica: Staff aziendale
Vendita diretta: Sì | **Visite in azienda:** Sì

COLLIO FRIULANO 2022
Bianco Doc - Tocai friulano 100%
Alc. 13,5% | € 29 | Bt. 18.000 | Ferm. Acciaio | Mat. Acciaio 8 mesi e Legno 5 mesi
Filigrana d'oro su tonalità paglierino. Al naso fiori gialli con trama fitta, frutta secca e fieno, frutta gialla matura, erbe aromatiche secche e speziatura di pepe bianco. Il gusto è potente, di impatto, in equilibrio tra le parti fresco-sapide e la glicerina. Progressione aromatica agrumata. Spaghetti con mazzancolle e pomodorini.

COLLIO PINOT BIANCO 2022
Bianco Doc - Pinot bianco 100%
Alc. 13,5% | € 29 | Bt. 15.000 | Ferm. Acciaio | Mat. Acciaio 8 mesi e Legno 5 mesi
Ostriche Bouzigues.

COLLIO CHARDONNAY 2022
Bianco Doc - Chardonnay 100%
Alc. 13,5% | € 29 | Bt. 6.000 | Ferm. Acciaio | Mat. Acciaio 8 mesi e Legno 5 mesi
Risotto alla zucca.

COLLIO PINOT GRIGIO 2022
Bianco Doc - Pinot grigio 100%
Alc. 14% | € 29 | Bt. 10.000 | Ferm. Acciaio | Mat. Acciaio 8 mesi
Vellutata di cavolfiore.

COLLIO SAUVIGNON 2022
Bianco Doc - Sauvignon 100%
Alc. 14% | € 29 | Bt. 5.000 | Ferm. Acciaio | Mat. Acciaio 8 mesi
Cappellacci di zucca.

COLLIO FRIULANO
2016 | 2017 | 2019

COLLIO PINOT BIANCO
2018 | 2020 | 2021

Trebes
(2013)

Dodici mesi a dieci metri di profondità nelle acque del Golfo di Trieste. E l'affinamento sui lieviti cui Mitja Princic sottopone la Ribolla Gialla spumante MP19 Brut. Dopo un paio di anni di sperimentazione, nel 2022 l'inizio della produzione in serie con settemila bottiglie messe in acqua al largo dei Filtri di Aurisina per un affinamento ecosostenibile. Secondo il vignaiolo, tra i benefici dell'affondamento la qualità della texture con bollicine più sottili e cremose come conseguenza della pressione dell'acqua. Mitja festeggia i dieci anni da vignaiolo a Giasbana.

Località Giasbana, 19 - 34070 San Floriano del Collio (GO)
T. 329 2721279 | M. info@mp19.it
www.trebes.it

Viticoltura: Biologica
Ettari: 4 | **Bottiglie:** 20.000 | **Produzione olearia:** No
Proprietà: Mitja Princic
Cond. enologica: Mitja Princic
Cond. agronomica: Mitja Princic
Vendita diretta: Sì | **Visite in azienda:** No

COLLIO SAUVIGNON 2022
Bianco Doc - Sauvignon 100%
Alc. 13% | € 15 | Bt. 2.000 | Ferm. Acciaio | Mat. Acciaio 7 mesi
Paglierino lievemente ramato. Il profumo, assieme a erbe aromatiche, regala anche frutta matura con pesca bianca, effluvi balsamici e malie di nocciola tostata. Una vena sapida inaugura il sorso che ha spessore, riempie il palato di sapore e un'adeguata persistenza lascia ricordi di erbe aromatiche. Linguine con asparagi e calamaretti.

COLLIO BIANCO 2022
Bianco Doc - Pinot bianco 60%, Sauvignon 40%
Alc. 13,5% | € 18 | Bt. 3.000 | Ferm. Acciaio | Mat. Legno 5 mesi
Sushi e sashimi.

SPUMANTE RIBOLLA GIALLA MP19 BRUT 2017
Bianco Metodo Classico - Ribolla gialla 100%
Alc. 12,5% | € 110 | Bt. 1.500 | Ferm. Acciaio | 36 mesi sui lieviti
Crostini al foie gras.

COLLIO PINOT GRIGIO 2022
Bianco Doc - Pinot grigio 100%
Alc. 13% | € 15 | Bt. 5.000 | Ferm. Cemento
Tiella di riso, patate e cozze.

Tunella
(1986)

Vendemmia dopo vendemmia l'attenzione che i fratelli Massimo e Marco Zorzettig dedicano al loro lavoro di "artigiani della vigna" è encomiabile. L'approccio con cui l'azienda affronta l'uva e le variazioni stagionali è il segreto di un risultato qualitativo notevole. Questo si riflette chiaramente nei diversi percorsi in cantina, dalle linee classiche ai cru, i quali sanno mettere in risalto tale qualità in modo eccellente. L'obiettivo – ricordano sempre i fratelli Zorzettig – resta quello di valorizzare le uve e far raccontare le stagioni ai vini.

Via del Collio, 14 - Località Ipplis - 33040 Premariacco (UD)
T. 0432 716030 | M. info@latunella.it
www.latunella.it

Viticoltura: Lotta integrata
Ettari: 70 | **Bottiglie:** 430.000 | **Produzione olearia:** No
Proprietà: Massimo, Marco e Gabriella Zorzettig
Cond. enologica: Luigino Zamparo
Cond. agronomica: Marco Zorzettig, Luigino Zamparo, Massimo Zorzettig
Vendita diretta: Sì | **Visite in azienda:** Sì

FRIULI COLLI ORIENTALI BIANCO BIANCOSESTO 2021
Bianco Dop - Ribolla gialla 50%, Tocai friulano 50%
Alc. 13,5% | € 23 | Bt. 25.000 | Ferm. Legno | Mat. Legno 16 mesi
Paglierino radioso. Ouverture dolce e balsamica di kiwi, gelatina di agrume, mandarino e uva spina. Cenni di giglio rendono ancora più complesso lo spettro olfattivo che regala anche erbe aromatiche. In bocca è fresco con cremosità ed equilibrio. Richiami di erbe mentolate e agrumi. Bocconcini di rana pescatrice in crosta di mandorle.

FRIULI COLLI ORIENTALI PINOT GRIGIO RAMATO COLBAJÈ 2021
Rosato Dop - Pinot grigio 100%
Alc. 13,5% | € 21 | Bt. 5.000 | Ferm. Legno | Mat. Legno 16 mesi
Linguine agli scampi.

FRIULI COLLI ORIENTALI SAUVIGNON COL MATÌSS 2021
Bianco Dop - Sauvignon 100%
Alc. 13,5% | € 21 | Bt. 9.000 | Ferm. Legno | Mat. Legno 16 mesi
Pasta alla Norma.

FRIULI COLLI ORIENTALI FRIULANO 2022
Bianco Dop - Tocai friulano 100%
Alc. 13% | € 15 | Bt. 35.000 | Ferm. Acciaio | Mat. Acciaio 7 mesi
Tataki di tonno al sesamo.

FRIULI COLLI ORIENTALI RIBOLLA GIALLA RJGIALLA 2022
Bianco Dop - Ribolla gialla 100%
Alc. 13% | € 15 | Bt. 40.000 | Ferm. Acciaio | Mat. Acciaio 7 mesi
Paella.

SCHIOPPETTINO 2020
Rosso Igp - Schioppettino 100%
Alc. 14% | € 22 | Bt. 10.000 | Ferm. Legno | Mat. Legno 28 mesi
Carré di maiale affumicato.

FRIULI COLLI ORIENTALI BIANCO BIANCOSESTO
2020

FRIULI COLLI ORIENTALI FRIULANO
2021

Valchiarò
(1991)

Nel 1991, un gruppo di amici uniti dalla stessa zona geografica e dalla passione per il vino ha dato vita a un'azienda. Pur mantenendo ciascuno la propria attività professionale, quando si ritrovano qui, rinnovano sentimenti di amicizia, progetti e tradizioni. L'azienda ha sede a Torreano, a quattro chilometri da Cividale del Friuli, cittadina riconosciuta dall'Unesco per il proprio patrimonio storico e artistico. La Valchiarò – affidata alla consulenza enologica di Gianni Menotti – fa vino per passione e la ricerca della qualità è il solo riferimento.

Via dei Laghi, 4/C - Località Togliano - 33040 Torreano (UD)
T. 0432 715502 | M. info@valchiaro.it
www.valchiaro.it

Viticoltura: Convenzionale
Ettari: 14 | **Bottiglie:** 45.000 | **Produzione olearia:** No
Proprietà: Valchiarò
Cond. enologica: Gianni Menotti
Cond. agronomica: Staff aziendale
Vendita diretta: Sì | **Visite in azienda:** Sì

FRIULI COLLI ORIENTALI FRIULANO NEXUS 2022
Bianco Doc - Tocai friulano 100%
Alc. 14% | € 18 | Bt. 4.000 | Ferm. Acciaio | Mat. Acciaio 7 mesi
Pallido e vivo come la paglia. Effluvi di agrumi e frutta a polpa bianca (mela Golden e pesca tabacchiera) si intersecano a richiami di erbe aromatiche e sfalci di erba fresca. Sorso pieno, con buon equilibrio che lo rende costante lungo tutta la beva che si chiude sapida. Moeche fritte.

FRIULI COLLI ORIENTALI FRIULANO 2022
Bianco Doc - Tocai friulano 100%
Alc. 13% | € 14 | Bt. 6.000 | Ferm. Acciaio | Mat. Acciaio 7 mesi
Vellutata di ortiche.

FRIULI COLLI ORIENTALI MERLOT RISERVA 2019
Rosso Doc - Merlot 100%
Alc. 14% | € 18 | Bt. 6.500 | Ferm. Acciaio | Mat. Legno 24 mesi
Faraona ripiena con salsa tartufata.

FRIULI COLLI ORIENTALI REFOSCO DAL PEDUNCOLO ROSSO RISERVA 2019
Rosso Doc - Refosco dal peduncolo rosso 100%
Alc. 14% | € 18 | Bt. 4.000 | Ferm. Acciaio | Mat. Legno 24 mesi
Ossobuco alla milanese.

FRIULI COLLI ORIENTALI SAUVIGNON 2022
Bianco Doc - Sauvignon 100%
Alc. 13,5% | € 15 | Bt. 4.000 | Ferm. Acciaio | Mat. Acciaio 7 mesi
Manteca.

FRIULI COLLI ORIENTALI RIBOLLA GIALLA 2022
Bianco Doc - Ribolla gialla 100%
Alc. 12,5% | € 15 | Bt. 6.000 | Ferm. Acciaio | Mat. Acciaio 7 mesi
Risotto al lavarello del Garda.

FRIULI COLLI ORIENTALI FRIULANO NEXUS
2019 | 2020 | 2021

FRIULI COLLI ORIENTALI VERDUZZO FRIULANO
2016 | 2017 | 2019

Venica & Venica
(1930)

Nell'anno in cui Giorgio Venica annuncia il suo ritiro dall'azienda, che ha guidato insieme al fratello Gianni per anni, la cantina di Dolegna del Collio mette in primo piano i suoi vini di punta, come il Ronco delle Cime e il Ronco delle Mele, confermando un impegno costante nella produzione di vini di altissima qualità. L'azienda assicura che la produzione vinicola continuerà a seguire la tradizione familiare, radicata in un secolo di storia, rimanendo fedele ai "principi e ai valori che hanno costituito le fondamenta del nostro successo".

Località Cerò, 8 - 34070 Dolegna del Collio (GO)
T. 0481 61264 | M. venica@venica.it
www.venica.it

Viticoltura: Lotta integrata
Ettari: 40 | **Bottiglie:** 370.000 | **Produzione olearia:** No
Proprietà: Famiglia Venica
Cond. enologica: Giorgio Venica
Cond. agronomica: Giorgio Venica
Vendita diretta: Sì | **Visite in azienda:** Sì

(92,5)
COLLIO FRIULANO RONCO DELLE CIME 2022
Bianco Doc - Tocai friulano 100%
Alc. 14% | € 29 | Bt. 25.000 | Ferm. Legno e Acciaio | Mat. Acciaio 6 mesi e Legno 6 mesi
Giallo chiaro, che sprigiona sensazioni di frutta, succo di kiwi e foglia di bergamotto, poi sbuffi di erbe officinali e macchia mediterranea, lavanda e incenso. Assaggio scorrevole, allungato nella sua persistenza da un perfetto equilibrio tra forza alcolica, freschezza e sapidità. Risotto ai frutti di mare.

(91)
COLLIO SAUVIGNON RONCO DELLE MELE 2022
Bianco Doc - Sauvignon 100%
Alc. 13,5% | € 28 | Bt. 55.000 | Ferm. Legno e Acciaio | Mat. Acciaio 5 mesi e Legno 6 mesi
Paglierino splendente. Raffinato naso varietale ricco di erbe aromatiche fresche (rosmarino e mentuccia) e macchia mediterranea. Frutta a pasta gialla e agrumi si fondono con fioriture primaverili e pepe bianco. Ingresso preciso che si allunga con una persistenza fresco-sapida ricca di sensazioni salmastre. Totani ripieni con salsa mediterranea.

COLLIO RIBOLLA GIALLA L'ADELCHI 2022
Bianco Doc - Ribolla gialla 100%
Alc. 12,5% | € 24 | Bt. 40.000 | Ferm. Legno e Acciaio | Mat. Acciaio 5 mesi
Crema di patate e asparagi con cappesante scottate.

COLLIO MALVASIA PÈTRIS 2022
Bianco Doc - Malvasia istriana 100%
Alc. 14% | € 24 | Bt. 12.000 | Ferm. Legno e Acciaio | Mat. Acciaio 5 mesi e Legno 6 mesi. Cotoletta di tonno al sesamo.

COLLIO SAUVIGNON RONCO DEL CERÒ 2022
Bianco Doc - Sauvignon 100%
Alc. 13,5% | € 25 | Bt. 74.000 | Ferm. Legno e Acciaio | Mat. Acciaio 6 mesi e Legno 6 mesi. Risotto al tartufo bianco.

COLLIO PINOT GRIGIO JESERA 2022
Rosato Doc - Pinot grigio 100%
Alc. 13,5% | € 24 | Bt. 80.000 | Ferm. Legno e Acciaio | Mat. Acciaio 5 mesi
Lasagne ai cardi con formaggi saporiti.

COLLIO FRIULANO RONCO DELLE CIME
2019 | 2020 | 2021

COLLIO SAUVIGNON RONCO DELLE MELE
2019

Vidussi
(2000)

È ancora il Pinot Grigio, stavolta nella versione Linea Top, a guidare la classifica di un'azienda che unisce quantità (gestisce direttamente 60 ettari, la metà dei quali di proprietà) e qualità, in un territorio nel cuore del Collio, tra Spessa di Capriva e Cormons, ad altitudini tra i 100 e i 250 metri, su terreni marnosi di origine eocenica. Ampia la gamma enologica, tutti vini da monovitigno, che comprendono sia autoctoni che internazionali, ormai storicamente di casa in queste colline.

Via Spessa, 18 - 34017 Capriva del Friuli (GO)
T. 0481 80072 | M. info@vinividussi.it
www.vinividussi.it

Viticoltura: Convenzionale
Ettari: 60 | **Bottiglie:** 600.000 | **Produzione olearia:** No
Proprietà: Famiglia Vidussi
Cond. enologica: Luigino De Giuseppe
Cond. agronomica: Luigino De Giuseppe
Vendita diretta: Sì | **Visite in azienda:** Sì

COLLIO PINOT GRIGIO LINEA TOP 2020
Bianco Doc - Pinot grigio 100%
Alc. 13% | € 19 | Ferm. Acciaio | Mat. Acciaio 3 mesi e Cemento 2 mesi
Ramato, al naso ci riporta l'intensità di note dolci, il floreale dell'acacia, amarena matura, ma anche tostatura, mela caramellata, erbe aromatiche secche. Una piacevole asciuttezza anticipa un sorso di bell'equilibrio, condotto da una sapidità servita egregiamente dalla presenza alcolica. Coniglio in umido alle erbe aromatiche.

COLLIO PINOT GRIGIO 2022
Bianco Doc - Pinot grigio 100%
Alc. 13% | € 12 | Bt. 60.000 | Ferm. Acciaio | Mat. Acciaio 6 mesi
Petto d'anatra alle prugne.

FRIULI COLLI ORIENTALI REFOSCO DAL PEDUNCOLO ROSSO 2022
Rosso Doc - Refosco dal peduncolo rosso 100%
Alc. 13% | € 12 | Bt. 4.000 | Ferm. Acciaio | Mat. Acciaio 3 mesi e Legno 6 mesi
Maiale in agrodolce.

COLLIO FRIULANO 2022
Bianco Doc - Tocai friulano 100%
Alc. 13% | € 12 | Bt. 40.000 | Ferm. Acciaio | Mat. Acciaio 6 mesi
Crema di patate e asparagi con cappesante scottate.

COLLIO MALVASIA
2020

COLLIO FRIULANO
2019 | 2020 | 2021

Vie d'Alt
(1915)

Craoretto è il piccolo borgo del comune di Prepotto dove la famiglia Venica da più di cent'anni si dedica all'allevamento della vite con passione e rispetto dei terreni di questo lembo di Colli Orientali a poca distanza dai 53 ettari boschivi del Bosco Romagno, parco molto frequentato. Il nuovo logo con tre petali dorati rappresenta le sorelle Nadia, Mara e Giulia che hanno raccolto il testimone dai genitori Bruno e Paola. Siamo nella terra dello Schioppettino, che anche quest'anno si conferma il vino di punta.

Località Craoretto, 16 - 33040 Prepotto (UD)
T. 0432 713069 | M. info@viedalt.it
www.viedalt.it

Viticoltura: Convenzionale
Ettari: 18 | **Bottiglie:** 120.000 | **Produzione olearia:** No
Proprietà: Bruno Venica
Cond. enologica: Mara Venica, Nadia Venica
Cond. agronomica: Staff aziendale
Vendita diretta: Sì | **Visite in azienda:** Sì

FRIULI COLLI ORIENTALI SCHIOPPETTINO DI PREPOTTO 2020
Rosso Doc - Schioppettino 100%
Alc. 13,5% | € 30 | Bt. 2.000 | Ferm. Acciaio | Mat. Acciaio 12 mesi e Legno 12 mesi
Rubino di media intensità. Esordio di piccola frutta rossa (fragolina di bosco), ciliegia e mora, arricchito da erbe aromatiche, legno di sandalo e corteccia, con sbuffi di pepe nero. Il palato è agile, fresco e sapido, con tannino regolato e una chiusura fruttata con rintocchi pepati. Cotechino e lenticchie.

FRIULI COLLI ORIENTALI BIANCO ALJERE 2020
Bianco Doc - Malvasia istriana 50%, Tocai friulano 50%
Alc. 13% | € 28 | Bt. 2.000 | Ferm. Acciaio | Mat. Legno 12 mesi
Polpo alla Luciana.

FRIULI COLLI ORIENTALI SAUVIGNON 2022
Bianco Doc - Sauvignon 100%
Alc. 13% | € 15 | Bt. 8.000 | Ferm. Acciaio | Mat. Acciaio 6 mesi
Insalata di fagiolini e pinoli.

ROSSO BLENDLOOP 2021
Rosso Igt - Refosco dal peduncolo rosso 55%, Merlot 45%
Alc. 13,5% | € 25 | Bt. 6.600 | Ferm. Legno | Mat. Acciaio 20 mesi
Risotto con piselli e ricotta affumicata.

FRIULI COLLI ORIENTALI FRIULANO 2022
Bianco Doc - Tocai friulano 100%
Alc. 13,5% | € 15 | Bt. 13.333 | Ferm. Acciaio | Mat. Acciaio 6 mesi
Zuppa di cipolle gratinate.

FRIULI COLLI ORIENTALI PIGNOLO 2018
Rosso Doc - Pignolo 100%
Alc. 14% | € 40 | Bt. 2.600 | Ferm. Acciaio | Mat. Acciaio 12 mesi e Legno 24 mesi
Cinghiale arrosto con castagne.

FRIULI COLLI ORIENTALI SCHIOPPETTINO DI PREPOTTO
2016 | 2018 | 2019

FRIULI COLLI ORIENTALI BIANCO ALJERE RISERVA
2018 | 2019

Vie di Romans
(1883)

Comprendere l'ambiente per prendere le decisioni più appropriate al fine di ottenere i frutti migliori dal vigneto è il percorso che guida da oltre un decennio l'attività di vignaiolo di Gianfranco Gallo. La sua filosofia consiste nel analizzare ogni dettaglio legato alle sue viti, compresa la temperatura, la composizione del terreno e il microclima, attraverso approfondimenti scientifici, ricerche storiche e persino riflessioni filosofiche. Il risultato di questo impegno si riflette nel calice, il quale narra la storia del terreno, del clima e della cultura.

Località Vie di Romans, 1 - 34070 Mariano del Friuli (GO)
T. 0481 69600 | M. viediromans@viediromans.it
www.viediromans.it

Viticoltura: Lotta integrata
Ettari: 70 | **Bottiglie:** 30.000 | **Produzione olearia:** No
Proprietà: Gianfranco Gallo
Cond. enologica: Tommaso Gallo, Gianfranco Gallo
Cond. agronomica: Gianfranco Gallo
Vendita diretta: Sì | **Visite in azienda:** Sì

(93)
FRIULI ISONZO SAUVIGNON VIERIS 2021
Bianco Doc - Sauvignon 100%
Alc. 14,5% | € 38 | Bt. 35.000 | Ferm. Acciaio | Mat. Legno 9 mesi
Grano al sole. Sprigiona effluvi di pompelmo giallo, erbe officinali, fioriture di erbe di campo, pomodoro, macchia mediterranea, aneto e dragoncello. La freschezza balsamica segna l'avanzare del sorso. Ottima integrazione fra le parti morbide e la spinta alcolica. Finale balsamico con tocchi agrumati. Risotto con seppie e burrata.

(92,5)
FRIULI ISONZO CHARDONNAY VIE DI ROMANS 2021
Bianco Doc - Chardonnay 100%
Alc. 14,5% | € 38 | Bt. 63.000 | Ferm. Acciaio | Mat. Legno 9 mesi
Paglierino vivace con riflessi dorati. Naso raffinato con note mentolate seguite da folate di fiori di mughetto, limone verde, fiore di biancospino e cenni di pietra focaia. Ingresso sontuoso con la freschezza che si bilancia con le parti morbide. La sapidità accompagna il lento congedo su ricordi di erbe officinali. Ostriche Belon.

FRIULI ISONZO BIANCO FLORS DI UIS 2021
Bianco Doc - Malvasia istriana 55%, Riesling renano 31%, Tocai friulano 14%
Alc. 14% | € 35 | Bt. 22.000 | Ferm. Acciaio | Mat. Acciaio 9 mesi
Totani ripieni con salsa mediterranea.

FRIULI ISONZO MALVASIA DIS CUMIERIS 2021
Bianco Doc - Malvasia istriana 100%
Alc. 14% | € 35 | Bt. 9.000 | Ferm. Acciaio | Mat. Acciaio 9 mesi
Sauté di cozze.

DUT'UN 2020
Bianco Igt - Chardonnay 50%, Sauvignon 50%
Alc. 14,5% | € 58 | Bt. 6.141 | Ferm. Acciaio | Mat. Legno 9 mesi
San Pietro alla siciliana con dadolata di patate.

FRIULI ISONZO PINOT GRIGIO DESSIMIS 2021
Bianco Doc - Pinot grigio 100%
Alc. 14,5% | € 38 | Bt. 60.000 | Ferm. Acciaio | Mat. Legno 9 mesi
Tortino al radicchio e cannellini.

FRIULI ISONZO FRIULANO DOLÉE
2015 | 2020

FRIULI ISONZO BIANCO FLORS DI UIS
2013 | 2014 | 2016

Vigna del Lauro
(1994)

Vigna Del Lauro è una creatura di Fabio Coser – diploma di enologo a Conegliano, apprezzata attività di consulenza, vignaiolo a casa nel tempo che rimane – nata per esaltare il terroir della zona di Cormons. I vini degustati sono tutti di ottima fattura, di classe, rispondenti alle caratteristiche del territorio. I figli di Fabio, Matteo ed Enrico, continuano la tradizione del padre e quest'anno presentano con orgoglio il Friulano e il Sauvignon, entrambi prodotti nei vigneti della Dop Collio.

Località Montona, 19 - 34071 Cormòns (GO)
T. 0481 60155 | M. info@vignadellauro.it
www.vignadellauro.it

Viticoltura: Convenzionale ed ecosostenibile
Ettari: 10 | **Bottiglie:** 100.000 | **Produzione olearia:** No
Proprietà: Famiglia Coser
Cond. enologica: Fabio Coser, Enrico Coser, Matteo Coser
Cond. agronomica: Fabio Coser, Matteo Coser
Vendita diretta: Sì | **Visite in azienda:** Sì

COLLIO FRIULANO 2022
Bianco Dop - Tocai friulano 100%
Alc. 13,5% | € 12 | Ferm. Acciaio | Mat. Acciaio 5 mesi
Paglierino raggiante. Incipit olfattivo con note di erbe officinali e origano fresco. Fiori delicati e frutta a polpa bianca croccante si alternano a oli essenziali di agrume. In bocca è equilibrato, di medio spessore ma con un allungo fresco-sapido dai ritorni saporosi di agrumi su roccia bagnata. Spiedo di seppioline ai ferri.

COLLIO SAUVIGNON 2022
Bianco Dop - Sauvignon 100%
Alc. 13% | € 15 | Ferm. Acciaio | Mat. Acciaio 5 mesi
Vellutata di finferli con crostini.

COLLIO PINOT GRIGIO 2022
Bianco Dop - Pinot grigio 100%
Alc. 13,5% | € 15 | Ferm. Acciaio | Mat. Acciaio 5 mesi
Piovra arrostita.

FRIULI ISONZO CHARDONNAY 2022
Bianco Dop - Chardonnay 100%
Alc. 13,5% | € 15 | Ferm. Legno | Mat. Acciaio e Legno 5 mesi
Pollo al curry.

RIBOLLA GIALLA 2022
Bianco Igp - Ribolla gialla 100%
Alc. 13% | € 15 | Ferm. Acciaio | Mat. Acciaio 5 mesi
Provola di Agerola.

PINOT NERO NOVAI 2019
Rosso Igp - Pinot nero 100%
Alc. 13,5% | € 14 | Ferm. Acciaio | Mat. Acciaio 3 mesi e Legno 24 mesi
Costine d'agnello in crosta di noci.

COLLIO SAUVIGNON
2018

COLLIO FRIULANO
2019 | 2020 | 2021

Vigna Traverso
(1998)

Arrivato da Treviso sui Colli Orientali del Friuli, Stefano Traverso ha dovuto imparare a conoscere non solo la lingua friulana, ma anche le espressioni delle varietà locali per interpretarne carattere e relazioni con il territorio. La degustazione dei vini proposti alla Guida Vitae ha confermato il percorso qualitativo di Vigna Traverso che ha di certo conquistato la cittadinanza enologica friulana con interpretazioni di valore anche dei vitigni più difficili da decifrare. Ottimo il blend bianco Sottocastello come anche il Troj che mette assieme merlot, schioppettino e refosco.

Via Ronchi, 73 - 33040 Prepotto (UD)
T. 0422 804807 | M. info@vignatraverso.it
www.vignatraverso.it

Viticoltura: Convenzionale
Ettari: 22 | **Bottiglie:** 100.000 | **Produzione olearia:** No
Proprietà: Stefano Traverso
Cond. enologica: Stefano Traverso
Cond. agronomica: Stefano Traverso
Vendita diretta: Sì | **Visite in azienda:** Sì

FRIULI COLLI ORIENTALI BIANCO SOTTOCASTELLO 2020
Bianco Doc - Chardonnay 80%, Sauvignon 20%
Alc. 14% | € 19 | Bt. 2.500 | Ferm. Legno | Mat. Legno 6 mesi
Un cuore giallo tenue, decanta raffinate arie di fioriture primaverili (acacia e magnolia) inseguite da citazioni agrumate (cedro e limone), miele millefiori e pepe bianco. L'entrata in bocca coinvolge l'intero palato con un armonioso gusto fresco e sapido che si estende senza indugi. Tortelli di branzino con salsa d'astice.

FRIULI COLLI ORIENTALI PINOT GRIGIO 2022
Bianco Doc - Pinot grigio 100%
Alc. 13,5% | € 11 | Bt. 9.300 | Ferm. Acciaio | Mat. Acciaio 5 mesi
Pasta alla gricia.

FRIULI COLLI ORIENTALI RIBOLLA GIALLA 2022
Bianco Doc - Ribolla gialla 100%
Alc. 13% | € 11 | Bt. 9.300 | Ferm. Acciaio | Mat. Acciaio 5 mesi
Risotto alla parmigiana.

FRIULI COLLI ORIENTALI ROSSO TROJ 2020
Rosso Doc - Merlot 40%, Refosco dal peduncolo rosso 30%, Schioppettino 30%
Alc. 14% | € 14 | Bt. 3.700 | Ferm. Legno e Acciaio | Mat. Acciaio 6 mesi e Legno 11 mesi
Saltimbocca alla romana.

FRIULI COLLI ORIENTALI SAUVIGNON 2022
Bianco Doc - Sauvignon 100%
Alc. 14% | € 11 | Bt. 10.600 | Ferm. Acciaio | Mat. Acciaio 5 mesi
Asparagi di Bassano e uova in camicia.

FRIULI COLLI ORIENTALI SCHIOPPETTINO DI PREPOTTO 2019
Rosso Doc - Schioppettino 100%
Alc. 14% | € 22 | Bt. 6.100 | Ferm. Legno e Acciaio | Mat. Acciaio 6 mesi e Legno 18 mesi
Faraona al forno.

FRIULI COLLI ORIENTALI MERLOT RISERVA
2019

FRIULI COLLI ORIENTALI BIANCO SOTTOCASTELLO
2015 | 2018 | 2019

Vignai da Duline
(1997)

Lorenzo e Federica hanno ispirato la loro viticoltura anche rifacendosi agli insegnamenti di Masanobu Fukuoka, lo scienziato giapponese della terra che agli inizi del Novecento ha sperimentato un'agricoltura rispettosa dei cicli naturali e il meno intrusiva possibile sull'ambiente. La gestione in vigneto e in cantina a Vignai da Duline sono stati improntati a un regime biologico e biodinamico entro le norme della permacultura. Un'attenzione al benessere della vite ricambiato da prodotti di altissima qualità. Un esempio di come poter immaginare una nuova agricoltura.

Via IV Novembre, 136 - Villanova - 33048 San Giovanni al Natisone (UD)
T. 0432 758115 | M. info@vignaidaduline.com
www.vignaidaduline.com

Viticoltura: Biologica certificata
Ettari: 10 | **Bottiglie:** 30.000 | **Produzione olearia:** No
Proprietà: Famiglia Mocchiutti
Cond. enologica: Lorenzo Mocchiutti
Cond. agronomica: Lorenzo Mocchiutti
Vendita diretta: No | **Visite in azienda:** Sì

95

FRIULI COLLI ORIENTALI CHARDONNAY RONCO PITOTTI 2021
Bianco Doc - Chardonnay 100%
Alc. 13,5% | € 23 | Bt. 1.880 | Ferm. Legno | Mat. Acciaio 6 mesi e Legno 12 mesi
Una trama dorata ravviva il calice. Suadente, premia il naso con suggestioni di pesca, cedro e bergamotto. Fiori di fresia e scie iodate donano raffinatezza con timo e resine di pino. In bocca è potente, dinamico con una spinta fresca lunghissima. Rombo al forno ai sapori mediterranei.

93

FRIULI VENEZIA GIULIA BIANCO MORUS ALBA 2021
Bianco Doc - Malvasia istriana 60%, Sauvignon 40%
Alc. 13,5% | € 22 | Bt. 1.971 | Ferm. Legno | Mat. Acciaio 6 mesi e Legno 12 mesi
Paglierino vivace. Frutta e spezie si fondono a macchia mediterranea e tè verde conferendo ampiezza e profondità. Bocca vellutata in sinergia con la freschezza sapida che accompagna la beva con erbe aromatiche. Riso, cozze e zafferano.

91,5

FRIULI COLLI ORIENTALI REFOSCO DAL PEDUNCOLO ROSSO MORUS NIGRA 2020
Rosso Doc - Refosco dal peduncolo rosso 100%
Alc. 13,5% | € 22 | Bt. 2.707 | Ferm. Legno | Mat. Legno 18 mesi
Rubino fitto, bordo viola. Bouquet dalla perfetta messa a fuoco aromatica con mirtillo, mora scura, ciliegia marasca. Poi lavanda, frutta secca, spezie, tè e note balsamiche. I tannini fusi con la morbidezza donano interminabile finezza. Carpaccio di chianina e insalata di porcini.

FRIULI VENEZIA GIULIA MALVASIA CHIOMA INTEGRALE 2022
Bianco Doc - Malvasia istriana 100%
Alc. 12,5% | € 15 | Bt. 8.500 | Ferm. Legno | Mat. Legno 7 mesi
Puntarelle croccanti con colatura di alici, arance e melagrana.

FRIULI COLLI ORIENTALI CHARDONNAY RONCO PITOTTI
2015 | 2016 | 2018

FRIULI VENEZIA GIULIA MALVASIA CHIOMA INTEGRALE
2018

Vigneti Pittaro
(1972)

Dal 1982 sono gli spumanti il campo di gioco dell'azienda di Pietro Pittaro. Fu lui a intraprendere un percorso – quello della presa di spuma con Metodo Classico – quando sembrava un azzardo per un'azienda del Friuli. Oltre quarant'anni dopo dalla Vigneti Pittaro continuano ad arrivare bottiglie di pregio che ogni anno rappresentano il meglio della produzione regionale. Tre le tipologie che quest'anno si sono messe in mostra: tutte arrivano da un vino base di chardonnay in purezza, cambiano i mesi di sosta sui lieviti 36 e 60 e il residuo zuccherino Brut o Pas Dosé.

Via Udine, 67 - Località Zompicchia - 33033 Codroipo (UD)
T. 0432 904726 | M. info@vignetipittaro.com
www.vignetipittaro.com

Viticoltura: Lotta integrata
Ettari: 90 | **Bottiglie:** 250.000 | **Produzione olearia:** No
Proprietà: Pietro Pittaro
Cond. enologica: Stefano Trinco
Cond. agronomica: Walter Clocchiatti
Vendita diretta: Sì | **Visite in azienda:** Sì

PITTARO TALENTO BRUT ETICHETTA ORO 2017
Bianco Metodo Classico - Chardonnay 100%
Alc. 12,5% | € 33 | Bt. 9.000 | Ferm. Legno e Acciaio | 60 mesi sui lieviti
Bollicine sottili, persistenti e numerose. La raffinata effervescenza veicola al naso sensazioni di fieno e biancospino, frutta bianca croccante e spezie, tostature e frutta secca. Al palato la carbonica è finemente sollecitante con una texture cremosa che consegna ricordi di agrumi sapidi. Paella.

PITTARO TALENTO BRUT ETICHETTA ARGENTO
Bianco Metodo Classico - Chardonnay 100%
Alc. 12,5% | € 22 | Bt. 50.000 | Ferm. Legno e Acciaio | 36 mesi sui lieviti
Frittura di rane e verdure croccanti.

PITTARO TALENTO BRUT ROSATO PINK
Rosato Metodo Classico - Pinot nero 80%, Chardonnay 20%
Alc. 12,5% | € 24 | Bt. 4.000 | Ferm. Legno e Acciaio | 24 mesi sui lieviti
Sushi e sashimi.

RAMANDOLO RONCO VIERI 2020
Bianco Docg Passito - Verduzzo friulano 100%
Alc. 14% | € 15 (0,5l) | Bt. 4.000 | Ferm. Acciaio | Mat. Acciaio 12 mesi
Zuppa inglese.

RIBOLLA GIALLA BRUT RONCO VIERI
Bianco Metodo Classico - Ribolla gialla 100%
Alc. 12,5% | € 25 | Bt. 6.000 | Ferm. Legno e Acciaio | 24 mesi sui lieviti
Sformatino di zucca con fonduta di Asiago.

FRIULI COLLI ORIENTALI FRIULANO RONCO VIERI 2021
Bianco Doc - Tocai friulano 100%
Alc. 13,5% | € 10 | Bt. 4.000 | Ferm. Acciaio | Mat. Acciaio 12 mesi
Spaghetti con vongole e bottarga.

PITTARO TALENTO BRUT ETICHETTA ORO
2013 | 2015 | 2016

COLLI ORIENTALI DEL FRIULI PICOLIT RONCO VIERI
2013 | 2016 | 2017

Vignis di Marian
(2015)

Fare vino per passione può portare anche a estrarre dei gioielli organolettici da solo un ettaro e tre quarti. Franco Visentin, dopo una vita trascorsa a dedicarsi a un'azienda del settore del legno, nel 2015 ha deciso che era tempo di tornare alla terra. Quell'occupazione che ha sempre accompagnato la vita dell'uomo e probabilmente ne è stata maestra per il necessario legame con la natura e le sue leggi. In meno di una decina d'anni, l'azienda mostra un chiaro e costante percorso qualitativo e con il Rosso 2020 raggiunge il riconoscimento delle Tre Viti e Mezzo.

Via dei Conventi, 21/D - 34072 Farra d'Isonzo (GO)
T. 375 6302439 | M. vignisdimarian@gmail.com
www.vignisdimarian.it

Viticoltura: Convenzionale
Ettari: 1,9 | **Bottiglie:** 6.000 | **Produzione olearia:** No
Proprietà: Franco Visintin
Cond. enologica: Franco Visintin, Mauro Bressan
Cond. agronomica: Franco Visintin
Vendita diretta: Sì | **Visite in azienda:** Sì

FRIULI ISONZO ROSSO 2020
Rosso Doc - Cabernet sauvignon 50%, Merlot 50%
Alc. 14,5% | € 22 | Bt. 1.200 | Ferm. Acciaio | Mat. Acciaio 12 mesi e Legno 6 mesi
Carminio intenso. Fragranze di mora, prugna sciroppata, arancia Sanguinella e folate di viole essiccate. Poi emergono malie tostate e balsamiche con pepe nero e pino mugo. Fresco e sapido, vino sostenuto da una bella presenza alcolica e da un tannino saporito, si congeda con frutto e speziei. Bracioline di maiale al calvados.

FRIULI ISONZO CHARDONNAY 2021
Bianco Doc - Chardonnay 100%
Alc. 15% | € 20 | Bt. 3.200 | Ferm. Acciaio | Mat. Acciaio 10 mesi
Vellutata di zucca spolverata di tartufo nero.

FRIULI ISONZO MERLOT IL NERI DI VIGNIS 2020
Rosso Doc - Merlot 100%
Alc. 15% | € 25 | Bt. 520 | Ferm. Acciaio | Mat. Acciaio 12 mesi e Legno 6 mesi
Tacchinella ripiena su letto di patate.

FRIULI ISONZO FRIULANO 2021
Bianco Doc - Tocai friulano 100%
Alc. 15% | € 17 | Bt. 800 | Ferm. Acciaio | Mat. Acciaio 10 mesi
Guazzetto di moscardini.

FRIULI ISONZO CHARDONNAY
2016 | 2020

FRIULI ISONZO MERLOT
2019

Villa Russiz
(1868)

Il legame tra terra e vino, a Villa Russiz, nasce nel 1868 quando il conte Theodor de La Tour, agronomo originario della Francia, crea un'azienda vitivinicola sul Collio dove va abitare con Elvine Ritter de Zahony, la moglie austriaca appena sposata. Theodor morì nel 1894 ed Elvine rimase nella villa fino allo scoppio della Prima guerra mondiale quando anche il Collio diventò un campo di battaglia. Da allora l'azienda fa parte del patrimonio pubblico e tutti gli utili vengono utilizzati per sostenere una casa d'accoglienza per minori in difficoltà.

Via Russiz, 4/6 - 34070 Capriva del Friuli (GO)
T. 0481 80047 | M. villarussiz@villarussiz.it
www.villarussiz.it

Viticoltura: Convenzionale
Ettari: 44 | **Bottiglie:** 220.000 | **Produzione olearia:** Sì
Proprietà: Fondazione Villa Russiz
Cond. enologica: Fabijan Muzic
Cond. agronomica: Cristiano Aschettino
Vendita diretta: Sì | **Visite in azienda:** Sì

(91)

COLLIO FRIULANO 2022
Bianco Doc - Tocai friulano 100%
Alc. 13,5% | € 22 | Bt. 15.000 | Ferm. Acciaio | Mat. Acciaio 9 mesi
Splendido giallo lucente. Fieno ed erbe aromatiche stimolano l'olfatto assieme a frutta a polpa bianca matura, frutta secca, macchia mediterranea e note iodate. Caldo e avvolgente, con impatto alcolico controllato dalla struttura fresco-sapida che si distende su ricordi salmastri. Pollo alle mandorle e curcuma.

COLLIO SAUVIGNON DE LA TOUR 2022
Bianco Doc - Sauvignon 100%
Alc. 14% | € 26 | Bt. 8.000 | Ferm. Acciaio | Mat. Acciaio 10 mesi
Guazzetto di fasolari.

COLLIO CABERNET SAUVIGNON DÉFI DE LA TOUR 2020
Rosso Doc - Cabernet sauvignon 100%
Alc. 14% | € 32 | Bt. 1.874 | Ferm. Legno e Acciaio | Mat. Legno 35 mesi
Asparagi verdi allo zabaione salato.

COLLIO PINOT BIANCO 2022
Bianco Doc - Pinot bianco 100%
Alc. 13,5% | € 22 | Bt. 9.000 | Ferm. Acciaio
Lasagne di verdure.

COLLIO CHARDONNAY 2022
Bianco Doc - Chardonnay 100%
Alc. 13,5% | € 22 | Bt. 10.500 | Ferm. Acciaio
Pesce spada gratinato.

COLLIO MALVASIA 2022
Bianco Doc - Malvasia istriana 100%
Alc. 13,5% | € 22 | Bt. 4.000 | Ferm. Acciaio | Mat. Acciaio 9 mesi
Maltagliati con funghi porcini.

COLLIO SAUVIGNON DE LA TOUR
2019 | 2020 | 2021

COLLIO PINOT BIANCO
2018 | 2020 | 2021

Vini Belluzzo
(1967)

Orgoglio non è solo il nome di uno dei vini dell'azienda Belluzzo, è anche il sentimento che guida Graziano e il figlio Luca Belluzzo nel fare i vignaioli. È solo dal 2015 che i loro vini – frutto della cura maniacale di 2,3 ettari a Tarcento all'estremo nord della Dop Friuli Colli Orientali – escono in bottiglia. L'orgoglio a volte suggerisce di non uscire sul mercato perché "l'alta qualità non lascia spazio a compromessi". E l'orgoglio è anche quello di presentare vini che danno lustro a un territorio, quello di Tarcento, inopportunamente trascurato.

via Tricesimo, 10 - 33017 Tarcento (UD)
T. 389 8824698 | M. info@vinibelluzzo.com
www.vinibelluzzo.com

Viticoltura: Lotta integrata
Ettari: 2,3 | **Bottiglie:** 5.000 | **Produzione olearia:** No
Proprietà: Graziano Belluzzo
Cond. enologica: Luca Belluzzo
Cond. agronomica: Graziano Belluzzo
Vendita diretta: Sì | **Visite in azienda:** Sì

REFOSCO DAL PEDUNCOLO ROSSO ORGOGLIO 2019
Rosso Igt - Refosco dal peduncolo rosso 100%
Alc. 13,5% | € 28 | Bt. 533 | Ferm. Acciaio | Mat. Legno 24 mesi
Rubino fitto con bordo viola. Raffinate stille di piccoli frutti rossi e confettura di more dialogano con malie balsamiche di resine, fioriture di viola e rosa, bacche di ginepro e speziature dolci. I tannini tendono a fondersi con la morbidezza e donano equilibrio e finezza. Saporita persistenza con richiami di china. Nodini di cinta senese lardellati al forno.

ROSSO WINE NOT 2019
Rosso Igt - Merlot 55%, Refosco dal peduncolo rosso 45%
Alc. 13,5% | € 17 | Bt. 986 | Ferm. Acciaio | Mat. Legno 24 mesi
Asiago stravecchio.

REFOSCO DAL PEDUNCOLO ROSSO GRAZIANO 2018
Rosso Igt - Refosco dal peduncolo rosso 100%
Alc. 13,5% | € 38 | Bt. 488 | Ferm. Acciaio | Mat. Legno 24 mesi
Quaglie alla cacciatora.

FRIULI REFOSCO DAL PEDUNCOLO ROSSO ORGOGLIO
2018

MERLOT ORIGINE
2018

Vistorta
(1870)

Quando Vistorta schiera il suo Merlot, la competizione in azienda ha già il suo vincitore. Il vino – che arriva da vigneti di 30 anni, con rese inferiori ai 50 quintali/ettaro – è una perfetta testimonianza del crù Vistorta, una preziosa porzione di argille e calcari nel grande mare di ciottoli delle Grave. Poi c'è la cantina. Fermentazioni che utilizzano cemento, barrique a cielo aperto e anfore in ceramica. Infine la maturazione in barrique rovere francese raschiate e non tostate e, in parte, anche in botti da 500 litri. Una "ricetta" affinata anno dopo anno, con successo.

Via Vistorta, 82 - 33077 Sacile (PN)
T. 0434 71135 | M. vistorta@vistorta.it
www.vistorta.it

Viticoltura: Biologica certificata
Ettari: 37 | **Bottiglie:** 250.000 | **Produzione olearia:** No
Proprietà: Brandino Brandolini d'Adda
Cond. enologica: Alec Ongaro
Cond. agronomica: Brandino Brandolini d'Adda
Vendita diretta: Sì | **Visite in azienda:** Sì

(91)

MERLOT VISTORTA 2017
Rosso Igt - Merlot 100%
Alc. 13% | € 40 | Bt. 6.300 | Ferm. Legno e Cemento e Terracotta Mat. Legno 15 mesi
Granato vivo. Naso complesso esito della fusione odorosa di piccoli frutti rossi con erbe aromatiche, arancia candita e mirto. Raffinate suggestioni balsamiche. Sorso ordinato, il tannino, saporito, accompagna la beva senza espandersi e lascia spazio a una chiosa balsamica e agrumata. Risotto ai porcini e zucca.

FRIULI GRAVE MERLOT STOMO 2019
Rosso Doc - Merlot 100%
Alc. 12,5% | € 12 | Bt. 30.000 | Ferm. Cemento | Mat. Legno 8 mesi
Tacchino farcito con castagne.

FRIULI CABERNET FRANC 2018
Rosso Doc - Cabernet franc 100%
Alc. 12,5% | € 12 | Bt. 5.500 | Ferm. Cemento | Mat. Legno 10 mesi
Saltimbocca alla romana.

FRIULI FRIULANO 2022
Bianco Doc - Tocai friulano 100%
Alc. 12,5% | € 12 | Bt. 11.000 | Ferm. Cemento | Mat. Cemento 6 mesi
Terrina di coniglio.

FRIULI PINOT GRIGIO RAMATO 2022
Rosato Doc - Pinot grigio 100%
Alc. 12,5% | € 13 | Bt. 11.000 | Ferm. Cemento | Mat. Cemento 6 mesi
Pappardelle con coda di rospo e carciofi.

RIBOLLA GIALLA 2022
Bianco Igt - Ribolla gialla 100%
Alc. 12,5% | € 13 | Bt. 11.000 | Ferm. Cemento | Mat. Cemento 6 mesi
Canapè di pasta sfoglia al formaggio.

MERLOT VISTORTA
2015 | 2016

FRIULI FRIULANO
2019 | 2020 | 2021

Volpe Pasini
(1596)

Dopo il Pinot Bianco 2020 e il Sauvignon 2021, è l'uvaggio bianco Le Roverelle a primeggiare quest'anno tra i campioni presentati da una delle aziende più blasonate del Friuli, meritandosi le Tre Viti e Mezzo. A base di pinot bianco (80%), ma con il sauvignon (al 20%) che si fa sentire, il blend fermenta in parte in acciaio e in parte in botti di rovere da 1500 litri. Si fermano alle Tre Viti i Zuc di Volpe monovarietali, in passato spesso premiati con la fascia di punteggio più alta e desiderosi di tornare in vetta.

Via Cividale, 16 - Località Togliano - 33040 Torreano (UD)
T. 0432 715151 | M. info@volpepasini.it
www.volpepasini.it

Viticoltura: Convenzionale
Ettari: 50 | **Bottiglie:** 400.000 | **Produzione olearia:** No
Proprietà: Famiglia Rotolo
Cond. enologica: Lorenzo Landi
Cond. agronomica: Lorenzo Landi
Vendita diretta: Sì | **Visite in azienda:** Sì

FRIULI BIANCO LE ROVERELLE 2021
Bianco Doc - Pinot bianco 80%, Sauvignon 20%
Alc. 12,5% | € 50 | Bt. 3.500 | Ferm. Legno e Acciaio | Mat. Acciaio 7 mesi
Paglierino lucente. Le note varietali del sauvignon caratterizzano il primo debutto olfattivo, per poi lasciare spazio a tenaci agrumi, frutta esotica ed erbe aromatiche. Al calice si presenta con un sorso di bell'equilibrio, fresco e sapido, in grado di dare lunghezza alla beva con coerenze olfattive. Risotto con silene e cime di luppolo selvatico.

FRIULI COLLI ORIENTALI SAUVIGNON 2022
Bianco Igt - Sauvignon 100%
Alc. 13% | € 16 | Bt. 16.600 | Ferm. Acciaio | Mat. Acciaio 5 mesi
Crema di patate e asparagi con cappesante scottate.

FRIULI COLLI ORIENTALI PINOT GRIGIO ZUC DI VOLPE 2022
Bianco Doc - Pinot grigio 100%
Alc. 13% | € 24 | Bt. 3.000 | Ferm. Acciaio | Mat. Acciaio 7 mesi
Risotto con gamberi di fiume e piselli.

FRIULI COLLI ORIENTALI PINOT BIANCO ZUC DI VOLPE 2022
Bianco Doc - Pinot bianco 100%
Alc. 13% | € 24 | Bt. 3.000 | Ferm. Acciaio | Mat. Acciaio 9 mesi
Risotto alla granseola.

FRIULI COLLI ORIENTALI PINOT GRIGIO GRIVÒ 2022
Bianco Doc - Pinot grigio 100%
Alc. 13% | € 16 | Bt. 50.000 | Ferm. Acciaio | Mat. Acciaio 5 mesi
Spiedo di seppioline ai ferri.

FRIULI COLLI ORIENTALI SAUVIGNON ZUC DI VOLPE 2022
Bianco Doc - Sauvignon 100%
Alc. 13% | € 24 | Bt. 13.000 | Ferm. Acciaio | Mat. Acciaio 7 mesi
Tajarin al tartufo bianco d'Alba.

FRIULI COLLI ORIENTALI SAUVIGNON ZUC DI VOLPE
2017 | 2018 | 2019

FRIULI COLLI ORIENTALI PINOT BIANCO ZUC DI VOLPE
2016 | 2020

Vosca
(1989)

A nord di Cormons c'è un'altura che i locali chiamano monte anche se è alto soltanto 274 metri. È il Querin che sulle sue pendici ospita molti vigneti. La famiglia Vosca è una di quelle cui va riconosciuto il merito di aver contribuito – ben prima che l'azienda da agricola generalista si dedicasse solo alla viticoltura – a conservare la memoria della vite e del vino sul Monte evitando che le pendenze i lavori meccanizzati imponessero l'abbandono. Da quelle viti arrivano i vini indimenticabili dei Vosca.

Via Sottomonte, 19 - Località Brazzano - 34071 Cormòns (GO)
T. 0481 62135 | M. info@voscavini.it
www.voscavini.it

Viticoltura: Lotta integrata
Ettari: 11 | **Bottiglie:** 60.000 | **Produzione olearia:** No
Proprietà: Francesco Vosca
Cond. enologica: Francesco Vosca
Cond. agronomica: Gabriele Vosca
Vendita diretta: Sì | **Visite in azienda:** Sì

COLLIO FRIULANO 2022
Bianco Doc - Tocai friulano 100%
Alc. 14% | € 18 | Bt. 10.000 | Ferm. Cemento | Mat. Cemento 9 mesi
Paglierino fitto, riflessi oro. Bella espressione di fioriture estive a ricordare la lavanda, le erbe aromatiche nonché note di mela renetta e raffinati guizzi di resina di pino. In bocca è caldo, piacevolmente rotondo e sostenuto da una vena sapida che estende la saporita beva. Insalatina di porcini e scaglie di formaggio.

COLLIO MALVASIA 2022
Bianco Doc - Malvasia istriana 100%
Alc. 15% | € 21 | Bt. 3.300 | Ferm. Cemento | Mat. Cemento 7 mesi
Scampi alla griglia.

COLLIO RIBOLLA GIALLA 2022
Bianco Doc - Ribolla gialla 100%
Alc. 12,5% | € 19 | Bt. 2.000 | Ferm. Acciaio | Mat. Acciaio 6 mesi
Minestra di fagioli di Lamon.

FRIULI ISONZO CHARDONNAY 2022
Bianco Doc - Chardonnay 100%
Alc. 14% | € 17 | Bt. 2.600 | Ferm. Cemento | Mat. Cemento 8 mesi
Pasta, patate e cozze.

FRIULI ISONZO PINOT BIANCO 2022
Bianco Doc - Pinot bianco 100%
Alc. 13% | € 17 | Bt. 2.000 | Ferm. Acciaio | Mat. Acciaio 6 mesi
Guazzetto di fasolari.

FRIULI ISONZO SAUVIGNON 2022
Bianco Doc - Sauvignon 100%
Alc. 13% | € 17 | Bt. 2.600 | Ferm. Acciaio | Mat. Cemento 8 mesi
Triglie in guazzetto.

COLLIO FRIULANO
2018 | 2019 | 2021

COLLIO MALVASIA
2018 | 2020

Zanuttini - Ronc Platát
(2021)

Nuovo ingresso in Guida di un azienda che rappresenta la storia di Tommaso Zanuttini, nativo di Cividale con studi giuridici a Milano. Il richiamo della terra e un progetto lungimirante gli hanno fatto cambiare direzione. Cinque ettari a Manzano, tra le migliori colline dei Colli Orientali e inizia l'avventura. Ronc in friulano identifica un casale in collina con vigna; platàt vuol dire nascosto. La qualità dei vini è tutt'altro che nascosta. Lo Chardonnay è una perfetta fusione di pulizia stilistica e terroir; il Friulano sprizza freschezza agrumata e sapidità marina da tutti i pori.

Via Abate Corrado, 10 - 33044 Manzano (UD)
T. 347 8076994 | M. zanuttini.tommaso@gmail.com

Viticoltura: In conversione al biologico
Ettari: 5 | **Bottiglie:** 14.000 | **Produzione olearia:** No
Proprietà: Tommaso Zanuttini
Cond. enologica: Tommaso Zanuttini
Cond. agronomica: Staff aziendale
Vendita diretta: Sì | **Visite in azienda:** No

FRIULI COLLI ORIENTALI FRIULANO PAVONI 2021
Bianco Doc - Tocai friulano 100%
Alc. 14,5% | € 26 | Bt. 1.500 | Ferm. Legno | Mat. Legno 10 mesi
Un giallo acceso che stende un tappeto delicato di erbe aromatiche fresche sul quale fioriscono accenti di tiglio, mandarino, pietra focaia, pera ruggine. Poi spezie dolci e tocchi di pasticceria. Ingresso fresco a gestire una forza alcolica che invita a uno sviluppo ampio e calibrato. Sogliola alla mugnaia.

FRIULI COLLI ORIENTALI CHARDONNAY CASE SPARSE 2021
Bianco Doc - Chardonnay 100%
Alc. 15% | € 30 | Bt. 2.000 | Ferm. Legno
Strudel di porcini e zucca con crema al parmigiano.

Zidarich
(1988)

Rigidamente ancorate alle terre dell'Istria e alle zone carsiche del Friuli, le uve di terrano resistono alla sfida del vento di Bora e all'indifferenza del mercato per un vitigno che dà vini ricchi di acido malico che portano con sé una non nascosta asprezza. Lo sposalizio con il merlot e la mano esperta di Benjamin Zidarich hanno però garantito, attraverso il blend Ruje, la gioia di apprezzare le caratteristiche di una varietà minore, ma capace di caratterizzare vini di personalità come accade anche con la Vitovska Kamen.

Località Prepotto, 23 - 34011 Duino Aurisina (TS)
T. 040 201223 | M. info@zidarich.it
www.zidarich.it

Viticoltura: Biologica
Ettari: 10 | **Bottiglie:** 35.000 | **Produzione olearia:** No
Proprietà: Benjamin Zidarich
Cond. enologica: Benjamin Zidarich
Cond. agronomica: Benjamin Zidarich
Vendita diretta: Sì | **Visite in azienda:** Sì

(91,5)
VITOVSKA KAMEN 2020
Bianco Igt - Vitovska 100%
Alc. 13% | € 46 | Bt. 2.600 | Ferm. Pietra carsica| Mat. Legno 24 mesi
Oro con riflessi ambra, opalescente. Naso fuso che riunisce agrumi rossi, albicocca e cedro candito con incenso, miele, resine mentolate e oli essenziali di erbe aromatiche. Sorso ricco che un asciuttezza elegante, perfettamente integrata con sapidità e parti morbide, rende lunghissimo. Anguilla ai ferri.

(91)
RUJE 2016
Rosso Igp - Merlot 80%, Terrano 20%
Alc. 13% | € 63 | Bt. 2.500 | Ferm. Legno | Mat. Legno 48 mesi
Rubino fitto. Cesto di frutta rossa e scura con olio essenziale di agrumi. Cioccolata e caffè si fondono con note balsamiche, mirto e pepe nero. Foglia di alloro. Sorso avolgente che un tannino nobile mantiene in perfetto equilibrio portando a un finale che ricorda la macedonia di frutta. Manzo brasato con olive e porri.

VITOVSKA COLLECTION 2016
Bianco Igt - Vitovska 100%
Alc. 13% | € 80 | Bt. 1.200 | Ferm. Legno e Cemento | Mat. Legno 48 mesi
Pesce spada gratinato.

VITOVSKA 2020
Bianco Igp - Vitovska 100%
Alc. 12,5% | € 30 | Ferm. Legno | Mat. Legno 24 mesi
Spaghetti con vongole e bottarga.

MALVASIA LEHTE
2019

VITOVSKA
2016

Zorzettig
(1986)

L'etichetta Fiori di Leonie – blend di friulano, sauvignon e pinot bianco – non rappresenta solo la dedica alla nipotina di Annalisa Zorzettig, ma anche un segno di come sia cambiato il ruolo delle donne in azienda. Annalisa racconta spesso di come abbia dovuto lottare perché il proprio impegno non venisse relegato a funzioni amministrative e di come il padre Giuseppe ci mise un po' a riconoscere le sue attitudini. Così, dopo la figlia Veronica – che da tempo coadiuva la madre – per la piccola Leonie c'è già il primo spazio: in etichetta.

Strada Sant'Anna, 37 - Località Spessa - 33043 Cividale del Friuli (UD)
T. 0432 716156 | M. info@zorzettigvini.it
www.zorzettigvini.it

Viticoltura: Lotta integrata
Ettari: 115 | **Bottiglie:** 800.000 | **Produzione olearia:** Sì
Proprietà: Famiglia Zorzettig
Cond. enologica: Saverio Di Giacomo
Cond. agronomica: Antonio Noacco
Vendita diretta: Sì | **Visite in azienda:** Sì

FRIULI COLLI ORIENTALI BIANCO FIORI DI LEONIE MYÒ 2020
Bianco Doc - Pinot bianco 34%, Sauvignon 33%, Tocai friulano 33%
Alc. 13,5% | € 32 | Bt. 3.300 | Ferm. Acciaio | Mat. Acciaio 6 mesi
Paglierino vivace. Delicate elegie di ananas e pesca bianca inaugurano il percorso olfattivo ricco anche di erbe officinali, vaniglia, nocciola tostata e pasticceria. Il palato conferma la classe con un centro bocca saporito che si estende su memorie di erbe aromatiche. Cocktail di gamberetti.

FRIULI COLLI ORIENTALI FRIULANO MYÒ 2021
Bianco Doc - Tocai friulano 100%
Alc. 13,5% | € 22 | Bt. 10.000 | Ferm. Legno e Acciaio | Mat. Acciaio 6 mesi e Legno 6 mesi
Luccio alla Gardesana.

FRIULI COLLI ORIENTALI PIGNOLO MYÒ 2016
Rosso Doc - Pignolo 100%
Alc. 13% | € 35 | Bt. 3.300 | Ferm. Acciaio | Mat. Legno 18 mesi
Mocetta di camoscio.

FRIULI COLLI ORIENTALI PINOT BIANCO MYÒ 2021
Bianco Doc - Pinot bianco 100%
Alc. 13,5% | € 22 | Bt. 10.000 | Ferm. Legno e Acciaio | Mat. Acciaio 6 mesi e Legno 6 mesi
Fregola con le arselle.

FRIULI COLLI ORIENTALI SAUVIGNON MYÒ 2021
Bianco Doc - Sauvignon 100%
Alc. 13,5% | € 22 | Bt. 10.000 | Ferm. Legno e Acciaio | Mat. Acciaio 6 mesi e Legno 6 mesi
Polpette di pesce d'acqua dolce.

FRIULI PINOT GRIGIO 2022
Rosato Doc - Pinot grigio 100%
Alc. 13% | € 14 | Bt. 30.000 | Ferm. Acciaio | Mat. Acciaio 6 mesi
Bucatini all'amatriciana.

FRIULI COLLI ORIENTALI MALVASIA MYÒ
2019 | 2020

FRIULI COLLI ORIENTALI PINOT BIANCO MYÒ
2018 | 2019 | 2020

Zorzon
(1900)

Piccola azienda dalla grande qualità, capace di portare alle Tre Viti e Mezzo ben tre vini bianchi, con la tipicità varietale del Sauvignon 2022 come punta di diamante. I protagonisti sono Giorgio Deganis, nipote del fondatore Luigi Zorzon attivo in vigna già a inizio Novecento, e sua moglie Petra Lind, di origine austriaca. Anche grazie ai suoi contatti è cresciuta la platea dei clienti internazionali. Un alloggio agrituristico permette inoltre di scoprire le bellezze di Brazzano, ai piedi delle Colline del Collio.

Via Sottomonte, 75 - Località Brazzano - 34071 Cormòns (GO)
T. 0481 60288 | M. info@zorzon.it
www.zorzon.it

Viticoltura: Convenzionale
Ettari: 8 | **Bottiglie:** 35.000 | **Produzione olearia:** No
Proprietà: Giorgio Deganis
Cond. enologica: Luigino De Giuseppe
Cond. agronomica: Giorgio Deganis
Vendita diretta: Sì | **Visite in azienda:** Sì

COLLIO SAUVIGNON 2022
Bianco Doc - Sauvignon 100%
Alc. 13,5% | € 12 | Bt. 6.000 | Ferm. Acciaio | Mat. Acciaio 5 mesi
Un topazio iridescente. Si annuncia con erbe aromatiche e foglia di pomodoro, per poi rivelare una nota fumé, agrumi che richiamano l'arancia, pesca bianca e cenni balsamici. Al gusto è solido, con una morbidezza ottimamente bilanciata dalla sapidità. Chiusura varietale con aromi di frutta. Faraona ripiena con salsa tartufata.

COLLIO MALVASIA 2022
Bianco Doc - Malvasia istriana 100%
Alc. 13,5% | € 13 | Bt. 1.000 | Ferm. Acciaio | Mat. Acciaio 5 mesi
Pollo alle mandorle e curcuma.

COLLIO PINOT GRIGIO 2022
Bianco Doc - Pinot grigio 100%
Alc. 13,5% | € 12 | Bt. 3.500 | Ferm. Acciaio | Mat. Acciaio 5 mesi
Zuppetta di piselli e vongole.

COLLIO CABERNET FRANC 2020
Rosso Doc - Cabernet franc 100%
Alc. 13% | € 12 | Bt. 2.000 | Ferm. Acciaio | Mat. Acciaio 6 mesi e Legno 18 mesi
Straccetti di cavallo.

COLLIO MERLOT 2020
Rosso Doc - Merlot 100%
Alc. 13% | € 11 | Bt. 2.000 | Ferm. Acciaio | Mat. Acciaio 6 mesi e Legno 18 mesi
Gnocchetti di zucca con porcini.

COLLIO FRIULANO 2022
Bianco Doc - Tocai friulano 100%
Alc. 13,5% | € 11 | Bt. 6.000 | Ferm. Acciaio | Mat. Acciaio 5 mesi
Parmigiana di melanzane.

COLLIO FRIULANO
2017 | 2018 | 2020

COLLIO MALVASIA
2015 | 2020

Zuani
(2001)

Antonio e Caterina Zanon, con la madre Patrizia Felluga, hanno scelto di lasciare alle varietà a bacca bianca il compito di raccontare il loro territorio vinicolo. Posta a Giasbana di San Floriano del Collio, l'azienda Zuani gestisce venti ettari da quasi 25 anni. Due i vini che testimoniano la cura della famiglia per il vino: il Zuani Vigne e il Zuani Riserva. Friulano, chardonnay, sauvignon e pinot grigio i vitigni in comune. Cambia il percorso in cantina: acciaio per il primo, legno per il secondo con un testa a testa che si rinnova e affascina a ogni appuntamento con la degustazione.

Località Giasbana, 12 - 34070 San Floriano del Collio (GO)
T. 0481 391432 | M. info@zuanivini.it
www.zuanivini.it

Viticoltura: Convenzionale
Ettari: 20 | **Bottiglie:** 100.000 | **Produzione olearia:** No
Proprietà: Patrizia Felluga
Cond. enologica: Patrizia Felluga
Cond. agronomica: Patrizia Felluga
Vendita diretta: Sì | **Visite in azienda:** Sì

91
COLLIO BIANCO VIGNE 2022
Bianco Doc - Chardonnay 25%, Pinot grigio 25%, Sauvignon 25%, Tocai friulano 25%
Alc. 13% | € 25 | Bt. 50.000 | Ferm. Acciaio | Mat. Acciaio 7 mesi
Paglierino delicato. Raffinato ventaglio olfattivo di erbe aromatiche (timo e menta) che si alterna ad agrumi, frutta a polpa bianca (pesca tabacchiera) e folate balsamiche. Sorso diretto, di medio spessore, con una struttura fresco-sapida che resiste a lungo su un equilibrio giocato sull'eleganza. Tortelli di branzino con salsa d'astice.

COLLIO BIANCO ZUANI RISERVA 2020
Bianco Doc - Chardonnay 25%, Pinot grigio 25%, Sauvignon 25%, Tocai friulano 25%
Alc. 14% | € 38 | Bt. 10.000 | Ferm. Legno | Mat. Legno 8 mesi
Risotto alla granseola.

COLLIO RIBOLLA GIALLA SODEVO 2022
Bianco Doc - Ribolla gialla 100%
Alc. 12,5% | € 21 | Bt. 15.000 | Ferm. Acciaio | Mat. Acciaio 7 mesi
Scaloppa di foie gras con prugne e albicocche secche.

FRIULI PINOT GRIGIO SODEVO 2022
Bianco Doc - Pinot grigio 100%
Alc. 13% | € 20 | Bt. 30.000 | Ferm. Acciaio | Mat. Acciaio 7 mesi
Zuppetta di piselli e vongole.

COLLIO BIANCO VIGNE
2016 | 2018 | 2021

COLLIO BIANCO ZUANI RISERVA
2014 | 2018 | 2019

LIGURIA

Alla ricerca dello spirito tra il mare e i precipizi

Luciano Ferraro

Nella Valle dell'Orba, tra le province di Genova e Savona, c'è una zona incontaminata di boschi e torrenti, con ponti romanici e antiche incisioni rupestri. Un monastero del 1120, nel comune di Tiglieto, racconta la storia agraria degli ultimi mille anni della Liguria. Qui arrivarono i monaci cistercensi, nell'attuale comune di Tiglieto. E da qui partirono per bonificare e coltivare molte aree allo stato selvaggio. All'azione dei monasteri è poi seguita quella delle famiglie più ricche che investivano nei terreni. Già nel Medioevo qualche borgo iniziò a spopolarsi. I contadini seguivano la fertilità della terra. Nel XVI e XVII secolo abitanti nella Piana di Albenga, sulla collina di Alassio, nelle Cinque Terre.

Cosa è rimasto, ad esempio, nelle Cinque Terre, di quel paesaggio incantato? Lo raccontano gli occhi di un poeta, Eugenio Montale, premio Nobel per la letteratura nel 1975. Un giorno Montale guarda fuori dal finestrino di un treno. La sua ultima raccolta di poesia, "Altri versi", pubblicata nel 1980, si apre con i versi che raccontano il paesaggio senza nostalgia, come ha fatto notare la studiosa Ida Duretto in "Un atlante di luoghi perduti: paesaggio ligure, poesia e memoria nell'ultimo Montale", dal Dipartimento di italianistica dell'Università di Kyoto. Anzi, assicura Duretto, Montale regala al lettore "un ricco patrimonio di profumi, musiche, colori, sensazioni di intensa bellezza". La poesia si intitola *Verso Tellaro*: "...cupole di fogliame da cui sprizza / una polifonia di limoni e di arance / e il velo evanescente di una spuma, / di una cipria di mare che nessun piede / d'uomo ha toccato o sembra, ma purtroppo il treno accelera...". La spiaggia intatta, le onde del mare, gli alberi di agrumi sono altrettanti simboli del libro dei ricordi di Montale. Come la Punta del Mesco, sul promontorio di Monterosso, che compare in altri versi della stessa raccolta. E, sempre a Monterosso, "Il canneto dove andavo a nascondermi / era lambito dal mare quando le onde erano lunghe / e solo la spuma entrava a spruzzi e sprazzi / in quella prova di prima e dopo il diluvio".

Maurizio Maggiani: "La Liguria resta nell'anima come un mandato che non mi è possibile tradire, è il mio palcoscenico del cuore".

Più a Nord, un altro letterato ha trovato le parole giuste per descrivere un altro lato del paesaggio ligure, le montagne. Maurizio Maggiani è nato a Castelnuovo Magra, in provincia della Spezia, e anche se ora abita in Emilia, la Liguria resta nella sua anima "come un mandato che non mi è possibile tradire, è il mio palcoscenico del cuore". L'autore de *Il coraggio del pettirosso*, che nella sua carriera ha vinto i premi Viareggio, Campiello e Strega, si racconta così: "Io sono nato nella valle della Magra. La Magra è un fiume da niente, penso sia lungo neppure sessanta chilometri. C'è un poeta che ha vissuto le sue vacanze alla foce della Magra, Vittorio Sereni, che lo definisce il "Fiume negro". Lui pensava al Mississippi e in effetti questo fiumetto, ad un certo punto, prende una via da grande fiume e all'apparenza assume le forme del corso d'acqua americano. Ha due grandi curve e una foce capace di concedersi con una regalità e maestosità stupefacenti; basta poi risalire a monte, andando oltre le due curve, per vederla assumere nuovamente le dimensioni di un torrentello".

La sua era una famiglia di contadini, poveri ma dignitosi. Non si avvertiva la povertà. Il padre gli insegnò: "Noi siamo tutti signori". Ossia tutti sono uguali, non perché sono tutti servi, ma perché sono tutti signori. Era il credo e l'orgoglio anarchico. Si andava a pescare le anguille, in modo crudo e violento, ha raccontato Maggiani. Che a un convegno sull'importanza dell'acqua ha invitato tutti a non meravigliarsi di quella violenza. Ha spiegato: "Voi sapete bene, occupandovi di paesaggio, che se esiste una mentalità anti-ecologica per eccellenza è proprio quella del contadino. Il contadino non ha nessuna idea e quindi nessun rispetto della natura in sé, l'idea della natura incontaminata è una cosa che lo aborrisce e l'orrifica, è natura "inutile". Quando mio nonno, o mio zio, o mio padre sono stati posti a forza davanti a un paesaggio silvestre o selvaggio, la prima cosa che facevano mentalmente era capire che cosa farci, come riorganizzarlo in base all'unico principio che loro capivano e comprendevano, ovvero quello di utilità: "Ma sto chì ne va ben, costè ghe meta chi, patacche? E coste fà solo patacche chì". E ancora, davanti al mare si domandavano: "Cosa serva il mare? Il mare serva per andare via".

"Il contadino abborrisce l'idea della natura incontaminata, è natura 'inutile'".

Nelle righe di Maggiani, l'incanto della Liguria sono i luoghi che i turisti non prendono d'assalto, quelli dove si ritrova lo spirito delle famiglie che si occupavano della terra. Per esempio, nelle Cinque Terre, definisce Fossola una enclave ben custodita dai boschi e dai precipizi. E racconta un villaggio di pietra usato dai vignaioli che nei cortili davanti alle cantine essiccano le uve dello Sciacchetrà. Lì si ritrova la viticoltura eroica, ci si spacca la schiena per salire centinaia di gradini con i grappoli nelle corbe, sui sentieri. I pali della luce e i tubi della rete idrica rompono l'incanto del paesaggio e rendono meno sublime lo spettacolo. Per lo scrittore è "come se avessero messo un elettrodotto lungo i gradoni della piramide di Cheope, i tubi dell'acqua sui cornicioni del Colosseo. È esattamente la stessa cosa, perché il valore – non immobiliare, ma paesaggistico, culturale, storico – di Fossola è altrettanto inestimabile. Non sarà un caso che appartiene a un territorio decretato patrimonio dell'umanità".

Sono cartoline dalla Liguria, con le sue bellezze naturali e i segni dello sviluppo economico e dell'espandersi dei centri abitati e del turismo. Una terra che resta ancora da esplorare, per molti aspetti. Da poco è stata conclusa la classificazione della ricchezza geologica, ad esempio, dalla Regione Liguria con la collaborazione del dipartimento di Scienze della Terra, dell'Ambiente e della Vita dell'Università di Genova. È nato il Catasto regionale dei Geositi. Sono 97. Un tesoro di biodiversità: tra i più noti, i Torrioni del Castello della pietra nel Parco naturale dell'Antola, le Grotte dei Balzi Rossi, la Miniera di Gambatesa nel Parco dell'Aveto, l'isola Palmaria nel Parco di Portovenere e il Fungo di Piana Crixia.

Highlights

1.901 ETTARI VITATI COMPLESSIVI
901 destinati a DOP, 195 destinati a IGP, 805 destinati a vini generici.

72.674 HL DI PRODUZIONE TOTALE
56,69% di vino DOP, 13,50% di vino IGP, 29,80% di vini generici.

RIPARTIZIONE COLORE
Vini bianchi 68,79%
Vini rossi o rosati 31,21%

LE PROVINCE PIÙ PRODUTTIVE
La Spezia 49,97% sul totale, Savona 22,15% sul totale, Imperia 19,88% sul totale

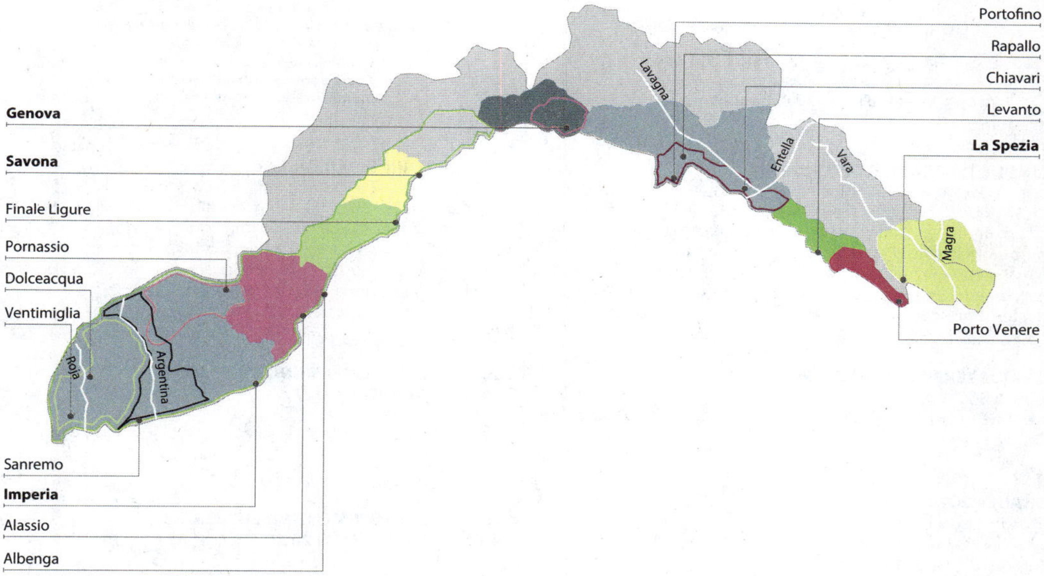

Legenda

- Riviera Ligure di Ponente
  - Riviera dei Fiori
  - Finalese
  - Albenganese
  - Quiliano
  - Taggia
- Ormeasco di Pornassio o Pornassio
- Val Polcèvera
  - Val Polcèvera Coronata
- Rossese di Dolceacqua o Dolceacqua
- Cinque Terre e Cinque Terre Sciacchetrà
  - Costa da Posa
  - Costa de Campu
  - Costa de Sera
- Colli di Luni
- Golfo del Tigullio-Portofino o Portofino
  - Costa dei Fieschi
- Colline di Levanto

Albana La Torre
(1995)

Il piglio vivace e l'entusiasmo di Maria Beghi si palesano a ogni conversazione e il suo amore per il lavoro che svolge fra vigne e uliveti è trasmesso con trasporto contagioso. Da quasi tre decenni sui terrazzamenti di questo bellissimo angolo del levante ligure, l'azienda produce vino e olio in un connubio indissolubile, cifra di questa piccola ma dinamica realtà. Ampliamenti importanti della cantina, allargamento della vigna e un attento studio sugli effetti del cambiamento climatico sulle colture sono le ultime sfide che Maria e il suo staff hanno deciso di affrontare con grande perizia.

Via Castellana, 3 - Località Campiglia - 19132 La Spezia (SP)
T. 333 8397759 | M. info@albanalatorre.it
www.albanalatorre.it

Viticoltura: Biologica
Ettari: 1,5 | **Bottiglie:** 6.000 | **Produzione olearia:** Sì
Proprietà: Maria Beghi
Cond. enologica: Walter De Battè, Maria Beghi
Cond. agronomica: Maria Beghi
Vendita diretta: No | **Visite in azienda:** Sì

CINQUE TERRE ALTER EGO 2021
Bianco Doc - Bosco 70%, Albarola 15%, Vermentino 15%
Alc. 14% | € 35 | Bt. 1.850 | Ferm. Acciaio | Mat. Acciaio 10 mesi
Oro splendente. Olfatto stratificato, da una base di maquis s'innalzano albicocca disidratata, confettura di fichi, miele d'acacia, timo e maggiorana, infine refoli salmastri. Sorso appagante, vivacizzato dalla matrice fresco-sapida, con una progressione lunga e dialogante. Lambisce l'eccellenza. Pesce spada al cartoccio.

CINQUE TERRE ETICHETTA NERA 2021
Bianco Doc - Albarola 35%, Vermentino 35%, Bosco 30%
Alc. 14% | € 28 | Bt. 1.960 | Ferm. Acciaio | Mat. Acciaio 10 mesi
Seppie ripiene su crema di ceci.

SHAULA 2020
Rosso - Grenache 100%
Alc. 14% | € 38 | Bt. 1.450 | Ferm. Acciaio | Mat. Acciaio 10 mesi
Gulasch di manzo alla paprica dolce.

SHAULA
2017 | 2018 | 2019

CINQUE TERRE LA TORRE
2017

Arrigoni
(1913)

Azienda di energica vivacità, in continua espansione, coltiva piccoli appezzamenti di terreno in tutta la provincia di La Spezia, dalle Cinque Terre ai Colli di Luni, producendo vini appartenenti a diverse denominazioni di origine. Instancabili lavoratori Riccardo e Milena Arrigoni insieme ai figli Sara, enologa, e Andrea, agronomo, amano sperimentare sia in cantina che in vigna imprimendo ai vini attraenza e carattere. Ottimo ed espressivo il Cinque Terre Pipato che amplifica nel calice il tratto mediterraneo.

Via Sarzana, 224 - 19126 La Spezia (SP)
T. 0187 504060 | M. info@arrigoni1913.it
www.arrigoni1913.it

Viticoltura: Convenzionale
Ettari: 18 | **Bottiglie:** 130.000 | **Produzione olearia:** Sì
Proprietà: Riccardo Arrigoni
Cond. enologica: Sara Arrigoni
Cond. agronomica: Andrea Arrigoni
Vendita diretta: Sì | **Visite in azienda:** Sì

CINQUE TERRE PIPATO 2022
Bianco Doc - Bosco 60%, Albarola 20%, Vermentino 20%
Alc. 14,5% | € 38 | Bt. 2.800 | Ferm. Acciaio | Mat. Acciaio 4 mesi
Paglierino luminoso con riflessi ramati. Spiccato vigore olfattivo: su un tappeto di macchia mediterranea ed erbe aromatiche s'intrecciano con garbo agrumi, un soffio di acacia e gelsomino ed echi salmastri. L'ingresso, caldo e avvolgente, bilancia perfettamente la tensione acido-salina. Trenette al pesto, patate e fagiolini.

COLLI DI LUNI VERMENTINO SUPERIORE CASCINA DEI PERI 2022
Bianco Doc - Vermentino 100%
Alc. 13,5% | € 21 | Bt. 3.300 | Ferm. Acciaio | Mat. Acciaio 4 mesi
Piovra arrostita.

COLLI DI LUNI VERMENTINO SUPERIORE VIGNA DEL PREFETTO 2022
Bianco Doc - Vermentino 100%
Alc. 14% | € 25 | Bt. 5.300 | Ferm. Acciaio | Mat. Acciaio 4 mesi
Polpo alla Luciana.

COLLI DI LUNI VERMENTINO SUPERIORE CASCINA DEI PERI
2016 | 2017 | 2021

CINQUE TERRE PIPATO
2018 | 2019 | 2021

Laura Aschero
(1980)

Negli anni '70 Laura Aschero iniziò a coltivare le vigne a Pontedassio partendo da quello che ancora oggi si chiama "il vigneto madre" vicino alla villa di famiglia. Ormai da anni è suo figlio Marco Rizzo a dedicarsi con passione e dinamicità alla storica cantina, sostenuto dalla moglie Carla e dalla figlia Bianca. I vini prodotti, fedeli al territorio, rispecchiano un connubio di tradizione e modernità ed esaltano la tipicità dei vitigni pigato, vermentino e rossese. Quest'anno a mettersi in evidenza è l'accattivante Vermentino 2022, convincente per carattere e classe.

Piazza Vittorio Emanuele, 7 - 18027 Pontedassio (IM)
T. 0183 710307 - 348 5174690 | M. info@lauraaschero.it
www.lauraaschero.it

Viticoltura: Convenzionale
Ettari: 6 | **Bottiglie:** 75.000 | **Produzione olearia:** Sì
Proprietà: Marco Rizzo
Cond. enologica: Gianpaolo Ramò
Cond. agronomica: Diego Passaniti
Vendita diretta: Sì | **Visite in azienda:** Sì

RIVIERA LIGURE DI PONENTE VERMENTINO 2022
Bianco Doc - Vermentino 100%
Alc. 13% | € 16 (1,5l) | Bt. 28.700 | Ferm. Acciaio | Mat. Acciaio 5 mesi
Giallo sole. Al naso dona sensazioni di pesca gialla, albicocca, mela renetta e kumquat. Allusioni di salvia, origano e mentuccia, orlate da fiori di glicine e biancospino, accompagnano all'assaggio. Avvolgente ed equilibrato, si allunga con nitore su misurate tattilità d'impronta fresca e salina. Tagliolini al nero di seppia e pomodori ciliegino.

RIVIERA LIGURE DI PONENTE PIGATO 2022
Bianco Doc - Pigato 100%
Alc. 13% | € 16 (0,375l) | Bt. 33.150 | Ferm. Acciaio | Mat. Acciaio 5 mesi
Ravioli di ricotta e spinaci.

ROSATO LAURA ASCHERO 2022
Rosato - Rossese 70%, Vermentino 30%
Alc. 13,5% | € 13 | Bt. 4.000 | Ferm. Acciaio | Mat. Acciaio 5 mesi
Bruschetta al pomodoro.

RIVIERA LIGURE DI PONENTE VERMENTINO
2018

RIVIERA LIGURE DI PONENTE PIGATO
2017 | 2018 | 2019

Maria Donata Bianchi
(1977)

Il Golfo di Diano Marina, grazie alla protezione delle vicine montagne, è da sempre zona vocata per la viticoltura. Marta Trevia, enologa di grande esperienza, conduce con impegno e determinazione la vigna e la cantina dell'azienda di famiglia proseguendo l'opera del papà Emanuele. Punto di forza è la valorizzazione del carattere e della tipicità dei vitigni presenti in questa meravigliosa porzione di Liguria. Quest'anno è stato effettuato un nuovo impianto di vermentino e un altro è in preparazione per il prossimo futuro. Il Vermentino 2022 sfiora il più alto riconoscimento.

Via Merea, 101 - Località Valcrosa - 18013 Diano Arentino (IM)
T. 0183 498233 | M. info@aziendaagricolabianchi.it
www.aziendaagricolabianchi.it

Viticoltura: Biologica certificata
Ettari: 4 | **Bottiglie:** 30.000 | **Produzione olearia:** Sì
Proprietà: Emanuele Trevia
Cond. enologica: Marta Trevia
Cond. agronomica: Diego Passaniti
Vendita diretta: Sì | **Visite in azienda:** Sì

RIVIERA LIGURE DI PONENTE VERMENTINO 2022
Bianco Doc - Vermentino 100%
Alc. 13,5% | € 18 | Bt. 11.000 | Ferm. Acciaio | Mat. Acciaio 6 mesi
Screziature verdoline ringiovaniscono il giallo tenue. Bagaglio olfattivo interessante: pesca gialla, pera, frutta tropicale, timo, rosmarino, fiori di sambuco e fresche erbe di campo. L'esordio al palato è deciso e bilanciato e regala una persistente e raffinata chiusura sapida. Filetto di dentice in crosta di patate.

RIVIERA LIGURE DI PONENTE PIGATO 2022
Bianco Doc - Pigato 100%
Alc. 14% | € 18 | Bt. 11.000 | Ferm. Acciaio | Mat. Acciaio 6 mesi
Linguine con bottarga e pomodori secchi.

RIVIERA LIGURE DI PONENTE VERMENTINO
2018 | 2019 | 2021

RIVIERA LIGURE DI PONENTE PIGATO
2018 | 2019 | 2021

Bio Vio
(2000)

La famiglia Vio accoglie gli appassionati di vino nell'orto-osteria, dove la degustazione si accompagna alla cucina tradizionale, con verdure fresche di stagione. Continua la valorizzazione dei vitigni locali con il pigato in primo piano in 4 versioni, grazie alla possibilità di vinificare in vasche separate il frutto di due vendemmie, una a maturità piena e una tardiva, di vigneti vocati ma con caratteristiche diverse: potenza e struttura dalle terre rosse e assolate di Salea Marixe; finezza e profumi tipici dai vigneti acclivi di Ranzo Pogli. Eccelle ancora il Bon in da Bon.

Via Crociata, 24 - Frazione Bastia - 17031 Albenga (SV)
T. 0182 20776 | M. info@biovio.it
www.biovio.it

Viticoltura: Biologica certificata
Ettari: 9 | **Bottiglie:** 55.000 | **Produzione olearia:** Sì
Proprietà: Giobatta Aimone Vio
Cond. enologica: Caterina Vio, Vincenzo Sorrentino
Cond. agronomica: Giobatta Aimone Vio , Roberto Abate
Vendita diretta: Sì | **Visite in azienda:** Sì

93

RIVIERA LIGURE DI PONENTE PIGATO BON IN DA BON 2022
Bianco Doc - Pigato 100%
Alc. 14,5% | € 20 | Bt. 10.000 | Ferm. Acciaio | Mat. Acciaio 6 mesi
Un cuore con il colore del grano. Da subito attraente per i profumi di pera, pesca matura, fiori di acacia, frutta tropicale e agrumi. Seguono maggiorana ed erba Luisa su sfondo marino e linee resinose. Sorso avvolgente, nel quale alcol, struttura ed energica componente sapida si compensano amabilmente. Branzino al cartoccio.

RIVIERA LIGURE DI PONENTE PIGATO GRAND-PÈRE 2021
Bianco Doc - Pigato 100%
Alc. 14% | € 27 | Bt. 2.000 | Ferm. Legno | Mat. Legno 9 mesi
Pesce spada alla griglia.

ROSATO 4C 2022
Rosato Igt - Rossese 100%
Alc. 13% | € 14 | Bt. 2.500 | Ferm. Acciaio | Mat. Acciaio 4 mesi
Frittata di erbette.

RIVIERA LIGURE DI PONENTE VERMENTINO AIMONE 2022
Bianco Doc - Vermentino 100%
Alc. 13,5% | € 16 | Bt. 13.000 | Ferm. Acciaio | Mat. Acciaio 4 mesi
Ravioli di pesce con sugo di canestrelli.

RIVIERA LIGURE DI PONENTE PIGATO ESSENZA 2022
Bianco Doc - Pigato 100%
Alc. 13,5% | € 18 | Bt. 2.000 | Ferm. Acciaio | Mat. Acciaio 4 mesi
Stoccafisso all'anconetana.

RIVIERA LIGURE DI PONENTE PIGATO MARENÈ 2022
Bianco Doc - Pigato 100%
Alc. 13,5% | € 16 | Bt. 25.000 | Ferm. Acciaio | Mat. Acciaio 4 mesi
Maltagliati con fiori di zucca e gamberetti.

RIVIERA LIGURE DI PONENTE PIGATO BON IN DA BON
2018 | 2019 | 2021

RIVIERA LIGURE DI PONENTE PIGATO GRAND-PÈRE
2018

Boriassi
(1989)

Sulle colline al confine tra Liguria e Toscana ha sede quest'azienda che si tramanda da generazioni di padre in figlio. Andrea, oggi alla conduzione, crede in una profonda sinergia tra prodotto, uomo e territorio. Da sempre indirizzata al biologico è massima la cura del grappolo in vigna, la vendemmia viene svolta a mano in più passaggi al fine di cogliere i grappoli a piena maturità. È proprio dai grappoli selezionati e lasciati più a lungo a maturare che viene prodotto il Mezzaluna. Consigliata visita e sosta all'agriturismo dove poter degustare i prodotti del territorio.

Via dei Pini 19 – 54035 - 54035 Fosdinovo (MS)
T. 344 1294200 | M. info@cantinaboriassi.it
www.cantinaboriassi.it

Viticoltura: Biologica
Ettari: 4,5 | **Bottiglie:** 18.000 | **Produzione olearia:** Sì
Proprietà: Famiglia Boriassi
Cond. enologica: Davide Baccigalupi
Cond. agronomica: Gianluca Lucetti
Vendita diretta: Sì | **Visite in azienda:** Sì

COLLI DI LUNI VERMENTINO MEZZALUNA 2022
Bianco Doc - Vermentino 100%
Alc. 13,5% | € 18 | Ferm. Acciaio | Mat. Acciaio 6 mesi
Intarsi d'oro sul corpo paglierino. Al naso gli intriganti sentori di pera, pesca gialla e cedro si affiancano alle erbe aromatiche, timo e macchia mediterranea. Al palato è vibrante, sapido, piacevolmente rinfrescante e persistente. Chiude la delicatezza di mandorla amara e scorza d'agrumi. Garganelli con julienne di calamari e ortiche.

COLLI DI LUNI VERMENTINO LINARO 2022
Bianco Doc - Vermentino 95%, Albarola 5%
Alc. 13% | € 16 | Bt. 9.000 | Ferm. Acciaio | Mat. Acciaio 5 mesi
Sauté di cozze.

Bruna
(1970)

Dall'annata 2022 troveremo in etichetta la certificazione biologica, ma si tratta principalmente di un'ufficializzazione documentale richiesta dal mercato poiché, per convinzione e filosofia, l'azienda lo è già dal lontano 2009. Le situazioni estreme a livello di pioggia e siccità hanno portato Francesca e Roberto ad anticipare significativamente le vendemmie per preservare la freschezza nei loro vini. Altissima qualità per il Russeghine, 50 anni con la vendemmia 2022, il primo vino vinificato in azienda per il quale Francesca e Roberto portano un affetto particolare.

Via Umberto I, 81 - Frazione Borgo - 18020 Ranzo (IM)
T. 0183 318082 | M. info@brunapigato.it
www.brunapigato.it

Viticoltura: Biologica
Ettari: 8,5 | **Bottiglie:** 40.000 | **Produzione olearia:** No
Proprietà: Francesca Bruna
Cond. enologica: Valter Bonetti
Cond. agronomica: Ruggero Mazzilli
Vendita diretta: Sì | **Visite in azienda:** Sì

94

RIVIERA LIGURE DI PONENTE PIGATO LE RUSSEGHINE 2021
Bianco Doc - Pigato 100%
Alc. 14% | € 21 | Bt. 6.000 | Ferm. Legno e Acciaio | Mat. Acciaio 9 mesi e Legno 9 mesi
Un lucente oro bianco che sprigiona espressioni di pesca bianca croccante, macchia mediterranea, resina e sensazioni iodate, poi nuance tropicali. Al gusto è centrato sulla freschezza che con il suo vigore ammalia. Persistente e piacevole la chiusura iodata. Centra l'armonia. Linguine all'astice.

RIVIERA LIGURE DI PONENTE PIGATO U BACCAN 2021
Bianco Doc - Pigato 100%
Alc. 13,5% | € 39 | Bt. 1.800 | Ferm. Legno e Acciaio e Terracotta | Mat. Legno 12 mesi e Terracotta 12 mesi
Rollè di cernia con patate al rosmarino.

RIVIERA LIGURE DI PONENTE PIGATO MAJÉ 2022
Bianco Doc - Pigato 100%
Alc. 13,5% | € 17 | Bt. 15.000 | Ferm. Acciaio | Mat. Acciaio 6 mesi
Insalata di polpo, patate e olive.

RIVIERA LIGURE DI PONENTE VERMENTINO 2022
Bianco Doc - Vermentino 100%
Alc. 13% | € 19 | Bt. 2.300 | Ferm. Acciaio | Mat. Acciaio 7 mesi
Filetti di pesce persico al burro e timo.

BANSÌGU 2022
Rosso Igt - Granaccia 80%, Rossese 15%, Barbera 5%
Alc. 13,5% | € 17 | Bt. 3.000 | Ferm. Acciaio | Mat. Acciaio 7 mesi
Ravioli di magro con funghi chiodini.

RIVIERA LIGURE DI PONENTE PIGATO U BACCAN
2018 | 2019 | 2020

RIVIERA LIGURE DI PONENTE PIGATO LE RUSSEGHINE
2015 | 2016

Luca Calvini
(1978)

Dalla vigna del poggio di Sanremo si vede il mare e s'intuisce il brillante futuro dell'azienda in espansione. Il sorriso di Luca Calvini racconta la soddisfazione per i suoi progetti e la serenità che gli regala la famiglia. La grande attenzione in cantina, la dinamicità e la determinazione sono le sue carte vincenti, condivise dalla moglie Claudia sia nell'attività agricola che nella ricerca. Punto di riferimento del territorio sanremese per l'alta qualità dei suoi vini. Il Vermentino Gold Label, dotato di pregio e carattere, si colloca a un soffio dall'eccellenza.

Via Solaro, 78 - 18038 Sanremo (IM)
T. 0184 660242 | M. info@luigicalvini.com
www.luigicalvini.com

Viticoltura: Convenzionale
Ettari: 5 | **Bottiglie:** 40.000 | **Produzione olearia:** No
Proprietà: Luca Calvini
Cond. enologica: Ilaria Calvini, Gianpiero Gerbi
Cond. agronomica: Claudia Embriaco
Vendita diretta: Sì | **Visite in azienda:** Sì

RIVIERA LIGURE DI PONENTE VERMENTINO GOLD LABEL 2022
Bianco Doc - Vermentino 100%
Alc. 13% | € 23 | Bt. 1.000 | Ferm. Legno e Acciaio | Mat. Acciaio 6 mesi
Paglierino con filigrana verde. Note fresche di cedro e mela croccante si adagiano su nitidi accenni dolci di acacia, erbe aromatiche e lieve eco iodata. Equilibrato, di misurata struttura, evidente l'impronta saporita che conduce a un attraente epilogo, indugiando su richiami di timo. Seppie in umido con piselli.

RIVIERA LIGURE DI PONENTE VERMENTINO 2022
Bianco Doc - Vermentino 100%
Alc. 13% | € 15 | Bt. 11.000 | Ferm. Acciaio | Mat. Acciaio 2 mesi
Spaghetti con vongole veraci.

RIVIERA LIGURE DI PONENTE PIGATO 2022
Bianco Doc - Pigato 100%
Alc. 13% | € 15 | Ferm. Acciaio | Mat. Acciaio 2 mesi
Rombo al forno ai sapori mediterranei.

RIVIERA LIGURE DI PONENTE VERMENTINO GOLD LABEL
2021

RIVIERA LIGURE DI PONENTE MOSCATELLO DI TAGGIA
2020

Cantine Bondonor
(2006)

Luca Menconi, non solo vignaiolo ma attivo nel settore del marmo, si conferma guida appassionata e attenta per la piccola azienda di famiglia, le cui vigne prosperano sulle colline dell'antica Luni accarezzate dal sole e dal vento di mare al confine tra Liguria e Toscana. Grande amore per la terra d'origine, rispetto per la natura e vocazione imprenditoriale animano la cantina, volta soprattutto a valorizzare l'autoctono vermentino con vini territoriali ed eleganti. Anche quest'anno il classico Lunaris si pone in evidenza per espressività olfattiva e un palato equilibrato e rinfrescante.

Via Isola Alta, 53 - 19034 Luni (SP)
T. 348 8713641 | M. info@cantinebondonor.com
www.cantinebondonor.it

Viticoltura: Lotta integrata
Ettari: 2 | **Bottiglie:** 15.000 | **Produzione olearia:** No
Proprietà: Luca Menconi
Cond. enologica: Davide Baccigalupi, Luca Menconi
Cond. agronomica: Davide Baccigalupi, Luca Menconi
Vendita diretta: No | **Visite in azienda:** No

COLLI DI LUNI VERMENTINO LUNARIS 2022
Bianco Doc - Vermentino 100%
Alc. 13% | € 18 | Bt. 5.000 | Ferm. Acciaio | Mat. Acciaio 6 mesi
Paglierino vivo. Esordio egregio: una nuance gessosa su indizi di croccante pesca bianca e agrumi. Sfilano in parata rosmarino, origano, salvia, fiori di gelsomino a definirne il quadro. Sorso dinamico ma denso e piacevole che si allunga in una scia sapida dalla chiosa alla mandorla verde. Frittura di calamari, gamberi e zucchine.

ROSA LUNA 2022
Rosato Igt - Canaiolo 40%, Sangiovese 30%, Vermentino nero 30%
Alc. 12,5% | € 18 | Bt. 2.500 | Ferm. Acciaio | Mat. Acciaio 6 mesi
Pizza con bufala e pomodorini.

COLLI DI LUNI VERMENTINO LUNARIS
2019 | 2020 | 2021

ROSA LUNA
2019 | 2020 | 2021

Cantine Bregante
(1876)

Storica azienda ligure, dedita sin dal primo dopoguerra alla vinificazione dei vitigni autoctoni locali. Sergio Sanguineti è uno strenuo custode della territorialità e della tradizione, instancabile nella ricerca spasmodica della tipicità in particolare per il suo Vermentino Segesta Tigulliorum. Su terreni misti e tarso, sopra le Rocche di Sant'Anna, baciati dal sole e dal mare nascono le uve per questa selezione dai tratti gradevoli di agrumi e pesca, verticalmente salino, fresco e molto lungo nella persistenza.

Via Unità d'Italia, 47 - 16039 Sestri Levante (GE)
T. 0185 41388 | M. cantinebregante@cantinebregante.it
www.cantinebregante.it

Viticoltura: Convenzionale
Bottiglie: 100.000 | **Produzione olearia:** No
Proprietà: Famiglia Bregante
Cond. enologica: Sergio Sanguineti
Cond. agronomica: Sergio Sanguineti
Vendita diretta: Sì | **Visite in azienda:** Sì

GOLFO DEL TIGULLIO PORTOFINO VERMENTINO SEGESTA TIGULLIORUM 2022
Bianco Doc - Vermentino 100%
Alc. 13% | € 14 | Bt. 7.000 | Ferm. Acciaio | Mat. Acciaio 3 mesi
Splendido giallo che rifrange la luce ed elargisce fini fragranze di agrumi mediterranei e pesca, seguiti da erbe aromatiche liguri e memorie salmastre. Intenso e attraente, centrato su freschezza e sapidità. Lungheggia su aromi di armellina. Si distingue per espressività. Branzino al forno con erbe aromatiche.

GOLFO DEL TIGULLIO PORTOFINO MOSCATO 2022
Bianco Doc Dolce - Moscato bianco 100%
Alc. 5,5% | € 13 | Ferm. Acciaio
Torta Margherita al profumo d'arancia.

GOLFO DEL TIGULLIO PORTOFINO BIANCHETTA GENOVESE SEGESTA TIGULLIORUM 2022
Bianco Doc - Bianchetta genovese 100%
Alc. 13% | € 12 | Ferm. Acciaio | Mat. Acciaio 3 mesi
Cocktail di gamberetti.

GOLFO DEL TIGULLIO PORTOFINO BAIA DELLE FAVOLE DOSAGGIO ZERO
Bianco Doc Metodo Classico - Bianchetta genovese 100%
Alc. 12% | € 25 | Ferm. Acciaio | Mat. Acciaio 3 mesi | 24 mesi sui lieviti
Cicale di mare su letto di verdure.

GOLFO DEL TIGULLIO PORTOFINO CILIEGIOLO ORO 2022
Rosso Doc - Ciliegiolo 100%
Alc. 13% | € 12 | Ferm. Acciaio | Mat. Acciaio 3 mesi
Culatello di Zibello e gnocco fritto.

GOLFO DEL TIGULLIO PORTOFINO ROSSO CA' DU DIAU 2022
Rosso Doc - Ciliegiolo 40%, Dolcetto 40%, Barbera 20%
Alc. 13% | € 15 | Ferm. Acciaio | Mat. Legno 3 mesi
Salame d'oca di Mortara.

GOLFO DEL TIGULLIO PORTOFINO BIANCHETTA GENOVESE SEGESTA TIGULLIORUM
2019 | 2020 | 2021

GOLFO DEL TIGULLIO PORTOFINO PASSITO SOLE DELLA COSTA
2012 | 2016 | 2020

Cantine Lunae
(1966)

Paolo Bosoni, nato in vigna, partorito da mamma Cristina Vanna, con lungimiranza, passione e grande capacità imprenditoriale riesce a trasformare una piccola realtà contadina in una grande azienda vitivinicola. Instancabile, in sinergia con Diego e Debora, quarta generazione di famiglia, inaugura quest'anno la nuova cantina: un tempio dedicato al vino, espressione del rapporto fra l'uomo e la terra; un'architettura moderna fatta di materiali naturali, vivi, ed ecosostenibili che mutano nel tempo. Nutrita schiera di vini di alto profilo tra i quali emerge il pregiato e persistente Cavagino.

Via Bozzi, 63 - 19034 Luni (SP)
T. 0187 669222 | M. info@cantinelunae.com
www.cantinelunae.com

Viticoltura: Convenzionale e biologica
Ettari: 85 | **Bottiglie:** 600.000 | **Produzione olearia:** Sì
Proprietà: Famiglia Bosoni
Cond. enologica: Paolo Bosoni
Cond. agronomica: Paolo Bosoni
Vendita diretta: Sì | **Visite in azienda:** Sì

COLLI DI LUNI VERMENTINO CAVAGINO 2022
Bianco Doc - Vermentino 100%
Alc. 14% | € 27 | Bt. 6.600 | Ferm. Legno e Acciaio | Mat. Acciaio 6 mesi
Manto di tessuto paglierino. Ouverture di gran classe con rimandi di erbe aromatiche, macchia mediterranea, agrumi e frutta tropicale, seguiti da profonde orme iodate e balsamiche. Accattivante la beva con una dinamicità comunicativa molto attraente. Perfetto per ogni occasione. Linguine alla granseola e rosmarino.

COLLI DI LUNI VERMENTINO NUMERO CHIUSO 2020
Bianco Doc - Vermentino 100%
Alc. 14% | € 42 | Bt. 2.600 | Ferm. Acciaio | Mat. Legno 18 mesi
Zuppa di pesce.

COLLI DI LUNI ROSSO NICCOLÒ V RISERVA 2019
Rosso Doc - Sangiovese 70%, Merlot 15%, Pollera nera 15%
Alc. 14% | € 20 | Bt. 33.000 | Ferm. Acciaio | Mat. Legno 12 mesi
Capriolo con salsa di ribes rosso.

COLLI DI LUNI ALBAROLA 2022
Bianco Doc - Albarola 100%
Alc. 13% | € 19 | Bt. 25.000 | Ferm. Acciaio | Mat. Acciaio 5 mesi
Tartare di gamberi.

COLLI DI LUNI VERMENTINO ETICHETTA GRIGIA 2022
Bianco Doc - Vermentino 100%
Alc. 12,5% | € 15 | Bt. 220.000 | Ferm. Acciaio | Mat. Acciaio 3 mesi
Ricciola al forno con capperi e pomodori ciliegino.

CUVÉE LUNAE 2019
Bianco Metodo Classico - Albarola 50%, Vermentino 50%
Alc. 13% | € 43 | Bt. 5.000 | Ferm. Acciaio | 30 mesi sui lieviti
Insalata nizzarda.

COLLI DI LUNI ROSSO NICCOLÒ V RISERVA
2012 | 2014

COLLI DI LUNI VERMENTINO ETICHETTA NERA
2019

Casa del Diavolo
(2010)

Terza vendemmia per Federica Sala in un anno siccitoso e difficile ma di successo sia per la produzione che per le soddisfazioni personali tra cui il conseguimento del Diploma di Sommelier AIS. Terminano i lavori di ampliamento della vigna con il ripristino di circa 1,6 ettari e nuovi terrazzamenti impiantati a bianchetta, ciliegiolo e dolcetto che permetteranno, tra qualche anno, di raddoppiare la produzione. In evidenza su tutti per territorialità e carattere la Bianchetta Ciana, portabandiera della cantina di Castiglione Chiavarese.

Località Montà, 1 - Frazione Missano - 16030 Castiglione Chiavarese (GE)
T. 328 4760159 | M. societacasadeldiavolo@gmail.com

Viticoltura: Convenzionale
Ettari: 1 | **Bottiglie:** 4.500 | **Produzione olearia:** Sì
Proprietà: Federica Sala
Cond. enologica: Davide Baccigalupi, Giorgio Baccigalupi, Federica Sala
Cond. agronomica: Paolo Pescara
Vendita diretta: Sì | **Visite in azienda:** Sì

GOLFO DEL TIGULLIO PORTOFINO BIANCHETTA CIANA 2021
Bianco Doc - Bianchetta genovese 100%
Alc. 13% | € 24 | Bt. 1.236 | Ferm. Acciaio | Mat. Acciaio 8 mesi
Dorato brillante. Incipit di pesca disidratata e fiori gialli essiccati, zenzero e camomilla seguiti da vigorie di macchia mediterranea. Delicate note salmastre accompagnano al palato: fresco, rotondo, sapido, saporito, invitante e dalla lunghissima persistenza. Alici panate e fritte.

GOLFO DEL TIGULLIO PORTOFINO ROSSO DELLA MUNTÀ 2021
Rosso Doc - Dolcetto 100%
Alc. 14% | € 24 | Bt. 1.072 | Ferm. Acciaio | Mat. Acciaio 8 mesi
Straccetti di vitello al rosmarino.

GOLFO DEL TIGULLIO PORTOFINO CILIEGIOLO NUAGGI 2022
Rosso Doc - Ciliegiolo 100%
Alc. 13% | € 24 | Bt. 588 | Ferm. Acciaio | Mat. Acciaio 8 mesi
Sella di coniglio al tartufo con timballo di patate.

GOLFO DEL TIGULLIO PORTOFINO BIANCHETTA CIANA
2018 | 2019 | 2020

GOLFO DEL TIGULLIO PORTOFINO ROSSO DELLA MUNTÀ
2017 | 2018

Cascina delle Terre Rosse
(1970)

Un'alternanza di panorami mozzafiato dove da una parte domina il mare e dall'altra il bosco: questo lo spettacolo che ci racconta la salita che porta all'altipiano de Le Manie dove da tempo immemore Vladimiro Galluzzo coltiva in un'arena da sogno le sue uve pregiate in prevalenza pigato e vermentino. Ma è l'aristocratico Solitario, affinato in barrique di Allier, che si distingue grazie all'ottimo andamento climatico del 2021 che ne conferma la qualità assoluta già apprezzata nelle annate precedenti.

Via Mànie, 3/B - 17024 Finale Ligure (SV)
T. 019 698782 | M. cascinaterrerosse@gmail.com

Viticoltura: Biologica
Ettari: 3,5 | **Bottiglie:** 18.000 | **Produzione olearia:** No
Proprietà: Famiglia Galluzzo
Cond. enologica: Giuliano Noè
Cond. agronomica: Vladimiro Galluzzo
Vendita diretta: Sì | **Visite in azienda:** Sì

(92)

SOLITARIO 2021
Rosso - Granaccia 45%, Rossese 25%, Barbera 20%, Merlot 10%
Alc. 13,5% | € 60 | Bt. 700 | Ferm. Acciaio | Mat. Legno 24 mesi
Carminio fitto e impenetrabile. Profilo olfattivo complesso che sprigiona sussurri di confettura di prugna alternati a scie di eucalipto, cacao e viola appassita. L'assaggio è di corpo e buona struttura, fresco e rivela tannini setosi. Aromaticamente lunghissimo e appagante. Fagiano arrosto.

RIVIERA LIGURE DI PONENTE PIGATO L'OTTAVA MERAVIGLIA 2022
Bianco Doc - Pigato 100%
Alc. 13% | € 45 | Bt. 950 | Ferm. Acciaio | Mat. Acciaio 6 mesi
Risotto al nero di seppia con seppie croccanti.

LEMANIE 2020
Rosato Metodo Classico - Uve tradizionali liguri 100%
Alc. 13% | € 45 | Bt. 1.330 | Ferm. Acciaio | 30 mesi sui lieviti
Costolette d'agnello alle erbe.

RIVIERA LIGURE DI PONENTE PIGATO 2022
Bianco Doc - Pigato 100%
Alc. 13% | € 28 | Bt. 7.500 | Ferm. Acciaio | Mat. Acciaio 6 mesi
Frittata di erbette.

RIVIERA LIGURE DI PONENTE VERMENTINO 2022
Bianco Doc - Vermentino 100%
Alc. 12,5% | € 28 | Bt. 5.000 | Ferm. Acciaio | Mat. Acciaio 5 mesi
Spaghetti con vongole e bottarga.

APOGEO 2022
Bianco - Pigato 100%
Alc. 13% | € 30 | Bt. 3.100 | Ferm. Legno e Acciaio | Mat. Acciaio 6 mesi
Trenette al pesto, patate e fagiolini.

APOGEO
2015 | 2019

RIVIERA LIGURE DI PONENTE PIGATO L'OTTAVA MERAVIGLIA
2016 | 2017

Cascina Nirasca
(2003)

Marco Temesio e Gabriele Maglio continuano con grande impegno a rinnovare i vigneti. Nuovi impianti di ormeasco in alta Valle Arroscia, pigato e vermentino a Imperia e Sanremo consentono di ampliare l'offerta aziendale. Prodotto simbolo dell'azienda rimane comunque l'Ormeasco, con la ormai nota ottima qualità. I vigneti ben curati e una corretta gestione della cantina per rispettare al meglio le peculiarità del vitigno consentono a questo vino, prodotto nelle tre tipologie, Classico, Superiore e Sciac-trà, di essere sempre un punto di riferimento della produzione enologica locale.

Via alle Alpi, 3 - Frazione Nirasca - 18026 Pieve di Teco (IM)
T. 0183 368067 | M. info@cascinanirasca.com
www.cascinanirasca.com

Viticoltura: Convenzionale
Ettari: 4 | **Bottiglie:** 40.000 | **Produzione olearia:** No
Proprietà: Gabriele Maglio e Marco Temesio
Cond. enologica: Alex Berriolo
Cond. agronomica: Staff aziendale
Vendita diretta: Sì | **Visite in azienda:** Sì

ORMEASCO DI PORNASSIO SCIAC-TRÀ 2022
Rosato Doc - Ormeasco 100%
Alc. 12,5% | € 13 | Bt. 5.000 | Ferm. Acciaio | Mat. Acciaio 6 mesi
Rosa corallo con riflessi di color fiore di pesco. Al naso presenta profumi di ciliegia appena matura e lievissimi ricordi vegetali di nocciolo di ciliegia, floreali di geranio e fruttati di fragoline di bosco. In bocca ha buona acidità, volume e vigore. Durezze in evidenza nel finale piacevolissimo. Scampi alla griglia.

RIVIERA LIGURE DI PONENTE PIGATO 2022
Bianco Doc - Pigato 100%
Alc. 13% | € 13 | Bt. 5.000 | Ferm. Acciaio | Mat. Acciaio 6 mesi
Torta salata alle zucchine e origano.

ORMEASCO DI PORNASSIO 2022
Rosso Doc - Ormeasco 100%
Alc. 13% | € 14 | Bt. 22.000 | Ferm. Acciaio | Mat. Acciaio 6 mesi
Bollito misto con salse.

RIVIERA LIGURE DI PONENTE VERMENTINO 2022
Bianco Doc - Vermentino 100%
Alc. 13% | € 13 | Bt. 5.000 | Ferm. Acciaio | Mat. Acciaio 6 mesi
Rombo al forno ai sapori mediterranei.

ORMEASCO DI PORNASSIO SCIAC-TRÀ
2021

ORMEASCO DI PORNASSIO
2019 | 2020 | 2021

Cooperativa Agricoltura Cinque Terre
(1973)

Ben 44 ettari dove ogni socio gestisce circa 2500 mq di vigneto. Qui l'enoturismo è una realtà ben radicata. Tanti i progetti in cantiere: l'accordo col Parco Nazionale che consentirà l'uso del frantoio museale per la produzione d'olio d'oliva e il completamento del centro d'accoglienza, entrambi previsti per l'anno prossimo. Novità di quest'anno il vino del 50° che rispolvera tecniche antiche che prevedono l'uso del legno per vini destinati a durare nel tempo. Perla assoluta lo Sciacchetrà Riserva 2019 che affina tre anni in barrique, prodotto solo nelle annate migliori.

Località Groppo - Frazione Manarola - 19010 Riomaggiore (SP)
T. 0187 920435 | M. info5t@cantinacinqueterre.com
www.cantinacinqueterre.com

Viticoltura: Convenzionale e biologica
Ettari: 44 | **Bottiglie:** 114.000 | **Produzione olearia:** No
Proprietà: Cooperativa di produttori
Cond. enologica: Gianfranco Vita
Cond. agronomica: Gianfranco Vita
Vendita diretta: Sì | **Visite in azienda:** Sì

(92)

CINQUE TERRE SCIACCHETRÀ RISERVA 2019
Bianco Doc Passito - Bosco 80%, Albarola 15%, Vermentino 5%
Alc. 14% | € 58 (0,375l) | Bt. 700 | Ferm. Acciaio | Mat. Acciaio e Legno 36 mesi
Ambrato vivace. Olfatto caleidoscopico: frutta disidratata, fico, dattero, albicocca, uva sultanina, miele d'acacia, legno di cedro, e ancora stille d'alga marina e macchia mediterranea. Gusto seducente e morbido in ingresso, equilibrato da una sferzata sapida. Ritorno fruttato infinito. Stilton.

CINQUE TERRE COSTA DE SÈRA 2022
Bianco Doc - Bosco 50%, Vermentino 40%, Albarola 10%
Alc. 13,5% | € 19 | Bt. 2.500 | Ferm. Acciaio | Mat. Acciaio 6 mesi
Filetto di dentice in crosta di patate.

CINQUE TERRE 50° 2022
Bianco Doc - Bosco 50%, Albarola 25%, Vermentino 25%
Alc. 13% | € 30 | Bt. 3.283 | Ferm. Legno | Mat. Acciaio 5 mesi
Risotto alla zucca e astice.

CINQUE TERRE COSTA DE CAMPU 2022
Bianco Doc - Bosco 50%, Albarola 25%, Vermentino 25%
Alc. 13,5% | € 19 | Bt. 4.500 | Ferm. Acciaio | Mat. Acciaio 6 mesi
Linguine al sugo di totani e piselli.

CINQUE TERRE VIGNE ALTE 2022
Bianco Doc - Bosco 50%, Albarola 30%, Vermentino 20%
Alc. 12,5% | € 17 | Bt. 6.000 | Ferm. Acciaio | Mat. Acciaio 6 mesi
Spiedo di seppioline ai ferri.

CINQUE TERRE COSTA DA' POSA 2022
Bianco Doc - Bosco 50%, Albarola 35%, Vermentino 15%
Alc. 13,5% | € 19 | Bt. 6.000 | Ferm. Acciaio | Mat. Acciaio 6 mesi
Pasta, patate e cozze.

CINQUE TERRE COSTA DE SÈRA
2019

CINQUE TERRE SCIACCHETRÀ
2017 | 2020

Luca Dallorto
(2009)

Nello spettacolare scenario della Val Nervia, in zona Arcagna, dove la terra si tinge di bianco, con salite che sembrano impossibili da percorrere, si trova la piccola azienda di Luca Dallorto. Mantenere intatti i sapori della vigna è la filosofia del patron che mette a disposizione dei visitatori anche un agriturismo gestito dalla compagna Maya con due casette nel mezzo delle vigne di rossese. L'annata 2022, caratterizzata dalla siccità, ha prodotto vini con misurato volume alcolico. In evidenza il Dolceacqua Superiore Arcagna 2021 prodotto con uve di oltre sessant'anni di età.

Via Monsignor Tornatore, 10 - 18035 Dolceacqua (IM)
T. 0183 318082 | M. info@dunemu.it
www.dunemu.it

Viticoltura: Biologica
Ettari: 6 | **Bottiglie:** 18.000 | **Produzione olearia:** No
Proprietà: Luca Dallorto
Cond. enologica: Fabio Corradi
Cond. agronomica: Luca Dallorto
Vendita diretta: Sì | **Visite in azienda:** Sì

ROSSESE DI DOLCEACQUA SUPERIORE ARCAGNA 2021
Rosso Doc - Rossese 100%
Alc. 13,5% | € 16 | Bt. 3.000 | Ferm. Legno | Mat. Legno 15 mesi
Cremisi screziato di rubino. All'esordio suggerisce frutti di bosco, mora, ribes e fragoline, poi il ventaglio si apre sulla spezia: pepe nero e vaniglia, poi tratti evoluti di cuoio e vernice. Al palato risulta fresco, morbido e dai tannini vellutati. Terrina di lepre con salsa di prugne.

RIVIERA LIGURE DI PONENTE PIGATO 2022
Bianco Doc - Pigato 100%
Alc. 13% | € 12 | Bt. 5.500 | Ferm. Acciaio | Mat. Acciaio 6 mesi
Fregola con le arselle.

ROSSESE DI DOLCEACQUA TRAMONTINA 2022
Rosso Doc - Rossese 100%
Alc. 12,5% | € 13 | Bt. 1.500 | Ferm. Acciaio | Mat. Acciaio 6 mesi
Coniglio all'ischitana.

ROSSESE DI DOLCEACQUA SUPERIORE ARCAGNA
2015

ROSSESE DI DOLCEACQUA DU NEMU
2017

Walter De Battè
(1991)

Trascorrono gli anni con i cambiamenti che ne conseguono ma l'identità dei vini di Walter de Battè rimane saldamente coerente, espressione di un calibrato equilibrio dove sapidità, freschezza, struttura e complessità si amalgamano felicemente. I quattro vini assaggiati confermano ancora una volta l'indiscutibile talento del vigneron ligure, con il potente Harmoge che sfiora l'eccellenza. Walter, comunque, non si ferma e pur con molte difficoltà sta ultimando una nuova vigna di vermentino che nei prossimi anni, non lo dubitiamo, regalerà una nuova creazione, alla sua maniera.

Via Pecunia, 160 - 19017 Riomaggiore (SP)
T. 389 8084812 | M. viniprimaterra@gmail.com
www.primaterra.it

Viticoltura: Lotta integrata
Ettari: 5 | **Bottiglie:** 10.000 | **Produzione olearia:** No
Proprietà: Walter De Battè
Cond. enologica: Walter De Battè
Cond. agronomica: Walter De Battè
Vendita diretta: No | **Visite in azienda:** No

HARMOGE 2020
Bianco - Bosco 40%, Vermentino 40%, Albarola 20%
Alc. 14% | € 55 | Bt. 1.700 | Ferm. Acciaio | Mat. Legno 6 mesi
Oro puro. Naso che regala effluvi di scorza d'agrume, frutta candita, zibibbo, zenzero, ginestra e fieno, seguiti da elegie speziate, erbe officinali, tabacco biondo e nuance salmastre. Beva potente e densa, s'intreccia alla perfezione con l'anima sapida che punteggia la durevole persistenza. Linguine con bottarga e pomodori secchi.

SALADERO 2021
Bianco - Vermentino 50%, Bosco 30%, Albarola 20%
Alc. 14% | € 55 | Bt. 1.900 | Ferm. Acciaio | Mat. Acciaio 10 mesi
Piccione al forno con cipollotti.

CARLAZ 2021
Bianco - Vermentino 100%
Alc. 13,5% | € 40 | Bt. 3.000 | Ferm. Acciaio | Mat. Acciaio 18 mesi
Risotto agli asparagi e frutti di mare.

ÇERICÒ 2017
Rosso - Granaccia 85%, Syrah 15%
Alc. 13,5% | € 44 | Bt. 1.600 | Ferm. Acciaio | Mat. Acciaio 12 mesi e Legno 12 mesi
Medaglioni di cervo con riduzione di cottura.

HARMOGE
2019

SALADERO
2018

Dell'Erba
(2019)

Giovane e dinamica, l'azienda di Giulia dell'Erba dimostra una crescita sia in termini qualitativi sia nell'offerta di vini diversi. Continuano le proposte di esperienze nel vigneto aperto, tra musica e arte terapia, per piacevoli serate di degustazione. Esordiscono quest'anno un interessante Vermentino in anfora, da pochi grappoli di secondo taglio, diraspati a mano, e il Pigato Brezza, piacevole versione beverina da affiancare al più complesso Mareggio, frutto di un'attenta selezione. Tra gli altri si distingue il Soffio di Ponente segnalato per il rapporto qualità prezzo.

Regione Marixe, SP 19 - 17031 Albenga (SV)
T. 340 3182092 | M. az.agricoladellerba@gmail.com
www.aziendaagricoladellerba.com

Viticoltura: In conversione al biologico
Ettari: 3 | **Bottiglie:** 10.000 | **Produzione olearia:** No
Proprietà: Famiglia Dell'Erba
Cond. enologica: Daniela Serra
Cond. agronomica: Rinaldo Dell'Erba, Agricola Albese
Vendita diretta: Sì | **Visite in azienda:** Sì

RIVIERA LIGURE DI PONENTE VERMENTINO SOFFIO DI PONENTE 2022
Bianco Doc - Vermentino 100%
Alc. 13% | € 14 | Bt. 4.500 | Ferm. Acciaio | Mat. Acciaio 6 mesi
Paglierino luminoso. Profumi di fiori di tiglio e gelsomino, pera matura e pesca bianca, erbe aromatiche, con rosmarino e timo in evidenza, ricordi di macchia mediterranea e indizi d'agrume. Ingresso garbato, medio corpo che svela una piacevole progressione fresco-sapida. Tataki di tonno al sesamo.

RIVIERA LIGURE DI PONENTE PIGATO MAREGGIO 2022
Bianco Doc - Pigato 100%
Alc. 13,5% | € 18 | Bt. 1.500 | Ferm. Acciaio | Mat. Acciaio 6 mesi
Lasagne con scamorza, funghi e zucca.

RIVIERA LIGURE DI PONENTE PIGATO BREZZA 2022
Bianco Doc - Pigato 100%
Alc. 13% | € 13 | Bt. 2.500 | Ferm. Acciaio | Mat. Acciaio 6 mesi
Frittata di piselli, fave e fagiolini.

RIVIERA LIGURE DI PONENTE VERMENTINO ARTIGLIO 2022
Bianco Doc - Vermentino 100%
Alc. 13% | € 25 | Bt. 500 | Ferm. Terracotta | Mat. Terracotta 8 mesi
Frittura di calamari, gamberi e zucchine.

RUGIADA 2022
Rosato Igt - Rossese 100%
Alc. 13% | € 20 | Bt. 1.000 | Ferm. Acciaio | Mat. Acciaio 6 mesi
Bruschetta al pomodoro.

RIVIERA LIGURE DI PONENTE PIGATO
2021

Paolo Deperi
(2004)

Sono finalmente terminati i lavori di recupero dell'antica dimora ligure cinquecentesca Tenuta La Colombera, in una valle soleggiata tra Albenga e Alassio, affacciata sul mare di fronte all'Isola Gallinara. Troviamo qui una wine house dove è possibile degustare i vini e mangiare nel piccolo ristorante interno. È in questa cornice che ha trovato casa il vigneto Colombera dove si produce l'omonimo Vermentino. La cantina di produzione, in attività dai primi del 1800, ha sede a Ranzo, cuore enologico del pigato ligure.

Borgata Caneto, 2 - 18020 Ranzo (IM)
T. 333 3089919 | M. info@deperi.eu
www.deperi.eu

Viticoltura: Convenzionale e lotta integrata
Ettari: 9 | **Bottiglie:** 65.000 | **Produzione olearia:** Sì
Proprietà: Paolo Deperi
Cond. enologica: Andrea Magliano
Cond. agronomica: Diego Passaniti
Vendita diretta: Sì | **Visite in azienda:** Sì

RIVIERA LIGURE DI PONENTE VERMENTINO TENUTA COLOMBERA 2022
Bianco Doc - Vermentino 100%
Alc. 13,5% | € 20 | Bt. 2.500 | Ferm. Acciaio | Mat. Acciaio 6 mesi e Legno 6 mesi
Cuore giallo solare. Traiettorie di frutta tropicale, mela, biancospino e agrumi s'alternano a quelle di salvia, rosmarino e pesca gialla. Accenni di vaniglia e legno di cedro completano un intrigante ventaglio aromatico. Il sorso sapido e brioso invoglia alla beva. Gnocchetti al sugo d'astice.

RIVIERA LIGURE DI PONENTE PIGATO 2022
Bianco Doc - Pigato 100%
Alc. 13,5% | € 13 | Bt. 25.000 | Ferm. Acciaio | Mat. Acciaio 4 mesi
Trofie al pesto.

RIVIERA LIGURE DI PONENTE PIGATO SUPERIORE CREMEN 2021
Bianco Doc - Pigato 100%
Alc. 13,5% | € 20 | Bt. 2.000 | Ferm. Legno e Acciaio | Mat. Legno 10 mesi
Pappardelle con coda di rospo e carciofi.

ORMEASCO DI PORNASSIO 2022
Rosso Doc - Ormeasco 100%
Alc. 12,5% | € 14 | Bt. 5.000 | Ferm. Acciaio | Mat. Acciaio 5 mesi e Terracotta 5 mesi
Carpaccio di chianina e insalata di porcini.

ORMEASCO DI PORNASSIO SCIAC-TRÀ 2022
Rosato Doc - Ormeasco 100%
Alc. 12,5% | € 13 | Bt. 5.000 | Ferm. Acciaio | Mat. Acciaio 5 mesi
Tartare di gamberi.

RIVIERA LIGURE DI PONENTE VERMENTINO 2022
Bianco Doc - Vermentino 100%
Alc. 12,5% | € 13 | Bt. 20.000 | Ferm. Acciaio | Mat. Acciaio 4 mesi
Branzino al cartoccio.

RIVIERA LIGURE DI PONENTE PIGATO SUPERIORE CREMEN
2020

RIVIERA LIGURE DI PONENTE VERMENTINO TENUTA COLOMBERA
2021

Durin
(1900)

Cantina storica risalente all'inizio del 1900. Espressione dell'agricoltura eroica con terrazzamenti sparsi in otto comuni dall'albenganese al finalese. L'azienda è gestita totalmente a conduzione familiare con Antonio e il figlio Giovanni a occuparsi della produzione, affiancati da Laura alla comunicazione. La produzione del 2022 non ha risentito della siccità grazie all'irrigazione di soccorso e al lavoro svolto spesso in orari notturni che ha garantito i soliti standard aziendali. Si fa apprezzare il Pigato Superiore A Matetta 2021 con un breve passaggio in barrique piegate a vapore.

Via Roma, 202 - 17037 Ortovero (SV)
T. 0182 547007 | M. info@durin.it
www.durin.it

Viticoltura: Lotta integrata
Ettari: 18,5 | **Bottiglie:** 120.000 | **Produzione olearia:** Sì
Proprietà: Antonio Basso
Cond. enologica: Giovanni Basso
Cond. agronomica: Staff aziendale
Vendita diretta: Sì | **Visite in azienda:** Sì

RIVIERA LIGURE DI PONENTE PIGATO SUPERIORE 2021 A MATETTA 2021
Bianco Doc - Pigato 80%, Vermentino 20%
Alc. 14% | € 18 | Bt. 1.200 | Ferm. Legno | Mat. Acciaio 4 mesi e Legno 4 mesi
Filigrana d'oro orna il paglierino. Bouquet complesso: fiori d'acacia, pesca gialla, ananas, cera d'api, timo, rosmarino e intriganti sbuffi balsamici e iodati a chiudere. L'assaggio è deciso, avvolgente in perfetto equilibrio anche grazie a un guizzo sapido dirompente. Incessante. Rombo al forno con patate e carciofi.

RIVIERA LIGURE DI PONENTE GRANACCIA 2022
Rosso Doc - Granaccia 100%
Alc. 14% | € 18 | Bt. 5.000 | Ferm. Acciaio | Mat. Acciaio 4 mesi
Stracotto d'asino.

RIVIERA LIGURE DI PONENTE PIGATO 2022
Bianco Doc - Pigato 100%
Alc. 13,5% | € 15 | Bt. 50.000 | Ferm. Acciaio | Mat. Acciaio 4 mesi
Linguine allo scoglio.

RIVIERA LIGURE DI PONENTE PIGATO I S-CIANCHI 2022
Bianco Doc - Pigato 100%
Alc. 14% | € 18 | Bt. 2.800 | Ferm. Acciaio | Mat. Acciaio 4 mesi
Sogliola alla mugnaia.

RIVIERA LIGURE DI PONENTE PIGATO BRAIE 2022
Bianco Doc - Pigato 100%
Alc. 14% | € 18 | Bt. 4.000 | Ferm. Acciaio | Mat. Acciaio 4 mesi
Risotto alla granseola.

RIVIERA LIGURE DI PONENTE VERMENTINO 2022
Bianco Doc - Vermentino 100%
Alc. 13% | € 14 | Bt. 35.000 | Ferm. Acciaio | Mat. Acciaio 4 mesi
Fregola con le arselle.

ALICANTE
2016

RIVIERA LIGURE DI PONENTE VERMENTINO LUNGHÉRA
2020

Enrico Dario
(1968)

Continua la tradizione enologica di famiglia: la cantina nasce dalla scelta di Dario, nei primi anni '70, di abbandonare l'attività di coltivazione di fiori e ortaggi. Oggi è gestita dalla figlia Maria Clara e dai nipoti. Strettamente legata alla tradizione e ai vitigni tipici produce eccellenti Pigato, Vermentino e Rossese di Albenga. A Bastia, sede della cantina, sono stati recentemente ultimati i lavori per la creazione di una saletta di degustazione. Ottima la proposta che a breve verrà ampliata con un Metodo Classico e un Pigato in versione passita.

Via Massari, 8 - Frazione Bastia - 17031 Albenga (SV)
T. 320 5510946 | M. info@enricodario.it
www.enricodario.it

Viticoltura: Convenzionale
Ettari: 3 | **Bottiglie:** 30.000 | **Produzione olearia:** No
Proprietà: Famiglia Dario
Cond. enologica: Marco Biglino
Cond. agronomica: Carlo Alberto Biffi
Vendita diretta: Sì | **Visite in azienda:** Sì

RIVIERA LIGURE DI PONENTE PIGATO SUPERIORE U BALETTA 2021
Bianco Doc - Pigato 100%
Alc. 13% | € 15 | Bt. 2.000 | Ferm. Acciaio | Mat. Acciaio 12 mesi
Lampi dorati sfuggono da un paglierino vivido. Al naso le tipiche suggestioni di pesca nettarina, erbe aromatiche e frutti tropicali sono contornate da rintocchi iodati, fiori di acacia, agrumi, resina e caramella d'orzo. Il sorso sapido e fresco è ben bilanciato da un'attraente morbidezza. Tagliolini all'astice.

RIVIERA LIGURE DI PONENTE VERMENTINO 2022
Bianco Doc - Vermentino 100%
Alc. 12,5% | € 12 | Bt. 10.650 | Ferm. Acciaio
Lumache in umido alle erbette.

RIVIERA LIGURE DI PONENTE PIGATO 2022
Bianco Doc - Pigato 100%
Alc. 12,5% | € 12 | Bt. 12.000 | Ferm. Acciaio
Pennette con pesto alla trapanese.

RIVIERA LIGURE DI PONENTE PIGATO
2017 | 2018 | 2019

RIVIERA LIGURE DI PONENTE PIGATO SUPERIORE U BALETTA
2015 | 2016 | 2017

Fontanacota
(2001)

L'ingresso di forze giovani, Andrea in cantina e Ludovico nel vigneto, ha portato a un consolidamento qualitativo dell'azienda. Oltre ai tradizionali Ormeasco, Pigato e Vermentino, fa il suo ingresso tra i prodotti aziendali Lamantide, un moscato coltivato in alta quota, oltre i 500 metri, che colpisce subito per la sua finezza, espressività e fragranza, forse il primo tentativo in alta Valle Arroscia con un vitigno aromatico di questo genere. Vista l'ottima riuscita di questo esperimento ci auguriamo che si possa proseguire in questa direzione.

Via Provinciale, 137 - Frazione Ponti - 18024 Pornassio (IM)
T. 333 9807442 | M. info@fontanacota.it
www.fontanacota.it

Viticoltura: Biologica e lotta integrata
Ettari: 6 | **Bottiglie:** 40.000 | **Produzione olearia:** Sì
Proprietà: Marina Berta
Cond. enologica:
Cond. agronomica: Ludovico Berta
Vendita diretta: Sì | **Visite in azienda:** Sì

RIVIERA LIGURE DI PONENTE MOSCATO LAMANTIDE 2022
Bianco Dop - Moscato 100%
Alc. 12,5% | € 20 | Bt. 1.000 | Ferm. Acciaio | Mat. Acciaio 6 mesi
Giallo tenue pieno di luce. Aromatico e varietale si presenta con un racconto odoroso che parte dal frutto: pera e agrumi, e s'arricchisce di allusioni vegetali e floreali. In bocca è secco, fresco e sapido. Buona struttura ed equilibrio sfociano in una progressione asciutta e aromatica. Crostini con burro e alici.

ORMEASCO DI PORNASSIO 2022
Rosso Doc - Ormeasco 100%
Alc. 14% | € 15 | Bt. 3.500 | Ferm. Acciaio | Mat. Acciaio 9 mesi
Costolette di maiale alla brace.

RIVIERA LIGURE DI PONENTE VERMENTINO 2022
Bianco Doc - Vermentino 100%
Alc. 12% | € 15 | Bt. 11.000 | Ferm. Acciaio | Mat. Acciaio 6 mesi
Orata all'acqua pazza.

RIVIERA LIGURE DI PONENTE GRANACCIA SAN GIORGIO 2022
Rosso Dop - Granaccia 100%
Alc. 13,5% | € 16 | Bt. 2.500 | Ferm. Acciaio | Mat. Acciaio 6 mesi
Costata di manzo alla griglia.

RIVIERA LIGURE DI PONENTE PIGATO 2022
Bianco Doc - Pigato 100%
Alc. 12,5% | € 15 | Bt. 11.000 | Ferm. Acciaio | Mat. Acciaio 6 mesi
Melanzane e peperoni ripieni.

ORMEASCO DI PORNASSIO SCIAC-TRÀ 2022
Rosato Doc - Ormeasco 100%
Alc. 12,5% | € 15 | Bt. 6.000 | Ferm. Acciaio | Mat. Acciaio 6 mesi
Crostini con baccalà mantecato.

ORMEASCO DI PORNASSIO SUPERIORE
2017 | 2019 | 2020

ORMEASCO DI PORNASSIO SCIAC-TRÀ
2019

Gajaudo
(1986)

L'azienda Gajaudo è forte di una tradizione familiare che da anni vede Fulvio e Giulio, coadiuvati da Giorgia, impegnati nel proporre un'ampia gamma di vini con uno sguardo rivolto al futuro. Dal 2023 le bottiglie potranno fregiarsi del marchio SQNPI che certifica la tutela per l'ambiente con particolare attenzione al mondo delle api. L'annata appena trascorsa è stata segnata dalla siccità e ha portato a un netto calo della produzione. Spicca il Dolceacqua Arcagna 2021 prodotto da vigne piantante nel 1910, poste a 450 metri sul livello del mare, le più alte della frazione.

Via Provinciale, 7 - Località Bunda - 18035 Isolabona (IM)
T. 0184 208095 | M. info@gajaudo.it
www.gajaudo.it

Viticoltura: Convenzionale
Ettari: 13 | **Bottiglie:** 65.000 | **Produzione olearia:** No
Proprietà: Giulio e Fulvio Gajaudo
Cond. enologica: Daniela Serra
Cond. agronomica: Staff aziendale
Vendita diretta: Sì | **Visite in azienda:** Sì

ROSSESE DI DOLCEACQUA ARCAGNA 2021
Rosso Doc - Rossese 100%
Alc. 14% | € 18 | Bt. 3.000 | Ferm. Cemento | Mat. Acciaio 4 mesi e Legno 9 mesi
Carminio fitto e vivace. Bouquet fruttato di mora, cassis e ciliegia che lascia trasparire veli speziati di pepe nero e chiodi di garofano e sbuffi salmastri, terrosi e balsamici. L'impianto gustativo è degno di nota, la voce calorica duetta con l'acidità nel nome dell'equilibrio. Finale alla mandorla. Coniglio in umido alle erbe aromatiche.

RIVIERA LIGURE DI PONENTE VERMENTINO 2022
Bianco Doc - Vermentino 100%
Alc. 13% | € 14 | Bt. 15.000 | Ferm. Acciaio | Mat. Acciaio 5 mesi
Tartare di tonno.

ROSSESE DI DOLCEACQUA 2022
Rosso Doc - Rossese 100%
Alc. 13% | € 16 | Bt. 25.000 | Ferm. Acciaio | Mat. Acciaio 5 mesi
Costolette d'agnello alle erbe.

RIVIERA LIGURE DI PONENTE PIGATO 2022
Bianco Doc - Pigato 100%
Alc. 13% | € 15 | Bt. 15.000 | Ferm. Acciaio | Mat. Acciaio 5 mesi
Tortelli di zucca e salvia.

ROSSESE DI DOLCEACQUA LUVAIRA
2019

ROSSESE DI DOLCEACQUA
2018 | 2019 | 2021

Giacomelli
(1993)

Roberto Petacchi continua con l'espansione di un'azienda storica e già ben radicata nei Colli di Luni. Visitando la sede della cantina si capisce subito il continuo interesse nello sperimentare e nel non adagiarsi a quanto ormai già consolidato nel corso degli anni. La cura in vigna e l'attenzione in cantina sono confermate dall'alta qualità dei vini prodotti tra i quali primeggia il Giardino dei Vescovi, seguito dal Vermentino Pianacce. Aperta la nuova area di degustazione esterna dove poter accompagnare gli ottimi vini aziendali con alcuni prodotti del territorio.

Via Palvotrisia, 134 - 19033 Castelnuovo Magra (SP)
T. 0187 675709 | M. az.agr.giacomelli@gmail.com
www.aziendaagricolagiacomelli.it

Viticoltura: Convenzionale e lotta integrata
Ettari: 12 | **Bottiglie:** 100.000 | **Produzione olearia:** Sì
Proprietà: Roberto Petacchi
Cond. enologica: Luca Caramellino, Davide Baccigalupi
Cond. agronomica: Gabriele Bianchi, Giorgio Baccigalupi
Vendita diretta: Sì | **Visite in azienda:** Sì

COLLI DI LUNI VERMENTINO GIARDINO DEI VESCOVI 2021
Bianco Doc - Vermentino 100%
Alc. 14% | € 25 | Bt. 2.500 | Ferm. Acciaio | Mat. Cemento 12 mesi
Qualche linea d'oro s'insinua a rischiarare il giallo paglierino. L'olfatto sprigiona pesca gialla, mela Golden, timo, salvia e scorza di pompelmo, i quali s'alternano a riconoscimenti sulfurei e iodati. Al palato è molto interessante, lungo e attraente, sostenuto da ottima freschezza e sapidità. Vellutata di ceci con gamberi croccanti.

COLLI DI LUNI VERMENTINO PIANACCE 2022
Bianco Doc - Vermentino 100%
Alc. 13% | € 17 | Bt. 35.000 | Ferm. Acciaio | Mat. Acciaio 5 mesi
Spiedo di seppioline ai ferri.

COLLI DI LUNI VERMENTINO BOBOLI 2022
Bianco Doc - Vermentino 90%, Malvasia di Candia aromatica 10%
Alc. 14% | € 20 | Bt. 2.500 | Ferm. Acciaio | Mat. Acciaio 6 mesi
Spaghetti con mazzancolle e pomodorini.

PADULETTI 2022
Bianco Igt - Vermentino 60%, Trebbiano 30%, Malvasia di Candia aromatica 10%
Alc. 13% | € 14 | Bt. 15.000 | Ferm. Acciaio | Mat. Acciaio 3 mesi
Frittata di piselli, fave e fagiolini.

PERGOLE BASSE 2022
Rosso Igt - Merlot 100%
Alc. 13,5% | € 15 | Bt. 6.500 | Ferm. Acciaio | Mat. Acciaio 4 mesi
Tagliata di manzo al rosmarino.

COLLI DI LUNI VERMENTINO BOBOLI
2012

COLLI DI LUNI VERMENTINO PIANACCE
2016

I Cerri
(2006)

Nonostante la Val di Vara sia un areale produttivo meno conosciuto rispetto ad altri, Gianluigi Careddu, anima dell'azienda I Cerri, ha saputo affermarsi portando all'attenzione di ristoratori, sommelier e appassionati ai suoi vini, contraddistinti da un rimarchevole livello qualitativo. L'albarola è il vitigno principe di questa zona e il Poggio alle Api sfiora l'eccellenza in Guida. Nel prossimo futuro saranno disponibili alcune bottiglie in più di Campo Grande grazie a un aumento della superficie vitata, inoltre vedranno vita un passito di albarola e un rosso da uve granaccia.

via Garibotti, 9 - 19012 Carro (SP)
T. 348 5102780 | M. info@icerrivaldivara.it
www.icerrivaldivara.it

Viticoltura: Biologica
Ettari: 3,5 | **Bottiglie:** 25.000 | **Produzione olearia:** No
Proprietà: Gianluigi Careddu
Cond. enologica: Gianluigi Careddu
Cond. agronomica: Gianluigi Careddu
Vendita diretta: Sì | **Visite in azienda:** Sì

POGGIO ALLE API 2022
Bianco Igt - Albarola 100%
Alc. 13% | € 19 | Bt. 3.000 | Ferm. Acciaio | Mat. Acciaio 5 mesi
Intrigante veste dorata. Si presenta con decise percezioni di miele, pesca gialla, albicocca e cedro cui seguono striature d'erbe aromatiche e fini ricordi salmastri. Profonda, fresca e appagante la beva, connotata da una buona sapidità e da un instancabile risuonare aromatico. Linguine con bottarga e pomodori secchi.

CIAN DEI SERI 2022
Bianco Igt - Vermentino 96%, Sauvignon 4%
Alc. 13,5% | € 14 | Ferm. Acciaio | Mat. Acciaio 5 mesi
Risotto ai frutti di mare.

BACCAROSSA 2022
Rosato Igt - Merlot 60%, Ciliegiolo 40%
Alc. 12,5% | € 15 | Bt. 3.500 | Ferm. Acciaio | Mat. Acciaio 5 mesi
Triglie in guazzetto.

FONTE DIETRO IL SOLE 2022
Rosso Igt - Merlot 50%, Syrah 40%, Ciliegiolo 10%
Alc. 13% | € 15 | Bt. 4.000 | Ferm. Acciaio | Mat. Acciaio 5 mesi
Filetto di manzo alla Voronoff.

CAMPO GRANDE 2022
Bianco Igt - Albarola 100%
Alc. 13% | € 17 | Bt. 6.000 | Ferm. Acciaio | Mat. Acciaio 5 mesi
Cappesante gratinate.

CIAN DEI SERI
2019

CAMPOGRANDE
2021

Il Chioso dei Conti Picedi Benettini
(1970)

L'azienda agricola ha origini antiche, nel 1989 il conte Picedi Benettini fu uno dei primi produttori di vino Doc Colli di Luni. Oggi è Monica Paganini a gestire con grande sforzo imprenditoriale e a proseguire nella tradizione secolare. La villa storica di Baccano è ancora oggi sede della cantina in uso dal 1700. I vigneti sono situati sulle colline della sponda destra del fiume Magra nel comune di Arcola e presso il Podere Ceserano in provincia di Massa Carrara. È in corso l'impianto di nuovi vigneti e il recupero di uno storico uliveto.

Via Elso Sommovigo, 7 - Località Baccano - 19021 Arcola (SP)
T. 335 5828023 | M. info@cantinapicedi.it
www.cantinapicedi.it

Viticoltura: Convenzionale
Ettari: 11,5 | **Bottiglie:** 22.000 | **Produzione olearia:** No
Proprietà: Famiglia Picedi
Cond. enologica: Giorgio Baccigalupi
Cond. agronomica: Giorgio Baccigalupi
Vendita diretta: Sì | **Visite in azienda:** Sì

COLLI DI LUNI VERMENTINO CHIOSO "C" 2022
Bianco Doc - Vermentino 100%
Alc. 13% | € 23 | Bt. 16.000 | Ferm. Acciaio | Mat. Acciaio 7 mesi
Giallo tenue dai delicati sentori di fiori d'acacia, mela verde, salvia e maggiorana. Qualche sbuffo di scorza di agrume e macchia mediterranea completano il bouquet. In bocca è quasi travolgente, fresco e sapido. Sprigiona aromi di timo e macchia mediterranea. Sorso rinfrescante. Filetto di orata in crosta di mandorle e patate.

COLLI DI LUNI ROSSO GRAN BACCANO 2022
Rosso Doc - Sangiovese 40%, Merlot 35%, Ciliegiolo 15%, Pollera nera 10%
Alc. 14% | € 20 | Bt. 1.400 | Ferm. Acciaio | Mat. Legno 6 mesi
Pluma di maialino Bellota con cipolle caramellate.

COLLI DI LUNI VERMENTINO STEMMA "S" 2022
Bianco Doc - Vermentino 100%
Alc. 13% | € 24 | Bt. 1.300 | Ferm. Acciaio | Mat. Acciaio 8 mesi
Ravioli di patate e baccalà.

ORO ROSA 2022
Rosato - Ciliegiolo 50%, Merlot 50%
Alc. 13% | € 18 | Bt. 1.200 | Ferm. Acciaio | Mat. Acciaio 8 mesi
Riso venere con verdure e crostacei.

COLLI DI LUNI VERMENTINO IL CHIOSO
2015 | 2016 | 2017

COLLI DI LUNI VERMENTINO STEMMA
2015 | 2016 | 2017

Il Monticello
(1982)

Una realtà dinamica quella dei fratelli Neri da sempre orientata verso la sostenibilità ambientale con uno sguardo aperto all'innovazione tecnologica per garantire il benessere della vigna e l'estrema qualità in cantina. Un'azienda che non ha mai cessato di credere e di investire nella vocazione dei terreni di dar vita a veri e propri cru, autentici ed espressivi. Quest'anno a emergere in degustazione sono il Vermentino Poggio Paterno 2021 che si conferma un vino di spiccata personalità e il Rosso Riserva Poggio dei Magni 2019, complesso nei profumi, profondo e setoso al palato.

Via Groppolo, 7 - Località Bradia - 19038 Sarzana (SP)
T. 0187 621432 | M. infovini@ilmonticello.it
www.ilmonticello.it

Viticoltura: Lotta integrata
Ettari: 16 | **Bottiglie:** 130.000 | **Produzione olearia:** Sì
Proprietà: Davide Neri
Cond. enologica: Nicola Tucci, Filippo Conti
Cond. agronomica: Filippo Conti
Vendita diretta: Sì | **Visite in azienda:** Sì

COLLI DI LUNI VERMENTINO POGGIO PATERNO 2021
Bianco Doc - Vermentino 100%
Alc. 13,5% | € 22 | Bt. 3.000 | Ferm. Acciaio | Mat. Legno 8 mesi
Paglierino dai riflessi oro. Complesso e nitido al naso, sfoggia nuance floreali di ginestra e fruttate di pesca gialla, mela cotogna e melone che si distendono su richiami di erbe aromatiche e refoli iodati. Potente ma finemente cesellato il gusto, dalla vena sapida e dalla vibrante freschezza. Sarde a beccafico.

COLLI DI LUNI POGGIO DEI MAGNI RISERVA 2019
Rosso Doc - Sangiovese 40%, Massaretta 30%, Pollera nera 30%
Alc. 13,5% | € 22 | Bt. 8.000 | Ferm. Acciaio | Mat. Acciaio 2 mesi e Legno 24 mesi
Storico Ribelle.

RUPESTRO 2022
Rosso Igt - Sangiovese 80%, Canaiolo 10%, Ciliegiolo 10%
Alc. 12,5% | € 15 | Bt. 17.000 | Ferm. Acciaio | Mat. Acciaio 7 mesi
Tagliere di salumi.

SERASUOLO 2022
Rosato Igt - Ciliegiolo 100%
Alc. 12,5% | € 15 | Bt. 17.000 | Ferm. Acciaio | Mat. Acciaio 2 mesi
Pizza Margherita.

COLLI DI LUNI VERMENTINO ARGILLE ROSSE 2022
Bianco Doc - Vermentino 100%
Alc. 14% | € 30 | Bt. 3.000 | Ferm. Acciaio | Mat. Acciaio 5 mesi
Rollè di cernia con patate al rosmarino.

COLLI DI LUNI VERMENTINO GROPPOLO 2022
Bianco Doc - Vermentino 100%
Alc. 13% | € 18 | Bt. 70.000 | Ferm. Acciaio | Mat. Acciaio 5 mesi
Verdure in tempura.

COLLI DI LUNI VERMENTINO POGGIO PATERNO
2020

COLLI DI LUNI VERMENTINO ARGILLE ROSSE
2020

Kà Manciné
(1998)

Senza dubbio un'annata difficile anche per la cantina più rock di Dolceacqua: quantità ridotte ma d'interessante espressione qualitativa. I vini rimangono contenuti in tenore alcolico, in linea con lo stile della cantina, cosa che li rende molto versatili dal punto di vista gastronomico. In vigna, ampliamento del cru Beragna e acquisizione di nuove vigne a Perinaldo, in nomeranza Alpicella. Accanto ai grandi classici troviamo in Guida Sciakk, rosato di rossese, e Tabaka, da massarda e vermentino.

Via Maciurina, 7 - Frazione San Martino - 18036 Soldano (IM)
T. 339 3965477 | M. info@kamancine.it
www.kamancine.it

Viticoltura: Biologica
Ettari: 4 | **Bottiglie:** 20.000 | **Produzione olearia:** No
Proprietà: Roberta Repaci
Cond. enologica: Daniela Serra
Cond. agronomica: Maurizio Anfosso
Vendita diretta: Sì | **Visite in azienda:** Sì

ROSSESE DI DOLCEACQUA GALEAE 2022
Rosso Doc - Rossese 100%
Alc. 13,5% | € 23 | Bt. 2.000 | Ferm. Acciaio | Mat. Acciaio 8 mesi
Bel rubino vivace, trasparente e luminoso. Il profilo gioca dapprima sui toni del fiore: rosa e viola, poi si aggiungono ciliegia, ribes e mora di rovo. Foglia di alloro e note fumé a chiudere. Il vino entra timido, poi avvolge il palato con interessanti scie sapide che s'allungano senza mai stancare. Terrina di coniglio.

ROSSESE DI DOLCEACQUA ANGÉ 2021
Rosso Doc - Rossese 100%
Alc. 14% | € 34 | Bt. 525 | Ferm. Acciaio | Mat. Legno 9 mesi
Carré di vitello alle erbe aromatiche.

ROSSESE DI DOLCEACQUA BERAGNA 2022
Rosso Doc - Rossese 100%
Alc. 12,5% | € 20 | Bt. 7.475 | Ferm. Acciaio | Mat. Acciaio 6 mesi
Faraona al forno.

SCIAKK 2022
Rosato - Rossese 100%
Alc. 12,5% | € 20 | Bt. 1.000 | Ferm. Acciaio | Mat. Acciaio 8 mesi
Rotolo di coniglio con pomodorini ed erbe aromatiche.

TABAKA 2022
Bianco - Massarda 70%, Vermentino 30%
Alc. 12% | € 20 | Bt. 1.000 | Ferm. Acciaio | Mat. Acciaio 8 mesi
Polpette di pesce d'acqua dolce.

ROSSESE DI DOLCEACQUA ANGÉ
2018 | 2019 | 2020

ROSSESE DI DOLCEACQUA GALEAE
2019 | 2020 | 2021

La Baia del Sole
(1985)

La Baia del Sole rappresenta una realtà di riferimento per la Doc Colli di Luni, da sempre impegnata a valorizzare il territorio attraverso una viticoltura incentrata sul rispetto dell'ambiente. La famiglia Federici ripone grande attenzione nella selezione dei grappoli vendemmiati a mano, e nella lavorazione in cantina, struttura all'avanguardia per spazi, concezione e tecnologie. Assaggi di grande soddisfazione attestano tre vini a un soffio dall'eccellenza. Lodevole anche la versione underwater del Giulio F.56, affinato in isopressione a oltre 50 metri di profondità nei fondali marini.

Via Forlino, 3 - Località Antica Luni - 19034 Luni (SP)
T. 0187 661821 | M. info@cantinefederici.com
www.cantinefederici.com

Viticoltura: Lotta integrata
Ettari: 22 | **Bottiglie:** 230.000 | **Produzione olearia:** Sì
Proprietà: Giulio Federici
Cond. enologica: Luca Federici
Cond. agronomica: Andrea Federici
Vendita diretta: Sì | **Visite in azienda:** Sì

COLLI DI LUNI VERMENTINO SARTICOLA 2022
Bianco Doc - Vermentino 100%
Alc. 13,5% | € 28 | Bt. 9.300 | Ferm. Acciaio | Mat. Acciaio 6 mesi
Tonalità cromatica giallo citrino. Di buona complessità all'olfatto, regala un succedersi di agrumi, pesca bianca, ananas e papaia, cui seguono fini accenti di macchia mediterranea. Il sorso è dinamico, connotato da buona freschezza e sapidità, con una chiusura d'estrema piacevolezza. Orata all'acqua pazza.

COLLI DI LUNI VERMENTINO ORO D'ISÉE 2022
Bianco Doc - Vermentino 100%
Alc. 13,5% | € 18 | Bt. 28.000 | Ferm. Acciaio | Mat. Acciaio 6 mesi
Seppioline ai ferri.

COLLI DI LUNI ROSSO TERRE D'ORIENTE RISERVA 2017
Rosso Doc - Sangiovese 70%, Merlot 20%, Canaiolo 10%
Alc. 14,5% | € 28 | Bt. 4.000 | Ferm. Acciaio | Mat. Legno 24 mesi
Cosciotto d'agnello al forno con patate novelle.

GIULIO F.56 2019
Bianco Metodo Classico - Vermentino 100%
Alc. 12,5% | € 120 | Bt. 1.000 | Ferm. Acciaio | Mat. Acciaio 3 mesi e Legno 9 mesi | 24 mesi sui lieviti
Ostriche Speciale de Claire Marennes-Oléron.

COLLI DI LUNI VERMENTINO SARTICOLA
2019 | 2020 | 2021

COLLI DI LUNI ROSSO TERRE D'ORIENTE RISERVA
2016

La Cantina Levantese
(1986)

Mamma Santina di anni 75 e le sue tre figlie, tengono viva, nelle Colline di Levanto, una splendida realtà. L'amore per una terra impervia e difficile da lavorare e la volontà di seguire gli insegnamenti dei vecchi fanno della vigna il fulcro della famiglia. Da piccole, Manuela, Romina e Sabrina, durante la vendemmia, raccoglievano gli acini caduti a terra perché i nonni dicevano che "Il vino si fa con i chicchi". C'è qualcosa di nuovo che cova in cantina: Réixe, vino da tavola, dedicato a papà Mario. Il Vermentino 2022 ci regala netti profumi mediterranei e ottima freschezza e sapidità.

Via Emanuele Zoppi, 11 - 19015 Levanto (SP)
T. 0187 807137 | M. cantinalevantese@libero.it
www.cantinalevantese.it

Viticoltura: Convenzionale
Ettari: 0,6 | **Bottiglie:** 18.000 | **Produzione olearia:** No
Proprietà: Eredi Bertolotto
Cond. enologica: Stefano Pastine
Cond. agronomica: Staff aziendale
Vendita diretta: Sì | **Visite in azienda:** Sì

COLLINE DI LEVANTO VERMENTINO 2022
Bianco Doc - Vermentino 100%
Alc. 13,5% | € 18 | Bt. 2.800 | Ferm. Acciaio | Mat. Acciaio 6 mesi
Brillante paglierino dal piglio vivace. Invitanti profumi di pesca gialla e cedro, mela Golden matura e freschi fiori di acacia compongono il quadro, insieme a una traccia di ginepro e d'erbe aromatiche. Giusta la morbidezza che conduce a un percorso gustativo ritmato da freschezza e sottile salsedine. Linguine allo scoglio.

COLLINE DI LEVANTO ROSSO 2022
Rosso Doc - Sangiovese 60%, Ciliegiolo 40%
Alc. 13% | € 13 | Bt. 3.800 | Ferm. Acciaio | Mat. Acciaio 7 mesi
Manzo brasato con olive e porri.

COLLINE DI LEVANTO BIANCO COSTA DI BRAZZO 2022
Bianco Doc - Albarola 55%, Vermentino 40%, Bosco 5%
Alc. 13,5% | € 16 | Bt. 2.200 | Ferm. Acciaio | Mat. Acciaio 6 mesi
Totani ripieni con salsa mediterranea.

COLLINE DI LEVANTO BIANCO 2022
Bianco Doc - Vermentino 40%, Albarola 35%, Bosco 25%
Alc. 13,5% | € 13 | Bt. 2.700 | Ferm. Acciaio | Mat. Acciaio 6 mesi
Insalata di mare.

COLLINE DI LEVANTO BIANCO COSTA DU MUNTÈTU 2022
Bianco Doc - Vermentino 70%, Albarola 25%, Bosco 5%
Alc. 13,5% | € 17 | Bt. 2.850 | Ferm. Acciaio | Mat. Acciaio 6 mesi
Rombo al forno ai sapori mediterranei.

COLLINE DI LEVANTO ROSSO ETICHETTA NERA
2016 | 2017 | 2019

COLLINE DI LEVANTO BIANCO COSTA DI BRAZZO
2017 | 2019 | 2021

La Carreccia
(2012)

A Ortonovo, in località La Carreccia, le vigne della cantina furono messe a dimora venticinque anni fa da Italo Lavezzari. Quei vigneti sono oggi governati dal figlio Lorenzo, apprezzato chef lombardo, che conduce anche l'omonimo agriturismo. Avvalendosi della sapiente mano di Davide Baccigalupi e grazie alla favorevole esposizione dei vigneti, i vini prodotti da Lorenzo, belle declinazioni di vermentino, descrivono un territorio di confine garantendo prodotti di notevole qualità. Il Lunatico si conferma di ottima fattura con rinfrescanti note agrumate, seguito a ruota da un succoso Superbo.

Via Brigate Partigiane, 17 - Località Casano - 19034 Luni (SP)
T. 347 0904309 | M. info@carreccia.it
www.carreccia.it

Viticoltura: Biologica
Ettari: 2,5 | **Bottiglie:** 10.000 | **Produzione olearia:** Sì
Proprietà: Lorenzo Lavezzari
Cond. enologica: Davide Baccigalupi
Cond. agronomica: Staff aziendale
Vendita diretta: Sì | **Visite in azienda:** Sì

COLLI DI LUNI VERMENTINO IL LUNATICO 2022
Bianco Doc - Vermentino 100%
Alc. 13% | € 20 | Bt. 1.500 | Ferm. Acciaio | Mat. Acciaio 7 mesi
Giallo canarino, puntellato d'oro. Esordio mediterraneo di salvia, finocchietto, mentuccia e anice stellato. Erbe officinali lasciano spazio all'agrume, poi cisto e fieno tagliato. Sorso saporito, agile, equilibrato, di rilevante carattere, con richiami di lime e aromi erbacei nella chiosa. Zuppa di stoccafisso e patate.

COLLI DI LUNI IL SUPERBO 2022
Bianco Doc - Vermentino 90%, Viognier 10%
Alc. 13,5% | € 22 | Bt. 1.000 | Ferm. Acciaio | Mat. Acciaio 6 mesi
Risotto al nero di seppia con seppie croccanti.

LE ARGILLE 2022
Rosato Igt - Syrah 100%
Alc. 12,5% | € 18 | Bt. 1.500 | Ferm. Acciaio | Mat. Acciaio 5 mesi
Tigelle e salumi.

MI FERMENTO 2022
Bianco Metodo Ancestrale - Vermentino 70%, Albarola 20%, Malvasia 10%
Alc. 12% | € 18 | Bt. 1.000 | Ferm. Acciaio | Mat. Acciaio 4 mesi
Stracciatella di bufala.

COLLI DI LUNI VERMENTINO IL LUNATICO
2019 | 2020 | 2021

COLLI DI LUNI IL SUPERBO
2021

La Colombiera
(1985)

Pieralberto Ferro, enologo, segue le orme di papà Francesco classe 1929. Valeria e Benedetta lavorano in azienda con entusiasmo sviluppando il sogno di famiglia: una realtà vitivinicola in prima collina con relais dove i nostri occhi incontrano le vigne e il mare. Non solo cantina ma anche accoglienza e degustazioni. La dinamicità tra passato e futuro si esprime con profondo significato nella statua stele destrutturata, simbolo identitario della Val di Magra rappresentata sulle etichette delle bottiglie. Ottimo il Celsus che invita alla beva con attraente freschezza e pregiata sapidità.

Via Montecchio, 92 - Frazione Colombiera - 19033 Castelnuovo Magra (SP)
T. 0187 699235 | M. info@cantinalacolombiera.it
www.cantinalacolombiera.it

Viticoltura: Convenzionale
Ettari: 11 | **Bottiglie:** 90.000 | **Produzione olearia:** No
Proprietà: Pieralberto Ferro
Cond. enologica: Pieralberto Ferro
Cond. agronomica: Pieralberto Ferro
Vendita diretta: Sì | **Visite in azienda:** Sì

COLLI DI LUNI VERMENTINO CELSUS 2022
Bianco Doc - Vermentino 100%
Alc. 13,5% | € 16 | Ferm. Acciaio | Mat. Acciaio 5 mesi
Luminoso paglierino con intarsi dorati. Fragranze di agrumi, scorza di cedro, frutta esotica e fiore di zagara lasciano il passo a cenni vegetali di macchia mediterranea ed erbe aromatiche. L'entrata in bocca è strepitosa, comunica pienezza e non smette di stupire con innumerevoli percezioni aromatiche. Stoccafisso in umido con porcini.

COLLI DI LUNI ROSSO TERRIZZO 2020
Rosso Doc - Sangiovese 60%, Cabernet 20%, Merlot 20%
Alc. 14,5% | € 14 | Bt. 900 | Ferm. Acciaio | Mat. Legno 12 mesi
Trippa in umido.

COLLI DI LUNI VERMENTINO TREVIGNE 2022
Bianco Doc - Vermentino 100%
Alc. 13% | € 13 | Bt. 50.000 | Ferm. Acciaio | Mat. Acciaio 6 mesi
Spaghetti con vongole veraci.

COLLI DI LUNI VERMENTINO CELSUS
2018

COLLI DI LUNI ROSSO TERRIZZO
2018

La Pietra del Focolare
(1997)

Nel cuore dei Colli di Luni, l'azienda di Laura e Stefano con la figlia Linda, può contare su tredici piccoli appezzamenti, diversi per suolo, altitudine ed età delle piante. Vigne ubicate nelle zone più vocate, come per il cru Sarticola, e vecchie viti di almeno 90 anni per il Villa Linda. Il vermentino si esprime in diverse versioni ben caratterizzate con risultati di grande valore e personalità grazie alla continua sperimentazione e alla passione con cui sono seguite vigna e cantina. L'Aura di Sarticola ha i riflessi del sole e profumi sontuosi: sfiora l'eccellenza.

Via Isola, 76 - Isola di Luni - 19034 Luni (SP)
T. 347 9500439 | M. lapietradelfocolare@libero.it
www.lapietradelfocolare.it

Viticoltura: Biologica
Ettari: 7 | **Bottiglie:** 30.000 | **Produzione olearia:** No
Proprietà: Laura Angelini e Stefano Salvetti
Cond. enologica: Stefano Salvetti
Cond. agronomica: Gianluca Grassi
Vendita diretta: Sì | **Visite in azienda:** Sì

COLLI DI LUNI VERMENTINO SUPERIORE L'AURA DI SARTICOLA 2020
Bianco Doc - Vermentino 100%
Alc. 13,5% | € 38 | Bt. 500 | Ferm. Legno e Acciaio | Mat. Acciaio 12 mesi e Legno 18 mesi
Splendido giallo pieno con caldi riflessi dorati. Al naso s'avvertono frutti maturi, nespola, mela, ananas e mango, si fanno spazio tiglio, salvia e timo, con richiami di macchia mediterranea e indizi iodati. Una scia di pompelmo conduce a un gusto fresco e saporito, tipico e persistente. Plateau royal di crudité.

COLLI DI LUNI VERMENTINO SUPERIORE SOLARANCIO 2022
Bianco Dop - Vermentino 100%
Alc. 13,5% | € 28 | Bt. 5.000 | Ferm. Acciaio | Mat. Acciaio 6 mesi
Polpo alla Luciana.

COLLI DI LUNI ROSSO LA MERLA DAL BECCO 2020
Rosso Doc - Canaiolo 90%, Colorino 10%
Alc. 13,5% | € 36 | Bt. 500 | Ferm. Acciaio | Mat. Acciaio 12 mesi e Legno 3 mesi
Cinghiale arrosto con castagne.

COLLI DI LUNI VERMENTINO VILLA LINDA 2022
Bianco Dop - Vermentino 96%, Albarola 4%
Alc. 13% | € 20 | Bt. 5.000 | Ferm. Acciaio | Mat. Acciaio 4 mesi
Risotto alla pescatora.

COLLI DI LUNI VERMENTINO SUPERIORE SOLARANCIO
2021

COLLI DI LUNI VERMENTINO VILLA LINDA
2019

La Ricolla
(2004)

Vendemmia importante la 2021 per La Ricolla che sancisce ufficialmente la certificazione biodinamica. Un traguardo, questo, inseguito con convinzione e caparbietà da Daniele Parma e ottenuto attraverso un percorso connotato da scelte importanti e propedeutiche, quali l'abbandono dei solfiti in vigna e in cantina e la sostituzione dei vasi vinari in acciaio con altri in cemento e terracotta. Quest'anno l'assaggio dei vini proposti conferma l'elevato livello qualitativo espresso dall'azienda e colloca a un soffio dalla vetta la Bianchetta ÒUA².

Via Garibaldi, 12/2 - 16040 Ne (GE)
T. 339 6740576 | M. laricolla2004@gmail.com
www.laricolla.com

Viticoltura: Biodinamica
Ettari: 5,5 | **Bottiglie:** 25.000 | **Produzione olearia:** Sì
Proprietà: Daniele Parma
Cond. enologica: Daniele Parma
Cond. agronomica: Roberto Giannetti
Vendita diretta: Sì | **Visite in azienda:** Sì

ÒUA² 2021
Bianco Igt - Vermentino 100%
Alc. 13,5% | € 30 | Bt. 4.000 | Ferm. Cemento | Mat. Cemento 5 mesi e Terracotta 6 mesi
Accattivante oro che si tinge d'ambra. Pesca gialla e albicocca, caratterizzano un'apertura che s'arricchisce di tracce salmastre e tenui sentori di zafferano. Il sorso è succoso, di buona freschezza e sapidità con una chiusura asciutta che invita al riassaggio. Cacciucco alla livornese.

TÒSEÒ 2021
Rosso Igt - Sangiovese 70%, Ciliegiolo 30%
Alc. 13% | € 25 | Bt. 2.500 | Ferm. Cemento | Mat. Cemento 10 mesi
Carne cruda all'albese.

BERETTE DUE PUNTO ZERO 2021
Bianco Igt - Vermentino 100%
Alc. 13,5% | € 25 | Bt. 5.000 | Ferm. Cemento | Mat. Cemento 6 mesi e Terracotta 6 mesi
Buridda.

ORCIO PIÙ 2021
Rosso Igt - Granaccia 100%
Alc. 14,5% | € 30 (1,5l) | Bt. 5.000 | Ferm. Terracotta | Mat. Terracotta 12 mesi
Controfiletto di bue alla brace.

NINTE DE NINTE 2021
Bianco Igt - Bianchetta genovese 85%, altre varietà 15%
Alc. 12,5% | € 30 | Bt. 4.000 | Ferm. Cemento | Mat. Acciaio 6 mesi e Terracotta 6 mesi
Gamberoni al curry.

BERETTE
2017

ÒUA²
2018 | 2019

Ottaviano Lambruschi
(1995)

Tradizione e innovazione: questa è la filosofia dell'azienda fondata a metà degli anni 70 da Ottaviano Lambruschi, classe 1930, che ancora oggi cura con passione e dedizione le sue vigne. Il figlio Fabio e la nipote Ylenia lavorano in sinergia con gioia, competenza e grande attenzione alle tecniche di vinificazione. La collina, la buona escursione termica, la piacevole brezza marina, permettono una perfetta maturazione delle uve e la produzione di vini di alto livello. Incredibile il Vermentino Superiore 2022, si mostra intrigante, attraente, con forte carattere ed espressività.

Via Olmarello, 28 - 19033 Castelnuovo Magra (SP)
T. 0187 674261 | M. info@ottavianolambruschi.com
www.ottavianolambruschi.com

Viticoltura: Lotta integrata
Ettari: 7 | **Bottiglie:** 40.000 | **Produzione olearia:** Sì
Proprietà: Fabio e Ottaviano Lambruschi
Cond. enologica: Giorgio Baccigalupi
Cond. agronomica: Staff aziendale
Vendita diretta: Sì | **Visite in azienda:** Sì

93

COLLI DI LUNI VERMENTINO SUPERIORE 2022
Bianco Doc - Vermentino 100%
Alc. 14% | € 28 | Bt. 7.000 | Ferm. Acciaio | Mat. Acciaio 8 mesi
Paglierino di pregiata stoffa. Olfatto dominato da suadenti profumi di frutta tropicale, ananas, agrumi, pompelmo, pesca gialla; poi dal fascino delle erbe aromatiche e da uno sbuffo minerale. Un'avvolgente rotondità, un'invitante freschezza e una tenue sapidità non si lasciano dimenticare. Linguine all'astice.

COLLI DI LUNI VERMENTINO COSTA MARINA 2022
Bianco Doc - Vermentino 100%
Alc. 13,5% | € 16 | Bt. 25.000 | Ferm. Acciaio | Mat. Acciaio 6 mesi
Risotto agli asparagi e frutti di mare.

COLLI DI LUNI VERMENTINO SUPERIORE IL MAGGIORE
2020 | 2021

COLLI DI LUNI VERMENTINO COSTA MARINA
2020 | 2021

Linero
(2004)

Dietro la torre di Castelnuovo Magra, un anfiteatro naturale ricco di fascino ospita i vigneti storici del generale Tognoni che guardano a sud-ovest. Qui è iniziata la storia dei Colli di Luni. Gli stessi vigneti, acquistati dalla famiglia Valsega nel 2000, sono oggi accuditi da Catia Cesare e dal marito Andrea. Dalla loro collaborazione, seguendo un lavoro scrupoloso in cantina e con il supporto di Gabriele Gadenz come agronomo ed enologo, è nata una piccola gamma di vini degni di attenzione, tra i quali a emergere è il dinamico Vermentino Superiore Il Generale, a un passo dalla vetta.

Via Provinciale, 189 - 19033 Castelnuovo Magra (SP)
T. 348 2351433 | M. info@linerovini.it
www.linerovini.it

Viticoltura: Biologica
Ettari: 3 | **Bottiglie:** 11.000 | **Produzione olearia:** Sì
Proprietà: Catia Cesare
Cond. enologica: Gabriele Gadenz
Cond. agronomica: Gabriele Gadenz
Vendita diretta: Sì | **Visite in azienda:** Sì

COLLI DI LUNI VERMENTINO SUPERIORE DEL GENERALE 2022
Bianco Doc - Vermentino 90%, Malvasia 5%, Trebbiano 5%
Alc. 13,5% | € 18 | Bt. 3.000 | Ferm. Acciaio | Mat. Acciaio 7 mesi
Smagliante giallo limone. Sentieri punteggiati di fiori bianchi, agrumi maturi, erbe aromatiche e richiami iodati. Rotondo al palato, procede snello e suadente su un'intrigante linea saporita. Piacevole l'equilibrio che disegna un nitido e lungo finale ammandorlato con invitanti echi marini. Paella.

COLLI DI LUNI VERMENTINO PIANORO 2022
Bianco Doc - Vermentino 100%
Alc. 12,5% | € 15 | Bt. 7.000 | Ferm. Acciaio | Mat. Acciaio 6 mesi
Tempura di gamberi.

COLLI DI LUNI ROSSO LINERO 2021
Rosso Doc - Sangiovese 60%, Ciliegiolo 20%, Merlot 20%
Alc. 13,5% | € 15 | Ferm. Acciaio | Mat. Acciaio 6 mesi
Straccetti di vitello al rosmarino.

COLLI DI LUNI VERMENTINO SUPERIORE DEL GENERALE
2020 | 2021

COLLI DI LUNI VERMENTINO PIANORO
2017 | 2019 | 2021

Litan
(2000)

L'avventura di Orlando e Francesco Cevasco e del cugino Luigi inizia nel 2000 con il recupero di vigneti abbandonati per ridare vita al giardino dei Litan, in memoria del nonno. Su quel pendio scosceso di roccia, a venti metri dal mare, riscoprono due antichi vitigni: rossese bianco e piccabon. I Litan fondano l'azienda nel 2006 e con dedizione e fatica continuano il loro grande lavoro considerandolo un privilegio. Nel 2010 acquistano un terreno in Val di Vara per produrre i loro vini rossi. La seconda uscita del bianco Gravità lo vede vincente per icasticità ed equilibrio.

Via Matteotti, 32/F - 12017 Riomaggiore (SP)
T. 340 7655840 | M. litan@libero.it
www.litan.it

Viticoltura: Lotta integrata
Ettari: 1,5 | **Bottiglie:** 7.000 | **Produzione olearia:** No
Proprietà: Francesco Cevasco
Cond. enologica: Orlando Cevasco, Luigi Andreotti
Cond. agronomica: Francesco Cevasco, Orlando Cevasco
Vendita diretta: No | **Visite in azienda:** Sì

GRAVITÀ 2022
Bianco - Rossese bianco 70%, Vernaccia di Oristano 30%
Alc. 14% | € 35 | Bt. 1.000 | Ferm. Acciaio | Mat. Acciaio 7 mesi
Una distesa di grano maturo. Traiettorie fruttate di pesca bianca e pera, seguite da fiori d'acacia e di elicriso, cui fanno eco intriganti richiami di roccia ed erbe aromatiche. Al palato si offre deciso e volumico, attraente per vivida freschezza e rifinito da una pregiata chiusura sapida. Pasta, patate e cozze.

CINQUE TERRE COSTA DE SÈRA 2022
Bianco Doc - Bosco 70%, Vermentino 20%, Albarola 10%
Alc. 14% | € 35 | Ferm. Acciaio | Mat. Acciaio 7 mesi
Spaghetti con vongole e bottarga.

OFIO ROSA 2022
Rosato Igt - Ciliegiolo 100%
Alc. 13,5% | € 22 | Ferm. Acciaio | Mat. Acciaio 7 mesi
Pizza Margherita.

CINQUE TERRE COSTA DE SÈRA
2013 | 2014 | 2017

BAI
2012 | 2015

Luna Mater
(2020)

Due amici, spinti dal desiderio di riappropriarsi dell'antica tecnica di vinificazione con macerazione, sono divenuti soci per passione. L'attenta conduzione in vigna permette di massimizzare la qualità delle uve nel rispetto di chi ha piantato il vigneto prima di loro, senza pregiudizi tra uve autoctone e non, favorendo la tipicizzazione. In cantina lo sguardo è aperto e sperimentale affinché l'uva si esprima nel modo più naturale e vero. Esordio in Guida con il Particella 906 annata 2020, subito eccellenza: vino contraddistinto da complessità di profumi e gusto indimenticabile.

Via Fontanella, 32 - 19033 Castelnuovo Magra (SP)
T. 340 6001229 - 329 1049329 | M. info@lunamater.it
www.lunamater.it

Viticoltura: Biodinamica e lotta integrata
Ettari: 2,5 | **Bottiglie:** 6.500 | **Produzione olearia:** No
Proprietà: Jacopo Neri e Massimo Ricci
Cond. enologica: Massimo Ricci
Cond. agronomica: Massimo Ricci
Vendita diretta: Sì | **Visite in azienda:** Sì

(91)

PARTICELLA 906 2020
Bianco Igt - Vermentino 60%, Albarola 15%, Trebbiano 15%, Malvasia 10%
Alc. 13,5% | € 22 | Bt. 2.200 | Ferm. Acciaio | Mat. Acciaio 8 mesi
Dorato lucente. Ampio il bouquet: mela cotogna, camomilla, fieno, miele di castagno, sbuffi salmastri, refoli balsamici di resina di pino. Sorso materico, voluttuoso, che si fa verticale, irresistibile nella sua vibrante sapidità. Persistente, una leggera astringenza lo rende ancor più invitante. Ravioli di patate e baccalà.

FORTEZZA 2021
Bianco Igt - Albarola 40%, Trebbiano 40%, Malvasia 20%
Alc. 13% | € 22 | Bt. 1.000 | Ferm. Acciaio | Mat. Acciaio 8 mesi
Risotto con zucchine, fiori di zucca e zafferano.

LEVIATHAN 2021
Bianco Igt - Vermentino 60%, Albarola 15%, Trebbiano 15%, Malvasia 10%
Alc. 13,5% | € 30 | Bt. 300 | Ferm. Acciaio | Mat. Acciaio 8 mesi
Ostriche Bouzigues.

PARTICELLA 906 2022
Bianco Igt - Vermentino 60%, Albarola 15%, Trebbiano 15%, Malvasia 10%
Alc. 13,5% | € 22 | Bt. 1.800 | Ferm. Acciaio | Mat. Acciaio 8 mesi
Guazzetto di vongole veraci.

PODERINO 2020
Rosso Igt - Sangiovese 60%, Merlot 20%, Cabernet 10%, Syrah 10%
Alc. 14% | € 25 | Bt. 2.300 | Ferm. Acciaio | Mat. Acciaio 8 mesi e Legno 12 mesi
Filetto di capriolo ai mirtilli.

G 2021
Rosso Igt - Grenache 80%, Merlot 10%, Petit verdot 10%
Alc. 14% | € 40 | Bt. 350 | Ferm. Acciaio | Mat. Legno 12 mesi
Manzo brasato con funghi.

Maccario Dringenberg
(1992)

Figlia d'arte, Giovanna riesce a interpretare le annate con grande meticolosità e conduce il vigneto e la cantina esprimendo sempre la sua filosofia. Ne derivano vini dotati di grande personalità, mai banali o accomodanti, che riflettono in pieno il carattere di chi li produce. Quest'anno balza sugli scudi il Posaù, Rossese che esprime in pieno le caratteristiche pedoclimatiche della nomeranza, con il suo contenuto di sali minerali, gli influssi marini e la consueta complessità. A un'incollatura giunge il Luvaira, vino concreto e saldo come al solito.

Via Torre, 3 - 18036 San Biagio della Cima (IM)
T. 333 2063295 | M. maccariodringenberg@yahoo.it

Viticoltura: Lotta integrata
Ettari: 7 | **Bottiglie:** 25.000 | **Produzione olearia:** No
Proprietà: Giovanna Maccario e Goetz Dringenberg
Cond. enologica: Livio Soria
Cond. agronomica: Staff aziendale
Vendita diretta: Sì | **Visite in azienda:** Sì

(93)

ROSSESE DI DOLCEACQUA POSAÚ 2021
Rosso Doc - Rossese 100%
Alc. 14% | € 22 | Bt. 7.000 | Ferm. Acciaio | Mat. Acciaio 11 mesi
Il vino si presenta di un carminio molto fitto, con buona consistenza. All'esame olfattivo un fruttato di marasca, effluvi salmastri, pepe bianco, carcadè e macchia mediterranea. In bocca bello deciso ed equilibrato, ricco di sali minerali e un levigato tannino. Finale lungo e piacevole. Piccione al forno con cipollotti.

ROSSESE DI DOLCEACQUA LUVAIRA 2021
Rosso Doc - Rossese 100%
Alc. 14% | € 22 | Bt. 4.500 | Ferm. Acciaio | Mat. Acciaio 11 mesi
Reale di vitello alla senape antica.

ROSSESE DI DOLCEACQUA SETTE CAMMINI 2021
Rosso Doc - Rossese 100%
Alc. 13,5% | € 29 | Bt. 2.700 | Ferm. Acciaio | Mat. Acciaio 11 mesi
Ravioli di pesce con sugo di canestrelli.

ROSSESE DI DOLCEACQUA CURLI
2017

ROSSESE DI DOLCEACQUA POSAÚ
2019

Maixei
(2006)

Nel 2007 la Cooperativa Riviera dei Fiori, situata in Val Nervia in provincia di Imperia, decide di valorizzare la produzione vitivinicola creando la linea Maixei, nome che identifica i muretti a secco, simbolo delle campagne liguri. In questi anni la linea produttiva enologica ha raggiunto importanti risultati anche grazie alle competenze di un solido gruppo di tecnici eccellentemente guidati dall'enologo Fabio Corradi. Quest'anno spicca su tutti il Rossese di Dolceacqua Superiore che, a merito, sale sul podio.

Località Porto - 18035 Dolceacqua (IM)
T. 0184 205015 | M. cantina@maixei.it
www.maixei.it

Viticoltura: Convenzionale
Ettari: 2,7 | **Bottiglie:** 40.000 | **Produzione olearia:** Sì
Proprietà: Florcoop Sanremo sca
Cond. enologica: Claudio Dacasto, Fabio Corradi
Cond. agronomica: Pasquale Restuccia
Vendita diretta: Sì | **Visite in azienda:** Sì

ROSSESE DI DOLCEACQUA SUPERIORE 2021
Rosso Doc - Rossese 100%
Alc. 13,5% | € 16 | Bt. 10.000 | Ferm. Acciaio | Mat. Acciaio 10 mesi
Rubino molto luminoso. Bella complessità aromatica nel fruttato di ciliegie, lamponi e ribes, fiori di geranio e rose rosse. In chiusura sprigiona allusioni speziate di cannella e pepe. Gusto pieno e saporito, tannino serico ben sostenuto da una generosa componente fresco-sapida. Durevole la sensazione speziata. Pappardelle al ragù di cinghiale.

ROSSESE DI DOLCEACQUA SUPERIORE BARBADIRAME 2021
Rosso Doc - Rossese 100%
Alc. 14% | € 19 | Bt. 3.300 | Ferm. Acciaio | Mat. Legno 12 mesi
Faraona arrosto con salsa di frutti di bosco.

MISTRAL 2021
Rosso - Syrah 100%
Alc. 13,5% | € 19 | Bt. 750 | Ferm. Acciaio | Mat. Legno 12 mesi
Involtini di vitello lardellati.

ROSSESE DI DOLCEACQUA SUPERIORE BARBADIRAME
2014 | 2020

ROSSESE DI DOLCEACQUA
2018 | 2019 | 2021

Mauro Antonio Zino
(1900)

Ultimata finalmente la riorganizzazione della cantina, nei pressi del frantoio di famiglia, Mauro Zino si può dedicare al reimpianto a Peverelli sul promontorio della vigna dove il nonno faceva il vino per il vescovo. Da un vecchio vigneto della stessa nomeranza, con straordinarie piante ad alberello striscianti, posta in Val Nervia tra 350 e 470 metri sul livello del mare, con esposizione nord-ovest e accarezzata dalle brezze, nasce il Rossese superiore, che dimostra già ora la sua stoffa pur avendo un notevole potenziale d'invecchiamento.

Piazza Giovanni Mauro, 1 - 18035 Dolceacqua (IM)
T. 334 9750660 | M. luigi.mauro95@gmail.com
www.mauroantoniozino.it

Viticoltura: Convenzionale
Ettari: 2 | **Bottiglie:** 10.000 | **Produzione olearia:** No
Proprietà: Luigi Mauro
Cond. enologica: Luigi Mauro
Cond. agronomica: Luigi Mauro
Vendita diretta: Sì | **Visite in azienda:** Sì

ROSSESE DI DOLCEACQUA SUPERIORE PEVERELLI 2020
Rosso Doc - Rossese 100%
Alc. 14% | € 23 | Bt. 500 | Ferm. Acciaio | Mat. Legno 6 mesi
Carminio con lampi vivaci. Tipica la speziatura e i profumi di ribes rosso, lampone, ciliegia e mora di gelso matura, cui seguono sensazioni agrumate e floreali di rosa e garofano. Morbido e strutturato con trama tannica ben sviluppata. Persistente, caldo e profondo, di carattere. Costolette d'agnello alle erbe.

RIVIERA LIGURE DI PONENTE PIGATO
2019

ROSSESE DI DOLCEACQUA SUPERIORE
2018

Peq Agri
(2019)

Peq Agri raccoglie le espressioni di maggiore qualità delle aziende Lupi, Guglierame e Cascina Praié, per raccontare i caratteri del ponente ligure. Il rispetto per l'ambiente e la valorizzazione del territorio, dei prodotti locali e soprattutto delle persone, come in una vera fattoria di un tempo, diventano occasione straordinaria per un lavoro di qualità proposto agli ospiti in diverse opzioni: dall'agriturismo, alla degustazione o al ristorante importante. Tra i vini spicca il CervoRosso, vero "superligurian" in stile internazionale, che rivela una decisa personalità.

Strada Castello, 20 - 17051 Andora (SV)
T. 0183 369 73 | M. info@peqagri.it
www.peqagri.it

Viticoltura: Biologica e lotta integrata
Ettari: 19 | **Bottiglie:** 150.000 | **Produzione olearia:** Sì
Proprietà: Peq Agri sarl
Cond. enologica: Alex Berriolo
Cond. agronomica: Diego Passaniti
Vendita diretta: Sì | **Visite in azienda:** Sì

VIGNAMARE CERVOROSSO LUPI 2019
Rosso - Petit verdot 100%
Alc. 14% | € 30 | Bt. 4.000 | Ferm. Acciaio | Mat. Acciaio 24 mesi
Impenetrabile rosso cremisi. Al naso more e mirtilli succosi, cannella e pepe nero, accenni balsamici, ricordi di cioccolato bianco, china e grafite. Equilibrio in bocca, finezza intrigante e bilanciamento tra spinta alcolica, tannino già levigato, sapidità e freschezza nel lungo finale. Lepre in salmì.

ORMEASCO DI PORNASSIO GUGLIERAME 2021
Rosso Doc - Ormeasco 100%
Alc. 14% | € 20 | Bt. 3.600 | Ferm. Acciaio | Mat. Acciaio 12 mesi
Coniglio alla ligure.

RIVIERA LIGURE DI PONENTE GRANACCIA SCIURBÌ CANTINA CASCINA PRAIÈ
2020

ORMEASCO DI PORNASSIO CANTINA GUGLIERAME
2020

Podere Grecale
(2008)

Dai vigneti di Podere Grecale si gode una vista mozzafiato dove il mare e la montagna s'incontrano a suggellare un matrimonio poetico che non regala solo bellezza agli occhi ma determina una netta riconoscibilità dei vini, influenzati da un'evidente presenza salina e dagli intensi profumi donati dalle forti escursioni termiche. L'annata in corso, nonostante la siccità che ne ha ridimensionato la produzione, si assesta su ottimi livelli. Magistralmente prodotto da uve appassite sulle piante il Moscatello di Taggia 2021 conferma la stoffa mostrata negli anni precedenti.

Via Ciousse - Località Bussana - 18038 Sanremo (IM)
T. 0184 1955158 | M. serena@poderegrecale.it
www.poderegrecale.it

Viticoltura: Biologica
Ettari: 3 | **Bottiglie:** 25.000 | **Produzione olearia:** No
Proprietà: Serena Roncone
Cond. enologica: Roberto Muccifuori
Cond. agronomica: Diego Passaniti
Vendita diretta: No | **Visite in azienda:** No

RIVIERA LIGURE DI PONENTE MOSCATELLO DI TAGGIA PASSITO 2021
Bianco Doc Passito - Moscato bianco 100%
Alc. 15,5% | € 27 (0,375l) | Bt. 750 | Ferm. Acciaio | Mat. Acciaio 12 mesi e Legno 12 mesi
Paglierino fitto con sfumature dorate. Sprigiona decise ventate d'agrume che rimandano alla scorza del mandarino, poi frutta secca e fiori in appassimento. Il sorso è dolce, caldo, avvolgente, fresco, robusto con una nota sapida in ascesa che ne caratterizza l'appassionante epilogo. Tarte Tatin di mele.

RIVIERA LIGURE DI PONENTE VERMENTINO SUPERIORE MAÈN 2021
Bianco Doc - Vermentino 100%
Alc. 14% | € 18 | Bt. 2.000 | Ferm. Acciaio | Mat. Acciaio 12 mesi e Legno 6 mesi
Ricciola al forno con capperi e pomodori ciliegino.

RIVIERA LIGURE DI PONENTE GRANACCIA SUPERIORE BEUSI 2021
Rosso Doc - Granaccia 100%
Alc. 15% | € 20 | Bt. 1.300 | Ferm. Acciaio | Mat. Legno 10 mesi
Involtini di vitello lardellati.

RIVIERA LIGURE DI PONENTE VERMENTINO 2022
Bianco Doc - Vermentino 100%
Alc. 13,5% | € 14 | Bt. 10.000 | Ferm. Acciaio | Mat. Acciaio 5 mesi
Cotoletta di tonno al sesamo.

RIVIERA LIGURE DI PONENTE PIGATO 2022
Bianco Doc - Pigato 100%
Alc. 13% | € 14 | Bt. 7.000 | Ferm. Acciaio | Mat. Acciaio 5 mesi
Spaghetti con vongole veraci.

RIVIERA LIGURE DI PONENTE VERMENTINO SUPERIORE MAÈN
2015

RIVIERA LIGURE DI PONENTE GRANACCIA SUPERIORE BEUSI
2016 | 2019

Poggi dell'Elmo
(2000)

La famiglia Guglielmi cresce grazie all'arrivo nello scorso novembre del piccolo Enea, figlio di Valentina. Nonno Gianni prosegue un lavoro accurato per esprimere, ad altissimi livelli qualitativi, l'anima del terroir: in particolare per il Rossese di Soldano. Il vigneto Pini ha pendenze oltre il 50% che richiedono fatica e dedizione: quasi una scala di muretti a secco che si distendono sui poggi disposti ad anfiteatro a ricevere il benefico influsso del mare dando vita a vini caratterizzati, speziati e salmastri, con i profumi della pineta e della macchia mediterranea.

Corso Verbone, 135 - 18036 Soldano (IM)
T. 338 4736742 | M. poggidellelmo@gmail.com
www.poggidellelmo.com

Viticoltura: Lotta integrata
Ettari: 2,5 | **Bottiglie:** 11.000 | **Produzione olearia:** No
Proprietà: Giovanni Guglielmi
Cond. enologica: Valter Bonetti
Cond. agronomica: Staff aziendale
Vendita diretta: Sì | **Visite in azienda:** Sì

96

ROSSESE DI DOLCEACQUA SUPERIORE PINI DANTE 2021
Rosso Doc - Rossese 100%
Alc. 14,5% | € 25 | Bt. 1.200 | Ferm. Acciaio | Mat. Acciaio 12 mesi
Carminio di luce. Traiettorie odorose di marasca e mora, su una matrice salmastra arricchita di fiori, resina e una tipica naturale speziatura, poi riconoscimenti di tè nero e carcadè. Equilibrato e armonico in bocca, ricco e di corpo, con una profonda sapidità. Molto lungo e grintoso. Cinghiale in umido.

ROSSESE DI DOLCEACQUA 2022
Rosso Doc - Rossese 100%
Alc. 13,5% | € 17 | Bt. 1.000 | Ferm. Acciaio | Mat. Acciaio 5 mesi
Lepre alla cacciatora.

RIVIERA LIGURE DI PONENTE VERMENTINO 2022
Bianco Doc - Vermentino 100%
Alc. 13% | € 13 | Bt. 1.000 | Ferm. Acciaio | Mat. Acciaio 5 mesi
Pappardelle con coda di rospo e carciofi.

ROSSESE DI DOLCEACQUA BARBAPEPIN
2018

ROSSESE DI DOLCEACQUA
2021

Possa
(2004)

Lodevole l'impegno di Heydi Bonanini nella valorizzazione e nel recupero del territorio e delle varietà autoctone, nella ricostruzione di muretti a secco sulla collina con la maggior pendenza delle Cinque Terre. Il suo amore per le tradizioni e per la biodiversità gli consentono di produrre un vino ricercato e identitario. Notevole lo Schiacchetrà 2021 imperniato di note marine e iodate. Credendo nel valore formativo della viticultura attraverso i progetti "Fanti en ti cian" e "Sciacchetrà del migrante" Heydi insegna ai fanti e ai migranti a prendersi cura della vigna.

Via Sant'Antonio, 72 - 19017 Riomaggiore (SP)
T. 348 3162470 | M. info@possa.it
www.possa.it

Viticoltura: Biologica e lotta integrata
Ettari: 5 | **Bottiglie:** 25.000 | **Produzione olearia:** No
Proprietà: Heydi Bonanini
Cond. enologica: Heydi Bonanini
Cond. agronomica: Heydi Bonanini
Vendita diretta: No | **Visite in azienda:** Sì

CINQUE TERRE SCIACCHETRÀ 2021
Bianco Dop Passito - Bosco 80%, Rossese bianco 20%
Alc. 12% | € 75 (0,375l) | Bt. 1.900 | Ferm. Legno e Acciaio
Mat. Acciaio 5 mesi
Il seducente colore ambrato introduce generosi riconoscimenti di fico e albicocca disidratati, frutta secca, dattero, miele, richiami di zafferano e una luminosa stilla iodata. Al palato la forza dolce e vellutata è bilanciata alla perfezione da viva freschezza e marina sapidità. Pandolce genovese.

CINQUE TERRE 2022
Bianco Doc - Bosco 80%, altre varietà 20%
Alc. 13,5% | € 26 | Bt. 9.000 | Ferm. Acciaio | Mat. Acciaio 5 mesi
Trenette al pesto, patate e fagiolini.

U GIANCU 2022
Bianco - Albarola 100%
Alc. 12,5% | € 26 | Bt. 3.300 | Ferm. Acciaio | Mat. Acciaio 7 mesi
Rombo al forno ai sapori mediterranei.

ROSÉ D'AMOUR 2022
Rosato - Bonamico 80%, Moscato rosso 20%
Alc. 13% | € 26 | Bt. 8.000 | Ferm. Acciaio | Mat. Acciaio 4 mesi
Scampi alla griglia.

U VECIU 2022
Bianco - Rossese bianco 100%
Alc. 13,5% | € 26 | Bt. 2.000 | Ferm. Legno | Mat. Legno 4 mesi
Linguine con bottarga e pomodori secchi.

PARMAEA 2022
Bianco - Vermentino 60%, Albarola 20%, Trebbiano toscano 20%
Alc. 13% | € 26 | Bt. 1.400 | Ferm. Acciaio | Mat. Acciaio 4 mesi
Pesce spada gratinato.

CINQUE TERRE SCIACCHETRÀ
2018 | 2019 | 2020

U VECIU
2021

Tenuta Maffone
(2009)

Eliana e Bruno riescono ogni anno a dimostrare la versatilità del vitigno ormeasco. Entrano in produzione anche i nuovi impianti accanto alle vigne ultracentenarie a piede franco che saranno iscritte all'albo dei vigneti storici ed eroici regionali. L'annata 2022, in montagna, ha dato frutti meravigliosi nonostante il periodo siccitoso. L'escursione termica nei terreni in alta quota assicura benefiche rugiade mattutine e rende l'Ormeasco 2022 didascalico nella sua tipicità. Il Duezerosette Rosé non dosato, 6 anni sui lieviti, sboccato nel dicembre 2022, si rivela adatto a ogni situazione.

Salita Case Soprane, 11 - Frazione Acquetico - 18026 Pieve di Teco (IM)
T. 347 1245271 - 339 6582592 | M. info@tenutamaffone.it
www.tenutamaffone.it

Viticoltura: In conversione al biologico
Ettari: 6 | **Bottiglie:** 11.000 | **Produzione olearia:** Sì
Proprietà: Bruno Pollero
Cond. enologica: Marco Biglino
Cond. agronomica: Staff aziendale
Vendita diretta: Sì | **Visite in azienda:** Sì

DUEZEROSETTE BRUT ROSÉ NON DOSATO 2016
Rosato Metodo Classico - Ormeasco 100%
Alc. 12,5% | € 30 | Bt. 5.000 | Ferm. Acciaio | 72 mesi sui lieviti
Color salmone, illuminato da catenelle di bollicine fini e persistenti. Profumi delicati di petali di rosa, lampone, melagrana, ribes e fragola, su sfondo speziato e minerale, memorie di cipria e allusioni di panificazione. Sorso invitante e dinamico con lungo finale salino. Frittura di calamari, gamberi e zucchine.

RIVIERA LIGURE DI PONENTE PIGATO SUPERIORE GIUANÒ 2021
Bianco Doc - Pigato 100%
Alc. 14% | € 18 | Bt. 2.800 | Ferm. Acciaio | Mat. Acciaio 4 mesi e Legno 6 mesi
Linguine alla granseola e rosmarino.

ORMEASCO DI PORNASSIO SUPERIORE U MENEGHIN 2019
Rosso Doc - Ormeasco 100%
Alc. 15% | € 20 | Bt. 3.500 | Ferm. Legno e Acciaio | Mat. Acciaio 4 mesi e Legno 6 mesi
Manzo brasato con funghi.

ORMEASCO DI PORNASSIO 2022
Rosso Doc - Ormeasco 100%
Alc. 13,5% | € 15 | Bt. 9.000 | Ferm. Acciaio | Mat. Acciaio 12 mesi
Straccetti di vitello al rosmarino.

RIVIERA LIGURE DI PONENTE VERMENTINO 2022
Bianco Doc - Vermentino 100%
Alc. 13% | € 14 | Bt. 5.000 | Ferm. Acciaio | Mat. Acciaio 6 mesi
Sarde a beccafico.

ORMEASCO DI PORNASSIO SCIAC-TRÀ 2022
Rosato Doc - Ormeasco 100%
Alc. 13% | € 14 | Bt. 6.000 | Ferm. Acciaio | Mat. Acciaio 2 mesi
Bresaola di punta d'anca.

DUEZEROSETTE BRUT ROSÉ NON DOSATO
2015

ORMEASCO DI PORNASSIO SUPERIORE
2014 | 2018

Terre Bianche
(1870)

Continua il meticoloso il lavoro di Filippo Rondelli alla ricerca dell'eccellenza anche in una difficile annata che vede la produzione del Dolceacqua ridotta quasi del 40%. In vigna massima concentrazione sulla scelta del biologico, con la totale rimozione del rame dai trattamenti; ne risultano vini eccellenti. Illustri assenti l'Arcana Bianco e il Dolceacqua Terrabianca, rientra in scena il padrone di casa, il Bricco Arcagna. Da segnalare Vermentino e Pigato targati 2022, rimarchevoli al naso e al palato, ma bisogna affrettarsi per goderli.

Località Arcagna - 18035 Dolceacqua (IM)
T. 0184 31426 | M. terrebianche@terrebianche.com
www.terrebianche.com

Viticoltura: Biologica certificata
Ettari: 8,5 | **Bottiglie:** 50.000 | **Produzione olearia:** No
Proprietà: Filippo Rondelli e Nicola Laconi
Cond. enologica: Mario Ronco
Cond. agronomica: Diego Passaniti
Vendita diretta: Sì | **Visite in azienda:** Sì

ROSSESE DI DOLCEACQUA BRICCO ARCAGNA 2021
Rosso Doc - Rossese 100%
Alc. 13,5% | € 30 | Bt. 3.000 | Ferm. Legno e Acciaio | Mat. Legno 10 mesi
Carminio vivace. Olfatto deciso e fine, di buona complessità. Lamponi, ribes e cassis seguiti da ondate marine e pepe bianco. Al palato gioca su freschezza e sapidità, ben bilanciate dalle succose componenti morbide. Impeccabili la struttura, il gusto e la lunghezza aromatica. Capretto allo spiedo.

ROSSESE DI DOLCEACQUA 2022
Rosso Doc - Rossese 100%
Alc. 13,5% | € 18 | Bt. 10.000
Grigliata di carne bianca e verdure.

ROSSESE DI DOLCEACQUA TERRABIANCA 2021
Rosso Doc - Rossese 100%
Alc. 13,5% | € 26 | Bt. 2.000 | Ferm. Acciaio | Mat. Legno 10 mesi
Coniglio al forno con funghi.

RIVIERA LIGURE DI PONENTE PIGATO 2022
Bianco Doc - Pigato 100%
Alc. 12,5% | € 17 | Bt. 17.000
Tartare di gamberi.

RIVIERA LIGURE DI PONENTE VERMENTINO 2022
Bianco Doc - Vermentino 100%
Alc. 12,5% | € 17 | Bt. 16.000
Seppioline ai ferri.

RIVIERA LIGURE DI PONENTE PIGATO
2019 | 2020 | 2021

ROSSESE DI DOLCEACQUA
2019 | 2020 | 2021

Terre di Levanto
(2010)

I vigneti dell'azienda, nata nel 2010, appartengono alla famiglia di Roberto Figaroli da più di ottant'anni. Il legame con la sua terra e la passione per le tradizioni, compreso il grande affetto per il nonno, hanno spinto Roberto a dedicarsi al recupero di vigneti storici come le Ghiare, il Brazzo, e il vigneto di Punta Mesco sul sentiero che conduce a Monterosso. La sua intraprendenza lo ha portato ad aprire un'enoteca a Levanto dove poter degustare i vini della cantina. In evidenza quest'anno il Giaè, che conquista per l'espressività del sorso e la fedeltà al territorio.

Via San Gottardo, 1 - 19015 Levanto (SP)
T. 339 5432482 | M. terredilevanto@libero.it
www.terredilevanto.com

Viticoltura: In conversione al biologico
Ettari: 2,2 | **Bottiglie:** 10.000 | **Produzione olearia:** Sì
Proprietà: Roberto Figaroli
Cond. enologica: Giorgio Baccigalupi
Cond. agronomica: Alessandro Raiti , Elisa Garramone
Vendita diretta: Sì | **Visite in azienda:** Sì

COLLINE DI LEVANTO BIANCO GIAÈ 2021
Bianco Doc - Vermentino 60%, Albarola 30%, Bosco 10%
Alc. 12% | € 15 | Bt. 2.900 | Ferm. Acciaio | Mat. Acciaio 8 mesi
Paglierino luminoso. Esordisce su tonalità di mela Golden, scorza di lime, poi soffi di sambuco e acacia, mazzolini di maggiorana e basilico. La beva si distingue per attraente equilibrio tra la morbidezza e la spinta fresca e sapida. In chiusura scie agrumate e delicatamente salmastre. Filetto di branzino gratinato.

COLLINE DI LEVANTO ROSSO DI MARE 2021
Rosso Doc - Sangiovese 55%, Merlot 25%, Ciliegiolo 20%
Alc. 13,5% | € 25 | Bt. 2.500 | Ferm. Acciaio | Mat. Acciaio 10 mesi
Tacchinella ripiena su letto di patate.

COLLINE DI LEVANTO ROSSO DI MARE
2019

COLLINE DI LEVANTO BIANCO GIAÈ
2018

U Cantin
(1994)

Maria Teresa Penco e Domenico Cuneo si dividono tra vigna e agriturismo aiutati dai figli. La vigna è il regno del vulcanico Domenico la cui filosofia prevede vini da lunga sosta in cantina. Quest'anno degustiamo in anteprima Aurora, da uve albarossa che, in comune con l'antichissimo scimiscià, portabandiera della cantina, ha la vulnerabilità agli agenti atmosferici. Aurora segna l'esordio della nuova livrea dei vini aziendali che riproduce in etichetta l'opera del lavagnese Adriano De Laurentis. L'ultima scommessa di Domenico è piantare barbatelle di bianchetta per stupirci con le bolle.

Via San Gaetano, 89 - 16040 San Colombano Certenoli (GE)
T. 0185 358578 | M. ucantin@libero.it
www.ucantin.it

Viticoltura: Convenzionale
Ettari: 1,6 | **Bottiglie:** 4.000 | **Produzione olearia:** Sì
Proprietà: Maria Teresa Penco
Cond. enologica: Domenico Cuneo Castillo
Cond. agronomica: Domenico Cuneo Castillo
Vendita diretta: Sì | **Visite in azienda:** Sì

AURORA 2019
Rosso - Albarossa 100%
Alc. 15% | € 30 | Bt. 570 | Ferm. Acciaio | Mat. Acciaio 36 mesi e Legno 36 mesi
Rubino compatto. Piccoli frutti e marasca sotto spirito sono supportati da caffè, tabacco, tamarindo e dagli sbuffi della macchia mediterranea. L'importante freschezza, con la saporosità e la dolcezza del tannino sono ben amalgamati dall'alcol. Lungo finale balsamico e mentolato. Bollito misto con salse.

SENTÈ 2019
Bianco - Scimiscià 100%
Alc. 13,5% | € 15 | Ferm. Acciaio | Mat. Acciaio 19 mesi
Pollastra alla birra e cipolle di Tropea.

CUMME 'NA VOTTA
2018

MACCAIA
2014 | 2017

Villa Cambiaso
(2015)

Villa Cambiaso è un'azienda che riscrive la storia della Doc Val Polcèvera con la superficie vitata più piccola della Liguria. Il marchese Giacomo Cattaneo Adorno ha recuperato molti terreni in questo areale, ha attuato un'accurata ricerca sui vitigni autoctoni valorizzando bianchetta genovese, albarola e una popolazione di bosco originario di un giardino della villa di famiglia. In previsione si vedono nuovi ampliamenti per questa realtà dinamica e in crescita, che si distingue per la realizzazione di vini eleganti e di carattere, rispettosi della tradizione ma di stampo moderno.

Via Privata Galla, 4 - 16010 Serra Riccò (GE)
T. 010 7319647 | M. info@villacambiasowine.it
www.villacambiasowine.it

Viticoltura: Convenzionale
Ettari: 7 | **Bottiglie:** 20.000 | **Produzione olearia:** No
Proprietà: Giacomo Cattaneo Adorno
Cond. enologica: Pierre Fontaneau
Cond. agronomica: Giuseppe Lucido
Vendita diretta: Sì | **Visite in azienda:** Sì

VAL POLCÈVERA VERMENTINO E GALÊE 2021
Bianco Doc - Vermentino 100%
Alc. 13,5% | € 16 | Bt. 9.000 | Ferm. Acciaio | Mat. Acciaio 7 mesi
Splendido giallo sole, di luce e media fittezza. Profumi di pera, mela renetta, melone giallo e agrumi in apertura, tracce di ginepro, salvia e basilico in un secondo momento, richiami erbacei e ricordi di margherite e fiori di acacia a chiudere. Invitante al sorso, piacevole e giustamente persistente. Insalata di polpo, patate e olive.

VAL POLCÈVERA CORONATA O CONA 2021
Bianco Doc - Vermentino 60%, Albarola 20%, Bosco 20%
Alc. 13,5% | € 19 | Bt. 7.000 | Ferm. Acciaio | Mat. Acciaio 7 mesi
Melanzane e peperoni ripieni.

●●○○

VisAmoris
(2004)

I fratelli Tozzi, che dirigono ormai da parecchi anni l'azienda, hanno un'idea fissa che li accompagna: quella di esplorare nuove strade e possibilità con i vitigni che coltivano. I primi esperimenti sono stati condotti con il pigato, il loro primo amore, che viene declinato in diverse versioni dal Metodo Classico Pas Dosè al macerato. Ora si sono dedicati al vitigno ormeasco che quest'anno presentano in tre versioni alcune delle quali all'esordio. Il recente impianto di nuovi vigneti garantirà in futuro una rinnovata proposta di vini provenienti da questa varietà.

Strada Privata Molino Javè, 23 - 18100 Imperia (IM)
T. 347 3690453 | M. visamoris@libero.it
www.visamoris.it

Viticoltura: Biologica certificata
Ettari: 4 | **Bottiglie:** 11.500 | **Produzione olearia:** Sì
Proprietà: Famiglia Tozzi
Cond. enologica: Simone Tozzi
Cond. agronomica: Simone Tozzi, Piero Roseo
Vendita diretta: Sì | **Visite in azienda:** Sì

RIVIERA LIGURE DI PONENTE PIGATO SOGNO 2021
Bianco Doc - Pigato 100%
Alc. 14,5% | € 28 | Bt. 2.200 | Ferm. Legno e Acciaio | Mat. Acciaio 10 mesi
Paglierino quasi oro, d'esatta scorrevolezza. Al naso comincia dalla pesca a polpa gialla matura, poi fiori leggermente appassiti, con un appena percettibile refolo di macchia mediterranea ed erbe aromatiche. Buona struttura e dinamicità, intrigante sapidità. Si congeda con aromi confortevoli. Insalata di carciofi con scaglie di parmigiamo.

ORMÈ+ 2021
Rosso Igt - Ormeasco 100%
Alc. 13% | € 30 | Bt. 1.400 | Ferm. Acciaio | Mat. Acciaio 6 mesi
Robiola di Roccaverano.

RIVIERA LIGURE DI PONENTE PIGATO VERUM 2022
Bianco Doc - Pigato 100%
Alc. 12% | € 24 | Bt. 4.500 | Ferm. Acciaio | Mat. Cemento 8 mesi
Risotto alla zucca.

VISAMORIS ZERO 2018
Bianco Metodo Classico - Pigato 100%
Alc. 12,5% | € 35 | Bt. 500 | Ferm. Legno | Mat. Acciaio 6 mesi e Legno 2 mesi | 60 mesi sui lieviti
Crostini con burro e salmone.

ORMÈ 2022
Rosso Igt - Ormeasco 100%
Alc. 12,5% | € 20 | Bt. 2.200 | Ferm. Acciaio | Mat. Acciaio 6 mesi
Squacquerone di Romagna.

MAFÀ 2022
Rosato Igt - Ormeasco 100%
Alc. 12,5% | € 20 | Bt. 2.200 | Ferm. Acciaio | Mat. Acciaio 6 mesi
Zuppetta di piselli e vongole.

RIVIERA LIGURE DI PONENTE PIGATO SOGNO
2015

RIVIERA LIGURE DI PONENTE PIGATO VERUM
2020 | 2021

●●●○

Zangani
(1995)

Un'autentica passione per il settore vitivinicolo guida la mano felice di Filippo che conferma scelte illuminate e sancisce il legame indissolubile tra vino e territorio. La famiglia Zangani coltiva da generazioni vigneti e oliveti sulle colline tra Santo Stefano Magra e Ponzano Alto. I dieci ettari di proprietà, comprendono cru come Mortedo, Feletti e Boceda. Proprio da quest'ultimo vigneto proviene il Vermentino Superiore Boceda 2022 che conquista il gradino più alto dell'assortimento per equilibrio e classe, aggiudicandosi la meritata corona d'alloro.

Via Gramsci, 46 - Località Ponzano Superiore - 19037 Santo Stefano Magra (SP)
T. 0187 632406 | M. box@zangani.it
www.zangani.it

Viticoltura: Convenzionale
Ettari: 10 | **Bottiglie:** 75.000 | **Produzione olearia:** Sì
Proprietà: Famiglia Zangani
Cond. enologica: Giorgio Baccigalupi
Cond. agronomica: Staff aziendale
Vendita diretta: Sì | **Visite in azienda:** Sì

(92)

COLLI DI LUNI VERMENTINO SUPERIORE BOCEDA 2022
Bianco Doc - Vermentino 100%
Alc. 13,5% | € 18 | Bt. 8.000 | Ferm. Acciaio | Mat. Acciaio 6 mesi
Un giallo intenso e luminoso. Note di mela Golden, pesca tabacchiera, buccia di lime anticipano verbena e ginestra. Seguono accenni di salvia, aneto, erba tagliata rincorsi da sbuffi iodati. Sorso pieno e rotondo, agile e saporito su ritorni salmastri con allungo su decise espressioni agrumate. Rombo al forno ai sapori mediterranei.

COLLI DI LUNI ALBAROLA FELETTI 2022
Bianco Doc - Albarola 100%
Alc. 13% | € 20 | Bt. 3.000 | Ferm. Acciaio | Mat. Acciaio 5 mesi
Insalata greca.

COLLI DI LUNI ROSSO MONTALE 2021
Rosso Doc - Sangiovese 80%, Canaiolo 10%, Merlot 10%
Alc. 13,5% | € 16 | Bt. 4.000 | Ferm. Acciaio | Mat. Acciaio 3 mesi
Lasagnette al ragù di faraona e asparagi.

MARFI BIANCO 2022
Bianco Igt - Vermentino 60%, Albarola 20%, Malvasia 20%
Alc. 13% | € 12 | Bt. 2.000 | Ferm. Acciaio | Mat. Acciaio 4 mesi
Fritto di paranza.

COLLI DI LUNI VERMENTINO MORTEDO 2022
Bianco Doc - Vermentino 90%, Albarola 5%, Malvasia 5%
Alc. 13% | € 14 | Bt. 36.000 | Ferm. Acciaio | Mat. Acciaio 4 mesi
Risotto con zucchine, fiori di zucca e zafferano.

GEMMA 2022
Rosso Igt - Vermentino nero 90%, Grenache 10%
Alc. 12,5% | € 15 | Bt. 2.900 | Ferm. Acciaio | Mat. Acciaio 4 mesi
Crostini al lardo di Colonnata.

COLLI DI LUNI VERMENTINO SUPERIORE BOCEDA
2015 | 2020

COLLI DI LUNI ALBAROLA FELETTI
2019 | 2020

EMI
LIA

Le pianure dove si va veloci verso l'orizzonte

Luciano Ferraro

Come racconta lo scrittore Borges, c'è un posto come *L'Aleph*, dove si possono vedere come in un magico televisore tutto i fatti dell'universo. Servirebbe anche a capire l'Emilia e il suo paesaggio. Un popolo operoso e geniale ha trasformato l'orizzonte, modificato profondamente il tessuto urbano e agricolo, senza però perdere il proprio carattere. A seconda dello sguardo di chi giudica, l'Emilia diventa quindi un luogo di straordinaria dinamicità, oppure di sfregio del territorio. C'è un punto che accomuna tutti gli scrittori emiliani che hanno cercato di descrivere ai loro lettori la terra in cui sono nati o ancora abitano: la volontà di andare oltre gli stereotipi. Lo spiega bene Paolo Nori, parmense, prolifico traduttore e autore di 47 libri (l'ultimo, nel 2023, *Vi avverto che vivo per l'ultima volta*). Quando gli chiedono di scrivere una guida su Bologna, dice di sentirsi "come si sarebbe sentito un americano che fosse venuto in Emilia convinto che tutti gli emiliani ascoltassero il liscio, bevessero il lambrusco e mangiassero i tortellini quando si fosse accorto che c'eran degli emiliani che il liscio non lo ascoltavano ed erano astemi e vegetariani. Nori usa un espediente narrativo per uscire senza problemi dalla difficoltà di parlare di Bologna e dintorni: le immagini. "Prima di vedere le fotografie di Luigi Ghirri, se pensavo all'Emilia io, oltre che al ballo liscio, al lambrusco e ai tortellini, pensavo a poche cose, ai pioppi e al fiume Po, prevalentemente; c'erano queste immagini bucoliche che non avevano niente a che fare con le mie giornate, abito lontano dai pioppi e dal Po, ma che erano da qualche parte nella mia testa dentro una cartellina con su scritto 'Emilia'. Dopo che ho visto le fotografie di Ghirri, io mi sono accorto che in Emilia ci sono anche i distributori di benzina, i semafori, le fermate dell'autobus, la neve, i bambini che si vestono da Batman per carnevale, i gommisti, le saracinesche, le pubblicità, il cielo. Lui, Ghirri, con le sue fotografie, è come se avesse preso con due dita l'imballaggio che avvolgeva l'Emilia, sotto casa mia, e avesse tolto dal loro imballaggio che li rendeva invisibili i distributori di benzina, i semafori, le fermate dell'autobus, la neve, i bambini che si vestono da Batman per carnevale, i gommisti, le saracinesche, le pubblicità e il cielo che c'erano sotto casa mia e io adesso, è incredibile, riesco a vederli".

Qualche anno fa, venne chiesto a un altro parmense, lo scrittore e giallista Carlo Lucarelli, di descrivere la sua regione. Lo fece con un video in cui parlava con lo stesso stile usato per raccontare i grandi fatti di cronaca nera: uno sfondo scuro, frasi brevi e chiare. Iniziò così: "Pianure che si perdono piatte all'orizzonte, e montagne fra le più alte d'Italia, la terra e l'acqua che si fondono alle foci dei fiumi in un paesaggio che sembra di essere alla fine del mondo. Città d'arte e distretti industriali, le spiagge delle riviere che pulsano sia di giorno che di notte, e spesso soltanto una strada o una ferrovia a separare tutto questo; e noi le viviamo tutte queste cose, nello stesso momento, perché siamo gente che lavora a Bologna, dorme a Modena, e va a ballare a Rimini come diceva Pier Vittorio Tondelli, e tutto ci sembra comunque la stessa città…".

Enrico Brizzi: "La concretissima Terra del Pane, con vino in abbondanza e con sua maestà il Maiale".

Ed ecco l'Emilia, una terra-cerniera tra Nord e Centro e Sud, dove prevale il modo di essere, di fare, la visione di un mondo che fino a pochi anni fa era singolare in Italia, fatto di rispetto dei diritti e servizi sociali, di autobus gratis e degli asili nido omaggiati dalla stampa mondiale. Dove la terra diventa ceramica esportata in centinaia di Paesi, dove si mettono a punto i motori di auto e moto più brillanti e potenti, dove neppure il terremoto riesce a fermare le aziende, rimesse in piedi a tempo di record a poche settimane dalle terribili scosse. Si corre veloci – le strade hanno percorsi geometrici, dritte per chilometri – per consegnare merci e rispettare appuntamenti. Poi, alla sera, ci si diverte, soprattutto a tavola. "In nessun altro posto al mondo – dice Lucarelli – la gente parla così tanto a tavola di quello che mangia, lo racconta, ci litiga, l'aceto balsamico, il ripieno dei tortellini, la cottura dei gnocchini fritti e della piadina e mica solo questo, sono più di 4000 le ricette depositate in Emilia-Romagna; ecco la gente lo studia quello che mangia, perché ogni cosa, anche la più terrena, anche il cibo, anche il maiale diventa filosofia, ma non resta lassù per aria, poi la si mangia... perché siamo gente che parla, che discute, che litiga, gente che a stare zitta proprio non ci sa stare, allora ci mettiamo insieme per farci sentire, fondiamo associazioni, comitati, cooperative, consorzi, movimenti, per fare le cose insieme".

Carlo Lucarelli: "Solo qui la gente parla così tanto a tavola di quello che mangia, lo racconta, ci litiga".

La tavola è la grande protagonista del paesaggio emiliano, capace di nascondere diversità e contraddizioni. Lo spiega Enrico Brizzi, scrittore bolognese (il primo libro è stato *Jack Frusciante è uscito dal gruppo*), nel suo *L'arte di stare al mondo*. L'Emilia, contrapposta alla fantasmagorica e ribalda Romagna, terra della piada, diventa "la concretissima Terra del Pane, sulla quale il sole andava a tramontare oltre porta San Felice, in direzione di Modena, Reggio e Parma, dove le crescentine erano chiamate gnocco fritto e il vino si beveva nelle tazze". Una terra fortunata, con grano, frutta, ortaggi e vino in abbondanza e con "sua maestà il Maiale", con un carico di prosciutti, mortadelle, e salami di ogni forma.

Ma ecco che le contraddizioni riemergono. E il maiale visto come una presenza fortunata, diventa, negli scritti di Simona Vinci, milanese di nascita ma cittadina bolognese (*Dei bambini non si sa niente* è il titolo del romanzo d'esordio che l'ha fatta conoscere al grande pubblico), allevamenti inquinanti di suini che si rincorrono tra Parma e Reggio e contendono lo spazio a capannoni e outlet. La denuncia di Simona Vinci degli sfregi al paesaggio emiliano è costante, quasi una ossessione, lo ammette: "Se non ci si lascia ossessionare da mostruosità del genere, tutto finirà nel cemento". Ed è con questa doppia visione tra l'Emilia operosa e l'Emilia del cemento che bisogna fare i conti.

Servirebbe *L'Aleph* di Borges per vedere l'Emilia da tutti gli angoli contemporaneamente.

Highlights

28.017 ETTARI VITATI COMPLESSIVI
14.604 destinati a DOP, 8.447 destinati a IGP, 4.966 destinati a vini generici.

RIPARTIZIONE COLORE
Vini bianchi 28,01%
Vini rossi o rosati 71,99%

3.143.305 HL DI PRODUZIONE TOTALE
44,67% di vino DOP, 36,70% di vino IGP, 18,64% di vini generici.

LE PROVINCE PIÙ PRODUTTIVE
Modena 31,70% sul totale, Reggio Emilia 29,10% sul totale, Bologna 19,99% sul totale

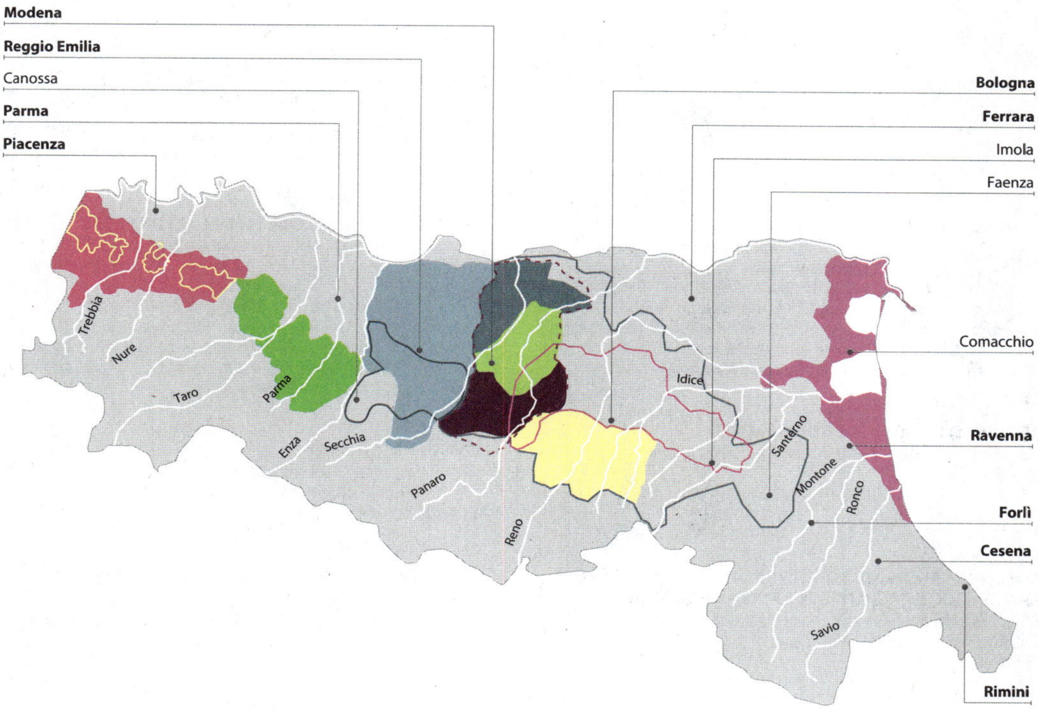

Legenda

- Colli Piacentini
- Ortrugo dei Colli Piacentini
- Gutturnio
- Colli di Parma
- Colli di Scandiano e di Canossa
- Reggiano
- Pignoletto DOC
- Modena o di Modena
- Reno
- Lambrusco di Sorbara
- Lambrusco Salamino di Santa Croce
- Lambrusco Grasparossa di Castelvetro
- Bosco Eliceo
- Colli Bolognesi
- Colli Bolognesi Pignoletto DOCG

Albinea Canali
(1936)

Il progetto vinicolo di Lorenzo Motti e Riziero Cammellini è nato con l'obbiettivo di aggregare: in un primo momento i vignaioli che aderirono erano appena sette, col passar del tempo quel numero è cresciuto e, oggi, si contano centosettanta associati. La cantina di Albinea Canali, parte di Cantine Riunite e CIV, si trova sulla linea di confine fra pianura e collina, zona d'elezione per il lambrusco, in tutte le versioni che la cantina produce. Fiore all'occhiello del lavoro dei tanti produttori coinvolti che rappresentano al meglio la cultura del territorio reggiano e trovano qui organizzazione e clima favorevoli.

Via A. Tassoni, 213 - 42040 Canali (RE)
T. 0522 569505 | M. info@albineacanali.com
www.albineacanali.com

Viticoltura: Biologica e lotta integrata
Ettari: 150 | **Bottiglie:** 400.000 | **Produzione olearia:** No
Proprietà: Cantine Riunite & Civ
Cond. enologica: Franco Roccatello
Cond. agronomica: Matteo Mora
Vendita diretta: Sì | **Visite in azienda:** Sì

LAMBRUSCO METODO ANCESTRALE
Rosso Igt Metodo Ancestrale - Lambrusco di Sorbara 100%
Alc. 11% | € 8 | Bt. 1.200 | Ferm. Acciaio
Colore che tende alla buccia di cipolla, dalla buona luminosità con fini bollicine e lieve velatura. Ouverture di arancia rossa dolce ed erbe aromatiche, impreziosite da rosmarino e arilli di melagrana. L'ingresso rispecchia lo spettro olfattivo, regalando piacevole sapidità e cenni di ginger. Minestrone con ortaggi invernali.

REGGIANO LAMBRUSCO FOGLIEROSSE
Rosso Doc Frizzante - Lambrusco Salamino 50%, Lambrusco Marani 40%, Ancellotta 10%
Alc. 11,5% | € 6 | Bt. 50.000 | Ferm. Acciaio
Porchetta di Ariccia.

COLLI DI SCANDIANO E DI CANOSSA LAMBRUSCO GRASPAROSSA AMABILE CODAROSSA
Rosso Doc Frizzante - Lambrusco grasparossa 85%, Malbo gentile 15%
Alc. 8% | € 7 | Bt. 15.000 | Ferm. Acciaio
Torta sbrisolona.

LAMBRUSCO MEARES
Rosso Igt Frizzante - Lambrusco grasparossa 45%, Lambrusco Salamino 40%, Ancellotta 15%
Alc. 10,5% | € 7 | Bt. 7.000 | Ferm. Acciaio
Parmigiano Reggiano Riserva.

LAMBRUSCO OTTOCENTONERO
Rosso Igt Frizzante - Lambrusco Salamino 50%, Lambrusco grasparossa 40%, Ancellotta 10%
Alc. 11,5% | € 7 | Bt. 200.000 | Ferm. Acciaio
Terrina di lepre con salsa di prugne.

LAMBRUSCO EXTRA DRY OTTOCENTOROSA
Rosato Igt Metodo Martinotti - Lambrusco di Sorbara 50%, Lambrusco grasparossa 50%
Alc. 11% | € 7 | Bt. 36.000 | Ferm. Acciaio
Tortino di frutta esotica.

SPERGOLA DOSAGGIO ZERO
2019

LAMBRUSCO EXTRA DRY OTTOCENTOROSA
S.A. | S.A. | 2019

Ariola
(1956)

Ogni tanto una brezza leggera si leva accarezzando il silenzio delle colline. Qui Marcello Ceci produce il suo spumante Marcello Millesimato rosso, che raggiunge l'eccellenza; vino dal sorso succulento e gustoso, con un moderato tenore alcolico che sicuramente invoglia la beva, anche nelle giornate estive, calde e assolate delle colline e dei vigneti lungo il Torrente Ariola, sede dell'azienda. Nasce anche una linea cosmetica, ispirata agli elementi preziosi forniti dalla vitis vinifera, con fragranze che richiamano il buon vino e che donano l'effetto lenitivo e idratante dell'uva.

Strada della Buca, 5/A - Calicella di Pilastro - 43010 Langhirano (PR)
T. 0521 637678 | M. info@viniariola.it
www.viniariola.it

Viticoltura: Lotta integrata
Ettari: 70 | **Bottiglie:** 1.400.000 | **Produzione olearia:** No
Proprietà: Marcello Ceci
Cond. enologica: Alberto Grasselli, Maurizio Cavalli
Cond. agronomica: Roberto Baldi
Vendita diretta: Sì | **Visite in azienda:** Sì

91

LAMBRUSCO MARCELLO MILLESIMATO DRY 2022
Rosso Igt Metodo Martinotti - Lambrusco Maestri 100%
Alc. 10,5% | € 14 | Bt. 30.000 | Ferm. Acciaio | Mat. Acciaio 4 mesi
2 mesi sui lieviti
Porpora splendente con sfumature violette e spuma cardinalizia. Vinoso e ricco di frutti rossi e neri maturi, succosi, macedonia di ribes e mora di gelso, iris, violetta e peonia, soffi di zucchero a velo. Equilibrato e attraente nel suo scorrere agile, sorso vellutato, finale di caramella morbida. Tagliatelle al ragù.

BARBIAN ROSSO 2019
Rosso - Cabernet 45%, Merlot 45%, Lambrusco 10%
Alc. 14% | € 18 | Bt. 6.000 | Ferm. Acciaio | Mat. Legno 24 mesi
Cinghiale in umido.

SINESTESI MILLESIMATO SPERGOLA BRUT 2022
Bianco Igt Metodo Martinotti - Spergola 100%
Alc. 12% | € 18 | Bt. 6.000 | Ferm. Acciaio | Mat. Acciaio 4 mesi
2 mesi sui lieviti
Cappesante gratinate.

MALVASIA FORTE RIGONI NATURE 2021
Bianco Igp Metodo Ancestrale - Malvasia di Candia aromatica 100%
Alc. 12% | € 14 | Bt. 3.000 | 12 mesi sui lieviti
Frittura di rane e verdure croccanti.

LAMBRUSCO MARCELLO GRAN CRU DRY 2022
Rosso Igp Metodo Martinotti - Lambrusco Maestri 100%
Alc. 10,5% | € 12 | Bt. 350.000 | Ferm. Acciaio | Mat. Acciaio 3 mesi
1 mese sui lieviti
Guanciale di vitello alle erbe aromatiche.

LAMBRUSCO SINESTESI MILLESIMATO BRUT 2022
Rosato Igt Metodo Martinotti - Lambrusco Maestri 100%
Alc. 12% | € 18 | Bt. 3.000 | Ferm. Acciaio | Mat. Acciaio 4 mesi
2 mesi sui lieviti
Risotto ai frutti di mare.

LAMBRUSCO MARCELLO GRAN CRU DRY
2021

LINTRIGO EXTRA DRY ROSÉ
2021

Francesco Bellei
(1920)

Il nome Bellei è diventato sinonimo di classe grazie agli spumanti ottenuti tramite rifermentazione in bottiglia. Con grande maestria, Sandro Cavicchioli continua a produrre come abiti sartoriali le sue cuvée. Nella ricca gamma presentata in degustazione non mancano le novità: un Brut Nature da vitigno spergola davvero interessante. Cuvée di vanto che ora escono in versione sans année, espressione di una grande personalità racchiusa nell'assemblaggio. Sul podio sono ben tre le etichette che si aggiudicano le Quattro Viti AIS, e tutte hanno come attore principale il pinot nero. Chapeau.

Via Nazionale, 130/132 - Frazione Cristo di Sorbara - 41030 Bomporto (MO)
T. 059 902009 | M. amministrazione@francescobellei.it
www.francescobellei.it

Viticoltura: Biologica e biologica certificata
Ettari: 5 | **Bottiglie:** 35.000 | **Produzione olearia:** No
Proprietà: Famiglia Cavicchioli
Cond. enologica: Sandro Cavicchioli
Cond. agronomica: Sandro Cavicchioli
Vendita diretta: Sì | **Visite in azienda:** Sì

(91)
BELLEI CUVÉE BRUT BLANC DE NOIRS
Bianco Metodo Classico - Pinot nero 100%
Alc. 1,5% | € 40 | Bt. 3.000 | Ferm. Acciaio | 72 mesi sui lieviti
Paglierino cangiante dal fine perlage. Raffinato bouquet di fiori e frutta tropicale, con fragranze di pasticceria, frutta secca ed echi citrini. Assaggio di grande personalità, è deciso e vitale, cremoso, con un finale di vibrante sapidità. Filetto di orata in crosta di mandorle e patate.

(91)
BELLEI BRUT NATURE
Bianco Metodo Classico - Pinot nero 100%
Alc. 12,5% | € 35 | Bt. 3.000 | Ferm. Acciaio | 48 mesi sui lieviti
Screziature d'oro brillante. Olfatto signorile di erbe aromatiche, agrumi e frutta candita, pasticceria secca con mandorle e nocciole. Sorso rotondo, equilibrato e pieno, ricordi di pane e suggestioni agrumate. Tartare di tonno.

(91)
BELLEI CUVÉE BRUT ROSÉ
Rosato Metodo Classico - Pinot nero 60%, Chardonnay 40%
Alc. 12,5% | € 35 | Bt. 7.000 | Ferm. Acciaio | Mat. Acciaio 5 mesi
48 mesi sui lieviti
Rosa cipria e bollicine minute. Profuma di ananas e pompelmo rosa, pan brioche e biscotto, stille di burro, yogurt, poi timo e rosmarino. Bocca di volume, aerea, mantiene frutto e vivacità di gusto. Echi di frutti rossi e rabarbaro. Aragosta in bellavista.

BELLEI CUVÉE BRUT
Bianco Metodo Classico - Pinot nero 60%, Chardonnay 40%
Alc. 12,5% | € 30 | Bt. 12.000 | Ferm. Acciaio | Mat. Acciaio 5 mesi
24 mesi sui lieviti. Tempura di gamberi.

BELLEI SPERGOLA BRUT NATURE 2020
Bianco Metodo Classico - Spergola 100%
Alc. 12,5% | € 30 | Bt. 1.500 | Ferm. Acciaio | 18 mesi sui lieviti
Branzino al forno con erbe aromatiche.

PIGNOLETTO DI MODENA ANCESTRALE 2021
Bianco Doc Metodo Ancestrale - Grechetto gentile 100%
Alc. 11,5% | € 25 | Bt. 3.500 | Ferm. Acciaio | Mat. Acciaio 5 mesi
Insalata di pollo e verdure.

BELLEI CUVÉE BRUT BLANC DE NOIRS
2014

BELLEI CUVÉE BRUT
S.A.

Bertolani Alfredo
(1925)

La conduzione della cantina è oggi affidata alle nuove generazioni: Andrea, Nicola ed Elena ne definiscono le linee guida di sviluppo, ispirati dai valori del padre Giancarlo e del capostipite Alfredo, che fondò l'azienda negli anni Venti del Novecento. Il processo produttivo, dalla vinificazione al confezionamento, viene realizzato in cantina basandosi sull'attenta selezione delle uve conferite da pochi e storici produttori, tutti provenienti dalla collina reggiana fra Scandiano e Puianello. L'azienda opera in Italia e, da diversi anni, consegue ottimi risultati anche sui mercati esteri.

Via Pedemontana, 10 - 42019 Scandiano (RE)
T. 0522 857577 | M. info@bertolanialfredo.it
www.bertolanialfredo.it

Viticoltura: Convenzionale e lotta integrata
Ettari: 50 | **Bottiglie:** 390.000 | **Produzione olearia:** No
Proprietà: Famiglia Bertolani
Cond. enologica: Nicola Bertolani
Cond. agronomica: Staff aziendale
Vendita diretta: Sì | **Visite in azienda:** Sì

(91)
COLLI DI SCANDIANO E DI CANOSSA VINCENT 2019
Bianco Doc Metodo Classico - Spergola 100%
Alc. 12,5% | € 24 | Bt. 9.000 | 36 mesi sui lieviti
Oro etrusco impreziosito da mousse copiosa. Apre su un mazzo di fiori di tiglio, alloro, pane fresco in cassetta, ricordi di pietra focaia e gesso. Palato armonico ed energico, epica tensione fresco-sapida, con accenno di pepe bianco, nocciola e polpa di agrume a sostenere la progressione. Rollè di cernia con patate al rosmarino.

COLLI DI SCANDIANO E DI CANOSSA ARTEMIS 2022
Bianco Doc Metodo Martinotti - Spergola 100%
Alc. 12% | € 14 | Bt. 12.000 | Ferm. Acciaio
Strudel di porcini e zucca con crema al parmigiano.

COLLI DI SCANDIANO E DI CANOSSA SPERGOLA 2020
Bianco Doc Metodo Classico - Spergola 100%
Alc. 12,5% | € 22 | Bt. 7.000 | 24 mesi sui lieviti
Totani ripieni con salsa mediterranea.

RABESCO 2022
Rosso Igt - Lambrusco Salamino 65%, Malbo gentile 20%, Ancellotta 15%
Alc. 12,5% | € 11 | Bt. 6.000
Salame di Varzi.

REGGIANO ROSSO ALL'ANTICA 2022
Rosso Doc Metodo Martinotti - Lambrusco Salamino 60%, Lambrusco Marani 25%, Ancellotta 15%
Alc. 11,5% | € 11 | Bt. 70.000 | Ferm. Acciaio
Zampone e lenticchie.

COLLI DI SCANDIANO E DI CANOSSA SPERGOLINO 2022
Bianco Doc Metodo Martinotti - Spergola 100%
Alc. 11% | € 12 | Bt. 70.000 | Ferm. Acciaio
Robiola di Roccaverano.

Botti
(1972)

Negli ultimi anni Fabio Bovina sta puntando decisamente sulle bollicine, tipologia assai apprezzata nei Colli Bolognesi. Dopo l'eccellente Metodo Classico Collebolle della scorsa edizione, ne presenta uno nuovo, L'Altrodieci, ottenuto da macerazione di uva intera, lasciando un residuo zuccherino naturale leggermente più alto per gratificare le morbidezze. Sono i bianchi fermi però, rispettivamente Pignoletto Classico e Sauvignon, a conquistare il podio distinguendosi per eleganza e concretezza del sorso, supportati dall'aromaticità e dall'avvolgente quanto equilibrata dotazione alcolica.

Via Elio Roda, 19/1 - 40050 Monte San Pietro (BO)
T. 347 4497346 | M. info@vinibotti.it
www.vinibotti.it

Viticoltura: Biologica certificata
Ettari: 19 | **Bottiglie:** 150.000 | **Produzione olearia:** No
Proprietà: Fabio Bovina
Cond. enologica: Leonardo Conti, Enzo Mattarei
Cond. agronomica: Fabio Bovina
Vendita diretta: Sì | **Visite in azienda:** Sì

(91)

COLLI BOLOGNESI PIGNOLETTO CLASSICO SUPERIORE D'ESTRO 2021
Bianco Docg - Grechetto gentile 100%
Alc. 14,5% | € 9 | Bt. 7.000 | Ferm. Acciaio | Mat. Acciaio 8 mesi
Giallo tenue con lievi intarsi verdi. L'eleganza del profumo svela malie agrumate e minerali, fiori bianchi, pompelmo, pietra focaia, poi erbe aromatiche in chiusura. Al palato denota pienezza, è strutturato, sapido e fresco. Lungo finale su rimandi di agrumi ed erbe aromatiche. Pollo fritto.

COLLI BOLOGNESI SAUVIGNON D'INTENSO 2022
Bianco Doc - Sauvignon 100%
Alc. 14,5% | € 9 | Bt. 3.600 | Ferm. Acciaio | Mat. Acciaio 5 mesi
Risotto agli asparagi e provola affumicata.

COLLI BOLOGNESI PIGNOLETTO SPUMANTE L'ALTRODIECI BRUT 2019
Bianco Docg Metodo Classico - Grechetto gentile 100%
Alc. 12% | € 25 | Bt. 1.300 | Ferm. Acciaio | Mat. Acciaio 7 mesi
42 mesi sui lieviti
Fritto di paranza.

COLLI BOLOGNESI PIGNOLETTO LIETO BRUT 2022
Bianco Docg Metodo Martinotti - Grechetto gentile 100%
Alc. 11,5% | € 11 | Bt. 4.000 | Ferm. Acciaio | Mat. Acciaio 5 mesi
5 mesi sui lieviti
Tigelle e salumi.

COLLI BOLOGNESI PIGNOLETTO FRIZZANTE D'ARMONIA 2022
Bianco Docg Frizzante - Grechetto gentile 100%
Alc. 12% | € 9 | Bt. 42.000 | Ferm. Acciaio | Mat. Acciaio 4 mesi
Tortelli di zucca e salvia.

COLLI BOLOGNESI PIGNOLETTO COLLEBOLLE DOSAGGIO ZERO
2018

COLLI BOLOGNESI CABERNET SAUVIGNON EVOLVER
2019

Cantina della Volta
(2010)

C'è fermento in Cantina della Volta, nuovi vini stanno per essere proposti sia con base lambrusco di Sorbara che pinot nero in versione rosé de saignée. Attendiamo dunque con impazienza di poter assaggiare il prossimo anno le nuove creazioni. Nelle degustazioni, quest'anno, la cuvée Mattaglio Dosaggio Zero ha evidenziato classe da vendere, il Mattaglio Rosé ha stupito per purezza e signorilità. Le Quattro Viti però se le aggiudica il Rimosso, un Sorbara in versione ancestrale di grande carattere, che ha entusiasmato la commissione d'assaggio.

Via per Modena, 82 - 41030 Bomporto (MO)
T. 059 7473312 | M. info@cantinadellavolta.com
www.cantinadellavolta.com

Viticoltura: Convenzionale e biologica
Ettari: 16 | **Bottiglie:** 110.000 | **Produzione olearia:** No
Proprietà: Cantina della Volta
Cond. enologica: Christian Bellei
Cond. agronomica: Staff aziendale
Vendita diretta: Sì | **Visite in azienda:** Sì

(91)

LAMBRUSCO DI SORBARA RIMOSSO 2022
Rosso Doc Metodo Ancestrale - Lambrusco di Sorbara 100%
Alc. 11,5% | € 14 | Bt. 6.000 | Ferm. Acciaio | Mat. Acciaio 8 mesi
Rosa corallo lucente, lievemente opalescente per tipologia. Corredo odoroso di lamponi, ribes rossi, agrumi impreziositi da refoli di rosa canina, mentuccia e una scia gessosa. Bocca voluttuosa, affascina per dinamismo e carattere. Saporito e corroborante riverbera su ondate di pompelmo rosa. Rombo al forno ai sapori mediterranei.

IL MATTAGLIO BRUT ROSÉ
Rosato Metodo Classico - Pinot nero 63%, Chardonnay 37%
Alc. 12,5% | € 26 | Bt. 4.800 | Ferm. Acciaio | Mat. Acciaio 8 mesi
31 mesi sui lieviti
Spaghetti con mazzancolle e pomodorini.

IL MATTAGLIO DOSAGGIO ZERO
Bianco Metodo Classico - Chardonnay 57%, Pinot nero 43%
Alc. 12,5% | € 25 | Bt. 8.500 | Ferm. Acciaio | Mat. Acciaio 8 mesi
24 mesi sui lieviti
Culatello di Zibello e gnocco fritto.

LA PRIMA VOLTA DOSAGGIO ZERO
2015 | 2018

LAMBRUSCO DI SORBARA SPUMANTE BRUT TRENTASEI
2014 | 2015

Cantina di Carpi e Sorbara
(1903)

Con oltre 3,5 milioni di bottiglie prodotte, l'azienda riveste un ruolo di primaria importanza nel comparto. È sostenuta da un florido mercato internazionale, ma non per questo perde di vista le peculiarità dei singoli territori, mantenendo attive distinte unità produttive. Proprio da una di queste realtà, la cantina di Valsamoggia a Bazzano dei Colli Bolognesi, è stato presentato il Pignoletto Superiore che si impone al vertice della gamma aziendale. Si confermano anche gli storici Lambrusco, che portano i nomi dei pionieri delle moderne cantine cooperative, nate agli inizi del secolo scorso.

Via Cavata, 14 - 41012 Carpi (MO)
T. 059 643071 | M. info@ccs903.it
www.cantinadicarpiesorbara.it

Viticoltura: Convenzionale e biologica certificata
Ettari: 1200 | **Bottiglie:** 3.500.000 | **Produzione olearia:** No
Proprietà: Cooperativa di produttori
Cond. enologica: Stefano Baltieri, Matteo Aleotti
Cond. agronomica: Daniele Artioli, Marco Curci
Vendita diretta: Sì | **Visite in azienda:** No

COLLI BOLOGNESI PIGNOLETTO SUPERIORE 2022
Bianco Docg - Grechetto gentile 100%
Alc. 13% | € 11 | Bt. 15.000 | Ferm. Acciaio e Cemento | Mat. Acciaio 5 mesi
Paglierino lucente con lampi smeraldo. Esordio di gelsomino e camomilla, poi un fruttato pieno di pesca gialla e pera impreziosito da agrumi ed erbe aromatiche. Sorso deciso e brioso, si allarga su toni caldi e fruttati che si allungano su una piacevole scia sapida. Scaloppa di vitello con asparagi trifolati.

COLLI BOLOGNESI PIGNOLETTO SPUMANTE BRUT PRESTIGE 2022
Bianco Docg Metodo Martinotti - Grechetto gentile 100%
Alc. 12% | € 11 | Bt. 30.000 | Ferm. Acciaio | Mat. Acciaio 4 mesi
Tagliere di salumi.

LAMBRUSCO DI SORBARA OMAGGIO A GINO FRIEDMANN RIFERMENTATO IN BOTTIGLIA 2022
Rosso Doc Metodo Ancestrale - Lambrusco di Sorbara 100%
Alc. 11,5% | € 19 | Bt. 10.000 | Ferm. Acciaio
Crostini al lardo d'Arnad.

LAMBRUSCO SALAMINO DI SANTA CROCE DEDICATO AD ALFREDO MOLINARI 2022
Rosso Doc Frizzante - Lambrusco Salamino 100%
Alc. 11% | € 14 | Bt. 20.000 | Ferm. Acciaio | Mat. Acciaio 4 mesi
Bollito misto con salse.

LAMBRUSCO DI SORBARA SPUMANTE BRUT OMAGGIO A GINO FRIEDMANN 2022
Rosso Doc Metodo Martinotti - Lambrusco di Sorbara 100%
Alc. 11% | € 17 | Bt. 25.000 | Ferm. Acciaio | Mat. Acciaio 6 mesi
Salame felino.

LAMBRUSCO DI SORBARA OMAGGIO A GINO FRIEDMANN RIFERMENTATO IN BOTTIGLIA
S.A.

LAMBRUSCO DI SORBARA NOVECENTO 23 TERRE DELLA VERDETA
S.A.

Cantina Il Poggio
(1993)

A Salsomaggiore, circondata da dolci e verdi colline, la cantina Il Poggio produce vini nel rispetto dell'ambiente, seguendo con pazienza le direttive di Madre natura. Pigiature, macerazioni, fermentazioni, riposi apparentemente immobili: è questo il modo di produrre dell'azienda. In primavera, vengono posizionate arnie in diversi punti della tenuta e il miele prodotto può essere degustato nell'affascinante meeting room o acquistato dagli ospiti, per portare con sé i sapori e la piacevolezza della giornata.

Strada Cangelasio, 199 - 43039 Salsomaggiore Terme (PR)
T. 0524 574200 | M. info@cantinailpoggio.it
www.cantinailpoggio.it

Viticoltura: Lotta integrata
Ettari: 15 | **Bottiglie:** 50.000 | **Produzione olearia:** Sì
Proprietà: Tenuta il Poggiolo srl - Cantina Il Poggio
Cond. enologica: Fausto Borghi, Luca Gualdana
Cond. agronomica: Luca Gualdana
Vendita diretta: Sì | **Visite in azienda:** Sì

91

POGGIO 2017
Rosso Igt - Cabernet sauvignon 74%, Merlot 20%, Barbera 5%, Croatina 1%
Alc. 15,5% | € 57 | Bt. 6.408 | Ferm. Acciaio | Mat. Legno 12 mesi
Granato profondissimo. Sensazioni olfattive sinuose che ricordano la prugna sotto spirito, vaniglia, noce moscata, liquirizia, caffè e cacao. Coniuga struttura di tutto rispetto e beva intrigante, col supporto di tannini copiosi ma di estrema finezza. Si dissolve in toni autunnali e balsamici. Bocconcini di cervo al cavolo nero.

FALSTAFF 2022
Rosso Igt - Barbera 100%
Alc. 14% | € 16 | Bt. 2.400 | Ferm. Acciaio | Mat. Acciaio 4 mesi
Lasagne alla bolognese.

OTIUM 2018
Rosso Igt - Barbera 30%, Cabernet sauvignon 30%, Merlot 30%, Bonarda 10%
Alc. 14% | € 14 | Bt. 15.100 | Ferm. Acciaio | Mat. Acciaio 12 mesi
Guanciale di vitello in umido con patate.

GELASIO
2021

PENSIERO PASSITO
2018

Cantine Campana
(1972)

Nata negli anni Settanta come una piccola impresa a conduzione familiare, nel tempo si è ritagliata un importante spazio nella produzione vitivinicola piacentina ed emiliana, anche grazie alla posizione di favore, allo sbocco della Val d'Arda e della Val Chero. L'interesse a produrre vini Doc da vitigni tanto tradizionali quanto internazionali, è un segno di attenzione agli aspetti produttivi e, allo stesso tempo, alla cura e valorizzazione dei vitigni ammessi nella denominazione. Una menzione speciale va al Barbera Natobio del 2020, che si distingue per complessità e piacevole equilibrio.

Via Madonna della Quercia, 116 - Località Ciriano - 29013 Carpaneto Piacentino (PC)
T. 0523 859448 | M. info@cantinecampana.it
www.cantinecampana.it

Viticoltura: Convenzionale e biologica
Bottiglie: 1.000.000 | **Produzione olearia:** No
Proprietà: Patrizio Campana
Cond. enologica: Christian Silva, Fausto Borghi
Cond. agronomica: Staff aziendale
Vendita diretta: Sì | **Visite in azienda:** Sì

COLLI PIACENTINI BARBERA NATOBIO 2020
Rosso Doc - Barbera 100%
Alc. 14% | € 9 | Bt. 1.100 | Ferm. Acciaio | Mat. Acciaio 6 mesi
Rubino compatto di bella trama con filigrana granato. Naso di frutta dolce sotto spirito, cacao, foglie di tabacco, fico secco, cuoio, balsamicità e pot-pourri floreale. Sorso volumico e incisivo. Tannino ben integrato, maturo e dolce. Giocato sull'equilibrio e dotato di grande persistenza. Capriolo con salsa di ribes rosso.

COLLI PIACENTINI MALVASIA PASSITO UVE & SOLE 2014
Bianco Doc Passito - Malvasia di Candia aromatica 100%
Alc. 13,5% | € 22 (0,5l) | Bt. 1.000 | Ferm. Acciaio | Mat. Acciaio 6 mesi
Spuma di ricotta con salsa di albicocche.

COLLI PIACENTINI GIÒ MARIA 2020
Rosso Doc - Cabernet sauvignon 100%
Alc. 13,5% | € 10 | Bt. 1.400 | Ferm. Acciaio | Mat. Acciaio 6 mesi
Brasato di manzo al vino rosso.

COLLI PIACENTINI MALVASIA NATOBIO
2020

VINO SPUMANTE BIOLOGICO DON EXTRA DRY
S.A.

Cantine Ceci
(1938)

Sempre un occhio di riguardo alla produzione del lambrusco, così come lo facevano gli antenati. Questa la filosofia della famiglia Ceci che a Torrile ha stabilito il quartier generale della produzione di questo vino, magistrale nella sua semplicità, seducente nella beva, affascinante negli abbinamenti e misterioso nelle sue varietà e sfaccettature. Il Lambrusco Terre Verdiane 1813 si distingue esprimendo carattere e sorso piacevole, vino che nasce negli anni Novanta, spontaneo e attuale, stupisce sempre per qualità e immagine.

Via Provinciale, 99/A - 43056 Torrile (PR)
T. 0521 810252 | M. info@lambrusco.it
www.lambrusco.it

Viticoltura: Convenzionale
Bottiglie: 2.500.000 | **Produzione olearia:** No
Proprietà: Famiglia Ceci
Cond. enologica: Alessandro Ceci
Cond. agronomica: Staff aziendale
Vendita diretta: Sì | **Visite in azienda:** Sì

LAMBRUSCO TERRE VERDIANE 1813 2022
Rosso Igt Frizzante - Lambrusco 100%
Alc. 11% | € 9 | Bt. 60.000 | Ferm. Acciaio | Mat. Acciaio
Rosso porpora vivace e luminoso. Olfatto preciso e definito: incipit vinoso, fruttato di mirtillo, lampone, marasca e arancia Sanguinella, tocco di foglia di edera. Assaggio leggero e dinamico, fresco, sapido, leggermente tannico; equilibrato e coerente con l'olfatto; chiusura di ribes rosso e marasca. Lasagne di verdure.

OTELLO NERODILAMBRUSCO 1813 2022
Rosso Igt Frizzante - Lambrusco Maestri 100%
Alc. 11% | € 10 | Bt. 600.000 | Ferm. Acciaio | Mat. Acciaio
Tigelle e salumi.

LAMBRUSCO AMABILE TERRE VERDIANE 1813 2022
Rosso Igt Frizzante - Lambrusco 100%
Alc. 8,5% | € 9 | Bt. 35.000 | Ferm. Acciaio | Mat. Acciaio
Ravioli burro e salvia.

LAMBRUSCO BRUNO E LE ROSE BRUT 2022
Rosato Igt Metodo Martinotti - Lambrusco 100%
Alc. 11,5% | € 10 | Bt. 6.000 | Ferm. Acciaio | Mat. Acciaio 4 mesi
4 mesi sui lieviti
Cosciotto di maiale farcito.

OTELLO EXTRA DRY ROSÉ 1813 2022
Rosato Metodo Martinotti - Pinot nero 100%
Alc. 11,5% | € 12 | Bt. 15.000 | Ferm. Acciaio | Mat. Acciaio 3 mesi
3 mesi sui lieviti
Prosciutto di Parma 36 mesi.

OTELLO MALVASIA BRUT 1813 2022
Bianco Igt Metodo Martinotti - Malvasia di Candia aromatica 100%
Alc. 11% | € 10 | Bt. 40.000 | Ferm. Acciaio | Mat. Acciaio | 1 mese sui lieviti
Petto di pollo agli asparagi.

OTELLO NERODILAMBRUSCO 1813
2015

LAMBRUSCO BRUNO BRUT
2021

Cantine Romagnoli Villò
(1857)

Continua la spinta innovativa con i progetti di ampliamento e miglioramento delle strutture di accoglienza. Nel vigneto, si raccolgono i frutti di un precedente lavoro di microzonazione, che ha consentito di capire dove ciascun vitigno dà i migliori risultati. In cantina l'attenzione è sulle bollicine, senza interrompere il lavoro di innovazione e reinterpretazione dei vitigni autoctoni e internazionali, che sfociano nella linea APE. Ottima riuscita per gli spumanti Metodo Classico Rosé e Dosaggio Zero che si distinguono per la bollicina minuta, cremosa, integrata coi toni agrumati e sapidi.

Via Genova, 20 - Località Villò - 29020 Vigolzone (PC)
T. 0523 870904 | M. info@cantineromagnoli.it
www.cantineromagnoli.it

Viticoltura: Biologica certificata
Ettari: 48 | **Bottiglie:** 320.000 | **Produzione olearia:** No
Proprietà: Famiglia Bertola
Cond. enologica: Alessandro Perini
Cond. agronomica: Fabio Bernizzoni
Vendita diretta: Sì | **Visite in azienda:** Sì

IL PIGRO BRUT ROSÉ 2020
Rosato Metodo Classico - Pinot nero 70%, Chardonnay 30%
Alc. 12,5% | € 20 | Bt. 20.000 | Ferm. Acciaio | 36 mesi sui lieviti
Gradazione rosa fiore di pesco, vivace; il fine perlage fa mostra di numerose catenelle lente e incessanti. Il profumo è floreale, fruttato, con richiami di pane al latte, glicine, mandarino. Il sorso è equilibrato, versatile, con la bollicina che consegna un finale lungo, mantenendo la sapidità. Tortelli di branzino con salsa d'astice.

IL PIGRO DOSAGGIO ZERO 2020
Bianco Metodo Classico - Pinot nero 60%, Chardonnay 40%
Alc. 12,5% | € 20 | Bt. 20.000 | Ferm. Acciaio | 36 mesi sui lieviti
Maltagliati con fiori di zucca e gamberetti.

IL PIGRO BRUT 2021
Bianco Metodo Classico - Pinot nero 60%, Chardonnay 40%
Alc. 12,5% | € 15 | Bt. 50.000 | Ferm. Acciaio | 24 mesi sui lieviti
Tartare di manzo.

PINOT NERO LINEA APE 2021
Rosso Igt - Pinot nero 100%
Alc. 13,5% | € 12 | Bt. 6.500 | Mat. Legno 12 mesi
Coniglio alla cacciatora.

MALVASIA LINEA APE 2021
Bianco Igt - Malvasia di Candia aromatica 100%
Alc. 13,5% | € 10 | Bt. 6.500 | Ferm. Acciaio | Mat. Acciaio 3 mesi
Asparagi verdi con uovo croccante e fonduta di Taleggio.

IL PIGRO BRUT
2020

IL PIGRO BRUT ROSÉ
2019

Casa Benna
(1916)

L'azienda che dal 1994 pratica la lotta integrata, dedica grande attenzione alla cura del terreno, che regala vini dalle caratteristiche peculiari, con rese per ettaro contenute fra i settanta e i novanta quintali. La vendemmia, rigorosamente fatta a mano, richiede attenzioni particolari per separare le uve a seconda delle caratteristiche e della maturazione: un rigore enologico di cui si riscontra l'efficacia nei vini finiti. Una segnalazione particolare per la Bonarda Sisura e il Gutturnio Classico Punctatum Riserva del 2019.

Località Casa Benna - 29014 Castell'Arquato (PC)
T. 0523 803356 | M. info@casabenna.it
www.casabenna.it

Viticoltura: Lotta integrata
Ettari: 10 | **Bottiglie:** 50.000 | **Produzione olearia:** No
Proprietà: Andrea Molinari
Cond. enologica: Fausto Borghi
Cond. agronomica: Paolo Veneziani
Vendita diretta: Sì | **Visite in azienda:** Sì

COLLI PIACENTINI BONARDA SISURA 2022
Rosso Doc - Croatina 100%
Alc. 13,5% | € 12 | Bt. 2.800 | Ferm. Acciaio | Mat. Acciaio 6 mesi
Sipario purpureo, impenetrabile, che elargisce fragranze seducenti e precise di frutti e fiori: riconoscimenti di gelatina di mora e floreale di viola mammola. L'assaggio è pieno e succoso, con un tannino cesellato e un equilibrio convincente. Fagiano arrosto.

GUTTURNIO CLASSICO PUNCTATUM RISERVA 2019
Rosso Doc - Barbera 68%, Croatina 32%
Alc. 14% | € 13 | Bt. 5.300 | Ferm. Acciaio | Mat. Acciaio 8 mesi e Legno 12 mesi
Maialino in agrodolce.

COLLI PIACENTINI BONARDA FRIZZANTE ORMA DI IRMA 2022
Rosso Doc Frizzante - Croatina 100%
Alc. 13% | € 9 | Bt. 3.200 | Ferm. Acciaio | Mat. Acciaio 4 mesi
Costolette di maiale alla brace.

COLLI PIACENTINI MALVASIA LUCE DI SELCE 2022
Bianco Doc - Malvasia di Candia aromatica 100%
Alc. 13% | € 9 | Bt. 3.200 | Ferm. Acciaio | Mat. Acciaio 4 mesi
Filetto di ombrina e radicchio.

GUTTURNIO CLASSICO SUPERIORE VIDARÒ 2021
Rosso Doc - Barbera 68%, Bonarda 32%
Alc. 14% | € 10 | Bt. 10.000 | Ferm. Acciaio | Mat. Acciaio 12 mesi
Tagliatelle al ragù.

GUTTURNIO FRIZZANTE IL GARRITO 2022
Rosso Doc Frizzante - Barbera 60%, Bonarda 40%
Alc. 13% | € 9 | Bt. 15.000 | Ferm. Acciaio
Coppa piacentina.

GUTTURNIO CLASSICO PUNCTATUM RISERVA
2013 | 2015

GUTTURNIO CLASSICO SUPERIORE VIDARÒ
2020

Cavicchioli
(1928)

Diverse le novità in casa Cavicchioli: in primis il passaggio del gruppo commerciale da GIV a Riunite; di rilievo la crescita delle vendite per il settore Ho.Re.Ca. Sandro Cavicchioli annuncia con entusiasmo l'uscita a breve della linea foresteria per la ristorazione: spumanti a base Sorbara e grechetto gentile e un nuovo Sorbara Metodo Classico. Progetti che attendiamo con trepidazione. Intanto, tra le etichette storiche e antesignane a base Sorbara, Cavicchioli ottiene l'ambito Tastevin con il Rosé del Cristo e le Quattro Viti con il Vigna del Cristo.

Via Canaletto, 52 - 41030 San Prospero (MO)
T. 059 812412 | M. cantine@cavicchioli.it
www.cavicchioli.it

Viticoltura: Convenzionale e biologica certificata
Ettari: 60 | **Bottiglie:** 1.500.000 | **Produzione olearia:** No
Proprietà: Gruppo Italiano Vini e Famiglia Cavicchioli
Cond. enologica: Sandro Cavicchioli
Cond. agronomica: Sandro Cavicchioli
Vendita diretta: Sì | **Visite in azienda:** Sì

93

LAMBRUSCO DI SORBARA SPUMANTE BRUT ROSÉ DEL CRISTO 2020
Rosato Doc Metodo Classico - Lambrusco di Sorbara 100%
Alc. 12% | € 21 | Bt. 4.000 | Ferm. Acciaio | 36 mesi sui lieviti
Cangiante oro rosa punteggiato da fini bollicine. Debutto signorile con nuance di lamponi in gelatina e arancia Sanguinella, passa poi a glicine, vaniglia e pasticceria secca. Palato di carattere, regala volume, cremosità e vitale freschezza. Sviluppo energico dal lungo epilogo fruttato e salino. Calamarata con ragù di pesce spada.

91

LAMBRUSCO DI SORBARA VIGNA DEL CRISTO 2022
Rosso Doc Frizzante - Lambrusco di Sorbara 100%
Alc. 11% | € 12 | Bt. 38.000 | Ferm. Acciaio | Mat. Acciaio 6 mesi
Splendido rosa corallo merlettato da mousse bianca. Bouquet articolato su agrumi a polpa rossa, macedonia di frutti di bosco e ciliegie, soffi di menta intrecciati a essenze di rosa canina. Ingresso vivo e sinuoso, denota verve acida e regala una beva golosa e saporita dai lunghi guizzi agrumati. Riso venere con verdure e crostacei.

LAMBRUSCO GRASPAROSSA DI CASTELVETRO AMABILE TRE MEDAGLIE 2022
Rosso Doc Frizzante - Lambrusco grasparossa 100%
Alc. 8% | € 5 | Bt. 58.000 | Ferm. Acciaio. Bollito misto con salse.

LAMBRUSCO SCURO FIERONERO 2022
Rosso Igt Frizzante - Lambrusco 100%
Alc. 10% | € 6 | Bt. 70.000 | Ferm. Acciaio | Mat. Acciaio 2 mesi
Maiale in agrodolce.

LAMBRUSCO DI SORBARA SECCO TRE MEDAGLIE 2022
Rosso Doc Frizzante - Lambrusco di Sorbara 85%, Lambrusco Salamino 15%
Alc. 11% | € 6 | Bt. 225.000 | Ferm. Acciaio | Mat. Acciaio
Crostini con spuma di mortadella.

LAMBRUSCO GRASPAROSSA DI CASTELVETRO SECCO TRE MEDAGLIE 2022
Rosso Doc Frizzante - Lambrusco grasparossa 100%
Alc. 11% | € 5 | Bt. 55.000 | Ferm. Acciaio | Mat. Acciaio 2 mesi
Pasta alla gricia.

LAMBRUSCO DI SORBARA VIGNA DEL CRISTO
2021

LAMBRUSCO GRASPAROSSA DI CASTELVETRO COL SASSOSO
2020 | 2021

Cleto Chiarli
(2001)

Alla Cleto Chiarli piacciono le grandi sfide: nei progetti di quest'ultimo anno si è lavorato per dedicare nuove figure all'accoglienza e alle visite in vigna e in cantina. Oggi l'enoturismo è cambiato, gli enoappassionati sono tanti e sono sempre più assetati di cultura. Solo nel mese di luglio l'azienda ha aperto i propri cancelli a ben più di 2.000 visitatori. Il Lambrusco è sempre più attraente per il pubblico, e qui alla Cleto Chiarli si sta lavorando sodo per far conoscere al consumatore le differenze tra le varietà di lambrusco e il suo legame col territorio.

Via Belvedere, 8 - 41014 Castelvetro di Modena (MO)
T. 059 3163311 | M. italia@chiarli.it
www.chiarli.it

Viticoltura: Convenzionale
Ettari: 100 | **Bottiglie:** 1.000.000 | **Produzione olearia:** No
Proprietà: Famiglia Chiarli
Cond. enologica: Michele Faccin
Cond. agronomica: Filippo Mattioli
Vendita diretta: Sì | **Visite in azienda:** Sì

LAMBRUSCO DI SORBARA LAMBRUSCO DEL FONDATORE 2022
Rosso Doc Metodo Ancestrale - Lambrusco di Sorbara 100%
Alc. 11,5% | € 12 | Bt. 50.000 | Ferm. Acciaio | Mat. Acciaio 2 mesi
Color rosa succo di ciliegia, tenue opalescenza movimentata da mousse cremosa. Seducenti fragranze di lampone, fragoline, rosa e menta, affiancano gentili note di lievito e frutta secca. Assaggio da subito equilibrato e fine. La vivace freschezza cede il passo alla sapidità che dona una beva incantevole. Trippa in umido.

LAMBRUSCO GRASPAROSSA DI CASTELVETRO VIGNETO CIALDINI 2022
Rosso Doc Frizzante - Lambrusco grasparossa 100%
Alc. 11% | € 10 | Bt. 70.000 | Ferm. Acciaio | Mat. Acciaio 4 mesi
Grigliata di carne con salsa barbecue.

LAMBRUSCO GRASPAROSSA DI CASTELVETRO VILLA CIALDINI 2022
Rosso Doc Frizzante - Lambrusco grasparossa 100%
Alc. 11% | € 8 | Bt. 120.000 | Ferm. Acciaio | Mat. Acciaio 4 mesi
Zampone e lenticchie.

BRUT DE NOIR ROSÉ 2022
Rosato Metodo Martinotti - Lambrusco grasparossa 85%, Pinot nero 15%
Alc. 12% | € 10 | Bt. 120.000 | Ferm. Acciaio | Mat. Acciaio 6 mesi
Tagliere di salumi.

PIGNOLETTO MODENA SPUMANTE BRUT MODÉN BLANC 2022
Bianco Doc Metodo Martinotti - Grechetto gentile 100%
Alc. 12% | € 10 | Bt. 25.000 | Ferm. Acciaio | Mat. Acciaio 6 mesi
Verdure in tempura.

LAMBRUSCO DI SORBARA PREMIUM MENTION HONORABLE 2022
Rosso Doc Frizzante - Lambrusco di Sorbara 100%
Alc. 11% | € 10 | Bt. 150.000 | Ferm. Acciaio | Mat. Acciaio 4 mesi
Tortelli di zucca e salvia.

LAMBRUSCO DI SORBARA LAMBRUSCO DEL FONDATORE
2014 | 2015 | 2016

LAMBRUSCO DI SORBARA PREMIUM MENTION HONORABLE
2021

Floriano Cinti
(1992)

Floriano Cinti prosegue regolarmente le sue attività di vignaiolo di lungo corso, mantenendo la rotta nella direzione del potenziamento delle tipologie Bologna Bianco e Bologna Rosso, basate rispettivamente su sauvignon blanc e cabernet sauvignon. Naturalmente con un occhio di riguardo alla produzione del Pignoletto in tutte le sue forme: fermo o frizzante, ma anche spumante e passito, per soddisfare i palati più esigenti del pubblico e degli avventori dell'agriturismo Isola del Sasso, contiguo alla cantina, luogo ideale per qualche ora di relax con menu originali e sfiziosi.

Via Gamberi, 50 - 40037 Sasso Marconi (BO)
T. 051 6751646 | M. cinti@collibolognesi.com
www.florianocinti.it

Viticoltura: Biologica
Ettari: 26 | **Bottiglie:** 110.000 | **Produzione olearia:** No
Proprietà: Floriano Cinti
Cond. enologica: Floriano Cinti
Cond. agronomica: Stefano Bongiovanni, Floriano Cinti
Vendita diretta: Sì | **Visite in azienda:** Sì

COLLI BOLOGNESI BOLOGNA ROSSO 2020
Rosso Doc - Cabernet sauvignon 60%, Merlot 20%, Barbera 10%, Pinot nero 10%
Alc. 14,5% | € 15 | Bt. 4.000 | Ferm. Acciaio | Mat. Acciaio 6 mesi e Legno 12 mesi
Splendido porpora vivido. Naso fruttato di visciola e prugna sotto spirito, mora e tamarindo, speziatura di vaniglia e tabacco da pipa. Soffi mentolati e di cioccolato dolce. Ingresso deciso e rigoroso, snello nella struttura, coerente negli aromi, tannino affusolato, si allunga in una freschezza fruttata. Manzo brasato con funghi.

COLLI BOLOGNESI BARBERA 2020
Rosso Doc - Barbera 100%
Alc. 13,5% | € 10 | Bt. 4.000 | Ferm. Acciaio | Mat. Acciaio 9 mesi
Lasagne alla bolognese.

COLLI BOLOGNESI PIGNOLETTO FRIZZANTE 2022
Bianco Docg Frizzante - Grechetto gentile 100%
Alc. 12,5% | € 9 | Bt. 50.000 | Ferm. Acciaio | Mat. Acciaio 3 mesi
Tagliolini all'astice.

COLLI BOLOGNESI PIGNOLETTO CLASSICO SASSOBACCO 2021
Bianco Docg - Grechetto gentile 100%
Alc. 13,5% | € 13 | Bt. 6.000 | Ferm. Acciaio | Mat. Acciaio 12 mesi
Coniglio in umido alle erbe aromatiche.

COLLI BOLOGNESI BOLOGNA BIANCO 2022
Bianco Doc - Sauvignon 60%, Chardonnay 20%, Pinot bianco 20%
Alc. 13% | € 11 | Bt. 4.000 | Ferm. Acciaio
Torta salata alle zucchine e origano.

COLLI BOLOGNESI CABERNET SAUVIGNON SASSOBACCO
2016

PINOT NERO DA UVE STRAMATURE RONCO ANTICO
S.A.

Corte d'Aibo
(1989)

Azienda biologica dal 1991, le uniche attrezzature tecnologiche in cantina, oltre le autoclavi, sono la diraspa-pigiatrice e la pressa soffice. Il resto è affidato alle buone tecniche in vigneto e ai trattamenti indispensabili, raro l'uso dell'irrigazione di soccorso attingendo al piccolo lago di proprietà. La sala degustazione, dalle ampie vetrate, letteralmente incastonata nel paesaggio collinare, offre ai visitatori un'esperienza autentica e indimenticabile. Le Borre 2020, un Cabernet Sauvignon identitario e di grande stoffa, regala emozioni e conquista l'eccellenza in Guida.

Via Rio Marzatore, 15 - Località Monteveglio - 40050 Valsamoggia (BO)
T. 051 832583 | M. info@cortedaibo.it
www.cortedaibo.it

Viticoltura: Biologica certificata e biodinamica
Ettari: 26 | **Bottiglie:** 180.000 | **Produzione olearia:** No
Proprietà: La Corte Soc. Agr. Coop.
Cond. enologica: Giovanni Fraulini
Cond. agronomica: Adriano Zago
Vendita diretta: Sì | **Visite in azienda:** Sì

91,5

COLLI BOLOGNESI CABERNET SAUVIGNON LE BORRE 2020
Rosso Doc - Cabernet sauvignon 100%
Alc. 14% | € 12 | Bt. 7.000 | Ferm. Acciaio | Mat. Legno 12 mesi
Rosso granato lucente, di ottima densità. Profumi varietali, apre garbato su ciliegia in confettura, legno di sandalo, vegetale di foglia di pomodoro, spezie, liquirizia e pepe su chiusura balsamica. Assaggio autorevole, è fresco e ha volume, sviluppo dinamico, finale fruttato e speziato che invita alla beva. Medaglioni di cervo con riduzione di cottura.

COLLI BOLOGNESI PIGNOLETTO SUPERIORE MONTE FREDDO 2022
Bianco Docg - Grechetto gentile 100%
Alc. 12,5% | € 10 | Bt. 13.000 | Ferm. Acciaio | Mat. Acciaio 6 mesi
Cotolette di pollo con melanzane e provola.

COLLI BOLOGNESI PIGNOLETTO FRIZZANTE BIOLOGICO 2022
Bianco Docg Frizzante - Grechetto gentile 100%
Alc. 12% | € 9 | Bt. 15.000 | Ferm. Acciaio | Mat. Acciaio 6 mesi
Fiori di zucca ripieni di ricotta e acciughe.

COLLI BOLOGNESI PIGNOLETTO FRIZZANTE BIOLOGICO
2021

MERIGGIO BIOLOGICO
2019 | 2020

Corte Madonnina
(1985)

Storica azienda del comprensorio della Doc Bosco Eliceo, situata in un luogo cruciale per storia e identità culturale, proprio all'ombra dell'abbazia di Pomposa. Sin dagli anni Ottanta la famiglia Scalambra si dedica alla coltivazione della vite e alla produzione di vino, in questo sito che oggi rientra nel Parco del Delta del Po, patrimonio dell'Unesco. Dal 2013 Vittorio e Rita portano avanti l'azienda di famiglia in modo egregio, dopo aver fatto importanti investimenti sia in vigna che in cantina, per far esprimere al meglio il carattere unico dei vini di questo meraviglioso territorio.

Località per Volano, 1 - Frazione Pomposa - 44021 Codigoro (FE)
T. 0533 719002 | M. info@cortemadonnina.it
www.cortemadonnina.it

Viticoltura: Convenzionale
Ettari: 6 | **Bottiglie:** 50.000 | **Produzione olearia:** No
Proprietà: Vittorio Scalambra & C.
Cond. enologica: Giovanni Brighi
Cond. agronomica: Staff aziendale
Vendita diretta: Sì | **Visite in azienda:** Sì

MICROLOGUS 2021
Rosso Igp - Merlot 100%
Alc. 12,5% | € 15 | Bt. 3.000 | Ferm. Acciaio | Mat. Legno 6 mesi
Veste rubino lucente. Ricercato all'olfatto, svela toni di mora selvatica e ciliegia succosa, vira poi sul varietale di peperone, vaniglia ed echi minerali. Da subito materico, il sorso è guidato da un volume di freschezza e trama tannica saporita. Sviluppo bilanciato, setale dai lunghi ricordi fruttati. Filetto di vitello alla Rossini.

CUVÉE DELL'ABATE BRUT 2021
Bianco Igp Metodo Martinotti - Sauvignon 60%, Incrocio Manzoni 6.0.13 40%
Alc. 12% | € 20 | Bt. 4.000 | Ferm. Acciaio | 10 mesi sui lieviti
Risotto agli asparagi e frutti di mare.

TRE UVE 2021
Bianco Igp - Incrocio Manzoni 6.0.13 40%, Sauvignon 30%, Trebbiano 30%
Alc. 12% | € 15 | Bt. 4.000 | Ferm. Acciaio | Mat. Acciaio 6 mesi
Spaghetti con vongole veraci.

Fattoria Moretto
(1971)

Attenta alla sostenibilità e ai progetti green, Fattoria Moretto oggi produce etichette con carta riciclata e non utilizza plastica per le capsule delle sue bottiglie, anch'esse attentamente studiate per essere più leggere, potendo così utilizzare un minor quantitativo di vetro. Da sempre impegnata nella selezione dei suoi cru di grasparossa, quest'anno con il Monovitigno si aggiudica l'eccellenza in Guida, vino che è prodotto da un'unica parcella a 260 metri sul livello del mare da vigne vecchie.

Via Tiberia, 13/B - 41014 Castelvetro di Modena (MO)
T. 059 790183 | M. info@fattoriamoretto.it
www.fattoriamoretto.it

Viticoltura: Biologica certificata
Ettari: 10 | **Bottiglie:** 75.000 | **Produzione olearia:** No
Proprietà: Fausto e Fabio Altariva
Cond. enologica: Fausto Altariva
Cond. agronomica: Stefano Mattioli
Vendita diretta: Sì | **Visite in azienda:** Sì

92,5

LAMBRUSCO GRASPAROSSA DI CASTELVETRO MONOVITIGNO 2022
Rosso Dop Frizzante - Lambrusco grasparossa 100%
Alc. 12% | € 14 | Bt. 12.000 | Ferm. Acciaio
Acceso porpora profondo, spuma violacea. Incanta con macedonia di frutti neri, mirtilli, ribes nero, marasca e tocchetti di arancia, poi l'intreccio di iris, violette, resina di pino e menta. Sorso suadente, ha tannino gentile, bollicina integrata che mantiene un bel sapore fruttato, goloso e corroborante. Spalla cotta di San Secondo.

LAMBRUSCO GRASPAROSSA DI CASTELVETRO CANOVA 2022
Rosso Dop Frizzante - Lambrusco grasparossa 100%
Alc. 12% | € 14 | Bt. 9.000 | Ferm. Acciaio
Rotolo di tacchino alle mele ed erbe aromatiche.

LAMBRUSCO GRASPAROSSA DI CASTELVETRO AMABILE SEMPREBON 2022
Rosso Dop Frizzante - Lambrusco grasparossa 100%
Alc. 10,5% | € 12 | Bt. 10.000 | Ferm. Acciaio
Cappellacci di zucca.

PIGNOLETTO DIMONDI 2022
Bianco Dop Frizzante - Grechetto gentile 100%
Alc. 12% | € 12 | Bt. 6.000 | Ferm. Acciaio
Erbazzone.

LAMBRUSCO GRASPAROSSA DI CASTELVETRO TASSO 2022
Rosso Dop Frizzante - Lambrusco grasparossa 100%
Alc. 11,5% | € 12 | Bt. 38.000 | Ferm. Acciaio
Lasagne alla bolognese.

LAMBRUSCO GRASPAROSSA DI CASTELVETRO SBIADÌ 2022
Rosato Dop Frizzante - Lambrusco grasparossa 100%
Alc. 11,5% | € 13 | Bt. 5.000 | Ferm. Acciaio
Risotto all'isolana.

LAMBRUSCO GRASPAROSSA DI CASTELVETRO CANOVA
2019 | 2020 | 2021

LAMBRUSCO GRASPAROSSA DI CASTELVETRO SBIADÌ
2021

Fattorie Vallona
(1985)

Un nuovo vino fa capolino nell'assortimento aziendale: si tratta del Rosato, un assemblaggio paritetico di barbera e merlot, dall'attraente colore fior di pesco che affascina la vista e stuzzica il palato. Spiccano i vini a denominazione, Bologna Bianco che sfoggia le Quattro Viti, e Rosso, che ben caratterizzano le peculiarità dei Colli Bolognesi sottolineandone la provenienza geografica col nome della città. Ma è il Pignoletto Superiore a rimarcare l'identità di questo territorio, con i suoi profumi di frutta tropicale, sambuco, agrumi e ricordi gessosi: una vera gioia all'assaggio.

Via Cantagallo, 37 - Castello di Serravalle - 40053 Valsamoggia (BO)
T. 051 6703333 | M. fattorie.vallona@gmail.com
www.fattorievallona.it

Viticoltura: Lotta integrata
Ettari: 35 | **Bottiglie:** 120.000 | **Produzione olearia:** No
Proprietà: Famiglia Vallona
Cond. enologica: Maurizio Vallona
Cond. agronomica: Maurizio Vallona
Vendita diretta: Sì | **Visite in azienda:** Sì

(91)
COLLI BOLOGNESI BOLOGNA BIANCO 2022
Bianco Doc - Sauvignon 50%, Chardonnay 25%, Petit manseng 25%
Alc. 13,5% | € 10 | Bt. 10.000 | Ferm. Acciaio | Mat. Acciaio 6 mesi
Oro verde, consistente. Esordio deciso e fine di ginestra e frutta esotica, mango, ananas e bergamotto, poi le erbe aromatiche, salvia e maggiorana; chiude una scia minerale. Ingresso signorile, arrotondato dalla struttura. Procede con grande freschezza e vitalità in un allungo di frutta candita. Risotto alla zucca.

COLLI BOLOGNESI BOLOGNA ROSSO 2022
Rosso Doc - Cabernet sauvignon 50%, Barbera 25%, Merlot 25%
Alc. 13,5% | € 10 | Bt. 10.000 | Ferm. Acciaio | Mat. Cemento 6 mesi
Guanciale di manzo in umido con polenta.

COLLI BOLOGNESI PIGNOLETTO SUPERIORE 2022
Bianco Docg - Grechetto gentile 100%
Alc. 13,5% | € 10 | Bt. 20.000 | Ferm. Acciaio | Mat. Acciaio 6 mesi
Lasagne di verdure.

ROSATO 2022
Rosato Igt - Barbera 50%, Merlot 50%
Alc. 12,5% | € 10 | Bt. 2.500 | Ferm. Acciaio | Mat. Acciaio 6 mesi
Salmone al timo.

COLLI BOLOGNESI BOLOGNA BIANCO
2021

COLLI BOLOGNESI PIGNOLETTO SUPERIORE
2021

Ferraia
(1936)

Azienda fortemente radicata nel territorio piacentino, opera da quasi un secolo offrendo una gamma assai diversificata di vini, che nascono sia dalla tradizione, che da vitigni internazionali. L'ultimo nato è Teobaldo Brut, uno spumante Metodo Classico di grande originalità, che unisce la delicata aromaticità della malvasia di Candia alla struttura del pinot nero. Tuttavia è lo Chardonnay 2021 che merita giustamente l'eccellenza, distinguendosi per l'ampiezza del bouquet e il sorso pieno, avvolgente, ravvivato dalla giusta freschezza.

Località Vicomarino, 140 - 29010 Ziano Piacentino (PC)
T. 0523 860209 | M. quality@ferraiawinery.it
www.ferraiawinery.it

Viticoltura: Convenzionale
Ettari: 40 | **Bottiglie:** 150.000 | **Produzione olearia:** No
Proprietà: Famiglia Manara
Cond. enologica: Staff aziendale
Cond. agronomica: Staff aziendale
Vendita diretta: Sì | **Visite in azienda:** Sì

(91)
COLLI PIACENTINI CHARDONNAY 2021
Bianco Doc - Chardonnay 100%
Alc. 13% | € 15 | Bt. 7.000 | Ferm. Acciaio
Brillanti riflessi verdolini su veste giallo paglierino. Naso caratterizzato da profumi di frutta esotica fresca, fiori dolci, cenni di miele, erbe aromatiche e malie gessose. In bocca è pieno, avvolgente e dotato della giusta freschezza; nell'estensione armonica ritornano sensazioni fruttate. Pollo al curry.

COLLI PIACENTINI MALVASIA ACINO D'ORO 2021
Bianco Doc - Malvasia di Candia aromatica 100%
Alc. 13% | € 16 | Bt. 6.000 | Ferm. Acciaio
Prosciutto di Parma 36 mesi.

COLLI PIACENTINI MALVASIA FRIZZANTE 2022
Bianco Doc Frizzante - Malvasia di Candia aromatica 100%
Alc. 12% | € 10 | Bt. 15.000 | Ferm. Acciaio | Mat. Acciaio 3 mesi
Ravioli di ricotta e spinaci.

GUTTURNIO CLASSICO SUPERIORE LE STAFFE 2021
Rosso Doc - Barbera 60%, Croatina 40%
Alc. 14% | € 15 | Bt. 25.000 | Ferm. Acciaio | Mat. Acciaio 5 mesi
Capriolo in salmì con polenta di grano saraceno.

BRIGÀ 2019
Rosso - Cabernet sauvignon 50%, Merlot 50%
Alc. 14% | € 18 | Bt. 6.000 | Ferm. Acciaio
Brasato di manzo al vino rosso.

TEOBALDO BRUT 2019
Bianco Metodo Classico - Malvasia di Candia aromatica 60%, Pinot nero 40%
Alc. 12% | € 22 | Bt. 2.000 | Ferm. Acciaio | 24 mesi sui lieviti
Crostini con burro e salmone.

LA FERRAIA BRUT PREMIÈRE CUVÉE
S.A.

COLLI PIACENTINI MALVASIA FRIZZANTE
2021

Gaggioli
(1972)

Chiacchierando con Carlo Gaggioli, classe 1930, si scopre l'intima passione che egli nutre per il Pignoletto dei Colli Bolognesi, in tutte le sue forme. Tanto da divertirsi a ideare per gli amici nuovi cocktail dissetanti a base di Pignoletto frizzante, come il "Rosetto", un miscelato con succo di mela rosa romana, antico frutto da riscoprire, oppure il "Ginetto" addizionato a estratto di sambuco locale. Non è dunque un caso che su quattro vini con Tre Viti e mezzo, due siano rispettivamente Pignoletto Superiore e Pignoletto Passito, insieme ai tipici rossi a base cabernet sauvignon e merlot.

Via Francesco Raibolini il Francia, 55 - 40069 Zola Predosa (BO)
T. 051 753489 | M. info@gaggiolivini.it
www.gaggiolivini.it

Viticoltura: Lotta integrata
Ettari: 21 | **Bottiglie:** 120.000 | **Produzione olearia:** Sì
Proprietà: Famiglia Gaggioli
Cond. enologica: Giovanni Fraulini
Cond. agronomica: Stefano Bongiovanni, Carlo Gaggioli
Vendita diretta: Sì | **Visite in azienda:** Sì

COLLI BOLOGNESI PIGNOLETTO SUPERIORE FERMO 2021
Bianco Docg - Grechetto gentile 100%
Alc. 13% | € 13 | Bt. 1.300 | Ferm. Acciaio | Mat. Acciaio 12 mesi
Splendido giallo paglierino. Profumi fruttati di susina gialla, poi il classico fiore di ginestra in un fine abbraccio di erbe aromatiche e tè verde. Sorso pieno e bilanciato, di grande qualità al palato, regala sapidità e una lunga persistenza che invita al riassaggio. Coniglio in umido con verze e purea di patate.

COLLI BOLOGNESI CABERNET SAUVIGNON 2020
Rosso Doc - Cabernet sauvignon 100%
Alc. 13,5% | € 12 | Bt. 6.600 | Ferm. Acciaio | Mat. Acciaio 28 mesi
Lepre in salmì.

PIGNOLETTO PASSITO AMBROSIA 2015
Bianco Doc - Grechetto gentile 100%
Alc. 14,5% | € 22 (0,5l) | Bt. 800 | Ferm. Acciaio | Mat. Acciaio 12 mesi e Legno 60 mesi
Blu di capra.

COLLI BOLOGNESI MERLOT 2020
Rosso Doc - Merlot 100%
Alc. 13,5% | € 10 | Bt. 4.000 | Ferm. Acciaio | Mat. Acciaio 18 mesi
Bracioline di maiale al calvados.

COLLI BOLOGNESI PIGNOLETTO FRIZZANTE 2022
Bianco Docg Frizzante - Grechetto gentile 100%
Alc. 11,5% | € 10 | Bt. 40.000 | Ferm. Acciaio | Mat. Acciaio 5 mesi
Sformato di patate e prosciutto cotto.

LETIZIA ROSATO BRUT 2022
Rosato Metodo Martinotti - Barbera 50%, Pinot nero 50%
Alc. 11,5% | € 10 | Bt. 2.600 | Ferm. Acciaio | Mat. Acciaio 2 mesi
Tartare di tonno.

COLLI BOLOGNESI CABERNET SAUVIGNON
2019

COLLI BOLOGNESI BOLOGNA ROSSO
2019

Garuti
(1920)

Azienda che vanta oltre un secolo di storia, con quattro generazioni di coltivatori che hanno esaltato il lambrusco di Sorbara, in un continuo processo di miglioramento della qualità dei propri vini. Viticoltura sostenibile e attenzione al processo produttivo sono la filosofia aziendale. La produzione comprende salamino di Santa Croce, grasparossa e pignoletto, anche in versione spumante, con ottimi risultati. È possibile alloggiare nel confortevole agriturismo, visitare la cantina e la preziosa acetaia di Aceto Balsamico Tradizionale di Modena.

Via per Solara, 6 - Frazione Sorbara - 41030 Bomporto (MO)
T. 059 902021 | M. info@garutivini.it
www.garutivini.it

Viticoltura: Lotta integrata
Ettari: 30 | **Bottiglie:** 100.000 | **Produzione olearia:** No
Proprietà: Famiglia Garuti
Cond. enologica: Enzo Mattarei, Alessio Bompani
Cond. agronomica: Andrea Malagoli
Vendita diretta: Sì | **Visite in azienda:** Sì

LAMBRUSCO GRASPAROSSA DI CASTELVETRO ROMEO 2022
Rosso Dop Frizzante - Lambrusco grasparossa 100%
Alc. 11% | € 11 | Bt. 9.000 | Ferm. Acciaio
Rosso amaranto compatto con durevole spuma rosata. Dispensa fragranze di frutta e fiori freschi, fragola, ciliegia, rosa e viola con nobili tocchi vegetali di erbe aromatiche. Assaggio fresco, asciutto, vivacizzato da cremosa effervescenza, un delicato tannino allunga la percezione fruttata. Cotechino e lenticchie.

PIGNOLETTO SPUMANTE BRUT ELIO 2022
Bianco Dop Metodo Martinotti - Grechetto gentile 100%
Alc. 11% | € 11 | Bt. 9.000 | Ferm. Acciaio | Mat. Acciaio 4 mesi
Ravioli burro e salvia.

LAMBRUSCO DI SORBARA SPUMANTE BRUT VALENTINA 2022
Rosato Dop Metodo Martinotti - Lambrusco di Sorbara 100%
Alc. 11% | € 12 | Bt. 12.000 | Ferm. Acciaio | Mat. Cemento 2 mesi | 4 mesi sui lieviti
Cocktail di gamberetti.

LAMBRUSCO DI SORBARA DANTE 2022
Rosso Dop Frizzante - Lambrusco di Sorbara 100%
Alc. 10,5% | € 10 | Bt. 12.000 | Ferm. Acciaio | Mat. Acciaio 2 mesi
Coppa piacentina.

LAMBRUSCO DI SORBARA 2022
Rosso Dop Frizzante - Lambrusco di Sorbara 80%, Lambrusco Salamino 20%
Alc. 10,5% | € 9 | Bt. 12.000 | Ferm. Acciaio | Mat. Acciaio 2 mesi
Pizza Margherita.

LAMBRUSCO DI SORBARA RIFERMENTATO IN BOTTIGLIA 2021
Rosso Dop Metodo Ancestrale - Lambrusco di Sorbara 100%
Alc. 11% | € 12 | Bt. 5.000 | Ferm. Acciaio | Mat. Acciaio 2 mesi
Crostini al lardo di Colonnata.

Il Monticino
(2000)

La ventitreesima vendemmia dell'azienda, sempre rigorosamente manuale, è stata di ottima qualità, anche se più contenuta in termini di volumi prodotti, per via della siccità che nel 2022 ha creato in generale non pochi problemi. Il Pignoletto Classico del Monticino 2021 insieme al Bolognino Rosso Riserva 2019 si confermano le punte di diamante di quest'edizione e conquistano l'eccellenza: questi risultati ripagano il serio impegno che viene profuso quotidianamente in vigna, preferendo il mantenimento del manto erboso tra i filari, e in cantina con l'attenzione estrema per la pulizia. Chapeau.

Via Predosa, 72 - 40069 Zola Predosa (BO)
T. 051 755260 | M. ilmonticino@ilmonticino.it
www.ilmonticino.it

Viticoltura: Biologica certificata
Ettari: 6 | **Bottiglie:** 40.000 | **Produzione olearia:** No
Proprietà: Famiglia Morandi
Cond. enologica: Giovanni Fraulini, Ruggero Morandi
Cond. agronomica: Stefano Mattioli, Ruggero Morandi
Vendita diretta: Sì | **Visite in azienda:** Sì

91
COLLI BOLOGNESI PIGNOLETTO CLASSICO DEL MONTICINO 2021
Bianco Docg - Grechetto gentile 100%
Alc. 13% | € 15 | Bt. 3.300 | Ferm. Acciaio | Mat. Acciaio 12 mesi
Paglierino fitto e luminoso. Olfatto articolato di frutta fresca, pesca, melone, ananas, seguito da fiori di sambuco e biancospino e tracce di timo. Ingresso fresco, subito incalzato da sensazione morbida che dona rotondità, progredisce lentamente evidenziando un sorso saporito che si conclude con echi d'agrume. Branzino al sale su letto di patate.

91
COLLI BOLOGNESI BOLOGNA BOLOGNINO ROSSO RISERVA 2019
Rosso Doc - Cabernet sauvignon 100%
Alc. 15,5% | € 22 | Bt. 3.300 | Ferm. Acciaio | Mat. Acciaio 24 mesi e Legno 12 mesi
Granato profondo e consistente. Esordio dei profumi in crescendo, si concede col tempo, svelando poi frutta matura, mirtilli e prugna, china, cuoio, legno di sandalo e sbuffi balsamici. Gusto pieno e di volume, buon registro tannico rifinito da giusto calore, avanza garbato a regalare un dilettevole ricordo di china. Fagiano arrosto.

COLLI BOLOGNESI BARBERA DEL MONTICINO RISERVA 2019
Rosso Doc - Barbera 100%
Alc. 15% | € 22 | Bt. 3.500 | Ferm. Acciaio | Mat. Legno 12 mesi
Gnocchi al ragù.

BOLOGNINO SPUMANTE DOSAGGIO ZERO 2020
Bianco Metodo Classico - Chardonnay 100%
Alc. 12% | € 21 | Bt. 3.300 | Ferm. Acciaio | Mat. Acciaio 6 mesi
18 mesi sui lieviti. Rollè di cernia con patate al rosmarino.

COLLI BOLOGNESI BOLOGNA BOLOGNINO BIANCO 2022
Bianco Doc - Sauvignon 100%
Alc. 12,5% | € 14 | Bt. 3.300 | Ferm. Acciaio | Mat. Acciaio 6 mesi
Coniglio alla ligure.

COLLI BOLOGNESI PIGNOLETTO FRIZZANTE DEL MONTICINO 2022
Bianco Docg Frizzante - Grechetto gentile 100%
Alc. 12% | € 13 | Bt. 12.000 | Ferm. Acciaio | Mat. Acciaio 2 mesi
Trofie al pesto.

COLLI BOLOGNESI BARBERA DEL MONTICINO RISERVA
2016 | 2018

COLLI BOLOGNESI BOLOGNA ROSSO BOLOGNINO ROSSO RISERVA
2018

Il Poggiarello
(1980)

L'azienda mantiene uno stretto legame col territorio e le tradizioni piacentine, senza tuttavia rinunciare ai più moderni strumenti per la competitività nella filiera enologica. Si è appena concluso un progetto, in collaborazione con l'Università, per la realizzazione di uno strumento informatico che, combinando i dati agronomici con le caratteristiche dei suoli e del clima locale, consente di fare previsioni sulle vendemmie. Fra i vini, si distingue l'Ortrugo Frizzante Gli Spaghi, fresco e pregiato, che ripropone la legatura a spago, un antico sistema per l'ancoraggio dei tappi.

Località Il Poggiarello - Frazione Scrivellano di Statto - 29020 Travo (PC)
T. 0523 957241 | M. info@ilpoggiarellovini.it
www.ilpoggiarellovini.it

Viticoltura: Biologica
Ettari: 20 | **Bottiglie:** 350.000 | **Produzione olearia:** No
Proprietà: Famiglie Ferrari e Perini
Cond. enologica: Paolo Perini
Cond. agronomica: Paolo Perini
Vendita diretta: Sì | **Visite in azienda:** No

ORTRUGO DEI COLLI PIACENTINI FRIZZANTE GLI SPAGHI 2022
Bianco Doc Frizzante - Ortrugo 100%
Alc. 12% | € 10 | Bt. 40.000 | Ferm. Acciaio | Mat. Acciaio 4 mesi
Ha il tenue colore del grano e una vivace mousse. Si rincorrono profumi di fiori di tiglio e sambuco, pesca, prugna bianca, erbe aromatiche e toni orientali di cumino e curcuma. Al palato è materico e invitante, equilibrato, con una piacevole vena fresca; si congeda in una lunga scia di frutti e spezie. Filetti di trota al vapore con maionese.

GUTTURNIO SUPERIORE LA BARBONA 2020
Rosso Doc - Barbera 55%, Croatina 45%
Alc. 14,5% | € 17 | Bt. 8.000 | Ferm. Acciaio | Mat. Acciaio 12 mesi e Legno 12 mesi
Pappardelle con sugo di lepre.

GUTTURNIO FRIZZANTE GLI SPAGHI 2022
Rosso Doc Frizzante - Barbera 60%, Croatina 40%
Alc. 12,5% | € 10 | Bt. 40.000 | Ferm. Acciaio | Mat. Acciaio 4 mesi
Bucatini all'amatriciana.

MALVASIA MAMI 2022
Bianco Igt - Malvasia di Candia aromatica 100%
Alc. 13,5% | € 17 | Bt. 12.000 | Ferm. Acciaio | Mat. Acciaio 6 mesi
Tortelli di zucca e salvia.

SAUVIGNON COME IL VENTO 2022
Bianco Igt - Sauvignon 100%
Alc. 13% | € 11 | Bt. 15.000 | Ferm. Acciaio | Mat. Acciaio 6 mesi
Risotto agli asparagi e provola affumicata.

PINOT NERO LO STRANIERO 2021
Rosato Igt - Pinot nero 95%, altre varietà 5%
Alc. 13,5% | € 15 | Bt. 7.000 | Ferm. Acciaio | Mat. Acciaio 6 mesi e Legno 12 mesi
Bollito misto con salse.

MALVASIA MAMI
2021

GUTTURNIO SUPERIORE LA BARBONA
2018

Isola
(1957)

Un modello di riferimento nei Colli Bolognesi, con vigneti compresi fra i 200 e i 400 m s.l.m. A Mongiorgio e Castello di Serravalle troviamo le varietà a bacca bianca; barbera e cabernet provengono da Ponzano, mentre da Castello di Serravalle il merlot. Le differenze in tessitura, ora argillosa ora sabbiosa e calcarea, sono abilmente valorizzate da Gian Luca Franceschini nella preparazione delle cuvée. La calda vendemmia 2022 ha portato a bianchi pieni, fruttati e salini, tra i quali spicca per grazia ed equilibrio Le Vaie, ma non sfigurano le diverse versioni di Pignoletto.

Via Bernardi, 3 - Località Mongiorgio - 40050 Monte San Pietro (BO)
T. 051 6768428 | M. info@aziendaagricolaisola.it
www.aziendaagricolaisola.it

Viticoltura: Convenzionale
Ettari: 11 | **Bottiglie:** 60.000 | **Produzione olearia:** No
Proprietà: Marco Franceschini
Cond. enologica: Giovanni Fraulini, Gian Luca Franceschini
Cond. agronomica: Stefano Dini, Gian Luca Franceschini
Vendita diretta: Sì | **Visite in azienda:** Sì

tttt (91)
COLLI BOLOGNESI RIESLING LE VAIE 2022
Bianco Doc - Riesling italico 100%
Alc. 12,5% | € 14 | Bt. 2.000 | Ferm. Acciaio | Mat. Acciaio 6 mesi
Scintillante paglierino con screziature verdi. Estroverso, preciso e nitido: albicocca, pesca gialla, mandarino e melone, tocchi di gelsomino, sambuco, timo, mentuccia e lemongrass. Sorso fresco e largo, progressione equilibrata, ricca di frutto. Lungo finale salino coerente nel frutto e nel fiore. Risotto con gamberi di fiume e piselli.

tttt
COLLI BOLOGNESI BARBERA MG 2021
Rosso Doc - Barbera 100%
Alc. 15,5% | € 18 | Bt. 1.000 | Ferm. Acciaio | Mat. Acciaio 6 mesi e Legno 12 mesi
Carne cruda all'albese.

tttt
COLLI BOLOGNESI BOLOGNA BIANCO 2022
Bianco Doc - Sauvignon 90%, Riesling 10%
Alc. 14% | € 9 | Bt. 2.000 | Ferm. Acciaio | Mat. Acciaio 6 mesi
Crespelle con asparagi e ricotta salata.

tttt
COLLI BOLOGNESI PIGNOLETTO SUPERIORE 2022
Bianco Docg - Grechetto gentile 100%
Alc. 14% | € 10 | Bt. 10.000 | Ferm. Acciaio | Mat. Acciaio 4 mesi
Risotto agli asparagi e provola affumicata.

tttt
COLLI BOLOGNESI PIGNOLETTO FRIZZANTE 2022
Bianco Docg Frizzante - Grechetto gentile 100%
Alc. 12% | € 7 | Bt. 30.000 | Ferm. Acciaio | Mat. Acciaio 2 mesi
Tigelle e salumi.

tttt
COLLI BOLOGNESI PIGNOLETTO SPUMANTE BRUT PICRÌ 2022
Bianco Docg Metodo Martinotti - Grechetto gentile 85%, Chardonnay 10%, Riesling 5%
Alc. 12,5% | € 11 | Bt. 7.000 | Ferm. Acciaio | Mat. Acciaio 2 mesi
Passatelli in brodo.

tttt
COLLI BOLOGNESI P IGNOLETTO CLASSICO VECCHIE VIGNE
2019

tttt
COLLI BOLOGNESI RIESLING LE VAIE
2017

La Mancina
(1964)

Idee nuove e un paio di giovani enologi in pista, con la voglia di sperimentare: questa la ricetta di Francesca Zanetti per cambiare l'approccio agronomico in campo. Nel vigneto si adottano moderni macchinari, operando con lavorazioni sottofila senza diserbo. Si è scelto il sovescio alto, senza interrare il trinciato, che viene poi lasciato in superficie ad arricchire il primo strato di terra. Novità in cantina con fermentazioni spontanee utilizzando lieviti indigeni, sia sul Pignoletto Talea sia sul Merlot Lanciotto. A breve il nuovo Brut con unica fermentazione diretta del mosto in autoclave.

Via Motta, 8 - Montebudello di Monteveglio - 40053 Valsamoggia (BO)
T. 051 832691 | M. info@lamancina.it
www.lamancina.it

Viticoltura: Lotta integrata
Ettari: 16 | **Bottiglie:** 60.000 | **Produzione olearia:** No
Proprietà: Famiglia Zanetti
Cond. enologica: Uva Sapiens
Cond. agronomica: Uva Sapiens
Vendita diretta: Sì | **Visite in azienda:** Sì

tttt
COLLI BOLOGNESI PIGNOLETTO CLASSICO TERRE DI MONTEBUDELLO 2021
Bianco Docg - Grechetto gentile 100%
Alc. 13,5% | € 14 | Bt. 7.000 | Ferm. Acciaio | Mat. Acciaio 12 mesi
Giallo tenue dal profilo smagliante. Naso raffinato su toni di agrumi, mela verde, sentori di gesso, erbe aromatiche, scia mellita. Bocca di volume, arrotondato e potente, ha grande tensione fresco sapida, che lo allunga in una beva saporita e fruttata, a regalare retrogusto lungo al sapor di agrume. San Pietro alla siciliana con dadolata di patate.

tttt
COLLI BOLOGNESI PIGNOLETTO SPUMANTE BRUT 2021
Bianco Docg Metodo Martinotti - Grechetto gentile 100%
Alc. 12% | € 15 | Bt. 5.000 | Ferm. Acciaio | Mat. Acciaio 12 mesi
6 mesi sui lieviti
Torta salata alle zucchine e origano.

ttt
COLLI BOLOGNESI MERLOT LANCIOTTO 2021
Rosso Doc - Merlot 100%
Alc. 12,5% | € 13 | Bt. 5.000 | Ferm. Acciaio | Mat. Cemento 16 mesi
Bigoli con l'anatra.

ttt
LA MANCINA DOSAGGIO ZERO 2017
Bianco Metodo Classico - Chardonnay 100%
Alc. 12% | € 19 | Bt. 2.000 | Ferm. Acciaio | Mat. Acciaio 8 mesi
48 mesi sui lieviti
Flan di zucchine e carote.

tt
COMANDANTE DELLA GUARDIA 2021
Rosso - Cabernet sauvignon 80%, Merlot 20%
Alc. 14% | € 25 | Ferm. Legno | Mat. Legno 18 mesi
Lasagne alla bolognese.

tt
TALEA TERRE DI MONTEBUDELLO 2020
Bianco - Grechetto gentile 100%
Alc. 14% | € 19 | Bt. 1.200 | Ferm. Legno | Mat. Acciaio 24 mesi e Legno 12 mesi
Pollo al curry.

tttt
COLLI BOLOGNESI PIGNOLETTO CLASSICO TERRE DI MONTEBUDELLO
2019 | 2020

ttt
COMANDANTE DELLA GUARDIA
2019 | 2020

La Piana Winery
(1951)

La strada seguita da Mirco Gianaroli per creare vini di qualità, in sintonia con il territorio, è sempre stata quella di praticare un'agricoltura rispettosa dell'ambiente, seguendo i metodi biologici sia in vigna, sia in cantina. Si coltivano esclusivamente vitigni autoctoni come lambrusco grasparossa, malbo gentile, pignoletto e trebbiano di Modena. Da segnalare lo Spumante Metodo Classico Brut Nature Rosé Intuizione 2020 da uve lambrusco grasparossa di Castelvetro che si distingue per la sua dinamicità e un calibrato equilibrio.

Via Ossi, 4/B - 41014 Castelvetro di Modena (MO)
T. 059 790303 | M. agricola.lapiana@virgilio.it
www.lapianawinery.com

Viticoltura: Biologica certificata
Ettari: 8 | **Bottiglie:** 60.000 | **Produzione olearia:** No
Proprietà: Mirco Gianaroli
Cond. enologica: Mirco Gianaroli, Marco Lucchi
Cond. agronomica: Mirco Gianaroli
Vendita diretta: Sì | **Visite in azienda:** Sì

LAMBRUSCO GRASPAROSSA DI CASTELVETRO SPUMANTE BRUT NATURE ROSÉ INTUIZIONE 2020
Rosato Dop Metodo Classico - Lambrusco grasparossa 100%
Alc. 12,5% | € 30 | Bt. 1.020 | Ferm. Acciaio | Mat. Acciaio 5 mesi
24 mesi sui lieviti
Brillante rosa antico con bollicine fini e persistenti. Variegato ventaglio di melagrana, mandarino, rosa selvatica e piccola pasticceria. Assaggio fresco e vibrante, ben equilibrato con attraente chiusura sapida che si riverbera su richiami di scorza d'arancia. Fritto di paranza.

LAMBRUSCO GRASPAROSSA DI CASTELVETRO FONDO PUNTO ZERO 2021
Rosso Dop Metodo Ancestrale - Lambrusco grasparossa 100%
Alc. 12% | € 12 | Bt. 1.500 | Ferm. Acciaio | Mat. Cemento 6 mesi
Cotechino e lenticchie.

MODENA SPUMANTE PAS DOSÈ SOFFIO DI VENERE 2020
Bianco Dop Metodo Classico - Trebbiano modenese 100%
Alc. 11,5% | € 20 | Bt. 2.500 | Ferm. Acciaio | Mat. Cemento 7 mesi
18 mesi sui lieviti
Risotto alla granseola.

LAMBRUSCO GRASPAROSSA DI CASTELVETRO SPUMANTE EXTRA DRY NOI DUE 2022
Rosato Dop Metodo Martinotti - Lambrusco grasparossa 85%, Lambrusco di Sorbara 15%
Alc. 12% | € 15 | Bt. 6.000 | Ferm. Acciaio | Mat. Acciaio 6 mesi
Pizza con fiordilatte e prosciutto crudo.

LAMBRUSCO GRASPAROSSA DI CASTELVETRO MONTEBARELLO 155 CAPRICCIO DI BACCO 2021
Rosso Dop Frizzante - Lambrusco grasparossa 100%
Alc. 12% | € 16 | Bt. 6.000 | Ferm. Acciaio | Mat. Acciaio 6 mesi
Spezzatino di manzo.

LAMBRUSCO GRASPAROSSA DI CASTELVETRO LACRIME DI BOSCO 2022
Rosso Dop Frizzante - Lambrusco grasparossa 100%
Alc. 11% | € 14 | Bt. 15.000 | Ferm. Acciaio | Mat. Acciaio 2 mesi
Bigoli con salsiccia.

LAMBRUSCO GRASPAROSSA DI CASTELVETRO LACRIME DI BOSCO
2021

LAMBRUSCO GRASPAROSSA DI CASTELVETRO PUNTOEACAPO
2019 | 2020

La Tollara
(2003)

L'azienda si è distinta fin dalla sua nascita per l'attenzione al vigneto, sia nel raggiungimento del massimo equilibrio delle viti, sia nella riduzione dei trattamenti. Questo le consente di avere dalle uve la migliore espressione in cantina, di rispettare l'ambiente e tutelare il consumatore. La Tollara si dedica prevalentemente ai vitigni della tradizione piacentina, ma ama spesso proporne interpretazioni originali come il Giorgione, che conquista le Quattro Viti. È un vino da uve croatina appassite in fruttaio che, con un lungo percorso, acquisisce complessità, eleganza e rotondità.

Via Gasperini, 613 - Località Cortina - 29010 Alseno (PC)
T. 331 6357929 | M. info@tollaravini.it
www.tollaravini.it

Viticoltura: A basso impatto ambientale
Ettari: 6,5 | **Bottiglie:** 22.000 | **Produzione olearia:** No
Proprietà: Mariolina e Federica Bolzoni
Cond. enologica: Stefano Testa
Cond. agronomica: Fabio Bernizzoni
Vendita diretta: Sì | **Visite in azienda:** Sì

IL GIORGIONE 2015 (92,5)
Rosso - Croatina 100%
Alc. 15% | € 26 | Bt. 3.000 | Ferm. Acciaio | Mat. Legno 18 mesi
Granato profondo con vividi echi aranciati. Offre un'articolata sequenza di sensazioni di rosa appassita, carruba e frutta secca, ciliegia sotto spirito e cioccolato, rabarbaro e chiodi di garofano. Il gusto è austero e solenne, il tannino è levigato e la freschezza lo accompagna nella bella dissolvenza balsamica. Filetto al vino rosso e scalogno.

COLLI PIACENTINI BARBERA 2020
Rosso Doc - Barbera 100%
Alc. 13,5% | € 15 | Bt. 2.000 | Ferm. Acciaio | Mat. Legno 6 mesi
Involtini di vitello lardellati.

IL GIORGIONE
2013 | 2014

FRA DIAVOLO PASSITO
2014

La Tosa
(1980)

Avanza il progetto, avviato diversi anni fa, dedicato allo studio dei lieviti indigeni ricavati dai vigneti. Con la vendemmia 2022 il 60% dei mosti è stato fermentato da due di questi ceppi autoctoni. I risultati sono stati giudicati soddisfacenti: tali lieviti, oltre a rispettare le caratteristiche varietali, valorizzano alcune note tipiche del territorio. Nella gamma di vini si distingue il Colli Piacentini Sauvignon Ombrasenzombra 2022, caratterizzato da ricchezza nei profumi ed equilibrio, grazie a un'annata che, in quest'area, non è stata molto siccitosa e ha preservato la freschezza.

Località La Tosa - 29020 Vigolzone (PC)
T. 0523 870727 | M. info@latosa.it
www.latosa.it

Viticoltura: Biologica certificata
Ettari: 19 | **Bottiglie:** 110.000 | **Produzione olearia:** No
Proprietà: Ferruccio e Stefano Pizzamiglio
Cond. enologica: Stefano Pizzamiglio, Alberto Passerini
Cond. agronomica: Stefano Pizzamiglio
Vendita diretta: Sì | **Visite in azienda:** Sì

(91)
COLLI PIACENTINI SAUVIGNON OMBRASENZOMBRA 2022
Bianco Doc - Sauvignon 100%
Alc. 13,5% | € 18 | Bt. 15.200 | Ferm. Acciaio | Mat. Acciaio 6 mesi
Paglierino intenso, luminoso, vivace e consistente. Profumi nitidi, varietale di fiore di sambuco, erbe aromatiche, agrumi, nota affumicata. Sorso vivace ed equilibrato con richiami vegetali, il finale lungo e sapido è accompagnato da sbuffi di resine e sansazioni fumé. Filetto di orata in crosta di mandorle e patate.

COLLI PIACENTINI CABERNET SAUVIGNON LUNA SELVATICA 2021
Rosso Doc - Cabernet sauvignon 85%, Merlot 15%
Alc. 14,5% | € 26 | Bt. 8.200 | Ferm. Acciaio | Mat. Acciaio 3 mesi e Legno 12 mesi
Grigliata di carne con salsa barbecue.

MALVASIA PASSITO L'ORA FELICE 2022
Bianco Igt Passito - Malvasia di Candia aromatica 100%
Alc. 12% | € 26 (0,5l) | Bt. 3.100 | Ferm. Acciaio | Mat. Acciaio 5 mesi
Blu di pecora.

GUTTURNIO SUPERIORE TERRE DELLA TOSA 2022
Rosso Doc - Barbera 62%, Croatina 38%
Alc. 14% | € 12 | Bt. 31.000 | Ferm. Acciaio | Mat. Acciaio 6 mesi
Carré di maiale con patate al forno.

GUTTURNIO SUPERIORE VIGNAMORELLO 2021
Rosso Doc - Barbera 60%, Croatina 40%
Alc. 14,5% | € 20 | Bt. 11.600 | Ferm. Acciaio | Mat. Acciaio 3 mesi e Legno 6 mesi
Faraona ripiena con salsa tartufata.

COLLI PIACENTINI MALVASIA SORRISO DI CIELO 2022
Bianco Doc - Malvasia di Candia aromatica 100%
Alc. 13% | € 18 | Bt. 22.500 | Ferm. Acciaio | Mat. Acciaio 5 mesi
Tataki di tonno al sesamo.

COLLI PIACENTINI MALVASIA SORRISO DI CIELO
2020 | 2021

COLLI PIACENTINI CABERNET SAUVIGNON LUNA SELVATICA
2012 | 2015 | 2018

Lini 910
(1910)

Ricerca di eccellenza e voglia di sfidare il tempo sono le prerogative della cantina, soprattutto nella concezione del lambrusco e delle sue vecchie annate, principalmente nella tipologia Spumante Metodo Classico. A oggi, dalla fondazione di nonno Oreste nel 1910, la sede di Correggio ha rappresentato un punto di partenza per sfidare i mercati internazionali, da sempre uno degli obiettivi consolidati per la famiglia Lini, che vede in Fabio e nei figli, l'ideale successione fatta di passione e tradizione.

Via Vecchia Canolo, 7 - Località Canolo - 42015 Correggio (RE)
T. 0522 690162 | M. info@lini910.it
www.lini910.it

Viticoltura: Convenzionale
Ettari: 25 | **Bottiglie:** 400.000 | **Produzione olearia:** No
Proprietà: Famiglia Lini
Cond. enologica: Fabio Lini
Cond. agronomica: Staff aziendale
Vendita diretta: Sì | **Visite in azienda:** Sì

(91)
METODO CLASSICO BIANCO BRUT 2018
Bianco Metodo Classico - Pinot nero 100%
Alc. 12% | € 35 | Bt. 30.000 | 48 mesi sui lieviti
Oro antico impreziosito da bollicine fini e persistenti. Il ventaglio si apre con fragrante pan brioche, albicocche mature, carruba, pinoli, cacao e caramella d'orzo. Personalità e volume al palato regalano frutta secca con scia di caffè e zeste di agrumi che si concedono in un lungo abbraccio aromatico. Pollastra alla birra e cipolle di Tropea.

IN CORREGGIO LAMBRUSCO SCURO 2022
Rosso Igp Metodo Martinotti - Lambrusco Salamino 100%
Alc. 11% | € 13 | Bt. 50.000 | Ferm. Acciaio | Mat. Acciaio 5 mesi
Crostini con paté de foie gras d'anatra.

IN CORREGGIO GRAN CUVÉE DI LAMBRUSCO BRUT 2020
Rosso Igp Metodo Classico - Lambrusco Salamino 100%
Alc. 12% | € 30 | Bt. 10.000 | 36 mesi sui lieviti
Pasta, patate e provola.

IN CORREGGIO LAMBRUSCO ROSÉ 2022
Rosato Igp Metodo Martinotti - Lambrusco di Sorbara 50%, Lambrusco Salamino 50%
Alc. 11% | € 13 | Bt. 50.000 | Ferm. Acciaio | Mat. Acciaio 4 mesi
Frittura di rane e verdure croccanti.

IN CORREGGIO PAS DOSÈ
2017

IN CORREGGIO BRUT BIANCO MILLESIMATO
2016

Cantine Lombardini

(1925)

Nella sede storica del centro di Novellara, dove iniziò la sua avventura Angelo Lombardini, è oggi presente Marco insieme alle figlie Chiara, Cecilia e Virginia e porta avanti la cantina. Una famiglia di imprenditori che si è da sempre distinta per il legame con il territorio e con la sua gente, attraverso progetti e iniziative legate allo sviluppo locale. Per la produzione dei loro vini, vengono scelte principalmente le varietà di lambrusco salamino, marani e maestri a celebrare la tradizione e la vocazione storica della bassa pianura reggiana.

Via Cavour, 15 - 42017 Novellara (RE)
T. 0522 654224 | M. info@lombardinivini.it
www.lombardinivini.it

Viticoltura: Convenzionale
Bottiglie: 600.000 | **Produzione olearia:** No
Proprietà: Marco Lombardini
Cond. enologica: Marco Lombardini
Cond. agronomica: Staff aziendale
Vendita diretta: Sì | **Visite in azienda:** Sì

REGGIANO LAMBRUSCO IL CAMPANONE 2022
Rosso Doc Frizzante - Lambrusco Salamino 80%, Lambrusco Marani 20%
Alc. 11,5% | € 10 | Bt. 300.000 | Ferm. Acciaio | Mat. Acciaio 2 mesi
Porpora profondo dall'incessante spuma violacea. Ciliegia, mora e gelatina di frutti rossi s'alternano alle stille di iris, peonia e viola. Il sorso comincia con la succosità dell'arancia Sanguinella, mantiene uno sviluppo fresco e leggiadro, e si conclude in un tripudio di frutta rossa. Spalla cotta di San Secondo.

LAMBRUSCO DI SORBARA SPUMANTE 1925 BRUT 2022
Rosato Doc Metodo Martinotti - Lambrusco di Sorbara 100%
Alc. 11,5% | € 12 | Bt. 25.000 | Ferm. Acciaio | Mat. Acciaio 2 mesi
Risotto con rape rosse e Gorgonzola.

REGGIANO LAMBRUSCO ROSATO DEL CAMPANONE 2022
Rosato Doc Frizzante - Lambrusco Salamino 80%, Lambrusco di Sorbara 20%
Alc. 11,5% | € 10 | Bt. 50.000 | Ferm. Acciaio | Mat. Acciaio 2 mesi
Prosciutto di San Daniele.

SPERGOLA SPUMANTE 1925 BRUT 2022
Bianco Igp Metodo Martinotti - Spergola 100%
Alc. 1,5% | € 12 | Bt. 20.000 | Ferm. Acciaio
Vellutata di patate e porri.

LAMBRUSCO DI SORBARA C'ERA UNA VOLTA
2021

REGGIANO LAMBRUSCO IL CAMPANONE
2019 | 2020 | 2021

Loschi Enrico

(1960)

La famiglia Loschi già negli anni Sessanta coltivava uva da tavola, poi venne avviata la produzione di vino ottenuto dai vitigni locali. Nel 1990 Enrico prende le redini e diventa protagonista di una grande modernizzazione, che lo porta nel 1993 ad acquistare lo storico podere Ca' Poveri a Bacedasco Alto. L'azienda è stata la prima in Emilia Romagna ad avere il riconoscimento dei propri vigneti come storici ed eroici. Ottima riuscita per l'eccellente Gutturnio Riserva Mea Culpa seguito dal Vin Santo Doppio Passo, due esempi delle grandi potenzialità di questa cantina.

Case Sparse Riva, 10 - Frazione Bacedasco Alto - 29014 Castell'Arquato (PC)
T. 338 8887809 | M. info@loschivini.it
www.loschivini.it

Viticoltura: Convenzionale
Ettari: 13 | **Bottiglie:** 60.000 | **Produzione olearia:** Sì
Proprietà: Enrico Loschi
Cond. enologica: Stefano Torre
Cond. agronomica: Enrico Loschi
Vendita diretta: Sì | **Visite in azienda:** Sì

GUTTURNIO RISERVA MEA CULPA 2019 (91)
Rosso Doc - Barbera 60%, Croatina 40%
Alc. 14,5% | € 15 | Bt. 1.000 | Ferm. Acciaio | Mat. Legno 24 mesi
Rosso rubino con sfumature purpuree e lucenti. Naso integerrimo, con profumi di amarena fresca, frutta tropicale, cenno speziato dolce, ricordi di eucalipto, floreale. Ingresso energico, vivo, persistente e pieno. Tannino integrato, di ottima tessitura. Nel congedo ritorni di amarena e tabacco. Lepre alla cacciatora.

COLLI PIACENTINI VIN SANTO DOPPIO PASSO 2016
Bianco Doc Passito - Malvasia di Candia aromatica 100%
Alc. 11,5% | € 25 (0,375l) | Bt. 1.200 | Ferm. Legno | Mat. Legno 60 mesi
Blu di capra.

LA ROMPIGAROLA 2019
Rosso - Cabernet sauvignon 80%, Barbera 20%
Alc. 14,5% | € 18 | Bt. 1.000 | Ferm. Acciaio | Mat. Legno 24 mesi
Filetto di scottona in sfoglia.

COLLI PIACENTINI MALVASIA FRIZZANTE DONNA ENRICA 2022
Bianco Doc Frizzante - Malvasia di Candia aromatica 100%
Alc. 13% | € 12 | Bt. 4.000 | Ferm. Acciaio | Mat. Acciaio 4 mesi
Trenette al pesto, patate e fagiolini.

Luretta
(1992)

Chi ha le capacità per produrre con costanza vini eccellenti, mantiene uno sguardo attento sulla realtà e sa reagire ai mutamenti. Oltre al riscaldamento climatico, ci sono crescenti difficoltà nel reperire mano d'opera qualificata per il vigneto e Luretta sta cominciando a valutare una diminuzione degli interventi manuali a favore di una maggiore meccanizzazione, col minimo impatto sulla qualità. Ultimamente si è posta nuova attenzione agli spumanti, come conferma l'eccellenza del Brut Rosé On Attend Les Invités 2020. Quattro Viti anche per la splendida Malvasia Passita Le Rane 2018.

Castello di Momeliano - 29010 Gazzola (PC)
T. 0523 971070 | M. info@luretta.com
www.luretta.com

Viticoltura: Biologica certificata
Ettari: 50 | **Bottiglie:** 250.000 | **Produzione olearia:** No
Proprietà: Famiglia Salamini
Cond. enologica: Alberto Faggiani
Cond. agronomica: Staff aziendale
Vendita diretta: Sì | **Visite in azienda:** Sì

(92)

ON ATTEND LES INVITÉS BRUT ROSÉ 2020
Rosato Metodo Classico - Pinot nero 100%
Alc. 13% | € 27 | Bt. 8.000 | Ferm. Acciaio | Mat. Acciaio 6 mesi
36 mesi sui lieviti
Riluce d'oro rosa, punteggiato di fini bollicine. Racconta di frutta, fiori e spezie: ribes, susine, agrumi, caffè d'orzo, liquirizia e sentori tostati. Al gusto presenta una bollicina vivace e cremosa, con un sapore fruttato che si allunga fino a terminare in un ricordo di china. Petto d'anatra laccato al miele.

(91)

COLLI PIACENTINI MALVASIA PASSITA LE RANE 2018
Bianco Doc Passito - Malvasia di Candia aromatica 100%
Alc. 14,5% | € 28 (0,5l) | Bt. 1.670 | Ferm. Acciaio | Mat. Acciaio 9 mesi
Manto oro brillante, regale. Al naso un ampio ventaglio di frutti canditi, zenzero, zafferano, camomilla, erbe medicinali, poi scorza d'arancia, pesca sciroppata e dattero. Sorso delicato che si congeda con un'avvolgente ricchezza. Sostenuto da vivace freschezza si allunga in un'elegante chiusura. Stilton.

COLLI PIACENTINI MALVASIA BOCCADIROSA 2022
Bianco Doc - Malvasia di Candia aromatica 100%
Alc. 14% | € 18 | Bt. 18.200 | Ferm. Acciaio | Mat. Acciaio 9 mesi
Pollo al curry.

PRINCIPESSA BRUT
Bianco Metodo Classico - Chardonnay 100%
Alc. 12,5% | € 19 | Bt. 90.000 | Ferm. Acciaio | Mat. Acciaio 6 mesi
24 mesi sui lieviti
Orata all'acqua pazza.

COLLI PIACENTINI CHARDONNAY SELÍN DL'ARMARI 2021
Bianco Doc - Chardonnay 100%
Alc. 14,5% | € 35 | Bt. 5.140 | Ferm. Legno | Mat. Legno 9 mesi
Guazzetto di fasolari.

COLLI PIACENTINI CABERNET SAUVIGNON CORBEAU 2018
Rosso Doc - Cabernet sauvignon 100%
Alc. 14,5% | € 35 | Bt. 3.200 | Ferm. Legno | Mat. Legno 18 mesi
Fagiano arrosto.

COLLI PIACENTINI MALVASIA BOCCADIROSA
2017 | 2020 | 2021

COLLI PIACENTINI BARBERA CARABAS
2015

Manaresi
(2009)

La cantina domina lo stupendo panorama delle prime colline bolognesi che si affacciano sulla città, e dalle quali si ammira l'altura del Santuario della B.V. di S. Luca. La valorizzazione del Pignoletto, in questo contesto, ha come obiettivo aumentare, in due o tre anni, la superficie vitata a grechetto gentile, per consolidare la presenza di questo vino, simbolo della "bolognesità". Ottengono l'eccellenza l'incredibile Bologna Rosso Controluce 2020, seguito dal sontuoso Pignoletto Classico Superiore 2021, la ricca Flora Italica 2021 e l'affabile Bologna Bianco Duesettanta 2022.

Via Bertoloni, 14 - 40069 Zola Predosa (BO)
T. 335 8032189 | M. info@manaresi.net
www.manaresi.net

Viticoltura: Biologica certificata
Ettari: 12 | **Bottiglie:** 55.000 | **Produzione olearia:** No
Proprietà: Donatella Agostoni Manaresi e Fabio Bottonelli
Cond. enologica: Donatella Agostoni, Emiliano Falsini
Cond. agronomica: Stefano Dini, Fabio Bottonelli
Vendita diretta: Sì | **Visite in azienda:** Sì

(91,5)

COLLI BOLOGNESI BOLOGNA ROSSO CONTROLUCE 2020
Rosso Doc - Cabernet sauvignon 100%
Alc. 15% | € 20 | Bt. 6.600 | Ferm. Acciaio | Mat. Acciaio 10 mesi e Legno 12 mesi
Rubino profondo, denso e lucente. Bouquet che evidenzia spezie dolci e scure, frutta matura e sotto spirito, ciliegia e susina; seguono malie ferrose, polvere di cacao e stilla balsamica. In bocca ha volume, procede con dinamicità ma sempre in equilibrio. Amalgamato e coerente, di lunga persistenza gustativa. Carré d'agnello al timo e lardo di Colonnata.

COLLI BOLOGNESI PIGNOLETTO CLASSICO SUPERIORE 2021
Bianco Docg - Grechetto gentile 100%
Alc. 14% | € 13 | Bt. 6.600 | Ferm. Acciaio | Mat. Acciaio 11 mesi
Coniglio in umido alle erbe aromatiche.

COLLI BOLOGNESI BARBERA FLORA ITALICA 2021
Rosso Doc - Barbera 100%
Alc. 14,5% | € 18 | Bt. 3.300 | Ferm. Acciaio | Mat. Acciaio 10 mesi e Legno 12 mesi
Cinghiale arrosto con castagne.

COLLI BOLOGNESI BOLOGNA BIANCO DUESETTANTA 2022
Bianco Doc - Sauvignon 50%, Chardonnay 40%, Grechetto gentile 10%
Alc. 13,5% | € 14 | Bt. 6.600 | Ferm. Acciaio | Mat. Acciaio 6 mesi
Crespelle con asparagi e ricotta salata.

COLLI BOLOGNESI PIGNOLETTO FRIZZANTE 2022
Bianco Docg Frizzante - Grechetto gentile 100%
Alc. 11,5% | € 12 | Bt. 21.000 | Ferm. Acciaio | Mat. Acciaio 4 mesi
Filetti di trota al vapore con maionese.

ROSATO 2022
Rosato Igt - Barbera 100%
Alc. 13,5% | € 13 | Bt. 3.300 | Ferm. Acciaio | Mat. Acciaio 3 mesi
Torta salata alle zucchine e origano.

COLLI BOLOGNESI PIGNOLETTO CLASSICO SUPERIORE
2020

COLLI BOLOGNESI BOLOGNA ROSSO CONTROLUCE
2019

Marengoni
(1920)

Fu Silvio Marengoni, nonno dell'attuale proprietario, a fondare l'azienda nei lontani anni Venti del Novecento. A distanza di cent'anni, la valorizzazione dei vigneti e del territorio si lega alla scelta di usare prodotti ecocompatibili, che hanno portato nel 2020 alla certificazione del regime biologico. I terreni a prevalenza argilloso-limosa regalano ai vini una vibrante freschezza a cui si accompagna una grande potenza aromatica, caratteristiche che permettono di affiancare all'importante produzione di rossi anche bianchi molto interessanti.

Località Casa Bianca, 1 - 29028 Ponte dell'Olio (PC)
T. 0523 877229 | M. info@vinimarengoni.com
www.vinimarengoni.com

Viticoltura: Biologica
Ettari: 11 | **Bottiglie:** 45.000 | **Produzione olearia:** No
Proprietà: Silvio Marengoni
Cond. enologica: Lino Marengoni, Fausto Borghi
Cond. agronomica: Silvio Marengoni, Flavio Marengoni
Vendita diretta: Sì | **Visite in azienda:** Sì

COLLI PIACENTINI BARBERA LE SORLINE 2021
Rosso Doc - Barbera 100%
Alc. 14,5% | € 16 | Bt. 1.400 | Ferm. Cemento | Mat. Cemento 12 mesi
Manto rosso rubino. All'olfatto emergono intrecci di rabarbaro e visciola, seguiti da china e mallo di noce, con violetta e tamarindo. L'ingresso al palato mette in evidenza buona freschezza, con un centro bocca tannico e un finale di piccoli frutti di bosco. Quaglie alla cacciatora.

GUTTURNIO SUPERIORE MIGLIORINA 2022
Rosso Doc - Barbera 60%, Croatina 40%
Alc. 14% | € 12 | Bt. 9.000 | Ferm. Cemento | Mat. Cemento 8 mesi
Rosticciana.

GUTTURNIO FRIZZANTE G842 2022
Rosso Doc Metodo Martinotti - Barbera 60%, Croatina 40%
Alc. 13,5% | € 9 | Bt. 15.000 | Ferm. Cemento | Mat. Acciaio 6 mesi
Paccheri con salsa di pomodoro e basilico.

COLLI PIACENTINI ORTRUGO FRIZZANTE 2022
Bianco Doc Metodo Martinotti - Ortrugo 100%
Alc. 12,5% | € 9 | Bt. 9.000 | Ferm. Acciaio | Mat. Acciaio 4 mesi
Verdure pastellate.

CHARDONNAY LEPRI 2022
Bianco Igt - Chardonnay 100%
Alc. 13,5% | € 12 | Bt. 1.200 | Ferm. Legno e Acciaio | Mat. Acciaio 6 mesi
Gulasch di manzo alla paprica dolce.

COLLI PIACENTINI CABERNET SAUVIGNON BASTIANI
2010

GUTTURNIO SUPERIORE MIGLIORINA CENTENARIO
2020

Mattarelli Vini
(1964)

Dai primi anni Sessanta, Mattarelli Vini è un punto di riferimento per l'enologia del territorio ferrarese. Attualmente le redini sono affidate alla quarta generazione, che continua con migliorie e investimenti: in vigna con la conversione al biologico, in cantina con un approccio sempre più "green". La filosofia di lavoro propone vini prodotti da vitigni autoctoni del territorio, dove il portabandiera è il vitigno fortana: tradizionalmente elaborato fermo o frizzante secco, nel 2009 è stata la prima azienda a proporre sul mercato una versione di grande fascino, spumantizzata e rosé.

Via della Vite, 2 - 44049 Vigarano Pieve (FE)
T, 0532 43123 | M. info@mattarelli-vini.it
www.mattarelli-vini.it

Viticoltura: Convenzionale e biologica
Ettari: 8 | **Bottiglie:** 240.000 | **Produzione olearia:** No
Proprietà: Famiglia Mattarelli
Cond. enologica: Enzo Mattarei
Cond. agronomica: Staff aziendale
Vendita diretta: Sì | **Visite in azienda:** Sì

ROSAPERCHIOSA BRUT 2022
Rosato Metodo Martinotti - Fortana 100%
Alc. 11,5% | € 15 | Bt. 2.000 | Ferm. Acciaio | 6 mesi sui lieviti
Corrusca livrea rosea, movimentata da fini catenelle. Esuberanze di mandarino, ribes rossi e lamponi freschi, sono arricchite da sbuffi floreali di peonia, limoncella e fragranza di pane. Assaggio arrotondato e sinuoso, prosegue vitale, goloso e saporito. Regala estensioni saline e agrumate. Tartare di tonno.

ROSA X EMY BRUT 2022
Rosato Metodo Martinotti - Fortana 100%
Alc. 11,5% | € 14 | Bt. 16.000 | Ferm. Acciaio | 8 mesi sui lieviti
Frittura di calamari, gamberi e zucchine.

3 X BE' BRUT 2021
Rosato Metodo Ancestrale - Russiola 40%, Fortana 30%, Pinot nero 30%
Alc. 11,5% | € 12 | Bt. 800 | Ferm. Acciaio | 14 mesi sui lieviti
Sformato di patate e prosciutto cotto.

BOSCO ELICEO FORTANA 2022
Rosso Doc Frizzante - Fortana 100%
Alc. 11% | € 8 | Bt. 9.000 | Ferm. Acciaio | Mat. Acciaio 2 mesi
2 mesi sui lieviti
Anguilla ai ferri.

Monte delle Vigne
(1983)

I vini prodotti sono il modo di raccontare la biodiversità dei Colli di Ozzano Taro: i vigneti si estendono tra il Parco Fluviale del Taro e il Parco Naturale dei Boschi di Carrega, rinfrescati dalla brezza che proviene dal Passo della Cisa, dove, barbera e malvasia di Candia aromatica sono i protagonisti. Quest'anno ci ha favorevolmente colpito Nabucco 2020 da uve barbera con una piccolissima percentuale di merlot: potente e aggraziato. Anche Ginestra 2021, ottenuto da malvasia di Candia aromatica, vinificato in acciaio, fresco ed elegante, si pone in evidenza valorizzando il vitigno.

Via Monticello, 22 - Frazione Ozzano Taro - 43044 Collecchio (PR)
T. 0521 309704 | M. info@montedellevigne.it
www.montedellevigne.it

Viticoltura: Biologica
Ettari: 40 | **Bottiglie:** 250.000 | **Produzione olearia:** No
Proprietà: Paolo Pizzarotti
Cond. enologica: Andrea Bonini
Cond. agronomica: Andrea Bonini
Vendita diretta: Sì | **Visite in azienda:** Sì

COLLI DI PARMA NABUCCO 2020
Rosso Doc - Barbera 90%, Merlot 10%
Alc. 14,5% | € 27 | Bt. 9.000 | Ferm. Acciaio | Mat. Legno 12 mesi
Ornamenti granato sul rubino vivace. Il bouquet speziato di vaniglia e cannella, intrecciato a caramello e liquirizia, accompagna frutta in confettura, cioccolato e caramella mou. La freschezza di bocca è la dote migliore in un assaggio di bella continuità, con tannini di trama gentile. Stracotto d'asino.

COLLI DI PARMA MALVASIA GINESTRA 2022
Bianco Doc - Malvasia di Candia aromatica 100%
Alc. 13% | € 11 | Bt. 10.000 | Ferm. Acciaio | Mat. Acciaio 6 mesi
Risotto agli asparagi e provola affumicata.

COLLI DI PARMA MALVASIA CALLAS 2022
Bianco Doc - Malvasia di Candia aromatica 100%
Alc. 13,5% | € 22 | Bt. 8.000 | Ferm. Acciaio e Terracotta | Mat. Acciaio 6 mesi e Terracotta 6 mesi
Frittata di ortiche.

COLLI DI PARMA BARBERA BRUSATA 2021
Rosso Doc - Barbera 100%
Alc. 14% | € 11 | Bt. 10.000 | Ferm. Acciaio | Mat. Acciaio 12 mesi
Tagliatelle al ragù.

LAMBRUSCO SPUMANTE BRUT RIOVALLI 2022
Rosso Igt Metodo Martinotti - Lambrusco Maestri 85%, Lambrusco grasparossa 15%
Alc. 11,5% | € 12 | Bt. 15.000 | Ferm. Acciaio
Minestra di riso, patate, porri, sedano e speck.

COLLI DI PARMA LAMBRUSCO I CALANCHI 2022
Rosso Doc Frizzante - Lambrusco Maestri 100%
Alc. 12% | € 12 | Bt. 13.000 | Ferm. Acciaio
Salame felino.

COLLI DI PARMA CABERNET FRANC IL CHIUSO
2020

NABUCCO
2019

Monteverdi
(2019)

Nel dicembre 2019 la famiglia Monteverdi rileva l'azienda Lombardelli per proseguire l'attività vitivinicola nel territorio. Dopo incessanti ricerche e perfezionamenti, è su queste colline, a Ponte dell'Olio, lungo il Torrente Nure, sotto il cielo di notti limpide e stellate di infinita bellezza che nasce la linea Galileo, dedicata al grande scienziato. I vini portano infatti i nomi di stelle. L'ultimo nato della cantina è Maia, Gutturnio Superiore 2021 con fermentazione in acciaio e successiva elevazione in legno. Vino dal sorso caratteristico, che esprime personalità territoriale.

Via Montegrappa, 23 - 29028 Ponte dell'Olio (PC)
T. 0523 877254 | M. info@monteverdiagricola.it
www.monteverdiagricola.it

Viticoltura: Lotta integrata
Ettari: 28 | **Bottiglie:** 70.000 | **Produzione olearia:** No
Proprietà: Monteverdi Società Agricola
Cond. enologica: Michel Vitali
Cond. agronomica: Staff aziendale
Vendita diretta: Sì | **Visite in azienda:** Sì

GUTTURNIO SUPERIORE MAIA 2021
Rosso Doc - Barbera 60%, Bonarda 40%
Alc. 14% | € 10 | Bt. 6.000 | Ferm. Acciaio | Mat. Legno 7 mesi
Consistente e dalle tonalità in evoluzione, preannuncia un olfatto coerente con l'aspetto: dai profumi evoluti di speziatura, pepe nero, cioccolato, cacao e cuoio che fanno da cornice a sensazioni eteree di smalto. Assaggio caldo, morbido e giustamente tannico, con una chiusura che richiama la confettura di susine. Straccetti di cavallo.

COLLI PIACENTINI CABERNET SAUVIGNON CELENO 2020
Rosso Doc - Cabernet sauvignon 100%
Alc. 14% | € 12 | Bt. 3.000 | Ferm. Acciaio
Filetto di cervo ai mirtilli.

COLLI PIACENTINI MALVASIA ELETTRA 2020
Bianco Doc - Malvasia di Candia aromatica 100%
Alc. 12% | € 12 | Bt. 2.000 | Ferm. Acciaio | Mat. Legno 7 mesi
Tacchinella ripiena su letto di patate.

Mossi 1558
(2002)

L'azienda ha consolidato le tecniche acquisite negli ultimi anni: in vigna applica la lotta integrata, non usa diserbanti, opera meccanicamente nelle lavorazioni sottofila e riduce al minimo i trattamenti grazie a modelli di previsione basati sui dati registrati da centraline meteo. In cantina, pur intervenendo il meno possibile, si ottengono vini e mosti di ottima pulizia e qualità, grazie all'uso consapevole di tecnologie d'avanguardia. Emerge il Gutturnio Classico Congedo Riserva 2016, vino pieno, ricco, dotato dell'equilibrio tipico della sua annata, tra le migliori dell'ultimo decennio.

Frazione Albereto, 80 - 29010 Ziano Piacentino (PC)
T. 0523 860201 | M. info@mossi1558.com
www.mossi1558.com

Viticoltura: Lotta integrata
Ettari: 75 | **Bottiglie:** 450.000 | **Produzione olearia:** No
Proprietà: Famiglia Profumo
Cond. enologica: Stefano Testa
Cond. agronomica: Fabio Bernizzoni
Vendita diretta: Sì | **Visite in azienda:** Sì

GUTTURNIO CLASSICO CONGEDO RISERVA 2016
Rosso Doc - Barbera 70%, Croatina 30%
Alc. 14,5% | € 17 | Bt. 4.000 | Ferm. Acciaio | Mat. Acciaio 24 mesi e Legno 24 mesi
Ha il colore degli arilli maturi, è denso nel bicchiere. Esordisce con ciliegia e prugna sotto spirito, poi polvere di caffè, vaniglia, anice stellato e tamarindo. Al gusto è pieno ed equilibrato, si sviluppa su note terziarie, presenta un tannino serico e chiude caldo con allusioni di frutta sotto spirito. Cinghiale in umido.

COLLI PIACENTINI BONARDA FRIZZANTE AMABILE INDOMITA 2022
Rosso Doc Frizzante - Croatina 100%
Alc. 11,5% | € 9 | Bt. 180.000 | Ferm. Acciaio
Coniglio alla cacciatora.

SEMI CROMA BRUT ROSÉ
Rosato Metodo Martinotti - Malvasia rosa 70%, Pinot nero 30%
Alc. 11,5% | € 17 | Bt. 2.000 | Ferm. Acciaio
Pizza con bufala e pomodorini.

COLLI PIACENTINI BONARDA SFACCIATO
2021

COLLI PIACENTINI MALVASIA BACIAMANO
2021

Oinoe
(2013)

Oltre a quelli di proprietà, i dieci ettari di vigneto in affitto sono piantumati prevalentemente a malvasia di Candia aromatica e barbera. Siamo tra Ozzano Taro e Spagnano, sulla riva destra del Fiume Taro, a circa 250 metri di altitudine. Valle rinfrescata dalla brezza che proviene dal Monte Prinzera che la sovrasta; qui nasce la linea Bio di Oinoe denominata Brezza di Monte. Viene presentata in questa linea, come prima annata, la Malvasia 2021 che nasce da raccolta manuale, pigiatura soffice, fermentazione e affinamento in acciaio, per preservare le caratteristiche aromatiche del vitigno.

Strada dei Ronconi, 23 - Località Guardasone - 43029 Traversetolo (PR)
T. 0521 842680 | M. info@oinoevini.it
www.oinoevini.it

Viticoltura: Certificazione SQNPI
Ettari: 35 | **Bottiglie:** 200.000 | **Produzione olearia:** No
Proprietà: Alex Cerioli
Cond. enologica: Alberto Grasselli
Cond. agronomica: Alessandro Fioni
Vendita diretta: Sì | **Visite in azienda:** Sì

91

COLLI DI PARMA MALVASIA BREZZA DI MONTE 2021
Bianco Doc - Malvasia di Candia aromatica 100%
Alc. 14% | € 14 | Bt. 2.600 | Ferm. Acciaio | Mat. Acciaio 6 mesi
Giallo paglierino pieno e solare. Olfatto leggiadro di bergamotto, cedro, ananas acerbo ed erbe aromatiche, salvia, menta e origano, seguono fiori di acacia e tiglio. Frutti morbidi e polposi al palato, si integrano nei richiami freschi e sapidi che lo rendono equilibrato e di buona lunghezza gustativa. Ravioli di ricotta e spinaci.

LAMBRUSCO DEL VIADANESE 2021
Rosso Igt Frizzante - Lambrusco viadanese 100%
Alc. 12% | € 8 | Bt. 6.000 | Ferm. Acciaio | Mat. Acciaio 6 mesi
Costolette di maiale alla brace.

COLLI DI PARMA MALVASIA ANFORA 2022
Bianco Doc - Malvasia di Candia aromatica 100%
Alc. 13% | € 23 | Bt. 1.600 | Ferm. Terracotta | Mat. Terracotta 6 mesi
Coda di rospo gratinata.

COLLI DI PARMA MALVASIA 4.0 REA 2022
Bianco Doc - Malvasia di Candia aromatica 100%
Alc. 15% | € 13 | Bt. 2.500 | Ferm. Acciaio
Coniglio in umido alle erbe aromatiche.

COLLI DI PARMA LAMBRUSCO 15.0 MESTOR 2021
Rosso Dop Frizzante - Lambrusco Maestri 100%
Alc. 12% | € 10 | Bt. 4.000 | Ferm. Acciaio
Carré di maiale alle prugne.

COLLI DI PARMA MALVASIA 4.0 REA
2021

CERIOLI X BRUT
2017 | 2018

Gianfranco Paltrinieri
(1926)

Paltrinieri è sempre fra le prime realtà che vengono in mente quando si parla del lambrusco di Sorbara. Questa solida fama è frutto dell'impegno di tre generazioni e dell'intuizione di Alberto Paltrinieri che per primo lo propose in purezza, più di un ventennio fa, aprendo una nuova e feconda strada. Le vigne, allevate a GDC e Sylvoz, si trovano nel cuore vocato della denominazione, su terreni sciolti, freschi e limosi, e sono condotte in consociazione con il lambrusco salamino. Massima attenzione in vigna e in cantina portano a vini di grande personalità, veri riferimenti della denominazione.

Via Cristo, 49 - Frazione Cristo di Sorbara - 41030 Bomporto (MO)
T. 059 902047 | M. info@cantinapaltrinieri.it
www.cantinapaltrinieri.it

Viticoltura: Biologica e lotta integrata
Ettari: 17 | **Bottiglie:** 160.000 | **Produzione olearia:** No
Proprietà: Alberto Paltrinieri
Cond. enologica: Leonardo Conti, Attilio Pagli
Cond. agronomica: Stefano Dini, Dario Ceccatelli
Vendita diretta: Sì | **Visite in azienda:** Sì

LAMBRUSCO DI SORBARA LECLISSE 2022
Rosso Doc Frizzante - Lambrusco di Sorbara 100%
Alc. 11,5% | € 13 | Bt. 30.000 | Ferm. Acciaio | Mat. Acciaio 3 mesi
Vivace fiore di pesco con mousse generosa e fugace. Esuberante incipit fruttato di pompelmo rosa, fragolina e ribes, poi petali di rosa, lavanda e menta fresca. Ingresso energico di grande freschezza, sviluppo fruttato e succoso, invitante chiusura sapida su freschi risvolti agrumati. Tigelle e salumi.

LAMBRUSCO DI SORBARA SPUMANTE BRUT LARISERVA 2021
Rosso Doc Metodo Martinotti - Lambrusco di Sorbara 100%
Alc. 12% | € 15 | Bt. 6.000 | Ferm. Acciaio | Mat. Acciaio 12 mesi
Pizza fritta con provola e salsiccia.

LAMBRUSCO DI SORBARA PIRIA 2022
Rosso Doc Frizzante - Lambrusco di Sorbara 70%, Lambrusco Salamino 30%
Alc. 11,5% | € 9 | Bt. 25.000 | Ferm. Acciaio | Mat. Acciaio 3 mesi
Pasta e fagioli.

LAMBRUSCO DI SORBARA SANT'AGATA BIO 2022
Rosso Doc Frizzante - Lambrusco di Sorbara 100%
Alc. 11% | € 11 | Bt. 20.000 | Ferm. Acciaio | Mat. Acciaio 3 mesi
Strudel di porcini e zucca con crema al parmigiano.

SOLCO 2022
Rosso Igt Frizzante - Lambrusco Salamino 100%
Alc. 11% | € 10 | Bt. 30.000 | Ferm. Acciaio | Mat. Acciaio 3 mesi
Crostata alle ciliegie.

LAMBRUSCO DI SORBARA RADICE
2019

LAMBRUSCO DI SORBARA LECLISSE
2020

Cantina Puianello
(1938)

Cantina sociale nata negli anni Trenta, grazie all'intento di cinque uomini che decidono di unirsi per condividere un progetto. Ancora oggi, sebbene i protagonisti siano decisamente aumentati, lo statuto stabilisce l'impiego di sole uve provenienti dai soci conferitori. I vigneti sono tutti collocati nella prima collina reggiana fra Scandiano, San Polo, Canossa, Vezzano, Montecavolo e Albinea. L'azienda opera con successo sia in Italia sia sui mercati esteri, dove commercializza prevalentemente vini da uve autoctone, utilizzando vendemmie manuali e rigorosi controlli di qualità.

Via Carlo Marx, 19/A - Località Puianello - 42020 Quattro Castella (RE)
T. 0522 889120 | M. info@cantinapuianello.it
www.cantinapuianello.it

Viticoltura: Convenzionale e biologica certificata
Ettari: 200 | **Bottiglie:** 1.300.000 | **Produzione olearia:** No
Proprietà: Cooperativa di produttori
Cond. enologica: Alberto Grasselli
Cond. agronomica: Alberto Grasselli
Vendita diretta: Sì | **Visite in azienda:** Sì

92

COLLI DI SCANDIANO E DI CANOSSA LAMBRUSCO MONTERICCO ROSA MATILDE 2022
Rosato Doc Frizzante - Lambrusco Montericco 100%
Alc. 11% | € 9 | Bt. 4.000 | Ferm. Acciaio
Giocose sfumature lampone con spuma copiosa. Profumi intensi e fini di felce, erba tagliata, ribes rosso, prugnolo, scorza di agrumi e delicata anguria. Elegantemente fresco, dalla vena iodata, mantiene vivo un frutto rosso stuzzicante dalla chiusura golosa. Prosciutto di Parma 36 mesi.

92

REGGIANO LAMBRUSCO SPUMANTE BRUT L'INCONTRO 2022
Rosso Doc Metodo Martinotti - Lambrusco Maestri 45%, Lambrusco Marani 45%, Ancellotta 5%, Malbo gentile 5%
Alc. 11% | € 10 | Bt. 6.000 | Ferm. Acciaio
Colore impenetrabile che ricorda la mora. Note di mirtilli, ribes, ciliegie macerate, violetta, cenni di fresia e di menta. Il tannino segna l'assaggio, con l'acidità che prolunga la persistenza, con ricordo di ginger ed erbe officinali. Carpaccio di chianina e insalata di porcini.

COLLI DI SCANDIANO E DI CANOSSA LAMBRUSCO MONTERICCO AMARCORD 2022
Rosso Doc Frizzante - Lambrusco Montericco 100%
Alc. 11% | € 8 | Bt. 10.000 | Ferm. Acciaio. Crostini con paté de foie gras d'oca.

COLLI DI SCANDIANO E DI CANOSSA SPERGOLA ROCCA BIANELLO 2022
Bianco Doc Frizzante - Spergola 100%
Alc. 11% | € 8 | Bt. 24.000 | Ferm. Acciaio | Mat. Acciaio 4 mesi
Sformato di patate e prosciutto cotto.

REGGIANO LAMBRUSCO CONTRADA BORGOLETO 2022
Rosso Doc Frizzante - Lambrusco Maestri 30%, Lambrusco Marani 30%, Lambrusco Salamino 30%, Ancellotta 10%
Alc. 9,5% | € 8 | Bt. 18.000 | Ferm. Acciaio. Filetto di capriolo ai mirtilli.

COLLI DI SCANDIANO E DI CANOSSA SPERGOLA ANCESTRALE BIANCO 2022
Bianco Doc Metodo Ancestrale - Spergola 100%
Alc. 11% | € 12 | Bt. 3.000 | Ferm. Acciaio. Risotto con zucchine, fiori di zucca e zafferano.

COLLI DI SCANDIANO E DI CANOSSA SPERGOLA ANCESTRALE BIANCO
2020

COLLI DI SCANDIANO E DI CANOSSA LAMBRUSCO MONTERICCO ROSA MATILDE
2021

Quintopasso
(2010)

Quintopasso rimanda ai cinque cugini della quinta generazione della famiglia Chiarli, che guidano questa realtà dedicata esclusivamente al Metodo Classico. Il protagonista assoluto non può che essere il lambrusco di Sorbara, proposto in purezza o in cuvée con lo chardonnay. Dalla proprietà in Sozzigalli, di matrice limoso-sabbiosa, proviene il Sorbara, mentre lo chardonnay è coltivato in un singolo vigneto sui colli bolognesi agronomicamente impostato per basi spumante. Il massimo dettaglio in ogni fase produttiva porta a vini impeccabili dai quali emerge la grande potenzialità del Sorbara.

Via Canale, 267- Frazione Sozzigalli - 41019 Soliera (MO)
T. 059 3163311 | M. info@quintopasso.com
www.quintopasso.it

Viticoltura: Convenzionale
Ettari: 12 | **Bottiglie:** 40.000 | **Produzione olearia:** No
Proprietà: Famiglia Chiarli
Cond. enologica: Michele Faccin
Cond. agronomica: Filippo Mattioli
Vendita diretta: No | **Visite in azienda:** No

LAMBRUSCO DI SORBARA SPUMANTE QUINTOPASSO MAESTRO 2020
Rosso Doc Metodo Classico - Lambrusco di Sorbara 100%
Alc. 12% | € 17 | Bt. 5.000 | Ferm. Acciaio | Mat. Acciaio 7 mesi
30 mesi sui lieviti
Sfavillante rosa salmone, perlage fine e durevole. Ricco bouquet. Espressioni di rosa canina, melagrana, gelatina di fragole, poi spunti di rosmarino, panna, yogurt alla fragola. Approccio avvincente, fresco, dinamico, si mantiene saporito e croccante nel frutto sino alla dissolvenza aromatica. Salmone al timo.

MODENA BRUT ROSÉ QUINTOPASSO 2017
Rosato Doc Metodo Classico - Lambrusco di Sorbara 100%
Alc. 12% | € 20 | Bt. 12.000 | Ferm. Acciaio | Mat. Acciaio 7 mesi
30 mesi sui lieviti
Spalla cotta di San Secondo.

QUINTOPASSO BRUT CUVÉE PARADISO 2016
Bianco Metodo Classico - Chardonnay 80%, Lambrusco di Sorbara 20%
Alc. 12,5% | € 18 | Bt. 12.000 | Ferm. Acciaio | Mat. Acciaio 7 mesi
30 mesi sui lieviti
Lasagnette con ragù di coniglio e crema di piselli.

MODENA BRUT ROSÉ QUINTOPASSO
2014 | 2016

QUINTOPASSO PAS DOSÉ BRUT
2017

Righi
(1961)

L'attuale sistema informatizzato voluto dal suo fondatore, Gaetano Righi, è divenuto lo strumento per supportare la tracciabilità del prodotto e il controllo sulla filiera. L'azienda punta alla valorizzazione dei vitigni locali quali lambrusco grasparossa, lambrusco di Sorbara, lambrusco salamino, grechetto gentile, montuni e trebbiano, senza trascurare tuttavia l'albana dalla vicina Romagna. Un recente studio sulle zonazioni ha permesso di aumentare la qualità, lavorando sui territori più vocati per donare maggiore tipicità e personalità ai vini.

Via Brodolin , 24 - 42123 Campegine (RE)
T. 0522 905711 | M. info@riuniteciv.it
www.vinirighi.com

Viticoltura: Biologica e lotta integrata
Bottiglie: 3.100.000 | **Produzione olearia:** No
Proprietà: Cantine Riunite & Civ
Cond. enologica: Staff aziendale
Cond. agronomica: Staff aziendale
Vendita diretta: No | **Visite in azienda:** No

LAMBRUSCO DI SORBARA SECCO GAETANO RIGHI
Rosso Doc Frizzante - Lambrusco di Sorbara 100%
Alc. 11% | € 6 | Bt. 180.000 | Ferm. Acciaio
Corallo luminoso, compatto, dalla vivida spuma rosata. Al naso si presenta vigoroso, con presenze di pompelmo rosa, ribes, rosa selvatica, tocchi minerali e balsamici. Bocca decisa e saporita, con carbonica finemente percettibile. Regala una chiusura agrumata, fine e di buona lunghezza. Hamburger di manzo con Montasio fuso.

LAMBRUSCO GRASPAROSSA DI CASTELVETRO AMABILE RIGHI
Rosso Doc Frizzante - Lambrusco grasparossa 100%
Alc. 8% | € 6 | Bt. 53.000 | Ferm. Acciaio
Canapè di pasta sfoglia al formaggio.

PIGNOLETTO SPUMANTE BRUT RIGHI
Bianco Doc Metodo Martinotti - Grechetto gentile 100%
Alc. 11% | € 7 | Bt. 160.000 | Ferm. Acciaio | Mat. Acciaio 3 mesi
Gazpacho.

LAMBRUSCO DI MODENA SPUMANTE DRY NOTTURNO
Rosso Doc Metodo Martinotti - Lambrusco grasparossa 50%, Lambrusco Salamino 40%, Lambrusco Maestri 10%
Alc. 10,5% | € 7 | Bt. 47.000 | Ferm. Acciaio
Guancia di vitello in umido.

LAMBRUSCO GRASPAROSSA DI CASTELVETRO SECCO RIGHI
Rosso Doc Frizzante - Lambrusco grasparossa 100%
Alc. 11% | € 6 | Bt. 60.000 | Ferm. Acciaio
Risotto alla milanese con ossobuco.

LAMBRUSCO DI SORBARA SECCO GAETANO RIGHI
S.A.

LAMBRUSCO DI MODENA SPUMANTE DRY NOTTURNO
S.A.

Rinaldini
(1972)

Fondata da Rinaldo Rinaldini negli anni Sessanta, la cantina è da sempre votata alla tradizione, improntata alla valorizzazione di vitigni autoctoni, mantenendo un approccio curioso e innovativo. Un'azienda familiare che nel tempo ha lavorato per ricercare un rinnovamento tecnico, salvaguardando l'ambiente e la micro fauna del territorio locale. Diventata campo madre del picol ross, raro vitigno della zona, l'azienda ha nelle figure di Paola Rinaldini, suo marito Marco e suo figlio Luca, i tre principali riferimenti.

Via Andrea Rivasi, 27 - Frazione Calerno - 42049 Sant'Ilario d'Enza (RE)
T. 0522 679190 | M. info@rinaldinivini.it
www.rinaldinivini.it

Viticoltura: Lotta integrata
Ettari: 15,5 | **Bottiglie:** 100.000 | **Produzione olearia:** No
Proprietà: Paola Rinaldini
Cond. enologica: Luca Zavarise, Marco Melegari
Cond. agronomica: Luca Casoli, Luca Melegari
Vendita diretta: Sì | **Visite in azienda:** Sì

(95)

MORO DEL MORO 2018
Rosso Igp Passito - Ancellotta 50%, Lambrusco 50%
Alc. 14,5% | € 26 | Bt. 4.000 | Ferm. Acciaio | Mat. Acciaio 18 mesi e Legno 18 mesi
Rosso rubino profondo che tratteggia placide movenze. Risvolti di cannella, chiodi di garofano, frutta rossa macerata, polvere di liquirizia e incenso conducono a un ampio volume in bocca, pregiato e capace di esprimere tannini levigati, regalando un eccellente equilibrio gustativo e una splendida lunghezza. Stracotto di manzo all'Amarone.

LAMBRUSCO SPUMANTE BRUT PJCOL ROSS 2022
Rosso Igp Metodo Classico - Lambrusco 100%
Alc. 11,5% | € 10 | Bt. 10.000 | Ferm. Acciaio | 24 mesi sui lieviti
Pennette con pesto alla trapanese.

R'OSÉ LAMBRUSCO 2022
Rosato Igp Frizzante - Lambrusco Marani 100%
Alc. 11,5% | € 9 | Bt. 6.000 | Ferm. Acciaio e Cemento
Bruschetta al pomodoro.

DEL PICCHIO 2019
Rosso Igp - Lambrusco Maestri 90%, Ancellotta 10%
Alc. 13,5% | € 15 | Bt. 6.000 | Ferm. Acciaio | Mat. Legno 18 mesi
Cinghiale in umido.

LAMBRUSCO VECCHIO MORO 2022
Rosso Igp Frizzante - Lambrusco Maestri 85%, Ancellotta 15%
Alc. 12% | € 10 | Bt. 46.000 | Ferm. Acciaio e Cemento
Lombata di vitello su letto di cipolline saltate.

MORO DEL MORO
2016

LAMBRUSCO VECCHIO MORO
2016 | 2017 | 2021

Tenuta Bonzara
(1963)

Silvia Lambertini, in accordo con la famiglia, ha preso le redini dell'azienda con il preciso intento di dare continuità all'attuale stile produttivo. Il personale di cantina è stato potenziato con l'ausilio di due giovani enologi bolognesi attualmente in formazione, coadiuvati da consulenti agronomi toscani di esperienza. Si punta su tre pilastri: trattamenti mirati in vigna, nuove cimatrici specializzate per il sottofila, vendemmia manuale. Risultati in crescita per il vitigno negrettino, in qualità e quantità. In progetto una nuova etichetta a base sauvignon blanc.

Via San Chierlo, 37/A - Località San Chierlo - 40050 Monte San Pietro (BO)
T. 335 8110018 | M. info@bonzara.it
www.bonzara.it

Viticoltura: Convenzionale
Ettari: 14 | **Bottiglie:** 70.000 | **Produzione olearia:** No
Proprietà: Famiglia Lambertini
Cond. enologica: Staff aziendale
Cond. agronomica: Marco Pierucci
Vendita diretta: Sì | **Visite in azienda:** Sì

(91,5)

COLLI BOLOGNESI MERLOT ROCCA DI BONACCIARA 2020
Rosso Doc - Merlot 100%
Alc. 14,5% | € 30 | Bt. 1.300 | Ferm. Acciaio | Mat. Legno 12 mesi
Carminio denso e vivido. Intenso e stratificato. Ribes nero e mirtilli con ricordi di tabacco, cioccolato bianco, chiodi di garofano e noce moscata. Sorso largo, solido strutturato e potente. Lenta progressione, perfetta sinergia tra freschezza e tannino fitto e giovanile. Allungo fruttato dai cenni pepati. Gulasch di cervo con patate stufate.

(91,5)

COLLI BOLOGNESI CABERNET SAUVIGNON BONZARONE 2020
Rosso Doc - Cabernet sauvignon 100%
Alc. 14,5% | € 30 | Ferm. Acciaio | Mat. Acciaio 2 mesi e Legno 12 mesi
Rubino sinuoso nel calice. Vigoroso e ricco, mora con tocchi di grafite, sentori balsamici, pepe verde e ginepro. Tabacco e polvere di cacao, cenni di eucalipto. Palato raffinato, dinamico e materico, regala freschezza, tannino spesso e setoso, in armonia col finale di frutti di bosco e cioccolato fondente. Lepre in salmì.

COLLI BOLOGNESI PIGNOLETTO CLASSICO VIGNA ANTICA 2022
Bianco Docg - Grechetto gentile 100%
Alc. 13% | € 15 | Bt. 3.500 | Ferm. Acciaio | Mat. Acciaio 4 mesi
Coniglio al forno con funghi.

COLLI BOLOGNESI BOLOGNA IL ROSSO BOLOGNA 2021
Rosso Doc - Cabernet sauvignon 60%, Merlot 40%
Alc. 13,5% | € 15 | Bt. 6.700 | Ferm. Acciaio | Mat. Acciaio 6 mesi
Carré di maiale alle prugne.

COLLI BOLOGNESI SAUVIGNON LE CARRATE 2022
Bianco Doc - Sauvignon 100%
Alc. 13,5% | € 15 | Bt. 6.700 | Ferm. Acciaio | Mat. Acciaio 4 mesi
Risotto alle ortiche.

#1,0 2021
Rosso Igt - Negretto 100%
Alc. 12,5% | € 11 | Bt. 2.000 | Ferm. Acciaio | Mat. Acciaio 6 mesi
Costolette di maiale alla brace.

COLLI BOLOGNESI MERLOT ROCCA DI BONACCIARA
2019

COLLI BOLOGNESI CABERNET SAUVIGNON BONZARONE
2015 | 2016 | 2017

Tenute Venturini Foschi
(2017)

Il progetto aziendale nasce dalla passione per la natura, per il territorio e per l'agricoltura biologica, che entrambi i proprietari, lui imprenditore, lei architetto, nutrono da sempre. Il luogo è la valle del Torrente Recchio, nel comune di Medesano, a Varano Marchesi. Viene impiantato il primo vigneto nel 2016, di circa tre ettari, vocato alla produzione di malvasia di Candia aromatica, denominato Fonnio. La prima vendemmia avviene nel 2019. Di assoluto pregio lo spumante Metodo Classico Sophia a base chardonnay e pinot nero che esprime carattere e una beva decisamente piacevole.

Via Varano Marchesi, 192 - 43014 Medesano (PR)
T. 0525 59378 | M. info@tenuteventurinifoschi.com
www.tenuteventurinifoschi.com

Viticoltura: Biologica
Ettari: 24 | **Bottiglie:** 55.000 | **Produzione olearia:** No
Proprietà: Pier Luigi Foschi
Cond. enologica: Graziano Terzoni, Marco Chellini
Cond. agronomica: Fabio Bernizzoni
Vendita diretta: No | **Visite in azienda:** Sì

SOPHIA MILLESIMATO BRUT 2019
Bianco Metodo Classico - Chardonnay 60%, Pinot nero 40%
Alc. 12% | € 28 | Bt. 12.000 | Ferm. Acciaio | Mat. Acciaio 8 mesi
30 mesi sui lieviti
Paglierino chiaro, dai riflessi verdolini. Folate di pesca nettarina e ananas, poi tocchi di erba sfalciata, salvia e sensazioni mielate. Il vino scivola con una dimensione tattile dall'entità morbida, avvolge il palato con aromi di frutta succosa e, solo nella risacca, ripropone echi aromatici. Tortelli di zucca e salvia.

GEMMA GENTILE 2021
Bianco Igt - Malvasia di Candia aromatica 100%
Alc. 12,5% | € 20 | Bt. 8.000 | Ferm. Acciaio | Mat. Acciaio 2 mesi e Terracotta 6 mesi
Risotto ai finferli.

GEMMA 2021
Bianco Igt - Malvasia di Candia aromatica 100%
Alc. 12,5% | € 18 | Bt. 15.000 | Ferm. Acciaio | Mat. Acciaio 8 mesi
Gnocchi di patate viola con carciofi morbidi e croccanti.

Claudio Terzoni - La Conchiglia
(1986)

Oltre centocinquant'anni di storia e di osservazione, di come i vitigni autoctoni si sono adattati al territorio dei Colli Piacentini, sono stati tramandati di generazione in generazione, fino ai giorni nostri. Con queste esperienze in vigna e in cantina, mediante l'uso di tecnologie innovative, si producono vini unici con una forte caratterizzazione identitaria. Completa il quadro una rigorosa sensibilità ambientalista, che trova applicazione nella gestione delle risorse, nei trattamenti e perfino nel packaging dei prodotti finiti.

Località Paolini, 5 - Bacedasco Alto - 29010 Vernasca (PC)
T. 0523 895476 | M. info@terzonivini.it
www.terzonivini.it

Viticoltura: Convenzionale
Ettari: 5 | **Bottiglie:** 40.000 | **Produzione olearia:** No
Proprietà: Claudio Terzoni
Cond. enologica: Claudio Terzoni
Cond. agronomica: Claudio Terzoni
Vendita diretta: Sì | **Visite in azienda:** Sì

COLLI PIACENTINI MALVASIA PASSITO SENSAZIONI D'INVERNO 2017
Bianco Doc Passito - Malvasia di Candia aromatica 100%
Alc. 14,5% | € 25 (0,375l) | Bt. 1.300 | Ferm. Legno | Mat. Legno 12 mesi
Giallo ambrato solare, consistente e luminoso. Al naso debutta con riconoscimenti di miele di castagno, albicocca disidratata, tocchi di zafferano, scorza d'arancia candita, congedandosi con ricordi di torrone e nocciole tostate. L'ingresso è dolce e caldo, denso al palato, supportato da una buona freschezza. Crostata alle mandorle e albicocche.

SASSO DELLA LUNA 2015
Rosso Passito - Croatina 80%, Syrah 20%
Alc. 14% | € 25 (0,375l) | Bt. 1.000 | Ferm. Legno | Mat. Legno 36 mesi
Pere al vino rosso.

GUTTURNIO SUPERIORE ETICHETTA ORO 2018
Rosso Doc - Barbera 60%, Croatina 40%
Alc. 14% | € 15 | Bt. 5.000 | Ferm. Legno | Mat. Legno 6 mesi
Civet di capriolo ai funghi.

COLLI PIACENTINI MALVASIA PASSITO SENSAZIONI D'INVERNO
2016

COLLI PIACENTINI MALVASIA SORSI D'INCANTO
2021

Tizzano
(1960)

Tizzano vanta in zona un importante retaggio storico, in quanto già attiva nel XIX secolo. La focalizzazione verso la viticoltura è avvenuta con l'attuale proprietà, che ha anche mantenuto una produzione cerealicola d'eccellenza. Il parco vitato collinare è esposto a sud, su terreni di medio impasto e gode di una proficua ventilazione, in una zona naturalmente vocata dove la vite era già coltivata nel 1500. Attrezzature all'avanguardia assecondano una stilistica volta a privilegiare eleganza e freschezza. Particolarmente riuscito il Brut Charmat, figlio della calda e assolata vendemmia 2022.

Via Marescalchi, 13 - 40033 Casalecchio di Reno (BO)
T. 051 577665 | M. info@tizzano.it
www.tizzano.it

Viticoltura: Convenzionale
Ettari: 25 | **Bottiglie:** 100.000 | **Produzione olearia:** No
Proprietà: Luca Visconti di Modrone
Cond. enologica: Staff aziendale
Cond. agronomica: Staff aziendale
Vendita diretta: Sì | **Visite in azienda:** Sì

COLLI BOLOGNESI PIGNOLETTO SPUMANTE BRUT 2022
Bianco Docg Metodo Martinotti - Grechetto gentile 100%
Alc. 12% | € 16 | Bt. 10.000 | Mat. Acciaio 6 mesi | 6 mesi sui lieviti
Bollicine fini e durevoli, su sfondo paglierino vivo con lampi verdolini. Abbrivio floreale di glicine e biancospino, corredato da ricordi di timo, salvia, pompelmo e mandorla fresca. Palato brioso, sottolineato da buona sapidità, sfocia in una chiosa ammandorlata con tocchi di erbe aromatiche. Sformatino di zucca con fonduta di Asiago.

COLLI BOLOGNESI CABERNET SAUVIGNON RISERVA 2017
Rosso Doc - Cabernet sauvignon 100%
Alc. 14,5% | € 28 | Bt. 2.000 | Ferm. Acciaio | Mat. Acciaio 12 mesi e Legno 24 mesi
Stracotto d'asino.

COLLI BOLOGNESI PIGNOLETTO SUPERIORE 2022
Bianco Docg - Grechetto gentile 100%
Alc. 13% | € 15 | Bt. 10.000 | Ferm. Acciaio | Mat. Acciaio 6 mesi
Sformato di patate e prosciutto cotto.

COLLI BOLOGNESI BOLOGNA BIANCO 2022
Bianco Doc - Sauvignon 60%, Pinot bianco 25%, Riesling italico 15%
Alc. 12,5% | € 14 | Bt. 5.000 | Ferm. Acciaio | Mat. Acciaio 6 mesi
Risotto agli asparagi con gamberi croccanti.

COLLI BOLOGNESI PIGNOLETTO FRIZZANTE 2022
Bianco Docg Frizzante - Grechetto gentile 100%
Alc. 11,5% | € 13 | Bt. 60.000 | Ferm. Acciaio | Mat. Acciaio 4 mesi
Tigelle e salumi.

COLLI BOLOGNESI MERLOT 2021
Rosso Doc - Merlot 100%
Alc. 14,5% | € 16 | Bt. 6.000 | Ferm. Acciaio | Mat. Acciaio 10 mesi e Legno 10 mesi
Fegato alla veneziana.

COLLI BOLOGNESI CABERNET SAUVIGNON RISERVA
2010 | 2015

COLLI BOLOGNESI MERLOT
2017 | 2019 | 2020

Torre Fornello
(1998)

Veramente impressionante la qualità espressa dai vini di Enrico Sgorbati. Risultati che si ripetono nel tempo, figli della passione e della tenacia con la quale da anni si dedica alla sua attività, col gusto per la creatività. Creatività che ritroviamo nelle varie manifestazioni artistiche, spesso ospitate presso l'antico borgo di Torre Fornello. Impossibile consigliare un vino in particolare, perché ognuno si esprime con la lingua dell'eccellenza nella propria tipologia. Attendiamo con impazienza le prossime annate, per vedere fino a dove sarà in grado di spingersi l'eclettico Enrico.

Località Fornello - 29010 Ziano Piacentino (PC)
T. 0523 861001 | M. vini@torrefornello.it
www.torrefornello.it

Viticoltura: Biologica certificata
Ettari: 61 | **Bottiglie:** 200.000 | **Produzione olearia:** No
Proprietà: Enrico Sgorbati
Cond. enologica: Enrico Sgorbati
Cond. agronomica: Staff aziendale
Vendita diretta: Sì | **Visite in azienda:** Sì

91
ENRICO PRIMO ROSÉ PAS DOSÉ 2018
Rosato Metodo Classico - Pinot nero 100%
Alc. 13% | € 22 | Bt. 1.290 | Ferm. Acciaio | 44 mesi sui lieviti
Smagliante rosa tenue con perlage fine e persistente. Naso elegante di frutti di bosco, pompelmo e viennoiserie. Freschezza d'assaggio esaltata da un'attraente effervescenza con richiami di zeste di arancia e lungo finale sapido. Tartare di scampi.

91
COLLI PIACENTINI MALVASIA DONNA LUIGIA 2020
Bianco Doc - Malvasia di Candia aromatica 100%
Alc. 13% | € 17 | Bt. 1.000 | Ferm. Legno e Acciaio | Mat. Acciaio 9 mesi e Legno 9 mesi
Giallo dorato fitto e brillante. Seducenti profumi di albicocca, croccante alla nocciola, cannella. Sorso pieno, equilibrato tra percezioni fruttate e lievissima gradevole fibra tannica. Chiude rinfrescante con scie di menta e salvia. Ravioli burro e salvia.

91
COLLI PIACENTINI BONARDA LATITUDO 45 2009
Rosso Doc - Croatina 95%, altre varietà 5%
Alc. 14% | € 23 | Bt. 1.300 | Ferm. Acciaio | Mat. Legno 24 mesi
Manto granato. Olfatto di grande fascino con memorie autunnali, torrefazione, ciliegia sotto spirito e caramella mou. Gusto ricco ed equilibrato, pregevole acidità e tannino composto. Si congeda adagio su sapori tostati. Parmigiano Reggiano Riserva.

GUTTURNIO DIACONO GERARDO 1028 RISERVA 2016
Rosso Doc - Barbera 65%, Croatina 35%
Alc. 13,5% | € 20 | Bt. 800 | Ferm. Acciaio | Mat. Legno 18 mesi
Saltimbocca alla romana.

COLLI PIACENTINI MALVASIA UNA 2018
Bianco Doc - Malvasia di Candia aromatica 100%
Alc. 13,5% | € 35 | Bt. 900 | Ferm. Legno | Mat. Legno 13 mesi
Risotto al gorgonzola.

COLLI PIACENTINI CABERNET SAUVIGNON CA' BERNESCA 2007
Rosso Doc - Cabernet sauvignon 100%
Alc. 13,5% | € 24 | Bt. 2.100 | Ferm. Acciaio | Mat. Legno 12 mesi
Asiago stravecchio.

GUTTURNIO DIACONO GERARDO 1028 RISERVA
2009

GUTTURNIO SUPERIORE SINSÄL
2019

●○○○

Vitivinicola Valla

(2007)

Davide conduce con dinamicità questa giovane azienda dalle radici antiche. Va in produzione un nuovo vigneto di barbera e trova compimento il progetto di sostenibilità ambientale Ploutos, in collaborazione con l'Università Cattolica di Piacenza. I vini sono tutti da vitigni autoctoni, produzioni tradizionali che esprimono il territorio e trovano ampio spazio nella nuova Enoteca Comunale di Ziano Piacentino di cui Davide è uno dei fautori. Un plauso speciale alla Malvasia 21.01 che ha resistito con tenacia nonostante la grandinata di luglio 2022 che ha compromesso parte del raccolto.

Via Montecucco, 229/C - 29010 Ziano Piacentino (PC)
T. 0523 868115 | M. info@vinivalla.it
www.vinivalla.it

Viticoltura: Lotta integrata
Ettari: 4,7 | **Bottiglie:** 16.000 | **Produzione olearia:** No
Proprietà: Davide Valla
Cond. enologica: Fausto Manara
Cond. agronomica: Andrea Bossi
Vendita diretta: Sì | **Visite in azienda:** Sì

GUTTURNIO SUPERIORE MERUM 2019

Rosso Doc - Barbera 55%, Croatina 45%
Alc. 13% | € 13 | Bt. 2.200 | Ferm. Cemento | Mat. Cemento 11 mesi
Rubino profondo e consistente. All'olfatto sprigiona sentori di macchia mediterranea, cenni balsamici, prugna e caffè. L'assaggio, giustamente sapido, rivela una certa struttura e propone un tannino austero, con allungo di media persistenza. Brasato di manzo al vino rosso.

AETERNA 2019

Rosso Igt - Barbera 100%
Alc. 13,5% | € 16 | Bt. 1.200 | Ferm. Cemento | Mat. Cemento 11 mesi
Costolette di maiale alla brace.

COLLI PIACENTINI MALVASIA 21.01 2022

Bianco Doc - Malvasia di Candia aromatica 100%
Alc. 12,5% | € 13 | Bt. 2.000 | Ferm. Cemento
Asparagi verdi allo zabaione salato.

GUTTURNIO FRIZZANTE COME UNA VOLTA 2021

Rosso Doc Metodo Ancestrale - Barbera 60%, Croatina 40%
Alc. 13% | € 11 | Bt. 3.200 | Ferm. Cemento | Mat. Cemento 5 mesi
Trippa in umido.

GUTTURNIO SUPERIORE MERUM
2018

MALVASIA PASSITO AL PASÌ
S.A.

●●○○

Cantina Valtidone

(1966)

Cantina Valtidone propone una gamma di vini consolidata e mantiene il focus sulla loro diffusione nazionale e internazionale. In cantina ci si occupa del compito, sempre difficile, di interpretare al meglio le annate. Lo spumante Metodo Classico Arvange Pas Dosé, con i risultati conseguiti, testimonia la vocazione spumantistica dell'azienda. Per la sua produzione si impiegano uve provenienti da una zona dell'Alta Val Tidone, posta a 350 metri di quota, con suoli di media profondità, ricchi di scheletro e buone escursioni termiche, che mantengono i precursori degli aromi e la giusta acidità.

Via Moretta, 58 - 29011 Borgonovo Val Tidone (PC)
T. 0523 846411 | M. segreteria@cantinavaltidone.it
www.cantinavaltidone.it

Viticoltura: Convenzionale e biologica
Ettari: 1100 | **Bottiglie:** 6.500.000 | **Produzione olearia:** No
Proprietà: Cooperativa di produttori
Cond. enologica: Francesco Fissore, Giuseppe Caviola
Cond. agronomica: Sara Monaco
Vendita diretta: Sì | **Visite in azienda:** Sì

ARVANGE PAS DOSÉ

91

Bianco Metodo Classico - Pinot nero 95%, Chardonnay 5%
Alc. 12% | € 35 | Bt. 3.000 | Ferm. Acciaio | 48 mesi sui lieviti
Paglierino lucente e cristallino, perlage minuto. Moltitudine di fragranze: agrumi, fiori bianchi, piccola pasticceria, nocciola e una sottile balsamicità. Gusto energico e verticale; l'effervescenza cremosa sostiene senza remore il sorso che chiude lungo con ricordi di viennoiserie. Risotto con mazzancolle al profumo d'arancia.

COLLI PIACENTINI MALVASIA 50 VENDEMMIE 2022

Bianco Doc - Malvasia di Candia aromatica 100%
Alc. 12,5% | € 12 | Bt. 8.000 | Ferm. Acciaio | Mat. Acciaio 5 mesi
Trenette al pesto, patate e fagiolini.

GUTTURNIO BOLLO ROSSO RISERVA 2019

Rosso Doc - Barbera 55%, Croatina 45%
Alc. 14% | € 18 | Bt. 25.000 | Ferm. Acciaio | Mat. Acciaio 3 mesi e Legno 15 mesi
Braciola di cervo con salsa di ribes.

PERLAGE BRUT

Bianco Metodo Classico - Pinot nero 80%, Chardonnay 20%
Alc. 12% | € 15 | Bt. 15.000 | Ferm. Acciaio | 30 mesi sui lieviti
Carpaccio di branzino.

COLLI PIACENTINI BONARDA DOMINA 2022

Rosso Doc Frizzante - Croatina 100%
Alc. 13% | € 11 | Bt. 26.000 | Ferm. Acciaio
Lasagne ai cardi con formaggi saporiti.

COLLI PIACENTINI BARBERA FRIZZANTE SAPIO 2022

Rosso Doc Frizzante - Barbera 100%
Alc. 13% | € 10 | Bt. 13.000 | Ferm. Acciaio
Carré di maiale con patate al forno.

ARVANGE PAS DOSÉ
S.A.

GUTTURNIO BOLLO ROSSO RISERVA
2012 | 2015 | 2018

Villa di Corlo
(1998)

Dinamica realtà che in poco più di un ventennio è diventata un riferimento per le bollicine modenesi. Il grasparossa è coltivato su terreni pedecollinari di medio impasto, con buona dotazione di calcare, sia in prossimità della sede che nel comune di Castelvetro. Il Sorbara proviene dalla località Sozzigalli di Soliera, su terreni golenali limosi. Filo conduttore aziendale è la definizione e la precisione fruttata, ottenuta anche grazie alle macerazioni a bassa temperatura. Accanto ai due Grasparossa eccellenti, sul podio ecco la prima uscita del Grasparossa Olimpia Bio, in versione secca.

Strada Cavezzo, 200 - Località Baggiovara - 41126 Modena (MO)
T. 059 510736 | M. info@villadicorlo.com
www.villadicorlo.com

Viticoltura: Biologica e lotta integrata
Ettari: 20 | **Bottiglie:** 120.000 | **Produzione olearia:** No
Proprietà: Maria Antonietta Munari
Cond. enologica: Otello Venturelli
Cond. agronomica: Ottaviano Medici
Vendita diretta: Sì | **Visite in azienda:** Sì

(91)
LAMBRUSCO GRASPAROSSA DI CASTELVETRO CORLETO 2022
Rosso Doc Frizzante - Lambrusco grasparossa 100%
Alc. 11,5% | € 8 | Bt. 20.000 | Ferm. Acciaio | Mat. Acciaio 4 mesi
Porpora profondo e lucido, con spuma fucsia incessante. Apertura energica e fruttata di mora e ciliegia, poi sbuffi vegetali e balsamici di alloro. Netto e rifinito, mostra un sorso pieno, dinamico, dal tannino disteso, che conduce a un gusto profondo, ricco di sapore e frutto scuro. Tagliatelle al ragù.

(91)
LAMBRUSCO GRASPAROSSA DI CASTELVETRO 2022
Rosso Doc Frizzante - Lambrusco grasparossa 100%
Alc. 11% | € 7 | Bt. 21.000 | Ferm. Acciaio | Mat. Acciaio 4 mesi
Sipario purpureo, fitto e vivace. Spettro deciso e variegato: refoli di ribes nero e mora, poi glicine e viola, cenere e tocchi vegetali. Ingresso opulento e scattante, tannino presente quanto fine, si congeda in un finale sapido, di grande fascino. Porchetta di Ariccia.

GIACO 2018
Rosso Igt - Cabernet 90%, Merlot 10%
Alc. 13,5% | € 10 | Bt. 6.000 | Ferm. Acciaio | Mat. Legno 12 mesi
Guanciale di vitello in umido con patate.

LAMBRUSCO DI SORBARA SPUMANTE BRUT ROSÉ ELETTRA 2020
Rosato Doc Metodo Classico - Lambrusco di Sorbara 100%
Alc. 11,5% | € 10 | Bt. 3.500 | Ferm. Acciaio | Mat. Acciaio 6 mesi
12 mesi sui lieviti
Risotto con gamberi di fiume e piselli.

LAMBRUSCO GRASPAROSSA DI CASTELVETRO OLIMPIA BIO 2022
Rosso Doc Frizzante - Lambrusco grasparossa 100%
Alc. 11% | € 9 | Bt. 6.500 | Ferm. Acciaio | Mat. Acciaio 3 mesi
Carré di maiale con patate al forno.

PIGNOLETTO SPUMANTE EXTRA DRY GHIARETO 2022
Bianco Doc Metodo Martinotti - Grechetto gentile 100%
Alc. 11% | € 9 | Bt. 6.000 | Ferm. Acciaio | Mat. Acciaio 6 mesi
Torta salata alle zucchine e origano.

LAMBRUSCO GRASPAROSSA DI CASTELVETRO CORLETO
2021

LAMBRUSCO DI SORBARA SPUMANTE BRUT ROSÉ ELETTRA
2019

Zerioli - Tenuta Pozzolo
(1890)

Storica azienda, giunta oramai alla quinta generazione, impegnata in una fase di consolidamento delle attività, sta investendo in continui reimpianti di vigneti, in nuove attrezzature enologiche e nella realizzazione di un magazzino, al fine di migliorare la logistica aziendale. La gamma dei vini prodotti è piuttosto vasta e soddisfa egregiamente le più disparate esigenze dei mercati a cui si rivolge. In bella evidenza il Gutturnio Riserva; molto bene anche i vini di annata in versione frizzante, a conferma della chiara peculiarità del territorio.

Località Pozzolo Grosso, 253 - 29010 Ziano Piacentino (PC)
T. 0523 751229 | M. info@zeriolivini.com
www.zeriolivini.com

Viticoltura: Lotta integrata
Ettari: 64 | **Bottiglie:** 290.000 | **Produzione olearia:** No
Proprietà: Famiglia Zerioli
Cond. enologica: Claudio Colombi
Cond. agronomica: Filippo Zerioli
Vendita diretta: Sì | **Visite in azienda:** Sì

GUTTURNIO TENUTA POZZOLO RISERVA 2017
Rosso Doc - Barbera 60%, Croatina 40%
Alc. 13% | € 12 | Bt. 5.000 | Ferm. Acciaio e Cemento | Mat. Acciaio 6 mesi e Legno 6 mesi e Cemento 6 mesi
Granato dalla smagliante trasparenza. Stratificato e generoso il naso: fiori secchi, confettura di more, grafite, cuoio, humus, sottobosco e arancia Sanguinella. Beva larga e di classe, buone acidità e salinità, tannino rifinito. Epilogo di mora e ciliegia sotto spirito con spunti di caffè. Stracotto d'asino.

GUTTURNIO FRIZZANTE SAN MARTINO TENUTA POZZOLO 2022
Rosso Doc Frizzante - Barbera 60%, Croatina 40%
Alc. 13% | € 8 | Bt. 20.000 | Ferm. Acciaio | Mat. Cemento 3 mesi
Pasta e fagioli.

COLLI PIACENTINI BONARDA FRIZZANTE DOLCE TENUTA POZZOLO 2021
Rosso Doc Frizzante Dolce - Croatina 100%
Alc. 8,5% | € 7 | Bt. 18.000 | Ferm. Acciaio e Cemento | Mat. Acciaio 2 mesi e Cemento 2 mesi
Crostata alle ciliegie.

COLLI PIACENTINI PINOT GRIGIO FRIZZANTE ROSÉ IL TRESENGO TENUTA POZZOLO 2022
Rosato Doc Frizzante - Pinot grigio 100%
Alc. 11% | € 8 | Bt. 4.900 | Ferm. Acciaio | Mat. Acciaio 3 mesi
Canapè di pasta sfoglia al formaggio.

COLLI PIACENTINI VIN SANTO IL DUOMO
2007

COLLI PIACENTINI CABERNET SAUVIGNON IL PALAZZO TENUTA POZZOLO
2017

●○○○

Zucchi
(1950)

Davide Zucchi e la figlia Silvia sono alla guida di questa storica e preziosa realtà del comprensorio del Sorbara, fondata dal nonno Bruno. Le vigne sono situate in prossimità del Secchia, su terreni argilloso-limosi, e sono allevate a spalliera e semi Bellussi. Grande cura agronomica, vendemmia manuale, brevi macerazioni prefermentative a freddo e presa di spuma diretta da mosto: è questa la ricetta per prodotti rappresentativi delle peculiarità del Sorbara, come l'eccellente Etichetta Bianca. Nel 2021 Silvia ha dato vita a una sua linea di vini dove il Sorbara viene vinificato in purezza.

Via Viazza, 64 - 41030 San Prospero (MO)
T. 059 908934 - 351 9486857 | M. info@vinizucchi.it
www.vinizucchi.it

Viticoltura: Convenzionale e lotta integrata
Ettari: 10 | **Bottiglie:** 120.000 | **Produzione olearia:** No
Proprietà: Davide e Silvia Zucchi
Cond. enologica: Silvia Zucchi, Davide Zucchi
Cond. agronomica: Staff aziendale
Vendita diretta: Sì | **Visite in azienda:** Sì

(91)

LAMBRUSCO DI SORBARA ETICHETTA BIANCA BRUT 2022
Rosso Doc Metodo Martinotti - Lambrusco di Sorbara 100%
Alc. 11,5% | € 15 | Bt. 50.000
Peonia smagliante dalla corona bianca. Affascinante e variopinto quadro olfattivo: succo di lampone, ciliegia, petali di rosa, pompelmo, pennellate iodate e di erba sfalciata a ravvivare. Impronta generosa, decisa, verticale al gusto, sviluppo fruttato, goloso e fresco. Dissetante e saporito. Zampone e lenticchie.

LAMBRUSCO DI SORBARA SILVIA ZUCCHI EXTRA BRUT 2018
Rosso Doc Metodo Classico - Lambrusco di Sorbara 100%
Alc. 12,5% | € 19 | Bt. 2.500 | 36 mesi sui lieviti
Tagliere di salumi.

LAMBRUSCO DI SORBARA RITO BRUT 2022
Rosato Doc Metodo Martinotti - Lambrusco di Sorbara 100%
Alc. 11,5% | € 13 | Bt. 18.000
Pizza fritta con provola e salsiccia.

●○○○

Zucchi Tommaso Tobia
(2020)

Realtà nuova, nata dal desiderio di Tommaso Tobia Zucchi, viticoltore da oltre 20 anni, di produrre anche i propri vini. Alla base del progetto la volontà di valorizzare le varietà tradizionali e di cimentarsi anche con alcune varietà alloctone molto amate. I vigneti presentano matrice limoso-sabbiosa e solo le migliori parcelle, vendemmiate a mano, vengono destinate alla produzione. All'interno della cantina, realizzata in legno e canapa pressata secondo la bio edilizia, i vini base maturano in barrique e in vasche di cemento ovoidali. Una batteria interessante per un esordio promettente.

Via Cantone, 48 - Frazione Motta sulla Secchia - 41032 Cavezzo (MO)
T. 347 5101362 - 348 7043945 | M. cantina.tommasotobiazucchi@gmail.com
www.tommasotobiazucchiwinery.com

Viticoltura: Lotta integrata
Ettari: 25 | **Bottiglie:** 16.000 | **Produzione olearia:** No
Proprietà: Tommaso Tobia Zucchi
Cond. enologica: Marcello Bergamini, Giacomo Gilli
Cond. agronomica: Tommaso Tobia Zucchi
Vendita diretta: Sì | **Visite in azienda:** Sì

CUM FUNDO ORIGIN 2019
Bianco Metodo Ancestrale - Grechetto gentile 90%, Malvasia istriana 10%
Alc. 12% | € 13 | Bt. 700 | Ferm. Cemento | Mat. Legno 8 mesi e Cemento 8 mesi
Paglierino appena opalescente con mousse fugace. Ouverture accattivante: timo, maggiorana e fiori gialli, poi melone bianco, nespola, fieno e zeste di limone. Forza e decisa sapidità al palato, ritorni di arachide e nocciola. Si mostra polputo con retroaromi di frutta gialla ed erbe aromatiche. Lasagnette con ragù di coniglio e crema di piselli.

IMMOTUS BIANCO FERMO 2021
Bianco - Traminer aromatico 95%, Riesling renano 5%
Alc. 14,5% | € 14 | Bt. 400 | Ferm. Acciaio | Mat. Acciaio 8 mesi
Anatra alla pechinese.

CUM FUNDO BIANCO 2020
Bianco Metodo Ancestrale - Grechetto gentile 90%, Riesling renano 10%
Alc. 12% | € 13 | Bt. 5.000 | Ferm. Cemento | Mat. Cemento 7 mesi
Rollè di cernia con patate al rosmarino.

AUREO BIANCO DOSAGGIO ZERO 2020
Bianco Metodo Classico - Grechetto gentile 100%
Alc. 12,5% | € 24 | Bt. 4.000 | Ferm. Cemento | 24 mesi sui lieviti
Strudel di porcini e zucca con crema al parmigiano.

AUREO ROSATO DOSAGGIO ZERO 2020
Rosato Metodo Classico - Lambrusco Salamino 100%
Alc. 12% | € 24 | Bt. 4.000 | Ferm. Cemento | 24 mesi sui lieviti
Anguilla ai ferri.

IMMOTUS ROSSO FERMO 2021
Rosso - Ancellotta 100%
Alc. 13% | € 14 | Bt. 1.000 | Ferm. Acciaio | Mat. Legno 10 mesi
Piccione al forno con cipollotti.

ROMAGNA

La forma del paesaggio che diventa poesia

Luciano Ferraro

"La Romagna ha mantenuto una forma di poetica del paesaggio". È un Marco Missiroli innamorato e attratto dalla sua terra a spiegarlo. Missiroli è uno scrittore e insegnante riminese. Come racconta alla presentazione dei suoi libri, "si sente sempre un ragazzo della provincia e dell'Ina casa di Rimini". Padre ravennate e mamma riminese, insegnante elementare. Da fine giugno a settembre portava il Missiroli bambino ogni mattina fino alle 16 al mare. "La spiaggia era il nostro mondo. Estati bellissime, evitando i cementi e ogni forma di alienazione per immergersi nella natura e per Rimini vera". Poi Missiroli si è allontanato, ora vive a Milano ed è diventato docente allo Iulm e alla Scuola Holden. Ma torna al paese ogni mese e mezzo a rivedere il paesaggio in cui è cresciuto. Come fa il protagonista del suo libro *Avere tutto* (Einaudi). "Non in piena estate, però. Mi piacciono i fuori stagione, primavera e autunno. Sono felice che Rimini sia presa d'assalto, ma la lascio agli altri".

I mesi estivi e gli altri. Come altre città di mare, Rimini vive una sorta di esistenza schizofrenica che modifica anche l'ambiente. Dalle strade libere alle code, dalle spiagge vuote al sovraffollamento balneare. D'estate succede tutto. Da ottobre in poi si aspetta il solleone. Lo aveva capito un altro riminese eccellente, Federico Fellini: "Rimini è divisa in due grandi dimensioni, non solo esistenziali ma anche filosofiche. L'inverno e l'estate. L'inverno Rimini spariva, arrivava la nebbia e c'era una cancellazione di tutto. Rimini d'estate diventava il Luna Park, diventava la festa, diventava la Terra promessa, diventava Hollywood. Diventava le tedesche, che arrivavano e si mettevano in costume da bagno, automobili che non avevi mai visto tranne che nei film americani".

Da lontano, la Romagna potrebbe apparire come il frutto di una monocultura turistica. "In realtà – ci spiega Missiroli – il paesaggio è il risultato del rispetto etico e di un senso per la natura. Due ambienti prevalenti sono campagna e turismo, l'ambiente rurale e marittimo. I due poli hanno dialogato, hanno steso, attraverso gli uomini, un contratto armonico".

Marco Missiroli: "Campagna e turismo hanno dialogato, hanno steso, attraverso gli uomini, un contratto armonico".

La distesa di palazzi e alberghi vicini al mare ha certamente alterato lo stato originale della costa. Ma secondo Missiroli tutto è stato fatto senza esagerare, cercando e trovando una misura, un equilibrio. "Il turismo – dice – è la parte economica più importante della Romagna che è comunque riuscita a organizzare il territorio, sia il suolo turistico, sia il restante, la parte collinare e montuosa, senza far perdere le rispettive identità. Sono rimaste loro". Nel corso del tempo, dalla bonifica e dalle modifiche anche provocate dagli eventi climatici, è rimasto inalterato il corredo estetico del paesaggio. La collina è dolce, la campagna è rimasta multicolore, con saliscendi quasi mai violenti. E la parte marina, che espone il fianco a cambiamenti drastici, si è sviluppata molto sensatamente con una gestione del cemento che non andasse mai oltre il cemento. È stata insomma evitata l'ipertrofia, il sovraccarico del costruito. Una forma senza eccessi. Questo non significa che non siano state mangiate parti di territorio, con le ruote panoramiche e divertimenti in parti di colline di Riccione. Eppure, in qualche maniera, tutto questo sviluppo è integrato all'interno dei campi di grano e delle baie di sale e acque. Il rispetto paesaggistico è una forma di limitazione che deriva dalle persone e che aiuta a rispettare anche quello che siamo nel tempo".

Rimini è sempre stata una fonte di ispirazione per le riflessioni di registi e scrittori. Che l'hanno in qualche caso mitizzata, usata come un modello narrativo, come sfondo letterario. In cui sentirsi protagonisti solo per il fatto di essere lì, in quel momento. Come ha scritto Pier Vittorio Tondelli, scrittore di Correggio che ha elevato Rimini fino a usare il nome come titolo per il suo terzo romanzo. "Voi che siete a Rimini, ora, mandate una cartolina e raccontate. Siete già, o fortunati, in pieno romanzo… Rimini ha finito per consegnarsi al mito voltando le spalle ai vitelloni sedotti e abbandonati tra le fotografie di corredo degli annali a rotocalco, e il suo potenziale narrativo non si esaurisce nella metafora del videogame a grandezza naturale piazzato ai margini dei viali dei centri balneari". (*Un Weekend postmoderno*).

"I romagnoli hanno cambiato il sistema dell'accoglienza mantenendo l'armonia della terra".

Lasciata Rimini, ci sono campagne e colline. Tre i pilastri dei vigneti: sangiovese, albana e trebbiano. E poi autoctoni per nulla minori: cagnina, famoso, il pagadebit o la rebola. Qui il vino è socialità e condivisione, prima ancora che fatturato. I filari si fondono in un paesaggio con i castelli delle antiche signorie. Una terra, la Romagna, descritta in modo magistrale da Guido Nozzoli, scrittore, giornalista e prima ancora partigiano riminese condannato dal Tribunale speciale per attività antifascista: "Una terra senza confini, che non si riconosce dai boschi, dai monti, dai fiumi, dal clima, ma dalla gente e dalle sue abitudini. Non una regione geografica, dunque, ma una regione del carattere, un'isola del sentimento. Un pianeta inventato dai suoi abitanti". Con una forza che Missiroli elogia: "I romagnoli sono riusciti ad attrarre turisti da tutto il mondo pur non potendo contare su un mare di prima leva, come in Calabria e in Sardegna. La chiave scelta dalla popolazione stessa: i romagnoli hanno cambiato il sistema dell'accoglienza facendo in modo che la loro terra non perda l'armonia".

Lo si nota al mare e anche in campagna. "Prima di scrivere il romanzo *Avere tutto* – racconta Missiroli –, ho studiato il sistema dei frutteti, perché cadenzano la parte rurale: ho scoperto, ad esempio, che alcuni tipi di pesche non si coltivano più. Ma soprattutto ho visto una forma importante di rispetto per la terra. Mi ha colpito la storia dell'agricoltore di una cooperativa che, durate l'ultima alluvione della primavera 2023, ha deciso di aprire gli argini e di sacrificare le sue piante per salvare Ravenna e i suoi mosaici. Gesto nobile, che fa comprendere il valore di un sacrificio per il bene comune. Una piaga che lascerà cicatrici profonde. Purtroppo, la Romagna rurale e contadina con le sue colline è sottovalutata. I turisti invece qui si potrebbero divertire davvero".

Highlights

24.416 ETTARI VITATI COMPLESSIVI
5.001 destinati a DOP, 7.557 destinati a IGP, 11.858 destinati a vini generici.

RIPARTIZIONE COLORE
Vini bianchi 84,09%
Vini rossi o rosati 15,91%

2.938.108 HL DI PRODUZIONE TOTALE
8,06% di vino DOP, 29,71% di vino IGP, 62,23% di vini generici.

LE PROVINCE PIÙ PRODUTTIVE
Ravenna 67,99% sul totale, Forlì Cesena 24,78% sul totale, Rimini 7,23% sul totale

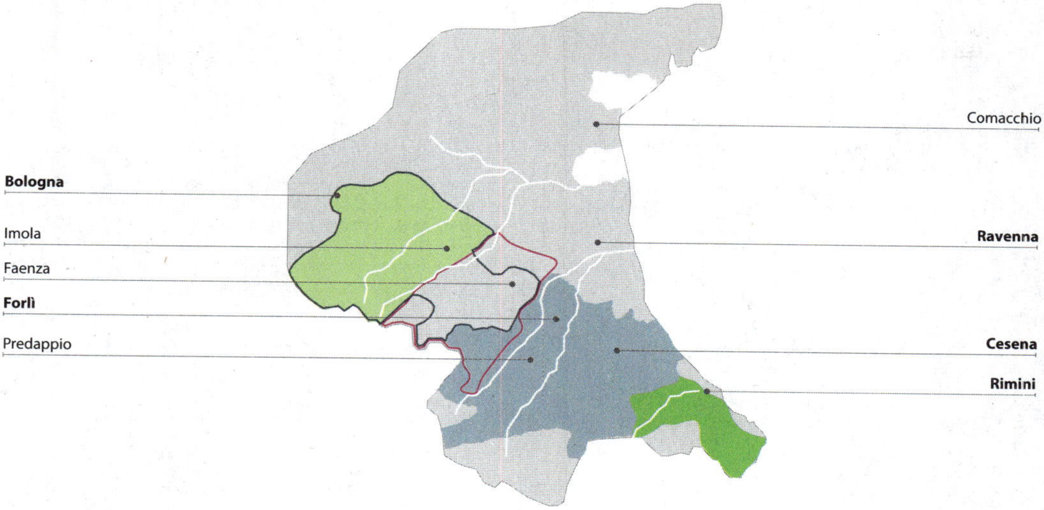

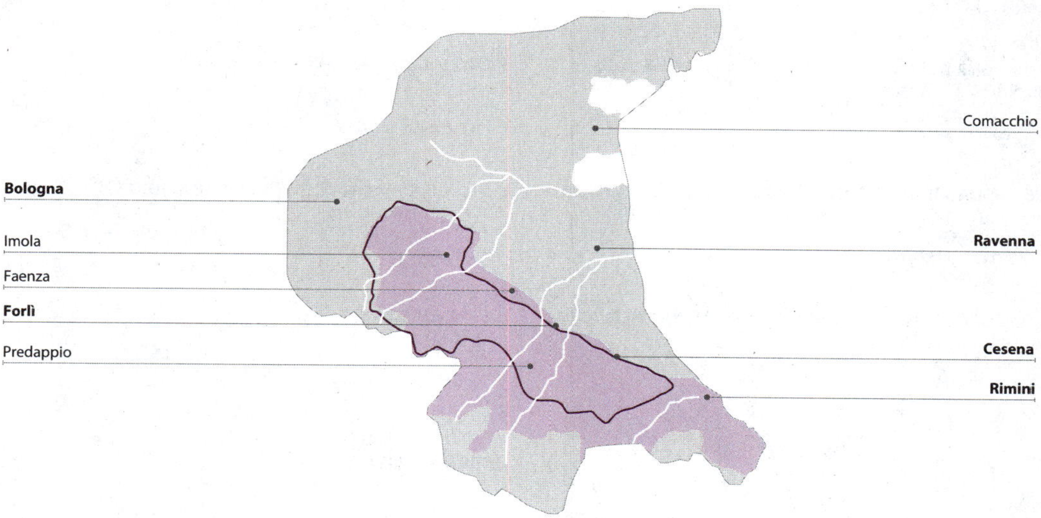

Legenda

- Pignoletto
- Colli d'Imola
- Colli di Faenza
- Colli Romagna Centrale
- Rimini
- Romagna (12 menzioni geografiche)
  - Albana Spumante
  - Pagadebit
  - Trebbiano, Bianco Spumante, Rosato Spumante
  - Cagnina
  - Sangiovese
- Romagna Albana DOCG

Agrintesa Società Cooperativa Agricola
(1999)

Ancora una volta Agrintesa, con la sua linea Poderi delle Rose, ci offre l'opportunità di assaggiare vini di grande pregio. Le vigne dei soci sono situate fra Faenza e Modigliana, su terreni collinari particolarmente vocati. I conferitori vengono seguiti in vigna durante tutte le fasi di produzione. Quest'attenzione ha permesso nel tempo di ottenere buoni risultati con vini apprezzati e di buona riconoscibilità. Quest'anno, oltre ai simboli del territorio come Sangiovese e Albana, già ampiamente apprezzati in passato, ci ha colpito il Pinot Bianco per la sua gustosa bevibilità.

Via Provinciale Faentina, 46 - 47015 Modigliana (FC)
T. 0546 941195 | M. bellelli.beatrice@agrintesa.com
www.agrintesa.com

Viticoltura: Biologica certificata
Ettari: 44 | **Bottiglie:** 400.000 | **Produzione olearia:** Sì
Proprietà: Cooperativa di produttori
Cond. enologica: Piero Ortolani
Cond. agronomica: Riccardo Castaldi
Vendita diretta: Sì | **Visite in azienda:** Sì

PINOT BIANCO PODERI DELLE ROSE 2022
Bianco Igp - Pinot bianco 100%
Alc. 12,5% | € 5 | Bt. 4.000 | Ferm. Acciaio | Mat. Acciaio 3 mesi
Giallo paglierino luminoso. Al naso inebriano fiori bianchi che rimandano al tiglio e al caprifoglio, arricchiti dalla delicatezza della pesca bianca. Il sorso, di medio corpo, evidenzia un interessante carattere fresco-sapido che accompagna senza timori gli aromi fruttati. Lasagnette con ragù di coniglio e crema di piselli.

ROMAGNA ALBANA SECCO PODERI DELLE ROSE 2022
Bianco Docg - Albana 100%
Alc. 12,5% | € 6 | Bt. 4.000 | Ferm. Acciaio | Mat. Acciaio 6 mesi
Sformato di patate e prosciutto cotto.

ROMAGNA SANGIOVESE SUPERIORE PODERI DELLE ROSE 2021
Rosso Dop - Sangiovese 100%
Alc. 13,5% | € 6 | Bt. 6.000 | Ferm. Acciaio | Mat. Acciaio 5 mesi
Guancia di vitello in umido.

ROMAGNA SANGIOVESE SUPERIORE ZANARINA RISERVA 2019
Rosso Doc - Sangiovese 100%
Alc. 13,5% | € 12 | Bt. 6.000 | Ferm. Acciaio | Mat. Legno 12 mesi
Tagliata al pepe verde.

ROMAGNA SANGIOVESE PODERI DELLE ROSE
2019

ROMAGNA ALBANA SECCO PODERI DELLE ROSE
2021

Ancarani
(1934)

I vini di Rita e Claudio raccontano il legame perfetto che oramai hanno costruito con il territorio della Torre di Oriolo, alle porte di Faenza. Ogni anno le vigne restituiscono una lettura precisa dell'andamento della stagione, in funzione della particolare presenza nei suoli di sabbie pleistoceniche, nonché delle capacità di adattamento dei vitigni autoctoni coltivati. Nell'annata 2021, scarsamente piovosa ma con buone escursioni termiche, il Centesimino si distingue per il suo tratto fruttato e raffinato, mentre l'Albana Santa Lusa regala un sorso impeccabile, ricco e scattante.

Via San Biagio Antico, 14 - 48018 Faenza (RA)
T. 333 8314188 | M. info@viniancarani.it
www.viniancarani.it

Viticoltura: Biologica certificata
Ettari: 15 | **Bottiglie:** 50.000 | **Produzione olearia:** Sì
Proprietà: Claudio Ancarani e Rita Babini
Cond. enologica: Claudio Ancarani
Cond. agronomica: Claudio Ancarani
Vendita diretta: Sì | **Visite in azienda:** Sì

93

ROMAGNA ALBANA SECCO SANTA LUSA 2021
Bianco Docg - Albana 100%
Alc. 14% | € 20 | Bt. 6.600 | Ferm. Acciaio e Cemento | Mat. Cemento 18 mesi
D'oro brillante. L'intreccio dei profumi si svolge con eleganza, mettendo in risalto suadenze d'albicocca e fiori di camomilla, seguite da fresche sensazioni di erbe aromatiche. Un assaggio di buona avvolgenza e pienezza, corroborato da un'acidità slanciata, regala un allungo coerente. Filetto di orata in crosta di mandorle e patate.

CENTESIMINO SAVIGNÔN ROSSO 2021
Rosso Igt - Centesimino 100%
Alc. 14% | € 14 | Bt. 6.600 | Ferm. Cemento | Mat. Cemento 8 mesi
Fondue bourguignonne.

ROMAGNA SANGIOVESE SUPERIORE BIAGIO ANTICO 2021
Rosso Doc - Sangiovese 100%
Alc. 13% | € 15 | Bt. 6.600 | Ferm. Acciaio e Cemento | Mat. Cemento 12 mesi
Tordi in salmì.

LE SIGNORE 2022
Bianco Igp - Famoso 100%
Alc. 12,5% | € 13 | Bt. 9.600 | Ferm. Acciaio e Cemento
Mat. Cemento 6 mesi
Risotto con zucchine, fiori di zucca e zafferano.

INDIGENO 2021
Bianco Igt Metodo Ancestrale - Trebbiano romagnolo 100%
Alc. 11,5% | € 15 | Bt. 9.600 | Ferm. Acciaio e Cemento
Mat. Cemento 6 mesi
Cocktail di gamberetti.

PERLAGIOIA 2022
Bianco Igp - Albana 100%
Alc. 13% | € 13 | Bt. 5.500 | Ferm. Acciaio e Cemento | Mat. Cemento 6 mesi
Fiori di zucca ripieni di ricotta e acciughe.

CENTESIMINO SAVIGNÔN ROSSO
2016 | 2020

PERLAGIOIA
2020 | 2021

Alessandro Balducci
(1965)

Un esordio in Guida genuino e appassionato quello di Alessandro. Un'ampia gamma di prodotti rivolti a soddisfare i tanti clienti affezionati in tutta la Romagna. Dal vino sfuso alla bottiglia, sempre ottima la qualità, tanto da essere vini ricercati all'estero e nella grande distribuzione. Sorprendono per golosità e nerbo il grande alfiere della cantina, l'Albana Secco 2022, e il Vecchio Rovere 2019, un vino maturato in barrique e, per circa 2 mesi, anche in affascinanti e storiche vasche di cemento, rivestite al proprio interno da piastrelle in grès. Visita in cantina consigliatissima.

Via Fiscalla, 5 - 47121 Forlì (FC)
T. 0543 753051 | M. info@balduccivini.it
www.balduccivini.it

Viticoltura: Lotta integrata
Ettari: 26,5 | **Bottiglie:** 90.000 | **Produzione olearia:** No
Proprietà: Alessandro Balducci
Cond. enologica: Enrico Bortolini
Cond. agronomica: Alessandro Balducci
Vendita diretta: Sì | **Visite in azienda:** Sì

ROMAGNA ALBANA SECCO 2022
Bianco Docg - Albana 100%
Alc. 14,5% | € 9 | Bt. 6.650 | Ferm. Acciaio | Mat. Acciaio 5 mesi
Paglierino fitto fitto. Olfatto dal timbro caldo e maturo, intarsi di ginestra, albicocca, acacia e fragranze di cera d'api. Corpo voluttuoso e morbido, sferzato da un'incisiva freschezza che dona vigoria al palato. Finale di lunga progressione dai tocchi agrumati di lime. Petto d'anatra laccato al miele.

ROMAGNA SANGIOVESE SUPERIORE VECCHIO ROVERE RISERVA 2019
Rosso Doc - Sangiovese 100%
Alc. 14,5% | € 18 | Bt. 2.600 | Ferm. Acciaio | Mat. Legno 12 mesi e Cemento 2 mesi
Filetto di scottona in sfoglia.

OMBRINA 2022
Bianco Igt - Chardonnay 100%
Alc. 13,5% | € 9 | Bt. 4.500 | Ferm. Acciaio | Mat. Acciaio 6 mesi
Risotto alla zucca.

ROMAGNA SANGIOVESE SUPERIORE 2021
Rosso Doc - Sangiovese 100%
Alc. 13,5% | € 9 | Bt. 9.300 | Ferm. Acciaio | Mat. Acciaio 7 mesi
Involtini di vitello lardellati.

INTRIGO 2022
Bianco Igt - Pinot bianco 100%
Alc. 13,5% | € 9 | Bt. 2.000 | Ferm. Acciaio | Mat. Acciaio 6 mesi
Torta salata alle zucchine e origano.

Balìa di Zola
(2004)

Lo spirito indomito di Veruska e Claudio, viticoltori toscani da anni trapiantati a Modigliana, è ammirevole. Nonostante le avversità climatiche e i danni subiti, l'attaccamento a Balìa di Zola è più forte che mai. Siamo a 300 metri s.l.m. e l'anfiteatro naturale del vigneto è delimitato da calanchi, olivi e bosco. Da veri artigiani infondono in ogni vino il carattere dell'annata, a volte più sottile e fine, come nel Balitore 2022 e a volte più strutturato e complesso, come nel Redinoce 2020. Fuor di dubbio, Balìa di Zola è una piccola realtà che produce grandi vini.

Via Casale, 11 - 47015 Modigliana (FC)
T. 0546 940577 | M. info@baliadizola.com
www.baliadizola.com

Viticoltura: Biologica
Ettari: 4 | **Bottiglie:** 30.000 | **Produzione olearia:** Sì
Proprietà: Veruska Eluci Fiore
Cond. enologica: Claudio Fiore
Cond. agronomica: Claudio Fiore
Vendita diretta: Sì | **Visite in azienda:** Sì

92

ROMAGNA SANGIOVESE MODIGLIANA REDINOCE RISERVA 2020
Rosso Doc - Sangiovese 100%
Alc. 13% | € 17 | Bt. 4.000 | Ferm. Acciaio | Mat. Legno 24 mesi
Rubino vivido e concentrato. Straordinaria l'intensità odorosa, che debutta su sbuffi di marasca e arancia rossa, violette, peonie e ricordi boschivi. La bocca è viva, tesa, tenace e appagante. Tannini d'eccelsa fattura e profilo snello con un'intrigante salinità di coda. Controfiletto di bue alla brace.

ROMAGNA SANGIOVESE SUPERIORE BALITORE 2022
Rosso Doc - Sangiovese 100%
Alc. 13% | € 10 | Bt. 15.000 | Ferm. Acciaio | Mat. Acciaio 6 mesi
Tagliatelle al ragù.

ROMAGNA ALBANA SECCO ISOLA 2022
Bianco Docg - Albana 100%
Alc. 12,5% | € 10 | Bt. 5.000 | Ferm. Acciaio | Mat. Acciaio 6 mesi
Risotto con seppie e burrata.

ROMAGNA SANGIOVESE MODIGLIANA REDINOCE RISERVA
2011

ROMAGNA ALBANA SECCO ISOLA
2019 | 2020 | 2021

Riccardo Ballardini
(1980)

Riccardo Ballardini, proprietario dell'omonima azienda storica alle porte di Forlì, ha i suoi 30 ettari vitati situati sulle colline di Bertinoro, Brisighella e vicino a Faenza. La produzione spazia tra vini da vitigni internazionali e autoctoni. A sovrintendere tutto il lavoro commerciale e di cantina è Giorgio Ossani, che è riuscito negli ultimi anni a mantenere una particolare attenzione sui vitigni locali, come albana e famoso. Anche quest'anno il Leggiadro, da uve di albana, già apprezzato in passato, ci ha colpito per la sua piacevolezza di beva. Invitante e ricco di sapore.

Via Firenze, 127 - 47121 Forlì (FC)
T. 0543 700579 | M. info@ballardinivini.it
www.ballardinivini.it

Viticoltura: Convenzionale
Ettari: 30 | **Bottiglie:** 100.000 | **Produzione olearia:** No
Proprietà: Riccardo Ballardini
Cond. enologica: Leonardo Conti, Ivano Emiliani
Cond. agronomica: Staff aziendale
Vendita diretta: Sì | **Visite in azienda:** Sì

ROMAGNA ALBANA SECCO LEGGIADRO 2022
Bianco Docg - Albana 100%
Alc. 14% | € 11 | Bt. 2.100 | Ferm. Acciaio | Mat. Acciaio 6 mesi
Un sole luminoso. Al naso regala la freschezza dell'albicocca e della pesca gialla, unite agli agrumi e a nuance de fiori di tiglio. Sorso di buona struttura in gran equilibrio, molto saporito e ben sostenuto da una vibrante freschezza. Chiude con una scia fruttata. Lasagne con scamorza, funghi e zucca.

IL NOSTRO FAMOSO 2022
Bianco Igt - Famoso 100%
Alc. 12% | € 10 | Bt. 2.000 | Ferm. Acciaio | Mat. Acciaio 4 mesi
Risotto agli asparagi e provola affumicata.

PIGNOLETTO 2022
Bianco Doc - Grechetto gentile 100%
Alc. 11,5% | € 9 | Bt. 2.900 | Ferm. Acciaio | Mat. Acciaio 3 mesi
Tigelle e salumi.

ROMAGNA SANGIOVESE SUPERIORE TORRICELLO RISERVA 2018
Rosso Doc - Sangiovese 100%
Alc. 14% | € 12 | Bt. 4.000 | Ferm. Acciaio | Mat. Legno 18 mesi
Grigliata di carne con salsa barbecue.

ROMAGNA ALBANA SECCO LEGGIADRO
2020

COLLI DI FAENZA SANGIOVESE PIDEURA
2016 | 2017

Stefano Berti
(2000)

Stefano Berti è un personaggio conosciutissimo per il suo carattere eclettico e il suo genio comunicativo. Allo stesso tempo è un vignaiolo dedito al sangiovese da oltre vent'anni, mantenendo produzioni di assoluto rigore e riconoscibilità territoriale. Le sue vinificazioni seguono logiche legate alla selezione accurata delle uve per ogni vino. Il risultato è quello di ottenere Sangiovese di grande spessore, che richiamano Predappio da ogni punto di vista, come il suo Ravaldo. Certo, in cantina non si fa mancare qualche guizzo, come il Rosseto, un gustosissimo vino frizzante.

Via La Scagna, 18 - Ravaldino in Monte - 47121 Forlì (FC)
T. 0543 488074 | M. bertiste@gmail.com
www.stefanoberti.it

Viticoltura: Biologica certificata
Ettari: 5,5 | **Bottiglie:** 25.000 | **Produzione olearia:** No
Proprietà: Stefano Berti
Cond. enologica: Leonardo Conti, Stefano Berti
Cond. agronomica: Stefano Berti
Vendita diretta: Sì | **Visite in azienda:** Sì

(91)

ROMAGNA SANGIOVESE PREDAPPIO RAVALDO 2021
Rosso Doc - Sangiovese 100%
Alc. 14,5% | € 14 | Bt. 8.000 | Ferm. Acciaio | Mat. Acciaio 18 mesi
Cremisi dalla bella lucentezza. Nell'elegante progressione odorosa si colgono frutti rossi, viola, chiodi di garofano, pepe nero, china e note balsamiche. Al palato la dotazione calorica si avvale di una verve fresco-sapida e di un tannino gustoso che creano un equilibrio avvincente. Lungo epilogo. Filetto di maiale lardellato.

ROSSETTO 2022
Rosato Metodo Ancestrale - Sangiovese 100%
Alc. 12% | € 12 | Bt. 4.000 | Ferm. Acciaio
Gnocchi al ragù.

BARTIMEO 2022
Rosso Igt - Sangiovese 100%
Alc. 14,5% | € 10 | Bt. 10.000 | Ferm. Acciaio | Mat. Acciaio 8 mesi
Carré di vitello alle erbe aromatiche.

ROMAGNA SANGIOVESE PREDAPPIO RAVALDO
2015

ROMAGNA SANGIOVESE SUPERIORE CALISTO RISERVA
2020

Raffaella Bissoni
(1988)

Nello splendido scenario di Bertinoro, ad alta vocazione vitivinicola, Raffaella racconta magistralmente il terroir con i suoi vini, seguendo i principi dell'agricoltura naturale conservativa, nel pieno rispetto dell'ambiente e della biodiversità. Il terreno ottimale, gli inerbimenti permanenti della vigna con erbe spontanee e la cura meticolosa nelle pratiche agricole imprimono ai vini uno stile unico e di pregio. Vini di spessore e classe, con ampio potenziale evolutivo, che anche quest'anno si confermano di ottimo livello e sono egregiamente rappresentati dal Sangiovese Bissoni Riserva.

Via Colecchio, 280 - Località Casticciano - 47032 Bertinoro (FC)
T. 347 4566893 | M. info@vinibissoni.com
www.vinibissoni.com

Viticoltura: Biologica certificata
Ettari: 6 | **Bottiglie:** 30.000 | **Produzione olearia:** Sì
Proprietà: Raffaella Alessandra Bissoni
Cond. enologica: Raffaella Bissoni
Cond. agronomica: Raffaella Bissoni
Vendita diretta: Sì | **Visite in azienda:** Sì

(91)

ROMAGNA SANGIOVESE SUPERIORE BISSONI RISERVA 2020
Rosso Doc - Sangiovese 100%
Alc. 14,5% | € 28 | Bt. 5.500 | Ferm. Acciaio | Mat. Legno 12 mesi
Rubino cangiante. Ampio quadro olfattivo: china, rabarbaro, agrumi e visciole sotto spirito accompagnano stille boisé e di timo sul finale. Assaggio opulento, muscolare e caldo, dai risvolti fruttati e speziati. Il gusto è scandito da un tannino fitto e succoso che allunga generoso sul frutto. Terrina di lepre con salsa di prugne.

ROMAGNA SANGIOVESE BERTINORO VIGNA COLECCHIO RISERVA 2019
Rosso Doc - Sangiovese 100%
Alc. 14% | € 35 | Bt. 1.500 | Ferm. Acciaio | Mat. Legno 16 mesi
Fagiano arrosto.

ROMAGNA ALBANA PASSITO BISSONI
2016 | 2018

ROMAGNA SANGIOVESE BERTINORO VIGNA COLECCHIO RISERVA
2018

Branchini
(1858)

La famiglia Branchini produce vini che legano la tradizione enologica emiliana ai vitigni romagnoli, con vigneti che affondano su terreni composti da argille, sabbie e limo. Le tecniche adottate puntano alla morbidezza e alla grande bevibilità. I recenti progetti tendono alla valorizzazione dell'albana e al D'Or Luce si sono affiancati Dutia, ottenuto senza macerazione e con profilo aromatico definito, e 1858, un Metodo Classico la cui ultima versione sosta 36 mesi sui lieviti. Di grande piacevolezza i Sangiovese presentati. Tutti vini che esprimono l'aderenza territoriale di questi vitigni.

Via Marsiglia, 3 - 40060 Dozza (BO)
T. 0542 53778 | M. info@branchini1858.it
www.branchini1858.it

Viticoltura: Lotta integrata
Ettari: 28 | **Bottiglie:** 75.000 | **Produzione olearia:** No
Proprietà: Famiglia Branchini
Cond. enologica: Marco Branchini
Cond. agronomica: Angelo Branchini
Vendita diretta: Sì | **Visite in azienda:** Sì

ROMAGNA SANGIOVESE CARDINALA RISERVA 2017
Rosso Dop - Sangiovese 100%
Alc. 14,5% | € 18 | Bt. 5.000 | Ferm. Acciaio | Mat. Legno 24 mesi
Screziature granato a impreziosire il rubino. Ventaglio olfattivo variopinto, con frutti rossi e neri, violette, sbuffi di vaniglia, cacao, liquirizia e cenni mentolati. Il corpo è pieno e strutturato, gradevolmente bilanciato da freschezza e tannini ben integrati. Indugi succosi di frutti rossi in chiusura. Cinghiale in umido.

ROMAGNA SANGIOVESE SUPERIORE CONTRAGRANDE 2021
Rosso Doc - Sangiovese 100%
Alc. 13,5% | € 9 | Bt. 15.000 | Ferm. Acciaio | Mat. Acciaio 8 mesi
Fusilli di kamut al ragù di faraona.

1858 BRUT
Bianco Metodo Classico - Albana 100%
Alc. 12,5% | € 18 | Bt. 6.000 | Ferm. Acciaio | 36 mesi sui lieviti
Tempura di gamberi.

ROMAGNA ALBANA SECCO DUTIA 2022
Bianco Docg - Albana 100%
Alc. 13% | € 10 | Bt. 15.000 | Ferm. Acciaio | Mat. Acciaio 6 mesi
Carpaccio di branzino.

PIGNOLETTO SPUMANTE BRUT CANTO DELLE SIRENE
Bianco Dop Metodo Martinotti - Grechetto gentile 100%
Alc. 11,5% | € 9 | Bt. 5.000 | Ferm. Acciaio | 2 mesi sui lieviti
Insalata di polpo, patate e olive.

ROMAGNA SANGIOVESE SUPERIORE CONTRAGRANDE
2020

ROMAGNA ALBANA PASSITO D'OR LUCE
2014

Ca' di Camilla
(1888)

Tra le colline di Sarsina, lungo il cammino di San Vicinio, incontriamo l'Azienda Agricola Ca' di Camilla, nella piccola frazione di Valbiano. Storicamente dedita alla produzione di Sangiovese, negli ultimi anni la cantina produce vini anche dai vitigni internazionali cabernet sauvignon e merlot. Fabrizio Fabbri e l'enologo Parmeggiani hanno aderito al progetto del consorzio Vitires, un percorso innovativo di viticoltura sostenibile, con tecniche di coltivazione all'avanguardia e studio delle performance dei vitigni. Un plauso particolare per Camillo 2021, un Sangiovese di ottima bevibilità.

Via Ca' di Camilla, 25 - Località Valbiano - 47027 Sarsina (FC)
T. 351 9760919 | M. cadicamilla@gmail.com
www.cadicamilla.it

Viticoltura: Convenzionale
Ettari: 4,5 | **Bottiglie:** 10.000 | **Produzione olearia:** Sì
Proprietà: Fabrizio Fabbri
Cond. enologica: Sergio Parmeggiani
Cond. agronomica: Staff aziendale
Vendita diretta: Sì | **Visite in azienda:** Sì

ROMAGNA SANGIOVESE SAN VICINIO CAMILLO 2021
Rosso Doc - Sangiovese 100%
Alc. 14% | € 10 | Bt. 2.500 | Ferm. Acciaio | Mat. Acciaio 8 mesi
Rubino fulgido. I profumi fragranti di ciliegia, ribes e viola anticipano le fresche incursioni del rabarbaro. Il palato è caldo, volumico, teso da una piacevole astringenza che mette in risalto la tessitura energica ma integrata. Sfocia nel frutto. Tartare di manzo.

FUORISERIE 2019
Rosso Igt - Cabernet sauvignon 50%, Merlot 50%
Alc. 13,5% | € 12 | Bt. 1.000 | Ferm. Acciaio | Mat. Acciaio 8 mesi e Legno 12 mesi
Spezzatino di manzo.

1888 CADICAMILLA BRUT
Bianco Metodo Classico - Sangiovese 100%
Alc. 12,5% | € 20 | Bt. 3.000 | Ferm. Acciaio | 24 mesi sui lieviti
Seppioline ai ferri.

1888 CADICAMILLA ROSATO BRUT
Rosato Metodo Classico - Sangiovese 100%
Alc. 12,5% | € 21 | Bt. 2.500 | 24 mesi sui lieviti
Vitello tonnato.

Ca' di Sopra
(2004)

I fratelli Montanari sono ormai considerati vignaioli esperti nonché un caposaldo del faentino. Siamo nella sottozona Marzeno, dove le argille azzurre dei calanchi si fondono con quelle più evolute e mature della parte più a valle. Per meglio esaltare le peculiarità del sangiovese, dal 2019 è nata l'ottima riserva Vigna Montale, ad affiancare la solare Vigna Ca' del Rosso. Encomiabile tutta la gamma degli autoctoni, così come le concessioni agli internazionali, con il Remel 2020 a sorprendere ancora una volta, più affascinante che mai.

Via Feligara, 15 - Località Marzeno - 48013 Brisighella (RA)
T. 0546 040297 | M. info@cadisopra.com
www.cadisopra.com

Viticoltura: Lotta integrata
Ettari: 26 | **Bottiglie:** 40.000 | **Produzione olearia:** No
Proprietà: Famiglia Montanari
Cond. enologica: Giacomo Montanari
Cond. agronomica: Giacomo Montanari
Vendita diretta: Sì | **Visite in azienda:** Sì

93

REMEL 2020
Rosso Igt - Sangiovese 55%, Merlot 30%, Cabernet sauvignon 15%
Alc. 14,5% | € 17 | Bt. 4.500 | Ferm. Acciaio | Mat. Legno 12 mesi e Cemento 10 mesi
Carminio vivace. Panorama odoroso che seduce con rose rosse, spezie dolci, ciliegie mature, alloro, timo e una raffinata scia balsamica. Vino intrigante e goloso, entra teso e saporito, rivelando poi struttura e tannini setosi. La freschezza assicura grande bevibilità e una magistrale persistenza gustativa. Piccione ai porcini e tartufo nero.

ROMAGNA SANGIOVESE MARZENO RISERVA VIGNA CA' DEL ROSSO 2019
Rosso Doc - Sangiovese 100%
Alc. 14,5% | € 26 | Bt. 2.500 | Ferm. Acciaio | Mat. Legno 12 mesi e Cemento 10 mesi
Filetto al pepe verde.

ROMAGNA SANGIOVESE MARZENO RISERVA VIGNA MONTALE 2019
Rosso Doc - Sangiovese 100%
Alc. 14,5% | € 26 | Bt. 1.250 | Ferm. Acciaio | Mat. Legno 12 mesi
Costata di manzo alla griglia.

RONCODIPACÌ 2018
Rosso Igt - Merlot 100%
Alc. 14,5% | € 27 | Bt. 920 | Ferm. Acciaio | Mat. Acciaio 6 mesi e Legno 12 mesi
Capriolo in salmì con polenta di grano saraceno.

ROMAGNA ALBANA SECCO 2021
Bianco Docg - Albana 100%
Alc. 13,5% | € 11 | Bt. 2.500 | Ferm. Acciaio | Mat. Cemento 10 mesi
Branzino al forno con erbe aromatiche.

ROMAGNA SANGIOVESE SUPERIORE CREPE 2021
Rosso Doc - Sangiovese 100%
Alc. 13,5% | € 12 | Bt. 16.000 | Ferm. Acciaio | Mat. Cemento 10 mesi
Coniglio in porchetta.

ROMAGNA SANGIOVESE MARZENO CADISOPRA PODERE CA' DEL ROSSO RISERVA
2015 | 2016 | 2018

REMEL
2018

Calonga
(1977)

La cantina Calonga sorge nei pressi del Monte Poggiolo, zona in cui i terreni sono intrisi di sabbie molasse, che oltre un milione di anni fa erano sotto la superficie del mare, mentre oggi sono in grado di esaltare e irrobustire vitigni come il sangiovese. L'attività vinicola è portata avanti oggi da Maurizio Baravelli che, insieme ai propri figli, è l'orgoglioso artefice dei suoi vini. Una proposta variegata che comprende spumanti e vermouth, una produzione che guarda al futuro, anche se quest'anno ci ha colpito il Michelangiolo, un nome storico fra i Romagna Sangiovese.

Via Castel Leone, 8 - Località Castiglione - 47121 Forlì (FC)
T. 0543 753044 | M. info@calonga.it
www.calonga.it

Viticoltura: Convenzionale e lotta integrata
Ettari: 18 | **Bottiglie:** 50.000 | **Produzione olearia:** No
Proprietà: Famiglia Baravelli
Cond. enologica: Fabrizio Moltard
Cond. agronomica: Maurizio Baravelli, Matteo Baravelli
Vendita diretta: Sì | **Visite in azienda:** Sì

(91)

ROMAGNA SANGIOVESE ORIOLO MICHELANGIOLO RISERVA 2018
Rosso Doc - Sangiovese 100%
Alc. 15% | € 22 | Bt. 9.000 | Ferm. Acciaio | Mat. Acciaio 4 mesi e Legno 12 mesi
Scrigno rosso cremisi che rivela profumi di frutti di bosco e prugne rosse, arricchiti da viole essiccate, cacao e cenni balsamici. All'assaggio è equilibrato, i tannini vivaci sono sostenuti da una spiccata freschezza e da un'efficace sapidità che accompagnano a lungo. Filetto di cervo ai mirtilli.

BALDAN BRUT 2018
Bianco Metodo Classico - Bombino bianco 50%, Sangiovese 50%
Alc. 12,5% | € 18 | Bt. 8.000 | Ferm. Acciaio | 36 mesi sui lieviti
Lasagne ai cardi con formaggi saporiti.

ROMAGNA SANGIOVESE SUPERIORE IL BRUNO 2022
Rosso Igt - Sangiovese 100%
Alc. 13,5% | € 12 | Bt. 3.000 | Ferm. Acciaio | Mat. Acciaio 9 mesi
Risotto alla parmigiana.

CASTELLIONE 2019
Rosso Igt - Cabernet sauvignon 100%
Alc. 15% | € 22 | Bt. 4.500 | Ferm. Acciaio | Mat. Legno 12 mesi
Guanciale di vitello in umido con patate.

ZENAIDE 2020
Bianco Igt - Chardonnay 100%
Alc. 14% | € 18 | Bt. 4.000 | Ferm. Legno | Mat. Legno 5 mesi
Risotto ai finferli.

ROMAGNA PAGADEBIT L'AZZURRO 2022
Bianco Doc - Bombino bianco 100%
Alc. 12% | € 8 | Bt. 8.000 | Ferm. Acciaio
Mortadella Bologna.

VERMOUTH BARAVELLI BV
S.A.

ROMAGNA SANGIOVESE MICHELANGIOLO RISERVA
2016

Campodelsole
(2003)

L'azienda Campodelsole è situata su una delle più belle colline della Romagna, quella di Bertinoro, territorio particolarmente vocato per la produzione vitivinicola. Settantacinque ettari vitati e una cantina che racchiude le migliori tecnologie per una perfetta e moderna vinificazione garantiscono la produzione da varietà locali come sangiovese, albana e pagadebit oltre che da vitigni internazionali. E proprio questi ultimi hanno saputo esprimersi ed essere convincenti, con il CàMè, un vino vigoroso e dinamico che ben si sposa a tavola.

Via Cellaimo, 850 - 47032 Bertinoro (FC)
T. 0543 444562 | M. info@campodelsole.it
www.campodelsole.it

Viticoltura: Convenzionale
Ettari: 75 | **Bottiglie:** 650.000 | **Produzione olearia:** Sì
Proprietà: Sandra Santini
Cond. enologica: Luca Silvestri, Paolo Caciorgna
Cond. agronomica: Remigio Bordini
Vendita diretta: Sì | **Visite in azienda:** Sì

CÀMÈ 2021
Rosso Igp - Cabernet sauvignon 50%, Merlot 50%
Alc. 13,5% | € 9 | Bt. 10.000 | Ferm. Acciaio | Mat. Acciaio 6 mesi
Rubino di buona concentrazione. Al naso ricordi di frutta rossa, pepe bianco, salvia e foglie di menta. Sorso dinamico, di buona freschezza, dal tannino contratto sottilmente grinzoso che esalta gli aromi vegetali di rabarbaro e sottobosco. Vigoroso tratto sapido. Finale di buona persistenza. Parmigiana di melanzane.

ROMAGNA SANGIOVESE SUPERIORE SAN MAGLORIO 2019
Rosso Doc - Sangiovese 100%
Alc. 13,5% | € 9 | Bt. 13.000 | Ferm. Acciaio | Mat. Acciaio 6 mesi
Guanciale di vitello alle erbe aromatiche.

ROMAGNA SANGIOVESE BERTINORO VERTICE RISERVA 2017
Rosso Doc - Sangiovese 100%
Alc. 13,5% | € 22 | Bt. 1.300 | Ferm. Acciaio | Mat. Legno 24 mesi
Straccetti di cavallo.

PALPEDRIGO
2017 | 2018 | 2019

ROMAGNA ALBANA SECCO SELVA
2018 | 2019 | 2021

Cantina di Cesena
(1933)

Cantina di Cesena è un ottimo esempio di come una cooperativa di produttori possa essere volta alla qualità. Dalle uve locali, conferite dai migliori vigneti e scrupolosamente vinificate da Andrea Mambelli, nascono vini di pregevole freschezza e bevibilità, che ben rappresentano il territorio. Oltre al Dreaming Sangiovese e al Dancing Albana, presentati in Guida e già di elevato livello al loro esordio, molte sono le novità per il futuro: arriva uno spumante Metodo Martinotti da uve trebbiano dalle ottime prospettive, e dalla prossima annata riposerà in botte un Sangiovese Bertinoro Riserva.

Via Emilia Ponente, 2619 - 47522 Cesena (FC)
T. 0547 347037 | M. info@cantinacesena.it
www.cantinacesena.it

Viticoltura: Convenzionale e biologica
Ettari: 180 | **Bottiglie:** 20.000 | **Produzione olearia:** No
Proprietà: Cooperativa di produttori
Cond. enologica: Andrea Mambelli
Cond. agronomica: Staff aziendale
Vendita diretta: Sì | **Visite in azienda:** Sì

ROMAGNA SANGIOVESE SUPERIORE DREAMING SANGIOVESE 2022
Rosso Doc - Sangiovese 100%
Alc. 13% | € 11 | Bt. 6.000 | Ferm. Cemento | Mat. Acciaio e Cemento 5 mesi
Manto rubino e lucente. Nitido il profilo odoroso: regala fragranze di ciliegia croccante, ribes, melagrana, rosa e cenni di eucalipto. Il palato è succoso, avvolgente e scorrevole. Il tannino levigato è armonizzato dalla freschezza, che vira sapidità nella chiosa e invita alla beva. Bigoli con salsiccia.

ROMAGNA ALBANA SECCO DANCING ALBANA 2022
Bianco Docg - Albana 100%
Alc. 13% | € 11 | Bt. 4.000 | Ferm. Cemento | Mat. Acciaio e Cemento 5 mesi
Ravioli di pesce con sugo di canestrelli.

Cantina Rapatà
(2005)

I fratelli Grilli esordiscono sulla nostra Guida con vini di pianura, ricavati da vigneti posti su terreni un tempo bagnati dal mare. I suoli limoso-argillosi di queste latitudini sono in grado di conferire alle uve autoctone e internazionali classe, longevità e sensazioni olfattive complesse. Unendo queste caratteristiche territoriali a una produzione particolarmente contenuta che punta alla qualità si ottengono vini da cabernet sauvignon e merlot, ma anche trebbiano e pinot bianco. Fra i prodotti presentati, sicuramente da menzionare il Rapatà 2017, taglio bordolese di ottimo livello.

Via Del Sale, 82 - Località San Pietro in Vincoli - 48125 Ravenna (RA)
T. 345 3585646 | M. info@cantinarapata.eu
www.cantinarapata.eu

Viticoltura: Convenzionale
Ettari: 2 | **Bottiglie:** 11.000 | **Produzione olearia:** No
Proprietà: Carolina Molducci
Cond. enologica: Maurizio Grilli, Paolo Grilli
Cond. agronomica: Davide Bravaccini
Vendita diretta: Sì | **Visite in azienda:** Sì

RAPATÀ 2017
Rosso Igt - Cabernet sauvignon 50%, Merlot 50%
Alc. 14% | € 18 | Bt. 1.800 | Ferm. Acciaio | Mat. Acciaio e Legno 12 mesi
Rosso brillante. Olfatto ampio, costellato da distinti ricami di viola mammola, amarena, tabacco dolce e liquirizia, con tocchi mentolati. Caldo e di spessore, tannini serici, corpo ornato da gradevole sapidità, che impreziosisce l'instancabile finale di erbe aromatiche da foglia. Petto di germano reale al balsamico.

SALTAGRILLO EXTRA BRUT
Bianco Metodo Classico - Pinot bianco 90%, Trebbiano 10%
Alc. 12% | € 24 | Bt. 2.000 | Ferm. Acciaio | 40 mesi sui lieviti
Linguine all'astice.

I GRILLI 2018
Rosso Igt - Merlot 80%, Cabernet sauvignon 20%
Alc. 13,5% | € 11 | Bt. 2.000 | Ferm. Acciaio | Mat. Acciaio 7 mesi
Pappardelle con sugo di lepre.

LE COCCINELLE 2022
Rosato Igt - Merlot 100%
Alc. 13% | € 11 | Bt. 1.100 | Ferm. Acciaio | Mat. Acciaio 7 mesi
Crema di zucca con gamberi croccanti.

Celli
(1965)

Posti sul versante nord-est del colle di Bertinoro, i quattro appezzamenti principali dell'azienda Celli godono dell'influenza marina, sia per le brezze, che dalla costa si spingono fin qui, sia nel terreno, ricco di fossili e di calcare attivo. Un'intonazione territoriale che sa di Spungone, sapidità e freschezza e che viene integralmente trasmessa ai vini, grazie a interventi tesi a preservare l'espressione varietale delle uve tramite interpretazioni leggere e non invadenti. È così il profilo del Bron & Rusèval Riserva 2020, un sangiovese in purezza che merita l'eccellenza.

Viale Carducci, 5 - 47032 Bertinoro (FC)
T. 0543 445183 | M. celli@celli-vini.com
www.celli-vini.com

Viticoltura: Biologica certificata
Ettari: 35 | **Bottiglie:** 300.000 | **Produzione olearia:** Sì
Proprietà: Famiglie Sirri e Casadei
Cond. enologica: Emanuele Casadei, Mauro Sirri
Cond. agronomica: Mauro Sirri
Vendita diretta: Sì | **Visite in azienda:** Sì

(92)
ROMAGNA SANGIOVESE BERTINORO BRON & RUSÈVAL RISERVA 2020
Rosso Doc - Sangiovese 100%
Alc. 14% | € 16 | Bt. 7.000 | Ferm. Acciaio | Mat. Legno 12 mesi
Filigrana granato su rosso splendente. Ventaglio olfattivo fine nel quale si riconoscono sentori di ciliegia, indizi balsamici e ricordi di tabacco e cannella. Carattere al gusto, morbidezza e avvolgenza, tannino fitto e levigato. Equilibrato, persistente e delicatamente speziato. Fiorentina alla brace.

ROMAGNA ALBANA PASSITO SOLARA 2021
Bianco Docg Passito - Albana 100%
Alc. 13% | € 16 (0,5l) | Bt. 6.000 | Ferm. Acciaio | Mat. Legno 8 mesi
Cassata siciliana.

ROMAGNA ALBANA SECCO I CROPPI 2022
Bianco Docg - Albana 100%
Alc. 14% | € 10 | Bt. 35.000 | Ferm. Acciaio | Mat. Acciaio 6 mesi
Paella.

ROMAGNA ALBANA SPUMANTE TALANDINA 2022
Bianco Docg Metodo Martinotti Dolce - Albana 100%
Alc. 12,5% | € 13 | Bt. 4.000 | Ferm. Acciaio | 3 mesi sui lieviti
Torta meringata.

ROMAGNA SANGIOVESE SUPERIORE LE GRILLAIE 2022
Rosso Doc - Sangiovese 100%
Alc. 13,5% | € 8 | Bt. 96.000 | Ferm. Acciaio | Mat. Acciaio 6 mesi
Lasagnette con ragù di coniglio e crema di piselli.

ROMAGNA SANGIOVESE SUPERIORE LE GRILLAIE RISERVA 2019
Rosso Doc - Sangiovese 100%
Alc. 13,5% | € 10 | Bt. 35.000 | Ferm. Acciaio | Mat. Legno 12 mesi
Costata di cavallo con patate al rosmarino.

ROMAGNA ALBANA SECCO I CROPPI
2020 | 2021

ROMAGNA SANGIOVESE BERTINORO BRON & RUSÈVAL RISERVA
2019

Umberto Cesari
(1964)

Dinamicità e ambizione unite a tradizione e storicità fanno dell'azienda Cesari uno dei capisaldi della produzione vitivinicola romagnola sia per quantità che per qualità. È grazie alla potenza di una realtà come questa che la Romagna è riuscita a emergere e farsi conoscere anche all'estero. I loro vini hanno uno stile moderno e irreprensibile, ma sono anche gustosi e profumati, grazie alla rigorosa ricerca di qualità in tutto il processo di vinificazione. Il sontuoso e ricco Tauleto, a base sangiovese, è da sempre uno dei vini più rappresentativi dello stile aziendale.

Via Stanzano, 2160 - 40024 Castel San Pietro Terme (BO)
T. 051 6947811 | M. info@umbertocesari.it
www.umbertocesari.it

Viticoltura: Convenzionale e lotta integrata
Ettari: 355 | **Bottiglie:** 3.500.000 | **Produzione olearia:** No
Proprietà: Cesari srl
Cond. enologica: Staff aziendale
Cond. agronomica: Staff aziendale
Vendita diretta: Sì | **Visite in azienda:** Sì

TAULETO 2017
Rosso Igt - Sangiovese 90%, Uva Longanesi 10%
Alc. 14% | € 47 | Bt. 25.000 | Ferm. Acciaio | Mat. Legno 24 mesi
Rubino profondo e dalla sincera limpidezza. Bouquet ampio con nitide suggestioni di boero, carruba, prugna appassita e reflui tostati di caffè e cacao. Robusto e importante, si snoda su misurata acidità e tannini saporiti di frutta rossa in macerazione. Lungheggia con leggeri rimandi chinati e balsamici. Stinco di maiale al forno in pancetta affumicata.

LIANO BIANCO 2022
Bianco Igt - Chardonnay 70%, Sauvignon 30%
Alc. 14% | € 17 | Bt. 100.000 | Ferm. Legno | Mat. Legno 3 mesi
Vellutata di asparagi.

LIANO ROSSO 2021
Rosso Igt - Sangiovese 70%, Cabernet sauvignon 30%
Alc. 14% | € 22 | Bt. 850.000 | Ferm. Acciaio | Mat. Legno 18 mesi
Costolette d'agnello alle erbe.

ROMAGNA SANGIOVESE LAURENTO RISERVA 2020
Rosso Doc - Sangiovese 100%
Alc. 14% | € 14 | Bt. 45.000 | Ferm. Acciaio | Mat. Legno 24 mesi
Carré di maiale alle prugne.

ROMAGNA SANGIOVESE LAURENTO RISERVA
2019

ROMAGNA ALBANA PASSITO COLLE DEL RE
2013

Collina
(2002)

La Collina è un luogo autenticamente vocato per la viticoltura. Siamo a 330 metri di altitudine, sul versante più occidentale del comune di Brisighella, sopra il Rio Paglia, che confluendo nel torrente Tramazzo segna il confine con Modigliana. Dal 2019 la conduzione biologica è certificata, a suggellare il buon lavoro in vigna e cantina fatto dai giovani Mirja e Yvan per rispettare l'ambiente. I vini de La Collina svelano il carattere della formazione marnoso-arenacea, il frutto giovane e fresco e il profilo tannico mai invadente e aggressivo, come nel bell'esemplare del Sangiovese Rio Paglia.

Via Paglia, 19 - 48013 Brisighella (RA)
T. 0546 81095 | M. ciao@poderelacollina.com
www.poderelacollina.com

Viticoltura: Biologica certificata
Ettari: 6 | **Bottiglie:** 29.000 | **Produzione olearia:** Sì
Proprietà: Collina
Cond. enologica: Mirja Sarah Scarpellini, Francesco Bordini, Yvan Ogi
Cond. agronomica: Francesco Bordini, Yvan Ogi
Vendita diretta: Sì | **Visite in azienda:** Sì

ROMAGNA SANGIOVESE SUPERIORE RIO PAGLIA 2021
Rosso Doc - Sangiovese 100%
Alc. 13,5% | € 10 | Bt. 3.000 | Ferm. Acciaio | Mat. Acciaio 2 mesi
Compatto e fiero rubino. Ben riconoscibili le ciliegie e le violette, a formare un profilo olfattivo arioso e dinamico. Buona polpa ed equilibrio in bocca, ha un bel senso di freschezza e apertura. Sapido e con un tocco speziato, mostra un'astringenza di apprezzabile precisione. Medio allungo. Tagliatelle al ragù.

CUPOLA 2018
Rosso Igt - Sangiovese 34%, Cabernet 33%, Merlot 33%
Alc. 13,5% | € 12 | Bt. 10.000 | Ferm. Acciaio | Mat. Legno 12 mesi
Trippa in umido.

VIAZIA 2021
Bianco Igt - Sangiovese 100%
Alc. 13,5% | € 12 | Bt. 2.000 | Ferm. Acciaio | Mat. Acciaio 6 mesi
Pesce spada alla griglia.

SANGIOVITA 2018
Rosso Igt - Sangiovese 100%
Alc. 13,5% | € 12 | Bt. 6.000 | Ferm. Acciaio | Mat. Acciaio 6 mesi e Legno 12 mesi
Pappardelle con sugo di lepre.

CARRANCA
2014 | 2015 | 2016

ALYA
2017

Condé
(2001)

Continua il progetto di valorizzazione del territorio di Predappio da parte di quest'azienda che, oltre a puntare su un progetto turistico che esalta le caratteristiche paesaggistiche e panoramiche, ha avviato sin dalla sua fondazione una produzione vinicola di grande qualità. Il sangiovese è sempre stato e resta il vitigno d'eccellenza di questa zona della Romagna e in Condè hanno saputo, di anno in anno, valorizzarne sempre meglio le peculiari caratteristiche. In particolare con il Raggio Brusa, una Riserva che ancora una volta si è mostrata alfiere di un ottimo assortimento di vini.

Via Lucchina, 27 - Località Fiumana - 47016 Predappio (FC)
T. 0543 940860 | M. info@conde.it
www.conde.it

Viticoltura: Biologica certificata
Ettari: 77 | **Bottiglie:** 130.000 | **Produzione olearia:** Sì
Proprietà: Francesco Condello
Cond. enologica: Chiara Condello
Cond. agronomica: Chiara Condello
Vendita diretta: Sì | **Visite in azienda:** Sì

93

ROMAGNA SANGIOVESE PREDAPPIO RAGGIO BRUSA RISERVA 2020
Rosso Doc - Sangiovese 100%
Alc. 14% | € 60 | Bt. 4.500 | Ferm. Legno | Mat. Legno 30 mesi
Drappeggio carminio che s'apre sull'intreccio di mora, marasca e agrume. Piano piano entrano in scena la viola, le erbe aromatiche, spezie e cacao. In bocca mostra personalità e carattere. È pieno, bilanciato dalla progressione balsamica e dal tannino giovane, che sostiene il lungo finale agrumato. Filetto di vitello alla Rossini.

ROMAGNA SANGIOVESE SUPERIORE AL CALERI 2021
Rosso Doc - Sangiovese 100%
Alc. 13,5% | € 15 | Bt. 10.000 | Ferm. Acciaio | Mat. Acciaio 12 mesi
Lepre in salmì.

ROMAGNA SANGIOVESE PREDAPPIO 2020
Rosso Doc - Sangiovese 100%
Alc. 14% | € 20 | Bt. 50.000 | Ferm. Acciaio | Mat. Acciaio 12 mesi e Legno 12 mesi
Carré d'agnello al timo e lardo di Colonnata.

ROMAGNA SANGIOVESE PREDAPPIO CONDÉ RISERVA 2017
Rosso Doc - Sangiovese 100%
Alc. 14% | € 35 | Bt. 15.000 | Ferm. Acciaio | Mat. Acciaio 6 mesi e Legno 18 mesi
Gulasch di cervo con patate stufate.

CONDÉ ROSATO 2022
Rosato Igt - Sangiovese 100%
Alc. 13% | € 15 | Bt. 18.000 | Ferm. Acciaio | Mat. Acciaio 6 mesi
Zuppetta di piselli e vongole.

ROMAGNA SANGIOVESE PREDAPPIO RAGGIO BRUSA RISERVA
2013 | 2018 | 2019

ROMAGNA SANGIOVESE PREDAPPIO CONDÉ RISERVA
2013 | 2015 | 2016

Chiara Condello
(2015)

Il vigneto di Chiara si staglia tra bosco e ulivi. Siamo nella denominazione Predappio, dove le viti trovano un terreno calcareo-argilloso ricco di rocce tufacee. L'azienda è condotta con l'utilizzo di pratiche biologiche e biodinamiche e anche quest'anno i trattamenti in vigna si sono concentrati sull'utilizzo di tisane e oli essenziali. Tutti i lavori sono condotti da uno staff giovane che realizza una grande espressione di Sangiovese. Ancora una volta "Le Lucciole" non può passare inosservato, un concentrato di pregio e territorialità, capace di appagare i sensi per carattere e ricercatezza.

Via Lucchina, 47 - Località Fiumana - 47016 Predappio (FC)
T. 0543 940860 | M. info@chiaracondello.com
www.chiaracondello.com

Viticoltura: Biologica certificata
Ettari: 6,5 | **Bottiglie:** 35.000 | **Produzione olearia:** Sì
Proprietà: Chiara Condello
Cond. enologica: Chiara Condello
Cond. agronomica: Chiara Condello
Vendita diretta: Sì | **Visite in azienda:** Sì

96

ROMAGNA SANGIOVESE PREDAPPIO LE LUCCIOLE RISERVA 2020
Rosso Doc - Sangiovese 100%
Alc. 14% | € 60 | Bt. 4.000 | Ferm. Legno | Mat. Legno 24 mesi
Rubino vivace. Panorama olfattivo colorato di frutta rossa e agrume, viola, rabarbaro e polvere di cacao con sfumature iodate. Assaggio inebriante. Sensazioni balsamiche e mentolate, tannini setosi, che avvolgono il palato, e una freschezza importante sostengono il sorso nel lungo congedo saporito. Petto di germano reale al balsamico.

ROMAGNA SANGIOVESE PREDAPPIO 2021
Rosso Doc - Sangiovese 100%
Alc. 14% | € 25 | Bt. 31.000 | Ferm. Legno e Acciaio | Mat. Legno 12 mesi e Cemento 6 mesi
Costoletta alla valdostana.

ROMAGNA SANGIOVESE PREDAPPIO LE LUCCIOLE RISERVA
2017 | 2018 | 2019

ROMAGNA SANGIOVESE PREDAPPIO
2020

Corte San Ruffillo
(2008)

Produzione sostenibile e biodinamica: basta questo a riassumere la filosofia produttiva di Corte San Ruffillo, un'azienda situata nella parte più alta della sottozona Castrocaro, nei pressi di Dovadola. In questa zona i vigneti risentono dell'altitudine e della presenza di grandi aree boschive. In cantina si operano scelte rigorose, dalla selezione dei grappoli migliori alle fermentazioni spontanee per i vini rossi. Questo territorio particolare, unito alla scelte agronomiche ed enologiche, si trasmette con efficacia ai vini, che svettano per balsamicità e freschezza.

Via San Ruffillo, 12 - 47013 Dovadola (FC)
T. 0543 934674 | M. info@cortesanruffillo.it
www.cortesanruffillo.it

Viticoltura: Biologica
Ettari: 25 | **Bottiglie:** 18.000 | **Produzione olearia:** Sì
Proprietà: Sara Vespignani
Cond. enologica: Attilio Pagli
Cond. agronomica: Luca Bosi
Vendita diretta: Sì | **Visite in azienda:** Sì

ROMAGNA SANGIOVESE SUPERIORE RISERVA 2019
Rosso Doc - Sangiovese 100%
Alc. 13,5% | € 22 | Bt. 2.000 | Ferm. Acciaio | Mat. Legno 12 mesi
Di sublime consistenza e vivacità. All'olfatto lavanda e iris, poi ciliegia matura e chiodi di garofano. In bocca regala una piacevole scorrevolezza, combinando un calore accogliente con un'acidità accesa. Il tannino delicato conferisce spessore e conduce a un allungo succoso. Nodini di cinta senese lardellati al forno.

AZDORA 2020
Bianco Igp - Albana 100%
Alc. 13% | € 16 | Bt. 1.500 | Ferm. Acciaio | Mat. Acciaio 6 mesi
Faraona al forno.

ROMAGNA SANGIOVESE SUPERIORE 2020
Rosso Doc - Sangiovese 100%
Alc. 13,5% | € 16 | Bt. 4.000 | Ferm. Acciaio | Mat. Acciaio 10 mesi
Lasagne alla bolognese.

INCOCCIO 2021
Rosso Igp - Merlot 100%
Alc. 13,5% | € 26 | Bt. 2.000 | Ferm. Terracotta | Mat. Terracotta 6 mesi
Carré di maiale affumicato.

ROMAGNA SANGIOVESE SUPERIORE RISERVA
2018

INCOCCIO
2020

Podere dell'Angelo
(2008)

Cent'anni di storia enologica e di radicamento nel territorio riminese sono un bel traguardo per questa azienda famigliare, che si trova sulla prima fascia collinare della Valle del Marecchia. I vigneti sono dislocati per la maggior parte attorno alla nuova cantina. I vini godono di uno stile rinnovato grazie al contributo delle nuove generazioni, sempre più attive nel definirne il carattere. Sono vini tecnicamente ineccepibili, che si bevono con estrema facilità. Gran carattere per la Rebola Landi e una bella interpretazione di Sangiovese Riserva con il Luis.

Via Rodella n° 40, loc. Vergiano - 47923 Rimini (RN)
T. 0541 727332 | M. vinidellangelo@libero.it
www.vinidellangelo.it

Viticoltura: Convenzionale
Ettari: 15 | **Bottiglie:** 50.000 | **Produzione olearia:** No
Proprietà: Angelo, Giulia e Giacomo Bianchi e Milena Falcioni
Cond. enologica: Giacomo Bianchi, Bianca Bittau
Cond. agronomica: Giacomo Bianchi
Vendita diretta: Sì | **Visite in azienda:** Sì

RIMINI REBOLA LANDI 2021
Bianco Dop - Grechetto gentile 95%, altre varietà 5%
Alc. 13,5% | € 15 | Ferm. Legno | Mat. Legno 10 mesi
Paglierino dai riflessi dorati. Profumi freschi si succedono con cura: biancospino, mentuccia e lime. Ingresso vivace e dinamico, ben supportato da sapidità e alcolicità adeguate e ben amalgamate. Rimandi di bergamotto, ginestra e arachidi si congedano con la giusta calma. Risotto alla granseola.

ROMAGNA SANGIOVESE SUPERIORE LUIS RISERVA 2019
Rosso Dop - Sangiovese 100%
Alc. 13,5% | € 15 | Bt. 3.000 | Ferm. Legno | Mat. Legno 24 mesi
Reale di vitello alla senape antica.

RIMINI SANGIOVESE SUPERIORE FULGOR 2022
Rosso Dop - Sangiovese 100%
Alc. 13,5% | € 9 | Bt. 8.000 | Ferm. Acciaio | Mat. Acciaio 8 mesi e Cemento 8 mesi
Pasta alla gricia.

RIMINI REBOLA GIULIETTA 2022
Bianco Dop - Grechetto gentile 100%
Alc. 13,5% | € 12 | Bt. 12.000 | Ferm. Acciaio | Mat. Acciaio 8 mesi
Riso venere con verdure e crostacei.

RIMINI BIANCO FULGOR 2021
Bianco Dop - Bombino bianco 34%, Bianchello 33%, Grechetto gentile 33%
Alc. 12,5% | € 9 | Bt. 5.000 | Ferm. Acciaio | Mat. Acciaio 8 mesi
Ravioli di pesce con sugo di canestrelli.

RIMINI ROSSO CABIRIA 2021
Rosso Dop - Sangiovese 40%, Cabernet sauvignon 25%, Cabernet franc 10%, Merlot 10%, Syrah 10%, Montepulciano 5%
Alc. 14,5% | € 12 | Bt. 3.000 | Ferm. Cemento | Mat. Legno 8 mesi e Cemento 10 mesi
Risotto con le quaglie.

ROMAGNA SANGIOVESE SUPERIORE LUIS RISERVA
2018

COLLI DI RIMINI CABERNET 90
2019

Domini Glicine
(2021)

Salvaguardare e valorizzare la tipicità, la qualità delle uve autoctone e internazionali: queste sono le fondamenta della nuova cantina Domini Glicine, situata sulle prime colline di Cesena, su terreni ricchi di calcare. Le mani capaci del team aziendale e l'interazione perfetta tra suolo e vitigni sfoderano vini dalla tipicità inconfondibile, fini, di struttura e dai delicati profumi di erbe aromatiche. Le etichette si snodano su due linee una per la vendita al dettaglio e l'altra per la ristorazione. Quest'anno è il Sangiovese Superiore Riserva Intenzioni il vino che più ci ha colpito.

Via Cesuola, 701 - Località Rio Eremo - 47521 Cesena (FC)
T. 0547 613081 | M. info@dominiglicine.it
www.dominiglicine.it

Viticoltura: Lotta integrata
Ettari: 17 | **Bottiglie:** 30.000 | **Produzione olearia:** Sì
Proprietà: Gianni Mancini
Cond. enologica: Raffaele Caporali, Chiara Stecca
Cond. agronomica: Staff aziendale
Vendita diretta: Sì | **Visite in azienda:** Sì

ROMAGNA SANGIOVESE SUPERIORE INTENZIONI RISERVA 2017
Rosso Doc - Sangiovese 100%
Alc. 14,5% | € 26 | Bt. 2.000 | Ferm. Acciaio | Mat. Acciaio 12 mesi e Legno 14 mesi
Rubino impenetrabile. Naso seducente, intriso di mora di gelso, viola e ciliegia, ornato da erbe aromatiche e sussurri balsamici. Al palato di ottima struttura, alcolicità bilanciata da una rinfrescante acidità. Tannini morbidi accompagnano a un finale appena ammandorlato. Filetto al pepe verde.

ROMAGNA ALBANA SECCO EMBLEMI 2022
Bianco Docg - Albana 100%
Alc. 13,5% | € 18 | Bt. 4.000 | Ferm. Acciaio | Mat. Acciaio 3 mesi
Cappellacci di zucca.

ROMAGNA SANGIOVESE SUPERIORE AVVENTURE 2020
Rosso Doc - Sangiovese 100%
Alc. 14% | € 16 | Bt. 4.000 | Ferm. Acciaio | Mat. Acciaio 10 mesi
Filetto al vino rosso e scalogno.

ALTERNATIVE 2021
Bianco Igt - Pinot bianco 90%, Chardonnay 10%
Alc. 13% | € 16 | Bt. 2.000 | Ferm. Acciaio | Mat. Acciaio 4 mesi
Risotto alle ortiche.

Drei Donà Tenuta La Palazza

(1923)

Compie il primo secolo di vita l'azienda Drei Donà, locata in posizione privilegiata sulle colline argillose tra i fiumi Rabbi e Montone. Una cantina dalla grande storia, ma in continua evoluzione, come testimonia l'introduzione di vini fermentati in anfora che vanno ad affiancare la proposta storica. In orci di argille toscane cotte a specifiche temperature per ottenere l'ossigenazione desiderata, nascono i vini della linea Nota di Cantina, tra cui un Sangiovese in purezza di prossima uscita. Sangiovese è anche il vitigno di Notturno e Pruno, i due vini a svettare in quest'edizione.

Via del Tesoro, 23 - Massa di Vecchiazzano - 47121 Forlì (FC)
T. 0543 769371 | M. palazza@dreidona.it
www.dreidona.it

Viticoltura: Biologica
Ettari: 27 | **Bottiglie:** 130.000 | **Produzione olearia:** Sì
Proprietà: Famiglia Drei Donà
Cond. enologica: Marco Bernabei, Ida Vittoria Drei Donà
Cond. agronomica: Ida Vittoria Drei Donà
Vendita diretta: Sì | **Visite in azienda:** Sì

(91)

ROMAGNA SANGIOVESE PREDAPPIO NOTTURNO 2021
Rosso Doc - Sangiovese 100%
Alc. 14% | € 13 | Bt. 60.000 | Ferm. Acciaio | Mat. Legno 8 mesi
Rosso fitto fitto. Olfatto pervaso dal frutto: amarena e prugna, poi note di viola, pepe nero e tabacco. Al gusto è morbido e caldo, dai tannini ben integrati. Il sorso progredisce in sensazioni fruttate e speziate, fino all'armonica chiosa dai riverberi balsamici. Camoscio in umido.

ROMAGNA SANGIOVESE PREDAPPIO VIGNA DEL PRUNO RISERVA 2020
Rosso Doc - Sangiovese 100%
Alc. 14% | € 25 | Bt. 18.000 | Ferm. Acciaio | Mat. Legno 18 mesi
Trippa in umido.

IL TORNESE 2022
Bianco - Chardonnay 60%, Riesling renano 40%
Alc. 13% | € 13 | Bt. 20.000 | Ferm. Acciaio | Mat. Acciaio 3 mesi
Riso, cozze e zafferano.

LYLLYBETH 2022
Rosso - Sangiovese 45%, Cabernet sauvignon 30%, Cabernet franc 25%
Alc. 13,5% | € 12 | Bt. 16.000 | Ferm. Cemento | Mat. Acciaio 2 mesi
Controfiletto di bue alla brace.

MAGNIFICAT 2019
Rosso Igt - Cabernet sauvignon 100%
Alc. 14,5% | € 30 | Bt. 12.000 | Ferm. Acciaio | Mat. Legno 20 mesi
Entrecôte alla griglia con scaglie di formaggio.

IL TORNESE- LE ORIGINI 2021
Bianco Igt - Chardonnay 100%
Alc. 14% | € 25 | Bt. 4.000 | Ferm. Legno | Mat. Legno 8 mesi
Seppioline ai ferri.

ROMAGNA SANGIOVESE SUPERIORE PRUNO RISERVA
2016

IL TORNESE
2015

Fattoria Monticino Rosso

(1965)

Azienda fondata sulle colline imolesi a metà degli anni Sessanta da Antonio Zeoli, poi passata ai figli Gianni e Luciano, che hanno continuato l'opera puntando sulla grande qualità e sulla costante valorizzazione del territorio e dei vitigni, in particolare il sangiovese e la versatile albana. Infatti, oltre all'ormai monumentale Codronchio, una versione secca da uve in parte botritizzate, emerge un fragrante spumante Metodo Classico, che presto si arricchirà di raffinata versione con 60 mesi sui lieviti, profonda e di struttura. Una garanzia di autenticità in Romagna.

Via Montecatone, 10 - 40026 Imola (BO)
T. 0542 42687 | M. info@fattoriamonticinorosso.it
www.fattoriamonticinorosso.it

Viticoltura: Convenzionale e lotta integrata
Ettari: 24 | **Bottiglie:** 140.000 | **Produzione olearia:** No
Proprietà: Famiglia Zeoli
Cond. enologica: David Soverchia, Giancarlo Soverchia
Cond. agronomica: Giancarlo Soverchia
Vendita diretta: Sì | **Visite in azienda:** Sì

(96)

ROMAGNA ALBANA SECCO CODRONCHIO 2021
Bianco Docg - Albana 100%
Alc. 14% | € 18 | Bt. 8.000 | Ferm. Acciaio | Mat. Legno 6 mesi
Oro lucente. Profilo lineare e variegato, con fragranze d'albicocca matura, cedro, fiori di camomilla, maggiorana e zafferano. Avvolgente e saporito all'assaggio, rivela tensione fresco-sapida, dinamicità di beva e grande persistenza gustativa con risacca piacevolmente agrumata. Superbo. Ricciola al forno con capperi e pomodori ciliegino.

BLANC DE BLANC PAS DOSÉ 2019
Bianco Metodo Classico - Albana 100%
Alc. 12% | € 20 | Bt. 10.000 | Ferm. Acciaio | 36 mesi sui lieviti
Risotto con mazzancolle al profumo d'arancia.

ROMAGNA ALBANA SECCO A 2022
Bianco Docg - Albana 100%
Alc. 13,5% | € 8 | Bt. 20.000 | Ferm. Acciaio | Mat. Acciaio 3 mesi
Gnocchetti di zucca con porcini.

ROMAGNA ALBANA PASSITO 2019
Bianco Docg Passito - Albana 100%
Alc. 13,5% | € 20 (0,5l) | Bt. 5.000 | Ferm. Acciaio | Mat. Legno 24 mesi
Formaggio di fossa di Sogliano.

ROMAGNA SANGIOVESE SUPERIORE FRUTTI ROSSI RISERVA 2020
Rosso Doc - Sangiovese 100%
Alc. 14,5% | € 15 | Bt. 7.000 | Ferm. Acciaio | Mat. Legno 12 mesi
Agnello al forno con rosmarino.

ROMAGNA SANGIOVESE SUPERIORE LE MORINE RISERVA 2019
Rosso Doc - Sangiovese 100%
Alc. 14,5% | € 20 | Bt. 4.000 | Ferm. Acciaio | Mat. Legno 24 mesi
Brasato di manzo al vino rosso.

ROMAGNA ALBANA SECCO CODRONCHIO
2016 | 2019 | 2020

ROMAGNA ALBANA PASSITO
2016

Fattoria Nicolucci
(1885)

"La tradizione è custodire il fuoco, non adorare le ceneri": questa massima di Mahler è impressa nel lavoro quotidiano di Alessandro Nicolucci, che della tradizione aggiornata e rivitalizzata ha fatto il suo credo. Ma è più facile trovarne riscontro oggettivo nei suoi vini: dal pluripremiato Vigna del Generale (straordinaria l'annata 2020) al gourmand Tre Rocche, sangiovese fatto di pura energia, fino alla riscoperta di una varietà di trebbiano (della fiamma o ramato), proposto con il semplice nome di Bianco Nicolucci, a testimoniare che il nome della casa è di per sé già una garanzia.

Via Umberto I, 21 - Frazione Predappio Alta - 47016 Predappio (FC)
T. 0543 922361 | M. info@vininicolucci.com
www.vininicolucci.com

Viticoltura: Biologica certificata
Ettari: 12 | **Bottiglie:** 100.000 | **Produzione olearia:** No
Proprietà: Alessandro Nicolucci
Cond. enologica: Alessandro Nicolucci
Cond. agronomica: Staff aziendale
Vendita diretta: Sì | **Visite in azienda:** Sì

96

ROMAGNA SANGIOVESE PREDAPPIO DI PREDAPPIO VIGNA DEL GENERALE RISERVA 2020
Rosso Doc - Sangiovese 100%
Alc. 15% | € 28 | Bt. 24.000 | Ferm. Legno e Cemento | Mat. Legno 24 mesi
Fulgido rubino. Bouquet ampio con mirtilli rossi e mora, chiodi di garofano e pennellate di liquirizia. Volumico e di grande carattere. Il tannino setoso accarezza il palato e crea un perfetto equilibrio sensoriale. Vino dal lunghissimo finale in un tripudio di frutti e spezie. Piccione ai porcini e tartufo nero.

ROMAGNA SANGIOVESE SUPERIORE TRE ROCCHE 2022
Rosso Doc - Sangiovese 100%
Alc. 14% | € 14 | Bt. 35.000 | Ferm. Cemento | Mat. Legno 6 mesi
Pappardelle con sugo di lepre.

BIANCO NICOLUCCI 2022
Bianco Igp - Trebbiano 100%
Alc. 12,5% | € 14 | Bt. 5.000 | Ferm. Acciaio | Mat. Acciaio 6 mesi
Tiella di riso, patate e cozze.

NERO DI PREDAPPIO 2022
Rosso Igp - Refosco 70%, Sangiovese 30%
Alc. 14% | € 20 | Bt. 13.000 | Ferm. Cemento | Mat. Legno 6 mesi
Ravioli di magro con funghi chiodini.

ROMAGNA SANGIOVESE PREDAPPIO DI PREDAPPIO VIGNA DEL GENERALE RISERVA
2016 | 2018 | 2019

NERO DI PREDAPPIO
2019 | 2020

Fattoria Zerbina
(1966)

Parlare con Cristina Geminiani è perdersi nel racconto di quelle vigne che conosce minuziosamente, è confrontarsi col suo mondo fatto di esperienza sul campo, coraggio e tanta passione, è imparare che non bisogna mai sentirsi arrivati o sconfitti, perché chi si ferma è perduto. Da qui la selezione a livello clonale di albana, ma soprattutto sangiovese che l'ha condotta oggi a realizzare un progetto più ampio dedito alla valorizzazione parcellare di singole vigne, da cui l'espressione del Poggio Vicchio. Pietramora, Sangiovese cult in Romagna, è ancora il vero protagonista.

Via Vicchio, 11 - Frazione Marzeno - 48018 Faenza (RA)
T. 0546 40022 | M. info@zerbina.com
www.zerbina.com

Viticoltura: Biologica
Ettari: 26,5 | **Bottiglie:** 180.000 | **Produzione olearia:** No
Proprietà: Maria Cristina Geminiani
Cond. enologica: Maria Cristina Geminiani
Cond. agronomica: Maria Cristina Geminiani
Vendita diretta: Sì | **Visite in azienda:** Sì

95,5

ROMAGNA SANGIOVESE MARZENO PIETRAMORA RISERVA 2017
Rosso Doc - Sangiovese 98%, Ancellotta 2%
Alc. 14,5% | € 24 | Bt. 10.000 | Ferm. Legno e Acciaio | Mat. Legno 12 mesi
Rubino con filigrana granato. Coinvolgenti e ampi ricordi di cassis e cioccolato, malie di china e rabarbaro e un tocco balsamico caratterizzano l'olfatto. Sorso deciso dal gusto fruttato, esalta freschezza e astringenza cesellata. Lunga e appagante è la persistenza. Cinghiale in umido.

ROMAGNA SANGIOVESE SUPERIORE POGGIO VICCHIO 2021
Rosso Doc - Sangiovese 100%
Alc. 13,5% | € 10 | Bt. 7.000 | Ferm. Acciaio | Mat. Acciaio 14 mesi
Anatra ai funghi.

ROMAGNA SANGIOVESE SUPERIORE TORRE DI CEPARANO RISERVA 2018
Rosso Doc - Sangiovese 92%, Merlot 6%, Ancellotta 2%
Alc. 14,5% | € 14 | Bt. 30.000 | Ferm. Acciaio | Mat. Legno 12 mesi
Lepre alla cacciatora.

ROMAGNA ALBANA SECCO BIANCO DI CEPARANO 2022
Bianco Docg - Albana 100%
Alc. 12,5% | € 10 | Bt. 14.000 | Ferm. Acciaio | Mat. Cemento 5 mesi
Cappesante scottate allo zenzero.

ROSA DI CEPARANO 2022
Rosato Igp - Sangiovese 60%, Syrah 40%
Alc. 12% | € 12 | Bt. 8.000 | Ferm. Acciaio | Mat. Cemento 4 mesi
Tartare di scampi.

ROMAGNA ALBANA PASSITO SCACCOMATTO
2018

ROMAGNA ALBANA PASSITO ARROCCO
2019

Ferrucci
(1932)

È la storia di una famiglia, quella dell'azienda Ferrucci, che continua grazie allo splendido lavoro delle due sorelle Ilaria e Serena, ormai affermatesi nella realtà vinicola romagnola con il loro stile e la loro gentilezza. Il quartier generale della cantina è lungo la provinciale che da Castel Bolognese porta a Riolo Terme, poco distante dalla sottozona Serra in cui sono ubicati la maggior parte dei vigneti. I vini realizzati denotano tutti freschezza e agilità di beva, pur mantenendo le caratteristiche del territorio. Sul podio il Sangiovese Centurione, gustoso esempio di stile.

Via Casolana, 3045/2 - 48014 Castel Bolognese (RA)
T. 0546 651068 | M. info@stefanoferrucci.it
www.stefanoferrucci.it

Viticoltura: Lotta integrata
Ettari: 16 | **Bottiglie:** 130.000 | **Produzione olearia:** No
Proprietà: Famiglia Ferrucci
Cond. enologica: Andrea Ruggeri
Cond. agronomica: Gianni Bulzamini
Vendita diretta: Sì | **Visite in azienda:** Sì

ROMAGNA SANGIOVESE SUPERIORE CENTURIONE 2022
Rosso Doc - Sangiovese 100%
Alc. 13,5% | € 10 | Bt. 45.000 | Ferm. Cemento | Mat. Cemento 6 mesi
Splendido rosso rubino, stuzzicante la successione di pepe verde, frutta rossa croccante e petali di rosa. Vino che gioca sull'eleganza e sulla piacevolezza di beva, denotando tannini fini e saporiti, ben integrati e supportati da vivace freschezza. Dinamico e durevole su aromi speziati. Filetto di maiale lardellato.

ROMAGNA SANGIOVESE SERRA LEGIO 2020
Rosso Doc - Sangiovese 100%
Alc. 14% | € 18 | Bt. 1.500 | Ferm. Legno | Mat. Legno 16 mesi
Lasagne alla bolognese.

ROMAGNA SANGIOVESE SUPERIORE DOMUS CAIA RISERVA 2020
Rosso Doc - Sangiovese 100%
Alc. 14,5% | € 25 | Bt. 14.000 | Ferm. Cemento | Mat. Legno 12 mesi
Petto di germano reale al balsamico.

ROMAGNA ALBANA SECCO ALEI 2022
Bianco Docg - Albana 100%
Alc. 14,5% | € 12 | Bt. 1.000 | Ferm. Acciaio | Mat. Cemento 5 mesi
Baccalà mantecato.

ROMAGNA ALBANA PASSITO DOMUS AUREA
2012 | 2017

ROMAGNA SANGIOVESE SUPERIORE DOMUS CAIA RISERVA
2018

Fiorentini
(1999)

Lo scopo originario e attuale dell'azienda è quello di favorire la coltivazione delle uve locali, sangiovese e albana in primis. Il recente rinnovamento della cantina con attrezzature all'avanguardia è motivo di orgoglio e indice di forte passione. Le brezze marine e quelle delle vallate circostanti, insieme ai terreni franco-argillosi, hanno permesso di gestire al meglio anche le annate siccitose come la 2022. Cleonice, albana in purezza, si riconferma ai vertici della scala qualitativa. Ottima anche l'interpretazione della Collinaccia, Sangiovese riserva 2017.

Via Sadurano, 6 - 47011 Castrocaro Terme e Terra del Sole (FC)
T. 335 6545770 | M. info@fiorentinivini.it
www.fiorentinivini.it

Viticoltura: Biologica
Ettari: 6,5 | **Bottiglie:** 20.000 | **Produzione olearia:** Sì
Proprietà: Fiorino Fiorentini e Franca Beltrame
Cond. enologica: Attilio Pagli, Paolo Santucci Delli Ponti
Cond. agronomica: Endrig Alpi
Vendita diretta: Sì | **Visite in azienda:** Sì

93

ROMAGNA ALBANA SECCO CLEONICE 2022
Bianco Docg - Albana 100%
Alc. 13,5% | € 15 | Bt. 3.000 | Ferm. Acciaio | Mat. Acciaio 6 mesi
Dorato e brillante. Ventagio olfattivo di ampia complessità, corredato soprattutto da albicocca, erbe aromatiche e macchia mediterranea. Al palato è avvolgente, caldo, ottime la freschezza e la traccia sapida, che creano un equilibrio dinamico. Elegante epilogo su toni di bergamotto. Tagliolini al nero di seppia e pomodori ciliegino.

ROMAGNA SANGIOVESE RISERVA LA COLLINACCIA 2017
Rosso Doc - Sangiovese 100%
Alc. 15% | € 20 | Bt. 3.000 | Ferm. Acciaio | Mat. Acciaio 8 mesi e Legno 12 mesi e Cemento 12 mesi
Manzo brasato con funghi.

BIANCO DELLE VOLTURE 2022
Bianco Igp - Famoso 100%
Alc. 13,5% | € 14 | Ferm. Acciaio | Mat. Acciaio 6 mesi
Ravioli di ricotta e spinaci.

ROMAGNA SANGIOVESE CASTROCARO FIORONE 2022
Rosso Doc - Sangiovese 100%
Alc. 14,5% | € 13 | Ferm. Acciaio | Mat. Acciaio 6 mesi
Scaloppa di vitello con asparagi trifolati.

ROMAGNA ALBANA SECCO CLEONICE
2019 | 2021

ROMAGNA SANGIOVESE CASTROCARO FIORONE
2019

Fondo Cà Vecja
(1971)

Nella vallata del Santerno, Simone Padovani interpreta con passione il territorio dei Colli d'Imola, con vinificazioni separate per ogni singolo appezzamento e con versioni in purezza degli oltre dieci vitigni coltivati. Le tecniche agronomiche mirano all'ottimizzazione dei processi e in cantina si punta a ottenere vini bianchi in riduzione d'ossigeno e vini rossi con frequenti rimontaggi. L'indiscussa qualità e l'ampia scelta incontrano il gradimento dei numerosi avventori che si recano direttamente nel punto vendita in cerca di eccellenze ricche di frutto e bevibilità.

Via Montanara, 333 - 40026 Imola (BO)
T. 0542 665194 | M. fondocavecja@virgilio.it
www.fondocavecja.it

Viticoltura: Convenzionale
Ettari: 18 | **Bottiglie:** 25.000 | **Produzione olearia:** No
Proprietà: Gian Paolo e Simone Padovani, Pierluigi Cenni
Cond. enologica: Luca Garelli, Simone Padovani
Cond. agronomica: Massimo Casella, Simone Padovani
Vendita diretta: Sì | **Visite in azienda:** Sì

(92)

COLLI D'IMOLA SANGIOVESE VIGNA DELLE POIANE RISERVA 2018
Rosso Doc - Sangiovese 100%
Alc. 14,5% | € 13 | Bt. 2.500 | Ferm. Acciaio | Mat. Acciaio 8 mesi e Legno 18 mesi
Veste rubino vivida. Vigorose sensazioni di ciliegia matura, peonia e geranio, rabarbaro e china, trame dolci e speziate di vaniglia e cardamomo. L'assaggio è gustoso e succoso e la freschezza e il tannino esaltano l'allungo con coerente ritorno fruttato e balsamico. Nodini di cinta senese lardellati al forno.

SANGIOVESE ANGIOLLA 2021
Rosso Igt - Sangiovese 100%
Alc. 13,5% | € 9 | Bt. 3.300 | Ferm. Acciaio | Mat. Acciaio 8 mesi
Fiorentina alla brace.

COLLI D'IMOLA CABERNET SAUVIGNON VIGNA DEI MERLI RISERVA 2016
Rosso Doc - Cabernet sauvignon 100%
Alc. 15% | € 13 | Bt. 1.330 | Ferm. Acciaio | Mat. Acciaio 8 mesi e Legno 24 mesi
Braciola di cervo con salsa di ribes.

TREBBIANO FRIZZANTE TUMBAZA 2022
Bianco Igt Frizzante - Trebbiano romagnolo 100%
Alc. 12% | € 7 | Bt. 1.650 | Ferm. Acciaio | Mat. Acciaio 4 mesi
Canapè di pasta sfoglia al formaggio.

PIGNOLETTO COLLI D'IMOLA FRIZZANTE LE BORNICI 2022
Bianco Doc Frizzante - Grechetto gentile 100%
Alc. 12% | € 8 | Bt. 3.800 | Ferm. Acciaio | Mat. Acciaio 7 mesi
Flan di zucchine e carote.

COLLI D'IMOLA SANGIOVESE BANTEL 2021
Rosso Doc - Sangiovese 100%
Alc. 14,5% | € 9 | Bt. 1.350 | Ferm. Acciaio | Mat. Acciaio 10 mesi
Pizza prosciutto e funghi.

ROMAGNA ALBANA SECCO QUERCIOLA
2020

PIGNOLETTO COLLI D'IMOLA BURNIS
2018 | 2021

Fondo San Giuseppe
(2008)

Gli aggettivi non bastano a descrivere il sogno che Stefano Bariani, insieme alla moglie Maria Grazia, ha deciso di realizzare. Immersa nel silenzio dei boschi di Valpiana di Brisighella è in costruzione una nuova cantina. In questo luogo, dopo averne visto i vigneti, hanno accresciuto la loro conoscenza e creato una personale visione che trasferiscono nei grandi bianchi e non solo. Ne è la prova l'eccellenza del Tèra, dalla forte identità territoriale. Di ottimo livello anche l'uscita della prima annata del Sangiovese Modigliana, un nuovo territorio sul quale hanno deciso di investire.

Via Tura, 7/A - 48013 Brisighella (RA)
T. 334 6018221 | M. info@fondosangiuseppe.it
www.fondosangiuseppe.it

Viticoltura: Biologica certificata
Ettari: 6,2 | **Bottiglie:** 25.000 | **Produzione olearia:** No
Proprietà: Stefano Bariani e Mariagrazia Rizzati
Cond. enologica: Francesco Bordini, Stefano Bariani
Cond. agronomica: Stefano Bariani
Vendita diretta: No | **Visite in azienda:** Sì

(95)

TÈRA 2022
Bianco Igt - Trebbiano 100%
Alc. 13% | € 20 | Bt. 3.500 | Ferm. Acciaio | Mat. Legno 6 mesi e Terracotta 6 mesi
Un giallo paglierino inebriante, che elargisce piacevoli profumi di frutti a pasta bianca, di camomilla, gelsomino e di erbe aromatiche che sfumano su stille iodate. Al gusto è energico, fresco e saporito, valorizzato da una vibrante mineralità. Nel saluto lento e succoso evoca l'agrume. Branzino al sale su letto di patate.

ROMAGNA SANGIOVESE MODIGLIANA 2021
Rosso Doc - Sangiovese 100%
Alc. 13,5% | € 21 | Bt. 1.300 | Ferm. Acciaio | Mat. Acciaio 10 mesi
Tagliatelle al ragù.

ROMAGNA ALBANA SECCO FIORILE 2022
Bianco Docg - Albana 100%
Alc. 13,5% | € 20 | Bt. 4.500 | Ferm. Legno e Acciaio | Mat. Legno 6 mesi e Cemento 6 mesi
Filetto di orata in crosta di mandorle e patate.

CIARLA 2022
Bianco Igt - Riesling renano 100%
Alc. 13% | € 21 | Bt. 3.500 | Ferm. Legno e Acciaio | Mat. Legno 6 mesi
Risotto alla granseola.

ROMAGNA ALBANA SECCO FIORILE
2018 | 2019 | 2021

TERA
2015 | 2021

Paolo Francesconi
(1992)

Le dolci colline tra Sarna e Brisighella sono caratterizzate da un suolo formato da argille rosse frammiste a calcare e ghiaia. Qui si distendono le vigne di Paolo, che, grazie alla sua lunga esperienza, asseconda le peculiarità territoriali in modo naturale. I vini sono ricchi di freschezza e temperamento in gioventù, ma molto longevi, ed esprimono stoffa e carattere nel corso del tempo. Sembra un gioco di parole, ma quest'anno affascina e rapisce il D'Incanto, passito da uve centesimino, suadente per la sua misurata dolcezza: una vera chicca di raffinatezza per il palato.

Via Tuliero, 154 - Località Sarna - 48018 Faenza (RA)
T. 0546 43213 | M. info@francesconipaolo.it
www.francesconipaolo.it

Viticoltura: Biologica certificata
Ettari: 8,5 | **Bottiglie:** 20.000 | **Produzione olearia:** Sì
Proprietà: Paolo Francesconi
Cond. enologica: Paolo Francesconi
Cond. agronomica: Paolo Francesconi
Vendita diretta: Sì | **Visite in azienda:** Sì

D'INCANTO 2019
Rosso Passito - Centesimino 100%
Alc. 15% | € 30 (0,5l) | Bt. 1.600 | Ferm. Acciaio | Mat. Acciaio 8 mesi
Rosso rubino compatto. La trama odorosa è generosa e declinata sui toni fruttati di cassis e amarena in confettura, rosa canina e refoli balsamici. Il sorso è accattivante ed equilibrato grazie alla dolcezza contenuta e a un tannino serico. Notevole allungo dai ritorni di chinotto. Crostata ai frutti di bosco con mandorle e noci.

ARCAICA 2022
Bianco - Albana 100%
Alc. 12,5% | € 22 | Bt. 3.000 | Ferm. Acciaio | Mat. Acciaio 8 mesi
Risotto con zucchine, fiori di zucca e zafferano.

ROMAGNA SANGIOVESE SUPERIORE LIMBECCA 2019
Rosso Doc - Sangiovese 100%
Alc. 13,5% | € 20 | Bt. 2.000 | Ferm. Acciaio | Mat. Acciaio 8 mesi
Capretto arrosto alle erbe aromatiche.

VITE IN FIORE 2022
Bianco - Albana 100%
Alc. 13% | € 20 | Bt. 2.000 | Ferm. Acciaio | Mat. Acciaio 8 mesi
Rigatoni al ragù bianco di carne.

LONA NOVA 2020
Bianco - Trebbiano 100%
Alc. 13% | € 18 | Bt. 1.300 | Ferm. Acciaio | Mat. Acciaio 8 mesi
Torta salata alle zucchine e origano.

ROMAGNA SANGIOVESE LE IADI RISERVA 2018
Rosso Doc - Sangiovese 100%
Alc. 13,5% | € 25 | Bt. 1.900 | Ferm. Acciaio | Mat. Acciaio 2 mesi e Legno 12 mesi
Guancia di vitello in umido.

ARCAICA
2014

ROMAGNA SANGIOVESE SUPERIORE LIMBECCA
2016 | 2017 | 2018

Maria Galassi
(1990)

Quattro generazioni di donne a tramandarsi l'azienda di famiglia. Maria Galassi ha le idee chiare su come tutelare il territorio e trasmetterne identitarietà ai suoi vini. Le viti affondano le radici in terreni poveri, che donano finezza, mentre gli inerbimenti dei vigneti e il bosco che li circonda contribuiscono ad arricchire i profumi. Dalla coltivazione biologica, consolidata ormai da trent'anni, e dai pochi interventi in cantina si ottengono vini d'equilibrio, grazia e bevibilità, egregiamente rappresentati dal Cà Storta 2021, che spicca per capacità espressive.

Via Casetta, 688 - Località Paderno - 47522 Cesena (FC)
T. 338 7230288 | M. info@galassimaria.it
www.galassimaria.it

Viticoltura: Biologica certificata
Ettari: 28 | **Bottiglie:** 40.000 | **Produzione olearia:** Sì
Proprietà: Maria Galassi
Cond. enologica: Francesco Bordini
Cond. agronomica: Francesco Bordini, Maria Galassi
Vendita diretta: Sì | **Visite in azienda:** Sì

ROMAGNA SANGIOVESE SUPERIORE CÀ STORTA 2021
Rosso Doc - Sangiovese 100%
Alc. 13,5% | € 9 | Bt. 10.000 | Ferm. Acciaio | Mat. Acciaio 18 mesi
Lampi granato illuminano lo scrigno rubino, che svela generose essenze di mora, ciliegia e ribes, arricchite da cenni speziati di cannella e vaniglia. Al gusto è equilibrato, vellutato e suadente, permeato da un tannino affusolato e da ben calibrata freschezza. Lungo nei ritorni sapidi e fruttati. Capretto arrosto alle erbe aromatiche.

SMEMBAR 2021
Bianco Igt - Famoso 85%, Incrocio Manzoni 6.0.13 15%
Alc. 12,5% | € 9 | Bt. 2.000 | Ferm. Acciaio | Mat. Acciaio 8 mesi
Pomodori gratinati con paté di olive.

ROMAGNA SANGIOVESE SUPERIORE E BÈ DI SMÈMBAR 2021
Rosso Doc - Sangiovese 100%
Alc. 13,5% | € 11 | Bt. 8.000 | Ferm. Acciaio | Mat. Acciaio 18 mesi
Straccetti di vitello al rosmarino.

ROMAGNA SANGIOVESE SUPERIORE NATO RE
2019

ROMAGNA ALBANA SECCO LA SGNÒRA
2021

Gallegati
(1996)

Col nome "coralli" in Romagna si identificano terreni ricchi di sedimenti marini, si intende parte della sottozona Brisighella e si parla di Cesare e Antonio Gallegati, i cui vini portano questo nome a sottolinearne l'appartenenza territoriale. Vini dalla forte personalità, saporiti e fruttati, ma al contempo estremamente piacevoli. Di notevole impatto il Corallo Nero, storica Riserva di Sangiovese della casa, che nell'annata 2019 si rivela un vero fuoriclasse. Nel futuro un nuovo progetto per una maggiore valorizzazione della sottozona Brisighella, in particolare per il vitigno albana.

Via Lugo, 182 - 48018 Faenza (RA)
T. 348 8700715 - 339 8455419 | M. info@aziendaagricolagallegati.it
www.aziendaagricolagallegati.it

Viticoltura: Biologica certificata
Ettari: 9 | **Bottiglie:** 16.000 | **Produzione olearia:** Sì
Proprietà: Antonio e Cesare Gallegati
Cond. enologica: Cesare Gallegati
Cond. agronomica: Antonio Gallegati
Vendita diretta: Sì | **Visite in azienda:** Sì

(93)

ROMAGNA SANGIOVESE BRISIGHELLA CORALLO NERO RISERVA 2019
Rosso Doc - Sangiovese 100%
Alc. 14,5% | € 22 | Bt. 2.000 | Ferm. Acciaio | Mat. Legno 14 mesi
Granato lucente. Naso di pregevole intensità: prugne, more di gelso, mirto, spezie e refoli balsamici. Armonioso al palato, ricco e vellutato, si snoda tra accentuata freschezza e tannini vivaci e precisi, rafforzati da una scia sapida che conduce a una risacca fruttata. Costata di manzo alla griglia.

ROMAGNA ALBANA SECCO CORALLO GIALLO 2022
Bianco Docg - Albana 100%
Alc. 14,5% | € 15 | Bt. 2.000 | Ferm. Acciaio | Mat. Acciaio 5 mesi
Passatelli in brodo.

ROMAGNA SANGIOVESE BRISIGHELLA CORALLO ROSSO 2021
Rosso Doc - Sangiovese 100%
Alc. 13,5% | € 14 | Bt. 5.000 | Ferm. Acciaio | Mat. Acciaio 9 mesi
Roast beef.

ROMAGNA TREBBIANO CORALLO ARGENTO 2022
Bianco Doc - Trebbiano 100%
Alc. 13% | € 14 | Bt. 1.500 | Ferm. Acciaio
Risotto alle ortiche.

ROMAGNA SANGIOVESE BRISIGHELLA CORALLO NERO RISERVA
2012 | 2018

COLLI DI FAENZA BIANCO CORALLO BIANCO
2017 | 2019 | 2020

Giovannini
(1965)

Sulle prime colline imolesi, a 150 metri su terreni limoso-argillosi, Jacopo interpreta il territorio con dedizione meticolosa, curando il vigneto e raccogliendo le uve solo a perfetta maturazione, senza compromessi. Competente e appassionato, ama esprimersi in particolare con tre versioni di albana, Gioja, la tradizionale G.G.G. e la versione in anfora 8000, che quest'anno ci vengono presentate affiancate a Oppalà, un Metodo Ancestrale da uve trebbiano, e a Oplà, un sangiovese ricco di frutto. La nuovissima sala di cui si è dotata l'azienda ospita gli avventori per visite e degustazioni.

Via Punta, 82 - 40016 Imola (BO)
T. 0542 684122 | M. info@vinigiovannini.it
www.vinigiovannini.it

Viticoltura: Biologica certificata
Ettari: 15 | **Bottiglie:** 80.000 | **Produzione olearia:** No
Proprietà: Giorgio e Jacopo Giovannini
Cond. enologica: Jacopo Giovannini, Giorgio Giovannini
Cond. agronomica: Jacopo Giovannini, Giorgio Giovannini
Vendita diretta: Sì | **Visite in azienda:** Sì

(94)

ROMAGNA ALBANA SECCO 8000 2022
Bianco Docg - Albana 100%
Alc. 15% | € 46 (1,5l) | Bt. 950 | Ferm. Terracotta | Mat. Terracotta 9 mesi
Splendido giallo dorato. L'intensità e la complessità dei profumi spaziano dalla ginestra alla zagara, dal cedro al mango, poi intarsi balsamici sfumano su risvolti mielati. Corpo che avvolge con freschezza e sapore, assaggio succoso e lungo negli aromi di frutta esotica e agrumi. Fritto di paranza.

ROMAGNA ALBANA SECCO G.G.G. 2021
Bianco Docg - Albana 100%
Alc. 15% | € 16 | Bt. 4.000 | Ferm. Cemento | Mat. Cemento 15 mesi
Pappardelle con funghi porcini.

ROMAGNA ALBANA SECCO GIOJA 2022
Bianco Docg - Albana 100%
Alc. 15% | € 12 | Bt. 8.000 | Ferm. Cemento | Mat. Cemento 8 mesi
Risotto ai finferli.

OPLÀ 2022
Rosso Igp - Sangiovese 100%
Alc. 15% | € 10 | Bt. 15.000 | Ferm. Cemento Mat. Cemento 4 mesi
Filetto di maiale lardellato.

OPPALÀ 2021
Bianco Igp Metodo Ancestrale - Trebbiano romagnolo 100%
Alc. 13% | € 10 | Bt. 6.000 | Ferm. Cemento | Mat. Cemento 7 mesi
Lumache alla bourguignonne.

ROMAGNA ALBANA SECCO 8000
2020 | 2021

ROMAGNA ALBANA SECCO GIOJA
2021

I Sabbioni
(2007)

I vigneti de I Sabbioni sorgono sulle colline di Oriolo, fra le città di Faenza e Forlì. Una zona caratterizzata da sabbie gialle e argille rosse che affiorano in più punti, suoli che permettono di dar vita a vini di classe, con marcati richiami fruttati e floreali. La produzione, dopo essersi concentrata soprattutto sul Sangiovese, dal 2020 vede la presenza di un'Albana che rispecchia le caratteristiche varietali. La nostra attenzione quest'anno si è concentrata sullo spumante Metodo Classico, prodotto da uve sangiovese, che ci ha colpito per il suo alto livello qualitativo.

Viale Bologna, 286/A - 47122 Forlì (FC)
T. 0543 755711 | M. info@isabbioni.it
www.isabbioni.it

Viticoltura: Biologica certificata
Ettari: 32 | **Bottiglie:** 50.000 | **Produzione olearia:** Sì
Proprietà: Dino Zoli
Cond. enologica: Stefano Salvini
Cond. agronomica: Staff aziendale
Vendita diretta: Sì | **Visite in azienda:** No

I SABBIONI DOSAGGIO ZERO 2019
Bianco Metodo Classico - Sangiovese 100%
Alc. 13% | € 25 | Bt. 7.000 | Ferm. Acciaio | Mat. Acciaio 8 mesi
30 mesi sui lieviti
Giallo dorato, dal perlage fine e incessante. Olfatto delicato, caratterizzato da frutta a polpa bianca, agrume, gelsomino, erbe aromatiche e slanci di pasticceria. Piacevole in bocca, vivace l'effervescenza che avvolge il palato. L'acidità accompagna a un setale saporito e amaricante. Rombo al forno ai sapori mediterranei.

LE LITI BIANCHE 2022
Bianco Igt - Sangiovese 100%
Alc. 12,5% | € 13 | Bt. 6.600 | Ferm. Acciaio | Mat. Acciaio 6 mesi
Orata all'acqua pazza.

ROMAGNA ALBANA SECCO UVA FLAVA BYZANTIUM 2022
Bianco Docg - Albana 100%
Alc. 13% | € 15 | Bt. 6.600 | Ferm. Acciaio | Mat. Acciaio 8 mesi
Tiella di riso, patate e cozze.

ROMAGNA SANGIOVESE ORIOLO
2019

ROMAGNA ALBANA SECCO UVA FLAVA BYZANTIUM
2020

Il Teatro
(2015)

In pochi anni Il Teatro è divenuta cantina di riferimento nel panorama vinicolo di Modigliana. Ma per Luca e Stefania questo luogo ha assunto un significato a tutto tondo: rappresenta la loro casa e il loro stile di vita, nonché il luogo della convivialità, dove poter accogliere gli ospiti del loro grazioso agriturismo. In cantina l'arte del fare è concentrata in poche etichette, ma tutte di alto profilo espressivo. Oltre ai Sangiovese, il Trebbiano I Vespri, con la nuova denominazione Modigliana per i vini bianchi, mette in mostra un'intrigante tensione di freschezza e ricchezza di sapore.

Via Monte Trebbio, 17 - 47015 Modigliana (FC)
T. 335 1358688 | M. ilteatrodivino@icloud.com
www.facebook.com/ilteatromodigliana

Viticoltura: Biologica
Ettari: 5 | **Bottiglie:** 8.000 | **Produzione olearia:** Sì
Proprietà: Stefania Montanari e Luca Monduzzi
Cond. enologica: Emilio Placci
Cond. agronomica: Luca Monduzzi
Vendita diretta: Sì | **Visite in azienda:** Sì

ROMAGNA MODIGLIANA BIANCO VESPRI 2022
Bianco Doc - Trebbiano 100%
Alc. 12,5% | € 15 | Bt. 3.500 | Ferm. Cemento | Mat. Cemento 3 mesi
Smagliante paglierino compatto, variegati e ben ritmati i profumi: frutti tropicali, mango e zenzero, avvolti in una vivace sensazione mentolata e di pietra focaia. Al palato un perfetto connubio acido-sapido esprime un pieno equilibrio dai contorni di frutta esotica. Lasagnette con ragù di coniglio e crema di piselli.

ROMAGNA SANGIOVESE SUPERIORE ATTO II 2021
Rosso Doc - Sangiovese 100%
Alc. 13% | € 15 | Bt. 3.000 | Ferm. Acciaio | Mat. Acciaio 6 mesi
Carré di vitello alle erbe aromatiche.

ROMAGNA SANGIOVESE MODIGLIANA VIOLANO 2021
Rosso Doc - Sangiovese 100%
Alc. 13% | € 20 | Bt. 1.000 | Ferm. Acciaio | Mat. Acciaio 9 mesi
Involtini di vitello lardellati.

ROMAGNA SANGIOVESE MODIGLIANA VIOLANO
2017 | 2020

I VESPRI
2021

La Fornace
(2005)

Una piccola realtà a conduzione famigliare che è situata, come rievoca il nome, presso un suggestivo insediamento artigianale e rurale del Settecento, appartenente all'areale di Predappio, un territorio formato da argille evolute, a forte vocazione rossista. In virtù di questo, nel corso degli anni, oltre al raggiungimento dei vertici qualitativi col sangiovese, si sta consolidando il progetto rivolto ad altri vitigni, come il cabernet sauvignon. Tuttavia, è ancora il Sangiovese Fornace 2020 che affascina per il suo sorso ricco e scattante, in attesa della Riserva che ancora riposa in cantina.

Via Fornace, 42 - Frazione San Savino - 47016 Predappio (FC)
T. 329 3471629 - 347 0700398 | M. cantinalafornace@gmail.com
www.vinilafornace.it

Viticoltura: Convenzionale
Ettari: 3 | **Bottiglie:** 6.000 | **Produzione olearia:** Sì
Proprietà: Famiglie Pazzi e Valentini
Cond. enologica: Giacomo Mazzavillani
Cond. agronomica: Gabriele Gemelli
Vendita diretta: Sì | **Visite in azienda:** Sì

ROMAGNA SANGIOVESE SUPERIORE FORNACE 2020
Rosso Doc - Sangiovese 100%
Alc. 14% | € 7 | Bt. 1.500 | Ferm. Acciaio | Mat. Acciaio 18 mesi
Il colore granato dai riverberi rubino anticipa un bouquet di frutti neri in confettura e viola essiccata, avvolti da cenni balsamici e di pepe bianco. Un assaggio voluttuoso e pieno scorre su una trama ricca di frutto, con un tannino presente, in linea alla partitura fresco-sapida. Finale speziato. Agnolotti al piccione con sugo d'arrosto.

COLLI ROMAGNA CENTRALE VARANO 2019
Rosso Doc - Cabernet sauvignon 100%
Alc. 15% | € 7 | Bt. 600 | Ferm. Acciaio | Mat. Acciaio 12 mesi
Gulasch di manzo alla paprica dolce.

ROMAGNA SANGIOVESE PREDAPPIO CASSIANO 2020
Rosso Doc - Sangiovese 100%
Alc. 14,5% | € 8 | Bt. 1.500 | Ferm. Acciaio | Mat. Legno 12 mesi
Capretto arrosto alle erbe aromatiche.

ROMAGNA SANGIOVESE PREDAPPIO PROFONDO ROSSO RISERVA
2018

ROMAGNA SANGIOVESE PREDAPPIO CASSIANO
2019

La Grotta
(1996)

La proprietà si pone a metà strada tra l'Adriatico e l'Appennino, sopra un invidiabile promontorio che sovrasta le vallate romagnole. La storica e incantevole cantina è incastonata nelle rocce sedimentarie di origine marina, ma equipaggiata con le più moderne attrezzature. I vigneti sono raccolti in un unico appezzamento con esposizioni circolari. Quest'anno colpisce per definizione di frutto e piacevole sapidità la Damadora 2022, albana in purezza vinificata in acciaio, fresca e slanciata malgrado la torrida annata. Apprezzato anche il Sallius, Sangiovese superiore 2020, per la facilità di beva.

Via Cimadori, 621 - Frazione Saiano - 47523 Cesena (FC)
T. 0547 326368 | M. info@lagrottavini.it
www.lagrottavini.it

Viticoltura: Biologica
Ettari: 12 | **Bottiglie:** 35.000 | **Produzione olearia:** No
Proprietà: Giovanni Amadori
Cond. enologica: Francesco Bordini
Cond. agronomica: Francesco Bordini
Vendita diretta: Sì | **Visite in azienda:** Sì

ROMAGNA ALBANA SECCO DAMADORA 2022
Bianco Docg - Albana 100%
Alc. 14% | € 14 | Bt. 5.500 | Ferm. Acciaio | Mat. Acciaio 4 mesi
Splendido giallo sole, al naso s'avvertono tipici guizzi di albicocca croccante, pesca gialla e fiori di campo. Impronta gustativa espressiva, offre una struttura densa, con una succosa acidità. Una slanciata sapidità prolunga l'assaggio e conduce fiera alla chiosa saporita. Passatelli in brodo.

ROMAGNA SANGIOVESE SUPERIORE SALLIUS 2020
Rosso Doc - Sangiovese 100%
Alc. 14,5% | € 15 | Bt. 6.000 | Ferm. Acciaio | Mat. Legno 4 mesi
Tagliata di manzo al rosmarino.

ROMAGNA SANGIOVESE SUPERIORE CLETO RISERVA 2019
Rosso Doc - Sangiovese 100%
Alc. 14,5% | € 20 | Ferm. Acciaio | Mat. Legno 12 mesi
Guanciale di manzo al brandy.

CA' ROTTE 2021
Bianco Igt - Trebbiano 100%
Alc. 12,5% | € 18 | Bt. 1.000 | Ferm. Legno e Acciaio | Mat. Legno 10 mesi
Sogliola alla mugnaia.

ROMAGNA ALBANA SECCO DAMADORA
2019 | 2020 | 2021

ROMAGNA SANGIOVESE SUPERIORE SALLIUS
2019

Lu.Va.
(2000)

Da oltre vent'anni Luciano e Valerio hanno unito le forze per dedicarsi ai loro vigneti, situati in quel di Modigliana, un ambiente dove le diverse percentuali di marna e arenaria dei suoli, nonché la specificità d'altitudine e giacitura, sono fattori rilevanti per freschezza e sapidità dei vini. In cantina questi caratteri sono preservati utilizzando contenitori innovativi come Clayver durante le fasi di maturazione. Ne è la conferma Il Carbonaro 2021, dall'olfatto raffinato e dal gusto che è un tripudio di gustosa freschezza. Lo segue a un passo la classica Riserva Cucco Nero 2020.

Via Carlo Alberto Dalla Chiesa, 70 - 47015 Modigliana (FC)
T. 0546 942580 | M. info@luvass.it
www.luvass.it

Viticoltura: Lotta integrata
Ettari: 5,5 | **Bottiglie:** 15.000 | **Produzione olearia:** No
Proprietà: Luciano Leoni e Valerio Ciani
Cond. enologica: Fabio Rossi
Cond. agronomica: Graziano Mengozzi
Vendita diretta: Sì | **Visite in azienda:** Sì

(92)

ROMAGNA SANGIOVESE MODIGLIANA IL CARBONARO 2021
Rosso Dop - Sangiovese 100%
Alc. 14,5% | € 20 | Bt. 1.200 | Ferm. Acciaio | Mat. Acciaio 3 mesi e Clayver 6 mesi
Un brioso rubino dallo spettro olfattivo preciso, una danza sulle note fruttate e floreali di ciliegia e violetta, con preziosi inserti di agrumi scuri e pepe bianco. Il sorso è sontuoso, succoso e croccante, permeato da un fine intreccio fresco-tannico dal lungo risuonare del frutto. Filetto al pepe verde.

ROMAGNA SANGIOVESE MODIGLIANA CUCCO NERO RISERVA 2020
Rosso Dop - Sangiovese 100%
Alc. 14,5% | € 25 | Bt. 1.800 | Ferm. Acciaio | Mat. Acciaio 3 mesi e Legno 24 mesi
Filetto di maiale lardellato.

IL MACCHIAIOLO 2021
Rosso Igp - Cabernet sauvignon 100%
Alc. 13,5% | € 20 (1,5l) | Bt. 1.000 | Ferm. Acciaio | Mat. Acciaio 3 mesi
Entrecôte alla griglia con scaglie di formaggio.

IL BARATTO 2022
Bianco Frizzante - Trebbiano 100%
Alc. 12,5% | € 14 | Bt. 1.100 | Ferm. Acciaio | Mat. Acciaio 3 mesi
Insalata di polpo, patate e olive.

ROMAGNA MODIGLIANA BIANCO ANGIULÌ 2022
Bianco Dop - Trebbiano 60%, Chardonnay 35%, Sauvignon 5%
Alc. 12,5% | € 14 | Bt. 3.500 | Ferm. Acciaio | Mat. Acciaio 5 mesi
Fagottino di persico con melanzane, pomodori e basilico.

ROMAGNA SANGIOVESE SUPERIORE CUCCO ROSSO 2021
Rosso Doc - Sangiovese 100%
Alc. 13,5% | € 14 (1,5l) | Bt. 7.000 | Ferm. Acciaio | Mat. Acciaio 10 mesi
Tacchinella ripiena su letto di patate.

ROMAGNA SANGIOVESE MODIGLIANA CUCCO NERO RISERVA
2017 | 2018 | 2019

IL MACCHIAIOLO
2020

Giovanna Madonia
(1992)

A Giovanna Madonia vanno riconosciuti molti meriti. Primo: il fatto di non aver mai ceduto alle mode e di aver sempre creato vini molto riconoscibili. Difficile dimenticare le vecchie annate del Riserva Ombroso per quel suo magnifico tratto agreste. Secondo: aver dato spazio alla figlia Miranda e al suo compagno Gennaro, che hanno portato i vini nella contemporaneità imprimendo loro uno stile fine, ma senza privarli della loro anima. In Guida: un Ombroso giovane ma già promettente e un Neblina cui basterà concedere un po' di bottiglia per farci restare a bocca aperta.

Via de' Cappuccini, 130 - Località Montemaggio - 47032 Bertinoro (FC)
T. 0543 444361 | M. giovanna@giovannamadonia.it
www.giovannamadonia.it

Viticoltura: In conversione al biologico
Ettari: 14 | **Bottiglie:** 60.000 | **Produzione olearia:** No
Proprietà: Giovanna Madonia e Miranda Poppi
Cond. enologica: Leonardo Conti, Attilio Pagli
Cond. agronomica: Stefano Dini, Dario Ceccatelli
Vendita diretta: Sì | **Visite in azienda:** Sì

ROMAGNA SANGIOVESE BERTINORO OMBROSO RISERVA 2020
Rosso Doc - Sangiovese 100%
Alc. 14% | € 25 | Bt. 8.000 | Ferm. Acciaio | Mat. Legno 12 mesi
Rubino corrusco. Ciliegia e arancia sanguinella, poi chiodi di garofano e foglie di tabacco. Assaggio ricco e strutturato; il calore si dilata mettendo in evidenza un tannino integrato, ben supportato da freschezza e sapidità. Instancabili ritorni fruttati e un manifesto carattere giovanile. Spezzatino di manzo.

ROMAGNA ALBANA SECCO NEBLINA 2022
Bianco Docg - Albana 100%
Alc. 13,5% | € 12 | Bt. 6.500 | Ferm. Acciaio | Mat. Acciaio 6 mesi
Pollo fritto.

ROMAGNA SANGIOVESE SUPERIORE FERMAVENTO 2020
Rosso Doc - Sangiovese 100%
Alc. 13,5% | € 14 | Bt. 20.000 | Ferm. Acciaio | Mat. Acciaio 12 mesi e Legno 12 mesi
Ravioli di germano con foie gras.

TENENTINO 2022
Rosso Igt - Sangiovese 95%, Merlot 5%
Alc. 13,5% | € 8 | Bt. 20.000 | Ferm. Acciaio | Mat. Acciaio 6 mesi
Lasagnette al ragù di faraona e asparagi.

ROMAGNA SANGIOVESE BERTINORO OMBROSO RISERVA
2017 | 2018 | 2019

ROMAGNA ALBANA SECCO NEBLINA
2021

Menta & Rosmarino
(2017)

Una passione in comune tra persone legate da una storica amicizia in pochi anni si è trasformata in una realtà consolidata, che ha permesso di recuperare piccole vigne poste tra le Valli dell'Acerreta e Ibola nel vocato territorio di Modigliana, dove la composizione variabile di marna e arenaria dei terreni gioca un ruolo fondamentale per i propri vini. Ogni singola parcella, vinificata singolarmente e poi intitolata con un numero in etichetta, regala vini dal carattere identitario. Area 8 conferma i tratti aggraziati e freschi del sangiovese, ma è seguito a ruota dal resto della proposta.

Via Piangipane, 3, - 48026 Ravenna (RA)
T. 335 1227105 | M. francesco@mentaerosmarinovini.it
www.mentaerosmarinovini.it

Viticoltura: Convenzionale
Ettari: 3 | **Bottiglie:** 10.000 | **Produzione olearia:** Sì
Proprietà: Michele e Valentina Plazzi
Cond. enologica:
Cond. agronomica: Marisa Fontana
Vendita diretta: Sì | **Visite in azienda:** Sì

91

ROMAGNA SANGIOVESE MODIGLIANA AREA 8 2021
Rosso Doc - Sangiovese 100%
Alc. 12,5% | € 25 | Bt. 2.200 | Ferm. Acciaio | Mat. Cemento 6 mesi
Trasparenze seducenti a impreziosire il rubino. Un quadro inebriante di ciliegia e viola è suggellato da toni balsamici ed erbe aromatiche. Materico, avvolgente, con una progressione di slanciata freschezza, in tandem con un bel corredo tannico. Lungo epilogo sui frutti rossi. Costolette d'agnello alle erbe.

ROMAGNA MODIGLIANA BIANCO AREA 88 2022
Bianco Doc - Trebbiano 95%, altre varietà 5%
Alc. 12,5% | € 16 | Bt. 900 | Ferm. Acciaio | Mat. Acciaio 6 mesi
Coniglio in porchetta.

ROMAGNA SANGIOVESE MODIGLIANA AREA 66 2021
Rosso Doc - Sangiovese 100%
Alc. 13% | € 25 | Bt. 1.200 | Ferm. Acciaio | Mat. Acciaio 6 mesi
Nodini di cinta senese lardellati al forno.

AREA 58 2022
Rosso Igp - Ciliegiolo 100%
Alc. 12,5% | € 16 | Bt. 1.200 | Ferm. Acciaio | Mat. Acciaio 6 mesi
Tagliere di salumi.

ROMAGNA SANGIOVESE MODIGLIANA AREA 8
2020

AREA 88
2021

Merlotta
(1962)

Fabio e Marco sono la terza generazione Minzolini che, con grande attenzione al dettaglio, in vigna e cantina, ha festeggiato le oltre sessanta vendemmie dell'azienda Merlotta I risultati ottenuti sono figli di un'organizzazione meticolosa, dove ogni componente della famiglia ha un incarico specifico, dalla produzione alla vendita di prodotti eccellenti e portatori dell'identità di un territorio vocato. In cantiere un progetto che vedrà la luce nel 2024 con la presentazione di tre nuove etichette, tra le quali un Metodo Classico a base albana. State sintonizzati!

Via Merlotta, 1 - 40026 Imola (BO)
T. 0542 41740 | M. info@merlotta.com
www.merlotta.com

Viticoltura: Lotta integrata
Ettari: 50 | **Bottiglie:** 400.000 | **Produzione olearia:** No
Proprietà: Famiglia Minzolini
Cond. enologica: Fabio Minzolini, Vito Piffer
Cond. agronomica: Raffaele Minzolini, Devis Bandini
Vendita diretta: Sì | **Visite in azienda:** Sì

ROMAGNA ALBANA SECCO FONDATORI GP 2022
Bianco Docg - Albana 100%
Alc. 14% | € 15 | Bt. 15.000 | Ferm. Acciaio | Mat. Acciaio 8 mesi
Fiammeggiante giallo oro. Raffinato e ampio il profilo olfattivo di albicocca, pesca e bergamotto, fiori di tiglio, salvia e cenni iodati. Dinamico il gusto, di struttura e ben supportato dalla vena fresco-sapida che invita al riassaggio e accompagna la suggestiva chiosa fruttata e balsamica. Gamberoni al curry.

ROMAGNA SANGIOVESE SUPERIORE FONDATORI PG RISERVA 2020
Rosso Doc - Sangiovese 100%
Alc. 14,5% | € 22 | Bt. 10.000 | Ferm. Acciaio | Mat. Acciaio 2 mesi e Legno 12 mesi
Lasagne alla bolognese.

COLLI D'IMOLA CABERNET SAUVIGNON GRIFAIA RISERVA 2020
Rosso Doc - Cabernet sauvignon 85%, Cabernet franc 15%
Alc. 14% | € 20 | Bt. 10.000 | Ferm. Acciaio | Mat. Acciaio 2 mesi e Legno 12 mesi
Carré d'agnello al timo e lardo di Colonnata.

COLLI D'IMOLA CHARDONNAY GRIFAIA 2022
Bianco Doc - Chardonnay 100%
Alc. 13,5% | € 14 | Bt. 10.000 | Ferm. Acciaio | Mat. Acciaio 3 mesi e Legno 5 mesi
Maltagliati con fiori di zucca e gamberetti.

PRÈDIO ROSÉ GRAN ROSÉ EXTRA DRY 2022
Rosato Metodo Martinotti - Pinot nero 100%
Alc. 12% | € 15 | Bt. 15.000 | Ferm. Acciaio | Mat. Acciaio 8 mesi
8 mesi sui lieviti
Insalata di polpo, patate e olive.

PIGNOLETTO COLLI D'IMOLA TRIDEO 2022
Bianco Doc - Grechetto gentile 100%
Alc. 13,5% | € 12 | Bt. 10.000 | Ferm. Acciaio | Mat. Acciaio 6 mesi
Insalata di pollo e verdure.

ROMAGNA ALBANA SECCO FONDATORI GP
2021

ROMAGNA ALBANA PASSITO OMBRE DI LUNA
2018

Montaia
(2007)

Montaia è un'azienda moderna che incarna la versatilità del cesenate nel produrre uve di alta qualità e trasformarle in vini corretti e ben confezionati. Con 25 ettari distribuiti su due tenute, una a Tessello e una a Cesena, Montaia realizza un ampio assortimento di vini dei quali solo una piccola parte è presente in Guida. Al debutto l'Albana, il vino più convincente, che evidenzia quanto l'accorto lavoro in vigna, fatto di selezioni rigide, sia premiante. È la prima annata, perciò diamogli tempo e da questo vino otterremo ottime soddisfazioni.

Via Rio Donegallia, 944 - 47521 Cesena (FC)
T. 0547 646474 | M. info@montaiasrl.it
www.montaiavini.it

Viticoltura: In conversione al biologico
Ettari: 25 | **Bottiglie:** 100.000 | **Produzione olearia:** Sì
Proprietà: Montaia
Cond. enologica: Giancarlo Soverchia
Cond. agronomica: Valerio Impiccini
Vendita diretta: Sì | **Visite in azienda:** Sì

ROMAGNA ALBANA SECCO 2022
Bianco Docg - Albana 100%
Alc. 13,5% | € 8 | Bt. 2.600 | Ferm. Acciaio | Mat. Acciaio 4 mesi
Venature dorate sul paglierino. Bouquet generoso, dai classici profumi di pesca gialla e albicocca con apporto di essenze agrumate. Un bel sorso deciso, dominato da freschezza e sapidità, con minime concessioni al frutto. Chiude mediamente persistente con retrogusto appena ammandorlato. Tagliolini all'astice.

T.G. VINO ROSATO 2022
Rosato Igp - Sangiovese 100%
Alc. 12% | € 7 | Bt. 2.000 | Ferm. Acciaio | Mat. Acciaio 3 mesi
Verdure in tempura.

ROMAGNA SANGIOVESE SUPERIORE 2020
Rosso Dop - Sangiovese 100%
Alc. 13,5% | € 8 | Bt. 10.000 | Ferm. Acciaio | Mat. Acciaio 4 mesi e Legno 6 mesi
Rigatoni al ragù bianco di carne.

ROMAGNA SANGIOVESE SUPERIORE
2019

ROMAGNA SANGIOVESE SUPERIORE RISERVA
2013 | 2018

Morini Società Agricola
(1998)

Quello della famiglia Morini è un percorso ultraventennale, dedicato alla valorizzazione delle varietà autoctone del territorio di Oriolo dei Fichi, e ultimamente anche dell'areale di Brisighella. Il recente ingresso del figlio Mattia nella gestione ha apportato nuova linfa e nuove idee, come la creazione della gamma SenSO2, vini privi di solfiti aggiunti. Restano al loro posto i capisaldi che sono divenuti il simbolo storico aziendale, come il Nonno Rico 2017, pregiata versione di Sangiovese Riserva Oriolo, raffinato nei profumi, ricco e coinvolgente al palato.

Viale Bologna, 412 - Località Villanova di Forlì - 47122 Forlì (FC)
T. 0546 638172 | M. info@poderimorini.com
www.poderimorini.com

Viticoltura: Lotta integrata
Ettari: 8 | **Bottiglie:** 60.000 | **Produzione olearia:** No
Proprietà: Poderi Morini Società Agricola srl
Cond. enologica: Maurizio Castelli
Cond. agronomica: Luciano Lusa, Alessandro Morini
Vendita diretta: Sì | **Visite in azienda:** Sì

ROMAGNA SANGIOVESE ORIOLO NONNO RICO RISERVA 2017
Rosso Doc - Sangiovese 100%
Alc. 14,5% | € 19 | Bt. 3.500 | Ferm. Legno | Mat. Legno 12 mesi
Rubino dai lampi granato. Bouquet di piccoli frutti rossi, rifinito da stille di pepe bianco, liquirizia e sbuffi di caffè. All'assaggio è voluttuosamente generoso, tratteggiato da un'acidità equilibrata e da un tannino saporito. Persistenti sensazioni di vaniglia, foglie secche e resina. Stinco d'agnello al forno.

ROMAGNA CENTESIMINO ORIOLO SAVIGNONE 2022
Rosso Dop - Centesimino 100%
Alc. 14,5% | € 10 | Ferm. Acciaio | Mat. Acciaio 8 mesi
Rotolo di tacchino alle mele ed erbe aromatiche.

NADEL 2018
Rosso Igt - Uva Longanesi 34%, Centesimino 33%, Sangiovese 33%
Alc. 14,5% | € 23 | Bt. 3.500 | Ferm. Acciaio | Mat. Legno 12 mesi
Coniglio al forno con funghi.

ROMAGNA ALBANA PASSITO INNAMORATO 2021
Bianco Docg Passito - Albana 100%
Alc. 13,5% | € 22 (0,5l) | Bt. 1.400 | Ferm. Acciaio | Mat. Legno 12 mesi
Torta sbrisolona.

ROMAGNA SANGIOVESE ORIOLO TORRE DI ORIOLO 2021
Rosso Doc - Sangiovese 100%
Alc. 13,5% | € 9 | Bt. 12.000 | Ferm. Acciaio | Mat. Acciaio 8 mesi
Fesa di vitello al latte.

ROMAGNA ALBANA SECCO SETTE NOTE 2022
Bianco Docg - Albana 100%
Alc. 14% | € 9 | Bt. 3.500 | Ferm. Acciaio | Mat. Acciaio 4 mesi
Pasta, patate e provola.

ROMAGNA SANGIOVESE ORIOLO NONNO RICO RISERVA
2012

ROMAGNA ALBANA SECCO SETTE NOTE
2020

Mutiliana
(2015)

Da rinomato critico enogastronomico a capace vignaiolo il passo è breve. O almeno così è stato per il camaleontico Giorgio Melandri. Il suo progetto vinicolo ha preso vita nelle colline di Modigliana e nelle sue tre valli, Acerreta, Ibola e Tramazzo, che danno il nome anche ai tre vini presentati, tutti a base sangiovese e tutti rigorosamente affinati in cemento, materiale molto caro a Giorgio. Ne scaturiscono tre bevute completamente diverse, ma tutte avvincenti testimonianze di una visione lungimirante della viticoltura in questo lembo di Romagna. Per l'annata 2020 Ibbola conquista il podio.

Via Ibola, 24 - 47015 Modigliana (FC)
T. 329 5433483 | M. giorgiomelandri65@gmail.com
www.mutiliana.it

Viticoltura: Biologica
Ettari: 6 | **Bottiglie:** 12.000 | **Produzione olearia:** No
Proprietà: Giorgio Melandri
Cond. enologica: Francesco Bordini
Cond. agronomica: Francesco Bordini
Vendita diretta: No | **Visite in azienda:** No

(92)

ROMAGNA SANGIOVESE MODIGLIANA IBBOLA 2020
Rosso Dop - Sangiovese 100%
Alc. 13% | € 26 | Bt. 2.800 | Ferm. Acciaio | Mat. Cemento 11 mesi
Rubino vivace. Naso affascinante con note di ribes nero, mora selvatica, arancia sanguinella, violette ed elicriso. L'attacco in bocca è teso e fruttato, mostra poi avvolgenza e una piacevole sensazione serica grazie alla trama tannica raffinata e alla vivida freschezza. Finale elegante e bilanciato. Beccacce allo spiedo.

ROMAGNA SANGIOVESE MODIGLIANA ACERETA 2020
Rosso Dop - Sangiovese 100%
Alc. 13% | € 26 | Bt. 2.800 | Ferm. Acciaio | Mat. Cemento 11 mesi
Filetto di vitello alla Rossini.

ROMAGNA SANGIOVESE MODIGLIANA TRAMAZO 2020
Rosso Dop - Sangiovese 100%
Alc. 13% | € 26 | Bt. 2.800 | Ferm. Acciaio | Mat. Cemento 11 mesi
Capriolo ai porcini.

ROMAGNA SANGIOVESE MODIGLIANA TRAMAZO
2018 | 2019

ROMAGNA SANGIOVESE MODIGLIANA ACERETA
2019

Noelia Ricci
(2013)

Dal 2013 Marco Cirese ha creato il progetto dedicato alla zia Noelia Ricci, una viticoltrice appassionata e molto nota in Romagna, che negli anni Ottanta aveva avviato una produzione particolarmente attenta alla valorizzazione del territorio di Predappio. Le vigne, coltivate a sangiovese con una piccola porzione di trebbiano, sono immerse in un luogo affascinante, ricco di boschi e oliveti, dominato dall'imponente villa di famiglia. I vini stupiscono per pulizia e finezza olfattiva ed esaltano le sensazioni gustative. In terra di vini rossi, quest'anno ci ha colpito il gustoso Trebbiano Brò.

Via Pandolfa, 35 - Località Fiumana - 47016 Predappio (FC)
T. 0543 940073 | M. info@noeliaricci.it
www.noeliaricci.it

Viticoltura: Biologica
Ettari: 9 | **Bottiglie:** 60.000 | **Produzione olearia:** Sì
Proprietà: Marco Cirese
Cond. enologica: Paolo Salvi
Cond. agronomica: Staff aziendale
Vendita diretta: Sì | **Visite in azienda:** Sì

ROMAGNA TREBBIANO BRÒ 2022
Bianco Doc - Trebbiano romagnolo 100%
Alc. 13% | € 15 | Bt. 10.000 | Ferm. Acciaio | Mat. Acciaio 6 mesi
Dorato di bella concentrazione. Magnifica successione di albicocca e agrume, a seguire ginestra, erbe aromatiche e malie balsamiche. Fresco e sapido al gusto, di piacevole personalità, tratteggia un trebbiano che gioca su finezza e giocosità. Saporito finale con ricordi agrumati. Risotto con salsiccia e Taleggio.

ROMAGNA SANGIOVESE PREDAPPIO GODENZA 2021
Rosso Doc - Sangiovese 100%
Alc. 14% | € 29 | Bt. 6.000 | Ferm. Acciaio | Mat. Cemento 12 mesi
Tagliata di manzo al rosmarino.

ROMAGNA SANGIOVESE PREDAPPIO IL SANGIOVESE 2022
Rosso Doc - Sangiovese 100%
Alc. 13,5% | € 14 | Bt. 30.000 | Ferm. Acciaio | Mat. Acciaio 6 mesi e Cemento 6 mesi
Carré di maiale con spinaci.

ROMAGNA SANGIOVESE PREDAPPIO GODENZA
2020

ROMAGNA SANGIOVESE PREDAPPIO IL SANGIOVESE
2020

Enio Ottaviani
(2007)

"Facciamo vino per gli amici": i quattro nipoti di Enio son partiti da questa frase e sono arrivati a vendere in oltre 30 paesi. Siamo nell'Oasi Faunistica del fiume Conca, dove nella modernissima cantina costruita col criterio della sostenibilità, utilizzando acciaio, legno e vetro, si fanno vini identitari di queste terre, caratterizzati da finezza e sapidità marina. Tra le vasche di cemento e le anfore di terracotta è incastonata una vigna secolare, caposaldo delle loro origini, che emoziona. Si conferma di gran pregio il Clemente I 2022, ma in Guida svetta la Rebola Colli di Rimini.

Via Pian di Vaglia, 17 - Località Sant'Andrea in Casale - 47832 San Clemente (RN)
T. 0541 952608 | M. enio@eniottaviani.it
www.enioottaviani.it

Viticoltura: Convenzionale e lotta integrata
Ettari: 12 | **Bottiglie:** 140.000 | **Produzione olearia:** Sì
Proprietà: Eredi Enio Ottaviani
Cond. enologica: Davide Lorenzi, Andrea Giovannini
Cond. agronomica: Franco Calini
Vendita diretta: Sì | **Visite in azienda:** Sì

(91)

COLLI DI RIMINI REBOLA 2022
Bianco Dop - Grechetto gentile 100%
Alc. 13% | € 15 | Bt. 10.600 | Ferm. Cemento | Mat. Cemento 6 mesi
Paglierino di magnifica stoffa. Spettro olfattivo fresco e suggestivo: timo e salvia dapprima, poi pompelmo rosa e frutta tropicale croccante. All'assaggio è espressivo, di buona struttura, equilibrato. Una gradevole sensazione fresco-sapida accompagna a un allungo agrumato e saporito. Baccalà mantecato.

CLEMENTE I 2022
Bianco Igp - Bombino bianco 40%, Riesling 30%, Sauvignon 30%
Alc. 12,5% | € 10 | Bt. 13.300 | Ferm. Cemento | Mat. Cemento 6 mesi
Risotto agli asparagi con gamberi croccanti.

ROMAGNA SANGIOVESE SUPERIORE CACIARA 2021
Rosso Dop - Sangiovese 100%
Alc. 13% | € 10 | Bt. 16.000 | Ferm. Cemento | Mat. Cemento 6 mesi
Sarde a beccafico.

ROMAGNA SANGIOVESE DADO 2019
Rosso Igp - Sangiovese 100%
Alc. 13,5% | € 39 | Bt. 4.000 | Ferm. Cemento | Mat. Legno 12 mesi e Cemento 12 mesi
Costolette di maiale alla brace.

ROMAGNA SANGIOVESE SUPERIORE SOLE ROSSO RISERVA 2020
Rosso Dop - Sangiovese 100%
Alc. 14% | € 18 | Bt. 6.600 | Ferm. Acciaio | Mat. Legno 8 mesi e Cemento 6 mesi
Guanciale di vitello in umido con patate.

COLLI DI RIMINI REBOLA
2020 | 2021

CLEMENTE I
2020

Pandolfa
(1997)

La maestosa villa padronale contraddistingue da sempre la storica presenza di quest'azienda vinicola, posta in pieno territorio predappiese. Gestita con buona mano da Marco Cirese, le scelte agronomiche avviate da qualche anno puntano a una sempre maggiore qualità delle uve, grazie a rinnovate tecniche di potatura e alla conversione biologica ottenuta da qualche tempo. I vigneti si trovano a quote che variano fra gli 80 e i 250 metri, con terreni che cambiano di composizione e struttura a seconda dell'altitudine, permettendo di ottenere vini di grande bevibilità, freschi e gustosi.

Via Pandolfa, 35 - Località Fiumana - 47016 Predappio (FC)
T. 0543 940073 | M. info@pandolfa.it
www.pandolfa.it

Viticoltura: Biologica certificata
Ettari: 30 | **Bottiglie:** 120.000 | **Produzione olearia:** Sì
Proprietà: Marco Cirese
Cond. enologica: Paolo Salvi
Cond. agronomica: Staff aziendale
Vendita diretta: Sì | **Visite in azienda:** Sì

BATTISTA 2022
Bianco Igt - Chardonnay 100%
Alc. 12,5% | € 9 | Bt. 20.000 | Ferm. Acciaio | Mat. Acciaio 3 mesi
Giallo sfavillante. Raffinato profilo olfattivo di fiori di ginestra, pesca gialla ed erbe aromatiche. L'ingresso è dinamico, ben bilanciato tra la morbidezza del frutto e un'affilata freschezza. Finale saporito accompagnato da memorie di limone e pompelmo. Crostini con burro e alici.

GINEVRA 2022
Rosato Igt - Sangiovese 100%
Alc. 12,5% | € 9 | Bt. 6.600 | Ferm. Acciaio | Mat. Acciaio 6 mesi
Salmone al timo.

ROMAGNA SANGIOVESE SUPERIORE FEDERICO 2022
Rosso Doc - Sangiovese 95%, Merlot 5%
Alc. 13,5% | € 9 | Bt. 50.000 | Ferm. Acciaio | Mat. Acciaio 6 mesi
Tagliatelle al ragù.

ROMAGNA SANGIOVESE SUPERIORE PANDOLFO RISERVA
2019

ROMAGNA SANGIOVESE SUPERIORE FEDERICO
2017 | 2020 | 2021

Pertinello
(2000)

L'energia e il fervore che pervadono Pertinello sono tangibili, e la connotazione gastronomica dei vini è il risultato diretto del lavoro congiunto di Francesco Falcone e Filippo Leoni, entrambi votati alla causa del vino prodotto con il minimo ricorso a pratiche enologiche. La sensibilità degustativa di Francesco e il bagaglio di conoscenze tecniche del giovane Filippo, hanno di fatto trasformato negli ultimi anni lo stile dei vini, rendendoli più contemporanei. Caratteristiche che emergono bene nel Metodo Classico, che esprime piena maturità, e nel Pertinello, un Sangiovese di pregio.

Strada Arpineto Pertinello, 2 - 47010 Galeata (FC)
T. 0543 983156 | M. info@tenutapertinello.it
www.tenutapertinello.it

Viticoltura: Biologica e biodinamica
Ettari: 16 | **Bottiglie:** 60.000 | **Produzione olearia:** No
Proprietà: Moreno Mancini
Cond. enologica: Filippo Leoni
Cond. agronomica: Enrico Bevitori, Alberto Banci
Vendita diretta: Sì | **Visite in azienda:** Sì

IL METODO CLASSICO DI PERTINELLO PAS DOSÉ 2019
Bianco Metodo Classico - Sangiovese 100%
Alc. 12,5% | € 23 | Bt. 15.000 | Ferm. Acciaio | Mat. Acciaio 8 mesi
24 mesi sui lieviti
Ha il vivace colore del fieno, ravvivato da un perlage incisivo. Profumi fragranti di pasticceria e di erbe aromatiche, tra le quali s'intravedono timo e maggiorana, poi sfumature d'arancia. Manifesta un buon equilibrio tra frutto e sapidità. La spinta carbonica dà energia e libera aromi d'agrume in chiusura. Tartare di gamberi.

ROMAGNA SANGIOVESE SUPERIORE PERTINELLO 2020
Rosso Doc - Sangiovese 100%
Alc. 13% | € 15 | Bt. 10.000 | Ferm. Legno | Mat. Legno 2 mesi e Cemento 8 mesi
Fettuccine al ragù d'agnello.

ROMAGNA SANGIOVESE IL BOSCO DI PERTINELLO 2021
Rosso Doc - Sangiovese 100%
Alc. 13% | € 10 | Bt. 7.000 | Ferm. Acciaio | Mat. Cemento 10 mesi
Roast beef.

IL VENTO DI PERTINELLO
2020

IL PINOT NERO DI PERTINELLO
2020

Podere Baratta
(1997)

Adagiata su un'incantevole collina nel cuore di Bertinoro, la superficie vitata è praticamente tutta esposta a sud, su terreni di medio impasto dove la trama argillosa prevale facilitando le basse produzioni e favorendo un'ottima qualità e sanità delle uve. Interessante quest'anno si è rivelato il Nora, albana in purezza annata 2022, dimostrando che anche in annate caldissime, con le pratiche agronomiche appropriate, questo vitigno può esprimersi sempre ad altissimi livelli e sfoderare freschezza, frutto e facilità di beva. Ottimo il riscontro per Davino, blend di pinot grigio e albana.

Via Collinello, 1075 - 47032 Bertinoro (FC)
T. 0543 444174 | M. info@poderebaratta.com
www.poderebaratta.it

Viticoltura: Biologica
Ettari: 6 | **Bottiglie:** 20.000 | **Produzione olearia:** Sì
Proprietà: Girolamo Satta
Cond. enologica: Giovanni Brighi, Girolamo Satta
Cond. agronomica: Staff aziendale
Vendita diretta: Sì | **Visite in azienda:** Sì

ROMAGNA ALBANA SECCO NORA 2022
Bianco Docg - Albana 100%
Alc. 14% | € 9 | Bt. 700 | Ferm. Acciaio | Mat. Acciaio 6 mesi
Oro vibrante! Impronta olfattiva di vigore e classe, caratterizzata dalla sinergia tra albicocca e pesca gialla, fiori di lavanda ed erbe aromatiche che sfumano su cenni di resina. Assaggio di corpo ed equilibrato, aromi freschi e sapidi accompagnano il frutto nel finale durevole. Branzino al cartoccio.

DAVINO 2021
Bianco Metodo Classico - Albana 50%, Pinot grigio 50%
Alc. 12% | € 18 | Bt. 700 | Ferm. Acciaio | 10 mesi sui lieviti
Polpettine di alici con crema di piselli.

ROMAGNA SANGIOVESE SUPERIORE RISERVA CONZANO 2019
Rosso Doc - Sangiovese 100%
Alc. 14% | € 14 | Bt. 1.400 | Ferm. Acciaio | Mat. Legno 12 mesi
Manzo brasato con funghi.

DARDO 2022
Rosso Igp - Sangiovese 100%
Alc. 15,5% | € 16 | Bt. 1.000 | Ferm. Acciaio | Mat. Legno 6 mesi
Quaglie alla cacciatora.

ROMAGNA ALBANA SECCO NORA
2021

ROMAGNA SANGIOVESE SUPERIORE CONZANO RISERVA
2016

Podere La Berta
(1970)

Basta alzarsi poco sopra la cantina per dominare la Valle del Lamone, coi calanchi che Leonardo definiva "azzurrin terren del mare" e poi ancora vigne, ulivi e bosco. La visionaria famiglia Poggiali continua l'opera di messa a dimora dei vigneti romagnoli: sangiovese, albana, bombino e trebbiano, mentre in barricaia sono in corso altri promettenti lavori. Nella casa colonica, ora suggestiva location dedicata alla ristorazione, si apprezzano la splendida accoglienza e i vini appassionanti e di qualità sempre crescente. A riprova di questo la Riserva Olmatello 2020, che raggiunge l'eccellenza.

Via Berta, 13 - 48013 Brisighella (RA)
T. 349 1456114 | M. info@poderelaberta.it
www.poderelaberta.com

Viticoltura: Biologica certificata
Ettari: 14 | **Bottiglie:** 65.400 | **Produzione olearia:** Sì
Proprietà: Giovanni, Domenico e Nicolò Poggiali
Cond. enologica: Franco Bernabei
Cond. agronomica: Ellis Topini
Vendita diretta: Sì | **Visite in azienda:** Sì

(92)
ROMAGNA SANGIOVESE SUPERIORE OLMATELLO RISERVA 2020
Rosso Doc - Sangiovese 100%
Alc. 14% | € 20 | Bt. 3.300 | Ferm. Acciaio | Mat. Legno 24 mesi
Rubino di grande luminosità e bella trasparenza. Generoso nell'incedere di iris e peonia, poi una ciliegia croccante e in progressione chiodi di garofano, elicriso ed effluvi balsamici. In bocca è rotondo e saporito, di precisione, con un energico e lungo ritorno fruttato a chiudere. Petto d'anatra alle prugne.

ROMAGNA SANGIOVESE SUPERIORE PODERE LA BERTA 2022
Rosso Doc - Sangiovese 100%
Alc. 13% | € 9 | Bt. 20.000 | Ferm. Acciaio | Mat. Acciaio 6 mesi
Ravioli di magro con funghi chiodini.

ROMAGNA TREBBIANO FLORESCO 2022
Bianco Doc - Trebbiano 100%
Alc. 12% | € 9 | Bt. 3.300 | Ferm. Acciaio | Mat. Acciaio 6 mesi
Pasta, patate e provola.

ROMAGNA ALBANA PASSITO PODERE LA BERTA 2015
Bianco Docg Passito - Albana 100%
Alc. 13% | € 19 (0,375l) | Bt. 1.300 | Ferm. Legno | Mat. Legno 60 mesi
Crostata di albicocche.

ROMAGNA ALBANA SECCO PODERE LA BERTA 2022
Bianco Docg - Albana 100%
Alc. 12,5% | € 11 | Bt. 3.300 | Ferm. Acciaio | Mat. Acciaio 6 mesi
Tacchinella ripiena su letto di patate.

ROMAGNA SANGIOVESE SUPERIORE SOLANO 2021
Rosso Doc - Sangiovese 100%
Alc. 13,5% | € 14 | Bt. 6.600 | Ferm. Acciaio | Mat. Legno 10 mesi
Costata di manzo alla griglia.

ROMAGNA SANGIOVESE SUPERIORE SOLANO
2018 | 2019 | 2020

ROMAGNA ALBANA SECCO
2021

Podere Palazzo
(2009)

Adagiato sulla Collina di Carpineta, fra il cesenate e la Valle del Rubicone, il cuore di Podere Palazzo si trova su un magnifico poggio alberato dove vigne e olivi disegnano un paesaggio bucolico. Il territorio di Cesena tende a esprime i caratteri fruttati nei vini, cosa che trova pieno riscontro in tutti i rossi prodotti. I pochi esemplari dell'eccellente Caesena 2018 ne sono un esempio. Segnaliamo anche la mano felice nel proporre una bella gamma di Metodo Classico e un insolito bianco prodotto da una vecchia varietà di trebbiano detto "della fiamma" per la colorazione delle bucce.

Via Madonna dell'Olivo, 6455 - Loc. Carpineta - 47521 Cesena (FC)
T. 340 9592725 | M. info@poderepalazzowines.com
www.poderepalazzo.it

Viticoltura: Lotta integrata
Ettari: 8 | **Bottiglie:** 55.000 | **Produzione olearia:** No
Proprietà: Podere Palazzo Società Agricola
Cond. enologica: Sergio Parmeggiani
Cond. agronomica: Staff aziendale
Vendita diretta: Sì | **Visite in azienda:** Sì

(92)
ROMAGNA SANGIOVESE CAESENA 2018
Rosso Doc - Sangiovese 100%
Alc. 15% | € 30 | Bt. 1.300 | Ferm. Legno
Un rubino pregiato. Una vigoria di fragranze, a partire dalla mora in confettura, per passare a susina matura, grafite ed eucalipto. Palato corposo e caldo, ma ben bilanciato da una vivacità acida che ne prolunga il sorso. Tannino fine e integrato, buona profondità gustativa, con chiosa fruttata e speziata. Lepre alla cacciatora.

ROMAGNA SANGIOVESE SUPERIORE DON PASQUALE 2020
Rosso Doc - Sangiovese 100%
Alc. 14,5% | € 15 | Bt. 15.000 | Ferm. Acciaio | Mat. Legno 8 mesi
Rigatoni al ragù bianco di carne.

RAMATO DELLA FIAMMA 2020
Bianco Igt - Trebbiano 100%
Alc. 15% | € 22 | Bt. 1.100 | Ferm. Legno | Mat. Legno 16 mesi
Tartare di tonno.

TERRAMOSSA 3 BRUT
Bianco Metodo Classico - Sangiovese 80%, Barbera 20%
Alc. 12,5% | € 25 | Bt. 1.400 | Ferm. Acciaio | 36 mesi sui lieviti
Risotto con mazzancolle al profumo d'arancia.

TERRAMOSSA 4 BRUT NATURE
Bianco Metodo Classico - Sangiovese 80%, Barbera 20%
Alc. 12,5% | € 27 | Bt. 900 | Ferm. Acciaio | 48 mesi sui lieviti
Tempura di gamberi.

ROMAGNA SANGIOVESE AUGUSTUS RISERVA 2019
Rosso Doc - Sangiovese 100%
Alc. 15% | € 24 | Bt. 3.000 | Ferm. Acciaio | Mat. Legno 20 mesi
Tagliata al pepe verde.

PELIDE
2011

Podere Vecciano
(1990)

Davide Bigucci è un produttore dalle molteplici qualità: perseverante, innovativo e sensibile. Senza alcun dubbio Podere Vecciano va iscritto a pieno merito nelle aziende guida del territorio riminese. Il suo lavoro sulla rebola e la nobilitazione di un vitigno ordinario come il pagadebit (bombino bianco) hanno fatto scuola. E i Sangiovese di Podere Vecciano hanno contribuito non poco a svelare il volto riminese e costiero di questo difficile vitigno. Mentre attendiamo l'uscita del Metodo Classico appena sboccato, segnaliamo Vigna La Ginestra, il capostipite stilistico delle Rebola riminesi.

Via Vecciano, 23 - Località Ospedaletto - 47853 Coriano (RN)
T. 0541 658388 | M. poderevecciano@gmail.com
www.poderevecciano.it

Viticoltura: Biologica certificata e biodinamica
Ettari: 21 | **Bottiglie:** 150.000 | **Produzione olearia:** Sì
Proprietà: Davide Bigucci
Cond. enologica: Francesco Bordini, Laura Agostini
Cond. agronomica: Francesco Bordini, Remigio Bordini
Vendita diretta: Sì | **Visite in azienda:** Sì

RIMINI REBOLA VIGNA LA GINESTRA 2022
Bianco Doc - Grechetto gentile 100%
Alc. 14% | € 14 | Bt. 10.000 | Ferm. Legno e Acciaio | Mat. Acciaio 6 mesi e Legno 4 mesi
Giallo paglierino brillante. All'olfatto sono evidenti le note di pesca, frutta esotica, lime e zagara, con accenni di salvia ed erba tagliata. Potenza calibrata, corpo ben amalgamato nelle sue parti, con il frutto intriso di sapidità. Ottima esaltazione della parte ancora giovane e agrumata. Coniglio all'ischitana.

ROMAGNA SANGIOVESE SUPERIORE D'ENIO RISERVA 2019
Rosso Doc - Sangiovese 100%
Alc. 14,5% | € 17 | Bt. 4.000 | Ferm. Acciaio | Mat. Legno 12 mesi
Stinco di maiale al forno in pancetta affumicata.

ROMAGNA SANGIOVESE SUPERIORE VIGNALMONTE 2020
Rosso Doc - Sangiovese 100%
Alc. 14,5% | € 12 | Bt. 13.000 | Ferm. Acciaio | Mat. Legno 12 mesi
Terrina di coniglio.

ROMAGNA PAGADEBIT VIGNA DELLE ROSE
2018

AMPHORA DI VECCIANO
2019

Poderi dal Nespoli
(1929)

Storica cantina romagnola, dove le varie generazioni hanno continuato con passione l'attività viticola, portando i propri prodotti incontro a riscontri importanti anche a livello internazionale. Si conferma l'altissima qualità del Campodora, albana in purezza, prodotta sotto la calura del 2022, ma in grado di esprimere eleganza, fluidità e definizione dei profumi varietali. Così come il Prugneto, Sangiovese Superiore, realizzato nel 2021, annata impegnativa per le alte temperature, ma che con quest'interpretazione colpisce per i tratti balsamici e vegetali e la spinta sapida finale.

Villa Rossi, 50 - Località Nespoli - 47012 Civitella di Romagna (FC)
T. 0543 989911 | M. info@poderidalnespoli.com
www.poderidalnespoli.com

Viticoltura: Convenzionale e biologica
Ettari: 180 | **Bottiglie:** 1.500.000 | **Produzione olearia:** No
Proprietà: Argea Spa
Cond. enologica: Scipione Giuliani, Soledad Adriasola
Cond. agronomica: Celita Ravaioli
Vendita diretta: Sì | **Visite in azienda:** Sì

ROMAGNA ALBANA SECCO CAMPODORA 2022
Bianco Docg - Albana 100%
Alc. 12,5% | € 10 | Bt. 20.000 | Ferm. Acciaio
Giallo sabbia dalle intriganti sfumature. Traiettoria odorosa delicata, centrata di frutto e fiore: pera, biancospino e gelsomino. Ingresso fluido, ancorché in cerca di definitivo bilanciamento, tra la morbidezza del frutto e una briosa acidità che rinfresca e deterge. Lungo, sapido e ammandorlato. Baccalà mantecato.

ROMAGNA SANGIOVESE SUPERIORE PRUGNETO 2021
Rosso Doc - Sangiovese 100%
Alc. 13,5% | € 12 | Bt. 10.000 | Ferm. Acciaio | Mat. Acciaio 8 mesi e Legno 6 mesi
Ravioli al sugo di chianina e tartufo nero.

ROMAGNA SANGIOVESE GUALDO BIOSIMBIOTICO 2021
Rosso Doc - Sangiovese 100%
Alc. 13,5% | € 20 | Bt. 10.000 | Ferm. Acciaio
Cannelloni con radicchio e speck.

PODERI DAL NESPOLI 2022
Bianco Igp - Trebbiano romagnolo 85%, Pinot bianco 15%
Alc. 12,5% | € 14 | Bt. 15.000 | Ferm. Acciaio
Tortelli di zucca e salvia.

ROMAGNA ALBANA SECCO CAMPODORA
2021

ROMAGNA SANGIOVESE SUPERIORE IL NESPOLI RISERVA
2015 | 2016

Poggio della Dogana
(2017)

Procede con ritmo il progetto Poggio della Dogana, voluto dalla passione dei fratelli Rametta. Il concetto alla base di tutto è quello di valorizzare un territorio molto particolare come quello della sottozona Castrocaro, ricco di argilla ma che vede la forte presenza calcarea dello Spungone e di acque salsobromoiodiche in profondità, che conferiscono un'elegante sapidità. Al tempo stesso non sono da dimenticare i vini provenienti dai vigneti di proprietà di Brisighella, altro territorio altamente vocato, che si sono fatti portatori dell'eccellenza di quest'anno: il Sangiovese Arlesiana.

Via Mengozzi, 18 - 47011 Castrocaro Terme e Terra del Sole (FC)
T. 347 2121158 | M. info.poggiodelladogana@rdcpdd.com
www.poggiodelladogana.com

Viticoltura: Biologica certificata
Ettari: 20 | **Bottiglie:** 35.000 | **Produzione olearia:** No
Proprietà: Aldo e Paolo Rametta
Cond. enologica: Francesco Bordini, Paola Antonello
Cond. agronomica: Francesco Bordini, Tommaso Bindi
Vendita diretta: Sì | **Visite in azienda:** Sì

(91)

ROMAGNA SANGIOVESE BRISIGHELLA ARLESIANA 2021
Rosso Doc - Sangiovese 95%, Ciliegiolo 5%
Alc. 13,5% | € 17 | Bt. 6.000 | Ferm. Acciaio | Mat. Cemento 12 mesi
Manto rosso rubino. Intenso e complesso l'olfatto: fragranze di mora e ciliegia, rosa essiccata, pepe bianco e percezioni balsamiche. Corpo materico, il tannino presente è integrato, freschezza e sapidità lo sostengono e lo accompagnano a un lungo setale intriso di radice di liquirizia. Carré di maiale con patate al forno.

ROMAGNA ALBANA SECCO BELLADAMA 2021
Bianco Docg - Albana 100%
Alc. 13,5% | € 14 | Bt. 8.000 | Ferm. Acciaio | Mat. Acciaio 6 mesi
Risotto con cannellini e canestrelli.

ROMAGNA SANGIOVESE CASTROCARO TERRA DEL SOLE SANTA REPARATA 2019
Rosso Doc - Sangiovese 100%
Alc. 13,5% | € 17 | Bt. 2.500 | Ferm. Acciaio | Mat. Acciaio 12 mesi
Arista di maiale con salsa di prugne.

ROMAGNA SANGIOVESE SUPERIORE I QUATTRO BASTIONI 2021
Rosso Doc - Sangiovese 100%
Alc. 13% | € 13 | Bt. 8.000 | Ferm. Acciaio | Mat. Acciaio 9 mesi
Trippa in umido.

ROMAGNA TREBBIANO NUBIVAGO 2022
Bianco Doc - Trebbiano 100%
Alc. 13% | € 13 | Bt. 4.000 | Ferm. Legno e Cemento | Mat. Legno 6 mesi e Cemento 6 mesi
Risotto alla zucca.

ROMAGNA SANGIOVESE SUPERIORE POGGIOGIRATO RISERVA
2018

ROMAGNA SANGIOVESE BRISIGHELLA ARLESIANA
2020

Randi
(1950)

Denis e Massimo Randi portano avanti un'azienda legata alla tradizione ma sempre pronta a rinnovarsi sia in vigna che in cantina. In più, con il nuovo spazio dedicato a degustazioni ed eventi, hanno voluto aprire la loro attività al pubblico. Il loro punto di forza è l'attenzione ai vitigni autoctoni come il famoso, il centesimino e il malbo gentile. Ma è nella produzione e valorizzazione delle uve Longanesi, localmente denominate "burson", che l'azienda Randi è riuscita a interpretare un vitigno particolarmente difficile da gestire ma capace di restituire ottimi risultati.

Via San Savino, 113 - Località Scambio - 48034 Fusignano (RA)
T. 0545 58231 | M. info@randivini.it
www.randivini.it

Viticoltura: Convenzionale e biologica
Ettari: 53 | **Bottiglie:** 140.000 | **Produzione olearia:** No
Proprietà: Massimo e Denis Randi
Cond. enologica: Sergio Ragazzini
Cond. agronomica: Massimo Randi, Denis Randi
Vendita diretta: Sì | **Visite in azienda:** Sì

BURSÔN SELEZIONE 2018
Rosso Igt - Uva Longanesi 100%
Alc. 14,5% | € 20 | Bt. 12.000 | Ferm. Acciaio | Mat. Acciaio 12 mesi e Legno 24 mesi
Rosso rubino impenetrabile. Esordio di more di rovo e ribes nero, poi subentrano nuance speziate di ginepro, noce moscata e tamarindo. Al palato presenta una notevole freschezza che interagisce con un tannino giovane, ancora scalpitante. Persistente e saporito. Filetto di maiale lardellato.

RAMBÈLA 2022
Bianco Igt - Famoso 100%
Alc. 12,5% | € 12 | Bt. 30.000 | Ferm. Acciaio | Mat. Acciaio 2 mesi
Ravioli burro e salvia.

BURSÔN SELEZIONE
2015 | 2016 | 2017

RAMBÈLA
2021

Rocca le Caminate
(2000)

La storica Rocca delle Camminate, che fu residenza estiva di Mussolini negli anni Trenta, dista un soffio dall'azienda vitivinicola della famiglia Fabbri. Siamo in un territorio vocato alla produzione del sangiovese classico anche se, con l'aiuto del bravo enologo Vincenzo Vernocchi, Michele e Antonio (padre e figlio) non disdegnano arricchire il loro portfolio con vinificazioni di sangiovese in bianco, come l'ancestrale Icaro e il Terre Bianche. Una gamma di vini corretta, che lascia presagire un margine di crescita per il classico Sbargoleto Predappio.

Strada Rocca delle Caminate, 15/A - Vitignano - 47014 Meldola (FC)
T. 335 7294235 | M. info@roccalecaminate.it
www.roccalecaminate.it

Viticoltura: Convenzionale
Ettari: 5 | **Bottiglie:** 20.000 | **Produzione olearia:** Sì
Proprietà: Antonio Fabbri
Cond. enologica: Vincenzo Vernocchi
Cond. agronomica: Vincenzo Vernocchi
Vendita diretta: Sì | **Visite in azienda:** Sì

ROMAGNA SANGIOVESE PREDAPPIO SBARGOLETO 2019
Rosso Doc - Sangiovese 100%
Alc. 14% | € 9 | Bt. 2.000 | Ferm. Acciaio | Mat. Acciaio 6 mesi
Drappeggio granato. Dopo una timidezza iniziale s'esprime con parole di frutta rossa matura quali marasca, prugna, susina e fragola, poi un'eco vegetale e di spezie dolci. Il sorso è scorrevole con tannino tenace ma di buona qualità. Di freschezza moderata, chiude sapido. Gnocchi al ragù.

ICARO
Bianco Metodo Ancestrale - Sangiovese 100%
Alc. 12% | € 9 | Bt. 1.500 | Ferm. Acciaio | Mat. Acciaio 10 mesi
Fritto di paranza.

TERRE BIANCHE
Bianco Igt - Sangiovese 100%
Alc. 12% | € 7 | Bt. 1.500 | Ferm. Acciaio | Mat. Acciaio 4 mesi
Salmone al timo.

CASALINO 2020
Rosso Igt - Merlot 100%
Alc. 14,5% | € 12 | Bt. 2.500 | Ferm. Acciaio | Mat. Acciaio 6 mesi
Pernici farcite.

FIORDINANO 2022
Bianco - Uve tradizionali romagnole 100%
Alc. 14,5% | € 12 (0,5l) | Bt. 400 | Ferm. Acciaio | Mat. Acciaio 2 mesi
Zuppetta di piselli e vongole.

ROMAGNA SANGIOVESE PREDAPPIO VITIGNANO RISERVA
2018

ROMAGNA SANGIOVESE PREDAPPIO SBARGOLETO
2016 | 2018

Ronchi di Castelluccio
(1974)

Il grande progetto di rinnovamento dei Ronchi procede con buona lena. Si stanno recuperando i vecchi vigneti, sostituendo le fallanze e sostenendo le viti ancora produttive, iniziando a produrre piccoli quantitativi dei famosi Sangiovese, senza stravolgerne l'idea originale di forte aderenza al territorio e riconoscibilità del singolo ronco (parcella di terreno strappata al bosco). Quest'anno non ci sono stati forniti i vini di punta, per una precisa scelta di presentarli con il giusto livello di affinamento. Molto gradevoli, in ogni caso, il Sangiovese Le More e il Sauvignon Lunaria.

Via Tramonto, 15 - 47015 Modigliana (FC)
T. 347 2121158 | M. info.ronchidicastelluccio@rdcpdd.com
www.ronchidicastelluccio.it

Viticoltura: In conversione al biologico
Ettari: 10 | **Bottiglie:** 60.000 | **Produzione olearia:** Sì
Proprietà: Aldo e Paolo Rametta
Cond. enologica: Francesco Bordini, Paola Antonello
Cond. agronomica: Francesco Bordini, Tommaso Bindi
Vendita diretta: Sì | **Visite in azienda:** Sì

ROMAGNA SANGIOVESE LE MORE 2022
Rosso Doc - Sangiovese 100%
Alc. 13,5% | € 12 | Bt. 40.000 | Ferm. Acciaio | Mat. Cemento 9 mesi
Ricordi di porpora affrescano il rubino che s'apre, al naso, con aneliti di frutta croccante: prugna e ciliegia, accompagnati da sbuffi di viola del pensiero. Ingresso al palato avvolgente e fresco, dove il tannino è serico. Epilogo lungo che sorregge la nota di ciliegia. Carré d'agnello al timo e lardo di Colonnata.

LUNARIA 2022
Bianco Igt - Sauvignon 100%
Alc. 12,5% | € 12 | Bt. 7.000 | Ferm. Acciaio | Mat. Acciaio 6 mesi
Straccetti di vitello al rosmarino.

ROMAGNA SANGIOVESE RONCO DEI CILIEGI
2020

ROMAGNA SANGIOVESE LE MORE
2021

Sadivino
(2010)

Sui Colli di Predappio, che per tradizione e vocazione sono da sempre terra di sangiovese, Cristiano Mengozzi ha saputo valorizzare le potenzialità del territorio, ottenendo risultati eccellenti anche con vitigni internazionali e a bacca bianca. Dalla grande cura per la vigna, dalla costante ricerca e dall'attenzione alle tecniche di cantina nascono i suoi vini, che si distinguono per pulizia, vigore e classe. Di grande personalità e finezza è il San Joves, che ben interpreta la felice annata 2020, mentre nel suo millesimo d'esordio il Trebbianò conquista per freschezza e raffinatezza.

Via Trivella,16/A - 47016 Predappio (FC)
T. 366 5949948 | M. sadivino@sadivino.com
www.sadivino.com

Viticoltura: Biologica certificata
Ettari: 7 | **Bottiglie:** 30.000 | **Produzione olearia:** No
Proprietà: Cristiano Mengozzi
Cond. enologica: Nicola Pittini
Cond. agronomica: Nicola Pittini
Vendita diretta: Sì | **Visite in azienda:** Sì

ROMAGNA SANGIOVESE PREDAPPIO SAN JOVES 2020
Rosso Doc - Sangiovese 100%
Alc. 13% | € 13 | Bt. 4.000 | Ferm. Acciaio | Mat. Acciaio 12 mesi e Legno 12 mesi
Vivace cremisi. Ampie volute di viola, rosa appassita, ribes nero, marasca, prugna e poi chiodi di garofano e cannella. Al gusto è coinvolgente, con trama tannica sottile e sintonica. Sapidità e freschezza conducono a una chiosa gustosa, persistente e dai ricordi fruttati. Piccione al forno con cipollotti.

LUCARÈ 2019
Rosso Igp - Sangiovese 60%, Cabernet sauvignon 30%, Merlot 10%
Alc. 14% | € 14 | Bt. 2.000 | Ferm. Legno e Acciaio | Mat. Legno 12 mesi
Faraona ripiena con salsa tartufata.

ROMAGNA TREBBIANO TREBBIANO' 2021
Bianco Doc - Trebbiano 100%
Alc. 12% | € 13 | Bt. 2.000 | Ferm. Legno e Acciaio | Mat. Legno 6 mesi
Rotolo di tacchino alle mele ed erbe aromatiche.

ROMAGNA SANGIOVESE PREDAPPIO MAESTROSO RISERVA
2017

ROMAGNA SANGIOVESE PREDAPPIO SAN JOVES
2019

San Patrignano
(1978)

Visitare Sanpa in compagnia di Monia Ravagli, l'enologa che dà la carica, è come farsi un giro all'interno di un orologio. Un meccanismo complesso in cui equilibrio, ritmo ed energia generano ottimi risultati. Vitigni identitari dei Colli di Rimini, ma anche internazionali, curati per l'intero processo produttivo. I terreni di argilla rossa, ricchi di sali minerali, donano ai vini una sapidità marina, esprimendo la tipicità del territorio. Caratteristiche espresse egregiamente nella Rebola Jaminia, quest'anno alla prima uscita. Ma è l'iconico AVI, dalla lunga prospettiva, a salire sul podio.

Via San Patrignano, 53 - 47853 Coriano (RN)
T. 0541 362362 | M. ordini@vinisanpatrignano.com
www.vinisanpatrignano.com

Viticoltura: Lotta integrata
Ettari: 110 | **Bottiglie:** 500.000 | **Produzione olearia:** Sì
Proprietà: Comunità di San Patrignano
Cond. enologica: Monia Ravagli
Cond. agronomica: Roberto Dragoni
Vendita diretta: Sì | **Visite in azienda:** Sì

(91)
ROMAGNA SANGIOVESE SUPERIORE AVI RISERVA 2020
Rosso Doc - Sangiovese 100%
Alc. 15% | € 24 | Bt. 25.000 | Ferm. Acciaio | Mat. Legno 24 mesi
Ottima concentrazione, colore granato. Ventaglio intrigante e variegato di anice stellato, pepe e liquirizia, pot-pourri di fiori essiccati e mora di gelso. Al gusto è rotondo e morbido, bilanciato dal tannino vibrante e dalla vivida freschezza. Lungo e appagante si congeda saporito sulla spezia. Agnello al forno con rosmarino.

ROMAGNA SANGIOVESE SUPERIORE ORA 2020
Rosso Doc - Sangiovese 100%
Alc. 14,5% | € 14 | Bt. 30.000 | Ferm. Acciaio | Mat. Legno 16 mesi
Manzo brasato con funghi.

COLLI DI RIMINI ROSSO MONTEPIROLO 2020
Rosso Doc - Cabernet sauvignon 85%, Merlot 10%, Cabernet franc 5%
Alc. 14,5% | € 24 | Bt. 13.000 | Ferm. Acciaio | Mat. Legno 16 mesi
Stracotto d'asino.

COLLI DI RIMINI REBOLA JAMINIA 2022
Bianco Doc - Grechetto gentile 100%
Alc. 12,5% | € 14 | Bt. 4.000 | Ferm. Acciaio | Mat. Acciaio 3 mesi
Sogliola alla mugnaia.

VIE 2022
Bianco Igt - Sauvignon 100%
Alc. 13% | € 14 | Bt. 10.000 | Ferm. Acciaio | Mat. Acciaio 5 mesi
Lasagnette con ragù di coniglio e crema di piselli.

PRENNA 2022
Rosato Igt - Syrah 100%
Alc. 12,5% | € 14 | Bt. 9.000 | Ferm. Acciaio | Mat. Acciaio 4 mesi
Sauté di cozze.

COLLI DI RIMINI ROSSO MONTEPIROLO
2015

ROMAGNA SANGIOVESE SUPERIORE AVI RISERVA
2016 | 2019

San Valentino
(1990)

Baciata dalla brezza marina, svetta sulla collina di Covignano la cantina dalle nove finestre colorate, icona di San Valentino. Dagli anni Novanta esprime vini dall'elevato potenziale evolutivo, grazie anche alla regia esperta dell'enologo Luca D'Attoma. La maggior produzione è di sangiovese e grechetto gentile, in questa zona chiamato rebola, e la restante da cabernet franc, syrah e merlot. Alla tradizionale maturazione in botte grande per i vitigni a bacca rossa si affianca l'uso di orci toscani per la rebola. I rossi presentati in Guida sono già godibili ora, ma da pensare nel tempo.

Via Tomasetta, 13 - Frazione San Martino in Venti - 47923 Rimini (RN)
T. 0541 752231 | M. info@vinisanvalentino.com
www.vinisanvalentino.com

Viticoltura: Biologica certificata
Ettari: 17 | **Bottiglie:** 140.000 | **Produzione olearia:** Sì
Proprietà: San Valentino
Cond. enologica: Luca D'Attoma
Cond. agronomica: Luca D'Attoma
Vendita diretta: Sì | **Visite in azienda:** Sì

COLLI DI RIMINI REBOLA SCABI 2022
Bianco Doc - Grechetto gentile 100%
Alc. 13,5% | € 13 | Bt. 9.000 | Ferm. Acciaio | Mat. Acciaio 7 mesi
Oro brillante. Un olfatto con sensazioni di ananas e mango, poi sfumature dolci di acacia e radice di tarassaco. Incipit gustativo varietale, caldo e rotondo, complice la nota calorica bilanciata dalla vena fresca e saporita. In chiusura evoca il frutto. Pasta alla Norma.

ROMAGNA SANGIOVESE SUPERIORE SCABI 2021
Rosso Doc - Sangiovese 90%, altre varietà 10%
Alc. 14% | € 13 | Bt. 60.000 | Ferm. Acciaio | Mat. Acciaio 9 mesi e Cemento 9 mesi
Cosciotto di maiale farcito.

COLLI DI RIMINI REBOLA VIVI 2020
Bianco Doc - Grechetto gentile 100%
Alc. 13,5% | € 27 | Bt. 7.000 | Ferm. Terracotta | Mat. Cemento 7 mesi e Terracotta 7 mesi
Branzino al sale su letto di patate.

ROMAGNA SANGIOVESE SUPERIORE CONTE DI COVIGNANO RISERVA 2018
Rosso Doc - Sangiovese 100%
Alc. 14,5% | € 25 | Bt. 6.000 | Ferm. Acciaio | Mat. Acciaio 4 mesi e Legno 17 mesi e Cemento 17 mesi
Guancia di vitello in umido.

LUNA NUOVA 2018
Rosso Igt - Cabernet franc 100%
Alc. 16% | € 70 | Bt. 3.000 | Ferm. Acciaio | Mat. Legno 18 mesi
Stracotto d'asino.

VIVI
2019

BACAIA ROSATO
2020

Tenuta Amalia
(1933)

All'importante traguardo del novantesimo anniversario, Tenuta Amalia si riconferma una cooperativa di produttori alla continua ricerca di miglioramento, volta alla valorizzazione dei vitigni albana, sangiovese e trebbiano, interpreti del territorio. I soci conferitori sono indirizzati alla qualità delle uve mediante progetti mirati, mentre, in un contesto di sostenibilità ambientale, la cantina si avvale di tecnologie moderne per mantenere alto il livello qualitativo. Il risultato è dato da vini di carattere, come emerge nel Pergami Riserva, che si fa notare per piacevolezza e bevibilità.

Via Emilia Ponente, 2619 - 47522 Cesena (FC)
T. 0547 347037 | M. tenuta_amalia@cantinacesena.it
www.tenutaamalia.net

Viticoltura: Convenzionale e biologica
Ettari: 180 | **Bottiglie:** 300.000 | **Produzione olearia:** No
Proprietà: Cooperativa di produttori
Cond. enologica: Andrea Mambelli
Cond. agronomica: Staff aziendale
Vendita diretta: Sì | **Visite in azienda:** Sì

ROMAGNA SANGIOVESE SUPERIORE PERGAMI RISERVA 2020
Rosso Doc - Sangiovese 100%
Alc. 13,5% | € 15 | Bt. 4.000 | Ferm. Acciaio | Mat. Legno 12 mesi e Cemento 3 mesi
Rubino ricco di luce. Preludio olfattivo suadente: amarena croccante e mora anticipano sensazioni di macchia mediterranea, mirto, ginepro e cenni di eucalipto. Il sorso è dinamico, garbatamente fresco e dal tannino vellutato. Scorre succoso e sfuma in toni fruttati. Filetto di maiale alla senape.

ROMAGNA SANGIOVESE SUPERIORE BARONE BARTOLOMEO 2022
Rosso Doc - Sangiovese 100%
Alc. 13% | € 10 | Bt. 35.000 | Ferm. Acciaio | Mat. Acciaio e Cemento 5 mesi
Lasagnette al ragù di faraona e asparagi.

ROMAGNA SANGIOVESE SUPERIORE B10-571 2021
Rosso Doc - Sangiovese 100%
Alc. 13% | € 10 | Bt. 7.000 | Ferm. Acciaio | Mat. Legno 12 mesi
Roast beef.

ROMAGNA ALBANA SECCO ALBA NUOVA 2022
Bianco Docg - Albana 100%
Alc. 12,5% | € 8 | Bt. 7.000 | Ferm. Acciaio | Mat. Acciaio 3 mesi
Risotto con zucchine, fiori di zucca e zafferano.

ROMAGNA SANGIOVESE SUPERIORE PERGAMI RISERVA
2009

Tenuta Casali
(1978)

Nello splendido scenario dei terrazzamenti creati dal fiume Savio, i vigneti di Tenuta Casali beneficiano di un microclima fresco, ideale per la produzione di vini eleganti, profumati e dinamici. Vini prodotti da singoli vigneti per valorizzarne le peculiarità. Rimanendo legati ai vitigni autoctoni, Silvia, Daniele e Francesco portano una ventata di rinnovamento con nuovi progetti, come quello sulla spumantizzazione e sulla valorizzazione dell'areale di Mercato Saraceno. Tra i vini in Guida si riconferma ai massimi livelli il Vigna Cavaliere Bianco, da vigne di oltre 35 anni.

Via della Liberazione, 32 - 47025 Mercato Saraceno (FC)
T. 0547 690334 | M. info@tenutacasali.it
www.tenutacasali.it

Viticoltura: Biologica certificata
Ettari: 24 | **Bottiglie:** 90.000 | **Produzione olearia:** Sì
Proprietà: Famiglia Casali
Cond. enologica: Emiliano Falsini
Cond. agronomica: Daniele Casali
Vendita diretta: Sì | **Visite in azienda:** Sì

(91)

COLLI ROMAGNA CENTRALE TREBBIANO VIGNA CAVALIERE BIANCO 2022
Bianco Doc - Trebbiano romagnolo 100%
Alc. 13,5% | € 15 | Bt. 6.500 | Ferm. Acciaio | Mat. Acciaio 6 mesi
Paglierino intenso e lucente. Elegante e nitido esordio fruttato di pesca gialla e lime seguito da sensazioni di ginestra, zagare, camomilla e timo. Il sorso è pieno, appagante e armonico, di energica freschezza in un incedere saporito, che vira in un lungo finale dai toni sapidi e agrumati. Cartoccio di pescatrice agli agrumi.

ROMAGNA ALBANA SECCO VALLERIPA 2022
Bianco Docg - Albana 100%
Alc. 14,5% | € 16 | Bt. 4.000 | Ferm. Acciaio | Mat. Acciaio 6 mesi
Coniglio alla ligure.

ROMAGNA FAMOSO MERCATO SARACENO 2022
Bianco Doc - Famoso 100%
Alc. 12,5% | € 16 | Bt. 9.000 | Ferm. Acciaio | Mat. Acciaio 6 mesi
Linguine con asparagi e calamaretti.

COLLI ROMAGNA CENTRALE CABERNET SAUVIGNON VIGNA DAMIANUS RISERVA 2020
Rosso Doc - Cabernet sauvignon 100%
Alc. 14% | € 27 | Bt. 5.000 | Ferm. Acciaio | Mat. Acciaio 10 mesi e Legno 12 mesi
Fettuccine al ragù d'agnello.

ROMAGNA SANGIOVESE MERCATO SARACENO VIGNA QUARTOSOLE RISERVA 2020
Rosso Doc - Sangiovese 100%
Alc. 14% | € 27 | Bt. 5.000 | Ferm. Acciaio | Mat. Acciaio 10 mesi e Legno 12 mesi
Petto d'anatra alle prugne.

ROMAGNA SANGIOVESE SUPERIORE VIGNA PALAZZINA 2022
Rosso Doc - Sangiovese 100%
Alc. 13,5% | € 12 | Bt. 20.000 | Ferm. Acciaio | Mat. Acciaio 10 mesi
Nodini di cinta senese lardellati al forno.

ROMAGNA SANGIOVESE SUPERIORE SAN VICINIO QUARTOSOLE RISERVA
2018

COLLI ROMAGNA CENTRALE TREBBIANO VIGNA CAVALIERE BIANCO
2021

Tenuta De' Stefenelli
(2005)

Fondata nel 2005, Tenuta De' Stefenelli è stata fortemente voluta da Sergio che ha trascinato tutta la famiglia in quest'avventura enologica. Situata sulle colline fra Bertinoro e Fratta Terme, l'azienda si è subito caratterizzata per la produzione di vini territoriali come il Sangiovese, oltre che per la ricerca continua di vini da vitigni internazionali come riesling, cabernet franc e pinot bianco. Il risultato complessivo è particolarmente positivo, prodotti gustosi e al tempo stesso complessi e capaci di una buona longevità, con una menzione particolare per il Sangiovese Armonia.

Via Fratta, km 1,5 - Località Fratta Terme - 47032 Bertinoro (FC)
T. 333 2182466 | M. info@destefenelli.it
www.destefenelli.it

Viticoltura: Biologica
Ettari: 10 | **Bottiglie:** 20.000 | **Produzione olearia:** No
Proprietà: Famiglia Stefenelli
Cond. enologica: Leonardo Conti
Cond. agronomica: Stefano Dini
Vendita diretta: Sì | **Visite in azienda:** Sì

ROMAGNA SANGIOVESE BERTINORO ARMONIA RISERVA 2018
Rosso Doc - Sangiovese 100%
Alc. 13,5% | € 25 | Bt. 1.000 | Ferm. Acciaio | Mat. Acciaio 4 mesi e Legno 24 mesi
Rosso rubino compatto. Complesso bouquet aromatico, frutti rossi croccanti, cornice floreale di viola e rose appassite, erbe aromatiche e cenni di spezie. Al palato è deciso, con tannino finemente integrato, di buona lunghezza e di viva freschezza che accompagna a riverberi amaricanti. Pappardelle al ragù di cinghiale.

ROMAGNA SANGIOVESE SUPERIORE RONDÒ 2021
Rosso Doc - Sangiovese 100%
Alc. 13,5% | € 11 | Bt. 4.000 | Ferm. Acciaio | Mat. Acciaio 8 mesi
Fiorentina alla brace.

RED BLUES 2019
Rosso Igt - Cabernet franc 100%
Alc. 13,5% | € 18 | Bt. 1.000 | Ferm. Acciaio | Mat. Legno 24 mesi
Carré di maiale al forno con mele renette.

OPERA 5 2020
Bianco Igt - Pinot bianco 100%
Alc. 13,5% | € 14 | Bt. 2.500 | Ferm. Acciaio | Mat. Acciaio 9 mesi
Tartare di tonno.

CAPRICCIO 2020
Bianco Igt - Riesling 100%
Alc. 13,5% | € 15 | Bt. 1.500 | Ferm. Acciaio | Mat. Acciaio 9 mesi
Crostini con burro e salmone.

ROMAGNA SANGIOVESE SUPERIORE PRELUDIO RISERVA 2018
Rosso Doc - Sangiovese 90%, Merlot 8%, Cabernet franc 2%
Alc. 14,5% | € 18 | Bt. 1.500 | Ferm. Acciaio | Mat. Acciaio 6 mesi e Legno 12 mesi
Grigliata di carne con salsa barbecue.

ROMAGNA SANGIOVESE BERTINORO ARMONIA RISERVA
2014

SWING
2017

Tenuta del Gelso
(2019)

Tenuta del Gelso nasce a Bertinoro per volontà della Famiglia Fornasari, con l'obiettivo di creare grandi etichette in cui sia espressa la più autentica impronta del luogo di origine. Simone, sin dagli esordi nel 2019, conduce in prima linea l'azienda. Crede e investe in una viticoltura sostenibile, che utilizza tecnologia digitale in tutti i mezzi agricoli usati in vigna, per la massima ottimizzazione dei processi produttivi. Ne risultano vini eleganti, di carattere, dinamici, in perfetta sintonia con il terroir. Caratteristiche fedelmente rappresentate nel Cinquecento x Due.

Via Sodi di Bracciano, 821 - 47032 Bertinoro (FC)
T. 345 1357568 | M. info@tenutadelgelso.it
www.tenutadelgelso.it

Viticoltura: Biologica
Ettari: 12,5 | **Bottiglie:** 20.000 | **Produzione olearia:** Sì
Proprietà: Simone Fornasari
Cond. enologica: Marco Zanelli
Cond. agronomica: Simone Fornasari
Vendita diretta: Sì | **Visite in azienda:** Sì

CINQUECENTO X DUE 2020
Rosso Igt - Cabernet sauvignon 50%, Sangiovese 50%
Alc. 15% | € 18 | Bt. 1.333 | Ferm. Acciaio | Mat. Legno 18 mesi
Cremisi d'interessante fattura. Ouverture di marasca, vaniglia e pepe rosa che sono avvolti da ricordi balsamici e vegetali. Beva strutturata, colpisce la vigoria della grana tannica ed è incredibilmente agile, grazie a un intreccio fresco-sapido di rilievo che armonizza la significativa dote alcolica. Reale di vitello alla senape antica.

FONTI DEL BEVÀNO EXTRA BRUT 2020
Bianco Metodo Classico - Albana 100%
Alc. 12% | € 28 | Bt. 1.600 | Ferm. Acciaio | Mat. Acciaio 6 mesi
18 mesi sui lieviti
Sogliola alla mugnaia.

ROMAGNA ALBANA PASSITO 2021
Bianco Docg Passito - Albana 100%
Alc. 13,5% | € 22 | Bt. 1.000 | Ferm. Acciaio | Mat. Acciaio 6 mesi
Formaggio di fossa di Sogliano.

ROMAGNA SANGIOVESE SUPERIORE CERBIANO RISERVA 2020
Rosso Doc - Sangiovese 100%
Alc. 15% | € 21 | Bt. 1.500 | Ferm. Acciaio | Mat. Legno 18 mesi
Tordi in salmì.

ROMAGNA ALBANA SECCO 2021
Bianco Docg - Albana 100%
Alc. 13,5% | € 12 | Bt. 5.000 | Ferm. Acciaio | Mat. Acciaio 6 mesi
Ravioli di patate e baccalà.

ROMAGNA ALBANA SECCO
2020

ROMAGNA SANGIOVESE SUPERIORE
2020

Tenuta Il Plino
(1999)

In questa piccola azienda a conduzione familiare Alessandro Ramilli continua il percorso qualitativo intrapreso con passione e grande impegno da oltre vent'anni. Pieno rispetto della vigna e della natura, produzioni limitate ottenute da basse rese e vinificando solo le uve migliori a perfetta maturazione, a cui si aggiungono minimi interventi in vigna, sono le basi di partenza per ottenere vini di spessore, classe e longevità. Vini che rispecchiano il territorio e le peculiarità di ogni singola annata. Tra le proposte in Guida spicca il Torre di Roversano 2021, raffinato e complesso.

Via Montalti, 50 - Località San Carlo - 47522 Cesena (FC)
T. 337 605729 | M. tenutailplino@gmail.com
www.ilplino.it

Viticoltura: Biologica certificata
Ettari: 6 | **Bottiglie:** 10.000 | **Produzione olearia:** Sì
Proprietà: Antonella e Alessandro Ramilli
Cond. enologica: Francesco Bordini
Cond. agronomica: Remigio Bordini
Vendita diretta: Sì | **Visite in azienda:** Sì

ROMAGNA SANGIOVESE BERTINORO
TORRE DI ROVERSANO 2021
Rosso Doc - Sangiovese 96%, Cabernet sauvignon 4%
Alc. 13,5% | € 16 | Bt. 1.000 | Ferm. Acciaio | Mat. Legno 6 mesi
Rubino vivo, luminoso. Inebria all'olfatto con nitidi profumi di susina croccante, ribes, melagrana, viola, geranio e richiami speziati. Il sorso è ampio e morbido, scattante e dal tannino fitto e vellutato. La freschezza ne vivacizza la trama fruttata con echi di marasche nell'allungo. Entrecôte alla griglia con scaglie di formaggio.

PLINO DELLE ACACIE 2021
Bianco Igt - Chardonnay musqué 100%
Alc. 13,5% | € 18 | Bt. 1.100 | Ferm. Acciaio | Mat. Legno 6 mesi
Insalata di spinaci e pesce spada.

PLINO DELLA TAVERNA 2020
Bianco Igt - Uve tradizionali romagnole 100%
Alc. 14% | € 23 | Bt. 500 | Ferm. Acciaio | Mat. Legno 6 mesi
Robiola di Roccaverano.

ROMAGNA SANGIOVESE BERTINORO TORRE DI ROVERSANO
2020

ROMAGNA ALBANA PASSITO MUFATO DEL PLINO
2019

Tenuta La Viola
(1998)

Tenuta La Viola congiunge i tempi: il passato remoto con le suggestive anfore georgiane, il presente con le devastanti frane provocate dall'alluvione di maggio e il futuro con l'ambizioso progetto della nuova cantina. Minimo comune denominatore l'inarrestabile Stefano Gabellini, il sangiovese e l'albana di Romagna. Tradizione e visione per confermare le eccellenze ottenute negli anni e dare vita con la vendemmia 2023 a una nuova sfida con l'autoctono famoso. In forma straordinaria ancora una volta merita il podio P.Honorii, ma non passano inosservate le altre etichette.

Via Colombarone, 888 - 47032 Bertinoro (FC)
T. 0543 445496 | M. info@tenutalaviola.it
www.tenutalaviola.it

Viticoltura: Biologica certificata e biodinamica
Ettari: 18 | **Bottiglie:** 70.000 | **Produzione olearia:** Sì
Proprietà: Famiglia Gabellini
Cond. enologica: Giuseppe Caviola, Emilio Tamarri
Cond. agronomica: Remigio Bordini
Vendita diretta: Sì | **Visite in azienda:** Sì

93

ROMAGNA SANGIOVESE BERTINORO P.HONORII RISERVA 2019
Rosso Doc - Sangiovese 100%
Alc. 14,5% | € 25 | Bt. 6.000 | Ferm. Legno e Acciaio | Mat. Legno 12 mesi e Cemento 6 mesi
Rosso granato dai lampi di luce. Al naso è un tripudio fine e sfaccettato di frutti di bosco, rosa canina, spezie dolci, malie balsamiche, di mirto e di pepe bianco. In bocca è suadente e raffinato, permeato da tannini di nobile fattura e da un asse fresco-sapido che si congeda con soffi fruttati e speziati. Petto di germano reale al balsamico.

ROMAGNA SANGIOVESE SUPERIORE ODDONE 2022
Rosso Doc - Sangiovese 100%
Alc. 13% | € 11 | Bt. 30.000 | Ferm. Acciaio | Mat. Acciaio 6 mesi
Agnolotti al sugo di carne.

ROMAGNA SANGIOVESE BERTINORO IL COLOMBARONE 2021
Rosso Doc - Sangiovese 100%
Alc. 14% | € 15 | Bt. 12.000 | Ferm. Acciaio | Mat. Acciaio 6 mesi e Legno 6 mesi e Cemento 6 mesi
Tagliata di manzo al rosmarino.

25 2019
Rosso Igt - Cabernet sauvignon 45%, Merlot 45%, Sangiovese 10%
Alc. 14% | € 27 | Bt. 1.300 | Ferm. Acciaio | Mat. Legno 14 mesi
Quaglie alla cacciatora.

ROMAGNA ALBANA SECCO FRANGIPANE 2022
Bianco Docg - Albana 100%
Alc. 13,5% | € 12 | Bt. 10.000 | Ferm. Acciaio | Mat. Acciaio 4 mesi e Cemento 4 mesi
Baccalà mantecato.

ROMAGNA ALBANA SECCO INTERRA 2021
Bianco Docg - Albana 100%
Alc. 13,5% | € 23 | Bt. 1.100 | Ferm. Terracotta | Mat. Terracotta 6 mesi
Piccione al forno con cipollotti.

ROMAGNA SANGIOVESE BERTINORO P.HONORII RISERVA
2015 | 2017 | 2018

ROMAGNA ALBANA SECCO INTERRA
2020

Tenuta Neri
(1951)

La proprietà si estende sulle prime colline di Cesena, con vigneti in ottimale pendenza ed esposizione per una viticoltura di qualità. I terreni sono ricchi di sabbia, limo e argilla, combinazione perfetta per dare slancio, corpo e sapore ai vini. Ottima l'interpretazione di Agostina, albana in purezza prodotta nell'ultima vendemmia, che ha evidenziano toni agrumati, freschi e sapidi nonostante la calda annata. Altrettanto convincente è risultato Luis, il Sangiovese Superiore Riserva nato nell'ottima annata 2019, che ci ha colpito per i suoi delicati tratti speziati.

Via Bartoletti 211 - Frazione Carpineta - 47521 Cesena (FC)
T. 338 4314478 | M. info@tenutaneri.com
www.tenutaneri.com

Viticoltura: Biologica
Ettari: 18 | **Bottiglie:** 15.000 | **Produzione olearia:** Sì
Proprietà: Giovanni e Valeria Neri
Cond. enologica: Vito Piffer
Cond. agronomica: Giovanni Neri
Vendita diretta: Sì | **Visite in azienda:** Sì

ROMAGNA ALBANA SECCO AGOSTINA 2022
Bianco Docg - Albana 100%
Alc. 13,5% | € 15 | Bt. 1.000 | Ferm. Cemento | Mat. Acciaio 2 mesi
Paglierino tenue e brillante. L'impronta odorosa s'affaccia delicatamente con fiori di campo freschi, toni agrumati di lime e pompelmo e cenni di mela verde. Al gusto è fresco e sapido, agile e dissetante. I riverberi fruttati e citrini permangono a lungo. Pasta alla Norma.

ROMAGNA SANGIOVESE SUPERIORE LUIS RISERVA 2019
Rosso Dop - Sangiovese 100%
Alc. 14,5% | € 18 | Bt. 2.000 | Ferm. Cemento | Mat. Cemento 24 mesi
Cinghiale arrosto con castagne.

ALMA 2018
Rosso Igp - Merlot 100%
Alc. 15% | € 25 | Bt. 1.500 | Ferm. Cemento | Mat. Legno 6 mesi e Cemento 12 mesi
Straccetti di cavallo.

ROMAGNA ALBANA SECCO AGOSTINA
2019 | 2021

ROMAGNA SANGIOVESE SUPERIORE LUIS RISERVA
2013 | 2016 | 2017

Tenuta Palazzona di Maggio

(1961)

Bellissima realtà che deve il nome alla villa settecentesca di proprietà della famiglia Perdisa, sita tra Imola e Bologna, nell'areale più settentrionale del territorio romagnolo. La classe di Antonella e Alberto, unita all'energia dei figli Federico e Filippo, traspare dai loro vini, in grado di valorizzare appieno i suoli ricchi di argille azzurre e sabbie tipici di questa zona. La consolidata produzione di vitigni internazionali, da cui emerge lo Chardonnay Maleto, affianca quella di vitigni autoctoni e in futuro si arricchirà di una nuova ambiziosa etichetta a base di albana.

Via Panzacchi, 16 - 40064 Ozzano dell'Emilia (BO)
T. 335 397030 | M. lapalazzona@gmail.com
www.palazzonadimaggio.it

Viticoltura: Biologica certificata
Ettari: 15,5 | **Bottiglie:** 70.000 | **Produzione olearia:** No
Proprietà: Famiglia Perdisa
Cond. enologica: Federico Perdisa, Aroldo Bellelli
Cond. agronomica: Federico Perdisa
Vendita diretta: Sì | **Visite in azienda:** Sì

COLLI D'IMOLA CHARDONNAY MALETO 2022
Bianco Igp - Chardonnay 100%
Alc. 13% | € 13 | Bt. 9.700 | Ferm. Acciaio | Mat. Acciaio 12 mesi
Giallo sole, sfavillante. Deciso e intrigante il naso, richiami di frutti tropicali, fiori di biancospino e acacia. Al palato si esalta per precisione e calibrata sapidità, accompagnate da un grandissimo equilibrio e da una freschezza che trasporta verso una piacevole chiosa ammandorlata. Risotto alla zucca e astice.

COLLI D'IMOLA ROSSO DRACONE RISERVA 2018
Rosso Doc - Cabernet franc 45%, Merlot 45%, Petit verdot 10%
Alc. 14% | € 32 | Bt. 6.600 | Ferm. Acciaio | Mat. Acciaio 5 mesi e Legno 24 mesi
Carré di vitello alle erbe aromatiche.

ULZIANO 2021
Rosso Igp - Sangiovese 90%, Ciliegiolo 10%
Alc. 13% | € 12 | Bt. 18.000 | Ferm. Acciaio | Mat. Acciaio 5 mesi
Crostini al lardo di Colonnata.

ASPRO 2022
Rosato Metodo Martinotti - Sangiovese 100%
Alc. 12% | € 15 | Bt. 13.000 | Ferm. Acciaio | Mat. Acciaio 3 mesi
Cocktail di gamberetti.

COLLI D'IMOLA ROSSO DRACONE RISERVA
2009 | 2011 | 2016

COLLI D'IMOLA ROSSO DRACONE
2015 | 2016 | 2018

Tenuta Piccolo Brunelli

(1936)

Il progetto di crescita qualitativa dei vini aziendali avviato da Pietro Piccolo Brunelli in collaborazione con l'enologo Vincenzo Tommasi si sta dimostrando sempre più vincente. L'idea di base è che i vini debbano rispecchiare le caratteristiche principali del territorio da cui provengono e l'areale di San Zeno, posto nella parte alta della sottozona Predappio, ha molto da offrire in termini di riconoscibilità e pregio. In cantina si tende all'uso di contenitori in cemento e di una parte ragionata di botti in legno, ottenendo una gamma di Sangiovese di valore assoluto.

Via Matteotti, 1 - 47010 Galeata (FC)
T. 346 8020206 | M. info@piccolobrunelli.it
www.piccolobrunelli.it

Viticoltura: Biologica certificata
Ettari: 18 | **Bottiglie:** 20.000 | **Produzione olearia:** No
Proprietà: Pietro Piccolo Brunelli
Cond. enologica: Vincenzo Tommasi
Cond. agronomica: Vincenzo Tommasi
Vendita diretta: Sì | **Visite in azienda:** Sì

91

ROMAGNA SANGIOVESE SUPERIORE PREDAPPIO PIETRO 1904 2021
Rosso Doc - Sangiovese 100%
Alc. 13,5% | € 10 | Bt. 5.000 | Ferm. Cemento | Mat. Legno 12 mesi
Veste rosso cremisi, scrigno olfattivo di fascino: da fiori blu a ribes nero e mirtillo, a seguire erbe aromatiche. Il gusto è un'armonia di sensazioni che danzano tra un tannino ancora giovane e la sensuale dote alcolica, che si integra con una fresca acidità. Lunghissima conclusione fruttata. Filetto di bue con salsa di Roquefort.

ROMAGNA SANGIOVESE PREDAPPIO DANTE 1872 RISERVA 2020
Rosso Doc - Sangiovese 100%
Alc. 13,5% | € 20 | Bt. 1.500 | Ferm. Cemento | Mat. Legno 12 mesi
Pernici farcite.

ROMAGNA SANGIOVESE PREDAPPIO CESCO 1938 2021
Rosso Doc - Sangiovese 100%
Alc. 13,5% | € 15 | Bt. 3.000 | Ferm. Cemento | Mat. Legno 12 mesi
Guanciale di manzo al brandy.

ANNA 2022
Bianco Igt - Chardonnay 60%, Riesling 40%
Alc. 12,5% | € 15 | Bt. 7.000 | Ferm. Acciaio | Mat. Acciaio 6 mesi
Linguine al sugo di totani e piselli.

ROMAGNA SANGIOVESE PREDAPPIO DANTE 1872 RISERVA
2019

ROMAGNA SANGIOVESE PREDAPPIO CESCO 1938
2019

Tenuta Santa Lucia
(2004)

Siamo nell'Alta Valle del Savio, a Mercato Saraceno, dove Paride Benedetti porta avanti da anni la sua filosofia produttiva, basata sulla scelta ormai consolidata dell'agricoltura biologica e biodinamica. Il rispetto per questa terra lo ha portato a scegliere quei vitigni che da sempre sono legati al territorio e che lo caratterizzano: l'albana, il sangiovese, il famoso e in ultimo il centesimino. Nell'ampia proposta di vini che ci sono stati messi a disposizione, quest'anno il suo spumante Metodo Classico, ottenuto da uve sangiovese, ci ha regalato una sferzata di sapore.

Via Giardino, 1400 - 47025 Mercato Saraceno (FC)
T. 0547 90441 | M. tenuta@santaluciavinery.it
www.santaluciavinery.it

Viticoltura: Biologica certificata e biodinamica
Ettari: 20 | **Bottiglie:** 80.000 | **Produzione olearia:** Sì
Proprietà: Paride Benedetti
Cond. enologica: Paride Benedetti, Nicola Montalti
Cond. agronomica: Paride Benedetti
Vendita diretta: Sì | **Visite in azienda:** Sì

SANTA LUCIA EXTRA BRUT BLANC DE NOIR 2018
Bianco Metodo Classico - Sangiovese 100%
Alc. 12% | € 22 | Bt. 13.000 | Ferm. Acciaio | Mat. Acciaio 7 mesi 40 mesi sui lieviti
Paglierino con bagliori dorati, acceso da finissime bollicine. Suadente all'olfatto, si esprime con essenze di glicine, pompelmo e nuance di burro. In bocca è un incedere di cremosità e acidità, sostenuto da una sapidità che invita al riassaggio. Epilogo agrumato. Catalana di crostacei.

ROMAGNA ALBANA SECCO ALBARARA 2022
Bianco Docg - Albana 100%
Alc. 14,5% | € 14 | Bt. 13.000 | Ferm. Acciaio | Mat. Acciaio 7 mesi
Coniglio al forno con funghi.

SANTA LUCIA BLANC DE BLANC 2018
Bianco Metodo Classico - Famoso 100%
Alc. 12% | € 22 | Bt. 6.000 | Ferm. Acciaio | 30 mesi sui lieviti
Linguine alla granseola e rosmarino.

ROMAGNA SANGIOVESE MERCATO SARACENO SASSIGNOLO RISERVA 2018
Rosso Doc - Sangiovese 100%
Alc. 14,5% | € 20 | Bt. 4.000 | Ferm. Legno | Mat. Acciaio 12 mesi
Ossobuco alla milanese.

ROMAGNA FAMOSO MERCATO SARACENO FAMOUS 2022
Bianco Doc - Famoso 100%
Alc. 14% | € 14 | Bt. 10.000 | Ferm. Acciaio | Mat. Acciaio 7 mesi
Asparagi verdi allo zabaione salato.

ROMAGNA SANGIOVESE SUPERIORE TAIBO 2021
Rosso Doc - Sangiovese 100%
Alc. 14,5% | € 14 | Bt. 7.000 | Ferm. Legno | Mat. Legno 12 mesi
Gnocchi al ragù.

Tenuta Uccellina
(1985)

La Tenuta Uccellina è una storica realtà di famiglia, di alto profilo qualitativo, nel ravennate. Ha saputo coniugare l'ottima ospitalità ricettiva a un rigoroso lavoro in vigna e cantina. Lo scopo è stato valorizzare le peculiarità dei vitigni autoctoni dei due siti aziendali: il sangiovese e l'albana delle colline di Brisighella, il famoso, il trebbiano e l'uva Longanesi dai vigneti posti alle quote più basse di pianura. Ed è proprio il Bursôn Etichetta Nera 2016 a mettersi in risalto per la sua ricercatezza e piacevolezza, nonostante il carattere indomito di un vino votato alla longevità.

Via Aldo Moro, 23/A - 48026 Russi (RA)
T. 0544 580144 | M. info@tenutauccellina.com
www.tenutauccellina.com

Viticoltura: Lotta integrata
Ettari: 6 | **Bottiglie:** 40.000 | **Produzione olearia:** No
Proprietà: Antonietta Anna Amoroso
Cond. enologica: Hermes Rusticali
Cond. agronomica: Hermes Rusticali
Vendita diretta: Sì | **Visite in azienda:** Sì

(91)
BURSÔN ETICHETTA NERA 2016
Rosso Igp - Uva Longanesi 100%
Alc. 15% | € 21 | Bt. 6.000 | Ferm. Acciaio | Mat. Acciaio 6 mesi e Legno 48 mesi
Profondo rosso granato. Un bouquet fine e articolato di more di rovo, prugne e ribes nero, corredato da un'espressiva scia balsamica e ginepro. Il sorso è volumico e ricco, con un sottofondo fruttato allietato da un corredo di tannini maturi. Rimandi di spezie e frutti scuri. Brasato di manzo al vino rosso.

ROMAGNA TREBBIANO HERMES 2021
Bianco Doc - Trebbiano 100%
Alc. 13,5% | € 13 | Bt. 1.200 | Ferm. Legno e Acciaio | Mat. Acciaio 6 mesi
Tiella di riso, patate e cozze.

RAMBÉLA 2022
Bianco Igp - Famoso 100%
Alc. 13% | € 10 | Bt. 9.400 | Ferm. Acciaio | Mat. Acciaio 5 mesi
Sarde a beccafico.

ROMAGNA SANGIOVESE SUPERIORE SAMORE 2022
Rosso Doc - Sangiovese 100%
Alc. 13% | € 10 | Bt. 4.000 | Ferm. Acciaio | Mat. Acciaio 4 mesi
Pasta alla gricia.

ROMAGNA ALBANA SECCO AMOROSA 2021
Bianco Docg - Albana 100%
Alc. 13,5% | € 11 | Bt. 1.000 | Ferm. Acciaio | Mat. Acciaio 4 mesi
Rollè di cernia con patate al rosmarino.

ROMAGNA SANGIOVESE SUPERIORE CLIVO DEL RE 2021
Rosso Doc - Sangiovese 100%
Alc. 13,5% | € 14 | Bt. 2.000 | Ferm. Acciaio | Mat. Legno 8 mesi
Grigliata di carne con salsa barbecue.

FAMOUS
2020

ROMAGNA ALBANA SECCO ALBARARA
2018

ROMAGNA ALBANA SECCO AMOROSA
2020

RAMBÉLA
2021

Tenuta Villa Rovere
(2004)

Il progetto enologico della Tenuta di famiglia, i cui antenati erano presenti in località Rovere di Forlì già dal 1500, volge lo sguardo sia all'innovazione, sia al desiderio di preservare le origini del territorio. Infatti, se da un lato i tratti pedologici franco limosi hanno incoraggiato una produzione di nicchia con vitigni internazionali, dall'altro, grazie alla riacquisizione di una vecchia vigna, vedremo concretizzarsi a breve l'uscita di un Sangiovese nella sottozona Predappio. Intanto, continuiamo a deliziarci con gli affascinanti Pirro e Giulì, un Merlot e un Syrah in purezza.

Via delle Vigne - Località Rovere di Forlì - 47121 San Martino in Strada (FC)
T. 0543 482075 | M. info@tenutavillarovere.it
www.tenutavillarovere.it

Viticoltura: Lotta integrata
Ettari: 6 | **Bottiglie:** 20.000 | **Produzione olearia:** No
Proprietà: Alessandro Annibali
Cond. enologica: Marco Lucchi
Cond. agronomica: Cesare Bendandi
Vendita diretta: Sì | **Visite in azienda:** Sì

PIRRO 2019
Rosso Igt - Merlot 100%
Alc. 13,5% | € 11 | Bt. 3.000 | Ferm. Acciaio | Mat. Legno 18 mesi
Rubino compatto e vivido. Un profilo di qualità, dai richiami di mora e mirtillo, seguiti da sfumature vegetali, di tabacco, pepe bianco e liquirizia. Appagante e tonico l'impianto gustativo, armonizzato dal tannino vellutato e da una slanciata freschezza che conduce a un frutto succoso e durevole. Filetto al vino rosso e scalogno.

GIULÌ 2021
Rosso Igt - Syrah 100%
Alc. 13% | € 10 | Bt. 3.000 | Ferm. Acciaio | Mat. Acciaio 6 mesi
Guancia di vitello in umido.

NANÌ
2020 | 2021

PIRRO
2015 | 2016 | 2018

Tenuta Villa Trentola
(2002)

Dedizione e passione. Federica e le sue sorelle sono l'anima di questa cantina specializzata nella produzione dei due vitigni simbolo della viticoltura locale, albana e sangiovese. I vini di Villa Trentola sono dinamici, puliti, di beva succosa, fragranti e raccontano in modo così appassionato e persistente il varietale e il terroir, tanto da inserire in etichetta per il Sangiovese la menzione "Bertinoro". La Tenuta, nonostante le difficoltà della recente alluvione, sta già preparando il terreno per incrementare la produzione delle sue etichette. Una storia vigorosamente romagnola.

Via Molino Bratti, 1305 - Località Capocolle - 47032 Bertinoro (FC)
T. 0543 741389 | M. info@villatrentola.it
www.tenutavillatrentola.com

Viticoltura: Biologica
Ettari: 20 | **Bottiglie:** 50.000 | **Produzione olearia:** No
Proprietà: Federica Prugnoli
Cond. enologica: Federica Prugnoli
Cond. agronomica: Enrico Prugnoli, Federica Prugnoli
Vendita diretta: Sì | **Visite in azienda:** Sì

ROMAGNA SANGIOVESE BERTINORO IL PRUGNOLO 2019
Rosso Doc - Sangiovese 100%
Alc. 13,5% | € 18 | Bt. 10.000 | Ferm. Acciaio | Mat. Acciaio 12 mesi
Rosso rubino. Suggestive sensazioni di arancia sanguinella, ciliegia e viola si lasciano seguire da tocchi balsamici e di sottobosco. Vino energico, compatto, equilibrato, dall'ordito tannico cesellato e integrato. La spalla acido-sapida esalta i ritorni fruttati e gli aromi di erbe aromatiche. Pernici farcite.

ROMAGNA SANGIOVESE SUPERIORE ULTIMO ATTO 2020
Rosso Doc - Sangiovese 100%
Alc. 14,5% | € 15 | Bt. 15.000 | Ferm. Acciaio | Mat. Acciaio 6 mesi
Fondue bourguignonne.

ROMAGNA ALBANA DOLCE EMMA DI VILLA TRENTOLA 2021
Bianco Docg Dolce - Albana 100%
Alc. 9% | € 12 | Bt. 500 | Ferm. Acciaio | Mat. Acciaio 5 mesi
Sfogliatelle Santa Rosa.

ROMAGNA SANGIOVESE SUPERIORE IL PRUGNOLO
2014 | 2018

ROMAGNA ALBANA DOLCE EMMA DI VILLA TRENTOLA
2019

Tenute Tozzi
(2016)

Recente realtà tesa a valorizzare un areale da poco riscoperto dal punto di vista vitivinicolo. Ci troviamo a Casola Valsenio, sulle colline romagnole attraversate da una vena di gesso. L'entusiasmo e la grinta della giovane proprietaria Virginia si unisce alla tradizione e all'esperienza trasmessa dal nonno Franco, capostipite della famiglia. I loro vini, sia da uve autoctone che internazionali, si distinguono per freschezza e per una caratteristica impronta sapida tipica dei terreni calcarei in cui sono situate le vigne. Tra tutti spicca il suadente passito Ally, da uve albana.

Via Renzuno, 16 - 48032 Casola Valsenio (RA)
T. 340 8331351 - 345 1040652 | M. info@tenutetozzi.it
www.tenutetozzi.it

Viticoltura: Certificazione SQNPI
Ettari: 8 | **Bottiglie:** 35.000 | **Produzione olearia:** Sì
Proprietà: Famiglia Tozzi
Cond. enologica: Emiliano Falsini
Cond. agronomica: Stefano Dini
Vendita diretta: Sì | **Visite in azienda:** Sì

ROMAGNA ALBANA PASSITO ALLY 2019
Bianco Docg Passito - Albana 100%
Alc. 14,5% | € 28 (0,5l) | Bt. 500 | Ferm. Legno | Mat. Legno 12 mesi
Scintillante giallo oro con filigrana d'ambra. Delicati e intriganti fragranze di albicocca disidratata, datteri e uvetta s'intrecciano a scorze di agrumi canditi, zafferano e soffi smaltati. Dolce e carezzevole al gusto dal sapore di frutta caramellata e riequilibrato da una vena fresca e gustosa. Cannoli di ricotta e canditi.

ROMAGNA SANGIOVESE IKO RISERVA BRISIGHELLA 2019
Rosso Doc - Sangiovese 100%
Alc. 13,5% | € 25 | Bt. 666 | Ferm. Acciaio | Mat. Legno 24 mesi
Guanciale di vitello alle erbe aromatiche.

FRANCO 2020
Rosso Igp - Merlot 100%
Alc. 14,5% | € 23 | Bt. 1.500 | Ferm. Acciaio | Mat. Legno 12 mesi
Piccione al forno con cipollotti.

ROMAGNA ALBANA SECCO TANTALILLI 2020
Bianco Docg - Albana 100%
Alc. 13,5% | € 17 | Bt. 6.000 | Ferm. Acciaio | Mat. Acciaio 6 mesi
Risotto alla zucca.

VIVÌ 2020
Rosso Igp - Pinot nero 100%
Alc. 14,5% | € 25 | Bt. 1.500 | Ferm. Acciaio | Mat. Acciaio 6 mesi e Legno 12 mesi
Tacchino stufato con peperoni e radicchio.

BIDÌBIDÌ 2022
Rosato Igp Metodo Ancestrale - Pinot nero 100%
Alc. 12,5% | € 15 | Bt. 2.000 | Ferm. Acciaio
Insalata di mare.

TERRA DEI GESSI BIANCO
2020

ROMAGNA ALBANA PASSITO ALLY
2017 | 2018

Tre Monti
(1971)

È emozionante assistere alla realizzazione di un progetto. Quest'anno i fratelli Vittorio e David presentano ufficialmente i due vini dedicati al padre Sergio, col nome Classe 33. È attraverso queste due etichette che il patron di casa Navacchia continua a farci compagnia, con la sua elegante personalità e il suo forte carisma. Caratteri, questi, che si ritrovano sia nello Chardonnay che nel Sangiovese menzione Serra, che da subito si sono imposti come vini di notevole impatto gustativo. Sopra questi l'ormai iconica Vitalba, albana magistralmente interpretata con vinificazione in anfora.

Via Lola, 3 - Località Bergullo - 40026 Imola (BO)
T. 0542 657116 | M. tremonti@tremonti.it
www.tremonti.it

Viticoltura: Biologica certificata
Ettari: 50 | **Bottiglie:** 200.000 | **Produzione olearia:** No
Proprietà: Famiglia Navacchia
Cond. enologica: Nicola Tucci, Vittorio Navacchia, Francesco Navacchia
Cond. agronomica: Patrizio Gasparinetti, Vittorio Navacchia
Vendita diretta: Sì | **Visite in azienda:** Sì

97

ROMAGNA ALBANA SECCO VITALBA 2022
Bianco Docg - Albana 100%
Alc. 14,5% | € 20 | Bt. 9.000 | Ferm. Terracotta | Mat. Acciaio 3 mesi
Oro brillante. Profilo olfattivo generoso: agrumi canditi, albicocca e mela disidratate, erbe aromatiche, refoli di miele e ceralacca. Il palato è armonioso e ampio, dinamico e rotondo, di grande freschezza e sapidità. La leggera astringenza si bilancia col retrogusto persistente di frutta e miele. Catalana di crostacei.

ROMAGNA SANGIOVESE SUPERIORE PETRIGNONE RISERVA 2020
Rosso Doc - Sangiovese 100%
Alc. 14% | € 14 | Bt. 14.000 | Ferm. Cemento | Mat. Acciaio 8 mesi e Legno 6 mesi
Tataki di tonno al sesamo.

CLASSE 33 ROSSO ROMAGNA SANGIOVESE SERRA 2021
Rosso Doc - Sangiovese 100%
Alc. 14% | € 20 | Bt. 6.500 | Ferm. Cemento | Mat. Cemento 10 mesi
Fegato alla veneziana.

ROMAGNA ALBANA SECCO VIGNA ROCCA 2022
Bianco Docg - Albana 100%
Alc. 14% | € 8 | Bt. 25.000 | Ferm. Acciaio | Mat. Acciaio 6 mesi
Linguine allo scoglio.

CLASSE 33 BIANCO CHARDONNAY 2021
Bianco Igt - Chardonnay 100%
Alc. 14% | € 20 | Bt. 3.300 | Ferm. Legno | Mat. Legno 10 mesi
Risotto con le spugnole.

ROMAGNA SANGIOVESE SUPERIORE THEA RISERVA 2020
Rosso Doc - Sangiovese 100%
Alc. 14,5% | € 20 | Bt. 10.000 | Ferm. Cemento | Mat. Acciaio 8 mesi e Legno 9 mesi
Petto di germano reale al balsamico.

ROMAGNA ALBANA SECCO VITALBA
2019 | 2020 | 2021

PIUTTOSTO
2021

Trerè
(1960)

Sulle Colline di Faenza inizia negli anni Sessanta, con Valeriano Trerè prima e con la figlia Morena poi, una storia di grande passione per la vite. Oggi Massimiliano impegna la terza generazione nel progetto che concilia lo stesso amore per le origini in un contesto moderno, che punta sull'innovazione e sulla ricerca della qualità. Alla produzione enologica s'affianca un confortevole agriturismo, circondato dai vigneti, che fa dell'accoglienza la vetrina del territorio. Le nuove annate rispecchiano fortemente il terroir, con vini che richiamano la generosità della propria terra.

Via Casale, 19 - 48018 Faenza (RA)
T. 0546 47034 | M. trere@trere.com
www.trere.com

Viticoltura: Convenzionale
Ettari: 35 | **Bottiglie:** 170.000 | **Produzione olearia:** Sì
Proprietà: Morena Trerè e Massimiliano Fabbri
Cond. enologica: Emiliano Falsini
Cond. agronomica: Massimiliano Fabbri
Vendita diretta: Sì | **Visite in azienda:** Sì

ROMAGNA SANGIOVESE AMARCORD D'UN ROSS RISERVA 2020
Rosso Doc - Sangiovese 85%, Cabernet sauvignon 15%
Alc. 14,5% | € 15 | Bt. 15.000 | Ferm. Acciaio | Mat. Legno 12 mesi
Fulgida veste rubino. Sentori tenui di mora, marasca e sottobosco, impreziositi da rosa canina, rabarbaro ed erbe officinali, poi un accenno di liquirizia. Sorso morbido, con tannino serico e briosa freschezza. Aromi fruttati e vegetali si congedano abbracciati a toni di armellina. Carré di maiale alle prugne.

ROMAGNA ALBANA SECCO AMARCORD D'UN BIANC 2020
Bianco Docg - Albana 100%
Alc. 14,5% | € 15 | Bt. 10.000 | Ferm. Acciaio | Mat. Cemento 12 mesi
Lasagne di verdure.

ROMAGNA ALBANA SECCO ARLÙS 2022
Bianco Docg - Albana 100%
Alc. 14,5% | € 10 | Bt. 10.000 | Ferm. Acciaio | Mat. Acciaio 5 mesi
Ravioli burro e salvia.

COLLI DI FAENZA BIANCO RE BIANCO 2022
Bianco Doc - Sauvignon 60%, Chardonnay 40%
Alc. 13,5% | € 12 | Bt. 8.000 | Ferm. Acciaio | Mat. Acciaio 4 mesi
Frittata di erbette.

COLLI DI FAENZA SANGIOVESE VIOLEO 2020
Rosso Doc - Sangiovese 100%
Alc. 14% | € 20 | Bt. 800 | Ferm. Acciaio | Mat. Legno 18 mesi
Gulasch di manzo alla paprica dolce.

COLLI DI FAENZA SANGIOVESE RE NERO 2021
Rosso Doc - Sangiovese 100%
Alc. 14% | € 11 | Bt. 8.000 | Ferm. Acciaio | Mat. Acciaio 6 mesi e Legno 6 mesi
Tagliere di salumi.

ROMAGNA ALBANA SECCO ARLÙS
2021

COLLI DI FAENZA ROSSO MONTECORALLO RISERVA
2018

Villa Papiano
(2000)

Azienda situata nella Valle d'Ibola di Modigliana, dove bosco, altitudine e terreni ricchi di arenarie offrono caratteristiche uniche per una produzione di vini di qualità. Se poi la proprietà è della famiglia Bordini, titolare di un nome che ha fatto la storia della Romagna agronomica ed enologica, non ci si può che aspettare grandi vini. In effetti, approfittando dei vitigni più caratteristici di questa regione, albana, sangiovese e trebbiano, da Villa Papiano arrivano prodotti sempre dotati di buona acidità, deciso sapore e classe, come il Vigna Beccaccia, un eccellente Sangiovese.

Via Ibola, 24 - 47015 Modigliana (FC)
T. 338 1041271 | M. info@villapapiano.it
www.villapapiano.it

Viticoltura: Biologica e biodinamica
Ettari: 12 | **Bottiglie:** 50.000 | **Produzione olearia:** Sì
Proprietà: Villa Papiano
Cond. enologica: Francesco Bordini
Cond. agronomica: Francesco Bordini
Vendita diretta: Sì | **Visite in azienda:** Sì

93

ROMAGNA SANGIOVESE MODIGLIANA VIGNA BECCACCIA 2021
Rosso Doc - Sangiovese 100%
Alc. 13,5% | € 20 | Bt. 3.000 | Ferm. Acciaio | Mat. Cemento 12 mesi
Un drappeggio di deciso rosso apre con pregio su danze di ciliegie e prugne, sul recitare composto del sottobosco primaverile e di note speziate. Bocca volumica, bilanciata dall'acidità e da un tannino giovanile che anticipano un finale con ritorni fruttati. Petto di germano reale al balsamico.

ROMAGNA TREBBIANO STRADA CORNIOLO 2021
Bianco Doc - Trebbiano 100%
Alc. 12% | € 16 | Bt. 3.000 | Ferm. Cemento | Mat. Cemento 6 mesi
Baccalà mantecato.

ROMAGNA SANGIOVESE PREDAPPIO PRE 2020
Rosso Doc - Sangiovese 100%
Alc. 13,5% | € 18 | Bt. 6.000 | Ferm. Cemento | Mat. Legno 4 mesi e Cemento 4 mesi
Costolette di maiale alla brace.

TERRA! 2022
Bianco Igt - Albana 100%
Alc. 12,5% | € 16 | Bt. 3.000 | Ferm. Terracotta | Mat. Terracotta 6 mesi
Strudel di porcini e zucca con crema al parmigiano.

ROMAGNA SANGIOVESE MODIGLIANA VIGNA PROBI RISERVA
2019

TERRA!
2013

Villa Venti
(2002)

L'azienda Villa Venti nasce dalla volontà di raccontare il territorio tramite il vino, frutto del lavoro in vigna e in cantina, e soprattutto del luogo, in un insieme di qualità. Le vigne esposte a est su queste dolci colline argillose maturano più lentamente, trasmettendo ai vini finezza, mentre l'uso di cloni diversificati per i diversi suoli consente di avere la massima lettura del territorio. Tutti i vini sono distinti da una tipica vena sapida che, unita alla croccantezza del frutto, non rende mai stanca la beva, come per lo squisito Centesimino A, vinificato in anfora.

Via Doccia, 1442 - Località Villa Venti di Roncofreddo - 47020 Roncofreddo (FC)
T. 333 4645911 | M. info@villaventi.it
www.villaventi.it

Viticoltura: Biologica certificata
Ettari: 7,5 | **Bottiglie:** 42.000 | **Produzione olearia:** Sì
Proprietà: Famiglie Riva, Castellucci e Giardini
Cond. enologica: Lisa Masini
Cond. agronomica: Lisa Masini, Remigio Bordini
Vendita diretta: Sì | **Visite in azienda:** Sì

(93)
A 2022
Rosso Igt - Centesimino 100%
Alc. 13% | € 25 | Bt. 3.300 | Ferm. Terracotta | Mat. Terracotta 6 mesi
Rosso carminio molto vivace, quadro odoroso variopinto: petali di rosa, geranio, frutti rossi, linee balsamiche e speziate di pepe bianco. Sorso altrettanto sfaccettato ed equilibrato, sostenuto da un tannino setoso e dalla sapidità. Si distende piano, rievocando le sensazioni olfattive. Salame di cinta senese.

ROMAGNA SANGIOVESE SUPERIORE PRIMO SEGNO 2021
Rosso Doc - Sangiovese 100%
Alc. 13,5% | € 14 | Bt. 20.000 | Ferm. Acciaio | Mat. Acciaio 12 mesi
Petto d'anatra alle prugne.

ROMAGNA SANGIOVESE LONGIANO PARTICELLA 10 2020
Rosso Doc - Sangiovese 100%
Alc. 13% | € 22 | Bt. 3.000 | Ferm. Acciaio | Mat. Cemento 12 mesi
Lasagne alla bolognese.

SERENARO 2022
Bianco Igt - Famoso 100%
Alc. 12,5% | € 12 | Bt. 6.600 | Ferm. Acciaio | Mat. Acciaio 6 mesi
Ravioli di ricotta e spinaci.

TRE ALBE 2022
Bianco Igt - Trebbiano romagnolo 60%, Albana 40%
Alc. 12% | € 12 | Bt. 2.200 | Ferm. Acciaio | Mat. Acciaio 6 mesi e Terracotta 6 mesi
Spaghetti con vongole veraci.

ROMAGNA SANGIOVESE LONGIANO RISERVA
2019

A
2019 | 2020

Zavalloni
(2000)

Stefano Zavalloni è riuscito a rafforzare in tutte le sue etichette una costante linearità, mantenendo vivo il frutto senza penalizzare la bevibilità. Il lavoro meticoloso nelle vigne poste sulle colline cesenati e l'uso di moderne tecniche di cantina, pensate e ragionate per ciascun vino, consentono a seconda dei casi fermentazioni in legno, criomacerazioni e maturazione dei vini in moderne vasche di cemento. Quest'anno il Romagna Sangiovese Superiore Amedeo rappresenta il fiore all'occhiello, emblema di tutto l'impegno per la ricerca della qualità degli ultimi anni.

Via Madonna dell'Olivo, 2300 - 47521 Cesena (FC)
T. 0547 301190 | M. zavalloni.stefano@tiscali.it
www.zavallonivini.com

Viticoltura: Lotta integrata
Ettari: 21 | **Bottiglie:** 98.000 | **Produzione olearia:** Sì
Proprietà: Stefano Zavalloni
Cond. enologica: Marco Lucchi
Cond. agronomica: Stefano Zavalloni, Fabio Zavalloni
Vendita diretta: Sì | **Visite in azienda:** Sì

(91)
ROMAGNA SANGIOVESE SUPERIORE AMEDEO RISERVA 2020
Rosso Doc - Sangiovese 100%
Alc. 15% | € 18 | Bt. 6.600 | Ferm. Acciaio | Mat. Legno 24 mesi
Rubino di buona compattezza. Fine e raffinato il corpus odoroso: spazia dalla ciliegia alla mora, accoglie geranio, cannella, china e rabarbaro. All'assaggio è materico, succoso, trama tannica ben integrata. La freschezza dona bevibilità e ne arricchisce il finale speziato. Nodini di cinta senese lardellati al forno.

ROMAGNA ALBANA SECCO 2022
Bianco Docg - Albana 100%
Alc. 14% | € 9 | Bt. 21.000 | Ferm. Cemento | Mat. Cemento 4 mesi
Asparagi di Bassano e uova in camicia.

ROMAGNA SANGIOVESE SUPERIORE SOLARIS 2021
Rosso Doc - Sangiovese 100%
Alc. 15% | € 15 | Bt. 6.600 | Ferm. Acciaio | Mat. Legno 12 mesi e Cemento 12 mesi
Camoscio in umido.

ROMAGNA ALBANA SECCO AMEDEO BIANCO 2021
Bianco Docg - Albana 100%
Alc. 15% | € 15 | Bt. 4.000 | Ferm. Legno | Mat. Legno 6 mesi
Involtini di melanzana con scamorza.

BRUT ROSÉ 2018
Rosato Metodo Classico - Sangiovese 100%
Alc. 12% | € 18 | Bt. 3.300 | Ferm. Cemento | Mat. Cemento 4 mesi
36 mesi sui lieviti
Pesce spada alla griglia.

ROMAGNA ALBANA DOLCE 2022
Bianco Docg Dolce - Albana 100%
Alc. 10% | € 9 | Bt. 3.300 | Ferm. Cemento
Crostata di albicocche.

ROMAGNA SANGIOVESE SUPERIORE AMEDEO RISERVA
2019

ROMAGNA ALBANA DOLCE
2021

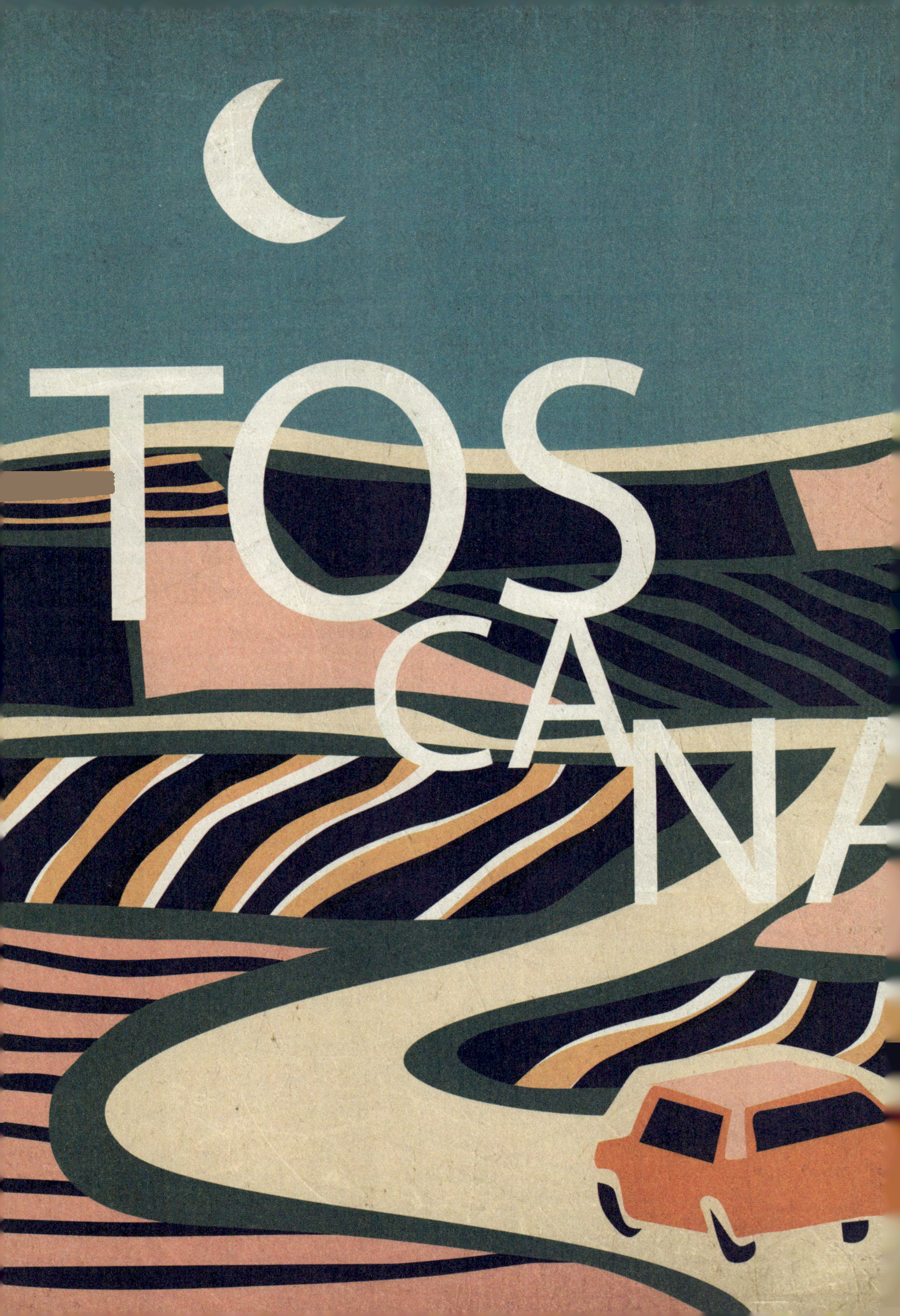
TOSCANA

I quattro fronti con una sola identità

Luciano Ferraro

La Toscana è una, ma di Toscana ne esistono quattro. Quella dell'Appennino, dei boschi e dei castelli, che copre circa un quarto della superficie regionale. Quella dell'Arno, dove più forti sono stati i segni degli anni della mezzadria. Quella delle aree interne e meridionali, che copre metà della regione, dalla Val d'Era al Monte Amiata, percorsa dalle colline. E infine la Toscana della Costa e dell'Arcipelago, la più urbanizzata, la più turistica assieme alle città d'arte. Così le ha classificate la Regione nell'Atlante dei paesaggi toscani. La lettura delle schede è illuminante, perché rende chiaro quello che si può intuire scollinando tra le province di Siena e Grosseto: la diversità del regime agricolo ha cambiato il paesaggio zona dopo zona. Come segni stratificati anche molti decenni dopo la fine della mezzadria, sono ancora evidenti le differenze tra le zone montane coltivate, le zone del Nord e del Centro, che sono state più interessate dalla mezzadria, e le zone costiere in cui invece si era diffuso il latifondo. "Basti pensare – si legge nell'Atlante – alle differenze sostanziali tra il paesaggio agrario grossetano della pianura bonificata e quello delle colline con il sistema agroforestale delle siepi e macchie di campo. Oppure si può considerare quanto muti il paesaggio a matrice mezzadrile, ad esempio nell'area fiorentina, dalle formazioni con il mosaico ad elevata complessità spaziale, tipico della coltura promiscua collinare storica, connotato da una significativa rilevanza visuale dell'insediamento sparso di fattorie e poderi, a quello della pianura, dove l'alberata tesseva un disegno geometrico, anche in questo caso con una rilevante connotazione spaziale, ma con una uniformità sensibilmente più spiccata, nella quale l'insediamento si inseriva come componente strutturale di un pregevole equilibrio dell'architettura del paesaggio".

La tendenza all'omologazione agricola ha fatto i conti con questa storia delle quattro Toscane. Ed è stato un bene, perché nella maggior parte dei casi, l'identità culturale del territorio non è venuta meno. Come, ad esempio, a Montalcino. Il borgo benestante subì una crisi con l'apertura dell'autostrada del Sole negli anni Sessanta. Molte famiglie abbandonarono il paese. Poi, grazie alla spinta di un investitore americano e alla resistenza delle famiglie che storicamente producevano Brunello, Montalcino è risorta, diventando una delle capitali mondiali del vino. Intorno ai vigneti i boschi sono rimasti imponenti, non c'è stata una colonizzazione delle campagne da parte dei vignaioli. In alcuni punti del grande territorio comunale, ancora più vasto dopo la fusione con il Comune di San Giovanni d'Asso (che ha portato in dote i suoi tartufi eccellenti), sembra di rivedere i paesaggi dipinti dai pittori settecenteschi: solo colline, qualche casale, e all'orizzonte la pianura con le sue città. Qui non mancano "severe disfunzioni semiologiche ed ecologiche che rendono le condizioni qualitative attuali del paesaggio gravemente deficitarie", è il verdetto dell'Atlante.

Silvia Avallone: "Il paesaggio toscano non è solo dolci colline e borghi storici: è anche lavoro e imprese".

La scrittrice Silvia Avallone ha da sempre lo sguardo rivolto verso un'altra Toscana, che non finisce tra le mete dei turisti, lontana mille miglia dalla Toscana degli Uffizi o del Chiantishire. La regione che Silvia Avallone ha conosciuto è quella del mondo delle industrie e del lavoro. Il suo romanzo, che l'ha fatta conoscere e che le ha fatto vincere il Premio Campiello Opera prima, si intitola *Acciaio* e ha come sfondo la Lucchini di Piombino, uno stabilimento siderurgico attivo dall'Ottocento, che era arrivato a un massimo di 7.800 dipendenti e 12 milioni di metri quadrati per poi essere travolto dalla crisi. Le riflessioni di Avallone sulla Toscana portano i riflettori su un paesaggio toscano quasi nascosto, mentre invece – sostiene Avallone – "fa parte a pieno titolo della regione, perché il paesaggio toscano non è solo dolci colline e borghi storici: è anche lavoro e imprese". "La mia Toscana del cuore – dice Avallone ricordando le estati della sua adolescenza trascorse sulle spiagge della costa – è una Toscana di mare, spiagge e fabbriche, soprattutto nella provincia di Livorno, e poi Populonia e San Vincenzo, tra le ciminiere della Lucchini e della Solvay. Sullo sfondo c'erano e ci sono i borghi e le colline, insieme all'arcipelago". Come la protagonista di *Acciaio*, la scrittrice ricorda "le luci notturne e le fumate della Lucchini. Erano un contrasto, una contraddizione poetica, riuscivo a tenere assieme nello sguardo le mie spiagge preferite, con un'acqua bellissima e le ciminiere che svettavano con le colline".

"Siamo chiamati, in una regione con infinite bellezze, alla presa di coscienza per difenderle".

La Toscana è anche questo, i contrasti tra l'infinita bellezza delle strade bianche con i filari di cipressi per raggiungere magari una sperduta chiesetta, e dall'altra parte l'industrializzazione di una parte della costa oppure di alcune zone della pianura. La visione di Avallone unisce questi mondi. "Il contrasto di questi mondi in apparenza opposti genera armonia. La fabbrica portava lavoro ed era rispettata anche se strideva rispetto al paesaggio marino o bucolico". Il caso di Piombino è emblematico. "È quello che ho potuto raccontare in *Acciaio*: la Lucchini era una fabbrica con una storia molto potente, con un capitolo eroico nella Seconda guerra mondiale. Ogni operaio era orgoglioso della storia sociale dell'azienda. È un concetto di dignità di cui fare tesoro, ho raccontato anche l'attaccamento al lavoro, quando la fabbrica ha chiuso non è stato indolore".

E ora che la Lucchini, come altre grandi industrie, ha finito di esistere, restano il turismo e l'agricoltura a fare da traino all'economia regionale. Con sfide diverse dal passato, però.

"Penso che ci sia un discorso ambientale nuovo da fare – secondo la scrittrice – il territorio ci chiede cura, le imprese e lo stesso turismo devono essere rispettosi dell'ambiente. Siamo chiamati, in una regione con infinite bellezze, alla presa di coscienza per difendere le bellezze. Tenendo contro dei cambiamenti climatici e ripensando il lavoro, in armonia con l'ambiente".

Highlights

57.181 ETTARI VITATI COMPLESSIVI
36.562 destinati a DOP, 15.099 destinati a IGP, 5.520 destinati a vini generici.

RIPARTIZIONE COLORE
Vini bianchi 13,56%
Vini rossi o rosati 86,44%

2.438.557 HL DI PRODUZIONE TOTALE
63,85% di vino DOP, 26,33% di vino IGP, 9,82% di vini generici.

LE PROVINCE PIÙ PRODUTTIVE
Siena 29,46% sul totale, Firenze 29,38% sul totale, Grosseto 16,79% sul totale

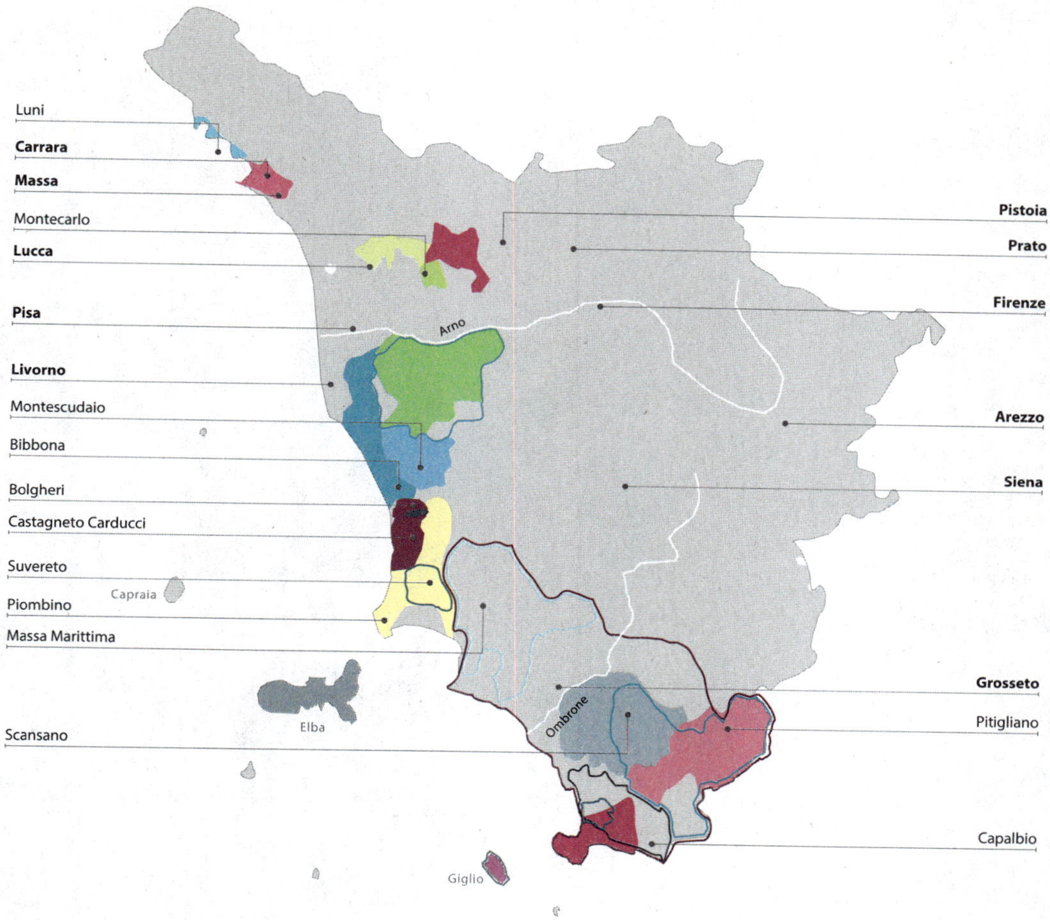

Legenda

- Colli di Luni
- Candia dei Colli Apuani
- Montecarlo
- Valdinievole
- Colline Lucchesi
- San Torpè
- Terre di Pisa
- Montescudaio
- Terratico di Bibbona
- Bolgheri
- Bolgheri Sassicaia
- Val di Cornia Rosso o Rosso della Val di Cornia DOCG
- Val di Cornia
- Suvereto DOCG
- Elba Aleatico Passito DOCG
- Elba
- Monteregio di Massa Marittima
- Morellino di Scansano DOCG
- Ansonica Costa dell'Argentario
- Bianco di Pitigliano
- Capalbio
- Parrina
- Sovana
- Maremma Toscana

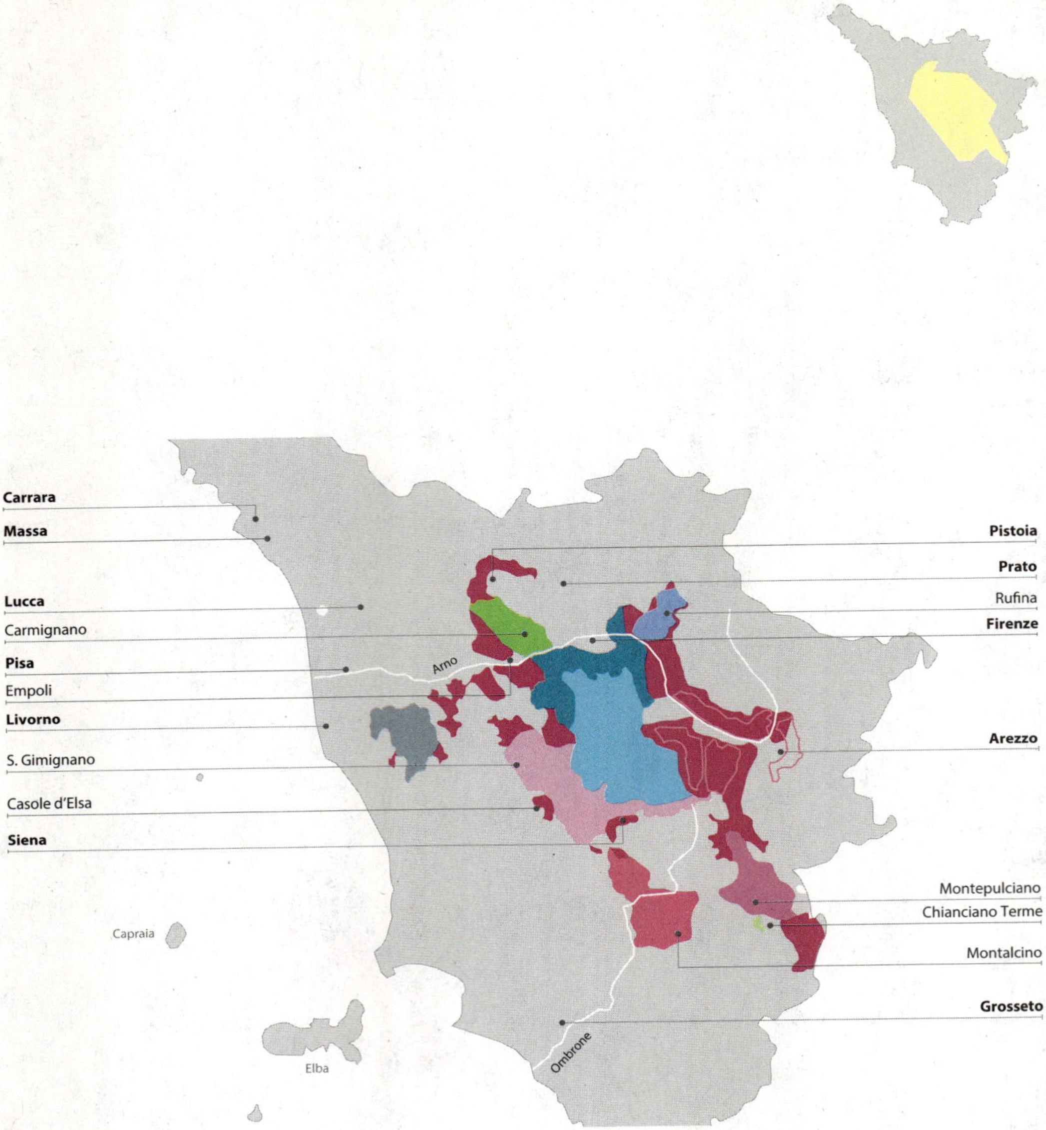

Legenda

Chianti DOCG
Vin Santo del Chianti
Colli dell'Etruria Centrale
Colline Pisane

Montespertoli
Montalbano
Colli Senesi
Colli Fiorentini

Colli Aretini
Rùfina
Chianti Classico DOCG
Vin Santo del Chianti Classico

Bianco dell'Empolese
Carmignano DOCG
Barco Reale di Carmignano
Vin Santo di Carmignano
Pomino
Vernaccia di San Gimignano DOCG
San Gimignano

Terre di Casole
Val d'Arbia
Valdarno di Sopra
o Val d'Arno di Sopra
Valdichiana Toscana
Cortona
Grance Senesi

Vino Nobile di Montepulciano DOCG
Rosso di Montepulciano
Vin Santo di Montepulciano
Brunello di Montalcino DOCG
Rosso di Montalcino
Moscadello di Montalcino
Sant'Antimo

Orcia
Montecucco Sangiovese DOCG
Montecucco

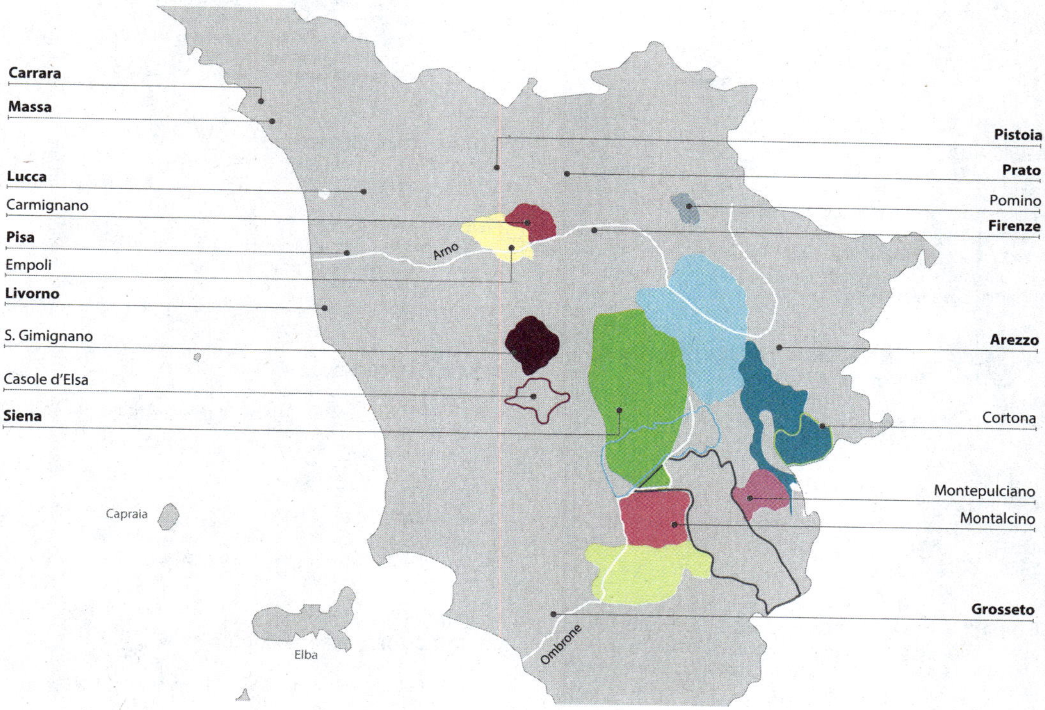

Legenda

- Chianti DOCG
- Vin Santo del Chianti
- Colli dell'Etruria Centrale
- Colline Pisane
- Montespertoli
- Montalbano
- Colli Senesi
- Colli Fiorentini
- Colli Aretini
- Rùfina
- Chianti Classico DOCG
- Vin Santo del Chianti Classico

- Bianco dell'Empolese
- Carmignano DOCG
- Barco Reale di Carmignano
- Vin Santo di Carmignano
- Pomino
- Vernaccia di San Gimignano DOCG
- San Gimignano
- Terre di Casole
- Val d'Arbia
- Valdarno di Sopra o Val d'Arno di Sopra
- Valdichiana Toscana
- Cortona
- Grance Senesi
- Vino Nobile di Montepulciano DOCG
- Rosso di Montepulciano
- Vin Santo di Montepulciano
- Brunello di Montalcino DOCG
- Rosso di Montalcino
- Moscadello di Montalcino
- Sant'Antimo
- Orcia
- Montecucco Sangiovese DOCG
- Montecucco

Abbazia Monte Oliveto

(1982)

Nel XIV secolo i monaci Olivetani, volendo basare la loro attività agricola sulla vite e l'ulivo, scelsero una zona ben esposta in prossimità di San Gimignano dove il vitigno autoctono per eccellenza, la vernaccia, veniva coltivato praticamene da sempre. Verso la fine del XX secolo la famiglia Zonin decise di investire proprio su questi 35 ettari, di cui 20 a vigneto, 10 a uliveto e 5 boschivi, per sviluppare la produzione della Vernaccia di San Gimignano. È questa infatti l'uva principe, vinificata in vari metodi per produrre vini Docg ma anche Igt, tra cui il sorprendente Metodo Ancestrale.

Strada Comunale di Santa Lucia, 15 - Località Monte Oliveto - 53037 San Gimignano (SI)
T. 0577 907136 | M. info@monteoliveto.it
www.monteoliveto.it

Viticoltura: Convenzionale
Ettari: 20 | **Bottiglie:** 40.000 | **Produzione olearia:** Sì
Proprietà: Famiglia Zonin
Cond. enologica: Lorenzo Zonin, Matteo Severgnini
Cond. agronomica: Davide Elisei
Vendita diretta: Sì | **Visite in azienda:** Sì

REBEL 2022
Bianco Igt Metodo Ancestrale - Vernaccia di San Gimignano 100%
Alc. 11% | € 15 | Bt. 8.500 | Ferm. Acciaio | Mat. Acciaio 5 mesi
Paglierino tenue. Sprigiona profumi di pompelmo, ananas, rosa damascena, zagara, tarassaco, mela verde, pera Williams e mandorla tostata. Gusto di briosa freschezza agrumata, con effervescenza delicata che regala energia e cremosità. Chiude sapido, con tocchi balsamici che prolungano la persistenza. Moeche fritte.

VERNACCIA DI SAN GIMIGNANO LA GENTILESCA 2022
Bianco Docg - Vernaccia di San Gimignano 100%
Alc. 13,5% | € 15 | Bt. 2.400 | Ferm. Legno e Acciaio | Mat. Acciaio 6 mesi e Legno 6 mesi
Insalata di polpo, patate e olive.

ANN 2022
Bianco Igt - Vernaccia di San Gimignano 100%
Alc. 12,5% | € 15 | Bt. 5.000 | Ferm. Acciaio | Mat. Acciaio 9 mesi
Insalata di mare.

VERNACCIA DI SAN GIMIGNANO 2022
Bianco Docg - Vernaccia di San Gimignano 100%
Alc. 12,5% | € 9 | Bt. 20.000 | Ferm. Acciaio | Mat. Acciaio 6 mesi
Minestra di lenticchie.

VERNACCIA DI SAN GIMIGNANO LA GENTILESCA
2017 | 2019 | 2020

VERNACCIA DI SAN GIMIGNANO
2017 | 2018 | 2019

Acquabona

(1987)

Il rilancio enoico dell'azienda risale agli anni '80, di certo un'epoca non particolarmente favorevole per l'appeal della viticoltura elbana. Va dato atto a quei nuovi proprietari, gli odierni, non elbani, di aver conseguito risultati via via sempre più straordinari, sia custodendo i vitigni autoctoni, sia inserendo con ponderata maestria gli "internazionali". Dal connubio sangiovese, merlot, syrah nascono i vini bandiera dell'azienda, invece le uve vermentino e ansonica si esaltano in vini fragrantemente "solari", in piena sintonia con lo spirito che aleggia all'Elba: easy style life.

Località Acquabona, 1 - 57037 Portoferraio (LI)
T. 0565 933013 | M. acquabonaelba@tiscali.it
www.acquabonaelba.it

Viticoltura: Convenzionale
Ettari: 18 | **Bottiglie:** 80.000 | **Produzione olearia:** No
Proprietà: Lorenzo Capitani, Marcello Fioretti e Ugo Lucchini
Cond. enologica: Marco Stefanini, Federico Ballati
Cond. agronomica: Lorenzo Capitani
Vendita diretta: Sì | **Visite in azienda:** Sì

ELBA ALEATICO PASSITO 2018
Rosso Docg Passito - Aleatico 100%
Alc. 13% | € 28 (0,375l) | Bt. 3.904 | Ferm. Acciaio | Mat. Acciaio 6 mesi e Legno 36 mesi
Granato lucente. Splendido bouquet di uva sultanina, tamarindo, legno di sandalo, patchouli, pralina, e ancora menta e cioccolato fondente. La dolce saporosità trova il suo compimento nell'appagante freschezza intrisa di succo di ciliegia sciroppata e da incursioni tanniche. Molto persistente. Torta con mandorle e cioccolato.

ELBA ROSSO RISERVA 2019
Rosso Doc - Sangiovese 70%, Merlot 30%
Alc. 15% | € 25 | Bt. 2.600 | Ferm. Acciaio | Mat. Acciaio 4 mesi e Legno 24 mesi
Spezzatino di manzo.

ELBA ROSATO 2022
Rosato Doc - Sangiovese 65%, Syrah 25%, Merlot 10%
Alc. 13% | € 12 | Bt. 10.000 | Ferm. Acciaio e Cemento | Mat. Acciaio 5 mesi
Timballo di riso e gamberi.

ANSONICA DELL'ELBA 2022
Bianco Doc - Ansonica 85%, Vermentino 15%
Alc. 13,5% | € 14 | Bt. 13.000 | Ferm. Acciaio e Cemento | Mat. Acciaio 6 mesi
Linguine con asparagi e calamaretti.

ELBA BIANCO 2022
Bianco Doc - Trebbiano 60%, Vermentino 30%, Malvasia bianca 10%
Alc. 12,5% | € 12 | Bt. 27.000 | Ferm. Acciaio e Cemento | Mat. Acciaio 5 mesi
Linguine agli scampi.

ELBA ROSSO LE COTE 2021
Rosso Doc - Sangiovese 70%, Merlot 20%, Syrah 10%
Alc. 13,5% | € 12 | Bt. 7.000 | Ferm. Acciaio | Mat. Acciaio 12 mesi
Rigatoni al ragù bianco di carne.

VOLTRAIO
2018

ELBA VERMENTINO
2019 | 2020 | 2021

●●○○

Altesino
(1972)

Non si può certo dire che Altesino non abbia avuto una particolare attenzione per l'innovazione, però non indirizzata a mutare ciò che la storia montalcinese aveva concretizzato, semmai ad attualizzarla con le evoluzioni che le acquisite conoscenze dei consumatori richiedevano: si pensi alla creazione nel 1975 del Montosoli, un esempio di "cru" ilcinese. Questo ha consentito alla loro filosofia produttiva di anticipare i tempi, fissando la prospettiva enologica nella coniugazione della potenza con l'eleganza del vino, dove il vecchio concetto dell'invecchiamento si specchia nell'austerità.

Località Altesino, 54 - 53024 Montalcino (SI)
T. 0577 806208 | M. info@altesino.it
www.altesino.it

Viticoltura: Convenzionale
Ettari: 50 | **Bottiglie:** 250.000 | **Produzione olearia:** Sì
Proprietà: Elisabetta Gnudi Angelini
Cond. enologica: Paolo Caciorgna
Cond. agronomica: Simone Giunti
Vendita diretta: Sì | **Visite in azienda:** Sì

(94,5)
BRUNELLO DI MONTALCINO MONTOSOLI 2018
Rosso Docg - Sangiovese 100%
Alc. 15% | € 78 | Bt. 11.000 | Ferm. Acciaio | Mat. Acciaio 8 mesi e Legno 36 mesi
Carminio con riflessi granato. Ampio e raffinato, apre con amarena e susina rossa, viola appassita e liquirizia, abbracciando note di cannella e pepe rosa, tabacco virginia, cuoio, vaniglia e mentuccia. Sorso suadente, con tannini coadiuvati da freschezza fruttata, si allunga su ricordi speziati dolci e arancia rossa. Tordi in salmì.

(93)
BRUNELLO DI MONTALCINO 2018
Rosso Docg - Sangiovese 100%
Alc. 14,5% | € 43 | Bt. 130.000 | Ferm. Acciaio | Mat. Acciaio 12 mesi e Legno 30 mesi
Vermiglio. Si alternano le allusioni di marasca, rosa e coriandolo con cenni di eucalipto ed erbette aromatiche, e un complesso ritorno di legno di sandalo e agrume. Tannini incisivi duettano con una briosa freschezza in equilibrante alcol, echi aromatici d'arancia tarocco e balsamicità. Pappardelle al ragù di cervo.

BRUNELLO DI MONTALCINO MONTOSOLI
2010 | 2015

BRUNELLO DI MONTALCINO
2012

●●●○

Stefano Amerighi
(2001)

Ci sono domande a cui è difficile rispondere come: a Cortona è nata prima la syrah o Stefano Amerighi? Una risposta c'è perché con lui, il nobile vitigno a bacca nera raggiunge l'apice di territorialità, rivelando un potenziale oltre quel limite naturale che il vitigno è in grado di offrire, interpretando e plasmando ogni variabilità d'annata con magistrale maestria. In altre nazioni sarebbe stato definito un enoguru, a Cortona invece è un vignaiolo che nella semplicità del lavoro di tutti i giorni cerca di dare il meglio di sé: è così che ci piace.

Località Poggiobello di Farneta - 52044 Cortona (AR)
T. 0575 649241 | M. info@stefanoamerighi.it
www.stefanoamerighi.it

Viticoltura: Biologica certificata e biodinamica
Ettari: 11,4 | **Bottiglie:** 35.000 | **Produzione olearia:** No
Proprietà: Stefano Amerighi
Cond. enologica: Francesco Beligni
Cond. agronomica: Stefano Amerighi
Vendita diretta: Sì | **Visite in azienda:** Sì

(92)
CORTONA SYRAH APICE 2019
Rosso Doc - Syrah 100%
Alc. 13,5% | € 55 | Bt. 27.500 | Ferm. Cemento | Mat. Cemento 18 mesi
Rubino lucente. Spiccano netti profumi fruttati di mora e mirtillo in confettura avvolti da fragranze di macchia mediterranea, legno di cedro e infine vaniglia. Avvolge il palato con grazia e carattere, in un insieme sinergico di freschezza, calore e tannini modellati. Finale persistente di pepe e liquirizia. Fagiano arrosto.

CORTONA SYRAH 2020
Rosso Doc - Syrah 100%
Alc. 13,5% | € 30 | Bt. 27.500 | Ferm. Acciaio | Mat. Cemento 18 mesi
Pappardelle al ragù di cinghiale.

CORTONA SYRAH
2011 | 2013

CORTONA SYRAH APICE
2015 | 2016 | 2018

Amiata
(2001)

Alle pendici del Monte Amiata, su un terreno lavico a circa 450 m s.l.m. e con una notevole escursione termica, prosperano su tre ettari le viti di sangiovese del vignaiolo Simone Toninelli. Dopo il raccolto ottobrino, che avviene manualmente selezionando le migliori uve, nascono tre vini vinificati in purezza che escono dalla cantina solo dopo un'attesa di almeno 5 anni. Un plauso particolare a Cenere Montecucco Riserva, vino di grande finezza e struttura, marcato dalla solarità dell'annata 2015 che ha esaltato le purezze variateli del Sangiovese.

Podere Montebendico, 14 - Località Montegiovi - 58033 Castel del Piano (GR)
T. 339 6902444 | M. info@amiatavini.it
www.amiatavini.it

Viticoltura: Convenzionale
Ettari: 3 | **Bottiglie:** 15.000 | **Produzione olearia:** Sì
Proprietà: Simone Toninelli
Cond. enologica: Filippo Paoletti
Cond. agronomica: Filippo Paoletti
Vendita diretta: Sì | **Visite in azienda:** Sì

(93)

MONTECUCCO SANGIOVESE CENERE RISERVA 2015
Rosso Docg - Sangiovese 100%
Alc. 14,5% | € 25 | Bt. 4.000 | Ferm. Acciaio | Mat. Legno 48 mesi
Cremisi con bordo granato. Affascina la serica ouverture: ciliegie sotto spirito, rose secche, chiodi di garofano, pepe nero, e poi cacao, humus e delicati guizzi di erbe officinali. Gusto succulento ai frutti rossi che vira sulla scorza di arancia, tannini sontuosi e chiusura lunga. Costine d'agnello in crosta di noci.

LAPILLO 2021
Rosso Igt - Sangiovese 100%
Alc. 14,5% | € 15 | Bt. 4.000 | Ferm. Acciaio | Mat. Acciaio 20 mesi
Coniglio al forno con polenta di Storo.

MONTECUCCO SANGIOVESE LAVICO 2015
Rosso Docg - Sangiovese 100%
Alc. 14,5% | € 20 | Bt. 7.000 | Ferm. Acciaio | Mat. Legno 36 mesi
Ravioli di germano con foie gras.

MONTECUCCO SANGIOVESE LAVICO
2012

MONTECUCCO SANGIOVESE CENERE RISERVA
2012

Argentiera
(1999)

La "bastide" di Tenuta Argentiera, dal nome evocativo delle antiche miniere di argento presenti in questo luogo già in epoca etrusca, è un progetto firmato dall'architetto Bernardo Tori, la cui intenzione è stata quella di proiettare il visitatore in una dimensione atemporale, senza far riferimento a particolari stili, in modo da permettergli di diventare parte del proprio vissuto. L'enologo Carrara quest'anno con Argentiera e Villa Donoratico riesce a farci vivere questa sublime sensazione proiettandoci in una dimensione "cocoon" dove tutto è in armonia e accogliente.

Via Aurelia 412/A - Località Pianali - 57022 Castagneto Carducci (LI)
T. 0565 773176 | M. info@argentiera.eu
www.argentiera.eu

Viticoltura: Convenzionale
Ettari: 82 | **Bottiglie:** 480.000 | **Produzione olearia:** Sì
Proprietà: Stanislaus Turnauer
Cond. enologica: Nicolò Carrara, Stéphane Derenoncourt
Cond. agronomica: Leonardo Raspini, Federico Zileri Dal Verme
Vendita diretta: Sì | **Visite in azienda:** Sì

(92,5)

BOLGHERI SUPERIORE ARGENTIERA 2020
Rosso Doc - Merlot 48%, Cabernet sauvignon 45%, Cabernet franc 7%
Alc. 14,5% | € 90 | Bt. 85.000 | Ferm. Acciaio | Mat. Legno 14 mesi
Rubino compatto. L'esordio di gelatina di ribes nero e amarena è accarezzato da effluvi di rosmarino, menta e legno di sandalo. Sottili stille speziate ed empireumatiche ne completano il profilo. L'avvolgenza iniziale trova conforto nella freschezza e nel tannino, su una scia originale di pralina al caffè. Lepre alla cacciatora.

(91,5)

BOLGHERI ROSSO VILLA DONORATICO 2021
Rosso Doc - Cabernet sauvignon 45%, Merlot 30%, Cabernet franc 15%, Petit verdot 10%
Alc. 14,5% | € 36 | Bt. 140.000 | Ferm. Acciaio | Mat. Legno 12 mesi
Rubino vivace. Ciliegia, mora di gelso e viola sono impreziositi da ricordi di eucalipto, alloro e ginepro, con polvere di cannella e cacao. Il gusto è esplosivo: il tannino ancora leggermente esuberante è coadiuvato dalla freschezza agrumata e offre un lungo sorso sapido gratificante. Camoscio in umido.

BOLGHERI SUPERIORE ARGENTIERA
2016 | 2018 | 2019

BOLGHERI ROSSO VILLA DONORATICO
2019 | 2020

Arillo in Terrabianca
(1988)

Un ovale che ricorda la forma di un acino e un castello a simboleggiare la solidità della famiglia; d'intorno due stelle luminose in onore dei figli e le colline a simboleggiare le tre tenute. È questo il logo di Arillo (acino in latino) in Terrabianca, libera reinterpretazione dello stemma araldico della famiglia svizzera dei Burkard che, a partire dal 2019, ha acquisito l'ormai storica azienda di Radda in Chianti. Il Gran Selezione 2019 ha impressionato per classicità e stile sfiorando l'eccellenza, con alle spalle la Riserva Poggio Croce, a dimostrazione di un'evoluzione in progress.

Località San Fedele a Paterno - 53017 Radda in Chianti (SI)
T. 0577 54029 | M. info@arillointerrabianca.com
www.arillointerrabianca.com

Viticoltura: Biologica
Ettari: 48 | **Bottiglie:** 250.000 | **Produzione olearia:** Sì
Proprietà: Adriana e Urs Burkard
Cond. enologica: Vieri Vannoni, Luano Bensi
Cond. agronomica: Emanuele Toninelli, Ruggero Mazzilli
Vendita diretta: Sì | **Visite in azienda:** Sì

CHIANTI CLASSICO TERRABIANCA GRAN SELEZIONE 2019
Rosso Docg - Sangiovese 100%
Alc. 14% | € 55 | Bt. 4.000 | Ferm. Acciaio | Mat. Legno 20 mesi
Veste carminio vivido. Incipit olfattivo contrassegnato da intarsi di amarena, prugna, rosa canina e viola, seguiti da patchouli, cannella e cioccolato. Percorso gustativo con eccelso bilanciamento delle componenti e un tannino vellutato a sfumare in una lunga sapidità intrisa da un'aureola di vaniglia. Cinghiale arrosto con castagne.

CHIANTI CLASSICO POGGIO CROCE RISERVA 2019
Rosso Docg - Sangiovese 100%
Alc. 14% | € 25 | Bt. 16.000 | Ferm. Acciaio | Mat. Legno 12 mesi
Piccione ai porcini e tartufo nero.

CHIANTI CLASSICO SACELLO 2020
Rosso Docg - Sangiovese 100%
Alc. 13,5% | € 18 | Bt. 18.000 | Ferm. Acciaio | Mat. Acciaio 6 mesi
Fettuccine ai funghi porcini.

BEVOBIANCO 2021
Bianco Igt - Chardonnay 80%, Viognier 20%
Alc. 13,5% | € 15 | Ferm. Acciaio | Mat. Acciaio 5 mesi
Filetto di orata in crosta di mandorle e patate.

CAMPACCIO SELEZIONE 2019
Rosso Igt - Sangiovese 40%, Cabernet sauvignon 30%, Merlot 30%
Alc. 14% | € 38 | Bt. 16.000 | Ferm. Acciaio | Mat. Legno 20 mesi
Reale di vitello alla senape antica.

BEVOROSSO 2020
Rosso Igt - Sangiovese 85%, Cabernet sauvignon 15%
Alc. 13% | € 15 | Bt. 13.000 | Ferm. Acciaio | Mat. Cemento 9 mesi
Brasato di manzo al vino rosso.

Arrighi
(1930)

C'è l'Elba del mare, quella delle miniere dismesse, del trekking e del vino, poi c'è l'Elba di Arrighi. Sembra strano ma è quasi diventato così da quando, nel riprendere la tradizione di Chio d'immergere le uve in mare, quel poliedrico ex albergatore prestato al vino di nome Antonio Arrighi ha creato Nesos. Certo che non c'è solo quel vino: dalla sua vulcanicità sono usciti gli "anforati" Valerius e Hermia, ma soprattutto quel birbante di Silosò, un Aleatico Passito che nel sorseggiarlo diventa quasi un euforizzante excellent-elisir.

Viale Europa - Località Pian del Monte - 57036 Porto Azzurro (LI)
T. 335 6641793 | M. info@arrighivini.it
www.arrighivini.it

Viticoltura: Biologica
Ettari: 9 | **Bottiglie:** 40.000 | **Produzione olearia:** Sì
Proprietà: Antonio Arrighi
Cond. enologica: Laura Zuddas, Giulia Arrighi
Cond. agronomica: Stefano Dini, Dario Ceccatelli
Vendita diretta: Sì | **Visite in azienda:** Sì

ALEATICO PASSITO DELL'ELBA SILOSÒ 2022 92
Rosso Docg Passito - Aleatico 100%
Alc. 14% | € 30 (0,375l) | Bt. 1.800 | Ferm. Acciaio | Mat. Acciaio 6 mesi
Scuro amaranto. Didascalia olfattiva di confettura di mirtillo, pot-pourri di violetta, ratafià di ciliegie e bouquet garni. Il sorso si amplia, ammaliato da una dolcezza tutti frutti e leggera tannicità che rende stuzzicante freschezza e sapidità. Persistenza di ambra grigia e sciroppo di ciliegia. Crostata di mirtilli.

ELBA ROSSO RISERVA SERGIO ARRIGHI 2021
Rosso Doc - Sangiovese 100%
Alc. 14,5% | € 30 | Bt. 1.700 | Ferm. Acciaio | Mat. Legno 15 mesi
Filetto di manzo alla Voronoff.

TRESSE ANFORA 2020
Rosso Igt - Sangiovese 50%, Syrah 30%, Sagrantino 20%
Alc. 13,5% | € 35 | Bt. 1.800 | Ferm. Acciaio | Mat. Terracotta 18 mesi
Oca arrosto.

HERMIA 2022
Bianco Igt - Viognier 100%
Alc. 13,5% | € 22 | Bt. 1.800 | Ferm. Terracotta | Mat. Terracotta 6 mesi
Pasta e fagioli.

VALERIUS 2022
Bianco Igt - Ansonica 100%
Alc. 13,5% | € 28 | Bt. 3.000 | Ferm. Terracotta | Mat. Terracotta 6 mesi
Spaghetti con vongole veraci.

ELBA VERMENTINO AREMBAPAMPANE 2022
Bianco Doc - Vermentino 100%
Alc. 13,5% | € 18 | Bt. 5.000 | Ferm. Acciaio | Mat. Acciaio 6 mesi
Filetto di branzino gratinato.

ALEATICO PASSITO DELL'ELBA SILOSÒ
2019 | 2020 | 2021

TRESSE ANFORA
2019

Badia a Coltibuono
(1051)

La famiglia Giuntini-Stucchi-Prinetti ebbe una mission, custodire un patrimonio agricolo e culturale in quel gioiello di territorio che è Coltibuono e la sua Badia. Così facendo hanno custodito anche tutto ciò che era ed è, oggi, fare del vino come natura comanda. I vini rossi sono espressione di quella rigorosità chiantigiana, o meglio gaiolese, che cerca di preservare il vigore tannico per allungarne il potenziale evolutivo che ha originato le Riserve Storiche. L'iconica Riserva Badia a Coltibuono è un esempio di quel rigore e sfreccia nell'eccellenza con facilità insieme al Vin Santo.

Località Badia a Coltibuono - 53013 Gaiole in Chianti (SI)
T. 0577 746110 | M. marketing@coltibuono.com
www.coltibuono.com

Viticoltura: Biologica certificata
Ettari: 64 | **Bottiglie:** 220.000 | **Produzione olearia:** Sì
Proprietà: Famiglia Stucchi Prinetti
Cond. enologica: Roberto Stucchi Prinetti, Maurizio Castelli
Cond. agronomica: Sergio Lo Jacono
Vendita diretta: Sì | **Visite in azienda:** Sì

(93)
VIN SANTO DEL CHIANTI CLASSICO OCCHIO DI PERNICE 2008
Rosso Doc Passito - Sangiovese 100%
Alc. 13% | € 58 (0,375l) | Bt. 1.900 | Ferm. Legno | Mat. Legno 144 mesi
Ambrato brillante. Elegia olfattiva di noce, semi di anice, cera d'api, arancia candita, caramello, curry e fenolo. Suadente dolcezza in modellata lievità per freschezza e sapidità, finale travolgente in scia vellutata di miele di melata, fico e spezie orientali. Pasticceria secca.

(91,5)
CHIANTI CLASSICO BADIA A COLTIBUONO RISERVA 2019
Rosso Docg - Sangiovese 90%, altre varietà 10%
Alc. 14% | € 29 | Bt. 40.000 | Ferm. Acciaio | Mat. Legno 24 mesi
Rosso granato. Aureola olfattiva di viola e rosa rossa appassite, seguono pesche al vino, chiodi di garofano, ibisco e cardamomo. Bellamente caldo con tannini serici, il sorso si fa pieno a appagante nell'avvio della persistenza con arancia rossa e balsamico. Ravioli al sugo di chianina e tartufo nero.

SANGIOVETO 2018
Rosso Igt - Sangiovese 100%
Alc. 15% | € 44 | Bt. 4.000 | Ferm. Acciaio | Mat. Legno 16 mesi
Stufato di daino.

VIN SANTO DEL CHIANTI CLASSICO 2015
Bianco Doc Passito - Malvasia 50%, Trebbiano 50%
Alc. 15% | € 45 (0,375l) | Bt. 9.500 | Ferm. Legno | Mat. Legno 94 mesi
Castagnaccio.

MONTEBELLO 2018
Rosso Igt - Sangiovese 12%, Canaiolo 11%, Ciliegiolo 11%, Colorino 11%, Foglia tonda 11%, Malvasia nera 11%, Mammolo 11%, Pugnitello 11%, Sanforte 11%
Alc. 15,5% | € 49 | Bt. 4.400 | Ferm. Acciaio | Mat. Legno 26 mesi
Filetto alla Wellington.

CHIANTI CLASSICO SELEZIONE RS 2021
Rosso Docg - Sangiovese 100%
Alc. 13,5% | € 13 | Bt. 94.000 | Ferm. Acciaio | Mat. Acciaio 12 mesi
Porchetta di Ariccia.

CHIANTI CLASSICO CULTUS BONI RISERVA
2015 | 2018

SANGIOVETO
2011 | 2013

Badia di Morrona
(1939)

Indubbiamente tutto l'areale viticolo terricciolese e pisano in genere, ha beneficiato, e ancora ne beneficia, dell'opera della famiglia Gaslini Alberti, la cui intuitiva lungimiranza sta confluendo nell'essenza organolettica dei vini, anno dopo anno. Il Terre di Pisa ha impressionato per l'equilibrata essenzialità varietale che è stata modulata nel Sangiovese, chiaro segno della progressione complessiva aziendale a testimonianza che gli oltre settant'anni di storia esperienziale costituiscono un tesoro interiore capace di traghettare questa realtà nell'olimpo.

Via del Chianti, 6 - 56030 Terricciola (PI)
T. 0587 658505 | M. info@badiadimorrona.it
www.badiadimorrona.it

Viticoltura: Convenzionale
Ettari: 110 | **Bottiglie:** 500.000 | **Produzione olearia:** Sì
Proprietà: Filippo Gaslini Alberti
Cond. enologica: Adolfo Benvenuti, Giorgio Marone
Cond. agronomica: Valerio Barbieri
Vendita diretta: Sì | **Visite in azienda:** Sì

TERRE DI PISA SANGIOVESE VIGNALTA 2020
Rosso Doc - Sangiovese 100%
Alc. 14,5% | € 30 | Bt. 9.000 | Ferm. Acciaio | Mat. Legno 24 mesi
La vivacissima cromia rubino si riflette in complessità fruttata, di ciliegia ferrovia e giaggiolo, ritmata con pepe nero, timo e cannella. Il caldo ingresso si fa via via freschezza e tannicità in stratificazione fruttata di arancia Sanguinella, finisce con ribes rosso e pizzicante zenzero. Petto d'anatra all'arancia.

FELCIAIO 2022
Bianco Igt - Vermentino 100%
Alc. 12,5% | € 8 | Bt. 50.000 | Ferm. Acciaio | Mat. Acciaio 6 mesi
Branzino al forno con erbe aromatiche.

CHIANTI I SODI DEL PARETAIO RISERVA 2020
Rosso Docg - Sangiovese 100%
Alc. 14,5% | € 16 | Bt. 16.000 | Ferm. Acciaio | Mat. Legno 18 mesi
Caciocavallo podolico.

CHIANTI I SODI DEL PARETAIO 2022
Rosso Docg - Sangiovese 85%, Cabernet sauvignon 5%, Merlot 5%, Syrah 5%
Alc. 13,5% | € 8 | Bt. 25.000 | Ferm. Acciaio e Cemento
Mat. Cemento 10 mesi
Zuppa di cipolle gratinate.

TANETO 2021
Rosso Igt - Syrah 70%, Merlot 15%, Sangiovese 15%
Alc. 14,5% | € 16 | Bt. 20.000 | Ferm. Acciaio | Mat. Acciaio 6 mesi e Legno 12 mesi
Lumache alla bourguignonne.

VIVAJA 2022
Rosato Igt - Sangiovese 100%
Alc. 12,5% | € 8 | Bt. 7.000 | Ferm. Acciaio | Mat. Acciaio 6 mesi
Alette di pollo piccanti.

CHIANTI I SODI DEL PARETAIO RISERVA
2017 | 2018 | 2019

TERRE DI PISA SANGIOVESE VIGNAALTA
2018

Alfonso Baldetti

(1974)

Il vitigno syrah è il portabandiera del territorio cortonese e l'azienda Baldetti è una delle realtà più rappresentative della denominazione. I terreni ricchi di sabbia e argille sono dotati di un valore aggiunto dato dalla presenza di rocce arenarie che, unitamente alla vicinanza del Lago Trasimeno, un condizionatore naturale, influenzano le caratteristiche organolettiche e il carattere pregiato dei loro vini. Il Crano racconta il legame della famiglia con la Doc Cortona, ispirato nel nome dalla storia del primo figlio di Noè, capace di esprimere al meglio la vitalità di una terra di sole.

Località Pietraia, 71/A - 52044 Cortona (AR)
T. 0575 67077 | M. info@baldetti.com
www.baldetti.com

Viticoltura: Lotta integrata
Ettari: 15 | **Bottiglie:** N.d. | **Produzione olearia:** Sì
Proprietà: Alfonso Baldetti
Cond. enologica: Michele Cutò
Cond. agronomica: Marco Nerozzi
Vendita diretta: Sì | **Visite in azienda:** Sì

CORTONA SYRAH CRANO 2019
Rosso Doc - Syrah 100%
Alc. 14% | € 30 | Bt. 8.000 | Ferm. Acciaio | Mat. Legno 12 mesi e Cemento 12 mesi
Rosso rubino intenso dai riflessi granato. Bouquet di ciliegia sotto spirito, prugna, rosa rossa appassita, noce moscata e infine cacao, tabacco e pepe verde. Avvolgente al gusto, rivela immediata freschezza accompagnata da tannino e alcol ben misurati. Persistenti ritorni di frutto e spezie. Filetto di cervo ai mirtilli.

CHAGRÈ 2022
Bianco Igt - Chardonnay 50%, Grechetto 50%
Alc. 13% | € 15 | Bt. 6.000 | Ferm. Acciaio | Mat. Acciaio 6 mesi e Legno 6 mesi
Rollè di cernia con patate al rosmarino.

CORTONA SANGIOVESE MARIUS 2020
Rosso Doc - Sangiovese 90%, Merlot 10%
Alc. 14% | € 20 | Bt. 6.000 | Ferm. Acciaio | Mat. Acciaio 6 mesi e Legno 8 mesi
Tartare di manzo.

PIET ROSÉ 2022
Rosato Igt - Syrah 100%
Alc. 12% | € 16 | Bt. 4.000 | Ferm. Acciaio | Mat. Acciaio 6 mesi
Zuppa di legumi e cereali.

BALDETTI BRUT 2018
Bianco Igt Metodo Classico - Chardonnay 50%, Grechetto 50%
Alc. 12% | € 30 | Bt. 350 | Ferm. Acciaio | 36 mesi sui lieviti
Risotto al nero di seppia con seppie croccanti.

CORTONA SYRAH CRANO
2018

ARENITE
2015 | 2017 | 2018

Banfi

(1978)

Non crediamo siano in tanti coloro che si ricordano del Brunello di Montalcino Poggio alle Mura negli anni in cui non era di proprietà Mariani, questo la dice lunga sui meriti di ciò che quell'acquisizione abbia significato per l'areale. L'inizio fu scoppiettante in stile "stelle e strisce", c'è chi storse anche il naso, però quando uscirono i primi vini targati Banfi, tutti si accorsero che era un'altra storia, fatta di serietà, di scrupolosità, di minuziosità nel fare vino che un certo indirizzo scolastico l'ha dato. Stile e rigore di un know-how che può considerarsi una griffe.

Castello di Poggio alle Mura - 53024 Montalcino (SI)
T. 0577 840111 | M. banfi@banfi.it
www.banfi.it

Viticoltura: Convenzionale
Ettari: 850 | **Bottiglie:** N.d. | **Produzione olearia:** Sì
Proprietà: Famiglia Mariani
Cond. enologica: Team Enologico Banfi
Cond. agronomica: Gianni Savelli
Vendita diretta: Sì | **Visite in azienda:** Sì

93
BRUNELLO DI MONTALCINO VIGNA MARRUCHETO 2018
Rosso Docg - Sangiovese 100%
Alc. 15,5% | € 75 | Bt. 13.300 | Ferm. Legno e Acciaio | Mat. Legno 30 mesi
Compattezza granato. Ventaglio olfattivo riccamente ampio di mora e viola appassita, cannella, liquirizia, aghi di pino e rododendro. Voluminoso al sorso in corroborante alcol e sontuoso tannino, lungo finale in altalenante equilibrio tra flavor di eucalipto e amarena. Cinghiale in umido.

91,5
BRUNELLO DI MONTALCINO POGGIO ALLE MURA RISERVA 2017
Rosso Docg - Sangiovese 100%
Alc. 15,5% | € 90 | Bt. 14.638 | Ferm. Legno e Acciaio | Mat. Legno 30 mesi
Granato dall'ottima saturazione. Effluvi preziosi di lavanda, iris e confettura di amarena si energizzano in complessità con tabacco Latakia, grafite, chiodi di garofano e resina dolce. Tempra tannica incisiva in coesione di alcol, si disserra nel medio palato e spunta la freschezza, fine bocca di cioccolato. Tordi in salmì.

BRUNELLO DI MONTALCINO POGGIO ALLE MURA 2018
Rosso Docg - Sangiovese 100%
Alc. 15% | € 55 | Bt. 33.992 | Ferm. Legno e Acciaio | Mat. Legno 24 mesi
Guanciale di vitello in umido con patate.

SUMMUS 2019
Rosso Igt - Cabernet sauvignon 45%, Sangiovese 35%, Syrah 20%
Alc. 14,5% | € 50 | Bt. 40.000 | Ferm. Legno e Acciaio | Mat. Legno 18 mesi
Pappardelle con sugo di capriolo.

BOLGHERI ROSSO ASKA 2020
Rosso Doc - Cabernet sauvignon 95%, Cabernet franc 5%
Alc. 14% | € 22 | Bt. 80.000 | Ferm. Acciaio | Mat. Legno 10 mesi
Faraona ripiena con salsa tartufata.

MOSCADELLO DI MONTALCINO VENDEMMIA TARDIVA FLORUS 2019
Bianco Doc Passito - Moscato bianco 100%
Alc. 14% | € 22 (0,5l) | Bt. 19.000 | Ferm. Legno e Acciaio
Mat. Acciaio 12 mesi e Legno 12 mesi
Crostata di albicocche.

BRUNELLO DI MONTALCINO POGGIO ALLE MURA RISERVA
2009 | 2011 | 2013

BRUNELLO DI MONTALCINO VIGNA MARRUCHETO
2016 | 2017

Baracchi
(1997)

Innovativa nell'arte degli spumanti da uve autoctone, quali il sangiovese e il trebbiano, sin dagli inizi degli anni 2000 Baracchi ha dimostrato una visione strategica eccezionale aggiungendo il vitigno syrah ai propri vigneti. Questa scelta ha dimostrato di essere azzeccata grazie anche alla forte affinità del territorio con questa varietà, evidenziata dai recenti successi dell'Ardito, in cui si unisce al cabernet sauvignon, e del Cortona Syrah Riserva. In quest'ultimo, la syrah brilla come protagonista indiscussa, rivelando la sua autentica natura da purosangue.

Località Cegliolo, 21 - 52044 Cortona (AR)
T. 0575 612679 | M. info@baracchiwinery.com
www.baracchiwinery.com

Viticoltura: Biologica
Ettari: 32 | **Bottiglie:** 150.000 | **Produzione olearia:** Sì
Proprietà: Benedetto Baracchi
Cond. enologica: Stefano Chioccioli
Cond. agronomica: Staff aziendale
Vendita diretta: Sì | **Visite in azienda:** Sì

CORTONA SYRAH RISERVA 2019
Rosso Doc - Syrah 100%
Alc. 14,5% | € 35 | Bt. 6.200 | Ferm. Acciaio | Mat. Legno 24 mesi
Livrea granato impenetrabile. Si esprime con intensità di confettura di visciole, lavanda appassita, vaniglia, pepe nero, corbezzolo e cioccolato. Equilibrio gustativo pressoché impeccabile. La freschezza si fonde con l'alcol e il tannino, portando a una profondità sapida e fruttata. Piccione ai porcini e tartufo nero.

ARDITO 2019
Rosso Igt - Cabernet sauvignon 50%, Syrah 50%
Alc. 15% | € 35 | Bt. 8.000 | Ferm. Acciaio | Mat. Legno 24 mesi
Reale di vitello alla senape antica.

O'LILLO 2022
Rosso Igt - Cabernet sauvignon 25%, Merlot 25%, Sangiovese 25%, Syrah 25%
Alc. 13,5% | € 12 | Bt. 45.000 | Ferm. Acciaio | Mat. Acciaio 6 mesi
Saltimbocca alla romana.

PINOT NERO 2018
Rosso Igt - Pinot nero 100%
Alc. 15% | € 28 | Bt. 6.000 | Ferm. Acciaio | Mat. Legno 18 mesi
Lombata di vitello su letto di cipolline saltate.

CORTONA SANGIOVESE SMERIGLIO 2021
Rosso Doc - Sangiovese 100%
Alc. 14% | € 16 | Bt. 10.000 | Ferm. Acciaio | Mat. Legno 12 mesi
Rigatoni al ragù bianco di carne.

O'LILLA 2022
Bianco Igt - Chardonnay 80%, Viognier 20%
Alc. 13% | € 12 | Bt. 15.000 | Ferm. Acciaio | Mat. Acciaio 6 mesi
Polpettine di alici con crema di piselli.

ARDITO
2016 | 2017

PINOT NERO
2011

Basile
(1999)

L'azienda Basile si trova nel cuore della Maremma e nasce nel 1999 grazie all'intuizione del partenopeo Giovan Battista Basile e della sua famiglia. I terreni, incolti da oltre trent'anni, furono la perfetta premessa per cominciare un'attività nel rispetto dei rigidi dettami dell'agricoltura biologica: utilizzo di prodotti solo organici, zero diserbanti, lavorazioni manuali sia sulle viti che sull'uva; l'azienda punta inoltre a mantenere un impatto ambientale pari a zero grazie al rispetto dei principi della bioarchitettura.

Podere Monte Mario - 58044 Cinigiano (GR)
T. 0564 993227 | M. info@basilessa.it
www.basilessa.it

Viticoltura: Biologica certificata
Ettari: 8 | **Bottiglie:** 50.000 | **Produzione olearia:** No
Proprietà: Giovan Battista Basile
Cond. enologica: Maurizio Saettini
Cond. agronomica: Maurizio Saettini
Vendita diretta: Sì | **Visite in azienda:** Sì

MONTECUCCO SANGIOVESE AD AGIO RISERVA 2019
Rosso Docg - Sangiovese 100%
Alc. 14% | € 35 | Bt. 4.700 | Ferm. Legno | Mat. Legno 24 mesi
Vivace rubino dai riflessi granato. Fragranze di gelée alla ciliegia, liquirizia e muschio aprono il panorama, seguite da toni di rosa appassita e tabacco scuro. Sorso vigoroso, un ardito tannino trova equilibrio nella freschezza che accompagna la chiusura alla marmellata di agrumi. Lasagne ai cardi con formaggi saporiti.

MONTECUCCO SANGIOVESE CARTACANTA 2020
Rosso Docg - Sangiovese 100%
Alc. 14% | € 14 | Bt. 20.000 | Ferm. Acciaio | Mat. Legno 12 mesi
Minestra di fagioli di Lamon.

MONTECUCCO VERMENTINO ARTÉTECA 2022
Bianco Doc - Vermentino 85%, Viognier 10%, Petit manseng 5%
Alc. 12,5% | € 15 | Bt. 6.000 | Ferm. Acciaio | Mat. Acciaio 5 mesi e Legno 5 mesi
Riso venere con verdure e crostacei.

MAREMMA TOSCANA ROSSO COMANDANTE 2020
Rosso Doc - Merlot 50%, Sangiovese 50%
Alc. 14% | € 18 | Bt. 8.000 | Ferm. Legno e Acciaio | Mat. Legno 18 mesi
Pecorino di Pienza.

MAREMMA TOSCANA ROSSO COMANDANTE
2019

MONTECUCCO SANGIOVESE AD AGIO RISERVA
2017 | 2018

Beatesca
(1991)

La Cantina Beatesca si conferma come nuova gemma enoica del panorama ilcinese. Complici suoli vocati, con tessitura franco-argillosa ricchi di scheletro e un'ottima esposizione per ottenere vini eleganti capaci di farsi ricordare. Qui il tutto enoico vive con e per il vitigno sangiovese, che dà il meglio nelle versioni tradizionali, e quest'anno la sorpresa, in verità non più di tanto, è il Rosso di Montalcino, un outsider che taglia il traguardo dell'eccellenza, segnale che l'azienda pone oculata attenzione in ogni sfaccettatura del far vino.

SP del Brunello, km 7,4 - 53024 Montalcino (SI)
T. 055 7310363 | M. info@beatesca.com
www.beatesca.com

Viticoltura: In conversione al biologico
Ettari: 3,8 | **Bottiglie:** 10.000 | **Produzione olearia:** Sì
Proprietà: Benedetta Pasini e Furio Fabbri
Cond. enologica: Roberto Cipresso
Cond. agronomica: Stefano Zaninotti
Vendita diretta: Sì | **Visite in azienda:** Sì

BRUNELLO DI MONTALCINO BEATESCA 2018
Rosso Docg - Sangiovese 100%
Alc. 14% | € 62 | Bt. 1.800 | Ferm. Acciaio | Mat. Legno 24 mesi
Carminio intenso. Manto olfattivo declinato su confettura di durone, prugna e mirtillo, viola appassita e rimandi di chiodi di garofano e caffè. Beva dal tannino poderoso abbinato piacevole freschezza di frutti rossi, regalano pienezza e struttura. Cesella la persistenza un flavor di cacao e ciliegia sotto spirito. Capriolo ai porcini.

ROSSO DI MONTALCINO 2020
Rosso Doc - Sangiovese 100%
Alc. 14% | € 28 | Bt. 700 | Ferm. Acciaio | Mat. Legno 12 mesi
Filetto di bue con salsa di Roquefort.

ILEX 2020
Rosso Igt - Sangiovese 100%
Alc. 14% | € 18 | Bt. 2.200 | Ferm. Acciaio | Mat. Legno 12 mesi
Fesa di vitello al latte.

ROSATO DELLA BEATESCA 2021
Rosato Igt - Sangiovese 100%
Alc. 14% | € 11 | Bt. 2.200 | Ferm. Acciaio | Mat. Acciaio 6 mesi
Ravioli burro e salvia.

BRUNELLO DI MONTALCINO
2016 | 2017

ROSSO DI MONTALCINO
2018 | 2019

Cantine Belmesseri
(2005)

L'azienda è nata per volontà dello spezzino Giuseppe Balestra, che nel 1997 acquistò ciò che rimaneva delle proprietà del poeta rinascimentale Paolo Belmesseri presso La Serra, nel comune di Pontremoli in Lunigiana. Il restauro degli ambienti, in particolare della cantina, tutta in pietra, è andato di pari passo con la rivalutazione del vigneto, che ha visto l'impianto di vitigni d'oltralpe ma anche il recupero di "rari" vitigni lunigianesi già presenti, come pollera, merlarola, durella e verdarella. L'identità di Cantine Belmesseri nasce dai blend tra vitigni autoctoni locali e francesi.

Via Case Sparse, 4. Loc. Vignola - 54027 Pontremoli (MS)
T. 335 7752116 | M. cantinebelmesseri@gmail.com
www.cantinebelmesseri.com

Viticoltura: Lotta integrata
Ettari: 4,7 | **Bottiglie:** 18.000 | **Produzione olearia:** No
Proprietà: Famiglia Balestra
Cond. enologica: Alessio Macchia, Giuseppe Balestra
Cond. agronomica: Alessio Macchia, Giuseppe Balestra
Vendita diretta: Sì | **Visite in azienda:** Sì

BELMESSERI 2021
Rosso Igt - Merlot 50%, Syrah 30%, Cabernet sauvignon 10%, Pollera nera 10%
Alc. 13% | € 16 | Bt. 4.000 | Ferm. Acciaio | Mat. Acciaio 24 mesi
Rubino con orlo carminio. Profilo olfattivo di marasca, cassis, rosa e garofano, con incursioni di alloro, pepe nero, liquirizia e malie di torrefazione. Acidità in evidenza nella lunga progressione fruttata, sorretta dal grip tannico energico e dinamico. Chiosa sapida e durevole su linee balsamiche. Carpaccio di chianina e insalata di porcini.

TAFURI 2020
Rosso Igt - Cabernet sauvignon 70%, Petit verdot 20%, Pollera nera 10%
Alc. 13,5% | € 29 | Bt. 3.000 | Ferm. Acciaio | Mat. Acciaio 24 mesi e Legno 6 mesi
Cappone ripieno al forno.

LAGRA' 2022
Bianco Igt - Vermentino 50%, Albarola 20%, Durella 20%, Sauvignon 10%
Alc. 13,5% | € 25 | Bt. 2.000 | Ferm. Acciaio | Mat. Acciaio 6 mesi
Spaghetti con mazzancolle e pomodorini.

TERRE DEI CHIOSI VERMENTINO 2022
Bianco Igt - Vermentino 90%, altre varietà 10%
Alc. 13,5% | € 16 | Bt. 4.000 | Ferm. Acciaio | Mat. Acciaio 2 mesi
Impepata di cozze.

CARAS DELICIAS
2013 | 2014

Bibbiano
(1865)

I fratelli Marrocchesi Marzi sono i continuatori di una stirpe di viticoltori che ha sempre professato un indirizzo produttivo in pura espressione chiantigiana, se non castellinese. Già il fatto di non aver piantato vitigni non del luogo dà un'immediata idea di chi ci sta di fronte quando si parla di Chianti Classico. La loro mission sembra il qui enoico, cioè il porre in risalto il connubio suolo, vite, vino nella purezza espressiva, per soddisfare quel senso di appartenenza a una storia che ha fatto di sé stessa il presente e il futuro.

Via Bibbiano, 76 - 53011 Castellina in Chianti (SI)
T. 0577 743065 | M. info@bibbiano.com
www.bibbiano.com

Viticoltura: Biologica certificata
Ettari: 30 | **Bottiglie:** 160.000 | **Produzione olearia:** Sì
Proprietà: Tommaso e Federico Marrocchesi Marzi
Cond. enologica: Maurizio Castelli, Davide Biagiotti
Cond. agronomica: Luca Felicioni, Davide Biagiotti
Vendita diretta: Sì | **Visite in azienda:** Sì

(93)
CHIANTI CLASSICO GRAN SELEZIONE VIGNA DEL CAPANNINO 2020
Rosso Docg - Sangiovese 100%
Alc. 15% | € 50 | Bt. 15.000 | Ferm. Acciaio e Cemento | Mat. Legno 18 mesi
Carminio con bagliori granato. Sfoggia ricche e suadenti sensazioni mentolate, lamponi e amarene sotto spirito, iris, garrigue e ancora paprica, zenzero, pepe e liquirizia. Voluminoso in bocca, sorprende per la saporosità speziata e l'attraente freschezza. Eccelsa persistenza di scorza d'arancia. Camoscio in umido.

CHIANTI CLASSICO GRAN SELEZIONE VIGNE DI MONTORNELLO 2020
Rosso Docg - Sangiovese 100%
Alc. 15% | € 50 | Bt. 15.000 | Ferm. Acciaio e Cemento | Mat. Legno 18 mesi
Carré di maiale alle prugne.

CHIANTI CLASSICO RISERVA 2020
Rosso Docg - Sangiovese 100%
Alc. 14,5% | € 35 | Bt. 30.000 | Ferm. Acciaio e Cemento | Mat. Legno 12 mesi
Maltagliati con funghi porcini.

CHIANTI CLASSICO 2021
Rosso Docg - Sangiovese 100%
Alc. 14% | € 22 | Bt. 60.000 | Ferm. Acciaio | Mat. Cemento 18 mesi
Ribollita.

CHIANTI CLASSICO GRAN SELEZIONE VIGNA DEL CAPANNINO
2013 | 2016 | 2018

CHIANTI CLASSICO GRAN SELEZIONE VIGNE DEL MONTORNELLO
2019

Bindella
(1984)

Lo sviluppo avuto da Bindella negli ultimi anni nell'ambito dell'areale vitato e produttivo poliziano è stato ragguardevole. Il faro guida in questa direzione è la volontà, distintiva e intrinseca dell'azienda, di elevare il già signorile Vino Nobile di Montepulciano per riportarlo alla dimensione aristocratica di quello che fu definito da Francesco Redi il "re di tutti i vini". Dai vigneti allocati in cinque diversi cru emergono, con convincente continuità, I Quadri e lo storico Vallocaia quali espressioni serie e mai banali del più genuino prugnolo gentile.

Via delle Tre Berte, 10/A - 53045 Montepulciano (SI)
T. 0578 767777 | M. info@bindella.it
www.bindella.it

Viticoltura: Convenzionale
Ettari: 54 | **Bottiglie:** 200.000 | **Produzione olearia:** Sì
Proprietà: Rudi Bindella
Cond. enologica: Giovanni Capuano, Andrea Scaccini
Cond. agronomica: Giovanni Capuano
Vendita diretta: Sì | **Visite in azienda:** Sì

(94)
VINO NOBILE DI MONTEPULCIANO I QUADRI 2020
Rosso Docg - Sangiovese 100%
Alc. 14,5% | € 35 | Bt. 9.800 | Ferm. Acciaio | Mat. Legno 18 mesi
Granato in tinta vivace. Spettro ampio di amarena e mirtillo in confettura, arancia rossa, viola appassita, mirto, anice stellato, cacao, tabacco Latakia e menta. Armoniosa fusione liquida in freschezza e serico tannino d'anima speziata. Dissolvenza balsamica e di agrume rosso. Cosciotto di maiale farcito.

(91,5)
VINO NOBILE DI MONTEPULCIANO VALLOCAIA RISERVA 2019
Rosso Docg - Sangiovese 96%, Colorino 4%
Alc. 15% | € 41 | Bt. 10.000 | Ferm. Acciaio | Mat. Legno 24 mesi
Rubino vivo dai riflessi granato. Olfatto caratteristico di composta di ciliegia e ribes, poi violetta, rabarbaro, liquirizia, arancia rossa, cannella e vaniglia. Ingresso pieno e avvolgente, la nota pseudocalorica firma lo sviluppo gustativo regalando un flavor empireumatico e all'amarena a fine bocca. Roast beef.

ARDORE 2020
Rosso Igt - Merlot 50%, Cabernet franc 25%, Cabernet sauvignon 25%
Alc. 13,5% | € 15 | Bt. 13.000 | Ferm. Acciaio | Mat. Legno 12 mesi
Tagliere di salumi.

VINO NOBILE DI MONTEPULCIANO 2020
Rosso Docg - Sangiovese 100%
Alc. 14% | € 21 | Bt. 61.000 | Ferm. Acciaio | Mat. Legno 18 mesi
Cosciotto d'agnello al forno con patate novelle.

GEMELLA ROSATO 2022
Rosato Igt - Sangiovese 100%
Alc. 13,5% | € 13 | Bt. 16.000 | Ferm. Acciaio | Mat. Acciaio 6 mesi
Pasta, patate e provola.

GEMELLA 2022
Bianco Igt - Sauvignon 100%
Alc. 13% | € 14 | Bt. 30.000 | Ferm. Acciaio | Mat. Acciaio 6 mesi
Risotto con zucchine, fiori di zucca e zafferano.

VINO NOBILE DI MONTEPULCIANO I QUADRI
2017 | 2018 | 2019

VINO NOBILE DI MONTEPULCIANO BINDELLA
2018

Bindi Sergardi
(1349)

Se di Chianti Classico si deve parlare, chi meglio dei Bindi Sergardi possono assurgere al ruolo di eno-speaker, partendo da una storia familiare di attitudini agricolturali, per giungere all'odierna espressione di un vino che è storia di loro stessi. Lo si rileva quest'anno con tre Chianti Classico, ottenuti nelle due aziende, che sono al vertice della graduatoria aziendale. L'aspetto sorprendente non sta nel risultato del singolo, è il gruppo qualitativo che dà valore al lavoro del team, perché non è facile equilibrare verso l'alto tutta la linea, ci sono riusciti: congrats.

Strada Comunale di Mocenni, 35 - Località Vagliagli - 53019 Castelnuovo Berardenga (SI)
T. 0577 309309 | M. bindisergardi@bindisergardi.it
www.bindisergardi.it

Viticoltura: Convenzionale
Ettari: 100 | **Bottiglie:** 205.000 | **Produzione olearia:** Sì
Proprietà: Nicolò Casini
Cond. enologica: Stefano Di Blasi, Federico Cerelli
Cond. agronomica: Staff aziendale
Vendita diretta: Sì | **Visite in azienda:** Sì

(91)
CHIANTI CLASSICO I COLLI RISERVA 2019
Rosso Docg - Sangiovese 100%
Alc. 14% | € 24 | Bt. 20.000 | Ferm. Acciaio | Mat. Legno 15 mesi
Un brio cromatico carminio si scioglie in effluvi di ciliegia Ferrovia e dolce lampone, componendo una complessità con cannella, alloro e pepe Sarawak. L'avvio succoso al sorso si asciuga con la spigolatura tannica per chiudere, con gradevolezza, sulle note di arancia tarocco. Bucatini all'amatriciana.

CHIANTI CLASSICO SER GARDO 2020
Rosso Docg - Sangiovese 100%
Alc. 13% | € 15 | Bt. 50.000 | Ferm. Acciaio | Mat. Legno 8 mesi
Monte Veronese d'allevo.

CHIANTI CLASSICO GRAN SELEZIONE MOCENNI 89 2018
Rosso Docg - Sangiovese 100%
Alc. 14% | € 49 | Bt. 7.000 | Ferm. Acciaio | Mat. Legno 24 mesi
Pappardelle al ragù di cervo.

CHIANTI CLASSICO CALIDONIA RISERVA 2019
Rosso Docg - Sangiovese 100%
Alc. 14% | € 29 | Bt. 30.000 | Ferm. Acciaio | Mat. Legno 18 mesi
Costolette di maiale alla brace.

CHIANTI CLASSICO LA GHIRLANDA 2020
Rosso Docg - Sangiovese 100%
Alc. 14,5% | € 19 | Bt. 40.000 | Ferm. Acciaio | Mat. Legno 12 mesi
Lepre alla cacciatora.

CHIANTI COLLI SENESI AL CANAPO 2022
Rosso Docg - Sangiovese 100%
Alc. 13,5% | € 17 | Bt. 35.000 | Ferm. Acciaio | Mat. Acciaio 6 mesi
Coniglio in umido alle erbe aromatiche.

MOCENNI PARTICELLA 91
2015 | 2016 | 2018

CHIANTI CLASSICO SER GARDO
2016 | 2018 | 2019

Biondi-Santi
(1888)

Chissà in quanti hanno pensato con un po' di preoccupazione al cambiamento societario del 2017, il dubbio era: manterranno lo stile del Greppo. Oggi possiamo assicurare tutti gli eno-afecionados che non solo lo terranno, ma lo lucideranno a nuovo affinché risplenda ancor più di come è oggi. Quest'anno in Guida c'è il prima e il dopo di Biondi-Santi, il Brunello 2017 è il dopo, e all'assaggio strabilia per la fedeltà alla linea, la Riserva 2016, il prima, è lo specchio fedele di quella leggerezza d'austera sostanza, che è il sigillo dell'azienda, un sigillo d'eccellenza.

Villa Greppo, 183 - 53024 Montalcino (SI)
T. 0577 848023 | M. biondisanti@biondisanti.it
www.biondisanti.it

Viticoltura: Convenzionale
Ettari: 32 | **Bottiglie:** 80.000 | **Produzione olearia:** Sì
Proprietà: Gruppo Epi
Cond. enologica: Federico Radi
Cond. agronomica: Federico Radi
Vendita diretta: No | **Visite in azienda:** No

(96)
BRUNELLO DI MONTALCINO TENUTA GREPPO RISERVA 2016
Rosso Docg - Sangiovese 100%
Alc. 13,5% | € 490 | Ferm. Legno e Cemento | Mat. Legno 36 mesi
Brillante cromia granato. Effusivo all'inverosimile: marasca, mora e corbezzolo in magico groviglio di giaggiolo e ibisco, fiorettati di tabacco Latakia e spezie. La scorrevolezza liquida è seta fino al medio palato dove il tannino libera l'energia all'arancia Sanguinella, finale lunghissimo e sapido. Lepre in salmì.

(92)
BRUNELLO DI MONTALCINO TENUTA GREPPO 2017
Rosso Docg - Sangiovese 100%
Alc. 13,5% | € 180 | Ferm. Legno e Acciaio e Cemento | Mat. Legno 30 mesi
Lucente granato. Prugna e viola disegnano un'architettura odorosa in piena classicità, si ampliano con cannella, coriandolo, cedro bianco e cenno di zenzero. Ha energia nella sua liquidità, sia in freschezza sia in tannino, nell'integrarsi con l'alcol delineano una persistenza di arancia rossa e mirto. Beccacce allo spiedo.

ROSSO DI MONTALCINO TENUTA GREPPO 2020
Rosso Doc - Sangiovese 100%
Alc. 13,5% | € 75 | Ferm. Acciaio e Cemento | Mat. Legno 12 mesi
Tagliatelle al ragù.

BRUNELLO DI MONTALCINO TENUTA GREPPO RISERVA
2012 | 2013 | 2015

BRUNELLO DI MONTALCINO TENUTA GREPPO
2013 | 2015 | 2016

Borgo Scopeto
(1970)

L'estensione aziendale è enorme, all'interno c'è di tutto, con un target ben definito: combinare l'attività agricola con quella dell'hospitality, in quel senso del rinnovamento del territorio che percorre la strada dell'enoturismo. I vini di Borgo Scopeto, quelli da sangiovese, peraltro i soli presentati quest'anno sono espressione di un excursus enologico condotto con quella perizia esperienziale che dettaglia quel particolare spunto organolettico da renderli quasi riconoscibili come castelnovini. Di rilievo commerciale, come ogni anno, il Sangiovese della mitica Vigna Misciano.

SP 102 Località Cagliano - Vagliagli - 53010 Castelnuovo Berardenga (SI)
T. 0577 322729 | M. caparzo@caparzo.com
www.caparzo.com

Viticoltura: Lotta integrata
Ettari: 70 | **Bottiglie:** 350.000 | **Produzione olearia:** Sì
Proprietà: Elisabetta Gnudi Angelini
Cond. enologica: Paolo Vagaggini
Cond. agronomica: Simone Giunti
Vendita diretta: Sì | **Visite in azienda:** Sì

(92)

CHIANTI CLASSICO GRAN SELEZIONE 2017
Rosso Docg - Sangiovese 100%
Alc. 13,5% | € 45 | Bt. 6.600 | Ferm. Acciaio | Mat. Legno 18 mesi
Granato vivace. Impressioni d'arancia Sanguinella, viola appassita e sciroppo di melagrana si alternano a noce moscata, salamoia, zenzero, menta e cacao. La trama tannica icastica è integrata nel fruttato succoso e maturo, con volume liquido pieno ed equilibrato. Chiosa al flavor di genziana e china. Petto d'anatra all'arancia.

CHIANTI CLASSICO 2021
Rosso Docg - Sangiovese 90%, Colorino 5%, Merlot 5%
Alc. 13,5% | € 15 | Bt. 150.000 | Ferm. Acciaio | Mat. Legno 12 mesi
Bucatini all'amatriciana.

CHIANTI CLASSICO VIGNA MISCIANO RISERVA 2019
Rosso Docg - Sangiovese 100%
Alc. 14% | € 20 | Bt. 13.000 | Ferm. Acciaio | Mat. Legno 24 mesi
Straccetti di vitello al rosmarino.

CHIANTI CLASSICO VIGNA MISCIANO RISERVA
2012 | 2013

Boscarelli
(1962)

Pionieri nel credere e investire sulla potenzialità di un'area così vicina a Montalcino sono giunti alla terza generazione, Boscarelli è un'azienda familiare genovese diventata simbolo di tutto il territorio di Montepulciano. Da oltre 50 anni sono impegnati con dedizione nella ricerca della qualità, con un lavoro ineccepibile e di continua massimizzazione dell'espressione dei diversi terroir, per esprimere il carattere più profondo di ogni particella e realizzare dei Vino Nobile di spiccata espressività, come nel cru Il Nocio che quest'anno raggiunge l'eccellenza.

Via di Montenero, 28 - Cervognano - 53045 Montepulciano (SI)
T. 0578 767277 | M. info@poderiboscarelli.com
www.poderiboscarelli.com

Viticoltura: Convenzionale
Ettari: 22 | **Bottiglie:** 110.000 | **Produzione olearia:** Sì
Proprietà: Paola De Ferrari Corradi
Cond. enologica: Luca De Ferrari, Maurizio Castelli
Cond. agronomica: Nicolò De Ferrari, Mery Ferrara
Vendita diretta: Sì | **Visite in azienda:** Sì

(93)

VINO NOBILE DI MONTEPULCIANO IL NOCIO 2019
Rosso Docg - Prugnolo gentile 100%
Alc. 14,5% | € 120 | Bt. 4.000 | Ferm. Legno | Mat. Legno 24 mesi
Granato. Profumi ampi e stuzzicanti: apertura di ciliegia matura, viola e mirto, con delicati sentori di ginepro, macis e finale al boero e grafite. La complessità del gusto è animata dalla succosa freschezza dei frutti rossi, tannini aristocratici e una lunga scia dai riverberi speziati e balsamici che chiude sapida. Braciola di cervo con salsa di ribes.

VINO NOBILE DI MONTEPULCIANO COSTA GRANDE 2019
Rosso Docg - Prugnolo gentile 100%
Alc. 14% | € 75 | Bt. 5.000 | Ferm. Legno | Mat. Legno 24 mesi
Ravioli al sugo di chianina e tartufo nero.

VINO NOBILE DI MONTEPULCIANO 2020
Rosso Docg - Prugnolo gentile 90%, Canaiolo 10%
Alc. 14% | € 25 | Bt. 50.000 | Ferm. Legno | Mat. Legno 24 mesi
Filetto al vino rosso e scalogno.

VINO NOBILE DI MONTEPULCIANO RISERVA SOTTO CASA 2019
Rosso Docg - Prugnolo gentile 80%, Cabernet 15%, Merlot 5%
Alc. 14% | € 48 | Bt. 7.000 | Ferm. Legno | Mat. Legno 32 mesi
Medaglioni di cervo con riduzione di cottura.

VINO NOBILE DI MONTEPULCIANO RISERVA 2019
Rosso Docg - Prugnolo gentile 100%
Alc. 14,5% | € 40 | Bt. 8.000 | Ferm. Legno | Mat. Legno 32 mesi
Fettuccine al ragù d'agnello.

ROSSO DI MONTEPULCIANO PRUGNOLO 2022
Rosso Doc - Prugnolo gentile 90%, Mammolo 10%
Alc. 13,5% | € 15 | Bt. 40.000 | Ferm. Acciaio | Mat. Cemento 6 mesi
Crostini al lardo d'Arnad.

VINO NOBILE DI MONTEPULCIANO IL NOCIO
2013 | 2016 | 2018

VINO NOBILE DI MONTEPULCIANO COSTA GRANDE
2017

Brancaia
(1981)

La precisione svizzera nella chiantigianità: questo slogan potrebbe calzare a pieno alla famiglia Widmer. Infatti, il rigore con cui hanno seguito, rispettato e rimodulato il tracciato che la storia raddese ha definito nel fare vino, è una prerogativa del loro essersi amalgamati con la cultura enoica di qui. Quest'anno è la seconda uscita del Chianti Classico Gran Selezione, che nel confermarsi come espressione stilistica, sembra abbia assorbito un'energia strutturale che lo lancerà verso la vetta dell'eccellenza, per affiancarsi a quel "Blu dipinto di blu" che sfiora le stelle.

Località Poppi, 42/B - 53017 Radda in Chianti (SI)
T. 0577 742007 | M. brancaia@brancaia.it
www.brancaia.it

Viticoltura: Biologica certificata
Ettari: 80 | **Bottiglie:** 600.000 | **Produzione olearia:** Sì
Proprietà: Bruno e Brigitte Widmer
Cond. enologica: Carlo Ferrini, Barbara Widmer
Cond. agronomica: Alessandro Di Tardo
Vendita diretta: Sì | **Visite in azienda:** Sì

(91,5)
CHIANTI CLASSICO RISERVA 2020
Rosso Docg - Sangiovese 80%, Merlot 20%
Alc. 14% | € 30 | Bt. 38.000 | Ferm. Acciaio | Mat. Legno 16 mesi
Rubino fitto e vivido. Naso di pregio e variegato: ciliegie sotto spirito, arancia Sanguinella, rosa appassita, cannella, rosmarino e liquirizia. In bocca il frutto è polposo e saporito, ben sorretto da tannini composti e da viva freschezza. Setale sapido alla gelatina di frutti rossi. Tagliata di manzo al rosmarino.

CHIANTI CLASSICO GRAN SELEZIONE 2020
Rosso Docg - Sangiovese 100%
Alc. 14% | € 62 | Bt. 9.000 | Ferm. Acciaio | Mat. Legno 18 mesi e Cemento 3 mesi
Pappardelle con sugo di lepre.

ILATRAIA 2020
Rosso Igt - Cabernet sauvignon 40%, Petit verdot 40%, Cabernet franc 20%
Alc. 14,5% | € 50 | Bt. 40.000 | Ferm. Acciaio | Mat. Legno 16 mesi e Cemento 3 mesi
Cinghiale in umido.

IL BLU 2020
Rosso Igt - Merlot 80%, Cabernet sauvignon 10%, Sangiovese 10%
Alc. 14,5% | € 75 | Bt. 42.000 | Ferm. Acciaio | Mat. Legno 18 mesi e Cemento 3 mesi
Bocconcini di cervo al cavolo nero.

CHIANTI CLASSICO 2021
Rosso Docg - Sangiovese 100%
Alc. 14% | € 18 | Bt. 40.000 | Ferm. Acciaio | Mat. Acciaio 12 mesi e Cemento 12 mesi
Grigliata di carne bianca e verdure.

MAREMMA TOSCANA CABERNET SAUVIGNON N°2 2021
Rosso Doc - Cabernet sauvignon 100%
Alc. 14,5% | € 22 | Bt. 40.000 | Ferm. Acciaio | Mat. Legno 12 mesi
Porchetta di Ariccia.

IL BLU
2017 | 2018 | 2019

ILATRAIA
2016 | 2018 | 2019

Bulichella
(1983)

Una storia che si identifica con la vita del proprietario, Hideyuki Miyakawa, iniziata pressoché in concomitanza con le Olimpiadi di Roma 1960, che ha portato alla creazione di una delle prime aziende agricole biologiche nazionali nel 1983 (quindi per scelta e non per moda) a due chilometri da Suvereto, di fronte al mare, e che nel 2012 ha visto il riconoscimento della Docg Suvereto. I vini di Bulichella raccontano il territorio e il clima della Val di Cornia, posta subito a sud del gigante Bolgheri, con espressioni che riescono a essere molto raffinate, come per il sorprendente Igt Rubino.

Località Bulichella, 131 - 57028 Suvereto (LI)
T. 0565 829892 | M. info@bulichella.it
www.bulichella.it

Viticoltura: Biologica certificata
Ettari: 14 | **Bottiglie:** 75.000 | **Produzione olearia:** Sì
Proprietà: Hideyuki Miyakawa e Figli
Cond. enologica: Luca D'Attoma
Cond. agronomica: Luca D'Attoma
Vendita diretta: Sì | **Visite in azienda:** Sì

RUBINO 2020
Rosso Igt - Sangiovese 50%, Cabernet 25%, Merlot 25%
Alc. 14% | € 18 | Bt. 25.000 | Ferm. Acciaio | Mat. Acciaio 12 mesi e Legno 6 mesi
Carminio compatto. Libera profumi di ribes rosso, arancia Sanguinella, cassis, elicriso appassito, zenzero, peperone, rosmarino e noce moscata. Assaggio dinamico di frutti rossi succulenti e tannini in grande spolvero, però in amalgama con l'alcol. Ricordi speziati e agrumati accompagnano a lungo. Ossobuco alla milanese.

SUVERETO COLDIPIETREROSSE 2020
Rosso Docg - Cabernet sauvignon 90%, Merlot 10%
Alc. 15% | € 47 | Bt. 6.000 | Ferm. Acciaio | Mat. Legno 18 mesi
Controfiletto di bue alla brace.

HIDE 2020
Rosso Igt - Syrah 100%
Alc. 14,5% | € 55 | Bt. 2.000 | Ferm. Legno | Mat. Legno 18 mesi
Anatra alla pechinese.

SUVERETO MONTECRISTO 2020
Rosso Docg - Merlot 70%, Cabernet sauvignon 25%, Grenache 5%
Alc. 15% | € 80 | Bt. 3.500 | Ferm. Acciaio | Mat. Legno 22 mesi
Lepre alla cacciatora.

SOL SERA 2022
Rosato Igt - Syrah 100%
Alc. 13% | € 19 | Bt. 6.000 | Ferm. Legno e Acciaio e Terracotta
Mat. Acciaio 6 mesi e Terracotta 6 mesi
Insalatina di porcini e scaglie di formaggio.

TUSCANIO 2022
Bianco Igt - Vermentino 100%
Alc. 13,5% | € 17 | Bt. 10.000 | Ferm. Acciaio | Mat. Acciaio 6 mesi
Linguine con bottarga e pomodori secchi.

HIDE
2015 | 2018 | 2019

SUVERETO MONTECRISTO
2016 | 2017

Ca' Marcanda
(1996)

Il Bolgheri griffato Angelo Gaja ha sviluppato nel suo percorso costruttivo, iniziato nel 1996, un'identità che può essere un punto di riconoscibile distinzione nella denominazione. Sotto un certo aspetto è anche restato allineato a certi canoni della tradizione del luogo, però ha anche contribuito a sviluppare un'idea di Bolgheri fatta di controllata potenza, finezza e identità di territorio pur nell'interpretazione del produttore. Questa volta il Camarcanda sembra offrire un quid di gradevolezza giovanile, che sia l'effetto della nuova generazione Gaja? Si vedrà.

Località Santa Teresa, 272 - 57022 Castagneto Carducci (LI)
T. 0565 763809 | M. info@camarcanda.com
www.camarcanda.com

Viticoltura: Biologica certificata
Ettari: 110 | **Bottiglie:** N.d. | **Produzione olearia:** No
Proprietà: Famiglia Gaja
Cond. enologica: Giovanni Passoni
Cond. agronomica: Mauro Poli
Vendita diretta: No | **Visite in azienda:** No

BOLGHERI ROSSO CAMARCANDA 2020
Rosso Doc - Cabernet sauvignon 80%, Cabernet franc 20%
Alc. 14,5% | € 130 | Bt. 18.000 | Ferm. Acciaio | Mat. Legno 18 mesi
Rubino saturo con nuance carminio. Profilo odoroso di mora e prugna mature, garrigue, pepe nero e note di torrefazione, con sensazioni finali di tabacco e liquirizia. Sorso austero, caldo, con tannini all'inizio del percorso evolutivo, e con vivace freschezza che ravviva la beva. Persistente. Filetto di cervo ai mirtilli.

BOLGHERI ROSSO MAGARI 2021
Rosso Doc - Cabernet franc 60%, Cabernet sauvignon 30%, Petit verdot 10%
Alc. 14,5% | € 60 | Bt. 80.000 | Ferm. Acciaio | Mat. Legno 12 mesi
Faraona al forno.

BOLGHERI ROSSO CAMARCANDA
2016 | 2017 | 2019

BOLGHERI ROSSO MAGARI
2017 | 2018 | 2020

Cacciagrande
(1997)

Maremma e vino, un connubio che sembra destinato a crescere ancora, a imporsi come punto di riferimento di questa parte di Toscana, questo grazie anche al prezioso lavoro del team di Cacciagrande, ottimamente coordinato da Bruno Tuccio. Quelle scelte che potevano sembrare azzardate nel 1997, anno di fondazione, oggi sono una comparabile espressione enoica, grazie alla scelta di vitigni come il viognier e il petit verdot, e a un'interpretazione della syrah in alleggerita fusione strutturale. I loro vini hanno un grande potenziale qualitativo di quotidianità di beva, attirano la convivialità.

Località Ampio Tirli - 58043 Castiglione della Pescaia (GR)
T. 0564 944168 | M. info@cacciagrande.com
www.cacciagrande.com

Viticoltura: Lotta integrata
Ettari: 19 | **Bottiglie:** 80.000 | **Produzione olearia:** Sì
Proprietà: Bruno Tuccio
Cond. enologica: Graziana Grassini
Cond. agronomica: Bruno Tuccio
Vendita diretta: Sì | **Visite in azienda:** Sì

CASTIGLIONE 2020
Rosso Igt - Petit verdot 100%
Alc. 14,5% | € 20 | Bt. 5.000 | Ferm. Acciaio | Mat. Legno 12 mesi
Rubino con filigrana amaranto. Eleganze di mora di gelso, cassis, timo e cannella, con espressioni di lavanda, liquirizia e legno di cedro all'orizzonte. Assaggio caldo e saporito, trama tannica ben svolta. La freschezza del frutto conduce fino all'epico finale di ciliegia. Filetto di capriolo ai mirtilli.

MAREMMA TOSCANA SYRAH CORTIGLIANO 2022
Rosso Doc - Syrah 100%
Alc. 13,5% | € 14 | Bt. 20.000 | Ferm. Acciaio | Mat. Legno 4 mesi
Monte Veronese d'allevo.

MAREMMA TOSCANA VERMENTINO 2022
Bianco Doc - Vermentino 100%
Alc. 13% | € 12 | Bt. 15.000 | Ferm. Acciaio | Mat. Acciaio 4 mesi
Spaghetti con vongole veraci.

MAREMMA TOSCANA ROSSO CACCIAGRANDE 2022
Rosso Doc - Sangiovese 50%, Cabernet sauvignon 25%, Merlot 25%
Alc. 14,5% | € 11 | Bt. 40.000 | Ferm. Acciaio | Mat. Acciaio 4 mesi
Bigoli con l'anatra.

MAREMMA TOSCANA VIOGNIER 2022
Bianco Doc - Viognier 100%
Alc. 12,5% | € 12 | Bt. 15.000 | Ferm. Acciaio | Mat. Acciaio 4 mesi
Bruschetta al pomodoro.

CASTIGLIONE
2017 | 2018 | 2019

MAREMMA TOSCANA VIOGNIER
2019 | 2020 | 2021

Caiarossa
(1998)

Nel panorama enoico della Val di Cecina Caiarossa si è ritagliata un'ottima nomea, generata anche dalla scelta di adottare viticoltura biologica e biodinamica fin dal 1998. La decisione ampelografica aziendale di miscelare vitigni locali con gli autoctoni, s'è affermata anche come attrice di un'interpretazione enologica del blend nella creazione dei vini, che viene interpretato fin sulla vigna, non a caso l'ultimo vigneto piantato miscela cinque vitigni. È facile trovare nei vini Caiarossa l'impetuosità del tannino, che evidenzia prospettive in cui intuirne la longevità è un po' complicato.

Via per Montescudaio - Località Serra all'Olio, 59 - 56046 Riparbella (PI)
T. 0586 699016 | M. info@caiarossa.it
www.caiarossa.com

Viticoltura: Biologica certificata e biodinamica
Ettari: 39 | **Bottiglie:** 130.000 | **Produzione olearia:** Sì
Proprietà: Eric Albada Jelgersma
Cond. enologica: Francesco Villa, Jerome Poisson
Cond. agronomica: Francesco Villa
Vendita diretta: Sì | **Visite in azienda:** Sì

(91,5)
CAIAROSSA 2020
Rosso Igt - Syrah 30%, Cabernet franc 28%, Cabernet sauvignon 16%, Merlot 12%, Petit verdot 7%, Sangiovese 5%, Alicante 2%
Alc. 14,5% | € 70 | Bt. 40.000 | Ferm. Cemento | Mat. Legno 14 mesi
Carminio. Rosa e viola ricamano una complessità con ribes nero, aronia nera e giuggiola permeate nel pepe rosa e tabacco Latakia, preziosità di cioccolato al latte a chiudere. Il tannino strattona il palato, con alcol che ne trattiene l'impeto, si fa volume e rotondità con recupero al flavor di liquirizia e rabarbaro. Pappardelle con sugo di lepre.

PERGOLAIA 2020
Rosso Igt - Sangiovese 76%, Merlot 14%, Cabernet sauvignon 10%
Alc. 14,5% | € 25 | Bt. 49.000 | Ferm. Legno | Mat. Legno 12 mesi e Cemento 4 mesi
Pluma di maialino Bellota con cipolle caramellate.

CAIAROSSA BIANCO 2021
Bianco Igt - Chardonnay 50%, Viognier 50%
Alc. 13% | € 28 | Bt. 4.000 | Ferm. Legno e Cemento | Mat. Legno 5 mesi e Cemento 3 mesi
Stracciatella di bufala.

ARIA DI CAIAROSSA 2020
Rosso Igt - Cabernet franc 32%, Syrah 28%, Merlot 22%, Alicante 10%, Cabernet sauvignon 8%
Alc. 14,5% | € 29 | Bt. 40.000 | Ferm. Cemento | Mat. Legno 14 mesi
Pappardelle al ragù di cinghiale.

CAIAROSSA
2017 | 2018 | 2019

ARIA DI CAIAROSSA
2016 | 2018 | 2019

Camigliano
(1957)

Camigliano è la portaerei viticola del comprensorio, visti gli ettari vitati. Le sfaccettature del vino che offrono sono molteplici, è quindi piacevolmente sorprendente la filosofia enologica che hanno scelto di adottare: dal tutto biologico al recupero dell'energia, e attenzione agli impatti ambientali. Come da manuale ilcinese, il Brunello è quel sé, e quell'essere vino, saldato nella cultura del luogo, accanto al blasonato fanno bella mostra di sé, con giovanile timidezza, il Gamal Rosa e il Vermentino, espressione di una dinamicità fino a qualche anno fa avulsa dal far vino a Montalcino.

Via d'Ingresso, 2 - Località Camigliano - 53024 Montalcino (SI)
T. 0577 816061 | M. info@camigliano.it
www.camigliano.it

Viticoltura: Biologica certificata
Ettari: 92 | **Bottiglie:** 400.000 | **Produzione olearia:** Sì
Proprietà: Famiglia Ghezzi
Cond. enologica: Sergio Cantini, Federico Staderini
Cond. agronomica: Sergio Cantini
Vendita diretta: Sì | **Visite in azienda:** Sì

(91)
BRUNELLO DI MONTALCINO PAESAGGIO INATTESO 2018
Rosso Docg - Sangiovese 100%
Alc. 15% | € 50 | Bt. 4.000 | Ferm. Acciaio | Mat. Legno 30 mesi e Cemento 12 mesi
Luminoso carminio con riverberi granato. Al naso si schiudono profumi di amarena sotto spirito, arancia amara, mora, viola e rosa appassite, con echi di anice stellato e vaniglia. La freschezza guida il percorso gustativo e accompagna un tannino esuberante, un'ottima sapidità e aromi di arancia Sanguinella. Civet di capriolo ai funghi.

BRUNELLO DI MONTALCINO 2018
Rosso Docg - Sangiovese 100%
Alc. 14,5% | € 31 | Bt. 190.000 | Ferm. Acciaio | Mat. Legno 24 mesi e Cemento 12 mesi
Nodini di cinta senese lardellati al forno.

ROSSO DI MONTALCINO 2021
Rosso Doc - Sangiovese 100%
Alc. 14,5% | € 15 | Bt. 50.000 | Ferm. Acciaio | Mat. Acciaio 6 mesi e Legno 6 mesi
Minestrone con ortaggi invernali.

GAMAL ROSA 2022
Rosato Igt - Sangiovese 80%, Syrah 20%
Alc. 13,5% | € 14 | Bt. 4.000 | Ferm. Acciaio | Mat. Acciaio 4 mesi
Parmigiana di melanzane.

PODERUCCIO 2021
Rosso Igt - Merlot 65%, Cabernet sauvignon 30%, Sangiovese 5%
Alc. 14,5% | € 12 | Bt. 5.000 | Ferm. Acciaio | Mat. Legno 6 mesi
Petto d'anatra all'arancia.

VERMENTINO GAMAL 2022
Bianco Igt - Vermentino 100%
Alc. 13% | € 14 | Bt. 6.000 | Ferm. Acciaio | Mat. Acciaio 4 mesi
Sogliola alla mugnaia.

BRUNELLO DI MONTALCINO GUALTO RISERVA
2012 | 2013 | 2016

BRUNELLO DI MONTALCINO PAESAGGIO INATTESO
2015 | 2016 | 2017

Campo al Mare
(2000)

Il team Folonari, qui a Castagneto Carducci, si misura con una viticoltura in odor di Tirreno, percorrendo tracciati enologici che possono attivare attraenti sperimentazioni con l'uso di vitigni internazionali, che peraltro sono l'essenza viticola di questo areale. Il feeling enologico sposa il filone della modernità, per apparire distante ma non differente da ciò che caratterizza il territorio, cioè vini dal carattere bolgherese ma con immissione di novità, come il Petit verdot Gallico, che alla sua seconda uscita mostra un'ascensionalità nella personalità organolettica.

- - 57022 Castagneto Carducci (LI)
T. 055 859811 | M. folonari@tenutefolonari.com
www.tenutefolonari.com/tenute/tenuta-campo

Viticoltura: Convenzionale
Ettari: 28 | **Bottiglie:** N.d. | **Produzione olearia:** No
Proprietà: Ambrogio e Giovanni Folonari
Cond. enologica: Roberto Potentini, Raffaele Orlandini
Cond. agronomica: Paolo Rossi Ferrini
Vendita diretta: No | **Visite in azienda:** No

BOLGHERI 2021
Rosso Doc - Merlot 60%, Cabernet sauvignon 20%, Cabernet franc 15%, Petit verdot 5%
Alc. 15,5% | € 24 | Bt. 100.000 | Ferm. Acciaio | Mat. Acciaio 12 mesi e Legno 12 mesi
Tinta bellamente carminio. Rivoli in fragrante espressione di fresia e glicine si intarsiano con mirtillo, bacca di ginepro e china. Il tannino ha disserrato la sua energia, il sorso s'è fatto succoso, di ribes rosso, e nell'allungo finale emergono toni speziati amaricanti. Grigliata di carne con salsa barbecue.

GALLICO 2020
Rosso Igt - Petit verdot 100%
Alc. 15,5% | € 32 | Bt. 6.000 | Ferm. Acciaio | Mat. Legno 24 mesi
Roast beef.

BOLGHERI CAMPO AL MARE VERMENTINO 2022
Bianco Doc - Vermentino 100%
Alc. 12,5% | € 18 | Bt. 20.000 | Ferm. Acciaio | Mat. Acciaio 4 mesi
Risotto ai frutti di mare.

BOLGHERI SUPERIORE BAIA AL VENTO 2020
Rosso Doc - Merlot 100%
Alc. 15,5% | € 58 | Bt. 10.000 | Ferm. Acciaio | Mat. Legno 24 mesi
Spaghetti alla carbonara.

BOLGHERI CAMPO AL MARE ROSATO 2022
Rosato Doc - Merlot 100%
Alc. 13,5% | € 15 | Bt. 15.000 | Ferm. Acciaio | Mat. Acciaio 4 mesi
Pizza prosciutto e funghi.

Campo al Pero
(2006)

Il viaggio nella produzione del vino che la famiglia Piccoli ha scelto fin dal 2006 è focalizzato sulla Doc Bolgheri, mirando a proporlo nelle diverse sfaccettature organolettiche consentite dalle diversità dei loro micro areali, peraltro ben individuati in tre caratterizzanti vigneti a cui hanno destinato specifiche coltivazioni di vitigni. Di rilievo qualitativo è il Merlot Dedicato a Vittorio, mentre sembra destinato a vestire la maglia rosa nella sua categoria il giovevole Brezzarosa. Nell'insieme una produzione senza fronzoli o maquillage, tutta essenza e sostanza della loro realtà.

Via del Casone Ugolino, 12 - Donoratico - 57022 Castagneto Carducci (LI)
T. 0565 774329 | M. campoalpero@cerbaropiccoli.it
www.campoalpero.it

Viticoltura: Convenzionale
Ettari: 11 | **Bottiglie:** 40.000 | **Produzione olearia:** No
Proprietà: Doriana e Maurizio Piccoli
Cond. enologica: Laura Zuddas
Cond. agronomica: Stefano Bartolomei
Vendita diretta: Sì | **Visite in azienda:** Sì

91
BOLGHERI SUPERIORE DEDICATO A VITTORIO 2020
Rosso Doc - Merlot 100%
Alc. 14,5% | € 46 | Bt. 1.250 | Ferm. Acciaio | Mat. Legno 15 mesi
Alla vista appare un denso color carminio. Nitidezza e ricchezza di profumi si delineano con mirtilli e more mature accompagnate da tabacco dolce, tè nero, caffè, vaniglia e petali di rose rosse. L'assaggio è avvolgente e generoso, anticipa la propria persistenza con tannini serici in un caldo finale fumé. Agnolotti al sugo di carne.

BOLGHERI SUPERIORE DORIANAE 2020
Rosso Doc - Cabernet sauvignon 80%, Cabernet franc 20%
Alc. 14,5% | € 39 | Ferm. Acciaio | Mat. Legno 14 mesi
Tortelli al Castelmagno.

BOLGHERI ROSSO CAMPO AL PERO 2021
Rosso Doc - Cabernet sauvignon 60%, Merlot 30%, Cabernet franc 10%
Alc. 15% | € 20 | Bt. 13.500 | Ferm. Acciaio | Mat. Legno 12 mesi
Allodole tartufate in casseruola.

BOLGHERI ROSSO ZEPHYRO 2021
Rosso Doc - Merlot 55%, Cabernet sauvignon 35%, Cabernet franc 10%
Alc. 14,5% | € 17 | Bt. 12.500 | Ferm. Acciaio | Mat. Acciaio 6 mesi
Pappardelle con sugo di capriolo.

BOLGHERI VERMENTINO MISTRAL 2022
Bianco Doc - Vermentino 100%
Alc. 13% | € 15 | Bt. 11.600 | Ferm. Acciaio | Mat. Acciaio 3 mesi
Spaghetti con mazzancolle e pomodorini.

BOLGHERI ROSATO BREZZAROSA 2022
Rosato Doc - Merlot 50%, Syrah 50%
Alc. 13% | € 15 | Bt. 3.100 | Ferm. Acciaio | Mat. Acciaio 5 mesi
Soufflé con pecorino e crema di patate.

BOLGHERI SUPERIORE DORIANAE
2016 | 2017 | 2019

BOLGHERI SUPERIORE DEDICATO A VITTORIO
2018

Campo alla Sughera
(1998)

La famiglia Knauf ponderò a lungo in quale luogo dell'areale bolgherese mettere su vigna, e fu stregata da un angolo di territorio che intreccia il mare alla collina in una continuità sabbiosa su strati di marna. Da questa combinazione di elementi naturali hanno avviato il loro viaggio nella produzione del vino, che quest'anno colloca l'Arnione, un fior fiore di Bolgheri Superiore, a sfiorare l'eccellenza tra tutte le eccellenze che sono state proposte in degustazione. La distanza tra vini di prima e seconda fascia produttiva si è assottigliata, di certo a breve molti diventeranno outstanding.

Località Caccia al Piano, 280 - 57020 Castagneto Carducci (LI)
T. 0565 766936 | M. info@campoallasughera.com
www.campoallasughera.com

Viticoltura: Convenzionale
Ettari: 16,5 | **Bottiglie:** 110.000 | **Produzione olearia:** Sì
Proprietà: Famiglia Knauf
Cond. enologica: Francesco Gagliardi, Stéphane Derenoncourt
Cond. agronomica: Julien Lavenu
Vendita diretta: Sì | **Visite in azienda:** Sì

BOLGHERI SUPERIORE ARNIONE 2019
Rosso Doc - Cabernet sauvignon 50%, Cabernet franc 20%, Merlot 20%, Petit verdot 10%
Alc. 14,5% | € 55 | Bt. 30.000 | Ferm. Acciaio | Mat. Legno 18 mesi
Veste rubino, nuance porpora. Scrigno olfattivo pieno di preziosi effluvi di viola macerata, rosmarino, fico rosso e crema di cassis, con tabacco Kentucky in chiusura. Corpo ricco, modellato da un equilibrio tra alcol e tannino, c'è sapidità prima della scia conclusiva di caffè e noce moscata. Spezzatino di manzo.

BOLGHERI ROSSO ADEO 2021
Rosso Doc - Cabernet sauvignon 60%, Merlot 40%
Alc. 14,5% | € 29 | Bt. 67.000 | Ferm. Acciaio | Mat. Legno 12 mesi
Capretto arrosto alle erbe aromatiche.

CAMPO ALLA SUGHERA 2019
Rosso Igt - Petit verdot 70%, Cabernet franc 30%
Alc. 14,5% | € 90 | Bt. 5.000 | Ferm. Acciaio | Mat. Legno 24 mesi
Reale di vitello alla senape antica.

ARIOSO 2022
Bianco Igt - Vermentino 100%
Alc. 13% | € 18 | Bt. 9.000 | Ferm. Acciaio | Mat. Acciaio 6 mesi
Linguine allo scoglio.

CAMPO ALLA SUGHERA
2013 | 2015 | 2018

BOLGHERI SUPERIORE ARNIONE
2015 | 2017

Campotondo
(2000)

A Campotondo c'è il Sangiovese d'altura, così recita la famiglia Salviucci, e si parla chiaramente di vino e non del solo vitigno. Cosa significa? Bene, significa che quella rigidità, e bizzosa tannicità che sono le peculiarità del vitigno qui si irrigidiscono, quindi c'è bisogno anche di una spinta affettiva e di sistema famiglia per rendere amalgama organolettico il Sangiovese vino, che va modellato con un senso di artigianalità che appartiene solo a chi ha scelto di coltivare di nuovo la terra, e far vigna, è frutto di convinzione e non di convenzionalità.

Case Sparse Campotondo, 7 - Frazione Campiglia d'Orcia - 53023 Castiglione d'Orcia (SI)
T. 320 8591247 | M. info@cantinacampotondo.it
www.cantinacampotondo.it

Viticoltura: Biologica
Ettari: 3,5 | **Bottiglie:** 15.000 | **Produzione olearia:** Sì
Proprietà: Elena Salviucci
Cond. enologica: Paolo Salviucci
Cond. agronomica: Paolo Salviucci
Vendita diretta: Sì | **Visite in azienda:** Sì

ORCIA SANGIOVESE IL TOCCO DI CAMPOTONDO RISERVA 2019
Rosso Doc - Sangiovese 90%, Colorino 10%
Alc. 14,5% | € 28 | Bt. 2.000 | Ferm. Acciaio | Mat. Legno 24 mesi
Vividezza in tono carminio con lampi granato. Effluvi in magistrale espressività di ribes rosso e mora di rovo, glicine e giacinto. Corpo ricamato d'equilibrio tra alcol e tannino, si congeda con toni di cacao, liquirizia e pepe nero. Bra d'alpeggio.

ORCIA BANDITONE DI CAMPOTONDO 2020
Rosso Doc - Sangiovese 90%, Colorino 5%, Merlot 5%
Alc. 14% | € 20 | Bt. 5.000 | Ferm. Acciaio | Mat. Legno 12 mesi
Agnolotti al piccione con sugo d'arrosto.

ORCIA MEZZODÌ DI CAMPOTONDO 2021
Rosso Doc - Sangiovese 100%
Alc. 13% | € 14 | Bt. 3.500 | Ferm. Acciaio | Mat. Acciaio 11 mesi
Porchetta di Ariccia.

TAVOLETO DI CAMPOTONDO 2022
Bianco Igt - Chardonnay 100%
Alc. 13,5% | € 10 | Bt. 2.500 | Ferm. Acciaio | Mat. Acciaio 5 mesi
Frittura di moscardini.

ORCIA SANGIOVESE IL TOCCO DI CAMPOTONDO RISERVA
2015 | 2017

ORCIA BANDITONE DI CAMPOTONDO
2015 | 2018

Canalicchio di Sopra
(1962)

Qui si fa Brunello di Montalcino da oltre cinquant'anni e tutta quest'esperienza, tutto il vissuto tra vigna e cantina che è stato tramandato nel tempo confluisce anno dopo anno a costruire una definizione di qualità del vino sempre più affinata, anzi raffinata. Non è per caso che un'accoppiata di Brunello si collochi nell'aureola dell'eccellenza. Il valore del lavoro aziendale è rimarcato nell'annata 2018, dove Montosoli e La Casaccia lasciano gloria alla versione base, un po' più accomodante alla beva, a testimonianza che chi conosce il sangiovese non pone limiti alla sua interpretazione.

Località Casaccia, 73 - 53024 Montalcino (SI)
T. 0577 848316 | M. info@canalicchiodisopra.com
www.canalicchiodisopra.com

Viticoltura: In conversione al biologico
Ettari: 19,1 | **Bottiglie:** 85.000 | **Produzione olearia:** Sì
Proprietà: Francesco, Marco e Simonetta Ripaccioli
Cond. enologica: Marco Ripaccioli, Luca Felicioni, Maurizio Castelli, Francesco Ripaccioli
Cond. agronomica: Massimo Achilli, Marco Ripaccioli
Vendita diretta: Sì | **Visite in azienda:** Sì

(94)
BRUNELLO DI MONTALCINO 2018
Rosso Docg - Sangiovese 100%
Alc. 14,5% | € 70 | Bt. 36.237 | Ferm. Acciaio | Mat. Legno 36 mesi
Manto carminio dai riflessi granato. Intrigante nell'incedere di ciliegia, arancia Sanguinella, iris, macis, eucalipto e liquirizia. In bocca la freschezza spande rintocchi fruttati, sorretti da alcol e un tannino che scalpita su una scia sapida. Molto lunga la scia di pepe nero. Cinghiale in umido.

(92)
BRUNELLO DI MONTALCINO LA CASACCIA 2018
Rosso Docg - Sangiovese 100%
Alc. 14,5% | € 150 | Bt. 4.133 | Ferm. Acciaio | Mat. Legno 36 mesi
Carminio vivace. Olfatto di amarena e frutti di bosco con echi di viola, liquirizia, tabacco e caffè. Sorso pieno e avvolgente, calibrato da una freschezza che accompagna l'elegante, seppur tenace, tannino. Persistente finale di ciliegia. Piccione ai porcini e tartufo nero.

BRUNELLO DI MONTALCINO MONTOSOLI 2018
Rosso Docg - Sangiovese 100%
Alc. 14,5% | € 150 | Bt. 4.133 | Ferm. Acciaio | Mat. Legno 36 mesi
Coq au vin alla borgognona.

ROSSO DI MONTALCINO 2021
Rosso Doc - Sangiovese 100%
Alc. 15% | € 25 | Bt. 33.333 | Ferm. Acciaio | Mat. Acciaio 3 mesi e Legno 11 mesi
Agnolotti al piccione con sugo d'arrosto.

BRUNELLO DI MONTALCINO RISERVA
2010 | 2015 | 2016

BRUNELLO DI MONTALCINO
2012 | 2013 | 2017

Canneto
(1987)

Il Tempio di San Biagio è lì a due passi, sembra vigilare sui vigneti, che - a proposito - dal 2017 sono tutti biologici. La tradizione dell'essere vignaioli è restata immutata e indietreggia fino agli albori della storia del Nobile. Lo stile del vino segue quella classicità filosofica ben saldata sul rispetto della territorializzazione del sangiovese che anima il soul del loro Vino Nobile, un'espressione curata in tutte le sfaccettature produttive per esaltare quel saper fare che solo chi ha camminato le vigne è in grado di offrire.

Via dei Canneti, 14 - Località Canneto - 53045 Montepulciano (SI)
T. 0578 757737 | M. cantina@canneto.com
www.canneto.com

Viticoltura: Biologica
Ettari: 31 | **Bottiglie:** 100.000 | **Produzione olearia:** Sì
Proprietà: Canneto
Cond. enologica: Mauro Monicchi
Cond. agronomica: Ottorino De Angelis
Vendita diretta: Sì | **Visite in azienda:** Sì

(92)
VINO NOBILE DI MONTEPULCIANO RISERVA 2019
Rosso Docg - Sangiovese 90%, Cabernet sauvignon 5%, Merlot 5%
Alc. 14,5% | € 30 | Bt. 30.000 | Ferm. Acciaio | Mat. Acciaio 6 mesi e Legno 18 mesi
Cromia carminio screziata di granato. Complessità olfattiva di mora di gelso, iris e viola, sfuma in cannella, caffè e balsamico. Riccamente tannico però in calda coesione d'alcol, medio palato brioso in freschezza, indugia tra marasca, cremino alla menta e scorza d'arancia. Medaglioni di cervo con riduzione di cottura.

VINO NOBILE DI MONTEPULCIANO CASINA DI DORO 2019
Rosso Docg - Sangiovese 100%
Alc. 15% | € 40 | Bt. 6.500 | Ferm. Acciaio | Mat. Acciaio 6 mesi e Legno 24 mesi
Tordi in salmì.

FILIPPONE 2019
Rosso Igt - Cabernet sauvignon 30%, Merlot 30%, Sangiovese 30%, Petit verdot 10%
Alc. 15% | € 40 | Bt. 3.300 | Ferm. Acciaio | Mat. Acciaio 6 mesi e Legno 24 mesi
Risotto all'isolana.

ROSSO DI MONTEPULCIANO 2021
Rosso Doc - Sangiovese 80%, Merlot 20%
Alc. 15% | € 15 | Bt. 13.000 | Ferm. Acciaio | Mat. Acciaio 6 mesi
Rotolo di coniglio con pomodorini ed erbe aromatiche.

VINO NOBILE DI MONTEPULCIANO CASINA DI DORO
2016

VINO NOBILE DI MONTEPULCIANO RISERVA
2017

Capanna
(1958)

Montosoli, a nord di Montalcino, rappresenta uno dei cru più importanti dell'areale ilcinese. Le quasi estreme escursioni termiche favoriscono l'arricchimento di una moltitudine di sentori che si proiettano in un sorso gustoso e dinamico per freschezza. Infatti nel Brunello di Montalcino 2018, come anche nella Riserva 2017, pur essendo due annate caratterizzate da un'estate molto calda, la viva freschezza riesce a mitigare la nota pseudocalorica facendosi garante di risultati eccelsi e seducenti. Territorio e savoir faire racchiusi nel calice.

Località Capanna, 333 - 53024 Montalcino (SI)
T. 0577 848298 | M. info@capannamontalcino.com
www.capannamontalcino.com

Viticoltura: In conversione al biologico
Ettari: 25 | **Bottiglie:** 80.000 | **Produzione olearia:** Sì
Proprietà: Famiglia Cencioni
Cond. enologica: Amedeo Cencioni
Cond. agronomica: Donato Bagnulo
Vendita diretta: Sì | **Visite in azienda:** Sì

(94)
BRUNELLO DI MONTALCINO RISERVA 2017
Rosso Docg - Sangiovese 100%
Alc. 15% | € 95 | Bt. 3.472 | Ferm. Legno | Mat. Legno 42 mesi
Carminio con riflessi granato. L'ampio ventaglio si schiude con mora di gelso e mirtillo su un pot-pourri di viola. I deliziosi cenni di sottobosco ed erbe officinali si fondono al cacao e all'eco di pepe nero. Freschezza e sapidità ravvivano un tannino tenace e aristocratico su una scia di ruggine. Pernici farcite.

(92)
BRUNELLO DI MONTALCINO 2018
Rosso Docg - Sangiovese 100%
Alc. 14,5% | € 48 | Bt. 39.652 | Ferm. Legno | Mat. Legno 36 mesi
Carminio vivace. Tripudio di frutti di bosco in confettura su un tappeto di petali di mammola e di rosa. Delicati ricordi empireumatici, liquirizia e chiodi di garofano. Tannini sorretti da una succosa freschezza con lungo finale speziato. Agnello al forno con rosmarino.

(91)
BRUNELLO DI MONTALCINO NICCO 2018
Rosso Docg - Sangiovese 100%
Alc. 14,5% | € 80 | Bt. 3.420 | Ferm. Legno | Mat. Legno 36 mesi
Viva tonalità granato, la frutta scura, le erbette aromatiche e gli eleganti cenni di sandalo e tè nero su uno sfondo di tabacco e cioccolato ci proiettano verso un sorso intenso dai tannini grintosi. Coniglio alla cacciatora.

MOSCADELLO DI MONTALCINO VENDEMMIA TARDIVA 2019
Bianco Doc Passito - Moscato bianco 100%
Alc. 14% | € 25 (0,5l) | Bt. 5.220 | Ferm. Acciaio | Mat. Legno 18 mesi
Petit four alle mandorle.

ROSSO DI MONTALCINO 2021
Rosso Doc - Sangiovese 100%
Alc. 14,5% | € 24 | Bt. 29.000 | Ferm. Legno | Mat. Legno 12 mesi
Strudel di porcini e zucca con crema al parmigiano.

SANGIOBÌ 2022
Bianco Igt - Sangiovese 100%
Alc. 13,5% | € 22 | Bt. 5.000 | Ferm. Acciaio | Mat. Legno 6 mesi
Tortelli di branzino con salsa d'astice.

BRUNELLO DI MONTALCINO
2009 | 2012

BRUNELLO DI MONTALCINO RISERVA
2013 | 2015 | 2016

Capannelle
(1975)

La storia di Capannelle inizia nel 1974, quando Raffaele Rossetti acquista un Casale risalente XVII sec. a Gaiole. I vitigni utilizzati furono subito gli autoctoni Sangiovese, Canaiolo, Colorino e Malvasia Nera. Nel 1975 esce il primo vino dell'azienda: un vino da tavola, che proietta immediatamente Capanelle nel panorama dei produttori di qualità. Inizia così una lunga scia di successi, costellata da vini come lo Chardonnay, fermentato e maturato in barrique, il 50&50, prodotto in collaborazione con Avignonesi e il Solare, frutto della collaborazione con l'Enoteca di Giorgio Pinchiorri.

Località Capannelle, 13 - 53013 Gaiole in Chianti (SI)
T. 0577 74511 | M. info@capannelle.com
www.capannelle.com

Viticoltura: Convenzionale
Ettari: 18 | **Bottiglie:** 80.000 | **Produzione olearia:** Sì
Proprietà: James B. Sherwood
Cond. enologica: Simone Monciatti
Cond. agronomica: Massimo Arnoldi
Vendita diretta: Sì | **Visite in azienda:** Sì

(95)
CHIANTI CLASSICO GRAN SELEZIONE 2018
Rosso Docg - Sangiovese 100%
Alc. 13% | € 60 | Bt. 9.000 | Ferm. Acciaio | Mat. Legno 12 mesi
Carminio luminoso con bordo granato, si apre con ciliegia, mora in confettura e amarena sotto spirito con eleganti guizzi di caffè e tabacco. Tannino superbo con una succosa freschezza di arancia Sanguinella. Balsamico nel congedo. Manzo brasato con olive e porri.

(94)
CHARDONNAY ORO BIANCO 2020
Bianco Igt - Chardonnay 100%
Alc. 13,5% | € 85 (1,5l) | Ferm. Acciaio | Mat. Acciaio 6 mesi
Giallo paglierino fulgido con nuance dorate, offre fragranze di ananas e pesca, seguite da aromi di cioccolato bianco e cannella. Il sorso è dominato da una acidità dinamica, che esalta un fruttato esotico e una piacevole sapidità. Chiosa agrumata e di frutta esotica. Linguine agli scampi.

(93)
CHARDONNAY 2020
Bianco Igt - Chardonnay 100%
Alc. 14% | € 50 | Bt. 8.000 | Ferm. Legno e Acciaio | Mat. Acciaio 6 mesi e Legno 6 mesi
Abito paglierino rilucente con orlo dorato, si apre al naso con pesca bianca matura e cedro, seguiti da pepe bianco, mandorla ed elicriso. Ingresso intenso in bocca con vivace freschezza agrumata e lungo finale sapido di mandorla. Paella.

50&50 2019
Rosso Igt - Merlot 50%, Sangiovese 50%
Alc. 14% | € 110 | Bt. 35.000 | Ferm. Legno | Mat. Legno 18 mesi. Lepre in salmì.

ROSATO 2022
Rosato Igt - Sangiovese 100%
Alc. 14% | € 30 | Bt. 2.300 | Ferm. Acciaio | Mat. Acciaio 2 mesi
Prosciutto di San Daniele.

CHIANTI CLASSICO RISERVA 2019
Rosso Docg - Sangiovese 100%
Alc. 13% | € 40 (1,5l) | Bt. 18.000 | Ferm. Acciaio | Mat. Legno 12 mesi
Quaglie alla cacciatora.

50&50
2011 | 2012 | 2016

CHIANTI CLASSICO GRAN SELEZIONE
2013

Caparzo
(1970)

Fin dalla fondazione, era il 1970, è sempre stata orientata verso la sperimentazione e l'innovazione, quasi in anticipo sui tempi, come quando nel 1977, credendo nelle potenzialità della zonazione, produsse il Brunello La Casa, proveniente da una singola vigna, e poi nel 1985, con il bianco Le Grance. In seguito all'acquisto nel 1998 da parte di Elisabetta Gnudi Angelini si è continuato a essere orientati non solo verso un'attenzione ai singoli passaggi di produzione ma anche verso un approccio ecosostenibile nei 100 ettari di proprietà che si estendono nei vari versanti di Montalcino.

Strada Provinciale del Brunello, km 1,7 - 53024 Montalcino (SI)
T. 0577 848390 | M. caparzo@caparzo.com
www.caparzo.com

Viticoltura: Lotta integrata
Ettari: 100 | **Bottiglie:** 900.000 | **Produzione olearia:** No
Proprietà: Elisabetta Gnudi
Cond. enologica: Paolo Vagaggini
Cond. agronomica: Simone Giunti
Vendita diretta: Sì | **Visite in azienda:** Sì

(94)
BRUNELLO DI MONTALCINO VIGNA LA CASA 2018
Rosso Docg - Sangiovese 100%
Alc. 14% | € 65 | Bt. 20.000 | Ferm. Acciaio | Mat. Legno 36 mesi
Carminio con ornamenti granato. Caleidoscopio olfattivo in cui amarena, ribes, mora di gelso e prugna si susseguono a sentori balsamici e all'espressione magistrale di speziatura dolce e di note empireumatiche. Sorso magistrale, corredato da tannini setosi e da una viva freschezza, è molto persistente. Filetto di vitello alla Rossini.

BRUNELLO DI MONTALCINO 2018
Rosso Docg - Sangiovese 100%
Alc. 13,5% | € 35 | Bt. 150.000 | Ferm. Acciaio | Mat. Legno 36 mesi
Petto d'anatra laccato al miele.

ROSSO DI MONTALCINO VIGNA LA CADUTA 2019
Rosso Doc - Sangiovese 100%
Alc. 14,5% | € 17 | Bt. 15.000 | Ferm. Acciaio | Mat. Legno 18 mesi
Risotto ai finferli.

BRUNELLO DI MONTALCINO VIGNA LA CASA
2012 | 2013

BRUNELLO DI MONTALCINO
2012

Capezzana
(804)

La nobiltà medicea del vino di Carmignano passa indiscutibilmente dalla Famiglia Contini Bonacossi, a cui va dato atto, con altri, di essere riuscita a custodirne la storia enologica, evitando di essere assorbita dal Chianti. Lo stile Bonaccossi nel vino è quello di modellare una personalità la cui livrea sia specchio di grazia, di quella profonda leggerezza di pensiero e d'intelletto che il conte Ugo impresse alla filosofia produttiva. Oggi gli eredi ne sono meritori interpreti, e i risultati sono sotto gli occhi di tutti.

Via Capezzana, 100 - Seano - 59015 Carmignano (PO)
T. 055 8706005 | M. capezzana@capezzana.it
www.capezzana.it

Viticoltura: Biologica
Ettari: 78 | **Bottiglie:** 350.000 | **Produzione olearia:** Sì
Proprietà: Famiglia Contini Bonacossi
Cond. enologica: Franco Bernabei, Benedetta Contini Bonacossi
Cond. agronomica: Gaddo Contini Bonacossi, Andrea Beconcini
Vendita diretta: Sì | **Visite in azienda:** Sì

(91,5)
CARMIGNANO TREFIANO RISERVA 2018
Rosso Docg - Sangiovese 80%, Cabernet sauvignon 10%, Canaiolo 10%
Alc. 14% | € 45 | Bt. 5.000 | Ferm. Legno | Mat. Legno 18 mesi
Carminio fitto. Confettura di ribes e amarena è il preludio a un'ampia speziatura di cardamomo e pepe nero che si completa con tè nero e rododendro. Briosità fresco-sapida in tensione tannica, recupera equilibrio con tonificante alcol e chiusura di liquirizia. Civet di capriolo ai funghi.

(91)
CARMIGNANO VILLA DI CAPEZZANA 10 ANNI 2013
Rosso Docg - Sangiovese 80%, Cabernet sauvignon 20%
Alc. 14% | € 44 | Bt. 6.000 | Ferm. Legno | Mat. Legno 12 mesi
Granato. Profumo catartico per purezza evolutiva di fiori scuri macerati, prugna secca, inchiostro, tabacco Latakia e ambra grigia. Morbidezza e freschezza si amalgamano accogliendo un tannino addomesticato e disegnano un equilibrio ottimale. Maialino in agrodolce.

GHIAIE DELLA FURBA 2019
Rosso Igt - Cabernet sauvignon 40%, Syrah 35%, Merlot 25%
Alc. 14,5% | € 47 | Bt. 7.000 | Ferm. Legno | Mat. Legno 18 mesi
Brasato di manzo al vino rosso.

UGO CONTINI BONACOSSI 2018
Rosso Igt - Sangiovese 100%
Alc. 14,5% | € 60 | Bt. 2.600 | Ferm. Legno | Mat. Legno 24 mesi
Fiorentina alla brace.

VIN SANTO DI CARMIGNANO RISERVA 2015
Bianco Doc Passito - Trebbiano 90%, altre varietà 10%
Alc. 14% | € 64 (0,375l) | Bt. 4.145 | Ferm. Legno | Mat. Legno 84 mesi
Panpepato.

TREBBIANO 2021
Bianco Igt - Trebbiano 100%
Alc. 14% | € 24 | Bt. 9.000 | Ferm. Legno e Acciaio | Mat. Legno 6 mesi
Risotto agli scampi.

VIN SANTO DI CARMIGNANO RISERVA
2011 | 2013 | 2014

GHIAIE DELLA FURBA
2010 | 2017 | 2018

Marco Capitoni
(1993)

Storia di una famiglia e di una tradizione nata e sviluppatasi a Pienza, nel centro della Val d'Orcia, in un territorio tra i più iconici di Toscana. Con sette ettari di vigneti, alcuni di quasi 50 anni, la perseveranza e la passione sono rivolte al vitigno del luogo: il sangiovese, con l'intento di avvicinare il pubblico a un territorio che, appannato dai nobili vicini (Brunello e Nobile), ha invece molto da dire. Cambio della guardia al vertice quest'anno: con Frasi di nuovo assente, il primo gradino va all'Orcia Sangiovese Troccolone, che precede di un soffio l'Orcia Capitoni Riserva.

Podere Sedime, 63 - 53026 Pienza (SI)
T. 338 8981597 | M. info@capitoni.eu
www.capitoni.eu

Viticoltura: Biologica
Ettari: 7 | **Bottiglie:** 20.000 | **Produzione olearia:** Sì
Proprietà: Marco Capitoni
Cond. enologica: Marco Nasca
Cond. agronomica: Dania Conciarelli
Vendita diretta: Sì | **Visite in azienda:** Sì

ORCIA SANGIOVESE TROCCOLONE 2022
Rosso Doc - Sangiovese 100%
Alc. 13,5% | € 14 | Bt. 5.000 | Ferm. Terracotta | Mat. Terracotta 8 mesi
Rubino con riflessi porpora. Apre con iconici profumi di amarena e lampone selvatico maturi, poi viola, iris, vaniglia e cannella, tracce di cardamomo in chiusura. In bocca la combinazione fresco-tannica è polposa, con rinfrescante fruttato al medio palato e caldo allungo all'arancia rossa. Controfiletto di bue alla brace.

ORCIA CAPITONI RISERVA 2019
Rosso Doc - Sangiovese 85%, Merlot 15%
Alc. 15% | € 18 | Bt. 12.000 | Ferm. Acciaio | Mat. Acciaio 6 mesi e Legno 24 mesi
Capretto arrosto alle erbe aromatiche.

ORCIA CAPITONI RISERVA
2018

FRASI
2016 | 2019

Enzo Carmignani
(1970)

Montecarlo è un borgo medievale che con i comuni di Altopascio, Capannori e Porcari indentifica uno dei vini dei più antichi areali vitati della Toscana. Qui la famiglia Carmignani produce vino fin dal 1386, tramandando tradizione e innovazione di generazione in generazione, fino ai giorni nostri. E la gamma dei vini aziendali rispecchia in pieno l'anima enoica montecarlese, che si basa sull'utilizzo di vitigni a bacca bianca e rossa autoctoni e alloctoni, in particolare d'oltralpe, le cosiddette "uve francesine", in blend o in purezza, come il magnifico Sauvignon Blanc Urano.

Via Cercatoia Alta, 13 - 55015 Montecarlo (LU)
T. 348 8108554 | M. info@fattoriacarmignani.com
www.fattoriacarmignani.com

Viticoltura: Convenzionale
Ettari: 13 | **Bottiglie:** 70.000 | **Produzione olearia:** Sì
Proprietà: Elena Carmignani
Cond. enologica: Massimo Motroni
Cond. agronomica: Staff aziendale
Vendita diretta: Sì | **Visite in azienda:** Sì

URANO 2022
Bianco Igt - Sauvignon 100%
Alc. 13% | € 25 | Bt. 10.000 | Ferm. Acciaio
Paglierino con sottili toni verdognoli. Quadro olfattivo composto da susina gialla, bergamotto, ortica, zenzero, bosso e gelatina di cedro. Gusto molto fresco d'agrume, deciso, acquisisce saporosità al medio palato e chiude con buona persistenza su erbe aromatiche. Salmone al timo.

KAPOGIRO 2022
Rosato Igt - Sangiovese 35%, Syrah 35%, Merlot 30%
Alc. 13% | € 20 | Bt. 10.000 | Ferm. Acciaio
Melanzane e peperoni ripieni.

MONTECARLO BIANCO 2022
Bianco Doc - Trebbiano 50%, Chardonnay 10%, Malvasia bianca 10%, Roussanne 10%, Sauvignon 10%, Sémillon 10%
Alc. 13,5% | € 15 | Bt. 15.000 | Ferm. Acciaio | Mat. Acciaio 6 mesi
Canapè di pasta sfoglia al formaggio.

TENTAZIONE 2022
Bianco Igt - Chardonnay 90%, Pinot bianco 10%
Alc. 13,5% | € 25 | Bt. 10.000 | Ferm. Acciaio
Garganelli con julienne di calamari e ortiche.

MONTECARLO ROSSO 2021
Rosso Doc - Sangiovese 50%, Cabernet sauvignon 10%, Canaiolo 10%, Ciliegiolo 10%, Malvasia 10%, Merlot 10%
Alc. 13,5% | € 15 | Bt. 15.000 | Ferm. Acciaio | Mat. Acciaio 6 mesi
Pollo fritto.

THEOREMA 2019
Rosso Igt - Cabernet sauvignon 30%, Merlot 30%, Syrah 30%, Sangiovese 10%
Alc. 14,5% | € 35 | Bt. 10.000 | Ferm. Acciaio | Mat. Legno 18 mesi
Trippa in umido.

URANO
2016 | 2017

INTRIGO
2017

Carpineto
(1967)

La compagine di Carpineto può contare su cinque tenute e 220 ettari vitati situati negli areali più prestigiosi della Toscana vinicola. La varietà centrale è il sangiovese, declinato in tre altissime espressioni: il Brunello di Montalcino, il Vino Nobile di Montepulciano e il Chianti Classico. Tuttavia assumono sempre più rilevanza i vitigni internazionali, come si può notare dal notevole valore riscontrato in alcuni vini della linea Farnito. Questi vini nascono da una lunga sperimentazione sulle uve alloctone, avvenuta sin dagli anni Ottanta nei vari vigneti di proprietà.

Località Dudda, 17/B - 50022 Greve in Chianti (FI)
T. 055 8549062 | M. info@carpineto.com
www.carpineto.com

Viticoltura: Convenzionale ed ecosostenibile
Ettari: 221,5 | **Bottiglie:** 3.500.000 | **Produzione olearia:** Sì
Proprietà: Famiglie Sacchet e Zaccheo
Cond. enologica: Gabriele Ianett, Caterina Sacchet
Cond. agronomica: Tommaso Masi, Mauro Micheli
Vendita diretta: Sì | **Visite in azienda:** Sì

93,5

BRUNELLO DI MONTALCINO 2018
Rosso Docg - Sangiovese 100%
Alc. 14% | € 42 | Bt. 30.000 | Ferm. Acciaio | Mat. Legno 36 mesi
Preziosi intarsi granati preludono a profumi di ciliegia, ribes, iris, pepe verde, santoreggia e scatola di sigari. Impatto verticale e armonico, dove viva freschezza e tannino serico conducono il percorso fino a un epilogo ricco e gustoso di arancia Sanguinella. Filetto alla Wellington.

93

BRUNELLO DI MONTALCINO RISERVA 2017
Rosso Docg - Sangiovese 100%
Alc. 14,5% | € 80 | Bt. 7.000 | Ferm. Acciaio | Mat. Legno 42 mesi
Da un calice granato vivace emergono preziosi riconoscimenti di tamarindo, pot-pourri, cioccolato fondente, pepe nero e cuoio. Sorso elegante e dinamico. Tannino tenace ma di nobile fattura. Finale con ricordi di caffè e liquirizia. Bocconcini di cinghiale con salsa di prugne.

92,5

CAMPONIBBIO FARNITO 2016
Rosso Igt - Sangiovese 60%, Cabernet sauvignon 20%, Merlot 20%
Alc. 14% | € 28 | Bt. 25.000 | Ferm. Acciaio | Mat. Legno 12 mesi
Carminio compatto e luminoso. Si intrecciano guizzi di mora di gelso, viola appassita, chiodi di garofano, cannella e liquirizia. Beva fresca e avvolgente e dal tannino tenace, ritorni di confettura di mora e bergamotto. Ravioli di germano con foie gras.

CHIANTI CLASSICO GRAN SELEZIONE 2020
Rosso Docg - Sangiovese 100%
Alc. 14% | € 40 | Bt. 6.000 | Ferm. Acciaio | Mat. Legno 18 mesi
Stinco di maiale al forno in pancetta affumicata.

ROSSO DI MONTEPULCIANO 2020
Rosso Doc - Sangiovese 70%, Canaiolo 30%
Alc. 13% | € 9 | Bt. 24.000 | Ferm. Acciaio
Pollastra alla birra e cipolle di Tropea.

VINO NOBILE DI MONTEPULCIANO RISERVA 2019
Rosso Docg - Sangiovese 70%, Canaiolo 30%
Alc. 14% | € 26 | Bt. 150.000 | Ferm. Acciaio | Mat. Legno 24 mesi
Scaloppa di vitello con asparagi trifolati.

BRUNELLO DI MONTALCINO
2017

VINO NOBILE DI MONTEPULCIANO RISERVA
2015

Casadei
(1996)

Situata a Suvereto, in Alta Maremma, la tenuta nasce con la visione audace di Stefano Casadei di coltivare vitigni internazionali in totale armonia con la natura. La scelta di terreni minerali e un clima mite si rivela vincente per la creazione di vini espressivi e autentici. Ogni etichetta è la testimonianza di questa connessione profonda tra uomo e ambiente, valorizzando sempre storia e vitalità del territorio. Novità di quest'edizione Filare 23, un viognier prodotto con l'originale approccio bio-integrale, un neologismo che lascia intravedere già molto della filosofia produttiva.

Località San Rocco - 57028 Suvereto (LI)
T. 366 6508938 | M. info@tenutacasadei.it
www.tenutacasadei.it

Viticoltura: Biologica, biologica certificata e biodinamica
Ettari: 13 | **Bottiglie:** 130.000 | **Produzione olearia:** Sì
Proprietà: Stefano Casadei e Fred Cline
Cond. enologica: Stefano Casadei
Cond. agronomica: Staff aziendale
Vendita diretta: Sì | **Visite in azienda:** Sì

92

FILARE 18 2021
Rosso Igt - Cabernet franc 100%
Alc. 14% | € 50 | Bt. 8.000 | Ferm. Terracotta | Mat. Legno 20 mesi e Cemento 2 mesi
Splendida veste carminio compatto con riflessi rubino. Esuberanza di amarena, eucalipto e liquirizia intrecciata a finissimi riconoscimenti di pepe nero, caffè, legno di cedro e grafite. Sorso avvolgente e voluminoso, progressione tannica di ottima fattura. Chiusura poliedrica di flavor varietali. Cinghiale arrosto con castagne.

FILARE 41 2021
Rosso Igt - Petit verdot 100%
Alc. 14% | € 46 | Bt. 4.000 | Ferm. Cemento | Mat. Legno 22 mesi e Cemento 2 mesi
Straccetti di vitello al rosmarino.

ANSONACO LE ANFORE 2021
Bianco Igt - Ansonica 100%
Alc. 12,5% | € 26 | Bt. 2.500 | Ferm. Terracotta | Mat. Terracotta 4 mesi
Spiedo di seppioline ai ferri.

FILARE 23 2022
Bianco Igt - Viognier 100%
Alc. 14% | € 37 | Ferm. Legno
Linguine all'astice.

SOGNO MEDITERRANEO 2021
Rosso Igt - Syrah 85%, altre varietà 15%
Alc. 14% | € 20 | Bt. 18.000 | Ferm. Cemento e Terracotta
Mat. Legno 12 mesi e Cemento 3 mesi
Hamburger di manzo con Montasio fuso.

SYRAH LE ANFORE 2021
Rosso Igt - Syrah 100%
Alc. 14% | € 26 | Bt. 5.000 | Ferm. Acciaio
Gulasch di manzo alla paprica dolce.

FILARE 18
2018 | 2019 | 2020

FILARE 41
2018 | 2019 | 2020

Casale di Falchini
(1964)

Sono sessant'anni di Falchini & Vernaccia, un connubio in cui la storia di quel fare è esuberanza dell'oggi, cioè: sessanta ma non li dimostra! C'è molta voglia di fare e di migliorarsi, lo si rileva in quest'edizione, dove tutti i vini presentati sono in uno spaccato di qualità molto elevata. Vigna a Solatìo si conferma regina di Vernaccia, saldando la sua immagine nel segno di una continuità in progredire, molto bene anche il Campora, un vino ormai avvezzo a volare in alto, la cui novità quest'anno consiste nell'essere stato allevato per sessanta mesi in barrique.

Via di Casale, 40 - 53037 San Gimignano (SI)
T. 0577 941305 | M. info@falchini.com
www.falchini.com

Viticoltura: Lotta integrata
Ettari: 35 | **Bottiglie:** 230.000 | **Produzione olearia:** Sì
Proprietà: Riccardo Michael e Christopher Mario Falchini
Cond. enologica: Elisabetta Barbieri
Cond. agronomica: Elisabetta Barbieri
Vendita diretta: Sì | **Visite in azienda:** No

(91,5)
VERNACCIA DI SAN GIMIGNANO VIGNA A SOLATÌO RISERVA 2019
Bianco Docg - Vernaccia di San Gimignano 100%
Alc. 14,5% | € 25 | Bt. 3.866 | Ferm. Legno | Mat. Acciaio 6 mesi e Legno 12 mesi
Luminoso nel giallo oro. Charme olfattivo di ginestra, gelsomino e santoreggia che impreziosiscono effluvi di ananas, cocco e dolce mandorla. Eccelso in sapidità, ha suprema freschezza e coesione nei flavor di cedro e papaia che allungano la persistenza. Ricciola al forno con capperi e pomodori ciliegino.

(91)
CÀMPORA 2016
Rosso Igt - Cabernet sauvignon 95%, Merlot 5%
Alc. 14,5% | € 50 | Bt. 6.000 | Ferm. Acciaio | Mat. Acciaio 10 mesi e Legno 60 mesi
Carminio con trina granato. C'è molta confettura di mora e mirtillo in questa complessità che offre menta, pepe verde, tè nero e noce moscata. L'alcol ha forma tonica e calorica ma trova freschezza vivacissima e tannino mansueto per un sorso gentile e un finale di cioccolato all'arancia. Petto di germano reale al balsamico.

CASTEL SELVA 2016
Bianco Igt - Chardonnay 100%
Alc. 14% | € 45 | Bt. 3.800 | Ferm. Acciaio | Mat. Acciaio 24 mesi e Legno 36 mesi
Rombo al forno ai sapori mediterranei.

MORA DI SELVA 2019
Rosso Igt - Merlot 35%, Sangiovese 35%, Cabernet sauvignon 30%
Alc. 14% | € 10 | Bt. 5.333 | Ferm. Acciaio | Mat. Acciaio 36 mesi e Legno 3 mesi
Piccione al forno con cipollotti.

CHIANTI COLLI SENESI TITOLATO COLOMBAIA 2020
Rosso Docg - Sangiovese 85%, Merlot 15%
Alc. 13,5% | € 13 | Bt. 53.333 | Ferm. Acciaio | Mat. Acciaio 6 mesi e Legno 6 mesi
Pasta e fagioli.

PARETAIO 2017
Rosso Igt - Sangiovese 90%, Merlot 10%
Alc. 14% | € 25 | Bt. 17.000 | Ferm. Acciaio | Mat. Acciaio 12 mesi e Legno 24 mesi
Coniglio in porchetta.

VERNACCIA DI SAN GIMIGNANO VIGNA A SOLATÌO
2021

CASTEL SELVA
2015 | 2018

Casanova della Spinetta
(2001)

La campagna di Castagnole Lanze negli anni Sessanta non brillava certo per floridezza, regnava molta coraggiosa paura e costanza nel lavoro. Tutto ciò ha portato i Rivetti a quello che oggi sono: duttili cesellatori di terroir del vino. Questo può spiegare la loro Toscana, del e nel vino, piemontesemente interpretata con un vitigno di riferimento: il sangiovese, con vini che dettagliano con stilistica purezza ogni differenza organolettica estratta dai singoli vigneti. Un lavoro certosino, di pazienza, che sono in grado di compiere pochi personaggi, i Rivetti sono tra quelli.

Strada Provinciale Terricciolese - Località Casanova - 56030 Terricciola (PI)
T. 0587 690508 | M. info@la-spinetta.com
www.la-spinetta.com

Viticoltura: Biologica
Ettari: 70 | **Bottiglie:** 350.000 | **Produzione olearia:** Sì
Proprietà: Giorgio, Bruno e Giancarlo Rivetti
Cond. enologica: Mirko Bessi, Andrea Rivetti, Giorgio Rivetti
Cond. agronomica: Claudio Antonelli
Vendita diretta: Sì | **Visite in azienda:** Sì

IL NERO DI CASANOVA 2019
Rosso Igt - Sangiovese 100%
Alc. 13,5% | € 20 | Bt. 90.000 | Ferm. Acciaio | Mat. Legno 12 mesi
Carminio con nuance granato. Profilo olfattivo di arancia Sanguinella, susina rossa, viola, mirto, corbezzolo e chiodi di garofano con ricordi di liquirizia. Tannino protagonista ma non invadente. Piacevoli al gusto i timbri fruttati freschi di agrumi rossi che si allargano nel sapido finale. Agnello al forno con rosmarino.

VERMENTINO 2022
Bianco Igt - Vermentino 100%
Alc. 13% | € 20 | Bt. 50.000 | Ferm. Acciaio | Mat. Acciaio 4 mesi
Risotto alla pescatora.

IL GENTILE DI CASANOVA 2019
Rosso Igt - Prugnolo gentile 100%
Alc. 14% | € 25 | Bt. 6.000 | Ferm. Acciaio | Mat. Legno 24 mesi
Tartare di manzo.

IL COLORINO DI CASANOVA 2019
Rosso Igt - Colorino 100%
Alc. 14% | € 25 | Bt. 6.000 | Ferm. Acciaio | Mat. Legno 24 mesi
Lasagne con scamorza, funghi e zucca.

CHIANTI RISERVA 2019
Rosso Docg - Sangiovese 100%
Alc. 14% | € 25 | Bt. 10.000 | Ferm. Acciaio | Mat. Legno 24 mesi
Bocconcini di cervo al cavolo nero.

IL ROSÉ DI CASANOVA 2022
Rosato Igt - Prugnolo gentile 50%, Sangiovese 50%
Alc. 12,5% | € 20 | Bt. 120.000 | Ferm. Acciaio | Mat. Acciaio 3 mesi
Crostini con spuma di mortadella.

IL NERO DI CASANOVA
2016

SEZZANA
2009

Casisano
(2015)

Le ottime impressioni che i vini aziendali avevano suscitato all'esordio in Guida nella scorsa edizione, sono state pienamente confermate quest'anno. Il Brunello di Montalcino Colombaiolo Riserva conquista la piena eccellenza, ammaliando in tutte le fasi della degustazione e mostrando gli attributi giusti a garantirgli piacevolezza e longevità. Non sfigura a suo fianco il Brunello annata, fratello minore solo sulla carta, che sfiora l'eccellenza, mentre il Rosso di Montalcino, si conferma vino pronto e facile alla beva.

Località Casisano, 52 - 53024 Montalcino (SI)
T. 0577 7701266 | M. info@casisano.it
www.casisano.it

Viticoltura: Convenzionale
Ettari: 22 | **Bottiglie:** 165.000 | **Produzione olearia:** Sì
Proprietà: Famiglia Tommasi
Cond. enologica: Emiliano Falsini, Giancarlo Tommasi
Cond. agronomica: Staff aziendale
Vendita diretta: Sì | **Visite in azienda:** Sì

(92,5)
BRUNELLO DI MONTALCINO COLOMBAIOLO RISERVA 2017
Rosso Docg - Sangiovese 100%
Alc. 14% | € 80 | Bt. 4.000 | Ferm. Acciaio | Mat. Legno 48 mesi
Carminio vivace dai riflessi granato. Bouquet ampio di ciliegia e mora in confettura, arancia Sanguinella, pot-pourri di fiori rossi, liquirizia, ginepro, pepe, tabacco e cacao. Struttura gustativa caratterizzata da viva freschezza e tannino grintoso in un lungo finale di agrume e ricordi minerali. Brasato di lepre con riduzione di vino rosso.

BRUNELLO DI MONTALCINO 2018
Rosso Docg - Sangiovese 100%
Alc. 14% | € 37 | Bt. 45.000 | Ferm. Acciaio | Mat. Legno 36 mesi
Gnocchi al ragù.

ROSSO DI MONTALCINO 2021
Rosso Doc - Sangiovese 100%
Alc. 13,5% | € 14 | Bt. 65.000 | Ferm. Acciaio | Mat. Legno 8 mesi
Pappa al pomodoro.

BRUNELLO DI MONTALCINO COLOMBAIOLO RISERVA
2011 | 2016

BRUNELLO DI MONTALCINO
2012 | 2017

Casteldelpiano
(2004)

L'alta Lunigiana è zona per lo più misteriosa anche per molti toscani. Ha però avuto la sua importanza nella storia, in particolare durante il Medio Evo, e proprio attorno a un castello medievale, quello dei Malaspina, si è sostanziata una realtà vitivinicola che fa dei dettami biologici-biodinamici il proprio know-how, coltivando vitigni autoctoni accanto a vitigni internazionali. Con le fermentazioni spontanee ci vuole molta attenzione e nulla può essere lasciato al caso. Sicuramente ciò è avvenuto per Melampo, il magnifico Pinot Nero peraltro non nuovo a eccellenti performance.

Via Piano, 10 - 54016 Licciana Nardi (MS)
T. 347 2590109 | M. info@casteldelpianolunigiana.it
www.casteldelpianolunigiana.it

Viticoltura: Biologica e biodinamica
Ettari: 2,5 | **Bottiglie:** 15.000 | **Produzione olearia:** Sì
Proprietà: Sabina Ruffaldi
Cond. enologica: Andrea Ghigliazza
Cond. agronomica: Andrea Ghigliazza
Vendita diretta: Sì | **Visite in azienda:** Sì

PINOT NERO MELAMPO 2019
Rosso Igt - Pinot nero 100%
Alc. 13% | € 29 | Bt. 1.400 | Ferm. Legno | Mat. Legno 12 mesi
Avvenente rubino. Ampiezza olfattiva di ribes nero, mirtillo, glicine, cannella, chinotto e radice di liquirizia, con aggiunte di gelso, cacao e cardamomo. In bocca si avverte una perfetta combinazione fresco-sapida, sorretta da tannini eleganti e amalgamata nell'alcol. Congedo molto lungo all'arancia rossa. Beccacce allo spiedo.

MARCOLFO 2017
Rosso Igt - Merlot 100%
Alc. 14% | € 35 | Bt. 600 | Ferm. Legno | Mat. Acciaio 9 mesi e Legno 12 mesi
Risotto con salsiccia e Taleggio.

PIANPIANO 2019
Bianco Igt - Durella 34%, Chardonnay 33%, Pinot grigio 33%
Alc. 14% | € 20 | Bt. 1.300 | Ferm. Acciaio | Mat. Acciaio 24 mesi
Pesce spada gratinato.

VERMENTINO NERO PEPE NERO 2022
Rosso Igt - Vermentino nero 100%
Alc. 13% | € 18 | Bt. 4.000 | Ferm. Acciaio | Mat. Acciaio 6 mesi
Stinco d'agnello al forno.

MATTAGNA 2021
Rosato Igt - Pinot grigio 90%, Chardonnay 10%
Alc. 13% | € 25 | Bt. 1.000 | Ferm. Acciaio | Mat. Acciaio 6 mesi
Risotto alla granseola.

PINOT NERO MELAMPO
2015

PIANPIANO
2014 | 2015 | 2016

Castellare di Castellina
(1977)

Il know-how più all'avanguardia nelle mani dei mezzadri, custodi di usi e tradizioni del luogo. È stata un po' questa la filosofia di Paolo Panerai da quando acquistò i famosi quattro poderi nel 1980: dalla selezione clonale del sangioveto e della malvasia nera, all'introduzione della barrique nel Chianti Classico, al riposo del vino in cemento prima dell'imbottigliamento, per dare "coesione". Facendo tesoro dei consigli di personaggi come Attilio Scienza, Emile Peynaud e Giacomo Tachis, i vini di Castellare di Castellina costituiscono ormai un'orchestra eccellente e molto affiatata.

Località Castellare - 53011 Castellina in Chianti (SI)
T. 0577 742903 | M. info@castellare.it
www.castellare.it

Viticoltura: Convenzionale
Ettari: 30 | **Bottiglie:** 250.000 | **Produzione olearia:** Sì
Proprietà: Paolo Panerai
Cond. enologica: Alessandro Cellai
Cond. agronomica: Alessandro Cellai
Vendita diretta: Sì | **Visite in azienda:** Sì

(92)
CONIALE 2019
Rosso Igt - Cabernet sauvignon 100%
Alc. 14% | € 64 | Bt. 2.900 | Ferm. Acciaio | Mat. Legno 12 mesi
Rubino impenetrabile. Profumi di cassis maturo, lavanda, pepe verde ed eucalipto anticipano raffinate note balsamiche e boisé. Sorso energico di succosa freschezza e tannini integrati. Molto persistente. Lepre alla cacciatora.

(91,5)
POGGIO AI MERLI 2021
Rosso Igt - Merlot 100%
Alc. 14,5% | € 74 | Bt. 3.300 | Ferm. Acciaio | Mat. Legno 18 mesi
Carminio vivido. Naso maturo di prugna, ribes nero, fiordaliso, mora di gelso, incenso, rosmarino e salamoia. Ingresso avvolgente mitigato dalla freschezza. Grip tannico fruttato fino al lungo epilogo. Funghi porcini trifolati.

(91)
I SODI DI S. NICCOLÒ 2019
Rosso Igt - Sangiovese 85%, Malvasia nera 15%
Alc. 14% | € 89 | Bt. 30.000 | Ferm. Acciaio | Mat. Legno 24 mesi
Carminio fitto. Profumi di amarene sciroppate e confettura di fragole si alternano a rilievi di lavanda appassita, pepe nero, cannella, salvia secca, cacao e tabacco. Il tannino, energico e fruttato, è in progressione. La freschezza dona bevibilità e piacevolezza. Chiusura all'arancia rossa. Filetto al pepe verde.

CHIANTI CLASSICO RISERVA 2020
Rosso Docg - Sangiovese 95%, Canaiolo 5%
Alc. 14% | € 26 | Bt. 20.000 | Ferm. Acciaio | Mat. Legno 15 mesi
Coq au vin alla borgognona.

VIN SANTO DEL CHIANTI CLASSICO S. NICCOLÒ 2017
Bianco Doc Passito - Malvasia bianca 60%, Trebbiano toscano 40%
Alc. 15% | € 28 (0,375l) | Bt. 1.500 | Ferm. Legno | Mat. Legno 60 mesi
Crostata di arance.

CHIANTI CLASSICO VIGNA IL POGGIALE RISERVA 2020
Rosso Docg - Sangiovese 90%, Canaiolo 5%, Ciliegiolo 5%
Alc. 14% | € 38 | Bt. 15.000 | Ferm. Acciaio | Mat. Legno 18 mesi
Petto d'anatra laccato al miele.

I SODI DI S. NICCOLÒ
2016 | 2018

CONIALE
2018

Castello dei Rampolla
(1965)

Negli anni '70 Alceo Di Napoli Rampolla è stato il primo a impiantare il cabernet sauvignon nel Chianti Classico, dietro suggerimento di Giacomo Tachis, con l'idea di creare qualcosa di diverso nell'areale della Conca d'Oro. L'azienda adesso è seguita dai figli Luca e Maurizia, è antesignana delle alte densità d'impianto e delle basse rese di produzione, ed è biodinamica dal 1998. La produzione non è elevatissima, perché deriva solo dai vigneti migliori localizzati nei pressi del Castello, ma la qualità eccelle, sia per i monovitigno che per i blend, con in testa uno straordinario D'Alceo.

Via Case Sparse, 22 - Panzano - 50022 Greve in Chianti (FI)
T. 055 852533 | M. info@castellodeirampolla.it
www.castellodeirampolla.it

Viticoltura: Biodinamica
Ettari: 32 | **Bottiglie:** 70.000 | **Produzione olearia:** No
Proprietà: Di Napoli Rampolla
Cond. enologica: Luca di Napoli Rampolla
Cond. agronomica: Luca di Napoli Rampolla
Vendita diretta: Sì | **Visite in azienda:** Sì

(93)
D'ALCEO 2019
Rosso Igt - Cabernet sauvignon 85%, Petit verdot 15%
Alc. 14% | € 160 | Bt. 13.700 | Ferm. Cemento | Mat. Legno 16 mesi
Granato scuro con riflessi rubino. Schiude un'esaltante successione odorosa di confettura di more e di mirtilli, glicine e peonia appassiti, cannella, inchiostro, mint chocolate e tamarindo. Sorso caldo e volumico, tannico con vellutata indole speziata che si protrae in un'apoteosi lunga e balsamica. Pernici farcite.

SAMMARCO 2019
Rosso Igt - Cabernet sauvignon 75%, Merlot 20%, Sangiovese 5%
Alc. 14% | € 60 | Bt. 25.800 | Ferm. Cemento | Mat. Legno 16 mesi
Fondue bourguignonne.

LIÙ 2021
Rosso Igt - Merlot 100%
Alc. 13% | € 37 | Bt. 7.100 | Ferm. Cemento | Mat. Cemento 9 mesi e Terracotta 9 mesi
Sella di coniglio al tartufo con timballo di patate.

SANGIOVESE DI SANTA LUCIA 2021
Rosso Igt - Sangiovese 100%
Alc. 13,5% | € 30 | Bt. 2.300 | Ferm. Terracotta
Pappardelle al ragù di cinghiale.

D'ALCEO
2015 | 2016 | 2018

SAMMARCO
2017

Castello del Terriccio

(1921)

La possibilità di scegliere nella vasta proprietà gli appezzamenti di terra in cui vi siano le condizioni ideali per l'allevamento delle viti a partire dall'altitudine, dal terreno sabbioso-argilloso ricco di minerali, dall'esposizione studiata in modo tale che il sole, specchiandosi nel mare, illumini le piante indirettamente, permette di selezionare quei 60 ettari maggiormente atti alla viticoltura. Qui non è un territorio idoneo al sangiovese, classico vitigno toscano, ma gli internazionali diventano i protagonisti, suggellato in un aristocratico Lupicaia e nel nobile Tassinaia.

Via Bagnoli, 16 - Località Terriccio - 56040 Castellina Marittima (PI)
T. 050 699709 | M. info@terriccio.it
www.terriccio.it

Viticoltura: Convenzionale
Ettari: 60 | **Bottiglie:** 200.000 | **Produzione olearia:** Sì
Proprietà: Vittorio Piozzo di Rosignano Rossi di Medelana
Cond. enologica: Carlo Ferrini, Valerio Corsini
Cond. agronomica: Emanuele Vergari, Carlo Ferrini
Vendita diretta: Sì | **Visite in azienda:** Sì

93

LUPICAIA 2018
Rosso Igt - Cabernet sauvignon 90%, Petit verdot 10%
Alc. 14% | € 120 | Bt. 30.000 | Ferm. Acciaio | Mat. Legno 22 mesi
Carminio profondo. Il caleidoscopio di sentori regala continue emozioni: confetture di ciliegia, gelatina di ribes nero, viola e glicine appassiti, eleganti soffi mentolati, richiami di inchiostro e goudron, cacao e tabacco in chiusura. Lungo sorso sontuoso e dinamico dai tannini saporiti di kumquat. Piccione ai porcini e tartufo nero.

TASSINAIA 2019
Rosso Igt - Cabernet sauvignon 50%, Merlot 50%
Alc. 14% | € 28 | Bt. 160.000 | Ferm. Acciaio | Mat. Legno 16 mesi
Filetto di maiale lardellato.

CON VENTO 2022
Bianco Igt - Viognier 70%, Sauvignon 30%
Alc. 12,5% | € 18 | Bt. 6.700 | Ferm. Acciaio | Mat. Acciaio 4 mesi
Ravioli di pesce con sugo di canestrelli.

CASTELLO DEL TERRICCIO
2009 | 2018

CON VENTO
2018 | 2019 | 2021

Castello del Trebbio

(1968)

Al Castello si possono ascoltare tante storie che sono storia della Toscana, allo stesso modo si può ascoltare cosa è per la Famiglia Casadei fare olio, vigna e vino, e se di vino si parla, si addiviene al Chianti Rufina. Sono molti anni che stanno lavorando per costruire una perfetta liaison con il suolo, l'aria di qui, il vento e quant'altro confluisca nelle vigne del sangiovese. In quest'edizione di Vitae ci siamo imbattuti nella Riserva Lastricato, la cui solidità di purezza organolettica è assurta a livelli d'eccezione e s'intuisce che questo non è l'ultimo gradino.

Via Santa Brigida, 9 - 50060 Pontassieve (FI)
T. 055 8304900 | M. info@castellodeltrebbio.eu
www.castellodeltrebbio.eu

Viticoltura: Biologica, biologica certificata e biodinamica
Ettari: 55 | **Bottiglie:** 350.000 | **Produzione olearia:** Sì
Proprietà: Baj Macario
Cond. enologica: Staff aziendale
Cond. agronomica: Michele Tamponi, Stefano Casadei
Vendita diretta: Sì | **Visite in azienda:** Sì

91

CHIANTI RUFINA LASTRICATO RISERVA 2018
Rosso Docg - Sangiovese 100%
Alc. 13,5% | € 36 | Ferm. Acciaio | Mat. Legno 30 mesi
Cremisi corrusco. Raffinati aromi di viola, menta e tabacco Kentucky cesellano un'attraente complessità con ribes e lampone, cardamomo e sfuggente cacao. Avvio sapido e in tensione tannica, si fa attore di freschezza d'arancia rossa nel medio palato, chiude in equilibrata rotondità. Allodole tartufate in casseruola.

CHIANTI RUFINA RISERVA 2018
Rosso Docg - Sangiovese 90%, Merlot 5%, Syrah 5%
Alc. 13,5% | € 17 | Bt. 20.000 | Ferm. Acciaio | Mat. Legno 10 mesi
Guanciale di vitello alle erbe aromatiche.

CHIANTI SUPERIORE VIGNETI TREBBIO 2021
Rosso Docg - Sangiovese 85%, Canaiolo 8%, Ciliegiolo 7%
Alc. 13% | € 11 | Bt. 180.000 | Ferm. Acciaio | Mat. Acciaio 12 mesi e Legno 12 mesi
Coratella di agnello.

SANGIOVESE LE ANFORE
2019 | 2020

TREBBIANO LE ANFORE
2020

Castello di Albola
(1979)

Tra le splendide colline chiantigiane, famose in tutto il modo per il loro fascino, sorge il Castello d'Albola, appartenuto nel corso della storia a nobili famiglie fiorentine tra cui Pazzi, Ginori-Conti e Acciaioli, quest'ultimi sono ricordati con un vino evocativo nel nome. Il principe dei vitigni è il sangiovese che nell'areale di Radda esprime tutta la sua raffinatezza olfattiva, ma anche vitigni internazionali come cabernet sauvignon e chardonnay raggiungono pregevoli risultati. Ottime escursioni termiche e microclima ideale concorrono alla produzione di vini d'eccellenza.

Via Pian d'Albola, 31 - 53017 Radda in Chianti (SI)
T. 0577 738019 | M. info@albola.it
www.albola.it

Viticoltura: Biologica
Ettari: 125 | **Bottiglie:** N.d. | **Produzione olearia:** Sì
Proprietà: Famiglia Zonin
Cond. enologica: Alessandro Gallo
Cond. agronomica: Staff aziendale
Vendita diretta: Sì | **Visite in azienda:** Sì

(92)
CHIANTI CLASSICO GRAN SELEZIONE IL SOLATÌO 2019
Rosso Docg - Sangiovese 100%
Alc. 13,5% | € 75 | Ferm. Acciaio | Mat. Legno 14 mesi
Luminoso carminio con bordo granato. Finissimo profilo di cassis, arancia Sanguinella, pot-pourri di viola, chiodi di garofano, cuoio e rabarbaro. L'assaggio è pieno e gustoso, con un'astringenza signorile e una freschezza in leggiadra esuberanza. Lungheggia su aromi fumé e di liquirizia. Abbacchio al forno con verdure grigliate.

CHIANTI CLASSICO RISERVA 2020
Rosso Docg - Sangiovese 100%
Alc. 13,5% | € 30 | Ferm. Acciaio | Mat. Legno 14 mesi
Finanziera.

ACCIAIOLO 2019
Rosso Igt - Cabernet sauvignon 100%
Alc. 14% | € 75 | Ferm. Acciaio | Mat. Legno 18 mesi
Pappardelle al ragù di cervo.

CHIANTI CLASSICO 2021
Rosso Docg - Sangiovese 100%
Alc. 13,5% | € 15 | Ferm. Acciaio | Mat. Legno 12 mesi
Carré di maiale affumicato.

POGGIO ALLE FATE 2021
Bianco Igt - Chardonnay 100%
Alc. 14% | € 35 | Ferm. Legno e Acciaio | Mat. Legno 12 mesi
Tagliolini all'astice.

CHIANTI CLASSICO GRAN SELEZIONE SANTA CATERINA
2017

CHIANTI CLASSICO GRAN SELEZIONE IL SOLATÌO
2018

Castello di Ama
(1976)

Red Nerve è l'ultima installazione entrata a far parte del progetto culturale di Castello di Ama. L'artista Miroslaw Balka ha voluto rappresentare attraverso una linea rossa verticale nell'oscurità della cantina la fragilità dell'essere umano, ispirandosi alle difficoltà che la radice della vite incontra nel crescere nell'ostico terreno ricco di scheletro di Gaiole. L'enologo Marco Pallanti, che ben conosce questa realtà, raccoglie il frutto di questo difficile legame e si fa ambasciatore della simbiosi pianta-terroir con una qualità in continua crescita delle varie tipologie di Chianti.

Località Ama - Lecchi in Chianti - 53013 Gaiole in Chianti (SI)
T. 0577 746031 | M. info@castellodiama.com
www.castellodiama.com

Viticoltura: Lotta integrata
Ettari: 75 | **Bottiglie:** 320.000 | **Produzione olearia:** Sì
Proprietà: Famiglie Carini, Sebasti e Tradico
Cond. enologica: Marco Pallanti
Cond. agronomica: Marco Pallanti
Vendita diretta: Sì | **Visite in azienda:** Sì

(92)
CHIANTI CLASSICO AMA 2021
Rosso Docg - Sangiovese 96%, Merlot 4%
Alc. 13,5% | € 29 | Bt. 150.000 | Ferm. Acciaio | Mat. Legno 10 mesi
Carminio con riflessi rubino. Olfatto ben delineato ciliegia, mora, viola e rosa. La brezza di salvia e menta e la radice di liquirizia lasciano spazio alle stille dolci di vaniglia e di tabacco Virginia. L'ingresso vivacemente fruttato progredisce in un tannino nobile su finissima scia di arancia tarocco. Tagliata di manzo al rosmarino.

(91)
CHIANTI CLASSICO MONTEBUONI RISERVA 2020
Rosso Docg - Sangiovese 95%, Merlot 5%
Alc. 13,5% | € 39 | Bt. 40.000 | Ferm. Acciaio | Mat. Legno 12 mesi
Lucente cremisi. Ha un incipit fruttato di susina rossa e di ciliegia, il delicato soffio mentolato e il profumo di erba tagliata si amalgamano alle note speziate di chiodi di garofano e pepe. Il sorso potente e dinamico con il tannino in fase di integrazione lascia lentamente il cavo orale su un flavor di amarena. Ravioli di magro con funghi chiodini.

CHIANTI CLASSICO GRAN SELEZIONE SAN LORENZO 2019
Rosso Docg - Sangiovese 80%, Merlot 13%, Malvasia nera 7%
Alc. 13,5% | € 59 | Bt. 70.000 | Ferm. Acciaio | Mat. Legno 14 mesi
Cinghiale in umido.

HAIKU 2019
Rosso Igt - Sangiovese 50%, Cabernet franc 25%, Merlot 25%
Alc. 13,5% | € 55 | Bt. 20.000 | Ferm. Acciaio | Mat. Legno 12 mesi
Risotto con le quaglie.

CHIANTI CLASSICO GRAN SELEZIONE SAN LORENZO
2018

CHIANTI CLASSICO MONTEBUONI RISERVA
2019

Castello di Cacchiano

(1500)

A Cacchiano i secoli sono trascorsi cadenzati dal succedersi delle stagioni agricole, la storia che racconta la produzione del vino sembra non si sia mai interrotta. L'apporto di energia che nel 1984 Giovanni Ricasoli-Firidolfi, attuale proprietario, immise in azienda ha avuto un constante rinvigorimento, e tutto il comparto del vino ne ha tratto beneficio. Se si parla di Sangiovese, la personalità di questo vino è quasi riconoscibile come espressione Cacchiano: una signorilità strutturale. Quest'anno Fontemerlano ci ha ammaliato per la vispa freschezza di chiantigianità che ha assorbito.

Località Cacchiano - Frazione Monti in Chianti - 53013 Gaiole in Chianti (SI)
T. 0577 747018 | M. info@castellodicacchiano.it
www.castellodicacchiano.it

Viticoltura: Convenzionale
Ettari: 22,4 | **Bottiglie:** 100.000 | **Produzione olearia:** Sì
Proprietà: Giovanni Ricasoli-Firidolfi
Cond. enologica: Stefano Chioccioli
Cond. agronomica: Stefano Chioccioli
Vendita diretta: Sì | **Visite in azienda:** Sì

(91,5)

FONTEMERLANO 2020
Rosso Igt - Merlot 100%
Alc. 14% | € 49 | Bt. 4.220 | Ferm. Acciaio | Mat. Legno 24 mesi
Granato con merletto porpora. Il reticolo aromatico evoca confettura di ribes e ciliegia, con complessità vanigliata, lillà e glicine appassiti e finale balsamico e mentolato. L'effetto freschezza offre succo di mora, poi il tannino, placato dall'alcol, scorre in un indugio deliziosamente speziato. Stinco di maiale al forno in pancetta affumicata.

CHIANTI CLASSICO GRAN SELEZIONE MILLENNIO 2020
Rosso Docg - Sangiovese 100%
Alc. 13,5% | € 45 | Bt. 4.523 | Ferm. Acciaio e Cemento | Mat. Legno 24 mesi
Tordi in salmì.

CHIANTI CLASSICO RISERVA 2019
Rosso Docg - Sangiovese 95%, altre varietà 5%
Alc. 14% | € 29 | Bt. 6.993 | Ferm. Acciaio e Cemento | Mat. Legno 24 mesi
Gnocchi al ragù.

CASTELLO DI CACCHIANO BRUT ROSÉ 2018
Rosato Metodo Classico - Sangiovese 100%
Alc. 11,5% | € 24 | Bt. 9.986 | Ferm. Acciaio | 48 mesi sui lieviti
Catalana di crostacei.

CHIANTI CLASSICO 2020
Rosso Docg - Sangiovese 95%, altre varietà 5%
Alc. 14% | € 21 | Bt. 28.219 | Ferm. Acciaio e Cemento | Mat. Legno 12 mesi
Sella di coniglio al tartufo con timballo di patate.

CHIANTI CLASSICO
2013 | 2015 | 2016

CHIANTI CLASSICO GRAN SELEZIONE MILLENNIO
2013 | 2015

Castello di Farnetella

(1981)

Il toponimo nasce dalla farnia, albero della famiglia delle querce, da sempre molto diffuso a Farnetella, nel comune di Sinalunga. La farnia in campo rosso è rappresentata anche nello stemma del paese e dell'azienda e simboleggia la forza e la longevità, due qualità che spesso risultano appannaggio dei vini di Castello di Farnetella, dal Chianti Colli Senesi d'annata, alla Riserva, al supertuscan Poggio Granoni. Gli ultimi due, con l'annata 2020, abbinano alle qualità suddette anche indiscutibili doti di gradevolezza gusto-olfattiva, giungendo entrambi a un soffio dall'eccellenza assoluta.

Strada Siena Bettolle, km 37 - 53048 Sinalunga (SI)
T. 0577 355117 | M. info@felsina.it
www.farnetella.it; www.felsina.it

Viticoltura: Biologica
Ettari: 56 | **Bottiglie:** 214.300 | **Produzione olearia:** No
Proprietà: Famiglia Poggiali
Cond. enologica: Franco Bernabei
Cond. agronomica: Alessandro Chellini
Vendita diretta: Sì | **Visite in azienda:** Sì

POGGIO GRANONI 2020
Rosso Igt - Sangiovese 70%, Cabernet sauvignon 10%, Merlot 10%, Syrah 10%
Alc. 14% | € 28 | Bt. 10.000 | Ferm. Acciaio | Mat. Legno 12 mesi
Carminio venato da giovinezze rubino. Olfatto focalizzato su ciliegie sotto spirito, sciroppo di melagrana e rosa appassita, con brezze di cannella e pepe nero, di cacao e ginepro. Gusto austero, orientato su tannini tenaci e fresche nuance di scorza d'arancia che si estendono nel finale di bocca. Nodini di cinta senese lardellati al forno.

CHIANTI COLLI SENESI RISERVA 2020
Rosso Docg - Sangiovese 70%, Cabernet 15%, Merlot 15%
Alc. 13,5% | € 15 | Bt. 6.600 | Ferm. Acciaio | Mat. Legno 14 mesi
Cosciotto d'agnello al forno con patate novelle.

CHIANTI COLLI SENESI 2021
Rosso Docg - Sangiovese 92%, Merlot 8%
Alc. 13% | € 11 | Bt. 150.000 | Ferm. Acciaio | Mat. Legno 12 mesi
Lasagnette al ragù di faraona e asparagi.

POGGIO GRANONI
2016

CHIANTI COLLI SENESI
2020

Castello di Fonterutoli
(1435)

Più che un borgo, Fonterutoli, anche se borgo lo è, è una fucina d'ingegnosità del far vino che non solo s'è innovata trainando la tradizione secolare ma ha gettato le basi per progettualizzare un futuro del vino che sembra non avere limiti di progressione. Innovazioni che sono iniziate quasi quarant'anni fa, e Siepi è uno dei frutti di quella geniale vena di sperimentazione, un vino che quest'anno sboccia in tutta la sua maestosità. Sempre sugli scudi anche le versioni Gran Selezione, ormai icone di una filosofia enoica in piena chiantigianità che sta disegnano nuovi orizzonti del vino.

Via Ottone III di Sassonia, 5 - 53011 Castellina in Chianti (SI)
T. 0577 73571 | M. mazzei@mazzei.it
www.mazzei.it

Viticoltura: Convenzionale
Ettari: 800110 | **Bottiglie:** 800.000 | **Produzione olearia:** Sì
Proprietà: Marchesi Mazzei
Cond. enologica: Gionata Pulignani
Cond. agronomica: Gionata Pulignani
Vendita diretta: Sì | **Visite in azienda:** Sì

(92)
SIEPI 2020
Rosso Igt - Merlot 50%, Sangiovese 50%
Alc. 13,5% | € 110 | Bt. 29.000 | Ferm. Acciaio | Mat. Legno 18 mesi e Cemento 3 mesi
Carminio in vivace intensità. Suggestioni olfattive di mora di gelso e amarena si fondono con mirtillo e rosmarino, s'ampliano con cacao, cannella e resina di pino. Il tannino riesce a stratificare una polposità con la freschezza che sprigiona arancia rossa, resiste un flavor di liquirizia e zenzero. Filetto di vitello alla Rossini.

(91)
CHIANTI CLASSICO GRAN SELEZIONE VICOREGIO 36 2020
Rosso Docg - Sangiovese 100%
Alc. 14,5% | € 55 | Bt. 13.900 | Ferm. Legno | Mat. Legno 18 mesi e Cemento 4 mesi
Rosso carminio. Mix di frutto e spezie: mora, aronia nera, cannella e pepe Sichuan, finissage di macchia mediterranea, cannella e viola appassita. Avvio del sorso in succosità di marasca che si spande nel vigore tannico per recuperare sapidità nell'estensione d'arancia rossa e susina Stanley. Pappardelle al ragù di cinghiale.

CONCERTO DI FONTERUTOLI 2020
Rosso Igt - Sangiovese 80%, Cabernet sauvignon 20%
Alc. 14% | € 60 | Bt. 35.000 | Ferm. Acciaio | Mat. Legno 18 mesi e Cemento 3 mesi
Filetto al vino rosso e scalogno.

CHIANTI CLASSICO GRAN SELEZIONE BADIÒLA 2020
Rosso Docg - Sangiovese 100%
Alc. 13% | € 55 | Ferm. Acciaio | Mat. Legno 18 mesi e Cemento 5 mesi
Spezzatino di manzo.

CHIANTI CLASSICO SER LAPO RISERVA 2020
Rosso Docg - Sangiovese 90%, Merlot 10%
Alc. 14% | € 19 | Bt. 260.000 | Ferm. Acciaio | Mat. Legno 12 mesi
Fagiano arrosto.

SIEPI
2017 | 2018 | 2019

CHIANTI CLASSICO GRAN SELEZIONE VICOREGIO 36
2017 | 2018 | 2019

Castello di Gabbiano
(1981)

L'azienda rappresenta un esempio significativo del modo con cui un gruppo internazionale, fin dall'acquisizione, ha mantenuto legato il fare vino con il suo territorio e la sua storia: il cuore della viticoltura sta tutto nel vitigno sangiovese, coltivato per quasi l'85%, e in quello scrigno di gradevolezza che il colorino (altro autoctono) evidenzia in tutta la sua purezza. In ogni vino si avverte la rigorosità operativa dello staff aziendale, quasi a voler fissare come target il perfezionismo, si può anche affermare che la perfezione non esiste, però ci si può avvicinare.

Via di Gabbiano, 22 - Mercatale - 50026 San Casciano Val di Pesa (FI)
T. 055 821053 | M. castellogabbiano@castellogabbiano.it
www.castellogabbiano.it

Viticoltura: Convenzionale ed ecosostenibile
Ettari: 166,1 | **Bottiglie:** 1.000.000 | **Produzione olearia:** Sì
Proprietà: Treasury Wine Estate
Cond. enologica: Federico Cerelli
Cond. agronomica: Francesco Caselli
Vendita diretta: Sì | **Visite in azienda:** Sì

(92)
ALLEANZA 2018
Rosso Igt - Merlot 60%, Cabernet sauvignon 40%
Alc. 14,5% | € 35 | Bt. 8.000 | Ferm. Acciaio | Mat. Legno 17 mesi
Carminio intenso. Ammalia con sentori di mora di gelso in confettura e di ribes rosso in gelatina ravvivati da cenni di erbe aromatiche, pepe nero ed effluvi di cannella, vaniglia e tabacco biondo. La freschezza valorizza il tannino elegante dileguandosi su echi di dragée al mirtillo. Braciola di cervo con salsa di ribes.

CHIANTI CLASSICO RISERVA 2019
Rosso Docg - Sangiovese 95%, Merlot 5%
Alc. 13,5% | € 18 | Bt. 90.000 | Ferm. Acciaio | Mat. Legno 10 mesi
Lepre in salmì.

CHIANTI CLASSICO GRAN SELEZIONE BELLEZZA 2018
Rosso Docg - Sangiovese 95%, Merlot 5%
Alc. 14,5% | € 30 | Bt. 10.000 | Ferm. Acciaio | Mat. Legno 16 mesi
Fettuccine ai finferli.

CHIANTI CLASSICO 2020
Rosso Docg - Sangiovese 90%, Colorino 5%, Merlot 5%
Alc. 13,5% | € 15 | Bt. 250.000 | Ferm. Acciaio | Mat. Acciaio 10 mesi e Legno 10 mesi
Tartare di manzo.

COLORINO 2020
Rosso Igt - Colorino 100%
Alc. 13,5% | € 35 | Bt. 834 | Ferm. Acciaio | Mat. Legno 14 mesi
Costolette di maiale alla brace.

CHIANTI CLASSICO CAVALIERE D'ORO
2019

SANGIOVESE
2019

Castello di Meleto

(1968)

I vasti terreni di Castello di Meleto si estendono in un abbraccio intorno alla maestosa rocca risalente al 1256, inglobando mille ettari di pura bellezza naturale. Tra questi, 160 ettari sono devoluti alla coltivazione delle viti. Gli anni più recenti hanno assistito a uno studio dettagliato dei suoli più inclini alla viticoltura, delimitando 5 unità poderali, ciascuna infusa di peculiarità proprie: Meleto, San Piero, Casi, Poggiarso e Moci. In questo raffinato mosaico di terre e tradizioni l'azienda trova la sua voce unica e autentica, intessendo la trama vitale di una storia intramontabile.

Località Meleto - 53013 Gaiole in Chianti (SI)
T. 0577 749217 | M. info@castellomeleto.it
www.castellomeleto.it

Viticoltura: Biologica
Ettari: 130 | **Bottiglie:** 700.000 | **Produzione olearia:** Sì
Proprietà: Castello di Meleto Soc. Agr. Per Azioni
Cond. enologica: Valentino Ciarla, Alberto Stella
Cond. agronomica: Ruggero Mazzilli, Giacomo Sensi, Mattia Achenza
Vendita diretta: Sì | **Visite in azienda:** Sì

CHIANTI CLASSICO GRAN SELEZIONE VIGNA CASI 2019
Rosso Docg - Sangiovese 100%
Alc. 14% | € 45 | Bt. 3.000 | Ferm. Cemento | Mat. Legno 27 mesi
Rubino di luce, dai merletti carminio. Accattivanti fragranze di marasca matura, viola appassita, eucalipto, chiodi di garofano e caffè, con cenni di sottobosco sullo sfondo. Sorso dinamico, in cui il tannino tenace accompagna una persistenza che chiude su ricordi di arancia tarocco. Costata di manzetta con salsa allo zenzero.

PARABUIO 2019
Rosso Igt - Merlot 100%
Alc. 14,5% | € 210 | Bt. 3.600 | Ferm. Cemento | Mat. Legno 27 mesi
Filetto alla Wellington.

CHIANTI CLASSICO GRAN SELEZIONE VIGNA POGGIARSO 2019
Rosso Docg - Sangiovese 100%
Alc. 14% | € 45 | Bt. 3.000 | Ferm. Cemento | Mat. Legno 27 mesi
Risotto con salsiccia e Taleggio.

CHIANTI CLASSICO GRAN SELEZIONE VIGNA TREBBIO 2019
Rosso Docg - Sangiovese 100%
Alc. 14% | € 45 | Bt. 3.000 | Ferm. Cemento | Mat. Legno 27 mesi
Spaghetti alla carbonara.

CHIANTI CLASSICO RISERVA 2020
Rosso Docg - Sangiovese 95%, Merlot 5%
Alc. 13,5% | € 22 | Bt. 65.000 | Ferm. Acciaio | Mat. Legno 24 mesi
Agnolotti al piccione con sugo d'arrosto.

CHIANTI CLASSICO 2021
Rosso Docg - Sangiovese 95%, Merlot 5%
Alc. 13,5% | € 17 | Bt. 125.000 | Ferm. Acciaio | Mat. Legno 15 mesi
Parmigiana di melanzane.

CHIANTI CLASSICO GRAN SELEZIONE VIGNA POGGIARSO
2017

CHIANTI CLASSICO GRAN SELEZIONE VIGNA CASI
2017

Castello di Monsanto

(1962)

Fabrizio Bianchi: basta la parola, verrebbe da dire, parafrasando una pubblicità di un carosello degli anni in cui fu acquistato Monsanto. Fabrizio ha attraversato trasversalmente tutte le modalità del fare vino, con una genialità intuitiva che lo poneva al di là di quelle residenti convenzionalità da farlo sembrare un eterodosso del vino, si pensi all'intuizione pre-sessantottina del vigneto Il Poggio: un vino che è insieme istituzione e pietra miliare. I suoi vini meriterebbero il cuore: tanto da farci dire chi siamo noi per giudicarli? Ebbene li giudichiamo perché li amiamo.

Via Monsanto, 8 - Località Monsanto - 50028 Barberino Tavarnelle (FI)
T. 055 8059000 | M. monsanto@castellodimonsanto.it
www.castellodimonsanto.it

Viticoltura: Lotta integrata
Ettari: 72 | **Bottiglie:** 400.000 | **Produzione olearia:** Sì
Proprietà: Laura e Fabrizio Bianchi
Cond. enologica: Andrea Giovannini
Cond. agronomica: Andrea Giovannini, Massimo Arnoldi
Vendita diretta: Sì | **Visite in azienda:** Sì

93

CHIANTI CLASSICO GRAN SELEZIONE VIGNA IL POGGIO 2018
Rosso Docg - Sangiovese 95%, Canaiolo 3%, Colorino 2%
Alc. 14% | € 65 | Bt. 18.000 | Ferm. Acciaio | Mat. Legno 18 mesi
Un cuore carminio che profuma di frutta matura: ciliegia, mora e lampone, crea ampiezza con fiore di lavanda, eucalipto, cardamomo, coriandolo, tabacco Kentucky e sfiorisce con liquirizia. Gusto in fresca bellezza e ricca sensualità di agrumi, il tannino scivola via e sigla una chiusura di chinotto e pepe nero. Beccacce allo spiedo.

91,5

CHIANTI CLASSICO RISERVA 2020
Rosso Docg - Sangiovese 90%, Canaiolo 5%, Colorino 5%
Alc. 14% | € 30 | Bt. 2.000.000 | Ferm. Acciaio | Mat. Legno 18 mesi
Veste rubino. Marasca e prugna aprono il ventaglio odoroso, timo e rosmarino anticipano iris e rosa rossa, chiodi di garofano e legno orientale lo chiudono. Entra fresco e tannico, con una succosità stratificata nell'arancia rossa e persistenza in timbro sapido e di pesca al vino. Guanciale di vitello alle erbe aromatiche.

CHIANTI CLASSICO 2021
Rosso Docg - Sangiovese 90%, Canaiolo 5%, Colorino 5%
Alc. 13,5% | € 25 | Bt. 600.000 | Ferm. Acciaio | Mat. Legno 15 mesi
Bigoli con l'anatra.

FABRIZIO BIANCHI CHARDONNAY 2021
Bianco Igt - Chardonnay 100%
Alc. 13,5% | € 25 | Bt. 30.000 | Ferm. Legno e Acciaio
Scampi alla griglia.

FABRIZIO BIANCHI ROSATO 2022
Bianco Igt - Sangiovese 100%
Alc. 14% | € 20 | Bt. 6.000 | Ferm. Acciaio
Risotto con mazzancolle al profumo d'arancia.

CHIANTI CLASSICO GRAN SELEZIONE VIGNA IL POGGIO
2017

CHIANTI CLASSICO RISERVA
2016 | 2017 | 2019

Castello di Poppiano
(1199)

I Guicciardini si sono tramandati non solo le proprietà con le annesse attività agricole, hanno fatto di più, si sono tramandati la cultura del fare e del rispetto per chi quel fare lo ha catapultato fino a oggi. C'è una vena di grazia nell'intendimento del fare vino, che a Poppiano garantisce vita alla viticoltura di tutto l'areale, infatti i loro Chianti simboleggiano a pieno la personalità enoica del luogo. Quest'anno ci siamo molto rallegrati per il risultato del Canaiolo, un vitigno non facile, che spesso si spersonalizza, invece sono riusciti a renderlo l'essenza di sé stesso.

Via Fezzana, 45/49 - Località Poppiano - 50025 Montespertoli (FI)
T. 055 82315 | M. info@conteguicciardini.it
www.conteguicciardini.it

Viticoltura: Convenzionale
Ettari: 130 | **Bottiglie:** 600.000 | **Produzione olearia:** Sì
Proprietà: Ferdinando Guicciardini
Cond. enologica: Giorgio Marone
Cond. agronomica: Paolo Bartalucci
Vendita diretta: Sì | **Visite in azienda:** Sì

CANAIOLO CASTELLO DI POPPIANO 2021
Rosso Igt - Canaiolo 100%
Alc. 14% | € 16 | Bt. 8.000 | Ferm. Acciaio | Mat. Acciaio 12 mesi
Rubino vivace con nuance porpora. Stuzzica l'olfatto un fragrante effluvio di rose rosse appassite e glicine, c'è uno stimolante ribes rosso e mirto a definire, con nocciola tostata, la finezza. Architettura gustativa in tensione fresco-sapida con tannino levigato e scorza di arancia in dissolvenza. Rotolo di coniglio con pomodorini ed erbe aromatiche.

CHIANTI COLLI FIORENTINI CASTELLO DI POPPIANO RISERVA 2020
Rosso Docg - Sangiovese 85%, Merlot 10%, Cabernet 5%
Alc. 14% | € 25 | Bt. 15.000 | Mat. Legno 24 mesi
Trippa in umido.

LA HISTORIA DI ITALIA 2020
Rosso Igt - Merlot 100%
Alc. 14,5% | € 39 | Bt. 8.000 | Ferm. Acciaio | Mat. Legno 18 mesi
Tagliatelle al ragù.

TRICORNO 2020
Rosso Igt - Cabernet sauvignon 40%, Sangiovese 40%, Merlot 20%
Alc. 14,5% | € 49 | Bt. 10.000 | Ferm. Acciaio | Mat. Legno 18 mesi
Controfiletto di bue alla brace.

TOSCOFORTE 2021
Rosso Igt - Sangiovese 100%
Alc. 14% | € 23 | Bt. 10.000 | Ferm. Acciaio | Mat. Legno 12 mesi
Caciocavallo podolico.

LA HISTORIA DI ITALIA
2017 | 2019

TRICORNO
2016 | 2018 | 2019

Castello di Querceto
(1897)

Fu castello di vedetta nel Medioevo, oggi è edificio che custodisce non solo quella storia ma anche quella del Chianti Classico di Greve. Attualmente le versioni Gran Selezione evidenziano il livello di eccellente maturità interpretativa del sangiovese, con vini di sopraffina eleganza. La disposizione delle vigne favorisce anche la coltivazione di altri vitigni, lavorati con stile meno domestico ma capaci di attirare per la nobile austerità e per l'essenzialità di offrirsi come espressione della filosofia del Castello, o se preferite dello Château.

Via Alessandro François, 2 - 50022 Greve in Chianti (FI)
T. 055 85921 | M. querceto@castellodiquerceto.it
www.castellodiquerceto.it

Viticoltura: Convenzionale
Ettari: 60 | **Bottiglie:** 450.000 | **Produzione olearia:** Sì
Proprietà: Castello di Querceto
Cond. enologica: Maurizio Alongi, Giovanni Cappelli, Giovanni Ascione
Cond. agronomica: Giovanni Cappelli
Vendita diretta: Sì | **Visite in azienda:** Sì

CHIANTI CLASSICO GRAN SELEZIONE IL PICCHIO 2020
Rosso Docg - Sangiovese 95%, Colorino 5%
Alc. 14% | € 30 | Bt. 22.000 | Ferm. Acciaio | Mat. Legno 12 mesi
Gioventù rubino con lampi amaranto. Delizioso mix fruttato e speziato: prugna e mora di rovo, cannella e pepe nero, poi glicine e rosa rossa appassita. La tempra tannica rende ricco il sorso, dà austerità alla struttura, con la sapidità che insiste su sapori di amarena. Fiorentina alla brace.

CHIANTI CLASSICO GRAN SELEZONE LA CORTE 2020
Rosso Docg - Sangiovese 100%
Alc. 14% | € 12 | Bt. 14.500 | Ferm. Acciaio | Mat. Legno 12 mesi
Civet di capriolo ai funghi.

CIGNALE 2019
Rosso Igt - Cabernet sauvignon 90%, Merlot 10%
Alc. 14% | € 40 | Bt. 10.000 | Ferm. Acciaio | Mat. Legno 18 mesi
Rigatoni al ragù bianco di carne.

IL QUERCIOLAIA 2019
Rosso Igt - Cabernet sauvignon 100%
Alc. 14% | € 45 | Bt. 9.000 | Ferm. Acciaio | Mat. Legno 18 mesi
Castelmagno.

IL SOLE DI ALESSANDRO 2019
Rosso Igt - Cabernet sauvignon 100%
Alc. 14% | € 45 | Bt. 9.000
Guanciale di vitello in umido con patate.

CHIANTI CLASSICO 2021
Rosso Docg - Sangiovese 92%, altre varietà 8%
Alc. 13% | € 14 | Bt. 160.000 | Ferm. Acciaio e Cemento | Mat. Legno 6 mesi
Bucatini all'amatriciana.

CIGNALE
2016 | 2017 | 2018

IL QUERCIOLAIA
2012

Castello di Radda
(2003)

Il cambio di proprietà avvenuto nell'anno 2003 ha visto i nuovi acquirenti, la famiglia Gusalli Beretta, dedicarsi con passionevole attenzione al recupero di quella visibilità, non di sola estetica, che si era appannata negli anni precedenti. Essi hanno realmente compreso che qui vi sono lo spazio e la potenzialità di definire con concretezza una dimensione di Chianti Classico che faccia scuola in loco. I vini presentati quest'anno testimoniano il valore del progresso che il motore aziendale ha attivato, con tre espressioni di chiantigianità raddese che spiccano in purezza di sangiovese.

Località Il Becco, 101/A - 53017 Radda in Chianti (SI)
T. 0577 738992 | M. info@castellodiradda.com
www.castellodiradda.com

Viticoltura: Biologica certificata
Ettari: 40 | **Bottiglie:** 150.000 | **Produzione olearia:** No
Proprietà: Famiglia Gussalli Beretta
Cond. enologica: Maurizio Castelli
Cond. agronomica: Marco Mascarello
Vendita diretta: Sì | **Visite in azienda:** Sì

(91)
CHIANTI CLASSICO GRAN SELEZIONE VIGNA IL CORNO 2017
Rosso Docg - Sangiovese 100%
Alc. 14,5% | € 40 | Bt. 2.402 | Ferm. Acciaio | Mat. Legno 25 mesi
Rubino con sfumature granato. Nel racconto olfattivo primeggiano fragole in confettura e amarene sciroppate in una nube di tabacco dolce, rose appassite, pepe rosa e liquirizia. Tannini carezzevoli in equilibrio con il palato strutturato in una texture signorile e sferica. Delizie di arancia candita. Petto di germano reale al balsamico.

CHIANTI CLASSICO 2021
Rosso Docg - Sangiovese 95%, Canaiolo 5%
Alc. 14% | € 17 | Bt. 81.000 | Ferm. Acciaio | Mat. Legno 12 mesi
Costolette d'agnello alle erbe.

CHIANTI CLASSICO RISERVA 2018
Rosso Docg - Sangiovese 100%
Alc. 14,5% | € 25 | Bt. 8.985 | Ferm. Acciaio | Mat. Legno 20 mesi
Straccetti di vitello al rosmarino.

CHIANTI CLASSICO GRAN SELEZIONE VIGNA IL CORNO
2015

GUSS
2015

Castello di Volpaia
(1966)

Vivere il Volpaia significa immergersi nel Medioevo: nacque come fortilizio e protezione di sé stesso e del territorio circostante, oggi è ancora un fortilizio, però questa volta a custodia e protezione delle realizzazioni enologiche che ogni anno sono offerte dai loro vigneti, la cui altitudine è d'eccezione e stilizza un vino in odor di unicità. Il livello qualitativo dei vini rossi si è stabilizzato definitivamente sul podio dell'eccellenza, infatti, in quest'edizione abbiamo assistito a uno stupefacente fratricidio qualitativo: l'ha spuntata il Puro, onore a lui.

Località Volpaia - 53017 Radda in Chianti (SI)
T. 0577 738066 | M. info@volpaia.com
www.volpaia.com

Viticoltura: Biologica certificata
Ettari: 45 | **Bottiglie:** 220.000 | **Produzione olearia:** Sì
Proprietà: Giovanna Stianti
Cond. enologica: Lorenzo Regoli, Riccardo Cotarella
Cond. agronomica: Lorenzo Regoli
Vendita diretta: Sì | **Visite in azienda:** Sì

(95)
CHIANTI CLASSICO GRAN SELEZIONE IL PURO VIGNETO CASANOVA 2019
Rosso Docg - Sangiovese 100%
Alc. 13,5% | € 96 | Bt. 1.300 | Ferm. Acciaio | Mat. Legno 18 mesi
La cromia carminio anticipa un ventaglio olfattivo di confettura di amarene, si fa scuro con mirtillo e cioccolato al latte, si amplia con caffè e tabacco. La ricchezza di gusto è una delizia di coesione liquida tra freschezza, tannino e alcol, una sfiziosa balsamicità avvia il finale di cannella e agrumi dolci. Lepre in salmì.

(91,5)
BALIFICO 2020
Rosso Igt - Sangiovese 65%, Cabernet sauvignon 35%
Alc. 14% | € 59 | Bt. 7.000 | Ferm. Acciaio | Mat. Legno 18 mesi
Intenso amaranto. Mora, mirtillo e ciliegia Vignola regalano complessità con vaniglia, glicine, pepe nero e foglia di mirto. Avvio del sorso in avvolgente flavor di piccoli frutti scuri, c'è stuzzicante sapidità e un tannino raffinato a modulare la pienezza del gusto. Finisce con retro aromi di spezie dolci. Allodole tartufate in casseruola.

(91,5)
VIN SANTO DEL CHIANTI CLASSICO 2017
Bianco Doc Passito - Trebbiano toscano 60%, Malvasia 40%
Alc. 15,5% | € 39 (0,375l) | Bt. 1.500 | Ferm. Legno | Mat. Legno 48 mesi
Ambra in venatura rossiccia. Apre con scorza d'arancia essiccata, fieno greco, pan di spezie, caramella d'orzo, noce e pasta di mandorle. La dolcezza si contiene ed è contenuta da sorprendente freschezza, che si fa agrume, un refolo finale di fenolo fa la tradizionalità. Panforte.

CHIANTI CLASSICO GRAN SELEZIONE COLTASSALA 2020
Rosso Docg - Sangiovese 95%, Mammolo 5%
Alc. 14% | € 50 | Bt. 9.000 | Ferm. Acciaio | Mat. Legno 24 mesi
Manzo brasato con funghi.

CHIANTI CLASSICO CASTELLO DI VOLPAIA RISERVA 2020
Rosso Docg - Sangiovese 90%, Merlot 10%
Alc. 13,5% | € 31 | Bt. 60.000 | Ferm. Acciaio | Mat. Legno 24 mesi
Guanciale di vitello alle erbe aromatiche.

CHIANTI CLASSICO GRAN SELEZIONE COLTASSALA
2017

CHIANTI CLASSICO GRAN SELEZIONE IL PURO VIGNETO CASANOVA
2011 | 2015

Castello Sonnino
(1830)

Il Castello di Sonnino può interpretare l'idea di Château in questo spicchio di terra di Montespertoli. Infatti, fare vino per loro era ed è ancora un aspetto di naturalità delle cose. Con l'avvento delle nuove, leve ai tradizionali vitigni locali hanno aggiunto quelli cosiddetti "internazionali", che competono in espressività con gli altri, anche se Cantinino, solo sangiovese, non si fa superare. Una preziosa chicca dell'azienda è il Vin Santo, che qui è tradizione pura, frutto di un'artigianalità del fare che è storia vissuta cullando i grappoli di trebbiano nell'apposita vinsantaia.

Via Volterrana Nord, 6/A - 50025 Montespertoli (FI)
T. 0571 609198 | M. info@castellosonnino.it
www.castellosonnino.it

Viticoltura: Convenzionale
Ettari: 40 | **Bottiglie:** 120.000 | **Produzione olearia:** Sì
Proprietà: Baroni de Renzis Sonnino
Cond. enologica: Renato Laconi
Cond. agronomica: Renato Laconi
Vendita diretta: Sì | **Visite in azienda:** Sì

VIN SANTO DEL CHIANTI 2015
Bianco Doc Passito - Trebbiano 100%
Alc. 13,5% | € 45 (0,5l) | Bt. 2.800 | Ferm. Legno e Cemento
Mat. Legno 60 mesi
Brilla di ambra. Finissime le fragranze di fico secco, miele di corbezzolo, scorza di arancia candita che s'ampliano con noce, pan di spezie e confettura di bergamotto. La dolcezza s'espande nel palato con sostegno della sapidità, il sorso è percorso da un flavor di cedro candito e da un ché di ammandorlato. Tortino di marroni tiepido.

CANTININO 2019
Rosso Igt - Sangiovese 100%
Alc. 14% | € 21 | Bt. 5.000 | Ferm. Cemento | Mat. Legno 18 mesi
Civet di capriolo ai funghi.

SANLEONE 2019
Rosso Igt - Merlot 100%
Alc. 14,5% | € 30 | Bt. 3.000 | Ferm. Acciaio | Mat. Legno 18 mesi e Cemento 4 mesi
Quaglie alla cacciatora.

CHIANTI MONTESPERTOLI CASTELLO DI MONTESPERTOLI RISERVA 2020
Rosso Docg - Sangiovese 80%, Cabernet sauvignon 10%, Merlot 10%
Alc. 14% | € 15 | Bt. 18.000 | Ferm. Cemento | Mat. Legno 16 mesi e Cemento 4 mesi
Bucatini all'amatriciana.

PICHIUS 2022
Rosato Igt - Syrah 100%
Alc. 13% | € 10 | Bt. 3.000 | Ferm. Acciaio | Mat. Acciaio 5 mesi
Arrosto di pollo ripieno.

CANTININO
2015 | 2016 | 2018

SANLEONE
2011 | 2016 | 2018

Castello Vicchiomaggio
(1965)

La famiglia Matta ha ereditato il senso culturale del fare vino attraverso un percorso che potrebbe essere il tema di una fiction. La loro filosofia produttiva è legata a una certa tradizionalità, però quella che forbisce in eleganza l'essenza dei vini, che non li fa esplodere in quella potenza, che dapprima stupisce, poi crea monotonia. Vicchiomaggio crea vini con una personalità che rasenta l'aplomb enoico inglese, sono vestiti di tutto punto, con molta attenzione ai particolari, perché sono quelli che fanno la differenza e rendono riconoscibili i vini.

Via Vicchiomaggio, 4 - 50022 Greve in Chianti (FI)
T. 055 854079 | M. info@vicchiomaggio.it
www.vicchiomaggio.it

Viticoltura: Ecosostenibile
Ettari: 34 | **Bottiglie:** 300.000 | **Produzione olearia:** Sì
Proprietà: Famiglia Matta
Cond. enologica: John Matta
Cond. agronomica: John Matta
Vendita diretta: Sì | **Visite in azienda:** Sì

92

CHIANTI CLASSICO AGOSTINO PETRI RISERVA 2020
Rosso Docg - Sangiovese 100%
Alc. 14% | € 28 | Bt. 60.000 | Ferm. Acciaio | Mat. Legno 18 mesi
Vivido nel carminio, nell'apertura olfattiva evoca viola, prugna, gelso con ampiezza rifinita da cannella, sottobosco secco e cacao. La freschezza sembra invitare alla danza il tannino, il volume liquido si fa ricco e sostanzioso e avvia un finale in delizia di arancia rossa. Gnocchi al ragù.

AMPHIARAO 2021
Rosso Igt - Cabernet sauvignon 34%, Petit verdot 33%, Sangiovese 33%
Alc. 14% | € 40 | Bt. 3.000 | Ferm. Acciaio | Mat. Terracotta 8 mesi
Bitto stravecchio.

FSM 2019
Rosso Igt - Merlot 100%
Alc. 14% | € 200 | Bt. 650 | Ferm. Acciaio | Mat. Legno 18 mesi
Spezzatino di manzo.

RIPA DELLE MORE 2020
Rosso Igt - Sangiovese 50%, Cabernet sauvignon 30%, Merlot 20%
Alc. 14% | € 40 | Bt. 15.000 | Ferm. Acciaio | Mat. Legno 20 mesi
Risotto con le quaglie.

CHIANTI CLASSICO GRAN SELEZIONE LE BOLLE 2019
Rosso Docg - Sangiovese 100%
Alc. 14,5% | € 88 | Bt. 1.000 | Ferm. Acciaio | Mat. Legno 24 mesi
Maialino in agrodolce.

CHIANTI CLASSICO GUADO ALTO 2021
Rosso Docg - Sangiovese 100%
Alc. 13,5% | € 20 | Bt. 15.000 | Ferm. Acciaio | Mat. Legno 8 mesi
Porchetta di Ariccia.

FSM
2013 | 2016 | 2017

CHIANTI CLASSICO GRAN SELEZIONE LA PRIMA
2014

Castelvecchi
(1043)

C'è tanta storia a Castelvecchi, vive ancora nella millenarietà delle cantine in cui maturano e si affinano i vini. Siamo proprio in altura e questo favorisce un'espressività strutturale molto particolare al sangiovese, che assorbe da un terreno avaro di nutrienti una sostanza che lo arricchisce in tannino e acidità, offrendogli prospettive di longevità che si armonizzano nell'eleganza grazie a una perfetta conduzione enoica, che parte dalla selezione in vigna, nella lunga ponderata maturazione in legno, soprattutto nel Gran Selezione. Sono vini di carattere, senza compromessi, aulici.

SP 114/C - Località Castelvecchi - 53017 Radda in Chianti (SI)
T. 0577 735612 | M. info@chianticastelvecchi.it
www.chianticastelvecchi.it

Viticoltura: Convenzionale
Ettari: 22 | **Bottiglie:** 120.000 | **Produzione olearia:** No
Proprietà: Carlo Paladin e Roberto Paladin
Cond. enologica: Andrea Sammicheli
Cond. agronomica: Staff aziendale
Vendita diretta: Sì | **Visite in azienda:** Sì

92

CHIANTI CLASSICO GRAN SELEZIONE MADONNINO DELLA PIEVE 2017
Rosso Docg - Sangiovese 100%
Alc. 14,5% | € 45 | Bt. 7.000 | Ferm. Cemento | Mat. Legno 42 mesi e Cemento
Carminio lucente. Ammalia con l'alternarsi d'amarena matura, susina sangue di drago, viola appassita, alloro, pepe Sichuan e caffè in grani. Assaggio austero. La trama tannica, fitta e piccante e la freschezza fronteggiano l'alcol fino al saluto lungo e saporito di frutti rossi maturi. Fiorentina alla brace.

CHIANTI CLASSICO LODOLAIO RISERVA 2018
Rosso Docg - Sangiovese 100%
Alc. 14% | € 25 | Bt. 15.000 | Ferm. Acciaio e Cemento | Mat. Acciaio 4 mesi e Legno 12 mesi e Cemento
Filetto di cervo ai mirtilli.

CHIANTI CLASSICO CAPOTONDO 2021
Rosso Docg - Sangiovese 88%, Canaiolo 12%
Alc. 14% | € 17 | Bt. 80.000 | Ferm. Acciaio e Cemento | Mat. Acciaio 4 mesi e Legno 12 mesi e Cemento
Pappardelle al ragù di cinghiale.

SOLANA 2018
Rosso Igp - Sangiovese 50%, Merlot 25%, Syrah 25%
Alc. 14,5% | € 54 | Bt. 5.000 | Ferm. Cemento | Mat. Legno 24 mesi e Cemento
Stinco d'agnello al forno.

CHIANTI CLASSICO GRAN SELEZIONE MADONNINO DELLA PIEVE
2016

CHIANTI CLASSICO LODOLAIO RISERVA
2017

Castelvecchio
(1960)

Castelvecchio... Filippo Rocchi? Sembra quasi un dilemmatico, però affascinante dubbio stabilire dove finisce il Filippo Rocchi del vino e dove inizia Castelvecchio o viceversa. A parte la blasonata storicità aziendale, che fa sempre effetto, ed è giusto sia così, è proprio Filippo che ha destrutturato la storia e strutturato un'idea del vino che è anche ideologia enologica, puntando tra l'altro sul canaiolo da vecchie vigne e deregionalizzando lo stile locale con un'azzeccata bordolesizzazione del sangiovese, che si fa grazia e stile nel Brecciolino.

Via Certaldese, 30 - Località San Pancrazio - 50026 San Casciano in Val di Pesa (FI)
T. 055 8248032 | M. info@castelvecchio.it
www.castelvecchio.it

Viticoltura: Biologica certificata
Ettari: 24 | **Bottiglie:** 100.000 | **Produzione olearia:** Sì
Proprietà: Filippo Rocchi
Cond. enologica: Luca D'Attoma
Cond. agronomica: Andrea Lupi
Vendita diretta: Sì | **Visite in azienda:** Sì

IL BRECCIOLINO 2019
Rosso Igt - Merlot 70%, Petit verdot 20%, Sangiovese 10%
Alc. 15% | € 30 | Bt. 10.000 | Ferm. Acciaio | Mat. Acciaio 6 mesi e Legno 18 mesi
Rubino acceso. Vitalità olfattiva in simbiosi fruttato-speziata: cassis, sorba, pepe e cannella, effluvi di menta, liquirizia e tabacco Kentucky. Offre finezza tannica in un volume liquido che si fa fresco per aromi di ciliegia ferrovia con deliziosa spinta sapida e chiusura di menta e cioccolato. Stufato di daino.

SOLO UNO 2018
Rosso Igt - Sangiovese 100%
Alc. 14,5% | € 35 | Bt. 4.000 | Ferm. Acciaio | Mat. Legno 18 mesi e Cemento 6 mesi
Fagioli all'uccelletto.

NUMERO OTTO 2019
Rosso Igt - Canaiolo 100%
Alc. 14% | € 25 | Bt. 7.000 | Ferm. Acciaio | Mat. Acciaio 6 mesi e Legno 8 mesi
Monte Veronese d'allevo.

ORME IN ROSSO 2019
Rosso Igt - Merlot 40%, Petit verdot 40%, Cabernet sauvignon 20%
Alc. 14,5% | € 25 | Bt. 5.000 | Ferm. Acciaio | Mat. Legno 12 mesi e Cemento 6 mesi
Filetto alla Wellington.

SAN LORENZO 2022
Bianco Igt - Trebbiano 100%
Alc. 13,5% | € 15 | Bt. 5.000 | Ferm. Acciaio | Mat. Cemento 6 mesi
Yakitori, spiedini di pollo con zenzero.

IL BRECCIOLINO
2016 | 2017 | 2018

NUMERO OTTO
2018

Vincenzo Cesani
(1950)

Cesani è saga familiare, ed è anche una saga di vino, però non romanzata, semmai vissuta realmente, forse anche sudata in vigna e in cantina, questo perché sono viticoltori puri e il loro feeling con ciò che la terra, più o meno generosamente, offre è quello della cultura contadina. Ma parliamo di Vernaccia! Cesani sa interpretarla come pochi altri in zona, sa coglierne le spigolature che bizzosamente porta con sé, sa limarle e renderle sinuosità organolettiche. Verrebbe quasi da dire che la sua Vernaccia nasce con il sorriso per dare felicità ai fruitori.

Località Pancole, 82/D - 53037 San Gimignano (SI)
T. 0577 955084 | M. info@cesani.it
www.cesani.it

Viticoltura: Biologica certificata
Ettari: 26 | **Bottiglie:** 100.000 | **Produzione olearia:** Sì
Proprietà: Vincenzo Cesani
Cond. enologica: Letizia Cesani, Paolo Caciorgna
Cond. agronomica: Fernando Sovali, Vincenzo Cesani
Vendita diretta: Sì | **Visite in azienda:** Sì

(91,5)

VERNACCIA DI SAN GIMIGNANO SANICE RISERVA 2020
Bianco Docg - Vernaccia di San Gimignano 100%
Alc. 13,5% | € 20 | Bt. 10.000 | Ferm. Acciaio | Mat. Cemento 12 mesi
Giallo dorato tenue. Profumo modellato con fiori di zagara, ginestra ed erbe aromatiche, nel fruttato spiccano pompelmo, pera abate e pesca gialla. Gusto pieno ed equilibrato, fresco e saporito, di salfiore di Cervia, chiosa di frutta tropicale. Pesce spada alla griglia.

VERNACCIA DI SAN GIMIGNANO CLAMYS 2021
Bianco Docg - Vernaccia di San Gimignano 100%
Alc. 12,5% | € 15 | Bt. 8.000 | Ferm. Acciaio | Mat. Acciaio 12 mesi
Linguine allo scoglio.

SAN GIMIGNANO MERLOT CÈLLORI 2018
Rosso Doc - Merlot 100%
Alc. 15% | € 25 | Bt. 3.000 | Ferm. Acciaio | Mat. Acciaio 10 mesi e Legno 12 mesi e Cemento 6 mesi
Rosticciana.

VERNACCIA DI SAN GIMIGNANO 2022
Bianco Docg - Vernaccia di San Gimignano 100%
Alc. 13% | € 13 | Bt. 45.000 | Ferm. Acciaio | Mat. Acciaio 6 mesi
Tartare di scampi.

SERISÈ 2020
Rosato Igt - Ciliegiolo 100%
Alc. 14% | € 18 | Bt. 6.000 | Ferm. Acciaio | Mat. Legno 12 mesi e Cemento 6 mesi
Rotolo di coniglio con pomodorini ed erbe aromatiche.

CHIANTI COLLI SENESI 2022
Rosso Docg - Sangiovese 80%, Canaiolo 10%, Ciliegiolo 4%, Colorino 3%, Malvasia nera 3%
Alc. 14% | € 13 | Bt. 35.000 | Ferm. Cemento | Mat. Cemento 6 mesi
Risotto ai finferli.

VERNACCIA DI SAN GIMIGNANO SANICE RISERVA
2016 | 2017 | 2018

VERNACCIA DI SAN GIMIGNANO CLAMYS
2020

Chiappini
(1978)

La riforma agraria, voluta da Fanfani negli anni '50, portò la famiglia Chiappini dalle Marche fino a Bolgheri. All'inizio si dedicarono alla coltivazione di frutta e ortaggi, quindi, anche per i successi internazionali che la zona riscuoteva, la produzione si spostò all'uva e al vino. Giovanni, l'attuale proprietario, riassume la filosofia aziendale con "la terra vale quanto chi la lavora", un semplice motto che ben focalizza il profondo legame con il terroir e spiega la costante crescita qualitativa dei prodotti aziendali, evidenziata dai vini che si alternano nel massimo riconoscimento.

Strada Provinciale Bolgherese, 189/C - Località Felciaino - 57022 Castagneto Carducci (LI)
T. 0565 765201 | M. info@giovannichiappini.it
www.giovannichiappini.it

Viticoltura: Biologica certificata
Ettari: 17 | **Bottiglie:** 85.000 | **Produzione olearia:** Sì
Proprietà: Famiglia Chiappini
Cond. enologica: Emiliano Falsini, Alessandro Bonaguidi
Cond. agronomica: Giovanni Chiappini, Stefano Bartolomei
Vendita diretta: Sì | **Visite in azienda:** Sì

(91,5)

CABERNET FRANC LIENÀ 2020
Rosso Igt - Cabernet franc 100%
Alc. 15% | € 135 | Bt. 2.000 | Ferm. Acciaio | Mat. Legno 24 mesi
Rubino vivo. Amarena, ribes e peperone, pot-pourri di fiori rossi, offrono complessità con pepe nero, humus, rabarbaro e fumé di cacao. Freschezza elegante, grip tannico in speziata evoluzione, finale stuzzicante di gelée di frutti rossi. Pernici farcite.

MERLOT LIENÀ 2020
Rosso Igt - Merlot 100%
Alc. 15% | € 135 | Bt. 2.000 | Ferm. Acciaio | Mat. Legno 24 mesi
Bocconcini di cervo al cavolo nero.

BOLGHERI SUPERIORE GUADO DE' GEMOLI 2020
Rosso Doc - Cabernet sauvignon 60%, Cabernet franc 20%, Merlot 20%
Alc. 14,5% | € 75 | Bt. 10.000 | Ferm. Acciaio | Mat. Legno 20 mesi
Capriolo ai porcini.

BOLGHERI ROSSO FELCIAINO 2021
Rosso Doc - Cabernet sauvignon 50%, Merlot 40%, Cabernet franc 10%
Alc. 14,5% | € 30 | Bt. 30.000 | Ferm. Acciaio | Mat. Legno 12 mesi
Terrina di lepre con salsa di prugne.

BOLGHERI VERMENTINO LE GROTTINE 2022
Bianco Doc - Vermentino 100%
Alc. 13% | € 18 | Bt. 10.000 | Ferm. Acciaio
Guazzetto di scampi.

CABERNET FRANC LIENÀ
2017 | 2018 | 2019

BOLGHERI SUPERIORE GUADO DE' GEMOLI
2013 | 2017 | 2019

Donatella Cinelli Colombini
(1998)

Cinelli Colombini? Ci si potrebbe scrivere una tesi di laurea, condensarla in queste battute è artifizio sopraffino e improbabile. Parlare dei vini ilcinesi di questo casato è relativamente facile perché hanno sempre veleggiato negli oceani dell'eccellenza, per purezza, per austerità, per la volontà di saldare l'anima enologica del sangiovese con l'essenza di quella terra che i Cinelli Colombini hanno coltivato, anche culturalmente per secoli. I loro Brunello non sono solo vino, sono l'essenza di un'anima che ha spostato la magia del passato nella modernità.

Località Casato, 17 - 53024 Montalcino (SI)
T. 0577 849421 | M. vino@cinellicolombini.it
www.cinellicolombini.it

Viticoltura: Biologica certificata
Ettari: 16 | **Bottiglie:** 70.000 | **Produzione olearia:** Sì
Proprietà: Donatella Cinelli Colombini
Cond. enologica: Barbara Magnani, Giada Sani, Valerie Lavigne, Sabrina Buzzolan
Cond. agronomica: Ruggero Mazzilli
Vendita diretta: Sì | **Visite in azienda:** Sì

♥ 91

ROSSO DI MONTALCINO 2021
Rosso Doc - Sangiovese 100%
Alc. 14,5% | € 50 | Bt. 20.000 | Ferm. Acciaio | Mat. Legno 6 mesi
L'attraente amaranto si fa invitante nel fruttato di ciliegia di Vignola, violetta e iris, modulando una complessità con coriandolo e pepe nero, per stuzzicare il naso con tabacco Kentucky. "Ciliegiosità" fruttata verrebbe da dire, per l'icastica freschezza, lo sciccoso tannino e lunga persistenza di arancia rossa. Tartare di manzo.

BRUNELLO DI MONTALCINO 2018
Rosso Docg - Sangiovese 100%
Alc. 14,5% | € 50 | Bt. 34.000 | Ferm. Acciaio e Cemento
Mat. Legno 30 mesi e Cemento 6 mesi
Tordi in salmì.

BRUNELLO DI MONTALCINO PRIME DONNE 2018
Rosso Docg - Sangiovese 100%
Alc. 14,5% | € 55 | Bt. 6.560 | Ferm. Acciaio | Mat. Legno 30 mesi e Cemento 6 mesi
Risotto con le spugnole.

BRUNELLO DI MONTALCINO RISERVA
2012 | 2015 | 2016

BRUNELLO DI MONTALCINO PRIME DONNE
2015 | 2017

Roberto Cipresso
(1995)

Produttore e scrittore che vuole produrre il vino, il suo vino, così come intende raccontarlo. Altro scrigno ilcinese in cui il Sangiovese si esprime in leggiadra sericità, equilibrio e raffinatezza. La continua ricerca per amplificare al massimo le peculiarità di ogni singolo terroir, la poliedricità del proprietario si esprime attraverso i suoi vini che vedono al centro i vitigni autoctoni oltre il sangiovese, quale sagrantino e montepulciano ne La quadratura del Cerchio. Passione e alchimia di spirito regalano quel "non so che" ai vini capaci di farsi ricordare.

Località Bivio dell'Asso - 53024 Montalcino (SI)
T. 0577 835511 | M. info@robertocipresso.it
www.robertocipresso.it

Viticoltura: Ecosostenibile
Ettari: 6,5 | **Bottiglie:** 35.000 | **Produzione olearia:** No
Proprietà: Roberto Cipresso
Cond. enologica: David Bari, Roberto Cipresso
Cond. agronomica: Staff aziendale
Vendita diretta: Sì | **Visite in azienda:** Sì

BRUNELLO DI MONTALCINO 2018
Rosso Docg - Sangiovese 100%
Alc. 14% | € 65 | Bt. 6.600 | Ferm. Legno | Mat. Legno 24 mesi
Carminio fulgido con orlo granato. Pregevole bouquet di ciliegia durone, mirto, rosa appassita, chiodi di garofano, resina di pino, gelatina di ribes rosso. Piacevole beva con un tannino progressivo e una freschezza dinamica, animate da un flavor di arancia amara che sfuma in riverberi balsamici. Risotto agli asparagi e provola affumicata.

PIGRECO 2020
Rosso Igt - Sangiovese 100%
Alc. 14% | € 17 | Bt. 6.600 | Ferm. Acciaio | Mat. Legno 12 mesi
Crema di zucca con porcini.

ROSSO DI MONTALCINO 2021
Rosso Dop - Sangiovese 100%
Alc. 14% | € 22 | Bt. 6.600 | Ferm. Legno e Acciaio | Mat. Legno 12 mesi
Filetto di bue con salsa di Roquefort.

LA QUADRATURA DEL CERCHIO 2019
Rosso Igt - Sangiovese 85%, Montepulciano 10%, Sagrantino 5%
Alc. 14,5% | € 24 | Bt. 6.600 | Ferm. Acciaio | Mat. Legno 18 mesi
Hamburger di manzo con Montasio fuso.

PUNTO. ROSSO 2021
Rosso Igt - Sangiovese 85%, Montepulciano 15%
Alc. 14% | € 14 | Bt. 6.600 | Ferm. Acciaio | Mat. Legno 8 mesi
Pasta alla gricia.

PUNTO. BIANCO 2020
Bianco Igt - Vermentino 85%, Verdicchio 15%
Alc. 14% | € 14 | Bt. 6.600 | Ferm. Acciaio | Mat. Acciaio 6 mesi
Tortelli di branzino con salsa d'astice.

BRUNELLO DI MONTALCINO
2015 | 2016

LA QUADRATURA DEL CERCHIO
2015 | 2017 | 2018

Col d'Orcia
(1933)

Anche Col d'Orcia ha seguito, come altri, il viaggio per giungere a un'agricoltura rispettosa dell'ambiente e dell'uomo, e come avrebbe potuto essere diversamente vista la sensibilità che è sempre stata di casa tra i Marone Cinzano. I vini hanno risentito già di questa virata, hanno assorbito alcune particolari sfaccettature di terroir che prima erano indistinte, basti pensare al Poggio Al Vento, un Brunello che ha acquisito una nuova regalità organolettica, così come Nastagio, insieme formano, per espressività e sostanza, un'accoppiata da podio.

Via Giuncheti - 53024 Montalcino (SI)
T. 0577 80891 | M. info@coldorcia.it
www.coldorcia.it

Viticoltura: Biologica certificata
Ettari: 150 | **Bottiglie:** 750.000 | **Produzione olearia:** Sì
Proprietà: Francesco Marone Cinzano
Cond. enologica: Antonio Tranchida
Cond. agronomica: Giuliano Dragoni
Vendita diretta: Sì | **Visite in azienda:** Sì

(94)
BRUNELLO DI MONTALCINO POGGIO AL VENTO RISERVA 2016
Rosso Docg - Sangiovese 100%
Alc. 14,5% | € 98 | Bt. 25.600 | Ferm. Acciaio | Mat. Legno 36 mesi
Vivace tinta carminio. Ampio nella prospettiva odorosa: amarena e susina in confettura, viola appassita, alloro, tabacco, liquirizia in soave connubio con eucalipto e zenzero. Bellamente caldo in alcol, tonico e tonificato da tannino di nobile tenacità, con freschezza che regala un finale di piccoli frutti rossi. Civet di capriolo ai funghi.

(92)
BRUNELLO DI MONTALCINO NASTAGIO 2018
Rosso Docg - Sangiovese 100%
Alc. 14,5% | € 55 | Bt. 14.000 | Ferm. Acciaio | Mat. Legno 36 mesi
Sulla via del granato, offre mirtillo maturo e prugna, rosmarino e menta, rosa appassita e legno di cedro, insomma: raffinato. Gran tannino fruttato e integrato con alcol e freschezza stratificata tra gelatina di ciliege e cacao. Petto di germano reale al balsamico.

(91)
MOSCADELLO DI MONTALCINO VENDEMMIA TARDIVA PASCENA 2018
Bianco Doc Passito - Moscato bianco 100%
Alc. 14,5% | € 30 (0,375l) | Bt. 5.100 | Ferm. Acciaio | Mat. Legno 6 mesi
Luccicante tinta oro. Cedro candito e mandarino confit si miscelano in un'armoniosa fragranza di zafferano, gelsomino, elicriso e anice, sembra una dolce tisana. Sorso in piena avvolgenza e rotondità, calore e freschezza son un tutt'uno per creare una polposità al flavor di albicocca sciroppata e marmellata. Semifreddo al torroncino.

SANT'ANTIMO CABERNET OLMAIA 2018
Rosso Doc - Cabernet sauvignon 100%
Alc. 14,5% | € 50 | Bt. 13.500 | Ferm. Acciaio | Mat. Legno 18 mesi
Lepre alla cacciatora.

SANT'ANTIMO ROSSO NEARCO 2019
Rosso Doc - Cabernet sauvignon 25%, Merlot 25%, Petit verdot 25%, Syrah 25%
Alc. 14,5% | € 18 | Bt. 27.000 | Ferm. Acciaio | Mat. Legno 24 mesi
Stufato di daino.

BRUNELLO DI MONTALCINO POGGIO AL VENTO RISERVA
2012 | 2013 | 2015

BRUNELLO DI MONTALCINO NASTAGIO
2012

Colle Bereto
(1980)

Una storia di passione e amore per il territorio, in particolare quello del Chianti Classico, iniziata negli anni '70 quando Franca e Lorenzo Pinzauti decisero di trasferirsi da Firenze a Radda in Chianti con il proposito di dedicarsi alla vitivinicoltura di qualità e alla rivalutazione del bellissimo Borgo, che è adesso il cuore di Colle Bereto. Un'attenzione quasi maniacale per la tradizione e i vitigni del Chianti Classico, unita però alla cura di varietali diversi, come il pinot nero (utilizzato per il Metodo Classico) e il merlot, ha portato negli anni a una scuderia di tutto rispetto.

Località Colle Bereto - 53017 Radda in Chianti (SI)
T. 0577 738083 | M. colle.bereto@collebereto.it
www.collebereto.it

Viticoltura: Biologica certificata
Ettari: 20 | **Bottiglie:** 85.000 | **Produzione olearia:** Sì
Proprietà: Franca e Lorenzo Pinzauti
Cond. enologica: Bernardo Bianchi
Cond. agronomica: Bernardo Bianchi
Vendita diretta: Sì | **Visite in azienda:** Sì

(92)
IL TOCCO 2020
Rosso Igt - Merlot 100%
Alc. 14,5% | € 80 | Bt. 4.500 | Ferm. Legno | Mat. Legno 14 mesi
Rubino fitto. Profilo odoroso di prugna, cassis e mora di gelso, pot-pourri di fiori rossi, noce moscata, legno di sandalo e tabacco biondo. Sorso imperniato sulla polposità del frutto nero maturo, sorretto da tannini integrati e sfiziosa freschezza. Ritmici rimbalzi di cacao e ciliegia. Braciola di cervo con salsa di ribes.

CHIANTI CLASSICO GRAN SELEZIONE 2019
Rosso Docg - Sangiovese 100%
Alc. 14% | € 40 | Bt. 9.000 | Ferm. Legno | Mat. Legno 36 mesi
Roast beef.

IL CENNO 2020
Rosso Igt - Pinot nero 100%
Alc. 13% | € 45 | Bt. 6.450 | Ferm. Legno | Mat. Legno 18 mesi
Faraona ripiena con salsa tartufata.

CHIANTI CLASSICO 2021
Rosso Docg - Sangiovese 100%
Alc. 13,5% | € 20 | Bt. 35.000 | Ferm. Legno | Mat. Legno 18 mesi e Cemento 18 mesi
Agnolotti al piccione con sugo d'arrosto.

CHIANTI CLASSICO RISERVA 2019
Rosso Docg - Sangiovese 100%
Alc. 14% | € 35 | Bt. 15.000 | Ferm. Legno | Mat. Legno 36 mesi
Coniglio alla cacciatora.

CHIANTI CLASSICO GRAN SELEZIONE
2013 | 2015 | 2016

IL TOCCO
2014 | 2016

ColleMassari
(1998)

Il Montecucco Sangiovese Docg raggiunge uno dei suoi apici espressivi con Poggio Lombrone Riserva, che con il susseguirsi delle annate ha incarnato sempre più l'essenza della denominazione. Fondamentale l'avvento, nel 1999, della famiglia Tipa - Bertarelli, che negli anni ha adottato lo stesso spirito di conservazione e innovazione sia per la ristrutturazione del Castello di Collemassari, sia per lo sviluppo dell'azienda vitivinicola, con il fine di preservare il patrimonio biologico dei vitigni, in particolare del sangiovese, e la loro naturale espressione in questo affascinante territorio.

Località Poggi del Sasso - 58044 Cinigiano (GR)
T. 0564 990496 | M. info@collemassari.it
www.collemassari.it

Viticoltura: Biologica certificata
Ettari: 120 | **Bottiglie:** 500.000 | **Produzione olearia:** Sì
Proprietà: Claudio e Maria Iris Tipa Bertarelli
Cond. enologica: Luca Marrone, Giovanni Puccioni
Cond. agronomica: Staff aziendale
Vendita diretta: Sì | **Visite in azienda:** Sì

93

MONTECUCCO SANGIOVESE POGGIO LOMBRONE RISERVA 2019
Rosso Docg - Sangiovese 100%
Alc. 14,5% | € 30 | Bt. 10.000 | Ferm. Legno | Mat. Legno 36 mesi
Carminio dai riflessi granato. Olfatto ampio di amarene, succo di melagrana, tamarindo e resina di pino, poi sentori di rosa, nocciola tostata, paprica, carruba e tabacco Corojo. Equilibrio gustativo mirabile, dai tannini fruttati in armonia con alcol e freschezza, fino al lungo epilogo di mirto e cacao. Filetto di cervo ai mirtilli.

MONTECUCCO VERMENTINO IRISSE 2021
Bianco Doc - Vermentino 85%, Grechetto 15%
Alc. 14% | € 21 | Bt. 13.000 | Ferm. Legno | Mat. Legno 9 mesi
Tagliolini all'astice.

MONTECUCCO ROSSO COLLEMASSARI RISERVA 2020
Rosso Doc - Sangiovese 80%, Cabernet sauvignon 10%, Ciliegiolo 10%
Alc. 14% | € 19 | Bt. 120.000 | Ferm. Acciaio | Mat. Legno 18 mesi
Capretto arrosto alle erbe aromatiche.

MONTECUCCO ROSSO RIGOLETO 2021
Rosso Doc - Sangiovese 70%, Ciliegiolo 15%, Montepulciano 15%
Alc. 15% | € 15 | Bt. 10.000 | Ferm. Acciaio | Mat. Acciaio 8 mesi e Legno 18 mesi
Fettuccine al ragù d'agnello.

MONTECUCCO VERMENTINO MELACCE 2022
Bianco Doc - Vermentino 100%
Alc. 14% | € 16 | Bt. 80.000 | Ferm. Acciaio | Mat. Acciaio 3 mesi
Risotto agli asparagi con gamberi croccanti.

MONTECUCCO ROSATO GRÒTTOLO 2022
Rosato Doc - Sangiovese 70%, Ciliegiolo 15%, Montepulciano 15%
Alc. 14% | € 15 | Bt. 23.000 | Ferm. Acciaio | Mat. Acciaio 3 mesi
Bruschetta al pomodoro.

MONTECUCCO SANGIOVESE POGGIO LOMBRONE RISERVA
2016 | 2017 | 2018

MONTECUCCO ROSSO COLLEMASSARI RISERVA
2017 | 2018 | 2019

Contucci
(1646)

La famiglia Contucci ha una storia lunga oltre mille anni nel mondo del vino, essendo già nel 1700 nota, non solo in patria, per il Vino Nobile di Montepulciano. L'azienda si estende su 170 ettari, di cui 21 dedicati a vigneto, con altitudini tra i 280 e i 450 metri. Vi coltivano esclusivamente vitigni autoctoni toscani in modo sostenibile, applicando il protocollo della "lotta guidata", quindi riducendo al minimo gli interventi fitosanitari. Le cantine storiche, site in centro a Montepulciano, sono anche una meta turistica popolare, e offrono degustazioni in un ambiente suggestivo.

Via del Teatro, 1 - 53045 Montepulciano (SI)
T. 0578 757006 | M. info@contucci.it
www.contucci.it

Viticoltura: Convenzionale
Ettari: 21 | **Bottiglie:** 100.000 | **Produzione olearia:** No
Proprietà: Famiglia Contucci
Cond. enologica: Damiano Contucci
Cond. agronomica: Damiano Contucci
Vendita diretta: Sì | **Visite in azienda:** Sì

91

VINO NOBILE DI MONTEPULCIANO RISERVA 2017
Rosso Docg - Sangiovese 80%, altre varietà 20%
Alc. 14% | € 45 | Bt. 8.000 | Ferm. Acciaio | Mat. Legno 36 mesi
Granato trasparente e luminoso. Preziosi profumi di giaggiolo, prugna e giuggiola si intrecciano a sussurri di pot-pourri, lavanda, coriandolo e fieno. Il tannino accarezza il sorso, nel medio palato l'alcol dona gradevole ardore, chiude lungo con riverberi di arancia candita. Filetto di vitello alla Rossini.

VINO NOBILE DI MONTEPULCIANO PIETRA ROSSA 2018
Rosso Docg - Sangiovese 80%, altre varietà 20%
Alc. 14% | € 28 | Bt. 10.000 | Ferm. Acciaio | Mat. Legno 30 mesi
Capriolo ai porcini.

VINO NOBILE DI MONTEPULCIANO 2018
Rosso Docg - Sangiovese 80%, altre varietà 20%
Alc. 14% | € 25 | Bt. 40.000 | Ferm. Acciaio | Mat. Legno 24 mesi
Pecorino di Pienza.

VINO NOBILE DI MONTEPULCIANO MULINVECCHIO 2018
Rosso Docg - Sangiovese 80%, altre varietà 20%
Alc. 14% | € 32 | Bt. 8.000 | Ferm. Acciaio | Mat. Legno 30 mesi
Ravioli di magro con funghi chiodini.

VINO NOBILE DI MONTEPULCIANO PALAZZO CONTUCCI 2018
Rosso Docg - Sangiovese 80%, altre varietà 20%
Alc. 14% | € 32 | Bt. 4.000 | Ferm. Acciaio | Mat. Legno 36 mesi
Pluma di maialino Bellota con cipolle caramellate.

ROSSO DI MONTEPULCIANO 2022
Rosso Doc - Sangiovese 80%, altre varietà 20%
Alc. 13,5% | € 20 | Bt. 18.000 | Ferm. Acciaio
Bresaola di punta d'anca.

VINO NOBILE DI MONTEPULCIANO MULINVECCHIO
2015 | 2016 | 2017

VINO NOBILE DI MONTEPULCIANO PIETRA ROSSA
2015 | 2016 | 2017

Corte Pavone
(1979)

La famiglia Loacker rappresenta ormai da decenni il trait d'union tra lo spirito pionieristico di matrice altoatesina e la nobile tradizione del fare vino in Toscana. Alla "weingut" storica in valle d'Isarco, la famiglia ha aggiunto, negli anni '90, le due preziose tenute a Montalcino e a Magliano in Toscana, coltivate, sin dalle origini con le allora avveniristiche tecniche del metodo biologico, biodinamico e addirittura "omeopatico". Terre nobili per grandi vini che i tre figli del fondatore Reiner Loacker hanno saputo ancor più valorizzare nel solco delle tecniche visionarie del padre.

Località Corte Pavone - 53024 Montalcino (SI)
T. 0577 848110 | M. lo@cker.it
www.loacker.bio

Viticoltura: Biologica e lotta integrata
Ettari: 19 | **Bottiglie:** 80.000 | **Produzione olearia:** Sì
Proprietà: Hayo e Franz Josef Loacker
Cond. enologica: Hayo Loacker
Cond. agronomica: Hayo Loacker
Vendita diretta: Sì | **Visite in azienda:** Sì

(93,5)
BRUNELLO DI MONTALCINO FIOR DI MELILOTO 2018
Rosso Docg - Sangiovese 100%
Alc. 14,5% | € 68 | Bt. 2.500 | Mat. Legno 24 mesi e Cemento 12 mesi
Luminoso rubino. Ventaglio odoroso di amarena, ribes, viola, mirto e cardamomo con complessi tocchi balsamici e di grafite. Il palato è ricco e avvolgente, con trama tannica ancora in evoluzione. Finale prolungato di ciliegia e di spezie. Tordi in salmì.

(91,5)
BRUNELLO DI MONTALCINO CAMPO MARZIO 2018
Rosso Docg - Sangiovese 100%
Alc. 14,5% | € 68 | Bt. 2.200 | Mat. Acciaio 12 mesi e Legno 24 mesi e Cemento 12 mesi
Carminio luminoso. Naso articolato di ciliegia matura, prugna, viola, ginepro, liquirizia e note mentolate. Sorso succoso, fresco, con un ottimo tannino e ritorni balsamici. Piccione ai porcini e tartufo nero.

BRUNELLO DI MONTALCINO VIGNA POGGIO MOLINO AL VENTO RISERVA 2017
Rosso Docg - Sangiovese 100%
Alc. 14,5% | € 95 | Bt. 3.760 | Mat. Acciaio 2 mesi e Legno 36 mesi e Cemento 24 mesi. Filetto di vitello alla Rossini.

BRUNELLO DI MONTALCINO 2018
Rosso Docg - Sangiovese 100%
Alc. 14,5% | € 48 | Bt. 24.000 | Ferm. Legno | Mat. Acciaio 12 mesi e Legno 24 mesi. Capretto arrosto alle erbe aromatiche.

BRUNELLO DI MONTALCINO ANEMONE AL SOLE RISERVA 2017
Rosso Docg - Sangiovese 100%
Alc. 14,5% | € 95 | Bt. 1.600 | Mat. Acciaio 10 mesi e Legno 24 mesi e Cemento 12 mesi. Nodini di cinta senese lardellati al forno.

BRUNELLO DI MONTALCINO FIORE DEL VENTO 2018
Rosso Docg - Sangiovese 100%
Alc. 14,5% | € 68 | Bt. 2.660 | Mat. Acciaio 12 mesi e Legno 12 mesi e Cemento 24 mesi. Petto d'anatra all'arancia.

Dei
(1985)

Ormai è acquisito: vigna Bossona è un serbatoio di costante garanzia qualitativa. Anche l'annata 2018, poco omogenea nell'andamento, è riuscita a far maturare in modo così equilibrato il sangiovese, che l'amalgama ricchezza d'ingredienti ed eleganza giunge alla perfezione, anche grazie al suolo ricco di scheletro. Caterina Dei si è tracciata un percorso da seguire che l'ha portata a dare continuità alla ricerca di saldare terra e vino, frazionando la mission enologica in diverse complessità espressive, quest'anno ne ha presentate due, e anche il Nobile d'annata è di ottimo effetto.

Via di Martiena, 35 - 53045 Montepulciano (SI)
T. 0578 716878 | M. info@cantinedei.com
www.cantinedei.com

Viticoltura: Biologica
Ettari: 60 | **Bottiglie:** 250.000 | **Produzione olearia:** Sì
Proprietà: Maria Caterina Dei
Cond. enologica: Paolo Caciorgna
Cond. agronomica: Marco Maiani
Vendita diretta: Sì | **Visite in azienda:** Sì

(91)
VINO NOBILE DI MONTEPULCIANO BOSSONA RISERVA 2018
Rosso Docg - Sangiovese 100%
Alc. 15% | € 50 | Bt. 13.000 | Ferm. Acciaio | Mat. Legno 20 mesi
Vivacizza il calice un rosso carminio. Ampia espressione di ribes rosso e mora di rovo intrecciata con iris, coriandolo ed erbe affumicate. Tempra tannica dimensionata in un equilibrio di alcol e freschezza all'aroma di ciliegia rossa e prugna, sapidità ed estensione dai toni di arancia Sanguinella. Brasato di lepre con riduzione di vino rosso.

VINO NOBILE DI MONTEPULCIANO 2020
Rosso Docg - Sangiovese 90%, Canaiolo 10%
Alc. 14% | € 26 | Bt. 120.000 | Ferm. Acciaio | Mat. Legno 19 mesi
Lasagne alle melanzane.

VINO NOBILE DI MONTEPULCIANO BOSSONA RISERVA
2017

VINO NOBILE DI MONTEPULCIANO
2016 | 2018 | 2019

Diadema
(2004)

Pensando a Diadema forse viene naturale pensare che, visto il giovane vissuto aziendale, non ventenne, fosse stato un progetto di puro investimento. È tutto sbagliato, qui c'era e c'è vera passione e vera arte di voler fare quel meglio che già nelle prime etichetta abbagliava l'immagine della bottiglia diffondendo brillantezza in tutto. I vini Diadema brillano però per il succo enologico che sono riusciti a estrarre dalle vigne, che in quest'edizione vede primeggiare il micidiale Diadema Rosso con Candegli distanziato di un'incollatura.

Via Imprunetana per Tavarnuzze, 21 - 50023 Impruneta (FI)
T. 055 9335236 | M. info@diadema-wine.com
www.diadema-wine.com

Viticoltura: Convenzionale
Ettari: 28 | **Bottiglie:** 94.000 | **Produzione olearia:** Sì
Proprietà: Famiglia Giannotti
Cond. enologica: Emiliano Falsini
Cond. agronomica: Staff aziendale
Vendita diretta: Sì | **Visite in azienda:** Sì

(91)
DIADEMA ROSSO 2021
Rosso Igt - Sangiovese 50%, Cabernet sauvignon 30%, Syrah 20%
Alc. 14% | € 80 | Bt. 28.000 | Ferm. Cemento | Mat. Legno 18 mesi
Carminio fitto, vivo, trina rubino. Naso disinvolto nel maturo frutto di pesca al vino, susina e mora, si fa ampio con cuoio, peonia, sottobosco e ginepro. Equilibrio gustativo delizioso per matura tannicità e freschezza stratificata in amarena e lampone, una finissima sapidità crea un mix di pepe e nepitella. Ravioli di germano con foie gras.

CANDEGLI 2020
Rosso Igt - Sangiovese 70%, Cabernet sauvignon 30%
Alc. 13,5% | € 32 | Bt. 6.000 | Ferm. Acciaio | Mat. Terracotta 9 mesi
Caciocavallo Silano.

D'VINO 2020
Rosso Igt - Cabernet sauvignon 30%, Merlot 30%, Sangiovese 30%, Petit verdot 10%
Alc. 13,5% | € 24 | Bt. 12.000 | Ferm. Acciaio | Mat. Acciaio 9 mesi
Mocetta di camoscio.

DAMARE ROSSO 2021
Rosso Igt - Cabernet sauvignon 50%, Merlot 40%, Petit verdot 10%
Alc. 14% | € 24 | Bt. 30.000 | Ferm. Cemento | Mat. Legno 14 mesi
Straccetti di cavallo.

DAMARE BIANCO 2022
Bianco Igt - Sauvignon 40%, Vermentino 40%, Viognier 20%
Alc. 13% | € 18 | Bt. 30.000 | Ferm. Acciaio | Mat. Acciaio 6 mesi
Gnocchetti al sugo d'astice.

DAMARE ROSÉ 2022
Rosato Igt - Sangiovese 95%, Viognier 5%
Alc. 13% | € 18 | Bt. 6.000 | Ferm. Acciaio | Mat. Acciaio 2 mesi
Risi e bisi.

DIADEMA ROSSO
2019

DAMARE ROSSO
2019

Dievole
(2012)

La svolta Dievole è a pieno regime, il progetto di valorizzare le peculiarità dei vigneti per personalizzare al meglio il camaleontico sangiovese sta producendo risultati straordinari, si pensi a Patrignano e a Catignano, oltre che all'affermatissima Vigna di Sessina. I prodotti stanno progressivamente assumendo una stilizzazione che si armonizza con la rinnovata filosofia Dievole, un'azienda peraltro che non si è mai riposata sugli allori. Il sangiovese è diventato il vitigno bandiera, così come i recuperati autoctoni, questa volontà di ancorarsi alla toscanità non può che far del bene.

Località Dievole, 6 - 53019 Castelnuovo Berardenga (SI)
T. 0577 322613 | M. info@dievole.it
www.dievole.it

Viticoltura: Biologica e biologica certificata
Ettari: 152 | **Bottiglie:** 800.000 | **Produzione olearia:** Sì
Proprietà: Alejandro Bulgheroni Family Vineyards
Cond. enologica: Luigi Temperini
Cond. agronomica: Lorenzo Bernini
Vendita diretta: Sì | **Visite in azienda:** Sì

(91,5)
CHIANTI CLASSICO GRAN SELEZIONE VIGNA DI SESSINA 2019
Rosso Docg - Sangiovese 100%
Alc. 14% | € 45 | Bt. 9.000 | Ferm. Cemento | Mat. Legno 24 mesi
Rubino di media saturazione. Amarena matura, sciroppo di ribes rosso, petali di viola e rosa, echi di alloro e di liquirizia, e ricordi di scatola di sigaro si armonizzano in un raffinato ordito olfattivo. Al gusto l'attraente tannino si combina alla freschezza offrendo un piacevole prolungarsi di cardamomo. Lepre in salmì.

CHIANTI CLASSICO PETRIGNANO 2020
Rosso Docg - Sangiovese 100%
Alc. 14% | € 23 | Bt. 40.000 | Ferm. Cemento | Mat. Legno 12 mesi
Fettuccine al ragù d'agnello.

CHIANTI CLASSICO CASANOVA 2020
Rosso Docg - Sangiovese 100%
Alc. 14% | € 23 | Bt. 15.000 | Ferm. Cemento | Mat. Legno 12 mesi
Grigliata di carne con salsa barbecue.

CHIANTI CLASSICO CATIGNANO 2020
Rosso Docg - Sangiovese 100%
Alc. 14% | € 23 | Bt. 40.000 | Ferm. Cemento | Mat. Legno 12 mesi
Pernici farcite.

CHIANTI CLASSICO NOVECENTO RISERVA 2020
Rosso Docg - Sangiovese 95%, Canaiolo 3%, Colorino 2%
Alc. 14,5% | € 32 | Bt. 60.000 | Ferm. Cemento | Mat. Legno 18 mesi
Fagiano arrosto.

CAMPINOVI DIEVOLE 2021
Bianco Igt - Trebbiano 100%
Alc. 13% | € 21 | Bt. 10.000 | Ferm. Cemento | Mat. Legno 12 mesi
Linguine allo scoglio.

BRUNELLO DI MONTALCINO POGGIO LANDI RISERVA
2016

BOLGHERI SUPERIORE TENUTA LE COLONNE
2017 | 2018

Fabrizio Dionisio
(2000)

Fabrizio Dionisio potrebbe essere definito come un uomo dall'istinto naturale per la syrah. Non è facile con i terroir di cui dispone dettagliare in modo così distinto le diversità del vitigno, riuscendo a permeare nel vino una combinazione estrema di complessità, come nel Castagno o un'immediatezza espressiva di purissima semplicità nel Castagnino, passando per la soavità di beva del Cuculaia e ancora la linfatica succosità del Linfa. Ciò è possibile per quell'indole già assorbita dal suo pensiero: artigianalità nella naturalità. Ormai ha creato un acronimo, il CDS: Cortona Dionisio Syrah.

Case Sparse Ossaia, 87 - Località Il Castagno - 52044 Cortona (AR)
T. 06 3223391 | M. info@fabriziodionisio.it
www.fabriziodionisio.it

Viticoltura: Biologica
Ettari: 15 | **Bottiglie:** 50.000 | **Produzione olearia:** Sì
Proprietà: Fabrizio Dionisio
Cond. enologica: Valentino Ciarla
Cond. agronomica: Gianluca Grassi, Stefano Dini
Vendita diretta: Sì | **Visite in azienda:** Sì

(93)
LINFA 2021
Bianco Igt - Viognier 100%
Alc. 13,5% | € 22 | Bt. 1.500 | Ferm. Legno e Cemento | Mat. Acciaio 6 mesi e Legno 6 mesi
Splendente giallo paglierino. Quadro olfattivo di elegante composizione: pesca e ananas, mango e ginger, fiori di arancio e maggiorana e infine miele e pietra focaia. L'assaggio è vibrante di freschezza e sapidità, intrise di frutto tropicale e nocciola, scivola sinuoso sul palato rivelando carattere e spessore. Gnocchetti al sugo d'astice.

(91)
CORTONA SYRAH IL CASTAGNO 2020
Rosso Doc - Syrah 100%
Alc. 14,5% | € 28 | Bt. 11.000 | Ferm. Acciaio | Mat. Legno 24 mesi e Cemento 24 mesi
Rubino vivido. Cuore odoroso caratterizzato da aromi di ciliegia, mirtillo, rosa rossa, mirto e infine grafite. Al sorso la freschezza e il tenace tannino forgiano i lineamenti della struttura resa ancor più gustosa dalla scia sapida. Persistente e dai ritorni fruttati. Gnocchi al ragù.

CORTONA SYRAH CUCULAIA 2019
Rosso Doc - Syrah 100%
Alc. 15% | € 58 | Bt. 3.500 | Ferm. Acciaio | Mat. Legno 36 mesi
Pasta alla gricia.

CORTONA SYRAH CASTAGNINO 2022
Rosso Doc - Syrah 100%
Alc. 13,5% | € 16 | Bt. 16.500 | Ferm. Acciaio | Mat. Cemento 6 mesi
Lombata di vitello su letto di cipolline saltate.

CORTONA SYRAH LINFA 2021
Rosso Doc - Syrah 100%
Alc. 14% | € 35 | Bt. 1.500 | Ferm. Acciaio | Mat. Cemento 6 mesi e Terracotta 6 mesi
Risotto ai porcini e zucca.

ROSA DEL CASTAGNO 2022
Rosato Igt - Syrah 100%
Alc. 12% | € 16 | Bt. 9.000 | Ferm. Acciaio
Garganelli freschi con gamberi di fiume.

CORTONA SYRAH IL CASTAGNO
2019

CORTONA SYRAH CUCULAIA
2013 | 2015

Donna Olimpia 1898
(2002)

Dopo più di venti vendemmie, il progetto voluto da Guido Folonari è divenuto oramai una realtà consolidata del panorama bolgherese. La Tenuta conta su 45 ettari vitati, completamente reimpiantati nel 2002 a seguito di uno studio sui cloni effettuato dal Prof. Attilio Scienza, che si estendono dalla via Aurelia verso i primi rilievi di Bolgheri, su di un terreno sabbioso-limoso. La filosofia aziendale è tanto semplice quanto impegnativa, la costante ricerca dell'eccellenza, restando legati al territorio e lasciando al tempo e alla natura di seguire le proprie necessità.

Località Migliarini, 142 - 57020 Castagneto Carducci (LI)
T. 030 2279601 | M. info@donnaolimpia1898.it
www.donnaolimpia1898.it

Viticoltura: Convenzionale
Ettari: 45 | **Bottiglie:** 200.000 | **Produzione olearia:** Sì
Proprietà: Guido Folonari
Cond. enologica: Piero Ballario
Cond. agronomica: Gian Piero Romana
Vendita diretta: Sì | **Visite in azienda:** Sì

BOLGHERI SUPERIORE MILLEPASSI 2019
Rosso Doc - Cabernet sauvignon 70%, Petit verdot 20%, Merlot 10%
Alc. 14,5% | € 55 | Bt. 9.500 | Ferm. Acciaio | Mat. Legno 24 mesi
Carminio vibrante di luce. Al naso si apre su fragranze di ribes e amarena in confettura, iris, caramello e menta, quindi caffè, gianduja, tabacco scuro e mirto. Ingresso succoso e saporito, freschezza e tannino di ottima fattura rendono dinamica la struttura e durevole l'aroma di arancia amara. Capriolo con salsa di ribes rosso.

BOLGHERI BIANCO DONNA OLIMPIA 2021
Bianco Doc - Vermentino 80%, Petit manseng 10%, Viognier 10%
Alc. 13% | € 20 | Bt. 9.500 | Ferm. Acciaio | Mat. Acciaio 14 mesi
Linguine alla granseola e rosmarino.

BOLGHERI ROSSO CAMPO ALLA GIOSTRA 2019
Rosso Doc - Cabernet sauvignon 100%
Alc. 14,5% | € 28 | Bt. 7.000 | Ferm. Acciaio | Mat. Legno 14 mesi
Terrina di lepre con salsa di prugne.

BOLGHERI ROSSO DONNA OLIMPIA 2021
Rosso Doc - Cabernet sauvignon 70%, Merlot 15%, Petit verdot 10%, Cabernet franc 5%
Alc. 14% | € 20 | Bt. 85.000 | Ferm. Acciaio | Mat. Legno 14 mesi
Zuppa toscana con cavolo nero e crostini di pane.

BOLGHERI ROSATO DONNA OLIMPIA 2022
Rosato Doc - Cabernet franc 50%, Merlot 50%
Alc. 13% | € 18 | Bt. 6.000 | Ferm. Acciaio | Mat. Acciaio 5 mesi
Crema di zucca con gamberi croccanti.

VERMENTINO 2022
Bianco Igt - Vermentino 100%
Alc. 13% | € 12 | Bt. 40.000 | Ferm. Acciaio | Mat. Acciaio 5 mesi
Crostini con burro e salmone.

BOLGHERI SUPERIORE MILLEPASSI
2015 | 2016

BOLGHERI ROSSO CAMPO ALLA GIOSTRA
2016 | 2017 | 2018

Donne Fittipaldi
(1992)

In questi ultimi tre anni il management Donne Fittipaldi si è dato un'altra straordinaria scossa, dapprima con l'uscita del Magnetic, ormai al terzo anno, e nel 2022 con il DF, che presupponiamo idealizzi quel senso di evoluzione di pensiero artistico-enologico che anima l'azienda. La scommessa DF malbech, annata 2020, sembra sfiorare l'audacia di chi sa cosa vuole ottenere. Le etichette Fittipaldi colpiscono, impattano sull'emozionalità visiva, però sotto c'è vera sostanza enologica, che nell'attraversare la trentennale esperienza ha prima accumulato, e poi custodito, il meglio del know-how.

Via Bolgherese, 198 - Bolgheri - 57022 Castagneto Carducci (LI)
T. 0565 762175 | M. info@donnefittipaldi.it
www.donnefittipaldi.com

Viticoltura: Convenzionale
Ettari: 10 | **Bottiglie:** 70.000 | **Produzione olearia:** Sì
Proprietà: Donne Fittipaldi
Cond. enologica: Emiliano Falsini
Cond. agronomica: Stefano Bartolomei
Vendita diretta: No | **Visite in azienda:** No

(91,5)
BOLGHERI ROSSO MAGNETIC 2021
Rosso Doc - Cabernet franc 100%
Alc. 14,5% | € 30 | Bt. 3.600 | Ferm. Terracotta | Mat. Terracotta 12 mesi
Splendente nel rosso rubino, regala un bouquet complesso e dinamico dove piccoli frutti neri maturi si alternano a un mix rinfrescante, eucalipto ed erbe officinali, e di bacche di ginepro. L'ingresso in bocca è guidato dalla freschezza agrumata che viene prontamente integrata da un tannino incisivo e saporito. Petto d'anatra laccato al miele.

BOLGHERI ROSSO 2021
Rosso Doc - Cabernet sauvignon 50%, Merlot 30%, Cabernet franc 10%, Petit verdot 10%
Alc. 14,5% | € 29 | Bt. 50.000 | Ferm. Legno e Acciaio | Mat. Acciaio 6 mesi e Legno 6 mesi
Bigoli con salsiccia.

BOLGHERI SUPERIORE 2020
Rosso Doc - Cabernet franc 30%, Cabernet sauvignon 30%, Merlot 30%, Petit verdot 10%
Alc. 14,5% | € 50 | Bt. 5.300 | Ferm. Acciaio | Mat. Acciaio 6 mesi e Legno 15 mesi
Risotto al gorgonzola.

DF 2020
Rosso Igt - Malbech 60%, Cabernet sauvignon 40%
Alc. 14,5% | € 20 | Bt. 2.000 | Ferm. Acciaio | Mat. Acciaio 6 mesi e Legno 12 mesi
Reale di vitello alla senape antica.

BOLGHERI ROSSO MAGNETIC
2019

BOLGHERI ROSSO
2020

Duemani
(2000)

Cielo, rocce e mare sono l'essenza agricolturale di Duemani. È da questo trittico di naturale confluenza che i vini prendono vigore e stile. Dal cielo la perfetta irradiazione delle uve, dal mare le brezze rinfrescanti e dalle rocce quella ricca anima di ingredienti che fanno i vini di qui qualcosa da farli sembrare non i vini di qui ma di altro luogo. Syrah e caberent franc assorbono dal quel terreno una tempra che non trova pari nei dintorni, e forse anche un po' più il là; ogni anno si contendono il primato, adesso l'ha spuntata Suisassi, un vino roboante, come l'enologo che l'ha forgiato.

Località Ortacavoli - 56046 Riparbella (PI)
T. 0583 975048 | M. info@duemani.eu
www.duemani.eu

Viticoltura: Biologica e biodinamica
Ettari: 14 | **Bottiglie:** 40.000 | **Produzione olearia:** No
Proprietà: Società Agricola Le Tenute del Leone Alato Spa
Cond. enologica: Luca D'Attoma
Cond. agronomica: Eva Volpi
Vendita diretta: Sì | **Visite in azienda:** Sì

(93)
SUISASSI 2020
Rosso Igp - Syrah 100%
Alc. 14,5% | € 150 | Bt. 3.820 | Ferm. Legno | Mat. Legno 22 mesi
Scuro granato orlato di viola. Dedalo odoroso in ricamo di gelso sciroppato e lavanda fresca, resina dolce e cioccolato con ciliegia, si fa ampio con tabacco Corojo, eucalipto e tè nero. Liquidità in espansione tannica, piccante e dolce insieme, scivola setoso in gelatina di cassis e spezie dolci. Manzo brasato con funghi.

(91,5)
DUEMANI 2020
Rosso Igp - Cabernet franc 100%
Alc. 14,5% | € 150 | Bt. 6.000 | Ferm. Legno | Mat. Legno 22 mesi
Fitto nella cromia granato. Didascalia olfattiva di paté di cassis e cioccolato al latte, tocchi di lavanda e glicine, eucalipto, caffè e cedro del Libano. Sontuoso nella rotondità in perfetto equilibrio tra tannino vellutato e alcol tonificante, lunghissima la persistenza. Fagiano arrosto.

G.PUNTO 2021
Rosso Igp - Grenache 100%
Alc. 15% | € 100 | Bt. 1.100 | Ferm. Terracotta | Mat. Legno 12 mesi
Filetto al pepe verde.

SÌ 2022
Rosato Igp - Syrah 100%
Alc. 13,5% | € 30 | Bt. 1.650 | Ferm. Terracotta | Mat. Terracotta 4 mesi
Pollo al curry.

CIFRA 2022
Rosso Igp - Cabernet franc 100%
Alc. 13,5% | € 30 | Bt. 12.960 | Ferm. Cemento | Mat. Cemento 9 mesi
Salame di Varzi.

DUEMANI
2016 | 2018 | 2019

SUISASSI
2017 | 2018 | 2019

Fattoria Aldobrandesca
(1996)

A Sovana, o come anticamente si diceva, Soana, ci s'immerge in ricordi Etruschi, e ci si immerge anche nel vino. Intendiamoci è un'immersione metaforica, vista la scarsa produzione, e che, a onore del vero, è anche stranamente molto sottostimata. Per gli Antinori questa è terra da vitigni alicante e malbech, perché la combinazione del suolo "sperone di tufo" e quel relativo apporto di calore climatico è da sempre un toccasana per l'alicante, dicesi lo sia, o meglio lo è, anche per il malbech, che pur personalizzando diversamente da Cahors, in certe sfaccettature organolettiche lo supera.

Località Scansanaccio - 58010 Sovana (GR)
T. 0564 615907 | M. aldobrandesca@antinori.it
www.aldobrandesca.it

Viticoltura: Convenzionale
Ettari: 180 | **Bottiglie:** 44.600 | **Produzione olearia:** No
Proprietà: Famiglia Antinori
Cond. enologica: Lorenzo Giuliani
Cond. agronomica: Lorenzo Giuliani
Vendita diretta: Sì | **Visite in azienda:** Sì

VIE CAVE 2021
Rosso Igt - Malbech 100%
Alc. 14,5% | € 25 | Bt. 40.000 | Ferm. Acciaio | Mat. Acciaio 10 mesi e Legno 10 mesi
Fittezza rubino con trina violacea. Apre con mirtillo, mora di gelso e glicine appassito, s'invola con cacao, mentolo e oliva nera secca. Gusto in ricchezza di alcol e tannino, che ha personalità speziata, ben saporito nel medio palato, offre lunga scia mentolata corroborata da tonico calore. Pernici farcite.

A 2022
Rosato Igt - Aleatico 100%
Alc. 13% | € 30 | Bt. 35.000 | Ferm. Acciaio | Mat. Acciaio 4 mesi
Guazzetto di moscardini.

A
2018

VIE CAVE
2020

Fattoria Ambra
(1955)

Giuseppe Rigoli è un profondo conoscitore delle potenzialità dell'ecosistema viticolo carmignanese, riesce a dare una perfetta interpretazione enoica ai quattro cru che sono il puntello aziendale, quest'anno c'è anche la novità dell'impianto di un ettaro di sangiovese nel cru di Montalbiolo. Il portfolio produttivo della Fattoria, che spesso vede nel cru Elzana la punta dell'iceberg, si fa interessante perché preserva anche quelle espressioni enoiche dell'antica tradizione come il Barco e il Vin Ruspo: una poliedricità del far vino che non può far altro che del bene a tutti.

Via Lombarda, 85 - 59015 Carmignano (PO)
T. 055 8719049 | M. info@fattoriaambra.it
www.fattoriaambra.it

Viticoltura: Biologica certificata
Ettari: 24 | **Bottiglie:** 90.000 | **Produzione olearia:** Sì
Proprietà: Eredi di Ludovica Romei Rigoli
Cond. enologica: Giuseppe Rigoli
Cond. agronomica: Giuseppe Rigoli
Vendita diretta: Sì | **Visite in azienda:** Sì

(92,5)
CARMIGNANO MONTALBIOLO RISERVA 2019
Rosso Docg - Sangiovese 70%, Canaiolo 20%, Cabernet 10%
Alc. 14,5% | € 28 | Bt. 4.000 | Ferm. Acciaio | Mat. Legno 24 mesi
Carminio di stoffa fitta e ricamata di granato. Suadente bouquet di amarena in confettura, crème de cassis, rabarbaro, viola e tabacco biondo. Ingresso fresco e tannino delicatamente amaricante che orchestra il ritorno di scorza d'arancia candita. Chiude con riverberi di cacao e arancia Sanguinella. Stracotto d'asino.

CARMIGNANO ELZANA RISERVA 2019
Rosso Docg - Sangiovese 90%, Cabernet 10%
Alc. 15% | € 30 | Bt. 4.000 | Ferm. Acciaio | Mat. Legno 24 mesi
Terrina di lepre con salsa di prugne.

CARMIGNANO SANTA CRISTINA IN PILLI 2020
Rosso Docg - Sangiovese 75%, Cabernet 10%, Canaiolo 10%, altre varietà 5%
Alc. 14,5% | € 18 | Bt. 22.000 | Ferm. Acciaio | Mat. Legno 12 mesi
Gorgonzola naturale.

CARMIGNANO MONTEFORTINI PODERE LOMBARDA 2020
Rosso Docg - Sangiovese 80%, Cabernet 10%, Canaiolo 5%, altre varietà 5%
Alc. 14,5% | € 20 | Bt. 22.000 | Ferm. Acciaio | Mat. Legno 12 mesi
Verdure pastellate.

VIN SANTO DI CARMIGNANO 2014
Bianco Doc Dolce - Trebbiano 90%, San Colombano 10%
Alc. 13,5% | € 30 (0,375l) | Bt. 1.500 | Ferm. Legno | Mat. Legno 72 mesi
Torta caprese.

BARCO REALE DI CARMIGNANO 2022
Rosso Doc - Sangiovese 80%, Cabernet 10%, Canaiolo 10%
Alc. 13,5% | € 12 | Bt. 26.000 | Ferm. Acciaio | Mat. Legno 7 mesi e Cemento 7 mesi
Tartare di tonno.

CARMIGNANO ELZANA RISERVA
2016 | 2017 | 2018

VIN SANTO DI CARMIGNANO
2010

Fattoria Betti
(2003)

Gherardo e Guido Betti si sono dedicati alla viticoltura fin dall'inizio dell'attività, l'azienda e loro sono cresciuti insieme, in un areale, quello del Montalbano, ricco di fasti passati ma con un presente da ricostruire. Con un paziente lavoro e sapiente coscienza che il tempo viaggia a loro favore, stanno disegnando un'azienda a loro dimensione, immettendo via via nuove idee nelle espressività dei vini. Oggi sono una riconosciuta e stimata realtà viticola, e il rigore con cui stanno stilizzando il vini sarà foriero d'interessanti risultati in futuro.

Via Boschetti e Campano, 66 - 51039 Quarrata (PT)
T. 0573 717169 | M. info@fattoriabetti.it
www.fattoriabetti.it

Viticoltura: Convenzionale
Ettari: 27 | **Bottiglie:** 60.000 | **Produzione olearia:** Sì
Proprietà: Famiglia Betti
Cond. enologica: Gherardo Betti
Cond. agronomica: Gherardo Betti
Vendita diretta: Sì | **Visite in azienda:** Sì

PRUNIDEO 2019
Rosso Igt - Sangiovese 90%, Cabernet sauvignon 10%
Alc. 15% | € 14 | Bt. 15.000 | Ferm. Acciaio | Mat. Acciaio 6 mesi e Legno 12 mesi
Lucente carminio con intarsi granato. Lampone e marasca stilizzano il profilo olfattivo con cannella, glicine e bacche di mirto. Tannino in evidenza ma la freschezza resta succulenta e scivola in una fluida succosità di arancia rossa. Guancia di vitello in umido.

CHIANTI MONTALBANO RISERVA 2020
Rosso Docg - Sangiovese 90%, Canaiolo 5%, Colorino 5%
Alc. 14% | € 12 | Bt. 6.000 | Ferm. Legno | Mat. Legno 18 mesi e Cemento 6 mesi
Pappardelle con sugo di capriolo.

SEMEL 2019
Rosso Igt - Merlot 100%
Alc. 14% | € 18 | Bt. 2.000 | Ferm. Legno | Mat. Legno 18 mesi
Tacchino stufato con peperoni e radicchio.

PRUNIDEO
2016

Fattoria Casaloste
(1992)

Trent'anni di vendemmie, questo sarà celebrato nel 2023, un anno che vedrà l'arrivo di nuove e giovanili forze in azienda, si tratta di Maria Giovanna, la figlia di Emilia e Giovanni, i patron. Anche quest'anno i vini Casaloste hanno seguito un consolidato tracciato enologico, che ha fruttato riconoscimenti e allori ovunque. Di assoluto pregio il Don Vincenzo, anche se un po' sovrapotenziato, oggi, nel tannino, ha in sé tutti i crismi del vino che si farà. Colpisce anche il Chianti Classico, sembra anch'esso più sostanzioso rispetto alle annate precedenti.

Via Montagliari, 32 - Panzano - 50022 Greve in Chianti (FI)
T. 055 852725 | M. casaloste@gmail.com
www.casaloste.com

Viticoltura: Biologica certificata
Ettari: 11 | **Bottiglie:** 55.000 | **Produzione olearia:** Sì
Proprietà: Giovanni Battista d'Orsi
Cond. enologica: Giovanni Battista d'Orsi
Cond. agronomica: Giovanni Battista d'Orsi
Vendita diretta: Sì | **Visite in azienda:** Sì

DON VINCENZO 2018
Rosso Igt - Sangiovese 100%
Alc. 15% | € 70 | Bt. 2.500 | Ferm. Legno e Acciaio | Mat. Legno 24 mesi
Granato vivido. Spezie, fiori e frutti si amalgamano in un effluvio in finezza di cannella, glicine e susina Stanley, aiutate da tabacco biondo e polvere di cacao. Il tannino ha molta energia, si carica di un flavor d'agrume rosso e offre sapida chiusura di pepe Sarawak. Coda alla vaccinara.

INVERSUS 2019
Rosso Igt - Merlot 90%, Sangiovese 10%
Alc. 14,5% | € 55 | Bt. 3.000 | Ferm. Acciaio | Mat. Legno 24 mesi
Tortelli al Castelmagno.

CHIANTI CLASSICO 2020
Rosso Docg - Sangiovese 90%, Merlot 10%
Alc. 14% | € 22 | Bt. 25.000 | Ferm. Acciaio | Mat. Legno 12 mesi
Fiorentina alla brace.

CHIANTI CLASSICO GRAN SELEZIONE 2018
Rosso Docg - Sangiovese 100%
Alc. 14,5% | € 50 | Bt. 3.500 | Ferm. Acciaio | Mat. Legno 18 mesi
Arrosto di tacchino lardellato.

CHIANTI CLASSICO GRAN SELEZIONE DON VINCENZO
2016

INVERSUS
2017

Fattoria dei Barbi

(1790)

L'azienda, detenuta dalla stessa famiglia, i Colombini, fin da fine '700, si estende negli areali di Montalcino, del Chianti e di Scansano, e ha sempre portato avanti il concetto di innovare rispettando le tradizioni e il genius loci del territorio in cui opera. Questo ha fatto sì che, dopo essere stata una delle prime esportatrici all'estero del Brunello (Francia e Stati Uniti), sia stata anche una delle prime produttrici di supertuscan (Brusco dei Barbi 1969). Attualmente l'attenzione è rivolta alla ricerca, con il progetto dei vini senza solfiti, che persegue con l'Università di Pisa.

Località Podernovi, 170 - 53024 Montalcino (SI)
T. 0577 841111 | M. info@fattoriadeibarbi.it
www.fattoriadeibarbi.it

Viticoltura: Convenzionale
Ettari: 106 | **Bottiglie:** 700.000 | **Produzione olearia:** Sì
Proprietà: Stefano Cinelli Colombini
Cond. enologica: Paolo Salvi, Maurizio Cecchini
Cond. agronomica: Fernando Sovali, Marco Pucino
Vendita diretta: Sì | **Visite in azienda:** Sì

(91,5)

BRUNELLO DI MONTALCINO RISERVA 2017
Rosso Docg - Sangiovese 100%
Alc. 14,5% | € 95 | Bt. 4.000 | Ferm. Acciaio | Mat. Legno 36 mesi
Granato. Corredo olfattivo accattivante di ciliegie sotto spirito, mora, viola appassita, cannella, cacao e liquirizia, con refoli di garrigue e tabacco Kentucky. Sorso ampio ed equilibrato, pur nel grip tannico che alterna sensazioni fruttate e speziate, e avvia un lungo finale tostato e persistente al cacao. Petto di germano reale al balsamico.

BRUNELLO DI MONTALCINO VIGNA DEL FIORE 2018
Rosso Docg - Sangiovese 100%
Alc. 14,5% | € 85 | Bt. 4.000 | Ferm. Acciaio | Mat. Legno 24 mesi
Filetto di scottona in sfoglia.

BRUNELLO DI MONTALCINO 2018
Rosso Docg - Sangiovese 100%
Alc. 14,5% | € 40 | Bt. 157.000 | Ferm. Acciaio | Mat. Legno 24 mesi
Oca arrosto.

MORELLINO DI SCANSANO 2021
Rosso Docg - Sangiovese 85%, altre varietà 15%
Alc. 14% | € 16 | Bt. 40.000 | Mat. Acciaio 3 mesi e Legno 3 mesi
Pappardelle con sugo di capriolo.

ROSSO DI MONTALCINO 2021
Rosso Doc - Sangiovese 100%
Alc. 14% | € 19 | Bt. 60.000 | Mat. Acciaio 3 mesi e Legno 3 mesi
Tagliere di salumi.

BRUNELLO DI MONTALCINO RISERVA
2016

BRUNELLO DI MONTALCINO VIGNA DEL FIORE
2013

Fattoria del Cerro

(1978)

Assenti quest'anno le etichette che fanno capo a Montalcino, l'assaggio si è concentrato sul Vino Nobile di Montepulciano che, con i vari campioni presentati, ha espresso ottime qualità in particolare per la Riserva e per l'Antica Chiusina. Vini che incorporano l'essenza tradizionale del Nobile ma strizzano l'occhio alla bevibilità, denotando attenzione alle attuali tendenze della degustazione, sempre più alla ricerca della freschezza e della saporosità del fruttato. E questo potrebbe essere considerato il carattere distintivo della più grande realtà privata tra quelle che producono il Nobile.

Via Grazianella, 5 - Località Acquaviva - 53045 Montepulciano (SI)
T. 0578 767722 | M. fattoriadelcerro@tenutedelcerro.it
www.tenutedelcerro.it

Viticoltura: Convenzionale
Ettari: 181 | **Bottiglie:** 1.000.000 | **Produzione olearia:** Sì
Proprietà: Tenute del Cerro Spa
Cond. enologica: Emanuele Nardi, Riccardo Cotarella
Cond. agronomica: Franco Fierli
Vendita diretta: Sì | **Visite in azienda:** Sì

VINO NOBILE DI MONTEPULCIANO RISERVA 2019
Rosso Docg - Sangiovese 100%
Alc. 14,5% | € 30 | Bt. 50.000 | Ferm. Acciaio | Mat. Legno 18 mesi
Carminio con riflessi granato. Libera decisi sentori di ciliegie sotto spirito, mora di gelso e cassis, che si alternano a ricordi di cannella, alloro, tamarindo verde, pesche al vino e polvere di caffè. Sottile in liquidità, tannino energico e stuzzicante freschezza. Sapido nella chiosa di tabacco. Pernici farcite.

VINO NOBILE DI MONTEPULCIANO ANTICA CHIUSINA 2019
Rosso Docg - Sangiovese 100%
Alc. 14,5% | € 36 | Bt. 6.600 | Ferm. Acciaio | Mat. Acciaio 12 mesi e Legno 18 mesi
Involtini di vitello lardellati.

ROSSO DI MONTEPULCIANO 2022
Rosso Doc - Sangiovese 100%
Alc. 13,5% | € 11 | Bt. 100.000 | Ferm. Acciaio | Mat. Acciaio 4 mesi
Pasta alla Norma.

CHIANTI COLLI SENESI 2022
Rosso Docg - Sangiovese 90%, Merlot 10%
Alc. 13,5% | € 10 | Bt. 160.000 | Ferm. Acciaio | Mat. Acciaio 4 mesi
Funghi porcini trifolati.

VINO NOBILE DI MONTEPULCIANO SILÌNEO 2020
Rosso Docg - Sangiovese 100%
Alc. 13,5% | € 16 | Bt. 350.000 | Ferm. Acciaio | Mat. Legno 18 mesi
Bitto stravecchio.

BRUNELLO DI MONTALCINO POGGIO ABATE RISERVA
2016

VINO NOBILE DI MONTEPULCIANO ANTICA CHIUSINA
2009

Fattoria del Teso
(1970)

Torna in Guida lo straordinario Vin Santo, prodotto nella famosa vinsantaia dai locali situati su due piani: il primo con il fruttaio, per l'appassimento sui cannicci, e l'antico torchio manuale tuttora utilizzato, il secondo nel sottotetto, con i caratelli di castagno da 100 litri provenienti da una distilleria di whisky degli anni '70, dove il Vin Santo sosta per almeno dieci anni. Sicuramente un fiore all'occhiello per una delle aziende più emblematiche della denominazione. Ottime impressioni infine anche da Anfidiamante, blend in pieno stile montecarlese di sangiovese e vitigni d'oltralpe.

Via Poltroniera, 8 - 55015 Montecarlo (LU)
T. 0583 286288 | M. info@fattoriadelteso.it
www.fattoriadelteso.it

Viticoltura: Lotta integrata
Ettari: 15 | **Bottiglie:** 90.000 | **Produzione olearia:** Sì
Proprietà: Famiglia Chiomenti
Cond. enologica: Nicola Lunardi, Francesco Bartoletti
Cond. agronomica: Francesco Vaquer, Stefano Bartolomei
Vendita diretta: Sì | **Visite in azienda:** Sì

92,5

MONTECARLO VIN SANTO 2004
Bianco Doc Passito - San Colombano 70%, Trebbiano 30%
Alc. 13,5% | € 40 (0,5l) | Bt. 1.333 | Ferm. Legno | Mat. Legno 60 mesi
Ambrato brillante. Ampiezza olfattiva di fico secco, pan di spezie, dattero, propoli, curry, cumino, scorza d'arancia secca e albicocca. Sorso di voluminosa avvolgenza, vellutato e con vena fresca che ravviva la dolcezza leggiadra. Chiusura lunga con delizia di miele di pineta e gelatina di arancia. Crostata di arance.

ANFIDIAMANTE 2019
Rosso Igt - Petit verdot 40%, Syrah 30%, Merlot 25%, Sangiovese 5%
Alc. 14,5% | € 30 | Bt. 3.000 | Ferm. Cemento | Mat. Legno 15 mesi
Filetto di bue con salsa di Roquefort.

MONTECARLO ROSSO RISERVA 2020
Rosso Doc - Sangiovese 50%, Merlot 30%, Syrah 10%, altre varietà 10%
Alc. 14,5% | € 21 | Bt. 3.000 | Ferm. Acciaio e Cemento | Mat. Legno 12 mesi e Cemento 18 mesi
Costata di manzo alla griglia.

MONTECARLO BIANCO 2022
Bianco Doc - Trebbiano 40%, Vermentino 40%, Chardonnay 10%, Sauvignon 10%
Alc. 13,5% | € 15 | Bt. 25.000 | Ferm. Acciaio e Cemento
Mat. Cemento 5 mesi
Impepata di cozze.

MONTECARLO ROSSO 2021
Rosso Doc - Sangiovese 50%, Merlot 30%, Syrah 10%, altre varietà 10%
Alc. 14% | € 15 | Bt. 30.000 | Ferm. Acciaio e Cemento |
Mat. Cemento 10 mesi
Coniglio al forno con patate.

CHARDONNAY DEL TESO 2022
Bianco Igt - Chardonnay 100%
Alc. 13,5% | € 17 | Bt. 4.300 | Ferm. Acciaio | Mat. Acciaio 7 mesi
Vellutata di ceci con gamberi croccanti.

CHARDONNAY DEL TESO
2021

MONTECARLO VIN SANTO
2002 | 2005

Fattoria della Talosa
(1972)

La cantina di maturazione e affinamento è ricca di storicità, è proprio sotto Piazza Grande, in pieno centro storico. Anche i loro vini appartengono alla storia del vino Nobile di Montepulciano, entrambi i Vini Nobile presentati quest'anno sono una purissima espressione di sangiovese. Nelle ultime annate, questa inclusa, sono riusciti a cesellare un perfezionamento organolettico che ci ha sorpreso, nel bene s'intende, e Filai Lunghi ha assorbito in sé quell'essenza poliziana che lo rende un autentico attore del proscenio del vino di Montepulciano.

Via Talosa, 8 - Località Pietrose - 53045 Montepulciano (SI)
T. 0578 758277 | M. info@talosa.it
www.talosa.it

Viticoltura: Biologica
Ettari: 33 | **Bottiglie:** 100.000 | **Produzione olearia:** Sì
Proprietà: Angelo Jacorossi
Cond. enologica: Umberto Trombelli, Michele Merola
Cond. agronomica: Michele Merola
Vendita diretta: Sì | **Visite in azienda:** Sì

VINO NOBILE DI MONTEPULCIANO FILAI LUNGHI 2018
Rosso Docg - Sangiovese 100%
Alc. 14,5% | € 48 | Bt. 8.000 | Ferm. Acciaio | Mat. Legno 30 mesi
Veste rosso carminio con orlo granato, si schiude con profumi di amarena e more sotto spirito, seguono eleganti tocchi di vaniglia e pepe nero. Il sorso è piacevole, contraddistinto da un tannino perfettamente integrato, in sinergia con una stuzzicante freschezza. Finale balsamico. Stinco di maiale al forno in pancetta affumicata.

VINO NOBILE DI MONTEPULCIANO ALBORETO 2020
Rosso Docg - Sangiovese 100%
Alc. 14,5% | € 20 | Bt. 40.000 | Ferm. Acciaio | Mat. Legno 24 mesi
Spezzatino di manzo.

ROSSO DI MONTEPULCIANO 2022
Rosso Doc - Sangiovese 85%, Canaiolo e Merlot 15%
Alc. 14% | € 11 | Bt. 27.000 | Ferm. Acciaio | Mat. Legno 24 mesi
Ravioli di magro con funghi chiodini.

VINO NOBILE DI MONTEPULCIANO RISERVA
2017

VINO NOBILE DI MONTEPULCIANO ALBORETO
2017 | 2018 | 2019

Fattoria di Basciano
(1930)

Immersa nelle suggestive colline del Chianti Rufina, la Fattoria di Basciano si estende su 70 ettari, di cui 30 adibiti a vigneto, 20 a oliveto e 20 a bosco. L'azienda ha dedicato impegno costante al raggiungimento di elevati standard qualitativi, traducendo ciò in cospicui investimenti, sia nella creazione di nuovi vigneti che nella realizzazione di una moderna cantina. All'interno dei suoi edifici storici, tra cui un antico torrione del 1200 splendidamente restaurato, si trova un raffinato agriturismo, che permette ai visitatori d'immergersi appieno nella bellezza del luogo.

Viale Duca della Vittoria, 159 - 50068 Rufina (FI)
T. 055 8397034 | M. masirenzo@virgilio.it
www.renzomasibasciano.it

Viticoltura: Lotta integrata
Ettari: 35 | **Bottiglie:** 1.430.000 | **Produzione olearia:** Sì
Proprietà: Paolo Masi
Cond. enologica: Paolo Masi
Cond. agronomica: Paolo Masi
Vendita diretta: Sì | **Visite in azienda:** Sì

(91)
I PINI 2019
Rosso Igt - Syrah 34%, Cabernet sauvignon 33%, Merlot 33%
Alc. 15% | € 17 | Bt. 10.000 | Ferm. Acciaio | Mat. Legno 18 mesi
Da una veste carminio compatto e vivace emergono accattivanti profumi di mora di gelso, pepe bianco, pot-pourri, chiodi di garofano, cioccolato e caffè. Sorso vibrante e dal tannino serico, la nota alcolica è ben orchestrata. Ottima estensione con crème de cassis in chiusura. Capriolo ai porcini.

CHIANTI RUFINA RISERVA 2018
Rosso Docg - Sangiovese 93%, Colorino 7%
Alc. 14,5% | € 20 | Bt. 20.000 | Ferm. Acciaio | Mat. Legno 24 mesi
Coniglio in umido alle erbe aromatiche.

VIN SANTO DEL CHIANTI RUFINA 2016
Bianco Doc Passito - Trebbiano 70%, Malvasia bianca 30%
Alc. 15,5% | € 19 (0,375l) | Bt. 1.600 | Ferm. Legno | Mat. Legno 60 mesi
Cannoli di ricotta e canditi.

CHIANTI RUFINA 2021
Rosso Docg - Sangiovese 95%, Colorino 5%
Alc. 14% | € 15 | Bt. 160.000 | Ferm. Acciaio | Mat. Legno 12 mesi
Bucatini all'amatriciana.

VIGNA IL CORTO 2020
Rosso Igt - Sangiovese 90%, Cabernet sauvignon 10%
Alc. 14,5% | € 15 | Bt. 10.000 | Ferm. Acciaio | Mat. Legno 18 mesi
Stinco d'agnello al forno.

CONTRAPPASSO RENZO MASI 2021
Rosso Igt - Sangiovese 50%, Syrah 50%
Alc. 14% | € 20 | Bt. 20.000 | Ferm. Acciaio | Mat. Acciaio 4 mesi
Maialino in agrodolce.

CHIANTI RUFINA RISERVA
2011 | 2015

I PINI
2014 | 2016 | 2017

Fattoria di Celle
(1971)

C'è un affascinante incrocio tra arte e agricoltura in fattoria, generatosi tra gli anni dal 1950 al 1970. Il vino, al pari dell'olio, è entrato a far parte di questo coacervo intellettivo con molta osservanza, la produzione volutamente limitata ha preso nuovo vigore nel 1919 con la risolutiva conversione al biologico. Tutti i vini, pur nella loro essenziale semplicità, hanno un sicuro potenziale ancora da esprimere, in sintonia con l'espressione generale del territorio pistoiese. Il mix merlot, syrah sta modellandosi in una struttura di rilievo, e tra qualche anno sarà al traguardo.

Via Montalese, 7/B - Località Santomato - 51100 Pistoia (PT)
T. 0573 479907 | M. info@goricoll.it
www.goricoll.it

Viticoltura: Biologica
Ettari: 2,5 | **Bottiglie:** 4.000 | **Produzione olearia:** Sì
Proprietà: Amalasunta sas
Cond. enologica: Elisabetta Matteini
Cond. agronomica: Ugo Damerini
Vendita diretta: Sì | **Visite in azienda:** Sì

CARDINALE 2021
Rosso Igt - Merlot 70%, Syrah 30%
Alc. 13,5% | € 17 | Bt. 1.500 | Ferm. Acciaio e Cemento | Mat. Acciaio 3 mesi e Legno 12 mesi
Granato saturo. Mint chocolate nell'immediatezza olfattiva, poi si scioglie in sciroppo di cassis e mora con lievità balsamiche di eucalipto. Attacco caldo e speziato, tonicità di spezie dolci, poi il tannino si erge a dimensionare la ricchezza del gusto e s'allunga con pepe nero e tostature. Roast beef.

CHIANTI CELLE 2021
Rosso Docg - Sangiovese 90%, Merlot 10%
Alc. 13% | € 14 | Bt. 1.500 | Ferm. Acciaio e Cemento | Mat. Acciaio 5 mesi
Tagliata di manzo al rosmarino.

PINA 2022
Rosato Igt - Sangiovese 100%
Alc. 12,5% | € 16 | Bt. 1.600 | Ferm. Acciaio
Peperonata.

Fattoria di Fubbiano
(1930)

Le vigne della Fattoria di Fubbiano osservano la pianura lucchese come affacciate da un balcone. L'esposizione a mezzogiorno favorisce la maturazione a pieno sole, senza scottature, perché le colline retrostanti creano un benefico rinfrescamento. La storia del vino lucchese passa anche da questa realtà vitivinicola, che ha sempre seguito lo stile, anzi lo stampo enologico nato fin dall'istituzione della Doc. Un vezzo aziendale è l'Aleatico passito, un vino di tradizione, che risale ai tempi della mezzadria; uno dei vini bandiera la cui performance è stata premiata con l'eccellenza.

Via di Tofori - Frazione San Gennaro - 55012 Capannori (LU)
T. 0583 978011 | M. fubbiano@fattoriadifubbiano.it
www.fattoriadifubbiano.it

Viticoltura: Convenzionale e biodinamica
Ettari: 20 | **Bottiglie:** 80.000 | **Produzione olearia:** Sì
Proprietà: Alfred Schiller
Cond. enologica: Marco Corsini
Cond. agronomica: Nicola Provenzali
Vendita diretta: Sì | **Visite in azienda:** Sì

(91)

ALEATICO 2019
Rosso Igt Passito - Aleatico 100%
Alc. 13% | € 22 (0,5l) | Bt. 1.000 | Ferm. Acciaio | Mat. Legno 6 mesi
Granato luminoso. Incipit di amarene sciroppate e cannella, spunto balsamico e di ibisco, fico d'india e liquirizia. La dolcezza si allunga nel sorso spalmando un fruttato gelatinoso che trova sapidità grazie a lievissima pepata sapidità, finale stuzzicante per freschezza. Castagnaccio.

SCHILLER 2022
Rosato Igt - Sangiovese 100%
Alc. 13% | € 13 | Bt. 3.800 | Ferm. Acciaio | Mat. Acciaio
Risotto alla milanese con ossobuco.

I PAMPINI 2019
Rosso Igt - Sangiovese 90%, Teroldego 10%
Alc. 15% | € 28 | Bt. 5.500 | Ferm. Legno | Mat. Legno 24 mesi
Lombata di vitello su letto di cipolline saltate.

COLLINE LUCCHESI VERMENTINO 2022
Bianco Doc - Vermentino 100%
Alc. 13,5% | € 12 | Bt. 5.000 | Ferm. Acciaio | Mat. Acciaio 3 mesi
Alici a scapece.

COLLINE LUCCHESI ROSSO FIRST LOVE 2019
Rosso Doc - Sangiovese 50%, Cabernet sauvignon 25%, Merlot 25%
Alc. 15% | € 13 | Bt. 15.000 | Ferm. Acciaio | Mat. Legno 24 mesi
Tonnarelli cacio e pepe.

COLLINE LUCCHESI ROSSO SAN GENNARO 2019
Rosso Doc - Sangiovese 70%, Canaiolo 15%, Ciliegiolo 15%
Alc. 15% | € 18 | Bt. 6.650 | Ferm. Acciaio | Mat. Legno 24 mesi
Rotolo di coniglio con pomodorini ed erbe aromatiche.

COLLINE LUCCHESI ROSSO FIRST LOVE
2013 | 2014 | 2015

COLLINE LUCCHESI ROSSO SAN GENNARO
2013 | 2015

Fattoria di Magliano
(1998)

Per storia aziendale sembra un'azienda giovane, ma l'esperienza che il fondatore Agostino Lenci ha assorbito l'ha già lanciata verso traguardi inimmaginabili nell'anno della sua nascita. C'è un rigoroso rispetto della tradizione agricola toscana nella lavorazione dei vigneti e nella filiera enologica. Il focus ampelografico aziendale è nel sangiovese, però sta crescendo il feeling verso l'ansonica, per esaltarne l'appeal fragrante, giovevole e tirrenico. Inoltre il vermentino e la syrah contribuiscono a creare vini autentici e immediati, portando a una gamma diversificata.

Località Sterpeti, 10 - 58051 Magliano in Toscana (GR)
T. 0564 593040 | M. info@fattoriadimagliano.it
www.fattoriadimagliano.it

Viticoltura: Biologica certificata
Ettari: 50 | **Bottiglie:** 290.000 | **Produzione olearia:** Sì
Proprietà: Agostino Lenci
Cond. enologica: Graziana Grassini
Cond. agronomica: Gabriele Cesolini, Diego Angiolini
Vendita diretta: Sì | **Visite in azienda:** Sì

MAREMMA TOSCANA ANSONICA BRISSI 2022
Bianco Doc - Ansonica 100%
Alc. 12,5% | € 17 | Bt. 2.000 | Ferm. Cemento | Mat. Cemento 4 mesi
Giallo sole, vivido e sferzante. Si fanno strada decisi riconoscimenti di ginestra, miele di zagara, zenzero ed erbe provenzali. Il sorso è pieno e gustoso, caratterizzato da una lieve astringenza e da una meravigliosa chiusura di camomilla. Risotto con seppie e burrata.

MAREMMA TOSCANA SYRAH PERENZO 2019
Rosso Doc - Syrah 100%
Alc. 13,5% | € 28 | Bt. 5.000 | Ferm. Acciaio | Mat. Legno 12 mesi
Arista di maiale con salsa di prugne.

MAREMMA TOSCANA ANSONICA BRISSAIA 2022
Bianco Doc - Ansonica 100%
Alc. 12,5% | € 15 | Bt. 10.000 | Ferm. Acciaio | Mat. Acciaio 3 mesi
Pollo fritto.

MAREMMA TOSCANA ROSATO ILLARIO 2022
Rosato Doc - Sangiovese 100%
Alc. 12,5% | € 12 | Bt. 12.000 | Ferm. Acciaio | Mat. Acciaio 3 mesi
Tempura di gamberi.

MAREMMA TOSCANA VERMENTINO PAGLIATURA 2022
Bianco Doc - Vermentino 100%
Alc. 13% | € 15 | Bt. 30.000 | Ferm. Acciaio Mat. Acciaio 3 mesi
Caesar salad.

MAREMMA TOSCANA CABERNET ALTIZI
2016

MAREMMA TOSCANA CABERNET POGGIO BESTIALE
2017 | 2018

Fattoria di Piazzano
(1948)

Ci fu tanta passione nel 1948, quando la famiglia Bettarini acquistò l'azienda, e ce ne voleva davvero di pazienza, perché l'areale non era certo in auge in fatto di produzione di vino. Oggi quella stessa passione permea la new generation, la cui spinta ha dato un vigore anche ai vini, tanto che un eccentrico Syrah giunge al vertice della graduatoria sfiorando l'eccellenza, mentre il Colorino si fa una vera magia, in un contesto produttivo non del tutto incline a uscire volentieri dai canoni della sicurezza della convenzionalità. Chissà cosa ci sarà più avanti.

Via di Piazzano, 5 - 50053 Empoli (FI)
T. 0571 994032 | M. info@fattoriadipiazzano.it
www.fattoriadipiazzano.it

Viticoltura: Convenzionale
Ettari: 66 | **Bottiglie:** 120.000 | **Produzione olearia:** No
Proprietà: Famiglia Bettarini
Cond. enologica: Attilio Pagli, Rolando Bettarini
Cond. agronomica: Stefano Bartolomei
Vendita diretta: Sì | **Visite in azienda:** Sì

SYRAH 2019
Rosso Igt - Syrah 100%
Alc. 14% | € 35 | Ferm. Cemento | Mat. Legno 24 mesi
Amaranto con bordo violaceo. Evocativo di frutti scuri: mora, cassis, aronia nera, per una complessa articolazione di viola e rosa appassita, liquirizia e pepe nero. Tensione tannica in ardore di alcol, che stemperandone le increspature rende fluido e fresco il rintocco di bocca. Braciola di cervo con salsa di ribes.

COLORINO 2018
Rosso Igt - Colorino 100%
Alc. 14,5% | € 35 | Ferm. Acciaio | Mat. Legno 12 mesi
Gnocchi al ragù.

CHIANTI 2022
Rosso Docg - Sangiovese 85%, Canaiolo 8%, Malvasia nera 7%
Alc. 13,5% | € 10 | Bt. 50.000 | Ferm. Cemento | Mat. Acciaio 2 mesi
Cosciotto d'agnello al forno con patate novelle.

CHIANTI SUPERIORE RIO CAMERATA 2020
Rosso Docg - Sangiovese 95%, Colorino 5%
Alc. 14% | € 25 | Bt. 10.000 | Ferm. Cemento | Mat. Legno 12 mesi
Stinco d'agnello al forno.

CHIANTI RISERVA 2019
Rosso Docg - Sangiovese 95%, Colorino 5%
Alc. 14% | € 35 | Ferm. Acciaio | Mat. Legno 18 mesi
Pluma di maialino Bellota con cipolle caramellate.

FRUTTIDORO 2022
Bianco Igt - Colombana 100%
Alc. 12,5% | € 18 | Bt. 10.000 | Ferm. Cemento | Mat. Acciaio 4 mesi
Pollo fritto.

Fattoria di Poggiopiano
(1985)

Chi pensa, un po' distrattamente, alla Toscana come terra di produzione del vino non immagina certo che sulle colline circostanti Firenze ci siano della realtà i cui vigneti, in altri territori del mondo, definirebbero orgogliosamente metropolitani. Eppure c'è anche questa Toscana, e che Toscana, direbbe l'esperto. Qui a Poggiopiano sono consci del potenziale del loro terroir, non solo in fatto di utilizzo dei vitigni a bacca rossa, ma anche di audacia enologica, si pensi all'azzeccato mix del Vinorange, che sfiora l'eccellenza, e nel complesso una serie di vini di alto profilo.

Via dei Bassi, 13 - Località Girone - 50014 Fiesole (FI)
T. 055 6593020 | M. Info@poggiopiano.it
www.poggiopiano.it

Viticoltura: Biologica
Ettari: 4,9 | **Bottiglie:** 25.000 | **Produzione olearia:** Sì
Proprietà: Mauro Galardi
Cond. enologica: Marco Mocali, Mauro Galardi, Martina Galardi
Cond. agronomica: Ruggero Mazzilli, Mauro Galardi
Vendita diretta: Sì | **Visite in azienda:** Sì

VINORANGE 2018
Bianco Igt - Trebbiano toscano 60%, Verdicchio 40%
Alc. 13% | € 40 | Bt. 672 | Ferm. Acciaio | Mat. Acciaio 24 mesi e Legno 12 mesi
Ambrato brillante. Eccentrico al naso per uva sultanina in alcol, tè verde, camomilla secca, scorza di arancia, cumino e nocciola Piemonte. Un finissimo senso di salinità percorre il sorso e insaporisce la freschezza, tensione di lieve tannino nel finale. Pollo al curry.

POGGIO GALARDI IN ANFORA 2017
Rosso Igt - Merlot 55%, Cabernet 45%
Alc. 15% | € 30 | Bt. 1.800 | Ferm. Acciaio | Mat. Acciaio 24 mesi e Legno 12 mesi e Terracotta 12 mesi
Agnolotti al piccione con sugo d'arrosto.

COM'ERA 2018
Rosso Igt - Sangiovese 80%, Canaiolo 20%
Alc. 14% | € 15 | Bt. 2.500 | Ferm. Acciaio | Mat. Acciaio 48 mesi
Quaglie alla cacciatora.

CHIANTI SUPERIORE VOCE DELLA TERRA 2017
Rosso Docg - Sangiovese 90%, Colorino 10%
Alc. 14,5% | € 19 | Bt. 3.900 | Ferm. Acciaio | Mat. Acciaio 48 mesi
Capretto allo spiedo.

CHIANTI RISERVA 2017
Rosso Docg - Sangiovese 100%
Alc. 15,5% | € 25 | Bt. 2.600 | Ferm. Acciaio | Mat. Acciaio 24 mesi e Legno 12 mesi
Pernici farcite.

ERTA DEL MANDORLO 2022
Bianco Igt - Trebbiano toscano 60%, Verdicchio 40%
Alc. 12% | € 15 | Bt. 2.750 | Ferm. Acciaio | Mat. Acciaio 6 mesi
Yakitori, spiedini di pollo con zenzero.

ROSSO DI SERA
2011

TAFFETÀ
2010

Fattoria Dianella

(1860)

Se si pensa che Dianella fa Chianti dai primi del Novecento, si comprende a pieno il valore storico e culturale che ha rappresentato nel territorio vinciano. L'interpretazione produttiva mira a offrire vini a cui non richiedere voli pindarici, semmai di cercare in loro quell'espressiva immediatezza di beva che dà valore alla naturalità che i vitigni hanno assorbito. Il Matto delle Giuncaie è ormai diventato "adulto", non solo come storia ma anche come acquisita classe nella personalità: sfiora l'eccellenza, con molto merito.

Via Dianella, 48 - 50059 Vinci (FI)
T. 0571 508166 | M. info@villadianella.it
www.villadianella.it

Viticoltura: Biologica certificata
Ettari: 25 | **Bottiglie:** 130.000 | **Produzione olearia:** Sì
Proprietà: Francesco e Veronica Passerin D'Entrèves
Cond. enologica: Franco Bernabei
Cond. agronomica: Mauro Nosi
Vendita diretta: Sì | **Visite in azienda:** Sì

IL MATTO DELLE GIUNCAIE 2020
Rosso Igt - Sangiovese 100%
Alc. 14,5% | € 32 | Bt. 15.000 | Ferm. Acciaio | Mat. Acciaio 6 mesi e Legno 18 mesi
La fulgida cromia carminio quasi s'immerge in una trama olfattiva intessuta di amarena e ribes, iris e giacinto, e si orla di cacao e cannella. Il sorso ha avvio avvolgente, si fa verve intensa per freschezza al frutto del lampone e lascia il tannino con un'energia un po' sopra le righe. Guanciale di vitello alle erbe aromatiche.

LE VEGLIE DI NERI 2021
Rosso Igt - Sangiovese 70%, Cabernet sauvignon 30%
Alc. 13,5% | € 20 | Bt. 2.000 | Ferm. Acciaio | Mat. Acciaio 8 mesi e Legno 3 mesi
Filetto di maiale lardellato.

CHIANTI 2022
Rosso Docg - Sangiovese 90%, Colorino 10%
Alc. 13,5% | € 14 | Bt. 45.000 | Ferm. Acciaio | Mat. Acciaio 8 mesi
Salame di cinta senese.

CHIANTI RISERVA 2020
Rosso Docg - Sangiovese 90%, Colorino 10%
Alc. 14% | € 28 | Bt. 15.000 | Ferm. Acciaio | Mat. Legno 24 mesi
Coniglio alla cacciatora.

ALL'ARIA APERTA 2022
Rosato Igt - Sangiovese 100%
Alc. 12,5% | € 15 | Bt. 4.000 | Ferm. Acciaio | Mat. Acciaio 6 mesi
Linguine agli scampi.

MARIA VITTORIA & OTTAVIA SANGIOVESE ROSATO ANCESTRALE 2022
Rosato Igt Metodo Ancestrale - Sangiovese 100%
Alc. 12% | € 18 | Bt. 3.000 | Ferm. Acciaio | Mat. Acciaio 3 mesi
Canapè di pasta sfoglia al formaggio.

CHIANTI RISERVA
2018

LE VEGLIE DI NERI
2018

Fattoria Dianella 1°

(1967)

I terreni della fattoria, indipendentemente dalle proprietà che si sono succedute – gli attuali, i Lunardi, lo sono dal 1967 – hanno sempre ospitato la vigna per fare vino. I terroir vinciani possiedono versatilità, danno vini strutturati e vini sopraffini nella facilità di beva. Lo spirito aziendale ha storicamente puntato sulla tipologia del vino in bottiglia destinato alla quotidianità del bere, offrendo spunti organolettici in piena fragranza e pulizia di beva, in tutta quella piena semplicità che accompagna la convivialità. Un inciso: c'è dell'ottimo olio.

Via Dianella, 76 - 50059 Vinci (FI)
T. 0571 902372 | M. info@fattoriadianella1.it
www.fattoriadianella1.it

Viticoltura: Convenzionale
Ettari: 25 | **Bottiglie:** 200.000 | **Produzione olearia:** Sì
Proprietà: Francesco e Leonardo Lunardi
Cond. enologica: Fabio Signorini
Cond. agronomica: Francesco Lunardi
Vendita diretta: Sì | **Visite in azienda:** Sì

CHIANTI IDEO 2021
Rosso Docg - Sangiovese 90%, Merlot 10%
Alc. 14% | € 10 | Bt. 50.000 | Ferm. Acciaio | Mat. Acciaio 7 mesi e Legno 3 mesi
Rubino terso. Delicate onde di frutto: mora, ciliegia Ferrovia e sorba fanno spazio a cenni fioriti di rosa rossa e ibisco. Succoso e fresco al palato, con tannini che s'insaporiscono di ribes rosso e offrono, nella risacca aromatica, un effetto gustativo di arancia Sanguinella. Agnolotti al piccione con sugo d'arrosto.

OTIS BIANCO 2022
Bianco Igt - Vermentino 100%
Alc. 12,5% | € 15 | Bt. 10.000 | Ferm. Acciaio | Mat. Acciaio 2 mesi
Risotto agli scampi.

CUSÈBIO 2020
Rosso Igt - Sangiovese 50%, Merlot 30%, Petit verdot 20%
Alc. 14% | € 29 | Bt. 6.000 | Ferm. Acciaio | Mat. Acciaio 12 mesi e Legno 12 mesi
Fettuccine al ragù d'agnello.

Fattoria Fibbiano
(1997)

Nella Valle dell'Era, vicino a Terricciola, in una zona ricca di storia a partire dal periodo etrusco, troviamo Fattoria Fibbiano, azienda nata nel 1997 che fin da subito ha sposato la filosofia della valorizzazione dei vitigni autoctoni, tanto che custodisce ancora vigneti vecchi di oltre cent'anni, tra cui alcune rarità come il sangiovese forte, il sangiovese polveroso e il colombano (o verdea). L'attività produttiva è integralmente biologica ed ecosostenibile nell'ottica di preservare e presentare nel modo più fedele possibile il territorio e le espressioni di questo spicchio di Toscana.

Via Fibbiano, 2 - 56030 Terricciola (PI)
T. 0587 635677 | M. wine@fattoria-fibbiano.it
www.fattoria-fibbiano.it

Viticoltura: Biologica
Ettari: 25 | **Bottiglie:** 150.000 | **Produzione olearia:** Sì
Proprietà: Famiglia Cantoni
Cond. enologica: Attilio Pagli
Cond. agronomica: Staff aziendale
Vendita diretta: Sì | **Visite in azienda:** Sì

TERRE DI PISA SANGIOVESE CEPPATELLA 2019
Rosso Doc - Sangiovese 100%
Alc. 14,5% | € 60 | Bt. 5.000 | Ferm. Acciaio | Mat. Legno 30 mesi e Cemento 4 mesi
Cremisi dall'orlo che luccica al tramonto. Confettura di amarene, gelée di lampone, poi viola e rosa appassite, pepe nero e cacao. Tannino energico a dettagliare il sorso, con medio palato, fresco nel recupero di un fruttato all'arancia rossa. Capretto arrosto alle erbe aromatiche.

FONTE DELLE DONNE 2022
Bianco Igt - Verdea 50%, Vermentino 50%
Alc. 13% | € 15 | Bt. 50.000 | Ferm. Acciaio | Mat. Cemento 6 mesi
Sauté di cozze.

CHIANTI SUPERIORE CASALINI 2020
Rosso Docg - Sangiovese 90%, Ciliegiolo 10%
Alc. 14% | € 17 | Bt. 35.000 | Ferm. Acciaio | Mat. Legno 12 mesi e Cemento 4 mesi
Lombata di vitello su letto di cipolline saltate.

VERMENTINO 2022
Bianco Igt - Vermentino 100%
Alc. 13% | € 14 | Bt. 4.000 | Ferm. Acciaio | Mat. Cemento 6 mesi
Pesce spada gratinato.

COLOMBANA 2022
Bianco Igt - Verdea 100%
Alc. 13% | € 18 | Bt. 4.000 | Ferm. Acciaio | Mat. Cemento 6 mesi
Pizza marinara.

SANFORTE 2019
Rosso Igt - Sanforte 100%
Alc. 14% | € 40 | Bt. 7.000 | Ferm. Acciaio | Mat. Legno 12 mesi e Cemento 4 mesi
Culurgiones ogliastrini.

TERRE DI PISA SANGIOVESE CEPPATELLA
2012 | 2013 | 2018

FONTE DELLE DONNE
2014 | 2021

Fattoria La Leccia
(2013)

Indubbiamente Montespertoli rimanda al Chianti; allo stesso modo si potrebbe dire che qui La Leccia rimanda al meglio di questi luoghi, viste le progressioni qualitative succedutesi negli oltre cinquant'anni di attività, di cui un po' tutti hanno beneficiato. L'azienda vive nel solco dello stile del luogo, con vini a denominazione in espressione tradizionale che esaltano il concetto di sangiovese. Quest'anno salutiamo il Vin Santo del Chianti, maturato in botti che hanno contenuto whisky: un prodotto raffinatissimo e non comune, il cui valore merita l'apice.

Via della Leccia, 37 - Località Botinaccio - 50025 Montespertoli (FI)
T. 366 9236378 | M. info@laleccia.it
www.laleccia.it

Viticoltura: Biologica
Ettari: 20 | **Bottiglie:** 40.000 | **Produzione olearia:** Sì
Proprietà: Famiglia Bagnoli
Cond. enologica: Gabriele Gadenz
Cond. agronomica: Staff aziendale
Vendita diretta: Sì | **Visite in azienda:** Sì

91

VIN SANTO DEL CHIANTI SUA SANTITÀ 2016
Bianco Doc Passito - Trebbiano 100%
Alc. 13,5% | € 40 (0,375l) | Bt. 1.000 | Ferm. Legno | Mat. Acciaio 4 mesi e Legno 72 mesi
Brillantezza rosso mogano sfumato di biondo. Attraente nel fico secco e scorza di arancia amara, tamarindo e crema di bergamotto, i profumi si ampliano con foglia di noce e fenolo. La dolcezza scivola per comporre un sorso sapido di curry e cumino. Finale vellutato con delizia balsamica e noce. Castagnaccio.

GOTAROSSA 2020
Rosso Igt - Sangiovese 100%
Alc. 14,5% | € 20 | Bt. 4.000 | Ferm. Acciaio | Mat. Acciaio 6 mesi e Legno 18 mesi
Gnocchi al ragù.

CANTAGRILLO 2021
Bianco Igt - Trebbiano 100%
Alc. 14% | € 18 | Bt. 2.500 | Ferm. Legno e Acciaio | Mat. Acciaio 12 mesi e Legno 6 mesi
Maltagliati con fiori di zucca e gamberetti.

CHIANTI RISERVA LA LECCIA 2020
Rosso Docg - Sangiovese 95%, Trebbiano 5%
Alc. 14,5% | € 15 | Bt. 4.000 | Mat. Legno 12 mesi
Faraona al forno.

CHIANTI SUPERIORE LA LECCIA 2021
Rosso Docg - Sangiovese 100%
Alc. 14% | € 10 | Bt. 13.500 | Ferm. Acciaio | Mat. Acciaio 12 mesi
Salame d'oca di Mortara.

RUBEDO PAS DOSÉ 2018
Rosato Metodo Classico - Sangiovese 100%
Alc. 12,5% | € 25 | Bt. 3.500 | Ferm. Acciaio | Mat. Acciaio 6 mesi 36 mesi sui lieviti
Pizza con bufala e pomodorini.

GOTAROSSA
2019

CANTAGRILLO
2017 | 2018 | 2019

Fattoria La Torre
(1994)

Montecarlo e il suo vino hanno storia millenaria. Alla tradizione quelli della Torre hanno abbinato un tocco d'internazionalizzazione, usando vitigni del Rodano e del Bordeaux. Questo lo si può riscontrare anche nel lavoro in cantina, dove la consuetudine di impiegare botti grandi ha lasciato posto all'appeal del vino d'oltralpe. Dopo un anno di prova, ecco la conferma del Cabernet Franc in purezza, in cui s'intravvede una traccia del percorso enologico che l'azienda ha intrapreso per lasciar esprimere il vino nella dimensione naturale della parcella da cui è stato ottenuto.

Via Provinciale, 7 - 55015 Montecarlo (LU)
T. 0583 22981 | M. info@fattorialatorre.it
www.fattorialatorre.it

Viticoltura: Biologica
Ettari: 6,5 | **Bottiglie:** 40.000 | **Produzione olearia:** Sì
Proprietà: Famiglia Celli
Cond. enologica: Valentino Ciarla
Cond. agronomica: Staff aziendale
Vendita diretta: Sì | **Visite in azienda:** Sì

ALTAIR 2022
Bianco Igt - Vermentino 50%, Viognier 50%
Alc. 13,5% | € 15 | Bt. 6.000 | Ferm. Legno e Acciaio | Mat. Acciaio 6 mesi e Legno 6 mesi
Oro chiaro. Un alito floreale di acacia e caprifoglio percorre il frutto di albicocca e susina, sfiorendo nella menta piperita. Stuzzicante nello spunto sapido, la scia salina percorre il sorso fino a congiungersi con l'acidità al flavor di mela cotogna e bergamotto. Risotto ai frutti di mare.

ESSE 2020
Rosso Igt - Syrah 100%
Alc. 13,5% | € 30 | Bt. 4.500 | Ferm. Acciaio | Mat. Legno 24 mesi
Gulasch di manzo alla paprica dolce.

MONTECARLO VERMENTINO 2022
Bianco Doc - Vermentino 100%
Alc. 12,5% | € 13 | Bt. 6.000 | Ferm. Acciaio | Mat. Acciaio 6 mesi
Seppioline ai ferri.

CABERNET FRANC 2020
Rosso Igt - Cabernet franc 100%
Alc. 13,5% | € 39 | Bt. 2.500 | Ferm. Acciaio | Mat. Legno 18 mesi
Coniglio alla cacciatora.

ESSE
2016 | 2017 | 2018

STRINGAIO
2014 | 2015 | 2019

Fattoria Le Pupille
(1978)

Cambio della guardia ai vertici rispetto alla scorsa edizione della Guida, con uno straordinario Saffredi che con l'annata 2020 si appropria di nuovo dell'eccellenza assoluta, mentre un sempre gradevolissimo Syrah giunge appena dietro. Entrambi vini emblematici di una filosofia produttiva poliedrica, che a partire dagli anni Ottanta non si è accontentata di interpretare nel migliore dei modi il sangiovese, che in questo spicchio, neanche tanto piccolo, di Toscana, dà il Morellino di Scansano, una denominazione della quale Fattoria Le Pupille è ritenuta, a ragione, una delle aziende portabandiera.

Località Piagge del Maiano, 12 . Fraz. Istia d'Ombrone - 58100 Grosseto (GR)
T. 0564 409517 | M. info@fattorialepupille.it
www.fattorialepupille.it

Viticoltura: Convenzionale
Ettari: 85 | **Bottiglie:** 450.000 | **Produzione olearia:** Sì
Proprietà: Elisabetta Geppetti, Clara Gentili ed Ettore Arturo Rizzi
Cond. enologica: Ettore Arturo Rizzi, Andrea Lupi
Cond. agronomica: Ettore Arturo Rizzi, Andrea Lupi
Vendita diretta: Sì | **Visite in azienda:** Sì

(91,5)

SAFFREDI 2020
Rosso Igt - Cabernet sauvignon 80%, Merlot 10%, Petit verdot 10%
Alc. 15% | € 90 | Bt. 45.000 | Ferm. Acciaio e Terracotta | Mat. Legno 18 mesi
Granato fitto. Grandeggia un esordio di fruttato di cassis, mirto, durone e susina. Si affiancano poi refoli di viola appassita, cannella, chiodi di garofano e cedro bianco. Sorso ampio, suadente, equilibrato, con ottima spinta del fruttato e chiusura saporita e persistente di ciliegia e spezie orientali. Petto di germano reale al balsamico.

SYRAH LE PUPILLE 2019
Rosso Igt - Syrah 100%
Alc. 15% | € 105 | Bt. 3.758 | Ferm. Legno e Terracotta | Mat. Legno 12 mesi e Terracotta 5 mesi
Gulasch di cervo con patate stufate.

MORELLINO DI SCANSANO RISERVA 2020
Rosso Docg - Sangiovese 90%, Cabernet sauvignon 10%
Alc. 14% | € 20 | Bt. 40.000 | Ferm. Acciaio | Mat. Legno 15 mesi
Pappardelle al ragù di cervo.

PELOFINO 2022
Rosso Igt - Sangiovese 60%, Cabernet sauvignon 20%, Merlot 20%
Alc. 13,5% | € 9 | Bt. 27.000 | Ferm. Acciaio | Mat. Acciaio 5 mesi
Lasagne di verdure.

POGGIO ARGENTATO 2022
Bianco Igt - Sauvignon 70%, Petit manseng 25%, Traminer aromatico 3%, Sémillon 2%
Alc. 13,5% | € 14 | Bt. 28.000 | Ferm. Legno e Acciaio | Mat. Acciaio 5 mesi
Pollo fritto.

ROSAMATI 2022
Rosato Igt - Syrah 100%
Alc. 13,5% | € 16 | Bt. 12.000 | Ferm. Legno e Acciaio | Mat. Acciaio 5 mesi
Sformatino di zucca con fonduta di Asiago.

SAFFREDI
2015 | 2016 | 2018

SYRAH LE PUPILLE
2018

Fattoria Mantellassi
(1960)

La famiglia Mantellassi ha saputo trasformare il rustico paesaggio agricolo della Banditaccia in un gioiello di viticoltura. Ci hanno impiegato oltre sessant'anni, ma adesso l'ecosistema vitivinicolo che si erano immaginati è ben definito. Di grande effetto è la Vigna Vecchia, dove convivono, nel rispetto di una tradizione agricola quasi etrusca, viti e olivi. Di rilievo sono le differenti versioni, nel rispetto della classicità, del Morellino di Scansano, frutto di diversi vigneti e di ponderate scelte metodologiche per esaltare, al meglio, il soul maremmano del sangiovese.

Località Banditaccia, 26 - 58051 Magliano in Toscana (GR)
T. 0564 592037 | M. info@fattoriamantellassi.it
www.fattoriamantellassi.it

Viticoltura: Convenzionale ed ecosostenibile
Ettari: 118 | **Bottiglie:** 1.000.000 | **Produzione olearia:** Sì
Proprietà: Aleardo e Giuseppe Mantellassi
Cond. enologica: Marco Bernabei
Cond. agronomica: Aleardo Mantellassi
Vendita diretta: Sì | **Visite in azienda:** No

MORELLINO DI SCANSANO RISERVA LE SENTINELLE 2015
Rosso Docg - Sangiovese 85%, Alicante 15%
Alc. 14,5% | € 19 | Ferm. Acciaio | Mat. Legno 18 mesi
Carminio dalle nuance granato. Ouverture d'intensità fruttata che ricorda l'amarena e i frutti di bosco affiancati da viola, mirto, rosmarino e note tostate di caffè e tabacco. Si esprime caldo e potente, nonché sostenuto da una piacevole freschezza e da una fitta trama tannica. Grigliata di carne con salsa barbecue.

MORELLINO DI SCANSANO SAN GIUSEPPE 2020
Rosso Docg - Sangiovese 85%, Ciliegiolo 10%, Cabernet sauvignon 5%
Alc. 13,5% | € 14 | Bt. 40.000 | Ferm. Acciaio | Mat. Acciaio 3 mesi e Legno 6 mesi
Straccetti di vitello al rosmarino.

MAREMMA TOSCANA CILIEGIOLO MAESTRALE 2022
Rosso Doc - Ciliegiolo 100%
Alc. 13% | € 13 | Bt. 20.000 | Ferm. Acciaio | Mat. Acciaio 3 mesi
Crescentine e salumi.

MORELLINO DI SCANSANO MENTORE 2022
Rosso Docg - Sangiovese 85%, Ciliegiolo 10%, Cabernet sauvignon 5%
Alc. 14% | € 12 | Bt. 100.000 | Ferm. Acciaio | Mat. Acciaio 3 mesi
Vellutata di erbette con crostini di pane ai cereali.

MORELLINO DI SCANSANO MAGO 2022
Rosso Docg - Sangiovese 100%
Alc. 14% | € 14 | Bt. 10.000 | Ferm. Acciaio | Mat. Acciaio 3 mesi
Strudel di porcini e zucca con crema al parmigiano.

MAREMMA TOSCANA VERMENTINO LUCUMONE 2022
Bianco Doc - Vermentino 100%
Alc. 13% | € 11 | Bt. 25.000 | Ferm. Acciaio | Mat. Acciaio 3 mesi
Crostini con burro e salmone.

MAREMMA TOSCANA ALICANTE QUERCIOLAIA
2016 | 2017

MORELLINO DI SCANSANO SAN GIUSEPPE
2016 | 2018 | 2019

Fattoria Montellori
(1895)

In un comprensorio stretto tra l'industria delle pelli e quella tessile poteva essere considerata alquanto insolita un'attenta progettualità di far vino, invece a Montellori ne hanno fatto un punto di riferimento, anche sotto un certo aspetto culturale, per l'areale, immettendo, fin dall'inizio, elementi di innovazione nella scelta della posizione delle vigne e in altri aspetti. Si pensi alla creazione della vigna da cui si ottiene lo Spumante, che quest'anno con il Pas Dosé 2018 ottiene il massimo riconoscimento: un capolavoro d'intuizione che non ha mai smesso di dare soddisfazione.

Via Pistoiese, 1 - 50054 Fucecchio (FI)
T. 0571 260641 | M. info@fattoriamontellori.it
www.fattoriamontellori.it

Viticoltura: Biologica
Ettari: 55 | **Bottiglie:** 230.000 | **Produzione olearia:** No
Proprietà: Alessandro Nieri
Cond. enologica: Alessandro Nieri
Cond. agronomica: Alessandro Nieri
Vendita diretta: Sì | **Visite in azienda:** Sì

(91)
MONTELLORI PAS DOSÉ 2018
Bianco Igt Metodo Classico - Chardonnay 100%
Alc. 12,5% | € 36 | Bt. 8.000 | Ferm. Legno e Acciaio | Mat. Acciaio 6 mesi e Legno 6 mesi | 36 mesi sui lieviti
Paglierino dorato. Libera fragranze di carambola e melone bianco, frangipane e nocciola tostata, cedro e passion fruit; chiude con pasticceria. L'energia frizzante si scioglie nel volume liquido, la freschezza stratifica delicato ananas, il sorso si fa saporito nel lungo finale di passion fruit. Catalana di crostacei.

BIANCO DELL'EMPOLESE VIN SANTO 2016
Bianco Doc Passito - Trebbiano 100%
Alc. 15,5% | € 30 (0,5l) | Bt. 4.500 | Ferm. Legno | Mat. Legno 60 mesi
Semifreddo al mascarpone e uvetta sotto spirito.

SALAMARTANO 2019
Rosso Igt - Cabernet sauvignon 65%, Cabernet franc 30%, Petit verdot 5%
Alc. 14% | € 50 | Bt. 4.500 | Ferm. Acciaio | Mat. Legno 14 mesi
Cinghiale in umido.

CHIANTI SUPERIORE CASELLE 2019
Rosso Docg - Sangiovese 90%, Syrah 10%
Alc. 14% | € 13 | Ferm. Acciaio | Mat. Acciaio 6 mesi e Legno 12 mesi
Risotto con le spugnole.

MORO 2018
Rosso Igt - Sangiovese 70%, Cabernet sauvignon 20%, Merlot 10%
Alc. 13% | € 14 | Ferm. Acciaio | Mat. Legno 12 mesi e Cemento 12 mesi
Brasato di lepre con riduzione di vino rosso.

SALAMARTANO
2018

MONTELLORI PAS DOSÉ
2014 | 2015 | 2017

Fattoria San Felo
(2001)

Rumore di zoccoli di cavalli e urla di butteri che guidano le vacche al pascolo: è la fotografia della Maremma del tempo che fu. Per Fattoria San Felo un fil rouge lega il passato al presente, tant'è che sull'etichetta del Morellino di Scansano troviamo rappresentato Lampo, il nonno-buttero del proprietario. Sia Lampo che Aulus quest'anno sfiorano l'eccellenza, a dimostrazione del fatto che la scelta aziendale di concentrarsi non solo sui vitigni autoctoni, vermentino e sangiovese, ma anche sugli internazionali, cabernet, merlot, pinot nero e viognier, si sta dimostrando vincente.

Località Pagliatelli di Sotto - 58051 Magliano in Toscana (GR)
T. 0564 1950121 | M. info@fattoriasanfelo.it
www.fattoriasanfelo.it

Viticoltura: Convenzionale
Ettari: 53 | **Bottiglie:** 250.000 | **Produzione olearia:** No
Proprietà: Federico Vanni
Cond. enologica: Fabrizio Moltard
Cond. agronomica: Damiano Maurini
Vendita diretta: No | **Visite in azienda:** No

AULUS 2017
Rosso Igt - Cabernet sauvignon 100%
Alc. 14% | € 20 | Bt. 20.000 | Ferm. Acciaio | Mat. Legno 24 mesi
Rubino con riflessi carminio. Quadro olfattivo con incipit di marasca, mora di gelso, glicine e rosa rossa. Pennellate di rosmarino e d'eucalipto rinfrescano i dolci sentori di vaniglia e di tabacco biondo. Entra deciso con un tannino grintoso che offusca parzialmente l'agrumata freschezza. Capriolo in salmì con polenta di grano saraceno.

MORELLINO DI SCANSANO LAMPO 2021
Rosso Docg - Sangiovese 90%, Ciliegiolo 10%
Alc. 14% | € 14 | Bt. 30.000 | Ferm. Acciaio | Mat. Acciaio 6 mesi e Legno 16 mesi
Filetto al vino rosso e scalogno.

MAREMMA TOSCANA ROSSO BALLA LA VECCHIA 2021
Rosso Doc - Cabernet sauvignon 50%, Merlot 50%
Alc. 13,5% | € 10 | Bt. 16.000 | Ferm. Acciaio | Mat. Acciaio 8 mesi
Petto d'anatra alle prugne.

MAREMMA TOSCANA VIOGNIER SAN FELO 2022
Bianco Doc - Viognier 100%
Alc. 13,5% | € 14 | Bt. 5.000 | Ferm. Acciaio | Mat. Acciaio 6 mesi
Frittata di ortiche.

SAN FELO METODO CLASSICO MILLESIMATO 2016
Bianco Metodo Classico - Sangiovese 100%
Alc. 12,5% | € 28 | Bt. 4.000 | Ferm. Acciaio | Mat. Acciaio 6 mesi
60 mesi sui lieviti
Torta salata ai broccoli.

MAREMMA TOSCANA VERMENTINO LE STOPPIE 2022
Bianco Doc - Vermentino 100%
Alc. 13% | € 10 | Bt. 16.000 | Ferm. Acciaio | Mat. Acciaio 6 mesi
Garganelli freschi con gamberi di fiume.

MORELLINO DI SCANSANO LAMPO
2017 | 2019

SAN FELO PINOT NERO
2018

Fattoria Santa Vittoria
(1977)

Zona rinomata per arte e storia e, naturalmente, anche per il vino, Santa Vittoria custodisce una tradizione di produzione di vini particolari. Uno di questi è il Leopoldo, ottenuto dalle uve del recuperato vitigno autoctono pugnitello, vinificato in cemento e maturato in barrique a creare un profilo aromatico estremamente affascinante. Nel bianco Conforta, invece, troviamo un insolito e grazioso mix di incrocio Manzoni, sémillon e gewürztraminer. Questa combinazione eccentrica ma ben riuscita attira l'attenzione dei degustatori, inclusi noi, e per questo merita sicuramente un plauso.

Via Piana, 43 - Località Pozzo della Chiana - 52045 Foiano della Chiana (AR)
T. 0575 66629 | M. contact@fattoriasantavittoria.com
www.fattoriasantavittoria.com

Viticoltura: Lotta integrata
Ettari: 35 | **Bottiglie:** 37.000 | **Produzione olearia:** Sì
Proprietà: Francesco Niccolai
Cond. enologica: Francesco Niccolai
Cond. agronomica: Francesco Niccolai
Vendita diretta: Sì | **Visite in azienda:** Sì

92

LEOPOLDO 2021
Rosso Igt - Pugnitello 100%
Alc. 13,5% | € 20 | Bt. 3.500 | Ferm. Cemento | Mat. Legno 12 mesi
Splendida e compatta veste carminio. Riconoscimenti di marasca, dragoncello, cannella, macchia mediterranea con cenni di torrefazione e cioccolato ad arricchire il profilo. Ingresso sontuoso e volumico, il tannino ben levigato accompagna il palato in un'evoluzione sapida dai riverberi di chinotto. Ossobuco alla milanese.

CONFORTA 2022
Bianco Igt Passito - Manzoni bianco 70%, Sémillon 25%, Gewürztraminer 5%
Alc. 13,5% | € 22 (0,375l) | Bt. 1.900 | Ferm. Cemento | Mat. Acciaio 6 mesi
Millefoglie con crema e scaglie di mandorle tostate.

POGGIO AL TEMPIO 2021
Rosso Igt - Sangiovese 70%, Pugnitello 20%, Foglia tonda 10%
Alc. 13,5% | € 12 | Bt. 10.000 | Ferm. Cemento | Mat. Cemento 12 mesi
Ravioli al sugo di chianina e tartufo nero.

VALDICHIANA TOSCANA VIN SANTO 2017
Bianco Doc Passito - Trebbiano 60%, Malvasia bianca 40%
Alc. 17,5% | € 39 (0,375l) | Bt. 2.000 | Ferm. Legno | Mat. Legno 60 mesi
Panpepato.

MATILDE 2022
Bianco Igt - Manzoni bianco 90%, Pinot bianco 10%
Alc. 13,5% | € 12 | Bt. 3.500 | Ferm. Cemento | Mat. Cemento 6 mesi
Polpettine di alici con crema di piselli.

VALDICHIANA TOSCANA GRECHETTO 2022
Bianco Doc - Grechetto 85%, Manzoni bianco 15%
Alc. 13,5% | € 12 | Bt. 3.500 | Ferm. Cemento | Mat. Cemento 6 mesi
Pizza marinara.

VALDICHIANA TOSCANA VIN SANTO
2016

LEOPOLDO
2018

Fattoria Selvapiana
(1826)

È inutile negarlo: agli inizi della seconda metà del secolo scorso, quando si diceva che alla Rufina si faceva vino, si veniva guardati di sbieco, un pregiudizio e un "a prescindere" che non trovava giustificazioni ma resisteva. Anche Selvapiana resistette e nell'imporsi sconfisse tutto e tutti, facendo una piazza così pulita che l'unico monumento rimasto fu il Vigneto Bucerchiale, che è insieme culla, serenità e vita di un'anima del far vino orchestrata da Federico Giuntini, uomo che è ancora un po' "ragazzo del vino" e che con la sua semplicità sta facendo la storia del Chianti Rufina.

Località Selvapiana, 45 - 50068 Rufina (FI)
T. 055 8369848 | M. info@selvapiana.it
www.selvapiana.it

Viticoltura: Biologica certificata
Ettari: 64 | **Bottiglie:** 320.000 | **Produzione olearia:** Sì
Proprietà: Francesco Giuntini
Cond. enologica: Franco Bernabei, Niccolò Giuntini Masseti
Cond. agronomica: Staff aziendale
Vendita diretta: Sì | **Visite in azienda:** Sì

(93,5)
CHIANTI RUFINA VIGNETO BUCERCHIALE RISERVA 2020
Rosso Docg - Sangiovese 100%
Alc. 14,5% | € 31 | Bt. 26.000 | Ferm. Acciaio e Cemento | Mat. Legno 18 mesi
Carminio con nuance granato. Raffinato dedalo odoroso di viola mammola e succo di amarena, noce moscata ed eucalipto, pirite e grafite. Il tannino si allarga nel palato e attira a sé speziatura e sapidità, si allunga austero fino alla chiosa d'arancia Sanguinella. Beccacce allo spiedo.

CHIANTI RUFINA VIGNETO ERCHI RISERVA 2019
Rosso Docg - Sangiovese 100%
Alc. 14,5% | € 50 | Bt. 3.000 | Ferm. Acciaio | Mat. Legno 18 mesi
Piccione al forno con cipollotti.

CHIANTI RUFINA 2021
Rosso Docg - Sangiovese 95%, Canaiolo 3%, Colorino 2%
Alc. 13,5% | € 14 | Bt. 14.000 | Ferm. Acciaio | Mat. Legno 12 mesi e Cemento
Fiorentina alla brace.

VIN SANTO DEL CHIANTI RUFINA SELVAPIANA 2013
Bianco Doc Dolce - Trebbiano 100%
Alc. 13% | € 45 (0,5l) | Ferm. Legno | Mat. Legno 9 mesi
Panpepato.

POMINO ROSSO VILLA PRETOGNANO 2020
Rosso Doc - Sangiovese 60%, Cabernet sauvignon 20%, Merlot 20%
Alc. 14,5% | € 16 | Ferm. Acciaio | Mat. Legno 18 mesi
Tagliata di manzo al rosmarino.

POMINO BIANCO VILLA DI PETROGNANO 2022
Bianco Doc - Chardonnay 95%, Sauvignon 5%
Alc. 12,5% | € 18 | Bt. 15.000 | Ferm. Acciaio | Mat. Legno 12 mesi
Tartare di gamberi.

CHIANTI RUFINA VIGNETO BUCERCHIALE RISERVA
2015 | 2016 | 2018

FORNACE
2017

Fattoria Uccelliera
(1960)

Da oltre sessant'anni Ezio Bulleri e famiglia sono attivi nell'areale vitivinicolo pisano, e con determinazione, e audacia quando non tutto brillava, si pongono oggi come una delle aziende capofila di questo nuovo revival che abbraccia un fare vino ad ampio raggio, combinando una tradizionale toscanità con l'utilizzo del "governo all'uso toscano" nel Poggio alla Pietra, e quel tocco di estemporaneità con il pinot bianco nel Ficaia. Nel complesso lo standard dei vini presentati è molto interessante ed equilibrato, si avverte che la spinta qualitativa è ancora energica.

Via Roncione, 9 - Frazione Roncione - 56042 Crespina Lorenzana (PI)
T. 050 662747 | M. info@uccelliera.com
www.uccelliera.com

Viticoltura: Convenzionale
Ettari: 15 | **Bottiglie:** 85.000 | **Produzione olearia:** Sì
Proprietà: Maria Elena Poggianti
Cond. enologica: Francesco Bartoletti
Cond. agronomica: Francesco Bartoletti, Ezio Bulleri
Vendita diretta: Sì | **Visite in azienda:** Sì

CHIANTI RISERVA 2019
Rosso Docg - Sangiovese 95%, Canaiolo 5%
Alc. 13,5% | € 30 | Bt. 2.000 | Ferm. Acciaio | Mat. Legno 12 mesi
Vivacità cromatica rubino, l'olfatto vive di fragranze fruttate e floreali: marasca e glicine, prugna rossa e viola, con corredo balsamico e pepe bianco. Sviluppo gustativo inizialmente succoso per freschezza al sapore di agrume, centro bocca dimensionato nel tannico, finale di uva spina rossa e pan di spezie. Risotto al gorgonzola.

CHIANTI SUPERIORE 2021
Rosso Docg - Sangiovese 85%, Canaiolo 15%
Alc. 14,5% | € 18 | Bt. 6.666 | Ferm. Acciaio | Mat. Acciaio 4 mesi
Risotto ai porcini.

POGGIO ALLA PIETRA 2021
Rosso Igt - Sangiovese 80%, Alicante bouschet 10%, Cabernet sauvignon 10%
Alc. 13,5% | € 28 | Bt. 2.700 | Ferm. Acciaio | Mat. Acciaio 6 mesi
Prosciutto d'oca affumicato.

GINEPRAIA 2021
Rosso Igt - Sangiovese 70%, Cabernet sauvignon 15%, Petit verdot 15%
Alc. 13,5% | € 22 | Bt. 31.000 | Ferm. Acciaio | Mat. Acciaio 6 mesi
Nodini di cinta senese lardellati al forno.

CASTELLACCIO 2019
Rosso Igt - Sangiovese 60%, Cabernet sauvignon 40%
Alc. 14% | € 35 | Bt. 3.700 | Ferm. Acciaio | Mat. Legno 12 mesi
Pappardelle al ragù di cervo.

GINEPRAIA
2017

POGGIO ALLA PIETRA
2012 | 2013 | 2014

Fattoria Varramista
(1995)

In questa porzione di Toscana tradizionalmente poco conosciuta, purtroppo, per la produzione di vino, Varramista si è ritagliata un appeal molto significativo nell'interpretazione del vitigno syrah che qui, sia in purezza che in un eccentrico mix con il merlot, garantisce una qualità tutta originale. La terra in cui affonda le radici nutre accuratamente la syrah, donando al vino un giusto equilibrio di potenza e raffinatezza. È lodevole l'attenzione dedicata alla Doc Terre di Pisa, dimostrando che, nonostante tutto, questa tipologia può rappresentare un valore aggiunto per l'areale.

Via Ricavo - Località Varramista - 56020 Montopoli in Val d'Arno (PI)
T. 0571 44711 | M. info@varramista.it
www.varramista.it

Viticoltura: Biologica e biodinamica
Ettari: 14 | **Bottiglie:** 30.000 | **Produzione olearia:** No
Proprietà: Fattoria Varramista
Cond. enologica: Federico Staderini
Cond. agronomica: Federico Staderini
Vendita diretta: Sì | **Visite in azienda:** Sì

VARRAMISTA 2019
Rosso Igt - Syrah 100%
Alc. 14% | € 50 | Bt. 3.300 | Ferm. Legno | Mat. Legno 16 mesi
Abito carminio con ricami granato. Sfiziosi cenni di ribes nero, glicine appassito, cioccolato e pepe nero. Sorso dinamico con una venatura alcolica che riaffiora al di là di una componente tannica ancora in evoluzione. Chiusura su ricordi di liquirizia. Bocconcini di cervo al cavolo nero.

STERPATO 2020
Rosso Igt - Cabernet franc 25%, Cabernet sauvignon 25%, Petit verdot 25%, Sangiovese 25%
Alc. 13% | € 15 | Bt. 13.000 | Ferm. Acciaio | Mat. Legno 12 mesi
Fusilli di kamut al ragù di faraona.

TERRE DI PISA FRASCA 2019
Rosso Doc - Merlot 50%, Syrah 50%
Alc. 13,5% | € 23 | Bt. 4.100 | Ferm. Legno e Acciaio | Mat. Legno 14 mesi
Maiale in agrodolce.

VARRAMISTA
2013

TERRE DI PISA FRASCA
2018

Fèlsina
(1966)

Fèlsina è uno dei fari nel mare di vigne del castelnovino, non sono molte le aziende che riescono a dare un'interpretazione del sangiovese così intrisa del soul del terreno; i loro Chianti Classico e il Fontalloro ne sono un fantastico esempio anche in quest'edizione. Ormai hanno acquisito un rigore esperienziale nel "maneggiare" questo vitigno che potrebbe essere d'aiuto a chi si vuole cimentare in queste espressioni viticole. Le competenze agronomiche ed enologiche sono senza dubbio di rilievo, ma ancor di più va premiata la famiglia Poggiali, cha ha sempre perseguito il meglio.

Via del Chianti, 101 - 53019 Castelnuovo Berardenga (SI)
T. 0577 355117 | M. info@felsina.it
www.felsina.it

Viticoltura: Biologica certificata
Ettari: 72 | **Bottiglie:** 651.500 | **Produzione olearia:** Sì
Proprietà: Famiglia Poggiali
Cond. enologica: Franco Bernabei
Cond. agronomica: Alessandro Chellini
Vendita diretta: Sì | **Visite in azienda:** Sì

(93,5)
CHIANTI CLASSICO BERARDENGA RISERVA 2020
Rosso Docg - Sangiovese 100%
Alc. 14% | € 45 | Bt. 49.000 | Ferm. Acciaio | Mat. Legno 18 mesi
Tinteggiato di intenso carminio si fa invitante con gli aromi di glicine, viola, giaggiolo e amarena, in piena purezza del vitigno. Ha anche cuore di cannella, cioccolato e finissimo muschio. Da subito gustoso, ha freschezza icastica, energizzata da fruttato di marasca, tannino composto e una struttura voluminosa. Manzo brasato con funghi.

(92)
FONTALLORO 2020
Rosso Igt - Sangiovese 100%
Alc. 14% | € 55 | Bt. 46.000 | Ferm. Acciaio | Mat. Legno 22 mesi
Cromia in mix carminio-rubino. Fini allusioni di lavanda e viola si miscelano con ciliegia Ferrovia e mora mature, seguite da chiodi di garofano, tabacco e liquirizia. Equilibrante sintonia fresco-tannica con strati di frutti rossi e aromi di sorba e ribes rosso. Spezzatino di manzo.

(91)
VIN SANTO DEL CHIANTI CLASSICO 2015
Bianco Doc Passito - Malvasia 40%, Trebbiano 40%, Sangiovese 20%
Alc. 14% | € 45 (0,375l) | Bt. 12.000 | Ferm. Legno | Mat. Legno 84 mesi
Ambra viva. Agrumi canditi, zenzero, miele di castagno e mandorla tostata fanno ricco il profumo. Vellutato all'inverosimile, timido in dolcezza perché rinfrescato dall'acidità, gran finale di pan di spezie, fico secco e balsamico. Pasticceria secca.

CHIANTI CLASSICO BERARDENGA 2021
Rosso Docg - Sangiovese 100%
Alc. 13,5% | € 20 | Bt. 270.000 | Ferm. Acciaio | Mat. Legno 12 mesi
Filetto di manzo in crosta alle erbette.

MAESTRO RARO 2020
Rosso Igt - Cabernet sauvignon 100%
Alc. 13,5% | € 40 | Bt. 9.000 | Ferm. Acciaio | Mat. Legno 20 mesi
Brasato di lepre con riduzione di vino rosso.

I SISTRI COLLEZIONE PRIVATA 2021
Bianco Igt - Chardonnay 100%
Alc. 13,5% | € 40 | Bt. 2.600 | Ferm. Legno | Mat. Legno 20 mesi
Spaghetti con vongole e bottarga.

CHIANTI CLASSICO GRAN SELEZIONE COLONIA
2011 | 2018

FONTALLORO
2016 | 2017 | 2019

Fontodi
(1968)

Qui, nella Conca d'Oro, dove i Chianti Classico si radicano nel territorio di Panzano, e il Sangiovese acquista un profilo organolettico unico e distinguibile, dal 1968 Fontodi fa il vino e innalza il vitigno sangiovese ad assoluto emblema di quel fare. Non sono in tanti a conoscere tutte le sfaccettature di questo vitigno, e Manetti è uno di quelli che sa, al pari dell'enologo che lo segue. I vini Fontodi, tutti, hanno un particolare aplomb organolettico: mai spigolosi nella struttura, mai docili nella tempra, quasi a voler affermare che Fontodi si nasce, non lo si diventa.

Via San Leolino, 89 - Panzano - 50022 Greve in Chianti (FI)
T. 055 852005 | M. fontodi@fontodi.com
www.fontodi.com

Viticoltura: Biologica, biologica certificata e biodinamica
Ettari: 102 | **Bottiglie:** 30.000 | **Produzione olearia:** Sì
Proprietà: Famiglia Manetti
Cond. enologica: Franco Bernabei
Cond. agronomica: Giovanni Manetti
Vendita diretta: Sì | **Visite in azienda:** Sì

(92)
CHIANTI CLASSICO GRAN SELEZIONE VIGNA DEL SORBO 2020
Rosso Docg - Sangiovese 100%
Alc. 14,5% | € 60 | Bt. 25.000 | Ferm. Acciaio | Mat. Legno 24 mesi
Luccica di rubino intenso. Riverberi profumati di lampone maturo, rosa rossa appassita e arancia essiccata si fanno complessa ampiezza con tabacco Kentucky, eucalipto, pepe verde e chiodi di garofano. Grinta tannica in educata astringenza, c'è succosità di arancia rossa e chiusura di spezie dolci. Tordi in salmì.

(91,5)
FLACCIANELLO DELLA PIEVE 2020
Rosso Igt - Sangiovese 100%
Alc. 14,5% | € 150 | Bt. 60.000 | Ferm. Acciaio | Mat. Legno 24 mesi
Carminio fulgido. Profumo didascalico: ribes, giaggiolo, muschio di legno, grafite, in elegia di vaniglia, caffè e ambra grigia. Ha dinamica freschezza che fluisce in un "dolce" tenace tannino, che fa signorile l'equilibrio e finalizza una sostanziosa persistenza balsamica. Camoscio in umido.

CHIANTI CLASSICO GRAN SELEZIONE TERRAZZE DI SAN LEOLINO 2020
Rosso Docg - Sangiovese 100%
Alc. 15% | € 60 | Bt. 5.000 | Ferm. Acciaio | Mat. Legno 24 mesi
Cappone ripieno al forno.

CHIANTI CLASSICO 2020
Rosso Docg - Sangiovese 100%
Alc. 14% | € 25 | Bt. 170.000 | Ferm. Acciaio | Mat. Legno 24 mesi
Straccetti di cavallo.

CHIANTI CLASSICO FILETTA DI LAMOLE 2020
Rosso Docg - Sangiovese 100%
Alc. 13,5% | € 25 | Bt. 20.000 | Ferm. Acciaio | Mat. Legno 18 mesi
Ravioli di magro con funghi chiodini.

CHIANTI CLASSICO GRAN SELEZIONE VIGNA DEL SORBO
2016 | 2017 | 2018

FLACCIANELLO DELLA PIEVE
2015 | 2017 | 2019

Vitivinicultore G. Fuso Carmignani
(1400)

Gino Carmignani, in arte Fuso, è viticoltore eccentrico, poco incline alle estremizzazioni stilistiche: per lui il vino è il risvolto di un tempo e del tempo che in quel tempo si vive, vale a dire che il vino è anche un non senso determinato dall'umore del volerlo elaborare, nell'essere sempre un sé stesso enologico, ovverosia anche qualcosa di diverso non fatto per distinguere quel vino, semmai per distinguere chi quel vino in quell'anno lo ha fatto. È questo il senso di Niente, che è un vino che nell'avere un nome, nega a sé stesso la sua esistenza.

Via della Tinaia, 6 - 55016 Montecarlo (LU)
T. 0583 22381 | M. gc.fuso@hotmail.it

Viticoltura: Convenzionale
Ettari: 2,4 | **Bottiglie:** 12.000 | **Produzione olearia:** No
Proprietà: Gino Carmignani
Cond. enologica: Gino Carmignani
Cond. agronomica: Gino Carmignani
Vendita diretta: No | **Visite in azienda:** No

MERLO DELLA TOPA NERA 2020
Rosso - Merlot 70%, Cabernet sauvignon 30%
Alc. 13,5% | € 210 (1,5l) | Bt. 1.500 | Ferm. Acciaio | Mat. Acciaio 9 mesi e Legno 3 mesi
È fitto nel granato. Si offre al naso con sciropposi effluvi di mirtillo, mora di gelso, prugna, vira nel glicine appassito e rifinisce la complessità con chiodi di garofano e garrigue. Attacco gustativo ricco di alcol e tannino, coesi in una struttura che recupera in freschezza nello stuzzicante finale di aronia nera. Bigoli con salsiccia.

NIENTE 2021
Rosso - altre varietà 100%
Alc. 13% | € 25 | Bt. 9.900 | Ferm. Acciaio | Mat. Acciaio 9 mesi e Legno 3 mesi
Coniglio alla cacciatora.

PÈORO DI GANZA
2009

MERLO DELLA TOPA NERA
2009

Geografico
(1961)

Nel Medioevo talora le città erano suddivise in terzieri (Siena e Lucca, tanto per restare in Toscana). Il terziere è una porzione di un'area suddivisa in tre parti, una in meno del quartiere. Se volessimo suddividere tutto l'areale di Radda, Castellina e Gaiole in Chianti in terzieri, lo potremmo fare sulla base dei suoli e dell'esposizione, ottenendone uno specifico per Radda, uno per Castellina e uno per Gaiole. Nei vini dovremmo poi ritrovare le caratteristiche peculiari dei tre diversi terzieri dai quali provengono. È quello che ha fatto Geografico, creando tre vini-terzieri d'eccellenza.

Località Mulinaccio, 10 - 53013 Gaiole in Chianti (SI)
T. 0577 749413 | M. info@chiantigeografico.it
www.chiantigeografico.it

Viticoltura: Convenzionale
Ettari: 350 | **Bottiglie:** 1.200.000 | **Produzione olearia:** Sì
Proprietà: Famiglia Piccini
Cond. enologica: Alessandro Barabesi
Cond. agronomica: Alessandro Barabesi
Vendita diretta: Sì | **Visite in azienda:** No

(92)

CHIANTI CLASSICO TERZIERE DI LEVANTE 2020
Rosso Docg - Sangiovese 100%
Alc. 14% | € 25 | Bt. 3.000 | Ferm. Acciaio | Mat. Legno 12 mesi
Carminio con filigrana granato. Olfatto inebriante d'arancia Sanguinella, marasca, violetta, cannella e ginepro, con sensazioni intriganti di gelso nero confit, eucalipto e tabacco biondo. Equilibrio gustativo ineccepibile, dall'ingresso alla saporita e persistente fine, con intermezzo di duttile tannicità. Costata di manzo alla griglia.

CHIANTI CLASSICO TERZIERE DI PONENTE 2020
Rosso Docg - Sangiovese 100%
Alc. 14% | € 25 | Bt. 3.000 | Ferm. Acciaio | Mat. Legno 12 mesi
Anatra alla pechinese.

CHIANTI CLASSICO TERZIERE DI TRAMONTANO 2020
Rosso Docg - Sangiovese 100%
Alc. 14% | € 25 | Bt. 3.000 | Ferm. Acciaio | Mat. Legno 12 mesi
Pappardelle al ragù di cervo.

CHIANTI CLASSICO CONTESSA DI RADDA 2021
Rosso Docg - Sangiovese 95%, Merlot 5%
Alc. 13,5% | € 13 | Bt. 100.000 | Ferm. Acciaio | Mat. Legno 12 mesi
Rosticciana.

CHIANTI CLASSICO CONTESSA DI RADDA RISERVA 2020
Rosso Docg - Sangiovese 90%, Cabernet sauvignon 5%, Colorino 5%
Alc. 14% | € 18 | Bt. 20.000 | Ferm. Acciaio | Mat. Legno 18 mesi
Risotto con salsiccia e Taleggio.

CHIANTI CLASSICO MONTEGIACHI RISERVA 2020
Rosso Docg - Sangiovese 90%, Merlot 10%
Alc. 14% | € 19 | Bt. 20.000 | Ferm. Acciaio | Mat. Legno 18 mesi
Stinco d'agnello al forno.

CHIANTI CLASSICO CONTESSA DI RADDA RISERVA
2019

CHIANTI CLASSICO CONTESSA DI RADDA
2020

Gianni Moscardini
(2008)

Dopo aver abbandonato il brand Sator, sembra che la prospettiva enoica dell'azienda si stia indirizzando verso un'accentuante personalizzazione dei vini affinché prendano le sembianze intellettuali di chi li ha pensati, cioè Gianni Moscardini. Questo spiega l'attaccamento all'autoctono ciliegiolo e l'avventura con fiano e teroldego, e chissà cos'altro potremo attenderci in futuro. Di certo le sorprese sigleranno quella costanza di qualità che è via via cresciuta dal 2008 e già in passato eccelse con Artume e Il Merlot e il Cabernet Franc, vini che sembrano assorbire un'energia tirrenica.

Via Macchia al Pino - Località Pomaia - 56040 Santa Luce (PI)
T. 050 740529 | M. info@satorwines.com
www.satorwines.com

Viticoltura: Convenzionale
Ettari: 13,5 | **Bottiglie:** 70.000 | **Produzione olearia:** No
Proprietà: Gianni e Roberta Moscardini
Cond. enologica: Emiliano Falsini
Cond. agronomica: Gianni Moscardini
Vendita diretta: Sì | **Visite in azienda:** Sì

ATTEONE CABERNET FRANC 2020
Rosso Igt - Cabernet franc 100%
Alc. 14,5% | € 42 | Bt. 2.500 | Ferm. Acciaio | Mat. Legno 12 mesi e Terracotta 12 mesi
Impenetrabile cromia rubino. Schiude mora di gelso, carruba, china, crema di cassis e s'impreziosisce con cannella e tabacco. Alcol e tannino giocano a equilibrarsi, liberando una complessa succosità fruttata per effetto freschezza, che rimanda a ciliegia Ferrovia e mirtillo rosso. Carré di maiale con spinaci.

ARTUME 2021
Bianco Igt - Fiano 85%, Vermentino 15%
Alc. 12% | € 42 | Bt. 1.000 | Ferm. Legno e Acciaio | Mat. Legno 8 mesi
Cappesante gratinate.

PENTEO 2021
Rosso Igt - Sangiovese 85%, Teroldego 15%
Alc. 13,5% | € 12 | Bt. 30.000 | Ferm. Acciaio | Mat. Legno 4 mesi e Cemento 4 mesi
Lasagne ai cardi con formaggi saporiti.

SILENO CILIEGIOLO 2020
Rosso Igt - Ciliegiolo 100%
Alc. 13,5% | € 21 | Bt. 10.000 | Ferm. Acciaio | Mat. Legno 8 mesi e Terracotta 8 mesi
Coniglio in porchetta.

ARTUME
2018

MONTESCUDAIO SILENO MERLOT
2020

Giodo
(2002)

Giodo nasce dalle prime lettere dei nomi dei genitori di Carlo Ferrini, che, dopo anni di lavoro con il Sangiovese per varie aziende del Chianti Classico, ha voluto convogliare e condensare le sue esperienze su questo appezzamento molto vocato del versante sud della collina ilcinese, creando un proprio vino. Nata agli inizi del XXI secolo, l'azienda è adesso seguita attivamente anche dalla figlia Bianca, cui sta trasmettendo tutto l'expertise acquisito negli anni, per una concezione del Sangiovese sempre più orientata all'eleganza e alla bevibilità, come dimostrato dal magnifico Brunello 2018.

Località Casanova - Sant'Angelo in Colle - 53024 Montalcino (SI)
T. 0577 1646141 | M. info@giodo.it
www.giodo.it

Viticoltura: Biologica certificata
Ettari: 6 | **Bottiglie:** 28.000 | **Produzione olearia:** Sì
Proprietà: Bianca e Carlo Ferrini
Cond. enologica: Carlo Ferrini
Cond. agronomica: Carlo Ferrini
Vendita diretta: Sì | **Visite in azienda:** Sì

(93)

BRUNELLO DI MONTALCINO GIODO 2018
Rosso Docg - Sangiovese 100%
Alc. 14% | € 130 | Bt. 13.000 | Ferm. Acciaio | Mat. Legno 36 mesi
Carminio con lampi granato. Estrosi profumi di amarena, iris e rosa rossa s'intrecciano con liquirizia, sottobosco e cardamomo, e accenni di tabacco. Sorso grazioso nell'integrazione di alcol e tannino, ravvivato dalla freschezza, fino all'allungo all'arancia spolverata di cannella. Tagliata di manzo al rosmarino.

LA QUINTA 2021
Rosso Igt - Sangiovese 100%
Alc. 14% | € 45 | Ferm. Acciaio | Mat. Legno 12 mesi
Maltagliati con funghi porcini.

BRUNELLO DI MONTALCINO GIODO
2015 | 2016 | 2017

LA QUINTA
2020

Grattamacco
(1977)

La nota azienda bolgherese continua nella valorizzazione del proprio territorio grazie alla competenza degli storici enologi, custodi della vigna. L'Alberello, il cui nome evoca l'omonimo sistema di allevamento, quest'anno si fa eccellenza. È interessante che le piante siano distribuite in un impianto chiamato a "settonce", in cui viene garantita l'equidistanza l'una dall'altra, e che permette a ogni vite di avere la medesima irradiazione solare e un'identica porzione di suolo, tale da conferire un'omogeneità di sviluppo del cabernet franc e sauvignon che si riflette nel bicchiere.

Località Lungagnano, 128 - 57022 Castagneto Carducci (LI)
T. 0565 765069 | M. grattamacco@collemassari.it
www.collemassariwines.it

Viticoltura: Biologica
Ettari: 29 | **Bottiglie:** 190.000 | **Produzione olearia:** Sì
Proprietà: Claudio e Maria Iris Tipa Bertarelli
Cond. enologica: Maurizio Castelli, Luca Marrone
Cond. agronomica: Giuliano Guerrini, Nico Corsini
Vendita diretta: Sì | **Visite in azienda:** Sì

(91)

BOLGHERI SUPERIORE L'ALBERELLO 2020
Rosso Doc - Cabernet sauvignon 70%, Cabernet franc 30%
Alc. 14,5% | € 85 | Bt. 9.000 | Ferm. Acciaio | Mat. Legno 18 mesi
Scarlatto. Profilo olfattivo elegantemente austero. Confettura di mirtillo e gelée di cassis sono accarezzate da petali di viola e da sbuffi di salvia e menta. Memorie di china e caffè in chiusura. La freschezza del ribes stempera l'avvolgenza iniziale e sostiene un nobile tannino di frutta scura. Pasta alla Norma.

BOLGHERI VERMENTINO GRATTAMACCO 2021
Bianco Doc - Vermentino 100%
Alc. 14% | € 40 | Bt. 15.000 | Ferm. Legno e Acciaio | Mat. Acciaio 7 mesi e Legno 7 mesi
Fregola con le arselle.

BOLGHERI SUPERIORE GRATTAMACCO 2020
Rosso Doc - Cabernet sauvignon 65%, Merlot 20%, Sangiovese 15%
Alc. 14,5% | € 85 | Bt. 60.000 | Ferm. Legno | Mat. Legno 18 mesi
Capriolo con salsa di ribes rosso.

BOLGHERI SUPERIORE GRATTAMACCO
2017 | 2018 | 2019

BOLGHERI SUPERIORE L'ALBERELLO
2017 | 2018 | 2019

Guado al Melo
(1999)

L'avventura di Guado al Melo sta per raggiungere il traguardo del quarto di secolo di operatività, nel corso del quale le pratiche di vigna e cantina si sono affinate diventando sempre più sostenibili, come dimostra il certificato SQNPI. Oltre ai 16,5 ettari di vigna già attivi, ne sono stati impiantati altri 5,5 in previsione di un aumento produttivo. Il recupero delle antiche tradizioni ha portato alla realizzazione di vini unici e irripetibili, come il Jassarte, risultato di una complantazione e successiva co-fermentazione di ben 30 varietà, che si uniscono in una sinergia quasi magica.

Località Murrotto, 130/A - 57022 Castagneto Carducci (LI)
T. 0565 763238 | M. info@guadoalmelo.it
www.guadoalmelo.it

Viticoltura: Lotta integrata
Ettari: 16,5 | **Bottiglie:** 120.000 | **Produzione olearia:** No
Proprietà: Attilio e Michele Scienza
Cond. enologica: Michele Scienza
Cond. agronomica: Michele Scienza
Vendita diretta: Sì | **Visite in azienda:** Sì

BOLGHERI ROSSO RUTE 2021
Rosso Doc - Cabernet sauvignon 80%, Syrah 20%
Alc. 14% | € 22 | Bt. 40.000 | Ferm. Acciaio | Mat. Legno 12 mesi
Veste carminio intenso e vivace. Essenze di mora e ribes in gelatina, viola appassita e liquirizia si mescolano a spiccate sfumature di tabacco e cacao amaro. Freschezza invitante alla beva, tannini fitti ma polimerizzati, ottima persistenza con flavor di ciliegia matura e scia sapida sul finale. Guancia di vitello in umido.

JASSARTE 2020
Rosso Igt - N.d. 100%
Alc. 15% | € 45 | Bt. 4.000 | Ferm. Acciaio | Mat. Legno 24 mesi
Petto di germano reale al balsamico.

BOLGHERI SUPERIORE ATIS 2020
Rosso Doc - Cabernet sauvignon 80%, Rebo 15%, Cabernet franc 5%
Alc. 14,5% | € 50 | Bt. 7.500 | Ferm. Acciaio | Mat. Legno 24 mesi
Saltimbocca alla romana.

BOLGHERI SUPERIORE ATIS
2017

JASSARTE
2016

Tenuta Guado al Tasso
(1934)

Siamo in quella parte di Toscana in cui gli Antinori applicano l'indirizzo enologico bordolese, con risultati che per costanza qualitativa e rigorosità produttiva hanno via via impressionato molto favorevolmente gli enofili e non solo, a partire da quell'intuizione che oltre vent'anni fa fu Il Bruciato, un secondo cru azzeccatissimo e ormai imperante. Anche quest'anno celebriamo con l'eccellenza quella che è un'istituzione bolgherese, il Guado al Tasso, e ogni volta ci chiediamo: come fa a non perdere colpi? Se dovessimo rispondere con l'ironia toscana, diremmo: Antinori? What else!

Strada Bolgherese, km 3,9 - Bolgheri - 57024 Castagneto Carducci (LI)
T. 0565 749735 | M. guadoaltasso@antinori.it
www.guadoaltasso.it

Viticoltura: Lotta integrata
Ettari: 320 | **Bottiglie:** 1.565.000 | **Produzione olearia:** Sì
Proprietà: Famiglia Antinori
Cond. enologica: Marco Ferrarese
Cond. agronomica: Simone Bonechi, Marco Ferrarese
Vendita diretta: Sì | **Visite in azienda:** Sì

(93)

BOLGHERI SUPERIORE GUADO AL TASSO 2020
Rosso Doc - Cabernet sauvignon 55%, Merlot 25%, Cabernet franc 20%
Alc. 14,5% | € 130 | Bt. 125.000 | Ferm. Acciaio | Mat. Legno 16 mesi
Scuro nel suo carminio. Regala armoniose fragranze di eucalipto, mirto, cassis, liquirizia, noce moscata, e le rifinisce con caffè e pepe verde. Un tannino in forma olimpica si spande setosamente nel palato, tesse strati di frutti scuri e freschezza di agrumi, lungo rilascio di tabacco biondo e violetta. Braciola di cervo con salsa di ribes.

BOLGHERI ROSSO CONT'UGO 2021
Rosso Doc - Merlot 100%
Alc. 14,5% | € 41 | Bt. 145.000 | Ferm. Acciaio | Mat. Legno 12 mesi
Guanciale di manzo al brandy.

BOLGHERI ROSATO SCALABRONE 2022
Rosato Doc - Cabernet sauvignon 40%, Merlot 30%, Syrah 30%
Alc. 13% | € 15 | Bt. 200.000 | Ferm. Acciaio | Mat. Acciaio
Spaghetti al pomodoro.

BOLGHERI ROSSO IL BRUCIATO 2021
Rosso Doc - Cabernet sauvignon 65%, Merlot 20%, Syrah 15%
Alc. 14% | € 25 | Bt. 1.000.000 | Ferm. Acciaio | Mat. Legno 10 mesi
Bucatini all'amatriciana.

BOLGHERI VERMENTINO 2022
Bianco Doc - Vermentino 100%
Alc. 12,5% | € 16 | Bt. 460.000 | Ferm. Acciaio | Mat. Acciaio 4 mesi
Spaghetti con mazzancolle e pomodorini.

BOLGHERI SUPERIORE GUADO AL TASSO
2017 | 2018 | 2019

BOLGHERI ROSSO CONT'UGO
2016 | 2018 | 2020

Gualdo del Re

(1953)

Il percorso enoico dell'azienda è stato caratterizzato da alcuni periodi di discontinuità. Dopo uno straordinario revival, anni 2012-2015, è succeduto uno statico dinamismo che si è concretizzato con un affievolimento di linfa creativo-produttiva. Adesso è in atto un new deal enologico, che passerà dal riammodernamento di alcune vigne, con particolare attenzione alla scelta di selezionate scelte massali per i vitigni internazionali. Nel 2023 sono iniziati i nuovi lavori, sia in vigna sia in cantina, il motore si è acceso, anzi è in movimento, siamo ansiosi di vedere gli ottimi risultati.

Località Notri, 77 - 57028 Suvereto (LI)
T. 0565 829888 | M. info@gualdodelre.it
www.gualdodelre.it

Viticoltura: Biologica
Ettari: 22 | **Bottiglie:** 100.000 | **Produzione olearia:** Sì
Proprietà: GDR sarl
Cond. enologica: Barbara Tamburini
Cond. agronomica: Ugo Damerini
Vendita diretta: Sì | **Visite in azienda:** Sì

CABRAIA 2019
Rosso Igt - Cabernet franc 85%, Cabernet sauvignon 15%
Alc. 14,5% | € 50 | Bt. 20.000 | Ferm. Acciaio | Mat. Legno 15 mesi
Carminio rilucente. Orchestrazione aromatica di cassis e viola, aronia nera e cumino, ginepro e chiodi di garofano, cuoio e nepitella. Il tannino si scioglie in un dinamismo che offre perfino vellutatezza, c'è la freschezza che lo stuzzica e plasma un'armoniosa struttura. Pappardelle al ragù di cinghiale.

SUVERETO MERLOT I'RENNERO 2020
Rosso Docg - Merlot 100%
Alc. 14,5% | € 54 | Bt. 7.900 | Ferm. Acciaio | Mat. Legno 18 mesi
Tagliatelle al ragù.

ELISEO BIANCO 2022
Bianco Igt - Pinot bianco 100%
Alc. 12,5% | € 14 | Bt. 3.500 | Ferm. Acciaio | Mat. Acciaio 4 mesi
Spaghetti con vongole e bottarga.

GUALDO DEL RE VERMENTINO 2021
Bianco Igt - Vermentino 100%
Alc. 13,5% | € 15 | Bt. 1.300 | Ferm. Acciaio | Mat. Acciaio 9 mesi
Tartare di scampi.

ELISEO 2022
Rosato Igt - Aleatico 100%
Alc. 12,5% | € 14 | Bt. 3.300 | Ferm. Acciaio | Mat. Acciaio 4 mesi
Pasta alla gricia.

CABRAIA
2013 | 2015

SUVERETO MERLOT IL RENNERO
2019

Guicciardini Strozzi

(994)

Se dovessimo scrivere dei Guicciardini, e poi degli Strozzi, dovremmo calarci nello studio della storia della Toscana, se non d'Italia. Invece se la storia la trasferiamo nella Vernaccia di San Gimignano, la cosa si fa un po' più semplice, se non altro meno datata. A San Gimignano fanno Vernaccia da secoli, legati a una tradizione che per rigore e stile dona ai vini una certa austerità, che può essere di non facile interpretazione per i distratti. La Riserva 2019, per esempio, evidenzia un vino scevro da compromessi, pieno di quella nobiltà agreste che è una delle essenze del vitigno.

Località Cusona, 5 - 53037 San Gimignano (SI)
T. 0577 950028 | M. info@guicciardinistrozzi.it
www.guicciardinistrozzi.it

Viticoltura: Convenzionale
Ettari: 90 | **Bottiglie:** N.d. | **Produzione olearia:** Sì
Proprietà: Famiglia Guicciardini Strozzi
Cond. enologica: Ivaldo Volpini, Franco Bernabei
Cond. agronomica: Alessandro Pieri
Vendita diretta: Sì | **Visite in azienda:** Sì

VERNACCIA DI SAN GIMIGNANO RISERVA 2019
Bianco Docg - Vernaccia di San Gimignano 100%
Alc. 13,5% | € 19 | Bt. 10.000 | Ferm. Acciaio | Mat. Acciaio 6 mesi
Dorato di media fittezza. Inizialmente timido nel floreale, ha impatto di erbe secche, sfalcio estivo e timo, si fa poi fruttato con susina gialla matura e mandorla bianca. La sapidità è la regina del gusto, è sostanzioso in alcol con scia finale di composta di sorbe e tarassaco. Ravioli di patate e baccalà.

VERNACCIA DI SAN GIMIGNANO TITOLATO STROZZI 2022
Bianco Docg - Vernaccia di San Gimignano 90%, Chardonnay 10%
Alc. 14,5% | € 13 | Bt. 45.000 | Ferm. Acciaio | Mat. Acciaio 3 mesi
Crostini con burro e alici.

MOMI ROSATO 2022
Rosato Igt - Sangiovese 80%, Montepulciano 10%, Petit verdot 10%
Alc. 13% | € 13 | Ferm. Acciaio | Mat. Acciaio 3 mesi
Gazpacho.

VERNACCIA DI SAN GIMIGNANO TITOLATO STROZZI
2021

VERMENTINO ARABESQUE
2019 | 2021

I Balzini
(1980)

New generation dal 2017, sempre nella linea della continuità, ereditando, tra l'altro, uno stile enologico che ha ottenuto il rispetto di tutti, e di cui Diana D'Isanto ha fatto tesoro nel costruire la linea Le Balze, un chiaro richiamo al territorio e al sottosuolo dove allignano le viti, per saldarlo nel soul organolettico di vini rinnovati nelle linearità strutturale, anche in piena espressione di personalizzazione, d'intuitività, per avvicinarsi a quello spicchio di mercato mondiale il cui pensiero enoico va oltre le denominazioni; e questo in Toscana non è facile.

Località Pastine, 19 - 50021 Barberino Tavarnelle (FI)
T. 055 8075503 | M. info@ibalzini.it
www.ibalzini.it

Viticoltura: Biologica
Ettari: 7 | **Bottiglie:** 35.000 | **Produzione olearia:** Sì
Proprietà: Famiglia D'Isanto
Cond. enologica: Barbara Tamburini, David Casini
Cond. agronomica: Roberto Lamorgese
Vendita diretta: Sì | **Visite in azienda:** Sì

(91)

BALZE NERE 2017
Rosso Igp - Cabernet sauvignon 50%, Merlot 50%
Alc. 14% | € 40 | Bt. 10.000 | Ferm. Acciaio | Mat. Acciaio 8 mesi e Legno 8 mesi
Carminio intenso e complessità profumata di amarena sotto spirito, rosa canina, tabacco, ginepro e note balsamiche di legno di sandalo. Sorso gustoso, ravvivato dall'acidità del frutto, e tannino ancora segnato da evidente gioventù; rimando di dolci speziature nella scia di sapidità e persistenza. Gnocchi al ragù.

SUMMOFONTE 2015
Rosso Igp - Sangiovese 60%, Cabernet sauvignon 30%, Canaiolo 10%
Alc. 14% | € 18 | Bt. 5.000 | Ferm. Acciaio | Mat. Legno 12 mesi
Risotto con salsiccia e Taleggio.

BALZE VERDI 2021
Rosso Igp - Sangiovese 80%, Mammolo 20%
Alc. 12,5% | € 15 | Bt. 7.000 | Ferm. Acciaio | Mat. Acciaio 8 mesi
Straccetti di vitello al rosmarino.

I BALZINI
2018

BALZE ROSSE
2018 | 2019

I Giusti & Zanza
(1995)

Quando iniziarono l'avventura, i Giusti e Zanza fecero uno di quei passi essenziali per non perdersi in quel panorama di vino toscano che avrebbe potuto fagocitare nell'anonimato un'azienda nuova e piccola: pensarono prima al da farsi e poi a quale vino fare. Va bene il Sangiovese, ma altrettanto bene il Merlot e il Syrah. In questo l'azienda si è davvero ritagliata uno spazio importante su un fronte enologico, quello pisano, che aveva bisogno di crearsi un appeal che andasse oltre il convenzionato status quo d'inizio secolo: ebbene, i Giusti e Zanza furono tra quei pionieri.

Via dei Puntoni, 9 - 56043 Fauglia (PI)
T. 0585 44354 | M. info@igiustiezanza.it
www.igiustiezanza.it

Viticoltura: Biologica certificata
Ettari: 17 | **Bottiglie:** 100.000 | **Produzione olearia:** No
Proprietà: Famiglia Giusti
Cond. enologica: Paola Carella
Cond. agronomica: Paola Carella
Vendita diretta: Sì | **Visite in azienda:** Sì

VIGNA VECCHIA 2020
Rosso Igt - Sangiovese 100%
Alc. 14% | € 90 (1,5l) | Bt. 500 | Ferm. Legno e Acciaio | Mat. Legno 12 mesi
Riverberi granato contornano il carminio. Viola e ribes nero, tabacco biondo e garrigue, eucalipto e prugna distillano la complessità. Sorso in equilibrata vena fresco-alcolica, tannino stilizzato nel pepe nero e finale di cioccolato e cannella. Tortelli al Castelmagno.

DULCAMARA 2020
Rosso Igt - Cabernet sauvignon 70%, Merlot 25%, Petit verdot 5%
Alc. 14% | € 38 | Bt. 1.000 | Ferm. Legno e Acciaio | Mat. Legno 15 mesi e Cemento 8 mesi
Canestrato pugliese.

PERBRUNO 2020
Rosso Igt - Syrah 100%
Alc. 14% | € 28 | Bt. 10.000 | Ferm. Legno e Acciaio | Mat. Legno 12 mesi
Coratella di agnello.

NEMORINO BIANCO 2022
Bianco Igt - Sémillon 50%, Trebbiano 50%
Alc. 13% | € 15 | Bt. 1.000 | Ferm. Acciaio | Mat. Legno 6 mesi
Carpaccio di branzino.

BELCORE 2021
Rosso Igt - Sangiovese 80%, Merlot 20%
Alc. 13,5% | € 17 | Bt. 23.000 | Ferm. Legno e Acciaio | Mat. Legno 9 mesi
Soppressata di Calabria.

NEMORINO ROSSO 2021
Rosso Igt - Syrah 60%, Merlot 20%, Sangiovese 20%
Alc. 13,5% | € 15 | Bt. 40.000 | Ferm. Legno e Acciaio | Mat. Legno 7 mesi
Trippa in umido.

DULCAMARA
2018

VIGNA VECCHIA
2015 | 2017 | 2018

I Sodi
(1973)

La scelta di Ivo Casini, padre degli attuali proprietari, di acquistare nel 1973 il podere I Sodi, con i suoi 12 ettari di vigneto, si sta rilevando azzeccata nel corso degli anni, grazie alla dedizione e alla volontà di tutta la famiglia nel produrre vini di alta qualità. L'esposizione ottimale delle vigne, il lento pendio di un terreno ricco di galestro e alberese e le invidiabili escursioni termiche giorno-notte, nonché le cure in cantina, permettono di ottenere dei vini seducenti all'olfatto e al palato. Quest'anno il fiore all'occhiello appartiene al Vin Santo del Chianti Classico.

Località I Sodi - Frazione Monti - 53013 Gaiole in Chianti (SI)
T. 0577 747012 | M. info@agrisodi.com
www.agrisodi.com

Viticoltura: Convenzionale
Ettari: 12 | **Bottiglie:** 90.000 | **Produzione olearia:** Sì
Proprietà: Famiglia Casini
Cond. enologica: Marco Bernabei
Cond. agronomica: Andrea Casini
Vendita diretta: Sì | **Visite in azienda:** Sì

(92)
VIN SANTO DEL CHIANTI CLASSICO 2013
Bianco Doc Dolce - Malvasia bianca 66%, Trebbiano toscano 34%
Alc. 13% | € 28 | Bt. 2.000 | Ferm. Legno | Mat. Legno 72 mesi
Ambrato brillante. Pesca sciroppata, albicocca disidratata, miele di zagara, fieno, eco mentolata e speziatura dolce costituiscono l'ampio mosaico olfattivo. Il sorso inizialmente vellutato viene ravvivato dalla freschezza progredendo in una gustosa sapidità che sa di zenzero candito. Roquefort.

CHIANTI CLASSICO 2021
Rosso Docg - Sangiovese 93%, Canaiolo 7%
Alc. 14,5% | € 15 | Bt. 40.000 | Ferm. Acciaio | Mat. Acciaio 6 mesi e Legno 16 mesi
Agnolotti al sugo di carne.

CHIANTI CLASSICO RISERVA 2020
Rosso Docg - Sangiovese 95%, Canaiolo 5%
Alc. 14,5% | € 23 | Bt. 15.000 | Ferm. Acciaio | Mat. Acciaio 9 mesi e Legno 20 mesi
Piccione ai porcini e tartufo nero.

SOPRASASSI 2020
Rosso Igt - Canaiolo 100%
Alc. 14,5% | € 35 | Bt. 2.000 | Ferm. Acciaio | Mat. Acciaio 6 mesi e Legno 24 mesi
Fagioli all'uccelletto.

VIGNA FARSINA
2013

CHIANTI CLASSICO RISERVA
2015 | 2019

I Veroni
(1897)

A 10 km da Firenze si trova la zona del Chianti Rufina – già indicata nel bando di Cosimo III de' Medici del 1716 come areale vocato alla produzione vitivinicola –, dove le escursioni termiche diventano estreme grazie anche a un'elevata altitudine e alla vicinanza dell'Appennino. Tale qualità si ritrova nei vini di I Veroni, il cui nome indica in toscano antico le terrazze. Costanza e continua vocazione a migliorarsi fanno sì che i prodotti siano di elevato profilo qualitativo cosicché oggi toccano l'eccellenza sia Terrælectæ Quona Riserva sia il Vin Santo del Chianti Rufina.

Via Tifariti, 5 - 50065 Pontassieve (FI)
T. 055 8368886 | M. info@iveroni.it
www.iveroni.it

Viticoltura: Biologica
Ettari: 21 | **Bottiglie:** 120.000 | **Produzione olearia:** Sì
Proprietà: Lorenzo Mariani
Cond. enologica: Andrea Paoletti
Cond. agronomica: Andrea Paoletti
Vendita diretta: Sì | **Visite in azienda:** Sì

(92)
CHIANTI RUFINA VIGNETO QUONA RISERVA 2020
Rosso Docg - Sangiovese 100%
Alc. 15% | € 23 | Bt. 25.000 | Ferm. Legno | Mat. Legno 20 mesi
Carminio fitto fitto. Ventaglio variopinto che s'apre con viola, amarena e mirtillo in confettura, cardamomo e lievi cenni balsamici. Poi un susseguirsi di tabacco, cacao e delicate malie ferrose. Seduce per l'ingresso caldo e materico che viene sostenuto dall'acidità e dal nobile tannino in flavor di frutta scura. Faraona arrosto con salsa di frutti di bosco.

(91)
VIN SANTO DEL CHIANTI RUFINA RISERVA 2012
Bianco Doc Passito - Trebbiano 50%, Malvasia bianca 20%, Sangiovese 20%, Canaiolo 10%
Alc. 15,5% | € 33 (0,375l) | Bt. 1.200 | Ferm. Legno | Mat. Legno 120 mesi
Ambrato vivace. Confettura di nespole e arancia amara candita anticipano uno stuzzicante mix di spezie orientali e un leggero tocco di smalto. Vellutato e con un'opulenta sensazione pseudocalorica, si sviluppa con una fresca energia di sorba dolce su una distesa di miele millefiori. Crostata alle mandorle e albicocche.

CHIANTI RUFINA I DOMI 2021
Rosso Docg - Sangiovese 90%, Canaiolo 5%, Colorino 5%
Alc. 14,5% | € 12 | Bt. 50.000 | Ferm. Acciaio | Mat. Legno 12 mesi
Brasato di manzo al vino rosso.

ALBA 2022
Bianco Igt - Drupeggio 25%, Malvasia 25%, Sangiovese 25%, Trebbiano 25%
Alc. 12,5% | € 12 | Bt. 4.000 | Ferm. Acciaio | Mat. Acciaio 6 mesi
Maltagliati con fiori di zucca e gamberetti.

AMELIA 2022
Rosato Igt - Sangiovese 100%
Alc. 13,5% | € 11 | Bt. 4.200 | Ferm. Acciaio | Mat. Acciaio 6 mesi
Filetti di pesce persico al burro e timo.

CHIANTI RUFINA VIGNETO QUONA RISERVA
2016

VIN SANTO DEL CHIANTI RUFINA RISERVA
2011

Icario
(1999)

Icario coltiva le proprie uve solo con metodi naturali, in un anfiteatro di vigneti principalmente dedicati al prugnolo gentile e caratterizzato da un microclima unico. La cantina, progettata in design contemporaneo e utilizzando materiali naturali, è stata ideata con l'intento di ridurre al minimo le attività a sostegno meccanico per la vinificazione. Dal 2015 fa parte della holding austriaca dei Rothenberger, che ha investito nell'azienda per portarla a un alto livello di eccellenza, grazie anche al contributo di Franco Bernabei alla conduzione enologica.

Via delle Pietrose, 2 - 53045 Montepulciano (SI)
T. 0578 758845 | M. info@icario.it
www.icario.it

Viticoltura: In conversione al biologico
Ettari: 24 | **Bottiglie:** 80.000 | **Produzione olearia:** Sì
Proprietà: Famiglia Rothenberger
Cond. enologica: Franco Bernabei, Amedeo Lombardelli
Cond. agronomica: Andrea Della Lena
Vendita diretta: Sì | **Visite in azienda:** Sì

(91)

VINO NOBILE DI MONTEPULCIANO RISERVA VITAROCCIA 2018
Rosso Docg - Sangiovese 95%, Cabernet sauvignon 5%
Alc. 14,5% | € 57 | Bt. 8.000 | Mat. Legno 24 mesi
Cuore carminio. Un'iniziale traccia di ciliegia sotto spirito e viola appassita lascia spazio a cannella, polvere di cacao e vaniglia, con scie di eucalipto. Flavor dominato dal frutto maturo, il palato si energizza in freschezza e sapidità; tannini composti e coda alla scorza d'arancia. Braciola di cervo con salsa di ribes.

NYSA ROSSO 2019
Rosso Igt - Sangiovese 60%, Cabernet sauvignon 20%, Merlot 20%
Alc. 14,5% | € 16 | Bt. 12.000 | Ferm. Acciaio | Mat. Acciaio 18 mesi e Legno 10 mesi
Risotto al radicchio tardivo.

ROSSO DI MONTEPULCIANO 2021
Rosso Doc - Sangiovese 80%, Merlot 20%
Alc. 13,5% | € 19 | Bt. 6.000 | Mat. Legno 6 mesi
Prosciutto di Norcia.

VINO NOBILE DI MONTEPULCIANO 2019
Rosso Docg - Sangiovese 90%, Colorino 10%
Alc. 14,5% | € 32 | Bt. 20.000 | Ferm. Legno e Acciaio | Mat. Legno 18 mesi
Brasato di lepre con riduzione di vino rosso.

VINO NOBILE DI MONTEPULCIANO SANSASIA 2018
Rosso Docg - Sangiovese 100%
Alc. 14,5% | € 94 | Bt. 3.000 | Ferm. Legno e Acciaio | Mat. Acciaio 12 mesi e Legno 24 mesi
Cinghiale arrosto con castagne.

VINO NOBILE DI MONTEPULCIANO VITAROCCIA RISERVA
2013

VINO NOBILE DI MONTEPULCIANO
2011 | 2012 | 2015

Il Borro
(1993)

L'azienda della famiglia Ferragamo svetta e firma una posizione di vertice a sigillo di qualità e sostenibilità dell'areale valdarnese. In quest'edizione della Guida, Il Borro si riconferma all'apice della produzione. Ormai è diventato una costante qualitativa, che lascia trapelare un'acquisita conoscenza e ferrata esperienza nella composizione del mix dei tre vitigni internazionali che ne sono l'anima. E che dire del Polissena? Una perfetta idealizzazione del sangiovese, che dovrebbe stimolare tutta la denominazione Valdarno, affinché acquisisca la coscienza enoica del "yes we can".

Località Borro, 1 - San Giustino Valdarno - 52024 Loro Ciufenna (AR)
T. 055 977053 | M. vino@ilborro.it
www.ilborrowines.it

Viticoltura: Biologica certificata
Ettari: 87 | **Bottiglie:** 310.000 | **Produzione olearia:** Sì
Proprietà: Ferruccio Ferragamo
Cond. enologica: Stefano Chioccioli, Samuele Marco Mammoli
Cond. agronomica: Staff aziendale
Vendita diretta: Sì | **Visite in azienda:** Sì

(92)

IL BORRO 2019
Rosso Igt - Merlot 50%, Cabernet sauvignon 35%, Syrah 15%
Alc. 15% | € 52 | Bt. 45.000 | Ferm. Acciaio | Mat. Legno 18 mesi
Lucente manto carminio con orlo granato. Raffinato bouquet di ciliegia in confettura, pot-pourri di viola, pepe nero, garrigue e polvere di caffè. Gusto voluttuoso dal tannino nobile, che insieme a una freschezza dinamica orchestra un magnifico equilibrio in cui torna un aroma di ciliegia sotto spirito. Trenette al pesto, patate e fagiolini.

VALDARNO DI SOPRA SANGIOVESE POLISSENA 2019
Rosso Doc - Sangiovese 100%
Alc. 14,5% | € 31 | Bt. 30.000 | Ferm. Acciaio | Mat. Legno 12 mesi
Gnocchi alla sorrentina.

BORROROSA 2022
Rosato Igt - Sangiovese 100%
Alc. 13% | € 14 | Bt. 40.000 | Ferm. Acciaio | Mat. Acciaio 2 mesi
Tartare di scampi.

LAMELLE 2022
Bianco Igt - Chardonnay 100%
Alc. 13% | € 17 | Bt. 62.000 | Ferm. Acciaio | Mat. Acciaio 2 mesi
Sushi e sashimi.

PIAN DI NOVA 2020
Rosso Igt - Syrah 75%, Sangiovese 25%
Alc. 14% | € 18 | Bt. 85.000 | Ferm. Acciaio | Mat. Legno 12 mesi
Straccetti di vitello al rosmarino.

IL BORRO
2016 | 2017 | 2018

PIAN DI NOVA
2018

Il Carnasciale
(1988)

L'azienda Il Carnasciale incarna alla perfezione il binomio professionalità-impegno. La famiglia Rogosky ogni anno raccoglie grandi successi dati dalla peculiarità del suo vitigno di punta, che è anche unico nel suo genere: il caberlot. Il nome stesso è stato coniato da Rogosky e dall'intuizione di vitare buona parte degli ettari di proprietà con questo "incrocio naturale" tra cabernet e merlot, scoperto in una vigna abbandonata nel lontano 1985 nei Colli Euganei, e che in Toscana, in località Carnasciale, ha trovato la sua terra elettiva.

Località Podere Il Carnasciale - 52020 Mercatale Valdarno (AR)
T. 055 9911142 | M. contact@caberlot.eu
www.caberlot.eu

Viticoltura: Biologica certificata
Ettari: 6 | **Bottiglie:** 25.000 | **Produzione olearia:** Sì
Proprietà: Famiglia Rogosky
Cond. enologica: Marco Maffei
Cond. agronomica: Remigio Bordini
Vendita diretta: No | **Visite in azienda:** Sì

(92)

IL CABERLOT 2020
Rosso Igt - Caberlot 100%
Alc. 13,5% | € 360 (1,5l) | Bt. 5.000 | Ferm. Legno e Acciaio
Mat. Legno 22 mesi
Manto carminio fitto e vivace. Impronta olfattiva di frutta matura: ciliegia, susina e arancia. Seguono note di peperone verde, iris, timo, pepe verde, aghi di pino e refoli di eucalipto. Succosa freschezza di frutti rossi, un tannino progressivo e l'alcol donano corpo a un finale delicatamente speziato e di cassis. Stracotto d'asino.

IL CARNASCIALE 2021
Rosso Igt - Caberlot 100%
Alc. 13,5% | € 75 | Bt. 10.000 | Ferm. Acciaio | Mat. Legno 18 mesi
Melanzane e peperoni ripieni.

VALDARNO DI SOPRA OTTANTADUE 2021
Rosso Doc - Sangiovese 100%
Alc. 13,5% | € 30 | Bt. 5.000 | Ferm. Acciaio | Mat. Acciaio 16 mesi
Coniglio in porchetta.

IL CABERLOT
2016 | 2017 | 2019

IL CARNASCIALE
2020

Il Colombaio di Santa Chiara
(2000)

Studiosi da sempre dell'essenza della vernaccia di San Gimignano, e tra i principali interpreti dell'espressione del vitigno nel suo territorio storico, i fratelli Logi non disdegnano le sfide, vinificando anche in rosso, con la produzione del Chianti Colli Senesi, ma siamo ancora nel solco della tradizione, e con il Cabernet Franc in purezza Bacicolo che, dopo appena dodici mesi dall'esordio nella Guida del 2023, giunge quest'anno a un soffio dall'eccellenza, sopravanzando di poco anche le Vernaccia, resesi comunque protagoniste di una performance adeguata al loro blasone.

Località San Donato, 1 - 53037 San Gimignano (SI)
T. 0577 942004 | M. info@colombaiosantachiara.it
www.colombaiosantachiara.it

Viticoltura: Biologica certificata
Ettari: 22 | **Bottiglie:** 110.000 | **Produzione olearia:** Sì
Proprietà: Famiglia Logi
Cond. enologica: Nicola Berti, Alessio Logi
Cond. agronomica: Filippo Logi
Vendita diretta: Sì | **Visite in azienda:** Sì

BACICOLO 2020
Rosso Igt - Cabernet franc 100%
Alc. 14% | € 85 | Bt. 2.000 | Ferm. Cemento | Mat. Legno 12 mesi
Un sipario rubino che s'allarga su un corredo olfattivo di mirtillo, amarena, prugna e viola pansé, con incursioni di cannella e chiodi di garofano, resina e tabacco. Sorso caldo e volumico, energizzato da tannini muscolosi e fremiti di freschezza. Chiusura spettacolare su toni floreali e balsamici. Stinco di maiale al forno in pancetta affumicata.

VERNACCIA DI SAN GIMIGNANO L'ALBERETA RISERVA 2020
Bianco Docg - Vernaccia di San Gimignano 100%
Alc. 14,5% | € 34 | Bt. 8.000 | Ferm. Legno e Cemento | Mat. Legno 12 mesi e Cemento 6 mesi
Pollo alle mandorle e curcuma.

SAN GIMIGNANO ROSSO COLOMBAIO RISERVA 2019
Rosso Doc - Sangiovese 100%
Alc. 14,5% | € 31 | Bt. 4.000 | Ferm. Acciaio e Cemento | Mat. Legno 24 mesi
Bocconcini di cervo al cavolo nero.

VERNACCIA DI SAN GIMIGNANO CAMPO DELLA PIEVE 2021
Bianco Docg - Vernaccia di San Gimignano 100%
Alc. 13,5% | € 27 | Bt. 8.000 | Ferm. Acciaio e Cemento
Mat. Cemento 18 mesi
Risotto alla zucca.

VERNACCIA DI SAN GIMIGNANO SELVABIANCA 2022
Bianco Docg - Vernaccia di San Gimignano 100%
Alc. 13% | € 18 | Bt. 55.000 | Ferm. Acciaio e Cemento | Mat. Acciaio 12 mesi e Cemento 12 mesi
Risotto alla granseola.

CHIANTI COLLI SENESI IL PRIORE RISERVA 2019
Rosso Docg - Sangiovese 80%, Canaiolo 20%
Alc. 14% | € 27 | Bt. 8.000 | Ferm. Cemento | Mat. Legno 24 mesi
Salame di cinta senese.

VERNACCIA DI SAN GIMIGNANO CAMPO DELLA PIEVE
2019 | 2020

VERNACCIA DI SAN GIMIGNANO L'ALBERETA RISERVA
2016 | 2017

Il Falcone
(1911)

Si dice che Il Falcone sia l'azienda agricola più datata del comprensorio di Suvereto, e che appartenga alla stessa famiglia, i Petri, da oltre 110 anni. Questo la dice lunga, e anche tutta, sulla tempra operativa della proprietà, perché non può essere considerato facile attraversare tutto questo tempo in questo areale, che oggi è alla ribalta, ma non è sempre stato così. Comunque i vini meritano davvero una ribalta, e quest'anno quelli presentati, solo rossi, hanno impressionato molto, soprattutto il Boccalupo, interessante blend tra Tirreno e Oceano.

Località Falcone, 186/187 - 57028 Suvereto (LI)
T. 0565 829331 - 0565 829294 | M. info@ilfalcone.net
www.ilfalcone.net

Viticoltura: Convenzionale
Ettari: 10 | **Bottiglie:** 50.000 | **Produzione olearia:** No
Proprietà: Rosa e Paola Petri
Cond. enologica: Andrea Masini
Cond. agronomica: Vittorio Falciani, Andrea Masini
Vendita diretta: Sì | **Visite in azienda:** Sì

SUVERETO BOCCALUPO 2019
Rosso Docg - Sangiovese 40%, Cabernet sauvignon 30%, Merlot 20%, altre varietà 10%
Alc. 14% | € 24 | Bt. 10.000 | Ferm. Acciaio | Mat. Legno 20 mesi
Un deciso carminio. Ventaglio olfattivo di cassis, pepe nero, rododendro, tabacco Latakia e aghi di pino. Sviluppo gustativo espansivo per tannino levigato che attiva una spinta sapida. Sorso suggellato da rabarbaro. Pluma di maialino Bellota con cipolle caramellate.

FALCOROSSO 2021
Rosso Igt - Sangiovese 100%
Alc. 13,5% | € 15 | Bt. 20.000 | Ferm. Acciaio | Mat. Legno 15 mesi
Fettuccine ai finferli.

VALLIN DEI GHIRI 2019
Rosso Igt - Syrah 100%
Alc. 13% | € 32 | Bt. 8.000 | Ferm. Legno e Acciaio | Mat. Legno 20 mesi
Stinco d'agnello al forno.

SUVERETO BOCCALUPO
2013 | 2014 | 2015

VALLIN DEI GHIRI
2012

Il Marroneto
(1974)

La famiglia Mori ha una lunga tradizione ilcinese e tramanda con maestria le tecniche di vigna e cantina di generazione in generazione. I loro vini, sottoposti a fermentazione in legno e lunga maturazione in botte grande (circa 20 mesi per il Rosso e 40 per il Brunello), continuano a conquistare il cuore degli appassionati. La terza generazione, rappresentata da Iacopo, affianca ora il padre Alessandro nella produzione. Il suo Rosso di Montalcino Selezione Iacopo, alla seconda uscita, esprime già una notevole crescita, testimoniando l'impegno costante dell'azienda nella sfida del Rosso.

Località Madonna delle Grazie, 307 - 53024 Montalcino (SI)
T. 0577 849382 | M. info@ilmarroneto.it
www.ilmarroneto.com

Viticoltura: Convenzionale
Ettari: 6,5 | **Bottiglie:** 39.406 | **Produzione olearia:** No
Proprietà: Alessandro Mori
Cond. enologica: Paolo Vagaggini
Cond. agronomica: Alessandro Spatafora
Vendita diretta: No | **Visite in azienda:** No

91,5

BRUNELLO DI MONTALCINO MADONNA DELLE GRAZIE 2018
Rosso Docg - Sangiovese 100%
Alc. 14,5% | € 350 | Bt. 8.542 | Ferm. Legno | Mat. Legno 41 mesi
Tinta carminio orlata di granato. Finissimi profumi di amarena in gelatina, prugna, viola appassita e fresia, pepe nero macis e tabacco. Invitante al sorso, tannino finemente amalgamato, con rintocco fresco e succoso a centro bocca, saporito e speziato, con echi di ribes rosso e balsamicità. Filetto alla Wellington.

BRUNELLO DI MONTALCINO 2018
Rosso Docg - Sangiovese 100%
Alc. 14% | € 80 | Bt. 21.475 | Ferm. Acciaio | Mat. Legno 41 mesi
Camoscio in umido.

ROSSO DI MONTALCINO SELEZIONE IACOPO 2020
Rosso Doc - Sangiovese 100%
Alc. 14% | € 80 | Bt. 3.333 | Ferm. Legno | Mat. Legno 22 mesi
Pappardelle al ragù di cinghiale.

ROSSO DI MONTALCINO IGNACCIO 2020
Rosso Doc - Sangiovese 100%
Alc. 14% | € 40 | Bt. 6.000 | Ferm. Legno | Mat. Legno 21 mesi
Oca arrosto.

BRUNELLO DI MONTALCINO MADONNA DELLE GRAZIE
2015 | 2016 | 2017

BRUNELLO DI MONTALCINO
2016 | 2017

Il Palagione
(1996)

Lo studio dei terreni attivati in questi ultimi anni ha isolato una serie di diversi micro terroir a cui sono stati abbinati i vitigni presenti in azienda. I vigneti hanno assunto un'identità che si riflette a pieno nelle diverse selezioni della Vernaccia, con gli Ori che svetta, anche se il confronto organolettico tra le tre Vernaccia proposte è sempre stimolante. Un plauso merita il Chianti Colli Senesi Riserva per la classica linearità della sua personalità; è però l'Antajr a fregiarsi del gradino più alto del podio.

Località Palagione - Castel San Gimignano - 53037 San Gimignano (SI)
T. 0577 953134 | M. info@ilpalagione.com
www.ilpalagione.com

Viticoltura: Biologica certificata
Ettari: 20 | **Bottiglie:** 80.000 | **Produzione olearia:** Sì
Proprietà: Monica Rota e Giorgio Comotti
Cond. enologica: Gregorio Comotti, Valentino Ciarla
Cond. agronomica: Gregorio Comotti, Gabrio Comotti, Giacomo Sensi
Vendita diretta: Sì | **Visite in azienda:** Sì

(92)
ANTAJR 2018
Rosso Igt - Sangiovese 70%, Cabernet sauvignon 15%, Merlot 15%
Alc. 14% | € 23 | Bt. 4.000 | Ferm. Legno e Acciaio e Cemento
Mat. Legno 24 mesi
Carminio con riflessi granato. Attraenti fragranze di gelée d'amarena, arancia Sanguinella, rosa rossa, glicine, seguono cenni balsamici, timo, ginepro, noce moscata, caffè. Una briosa acidità stratifica flavor fruttati in armoniosa amalgama con alcol e misurato tannino. Delizie di mora in coda. Ravioli di germano con foie gras.

VERNACCIA DI SAN GIMIGNANO ORI RISERVA 2021
Bianco Docg - Vernaccia di San Gimignano 100%
Alc. 13,5% | € 17 | Bt. 5.300 | Ferm. Legno e Acciaio e Cemento
Mat. Acciaio 12 mesi e Legno 12 mesi e Cemento 12 mesi
Rombo al forno con patate e carciofi.

CHIANTI COLLI SENESI RISERVA DRACO 2019
Rosso Docg - Sangiovese 100%
Alc. 14% | € 17 | Bt. 6.700 | Ferm. Acciaio e Cemento | Mat. Legno 24 mesi
Prosciutto di Norcia.

VERNACCIA DI SAN GIMIGNANO LYRA 2020
Bianco Docg - Vernaccia di San Gimignano 100%
Alc. 13,5% | € 16 | Bt. 4.000 | Ferm. Legno e Acciaio e Cemento
Mat. Acciaio 12 mesi e Legno 12 mesi e Cemento 12 mesi
Risotto agli scampi.

VERNACCIA DI SAN GIMIGNANO HYDRA 2022
Bianco Docg - Vernaccia di San Gimignano 100%
Alc. 13% | € 12 | Bt. 25.000 | Ferm. Acciaio e Cemento | Mat. Acciaio 4 mesi e Cemento 4 mesi
Ravioli di ricotta e spinaci.

VERNACCIA DI SAN GIMIGNANO ORI RISERVA
2020

VERNACCIA DI SAN GIMIGNANO LYRA
2017

Isole e Olena
(1956)

Non si pensi che sia un'eccellenza di chiantigianità che se ne va, semmai un apporto di energia che stimolerà e rinvigorirà il meglio che già esiste. Il Gruppo Epi, nuovo proprietario, ha le idee chiare: proseguire nel solco tracciato da Paolo de Marchi, avvalersi del profondo know-how aziendale e continuare in quel perfezionamento che ha animato l'azienda dal 1978. Ogni volta che c'è Cepparello c'è vita, quest'anno il 2020 sbriciola ogni convenzione, eleva il sangiovese nell'eccelso per luccicare come una stella, ma stupisce di più il Gran Selezione 2016, una lirica assoluta.

Località Isole, 1 - 50028 Barberino Tavarnelle (FI)
T. 055 8072763 | M. office@isoleolena.it

Viticoltura: Lotta integrata
Ettari: 52 | **Bottiglie:** 230.000 | **Produzione olearia:** Sì
Proprietà: Gruppo Epi
Cond. enologica: Paolo De Marchi
Cond. agronomica: Paolo De Marchi
Vendita diretta: Sì | **Visite in azienda:** Sì

(95)
CHIANTI CLASSICO GRAN SELEZIONE 2016
Rosso Docg - Sangiovese 90%, altre varietà 10%
Alc. 15% | € 290 | Bt. 3.400 | Ferm. Legno | Mat. Legno 20 mesi
Carminio vivace. Sentori variegati: mirtillo, marasca, petali di viola, un tocco speziato di cardamomo e una malia balsamica sono accarezzati da dolci richiami empireumatici. La freschezza, che si orchestra magistralmente con il nobile tannino, seduce il palato su una scia di arancia Tarocco. Fiorentina alla brace.

(93,5)
CEPPARELLO 2020
Rosso Igt - Sangiovese 100%
Alc. 15% | € 115 | Bt. 57.000 | Ferm. Legno e Acciaio | Mat. Legno 20 mesi
Rubino scuro. Ciliegia matura, ribes e rosa appassita profilano un'ampiezza ricca di cannella, liquirizia, nota di terra rossa e scorza di arancia. Freschezza in sinergia con il grip tannico, che regala lunghezza al sorso e richiama liquirizia e succosa arancia Sanguinella. Bocconcini di cinghiale con salsa di prugne.

(93)
CABERNET SAUVIGNON COLLEZIONE PRIVATA 2019
Rosso Igt - Cabernet sauvignon 85%, Cabernet franc 10%, Petit verdot 3%, Merlot 2%
Alc. 15% | € 115 | Bt. 3.900 | Ferm. Legno e Acciaio | Mat. Legno 24 mesi
Carminio intenso. Apre con prugna in confettura, mora di gelso e crema di cassis; effluvi di resina di pino e d'eucalipto, ricordi di tabacco e di cioccolato fondente completano raffinatamente il profilo. L'energica freschezza sostiene il tannino vigoroso congedandosi con un lungo finale fruttato. Filetto di capriolo ai mirtilli.

SYRAH COLLEZIONE PRIVATA 2020
Rosso Igt - Syrah 100%
Alc. 14,5% | € 80 | Bt. 7.000 | Ferm. Acciaio | Mat. Legno 12 mesi
Costolette d'agnello alle erbe.

VIN SANTO DEL CHIANTI CLASSICO 2010
Bianco Doc Passito - Malvasia bianca 50%, Trebbiano 50%
Alc. 13,5% | € 60 (0,375l) | Bt. 8.000 | Ferm. Legno | Mat. Legno 132 mesi
Roquefort.

CEPPARELLO
2015 | 2016 | 2018

SYRAH COLLEZIONE PRIVATA
2017

Istine
(1982)

Istine è Chianti Classico di Radda in Chianti autentico ed elegante. La storia inizia col recupero dei terreni di famiglia, tra Radda e Gaiole, da parte di Angela Fronti, enologa. La produzione è oggi interamente biologica, mantenendo uno stile tradizionale in cantina, in particolare per il vino principale. Ma non solo Chianti Classico, di cui vengono prodotte diverse etichette che raccontano per filo e per segno il territorio di Radda. Ottime impressioni anche per il Merlot, il Rosato e il Bianco macerato, vini che sostanziano la poliedricità e la capacità di osare di Angela Fronti.

Località Istine, 28 - 53017 Radda in Chianti (SI)
T. 0577 733684 | M. info@istine.it
www.istine.it

Viticoltura: Biologica certificata
Ettari: 25 | **Bottiglie:** 95.000 | **Produzione olearia:** Sì
Proprietà: Famiglia Fronti
Cond. enologica: Angela Fronti, Fabio Fronti
Cond. agronomica: Angela Fronti
Vendita diretta: Sì | **Visite in azienda:** Sì

CHIANTI CLASSICO LEVIGNE RISERVA 2020
Rosso Docg - Sangiovese 100%
Alc. 14% | € 45 | Bt. 5.500 | Ferm. Acciaio | Mat. Legno 24 mesi e Cemento 6 mesi
Carminio con riflessi rubino. Sprigiona profumi di durone di Vignola, arancia rossa, viola, prugna, rosmarino, pepe rosa e cannella. Ingresso gustativo fresco con deciso affioramento del tannino al medio bocca, che ben si amalgama in seguito con l'alcol. Setale al sapore di melagrana. Filetto di vitello alla Rossini.

CHIANTI CLASSICO VIGNA ISTINE 2021
Rosso Docg - Sangiovese 99%, Malvasia nera 1%
Alc. 13% | € 18 | Bt. 60.000 | Ferm. Acciaio | Mat. Legno 12 mesi e Cemento 6 mesi
Ravioli al sugo di chianina e tartufo nero.

550 MERLOT 2020
Rosso Igt - Merlot 100%
Alc. 14% | € 30 | Bt. 2.700 | Mat. Legno 12 mesi
Bra d'alpeggio.

ROSATO D'ISTINE 2022
Rosato Igt - Sangiovese 100%
Alc. 12,5% | € 14 | Bt. 11.000 | Ferm. Acciaio | Mat. Acciaio 6 mesi
Puntarelle croccanti con colatura di alici, arance e melagrana.

BIANCO D'ISTINE 2022
Bianco Igt - Malvasia 50%, Trebbiano 50%
Alc. 12,5% | € 16 | Bt. 4.000 | Ferm. Terracotta | Mat. Terracotta 7 mesi
Sauté di cozze.

CHIANTI CLASSICO LEVIGNE RISERVA
2017

CHIANTI CLASSICO VIGNA ISTINE
2019 | 2020

Iviti
(2014)

All'inizio Iviti fu un podere, nella purezza agricola di quella concezione che negli anni Cinquanta animava la campagna di Cortona. E poi fu vino, questo però dal 2013, in una progressione di accumulante esperienza che s'intravede anche nell'annata 2018 del Cabernet Sauvignon, la cui interpretazione enologica evidenzia un connubio terroir-vitigno organoletticamente molto interessante. C'è un senso di energica evoluzione in quest'azienda, che nel 2024 celebra il decennale enoico e che lascia intravedere una crescente volontà di svettare a breve nell'eccellenza.

Centro Abitato Centoia, 68 - 52044 Cortona (AR)
T. 392 2927548 | M. info@ivitiwinery.com
www.ivitiwinery.com

Viticoltura: In conversione al biologico
Ettari: 2 | **Bottiglie:** 8.800 | **Produzione olearia:** Sì
Proprietà: Luca Viti
Cond. enologica: Stefano Chioccioli
Cond. agronomica: Stefano Chioccioli, Luca Viti
Vendita diretta: Sì | **Visite in azienda:** Sì

CORTONA CABERNET SAUVIGNON 2018
Rosso Doc - Cabernet sauvignon 85%, Cabernet franc 15%
Alc. 15% | € 25 | Bt. 5.000 | Ferm. Acciaio | Mat. Legno 12 mesi
Intensa la cromia rubino. Ha immediatezza fruttata di cassis e macchia mediterranea in mix con cannella e pot-pourri floreale. L'avvio è fresco con un caldo impeto che rende docile il tannino e chiude con invitante liquirizia. Maiale in agrodolce.

I VITI BIANCO 2022
Bianco Igt - Trebbiano 70%, Grechetto 20%, Malvasia 10%
Alc. 12,5% | € 15 | Bt. 600 | Ferm. Acciaio | Mat. Acciaio 7 mesi
Zuppa di cipolle gratinate.

CORTONA SYRAH S.90 2022
Rosso Doc - Syrah 100%
Alc. 12,5% | € 18 | Bt. 3.000 | Ferm. Acciaio | Mat. Acciaio 7 mesi
Roast beef.

CORTONA CABERNET SAUVIGNON
2017

CABERNET FRANC IUGERO
2018

La Badiola
(1986)

La Villa, che vide le riprese del film "L'innocente" di Luchino Visconti, s'immerge in un paesaggio collinare, una specie di balcone sulla piana di Lucca. L'azienda è molto attenta alla sostenibilità e alcuni suoi vini, come il rosato 25.11, sono in versione vegana. I vini hanno carattere signorile, essenziali e nel segno della tradizione del territorio, con un'interessante incursione nel Metodo Classico che anno dopo anno s'affina in classe e pregio. Straordinario è l'olio extravergine di oliva, una produzione che rinverdisce l'agricoltura del tempo che fu.

Via del Parco, 868 - Località San Pancrazio - 55100 Lucca (LU)
T. 328 1510088 | M. info@labadiola.it
www.labadiola.it

Viticoltura: Biodinamica e lotta integrata
Ettari: 12 | **Bottiglie:** 45.000 | **Produzione olearia:** Sì
Proprietà: Famiglia Butori
Cond. enologica: Stefano Chioccioli
Cond. agronomica: Stefano Chioccioli
Vendita diretta: Sì | **Visite in azienda:** Sì

VENTIQUATTRONODI BRUT 2018
Bianco Metodo Classico - Chardonnay 100%
Alc. 12% | € 37 | Bt. 3.200 | Ferm. Acciaio | Mat. Acciaio 9 mesi
36 mesi sui lieviti
Folgore dorato dall'effervescenza cristallina. Sono sfiziosi gli effluvi di gelsomino mixati con pompelmo rosa, glicine, coriandolo e nocciolina tostata. Freschezza succosa, accompagnata da aggraziante sapidità in un richiamo di pompelmo che rifinisce una stuzzicante beva. Filetto di dentice in crosta di patate.

ROSSO FLORA 2021
Rosso Igt - Merlot 50%, Cabernet sauvignon 35%, Cabernet franc 15%
Alc. 14,5% | € 20 (1,5l) | Bt. 4.500 | Ferm. Acciaio | Mat. Acciaio 6 mesi e Legno 12 mesi
Piccione al forno con cipollotti.

25.11 2022
Rosato Igt - Merlot 100%
Alc. 13% | € 15 | Bt. 2.500 | Ferm. Acciaio | Mat. Acciaio 6 mesi
Pizza capricciosa.

VENTIQUATTRONODI BRUT
2014

COLLINE LUCCHESI ROSSO SERAFINO
2012 | 2013

La Braccesca
(1990)

Alla Braccesca gli Antinori coniugano due anime viticolturali, quella medagliata dalla storicità aulica del Vino Nobile, e quella in esuberante crescita di Cortona, e del vitigno syrah. Chi meglio di loro poteva duettare con queste diverse personalità enologiche? Gli Antinori non solo ci sono riusciti, e su questo dubbi non ce n'erano, semmai è apprezzabile la scelta di percorrere la modalità di far vino con una sintonia produttiva che pondera la progressione qualitativa pensando alla continuità, e non a esplosioni occasionali, riflettendo su ciò che il Syrah potrà rappresentare per Cortona.

Via Stella di Valiano, 10 - 53045 Montepulciano (SI)
T. 0578 724252 | M. labraccesca@antinori.it
www.labraccesca.it

Viticoltura: Convenzionale
Ettari: 340 | **Bottiglie:** 436.200 | **Produzione olearia:** No
Proprietà: Famiglia Antinori
Cond. enologica: Fabrizio Balzi
Cond. agronomica: Samuele Collini
Vendita diretta: Sì | **Visite in azienda:** Sì

CORTONA SYRAH BRAMASOLE 2020
Rosso Doc - Syrah 100%
Alc. 14% | € 41 | Bt. 14.520 | Ferm. Acciaio | Mat. Legno 12 mesi
Granato compatto. Copioso nel fruttato di gelso e sciroppo di mirtilli, offre spunto di fresia contornata da cannella, chiodi di garofano e carruba. L'ardore dell'alcol e del pepe nero fluisce nella tempra tannica, che rilascia sobria freschezza dai riverberi di succo di ciliegia scura. Lombata di vitello su letto di cipolline saltate.

VINO NOBILE DI MONTEPULCIANO 2020
Rosso Docg - Sangiovese 90%, Merlot 10%
Alc. 14,5% | € 18 | Bt. 210.000 | Ferm. Acciaio | Mat. Legno 12 mesi
Coniglio in porchetta.

VINO NOBILE DI MONTEPULCIANO SANTA PIA RISERVA 2019
Rosso Docg - Sangiovese 100%
Alc. 14,5% | € 38 | Bt. 14.532 | Ferm. Acciaio | Mat. Legno 12 mesi
Pappardelle con sugo di capriolo.

VINO NOBILE DI MONTEPULCIANO MAGGIARINO 2018
Rosso Docg - Sangiovese 100%
Alc. 14,5% | € 62 | Bt. 6.000 | Ferm. Acciaio | Mat. Legno 12 mesi
Fagiano arrosto.

CORTONA ROSSO ACHELO 2021
Rosso Doc - Syrah 70%, Merlot 15%, Petit verdot 15%
Alc. 14,5% | € 14 | Bt. 120.000 | Ferm. Acciaio | Mat. Legno 6 mesi
Arrosto di tacchino lardellato.

ROSSO DI MONTEPULCIANO SABAZIO 2022
Rosso Doc - Sangiovese 85%, Merlot 15%
Alc. 13,5% | € 11 | Bt. 130.000 | Ferm. Acciaio | Mat. Acciaio 4 mesi
Soppressata di Calabria.

CORTONA SYRAH BRAMASOLE
2012 | 2013

VINO NOBILE DI MONTEPULCIANO SANTA PIA RISERVA
2016 | 2017

La Fiorita
(1992)

Sulle incantevoli colline di Montalcino, la newyorkese Natalie Oliveros persegue con passione e ambizione progetti enoici creando vini ad hoc destinati a esaltare il territorio senese. L'incremento di nuovi vigneti nel corso degli anni, la certificazione biologica nel 2019, nonché la recente costruzione della nuova cantina, confermano l'impegno e l'importanza attribuita al vino da parte dell'azienda. A firma e ideazione di Natalie, la selezione Brunello Fiore di NO (acronimo del nome della produttrice) e il rosato Ninfalia, fermentato e affinato in vasche di cemento a forma di uovo.

Località Podere Bellavista - 53024 Montalcino (SI)
T. 0577 835657 | M. info@lafiorita.com
www.lafiorita.com

Viticoltura: Biologica
Ettari: 10 | **Bottiglie:** 60.000 | **Produzione olearia:** Sì
Proprietà: Natalie Oliveros
Cond. enologica: Vincenzo Pirrone
Cond. agronomica: Staff aziendale
Vendita diretta: Sì | **Visite in azienda:** Sì

(93)

BRUNELLO DI MONTALCINO FIORE DI NO 2018
Rosso Docg - Sangiovese 100%
Alc. 15% | € 95 | Bt. 3.200 | Ferm. Cemento | Mat. Legno 36 mesi e Cemento 5 mesi
Lucente granato di pregiata stoffa. Si delineano fitti e inebrianti profumi di polpose ciliegie, ribes e mirtilli selvatici, rose e viole in pot-pourri, buccia di arancia disidratata, semi di cardamomo, tartufo. Dominano tannini poderosi, elisir di lunga vita. Fruttuosità agrumata e rotondità extra fondente. Filetto alla Wellington.

BRUNELLO DI MONTALCINO 2018
Rosso Docg - Sangiovese 100%
Alc. 15% | € 55 | Bt. 23.000 | Ferm. Cemento | Mat. Legno 36 mesi e Cemento 5 mesi
Pluma di maialino Bellota con cipolle caramellate.

NINFALIA 2022
Rosato Igt - Sangiovese 100%
Alc. 12,5% | € 45 (1,5l) | Bt. 1.100 | Ferm. Cemento | Mat. Cemento 5 mesi
Cappesante scottate allo zenzero.

La Fortuna
(1907)

Cantina storica dell'areale, tanto da annoverare un avo fra i soci fondatori del Consorzio del Brunello di Montalcino. Da oltre cent'anni è a conduzione familiare, di recente Angelo e Romina hanno ereditato la gestione è il know-how dal padre. Le contenute dimensioni hanno agevolato l'azienda a focalizzarsi sulla classicità qualitativa del sangiovese; lo testimonia quest'anno il Rosso di Montalcino: una riuscita espressione di purezza del varietale e interpretazione tannica in equilibrante amalgama climatico tra uve da vigna calda e da vigna fresca.

Località Podere La Fortuna, 83 - 53024 Montalcino (SI)
T. 0577 848308 | M. info@tenutalafortuna.it
www.tenutalafortuna.it

Viticoltura: Lotta integrata
Ettari: 18 | **Bottiglie:** 100.000 | **Produzione olearia:** Sì
Proprietà: Felicetta Anna Ricciardiello
Cond. enologica: Paolo Vagaggini, Angelo Zannoni
Cond. agronomica: Angelo Zannoni
Vendita diretta: Sì | **Visite in azienda:** Sì

(94)

BRUNELLO DI MONTALCINO 2018
Rosso Docg - Sangiovese 100%
Alc. 14,5% | € 45 | Bt. 33.333 | Ferm. Acciaio | Mat. Legno 40 mesi
Vivace cremisi con riflessi granato. Sinfonia di frutta, ciliegia, arancia Sanguinella, ribes e susina, pot-pourri di fiori rossi, eucalipto, cannella, caffè, resina di pino. Gusto raffinato in succosità e ritmata esplosione fruttata; lungo con suggestivi flavor di frutta rossa. Guanciale di vitello alle erbe aromatiche.

ROSSO DI MONTALCINO 2021
Rosso Doc - Sangiovese 100%
Alc. 13,5% | € 18 | Bt. 16.000 | Ferm. Acciaio | Mat. Legno 15 mesi
Tagliatelle al ragù.

La Fralluca
(2005)

A Barbiconi, sulle colline di Suvereto in Val di Cornia, le forti escursioni termiche sono la manifestazione tangibile dello spartiacque che qui si crea tra il clima della costa e quello dell'entroterra. Nell'ottica aziendale sono anche il motivo, o uno dei motivi, per insistere nel produrre vini da monovitigno, declinandoli secondo la miglior espressione possibile del naturale patrimonio varietale, valorizzandone l'identità e la capacità di raccontare un territorio così particolare come quello dell'Alta Maremma, fatto di grandi contrasti e di grande impegno da parte di chi lo lavora.

Località Barbiconi, 153 - 57028 Suvereto (LI)
T. 0565 829076 | M. info@lafralluca.com
www.lafralluca.com

Viticoltura: Biologica certificata
Ettari: 10 | **Bottiglie:** 40.000 | **Produzione olearia:** No
Proprietà: Famiglia Recine
Cond. enologica: Federico Curtaz, Luca Recine
Cond. agronomica: Federico Curtaz, Luca Recine
Vendita diretta: Sì | **Visite in azienda:** Sì

PITIS 2019
Rosso Igt - Syrah 100%
Alc. 14% | € 26 | Bt. 3.300 | Ferm. Acciaio | Mat. Legno 30 mesi
Rubino intenso. Apre al naso con susina rossa in confettura, amarene, viola e pomodori secchi, per proseguire su rilievi di pepe nero, cannella, ginepro e cioccolato. In bocca è quasi vellutato, con grip tannico gentile ma saporito e buona freschezza, fino al lungo finale balsamico ai frutti neri. Filetto di capriolo ai mirtilli.

CABERNET FRANC 2019
Rosso Igt - Cabernet franc 100%
Alc. 14% | € 36 | Bt. 3.500 | Ferm. Acciaio | Mat. Legno 28 mesi
Tagliata al pepe verde.

SUVERETO SANGIOVESE CIPARISSO 2019
Rosso Docg - Sangiovese 100%
Alc. 14% | € 26 | Bt. 4.300 | Ferm. Acciaio | Mat. Legno 28 mesi
Cosciotto d'agnello al forno con patate novelle.

FILÉMONE 2022
Bianco Igt - Vermentino 100%
Alc. 13% | € 15 | Bt. 7.000 | Ferm. Acciaio | Mat. Acciaio 7 mesi
Linguine al sugo di totani e piselli.

BAUCI 2021
Bianco Igt - Viognier 100%
Alc. 13,5% | € 17 | Bt. 3.000 | Ferm. Legno e Acciaio | Mat. Acciaio 9 mesi e Legno 9 mesi
Involtini di melanzana con scamorza.

ISYROSE 2022
Rosato Igt - Syrah 100%
Alc. 13,5% | € 16 | Bt. 1.900 | Ferm. Acciaio | Mat. Acciaio 6 mesi
Triglie in guazzetto.

CABERNET FRANC
2016

SYRAH PITIS
2015 | 2016 | 2018

La Gerla
(1974)

La continuità di un sogno: questo rappresenta La Gerla nel 2023. Sergio Rossi, il "pasionario" fondatore, non c'è più: ma sono i suoi eredi, oggi, che portano avanti con passione e dedizione la sua visione di "fare vino". Un'unione quasi mistica tra la ricchezza del terroir, un tesoro di diversità tra i vigneti aziendali di Canalicchio e quelli di Castelnuovo dell'Abate, e la sapienza degli uomini in cantina che lavorano da decenni ai grandi vini di questa primaria realtà ilcinese. Si segnalano quest'anno La Pieve e il Brunello 2018, apici di un trend qualitativo di assoluta rilevanza.

Podere Colombaio, 5 - Località Canalicchio - 53024 Montalcino (SI)
T. 0577 848599 | M. info@lagerla.it
www.lagerla.it

Viticoltura: Convenzionale
Ettari: 12 | **Bottiglie:** 95.000 | **Produzione olearia:** Sì
Proprietà: Eredi di Sergio Rossi
Cond. enologica: Vittorio Fiore
Cond. agronomica: Alberto Passeri
Vendita diretta: Sì | **Visite in azienda:** Sì

(91)
BRUNELLO DI MONTALCINO 2018
Rosso Docg - Sangiovese 100%
Alc. 14,5% | € 55 | Bt. 40.000 | Ferm. Acciaio | Mat. Acciaio 4 mesi e Legno 36 mesi
Rosso carminio dai riflessi granato. Schiude profumi di durone, arancia Sanguinella e mora che sfumano su ricordi di tabacco, caffè e cacao. L'ingresso gustativo è estroverso, di una succosa freschezza che rivela un tannino grintoso e ancora in stato evolutivo. Epilogo di frutta rossa. Filetto al vino rosso e scalogno.

BRUNELLO DI MONTALCINO LA PIEVE 2018
Rosso Docg - Sangiovese 100%
Alc. 14,5% | € 75 | Bt. 6.350 | Ferm. Acciaio | Mat. Acciaio 4 mesi e Legno 36 mesi
Petto di germano reale al balsamico.

ROSSO DI MONTALCINO 2021
Rosso Doc - Sangiovese 100%
Alc. 14% | € 22 | Bt. 25.000 | Ferm. Acciaio | Mat. Acciaio 3 mesi e Legno 8 mesi
Fusilli di kamut al ragù di faraona.

POGGIO GLI ANGELI 2021
Rosso Igt - Sangiovese 100%
Alc. 14% | € 13 | Bt. 20.000 | Ferm. Acciaio | Mat. Legno 5 mesi
Trippa in umido.

BIRBA 2020
Rosso Igt - Sangiovese 100%
Alc. 14% | € 26 | Bt. 6.000 | Ferm. Acciaio | Mat. Legno 10 mesi
Agnolotti al piccione con sugo d'arrosto.

BRUNELLO DI MONTALCINO GLI ANGELI RISERVA
2013 | 2015 | 2016

BRUNELLO DI MONTALCINO
2013

La Maestà
(1999)

Un'impresa totalmente familiare, che ha preso il via a fine anni Novanta nell'areale dei Colli di Luni, quando si decise di terminare la produzione del vino sfuso e di iniziare un'attività maggiormente qualitativa, volta a ricercare le caratteristiche e le migliori espressioni dei vitigni tipici di questa zona, in particolare del vermentino e del massaretta. Il tutto gestito in regime rigorosamente biologico, con grande attenzione alle temperature in vendemmia e in cantina, e alla lotta verso ceppi di lieviti sgraditi. Sicuramente interessanti il Roccabruna e il Colli di Luni Vermentino Superiore.

Via Vallacara,10 - Località Giucano - 54035 Fosdinovo (MS)
T. 0187 68217 | M. info@lamaesta.com
www.lamaesta.com

Viticoltura: Biologica certificata
Ettari: 5 | **Bottiglie:** 25.000 | **Produzione olearia:** Sì
Proprietà: Famiglia Tonelli - D'Imporzano
Cond. enologica: Davide Baccigalupi, Tomas Tonelli
Cond. agronomica: Ermes Tonelli, Fabio Tonelli
Vendita diretta: Sì | **Visite in azienda:** Sì

ROCCABRUNA 2021
Rosso Igt - Massaretta 70%, Merlot 20%, Canaiolo 5%, Malvasia nera 5%
Alc. 14% | € 18 | Bt. 7.000 | Ferm. Legno e Acciaio e Cemento
Mat. Legno 10 mesi
Rubino fitto con riflessi carminio. Libera profumi di confettura di mirtilli e mora, arancia rossa, pot-pourri di fiori scuri, resina di pino, sandalo, cannella e tabacco. Sorso ampio e caldo, i tannini si armonizzano con la freschezza rendendo il frutto quasi masticabile. Finale lungo e tostato. Filetto di manzo alla Voronoff.

COLLI DI LUNI VERMENTINO SUPERIORE FALCE DI LUNA CALANTE 2020
Bianco Doc - Vermentino 100%
Alc. 13,5% | € 28 | Bt. 1.500 | Ferm. Legno | Mat. Legno 18 mesi
Scampi alla griglia.

FUGASTRO ROSSO 2022
Rosso Igt - Vermentino nero 80%, Malvasia 20%
Alc. 14% | € 16 | Bt. 2.000 | Ferm. Acciaio e Cemento | Mat. Acciaio 2 mesi e Cemento 8 mesi
Risotto con le quaglie.

COLLI DI LUNI VERMENTINO FUGASTRO 2022
Bianco Doc - Vermentino 100%
Alc. 13% | € 18 | Bt. 6.000 | Ferm. Acciaio e Cemento | Mat. Acciaio 2 mesi e Cemento 8 mesi
Bruschetta al pomodoro.

CILIEGIÒ
2019

COLLI DI LUNI VERMENTINO FUGASTRO
2018

La Magia
(1974)

Sono trascorsi quasi cinquant'anni da quando la famiglia Schwarz mise radici in questo poggio che fa da proscenio all'Abbazia benedettina di Sant'Antimo. L'ambientazione vegetativa gode degli effetti rinfrescanti prodotti dalle escursioni termiche dell'Amiata, le vigne sono irradiate dal calore dell'esposizione sud-est. I vini hanno una personalità organolettica segnata dalla freschezza, concentrati nella sostanza, vera espressione di un terroir la cui conservazione è una mission, con un'icona enologica in piena crescita: il Ciliegio.

Podere La Magia, 53 - 53024 Montalcino (SI)
T. 0577 835667 | M. info@fattorialamagia.it
www.fattorialamagia.it

Viticoltura: Biologica certificata
Ettari: 17 | **Bottiglie:** 100.000 | **Produzione olearia:** Sì
Proprietà: Fabian Schwarz
Cond. enologica: Sofia Calliari, Fabian Schwarz
Cond. agronomica: Enrico Bigiarini
Vendita diretta: Sì | **Visite in azienda:** Sì

94

BRUNELLO DI MONTALCINO CILIEGIO 2018
Rosso Docg - Sangiovese 100%
Alc. 14,5% | € 160 | Bt. 1.566 | Ferm. Legno | Mat. Legno 36 mesi
Magnifico carminio, orlo granato. Avvio fruttato di amarena matura, poi viola appassita, agrume, dragoncello, chiodi di garofano e caffè a suggellarne la complessità. Il sorso è polposo di frutto maturo che si equilibra con una robusta trama tannica e sfumatura salina, e s'allunga con tratti balsamici. Manzo brasato con funghi.

BRUNELLO DI MONTALCINO 2018
Rosso Docg - Sangiovese 100%
Alc. 14,5% | € 55 | Bt. 34.000 | Ferm. Acciaio | Mat. Legno 36 mesi
Carré di vitello alle erbe aromatiche.

ROSSO DI MONTALCINO 2021
Rosso Doc - Sangiovese 100%
Alc. 15% | € 19 | Bt. 2.000 | Ferm. Acciaio | Mat. Acciaio 3 mesi e Legno 8 mesi
Brasato di manzo al vino rosso.

La Montanina
(2006)

L'enorivoluzione aziendale iniziata poco più di quindici anni fa, condotta da Oretta Leonini, si avverte in tutta la produzione aziendale, e nell'accuratezza con cui lavorano il vitigno sangiovese che si fa linfa vitale nella Riserva la Montanina, a un passo dal vertice. Considerando la totalità della produzione si può notare come si stia compattando verso l'alta qualità, con fine precisione stilistica nella struttura e purezza nella riconoscibilità del varietale e nella pulizia del gusto, segno distintivo che la nuova cantina sta funzionando a pieno regime.

Monti di Sotto, 25 - 53013 Gaiole in Chianti (SI)
T. 348 3888238 | M. info@aziendaagricolalamontanina.it
www.aziendaagricolalamontanina.it

Viticoltura: Biologica
Ettari: 12 | **Bottiglie:** 45.000 | **Produzione olearia:** Sì
Proprietà: Oretta Leonini
Cond. enologica: Maurizio Alongi
Cond. agronomica: Maurizio Alongi
Vendita diretta: Sì | **Visite in azienda:** Sì

CHIANTI CLASSICO RISERVA LA MONTANINA 2020
Rosso Docg - Sangiovese 100%
Alc. 13,5% | € 18 | Bt. 2.000 | Ferm. Acciaio | Mat. Legno 12 mesi
Rosso carminio. Amarena e viola creano profumata suadenza con mirto, mentuccia, coriandolo e chiodi di garofano. L'entrata tannica conserva un'equilibrante essenzialità strutturale per freschezza e alcol, forbendo un persistente finale balsamico e speziato. Scaloppa di vitello con asparagi trifolati.

CHIANTI CLASSICO 2021
Rosso Docg - Sangiovese 95%, Ciliegiolo 5%
Alc. 13,5% | € 15 | Bt. 10.000 | Ferm. Acciaio | Mat. Legno 12 mesi
Spaghetti alla carbonara.

NEBBIANO 2020
Rosso Igt - Sangiovese 100%
Alc. 13% | € 13 | Bt. 1.300 | Ferm. Acciaio | Mat. Cemento 18 mesi
Montasio stravecchio.

PIALLUNGO 2022
Rosso Igt - Ciliegiolo 100%
Alc. 12,5% | € 13 | Bt. 1.200 | Ferm. Acciaio | Mat. Cemento 6 mesi
Coq au vin alla borgognona.

NEBBIANO
2015 | 2016

CHIANTI CLASSICO
2016

La Parrina
(1830)

L'Antica Fattoria La Parrina nasce nel 1830, nell'entroterra di Orbetello, per volontà del Principe Corsini. L'attuale proprietaria, la Marchesa Franca Spinola, riuscì a ottenere la Doc già molti anni fa, una denominazione dedicata unicamente alla sua azienda, come avviene per i monopole francesi. L'atmosfera agreste della Toscana meridionale è intatta nella proprietà, e la si respira a pieni polmoni osservando i frutteti, gli oliveti, la grande dimora e, ovviamente, i vigneti. Un genius loci immacolato insomma, che si sostanzia in particolar modo nei vini, varietali e di pregevole fattura.

Località La Parrina - Frazione Albinia - 58015 Orbetello (GR)
T. 0564 862626 | M. info@parrina.it
www.parrina.it

Viticoltura: Biologica
Ettari: 57 | **Bottiglie:** 100.000 | **Produzione olearia:** Sì
Proprietà: Franca Spinola
Cond. enologica: Giuseppe Caviola
Cond. agronomica: Gian Piero Romana
Vendita diretta: Sì | **Visite in azienda:** Sì

PARRINA SANGIOVESE RISERVA 2020
Rosso Doc - Sangiovese 100%
Alc. 15% | € 15 | Bt. 3.000 | Ferm. Acciaio | Mat. Acciaio 8 mesi e Legno 24 mesi
Rubino vivido. Fragranze di ciliegia e mora degnano l'incipit, con viola e spezie dolci a rifinire la complessità olfattiva. Palato gradevolmente succoso, già equilibrato, dal fresco flavor di piccoli frutti rossi, con stuzzicante chiosa di vaniglia e susina rossa. Faraona arrosto con salsa di frutti di bosco.

ANSONICA COSTA DELL'ARGENTARIO 2022
Bianco Doc - Ansonica 100%
Alc. 13% | € 12 | Bt. 30.000 | Ferm. Acciaio | Mat. Acciaio 6 mesi
Linguine agli scampi.

PARRINA BIANCO VIALETTO 2022
Bianco Doc - Ansonica 30%, Trebbiano toscano 30%, Vermentino 20%, Chardonnay 10%, Sauvignon 10%
Alc. 13% | € 10 | Bt. 15.000 | Ferm. Acciaio | Mat. Acciaio 6 mesi
Insalata di pollo e verdure.

POGGIO DELLA FATA 2022
Bianco Igt - Sauvignon 60%, Vermentino 40%
Alc. 14% | € 13 | Bt. 3.000 | Ferm. Acciaio | Mat. Acciaio 6 mesi
Rombo al forno con patate e carciofi.

PARRINA VERMENTINO 2022
Bianco Dop - Vermentino 100%
Alc. 13% | € 12 | Bt. 15.000 | Ferm. Acciaio | Mat. Acciaio 6 mesi
Pizza capricciosa.

PARRINA MERLOT RADAIA
2016 | 2020

ANSONICA COSTA DELL'ARGENTARIO
2020 | 2021

La Poderina
(1985)

Nel pittoresco scenario tra l'Abbazia di Sant'Antimo e Montalcino sorgono le vigne di La Poderina, da cui esperte mani estraggono vini autentici che riflettono il territorio e la personalità unica di ogni annata. L'impegno per la sostenibilità ambientale è un elemento fondamentale della loro filosofia aziendale. Con un'attenzione costante alla natura circostante, l'azienda adotta pratiche eco-compatibili, promuovendo la biodiversità e la conservazione delle risorse naturali. Risulta molto convincente all'assaggio il Brunello 2018, autentico fuoriclasse che non teme la sfida col tempo.

Località Poderina - Castelnuovo dell'Abate - 53024 Montalcino (SI)
T. 0577 835737 | M. lapoderina@tenutedelcerro.it
www.lapoderina.it

Viticoltura: Convenzionale ed ecosostenibile
Ettari: 37 | **Bottiglie:** 100.000 | **Produzione olearia:** No
Proprietà: Tenute del Cerro Spa
Cond. enologica: Riccardo Cotarella, Emanuele Nardi
Cond. agronomica: Franco Fierli
Vendita diretta: Sì | **Visite in azienda:** Sì

94

BRUNELLO DI MONTALCINO 2018
Rosso Docg - Sangiovese 100%
Alc. 14,5% | € 40 | Bt. 69.500 | Ferm. Acciaio | Mat. Acciaio 20 mesi e Legno 24 mesi
Manto carminio ricamato dal tempo. Preziosi riconoscimenti di ciliegia sotto spirito, pot-pourri, coriandolo, humus e sigaro. Fresco e dinamico, dai tannini ancora esuberanti ma di nobile fattura, che accompagnano a una lunga persistenza ricca di erbe officinali e arancia Sanguinella. Capriolo in salmì con polenta di grano saraceno.

BRUNELLO DI MONTALCINO POGGIO ABATE RISERVA 2017
Rosso Docg - Sangiovese 100%
Alc. 14,5% | € 60 | Bt. 6.600 | Ferm. Acciaio | Mat. Acciaio 21 mesi e Legno 24 mesi
Pluma di maialino Bellota con cipolle caramellate.

LA PODERINA 2022
Rosso Igt - Sangiovese 80%, Petit verdot 20%
Alc. 14,5% | € 11 | Bt. 13.000 | Ferm. Acciaio | Mat. Acciaio 4 mesi
Ossobuco alla milanese.

BRUNELLO DI MONTALCINO
2010 | 2014

BRUNELLO DI MONTALCINO POGGIO ABATE RISERVA
2011 | 2012

La Querce
(1962)

La progressione impressa da Gino Marchi e il suo staff al perfezionamento di uno stile che faccia risaltare le peculiarità dei vini dei Colli Fiorentini, siano essi a denominazione o no, è ancora in piena evoluzione. I risultati conseguiti in questi ultimi anni ci hanno sempre favorevolmente impressionato, perché si avverte che nel backstage c'è come un tavolo di pensiero enologico che sviluppa strategie al passo con i tempi e con un occhio al passato. Il vino che porta il nome dell'azienda, La Querce, è stato cucito a puntino e c'è mancato un soffio per sfrecciare sulla dirittura dell'eccellenza.

Via Imprunetana per Tavarnuzze, 41 - 50023 Impruneta (FI)
T. 055 2011380 | M. info@laquerce.com
www.laquerce.com

Viticoltura: Biologica certificata
Ettari: 7,7 | **Bottiglie:** 25.000 | **Produzione olearia:** Sì
Proprietà: Massimo Marchi
Cond. enologica: Valentino Ciarla
Cond. agronomica: Gianluca Grassi
Vendita diretta: Sì | **Visite in azienda:** Sì

LA QUERCE 2019
Rosso Igt - Sangiovese 95%, Colorino 5%
Alc. 14,5% | € 25 | Bt. 3.200 | Ferm. Acciaio | Mat. Legno 24 mesi
Tinta carminio luccicante. Offre un racconto di aromi di viola e giaggiolo, arricchiti da lampone e fragola, completati con cannella e cardamomo. Attacco di freschezza fruttata, di amarena, il tannino, stemperatosi nell'alcol, edifica un'equilibrata estensione al sapore di dolci spezie. Filetto al pepe verde.

M 2018
Rosso Igt - Merlot 100%
Alc. 15% | € 50 | Bt. 1.350 | Ferm. Acciaio | Mat. Legno 30 mesi
Agnolotti al sugo di carne.

CHIANTI COLLI FIORENTINI LA TORRETTA RISERVA 2020
Rosso Docg - Sangiovese 90%, Canaiolo e Merlot 10%
Alc. 14,5% | € 18 | Bt. 9.600 | Ferm. Acciaio | Mat. Legno 18 mesi
Salame d'oca di Mortara.

DAMA ROSA 2020
Rosso Igt Passito - Canaiolo 100%
Alc. 18% | € 25 (0,5l) | Bt. 650 | Ferm. Acciaio | Mat. Legno 12 mesi
Tortino di marroni tiepido.

ROSA DI MAGGIO 2022
Rosato Igt - Sangiovese 100%
Alc. 13% | € 10 | Bt. 1.300 | Ferm. Acciaio | Mat. Acciaio 6 mesi
Cocktail di gamberetti.

LA QUERCE
2018

TERRA DI VINO
2018

Lamole di Lamole
(1974)

Lamole custodisce alcuni tesori chiantigiani, come i muretti a secco che fiorettano il sangiovese di calore e lo aiutano nella fotosintesi, custodiscono anche un savoir faire per questo vitigno che trova in questi vigneti un rinfrescato habitat, vista l'altitudine quasi estrema. I Chianti Classico di Lamole hanno quasi un'unicità, perché combinano la maturità fruttata con un tocco odoroso che i francesi chiamano "vin de foret". Anche in quest'edizione fanno bella mostra di sé, a conforto di una strategia enologica di assoluto valore.

Località Lamole - 50022 Greve in Chianti (FI)
T. 055 8547014 | M. info@lamole.com
www.lamole.com

Viticoltura: Biologica
Ettari: 37 | **Bottiglie:** 235.000 | **Produzione olearia:** Sì
Proprietà: Gruppo Santa Margherita
Cond. enologica: Andrea Daldin
Cond. agronomica: Andrea Daldin
Vendita diretta: Sì | **Visite in azienda:** Sì

CHIANTI CLASSICO GRAN SELEZIONE VIGNETO DI CAMPOLUNGO 2019
Rosso Docg - Sangiovese 100%
Alc. 14,5% | € 42 | Bt. 17.000 | Ferm. Acciaio | Mat. Acciaio 6 mesi e Legno 30 mesi
Scrigno di prezioso rubino. Fitto intreccio olfattivo di ribes rosso, uva spina, giacinto e garofano, attira a sé uno speziato di nocciola tostata in sfuocato pino. C'è pienezza di gusto per il tandem tannino-freschezza, che gioca in sapidità creando un succoso aroma di mora e susina rossa. Nodini di cinta senese lardellati al forno.

CHIANTI CLASSICO LAREALE RISERVA 2020
Rosso Docg - Sangiovese 100%
Alc. 14% | € 33 | Bt. 42.000 | Ferm. Acciaio | Mat. Acciaio 6 mesi e Legno 24 mesi
Tagliata al pepe verde.

CHIANTI CLASSICO GRAN SELEZIONE VIGNA GROSPOLI 2020
Rosso Docg - Sangiovese 100%
Alc. 14,5% | € 60 | Bt. 9.000 | Ferm. Acciaio | Mat. Legno 18 mesi
Fondue bourguignonne.

LAM'ORO 2019
Rosso Igt - Sangiovese 60%, Cabernet sauvignon 20%, Merlot 20%
Alc. 14% | € 74 | Bt. 2.500 | Ferm. Acciaio | Mat. Acciaio 6 mesi e Legno 24 mesi
Tagliatelle al ragù.

CHIANTI CLASSICO DUELAME 2021
Rosso Docg - Sangiovese 100%
Alc. 14% | € 18 | Bt. 70.000 | Ferm. Acciaio | Mat. Acciaio 18 mesi e Legno 18 mesi
Pappardelle con funghi porcini.

CHIANTI CLASSICO MAGGIOLO 2021
Rosso Docg - Sangiovese 90%, Merlot 6%, Cabernet sauvignon 4%
Alc. 14% | € 20 | Bt. 95.000 | Ferm. Acciaio | Mat. Acciaio 18 mesi e Legno 15 mesi
Prosciutto di Norcia.

CHIANTI CLASSICO GRAN SELEZIONE VIGNA GROSPOLI
2018 | 2019

CHIANTI CLASSICO GRAN SELEZIONE VIGNETO DI CAMPOLUNGO
2017 | 2018

Le Bèrne
(1960)

La storia della famiglia Natalini è un classico esempio di transizione generazionale dall'agricoltura poderale alla vitivinicoltura, iniziata a Podere Le Bèrne nei primi anni Sessanta e proseguita con quattro generazioni al lavoro per un tradizionale e autentico Vino Nobile. E non si può certo dire che l'obiettivo non sia stato raggiunto, visti gli ottimi livelli ottenuti negli anni con i Nobili d'annata e le Riserve. Il 2019 è la prima annata di produzione del Nobile di Montepulciano Cervognano Alto; e questa new entry, dal vigneto cru di Cervognano, al suo primo anno ottiene subito l'eccellenza.

Via Poggio Golo, 7 - Località Cervognano - 53045 Montepulciano (SI)
T. 0578 767328 | M. leberne@libero.it
www.leberne.it

Viticoltura: Lotta integrata
Ettari: 12 | **Bottiglie:** 55.000 | **Produzione olearia:** Sì
Proprietà: Andrea Natalini
Cond. enologica: Paolo Vagaggini
Cond. agronomica: Andrea Natalini
Vendita diretta: Sì | **Visite in azienda:** Sì

92
VINO NOBILE DI MONTEPULCIANO CERVOGNANO ALTO 2019
Rosso Docg - Sangiovese 100%
Alc. 14,5% | € 60 | Bt. 1.995 | Ferm. Acciaio | Mat. Legno 24 mesi
Carminio con ornamenti granato. Corredo olfattivo di durone maturo, gelée di lampone, viola mammola e scorza d'arancia, con folate di zenzero, dragoncello, cardamomo e aghi di pino. Gusto di grande personalità, con tannini fruttati e saporiti e finale balsamico e persistente di ciliegia. Filetto di scottona in sfoglia.

VINO NOBILE DI MONTEPULCIANO RISERVA 2019
Rosso Docg - Sangiovese 97%, Colorino 3%
Alc. 15% | € 35 | Bt. 5.000 | Ferm. Acciaio | Mat. Legno 30 mesi
Arrosto di tacchino lardellato.

VINO NOBILE DI MONTEPULCIANO 2020
Rosso Docg - Sangiovese 100%
Alc. 14% | € 22 | Bt. 25.000 | Ferm. Acciaio | Mat. Legno 24 mesi
Ravioli al sugo di chianina e tartufo nero.

VIN SANTO DI MONTEPULCIANO OCCHIO DI PERNICE ADA 2009
Bianco Doc - Sangiovese 80%, Colorino 10%, Mammolo 10%
Alc. 12,5% | € 80 | Bt. 371 | Ferm. Legno | Mat. Legno 96 mesi
Cantucci di Prato.

ROSSO DI MONTEPULCIANO 2022
Rosso Doc - Sangiovese 100%
Alc. 13,5% | € 11 | Bt. 20.000 | Ferm. Acciaio | Mat. Acciaio 6 mesi e Legno 6 mesi
Prosciutto di Parma 36 mesi.

VINO NOBILE DI MONTEPULCIANO RISERVA
2015 | 2017 | 2018

VINO NOBILE DI MONTEPULCIANO
2017 | 2018 | 2019

Le Calle

(1998)

Nel cuore profondo della Maremma toscana, tra le verdi colline punteggiate da oliveti e vigneti, si estendono i sette ettari dell'azienda Le Calle, nell'areale di elezione della denominazione Montecucco. Riccardo Catocci, seguendo i dettami di una viticoltura biologica e biodinamica, dà vita a piccoli capolavori. Proprio le due etichette Montecucco Sangiovese, il Poggio d'oro Riserva e l'annata, convincono i degustatori, conquistando il massimo riconoscimento della Guida, il primo più austero, di nerbo e con ottime prospettive evolutive, il secondo più immediato ma con un carattere nobile.

Località La Cava, 1 - Poggi del Sasso - 58044 Cinigiano (GR)
T. 348 9307565 - 347 3321201 | M. info@lecalle.it
www.lecalle.it

Viticoltura: Biodinamica
Ettari: 7 | **Bottiglie:** 27.000 | **Produzione olearia:** Sì
Proprietà: Riccardo Catocci
Cond. enologica: Angelo Bertacchini
Cond. agronomica: Staff aziendale
Vendita diretta: Sì | **Visite in azienda:** Sì

92

MONTECUCCO SANGIOVESE POGGIO D'ORO RISERVA 2019
Rosso Docg - Sangiovese 100%
Alc. 14,5% | € 30 | Bt. 3.500 | Ferm. Cemento | Mat. Legno 24 mesi
Carminio dai toni incredibili. Al naso ciliegia in confettura e viola appassita introducono stille di rosmarino, cannella, cardamomo, tabacco dolce ed eucalipto. Ingresso gustativo avvolgente, freschezza e tannino vigoroso sostengono l'impatto della nota pseudocalorica in un susseguirsi di boero e agrume. Bocconcini di cervo al cavolo nero.

MONTECUCCO SANGIOVESE POGGIO D'ORO 2020
Rosso Docg - Sangiovese 100%
Alc. 14% | € 20 | Bt. 16.000 | Ferm. Cemento | Mat. Legno 12 mesi
Gnocchi al ragù.

MONTECUCCO ROSSO CAMPO ROMBOLO 2020
Rosso Doc - Sangiovese 90%, Ciliegiolo 10%
Alc. 13,5% | € 18 | Bt. 10.000 | Ferm. Cemento | Mat. Cemento 12 mesi
Costoletta alla valdostana.

ROSA DELLE CALLE 2021
Rosato Igt - Ciliegiolo 100%
Alc. 12,5% | € 15 | Bt. 1.500 | Ferm. Acciaio | Mat. Acciaio 8 mesi
Pizza capricciosa.

LA TREGGIATA 2021
Bianco Igt - Vermentino 100%
Alc. 12,5% | € 15 | Bt. 10.000 | Ferm. Acciaio | Mat. Cemento 8 mesi
Alici panate e fritte.

LA SERRATA 2021
Bianco Igt - Vermentino 100%
Alc. 13% | € 15 | Ferm. Legno | Mat. Legno 12 mesi
Zuppa di legumi e cereali.

MONTECUCCO SANGIOVESE POGGIO D'ORO
2017

MONTECUCCO ROSSO CAMPO ROMBOLO
2017

Le Chiuse

(1987)

Uno stile enologico tradizionale, che rimanda alla storia del Brunello, e guarda certamente al futuro in veste biologica e biodinamica. Una continua ricerca volta a esaltare le caratteristiche del locale sangiovese, attraverso pratiche agronomiche rispettose del terreno e delle vigne. La volontà di Simonetta Valiani Biondi Santi di esprimere, in tutta la produzione enologica, l'anima del territorio è l'essenza della filosofia aziendale. Quest'anno, insieme all'iconico Brunello di Montalcino d'annata, si fa bello il Rosso di Montalcino 2021.

Località Pullera, 228 - 53024 Montalcino (SI)
T. 338 1300380 | M. info@lechiuse.com
www.lechiuse.com

Viticoltura: Biologica certificata
Ettari: 8 | **Bottiglie:** 35.000 | **Produzione olearia:** Sì
Proprietà: Simonetta Valiani Biondi Santi
Cond. enologica: Valentino Ciarla
Cond. agronomica: Stefano Dini
Vendita diretta: Sì | **Visite in azienda:** Sì

93

BRUNELLO DI MONTALCINO 2018
Rosso Docg - Sangiovese 100%
Alc. 14% | € 75 | Bt. 15.000 | Ferm. Cemento | Mat. Legno 36 mesi e Cemento 3 mesi
Carminio fitto e vivido. Caleidoscopio olfattivo raffinato di amarena, zeste di arancia, viola, tratti balsamici e nuance di cioccolato, caffè e cannella. Al palato è generoso per freschezza e sapidità, con tannino cesellato che accompagna la lunga, magistrale, chiusura di mora e cannella. Costolette d'agnello alle erbe.

BRUNELLO DI MONTALCINO DIECIANNI RISERVA 2013
Rosso Docg - Sangiovese 100%
Alc. 14,5% | € 190 | Bt. 4.000 | Ferm. Acciaio | Mat. Legno 48 mesi e Cemento 3 mesi
Guanciale di manzo in umido con polenta.

ROSSO DI MONTALCINO 2021
Rosso Doc - Sangiovese 100%
Alc. 14,5% | € 29 | Bt. 13.300 | Ferm. Cemento | Mat. Legno 12 mesi e Cemento 3 mesi
Agnolotti al sugo di carne.

BRUNELLO DI MONTALCINO DIECIANNI RISERVA
2010 | 2012

BRUNELLO DI MONTALCINO
2015 | 2016 | 2017

Le Cinciole
(1991)

Dopo venti anni di lavoro il vecchio podere è stato progressivamente ristrutturato; lo stesso è accaduto ai vigneti che qui, a Panzano, trovano una culla in cui far crescere il sangiovese, sangue, succo ed essenza dei loro Chianti Classico, provenienti da viti che esprimono il meglio dalla selezione delle porzioni di vigneti in cui sono cresciute. Il team Le Cinciole riesce a dare ai vini personalità tipicamente panzanese: purezza del varietale, pienezza di gusto in fusione armoniosa tra espressività del tannino e amalgamante coesione morbido-alcolica; in altre parole, riccamente eleganti.

Via Case Sparse, 83 - Località Panzano - 50022 Greve in Chianti (FI)
T. 055 852636 | M. info@lecinciole.it
www.lecinciole.it

Viticoltura: Biologica certificata
Ettari: 12 | **Bottiglie:** 45.000 | **Produzione olearia:** Sì
Proprietà: Valeria Viganò e Luca Orsini
Cond. enologica: Luca Orsini, Paolo Salvi
Cond. agronomica: Luca Orsini, Ruggero Mazzilli
Vendita diretta: Sì | **Visite in azienda:** Sì

(91)

CAMALAIONE 2018
Rosso Igt - Cabernet sauvignon 70%, Merlot 15%, Syrah 15%
Alc. 15% | € 45 | Bt. 5.000 | Ferm. Legno | Mat. Legno 24 mesi
Denso granato. Profilo olfattivo di paté di mora di gelso e cassis, addolcito da chiodi di garofano e cannella, tabacco biondo e legno di sandalo. Pienezza del sorso con volume liquido in un rotondo effetto tattile, medio palato con sfiziosa freschezza di prugnolo, lungo riverbero di liquirizia. Pernici farcite.

PETRESCO 2019
Rosso Igt - Sangiovese 100%
Alc. 14% | € 45 | Bt. 5.000 | Ferm. Cemento | Mat. Legno 24 mesi e Cemento 12 mesi
Rosticciana.

CHIANTI CLASSICO LE CINCIOLE 2020
Rosso Docg - Sangiovese 100%
Alc. 13,5% | € 18 | Bt. 25.000 | Ferm. Cemento | Mat. Cemento 12 mesi
Risotto con le quaglie.

CHIANTI CLASSICO GRAN SELEZIONE ALUIGI 2019
Rosso Docg - Sangiovese 100%
Alc. 14,5% | € 40 | Bt. 5.000 | Mat. Legno 24 mesi e Cemento 12 mesi
Manzo brasato con olive e porri.

ROSATO 2022
Rosato Igt - Sangiovese 100%
Alc. 13% | € 15 | Bt. 3.700 | Ferm. Acciaio | Mat. Acciaio 3 mesi
Zuppa di funghi.

CAMALAIONE
2010 | 2012 | 2013

PETRESCO
2018

Le Falene
(2016)

L'azienda, come tale, è da considerarsi agli albori, dei proprietari invece non si può dire la stessa cosa: sia Vincenza che Massimo hanno lasciato molte tracce del loro passaggio nel mondo del vino di Toscana. Questo, più che un progetto, cosa che a tutti gli effetti è, deve intendersi come la prospettiva di stilizzare un vino, anzi dei vini, in un terroir un po' complicato da interpretare e per questo affascinante. Che il background offra competenza e professionalità lo si rileva in ogni referenza, pulite nell'essenzialità, essenziali nella purezza, come il Cabernet Franc.

Località Il Fortino - 58023 Gavorrano (GR)
T. 333 6533306 | M. info@lefalenewinery.com
www.lefalenewinery.com

Viticoltura: Biologica
Ettari: 2,5 | **Bottiglie:** 14.000 | **Produzione olearia:** No
Proprietà: Vincenza Folgheretti e Massimo Casagrande
Cond. enologica: Massimo Casagrande, Vincenza Folgheretti
Cond. agronomica: Massimo Casagrande, Vincenza Folgheretti
Vendita diretta: No | **Visite in azienda:** No

LE FALENE CABERNET FRANC 2019
Rosso Igt - Cabernet franc 100%
Alc. 14,5% | € 40 | Bt. 1.000 | Ferm. Legno e Cemento | Mat. Acciaio 6 mesi e Legno 18 mesi
Carminio con trina granato. Bacche di mirto e aronia nera stilizzano un'ampiezza olfattiva con china, rabarbaro, oleandro, carruba e quercia verde. C'è molta freschezza di lampone selvatico a sostenere la progressione del tannino, centro bocca saporito, di pepe nero, sfumato delicatamente nel floreale. Tagliata al pepe verde.

LE FALENE SANGIOVESE 2019
Rosso Igt - Sangiovese 100%
Alc. 14,5% | € 34 | Bt. 1.000 | Ferm. Acciaio | Mat. Acciaio 6 mesi e Legno 18 mesi
Costata di cavallo con patate al rosmarino.

LE FALENE ROSSO 2019
Rosso Igt - Cabernet franc 70%, Syrah 30%
Alc. 14,5% | € 18 | Bt. 8.000 | Ferm. Cemento | Mat. Acciaio 6 mesi e Legno 12 mesi
Faraona al forno.

LE FALENE ROSATO 2022
Rosato Igt - Sangiovese 100%
Alc. 13,5% | € 12 | Bt. 1.000 | Ferm. Acciaio | Mat. Acciaio 6 mesi
Abbacchio al forno con verdure grigliate.

LE FALENE BIANCO 2021
Bianco Igt - Vermentino 100%
Alc. 13,5% | € 14 | Bt. 3.000 | Ferm. Acciaio | Mat. Acciaio 6 mesi
Tataki di tonno al sesamo.

LE FALENE BIANCO
2018

Le Macchiole
(1983)

C'è il Bolgheri com'era e c'è il Bolgheri com'è, poi c'è il sempre, quell'essere bolgherese autoctono che sfida il tempo con la genealogia Campolmi, una discendenza familiare di questo luogo. Nei loro vini c'è davvero il senso, quello vero, del luogo del vino, un luogo non vissuto staticamente, ma reso dinamico con intuizioni che sono già storia del vino, si pensi al deflagrante Paleo – era il 1995 – e ai sopraffini Messorio e Scrio. Il pensiero aziendale sembra essere animato da un rasserenante dilemma: cosa posso fare di migliore? Difficile rispondere..

Via Bolgherese, 189/A - Bolgheri - 57022 Castagneto Carducci (LI)
T. 0565 766092 | M. info@lemacchiole.it
www.lemacchiole.it

Viticoltura: Biologica
Ettari: 35 | **Bottiglie:** 200.000 | **Produzione olearia:** No
Proprietà: Cinzia Merli, Elia e Mattia Campolmi
Cond. enologica: Luca Rettondini
Cond. agronomica: Massimo Merli, Elia Campolmi
Vendita diretta: No | **Visite in azienda:** Sì

(93)
MESSORIO 2020
Rosso Igt - Merlot 100%
Alc. 14,5% | € 220 | Bt. 13.500 | Ferm. Cemento | Mat. Legno 18 mesi
Rosso profondo dai toni scarlatti. Si fa ampio con mora e mirtillo in gelatina, mentuccia, tabacco biondo e glicine ricamati di scorza d'arancia. Succoso nella sottile liquidità, centro bocca in gentile grinta tannica, nella chiosa l'avvio sapido scivola in arancia rossa e cioccolato. Nodini di cinta senese lardellati al forno.

(92)
PALEO ROSSO 2020
Rosso Igt - Cabernet franc 100%
Alc. 14,5% | € 115 | Bt. 27.200 | Ferm. Cemento | Mat. Legno 16 mesi
Carminio violaceo. Intensa purezza varietale di scura ciliegia, viola e tocco mentolato per un'ampiezza forbita con liquirizia, eucalipto e glicine. L'acidità stuzzica il sorso con flavor di cranberry; contenuto nel tannino, stravolgente in persistenza, chiude al rabarbaro. Filetto al pepe verde.

SCRIO 2020
Rosso Igt - Syrah 100%
Alc. 14% | € 160 | Bt. 4.600 | Ferm. Cemento | Mat. Legno 14 mesi
Pappardelle con sugo di lepre.

BOLGHERI ROSSO 2021
Rosso Doc - Merlot 50%, Syrah 20%, Cabernet franc 15%, Cabernet sauvignon 15%
Alc. 14,5% | € 25 | Bt. 142.000 | Ferm. Acciaio | Mat. Legno 10 mesi e Cemento 10 mesi
Cappone ripieno al forno.

MESSORIO
2016 | 2018 | 2019

PALEO ROSSO
2017 | 2018 | 2019

Le Mortelle
(1999)

Le Mortelle fu una scommessa di territorio e di vino e un particolare plauso va tributato agli Antinori, se non altro perché evidenziano che il viaggio nel vino non finisce mai. Dicono sia terroir adatto per i due cabernet, e se lo dicono loro è meglio crederci. Infatti, Poggio alle Nane quest'anno è in gran forma, gli manca quel quid di essenzialità per raggiungere il podio, forse per un'incomprensione tannica. Sorprende molto il birichino Vivia, un bianco destinato a fare storia. Ancora un atout a firma A.

Località Ampio Tirli - 58043 Castiglione della Pescaia (GR)
T. 0564 944003 | M. visite@lemortelle.it
www.lemortelle.it

Viticoltura: Convenzionale
Ettari: 170 | **Bottiglie:** 239.000 | **Produzione olearia:** No
Proprietà: Famiglia Antinori
Cond. enologica: Georgia Dimitriou
Cond. agronomica: Onofrio Viscione
Vendita diretta: Sì | **Visite in azienda:** Sì

MAREMMA TOSCANA CABERNET POGGIO ALLE NANE 2021
Rosso Doc - Cabernet franc 70%, Cabernet sauvignon 20%, Carménère 10%
Alc. 15% | € 62 | Bt. 50.950 | Ferm. Acciaio | Mat. Legno 16 mesi
Rubino vivido, concentrato. Rigoglioso nel fruttato maturo di visciola e susina, c'è un floreale di iris e lillà con spezie dolci e legno orientale. L'alcol si allarga con tono quasi avvolgente, avvento tannico icastico ma non squilibrante, fine bocca di amarena al cioccolato. Filetto di manzo in crosta alle erbette.

MAREMMA TOSCANA CABERNET BOTROSECCO 2021
Rosso Doc - Cabernet sauvignon 60%, Cabernet franc 40%
Alc. 12,5% | € 13 | Bt. 108.000 | Ferm. Acciaio | Mat. Acciaio 3 mesi
Capretto allo spiedo.

MAREMMA TOSCANA BIANCO VIVIA 2022
Bianco Doc - Vermentino 50%, Viognier 40%, Ansonica 10%
Alc. 14,5% | € 21 | Bt. 130.000 | Ferm. Acciaio | Mat. Acciaio 3 mesi
Sogliola alla mugnaia.

MAREMMA TOSCANA CABERNET POGGIO ALLE NANE
2016 | 2017 | 2018

MAREMMA TOSCANA CABERNET BOTROSECCO
2015 | 2016 | 2018

Le Vigne di Silvia
(1953)

Sono Silvia e Stefania Fuselli a proseguire il lavoro del padre Carlo, nel ricordo del nonno Silvio, originario di Recanati, che acquistò l'azienda negli anni Cinquanta. La volontà è quella di raccontare attraverso il vino la propria storia e tutta l'affascinante espressività del terroir di Bolgheri, utilizzando una viticoltura biologica per lavorare con cura e rispetto i sei ettari di vigneto. I vini presentati esprimono qualità, intensità gustativa e ottima beva. Il Vermentino Giochessa 2021 ne è un ottimo esempio.

Località Sant'Uberto, 163 - Bolgheri - 57022 Castagneto Carducci (LI)
T. 339 1975227 | M. info@levignedisilvia.com
www.levignedisilvia.com

Viticoltura: Biologica
Ettari: 6 | **Bottiglie:** 18.000 | **Produzione olearia:** Sì
Proprietà: Carlo Fuselli
Cond. enologica: Emiliano Falsini
Cond. agronomica: Stefano Bartolomei
Vendita diretta: Sì | **Visite in azienda:** Sì

BOLGHERI ROSSO ARTEMIO 2021
Rosso Doc - Cabernet sauvignon 80%, Cabernet franc 20%
Alc. 14,5% | € 30 | Bt. 7.000 | Ferm. Acciaio | Mat. Acciaio 10 mesi e Legno 10 mesi
Rubino con intarsi granato. Aromi di mora, ribes nero, cannella, liquirizia, eucalipto e tabacco compongono un quadro olfattivo vigoroso e sfaccettato. Vino dal gusto generoso con tannini che conferiscono volume e accompagnano la persistenza in un finale fruttato. Entrecôte alla griglia con scaglie di formaggio.

BOLGHERI VERMENTINO GIOCHESSA 2022
Bianco Doc - Vermentino 95%, Verdicchio 5%
Alc. 13,5% | € 25 | Bt. 8.000 | Ferm. Legno e Acciaio | Mat. Acciaio 5 mesi e Legno 5 mesi
Piovra arrostita.

ITINERANTE 2021
Rosso Igt - Cabernet franc 100%
Alc. 14,5% | € 45 | Bt. 2.600 | Ferm. Acciaio | Mat. Legno 12 mesi e Terracotta 12 mesi
Guanciale di manzo in umido con polenta.

Lornano
(1904)

Il 2023 è iniziato con un riconoscimento atteso da qualche anno, la certificazione SQNPI, che garantisce una politica aziendale a difesa del territorio, della biodiversità, l'impiego di energia green e la custodia delle risorse naturali. I vini stanno riflettendo questa filosofia, un compendio organolettico che vede nella selezione di quindici differenti cloni di sangiovese una caratterizzazione molto particolare, anche di distinzione, tra il Gran Selezione e la Riserva Le Bandite, la cui autenticità espressiva si è ritagliata molta attenzione tra i professionisti del vino.

Località Lornano, 11 - 53035 Monteriggioni (SI)
T. 0577 309059 | M. lornano@lornano.it
www.lornano.it

Viticoltura: Lotta integrata
Ettari: 70 | **Bottiglie:** 350.000 | **Produzione olearia:** Sì
Proprietà: Famiglia Pozzoli
Cond. enologica: Matteo Bernabei, Franco Bernabei
Cond. agronomica: Silvio Campatelli
Vendita diretta: Sì | **Visite in azienda:** Sì

CHIANTI CLASSICO GRAN SELEZIONE 2017 (91)
Rosso Docg - Sangiovese 100%
Alc. 14,5% | € 49 | Bt. 10.067 | Ferm. Acciaio | Mat. Legno 30 mesi
Carminio intenso con nuance granato. Complessa architettura olfattiva declinata su confettura di mora di gelso, giaggiolo e rosa, lentisco, pepe e refoli di polvere di dolce cacao. Solido nella vigorosa struttura tannica, con freschezza ancora in auge e tonico calore a equilibrare. Bocconcini di cinghiale con salsa di prugne.

CHIANTI CLASSICO LE BANDITE RISERVA 2019
Rosso Docg - Sangiovese 100%
Alc. 14,5% | € 22 | Bt. 35.000 | Ferm. Acciaio | Mat. Legno 24 mesi
Reale di vitello alla senape antica.

CHIANTI CLASSICO LORNANO 2021
Rosso Docg - Sangiovese 100%
Alc. 14,5% | € 15 | Bt. 150.000 | Ferm. Acciaio | Mat. Legno 12 mesi
Risotto all'isolana.

VIN SANTO DEL CHIANTI CLASSICO 2013
Bianco Doc Passito - Malvasia 50%, Trebbiano 50%
Alc. 13,5% | € 30 (0,375l) | Bt. 2.500 | Ferm. Legno | Mat. Legno 84 mesi
Panpepato.

LORNANO ROSSO 2021
Rosso Igt - Sangiovese 70%, Merlot 30%
Alc. 14% | € 10 | Bt. 65.000 | Ferm. Acciaio | Mat. Legno 6 mesi
Coniglio all'ischitana.

ETÉL 2022
Rosato Igt - Sangiovese 100%
Alc. 12,5% | € 13 | Bt. 10.000 | Ferm. Acciaio | Mat. Acciaio 4 mesi
Coppa piacentina.

CHIANTI CLASSICO LE BANDITE RISERVA
2016

CHIANTI CLASSICO GRAN SELEZIONE
2015

Maciarine
(2005)

Un progetto nato a Seggiano nel 2005 e ripreso dieci anni dopo da Federico e Michela Vigni, che impiantarono subito vigneti a vermentino e viognier e, circa due anni dopo il loro arrivo, iniziarono la conversione al biologico. I 4 ettari di vigneto sono situati tra i 330 e i 400 m s.l.m., sull'ultima propaggine nord-occidentale del Monte Amiata che guarda l'Orcia, su suoli argillosi, con calcare, galestro e sassi, dalla grande vocazione per il sangiovese, tanto che la produzione è in gran parte orientata sul Montecucco Sangiovese. Splendido esemplare la Riserva 2017 che ottiene l'eccellenza.

Strada Provinciale di Poggioferro - 58038 Seggiano (GR)
T. 347 6958070 | M. info@maciarine.it
www.maciarine.it

Viticoltura: Biologica certificata
Ettari: 4 | **Bottiglie:** 10.000 | **Produzione olearia:** No
Proprietà: Vigni Federico e Michela
Cond. enologica: Oriano Scheggi
Cond. agronomica: Oriano Scheggi
Vendita diretta: Sì | **Visite in azienda:** Sì

(92,5)
MONTECUCCO SANGIOVESE RISERVA 2017
Rosso Docg - Sangiovese 100%
Alc. 15,5% | € 21 | Bt. 1.000 | Ferm. Acciaio | Mat. Acciaio 24 mesi e Legno 30 mesi
Carminio con riflessi granato. Offre profumi di amarene sotto spirito, paté di mirtilli, glicine appassito, pepe nero, liquirizia, ruggine e cacao amaro. Sontuoso nei tannini grintosi, l'alcol avvolge il palato che si rivitalizza con la freschezza succosa del frutto. Allungo di arancia rossa. Costata di manzo alla griglia.

LUNAIO 2016
Rosso Igp - Sangiovese 100%
Alc. 15,5% | € 25 | Bt. 1.000 | Ferm. Acciaio | Mat. Acciaio 24 mesi e Legno 30 mesi
Capretto allo spiedo.

MONTECUCCO SANGIOVESE 2018
Rosso Docg - Sangiovese 100%
Alc. 15,5% | € 18 | Bt. 2.000 | Ferm. Acciaio | Mat. Acciaio 24 mesi e Legno 18 mesi
Maltagliati con funghi porcini.

MAREMMA TOSCANA INSIEME 2019
Rosso Doc - Sangiovese 34%, Cabernet sauvignon 33%, Petit verdot 33%
Alc. 15% | € 18 | Bt. 600 | Ferm. Acciaio | Mat. Acciaio 9 mesi e Legno 9 mesi
Terrina di lepre con salsa di prugne.

Maestà della Formica
(2013)

Nel suggestivo contesto della Maestà della Formica, i risultati di un decennio di intenso sforzo iniziano a manifestarsi. I suoli, prevalentemente scistosi e limosi, arricchiti da scheletro e silicio, danno vita a vigneti sparsi all'interno del comprensorio della Garfagnana, alcuni con oltre 70 anni di età. La gestione biodinamica valorizza il legame tra natura e coltivazione, permettendo una crescita armoniosa. Inoltre spicca il primo Riesling prodotto sulle Alpi Apuane, un audace trionfo sulle altitudini, con l'affascinante vigna alla Foce di Careggine, posta a ben 1050 m s.l.m.

Via del Taccino, 9 - 55030 Careggine (LU)
T. 0583 661023 | M. maestadellaformica@gmail.com
www.maestadellaformica.com

Viticoltura: Biodinamica
Ettari: 3,5 | **Bottiglie:** 14.000 | **Produzione olearia:** No
Proprietà: Andrea Elmi e Marco Raffaelli
Cond. enologica: Marco Raffaelli, Andrea Elmi
Cond. agronomica: Marco Raffaelli
Vendita diretta: Sì | **Visite in azienda:** Sì

RIESLING MAESTÀ DELLA FORMICA 2021
Bianco Igt - Riesling 100%
Alc. 10,5% | € 19 | Bt. 1.500 | Ferm. Acciaio | Mat. Acciaio 10 mesi
Splendida livrea dorato intenso e vivace. Si esprime con suggestive elegie di ginestra, fieno, mela cotogna e zenzero, arricchite da lievi cenni di umeboshi, torba e idrocarburo. Bocca energica, con sviluppo che tende alla sapidità e a suggestioni di pompelmo in chiusura. Crostini con baccalà mantecato.

VIGNESPERSE 2022
Bianco Igt - Trebbiano toscano 40%, Chardonnay 30%, Malvasia 30%
Alc. 13% | € 19 | Bt. 2.500 | Ferm. Acciaio | Mat. Acciaio 6 mesi
Triglie in guazzetto.

DRANKANTE 2022
Rosso Frizzante - Ciliegiolo 40%, Sangiovese 30%, Moscato d'Amburgo 15%, Bonarda 5%, altre varietà 10%
Alc. 12% | € 15 | Bt. 2.700 | Ferm. Acciaio | Mat. Acciaio 2 mesi
Culatello di Zibello e gnocco fritto.

GAMO 2021
Rosso Igt - Sangiovese 40%, Syrah 40%, Vitigno autoctono 10%, Ciliegiolo 5%, Gamay 5%
Alc. 12% | € 20 | Bt. 2.400 | Ferm. Acciaio | Mat. Legno 8 mesi
Pappardelle con funghi porcini.

MONTECUCCO SANGIOVESE MACIARINE RISERVA
2015

MONTECUCCO SANGIOVESE MACIARINE
2015

RIESLING MAESTÀ DELLA FORMICA
2020

VIGNE SPERSE
2021

Malenchini
(1836)

Una storia iniziata quasi 200 anni fa quella tra la famiglia Malenchini e la Villa Medicea di Lilliano, un legame così stretto da portare gli avi di Diletta, attuale proprietaria, a creare una cantina e a produrre vino nel vocato contesto dei colli fiorentini. Oggi è lei a proseguire la tradizione, seguendo direttamente la gestione dell'azienda, lavorando assiduamente per garantire l'alto livello qualitativo da sempre dimostrato. È un'etichetta all'esordio, il Baliatico, un supertuscan di carattere e sicura longevità, a conquistare il massimo riconoscimento in quest'edizione della Guida.

Via Lilliano e Meoli, 82 - Località Grassina - 50012 Bagno a Ripoli (FI)
T. 055 642602 | M. info@malenchini.it
www.medicivilla.com

Viticoltura: Biologica
Ettari: 18 | **Bottiglie:** 150.000 | **Produzione olearia:** Sì
Proprietà: Famiglia Malenchini
Cond. enologica: Valentino Ciarla
Cond. agronomica: Gianluca Grassi
Vendita diretta: Sì | **Visite in azienda:** Sì

(92)

BALIATICO 2019
Rosso Igt - Merlot 40%, Cabernet sauvignon 30%, Petit verdot 30%
Alc. 14% | € 50 | Bt. 900 | Ferm. Acciaio | Mat. Acciaio 6 mesi e Legno 18 mesi
Carminio franco e luminoso. Apre su profumi di prugna e mora in confettura, seguiti da violetta appassita, tabacco scuro, eucalipto, peperone, caffè e liquirizia. Deciso e avvolgente al sorso, viva freschezza e tannino tenace regalano un flavour persistente dai ritorni di cioccolato e agrume. Stinco di maiale al forno in pancetta affumicata.

CHIANTI COLLI FIORENTINI RISERVA VIGNA DI LAPPEGGI 2020
Rosso Docg - Sangiovese 100%
Alc. 14% | € 25 | Bt. 10.000 | Ferm. Acciaio | Mat. Acciaio 6 mesi e Legno 12 mesi
Pappardelle con sugo di capriolo.

CHIANTI SUPERIORE 2021
Rosso Docg - Sangiovese 95%, Pugnitello 5%
Alc. 14% | € 19 | Bt. 15.000 | Ferm. Acciaio | Mat. Acciaio 6 mesi e Legno 10 mesi
Capriolo con salsa di ribes rosso.

BRUZZICO 2020
Rosso Igt - Cabernet sauvignon 50%, Sangiovese 50%
Alc. 14% | € 28 | Bt. 10.000 | Ferm. Acciaio | Mat. Acciaio 6 mesi e Legno 16 mesi
Lasagne alla bolognese.

VIN SANTO DEL CHIANTI 2018
Bianco Doc Dolce - Malvasia 100%
Alc. 16% | € 20 | Bt. 1.200 | Ferm. Acciaio | Mat. Legno 60 mesi
Tortino di marroni tiepido.

CANAIOLO 2022
Rosso Igt - Canaiolo 100%
Alc. 13,5% | € 17 | Bt. 3.000 | Ferm. Acciaio | Mat. Acciaio 4 mesi
Prosciutto di Parma 36 mesi.

VIN SANTO DEL CHIANTI
2016

CHIANTI COLLI FIORENTINI RISERVA
2018 | 2019

Mannucci Droandi
(1929)

Situata tra le prestigiose zone vinicole del Chianti Classico e del Chianti Colli Aretini, Mannucci Droandi si distingue da oltre venti anni per la coltivazione biologica delle viti, nel pieno rispetto degli equilibri naturali dell'ambiente circostante. La selezione delle uve avviene con grande attenzione e i processi di vinificazione uniscono tradizione e moderne tecnologie. La gamma di vini offerta è vasta, spaziando da bianchi freschi a rossi strutturati. Fin dai suoi esordi l'azienda si è posta l'obiettivo di valorizzare le varietà autoctone come espressione autentica del territorio.

Via Rossinello e Campolucci, 61/62 - Frazione Caposelvi - 52025 Montevarchi (AR)
T. 055 9707276 | M. info@mannuccidroandi.com
www.mannuccidroandi.it

Viticoltura: Biologica certificata
Ettari: 17 | **Bottiglie:** 60.000 | **Produzione olearia:** Sì
Proprietà: Nuova Agricoltura
Cond. enologica: Gianfrancesco Paoletti
Cond. agronomica: Roberto Giulio Droandi
Vendita diretta: Sì | **Visite in azienda:** Sì

PUGNITELLO 2019
Rosso Igt - Pugnitello 100%
Alc. 13,5% | € 27 | Bt. 2.019 | Ferm. Acciaio | Mat. Legno 24 mesi
Carminio. Intensa espressione fruttata, mora, lampone e amarena, un po' di viola e balsamico. Integrità del gusto già in equilibrio, tracciato gustativo in pieno frutto e finale di gelatina di frutti rossi. Abbacchio al forno con verdure grigliate.

BARSAGLINA 2019
Rosso Igt - Barsaglina 100%
Alc. 13,5% | € 23 | Bt. 1.000 | Ferm. Acciaio | Mat. Legno 24 mesi
Roast beef.

CHIANTI CLASSICO CEPPETO 2021
Rosso Docg - Sangiovese 90%, Canaiolo 10%
Alc. 14,5% | € 15 | Bt. 7.300 | Ferm. Acciaio | Mat. Cemento 12 mesi
Agnolotti al sugo di carne.

CAMPOLUCCI 2017
Rosso Igt - Cabernet sauvignon 40%, Merlot 40%, Syrah 20%
Alc. 14,5% | € 24 | Bt. 5.000 | Ferm. Acciaio | Mat. Legno 36 mesi
Stufato di daino.

FOGLIA TONDA 2018
Rosso Igt - Foglia tonda 100%
Alc. 14% | € 24 | Bt. 2.000 | Ferm. Acciaio | Mat. Legno 24 mesi
Tigelle e salumi.

CAMPIGLIOLE 2022
Bianco Igt - Trebbiano toscano 60%, Malvasia 40%
Alc. 13% | € 13 | Bt. 5.000 | Mat. Acciaio 5 mesi
Insalata di pollo e verdure.

CHIANTI CLASSICO CEPPETO
2018

CAMPOLUCCI
2016

Manvi
(2015)

La boutique winery di Puru e Sudha Manvi è una piccola azienda a conduzione familiare, dove si fa quasi tutto a mano seguendo i dettami della viticoltura biologica. In effetti i Manvi l'hanno rilevata nel 2015, ma l'azienda è biologica certificata dal 2003, una delle prime nel comprensorio di Montepulciano. Questa coppia di origini indiane ci ha messo molto del suo e, dopo qualche anno di assestamento, ecco adesso sfoderati alcuni vini di assoluto pregio, in particolare il Nobile Ojas e l'IGT Happiness, che colpiscono per la profondità delle sensazioni procurate all'olfatto e al gusto. Chapeau!

Via di Villa Bianca, 13/15 - 53045 Montepulciano (SI)
T. 392 7464727 | M. info@manvi.it
www.manvi.it

Viticoltura: Biologica certificata
Ettari: 7 | **Bottiglie:** 27.500 | **Produzione olearia:** No
Proprietà: Puru e Sudha Manvi
Cond. enologica: Consulenza esterna
Cond. agronomica: Staff aziendale
Vendita diretta: Sì | **Visite in azienda:** Sì

(93,5)
VINO NOBILE DI MONTEPULCIANO OJAS RISERVA 2019
Rosso Docg - Sangiovese 100%
Alc. 14% | € 32 | Bt. 3.000 | Ferm. Acciaio | Mat. Legno 30 mesi
Carminio con orlo granato. Naso ampio di lamponi sotto spirito, gelée di ciliegia, lavanda appassita, petali di rosa macerati, paprica, pepe, legno di cedro, caffè e angostura. Volume liquido equilibrato e incredibilmente sottile, fresco di scorza di agrumi rossi, con chiusura lunga e saporita di carruba e tamarindo. Allodole tartufate in casseruola.

(92,5)
HAPPINESS 2020
Rosso Igt - Sangiovese 60%, Cabernet sauvignon 30%, Merlot 10%
Alc. 13% | € 38 | Bt. 1.500 | Ferm. Acciaio | Mat. Legno 24 mesi
Rubino vivace. Caleidoscopio olfattivo di cassis, prugna e arancia Sanguinella, su tappeto di fiori scuri secchi, cannella, liquirizia, resina e succo di melagrana. Sorso morbido e gustoso, con tannino cesellato che stratifica ricordi di caffè e cioccolato. Persistenze all'arancia rossa. Gulasch di cervo con patate stufate.

VINO NOBILE DI MONTEPULCIANO ARYA 2020
Rosso Docg - Sangiovese 100%
Alc. 14% | € 24 | Bt. 12.000 | Ferm. Acciaio | Mat. Legno 24 mesi
Roast beef.

ROSSO DI MONTEPULCIANO MYRA 2021
Rosso Doc - Sangiovese 85%, Merlot 8%, Cabernet sauvignon 7%
Alc. 14% | € 13 | Bt. 8.000 | Ferm. Acciaio | Mat. Acciaio 12 mesi
Rigatoni al ragù bianco di carne.

SIDURI ROSATO 2022
Rosato Igt - Merlot 100%
Alc. 13,5% | € 13 | Bt. 1.500 | Ferm. Acciaio | Mat. Acciaio 5 mesi
Pizza Margherita.

VINO NOBILE DI MONTEPULCIANO ARYA
2017

VINO NOBILE DI MONTEPULCIANO OJAS RISERVA
2015

Marchesi Antinori
(1385)

Gli Antinori in fatto di vino non hanno una storia da raccontare, ne hanno tante, e tutte si permeano a fondo nella cultura di quella toscanità del fare che, anche nel vino, è arte e bellezza. Infatti i due vini che quest'anno deflagrano nell'eccellenza hanno in sé il senso dell'arte e del bello, se si tratta del Tignanello, mentre nel Solaia c'è la bellezza dell'arte. Nonostante l'assonanza letteraria, c'è una diversità di essenza nei due vini, dovuta a quell'intrinseca caratterizzazione che appartiene all'indole antinoriana del fare vino. Diverso? Uguale? Macché, eccellente!

Via Cassia per Siena, 133 - Bargino - 50026 San Casciano in Val di Pesa (FI)
T. 055 23595 | M. antinori@antinori.it
www.antinori.it

Viticoltura: Convenzionale
Bottiglie: N.d. | **Produzione olearia:** Sì
Proprietà: Famiglia Antinori
Cond. enologica: Renzo Cotarella
Cond. agronomica: Renzo Cotarella
Vendita diretta: Sì | **Visite in azienda:** Sì

(95)
SOLAIA 2020
Rosso Igt - Cabernet sauvignon 70%, Cabernet franc 15%, Sangiovese 15%
Alc. 14,5% | € 420 | Bt. 80.000 | Ferm. Acciaio | Mat. Legno 18 mesi
Scuro carminio con orlo violaceo. Lussureggianti aromi di eucalipto, glicine, legno di sandalo e resina dolce si tuffano in un fruttato di mirtillo e amarena, e si fanno ampiezza con cannella e caffè in grani. Attacco fresco e speziato con soave grip tannico in scorrevole flavor di pepe del Sichuan. Beccacce allo spiedo.

(94)
TIGNANELLO 2020
Rosso Igt - Sangiovese 80%, Cabernet sauvignon 15%, Cabernet franc 5%
Alc. 14% | € 125 | Bt. 350 | Ferm. Acciaio | Mat. Legno 15 mesi
Carminio lucente. Narrazione olfattiva di mora di gelso, crema di cassis, viola e glicine appassiti, grafite, tabacco biondo e chiodi di garofano. Il tannino si allarga nel palato, espande frutta rossa e spezie dolci, saporosità stuzzicante e freschezza di arancia rossa, sublime finale di garrigue. Lepre in salmì.

CHIANTI CLASSICO GRAN SELEZIONE BADIA A PASSIGNANO 2020
Rosso Docg - Sangiovese 100%
Alc. 14,5% | € 44 | Bt. 164.000 | Ferm. Acciaio | Mat. Legno 12 mesi
Pappardelle con sugo di lepre.

CHIANTI CLASSICO MARCHESE ANTINORI RISERVA 2020
Rosso Docg - Sangiovese 90%, Cabernet 10%
Alc. 14% | € 22 | Bt. 40.000 | Ferm. Acciaio | Mat. Legno 12 mesi
Tagliata al pepe verde.

CHIANTI CLASSICO PÈPPOLI 2021
Rosso Docg - Sangiovese 90%, altre varietà 10%
Alc. 13,5% | € 16 | Bt. 85.000 | Ferm. Acciaio | Mat. Acciaio 9 mesi e Legno 9 mesi
Pluma di maialino Bellota con cipolle caramellate.

VILLA ANTINORI ROSSO 2020
Rosso Igt - Sangiovese 55%, altre varietà 45%
Alc. 13,5% | € 16 | Bt. 2.700.000 | Ferm. Acciaio | Mat. Legno 12 mesi
Bucatini all'amatriciana.

SOLAIA
2017 | 2018 | 2019

TIGNANELLO
2017 | 2018 | 2019

Marchesi Frescobaldi
(1300)

I Frescobaldi rappresentano l'essenza dell'essere toscani, si parla di vino, che per la dimensione d'azienda potrebbe indurre il neofita a credere l'opposto, per i troppi vini da curare. In realtà esprimono ancora l'indole di un'agricoltura dei tempi che furono, per coronare quella nobiltà esperienziale che sembra assorbita dai loro vini e che diventa linfa di rinnovamento. Quest'anno il Terraelectae Montesodi possiede nuova linfa, quasi in dissomiglianza dalla classicità di un Rufina, per presentarsi in una rinnovata veste di eccellenza. Di gran classe anche il Benefizio Riserva.

Via Santo Spirito, 11 - 50125 Firenze (FI)
T. 055 27141 | M. info@frescobaldi.it
www.frescobaldi.it

Viticoltura: Convenzionale
Ettari: 923 | **Bottiglie:** N.d. | **Produzione olearia:** Sì
Proprietà: Famiglia Frescobaldi
Cond. enologica: Nicolò D'Afflitto
Cond. agronomica: Michele Brandi
Vendita diretta: Sì | **Visite in azienda:** Sì

(92)

CHIANTI RUFINA TERRAELECTAE MONTESODI RISERVA 2020
Rosso Docg - Sangiovese 100%
Alc. 13% | € 40 | Bt. 35.000 | Ferm. Acciaio | Mat. Legno 18 mesi
Rubino ben concentrato. C'è raffinatezza nell'effluvio di viola e rosa appassita, nell'amarena e nella mora; si fa ampio con aghi di pino, eucalipto e tabacco Kentucky. Espressività gustativa in piena freschezza, con tannino docile ma cardine della struttura; gustoso il riverbero di liquirizia e pepe rosa. Tordi in salmì.

BRUNELLO DI MONTALCINO CASTELGIOCONDO 2018
Rosso Docg - Sangiovese 100%
Alc. 14,5% | € 50 | Bt. 45.000.015 | Ferm. Acciaio | Mat. Legno 24 mesi
Medaglioni di cervo con riduzione di cottura.

POMINO BIANCO BENEFIZIO RISERVA 2021
Bianco Doc - Chardonnay 100%
Alc. 13,5% | € 30 | Bt. 42.000 | Ferm. Legno | Mat. Legno 10 mesi
Coniglio alla ligure.

VINO NOBILE DI MONTEPULCIANO TENUTA CALIMAIA 2020
Rosso Docg - Sangiovese 90%, altre varietà 10%
Alc. 14,5% | € 20 | Bt. 50.000 | Ferm. Acciaio | Mat. Legno 24 mesi
Maialino in agrodolce.

AUREA GRAN ROSÉ 2021
Rosato Igt - Syrah 75%, Vermentino 25%
Alc. 12,5% | € 30 | Bt. 10.000 | Ferm. Legno | Mat. Legno 6 mesi
Anatra alla pechinese.

CHIANTI CLASSICO TENUTA PERANO 2020
Rosso Docg - Sangiovese 90%, Merlot 7%, Cabernet 3%
Alc. 13,5% | € 20 | Bt. 200.000 | Ferm. Acciaio | Mat. Acciaio 12 mesi e Legno 12 mesi
Rosticciana.

CHIANTI CLASSICO GRAN SELEZIONE RIALZI TENUTA PERANO
2016

CHIANTI RUFINA TERRAELECTAE MONTESODI RISERVA
2019

Marchesi Gondi
(1592)

"Il vino è un composto di umore e luce". In una frase di Galileo Galilei, noto fisico toscano e grande conoscitore di vini e delle tecniche di produzione, è racchiusa tutta la filosofia della famiglia Marchesi Gondi. L'umore e la passione delle persone che si dedicano a questo nettare divino, e la luce che irradia le carezzevoli colline toscane, nutrono il grappolo: è la sinergia di questi elementi che permette di ottenere dei prodotti di elevato profilo qualitativo. La punta d'eccellenza quest'anno è raggiunta da Mazzaferrata, cabernet sauvignon in purezza. Da notare l'assenza di Fiammae.

Via dello Stracchino, 32 - 50065 Pontassieve (FI)
T. 055 8317830 | M. tenutabossi@gondi.com
www.tenutabossi.com

Viticoltura: Convenzionale
Ettari: 20 | **Bottiglie:** 50.000 | **Produzione olearia:** Sì
Proprietà: Bernardo e Donatella Gondi
Cond. enologica: Fabrizio Moltard
Cond. agronomica: Bernardo Gondi
Vendita diretta: Sì | **Visite in azienda:** Sì

(94)

MAZZAFERRATA 2018
Rosso Igt - Cabernet sauvignon 100%
Alc. 14,5% | € 40 | Bt. 5.000 | Ferm. Cemento | Mat. Legno 24 mesi
Carminio. Caleidoscopio olfattivo: gelatina di mora e ribes nero, lavanda essiccata e glicine sono accarezzati da effluvi di erbe officinali e di chiodi di garofano. In chiusura cenni di cacao e di peperone verde arrostito. Impatto calorico mitigato da freschezza e dal grip tannico ricco nel fruttato. Cinghiale in umido.

SER AMERIGO 2018
Rosso Igt - Colorino 50%, Merlot 50%
Alc. 14% | € 21 | Bt. 5.000 | Ferm. Cemento | Mat. Legno 24 mesi
Filetto di vitello alla Rossini.

CHIANTI RUFINA SAN GIULIANO 2021
Rosso Docg - Sangiovese 80%, Colorino 10%, Merlot 10%
Alc. 13% | € 15 | Bt. 10.000 | Ferm. Cemento | Mat. Legno 12 mesi
Carré d'agnello al timo e lardo di Colonnata.

CHIANTI RUFINA VILLA BOSSI RISERVA 2018
Rosso Docg - Sangiovese 80%, Cabernet sauvignon 10%, Colorino 10%
Alc. 14% | € 40 | Bt. 5.000 | Ferm. Cemento | Mat. Legno 24 mesi
Straccetti di cavallo.

CHIANTI RUFINA POGGIO DIAMANTE RISERVA 2019
Rosso Docg - Sangiovese 100%
Alc. 13,5% | € 60 | Bt. 1.000 | Ferm. Acciaio | Mat. Legno 24 mesi
Pappardelle con funghi porcini.

CHIANTI RUFINA PIAN DEI SORBI RISERVA 2020
Rosso Docg - Sangiovese 80%, Colorino 20%
Alc. 13% | € 25 | Bt. 10.000 | Ferm. Cemento | Mat. Legno 24 mesi
Guanciale di manzo in umido con polenta.

FIAMMAE
2016 | 2017 | 2018

CHIANTI RUFINA POGGIO DIAMANTE RISERVA
2018

Marchesi Pancrazi
(1500)

Fortuito è stato lo sbaglio del vivaista. Negli anni Settanta, quando il Marchese Pancrazi decise di dedicarsi alla produzione di vino, gli furono consegnate delle barbatelle, anziché di sangiovese, di pinot nero. Rendendosi conto dell'errore, anni dopo, è riuscito comunque, grazie all'intuito dell'enologo, a valorizzare il vitigno grazie anche al luogo in cui è stato impiantato, alle escursioni termiche e al suolo serpentino, ricco di molti minerali: un insieme di condizioni idonee affinché il pinot nero potesse regalare dei prodotti davvero interessanti.

Via Montalese, 156 - Località Bagnolo - 59013 Montemurlo (PO)
T. 0574 652748 | M. info@pancrazi.it
www.pancrazi.it

Viticoltura: Convenzionale
Ettari: 5 | **Bottiglie:** 15.000 | **Produzione olearia:** Sì
Proprietà: Giuseppe Pancrazi
Cond. enologica: Nicolò D'Afflitto
Cond. agronomica: Nicolò D'Afflitto
Vendita diretta: Sì | **Visite in azienda:** Sì

PINOT NERO MONTE FERRATO 2021
Rosso Igt - Pinot nero 100%
Alc. 12,5% | € 16 | Bt. 5.500 | Ferm. Cemento | Mat. Legno 12 mesi
Rubino vivace. Mosaico abilmente cesellato di ciliegia, lampone, melagrana, ribes nero e fragolina di bosco. Soffi mentolati e raffinati ricordi di tabacco ne completano il profilo. L'ingresso è dinamico: freschezza agrumata e tannino nobile si orchestrano su una docile sensazione pseudocalorica. Piccione ai porcini e tartufo nero.

PINOT NERO VILLA DI BAGNOLO 2021
Rosso Igt - Pinot nero 100%
Alc. 12,5% | € 26 | Bt. 3.500 | Ferm. Cemento | Mat. Legno 18 mesi
Vellutata di finferli con crostini.

PINOT NERO VIGNA BARAGAZZA 2020
Rosso Igt - Pinot nero 100%
Alc. 13% | € 40 | Bt. 900 | Ferm. Cemento | Mat. Legno 18 mesi
Terrina di lepre con salsa di prugne.

ROSATO DI PINOT NERO VILLA DI BAGNOLO 2022
Rosato Igt - Pinot nero 100%
Alc. 12% | € 12 | Bt. 6.500 | Ferm. Cemento | Mat. Cemento 3 mesi
Risotto agli scampi.

PINOT NERO VIGNA BARAGAZZA
2016 | 2018 | 2019

PINOT NERO VILLA DI BAGNOLO
2018 | 2019 | 2020

Marini Giuseppe e Figli
(1946)

La storia agricola del casato Marini ci evidenzia che loro, il vino, lo facevano dal 1800. Coltivarono la vigna un territorio che chiedeva piante differenti, resistettero e insistettero, conservando una tradizione, quella dei vignaioli, che sentono appartenergli. Nei sei ettari e mezzo di vigneto producono con oculata sensibilità vini la cui semplicità fa emergere genuinità; poi c'è il Vin Santo e qui c'è tutta la contadina genialità del fare, frutto di un intuito che è stato tramandato di generazione in generazione. Quest'anno l'Occhio di Pernice e la Riserva sono strabilianti.

via B. Sestini, 274 - 51100 Pistoia (PT)
T. 0573 451162 | M. info@marinifarm.it
www.marinifarm.it

Viticoltura: Convenzionale e lotta integrata
Ettari: 6,5 | **Bottiglie:** 8.000 | **Produzione olearia:** Sì
Proprietà: Famiglia Marini
Cond. enologica: Fabio Marini
Cond. agronomica: Fabio Marini
Vendita diretta: Sì | **Visite in azienda:** Sì

93

VIN SANTO DEL CHIANTI RISERVA 2017
Bianco Doc Dolce - Trebbiano toscano 90%, Malvasia bianca 10%
Alc. 13,5% | € 30 (0,5l) | Bt. 2.000 | Ferm. Legno | Mat. Legno 60 mesi
Ambrato brillante. Profumo riflessivo. Noce e fico secco, whisky lattone, uva passa, miele di castagno e vaporosità d'aldeide, come richiede la tradizione. La dolcezza riesce a essere saporita, vellutato al punto giusto da stimolare succosità nella purezza della chiosa di marmellata e bergamotto. Tiramisù.

VIN SANTO DEL CHIANTI OCCHIO DI PERNICE 2016
Rosso Doc Dolce - Sangiovese 100%
Alc. 15,5% | € 35 (0,375l) | Bt. 500 | Ferm. Legno | Mat. Legno 60 mesi
Zuppa inglese.

SAVIUM 2022
Bianco Igt - Pinot bianco 40%, Chardonnay 30%, Sauvignon 30%
Alc. 13,5% | € 11 | Bt. 900 | Ferm. Cemento | Mat. Cemento 6 mesi
Calamarata con ragù di pesce spada.

CHIANTI 2021
Rosso Docg - Sangiovese 100%
Alc. 13,5% | € 11 | Bt. 1.400 | Ferm. Cemento | Mat. Cemento 12 mesi
Agnolotti al piccione con sugo d'arrosto.

Marzocco di Poppiano
(1975)

La proprietà Chini ha il merito, non solo di aver dato continuità ai valori agricolturali che ha acquisito dai precedenti proprietari, ha anche impresso una svolta strategica, fondamentale e definitiva all'attività agricola, ponendo in rilievo la produzione vinicola, che nel territorio di Montespertoli vive di sangiovese. Inoltre ha rivoluzionato la conduzione dei vigneti, selezionato vecchi e preziosi cloni, declinando con perizia fortunati blend tra autoctoni e internazionali, quali Vigna del Leone e Pretale. S'intuisce che l'azienda si sta avvicinando al meglio.

Via Fezzana, 36-38 - Località Poppiano - 50025 Montespertoli (FI)
T. 055 5535259 | M. azienda@marzoccopoppiano.it
www.marzoccopoppiano.it

Viticoltura: Biodinamica e lotta integrata
Ettari: 35 | **Bottiglie:** 30.000 | **Produzione olearia:** Sì
Proprietà: Alberto Chini
Cond. enologica: Roberto Tarzariol
Cond. agronomica: Andrea Cappelli
Vendita diretta: Sì | **Visite in azienda:** Sì

(91)
VIGNA DEL LEONE 2019
Rosso Igt - Sangiovese 65%, Merlot 30%, Cabernet sauvignon 5%
Alc. 14% | € 30 | Bt. 5.000 | Ferm. Acciaio | Mat. Legno 24 mesi
Rubino intenso. C'è un'ariosità di fraganze floreali, viola e peonia in simbiosi con crema di lamponi, curcuma e noce moscata. La media struttura si edifica nell'amalgama alcol-tannino, per un medio palato in sublime freschezza di sorba e ribes rosso. Coq au vin alla borgognona.

PRETALE 2019
Rosso Igt - Sangiovese 70%, Cabernet sauvignon 15%, Canaiolo 15%
Alc. 14,5% | € 25 | Bt. 5.000 | Ferm. Acciaio | Mat. Legno 18 mesi
Tacchinella ripiena su letto di patate.

IL LANCIERE 2022
Bianco Igt - Vermentino 50%, Viognier 40%, Malvasia bianca di Candia 10%
Alc. 13% | € 11 | Bt. 1.500 | Ferm. Acciaio | Mat. Acciaio 4 mesi
Scampi alla griglia.

CHIANTI COLLI FIORENTINI MARZOCCO DI POPPIANO 2021
Rosso Docg - Sangiovese 90%, Canaiolo 10%
Alc. 14,5% | € 18 | Bt. 15.000 | Ferm. Acciaio | Mat. Acciaio 12 mesi
Cosciotto d'agnello al forno con patate novelle.

CHIANTI COLLI FIORENTINI MARZOCCO DI POPPIANO RISERVA 2020
Rosso Docg - Sangiovese 100%
Alc. 14,5% | € 18 | Bt. 5.000 | Ferm. Cemento | Mat. Legno 18 mesi
Salame di cinta senese.

PRETALE
2017 | 2018

CHIANTI COLLI FIORENTINI MARZOCCO DI POPPIANO RISERVA
2018

Masseto
(1981)

Quando uscì la prima edizione del Masseto furono spesi fiumi di parole per apparentarlo a un vino della Rive Gauche, ma con il tempo si sono rilevate inappropriate. Poi ci fu un effetto personificazione con l'essere bolgherese, però anche questo non si è saldato nella memoria del tempo: Masseto era, ed è, di più, qualcosa che già definirlo unico può risultare riduttivo. E allora com'è, cos'è il Masseto? Masseto è un luogo, un lieu-dit, senso ed essenza di quell'essere collina ed essere vino; è il vino di quella collina, in una girandola di sublimi contrasti che simboleggiano un'apoteosi.

Frazione Bolgheri - 57022 Castagneto Carducci (LI)
T. 0565 71811 | M. info@masseto.com
www.masseto.com

Viticoltura: Biologica
Ettari: 11 | **Bottiglie:** 45.000 | **Produzione olearia:** No
Proprietà: Masseto
Cond. enologica: Axel Heinz
Cond. agronomica: Axel Heinz
Vendita diretta: No | **Visite in azienda:** No

(97,5)
MASSETO 2020
Rosso Igt - Merlot 85%, Cabernet franc 15%
Alc. 15% | € 930 | Bt. 30.000 | Ferm. Legno e Cemento | Mat. Legno 24 mesi
Scuro nella veste carminio; si fa brillante nel profumare di viola e garrigue, nell'ampliarsi con mora di gelso e amarena, nel sussurrare mint chocolate e cannella. C'è della sapidità a cesellare un impeto tannico addolcito da spezie in freschezza fruttata, lunga e strepitosa virata finale di liquirizia e rabarbaro. Allodole tartufate in casseruola.

(91)
MASSETINO 2021
Rosso Igt - Merlot 90%, Cabernet franc 10%
Alc. 15,5% | € 340 | Bt. 15.000 | Ferm. Legno e Cemento | Mat. Legno 15 mesi
Veste tinteggiata di fitto rubino con armoniosi effluvi di aronia nera e confettura di uva spina rossa in appeal di vaniglia, pepe nero ed eucalipto con fumé di tabacco. Tannino e sapidità danzano nella ricchezza del corpo, sciogliendosi al calore dell'alcol e nel vellutato strascico di gelatina di melagrana. Pappardelle al ragù di cinghiale.

MASSETO
2017 | 2018 | 2019

MASSETINO
2017 | 2019 | 2020

Mastrojanni
(1975)

Fu un sogno. Un lungo respiro in cerca di un assenso, in primis interiore, di ricerca, per comprendere come far esprimere al meglio il sangiovese in questi terreni. Il risultato è stato così straordinario che non c'è anno senza che il Brunello di Montalcino griffato Mastrojanni non abiti nell'aureola dell'eccellenza, come anche quest'anno con Vigna Loreto. Ci ha sorpreso moltissimo il Ciliegiolo, ormai al terzo anno di produzione, per la sua purezza espressiva del varietale che certifica un savoir-faire enologico anche nell'interpretazione del vino con un'immediatezza di beva.

Poderi Loreto e San Pio - Castelnuovo dell'Abate - 53024 Montalcino (SI)
T. 0577 835681 | M. visite@mastrojanni.com
www.mastrojanni.com

Viticoltura: Lotta integrata
Ettari: 41 | **Bottiglie:** 160.000 | **Produzione olearia:** Sì
Proprietà: Francesco Illy
Cond. enologica: Giulia Härri
Cond. agronomica: Luigi Magnolfi
Vendita diretta: Sì | **Visite in azienda:** Sì

(92)
BRUNELLO DI MONTALCINO VIGNA LORETO 2018
Rosso Docg - Sangiovese 100%
Alc. 14,5% | € 100 | Bt. 7.000 | Ferm. Cemento | Mat. Legno 36 mesi
Granato vivace con nuance aranciate. Bouquet ampio di amarene in confettura, arancia rossa, giaggiolo, ginger e pepe nero, poi legni orientali, tabacco, rabarbaro e punta di goudron. Gusto equilibrato: tannino saporito e vivida freschezza si amalgamano nell'alcol. Estensione ai frutti rossi e spezie. Petto di germano reale al balsamico.

(91,5)
BRUNELLO DI MONTALCINO 2018
Rosso Docg - Sangiovese 100%
Alc. 15% | € 55 | Bt. 70.000 | Ferm. Cemento | Mat. Legno 36 mesi
Granato acceso. Subito allusioni di ciliegie sotto spirito, prugna e viola appassita, poi eucalipto, curry, cuoio e scatola di sigaro. In bocca la freschezza dell'arancia Sanguinella si combina con la trama tannica vigorosa e ben integrata nel solido volume. Saporita progressione di amarena e cacao. Carré di maiale alle prugne.

CILIEGIOLO 2020
Rosso Igt - Ciliegiolo 100%
Alc. 15% | € 35 | Bt. 8.000 | Ferm. Cemento | Mat. Legno 8 mesi
Cinghiale in umido.

ROSSO DI MONTALCINO 2021
Rosso Doc - Sangiovese 100%
Alc. 14,5% | € 25 | Bt. 40.000 | Ferm. Cemento | Mat. Legno 6 mesi e Cemento 4 mesi
Maltagliati con funghi porcini.

BRUNELLO DI MONTALCINO VIGNA SCHIENA D'ASINO
2013 | 2015 | 2016

BRUNELLO DI MONTALCINO VIGNA LORETO
2012 | 2013 | 2016

Fattorie Melini
(1705)

Melini, Vigneto La Selvanella e Le Grillaie sono parte di quell'emisfero vinicolo toscano che è il G.I.V., le cui potenzialità enologiche sono infinite, e qui in Toscana si mettono in evidenza con un eccellente versione di Vin Santo Occhio di Pernice, un monumento di tradizione. Di rilievo è anche la cinquantesima vendemmia del Vigneto La Selvanella, un vino che celebra al meglio il know-how del gruppo. È una presenza significativa quella del Gruppo Italiano Vini qui in Toscana, soprattutto perché non ostenta quel potere che gli è riconosciuto in Europa, ma lavora con passione e umiltà.

Loc. Gaggiano - 53036 Poggibonsi (SI)
T. 0577 998511 | M. melini@giv.it
www.cantinemelini.it

Viticoltura: Convenzionale
Ettari: 136 | **Bottiglie:** 1.500.000 | **Produzione olearia:** Sì
Proprietà: Gruppo Italiano Vini
Cond. enologica: Alessandro Zanette
Cond. agronomica: Marco Viciani
Vendita diretta: Sì | **Visite in azienda:** Sì

(91)
VIN SANTO DEL CHIANTI CLASSICO OCCHIO DI PERNICE 2009
Rosso Doc Passito - Sangiovese 80%, Malvasia 8%, Trebbiano 8%, San Colombano 4%
Alc. 16,5% | € 26 (0,5l) | Bt. 3.750 | Ferm. Legno | Mat. Legno 120 mesi
Brilla di ambra. Ampiezza olfattiva di noce e dattero, patchouli e miele di castagno, erbe alpine e bergamotto. Un'icastica freschezza è assorbita dalla dolcezza, medio palato con vampata di alcol e recupero sapido nella dissolvenza di nocciola e cedro candito. Panforte.

CHIANTI CLASSICO VIGNETO LA SELVANELLA RISERVA 2019
Rosso Docg - Sangiovese 100%
Alc. 14% | € 25 | Bt. 60.000 | Ferm. Legno | Mat. Legno 36 mesi
Camoscio in umido.

CHIANTI CLASSICO GRANAIO 2021
Rosso Docg - Sangiovese 90%, Canaiolo 8%, Colorino 2%
Alc. 14,5% | € 12 | Bt. 100.000 | Ferm. Acciaio e Cemento
Mat. Legno 12 mesi e Cemento 12 mesi
Gnocchi al ragù.

VERNACCIA DI SAN GIMIGNANO LE GRILLAIE 2022
Bianco Docg - Vernaccia di San Gimignano 100%
Alc. 13% | € 10 | Bt. 2.500 | Ferm. Acciaio | Mat. Acciaio 6 mesi e Legno 6 mesi
Risotto con cannellini e canestrelli.

CHIANTI SAN LORENZO 2022
Rosso Docg - Sangiovese 85%, altre varietà 15%
Alc. 14% | € 8 | Bt. 120.000 | Ferm. Acciaio | Mat. Acciaio 6 mesi e Cemento 6 mesi
Toma di Murazzano.

I COLTRI
2020

CHIANTI CLASSICO GRANAIO
2020

Mocali
(1956)

L'azienda Mocali fu acquistata negli anni Cinquanta del secolo scorso dal signor Dino Ciacci, uno dei venticinque promotori della nascita del Consorzio del Brunello di Montalcino. L'attuale proprietario è il nipote, Tiziano Ciacci. L'azienda agricola è situata a sud-ovest di Montalcino, a un'altitudine di circa 400 metri s.l.m., immersa nel paesaggio collinare da cui la vista spazia panoramica sul Monte Amiata e la Maremma grossetana, dove si trova un'altra piccola azienda, I Suberli, che fa parte della stessa proprietà. All'esordio in Guida si registra un Brunello Le Raunate in grande spolvero.

Località Mocali, 273 - 53024 Montalcino (SI)
T. 0577 849485 | M. azmocali@tiscali.it
www.mocali.eu

Viticoltura: Biologica certificata
Ettari: 14 | **Bottiglie:** 180.000 | **Produzione olearia:** Sì
Proprietà: Tiziano Ciacci
Cond. enologica: Tiziano Ciacci
Cond. agronomica: Tiziano Ciacci
Vendita diretta: Sì | **Visite in azienda:** Sì

92,5

BRUNELLO DI MONTALCINO LE RAUNATE 2018
Rosso Docg - Sangiovese 100%
Alc. 14% | € 55 | Bt. 6.000 | Ferm. Legno | Mat. Legno 36 mesi
Granato vivace. Schiude un'intrigante sequenza di profumi di prugna, legno di sandalo, pot-pourri di fiori viola, pepe del Sichuan, macchia mediterranea, scorza d'arancia e cacao. Tannino in succosa sapidità, con briosa freschezza e deliziosa balsamicità nel lunghissimo finale di arancia rossa e corniolo maturo. Lepre alla cacciatora.

BRUNELLO DI MONTALCINO RISERVA 2017
Rosso Docg - Sangiovese 100%
Alc. 14% | € 85 | Bt. 3.000 | Ferm. Acciaio | Mat. Legno 48 mesi
Controfiletto di bue alla brace.

BRUNELLO DI MONTALCINO 2018
Rosso Docg - Sangiovese 100%
Alc. 14% | € 45 | Bt. 55.000 | Ferm. Acciaio | Mat. Acciaio 12 mesi e Legno 36 mesi
Tacchino farcito con castagne.

I PIAGGIONI 2021
Rosso Igt - Sangiovese 100%
Alc. 14% | € 15 | Bt. 20.000 | Ferm. Acciaio | Mat. Legno 10 mesi
Bigoli con salsiccia.

ROSSO DI MONTALCINO 2021
Rosso Doc - Sangiovese 100%
Alc. 13,5% | € 18 | Bt. 32.000 | Ferm. Acciaio | Mat. Legno 16 mesi
Pappardelle con funghi porcini.

VERMENTINO 2022
Bianco Igt - Vermentino 100%
Alc. 13% | € 12 | Bt. 3.000 | Ferm. Acciaio | Mat. Acciaio 6 mesi
Linguine con bottarga e pomodori secchi.

BRUNELLO DI MONTALCINO VIGNA DELLE RAUNATE
2009 | 2010

BRUNELLO DI MONTALCINO
2009 | 2010

Monte Solaio
(1997)

L'azienda è situata nella campagna campigliese e può essere considerata a tutti gli effetti posizionata nell'Alta Maremma. La scelta ampelografica è caduta sull'utilizzo di vitigni non locali, perché il sottosuolo di queste colline metallifere e il particolare microclima, caldo tirrenico, creano una congeniale combinazione per condurli a perfetta maturazione. Chiaramente sono i vitigni a bacca nera bordolesi, con l'ospite del Rodano syrah, a predominare, e il Collevelato, tutto cabernet sauvignon, evoca suggestive e avvenenti rimembranze organolettiche médocienne.

Via di Venturina, 17 - 57021 Campiglia Marittima (LI)
T. 0565 843291 | M. info@montesolaio.com
www.montesolaio.com

Viticoltura: Convenzionale
Ettari: 10 | **Bottiglie:** 50.000 | **Produzione olearia:** Sì
Proprietà: Società Agricola Monte Solaio
Cond. enologica: Staff aziendale
Cond. agronomica: Staff aziendale
Vendita diretta: Sì | **Visite in azienda:** Sì

COLLEVELATO 2019
Rosso Igt - Cabernet sauvignon 100%
Alc. 14,5% | € 35 | Bt. 3.500 | Ferm. Legno | Mat. Legno 18 mesi
Fitta cromia carminio. Intrecci di fragranze balsamiche e vegetali si completano con stille di cassis, fiore di mirto, liquirizia e tabacco biondo. Alcol, tannino e acidità si amalgamano plasmando una succosa struttura che crea una scia di marmellata di arancia rossa. Piccione al forno con cipollotti.

SASSINORO 2020
Rosso Igt - Syrah 100%
Alc. 15,5% | € 45 | Bt. 2.000 | Ferm. Legno | Mat. Legno 18 mesi
Maialino in agrodolce.

RE DEL CASTELLO 2019
Rosso Igt - Merlot 100%
Alc. 15% | € 35 | Bt. 3.000 | Ferm. Legno | Mat. Legno 18 mesi
Pappardelle con sugo di lepre.

TINO ROSSO 2021
Rosso Igt - Cabernet sauvignon 40%, Merlot 40%, Petit verdot 20%
Alc. 14% | € 16 | Bt. 15.000 | Ferm. Acciaio | Mat. Legno 9 mesi
Fiorentina alla brace.

ALLEGRO 2022
Bianco Igt - Viognier 100%
Alc. 14% | € 16 | Bt. 4.000 | Ferm. Acciaio | Mat. Acciaio 8 mesi
Guazzetto di scampi.

SACRESTANO 2022
Rosso Igt - Cabernet franc 90%, Merlot, Cabernet sauvignon e Petit verdot 10%
Alc. 14% | € 13 | Bt. 2.200 | Ferm. Acciaio | Mat. Acciaio 10 mesi
Coniglio alla cacciatora.

Montechiaro
(2004)

Nella Tenuta di Montechiaro, vicino a Siena, si estendono vigneti, uliveti e zone boschive, sovrastati da una sontuosa villa del XVIII secolo, eretta dai Bianchi Bandinelli e poi ereditata dai Griccioli. La cantina, ubicata nell'edificio storico, presenta archi, travi in legno e moderni tini insieme a quelli restaurati. L'antica Vinsantaia è il cuore pulsante di questo suggestivo contesto, in cui storia, arte e vino si fondono, dando vita a prodotti più tradizionali, come la linea Anno Domini '345, e a creazioni più moderne, come Arteliquida e Primum Vinum, il quale conquista il podio quest'anno.

Strada di Montechiaro, 3 - 53100 Castelnuovo Berardenga (SI)
T. 0577 363016 | M. info@terredellagrigia.com
www.terredellagrigia.com

Viticoltura: Biologica certificata
Ettari: 11 | **Bottiglie:** 40.000 | **Produzione olearia:** Sì
Proprietà: Alessandro Griccioli
Cond. enologica: Alessandro Spadafora
Cond. agronomica: Leonardo Imbimbo
Vendita diretta: Sì | **Visite in azienda:** Sì

PRIMUM VINUM 2019
Rosso Igt - Sangiovese 100%
Alc. 13,5% | € 35 | Bt. 6.600 | Ferm. Acciaio | Mat. Legno 24 mesi
Carminio trasparente con bordo granato. Sprigiona intensi aromi di viola appassita, arancia Tarocco, pepe bianco, eucalipto e legno di sandalo. Ingresso potente e succoso, il nobile tannino coadiuvato da viva freschezza verticalizza il sorso, conducendo a un finale saporito di gelatina alla ciliegia. Hamburger di manzo con Montasio fuso.

ARTELIQUIDA ROSSO 2020
Rosso Igt - Malvasia nera 100%
Alc. 13,5% | € 30 | Bt. 4.000 | Ferm. Acciaio | Mat. Legno 18 mesi
Ravioli di germano con foie gras.

CHIANTI COLLI SENESI ANNO DOMINI '345 RISERVA 2020
Rosso Docg - Sangiovese 100%
Alc. 13,5% | € 25 | Bt. 10.000 | Ferm. Acciaio | Mat. Acciaio 8 mesi e Legno 24 mesi
Roast beef.

CHIANTI COLLI SENESI ANNO DOMINI '345 2020
Rosso Docg - Sangiovese 75%, Barsaglina 5%, Canaiolo 5%, Colorino 5%, Foglia tonda 5%, Malvasia nera 5%
Alc. 13,5% | € 18 | Bt. 2.900 | Ferm. Acciaio | Mat. Legno 12 mesi
Costine d'agnello in crosta di noci.

ARTELIQUIDA BIANCO
2015 | 2016 | 2020

PRIMUM VINUM
2018

Montepepe
(2002)

Montepepe è collina, mare e monti, un mix che crea benefici effetti alla maturazione delle uve, con vigne giacenti su terrazzamenti in pieno stile ottocentesco. Ampelograficamente l'azienda ha abbinato i vitigni locali a quelli d'importazione, questi ultimi appositamente scelti per le condizioni ambientali in cui devono vegetare. La cantina ipogea è stata rimodulata per custodire al meglio nei vari passaggi ciò che la vigna offre. Interessanti sono diventate le cuvée vermentino-viognier, quasi a sfidare un mix tra vitigno di mare e di fiume che, nella versione Vintage, offre spunti di riflessione.

Via Sforza, 76 - 54038 Montignoso (MS)
T. 0585 1980363 - 329 4147426 | M. info@montepepe.com
www.montepepe.com

Viticoltura: Convenzionale
Ettari: 6 | **Bottiglie:** 25.000 | **Produzione olearia:** Sì
Proprietà: Famiglia Poggi
Cond. enologica: Andrea Lupi
Cond. agronomica: Andrea Lupi
Vendita diretta: Sì | **Visite in azienda:** Sì

91

VINTAGE 2017
Bianco Igt - Vermentino 50%, Viognier 50%
Alc. 13,5% | € 32 | Bt. 540 | Ferm. Acciaio | Mat. Acciaio 8 mesi
Oro pulsante. Olfatto ammaliante di mimosa, fiore del tiglio e cedro candito, cumino, vaniglia, ananas e note salmastre, con ricordi di gelée di pompelmo e orzo tostato. In bocca esprime un fruttato di albicocca e frutta esotica, in freschezza sapida che stimola il lungo epilogo di mango e pepe bianco. Linguine all'astice.

DEGERES 2019
Bianco Igt - Vermentino 50%, Viognier 50%
Alc. 14,5% | € 42 | Bt. 1.524 | Ferm. Legno | Mat. Legno 8 mesi
Plateau royal di crudité.

PEPO 2019
Rosso Igt - Massaretta 100%
Alc. 13% | € 28 | Bt. 1.350 | Ferm. Acciaio | Mat. Acciaio e Legno 18 mesi
Grigliata di carne con salsa barbecue.

MONTEPEPE BIANCO 2021
Bianco Igt - Vermentino 70%, Viognier 30%
Alc. 13,5% | € 22 | Bt. 6.000 | Ferm. Acciaio | Mat. Acciaio 8 mesi
Tataki di tonno al sesamo.

CANDIA DEI COLLI APUANI VERMENTINO ALBÈRICO 2022
Bianco Doc - Vermentino 100%
Alc. 13% | € 15 | Bt. 6.000 | Ferm. Acciaio | Mat. Acciaio 7 mesi
Mozzarella di bufala campana.

DEGERES
2015 | 2017

GRAND VINTAGE
2009 | 2010 | 2014

Monteraponi
(1974)

Monteraponi è un pezzo di storia di pietra, un borgo incantato e vini che incantano. Le viti respirano la frescura dell'altitudine e l'ebrezza boschiva, i vini maturano e affinano sotto strati di storia. I vini di Monteraponi sono davvero storia del Chianti Classico, sia per austerità – come il Baron'Ugo – sia per indole agreste – come il Trebbiano Viti Dimenticate. Tutto nel borgo è vissuto con serena e silenziosa lentezza, quasi a non voler disturbare le vigne che crescono, gli acini che maturano, il vino che fermenta e il lungo sogno dell'evoluzione. C'è del magico in questi vini.

Località Monteraponi - 53017 Radda in Chianti (SI)
T. 0577 738208 | M. monteraponi@gmail.com
www.monteraponi.it

Viticoltura: Biologica certificata
Ettari: 12,5 | **Bottiglie:** 60.000 | **Produzione olearia:** Sì
Proprietà: Famiglia Braganti
Cond. enologica: Luca Felicioni, Maurizio Castelli
Cond. agronomica: Luca Felicioni
Vendita diretta: No | **Visite in azienda:** Sì

(94)
BARON'UGO 2019
Rosso Igt - Sangiovese 90%, Canaiolo 5%, Colorino 5%
Alc. 14% | € 80 | Bt. 6.600 | Ferm. Cemento | Mat. Legno 36 mesi
Veste carminio luminosa con riflessi granato. Raffinato bouquet di marasca, macis, viola, noce moscata e refoli di tabacco e caffè. Il sorso è sontuoso con una freschezza dinamica e un tannino saporito, con un ritorno speziato di ginepro e guizzi balsamici. Lungo finale con flavor di caramella al lampone. Fagiano arrosto.

CHIANTI CLASSICO IL CAMPITELLO RISERVA 2020
Rosso Docg - Sangiovese 95%, Canaiolo 3%, Colorino 2%
Alc. 13,5% | € 60 | Bt. 6.600 | Ferm. Cemento | Mat. Legno 26 mesi
Ragusano.

CHIANTI CLASSICO 2021
Rosso Docg - Sangiovese 95%, Canaiolo 5%
Alc. 13,5% | € 30 | Bt. 37.000 | Ferm. Cemento | Mat. Legno 16 mesi
Costoletta alla valdostana.

TREBBIANO VITI DIMENTICATE 2021
Bianco Igt - Trebbiano 100%
Alc. 12,5% | € 80 | Bt. 1.800 | Ferm. Legno | Mat. Legno 9 mesi
Paella.

BARON'UGO
2012 | 2013 | 2018

CHIANTI CLASSICO IL CAMPITELLO RISERVA
2017 | 2018 | 2019

Monteverro
(2002)

Quale fosse la volontà di fare vino del team Weber s'intuì fin dall'inizio: strategizzare una concezione di produzione del vino che vedesse come attori principali quei vitigni che nell'assorbire le peculiarità microclimatiche si rendessero espressione di singolari eccellenze. Il risultato è stato raggiunto da qualche tempo, adesso è iniziato un lavoro di microchirurgia enologica per raffinare anche le più remote parvenze di possibili dissonanze stilistiche. C'è tantissimo stile nei vini Monteverro, ci piacerebbe poter dire stile capalbiese, però per questo paradiso si può attendere.

Strada Aurelia Capalbio, 11 - 58011 Capalbio (GR)
T. 0564 890721 | M. info@monteverro.com
www.monteverro.com

Viticoltura: Biologica certificata
Ettari: 40 | **Bottiglie:** 180.000 | **Produzione olearia:** Sì
Proprietà: Georg Weber
Cond. enologica: Matthieu Taunay
Cond. agronomica: Simone Salamone
Vendita diretta: Sì | **Visite in azienda:** Sì

(91)
MONTEVERRO 2020
Rosso Igt - Cabernet franc 40%, Cabernet sauvignon 40%, Merlot 15%, Petit verdot 5%
Alc. 14% | € 155 | Bt. 22.978 | Ferm. Legno e Acciaio | Mat. Legno 24 mesi
Veste amaranto con orlo rubino. Bouquet di mora e prugna in confettura, ciliegia marasca, pot-pourri, completato da chiodi di garofano, pepe e torrefazione. Sorso dinamico e di spessore, dal tannino vigoroso coadiuvato da succulente freschezza e tonica spinta alcolica. Filetto di scottona in sfoglia.

TINATA 2020
Rosso Igt - Syrah 70%, Grenache 30%
Alc. 14% | € 108 | Bt. 7.797 | Ferm. Legno e Acciaio | Mat. Legno 16 mesi e Cemento 16 mesi
Quaglie alla cacciatora.

CHARDONNAY MONTEVERRO 2020
Bianco Igt - Chardonnay 100%
Alc. 14% | € 99 | Bt. 4.300 | Ferm. Legno e Acciaio | Mat. Legno 14 mesi
Pesce spada al cartoccio.

TERRA DI MONTEVERRO 2020
Rosso Igt - Cabernet franc 40%, Cabernet sauvignon 35%, Merlot 20%, Petit verdot 5%
Alc. 14% | € 48 | Bt. 6.000 | Ferm. Legno e Acciaio | Mat. Legno 20 mesi
Pasta alla gricia.

MONTEVERRO
2017 | 2018 | 2019

CHARDONNAY MONTEVERRO
2018

Morisfarms
(1971)

Sulle colline maremmane, a pochi minuti dal Golfo di Follonica, nell'ormai storico possedimento di famiglia "Fattoria Poggetti", prosegue con dedizione e orgoglio la gestione dei cugini Ranieri Moris e Giulio Parentini nella produzione di vini di alta qualità, con assoluto e autentico rispetto del terroir. Qui la famiglia Moris, che oltre trecento anni fa si trasferì dalla Spagna, coltiva principalmente sangiovese, ma anche altre varietà sia nere che bianche, per un portfolio di vini di variegato assortimento tra cui si fa notare quest'anno il Morellino di Scansano Riserva 2019.

Fattoria Poggetti - Località Cura Nuova - 58024 Massa Marittima (GR)
T. 0566 919135 | M. morisfarms@morisfarms.it
www.morisfarms.it

Viticoltura: Convenzionale
Ettari: 73 | **Bottiglie:** 300.000 | **Produzione olearia:** Sì
Proprietà: Famiglia Moris
Cond. enologica: Attilio Pagli
Cond. agronomica: Stefano Bartolomei
Vendita diretta: Sì | **Visite in azienda:** Sì

(91)

AVVOLTORE 2018
Rosso Igt - Sangiovese 75%, Cabernet sauvignon 20%, Syrah 5%
Alc. 14% | € 35 | Bt. 40.000 | Ferm. Cemento | Mat. Legno 12 mesi
Rubino dai contorni granato. Incipit di ciliegie, giuggiole e more di rovo in confettura, a cui si accodano viole appassite, legno di cedro, spezie orientali, tabacco biondo, pepe pestato e scorza di arancia. Avvolgente e caldo, si ravviva di freschezza agrumata, sapidità che persiste e tannini coesi. Filetto di maiale alla senape.

MORELLINO DI SCANSANO RISERVA 2019
Rosso Docg - Sangiovese 90%, Cabernet sauvignon 7%, Merlot 3%
Alc. 13,5% | € 22 | Bt. 18.000 | Ferm. Cemento | Mat. Legno 12 mesi
Bocconcini di cinghiale con salsa di prugne.

MAREMMA TOSCANA ROSSO BARBASPINOSA 2019
Rosso Doc - Sangiovese 90%, Cabernet sauvignon 10%
Alc. 13,5% | € 14 | Bt. 18.000 | Ferm. Cemento | Mat. Legno 12 mesi
Guanciale di manzo al brandy.

MORELLINO DI SCANSANO 2021
Rosso Docg - Sangiovese 90%, Syrah 7%, Merlot 3%
Alc. 14% | € 10 | Bt. 200.000 | Ferm. Acciaio | Mat. Acciaio 4 mesi
Pappa al pomodoro.

MAREMMA TOSCANA ROSSO MANDRIOLO 2022
Rosso Doc - Sangiovese 80%, altre varietà 20%
Alc. 12,5% | € 7 | Bt. 35.000 | Ferm. Cemento | Mat. Acciaio 4 mesi
Tagliere di salumi.

MAREMMA TOSCANA ANSONICA AMOR 2022
Bianco Doc - Ansonica 100%
Alc. 13% | € 12 | Bt. 6.600 | Ferm. Acciaio | Mat. Acciaio 4 mesi
Fiori di zucca ripieni di ricotta e acciughe.

AVVOLTORE
2013 | 2016 | 2017

MORELLINO DI SCANSANO RISERVA
2016 | 2017

Mormoraia
(1980)

Mormoraia è un complesso eno-agri-turistisco e di primo acchito verrebbe da pensare che il vino, vista la bellezza del panorama, quasi in versione "camera con vista", sia un progetto a latere, nel senso del "siamo qui e lo si fa". In realtà è tanto lo studiato rigore enologico che anima la produzione. Ci hanno impressionato moltissimo le due tipologie di Vernaccia: Antalis e Suavis. La prima per aver mantenuto il classico carattere del vitigno con l'aiuto del legno, la seconda per tutta l'esplosività che il vitigno offre al naso e al palato. Il Mytilus è un'ottima interpretazione della bordolesità.

Località Sant'Andrea, 15 - 53037 San Gimignano (SI)
T. 0577 940096 | M. info@mormoraia.it
www.mormoraia.it

Viticoltura: Biologica certificata
Ettari: 44 | **Bottiglie:** 120.000 | **Produzione olearia:** Sì
Proprietà: Famiglia Passoni
Cond. enologica: Mirko Niccolai
Cond. agronomica: Giovanni Cerretelli
Vendita diretta: Sì | **Visite in azienda:** Sì

MYTILUS 2018
Rosso Igt - Cabernet sauvignon 50%, Merlot 50%
Alc. 14% | € 28 | Bt. 2.500 | Ferm. Legno e Acciaio
La fittezza cromatica rubino anticipa frutti scuri: confettura di mirtillo e di mora assorbono cannella, tabacco biondo, un che di balsamico e malie di china. Il gusto fa pienezza di sé per alcol e tannino in appagante volume strutturale; chiude con scorza d'arancia. Stinco di maiale al forno in pancetta affumicata.

VERNACCIA DI SAN GIMIGNANO ANTALIS RISERVA 2020
Bianco Docg - Vernaccia di San Gimignano 100%
Alc. 13% | € 19 | Bt. 3.500 | Ferm. Acciaio | Mat. Legno 12 mesi
Coniglio alla ligure.

VERNACCIA DI SAN GIMIGNANO SUAVIS 2022
Bianco Docg - Vernaccia di San Gimignano 100%
Alc. 12,5% | € 12 | Bt. 60.000 | Ferm. Acciaio | Mat. Acciaio 6 mesi
Guazzetto di scampi.

VERNACCIA DI SAN GIMIGNANO OSTREA 2021
Bianco Docg - Vernaccia di San Gimignano 100%
Alc. 13% | € 16 | Bt. 6.000 | Ferm. Acciaio | Mat. Legno 6 mesi
Gnocchetti al sugo d'astice.

NEYTEA 2018
Rosso Igt - Sangiovese 100%
Alc. 14% | € 28 | Bt. 3.000 | Ferm. Acciaio | Mat. Legno 24 mesi
Agnolotti al piccione con sugo d'arrosto.

GAUDIUM 2022
Rosato Igt - Sangiovese 34%, Merlot 33%, Syrah 33%
Alc. 13% | € 15 | Bt. 5.000 | Ferm. Acciaio | Mat. Acciaio 5 mesi
Bruschetta al pomodoro.

VERNACCIA DI SAN GIMIGNANO ANTALIS RISERVA
2017

YULUS
2017

Fabio Motta
(2009)

Forse di Fabio Motta dire azienda agricola può apparire riduttivo o eccessivo, però tutto declinato in positivo, perché pur professandosi vignaiolo vero – lo è –, è anche "artisan de la vigne", come dicono i francesi, e le sue interpretazioni dei vini, di quella che è, per fortuna, una eno-boutique agreste, sono in continua progressione qualitativa; forse non sono ancora la piena espressione di come li ha intesi il wine-maker, ma un'attraente personalità già la evidenziano, e Le Gonnare, il Bolgheri, ha in sé una potenzialità stilistica che quando si rifinirà diventerà un'icona del territorio.

Località Le Fornacelle, 232/C - 57022 Castagneto Carducci (LI)
T. 0565 1828055 | M. info@mottafabio.it
www.mottafabio.it

Viticoltura: Biologica certificata
Ettari: 7 | **Bottiglie:** 40.000 | **Produzione olearia:** Sì
Proprietà: Fabio Motta
Cond. enologica: Fabio Motta, Attilio Pagli
Cond. agronomica: Fabio Motta
Vendita diretta: No | **Visite in azienda:** No

BOLGHERI SUPERIORE LE GONNARE 2020
Rosso Doc - Merlot 85%, Syrah 15%
Alc. 13,5% | € 50 | Bt. 7.000 | Ferm. Cemento | Mat. Legno 18 mesi
Lucentezza carminio. Lo scrigno dei profumi libera susina rossa e lauro, muschio e pino verde, impreziosendosi con ciliegia Ferrovia e ginger. Icastico il tannino con flavor di mirtillo rosso, si combina con alcol e dà un senso di equilibrio nel finale speziato, di pepe nero. Saltimbocca alla romana.

LE GONNARE BIANCO 2022
Bianco Igt - Vermentino 100%
Alc. 12% | € 23 | Bt. 2.500 | Ferm. Acciaio | Mat. Terracotta 6 mesi
Linguine con asparagi e calamaretti.

LO SCUDIERE 2020
Rosso Igt - Sangiovese 100%
Alc. 13,5% | € 25 | Bt. 4.000 | Ferm. Legno e Cemento | Mat. Legno 12 mesi
Straccetti di vitello al rosmarino.

BOLGHERI ROSSO PIEVI 2021
Rosso Doc - Merlot 40%, Cabernet sauvignon 25%, Sangiovese 25%, Syrah 10%
Alc. 13,5% | € 20 | Bt. 25.000 | Ferm. Cemento | Mat. Cemento 12 mesi
Salame d'oca di Mortara.

BOLGHERI SUPERIORE LE GONNARE
2018 | 2019

LO SCUDIERE
2019

Nittardi
(1981)

Nittardi, o meglio ancora la torre "Nectar dei" e quanto d'intorno c'è, è rinata grazie alla famiglia Femfert, che con costanza e convinzione ha quasi ricostruito tutto. La filosofia aziendale si divide tra Chianti Classico e Maremma, e nel senese è il vitigno sangiovese ad animare l'essenza dei loro vini. Quest'anno il Gran Selezione evidenzia una purezza d'anima enologica che ha impressionato a tal punto da raggiungere l'eccellenza: c'è come qualcosa di michelangiolesco in quel vino che, al pari di un'opera d'arte, lascia quel po' di mistero che ammalia.

Località Nittardi - 53011 Castellina in Chianti (SI)
T. 0577 740269 | M. info@nittardi.com
www.nittardi.com

Viticoltura: Biologica certificata
Ettari: 32 | **Bottiglie:** 120.000 | **Produzione olearia:** Sì
Proprietà: Famiglia Femfert
Cond. enologica: Carlo Ferrini
Cond. agronomica: Alessio Sandrucci
Vendita diretta: Sì | **Visite in azienda:** Sì

93

CHIANTI CLASSICO NITTARDI GRAN SELEZIONE 2020
Rosso Docg - Sangiovese 95%, Merlot 5%
Alc. 14% | € 37 | Bt. 8.000 | Ferm. Acciaio | Mat. Acciaio 3 mesi e Legno 24 mesi
Ricco d'intensità rubino. Ampiezza olfattiva di amarena, ribes nero, giaggiolo, susina, cannella e coriandolo. Attacco gustoso e succoso, freschezza ai frutti rossi, poi la dimensione tannica dà sostanza alla struttura e infittisce il sorso, lasciando lungo flavor di arancia rossa. Fagiano arrosto.

CHIANTI CLASSICO BELCANTO 2021
Rosso Docg - Sangiovese 90%, altre varietà 10%
Alc. 14% | € 15 | Bt. 2.000 | Ferm. Acciaio | Mat. Acciaio 3 mesi e Legno 9 mesi
Rosticciana.

CHIANTI CLASSICO CASANUOVA DI NITTARDI VIGNA DOGHESSA 2021
Rosso Docg - Sangiovese 100%
Alc. 14% | € 22 | Bt. 30.000 | Ferm. Acciaio | Mat. Acciaio 3 mesi e Legno 12 mesi
Bigoli con l'anatra.

MAREMMA TOSCANA ROSSO NECTAR DEI 2020
Rosso Doc - Cabernet sauvignon 40%, Petit verdot 30%, Merlot 20%, Syrah 10%
Alc. 14% | € 42 | Bt. 8.000 | Ferm. Acciaio | Mat. Acciaio 5 mesi e Legno 24 mesi
Tagliatelle al ragù.

MAREMMA TOSCANA ROSSO AD ASTRA 2021
Rosso Doc - Sangiovese 50%, Cabernet sauvignon 20%, Merlot 20%, Cabernet franc 10%
Alc. 14% | € 28 | Bt. 46.000 | Ferm. Acciaio | Mat. Acciaio 5 mesi e Legno 12 mesi.
Pluma di maialino Bellota con cipolle caramellate.

MAREMMA TOSCANA VERMENTINO BEN 2022
Bianco Doc - Vermentino 100%
Alc. 13,5% | € 11 | Bt. 10.000 | Ferm. Acciaio | Mat. Acciaio 3 mesi
Ricciola al forno con capperi e pomodori ciliegino.

NECTAR DEI
2011

CHIANTI CLASSICO NITTARDI RISERVA
2013 | 2015 | 2016

Ormanni
(1818)

Le cantine dell'azienda raccontano una storia enoica lunga secoli, la parte più antica scavata nel tufo risale addirittura alla fine del Settecento. Qui avviene ancora oggi la lenta maturazione dei vini in botte grande e in barrique. Ammalia e conquista all'assaggio il Gran Selezione, esprimendo a pieno la tradizione e valorizzando il varietale di un sangiovese scelto a mano dalle vigne più vecchie. Molto vicino come valore il Riserva Borro del Diavolo, un vino concreto e di struttura, che è riuscito a diventare un'icona nel panorama del Chianti Classico della zona di San Donato in Poggio.

Località Ormanni - 53036 Poggibonsi (SI)
T. 0577 937212 | M. info@ormanni.com
www.ormanni.com

Viticoltura: Biologica e biologica certificata
Ettari: 68 | **Bottiglie:** 110.000 | **Produzione olearia:** Sì
Proprietà: Paola Brini Batacchi
Cond. enologica: Niccolò Ferri, Paolo Salvi
Cond. agronomica: Ruggero Mazzilli, Francesco Daddi
Vendita diretta: Sì | **Visite in azienda:** Sì

92

CHIANTI CLASSICO GRAN SELEZIONE ETICHETTA STORICA 2018
Rosso Docg - Sangiovese 100%
Alc. 14,5% | € 40 | Bt. 1.200 | Ferm. Cemento | Mat. Legno 24 mesi
Da un calice carminio vivace con riflessi granato emergono preziosi riconoscimenti di amarena in gelatina, iris appassito e menta, cesellati da note di vaniglia e caffè. Sorso pieno e gustoso, progressione tannica ricca e legata al frutto a donare armonia, si attarda su cenni di boero e genziana. Capriolo ai porcini.

CHIANTI CLASSICO BORRO DEL DIAVOLO RISERVA 2019
Rosso Docg - Sangiovese 100%
Alc. 14,5% | € 25 | Bt. 15.000 | Ferm. Cemento | Mat. Legno 20 mesi
Reale di vitello alla senape antica.

CHIANTI CLASSICO ORMANNI 2021
Rosso Docg - Sangiovese 100%
Alc. 14,5% | € 15 | Bt. 50.000 | Ferm. Acciaio e Cemento | Mat. Legno 12 mesi
Stinco d'agnello al forno.

CHIANTI CLASSICO BORRO DEL DIAVOLO RISERVA
2015 | 2017 | 2018

CHIANTI CLASSICO ORMANNI
2018

Ornellaia
(1981)

Bolgheri si è ornata di Ornellaia, perché effettivamente l'azienda è una delle diamantate effigi del bolgherese. Ogni anno sorprende per quel librarsi nell'eccellenza, che svetta, adesso, nel vino La Proporzione Bolgheri Superiore, stilizzato nell'estetica dall'artista Joseph Kosuth, per una concettualizzazione enostilistica di sublime raffinatezza. In tal modo i vini di Ornellaia si fanno concezione d'arte, enologica espressione di un'equilibrata armonia operativa tra vigna e cantina, in un percorso di naturalità del fare che è l'essenza stessa del loro pensare che quello sarà il loro vino.

Via Bolgherese, 191 - Bolgheri - 57022 Castagneto Carducci (LI)
T. 0565 71811 | M. info@ornellaia.it
www.ornellaia.it

Viticoltura: Ecosostenibile
Ettari: 119 | **Bottiglie:** 1.000.000 | **Produzione olearia:** Sì
Proprietà: Tenute di Toscana
Cond. enologica: Axel Heinz
Cond. agronomica: Axel Heinz
Vendita diretta: No | **Visite in azienda:** Sì

97

BOLGHERI SUPERIORE LA PROPORZIONE 2020
Rosso Doc - Cabernet sauvignon 50%, Merlot 32%, Cabernet franc 13%, Petit verdot 5%
Alc. 13,5% | € 315 | Bt. 150.000 | Ferm. Acciaio e Cemento
Mat. Legno 18 mesi
Serrata cromia rubino. Tantissima è la maturità del frutto, mora, amarena e mirtillo in magica nebulizzazione di vaniglia, eucalipto, tabacco e moka. Serico nella progressione tannica, con freschezza balsamica a prolungare una salinità in elegante fusione di cioccolato nero e dolce legno di cedro. Pappardelle con sugo di lepre.

91

ORNELLAIA BIANCO 2020
Bianco Igt - Sauvignon 100%
Alc. 12,5% | € 250 | Bt. 8.000 | Ferm. Legno | Mat. Acciaio 2 mesi e Legno 10 mesi
Brillante paglierino. Offre fragranze di camomilla, pompelmo e tarassaco in magica complessità di pesca bianca, ginger e cocco, scemando con verbena. Acidità e sapidità si combinano in una sinuosa liquidità al flavor di frutta tropicale, il sorso si avvia, nel centro bocca, fluendo in crema di agrumi e pepe bianco. Branzino al cartoccio.

BOLGHERI ROSSO LE SERRE NUOVE DELL'ORNELLAIA 2021
Rosso Doc - Merlot 50%, Cabernet sauvignon 28%, Cabernet franc 11%, Petit verdot 11%
Alc. 14,5% | € 50 | Bt. 25.000 | Ferm. Acciaio e Cemento | Mat. Legno 15 mesi
Tartare di manzo.

LE VOLTE DELL'ORNELLAIA 2021
Rosso Igt - Merlot 90%, altre varietà 10%
Alc. 14% | € 22 | Bt. 750.000 | Ferm. Acciaio | Mat. Legno 10 mesi
Roast beef.

POGGIO ALLE GAZZE DELL'ORNELLAIA 2021
Bianco Igt - Sauvignon 72%, Vermentino 16%, Verdicchio 6%, Viognier 6%
Alc. 13,5% | € 47 | Bt. 50.000 | Ferm. Legno e Acciaio e Cemento
Mat. Acciaio 6 mesi e Legno 6 mesi
Gazpacho.

BOLGHERI SUPERIORE ORNELLAIA
2017 | 2018 | 2019

BOLGHERI ROSSO LE SERRE NUOVE DELL'ORNELLAIA
2019 | 2020

Ornina
(2008)

Iniziata ormai quasi due decenni fa, l'avventura imprenditoriale di Ornina si è saldamente radicata nel territorio aretino, basandosi su precisi principi di conduzione biodinamica e accompagnata da notevoli investimenti finalizzati a una produzione sostenibile. Questo approccio, in sintonia con la filosofia aziendale, trova riscontro nelle retro-etichette di ciascuna bottiglia, dove si legge: "prodotto senza l'utilizzo di lieviti selezionati, tannini, enzimi, stabilizzanti o altre sostanze che possano alterare il frutto del nostro lavoro e la naturalità del vino".

Strada per Ornina, 121 - 52016 Castel Focognano (AR)
T. 338 2381000 | M. info@ornina.it
www.ornina.it

Viticoltura: Biologica certificata e biodinamica
Ettari: 6 | **Bottiglie:** 25.000 | **Produzione olearia:** No
Proprietà: Marco Biagioli
Cond. enologica: Marco Biagioli
Cond. agronomica: Marco Biagioli
Vendita diretta: Sì | **Visite in azienda:** Sì

ORNOIR 2020
Rosso Igt - Pinot nero 100%
Alc. 13,5% | € 30 | Bt. 3.000 | Ferm. Acciaio | Mat. Legno 12 mesi
Veste il calice di un color carminio vivace che volge al granato sul bordo. Si susseguono precisi riconoscimenti di ribes rosso, rosa tea, carcadè e pepe bianco, arricchiti da cenni di canfora, cacao e ruggine. Sorso verticale, dinamizzato da freschezza e sapidità. Tannino di nobile fattura. Coda alla vaccinara.

TRIGONO 2018
Rosso Igt - Sangiovese 60%, Canaiolo 30%, Ciliegiolo 10%
Alc. 14% | € 50 | Bt. 800 | Ferm. Acciaio | Mat. Legno 24 mesi
Fondue bourguignonne.

ORNINA 2019
Rosso Igt - Sangiovese 80%, Canaiolo 20%
Alc. 13,5% | € 25 | Bt. 3.000 | Ferm. Acciaio | Mat. Legno 12 mesi e Cemento 6 mesi
Ravioli al sugo di chianina e tartufo nero.

ORGRIS 2022
Rosato Igt - Pinot grigio 100%
Alc. 12,5% | € 17 | Bt. 3.000 | Ferm. Acciaio | Mat. Cemento 15 mesi
Pizza capricciosa.

MAHSARÀ DOSAGGIO ZERO 2018
Rosato Igt Metodo Classico - Pinot nero 50%, Sangiovese 30%, Trebbiano 20%
Alc. 11,5% | € 38 | Bt. 2.000 | Ferm. Acciaio | Mat. Cemento 12 mesi
36 mesi sui lieviti
Involtini di melanzana con scamorza.

TRIGONO
2016

ORNINA
2017 | 2018

Pagani de Marchi
(1997)

Dice Matteo Pagani, in sella all'azienda dal 2021: "mettersi in discussione per conservare una mentalità aperta". Purtroppo, o per fortuna, in vini dell'azienda non fanno discutere, con i vini Pagani de Marchi ci si dialoga; in primis, perché animati da una verve che in quindici anni ha inciso con un "pensiero pensato" nella stilizzazione enologica del territorio casalese, poi si sono cesellati uno stile che diventa quasi riconoscibilità e quindi griffe enologica, dove s'intuisce che l'esplosione è prossima a deflagrare in tutta la sua qualitativa essenza.

Via della Camminata, 2 - Loc. La Nocera - 56040 Casale Marittimo (PI)
T. 0586 653016 | M. info@paganidemarchi.com
www.paganidemarchi.com

Viticoltura: Biologica certificata
Ettari: 6,5 | **Bottiglie:** 38.000 | **Produzione olearia:** No
Proprietà: Pia Pagani de Marchi
Cond. enologica: Attilio Pagli, Stefano Moscatelli
Cond. agronomica: Stefano Moscatelli
Vendita diretta: Sì | **Visite in azienda:** Sì

PRINCIPE GUERRIERO 2020
Rosso Igt - Merlot 60%, Cabernet sauvignon 40%
Alc. 14,5% | € 25 | Ferm. Terracotta | Mat. Terracotta 12 mesi
Molto scuro il suo rosso rubino. C'è oscillazione dell'effetto varietale tra peperone rosso e foglia di cassis, cassis e ciliegia Ferrovia, si completa con eucalipto e sbuffi di cacao. La freschezza ha un'idea di salinità, c'è ricca tannicità e tonificante apporto alcolico; si fa ricordare per prugna e liquirizia. Risotto al tartufo nero.

CASA NOCERA 2019
Rosso Igt - Merlot 100%
Alc. 14,5% | € 30 | Bt. 2.000 | Ferm. Acciaio | Mat. Legno 18 mesi
Lombata di vitello su letto di cipolline saltate.

OLMATA 2019
Rosso Igt - Merlot 50%, Cabernet sauvignon 30%, Sangiovese 20%
Alc. 14,5% | € 18 | Ferm. Acciaio | Mat. Legno 12 mesi
Maiale in agrodolce.

MONTESCUDAIO ROSSO MONTALEO 2020
Rosso Doc - Sangiovese 70%, Cabernet sauvignon 15%, Merlot 15%
Alc. 14% | € 12 | Bt. 14.000 | Ferm. Acciaio | Mat. Acciaio 5 mesi
Toma di Murazzano.

BLUMEA 2022
Bianco Igt - Vermentino 100%
Alc. 13% | € 15 | Bt. 6.000 | Ferm. Acciaio | Mat. Acciaio 6 mesi
Fregola con le arselle.

CASA NOCERA
2010 | 2011 | 2013

MONTESCUDAIO SANGIOVESE PRINCIPE GUERRIERO
2012 | 2013

Pagliarese
(1965)

Situata vicino San Gusmè, l'antica fattoria ha un storia che risale al 1200, con la famiglia dei Pagliaresi, ben nota a Siena. L'azienda crebbe molto tra gli anni Settanta e Ottanta, imponendosi come una delle più apprezzate del Chianti Classico, grazie anche alla collaborazione con Giulio Gambelli. Dal '95 è di proprietà della famiglia Poggiali, che ne ha curato il rilancio concentrandosi sul recupero e sulla valorizzazione delle vigne più antiche, con reimpianti dei vigneti più vecchi in seguito a selezioni massali. Un recupero quindi del "vecchio stile", uno stile autentico, anche nelle etichette.

Strada di Pagliarese, 4 - 53019 Castelnuovo Berardenga (SI)
T. 0577 1652115 | M. info@pagliarese.com
www.pagliarese.com

Viticoltura: Biologica certificata
Ettari: 26 | **Bottiglie:** 81.000 | **Produzione olearia:** No
Proprietà: Famiglia Poggiali
Cond. enologica: Franco Bernabei
Cond. agronomica: Alessandro Chellini
Vendita diretta: Sì | **Visite in azienda:** Sì

CHIANTI CLASSICO RISERVA 2020
Rosso Docg - Sangiovese 90%, Canaiolo 5%, Mammolo 5%
Alc. 13,5% | € 22 | Bt. 15.000 | Ferm. Acciaio | Mat. Legno 20 mesi
Carminio con riflessi granato. Spiccano profumi di arancia Sanguinella, glicine appassito, sottobosco, menta e legni orientali, con effluvi di lavanda, incenso e garrigue. Assaggio robusto di alcol e tannini tenaci, ravvivato dalla buona freschezza. Persistente nella chiusura alla scorza d'arancia. Filetto al pepe verde.

GIOSAFÀ 2020
Bianco Igt - Trebbiano 34%, Malvasia 33%, San Colombano 33%
Alc. 12,5% | € 15 | Bt. 2.000 | Ferm. Legno e Acciaio | Mat. Cemento 4 mesi
Paella.

CHIANTI CLASSICO GRAN SELEZIONE 2019
Rosso Docg - Sangiovese 100%
Alc. 13,5% | € 29 | Bt. 4.000 | Ferm. Acciaio | Mat. Legno 24 mesi
Cappone ripieno al forno.

CHIANTI CLASSICO 2021
Rosso Docg - Sangiovese 90%, Canaiolo 5%, Mammolo 5%
Alc. 14% | € 15 | Bt. 50.000 | Mat. Legno 12 mesi
Pappardelle con funghi porcini.

ROSATO 2022
Rosato Igt - Sangiovese 90%, Canaiolo 5%, Mammolo 5%
Alc. 12% | € 12 | Bt. 10.000 | Ferm. Acciaio
Torta salata ai broccoli.

CHIANTI CLASSICO
2017

CHIANTI CLASSICO RISERVA
2016

Palazzo Loia
(1983)

La famiglia Loia inizia a scrivere la propria storia vitivinicola nel 1983, quando un'antica tenuta diventa il loro simbolo di passione da tramandare alle generazioni successive. Nel corso degli anni assistiamo a dei cambiamenti importanti: i vecchi impianti sono sostituiti passando a una conduzione biologica e la cantina è completamente modernizzata per produrre dei vini dal taglio classico, ma con un tocco di contemporaneità. Una scelta significativa è quella di utilizzare botti di rovere di Slavonia da 10, 20 e 30 hl, che conferiscono un equilibrio sottile senza appesantire il palato.

Località Palazzo, 144 - 53024 Montalcino (SI)
T. 380 5188990 | M. info@aziendapalazzo.it
www.aziendapalazzo.it

Viticoltura: Biologica
Ettari: 4,2 | **Bottiglie:** 20.000 | **Produzione olearia:** Sì
Proprietà: Fratelli Loia
Cond. enologica: Fabrizio Ciufoli
Cond. agronomica: Marco Nasca, Angelo Loia
Vendita diretta: Sì | **Visite in azienda:** Sì

(92)

BRUNELLO DI MONTALCINO 2018
Rosso Docg - Sangiovese 100%
Alc. 15% | € 38 | Bt. 14.000 | Ferm. Legno e Acciaio | Mat. Legno 36 mesi
Livrea carminio e lucente dai ricami granato. Preziosi riconoscimenti di giaggiolo essiccato, durone in confettura, foglia di ribes, tamarindo, liquirizia e cacao. Potenza armonizzata dalla sinergia fresco-tannica. Notevole allungo sospinto anche dalla sapidità, chiude su arancia Sanguinella. Piccione ai porcini e tartufo nero.

BRUNELLO DI MONTALCINO COSIMO 2018
Rosso Docg - Sangiovese 100%
Alc. 15,5% | € 50 | Bt. 2.000 | Ferm. Acciaio | Mat. Legno 40 mesi
Filetto di maiale lardellato.

ROSSO DI MONTALCINO 2021
Rosso Doc - Sangiovese 100%
Alc. 14,5% | € 20 | Bt. 3.200 | Ferm. Legno e Acciaio | Mat. Legno 14 mesi
Ravioli di magro con funghi chiodini.

ROSSO DI MONTALCINO
2012

Panzanello
(1964)

A Panzanello il lavoro in vigna segue una rigorosa e scrupolosa sacralità che sembra trarre linfa dalla cella che si affaccia sulle vigne, un tempo occupata da pensosi eremiti. Chiaramente da molti anni la linea produttiva dedica attenzione al sangiovese, che è una costante predominante nelle loro cuvée, sia nella classicità che con l'aiuto, invero microscopico, di qualche internazionale. Vini schietti, integri nella struttura e in continua ascesa qualitativa, con picco nel 1427, sia Classico sia Riserva: due eccentrici prodotti.

Case Sparse, 86 - Località Panzanello - 50022 Greve in Chianti (FI)
T. 055 852470 | M. info@panzanello.it
www.panzanello.it

Viticoltura: Biologica certificata
Ettari: 20 | **Bottiglie:** 50.000 | **Produzione olearia:** Sì
Proprietà: Andrea Sommaruga
Cond. enologica: Gioia Cresti
Cond. agronomica: Gioia Cresti
Vendita diretta: Sì | **Visite in azienda:** Sì

CHIANTI CLASSICO 1427 2020
Rosso Docg - Sangiovese 95%, Merlot 5%
Alc. 14,5% | € 24 | Bt. 10.000 | Ferm. Acciaio | Mat. Legno 12 mesi
Brioso rubino, svela un varietale di amarena e viola che si accompagnano con noce moscata, cannella e anice stellato. Generoso nel sorso per alcol e tannino, si fa fruttato maturo a centro bocca e lascia un'attraente eco speziata e tostata. Gnocchi al ragù.

CHIANTI CLASSICO 1427 RISERVA 2019
Rosso Docg - Sangiovese 95%, Cabernet franc 5%
Alc. 14% | € 35 | Bt. 8.000 | Ferm. Acciaio | Mat. Acciaio 3 mesi e Legno 18 mesi
Bigoli con l'anatra.

CHIANTI CLASSICO PANZANELLO 2021
Rosso Docg - Sangiovese 100%
Alc. 14% | € 18 | Bt. 10.000 | Ferm. Acciaio | Mat. Acciaio 12 mesi e Legno 12 mesi
Sella di coniglio al tartufo con timballo di patate.

ERROR 404 2022
Rosato Igt - Sangiovese 100%
Alc. 13,5% | € 16 | Bt. 1.000 | Ferm. Acciaio | Mat. Acciaio 8 mesi
Prosciutto di Parma 36 mesi.

MANUNZIO 2018
Rosso Igt - Merlot 100%
Alc. 15% | € 58 | Bt. 1.200 | Ferm. Acciaio | Mat. Acciaio 3 mesi e Legno 24 mesi
Pecorino di Pienza.

GOCCIA BRUT
Rosato Metodo Martinotti - Sangiovese 100%
Alc. 12,5% | € 16 | Bt. 2.500 | 4 mesi sui lieviti
Risotto ai frutti di mare.

CHIANTI CLASSICO 1427
2018 | 2019

ERROR 404
2021

Peteglia
(1989)

Nata alla fine degli anni Ottanta del secolo scorso nel centro della Val d'Orcia grossetana, l'azienda Peteglia, di proprietà dei fratelli Marco ed Emanuele, è concepita come una realtà autonoma, un universo a sé, in cui tutto ruota attorno al cuore pulsante della tenuta, cioè la cantina di recente realizzazione e la stalla, i simboli più veraci della ruralità maremmana. La produzione di vino in regime biologico, di olio extravergine e l'allevamento di bovini di razza Chianina Igp avvengono nel pieno rispetto della biodiversità del territorio, cercando il minor impatto possibile con l'ambiente.

Podere Peteglia - Frazione Montenero d'Orcia - 58033 Castel del Piano (GR)
T. 349 8335438 | M. info@peteglia.com
www.peteglia.com

Viticoltura: Biologica
Ettari: 9 | **Bottiglie:** 40.000 | **Produzione olearia:** Sì
Proprietà: Famiglia Innocenti
Cond. enologica: Marco Innocenti
Cond. agronomica: Emanuele Innocenti
Vendita diretta: Sì | **Visite in azienda:** Sì

MONTECUCCO SANGIOVESE RISERVA 2018
Rosso Docg - Sangiovese 100%
Alc. 15% | € 35 | Bt. 4.000 | Ferm. Acciaio | Mat. Legno 36 mesi
Carminio dagli intarsi granato. Ouverture di gelée di ciliegia e mirtillo, pot-pourri di fiori rossi e arancia Sanguinella, seguiti da caffè, rosmarino, tabacco, cioccolato alla menta e vaniglia. Ingresso avvolgente, fresco e dal tannino integrato, persistente negli aromi di cacao ed eucalipto. Risotto con salsiccia e Taleggio.

MONTECUCCO ROSATO 2022
Rosato Doc - Sangiovese 100%
Alc. 13% | € 12 | Bt. 3.000 | Ferm. Acciaio | Mat. Acciaio 5 mesi
Risotto alla pescatora.

MAREMMA TOSCANA CABERNET SAUVIGNON 2019
Rosso Doc - Cabernet sauvignon 100%
Alc. 15% | € 25 | Bt. 3.000 | Ferm. Acciaio | Mat. Legno 18 mesi
Guancia di vitello in umido.

MONTECUCCO VERMENTINO 2022
Bianco Doc - Vermentino 100%
Alc. 13,5% | € 12 | Bt. 10.000 | Ferm. Acciaio | Mat. Acciaio 5 mesi
Insalata di finocchi, arance e olive nere.

MAREMMA TOSCANA SANGIOVESE MEZZODÌ 2022
Rosso Doc - Sangiovese 100%
Alc. 14,5% | € 12 | Bt. 6.000 | Ferm. Acciaio | Mat. Acciaio 5 mesi
Prosciutto di Norcia.

MONTECUCCO SANGIOVESE 2019
Rosso Docg - Sangiovese 100%
Alc. 14,5% | € 18 | Bt. 10.000 | Ferm. Acciaio | Mat. Legno 18 mesi
Cosciotto d'agnello al forno con patate novelle.

MONTECUCCO SANGIOVESE
2017 | 2018

MONTECUCCO ROSATO
2020 | 2021

Petra
(1997)

In questo spicchio di Toscana la famiglia Moretti ha trasferito la filosofia franciacortina del far vino. Poiché in Franciacorta l'idea del vino non è l'austerità e la potenza, i vini rossi li hanno declinati su questo tracciato enologico, che è favorito anche dall'ambiente in cui giacciono i vigneti. Quest'anno Quercegobbe ha assorbito una raffinatezza straordinaria e si erge a capofila dei vini presentati, un segnale che riconferma, ammesso che ce ne fosse bisogno, che quel tracciato d'interpretazione del vino è davvero un strada che dà delle garanzie.

Località San Lorenzo Alto, 131 - 57028 Suvereto (LI)
T. 0565 845308 | M. info@petrawine.it
www.petrawine.it

Viticoltura: Biologica certificata
Ettari: 103 | **Bottiglie:** 360.000 | **Produzione olearia:** Sì
Proprietà: Francesca Moretti
Cond. enologica: Giuseppe Caviola
Cond. agronomica: Staff aziendale
Vendita diretta: Sì | **Visite in azienda:** Sì

QUERCEGOBBE 2020
Rosso Igt - Merlot 100%
Alc. 14% | € 26 | Bt. 42.000 | Ferm. Legno | Mat. Legno 7 mesi
Rubino con nuance cardinalizia. Profumo labirintico: amarena e viola rincorrono bacche di ginepro e tamarindo, uscita di cannella e mentuccia. Sorso equilibrato, in rotonda avvolgenza ed educata freschezza, liquirizia e tè verde chiudono la beva. Capretto allo spiedo.

PETRA 2020
Rosso Igt - Cabernet sauvignon 70%, Merlot 30%
Alc. 14,5% | € 50 | Bt. 19.000 | Ferm. Legno | Mat. Legno 18 mesi
Manzo brasato con olive e porri.

HEBO 2021
Rosso Igt - Cabernet sauvignon 50%, Merlot 40%, Sangiovese 10%
Alc. 13,5% | € 14 | Bt. 260.000 | Ferm. Legno e Acciaio | Mat. Legno 12 mesi
Filetto al pepe verde.

PETRA
2011 | 2012 | 2013

QUERCEGOBBE
2011 | 2012 | 2013

Petrolo
(1947)

Petrolo costituisce una delle realtà più affermate e interessanti della denominazione Valdarno di Sopra, un areale dove la tradizione viticola è vecchia di secoli ed è stata testimoniata anche da Cosimo III de' Medici, che la definì come una delle quattro zone pregiate nel 1716. Un tempo parte del feudo di Galatrona, che dà il nome al vino di punta, Petrolo conta oggi ben 270 ettari, di cui 33 a vigneto. I vini prodotti sono un mix di tradizione, interpretata dalla linea Bòggina, e di internazionalità, con i supertuscan, tra cui l'iconico Merlot Galatrona, ancora sul più alto gradino del podio.

Località Petrolo, 30 - Frazione Mercatale Valdarno - 52021 Bucine (AR)
T. 055 9911322 | M. petrolo@petrolo.it
www.petrolo.it

Viticoltura: Biologica certificata
Ettari: 33 | **Bottiglie:** 90.000 | **Produzione olearia:** Sì
Proprietà: Luca e Maria Sanjust di Teulada
Cond. enologica: Carlo Ferrini, Simone Cuccioli
Cond. agronomica: Ruggero Mazzilli, Carlo Nesterini
Vendita diretta: Sì | **Visite in azienda:** Sì

VALDARNO DI SOPRA MERLOT GALATRONA 2020
Rosso Doc - Merlot 100%
Alc. 14% | € 120 | Bt. 25.000 | Ferm. Cemento | Mat. Legno 18 mesi
Cremisi con filigrana granato. Mora, mirtillo e ribes nero i protagonisti, seguiti da glicine appassito, vaniglia, resina e cioccolato. In bocca è stratificato in una liquidità fruttata, sorretta da tannini grintosi e corroborati da stuzzicante freschezza. Strascico di media lunghezza su cassis e cacao. Montasio stravecchio.

VALDARNO DI SOPRA SANGIOVESE VIGNA BÒGGINA A 2021
Rosso Doc - Sangiovese 100%
Alc. 13,5% | € 60 | Bt. 3.000 | Ferm. Terracotta | Mat. Terracotta 12 mesi
Coniglio in porchetta.

VALDARNO DI SOPRA PIETRAVIVA ROSSO TORRIONE 2021
Rosso Igt - Sangiovese 80%, Merlot 15%, Cabernet sauvignon 5%
Alc. 13,5% | € 30 | Bt. 35.000 | Ferm. Acciaio | Mat. Legno 15 mesi
Capretto arrosto alle erbe aromatiche.

BÒGGINA B 2021
Bianco Igt - Trebbiano 100%
Alc. 12% | € 70 | Bt. 15.400 | Ferm. Legno | Mat. Legno 15 mesi
Salmone al timo.

VALDARNO DI SOPRA MERLOT GALATRONA
2017 | 2018 | 2019

VALDARNO DI SOPRA SANGIOVESE VIGNA BÒGGINA A
2020

Piaggia
(1990)

Ormai Piaggia è diventata una "Estate Family Vannucci's", un'eredità che non si articola solo dal padre, Mauro, alla figlia "Silvia", ma c'è anche stato un passaggio nella cultura del fare vino, e in questo areale, va dato loro atto, hanno contribuito a creare un'anticipazione di stile che ora è appannaggio dei millennials. I vini Piaggia sembra che riescano a interpretare ciò che il mercato vorrà tra qualche anno; di ciò va dato riconoscimento allo staff che cura l'enologia, ma soprattutto a Silvia, che sta riuscendo nell'intento di essere sempre novità nel vino pur restando nella tradizione.

Via Cegoli, 47 - Località Poggetto - 59016 Poggio a Caiano (PO)
T. 055 8705401 | M. info@piaggia.com
www.piaggia.com

Viticoltura: Convenzionale
Ettari: 22 | **Bottiglie:** 110.000 | **Produzione olearia:** Sì
Proprietà: Silvia Vannucci
Cond. enologica: Alberto Antonini, Emiliano Falsini
Cond. agronomica: Staff aziendale
Vendita diretta: Sì | **Visite in azienda:** Sì

92

CARMIGNANO PIAGGIA RISERVA 2020
Rosso Docg - Sangiovese 70%, Cabernet 20%, Merlot 10%
Alc. 14,5% | € 45 | Bt. 36.800 | Ferm. Acciaio | Mat. Legno 18 mesi
Scura tinta carminio. Esuberante olfatto di marasca, pepe rosa e ribes rosso, nel floreale iris e violetta ampliano la complessità con timo, liquirizia e cuoio. La succulenza del sorso è da manuale, freschezza e tannino si rispettano stratificando un delizioso flavor di succo di mora. Beccacce allo spiedo.

POGGIO DE' COLLI 2020
Rosso Igt - Cabernet franc 100%
Alc. 14,5% | € 60 | Bt. 10.000 | Ferm. Acciaio | Mat. Legno 12 mesi
Tagliata di manzo al rosmarino.

CARMIGNANO IL SASSO 2021
Rosso Docg - Sangiovese 70%, Cabernet 20%, Merlot 10%
Alc. 14,5% | € 35 | Bt. 40.000 | Ferm. Acciaio | Mat. Legno 12 mesi
Pappardelle con sugo di lepre.

CARMIGNANO PIAGGIA RISERVA
2017 | 2019

POGGIO DE' COLLI
2018

Pian delle Vigne
(1995)

Il Brunello di Montalcino secondo Antinori ha i caratteri dell'avvolgenza, del fruttato maturo, del tannino energico ma levigato. Un Brunello che segue la tradizione nell'utilizzo in cantina di sole botti grandi, nell'ottica di preservare l'integrità del frutto, che è espressione della zona in cui viene prodotto, una delle più calde dell'areale ilcinese, senza trascurare comunque gli effetti delle brezze provenienti dal Tirreno, e che coniuga struttura e liquidità, facendo della rotondità e della setosità del sorso le sue caratteristiche principali.

Località Pian delle Vigne - 53024 Montalcino (SI)
T. 0577 816066 | M. piandellevigne@antinori.it
www.piandellevigne.it

Viticoltura: Ecosostenibile
Ettari: 70 | **Bottiglie:** 375.000 | **Produzione olearia:** No
Proprietà: Marchesi Antinori
Cond. enologica: Fabrizio Balzi
Cond. agronomica: Fabio Ratto
Vendita diretta: No | **Visite in azienda:** No

BRUNELLO DI MONTALCINO PIAN DELLE VIGNE 2018
Rosso Docg - Sangiovese 100%
Alc. 14,5% | € 48 | Bt. 174.000 | Ferm. Acciaio | Mat. Legno 24 mesi
Granato. Corredo olfattivo di sciroppo di melagrana, pot-pourri di fiori rossi, cioccolato, fungo, sottobosco, tabacco scuro e farina di castagne. L'elevato calore alcolico, con nette sensazioni di cioccolatino alla ciliegia, si stempera a fine corsa grazie a tannini in tempra giovanile e alla freschezza residua. Spezzatino di manzo.

ROSSO DI MONTALCINO PIAN DELLE VIGNE 2021
Rosso Doc - Sangiovese 100%
Alc. 14% | € 21 | Bt. 90.000 | Ferm. Acciaio | Mat. Legno 8 mesi
Pappardelle al ragù di cinghiale.

BRUNELLO DI MONTALCINO PIAN DELLE VIGNE
2012 | 2017

BRUNELLO DI MONTALCINO PIAN DELLE VIGNE VIGNAFERROVIA RISERVA
2015 | 2016

Piandaccoli
(2005)

Poco fuori Malmantile, nell'area del Chianti, si trovano le vigne di Piandaccoli. Il rinascimento aziendale è iniziato nei primi anni 2000 e ha preso una direzione molto affascinante nel campo dell'ampelografia. L'azienda ha puntato sulle varietà autoctone "dimenticate", quali foglia tonda, mammolo, pugnitello e barsaglina. Il progetto ha preso piede, concretizzandosi in termini di visibilità, qualità e appeal. Le loro versioni monovitigno sono diventate un punto di riferimento per chi ha scelto di intraprendere esperienze simili. Interessante il mix con cui si ottiene il Maiorem.

Via di Piandaccoli, 7 - Località Malmantile - 50055 Lastra a Signa (FI)
T. 055 0750005 | M. info@piandaccoli.it
www.piandaccoli.it

Viticoltura: Convenzionale
Ettari: 20 | **Bottiglie:** 90.000 | **Produzione olearia:** Sì
Proprietà: Giampaolo Bruni
Cond. enologica: Attilio Pagli
Cond. agronomica: Stefano Dini
Vendita diretta: Sì | **Visite in azienda:** Sì

MAIOREM 2019
Rosso Igt - Sangiovese 50%, Pugnitello 20%, Foglia tonda 15%, Mammolo 10%, Colorino 5%
Alc. 14% | € 24 | Bt. 2.000 | Ferm. Acciaio | Mat. Acciaio 6 mesi e Legno 18 mesi
Da un calice carminio con riflessi granato emergono preziosi aromi di mora, rosa tea, muschio, erbe officinali e cioccolato. Sorso accattivante, dalle eleganti note evolutive, il tannino ben tessuto in sinergia con la freschezza dona una beva lineare. Ritorni di gelée al cassis. Scaloppa di vitello con asparagi trifolati.

CHIANTI COSMUS RISERVA 2020
Rosso Docg - Sangiovese 100%
Alc. 14% | € 11 | Bt. 20.000 | Ferm. Acciaio | Mat. Legno 15 mesi
Agnolotti al sugo di carne.

IN PRIMIS 2020
Rosso Igt - Sangiovese 70%, Pugnitello 20%, Foglia tonda 10%
Alc. 14% | € 14 | Bt. 3.000 | Ferm. Acciaio | Mat. Legno 15 mesi
Risotto con salsiccia e Taleggio.

BARSAGLINA DEL RINASCIMENTO 2020
Rosso Igt - Barsaglina 100%
Alc. 14% | € 35 | Bt. 1.500 | Ferm. Acciaio | Mat. Legno 15 mesi
Tortelli di zucca e salvia.

PUGNITELLO DEL RINASCIMENTO 2020
Rosso Igt - Pugnitello 100%
Alc. 14,5% | € 35 | Bt. 1.500 | Ferm. Acciaio | Mat. Legno 15 mesi
Pecorino di Pienza.

VIN SANTO DEL CHIANTI OCCHIO DI PERNICE RISERVA 2016
Rosso Doc - Sangiovese 80%, Malvasia bianca lunga 15%, altre varietà 5%
Alc. 14,5% | € 40 (0,375l) | Bt. 500 | Ferm. Legno | Mat. Legno 36 mesi
Tarte Tatin di mele.

CHIANTI COSMUS RISERVA
2012 | 2013

PUGNITELLO DEL RINASCIMENTO
2013

Pianirossi
(2002)

Circondata da circa 25 ettari di terreni, di cui 12,5 a vigneto, l'azienda Pianirossi è un progetto che nasce più di vent'anni fa grazie al suo proprietario, Stefano Sincini, innamoratosi dei paesaggi maremmani durante i suoi studi a Siena. L'azienda è un'eccellenza per la vitivinicoltura sostenibile: dalla progettazione degli interni (nel 2014 è stato addirittura installato un impianto fotovoltaico che alimenta la cantina di vinificazione) ai metodi selezionati per la coltivazione secondo il metodo biologico, tutto è stato pensato seguendo criteri di edilizia e agricoltura davvero naturali.

Podere Santa Genoveffa, 1 - Località Porrona - 58044 Cinigiano (GR)
T. 0564 990573 | M. pianirossisrl@gmail.com
www.pianirossi.it

Viticoltura: Convenzionale
Ettari: 12,5 | **Bottiglie:** 50.000 | **Produzione olearia:** No
Proprietà: Stefano Sincini
Cond. enologica: Carlo Ferrini
Cond. agronomica: Carlo Ferrini
Vendita diretta: Sì | **Visite in azienda:** Sì

MONTECUCCO ROSSO SIDUS 2020
Rosso Doc - Sangiovese 60%, Montepulciano 40%
Alc. 14% | € 20 | Bt. 12.000 | Ferm. Acciaio | Mat. Acciaio 2 mesi e Legno 8 mesi
Veste carminio vivace. Profilo odoroso di amarena, arancia rossa, rosa appassita, cui seguono reminiscenze di rosmarino, tabacco e pepe nero. Al palato si distingue una vivida freschezza e tannini energici, in via di fusione con l'alcol. Si congeda con un piacevole aroma di ciliegia matura. Guanciale di vitello in umido con patate.

MONTECUCCO SANGIOVESE LA FONTE 2020
Rosso Docg - Sangiovese 100%
Alc. 14,5% | € 24 | Bt. 2.500 | Ferm. Acciaio | Mat. Legno 12 mesi
Carré di maiale con patate al forno.

PIANIROSSI 2020
Rosso Igt - Petit verdot 40%, Cabernet sauvignon 30%, Montepulciano 30%
Alc. 14% | € 30 | Bt. 5.000 | Ferm. Acciaio | Mat. Acciaio 3 mesi e Legno 16 mesi
Zuppa d'orzo e chiodini.

SOLUS 2020
Rosso Igt - Montepulciano 50%, Alicante 30%, Sangiovese 20%
Alc. 14% | € 22 | Bt. 12.500 | Ferm. Acciaio | Mat. Acciaio 2 mesi e Legno 12 mesi
Brasato di manzo al vino rosso.

SABINE 2022
Rosato Igt - Montepulciano 100%
Alc. 12,5% | € 13 | Bt. 5.000 | Ferm. Acciaio | Mat. Acciaio 6 mesi
Riso venere con verdure e crostacei.

PIANIROSSI
2015

MONTECUCCO SANGIOVESE LA FONTE
2015

Agostina Pieri

(1991)

Con gli ettari vitati di proprietà localizzati in diverse zone del comune di Montalcino, con climi e suoli peculiari, si avverte un certo eclettismo nella vinificazione del Sangiovese, grazie alla possibilità di miscelare uve con caratteristiche talvolta anche complementari, in grado di portare alla definizione di ben precisi obiettivi enoici. A questo si aggiunge il sapiente lavoro in cantina, basato sull'utilizzo di contenitori di rovere francese e di Slavonia dalle diverse capacità, spesso alternandoli nella maturazione dei vini. Ne risultano Brunello che uniscono tipicità a originalità.

Località Piancornello, 35 - Sant'Angelo Scalo - 53024 Montalcino (SI)
T. 0577 844163 | M. info@pieriagostina.it
www.pieriagostina.it

Viticoltura: Convenzionale
Ettari: 14 | **Bottiglie:** 60.000 | **Produzione olearia:** Sì
Proprietà: Agostina Pieri
Cond. enologica: Francesco Monaci, Fabrizio Moltard
Cond. agronomica: Jacopo Monaci
Vendita diretta: No | **Visite in azienda:** No

(91,5)

BRUNELLO DI MONTALCINO 2018
Rosso Docg - Sangiovese 100%
Alc. 14% | € 38 | Bt. 23.000 | Ferm. Acciaio | Mat. Acciaio 4 mesi e Legno 24 mesi
Carminio ormato da lucenti trame granato. Esordisce con espressioni di confettura di more, mirtillo, iris e viola appassita, poi zenzero, cannella, cacao e tabacco scuro. Equilibrio gustativo tra sinergia tannico-sapida e alcol, con scia finale succosamente fresca di susina e arancia amara. Capriolo in salmì con polenta di grano saraceno.

ROSSO DI MONTALCINO 2021
Rosso Doc - Sangiovese 100%
Alc. 15,5% | € 18 | Bt. 20.000 | Ferm. Acciaio | Mat. Acciaio 4 mesi e Legno 12 mesi
Fettuccine ai funghi porcini.

SANT'ANTIMO ROSSO 2021
Rosso Doc - Sangiovese 50%, Cabernet sauvignon 30%, Merlot 20%
Alc. 15% | € 8 | Bt. 10.000 | Ferm. Acciaio | Mat. Acciaio 4 mesi e Legno 12 mesi
Tacchino stufato con peperoni e radicchio.

BRUNELLO DI MONTALCINO
2017

ROSSO DI MONTALCINO
2020

Pietroso

(1970)

L'estensione viticola aziendale è piccola, diventa quindi facile, ancorché strategico, cesellare vigna e vinificazione con lo spirito dell'artigianalità. Il nome Pietroso simboleggia a pieno la natura del suolo ricco di pietre, che si riflette in una struttura organolettica poco incline all'estemporaneità, all'ammiccamento al gusto più convenzionale. Gianni Pignattai modella uno stile di vino che mixa la personalità di uve coltivate in tre differenti micro areali, che creano nel vino un'austerità legata a pieno alla filosofia del vignaiolo che lavora la vigna.

Podere Pietroso, 257 - 53024 Montalcino (SI)
T. 0577 848573 | M. info@pietroso.it
www.pietroso.it

Viticoltura: Lotta integrata
Ettari: 6 | **Bottiglie:** 35.000 | **Produzione olearia:** Sì
Proprietà: Gianni Pignattai
Cond. enologica: Andrea Pignattai, Alessandro Dondi
Cond. agronomica: Andrea Pignattai
Vendita diretta: Sì | **Visite in azienda:** Sì

(91)

BRUNELLO DI MONTALCINO 2018
Rosso Docg - Sangiovese 100%
Alc. 14% | € 60 | Bt. 17.000 | Ferm. Legno e Acciaio | Mat. Legno 30 mesi
Integro nel carminio scuro. Ampi i profumi di ciliegia matura, mora, mirtillo, caffè, tabacco. Arancia Sanguinella, cenni di viola, pepe nero e alloro. Sorso avvolgente dal tannino maturo e freschezza perfettamente allacciata alla vena alcolica. Chiude la lunga persistenza fruttata, con cannella e vaniglia. Bigoli con l'anatra.

ROSSO DI MONTALCINO 2021
Rosso Doc - Sangiovese 100%
Alc. 14,5% | € 25 | Bt. 17.000 | Ferm. Acciaio | Mat. Legno 12 mesi
Risotto alla milanese con ossobuco.

BRUNELLO DI MONTALCINO
2013 | 2014 | 2015

BRUNELLO DI MONTALCINO RISERVA
2010 | 2016

Pieve Santa Restituta
(1974)

Quando Angelo Gaja acquisì l'azienda le considerazioni che investirono il territorio furono bivalenti: da una parte si pensò a un'operazione destinata a stravolgere l'idea del Brunello, dall'altra apparve anche il timore che brandizzasse il vino con l'appeal del suo nome. Invece né l'uno né l'altro, il percorso è stato ligio e rispettoso della storicità già acquisita, ha perfezionato e purificato quei passaggi che incrinavano talvolta l'espressività del sangiovese. Le release dell'annata 2018 dettagliano nel Sugarille un po' di sublime enigmaticità, nel Rennina un carattere più espansivo.

Località Chiesa di Santa Restituta - 53024 Montalcino (SI)
T 0577 848610 | M. info@pievesantarestituta.com
www.pievesantarestituta.com

Viticoltura: Non dichiarata
Ettari: 27 | **Bottiglie:** 40.000 | **Produzione olearia:** No
Proprietà: Famiglia Gaja
Cond. enologica: Milena Danei
Cond. agronomica: Oriano Scheggi
Vendita diretta: No | **Visite in azienda:** Sì

(94)
BRUNELLO DI MONTALCINO SUGARILLE 2018
Rosso Docg - Sangiovese 100%
Alc. 14,5% | € 999 | Bt. 10.000 | Ferm. Acciaio | Mat. Legno 24 mesi
Granato compatto ma vitale. È tutta una fresca fragranza di ciliegia Ferrovia, fiore di corbezzolo, viola appassita, erbe provenzali e tocco di coriandolo. C'è tanto sapore nel tannino a far ricco il gusto, con stratificato fruttato in succulente espressione di arancia rossa e ribes nero. Cinghiale in umido.

(93)
BRUNELLO DI MONTALCINO RENNINA 2018
Rosso Docg - Sangiovese 100%
Alc. 14,5% | € 195 | Bt. 15.000 | Ferm. Acciaio | Mat. Legno 24 mesi
Una brillantezza rubino s'immerge in effluvi di giaggiolo appassito, bacca di goji, mirtillo e lampone selvatico. C'è armonizzazione tra forza tannica e voluminosità alcolica, il sorso distende la liquidità in pienezza sapida con lungo finale di liquirizia. Tagliata al pepe verde.

BRUNELLO DI MONTALCINO SUGARILLE
2011 | 2013 | 2016

BRUNELLO DI MONTALCINO RENNINA
2013 | 2015 | 2016

Podere 414
(1998)

Il processo di valorizzazione della denominazione Morellino di Scansano portato avanti da Podere 414 ormai da 25 anni si arricchisce di una nuova etichetta, il V. del Bersagliere. Questo vino, nato dalla selezione delle migliori uve aziendali, è dedicato al nonno di Simone Castelli, e grazie ai tempi di maturazione in legno e affinamento in bottiglia più lunghi acquisisce maggiore struttura, mantenendo la facile beva e gli altri tratti distintivi del territorio. Altra novità presentata quest'anno, a completare la gamma aziendale, è il Costa Ovest, un grechetto in purezza fresco e immediato.

Maiano Lavacchio, 10 - Frazione Montiano - 58051 Magliano in Toscana (GR)
T. 0564 507818 | M. info@podere414.it
www.podere414.it

Viticoltura: Biologica
Ettari: 30 | **Bottiglie:** 18.000 | **Produzione olearia:** No
Proprietà: Simone Castelli
Cond. enologica: Maurizio Castelli, Simone Castelli
Cond. agronomica: Simone Castelli
Vendita diretta: Sì | **Visite in azienda:** Sì

(91,5)
MORELLINO DI SCANSANO V. DEL BERSAGLIERE 2018
Rosso Docg - Sangiovese 100%
Alc. 14% | € 45 | Bt. 4.000 | Ferm. Cemento | Mat. Legno 36 mesi
Granato intenso. Debutta con durone di Vignola e crema di more, viola appassita, coriandolo, cannella, eucalipto e cioccolato. Pienezza del sorso sostenuta da freschezza e tannino in flessuosa combinazione con il tono alcolico e una stuzzicante sapidità, risacca di agrumi rossi e chiodi di garofano. Quaglie alla cacciatora.

MORELLINO DI SCANSANO 2021
Rosso Docg - Sangiovese 85%, Alicante 5%, Ciliegiolo 5%, Colorino 3%, Syrah 2%
Alc. 14,5% | € 22 | Bt. 98.000 | Ferm. Cemento | Mat. Legno 12 mesi
Tartare di manzo.

TREBBIANO TOSCANO 2021
Bianco Igt - Trebbiano 100%
Alc. 13,5% | € 18 | Bt. 2.400 | Ferm. Legno e Cemento | Mat. Legno 8 mesi
Insalata di polpo, patate e olive.

BADILANTE 2021
Rosso Igt - Sangiovese 100%
Alc. 13,5% | € 15 | Bt. 35.000 | Ferm. Legno e Cemento
Mat. Cemento 10 mesi
Tagliatelle al ragù.

COSTA OVEST 2022
Bianco Igt - Grechetto 100%
Alc. 13% | € 15 | Bt. 6.580 | Ferm. Cemento | Mat. Cemento 6 mesi
Tempura di gamberi.

FLOWER POWER 2022
Rosato Igt - Sangiovese 100%
Alc. 12,5% | € 12 | Bt. 35.000 | Ferm. Acciaio | Mat. Acciaio 6 mesi
Prosciutto di San Daniele.

MORELLINO DI SCANSANO
2018 | 2019 | 2020

FLOWER POWER
2019 | 2020 | 2021

Podere Brizio
(2012)

L'avvento di Alejandro Bulgheroni è abbastanza recente, i risultati dell'immissione di questa nuova linfa sono già riscontrabili nei vini. Si sono distaccati dalle rigidità tanniche, tipiche di certe filosofie d'antan, e stanno offrendo vendemmia dopo vendemmia una stilizzazione, che, pure non disconoscendo il valore assoluto di un certo tipo di usanze di maturazione, è armonizzata da passaggi vegetativi e di vinificazione mirati a concretizzare un indice di fruibilità quasi all'apice dell'evoluzione. In questo sono aiutati dal terreno e dall'esposizione, un habitat ideale per il sangiovese.

Località Podere Brizio, 67 - 53024 Montalcino (SI)
T. 0577 846004 | M. info@poderebrizio.it
www.poderebrizio.it

Viticoltura: Biologica certificata
Ettari: 12 | **Bottiglie:** 65.000 | **Produzione olearia:** No
Proprietà: Alejandro Bulgheroni
Cond. enologica: Luigi Temperini
Cond. agronomica: Lorenzo Bernini
Vendita diretta: Sì | **Visite in azienda:** Sì

(94)

BRUNELLO DI MONTALCINO 2018
Rosso Docg - Sangiovese 100%
Alc. 14% | € 45 | Bt. 38.000 | Ferm. Acciaio | Mat. Legno 38 mesi
Carminio con screziature granato. Caleidoscopio olfattivo: ciliegia sotto spirito, confettura di prugna, arancia Sanguinella e violetta sono accarezzati da sbuffi di caffè e da effluvi speziati. Il tannino nobile e la freschezza rendono il sorso regale, dissolvendosi lentamente su note balsamiche. Agnolotti al piccione con sugo d'arrosto.

ROSSO DI MONTALCINO 2021
Rosso Doc - Sangiovese 100%
Alc. 14% | € 16 | Bt. 15.000 | Ferm. Acciaio | Mat. Legno 12 mesi
Filetto di maiale lardellato.

BRUNELLO DI MONTALCINO
2010 | 2011 | 2012

BRUNELLO DI MONTALCINO RISERVA
2010

Podere Conca 196
(2015)

Nella casa di vacanza di famiglia, dove trascorreva le vacanze estive, Silvia Cirri, milanese ma ormai quasi bolgherese d'adozione, ha realizzato un progetto vitivinicolo che si è perfettamente integrato col territorio, avvalendosi di un team tutto al femminile che ha portato a risultati più che incoraggianti. Fra tutti Agapanto, manifestazione identitaria di un Bolgheri contemporaneo, dal grande potenziale evolutivo ma che strizza l'occhio alle nuove generazioni del gusto, votate alla bevibilità, oltre che alla sostenibilità e alla ricerca delle migliori espressioni varietali.

Via Bolgherese,, 196 Località Vallone - 57022 Castagneto Carducci (LI)
T. 0565 256438 | M. info@podereconcabolgheri.it
www.podereconcabolgheri.it

Viticoltura: Biologica certificata
Ettari: 5 | **Bottiglie:** 32.000 | **Produzione olearia:** Sì
Proprietà: Silvia Cirri e Livio Alois
Cond. enologica: Laura Zuddas, Linda Franceschi
Cond. agronomica: Linda Franceschi
Vendita diretta: Sì | **Visite in azienda:** Sì

(93)

BOLGHERI ROSSO AGAPANTO 2021
Rosso Doc - Cabernet sauvignon 50%, Cabernet franc 35%, Ciliegiolo 15%
Alc. 14,5% | € 20 | Bt. 16.000 | Ferm. Cemento | Mat. Legno 12 mesi
Rubino concentrato. Profilo olfattivo elegante e maturo di marasca sotto spirito, mora di gelso, susina rossa, iris e alloro, con presenze di peperone verde, legno di cedro e cacao. Austero e caldo, tannini tenaci e fruttati che non mollano la presa. Epilogo tostato, sapido e persistente. Reale di vitello alla senape antica.

APISTÓS 2020
Rosso Igt - Cabernet franc 100%
Alc. 14% | € 52 | Bt. 1.175 | Ferm. Cemento | Mat. Legno 16 mesi
Pasta alla gricia.

196 2022
Rosso Igt - Cabernet sauvignon 100%
Alc. 13% | € 17 | Bt. 5.000 | Ferm. Cemento | Mat. Cemento 8 mesi
Zuppa toscana con cavolo nero e crostini di pane.

ELLEBORO 2022
Bianco Igt - Viognier 70%, Chardonnay 25%, Sauvignon 5%
Alc. 13% | € 16 | Bt. 6.000 | Ferm. Acciaio | Mat. Acciaio 4 mesi
Risotto alla parmigiana.

ELLEBORO
2021

APISTÓS
2019

Podere della Civettaja
(2002)

Se avessimo detto, qualche anno addietro, che Casentino faceva rima con vino, credo che tutti avrebbero fatto spallucce. Oggi che il vino si fa davvero la rima è d'obbligo: è Pinot Nero. Vincenzo Tommasi ha come estratto il coniglietto bianco dal cilindro nero, con una magia che sfiora, ogni anno, l'incredulità di riuscire a mantenere intatto lo standard qualitativo dell'unico vino che produce. Potremmo raccontarne di cotte e di crude, potremmo proferire un'elegia appenninica a celebrazione di un'eccellenza, invece ci viene da dire solo una cosa: compratevelo.

Via Sala - Civettaja, 1 - 52015 Pratovecchio Stia (AR)
T. 339 7098418 | M. schegge@inwind.it
www.poderedellacivettaja.it

Viticoltura: Biologica certificata
Ettari: 3,2 | **Bottiglie:** 10.000 | **Produzione olearia:** No
Proprietà: Vincenzo Tommasi, Lucia Stefani e Alessio Puccini
Cond. enologica: Vincenzo Tommasi
Cond. agronomica: Vincenzo Tommasi
Vendita diretta: No | **Visite in azienda:** Sì

tttt ♡ (91)
PODERE DELLA CIVETTAJA 2020
Rosso Igt - Pinot nero 100%
Alc. 13,5% | € 38 | Bt. 9.800 | Ferm. Legno e Cemento | Mat. Legno 12 mesi e Cemento 10 mesi
Rosso rubino. Suggestioni olfattive di glicine appassito, ribes nero e ciliegia Ferrovia si ampliano con caffè in grani, tamarindo e tè nero. Delicatamente tannico con rinfrescante effetto di agrume rosso, saporito di pepe Sarawak, lungo e caldo il finale di spezie dolci e cioccolato. Cosciotto d'agnello al forno con patate novelle.

tttt
PODERE DELLA CIVETTAJA
2016 | 2017 | 2018

Podere Fedespina
(2003)

C'è molta verve enologica in Lunigiana, segno di un rinnovamento che passa da rigorose scelte in vigna e cantina, rinverdendo quel fasto che si era offuscato. Fedespina, in questo senso, è stata un turbine d'idee; infatti mettere in bella vista pinot nero e merlo,t per farli coabitare con gli autoctoni della valle, fu felice intuizione, e spinta per il micro comprensorio a pensare oltre il disponibile, perché le vere potenzialità di questo territorio a vino sono ancora inespresse e Mirta e Antonio – i proprietari – si stanno spendendo per questo.

Via Generale Dalla Chiesa, 35 - 54026 Mulazzo (MS)
T. 328 5827845 | M. info@poderefedespina.it
www.poderefedespina.it

Viticoltura: Convenzionale
Ettari: 4,5 | **Bottiglie:** 9.000 | **Produzione olearia:** No
Proprietà: Mirta Fedespina
Cond. enologica: Francesco Petacco
Cond. agronomica: Francesco Petacco
Vendita diretta: Sì | **Visite in azienda:** Sì

tttt (91)
FEDESPINA 2019
Rosso Igt - Pinot nero 100%
Alc. 13,5% | € 48 | Bt. 1.236 | Ferm. Cemento | Mat. Legno 15 mesi e Cemento 4 mesi
Arzillo carminio. Ventaglio di ribes rosso, susina e fragola selvatica; pino mugo, lentisco, pepe nero e glicine appassito lo chiudono. La freschezza è attrice del palco gustativo con una liquidità sottile di frutti di bosco fragranti, tannino moderato e supporto equilibrante di alcol. Molto lungo. Ravioli di magro con funghi chiodini.

tttt
CA' 2018
Rosso Igt - Merlot 100%
Alc. 13,5% | € 30 | Bt. 1.500 | Ferm. Cemento | Mat. Legno 15 mesi e Cemento 9 mesi
Rosticciana.

ttt
SPINOROSSO 2019
Rosso Igt - Merlot 40%, Ciliegiolo 30%, Vermentino nero 30%
Alc. 13% | € 19 | Bt. 3.800 | Ferm. Cemento | Mat. Legno 12 mesi e Cemento 24 mesi
Pasta alla gricia.

tttt
FEDESPINA
2017 | 2018

ttt
CA'
2015 | 2017

Podere il Palazzino
(1973)

Sono passati quasi due secoli da quando la famiglia Sderci è divenuta proprietaria di Podere il Palazzino; ci troviamo a Monti, zona tra le più identitarie del Chianti Classico. All'interno dell'azienda tutto è a dimensione familiare: niente sostanze chimiche in vigna, gestione della pianta rispettosa del suo equilibrio naturale e lavorazioni in cantina, per lo più manuali, con utilizzo di soli lieviti indigeni. Quest'anno si distinguono i due Gran Selezione, Grosso Sanese e Argenina, vini eccellenti e di raro equilibrio, testimonianza certa di chi il buon vino lo sa fare da decenni.

Località Il Palazzino - Monti - 53013 Gaiole in Chianti (SI)
T. 0577 747008 | M. palazzino@chianticlassico.com
www.podereilpalazzino.it

Viticoltura: Biologica certificata
Ettari: 18 | **Bottiglie:** 75.000 | **Produzione olearia:** Sì
Proprietà: Famiglia Sderci
Cond. enologica: Luciano Bandini
Cond. agronomica: Ruggero Mazzilli
Vendita diretta: Sì | **Visite in azienda:** Sì

(92)

CHIANTI CLASSICO GROSSO SANESE 2018
Rosso Docg - Sangiovese 100%
Alc. 15% | € 50 | Bt. 10.000 | Ferm. Acciaio | Mat. Legno 48 mesi
Carminio fitto. Ammalia con promesse di arancia Sanguinella e mora, accompagnate da nuance di viola, alloro, tabacco e caffè. Al sorso è dinamico e caldo, con tannini fini e piacevole sapidità. Lungo finale balsamico. Bocconcini di cinghiale con salsa di prugne.

CHIANTI CLASSICO ARGENINA 2019
Rosso Docg - Sangiovese 100%
Alc. 14,5% | € 22 | Bt. 25.000 | Ferm. Acciaio | Mat. Legno 36 mesi
Gulasch di cervo con patate stufate.

MONTI 2018
Rosso Igt - Sangiovese 100%
Alc. 15% | € 48 | Bt. 3.000 | Ferm. Acciaio | Mat. Legno 12 mesi e Terracotta 36 mesi
Grigliata di carne con salsa barbecue.

STAGI 2018
Rosso Igt - Colorino 100%
Alc. 14,5% | € 19 | Bt. 3.000 | Ferm. Acciaio | Mat. Legno 24 mesi
Bigoli con salsiccia.

AZZERO 2022
Rosso Igt - Sangiovese 100%
Alc. 14% | € 13 | Bt. 3.000 | Ferm. Acciaio
Rigatoni al ragù bianco di carne.

CHIANTI CLASSICO GROSSO SANESE
2009 | 2010

CHIANTI CLASSICO ARGENINA
2010

Podere La Cappella
(1995)

Se è vero che esiste il colpo di fulmine, questo è proprio quello che è successo al veneto Bruno Rossini, quando durante un soggiorno in Toscana, alla fine degli anni Settanta, si è innamorato di questo lembo di terra che ha sempre ospitato le vigne. Il nome della proprietà, Podere La Cappella, è collegabile alla chiesetta d'impianto romanico di Santa Maria a Cerbaia, che vigila sui vigneti da cui il sangiovese offre dei prodotti eccellenti, frutto del lavoro congiunto di Bruno e di sua figlia Natascia, che spicca quest'anno nella forma smagliante del Chianti Classico.

Strada Cerbaia, 10 - San Donato in Poggio - 50028 Tavarnelle (FI)
T. 055 8072727 | M. info@poderelacappella.it
www.poderelacappella.it

Viticoltura: Convenzionale
Ettari: 12,5 | **Bottiglie:** 28.000 | **Produzione olearia:** Sì
Proprietà: Natascia e Bruno Rossini
Cond. enologica: Bruno Rossini, Natascia Rossini
Cond. agronomica: Valentino Ciarla
Vendita diretta: Sì | **Visite in azienda:** Sì

(93)

CHIANTI CLASSICO 2020
Rosso Docg - Sangiovese 90%, Merlot 10%
Alc. 14,5% | € 20 | Bt. 13.000 | Ferm. Acciaio e Cemento | Mat. Legno 12 mesi
Carminio dall'aspetto eccellente. La frutta rossa e scura in confettura fa da preludio a viola, noce moscata e cannella, intrecciandosi in finezza di effluvi balsamici e rabarbaro. Il sorso appaga e avvolge, ha tannini setosi e procede su una deliziosa scia di liquirizia salata. Fondue bourguignonne.

CHIANTI CLASSICO QUERCIOLO RISERVA 2019
Rosso Docg - Sangiovese 100%
Alc. 15% | € 30 | Bt. 4.000 | Ferm. Acciaio | Mat. Legno 12 mesi
Capriolo con salsa di ribes rosso.

ORIANA 2020
Bianco Igt - Vermentino 100%
Alc. 14,5% | € 40 | Bt. 3.000 | Ferm. Acciaio | Mat. Acciaio 7 mesi e Cemento 12 mesi
Carpaccio di branzino.

CANTICO
2007

CORBEZZOLO
2010

Podere La Regola
(1997)

L'azienda è ancora nella fase ascensionale e di scrutamento enologico, anche esuberante in dinamicità, in sintonia con questo spicchio di Toscana che sta conquistando una meritata visibilità. Specchio di questa vivacità enointellettuale sono la cantina, costruita con i dettami della bioedilizia, e una gamma produttiva che offre diverse tipologie, dando addirittura un'identità all'Igt Costa Toscana, vista la posizione dei vigneti vicinissimi al mare e la volontà di far vino che esalti la purezza espressiva dei vitigni impiegati. Il Cabernet Franc è già un'icona.

Località Altagrada - 56046 Riparbella (PI)
T. 0588 81363 | M. info@laregola.com
www.laregola.com

Viticoltura: Biologica certificata
Ettari: 25 | **Bottiglie:** 120.000 | **Produzione olearia:** Sì
Proprietà: Luca e Flavio Nuti
Cond. enologica: Luca Rettondini, Valentino Nuti
Cond. agronomica: Luca Nuti
Vendita diretta: Sì | **Visite in azienda:** Sì

(91)
LA REGOLA 2020
Rosso Igt - Cabernet franc 100%
Alc. 14,5% | € 55 | Bt. 3.500 | Ferm. Cemento | Mat. Legno 14 mesi
Fitto ma lucente carminio. Una vanigliata confettura di mora e prugna si fa rinfrescare da menta e aloe, fiorettando un refolo di tabacco e cacao. Pienezza di gusto in fitta trama tannica e in equilibrato sviluppo morbido, con fresca virata di succo di ciliegia e liquirizia. Maiale in agrodolce.

L'ECCEZIONE ROSÉ 2020
Rosato Metodo Classico - Pinot nero 100%
Alc. 12,5% | € 30 | Bt. 2.000 | 36 mesi sui lieviti
Risotto ai frutti di mare.

STECCAIA 2022
Bianco Igt - Vermentino 100%
Alc. 12,5% | € 18 | Bt. 30.000 | Ferm. Acciaio | Mat. Acciaio 5 mesi
Mozzarella di bufala campana.

LAURO 2021
Bianco Igt - Chardonnay 50%, Sauvignon 50%
Alc. 13,5% | € 28 | Bt. 3.000 | Ferm. Terracotta
Zuppetta di piselli e vongole.

VALLINO 2020
Rosso Igt - Cabernet sauvignon 85%, Sangiovese 15%
Alc. 14% | € 28 | Bt. 30.000 | Ferm. Cemento | Mat. Legno 12 mesi
Ragusano.

LIGUSTRO 2021
Rosso Igt - Sangiovese 80%, Syrah 20%
Alc. 13% | € 18 | Bt. 20.000 | Ferm. Acciaio | Mat. Cemento 6 mesi
Salame felino.

LA REGOLA
2016 | 2017 | 2019

STRIDO
2012 | 2013 | 2017

Podere Lavandaro
(1989)

Azienda a conduzione familiare, nata negli anni Ottanta a Fosdinovo, pressoché in contemporanea con l'istituzione della denominazione Colli di Luni, entro il cui areale dispone dei vigneti localizzati all'altitudine maggiore. Si trova in una posizione privilegiata, interessata da rilevanti escursioni termiche, il che permette di perseguire l'obiettivo di produrre vini secondo lo spirito e le tradizioni del luogo, come per esempio vinificare con i raspi, o far macerare un po' il vermentino in fermentazione. Buone le impressioni ottenute da tutti i campioni proposti, lusinghiere per Vignanera.

Via Castiglione - 54035 Fosdinovo (MS)
T. 0187 68633 - 339 1741550 | M. info@poderelavandaro.it
www.poderelavandaro.it

Viticoltura: Convenzionale
Ettari: 5 | **Bottiglie:** 25.000 | **Produzione olearia:** No
Proprietà: Marco Taddei
Cond. enologica: Davide Baccigalupi, Giorgio Baccigalupi, Marco Taddei
Cond. agronomica: Francesco Taddei, Marco Taddei
Vendita diretta: Sì | **Visite in azienda:** Sì

VIGNANERA 2021
Rosso Igt - Merlot 60%, Canaiolo 40%
Alc. 14% | € 18 | Bt. 1.800 | Ferm. Acciaio | Mat. Legno 10 mesi
Carminio pieno e scattante. Sviluppo odoroso di mora di rovo, lampone, rosa appassita e liquirizia, con flash di caffè tostato, cuoio e humus. La freschezza è protagonista con grip tannico ancora in integrazione e ampia parte morbida. Sapido nell'allungo al flavor di scorza d'arancia. Filetto di manzo in crosta alle erbette.

ROSATO 2022
Rosato Igt - Vermentino nero 100%
Alc. 12,5% | € 15 | Bt. 1.000 | Ferm. Acciaio | Mat. Acciaio 6 mesi
Riso, cozze e zafferano.

COLLI DI LUNI VERMENTINO SUPERIORE MASERO 2021
Bianco Doc - Vermentino 100%
Alc. 14% | € 20 | Bt. 1.500 | Ferm. Acciaio | Mat. Acciaio 10 mesi
Insalata di mare.

COLLI DI LUNI VERMENTINO 2022
Bianco Doc - Vermentino 100%
Alc. 13% | € 16 | Bt. 16.000 | Ferm. Acciaio | Mat. Acciaio 6 mesi
Burrata di Andria.

VERMENTINO NERO 2022
Rosso Igt - Vermentino nero 100%
Alc. 12,5% | € 15 | Bt. 3.000 | Ferm. Acciaio | Mat. Acciaio 6 mesi
Tartare di manzo.

VERMENTINO NERO
2019 | 2021

VIGNANERA
2018 | 2020

Podere Marcampo
(2005)

Nel territorio vicino a una delle dodici lucumonie, e più precisamente all'interno del Parco Naturale delle Balze e dei Calanchi di Volterra, si trova questo podere di origine settecentesca. Molte energie degli attuali proprietari sono state impiegate, non solo nel rinnovamento dello stabile che ora ospita un agriturismo ma anche nella produzione di vino, così da rendere, in un certo qual modo, omaggio alla civiltà etrusca, a cui dobbiamo i primi sistemi d'allevamento della vite. Quest'anno sfiora l'eccellenza Giusto alle Balze, che ha prolungato la maturazione in legno a ventiquattro mesi.

Podere Marcampo, 30 - Località San Cipriano - 56048 Volterra (PI)
T. 0588 85393 | M. info@poderemarcampo.com
www.poderemarcampo.com

Viticoltura: Biologica
Ettari: 5 | **Bottiglie:** 22.000 | **Produzione olearia:** Sì
Proprietà: Claudia Del Duca
Cond. enologica: Luca Rettondini
Cond. agronomica: Stefano Bartolomei
Vendita diretta: Sì | **Visite in azienda:** Sì

GIUSTO ALLE BALZE 2019
Rosso Igt - Merlot 100%
Alc. 15% | € 45 | Bt. 2.800 | Ferm. Acciaio | Mat. Legno 24 mesi
Carminio intenso. Crème di cassis, amarene in guazzo di alcol e prugna in confettura, si distendono su un letto di petali di viola, accarezzate da brezze mentolate e di eucalipto; in chiusura soffi di cannella e cioccolato. Il gusto pieno, con un grip tannico in progressione, si dissolve su echi fruttati di mora. Allodole tartufate in casseruola.

MARCAMPO 2020
Rosso Igt - Merlot 50%, Sangiovese 50%
Alc. 14% | € 22 | Bt. 2.600 | Ferm. Acciaio | Mat. Legno 12 mesi
Fusilli di kamut al ragù di faraona.

GENUINO 2021
Rosso Igt - Sangiovese 80%, Merlot 20%
Alc. 14% | € 15 | Bt. 7.200 | Ferm. Acciaio | Mat. Acciaio 12 mesi
Costata di manzo alla griglia.

CRETEROSA 2022
Rosato Igt - Ciliegiolo 50%, Pugnitello 50%
Alc. 13% | € 19 | Bt. 1.900 | Ferm. Acciaio | Mat. Acciaio 7 mesi
Tartare di tonno.

TERRABLU 2022
Bianco Igt - Vermentino 100%
Alc. 13,5% | € 16 | Bt. 5.200 | Ferm. Acciaio | Mat. Acciaio 7 mesi
Branzino al sale su letto di patate.

SEVERUS
2017 | 2018

TERRABLU
2020

Podere Nannini
(1973)

La famiglia Nannini coltiva le viti da mezzo secolo, e il nome Podere rispecchia in pieno l'indole del lavoro agricolo che anima il quotidiano; oltre al vino c'è dell'ottimo miele e l'olio extravergine di oliva. L'aspetto interessante è la direzione enoica che è stata intrapresa negli ultimissimi anni, con la versione rosato da cabernet franc, il Kitsune, e un Metodo Classico, sempre rosé, ottenuto con lo stesso vitigno. Scelte sotto un certo aspetto anche coraggiose, che evidenziano la volontà di essere al passo con i tempi, per incontrare i gusti delle nuove generazioni.

Via Casavolpi, 6 Riotorto - 57025 Piombino (LI)
T. 347 7811215 | M. info@vininannini.it
www.vininannini.it

Viticoltura: Convenzionale
Ettari: 6 | **Bottiglie:** 15.000 | **Produzione olearia:** Sì
Proprietà: Giordano Bruno Guidi
Cond. enologica: Staff aziendale
Cond. agronomica: Giordano Bruno Guidi
Vendita diretta: Sì | **Visite in azienda:** Sì

LELAPO 2020
Rosso Igt - Cabernet franc 100%
Alc. 14% | € 20 | Bt. 1.550 | Ferm. Cemento | Mat. Legno 12 mesi
Fulvo carminio ornato dal tempo. Ciliegia e mora matura s'intrecciano a rimandi di tabacco, rosa e resina di pino e tocchi al mentolo. Sorso succoso, il tannino in forma fruttata e la freschezza in auge fanno da contraltare all'effetto calorico. Cesellato da echi di liquirizia e mora. Cosciotto d'agnello al forno con patate novelle.

ESOPO 2020
Rosso Igt - Sangiovese 90%, Canaiolo 5%, Ciliegiolo 5%
Alc. 13,5% | € 14 | Bt. 1.500 | Ferm. Cemento | Mat. Legno 12 mesi
Bigoli con l'anatra.

KITSUNE 2022
Rosato Igt - Cabernet franc 100%
Alc. 13,5% | € 10 | Bt. 1.500 | Ferm. Cemento | Mat. Cemento 3 mesi
Pizza capricciosa.

VOLPATO BIANCO 2022
Bianco Igt - Vermentino 90%, Verdicchio 10%
Alc. 12,5% | € 11 | Bt. 5.000 | Ferm. Cemento | Mat. Cemento 3 mesi
Zuppa di cipolle gratinate.

VOLPATO ROSSO 2021
Rosso Igt - Cabernet franc 50%, Ciliegiolo 50%
Alc. 13,5% | € 14 | Bt. 5.000 | Ferm. Cemento | Mat. Cemento 3 mesi
Grigliata di carne bianca e verdure.

Podere Pellicciano
(2003)

La storia di questa cantina è relativamente giovane, anche se il podere risale al 1830. In questa terra sanminiatese, culla della civiltà etrusca, è nota anche per i celebri tartufi bianchi. L'argilla, il tufo bianco e i fossili marini si alternano nel sottosuolo, offrendo un terreno idoneo alla coltivazione sia di uve a bacca nera sia a bacca bianca. Quest'anno raggiunge il vertice Fonte Vivo, un Trebbiano macerato in cui il contatto con le bucce è di cento giorni, dopo un appassimento degli acini di due mesi: seducente l'impatto olfattivo e ammaliante la tensione gustativa fresco-sapida.

Via Serra, 64 - Località La Serra - 56028 San Miniato (PI)
T. 0571 460109 | M. info@poderepellicciano.it
www.poderepellicciano.it

Viticoltura: Biologica
Ettari: 13 | **Bottiglie:** 60.000 | **Produzione olearia:** Sì
Proprietà: Federico Caputo
Cond. enologica: Federico Caputo, Emiliano Falsini
Cond. agronomica: Stefano Dini, Gianluca Grassi
Vendita diretta: Sì | **Visite in azienda:** Sì

(91)

FONTE VIVO 2020
Bianco Igt - Trebbiano 100%
Alc. 13,5% | € 25 | Bt. 2.000 | Ferm. Acciaio | Mat. Cemento 12 mesi
Ambrato vivace con riflessi dorati. L'incipit di ginestra, camomilla e tarassaco svela gradualmente sentori di marmellata d'arancia, fieno greco ed effluvi di curry e curcuma, sostenuti da una delicata nota di aceto di mele. L'appagante freschezza mentolata si allunga su una stuzzicante sapidità al succo di agrumi. Yakitori, spiedini di pollo con zenzero.

BIONDO 2022
Bianco Igt - Vermentino 85%, Malvasia bianca 10%, Trebbiano 5%
Alc. 13,5% | € 16 | Bt. 10.000 | Ferm. Acciaio | Mat. Acciaio 6 mesi
Orecchiette con cime di rapa.

TRICCHE 2019
Rosso Igt - Sangiovese 70%, Malvasia nera 20%, Colorino 10%
Alc. 14,5% | € 20 | Bt. 5.000 | Ferm. Acciaio | Mat. Legno 12 mesi
Piccione ai porcini e tartufo nero.

BUCCIANELLO 2019
Rosso Igt - Colorino 100%
Alc. 15% | € 40 | Bt. 2.000 | Ferm. Acciaio | Mat. Legno 14 mesi
Lasagne alla bolognese.

CIMBA 2022
Rosato Igt - Sangiovese 70%, Malvasia nera 20%, Canaiolo 10%
Alc. 12,5% | € 17 | Bt. 3.000 | Ferm. Acciaio | Mat. Acciaio 6 mesi
Ravioli di pesce con sugo di canestrelli.

EGOLA 2019
Rosso Igt - Malvasia nera 100%
Alc. 14,5% | € 40 | Bt. 2.500 | Ferm. Acciaio | Mat. Legno 14 mesi
Fettuccine ai finferli.

Podere Poggio Scalette
(1991)

L'annata 2020 migliora la 2019 piazzando ancora Piantonaia all'eccellenza, ma questa volta pressoché in ex aequo con uno straordinario Carbonaione, che si riprende la dimensione cui ci aveva abituato per molti anni. Capogatto fa un balzo e giunge proprio a un'incollatura dai primi due. Ottime le impressioni anche per gli altri campioni, in particolare per l'emblematico Chianti Classico 2019. Le annate sono importanti, ma da sole non fanno il vino, ci vuole anche l'attento, sapiente e amorevole lavoro dell'uomo, che probabilmente, qui a Ruffoli, è il fattore fondamentale. Chapeau!

Via Barbiano, 7 - Località Ruffoli - 50022 Greve in Chianti (FI)
T. 055 8546108 | M. info@poggioscalette.it
www.poggioscalette.it

Viticoltura: Convenzionale
Ettari: 15 | **Bottiglie:** 62.000 | **Produzione olearia:** Sì
Proprietà: Famiglia Fiore
Cond. enologica: Vittorio Fiore
Cond. agronomica: Staff aziendale
Vendita diretta: Sì | **Visite in azienda:** Sì

(93)

PIANTONAIA 2020
Rosso Igt - Merlot 100%
Alc. 14% | € 99 | Bt. 1.400 | Ferm. Acciaio | Mat. Legno 9 mesi
Carminio vivace. Tavolozza olfattiva sontuosa di ribes nero, mirtillo maturo, rosa damascena, zenzero, humus, cannella, cardamomo verde e liquirizia. All'assaggio sfodera equilibrio e armonia, grazie a un volume liquido estremamente lungo e succoso, orchestrato da tannini prossimi alla perfezione. Filetto alla Wellington.

(91,5)

IL CARBONAIONE 2020
Rosso Igt - Sangiovese 100%
Alc. 13,5% | € 47 | Bt. 26.000 | Ferm. Acciaio | Mat. Legno 12 mesi
Carminio concentrato. A un elegante avvio varietale di amarena, viola e arancia rossa, seguono sensazioni attraenti di pepe rosa, ginepro, inchiostro, goudron e caffè in grani. Impatto gustativo avvolgente e dinamico, con notevole spinta del fruttato fino al finale lungo e saporito di ciliegia. Fiorentina alla brace.

CAPOGATTO 2020
Rosso Igt - Cabernet franc 25%, Cabernet sauvignon 25%, Merlot 25%, Petit verdot 25%
Alc. 14% | € 47 | Bt. 1.800 | Ferm. Acciaio | Mat. Legno 9 mesi
Agnolotti al sugo di carne.

CHIANTI CLASSICO POGGIO SCALETTE 2021
Rosso Docg - Sangiovese 100%
Alc. 13,5% | € 18 | Bt. 35.800 | Ferm. Acciaio | Mat. Cemento 9 mesi
Risotto ai porcini.

CHIARA AURORA 2021
Bianco Igt - Chardonnay 60%, Trebbiano 40%
Alc. 13% | € 28 | Bt. 400 | Mat. Legno 9 mesi
Linguine alla granseola e rosmarino.

IL CARBONAIONE
2016 | 2017 | 2018

PIANTONAIA
2019

Podere Riparbella
(1993)

Nei vigneti di Podere Riparbella, a conduzione biologica, è impiegato il sistema di allevamento lyra, che comporta un notevole apparato fogliare, senza però intaccare la resa di produzione rispetto alle più classiche potature, e che favorisce un rafforzamento della pianta garantendo grappoli sani. Christian si limita a sorvegliare il percorso dei mosti e lascia che il vino maturi lentamente in cantina per diversi anni prima di immetterlo sul mercato, in modo da offrire ai consumatori dei vini genuini, equilibrati e attraenti. Quest'anno eccelle il Sangiovese Sentori: purezza di fruttato.

Località Sopra Pian di Mucini - 58024 Massa Marittima (GR)
T. 0566 915557 | M. riparbella@riparbella.com
www.riparbella.com

Viticoltura: Biologica certificata
Ettari: 4,5 | **Bottiglie:** 14.000 | **Produzione olearia:** Sì
Proprietà: Podere Riparbella
Cond. enologica: Christian Prohaska
Cond. agronomica: Christian Prohaska
Vendita diretta: Sì | **Visite in azienda:** Sì

(91)

SANGIOVESE SENTORI 2016
Rosso Igp - Sangiovese 100%
Alc. 14% | € 16 | Bt. 1.600 | Ferm. Acciaio | Mat. Legno 24 mesi
Carminio vivace. Il quadro olfattivo si delinea con marasca matura, viola mammola e iris, con effluvi d'eucalipto e ginepro, e lievi cenni di tabacco biondo. L'ingresso, caldo e fruttato, è vivacizzato dalla briosa acidità e da tannini in gradevole progressione su toni d'arancia Sanguinella. Trippa in umido.

CABERNET FRANC 2017
Rosso Igp - Cabernet franc 100%
Alc. 12,5% | € 18 | Bt. 860 | Ferm. Acciaio | Mat. Legno 6 mesi
Cacciucco alla livornese.

PINOT NERO 2016
Rosso Igp - Pinot nero 100%
Alc. 14,5% | € 15 | Bt. 1.500 | Ferm. Acciaio | Mat. Legno 11 mesi
Tortelli al Castelmagno.

PINOT NERO
2014

MAREMMA TOSCANA ROSSO SCIAMAGNA
2005 | 2006

Podere San Cristoforo
(1901)

Siamo in un angolo viticolturale della Toscana in cui ha sempre dominato uno spirito un po' selvaggio, o più educatamente selvatico, per cui non era facile dimensionarsi in una sfera enologica che oltrepassasse la convenzionalità che aveva sempre abitato nell'areale. Lorenzo Zonin ha impresso all'azienda, in questi ultimi anni, una virata in piena e rigorosa biodinamica, con la convinzione che il vino debba essere di un luogo preciso, perché, nonostante sia un liquido, è la purezza della terra che lo distilla e lo fa emergere, quindi bisogna lasciarlo andare in libertà.

Via Forni - Frazione Bagno - 58023 Gavorrano (GR)
T. 335 8212413 | M. info@poderecristoforo.it
www.poderecristoforo.it

Viticoltura: Biologica certificata e biodinamica
Ettari: 17 | **Bottiglie:** 70.000 | **Produzione olearia:** Sì
Proprietà: Lorenzo Zonin
Cond. enologica: Lorenzo Zonin, Niccolò Matteucci
Cond. agronomica: Davide Elisei, Riccardo Spadavecchia
Vendita diretta: Sì | **Visite in azienda:** Sì

SAN CRISTOFORO 2021
Rosso Igt - Petit verdot 100%
Alc. 13,5% | € 37 | Bt. 7.300 | Ferm. Acciaio | Mat. Legno 10 mesi
Rosso carminio saturo. Incanto olfattivo di ribes nero e aronia nera, coriandolo e grafite, eucalipto e chiodi di garofano. Fresco e succoso al palato, con alcol ad addolcire il fruttato e il tannino serico, chiude con gelée di ciliegia alle spezie. Involtini di vitello lardellati.

MAREMMA TOSCANA SANGIOVESE AMARANTO 2021
Rosso Doc - Sangiovese 100%
Alc. 13,5% | € 14 | Bt. 9.420 | Ferm. Acciaio | Mat. Legno 10 mesi
Tonnarelli cacio e pepe.

MAREMMA TOSCANA PINK 2022
Rosato Doc - Sangiovese 100%
Alc. 12,5% | € 17 | Bt. 17.080 | Ferm. Acciaio | Mat. Acciaio 6 mesi
Risotto alla milanese.

MAREMMA TOSCANA LUMINOSO 2022
Bianco Doc - Vermentino 85%, Trebbiano toscano 15%
Alc. 13% | € 17 | Bt. 14.460 | Ferm. Acciaio | Mat. Acciaio 6 mesi
Linguine con bottarga e pomodori secchi.

LUMINOSO DOLCE
2009

MAREMMA TOSCANA LUMINOSO
2017

Podere Sapaio
(1999)

È ormai assodato come la collocazione dei vigneti, coccolati da un clima benevolo e da un terreno generoso, capace di fornire elementi vitali, sia molto favorevole al cabernet sauvignon, quasi un valore di unicità nell'areale bolgherese. I vini di Sapaio sono ricchi in tutto senza ostentare, esprimono un quid qualitativo armonizzato all'eleganza strutturale e presentano al degustatore un cocktail di sensualità enologica, trasportandolo oltre la semplice degustazione e ponendolo dinanzi a un interrogativo: come potranno migliorare ancora? Eppure l'ingegner Piccin ogni anno riesce a sorprenderci.

Località Lo Scopaio, 212 - 57022 Castagneto Carducci (LI)
T. 0438 430440 | M. info@sapaio.it
www.sapaio.it

Viticoltura: Biologica certificata
Ettari: 26 | **Bottiglie:** 100.000 | **Produzione olearia:** No
Proprietà: Massimo Piccin
Cond. enologica: Carlo Ferrini
Cond. agronomica: Alessandro Nannelli
Vendita diretta: Sì | **Visite in azienda:** Sì

(91)

SAPAIO 2020
Rosso Igt - Cabernet sauvignon 70%, Petit verdot 20%, Cabernet franc 10%
Alc. 14,5% | € 76 | Bt. 13.000 | Ferm. Legno e Acciaio | Mat. Legno 18 mesi
Intensamente granato e luccicante. Dedalo olfattivo di prugna e amarena in confettura, viola e rosa rossa appassita, menta, pepe e muschio di legno. Ingresso gustativo d'effetto per freschezza e per tannino irrequieto. Molto persistente nel flavor di cioccolato, agrume e liquore di cassis. Bocconcini di cinghiale con salsa di prugne.

BOLGHERI ROSSO VOLPOLO 2021
Rosso Doc - Cabernet sauvignon 70%, Merlot 15%, Petit verdot 15%
Alc. 14,5% | € 25 | Bt. 90.000 | Ferm. Legno e Acciaio | Mat. Legno 14 mesi
Grigliata di carne con salsa barbecue.

SAPAIO
2016 | 2018 | 2019

BOLGHERI ROSSO VOLPOLO
2017 | 2019

Poggio al Grillo
(2008)

L'azienda è davvero piccola, è dimensionata intorno alla capacità eno-contributiva della famiglia, e in quindici anni di vita ha saputo bruciare molte tappe, raggiungendo più volte l'eccellenza anche nella nostra Guida. Le novità a Poggio al Grillo sono così frequenti che quasi non dovremmo chiamarle così, semmai parlare di energizzazione del futuro per attivare una costante crescita. Una spinta fondamentale è stata data da Giulia, figlia di Paolo Scalzini, e ormai enologa a tempo pieno in azienda. Tra le novità in arrivo un Carbernet Franc: siamo curiosi, anche se ci vorrà del tempo.

Località Poggio al Grillo, 90/B - 57022 Castagneto Carducci (LI)
T. 0565 763272 - 347 6607733 | M. info@aziendaagricolapoggioalgrillo.it
www.aziendaagricolapoggioalgrillo.it

Viticoltura: Biologica
Ettari: 2,5 | **Bottiglie:** 6.000 | **Produzione olearia:** Sì
Proprietà: Giulia e Alessandro Scalzini
Cond. enologica: Giulia Scalzini, Luca Rettondini
Cond. agronomica: Giulia Scalzini, Paolo Granchi
Vendita diretta: Sì | **Visite in azienda:** Sì

ROSATICO 2022
Rosato Igt - Aleatico 100%
Alc. 13,5% | € 22 | Bt. 2.100 | Ferm. Acciaio | Mat. Acciaio 6 mesi
Rosa corallo brillante. Allure odorosa di arancia rossa, ibisco, mandorla tostata, pinolo, con preziosi tocchi di anice stellato e fiori di lavanda. Gusto sostenuto da strati di frutti rossi che offrono anche levità tannica e sapidità di uva spina, finale finemente agrumato e di corbezzolo. Spaghetti al pomodoro.

ALEATICO REZENO 2022
Rosso Igt Passito - Aleatico 100%
Alc. 5% | € 35 (0,375l) | Bt. 800 | Ferm. Acciaio | Mat. Acciaio 6 mesi
Tortino di marroni tiepido.

CORVALLO 2022
Bianco Igt - Petit manseng 80%, Malvasia 10%, Trebbiano 10%
Alc. 13% | € 22 | Bt. 1.000 | Ferm. Acciaio | Mat. Acciaio 6 mesi
Fritto di paranza.

ALEATICO REZENO
2021

ROSATICO
2020

Poggio al Tesoro
(2001)

Anche quest'anno, seppur per un'inezia rispetto al Sondraia, si conferma sul gradino più alto del podio Dedicato a Walter. Si tratta ovviamente di sottigliezze in quanto entrambi i vini ottengono una meritatissima eccellenza, e rendono vieppiù l'idea di quanto un'azienda vitivinicola possa interpretare con eleganza e personalità il comprensorio nel quale si trova. Figlia della passione dei fratelli Allegrini, che hanno le proprie forti radici nella Valpolicella, Poggio al Tesoro è a tutti gli effetti una delle aziende più emblematiche del bolgherese.

Via Bolgherese, 189/B - 57022 Castagneto Carducci (LI)
T. 0565 773051 | M. info@poggioaltesoro.it
www.poggioaltesoro.it

Viticoltura: Convenzionale
Ettari: 70 | **Bottiglie:** 588.000 | **Produzione olearia:** Sì
Proprietà: Marilisa Allegrini
Cond. enologica: Christian Coco
Cond. agronomica: Franco Dal Colle
Vendita diretta: Sì | **Visite in azienda:** Sì

(92)
BOLGHERI SUPERIORE DEDICATO A WALTER 2019
Rosso Doc - Cabernet franc 100%
Alc. 15% | € 169 | Bt. 10.000 | Ferm. Legno | Mat. Legno 24 mesi
Carminio con bagliori granato. Paniere olfattivo di ciliegie sotto spirito, prugna, viola appassita, noce moscata, malva e resina di pino, con sbuffi di cardamomo e tabacco Kentucky. Sorso avvolgente e austero, in lunga e succosa progressione di frutti neri fino al persistente epilogo di boero e gelée di mirtilli. Cinghiale in umido.

(91,5)
BOLGHERI SUPERIORE SONDRAIA 2020
Rosso Doc - Cabernet sauvignon 65%, Merlot 25%, Cabernet franc 10%
Alc. 15% | € 75 | Bt. 50.000 | Ferm. Acciaio | Mat. Legno 22 mesi
Carminio con orlo granato. Sprigiona un'intrigante sequenza di profumi di crème de cassis, lampone, peperone grigliato, lavanda secca, chiodi di garofano ed eucalipto. Materico e caldo all'ingresso, con tannino composto e asciugante al medio palato e in recupero di freschezza nel lungo finale al flavor di ciliegia. Stinco di maiale al forno in pancetta affumicata.

SONDRAIA BIANCO 2021
Bianco Igt - Viognier 100%
Alc. 14% | € 57 | Bt. 3.300 | Ferm. Acciaio | Mat. Acciaio 10 mesi e Legno 10 mesi
Linguine allo scoglio.

BOLGHERI ROSSO IL SEGGIO 2021
Rosso Doc - Merlot 50%, Cabernet franc 20%, Cabernet sauvignon 20%, Petit verdot 10%
Alc. 14,5% | € 20 | Bt. 175.000 | Ferm. Acciaio | Mat. Legno 15 mesi
Tacchino farcito con castagne.

MEDITERRA 2021
Rosso Igt - Syrah 40%, Cabernet sauvignon 30%, Merlot 30%
Alc. 14% | € 16 | Bt. 170.000 | Ferm. Acciaio | Mat. Legno 10 mesi
Tagliata di manzo al rosmarino.

BOLGHERI VERMENTINO SOLOSOLE 2022
Bianco Doc - Vermentino 100%
Alc. 13,5% | € 20 | Bt. 95.000 | Ferm. Acciaio | Mat. Acciaio 5 mesi
Linguine agli scampi.

BOLGHERI SUPERIORE DEDICATO A WALTER
2016 | 2017 | 2018

BOLGHERI SUPERIORE SONDRAIA
2017 | 2018 | 2019

Poggio alla Sala
(1997)

L'avvicendamento della proprietà avvenuto a fine 2022, tra i Gattevecchi e la famiglia Toppetta, non ha prodotto traumi, anzi si rileva con chiarezza che tutto è completamente indirizzato nel segno delle continuità. D'altronde Poggio alla Sala rappresenta una delle pietre miliari della politica enologica poliziana, per cui mantenere questo aplomb, e quello dei vini da loro prodotti, non può che essere una carta ancora vincente. Quest'anno il Nobile 2019 base, si fa per dire, manifesta un marcia meno trattenuta in tannicità e ha impressionato molto per la finezza del suo equilibrio.

Via delle Chiane, 3 - 53045 Montepulciano (SI)
T. 0578 767224 | M. info@poggioallasala.it
www.poggioallasala.it

Viticoltura: Convenzionale
Ettari: 26 | **Bottiglie:** 150.000 | **Produzione olearia:** Sì
Proprietà: Famiglia Toppetta
Cond. enologica: Valerio Coltellini
Cond. agronomica: Valerio Coltellini
Vendita diretta: Sì | **Visite in azienda:** Sì

VINO NOBILE DI MONTEPULCIANO 2019
Rosso Docg - Prugnolo gentile 90%, Colorino 5%, Merlot 5%
Alc. 14,5% | € 20 | Bt. 67.000 | Ferm. Acciaio | Mat. Legno 24 mesi
Fulgido carminio. Varietale del sangiovese ben espresso: amarena, giaggiolo, coriandolo e levità di origano selvatico. C'è austerità tannica che si disserra a favore della freschezza di arancia Sanguinella a centro bocca. Finisce sapido. Reale di vitello alla senape antica.

VINO NOBILE DI MONTEPULCIANO RISERVA 2018
Rosso Docg - Prugnolo gentile 80%, Colorino 10%, Merlot 10%
Alc. 14,5% | € 36 | Bt. 3.000 | Ferm. Acciaio | Mat. Legno 30 mesi
Spezzatino di manzo.

VINO NOBILE DI MONTEPULCIANO PARCETO 2019
Rosso Docg - Prugnolo gentile 90%, Colorino 5%, Merlot 5%
Alc. 14,5% | € 40 | Bt. 5.000 | Ferm. Acciaio | Mat. Legno 24 mesi
Bigoli con l'anatra.

ROSSO DI MONTEPULCIANO 2022
Rosso Doc - Prugnolo gentile 85%, Colorino 15%
Alc. 13,5% | € 12 | Bt. 26.000 | Ferm. Acciaio | Mat. Acciaio 4 mesi e Legno 8 mesi
Risotto ai finferli.

VINO NOBILE DI MONTEPULCIANO
2015

VINO NOBILE DI MONTEPULCIANO PARCETO
2015

Poggio Bonelli
(1950)

Il team di Poggio Bonelli, guidato dall'enologo Carlo Ferrini, si è arricchito di giovani appassionati con l'obiettivo di valorizzare le caratteristiche uniche dei loro 88 ettari di vigneto nel cuore del Chianti Classico. Il sangiovese è il vitigno più coltivato, accompagnato da varietà internazionali. L'approccio alla vigna è manuale e rispettoso dell'ecosistema circostante. Durante le degustazioni, il Vin Santo Occhio di Pernice ha suscitato particolari apprezzamenti, grazie all'utilizzo dell'acidità del Sangiovese per creare un nettare equilibrato, efficacemente dolce ma non stucchevole.

Via dell'Arbia, 2 - 53019 Castelnuovo Berardenga (SI)
T. 0577 56661 | M. info@poggiobonelli.it
www.poggiobonelli.it

Viticoltura: Convenzionale
Ettari: 88 | **Bottiglie:** 130.000 | **Produzione olearia:** Sì
Proprietà: Monte dei Paschi di Siena
Cond. enologica: Carlo Ferrini
Cond. agronomica: Gioia Cresti
Vendita diretta: Sì | **Visite in azienda:** Sì

(91)

VIN SANTO DEL CHIANTI CLASSICO OCCHIO DI PERNICE 2009
Rosso Doc Passito - Sangiovese 100%
Alc. 15% | € 31 (0,5l) | Bt. 2.000 | Ferm. Legno | Mat. Legno 48 mesi
Affascinate livrea mogano dai brillanti riflessi oro. Profumi molto intensi di caramello, fico secco, croccante alla mandorla, cumino e curry che anticipano un sorso avvolgente, ricco e complesso, dove freschezza e sapidità aiutano a donare un'impareggiabile armonia alla dolcezza. Lunga scia di caramella mou. Sachertorte.

CRETUM 2019
Rosso Igt - Sangiovese 34%, Cabernet sauvignon 33%, Merlot 33%
Alc. 14% | € 11 | Bt. 7.000 | Ferm. Acciaio | Mat. Acciaio 3 mesi e Legno 6 mesi
Involtini di vitello lardellati.

CHIANTI CLASSICO RISERVA 2019
Rosso Docg - Sangiovese 100%
Alc. 14% | € 23 | Bt. 10.000 | Ferm. Acciaio | Mat. Acciaio 3 mesi e Legno 21 mesi
Manzo brasato con olive e porri.

TRAMONTO D'OCA 2019
Rosso Igt - Petit verdot 100%
Alc. 13,5% | € 30 | Bt. 3.500 | Ferm. Acciaio | Mat. Acciaio 6 mesi e Legno 16 mesi
Brasato di lepre con riduzione di vino rosso.

CHIANTI COLLI SENESI 2019
Rosso Docg - Sangiovese 100%
Alc. 13,5% | € 11 | Bt. 10.000 | Ferm. Acciaio | Mat. Acciaio 3 mesi e Legno 6 mesi
Risotto alla milanese con ossobuco.

CHIANTI CLASSICO RISERVA
2018

CHIANTI CLASSICO
2020

Poggio di Sotto
(1989)

Poggio di Sotto è una delle migliori e più identitarie espressioni del Sangiovese a Castelnuovo dell'Abate. Il gruppo ColleMassari l'acquisì nel 2011, con l'idea di non stravolgere la filosofia enoica del suo fondatore Piero Palmucci; anzi, volendone portare avanti lo stile con rigorosa coerenza, pensando all'innovazione e alla sostenibilità, per incrementarla. Un'azienda che riesce a conseguire il massimo dei voti anche in annate in cui non produce, per scelta, la Riserva è espressione di valore, e quest'anno la versione d'annata è sorprendente.

Località Castelnuovo dell'Abate - 53024 Montalcino (SI)
T. 0577 835502 | M. info@poggiodisotto.it
www.collemassariwines.it

Viticoltura: Biologica certificata
Ettari: 20 | **Bottiglie:** 60.000 | **Produzione olearia:** Sì
Proprietà: Claudio e Maria Iris Tipa Bertarelli
Cond. enologica: Luca Marrone, Leonardo Berti
Cond. agronomica: Giuliano Guerrini
Vendita diretta: Sì | **Visite in azienda:** Sì

(93)

BRUNELLO DI MONTALCINO 2018
Rosso Docg - Sangiovese 100%
Alc. 14% | € 200 | Bt. 35.000 | Ferm. Legno | Mat. Legno 30 mesi
Rubino luminoso. Libera profumi di amarena confit, viola appassita, tabacco biondo, cioccolato criollo, scorza d'arancia rossa, cannella e pane all'uva. Il volume liquido avvolgente è sostenuto dallo spessore calorico coeso nella sublime trama tannica. Sapido in chiusura, sfuma con un alone persistente di cacao. Beccacce allo spiedo.

ROSSO DI MONTALCINO 2020
Rosso Doc - Sangiovese 100%
Alc. 13,5% | € 180 | Bt. 20.000 | Ferm. Legno | Mat. Legno 22 mesi
Tortelli al Castelmagno.

BRUNELLO DI MONTALCINO RISERVA
2013 | 2015 | 2016

BRUNELLO DI MONTALCINO
2015 | 2016 | 2017

Poggio La Noce
(2000)

Il motto è: "produrre vini genuini e belli a misura d'uomo". È facile quindi comprendere il perché della coltivazione in biologico, affidandosi a pratiche di natura ancestrale, con impiego solo di lieviti indigeni, il tutto a beneficio di piante, vino e ambiente. I due vigneti corrono lungo il crinale della collina che domina la valle e la vicinanza al fiume Arno favorisce una brezza che garantisce le escursioni termiche. Il sangiovese è il vitigno principe, che quest'anno, in mix con il colorino, rende il Paonazzo rosso d'emozione, visto il salto nell'eccellenza che ha compiuto.

Via Ontignano - 50014 Fiesole (FI)
T. 055 6549113 | M. info@poggiolanoce.com
www.poggiolanoce.com

Viticoltura: Biologica certificata
Ettari: 4,5 | **Bottiglie:** 20.000 | **Produzione olearia:** Sì
Proprietà: Enzo Schiano e Claire Beliard
Cond. enologica: Valentino Ciarla
Cond. agronomica: Gianluca Grassi
Vendita diretta: Sì | **Visite in azienda:** Sì

(91)
PAONAZZO 2017
Rosso Igt - Colorino 50%, Sangiovese 50%
Alc. 14% | € 55 | Bt. 900 | Ferm. Acciaio | Mat. Legno 24 mesi
Carminio vivace. Olfatto sopraffino, con fragranze di gelso maturo, prugna, pot-pourri di viola, timo e patchouli, refoli di aghi di pino e mentolo. La beva è succosa, con fitta trama tannica ed esuberante freschezza in amalgama con il tenore alcolico. Flavor di chinotto nel congedo. Tortino al radicchio e cannellini.

GIGINO 2020
Rosso Igt - Sangiovese 100%
Alc. 13,5% | € 28 | Bt. 3.500 | Ferm. Acciaio | Mat. Legno 12 mesi
Prosciutto di San Daniele.

GIGETTO 2021
Rosso Igt - Sangiovese 80%, Canaiolo 15%, Colorino 5%
Alc. 13,5% | € 23 | Ferm. Acciaio | Mat. Legno 12 mesi
Sarde a beccafico.

GIGIÒ 2019
Rosso Igt - Sangiovese 90%, Colorino 10%
Alc. 14,5% | € 38 | Bt. 2.000 | Ferm. Acciaio | Mat. Legno 24 mesi
Straccetti di vitello al rosmarino.

PAONAZZO
2013

GIGINO
2015

Poggio Landi
(2014)

Paesaggisticamente il terroir aziendale è come una terrazza sulla Val d'Orcia abbinato a una radicata anima ilcinese. L'interpretazione enologica che l'azienda Poggio Landi ha deciso di seguire è quella di tenere lontano il Sangiovese da quei maquillage che lo modellano in attesa di incontrare consensi. Il vino è espressione della strada che l'annata ha tracciato, quindi le maturazioni sono conservative, mirate a custodire il ferreo carattere "brunelliano", affinché il Sangiovese sia espressione e dimensione di una distinguibile personalità.

SP 71 - Località Podere Belvedere, 267 - 53024 Montalcino (SI)
T. 0577 042736 | M. info@poggiolandi.it
www.poggiolandi.it

Viticoltura: Biologica
Ettari: 60 | **Bottiglie:** 230.000 | **Produzione olearia:** No
Proprietà: Alejandro Bulgheroni
Cond. enologica: Luigi Temperini
Cond. agronomica: Lorenzo Bernini
Vendita diretta: Sì | **Visite in azienda:** Sì

(91,5)
BRUNELLO DI MONTALCINO CHIUSO DEL LUPO 2018
Rosso Docg - Sangiovese 100%
Alc. 14,5% | € 95 | Bt. 6.000 | Ferm. Acciaio | Mat. Legno 38 mesi
Carminio con orlo granato. Ouverture di succo di ciliegia, melagrana e arancia Sanguinella, intermezzi floreali di viola e tiglio, rimandi di cannella, timo e cenni di pepe e nuance mentolate. L'assaggio rivela un tannino irruento – come regola vuole – e una freschezza esuberante. Risonanze di china. Stufato di daino.

BRUNELLO DI MONTALCINO 2018
Rosso Docg - Sangiovese 100%
Alc. 14% | € 40 | Bt. 90.000 | Ferm. Acciaio | Mat. Legno 38 mesi
Petto di germano reale al balsamico.

ROSSO DI MONTALCINO 2021
Rosso Doc - Sangiovese 100%
Alc. 14% | € 14 | Bt. 50.000 | Ferm. Acciaio | Mat. Legno 12 mesi
Tagliatelle al ragù.

Poggio L'Apparita
(1978)

Il sangiovese, declinato in purezza o assieme a vitigni d'oltralpe, delinea la filosofia produttiva di quest'azienda localizzata nel cuore della Maremma, poco a nord di Grosseto. In purezza per i Maremma Toscana Doc Rosso San Giò e San Michele rosato e per l'Igt San Giò Bianco, in blend per il Maremma Toscana Doc San Michele Riserva. Questo vino prende il nome dalla particella catastale, appunto Podere San Michele, e unisce potenziale evolutivo a elevata qualità gusto-olfattiva, meritando l'eccellenza. Buone impressioni anche per il rosato da sangiovese, dalla piacevole impronta varietale.

Località L'Apparita Paganico, 3 - 58045 Civitella Paganico (GR)
T. 351 9914663 | M. info@lapparita.com
www.lapparita.com

Viticoltura: Lotta integrata
Ettari: 1,5 | **Bottiglie:** 9.000 | **Produzione olearia:** Sì
Proprietà: Famiglia Ropolo
Cond. enologica: Gabriele Gadenz
Cond. agronomica: Gabriele Gadenz
Vendita diretta: Sì | **Visite in azienda:** Sì

(91)
MAREMMA TOSCANA ROSSO SAN MICHELE RISERVA 2018
Rosso Doc - Sangiovese 60%, Merlot 15%, Syrah 15%, Cabernet sauvignon 5%, Petit verdot 5%
Alc. 14% | € 33 | Bt. 1.558 | Ferm. Acciaio | Mat. Acciaio 5 mesi e Legno 12 mesi
Carminio vispo con bagliori granato. Naso variegato tra scorza d'arancia, melagrana e glicine appassito, con sensazioni di pepe del Sichuan, garrigue, boero e teak. Tannini saporiti di frutta, corroborati da freschezza e integrati nella generosità dell'alcol. Sapido e persistente di arancia rossa. Controfiletto di bue alla brace.

MAREMMA TOSCANA ROSATO SAN MICHELE N. 3 2022
Rosato Doc - Sangiovese 100%
Alc. 13,5% | € 17 | Bt. 2.468 | Mat. Acciaio 4 mesi
Tempura di gamberi.

SAN GIÒ BIANCO 2022
Bianco Igt - Sangiovese 100%
Alc. 12,5% | € 19 | Bt. 1.258 | Ferm. Acciaio | Mat. Acciaio 4 mesi
Bruschetta al pomodoro.

MAREMMA TOSCANA ROSSO SAN MICHELE RISERVA
2016

SAN GIO' BIANCO
2020

Poggio Nardone
(1996)

L'azienda è stata fondata nel 1996 da Alessandra e Tiziano Ciacci, già proprietario dell'azienda Mocali, ereditata dal nonno, con la quale praticamente confina sul versante sud-ovest della collina di Montalcino. Al primo anno in Guida si riscontra un livello qualitativo davvero elevato, con il Brunello di Montalcino Riserva – espressione di un'annata non facile per la viticoltura, come la 2017 –, che si aggiudica le Quattro Viti. Impressioni lusinghiere anche per il Rosso di Montalcino.

Località Mocali, 273 - 53024 Montalcino (SI)
T. 0577 849485 | M. azpoggionardone@tiscali.it
www.poggionardone.it

Viticoltura: Biologica certificata
Ettari: 14 | **Bottiglie:** 50.000 | **Produzione olearia:** No
Proprietà: Tiziano Ciacci
Cond. enologica: Tiziano Ciacci
Cond. agronomica: Tiziano Ciacci
Vendita diretta: Sì | **Visite in azienda:** Sì

(93)
BRUNELLO DI MONTALCINO RISERVA 2017
Rosso Docg - Sangiovese 100%
Alc. 14% | € 90 | Bt. 2.000 | Ferm. Legno e Acciaio | Mat. Legno 48 mesi
Carminio con riflessi granato. Corredo olfattivo sfizioso di amarene in confettura, mirtillo sotto spirito, rosa, cannella, cardamomo, sottobosco e legno di cedro. Assaggio equilibrato tra freschezza fruttata e tannini setosi, in armonia con l'alcol che crea sapidità e lungheggia su aromi di scorza d'arancia. Piccione al forno con cipollotti.

BRUNELLO DI MONTALCINO 2018
Rosso Docg - Sangiovese 100%
Alc. 14% | € 50 | Bt. 10.000 | Ferm. Acciaio | Mat. Acciaio 12 mesi e Legno 36 mesi
Filetto al pepe verde.

ROSSO DI MONTALCINO 2021
Rosso Doc - Sangiovese 100%
Alc. 13,5% | € 20 | Bt. 10.000 | Ferm. Acciaio | Mat. Legno 10 mesi
Bucatini all'amatriciana.

BRUNELLO DI MONTALCINO RISERVA
2012

IL PROBIOLO
2016

PoggioargentierA
(1997)

L'azienda abbraccia una porzione di quella Maremma che va dal Mar Tirreno all'Amiata, in un habitat capace di fornire alle vigne molti elementi di naturalità e offrire ai vini caratteri di distinzione organolettica molto suggestivi, nonché particolarmente performanti, soprattutto nel cabernet franc, che quest'anno ci ha regalato un Poggioraso in splendida forma, che raggiunge il vertice e si propone come uno dei vini bandiera del territorio, testimoniando tra l'altro la consolidata crescita qualitativa dello "stile PoggioargentierA".

Località Banditella, 2 - 58100 Grosseto (GR)
T. 0564 1950033 | M. info@poggioargentiera.com
www.poggioargentiera.com

Viticoltura: Convenzionale
Ettari: 21 | **Bottiglie:** 120.000 | **Produzione olearia:** No
Proprietà: PoggioargentierA ssa
Cond. enologica: Marco Lamastra, Giovanni Frascolla
Cond. agronomica: Giovanni Frascolla
Vendita diretta: Sì | **Visite in azienda:** Sì

(91)

POGGIORASO 2022
Rosso Igt - Cabernet franc 100%
Alc. 15% | € 38 | Bt. 5.000 | Ferm. Acciaio | Mat. Legno 6 mesi
Rubino radioso. Suggestioni di ribes nero, resina di pino, cacao ed eucalipto, si fondono con cannella e caffè. Tensione tannica in evoluzione e vispa acidità danno una struttura gustativa armoniosa e una persistenza saporita agli agrumi. Quaglie alla cacciatora.

CAPATOSTA 2020
Rosso Igt - Sangiovese 100%
Alc. 14,5% | € 18 | Ferm. Acciaio | Mat. Acciaio 3 mesi e Legno 12 mesi
Coniglio in porchetta.

PODEREADUA 2021
Rosso Igt - Syrah 100%
Alc. 14,5% | € 24 | Bt. 5.000 | Ferm. Acciaio | Mat. Legno 15 mesi
Stufato di daino.

VERMENTINO 2022
Bianco Igt - Vermentino 100%
Alc. 13,5% | € 13 | Bt. 12.000 | Ferm. Acciaio | Mat. Acciaio 5 mesi
Sogliola alla mugnaia.

MAREMMA TOSCANA VIOGNIER 2022
Bianco Doc - Viognier 100%
Alc. 13,5% | € 15 | Bt. 3.600 | Ferm. Acciaio | Mat. Acciaio 6 mesi
Pizza con bufala e pomodorini.

MAREMMANTE 2021
Rosso Igt - Cabernet franc 75%, Syrah 25%
Alc. 14,5% | € 14 | Bt. 25.000 | Ferm. Acciaio | Mat. Legno 12 mesi
Mocetta di camoscio.

CAPATOSTA
2017 | 2018

POGGIORASO
2016 | 2017 | 2019

Poggiotondo
(1850)

Piccola nell'estensione dei vigneti, grande nel modo di fare vino. La cosa bella di quest'azienda, un binomio di passione targato Lorenzo e Cinzia, è che non si sono fatti prendere da manie d'immediata grandezza, conoscono perfettamente le difficoltà di affermarsi nel panorama vitivinicolo toscano, soprattutto per chi lavora in areali con poco blasone. Ma al Poggiotondo c'è tanta energia e voglia di crescere imparando dall'esperienza del quotidiano. Tutti i vini presentano una personalità curata nei minimi particolari, espressione di forbita semplicità e di avveduto pensiero enologico.

Località Poggiotondo - 52010 Subbiano (AR)
T. 0575 48182 | M. info@poggiotondo.it
www.poggiotondo.it

Viticoltura: Convenzionale
Ettari: 4,2 | **Bottiglie:** 10.000 | **Produzione olearia:** Sì
Proprietà: Lorenzo Massart
Cond. enologica: Luciano Bandini, Lorenzo Massart
Cond. agronomica: Paolo Valentini, Augusto Zarkis
Vendita diretta: Sì | **Visite in azienda:** Sì

C66 2020
Rosso Igt - Sangiovese 90%, Merlot 10%
Alc. 13,5% | € 25 | Bt. 666 | Ferm. Acciaio | Mat. Legno 24 mesi
Esuberante scrigno rubino che sprigiona amarena e susina rossa, rosa e rosmarino, eucalipto, pepe e polvere di caffè. Le calde sensazioni di frutti rossi sotto spirito duettano con la freschezza agrumata, sorrette dalla trama tannica già integrata. Chiosa al flavor di susina con echi balsamici. Filetto di maiale alla senape.

POGGIOTONDO 2020
Rosso Igt - Sangiovese 85%, Canaiolo 15%
Alc. 13,5% | € 19 | Bt. 4.000 | Ferm. Acciaio | Mat. Cemento 24 mesi
Pappardelle con sugo di capriolo.

CHIANTI LE RANCOLE 2020
Rosso Docg - Sangiovese 80%, Canaiolo 20%
Alc. 13% | € 17 | Bt. 4.000 | Ferm. Cemento | Mat. Legno 12 mesi e Cemento 24 mesi
Tagliere di salumi.

VIN SANTO DEL CHIANTI COLLEFRESCO
2010 | 2011

CHIANTI LE RANCOLE
2019

Poliziano
(1961)

Quest'azienda, che trae il proprio nome dall'umanista di Montepulciano Angelo Ambrogini, detto "il Poliziano", è in grado di creare e riproporre senza interruzione quel connubio tra tradizione e modernità che la pone a posti di assoluta preminenza nella denominazione. La ricerca costante, l'impegno in vigna e in cantina e un terroir unico sono i fattori che concorrono a creare vini che vedono il proprio livello di eccellenza confermarsi anno dopo anno. È sufficiente dare un'occhiata ai punteggi ottenuti dai campioni in degustazione, con il Nobile Asinone ancora all'apice assoluto.

Via Fontago, 1 - Frazione Montepulciano Stazione - 53045 Montepulciano (SI)
T. 0578 738171 | M. info@carlettipoliziano.com
www.carlettipoliziano.com

Viticoltura: Biologica
Ettari: 155 | **Bottiglie:** N.d. | **Produzione olearia:** Sì
Proprietà: Famiglia Carletti
Cond. enologica: Federico Carletti, Fabio Marchi, Carlo Ferrini, Maria Stella Carletti
Cond. agronomica: Federico Carletti, Maria Stella Carletti
Vendita diretta: Sì | **Visite in azienda:** Sì

(93)
VINO NOBILE DI MONTEPULCIANO ASINONE 2020
Rosso Docg - Sangiovese 100%
Alc. 14% | € 52 | Bt. 25.000 | Ferm. Acciaio | Mat. Legno 18 mesi
Cremisi vivido. Sviluppo olfattivo in finezza di ciliegie mature, cassis, confettura di more, viola e cardamomo, cui si affiancano rilievi di sandalo, liquirizia, china e alloro. Sorso sontuoso e avvolgente pur con tannini energici, tonicità alcolica e freschezza del frutto fusi fino all'epilogo tostato. Filetto di manzo alla Voronoff.

(92)
VINO NOBILE DI MONTEPULCIANO LE CAGGIOLE 2019
Rosso Docg - Sangiovese 100%
Alc. 14,5% | € 85 | Bt. 5.000 | Ferm. Acciaio | Mat. Legno 18 mesi
Granato vivace. Naso ampio di arancia rossa, gelée di lampone, violetta, rosmarino, pepe verde, legno di cedro e cuoio. Bocca coerente col naso, con tannino tenace e succosa freschezza miscelati nell'alcol. Chiusura sapida e persistente. Capriolo in salmì con polenta di grano saraceno.

LE STANZE DEL POLIZIANO 2019
Rosso Igt - Cabernet sauvignon 95%, Merlot 5%
Alc. 14,5% | € 50 | Bt. 10.000 | Ferm. Acciaio | Mat. Legno 18 mesi
Petto di germano reale al balsamico.

VINO NOBILE DI MONTEPULCIANO 2020
Rosso Docg - Sangiovese 90%, altre varietà 10%
Alc. 14% | € 25 | Bt. 150.000 | Ferm. Acciaio | Mat. Legno 16 mesi
Agnello al forno con rosmarino.

VINO NOBILE DI MONTEPULCIANO ASINONE
2017 | 2018 | 2019

VINO NOBILE DI MONTEPULCIANO
2018

Pratesi
(1983)

Ogni anno i vini salgono un gradino nella gerarchia della qualità carmignanese. Anche in questo i vini presentati riflettono a pieno quel perfezionismo stilistico che anima la famiglia Pratesi, tanto che la distanza tra Circo Rosso e Carmione sembra assottigliarsi e quasi quasi potrebbero confondersi l'un l'altro. Sempre più eccentrica è la dimensione organolettica de I Sassi di Lolocco, un Merlot, in questa zona, su cui è necessario fare delle serene riflessioni. Nel complesso sono quarant'anni ben vissuti e le prospettive sono rosee, perché qui le idee non mancano.

Via Rizzelli, 9 - Località Seano - 59011 Carmignano (PO)
T. 055 8704108 | M. info@fabriziopratesi.it
www.fabriziopratesi.it

Viticoltura: Biologica certificata
Ettari: 13 | **Bottiglie:** 60.000 | **Produzione olearia:** Sì
Proprietà: Famiglia Pratesi
Cond. enologica: Fabrizio Pratesi, Stefano Chioccioli
Cond. agronomica: Fabrizio Pratesi, Stefano Chioccioli
Vendita diretta: Sì | **Visite in azienda:** Sì

(91)
CARMIGNANO IL CIRCO ROSSO RISERVA 2020
Rosso Docg - Sangiovese 70%, Cabernet sauvignon 15%, Merlot 10%, Cabernet franc 5%
Alc. 15,5% | € 45 | Bt. 10.000 | Ferm. Acciaio | Mat. Legno 18 mesi
Rubino in ricamo amaranto. Vivezza olfattiva di giaggiolo, glicine e viola mammola, fruttato finissimo di mora di rovo e mirtillino, attraenze di cardamomo e noce moscata. Generoso in alcol e in tannino che si amalgamano lasciandosi arricchire da un aroma fruttato e di pepe. Dissolvenze di prugna. Fagiano arrosto.

CARMIGNANO CARMIONE 2021
Rosso Docg - Sangiovese 70%, Cabernet sauvignon 15%, Merlot 10%, Cabernet franc 5%
Alc. 14,5% | € 28 | Bt. 25.000 | Ferm. Acciaio | Mat. Legno 12 mesi
Risotto ai porcini.

I SASSI DI LOLOCCO 2020
Rosso Igt - Merlot 100%
Alc. 15% | € 70 | Bt. 4.000 | Ferm. Legno | Mat. Legno 18 mesi
Cannelloni con radicchio e speck.

CARMIGNANO IL CIRCO ROSSO RISERVA
2017 | 2018 | 2019

CARMIGNANO CARMIONE
2017 | 2018 | 2020

Querceto di Castellina
(1945)

Querceto è una piccola località situata tra Castellina e Radda in Chianti, in zona alta e fresca, con sensibile escursione termica durante il periodo di maturazione delle uve. Di proprietà della famiglia fiorentina Di Battista fin dal 1945, la reale svolta enoica è avvenuta nel 1996, con l'avvento dell'attuale enologa Gioia Cresti. Un approccio al vino fatto di "semplicità e ascolto", per dirla come il proprietario, ha condotto negli anni a uno standard produttivo di tutto riguardo, con Gran Selezione SEI e Livia in grande evidenza, ma con giudizi lusinghieri per tutti i campioni presentati.

Località Querceto, 9 - 53011 Castellina in Chianti (SI)
T. 0577 733590 | M. info@querceto.com
www.quercetodicastellina.com

Viticoltura: Biologica certificata
Ettari: 11,2 | **Bottiglie:** 60.000 | **Produzione olearia:** Sì
Proprietà: Famiglia Di Battista
Cond. enologica: Gioia Cresti
Cond. agronomica: Staff aziendale
Vendita diretta: Sì | **Visite in azienda:** Sì

CHIANTI CLASSICO GRAN SELEZIONE SEI 2020
Rosso Docg - Sangiovese 100%
Alc. 14% | € 55 | Bt. 9.000 | Ferm. Acciaio | Mat. Legno 18 mesi
Cuore carminio. Emana affabili fragranze di ciliegie in confettura e gelée di lampone, lavanda, pepe nero, liquirizia, rabarbaro, nocciola tostata e tabacco. Sorso ampio ed equilibrato, con tannini fruttati e in armonia con l'alcol e la freschezza. Fine corsa al flavor di liquirizia e amarena. Reale di vitello alla senape antica.

LIVIA 2021
Bianco Igt - Roussanne 50%, Viognier 50%
Alc. 13,5% | € 30 | Bt. 2.000 | Ferm. Acciaio | Mat. Acciaio 11 mesi e Legno 11 mesi
Orata all'acqua pazza.

CHIANTI CLASSICO L'AURA 2021
Rosso Docg - Sangiovese 100%
Alc. 13,5% | € 20 | Bt. 30.000 | Ferm. Acciaio | Mat. Legno 12 mesi e Cemento 12 mesi
Tagliatelle al ragù.

VENTI 2020
Rosso Igt - Merlot 50%, Sangiovese 50%
Alc. 14,5% | € 70 | Bt. 1.500 | Ferm. Acciaio | Mat. Legno 18 mesi
Cinghiale in umido.

PODALIRIO 2020
Rosso Igt - Merlot 100%
Alc. 14,5% | € 50 | Bt. 3.500 | Ferm. Acciaio | Mat. Legno 18 mesi
Tagliata di manzo al rosmarino.

CHIANTI CLASSICO GRAN SELEZIONE SEI
2018

CHIANTI CLASSICO L'AURA
2019

Querciabella
(1974)

A Querciabella il vino ha una personalità gusto-olfattiva diversa, segue un'interpretazione enologica che non forgia strutture evolutive spigolanti o angolari, non modula muscolature strutturali: qui i vini, nel trattenere la loro energia, soprattutto tannica, plasmano una sostanziosità in versione "leggera" ma incisiva e dai dettagli cesellati come incastonature di pietre preziose, e impressionano non per la potenza ma per una misurata ricchezza che non ostenta opulenza, ma un'affabilità organolettica molto ricamata dalla naturalità del lasciar fare al vino quel che vuole e può fare.

Via di Barbiano, 17 - Località Ruffini - 50022 Greve in Chianti (FI)
T. 055 85927777 | M. contact@querciabella.com
www.querciabella.com

Viticoltura: Biologica
Ettari: 86 | **Bottiglie:** 350.000 | **Produzione olearia:** No
Proprietà: Sebastiano Cossia Castiglioni
Cond. enologica: Manfred Ing
Cond. agronomica: Chiara Capecci, Marco Torriti
Vendita diretta: Sì | **Visite in azienda:** No

(92,5)
CHIANTI CLASSICO GRAN SELEZIONE 2019
Rosso Docg - Sangiovese 100%
Alc. 14% | € 148 | Bt. 4.000 | Ferm. Legno | Mat. Legno 18 mesi
Uno scattante rubino. La purezza olfattiva del varietale è cristallina: ciliegia, arancia rossa, viola e rosa rossa appassita; disegnano complessità anche noce moscata, rododendro ed eucalipto. Sagomatura tannica, il grip non irrigidisce il sorso, che nel farsi fresco nel medio palato rende viva la sapidità. Tordi in salmì.

(92)
PALAFRENO 2020
Rosso Igt - Merlot 100%
Alc. 14,5% | € 145 | Bt. 6.400 | Ferm. Legno | Mat. Legno 12 mesi
Carminio. Ampio e in variegata espressività di cassis, ciliegia Ferrovia, ginepro, tabacco Kentucky e sottile effluvio di aghi di pino. Dilagante nella freschezza del sorso in pienezza di frutti di bosco e ciliegia susina, che anticipano la progressione tannica. Da manuale il finale di crema di cassis e mentolo. Risotto con salsiccia e Taleggio.

CAMARTINA 2019
Rosso Igt - Cabernet sauvignon 70%, Sangiovese 30%
Alc. 14,5% | € 120 | Bt. 10.000 | Ferm. Legno | Mat. Legno 18 mesi
Guanciale di manzo al brandy.

CHIANTI CLASSICO 2021
Rosso Docg - Sangiovese 100%
Alc. 14% | € 28 | Bt. 180.000 | Ferm. Legno e Acciaio | Mat. Legno 12 mesi
Stinco d'agnello al forno.

CHIANTI CLASSICO RISERVA 2020
Rosso Docg - Sangiovese 100%
Alc. 14% | € 45 | Bt. 23.000 | Ferm. Legno e Acciaio | Mat. Legno 16 mesi
Coq au vin alla borgognona.

MONGRANA BIANCO 2020
Bianco Igt - Vermentino 70%, Viognier 30%
Alc. 13% | € 15 | Bt. 3.300 | Ferm. Acciaio e Cemento | Mat. Acciaio 6 mesi
Zuppa di funghi.

CAMARTINA
2012 | 2015 | 2016

BATÀR
2019 | 2020

Ricasoli
(1141)

Si tratta di una delle cantine vinicole più antiche al mondo, con documenti che attestano l'attività presso il Castello di Brolio già dal 1141. Sotto la guida del Barone Francesco Ricasoli, l'azienda ha saputo restare al passo coi tempi, anche attraverso un importante progetto di zonazione che mira a identificare i diversi cru, comprendendone il potenziale enologico e consentendo alla squadra di agronomi ed enologi di creare vini distintivi. Grazie a questa ricerca e alla profonda vocazione ecologica, Ricasoli rimane all'avanguardia nella produzione di vini dalla risonanza internazionale.

Località Madonna a Brolio - 53013 Gaiole in Chianti (SI)
T. 0577 7301 | M. barone@ricasoli.it
www.ricasoli.it

Viticoltura: Convenzionale ed ecosostenibile
Ettari: 240 | **Bottiglie:** 1.300.000 | **Produzione olearia:** Sì
Proprietà: Ricasoli
Cond. enologica: Massimiliano Biagi
Cond. agronomica: Massimiliano Biagi
Vendita diretta: Sì | **Visite in azienda:** Sì

96

CHIANTI CLASSICO GRAN SELEZIONE CENIPRIMO 2020
Rosso Docg - Sangiovese 100%
Alc. 14,5% | € 64 | Bt. 11.000 | Ferm. Acciaio | Mat. Legno 22 mesi
Splendido manto carminio dalle sfumature granato sul bordo. Ricchi sentori di marasca in gelatina e giaggiolo appassito si intersecano a note di tabacco, mirto, genziana e resina di pino. Ingresso succoso e dai tannini carezzevoli, armonico nel suo lungo epilogo che sfuma in una chiusura di boero. Filetto di vitello alla Rossini.

95

CHIANTI CLASSICO GRAN SELEZIONE CASTELLO DI BROLIO 2020
Rosso Docg - Sangiovese 100%
Alc. 14,5% | € 45 | Bt. 33.000 | Ferm. Acciaio | Mat. Legno 22 mesi
Carminio saturo e lucente. Ciliegia sotto spirito, rosa rossa e zenzero precedono cenni di chiodi di garofano, foglia di ribes e torrefazione. L'efficace sinergia fresco-tannica conduce il sorso a una chiosa di pregio, dai riverberi di confettura d'amarena. Gulasch di cervo con patate stufate.

93

CHIANTI CLASSICO GRAN SELEZIONE RONCICONE 2020
Rosso Docg - Sangiovese 100%
Alc. 14,5% | € 64 | Bt. 10.000 | Ferm. Acciaio | Mat. Legno 22 mesi
Abito carminio con riflessi granato. I riconoscimenti spaziano da ciliegia a viola, timo e vaniglia alla liquirizia, caffè e sigaro. Bocca dinamizzata dalla freschezza, ottima progressione tannica che lascia il passo a un finale saporito. Ravioli di magro con funghi chiodini.

92,5

CHIANTI CLASSICO GRAN SELEZIONE COLLEDILÀ 2020
Rosso Docg - Sangiovese 100%
Alc. 14,5% | € 64 | Bt. 14.000 | Ferm. Acciaio | Mat. Legno 22 mesi
Carminio luccicante. Esordio di iris, arancia Sanguinella, lampone, eucalipto, cannella e pepe nero. Nota calorica in evidenza, armonizzata egregiamente da freschezza e tannini di ottima espressività. Finale di scorza d'arancia al cioccolato. Risotto alla milanese con ossobuco.

CHIANTI CLASSICO BROLIO RISERVA 2020
Rosso Docg - Sangiovese 100%
Alc. 13% | € 25 | Bt. 75.000 | Ferm. Acciaio | Mat. Legno 18 mesi
Pasta alla gricia.

CHIANTI CLASSICO GRAN SELEZIONE CASTELLO DI BROLIO
2012 | 2013 | 2016

CHIANTI CLASSICO GRAN SELEZIONE CENIPRIMO
2018

Riecine
(1971)

Le vigne giacciono nelle parti alte dell'areale collinare di Lamole, con una che arriva fino a 550 metri s.l.m. Il vitigno sangiovese detta legge; quello coltivato ad alberello, in quota, confluisce nel Gran Selezione, offrendogli austerità, carattere e longevità. L'uso degli autoctoni, peraltro in percentuali limitate ma strategiche, fornisce quel tocco di freschezza fruttata che tratteggia il soul strutturale di tutta quest'area. È un'azienda piccola, cui va dato atto di aver scelto il rigore della tradizione di far vino, anziché le sirene dell'internazionalità. Bravi.

Località Riecine - 53013 Gaiole in Chianti (SI)
T. 0577 749098 | M. info@riecine.com
www.riecine.it

Viticoltura: Biologica certificata
Ettari: 16 | **Bottiglie:** 80.000 | **Produzione olearia:** Sì
Proprietà: Lana Frank
Cond. enologica: Alessandro Campatelli
Cond. agronomica: Alessandro Campatelli
Vendita diretta: Sì | **Visite in azienda:** Sì

93

CHIANTI CLASSICO GRAN SELEZIONE VIGNA GITTORI 2020
Rosso Docg - Sangiovese 100%
Alc. 13,5% | € 90 | Bt. 3.233 | Ferm. Cemento | Mat. Legno 24 mesi
Carminio generoso. Ouverture attraente: ciliegia in confettura e petali di rosa rossa; seducenti effluvi di liquirizia, richiami di erbette aromatiche e cenni di tabacco e cacao si rivelano gradualmente. L'entrata dinamica danza sulla nobile trama tannica evolvendo in una scia sapido-fruttata. Manzo brasato con funghi.

91,5

LA GIOIA 2019
Rosso Igt - Sangiovese 95%, Merlot 5%
Alc. 14,5% | € 60 | Bt. 7.000 | Ferm. Legno | Mat. Legno 24 mesi
Rubino fitto con riflessi carminio. L'apertura floreale di mammola e glicine si arricchisce di malie di mora e di prugna su soffi d'eucalipto e su delicati intarsi di vaniglia. Il sorso pieno e avvolgente, dai tannini setosi, è dinamicizzato dalla freschezza balsamica. Filetto alla Wellington.

CHIANTI CLASSICO RISERVA 2020
Rosso Docg - Sangiovese 100%
Alc. 14% | € 40 | Bt. 7.000 | Ferm. Cemento | Mat. Legno 24 mesi
Coda alla vaccinara.

TRESETTE 2018
Rosso Igt - Merlot 100%
Alc. 14,5% | € 80 | Bt. 2.700 | Ferm. Legno | Mat. Legno 28 mesi
Melanzane e peperoni ripieni.

BIANCO DI RIECINE 2021
Bianco Igt - Trebbiano 100%
Alc. 12,5% | € 40 | Bt. 2.000 | Ferm. Terracotta | Mat. Terracotta 10 mesi
Fiori di zucca ripieni di ricotta e acciughe.

RIECINE DI RIECINE 2020
Rosso Igt - Sangiovese 100%
Alc. 13% | € 65 | Bt. 3.000 | Ferm. Cemento | Mat. Cemento 24 mesi
Risotto ai finferli.

LA GIOIA
2013 | 2015 | 2016

RIECINE DI RIECINE
2012 | 2014

Rigoli
(1992)

Rigoli è un quadro di famiglia firmato Pini. Anche nei vini si avverte e si riconosce che sono firmati con l'assiduo lavoro in vigna e in cantina, in un'ossessiva, in senso buono, ricerca di perfezionarsi in ogni spicchio di attività produttiva dell'azienda, che non è legata solo al vino. Quest'anno il blend bordolese, L'Assiolo 2019, ci ha ammaliato, vuoi per l'essenzialità che combina profumo e gusto, vuoi per la struttura esilmente robusta. Ben riuscito è stato anche il rosato Alma Rosé, un vino elaborato con i crismi di voler davvero fare un rosé.

Via degli Ulivi, 8 - Frazione Cafaggio - 57021 Campiglia Marittima (LI)
T. 0565 843079 | M. info@rigolivini.com
www.rigolivini.com

Viticoltura: Convenzionale
Ettari: 7 | **Bottiglie:** 35.000 | **Produzione olearia:** Sì
Proprietà: Nelusco, Niccolò ed Edoardo Pini
Cond. enologica: Leonardo Conti
Cond. agronomica: Staff aziendale
Vendita diretta: Sì | **Visite in azienda:** Sì

(92)

L'ASSIOLO 2019
Rosso Igt - Merlot 50%, Cabernet franc 25%, Cabernet sauvignon 25%
Alc. 14,5% | € 23 | Bt. 3.000 | Ferm. Acciaio | Mat. Acciaio 3 mesi e Legno 12 mesi
Ha cuore colorato di granato e contorno rubino. Ventaglio olfattivo d'ampiezza floreale per glicine e iris, si fa frutto con aronia nera e prugna in confettura, spezie e caffè in chiusura. Il tannino in gentil tenzone perfeziona una succosa freschezza, raffinando l'equilibrio nel persistenza al calore del cioccolato. Pappardelle al ragù di cervo.

ALMA ROSÉ 2022
Rosato Igt - Sangiovese 100%
Alc. 13% | € 14 | Bt. 2.000 | Ferm. Acciaio | Mat. Acciaio 5 mesi
Gnocchi alla sorrentina.

ACCORDO 2022
Bianco Igt - Ansonica 100%
Alc. 13% | € 12 | Bt. 6.000 | Ferm. Acciaio | Mat. Acciaio 4 mesi
Ceviche di gamberi.

VAL DI CORNIA ANSONICA PASSITO MAGISTRO 2022
Bianco Doc Passito - Ansonica 100%
Alc. 13,5% | € 28 (0,5l) | Bt. 1.500 | Ferm. Acciaio | Mat. Acciaio 6 mesi
Torta Margherita al profumo d'arancia.

N'ETRUSCO 2022
Rosso Igt - Sangiovese 50%, Cabernet sauvignon 25%, Merlot 25%
Alc. 13,5% | € 13 | Bt. 8.000 | Ferm. Acciaio | Mat. Acciaio 3 mesi
Coratella di agnello.

STRADIVINO 2022
Bianco Igt - Vermentino 100%
Alc. 12,5% | € 13 | Bt. 8.000 | Ferm. Acciaio | Mat. Acciaio 5 mesi
Carpaccio di branzino.

VAL DI CORNIA SANGIOVESE MONTEPITTI
2019

IMPRESSIONI DI SETTEMBRE PASSITO DI ANSONICA
2019

Rocca di Castagnoli
(1981)

I Calì si professano viticoltori e agricoltori, qui a Castagnoli hanno saldato la loro sicilianità alla toscanità in un connubio che ha creato, oltre a innovazione e trasformazione, sia in vigna sia in cantina, anche una pianificazione nella produzione dei vini con l'intento di affermare un autenticità territoriale che vuole essere anche unicità. E lo è davvero, questa volta, per il Gran Selezione Stielle, un monumento di stile per quest'annata, un'apoteosi organolettica, a cui s'avvicina anche il Gran Selezione Effe '55: accoppiata super vincente.

Località Castagnoli - 53013 Gaiole in Chianti (SI)
T. 0577 731004 | M. info@roccadicastagnoli.com
www.roccadicastagnoli.com

Viticoltura: Biologica certificata
Ettari: 105 | **Bottiglie:** 300.000 | **Produzione olearia:** Sì
Proprietà: Famiglia Calì
Cond. enologica: Salvino Picone
Cond. agronomica: Andrea Borghi
Vendita diretta: Sì | **Visite in azienda:** Sì

(94)

CHIANTI CLASSICO GRAN SELEZIONE STIELLE 2018
Rosso Docg - Sangiovese 100%
Alc. 14% | € 38 | Bt. 15.000 | Ferm. Acciaio | Mat. Legno 22 mesi
Carminio compatto e fulgido. Bouquet di viola e rosa appassite, arricchite da ciliegia e mora in confettura, arancia Sanguinella, tabacco, rabarbaro, sottobosco, cannella e cacao. Gustoso, bilanciato tra la freschezza fruttata e il vispo tannino, persistente nel flavor sapido e di erbe officinali. Filetto di capriolo ai mirtilli.

(91,5)

NOTTE TEMPI 2019
Bianco Igt - Chardonnay 34%, Malvasia bianca 33%, Trebbiano 33%
Alc. 13% | € 60 | Bt. 1.000 | Ferm. Cemento | Mat. Cemento 8 mesi
Dorato. Mela Golden, pompelmo, tè nero, elicriso, camomilla, curry e note fumé. Vivo e avvolgente, sapido e stuzzicante in persistenza per gli sfiziosi ricordi fruttati. Frittura di calamari, gamberi e zucchine.

(91)

CHIANTI CLASSICO GRAN SELEZIONE EFFE 55 2019
Rosso Docg - Sangiovese 100%
Alc. 14% | € 35 | Bt. 7.000 | Ferm. Acciaio | Mat. Legno 18 mesi
Carminio vivace. Appeal olfattivo di mirtillo, viola e prugna rossa, a seguire noce moscata e resina di pino. I tannini dilagano al palato con ricchezza di alcol a favorirne l'integrazione, si riattiva poi un fresco sorso che chiude regalando fumé e arancia rossa. Fagiano arrosto.

CHIANTI CLASSICO POGGIO A' FRATI RISERVA 2019
Rosso Docg - Sangiovese 95%, Canaiolo 5%
Alc. 14% | € 27 | Bt. 25.000 | Ferm. Acciaio | Mat. Legno 15 mesi
Guanciale di vitello in umido con patate.

VIN SANTO DEL CHIANTI CLASSICO 2015
Bianco Doc Passito - Malvasia bianca lunga 90%, Trebbiano 10%
Alc. 16% | € 42 (0,375l) | Bt. 1.000 | Ferm. Legno | Mat. Legno 96 mesi
Crostata di arance.

CHIANTI CLASSICO 2021
Rosso Docg - Sangiovese 90%, Canaiolo 5%, Colorino 5%
Alc. 14% | € 17 | Bt. 15.000 | Ferm. Acciaio | Mat. Acciaio 3 mesi e Legno 12 mesi
Tonnarelli cacio e pepe.

CHIANTI CLASSICO TEMPI
2013 | 2015

VIN SANTO DEL CHIANTI CLASSICO
2014

Rocca di Frassinello
(1999)

La joint venture italo-francese, che ha come base operativa la splendida cantina progettata da Renzo Piano a Gavorrano, continua a fornire esempi notevoli sulla coesistenza in bottiglia tra vitigni toscani e d'oltralpe. Il sangiovese poi, pur coltivato a temperature medie decisamente più alte che nel Chianti Classico, riesce a dare la propria impronta a tutti gli uvaggi in cui è presente, caratterizzando quindi lo stile aziendale. Particolare apprezzamento per Poggio alla Guardia dall'ottimo rapporto qualità-prezzo. Grandissimo riguardo per Baffonero, emozionante e sontuoso.

Località Giuncarico - 58023 Gavorrano (GR)
T. 0566 88400 | M. info@castellare.it
www.castellare.it

Viticoltura: Convenzionale
Ettari: 80 | **Bottiglie:** 400.000 | **Produzione olearia:** No
Proprietà: Paolo Panerai
Cond. enologica: Alessandro Cellai
Cond. agronomica: Alessandro Cellai
Vendita diretta: Sì | **Visite in azienda:** Sì

(92)
MAREMMA TOSCANA MERLOT BAFFONERO 2020
Rosso Doc - Merlot 100%
Alc. 15% | € 190 | Bt. 6.000 | Ferm. Acciaio | Mat. Legno 14 mesi
Granato fitto. Sprigiona profumi intriganti di cassis, glicine appassito, cannella, tabacco biondo, cedro del Libano, sottobosco estivo, fico rosso e cipria. Sorso ampio di tannini fruttati e maturi, scorrevole di freschezza che si miscela nell'alcol, emozionante nel lunghissimo finale di spezie orientali. Beccacce allo spiedo.

MAREMMA TOSCANA ROSSO POGGIO ALLA GUARDIA 2021
Rosso Doc - Sangiovese 40%, Cabernet sauvignon 30%, Merlot 30%
Alc. 14,5% | € 11 | Bt. 80.000 | Ferm. Acciaio | Mat. Acciaio 4 mesi
Arista di maiale con salsa di prugne.

MAREMMA TOSCANA ROSSO LE SUGHERE DI FRASSINELLO 2021
Rosso Doc - Sangiovese 50%, Cabernet sauvignon 25%, Merlot 25%
Alc. 14,5% | € 17 | Bt. 150.000 | Ferm. Acciaio | Mat. Legno 12 mesi
Capriolo con salsa di ribes rosso.

MAREMMA TOSCANA ROSSO ROCCA DI FRASSINELLO 2021
Rosso Doc - Sangiovese 60%, Cabernet sauvignon 20%, Merlot 20%
Alc. 14,5% | € 42 | Bt. 25.000 | Ferm. Acciaio | Mat. Legno 14 mesi
Pappardelle con funghi porcini.

MAREMMA TOSCANA ROCCA BIANCO 2021
Bianco Doc - Vermentino 100%
Alc. 13,5% | € 42 | Bt. 4.000 | Ferm. Acciaio | Mat. Acciaio 6 mesi
Guazzetto di vongole veraci.

MAREMMA TOSCANA ROSSO ORNELLO 2021
Rosso Doc - Sangiovese 40%, Cabernet sauvignon 20%, Merlot 20%, Syrah 20%
Alc. 14,5% | € 14 | Bt. 20.000 | Ferm. Acciaio | Mat. Legno 6 mesi
Filetto di capriolo ai mirtilli.

MAREMMA TOSCANA MERLOT BAFFONERO
2016 | 2017

MAREMMA TOSCANA ROSSO ROCCA DI FRASSINELLO
2019

Rocca di Montegrossi
(1994)

L'impegno e la cura che guidano Marco Ricasoli Firidolfi e l'enologo Attilio Pagli, nella conduzione dell'azienda sita a pochi km a sud di Gaiole, stanno portando a livelli di eccellenza sia il Chianti Classico d'annata che la Gran Selezione. Quest'ultima è da sempre caratterizzata dalla presenza, come complementare del sangiovese, dello storico vitigno toscano pugnitello, diventato firma identitaria della cantina, il cui scopo è quello di conferire colore, esaltare i profumi e favorire una maggiore struttura. Interessante e vincente è Ridolfo: un eccentrico mix.

Località San Marcellino - Frazione Monti in Chianti - 53013 Gaiole in Chianti (SI)
T. 0577 747977 | M. roccadimontegrossi@chianticlassico.com
www.roccadimontegrossi.it

Viticoltura: Biologica certificata
Ettari: 20 | **Bottiglie:** 110.000 | **Produzione olearia:** Sì
Proprietà: Marco Alessandro Ricasoli Firidolfi
Cond. enologica: Stefano Dini, Attilio Pagli
Cond. agronomica: Dario Ceccatelli, Slavko Grabovac
Vendita diretta: Sì | **Visite in azienda:** Sì

(91)
RIDOLFO 2017
Rosso Igt - Cabernet sauvignon 50%, Pugnitello 50%
Alc. 14,5% | € 165 (1,5l) | Bt. 1.567 | Ferm. Legno | Mat. Legno 25 mesi
Magnifico manto rubino. Racconta di mora di gelso in confettura, di amarene sotto spirito e di garrigue, su un letto di viola e cedro coronato da sbuffi di cannella e vaniglia. Progressione tannica accompagnata da una freschezza succosa di prugna e dal sapore fruttato. Arista di maiale con salsa di prugne.

CHIANTI CLASSICO GRAN SELEZIONE VIGNETO SAN MARCELLINO 2018
Rosso Docg - Sangiovese 90%, Pugnitello 10%
Alc. 15% | € 48 | Bt. 16.000 | Ferm. Legno | Mat. Legno 25 mesi
Stinco d'agnello al forno.

CHIANTI CLASSICO 2021
Rosso Docg - Sangiovese 92%, Canaiolo 6%, Colorino 2%
Alc. 14% | € 17 | Bt. 63.000 | Ferm. Cemento | Mat. Legno 11 mesi e Cemento 11 mesi
Pasta e fagioli.

GEREMIA 2018
Rosso Igt - Merlot 80%, Cabernet sauvignon 20%
Alc. 14,5% | € 45 | Bt. 15.000 | Ferm. Legno | Mat. Legno 24 mesi
Zuppa toscana con cavolo nero e crostini di pane.

VIN SANTO DEL CHIANTI CLASSICO 2012
Bianco Doc Passito - Malvasia bianca 100%
Alc. 13% | € 65 (0,375l) | Bt. 1.500 | Ferm. Legno | Mat. Legno 96 mesi
Baci di dama.

ROSATO 2022
Rosato Igt - Sangiovese 100%
Alc. 13% | € 12 | Bt. 17.500 | Ferm. Acciaio | Mat. Acciaio 3 mesi
Cicale di mare su letto di verdure.

CHIANTI CLASSICO GRAN SELEZIONE VIGNETO SAN MARCELLINO
2014 | 2016 | 2017

RIDOLFO
2015 | 2016

Rocca di Montemassi
(2007)

Montemassi è un microcosmo pluri-agricolturale in cui la produzione del vino s'è ritagliata uno spazio di assoluto rilievo, impiegando molti vitigni non residenti in Maremma, che però nell'ambientarsi al clima e nel nutrirsi in quei suoli stanno offrendo risultati molto interessanti. Il Viognier, per esempio, quest'anno esprime una personalità che, nell'allontanarlo dalla storica stilizzazione della culla rodaniana, lo dimensiona in un palcoscenico maremmano in cui è ancora una novità, ma nel confronto può uscirne vincitore.

SP 91 - Località Pian del Bichi - 58036 Roccastrada (GR)
T. 0564 579700 | M. hospitality@roccadimontemassi.it
www.roccadimontemassi.it

Viticoltura: Biologica
Ettari: 160 | **Bottiglie:** N.d. | **Produzione olearia:** Sì
Proprietà: Famiglia Zonin
Cond. enologica: Valerio Falchi, Alessandro Gallo
Cond. agronomica: Stefano Galbiati
Vendita diretta: Sì | **Visite in azienda:** Sì

MAREMMA TOSCANA VIOGNIER 2020
Bianco Doc - Viognier 100%
Alc. 13,5% | € 25 | Ferm. Acciaio | Mat. Legno 8 mesi
Oro puro. Charme olfattivo di ginestra, cedro, pesca gialla e albicocca. Già sulla via dell'equilibrio, sprizza energia per freschezza e sapidità che allungano nello strascico di susina e mandorla bianca. Crostini con burro e alici.

MAREMMA TOSCANA SANGIOVESE LE FOCAIE 2021
Rosso Doc - Sangiovese 90%, altre varietà 10%
Alc. 14% | € 13 | Ferm. Acciaio | Mat. Legno 6 mesi
Filetto di manzo alla Voronoff.

MAREMMA TOSCANA VERMENTINO CALASOLE 2022
Bianco Doc - Vermentino 100%
Alc. 13% | € 13 | Ferm. Acciaio
Spaghetti con vongole e bottarga.

MAREMMA TOSCANA ROSATO SYROSA 2022
Rosato Doc - Syrah 100%
Alc. 12,5% | € 13 | Ferm. Acciaio | Mat. Acciaio 6 mesi
Caesar salad.

Roccapesta
(1974)

Un lungo filo rosso lega il 1974 a oggi: è il filo della continuità generato dall'originaria scelta di produrre solo vino rosso, quasi esclusivamente con uso di vitigni locali, fidelizzandosi al sangiovese e rigenerando l'alicante e il pugnitello. La loro interpretazione del Morellino di Scansano si specchia in più versioni: quest'anno c'è la novità della Riserva Vigna Liuzza, che l'azienda sembra prospettare come un futuribile cru. Per il resto, radiografando l'azienda, la considerazione più spontanea è solo una: pochi riescono a centrare il Morellino di Scansano come loro.

Località Macereto, 9 - Frazione Poggioferro - 58054 Scansano (GR)
T. 0564 599252 | M. info@roccapesta.it
www.roccapesta.it

Viticoltura: Lotta integrata
Ettari: 30 | **Bottiglie:** 100.000 | **Produzione olearia:** Sì
Proprietà: Alberto Tanzini
Cond. enologica: Giuseppe Gorelli
Cond. agronomica: Andrea Manetti
Vendita diretta: Sì | **Visite in azienda:** Sì

MORELLINO DI SCANSANO VIGNA LIUZZA RISERVA 2021
Rosso Docg - Sangiovese 100%
Alc. 14,5% | € 90 | Bt. 4.000 | Ferm. Acciaio | Mat. Legno 12 mesi
Morellino dal colore rubino con un profilo olfattivo di marasca, mammola e iris appassiti. Il tocco speziato e l'alito balsamico si fondono nei rimandi di cioccolato fondente. Il vivace ingresso in bocca di sorba e corniolo s'intreccia al tannino tenace e rugoso. Stufato di daino.

PUGNITELLO 2020
Rosso Igt - Pugnitello 100%
Alc. 14,5% | € 36 | Bt. 1.300 | Ferm. Legno | Mat. Legno 12 mesi
Fettuccine ai finferli.

MORELLINO DI SCANSANO CALESTAIA RISERVA 2020
Rosso Docg - Sangiovese 100%
Alc. 14,5% | € 49 | Bt. 6.000 | Ferm. Legno | Mat. Legno 24 mesi
Spezzatino di manzo.

MORELLINO DI SCANSANO ROCCAPESTA 2021
Rosso Docg - Sangiovese 98%, Ciliegiolo 2%
Alc. 15% | € 20 | Bt. 40.000 | Ferm. Acciaio | Mat. Legno 12 mesi
Parmigiana di melanzane.

MORELLINO DI SCANSANO ROCCAPESTA RISERVA 2020
Rosso Docg - Sangiovese 98%, Ciliegiolo 2%
Alc. 15% | € 27 | Bt. 6.800 | Ferm. Acciaio | Mat. Legno 18 mesi
Pernici farcite.

MAREMMA TOSCANA VERMENTINO CALASOLE
2019 | 2020 | 2021

MAREMMA TOSCANA ROSATO SYROSA
2017 | 2018 | 2021

MORELLINO DI SCANSANO ROCCAPESTA RISERVA
2015

MORELLINO DI SCANSANO CALESTAIA RISERVA
2015

Marina Romin
(1973)

L'azienda, prima denominata Sorelle Palazzi, è ripartita con molto slancio nel 2019, con una precisa idea di fare vino. Che c'era di meglio se non ripartire con quello scrigno di autoctoni presenti nelle vigne? E così è stato! Una scelta azzeccatissima è la Dama Bianca, da sola uva colombana, che ha davvero sorpreso tutto il panel per l'espressiva completezza che sono riuscite a catturare da un vitigno non facile da custodire. È a un passo dal riveder le stelle, ma già si sta avviando verso la galassia dell'eccellenza.

Via del Chianti, 34 - Località Morrona - 56030 Terricciola (PI)
T. 0587 654003 | M. cantina@marinaromin.com
www.marinaromin.com

Viticoltura: Biologica
Ettari: 10 | **Bottiglie:** 28.000 | **Produzione olearia:** Sì
Proprietà: Marina Sanjevic
Cond. enologica: Emiliano Falsini
Cond. agronomica: Stefano Bartolomei
Vendita diretta: Sì | **Visite in azienda:** Sì

DAMA BIANCA 2021
Bianco Igt - Colombana 100%
Alc. 12% | € 27 | Bt. 1.500 | Ferm. Cemento | Mat. Cemento 18 mesi
Pienezza giallo oro. Eccentricità olfattiva di mostarda d'arancia, zenzero, tarassaco, albicocca confit e ginestra. Appagante sorso di freschezza e sapidità, medio palato con flavor di kumquat che cede leggerezza tannica. Ottima persistenza di pesca noce e salgemma. Pesce spada alla griglia.

AURA 2022
Bianco Igt - Vermentino 100%
Alc. 13% | € 16 | Bt. 8.000 | Ferm. Cemento | Mat. Cemento 3 mesi
Linguine all'astice.

BOCCA NERA 2021
Rosso Igt - Sangiovese 70%, Merlot 30%
Alc. 14,5% | € 22 | Bt. 3.000 | Ferm. Cemento | Mat. Acciaio 18 mesi e Legno 18 mesi
Rotolo di coniglio con pomodorini ed erbe aromatiche.

Ruffino
(1877)

Un viaggio iniziato nel 1877 dai cugini Ruffino a Pontassieve. Entro poco giunsero i riconoscimenti dalle fiere più rinomate. Nel 1890 il Duca d'Aosta nominò Ruffino fornitore ufficiale della casa reale, da cui le iconiche etichette Riserva Ducale e Riserva Ducale Oro. Primo vino italiano a essere esportato, nel classico fiasco impagliato, nel 1984 il Chianti Ruffino ottenne la simbolica fascetta #AAA00000001 con l'istituzione del Chianti Docg. La produzione spazia ormai su molte tipologie, anche di altre regioni, e dal 2011 fa parte della galassia Constellation Brands, ma il cuore resta toscano.

Piazzale Ruffino, 1 - 50065 Pontassieve (FI)
T. 055 83605 | M. info@ruffino.it
www.ruffino.com

Viticoltura: Convenzionale e biologica certificata
Ettari: 600 | **Bottiglie:** 28.000.000 | **Produzione olearia:** Sì
Proprietà: Constellation Brands
Cond. enologica: Gabriele Tacconi
Cond. agronomica: Gabriele Tacconi
Vendita diretta: Sì | **Visite in azienda:** Sì

92

CHIANTI CLASSICO GRAN SELEZIONE ROMITORIO DI SANTEDAME 2019
Rosso Docg - Sangiovese 90%, Colorino 10%
Alc. 15% | € 55 | Bt. 17.000 | Ferm. Acciaio | Mat. Legno 24 mesi
Rubino con riflessi granato. Tessitura odorosa di confettura di amarene, ribes, viola appassita, noce moscata e paprica, legni nobili, fungo, muschio e note fumé. Timbri fruttati integri al gusto, sorretti da tannini energici, sottilissimi, in armonia sensoriale con la freschezza. Finale lungo e sapido. Controfiletto di bue alla brace.

BRUNELLO DI MONTALCINO GREPPONE MAZZI 2018
Rosso Docg - Sangiovese 100%
Alc. 14% | € 52 | Bt. 30.000 | Ferm. Acciaio | Mat. Acciaio 12 mesi e Legno 36 mesi
Lepre alla cacciatora.

CHIANTI CLASSICO GRAN SELEZIONE RISERVA DUCALE ORO 2019
Rosso Docg - Sangiovese 80%, Merlot 10%, Cabernet sauvignon 5%, Colorino 5%
Alc. 15% | € 30 | Bt. 260.000 | Ferm. Acciaio | Mat. Legno 24 mesi e Cemento 12 mesi
Faraona al forno.

MODUS PRIMO 2020
Rosso Igt - Merlot 37%, Sangiovese 35%, Cabernet sauvignon 28%
Alc. 16% | € 52 | Bt. 20.000 | Ferm. Acciaio | Mat. Legno 18 mesi
Bigoli con l'anatra.

MODUS 2020
Rosso Igt - Sangiovese 39%, Cabernet sauvignon 32%, Merlot 29%
Alc. 15% | € 28 | Bt. 250.000 | Ferm. Acciaio | Mat. Legno 12 mesi
Tartare di manzo.

ALAUDA 2019
Rosso Igt - Cabernet franc 48%, Merlot 47%, Colorino 5%
Alc. 16% | € 120 | Bt. 6.000 | Ferm. Acciaio | Mat. Legno 24 mesi
Parmigiano Reggiano Riserva.

ALAUDA
2016

CHIANTI CLASSICO GRAN SELEZIONE RISERVA DUCALE ORO
2011 | 2017

Russo
(1998)

C'è tutta la famiglia a condurre l'azienda nella sfaccettata dimensione agricolturale, che oltre a produrre vino, olio, ortaggi e frutti, alleva anche mucche frisone: insomma è una realtà moderna calata in un contesto operativo suggestivamente retrò. Per quanto riguarda il vino, la prospettiva produttiva sposa la filosofia del blend in tutte le versioni proposte; questa volta siamo rimasti attratti dal Barbicone, il cui mix di autoctoni evidenzia a pieno la competenza nella strategica percentualizzazione dei vitigni per comporre una sinfonia gusto-olfattiva che sfiora l'eccellenza.

Loc. La Metocchina, 71 - 57028 Suvereto (LI)
T. 0565 845105 | M. info@vinirusso.it
www.vinirusso.it

Viticoltura: Biologica
Ettari: 18,5 | **Bottiglie:** 90.000 | **Produzione olearia:** Sì
Proprietà: Michele Russo
Cond. enologica: Marinka Polencic
Cond. agronomica: Staff aziendale
Vendita diretta: Sì | **Visite in azienda:** Sì

BARBICONE 2019
Rosso Igt - Sangiovese 70%, Colorino 15%, Pugnitello 15%
Alc. 14% | € 28 | Ferm. Acciaio | Mat. Legno 12 mesi
Luccicante di rosso rubino. Gelso, fico rosso e ciliegia susina si fanno ricchi con chiodi di garofano, ibisco e felce secca. C'è un grip tannico incisivo che si scioglie nell'alcol e crea un medio palato rinfrescante e sapido. Chiude con liquirizia. Brasato di lepre con riduzione di vino rosso.

SASSOBUCATO 2020
Rosso Igt - Cabernet sauvignon 40%, Merlot 40%, Cabernet franc 10%, Petit verdot 10%
Alc. 14,5% | € 25 | Ferm. Acciaio | Mat. Legno
Lombata di vitello su letto di cipolline saltate.

ISOLETTA 2022
Bianco Igt - Vermentino 85%, Viognier 15%
Alc. 13% | € 9 | Bt. 20.000 | Ferm. Acciaio | Mat. Acciaio 3 mesi
Lumache in umido alle erbette.

CEPPITAIO 2021
Rosso Igt - Sangiovese 50%, Cabernet franc, Merlot e Syrah 40%, Ciliegiolo 5%, Colorino 5%
Alc. 13,5% | € 13 | Bt. 40.000 | Ferm. Acciaio | Mat. Acciaio 10 mesi
Bigoli con salsiccia.

Salcheto
(1984)

Michele Manelli, che guida l'azienda dal 1997, ha fatto di Salcheto un'eccellenza, non solo toscana, in fatto di prodotti di qualità ed efficienza ambientale. L'azienda, ubicata nel terroir di Montepulciano, realizza da anni vini sempre più improntati alla bevibilità e alla precisione aromatica, con vinificazioni senza solfiti e lieviti indigeni. Ma il vanto di questa innovativa realtà aziendale è quello di riuscire a combinare l'alto livello qualitativo con l'ecosostenibilità, il cui fiore all'occhiello è rappresentato dall'avveniristica cantina "off-grid" (energeticamente autosufficiente).

Via di Villa Bianca, 15 - 53045 Montepulciano (SI)
T. 0578 799031 | M. info@salcheto.it
www.salcheto.it

Viticoltura: Biologica certificata e biodinamica
Ettari: 58 | **Bottiglie:** 400.000 | **Produzione olearia:** Sì
Proprietà: Lavinia
Cond. enologica: Michele Manelli
Cond. agronomica: Michele Manelli
Vendita diretta: Sì | **Visite in azienda:** Sì

92

VINO NOBILE DI MONTEPULCIANO SALCO 2019
Rosso Docg - Prugnolo gentile 100%
Alc. 14,5% | € 44 | Bt. 14.000 | Ferm. Legno | Mat. Legno 24 mesi
Granato screziato di carminio. Il ventaglio olfattivo apre su sentori di confettura di ciliegia, gelée di ribes e susina Stanley, seguiti da riverberi di pot-pourri, tabacco e legno di cedro. Sorso elegante giocato sul perfetto equilibrio tra la freschezza e un tannino serico. Lunga chiusura di cioccolatino al liquore. Fagiano arrosto.

VINO NOBILE DI MONTEPULCIANO RISERVA 2020
Rosso Docg - Prugnolo gentile 95%, Colorino 5%
Alc. 14,5% | € 29 | Bt. 21.000 | Ferm. Legno | Mat. Legno 24 mesi
Filetto al pepe verde.

VINO NOBILE DI MONTEPULCIANO 2020
Rosso Docg - Prugnolo gentile 100%
Alc. 13,5% | € 21 | Bt. 120.000 | Ferm. Legno | Mat. Legno 18 mesi
Pappardelle con sugo di capriolo.

OBVIUS BIANCO 2022
Bianco Igt - Trebbiano 75%, Vermentino 25%
Alc. 13% | € 17 | Bt. 10.000 | Ferm. Acciaio | Mat. Acciaio 4 mesi e Legno 3 mesi
Risotto con seppie e burrata.

ROSSO DI MONTEPULCIANO 2022
Rosso Doc - Prugnolo gentile 85%, Canaiolo 8%, Merlot 7%
Alc. 13,5% | € 13 | Bt. 48.000 | Ferm. Acciaio | Mat. Acciaio 4 mesi
Tagliata di manzo al rosmarino.

CHIANTI BISKERO 2022
Rosso Docg - Sangiovese 85%, Canaiolo 5%, Mammolo 5%, Merlot 5%
Alc. 13,5% | € 11 | Bt. 180.000 | Ferm. Acciaio | Mat. Acciaio 4 mesi e Legno 4 mesi
Lasagne alla bolognese.

VINO NOBILE DI MONTEPULCIANO RISERVA
2011 | 2013 | 2019

VINO NOBILE DI MONTEPULCIANO VECCHIE VITI DEL SALCO
2019

Salvioni - La Cerbaiola
(1985)

C'è della schiettezza espressiva nel Brunello di Montalcino targato Salvioni: il sangiovese non deve mascherarsi, semmai uscire in tutta la rigogliosità tannica e in un marchio di freschezza, riflesso e conseguenza dell'altitudine delle vigne. La famiglia Salvioni è animata dalla consapevolezza che il territorio non va stravolto, che il frutto raccolto deve essere custodito, per mantenere forte la riconoscibilità dello stile di un vino. Quest'anno non è solo il Brunello a distinguersi, ma anche il Rosso di Montalcino.

Piazza Cavour, 19 - 53024 Montalcino (SI)
T. 0577 848499 | M. info@aziendasalvioni.com
www.aziendasalvioni.com

Viticoltura: Convenzionale
Ettari: 4 | **Bottiglie:** 18.000 | **Produzione olearia:** Sì
Proprietà: Giulio Salvioni
Cond. enologica: Attilio Pagli
Cond. agronomica: Stefano Dini
Vendita diretta: No | **Visite in azienda:** No

93

BRUNELLO DI MONTALCINO 2018
Rosso Docg - Sangiovese 100%
Alc. 14,5% | € 130 | Bt. 9.269 | Ferm. Acciaio | Mat. Legno 36 mesi
Carminio smagliante, orlo granato. Raffinati i profumi di amarene sotto spirito, scorza d'arancia, viola, cannella, alloro, cacao e liquirizia, con refoli di erbe officinali. Il sorso è rigoglioso di tannini temprati e fruttati, coesi tra alcol e freschezza. Dissolvenza all'arancia rossa e speziatura. Capriolo con salsa di ribes rosso.

ROSSO DI MONTALCINO 2021
Rosso Doc - Sangiovese 100%
Alc. 14,5% | € 70 | Bt. 8.933 | Ferm. Acciaio | Mat. Acciaio 6 mesi e Legno 7 mesi
Spezzatino di manzo.

BRUNELLO DI MONTALCINO
2013 | 2016 | 2017

ROSSO DI MONTALCINO
2019

San Fabiano Calcinaia
(1983)

I vigneti di proprietà sono localizzati in due territori comunali: quello di Poggibonsi e quello di Castellina in Chianti. Nei suoi primi 40 anni di attività l'azienda si è fatta conoscere per la voglia di sperimentare, per la ricerca della qualità e in particolare per la definizione dell'identità del Sangiovese in questo areale particolarmente vocato, che conta due sottozone distinte: Cellole, più alta e fresca e ricca di galestro, e San Fabiano, prevalentemente argillosa, al confine con i Colli Senesi. I vini in Guida raccontano il territorio, con menzione particolare per la Gran Selezione.

Località San Fabiano - 53036 Poggibonsi (SI)
T. 0577 979232 | M. info@sanfabianocalcinaia.com
www.sanfabianocalcinaia.com

Viticoltura: Biologica certificata
Ettari: 45 | **Bottiglie:** 180.000 | **Produzione olearia:** No
Proprietà: Guido Serio e Isa Ristori
Cond. enologica: Carlo Ferrini, Franco Campanelli, Leonardo Chesi
Cond. agronomica: Gioia Cresti, Leonardo Chesi
Vendita diretta: Sì | **Visite in azienda:** Sì

CHIANTI CLASSICO GRAN SELEZIONE CELLOLE 2019
Rosso Docg - Sangiovese 90%, Colorino 5%, Merlot 5%
Alc. 14% | € 26 | Bt. 9.000 | Ferm. Acciaio | Mat. Legno 16 mesi
Carminio con riflessi rubino. Complessità olfattiva di scorza d'arancia, mora di gelso, resina di pino, noce moscata e pot-pourri di fiori scuri. Il tannino tenace e un po' polveroso duetta con la freschezza, lasciando intravedere potenziale evolutivo. Finale caldo e lungo di sensazioni balsamiche. Gulasch di cervo con patate stufate.

CERVIOLO ROSSO 2019
Rosso Igt - Cabernet sauvignon 50%, Merlot 25%, Petit verdot 25%
Alc. 14% | € 26 | Bt. 5.000 | Ferm. Acciaio | Mat. Legno 20 mesi
Ossobuco alla milanese.

CHIANTI CLASSICO SAN FABIANO CALCINAIA 2021
Rosso Docg - Sangiovese 90%, Canaiolo 5%, Malvasia nera 5%
Alc. 13,5% | € 16 | Bt. 60.000 | Mat. Legno 6 mesi
Lagane e ceci.

CABERNET SAUVIGNON
2014

CHIANTI CLASSICO GRAN SELEZIONE CELLOLE
2010 | 2011 | 2013

San Ferdinando
(2009)

Il progetto San Ferdinando consiste nella coltivazione di varietà legate alla tradizione del territorio della Val di Chiana. Nel tempo sono stati reimpiantati oltre dieci ettari di vigna, recuperando vitigni che, fino a metà del Novecento, erano presenti nella vecchia fattoria. Il patrimonio ampelografico aziendale è pertanto costituito esclusivamente da varietà autoctone, come sangiovese, ciliegiolo, pugnitello e vermentino, e la filosofia produttiva è quella di ottenere da ognuna la maggiore e più autentica espressione territoriale. Ottimo in quest'edizione della Guida il Pugnitello.

Via del Gargaiolo, 33 - Località Ciggiano - 52041 Civitella in Val di Chiana (AR)
T. 0575 440355 | M. info@sanferdinando.eu
www.sanferdinando.eu

Viticoltura: In conversione al biologico
Ettari: 10 | **Bottiglie:** 45.000 | **Produzione olearia:** No
Proprietà: Famiglia Grifoni
Cond. enologica: Simone Zucchetti
Cond. agronomica: Simone Zucchetti
Vendita diretta: Sì | **Visite in azienda:** Sì

PUGNITELLO 2018
Rosso Igt - Pugnitello 100%
Alc. 14% | € 18 | Bt. 4.300 | Ferm. Legno | Mat. Legno 15 mesi
Carminio con filigrana rubino. Sensazionale intreccio di rosa canina, mora, erbe officinali, violetta, rabarbaro e cuoio. In bocca il fruttato si fa sotto spirito, avvalendosi di un tannino vellutato che si equilibra con le altre componenti. Echi balsamici. Grigliata di carne con salsa barbecue.

CHIANTI IL GARGAIOLO 2020
Rosso Docg - Sangiovese 85%, Ciliegiolo 10%, altre varietà 5%
Alc. 13,5% | € 9 | Bt. 6.500 | Ferm. Acciaio | Mat. Legno 8 mesi
Costolette di maiale alla brace.

CILIEGIOLO 2022
Rosso Igt - Ciliegiolo 100%
Alc. 13% | € 13 | Bt. 8.500 | Ferm. Acciaio | Mat. Acciaio 5 mesi
Canederli alla tirolese in brodo.

CILIEGIOLO ROSATO 2022
Rosato Igt - Ciliegiolo 100%
Alc. 12% | € 9 | Bt. 3.500 | Ferm. Acciaio | Mat. Acciaio 5 mesi
Pizza Margherita.

CHIANTI PODERE GAMBA 2021
Rosso Docg - Sangiovese 85%, Pugnitello 15%
Alc. 14% | € 10 | Bt. 8.000 | Ferm. Acciaio | Mat. Legno 12 mesi
Pappardelle al ragù di cinghiale.

CILIEGIOLO
2021

CHIANTI PODERE GAMBA
2013 | 2014 | 2019

San Giorgio a Lapi
(1977)

L'idea di far vino dei fratelli Simoni spazia dalle tipologie destinate a veloce beva, come il Fiore di Maggio, a vini che si distinguono per espressività caratteriale e territoriale, come Emphatia, Bandecca e l'eccentrico Ermete, joint venture tra sangiovese e teroldego. Nelle versioni, per così dire, più complesse, il tentativo di dare risalto alla schiettezza varietale del sangiovese sta animando lo spirito aziendale con risultati destinati a sorprendere. Dopo tre anni di sperimentazione sta completando la sua briosa identità organolettica il Rosato, purezza succosa di solo sangiovese.

Strada di Colle Pinzuto, 30 - 53100 Siena (SI)
T. 338 5381314 | M. info@sangiorgioalapi.it
www.sangiorgioalapi.it

Viticoltura: Convenzionale
Ettari: 50 | **Bottiglie:** 10.000 | **Produzione olearia:** Sì
Proprietà: Fratelli Simoni
Cond. enologica: Luca Simoni, Valentina Simoni
Cond. agronomica: Iari Simoni
Vendita diretta: Sì | **Visite in azienda:** Sì

(93)

CHIANTI CLASSICO BANDECCA RISERVA 2019
Rosso Docg - Sangiovese 95%, altre varietà 5%
Alc. 14,5% | € 34 | Bt. 6.000 | Ferm. Acciaio | Mat. Acciaio 3 mesi e Legno 24 mesi
Luccica di carminio. Si apre con note di ciliegia matura, ribes, rosa rossa appassita e iris, sentori di macchia mediterranea con eco di pepe nero. In bocca è avvolgente e gustoso, con la freschezza che accompagna un tannino progressivo a forbire un seducente finale sapido. Risotto con salsiccia e Taleggio.

CHIANTI ERMETE RISERVA 2020
Rosso Docg - Sangiovese 80%, Teroldego 20%
Alc. 13,5% | € 28 | Bt. 6.000 | Ferm. Acciaio | Mat. Acciaio 3 mesi e Legno 18 mesi
Lasagnette al ragù di faraona e asparagi.

CHIANTI CLASSICO GRAN SELEZIONE EMPATHIA 2019
Rosso Docg - Sangiovese 100%
Alc. 14,5% | € 55 | Bt. 1.000 | Ferm. Acciaio | Mat. Acciaio 18 mesi e Legno 6 mesi
Oca arrosto.

ROSATO 2022
Rosato Igt - Sangiovese 100%
Alc. 13% | € 13 | Bt. 30.000 | Ferm. Acciaio | Mat. Acciaio 3 mesi
Frittura di rane e verdure croccanti.

FIORE DI MAGGIO BIANCO 2022
Bianco Igt - Malvasia 50%, Trebbiano 50%
Alc. 12% | € 13 | Bt. 30.000 | Mat. Acciaio 3 mesi
Frittata di erbette.

CHIANTI ERMETE RISERVA
2012 | 2013

San Giusto a Rentennano
(1905)

Fin dal lavoro in vigna viene seguita una razionale scrupolosità operativa, finanche nell'avvio di ogni vendemmia, ne consegue che certi vini, pur con affermato fascino, possano non essere prodotti. Gli elementi che fanno distinguere i vini di San Giusto a Rentennano sono l'affidabilità nella continuità di proporsi con adeguati elementi di raffinatezza nelle diverse versioni, in equilibrio con lo status qualitativo, scandendo le naturali differenze tra il voluminoso Percarlo, la classicità della Riserva Le Baròncole e l'immediatezza del fruibile Chianti Classico: tutti al vertice di categoria.

Località San Giusto a Rentennano - 53013 Gaiole in Chianti (SI)
T. 0577 747121 | M. info@fattoriasangiusto.it
www.fattoriasangiusto.it

Viticoltura: Biologica
Ettari: 31 | **Bottiglie:** 95.000 | **Produzione olearia:** Sì
Proprietà: Fratelli Martini di Cigala
Cond. enologica: Attilio Pagli
Cond. agronomica: Ruggero Mazzilli
Vendita diretta: Sì | **Visite in azienda:** No

(92,5)
PERCARLO 2019
Rosso Igt - Sangiovese 100%
Alc. 15% | € 65 | Bt. 16.548 | Ferm. Acciaio e Cemento | Mat. Legno 22 mesi
Carminio di media intensità. Complessa aromaticità di marasca matura, gelatina di mora, violetta, tabacco biondo e vaniglia. Ingresso avvolgente e stratificato. I suoi sapori si sviluppano in modo armonioso, e il tannino mostra già una buona integrazione, contribuendo a una struttura equilibrata. Bocconcini di cervo al cavolo nero.

(91)
CHIANTI CLASSICO 2021
Rosso Docg - Sangiovese 95%, Canaiolo 5%
Alc. 14,5% | € 24 | Bt. 49.200 | Ferm. Acciaio e Cemento | Mat. Legno 11 mesi
Da un carminio dalla spiccata espressività emergono preziose sensazioni di mora di gelso, ribes rosso, lavanda essiccata, felce e cannella. In bocca incede sontuoso, allungandosi al centro con tannini incisivi e viva freschezza. Notevole persistenza dai riverberi di arancia Sanguinella e spezie. Guancia di vitello in umido.

CHIANTI CLASSICO LE BARÒNCOLE RISERVA 2020
Rosso Docg - Sangiovese 97%, Canaiolo 3%
Alc. 15% | € 34 | Bt. 17.148 | Ferm. Acciaio e Cemento | Mat. Legno 20 mesi
Pappardelle con sugo di lepre.

CHIANTI CLASSICO LE BARÒNCOLE RISERVA
2015

PERCARLO
2016 | 2017 | 2018

San Polo
(1990)

Il grande viaggio del vino di San Polo è un meraviglioso intarsio di idee venete in terra toscana, di cultura bio in luoghi di tradizioni secolari, di passione e dedizione in una storia ancora tutta da raccontare. Protagoniste di questo nuovo capitolo sono Carlotta e Caterina, figlie di quella Marilisa Allegrini da cui tutto ebbe inizio, impegnate oggi più che mai a proseguire e sviluppare il progetto imprenditoriale materno. Nel racconto delle etichette proposte quest'anno, spiccano ancora una volta i due gioielli Podernovi e Vignavecchia, espressione icastica della splendida annata 2018.

Podere San Polo di Podernovi, 161 - 53024 Montalcino (SI)
T. 0577 835101 | M. info@poggiosanpolo.com
www.sanpolomontalcino.it

Viticoltura: Biologica certificata
Ettari: 16 | **Bottiglie:** 160.000 | **Produzione olearia:** No
Proprietà: Marilisa Allegrini
Cond. enologica: Riccardo Fratton
Cond. agronomica: Riccardo Fratton
Vendita diretta: Sì | **Visite in azienda:** Sì

(92)
BRUNELLO DI MONTALCINO VIGNAVECCHIA 2018
Rosso Docg - Sangiovese 100%
Alc. 14,5% | € 320 | Bt. 3.000 | Ferm. Legno | Mat. Legno 30 mesi
Granato luminoso. Emergono profumi di amarena, arancia rossa e viola, con sfiziosi cenni di menta, caffè e cioccolato, sfuma con cardamomo e coriandolo. Pienezza del sorso rifornita da tannino serrato e saporito, medio palato fresco al flavor di amarena, finale di cioccolato al latte. Gulasch di manzo alla paprica dolce.

BRUNELLO DI MONTALCINO PODERNOVI 2018
Rosso Docg - Sangiovese 100%
Alc. 14,5% | € 125 | Bt. 10.000 | Ferm. Legno | Mat. Legno 30 mesi
Filetto di bue con salsa di Roquefort.

ROSSO DI MONTALCINO 2021
Rosso Doc - Sangiovese 100%
Alc. 14% | € 20 | Bt. 40.000 | Ferm. Cemento | Mat. Legno 12 mesi
Tacchinella ripiena su letto di patate.

RUBIO 2021
Rosso Igt - Sangiovese 100%
Alc. 13,5% | € 12 | Bt. 65.000 | Ferm. Acciaio | Mat. Acciaio 10 mesi
Petto d'anatra all'arancia.

BRUNELLO DI MONTALCINO 2018
Rosso Docg - Sangiovese 100%
Alc. 14% | € 64 | Bt. 33.000 | Ferm. Cemento | Mat. Legno 30 mesi
Manzo brasato con olive e porri.

BRUNELLO DI MONTALCINO VIGNAVECCHIA
2015 | 2016 | 2017

BRUNELLO DI MONTALCINO PODERNOVI
2015 | 2016 | 2017

Sanlorenzo
(1950)

Fonda le proprie origini negli anni Cinquanta quando Bramante decide, in controtendenza con il periodo storico contraddistinto dalla fuga dalle campagne, di rimanere a Montalcino. Se prima l'allevamento delle viti era unicamente per uso domestico, nel 2000, con l'arrivo in azienda del nipote Luciano, si decide di scommettere sul sangiovese, piantando nuovi vigneti e dedicandosi completamente alla produzione di vino. Come negli anni scorsi si afferma in Guida con il Brunello 2018. Come d'uso i vini di Luciano Ciolfi si distinguono per il modo in cui calibra la potenza del tannino.

Podere Sanlorenzo, 280 - 53024 Montalcino (SI)
T. 339 6070930 | M. info@poderesanlorenzo.net
www.poderesanlorenzo.net

Viticoltura: Biologica e biologica certificata
Ettari: 7 | **Bottiglie:** N.d. | **Produzione olearia:** Sì
Proprietà: Luciano Ciolfi
Cond. enologica: Claudio Gori, Luciano Ciolfi
Cond. agronomica: Massimo Achilli, Luciano Ciolfi
Vendita diretta: Sì | **Visite in azienda:** Sì

(91)
BRUNELLO DI MONTALCINO 2018
Rosso Docg - Sangiovese 100%
Alc. 15% | € 55 | Bt. 11.000 | Ferm. Acciaio | Mat. Legno 36 mesi
Carminio con riflessi granato. Preludio di ciliegia marasca, viola e iris ravvivato dalla speziatura orientale del cardamomo e da note di sottobosco. Il tannino di ottima fattura è ancora esuberante, ma trova conforto nella freschezza che seduce ed è sedotto dall'alcol. Epilogo su ricordi di liquirizia. Filetto di cervo ai mirtilli.

ROSSO DI MONTALCINO 2021
Rosso Doc - Sangiovese 100%
Alc. 14,5% | € 25 | Bt. 4.133 | Ferm. Acciaio | Mat. Acciaio 6 mesi e Legno 12 mesi
Fusilli di kamut al ragù di faraona.

ROSATO 2022
Rosato Igt - Sangiovese 100%
Alc. 14,5% | € 25 | Bt. 900 | Ferm. Terracotta
Sushi e sashimi.

BRUNELLO DI MONTALCINO BRAMANTE RISERVA
2013 | 2015 | 2016

BRUNELLO DI MONTALCINO
2016 | 2017

Sant'Agnese
(1994)

Per il secondo anno è assente tra i campioni in assaggio il Merlot Spirto, un vino abituato alle grandi performance e che attendiamo quanto prima. D'altra parte Rubido, l'altro Merlot aziendale, lascia ben poco a desiderare, confermandosi cavallo di razza anche nell'annata 2020. C'è poi la vena bianchista della famiglia Gigli, che innova quest'anno con la prima uscita del Viognier, ben apprezzato e prodotto con lo stesso accorgimento degli acini interi utilizzato per il Vermentino L'Etrange... eccolo appunto, "lo strano" vino, di nuovo affascinante ed eccellente sul promontorio di Piombino.

Località Campo alle Fave, 1 - 57025 Piombino (LI)
T. 0565 277069 | M. giglipa@hotmail.com
www.santagnesefarm.it

Viticoltura: Lotta integrata
Ettari: 6 | **Bottiglie:** 25.000 | **Produzione olearia:** Sì
Proprietà: Alessandro e Paolo Gigli
Cond. enologica: Fabrizio Moltard
Cond. agronomica: Fabrizio Moltard
Vendita diretta: Sì | **Visite in azienda:** Sì

(91)
L'ETRANGE 2021
Bianco Igt - Vermentino 100%
Alc. 14% | € 24 | Bt. 2.000 | Ferm. Acciaio
Dorato chiaro. Mimosa e maggiociondolo aprono un ventaglio olfattivo intrigante di menta, ananas, erba limoncina, mandorla tostata, cappero fresco, mango e bergamotto. Freschezza e sapidità coabitano nella struttura modulando un gusto che in amalgama con l'alcol lascia un finale lungo di salfiore di Cervia. Catalana di crostacei.

RUBIDO 2020
Rosso Igt - Merlot 100%
Alc. 14% | € 14 | Bt. 6.000 | Ferm. Acciaio
Carré di maiale alle prugne.

I FIORI BLU 2018
Rosso Igt - Cabernet sauvignon 100%
Alc. 14,5% | € 37 | Bt. 2.400 | Ferm. Acciaio | Mat. Legno 24 mesi
Bocconcini di cinghiale con salsa di prugne.

VIOGNIER 2021
Bianco Igt - Viognier 100%
Alc. 14% | € 25 | Bt. 2.000 | Ferm. Acciaio
Orata all'acqua pazza.

A ROSE IS A ROSE 2022
Rosato Igt - Merlot 100%
Alc. 14% | € 14 | Bt. 1.200 | Ferm. Acciaio
Bucatini all'amatriciana.

VERMENTINO KALENDAMAIA 2022
Bianco Igt - Vermentino 100%
Alc. 14% | € 14 | Bt. 6.000 | Ferm. Acciaio
Seppie ripiene su crema di ceci.

L'ETRANGE
2020

I FIORI BLU
2011 | 2016 | 2017

SassodiSole
(1980)

Quella della famiglia Terzuoli è una storia di vino che viene da lontano, ha attraversato secoli di favorevole sviluppo e momenti di criticità, un po' come molta parte di quelli che a Montalcino avevano continuato a produrre vino quando l'effigie si era offuscata. Di generazione in generazione si sono tramandati un'esperienza che oggi si specchia in tutto e per tutto nell'anima dei vini, tutti estratti da vitigno sangiovese. Oltre al Brunello, sta crescendo in personalità e sta creandosi uno spazio sul palcoscenico mondiale il Sangiovese (grosso) Sasso di Luna, confluenza della loro maestria.

Podere Sasso di Sole, 85 - Località Torrenieri - 53024 Montalcino (SI)
T. 0577 834303 | M. info@sassodisole.it
www.sassodisole.it

Viticoltura: Biologica certificata
Ettari: 12 | **Bottiglie:** 60.000 | **Produzione olearia:** Sì
Proprietà: Famiglia Terzuoli
Cond. enologica: Roberto Ciani
Cond. agronomica: Roberto Terzuoli
Vendita diretta: Sì | **Visite in azienda:** Sì

(92,5)

BRUNELLO DI MONTALCINO SASSO DI LUNA 2018
Rosso Docg - Sangiovese 100%
Alc. 14,5% | € 44 | Bt. 6.800 | Ferm. Acciaio | Mat. Legno 36 mesi
Carminio con orlature granato. Riconoscimenti varietali e attraenti: ciliegia, viola e iris sono stuzzicati da effluvi balsamici e di erbette aromatiche, con refoli di cannella e liquirizia. La freschezza e il tannino nobile seducono e mitigano la sensazione calorica dissolvendosi su tonalità agrumate. Finanziera.

BRUNELLO DI MONTALCINO 2018
Rosso Docg - Sangiovese 100%
Alc. 14,5% | € 45 | Bt. 13.140 | Ferm. Acciaio | Mat. Legno 36 mesi
Civet di capriolo ai funghi.

ORCIA SANGIOVESE SASSO DI SOLE 2020
Rosso Doc - Sangiovese 100%
Alc. 14,5% | € 17 | Bt. 13.200 | Ferm. Acciaio | Mat. Acciaio 6 mesi e Legno 8 mesi
Lasagne alle melanzane.

ORCIA SANGIOVESE SASSO DI LUNA 2020
Rosso Doc - Sangiovese 100%
Alc. 14,5% | € 17 | Bt. 6.700 | Ferm. Acciaio | Mat. Acciaio 8 mesi e Legno 8 mesi
Risotto con le quaglie.

Sassotondo
(1990)

Tra Sovana e Pitigliano, nella Maremma più autentica delle rupi tufacee e dei suoli vulcanici, esiste un territorio vocato per la viticoltura, che i proprietari di Sassotondo, Carla ed Edoardo, hanno saputo valorizzare a partire dagli anni Novanta, puntando soprattutto sul ciliegiolo, con i vari cru, tra cui San Lorenzo, spesso all'eccellenza. Da non sottovalutare però il lavoro e la ricerca effettuati anche su altri vitigni, come il greco, vinificato con macerazione sulle bucce, da solo o in uvaggio, e maturato in barrique. In quest'edizione un sorprendente Numero Sei si piazza davanti a tutti.

Case Sparse Pian di Conati, 52 - Località Sovana - 58010 Sorano (GR)
T. 0564 614218 - 348 9029125 | M. sassotondo.sassotondo@gmail.com
www.sassotondo.it

Viticoltura: Biologica
Ettari: 14 | **Bottiglie:** 50.000 | **Produzione olearia:** Sì
Proprietà: Carla Benini ed Edoardo Ventimiglia
Cond. enologica: Attilio Pagli
Cond. agronomica: Carla Benini
Vendita diretta: Sì | **Visite in azienda:** Sì

NUMERO SEI 2021
Bianco Igt - Sauvignon 34%, Greco 33%, Viognier 33%
Alc. 14% | € 35 | Bt. 853 | Ferm. Acciaio | Mat. Legno 12 mesi
Oro giallo lucente. Bouquet variegato di mela Pink Lady, pompelmo giallo, scorza d'arancia essiccata, ginestra, elicriso e acetosella; poi burro d'arachidi, curry, magnolia e salsedine. La secchezza sapida, in lieve tensione tannica, dà una suadenza liquida equilibrata dall'alcol. Setale al tè verde. Tataki di tonno al sesamo.

MAREMMA TOSCANA CILIEGIOLO POGGIO PINZO 2021
Rosso Doc - Ciliegiolo 100%
Alc. 14% | € 31 | Bt. 2.000 | Ferm. Acciaio | Mat. Terracotta 11 mesi
Costolette d'agnello alle erbe.

MAREMMA TOSCANA CILIEGIOLO SAN LORENZO 2020
Rosso Doc - Ciliegiolo 100%
Alc. 14% | € 39 | Bt. 2.900 | Ferm. Acciaio | Mat. Legno 18 mesi
Filetto di cervo ai mirtilli.

MONTE ROSSO 2021
Rosso Igt - Nocchianello nero 100%
Alc. 13% | € 35 | Bt. 300 | Ferm. Acciaio | Mat. Legno 12 mesi
Straccetti di vitello al rosmarino.

NUMERO DIECI 2020
Bianco Igt - Greco 100%
Alc. 12% | € 35 | Ferm. Acciaio | Mat. Acciaio 9 mesi e Legno 12 mesi
Orata all'acqua pazza.

FRANZE 2020
Rosso Igt - Ciliegiolo 65%, Teroldego 35%
Alc. 13,5% | € 35 | Bt. 805 | Ferm. Acciaio | Mat. Legno 12 mesi
Rigatoni al ragù bianco di carne.

MAREMMA TOSCANA CILIEGIOLO SAN LORENZO
2017 | 2018 | 2019

MAREMMA TOSCANA CILIEGIOLO POGGIO PINZO
2017

Michele Satta
(1983)

Michele Satta: un nome, una garanzia. Sembra uno slogan ma non è così. Lui è il risultato di un percorso di apprendimento maturato con la consapevolezza interiore di voler fare del vino. E così è stato, dal sogno del 1983, la prima vendemmia, all'odierno vissuto della new generation, nel segno di una continuità familiare che garantisce quella consapevolezza che il meglio si ottiene dalla naturalità produttiva. Lo stile Satta è emblematico: c'è l'attaccamento alla tradizione, c'è l'avventura della sperimentazione concepita ancor prima che Bolgheri diventasse tale. Che dire? Geniale intuizione.

Località Vigna al Cavaliere, 61 - 57022 Castagneto Carducci (LI)
T. 0565 773041 | M. info@michelesatta.com
www.michelesatta.com

Viticoltura: Biologica
Ettari: 25 | **Bottiglie:** 17.000 | **Produzione olearia:** Sì
Proprietà: Michele Satta
Cond. enologica: Attilio Pagli
Cond. agronomica: Giacomo Satta
Vendita diretta: No | **Visite in azienda:** Sì

(91)
BOLGHERI SUPERIORE PIASTRAIA 2020
Rosso Doc - Cabernet sauvignon 50%, Merlot 30%, Sangiovese 20%
Alc. 14,5% | € 45 | Bt. 35.000 | Ferm. Legno | Mat. Legno 24 mesi
Impenetrabile e vivo rosso carminio. Appagante al naso, esprime confettura di frutti di bosco, gelatina di gelso, pot-pourri di rose rosse, curcuma e cannella, e ancora pralina al cacao, tabacco biondo e un fresco balsamico agrumato. Al palato è stuzzicante, materico e sapido con tannini in evoluzione. Fagiano arrosto.

CAVALIERE 2020
Rosso Igt - Sangiovese 100%
Alc. 14% | € 60 | Bt. 6.500 | Ferm. Legno | Mat. Cemento 18 mesi
Ravioli di germano con foie gras.

GIOVIN RE 2021
Bianco Igt - Viognier 100%
Alc. 13,5% | € 42 | Bt. 4.000 | Ferm. Cemento | Mat. Legno 6 mesi e Cemento 6 mesi e Terracotta 6 mesi
Petto di pollo agli asparagi.

BOLGHERI ROSSO MICHELE SATTA 2021
Rosso Doc - Cabernet 30%, Sangiovese 30%, Merlot 20%, Syrah 10%, Teroldego 10%
Alc. 13,5% | € 21 | Bt. 90.000 | Ferm. Acciaio | Mat. Legno 12 mesi
Faraona arrosto con salsa di frutti di bosco.

BOLGHERI BIANCO COSTA DI GIULIA 2022
Bianco Doc - Vermentino 65%, Sauvignon 35%
Alc. 13% | € 18 | Bt. 27.000 | Ferm. Acciaio | Mat. Acciaio 6 mesi
Sauté di cozze.

BOLGHERI SUPERIORE MARIANOVA
2018 | 2019

BOLGHERI SUPERIORE PIASTRAIA
2015 | 2017 | 2018

Scopone
(1992)

Podere Scopone si trova sulla strada che va da Sant'Antimo a Castelnuovo dell'Abate. Qui la famiglia Genazzani-Baijens fondò nel 1992 l'azienda vitivinicola che dal 2021 è divenuta di proprietà della famiglia Minari. L'obiettivo è di portare un organico dinamico e una ventata di modernità con la tecnologia al servizio dei vigneti. In quest'edizione della Guida abbiamo in rilievo due vini: uno è il Brunello di Montalcino 2018, evidente eredità della vecchia proprietà, l'altro è l'Igt Rimani 2021, supertuscan alla sua prima uscita, quindi da ascrivere interamente ai nuovi titolari.

Loc. Podere Scopone, 180 - 53024 Montalcino (SI)
T. 327 7590669 | M. info@winescopone.com
www.winescopone.com

Viticoltura: Convenzionale
Ettari: 12 | **Bottiglie:** 60.000 | **Produzione olearia:** Sì
Proprietà: Cristina Minari
Cond. enologica: Matteo Bartolini, Stéphane Derenoncourt
Cond. agronomica: Francesco Bufalini
Vendita diretta: No | **Visite in azienda:** Sì

(92)
BRUNELLO DI MONTALCINO 2018
Rosso Docg - Sangiovese 100%
Alc. 14% | € 41 | Bt. 4.000 | Ferm. Acciaio | Mat. Legno 24 mesi
Fulgido carminio con nuance granato. Offre raffinati profumi di arancia rossa, marasca, violetta, cannella, pepe rosa, liquirizia e tabacco biondo. Sorso corposamente fruttato, dalla spinta tannica notevole, calore e freschezza equilibrano il volume liquido verso il persistente refrain all'amarena. Allodole tartufate in casseruola.

RIMANI 2021
Rosso Igt - Cabernet sauvignon 50%, Sangiovese 20%, Merlot 15%, Syrah 15%
Alc. 14,5% | € 24 | Bt. 15.375 | Ferm. Acciaio | Mat. Acciaio e Legno 13 mesi
Trippa in umido.

ROSSO DI MONTALCINO 2021
Rosso Doc - Sangiovese 100%
Alc. 14% | € 22 | Bt. 8.000 | Ferm. Acciaio | Mat. Legno 12 mesi
Bigoli con salsiccia.

MAJA 2022
Rosato Igt - Sangiovese 100%
Alc. 13% | € 12 | Bt. 1.333 | Ferm. Acciaio | Mat. Acciaio 4 mesi
Vellutata di ceci con gamberi croccanti.

Sensi Vigne e Vini
(1890)

Sensi Vigne e Vini. Già il nome la dice lunga sulla filosofia del far vino della famiglia Sensi, che abbraccia diverse dimensioni enologiche e alcune caratterizzanti espressioni che riescono a isolare dal volume produttivo. Di certo il savoir faire non manca e lo staff tecnico è di rilievo. Quest'anno ci ha favorevolmente sorpreso il Brunello Officium Poggios Scudieri, una perfetta espressione di ilcinesità che intreccia austerità e modernità. Si segnala l'uscita dell'autoctono Pugnitello a Collegonzi, una release che già incuriosisce gli enofili, visto il trend produttivo che c'è in Toscana.

Via Cerbaia, 107 - 51035 Lamporecchio (PT)
T. 0573 82910 | M. sensi@sensivini.com
www.sensivini.com

Viticoltura: Convenzionale e biologica certificata
Ettari: 50 | **Bottiglie:** 2.000.000 | **Produzione olearia:** Sì
Proprietà: Famiglia Sensi
Cond. enologica: Lorenzo Landi, Francesco Balducci
Cond. agronomica: Alessio Macchia
Vendita diretta: Sì | **Visite in azienda:** Sì

BRUNELLO DI MONTALCINO OFFICIUM POGGIO SCUDIERI 2018
Rosso Docg - Sangiovese 100%
Alc. 15% | € 30 | Bt. 13.000 | Ferm. Acciaio | Mat. Legno 48 mesi
Tinta in luccicante carminio. Ampiezza olfattiva di amarena e ribes rosso in confettura, iris e rododendro, con supporto di pepe nero, caffè e cannella. Il flusso fruttato si espande nel palato con sostegno della tempra tannica, che fa ricco il gusto con sapidità e alcol. Capriolo in salmì con polenta di grano saraceno.

CHIANTI RISERVA VINCIANO 2020
Rosso Docg - Sangiovese 80%, Canaiolo 20%
Alc. 14% | € 16 | Bt. 3.400 | Ferm. Acciaio | Mat. Legno 12 mesi
Scaloppa di vitello con asparagi trifolati.

BOLGHERI SABBIATO 2021
Rosso Doc - Cabernet 60%, Merlot 30%, Sangiovese 10%
Alc. 14,5% | € 16 | Ferm. Acciaio | Mat. Acciaio 12 mesi e Legno 12 mesi
Fagiano arrosto.

COLLEGONZI PUGNITELLO 2022
Rosso Igt - Pugnitello 100%
Alc. 13% | € 18 | Bt. 2.000 | Ferm. Acciaio | Mat. Acciaio 3 mesi
Pecorino di Pienza.

ROSATO SANGIOVESE COLLEGONZI 2022
Rosato Igt - Sangiovese 100%
Alc. 12% | € 15 | Bt. 3.900 | Ferm. Acciaio | Mat. Acciaio 6 mesi
Seppie in umido con piselli.

CHIANTI CAMPOLUCE 2022
Rosso Docg - Sangiovese 100%
Alc. 14% | € 7 | Bt. 150.000 | Ferm. Cemento | Mat. Acciaio 6 mesi
Salame felino.

BRUNELLO DI MONTALCINO BOSCOSELVO
2012

Sesti
(1987)

La tenuta del Castello di Argiano, dove la famiglia Sesti si stabilì negli anni Settanta, si trova sul versante meridionale del quadrante di Montalcino, e si estende per poco più di cento ettari, di cui solo tredici dedicati alla viticoltura. Una produzione limitata, che guarda in primis alla salvaguardia del territorio e delle biodiversità, con un occhio particolare all'influenza dei cicli lunari in rispetto alla filosofia delle più antiche tradizioni contadine. Rispetto che paga, con il magnifico Brunello e l'eccellenza del Brunello Riserva Phenomena, fenomenale anche nella difficile annata 2017.

Località Castello di Argiano - 53024 Montalcino (SI)
T. 0577 843921 | M. elisa@sesti.net
www.sestiwine.com

Viticoltura: Biologica
Ettari: 13 | **Bottiglie:** 65.000 | **Produzione olearia:** Sì
Proprietà: Giuseppe Maria Sesti
Cond. enologica: Giuseppe Maria Sesti
Cond. agronomica: Giuseppe Maria Sesti
Vendita diretta: Sì | **Visite in azienda:** Sì

(93)
BRUNELLO DI MONTALCINO PHENOMENA RISERVA 2017
Rosso Docg - Sangiovese 100%
Alc. 14,5% | € 90 | Bt. 3.750 | Ferm. Acciaio | Mat. Legno 51 mesi
Carminio vivace con nuance granato. Sprigiona profumi di arancia Sanguinella, gelatina di mirtilli, giaggiolo, pot-pourri di fiori viola, pruina del pinolo, cannella, macis e tabacco dolce. La freschezza del frutto si armonizza con tannini ben dosati, conducendo il gusto fino al sapido e lungo finale. Filetto di vitello alla Rossini.

BRUNELLO DI MONTALCINO 2018
Rosso Docg - Sangiovese 100%
Alc. 14,5% | € 65 | Bt. 13.000 | Ferm. Acciaio | Mat. Legno 39 mesi
Castelmagno.

ROSSO DI MONTALCINO 2021
Rosso Doc - Sangiovese 100%
Alc. 14,5% | € 32 | Bt. 13.500 | Ferm. Acciaio | Mat. Legno 12 mesi
Pappardelle con funghi porcini.

BRUNELLO DI MONTALCINO PHENOMENA RISERVA
2011 | 2015 | 2016

BRUNELLO DI MONTALCINO
2010 | 2016

Talenti
(1981)

Ci sono vini capaci di emozionare, il Brunello di Montalcino Talenti è uno di quelli. Osservarne l'etichetta, per noi che lo conosciamo, attiva un'analessi che scivola a ritroso nel tempo fino a cogliere lo spirito del fondatore. Il Sangiovese di qui ha quasi un carattere "amiatino", sobriamente austero ma inflessibile nel solennizzarsi con il suo sé estratto dalla terra galestrosa, che nel Brunello Piero intreccia le essenze delle diverse personalizzate selezioni clonali pensate da Pierluigi Talenti fin dall'inizio di questa storia. Quest'anno è proprio la selezione Piero a ricevere molti consensi.

Pian di Conte, 98 - Sant'Angelo in Colle - 53024 Montalcino (SI)
T. 0577 844064 | M. info@talentimontalcino.it
www.talentimontalcino.it

Viticoltura: Lotta integrata
Ettari: 23 | **Bottiglie:** 100.000 | **Produzione olearia:** Sì
Proprietà: Riccardo Talenti
Cond. enologica: Riccardo Talenti, Carlo Ferrini
Cond. agronomica: Riccardo Talenti
Vendita diretta: Sì | **Visite in azienda:** Sì

(94)

BRUNELLO DI MONTALCINO PIERO 2018
Rosso Docg - Sangiovese 100%
Alc. 15% | € 110 | Bt. 3.800 | Ferm. Acciaio | Mat. Acciaio 4 mesi e Legno 24 mesi
Carminio con bagliori granato. Ventaglio olfattivo con allusioni di marasca, ribes, rosa e iris appassiti con riverberi di tabacco, cardamomo e noce moscata dal tocco balsamico. Bocca intensa e fresca, in elegante combinazione con un tannino definito. Lungheggia tra frutta rossa e spezie dolci. Beccacce allo spiedo.

(93)

BRUNELLO DI MONTALCINO 2018
Rosso Docg - Sangiovese 100%
Alc. 14,5% | € 45 | Bt. 24.000 | Ferm. Acciaio | Mat. Acciaio 8 mesi e Legno 30 mesi
Quasi granato. Profumi di ciliegia matura e lampone seguiti da note di viola appassita, sottobosco, spezie dolci e caffè dalla nuance mentolata. Il sorso incede con un tannino in elegante grippaggio, sorretto da una succosa freschezza di arancia Sanguinella e amarena. Finale persistente e sapido. Tagliata al pepe verde.

ROSSO DI MONTALCINO 2021
Rosso Doc - Sangiovese 100%
Alc. 14,5% | € 20 | Bt. 25.000 | Ferm. Acciaio | Mat. Acciaio 2 mesi e Legno 10 mesi
Tagliatelle al ragù.

BRUNELLO DI MONTALCINO PIAN DI CONTE RISERVA
2012 | 2013 | 2015

BRUNELLO DI MONTALCINO PIERO
2015

Tamburini
(1890)

La proprietà detiene 30 ettari di vigneti tra il Chianti e Montalcino. La sede storica è all'interno di un monastero medievale a Gambassi Terme, nell'area del Chianti Docg. Agricola Tamburini è il classico esempio di azienda che si identifica in tutto e per tutto con una famiglia. Iniziò il bisnonno Franco nel 1890, poi il figlio Italo dal 1930 e il nipote Mauro dal 1967. Dal 2002 è Emanuela, figlia di Mauro, a tenere le redini aziendali, e la sua azione si è rivolta in primo luogo all'innovazione e allo sviluppo commerciale, con l'apporto non trascurabile, dal 2020, di Michele Jermann.

Via Catignano, 106 – Località Il Castelluccio - 50050 Gambassi Terme (FI)
T. 0571 680235 | M. emanuela@agricolatamburini.it
www.agricolatamburini.it

Viticoltura: Lotta integrata
Ettari: 30 | **Bottiglie:** 90.000 | **Produzione olearia:** Sì
Proprietà: Tamburini
Cond. enologica: Andrea Bernardini, Emanuela Tamburini
Cond. agronomica: Matteo Betti
Vendita diretta: Sì | **Visite in azienda:** Sì

(91)

IL MORACCIO 2019
Rosso Igt - Sangiovese 85%, Merlot 10%, Petit verdot 5%
Alc. 14,5% | € 30 | Bt. 5.000 | Ferm. Acciaio | Mat. Legno 12 mesi e Cemento 12 mesi
Rubino intenso. Raffinati effluvi di mora di gelso, susina rossa e petali di viola macerati, con aggiunte di tabacco biondo, vaniglia e polvere di caffè. Sorso fresco e succoso d'arancia rossa e alchechengi, sorretto da tannini saporiti e ben estratti. Chiusura lunga di mora e tamarindo. Petto d'anatra alle prugne.

BRUNELLO DI MONTALCINO SOMNIO 2018
Rosso Docg - Sangiovese 100%
Alc. 14,5% | € 45 | Bt. 1.000 | Ferm. Legno e Acciaio | Mat. Legno 36 mesi
Tordi in salmì.

ROSATO TJ 2022
Rosato Igt - Sangiovese 100%
Alc. 13% | € 16 | Bt. 3.500 | Ferm. Acciaio
Zuppa di stoccafisso e patate.

IL MASSICCIO 2018
Rosso Igt - Sangiovese 85%, Merlot 15%
Alc. 14,5% | € 15 | Bt. 15.000 | Ferm. Acciaio e Cemento
Mat. Cemento 18 mesi
Pappardelle al ragù di cervo.

IL. CASTELLUCCIO 2022
Bianco Igt - Trebbiano 85%, Malvasia 15%
Alc. 12,5% | € 13 | Bt. 5.500 | Ferm. Acciaio
Branzino al cartoccio.

VIN SANTO DEL CHIANTI D'INCANTO 2013
Bianco Doc - Malvasia 50%, Trebbiano 50%
Alc. 16% | € 30 (0,5l) | Bt. 600 | Ferm. Legno | Mat. Legno 60 mesi
Crostata alle mandorle e albicocche.

Tenimenti d'Alessandro

(1967)

Dal 1967 Tenimenti d'Alessandro è uno dei principali interpreti della tradizione vitivinicola di Cortona, grazie alla riscoperta della vocazione territoriale per la syrah e per il viognier. Dal 2016 la proprietà è a conduzione biologica certificata e la filosofia produttiva è sempre quella del 1967 (pur con cambio di proprietà nel 2013), cioè di rinnovare continuamente l'impegno nell'esaltare l'identità locale dei vitigni, con un occhio sempre attento alla bevibilità. Assente il Syrah Migliara, in quest'edizione della Guida fa ottima impressione il Syrah Bosco, altra iconica etichetta.

Località Manzano, 15 - 52044 Cortona (AR)
T. 0575 618667 | M. info@tenimentidalessandro.it
www.tenimentidalessandro.it

Viticoltura: Biologica certificata
Ettari: 40 | **Bottiglie:** 100.000 | **Produzione olearia:** Sì
Proprietà: Giuseppe Calabresi
Cond. enologica: Filippo Calabresi
Cond. agronomica: David Capecchi
Vendita diretta: Sì | **Visite in azienda:** Sì

SYRAH BOSCO 2020
Rosso Igt - Syrah 100%
Alc. 14% | € 30 | Bt. 10.000 | Ferm. Legno | Mat. Legno 24 mesi
Rubino con bordo porpora. Profumi nitidi di durone maturo, confettura di more, lavanda appassita e pepe nero, si alternano a sensazioni di tapenade, liquirizia, caucciù e legno teak. Gusto saporito, orchestrato da tannini energici in adeguata tensione fresco-sapida. Risacca di cassis. Roast beef.

SYRAH ROSSO 2021
Rosso Igt - Syrah 100%
Alc. 13,5% | € 18 | Bt. 60.000 | Ferm. Acciaio | Mat. Acciaio 12 mesi
Zuppa toscana con cavolo nero e crostini di pane.

VIOGNIER FONTARCA 2021
Bianco Igt - Viognier 100%
Alc. 13% | € 33 | Bt. 4.000 | Ferm. Legno | Mat. Legno 12 mesi
Linguine con bottarga e pomodori secchi.

BIANCO DEL BORGO 2022
Bianco Igt - Viognier 100%
Alc. 12% | € 16 | Bt. 20.000 | Ferm. Acciaio | Mat. Acciaio 6 mesi
Seppioline ai ferri.

SYRAH MIGLIARA
2016 | 2018

SYRAH BOSCO
2018 | 2019

Tenuta Belguardo

(1997)

Tenuta Belguardo si estende sulle colline tra Grosseto e Montiano, nella "south coast" Toscana, zona decisamente calda, ma dagli adeguati sbalzi termici grazie alle brezze marine. Per questo la produzione, pur essendo primariamente rossista con il Morellino all'avanguardia, ha col tempo dato spazio a bianchi e rosati. Il vermentino in particolare, reputato come l'uva bianca autoctona per eccellenza, è stato il vitigno più studiato e sperimentato, sia utilizzando cloni diversi, sia praticando fermentazioni in anfora con macerazione. Codice V sostanzia la complessità di questa ricerca.

Località Montebottigli - VIII Zona - 58100 Grosseto (GR)
T. 0577 73571 | M. mazzei@mazzei.it
www.mazzei.it

Viticoltura: Lotta integrata
Ettari: 34 | **Bottiglie:** 250.000 | **Produzione olearia:** Sì
Proprietà: Famiglia Mazzei
Cond. enologica: Gionata Pulignani
Cond. agronomica: Gionata Pulignani
Vendita diretta: Sì | **Visite in azienda:** Sì

MORELLINO DI SCANSANO BELGUARDO BRONZONE RISERVA 2020
Rosso Docg - Sangiovese 100%
Alc. 14% | € 18 | Bt. 40.000 | Ferm. Acciaio | Mat. Legno 14 mesi
Carminio. Gradevoli sentori di ciliegie in confettura, lavanda secca e scorza d'arancia anticipano pennellate di sottobosco, anice stellato, coriandolo e caffè d'orzo. Ingresso subito tenace in tannino, si allunga solcando il palato con energia asciugante, con recupero nel finale di flavor al pepe nero. Cinghiale in umido.

MAREMMA TOSCANA TENUTA BELGUARDO 2019
Rosso Doc - Cabernet sauvignon 85%, Cabernet franc 15%
Alc. 14% | € 38 | Bt. 28.500 | Ferm. Acciaio | Mat. Legno 18 mesi e Cemento 4 mesi
Grigliata di carne con salsa barbecue.

BELGUARDO ROSÉ 2022
Rosato Igt - Sangiovese 50%, Syrah 50%
Alc. 13,5% | € 13 | Bt. 55.000 | Ferm. Acciaio | Mat. Acciaio 3 mesi
Crema di patate e asparagi con cappesante scottate.

MAREMMA TOSCANA BELGUARDO CODICE V 2021
Bianco Doc - Vermentino 100%
Alc. 13% | € 24 | Bt. 15.700 | Ferm. Acciaio e Terracotta | Mat. Acciaio 9 mesi e Terracotta 9 mesi
Risotto ai frutti di mare.

MAREMMA TOSCANA BELGUARDO TIRRENICO 2019
Rosso Doc - Cabernet sauvignon 70%, Alicante 30%
Alc. 14% | € 17 | Bt. 28.000 | Ferm. Acciaio | Mat. Legno 14 mesi
Lasagne alla bolognese.

BELGUARDO VERMENTINO 2022
Bianco Igt - Vermentino 100%
Alc. 13,5% | € 13 | Bt. 80.000 | Ferm. Acciaio
Salmone al timo.

MAREMMA TOSCANA TENUTA BELGUARDO
2018

BELGUARDO VERMENTINO
2021

Tenuta Buon Tempo
(2012)

Il primo Brunello fu imbottigliato nel 2015, però l'idea di come indirizzare la produzione è stata studiata nei minimi particolari fin dall'acquisizione. La sensibilità verso l'ambiente si è fatta volontà dalla prima ora, il tutto con l'intenzione di specializzarsi nel preservare un'identità territoriale del sangiovese che lo renda riconoscibile; questo spiega perché solo cinque selezionati ettari siano destinati a produzione di Brunello di Montalcino. Il vino sembra assorbire anche la personalità della proprietà, che permea la semplicità nella complessità.

Località Oliveto - Frazione Castelnuovo dell'Abate - 53024 Montalcino (SI)
T. 340 1445985 | M. info@tenutabuontempo.it
www.tenutabuontempo.it

Viticoltura: Biologica
Ettari: 14 | **Bottiglie:** 60.000 | **Produzione olearia:** No
Proprietà: Per Landin
Cond. enologica: Alberto Machetti, Filippo Bellini
Cond. agronomica: Alberto Machetti, Filippo Bellini
Vendita diretta: Sì | **Visite in azienda:** Sì

93

BRUNELLO DI MONTALCINO OLIVETO P.56 2018
Rosso Docg - Sangiovese 100%
Alc. 14% | € 60 | Bt. 7.500 | Ferm. Legno | Mat. Legno 36 mesi
Carminio invitante. Elegantemente variegato: mora di gelso, ciliegia in confettura, lilium, con richiami di chiodi di garofano e sbuffi mentolati che si esprimono su delicate note empireumatiche. Raffinato nella freschezza e nei tannini setosi, lascia lentamente il cavo orale con una scia di ribes rosso. Medaglioni di cervo con riduzione di cottura.

BRUNELLO DI MONTALCINO 2018
Rosso Docg - Sangiovese 100%
Alc. 14,5% | € 45 | Bt. 19.000 | Ferm. Legno e Acciaio | Mat. Legno 36 mesi
Manzo brasato con funghi.

LA FURBA 2022
Rosso Igt - Sangiovese 100%
Alc. 13,5% | € 35 | Bt. 2.600 | Ferm. Terracotta | Mat. Terracotta 4 mesi
Pecorino di Pienza.

Tenuta Caccia al Piano 1868
(1998)

Dalla Franciacorta a Bolgheri il passo può essere relativamente breve. Sono passati giusto 20 anni da quando Franco Ziliani decise di affrontare la sfida di produrre vino rosso in un territorio profondamente diverso dal solito, definito "armonioso", "iconico" e "generoso" dal figlio Paolo, ovvero da chi segue il progetto in prima persona. I risultati sono sotto gli occhi di tutti e Caccia al Piano può essere considerato come uno dei Bolgheri Superiore più rappresentativi. È notevole in quest'edizione la performance di Ruit Hora, mentre si conferma la crescita del bianco Lungocosta.

Via Bolgherese, 279 - Bolgheri - 57022 Castagneto Carducci (LI)
T. 0565 763394 | M. info@cacciaalpiano.it
www.cacciaalpiano.it

Viticoltura: Convenzionale
Ettari: 24 | **Bottiglie:** 140.000 | **Produzione olearia:** Sì
Proprietà: Famiglia Ziliani
Cond. enologica: Ferdinando Dell'Aquila
Cond. agronomica: Claudio Santini
Vendita diretta: Sì | **Visite in azienda:** Sì

92

BOLGHERI ROSSO RUIT HORA 2021
Rosso Doc - Merlot 60%, Cabernet sauvignon 30%, Petit verdot 5%, Syrah 5%
Alc. 14,5% | € 28 | Bt. 90.000 | Ferm. Acciaio | Mat. Legno 16 mesi
Rubino concentrato. Profilo aristocratico di susina sangue di drago, glicine, peperone friggitello, sottobosco, rosa, ginepro, cardamomo e noce moscata. Gusto ben definito nel fruttato scuro, con tannini serici e freschezza che equilibra il tenore alcolico. Indugia su nuance di menta e cacao. Cinghiale in umido.

BOLGHERI SUPERIORE CACCIA AL PIANO 2020
Rosso Doc - Cabernet sauvignon 60%, Cabernet franc 40%
Alc. 14,5% | € 70 | Bt. 14.000 | Ferm. Legno e Acciaio | Mat. Legno 24 mesi
Tagliata al pepe verde.

BOLGHERI BIANCO LUNGOCOSTA 2021
Bianco Doc - Vermentino 70%, Sauvignon 30%
Alc. 13,5% | € 30 | Bt. 7.000 | Ferm. Acciaio | Mat. Legno 12 mesi
Spaghetti con mazzancolle e pomodorini.

BRUNELLO DI MONTALCINO OLIVETO P.56 RISERVA
2015

BRUNELLO DI MONTALCINO
2016

BOLGHERI SUPERIORE CACCIA AL PIANO
2018 | 2019

BOLGHERI ROSSO RUIT HORA
2016 | 2017 | 2019

Tenuta Cappellina
(2012)

Dieci anni per rinaturalizzare il terroir agricolo della Cappellina, oggi non c'è più traccia di quegli agenti esterni usati in vigna. I vini sono destinat a nuova vita, a esprimere tutta la naturalità che il team cerca e ottiene con rigorosa cura in vigna e scrupolosa custodia, in cantina, della purezza raggiunta. Questa volta Dianne 2015, dopo quasi un'eternità passata ad affinarsi in vetro, si veste della bandiera a scacchi dell'eccellenza: ciò testimonia che il tracciato enologico vissuto nel solco del rispetto ambientale è un valore assoluto.

Località Argiano-Pianella - 53019 Castelnuovo Berardegna (SI)
T. 3453281708 | M. alex@tenutacappellina.com
www.tenutacappellina.com

Viticoltura: Biologica
Ettari: 10 | **Bottiglie:** 45.000 | **Produzione olearia:** Sì
Proprietà: Alex Burge
Cond. enologica: Attilio Pagli
Cond. agronomica: Luca Martini di Cigala
Vendita diretta: Sì | **Visite in azienda:** Sì

93

DIANNE 2015
Rosso Igt - Cabernet sauvignon 38%, Syrah 35%, Sangiovese 17%, Merlot 10%
Alc. 15% | € 35 | Bt. 7.000 | Ferm. Acciaio | Mat. Acciaio 3 mesi e Legno 18 mesi
C'è ricca tinta granato. C'è complessa fusione olfattiva tra more e amarene sotto spirito, grafite e pepe, un'idea di glicine e mirto. Un'impressione di avvolgenza anticipa freschezza e tannino, si fondono, si equilibrano nuovamente con l'alcol e sfumano con liquirizia e gelso. Tordi in salmì.

CHIANTI CLASSICO RISERVA 2018
Rosso Docg - Sangiovese 95%, Canaiolo 5%
Alc. 14% | € 30 | Bt. 7.000 | Ferm. Acciaio | Mat. Acciaio 3 mesi e Legno 20 mesi
Terrina di lepre con salsa di prugne.

CHIANTI CLASSICO GRAN SELEZIONE CANTO DIECI 2016
Rosso Docg - Sangiovese 95%, Canaiolo 5%
Alc. 15% | € 50 | Bt. 7.000 | Ferm. Acciaio | Mat. Acciaio 7 mesi e Legno 24 mesi
Tortelli al Castelmagno.

CHIANTI CLASSICO 2019
Rosso Docg - Sangiovese 95%, Canaiolo 5%
Alc. 15% | € 25 | Bt. 13.300 | Ferm. Acciaio | Mat. Acciaio 18 mesi e Legno 18 mesi
Manzo brasato con funghi.

CASA DEL CAPO 2019
Rosso Igt - Merlot 90%, Sangiovese 10%
Alc. 13,5% | € 13 | Bt. 13.300 | Ferm. Acciaio | Mat. Acciaio 30 mesi e Legno 12 mesi
Pappardelle al ragù di cervo.

Tenuta Ceri
(2007)

Un progetto pazzesco! Questo verrebbe da dire. C'è tanta straordinarietà tra ingegno e coraggio nell'avventura architettonica intrapresa da Edoardo Ceri, c'è una visione chiara di come sarà il futuro del luogo e di come sarà quello del vino. Intanto la cantina è funzionalissima, in grado di rispondere a ogni esigenza enologica, le vigne hanno la giusta maturità per offrire vini di grande spessore, lo staff è stellare. È la prima volta che è in Guida e il fuori campo lo ha già fatto con un illuminante Le Barze. Che dire? Non sarà un'avventura e nemmeno una primavera? È no, è già una stella.

Via delle Ginestre, 45 - 59015 Carmignano (PO)
T. 334 1724907 | M. edoardo@tenutaceri.it
www.tenutaceri.it

Viticoltura: Biologica e biodinamica
Ettari: 14,5 | **Bottiglie:** 50.000 | **Produzione olearia:** Sì
Proprietà: Edoardo Ceri
Cond. enologica: Edoardo Ceri, Alberto Antonini
Cond. agronomica: Edoardo Ceri, Roberto Lamorgese
Vendita diretta: Sì | **Visite in azienda:** Sì

92

LE BARZE 2020
Rosso Igt - Cabernet sauvignon 65%, Sangiovese 30%, Petit verdot 5%
Alc. 14,5% | € 70 | Bt. 2.500 | Ferm. Legno e Cemento | Mat. Legno 12 mesi
Concentrata veste granato. Didascalico il profumo di confettura di mora e lampone, fine il floreale di giunchiglia ed eucalipto, emozionante il tabacco Kentucky mixato con tè nero. L'alcol fioretta con freschezza e tannino, il sorso si fa avvolgente nell'allungo balsamico e di cacao. Reale di vitello alla senape antica.

CARMIGNANO RISERVA 2020
Rosso Docg - Sangiovese 90%, Cabernet sauvignon 10%
Alc. 14,5% | € 70 | Bt. 3.500 | Ferm. Cemento | Mat. Legno 12 mesi
Coq au vin alla borgognona.

CARMIGNANO RIGOCCIOLI 2021
Rosso Docg - Sangiovese 90%, Cabernet sauvignon 10%
Alc. 15% | € 35 | Bt. 5.000 | Ferm. Cemento | Mat. Legno 8 mesi
Spaghetti alla carbonara.

BARCO REALE DI CARMIGNANO BARBOCCHIO 2022
Rosso Doc - Sangiovese 70%, Cabernet sauvignon 20%, Merlot 10%
Alc. 13% | € 50 | Bt. 16.000 | Ferm. Cemento | Mat. Legno 6 mesi
Risotto al gorgonzola.

Tenuta degli Dei

(1989)

Roberto Cavalli e il suo team familiare hanno improntato il modo di fare vino con quell'eccentricità, di raffinata eleganza, che ha contraddistinto il loro feeling con la moda. Nel vino è confluito questo colorato soul per "coltivare la qualità", come affermano in azienda, in tutta la sua naturale pienezza e purezza. I vini che quest'anno veleggiano nell'aureola dell'eccellenza sono Le Redini e lo storico Tenuta degli Dei, espressivi esempi che testimoniano il savoir faire enologico, con interpretazioni di vitigni non storicamente toscani in una proporzionata toscanità.

Via San Leonino, 56 - Località Panzano - 50022 Greve in Chianti (FI)
T. 055 852593 | M. info@deglidei.it
www.deglidei.it

Viticoltura: Convenzionale e biodinamica
Ettari: 15 | **Bottiglie:** 80.000 | **Produzione olearia:** Sì
Proprietà: Tommaso Cavalli
Cond. enologica: Carlo Ferrini
Cond. agronomica: Gioia Cresti
Vendita diretta: Sì | **Visite in azienda:** Sì

(91)

LE REDINI 2019
Rosso Igt - Merlot 90%, Alicante 10%
Alc. 14% | € 44 | Ferm. Acciaio | Mat. Legno 12 mesi
Vivacissimo nel carminio. Gelée di lampone, crema di cassis, eucalipto, caffè e cioccolato al latte compongono una finissima complessità. Avvolgente sintonia nella voluminosità liquida tra tannino e alcol, medio palato succoso di susina e spezie orientali in chiusura. Tagliatelle al ragù.

CAVALLI TENUTA DEGLI DEI 2020
Rosso Igt - Cabernet sauvignon 50%, Petit verdot 35%, Cabernet franc 15%
Alc. 14% | € 24 | Bt. 35.000 | Ferm. Acciaio | Mat. Acciaio 12 mesi e Legno 12 mesi
Pappardelle al ragù di cinghiale.

CHIANTI CLASSICO FORCOLE TENUTA DEGLI DEI 2020
Rosso Docg - Sangiovese 100%
Alc. 14% | € 18 | Bt. 20.000 | Ferm. Acciaio | Mat. Legno 10 mesi
Filetto di manzo in crosta alle erbette.

ROSATO TENUTA DEGLI DEI 2022
Rosato Igt - Sangiovese 100%
Alc. 12,5% | € 17 | Bt. 10.000 | Ferm. Acciaio | Mat. Acciaio 6 mesi e Terracotta 6 mesi
Pizza Margherita.

CAVALLI TENUTA DEGLI DEI
2013

LE REDINI
2012 | 2013

Tenuta del Buonamico

(1964)

L'evoluzione della Tenuta del Buonamico non conosce soste, dal 2008 a oggi la filosofia enologica è stata stravolta ed è quasi irriconoscibile, in meglio. Pur non essendosi staccata dalla produzione dello storico Montecarlo Bianco, è riuscita a rivoluzionare l'areale viticolo con il brand Particolare, uno spumante Charmat che in pochissimi anni è diventato un'icona in Toscana e non solo, e quest'anno la versione Brut Nature è evocativa del savoir faire operativo raggiunto. Molto simpatico è il Dea Rosa, un rosato pieno di brio e dalla stuzzicante freschezza.

Via Provinciale di Montecarlo, 43 - 55015 Montecarlo (LU)
T. 0583 22038 | M. buonamico@buonamico.com
www.buonamico.it

Viticoltura: Convenzionale
Ettari: 55 | **Bottiglie:** 350.000 | **Produzione olearia:** Sì
Proprietà: Eugenio Fontana
Cond. enologica: Alberto Antonini
Cond. agronomica: Paolo Lapini
Vendita diretta: Sì | **Visite in azienda:** Sì

PARTICOLARE INEDITO BRUT NATURE
Bianco Metodo Martinotti - Pinot bianco 100%
Alc. 12,5% | € 23 | Bt. 10.000 | Ferm. Legno e Acciaio | Mat. Acciaio 6 mesi
Paglierino lucente. Ha molta fragranza: cedro, nespola matura, zagara, mimosa, panificazione e nocciola. Ha energia da vendere, in dimensione da stimolare un fruttato di agrumi, con rilascio salino a rievocare lo zenzero. Carpaccio di branzino.

DEA ROSA 2022
Rosato Igt - Sangiovese 50%, Syrah 35%, Canaiolo rosa 15%
Alc. 12% | € 17 | Bt. 20.000 | Ferm. Acciaio | Mat. Acciaio 3 mesi
Risotto alla granseola.

VERMENTINO VIVI 2022
Bianco Igt - Vermentino 100%
Alc. 13% | € 17 | Bt. 24.435 | Ferm. Acciaio | Mat. Acciaio 3 mesi
Insalata greca.

VIOGNIER M.I.O. 2022
Bianco Igt - Viognier 100%
Alc. 13,5% | € 19 | Bt. 11.798 | Ferm. Acciaio | Mat. Acciaio 4 mesi
Ostriche Speciale de Claire Marennes-Oléron.

VASARIO 2020
Bianco Igt - Pinot bianco 100%
Alc. 14% | € 22 | Bt. 9.654 | Ferm. Legno e Acciaio | Mat. Acciaio 12 mesi e Legno 8 mesi
Ovoli freschi crudi su letto di rucola.

PARTICOLARE BRUT
Bianco Metodo Martinotti - Pinot bianco 60%, Sémillon 30%, Trebbiano 10%
Alc. 12% | € 17 | Bt. 50.000 | Ferm. Acciaio | Mat. Acciaio 9 mesi
Linguine agli scampi.

PARTICOLARE BRUT ROSÉ
S.A. | S.A. | S.A.

VIOGNIER M.I.O.
2020 | 2021

Tenuta dello Scompiglio

(2007)

Tenuta dello Scompiglio è un progetto piuttosto complesso nato circa 20 anni fa a Vorno, ultima frazione a sud del comune di Capannori, alla periferia di Lucca, nell'area su cui prima c'era un'antica tenuta dismessa, e riguarda l'architettura, la bioedilizia, l'ingegneria, le energie rinnovabili, la cultura, l'arte, il teatro, la cucina e il vino. In questo contesto l'interesse principale è rivolto alle ultime due voci dell'elenco, e preme sottolineare come col passare del tempo i vini aziendali, le famose Lavandaie, abbiamo raggiunto livelli di gradevolezza e tipicità sempre più elevati.

Via di Vorno, 67 - 55012 Capannori (LU)
T. 0583 971438 | M. agricola@delloscompiglio.org
www.delloscompiglio.org

Viticoltura: Biologica certificata
Ettari: 5,5 | **Bottiglie:** 18.000 | **Produzione olearia:** Sì
Proprietà: Cecilia Bertoni
Cond. enologica: Elena De Gioia, Claudio Gori
Cond. agronomica: Elena De Gioia, Ruggero Mazzilli
Vendita diretta: Sì | **Visite in azienda:** Sì

LAVANDAIA ALTA 2020
Rosso Igt - Syrah 100%
Alc. 14% | € 20 | Bt. 3.500 | Ferm. Legno e Acciaio | Mat. Acciaio e Legno 24 mesi
Rubino concentrato. Esordio olfattivo di lampone e durone maturi, con seguito di rosa rossa appassita, pepe nero, liquirizia, cacao e polvere di caffè. Gusto in cui prevale ancora la freschezza sfiziosa del frutto, con tannino e alcol ben amalgamati e finale speziato e persistente. Tacchino farcito con castagne.

LAVANDAIA MADRE 2020
Rosso Igt - Sangiovese 70%, Canaiolo 20%, Colorino 10%
Alc. 13,5% | € 20 | Bt. 1.500 | Ferm. Legno e Acciaio | Mat. Acciaio e Legno 22 mesi
Filetto al pepe verde.

LAVANDAIA NUOVA 2021
Rosso Igt - Sangiovese 100%
Alc. 13% | € 15 | Bt. 4.500 | Ferm. Acciaio | Mat. Acciaio 10 mesi
Tagliatelle al ragù.

LAVANDAIA MADRE
2016 | 2019

LAVANDAIA ALTA
2019

Tenuta di Arceno

(1994)

Punto di origine, questo è il significato di "archè", da cui è tratto il nome Arceno. Si tratta di un punto di origine che accoglie nel suo raggio di genesi anche il seme del far vino castelnuovino. Si potrebbe dire che sono qui da sempre, i loro vini hanno rappresentato l'espressione dello stile e del rigore enoico dell'areale e il loro sangiovese può esser considerato una delle espressioni di purezza fedele all'idea dell'interpretazione locale. Nei vini che impiegano gli internazionali l'esperienza Jackson si avverte, come nell'Arcanum: un Cabernet Franc con i fiocchi a stelle e strisce.

Località Arceno San Gusmè - 53019 Castelnuovo Berardenga (SI)
T. 0577 359346 | M. info@tenutadiarceno.com
www.tenutadiarceno.com

Viticoltura: Convenzionale
Ettari: 92 | **Bottiglie:** 350.000 | **Produzione olearia:** Sì
Proprietà: Jackson Family Wines
Cond. enologica: Lawrence Cronin, Pierre Seillan
Cond. agronomica: Michele Pezzicoli
Vendita diretta: Sì | **Visite in azienda:** Sì

92,5

ARCANUM 2019
Rosso Igt - Cabernet franc 100%
Alc. 14,5% | € 90 | Bt. 20.400 | Ferm. Acciaio | Mat. Legno 12 mesi
Fitta cromia carminio. Sciroppo di cassis e di bacche di sambuco stilizzano la complessità con eucalipto, cioccolato al latte e chiodi di garofano. Grip tannico in espressione fruttata, stuzzicante per alcol, con estensione succosa e speziata, di pepe rosa. Pernici farcite.

CHIANTI CLASSICO GRAN SELEZIONE STRADA AL SASSO 2020
Rosso Docg - Sangiovese 100%
Alc. 14,5% | € 37 | Bt. 12.900 | Ferm. Acciaio | Mat. Legno 12 mesi
Nodini di cinta senese lardellati al forno.

CHIANTI CLASSICO 2021
Rosso Docg - Sangiovese 85%, Merlot 15%
Alc. 15% | € 18 | Bt. 100.900 | Ferm. Acciaio | Mat. Legno 10 mesi
Cappone ripieno al forno.

IL FAUNO DI ARCANUM 2021
Rosso Igt - Cabernet franc 35%, Merlot 35%, Cabernet sauvignon 25%, Petit verdot 5%
Alc. 14,5% | € 35 | Bt. 98.800 | Ferm. Acciaio | Mat. Legno 12 mesi
Stracotto d'asino.

VALADORNA 2019
Rosso Igt - Merlot 100%
Alc. 15% | € 90 | Bt. 19.500 | Ferm. Acciaio | Mat. Legno 12 mesi
Bigoli con salsiccia.

CHIANTI CLASSICO RISERVA 2020
Rosso Docg - Sangiovese 90%, Cabernet sauvignon 10%
Alc. 14,5% | € 27 | Bt. 73.200 | Ferm. Acciaio | Mat. Legno 12 mesi
Faraona ripiena con salsa tartufata.

CHIANTI CLASSICO GRAN SELEZIONE STRADA AL SASSO
2017 | 2018 | 2019

ARCANUM
2016 | 2017 | 2018

Tenuta di Artimino
(1989)

La passione per il vino ha radici antiche e ad Artimino è una tradizione secolare che ancora oggi si tramanda. Vitigni nobili come sangiovese e cabernet hanno scritto e continuano a scrivere la storia di un luogo unico come Carmignano. Quest'anno la vera new entry è il Marrucaia, che ci regala pregevolezze sensoriali nei vitigni cabernet e merlot. Il Carmignano Poggilarca si conferma per la sua rispondenza alla tradizione, con l'impiego accorto del legno che lascia intatti gli autentici sentori del frutto. Non ultimo il simpatico Vin Ruspo: l'evergreen della produzione.

Viale Papa Giovanni XXIII, 1 - Località Artimino - 59015 Carmignano (PO)
T. 055 8718215 | M. fattoria@artimino.com
www.artimino.com

Viticoltura: Lotta integrata
Ettari: 72 | **Bottiglie:** 300.000 | **Produzione olearia:** Sì
Proprietà: Famiglia Olmo
Cond. enologica: Riccardo Cotarella, Pier Paolo Chiasso
Cond. agronomica: Luca Taninato, Daniela Vigani
Vendita diretta: Sì | **Visite in azienda:** Sì

MARRUCAIA 2020
Rosso Igt - Merlot 34%, Cabernet franc 33%, Cabernet sauvignon 33%
Alc. 14,5% | € 25 | Bt. 6.666 | Ferm. Acciaio | Mat. Legno 12 mesi
Luccicante cromia amaranto. Bouquet fiorito di viola e glicine, contornato da mora e mirtillo sciroppati, seguono noce moscata, ruggine e humus. Entra energico in tutta la sua sostanza liquida, tannino icastico di cachi e corniolo, finale sapido e finitura piccante con frutti di bosco e mirtillo sciroppato. Manzo brasato con olive e porri.

CARMIGNANO POGGILARCA 2020
Rosso Docg - Sangiovese 70%, Cabernet sauvignon 20%, Merlot 10%
Alc. 14,5% | € 18 | Bt. 16.000 | Ferm. Acciaio | Mat. Acciaio 6 mesi e Legno 12 mesi
Risotto agli asparagi e provola affumicata.

CARMIGNANO GRUMARELLO RISERVA 2019
Rosso Docg - Sangiovese 70%, Cabernet sauvignon 20%, Merlot 10%
Alc. 14,5% | € 30 | Ferm. Acciaio | Mat. Acciaio 6 mesi e Legno 24 mesi
Risotto al radicchio tardivo.

BARCO REALE DI CARMIGNANO ROSATO VIN RUSPO 2022
Rosato Doc - Sangiovese 70%, Cabernet sauvignon 20%, Merlot 10%
Alc. 12% | € 14 | Bt. 8.000 | Ferm. Acciaio | Mat. Acciaio 4 mesi
Guazzetto di fasolari.

CHIANTI MONTALBANO 2022
Rosso Docg - Sangiovese 80%, Canaiolo 10%, Colorino 10%
Alc. 13,5% | € 10 | Bt. 19.000 | Ferm. Acciaio | Mat. Acciaio 8 mesi
Crostini al lardo di Colonnata.

BARCO REALE DI CARMIGNANO ROSSO SER BIAGIO 2022
Rosso Doc - Sangiovese 70%, Cabernet sauvignon 20%, Merlot 10%
Alc. 14% | € 14 | Ferm. Acciaio | Mat. Acciaio 6 mesi
Zuppa di stoccafisso e patate.

CARMIGNANO GRUMARELLO RISERVA
2015 | 2016 | 2017

CARMIGNANO POGGILARCA
2016 | 2017 | 2018

Tenuta di Castelfalfi
(2007)

Con l'acquisto della Tenuta nel 2021 da parte della famiglia Lohia, la cui fama è riconducibile all'industria chimica, si suggella la volontà di offrire un luogo d'accoglienza turistica di lusso, in cui rigenerarsi godendo dello stretto legame con la natura, magari percorrendo il fairway delle 27 buche. Castelfalfi è anche sinonimo di produzione di vino in cui si alleva vite già da diversi anni. Quest'anno è Poggionero a conquistare l'eccellenza per la maestria con cui è stata gestita la calda annata 2020. Da segnalare la prima uscita di Fonterinaldo, vermentino in purezza.

Località Castelfalfi - 50050 Montaione (FI)
T. 0571 891014 | M. winery@castelfalfi.it
www.castelfalfi.com

Viticoltura: Biologica
Ettari: 25 | **Bottiglie:** 80.000 | **Produzione olearia:** Sì
Proprietà: Famiglia Lohia
Cond. enologica: Emiliano Falsini
Cond. agronomica: Diego Mugnaini
Vendita diretta: Sì | **Visite in azienda:** Sì

POGGIONERO 2020 (92)
Rosso Igt - Cabernet sauvignon 60%, Merlot 40%
Alc. 14% | € 38 | Bt. 3.300 | Ferm. Acciaio | Mat. Acciaio 4 mesi e Legno 20 mesi
Carminio con lampi rubino. Attraente nei rintocchi di prugna e amarena in gelatina che s'intrecciano a sinuose elegie di peperone verde grigliato ed eucalipto, e a effluvi di caffè e cacao. La freschezza, in sinergia con un tannino scalpitante, mitiga la percezione calorica su una durevole percezione di spezie. Gulasch di manzo alla paprica dolce.

POGGIO ALLA FAME 2019
Rosso Igt - Sangiovese 100%
Alc. 14% | € 48 | Bt. 3.300 | Ferm. Acciaio | Mat. Acciaio 4 mesi e Legno 20 mesi
Piccione al forno con cipollotti.

VIN SANTO DEL CHIANTI CASTELLUCCIO 2016
Bianco Doc Passito - Trebbiano 80%, Malvasia 15%, Colombana 5%
Alc. 13,5% | € 94 | Bt. 500 | Ferm. Legno | Mat. Acciaio e Legno 48 mesi
Castelmagno.

FONTERINALDO 2022
Bianco Igt - Vermentino 100%
Alc. 13,5% | € 28 | Bt. 1.500 | Ferm. Terracotta | Mat. Acciaio e Legno 3 mesi
Involtini di melanzana con scamorza.

POGGIO I SOLI 2022
Bianco Igt - Vermentino 100%
Alc. 13% | € 16 | Bt. 6.600 | Ferm. Acciaio | Mat. Acciaio 5 mesi
Asparagi verdi allo zabaione salato.

Tenuta di Ghizzano

(1370)

La storia che ha scandito gli avvenimenti nel Borgo di Ghizzano, ha visto la presenza dei Venerosi Pesciolini fin dal 1370. Quindi anche quando si parla della storia del vino di queste parti, indubbiamente possono dire la loro. Di certo il merito di aver contribuito a saldare quella che era una produzione di vino indistinta in un'identità territoriale è in gran parte imputabile, positivamente, a quest'azienda; il percorso non è ancora giunto a conclusione ma le prospettive sono allettanti e i vini non smettono di progredire. Quest'anno sugli scudi è il Nambrot.

Via della Chiesa, 4 - Ghizzano - 56037 Peccioli (PI)
T. 0587 630096 | M. info@tenutadighizzano.com
www.tenutadighizzano.com

Viticoltura: Biologica certificata e biodinamica
Ettari: 18 | **Bottiglie:** 85.000 | **Produzione olearia:** Sì
Proprietà: Famiglia Venerosi Pesciolini
Cond. enologica: Carlo Ferrini
Cond. agronomica: Roberto Righi
Vendita diretta: Sì | **Visite in azienda:** Sì

NAMBROT 2019
Rosso Igt - Merlot 60%, Cabernet franc 20%, Petit verdot 20%
Alc. 13,5% | € 45 | Bt. 6.000 | Ferm. Legno | Mat. Legno 18 mesi
L'abito carminio ravviva la liquidità in fragranza di rosa rossa e glicine, con squisitezze di more e amarene in gelatina, prezioso finale di mentolo e pepe. Tandem gusto-olfattivo in equilibrante effetto tra alcol e rigenerante freschezza, e il tannino si fa velluto. Chiusura di succo di susina. Agnolotti al sugo di carne.

TERRE DI PISA ROSSO VENEROSO 2019
Rosso Doc - Sangiovese 70%, Cabernet sauvignon 30%
Alc. 13,5% | € 23 | Bt. 22.000 | Ferm. Legno | Mat. Legno 16 mesi
Fiorentina alla brace.

IL GHIZZANO 2021
Rosso Igt - Sangiovese 95%, Merlot 5%
Alc. 13,5% | € 15 | Bt. 27.000 | Ferm. Acciaio e Cemento
Mat. Cemento 8 mesi
Toma di Murazzano.

IL GHIZZANO BIANCO 2022
Bianco Igt - Vermentino 50%, Trebbiano 30%, Malvasia bianca 20%
Alc. 12,5% | € 15 | Bt. 9.000 | Ferm. Acciaio | Mat. Acciaio 4 mesi
Pollo fritto.

NAMBROT
2015 | 2016

TERRE DI PISA ROSSO VENEROSO
2015 | 2018

Tenuta di Gracciano della Seta

(1816)

La conversione alla viticoltura biologica dal 2015 e la crescente attenzione alla sostenibilità ambientale, a partire dall'uso di lacci biodegradabili per legare la vite, coadiuvate alla grande attenzione che l'enologo Beppe Rigoli pone nel rispettare la materia prima e nell'approccio più tradizionalista, permettono di ottenere dei prodotti che rispettano le caratteristiche peculiari del prugnolo gentile. Nell'attesa della Pieve Gracciano, che dovrebbe essere commercializzata a inizio 2025, quest'anno si riconferma con elevato standard qualitativo il Vino Nobile di Montepulciano Riserva.

Via Umbria, 61 - Località Gracciano - 53045 Montepulciano (SI)
T. 0578 708340 | M. info@graccianodellaseta.com
www.graccianodellaseta.com

Viticoltura: Biologica certificata
Ettari: 20,5 | **Bottiglie:** 100.000 | **Produzione olearia:** Sì
Proprietà: Famiglia della Seta
Cond. enologica: Julio Straccia, Giuseppe Rigoli
Cond. agronomica: Giuseppe Rigoli
Vendita diretta: Sì | **Visite in azienda:** Sì

93

VINO NOBILE DI MONTEPULCIANO RISERVA 2019
Rosso Docg - Sangiovese 100%
Alc. 14% | € 25 | Bt. 5.233 | Ferm. Acciaio | Mat. Legno 24 mesi
Carminio dai merletti granato. Susina rossa, crème de cassis e marasca aprono il ventaglio olfattivo, arricchito da essenza di violetta, nuance balsamiche ed echi di tabacco da pipa e cacao. L'avvolgenza iniziale trova conforto nella briosa freschezza e nel tannino serico con scia fruttata. Guanciale di manzo in umido con polenta.

VINO NOBILE DI MONTEPULCIANO 2020
Rosso Docg - Sangiovese 95%, Colorino 3%, Merlot 2%
Alc. 13,5% | € 16 | Bt. 60.000 | Ferm. Acciaio | Mat. Legno 18 mesi
Bigoli con salsiccia.

ROSSO DI MONTEPULCIANO 2022
Rosso Doc - Sangiovese 90%, Merlot 10%
Alc. 13,5% | € 10 | Bt. 40.000 | Ferm. Acciaio | Mat. Acciaio 7 mesi
Agnello al forno con rosmarino.

ROSATO 2022
Rosato Igt - Sangiovese 60%, Merlot 40%
Alc. 11,5% | € 9 | Bt. 5.300 | Ferm. Acciaio | Mat. Acciaio 4 mesi
Frittata di ortiche.

VINO NOBILE DI MONTEPULCIANO RISERVA
2016 | 2017 | 2018

VINO NOBILE DI MONTEPULCIANO
2017 | 2018 | 2019

Tenuta di Sesta
(1850)

Un'azienda antica, posseduta dalla stessa famiglia da oltre 70 anni, localizzata sul versante sud della collina di Montalcino in prossimità di Sant'Antimo, in una zona vocatissima per la viticoltura. Qui l'esperienza nella cura del vitigno sangiovese e nella produzione del Brunello non lascia davvero niente al caso, e si sostanzia nell'attenzione certosina in vigna, al clima e alle sue variazioni, e in cantina nell'utilizzo esclusivo di botti medio-grandi di rovere di Slavonia. Notevole la performance del Brunello Riserva che, nonostante l'annata non proprio favorevole, ottiene l'eccellenza.

Località Sesta - Castelnuovo dell'Abate - 53024 Montalcino (SI)
T. 0577 835612 | M. tenutadisesta@tenutadisesta.it
www.tenutadisesta.it

Viticoltura: Convenzionale e lotta integrata
Ettari: 35 | **Bottiglie:** 150.000 | **Produzione olearia:** Sì
Proprietà: Famiglia Ciacci
Cond. enologica: Lorenzo Landi, Alessio Macchia
Cond. agronomica: Lorenzo Landi, Leonardo Tofani
Vendita diretta: Sì | **Visite in azienda:** Sì

(91,5)

BRUNELLO DI MONTALCINO DUELECCI EST RISERVA 2017
Rosso Docg - Sangiovese 100%
Alc. 14,5% | € 80 | Bt. 2.500 | Ferm. Acciaio | Mat. Acciaio 3 mesi e Legno 40 mesi
Carminio con rifulgenze granato. Olfatto accattivante di visciola e giaggiolo, con incursioni di erbe aromatiche secche, chiodi di garofano, tabacco Kentucky e liquirizia.Tannino vigoroso e fruttato, in evoluzione, sostenuto da freschezza e abbondante calore. Finale sapido e lungo di arancia rossa. Lepre alla cacciatora.

BRUNELLO DI MONTALCINO 2018
Rosso Docg - Sangiovese 100%
Alc. 14,5% | € 40 | Bt. 40.000 | Ferm. Acciaio | Mat. Acciaio 3 mesi e Legno 30 mesi
Pecorino di Pienza.

ROSSO DI MONTALCINO 2021
Rosso Doc - Sangiovese 100%
Alc. 15% | € 20 | Bt. 40.000 | Ferm. Acciaio | Mat. Acciaio 3 mesi e Legno 10 mesi
Lasagne alla bolognese.

POGGIO D'ARNA 2021
Rosso Igt - Cabernet franc 40%, Merlot 40%, Sangiovese 20%
Alc. 14,5% | € 15 | Bt. 25.000 | Ferm. Acciaio | Mat. Acciaio 3 mesi e Legno 12 mesi
Cinghiale arrosto con castagne.

BRUNELLO DI MONTALCINO
2016

BRUNELLO DI MONTALCINO DUELECCI EST RISERVA
2016

Tenuta di Sticciano
(2002)

La Tenuta di Sticciano s'adagia sopra una piccola collina a dominare una parte della Val d'Elsa. Il fulcro della classicità produttiva in fatto di vino è il Chianti, e naturalmente il sangiovese, però non mancano alcuni internazionali. Lo stampo enologico riflette le consuetudini del luogo, i vini rossi sono stilisticamente ben eseguiti, curati affinché esprimano quella naturale essenzialità che questo micro areale è in grado di offrire. Interessante, per richiamo alla storicità, è il Vin Santo del Chianti, peraltro molto rappresentativo dello stile toscano.

Via di Sticciano, 20 - Località Fiano - 50052 Certaldo (FI)
T. 0571 669032 | M. sales@tenutadisticciano.it
www.tenutadisticciano.com

Viticoltura: Biologica
Ettari: 23 | **Bottiglie:** 100.000 | **Produzione olearia:** Sì
Proprietà: Azienda Agricola Fonti
Cond. enologica: Andrea Lupi
Cond. agronomica: Staff aziendale
Vendita diretta: Sì | **Visite in azienda:** Sì

CHIANTI VILLA DI STICCIANO RISERVA 2019
Rosso Docg - Sangiovese 100%
Alc. 14,5% | € 20 | Bt. 15.000 | Ferm. Acciaio | Mat. Legno 16 mesi
Brilla di carminio. Emblematico il fruttato di ribes maturo, arancia rossa e iris, impreziosito da timo e rosmarino, e rifinito con cardamomo e pepe. Acidità ancora icastica, fa valere il suo fruttato e dilaga nel tannino fino a creare uno spunto sapido. Gradevole chiosa di ciliegia e agrumi. Risotto al gorgonzola.

VIN SANTO DEL CHIANTI 2015
Bianco Doc Dolce - Trebbiano toscano 100%
Alc. 16,5% | € 26 | Bt. 1.100 | Ferm. Legno | Mat. Legno 48 mesi
Petit four alle mandorle.

CHIANTI SUPERIORE MAGGIANO 2021
Rosso Docg - Sangiovese 95%, Canaiolo 5%
Alc. 14,5% | € 15 | Bt. 50.000 | Ferm. Acciaio | Mat. Acciaio 6 mesi
Gnocchi al ragù.

CANTO DELLE ROSE 2022
Rosato Igt - Sangiovese 100%
Alc. 13% | € 17 | Bt. 6.000 | Ferm. Acciaio | Mat. Acciaio 4 mesi
Pizza marinara.

ARGILLARIA 2022
Bianco Igt - Chardonnay 40%, Trebbiano toscano 30%, Pinot grigio 15%, Traminer aromatico 15%
Alc. 12,5% | € 16 | Bt. 5.000 | Ferm. Acciaio | Mat. Acciaio 6 mesi
Pomodori gratinati con paté di olive.

Tenuta di Trinoro
(1995)

Immersa nelle affascinanti colline della Val d'Orcia, Tenuta di Trinoro brilla per il suo impegno verso l'eccellenza e la creazione di vini di prestigio. Guidata attualmente da Benjamin Franchetti, insieme al suo team di lunga data composto da Calogero Portannese, direttore, e Lorenzo Fornaini, enologo, l'azienda perpetua l'originale visione del fondatore Andrea. In quest'edizione si mette in mostra il second vin Le Cupole, offrendo emozioni autentiche a ogni sorso, un'esperienza che porta l'eleganza e la raffinatezza alla ribalta.

Via Val d'Orcia, 15 - 53047 Sarteano (SI)
T. 0578 267110 | M. info@vinifranchetti.com
www.vinifranchetti.com

Viticoltura: Convenzionale
Ettari: 23 | **Bottiglie:** 120.000 | **Produzione olearia:** No
Proprietà: Mario Alberto Benjamin Franchetti
Cond. enologica: Calogero Portannese , Lorenzo Fornaini
Cond. agronomica: Staff aziendale
Vendita diretta: No | **Visite in azienda:** No

92

LE CUPOLE 2021
Rosso Igt - Merlot 56%, Cabernet franc 26%, Cabernet sauvignon 11%, Petit verdot 7%
Alc. 15% | € 33 | Bt. 100.000 | Ferm. Acciaio | Mat. Legno 6 mesi e Cemento 11 mesi
Carminio molto intenso dai riflessi amaranto. Ricco ed emozionante al naso su sfumature di mora di rovo matura, prugna, rosa rossa appassita, foglia di tabacco, resina di pino e liquirizia. Sorso voluminoso e appagante, i tannini potenti e fruttati abbracciano il palato con una presenza decisa. Pernici farcite.

TENUTA DI TRINORO 2020
Rosso Igt - Cabernet franc 92%, Merlot 8%
Alc. 15% | € 350 | Bt. 6.000 | Ferm. Acciaio | Mat. Legno 6 mesi e Cemento 12 mesi
Trippa in umido.

BIANCO DI TRINORO 2021
Bianco Igt - Sémillon 100%
Alc. 12,5% | € 50 | Bt. 1.789 | Ferm. Acciaio | Mat. Cemento 7 mesi
Insalata di pollo e verdure.

CAMPO DI CAMAGI
2018

CAMPO DI TENAGLIA
2020

Tenuta Di Vaira
(1970)

In principio fu agricoltura. Infatti negli anni Cinquanta il territorio bolgherese era ben distante da pensare di fare vino. Quando il trend prese corpo, tutta la famiglia vide in quest'attività una strategica prospettiva di crescita agricolturale e non solo. La gestione aziendale è saldamente in mano ai Di Vaira e il focus enologico resta la Doc Bolgheri, strizzando però l'occhio alla novità con vini da solo cabernet franc e da petit verdot, quest'ultimo rappresentando quasi una nuova scommessa per l'areale, viste le mutate condizioni climatiche perfette per la sua maturazione.

Via Bolgherese, 275/B - Bolgheri - 57020 Castagneto Carducci (LI)
T. 0565 763581 | M. info@tenutadivaira.com
www.tenutadivaira.com

Viticoltura: Convenzionale
Ettari: 14 | **Bottiglie:** 125.000 | **Produzione olearia:** Sì
Proprietà: Vincenzo Di Vaira
Cond. enologica: Alessandro Degl'Innocenti
Cond. agronomica: Paolo Granchi
Vendita diretta: Sì | **Visite in azienda:** Sì

93,5

CABERNET FRANC 2019
Rosso Igt - Cabernet franc 100%
Alc. 14% | € 60 | Bt. 2.040 | Ferm. Acciaio | Mat. Legno 22 mesi
Un cuore rubino screziato di granato. Al naso mora e amarena in confettura, peperone grigliato, gelée di ribes, pot-pourri di fiori rossi, eucalipto, mirto e cacao. In bocca la freschezza bilancia la vena alcolica, tannino progressivo con uno sviluppo gustativo lungo e succulento di agrume. Fagiano arrosto.

92

PETIT VERDOT 2020
Rosso Igt - Petit verdot 100%
Alc. 14,5% | € 90 | Bt. 1.188 | Ferm. Acciaio | Mat. Legno 20 mesi
Carminio dai riflessi rubino. Ouverture di ciliegia e prugna in confettura, rosa appassita, sottobosco, eucalipto, grafite, maggiorana e legno di cedro. La freschezza e il tannino ben integrato garantiscono persistenza e vitalità al sorso pieno e appagante, con strascico fruttato e sapido. Stinco di maiale al forno in pancetta affumicata.

BOLGHERI SUPERIORE BOLGHERESE 2020
Rosso Doc - Cabernet sauvignon 40%, Merlot 35%, Cabernet franc 25%
Alc. 14,5% | € 40 | Bt. 9.000 | Ferm. Acciaio | Mat. Legno 20 mesi
Pappardelle con sugo di capriolo.

BOLGHERI ROSSO CACCIA AL PALAZZO 2021
Rosso Doc - Cabernet sauvignon 50%, Cabernet franc 25%, Merlot 25%
Alc. 14% | € 17 | Bt. 50.000 | Ferm. Acciaio | Mat. Legno 7 mesi e Cemento 7 mesi
Bocconcini di cinghiale con salsa di prugne.

LE BALLERINE 2021
Rosso Igt - Cabernet franc 30%, Cabernet sauvignon 30%, Merlot 30%, Petit verdot 10%
Alc. 14% | € 13 | Bt. 20.000 | Ferm. Acciaio | Mat. Acciaio 12 mesi
Involtini di vitello lardellati.

BOLGHERI ROSATO CACCIA AL PALAZZO 2022
Rosato Doc - Cabernet sauvignon 70%, Merlot 15%, Syrah 15%
Alc. 13% | € 14 | Bt. 9.000 | Ferm. Acciaio | Mat. Acciaio 2 mesi
Tigelle e salumi.

BOLGHERI SUPERIORE BOLGHERESE
2011 | 2012

BOLGHERI ROSSO CACCIA AL PALAZZO
2012

Tenuta di Valgiano
(1993)

Realtà vinicola di riferimento nel territorio lucchese, in quanto una delle prime in Italia a basarsi sulla metodologia biodinamica, e per questo portabandiera di quel fenomeno che prende ormai da tempo il nome di "Lucca Biodinamica". Tenuta di Valgiano fu fondata nel 1993, e oggi è condotta da Moreno Petrini e Laura Di Collobiano. La gamma comprende poche etichette, ma tutte di livello, sia per eleganza che per potenziale nei confronti dell'evoluzione. Importante la scelta di utilizzare lieviti autoctoni, che contribuisce a produrre vini strettamente legati al territorio.

Via di Valgiano, 7 - Località Valgiano - 55012 Capannori (LU)
T. 0583 402271 | M. info@valgiano.it
www.valgiano.it

Viticoltura: Biologica certificata e biodinamica
Ettari: 16 | **Bottiglie:** 60.000 | **Produzione olearia:** Sì
Proprietà: Moreno Petrini
Cond. enologica: Staff aziendale
Cond. agronomica: Eva Volpi
Vendita diretta: Sì | **Visite in azienda:** Sì

COLLINE LUCCHESI ROSSO TENUTA DI VALGIANO 2018
Rosso Doc - Sangiovese 60%, Merlot 20%, Syrah 20%
Alc. 13,5% | € 90 | Bt. 6.000 | Ferm. Legno | Mat. Legno 12 mesi e Cemento 6 mesi
Carminio saturo. Ha un profilo odoroso di mirtilli sotto spirito, prugna, peonia, macis e sottobosco, con chiusura di foglia di tabacco. Il sorso è pieno di struttura, con adeguato amalgama tra tannini, alcol e freschezza. Il riverbero, di media lunghezza, è sapido e lievemente ammandorlato. Filetto di maiale lardellato.

COLLINE LUCCHESI ROSSO PALISTORTI DI VALGIANO 2021
Rosso Doc - Sangiovese 70%, Merlot 20%, Syrah 10%
Alc. 13,5% | € 27 | Bt. 35.000 | Ferm. Legno e Cemento | Mat. Legno 12 mesi
Capretto allo spiedo.

COLLINE LUCCHESI ROSSO TENUTA DI VALGIANO
2017

COLLINE LUCCHESI ROSSO PALISTORTI DI VALGIANO
2020

Tenuta Dodici
(2010)

Questa parte di Maremma, dove Konstantin Tuvykin decise di mettere radici enoiche, non dava certo delle sicurezze di riuscita. Invece anno dopo anno le sorprese sono state sempre più stupefacenti e i vini hanno vieppiù acquisito una personalità che amalgama sintesi di terroir, oculatezza nelle scelte dei varietali e contributi operativi molto professionali. Ma l'azienda mostra anche esuberanza nella ricerca di variabili organolettiche, ne è un esempio la seconda release dei Voilà ancestrale, un rosato da ciliegiolo che farà parlare di sé, oltre che farsi sorseggiare.

Località Poggio Gobbo, 15/A - Frazione Grilli - 58023 Gavorrano (GR)
T. 329 7346524 | M. info@tenutadodici.com
www.tenutadodici.com

Viticoltura: Convenzionale
Ettari: 13 | **Bottiglie:** 900.000 | **Produzione olearia:** Sì
Proprietà: Stephan Tuvykin
Cond. enologica: Staff aziendale
Cond. agronomica: Angelo Migliori
Vendita diretta: Sì | **Visite in azienda:** Sì

MAREMMA TOSCANA MERLOT OCI CIORNIE 2018
Rosso Doc - Merlot 100%
Alc. 14,5% | € 52 | Bt. 6.744 | Ferm. Acciaio | Mat. Acciaio 6 mesi e Legno 12 mesi
Granato con lucida tinta. Rigogliose fragranze di pot-pourri floreale e macchia mediterranea convogliano in una complessità di tabacco Latakia e leggerissima ruggine. Il tannino dà carattere ed equilibrio alla struttura, la freschezza emerge nel finale con gelée di mora e cassis. Rigatoni al ragù bianco di carne.

URGA 2017
Rosso Igp - Cabernet sauvignon 50%, Sangiovese 50%
Alc. 14,5% | € 30 | Bt. 5.560 | Ferm. Acciaio | Mat. Acciaio 6 mesi e Legno 12 mesi
Manzo brasato con funghi.

MAREMMA TOSCANA SANGIOVESE URGA TERRITORIO D'AMORE 2020
Rosso Doc - Sangiovese 100%
Alc. 12,5% | € 30 | Bt. 3.183 | Ferm. Acciaio | Mat. Acciaio 6 mesi e Legno 12 mesi
Branzino al forno con erbe aromatiche.

MAREMMA TOSCANA SAUVIGNON BLANC CIAK 2020
Bianco Igt - Sauvignon 100%
Alc. 12,5% | € 30 | Bt. 3.183 | Ferm. Acciaio | Mat. Legno 10 mesi
Aragosta in bellavista.

MAREMMA TOSCANA ROSATO SCHIAVA D'AMORE 2020
Rosato Doc - Ciliegiolo 50%, Sangiovese 50%
Alc. 13% | € 14 | Bt. 6.660 | Ferm. Acciaio | Mat. Acciaio 6 mesi
Pizza Margherita.

VOILÀ 2022
Rosato Igt Metodo Ancestrale - Ciliegiolo 100%
Alc. 12% | € 18 | Bt. 1.040 | Ferm. Acciaio | Mat. Acciaio 2 mesi
Melanzane e peperoni ripieni.

MAREMMA TOSCANA ROSSO OCI CIORNIE
2012 | 2016

URGA
2015

Tenuta Il Poggione
(1890)

Qui a Il Poggione si respira la tradizione, quella pura, che ha attraversato due secoli di storia del vino montalcinese e si propone oggi con una filosofia produttiva che, pur non rinnegando – a ragione – ciò che è passato, sposa tutta quella energia dell'innovazione per proporre una versione di Brunello d'annata, come il 2018, capace di raggiungere l'eccellenza, rimanendo peraltro nel solco di quei ricordi di far vino che hanno dei contorni alchemici. C'è vera schiettezza nei loro Sangiovese, c'è tutta la sapienza tramandatasi con quella passione che solo i veri vignaioli custodiscono.

Località Monteano - Sant'Angelo in Colle - 53024 Montalcino (SI)
T. 0577 844029 | M. info@ilpoggione.it
www.tenutailpoggione.it

Viticoltura: Lotta integrata
Ettari: 140 | **Bottiglie:** 600.000 | **Produzione olearia:** Sì
Proprietà: Leopoldo e Livia Franceschi
Cond. enologica: Fabrizio Bindocci
Cond. agronomica: Fabrizio Bindocci
Vendita diretta: Sì | **Visite in azienda:** Sì

93

BRUNELLO DI MONTALCINO 2018
Rosso Docg - Sangiovese 100%
Alc. 14,5% | € 53 | Bt. 200.000 | Ferm. Acciaio | Mat. Legno 36 mesi
Carminio con trina granato. Ampiezza di ciliegia e cassis in confettura, iris e viola mammola, tocco di coriandolo e liquirizia, finale in declinazione balsamica. Dilagante acidità fruttata, tannino d'austera eleganza, medio palato polposo e sapido, chiude un'armoniosa scia di arancia rossa e cranberry. Capriolo ai porcini.

91

SANT'ANTIMO VIN SANTO RISERVA 2009
Bianco Doc Passito - Malvasia bianca 50%, Trebbiano 50%
Alc. 16,5% | € 40 (0,5l) | Bt. 2.700 | Ferm. Legno | Mat. Legno 150 mesi
L'ambrato brilla e illumina fino ai contorni dei profumi, che si ampliano in vanigliati effetti d'albicocca e miele di castagno, fichi, noci e burro, zafferano e uva sultanina. Volume liquido in morbida tensione fresco-sapida, la dolcezza si sfila trascinando flavor di caramella d'orzo, mandorla tostata e ginger. Pasticceria secca.

ROSSO DI MONTALCINO 2021
Rosso Doc - Sangiovese 100%
Alc. 14,5% | € 19 | Bt. 200.000 | Ferm. Acciaio | Mat. Legno 12 mesi
Scaloppa di vitello con asparagi trifolati.

MOSCADELLO DI MONTALCINO FRIZZANTE 2022
Bianco Doc Frizzante Dolce - Moscato bianco 100%
Alc. 6,5% | € 17 | Bt. 9.000 | Ferm. Acciaio
Frittelle di mele.

ROSSO 2022
Rosso Igt - Sangiovese 50%, Merlot 30%, Cabernet sauvignon 20%
Alc. 14% | € 12 | Bt. 60.000 | Ferm. Acciaio | Mat. Legno 10 mesi
Bucatini all'amatriciana.

BIANCO 2022
Bianco Igt - Vermentino 70%, Chardonnay 30%
Alc. 12,5% | € 8 | Bt. 10.000 | Ferm. Acciaio | Mat. Acciaio 4 mesi
Linguine all'astice.

BRUNELLO DI MONTALCINO VIGNA PAGANELLI RISERVA
2012 | 2015 | 2016

BRUNELLO DI MONTALCINO
2015 | 2016 | 2017

Tenuta La Fuga
(2001)

La Fuga è parte dell'emisfero enoico Folonari. Giunti in zona circa vent'anni fa, di Brunello in Brunello hanno inquadrato a pieno le potenzialità di questo particolare spicchio di terroir camiglianese. Hanno forgiato i vini cercando quell'unione tra forza tannica e morbidezza, consapevoli che riuscire a compensare le due caratterizzazioni gustative significa cesellare un vino che si fa elegante, come se fosse cucito sartorialmente, nel senso che è il terroir a essere assorbito dal vino e non il vino a diventare terroir. Questo a La Fuga lo hanno acquisito e lo stesso i loro Brunello.

Località Camigliano - 53022 Montalcino (SI)
T. 055 859811 | M. folonari@tenutefolonari.com
www.tenuteambrogioegiovannifolonari.com

Viticoltura: Convenzionale
Ettari: 10 | **Bottiglie:** 24.000 | **Produzione olearia:** Sì
Proprietà: Ambrogio e Giovanni Folonari
Cond. enologica: Roberto Potentini, Raffaele Orlandini
Cond. agronomica: Paolo Rossi Ferrini
Vendita diretta: Sì | **Visite in azienda:** Sì

BRUNELLO DI MONTALCINO 2018
Rosso Docg - Sangiovese 100%
Alc. 15% | € 45 | Bt. 20.000 | Ferm. Acciaio | Mat. Legno 48 mesi
Rosso granato. Offre suggestioni di mora, fresia, aghi di pino, liquirizia e cannella. Già sulla via dell'equilibrio, c'è freschezza che dà vigore al sorso e tannino docile. Chiude con scia di succo di ciliegia. Involtini di vitello lardellati.

BRUNELLO DI MONTALCINO LE DUE SORELLE RISERVA 2017
Rosso Docg - Sangiovese 100%
Alc. 15% | € 80 | Ferm. Acciaio | Mat. Legno 48 mesi
Maiale in agrodolce.

BRUNELLO DI MONTALCINO LE DUE SORELLE RISERVA
2011

BRUNELLO DI MONTALCINO
2012

Tenuta La Madonnina
(1974)

Triacca è un gruppo che fa della poliedricità enologica il punto di forza dell'interpretazione del vino. Qui nel grevigiano allevano il sangiovese e stilizzano versioni di Chianti Classico che esaltano il senso della loro purezza varietale e conservano un filo di logicità organolettica forbito da cinquant'anni di esperienza. Quest'anno, infatti, il trittico chiantigiano si posiziona nei gradini più alti: questo testimonia un indirizzo operativo molto professionale, lontano dalle sirene di una globalizzazione enoica che anima altri terroir.

Via Palaia, 39 - Strada in Chianti - 50022 Greve in Chianti (FI)
T. 055 858003 | M. lamadonnina@triacca.com
www.triacca.com

Viticoltura: Convenzionale
Ettari: 100 | **Bottiglie:** 400.000 | **Produzione olearia:** Sì
Proprietà: Famiglia Triacca
Cond. enologica: Luca Triacca, Vittorio Fiore
Cond. agronomica: Romano Ceccarelli
Vendita diretta: No | **Visite in azienda:** No

CHIANTI CLASSICO GRAN SELEZIONE LA MADONNINA 2019
Rosso Docg - Sangiovese 100%
Alc. 14% | € 26 | Bt. 20.000 | Ferm. Acciaio | Mat. Acciaio 18 mesi e Legno 12 mesi
Intenso nel carminio, alterna riconoscimenti di confettura di ciliegia, rosa rossa e maggiorana, impreziosendosi con chiodi di garofano, caramello salato e pane tostato. C'è freschezza e sapidità a suggestionare la struttura dall'integrata, fruttata, tannicità e dall'allungo di liquirizia. Straccetti di vitello al rosmarino.

CHIANTI CLASSICO LA MADONNINA RISERVA 2019
Rosso Docg - Sangiovese 95%, Colorino 5%
Alc. 14% | € 15 | Bt. 200.000 | Ferm. Acciaio | Mat. Acciaio 3 mesi e Legno 18 mesi
Toma di Murazzano.

CHIANTI CLASSICO BELLO STENTO 2021
Rosso Docg - Sangiovese 95%, altre varietà 5%
Alc. 13,5% | € 12 | Bt. 10.000 | Mat. Acciaio 8 mesi
Sella di coniglio al tartufo con timballo di patate.

FALCINAIA 2018
Rosso Igt - Cabernet sauvignon 100%
Alc. 13,5% | € 32 | Bt. 5.450 | Ferm. Acciaio | Mat. Acciaio 6 mesi e Legno 18 mesi
Stinco di maiale al forno in pancetta affumicata.

IL MANDORLO 2019
Rosso Igt - Cabernet sauvignon 90%, altre varietà 10%
Alc. 13,5% | € 16 | Bt. 10.000 | Ferm. Acciaio | Mat. Acciaio 6 mesi e Legno 18 mesi
Faraona ripiena con salsa tartufata.

FALCINAIA
2013 | 2015 | 2016

CHIANTI CLASSICO LA PALAIA
2018

Tenuta La Pineta
(1985)

Siamo in quei Colli Aretini del vino che, pur appartenendo alla storia toscana, restano all'interno di un ordine delle cose che non li premia abbastanza, sia per le scelte produttive sia per la versatilità organolettica offerta dai vini. Eppure certe volte quelle genuine semplicità del fare e del proporre vino sono dei jolly in fatto di predisposizione all'utilizzo gastronomico. Quest'anno siamo rimasti favorevolmente impressionati dal canaiolo lavorato in purezza, che audacemente – e con successo – ha seguito un percorso di maturazione e affinamento in cantina che l'ha trasformato in meglio.

Via Setteponti, 65 - Località La Pineta - 52029 Castiglion Fibocchi (AR)
T. 0575 477716 | M. info@tenutalapineta.it
www.tenutalapineta.it

Viticoltura: Biologica
Ettari: 8 | **Bottiglie:** 30.000 | **Produzione olearia:** Sì
Proprietà: Giuseppe Scortecci
Cond. enologica: Roberto Muccifuori
Cond. agronomica: Staff aziendale
Vendita diretta: Sì | **Visite in azienda:** Sì

CANAIOLO 2019
Rosso Igt - Canaiolo 100%
Alc. 14% | € 21 | Bt. 1.000 | Ferm. Acciaio | Mat. Legno 12 mesi e Cemento 12 mesi
Brilla di carminio. Confettura di mirtillo e prugna, ibisco, menta fragola e tabacco dolce danno vita a una bella complessità olfattiva. Entrata fresca, delicato aroma di granatina, tonico nell'alcol, equilibrato, con una coda che sa di composta d'amarena. Rosticciana.

CHIANTI SASSO BISCIAIO 2020
Rosso Docg - Sangiovese 90%, Canaiolo 10%
Alc. 14,5% | € 18 | Bt. 15.000 | Ferm. Acciaio | Mat. Cemento 12 mesi
Arista di maiale con salsa di prugne.

M.N. 2020
Rosato Igt - Malvasia 100%
Alc. 14,5% | € 25 | Bt. 1.200 | Ferm. Acciaio | Mat. Legno 12 mesi e Cemento 12 mesi
Tagliata di manzo al rosmarino.

CHIANTI SUPERIORE IL GUIDO 2018
Rosso Docg - Sangiovese 90%, Cabernet sauvignon 5%, Canaiolo 5%
Alc. 14,5% | € 20 | Bt. 2.000 | Ferm. Acciaio | Mat. Legno 12 mesi e Cemento 12 mesi
Fettuccine al ragù d'agnello.

PERSIMO 2021
Rosato Igt - Sangiovese 100%
Alc. 14% | € 12 | Bt. 1.000 | Ferm. Acciaio | Mat. Acciaio 12 mesi
Spaghetti al pomodoro.

BRONZANTE
2011

CHIANTI SUPERIORE IL GUIDO
2015

Tenuta Le Potazzine
(1993)

C'è tanta autenticità artigianale nella linea produttiva dei vini delle Potazzine, con un rigore nella selezione delle uve, coltivate in regime biologico, un vero microcosmo enoico che trae dal galestro una sostanza strutturale a cui la prolungata maturazione in botte fa sviluppare concretezza tannica e una stilizzazione di personalità, che rende riconoscibile la firma Giannetti-Gorelli. L'annata 2018, che prospettava una struttura non incisiva in tannino, qui, grazie al mix dei terroir ovest e sud, ha offerto un Brunello temprato in acidità, forbito in tannino e rifinito in eleganza.

Località Le Prata, 262 - 53024 Montalcino (SI)
T. 0577 846168 | M. tenuta@lepotazzine.it
www.lepotazzine.com

Viticoltura: Biologica certificata
Ettari: 6,5 | **Bottiglie:** 30.000 | **Produzione olearia:** No
Proprietà: Gigliola Giannetti, Viola e Sofia Gorelli
Cond. enologica: Paolo Salvi
Cond. agronomica: Staff aziendale
Vendita diretta: Sì | **Visite in azienda:** Sì

(92)

BRUNELLO DI MONTALCINO 2018
Rosso Docg - Sangiovese 100%
Alc. 14% | € 35 | Bt. 16.000 | Ferm. Legno | Mat. Legno 42 mesi
Livrea carminio splendente. Ampio ventaglio su note di marasca matura, viola e cardamomo, con sottili cenni di liquirizia e legno di sandalo. Ingresso impressivo nei tannini tenaci e di nobile signorilità. La sapidità successiva armonizza il sorso. Si attarda su richiami succosi di arancia Sanguinella. Capriolo ai porcini.

LE POTAZZINE 2021
Rosso Igt - Sangiovese 100%
Alc. 13,5% | € 18 | Bt. 6.000 | Ferm. Acciaio | Mat. Acciaio 12 mesi
Tagliere di salumi.

ROSSO DI MONTALCINO 2021
Rosso Doc - Sangiovese 100%
Alc. 15% | € 31 | Bt. 14.000 | Ferm. Acciaio | Mat. Legno 12 mesi
Rigatoni al ragù bianco di carne.

BRUNELLO DI MONTALCINO
2014 | 2015 | 2017

BRUNELLO DI MONTALCINO RISERVA
2011

Tenuta Lenzini
(1993)

E arrivò l'anno di Casa e Chiesa. Il vino di casa, quello di cui si producono più bottiglie, il porto sicuro per rifugiarsi nelle annate meno propizie, il fratello apparentemente minore di la Sirah e Poggio de' Paoli, da tempo sotto i riflettori. Quel vigneto di merlot che dimora tra il nucleo della proprietà (Casa) e la pieve (Chiesa) del vicino borgo di Gragnano, dal cui campanile si domina la tenuta, curato come un figlio da Michele e Benedetta, ha sfiorato l'eccellenza. Niente legno, niente trucchi o magie, solo acciaio e cemento, e tanto amore in vigna, dalla mattina alla sera, giorno dopo giorno.

Via della Chiesa, 44 - Località Gragnano - 55012 Capannori (LU)
T. 340 1820713 | M. tenuta@tenutalenzini.it
www.tenutalenzini.it

Viticoltura: Biologica e biodinamica
Ettari: 13,5 | **Bottiglie:** 50.000 | **Produzione olearia:** Sì
Proprietà: Famiglia Lenzini
Cond. enologica: Benedetta Tronci
Cond. agronomica: Benedetta Tronci, Michele Guarino
Vendita diretta: Sì | **Visite in azienda:** Sì

COLLINE LUCCHESI MERLOT CASA E CHIESA 2022
Rosso Doc - Merlot 100%
Alc. 14,5% | € 12 | Bt. 35.000 | Ferm. Cemento | Mat. Acciaio 6 mesi e Cemento 6 mesi
Rubino di pregiata trama. Incipit di ribes nero, prugna e lavanda, poi l'olfatto si allarga su effluvi di pesche al vino, peperone crusco, corbezzolo, oliva nera e mentolo. Ingresso volumico con tannini in piena evoluzione, rigogliosi di frutto saporito e tenaci al medio palato. Epilogo lungo e balsamico. Braciola di cervo con salsa di ribes.

LA SIRAH 2021
Rosso Igt - Syrah 100%
Alc. 13% | € 30 | Bt. 2.500 | Ferm. Acciaio | Mat. Legno 12 mesi e Cemento 12 mesi
Petto d'anatra all'arancia.

BUSCÈ 2022
Rosso Igt - Alicante bouschet 100%
Alc. 12,5% | € 18 | Bt. 1.600 | Ferm. Cemento | Mat. Terracotta 6 mesi
Maiale in agrodolce.

LENZINI FRANCO 2022
Rosso Igt - Cabernet franc 100%
Alc. 12,5% | € 18 | Bt. 3.000 | Ferm. Cemento | Mat. Terracotta 6 mesi
Pasta alla gricia.

POGGIO DE' PAOLI 2020
Rosso Igt - Cabernet sauvignon 100%
Alc. 14% | € 18 | Bt. 3.000 | Ferm. Cemento | Mat. Legno 24 mesi
Costata di manzo alla griglia.

B-SIDE 2022
Rosato Igt - Merlot 100%
Alc. 14% | € 18 | Bt. 2.500 | Ferm. Acciaio | Mat. Acciaio 6 mesi
Pasta e fagioli.

LA SIRAH
2015 | 2016 | 2018

POGGIO DE' PAOLI
2012 | 2018 | 2019

Tenuta L'Impostino
(2001)

Tenuta L'Impostino nasce dal progetto di Patrizia Chiari di trasformare un antico luogo di sosta medioevale in una cantina moderna e sostenibile, capace di valorizzare il territorio di Montecucco. La filosofia aziendale si basa sulla viticoltura biologica, oggetto di un progetto scientifico orientato alla salvaguardia e all'incremento della biodiversità, con particolare riguardo alla gestione dei vigneti. L'attenzione, mirata a ogni specifica parcella, viene espressa nella qualità e nel rigore enoico dei vini presentati. Spicca la Riserva 2018 per equilibrio e struttura.

Località Impostino - 58045 Civitella Paganico (GR)
T. 333 6501683 | M. commerciale@tenutaimpostino.it
www.tenutaimpostino.it

Viticoltura: Biologica certificata
Ettari: 21 | **Bottiglie:** 120.000 | **Produzione olearia:** No
Proprietà: Patrizia Chiari
Cond. enologica: Fabio Bigolin, Giacomo Tonini
Cond. agronomica: Pierluigi Donna
Vendita diretta: Sì | **Visite in azienda:** Sì

MONTECUCCO ROSSO IMPOSTINO RISERVA 2018
Rosso Doc - Sangiovese 80%, Merlot, Syrah e Petit verdot 20%
Alc. 14,5% | € 15 | Bt. 12.000 | Ferm. Acciaio | Mat. Legno 18 mesi
Rubino fitto fitto, vivido. Sprigiona fragranze di rosa appassita, ciliegia e mora, seguite da legno di cedro, pepe nero e vaniglia. Al palato risulta pieno di gusto e dinamico per freschezza. La trama tannica, di ottima struttura, si dissolve e accompagna in allusioni di arancia Sanguinella e chinotto. Medaglioni di cervo con riduzione di cottura.

MONTECUCCO ROSSO CIARLONE 2019
Rosso Doc - Sangiovese 60%, Merlot, Alicante e Petit verdot 40%
Alc. 14% | € 12 | Bt. 33.333 | Ferm. Acciaio | Mat. Acciaio 12 mesi
Lasagnette al ragù di faraona e asparagi.

MAREMMA TOSCANA ROSSO OTTAVA RIMA 2019
Rosso Doc - Sangiovese 60%, Alicante 40%
Alc. 14% | € 11 | Bt. 33.000 | Ferm. Acciaio | Mat. Acciaio 12 mesi
Gulasch di manzo alla paprica dolce.

MONTECUCCO ROSSO IMPOSTINO RISERVA
2014 | 2015 | 2016

MAREMMA TOSCANA ROSSO OTTAVA RIMA
2018

Tenuta Luce
(1995)

Tenuta Luce si estende a sud-ovest di Montalcino, nel cuore del Parco Naturale della Val d'Orcia. I vigneti prosperano in un ambiente incontaminato e ricco di biodiversità, da cui l'azienda cesella vini in rispetto del territorio. La cantina, che rispecchia questa visione, ipogea e a basso impatto ambientale, è sovrastata dagli antichi casali. Luce è il vino emblema, nato 30 anni fa con l'idea di presentare uno stile inedito per Montalcino, con un blend di sangiovese e merlot, con l'intenzione di valorizzare certe variabili di potenzialità in questo terroir così vocato alla viticoltura.

Località Castelgiocondo - 53024 Montalcino (SI)
T. 0577 841311 | M. info@tenutaluce.com
www.tenutaluce.com

Viticoltura: Biologica certificata
Ettari: 92 | **Bottiglie:** 90.000 | **Produzione olearia:** No
Proprietà: Marchesi Frescobaldi
Cond. enologica: Alessandro Marini
Cond. agronomica: Ermanno Morlacchetti
Vendita diretta: Sì | **Visite in azienda:** Sì

(93,5)
LUCE 2020
Rosso Igt - Merlot 50%, Sangiovese 50%
Alc. 14,5% | € 125 | Bt. 130.000 | Ferm. Cemento | Mat. Legno 24 mesi
Rubino profondo. Corredo olfattivo seducente con sensazioni di gelatina di more, crema di cassis e pot-pourri, in mix di liquirizia e vaniglia. Subito avvolgente, il sorso è corposo con vibrante freschezza fruttata e tannini raffinati; lungo su toni di spezie dolci, con effetto balsamico e chiusura sapida. Camoscio in umido.

(91)
BRUNELLO DI MONTALCINO LUCE 2018
Rosso Docg - Sangiovese 100%
Alc. 15% | € 140 | Bt. 40.000 | Ferm. Cemento | Mat. Legno 24 mesi
Carminio. Ha stile olfattivo di durone maturo, confettura di ribes e fiori di lavanda intrecciati a spezie orientali, tabacco biondo e un che di balsamico. Ricco e armonioso al palato, tannini vellutati e lunga scia al succo di agrumi. Braciola di cervo con salsa di ribes.

LUCENTE 2020
Rosso Igt - Merlot 75%, Sangiovese 25%
Alc. 14% | € 28 | Bt. 400.000 | Ferm. Acciaio | Mat. Legno 12 mesi
Arista di maiale con salsa di prugne.

BRUNELLO DI MONTALCINO LUCE
2011 | 2012 | 2013

LUCE
2015 | 2017 | 2019

Tenuta Mariani
(2010)

Certo la sabbia ci azzecca con le bollicine, su questo non c'è dubbio, da qui il progetto di Ido Mariani, dopo anni di attività nella Champagne, di creare vini spumante (Metodo Classico e Martinotti) praticamente in riva al mare, e anche in riva al lago (Puccini), utilizzando i più vocati vitigni d'oltralpe accanto ai locali sangiovese e vermentino. La freschezza e la sapidità non sono però appannaggio delle sole bollicine, e l'aria di salsedine e il suolo marino, in cui le radici delle viti affondano, giovano anche ai vini fermi, come ben dimostrato dall'intrigante Segreto del Castello.

Via Crocicchio, 519 - Frazione Bozzano - 55064 Massarosa (LU)
T. 334 6240890 | M. info@cantinetenutamariani.it
www.cantinetenutamariani.it

Viticoltura: Biologica certificata
Ettari: 8 | **Bottiglie:** 40.000 | **Produzione olearia:** Sì
Proprietà: Ido Mariani
Cond. enologica: Julien Gout, Lamberto Tosi
Cond. agronomica: Lamberto Tosi, Fausto Brella
Vendita diretta: Sì | **Visite in azienda:** Sì

SEGRETO DEL CASTELLO PINOT NERO 2021
Rosso Igt - Pinot nero 100%
Alc. 12,5% | € 18 | Bt. 2.500 | Ferm. Acciaio | Mat. Legno 12 mesi
Carminio con riflessi granato. Bouquet odoroso di ribes rosso maturo, lavanda appassita, liquirizia, sottobosco, pepe rosa, cacao e cardamomo. In bocca è dinamico nelle fresche nuance di piccoli frutti a bacca rossa e nera, sorrette da tannini fini e buona sapidità. Persistente al flavor di marmellata di arance amare. Risotto ai porcini.

SEGRETO BRUT ROSÉ FÛT DE CHÊNE 2020
Rosato Igt Metodo Classico - Sangiovese 100%
Alc. 12,5% | € 25 | Bt. 2.600 | Ferm. Legno | Mat. Legno 12 mesi e Terracotta 12 mesi | 36 mesi sui lieviti
Battuto di gamberi rossi di Sicilia.

SEGRETO BRUT 2020
Bianco Igt Metodo Classico - Pinot nero 70%, Chardonnay 30%
Alc. 12,5% | € 21 | Bt. 6.000 | Ferm. Acciaio | Mat. Acciaio 6 mesi
24 mesi sui lieviti
Crema di zucca con gamberi croccanti.

STILE SEGRETO 2022
Bianco Igt Metodo Martinotti - Pinot nero 100%
Alc. 12% | € 13 | Bt. 6.000 | Ferm. Acciaio | Mat. Acciaio 3 mesi
3 mesi sui lieviti
Risotto con mazzancolle al profumo d'arancia.

SEGRETO SABBIAMARE BRUT 2022
Bianco Igt Metodo Martinotti - Sangiovese 50%, Vermentino 30%, Chardonnay 20%
Alc. 12% | € 15 | Bt. 5.100 | Ferm. Acciaio | Mat. Acciaio 6 mesi
3 mesi sui lieviti
Pinsa romana con acciughe e capperi.

SEGRETO ROSSO 2020
Rosso Igt - Merlot 100%
Alc. 13% | € 15 | Bt. 5.000 | Ferm. Acciaio | Mat. Legno 20 mesi
Tigelle e salumi.

SEGRETO BRUT
2016 | 2017 | 2019

SEGRETO BRUT ROSÉ FÛT DE CHÊNE
2017 | 2018

Tenuta Moraia
(2000)

Sono trascorsi oltre vent'anni dall'acquisizione della Tenuta e il team Piccini ha ha raggiunto quasi definitivamente l'obiettivo che si era prefisso, coniugare il vitigno locale per eccellenza, il sangiovese, con quelle uve che danno il loro meglio maturando in questo clima. La Doc Maremma Toscana consente queste variabilità, che possono offrire prodotti distintamente interessanti, innovativi nella personalità e adeguabili perfettamente a varie tipologie di pietanze. I francesi direbbero, per esaltarli, "vin gastronomique"; ebbene se lo affermiamo anche noi, non crediamo di fare alcun torto.

Loc. San Francesco - 58023 Gavorrano (GR)
T. 0577 54011 | M. info@piccini1882.it
www.piccini1882.it

Viticoltura: Biologica
Ettari: 60 | **Bottiglie:** 250.000 | **Produzione olearia:** No
Proprietà: Famiglia Piccini
Cond. enologica: Pasquale Presutto
Cond. agronomica: Pasquale Presutto
Vendita diretta: No | **Visite in azienda:** No

APRICAIA 2019
Rosso Igt - Cabernet franc 40%, Cabernet sauvignon 40%, Merlot 20%
Alc. 14% | € 120 | Bt. 16.000 | Ferm. Acciaio | Mat. Legno 24 mesi
Carminio scuro. Mirtilli sciroppati e confettura di bacca di ginepro aprono a cedro del Libano, resina dolce, erbe provenzali, cannella e sentori oaky. L'alcol dona un generoso calore, che abbraccia tannino e freschezza, il flavor si addolcisce di frutto scuro e si congeda con tostatura di caffè. Pappardelle con sugo di capriolo.

PERPIERO 2020
Rosso Igt - Cabernet sauvignon 40%, Sangiovese 40%, Cabernet franc 20%
Alc. 14% | € 75 | Bt. 16.000 | Ferm. Acciaio | Mat. Legno 24 mesi
Rotolo di coniglio con pomodorini ed erbe aromatiche.

MAREMMA TOSCANA IL PACCHIA 2021
Rosso Doc - Sangiovese 60%, Merlot 20%, Syrah 20%
Alc. 13,5% | € 10 | Bt. 30.000 | Ferm. Acciaio | Mat. Legno 6 mesi
Abbacchio al forno con verdure grigliate.

MAREMMA TOSCANA 2022
Bianco Doc - Vermentino nero 100%
Alc. 12,5% | € 13 | Bt. 18.000 | Ferm. Acciaio | Mat. Acciaio 2 mesi
Pappa al pomodoro.

MAREMMA TOSCANA ROSATO 2022
Rosato Doc - Sangiovese 80%, Syrah 20%
Alc. 12,5% | € 13 | Bt. 13.000 | Ferm. Acciaio | Mat. Acciaio
Pollo al curry.

Tenuta Podernovo

(2000)

Dopo vent'anni a Terricciola, possiamo anche dire che i Lunelli si sono compenetrati del tutto nel terroir vitivinicolo, e dubbi non ce ne erano. I vini presentati quest'anno sono tutti di alto livello e vi si può riconoscere la griffe enologica, soprattutto nel sorprendente, ma non più di tanto, Auritea, un vino in cui il cabernet franc assume i toni da cabernet sauvignon, con un incedere organolettico di rara eleganza per questa parte di Toscana: sembra un vino sartoriale, modellato in ogni dove, come peraltro anche il Teuto, un azzeccato mix tosco-bordolese.

Via Podernuovo, 13 - 56030 Terricciola (PI)
T. 0587 655173 | M. podernovo@tenutelunelli.it
www.tenutelunelli.it

Viticoltura: Biologica certificata
Ettari: 25 | **Bottiglie:** 126.000 | **Produzione olearia:** Sì
Proprietà: Famiglia Lunelli
Cond. enologica: Luca D'Attoma, Corrado Dalpiaz
Cond. agronomica: Patrizio Gasparinetti
Vendita diretta: Sì | **Visite in azienda:** Sì

(91)

AURITEA 2018
Rosso Igt - Cabernet franc 100%
Alc. 13,5% | € 66 | Bt. 4.000 | Ferm. Acciaio | Mat. Legno 18 mesi
Decisa cromia cremisi. Allure di rosa macerata, crema di cassis e menta, fiore di piretro e carruba, completano l'ampiezza lavanda e polvere di cacao. Un tannino tenace architetta una complessa trama gustativa con sapidità che prende quasi l'energia piccante dalle spezie. Gulasch di manzo alla paprica dolce.

TEUTO 2019
Rosso Igt - Sangiovese 65%, Merlot 30%, Cabernet sauvignon 5%
Alc. 13,5% | € 22 | Bt. 18.000 | Ferm. Acciaio | Mat. Legno 18 mesi
Ravioli al sugo di chianina e tartufo nero.

SOLENIDA DI PODERNOVO 2018
Rosso Igt - Sangiovese 100%
Alc. 13% | € 40 | Bt. 4.000 | Ferm. Acciaio | Mat. Legno 18 mesi
Risotto al tartufo nero.

ALIOTTO 2020
Rosso Igt - Sangiovese 60%, Cabernet 20%, Merlot 20%
Alc. 13,5% | € 15 | Bt. 100.000
Pecorino di Pienza.

SOLENIDA DI PODERNOVO
2016 | 2017

TEUTO
2018

Tenuta San Giorgio

(1985)

A Castelnuovo dell'Abate, nel 2016, il gruppo ColleMassari ha acquisito il suo secondo domaine ilcinese, dopo quello di Poggio di Sotto, appunto Tenuta San Giorgio. Un'azienda creata negli anni Ottanto dalla famiglia Ciacci Piccolomini, poco dopo l'istituzione della Docg, e seguita negli anni Novanta dalla famiglia Folonari. L'avvento di ColleMassari ha visto il ritorno all'utilizzo di botti esclusivamente grandi, con l'abbandono della barrique, la conversione al biologico e la politica delle basse rese. Il range termico notte-giorno, grazie all'Amiata e all'Orcia, e il suolo vulcanico fanno il resto.

Località Castelnuovo dell'Abate - 53024 Montalcino (SI)
T. 0577 835502 | M. info@poggiodisotto.it
www.collemassariwines.it

Viticoltura: Biologica
Ettari: 28 | **Bottiglie:** 98.000 | **Produzione olearia:** Sì
Proprietà: Claudio e Maria Iris Tipa Bertarelli
Cond. enologica: Luca Marrone, Leonardo Berti
Cond. agronomica: Giuliano Guerrini
Vendita diretta: Sì | **Visite in azienda:** No

(91,5)

BRUNELLO DI MONTALCINO UGOLFORTE 2018
Rosso Docg - Sangiovese 100%
Alc. 14% | € 60 | Bt. 75.000 | Ferm. Legno | Mat. Legno 30 mesi
Granato vivace. Bouquet raffinato di fragola di bosco, amarena, viola e pepe rosa, con incursioni di tè nero, cannella, sottobosco e goudron. Sorso morbido e materico, dalla freschezza fruttata succosa e invitante, in armonia con il mix d'alcol e tannino. Saporito, libera guizzi balsamici. Filetto di bue con salsa di Roquefort.

ROSSO DI MONTALCINO CIAMPOLETO 2021
Rosso Doc - Sangiovese 100%
Alc. 14% | € 25 | Bt. 23.000 | Ferm. Cemento | Mat. Legno 10 mesi
Tonnarelli cacio e pepe.

BRUNELLO DI MONTALCINO UGOLFORTE
2015 | 2016 | 2017

ROSSO DI MONTALCINO CIAMPOLETO
2017 | 2019 | 2020

Tenuta San Guido

(1921)

Pochi avrebbero immaginato che dalla miscela di ciottoli e ghiaia della vigna di Castiglioncello di Bolgheri sarebbe nata una stella, il Sassicaia. Ogni volta che si degusta questo vino è difficile non ricordarsi la geniale intuizione descrittiva di Luigi Veronelli: "di non comune scontrosa eleganza". Crediamo ancora oggi che questa sia la sua vera essenza, un lungo filo generazionale che ha razionalizzato un'eccellenza, costruendo e custodendo una concettualizzazione enologica che stravolge le convenzionalità e isola una purezza mai uguale e sempre diversa, in tutti i vini.

Località Le Capanne, 27 - Bolgheri - 57022 Castagneto Carducci (LI)
T. 0565 762026 | M. info@sassicaia.com
www.sassicaia.com

Viticoltura: Convenzionale
Ettari: 129 | **Bottiglie:** 1.100.000 | **Produzione olearia:** Sì
Proprietà: Società Agricola C.I.T.A.I Spa – Tenuta San Guido
Cond. enologica: Carlo Paoli, Graziana Grassini
Cond. agronomica: Nicola Politi
Vendita diretta: No | **Visite in azienda:** No

(98)

BOLGHERI SASSICAIA 2020
Rosso Doc - Cabernet sauvignon 85%, Cabernet franc 15%
Alc. 14% | € 300 | Bt. 280.000 | Ferm. Acciaio | Mat. Acciaio 2 mesi e Legno 25 mesi
Carminio vivace dai riflessi rubino. Bouquet olfattivo ampio, rosa e viola appassite, mirtillo in confettura, amarena, arancia rossa, cioccolato e menta, muschio, macis e cipria. Al sorso è rotondo, acidità in equilibrio col tannino signorile e integrato, infinito nel ricordo di agrumi. Beccacce allo spiedo.

LE DIFESE 2021
Rosso Igt - Sangiovese 55%, Cabernet sauvignon 45%
Alc. 14% | € 28 | Bt. 340.000 | Ferm. Acciaio | Mat. Legno 8 mesi
Arrosto di tacchino lardellato.

GUIDALBERTO 2021
Rosso Igt - Cabernet sauvignon 60%, Merlot 40%
Alc. 13,5% | € 55 | Bt. 425.000 | Ferm. Acciaio | Mat. Legno 15 mesi
Carré di maiale con patate al forno.

BOLGHERI SASSICAIA
2017 | 2018 | 2019

GUIDALBERTO
2018 | 2019 | 2020

Tenuta San Jacopo

(1980)

L'azienda Tenuta San Jacopo ha una storia che risale agli inizi del Settecento dominati dalla splendida villa dell'epoca, i 130 ettari di vigneti di proprietà della famiglia Cattaneo rappresentano un suggestivo crocevia tra il Chianti Classico e il Valdarno. La naturale vocazione del territorio, espressione di un perfetto connubio tra esposizione, conformazione dei terreni e condizioni microclimatiche, e l'alta densità delle viti, che in alcuni casi arriva a 6.000 piante coltivate (con metodo biologico) per ettaro, rappresentano una garanzia di qualità per gli ottimi vini dell'azienda.

Località Castiglioncelli, 151 - 52022 Cavriglia (AR)
T. 055 966003 | M. info@tenutasanjacopo.it
www.tenutasanjacopo.it

Viticoltura: Biologica e biologica certificata
Ettari: 35 | **Bottiglie:** 70.000 | **Produzione olearia:** Sì
Proprietà: Vanni, Carlo e Marco Cattaneo
Cond. enologica: Yuri Iacopini, Maurizio Alongi
Cond. agronomica: Fabio Burroni
Vendita diretta: Sì | **Visite in azienda:** Sì

(92)

CHIANTI RISERVA POGGIO AI GRILLI 2020
Rosso Docg - Sangiovese 90%, Montepulciano 10%
Alc. 14,5% | € 16 | Bt. 10.000 | Ferm. Acciaio | Mat. Legno 18 mesi
Manto carminio. Al naso è un turbinio suadente di amarena, mora di gelso, viola appassita con echi balsamici di erbe aromatiche, liquirizia e tabacco. La bocca è emozionante, con un tannino deciso ma ottimamente integrato con freschezza e dote alcolica. Lungheggia tra aromi di frutti rossi. Petto d'anatra all'arancia.

(91)

VALDARNO DI SOPRA ORMA DEL DIAVOLO 2019
Rosso Doc - Sangiovese 50%, Merlot 30%, Cabernet sauvignon 20%
Alc. 14,5% | € 25 | Bt. 5.500 | Ferm. Acciaio | Mat. Legno 24 mesi
Carminio vivo. Sensazioni di amarena, arancia amara, cenni di viola, vaniglia ed erbe aromatiche e balsamiche. Impatto dinamico, trama tannica in evoluzione. Finale in leziosa persistenza di arancia Sanguinella. Guanciale di manzo al brandy.

VALDARNO DI SOPRA VIGNA DEL MULINACCIO 2020
Rosso Doc - Sangiovese 100%
Alc. 14,5% | € 20 | Bt. 2.600 | Ferm. Acciaio | Mat. Legno 12 mesi
Spezzatino di manzo.

CAPRILIUS 2018
Rosso Igt - Montepulciano 100%
Alc. 14,5% | € 30 | Bt. 2.500 | Ferm. Acciaio | Mat. Legno 12 mesi
Carré di maiale con patate al forno.

CHIANTI POGGIO AI GRILLI 2021
Rosso Docg - Sangiovese 95%, Merlot 5%
Alc. 13,5% | € 9 | Bt. 40.000 | Ferm. Acciaio
Tagliatelle al ragù.

QUARTO DI LUNA 2021
Bianco Igt - Chardonnay 100%
Alc. 13% | € 14 | Ferm. Acciaio | Mat. Legno 8 mesi
Risotto agli scampi.

VALDARNO DI SOPRA VIGNA DEL MULINACCIO
2018

VALDARNO DI SOPRA ORMA DEL DIAVOLO
2018

Tenuta Sette Cieli
(2001)

Degli ettari vitati di proprietà, solo 5 sono attualmente iscritti alla Doc Bolgheri. È per questo motivo che la tenuta ha recentemente deciso di espandersi, aggiungendo 2 ettari a cabernet franc e merlot nella Doc e ulteriori 1,4 ettari, sempre a cabernet franc, destinati alla produzione di Igt. Il fuoriclasse Scipio deriva da una vigna situata a 400 metri sul livello del mare e, grazie all'ottimo millesimo 2019, ha conquistato il podio aziendale, ammaliando i nostri degustatori. A distanza ravvicinata segue Indaco, un delizioso taglio caratterizzato da un'eleganza sensoriale distintiva.

Via Sandro Pertini - Località La California - 57020 Bibbona (LI)
T. 0586 677435 | M. info@settecieli.com
www.settecieli.com

Viticoltura: Biologica
Ettari: 18,5 | **Bottiglie:** 120.000 | **Produzione olearia:** No
Proprietà: Ambrogio Cremona Ratti
Cond. enologica: Elena Pozzolini
Cond. agronomica: Elena Pozzolini
Vendita diretta: Sì | **Visite in azienda:** Sì

SCIPIO 2019
Rosso Igt - Cabernet franc 100%
Alc. 14,5% | € 85 | Bt. 9.200 | Ferm. Acciaio | Mat. Acciaio 6 mesi e Legno 14 mesi
Granato vivace con lampi carminio. Intriganti profumi di pot-pourri di fiori rossi, cassis in gelatina, chiodi di garofano, eucalipto e cioccolato fondente. Sprigiona energia al sorso, i tannini sono fitti ma estremamente nobili. Domina la freschezza nel lunghissimo epilogo dal sapore di arancia rossa. Filetto di vitello alla Rossini.

INDACO 2019
Rosso Igt - Malbech 34%, Cabernet sauvignon 33%, Merlot 33%
Alc. 14,5% | € 50 | Bt. 14.600 | Ferm. Acciaio | Mat. Acciaio 6 mesi e Legno 14 mesi
Risotto con salsiccia e Taleggio.

YANTRA 2021
Rosso Igt - Cabernet sauvignon 60%, Merlot 40%
Alc. 14,5% | € 15 | Bt. 78.000 | Ferm. Acciaio | Mat. Legno 6 mesi
Cotechino e lenticchie.

BOLGHERI ROSSO NOI 4 2021
Rosso Doc - Cabernet sauvignon 70%, Merlot 15%, Petit verdot 10%, Cabernet franc 5%
Alc. 15% | € 28 | Bt. 18.000 | Ferm. Acciaio | Mat. Legno 8 mesi
Tartare di manzo.

INDACO
2017 | 2018

SCIPIO
2013

Tenuta Sette Ponti
(1997)

Un volo nella storia, un areale vitato che deve gran parte della sua fama enoica alla famiglia Moretti Cuseri, capace di intuire tutte le potenzialità del far vino traendo linfa dalla Vigna dell'Impero, un santuario in cui si è rifugiato un antico clone di sangiovese. C'è una vivace dinamicità che amalgama le interpretazioni dei varietali presenti nei vigneti, applicando una filosofia produttiva senza se e senza ma, rigorosamente mirata all'espressività in purezza di ogni vino, sia esso il sangiovese datato 1953, sia lo straordinario mix in odor bordolese dell'Oreno.

Via Sette Ponti, 71 - 52029 Castiglion Fibocchi (AR)
T. 0575 477857 | M. tenutasetteponti@tenutasetteponti.it
www.tenutasetteponti.it

Viticoltura: Biologica
Ettari: 60 | **Bottiglie:** 250.000 | **Produzione olearia:** Sì
Proprietà: Famiglia Moretti Cuseri
Cond. enologica: Staff aziendale
Cond. agronomica: Staff aziendale
Vendita diretta: Sì | **Visite in azienda:** Sì

ORENO 2021 (92)
Rosso Igt - Merlot 50%, Cabernet sauvignon 40%, Petit verdot 10%
Alc. 15% | € 90 | Bt. 48.000 | Ferm. Acciaio | Mat. Legno 18 mesi
Rubino lucente. Schiude fragranze di mora di rovo e ribes nero maturi, rosa rossa e chiodi di garofano, cardamomo e lentisco, inchiostro, cola e carruba. Sorso pieno e caldo, rigoglioso nella tempra tannica che spinge un fruttato fresco e succoso. Saporito e persistente l'aroma di crema di cassis. Piccione al forno con cipollotti.

VALDARNO DI SOPRA SANGIOVESE VIGNA DELL'IMPERO 2019
Rosso Doc - Sangiovese 100%
Alc. 14,5% | € 110 | Bt. 6.562 | Ferm. Acciaio | Mat. Legno 24 mesi
Guancia di vitello in umido.

CROGNOLO 2021
Rosso Igt - Sangiovese 90%, Merlot 10%
Alc. 14,5% | € 28 | Bt. 150.000 | Ferm. Acciaio | Mat. Legno 12 mesi
Pappardelle con funghi porcini.

ORENO
2018 | 2019 | 2020

VALDARNO DI SOPRA SANGIOVESE VIGNA DELL'IMPERO
2015 | 2016

Tenuta Valdipiatta
(1973)

Consapevolezza e sostenibilità sono i principi con cui Miriam Caporali, seguendo le orme paterne, guida l'azienda. A Tenuta Valdipiatta l'agricoltura biologica e le pratiche enologiche vengono impiegate per valorizzare il terroir e mantenere integra l'identità dei vitigni. Il Vino Nobile di Montepulciano è il fiore all'occhiello della produzione aziendale e quest'anno l'annata 2020 si contraddistingue per equilibrio e persistenza. C'è anche la coltivazione del pinot nero, vitigno raro in questa zona.

Via della Ciarliana, 25/A - 53045 Montepulciano (SI)
T. 0578 757930 | M. info@valdipiatta.it
www.valdipiatta.it

Viticoltura: Biologica
Ettari: 22 | **Bottiglie:** 80.000 | **Produzione olearia:** Sì
Proprietà: Giulio e Miriam Caporali
Cond. enologica: Mauro Monicchi, Eric Boissenot
Cond. agronomica: Staff aziendale
Vendita diretta: Sì | **Visite in azienda:** Sì

VINO NOBILE DI MONTEPULCIANO 2020
Rosso Docg - Sangiovese 95%, Canaiolo 5%
Alc. 13,5% | € 24 | Bt. 30.000 | Ferm. Acciaio | Mat. Acciaio 3 mesi e Legno 18 mesi
Carminio con vividi riflessi granati. Si presenta con espressioni di tabacco, pot-pourri di fiori, richiami fruttati di ciliegia e mirtillo e cenni speziati. Al gusto l'abbraccio calorico bilancia la freschezza e la trama tannica, accompagnando al congedo fruttato. Costata di manzo alla griglia.

PINOT NERO 2021
Rosso Igt - Pinot nero 100%
Alc. 13,5% | € 23 | Bt. 1.500 | Ferm. Acciaio | Mat. Acciaio 3 mesi e Legno 12 mesi
Filetto di vitello alla Rossini.

ROSSO DI MONTEPULCIANO 2021
Rosso Doc - Sangiovese 90%, Canaiolo 5%, Mammolo 5%
Alc. 13,5% | € 14 | Ferm. Acciaio | Mat. Acciaio 6 mesi e Legno 3 mesi
Agnolotti al piccione con sugo d'arrosto.

NIBBIANO 2022
Bianco Igt - Sangiovese 80%, Trebbiano e Malvasia 14%, Grechetto 6%
Alc. 13% | € 12 | Bt. 6.000 | Ferm. Acciaio
Pasta, patate e cozze.

TOSCA ROSÉ 2022
Rosato Igt - Sangiovese 100%
Alc. 13% | € 12 | Bt. 4.000 | Ferm. Acciaio
Canapè di pasta sfoglia al formaggio.

VINO NOBILE DI MONTEPULCIANO VIGNA D'ALFIERO
2016 | 2017 | 2018

VINO NOBILE DI MONTEPULCIANO
2016 | 2017 | 2018

Tenute Ambrogio e Giovanni Folonari
(2000)

Nel panorama del vino firmato Folonari, Nozzole ha un ruolo strategico per storicità e classicità enologica. Nel territorio grevigiano l'azienda rappresenta quell'idea di fare Chianti Classico nel rispetto della tradizionale chiantigianità, con vini ben marcati dal riferimento al terroir, con sfaccettature organolettiche che li rendono riconoscibili per stile ed elaborazioni produttive: in altre parole c'è un'essenzializzazione del sangiovese, in cui si riconosce il frutto di un'acquisita esperienza. Poi ci sono Pareto e Cabreo, un soul aziendale che taglia l'eccellenza.

Via di Nozzole, 12 - Passo dei Pecorai - 50022 Greve in Chianti (FI)
T. 055 859811 | M. folonari@tenutefolonari.com
www.tenutefolonari.com

Viticoltura: Convenzionale
Ettari: 250 | **Bottiglie:** 1.200.000 | **Produzione olearia:** Sì
Proprietà: Ambrogio e Giovanni Folonari
Cond. enologica: Roberto Potentini, Raffaele Orlandini
Cond. agronomica: Paolo Rossi Ferrini
Vendita diretta: Sì | **Visite in azienda:** Sì

(91,5)

IL PARETO 2019
Rosso Igt - Cabernet sauvignon 100%
Alc. 15,5% | € 75 | Bt. 11.400 | Ferm. Acciaio | Mat. Legno 36 mesi
Fitta tinta carminio. Libera eccentricità olfattiva di confettura di mora e viola macerata, tabacco Latakia e cioccolato fondente, levità di menta verde ed eucalipto. Intenso e saporito al gusto, con tannino austero e nobile, briosa freschezza in fusione con l'alcol. Persiste a lungo con flavor di prugna e china. Beccacce allo spiedo.

CHIANTI CLASSICO LA FORRA RISERVA 2019
Rosso Docg - Sangiovese 100%
Alc. 15% | € 22 | Bt. 25.000 | Ferm. Acciaio | Mat. Acciaio 3 mesi e Legno 24 mesi
Maialino in agrodolce.

CHIANTI CLASSICO NOZZOLE 2021
Rosso Docg - Sangiovese 100%
Alc. 14,5% | € 16 | Bt. 80.000 | Ferm. Acciaio | Mat. Legno 10 mesi
Bucatini all'amatriciana.

LE BRUNICHE 2022
Bianco Igt - Chardonnay 100%
Alc. 12,5% | € 12 | Bt. 40.000 | Ferm. Acciaio | Mat. Acciaio 6 mesi
Verdure in tempura.

BRUNELLO DI MONTALCINO LA FUGA
2013

CABREO IL BORGO
2019

Tenute del Cabreo
(1967)

Nell'acquistare terra in questo spicchio di Toscana, dove dire Chianti è quasi un saluto, i Folonari pensarono a una diversa stilizzazione del fare vino, non per rinnegare il sangiovese, semmai per allargare quella veduta un po' domestica che negli anni Settanta troneggiava. Ecco l'introduzione dei vitigni "francesi", abbinata anche a una beneficia contaminazione dell'utilizzo del mix: infatti quest'anno Il Borgo si fregia del primato aziendale, però anche La Pietra è a un'incollatura, e così pure il sempre più sorprendente Black, un Pinot Nero in abito grevigiano.

Via di Zano - 50022 Greve in Chianti (FI)
T. 055 859811 | M. folonari@tenutefolonari.com
www.tenuteambrogioegiovannifolonari.com

Viticoltura: Convenzionale
Ettari: 65 | **Bottiglie:** 1.200.000 | **Produzione olearia:** No
Proprietà: Ambrogio e Giovanni Folonari
Cond. enologica: Roberto Potentini, Raffaele Orlandini
Cond. agronomica: Paolo Rossi Ferrini
Vendita diretta: Sì | **Visite in azienda:** Sì

(91)
CABREO IL BORGO 2020
Rosso Igt - Cabernet sauvignon 40%, Merlot 40%, Sangiovese 20%
Alc. 14,5% | € 42 | Ferm. Acciaio | Mat. Legno 30 mesi
C'è un orlo di granato nella vivacità del carminio. Quasi una balsamicità fruttata avvia il corredo olfattivo, ricamato di mirtillo, aronia nera, pot-pourri, tabacco scuro, mint chocolate e caffè. Tannino icastico e saporito, centralità di freschezza e lunga persistenza a firma ciliegia e moka. Cinghiale in umido.

BLACK 2020
Rosso Igt - Pinot nero 100%
Alc. 14% | € 30 | Bt. 5.000 | Ferm. Acciaio | Mat. Legno 12 mesi
Petto d'anatra all'arancia.

LA PIETRA 2020
Bianco Igt - Chardonnay 100%
Alc. 14% | € 34 | Bt. 20.000 | Ferm. Legno e Acciaio | Mat. Legno 12 mesi
Sogliola alla mugnaia.

IL BORGO
2015

BLACK
2012

Tenute Piccini
(1882)

Il fiore all'occhiello di Piccini, azienda toscana con cinque tenute distribuite in alcune delle zone più vocate dell'Italia centro-meridionale, è Valiano. È qui che si esprime al massimo il potenziale del sangiovese, declinato in diverse sfumature, tra cui il Gran Selezione San Lazzaro. Questo vino, caratterizzato da estrema classe e rispondenza con il territorio, si riconferma il portabandiera aziendale. Degno di nota è anche Histrio Rosso, un vino maturato in anfora, che nella sua seconda edizione si rivela fresco e decisamente fruttato, offrendo un ottimo rapporto qualità-prezzo.

Località Il Piano - 53031 Casole d'Elsa (SI)
T. 0577 54011 | M. info@tenutepiccini.it
www.tenutepiccini.it

Viticoltura: Convenzionale e biologica certificata
Ettari: 550 | **Bottiglie:** 25.000.000 | **Produzione olearia:** No
Proprietà: Famiglia Piccini
Cond. enologica: Marco Cerqua, Pasquale Presutto
Cond. agronomica: Staff aziendale
Vendita diretta: Sì | **Visite in azienda:** Sì

(92)
CHIANTI CLASSICO VALIANO GRAN SELEZIONE SAN LAZZARO 2020
Rosso Docg - Sangiovese 100%
Alc. 14,5% | € 38 | Bt. 6.600 | Ferm. Acciaio | Mat. Legno 18 mesi
Carminio trasparente e luminoso. Immediatezza di ciliegia sotto spirito, pot-pourri, cannella e cacao si avvolgono a cenni di caffè in polvere, pepe bianco e rosmarino. Beva sontuosa caratterizzata da un tannino serico e freschezza golosa, allungo saporito con rimbalzi di cioccolato e zenzero. Piccione ai porcini e tartufo nero.

BRUNELLO DI MONTALCINO VILLA AL CORTILE 2018
Rosso Docg - Sangiovese 100%
Alc. 14% | € 35 | Bt. 20.000 | Ferm. Acciaio | Mat. Legno 24 mesi
Gulasch di cervo con patate stufate.

CHIANTI CLASSICO GRAN SELEZIONE 6.38 2020
Rosso Docg - Sangiovese 90%, Cabernet sauvignon 7%, Merlot 3%
Alc. 14% | € 25 | Bt. 30.000 | Ferm. Acciaio | Mat. Legno 18 mesi
Finanziera.

CHIANTI CLASSICO VALIANO POGGIO TEO RISERVA 2020
Rosso Docg - Sangiovese 100%
Alc. 14,5% | € 20 | Bt. 7.000 | Ferm. Acciaio | Mat. Legno 18 mesi
Rigatoni al ragù bianco di carne.

HISTRIO ANFORA ROSSO 2021
Rosso Igt - Sangiovese 90%, Malvasia nera 10%
Alc. 13,5% | € 9 | Bt. 20.000 | Ferm. Acciaio | Mat. Terracotta 3 mesi
Tagliere di salumi.

CHIANTI CLASSICO VALIANO 2021
Rosso Docg - Sangiovese 95%, Merlot 5%
Alc. 13,5% | € 13 | Bt. 50.000 | Ferm. Acciaio | Mat. Legno 3 mesi
Lasagne di verdure.

CHIANTI CLASSICO VALIANO GRAN SELEZIONE SAN LAZZARO
2019

CHIANTI CLASSICO RISERVA VALIANO POGGIO TEO
2019

Tenute San Fabiano
(1950)

La proprietà comprende quattro tenute: Tenute San Fabiano a un chilometro da Arezzo, centro nevralgico dell'azienda e sede della cantina di vinificazione, Tenuta di Campriano, nel Casentino, che conferisce le uve di sangiovese e cabernet sauvignon, Tenuta di Tregozzano, per sangiovese e canaiolo, Tenuta Poggio Uliveto, nel senese, per il Vino Nobile di Montepulciano e il Chianti Colli Senesi. La produzione è quindi piuttosto diversificata. In quest'edizione l'etichetta che desta le migliori impressioni è Piocaia, Igt Toscana a base di sangiovese e merlot.

Via San Fabiano, 33 - 52100 Arezzo (AR)
T. 0575 24566 | M. info@tenutesanfabiano.it
www.tenutesanfabiano.it

Viticoltura: Convenzionale e biologica
Ettari: 300 | **Bottiglie:** 1.000.000 | **Produzione olearia:** Sì
Proprietà: Gianluigi Borghini Baldovinetti
Cond. enologica: Maurizio Alongi
Cond. agronomica: Staff aziendale
Vendita diretta: Sì | **Visite in azienda:** Sì

PIOCAIA 2020
Rosso Igt - Sangiovese 60%, Merlot 40%
Alc. 13,5% | € 20 | Bt. 35.000 | Ferm. Acciaio | Mat. Legno 12 mesi
Superbo rosso cremisi. Profilo odoroso di ciliegia sotto spirito, iris, mirtillo, menta, muschio e cannella. Sorso caldo e avvolgente, con buona acidità e tannini composti. Epilogo di media lunghezza al flavor di susina rossa. Faraona ripiena con salsa tartufata.

CHIANTI SUPERIORE ETICHETTA NERA 2021
Rosso Docg - Sangiovese 90%, Syrah 10%
Alc. 13,5% | € 13 | Bt. 150.000 | Ferm. Acciaio | Mat. Cemento 6 mesi
Strudel di porcini e zucca con crema al parmigiano.

VINO NOBILE DI MONTEPULCIANO POGGIO ULIVETO 2020
Rosso Docg - Sangiovese 90%, altre varietà 10%
Alc. 13,5% | € 20 | Bt. 50.000 | Ferm. Acciaio | Mat. Legno 15 mesi
Risotto con le spugnole.

CHIANTI SAN FABIANO RISERVA 2020
Rosso Docg - Sangiovese 80%, Merlot 20%
Alc. 13,5% | € 14 | Bt. 10.000 | Ferm. Acciaio | Mat. Legno 12 mesi
Zuppa di farro e borlotti.

CHIANTI PUTTO SAN FABIANO 2022
Rosso Docg - Sangiovese 90%, altre varietà 10%
Alc. 13% | € 6 | Bt. 300.000 | Ferm. Acciaio | Mat. Cemento 6 mesi
Pizza prosciutto e funghi.

VINO NOBILE DI MONTEPULCIANO POGGIO ULIVETO
2017 | 2018 | 2019

ARMAIOLO
2016

Tenute Silvio Nardi
(1950)

La cantina vanta ben 36 vigneti dislocati sia a ovest che a est di Montalcino, di cui otto ettari destinati a colorino, malvasia, moscato, merlot, syrah e petit verdot, che vanno a costituire la linea 43°. L'attenzione maggiore è data però al sangiovese: in seguito a una selezione effettuata sui cloni storici dell'azienda, cinque biotipi sono in corso di certificazione come sangiovese Nardi, così da poter offrire un prodotto unicamente riconducibile alla Tenuta. In quest'edizione si conferma il Brunello Manachiara, che ci conduce in un viaggio sensoriale a 360 gradi.

Località Casale del Bosco - 53024 Montalcino (SI)
T. 0577 808269 | M. marketing@tenutenardi.com
www.tenutenardi.com

Viticoltura: Convenzionale
Ettari: 80 | **Bottiglie:** 250.000 | **Produzione olearia:** Sì
Proprietà: Famiglia Nardi
Cond. enologica: Davide Crastus, Mario Pisanu
Cond. agronomica: Vittorio Stringari
Vendita diretta: Sì | **Visite in azienda:** Sì

92,5
BRUNELLO DI MONTALCINO VIGNETO MANACHIARA 2018
Rosso Docg - Sangiovese 100%
Alc. 15,5% | € 110 | Bt. 3.000 | Ferm. Acciaio | Mat. Legno 34 mesi
Carminio impenetrabile. Incipit di marasca e mora di gelso ravvivato da soffi di coriandolo e cardamomo e da un'elegante speziatura di cannella. Echi di ruggine e caffè conducono a un ingresso potente, caratterizzato dal tannino in progressione sorretto da viva freschezza. Si congeda con ibisco. Tagliata al pepe verde.

BRUNELLO DI MONTALCINO 2018
Rosso Docg - Sangiovese 100%
Alc. 15,5% | € 40 | Bt. 160.000 | Ferm. Acciaio | Mat. Legno 30 mesi
Fettuccine ai finferli.

ROSSO DI MONTALCINO 2021
Rosso Doc - Sangiovese 100%
Alc. 15% | € 18 | Bt. 50.000 | Ferm. Acciaio | Mat. Acciaio 12 mesi
Filetto di maiale lardellato.

43° ROSSO
Rosso Igt - Merlot 40%, Sangiovese 40%, Petit verdot 20%
Alc. 14,5% | € 12 | Bt. 11.000 | Ferm. Acciaio | Mat. Acciaio 12 mesi
Trippa in umido.

CHIANTI COLLI SENESI 2022
Rosso Docg - Sangiovese 85%, Merlot 15%
Alc. 14,5% | € 13 | Bt. 6.666 | Ferm. Acciaio | Mat. Acciaio 12 mesi
Zuppa di farro e borlotti.

43° BIANCO
Bianco Igt - Malvasia 50%, Moscato 50%
Alc. 13,5% | € 9 | Bt. 2.000 | Ferm. Acciaio | Mat. Acciaio 3 mesi
Frittata di erbette.

BRUNELLO DI MONTALCINO VIGNETO POGGIO DORIA
2015 | 2017

BRUNELLO DI MONTALCINO
2014 | 2016 | 2017

Terenzuola
(1993)

Ivan Giuliani ha raggiunto una maestria così intuitiva nell'interpretare la vite e i suoi frutti, nell'adeguarsi ai micro-terroir che ha definito e al clima del momento, che ogni volta i suoi Vermentino sono sempre uguali, mai simili pur non essendo diversi, sembra che riesca ad ammanettargli una dosata energia del sole e del sale del mare; ne è un esempio quest'anno I Pini di Corsano. Poi c'è lo Sciacchetrà, invero non frequente, e questo è un peccato; però se lo fosse saremmo tutti scomunicati, perché, ahinoi, induce in tentazione.

Via Vercalda, 14 - 54035 Fosdinovo (MS)
T. 0187 670387 | M. info@terenzuola.it
www.terenzuola.it

Viticoltura: Convenzionale
Ettari: 22 | **Bottiglie:** 200.000 | **Produzione olearia:** No
Proprietà: Ivan Giuliani
Cond. enologica: Ivan Giuliani
Cond. agronomica: Ivan Giuliani
Vendita diretta: Sì | **Visite in azienda:** Sì

91,5

CINQUE TERRE SCIACCHETRÀ 2019
Bianco Doc Passito - Bosco 34%, Albarola 33%, Vermentino 33%
Alc. 14% | € 50 (0,375l) | Bt. 1.400 | Ferm. Acciaio | Mat. Legno 24 mesi
Un liquido d'ambra, appeal olfattivo di gelsomino e tiglio in appassimento, fico secco, crema di pinoli, marzapane e albicocca disidratata. Ampia la freschezza a insaporire, con la sapidità, una dolcezza ai rimandi di paté di pesca e lieve curry. Semifreddo al torroncino.

COLLI DI LUNI VERMENTINO PINI DI CORSANO 2021
Bianco Doc - Vermentino 100%
Alc. 14% | € 50 | Bt. 666 | Ferm. Acciaio | Mat. Acciaio 6 mesi
Risotto con le spugnole.

COLLI DI LUNI VERMENTINO FOSSO DI CORSANO 2022
Bianco Doc - Vermentino 100%
Alc. 14% | € 28 | Bt. 40.000 | Ferm. Acciaio | Mat. Acciaio 6 mesi
Ricciola al forno con capperi e pomodori ciliegino.

CINQUE TERRE BIANCO 2022
Bianco Doc - Vermentino 34%, Albarola 33%, Bosco 33%
Alc. 13,5% | € 35 | Bt. 5.000 | Ferm. Acciaio | Mat. Acciaio 6 mesi
Coda di rospo gratinata.

COLLI DI LUNI VERMENTINO VIGNE BASSE 2022
Bianco Doc - Vermentino 95%, Albarola 5%
Alc. 13,5% | € 20 | Bt. 8.000 | Ferm. Acciaio | Mat. Acciaio 4 mesi
Orata all'acqua pazza.

FORMA ALTA 2022
Rosso Igt - Vermentino nero 90%, Barsaglina 10%
Alc. 14% | € 50 | Bt. 1.400 | Ferm. Cemento | Mat. Legno 24 mesi e Cemento 24 mesi
Gnocchi al ragù.

CINQUE TERRE SCIACCHETRÀ
2018

COLLI DI LUNI VERMENTINO FOSSO DI CORSANO
2019 | 2020 | 2021

Terradonnà
(2000)

In un angolo di macchia mediterranea irradiato dal sole e allietato dalle vicine brezze marine, Anna Lisa Rossi porta avanti il suo progetto enologico con impegno e passione. Una dedizione tutta femminile, "donata" da madre in figlia e da cui prende il nome l'azienda a conduzione familiare, caratterizzata da attenzione alla sostenibilità e precisione sia in vigna sia in cantina. Siamo nel territorio della Val di Cornia, dove le uve internazionali trovano un habitat straordinario per sublimare il tannino, come per l'Okenio Cabernet Sauvignon in quest'edizione.

Località Notri, 78 - 57028 Suvereto (LI)
T. 331 4026914 | M. info@terradonna.it
www.terradonna.it

Viticoltura: Biologica
Ettari: 10 | **Bottiglie:** 30.000 | **Produzione olearia:** Sì
Proprietà: Anna Lisa Rossi
Cond. enologica: Andrea Lupi
Cond. agronomica: Andrea Lupi
Vendita diretta: Sì | **Visite in azienda:** Sì

VAL DI CORNIA CABERNET SAUVIGNON OKENIO 2019
Rosso Doc - Cabernet sauvignon 100%
Alc. 15% | € 50 | Bt. 2.500 | Ferm. Cemento | Mat. Legno 18 mesi e Cemento 2 mesi
Granato fitto. Incipit speziato di cannella e vaniglia su tappeto di rose rosse e glicini appassiti, segue confettura di sorba e mirtillo nero. Alcol impetuoso, generoso, addolcisce la tenacità del tannino, medio palato fresco, eco finale di medicinale mentolato. Stracotto d'asino.

GIAIETTO 2021
Rosso Igt - Cabernet sauvignon 34%, Merlot 33%, Sangiovese 33%
Alc. 14,5% | € 15 | Bt. 4.000 | Ferm. Cemento | Mat. Cemento 12 mesi
Tagliata di manzo al rosmarino.

SPATO 2020
Rosso Igt - Sangiovese 100%
Alc. 14% | € 22 | Bt. 2.000 | Ferm. Cemento | Mat. Legno 12 mesi e Cemento 2 mesi
Guanciale di manzo in umido con polenta.

PRASIO 2020
Rosso Igt - Merlot 60%, Cabernet sauvignon 40%
Alc. 15% | € 22 | Bt. 4.000 | Ferm. Cemento | Mat. Legno 14 mesi e Cemento 2 mesi
Petto d'anatra alle prugne.

SYSA 2022
Rosato Igt - Sangiovese 45%, Syrah 35%, Merlot 20%
Alc. 13,5% | € 18 | Bt. 3.500 | Ferm. Acciaio | Mat. Acciaio 4 mesi e Legno 2 mesi
Crostini con baccalà mantecato.

SPATO
2016 | 2019

PRASIO
2016 | 2017 | 2019

Terre del Marchesato
(1954)

Il nome sembra evocare distese di vigneti e vigneti, vista la parola "terre" e il blasone fondiario "Marchesato". Invece è una cantina a misura di famiglia, e lo stesso lo sono i vini, tutti espressione di un pensiero legato all'artigianalità del fare, come se si trattasse, e lo è, di autoctonia produttiva. La filosofia produttiva, pur avendo un prevalenza per i vini mono varietali, è nella bordolesizzazione della cuvée, che riesce a evidenziare quella capacità di far vino che necessita di scelte intuitive e di guizzi d'inventiva per ottenere grandi risultati.

Località S. Uberto, 164 - Bolgheri - 57022 Castagneto Carducci (LI)
T. 0565 749752 | M. info@terredelmarchesato.com
www.terredelmarchesato.com

Viticoltura: Convenzionale e biologica
Ettari: 16 | **Bottiglie:** 150.000 | **Produzione olearia:** Sì
Proprietà: Maurizio Fuselli
Cond. enologica: Alessandro Fuselli
Cond. agronomica: Samuele Fuselli
Vendita diretta: Sì | **Visite in azienda:** Sì

(91)

MAURIZIO FUSELLI 2020
Rosso Igt - Petit verdot 100%
Alc. 14,5% | € 106 | Bt. 1.800 | Ferm. Legno | Mat. Legno 18 mesi
Ricco di colore rubino. Primeggia un profumo di eucalipto con ribes nero, mora di gelso, violetta appassita, liquirizia e sfumata vaniglia. Avvio gustativo pieno di energia tannica e fresca, pseudocalore gentile dissolvenza di zenzero e scorza d'arancia. Pappardelle al ragù di cervo.

BOLGHERI ROSSO EMILIO PRIMO 2021
Rosso Doc - Cabernet sauvignon 60%, Merlot 30%, Syrah 10%
Alc. 13,5% | € 25 | Bt. 35.000 | Ferm. Acciaio | Mat. Legno 12 mesi
Tagliata di manzo al rosmarino.

ALDONE 2020
Rosso Igt - Merlot 100%
Alc. 14% | € 67 | Bt. 5.000 | Ferm. Legno e Acciaio | Mat. Legno 18 mesi
Ravioli di germano con foie gras.

BOLGHERI SUPERIORE MARCHESALE 2020
Rosso Doc - Syrah 50%, Cabernet sauvignon 30%, Merlot 15%, Petit verdot 5%
Alc. 14% | € 58 | Bt. 6.000 | Ferm. Acciaio | Mat. Legno 18 mesi
Pappardelle al ragù di cervo.

IL TARABUSO 2020
Rosso Igt - Cabernet sauvignon 100%
Alc. 14% | € 33 | Bt. 20.000 | Ferm. Acciaio | Mat. Legno 18 mesi
Tagliatelle al ragù.

BOLGHERI BIANCO PAPEO 2022
Bianco Doc - Vermentino 100%
Alc. 14% | € 25 | Bt. 15.000 | Ferm. Acciaio | Mat. Acciaio 6 mesi
Gazpacho.

MAURIZIO FUSELLI
2018 | 2019

ALDONE
2015 | 2017 | 2018

Teruzzi
(1974)

Con ben 60 ettari dedicati, Teruzzi è l'azienda che detiene il vigneto di vernaccia di San Gimignano più esteso al mondo. Il know-how accumulato in quasi cinquant'anni di cura del vitigno principe del territorio, che dà l'unico vino bianco Docg della Toscana, si fa indubbiamente sentire e non ha subito contraccolpi, neanche in seguito al cambio di proprietà avvenuto nel 2016, che anzi ha contribuito con uno sforzo maggiore nella direzione della sostenibilità e della valorizzazione dei vitigni autoctoni, vernaccia in primis. Un know-how che si ritrova intatto nel bicchiere.

Località Casale, 19 - 53037 San Gimignano (SI)
T. 0577 940143 | M. info@teruzziwine.com
www.teruzziwine.com

Viticoltura: Convenzionale ed ecosostenibile
Ettari: 96 | **Bottiglie:** 600.000 | **Produzione olearia:** No
Proprietà: Famiglia Moretti
Cond. enologica: Giuseppe Caviola, Irene Leonzio
Cond. agronomica: Alessio Gragnoli
Vendita diretta: Sì | **Visite in azienda:** Sì

VERNACCIA DI SAN GIMIGNANO SANT'ELENA RISERVA 2019
Bianco Docg - Vernaccia di San Gimignano 100%
Alc. 13,5% | € 21 | Bt. 5.000 | Ferm. Acciaio | Mat. Acciaio 21 mesi
Paglierino con bagliori dorati. Sviluppo olfattivo di susina mirabelle, cantalupo, scorza di cedro, fiori d'acacia, salvia, erba cedrina e semi di coriandolo. Sorso suadente di freschezza stuzzicante e vigorosa, coadiuvata da saporosità agrumata che si prolunga in toni salmastri, quasi marini. Ricciola al forno con capperi e pomodori ciliegino.

VERNACCIA DI SAN GIMIGNANO ISOLA BIANCA 2022
Bianco Docg - Vernaccia di San Gimignano 100%
Alc. 12,5% | € 15 | Bt. 120.000 | Ferm. Acciaio | Mat. Acciaio 4 mesi
Crostini con burro e alici.

TERRE DEI TUFI 2021
Bianco Igt - Vernaccia di San Gimignano 50%, Trebbiano 20%, altre varietà 30%
Alc. 12,5% | € 20 | Bt. 40.000 | Ferm. Acciaio | Mat. Acciaio 6 mesi e Legno 9 mesi
Pizza marinara.

VERNACCIA DI SAN GIMIGNANO SANT'ELENA RISERVA
2018

VERNACCIA DI SAN GIMIGNANO ISOLA BIANCA
2021

Tiezzi
(1989)

Il Brunello di Montalcino griffato Tiezzi è prodotto in tradizionale stile ilcinese, quasi a rimarcare il senso di appartenenza alla storicità che riporta ai pre-albori della denominazione, a un loro antenato che molto ha fatto per il vino di qui, il Prof. Paccagnini. Anche quest'anno i vini presentati offrono la classica austerità Tiezzi, soprattutto la Riserva Vigna Soccorso, un efficace esempio d'identitaria concezione enologica che travalica il senso di fruibile immediatezza, per proiettarsi in una prospettiva evolutiva che preannuncia un'avventura di gioia a maturità raggiunta.

Località Soccorso, 199 - 53024 Montalcino (SI)
T. 0577 839004 | M. info@tiezzivini.it
www.tiezzivini.it

Viticoltura: Biologica
Ettari: 6 | **Bottiglie:** 30.000 | **Produzione olearia:** Sì
Proprietà: Enzo e Monica Tiezzi
Cond. enologica: Monica Tiezzi, Enzo Tiezzi
Cond. agronomica: Enzo Tiezzi
Vendita diretta: Sì | **Visite in azienda:** Sì

(94)

BRUNELLO DI MONTALCINO VIGNA SOCCORSO RISERVA 2017
Rosso Docg - Sangiovese 100%
Alc. 13,5% | € 70 | Bt. 900 | Ferm. Legno | Mat. Legno 52 mesi
Un carminio pieno e lucente. Ampia espressività olfattiva di amarena matura, viola appassita e iris, mora e un contorno di liquirizia, tabacco e lievità di alloro. Un fresco rivolo fruttato stratifica un flavor di arancia Sanguinella e pepe nero con incisivo timbro tannico e delizioso finale. Lepre alla cacciatora.

BRUNELLO DI MONTALCINO POGGIO CERRINO 2018
Rosso Docg - Sangiovese 100%
Alc. 14% | € 55 | Bt. 9.680 | Ferm. Legno | Mat. Acciaio 6 mesi e Legno 46 mesi
Tagliata al pepe verde.

BRUNELLO DI MONTALCINO VIGNA SOCCORSO 2018
Rosso Docg - Sangiovese 100%
Alc. 14,5% | € 65 | Bt. 5.960 | Ferm. Legno | Mat. Acciaio 2 mesi e Legno 46 mesi
Maialino in agrodolce.

BRUNELLO DI MONTALCINO POGGIO CERRINO
2017

BRUNELLO DI MONTALCINO VIGNA SOCCORSO
2011 | 2013 | 2016

Tolaini
(1998)

Era il 1996 quando Pier Luigi Tolaini s'innamorò del territorio unico di Castelnuovo Berardenga, nell'estremo lembo meridionale del Chianti Classico. Negli ultimi 25 anni l'azienda si è gradualmente imposta sui mercati italiani e internazionali come produttore di livello, non solo di Chianti Classico e non solo di Sangiovese. Oggi alla guida c'è Lia Tolaini Banville, coadiuvata da Francesco Rosi, che dopo aver lavorato con vari consulenti esterni è enologo e direttore di produzione. Di nuovo lusinghiera la performance della Gran Selezione Montebello Sette, dal grande potenziale evolutivo.

SP 9 di Pievasciata, 28 - 53019 Castelnuovo Berardenga (SI)
T. 0577 356972 | M. info@tolaini.it
www.tolaini.it

Viticoltura: Biologica
Ettari: 50 | **Bottiglie:** 250.000 | **Produzione olearia:** Sì
Proprietà: Lia Tolaini Banville
Cond. enologica: Francesco Rosi
Cond. agronomica: Eleonora Piredda, Mattia Malanchi
Vendita diretta: Sì | **Visite in azienda:** Sì

(91,5)

CHIANTI CLASSICO GRAN SELEZIONE VIGNA MONTEBELLO SETTE 2019
Rosso Docg - Sangiovese 100%
Alc. 14,5% | € 35 | Bt. 15.000 | Ferm. Legno | Mat. Acciaio 6 mesi e Legno 16 mesi
Carminio con orlo granato. Complessità olfattiva di arancia Sanguinella, amarena, mirtillo e giaggiolo, poi pepe del Sichuan, alloro, cuoio e cioccolatino al caffè. Sorso caldo e sontuoso, equilibrato nella trama tannica ben estratta e in armonia con la freschezza del frutto che sostiene la splendida chiosa. Faraona ripiena con salsa tartufata.

AL PASSO 2020
Rosso Igt - Sangiovese 34%, Cabernet sauvignon 33%, Merlot 33%
Alc. 14,5% | € 16 | Bt. 120.000 | Ferm. Acciaio | Mat. Legno 12 mesi
Carré di maiale con spinaci.

VALDISANTI 2020
Rosso Igt - Cabernet franc 50%, Cabernet sauvignon 50%
Alc. 14,5% | € 27 | Bt. 55.000 | Ferm. Acciaio | Mat. Legno 16 mesi
Camoscio in umido.

CHIANTI CLASSICO VALLENUOVA 2021
Rosso Docg - Sangiovese 95%, Canaiolo 5%
Alc. 14,5% | € 16 | Bt. 20.000 | Ferm. Legno | Mat. Acciaio 2 mesi e Legno 10 mesi
Pappardelle con sugo di capriolo.

LEGIT 2020
Rosso Igt - Cabernet sauvignon 100%
Alc. 14,5% | € 35 | Bt. 60.000 | Ferm. Legno | Mat. Legno 18 mesi
Risotto alla milanese con ossobuco.

PICCONERO 2019
Rosso Igt - Merlot 100%
Alc. 15% | € 75 | Bt. 4.200 | Ferm. Legno | Mat. Legno 18 mesi
Maiale in agrodolce.

CHIANTI CLASSICO GRAN SELEZIONE VIGNA MONTEBELLO SETTE
2016 | 2017 | 2018

PICCONERO
2015 | 2016 | 2018

Torraccia di Presura
(1986)

Per Paolo Osti deve essere stato relativamente facile fare due calcoli, da ingegnere qual è, per comprendere che la scelta di fare vino alla Presura era giusta. Non ha dovuto risolvere algoritmi per gettarsi in un'avventura che richiede appassionata tenacia e voglia di misurarsi ogni anno con i valori enoici che la naturalità dell'annata offre. Come un cronoman, la progressione è stata costante; i vini hanno acquisito una stilizzazione di famiglia e quest'anno il Chianti Classico è davvero a uno scalino dall'olimpo. Che dire? Forza Paolo, siamo con e per te.

Via della Montagnola, 130 - 50027 Greve in Chianti (FI)
T. 055 8588656 | M. torracciadipresura@torracciadipresura.it
www.torracciadipresura.com

Viticoltura: Convenzionale
Ettari: 35 | **Bottiglie:** 200.000 | **Produzione olearia:** Sì
Proprietà: Paolo Osti
Cond. enologica: Giovanni Cappelli
Cond. agronomica: Giovanni Cappelli
Vendita diretta: Sì | **Visite in azienda:** Sì

CHIANTI CLASSICO TORRACCIA DI PRESURA 2021
Rosso Docg - Sangiovese 95%, Merlot 5%
Alc. 13,5% | € 19 | Bt. 20.000 | Ferm. Acciaio | Mat. Acciaio 12 mesi
Fittezza cromatica rubino. Aroma espressivo del varietale, arancia Sanguinella e marasca si sposano a viola ed eucalipto, leggera brezza di menta e pepe bianco. Subito in freschezza fruttata, trova sapidità e tannino coeso nella struttura, finale di bocca in ardore di spezia e cioccolato. Coniglio al forno con patate.

VIN SANTO DEL CHIANTI CLASSICO OCCHIO DI PERNICE 2015
Rosso Doc - Sangiovese 95%, altre varietà 5%
Alc. 16,5% | € 28 (0,5l) | Ferm. Legno | Mat. Legno 60 mesi
Crostata di albicocche.

CHIANTI CLASSICO IL TAROCCO 2021
Rosso Docg - Sangiovese 90%, Canaiolo 10%
Alc. 13,5% | € 17 | Bt. 80.000 | Ferm. Acciaio | Mat. Acciaio 12 mesi
Coq au vin alla borgognona.

CHIANTI CLASSICO GRAN SELEZIONE
2017 | 2018 | 2019

CHIANTI CLASSICO
2019 | 2020

Villa Travignoli
(1472)

Villa Travignoli, il fascino di una della più antiche aziende di vino d'Italia. Non è uno slogan, è verità, così come è verità il consolidato stile di fare vini che simboleggiano a pieno l'essere del Chianti Rufina. Soprattutto quest'anno nel Villa Travignoli c'è un'ottima stilizzazione organolettica della versione tradizionale. Insomma, un'azienda che è una garanzia. C'è anche altro che bolle in pentola a dimostrare il dinamismo aziendale, e quest'anno si mette in bella evidenza il Rosé Brut, un Metodo Martinotti fatto con tutti i crismi.

Via Travignoli, 78 - 50060 Pelago (FI)
T. 055 8361098 | M. info@travignoli.com
www.travignoli.com

Viticoltura: Convenzionale e lotta integrata
Ettari: 70 | **Bottiglie:** 350.000 | **Produzione olearia:** Sì
Proprietà: Giovanni Busi
Cond. enologica: Mauro Orsoni
Cond. agronomica: Mauro Nosi
Vendita diretta: Sì | **Visite in azienda:** Sì

CHIANTI RÙFINA VILLA TRAVIGNOLI 2021
Rosso Docg - Sangiovese 100%
Alc. 13% | € 10 | Bt. 150.000 | Ferm. Acciaio | Mat. Acciaio 3 mesi e Legno 6 mesi
Rubino sfavillante. La marasca matura si distende su un letto di petali di viole e giaggioli, accarezzata da cenni di liquirizia e coriandolo, da ricordi di grafite e ruggine. Il gusto intenso e caldo si sviluppa su una via agrumata, con un tannino saporito in integrazione. Filetto di manzo in crosta alle erbette.

ROSÉ BRUT VILLA TRAVIGNOLI
Rosato Metodo Martinotti - Merlot 60%, Sangiovese 40%
Alc. 11% | € 12 | Bt. 3.600 | Ferm. Acciaio | Mat. Acciaio | 2 mesi sui lieviti
Crostini con burro e salmone.

GAVIGNANO 2022
Bianco Igt - Chardonnay 90%, Sauvignon 10%
Alc. 12,5% | € 8 | Bt. 25.000 | Ferm. Acciaio | Mat. Acciaio 6 mesi
Risotto con seppie e burrata.

CHIANTI RUFINA RISERVA TEGOLAIA 2020
Rosso Docg - Sangiovese 90%, Cabernet sauvignon 5%, Merlot 5%
Alc. 14% | € 22 | Bt. 50.000 | Ferm. Acciaio | Mat. Acciaio 3 mesi e Legno 24 mesi
Guancia di vitello in umido.

CHIANTI RUFINA RISERVA VIGNA COLONNETO TERRÆ ELECTÆ 2019
Rosso Docg - Sangiovese 100%
Alc. 14% | € 40 | Bt. 600 | Ferm. Acciaio | Mat. Acciaio 3 mesi e Legno 24 mesi
Brasato di lepre con riduzione di vino rosso.

VILLA TRAVIGNOLI ROSÉ 2022
Rosato Igt - Sangiovese 60%, Merlot 40%
Alc. 12% | € 9 | Bt. 25.000 | Ferm. Acciaio | Mat. Acciaio 6 mesi
Filetti di trota al vapore con maionese.

Uccelliera
(1986)

Una vita da agricoltore e vignaiolo, questo si può dire di Andrea Cortonesi, anzi lo dice lui. Afferma di aver vissuto e conosciuto l'agricoltura all'antica, trasmessagli come esperienza anche dal padre, negli anni in cui il Brunello di Montalcino era timidamente sussurrato tra pochi cultori. È stata comunque una scelta ponderata, non un fattore di ereditarietà, quella di darsi alla viticoltura e all'olivicoltura; i risultati in vigna, in cantina e nel vino sono l'espressione di un amalgama d'antica innovazione, nel senso che s'avverte che il suo far vino viene da lontano.

Podere Uccelliera, 45 - Castelnuovo dell'Abate - 53024 Montalcino (SI)
T. 0577 835729 | M. anco@uccelliera-montalcino.it
www.uccelliera-montalcino.it

Viticoltura: Biologica e lotta integrata
Ettari: 10 | **Bottiglie:** 70.000 | **Produzione olearia:** Sì
Proprietà: Andrea Cortonesi
Cond. enologica: Andrea Cortonesi, Leonardo Vanni
Cond. agronomica: Andrea Cortonesi
Vendita diretta: Sì | **Visite in azienda:** Sì

95

BRUNELLO DI MONTALCINO 2018
Rosso Docg - Sangiovese 100%
Alc. 15% | € 70 | Bt. 28.666 | Ferm. Acciaio | Mat. Legno 36 mesi
Un cuore granato che offre un ampio bouquet di gelatina di ciliegie, mora in confettura, pot-pourri di rose, cenni di timo e cannella, rimandi di liquirizia. Sorso elegante, tannino nobile e gradevole sapidità. Cesellato da un flavor di arancia Sanguinella con un guizzo di garrigue. Ossobuco alla milanese.

93

BRUNELLO DI MONTALCINO VOLIERO 2018
Rosso Docg - Sangiovese 100%
Alc. 14,5% | € 60 | Bt. 7.600 | Ferm. Acciaio | Mat. Legno 30 mesi
Granato luminoso. Libera fragranze di marasca in confettura, cassis disidratato, violetta essiccata, anice stellato e cardamomo, a cui seguono ricordi di grafite. Assaggio suadente, con un tannino setoso e freschezza vivace. Infinitamente lungo sui toni di arancia Sanguinella e spezie dolci in chiusura. Scaloppa di vitello con asparagi trifolati.

RAPACE 2020
Rosso Igt - Sangiovese 70%, Merlot 20%, Cabernet sauvignon 10%
Alc. 14,5% | € 29 | Bt. 26.400 | Ferm. Acciaio | Mat. Legno 18 mesi
Risotto ai porcini.

ROSSO DI MONTALCINO 2021
Rosso Doc - Sangiovese 100%
Alc. 14,5% | € 23 | Bt. 26.400 | Ferm. Acciaio | Mat. Acciaio 4 mesi e Legno 4 mesi
Zampone e lenticchie.

ROSSO DI MONTALCINO VOLIERO 2021
Rosso Doc - Sangiovese 100%
Alc. 14,5% | € 21 | Bt. 5.040 | Ferm. Acciaio | Mat. Acciaio 4 mesi e Legno 4 mesi
Zuppa di broccolo fiolaro con olio extravergine del Garda.

Uggiano
(1976)

Uggiano esprime una concezione poliedrica di far vino. Il team che guida l'azienda, che ha raccolto l'eredità del fondatore, è molto collaudato ed esperto, e ha ben presente quale sia la strategia da attuare per destreggiarsi in uno spazio viticolturale un po' complesso, che incrocia Chianti e Chianti Classico. Quest'anno sono stati presentati solo i vini rossi, con una versione di Chianti Riserva stilizzato in modo molto classico, e il Cabernet Sauvignon Falconeri, ormai una costante, che offre finissime e suggestive espressioni varietali.

Via Empolese 20/D - San Vincenzo a Torri - 50018 Scandicci (FI)
T. 055 769087 | M. info@uggiano.it
www.uggiano.it

Viticoltura: Convenzionale
Ettari: 80 | **Bottiglie:** 2.000.000 | **Produzione olearia:** No
Proprietà: Fabio Martelli, Giacomo Fossati, Daniele Prosperi
Cond. enologica: Daniele Prosperi
Cond. agronomica: Angelo Gatto
Vendita diretta: Sì | **Visite in azienda:** Sì

CHIANTI RISERVA 2020
Rosso Docg - Sangiovese 90%, Canaiolo 10%
Alc. 13,5% | € 24 | Bt. 30.000 | Ferm. Acciaio | Mat. Acciaio 10 mesi e Legno 12 mesi
Carminio con nuance granato. Ha charme olfattivo di ciliegia Ferrovia, susina rossa, glicine e garofano, sfuma con cardamomo e timo. Il vigore del tannino è immediato, si fa tenace ma trova alcol a centro bocca che lo modula verso un finale dai richiami speziati. Filetto alla Wellington.

FALCONERI 2019
Rosso Igt - Cabernet sauvignon 85%, Sangiovese 15%
Alc. 14% | € 36 | Bt. 6.000 | Ferm. Acciaio | Mat. Acciaio 18 mesi e Legno 18 mesi
Rosticciana.

PETRAIA 2019
Rosso Igt - Merlot 85%, Cabernet sauvignon 15%
Alc. 14% | € 40 | Bt. 6.000 | Ferm. Acciaio | Mat. Acciaio 18 mesi e Legno 18 mesi
Coniglio in porchetta.

CHIANTI CLASSICO ROCCIALTA 2020
Rosso Docg - Sangiovese 90%, Canaiolo 10%
Alc. 13,5% | € 15 | Bt. 60.000 | Ferm. Acciaio | Mat. Acciaio 12 mesi e Legno 2 mesi
Tonnarelli cacio e pepe.

SYRÀ 2019
Rosso Igt - Syrah 100%
Alc. 14,5% | € 16 | Bt. 12.000 | Ferm. Acciaio | Mat. Acciaio 6 mesi e Legno 12 mesi
Gnocchi alla sorrentina.

FALCONERI
2016 | 2017

SYRÀ
2017

Usiglian del Vescovo
(2001)

Nonostante l'effetto visivo ammali per la stupenda conservazione degli edifici, Usigliano è un borgo agricolo. Ciò che si è conservata è stata anche la cultura vitivinicola, affinata e modulata rispettando la potenzialità del suolo, ricco di fossili marini e di sabbia. In questi habitat i vitigni internazionali sono in grado di offrire dei vini robusti senza sagomanti spigolature delle durezze. Ne è l'esempio il vino che quest'anno spicca tra quelli presentati; infatti il Grullaio ha molta fine sostanza abbinata a una nascosta potenza.

Via Usigliano, 26 - Località Usigliano - 56036 Palaia (PI)
T. 0587 468000 | M. info@usigliandelvescovo.it
www.usigliandelvescovo.it

Viticoltura: Biologica certificata
Ettari: 22 | **Bottiglie:** 90.000 | **Produzione olearia:** Sì
Proprietà: Final
Cond. enologica: Federico Ricci
Cond. agronomica: Francesco Lomi
Vendita diretta: Sì | **Visite in azienda:** Sì

IL GRULLAIO 2021
Rosso Igt - Cabernet sauvignon 50%, Merlot 50%
Alc. 15% | € 13 | Bt. 9.000 | Ferm. Acciaio | Mat. Cemento 8 mesi
Carminio. Stuzzicante fruttato di composta di cassis e fragola, sfizioso nel garofano, nel tabacco biondo e nel leggero boisé dall'eco mentolata. Il tannino si scioglie tra alcol e freschezza, perde aggressività e consente una chiusura balsamica con retro aroma di oleandro. Faraona ripiena con salsa tartufata.

IL SANGIOSÈ 2022
Rosato Igt - Sangiovese 100%
Alc. 14% | € 13 | Bt. 3.400 | Ferm. Acciaio | Mat. Acciaio 4 mesi
Cacciucco alla livornese.

IL GINESTRAIO 2022
Bianco Igt - Chardonnay 50%, Viognier 50%
Alc. 13,5% | € 15 | Bt. 7.800 | Ferm. Legno e Acciaio | Mat. Legno 4 mesi
Spaghetti con mazzancolle e pomodorini.

TERRE DI PISA ROSSO IL BARBIGLIONE
2015

MORA DEL ROVETO
2011 | 2019

Vagnoni
(1955)

Ne ha fatta di strada la famiglia Vagnoni dall'anno della fondazione dell'azienda, ormai è diventata essenza poliedrica perché, come altre aziende vitivinicole toscane, al vino abbina anche attività attualizzate alla modernità, come l'agriturismo. In fatto di vino il focus aziendale è chiaramente incentrato sulla Vernaccia di San Gimignano, di cui i Vagnoni hanno sempre interpretato uno stile che evolvesse verso un po' di ponderata modernità. Ancora una volta la versione Riserva, che sta al vertice, ha regalato una sinfonia enologica con pienezza strutturale sopraffina.

Località Pancole, 82 - 53037 San Gimignano (SI)
T. 0577 955077 | M. info@fratellivagnoni.com
www.fratellivagnoni.com

Viticoltura: Biologica certificata
Ettari: 16,5 | **Bottiglie:** 100.000 | **Produzione olearia:** Sì
Proprietà: Fratelli Vagnoni
Cond. enologica: Staff aziendale
Cond. agronomica: Staff aziendale
Vendita diretta: Sì | **Visite in azienda:** Sì

91

VERNACCIA DI SAN GIMIGNANO I MOCALI RISERVA 2020
Bianco Docg - Vernaccia di San Gimignano 100%
Alc. 14% | € 15 | Bt. 10.000 | Ferm. Legno | Mat. Legno 11 mesi
Dorato luccicante. Evoluzione olfattiva di ginestra e tiglio, burro di arachidi e nocciola Piemonte, uva di mare e narciso. Ricco in acidità nel suo tono di agrumi, stuzzicante in sapidità con sorso energico che crea nel fine bocca un'espressione di frutta tropicale. Rombo al forno ai sapori mediterranei.

IL PANCOLINO 2022
Rosato Igt - Sangiovese 90%, Prugnolino 10%
Alc. 14,5% | € 10 | Bt. 6.000 | Mat. Acciaio 5 mesi
Pizza con bufala e pomodorini.

VERNACCIA DI SAN GIMIGNANO FONTABUCCIO 2021
Bianco Docg - Vernaccia di San Gimignano 100%
Alc. 14% | € 12 | Bt. 8.000 | Ferm. Legno e Cemento | Mat. Legno 6 mesi e Cemento 6 mesi
Zuppa di cipolle gratinate.

CHIANTI COLLI SENESI 2021
Rosso Docg - Sangiovese 100%
Alc. 14,5% | € 10 | Bt. 30.000 | Ferm. Cemento | Mat. Cemento 12 mesi
Risotto ai finferli.

CHIANTI COLLI SENESI CAPANNETO RISERVA 2018
Rosso Docg - Sangiovese 100%
Alc. 14,5% | € 15 | Bt. 10.000 | Ferm. Cemento | Mat. Legno 12 mesi
Spaghetti alla carbonara.

VERNACCIA DI SAN GIMIGNANO 2022
Bianco Docg - Vernaccia di San Gimignano 100%
Alc. 13,5% | € 9 | Bt. 40.000 | Ferm. Cemento | Mat. Acciaio 6 mesi e Cemento 4 mesi
Carciofi alla giudia.

VERNACCIA DI SAN GIMIGNANO I MOCALI RISERVA
2017

SAN GIMIGNANO ROSSO SAN BIAGIO
2018

Val di Suga
(1969)

L'azienda possiede tre vigneti su tre versanti della collina montalcinese. La varietà di suoli, esposizioni e condizioni climatiche dà la possibilità di produrre un Brunello di annata e un Rosso, che nascono dal blend delle tre vigne e aspirano al perfetto equilibrio, e tre cru di Brunello, che sono espressione precisa dei territori da cui vengono. Con l'annata 2018 la cantina ha fatto un profondo rebranding, a partire dal logo fino alle etichette, con una grafica più assertiva che rappresenta meglio il progetto e la filosofia produttiva.

Località Val di Cava - 53024 Montalcino (SI)
T. 0577 804101 | M. valdisuga@angeliniwinestates.com
www.valdisuga.it

Viticoltura: Convenzionale e lotta integrata
Ettari: 52 | **Bottiglie:** 200.000 | **Produzione olearia:** No
Proprietà: Angelini Wines & Estates
Cond. enologica: Pietro Riccobono, Andrea Lonardi
Cond. agronomica: Pietro Riccobono, Andrea Lonardi
Vendita diretta: Sì | **Visite in azienda:** Sì

92

BRUNELLO DI MONTALCINO POGGIO AL GRANCHIO 2018
Rosso Docg - Sangiovese 100%
Alc. 14,5% | € 60 | Bt. 13.000 | Ferm. Acciaio | Mat. Legno 24 mesi e Cemento 18 mesi
Rubino rilucente. Evoluzione odorosa di ciliegia e mirtillino, intrecciata a giaggiolo e rosa appassita, chiodi di garofano, resina dolce e note balsamiche. Il volume liquido, riccamente tannico e in equilibrio con l'alcol, esalta la sapidità che connota il durevole aroma di pepe Sarawak e arancia rossa. Carré d'agnello al timo e lardo di Colonnata.

BRUNELLO DI MONTALCINO 2018
Rosso Docg - Sangiovese 100%
Alc. 14% | € 35 | Bt. 90.000 | Ferm. Acciaio | Mat. Legno 24 mesi
Filetto al pepe verde.

BRUNELLO DI MONTALCINO VIGNA SPUNTALI 2018
Rosso Docg - Sangiovese 100%
Alc. 14,5% | € 80 | Bt. 13.000 | Ferm. Acciaio | Mat. Legno 24 mesi e Cemento 18 mesi
Bigoli con l'anatra.

BRUNELLO DI MONTALCINO VIGNA DEL LAGO 2018
Rosso Docg - Sangiovese 100%
Alc. 14% | € 60 | Bt. 13.000 | Ferm. Acciaio | Mat. Legno 24 mesi e Cemento 18 mesi
Terrina di lepre con salsa di prugne.

ROSSO DI MONTALCINO 2021
Rosso Doc - Sangiovese 100%
Alc. 13,5% | € 20 | Bt. 60.000 | Ferm. Acciaio | Mat. Legno 6 mesi
Tagliere di salumi.

Valle del Sole
(1991)

La viticoltura aziendale ha un indirizzo bipartisan, accosta i vitigni della tradizione locale a quelli internazionali ritagliandosi un'identità che la colloca in una specie di eccentricità produttiva. I vigneti, compressi tra mare e monti, colgono la parte migliore che il clima può offrire. La proprietà ha i piedi per terra: questo gli ha consentito, in trent'anni di attività, di crearsi uno stile enologico, forte espressione anche di audaci, ma studiate, combinazioni di uve che, nell'Alta Toscana, fanno dei loro vini lo spicchio di un'unicità.

Via della Cappella, 864 - Località Cappella - 55100 Lucca (LU)
T. 338 1198401 | M. info@valledelsole.eu
www.valledelsole.eu

Viticoltura: Biologica certificata e biodinamica
Ettari: 13 | **Bottiglie:** 50.000 | **Produzione olearia:** Sì
Proprietà: Marco Borselli
Cond. enologica: Massimo Motroni, Giulia Giovannelli
Cond. agronomica: Staff aziendale
Vendita diretta: Sì | **Visite in azienda:** Sì

OCCHI DI FATA 2022
Rosato Igt - Sangiovese 100%
Alc. 12,5% | € 12 | Bt. 3.800 | Ferm. Acciaio | Mat. Acciaio 3 mesi
Ramato sgargiante. Rivolo olfattivo di erbe aromatiche, mandarino, bergamotto e pepe rosa, con preziosità di passion fruit, aneto e rabarbaro. Gusto tropicale per acidità di guava e dragon fruit, ha sapidità che ricorda il sale rosa e chiude con flavor di pompelmo rosa. Spaghetti al pomodoro.

ÉBRIUS 2020
Rosso Igt - Sangiovese 100%
Alc. 13,5% | € 25 | Bt. 4.000 | Ferm. Cemento | Mat. Legno 12 mesi e Cemento 12 mesi
Faraona al forno.

LIBENTE 2021
Rosso Igt - Merlot 100%
Alc. 13,5% | € 12 | Bt. 6.000 | Ferm. Acciaio | Mat. Acciaio 12 mesi e Legno 12 mesi
Tonnarelli cacio e pepe.

LINCHETTO 2022
Rosso Igt - Sangiovese 50%, Moscato d'Amburgo 20%, Aleatico 10%, Canaiolo 10%, Ciliegiolo 10%
Alc. 12,5% | € 10 | Bt. 8.000 | Ferm. Acciaio | Mat. Acciaio 3 mesi
Ciauscolo.

H'AMA 2021
Bianco Igt - Trebbiano 100%
Alc. 12,5% | € 20 | Bt. 3.000 | Ferm. Acciaio e Cemento | Mat. Acciaio 12 mesi e Cemento 12 mesi
Yakitori, spiedini di pollo con zenzero.

MALÍE 2022
Bianco Igt - Vermentino 60%, Chardonnay 30%, Grechetto 10%
Alc. 13% | € 14 | Bt. 8.000 | Ferm. Acciaio | Mat. Acciaio 3 mesi
Zuppa di cipolle gratinate.

H'AMA
2019

ÉBRIUS
2017 | 2018 | 2019

Vallepicciola
(1996)

Vallepicciola si distingue per l'impegno costante nel raggiungere l'eccellenza nel proprio territorio. In quest'edizione, spicca l'Igt Mordese, un Cabernet Franc di grande prestigio proveniente interamente dal v gneto omonimo. La vinificazione avviene in cemento, con successiva malolattica e affinamento di 12 mesi in barrique, al 50% nuove. Il 2020, caratterizzato da un'estate calda e lunga ma senza stress idrico, grazie alle piogge di giugno e settembre, ha favorito l'espressione ottimale delle uve. Un autentico gioiello, il Mordese, l'eccellenza dell'azienda nel panorama vinicolo.

SP 9 di Pievasciata, 21 - 53019 Castelnuovo Berardenga (SI)
T. 0577 1698718 | M. info@vallepicciola.com
www.vallepicciola.com

Viticoltura: Convenzionale
Ettari: 105 | **Bottiglie:** 500.000 | **Produzione olearia:** Sì
Proprietà: Bruno Bolfo
Cond. enologica: Erasmo Mazzone, Alessandro Cellai
Cond. agronomica: Alessandro Cellai, Francesco Beni
Vendita diretta: Sì | **Visite in azienda:** Sì

MORDESE 2020
Rosso Igt - Sangiovese 100%
Alc. 14,5% | € 40 | Bt. 7.500 | Ferm. Cemento | Mat. Legno 12 mesi
Splendida livrea carminio intenso e vibrante. Il ricco bouquet spazia dal mirtillo alla scorza d'arancia, dal macis, al rosmarino, dal tabacco dolce al chiodo di garofano. Raffinatezza ed eleganza accompagnano il sorso, con tannini setosi che si fondono armoniosamente con note di boero. Filetto di vitello alla Rossini.

CHIANTI CLASSICO GRAN SELEZIONE LAPINA 2019
Rosso Docg - Sangiovese 100%
Alc. 14,5% | € 45 | Bt. 3.000 | Ferm. Cemento | Mat. Legno 24 mesi
Reale di vitello alla senape antica.

MIGLIORÉ 2019
Rosso Igt - Merlot 34%, Cabernet franc 33%, Cabernet sauvignon 33%
Alc. 14,5% | € 100 | Bt. 4.000 | Ferm. Cemento | Mat. Legno 24 mesi e Cemento 3 mesi
Medaglioni di cervo con riduzione di cottura.

VALLEPICCIOLA 2020
Rosso Igt - Cabernet franc 100%
Alc. 14% | € 100 | Bt. 5.000 | Ferm. Cemento | Mat. Legno 20 mesi e Cemento 3 mesi
Stinco di maiale al forno in pancetta affumicata.

QUERCEGROSSE 2020
Rosso Igt - Merlot 100%
Alc. 14,5% | € 40 | Bt. 7.500 | Ferm. Cemento | Mat. Legno 14 mesi
Braciola di cervo con salsa di ribes.

CHIANTI CLASSICO 2021
Rosso Docg - Sangiovese 100%
Alc. 13,5% | € 16 | Bt. 100.000 | Ferm. Acciaio | Mat. Legno 12 mesi
Pappardelle con sugo di lepre.

BOSCOBRUNO
2016

CHIANTI CLASSICO GRAN SELEZIONE LAPINA
2018

Villa Calcinaia
(1524)

Qui, a Villa Calcinaia, c'è davvero una presenza di avvenimenti storici riferiti anche alla politica, e non solo all'aspetto agricolo. Il loro viaggio nel vino è il risultato di un lungo, continuo e pensato rinnovamento, dalla vigna alla cantina, in un contesto culturale che riporta al Rinascimento. E se di rinascimento enologico si deve parlare, ebbene questo passa ancora una volta dai Conti Capponi, che hanno dapprima custodito la tradizione di far vino in Chianti, poi si sono attualizzati nella sostenibilità e hanno stilizzato un Chianti Classico Vigna Bastignano d'assoluto rilievo.

Via Citille, 84 - 50022 Greve in Chianti (FI)
T. 055 854008 | M. shop@villacalcinaia.com
www.conticapponi-wineclub.it

Viticoltura: Biologica certificata
Ettari: 33 | **Bottiglie:** 100.000 | **Produzione olearia:** Sì
Proprietà: Conti Capponi
Cond. enologica: Federico Staderini, Sebastiano Capponi
Cond. agronomica: Luca Socci
Vendita diretta: Sì | **Visite in azienda:** Sì

CHIANTI CLASSICO GRAN SELEZIONE VIGNA BASTIGNANO 2019
Rosso Docg - Sangiovese 100%
Alc. 14,5% | € 49 | Bt. 2.500 | Ferm. Legno | Mat. Legno 20 mesi e Cemento 20 mesi
Splendido sipario carminio dal quale dipartono fragranze di rosa e lillà, congiunte a ciliegia Ferrovia, pepe nero, cioccolato al latte e nocciola tostata. Equilibrio in delizia fresco-tannica, con allietante sapidità e setale succoso al flavor di arancia tarocco. Fagiano arrosto.

CHIANTI CLASSICO 2020
Rosso Docg - Sangiovese 90%, Canaiolo 10%
Alc. 14% | € 19 | Bt. 34.000 | Ferm. Acciaio e Cemento | Mat. Legno 20 mesi
Coratella di agnello.

CHIANTI CLASSICO RISERVA 2019
Rosso Docg - Sangiovese 100%
Alc. 14,5% | € 36 | Bt. 8.800 | Ferm. Legno | Mat. Legno 20 mesi
Petto d'anatra laccato al miele.

MAUVAIS CHAPON BRUT ROSÉ 2017
Rosato Igt Metodo Classico - Sangiovese 100%
Alc. 12% | € 42 | Bt. 670 | Ferm. Acciaio | 48 mesi sui lieviti
Catalana di crostacei.

CHIANTI CLASSICO GRAN SELEZIONE VIGNA CONTESSA LUISA 2019
Rosso Docg - Sangiovese 100%
Alc. 14,5% | € 49 | Bt. 1.250 | Ferm. Legno | Mat. Legno 20 mesi e Cemento 24 mesi
Bigoli con salsiccia.

CHIANTI CLASSICO GRAN SELEZIONE VIGNA BASTIGNANO
2015

CHIANTI CLASSICO GRAN SELEZIONE VIGNA LA FORNACE
2016

Villa La Ripa
(2000)

In poco più di vent'anni la Famiglia Luzzi si è ritagliata un'ottima visibilità nello spaccato del vino aretino, frutto di ponderate scelte vitivinicole che hanno, tra l'altro, mantenuto in vita il valore delle antiche varietà autoctone, non disdegnando di miscelare il sangiovese con la syrah e vecchie barbatelle di cabernet sauvignon, che trovano espressione di evocazione "hitchcockiana" in Psyco. Interessanti sono i vini bianchi da trebbiano e malvasia, se non altro per la volontà di recuperare un'identità toscana del far vino bianco che spesso ha lasciato spazio a meteore d'altri luoghi.

Località Antria, 38 - 52100 Arezzo (AR)
T. 0575 315118 | M. info@villalaripa.it
www.villalaripa.it

Viticoltura: Convenzionale
Ettari: 10 | **Bottiglie:** 22.000 | **Produzione olearia:** Sì
Proprietà: Saverio Luzzi
Cond. enologica: Alessio Bandinelli
Cond. agronomica: Marco Pierucci
Vendita diretta: Sì | **Visite in azienda:** Sì

PSYCO 2020
Rosso Igt - Cabernet sauvignon 50%, Sangiovese 50%
Alc. 14% | € 30 | Bt. 5.000 | Ferm. Acciaio | Mat. Legno 12 mesi
Pienezza rubino. Naso intrigante di susina rossa, lampone, rosa e carruba, con incursioni di cannella, rabarbaro e tabacco. Il volume liquido è generoso di alcol e tannino, coeso con la freschezza che sostiene i toni fruttati. Chiude con raffinatezze di cassis e liquirizia. Tagliata al pepe verde.

TIRATARI 2020
Rosso Igt - Sangiovese 75%, Syrah 25%
Alc. 14,5% | € 23 | Bt. 2.200 | Ferm. Acciaio | Mat. Legno 12 mesi
Coniglio alla cacciatora.

PECONIO 2020
Rosso Igt - Sangiovese 100%
Alc. 14% | € 20 | Bt. 5.700 | Ferm. Acciaio | Mat. Acciaio 6 mesi e Legno 6 mesi
Zuppa toscana con cavolo nero e crostini di pane.

SPAZIOLIBERO 2022
Rosato Igt - Sangiovese 50%, Syrah 50%
Alc. 13% | € 18 | Bt. 7.200 | Ferm. Acciaio | Mat. Acciaio 6 mesi
Pizza con bufala e pomodorini.

AURETIUM 2021
Bianco Igt - Malvasia 60%, Trebbiano 40%
Alc. 13,5% | € 28 | Bt. 1.000 | Ferm. Acciaio | Mat. Legno 6 mesi
Frittura di calamari, gamberi e zucchine.

NAMASTÈ 2022
Bianco Igt - Malvasia 60%, Trebbiano 40%
Alc. 13% | € 15 | Bt. 2.400 | Ferm. Acciaio | Mat. Acciaio 6 mesi
Linguine allo scoglio.

PSYCO
2019

SYRAH SYRAH
2015 | 2016 | 2018

Villa Patrizia
(1968)

Romeo Bruni, sostenuto dalla moglie Maria, decise nel 1968 di creare Villa Patrizia, lasciando la routine di un lavoro in città e investendo su di un territorio fino ad allora poco sfruttato per la viticoltura intensiva. Il progetto ha così portato alla commercializzazione delle prime etichette nel 1980 e a un progressivo coinvolgimento nella realtà produttiva dei figli Maurizio, come agronomo, e Patrizia, in amministrazione. Nel 2021 ecco la terza generazione, quando al nipote Alessio, laureato in agraria, passa la completa gestione della cantina e del mercato estero, nonché la proprietà.

Podere Villa Patrizia - Frazione Cana - 58053 Roccalbegna (GR)
T. 0564 982028 | M. info@villa-patrizia.com
www.villa-patrizia.com

Viticoltura: Biologica
Ettari: 12 | **Bottiglie:** 50.000 | **Produzione olearia:** Sì
Proprietà: Alessio Casamatta
Cond. enologica: Luca D'Attoma
Cond. agronomica: Alessio Casamatta
Vendita diretta: Sì | **Visite in azienda:** Sì

MAREMMA TOSCANA CILIEGIOLO ALBATRAIA 2020
Rosso Doc - Ciliegiolo 100%
Alc. 13,5% | € 16 | Bt. 4.000 | Ferm. Acciaio | Mat. Acciaio 6 mesi e Legno 6 mesi
Brioso cremisi ricco di luce. Profumi di ciliegia marasca e giaggiolo, poi santoreggia, susina, ginepro, noce moscata, humus, cacao ed eucalipto. Il sorso è saporito e fresco, il tannino si avvia a fondersi con l'alcol plasmando una struttura dinamica, in un persistente e piacevole finale di agrume. Involtini di vitello lardellati.

SCIAMARETI 2022
Bianco Igt - Malvasia bianca 50%, Procanico 50%
Alc. 13,5% | € 13 | Bt. 10.000 | Ferm. Acciaio | Mat. Acciaio 6 mesi
Bocconcini di rana pescatrice in crosta di mandorle.

MONTECUCCO ROSSO LEREMO 2021
Rosso Doc - Sangiovese 65%, Merlot 35%
Alc. 14,5% | € 12 | Bt. 10.000 | Ferm. Acciaio | Mat. Acciaio 12 mesi
Petto d'anatra alle prugne.

ALTETA 2022
Bianco Igt - Sauvignon 100%
Alc. 13,5% | € 17 | Bt. 3.000 | Ferm. Acciaio | Mat. Acciaio 7 mesi
Ravioli di patate e baccalà.

MONTECUCCO SANGIOVESE ISTRICO 2019
Rosso Docg - Sangiovese 100%
Alc. 14,5% | € 19 | Bt. 5.000 | Ferm. Acciaio | Mat. Acciaio 6 mesi e Legno 12 mesi e Terracotta 4 mesi
Filetto di cervo ai mirtilli.

4-20 2019
Rosso Igt - Merlot 100%
Alc. 14,5% | € 35 | Bt. 600 | Ferm. Acciaio | Mat. Acciaio 6 mesi e Legno 18 mesi
Quaglie alla cacciatora.

ORTO DI BOCCIO
2014

MONTECUCCO SANGIOVESE ISTRICO
2015

Villa Pillo
(1989)

Villa Pillo è nel cuore di una storicità che avvolge vestigia etrusche e romane, mentre la filosofia del far vino si è da subito indirizzata nella ricerca di analizzare quali fossero i migliori vitigni per questo particolare habitat agricolo, cioè sangiovese sì, ma cos'altro? Hanno così puntato con decisione sulle versioni monovitigno, di cui la prima, il Syrah, resta il vino bandiera. Oggi l'azienda è un punto di riferimento di quest'areale vitato, forte di quel consolidato know-how che ha portato a selezionare cloni in simbiosi con suolo e microclima, con un lavoro sempre in progressione.

Via Volterrana, 24 - Località Pillo - 50050 Gambassi Terme (FI)
T. 0571 680212 | M. info@villapillo.com
www.villapillo.com

Viticoltura: Convenzionale
Ettari: 41 | **Bottiglie:** 400.000 | **Produzione olearia:** Sì
Proprietà: John Stuart Dyson
Cond. enologica: Marco Chellini
Cond. agronomica: Marco Chellini
Vendita diretta: Sì | **Visite in azienda:** Sì

SANT'ADELE 2021
Rosso Igt - Merlot 100%
Alc. 14,5% | € 26 | Bt. 7.000 | Ferm. Cemento | Mat. Legno 15 mesi
Rubino compatto e deciso. Ricordi di ciliegia e lampone s'intrecciano a un mazzo di peonie e rose, completati da una cascata d'edera e da refoli di spezie dolci. L'ingresso in bocca è equilibrato e si evolve in un tannino saporito con accenni di ribes rosso. Stracotto d'asino.

CINGALINO 2022
Rosso Igt - Merlot 65%, Cabernet franc 35%
Alc. 13,5% | € 9 | Bt. 95.000 | Ferm. Cemento | Mat. Legno 5 mesi
Filetto di manzo in crosta alle erbette.

VIVALDAIA 2021
Rosso Igt - Cabernet franc 100%
Alc. 14% | € 26 | Bt. 5.500 | Ferm. Cemento | Mat. Legno 15 mesi
Fondue bourguignonne.

CYPRESSES 2021
Rosso Igt - Sangiovese 100%
Alc. 13,5% | € 17 | Bt. 6.000 | Ferm. Cemento | Mat. Legno 12 mesi
Trippa in umido.

SYRAH 2021
Rosso Igt - Syrah 100%
Alc. 14,5% | € 28 | Bt. 12.000 | Ferm. Cemento | Mat. Legno 15 mesi
Carré d'agnello al timo e lardo di Colonnata.

BORGOFORTE 2021
Rosso Igt - Sangiovese 50%, Cabernet sauvignon 40%, Merlot 10%
Alc. 13,5% | € 12 | Bt. 100.000 | Ferm. Cemento | Mat. Legno 12 mesi
Coniglio alla cacciatora.

Villa Saletta
(2000)

La famiglia Hands ha trasformato una realtà rurale, espressione agricolturale di qualche secolo fa, in una dinamica azienda vitivinicola, recuperando vecchi ceppi e immettendo linfa internazionale. Una particolare attenzione è stata dedicata alla produzione di due vini da monovitigno, come il 980 AD e il Saletta Riccardi, nel segno di un'antitesi enoica volta a valorizzare il terroir che produce il vino e caratterizzarne le diverse eccellenze. Il territorio pisano e il suo clima consentono infatti sperimentazioni nell'uso di vari vitigni, e in questo Villa Saletta si dimostra maestra.

Via Enrico Fermi, 14 - Località Montanelli - 56036 Palaia (PI)
T. 0587 628763 | M. info@villasaletta.com
www.villasaletta.com

Viticoltura: Convenzionale
Ettari: 32 | **Bottiglie:** 100.000 | **Produzione olearia:** Sì
Proprietà: Famiglia Hands
Cond. enologica: David Landini
Cond. agronomica: David Landini, Silvia Mellini
Vendita diretta: Sì | **Visite in azienda:** Sì

980 AD 2019
Rosso Igt - Cabernet franc 100%
Alc. 13,5% | € 200 (1,5l) | Bt. 980 | Ferm. Legno | Mat. Legno 24 mesi
Carminio fitto e vivace. Ouverture di mora di gelso, rosmarino, eucalipto, cioccolato e tabacco biondo. Ingresso avvolgente, caratterizzato da una viva acidità che lavora in sinergia con un docile tannino a donare vigore e armonia. Lunga scia dai ritorni balsamici di liquirizia. Filetto di manzo alla Voronoff.

SALETTA RICCARDI 2019
Rosso Igt - Sangiovese 100%
Alc. 14,5% | € 50 | Bt. 5.000 | Ferm. Terracotta | Mat. Legno 24 mesi
Ravioli di magro con funghi chiodini.

SALETTA GIULIA 2019
Rosso Igt - Cabernet franc 65%, Cabernet sauvignon 35%
Alc. 14% | € 50 | Bt. 5.000 | Ferm. Legno | Mat. Legno 24 mesi
Gulasch di manzo alla paprica dolce.

CHIAVE DI SALETTA 2019
Rosso Igt - Sangiovese 50%, Cabernet franc 20%, Cabernet sauvignon 20%, Merlot 10%
Alc. 14,5% | € 22 | Bt. 20.000 | Ferm. Acciaio | Mat. Legno 14 mesi
Pecorino di Pienza.

CHIANTI SUPERIORE 2019
Rosso Docg - Sangiovese 97%, Cabernet sauvignon 2%, Merlot 1%
Alc. 14% | € 14 | Bt. 30.000 | Ferm. Acciaio | Mat. Legno 12 mesi
Pappardelle con sugo di lepre.

980 AD
2018

SALETTA GIULIA
2016 | 2018

Villa Santo Stefano

(2006)

Nel 2001 Wolfgang Reitzle acquisì la "Villa Bertolli" in Lucchesia, con oliveti e un vigneto e che con la moglie, Nina Ruge, decisero di ribattezzarla in onore della pieve del IX secolo, Pieve Santo Stefano, che si trova nelle immediate vicinanze, dando vita a un'azienda agricola che produce vino e olio EVO. Ulteriore passo è stato recentemente fatto con l'acquisto di 11 ettari di vigneto a Manciano, in Maremma, destinati alla produzione di Cabernet Franc in purezza. Passo azzardato? "Per la produzione del proprio vino solo i primi cento anni sono difficili", e se lo dice Wolfgang Reitzle...

Via della Chiesa XIV, 504/B - Località Pieve Santo Stefano - 55100 Lucca (LU)
T. 0583 395349 | M. info@villa-santostefano.it
www.villa-santostefano.it

Viticoltura: Biologica certificata
Ettari: 7 | **Bottiglie:** 50.000 | **Produzione olearia:** Sì
Proprietà: Wolfgang Reitzle
Cond. enologica: Alessio Farnesi, Attilio Pagli
Cond. agronomica: Alessandro Garzi
Vendita diretta: Sì | **Visite in azienda:** Sì

NINA 2020
Rosso Igt - Cabernet franc 100%
Alc. 14% | € 70 | Ferm. Acciaio | Mat. Legno 14 mesi
Manto cremisi. Un ventaglio di sciroppo di ribes, carcadè e glicine s'alterna a rilievi di tapenade, bacche di ginepro, chiodi di garofano e caffè. L'elevato tenore alcolico è in parte bilanciato da vispa acidità e tannini tenaci. Chiusura mediamente persistente alla genziana. Oca arrosto.

LOTO 2020
Rosso Igt - Cabernet sauvignon 50%, Merlot 30%, Cabernet franc 10%, Petit verdot 10%
Alc. 14,5% | € 40 | Bt. 14.000 | Ferm. Acciaio | Mat. Legno 14 mesi e Cemento 9 mesi
Hamburger di manzo con Montasio fuso.

COLLINE LUCCHESI ROSSO SERENO 2021
Rosso Doc - Sangiovese 80%, Canaiolo, Colorino e Ciliegiolo 20%
Alc. 14,5% | € 18 | Bt. 6.000 | Ferm. Acciaio | Mat. Legno 12 mesi
Fusilli di kamut al ragù di faraona.

GIOIA 2022
Bianco Igt - Vermentino 100%
Alc. 13% | € 14 | Ferm. Acciaio | Mat. Acciaio 6 mesi
Guazzetto di moscardini.

LUNA 2022
Rosato Igt - Merlot 50%, Sangiovese 50%
Alc. 13% | € 16 | Bt. 6.000 | Ferm. Acciaio | Mat. Acciaio 6 mesi
Linguine al sugo di totani e piselli.

VOLO 2022
Rosso Igt - Cabernet sauvignon 40%, Petit verdot 40%, Alicante 20%
Alc. 14% | € 12 | Bt. 1.000 | Ferm. Acciaio | Mat. Cemento 10 mesi
Crescentine e salumi.

LOTO
2018

GIOIA
2021

Villa Trasqua

(1965)

Oltre mille anni di avvenimenti storici legano il passato di Villa Trasqua al suo presente. Nonostante qualcosa nel tempo si sia perso, qualcos'altro è rimasto, e la viticoltura e la produzione di vino, fortunatamente, sono tra questo. Forti di ciò, l'odierno propone un'individualità enologica di gran rispetto nel Gran Selezione Nerento, che è essenza di "terreni e cose", come affermano gli Hulsbergen, che avvalora e giustifica sforzi e pensieri: un vino che sembra d'altri tempi, ma con il tempo dalla sua parte, per essere un punto di riferimento.

Località Trasqua - 53011 Castellina in Chianti (SI)
T. 0577 743075 | M. info@villatrasqua.it
www.villatrasqua.it

Viticoltura: Biologica
Ettari: 54 | **Bottiglie:** 250.000 | **Produzione olearia:** Sì
Proprietà: Famiglia Hulsbergen
Cond. enologica: Franco Bernabei
Cond. agronomica: Andrea Contarino
Vendita diretta: Sì | **Visite in azienda:** Sì

93

CHIANTI CLASSICO GRAN SELEZIONE NERENTO 2017
Rosso Docg - Sangiovese 100%
Alc. 14% | € 36 | Ferm. Legno | Mat. Legno 30 mesi
Carminio con trina granato. Sfera olfattiva di viola e alloro, ampiezza completata con cedro bianco, mora, liquirizia ed eucalipto. Tannino potente e docile insieme, rende affilato il sorso che si riempie di succo di arancia Sanguinella e scivola nel balsamico e nello speziato. Rosticciana.

TRASGAIA 2018
Rosso Igt - Sangiovese 50%, Cabernet sauvignon 40%, Cabernet franc 10%
Alc. 14% | € 26 | Bt. 5.000 | Ferm. Legno | Mat. Legno 24 mesi
Capriolo con salsa di ribes rosso.

CHIANTI CLASSICO FANATICO RISERVA 2018
Rosso Docg - Sangiovese 98%, Cabernet franc 2%
Alc. 14% | € 23 | Bt. 50.000 | Ferm. Legno | Mat. Legno 24 mesi
Pappardelle al ragù di cervo.

TRASANTO
Rosso Igt Passito - Sangiovese 100%
Alc. 13% | € 22 | Bt. 5.000 | Ferm. Legno | Mat. Legno 36 mesi
Strudel di mele.

CHIANTI CLASSICO 2019
Rosso Docg - Sangiovese 85%, Merlot 10%, Cabernet sauvignon 5%
Alc. 14% | € 14 | Bt. 80.000 | Ferm. Acciaio | Mat. Legno 12 mesi
Involtini di vitello lardellati.

CHIANTI CLASSICO GRAN SELEZIONE NERENTO
2009 | 2016

CHIANTI CLASSICO
2018

UMB
RIA

I sentieri e le pietre delle anime eccelse

Luciano Ferraro

Una fotografia di Steve McCurry racconta l'Umbria meglio di un reportage o di uno studio. McCurry è il fotoreporter che nel 1985 firmò il ritratto della ragazza afghana dagli occhi verdi, una celebre immagine che finì sulla copertina del National Geographic e raccontò la bellezza sopravvissuta alla lunghissima guerra. Nel 2014 McCurry girò per due mesi la regione, andò alle feste popolari, visitò i conventi e le cantine, Assisi, la corsa dei ceri di Gubbio, l'Infiorata di Spello, la Cascata delle Marmore, i salumi di Norcia, l'Umbria Jazz, il Festival dei Due Mondi di Spoleto. Poi in un garage incontrò una ragazza dagli occhi celesti, con un copricapo che sembrava quello della Ragazza con l'orecchio di perla di Jan Vermeer. Quel viso aprì la mostra di McCurry con 100 scatti sull'Umbria, donati per finanziare il restauro dell'affresco di Raffaello nella cappella di San Severo. Il titolo della mostra era "Sensational Umbria". Ed è davvero sensazionale il paesaggio umbro se è riuscito ad attrarre spiriti eletti e celebrità da ogni parte del mondo. Come la scrittrice Susanna Tamaro, triestina di nascita e umbra d'adozione. Da più di una dozzina d'anni racconta, anche sul *Corriere della Sera*, il suo rapporto con la regione, lo stupore per la bellezza della natura. E anche le difficoltà che incontra il proprietario di una piccola impresa agrituristica come la sua. Ma soprattutto svela periodicamente il suo legame d'amore con la terra, le colline e le montagne che la circondano. In questo modo: "Camminando, mi tornavano in mente le famose parole di Jankélévitch: 'Si può vivere senza musica, senza bellezza, senza poesia, ma mica tanto bene'. Si può anche vivere senza radici, dunque, ma mica tanto bene, perché un essere umano è costituito da ciò che è stato prima di lui e da ciò che è in grado di tramandare alle persone che verranno. Guardavo le vette dei Sibillini, e pensavo a Francesco, a Benedetto, alle anime eccelse che hanno camminato su quei prati, su quelle pietre. Non c'è nessun altro luogo al mondo in cui vorrei vivere. Non per le lenticchie o i salumi, peraltro deliziosamente eccelsi, ma perché in queste valli solitarie, tra questi fragili borghi arroccati, è nato il pensiero che ha fatto grande la civiltà europea. Senza Francesco, senza Benedetto, che Europa sarebbe? Senza Nicola da Tolentino, Bonaventura da Bagnoregio, Angela da Foligno, Rita da Cascia, senza Chiara da Montefalco come saremmo diventati?".

Susanna Tamaro: "Non c'è nessun altro luogo in cui vorrei vivere. Qui è nato il pensiero alla base della civiltà europea".

Susanna Tamaro è arrivata per la prima volta a Orvieto nel 1978. In quel periodo studiava al Centro sperimentale di cinematografia. A Orvieto era stato organizzato un convegno sulle scuole di cinema europee. Ricorda: "Non sapevo nulla di quella piccola città medievale, così quando, percorrendo via Maitani, mi sono trovata improvvisamente di fronte alla facciata del Duomo, ho provato un profondo turbamento. Ero impreparata all'esplodere improvviso di tanta bellezza. Anche Edith Wharton, ho scoperto anni dopo, percorrendo nel suo viaggio in Italia la strada che da Bagnoregio porta a Orvieto, alla vista del Duomo, quasi sospeso tra le nubi, era stata colta dalla Sindrome di Stendhal". La sua descrizione dell'Umbria, dopo averla conosciuta da vicino, è precisa e lusinghiera: "Una regione baciata dalla fortuna. Gode di un grande patrimonio storico artistico, oltre che di un paesaggio incantevole – seppure intaccato dagli orrori delle lottizzazioni – ancora integro e pieno di fascino, di una natura collinare e montuosa che sarebbe il paradiso per le piccole coltivazioni di qualità e per il turismo verde". Colpisce che in questo paradiso ci siano controlli più che serrati sugli agricoltori, di cui a volte la burocrazia non coglie il ruolo di tutori del paesaggio. "Dopo diversi anni di queste continue incursioni – ha raccontato Tamaro proprio in un articolo per il Corriere – un mio conoscente, pur risultando ogni volta totalmente in regola, alla fine ha deciso di comprare la macchina per la vendemmia. La macchina naturalmente funziona benissimo, ma dodici operai sono rimasti, e rimarranno per sempre, a casa".

Brunello Cucinelli: "Mi affascina il profumo buono della terra, ricordo le corse fra le zolle da bambino".

E ha commentato amaramente:
"L'agricoltura di qualità sarebbe una grande opzione per queste zone collinari. Sarebbe, se si permettesse di farla, se non ci fosse una pletora di leggi, leggine, controleggi, balzelli, ordinanze, contro ordinanze gestite da un gran numero di enti spesso in contrasto tra loro. Nonostante questo, il paesaggio umbro negli ultimi anni si è arricchito di agriturismi che puntano sulle vacanze verdi e di piccole aziende agricole, non solo cantine, che puntano sulla qualità dei prodotti.
In tanti, assieme a Susanna Tamaro, hanno eletto l'Umbria come buon ritiro. Uno fra tutti, l'ex presidente della Bce ed ex premier del Consiglio Mario Draghi, con base a Città della Pieve. Il regista George Lucas (*Star Trek*), quando ha visto un antico monastero con vista sul lago a Passignano lo ha trasformato in un resort esclusivo e in una cantina. Un altro personaggio convertito al vino è Brunello Cucinelli. A Solomeo, nell'azienda-borgo che guida come un principe medievale, ha iniziato a produrre un rosso importante per recuperare, come ha spiegato, "le radici contadine della mia famiglia. Mi affascina il profumo buono della terra, ricordo le corse fra le zolle da bambino. Il vino è un omaggio al paesaggio dell'Umbria".
Quel luogo fatto di storie e tradizioni, di fascinosi centri di cultura, come il Museo del Vino di Torgiano, fortemente voluto dalla famiglia Lungarotti; nel 2024 una parte delle opere dovrebbe essere esposta negli spazi di Vinitaly, proseguendo sulla scia del successo ottenuto, nell'edizione di quest'anno, dall'esposizione di due opere del Caravaggio e di Guido Reni.

Highlights

12.400 ETTARI VITATI COMPLESSIVI
6.520 destinati a DOP, 5.217 destinati a IGP, 663 destinati a vini generici.

RIPARTIZIONE COLORE
Vini bianchi 46,33%
Vini rossi o rosati 53,67%

596.970 HL DI PRODUZIONE TOTALE
49,71% di vino DOP, 43,62% di vino IGP, 6,67% di vini generici.

LE PROVINCE PIÙ PRODUTTIVE
Perugia 62,10% sul totale,
Terni 37,90% sul totale

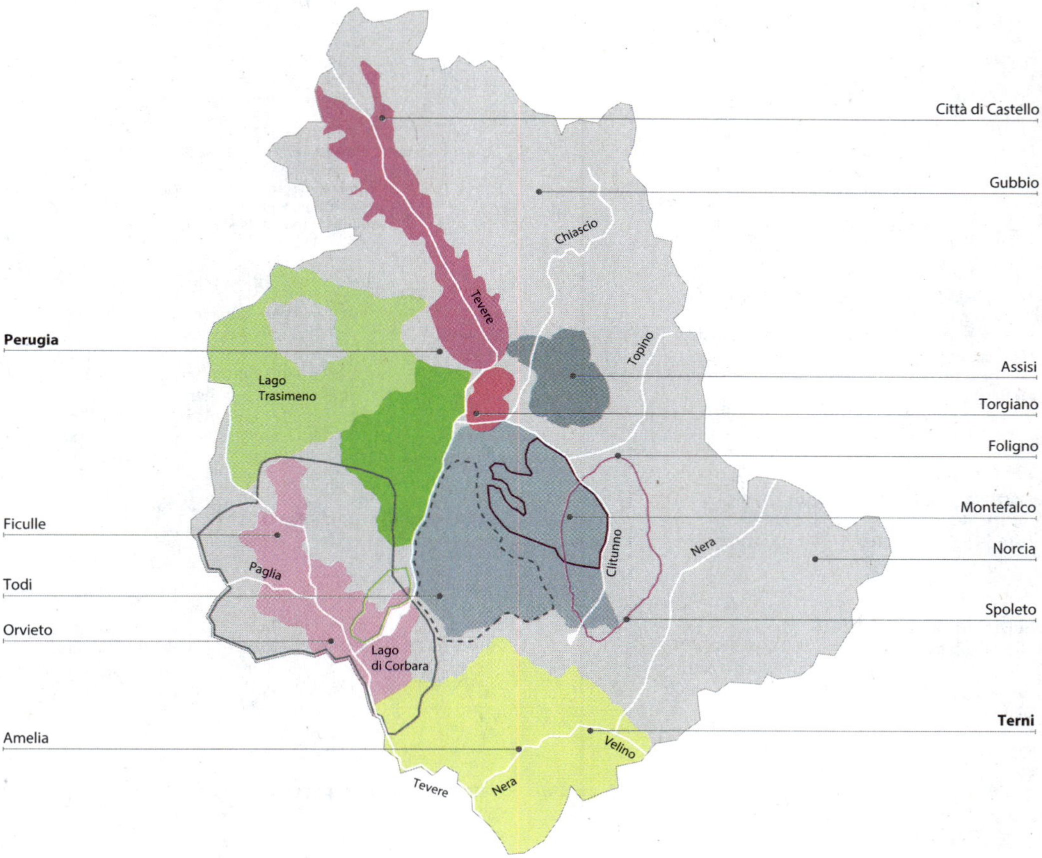

Legenda

- Colli Altotiberini
- Colli del Trasimeno o Trasimeno
- Colli Perugini
- Assisi
- Torgiano Rosso Riserva DOCG
- Torgiano
- Rosso Orvietano o Orvietano Rosso
- Orvieto
- Lago di Corbara
- Todi
- Colli Martani
- Montefalco Sagrantino DOCG
- Montefalco
- Spoleto
- Amelia

Adanti
(1974)

Buone notizie dalla cantina Adanti. Si diffonde la qualità nelle etichette meno note e si assesta su quelle di punta, interpretando un territorio dove il lavoro attento e appassionato si coniuga al patrimonio viticolo dell'azienda. Assente il Domenico, a riposo per un altro anno, è il Sagrantino Arquata a dominare la scena con il suo vigore tannico e la sua personalità aromatica. A seguire la Riserva, dal profumo di piccoli frutti rossi, rosa canina, cacao, legna arsa e dal sorso agile e bilanciato, dove trova spazio una piacevole freschezza che si racconta a lungo.

Via Belvedere, 2 - 06031 Bevagna (PG)
T. 0742 360295 | M. info@cantineadanti.com
www.cantineadanti.com

Viticoltura: Biologica
Ettari: 30 | **Bottiglie:** 130.000 | **Produzione olearia:** Sì
Proprietà: Daniela Adanti
Cond. enologica: Daniele Palini
Cond. agronomica: Massimo Bianconi
Vendita diretta: Sì | **Visite in azienda:** Sì

(92,5)

MONTEFALCO SAGRANTINO ARQUATA 2016
Rosso Docg - Sagrantino 100%
Alc. 15% | € 35 | Bt. 20.000 | Ferm. Acciaio | Mat. Legno 30 mesi
Tinta granato, richiami olfattivi di mora, ribes, radice di liquirizia, bacche di ginepro e accenti di viola appassita; a seguire tabacco scuro, sottobosco e china. Voluminoso ma equilibrato il gusto, giocato tra spessore calorico e tannino cesellato. Gustoso e lento il finale con ritorni fruttati e balsamici. Piccione ai porcini e tartufo nero.

MONTEFALCO ROSSO RISERVA 2018
Rosso Doc - Sangiovese 80%, Sagrantino 20%
Alc. 14,5% | € 25 | Bt. 10.000 | Ferm. Acciaio | Mat. Legno 30 mesi
Cosciotto di maiale farcito.

L'ARQUATA DI ALVARO 2015
Rosso Igt - Cabernet 40%, Merlot 40%, Barbera 20%
Alc. 14,5% | € 35 | Bt. 5.000 | Ferm. Acciaio | Mat. Legno 36 mesi
Carpaccio di chianina e insalata di porcini.

MONTEFALCO SAGRANTINO PASSITO 2019
Rosso Docg Passito - Sagrantino 100%
Alc. 14,5% | € 35 (0,5l) | Bt. 4.500 | Ferm. Acciaio | Mat. Legno 48 mesi
Panpepato.

MONTEFALCO ROSSO 2019
Rosso Doc - Sangiovese 70%, Sagrantino 20%, Cabernet 5%, Merlot 5%
Alc. 14,5% | € 15 | Bt. 60.000 | Ferm. Acciaio | Mat. Acciaio 12 mesi e Legno 12 mesi
Fusilli di kamut al ragù di faraona.

MONTEFALCO GRECHETTO 2022
Bianco Doc - Grechetto 100%
Alc. 13% | € 12 | Bt. 15.000 | Ferm. Acciaio | Mat. Acciaio 6 mesi
Crostini con baccalà mantecato.

MONTEFALCO ROSSO RISERVA
2010

MONTEFALCO SAGRANTINO IL DOMENICO
2012

Altarocca
(2001)

Esordio in Guida per questa cantina immersa tra i vigneti e gli uliveti delle colline orvietane tra la confluenza dei Fiumi Paglia e Chiani. La bellezza del territorio è ben rappresentata nei vini prodotti che denotano una sapiente conduzione enologica e cura del dettaglio. Da segnalare, oltre al pregevole Lavico, generoso e proporzionato, il Librato, un Rosso Orvietano, denominazione poco prodotta, quasi nell'ombra rispetto al più famoso bianco, che stupisce per la sua pregevole bevibilità e freschezza.

Località Rocca Ripesena, 62 - 05018 Orvieto (TR)
T. 0763 344210 | M. info@cantinaaltarocca.com
www.cantinaaltarocca.com

Viticoltura: Biologica certificata
Ettari: 11 | **Bottiglie:** 35.000 | **Produzione olearia:** Sì
Proprietà: Sabrina Ceprini
Cond. enologica: Roberto Muccifuori
Cond. agronomica: Gianluca Petti
Vendita diretta: Sì | **Visite in azienda:** Sì

LAVICO 2018
Rosso Igt - Merlot 60%, Cabernet sauvignon 40%
Alc. 14% | € 28 | Bt. 3.300 | Ferm. Acciaio | Mat. Acciaio 12 mesi e Legno 12 mesi
Vivido rubino impenetrabile. Sentori di ciliegia, mora di rovo, visciole sotto spirito, fiori secchi, pepe nero, tracce mentolate e di humus. In bocca è appagante con un tannino ben rifinito, bilanciato da una buona componente alcolica e glicerica. Persistenti gli aromi di frutta nera. Pernici farcite.

ROSSO ORVIETANO LIBRATO 2021
Rosso Doc - Cabernet franc 70%, Canaiolo 30%
Alc. 14% | € 16 | Bt. 6.600 | Ferm. Acciaio | Mat. Acciaio 6 mesi
Petto di germano reale al balsamico.

ORVIETO CLASSICO SUPERIORE ALBACO 2021
Bianco Doc - Grechetto 50%, Chardonnay 40%, Procanico 10%
Alc. 13,5% | € 21 | Bt. 6.600 | Ferm. Acciaio | Mat. Acciaio 6 mesi e Legno 2 mesi
Gnocchetti di zucca con porcini.

ORVIETO CLASSICO ARCOSESTO 2022
Bianco Doc - Grechetto 50%, Procanico 30%, Malvasia 20%
Alc. 13% | € 13 | Bt. 13.300 | Ferm. Acciaio | Mat. Acciaio 6 mesi
Frittata di erbette.

Annesanti
(2013)

Si conclude il primo decennio di questa splendida realtà che Francesco guida con mano da veterano. In questa zona d'Umbria quasi inesplorata, la convinzione aziendale e la bontà delle scelte fugano ogni possibile dubbio. La Valnerina rappresenta un'identità forte in un ambiante forgiato dagli Appennini, con valli strette e tanti piccoli borghi. La selezione proposta racconta un'idea quasi arcaica di fare vino, con lunghissime macerazioni sulle bucce, damigiane per l'affinamento, solfiti ridotti al minimo. Il valore dei vini certifica che l'intuizione era felice.

Via del Nasciolo, 5 - 05031 Arrone (TR)
T. 347 3151926 | M. info@annesanti.it
www.annesanti.it

Viticoltura: Biologica
Ettari: 6 | **Bottiglie:** 30.000 | **Produzione olearia:** Sì
Proprietà: Francesco Annesanti
Cond. enologica: Andrea Pesaresi, Francesco Annesanti
Cond. agronomica: Francesco Annesanti
Vendita diretta: Sì | **Visite in azienda:** Sì

COLLE FREGIARA 2021
Bianco Igt - Trebbiano spoletino 100%
Alc. 12,5% | € 26 | Bt. 1.300 | Ferm. Terracotta | Mat. Terracotta 10 mesi e Damigiana 6 mesi
Paglierino pieno con intarsi d'oro verde. Cedro candito, ananas, composta di pera, petali di rosa ed elicriso aprono a cera d'api e pepe bianco. L'approccio al palato è suadente, reso dinamico grazie alla verve acida che nella durevolezza si rifà a timbri agrumati. Risotto con rape rosse e Gorgonzola.

FONTE FARRO 2022
Bianco Igt - Grechetto 100%
Alc. 12,5% | € 14 | Bt. 2.800 | Ferm. Acciaio | Mat. Acciaio 6 mesi
Sella di coniglio al tartufo con timballo di patate.

ACQUA DELLA SERPA 2021
Bianco Igt - Grechetto 20%, Malvasia 20%, Pecorino 20%, Trebbiano 20%, altre varietà 20%
Alc. 12,5% | € 26 | Bt. 1.300 | Ferm. Terracotta | Mat. Terracotta 10 mesi
Pesce spada alla griglia.

SUPPRISCOLA 2022
Rosso Igt - Barbera 100%
Alc. 12,5% | € 16 | Bt. 4.000 | Ferm. Acciaio | Mat. Acciaio 7 mesi
Ciauscolo.

SIBILLINO 2022
Bianco Igt - Pecorino 100%
Alc. 12,5% | € 15 | Bt. 2.600 | Ferm. Acciaio | Mat. Acciaio 6 mesi
Cappellacci di zucca.

NASCIOLO 2022
Rosato Igt - Barbera 100%
Alc. 12% | € 12 | Bt. 2.800 | Ferm. Acciaio | Mat. Acciaio 6 mesi
Pinsa romana con acciughe e capperi.

COLLE FREGIARA
2017

FONTE FARRO
2020

Antonelli San Marco
(1881)

È una delle aziende più antiche del panorama montefalchese e sono tanti i successi e i riconoscimenti ottenuti da Filippo nel corso degli anni. Tutto lascerebbe immaginare che con il tempo l'impulso e la voglia di sperimentare si affievoliscano, qui invece si accelera: completata la nuova cantina destinata all'affinamento, la gamma si sta ampliando con uno spumante Metodo Classico e soprattutto un lavoro certosino per esaltare le caratteristiche dei singoli vigneti nelle differenti interpretazioni di sagrantino. Il Mulino dell'Attone è un vino di raffinata eleganza e con un luminoso futuro.

Località San Marco, 60 - 06036 Montefalco (PG)
T. 0742 379158 | M. info@antonellisanmarco.it
www.antonellisanmarco.it

Viticoltura: Biologica certificata
Ettari: 60 | **Bottiglie:** 420.000 | **Produzione olearia:** Sì
Proprietà: Filippo Antonelli
Cond. enologica: Paolo Salvi, Massimiliano Caburazzi
Cond. agronomica: Alessio Moretti
Vendita diretta: Sì | **Visite in azienda:** Sì

95

MONTEFALCO SAGRANTINO MOLINO DELL'ATTONE 2018
Rosso Docg - Sagrantino 100%
Alc. 15,5% | € 47 | Bt. 1.980 | Ferm. Acciaio | Mat. Legno 48 mesi
Rosso rubino con riflessi granato. Olfatto signorile, visciola, ciliegia nera e rosa canina s'arricchiscono di memorie di ginepro, radice di liquirizia, alloro e pepe. L'avvolgente tempra calorica è al servizio della trama tannica, epilogo dalla gustosa freschezza fruttata. Filetto di bue con salsa di Roquefort.

MONTEFALCO ROSSO RISERVA 2019
Rosso Doc - Sangiovese 80%, Sagrantino 20%
Alc. 14,5% | € 19 | Bt. 20.000 | Ferm. Acciaio | Mat. Legno 18 mesi e Cemento 4 mesi
Beccacce allo spiedo.

SPOLETO TREBBIANO SPOLETINO ANTEPRIMA TONDA 2020
Bianco Doc - Trebbiano spoletino 100%
Alc. 12,5% | € 18 | Bt. 3.900 | Ferm. Terracotta | Mat. Terracotta 9 mesi
Risotto ai finferli.

MONTEFALCO SAGRANTINO CHIUSA DI PANNONE 2018
Rosso Docg - Sagrantino 100%
Alc. 15,5% | € 37 | Bt. 10.000 | Ferm. Acciaio | Mat. Legno 40 mesi e Cemento 18 mesi
Medaglioni di cervo con riduzione di cottura.

MONTEFALCO SAGRANTINO 2018
Rosso Docg - Sagrantino 100%
Alc. 15% | € 24 | Bt. 43.000 | Ferm. Acciaio | Mat. Legno 36 mesi e Cemento 6 mesi
Bocconcini di cinghiale con salsa di prugne.

SPOLETO TREBBIANO SPOLETINO TREBIUM 2022
Bianco Doc - Trebbiano spoletino 100%
Alc. 13% | € 12 | Bt. 40.000 | Ferm. Legno e Acciaio | Mat. Legno 6 mesi
Sformato di patate e prosciutto cotto.

MONTEFALCO SAGRANTINO MOLINO DELL'ATTONE
2016

SPOLETO TREBBIANO SPOLETINO TREBIUM
2018 | 2019

Argillae
(1982)

Torniamo con piacere dopo qualche anno a parlare di Argillae. Siamo nell'alto Orvietano, in un'area storica e vocata costituita in prevalenza da suoli calcareo-argillosi e caratterizzata dai famosi calanchi. Se a questo aggiungiamo l'entusiasmo e le idee innovative di Giulia, non possono che nascere etichette con una marcata identità territoriale. Il Primo d'Anfora conquista per l'esuberanza delle sensazioni odorose e del sorso insieme a una golosa sapidità. Le due interpretazioni di Orvieto colpiscono per tipicità e carattere, e palesano un ottimo potenziale evolutivo.

Vocabolo Pomarro, 45 - 05010 Allerona (TR)
T. 0763 624604 | M. info@argillae.eu
www.argillae.eu

Viticoltura: In conversione al biologico
Ettari: 14 | **Bottiglie:** 95.000 | **Produzione olearia:** Sì
Proprietà: Famiglie Bonollo, Di Cosimo e Ascenzi
Cond. enologica: Lorenzo Landi
Cond. agronomica: Alessio Macchia
Vendita diretta: Sì | **Visite in azienda:** Sì

PRIMO D'ANFORA 2020
Bianco Igt - Grechetto 60%, Drupeggio 20%, Malvasia 20%
Alc. 13% | € 35 | Bt. 2.000 | Ferm. Terracotta | Mat. Terracotta 9 mesi
Dorato e luminoso. Al naso si concede lentamente, con mandarino e kumquat in primis, poi acacia e biancospino cedono il passo all'elicriso su un fondo di pietra focaia. Assaggio dinamico, la morbidezza e la generosa sapidità marina accompagnano la lunga chiusura dagli aromi fruttati. Linguine all'astice.

ORVIETO CLASSICO SUPERIORE PANATA 2021
Bianco Doc - Grechetto 50%, Chardonnay 30%, Procanico 20%
Alc. 13,5% | € 18 | Bt. 8.000 | Ferm. Legno e Acciaio | Mat. Acciaio 4 mesi
Tortelli di zucca e salvia.

ORVIETO SUPERIORE 2022
Bianco Doc - Grechetto 50%, Chardonnay 15%, Sauvignon 15%, Malvasia 10%, Procanico 10%
Alc. 12% | € 13 | Bt. 4.000 | Ferm. Acciaio | Mat. Acciaio 3 mesi
Brie de Meaux.

ROSETUM 2022
Rosato - Grenache 50%, Syrah 50%
Alc. 12% | € 13 | Bt. 2.000 | Ferm. Acciaio | Mat. Acciaio 2 mesi
Pizza con bufala e pomodorini.

GRECHETTO 2022
Bianco Igt - Grechetto 100%
Alc. 12,5% | € 15 | Bt. 20.000 | Ferm. Acciaio | Mat. Acciaio 6 mesi
Fiori di zucca ripieni di ricotta e acciughe.

SINUOSO 2022
Rosso Igt - Cabernet 35%, Merlot 35%, Montepulciano 30%
Alc. 13,5% | € 15 | Bt. 15.000 | Ferm. Acciaio | Mat. Acciaio 5 mesi
Costolette di maiale alla brace.

VASCELLARUS
2013

ORVIETO CLASSICO SUPERIORE PANATA
2015

Barberani
(1961)

La storia di quest'azienda è per molti aspetti legata alla storia del vino orvietano, e in vari passaggi ha contribuito a indicarne la strada. È ormai qualche anno che Niccolò e Bernardo dettano la direzione. La narrazione di questo distretto ruota intorno al profondo legame con la muffa nobile, e i vini in cima a questa selezione raccontano due visioni diverse di questo rapporto. Il Calcaia si propone nella consueta veste di Muffato Orvietano, mentre nel Luigi e Giovanna la quota di uve botritizzate è più discreta ma altrettanto significativa, una perla nel panorama orvietano.

Vocabolo Mignattaro, 26 - Località Cerreto - 05023 Baschi (TR)
T. 0763 341820 | M. info@barberani.com
www.barberani.it

Viticoltura: Biologica certificata e biodinamica
Ettari: 60 | **Bottiglie:** 250.000 | **Produzione olearia:** Sì
Proprietà: Famiglia Barberani
Cond. enologica: Niccolò Barberani
Cond. agronomica: Niccolò Barberani
Vendita diretta: Sì | **Visite in azienda:** Sì

92
ORVIETO CLASSICO SUPERIORE LUIGI E GIOVANNA 2020
Bianco Doc - Grechetto 90%, Procanico 10%
Alc. 12,5% | € 45 | Bt. 20.000 | Ferm. Acciaio | Mat. Acciaio 2 mesi e Legno 12 mesi
Smagliante paglierino. Profumo raffinato, pesca bianca e fiori di camomilla anticipano un respiro di erbe aromatiche e suggestioni salmastre. Santoreggia e pietra focaia si fondono con marmellata d'agrumi e nuance iodate. Sorso di rara proporzione e persistenza, impeccabilmente piacevole. Soufflé con pecorino e crema di patate.

ORVIETO CLASSICO SUPERIORE MUFFA NOBILE CALCAIA 2020
Bianco Doc Dolce - Grechetto 80%, Procanico 20%
Alc. 11% | € 48 (0,5l) | Bt. 15.000 | Ferm. Acciaio | Mat. Acciaio 12 mesi
Tarte Tatin di mele.

ORVIETO CLASSICO SUPERIORE CASTAGNOLO 2022
Bianco Doc - Grechetto 70%, Procanico 30%
Alc. 12% | € 18 | Bt. 100.000 | Ferm. Acciaio | Mat. Acciaio 7 mesi
Trenette al pesto, patate e fagiolini.

AMORE 2022
Rosato Igt - Sangiovese 100%
Alc. 10% | € 18 | Bt. 50.000 | Ferm. Acciaio | Mat. Acciaio 3 mesi
Coregone al forno.

FORESCO 2020
Rosso Igt - Sangiovese 80%, Cabernet sauvignon 10%, Merlot 10%
Alc. 13,5% | € 18 | Bt. 70.000 | Ferm. Acciaio | Mat. Acciaio 2 mesi e Legno 12 mesi
Entrecôte alla griglia con scaglie di formaggio.

ORVIETO CLASSICO SUPERIORE MUFFA NOBILE CALCAIA
2018

ORVIETO CLASSICO SUPERIORE LUIGI E GIOVANNA
2016 | 2017 | 2019

Berioli
(1912)

Quest'anno ricorrono i 50 anni dalla discussione della tesi in Agraria da parte del dominus Roberto, ed è chiaro che un'esperienza così lunga dia risultati importanti. La cantina compie un decisivo passo avanti verso la qualità e la diversificazione, mantenendo fede al regime biologico. Due novità da segnalare: lo spumante Metodo Classico Cristina e l'elegante Pirum da uve di cabernet sauvignon prima destinate all'assemblaggio, ora proposte in purezza dopo una lunga sosta in legno. A un passo dall'eccellenza il Vin Santo Sperello, ricco, complesso ed equilibrato.

Via del Moscatello, 3 - Località Montesperello - 06063 Magione (PG)
T. 335 5498173 | M. roberto.berioli@gmail.com
www.cantinaberioli.it

Viticoltura: Biologica certificata
Ettari: 12 | **Bottiglie:** 60.000 | **Produzione olearia:** Sì
Proprietà: Roberto Berioli
Cond. enologica: Fabrizio Ciufoli
Cond. agronomica: Staff aziendale
Vendita diretta: Sì | **Visite in azienda:** Sì

COLLI DEL TRASIMENO VIN SANTO SPERELLO 2017
Bianco Doc Passito - Grechetto 70%, Trebbiano 30%
Alc. 16% | € 38 (0,5l) | Bt. 1.200 | Ferm. Legno | Mat. Legno 60 mesi
Un denso color ambra. Olfatto complesso giocato su china, nocciola, caffè e visciole sotto spirito, poi accenni di caramello, cera d'api e stille eteree. Avvolgente e di pieno equilibrio il gusto. Vino di identità e classe, dalle lunghezze che portano echi di macchia mediterranea e goudron. Stilton.

COLLI DEL TRASIMENO CABERNET SAUVIGNON PIRUM 2018
Rosso Doc - Cabernet sauvignon 100%
Alc. 15% | € 20 | Bt. 3.500 | Ferm. Acciaio | Mat. Legno 48 mesi
Saltimbocca alla romana.

CRISTINA BRUT
Bianco Metodo Classico - Chardonnay 100%
Alc. 12,5% | € 23 | Bt. 3.000 | Ferm. Acciaio | Mat. Acciaio 2 mesi
24 mesi sui lieviti
Fritto di paranza.

COLLI DEL TRASIMENO MERLOT SPIRIDIONE RISERVA 2019
Rosso Doc - Merlot 100%
Alc. 15,5% | € 30 | Bt. 10.000 | Ferm. Acciaio | Mat. Legno 24 mesi
Brasato di manzo al vino rosso.

MALDESTRO 2022
Bianco Igt - Chardonnay 100%
Alc. 14% | € 15 | Bt. 10.000 | Ferm. Acciaio | Mat. Acciaio 6 mesi
Risotto con mazzancolle al profumo d'arancia.

TOPPOROSSO
2018 | 2019

COLLI DEL TRASIMENO SPUMANTE CRISITINA
2019

Bettalunga
(2015)

Parlando con Alessandro si percepisce tutta la soddisfazione per aver mantenuto una promessa. Calamaio, nuova etichetta da grero al 100%, un vitigno autoctono difficile da interpretare, è una bottiglia che racconta tanto: un percorso lungo, frastagliato, la volontà di perseguire un obiettivo e di renderlo reale. E gli sforzi sono stati ampiamente ripagati. Ma le novità non finiscono qui: Gessale, un rosato da sangiovese, ci fa capire che la strada intrapresa è quella giusta, come accade del resto a tutti i vini di questa cantina che nel tempo è arrivata a quasi cinque ettari di terreni vitati.

Via Bettalunga, 25 - Località Castello delle Forme - 06050 Marsciano (PG)
T. 075 8785106 | M. info@bettalunga.it
www.bettalunga.it

Viticoltura: Biologica
Ettari: 3,5 | **Bottiglie:** 10.000 | **Produzione olearia:** No
Proprietà: Alessandro Lanterna
Cond. enologica: Alessandro Lanterna
Cond. agronomica: Alessandro Lanterna
Vendita diretta: Sì | **Visite in azienda:** Sì

CALAMAIO 2020
Rosso Igt - Grero 100%
Alc. 14% | € 28 | Bt. 800 | Ferm. Acciaio | Mat. Legno 6 mesi e Cemento 6 mesi
Rosso rubino compatto, fitto, impenetrabile. Profondità gustativa. In successione emergono profumi di rosa appassita, prugna, sensazioni balsamiche e mentolate, eucalipto e china. Il tannino è delicato e molto ben integrato, mentre la grande persistenza ne fa apprezzare il sottotraccia sapido. Arista di maiale con salsa di prugne.

GESSALE 2022
Rosato Igt - Sangiovese 100%
Alc. 12% | € 18 | Bt. 900 | Ferm. Acciaio | Mat. Acciaio 6 mesi
Spaghetti con vongole veraci.

POVENTO 2022
Bianco Igt - Procanico 100%
Alc. 13% | € 12 | Bt. 2.300 | Ferm. Acciaio | Mat. Acciaio 6 mesi
Crostini con paté de foie gras d'oca.

MATTATA 2020
Rosso Igt - Sangiovese 100%
Alc. 14,5% | € 25 | Bt. 1.600 | Ferm. Acciaio | Mat. Legno 12 mesi
Carré di maiale al forno con mele renette.

RIGALDO
2020 | 2021

MATTATA
2017 | 2018 | 2019

Bianchini
(2010)

In pochi anni l'azienda di Francesco Bianchini è riuscita a imporsi nel panorama vitivinicolo dell'Alta Valle del Tevere confermando la via intrapresa nel 2010, quella di un'agricoltura eco sostenibile, rispettosa della natura e dell'ambiente. Questa filosofia emerge in tutta la produzione ed è diventata ormai un autentico marchio di fabbrica. Solo due i vini in Guida quest'anno, tra i quali un Calcinaio di altissimo livello e dalle grandi prospettive, ricco di personalità e spessore, a testimonianza di una territorialità che non finisce mai di stupire.

Via Biturgense, 17/bis - Frazione Cerbara - 06012 Città di Castello (PG)
T. 333 6740521 | M. info@agricolabianchini.it
www.agricolabianchini.it

Viticoltura: Ecosostenibile
Ettari: 2 | **Bottiglie:** 3.000 | **Produzione olearia:** No
Proprietà: Famiglia Bianchini
Cond. enologica: Francesco Bianchini
Cond. agronomica: Francesco Bianchini
Vendita diretta: Sì | **Visite in azienda:** Sì

CALCINAIO 2021
Rosso Igt - Sangiovese 60%, Merlot 40%
Alc. 14,5% | € 18 | Bt. 500 | Ferm. Acciaio | Mat. Legno 36 mesi
Lucente e compatto rosso rubino. Incanta con effluvi di visciole sotto spirito, confettura di amarene e peonia, si spinge poi su toni mentolati, di tabacco e polvere di caffè. Morbido, bilanciato da un tannino cesellato e da una corroborante spalla fresco-sapida che s'allunga su ricordi di frutti rossi. Straccetti di vitello al rosmarino.

VECCHIA FORNACE 2022
Bianco Igt - Grechetto 30%, Malvasia 30%, Trebbiano 30%, Chardonnay 10%
Alc. 13,5% | € 10 | Bt. 1.000 | Ferm. Acciaio | Mat. Acciaio 7 mesi
Risotto alle ortiche.

PRIMI PASSI
2017 | 2018 | 2020

ADENZO
2018 | 2019

Bocale
(2002)

Una storia di famiglia quella di Bocale, piccola realtà che in poco più di vent'anni è stata in grado di farsi conoscere in tutto il mondo. Vini sinceri che rispecchiano la grande qualità umbra tanto coi rossi quanto con il Trebbiano Spoletino. Non sorprendono affatto quindi il grande successo oltreoceano e gli importanti riconoscimenti. Quest'anno ci convincono il Sagrantino, figlio di un'annata indubbiamente splendida che conferma tutto il suo carattere, e il Trebbiano Spoletino, ancora una volta dai tratti pienamente varietali.

Via Fratta Alzatura, 118 - Località Madonna della Stella - 06036 Montefalco (PG)
T. 0742 399233 | M. info@bocale.it
www.bocale.it

Viticoltura: Biologica
Ettari: 6 | **Bottiglie:** 35.000 | **Produzione olearia:** Sì
Proprietà: Famiglia Valentini
Cond. enologica: Emiliano Falsini
Cond. agronomica: Staff aziendale
Vendita diretta: Sì | **Visite in azienda:** Sì

MONTEFALCO SAGRANTINO BOCALE 2019
Rosso Docg - Sagrantino 100%
Alc. 15,5% | € 30 | Bt. 8.906 | Ferm. Acciaio | Mat. Legno 24 mesi
Cremisi dall'ottima fittezza. Preciso l'olfatto giocato su visciola, mirtillo, cioccolato e amarene. Toni di liquirizia conducono a grafite, rosa canina e borragine in fiore. Sorso di corpo e grande verve acida, tannino vellutato. Aromi di mora di rovo in chiusura. Allodole tartufate in casseruola.

SPOLETO TREBBIANO SPOLETINO BOCALE 2022
Bianco Doc - Trebbiano spoletino 100%
Alc. 13% | € 17 | Bt. 1.300 | Ferm. Acciaio | Mat. Acciaio 6 mesi
Stoccafisso all'anconetana.

MONTEFALCO ROSSO BOCALE 2021
Rosso Doc - Sangiovese 70%, Sagrantino 15%, Merlot 10%, Colorino 5%
Alc. 15% | € 17 | Bt. 15.400 | Ferm. Acciaio | Mat. Legno 12 mesi
Coda alla vaccinara.

SPOLETO TREBBIANO SPOLETINO BOCALE
2021

MONTEFALCO SAGRANTINO BOCALE
2018

Briziarelli
(1979)

Ad accoglierci nella sala degustazione che si affaccia su Bevagna e Assisi è Alessandro, che dal 2021 ha preso in mano questa bellissima realtà. Le vigne si trovano su una delle colline più interessanti dell'intero comprensorio. Qui troviamo varietà autoctone ma anche internazionali, tra le quali cabernet franc e viognier. La mission è guardare al futuro cercando d'interpretare i gusti che cambiano. Di nota il Sua Signoria e il Montefalco Sagrantino. Quest'ultimo ragiona sulla filosofia del "less is more" per ottenere un vino immediato e di facile beva. Scommessa vinta a nostro giudizio.

Via Colle Allodole, 10 - 06031 Bevagna (PG)
T. 0742 360036 | M. marketing@cantinebriziarelli.it
www.cantinebriziarelli.it

Viticoltura: In conversione al biologico
Ettari: 25 | **Bottiglie:** 150.000 | **Produzione olearia:** Sì
Proprietà: Famiglia Briziarelli
Cond. enologica: Andrea Bernardini
Cond. agronomica: Franco Fierli
Vendita diretta: Sì | **Visite in azienda:** Sì

MONTEFALCO SAGRANTINO 2018
Rosso Docg - Sagrantino 100%
Alc. 15% | € 35 | Bt. 6.700 | Ferm. Acciaio | Mat. Acciaio 21 mesi e Legno 12 mesi
Rubino di luce dalla delicata e apprezzabile trasparenza. Al naso ciliegia sotto spirito, violetta, caffè tostato, tabacco biondo accompagnati da sbuffi speziati e pepe nero. Tannino perfettamente integrato. Ottima la persistenza che lascia autenticità e godimento. Guanciale di vitello in umido con patate.

SUA SIGNORIA 2022
Bianco Igt - Trebbiano spoletino 100%
Alc. 12,5% | € 16 | Bt. 6.300 | Ferm. Legno e Acciaio | Mat. Acciaio 7 mesi
Lasagne alle melanzane.

UNONOVEZEROSEI 2018
Rosso Igt - Cabernet sauvignon 50%, Sagrantino 50%
Alc. 14,5% | € 69 | Bt. 3.300 | Ferm. Acciaio | Mat. Acciaio 24 mesi e Legno 12 mesi
Terrina di lepre con salsa di prugne.

ANTHAIA 2022
Rosato Igt - Sagrantino 85%, Sangiovese 15%
Alc. 14% | € 14 | Bt. 4.100 | Ferm. Acciaio | Mat. Acciaio 7 mesi
Riso venere con verdure e crostacei.

BIANCO MATTONE
2019

DUNAROBBA BIANCO
2019

Leonardo Bussoletti
(2008)

Da anni seguiamo e raccontiamo il lavoro di Leonardo per dare valore al ciliegiolo e a un piccolo territorio come quello narnese-amerino. Ci piace pensare che oggi tutto questo non possa ritenersi concluso ma ci sia tanto altro da raccontare. Pienamente operativa la nuova cantina, la cui locanda offre una raffinata proposta territoriale a suo esclusivo utilizzo. La proposta dei vini, dove troneggia un impeccabile Ràmici, si amplia con ben cinque etichette improntate sul ciliegiolo. Una novità è il Colle Pizzuto, una malvasia "vecchia scuola" della quale torneremo a parlare.

Località Pianello - 05029 San Gemini (TR)
T. 0744 715687 | M. info@leonardobussoletti.it
www.leonardobussoletti.it

Viticoltura: Biologica certificata
Ettari: 10 | **Bottiglie:** 70.000 | **Produzione olearia:** Sì
Proprietà: Leonardo Bussoletti
Cond. enologica: Leonardo Bussoletti, Francesco Bordini
Cond. agronomica: Leonardo Bussoletti, Francesco Bordini
Vendita diretta: Sì | **Visite in azienda:** Sì

95

RÀMICI 2020
Rosso Igt - Ciliegiolo 100%
Alc. 13% | € 23 | Bt. 3.000 | Ferm. Acciaio | Mat. Legno 24 mesi
Carminio smagliante. Fragranze di erbe officinali e amarena anticipano mirtilli e fragole in gelatina, glicine e ciclamino, più lentamente affiorano guizzi di radice di liquirizia, pepe e cumino. Setoso e agile al palato, tannino di rango e freschezza fruttata scandiscono i tempi di un allungo ben strutturato. Filetto di manzo in crosta alle erbette.

05035 ROSSO 2022
Rosso Igt - Ciliegiolo 100%
Alc. 13% | € 12 | Bt. 20.000 | Ferm. Acciaio | Mat. Acciaio 6 mesi
Coniglio alla cacciatora.

BRECCIARO 2021
Rosso Igt - Ciliegiolo 100%
Alc. 13,5% | € 16 | Bt. 10.000 | Ferm. Acciaio | Mat. Acciaio 12 mesi e Legno 12 mesi
Petto d'anatra laccato al miele.

COLLE MURELLO 2022
Bianco Igt - Trebbiano spoletino 100%
Alc. 12,5% | € 16 | Bt. 6.000 | Ferm. Acciaio | Mat. Acciaio 6 mesi
Sformatino di zucca con fonduta di Asiago.

COLLE OZIO 2022
Bianco Igt - Grechetto 100%
Alc. 13% | € 14 | Bt. 13.000 | Ferm. Acciaio | Mat. Acciaio 6 mesi
Pappardelle con funghi porcini.

COLLE PIZZUTO 2022
Bianco Igt - Malvasia 100%
Alc. 13,5% | € 20 | Bt. 1.200 | Ferm. Acciaio | Mat. Acciaio 6 mesi
Risotto con le spugnole.

RÀMICI
2016 | 2018 | 2019

BRECCIARO
2018 | 2019 | 2020

Cantina Bartoloni
(2004)

La cantina si trova in una zona molto vicina ai Monti Martani, qui le vigne arrivano anche a 550 metri e risultano le più alte di tutto l'areale di Montefalco. La produzione predilige da sempre lunghe attese in botti grandi per non saturare i vini con le note del legno. Nello specifico, l'idea è quella che il vino esca dalla cantina nel suo massimo splendore, tant'è che l'affinamento è notevolmente più lungo rispetto a quanto i disciplinari prevedono. Tutte le etichette sono realizzate su disegni della signora Margherita, mamma di Maria Rosa, avanti negli anni ma dal tratto fanciullesco.

Località Moriano csp, 31 - 06030 Giano Dell'umbria (PG)
T. 338 8195558 | M. info@cantinabartoloni.it
www.cantinabartoloni.it

Viticoltura: In conversione al biologico
Ettari: 6,5 | **Bottiglie:** 30.000 | **Produzione olearia:** Sì
Proprietà: Maria Rosa Bartoloni
Cond. enologica: Massimiliano Caburazzi
Cond. agronomica: Marco Fabrizi
Vendita diretta: Sì | **Visite in azienda:** Sì

MONTEFALCO ROSSO POGGIO LA PIA 2017
Rosso Doc - Sangiovese 70%, Sagrantino 20%, Petit verdot 10%
Alc. 13,5% | € 24 | Bt. 4.000 | Ferm. Acciaio | Mat. Acciaio 12 mesi e Legno 24 mesi
Sfumature granato impreziosiscono il rubino. Profuma di ciliegia nera, ribes e prugna, seguiti da mirto, pepe nero e radice di liquirizia con allusioni di cuoio e humus. All'assaggio tannino e volume calorico dialogano, il sorso si allunga grazie all'acidità ben dosata e a gradevoli aromi fruttati. Stinco di maiale al forno in pancetta affumicata.

3' BIANO 2020
Bianco Igt - Trebbiano spoletino 100%
Alc. 13,5% | € 24 | Bt. 2.000 | Ferm. Acciaio | Mat. Acciaio 6 mesi
Frittata di cipolle.

MONTEFALCO SAGRANTINO NORMANNIA 2017
Rosso Docg - Sagrantino 100%
Alc. 15% | € 32 | Bt. 10.000 | Ferm. Acciaio | Mat. Legno 40 mesi
Cinghiale in umido.

LO SDILACCIATO 2021
Bianco Igt Metodo Ancestrale - Trebbiano spoletino 100%
Alc. 12,5% | € 28 | Bt. 1.000 | Ferm. Acciaio
Crostini con burro e salmone.

NOBILE 2017
Rosso Igt - Sagrantino 80%, Sangiovese 20%
Alc. 13,5% | € 18 | Bt. 4.000 | Ferm. Acciaio | Mat. Legno 36 mesi
Bucatini all'amatriciana.

Cantina Cenci
(2009)

Sotto l'attenta e minuziosa conduzione di Giovanni Cenci l'azienda è in continuo fermento. Tutte le strade intraprese nella produzione inseguono logiche di carattere agronomico piuttosto che commerciale, volte a consolidare un progetto di sostenibilità in vigna e in cantina e nella proposizione di vini fortemente identitari. In un quadro qualitativo elevato in tutta la produzione diversi vini sfiorano l'eccellenza: il rosato in stile provenzale Lastre Bianche, i bianchi territoriali Anticello e infine la Riserva di sangiovese Piantata Il Gufo.

Vocabolo Anticello - Località San Biagio della Valle - 06072 Marsciano (PG)
T. 380 5198980 | M. info@cantinacenci.it
www.cantinacenci.it

Viticoltura: Biologica certificata
Ettari: 6 | **Bottiglie:** 30.000 | **Produzione olearia:** No
Proprietà: Famiglia Cenci
Cond. enologica: Giovanni Cenci
Cond. agronomica: Giovanni Cenci, Francesco Maria Giugliarelli
Vendita diretta: Sì | **Visite in azienda:** Sì

LASTRE BIANCHE 2022
Rosato Igt - Sangiovese 100%
Alc. 11,5% | € 17 | Bt. 1.333 | Ferm. Legno | Mat. Acciaio 8 mesi
Delicato e lucente rosa tenue che richiama i fiori di pesco. Olfatto che rimanda al succo di melagrana, piccoli frutti rossi, rosa canina e buccia di pompelmo. Al palato si distingue per eleganza ed equilibrio in una vibrante freschezza cui segue una sapidità persistente. Zuppa di pesce.

ANTICELLO 2022
Bianco Igt - Grechetto 100%
Alc. 14% | € 13 | Bt. 7.000 | Ferm. Legno e Acciaio | Mat. Acciaio 8 mesi
Verdure in tempura.

PIANTATA R IL GUFO 2019
Rosso Igt - Sangiovese 100%
Alc. 12,5% | € 35 | Bt. 2.000 | Ferm. Legno | Mat. Legno 34 mesi
Fagiano arrosto.

ANTICELLO DEL SOTTOSCALA 2018
Bianco Igt - Grechetto 100%
Alc. 14% | € 32 | Bt. 727 | Ferm. Legno e Acciaio | Mat. Acciaio 12 mesi
Tacchinella ripiena su letto di patate.

PRIMA QUERCIA 2022
Rosato Igt - Merlot 100%
Alc. 13% | € 17 | Bt. 2.000 | Ferm. Legno | Mat. Acciaio 8 mesi
Risotto ai frutti di mare.

ALAGO STELLATO 2022
Bianco Igt - Pinot grigio 100%
Alc. 12% | € 14 | Bt. 4.000 | Ferm. Acciaio | Mat. Acciaio 12 mesi
Pizza capricciosa.

ANTICELLO
2017

LASTRE BIANCHE
2021

Cantina La Spina

(2000)

La costanza di risultati, unita a un grande livello qualitativo, confermano l'eccellenza di questa piccola realtà situata nella zona collinare di Spina, a pochi chilometri da Perugia. Anche quest'anno la punta di diamante è A Fortiori, un nebbiolo in purezza che non smette di stupire per classe e che riesce a non sfigurare nei confronti di altre espressioni più note di questo varietale. A conferma del grande lavoro svolto da Moreno Peccia, si posizionano molto bene anche altri due rossi storici della produzione: RossoSpina e Polimante della Spina.

Via Emilio Alessandrini, 1 - Frazione Spina - 06072 Marsciano (PG)
T. 349 2304108 | M. cantinalaspina@tiscali.it
www.cantinalaspina.it

Viticoltura: In conversione al biologico
Ettari: 2,2 | **Bottiglie:** 17.000 | **Produzione olearia:** No
Proprietà: Moreno Peccia
Cond. enologica: Moreno Peccia
Cond. agronomica: Moreno Peccia
Vendita diretta: Sì | **Visite in azienda:** Sì

(92,5)

A FORTIORI 2020
Rosso Igp - Nebbiolo 100%
Alc. 14,5% | € 20 | Bt. 1.500 | Ferm. Acciaio | Mat. Acciaio 7 mesi e Legno 12 mesi
Cuore carminio che tende al granato pur restando vivace. Sprigiona fragranze di fragola matura, ribes e arancia rossa che introducono sensazioni speziate e balsamiche di macis e anice stellato. Sorso punteggiato da tannini fini e delicati e da una durevole vena agrumata. Tordi in salmì.

ROSSOSPINA 2020
Rosso Igp - Montepulciano 65%, Nebbiolo 35%
Alc. 14% | € 16 | Bt. 3.500 | Ferm. Acciaio | Mat. Acciaio 7 mesi e Legno 12 mesi
Formaggio di fossa di Sogliano.

POLIMANTE DELLA SPINA 2020
Rosso Igt - Merlot 65%, Gamay 35%
Alc. 14,5% | € 17 | Bt. 1.600 | Ferm. Acciaio | Mat. Acciaio 7 mesi e Legno 12 mesi
Controfiletto di bue alla brace.

FILARE MAIÓRE 2021
Bianco Igp - Trebbiano spoletino 100%
Alc. 14% | € 10 | Bt. 2.200 | Ferm. Acciaio | Mat. Acciaio 8 mesi
Insalata di pollo e verdure.

EBURNEO 2022
Bianco Igp - Grechetto gentile 60%, Trebbiano spoletino 30%, Malvasia di Candia aromatica 10%
Alc. 13% | € 8 | Bt. 5.000 | Ferm. Acciaio | Mat. Acciaio 7 mesi
Mozzarella di bufala campana.

CIMAÀLTA 2022
Rosso Igp - Montepulciano 50%, Merlot 40%, Gamay 10%
Alc. 13,5% | € 9 | Bt. 3.000 | Ferm. Acciaio | Mat. Acciaio 7 mesi
Tagliere di salumi.

A FORTIORI
2016 | 2017 | 2019

ROSSOSPINA
2015 | 2016 | 2019

Cantina Ninni

(2012)

Esempio vincente di come una conduzione attenta e rispettosa della natura in vigna e di una gestione mirabile della vinificazione in cantina - che non prevede né sostanze aggiunte né filtrazioni, possano generare vini di grande pulizia, perfettamente integri e fortemente rappresentativi del territorio. Anche quest'anno abbiamo potuto apprezzare il Poggio del Vescovo con le sue declinazioni fragranti e minerali affiancato dal suggestivo Misluli, un macerato articolato e nervoso allo stesso tempo. Godibilissimo l'ultimo nato, il Carlino, rosso di grande freschezza e bevibilità.

Frazione Terraia, 60/A - 06049 Spoleto (PG)
T. 335 5450523 | M. info@cantinaninnispoleto.com
www.cantinaninnispoleto.com

Viticoltura: Biologica
Ettari: 4,3 | **Bottiglie:** 10.000 | **Produzione olearia:** Sì
Proprietà: Gianluca Piernera
Cond. enologica: Andrea Pesaresi
Cond. agronomica: Staff aziendale
Vendita diretta: Sì | **Visite in azienda:** Sì

SPOLETO TREBBIANO SPOLETINO POGGIO DEL VESCOVO 2021
Bianco Doc - Trebbiano spoletino 100%
Alc. 13% | € 19 | Bt. 2.500 | Ferm. Acciaio | Mat. Acciaio 12 mesi
Manto oro antico. Eleganza e personalità contraddistinguono il vino che regala vigorose percezioni di pietra focaia e di pane appena sfornato. Un'agitazione continua libera pompelmo, nespola, ananas, fiori di pesco e melissa. Il gusto replica e amplifica l'agrume che penetrando rinfresca il palato. Lasagne ai cardi con formaggi saporiti.

MISLULI 2021
Bianco Igt - Trebbiano spoletino 90%, Malvasia bianca lunga 10%
Alc. 12,5% | € 45 | Bt. 650 | Ferm. Legno | Mat. Legno 12 mesi
Coniglio in umido alle erbe aromatiche.

CARLINO 2018
Rosso Igt - Montepulciano 50%, Sangiovese 50%
Alc. 13% | € 15 | Bt. 2.000 | Ferm. Acciaio | Mat. Legno 24 mesi
Involtini di vitello lardellati.

PILURUSCIU 2022
Rosato Igt Metodo Ancestrale - Sangiovese 100%
Alc. 11% | € 22 | Bt. 2.300 | Ferm. Acciaio
Salame d'oca di Mortara.

SPOLETO TREBBIANO SPOLETINO POGGIO DEL VESCOVO
2020

DIAVOLACCIU
2019 | 2020

Cantina Pardi

(2003)

Sempre più stretto il legame tra la passione, il rispetto della tradizione familiare e il territorio che valorizza la tipicità dei vitigni autoctoni coltivati. L'azienda si conferma una realtà importante dell'areale di Montefalco, capace di leggere i millesimi e garantire un ottimo profilo qualitativo su tutti i vini. La 2019 per il sagrantino è stata una buona annata, con un clima che ha permesso equilibrio fra le maturazioni tecnologiche, fenoliche e aromatiche. Menzione speciale per il Trebbiano Spoletino che in pochi anni è diventato insieme al Sagrantino un emblema aziendale.

Via Giovanni Pascoli, 7/9 - 06036 Montefalco (PG)
T. 0742 379023 | M. info@cantinapardi.it
www.cantinapardi.it

Viticoltura: Convenzionale
Ettari: 11 | **Bottiglie:** 55.000 | **Produzione olearia:** Sì
Proprietà: Famiglia Pardi
Cond. enologica: Alberto Pardi
Cond. agronomica: Tiziano Maschio
Vendita diretta: Sì | **Visite in azienda:** Sì

MONTEFALCO SAGRANTINO SACRANTINO 2019
Rosso Docg - Sagrantino 100%
Alc. 15% | € 42 | Bt. 1.200 | Ferm. Acciaio | Mat. Acciaio 12 mesi e Legno 24 mesi
Rubino impenetrabile. Scuro il naso, more in confettura, marasca sotto spirito, pepe, china e cacao, seguiti da un'elegia balsamica di eucalipto. Generoso e volumico il gusto, tannino potente avvolto da un abbraccio calorico che ammorbidisce e allunga. Quaglie alla cacciatora.

SPOLETO TREBBIANO SPOLETINO SPOLETINO 2022
Bianco Doc - Trebbiano spoletino 100%
Alc. 14% | € 17 | Bt. 1.200 | Ferm. Acciaio | Mat. Acciaio 9 mesi
Lasagne con scamorza, funghi e zucca.

MONTEFALCO SAGRANTINO 2019
Rosso Docg - Sagrantino 100%
Alc. 15,5% | € 22 | Bt. 10.000 | Ferm. Acciaio | Mat. Acciaio 12 mesi e Legno 18 mesi
Guancia di vitello in umido.

MONTEFALCO SAGRANTINO PASSITO 2018
Rosso Docg Passito - Sagrantino 100%
Alc. 13% | € 22 (0,375l) | Bt. 3.000 | Ferm. Acciaio | Mat. Acciaio 12 mesi e Legno 24 mesi
Salame al cioccolato.

MONTEFALCO ROSSO RISERVA 2020
Rosso Doc - Sangiovese 70%, Sagrantino 20%, Montepulciano 10%
Alc. 14% | € 19 | Bt. 3.000 | Ferm. Acciaio | Mat. Acciaio 9 mesi e Legno 18 mesi
Pappardelle con sugo di lepre.

SPOLETO TREBBIANO SPOLETINO 2022
Bianco Doc - Trebbiano spoletino 100%
Alc. 14% | € 10 | Bt. 5.000 | Ferm. Acciaio | Mat. Acciaio 3 mesi
Risotto con zucchine, fiori di zucca e zafferano.

MONTEFALCO SAGRANTINO
2016 | 2017 | 2018

MONTEFALCO SAGRANTINO SACRANTINO
2015 | 2016 | 2018

Cantina Roccafiore

(1999)

Ricerca della qualità e approccio imprenditoriale sono le qualità che Luca Baccarelli porta avanti insieme alla convinzione della massima sostenibilità che mette al centro di ogni scelta. La cantina si trova in una posizione privilegiata, da un lato per l'aspetto paesaggistico visto che gode di un suggestivo scenario su Todi, dall'altro versante per la presenza dei Monti Martani, fondamentali per il microclima con le sue particolari escursioni termiche. I vini risultano nitidi e godibili, su tutti il Fiorfiore, teso e di grande prospettiva con l'affinamento in bottiglia.

Località Collina, 110/A - Frazione Chioano - 06059 Todi (PG)
T. 075 8942746 | M. info@roccafiorewines.it
www.roccafiorewines.com

Viticoltura: Ecosostenibile e biologica
Ettari: 16 | **Bottiglie:** 110.000 | **Produzione olearia:** Sì
Proprietà: Famiglia Baccarelli
Cond. enologica: Alessandro Biancolin
Cond. agronomica: Cristian Giorgioni
Vendita diretta: Sì | **Visite in azienda:** Sì

91

FIORFIORE 2021
Bianco Igt - Grechetto 100%
Alc. 13% | € 20 | Bt. 16.000 | Ferm. Acciaio | Mat. Legno 12 mesi e Terracotta 12 mesi
Smagliante paglierino con intarsi verdolini. Raffinato il profumo, susina, bergamotto e pesca bianca che si fondono con citronella e timo, poi fiori di ranuncolo su un sottofondo di macis e sale affumicato. Sorso sostenuto dall'asse acido-salino che regala un'ottima progressione fruttata. Rombo al forno ai sapori mediterranei.

FIORDALISO 2022
Bianco Igt - Grechetto 100%
Alc. 12,5% | € 11 | Bt. 35.000 | Ferm. Acciaio | Mat. Acciaio 6 mesi
Garganelli freschi con gamberi di fiume.

PROVA D'AUTORE 2020
Rosso Igt - Sangiovese 40%, Montepulciano 30%, Sagrantino 30%
Alc. 14% | € 23 | Bt. 10.000 | Ferm. Acciaio | Mat. Legno 24 mesi
Filetto alla Wellington.

ROSSO MELOGRANO 2021
Rosso Igt - Sangiovese 100%
Alc. 12,5% | € 11 | Bt. 30.000 | Ferm. Acciaio | Mat. Acciaio 12 mesi
Coratella di agnello.

COLLINA D'ORO 2022
Bianco Igt Passito - Moscato giallo 100%
Alc. 12,5% | € 23 (0,375l) | Bt. 1.200 | Ferm. Acciaio | Mat. Acciaio 6 mesi
Crostata agli agrumi.

IL ROCCAFIORE 2020
Rosso Igt - Sangiovese 100%
Alc. 13,5% | € 18 | Bt. 12.000 | Ferm. Acciaio | Mat. Legno 24 mesi
Gnocchi al ragù.

FIORFIORE
2016 | 2017 | 2019

PROVA D'AUTORE
2014 | 2018 | 2019

Cantina Todini
(1979)

Tra le colline a sud di Todi, sorge la cantina fondata dal Cav. Franco Todini oggi portata avanti con dedizione dalla figlia Luisa. Imprenditori nei settori edili e della ricettività turistica, da sempre operano per la valorizzazione del territorio tuderte e delle sue eccellenze. Focus sulle varietà tipiche come grechetto e sangiovese, proprio nel rispetto della forte identità territoriale. A queste si uniscono i grandi vitigni internazionali come viognier, chardonnay, cabernet sauvignon e merlot. Due le storiche etichette in Guida: l'elegante Bianco del Cavaliere e il possente Rubro.

Vocabolo Collina, 29/1 - Località Collevalenza - 06059 Todi (PG)
T. 075 887122 | M. cantina@wearetodini.com
www.wearetodini.com

Viticoltura: Lotta integrata
Ettari: 40 | **Bottiglie:** 165.000 | **Produzione olearia:** Sì
Proprietà: Luisa Todini
Cond. enologica: Maurilio Chioccia
Cond. agronomica: Paolo Lodi
Vendita diretta: Sì | **Visite in azienda:** Sì

BIANCO DEL CAVALIERE 2022
Bianco Igt - Grechetto 85%, Chardonnay 15%
Alc. 12,5% | € 12 | Bt. 6.000 | Ferm. Acciaio | Mat. Acciaio 6 mesi
Ha il colore del grano che biondeggia. Apre con con slanci floreali d'acacia e zagara, si articola con decise sensazioni minerali, poi pesca ed erbe aromatiche fino a colmare in argute balsamicità. Bocca vibrante, fresca e con un'equilibrata sapidità. Finale tipicamente ammandorlato. Linguine al sugo di totani e piselli.

RUBRO 2019
Rosso Igt - Sangiovese 60%, Merlot 30%, Cabernet sauvignon 10%
Alc. 15% | € 14 | Bt. 6.000 | Ferm. Acciaio | Mat. Acciaio 10 mesi e Legno 8 mesi
Gulasch di cervo con patate stufate.

BIANCO DEL CAVALIERE
2018 | 2019 | 2021

LAUDATO
2017 | 2018 | 2019

Cantine Blasi
(2008)

La cantina Blasi ha visto il succedersi di tre generazioni: Didi, Mauro e Michele e nessuna di esse ha dimenticato storia e tradizione. La filosofia è quella di disporre delle varietà di uve che danno i migliori risultati. Con Michele è arrivata nuova linfa, un nuovo entusiasmo e tanta volontà nel proseguire una crescita qualitativa con prodotti genuini e ricercati come il Metodo Classico 1742, anno di costruzione della cantina. Nonostante l'età, l'immagine è quella di un'azienda fresca, giovane, attenta che sta raccogliendo impressioni favorevoli anche dalla critica.

Via Case Sparse, 64 - Località San Benedetto - 06019 Umbertide (PG)
T. 366 1428973 | M. info@blasicantina.it
www.blasicantina.it

Viticoltura: In conversione al biologico
Ettari: 29 | **Bottiglie:** 50.000 | **Produzione olearia:** Sì
Proprietà: Anna e Mauro Blasi
Cond. enologica: Maurilio Chioccia
Cond. agronomica: Giovanni Bigot
Vendita diretta: Sì | **Visite in azienda:** Sì

SAUVIGNON 2022
Bianco Igp - Sauvignon 100%
Alc. 13% | € 15 | Bt. 2.500 | Ferm. Acciaio | Mat. Acciaio 5 mesi
Paglierino di rara luminosità. Seducente l'impronta varietale di erbette aromatiche, mela, pesca bianca, uva spina, mango e pompelmo che s'intrecciano a scie marine. Avvolgente al palato, bilanciato da sensazioni fresco-sapide che conducono a chiari ritorni aromatici. Filetti di scorfano con carciofi.

BLASI ROSSO 2016
Rosso Igt - Sagrantino 70%, Cabernet sauvignon 30%
Alc. 14,5% | € 15 | Bt. 3.000 | Ferm. Acciaio | Mat. Legno 18 mesi
Scaloppa di vitello con asparagi trifolati.

1742 BRUT 2020
Bianco Metodo Classico - Chardonnay 70%, Trebbiano spoletino 30%
Alc. 12,5% | € 27 | Bt. 1.400 | Ferm. Acciaio | Mat. Acciaio 10 mesi
30 mesi sui lieviti
Linguine agli scampi.

CHARDONNAY 2020
Bianco Igt - Chardonnay 100%
Alc. 13% | € 15 | Bt. 2.000 | Ferm. Acciaio | Mat. Acciaio 5 mesi e Legno 24 mesi
Tajarin al tartufo bianco d'Alba.

GRECHETTO 2022
Bianco Igt - Grechetto 100%
Alc. 13% | € 8 | Bt. 10.000 | Ferm. Acciaio | Mat. Acciaio 4 mesi
Lasagne di verdure.

MERLOT 2021
Rosso Igt - Merlot 100%
Alc. 13,5% | € 8 | Bt. 2.500 | Ferm. Acciaio | Mat. Acciaio 5 mesi e Legno 12 mesi
Carré di maiale con patate al forno.

IMPRONTA
2017

MAMMA MIA
2008

Arnaldo Caprai

(1971)

La famiglia Caprai anima il mondo del vino da più di cinquant'anni; la proprietà è situata in una delle migliori zone dell'Umbria e rappresenta un riferimento d'eccellenza della denominazione. Anche quest'anno, in Guida, il 25 Anni si conferma cavallo di razza. Era il 1993 quando la prima annata fece capolino e dopo trent'anni quel legame territoriale si è ancor più rafforzato decretandolo come una delle migliori interpretazioni varietali. A ruota gli altri cru di Sagrantino ammaliano per forza caratteriale e facilità di beva, mentre il Grecante seduce per verve e compostezza gustativa.

Località Torre - 06036 Montefalco (PG)
T. 0742 378802 | M. info@arnaldocaprai.it
www.arnaldocaprai.it

Viticoltura: Ecosostenibile
Ettari: 200 | **Bottiglie:** 1.000.000 | **Produzione olearia:** Sì
Proprietà: Arnaldo Caprai
Cond. enologica: Vera Lafranconi, Luca Smalzi, Michel Rolland
Cond. agronomica: Staff aziendale
Vendita diretta: Sì | **Visite in azienda:** Sì

95

MONTEFALCO SAGRANTINO 25 ANNI 2019
Rosso Docg - Sagrantino 100%
Alc. 15% | € 56 | Bt. 20.000 | Ferm. Legno | Mat. Legno 24 mesi
Rubino profondo. Olfatto raffinato: visciole e amarene in confettura, rosa canina, cannella, funghi essiccati e risvolti di tabacco scuro; humus e caffè in polvere ampliano il quadro. Il tannino cesellato, la freschezza e la componente pseudocalorica esaltano volume, dinamicità e persistenza. Braciola di cervo con salsa di ribes.

MONTEFALCO SAGRANTINO VALDIMAGGIO 2019
Rosso Docg - Sagrantino 100%
Alc. 15% | € 34 | Bt. 15.000 | Ferm. Acciaio | Mat. Legno 24 mesi
Allodole tartufate in casseruola.

MONTEFALCO SAGRANTINO COLLEPIANO 2019
Rosso Docg - Sagrantino 100%
Alc. 15% | € 27 | Bt. 80.000 | Ferm. Acciaio | Mat. Legno 22 mesi
Brasato di lepre con riduzione di vino rosso.

COLLI MARTANI GRECHETTO GRECANTE 2022
Bianco Doc - Grechetto 100%
Alc. 13,5% | € 12 | Bt. 250.000 | Ferm. Acciaio | Mat. Acciaio 3 mesi
Ravioli di pesce con sugo di canestrelli.

MONTEFALCO ROSSO VIGNA FLAMINIA MAREMMANA 2021
Rosso Doc - Sangiovese 70%, Canaiolo 15%, Sagrantino 15%
Alc. 15% | € 18 | Bt. 20.000 | Ferm. Acciaio | Mat. Legno 15 mesi
Costolette di maiale alla brace.

MONTEFALCO ROSSO 2021
Rosso Doc - Sangiovese 70%, Merlot 15%, Sagrantino 15%
Alc. 14,5% | € 12 | Bt. 250.000 | Ferm. Acciaio | Mat. Legno 12 mesi
Salame di cinta senese.

MONTEFALCO SAGRANTINO 25 ANNI
2015 | 2016 | 2018

MONTEFALCO SAGRANTINO VALDIMAGGIO
2017 | 2018

Castello della Sala

(1940)

In questa regione la storia della cantina ha radici profonde e ben intrecciate alle dinamiche del vino. Eppure non ci si accontenta, si prosegue in un percorso di ricerca e attenzione ai dettagli, così che la cura artigianale non venga tradita dai grandi numeri. Il portfolio dei vini è di alto profilo, e segnaliamo con piacere il San Giovanni, vino d'ingresso, per la piacevolezza e l'invitante beva. Il Cervaro al momento è tutto avvolto nella giovinezza, ma siamo certi che negli anni saprà regalare emozioni indescrivibili.

Località Sala - 05016 Ficulle (TR)
T. 0763 86051 | M. castellodellasala@antinori.it
www.antinori.it

Viticoltura: Convenzionale
Ettari: 200 | **Bottiglie:** 850.000 | **Produzione olearia:** No
Proprietà: Famiglia Antinori
Cond. enologica: Massimiliano Pasquini
Cond. agronomica: Massimiliano Pasquini
Vendita diretta: No | **Visite in azienda:** No

92,5

CERVARO DELLA SALA 2021
Bianco Igt - Chardonnay 90%, Grechetto 10%
Alc. 12,5% | € 45 | Bt. 162.000 | Ferm. Legno e Acciaio | Mat. Acciaio 5 mesi e Legno 5 mesi
Paglierino con screziature verdoline. Caratteriale e severo nella fusione tra bergamotto, cedro, zenzero e papaia con spezie dolci e tratti empireumatici. Brioso grazie alla tensione acido-sapida che imprime grande energia, nello sviluppo trovano conferma aromi agrumati e tostati. Chiosa salina. Tacchino farcito con castagne.

MUFFATO DELLA SALA 2020
Bianco Igt Dolce - Sauvignon 58%, Grechetto 24%, Sémillon 7%, Traminer aromatico 6%, Riesling 5%
Alc. 13% | € 36 (0,5l) | Bt. 47.500 | Ferm. Legno e Acciaio
Mat. Acciaio 24 mesi e Legno 6 mesi
Gorgonzola naturale.

PINOT NERO DELLA SALA 2020
Rosso Igt - Pinot nero 100%
Alc. 14% | € 50 | Bt. 22.000 | Ferm. Acciaio | Mat. Legno 10 mesi
Filetto di manzo alla Voronoff.

ORVIETO CLASSICO SUPERIORE SAN GIOVANNI DELLA SALA 2022
Bianco Doc - Grechetto 50%, Procanico 25%, Pinot bianco 15%, Viognier 10%
Alc. 12,5% | € 17 | Bt. 17.700 | Ferm. Acciaio | Mat. Acciaio 5 mesi
Garganelli con julienne di calamari e ortiche.

BRAMÌTO DELLA SALA 2022
Bianco Igt - Chardonnay 100%
Alc. 12,5% | € 20 | Bt. 560.000 | Ferm. Legno e Acciaio | Mat. Acciaio 5 mesi e Legno 5 mesi
Pollo alle mandorle e curcuma.

CONTE DELLA VIPERA 2022
Bianco Igt - Sauvignon 60%, Sémillon 40%
Alc. 12,5% | € 25 | Ferm. Acciaio | Mat. Acciaio 6 mesi
Vellutata di ceci con gamberi croccanti.

MUFFATO DELLA SALA
2010 | 2014 | 2016

CERVARO DELLA SALA
2014 | 2015 | 2020

Castello di Corbara
(1997)

Azienda in crescita, capace d'interpretare in maniera assolutamente fedele un territorio di autentica vocazione, sia per quanto riguarda la denominazione Orvieto che Lago di Corbara, quest'ultima centrata soprattutto sui rossi. Convince in questa selezione il Calistri, un rosso austero e di nobile lignaggio. Conquista il massimo riconoscimento un bianco, Orzalume, che con un'interpretazione internazionale esalta le qualità di un terroir dove i banchi risultano generosi e tratteggiati da decisa sapidità, un viatico ottimale per poter sfidare il tempo.

Località Corbara, 7 - 05018 Orvieto (TR)
T. 0763 304035 | M. info@castellodicorbara.it
www.castellodicorbara.it

Viticoltura: Convenzionale
Ettari: 100 | **Bottiglie:** 250.000 | **Produzione olearia:** Sì
Proprietà: Fernando Patrizi
Cond. enologica: Massimo Bartolini, Francesca Bernicchi
Cond. agronomica: Francesca Bernicchi
Vendita diretta: Sì | **Visite in azienda:** Sì

92

ORZALUME 2022
Bianco Igt - Grechetto 70%, Sauvignon 30%
Alc. 14% | € 15 | Bt. 10.000 | Ferm. Legno | Mat. Legno 6 mesi
Oro dalle reminiscenze etrusche. Generoso nei profumi: albicocca, ananas e susine, toni boisé, di cannella e vaniglia, poi lemongrass ed elicriso approdano a un fondo salmastro. Voluttuoso, l'iniziale spinta calorico-glicerica si integra alla perfezione con l'acidità ricca di rimbalzi fruttati. Tataki di tonno al sesamo.

LAGO DI CORBARA SANGIOVESE CALISTRI 2019
Rosso Doc - Sangiovese 100%
Alc. 14% | € 30 | Bt. 3.000 | Ferm. Acciaio | Mat. Legno 18 mesi
Filetto di scottona in sfoglia.

LAGO DI CORBARA SANGIOVESE THYBRIS 2020
Rosso Doc - Sangiovese 100%
Alc. 14% | € 15 | Bt. 40.000 | Ferm. Acciaio | Mat. Legno 12 mesi
Pappardelle al ragù di cinghiale.

A LIVIO 2018
Bianco Metodo Classico - Grechetto 100%
Alc. 12,5% | € 26 | Bt. 3.000 | Ferm. Acciaio | Mat. Acciaio 3 mesi
48 mesi sui lieviti
Fritto di paranza.

ORVIETO CLASSICO SUPERIORE PIANA GRANDE 2022
Bianco Doc - Grechetto 50%, Trebbiano 30%, Malvasia bianca 10%, Verdello 5%, altre varietà 5%
Alc. 13% | € 10 | Bt. 50.000 | Ferm. Acciaio | Mat. Acciaio 5 mesi
Branzino al sale su letto di patate.

GRECHETTO CASTELLO DI CORBARA 2022
Bianco Igt - Grechetto 100%
Alc. 13% | € 10 | Bt. 40.000 | Ferm. Acciaio | Mat. Acciaio 5 mesi
Crespelle con asparagi e ricotta salata.

ORZALUME
2016

LAGO DI CORBARA MERLOT DE CORONIS
2017 | 2018 | 2019

Castello di Montegiove
(1780)

Il Castello di Montegiove risale al XII secolo, conservato con cura e attenzione rappresenta oggi uno dei migliori esempi di fortezze preservate dell'epoca, dove è possibile visitare l'antica cantina risalente al 1500. In questo areale a nord di Orvieto vitigni come montepulciano, sangiovese e sagrantino, associati agli internazionali, danno vita a un variegato repertorio, dove i rossi si mostrano generosi e di indole morbida. Oltre al solito Elicius, meritano menzione l'Eptesio che avvalora l'ottimo livello qualitativo, e il Bi.an.co, dalla spiccata vena fresco-sapida.

Via Beata Angelina, 1 - Frazione Montegiove - 05010 Montegabbione (TR)
T. 0763 837473 | M. info@castellomontegiove.com
www.castellomontegiove.com

Viticoltura: Lotta integrata
Ettari: 13 | **Bottiglie:** 40.000 | **Produzione olearia:** Sì
Proprietà: Lorenzo Peter Misciattelli Mocenigo Soranzo
Cond. enologica: Ana Teresa Correia Gaspar
Cond. agronomica: Lorenzo Peter Misciattelli Mocenigo Soranzo
Vendita diretta: Sì | **Visite in azienda:** Sì

ROSSO ORVIETANO ELICIUS 2016
Rosso Doc - Montepulciano 70%, Sagrantino 30%
Alc. 14,5% | € 22 | Bt. 5.200 | Ferm. Acciaio | Mat. Legno 24 mesi
Rosso rubino fitto fitto. More e mirtilli in confettura prima, viola e rose appassite poi, anticipano un corredo di spezie, con pepe e tabacco in evidenza. Cacao ed eucalipto completano l'olfatto. Caldo all'assaggio, trama tannica fine e ben presente con indizi di frutta che ci accompagnano nel finale. Guanciale di manzo in umido con polenta.

ROSSO ORVIETANO EPTESIO 2016
Rosso Doc - Cabernet sauvignon 70%, Sagrantino 30%
Alc. 14,5% | € 22 | Bt. 3.450 | Ferm. Acciaio | Mat. Legno 24 mesi
Stinco di maiale al forno in pancetta affumicata.

ORVIETO CLASSICO BI.AN.CO 2022
Bianco Doc - Procanico 50%, Grechetto 30%, Drupeggio 10%, Malvasia 5%, Verdello 5%
Alc. 13,5% | € 8 | Bt. 1.450 | Ferm. Acciaio | Mat. Acciaio 4 mesi
Cotolette di pollo con melanzane e provola.

RO.SA.TO 2022
Rosato Igt - Sangiovese 60%, Canaiolo 20%, Montepulciano 20%
Alc. 12,5% | € 8 | Bt. 1.900 | Ferm. Acciaio | Mat. Acciaio 2 mesi
Sogliola alla mugnaia.

T
2010 | 2012 | 2015

ROSSO ORVIETANO CASTELLO DI MONTEGIOVE
2018

Castello di Solfagnano
(2006)

Il Castello di Solfagnano risale al XII secolo ed è situato su una delle alture più belle dell'Umbria, il classico luogo dei sogni, con giardini all'italiana e vista mozzafiato. Dal 2006 la famiglia Colaiacovo ha dato nuovo impulso alla coltivazione della vite affiancando ai tradizionali grechetto e sangiovese i classici internazionali: merlot, pinot nero e pinot grigio. I risultati sono visibili a tutti, i vini ci parlano di una grande bevibilità e di un'estrema eleganza. In grande spolvero quest'anno il Col Marinello che impressiona per freschezza e godibilità gustativa.

Strada Comunale di Solfagnano - 06134 Perugia (PG)
T. 075 604140 | M. info@castellodisolfagnano.it
www.castellodisolfagnano.it

Viticoltura: A basso impatto ambientale
Ettari: 12 | **Bottiglie:** 30.000 | **Produzione olearia:** Sì
Proprietà: Famiglia Pasquale Colaiacovo
Cond. enologica: Maurilio Chioccia, Massimiliano Minelli
Cond. agronomica: Maria Chiara Monacelli
Vendita diretta: Sì | **Visite in azienda:** Sì

COLLI ALTOTIBERINI GRECHETTO COL MARINELLO 2022
Bianco Doc - Grechetto 100%
Alc. 13% | € 16 | Bt. 3.000 | Ferm. Acciaio | Mat. Acciaio 8 mesi
Luminosissimo giallo paglierino. Al naso regala percezioni d'agrume e di gelsomino, in seconda battuta emergono echi balsamici di timo e finocchietto che fanno spazio alla pesca gialla. L'assaggio gioca su un'estrosa freschezza e una delicata sapidità che sfociano in una progressione citrina. Polpette di pesce d'acqua dolce.

L'ILLUMINATO 2018
Bianco Igt - Pinot grigio 80%, Grechetto 20%
Alc. 13% | € 25 | Bt. 2.000 | Ferm. Acciaio | Mat. Acciaio 4 mesi e Legno 6 mesi
Petto d'anatra all'arancia.

1563 2017
Rosso Igt - Merlot 85%, Sangiovese 15%
Alc. 13,5% | € 25 | Bt. 4.000 | Ferm. Acciaio | Mat. Acciaio 8 mesi e Legno 8 mesi
Tagliata al pepe verde.

COLLI ALTOTIBERINI MERLOT CALOR VITA 2018
Rosso Doc - Merlot 100%
Alc. 13,5% | € 18 | Bt. 8.000 | Ferm. Acciaio | Mat. Legno 8 mesi
Lombata di vitello su letto di cipolline saltate.

PARTICELLA 7 2022
Rosato Igt - Pinot nero 100%
Alc. 12% | € 18 | Bt. 4.000 | Ferm. Acciaio | Mat. Acciaio 4 mesi
Sformato di patate e prosciutto cotto.

FONTEMAGGIO 2022
Bianco Igt - Pinot grigio 80%, Grechetto 20%
Alc. 13% | € 18 | Bt. 8.000 | Ferm. Acciaio | Mat. Acciaio 8 mesi
Timballo di riso e gamberi.

1563
2010 | 2016

L'ILLUMINATO
2014 | 2016 | 2017

Castello Monte Vibiano
(2002)

Sostenibilità e legame con il territorio sono le chiavi di volta dell'azienda, la cui proprietà da sempre ha optato per soluzioni agronomiche ed enologiche poco impattanti e rispettose della flora e della fauna locale. La gestione dei vigneti e più in generale il progetto enologico, nell'ultimo periodo si sono concentrati sulle varietà tipiche locali, grechetto, trebbiano spoletino, sangiovese e sagrantino. Vengono proposti vini realizzati su singoli cru e selezioni propriamente ispirate alla natura, vero elemento che contraddistingue la tenuta.

Via Bocca di Rigo, 11 - Località Mercatello - 06072 Marsciano (PG)
T. 075 8783001 | M. tour@montevibiano.it
www.montevibiano.it

Viticoltura: Biologica certificata
Ettari: 22 | **Bottiglie:** 60.000 | **Produzione olearia:** Sì
Proprietà: Famiglia Fasola Bologna
Cond. enologica: Giacomo Sensi, Valentino Ciarla
Cond. agronomica: Giacomo Sensi
Vendita diretta: Sì | **Visite in azienda:** Sì

SAN GIOVANNI 2021
Rosso Igt - Sangiovese 50%, Cabernet franc 20%, Sagrantino 15%, Merlot 10%, Montepulciano 5%
Alc. 15% | € 15 | Bt. 6.600 | Ferm. Acciaio | Mat. Acciaio 15 mesi e Legno 15 mesi
Filigrana amaranto a ornare il rubino. Olfatto dominato da alloro, ginepro, china e polvere di pepe di Sarawak. Amarene selvatiche e more sotto spirito precedono fiori di giaggiolo e violetta. Il palato è potente, il tannino tenace. Vigoroso e scalpitante, la persistenza gioca su orme tostate. Agnolotti al piccione con sugo d'arrosto.

BOCCA DI RIGO 2022
Bianco Igt - Grechetto 40%, Trebbiano 40%, Sauvignon 20%
Alc. 14,5% | € 14 | Bt. 4.000 | Ferm. Acciaio | Mat. Acciaio 6 mesi
Yakitori, spiedini di pollo con zenzero.

CAMPO ALLE API 2022
Bianco Igt - Grechetto 100%
Alc. 14,5% | € 22 | Bt. 1.800 | Ferm. Acciaio | Mat. Acciaio 6 mesi
Tacchinella ripiena su letto di patate.

FIOMMARINO 2021
Rosso Igt - Sangiovese 100%
Alc. 15% | € 15 | Bt. 1.350 | Ferm. Acciaio | Mat. Legno 15 mesi
Nodini di cinta senese lardellati al forno.

FONTE DEL BOSCO 2021
Bianco Igt - Trebbiano spoletino 100%
Alc. 14,5% | € 26 | Bt. 1.500 | Ferm. Acciaio | Mat. Legno 15 mesi e Cemento 15 mesi
Lasagnette al ragù di faraona e asparagi.

VIGNA LORENZO
2010 | 2012 | 2013

COLLI PERUGINI ROSSO L'ANDREA
2015

●●○○

Cesarini Sartori
(2002)

Gli effetti del recentissimo passaggio generazionale, che ha visto le sorelle Alice e Chiara prendere il timone della cantina, sono stati decisamente positivi. Una ventata di entusiasmo ed energia che ha portato anche a una revisione del parterre aziendale. Rimangono punti fermi il Montefalco Rosso Terrebianche e il Rossobastardo, vini di invidiabile bevibilità. I bianchi a base grechetto risultano caratteristici e appaganti. Novità l'Olmobuco, un trebbiano spoletino autenticamente varietale e con indubbie capacità evolutive.

Località Purgatorio - Torri di Barattano - 06035 Gualdo Cattaneo (PG)
T. 0742 99590 | M. commerciale@rossobastardo.it
www.rossobastardo.it

Viticoltura: Convenzionale
Ettari: 45 | **Bottiglie:** 250.000 | **Produzione olearia:** Sì
Proprietà: Alice e Chiara Cesarini
Cond. enologica: Luciano Cesarini
Cond. agronomica: Luciano Cesarini
Vendita diretta: Sì | **Visite in azienda:** Sì

ƚƚƚ
MONTEFALCO ROSSO TERREBIANCHE 2018
Rosso Doc - Sangiovese 60%, Merlot 20%, Sagrantino 15%, Cabernet 5%
Alc. 14% | € 12 | Bt. 10.000 | Ferm. Acciaio | Mat. Acciaio 12 mesi e Legno 6 mesi
Rubino vivido con delicate nuance porpora. Traiettorie odorose di mora di bosco, ciliegia e rosmarino, si diramano verso rosa canina, tabacco e incenso. Teso e dinamico il sorso, la trama tannica dialoga con volume calorico e si rinforza nello sviluppo sull'acidità gustosamente fruttata. Terrina di lepre con salsa di prugne.

ƚƚƚ
ROSSOBASTARDO 2021
Rosso Igt - Sangiovese 60%, Merlot 25%, Sagrantino 10%, Cabernet 5%
Alc. 13,5% | € 13 | Bt. 150.000 | Ferm. Acciaio | Mat. Acciaio 18 mesi e Legno 6 mesi
Filetto di capriolo ai mirtilli.

ƚƚƚ
GRECHETTO 2022
Bianco Igt - Grechetto 90%, Sauvignon 10%
Alc. 13% | € 10 | Bt. 13.000 | Ferm. Acciaio | Mat. Acciaio 4 mesi
Insalata di finocchi, arance e olive nere.

ƚƚƚ
OLMOBUCO 2022
Bianco Igt - Trebbiano spoletino 100%
Alc. 13% | € 14 | Bt. 8.000 | Ferm. Acciaio | Mat. Legno 3 mesi
Pappardelle con coda di rospo e carciofi.

ƚƚƚ
LA RANDA 2021
Bianco Igt - Grechetto 90%, Sauvignon 10%
Alc. 13% | € 12 | Bt. 14.000 | Ferm. Legno | Mat. Acciaio 4 mesi e Legno 6 mesi
Rotolo di coniglio con pomodorini ed erbe aromatiche.

ƚƚƚƚ
MERLÒ
2019

ƚƚƚƚ
MONTEFALCO SAGRANTINO VILLARODE
2016

●○○○

Chiesa del Carmine
(2009)

Chiesa del Carmine seduce e conquista non soltanto con la bellezza della propria tenuta, ma anche con la continuità dei risultati ottenuti grazie al lavoro sinergico tra i vigneti e la cantina. Al vertice della proposta si colloca Il Campanile, in equilibrio tra l'avvolgenza del sorso e il carattere del tannino. Un atteso ritorno in Guida è quello di Indigeno Trebbiano, che trova nel connubio tra forza e dinamicità i propri tratti distintivi. Si confermano piacevoli il Rosa e il Rosabella della Chiesa che con la loro freschezza e la fragranza fruttata propongono un assaggio goloso e di soddisfazione.

Strada Castiglione Ugolino Catozzoli, 70 - Località La Bruna - 06134 Perugia (PG)
T. 075 9977698 | M. vineria@chiesadelcarmine.com
www.chiesadelcarmine.com

Viticoltura: Biologica certificata
Ettari: 7 | **Bottiglie:** 25.000 | **Produzione olearia:** Sì
Proprietà: Jeremy Theodorson Sinclair
Cond. enologica: Giovanni Dubini
Cond. agronomica: Stefano Dini, Dario Ceccatelli
Vendita diretta: Sì | **Visite in azienda:** Sì

ƚƚƚƚ
IL CAMPANILE 2020
Rosso Igt - Sangiovese 50%, Sagrantino 40%, Merlot 10%
Alc. 14% | € 28 | Bt. 5.500 | Ferm. Acciaio | Mat. Legno 12 mesi
Cremisi dai riflessi amaranto. Profuma di mora in gelatina, scorza di melangolo, viola mammola, bacche di ginepro e pepe rosa. Al palato è scattante, saporito e rotondo, bilanciato da un tannino sottile e scorrevole. Gradevole risacca fruttata. Camoscio in umido.

ƚƚƚ
INDIGENO TREBBIANO 2021
Bianco Igt - Trebbiano spoletino 100%
Alc. 13,5% | € 25 | Bt. 12.000 | Ferm. Acciaio | Mat. Acciaio 9 mesi
Ravioli di patate e baccalà.

ƚƚƚ
ROSSO DEL CARMINE 2021
Rosso Igt - Merlot 100%
Alc. 14% | € 22 | Bt. 1.700 | Ferm. Acciaio | Mat. Acciaio 12 mesi e Legno 12 mesi
Controfiletto di bue alla brace.

ƚƚƚ
ROSA DELLA CHIESA 2022
Rosato Igt - Sangiovese 100%
Alc. 14,5% | € 20 | Bt. 1.600 | Ferm. Acciaio | Mat. Acciaio 5 mesi
Sarde in saor.

ƚƚƚ
ROSABELLA DELLA CHIESA 2022
Rosato Igt - Merlot 100%
Alc. 13,5% | € 20 | Bt. 1.600 | Ferm. Acciaio | Mat. Acciaio 4 mesi
Tigelle e salumi.

ƚƚ
BELL'ANGELO 2021
Rosso Igt - Merlot 55%, Cabernet sauvignon 40%, Sagrantino 5%
Alc. 14,5% | € 33 | Bt. 1.700 | Ferm. Acciaio | Mat. Legno 12 mesi
Entrecôte alla griglia con scaglie di formaggio.

ƚƚƚƚ
IL CAMPANILE
2016 | 2017 | 2018

ƚƚƚ
ROSA DELLA CHIESA
2018 | 2019 | 2020

Ilaria Cocco
(2008)

Parlando con Ilaria, la titolare, si percepisce subito il senso della cantina. L'attaccamento alla terra, alla famiglia, la volontà di costruire e ricostruire un ambito, uno spazio, un luogo che segni le origini. C'è poi la spinta a migliorare e migliorarsi ponendo attenzione su tutto. Dalla scelta della bottiglia, alla grafica, alla comunicazione. Nonostante le piccole dimensioni, nulla è casuale. I tre ettari e mezzo di terreni vitati, che presto diventeranno cinque, sono perfettamente raccontati nei vini presenti in Guida, che si potranno apprezzare nella nuova sala degustazioni.

Località Poggetto, 6/C - 06036 Montefalco (PG)
T. 347 1916207 | M. info@coccomontefalco.it
www.coccomontefalco.it

Viticoltura: Convenzionale
Ettari: 3,5 | **Bottiglie:** 13.000 | **Produzione olearia:** Sì
Proprietà: Ilaria Cocco
Cond. enologica: Massimiliano Caburazzi, Ilaria Cocco
Cond. agronomica: Staff aziendale
Vendita diretta: Sì | **Visite in azienda:** Sì

MONTEFALCO SAGRANTINO PHONSANO 2018
Rosso Docg - Sagrantino 100%
Alc. 15,5% | € 27 | Bt. 2.100 | Ferm. Acciaio | Mat. Acciaio 12 mesi e Legno 14 mesi e Cemento 12 mesi
Rubino impenetrabile. Naso potente con indizi floreali e fruttati. Rose appassite, ribes e ciliegie sotto spirito seguiti da sbuffi di pepe nero, chiodi di garofano e infine caffè tostato. Tannino smussato e integrato. Lunga persistenza e ottima freschezza gustativa, segno di longevità. Fiorentina alla brace.

MONTEFALCO ROSSO CAMORATA 2019
Rosso Doc - Sangiovese 60%, Merlot 25%, Sagrantino 15%
Alc. 13,5% | € 20 | Bt. 7.900 | Ferm. Acciaio | Mat. Acciaio 12 mesi e Legno 10 mesi e Cemento 12 mesi
Pappardelle con funghi porcini.

SPOLETO TREBBIANO SPOLETINO AVVENTATA 2021
Bianco Doc - Trebbiano spoletino 100%
Alc. 14,5% | € 20 | Bt. 2.400 | Ferm. Acciaio | Mat. Acciaio 11 mesi
Filetto di orata in crosta di mandorle e patate.

MONTEFALCO SAGRANTINO PHONSANO
2016

MONTEFALCO SAGRANTINO PASSITO FONTIOLA
2016 | 2017

Colle Uncinano
(2005)

In una valle protetta dai Colli Martani la cantina Colle Uncinano, nell'esprimere al meglio la tipicità del territorio spoletino, unisce in maniera naturale l'attenta cura per le vigne alle più avanzate tecnologie vitivinicole ne ottiene vini che fondono insieme territorio, esperienza e tradizione in una perfetta sintesi tra i frutti della natura e il lavoro dell'uomo. L'amore, la cura e la passione con cui opera la famiglia Campanella è encomiabile. Dobbiamo concedere una menzione a Lo Spettinato, la cui inaspettata effervescenza lo arricchisce di una veste gioiosa.

Località Uncinano - 06049 Spoleto (PG)
T. 380 3454401 | M. info@colleuncinano.com
www.colleuncinano.com

Viticoltura: Lotta integrata
Ettari: 24 | **Bottiglie:** 80.000 | **Produzione olearia:** Sì
Proprietà: Famiglia Campanella
Cond. enologica: Francesco Campanella, Andrea Pesaresi
Cond. agronomica: Francesco Campanella
Vendita diretta: Sì | **Visite in azienda:** Sì

SPOLETO TREBBIANO SPOLETINO LA PETTINATA 2022
Bianco Doc - Trebbiano spoletino 100%
Alc. 13,5% | € 13 | Bt. 15.000 | Ferm. Acciaio | Mat. Acciaio 4 mesi
Vivida trasparenza dorata con sfumature di giovinezza. Una fine ouverture olfattiva di frutta tropicale, papaia e mango si allunga su fiori di ginestra, camomilla e tarassaco. Ingresso fresco e teso, corpo raffinato, audace la scia sapida per un setale appagante. Fusilli di kamut al ragù di faraona.

LO SPETTINATO 2021
Bianco Igt Frizzante - Trebbiano spoletino 100%
Alc. 12,5% | € 15 | Bt. 5.400 | Ferm. Acciaio | Mat. Acciaio 4 mesi
Pizza fritta con provola e salsiccia.

SANGIOVESE 1895 2020
Rosso Igt - Sangiovese 100%
Alc. 14% | € 14 | Bt. 6.000 | Ferm. Acciaio | Mat. Acciaio 10 mesi
Guanciale di vitello in umido con patate.

BELL BIANCO 2022
Bianco Igt - Grechetto 90%, Trebbiano spoletino 10%
Alc. 13% | € 10 | Bt. 7.000 | Ferm. Acciaio | Mat. Acciaio 4 mesi
Bocconcini di rana pescatrice in crosta di mandorle.

BELL ROSSO
Rosso Igt - Sangiovese 60%, Merlot 30%, Sagrantino 8%, Marselan 2%
Alc. 14% | € 10 | Bt. 8.000 | Ferm. Acciaio | Mat. Acciaio 3 mesi
Stinco di maiale al forno in pancetta affumicata.

SAUVIGNON 2021
Bianco Igt - Sauvignon 100%
Alc. 13,5% | € 10 | Bt. 1.800 | Ferm. Acciaio | Mat. Acciaio 4 mesi
Risotto con gamberi di fiume e piselli.

REO SUPERBO
2010 | 2018

SPOLETO TREBBIANO SPOLETINO SUPERIORE
2021

Còlpetrone
(1995)

I vini della cantina Còlpetrone interpretano con grande fedeltà le migliori caratteristiche del territorio di Montefalco e del sagrantino che ne costituisce il vitigno più rappresentativo. Mai come quest'anno, infatti, il livello qualitativo dei vini testimonia la solidità del progetto enologico: impeccabile il Sacer, caratterizzato da un tannino in grado di coniugare esuberanza e controllo. Gradite conferme arrivano anche dall'Ò, che mantiene pienamente le promesse dell'annata d'esordio e dal Memoira che si colloca nel solco della continuità aziendale.

Via Ponte La Mandria, 8/1 - Località Marcellano - 06035 Gualdo Cattaneo (PG)
T. 0742 99827 | M. còlpetrone@tenutedelcerro.it
www.còlpetrone.it

Viticoltura: Convenzionale
Ettari: 63 | **Bottiglie:** 280.000 | **Produzione olearia:** No
Proprietà: Gruppo Unipol
Cond. enologica: Riccardo Cotarella, Emanuele Nardi
Cond. agronomica: Franco Fierli
Vendita diretta: Sì | **Visite in azienda:** Sì

MONTEFALCO SAGRANTINO SACER 2011
Rosso Docg - Sagrantino 100%
Alc. 15% | € 38 | Bt. 6.600 | Ferm. Acciaio | Mat. Acciaio 12 mesi e Legno 12 mesi
Granato lucente. Sinfonia di more in confettura, viola, aghi di pino, ginepro, pepe di Sichuan, chiodi di garofano, arabica e bitter. La spina dorsale è il tannino che, insieme alla dotazione calorica e alla vibrante freschezza, ne disegna la lunga trama, equilibrata e di classe. Capriolo ai porcini.

MONTEFALCO SAGRANTINO Ò DI CÒLPETRONE 2017
Rosso Docg - Sagrantino 100%
Alc. 16% | € 55 | Bt. 3.700 | Ferm. Acciaio | Mat. Legno 12 mesi
Stracotto di manzo all'Amarone.

MONTEFALCO SAGRANTINO MEMOIRA 2015
Rosso Docg - Sagrantino 100%
Alc. 14,5% | € 19 | Bt. 17.300 | Ferm. Acciaio | Mat. Acciaio 12 mesi e Legno 12 mesi
Piccione al forno con cipollotti.

GRECHETTO 2022
Bianco Igt - Grechetto 90%, Chardonnay 10%
Alc. 12,5% | € 9 | Bt. 4.200 | Ferm. Acciaio | Mat. Acciaio 3 mesi
Burrata di Andria.

MONTEFALCO ROSSO 2020
Rosso Doc - Sangiovese 70%, Merlot 15%, Sagrantino 15%
Alc. 14% | € 11 | Bt. 67.000 | Ferm. Acciaio | Mat. Acciaio 12 mesi
Grigliata di carne con salsa barbecue.

MONTEFALCO SAGRANTINO Ò DI CÒLPETRONE
2016

MONTEFALCO ROSSO
2015 | 2016 | 2018

Custodi
(1965)

La strada intrapresa in questi ultimi anni porta a un futuro radioso fatto di consapevolezza nei propri mezzi e in quelli del Consorzio di Tutela dei Vini di Orvieto, la cui mission è stata sposata da Laura e Chiara, che portano orgogliose i propri vini in giro per la penisola per far apprezzare quanto di buono si produce nella Doc Orvieto. La compagine dei vini presentati quest'anno vede l'ottimo Belloro capace di raccontare l'origine strettamente legata ai terreni vulcanici che si affacciano sulla rupe sovrastata dal Duomo, simbolo della città.

Viale Venere - Località Canale - 05018 Orvieto (TR)
T. 0763 29053 | M. info@cantinacustodi.com
www.cantinacustodi.com

Viticoltura: Convenzionale
Ettari: 44 | **Bottiglie:** 70.000 | **Produzione olearia:** Sì
Proprietà: Famiglia Custodi
Cond. enologica: Maurilio Chioccia, Chiara Custodi
Cond. agronomica: Chiara Custodi
Vendita diretta: Sì | **Visite in azienda:** Sì

ORVIETO CLASSICO BELLORO 2022
Bianco Doc - Grechetto 50%, Procanico 30%, Chardonnay 20%
Alc. 12,5% | € 9 | Bt. 40.000 | Ferm. Acciaio | Mat. Acciaio 4 mesi
Verdolino sfavillante. Olfatto che incede su decise note di frutta a polpa bianca e agrumi, poi fiori di glicine, maggiorana, salvia e a chiudere una delicata scia minerale. Freschezza e sapidità dominano il gusto, ben bilanciato dalla componente alcolica. Appagante il finale su ricordi fruttati. Lasagnette con ragù di coniglio e crema di piselli.

AUSTERO 2021
Rosso Igt - Merlot 100%
Alc. 14,5% | € 14 | Bt. 5.000 | Ferm. Acciaio | Mat. Legno 9 mesi
Costata di manzetta con salsa allo zenzero.

PIANCOLETO 2022
Rosso Igt - Merlot 70%, Sangiovese 30%
Alc. 14% | € 9 | Bt. 20.000 | Ferm. Acciaio | Mat. Acciaio 3 mesi e Legno 2 mesi
Coppa piacentina.

ORVIETO CLASSICO SUPERIORE VENDEMMIA TARDIVA PERTUSA
2015 | 2021

ORVIETO CLASSICO BELLORO
2019 | 2020 | 2021

Decugnano dei Barbi
(1973)

È una realtà dalla qualità indiscussa quella di Barbi, immersa nel contesto orvietano e situata in un areale ad alta vocazione vitivinicola. Terroir unico per origine dei suoli e risorse umane, con l'immancabile ispirazione per la sapienza contadina e la contemporaneità enologica, utili per tramandare nel tempo il gusto e la tipicità dei vini. Mare Antico continua a essere una certezza assoluta di stile e concretezza, affiancato dal Barbi Zero che si rivela con effervescente cremosità e persistente freschezza e dal Brut che stupisce per ricchezza di sapori ed equilibrio gustativo.

Località Fossatello, 50 - 05019 Orvieto (TR)
T. 0763 308255 | M. info@decugnano.it
www.decugnanodeibarbi.com

Viticoltura: Biologica
Ettari: 34 | **Bottiglie:** 130.000 | **Produzione olearia:** Sì
Proprietà: Enzo e Marco Barbi
Cond. enologica: Riccardo Cotarella
Cond. agronomica: Staff aziendale
Vendita diretta: Sì | **Visite in azienda:** Sì

92,5

ORVIETO CLASSICO SUPERIORE MARE ANTICO 2021
Bianco Doc - Grechetto 55%, Chardonnay 20%, Vermentino 20%, Procanico 5%
Alc. 13,5% | € 18 | Bt. 20.000 | Ferm. Legno e Acciaio | Mat. Acciaio 7 mesi
Tra il paglierino e l'oro, dal tratto olfattivo giovane ma raffinato, fondato su stille di cedro candito, pesca tabacchiera, tarassaco, sambuco, timo e sussurri iodati. Carattere, tensione e lunghezza marcano l'assaggio giocato sulla fervida acidità e sulla dinamica mineralità. Intensa la scia aromatica. Pappardelle con sugo di capriolo.

DECUGNANO DEI BARBI DOSAGGIO ZERO 2018
Bianco Metodo Classico - Chardonnay 50%, Pinot nero 50%
Alc. 12,5% | € 24 | Bt. 3.000 | Ferm. Acciaio | Mat. Acciaio 8 mesi
42 mesi sui lieviti
Crostini con baccalà mantecato.

DECUGNANO DEI BARBI BRUT 2018
Bianco Metodo Classico - Chardonnay 50%, Pinot nero 50%
Alc. 12,5% | € 24 | Bt. 7.000 | Ferm. Acciaio | 42 mesi sui lieviti
Provola di Agerola.

ORVIETO CLASSICO FRAMMENTO 2021
Bianco Doc - Grechetto 50%, Sauvignon 20%, Vermentino 20%, Procanico 10%
Alc. 13% | € 12 | Bt. 40.000 | Ferm. Acciaio | Mat. Acciaio 7 mesi
Rotolo di coniglio con pomodorini ed erbe aromatiche.

A.D. 1212 2020
Rosso Igt - Syrah 65%, Cabernet sauvignon 20%, Montepulciano 15%
Alc. 15% | € 22 | Bt. 20.000 | Ferm. Acciaio | Mat. Acciaio 12 mesi e Legno 12 mesi
Trippa in umido.

L'INQUISITORE 2021
Bianco Igt - Sauvignon 100%
Alc. 14% | € 25 | Bt. 4.600 | Ferm. Acciaio | Mat. Acciaio 10 mesi
Garganelli freschi con gamberi di fiume.

ORVIETO CLASSICO MUFFA NOBILE POURRITURE NOBLE
2020

ORVIETO CLASSICO SUPERIORE MARE ANTICO
2019

Di Filippo
(1971)

Il pieno rispetto della natura, il perfetto equilibrio tra uomo, terra e animali, la passione nel coltivare i vigneti, garantiscono l'eccellenza di una produzione biologica che segue le regole della biodinamica. I vitigni autoctoni, espressione della tipicità del territorio di Montefalco, sono la colonna portante dell'azienda Di Filippo, impegnata anche nel sociale con un progetto di agricoltura etica che ha dato vita al Sangiovese, vino ben riuscito, frutto della collaborazione con la cooperativa La Semente, una realtà che si impegna in campo sociale e solidale.

Vocabolo Conversino, 153 - 06033 Cannara (PG)
T. 0742 731242 | M. info@vinidifilippo.com
www.vinidifilippo.com

Viticoltura: Biologica certificata e biodinamica
Ettari: 30 | **Bottiglie:** 250.000 | **Produzione olearia:** Sì
Proprietà: Famiglia Di Filippo
Cond. enologica: Andrea Pesaresi, Nazzareno Pieroni
Cond. agronomica: Staff aziendale
Vendita diretta: Sì | **Visite in azienda:** Sì

MONTEFALCO SAGRANTINO ETNICO 2018
Rosso Docg - Sagrantino 100%
Alc. 15% | € 20 | Bt. 3.500 | Ferm. Acciaio | Mat. Acciaio 12 mesi e Legno 12 mesi
Bagliori granato su cuore rubino. Elegante trama odorosa: amarene, gelatina di mirtilli, cuoio, pepe nero, chiodi di garofano e tabacco, poi balsamicità. Sorso asciutto, equilibrato e succoso, danza il sinuoso tannino coinvolgendo con dinamismo i lunghi ricordi fruttati. Capriolo con salsa di ribes rosso.

COLLI MARTANI SANGIOVESE PROPERZIO RISERVA 2019
Rosso Doc - Sangiovese 100%
Alc. 13,5% | € 15 | Bt. 3.500 | Ferm. Acciaio | Mat. Acciaio 12 mesi e Legno 12 mesi
Fiorentina alla brace.

SANGIOVESE 2022
Rosso Igt - Sangiovese 100%
Alc. 14% | € 9 | Bt. 20.000 | Ferm. Acciaio | Mat. Acciaio 5 mesi
Porchetta di Ariccia.

FARANDOLA 2021
Bianco Igt - Trebbiano spoletino 100%
Alc. 13,5% | € 15 | Bt. 4.500 | Ferm. Acciaio | Mat. Acciaio 12 mesi
Ravioli di ricotta e spinaci.

GRECHETTO SSA 2021
Bianco Igt - Grechetto 100%
Alc. 13% | € 13 | Bt. 6.500 | Ferm. Acciaio | Mat. Acciaio 6 mesi
Costoletta di vitello alla milanese.

MONTEFALCO ROSSO 2021
Rosso Doc - Sangiovese 60%, Barbera 30%, Sagrantino 10%
Alc. 13,5% | € 10 | Bt. 35.000 | Ferm. Acciaio | Mat. Acciaio 18 mesi
Tagliata al pepe verde.

MONTEFALCO SAGRANTINO
2015 | 2016 | 2017

MONTEFALCO SAGRANTINO PASSITO
2016

Donini
(1977)

Famiglia di antiche tradizioni vitivinicole quella di Diego Donini, vero punto di riferimento tra le cantine dell'Alto Tevere. Gli sforzi profusi per il recupero e la rivalutazione di vitigni tradizionali sono ampiamente premiati da una produzione complessiva di alto livello marcata da una spiccata freschezza gustativa, figlia delle importanti escursioni termiche presenti in questa valle. Sul gradino più alto si innalza il rigovernato Settegrappoli, ma è un po' tutta la produzione che risulta di notevole spessore e racconta di vini mai banali, ricchi di personalità e capaci di emozionare il palato.

Via Nestoro, 59 - Frazione Verna - 06019 Umbertide (PG)
T. 331 5802280 | M. info@vinidonini.it
www.vinidonini.it

Viticoltura: Biologica
Ettari: 16 | **Bottiglie:** 50.000 | **Produzione olearia:** No
Proprietà: Omero, Giusy e Lucia Moretti
Cond. enologica: Diego Donini, Alessio Ciaccini
Cond. agronomica: Diego Donini
Vendita diretta: Sì | **Visite in azienda:** Sì

SETTEGRAPPOLI 2020
Rosso Igt - Merlot 85%, Sangiovese 15%
Alc. 15% | € 18 | Bt. 5.200 | Ferm. Acciaio | Mat. Legno 24 mesi e Cemento 6 mesi
Manto rubino con orlo granato. Naso cangiante, spazia su sussurri di peonia, ciliegie e pasta di olive, poi toni mentolati, tabacco e polvere di cacao. Il caldo abbrivio gustativo è sorretto da una tessitura tannica setosa e da una briosa freschezza che sfocia in tenere memorie di frutti rossi. Maialino in agrodolce.

TARRAGONI 2019
Rosso Igt - Sangiovese 100%
Alc. 14% | € 16 | Bt. 7.000 | Ferm. Acciaio | Mat. Acciaio 6 mesi e Legno 24 mesi
Filetto di maiale lardellato.

NERO FRATTA 2021
Rosso Igt - Sangiovese 100%
Alc. 13% | € 12 | Bt. 9.000 | Ferm. Acciaio | Mat. Cemento 12 mesi
Tagliere di salumi.

LA FONTE 2020
Bianco Igt - Grechetto 100%
Alc. 14% | € 16 | Bt. 3.600 | Ferm. Acciaio | Mat. Acciaio 6 mesi e Cemento 6 mesi
Zuppetta di piselli e vongole.

SAN GIOVANNI 2020
Rosso Igt - Pinot nero 75%, Barbera 25%
Alc. 13,5% | € 18 | Bt. 7.000 | Ferm. Acciaio | Mat. Acciaio 6 mesi e Legno 12 mesi
Paccheri con salsa di pomodoro e basilico.

SETTEGRAPPOLI
2011 | 2016 | 2019

ELMA
2017 | 2018 | 2021

Duca della Corgna
(1957)

Il fatto che tutti i vini rossi e il rosato in degustazione siano dei Gamay del Trasimeno in purezza la dice lunga su quanto quest'importante azienda sulle rive del Lago sia trainante nella promozione del territorio. Si conferma come vino di punta il Poggio Pietroso: un cru dalla fisionomia pienamente identitaria, ottenuto dalla vinificazione delle uve di una singola vigna, che si distingue in un contesto di livello mediamente alto. Buona anche la presenza dei vini bianchi a base grechetto, che ne sottolineano l'identità territoriale.

Via Roma, 236 - 06061 Castiglione del Lago (PG)
T. 075 9652493 | M. info@ducadellacorgna.it
www.ducadellacorgna.it

Viticoltura: Convenzionale
Ettari: 55 | **Bottiglie:** 280.000 | **Produzione olearia:** No
Proprietà: Cooperativa di produttori
Cond. enologica: Lorenzo Landi
Cond. agronomica: Roberto Lamorgese
Vendita diretta: Sì | **Visite in azienda:** Sì

92

COLLI DEL TRASIMENO GAMAY POGGIO PIETROSO RISERVA 2020
Rosso Doc - Gamay 100%
Alc. 13,5% | € 21 | Bt. 3.500 | Ferm. Acciaio | Mat. Acciaio 3 mesi e Legno 24 mesi
Rosso carminio di media saturazione con intarsi granato. Profilo suadente: ciliegia, cassis, rosa appassita e tè nero, si completa con richiami di macchia mediterranea e torrefazione. Sorso vibrante dai tannini serici che si stempera in un lungo e appagante epilogo d'agrume. Filetto al vino rosso e scalogno.

COLLI DEL TRASIMENO GAMAY DIVINA VILLA RISERVA 2020
Rosso Doc - Gamay 100%
Alc. 14% | € 15 | Bt. 10.000 | Ferm. Acciaio | Mat. Acciaio e Legno 12 mesi e Cemento 12 mesi
Parmigiano Reggiano Riserva.

COLLI DEL TRASIMENO GAMAY DIVINA VILLA 2022
Rosso Doc - Gamay 100%
Alc. 14% | € 10 | Bt. 40.000 | Ferm. Acciaio | Mat. Acciaio 7 mesi
Hamburger di manzo con Montasio fuso.

COLLI DEL TRASIMENO GRECHETTO NURICANTE 2022
Bianco Doc - Grechetto 100%
Alc. 13% | € 10 | Bt. 20.000 | Ferm. Legno e Acciaio | Mat. Acciaio 6 mesi e Legno 2 mesi
Bigoli con le sarde di lago.

MARTAVELLO 2022
Rosato Igt - Gamay 100%
Alc. 12,5% | € 6 | Bt. 13.000 | Ferm. Legno e Acciaio | Mat. Acciaio 2 mesi e Legno 4 mesi
Sauté di cozze.

COLLI DEL TRASIMENO GRECHETTO ASCANIO 2022
Bianco Doc - Grechetto 100%
Alc. 13% | € 8 | Bt. 40.000 | Ferm. Acciaio | Mat. Acciaio 8 mesi
Insalata di polpo, patate e olive.

COLLI DEL TRASIMENO GAMAY DIVINA VILLA RISERVA
2017

COLLI DEL TRASIMENO GAMAY POGGIO PETROSO RISERVA
2018 | 2019

Famiglia Cotarella
(1979)

Marta, Enrica e Dominga sfornano novità a getto continuo, grande impegno nella formazione in ambito ristorativo, una fattoria didattica ma soprattutto il lavoro in cantina. In quest'edizione manca il Marciliano, ancora in maturazione, ma arriva un nuovo vino che conquista subito la scena. Un progetto che vuole sottolineare il profondo legame di questa famiglia con l'Umbria, dove il nome Verdeluce e la veste grafica raccontano perfettamente l'anima di questa regione. Il vino è piacevolissimo e schietto, ma anche generoso e accogliente come le genti di questi luoghi sanno essere.

Località San Pietro - 05020 Montecchio (TR)
T. 0744 9556 | M. info@famigliacotarella.it
www.famigliacotarella.it

Viticoltura: Convenzionale
Ettari: 200 | **Bottiglie:** 1.200.000 | **Produzione olearia:** Sì
Proprietà: Dominga, Marta ed Enrica Cotarella
Cond. enologica: Pier Paolo Chiasso
Cond. agronomica: Pier Paolo Chiasso, Riccardo Cotarella
Vendita diretta: Sì | **Visite in azienda:** Sì

VERDELUCE 2022
Bianco Igp - Pinot bianco 60%, Sémillon 30%, Grechetto 10%
Alc. 12,5% | € 18 | Bt. 6.500 | Ferm. Acciaio | Mat. Acciaio 6 mesi
Paglierino lucente. Ragguardevoli fragranze di pescanoce, melone bianco, pera decana, fiori di tiglio con accenti agrumati e di erbe mentolate. Al palato la rotondità acquista movimento sulla spinta fresco-sapida. Intraprendente lunghezza sottolineata da decisi timbri fruttati. Insalata greca.

TRENTANNI 2021
Rosso Igp - Merlot 50%, Sangiovese 50%
Alc. 14,5% | € 15 | Bt. 15.000 | Ferm. Acciaio | Mat. Legno 12 mesi
Manzo brasato con funghi.

FALESCO BRUT ROSÉ
Rosato Metodo Classico - Pinot nero 100%
Alc. 12,5% | € 16 | Bt. 5.000 | Ferm. Acciaio | 36 mesi sui lieviti
Stracciatella di bufala.

MONTEFALCO SAGRANTINO RC2 2017
Rosso Docg - Sagrantino 100%
Alc. 15% | € 40 | Bt. 3.000 | Ferm. Acciaio | Mat. Legno 24 mesi
Capriolo in salmì con polenta di grano saraceno.

VITIANO BIANCO 2022
Bianco Igp - Vermentino 70%, Chardonnay 30%
Alc. 12,5% | € 10 | Bt. 15.000 | Ferm. Acciaio | Mat. Acciaio 4 mesi
Insalata di ceci e pomodorini.

MARCILIANO
2017 | 2018 | 2019

TRENTANNI
2019 | 2020

Fattoria Colsanto
(2001)

In vigna come in cantina non ci si ferma mai. È la filosofia che accompagna da generazioni la famiglia Livon. La direzione è quella di una viticoltura 4.0 in grado di migliorare sia il lavoro, attraverso il rinnovo del parco macchine, sia la salvaguardia dell'ambiente. Il primo passo ha riguardato l'incremento dell'energia autoprodotta. Infine grande attenzione verso l'enoturismo che in questa cantina è vivo più che mai. La struttura ricettiva, che fino allo scorso anno contava sei camere, oggi è arrivata a dodici. Tra i vini presenti in Guida svetta il Montarone.

Via Cantalupo - Località Montarone - 06031 Bevagna (PG)
T. 0742 360412 | M. info@colsanto.it
www.colsanto.it

Viticoltura: Convenzionale
Ettari: 20 | **Bottiglie:** 40.000 | **Produzione olearia:** No
Proprietà: Famiglia Livon
Cond. enologica: Antonio Consalvo
Cond. agronomica: Antonio Consalvo
Vendita diretta: Sì | **Visite in azienda:** Sì

MONTEFALCO SAGRANTINO MONTARONE 2015
Rosso Docg - Sagrantino 100%
Alc. 15,5% | € 35 | Bt. 3.300 | Ferm. Acciaio | Mat. Legno 36 mesi
Rubino di concentrazione e vitalità. Incipit floreale di rosa appassita, poi ciliegia sotto spirito, rosmarino, chiodi di garofano e liquirizia. In bocca coniuga struttura e aromi, la componente tannica è pregevole e l'allungo importante. Fagiano arrosto.

MONTEFALCO ROSSO 2019
Rosso Doc - Sangiovese 80%, Sagrantino 20%
Alc. 14,5% | € 15 | Bt. 17.000 | Ferm. Legno e Acciaio | Mat. Acciaio 12 mesi e Legno 12 mesi
Coq au vin alla borgognona.

RURIS 2020
Rosso Igt - Sangiovese 70%, Merlot 30%
Alc. 14% | € 10 | Bt. 6.000 | Ferm. Acciaio | Mat. Acciaio 12 mesi
Pasta alla gricia.

MONTEFALCO SAGRANTINO
2015 | 2016

MONTEFALCO ROSSO
2018

Fattoria di Monticello
(2007)

La Fattoria di Monticello sorge su una collina baciata dal sole poco a nord di Todi, dove le viti trovano un terreno ricco e fertile dal quale nascono vini generosi ed energici. Il Ponetro si afferma come grande espressione di un vitigno che notoriamente predilige ben altre latitudini; Salomone, cabernet sauvignon di pregevole fattura, certifica che la scelta di aver investito sui vitigni internazionali sta pagando in termini di qualità e finezza. Il Ginestrello, infine, testimonia quella ricchezza e pregio che fa di questo areale la culla del grechetto.

Vocabolo Ponetro, 66 - Frazione Ripalvella - 05010 San Venanzo (TR)
T. 075 8749606 | M. info@fattoriadimonticello.it
www.fattoriadimonticello.it

Viticoltura: Ecosostenibile
Ettari: 21 | **Bottiglie:** 80.000 | **Produzione olearia:** Sì
Proprietà: Giorgio Scassini
Cond. enologica: Simone Tribolati
Cond. agronomica: Simone Martorelli
Vendita diretta: Sì | **Visite in azienda:** Sì

PONETRO 2019
Rosso Igt - Pinot nero 100%
Alc. 14% | € 20 | Bt. 5.000 | Ferm. Acciaio | Mat. Acciaio 6 mesi e Legno 3 mesi
Splendido cremisi con lampi granato. Racconto olfattivo che esordisce su frutti di bosco e amarena, poi fiori di sambuco e violetta, sul fondo anice stellato e un rinfrescante sbuffo iodato. Sorso gustoso, acidità incisiva e tannino cesellato decretano un congedo lento e interessante. Lepre alla cacciatora.

GINESTRELLO 2022
Bianco Igt - Grechetto 100%
Alc. 13,5% | € 11 | Bt. 8.000 | Ferm. Acciaio | Mat. Acciaio 6 mesi
Coniglio in umido con verze e purea di patate.

SALOMONE 2018
Rosso Igt - Cabernet sauvignon 100%
Alc. 14% | € 20 | Bt. 5.000 | Ferm. Acciaio | Mat. Legno 16 mesi
Fesa di vitello al latte.

MARIÈL 2022
Bianco Igt - Pinot grigio 100%
Alc. 13% | € 12 | Bt. 10.000 | Ferm. Acciaio | Mat. Acciaio 6 mesi
Risotto agli asparagi con gamberi croccanti.

GIACCHIO 2022
Bianco Igt - Sauvignon 60%, Chardonnay 20%, Viognier 20%
Alc. 12,5% | € 9 | Bt. 30.000 | Ferm. Acciaio | Mat. Acciaio 6 mesi
Cicale di mare su letto di verdure.

MI'CHICCO
2017 | 2018 | 2019

GINESTRELLO
2019 | 2020 | 2021

Goretti
(1963)

La storica azienda dei Colli Perugini, operativa anche a Montefalco, è in grande fermento. I significativi cambiamenti nella produzione dei vini, che si tratti delle etichette classiche o dei nuovi ingressi, testimoniano una nuova rotta e idee chiare. Novità assoluta in azienda un progetto legato al trebbiano spoletino, che ha nell'enologo Emiliano Falsini un grande interprete e che, sicuramente, merita di essere seguito. Sono ben tre i vini che si avvicinano al massimo risultato: il sempre presente L'Arringatore, Il Moggio in grande spolvero, e il Montefalco Sagrantino.

Strada del Pino, 4 - Località Pila - 06132 Perugia (PG)
T. 075 607316 | M. goretti@vinigoretti.com
www.vinigoretti.com

Viticoltura: Lotta integrata
Ettari: 58 | **Bottiglie:** 230.000 | **Produzione olearia:** Sì
Proprietà: Famiglia Goretti
Cond. enologica: Emiliano Falsini
Cond. agronomica: Stefano Dini
Vendita diretta: Sì | **Visite in azienda:** Sì

COLLI PERUGINI ROSSO L'ARRINGATORE 2020
Rosso Doc - Sangiovese 60%, Ciliegiolo 20%, Merlot 20%
Alc. 14,5% | € 24 | Bt. 18.000 | Ferm. Acciaio | Mat. Acciaio 3 mesi e Legno 14 mesi
Veste carminio di media profondità che si esalta alla luce. Ventaglio ammantato di amarena, rosa rossa e cannella. Si affiancano profumi di cacao amaro e caffè in grani. Al gusto mostra un ingresso deciso con astringenza serica che affianca l'acidità. Chiusura ragguardevole e fruttata. Coda alla vaccinara.

IL MOGGIO 2022
Bianco Igt - Grechetto 100%
Alc. 13,5% | € 14 | Bt. 9.000 | Ferm. Legno e Acciaio | Mat. Acciaio 3 mesi e Legno 3 mesi
Linguine con asparagi e calamaretti.

MONTEFALCO SAGRANTINO 2019
Rosso Docg - Sagrantino 100%
Alc. 15,5% | € 28 | Bt. 15.000 | Ferm. Acciaio | Mat. Acciaio 4 mesi e Legno 16 mesi
Guanciale di manzo in umido con polenta.

IL TREBBIO 2022
Bianco Igt - Trebbiano spoletino 100%
Alc. 13,5% | € 12 | Bt. 6.600 | Ferm. Acciaio | Mat. Acciaio 5 mesi
Risotto agli asparagi e frutti di mare.

COLLI PERUGINI GRECHETTO 2022
Bianco Doc - Grechetto 100%
Alc. 13,5% | € 12 | Bt. 20.000 | Ferm. Acciaio | Mat. Acciaio 3 mesi
Provola di Agerola.

MONTEFALCO ROSSO 2021
Rosso Doc - Sangiovese 65%, Sagrantino 20%, Merlot 15%
Alc. 14,5% | € 15 | Bt. 20.000 | Ferm. Acciaio | Mat. Acciaio 3 mesi e Legno 16 mesi
Risotto con salsiccia e Taleggio.

COLLI PERUGINI ROSSO L'ARRINGATORE
2012 | 2013 | 2016

MONTEFALCO SAGRANTINO
2018

La Madeleine
(2008)

Cantina emergente del sud dell'Umbria, sposa anch'essa quel trend innovativo condiviso con altre realtà produttive del territorio che si distinguono per la sperimentazione e valorizzazione di uve internazionali spesso insolite per la regione. In questo caso la produzione si concentra sui nobili pinot nero e cabernet franc, integrati in un terroir che, seppur lontano da quelli d'elezione, non impedisce di ottenere risultati di chiaro interesse. Se la versatilità del pinot consente di confrontarsi con successo con le diverse tipologie è il NarnOt, cabernet in purezza, a colpire e conquistare.

Strada Montini, 38 - Località Schifannoia - 05035 Narni (TR)
T. 0744 040427 | M. contatti@cantinalamadeleine.it
www.cantinalamadeleine.it

Viticoltura: Convenzionale
Ettari: 7,5 | **Bottiglie:** 36.000 | **Produzione olearia:** Sì
Proprietà: Giulia e Francesco D'Alema
Cond. enologica: Riccardo Cotarella
Cond. agronomica: Fernando Cestra
Vendita diretta: Sì | **Visite in azienda:** Sì

(91,5)

NARNOT 2019
Rosso Igt - Cabernet franc 100%
Alc. 15,5% | € 33 | Bt. 8.000 | Ferm. Acciaio | Mat. Legno 20 mesi
Amaranto dall'orlo rubino. Sinfonia olfattiva dove mirto, ribes, marasca e violetta appassita si avvicendano su guizzi di cenere, pomodoro essiccato, melanzana, timo, pepe e liquirizia. Generoso e materico, tannino vigoroso e finissimo, si congeda accompagnato da echi speziati e balsamici. Filetto di cervo ai mirtilli.

NEROSÉ 60
Rosato Igt Metodo Classico - Pinot nero 100%
Alc. 12,5% | € 35 | Bt. 2.000 | Ferm. Acciaio | 60 mesi sui lieviti
Crostini con burro e salmone.

PINOT NERO LA MADELEINE 2021
Rosso Igt - Pinot nero 100%
Alc. 14,5% | € 35 | Bt. 3.600 | Ferm. Acciaio | Mat. Legno 15 mesi
Agnolotti al sugo di carne.

SFIDE 2020
Rosso Igt - Cabernet franc 100%
Alc. 14% | € 12 | Bt. 9.000 | Ferm. Acciaio | Mat. Acciaio 6 mesi e Legno 10 mesi
Porchetta di Ariccia.

JULÌ 2022
Rosato Igt - Pinot nero 100%
Alc. 12,5% | € 12 | Bt. 3.000 | Ferm. Acciaio | Mat. Acciaio 6 mesi
Flan di zucchine e carote.

NARNOT
2016 | 2017

NEROSÉ 60
S.A.

La Palazzola
(1922)

L'estro e la creatività non fanno difetto a Stefano Grilli, così come la continua ricerca del limite oltre il quale spingersi, che ci è parso concretizzarsi in modo particolare proprio in quest'edizione. Il Vin Santo proposto riposa 10 anni in caratello e diventa un vino strepitoso, dove definizione, concentrazione e grazia rendono l'assaggio un qualcosa di poetico. Anche gli spumanti, altro pezzo pregiato dell'azienda, vengono proposti tutti con ben 12 anni di affinamento sui lieviti. Colpiscono per integrità coniugata a profonda complessità e solidità gustativa senza uguali.

Località Vascigliano, 45 - 05039 Stroncone (TR)
T. 0744 609091 | M. info@lapalazzola.it
www.lapalazzola.it

Viticoltura: Biologica certificata
Ettari: 28 | **Bottiglie:** 150.000 | **Produzione olearia:** No
Proprietà: Stefano Grilli
Cond. enologica: Riccardo Cotarella
Cond. agronomica: Staff aziendale
Vendita diretta: Sì | **Visite in azienda:** Sì

(92)

AMELIA VIN SANTO 10 ANNI 2011
Bianco Doc Passito - Trebbiano 65%, Malvasia 35%
Alc. 14,5% | € 45 (0,375l) | Bt. 2.000 | Ferm. Legno | Mat. Legno 120 mesi
Splendida ambra con riflessi mogano. Bouquet inebriante: albicocche, fichi disidratati e radici di liquirizia con noci e cera d'api che si legano a rabarbaro, miele di castagno, iodio e ceralacca. L'assaggio coniuga concentrazione ed equilibrio, l'allungo rinfrescante suggella una gran classe. Panforte.

LA PALAZZOLA BRUT ROSATO COLLEZIONE 2010
Rosato Metodo Ancestrale - Sangiovese 100%
Alc. 12% | € 34 | Bt. 3.000 | Ferm. Acciaio | Mat. Acciaio 3 mesi
144 mesi sui lieviti
Anguilla ai ferri.

LA PALAZZOLA BRUT RIESLING COLLEZIONE 2012
Bianco Metodo Ancestrale - Riesling 100%
Alc. 12% | € 34 | Bt. 3.000 | Ferm. Acciaio | Mat. Acciaio 2 mesi
120 mesi sui lieviti
Burrata di Andria.

RUBINO 2017
Rosso Igt - Cabernet sauvignon 80%, Merlot 15%, Cabernet franc 3%, Petit verdot 2%
Alc. 14% | € 30 | Bt. 20.000 | Ferm. Acciaio | Mat. Legno 36 mesi
Filetto di vitello alla Rossini.

LA PALAZZOLA BRUT GRAND CUVÉE COLLEZIONE 2012
Bianco Metodo Ancestrale - Pinot nero 85%, Chardonnay 15%
Alc. 13% | € 34 | Bt. 3.000 | Ferm. Acciaio | Mat. Acciaio 4 mesi
120 mesi sui lieviti
Risotto alla pescatora.

AMELIA VIN SANTO OCCHIO DI PERNICE
2013 | 2014

LA PALAZZOLA BRUT GRAND CUVÉE COLLEZIONE
2009

La Palerna
(2002)

L'azienda è situata al confine con la Toscana e le Marche. Qui, oltre vent'anni fa, i coniugi Merendelli decidono di impiantare le proprie vigne, tutte rigorosamente a bacca rossa, puntando su vitigni internazionali, in particolare sul pinot nero. A distanza di quattro lustri, quello che sembrava un azzardo è divenuto il marchio distintivo. Altissimo il livello qualitativo dei vini, ma una menzione particolare va rivolta al Cospaia che grazie alle sua incredibile finezza si posiziona a un passo dall'eccellenza, confermando ancora una volta la bontà del lavoro svolto.

Vocabolo Lisadebbia, 1 - Località Valdimonte - 06016 San Giustino (PG)
T. 366 2634334 | M. info@lapalerna.it
www.lapalerna.it

Viticoltura: Biologica
Ettari: 8 | **Bottiglie:** 20.000 | **Produzione olearia:** Sì
Proprietà: Paola Biagioli
Cond. enologica: Alessio Bandinelli
Cond. agronomica: Dario Ceccatelli
Vendita diretta: Sì | **Visite in azienda:** Sì

COSPAIA 1441 2021
Rosso Igt - Cabernet sauvignon 55%, Merlot 45%
Alc. 15% | € 28 | Bt. 1.277 | Ferm. Acciaio | Mat. Legno 12 mesi
Illumina il calice di uno smagliante rubino. Al naso è un crescendo di profumi: ciliegia, viola, mirtillo ed eucalipto, e ancora chiodi di garofano e cioccolato. La beva è succosa, l'evidente presenza alcolica è magistralmente mitigata da una scorrevole acidità che gode dei ritorni di ribes. Tagliata al pepe verde.

CIMENTO 2021
Rosso Igt - Pinot nero 100%
Alc. 14% | € 30 | Bt. 800 | Ferm. Acciaio | Mat. Legno 12 mesi
Tajarin al tartufo bianco d'Alba.

ROSSO DI VALDIMONTE 2021
Rosso Igt - Sangiovese 55%, Cabernet sauvignon 45%
Alc. 15% | € 15 | Bt. 1.590 | Ferm. Acciaio | Mat. Legno 12 mesi
Pappardelle con sugo di lepre.

ROSA DI MARTINO 2022
Rosato Igt - Sangiovese 100%
Alc. 13% | € 15 | Bt. 3.570 | Ferm. Acciaio | Mat. Acciaio 6 mesi
Insalata di pollo e verdure.

NUDO DI PALERNA PAS DOSÉ 2019
Bianco Metodo Classico - Pinot nero 100%
Alc. 12,5% | € 50 | Bt. 600 | Ferm. Acciaio | Mat. Acciaio 3 mesi
24 mesi sui lieviti
Seppie ripiene su crema di ceci.

COSPAIA 1441
2018

NUDO DI PALERNA BRUT
2014 | 2015 | 2016

La Veneranda
(2013)

Azienda tutta al femminile, posizionata nel territorio che unisce i comuni di Bevagna e Montefalco. A continuare il lavoro avviato nel 1827 dalla "veneranda" nobildonna Maria Aloisa Moncelli, ci sono Eleonora e Anna Rita. Nel solco della tradizione, producono un'ampia gamma di vini dalla forte territorialità nel rispetto dell'ambiente. Mancano in Guida i vini rossi simbolo della denominazione ed è il Montefalco Grechetto a rispecchiare perfettamente le logiche aziendali ed esprimere bene le caratteristiche del vitigno.

Località Montepennino - 06036 Montefalco (PG)
T. 0742 951630 | M. info@laveneranda.com
www.laveneranda.com

Viticoltura: Lotta integrata
Ettari: 20 | **Bottiglie:** 60.000 | **Produzione olearia:** Sì
Proprietà: Eleonora Alessandrelli e Anna Rita Scarca
Cond. enologica: Massimo Bartolini
Cond. agronomica: Moreno Mancini
Vendita diretta: Sì | **Visite in azienda:** Sì

MONTEFALCO GRECHETTO 2022
Bianco Doc - Grechetto 100%
Alc. 14% | € 15 | Bt. 6.000 | Ferm. Acciaio | Mat. Acciaio 4 mesi
Giallo paglierino lucente. Un susseguirsi vigoroso di frutta gialla e fiori di ginestra, rinfrescato con stille di aneto e rosmarino. Millimetrico l'equilibrio tra freschezza e alcolicità, inconfondibile il carattere minerale. Netta la persistenza fruttata e balsamica, chiude con sensazioni di mandorla verde. Zuppa d'orzo e chiodini.

AUREO 2022
Bianco Igt - Grechetto 80%, Viognier 20%
Alc. 14% | € 9 | Bt. 9.000 | Ferm. Acciaio | Mat. Acciaio 4 mesi
Risotto alla zucca.

RICCARDO I° 2021
Rosso Igt - Sangiovese 60%, Merlot 35%, Sagrantino 5%
Alc. 14,5% | € 9 | Bt. 10.000 | Ferm. Acciaio | Mat. Legno 4 mesi
Grigliata di carne bianca e verdure.

MONTEFALCO GRECHETTO
2020

MONTEFALCO SAGRANTINO PASSITO
2018

Le Cimate
(2010)

Questa giovane realtà di Montefalco è magistralmente guidata dalla famiglia Bartoloni, che grazie a Paolo sta continuando il progetto enologico cominciato dal nonno e proseguito dal padre. Situata sulla splendida Collina di Cecapecore, l'azienda produce vini utilizzando soprattutto vitigni autoctoni, su tutti sagrantino e trebbiano spoletino. Grazie all'ottimo lavoro svolto in vigna e alla bontà dei terreni d'impronta limosa e argillosa, le etichette presenti in Guida dimostrano un ottimo livello per finezza e pienezza gustativa. Su tutti si erge uno splendido Trebbiano Spoletino.

Via Cecapecore, 41 - 06036 Montefalco (PG)
T. 0742 261771 | M. info@lecimate.it
www.lecimate.it

Viticoltura: Convenzionale
Ettari: 23 | **Bottiglie:** 100.000 | **Produzione olearia:** Sì
Proprietà: Francesca Bartoloni
Cond. enologica: Maurilio Chioccia, Cesare Toja
Cond. agronomica: Tiziano Maschio
Vendita diretta: Sì | **Visite in azienda:** Sì

(91,5)

SPOLETO TREBBIANO SPOLETINO 2021
Bianco Doc - Trebbiano spoletino 100%
Alc. 13,5% | € 15 | Bt. 10.000 | Ferm. Acciaio | Mat. Acciaio 12 mesi
Brilla di un pregiato oro. Racconta un tripudio di profumi, dapprima ananas, melone giallo, papaia, poi timo e menta, per chiudere con il lime. La beva è equilibrata, l'ingresso suadente è bilanciato da una sinergia fresco-sapida che armonizza una lunga persistenza al sapore d'agrume. Risotto con mazzancolle al profumo d'arancia.

MONTEFALCO SAGRANTINO DONNA GIULIA 2016
Rosso Docg - Sagrantino 100%
Alc. 15% | € 68 | Bt. 1.333 | Ferm. Legno | Mat. Legno 48 mesi
Bocconcini di cinghiale con salsa di prugne.

MONTEFALCO SAGRANTINO 2016
Rosso Docg - Sagrantino 100%
Alc. 15,5% | € 28 | Bt. 13.000 | Ferm. Acciaio | Mat. Acciaio 12 mesi e Legno 24 mesi
Pluma di maialino Bellota con cipolle caramellate.

MONTEFALCO ROSSO 2020
Rosso Doc - Sangiovese 60%, Sagrantino 20%, Refosco 10%, Tannat 10%
Alc. 14,5% | € 15 | Bt. 13.000 | Ferm. Acciaio | Mat. Acciaio 6 mesi e Legno 18 mesi
Spezzatino di manzo.

SPOLETO TREBBIANO SPOLETINO PASSITO MELIADE
2020

MONTEFALCO ROSSO
2017 | 2018

Le Crete
(1999)

La famiglia Castellani conduce un lavoro lucido e concreto, fatto di grande passione, che unita a una forte dedizione e al rispetto per la natura ha portato a produrre vini identitari che rappresentano appieno la tipicità di questa zona. In cantina sono avvenuti miglioramenti tecnologici, con l'acquisto di nuovi macchinari per la produzione. Tra i campioni proposti spicca il Petranera per equilibrio e piacevolezza, seguito dal Sophia, ricco e voluttuoso, e dal Cima del Giglio. Siamo curiosi di provare gli altri vini del portfolio, certi dell'ottimo lavoro!

Località Piscicoli - 05024 Giove (TR)
T. 328 7011808 | M. info@cantinalecrete.it
www.cantinalecrete.it

Viticoltura: Convenzionale
Ettari: 8 | **Bottiglie:** 50.000 | **Produzione olearia:** Sì
Proprietà: Giuliano Castellani
Cond. enologica: Paolo Peira, Giuliano Castellani
Cond. agronomica: Mario Castellani, Giuliano Castellani
Vendita diretta: Sì | **Visite in azienda:** Sì

PETRANERA ORO ROSSO 2020
Rosso Igt - Sangiovese 34%, Barbera 33%, Merlot 33%
Alc. 13,5% | € 20 | Bt. 1.300 | Ferm. Acciaio | Mat. Acciaio 6 mesi e Legno 12 mesi
Rubino compatto e vivido. Trama odorosa dai toni scuri di confettura di frutti di bosco, visciola e rosa appassita, cui seguono liquirizia, cacao e distese balsamiche. Il calore del corpo è moderato dalla presente vena fresca e da un tannino integrato. Finale dalle nuance di frutta scura. Filetto al vino rosso e scalogno.

SOPHIA SOLE BIANCO 2022
Bianco Igt - Chardonnay 85%, Viognier 15%
Alc. 14% | € 29 | Bt. 1.000 | Ferm. Legno | Mat. Legno 8 mesi
Risotto ai finferli.

CIMA DEL GIGLIO ORO 2022
Bianco Igt - Malvasia 85%, Chardonnay 15%
Alc. 13,5% | € 17 | Bt. 1.630 | Ferm. Acciaio | Mat. Acciaio 6 mesi e Legno 9 mesi
Pasta, patate e cozze.

LE CRETE EXTRA DRY MILLESIMATO 2022
Bianco Metodo Martinotti - Sangiovese 100%
Alc. 12,5% | € 13 | Bt. 5.600 | Ferm. Acciaio | Mat. Acciaio 3 mesi
2 mesi sui lieviti
Canapè di pasta sfoglia al formaggio.

PETRANERA ORO ROSSO
2019

SOPHIA SOLE ROSSO
2017 | 2019

Lumiluna
(2018)

Piccola realtà in evoluzione guidata da due giovani produttori che confermano la loro propensione a sperimentare. A tal proposito, oltre a vini bianchi e rossi di stampo più classico e tradizionale, sono da menzionare i rifermentati in bottiglia, ideali per aperitivi primaverili ed estivi, insieme alle novità inserite nella linea. Questi ultimi ingressi rappresentano il frutto di un approccio meno convenzionale applicato a uve autoctone a bacca bianca e rossa, che vengono spesso e volentieri sottoposte a lunghe macerazioni sulle bucce durante la vinificazione, con risultati di sicuro interesse.

Vocabolo Vignaccio, 18 - Località Mercatello - 06072 Marsciano (PG)
T. 347 5263169 | M. info@lumiluna.it
www.lumiluna.it

Viticoltura: Biologica e biodinamica
Ettari: 4,5 | **Bottiglie:** 20.000 | **Produzione olearia:** Sì
Proprietà: Azienda Agricola Marta Rinaldi
Cond. enologica: Giulio Rinaldi
Cond. agronomica: Luca Bigicchia
Vendita diretta: Sì | **Visite in azienda:** Sì

RIO DELLO SPINETO 2020
Rosso Igt - Sangiovese 100%
Alc. 15% | € 26 | Bt. 1.600 | Ferm. Acciaio | Mat. Legno 12 mesi
Cremisi dalla preziosa trasparenza. Nitida ouverture di boccioli di rosa e ciliegie. Echeggiano pompelmo rosa, muschio, cardamomo e cuoio, a sottintendere l'utilizzo del legno. Tonico e rinfrescante, il tannino si integra nella trama e la indirizza su ricordi di amarene in confettura e macis. Piccione al forno con cipollotti.

MURELLI 2022
Rosso Igt - Ciliegiolo 100%
Alc. 14% | € 22 | Bt. 1.200 | Ferm. Acciaio | Mat. Acciaio 8 mesi
Bucatini all'amatriciana.

GIORGIE 2022
Bianco Igt - Malvasia 50%, Trebbiano 50%
Alc. 12% | € 19 | Bt. 1.700 | Ferm. Acciaio | Mat. Acciaio 8 mesi
Spaghetti alla carbonara.

ZIGO ZAGO 2022
Rosso Igt - Syrah 100%
Alc. 13,5% | € 21 | Bt. 3.500 | Ferm. Acciaio | Mat. Acciaio 8 mesi
Lepre in salmì.

DICIANNOVE 2022
Bianco Igt - Trebbiano 60%, Malvasia di Candia aromatica 25%, Grechetto 10%, altre varietà 5%
Alc. 12,5% | € 24 | Bt. 2.000 | Ferm. Acciaio | Mat. Acciaio 8 mesi
Spiedo di seppioline ai ferri.

CASALE DEI CECI 2022
Bianco Igt - Grechetto 100%
Alc. 14% | € 18 | Bt. 4.000 | Ferm. Acciaio | Mat. Cemento 8 mesi
Risotto alla parmigiana.

RIO DELLO SPINETO
2018 | 2019

DICIANNOVE
2020 | 2021

Lungarotti
(1962)

Durante i suoi sessant'anni di storia, l'azienda Lungarotti si è incastonata con forza sempre crescente nell'ambiente che la circonda, integrandosi perfettamente e con estremo rispetto, fino a diventarne parte e testimone essenziale. Vengono presentate etichette di qualità, garbo e personalità eccellenti in entrambe le tenute di Torgiano e Montefalco. In forma smagliante Rubesco e Vigna il Pino; superlativo il Torgiano Rosso Riserva Vigna Monticchio, onore al merito. Sfiorano il podio il San Giorgio, blend dal fascino intramontabile, e il bianco Aurente.

Viale Giorgio Lungarotti, 2 - 06089 Torgiano (PG)
T. 075 988669 | M. lungarotti@lungarotti.it
www.lungarotti.it

Viticoltura: Convenzionale e biologica certificata
Ettari: 250 | **Bottiglie:** 2.500.000 | **Produzione olearia:** Sì
Proprietà: Famiglia Lungarotti
Cond. enologica: Christophe Ollivier, Lorenzo Landi, Vincenzo Pepe
Cond. agronomica: Attilio Persia
Vendita diretta: Sì | **Visite in azienda:** Sì

(91)

TORGIANO ROSSO RUBESCO VIGNA MONTICCHIO RISERVA 2019
Rosso Docg - Sangiovese 100%
Alc. 14% | € 46 | Bt. 40.000 | Ferm. Acciaio | Mat. Legno 12 mesi
Veste diafana, sensuale carminio. Scrigno dapprima cupo, poi libera rosa, confettura di visciola, cannella. Accenti di caffè e pepe nero, tamarindo, mirto e rosmarino. Il gusto scorre vellutato e sottilmente balsamico; l'eccellente persistenza conduce a un finale di impeccabile equilibrio. Petto di germano reale al balsamico.

SAN GIORGIO 2019
Rosso Igt - Cabernet sauvignon 50%, Sangiovese 50%
Alc. 14% | € 33 | Bt. 12.000 | Ferm. Acciaio | Mat. Legno 12 mesi
Bracioline di maiale al calvados.

CHARDONNAY DI TORGIANO AURENTE 2020
Bianco Doc - Chardonnay 100%
Alc. 12,5% | € 25 | Bt. 8.000 | Ferm. Legno | Mat. Legno 6 mesi
Sella di coniglio al tartufo con timballo di patate.

MONTEFALCO SAGRANTINO 2020
Rosso Docg - Sagrantino 100%
Alc. 14,5% | € 30 | Bt. 15.000 | Ferm. Acciaio | Mat. Legno 12 mesi
Stufato di daino.

BIANCO DI TORGIANO TORRE DI GIANO VIGNA IL PINO 2020
Bianco Doc - Vermentino 50%, Grechetto 30%, Trebbiano 20%
Alc. 13% | € 24 | Bt. 12.000 | Ferm. Legno e Acciaio | Mat. Acciaio 6 mesi e Legno 3 mesi
Maltagliati con funghi porcini.

ROSSO DI TORGIANO RUBESCO 2021
Rosso Doc - Sangiovese 90%, Colorino 10%
Alc. 14,5% | € 13 | Bt. 350.000 | Ferm. Acciaio | Mat. Legno 12 mesi
Tartare di manzo.

TORGIANO ROSSO RUBESCO VIGNA MONTICCHIO RISERVA
2016 | 2017 | 2018

CHARDONNAY DI TORGIANO AURENTE
2019

Madonna del Latte
(2004)

Il nome della cantina è un omaggio a Pisano, scultore di Pontedera che trascorse gli ultimi anni della sua vita a Orvieto, impegnato nella decorazione della Cattedrale, la cui opera più nota è una statua raffigurante la Madonna col Bambino, detta anche del Latte. Un ulteriore richiamo lo troviamo nella cantina, dove trova posto una riproduzione dello stesso soggetto a opera del milanese Andrea Solari. L'areale di Sugano non è solo territorio di bianchi intensi e minerali, ma anche di rossi fini e di corpo, tanto amati da Papa Paolo III, vini che l'azienda interpreta magistralmente.

Località Sugano, 11 - 05018 Orvieto (TR)
T. 0763 217760 | M. info@madonnadellatte.it
www.madonnadellatte.it

Viticoltura: Biologica certificata
Ettari: 4 | **Bottiglie:** 20.000 | **Produzione olearia:** Sì
Proprietà: Leon Zwecker
Cond. enologica: Paolo Peira, Leon Zwecker
Cond. agronomica: Staff aziendale
Vendita diretta: Sì | **Visite in azienda:** Sì

SUCÀNO 2020
Rosso Igt - Cabernet franc 90%, Cabernet sauvignon 10%
Alc. 14% | € 26 | Bt. 1.500 | Ferm. Legno | Mat. Legno 12 mesi
Rosso cardinalizio, impenetrabile. All'olfatto spiccano i frutti neri: mora in confettura, amarena sciroppata, prugna disidratata, cassis, mirto. Seguono alloro, origano, liquirizia, pepe, noce moscata e cacao amaro. Caldo e materico, tannino presente ma composto, durevoli aromi di spezie, ribes e ruggine. Capretto allo spiedo.

ORVIETO CLASSICO SUPERIORE 2022
Bianco Doc - Grechetto 60%, Procanico 40%
Alc. 14% | € 15 | Bt. 2.000 | Ferm. Acciaio | Mat. Acciaio 5 mesi
Stoccafisso all'anconetana.

VIOGNIER BARRIQUE 2022
Bianco Igt - Viognier 100%
Alc. 14% | € 16 | Bt. 3.000 | Ferm. Legno | Mat. Acciaio 5 mesi
Pollo alle mandorle e curcuma.

VIOGNIER 2022
Bianco Igt - Viognier 100%
Alc. 14% | € 16 | Bt. 3.000 | Ferm. Acciaio | Mat. Acciaio 5 mesi
Gnocchetti di zucca con porcini.

SUCÀNO
2011 | 2016 | 2019

VIOGNIER
2015

Madrevite
(1999)

L'azienda si trova in quella zona dell'Umbria dove è forte l'influenza della vicinissima Toscana, questo però non significa mirare alle produzioni altrui o togliere energia a quella che è la missione principale: la valorizzazione del gamay, che qui, sulle sponde del Lago Trasimeno, ha trovato una zona d'elezione che gli consente di esprimersi su livelli importanti, con una finezza difficilmente raggiungibile in altre aree vitivinicole. Tutto ciò confermato come ogni anno da il C'osa, un vino dove l'innata suadenza e la bevibilità sottolineano il valore del vitigno.

Via Cimbano, 36 - Località Vaiano - 06061 Castiglione del Lago (PG)
T. 075 9527220 | M. info@madrevite.com
www.madrevite.com

Viticoltura: In conversione al biologico
Ettari: 11 | **Bottiglie:** 55.000 | **Produzione olearia:** Sì
Proprietà: Nicola Chiucchiurlotto
Cond. enologica: Emiliano Falsini
Cond. agronomica: Stefano Dini
Vendita diretta: Sì | **Visite in azienda:** Sì

COLLI DEL TRASIMENO GAMAY C'OSA RISERVA 2021
Rosso Doc - Gamay 100%
Alc. 14,5% | € 35 | Bt. 1.500 | Ferm. Acciaio | Mat. Legno 12 mesi e Cemento 6 mesi
Rubino scintillante con striature purpuree. Uno scandito alternarsi di frutti di bosco, gelée alla prugna e rosa canina si mescola con arancia candita, allusioni balsamiche e mentolate. Il sorso è fresco e rivela un'astringenza sottile che ben si equilibra alle morbidezze. Persistenze di frutta di bosco. Arista di maiale con salsa di prugne.

RE MINORE 2022
Bianco Igt - Trebbiano spoletino 100%
Alc. 13% | € 18 | Bt. 8.500 | Ferm. Acciaio | Mat. Acciaio 6 mesi
Risotto ai porcini e zucca.

LA BISBETICA ROSÉ 2022
Rosato Igt - Gamay 100%
Alc. 13,5% | € 13 | Bt. 8.500 | Ferm. Acciaio | Mat. Acciaio 4 mesi
Mozzarella di bufala campana.

COLLI DEL TRASIMENO GAMAY OPRA 2022
Rosso Doc - Gamay 100%
Alc. 14,5% | € 18 | Bt. 6.600 | Ferm. Acciaio | Mat. Acciaio 2 mesi e Cemento 2 mesi
Oca arrosto.

COLLI DEL TRASIMENO GAMAY C'OSA RISERVA
2018 | 2019 | 2020

COLLI DEL TRASIMENO GAMAY OPRA
2019 | 2020 | 2021

Mevante
(1998)

Azienda dinamica e moderna ben radicata nel contesto montefalchese, conferma che si coglie anche nella scelta dei vitigni autoctoni. La storia di Antonella e Paolo si origina in un contesto distante da quello agricolo, ma l'amore e la passione per il vino li hanno completamente assorbiti. Oltre alla cantina, nel tempo, hanno aperto un ristorante e proposto una ricca serie di eventi che sfruttano le bellezze paesaggistiche e architettoniche. Il Sagrantino è composto e con potenzialità evolutiva, le due versioni di trebbiano spoletino hanno schiettezza e ottima beva.

Via Madonna della neve, 1 - Località Sasso, Vocabolo Piscinale - 06031 Bevagna (PG)
T. 349 8057501 | M. info@agricolamevante.com
www.agricolamevante.com

Viticoltura: Lotta integrata
Ettari: 15 | **Bottiglie:** 35.000 | **Produzione olearia:** Sì
Proprietà: Antonella e Paolo Presciutti
Cond. enologica: Franco Bernabei, Andrea Sigismondi
Cond. agronomica: Andrea Sigismondi
Vendita diretta: Sì | **Visite in azienda:** Sì

MONTEFALCO SAGRANTINO 2019
Rosso Docg - Sagrantino 100%
Alc. 15% | € 35 | Bt. 10.000 | Ferm. Acciaio | Mat. Legno 24 mesi
Profondo rubino solcato da lampi granato. Ventaglio odoroso di frutti rossi in confettura, viola, chiodi di garofano, cacao e arancia sanguinella. Il palato austero mostra una trama tannica di grande energia che accompagna la vena fresca in un complesso di buona struttura e lento congedo. Gulasch di manzo alla paprica dolce.

BIRBANTÉO SUR LIE 2021
Bianco Igt - Trebbiano spoletino 100%
Alc. 13,5% | € 25 | Bt. 2.500 | Ferm. Legno | Mat. Legno 12 mesi
Abbacchio al forno con verdure grigliate.

BIRBANTÉO 2022
Bianco Igt - Trebbiano spoletino 100%
Alc. 13% | € 16 | Bt. 3.500 | Ferm. Acciaio | Mat. Acciaio 6 mesi
Seppioline ai ferri.

ROSATO 2022
Rosato Igt - Sagrantino 100%
Alc. 15% | € 14 | Bt. 2.000 | Ferm. Acciaio | Mat. Acciaio 3 mesi
Risotto ai frutti di mare.

MONTEFALCO ROSSO 2020
Rosso Doc - Sangiovese 80%, Merlot 10%, Sagrantino 10%
Alc. 14% | € 16 | Bt. 10.000 | Ferm. Acciaio | Mat. Acciaio 6 mesi
Grana Padano Riserva.

COLLI MARTANI GRECHETTO 2022
Bianco Doc - Grechetto 100%
Alc. 13% | € 14 | Bt. 3.500 | Ferm. Acciaio | Mat. Acciaio 6 mesi
Filetto di branzino gratinato.

BIRBANTÉO SUR LIE
2020

MONTEFALCO SAGRANTINO
2016 | 2017 | 2018

Montioni
(2003)

Una società statunitense inserirà in un libro come case history la Cantina Montioni. L'attività infatti rappresenta al meglio quelle che sono le logiche alla base del successo anche fuori dai confini nazionali di una realtà a conduzione familiare. Il lavoro sodo nella valorizzazione dei prodotti del territorio (vino e olio evo) e l'accoglienza operati da Paolo e dalla sua unita famiglia sono infatti gli elementi distintivi dell'azienda. Ma.Gia. (Matteo e Giacomo sono gli ultimi nati della famiglia) è un perfetto esempio di branding per un possibile futuro di continuità generazionale.

Viale della Vittoria, 34 - 06036 Montefalco (PG)
T. 0742 379214 | M. info@gabrielemontioni.it
www.gabrielemontioni.it

Viticoltura: Biologica
Ettari: 14 | **Bottiglie:** 60.000 | **Produzione olearia:** Sì
Proprietà: Famiglia Montioni
Cond. enologica: Cesare Toja
Cond. agronomica: Luciano Ceccaroni
Vendita diretta: Sì | **Visite in azienda:** Sì

MONTEFALCO SAGRANTINO 2019
Rosso Docg - Sagrantino 100%
Alc. 15% | € 30 | Bt. 16.000 | Ferm. Acciaio | Mat. Acciaio 2 mesi e Legno 24 mesi
Vivido carminio con riflessi granato. Intenso l'olfatto. Speziatura e tostatura si integrano perfettamente a berbere sensazioni di incenso e carcadè, sussurri di mora, eucalipto e resina. Coerente il gusto, sfodera tutta la sua potenza tannica supportato da una buona freschezza e da un finale di spezie e frutta. Risotto con le quaglie.

MONTEFALCO SAGRANTINO MA.GIA 2019
Rosso Docg - Sagrantino 100%
Alc. 15% | € 80 | Bt. 2.000 | Ferm. Legno | Mat. Legno 30 mesi
Filetto al vino rosso e scalogno.

GRECHETTO 2022
Bianco Igt - Grechetto 100%
Alc. 13% | € 12 | Bt. 9.000 | Ferm. Acciaio | Mat. Acciaio 5 mesi
Filetti di trota al vapore con maionese.

MONTEFALCO ROSSO 2021
Rosso Doc - Sangiovese 65%, Merlot 20%, Sagrantino 15%
Alc. 14% | € 16 | Bt. 21.000 | Ferm. Acciaio | Mat. Legno 12 mesi
Prosciutto di Norcia.

MONTEFALCO SAGRANTINO
2016 | 2017 | 2018

MONTEFALCO SAGRANTINO MA.GIA
2018

Morami
(1998)

L'energia pura e vitale di Sabrina Morami sta traghettando l'azienda nel venticinquesimo anno di produzione confermando il suo ruolo centrale per l'intera area del Trasimeno. Realtà dinamica anche guardando alle nuove etichette; con la produzione quest'anno del vino rosato, il numero di etichette raggiunge la cifra simbolica di dieci. La degustazione condotta in quest'edizione ha evidenziato l'alto valore complessivo, con vini raffinati, in evoluzione e con sempre maggiore riconoscimento varietale. Inoltre Cardissa e Renaia sono accomunati da generosità e vigore.

Vocabolo Morami - Località Panicarola - 06060 Castiglione del Lago (PG)
T. 075 9589107 | M. wine@morami.it
www.morami.it

Viticoltura: Convenzionale
Ettari: 11 | **Bottiglie:** 40.000 | **Produzione olearia:** Sì
Proprietà: Famiglia Morami
Cond. enologica: Sabrina Morami
Cond. agronomica: Sabrina Morami
Vendita diretta: Sì | **Visite in azienda:** Sì

CARDISSA 2021
Bianco Igt - Chardonnay 100%
Alc. 13% | € 25 | Bt. 2.000 | Ferm. Legno | Mat. Acciaio 6 mesi e Legno 6 mesi
Un sole vivido e pieno. Esordisce con l'intreccio di nespola e ananas, poi richiami di maggiorana, anice stellato, resina e sensazioni boisé. Sorso pieno, mostra struttura ed equilibrio, sapidità e alcol lasciano lo spazio alla delicata morbidezza che sfocia in echi di eucalipto. Guazzetto di fasolari.

RENAIA 2017
Rosso Igt - Merlot 50%, Cabernet franc 25%, Cabernet sauvignon 25%
Alc. 14% | € 32 | Bt. 4.000 | Ferm. Acciaio | Mat. Legno 12 mesi
Tagliata al pepe verde.

CALUMI 2016
Rosso Igt - Sangiovese 100%
Alc. 14% | € 32 | Bt. 2.000 | Ferm. Acciaio | Mat. Acciaio 4 mesi e Legno 24 mesi
Maialino in agrodolce.

GREGIS 2022
Bianco Igt - Grechetto 70%, Viognier 30%
Alc. 13% | € 15 | Bt. 8.000 | Ferm. Acciaio | Mat. Acciaio 4 mesi
Flan di zucchine e carote.

VICIS 2022
Bianco Igt - Viognier 100%
Alc. 13% | € 15 | Bt. 8.000 | Ferm. Acciaio | Mat. Acciaio 4 mesi
Lasagne di verdure.

CARDISSA
2016

CALUMI
2015

Moretti Omero
(1992)

Il rapporto con la terra e il territorio, unito alla tradizione contadina, raccontano l'anima della famiglia Moretti. Un rinnovato spirito che include sempre di più l'enoturismo. Molte le attività pensate tra le quali anche pic-nic in Vignalunga, una sorta di cru che si affaccia verso Bevagna, Montefalco e Trevi. I rossi sono risultati espressivi e inclini a confrontarsi con il tempo, palesano nel bicchiere anche quel senso di autenticità che è la cifra stilistica della cantina. Nota di merito per il Vignalunga, ma segnaliamo anche il Metodo Classico, spiccatamente gastronomico.

Località San Sabino, 20 - 06030 Giano dell'Umbria (PG)
T. 331 5802280 | M. info@morettiomero.it
www.morettiomero.it

Viticoltura: Biologica certificata
Ettari: 17 | **Bottiglie:** 80.000 | **Produzione olearia:** Sì
Proprietà: Omero, Giusy e Lucia Moretti
Cond. enologica: Omero Moretti, Giusy Moretti
Cond. agronomica: Omero Moretti, Giusy Moretti
Vendita diretta: Sì | **Visite in azienda:** Sì

MONTEFALCO SAGRANTINO VIGNALUNGA 2017
Rosso Docg - Sagrantino 100%
Alc. 14,5% | € 45 | Bt. 2.000 | Ferm. Acciaio | Mat. Legno 24 mesi
Rubino fitto e compatto. Si esprime attraverso note di mora di rovo, ciliegia sotto spirito, bacche di ginepro, confetture, pepe nero, cioccolato e tostatura. Il tannino è rotondo e non invadente. Grande persistenza e intensità olfattiva. Dinamico in bocca, contraddistinto da un'incessante e intrigante sapidità. Cinghiale in umido.

MORETTI OMERO METODO CLASSICO 2018
Bianco Metodo Classico - Trebbiano spoletino 100%
Alc. 12,5% | € 18 | Bt. 2.600 | Ferm. Acciaio | Mat. Acciaio 4 mesi
38 mesi sui lieviti
Spalla cotta di San Secondo.

MONTEFALCO SAGRANTINO 2018
Rosso Docg - Sagrantino 100%
Alc. 15% | € 30 | Bt. 9.200 | Ferm. Acciaio | Mat. Acciaio 6 mesi e Legno 12 mesi
Terrina di lepre con salsa di prugne.

MONTEFALCO ROSSO 2021
Rosso Doc - Sangiovese 70%, Sagrantino 25%, Merlot 5%
Alc. 14,5% | € 15 | Bt. 25.000 | Ferm. Acciaio | Mat. Acciaio 6 mesi e Legno 12 mesi
Porchetta di Ariccia.

NESSUNO 2022
Bianco Igt - Grechetto 85%, Malvasia 15%
Alc. 12,5% | € 10 | Bt. 10.000 | Ferm. Acciaio | Mat. Cemento 3 mesi
Crema di zucca con gamberi croccanti.

MONTEFALCO BIANCO 2022
Bianco Doc - Trebbiano spoletino 100%
Alc. 13% | € 13 | Bt. 8.000 | Ferm. Acciaio | Mat. Acciaio 4 mesi
Anelli di cipolla pastellati fritti.

MONTEFALCO ROSSO
2017 | 2018 | 2019

MONTEFALCO SAGRANTINO PASSITO
2014 | 2017

Enrico Neri
(1999)

Bisogna affermare che l'ascesa qualitativa di quest'azienda sta continuando con successo, palpabile anche quest'anno nei prodotti d'indubbia personalità e con una precisa focalizzazione territoriale. Enrico Neri è abituato a seguire e soprattutto ascoltare la campagna, il risultato è una produzione ogni anno differente ma sempre in linea con la filosofia aziendale. Oltre al Vardano, da tempo consolidata certezza, trova spazio lo spumante Barrage, una new entry da uve procanico e dal lungo affinamento, caratterizzato da un'eccellente sinergia fresco-sapida e da un'effervescenza cremosa.

Località Bardano, 28 - 05018 Orvieto (TR)
T. 0763 619186 | M. info@neri-vini.it
www.neri-vini.it

Viticoltura: A basso impatto ambientale
Ettari: 52 | **Bottiglie:** 60.000 | **Produzione olearia:** Sì
Proprietà: Enrico Neri
Cond. enologica: Aurora Di Sclafani
Cond. agronomica: Enrico Neri
Vendita diretta: Sì | **Visite in azienda:** Sì

VARDANO 2021 (92)
Bianco Igp - Grechetto 100%
Alc. 14,5% | € 24 | Bt. 4.000 | Ferm. Legno e Acciaio | Mat. Acciaio 6 mesi e Legno 6 mesi
Giallo paglierino dalla raffinata silhouette olfattiva: ginestra, susina, pasta di mandorla, cera e borotalco; poi accenni tostati, salvia e tracce minerali di salgemma. Dimostra forza gustativa, avvolgenza e calore che accompagnano un'immediata percezione sapida. Sfuma su suggestioni di spezie dolci. Linguine alla granseola e rosmarino.

BARRAGE BRUT MILLESIMATO 2016
Bianco Metodo Classico - Procanico 100%
Alc. 12% | € 35 | Bt. 1.460 | Ferm. Acciaio | Mat. Acciaio 2 mesi
72 mesi sui lieviti
Canapè di pasta sfoglia al formaggio.

ORVIETO CLASSICO SUPERIORE CA' VITI 2022
Bianco Dop - Grechetto 60%, Procanico 30%, Drupeggio 5%, Verdello 3%, Malvasia 2%
Alc. 13,5% | € 12 | Bt. 20.000 | Ferm. Acciaio | Mat. Acciaio 6 mesi
Coniglio in porchetta.

AMERICO 2019
Rosso Igp - Merlot 80%, Cabernet sauvignon 20%
Alc. 14% | € 28 | Bt. 6.500 | Ferm. Acciaio | Mat. Legno 14 mesi
Pernici farcite.

ROSSO ORVIETANO ROSSO DEI NERI 2021
Rosso Dop - Sangiovese 50%, Montepulciano 30%, Cabernet sauvignon 10%, Merlot 10%
Alc. 13,5% | € 12 | Bt. 8.000 | Ferm. Acciaio | Mat. Acciaio 14 mesi
Pappardelle al ragù di cervo.

BIANCO DEI NERI 2022
Bianco Igp - Sauvignon 70%, Chardonnay 30%
Alc. 13% | € 11 | Bt. 11.000 | Ferm. Acciaio | Mat. Acciaio 6 mesi
Orata all'acqua pazza.

VARDANO
2016 | 2017 | 2020

ORVIETO CLASSICO SUPERIORE MUFFA NOBILE POGGIO FORNO
2018

Palazzone
(1968)

Il lavoro svolto da Giovanni Dubini e dal figlio Pietro custodisce la memoria del vino di Orvieto. Lo si capisce dalla fedele lettura del territorio e delle tradizioni attraverso l'utilizzo di uve autoctone. Non ci stupisce che il baluardo di tutto questo sia il Campo del Guardiano, un vino che ha già nel nome una presenza rassicurante, nonché il pregio di riconfermarsi nel tempo una delle migliori proposte dell'intero comprensorio. Il Musco lo è altrettanto, con l'uso tecniche di produzione arcaiche che tornano a rivivere con grande contemporaneità.

Località Rocca Ripesena, 68 - 05019 Orvieto (TR)
T. 0763 344921 | M. info@palazzone.com
www.palazzone.com

Viticoltura: Convenzionale
Ettari: 24 | **Bottiglie:** 130.000 | **Produzione olearia:** Sì
Proprietà: Giovanni e Pietro Dubini
Cond. enologica: Pietro Dubini
Cond. agronomica: Pietro Dubini
Vendita diretta: Sì | **Visite in azienda:** Sì

ORVIETO CLASSICO SUPERIORE CAMPO DEL GUARDIANO 2020 (91,5)
Bianco Doc - Procanico 50%, Grechetto 30%, Verdello 15%, Malvasia 5%
Alc. 13,5% | € 25 | Bt. 10.000 | Ferm. Acciaio | Mat. Acciaio 6 mesi
Riverberi verdolini impreziosiscono il tenue giallo. Ricco il profumo, tutto impostato sul nitore dei fiori di campo, della frutta a polpa bianca e delle erbe aromatiche, poi pietrisco e stille salmastre. Sorso teso e compatto, la chiusura fresco-sapida ne garantisce certa longevità. Coniglio al forno con patate.

MUSCO 2020
Bianco - Procanico 50%, Verdello 30%, Malvasia 20%
Alc. 12% | € 45 | Bt. 1.500 | Ferm. Legno | Mat. Legno 12 mesi
Tacchino farcito con castagne.

ORVIETO CLASSICO SUPERIORE MUFFA NOBILE 2021
Bianco Doc Dolce - Grechetto 50%, Sauvignon 40%, Procanico 10%
Alc. 12% | € 30 (0,375l) | Bt. 3.000 | Ferm. Legno | Mat. Acciaio 3 mesi e Legno 3 mesi
Crostata alle mandorle e albicocche.

ARMALEO 2019
Rosso Igt - Cabernet sauvignon 95%, Cabernet franc 5%
Alc. 14% | € 30 | Bt. 3.500 | Ferm. Acciaio | Mat. Acciaio 2 mesi e Legno 12 mesi
Pluma di maialino Bellota con cipolle caramellate.

ORVIETO CLASSICO SUPERIORE TERRE VINEATE 2022
Bianco Doc - Procanico 50%, Grechetto 30%, Verdello 15%, Malvasia 5%
Alc. 13,5% | € 15 | Bt. 35.000 | Ferm. Acciaio | Mat. Acciaio 6 mesi
Pasta, patate e cozze.

VIOGNIER 2022
Bianco Igt - Viognier 100%
Alc. 13,5% | € 18 | Bt. 3.000 | Ferm. Legno e Acciaio | Mat. Acciaio 3 mesi e Legno 3 mesi
Pinsa romana con acciughe e capperi.

ORVIETO CLASSICO SUPERIORE CAMPO DEL GUARDIANO
2017 | 2018 | 2019

MUSCO
2016 | 2017 | 2018

Perticaia
(2000)

Il profondo e indissolubile legame con la terra è il fondamento sul quale si basa la filosofia della cantina Perticaia, il cui nome deriva da un'antica parola umbra che significa aratro. Vini di grande espressività e pregio, prodotti nel massimo rispetto di ambiente, natura ed ecosistema, capaci d'interpretare la vocazione dei vitigni autoctoni. Manca in quest'edizione il Sagrantino, sia secco che passito, ancora in affinamento. Suggestivo e goloso il Rosato, un plauso per il Montefalco Rosso Riserva, delizia da ricordare per spessore gustativo ed esplosione aromatica.

Località Casale - 06036 Montefalco (PG)
T. 0742 379014 | M. info@perticaia.it
www.perticaia.it

Viticoltura: Biologica
Ettari: 34 | **Bottiglie:** 130.000 | **Produzione olearia:** Sì
Proprietà: Flavio Becca
Cond. enologica: Paolo Salvi
Cond. agronomica: Staff aziendale
Vendita diretta: Sì | **Visite in azienda:** Sì

ROSATO 2022
Rosato Igt - Sagrantino 100%
Alc. 12,5% | € 14 | Bt. 8.000 | Ferm. Acciaio | Mat. Acciaio 6 mesi
Affascinante rosa tenue. Debutta con suggestioni di ciliegia, rosa canina, succo di melagrana poi erbette aromatiche e menta; sullo sfondo effluvi di fragoline e nuance di cipria. Sorso suadente, ben calibrato, impreziosito da percezioni di frutti rossi, viva tensione e gradevole sapidità. Aragosta in bellavista.

MONTEFALCO ROSSO RISERVA 2018
Rosso Doc - Sangiovese 75%, Sagrantino 20%, Cabernet franc 5%
Alc. 14,5% | € 25 | Bt. 6.000 | Ferm. Acciaio | Mat. Acciaio 12 mesi e Legno 12 mesi
Brasato di manzo al vino rosso.

SPOLETO TREBBIANO SPOLETINO 2022
Bianco Doc - Trebbiano spoletino 100%
Alc. 13,5% | € 13 | Bt. 25.000 | Ferm. Acciaio | Mat. Acciaio 3 mesi
Tartare di scampi.

SPOLETO TREBBIANO SPOLETINO DEL POSTO 2021
Bianco Doc - Trebbiano spoletino 100%
Alc. 14% | € 20 | Bt. 6.000 | Ferm. Acciaio | Mat. Acciaio 6 mesi
Maltagliati con fiori di zucca e gamberetti.

MONTEFALCO ROSSO 2019
Rosso Doc - Sangiovese 70%, Sagrantino 20%, Merlot 10%
Alc. 14,5% | € 14 | Bt. 42.000 | Ferm. Acciaio | Mat. Acciaio 18 mesi
Stracotto d'asino.

MONTEFALCO SAGRANTINO
2012 | 2016

SPOLETO TREBBIANO SPOLETINO
2020 | 2021

Pizzogallo
(1993)

Secondo anno in Guida per quest'interessante cantina che, dopo l'ottimo esordio, conferma quello che di buono ci aveva mostrato nella precedente annata, segno di una progressiva crescita e di un eccellente lavoro in vigna e in cantina. Questa costante evoluzione è insita nella filosofia dell'azienda, che ben rappresenta il piccolo torchio posto all'ingresso della cantina, utilizzato dal fondatore e compianto Antonio, che segna il passaggio dai tradizionali metodi di vinificazione agli attuali e moderni sistemi enologici, che sono invece custoditi all'interno della stessa.

SP Amelia-Orte, Km 5,050 - 05022 Amelia (TR)
T. 0744 970094 | M. info@pizzogallo.it
www.pizzogallo.it

Viticoltura: Convenzionale
Ettari: 23 | **Bottiglie:** 60.000 | **Produzione olearia:** Sì
Proprietà: Tiziana e Filippo Tavolini
Cond. enologica: Maurizio Mazzocchi
Cond. agronomica: Renzo Apolloni
Vendita diretta: Sì | **Visite in azienda:** Sì

AMELIA SANGIOVESE THE FIGHTER 2020
Rosso Doc - Sangiovese 100%
Alc. 13,5% | € 9 | Bt. 2.500 | Ferm. Acciaio | Mat. Acciaio 9 mesi
Rosso rubino che tende al granato. Al naso mora di rovo, prugna, amarena, violetta con toni balsamici e rugginosi. In bocca il tannino sottile è ben integrato con la freschezza e con una parte alcolica che lo rende irresistibile. Finale con rintocchi di frutti di bosco. Fondue bourguignonne.

AMELIA MERLOT THE FIGHTER 2020
Rosso Doc - Merlot 100%
Alc. 14,5% | € 10 | Bt. 2.000 | Ferm. Acciaio | Mat. Acciaio 9 mesi
Ossobuco alla milanese.

AMELIA CILIEGIOLO THE FIGHTER
2020

LIPS
2020

Pomario
(2005)

Ogni volta che si arriva in questa cantina ci si immerge tra boschi e vigneti. Sembra d'essere in altre dimensioni tanto è affascinante il luogo e tutto ciò che lo circonda. Federica, l'agronoma, ci racconta la filosofia della cantina e i nuovi macchinari arrivati al fine di migliorare la produzione e la qualità dei vini. Anche questa realtà ha la prontezza di approcciarsi a un'agricoltura 4.0. Sistemi fotovoltaici, geotermia, gestione da remoto e tecnologia sono gli ingredienti per far funzionare la cantina. Riconferma per il Muffato delle Streghe. Degno di menzione Arale.

Località Pomario - 06066 Piegaro (PG)
T. 075 8358579 | M. info@pomario.it
www.pomario.it

Viticoltura: Biologica certificata
Ettari: 9 | **Bottiglie:** 35.000 | **Produzione olearia:** Sì
Proprietà: Giacomo e Susanna Spalletti Trivelli
Cond. enologica: Mery Ferrara
Cond. agronomica: Federica De Santis
Vendita diretta: Sì | **Visite in azienda:** Sì

MUFFATO DELLE STREGHE 2020
Bianco Igt Passito - Riesling 50%, Sauvignon 50%
Alc. 14% | € 45 (0,5l) | Bt. 2.000 | Ferm. Acciaio | Mat. Legno 24 mesi
Brillante veste dorata. Naso vigoroso dove le sensazioni dolci del miele e mature della frutta sono a corredo di riverberi di pepe bianco e tocchi di vaniglia. L'equilibrio gustativo è confermato, il sapore è dolce e soave. Aromaticamente ampio, è dotato di solenne persistenza. Strudel di mele.

ARALE 2021
Bianco Igt - Trebbiano 80%, Malvasia bianca 20%
Alc. 13,5% | € 25 | Bt. 3.000 | Ferm. Acciaio | Mat. Legno 4 mesi
Risotto con tinca di lago e datterini.

SARIANO 2020
Rosso Igt - Sangiovese 100%
Alc. 13,5% | € 35 | Bt. 6.000 | Ferm. Acciaio | Mat. Legno 24 mesi
Salame di cinta senese.

BATTICODA 2022
Bianco Igt - Grechetto 80%, altre varietà 20%
Alc. 13,5% | € 15 | Bt. 3.000 | Ferm. Acciaio | Mat. Acciaio 6 mesi
Pizza con bufala e pomodorini.

RONDIROSE 2022
Rosato Igt - Sangiovese 70%, Merlot 11%, Ciliegiolo 10%, Aleatico 9%
Alc. 12,5% | € 15 | Bt. 3.000 | Ferm. Acciaio | Mat. Acciaio 6 mesi
Seppie in umido con piselli.

RUBICOLA 2021
Rosso Igt - Sangiovese 70%, Merlot 30%
Alc. 13,5% | € 15 | Ferm. Acciaio | Mat. Acciaio 6 mesi
Lasagne di verdure.

MUFFATO DELLE STREGHE
2018 | 2019

SARIANO
2018 | 2019

Pucciarella
(1935)

La scelta della cantina di puntare sul gamay, vitigno alfiere del territorio del Trasimeno, è premiata dai risultati: al terzo anno dal suo ingresso nell'ampio ventaglio della proposta aziendale, il vino conquista con la sua grande facilità di beva e un tannino sottile e serico. Quest'anno il vertice è appannaggio del Vin Santo che rinsalda il proprio posizionamento, confermandosi protagonista ormai indiscusso di una produzione che ha il merito di aver dato continuità a un vino che nei decenni passati ha rischiato di scomparire. Come sempre ottimi gli spumanti.

Viale Parugia - Località Villa - 06063 Magione (PG)
T. 075 8409147 | M. info@pucciarella.it
www.pucciarella.it

Viticoltura: Convenzionale
Ettari: 90 | **Bottiglie:** 250.000 | **Produzione olearia:** Sì
Proprietà: Fondo Pensioni Cariplo
Cond. enologica: Riccardo Cotarella
Cond. agronomica: Emanuele Bizzi
Vendita diretta: Sì | **Visite in azienda:** Sì

COLLI DEL TRASIMENO VIN SANTO 2019
Bianco Doc Passito - Trebbiano 50%, Grechetto 40%, Malvasia bianca 10%
Alc. 15% | € 12 (0,5l) | Bt. 7.000 | Ferm. Legno | Mat. Legno 30 mesi
Ambra preziosa e brillante. Seduce all'olfatto con fiore di camomilla, miele di castagno, arancia candita, albicocca disidratata, note speziate di vaniglia. L'assaggio, pieno e volumico, è fresco e brioso e indugia lungamente prima di congedarsi con sensazioni di frutta candita. Panforte.

COLLI DEL TRASIMENO GAMAY 2022
Rosso Doc - Gamay 100%
Alc. 13,5% | € 10 | Bt. 8.500 | Ferm. Acciaio | Mat. Acciaio 5 mesi
Anguilla ai ferri.

COLLI DEL TRASIMENO SPUMANTE METODO CLASSICO CA' DE SASS 2020
Bianco Doc Metodo Classico - Chardonnay 100%
Alc. 12,5% | € 10 | Bt. 20.000 | Ferm. Acciaio | 24 mesi sui lieviti
Sushi e sashimi.

COLLI DEL TRASIMENO SPUMANTE METODO CLASSICO PUCCIARELLA ROSÉ 2021
Rosato Doc Metodo Classico - Pinot nero 100%
Alc. 12% | € 12 | Bt. 13.500 | Ferm. Acciaio | 12 mesi sui lieviti
Tartare di gamberi.

COLLI DEL TRASIMENO BIANCO SCELTO AGNOLO 2022
Bianco Doc - Pinot bianco 45%, Chardonnay 30%, Grechetto 25%
Alc. 12,5% | € 5 | Bt. 50.000 | Ferm. Acciaio | Mat. Acciaio 5 mesi
Insalata di mare.

COLLI DEL TRASIMENO ROSSO SANT'ANNA DI PUCCIARELLA RISERVA 2020
Rosso Doc - Sangiovese 50%, Cabernet sauvignon 25%, Merlot 25%
Alc. 14,5% | € 8 | Bt. 20.000 | Ferm. Acciaio | Mat. Legno 12 mesi
Tagliata di manzo al rosmarino.

COLLI DEL TRASIMENO VIN SANTO
2013

COLLI DEL TRASIMENO SPUMANTE METODO CLASSICO PUCCIARELLA ROSÉ
2020

Romanelli
(1978)

La famiglia Romanelli gestisce con passione e personalità quest'azienda ubicata sul Colle San Clemente, attenta a mantenere il paesaggio e le tradizioni di un territorio ricco di cultura e di civiltà contadina, attuando una viticoltura biologica che origina prodotti solidi ma sorprendentemente equilibrati, che prendono linfa dai quasi cinquant'anni di esperienza, sperimentazione, capacità e innovazione. In Guida un sorprendente Le Tese che ammalia per classe e seduzione e ruba la scena ai Sagrantino, vini di grande spessore e potenziale evolutivo, esuberanti e ricchi di carattere.

Località Colle San Clemente, 129/A - 06036 Montefalco (PG)
T. 0742 378531 | M. info@romanelli.se
www.romanelli.wine

Viticoltura: Biologica certificata
Ettari: 8 | **Bottiglie:** 45.000 | **Produzione olearia:** Sì
Proprietà: Famiglia Romanelli
Cond. enologica: Devis Romanelli, Goffredo Agostini
Cond. agronomica: Devis Romanelli
Vendita diretta: Sì | **Visite in azienda:** Sì

(93,5)

SPOLETO TREBBIANO SPOLETINO LE TESE 2021
Bianco Doc - Trebbiano spoletino 100%
Alc. 13,5% | € 30 | Bt. 6.000 | Ferm. Acciaio | Mat. Acciaio 9 mesi
Dorato e solare. Al naso intrecci di ginestra e camomilla, papaia, mango e miele; a seguire frutta secca, talco, rosmarino, tè agli agrumi e riverberi di eucalipto. Materico e setoso il sorso, è sorretto da un'adeguata spinta acida che bilancia la componente pseudocalorica, regalando spessore e lunghezza. Petto d'anatra laccato al miele.

MONTEFALCO SAGRANTINO TERRA CUPA 2019
Rosso Docg - Sagrantino 100%
Alc. 16% | € 40 | Bt. 7.000 | Ferm. Acciaio | Mat. Acciaio 6 mesi e Legno 24 mesi
Allodole tartufate in casseruola.

MONTEFALCO SAGRANTINO MEDEO 2019
Rosso Docg - Sagrantino 100%
Alc. 16% | € 80 | Bt. 2.700 | Ferm. Acciaio | Mat. Acciaio 8 mesi e Legno 24 mesi
Brasato di manzo al vino rosso.

MONTEFALCO SAGRANTINO PASSITO COCRÉ 2018
Rosso Docg Passito - Sagrantino 100%
Alc. 14,5% | € 45 (0,375l) | Bt. 2.700 | Ferm. Acciaio | Mat. Acciaio 37 mesi
Fegato alla veneziana.

MONTEFALCO ROSSO CAPO DE CASA 2020
Rosso Doc - Sangiovese 65%, Merlot 20%, Sagrantino 15%
Alc. 15% | € 20 | Bt. 15.000 | Ferm. Acciaio | Mat. Acciaio 18 mesi
Pappardelle al ragù di cervo.

COLLI MARTANI GRECHETTO FONTE PERNA 2022
Bianco Doc - Grechetto 100%
Alc. 15% | € 16 | Bt. 7.000 | Ferm. Acciaio | Mat. Acciaio 4 mesi
Linguine alla granseola e rosmarino.

MONTEFALCO SAGRANTINO TERRA CUPA
2017 | 2018

SPOLETO TREBBIANO SPOLETINO LE TESE
2018 | 2020

Sandonna
(1990)

Viticoltura rispettosa dell'ambiente, attente lavorazioni in vigna, basse rese e cernita delle migliori uve sono alcuni dei punti fermi dell'azienda. Il montepulciano svetta tra le nostre preferenze, maAlessandro Paciacconi interpreta fedelmente anche due importanti vini espressioni della tradizione umbra: il Ciliegiolo di Narni e il Grechetto. I vigneti sono gestiti con tecniche tradizionali, rispettando i criteri del biologico. In cantina sono escluse pratiche enologiche invasive a favore di metodologie tradizionali quali fermentazioni spontanee, travasi per gravità nonché imbottigliamento in assenza o quasi di filtrazioni.

Strada della Stella Polare - Località Selve - 05024 Giove (TR)
T. 0744 1926176 | M. cantinasandonna@gmail.com
www.cantinasandonna.com

Viticoltura: Biologica
Ettari: 7 | **Bottiglie:** 35.000 | **Produzione olearia:** Sì
Proprietà: Patrizia Giuliani
Cond. enologica: Vincenzo Tommasi, Alessandro Paciacconi
Cond. agronomica: Franco Paciacconi, Alessandro Paciacconi
Vendita diretta: Sì | **Visite in azienda:** Sì

SANGUE DEL RE 2018
Rosso Igt - Montepulciano 100%
Alc. 14,5% | € 25 | Bt. 1.500 | Ferm. Legno | Mat. Legno 24 mesi e Cemento 12 mesi
Carminio profondo. Attraenti suggestioni di confettura di ciliegie, more sotto spirito e polvere di caffè fanno da preludio a sfumature ferrose e rugginose, che indugiano verso i toni scuri della carruba e della cola. Palato potente, ingentilito da fini dinamici tannini. Persistenza fruttata. Costata di manzo alla griglia.

BONADEA 2020
Rosso Igt - Ciliegiolo 100%
Alc. 14% | € 23 | Bt. 1.500 | Ferm. Legno | Mat. Legno 12 mesi e Cemento 12 mesi
Cosciotto d'agnello al forno con patate novelle.

CILIEGIOLO 2022
Rosso Igt - Ciliegiolo 100%
Alc. 13% | € 9 | Bt. 8.500 | Ferm. Cemento | Mat. Cemento 6 mesi
Ciauscolo.

GRECHETTO 2022
Bianco Igt - Grechetto 100%
Alc. 13% | € 9 | Bt. 8.500 | Ferm. Acciaio | Mat. Acciaio 6 mesi
Lasagne di verdure.

SELVE DI GIOVE 2020
Rosso Igt - Merlot 100%
Alc. 14% | € 14 | Bt. 4.000 | Ferm. Cemento | Mat. Legno 12 mesi e Cemento 12 mesi
Spezzatino di manzo.

JOVIO 2020
Rosso Igt - Montepulciano 100%
Alc. 13% | € 14 | Bt. 2.000 | Ferm. Cemento | Mat. Legno 12 mesi e Cemento 12 mesi
Tagliata di manzo al rosmarino.

SANGUE DEL RE
2015 | 2017

BONADEA
2019

Santo Iolo
(2003)

Incastonata tra le bellissime campagne tra Narni e Otricoli, nell'Umbria meridionale, anno dopo anno questa realtà delinea una propria identità territoriale, grazie a terreni ricchi di fossili, all'attenzione che rivolge ai tanti rossi e ai primi Metodo Classico che presto potremo apprezzare, così come le interpretazioni di vermentino. Il Pratalia in cocciopesto si conferma ormai tra i bianchi in anfora più intriganti del panorama regionale con le sue consapevoli ossidazioni e i suoi cenni iodati, ma ci regala ottime sensazioni anche il Merlot, da tenere d'occhio.

Strada Montini, 30/A - 05035 Narni (TR)
T. 339 5471459 | M. info@santoiolo.it
www.santoiolo.it

Viticoltura: Biologica
Ettari: 5,5 | **Bottiglie:** 30.000 | **Produzione olearia:** No
Proprietà: Irene Ducoli
Cond. enologica: Irene Ducoli, Maurilio Chioccia
Cond. agronomica: Staff aziendale
Vendita diretta: Sì | **Visite in azienda:** Sì

PRATALIA IN ANFORA 2021
Bianco Igt - Vermentino 100%
Alc. 14% | € 22 | Bt. 695 | Ferm. Terracotta | Mat. Terracotta 12 mesi
Lucente e vibrante veste dorata. Profumi decisi di melone giallo, albicocca e miele di timo fanno da sfondo alla grande verticalità delle elegie iodate, accarezzate anche da elicriso e black lime. Smaltato anche il gusto, teso nella sua verve salina e nel finale agrumato. Stoccafisso in umido con porcini.

MERLOT 2020
Rosso Igt - Merlot 100%
Alc. 14,5% | € 18 | Bt. 626 | Ferm. Acciaio | Mat. Acciaio 6 mesi
Zuppa toscana con cavolo nero e crostini di pane.

PRATALIA 2022
Bianco Igt - Vermentino 100%
Alc. 13% | € 18 | Bt. 5.880 | Ferm. Acciaio | Mat. Acciaio 4 mesi
Polpo alla Luciana.

SANTOIOLO 2017
Rosso Igt - Cabernet 60%, Merlot 30%, Syrah 10%
Alc. 13,5% | € 22 | Bt. 2.989 | Ferm. Acciaio | Mat. Acciaio 12 mesi e Legno 12 mesi
Gulasch di manzo alla paprica dolce.

PRATALIA IN ANFORA
2020

PRATALIA
2018 | 2019 | 2021

Sasso dei Lupi
(1959)

Sono oltre 100 i conferitori che con impegno, passione e spirito di aggregazione, hanno permesso a questa cantina di svilupparsi e migliorarsi negli anni. Tutto questo senza mai perdere di vista la ricerca della qualità e l'autenticità dei vini prodotti. La produzione, storicamente incentrata nell'utilizzo di vitigni autoctoni dei Colli Perugini, quali sangiovese e grechetto, si è ampliata da qualche anno con l'impiego di vitigni internazionali come il viognier e il cabernet sauvignon. Rimane a riposare in cantina in quest'edizione il Regio, ancora in affinamento.

Via Carlo Faina, 18 - 06055 Marsciano (PG)
T. 0758 749523 | M. info@sassodeilupi.it
www.sassodeilupi.it

Viticoltura: Convenzionale
Ettari: 150 | **Bottiglie:** 150.000 | **Produzione olearia:** No
Proprietà: Società Cooperativa Agricola
Cond. enologica: Alessandra Ascani
Cond. agronomica: Staff aziendale
Vendita diretta: No | **Visite in azienda:** Sì

L'INTRUSO 2021
Rosso Igp - Cabernet sauvignon 100%
Alc. 14% | € 7 | Bt. 7.000 | Ferm. Acciaio | Mat. Acciaio 6 mesi
Impenetrabile rubino dai lampi purpurei. Naso di ciliegia, lampone, ribes, peperone verde e pot-pourri di fiori secchi con cenni polverosi. In bocca il tannino è levigato e si sposa con un'educata freschezza, equilibrandosi con la parte alcolica. Aromi di ciliegia in chiusura. Grigliata di carne con salsa barbecue.

SESTAVIA 2022
Bianco Igp - Viognier 60%, Chardonnay 40%
Alc. 11,5% | € 7 | Bt. 5.000 | Ferm. Legno e Acciaio | Mat. Acciaio 6 mesi e Legno 4 mesi
Tortelli di branzino con salsa d'astice.

TERZASTRADA 2022
Bianco Igp - Grechetto 100%
Alc. 13% | € 7 | Bt. 5.000 | Ferm. Acciaio | Mat. Acciaio 6 mesi
Robiola di Roccaverano.

L'INTRUSO
2019 | 2020

REGIO
2018 | 2019

Scacciadiavoli
(1884)

La storia documentata dell'esorcista che abitava in questo borgo e che curò una posseduta somministrandole abbondante vino rosso dà origine al nome della cantina con più anni di attività di tutto il comprensorio di Montefalco. Da sempre portabandiera del Sagrantino interpretato nella sua espressione più classica, modello ricalcato anche dall'annata degustata, non ha mai disdegnato la sperimentazione. Tra le prime a sdoganare l'uso del vitigno nella spumantizzazione con Metodo Classico, da qualche anno propone uno Spoleto in anfora che abbiamo particolarmente apprezzato.

Località Cantinone, 31 - 06036 Montefalco (PG)
T. 0742 371210 | M. info@scacciadiavoli.it
www.scacciadiavoli.it

Viticoltura: Convenzionale ed ecosostenibile
Ettari: 40 | **Bottiglie:** 270.000 | **Produzione olearia:** No
Proprietà: Famiglia Pambuffetti
Cond. enologica: Stefano Chioccioli
Cond. agronomica: Stefano Chioccioli
Vendita diretta: Sì | **Visite in azienda:** Sì

SPOLETO TREBBIANO SPOLETINO 2021
Bianco Doc - Trebbiano spoletino 100%
Alc. 13% | € 20 | Bt. 6.000 | Ferm. Terracotta | Mat. Terracotta 6 mesi
Lucente come l'oro, rotea oleoso nel calice. Al naso è netta la sua personalità orange. Pesca sciroppata, albicocca disidratata, umeshu, miele, cipria, camomilla e tarassaco capitolano su erbe officinali e zafferano. Impalcatura gustativa imponente, riscaldante, tattile e corposa. Chiude terso e armonioso. Anatra alla pechinese.

MONTEFALCO SAGRANTINO 2019
Rosso Docg - Sagrantino 100%
Alc. 14% | € 25 | Bt. 35.000 | Ferm. Legno | Mat. Legno 24 mesi
Cinghiale in umido.

SCACCIADIAVOLI BRUT ROSÉ
Rosato Igt Metodo Classico - Sagrantino 100%
Alc. 12% | € 20 | Bt. 25.000 | Ferm. Acciaio | 24 mesi sui lieviti
Scampi alla griglia.

MONTEFALCO ROSSO 2021
Rosso Doc - Sangiovese 60%, Merlot 25%, Sagrantino 15%
Alc. 14% | € 15 | Bt. 120.000 | Ferm. Acciaio | Mat. Legno 12 mesi
Costolette di maiale alla brace.

MONTEFALCO SAGRANTINO
2015 | 2016 | 2018

SCACCIADIAVOLI BRUT ROSÉ
S.A.

Semonte
(2010)

La splendida cornice dei colli a ovest di Gubbio, zona di rara bellezza ricca di storia, cultura e tradizione, fa da culla ai vini di cantina Semonte, nata dall'intuizione della famiglia Colaiacovo che da sempre ha creduto nei valori di un territorio unico. Ricerca, fantasia e passione hanno reso possibile la realizzazione di un progetto di assoluto valore per la produzione in montagna delle uve per il Metodo Classico, da non dimenticare però il lavoro che dà voce a un antico e nobile vitigno, il dolcetto o nebbiolo di Gubbio: Cordaro, vino unico e fascinoso.

Località Semonte - 06024 Gubbio (PG)
T. 339 2310462 | M. info@vinisemonte.com
www.vinisemonte.com

Viticoltura: A basso impatto ambientale
Ettari: 13 | **Bottiglie:** 30.000 | **Produzione olearia:** Sì
Proprietà: Famiglia Giovanni Colaiacovo
Cond. enologica: Mattia Dell'Orto
Cond. agronomica: Mattia Dell'Orto
Vendita diretta: Sì | **Visite in azienda:** Sì

BATTISTA BRUT
Bianco Metodo Classico - Chardonnay 50%, Pinot nero 50%
Alc. 12,5% | € 21 | Bt. 7.000 | Ferm. Acciaio | 24 mesi sui lieviti
Brillante e dorata luminosità, interminabile l'ascesa del sottile perlage. Finezza olfattiva che suggerisce agrumi, frutti di bosco, biancospino e zagara declinandosi poi in pasticceria salata, roccia bagnata e salsedine. Ingresso rinfrescante e vivace, ottima tessitura carbonica, finale con sensazioni salmastre. Catalana di crostacei.

CORDARO 2018
Rosso Igt - Dolcetto 90%, Merlot 10%
Alc. 13% | € 16 | Bt. 10.000 | Ferm. Acciaio | Mat. Legno 24 mesi
Fettuccine ai funghi porcini.

MONTELETO 2022
Bianco Igt - Chardonnay 100%
Alc. 13,5% | € 14 | Bt. 8.000 | Ferm. Acciaio | Mat. Acciaio 6 mesi
Maltagliati con fiori di zucca e gamberetti.

CERASINO
Rosso Aromatizzato Dolce - Sangiovese 95%, altre varietà 5%
Alc. 14% | € 16 (0,5l) | Bt. 1.000 | Ferm. Acciaio | Mat. Acciaio 3 mesi
Sachertorte.

CORDARO
2016 | 2017

BATTISTA BRUT
S.A.

Sportoletti
(1979)

È dalle splendidi pendici del Monte Subasio, che la storica cantina gestita dai fratelli Sportoletti conferma e conforta ogni anno l'espressione qualitativa dei propri vini, riuscendo a mantenere un tratto distintivo anche grazie a rigore tecnico e produttivo. I campioni in degustazione hanno convinto nell'assaggio e si sono mostrati di particolare interesse. Quest'anno è Assisi Rosso, blend di sangiovese e internazionali, a stupire per la dinamica gustativa. Sempre di riferimento le due versioni di Villa Fidelia, dall'indole accogliente.

Via Lombardia, 1 - 06038 Spello (PG)
T. 0742 651461 | M. info@sportoletti.com
www.sportoletti.com

Viticoltura: Convenzionale
Ettari: 30 | **Bottiglie:** 200.000 | **Produzione olearia:** Sì
Proprietà: Ernesto e Remo Sportoletti
Cond. enologica: Riccardo Cotarella
Cond. agronomica: Riccardo Cotarella
Vendita diretta: Sì | **Visite in azienda:** Sì

ASSISI ROSSO 2022
Rosso Dop - Sangiovese 50%, Merlot 30%, Cabernet sauvignon 20%
Alc. 14% | € 7 | Bt. 100.000 | Ferm. Acciaio | Mat. Acciaio 3 mesi e Legno 3 mesi
Rubino compatto, regala suggestioni di ciliegia e rosa, impreziosite da cannella e fiore di ibisco; in bocca detta il passo la freschezza che mitiga ed equilibra la presente voce calorica, restituendo un vino vitale e appagante che insiste su sottili spolverate di cipria. Lasagne alla bolognese.

VILLA FIDELIA BIANCO 2021
Bianco Igp - Chardonnay 50%, Grechetto 50%
Alc. 14% | € 12 | Bt. 10.000 | Ferm. Legno e Acciaio | Mat. Legno 4 mesi
Branzino al forno con erbe aromatiche.

VILLA FIDELIA ROSSO 2021
Rosso Igp - Merlot 70%, Cabernet sauvignon 20%, Cabernet franc 10%
Alc. 15% | € 18 | Bt. 10.000 | Ferm. Acciaio | Mat. Legno 12 mesi
Stracotto d'asino.

ASSISI GRECHETTO 2022
Bianco Dop - Grechetto 100%
Alc. 13% | € 6 | Bt. 80.000 | Ferm. Acciaio | Mat. Acciaio 5 mesi
Terrina di coniglio.

VILLA FIDELIA ROSSO
2012 | 2013

VILLA FIDELIA BIANCO
2018 | 2019 | 2020

Tabarrini
(1998)

La lettura che Giampaolo Tabarrini fa del sagrantino è veramente sopraffina. Dopo i tre cru storici arriva una nuova etichetta, Il Bisbetico Domato, che centra il bersaglio al primo tentativo. Dal nome s'intuisce la volontà di vestire questo vitigno con un abito sartoriale fatto di tessuti preziosi e di straordinaria eleganza. La gentilezza del tannino, il fascino del ventaglio olfattivo e la profondità del sorso conquistano anche i più scettici, convinti che questa uva giochi le sue carte solo su potenza e compattezza tannica. Il Campo alla Cerqua e l'Adarmando seguono a un passo.

Località Turrita - 06036 Montefalco (PG)
T. 0742 379351 | M. info@tabarrini.com
www.tabarrini.com

Viticoltura: Ecosostenibile
Ettari: 16 | **Bottiglie:** 70.000 | **Produzione olearia:** Sì
Proprietà: Giampaolo Tabarrini
Cond. enologica: Emiliano Falsini, Alessandro Meniconi
Cond. agronomica: Giampaolo Tabarrini
Vendita diretta: Sì | **Visite in azienda:** Sì

92

MONTEFALCO SAGRANTINO IL BISBETICO DOMATO 2019
Rosso Docg - Sagrantino 100%
Alc. 15,5% | € 135 | Bt. 840 | Ferm. Acciaio | Mat. Legno 24 mesi
Rosso grantato con delicate trasparenze. Sfaccettato lo spettro odoroso, ciliegie e frutti di bosco aprono la scena a erbe officinali, carcadè, macis, china e polvere di cacao. Tannino impeccabile e rinfrescante acidità imprimono un allungo dai toni decisamente fruttati. Beccacce allo spiedo.

MONTEFALCO SAGRANTINO CAMPO ALLA CERQUA 2019
Rosso Docg - Sagrantino 100%
Alc. 15,5% | € 50 | Bt. 3.000 | Ferm. Acciaio | Mat. Legno 36 mesi
Guancia di vitello in umido.

ADARMANDO 2021
Bianco Igt - Trebbiano spoletino 100%
Alc. 13,5% | € 25 | Bt. 12.000 | Ferm. Acciaio | Mat. Acciaio 18 mesi
Pollo alle mandorle e curcuma.

MONTEFALCO SAGRANTINO COLLE ALLE MACCHIE 2019
Rosso Docg - Sagrantino 100%
Alc. 15,5% | € 50 | Bt. 3.000 | Ferm. Acciaio | Mat. Legno 36 mesi
Piccione ai porcini e tartufo nero.

MONTEFALCO SAGRANTINO COLLE GRIMALDESCO 2019
Rosso Docg - Sagrantino 100%
Alc. 15,5% | € 35 | Bt. 6.000 | Ferm. Acciaio | Mat. Legno 36 mesi
Camoscio in umido.

MONTEFALCO ROSSO BOCCATONE 2020
Rosso Doc - Sangiovese 60%, Barbera 25%, Sagrantino 15%
Alc. 15% | € 22 | Bt. 22.000 | Ferm. Acciaio | Mat. Legno 24 mesi
Fettuccine al ragù d'agnello.

ADARMANDO
2016 | 2017

MONTEFALCO SAGRANTINO CAMPO ALLA CERQUA
2011 | 2013 | 2016

Tenuta Baroni Campanino

(2008)

Immersa nel verde del Parco del Monte Subasio, prende il nome da una nobile famiglia del Regno di Napoli. All'interno troviamo un agriturismo, l'antico monastero di San Biagio, un birrificio artigianale, un uliveto e un allevamento di suini neri bradi. Viene praticata una viticoltura d'altura, con vigne collocate tra i 700 e i 900 metri, diversificate per clima, pendenze e composizione dei terreni. Tutto viene coltivato e allevato rispettando i principi della biodinamica. In cantina non si controllano le temperature, non si filtra e non si aggiunge solforosa.

Località Santa Maria di Lignano, 42 - 06081 Assisi (PG)
T. 366 7139309 | M. sales@campanino.it
www.campanino.it

Viticoltura: Biologica e biodinamica
Ettari: 11 | **Bottiglie:** 50.000 | **Produzione olearia:** Sì
Proprietà: Andrea Caracciolo
Cond. enologica: Michele Lorenzetti, Mattia Di Bartolo
Cond. agronomica: Mattia Di Bartolo
Vendita diretta: Sì | **Visite in azienda:** Sì

ASSOLO 2017
Rosso Igt - Sangiovese 100%
Alc. 13,5% | € 90 | Bt. 2.800 | Ferm. Legno | Mat. Legno 48 mesi
Granato di media fittezza. Bouquet aristocratico che combina piccoli frutti neri maturi con spezie dolci e legni esotici: cannella, noce moscata e sandalo. Epilogo di corteccia secca e respiri balsamico-mentolati. Sorso snello ed equilibrato, allunga verso un moderato aroma di mandorla. Piccione ai porcini e tartufo nero.

ROSSO 2017
Rosso Igt - Sangiovese 70%, Merlot 20%, Colorino 10%
Alc. 13% | € 20 | Bt. 10.000 | Ferm. Acciaio | Mat. Legno 24 mesi e Cemento 24 mesi
Gnocchi al ragù.

GAMAY 2018
Rosso Igt - Gamay 100%
Alc. 15% | € 30 | Bt. 1.500 | Ferm. Acciaio | Mat. Legno 36 mesi
Spezzatino di manzo.

GRECHETTO 2020
Bianco Igt - Grechetto 100%
Alc. 13% | € 24 | Bt. 1.300 | Ferm. Acciaio | Mat. Acciaio 24 mesi
Crespelle con asparagi e ricotta salata.

ROSSO CAMPANINO 2018
Rosso Igt - Sangiovese 100%
Alc. 14,5% | € 24 | Bt. 6.500 | Ferm. Cemento | Mat. Cemento 24 mesi
Ravioli al sugo di chianina e tartufo nero.

ROSÉ DEL SUBASIO 2020
Rosato Igt - Sangiovese 100%
Alc. 12% | € 20 | Bt. 1.400 | Ferm. Acciaio | Mat. Acciaio 24 mesi
Vitello tonnato.

Tenuta Bellafonte

(2008)

Sono passate solo dieci vendemmie dall'esordio del Collenottolo che anche in questo millesimo conferma tutto il suo valore. Quello che ci sembra di cogliere, però, allargando lo sguardo sulla denominazione, è che in questi ultimi anni stia avvenendo una rilettura nell'interpretazione di quest'uva: si cerca di stemperare potenza ed esuberanza tannica a favore di misura, garbo e definizione; in sintesi, si propongono vini più espressivi e fini. Un tendenza cui hanno contribuito in buona parte anche a Peter Heilbron e questo vino; anche per questo merita il Tastevin d'Umbria.

Via Colle Nottolo, 2 - Località Torre del Colle - 06031 Bevagna (PG)
T. 0742 710019 | M. info@tenutabellafonte.it
www.tenutabellafonte.it

Viticoltura: Ecosostenibile
Ettari: 11 | **Bottiglie:** 50.000 | **Produzione olearia:** Sì
Proprietà: Peter Heilbron
Cond. enologica: Luca Franchetti, Giuseppe Caviola
Cond. agronomica: Luca Franchetti
Vendita diretta: Sì | **Visite in azienda:** Sì

94

MONTEFALCO SAGRANTINO COLLENOTTOLO 2018
Rosso Docg - Sagrantino 100%
Alc. 15% | € 38 | Bt. 10.000 | Ferm. Acciaio | Mat. Acciaio 4 mesi e Legno 36 mesi
Rubino dalle striature granato. Profilo olfattivo di estrema eleganza, dove mirtilli, more e visciole si raccordano con ginepro ed eucalipto, poi liquirizia e noce moscata, stille di rosa canina e sottobosco ne ampliano le percezioni. Sontuoso il corpo, grazie al nobile tannino e alla lunghissima persistenza fruttata. Filetto di capriolo ai mirtilli.

ARNÈTO 2020
Bianco Igt - Trebbiano spoletino 100%
Alc. 13% | € 25 | Bt. 6.500 | Ferm. Legno | Mat. Legno 12 mesi
Pollo al curry.

MONTEFALCO BIANCO SPERELLA 2022
Bianco Doc - Trebbiano spoletino 100%
Alc. 12,5% | € 15 | Bt. 6.500 | Ferm. Acciaio | Mat. Acciaio 6 mesi
Torta salata ai broccoli.

MONTEFALCO SAGRANTINO COLLENOTTOLO
2015 | 2016 | 2017

ARNÈTO
2017 | 2018 | 2019

Tenuta Castelbuono
(2001)

Una cornice architettonicamente preziosa per questa cantina. Diadema tra le realtà nazionali, fa bella mostra di sé anche nel prestigioso elenco delle più belle cantine d'Europa grazie al pregevole lavoro del Maestro Arnaldo Pomodoro, che ha realizzato per la famiglia Lunelli lo scrigno perfetto per i suoi grandi vini. Quest'anno in Guida ci vengono presentate quattro annate distinte per altrettanto importanti etichette. Possiamo così scorgere la cifra stilistica di questa grande realtà: corpo, maturità del frutto, tannini cesellati e acidità scrivono una firma umbra davvero di pregio.

Vocabolo Castellaccio, 9 - Località Cantalupo - 06031 Bevagna (PG)
T. 0742 361670 | M. hospitalitycarapace@tenutelunelli.it
www.tenutelunelli.it

Viticoltura: Biologica certificata
Ettari: 32 | **Bottiglie:** 134.000 | **Produzione olearia:** No
Proprietà: Famiglia Lunelli
Cond. enologica: Luca Capaldini, Luca D'Attoma
Cond. agronomica: Patrizio Gasparinetti
Vendita diretta: Sì | **Visite in azienda:** Sì

MONTEFALCO SAGRANTINO CARAPACE LUNGA ATTESA 2016
Rosso Docg - Sagrantino 100%
Alc. 15% | € 48 | Bt. 4.000 | Ferm. Legno | Mat. Legno 36 mesi
Cremisi profondo e cangiante. Profumo autorevole, con ciliegia sotto spirito protagonista in principio, poi emergono sottotoni di cardamomo, ginepro, mirto, anice stellato e rosa essiccata. Spalla larga al palato, morbido nell'estensione e calorico nell'avvolgenza, trama tannica di rincalzo. Chiude suadente. Bocconcini di cinghiale con salsa di prugne.

MONTEFALCO ROSSO ZIGGURAT 2021
Rosso Doc - Sangiovese 70%, Sagrantino 15%, Cabernet 10%, Merlot 5%
Alc. 14% | € 14 | Bt. 95.000 | Ferm. Acciaio | Mat. Legno 12 mesi
Guanciale di manzo al brandy.

MONTEFALCO ROSSO LAMPANTE RISERVA 2020
Rosso Doc - Sangiovese 70%, Sagrantino 15%, Cabernet 10%, Merlot 5%
Alc. 14,5% | € 22 | Bt. 10.000 | Ferm. Acciaio | Mat. Legno 18 mesi
Stinco d'agnello al forno.

MONTEFALCO SAGRANTINO CARAPACE 2018
Rosso Docg - Sagrantino 100%
Alc. 15% | € 30 | Bt. 25.000 | Ferm. Legno | Mat. Legno 24 mesi
Stracotto d'asino.

MONTEFALCO SAGRANTINO CARAPACE
2016

MONTEFALCO ROSSO LAMPANTE RISERVA
2016

Tenuta Cavalier Mazzocchi 1919
(2010)

Conoscenza, tradizione, capacità di guardare lontano, sono le qualità di Maurizio Mazzocchi che guida con maestria l'azienda. La sua missione sta nella valorizzazione di un territorio, quello a sud dell'Umbria e di un vitigno in particolare, il ciliegiolo. I terreni sabbioso-argillosi e ricchi di minerali danno il la a vini moderni che puntano alla facilità di beva, e restano fortemente legati al territorio. Le referenze presentate mostrano i tratti distintivi di questa filosofia, concretizzata soprattutto nelle due nuove proposte: il Tiber Bianco e il Tiber Rosso.

Strada di Collespino, 39 - Località Schifanoia - 05035 Narni (TR)
T. 335 6136353 | M. tenutamazzocchi@gmail.com
www.tenutamazzocchi.it

Viticoltura: Biologica
Ettari: 10,5 | **Bottiglie:** 35.000 | **Produzione olearia:** Sì
Proprietà: Famiglia Mazzocchi
Cond. enologica: Maurizio Mazzocchi
Cond. agronomica: Maurizio Mazzocchi
Vendita diretta: Sì | **Visite in azienda:** Sì

SPIFFERO 2022
Rosso Igt - Ciliegiolo 100%
Alc. 13,5% | € 12 | Bt. 12.000 | Ferm. Acciaio e Cemento
Mat. Cemento 9 mesi
Vivido rosso rubino. Nuance di visciola, mora e succo di ribes, poi rosa, glicine e lieve allusione mentolata. Il gusto è caratterizzato da grande bevibilità e misura, il tannino rifinito e non invadente si somma alla freschezza rendendo godibile e scorrevole il vino. Finale lungo dai riverberi fruttati. Lasagne alla bolognese.

TIBER BIANCO 2022
Bianco Igt - Chardonnay 50%, Malvasia 30%, Vermentino 20%
Alc. 12,5% | € 9 | Bt. 2.022 | Ferm. Acciaio | Mat. Acciaio 6 mesi
Crostini con baccalà mantecato.

RAGGIO 2022
Bianco Igt - Vermentino 100%
Alc. 13,5% | € 12 | Bt. 10.000 | Ferm. Acciaio | Mat. Acciaio 9 mesi
Risotto con zucchine, fiori di zucca e zafferano.

TIBER ROSSO 2021
Rosso Igt - Ciliegiolo 100%
Alc. 14% | € 9 | Bt. 6.000 | Ferm. Acciaio | Mat. Acciaio 9 mesi
Tagliere di salumi.

CENTO ALBE
2019 | 2020

SPIFFERO
2019 | 2020 | 2021

Tenuta di Freddano
(1927)

Nel cuore dell'Orvieto Classico, sui colli che si affacciano sul Lago di Corbara a un'altitudine che va dai 350 ai 400 metri, l'azienda si è sempre distinta per la produzione di vino e olio di altissima qualità. Vendemmia esclusivamente manuale, canoni della tradizione e moderne tecnologie vengono coniugati in maniera semplice e intelligente. Per garantire prodotti più sani e naturali, mitigare l'impronta dell'uomo, tutelare e conservare la biodiversità, non si utilizzano diserbanti, concimi chimici né pesticidi. Una delle primissime certificazioni Bio regionali e vegana nel 2019.

Località Fossatello, 34 - 05018 Orvieto (TR)
T. 366 7235423 | M. info@freddano.it
www.freddano.it

Viticoltura: Biologica
Ettari: 7 | **Bottiglie:** 30.000 | **Produzione olearia:** Sì
Proprietà: Chiara Fiorentini
Cond. enologica: Giulio Freddano
Cond. agronomica: Staff aziendale
Vendita diretta: Sì | **Visite in azienda:** Sì

ORVIETO CLASSICO SUPERIORE SPES 2021
Bianco Doc - Grechetto 60%, Malvasia 20%, Procanico 20%
Alc. 13,5% | € 16 | Bt. 4.500 | Ferm. Acciaio | Mat. Acciaio 4 mesi
Quasi oro. Ouverture nitida e raffinata con misurate impronte di lime, mandarino e melone bianco, seguite da radice di zenzero e richiami di pepe bianco ed erbe mediterranee. Sorso succulento, salino, bilanciato da una gradevole rotondità. Si congeda piano piano sui ricordi dell'agrume. Costolette d'agnello alle erbe.

LAGO DI CORBARA ROSSO CAMPO DE' MASSI 2019
Rosso Doc - Merlot 100%
Alc. 14% | € 20 | Bt. 10.000 | Ferm. Legno e Acciaio | Mat. Acciaio 6 mesi e Legno 6 mesi
Filetto di manzo in crosta alle erbette.

LAGO DI CORBARA MERLOT FONTAURO RISERVA 2019
Rosso Doc - Merlot 100%
Alc. 14,5% | € 30 | Bt. 1.850 | Ferm. Legno e Acciaio | Mat. Legno 18 mesi
Beccacce allo spiedo.

LAGO DI CORBARA CHARDONNAY VIGNA DI GIULIO MMXIX 2020
Bianco Doc - Chardonnay 100%
Alc. 12,5% | € 18 | Bt. 2.000 | Ferm. Legno e Acciaio | Mat. Legno 3 mesi
Fritto di paranza.

ORVIETO CLASSICO SUPERIORE VENDEMMIA TARDIVA TUFANTELLO 2020
Bianco Doc - Grechetto 60%, Malvasia 20%, Procanico 20%
Alc. 12,5% | € 35 (0,375l) | Bt. 400 | Ferm. Acciaio | Mat. Acciaio 3 mesi e Legno 6 mesi
Robiola di Roccaverano.

LAGO DI CORBARA VERMENTINO TORRALE 2020
Bianco Doc - Vermentino 100%
Alc. 13% | € 12 | Bt. 11.000 | Ferm. Acciaio | Mat. Acciaio 5 mesi
Tagliolini all'astice.

Tenuta Fabbrucciano
(2010)

Giovane azienda nel mondo vitivinicolo, che si sta ritagliando uno spazio importante nell'areale narnese. Si distingue per il potenziale di crescita dei suoi vini e la chiara filosofia che anima le principali scelte aziendali, ovvero la valorizzazione degli autoctoni ciliegiolo e grechetto, senza però tralasciare ricerca e sperimentazione con gli internazionali, strada che sta dando ottimi risultati. Il Bianco di Gio Gio sfiora l'eccellenza e si fa apprezzare per espressività e facilità di beva, segue il Ciliegiolo di Giovanni, anch'esso di nobile fattura.

Strada di Fabbrucciano, 29 - 05035 Narni (TR)
T. 328 1875662 | M. tenuta.fabbrucciano29@gmail.com
www.tenutafabbrucciano.com

Viticoltura: Convenzionale
Ettari: 4 | **Bottiglie:** 30.000 | **Produzione olearia:** Sì
Proprietà: Giovanni Posati
Cond. enologica: Marco Cecchetti, Andrea Pesaresi
Cond. agronomica: Andrea Pesaresi
Vendita diretta: Sì | **Visite in azienda:** Sì

BIANCO DI GIO GIO 2022
Bianco Igt - Grechetto 100%
Alc. 12,5% | € 14 | Bt. 1.500 | Ferm. Acciaio | Mat. Acciaio 2 mesi e Legno 4 mesi
Paglierino impreziosito da filigrana dorata. Profilo olfattivo invitante, nuance di ananas, pesca, ginestra, cedono a rosmarino e nocciola tostata. Avvolge con calore il palato, ravvivandolo con una generosa vena fresco-sapida che si allunga piacevolmente con ricchi aromi fruttati. Coniglio in porchetta.

CILIEGIOLO DI GIOVANNI 2020
Rosso Igt - Ciliegiolo 100%
Alc. 13,5% | € 16 | Bt. 2.000 | Ferm. Legno e Acciaio | Mat. Acciaio 2 mesi e Legno 12 mesi
Quaglie alla cacciatora.

ROSSO DI GIOVANNI 2019
Rosso Igt - Cabernet sauvignon 70%, Cabernet franc 30%
Alc. 14% | € 19 | Bt. 1.500 | Ferm. Acciaio | Mat. Legno 12 mesi
Carré di maiale alle prugne.

GRECHETTO 2022
Bianco Igt - Grechetto 100%
Alc. 12,5% | € 10 | Bt. 2.000 | Ferm. Acciaio | Mat. Acciaio 6 mesi
Pasta alla gricia.

BIANCO DI SOFIA 2022
Bianco Igt - Chardonnay 100%
Alc. 13% | € 14 | Bt. 2.000 | Ferm. Legno e Acciaio | Mat. Acciaio 4 mesi e Legno 4 mesi
Risotto alla zucca e astice.

CILIEGIOLO 2022
Rosso Igt - Ciliegiolo 100%
Alc. 13% | € 10 | Bt. 3.000 | Ferm. Acciaio | Mat. Acciaio 6 mesi
Pollastra alla birra e cipolle di Tropea.

BIANCO DI GIO GIO
2021

CILIEGIOLO
2019 | 2020 | 2021

Tenuta Le Velette
(1860)

Grotte di tufo e barricaia di origine etrusca caratterizzano il luogo dove la famiglia Bottai, attraverso i propri vini, ci racconta un territorio storico. Su tutti ci sono quelli della denominazione Orvieto, che, declinata in diverse tipologie, strizza l'occhio alla tradizione. Da segnalare il recente reimpianto dei vigneti sottostanti l'azienda. I campioni degustati confermano la bontà del lavoro svolto, rivelando un'ottima qualità ben sintetizzata dal Lunato con la rinfrescante acidità e mineralità salmastra, e dall'Accordo, a dimostrazione che questa zona non è vocata solo per i bianchi.

Località Le Velette, 23 - 05018 Orvieto (TR)
T. 0763 29090 | M. info@tenutalevelette.com
www.tenutalevelette.com

Viticoltura: Convenzionale
Ettari: 96 | **Bottiglie:** 200.000 | **Produzione olearia:** Sì
Proprietà: Tenuta Le Velette
Cond. enologica: Samuele Cacciarino
Cond. agronomica: Giorgio Aversa
Vendita diretta: Sì | **Visite in azienda:** Sì

ORVIETO CLASSICO SUPERIORE LUNATO 2022
Bianco Doc - Grechetto 35%, Procanico 35%, Malvasia bianca 15%, Verdello 6%, Drupeggio 5%, altre varietà 4%
Alc. 12,5% | € 11 | Bt. 15.000 | Ferm. Acciaio e Cemento
Mat. Acciaio 5 mesi e Cemento 5 mesi
Giallo vivido dai verdi bagliori. Al naso essenze di sambuco e tiglio s'alternano a pesca bianca e agrumi che si legano a un fondo di erbe aromatiche. Fine e gentile in bocca, è incentrato sull'acidità che ben si bilancia con le morbidezze. Magnifico epilogo sapido dagli echi di pietra focaia. Vellutata di ceci con gamberi croccanti.

ACCORDO 2018
Rosso Igt - Sangiovese 100%
Alc. 13% | € 14 | Bt. 15.000 | Ferm. Acciaio e Cemento | Mat. Legno 12 mesi
Costata di manzo alla griglia.

SOLE UVE 2018
Bianco Igt - Grechetto 100%
Alc. 13,5% | € 15 | Bt. 8.000 | Ferm. Legno e Acciaio e Cemento
Mat. Acciaio 6 mesi e Legno 3 mesi e Cemento 6 mesi
Risotto alla milanese.

ORVIETO CLASSICO BERGANORIO 2022
Bianco Doc - Trebbiano 40%, Grechetto 25%, Malvasia 15%, Drupeggio 10%, Verdello 10%
Alc. 12,5% | € 8 | Bt. 50.000 | Ferm. Acciaio e Cemento | Mat. Acciaio 4 mesi e Cemento 4 mesi
Pasta, patate e cozze.

ROSSO ORVIETANO ROSSO DI SPICCA 2021
Rosso Doc - Sangiovese 85%, Canaiolo 15%
Alc. 13% | € 9 | Bt. 40.000 | Ferm. Acciaio e Cemento | Mat. Acciaio 10 mesi e Cemento 10 mesi
Tagliere di salumi.

CALANCO
2013 | 2015 | 2016

GAUDIO
2012 | 2014 | 2016

Tenuta Vitalonga
(2001)

Nell'alto Orvietano, terra di confine tra Umbria, Toscana e Lazio, la tenuta della famiglia Maravalle coltiva le dolci colline che in epoche remote erano bagnate dal mare. Da più di mezzo secolo vengono prodotti vini con uve autoctone e internazionali, in purezza o uvaggio, con un unico obiettivo: rappresentare al meglio il connubio vitigno-habitat. La biodiversità, la storia e le bellezze paesaggistiche e culturali sono al centro anche dell'ampia offerta in termini di ospitalità dell'azienda. Ottimo l'esordio del Rosso Orvietano che si fa subito apprezzare, vino da seguire con interesse.

Località Montiano - 05016 Ficulle (TR)
T. 0763 836722 | M. info@vitalonga.it
www.vitalonga.it

Viticoltura: Biologica certificata
Ettari: 19 | **Bottiglie:** 120.000 | **Produzione olearia:** Sì
Proprietà: Gian Luigi e Pier Francesco Maravalle
Cond. enologica: Massimo Bartolini
Cond. agronomica: Gabriele Mari
Vendita diretta: Sì | **Visite in azienda:** Sì

ROSSO ORVIETANO TENUTA VITALONGA 2021
Rosso Doc - Sangiovese 60%, Cabernet sauvignon 40%
Alc. 15% | € 28 | Bt. 6.000 | Ferm. Acciaio | Mat. Legno 12 mesi
Impenetrabile rubino. Prorompente l'olfatto, con gelatine di frutti di bosco, visciola, polvere di cacao e cannella, si distende poi sulle orme di mirto e spezie orientali. Tono gustativo pieno, il volume estrattivo dialoga con la tempra calorica e i tannini definiti. Richiami fruttati e speziati. Rosticciana.

TERRA DI CONFINE 2020
Rosso Igt - Montepulciano 70%, Merlot 30%
Alc. 14,5% | € 18 | Bt. 30.000 | Ferm. Acciaio | Mat. Legno 12 mesi
Stufato di daino.

PHICULLE 2020
Rosso Igt - Cabernet 70%, Sangiovese 30%
Alc. 14,5% | € 20 | Bt. 15.000 | Ferm. Acciaio | Mat. Legno 15 mesi
Filetto di bue con salsa di Roquefort.

VITALONGA ROSÉ 2022
Rosato Igt - Cabernet sauvignon 50%, Merlot 50%
Alc. 13,5% | € 10 | Bt. 6.000 | Ferm. Acciaio | Mat. Acciaio 3 mesi
Insalata nizzarda.

MONTENIBBIO 2020
Rosso Igt - Merlot 50%, Sangiovese 50%
Alc. 14,5% | € 12 | Bt. 10.000 | Ferm. Acciaio | Mat. Legno 9 mesi
Salame felino.

VITALONGA CHARDONNAY 2022
Bianco Igt - Chardonnay 100%
Alc. 13% | € 14 | Bt. 6.000 | Ferm. Acciaio | Mat. Legno 3 mesi
Caesar salad.

VITALONGA CHARDONNAY
2020 | 2021

VITALONGA ROSÉ
2021

Terre de la Custodia
(2003)

Giampaolo cura ogni dettaglio della cantina di famiglia; qui non devono trarre in inganno i numeri del vino prodotto, l'attenzione ai particolari e la continua ricerca sono portate avanti con una logica da boutique e non certo da produzioni di massa. Le continue sperimentazioni e dotazioni all'avanguardia completano il quadro. In quest'edizione mancano alcuni vini iconici come il Rubrum e il Vigna San Martino, ancora conservati in cantina. L'Exubera è un'interpretazione centrata nel territorio di Gualdo Cattaneo, propone freschezza e bevibilità, doti rare pensando anche al millesimo.

Vocabolo Palombara - 06035 Gualdo Cattaneo (PG)
T. 0742 929586 | M. info@terredelacustodia.it
www.terredelacustodia.it

Viticoltura: Lotta integrata
Ettari: 180 | **Bottiglie:** 2.000.000 | **Produzione olearia:** Sì
Proprietà: Famiglia Farchioni
Cond. enologica: Paolo Romaggioli, Riccardo Cotarella
Cond. agronomica: Tiziano Maschio
Vendita diretta: Sì | **Visite in azienda:** Sì

MONTEFALCO SAGRANTINO EXUBERA 2017
Rosso Docg - Sagrantino 100%
Alc. 15% | € 36 | Bt. 6.500 | Ferm. Acciaio | Mat. Legno 18 mesi
Rubino fitto che albeggia sull'orlo. Si esprime con toni di confettura, ciliegia, prugna e mirtillo, poi rivela noce moscata, cannella e liquirizia, allusioni di ginepro e polvere di caffè. Sorso ottimamente centrato, trama tannica garbata e volume calorico si fondono in una persistenza fruttata. Guanciale di vitello alle erbe aromatiche.

MONTEFALCO BIANCO PLENTIS 2020
Bianco Doc - Trebbiano spoletino 70%, Chardonnay 30%
Alc. 13,5% | € 18 | Bt. 4.790 | Ferm. Legno e Acciaio | Mat. Acciaio 8 mesi e Legno 4 mesi
Fettuccine ai finferli.

SUBLIMIS GLADIUS MILLESIMATO BRUT 2018
Bianco Metodo Classico - Grechetto 70%, Pinot nero 30%
Alc. 12% | € 16 | Bt. 5.000 | Ferm. Acciaio | Mat. Acciaio 6 mesi
48 mesi sui lieviti
Frittura di moscardini.

MONTEFALCO SAGRANTINO EXUBERA
2016

MONTEFALCO SAGRANTINO PASSITO MELANTO
2012 | 2017

Terre Margaritelli
(1950)

Una cantina che con solidità e spirito di ricerca porta avanti progetti di particolare interesse, a partire dalla selezione di lieviti indigeni, per passare all'uso di diversi legni per l'affinamento fino ad arrivare ai progetti LAB che includono la vinificazione in acciaio di rossi strutturati o la fermentazione spontanea di alcuni bianchi, il tutto con un occhio sempre attento alla sostenibilità: economica, sociale e ambientale. Ottimi i campioni presentati, svetta il Torgiano Riserva Freccia degli Scacchi, sintesi ed espressione del valore della cantina.

Strada San Rocco, 78 - Località Miralduolo - 06089 Torgiano (PG)
T. 075 7824668 | M. info@terremargaritelli.com
www.terremargaritelli.com

Viticoltura: Biologica certificata
Ettari: 52 | **Bottiglie:** 90.000 | **Produzione olearia:** No
Proprietà: Famiglia Margaritelli
Cond. enologica: Maurilio Chioccia
Cond. agronomica: Stefano Antognoni
Vendita diretta: Sì | **Visite in azienda:** Sì

91
TORGIANO ROSSO FRECCIA DEGLI SCACCHI RISERVA 2021
Rosso Docg - Sangiovese 100%
Alc. 15% | € 34 | Bt. 7.000 | Ferm. Acciaio | Mat. Legno 12 mesi
Cremisi bello luminoso. Olfatto raffinato, confettura di piccoli frutti di bosco e marasca, poi sensazioni di rosolio, radici, pepe bianco e cenni boisé. Sorprendono la facilità di beva e l'equilibrio, i tannini nobili intrecciati alla verve calorica. Frutta e spezie a volontà nel finale. Oca arrosto.

GRECO DI RENABIANCA 2021
Bianco Igt - Grechetto 100%
Alc. 15% | € 18 | Bt. 10.000 | Ferm. Legno | Mat. Acciaio 6 mesi
Tataki di tonno al sesamo.

ROSSO DI TORGIANO MIRÀNTICO 2020
Rosso Doc - Sangiovese 50%, Malbech 30%, Canaiolo 20%
Alc. 14,5% | € 12 | Bt. 15.000 | Ferm. Acciaio | Mat. Acciaio 4 mesi e Legno 6 mesi
Spezzatino di manzo.

ROSATO DI TORGIANO VENTUROSA 2022
Rosato Doc - Sangiovese 100%
Alc. 12% | € 12 | Bt. 7.000 | Ferm. Acciaio | Mat. Acciaio 2 mesi
Crostini con burro e salmone.

SIMON DE BRION 2021
Rosso Igp Dolce - Canaiolo 100%
Alc. 12% | € 15 | Bt. 1.000 | Ferm. Acciaio | Mat. Acciaio 3 mesi
Petto d'anatra alle prugne.

TORGIANO ROSSO FRECCIA DEGLI SCACCHI RISERVA
2013 | 2017 | 2019

BIANCO DI TORGIANO COSTELLATO
2014 | 2015 | 2021

Torre Bisenzio
(2010)

Grande intervento di recupero architettonico per l'ampia tenuta composta da un borgo e diverse ville. Da apprezzare la filosofia poco interventista atta a valorizzare il territorio e le sue grandi potenzialità. In questo angolo di paradiso troviamo vigneti che arrivano anche a 700 m s.l.m., ma anche anche frutta, verdura, uliveti e un allevamento di razze bovine storiche. I vini sono prodotti sia da vitigni autoctoni che internazionali, la gioventù del progetto sta ancora mettendo a fuoco quella che sarà la linea produttiva definitiva, per ora complimenti.

Località Torre Bisenzio - 05011 Allerona (TR)
T. 320 7738413 | M. torrebisenziosab@gmail.com
www.torrebisenzio.com

Viticoltura: Biologica
Ettari: 5 | **Bottiglie:** 35.000 | **Produzione olearia:** Sì
Proprietà: Neena Rees
Cond. enologica: Fabrizio Fimiani, Cristiano Cini
Cond. agronomica: Staff aziendale
Vendita diretta: Sì | **Visite in azienda:** Sì

FAMILY RESERVE 2019
Rosso Igt - Cabernet franc 40%, Petit verdot 40%, Syrah 20%
Alc. 13,5% | € 50 | Bt. 1.500 | Ferm. Acciaio | Mat. Acciaio 12 mesi e Legno 12 mesi
Cuore carminio e venature granato. Esordio generoso di gelatina di amarene ed effluvi balsamici di alloro. Seguono percezioni di miele di castagno, chinotto e radice di liquirizia. Chiosa odorosa sulle tonalità affumicate di tabacco. Materico e rotondo il gusto, movimentato da tannini ben cesellati. Pernici farcite.

SANGIOVESE 2020
Rosso Igt - Sangiovese 100%
Alc. 14% | € 25 | Bt. 4.000 | Ferm. Legno e Acciaio | Mat. Acciaio 12 mesi e Legno 12 mesi
Trippa in umido.

IL PUGNALONE 2019
Rosso Igt - Sangiovese 70%, Cabernet franc 10%, Merlot 10%, Syrah 10%
Alc. 14% | € 20 | Bt. 6.000 | Ferm. Acciaio | Mat. Acciaio 12 mesi e Legno 12 mesi
Stinco di maiale al forno in pancetta affumicata.

SARNERO 2020
Rosso Igt - Pinot nero 100%
Alc. 14,5% | € 30 | Bt. 700 | Ferm. Acciaio | Mat. Acciaio 12 mesi e Legno 12 mesi
Faraona ripiena con salsa tartufata.

AMBRIS 2022
Bianco Igt - Sauvignon 100%
Alc. 14% | € 30 | Bt. 5.000 | Ferm. Legno e Acciaio e Terracotta
Mat. Acciaio 6 mesi e Legno 6 mesi e Terracotta 6 mesi
Frittata di erbette.

Tudernum
(1958)

Cooperativa nata a Todi nel 1958 che fin dall'inizio ha avuto come intento la valorizzazione del territorio tuderte. Lo scorso anno, dopo quasi trent'anni di presidenza, Nazzareno Cataluffi ha passato il testimone all'ex Preside dell'Istituto Agrario Ciuffeli di Todi, Marcello Rinaldi. Realtà in crescita continua, grazie agli aggiornamenti tecnologici e alle strategie commerciali, che hanno portato il brand a farsi conoscere oltre i confini nazionali esportando in circa 25 diversi Paesi. I bianchi parlano di sapidità e tipicità, i rossi esprimono ricchezza e vocazione gastronomica.

Località Pian di Porto, 146 - 06059 Todi (PG)
T. 075 8989403 | M. info@tudernum.it
www.tudernum.it

Viticoltura: Convenzionale
Ettari: 120 | **Bottiglie:** 800.000 | **Produzione olearia:** Sì
Proprietà: Cooperativa di produttori
Cond. enologica: Maurizio Alongi
Cond. agronomica: Staff aziendale
Vendita diretta: Sì | **Visite in azienda:** Sì

TODI GRECHETTO SUPERIORE COLLE NOBILE 2021
Bianco Doc - Grechetto 100%
Alc. 13,5% | € 15 | Bt. 5.000 | Ferm. Legno | Mat. Acciaio 4 mesi
Paglierino con lampi dorati. Timido incedere di fiori d'acacia e pompelmo, poi sorprende con effluvi di pesca, ananas e nocciola tostata. Deciso in bocca, morbido e di discreta acidità, con persistenti rimandi fruttati e una caratteristica chiusura graziosamente ammandorlata. Coniglio al forno con funghi.

TODI GRECHETTO 2022
Bianco Doc - Grechetto 100%
Alc. 13% | € 8 | Bt. 150.000 | Ferm. Acciaio | Mat. Acciaio 2 mesi
Gnocchetti di zucca con porcini.

MONTEFALCO ROSSO FIDENZIO 2020
Rosso Doc - Sangiovese 70%, Merlot 15%, Sagrantino 15%
Alc. 14% | € 15 | Bt. 15.000 | Ferm. Acciaio | Mat. Legno 12 mesi
Pappardelle al ragù di cinghiale.

MONTEFALCO SAGRANTINO FIDENZIO 2017
Rosso Docg - Sagrantino 100%
Alc. 15,5% | € 25 | Bt. 30.000 | Ferm. Acciaio | Mat. Acciaio 12 mesi e Legno 18 mesi
Beccacce allo spiedo.

TODI ROSSO SUPERIORE ROJANO 2020
Rosso Doc - Sangiovese 60%, Merlot 30%, Sagrantino 10%
Alc. 14% | € 15 | Bt. 10.000 | Ferm. Acciaio | Mat. Acciaio 12 mesi e Legno 12 mesi
Guancia di vitello in umido.

TS. 396 2021
Bianco Igt - Trebbiano spoletino 100%
Alc. 13% | € 10 | Bt. 10.000 | Ferm. Acciaio | Mat. Acciaio 12 mesi
Crostini con baccalà mantecato.

TODI GRECHETTO SUPERIORE COLLE NOBILE
2020

MONTEFALCO SAGRANTINO FIDENZIO
2009 | 2016

Villa Mongalli
(2000)

La posizione privilegiata dei vigneti e il lavoro certosino di Pierpaolo Menghini rappresentano una garanzia di qualità che si esprime al meglio con i due attori protagonisti: sagrantino e trebbiano spoletino. Il filo conduttore, improntato a una certa muscolarità, si coniuga in maniera efficace a eleganza e a una perfetta integrazione dei legni. In quest'edizione raggiunge l'eccellenza un sontuoso Montefalco Sagrantino Della Cima, il cru aziendale le cui uve provengono da un'unica vigna a 400 m s.l.m. In grande spolvero anche il Minganna, che segue a un passo.

Via della Cima, 52 - Località Cappuccini - 06031 Bevagna (PG)
T. 0742 360703 | M. cantina.villamongalli@gmail.com
www.villamongalli.com

Viticoltura: Biologica
Ettari: 15 | **Bottiglie:** 80.000 | **Produzione olearia:** Sì
Proprietà: Pierpaolo Menghini
Cond. enologica: Emiliano Falsini
Cond. agronomica: Renzo Appolloni
Vendita diretta: Sì | **Visite in azienda:** Sì

(92,5)

MONTEFALCO SAGRANTINO DELLA CIMA 2019
Rosso Docg - Sagrantino 100%
Alc. 16,5% | € 50 | Bt. 4.500 | Ferm. Acciaio | Mat. Acciaio 6 mesi e Legno 24 mesi
Granato profondo e impenetrabile. La vena balsamica avvolge il bouquet fruttato di marasca e piccoli frutti neri. Seguono tabacco, liquirizia e pepe nero. Sorso robusto con un tannino da manuale che, con la vivace freschezza, bilancia la spinta calorica. Si congeda lentamente tra riverberi speziati e fruttati. Cinghiale arrosto con castagne.

MINGANNA 2021
Bianco Igt - Trebbiano spoletino 100%
Alc. 14% | € 30 | Bt. 4.000 | Ferm. Legno | Mat. Legno 12 mesi
Linguine allo scoglio.

MONTEFALCO SAGRANTINO POZZO DEL CURATO 2019
Rosso Docg - Sagrantino 100%
Alc. 16% | € 40 | Bt. 15.000 | Ferm. Acciaio | Mat. Acciaio 6 mesi e Legno 18 mesi
Gulasch di manzo alla paprica dolce.

CALICANTO 2022
Bianco Igt - Trebbiano spoletino 100%
Alc. 13,5% | € 22 | Bt. 8.000 | Ferm. Acciaio | Mat. Acciaio 6 mesi
Branzino al cartoccio.

MONTEFALCO ROSSO LE GRAZIE 2021
Rosso Doc - Sangiovese 60%, Cabernet sauvignon 15%, Sagrantino 15%, Merlot 5%, Syrah 5%
Alc. 15,5% | € 22 | Bt. 40.000 | Ferm. Acciaio | Mat. Acciaio 3 mesi e Legno 12 mesi
Manzo brasato con olive e porri.

MINGANNA
2018

CALICANTO
2021

Villa Sobrano
(1998)

Dalle mura possenti del castello, che si erge fra le colline meravigliose che circondano Todi, arrivano i vini di Giovanni Palmucci. La cantina è all'interno della struttura medievale. L'essere depositari di un passato con così tanta storia è un valore pienamente vissuto dalla cantina. L'assortimento è centrato sul grechetto e su alcuni internazionali che nell'areale tuderte sono storicamente presenti. Ottima la performance del Donna Sabina, godibile ora ma certamente capace di riservare sorprese nel tempo; più in generale tutti i vini in assaggio confermano solidità e grande espressività.

Località Sobrano, 33 - Frazione Rosceto - 06059 Todi (PG)
T. 075 887127 | M. info@cantinasobrano.it
www.cantinasobrano.it

Viticoltura: Convenzionale
Ettari: 13,5 | **Bottiglie:** 40.000 | **Produzione olearia:** No
Proprietà: Giovanni Palmucci
Cond. enologica: Paolo Peira
Cond. agronomica: Giovanni Palmucci
Vendita diretta: Sì | **Visite in azienda:** Sì

DONNA SABINA 2019
Bianco Igp - Grechetto 100%
Alc. 13,5% | € 21 | Bt. 7.000 | Ferm. Legno | Mat. Legno 10 mesi
Paglierino pieno. Espressioni di camomilla e mela Golden aprono a note tropicali di papaia e fiori di sambuco con un accenno di frutta secca. In bocca è rotondo, gioca con piacere tra la voce pseudo-calorica e la componente fresco-sapida. Lungheggia negli echi di armellina. Coniglio in porchetta.

MARTINUS 2022
Bianco Igp - Pinot bianco 100%
Alc. 12% | € 14 | Bt. 7.000 | Ferm. Acciaio | Mat. Acciaio 6 mesi
Trofie al pesto.

BARTOLOMEO 2017
Rosso Igp - Cabernet sauvignon 50%, Merlot 50%
Alc. 13,5% | € 22 | Bt. 7.000 | Ferm. Acciaio | Mat. Legno 24 mesi
Carré di vitello alle erbe aromatiche.

BELISARIUS 2022
Bianco Igp - Grechetto 100%
Alc. 12,5% | € 14 | Bt. 8.000 | Ferm. Acciaio | Mat. Acciaio 6 mesi
Risotto alle ortiche.

MARTINUS
2016 | 2020 | 2021

BELISARIUS
2021

Violati
(1985)

La cantina è giovane anche se l'azienda agricola da cui nasce ha storia molto più lunga e radicata nel territorio sangeminese con la produzione non solo enologica ma anche di olio, legumi e cereali. La svolta è stata impressa da Barbara, che ha messo in campo tutta una serie di progetti che stanno prendendo forma: pronta la nuova sala degustazioni con uno splendido affaccio sulla tenuta, nuova anche la struttura ricettiva con possibilità di soggiorno e pernottamento. Nuovi anche lo Spumante Metodo Classico e una Malvasia stile Orange che si è subito attestata in vetta a questa selezione.

Via Quadrelletto, 11 - 05029 San Gemini (TR)
T. 0744 630151 | M. info@violati.it
www.violati.it

Viticoltura: Biologica
Ettari: 20 | **Bottiglie:** 50.000 | **Produzione olearia:** Sì
Proprietà: Barbara Violati
Cond. enologica: Roberto Alimenti
Cond. agronomica: Marco Zannoli
Vendita diretta: Sì | **Visite in azienda:** Sì

MALVASIA 2021
Bianco Igt - Malvasia 100%
Alc. 13,5% | € 20 | Bt. 1.600 | Ferm. Cemento | Mat. Acciaio 6 mesi
Oro ornato di riflessi ramati. Profumo generoso con pesca di vigna, macedonia di frutti esotici, petali di rosa e cera d'api. Non mancano stille di ginestra ed erbe aromatiche essiccate. Volume, perfetto equilibrio tra avvolgenza e tattilità tannica, finale sostenuto da una caratterizzante scia salina. Anguilla ai ferri.

GRECHETTO 2022
Bianco Igt - Grechetto 100%
Alc. 14,5% | € 20 | Bt. 6.000 | Ferm. Acciaio | Mat. Acciaio 6 mesi
Alette di pollo piccanti.

KEYRA 2019
Bianco Metodo Classico - Grechetto 40%, Sangiovese 40%, Malvasia 20%
Alc. 11,5% | € 26 | Bt. 1.000 | Ferm. Acciaio | Mat. Acciaio 3 mesi
30 mesi sui lieviti
Salame di cinta senese.

CILIEGIOLO 2021
Rosso Igt - Ciliegiolo 100%
Alc. 14,5% | € 20 | Bt. 6.000 | Ferm. Acciaio | Mat. Acciaio 8 mesi e Legno 8 mesi
Bigoli con salsiccia.

MERLOT 2019
Rosso Igt - Merlot 100%
Alc. 15% | € 22 | Bt. 6.000 | Ferm. Acciaio | Mat. Acciaio 12 mesi e Legno 8 mesi
Coda alla vaccinara.

BIANCO VIOLATI 2022
Bianco Igt - Chardonnay 70%, Malvasia 30%
Alc. 13,5% | € 12 | Bt. 6.000 | Ferm. Acciaio | Mat. Acciaio 6 mesi
Frittata di cipolle.

CILIEGIOLO
2020

GRECHETTO
2020

Zanchi
(1970)

Realtà tra le più rappresentative dell'Amerino. La grande qualità dei vini presentati, come ormai succede da anni, è la conferma della lungimiranza di Leonardo. Negli anni sono proseguiti i progetti di ricerca, come ad esempio quello del vigneto sperimentale in collaborazione con l'Università di Perugia. Da questo studio è stato individuato il "tostolello", iscritto poi nel registro regionale tra le varietà di vite da tutelare. Eccellente quest'anno la prova del Vigna Vecchia, seguito a un passo dal Majolo, un vino, questo, giocato sulla consapevolezza evolutiva.

Via Ortana, 122 - 05022 Amelia (TR)
T. 0744 970011 | M. info@cantinezanchi.it
www.cantinezanchi.it

Viticoltura: Biologica certificata
Ettari: 35 | **Bottiglie:** 65.000 | **Produzione olearia:** Sì
Proprietà: Leonardo Zanchi
Cond. enologica: Pietro De Sanctis
Cond. agronomica: Staff aziendale
Vendita diretta: Sì | **Visite in azienda:** Sì

92

VIGNA VECCHIA 2017
Bianco Igt - Trebbiano toscano 100%
Alc. 14,5% | € 26 | Bt. 3.000 | Ferm. Legno | Mat. Cemento 20 mesi
Ammaliante oro antico. Bouquet tropicale di mango e ananas, poi pesca e nocciola tostata, seguono rinfrescanti cenni di salvia e timo. Assaggio voluttuoso, sostenuto dall'ottima freschezza balsamica; una lieve percezione tattile svela una convinta sapidità che ne amplifica il gusto. Durevoli gli aromi balsamici. Coregone al forno.

MAJOLO 2018
Bianco Igt - Malvasia bianca lunga 100%
Alc. 13,5% | € 25 | Bt. 3.000 | Ferm. Acciaio | Mat. Legno 22 mesi e Cemento 20 mesi
Risotto agli scampi.

AMELIA ROSSO SCIURIO RISERVA 2015
Rosso Doc - Sangiovese 70%, Canaiolo 30%
Alc. 14% | € 20 | Bt. 4.000 | Ferm. Cemento | Mat. Legno 24 mesi e Cemento 24 mesi
Filetto di manzo in crosta alle erbette.

AMELIA CILIEGIOLO ANTICHI CLONI 2022
Rosso Doc - Ciliegiolo 100%
Alc. 13,5% | € 15 | Bt. 1.995 | Ferm. Acciaio | Mat. Cemento 6 mesi
Pasta alla gricia.

ANTICHI CLONI ROSATO 2022
Rosato Igt - Ciliegiolo 100%
Alc. 12,5% | € 15 | Bt. 1.255 | Ferm. Cemento | Mat. Cemento 4 mesi
Tagliere di salumi.

AMELIA CILIEGIOLO CARMÌNO 2021
Rosso Doc - Ciliegiolo 100%
Alc. 13,5% | € 11 | Bt. 15.000 | Ferm. Acciaio | Mat. Cemento 8 mesi
Gnocchi al ragù.

MAJOLO
2015 | 2016 | 2017

AMELIA ROSSO SCIURIO RISERVA
2008

MARCHE

Quei campi tiepidi e gli alberi monumentali

Luciano Ferraro

La vita del vignaiolo-scrittore Corrado Dottori, autore del libro *Non è il vino dell'enologo* (DeriveApprodi, 2012 e 2019) rappresenta un archetipo: tra la forza di cambiare il destino e la volontà di portare nuove energie. Accade in una regione multiforme, come le Marche. Come diversi altri ha lasciato un lavoro sicuro per tornare alla terra, nella natia Cupramontana. Per cercare l'essenza del vino del posto, il Verdicchio dei Castelli di Jesi. Scopre Luigi Veronelli e si ritrova in una delle frasi mitiche e ineguagliabili del critico milanese: "La rivoluzione non è nelle fabbriche, è nei campi". Il suo viaggio, enologico e letterario, è il simbolo di una nuova ruralità che sta cambiando alcune zone del Verdicchio. A iniziare da Cupramontana, dove nacque Fazi Battaglia e dove c'era una trentina di imbottigliatori negli anni Sessanta. Dopo un periodo di declino, ora le cantine sono una decina, con una rete di vignaioli artigiani.

"Le Marche sono un plurale", secondo la definizione di Guido Piovene, lo scrittore che venne incaricato dalla Rai, negli anni Cinquanta, di compiere un articolato reportage sul Belpaese. Quello che Piovene ha descritto è attuale, quanto meno nel carattere del paesaggio, tra i monti della Sibilla, le colline e i borghi ritratti da Piero della Francesca. Eccolo Piovene: "Il nord ha tinta romagnola; l'influenza toscana e umbra è manifesta lungo la dorsale appenninica; la provincia di Ascoli Piceno è un'anticamera dell'Abruzzo e della Sabina. Ancona, città marinara, fa parte per sé stessa. In uno spazio così breve, anche la lingua muta e ha impronte romagnole, toscane, umbre, abruzzesi, secondo i luoghi. Tanti diversi spiriti e influenze, palesi anche nel paesaggio, sembrano distillarsi e compenetrarsi nel tratto più centrale, in cui sorgono Macerata, Recanati, Loreto, Camerino".

La storia regionale è fatta di battaglia di campanile e l'assenza di una super azione di una città sull'altra ancora si sente. "Nessuna città marchigiana – conferma Piovene – ha un vero predominio nella regione. Verso Bologna gravita il pesarese e parte dell'anconetano; il resto verso Roma, supremo miraggio per tutti. Ma per quanto ne accolgano i riverberi, le Marche non somigliano veramente né alla Toscana né alla Romagna né all'Abruzzo né all'Umbria".

Guido Piovene: "Le Marche sono un plurale. Tanti diversi spiriti e influenze, palesi anche nel paesaggio".

Con i suoi borghi marinari che si scorgono dalle colline di filari vitati. E poi la collina che "volgendosi verso l'interno, è quasi un grande e naturale giardino all'italiana. Se si volesse stabilire qual è il paesaggio italiano più tipico, bisognerebbe indicare le Marche, specie nel maceratese e ai suoi confini. L'Italia, con i suoi paesaggi, è un distillato del mondo. Le Marche dell'Italia". Cosa è cambiato nel paesaggio dagli anni Cinquanta di Piovene? Innanzitutto, le coste, con l'arrivo del turismo balneare, che non ha però mai avuto il carattere irruento che ha modificato ogni affaccio marino della Romagna e del Veneto. Il fotografo Mario Giacomelli, di Senigallia, ha ritratto per tutta la vita, dagli anni Cinquanta fino al 2000, le sue Marche, quasi sempre con uno struggente bianco e nero. Il mare con onde basse e solitarie presenze umane. I campi tiepidi, gli alberi come monumenti, in un paesaggio che si immagina silenzioso. Visioni dall'alto di campi arati con geometrica potenza. Con contrasti così accentuati da sembrare quadri astratti. Solchi di macchine agricole e contadini, con al margine le chiome di alberi che sembrano osservare nella quiete del pomeriggio l'opera umana. "Il paesaggio – sosteneva Giacomelli – è questa terra che non mi dà pace. La materia delle immagini del paesaggio l'ha creata l'uomo, il contadino con il suo lavoro".

Mario Giacomelli: "La materia delle immagini del paesaggio l'ha creata l'uomo, il contadino con il suo lavoro".

È sempre stato così, nelle Marche, con la cultura contadina che ha fatto i conti con lo sviluppo demografico e l'evoluzione del mercato, come ha sapientemente ricostruito Marco Moroni dell'Università Politecnica delle Marche. È all'inizio del Novecento che il bosco ha raggiunto il suo minimo storico, l'11% del territorio marchigiano. Mentre si arrivava a un milione di abitanti e non c'era ancora abbastanza terra da sfamare tutti. Erano gli anni dei piroscafi pieni di migranti anche marchigiani, in cerca di fortuna nelle Americhe. Cambia tutto nel Dopoguerra, si rompono antichi equilibri. "In pochi decenni – scrive Moroni – con la fuga dalle campagne e la fine della mezzadria sancita dalla legge del 1964, ha inizio una radicale trasformazione del paesaggio agrario; non solo nell'entroterra appenninico, ma anche nelle colline con maggiori pendenze, mentre si riduce drasticamente la superficie coltivata, tornano a crescere alberi e arbusti. La riforestazione interessa inizialmente le aree marginali e i terreni più acclivi, ma ben presto investe i pascoli e i campi abbandonati sia della fascia appenninica che dell'entroterra alto-collinare; dopo il processo di diboscamento che aveva caratterizzato l'Ottocento, con l'aumento superficie forestale dell'ultimo cinquantennio il bosco viene a essere uno dei principali fattori dinamici del paesaggio".

Anche qui il boom economico ha portato alla crescita di aziende che si sono fatte conoscere in tutto il mondo, ad esempio nel calzaturiero. Ma ha anche creato una selva di costruzioni, industriali e residenziali, diventate con il tempo un insieme di volumi che meriterebbero di trovare nuova funzione, o di essere cancellati. Anche perché hanno contribuito a rendere ancora più vulnerabile un territorio già fragile, con scarsa attenzione alla gestione della rete idraulica. E quindi vittima periodica di alluvioni e frane, con effetti a volte devastanti, come è accaduto nel 2011. I riconoscimenti ai vignaioli del Verdicchio Docg nelle molteplici espressioni, dell'Offida Pecorino, del Rosso Piceno Superiore e del Lacrima di Morro d'Alba Superiore hanno contribuito a dare forza al movimento di riappropriazione della terra. Una scelta di vita per Dottori.

Highlights

15.611 ETTARI VITATI COMPLESSIVI
6.712 destinati a DOP, 4.840 destinati a IGP, 4.059 destinati a vini generici.

RIPARTIZIONE COLORE
Vini bianchi 54,60%
Vini rossi o rosati 45,40%

1.397.522 HL DI PRODUZIONE TOTALE
37,66% di vino DOP, 31,35% di vino IGP, 30,99% di vini generici.

LE PROVINCE PIÙ PRODUTTIVE
Ascoli Piceno 38,13% sul totale, Ancona 28,95% sul totale, Macerata 13,48% sul totale

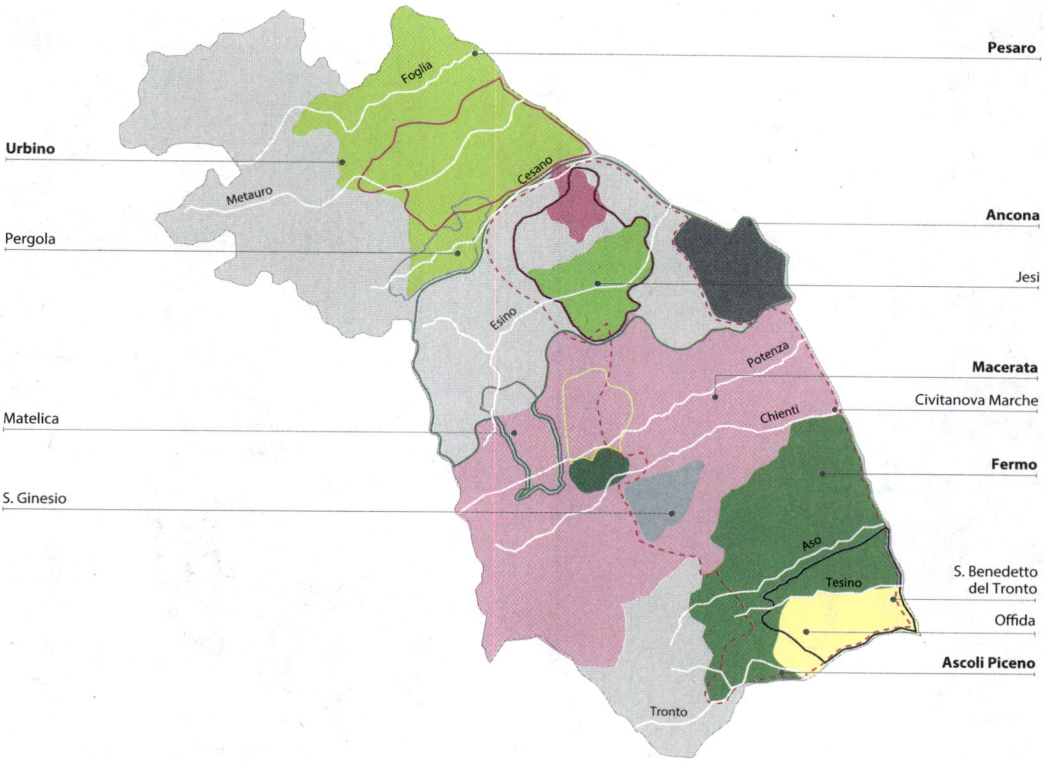

Legenda

- Colli Pesaresi
- Bianchello del Metauro
- Pergola
- Esino
- I Terreni di Sanseverino
- Lacrima di Morro d'Alba o Lacrima di Morro
- Verdicchio dei Castelli di Jesi
  - Verdicchio dei Castelli di Jesi Classico
- Rosso Conero
- Rosso Piceno o Piceno
  - Rosso Piceno Superiore o Piceno Superiore
- Verdicchio di Matelica
- Serrapetrona
- San Ginesio
- Colli Maceratesi
- Falerio
- Terre di Offida

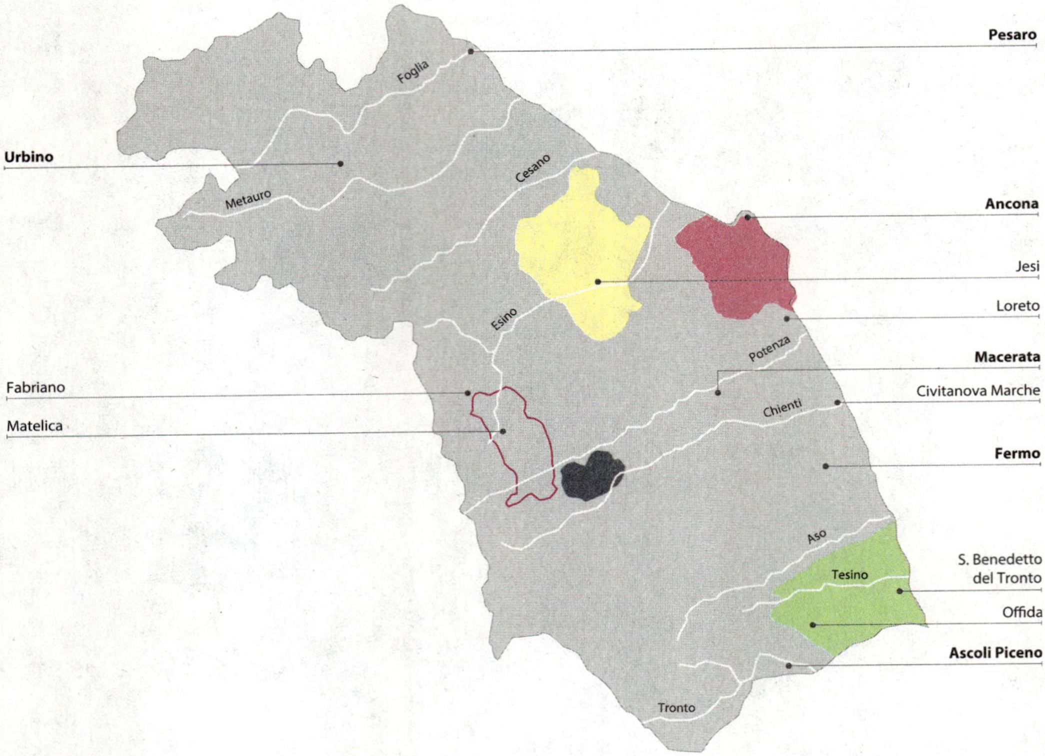

Legenda

- Castelli di Jesi Verdicchio Riserva DOCG
- Conero DOCG
- Verdicchio di Matelica Riserva DOCG
- Vernaccia di Serrapetrona DOCG
- Offida DOCG

Maria Letizia Allevi
(2004)

Maria Letizia e la sua famiglia gestiscono lo splendido vigneto, in continua evoluzione, con una rigorosa conduzione in regime biologico. Le fermentazioni hanno luogo grazie a lieviti indigeni, e la solforosa viene usata solo all'imbottigliamento. Isra, con la sua struttura importante, è la gradita conferma della validità dell'utilizzo del grenache locale. Finalmente in uscita il Rubesh, da pecorino vinificato in barrique, che colpisce per l'opulenza. Ben riuscito anche il Metodo Ancestrale da uve passerina, perfetto passepartout estivo.

Via Pescolla, 28 - 63081 Castorano (AP)
T. 349 4063412 | M. info@vinimida.it
www.vinimida.it

Viticoltura: Biologica
Ettari: 5 | **Bottiglie:** 12.000 | **Produzione olearia:** Sì
Proprietà: Maria Letizia Allevi
Cond. enologica: Staff aziendale
Cond. agronomica: Roberto Corradetti
Vendita diretta: Sì | **Visite in azienda:** Sì

(93)

ISRA 2020
Rosso Igp - Grenache 100%
Alc. 14% | € 90 | Bt. 490 | Ferm. Acciaio | Mat. Legno 24 mesi
Rosso rubino di estrema vivezza. Spazia da profumi dolci ad altri freschi e fragranti. Bouquet speziato di coriandolo e pepe bianco, poi incenso e liquirizia. Arancia, ribes, glicine e lillà. Tabacco dolce. Vibrante al gusto, la struttura è ben definita e salda. Chiude deciso ed esotico. Echi di eucalipto. Piccione ai porcini e tartufo nero.

RUBESH 2021
Bianco Igt - Pecorino 100%
Alc. 14% | € 40 | Bt. 200 | Ferm. Legno
Filetti di scorfano con carciofi.

MIDA PECORINO DOSAGGIO ZERO 2019
Bianco Metodo Classico - Pecorino 100%
Alc. 12% | € 20 | Bt. 3.500 | Ferm. Acciaio | 34 mesi sui lieviti
Tartare di scampi.

OFFIDA ROSSO MIDA 2020
Rosso Docg - Montepulciano 100%
Alc. 14,5% | € 18 | Bt. 2.500 | Ferm. Acciaio | Mat. Legno 18 mesi
Filetto di maiale lardellato.

OFFIDA PECORINO MIDA 2022
Bianco Docg - Pecorino 100%
Alc. 13,5% | € 14 | Bt. 3.500 | Ferm. Acciaio | Mat. Acciaio 6 mesi
Fettuccine ai funghi porcini.

P ANCESTRALE 2022
Bianco Metodo Ancestrale - Passerina 100%
Alc. 12% | € 10 | Bt. 500 | Ferm. Acciaio | 6 mesi sui lieviti
Insalata di mare.

ISRA
2019

OFFIDA ROSSO MIDA
2018 | 2019

Angeli di Varano
(2010)

Attenzione e creazione sono parole che colpiscono, nonché uno dei motti della cantina, che opera da anni con l'obiettivo di produrre le migliori uve di montepulciano che si possono ottenere. Tutto nel segno del biologico e della cultura del territorio, per creare vini nella denominazione Conero, che anche quest'anno confermano la loro qualità. Non solo questi rossi, ma anche bianchi sorprendenti come l'Una Tantum, da verdicchio, e dei rosé coinvolgenti: bollicine sia in versione fresca, Alba Nuda, sia da lunghissima sosta sui lieviti come i due Levante.

Via Papa Giovanni XXIII, 65 - 60021 Camerano (AN)
T. 371 4172153 | M. info@angelidivarano.it
www.angelidivarano.it

Viticoltura: Biologica
Ettari: 5 | **Bottiglie:** 20.000 | **Produzione olearia:** Sì
Proprietà: Matteo Chiucconi
Cond. enologica: Matteo Chiucconi
Cond. agronomica: Matteo Chiucconi
Vendita diretta: Sì | **Visite in azienda:** Sì

CONERO STILE LIBERO RISERVA 2017
Rosso Docg - Montepulciano 100%
Alc. 14% | € 22 | Bt. 2.000 | Ferm. Acciaio | Mat. Legno 24 mesi
Rubino. Al naso ricorda il sottobosco, con tamarindo e cenno balsamico che, insieme alla scia vegetale di peperone, spiccano tra la frutta e i fiori rossi, more e gerani. Soffio speziato. Avvolgente al palato, morbidezza e tannino levigato danno equilibrio. Persistenze fruttate con tratti di china. Capriolo in salmì con polenta di grano saraceno.

UNA TANTUM
Bianco - Verdicchio 100%
Alc. 13,5% | € 20 | Bt. 900 | Ferm. Legno | Mat. Legno 24 mesi
Spaghetti con vongole veraci.

LEVANTE EDIZIONE LIMITATA ROSÉ PAS DOSÉ
Rosato Metodo Classico - Montepulciano 100%
Alc. 12,5% | € 65 | Bt. 100 | Ferm. Acciaio | 144 mesi sui lieviti
Risotto alla zucca.

ROSSO CONERO PRIMO DI TRE 2020
Rosso Doc - Montepulciano 100%
Alc. 14% | € 15 | Bt. 6.000 | Ferm. Acciaio | Mat. Acciaio 12 mesi
Pappardelle al ragù di cinghiale.

ALBA NUDA BRUT ROSÉ
Rosato Metodo Martinotti - Montepulciano 100%
Alc. 12% | € 15 | Bt. 3.000 | Ferm. Acciaio | 6 mesi sui lieviti
Insalata di polpo, patate e olive.

LEVANTE ROSÉ EXTRA BRUT
Rosato Metodo Classico - Montepulciano 100%
Alc. 12,5% | € 40 | Bt. 265 | Ferm. Acciaio | 84 mesi sui lieviti
Seppie ripiene su crema di ceci.

ROSSO CONERO PRIMO DI TRE
2018 | 2019

FUORILEGGE
2018 | 2020 | 2021

Aurora
(1979)

Storico punto di riferimento per l'agricoltura biologica sin dagli anni Ottanta, passa alla seconda generazione il testimone. Francesco e Pierandrea continuano a fare impresa a tutto raggio con metodi di coltivazione volti al rigoroso rispetto dell'ambiente e altamente sostenibili. L'ultima creazione è un macerato da malvasia che riposa sulle bucce in anfore di ceramica, non ancora presentato, ne rinviamo l'assaggio alla prossima edizione. Sempre interessanti Fiobbo e Barricadiero, costanti alfieri della gamma. Olio, miele e grano completano il quadro di un'azienda a tutto tondo.

Contrada Ciafone, 98 - Località Santa Maria in Carro - 63073 Offida (AP)
T. 0736 810007 | M. enrico@viniaurora.it
www.viniaurora.it

Viticoltura: Biologica
Ettari: 10,5 | **Bottiglie:** 50.000 | **Produzione olearia:** Sì
Proprietà: Enrico Gabrielli, Lorenzo Spaccasassi, Federico Pignati e Paolo Ciommi
Cond. enologica: Giovanni Basso, Francesco Pignati
Cond. agronomica: Staff aziendale
Vendita diretta: Sì | **Visite in azienda:** Sì

OFFIDA PECORINO FIOBBO 2021
Bianco Docg - Pecorino 100%
Alc. 13,5% | € 13 | Bt. 10.000 | Ferm. Legno e Acciaio | Mat. Acciaio 10 mesi e Legno 10 mesi
Giallo ambrato, luminoso. All'olfatto decise fragranze di nespola, camomilla e pesca, con sfumature di coriandolo in sottofondo. Sorso pieno e rotondo, sostenuto da una stuzzicante sapidità. Di ottima lunghezza, sfuma gentile con irresistibili aromi di frutta disidratata. Coregone al forno.

OFFIDA ROSSO BARRICADIERO 2019
Rosso Docg - Montepulciano 100%
Alc. 13,5% | € 21 | Bt. 2.500 | Ferm. Legno e Acciaio | Mat. Legno 24 mesi
Finanziera.

ROSSO PICENO SUPERIORE 2020
Rosso Dop - Montepulciano 70%, Sangiovese 30%
Alc. 13,5% | € 13 | Bt. 6.500 | Ferm. Acciaio | Mat. Legno 12 mesi
Filetto di scottona in sfoglia.

ROSATO 2022
Rosato Igp - Ciliegiolo 85%, Montepulciano 15%
Alc. 13% | € 10 | Bt. 6.500 | Ferm. Acciaio | Mat. Acciaio 6 mesi
Gnocchi alla sorrentina.

ROSSO PICENO 2022
Rosso Dop - Montepulciano 50%, Sangiovese 40%, Cabernet sauvignon 10%
Alc. 13,5% | € 10 | Bt. 14.000 | Ferm. Acciaio | Mat. Acciaio 6 mesi
Bigoli con salsiccia.

FALERIO 2022
Bianco Dop - Trebbiano 50%, Passerina 30%, Pecorino 20%
Alc. 12,5% | € 10 | Bt. 13.000 | Ferm. Acciaio | Mat. Acciaio 6 mesi
Risotto alle ortiche.

OFFIDA ROSSO BARRICADIERO
2014 | 2018

ROSSO PICENO SUPERIORE
2017 | 2018 | 2019

Belisario
(1971)

Sempre punto di riferimento per il territorio di Matelica, la Cooperativa ha arricchito la proposta con un Metodo Classico, che ha sostato quasi quattro anni sui lieviti, subito convincente per la qualità dell'effervescenza e la persistenza del finale. Il suo nome, Mistico, è ripreso dal dipinto del Torchio Mistico, icona della Passione, conservato nella chiesa di Sant'Agostino. Rinnovate le etichette di tutta la linea base, è ormai disponibile per le degustazioni il casale immerso nel vigneto della Tenuta Cambrugiano, proprio quello dal quale deriva l'omonimo ed eccellente Verdicchio Riserva.

Via Aristide Merloni, 12 - 62024 Matelica (MC)
T. 0737 787247 | M. belisario@belisario.it
www.belisario.it

Viticoltura: Convenzionale e biologica
Ettari: 300 | **Bottiglie:** 1.200.000 | **Produzione olearia:** No
Proprietà: Cooperativa di produttori
Cond. enologica: Roberto Potentini
Cond. agronomica: Staff aziendale
Vendita diretta: Sì | **Visite in azienda:** Sì

96

VERDICCHIO DI MATELICA CAMBRUGIANO RISERVA 2020
Bianco Docg - Verdicchio 100%
Alc. 13,5% | € 19 | Bt. 70.000 | Ferm. Acciaio | Mat. Acciaio 12 mesi e Legno 12 mesi
Paglierino pieno dai vivi intarsi dorati. Fiori di ginestra, pesca bianca e mazzetto d'erbe aromatiche tra le quali la salvia e l'aneto. Al gusto entra sottile per poi espandersi e carezzare la bocca. La morbidezza è supportata dall'acidità ma soprattutto dalla sapidità. Retrogusto sapido. San Pietro alla siciliana con dadolata di patate.

VERDICCHIO DI MATELICA SPUMANTE EXTRA BRUT MISTICO 2016
Bianco Doc Metodo Classico - Verdicchio 100%
Alc. 13% | € 25 | Bt. 1.000 | Ferm. Acciaio | Mat. Acciaio 19 mesi
47 mesi sui lieviti
Calamari con ripieno di tarassaco e patate.

VERDICCHIO DI MATELICA DEL CERRO 2022
Bianco Doc - Verdicchio 100%
Alc. 13% | € 10 | Bt. 100.000 | Ferm. Acciaio | Mat. Acciaio 6 mesi
Ravioli di ricotta e spinaci.

VERDICCHIO DI MATELICA VIGNETI B. 2022
Bianco Doc - Verdicchio 100%
Alc. 13% | € 12 | Bt. 50.000 | Ferm. Acciaio | Mat. Acciaio 5 mesi
Filetti di trota al vapore con maionese.

COLLI MACERATESI ROSSO SAN LEOPARDO RISERVA 2020
Rosso Doc - Sangiovese 80%, Merlot 20%
Alc. 13,5% | € 12 | Bt. 22.000 | Ferm. Acciaio | Mat. Acciaio 3 mesi e Legno 13 mesi
Filetto di manzo in crosta alle erbette.

VERDICCHIO DI MATELICA MERIDIA 2021
Bianco Doc - Verdicchio 100%
Alc. 13,5% | € 17 | Bt. 10.000 | Ferm. Acciaio | Mat. Cemento 24 mesi
Risotto alla pescatora.

VERDICCHIO DI MATELICA NOI 150 RISERVA
2018

VERDICCHIO DI MATELICA CAMBRUGIANO RISERVA
2014 | 2016 | 2017

Bisci
(1980)

L'ultima annata segna il traguardo delle quaranta vendemmie! L'andamento climatico ha conferito un'evoluzione precoce, con acidità sostenuta e sapidità evidente per il Verdicchio. Interventi sulla struttura orientano verso l'enoturismo questa cantina, rimasta fermamente ancorata alle vinificazioni in cemento e acciaio, pur senza disdegnare il legno, soprattutto per il rosso Villa Castiglioni, che ci sorprende, mostrando che questa può essere anche una terra di grandi rossi a base sangiovese; è però il Vigneto Fogliano a confermare la particolarità del Verdicchio locale.

Via Fogliano, 120 - 62024 Matelica (MC)
T. 0737 787490 | M. info@bisci.it
www.bisci.it

Viticoltura: Biologica
Ettari: 20 | **Bottiglie:** 130.000 | **Produzione olearia:** No
Proprietà: Giuseppe Bisci
Cond. enologica: Aroldo Bellelli
Cond. agronomica: Aroldo Bellelli
Vendita diretta: Sì | **Visite in azienda:** Sì

(91)

VERDICCHIO DI MATELICA VIGNETO FOGLIANO 2020
Bianco Doc - Verdicchio 100%
Alc. 13,5% | € 25 | Bt. 16.933 | Ferm. Cemento | Mat. Cemento 16 mesi
Un giallo limone dalle screziature verdoline. Profumi di pesca, timo e ginestra con nuance di miele in sottofondo. Sorso di grande intensità e struttura, con una vivace freschezza ben bilanciata da una suadente alcolicità. Stuzzicante componente sapida nel lungo finale con ritorni floreali e fruttati. Rombo al forno con patate e carciofi.

VILLA CASTIGLIONI 2018
Rosso Igt - Sangiovese 100%
Alc. 13,5% | € 19 | Bt. 6.666 | Ferm. Cemento | Mat. Legno 12 mesi
Allodole tartufate in casseruola.

VERDICCHIO DI MATELICA SPUMANTE EXTRA BRUT
Bianco Doc Metodo Martinotti - Verdicchio 100%
Alc. 11,5% | € 15 | Bt. 10.666 | Ferm. Cemento | 10 mesi sui lieviti
Guazzetto di fasolari.

VERDICCHIO DI MATELICA 2022
Bianco Doc - Verdicchio 100%
Alc. 13% | € 14 | Bt. 111.133 | Ferm. Cemento | Mat. Cemento 6 mesi
Risotto con gamberi di fiume e piselli.

VERDICCHIO DI MATELICA VIGNETO FOGLIANO
2015 | 2016 | 2018

ROSSO BISCI
2018

Boccadigabbia
(1970)

Alla sua quarantesima vendemmia, Elvidio, coadiuvato dai figli, è riuscito a domare anche l'ultima annata calda ma costante, grazie all'esperienza, alla tenacia e all'attento lavoro in vigna. Si confermano anche quest'anno i suoi storici cavalli di battaglia: i Ribona e i vini rossi da vitigni internazionali, tra i quali, in quest'occasione, primeggia l'Akronte. L'ultima creatura, il Fòllero, è un Metodo Ancestrale da uve malvasia sur lies, rifermentato quindi in bottiglia e senza aggiunta di solfiti.

Contrada Castelletta, 56 - Frazione Fontespina - 62012 Civitanova Marche (MC)
T. 0733 70728 | M. info@boccadigabbia.com
www.boccadigabbia.com

Viticoltura: Certificazione residuo zero
Ettari: 20 | **Bottiglie:** 100.000 | **Produzione olearia:** No
Proprietà: Elvidio Alessandri
Cond. enologica: Francesco Pennesi, Emiliano Falsini
Cond. agronomica: Luca Severini
Vendita diretta: Sì | **Visite in azienda:** Sì

CABERNET SAUVIGNON AKRONTE 2018
Rosso Igt - Cabernet sauvignon 100%
Alc. 14,5% | € 50 | Bt. 1.500 | Ferm. Acciaio | Mat. Acciaio 6 mesi e Legno 16 mesi
Cremisi dall'olfatto raffinato di viola e rosa rossa, di cacao e caffè, con speziature di pepe bianco. La base è di frutta rossa sotto spirito, marasca e ribes nero. In bocca è morbido e volumico, poi mostra freschezza e tannino. Il ricordo della visciola e il timbro di tabacco concludono l'assaggio. Cinghiale in umido.

COLLI MACERATESI RIBONA 2022
Bianco Doc - Maceratino 100%
Alc. 13% | € 10 | Bt. 15.000 | Ferm. Acciaio | Mat. Acciaio 4 mesi
Garganelli con julienne di calamari e ortiche.

COLLI MACERATESI RIBONA LE GRANE 2021
Bianco Doc - Maceratino 100%
Alc. 13% | € 15 | Bt. 7.500 | Ferm. Acciaio | Mat. Acciaio 8 mesi
Ravioli burro e salvia.

MERLOT PIX 2019
Rosso Igt - Merlot 100%
Alc. 14,5% | € 40 | Bt. 1.500 | Ferm. Acciaio | Mat. Acciaio 6 mesi e Legno 16 mesi
Trippa in umido.

FÒLLERO MALVASIA BRUT
Bianco Igt Metodo Ancestrale - Malvasia bianca di Candia 100%
Alc. 11,5% | € 15 | Bt. 3.300 | Ferm. Acciaio | 6 mesi sui lieviti
Fritto di paranza.

ROSSO PICENO 2019
Rosso Doc - Montepulciano 60%, Sangiovese 40%
Alc. 14,5% | € 10 | Bt. 20.000 | Ferm. Acciaio | Mat. Acciaio 10 mesi e Legno 10 mesi
Gnocchi al ragù.

MERLOT PIX
2012

COLLI MACERATESI RIBONA
2021

Borgo Paglianetto
(2003)

L'andamento stagionale siccitoso, con piogge poi a settembre e ottobre, ha comportato nell'ultima vendemmia una piccola perdita in quantità compensata da una concentrazione maggiore e un discreto grado alcolometrico. Da segnalare l'estrema pulizia di tutti i vini, ottenuti esclusivamente dalla lavorazione delle uve di verdicchio, vitigno principe di questo territorio. Questo vale anche per quelli della linea Ergon, prodotti da fermentazioni spontanee con lieviti indigeni, grazie alla tecnica del pied de cuve. Anche la variante spumante è risultata molto piacevole e ben realizzata.

Località Pagliano, 393 - 62024 Matelica (MC)
T. 0737 85465 | M. info@borgopaglianetto.com
www.borgopaglianetto.com

Viticoltura: Biologica
Ettari: 29 | **Bottiglie:** 120.000 | **Produzione olearia:** No
Proprietà: Mario Basilissi, Luciano Bruzzechesse, Pierandrea Farroni, Antonio e Giovanni Battista Roversi | **Cond. enologica:** Aroldo Bellelli
Cond. agronomica: Staff aziendale
Vendita diretta: Sì | **Visite in azienda:** Sì

VERDICCHIO DI MATELICA VERTIS 2021
Bianco Doc - Verdicchio 100%
Alc. 13,5% | € 21 | Bt. 25.000 | Ferm. Acciaio | Mat. Acciaio 8 mesi
Colore paglierino luminoso. Fini afflati di tiglio, zagara, lime, nespola e pompelmo. Al palato si rivela potente, in perfetto equilibrio con rilevanti doti di freschezza e morbidezza. Caldo e pieno, si congeda pazientemente, evocando aromi minerali sulfurei. Pollo alle mandorle e curcuma.

VERDICCHIO DI MATELICA ERGON RÉWINE 2019
Bianco Doc - Verdicchio 100%
Alc. 13% | € 13 | Bt. 6.000 | Ferm. Acciaio | Mat. Acciaio 6 mesi
Coda di rospo gratinata.

VERDICCHIO DI MATELICA PETRARA 2022
Bianco Doc - Verdicchio 100%
Alc. 13,5% | € 15 | Bt. 35.000 | Ferm. Acciaio | Mat. Acciaio 6 mesi
Pesce spada al cartoccio.

VERDICCHIO DI MATELICA SPUMANTE BRUT 2018
Bianco Doc Metodo Classico - Verdicchio 100%
Alc. 12% | € 22 | Bt. 5.000 | Ferm. Acciaio | 40 mesi sui lieviti
Frittura di calamari, gamberi e zucchine.

VERDICCHIO DI MATELICA TERRAVIGNATA 2022
Bianco Doc - Verdicchio 100%
Alc. 12,5% | € 11 | Bt. 45.000 | Ferm. Acciaio | Mat. Acciaio 4 mesi
Carpaccio di crostacei su mela verde.

VERDICCHIO DI MATELICA JERA RISERVA
2011 | 2012

VERDICCHIO DI MATELICA VERTIS
2015 | 2018

Broccanera
(2011)

Un'azienda ormai consolidata ma sempre alla ricerca di innovazioni. In vinificazione si alternano contenitori di vari materiali e si utilizzano maturazioni lunghe. La scelta del rifermentato con il Metodo Ancestrale raddoppia perché al bianco Scosso, da verdicchio, si aggiunge il rosato Scossa, da syrah. Per il Guzzo, che va a sostituire precedenti versioni di Verdicchio, è la prima annata di produzione. Al vertice della gamma si pone il Metodo Classico, il primo vino sul quale la cantina ha puntato sin dalla nascita; si conferma la validità del Zirro Riserva.

Frazione Montale, 190/C - 60011 Arcevia (AN)
T. 339 8194859 | M. info@broccanera.it
www.broccanera.it

Viticoltura: Biologica
Ettari: 5,5 | **Bottiglie:** 35.000 | **Produzione olearia:** Sì
Proprietà: Giorgio Santini
Cond. enologica: Sergio Paolucci
Cond. agronomica: Staff aziendale
Vendita diretta: Sì | **Visite in azienda:** Sì

VERDICCHIO DEI CASTELLI DI JESI SPUMANTE DOSAGGIO ZERO 2017
Bianco Doc Metodo Classico - Verdicchio 100%
Alc. 12% | € 28 | Bt. 5.800 | Ferm. Acciaio | Mat. Acciaio 6 mesi
60 mesi sui lieviti
Paglierino dal perlage sottile e persistente. Crosta di pane e lievito, mandorla secca, echi salmastri. Erbe aromatiche, cedro. Al gusto è asciutto e di buon equilibrio. La freschezza interagisce con la bollicina, la sapidità accompagna il finale. Tartare di gamberi.

CASTELLI DI JESI VERDICCHIO ZIRRO RISERVA 2018
Bianco Docg - Verdicchio 100%
Alc. 13,5% | € 18 | Bt. 2.000 | Ferm. Legno e Acciaio e Cemento
Mat. Acciaio 48 mesi e Legno 48 mesi
Rigatoni al ragù bianco di carne.

VERDICCHIO DEI CASTELLI DI JESI GUZZO 2021
Bianco Doc - Verdicchio 100%
Alc. 12,5% | € 16 | Bt. 14.000 | Ferm. Acciaio e Cemento
Mat. Acciaio 10 mesi e Cemento 10 mesi
Risotto con seppie e burrata.

SCOSSO 2022
Bianco Igt Metodo Ancestrale - Verdicchio 100%
Alc. 12% | € 16 | Bt. 3.600 | Ferm. Acciaio | Mat. Acciaio | 6 mesi sui lieviti
Vellutata di patate e porri.

SCOSSA 2022
Rosato Igt Metodo Ancestrale - Syrah 100%
Alc. 12% | € 16 | Bt. 1.800 | Mat. Acciaio | 6 mesi sui lieviti
Crostini con burro e salmone.

VERDICCHIO DEI CASTELLI DI JESI SUPRINO
2020

VERDICCHIO DEI CASTELLI DI JESI SPUMANTE DOSAGGIO ZERO
2014 | 2015

Brunori
(1956)

Carlo e Cristina gestiscono la modernizzazione dell'azienda in equilibrio con la tradizione familiare, curando tutte le fasi, dalla vigna alla commercializzazione, ancora accompagnati dallo sguardo del padre Giorgio. La dedizione al vitigno verdicchio s'identifica con l'orgoglio del San Nicolò, il primo Cru Classico nato dalla vendemmia del 1975, che da tempo si presenta elegante e piacevole nelle due declinazioni di Superiore e Riserva. Anche il Lacrima di Morro rientra nella storia della famiglia, che proprio in virtù di ciò può proporlo pur non rientrando nel territorio autorizzato.

Via San Nicolò, 4 - 60038 San Paolo di Jesi (AN)
T. 0731 207213 | M. info@brunori.it
www.brunori.it

Viticoltura: Convenzionale
Ettari: 7 | **Bottiglie:** 50.000 | **Produzione olearia:** Sì
Proprietà: Famiglia Brunori
Cond. enologica: Carlo Brunori, Giorgio Brunori
Cond. agronomica: Carlo Brunori
Vendita diretta: Sì | **Visite in azienda:** Sì

(91)

CASTELLI DI JESI VERDICCHIO CLASSICO SAN NICOLÒ RISERVA 2021
Bianco Docg - Verdicchio 100%
Alc. 13,5% | € 15 | Bt. 1.300 | Ferm. Cemento | Mat. Cemento 12 mesi
Quasi oro. Fine il profilo olfattivo che riporta a suggestioni di zafferano e miele, ai quali si aggiungono senza remore acacia, prugna gialla e albicocca. Al palato è voluminoso, carezzevole e giustamente bilanciato dalla componente acida. Interminabili gli aromi di zafferano e vaniglia. Storione alle prugne.

VERDICCHIO DEI CASTELLI DI JESI CLASSICO SUPERIORE SAN NICOLÒ 2022
Bianco Doc - Verdicchio 100%
Alc. 13,5% | € 12 | Bt. 14.000 | Ferm. Cemento | Mat. Cemento 7 mesi
Salmone al timo.

LACRIMA DI MORRO D'ALBA ALBORADA 2022
Rosso Doc - Lacrima 100%
Alc. 13% | € 10 | Bt. 4.000 | Ferm. Acciaio | Mat. Cemento 5 mesi
Carré di vitello alle erbe aromatiche.

VERDICCHIO DEI CASTELLI DI JESI CLASSICO LE GEMME 2022
Bianco Doc - Verdicchio 100%
Alc. 13% | € 9 | Bt. 23.000 | Ferm. Cemento | Mat. Cemento 7 mesi
Guazzetto di vongole veraci.

CASTELLI DI JESI VERDICCHIO CLASSICO SAN NICOLÒ RISERVA
2013 | 2016

VERDICCHIO DEI CASTELLI DI JESI CLASSICO SUPERIORE SAN NICOLÒ
2020

Bruscia
(1997)

Azienda caratterizzata dall'intraprendenza: in quest'ultimo anno sono stati messi a dimora nuovi impianti di bianchello e sangiovese e si è provveduto all'ampliamento dei mezzi tecnici con l'acquisto di varie attrezzature. Capace di esaltare le qualità e la versatilità del bianchello, la cantina lo interpreta in tutte le declinazioni possibili e quindi lo propone, oltre che nell'eccellente Superiore Lubác, anche nella versione Metodo Classico, con il Conte Giulio Millesimato. Dall'altro lato troviamo una selezione di sangiovese alla base del successo del Colli Pesaresi Píkler.

Strada Cerasa 11/A - 61039 San Costanzo (PU)
T. 0721 954801 | M. info@brusciavini.it
www.brusciavini.it

Viticoltura: Biologica
Ettari: 33 | **Bottiglie:** 70.000 | **Produzione olearia:** Sì
Proprietà: Davide, Paolo e Stefano Bruscia
Cond. enologica: David Soverchia, Giancarlo Soverchia
Cond. agronomica: Staff aziendale
Vendita diretta: Sì | **Visite in azienda:** Sì

(91)

BIANCHELLO DEL METAURO SUPERIORE LUBÁC 2020
Bianco Doc - Bianchello 100%
Alc. 13% | € 14 | Bt. 3.600 | Ferm. Legno e Acciaio | Mat. Acciaio 8 mesi e Legno 2 mesi
Paglierino dai riflessi tendenti all'oro. Esordisce con volute balsamiche, alternate a cera d'api e miele di acacia. Albicocca disidratata, poi ancora refoli speziati di anice stellato e vaniglia. È caldo alla beva, ma supportato da ottima freschezza e sapidità. Chiude su ricordi salmastri. Rollè di cernia con patate al rosmarino.

COLLI PESARESI SANGIOVESE PÍKLER SELEZIONE RISERVA 2019
Rosso Doc - Sangiovese 100%
Alc. 15% | € 19 | Bt. 5.000 | Ferm. Acciaio | Mat. Acciaio 7 mesi e Legno 18 mesi
Pernici farcite.

INCROCIO BRUNI 54 I.B. CINQUANTAQUATTRO 2021
Bianco Igt - Incrocio Bruni 54 100%
Alc. 13% | € 14 | Bt. 4.006 | Ferm. Acciaio | Mat. Acciaio 8 mesi
Petto d'anatra laccato al miele.

BIANCHELLO DEL METAURO SPUMANTE BRUT CONTE GIULIO 2019
Bianco Doc Metodo Classico - Bianchello 100%
Alc. 11,5% | € 22 | Bt. 3.150 | Ferm. Acciaio | Mat. Acciaio 6 mesi
24 mesi sui lieviti
Cartoccio di pescatrice agli agrumi.

IL GROTTINO 2021
Bianco Igt - Famoso 100%
Alc. 13,5% | € 14 | Bt. 4.840 | Ferm. Acciaio | Mat. Acciaio 7 mesi
Risotto alla granseola.

BIANCHELLO DEL METAURO SUPERIORE LUBÁC
2018

COLLI PESARESI ROSSO BALÓN
2019

Bucci
(1983)

Pietra miliare del Verdicchio, ormai si parla da tempo di "stile Bucci". L'azienda ha portato questo vino a essere conosciuto come eccellenza in tutto il mondo, secondo la propria filosofia, facendogli semplicemente esprimere le innate potenzialità. Questo anche grazie ai terreni calcareo-argillosi della Valle del Misa e a vecchi vigneti che hanno in media cinquant'anni, ove le piante vengono reintegrate, quando necessario, con cloni provenienti dalla stessa vigna. Iconico il Villa Bucci Verdicchio Riserva che non delude mai per classe e carattere.

Via Cona, 30 - Località Pongelli - 60010 Ostra Vetere (AN)
T. 071 964179 | M. bucciwines@villabucci.com
www.villabucci.com

Viticoltura: Biologica
Ettari: 31 | **Bottiglie:** 150.000 | **Produzione olearia:** Sì
Proprietà: Famiglia Bucci
Cond. enologica: Stefano Vici, Gianni Gasperi
Cond. agronomica: Gabriele Tanfani
Vendita diretta: Sì | **Visite in azienda:** Sì

95

CASTELLI DI JESI VERDICCHIO CLASSICO VILLA BUCCI RISERVA 2020
Bianco Docg - Verdicchio 100%
Alc. 13% | € 60 | Bt. 25.000 | Ferm. Acciaio | Mat. Legno 18 mesi
Lucente e pieno paglierino. Riflessivo ed elegante al naso, offre allusioni di fiori di zagara, pomacee ed erbe aromatiche, come la maggiorana e il timo. Una lieve spolverata di pepe bianco ed echi balsamici. Al gusto denota gran carattere, è di buon equilibrio e pregio. Finale lungo e sapido. Filetti di trota al vapore con maionese.

VERDICCHIO DEI CASTELLI DI JESI CLASSICO SUPERIORE 2022
Bianco Doc - Verdicchio 100%
Alc. 13,5% | € 22 | Bt. 120.000 | Ferm. Acciaio | Mat. Acciaio 6 mesi
Filetto di dentice in crosta di patate.

ROSSO PICENO VILLA BUCCI ROSSO 2020
Rosso Doc - Montepulciano 70%, Sangiovese 30%
Alc. 13,5% | € 40 | Bt. 10.000 | Ferm. Acciaio | Mat. Legno 18 mesi
Guanciale di vitello alle erbe aromatiche.

ROSSO PICENO TENUTA PONGELLI 2020
Rosso Doc - Montepulciano 50%, Sangiovese 50%
Alc. 13% | € 20 | Bt. 20.000 | Ferm. Acciaio | Mat. Legno 12 mesi
Arrosto di pollo ripieno.

CASTELLI DI JESI VERDICCHIO CLASSICO VILLA BUCCI RISERVA
2017 | 2018 | 2019

VERDICCHIO DEI CASTELLI DI JESI CLASSICO SUPERIORE
2019 | 2020 | 2021

Buscareto
(2002)

La volontà di sviluppare le potenzialità dei vitigni nelle loro più sincere sfaccettature è alla base delle filosofia aziendale. Aiutano sicuramente in questo i terreni, posti in posizioni privilegiate nei diversi areali di produzione. Si è visto negli anni che ciò ha permesso di raggiungere importanti traguardi qualitativi e, nel contempo, di ridurre al minimo i trattamenti e quindi l'impatto ambientale. Il Compagnia, Lacrima Superiore, è un'etichetta storica per la cantina ed emerge nella proposta dei vini. Importante il Bisaccione, da uvaggio misto, autoctono più internazionale.

Via San Gregorio, 66 - Frazione Pianello - 60010 Ostra (AN)
T. 071 7988020 | M. info@buscareto.com
www.buscareto.com

Viticoltura: Convenzionale e certificata SQNPI
Ettari: 40 | **Bottiglie:** 200.000 | **Produzione olearia:** No
Proprietà: Claudio Gabellini
Cond. enologica: Umberto Trombelli
Cond. agronomica: Staff aziendale
Vendita diretta: Sì | **Visite in azienda:** Sì

LACRIMA DI MORRO D'ALBA SUPERIORE COMPAGNIA 2020
Rosso Doc - Lacrima 100%
Alc. 12,5% | € 13 | Bt. 6.600 | Ferm. Acciaio | Mat. Acciaio 8 mesi e Legno 8 mesi
Rosso rubino dalla filigrana violacea, cupo e profondo. Ouverture floreale di rosa, glicine, ciclamino e foglie di lavanda. Una spolverata di pepe nero conduce al palato, che si mostra equilibrato, dal tannino lieve e bene integrato. Retrogusto di viola e cenni di cacao amaro. Filetto al vino rosso e scalogno.

BISACCIONE 2020
Rosso Igt - Montepulciano 70%, Cabernet sauvignon 30%
Alc. 14,5% | € 13 | Bt. 6.000 | Ferm. Legno | Mat. Legno 12 mesi
Piccione ai porcini e tartufo nero.

CASTELLI DI JESI VERDICCHIO AMMAZZACONTE RISERVA 2021
Bianco Docg - Verdicchio 100%
Alc. 14% | € 13 | Bt. 6.600 | Ferm. Legno e Acciaio | Mat. Acciaio 12 mesi e Legno 12 mesi
Orata all'acqua pazza.

VERDICCHIO DEI CASTELLI DI JESI 2022
Bianco Doc - Verdicchio 100%
Alc. 13% | € 9 | Bt. 40.000 | Ferm. Acciaio | Mat. Acciaio 4 mesi
Gnocchetti al sugo d'astice.

LACRIMA DI MORRO D'ALBA 2022
Rosso Doc - Lacrima 100%
Alc. 13% | € 9 | Bt. 25.000 | Ferm. Acciaio | Mat. Acciaio 6 mesi
Crostini al lardo di Colonnata.

ROSSO PICENO 2022
Rosso Doc - Montepulciano 70%, Sangiovese 30%
Alc. 13,5% | € 9 | Bt. 8.000 | Ferm. Acciaio | Mat. Acciaio 6 mesi
Tagliatelle al ragù.

LACRIMA DI MORRO D'ALBA
2021

BISACCIONE
2019

Cantina Castellani

(2007)

È una realtà di piccole dimensioni questa cantina di Sauro, ma è progettata e realizzata con standard moderni. Brilla e si fa riconoscere per la passione verso la campagna e per l'accoglienza che invita alla degustazione. Il vigneto, inerbito, trattato solo con dosaggi minimi di zolfo e rame, è dedicato al montepulciano, che concorre da solo a tutta la produzione. Ammirevoli le varie interpretazioni di questo vitigno, soprattutto nel datato Conero Riserva, il Bolignano, ove finezza e sapore raggiungono alti livelli.

Contrada Bolignano, 86 - Località Candia - 60131 Ancona (AN)
T. 335 7247271 | M. sauro@cantinacastellani.it
www.cantinacastellani.it

Viticoltura: Biologica
Ettari: 1,1 | **Bottiglie:** 5.000 | **Produzione olearia:** No
Proprietà: Sauro Castellani
Cond. enologica: Mirko Morbidoni
Cond. agronomica: Mirko Morbidoni
Vendita diretta: Sì | **Visite in azienda:** Sì

CONERO BOLIGNANO RISERVA 2018
Rosso Docg - Montepulciano 100%
Alc. 15% | € 18 | Bt. 700 | Ferm. Acciaio | Mat. Legno 36 mesi
Granato con le aranciate screziature del tempo. Cardamomo, petali di rosa e glicine anticipano volute di arancia Sanguinella, caffè, amarena sotto spirito. Ammalianti percezioni di liquirizia e mirto. Armonico in bocca, dal sorso caldo e polposo, con tannini serici. Persistenza che stenta ad affievolirsi. Bocconcini di cinghiale con salsa di prugne.

ROSSO CONERO VIGNA CLARI 2020
Rosso Doc - Montepulciano 100%
Alc. 13,5% | € 9 | Bt. 3.400 | Ferm. Acciaio | Mat. Legno 12 mesi
Lombata di vitello su letto di cipolline saltate.

PRIMONATO 2022
Rosato Igt - Montepulciano 100%
Alc. 12% | € 7 | Bt. 800 | Ferm. Acciaio | Mat. Acciaio 4 mesi
Pomodori gratinati con paté di olive.

EMOZIONI BRUT ROSÉ 2018
Rosato Igt Metodo Classico - Montepulciano 100%
Alc. 12% | € 15 | Bt. 800 | Ferm. Acciaio | 36 mesi sui lieviti
Tartare di gamberi.

Cantina dei Colli Ripani

(1969)

Due nuovi Metodo Ancestrale arricchiscono il già ampio assortimento dei vini prodotti. Due vini che non vogliono fare concorrenza alle bollicine blasonate ma farsi apprezzare dopo essere stati spiegati e compresi. Le Grotte di Santità, dalle quali prendono il nome questi due, sono vaste cavità e cunicoli che percorrono il sottosuolo del paese di Ripatransone, utilizzate nel tempo anche come rifugio, durante le guerre. Per il resto, prevale la tenacia dei tannini nei rossi e, invece, la piacevole freschezza nei bianchi, pur in un'annata calda come l'ultima.

Contrada Tosciano, 28 - 63065 Ripatransone (AP)
T. 0735 9505 | M. info@colliripani.it
www.colliripani.it

Viticoltura: Convenzionale e biologica
Ettari: 800 | **Bottiglie:** 1.500.000 | **Produzione olearia:** Sì
Proprietà: Cooperativa di produttori
Cond. enologica: Marco Pignotti
Cond. agronomica: Daniele Occhiodoro, Stefano Acciarri
Vendita diretta: Sì | **Visite in azienda:** Sì

DIAVOLO E VENTO 2018
Rosso Igt - Montepulciano 85%, Cabernet sauvignon 15%
Alc. 14,5% | € 25 | Bt. 3.000 | Ferm. Acciaio | Mat. Legno 20 mesi
Rubino vivace con lampi granato. Si annuncia con marcati tratti di frutti di bosco e trame tabaccate, seguono presenze tostate, di cuoio e cacao. Il sorso è caldo e morbido e l'equilibrio è garantito dalla buona freschezza gustativa e dal tannino levigato. Lungo il ricordo del vino in bocca. Beccacce allo spiedo.

OFFIDA ROSSO LEO RIPANO 2019
Rosso Docg - Montepulciano 95%, Cabernet sauvignon 5%
Alc. 14% | € 18 | Bt. 9.000 | Ferm. Acciaio | Mat. Legno 24 mesi
Stinco di maiale al forno in pancetta affumicata.

OFFIDA PECORINO MERCANTINO 2022
Bianco Docg - Pecorino 100%
Alc. 13,5% | € 15 | Bt. 10.000 | Ferm. Acciaio | Mat. Acciaio 3 mesi
Guazzetto di moscardini.

GROTTE DI SANTITÀ DOSAGGIO ZERO 2021
Rosato Igt Metodo Ancestrale - Sangiovese 100%
Alc. 12% | € 26 | Bt. 2.500 | 12 mesi sui lieviti
Cappesante gratinate.

OFFIDA PASSERINA LAJELLA 2022
Bianco Docg - Passerina 100%
Alc. 12,5% | € 13 | Bt. 10.000 | Ferm. Acciaio | Mat. Acciaio 3 mesi
Polpettine di alici con crema di piselli.

GROTTE DI SANTITÀ DOSAGGIO ZERO 2020
Bianco Igt Metodo Ancestrale - Pecorino 100%
Alc. 12% | € 25 | Bt. 2.470 | 30 mesi sui lieviti
Lasagne alle melanzane.

ROSSO PICENO SUPERIORE CASTELLANO
2015 | 2018 | 2019

DIAVOLO E VENTO
2017

Capinera
(1982)

Azienda con una ormai lunga tradizione nella produzione del Ribona. Qui il vitigno maceratino trova un ambiente ideale grazie al terreno calcareo-argilloso e alle fresche brezze che arrivano dall'Adriatico. La ricerca della qualità passa anche attraverso il contenimento della resa in raccolta. Oltre al terroir incide sicuramente l'impronta dell'enologo Giovanni, tra i primi a credere nella vinificazione in barrique del maceratino, con la creazione di quello che è diventato il vessillo della cantina, il Ribona Murrano, che ha ottenuto ottimi risultati con l'annata 2021.

Contrada Crocette-Cunicchio, 12 - 62010 Morrovalle (MC)
T. 0733 222306 | M. info@capinera.com
www.capinera.com

Viticoltura: Convenzionale
Ettari: 7,5 | **Bottiglie:** 30.000 | **Produzione olearia:** Sì
Proprietà: Famiglia Capinera
Cond. enologica: Giovanni Basso
Cond. agronomica: Giovanni Basso
Vendita diretta: Sì | **Visite in azienda:** Sì

COLLI MACERATESI RIBONA MURRANO 2021
Bianco Doc - Maceratino 100%
Alc. 13,5% | € 18 | Bt. 900 | Ferm. Legno | Mat. Legno 18 mesi
Ha il colore del grano disteso al sole. Copiosi profumi di tiglio, gelsomino, pesca e pera bianca, limone. Note fumé. Al gusto è pieno, rotondo, accattivante, dal durevole retrogusto aromatico accompagnato da tratti sapidi e d'agrume. Rombo al forno ai sapori mediterranei.

ROSSO PICENO DUCA GUARNERIO 2019
Rosso Doc - Montepulciano 50%, Sangiovese 50%
Alc. 16% | € 17 | Bt. 2.000 | Ferm. Acciaio | Mat. Legno 14 mesi
Capretto allo spiedo.

COLLI MACERATESI RIBONA 2022
Bianco Doc - Maceratino 100%
Alc. 12,5% | € 10 | Bt. 1.600 | Ferm. Acciaio | Mat. Acciaio 6 mesi
Torta salata alle zucchine e origano.

COLLI MACERATESI RIBONA MURRANO
2020

LA CAPINERA
2018 | 2020

Casalfarneto
(1995)

Prima vera annata completa con il nuovo enologo che firma buona parte dei vini presenti in questa Guida. L'azienda, con la certificazione Equalitas, ha adottato pratiche agricole sostenibili che promuovono l'equilibrio naturale. Quest'impegno si riflette nel rigore e nel garbo dei vini, concentrati sulla rotta della bellezza. Rigore e pregio confermati da tutta la gamma, in particolare dalla linea dei Verdicchio, fino all'eccellenza del Crisio Riserva e alla forza del Cimaio. Per il Grancasale c'è la novità del passaggio dall'uso del legno a quello dell'anfora in terracotta.

Via Farneto, 12 - 60030 Serra de' Conti (AN)
T. 0731 889001 | M. info@casalfarneto.it
www.casalfarneto.it

Viticoltura: Biologica e lotta integrata
Ettari: 43 | **Bottiglie:** 800.000 | **Produzione olearia:** No
Proprietà: Paolo Togni
Cond. enologica: Stefano Chioccioli
Cond. agronomica: Danilo Solustri
Vendita diretta: Sì | **Visite in azienda:** Sì

(91)

CASTELLI DI JESI VERDICCHIO CLASSICO CRISIO RISERVA 2020
Bianco Docg - Verdicchio 100%
Alc. 14% | € 18 | Bt. 10.000 | Ferm. Legno e Acciaio | Mat. Acciaio 12 mesi
Paglierino luminoso. Corredo olfattivo che seduce con l'intrecciarsi di tiglio, sambuco, pietra focaia, anisetta, erbe marine e salsedine. Sferzate minerali di gesso. Il sorso è pura poesia, dove sapidità e freschezza e una bella percezione alcolica contribuiscono a un perfetto equilibrio. Ricciola al forno con capperi e pomodori ciliegino.

CIMAIO 2020
Bianco Igt - Verdicchio 100%
Alc. 15% | € 25 | Bt. 7.200 | Ferm. Legno e Acciaio | Mat. Acciaio 18 mesi e Legno 6 mesi
Risotto al tartufo bianco.

OTTO BORGHI 2021
Rosso Igt - Montepulciano 60%, Cabernet sauvignon 15%, Merlot 15%, Petit verdot 10%
Alc. 14,5% | € 18 | Bt. 13.500 | Ferm. Acciaio | Mat. Legno 12 mesi
Capriolo in salmì con polenta di grano saraceno.

VERDICCHIO DEI CASTELLI DI JESI CLASSICO SUPERIORE GRANCASALE 2021
Bianco Doc - Verdicchio 100%
Alc. 13,5% | € 15 | Bt. 13.000 | Ferm. Acciaio e Terracotta
Mat. Acciaio 8 mesi e Terracotta 8 mesi
Risotto alla zucca e astice.

ROSSO PICENO CIMARÈ 2022
Rosso Doc - Montepulciano 50%, Sangiovese 35%, Merlot 10%, Cabernet sauvignon 5%
Alc. 14% | € 10 | Bt. 18.000 | Ferm. Acciaio | Mat. Legno 6 mesi
Pappardelle al ragù di cinghiale.

VERDICCHIO DEI CASTELLI DI JESI CLASSICO DIEGO 2022
Bianco Doc - Verdicchio 100%
Alc. 12,5% | € 9 | Bt. 40.000 | Ferm. Acciaio | Mat. Acciaio 3 mesi
Pollo fritto.

CIMAIO
2014 | 2016 | 2018

CASTELLI DI JESI VERDICCHIO CLASSICO CRISIO RISERVA
2015 | 2019

Castignano, Cantine dal 1960
(1960)

Il grande successo riscosso dal nuovo Metodo Classico a base pecorino ha permesso a pochissimi fortunati di assaggiare questa novità; gli altri dovranno aspettare la nuova sboccatura, anche noi. Tutti i vini offrono nel complesso una buona qualità, con particolare menzione per le denominazioni di Pecorino, mentre il merlot si fa interessante protagonista nell'uvaggio del Templaria. Rafforzata la produzione del prezioso olio della cooperativa, grazie all'introduzione di un moderno impianto di molitura che consente di lavorare maggiori quantità di olive, così da ridurre i tempi di attesa.

Contrada San Venanzo, 31 - 63072 Castignano (AP)
T. 0736 822216 | M. commerciale@cantinedicastignano.com
www.cantinedicastignano.com

Viticoltura: Convenzionale e biologica
Ettari: 466 | **Bottiglie:** 600.000 | **Produzione olearia:** Sì
Proprietà: Cooperativa di produttori
Cond. enologica: Andrea Gasparroni
Cond. agronomica: Stefano Pierdominici
Vendita diretta: Sì | **Visite in azienda:** Sì

TEMPLARIA 2021
Rosso Igt - Merlot 50%, Sangiovese 50%
Alc. 14% | € 10 | Bt. 18.000 | Ferm. Acciaio | Mat. Acciaio 3 mesi e Legno 12 mesi
Rubino vivo. Profumi intriganti di rosa rossa si fondono a fragranze fruttate di ribes nero e ciliegia. Pepe bianco e chiodi di garofano aggiungono una lieve speziatura. Al palato si rivela fresco e brioso, con un evidente tannino ben bilanciato. Persistenza duratura e futuro promettente. Guancia di vitello in umido.

FALERIO PECORINO DESTRIERO 2022
Bianco Doc - Pecorino 100%
Alc. 13% | € 8 | Bt. 20.000 | Ferm. Acciaio | Mat. Acciaio 3 mesi
Carpaccio di crostacei su mela verde.

OFFIDA PECORINO MONTEMISIO 2022
Bianco Docg - Pecorino 100%
Alc. 13% | € 12 | Bt. 120.000 | Ferm. Acciaio | Mat. Acciaio 6 mesi
Bigoli con le sarde di lago.

ROSSO PICENO SUPERIORE DESTRIERO 2021
Rosso Doc - Montepulciano 50%, Sangiovese 50%
Alc. 13,5% | € 8 | Bt. 40.000 | Ferm. Acciaio | Mat. Acciaio 6 mesi e Legno 10 mesi
Filetto di maiale lardellato.

TERRE DI OFFIDA PASSERINA SPUMANTE BRUT 2022
Bianco Doc Metodo Martinotti - Passerina 100%
Alc. 12% | € 10 | Bt. 30.000 | Ferm. Acciaio | 6 mesi sui lieviti
Risotto con gamberi di fiume e piselli.

MOSCATO SPUMANTE DOLCE NOTTURNO
Bianco Metodo Martinotti Dolce - Moscato 100%
Alc. 7% | € 13 | Bt. 20.000 | Ferm. Acciaio | Mat. Acciaio 3 mesi
3 mesi sui lieviti
Torta delle rose.

OFFIDA PECORINO MONTEMISIO
2020 | 2021

ROSSO PICENO SUPERIORE DESTRIERO
2017 | 2018 | 2020

Castrum Morisci
(2016)

In cantina si continua a puntare sulla linea vinificata nelle anfore di terracotta, che sono custodite in una coreografica sala molto amata dai visitatori. Con l'ultima vendemmia l'affinamento in questi contenitori è stato prolungato di alcuni mesi per caratterizzare maggiormente i prodotti e ciò ha provocato il rinvio dell'uscita di alcuni vini. In compenso si è aggiunta un'ulteriore etichetta, il Tredico, da merlot vinificato in bianco più malvasia e trebbiano, che non solo colpisce per l'insolito e appariscente colore, quasi rosa, ma conquista pure il palato.

Via Molino, 18 - 63826 Moresco (FM)
T. 340 0820708 | M. cantina@castrummorisci.it
www.castrummorisci.it

Viticoltura: Biologica
Ettari: 7 | **Bottiglie:** 43.000 | **Produzione olearia:** No
Proprietà: David Pettinari
Cond. enologica: David Pettinari
Cond. agronomica: Luca Renzi
Vendita diretta: Sì | **Visite in azienda:** Sì

FALERIO PECORINO 003 ZEROZEROTRE 2022
Bianco Doc - Pecorino 100%
Alc. 13,5% | € 13 | Bt. 5.000 | Ferm. Acciaio | Mat. Acciaio 6 mesi
Giallo paglierino dall'orlo compatto. Banana e pesca matura, fiori di camomilla ed elicriso. Timo e cera d'api completano lo spettro odoroso. Al gusto ha struttura e volume. La morbidezza ingentilisce la componente acida. Deciso, dal finale sapido e con aromi di frutta a polpa gialla. Spaghetti con vongole e bottarga.

TREDICO 2021
Bianco Igt - Merlot 50%, Malvasia 40%, Trebbiano 10%
Alc. 13% | € 23 | Bt. 1.200 | Ferm. Terracotta | Mat. Terracotta 6 mesi
Guazzetto di moscardini.

PASSERINA 102 CENTODUE 2022
Bianco Igt - Passerina 100%
Alc. 13% | € 11 | Bt. 7.000 | Ferm. Acciaio | Mat. Acciaio 6 mesi
Cocktail di gamberetti.

BE MY BABY ROSATO EXTRA BRUT
Rosato Metodo Martinotti - Sangiovese 100%
Alc. 12,5% | € 15 | Bt. 3.100 | Ferm. Acciaio | 5 mesi sui lieviti
Salmone al timo.

SANGIOVESE 237 DUECENTOTRENTASETTE 2022
Rosso Igt - Sangiovese 100%
Alc. 14% | € 11 | Bt. 4.500 | Ferm. Acciaio | Mat. Acciaio 5 mesi
Ciauscolo.

FALERIO PECORINO 003 ZEROZEROTRE
2021

PADRETERNO
2019

Centanni
(2005)

L'azienda, a conduzione familiare, prosegue con Giacomo, Daniela ed Elisa la conduzione biologica dei vigneti, sposata come filosofia da tanti anni. Per questo ha ricevuto anche il riconoscimento della rassegna internazionale Wine Without Walls, che promuove la produzione di vini biologici-biodinamici. Una piacevole nota fresca contraddistingue i bianchi, come rivela pure l'ultimo nato, l'Offida Pecorino Santa Maria, da un vigneto esposto a nord. Sul podio il PrimoDelia, vino che omaggia i precursori, ricavato da uve di diverse varietà che si preferisce non svelare... sorprendente.

Via Aso, 159 - 63062 Montefiore dell'Aso (AP)
T. 0734 938530 | M. info@vinicentanni.it
www.vinicentanni.it

Viticoltura: Biologica e lotta integrata
Ettari: 45 | **Bottiglie:** 200.000 | **Produzione olearia:** Sì
Proprietà: Giacomo Centanni
Cond. enologica: Francesco Pallotti, Nicola Tucci
Cond. agronomica: Mario Centanni, Federico Properzi
Vendita diretta: Sì | **Visite in azienda:** Sì

(91)

PRIMODELIA 2019
Rosso Igt - altre varietà 100%
Alc. 14,5% | € 30 | Bt. 4.000 | Ferm. Acciaio | Mat. Acciaio 6 mesi e Legno 24 mesi
Cremisi impenetrabile. Ventaglio olfattivo che comincia dai fiori appassiti di geranio e lavanda, a cui segue anice stellato, ancora marasca, mora e ribes nero in confettura. Avvolgente in bocca, con un perfetto equilibrio tra durezze e morbidezze. La lenta chiosa richiama la frutta matura. Stinco di maiale al forno in pancetta affumicata.

OFFIDA PECORINO CANAPALE 2022
Bianco Docg - Pecorino 100%
Alc. 14,5% | € 18 | Bt. 20.000 | Ferm. Acciaio | Mat. Acciaio 3 mesi
Filetto di dentice in crosta di patate.

OFFIDA PECORINO SANTA MARIA 2021
Bianco Docg - Pecorino 100%
Alc. 14,5% | € 25 | Bt. 5.000 | Ferm. Acciaio | Mat. Legno 6 mesi
Lasagne di verdure.

OFFIDA PASSERINA CIMULA 2022
Bianco Docg - Passerina 100%
Alc. 14% | € 12 | Bt. 20.000 | Ferm. Acciaio | Mat. Acciaio 3 mesi
Crostini con burro e salmone.

OFFIDA PECORINO CANAPALE RISERVA
2020

OFFIDA PECORINO CANAPALE
2020 | 2021

Cignano
(1960)

Una vocazione per il Bianchello, per farlo conoscere nel proprio territorio e poi portarlo all'attenzione del mondo. Al vitigno che ne è alla base saranno dedicati altri quattro ettari, per migliorarne ulteriormente la qualità e continuare a interpretare la natura senza forzature. Un totale rispetto della tipicità in ogni fase di lavorazione: raccontarsi senza scordare le umili origini per trasformarle in chiave moderna. La stessa attenzione viene riservata alla produzione di Sangiovese, ne è esempio il Sottovento, e alla spumantizzazione dalle medesime uve.

Via Ada Negri, 50 - 61034 Fossombrone (PU)
T. 339 5827668 | M. info@cantinacignano.it
www.cantinacignano.it

Viticoltura: Biologica
Ettari: 15 | **Bottiglie:** 25.000 | **Produzione olearia:** Sì
Proprietà: Famiglia Annibale Bucchini e Fabio Bucchini
Cond. enologica: Marco Gozzi, Annibale Bucchini
Cond. agronomica: Luca Mercadante, Edoardo Bucchini
Vendita diretta: Sì | **Visite in azienda:** Sì

COLLI PESARESI SANGIOVESE SOTTOVENTO 2020
Rosso Doc - Sangiovese 85%, Montepulciano 15%
Alc. 14% | € 10 | Bt. 4.500 | Ferm. Legno | Mat. Legno 10 mesi
Carminio concentrato. Sentori di fiori in essiccazione, bacche di ginepro, pepe nero. Elegante tostatura in un contesto appena affumicato. Il timbro gustativo è segnato dalla rotondità. Generosa la dotazione alcolica smorzata dal tannino dinamico. La chiusura si stringe su gradevoli scie di tamarindo. Ravioli di magro con funghi chiodini.

IRREQUIETO BRUT
Bianco Metodo Martinotti - Bianchello 100%
Alc. 12% | € 10 | Bt. 4.500 | Ferm. Legno e Acciaio | 4 mesi sui lieviti
Frittata di finferli.

IRREQUIETO BRUT ROSÉ
Rosato Metodo Martinotti - Sangiovese 100%
Alc. 12% | € 12 | Bt. 3.500 | Ferm. Acciaio | 4 mesi sui lieviti
Culatello di Zibello e gnocco fritto.

BIANCHELLO DEL METAURO SUPERIORE SAN LEONE 2021
Bianco Doc - Bianchello 100%
Alc. 13% | € 14 | Bt. 4.500 | Ferm. Legno e Acciaio | Mat. Acciaio 8 mesi e Legno 8 mesi
Risotto con cannellini e canestrelli.

BIANCHELLO DEL METAURO SUPERIORE SAN LEONE
2018 | 2020

COLLI PESARESI SANGIOVESE SOTTOVENTO
2019

Luca Cimarelli
(1950)

Cantina che dimora proprio nell'areale del Verdicchio Classico, vino quasi esclusivo della produzione. Una parte dei vigneti è vicinissima al paese, e anche le nuove vigne di verdicchio iniziano a dare i loro frutti, sebbene la produzione ottimale sia prevista per il prossimo anno. Sono i bianchi a emergere per stile ragguardevole e promettono buone prospettive evolutive. Da quest'anno si è cercato di proporre il Rosso Piceno in una versione più moderna, con un minor tempo di macerazione e il raffreddamento del mosto.

Via San Francesco, 1/A - 60039 Staffolo (AN)
T. 339 1328627 | M. info@lucacimarelli.it
www.lucacimarelli.it

Viticoltura: A basso impatto ambientale
Ettari: 10 | **Bottiglie:** 50.000 | **Produzione olearia:** Sì
Proprietà: Luca Cimarelli e Tommaso Aquilanti
Cond. enologica: Giuseppe Morelli, Tommaso Aquilanti
Cond. agronomica: Luca Cimarelli, Tommaso Aquilanti
Vendita diretta: Sì | **Visite in azienda:** Sì

CASTELLI DI JESI VERDICCHIO CLASSICO SELEZIONE CIMARELLI RISERVA 2020
Bianco Docg - Verdicchio 100%
Alc. 14% | € 19 | Bt. 3.000 | Ferm. Acciaio | Mat. Acciaio 2 mesi e Cemento 12 mesi
Paglierino con screziature verdoline. Profumi di ginestra e cedro in apertura, seguiti da intriganti nuance di erba tagliata. Sorso vigoroso e di grande struttura, con una suadente alcolicità ben sostenuta da un'importante acidità. Sfocia in un bel finale costellato di aromi di mandorla e agrumi. Filetti di trota al vapore con maionese.

VERDICCHIO DEI CASTELLI DI JESI CLASSICO SUPERIORE FRA' MORIALE 2021
Bianco Doc - Verdicchio 100%
Alc. 13,5% | € 14 | Bt. 10.000 | Ferm. Acciaio | Mat. Acciaio 6 mesi e Cemento 2 mesi
Seppie ripiene su crema di ceci.

VERDICCHIO DEI CASTELLI DI JESI CLASSICO SUPERIORE CIMARELLI 2022
Bianco Doc - Verdicchio 100%
Alc. 12,5% | € 9 | Bt. 30.000 | Ferm. Acciaio | Mat. Acciaio 7 mesi
Gnocchetti di zucca con porcini.

ROSSO PICENO GRIZIO 2022
Rosso Doc - Montepulciano 85%, Sangiovese 15%
Alc. 13% | € 13 | Bt. 8.000 | Ferm. Acciaio | Mat. Acciaio 3 mesi e Cemento 5 mesi
Spalla cotta di San Secondo.

VERDICCHIO DEI CASTELLI DI JESI CLASSICO SUPERIORE FRA' MORIALE
2019

CASTELLI DI JESI VERDICCHIO CLASSICO SELEZIONE CIMARELLI RISERVA
2019

Ciù Ciù
(1970)

La famiglia Bartolomei è emblema della tradizione agricola marchigiana: con un trascorso di umili origini del capostipite Natalino, passando per la mezzadria, è arrivata all'affermazione sui mercati nazionali e internazionali con il contributo dei figli Walter e Massimiliano. Oggi quest'azienda è una grande realtà dell'area picena e i suoi vini bianchi e rossi omaggiano il terroir e sono conosciuti e apprezzati in tutto il mondo. Parliamo del poderoso Offida Rosso Esperanto e del polposo Sangiovese Saggio, senza peraltro dimenticare l'intrigante Tebaldo, bianco da vitigni internazionali.

Contrada Ciafone, 106 - Località Santa Maria in Carro - 63073 Offida (AP)
T. 0736 810001 | M. info@ciuciuvini.it
www.ciuciuvini.it

Viticoltura: Biologica
Ettari: 150 | **Bottiglie:** 1.500.000 | **Produzione olearia:** Sì
Proprietà: Massimiliano e Walter Bartolomei
Cond. enologica: Staff aziendale
Cond. agronomica: Staff aziendale
Vendita diretta: Sì | **Visite in azienda:** Sì

OFFIDA ROSSO ESPERANTO 2014
Rosso Docg - Montepulciano 70%, Cabernet 30%
Alc. 15,5% | € 23 | Bt. 20.000 | Ferm. Acciaio | Mat. Acciaio 6 mesi e Legno 24 mesi
Fitta stoffa rubino con orlo granato. Imponente e pregiato diffonde confettura di more, visciole, marasche, prugna rossa, quindi in successione folate balsamiche, mentolate e tabaccate. Palato saporoso e appagante, dalla precisa fattura tannica, che si allunga in una godibile persistenza di aromi. Guanciale di manzo in umido con polenta.

CHARDONNAY PINOT GRIGIO TEBALDO 2021
Bianco Igp - Chardonnay 70%, Pinot grigio 30%
Alc. 13,5% | € 12 | Bt. 32.000 | Ferm. Acciaio
Insalata di polpo, patate e olive.

OFFIDA PECORINO MERLETTAIE 2022
Bianco Docg - Pecorino 100%
Alc. 14% | € 15 | Bt. 30.000 | Ferm. Acciaio | Mat. Legno 6 mesi
Polpo alla Luciana.

SANGIOVESE SAGGIO 2019
Rosso Igp - Sangiovese 100%
Alc. 15,5% | € 18 | Bt. 25.000 | Ferm. Acciaio | Mat. Acciaio 24 mesi e Legno 12 mesi
Cinghiale arrosto con castagne.

MERLETTAIE PECORINO BRUT
Bianco Metodo Martinotti - Pecorino 100%
Alc. 12,5% | € 15 | Bt. 30.000 | Ferm. Acciaio | Mat. Acciaio 6 mesi
Pizza Margherita.

PICENO SUPERIORE GOTICO
2017

OFFIDA PECORINO MERLETTAIE
2017

Collevite
(2008)

Quindici produttori riuniti sotto un unico marchio all'insegna della tradizione e del rispetto del territorio. Produce tre diverse linee vinificando le principali tipologie di uve picene. Numerosi i vini proposti di notevole qualità, ma le maggiori attenzioni sono state attirate dall'Offida Rosso Villa Piatti che si contraddistingue per grande struttura. L'offerta di prodotti si amplia con la presenza dell'olio extravergine di oliva, dell'acquavite e di due birre artigianali ottenute con l'aggiunta di Passerina nella bionda e di vino rosato nella versione rossa.

Via Valle Cecchina, 9 - 63077 Monsampolo del Tronto (AP)
T. 0735 767050 | M. info@collevite.com
www.collevite.com

Viticoltura: Convenzionale e biologica
Ettari: 160 | **Bottiglie:** 300.000 | **Produzione olearia:** Sì
Proprietà: Collevite
Cond. enologica: Fabrizio Ciufoli, Sandro Crescenzi, Marco Scarpetti
Cond. agronomica: Staff aziendale
Vendita diretta: Sì | **Visite in azienda:** Sì

OFFIDA ROSSO VILLA PIATTI 2020
Rosso Docg - Montepulciano 85%, Sangiovese 15%
Alc. 14% | € 15 | Bt. 10.000 | Ferm. Acciaio | Mat. Legno 18 mesi
Rubino compatto. Esordio olfattivo di frutta rossa sotto spirito, tabacco dolce e fiori essiccati che si fondono a sandalo e ceralacca. Scia resinosa rinfrescante. In bocca, l'iniziale prepotenza alcolica concede lo scettro a un tannino vigoroso, animato da spalla fresca. Conclusione saporita. Piccione al forno con cipollotti.

ROSSO PICENO SUPERIORE IL CAIMANO ZQ 2020
Rosso Dop - Montepulciano 70%, Sangiovese 30%
Alc. 14,5% | € 10 | Bt. 20.000 | Ferm. Legno e Acciaio | Mat. Legno 18 mesi
Bocconcini di cinghiale con salsa di prugne.

OFFIDA PECORINO VILLA PIATTI 2022
Bianco Docg - Pecorino 100%
Alc. 13,5% | € 12 | Bt. 10.000 | Ferm. Acciaio | Mat. Acciaio 6 mesi
Rollè di cernia con patate al rosmarino.

FALERIO PECORINO NATURE 2022
Bianco Doc - Pecorino 100%
Alc. 13,5% | € 10 | Bt. 10.000 | Ferm. Acciaio | Mat. Acciaio 6 mesi
Stoccafisso in umido con porcini.

OFFIDA PASSERINA VILLA PIATTI 2022
Bianco Docg - Passerina 100%
Alc. 12% | € 10 | Bt. 10.000 | Ferm. Acciaio | Mat. Acciaio 6 mesi
Linguine all'astice.

COLLEVITE PECORINO EXTRA DRY
Bianco Metodo Martinotti - Pecorino 100%
Alc. 12% | € 8 | Bt. 6.000 | Ferm. Acciaio | 2 mesi sui lieviti
Strudel di porcini e zucca con crema al parmigiano.

OFFIDA ROSSO VILLA PIATTI
2019

FALERIO PECORINO ARMSANTE ZQ
2021

Cològnola Tenuta Musone
(2002)

L'azienda continua a crescere, espandendo i terreni dedicati alla coltivazione della vite e confermando la solida base e la visione chiara che l'hanno sempre contraddistinta. Gabriele Villani ha grande abilità nel bilanciare tradizione e innovazione e lo dimostra lavorando sul verdicchio pure con fermentazioni spontanee e macerazione sulle bucce nonché presentando un Metodo Classico a lunghissima permanenza sui lieviti, denominato Darini Novanta. Notevole la conferma del Labieno Riserva per l'equilibrio espresso in tutte le sue componenti.

Località Cològnola, 22/A Bis - 62011 Cingoli (MC)
T. 0733 616438 | M. cantinacolognola@tenutamusone.it
www.tenutamusone.it

Viticoltura: Biologica
Ettari: 33 | **Bottiglie:** 150.000 | **Produzione olearia:** Sì
Proprietà: Walter Darini
Cond. enologica: Gabriele Villani
Cond. agronomica: Staff aziendale
Vendita diretta: Sì | **Visite in azienda:** Sì

CASTELLI DI JESI VERDICCHIO CLASSICO LABIENO RISERVA 2019
Bianco Docg - Verdicchio 100%
Alc. 14% | € 18 | Bt. 4.000 | Ferm. Legno | Mat. Legno 12 mesi
Paglierino pieno. Tarassaco, cera d'api, bosso, legumi, muschio e intrecci silicei. Ricchi ormeggi speziati d'anice stellato e pepe bianco oltre a frutta zuccherina. Avvolgente il gusto, l'alcol, deciso, ben amalgamato ai caratteri freschi, perfeziona l'equilibrio. Accattivante e salmastro nella chiosa. Ricciola al forno con capperi e pomodori ciliegino.

VERDICCHIO DEI CASTELLI DI JESI CLASSICO SUPERIORE VIA CONDOTTO 2022
Bianco Doc - Verdicchio 100%
Alc. 12,5% | € 10 | Bt. 60.000 | Ferm. Acciaio | Mat. Acciaio 4 mesi
Linguine con bottarga e pomodori secchi.

VERDICCHIO DEI CASTELLI DI JESI SPUMANTE DOSAGGIO ZERO DARINI NOVANTA 2014
Bianco Doc Metodo Classico - Verdicchio 100%
Alc. 12% | € 29 | Bt. 3.000 | Ferm. Acciaio | Mat. Acciaio 6 mesi
90 mesi sui lieviti
Tartare di scampi.

VERDICCHIO DEI CASTELLI DI JESI SPUMANTE BRUT MUSA 2020
Bianco Doc Metodo Classico - Verdicchio 100%
Alc. 12% | € 14 | Bt. 25.000 | Ferm. Acciaio | Mat. Acciaio 6 mesi
12 mesi sui lieviti
Frittura di calamari, gamberi e zucchine.

VERDICCHIO DEI CASTELLI DI JESI CLASSICO SUPERIORE GHIFFA 2021
Bianco Doc - Verdicchio 100%
Alc. 13% | € 14 | Bt. 35.000 | Ferm. Acciaio | Mat. Acciaio 12 mesi
Coniglio in umido alle erbe aromatiche.

VERDICCHIO DEI CASTELLI DI JESI CLASSICO SUPERIORE INCAUTO 2021
Bianco Doc - Verdicchio 100%
Alc. 13% | € 14 | Bt. 4.000 | Ferm. Terracotta | Mat. Terracotta 12 mesi
Frittata di ortiche.

CASTELLI DI JESI VERDICCHIO CLASSICO LABIENO RISERVA
2017 | 2018

VERDICCHIO DEI CASTELLI DI JESI SPUMANTE BRUT MUSA
2017 | 2018 | 2019

Colonnara

(1959)

Storica realtà sita nel cuore di Cupramontana, pioniera della spumantizzazione nella regione. È stata riallacciata la collaborazione con lo storico enologo Pigini e subito arriva la novità in cantina: la versione Dosaggio Zero del Metodo Classico Luigi Ghislieri, da sole uve verdicchio e quasi cinque anni sui lieviti, che ricorda la tradizione strizzando allo stesso tempo l'occhio a un mercato più moderno. Segno della tendenza della cooperativa a sviluppare ancor più la linea degli spumanti e, inoltre, a far conoscere il processo produttivo a ospiti e turisti appassionati.

Via Mandriole, 2 - 60034 Cupramontana (AN)
T. 0731 780273 | M. info@colonnara.it
www.colonnara.it

Viticoltura: Convenzionale e biologica
Ettari: 110 | **Bottiglie:** 800.000 | **Produzione olearia:** No
Proprietà: Cooperativa di produttori
Cond. enologica: Giulio Piazzini
Cond. agronomica: Staff aziendale
Vendita diretta: Sì | **Visite in azienda:** Sì

(91)

VERDICCHIO DEI CASTELLI DI JESI SPUMANTE DOSAGGIO ZERO LUIGI GHISLIERI CUVÉE DEL PRESIDENTE 2017
Bianco Doc Metodo Classico - Verdicchio 100%
Alc. 12,5% | € 22 | Bt. 1.380 | 54 mesi sui lieviti
Bollicine sottili sfilano sul giallo tenue. Si apre con classe e palesa slanci di camomilla, mandorla tostata, fieno. Una nota di pasticceria in un contesto di soffusa mineralità gessosa. All'assaggio coerenza gustativa ed equilibrio ineccepibile. La spuma cremosa armonizza tutte le sensazioni. Branzino al cartoccio.

VERDICCHIO DEI CASTELLI DI JESI SPUMANTE BRUT UBALDO ROSI 2016
Bianco Doc Metodo Classico - Verdicchio 100%
Alc. 12,5% | € 34 | Bt. 4.600 | Ferm. Acciaio | 60 mesi sui lieviti
Risotto alla granseola.

VERDICCHIO DEI CASTELLI DI JESI SPUMANTE BRUT LUIGI GHISLIERI CUVÉE DEL PRESIDENTE
Bianco Doc Metodo Classico - Verdicchio 100%
Alc. 12,5% | € 20 | Bt. 14.000 | Ferm. Acciaio | 36 mesi sui lieviti
Crostini con baccalà mantecato.

PINOT NERO SPUMANTE BRUT NOLFO PISAURUM 2016
Bianco Igt Metodo Classico - Pinot nero 100%
Alc. 12,5% | € 22 | Bt. 3.000 | 36 mesi sui lieviti
Frittura di rane e verdure croccanti.

VERDICCHIO DEI CASTELLI DI JESI CLASSICO SUPERIORE CUPRESE 2021
Bianco Doc - Verdicchio 100%
Alc. 13,5% | € 12 | Bt. 30.000 | Ferm. Acciaio | Mat. Acciaio 5 mesi
Spaghetti con mazzancolle e pomodorini.

BIANCHELLO DEL METAURO CLEOFE PISAURUM 2022
Bianco Doc - Bianchello 100%
Alc. 12,5% | € 8 | Bt. 5.000 | Ferm. Acciaio | Mat. Acciaio 3 mesi
Tartare di tonno.

VERDICCHIO DEI CASTELLI DI JESI CLASSICO SUPERIORE CUPRESE
2020

CASTELLI DI JESI VERDICCHIO CLASSICO TÙFICO RISERVA
2019

Conte Leopardi

(1864)

Nel cuore del Parco del Conero, i Leopardi Dittajuti hanno gestito per decenni questa storica azienda. Costante il processo di modernizzazione, che oggi continua all'ombra del gruppo Moncaro, perseguendo basse rese e accurata selezione dei grappoli. Si coltiva e vinifica prevalentemente montepulciano, per varie etichette, ma pure sauvignon, che veste pigmenti peculiari e trae profumi di macchia mediterranea, come nel sempre valido Calcare. Spicca l'evoluzione del Conero Pigmento, che raggiunge livelli di degustazione importanti. Pregevole la produzione olearia che completa la gamma produttiva.

Via Marina II, 4 - 60026 Numana (AN)
T. 071 9200370 | M. info@conteleopardi.com
www.conteleopardi.com

Viticoltura: Biologica
Ettari: 99 | **Bottiglie:** 350.000 | **Produzione olearia:** Sì
Proprietà: Conti Leopardi
Cond. enologica: Giuliano D'Ignazi
Cond. agronomica: Manuele Serenelli
Vendita diretta: Sì | **Visite in azienda:** Sì

CONERO PIGMENTO RISERVA 2018
Rosso Docg - Montepulciano 100%
Alc. 14% | € 22 | Bt. 3.500 | Ferm. Acciaio | Mat. Legno 22 mesi
Rosso granato dai riflessi aranciati. Fini e decisi indizi di amarena, prugna rossa, ribes, chiodi di garofano. Pepe nero, talco mentolato ed eucalipto. Sorso muscoloso, rotondo, di corpo, equilibrato. Tannino evoluto e ben integrato. Gradevole la lunga persistenza, che ricorda la visciola sotto spirito. Faraona arrosto con salsa di frutti di bosco.

SAUVIGNON CALCARE 2022
Bianco Igt - Sauvignon 100%
Alc. 13% | € 16 | Bt. 3.300 | Ferm. Acciaio | Mat. Acciaio 5 mesi
Riso venere con verdure e crostacei.

VERDICCHIO DEI CASTELLI DI JESI CLASSICO SUPERIORE CASTELVERDE 2022
Bianco Doc - Verdicchio 100%
Alc. 13,5% | € 14 | Bt. 3.300 | Ferm. Acciaio | Mat. Acciaio 5 mesi
Calamari con ripieno di tarassaco e patate.

ROSSO CONERO FRUCTUS 2021
Rosso Doc - Montepulciano 100%
Alc. 13,5% | € 12 | Bt. 20.000 | Ferm. Acciaio | Mat. Acciaio 8 mesi e Legno 2 mesi
Tagliatelle al ragù.

ROSATO ROS 2022
Rosato Igt - Montepulciano 100%
Alc. 12,5% | € 10 | Bt. 6.500 | Ferm. Acciaio | Mat. Acciaio 3 mesi
Tagliolini all'astice.

ROSSO CONERO FRUCTUS
2020

ROSSO CONERO CASIRANO
2015 | 2018 | 2019

Conti Degli Azzoni
(1950)

Azienda storica che ospita nelle cantine del palazzo di famiglia, Palazzo Carradori, in pieno centro storico, una bottaia ove maturano i vini rossi come il Passatempo, il quale raggiunge alti livelli di qualità e finezza. Rispetto per l'ambiente, valorizzazione delle risorse umane e attenzione alla sostenibilità ne fanno un'impresa all'avanguardia. La cura del frutto, il lavaggio delle uve e la pulizia dei mosti hanno prodotto vini sani e freschi, pur in un'annata calda quale l'ultima, come si rivela soprattutto nei bianchi.

Via Don Minzoni, 26 - 62010 Montefano (MC)
T. 0733 850219 | M. cantina@degliazzoni.it
www.degliazzoni.it

Viticoltura: Convenzionale e biologica
Ettari: 130 | **Bottiglie:** 100.000 | **Produzione olearia:** No
Proprietà: Famiglia Conti Degli Azzoni
Cond. enologica: Salvatore Lovo
Cond. agronomica: Gianfranco Canullo
Vendita diretta: Sì | **Visite in azienda:** Sì

PASSATEMPO 2017
Rosso Igt - Montepulciano 100%
Alc. 14,5% | € 26 | Bt. 3.500 | Ferm. Legno e Acciaio | Mat. Acciaio 4 mesi e Legno 14 mesi
Porpora di buona consistenza. Spettro odoroso di geranio, rosa, ribes, ciliegia matura, prugna rossa. Polvere da sparo. Entra in bocca potente, con una bella cifra di morbidezza e freschezza. Tannino in evoluzione. Termina ricordando more e lamponi. Carré di maiale con patate al forno.

COLLI MACERATESI RIBONA HELVIA 2022
Bianco Doc - Maceratino 100%
Alc. 12,5% | € 12 | Bt. 12.500 | Ferm. Acciaio | Mat. Acciaio 3 mesi
Lasagne di verdure.

ROSSO PICENO SAN DONATO 2020
Rosso Doc - Montepulciano 70%, Sangiovese 30%
Alc. 14% | € 16 | Bt. 8.000 | Ferm. Legno e Acciaio | Mat. Acciaio 3 mesi e Legno 6 mesi
Tagliata di manzo al rosmarino.

COLLI MACERATESI ROSSO EVASIONE 2022
Rosso Doc - Sangiovese 50%, Montepulciano 40%, Lacrima 10%
Alc. 13% | € 11 | Bt. 8.000 | Ferm. Acciaio | Mat. Acciaio 3 mesi
Risotto con le quaglie.

BELDILETTO BRUT
Bianco Metodo Martinotti - Chardonnay 90%, Sauvignon 10%
Alc. 12% | € 13 | Bt. 8.000 | Ferm. Acciaio | 5 mesi sui lieviti
Flan di zucchine e carote.

GRECHETTO CARRODORO 2022
Bianco Igt - Grechetto 100%
Alc. 13% | € 12 | Bt. 12.000 | Ferm. Acciaio | Mat. Acciaio 3 mesi
Verdure pastellate.

ROSSO PICENO SAN DONATO
2019

MERLOT PHAGALUS
2017 | 2019

Conventino Monteciccardo
(2003)

Continua l'attenzione alla valorizzazione dei vitigni locali recentemente riscoperti: incrocio Bruni 54 e famoso; quest'ultimo ha dato ottimi risultati nell'interpretazione che prevede maturazione e affinamento più lunghi, il Famosissimo. Una cura particolare è dedicata comunque a tutte le uve bianche, anche attraverso la recente introduzione di un nuovo sistema tecnologico a ozono che ne permette la completa sanificazione. Il De Bello è un Bianchello Superiore, novità dell'anno, di struttura e colore imponenti.

Via G. Turcato, 4 - Località Conventino - 61024 Monteciccardo (PU)
T. 0721 910574 | M. info@cmbio.it
www.convertinomonteciccardo.bio

Viticoltura: Biologica
Ettari: 13 | **Bottiglie:** 70.000 | **Produzione olearia:** Sì
Proprietà: Mattia, Francesca ed Egidio Marcantoni
Cond. enologica: Roberto Potentini, Marco Galli
Cond. agronomica: Giuseppe Colantoni
Vendita diretta: Sì | **Visite in azienda:** Sì

BIANCHELLO DEL METAURO SUPERIORE DE BELLO 2020
Bianco Doc - Bianchello 100%
Alc. 15,5% | € 30 | Bt. 900 | Ferm. Acciaio | Mat. Acciaio 12 mesi
Giallo paglierino dai caldi richiami dorati. Crema pasticciera, pasta sfoglia con la crema. Nocciola tostata, torrone, zucchero caramellato. Cioccolato bianco. Al gusto è sorretto da una struttura sottile ma solida. Freschezza e alcol in equilibrio. Durevole, torna fragrante. Stoccafisso all'anconetana.

FAMOSISSIMO 2021
Bianco Igt - Famoso 100%
Alc. 13% | € 22 | Bt. 1.200 | Ferm. Acciaio | Mat. Acciaio 12 mesi
Pecorino di Pienza.

COLLI PESARESI SANGIOVESE CARDOMAGNO RISERVA 2017
Rosso Doc - Sangiovese 100%
Alc. 14,5% | € 28 | Bt. 4.000 | Ferm. Legno | Mat. Legno 36 mesi
Pluma di maialino Bellota con cipolle caramellate.

BIANCHELLO DEL METAURO SUPERIORE LE FRATTE 2022
Bianco Doc - Bianchello 100%
Alc. 12,5% | € 17 | Bt. 6.000 | Ferm. Acciaio | Mat. Acciaio 6 mesi
Insalata di pollo e verdure.

IL FAMOSO NEL CONVENTO 2022
Bianco Igt - Famoso 100%
Alc. 12,5% | € 18 | Bt. 6.000 | Ferm. Acciaio | Mat. Acciaio 6 mesi
Casatella trevigiana.

IL PIRONE 2022
Rosso Igt - Merlot 50%, Sangiovese 50%
Alc. 12,5% | € 12 | Bt. 8.000 | Ferm. Legno
Coq au vin alla borgognona.

PASSUM
2011 | 2018

CONVENTINO MONTECICCARDO BRUT
2016 | 2018

Crespaia
(2010)

Immersa nelle colline fanesi, baciata dalla brezza del vicino Mare Adriatico, sorge questa cantina. Il suo nome nasce proprio dal connubio tra le increspature delle onde e l'aia delle campagne limitrofe. I vitigni principali sono bianchello e sangiovese, allevati secondo una filosofia ecosostenibile e una spiccata attenzione al biologico. Il Chiaraluce, Bianchello nella versione Superiore, ha saputo stupire e raccogliere consensi indiscussi per gli inconfondibili richiami tratti dal territorio. Il Nerognolo, Colli Pesaresi Sangiovese, è un cavallo di razza.

Località Prelato, 8 - 61032 Fano (PU)
T. 0721 862383 | M. info@crespaia.it
www.crespaia.it

Viticoltura: Biologica
Ettari: 10 | **Bottiglie:** 40.000 | **Produzione olearia:** Sì
Proprietà: Rossano Sgammini
Cond. enologica: Shayle Lambie-Shaw, Aroldo Bellelli
Cond. agronomica: Luca Severini
Vendita diretta: Sì | **Visite in azienda:** Sì

BIANCHELLO DEL METAURO SUPERIORE CHIARALUCE 2021
Bianco Doc - Bianchello 100%
Alc. 13,5% | € 10 | Bt. 7.000 | Ferm. Acciaio | Mat. Acciaio 9 mesi
Vivace giallo limone. Ouverture di cedro e ginestra seguita da nuance di ananas ed erba tagliata. In bocca è di grande compostezza e ottimo equilibrio. L'adeguata freschezza sostiene un sorso rotondo che sfocia in una costellazione di nitidi aromi erbacei e agrumati. Guazzetto di scampi.

COLLI PESARESI SANGIOVESE NEROGNOLO 2020
Rosso Doc - Sangiovese 88%, Montepulciano 12%
Alc. 14,5% | € 11 | Bt. 6.000 | Ferm. Acciaio | Mat. Legno 12 mesi
Guanciale di vitello alle erbe aromatiche.

BIANCHELLO DEL METAURO 2022
Bianco Doc - Bianchello 100%
Alc. 13% | € 8 | Bt. 14.000 | Ferm. Acciaio | Mat. Acciaio 5 mesi
Fritto di paranza.

CRESPAIA BRUT 2022
Bianco Metodo Martinotti - Chardonnay 67%, Bianchello 33%
Alc. 12% | € 12 | Bt. 7.000 | Ferm. Acciaio | 2 mesi sui lieviti
Baccalà mantecato.

De Angelis
(1958)

Staff rinnovato dall'ingresso della terza generazione, che con Alighiero, Elisa e Barbara raccoglie la tradizionale impostazione biologica e al contempo apporta nuovi progetti, con la volontà di valorizzare le molteplici attitudini del Pecorino. In passato questo vino aveva assunto eleganza e struttura con l'attento uso della barrique, nel futuro si farà apprezzare in quella che considerano già la loro punta di diamante, un Metodo Classico con la voglia di farsi ricordare. Sono lo stile e l'equilibrio i fattori comuni nelle interpretazioni non solo del Pecorino, ma anche del Rosso Piceno.

Via San Francesco, 10 - 63082 Castel di Lama (AP)
T. 0736 87429 | M. info@tenutadeangelis.it
www.tenutadeangelis.it

Viticoltura: Biologica
Ettari: 50 | **Bottiglie:** 550.000 | **Produzione olearia:** Sì
Proprietà: Elide De Angelis
Cond. enologica: Roberto Potentini, Alighiero Fausti
Cond. agronomica: Nicola Bellone, Quinto Fausti
Vendita diretta: Sì | **Visite in azienda:** Sì

(91)
OFFIDA PECORINO CAMPO DI MARTE 2022
Bianco Docg - Pecorino 100%
Alc. 13,5% | € 9 | Bt. 110.000 | Ferm. Acciaio | Mat. Acciaio 4 mesi
Intarsi verdolini impreziosiscono il giallo. Ammaliante caleidoscopio con attacco sulfureo, quindi ginestra, kiwi, frutto della passione, prugna gialla matura, tarassaco e dragoncello. Al palato è saporito, gustoso, dalla chiosa decisa e coinvolgente che rende irresistibile il sorso successivo. Filetto di orata in crosta di mandorle e patate.

ROSSO PICENO SUPERIORE ORO 2020
Rosso Doc - Montepulciano 70%, Sangiovese 30%
Alc. 14% | € 16 | Bt. 12.000 | Ferm. Acciaio | Mat. Acciaio 5 mesi e Legno 18 mesi
Manzo brasato con olive e porri.

OFFIDA ROSSO ANGHELOS 2020
Rosso Docg - Montepulciano 85%, Cabernet sauvignon 15%
Alc. 14% | € 17 | Bt. 11.000 | Ferm. Acciaio | Mat. Acciaio 5 mesi e Legno 18 mesi
Agnello al forno con rosmarino.

OFFIDA PECORINO QUIETE 2022
Bianco Docg - Pecorino 100%
Alc. 13,5% | € 9 | Bt. 10.000 | Ferm. Acciaio | Mat. Acciaio 4 mesi
Riso, cozze e zafferano.

ROSSO PICENO SUPERIORE CAMPO DI MARTE 2021
Rosso Doc - Montepulciano 70%, Sangiovese 30%
Alc. 13% | € 9 | Bt. 110.000 | Ferm. Acciaio | Mat. Acciaio 4 mesi e Legno 12 mesi
Filetto di manzo in crosta alle erbette.

CAMPO DI MARTE 2022
Rosato Igt - Sangiovese 80%, Montepulciano 20%
Alc. 12,5% | € 8 | Bt. 15.000 | Ferm. Acciaio | Mat. Acciaio 3 mesi
Maltagliati con fiori di zucca e gamberetti.

OFFIDA PECORINO QUIETE
2019 | 2020 | 2021

OFFIDA ROSSO ANGHELOS
2017 | 2018 | 2019

Di Sante
(1980)

Passione e tradizione sono le basi dell'azienda che Tommaso guida insieme al padre Roberto e alla madre Gigliola, valori tramandati dal bisnonno Timoteo e dal nonno Oddo. I nomi delle etichette sono in genere ispirati proprio ai familiari. Con certificazione del biologico da oltre venticinque anni coltivano il bianchello, che si ritrova soprattutto nelle vesti del Giglio Superiore, chic ma ben strutturato. Per quanto riguarda i rossi raggiunge l'apice dell'espressività il Timòteo, Riserva da uve in maggioranza sangiovese. Interessanti gli altri vini da montepulciano e internazionali.

Località Carignano, 89/C - 61032 Fano (PU)
T. 0721 885627 | M. info@disantevini.it
www.disantevini.it

Viticoltura: Biologica
Ettari: 35 | **Bottiglie:** 105.000 | **Produzione olearia:** Sì
Proprietà: Famiglia Di Sante
Cond. enologica: Aroldo Bellelli
Cond. agronomica: Tommaso Di Sante
Vendita diretta: Sì | **Visite in azienda:** Sì

COLLI PESARESI SANGIOVESE TIMÒTEO RISERVA 2020
Rosso Doc - Sangiovese 85%, Montepulciano 15%
Alc. 13,5% | € 10 | Bt. 15.000 | Ferm. Acciaio | Mat. Legno 24 mesi
Granato splendente. Effluvi di confettura di ciliegia e more, rosa rossa appassita e liquirizia, poi ricordi di tabacco da pipa e scorza d'arancia. Strutturato e bilanciato al palato, ha tannini ben integrati che si contrappongono alla componente alcolica senza creare attriti. Bellissima chiusura. Tordi in salmì.

BIANCHELLO DEL METAURO SUPERIORE GIGLIO 2022
Bianco Doc - Bianchello 100%
Alc. 13% | € 9 | Bt. 15.000 | Ferm. Acciaio | Mat. Acciaio 7 mesi
Zuppa di pesce.

ILLA 2022
Rosato Igt - Sangiovese 50%, Montepulciano 40%, Aleatico 10%
Alc. 13% | € 8 | Bt. 10.000 | Ferm. Acciaio | Mat. Acciaio 6 mesi
Ciauscolo.

OLTRE 2022
Bianco Igt - Chardonnay 60%, Sauvignon 40%
Alc. 13% | € 8 | Bt. 10.000 | Ferm. Acciaio | Mat. Acciaio 6 mesi e Legno 24 mesi
Risotto alle ortiche.

AGAPE BRUT
Bianco Metodo Martinotti - Bianchello 80%, Chardonnay 20%
Alc. 11,5% | € 10 | Bt. 6.000 | Ferm. Acciaio | Mat. Acciaio 3 mesi
3 mesi sui lieviti
Sauté di cozze.

COLLI PESARESI SANGIOVESE GAZZA 2022
Rosso Doc - Sangiovese 85%, Montepulciano 15%
Alc. 13% | € 7 | Bt. 20.000 | Ferm. Acciaio | Mat. Acciaio 8 mesi
Tacchino stufato con peperoni e radicchio.

BIANCHELLO DEL METAURO GIGLIO
2013

Emanuele Dianetti
(2006)

Emanuele nei suoi vini cerca la bevibilità e l'eleganza, ottenute con estrazioni più delicate e con la micro vinificazione di uve da territori estremamente ridotti, che possano far emergere le peculiarità della singola parcella. In cantina è possibile fare un percorso di degustazione che oltre ai vini permette di assaggiare in abbinamento prodotti gastronomici di aziende artigianali limitrofe. Si conferma altissimo il Pecorino Luciano Campo Vallerosa, ma è uno straordinario Michelangelo, splendido esponente della pattuglia locale dei grenache, a ottenere una piena e meritatissima eccellenza.

Contrada Vallerosa, 25 - 63063 Carassai (AP)
T. 338 3928439 | M. info@dianettivini.it
www.dianettivini.it

Viticoltura: Convenzionale
Ettari: 5 | **Bottiglie:** 22.000 | **Produzione olearia:** No
Proprietà: Emanuele Dianetti
Cond. enologica: Emanuele Dianetti
Cond. agronomica: Emanuele Dianetti
Vendita diretta: No | **Visite in azienda:** Sì

93

MICHELANGELO 2018
Rosso Igt - Grenache 100%
Alc. 13,5% | € 90 | Bt. 730 | Ferm. Acciaio | Mat. Legno 24 mesi
Rosso granato. Volute di frutta sotto spirito e fiori essiccati, tabacco dolce, bacche di ginepro e mirto. Eco legnosa rinfrescante, cuoio e caramella mou. Sorso orchestrato dal tannino che, in connubio con la dotazione alcolica, dona potenza e raffinatezza. Congedo interminabile e balsamico. Allodole tartufate in casseruola.

OFFIDA PECORINO LUCIANO CAMPO VALLEROSA 2020
Bianco Docg - Pecorino 100%
Alc. 13,5% | € 50 | Bt. 900 | Ferm. Legno | Mat. Acciaio 12 mesi
Ricciola al forno con capperi e pomodori ciliegino.

OFFIDA PECORINO VIGNAGIULIA 2022
Bianco Docg - Pecorino 100%
Alc. 13% | € 18 | Bt. 10.500 | Ferm. Acciaio | Mat. Acciaio 7 mesi
Linguine agli scampi.

OFFIDA PECORINO LUCIANO CAMPO VALLEROSA
2019

MICHELANGELO
2016 | 2017

Fattoria Dezi
(1975)

Gli intramontabili vini della famiglia Dezi sono una consolidata espressione del territorio e dei suoi vitigni. Il rispetto della tradizione e l'accuratezza delle lavorazioni sono il manifesto della cantina, che si approccia alle nuove sfide che pone la contemporaneità con la consapevolezza di chi ha sempre avuto come obiettivo ultimo la qualità. Qualità che ritroviamo in tutta la proposta, sia nei rossi importanti esclusivamente da montepulciano e sangiovese, sia nei bianchi da pecorino e, inaspettatamente, da verdicchio.

Contrada Fontemaggio, 14 - 63839 Servigliano (FM)
T. 0734 710090 | M. info@fattoriadezi.com
www.fattoriadezi.com

Viticoltura: In conversione al biologico
Ettari: 15 | **Bottiglie:** 45.000 | **Produzione olearia:** Sì
Proprietà: Davide e Stefano Dezi
Cond. enologica: Stefano Dezi
Cond. agronomica: Davide Dezi
Vendita diretta: Sì | **Visite in azienda:** Sì

(91)

REGINA DEL BOSCO 2020
Rosso Igt - Montepulciano 100%
Alc. 14,5% | € 35 | Bt. 6.000 | Ferm. Cemento | Mat. Legno 24 mesi
Carminio impenetrabile. Il corredo olfattivo è composto da liquirizia, fiori e foglie secche, geranio. Escono poi la confettura di frutti rossi, la mora di rovo, richiami balsamici. Al gusto ha la stoffa di sempre, il corpo è pieno, l'equilibrio perfetto. Il tannino è maturo, la persistenza lunga e precisa. Beccacce allo spiedo.

DEZIO 2021
Rosso Igt - Montepulciano 90%, Sangiovese 10%
Alc. 14% | € 15 | Bt. 18.000 | Ferm. Cemento | Mat. Legno 12 mesi
Pappardelle con sugo di capriolo.

SOLO 2020
Rosso Igt - Sangiovese 100%
Alc. 14,5% | € 35 | Bt. 6.000 | Ferm. Cemento | Mat. Legno 18 mesi
Camoscio in umido.

FALERIO PECORINO P. 2021
Bianco Doc - Pecorino 100%
Alc. 12,5% | € 15 | Bt. 6.500 | Ferm. Acciaio | Mat. Cemento 12 mesi
Cappesante gratinate.

SOLAGNE 2021
Bianco Igt - Verdicchio 100%
Alc. 13% | € 15 | Bt. 6.500 | Ferm. Acciaio | Mat. Cemento 12 mesi
Seppie ripiene su crema di ceci.

SOLO
2014 | 2017 | 2018

REGINA DEL BOSCO
2016 | 2019

Fattoria Le Terrazze
(1882)

Cantina con grande vista: il mare si vede e si sente e i vini di quest'importante realtà del Conero ne beneficiano. Antonio e Georgina accolgono appassionati degustatori in questo luogo privilegiato. Il Sassi Neri ha ricevuto negli anni numerosi riconoscimenti e anche nell'ultima versione estasia il palato per finezza e piacevolezza di sorso, ma la produzione non è legata esclusivamente al montepulciano. Le uve di syrah, merlot e chardonnay regalano interessanti versioni alle quali si affianca un Metodo Classico, il Donna Giulia, da ricordare.

Via Musone, 4 - 60026 Numana (AN)
T. 071 9030054 | M. info@fattorialeterrazze.it
www.fattorialeterrazze.it

Viticoltura: Lotta integrata
Ettari: 18 | **Bottiglie:** 90.000 | **Produzione olearia:** Sì
Proprietà: Antonio e Georgina Terni
Cond. enologica: Alberto Volpini, Federico Curtaz
Cond. agronomica: Federico Curtaz, Daniele Agostinelli
Vendita diretta: Sì | **Visite in azienda:** Sì

CONERO SASSI NERI RISERVA 2019
Rosso Docg - Montepulciano 100%
Alc. 13,5% | € 25 | Bt. 16.000 | Ferm. Acciaio | Mat. Legno 18 mesi
Rosso rubino compatto. Profumi di rabarbaro, rosa rossa, ciliegia, visciola. Vaniglia, caffè, goudron. Leggermente sulfureo e balsamico. Sorso deciso, caldo e morbido, impreziosito da freschezza apprezzabile e tannino levigato. Il lento epilogo richiama aromi di visciola sotto spirito. Filetto di vitello alla Rossini.

CHAOS 2020
Rosso Igt - Merlot 50%, Syrah 50%
Alc. 13,5% | € 25 | Bt. 5.000 | Ferm. Acciaio | Mat. Legno 18 mesi
Agnello al forno con rosmarino.

DONNA GIULIA BRUT 2021
Rosato Metodo Classico - Montepulciano 100%
Alc. 12,5% | € 20 | Bt. 6.500 | Ferm. Acciaio | Mat. Acciaio 3 mesi
12 mesi sui lieviti
Risotto ai frutti di mare.

ROSSO CONERO 2020
Rosso Doc - Montepulciano 100%
Alc. 13,5% | € 15 | Bt. 45.000 | Ferm. Acciaio | Mat. Legno 12 mesi
Maialino in agrodolce.

CHARDONNAY LE CAVE 2022
Bianco Igt - Chardonnay 100%
Alc. 14% | € 15 | Bt. 10.000 | Ferm. Acciaio | Mat. Acciaio 8 mesi
Rombo al forno ai sapori mediterranei.

PINKFLUID 2022
Rosato Igt - Montepulciano 75%, Syrah 25%
Alc. 12,5% | € 15 | Bt. 3.500 | Ferm. Acciaio | Mat. Acciaio 3 mesi
Pizza con bufala e pomodorini.

CONERO SASSI NERI RISERVA
2013 | 2016 | 2017

CHAOS
2013 | 2017

Fattoria Nannì
(2016)

È ormai consolidato il progetto di Roberto, che decise qualche anno fa di fondare una sua cantina dopo diverse esperienze come enologo presso altri produttori. Ottima scelta si è rivelata quella di contrada Arsicci di Apiro: una zona che per altitudine e clima conferisce ulteriori vantaggi al metodo biologico da subito adottato e quindi al verdicchio che Roberto coltiva. Arsicci è anche il nome di uno dei suoi Verdicchio, fresco e sapido; l'Origini Riserva è già diventato la maggiore referenza per espressione e carattere. Il Ribona Madrerata si presenta decisamente all'altezza dei Verdicchio.

Contrada Arsicci - 62021 Apiro (MC)
T. 340 6225930 | M. cantoriroberto@gmail.com
www.fattorianannі.it

Viticoltura: Biologica
Ettari: 8,5 | **Bottiglie:** 40.000 | **Produzione olearia:** No
Proprietà: Roberto Cantori
Cond. enologica: Roberto Cantori
Cond. agronomica: Luca Severini, Roberto Cantori, Gianni Modesti
Vendita diretta: Sì | **Visite in azienda:** Sì

CASTELLI DI JESI VERDICCHIO CLASSICO ORIGINI RISERVA 2021
Bianco Docg - Verdicchio 100%
Alc. 13% | € 17 | Bt. 10.000 | Ferm. Acciaio | Mat. Acciaio 12 mesi
Paglierino. Bouquet olfattivo fruttato di albicocca, pera e bergamotto. Fiori di gelsomino e di ginestra, poi cenni d'erbe aromatiche. Al palato è morbido e rotondo, seppur esaltato dalla sapidità che regala equilibrio. Il finale ammandorlato permane a lungo. Cartoccio di pescatrice agli agrumi.

VERDICCHIO DEI CASTELLI DI JESI CLASSICO SUPERIORE ARSICCI 2022
Bianco Doc - Verdicchio 90%, Trebbiano 10%
Alc. 12,5% | € 12 | Bt. 27.000 | Ferm. Acciaio | Mat. Acciaio 4 mesi
Spaghetti con vongole e bottarga.

COLLI MACERATESI RIBONA MADRERATA 2022
Bianco Doc - Maceratino 100%
Alc. 12,5% | € 15 | Bt. 2.500 | Ferm. Acciaio
Coniglio al forno con patate.

VERDICCHIO DEI CASTELLI DI JESI CLASSICO SUPERIORE CANTORE JOHN 2022
Bianco Doc - Verdicchio 100%
Alc. 12,5% | € 29 | Bt. 2.000 | Ferm. Acciaio | Mat. Acciaio 6 mesi
Risotto con seppie e burrata.

CASTELLI DI JESI VERDICCHIO CLASSICO ORIGINI RISERVA
2020

VERDICCHIO DEI CASTELLI DI JESI CLASSICO SUPERIORE ARSICCI
2019 | 2020 | 2021

Fattoria San Lorenzo
(1995)

Lotta integrata, biodinamica, lieviti indigeni: sono questi i punti cardine della viticoltura di Natalino, da sempre apprezzato autore di vini riconoscibili e identitari nei quali il verdicchio si esprime in tutta la sua tonicità. A completare il ventaglio di prodotti anche vini rossi ottenuti da uve montepulciano e sangiovese. Quest'anno i vini dimostrano una visione matura, capace di rendere omaggio alla tradizione e al territorio. Sono tuttavia due le bottiglie che ci hanno più colpito per classe e carattere: Campo delle Oche Integrale, formato magnum, e Il San Lorenzo Bianco.

Via San Lorenzo, 6 - 60036 Montecarotto (AN)
T. 393 9267145 | M. info@fattoriasanlorenzo.com
www.fattoriasanlorenzo.com

Viticoltura: Biologica e biodinamica
Ettari: 24 | **Bottiglie:** 80.000 | **Produzione olearia:** Sì
Proprietà: Natalino Crognaletti
Cond. enologica: Natalino Crognaletti
Cond. agronomica: Natalino Crognaletti
Vendita diretta: Sì | **Visite in azienda:** Sì

97

CAMPO DELLE OCHE INTEGRALE 2016
Bianco Igt - Verdicchio 70%, altre varietà 30%
Alc. 15% | € 70 (1,5l) | Bt. 1.000 | Ferm. Cemento | Mat. Acciaio 12 mesi e Legno 12 mesi e Cemento 24 mesi
Preziosa veste dorata. Dipinge camomilla e ginestra, tarassaco e cera d'api. Seduce con fieno e menta, pepe bianco, anice e zenzero. Incanta con ricordi iodati e cedro, mandorla e nocciola. Caleidoscopico e coinvolgente, conquista con ferma sapidità e sicura continuità. Gastronomico e territoriale. Cappone ripieno al forno.

IL SAN LORENZO BIANCO 2009
Bianco Igt - Verdicchio 100%
Alc. 14,5% | € 75 | Bt. 3.000 | Ferm. Cemento | Mat. Acciaio 70 mesi e Cemento 70 mesi
Piacentinu Ennese.

CAMPO DELLE OCHE 2019
Bianco Igt - Verdicchio 100%
Alc. 15% | € 19 | Bt. 11.500 | Ferm. Cemento | Mat. Acciaio 12 mesi e Cemento 24 mesi
Lasagnette al ragù di faraona e asparagi.

IL SOLLEONE 2017
Rosso Igt - Montepulciano 100%
Alc. 15% | € 24 | Bt. 2.000 | Ferm. Cemento | Mat. Legno 36 mesi
Stracotto d'asino.

... LE OCHE ... 2021
Bianco Igt - Verdicchio 100%
Alc. 14,5% | € 10 | Bt. 20.000 | Ferm. Cemento | Mat. Cemento 12 mesi
Linguine al sugo di totani e piselli.

BURELLO 2019
Rosso Igt - Montepulciano 60%, Sangiovese 40%
Alc. 14% | € 13 | Bt. 6.000 | Ferm. Cemento | Mat. Legno 18 mesi e Cemento 18 mesi
Guanciale di vitello in umido con patate.

CAMPO DELLE OCHE
2016

IL SOLLEONE
2011 | 2015

Fattoria Villa Ligi
(1985)

Indissolubile è il legame tra quest'azienda e l'aleatico, vitigno per il quale Francesco Tonelli ha svolto un importante lavoro ampelografico. Tanta è l'importanza data alla sua coltivazione che si è deciso d'impiantare un altro vigneto di un paio di ettari. Diverse sono le interpretazioni messe in bottiglia, compreso un rosato, un Metodo Classico e il visciolato realizzato con ciliegie selvatiche provenienti dal frutteto biologico di proprietà. Tutti i vini confermano una mano produttiva sapiente, capace di realizzare prodotti espressivi che rendono omaggio al loro territorio di origine.

Via Zoccolanti, 25/A - 61045 Pergola (PU)
T. 0721 734351 | M. info@villaligi.it
www.villaligi.it

Viticoltura: Biologica
Ettari: 28 | **Bottiglie:** 50.000 | **Produzione olearia:** Sì
Proprietà: Stefano Tonelli
Cond. enologica: Stefano Tonelli
Cond. agronomica: Lea Pailloncy
Vendita diretta: Sì | **Visite in azienda:** Sì

PERGOLA ALEATICO VERNACULUM 2022
Rosso Doc - Aleatico 100%
Alc. 13,5% | € 9 | Bt. 13.000 | Ferm. Acciaio | Mat. Cemento 6 mesi
Manto purpureo di grande luce. Dipana guizzi di ciclamino e glicine con lavanda e rosa. Intriga con muschio, menta e chiodi di garofano. Fragole, lamponi e arancia rossa animano la sua indole fruttata. Agile e disinvolto, delinea viva sapidità e minuta tannicità. Dona floridi ritorni. Lumache in umido alle erbette.

WIHSILA LA MIA VISCIOLA
Rosso Aromatizzato Dolce - Aleatico 100%
Alc. 14% | € 14 | Bt. 5.000 | Ferm. Acciaio | Mat. Acciaio 4 mesi
Crostata ai frutti di bosco con mandorle e noci.

PERGOLA ROSATO FIORI 2022
Rosato Doc - Aleatico 100%
Alc. 13,5% | € 9 | Bt. 4.000 | Ferm. Acciaio | Mat. Cemento 4 mesi
Risotto alla milanese con ossobuco.

BIANCHELLO DEL METAURO ALBASPINO 2022
Bianco Doc - Bianchello 100%
Alc. 13,5% | € 9 | Bt. 12.000 | Ferm. Acciaio | Mat. Cemento 6 mesi
Frittata di piselli, fave e fagiolini.

PARLENGO 2015
Rosso Igt - Montepulciano 100%
Alc. 14% | € 15 | Bt. 4.300 | Ferm. Acciaio | Mat. Legno 20 mesi
Stinco di maiale al forno in pancetta affumicata.

SETTECOLLI BRUT
Bianco Metodo Martinotti - Chardonnay 80%, Verdicchio 20%
Alc. 12% | € 12 | Bt. 5.500 | Ferm. Legno e Acciaio | Mat. Acciaio 6 mesi e Legno 6 mesi | 3 mesi sui lieviti
Frittura di moscardini.

RIESLING MONTIS VETULI
2017 | 2018

PERGOLA ALEATICO SUPERIORE GRIFOGLIETTO
2015 | 2017 | 2018

Fausti
(1997)

Ultimati i lavori, sono pienamente funzionanti la nuova cantina, il punto vendita e la sala degustazione dalla splendida veduta della vallata, con sullo sfondo lo skyline di Fermo che si colora di mille sfumature al tramonto. Sono stati avviati diversi progetti enologici che vedranno presto la luce, fra i quali intanto l'acquisizione di un'autoclave che consentirà al Liberty, Metodo Martinotti da uve passerina, di avere una più lunga presa di spuma. I vini rossi sono profondi, intensi e complessi, garantiscono un sorso appagante, quasi da meditazione.

Contrada Castelletta, 15 - 63900 Fermo (FM)
T. 338 8452530 | M. info@faustivini.com
www.faustivini.com

Viticoltura: Biologica
Ettari: 12 | **Bottiglie:** 150.000 | **Produzione olearia:** No
Proprietà: Marianna Amici
Cond. enologica: Domenico D'Angelo
Cond. agronomica: Staff aziendale
Vendita diretta: Sì | **Visite in azienda:** Sì

SYRAH PERDOMENICO 2021
Rosso Igt - Syrah 100%
Alc. 14,5% | € 20 | Bt. 10.000 | Ferm. Acciaio | Mat. Acciaio 6 mesi e Legno 18 mesi
Rosso granato fitto, consistente. Volute di frutta fermentata, ciliegie in confettura, foglie di tè nero, peperone rosso. Vaniglia. Bocca potente e calda, volumica di morbidezza ma ben bilanciata. Lunga persistenza su sensazioni di frutta rossa. Costata di manzetta con salsa allo zenzero.

VENENO 2020
Rosso Igt - Montepulciano 100%
Alc. 14,5% | € 20 | Bt. 3.000 | Ferm. Acciaio | Mat. Acciaio 6 mesi e Legno 18 mesi
Grigliata di carne con salsa barbecue.

ROSSO PICENO FAUSTO 2021
Rosso Doc - Montepulciano 60%, Sangiovese 30%, Syrah 10%
Alc. 14% | € 8 | Bt. 30.000 | Ferm. Acciaio | Mat. Acciaio 12 mesi e Legno 12 mesi
Agnello al forno con rosmarino.

ROSSO PICENO 2022
Rosso Doc - Montepulciano 70%, Sangiovese 30%
Alc. 14% | € 7 | Bt. 20.000 | Ferm. Acciaio | Mat. Acciaio 6 mesi
Filetto al pepe verde.

FALERIO PECORINO AMEDEO 2022
Bianco Doc - Pecorino 100%
Alc. 14% | € 10 | Bt. 12.000 | Ferm. Acciaio | Mat. Acciaio 6 mesi
Risotto alla zucca.

LIBERTY PASSERINA BRUT
Bianco Metodo Martinotti - Passerina 100%
Alc. 12,5% | € 10 | Bt. 3.000 | Ferm. Acciaio | Mat. Acciaio 2 mesi
2 mesi sui lieviti
Pasta alla gricia.

VESPRO
2017 | 2018 | 2020

SYRAH PERDOMENICO
2020

Andrea Felici
(1978)

A due passi dal Monte San Vicino si trova la piccola cantina di Leopardo, che ha fatto conoscere il suo Verdicchio in tutto il mondo. Proprio alle pendici dell'Appennino stanno le vigne, circondate dal bosco e dal laghetto. Leo punta sull'esaltazione delle caratteristiche del vitigno, senza snaturarlo, e concentra la sua produzione a soli due vini, scelta che poteva sembrare proibitiva ma che ha portato queste etichette a farsi riconoscere subito. Coerenti nel tempo, i vini sono apparentemente esili e delicati ma celano una carica acido-sapida che li rende degli eterni giovani.

Contrada Sant'Isidoro, 28 - 62021 Apiro (MC)
T. 335 1338961 | M. leo@andreafelici.it
www.andreafelici.it

Viticoltura: Biologica
Ettari: 12 | **Bottiglie:** 100.000 | **Produzione olearia:** No
Proprietà: Leopardo Felici
Cond. enologica: Aroldo Bellelli
Cond. agronomica: Stefano Mascioni
Vendita diretta: Sì | **Visite in azienda:** Sì

93

CASTELLI DI JESI VERDICCHIO CLASSICO VIGNA IL CANTICO DELLA FIGURA RISERVA 2020
Bianco Docg - Verdicchio 100%
Alc. 14% | € 80 | Bt. 6.600 | Ferm. Cemento | Mat. Cemento 12 mesi
Colore verdolino, trasparente. Tonalità sulfuree fanno spazio a mimosa, finocchietto e asparago. Tenui ricordi di ceralacca. Al palato è una scarica di acidità e sapidità ma dalla delicatezza stupefacente. L'alcol anche se percettibile è di una compostezza senza eguali. Lungheggia armonico. Risotto agli asparagi con gamberi croccanti.

VERDICCHIO DEI CASTELLI DI JESI CLASSICO SUPERIORE 2022
Bianco Doc - Verdicchio 100%
Alc. 13,5% | € 24 | Bt. 100.000 | Ferm. Acciaio | Mat. Acciaio 6 mesi
Triglie in guazzetto.

CASTELLI DI JESI VERDICCHIO CLASSICO VIGNA IL CANTICO DELLA FIGURA RISERVA
2017 | 2018 | 2019

VERDICCHIO DEI CASTELLI DI JESI CLASSICO SUPERIORE
2021

Filodivino
(2013)

Una realtà dove coesistono identità ed evoluzione. Da un lato l'azienda rimane dedita al Lacrima, ponendosi fra i promotori del suo marchio e proponendo il nuovo rifermentato rosato, e al Verdicchio, studiandone i vigneti per ottenere una completa e precisa parcellizzazione. Dall'altro lato aumenta la superficie del syrah e grazie a eventi come Wine & Jazz ricorda quanto sia fondamentale l'accoglienza di visitatori appassionati in cantina. Il Verdicchio Riserva Dino ottiene l'eccellenza, dimostrandosi un vino sfaccettato e di grande pregio.

Via Serra, 46 - 60030 San Marcello (AN)
T. 0731 026261 | M. winesales@filodivino.it
www.filodivino.it

Viticoltura: Biologica
Ettari: 19,5 | **Bottiglie:** 70.000 | **Produzione olearia:** Sì
Proprietà: Alberto Gandolfi
Cond. enologica: Luca D'Attoma, Ginevra Espositi
Cond. agronomica: Luca D'Attoma
Vendita diretta: Sì | **Visite in azienda:** Sì

92

CASTELLI DI JESI VERDICCHIO CLASSICO DINO RISERVA 2020
Bianco Docg - Verdicchio 100%
Alc. 14% | € 23 | Bt. 3.790 | Ferm. Acciaio | Mat. Acciaio 24 mesi
Paglierino lucente, dalla filigrana verdolina. Complesso l'olfatto che parte con la mandorla, alla quale seguono orme di pesca bianca, anice, rosa, biancospino. Erbe aromatiche. Al gusto mostra carattere, pur senza cedere in finezza. Il sorso morbido e carezzevole è equilibrato dalla freschezza. Scia sapida. Cartoccio di pescatrice agli agrumi.

CORO 2020
Rosso Igt - Syrah 50%, Cabernet franc 30%, Merlot 20%
Alc. 15% | € 19 | Bt. 4.500 | Ferm. Acciaio | Mat. Legno 18 mesi
Hamburger di manzo con Montasio fuso.

LACRIMA DI MORRO D'ALBA DIANA 2021
Rosso Doc - Lacrima 100%
Alc. 13% | € 12 | Bt. 15.000 | Ferm. Acciaio | Mat. Acciaio 6 mesi e Legno 6 mesi
Risotto con salsiccia e Taleggio.

VERDICCHIO DEI CASTELLI DI JESI CLASSICO SERRA46 2022
Bianco Doc - Verdicchio 100%
Alc. 13% | € 10 | Bt. 18.000 | Ferm. Acciaio | Mat. Acciaio 3 mesi
Casatella trevigiana.

ALBAE 2022
Rosato Igt - Lacrima 50%, Syrah 50%
Alc. 13% | € 13 | Bt. 3.680 | Ferm. Acciaio | Mat. Acciaio 6 mesi
Prosciutto di San Daniele.

ALI 2.0 2022
Rosato Igt Metodo Ancestrale - Lacrima 100%
Alc. 12% | € 13 | Bt. 1.570 | Ferm. Acciaio | Mat. Acciaio 5 mesi
3 mesi sui lieviti
Granseola al vapore su misticanza.

CASTELLI DI JESI VERDICCHIO CLASSICO DINO RISERVA
2017 | 2018 | 2019

LACRIMA DI MORRO D'ALBA DIANA
2016 | 2019 | 2020

Fiorano
(1997)

La nuova etichetta del Donna Orgilla dà il via al processo di rinnovamento della veste delle bottiglie della gamma, che è sempre fortemente orientata alla ricerca e all'interpretazione del vitigno pecorino. Due le versioni tradizionali, appunto il Donna Orgilla in acciaio e il Giulia Erminia in legno, alle quali si aggiunge il Scighera, Metodo Ancestrale dal profilo olfattivo particolare. Nell'ampia scelta di vini proposti emerge il Ser Balduzio, Montepulciano avvalorato da due anni di maturazione in barrique.

Contrada Fiorano, 19 - 63067 Cossignano (AP)
T. 0735 98247 | M. info@agrifiorano.it
www.agrifiorano.it

Viticoltura: Biologica
Ettari: 9 | **Bottiglie:** 50.000 | **Produzione olearia:** Sì
Proprietà: Paolo Beretta, Paola Massi e Adriana Stracci
Cond. enologica: Lucio Matricardi, Paolo Beretta
Cond. agronomica: Fabio Vallorani
Vendita diretta: Sì | **Visite in azienda:** Sì

SER BALDUZIO 2018
Rosso Igt - Montepulciano 100%
Alc. 15% | € 25 | Bt. 3.500 | Ferm. Legno | Mat. Legno 24 mesi
Rubino impenetrabile. Debutta con viola e confettura di more, subentrano rinfrescanti sentori di china e rabarbaro, poi delicate trame terziarie di gomma e smalto. In bocca, il tannino setoso e la collaborativa freschezza equilibrano la generosa alcolicità concedendo un commiato balsamico piacevole e mai domo. Capriolo con salsa di ribes rosso.

OFFIDA PECORINO DONNA ORGILLA 2022
Bianco Docg - Pecorino 100%
Alc. 13,5% | € 14 | Bt. 14.000 | Ferm. Acciaio | Mat. Acciaio 7 mesi
Baccalà mantecato.

PICENO SUPERIORE TERRE DI GIOBBE 2019
Rosso Doc - Montepulciano 80%, Sangiovese 20%
Alc. 14% | € 14 | Bt. 7.000 | Ferm. Legno | Mat. Acciaio 7 mesi e Legno 12 mesi
Cinghiale in umido.

GIULIA ERMINIA 2021
Bianco Igt - Pecorino 100%
Alc. 13,5% | € 25 | Bt. 3.000 | Ferm. Legno | Mat. Legno 8 mesi
Coniglio in porchetta.

SCIGHERA BIANCO
Bianco Metodo Ancestrale - Pecorino 100%
Alc. 12,5% | € 15 | Bt. 1.500 | Ferm. Acciaio | 6 mesi sui lieviti
Risotto con mazzancolle al profumo d'arancia.

SCIGHERA ROSATO
Rosato Metodo Ancestrale - Montepulciano 100%
Alc. 12,5% | € 15 | Bt. 1.500 | Ferm. Acciaio | 6 mesi sui lieviti
Zuppa di stoccafisso e patate.

GIULIA ERMINIA
2018

SER BALDUZIO
2012 | 2017

Fioretti Brera
(2008)

Piccola ma organizzatissima cantina, ove si coniuga abilmente l'insita attenzione alla sostenibilità di Emanuela con la passione e l'amore per il vino di Paolo. Novità recente, oltre all'attento restyling delle etichette, è il vino 5° Quarto, un Conero Riserva fermentato in cemento e terracotta e che matura esclusivamente in giara, in stile naturale, con utilizzo della minor quantità possibile di solfiti. È proprio questo vino, fra quelli rossi, a prendersi la ribalta per struttura e componente tannica. Interessanti i bianchi da garofanata, che si differenziano nel modo di vinificazione.

Via della Stazione, 48 - Monte Camillone - 60022 Castelfidardo (AN)
T. 335 373896 | M. info@fiorettibrera.it
www.fiorettibrera.it

Viticoltura: Biologica
Ettari: 3 | **Bottiglie:** 10.000 | **Produzione olearia:** No
Proprietà: Emanuela Fioretti e Paolo Brera
Cond. enologica: Staff aziendale
Cond. agronomica: Staff aziendale
Vendita diretta: Sì | **Visite in azienda:** Sì

CONERO 5° QUARTO RISERVA 2020
Rosso Docg - Montepulciano 100%
Alc. 13,5% | € 19 | Bt. 1.000 | Ferm. Cemento e Terracotta
Mat. Terracotta 12 mesi
Magnifico rosso cremisi. Ottimi profumi di ciliegia, prugna e lavanda arricchiti da tabacco e anice. Sorso di grande intensità e struttura dove la componente tannica è efficace ma aggraziata e viene affiancata da una gradevole freschezza. Affascinante chiusura nella quale prevalgono nitide tracce fruttate. Tordi in salmì.

CONERO RÌGO23 RISERVA 2019
Rosso Docg - Montepulciano 100%
Alc. 14,5% | € 22 | Bt. 2.000 | Ferm. Acciaio e Cemento | Mat. Legno 14 mesi
Guanciale di vitello alle erbe aromatiche.

ROSSO CONERO FAUSTÍ 2020
Rosso Doc - Montepulciano 100%
Alc. 14% | € 12 | Bt. 3.000 | Ferm. Acciaio e Cemento | Mat. Legno 14 mesi e Cemento 14 mesi
Bigoli con salsiccia.

MY NAME IS G 2020
Bianco Igt - Garofanata 100%
Alc. 12,5% | € 26 | Bt. 600 | Ferm. Acciaio e Cemento e Terracotta
Mat. Terracotta 12 mesi
Coniglio in umido con verze e purea di patate.

ARGHILOS 2021
Bianco Igt - Malvasia 45%, Trebbiano 40%, Garofanata 15%
Alc. 12,5% | € 11 | Bt. 1.300 | Ferm. Cemento e Terracotta
Mat. Terracotta 12 mesi
Caciocavallo Silano.

FIGLIA DEI FIORI 2022
Bianco Igt - Garofanata 100%
Alc. 13% | € 13 | Bt. 1.000 | Ferm. Acciaio e Cemento | Mat. Acciaio 6 mesi e Cemento 6 mesi
Spalla cotta di San Secondo.

CONERO RÌGO23 RISERVA
2018

CONERO RÌGO 23 RISERVA
2017

Fiorini
(1930)

È stato l'ultimo un anno di pieno riscatto a livello quantitativo dopo l'ancor più siccitoso 2021. La vendemmia è stata un po' anticipata sia per le uve bianche sia per quelle nere, a tutto vantaggio dell'estrazione dei profumi nei vini. Sono aumentate le risorse umane impegnate e si sono realizzati nuovi impianti di syrah e canaiolo. Comunque l'obiettivo è sempre puntato sull'autoctono bianchello e sulle sue interpretazioni, nonché sul sangiovese, di cui il Luigi Fiorini Riserva è splendida espressione in purezza.

Via Giardino Campioli, 5 - Barchi - 61038 Terre Roveresche (PU)
T. 0721 97151 | M. info@fioriniwines.it
www.fioriniwines.it

Viticoltura: Biologica
Ettari: 50 | **Bottiglie:** 200.000 | **Produzione olearia:** Sì
Proprietà: Carla Fiorini
Cond. enologica: Carla Fiorini, Emiliano Falsini
Cond. agronomica: Gianni Modesti
Vendita diretta: Sì | **Visite in azienda:** Sì

COLLI PESARESI SANGIOVESE LUIGI FIORINI RISERVA 2019
Rosso Doc - Sangiovese 100%
Alc. 14,5% | € 20 | Bt. 3.500 | Ferm. Acciaio | Mat. Acciaio 6 mesi e Legno 30 mesi
Calice granato che sprigiona una successione di ciliegia, rosa e amarena, seguite da intriganti sfumature di tabacco. All'assaggio è deciso ma voluttuoso, con una suadente alcolicità ben sostenuta da una componente tannica cesellata. Lungo epilogo ricco di aromi fruttati e speziati. Ravioli al sugo di chianina e tartufo nero.

BIANCHELLO DEL METAURO SUPERIORE ANDY'21 2021
Bianco Doc - Bianchello 100%
Alc. 13% | € 15 | Bt. 3.500 | Ferm. Legno e Cemento | Mat. Legno 10 mesi
Rombo al forno con patate e carciofi.

RADIANT'21 2021
Bianco Igt - Verdicchio 70%, Bianchello 30%
Alc. 14% | € 9 | Bt. 3.000 | Ferm. Acciaio | Mat. Acciaio 9 mesi
Risotto ai frutti di mare.

BIANCHELLO DEL METAURO SUPERIORE TENUTA CAMPIOLI 2022
Bianco Doc - Bianchello 100%
Alc. 13% | € 9 | Bt. 62.000 | Ferm. Acciaio | Mat. Acciaio 4 mesi
Fettuccine ai finferli.

ROY
Rosso - Canaiolo 100%
Alc. 13,5% | € 15 | Bt. 3.000 | Ferm. Legno e Acciaio | Mat. Legno 10 mesi
Risotto all'isolana.

COLLI PESARESI ROSSO BARTIS 2021
Rosso Doc - Sangiovese 70%, Montepulciano 25%, Cabernet sauvignon 5%
Alc. 14% | € 12 | Bt. 10.000 | Ferm. Legno e Acciaio | Mat. Legno 12 mesi
Filetto di scottona in sfoglia.

RADIANT'20
2020

BIANCHELLO DEL METAURO SUPERIORE TENUTA CAMPIOLI
2019 | 2020 | 2021

Fontezoppa
(1999)

L'azienda ha sempre lanciato importanti novità, sfruttando le potenzialità dei suoi vitigni dislocati tra mare e colline. Riguardo l'ultima annata, la vendemmia anticipata ha mitigato i capricci meteorologici, permettendo la realizzazione di freschi Ribona e Incrocio Bruni 54. Con l'Asola il Ribona mostra anche le capacità evolutive del maceratino e la sua vocazione a superare la barriera degli anni. I vini rossi derivano sia dagli autoctoni vernaccia nera e sangiovese sia da internazionali come cabernet e merlot, anche in mescola come nell'originale Colli Maceratesi Riserva.

Contrada San Domenico, 38 - 62012 Civitanova Marche (MC)
T. 0733 790504 | M. info@cantinefontezoppa.com
www.cantinefontezoppa.com

Viticoltura: Biologica
Ettari: 50 | **Bottiglie:** 300.000 | **Produzione olearia:** Sì
Proprietà: Piero Luzi
Cond. enologica: Andrea Pala
Cond. agronomica: Andrea Pala
Vendita diretta: Sì | **Visite in azienda:** Sì

COLLI MACERATESI ROSSO VARDÓ RISERVA 2020
Rosso Doc - Sangiovese 50%, Cabernet sauvignon 35%, Merlot 15%
Alc. 15% | € 18 | Bt. 7.000 | Ferm. Legno e Acciaio | Mat. Legno 18 mesi
Un'impalpabile filigrana granato orna il rosso rubino. All'olfatto, di rara piacevolezza, suscita memorie di cuoio, humus, amarena e chiodi di garofano. Di buon corpo e dall'ordito tannico ben integrato si prolunga incessante con toni di piccola frutta rossa che appagano e invitano al riassaggio. Guanciale di manzo in umido con polenta.

COLLI MACERATESI RIBONA ASOLA 2019
Bianco Doc - Maceratino 100%
Alc. 13,5% | € 80 | Bt. 1.800 | Ferm. Acciaio | Mat. Legno 18 mesi
Tataki di tonno al sesamo.

COLLI MACERATESI RIBONA ALTABELLA 2022
Bianco Doc - Maceratino 100%
Alc. 13,5% | € 21 | Bt. 12.400 | Ferm. Acciaio | Mat. Acciaio 6 mesi
Spaghetti con vongole veraci.

INCROCIO BRUNI 54 2022
Bianco Igt - Incrocio Bruni 54 100%
Alc. 13,5% | € 16 | Bt. 6.000 | Ferm. Acciaio | Mat. Acciaio 5 mesi
Filetti di sogliola con salsa di asparagi.

SERRAPETRONA PEPATO 2021
Rosso Doc - Vernaccia nera 100%
Alc. 13% | € 14 | Bt. 42.000 | Ferm. Acciaio | Mat. Legno 12 mesi
Braciola di cervo con salsa di ribes.

A POIS 2022
Rosato Igt - Pinot nero 100%
Alc. 12,5% | € 16 | Bt. 30.000 | Ferm. Acciaio | Mat. Acciaio 3 mesi
Flan di zucchine e carote.

COLLI MACERATESI RIBONA SPUMANTE DOSAGGIO ZERO
2019

SERRAPETRONA MORÒ
2019

Garofoli
(1901)

Solida e antica cantina guidata da sempre dall'omonima famiglia. A partire dallo scorso anno, con le quaranta vendemmie del Macrina, a suo tempo primo Verdicchio a non essere messo in bottiglie a forma di anfora, si sono rinnovate le etichette di tutti i vini della linea cru, quelli provenienti da un'unica vigna: il designer ha rappresentato su ognuna il relativo appezzamento di terreno. Altra stagione: a rappresentare i vertici del Verdicchio, nonostante assenze illustri, e tenere alto lo stendardo di famiglia ci pensa La Selezione Gioacchino Garofoli, d'annata.

Via Carlo Marx, 123 - 60022 Castelfidardo (AN)
T. 071 7820162 | M. info@garofolivini.it
www.garofolivini.it

Viticoltura: Convenzionale e certificata SQNPI
Ettari: 50 | **Bottiglie:** 1.300.000 | **Produzione olearia:** Sì
Proprietà: Carlo e Gianfranco Garofoli
Cond. enologica: Carlo Garofoli
Cond. agronomica: Carlo Garofoli
Vendita diretta: Sì | **Visite in azienda:** Sì

VERDICCHIO DEI CASTELLI DI JESI CLASSICO SUPERIORE LA SELEZIONE GIOACCHINO GAROFOLI 2016
Bianco Doc - Verdicchio 100%
Alc. 14% | € 45 | Bt. 2.500 | Ferm. Acciaio | Mat. Acciaio 24 mesi
Giallo oro, di notevole consistenza. Naso marino arricchito da dolci nuance di camomilla, gelsomino e nespole. Salvia, rosmarino e cera d'api completano il quadro. L'ingresso è caldo e sapido, avvolgente ma grintoso, con aromi di mandorla tostata e amaretto. Armonia persistente. Pesce spada al cartoccio.

ROSSO CONERO PIANCARDA 2020
Rosso Doc - Montepulciano 100%
Alc. 14,5% | € 12 | Bt. 60.000 | Ferm. Acciaio | Mat. Legno 12 mesi
Pappardelle con sugo di capriolo.

GAROFOLI BRUT
Bianco Metodo Martinotti - Verdicchio 100%
Alc. 12% | € 10 | Bt. 40.000 | Ferm. Acciaio | Mat. Acciaio 3 mesi
4 mesi sui lieviti
Crostini con baccalà mantecato.

KÒMAROS 2022
Rosato Igt - Montepulciano 100%
Alc. 13% | € 10 | Bt. 70.000 | Ferm. Acciaio | Mat. Acciaio 4 mesi
Carne cruda all'albese.

VERDICCHIO DEI CASTELLI DI JESI CLASSICO SUPERIORE MACRINA 2022
Bianco Doc - Verdicchio 100%
Alc. 13,5% | € 11 | Bt. 100.000 | Ferm. Acciaio | Mat. Acciaio 5 mesi
Pollo al curry.

VERDICCHIO DEI CASTELLI DI JESI SPUMANTE PAS DOSÉ
2013

CASTELLI DI JESI VERDICCHIO CLASSICO SERRA FIORESE RISERVA
2009 | 2013 | 2016

Luigi Giusti
(1930)

Fare di Montignano un luogo unico e speciale: questo il sogno, prima condiviso con il padre Luigino, che ha realizzato Piergiovanni, con il contributo insostituibile di una donna tenace, la moglie, e con lo sguardo al futuro. Il Lacrima diviene una tela sulla quale dipingere ritratti indelebili dai colori mai scontati. E l'oggi è già domani grazie alla riconversione biologica che non indulge all'omologazione, nel rispetto del territorio. Il Lacrima Superiore Luigino, così in onore del padre, racchiude l'amore e la sapienza nel lavorare un'uva unica e inimitabile.

Strada del Castellaro, 97 - Frazione Montignano - 60019 Senigallia (AN)
T. 071 918031 | M. info@lacrimagiusti.it
www.lacrimagiusti.it

Viticoltura: Biologica
Ettari: 13,5 | **Bottiglie:** 40.000 | **Produzione olearia:** Sì
Proprietà: Piergiovanni Giusti
Cond. enologica: David Soverchia
Cond. agronomica: Piergiovanni Giusti
Vendita diretta: Sì | **Visite in azienda:** Sì

LACRIMA DI MORRO D'ALBA SUPERIORE LUIGINO 2019
Rosso Doc - Lacrima 100%
Alc. 13,5% | € 21 | Bt. 2.500 | Ferm. Acciaio | Mat. Acciaio 18 mesi
Rubino dal bordo granato. Propone tamarindo, eucalipto, lavanda, rosa, incenso e memorie medicinali. Il rosmarino interseca tabacco dolce e cacao. Ingresso succulento, giustamente caldo, grazie alla triangolazione tra alcol, freschezza e sapidità e un tannino disteso. Chiude su arancia Sanguinella. Filetto di scottona in sfoglia.

LACRIMA DI MORRO D'ALBA 9 2022
Rosso Doc - Lacrima 100%
Alc. 13,5% | € 11 | Bt. 4.000 | Ferm. Acciaio | Mat. Acciaio 4 mesi
Guanciale di vitello alle erbe aromatiche.

LACRIMA DI MORRO D'ALBA LACRIMA 2022
Rosso Doc - Lacrima 100%
Alc. 13% | € 10 | Bt. 18.000 | Ferm. Acciaio | Mat. Acciaio 4 mesi
Risotto ai porcini e zucca.

LE ROSE DI SETTEMBRE 2022
Rosato Igt - Lacrima 100%
Alc. 12% | € 9 | Bt. 3.000 | Ferm. Acciaio | Mat. Acciaio 3 mesi
Tartare di gamberi.

ANIMA ROSA 2022
Rosato Igt - Lacrima 100%
Alc. 11,5% | € 9 | Bt. 3.000 | Ferm. Acciaio | Mat. Acciaio 3 mesi
Catalana di crostacei.

LACRIMA DI MORRO D'ALBA
2015 | 2016 | 2021

LACRIMA DI MORRO D'ALBA SUPERIORE LUIGINO
2010 | 2018

Guerrieri
(1800)

L'ingresso della struttura aziendale si presenta davvero accogliente, a conferma della particolare attenzione che la famiglia Guerrieri pone all'ospitalità di una clientela numerosa e internazionale. I risultati sono tangibili: alcuni dei vini di punta sono finiti perfino nella carta di uno dei più prestigiosi ristoranti di Londra. Oltre alla vigna si compie un'agricoltura che alterna le colture per ridurre lo sfruttamento dei suoli. Si confermano favoriti i tre rossi: il Galileo Riserva, seguito da Guerriero Nero e Guerriero della Terra. Freschi e di gran beva i bianchi da bianchello.

Via San Filippo, 24 - Piagge - 61038 Terre Roveresche (PU)
T. 0721 890152 | M. info@aziendaguerrieri.it
www.aziendaguerrieri.it

Viticoltura: Convenzionale
Ettari: 70 | **Bottiglie:** 450.000 | **Produzione olearia:** Sì
Proprietà: Luca Guerrieri
Cond. enologica: Staff aziendale
Cond. agronomica: Staff aziendale
Vendita diretta: Sì | **Visite in azienda:** Sì

COLLI PESARESI SANGIOVESE GALILEO RISERVA 2020
Rosso Doc - Sangiovese 90%, Montepulciano 10%
Alc. 14% | € 15 | Bt. 15.000 | Ferm. Acciaio | Mat. Legno 12 mesi
Cremisi lucente. Ventaglio olfattivo che sprigiona confettura di prugne rosse e fiori appassiti, accompagnati da pepe nero, noce moscata, cardamomo e foglia di edera. Sorso piacevolmente caldo, acidità e tannini setosi s'abbracciano, garanti di lunga persistenza. Braciola di cervo con salsa di ribes.

GUERRIERO NERO 2021
Rosso Igt - Montepulciano 40%, Sangiovese 40%, Cabernet sauvignon 20%
Alc. 14% | € 15 | Bt. 30.000 | Ferm. Acciaio | Mat. Legno 12 mesi
Costata di manzo alla griglia.

GUERRIERO DELLA TERRA 2020
Rosso Igt - Montepulciano 90%, Sangiovese 10%
Alc. 15% | € 24 | Bt. 14.000 | Ferm. Acciaio | Mat. Legno 12 mesi
Cinghiale arrosto con castagne.

BIANCHELLO DEL METAURO SUPERIORE CELSO 2022
Bianco Doc - Bianchello 100%
Alc. 13% | € 12 | Bt. 15.000 | Ferm. Acciaio | Mat. Acciaio 3 mesi e Cemento 3 mesi
Linguine con asparagi e calamaretti.

GUERRIERO DEL MARE 2021
Bianco Igt - Bianchello 100%
Alc. 14% | € 24 | Bt. 8.000 | Ferm. Legno e Acciaio | Mat. Legno 4 mesi e Cemento 8 mesi
Agnello al forno con rosmarino.

GUERRIERO BIANCO 2021
Bianco Igt - Bianchello 90%, Verdicchio 10%
Alc. 14% | € 14 | Bt. 10.000 | Ferm. Acciaio | Mat. Acciaio 8 mesi e Legno 4 mesi
Filetto di orata allo zenzero.

COLLI PESARESI SANGIOVESE GALILEO RISERVA
2016

GUERRIERO DELLA TERRA
2019

Il Conte Villa Prandone
(1988)

Negli ultimi anni si è proceduto alla rivisitazione delle etichette, che sono state riunite sotto un'unica veste grafica caratterizzante per facilitarne la riconoscibilità da parte del consumatore. Una semplificazione che ha anche l'obiettivo di arricchire l'immagine e permetterne la piena identificabilità sui mercati, che negli ultimi anni sono aumentati per numero e per quantità. Quest'anno sono apprezzabili particolarmente i vini rossi, con il Lu Kont che si conferma, come consuetudine, una grandissima espressione di Montepulciano in purezza.

Contrada Colle Navicchio, 28 - 63076 Monteprandone (AP)
T. 0735 62593 | M. info@ilcontevini.it
www.ilcontevini.it

Viticoltura: Convenzionale
Ettari: 50 | **Bottiglie:** 250.000 | **Produzione olearia:** Sì
Proprietà: Fratelli De Angelis
Cond. enologica: Emmanuel De Angelis
Cond. agronomica: Samuel De Angelis, Walter De Angelis
Vendita diretta: Sì | **Visite in azienda:** Sì

91

LU KONT 2020
Rosso Igp - Montepulciano 100%
Alc. 14,5% | € 35 | Bt. 6.000 | Ferm. Acciaio | Mat. Legno 15 mesi e Cemento 15 mesi
Rubino picchiettato di granato. Apre con importanti profumi di mora, viola e tabacco, arricchiti da essenze di vaniglia. All'assaggio è di ottima struttura e comunicatività, con la componente tannica carezzevole e ben integrata. Irresistibile l'allungo pieno di aromi speziati. Filetto alla Wellington.

ZIPOLO 2020
Rosso Igp - Montepulciano 70%, Merlot 15%, Sangiovese 15%
Alc. 14% | € 25 | Bt. 10.000 | Ferm. Acciaio | Mat. Legno 24 mesi
Stufato di daino.

PICENO SUPERIORE MARINUS 2021
Rosso Dop - Montepulciano 70%, Sangiovese 30%
Alc. 14% | € 23 | Bt. 30.000 | Ferm. Acciaio | Mat. Legno 12 mesi
Straccetti di cavallo.

MERLOT IX PRANDONE 2020
Rosso Igp - Merlot 100%
Alc. 14,5% | € 89 | Bt. 1.200 | Ferm. Acciaio | Mat. Legno 15 mesi e Cemento 15 mesi
Manzo brasato con olive e porri.

SANGIOVESE DONELLO 2022
Rosso Igp - Sangiovese 100%
Alc. 13,5% | € 15 | Bt. 40.000 | Ferm. Acciaio | Mat. Cemento 6 mesi
Lasagne alla bolognese.

FALERIO PECORINO AURATO 2022
Bianco Dop - Pecorino 100%
Alc. 13% | € 13 | Bt. 50.000 | Ferm. Acciaio | Mat. Acciaio 4 mesi
Garganelli freschi con gamberi di fiume.

LU KONT
2013 | 2015 | 2019

ZIPOLO
2018

Il Pollenza
(2000)

Riguardo l'ultima stagione, dopo un'estate calda e siccitosa, le piogge settembrine hanno permesso di ottenere ottime uve. In collaborazione con Ferrini, gli enologi interni Mauro e Carlo hanno introdotto come novità l'utilizzo del tonneau di acacia per la maturazione del Sauvignon Brianello. Molto interessante è il Metodo Classico da pinot nero, uscito dopo la sosta record di dieci anni sui lieviti, di pregevolissima fattura. Originale la versione snella e saporita del Ribona, mentre Il Pollenza vendemmia 2006 ha raggiunto la sua piena incantevole maturità di rosso da lunghissimo affinamento.

Contrada Casone, 4 - 62029 Tolentino (MC)
T. 0733 961989 | M. lacantina@ilpollenza.it
www.ilpollenza.it

Viticoltura: Convenzionale
Ettari: 60 | **Bottiglie:** N.d. | **Produzione olearia:** Sì
Proprietà: Aldo Brachetti Peretti
Cond. enologica: Carlo Ferrini, Mauro Giacomini
Cond. agronomica: Carlo Del Bianco
Vendita diretta: Sì | **Visite in azienda:** Sì

IL POLLENZA A.BP DOSAGGIO ZERO 2012
Rosato Metodo Classico - Pinot nero 100%
Alc. 12,5% | € 50 | Bt. 1.000 | Ferm. Cemento | 120 mesi sui lieviti
Cristallino ramato, perlage finissimo e persistente. Eleganti i profumi di litchi, fragolina di bosco acerba, bergamotto, nespola e rosa canina accompagnati da un delicato alito di crosta di pane. Il sorso è affilato, corroborante, ammandorlato e dissetante. Pregevolmente austero. Risotto agli scampi.

IL POLLENZA 2006
Rosso Igt - Cabernet sauvignon 70%, Merlot 17%, Cabernet franc 13%
Alc. 14,5% | € 65 | Bt. 13.000 | Ferm. Cemento | Mat. Legno 14 mesi
Gulasch di cervo con patate stufate.

COLLI MACERATESI RIBONA ANGERA 2022
Bianco Doc - Maceratino 100%
Alc. 13% | € 15 | Bt. 10.500 | Ferm. Cemento | Mat. Cemento 6 mesi
Petto di pollo agli asparagi.

SAUVIGNON BLANC BRIANELLO 2022
Bianco Igt - Sauvignon 100%
Alc. 12,5% | € 14 | Bt. 15.700 | Ferm. Cemento | Mat. Legno 6 mesi
Pennette con pesto alla trapanese.

DIDI 2022
Rosato Igt - Montepulciano 50%, Pinot nero 25%, Syrah 25%
Alc. 12% | € 12 | Bt. 5.100 | Ferm. Cemento
Sushi e sashimi.

PIUS IX MASTAI
2014

IL POLLENZA
2011

La Calcinara
(2007)

Trasmettere l'identità del territorio del Conero nei loro vini, questa è la missione dei fratelli Paolo ed Eleonora. Un percorso che si snoda, da sempre, nel senso della produzione biologica in vigneto e in cantina, della fermentazione spontanea e della maturazione spesso in cemento. I vini parlano di questo viaggio offrendoci sorsi appaganti e decisi: rossi, come il Folle Riserva, e rosati come il Mun, da montepulciano; poi un intrigante bianco dal blend sorprendente, il Clochard. Vini eleganti, raccontati anche dalla grafica, che resta a lungo nella memoria per carattere e originalità.

Via Calcinara, 102/A - Località Candia - 60131 Ancona (AN)
T. 393 3565044 | M. info@lacalcinara.it
www.lacalcinara.it

Viticoltura: Biologica
Ettari: 11,5 | **Bottiglie:** 50.000 | **Produzione olearia:** Sì
Proprietà: Paolo ed Eleonora Berluti
Cond. enologica: Paolo Berluti, Eleonora Berluti
Cond. agronomica: Mario Berluti, Paolo Berluti
Vendita diretta: Sì | **Visite in azienda:** Sì

CONERO FOLLE RISERVA 2019
Rosso Docg - Montepulciano 100%
Alc. 14,5% | € 35 | Bt. 3.500 | Ferm. Cemento | Mat. Legno 5 mesi e Cemento 24 mesi
Rubino cupo e consistente. S'annuncia con un olfatto sinuoso: memorie di ribes, more, marasca, prugna rossa, poi rosa rossa e violetta appassita. Sottobosco, cenni di spezie, tabacco pregiato. In bocca è decisamente caldo, con tannino serico. Buoni l'equilibrio e l'estensione. Controfiletto di bue alla brace.

CLOCHARD 2022
Bianco Igt - Verdicchio 90%, Chardonnay 10%
Alc. 13% | € 15 | Bt. 14.000 | Ferm. Acciaio | Mat. Acciaio 5 mesi e Cemento 4 mesi
Timballo di riso e gamberi.

CONERO TERRA CALCINARA RISERVA 2019
Rosso Docg - Montepulciano 90%, Sangiovese 10%
Alc. 14,5% | € 20 | Bt. 7.000 | Ferm. Legno | Mat. Legno 24 mesi
Piccione al forno con cipollotti.

ROSSO CONERO IL CACCIATORE DI SOGNI 2021
Rosso Doc - Montepulciano 100%
Alc. 14% | € 15 | Bt. 20.000 | Ferm. Acciaio | Mat. Acciaio 18 mesi e Legno 18 mesi
Carré di maiale con patate al forno.

MUN 2022
Rosato Igt - Montepulciano 100%
Alc. 14% | € 15 | Bt. 10.000 | Ferm. Acciaio | Mat. Acciaio 7 mesi
Triglie in guazzetto.

CONERO FOLLE RISERVA
2011 | 2012 | 2013

CLOCHARD
2019

La Collina delle Fate
(2010)

Vini ormai da considerarsi di livello internazionale e grande qualità, caratteristiche rese possibili da una cura maniacale di ogni passaggio in vigna e in cantina, anche grazie a tecnologie all'avanguardia. Un terreno roccioso, a volte ostico nei periodi di siccità, ma che non spaventa l'azienda che anzi, partendo dal presente, guarda al futuro e vede un nuovo Blanc de Blancs Metodo Classico e la certificazione biologica. Le declinazioni spumantizzate attualmente sono due, in bianco e in rosa, e conquistano senza dubbio chi le degusta; il podio però spetta a un Pinot Nero molto ben evoluto.

Località San Venanzio, 88 - 61034 Fossombrone (PU)
T. 0721 726334 | M. info@collinadellefate.com
www.collinadellefate.com

Viticoltura: In conversione al biologico
Ettari: 18 | **Bottiglie:** 80.000 | **Produzione olearia:** Sì
Proprietà: Famiglia Massimo Berloni
Cond. enologica: Luciano Tranquillini
Cond. agronomica: Giuseppe Colantoni
Vendita diretta: Sì | **Visite in azienda:** Sì

PINOT NERO ARTE SÌA 2018
Rosso Igt - Pinot nero 100%
Alc. 13% | € 30 | Bt. 5.000 | Ferm. Acciaio | Mat. Legno 24 mesi
Un carminio che tramonta ai bordi. Note di viola, ciliegia, cardamomo, prugne secche. Malto, orzo tostato, humus. Sorso leggiadro, durezze e morbidezze in eccellente equilibrio. Tannino evoluto, vino rispondente, che si congeda lento su toni di prugna secca. Filetto al pepe verde.

M'ARTE BRUT 2017
Bianco Metodo Classico - Chardonnay 80%, Pinot nero 20%
Alc. 12,5% | € 25 | Bt. 10.000 | Ferm. Legno | Mat. Legno 8 mesi
36 mesi sui lieviti
Linguine al sugo di totani e piselli.

M'ARTE ROSÉ BRUT 2019
Rosato Metodo Classico - Pinot nero 100%
Alc. 12,5% | € 30 | Bt. 30.000 | Ferm. Legno | Mat. Legno 8 mesi
24 mesi sui lieviti
Spaghetti alla carbonara.

CHARDONNAY ALFRESCO 2020
Bianco Igt - Chardonnay 90%, Sauvignon 10%
Alc. 12,5% | € 15 | Bt. 30.000 | Ferm. Acciaio | Mat. Acciaio 8 mesi
Frittata di ortiche.

CHARDONNAY ADAGIO
2016

PINOT NERO ARTE SÌA
2014 | 2015 | 2016

La Montata
(2003)

Grazie alla posizione sulle colline dell'entroterra marchigiano, la produzione non soffre dei periodi siccitosi. Questo fatto, unito alle basse rese praticate, permette un'alta qualità del prodotto e una promozione ottimale dei vini del territorio nel massimo rispetto delle materie prime. La predisposizione per la creazione di vino passito è storica, ed è quasi una sfida produttiva; da qui l'Estasi, passito da uve moscato e sauvignon, che fa man bassa di apprezzamenti per l'ampiezza olfattiva e per la superba grazia dei sapori. Un vero trionfo del gusto.

Località Montata, 54 - 61048 Sant'Angelo in Vado (PU)
T. 349 6031479 | M. info@vinilamontata.it
www.vinilamontata.it

Viticoltura: Convenzionale
Ettari: 7 | **Bottiglie:** 15.000 | **Produzione olearia:** No
Proprietà: Luciana Dini
Cond. enologica: Giancarlo Soverchia
Cond. agronomica: Gianbattista Penserini, David Soverchia
Vendita diretta: Sì | **Visite in azienda:** Sì

93

MOSCATO SAUVIGNON PASSITO ESTASI 2020
Bianco Igt Passito - Moscato 50%, Sauvignon 50%
Alc. 12,5% | € 18 (0,5l) | Bt. 2.000 | Ferm. Acciaio | Mat. Acciaio 24 mesi
Veste dorata. Sfilata di fiori di zagara, miele, cera d'api, zafferano, confettura di frutta esotica. Caramella d'orzo che riporta all'infanzia. Guizzi di zenzero e smalti infondono signorilità. La bocca, avvolta da dolcezza e alcolicità prelibate, trova armonia grazie alla lunga scia fresca di cedro candito. Cassata siciliana.

TRABARIA 2019
Rosso Igt - Sangiovese 70%, Alicante 30%
Alc. 13,5% | € 15 | Bt. 300 | Ferm. Acciaio | Mat. Legno 12 mesi
Gulasch di manzo alla paprica dolce.

SAUVIGNON 2019
Bianco Igt - Sauvignon 100%
Alc. 14% | € 15 | Bt. 600 | Ferm. Acciaio | Mat. Acciaio 24 mesi
Filetti di sogliola con salsa di asparagi.

SCIANGO 2020
Bianco Igt - Trebbiano 100%
Alc. 14% | € 15 | Bt. 300 | Ferm. Acciaio | Mat. Legno 24 mesi
Risotto ai frutti di mare.

PICO 2022
Bianco Igt - Sauvignon 50%, Moscato 40%, Trebbiano 10%
Alc. 12,5% | € 10 | Bt. 3.000 | Ferm. Acciaio | Mat. Acciaio 6 mesi
Grigliata di carne bianca e verdure.

BRUNI 54 2022
Bianco Igt - Incrocio Bruni 54 100%
Alc. 14% | € 10 | Bt. 3.000 | Ferm. Acciaio | Mat. Acciaio 8 mesi
Seppie ripiene su crema di ceci.

MOSCATO SAUVIGNON PASSITO ESTASI
2017

PICO
2017 | 2019 | 2020

La Staffa
(1992)

Ogni anno Riccardo Baldi delizia e vizia con produzioni altamente territoriali, caratterizzate da una qualità impeccabile e soprattutto fedeli all'essenza della denominazione Castelli di Jesi. Questa volta non ha riproposto il suo rosso da montepulciano né l'originale ancestrale bianco, ma tutta la gamma del Verdicchio. Sorprende con il Selva di Sotto Riserva, una selezione appunto di uve verdicchio provenienti da una prestigiosa vigna di Cupramontana: una sorpresa molto gradita e altamente qualitativa. Poi c'è sempre la conferma del Rincrocca Riserva e del Classico Superiore.

Via Castellaretta, 19 - 60039 Staffolo (AN)
T. 0731 779810 | M. info@vinilastaffa.it
www.vinilastaffa.it

Viticoltura: Biologica
Ettari: 12 | **Bottiglie:** 50.000 | **Produzione olearia:** No
Proprietà: Riccardo Baldi
Cond. enologica: Riccardo Baldi, Umberto Trombelli
Cond. agronomica: Riccardo Baldi, Luca Severini
Vendita diretta: Sì | **Visite in azienda:** Sì

93

CASTELLI DI JESI VERDICCHIO CLASSICO SELVA DI SOTTO RISERVA 2019
Bianco Docg - Verdicchio 100%
Alc. 13,5% | € 65 | Bt. 3.000 | Ferm. Cemento | Mat. Cemento 12 mesi
Paglierino rinfrescato da tonalità verdoline. Mostra ricchezza di profumi: sullo sfondo di tiglio, camomilla ed erba tagliata s'innestano richiami di idrocarburi, pietra focaia, anice stellato, nespola. Al palato grazia e spessore, perfetto equilibrio fresco-sapido. Godibile da subito, darà ulteriori soddisfazioni. Branzino al cartoccio.

CASTELLI DI JESI VERDICCHIO CLASSICO RINCROCCA RISERVA 2020
Bianco Docg - Verdicchio 100%
Alc. 13% | € 30 | Bt. 7.000 | Ferm. Cemento | Mat. Cemento 12 mesi
Rollè di cernia con patate al rosmarino.

VERDICCHIO DEI CASTELLI DI JESI CLASSICO SUPERIORE LA STAFFA 2022
Bianco Doc - Verdicchio 100%
Alc. 12,5% | € 15 | Bt. 30.000 | Ferm. Acciaio e Cemento
Mat. Cemento 6 mesi
Calamarata con ragù di pesce spada.

VERDICCHIO DEI CASTELLI DI JESI CLASSICO SUPERIORE LA STAFFA
2021

CASTELLI DI JESI VERDICCHIO CLASSICO RINCROCCA RISERVA
2017 | 2018 | 2019

Lanari
(1980)

Tradizione e innovazione rappresentano il filo conduttore di Luca nella conduzione a basso impatto ambientale, coltivando montepulciano e non solo. Fra tutti due versioni del Conero: il Fibbio e l'Aretè, che maturano sulle fecce fini, passando per batonnage e barrique. Vini di carattere, da degustare senza fretta per scoprire quello che, invisibile agli occhi, non sfugge al palato, nello scenario unico del Parco Naturale del Conero, dal quale estraggono l'identità. Da segnalare proprio il Fibbio, che è sempre intorno all'eccellenza e regala una piacevolissima e coerente esperienza gustativa.

Via Pozzo, 142 - Frazione Varano - 60129 Ancona (AN)
T. 347 9271435 | M. info@lanarivini.it
www.lanarivini.it

Viticoltura: Convenzionale
Ettari: 7,5 | **Bottiglie:** 50.000 | **Produzione olearia:** No
Proprietà: Luca Lanari
Cond. enologica: Roberto Potentini
Cond. agronomica: Consulenza esterna
Vendita diretta: Sì | **Visite in azienda:** Sì

CONERO FIBBIO RISERVA 2020
Rosso Docg - Montepulciano 100%
Alc. 14,5% | € 20 | Bt. 6.500 | Ferm. Acciaio | Mat. Acciaio 6 mesi e Legno 18 mesi
Rubino. Profilo sfaccettato di confettura di ribes nero, fiori essiccati e bacche di ginepro, poi cannella, cumino e chiodi di garofano. Al palato si contraddistingue per il calibrato, pur se muscoloso, tannino che, complice l'acidità, accompagna a una chiosa fruttata, speziata e balsamica. Lepre alla cacciatora.

CONERO ARETÈ RISERVA 2020
Rosso Docg - Montepulciano 100%
Alc. 14,5% | € 26 | Bt. 1.200 | Ferm. Acciaio | Mat. Acciaio 8 mesi e Legno 15 mesi
Pernici farcite.

ROSSO CONERO 2022
Rosso Doc - Montepulciano 100%
Alc. 13,5% | € 9 | Bt. 30.000 | Ferm. Acciaio | Mat. Acciaio 5 mesi
Pappardelle al ragù di cinghiale.

CONERO ARETÈ RISERVA
2016

CONERO FIBBIO RISERVA
2013 | 2018

Le Canà
(1970)

"Siamo una famiglia e siamo viticoltori", dicono i Polini. Ognuno si esprime in azienda con le proprie capacità, ma tutti hanno il medesimo obiettivo: produrre vini che esprimano il territorio con minimi interventi in vigna e in cantina. Il loro Montepulciano si racconta bene sia con l'acciaio nella denominazione Rosso Piceno sia, e soprattutto, con il legno nel Vincè. Pregevole per freschezza e salinità il Pecorino Tornavento. Per trascorrere giornate a stretto contatto della natura, lontano dalla vita quotidiana, è fruibile il loro splendido agriturismo.

Contrada Molino Vecchio, 4 - 63063 Carassai (AP)
T. 333 2127474 | M. info@lecana.it
www.lecana.it

Viticoltura: Biologica
Ettari: 25 | **Bottiglie:** 40.000 | **Produzione olearia:** Sì
Proprietà: Alessandra, Luca e Paola Polini
Cond. enologica: Luca Polini
Cond. agronomica: Luca Polini
Vendita diretta: Sì | **Visite in azienda:** Sì

VINCÈ 2019
Rosso Igt - Montepulciano 100%
Alc. 15,5% | € 80 | Bt. 1.500 | Ferm. Acciaio | Mat. Legno 12 mesi
Impenetrabile rosso vivo, dal bouquet evoluto, giocato su stille di amarena, mora e prugna cotta. La lavanda interseca tostature di tabacco biondo e accenni smaltati. Caldo in bocca, è morbido e rotondo. L'equilibrio invita a gustarsi un altro sorso, regalando un persistente piacere. Brasato di manzo al vino rosso.

OFFIDA PECORINO TORNAVENTO 2022
Bianco Docg - Pecorino 100%
Alc. 13% | € 13 | Bt. 10.000 | Ferm. Acciaio | Mat. Acciaio 7 mesi
Linguine al sugo di totani e piselli.

ROSSO PICENO INFERNACCIO 2022
Rosso Doc - Montepulciano 50%, Sangiovese 50%
Alc. 13,5% | € 12 | Bt. 10.000 | Ferm. Acciaio | Mat. Acciaio 7 mesi
Pluma di maialino Bellota con cipolle caramellate.

PASSERINA QUIES 2022
Bianco Igt - Passerina 100%
Alc. 12,5% | € 10 | Bt. 15.000 | Ferm. Acciaio | Mat. Acciaio 7 mesi
Frittura di canestrelli e calamari.

DORAVERA 2022
Rosato Igt - Merlot 50%, Montepulciano 50%
Alc. 12,5% | € 10 | Bt. 2.500 | Ferm. Acciaio | Mat. Acciaio 7 mesi
Gnocchi alla sorrentina.

ROSSO PICENO SUPERIORE DAVORE
2015

Le Caniette
(1897)

Con l'annata in corso le etichette si rinnovano, pur mantenendo il loro carattere originale e riconoscibile, grazie all'intervento di Gaia, una delle tre figlie di Giovanni. Sì, proprio lei, alla quale è dedicato l'Offida Pecorino Io Sono Gaia Non Sono Lucrezia, che quest'anno compie vent'anni. Per celebrare tale ricorrenza è stata presentata al Vinitaly una Special Edition in borgognotta, dalla veste grafica di grande impatto. Evidente la profonda vocazione dell'azienda oltre che per i vini bianchi anche per i rossi: ne sono magnifico esempio il superbo Cinabro e il muscoloso Nero di Vite.

Contrada Canali, 23 - 63065 Ripatransone (AP)
T. 0735 9200 | M. info@lecaniette.it
www.lecaniette.it

Viticoltura: Biologica
Ettari: 16 | **Bottiglie:** 140.000 | **Produzione olearia:** No
Proprietà: Giovanni Vagnoni
Cond. enologica: Giovanni Vagnoni
Cond. agronomica: Giovanni Vagnoni
Vendita diretta: Sì | **Visite in azienda:** Sì

97

GRENACHE CINABRO 2019
Rosso Igp - Grenache 100%
Alc. 14,5% | € 95 | Bt. 1.000 | Ferm. Legno | Mat. Legno 36 mesi
Pregiato mantello granato. Impeccabile ouverture di frutta rossa trasformata, fiori appassiti, china, rabarbaro, pepe nero. Refoli mentolati. Al gusto è fedele al profilo odoroso, con struttura generosa e grana tannica da manuale. Splendido vino aristocratico con un'infinita scia balsamica. Tagliata di manzo al rosmarino.

OFFIDA PECORINO IO SONO GAIA NON SONO LUCREZIA 2021
Bianco Docg - Pecorino 100%
Alc. 14% | € 25 | Bt. 5.500 | Ferm. Acciaio | Mat. Legno 12 mesi
Coniglio in porchetta.

OFFIDA PECORINO VERONICA 2021
Bianco Docg - Pecorino 100%
Alc. 13,5% | € 13 | Bt. 19.000 | Ferm. Acciaio | Mat. Legno 6 mesi
Tonnarelli cacio e pepe.

PICENO SUPERIORE NERO DI VITE 2017
Rosso Doc - Montepulciano 45%, Sangiovese 45%, Grenache 10%
Alc. 14,5% | € 35 | Bt. 4.000 | Ferm. Acciaio | Mat. Acciaio 24 mesi e Legno 36 mesi
Lasagne alla bolognese.

PICENO ROSSO BELLO 2021
Rosso Doc - Montepulciano 50%, Sangiovese 50%
Alc. 13,5% | € 9 | Bt. 35.000 | Ferm. Acciaio | Mat. Acciaio 12 mesi
Cosciotto d'agnello al forno con patate novelle.

PICENO SUPERIORE MORELLONE 2019
Rosso Doc - Montepulciano 70%, Sangiovese 30%
Alc. 14% | € 18 | Bt. 28.000 | Ferm. Legno e Acciaio | Mat. Acciaio 24 mesi e Legno 24 mesi
Faraona al forno.

PICENO SUPERIORE MORELLONE
2017

OFFIDA PECORINO IO SONO GAIA NON SONO LUCREZIA
2014 | 2018

Le Corti dei Farfensi
(1997)

L'azienda, circondata dal verde e posizionata fra le caratteristiche colline marchigiane, prosegue nella sua mission di sviluppo armonico del territorio. Infatti è in procinto di affiancare al casolare una struttura in legno atta all'accoglienza e alle degustazioni; con ampie superfici vetrate e posizionata proprio a ridosso delle vigne dà l'impressione di essere immersi fra i filari. La produzione è incentrata sui vini rossi dagli autoctoni montepulciano e sangiovese: risultano sempre intensi, molto caratterizzati, talvolta indimenticabili.

Via Molino, 12 - 63826 Moresco (FM)
T. 327 4455863 | M. info@lecortideifarfensi.it
www.lecortideifarfensi.it

Viticoltura: Biologica
Ettari: 30 | **Bottiglie:** 80.000 | **Produzione olearia:** Sì
Proprietà: Marco e Antonella Cavalieri
Cond. enologica: Marco Cavalieri
Cond. agronomica: Marco Cavalieri
Vendita diretta: Sì | **Visite in azienda:** Sì

ABATE PIETRO 2019
Rosso Igp - Montepulciano 80%, Syrah 20%
Alc. 14% | € 50 | Bt. 10.000 | Mat. Legno 16 mesi
Un rubino proteso al granato. Profumi di mora e ciliegie in confettura, poi nespola e dattero, orzo tostato. Ceralacca e talco. In bocca entra deciso, forte di un tannino sodo ma ancora da smussare. Morbido e di grande corpo, si congeda paziente su suggestioni di rabarbaro. Carré di maiale al forno con mele renette.

ROSSO PICENO SUPERIORE S. IOSEPH 2021
Rosso Dop - Montepulciano 50%, Sangiovese 50%
Alc. 14% | € 25 | Bt. 20.000 | Mat. Legno 12 mesi
Cinghiale in umido.

SANGIOVESE CLOS 2021
Rosso Igp - Sangiovese 100%
Alc. 14% | € 18 | Bt. 20.000 | Ferm. Acciaio | Mat. Acciaio 8 mesi
Quaglie alla cacciatora.

FALERIO PECORINO CURTES 2022
Bianco Dop - Pecorino 100%
Alc. 13% | € 16 | Bt. 10.000 | Ferm. Acciaio | Mat. Acciaio 6 mesi
Sogliola alla mugnaia.

ABATE PIETRO
2016

SANGIOVESE CLOS
2016

Le Senate
(2003)

Un'ascesa costante per questa piccola realtà che ha concentrato tutta la produzione sui vitigni internazionali. Molteplici i riconoscimenti ricevuti dalle etichette storiche, ma anche dalle ultime scommesse di Giulio Visi, il bianco da chardonnay e il rosato da merlot. La coerenza con la quale ha approcciato il mondo della vitivinicoltura ha premiato l'audacia, in un mondo di autoctoni. Il Cacinello si riconferma al vertice della gamma, regalando un profilo olfattivo ampio e un sorso che promette longevità.

Contrada Barbolano, 14 - 63824 Altidona (FM)
T. 348 7807017 | M. info@lesenate.it
www.lesenate.it

Viticoltura: Biologica
Ettari: 7 | **Bottiglie:** 15.000 | **Produzione olearia:** No
Proprietà: Giulio Visi
Cond. enologica: Giulio Visi
Cond. agronomica: Staff aziendale
Vendita diretta: Sì | **Visite in azienda:** Sì

CACINELLO 2019
Rosso Igt - Cabernet sauvignon 85%, Merlot 10%, Petit verdot 5%
Alc. 14% | € 24 | Bt. 2.000 | Ferm. Acciaio | Mat. Legno 12 mesi
Rosso granato compatto e vivido. Traiettorie olfattive incantevoli: dapprima rosa rossa con chiodi di garofano e pepe nero. Poi ciliegia, note balsamiche, liquirizia e cacao. Al gusto è materico e strutturato. Il tannino è ancora ben presente e garantisce evoluzione nel futuro. Echi di cacao. Reale di vitello alla senape antica.

BLU VELLUTO SPENTO 2020
Rosso Igt - Cabernet franc 100%
Alc. 13,5% | € 24 | Bt. 2.000 | Ferm. Acciaio | Mat. Legno 12 mesi
Spezzatino di manzo.

BARBULA 2021
Rosso Igt - Merlot 95%, Cabernet sauvignon 5%
Alc. 13,5% | € 16 | Bt. 2.000 | Ferm. Acciaio | Mat. Acciaio 6 mesi
Petto d'anatra alle prugne.

CHARDONNAY SCIROCCO DA MARE 2022
Bianco Igt - Chardonnay 100%
Alc. 13% | € 16 | Bt. 5.000 | Ferm. Acciaio | Mat. Acciaio 6 mesi e Legno 6 mesi
Linguine allo scoglio.

'SCIUCCAPANZA 2022
Rosato Igt - Merlot 100%
Alc. 13% | € 16 | Bt. 4.000 | Ferm. Acciaio | Mat. Acciaio 6 mesi
Guazzetto di scampi.

BLU VELLUTO SPENTO
2017

CACINELLO
2018

Le Stroppigliose
(1963)

La filosofia di Alessandra, giovane enologa e conduttrice dell'azienda, è quella di avere sempre la massima attenzione e il rispetto per il vigneto così da mantenere invariato il carattere delle uve. La vendemmia è generalmente tardiva per avere maggiore complessità ed equilibrio di maturazione. Anche i suoi vini rispecchiano questa filosofia: sono vini da aspettare, mai banali e con carattere, come dimostrato in maniera mirabile dal Serpente, rosso da uve merlot. Pure nelle due declinazioni del Verdicchio si manifestano il cuore e le cure di Alessandra.

Località Stroppigliosi, 9 - 62022 Castelraimondo (MC)
T. 329 5877914 | M. info@pietramaula.it
www.lestroppigliose.it

Viticoltura: Biologica
Ettari: 3 | **Bottiglie:** 10.000 | **Produzione olearia:** Sì
Proprietà: Alessandra Venanzoni
Cond. enologica: Alessandra Venanzoni
Cond. agronomica: Alessandra Venanzoni
Vendita diretta: Sì | **Visite in azienda:** Sì

SERPENTE 2019
Rosso Igt - Merlot 100%
Alc. 14% | € 20 | Bt. 600 | Ferm. Acciaio | Mat. Acciaio 30 mesi e Legno 30 mesi
Porta le sfumature della maturità, e regala immacolate fragranze di mirtilli e foglie di tè, seguiti da appunti di tabacco, liquirizia e caffè. Beva di grande intensità, con un tannino nerboruto ma ben disegnato, suadenti le componenti morbide. Lungo setale ricco di affascinanti aromi speziati. Medaglioni di cervo con riduzione di cottura.

VERDICCHIO DI MATELICA CAVALLO RISERVA 2020
Bianco Docg - Verdicchio 100%
Alc. 13,5% | € 19 | Bt. 600 | Ferm. Acciaio | Mat. Acciaio 16 mesi
Filetto di dentice in crosta di patate.

VERDICCHIO DI MATELICA ARPÍA 2021
Bianco Doc - Verdicchio 100%
Alc. 14,5% | € 13 | Bt. 1.600 | Ferm. Acciaio | Mat. Acciaio 5 mesi
Lasagnette con ragù di coniglio e crema di piselli.

VERDICCHIO DI MATELICA CAVALLO RISERVA
2019

PIETRA MAULA
2019

Le Vigne di Franca
(2001)

Su terreni che erano di proprietà della Curia Vescovile di Fermo è nata questa cantina con il nome che è una dedica alla moglie di Claudio Adriano, Franca, prematuramente mancata. La produzione privilegia i vini rossi da montepulciano, merlot e petit verdot che vengono proposti sia in purezza che in assemblaggio. La proposta si completerebbe con un delicato e profumato bianco da uve malvasia e un rosato, ma non tutti gli anni e non in questo. Entusiasmante l'assaggio del Livio P.V. , Petit Verdot che per classe e generosità suscita grandi emozioni.

Contrada Santa Petronilla, 69 - 63900 Fermo (FM)
T. 335 6512938 | M. info@levignedifranca.it
www.levignedifranca.it

Viticoltura: Convenzionale
Ettari: 6 | **Bottiglie:** 20.000 | **Produzione olearia:** Sì
Proprietà: Claudio Adriano Paulich
Cond. enologica: Claudio Adriano Paulich
Cond. agronomica: Claudio Adriano Paulich
Vendita diretta: Sì | **Visite in azienda:** Sì

LIVIO P.V. 2017
Rosso Igt - Petit verdot 100%
Alc. 13,5% | € 40 | Bt. 600 | Ferm. Acciaio | Mat. Legno 12 mesi
Delicato cremisi. Partitura odorosa di frutta sotto spirito, liquirizia, grafite e peperone gratinato che virano su nuance balsamiche di ginepro e resina di pino. Sviluppo gustativo imperniato su tannino magistrale che equilibra un sorso morbido e caldo. Persistenza con ritorni speziati, resinosi e fruttati. Allodole tartufate in casseruola.

RUBRUM 2019
Rosso Igt - Montepulciano 70%, Merlot 30%
Alc. 13% | € 20 | Bt. 6.000 | Ferm. Acciaio | Mat. Legno 12 mesi
Guanciale di vitello in umido con patate.

CRISMÒN
2013

LUMES
2014

Roberto Lucarelli
(1986)

Ottima per quantità e qualità l'ultima vendemmia, risultato facilitato anche dalla buona gestione della parte verde della vigna, condotta in biologico oramai da qualche anno. Di successo l'apertura di un punto vendita a Fano, a breve seguirà un punto degustazione con la possibilità dell'assaggio diretto dei vini accompagnato dall'abbinamento di prodotti di qualità del territorio. Magari cominciando dai rossi Colli Pesaresi che sono esempi di complessità olfattiva e finezza, dai Sangiovese ai Focara Pinot Nero. Sempre valide le versioni del Bianchello.

Via Piana, 20 - Località Ripalta - 61030 Cartoceto (PU)
T. 0721 893019 | M. info@roberto-lucarelli.com
www.roberto-lucarelli.com

Viticoltura: Biologica
Ettari: 46 | **Bottiglie:** 250.000 | **Produzione olearia:** Sì
Proprietà: Roberto Lucarelli
Cond. enologica: Marco Gozzi, Roberto Lucarelli
Cond. agronomica: Roberto Lucarelli, Samuele Lucarelli
Vendita diretta: Sì | **Visite in azienda:** Sì

COLLI PESARESI SANGIOVESE RL LIMITED EDITION RISERVA 2019
Rosso Doc - Sangiovese 100%
Alc. 13,5% | € 26 | Bt. 3.300 | Ferm. Legno | Mat. Legno 30 mesi
Rosso granato con venature aranciate. Olfatto pervaso da vigore e complessità con amarena, coriandolo, cacao, caffè, mandorla tostata, pepe nero. Vaniglia. Tratti di smalto. In bocca dimostra equilibrio, ma è potente e morbidamente tannico. Finale pulito e lungo su aromi di piccoli frutti rossi. Ravioli al sugo di chianina e tartufo nero.

COLLI PESARESI SANGIOVESE INSIEME RISERVA 2018
Rosso Doc - Sangiovese 85%, Cabernet sauvignon 15%
Alc. 14,5% | € 22 | Bt. 3.300 | Ferm. Legno | Mat. Legno 24 mesi
Saltimbocca alla romana.

COLLI PESARESI FOCARA PINOT NERO FOCARA 2020
Rosso Doc - Pinot nero 100%
Alc. 13,5% | € 15 | Bt. 4.000 | Ferm. Legno | Mat. Acciaio 6 mesi e Legno 12 mesi
Filetto di vitello alla Rossini.

COLLI PESARESI FOCARA PINOT NERO FOCARA BLANC DE NOIR 2021
Bianco Doc - Pinot nero 100%
Alc. 13% | € 14 | Bt. 8.000 | Ferm. Legno e Acciaio | Mat. Acciaio 12 mesi e Legno 12 mesi
Stinco di maiale al forno in pancetta affumicata.

BIANCHELLO DEL METAURO LA RIPE 2022
Bianco Doc - Bianchello 100%
Alc. 13,5% | € 8 | Bt. 60.000 | Ferm. Acciaio | Mat. Acciaio 6 mesi
Insalata di pollo e verdure.

BIANCHELLO DEL METAURO SUPERIORE ROCHO 2021
Bianco Doc - Bianchello 100%
Alc. 13,5% | € 12 | Bt. 13.000 | Ferm. Legno e Acciaio | Mat. Acciaio 12 mesi e Legno 12 mesi
Tartare di tonno.

BIANCHELLO DEL METAURO LA RIPE
2017

COLLI PESARESI SANGIOVESE GOCCIONE
2019

Lucchetti
(1980)

Un nome storico nel panorama del Lacrima, sempre apprezzato dai consumatori grazie alla versatilità dell'azienda che non si è mai limitata agli obblighi tradizionali, ma che ha saputo dare una propria interpretazione secondo la visione di Paolo Lucchetti. Di oltre quarant'anni l'impegno dedicato al territorio, con attenzione anche all'impatto ambientale, vedi la scelta dei tappi a vite. La conferma del livello qualitativo si ritrova ancora una volta, senza possibilità di smentita, nel Lacrima Superiore Guardengo e nel Verdicchio Classico Superiore Vittoria, ormai due capisaldi indiscussi.

Via Santa Maria del Fiore, 17 - 60030 Morro d'Alba (AN)
T. 0731 63314 | M. info@mariolucchetti.it
www.mariolucchetti.it

Viticoltura: Biologica
Ettari: 30 | **Bottiglie:** 150.000 | **Produzione olearia:** No
Proprietà: Mario Lucchetti
Cond. enologica: Alberto Mazzoni
Cond. agronomica: Pierluigi Donna
Vendita diretta: Sì | **Visite in azienda:** Sì

LACRIMA DI MORRO D'ALBA SUPERIORE GUARDENGO 2021
Rosso Doc - Lacrima 100%
Alc. 14% | € 16 | Bt. 10.000 | Ferm. Cemento | Mat. Acciaio 6 mesi e Cemento 6 mesi
Porpora lucente. Silhouette olfattiva di eucalipto, rabarbaro e sottobosco sempre verde. Sconfina nelle spezie penetranti di pepe nero e ginepro. Ingresso in bocca morbido per ricchezza alcolica alla quale si aggancia un tannino vivace, succoso. Bilanciato, godibile, termina con confettura di more. Faraona arrosto con salsa di frutti di bosco.

VERDICCHIO DEI CASTELLI DI JESI CLASSICO SUPERIORE VITTORIA 2021
Bianco Doc - Verdicchio 100%
Alc. 13,5% | € 14 | Bt. 4.000 | Ferm. Cemento | Mat. Acciaio 6 mesi e Cemento 6 mesi
Calamarata con ragù di pesce spada.

LACRIMA DI MORRO D'ALBA FIORE 2022
Rosso Doc - Lacrima 100%
Alc. 14,5% | € 8 | Bt. 80.000 | Ferm. Acciaio | Mat. Acciaio 6 mesi
Agnello al forno con rosmarino.

LACRIMA DI MORRO D'ALBA MARIASOLE 2020
Rosso Doc - Lacrima 100%
Alc. 15% | € 26 | Bt. 3.000 | Ferm. Acciaio | Mat. Cemento 6 mesi
Lasagne alla bolognese.

VERDICCHIO DEI CASTELLI DI JESI CLASSICO BIRBACCIÓ 2022
Bianco Doc - Verdicchio 100%
Alc. 13% | € 8 | Bt. 30.000 | Ferm. Acciaio | Mat. Acciaio 6 mesi
Zuppa di pesce.

LACRIMA DI MORRO D'ALBA SUPERIORE GUARDENGO
2019

VERDICCHIO DEI CASTELLI DI JESI CLASSICO SUPERIORE VIGNA VITTORIA
2019 | 2020

Lumavite
(2002)

Sono trascorsi vent'anni da quando Giancarlo Testa ha deciso di dedicarsi alla produzione del vino, valorizzando le potenzialità di una collina che nel tempo si è dimostrata generosa e ideale per la produzione del vino. Un progetto che sin dall'inizio ha avuto come linea guida il rispetto della natura e di ciò che essa offre e il netto rifiuto di utilizzare pesticidi e trattamenti di sintesi. E tutto questo lo ha ripagato con la piacevolezza e qualità dei vini derivati dalle due uve nere per antonomasia del territorio, montepulciano e sangiovese, anche in mescola con altre.

Contrada Santa Colomba - 63831 Rapagnano (FM)
T. 0734 466681 | M. info@lumavite.it
www.lumavite.it

Viticoltura: Biologica
Ettari: 5 | **Bottiglie:** 12.000 | **Produzione olearia:** Sì
Proprietà: Giancarlo Testa
Cond. enologica: Giovanni Basso
Cond. agronomica: Staff aziendale
Vendita diretta: Sì | **Visite in azienda:** Sì

TUSIANO 2016
Rosso Igt - Montepulciano 100%
Alc. 15% | € 25 | Bt. 1.300 | Ferm. Acciaio | Mat. Legno 24 mesi
Rubino molto fitto. Naso ammaliante che effonde sentori evoluti di fiori disidratati, tè nero, tabacco, terra umida. Si allarga schiudendo allusioni di marasca, carruba e confettura. La ricchezza si conferma anche in bocca con calore e lunghi rintocchi balsamici. Il tempo non lo spaventa. Cinghiale arrosto con castagne.

VIDACILIUS 2017
Rosso Igt - Montepulciano 50%, Sangiovese 30%, Syrah 20%
Alc. 13,5% | € 12 | Bt. 3.000 | Ferm. Acciaio | Mat. Legno 18 mesi
Involtini di vitello lardellati.

IL CUORE ALTROVE 2022
Rosso Igt - Montepulciano 100%
Alc. 13,5% | € 12 | Bt. 3.000 | Ferm. Acciaio | Mat. Acciaio 6 mesi
Guanciale di manzo in umido con polenta.

FOS 2021
Rosato Igt - Sangiovese 40%, Syrah 40%, Montepulciano 20%
Alc. 13% | € 10 | Bt. 1.000 | Ferm. Acciaio | Mat. Acciaio 6 mesi
Crostini con burro e salmone.

TUSIANO
2015

VIDACILIUS
2011

Macondo
(2016)

La vicinanza del mare, la presenza della boscaglia, un terreno sciolto ricco di ciottoli, vitigni autoctoni e una grande passione: questi sono gli ingredienti della ricetta che rendono il Bianko un vino unico. La passione è quella di Lorenzo, che con umiltà ma con competenza ha scelto di cimentarsi e sperimentare nella creazione di un vino particolare. Unicità e particolarità ormai riconosciute da più parti, che lo rendono un vino emblema per la tipologia e per la presenza delle uve provenienti dalle vigne giovani di Cupra Marittima. Vino da encomio.

Via Colle Bruno, 2 - 63064 Cupra Marittima (AP)
T. 348 2922890 | M. lorenzocatasta@gmail.com
www.cantinamacondo.com

Viticoltura: Biologica
Ettari: 1 | **Bottiglie:** 2.000 | **Produzione olearia:** No
Proprietà: Lorenzo Catasta
Cond. enologica: Staff aziendale
Cond. agronomica: Lorenzo Catasta
Vendita diretta: Sì | **Visite in azienda:** Sì

(94)

BIANKO 2021
Bianco Igt - Trebbiano 60%, Pecorino 40%
Alc. 14,5% | € 90 | Bt. 2.000 | Ferm. Legno | Mat. Acciaio 6 mesi e Legno 18 mesi
Splendido abito dorato. Si apre con un prezioso intreccio d'erbe aromatiche, mandorla e nocciola tostata. Poi arrivano resina di pino, frutta disidratata, camomilla e buccia d'arancia. Bocca possente e d'importante struttura, sapidità marina di grande effetto. Si congeda rilasciando sensazioni d'erbette alpine. Grana Padano Riserva.

BIANKO
2019 | 2020

Stefano Mancinelli
(1978)

Stefano, ben noto nel settore, con quasi cinquanta vendemmie all'attivo ha mostrato sempre una maestria eccezionale nella gestione del Lacrima di Morro d'Alba, contribuendo significativamente alla notorietà delle colline di questo areale. Novità recenti sono state introdotte dal figlio Luca, che ha curato il restyling di tutte le etichette apportando un tocco di modernità senza stravolgere la tradizione. Da evidenziare il raggiungimento di anno in anno di risultati di tutto rispetto, grazie soprattutto all'interpretazione rigorosa del terroir di riferimento.

Via Roma, 62 - 60030 Morro d'Alba (AN)
T. 0731 63021 | M. info@mancinellivini.it
www.mancinellivini.it

Viticoltura: Convenzionale
Ettari: 25 | **Bottiglie:** 150.000 | **Produzione olearia:** Sì
Proprietà: Stefano Mancinelli
Cond. enologica: Roberto Potentini
Cond. agronomica: Giancarlo Soverchia
Vendita diretta: Sì | **Visite in azienda:** Sì

VERDICCHIO DEI CASTELLI DI JESI PASSITO STELL 2020
Bianco Doc Passito - Verdicchio 100%
Alc. 12% | € 30 (0,5l) | Bt. 3.000 | Ferm. Acciaio | Mat. Legno 36 mesi
Giallo ambrato. Corredo olfattivo variegato che interseca frutta candita, albicocca disidratata, miele di acacia, poi si avvolge in una spirale di caramello e tabacco dolce. Al palato è dolce, ma stemperato da tempestiva freschezza. Lungheggia su echi di caramello. Crostata alle mandorle e albicocche.

TERRE DEI GOTI 2018
Rosso Igt - Lacrima 100%
Alc. 14% | € 35 | Bt. 7.000 | Ferm. Acciaio | Mat. Legno 48 mesi
Lepre in salmì.

LACRIMA DI MORRO D'ALBA SUPERIORE 2021
Rosso Doc - Lacrima 100%
Alc. 13,5% | € 16 | Bt. 12.000 | Ferm. Acciaio | Mat. Acciaio 6 mesi
Filetto di manzo in crosta alle erbette.

LACRIMA DI MORRO D'ALBA 2021
Rosso Doc - Lacrima 100%
Alc. 13% | € 11 | Bt. 80.000 | Ferm. Acciaio | Mat. Acciaio 6 mesi
Rigatoni al ragù bianco di carne.

VERDICCHIO DEI CASTELLI DI JESI CLASSICO SUPERIORE 2021
Bianco Doc - Verdicchio 100%
Alc. 13,5% | € 13 | Bt. 10.000 | Ferm. Acciaio | Mat. Acciaio 6 mesi
Pappardelle con coda di rospo e carciofi.

LACRIMA DI MORRO D'ALBA SENSAZIONI 2022
Rosso Doc - Lacrima 100%
Alc. 11,5% | € 11 | Bt. 8.000 | Ferm. Acciaio | Mat. Acciaio 6 mesi
Risotto con rape rosse e Gorgonzola.

LACRIMA DI MORRO D'ALBA SUPERIORE
2018 | 2019 | 2020

VERDICCHIO DEI CASTELLI DI JESI CLASSICO
2019 | 2020 | 2021

Mancini
(1962)

Una tradizione di famiglia arrivata alla terza generazione che affonda le sue radici negli anni Sessanta del secolo scorso. L'azienda detiene tutta la filiera, dalle attività in vigna alla vinificazione, fino all'imbottigliamento. La raccolta, in maggior parte di uve verdicchio, deriva esclusivamente dai vigneti di Maiolati Spontini e Castelbellino, che si ergono su terreni di medio impasto, ricchi di sabbia, che permettono di ottenere vini dai profumi delicati e fruttati. Anche in quest'edizione si conferma su alti livelli il Verdicchio Classico Riserva che sfiora la vetta.

Via Pianello, 5 - Frazione Moie - 60030 Maiolati Spontini (AN)
T. 0731 702975 | M. mancini@manciniwines.it
www.manciniwines.it

Viticoltura: A basso impatto ambientale
Ettari: 20 | **Bottiglie:** 120.000 | **Produzione olearia:** Sì
Proprietà: Benito Mancini
Cond. enologica: Sergio Paolucci, Massimo Mancini
Cond. agronomica: Massimo Mancini, Luca Severini
Vendita diretta: Sì | **Visite in azienda:** Sì

CASTELLI DI JESI VERDICCHIO CLASSICO RISERVA 2019
Bianco Docg - Verdicchio 100%
Alc. 14% | € 20 | Bt. 2.000 | Ferm. Acciaio | Mat. Acciaio 24 mesi e Legno 24 mesi
Oro puro. Variopinto quadro con pennellate di ginestra, albicocca, mandorla tostata, vaniglia, alloro. Folate sulfuree. Morbido e ricco al sorso, prosegue avvolto da freschezza citrina e mitigata sapidità. Lo sfondo è giocato sulle sfumature della mandorla e delicate tonalità di nocciola e fieno. Cotoletta di tonno al sesamo.

ROSSO PICENO PANICALE 2020
Rosso Doc - Montepulciano 70%, Cabernet sauvignon 15%, Sangiovese 15%
Alc. 14% | € 12 | Bt. 6.000 | Ferm. Legno e Acciaio | Mat. Acciaio 12 mesi e Legno 12 mesi
Grigliata di carne con salsa barbecue.

VERDICCHIO DEI CASTELLI DI JESI CLASSICO SUPERIORE TALLIANO 2022
Bianco Doc - Verdicchio 100%
Alc. 14% | € 12 | Bt. 10.000 | Ferm. Acciaio | Mat. Acciaio 7 mesi
Branzino al forno con erbe aromatiche.

MANCINI BRUT
Bianco Metodo Martinotti - Verdicchio 100%
Alc. 12,5% | € 10 | Bt. 10.000 | Ferm. Acciaio | Mat. Acciaio 12 mesi 6 mesi sui lieviti
Risotto con seppie e burrata.

VERDICCHIO DEI CASTELLI DI JESI CLASSICO SANTA LUCIA 2022
Bianco Doc - Verdicchio 100%
Alc. 13,5% | € 9 | Bt. 13.000 | Ferm. Acciaio | Mat. Acciaio 6 mesi
Spaghetti con vongole veraci.

CASTELLI DI JESI VERDICCHIO CLASSICO RISERVA
2011 | 2015 | 2018

VERDICCHIO DEI CASTELLI DI JESI CLASSICO SUPERIORE TALLIANO
2020 | 2021

Clara Marcelli
(1992)

La filosofia produttiva prevede di dar vita a vini il più possibile rappresentativi delle potenzialità del territorio. In cantina l'innovazione non si ferma e per esempio da qualche anno si sperimentano contenitori in cemento per elevare sia bianchi che rossi. Ricorrendo alla micro-ossigenazione e al maggiore scambio dovuto al contatto con i lieviti, si vuole offrire una nuova veste tutta da scoprire ai vini da vitigni locali. Così facendo si tiene sempre alto l'interesse per la sperimentazione tecnologica e si punta a vini ricercati.

Contrada Pescolla - 63081 Castorano (AP)
T. 0736 87289 | M. info@claramarcelli.it
www.claramarcelli.it

Viticoltura: Biologica
Ettari: 10 | **Bottiglie:** 40.000 | **Produzione olearia:** Sì
Proprietà: Clara Marcelli
Cond. enologica: Clara Marcelli
Cond. agronomica: Staff aziendale
Vendita diretta: Sì | **Visite in azienda:** Sì

MARKE 2020
Bianco Igt - Pecorino 100%
Alc. 14% | € 38 | Bt. 1.200 | Ferm. Legno | Mat. Legno 20 mesi
Preziose pienezze dorate. Immediati riconoscimenti evoluti di fiori secchi, cera d'api, spezie morbide. A questi si affiancano sbuffi di tostatura, fichi secchi e scorze di agrumi. All'assaggio è deciso e dinamico, vellutato, con pregevole dotazione alcolica e di bella percezione fresco-sapida. Risotto agli asparagi con gamberi croccanti.

ALICANTE RUGGINE 2018
Rosso Igt - Alicante 100%
Alc. 13% | € 90 | Bt. 700 | Ferm. Acciaio | Mat. Legno 24 mesi
Tordi in salmì.

BATATÉ 2020
Rosso Igt - Syrah 100%
Alc. 13,5% | € 38 | Bt. 1.200 | Ferm. Acciaio | Mat. Cemento 24 mesi
Zuppa di fagioli neri messicana.

OFFIDA PECORINO IRATA 2021
Bianco Docg - Pecorino 100%
Alc. 14,5% | € 16 | Bt. 5.000 | Ferm. Legno | Mat. Legno 12 mesi
Coniglio al forno con funghi.

CORBÚ 2019
Rosso Igt - Montepulciano 80%, Cabernet sauvignon 20%
Alc. 14% | € 14 | Bt. 6.000 | Ferm. Acciaio | Mat. Acciaio 18 mesi e Legno 18 mesi
Lasagne alla bolognese.

PASSERINA RAFFA 2021
Bianco Igt - Passerina 100%
Alc. 13,5% | € 14 | Bt. 6.000 | Ferm. Acciaio | Mat. Acciaio 10 mesi e Legno 10 mesi
Frittura di canestrelli e calamari.

BATATÉ
2019

RUGGINE
2014

Marchetti
(1900)

Tradizione ed entusiasmo sono le parole chiave per descrivere questa cantina condotta da Maurizio e giunta oltre le cinquanta vendemmie. Una realtà ben inserita nel contesto dell'areale dorico, che ha da sempre il Conero Villa Bonomi come suo biglietto da visita per presentare il mondo del montepulciano. Montepulciano dal quale di recente deriva, in purezza, anche l'interessante rosato Filari Sparsi. Per tradizione viene trattato anche il Verdicchio, del quale si producono due pregevoli versioni della denominazione.

Via Pontelungo, 166 - 60131 Ancona (AN)
T. 071 897386 | M. marchettiwines@gmail.com
www.marchettiwines.it

Viticoltura: Biologica
Ettari: 20 | **Bottiglie:** 70.000 | **Produzione olearia:** No
Proprietà: Famiglia Marchetti
Cond. enologica: Lorenzo Landi
Cond. agronomica: Alessio Macchia, Maurizio Marchetti
Vendita diretta: Sì | **Visite in azienda:** Sì

91

CONERO VILLA BONOMI RISERVA 2019
Rosso Docg - Montepulciano 100%
Alc. 14,5% | € 19 | Bt. 3.500 | Ferm. Acciaio | Mat. Legno 16 mesi
Un cuore rubino. Emerge una leggera affumicatura, alla quale seguono viola macerata, carruba e china. Legno tostato e goudron. Al gusto è poderoso. Percorso da un brivido acido che, con la complicità di un tannino sodo e nervoso, smorza l'elevata dotazione alcolica. Ottima la persistenza. Braciola di cervo con salsa di ribes.

VERDICCHIO DEI CASTELLI DI JESI CLASSICO SUPERIORE TENUTA DEL CAVALIERE 2022
Bianco Doc - Verdicchio 100%
Alc. 14% | € 10 | Bt. 7.000 | Ferm. Acciaio | Mat. Acciaio 4 mesi
Rombo al forno con patate e carciofi.

ROSSO CONERO CASTRO DI SAN SILVESTRO 2021
Rosso Doc - Montepulciano 100%
Alc. 14% | € 10 | Bt. 25.000 | Ferm. Acciaio | Mat. Legno 6 mesi e Cemento 12 mesi
Ossobuco alla milanese.

FILARI SPARSI 2022
Rosato Igt - Montepulciano 100%
Alc. 13,5% | € 8 | Bt. 3.000 | Ferm. Acciaio | Mat. Acciaio 2 mesi
Tigelle e salumi.

VERDICCHIO DEI CASTELLI DI JESI CLASSICO 2022
Bianco Doc - Verdicchio 100%
Alc. 12,5% | € 8 | Bt. 20.000 | Ferm. Acciaio | Mat. Acciaio 4 mesi
Fritto di paranza.

CONERO VILLA BONOMI RISERVA
2016 | 2017 | 2018

ROSSO CONERO CASTRO DI SAN SILVESTRO
2018 | 2019 | 2020

Marotti Campi

(1999)

Cantina di riferimento quando si parla di territorio del Lacrima, la famiglia Marotti Campi porta avanti ormai da generazioni la cultura vitivinicola regionale. Si coltivano per la maggior parte vitigni del territorio, come lacrima e verdicchio, spaziando con ottimi risultati anche con vitigni internazionali. Le vigne si collocano su differenti areali, condizione che permette poi un ottimo lavoro in cantina e sperimentazioni come la macerazione per il Verdicchio. Il conseguimento dell'eccellenza arriva con il Salmariano Riserva, Verdicchio ben strutturato ma vivace di freschezza.

Via Sant'Amico, 14 - 60030 Morro d'Alba (AN)
T. 0731 618027 | M. wine@marotticampi.net
www.marotticampi.it

Viticoltura: Convenzionale
Ettari: 70 | **Bottiglie:** 300.000 | **Produzione olearia:** Sì
Proprietà: Giovanni, Francesca e Lorenzo Marotti Campi
Cond. enologica: Roberto Potentini
Cond. agronomica: Ivano Belardinelli
Vendita diretta: Sì | **Visite in azienda:** Sì

(91)

CASTELLI DI JESI VERDICCHIO CLASSICO SALMARIANO RISERVA 2020
Bianco Docg - Verdicchio 100%
Alc. 14% | € 14 | Bt. 40.000 | Ferm. Acciaio | Mat. Acciaio 12 mesi e Legno 12 mesi
Dorato luminoso. Profumi di cedro, pesca e melissa, poi gradevoli sussurri di nocciola tostata. In bocca è intenso e succoso, con una struttura decisa ben sostenuta da una sferzante freschezza. La chiosa è costellata da intriganti aromi erbacei e agrumati, dove emerge una saporita sapidità. San Pietro alla siciliana con dadolata di patate.

LACRIMA DI MORRO D'ALBA SUPERIORE ORGIOLO 2021
Rosso Doc - Lacrima 100%
Alc. 14% | € 14 | Bt. 40.000 | Ferm. Acciaio | Mat. Legno 12 mesi
Allodole tartufate in casseruola.

LACRIMA DI MORRO D'ALBA RUBICO 2022
Rosso Doc - Lacrima 100%
Alc. 13,5% | € 9 | Bt. 50.000 | Ferm. Acciaio | Mat. Acciaio 6 mesi
Involtini di vitello lardellati.

ROSATO 2022
Rosato Igt - Lacrima 100%
Alc. 12,5% | € 8 | Bt. 10.000 | Ferm. Acciaio | Mat. Acciaio 4 mesi
Calamari con ripieno di tarassaco e patate.

VERDICCHIO DEI CASTELLI DI JESI CLASSICO SUPERIORE LUZANO 2022
Bianco Doc - Verdicchio 100%
Alc. 13,5% | € 9 | Bt. 60.000 | Ferm. Acciaio | Mat. Acciaio 6 mesi
Ravioli di pesce con sugo di canestrelli.

VERDICCHIO DEI CASTELLI DI JESI CLASSICO ALBIANO 2022
Bianco Doc - Verdicchio 100%
Alc. 13% | € 6 | Bt. 50.000 | Ferm. Acciaio | Mat. Acciaio 3 mesi
Rotolo di tacchino alle mele ed erbe aromatiche.

LACRIMA DI MORRO D'ALBA SUPERIORE ORGIOLO
2018

CASTELLI DI JESI VERDICCHIO CLASSICO SALMARIANO RISERVA
2016 | 2018

Valter Mattoni

(2006)

La volontà di ampliare la produzione ha portato all'acquisto di un altro terreno, nel comune di Castorano, dove verrà impiantata, a breve, una nuova vigna. Ai tradizionali vini della gamma si affiancano, a seconda dell'andamento dell'annata e del sentimento del produttore, vini meteore, come il Trebbien, con tappo a corona, che purtroppo solo pochissimi fortunati hanno potuto assaggiare. L'alto livello è confermato dall'eccellenza del Rossomató, ottimo esemplare dalle uve alicante locali, ma dicono la loro pure i vini da montepulciano e trebbiano.

Via Pescolla, 1 - 63081 Castorano (AP)
T. 347 3319401 | M. info@valtermattoni.it
www.valtermattoni.it

Viticoltura: Biologica
Ettari: 3,5 | **Bottiglie:** 11.000 | **Produzione olearia:** No
Proprietà: Valter Mattoni
Cond. enologica: Staff aziendale
Cond. agronomica: Staff aziendale
Vendita diretta: Sì | **Visite in azienda:** Sì

(97)

ROSSOMATÓ 2019
Rosso Igt - Alicante 100%
Alc. 14% | € 85 | Bt. 500 | Ferm. Acciaio | Mat. Legno 36 mesi
Rosso granato. Suggestioni di anice e pepe in apertura, si frappongono poi il lampone in confettura e rosa rossa. All'assaggio è irresistibile, ha un ottimo equilibrio tra l'avvolgente morbidezza e il tannino serico. È durevole e promuove interessanti ritorni di rabarbaro. Capriolo ai porcini.

TREBBIANO TREBBIEN 2021
Bianco Igt - Trebbiano 100%
Alc. 14% | € 25 | Bt. 3.000 | Ferm. Legno e Acciaio | Mat. Legno 12 mesi
Parmigiano Reggiano Riserva.

ARSHURA 20 2020
Rosso Igt - Montepulciano 100%
Alc. 15% | € 30 | Bt. 5.000 | Ferm. Acciaio | Mat. Legno 24 mesi
Controfiletto di bue alla brace.

SANGIOVESE COSECOSE 2022
Rosso Igt - Sangiovese 100%
Alc. 15% | € 17 | Bt. 3.000 | Ferm. Acciaio | Mat. Legno 7 mesi
Pappardelle al ragù di cervo.

ROSSOMATÓ
2017 | 2018

ARSHURA 19
2019

Mazzola
(2010)

Un nuovo stile del bere: è il motto della cantina che dai vitigni autoctoni, con un approccio che privilegia la qualità e il biologico, ottiene vini naturali, moderni, con piacevolezza e bevibilità non comuni. Sono frutto della continua ricerca di sensazioni sorprendenti, legati alla natura dei suoli, ai ritmi del tempo, alla ricerca del momento giusto. Vini che manifestano uno sguardo attento nei confronti del territorio e delle sue uve. Conquista attenzione il Glarus, da uve verdicchio, che con accenti marini e sicura sapidità si mostra gastronomico e coinvolgente.

Via Berardinelli, 297 - 60019 Senigallia (AN)
T. 349 0700546 | M. info@cantinamazzola.it
www.cantinamazzola.it

Viticoltura: Biologica
Ettari: 3 | **Bottiglie:** 25.000 | **Produzione olearia:** Sì
Proprietà: Manuel Giobbi
Cond. enologica: Gabriele Bovari
Cond. agronomica: Luca Mercadante
Vendita diretta: Sì | **Visite in azienda:** Sì

GLARUS 2021
Bianco Igp - Verdicchio 100%
Alc. 12,5% | € 14 | Bt. 5.000 | Ferm. Acciaio | Mat. Acciaio 12 mesi
Paglierino lucente. Accende ricordi di fiori di zagara e cera d'api con biscotti al miele e mallo di noce. Dipinge tratti salmastro-iodati che accolgono cedro e prugna gialla. Florido, energico e trascinante, delinea viva salinità e nitida persistenza gusto-olfattiva. Seducente. Ravioli di patate e baccalà.

LACRIMA DI MORRO D'ALBA SUPERIORE SANGVINETO 2018
Rosso Doc - Lacrima 100%
Alc. 13,5% | € 20 | Bt. 2.500 | Ferm. Acciaio | Mat. Acciaio 36 mesi
Filetto di scottona in sfoglia.

BANDITA
2015 | 2016

FONTENUOVO
2018

Cantine Mecella
(1977)

Enzo è sempre stato un innovatore, sebbene la sua filosofia sia ben radicata nella tradizione per la produzione di vini con una spiccata tipicità. Ritroviamo così grande freschezza nelle selezioni ed espressioni di longevità nelle Riserve. Dopo alcuni anni di assenza torna il Braccano, una vera e propria creatura di Enzo fin dal 1983, da uve ciliegiolo e merlot con un passaggio in barrique e lungo affinamento in bottiglia. Un vino, quindi, che si allinea agli ottimi risultati ottenuti costantemente nella produzione del Verdicchio.

Via Dante Alighieri, 112 - 60044 Fabriano (AN)
T. 0732 21680 | M. enzomecella@enzomecella.com
www.cantinemecella.com

Viticoltura: A basso impatto ambientale
Ettari: 4 | **Bottiglie:** 40.000 | **Produzione olearia:** No
Proprietà: Enzo Mecella
Cond. enologica: Enzo Mecella
Cond. agronomica: Enzo Mecella
Vendita diretta: Sì | **Visite in azienda:** Sì

VERDICCHIO DI MATELICA GODENZIA RISERVA 2021
Bianco Docg - Verdicchio 100%
Alc. 14% | € 18 | Bt. 3.300 | Ferm. Acciaio | Mat. Acciaio 4 mesi e Legno 2 mesi
Giallo limone dal profilo intenso e raffinato di frutta matura, melone, pesca e albicocca, anche sciroppata, con cenno agrumato. Floreale di ginestra e tocco di erbe aromatiche. Al gusto è morbido e sapido. La sferzante freschezza accompagna il persistente finale ammandorlato. Coniglio in porchetta.

VERDICCHIO DI MATELICA SAINALE 2022
Bianco Doc - Verdicchio 100%
Alc. 13,5% | € 13 | Bt. 6.000 | Ferm. Acciaio | Mat. Acciaio 3 mesi
Tagliolini all'astice.

BRACCANO 2020
Rosso Igt - Ciliegiolo 70%, Merlot 30%
Alc. 13,5% | € 18 | Bt. 2.500 | Ferm. Acciaio | Mat. Acciaio 2 mesi e Legno 6 mesi
Costolette di maiale alla brace.

VERDICCHIO DI MATELICA GODENZIA RISERVA
2020

EPILOGO BRUT
2009

Monacesca
(1966)

Effervescenti novità in casa Monacesca. Da un'annata calda, grazie a un microclima assolutamente unico come quello dell'Alta Valle dell'Esino ove stanno i vigneti, Aldo racconta una delle sue nuove creature: il Monaco Ribelle, un Verdicchio che gioca volutamente sulle freschezze. Poi le altre novità: il Blanc de Blancs Ecclesia, Metodo Classico senza dosaggio, e il Criptico, blend di verdicchio e chardonnay rimasto cinque anni sur lies. Bianchi che confermano un'identità unica e riconosciuta ormai da molti anni, per ampiezza aromatica ed eleganza di beva.

Strada Regina, 48 - 62018 Potenza Picena (MC)
T. 0733 672641 | M. info@monacesca.it
www.monacesca.it

Viticoltura: Convenzionale
Ettari: 33 | **Bottiglie:** 180.000 | **Produzione olearia:** No
Proprietà: Manfredo Pennazzi
Cond. enologica: Roberto Potentini
Cond. agronomica: Aldo Cifola
Vendita diretta: Sì | **Visite in azienda:** Sì

VERDICCHIO DI MATELICA MONACO RIBELLE 2022
Bianco Doc - Verdicchio 100%
Alc. 12,5% | € 10 | Bt. 30.000 | Mat. Acciaio 3 mesi
Sole cristallino e luminoso. Volute di tiglio, camomilla, gelsomino, anice stellato, erba cedrina e buccia di limone. Lieve sottotraccia minerale di silice. Ingresso al palato deciso, si mostra di corpo ma fresco, sapido e rispondente. Splendido epilogo che richiama temi ammandorlati. Pollo alle mandorle e curcuma.

CAMERTE 2018
Rosso Igt - Sangiovese 70%, Merlot 30%
Alc. 14,5% | € 19 | Bt. 10.000 | Ferm. Legno | Mat. Legno 30 mesi
Gulasch di manzo alla paprica dolce.

CHARDONNAY ECCLESIA BLANC DE BLANCS BRUT NATURE
Bianco Igt Metodo Classico - Chardonnay 100%
Alc. 12,5% | € 25 | Bt. 4.000 | Ferm. Acciaio | 18 mesi sui lieviti
Ravioli di patate e baccalà.

VERDICCHIO DI MATELICA 2021
Bianco Doc - Verdicchio 100%
Alc. 13,5% | € 12 | Bt. 120.000 | Ferm. Acciaio | Mat. Acciaio 8 mesi
Bocconcini di rana pescatrice in crosta di mandorle.

VERDICCHIO DI MATELICA MIRUM RISERVA 2021
Bianco Docg - Verdicchio 100%
Alc. 13,5% | € 24 | Bt. 30.000 | Ferm. Acciaio | Mat. Acciaio 18 mesi
Bollito misto con salse.

CRIPTICO 2017
Bianco Igt - Verdicchio 80%, Chardonnay 20%
Alc. 13,5% | € 59 | Bt. 6.000 | Ferm. Acciaio | Mat. Acciaio 60 mesi
Bra d'alpeggio.

VERDICCHIO DI MATELICA MIRUM RISERVA
2018 | 2019 | 2020

CAMERTE
2017

Moncaro
(1964)

È ammirevole, in questa grande cantina sinonimo di vitivinicoltura marchigiana, l'incessante ricerca volta al miglioramento della qualità e all'incremento della sostenibilità. Sono svariati, anche in collaborazione con vari enti, i progetti in corso, sia in vinificazione che in vigneto. Alternative all'uso della solforosa, miglioramento di lieviti autoctoni per la bassa produzione di solfiti, riduzione o eliminazione del rame in viticoltura biologica, monitoraggio con trenta stazioni meteo. Il risultato è una proposta d'eccellenza che spazia dai Conero ai Verdicchio, dai Piceno ai Pecorino.

Via Piandole, 7/A - 60036 Montecarotto (AN)
T. 0731 89245 | M. terrecortesi@moncaro.com
www.moncaro.com

Viticoltura: Convenzionale, biologica e lotta integrata
Ettari: 1.200 | **Bottiglie:** 10.000.000 | **Produzione olearia:** No
Proprietà: Cooperativa di produttori
Cond. enologica: Giuliano D'Ignazi, Riccardo Cotarella
Cond. agronomica: Danilo Coppa
Vendita diretta: Sì | **Visite in azienda:** Sì

(91)

CONERO NERONE RISERVA 2019
Rosso Docg - Montepulciano 100%
Alc. 14,5% | € 32 | Bt. 6.200 | Ferm. Cemento | Mat. Legno 15 mesi
Luminoso rubino. Intrecci di spezie e frutta rossa matura s'alternano a effluvi di cardamomo e di stille balsamiche e tostate. In bocca vena alcolica calda, il muscolare tannino merita appaganti evoluzioni. Dalle lunghe memorie emergono suggestioni di cacao amaro e tostature. Capriolo ai porcini.

CONERO CIMERIO RISERVA 2019
Rosso Docg - Montepulciano 100%
Alc. 13,5% | € 18 | Bt. 16.600 | Ferm. Cemento | Mat. Legno 12 mesi
Pecorino di Pienza.

PICENO SUPERIORE ROCCAVIVA 2019
Rosso Doc - Montepulciano 70%, Sangiovese 30%
Alc. 13,5% | € 13 | Bt. 5.300 | Ferm. Legno | Mat. Legno 15 mesi
Filetto alla Wellington.

ROSSO CONERO MONTEPASSO 2020
Rosso Doc - Montepulciano 90%, Sangiovese 10%
Alc. 13,5% | € 16 | Bt. 8.000 | Ferm. Acciaio | Mat. Legno 12 mesi
Mocetta di camoscio.

CASTELLI DI JESI VERDICCHIO CLASSICO VIGNA NOVALI RISERVA 2020
Bianco Docg - Verdicchio 100%
Alc. 14% | € 20 | Bt. 6.600 | Ferm. Acciaio | Mat. Acciaio 10 mesi e Legno 10 mesi
Tagliolini all'astice.

VERDICCHIO DEI CASTELLI DI JESI CLASSICO SUPERIORE FONDIGLIE 2022
Bianco Doc - Verdicchio 100%
Alc. 13% | € 6 | Bt. 80.000 | Ferm. Acciaio | Mat. Acciaio 4 mesi
Tempura di gamberi.

CONERO NERONE RISERVA
2016

VERDICCHIO DEI CASTELLI DI JESI PASSITO TORDIRUTA
2016 | 2017

Montecappone - Mirizzi
(1968)

In cantina l'evoluzione, la ricerca del nuovo e del meglio sono di casa. Vengono provate nuove vie nell'uso dei contenitori. La fermentazione ormai è quasi solo in cemento, mentre per la maturazione si alternano cemento, legno e terracotta. La linea Mirizzi si amplia ancora: al T.T. Totus Tuus, da grenache, con lunga maturazione in legno e affinamento in bottiglia, si affianca il Cogito R., sempre da grenache, ma in freschezza. Sul podio un grande Metodo Classico, il Mirizzi Millesimato, che esprime al meglio le potenzialità del Verdicchio in questa tipologia.

Via Colle Olivo, 2 - 60035 Jesi (AN)
T. 0731 205761 | M. info@montecappone.com
www.montecappone.com

Viticoltura: Convenzionale e biologica
Ettari: 50 | **Bottiglie:** 190.000 | **Produzione olearia:** Sì
Proprietà: Famiglia Mirizzi
Cond. enologica: Lorenzo Landi
Cond. agronomica: Lorenzo Landi
Vendita diretta: Sì | **Visite in azienda:** Sì

(91)

VERDICCHIO DEI CASTELLI DI JESI SPUMANTE PAS DOSÉ MIRIZZI MILLESIMÉ 2016
Bianco Doc Metodo Classico - Verdicchio 100%
Alc. 13,5% | € 48 | Bt. 1.000 | Ferm. Legno | Mat. Cemento 5 mesi
60 mesi sui lieviti
Manto aureo. Fini e persistenti bollicine. All'esordio un profluvio di crosta di pane, nuance di cedro, sambuco e timo. All'assaggio è energico e la vivace freschezza è sostenuta dal perlage di grande pregio. Ricco e lunghissimo il finale dove emergono aromi di mandorla e agrumi. Catalana di crostacei.

VERDICCHIO DEI CASTELLI DI JESI CLASSICO SUPERIORE MIRIZZI ERGO 2021
Bianco Doc - Verdicchio 100%
Alc. 15% | € 28 | Bt. 4.000 | Ferm. Cemento e Terracotta
Mat. Cemento 10 mesi e Terracotta 10 mesi
Ricciola al forno con capperi e pomodori ciliegino.

MIRIZZI T.T. TOTUS TUUS 2020
Rosso Igt - Grenache 100%
Alc. 14,5% | € 140 | Bt. 1.000 | Ferm. Cemento | Mat. Legno 12 mesi
Civet di capriolo ai funghi.

VERDICCHIO DEI CASTELLI DI JESI CLASSICO SUPERIORE FEDERICO II A.D. 1194 2022
Bianco Doc - Verdicchio 100%
Alc. 13,5% | € 12 | Bt. 10.000 | Ferm. Cemento | Mat. Cemento 5 mesi
Coniglio in umido alle erbe aromatiche.

GRENACHE MIRIZZI COGITO R. 2022
Rosso Igt - Grenache 100%
Alc. 14,5% | € 19 | Bt. 3.000 | Ferm. Cemento | Mat. Cemento 5 mesi
Filetto di manzo in crosta alle erbette.

VERDICCHIO DEI CASTELLI DI JESI CLASSICO 2022
Bianco Doc - Verdicchio 100%
Alc. 13% | € 9 | Bt. 35.000 | Ferm. Cemento | Mat. Cemento 4 mesi
Linguine con asparagi e calamaretti.

VERDICCHIO DEI CASTELLI DI JESI CLASSICO SUPERIORE MIRIZZI ERGO
2017 | 2018

CASTELLI DI JESI VERDICCHIO CLASSICO UTOPIA RISERVA
2015 | 2018 | 2019

Claudio Morelli
(1930)

Il fulcro della produzione di questa cantina è da sempre il Bianchello nelle sue varie declinazioni. All'insegna delle nuove uscite, fa ingresso in batteria un vino rosato da ciliegiolo e aleatico, quest'ultimo conosciuto nel pesarese anche con il nome di vernaccia rossa. L'assortimento dei vini conferma l'impegno di Claudio nei confronti della denominazione Bianchello del Metauro e delle uve autoctone. Rivela inoltre anche l'innata capacità di saper trasferire in bottiglia, con accuratezza e dedizione, le unicità offerte da ciascun territorio produttivo curato dall'azienda.

Viale Romagna, 47/B - 61032 Fano (PU)
T. 0721 823352 | M. info@claudiomorelli.it
www.claudiomorelli.it

Viticoltura: Biologica
Ettari: 18 | **Bottiglie:** 90.000 | **Produzione olearia:** Sì
Proprietà: Claudio Morelli
Cond. enologica: Maurilio Chioccia
Cond. agronomica: Gianfranco Mazzanti
Vendita diretta: Sì | **Visite in azienda:** Sì

BIANCHELLO DEL METAURO SUPERIORE BORGO TORRE 2022
Bianco Doc - Bianchello 100%
Alc. 14% | € 14 | Bt. 15.000 | Ferm. Acciaio | Mat. Acciaio 7 mesi
Giallo limone dalla vivace freschezza cromatica. Trame odorose di ginestra, mimosa e crema al tè matcha. Fonde accenti di paglia e rosmarino con anice stellato. Dona pesca, mandorla e limone candito. Sinuoso, sapido e ammaliante, è florido e appagante, affilato e coinvolgente. Bocconcini di rana pescatrice in crosta di mandorle.

BIANCHELLO DEL METAURO LA VIGNA DELLE TERRAZZE 2022
Bianco Doc - Bianchello 100%
Alc. 13,5% | € 12 | Bt. 15.000 | Ferm. Acciaio | Mat. Acciaio 6 mesi
Risotto agli asparagi con gamberi croccanti.

BIANCHELLO DEL METAURO SPUMANTE BRUT MÒRELL 2018
Bianco Doc Metodo Classico - Bianchello 100%
Alc. 12% | € 19 | Bt. 2.400 | Ferm. Acciaio | Mat. Acciaio 6 mesi
36 mesi sui lieviti
Ravioli di patate e baccalà.

COLLI PESARESI SANGIOVESE LA VIGNA DELLE TERRAZZE 2021
Rosso Doc - Sangiovese 100%
Alc. 14,5% | € 13 | Bt. 15.000 | Ferm. Acciaio | Mat. Acciaio 12 mesi
Piccione al forno con cipollotti.

LA VIGNA DELLE TERRAZZE 2022
Rosato Igt - Ciliegiolo 60%, Aleatico 40%
Alc. 13,5% | € 12 | Bt. 1.350 | Ferm. Acciaio | Mat. Acciaio 4 mesi
Ciauscolo.

BIANCHELLO DEL METAURO SAN CESAREO 2022
Bianco Doc - Bianchello 100%
Alc. 13% | € 11 | Bt. 20.000 | Ferm. Acciaio | Mat. Acciaio 4 mesi
Sauté di cozze.

BIANCHELLO DEL METAURO SUPERIORE BORGO TORRE
2019 | 2020

COLLI PESARESI SANGIOVESE LA VIGNA DELLE TERRAZZE
2019

Moroder
(1837)

Moroder e montepulciano, un binomio indissolubile. Antesignano del biologico, Alessandro è riuscito a declinare il vitigno principe del Conero in tutte le sue potenzialità e, con i figli Marco e Mattia, continua a valorizzarlo. Ma tutti i vitigni della tenuta, e fra questi sorprende la malvasia, vengono valorizzati alla ricerca di una modernità caratterizzata da eleganza, slancio e duttilità. Una ricerca continua, attenta alla tradizione e alla qualità, resa visibile dal recente restyling delle etichette. I due Conero Riserva confermano le aspettative grazie al patrimonio sensoriale.

Via Montacuto, 121 - 60129 Ancona (AN)
T. 071 898232 | M. mail@moroder.wine
www.moroder.wine

Viticoltura: Biologica
Ettari: 38 | **Bottiglie:** 140.000 | **Produzione olearia:** Sì
Proprietà: Alessandro Moroder
Cond. enologica: Marco Gozzi, Mattia Moroder
Cond. agronomica: Luca Mercadante, Mattia Moroder
Vendita diretta: Sì | **Visite in azienda:** Sì

CONERO ETERE RISERVA 2018
Rosso Docg - Montepulciano 100%
Alc. 14,5% | € 17 | Bt. 13.300 | Ferm. Acciaio | Mat. Legno 30 mesi
Rubino dal bordo granato. Balsamico e dai richiami medicinali, mostra fungo, muschio, tè nero. Sul fondo pietra focaia, caffè, spezie nobili e frutta rossa in confettura tracciano una rotta sensoriale inconfondibile. Bocca calda eppur dalla dotazione fresca e sapida e dal tannino setoso ma brioso. Chiude su tamarindo. Tagliata di manzo al rosmarino.

CONERO DORICO RISERVA 2018
Rosso Docg - Montepulciano 100%
Alc. 15% | € 32 | Bt. 13.300 | Ferm. Acciaio | Mat. Legno 30 mesi
Ravioli al sugo di chianina e tartufo nero.

MALVASIA DI CANDIA EMERA 2022
Bianco Igt - Malvasia bianca di Candia 100%
Alc. 12,5% | € 9 | Bt. 5.000 | Ferm. Acciaio | Mat. Acciaio 6 mesi
Torta salata ai broccoli.

ROSSO CONERO ZERO 2022
Rosso Doc - Montepulciano 100%
Alc. 14,5% | € 9 | Bt. 6.600 | Ferm. Acciaio | Mat. Cemento 7 mesi
Risotto al tartufo nero.

ROSA DI MONTACUTO 2022
Rosato Igt - Syrah 70%, Alicante 15%, Sangiovese 15%
Alc. 13% | € 9 | Bt. 6.500 | Ferm. Acciaio | Mat. Acciaio 4 mesi
Crostini con burro e salmone.

MORODER BRUT ROSÉ
Rosato Metodo Martinotti - Sangiovese 50%, Syrah 50%
Alc. 11,5% | € 9 | Bt. 6.000 | Ferm. Acciaio | 4 mesi sui lieviti
Cocktail di gamberetti.

CONERO ETERE RISERVA
2017

ROSSO CONERO ZERO
2021

Muròla
(1724)

Ricerca e attenzione al terroir sono elementi importanti per quest'azienda che nell'ultimo anno ha prodotto vini, da uve coltivate in regime di conversione biologica, ricchi e strutturati come sintesi di un'estate calda e siccitosa. Ma da annate precedenti deriva il Teodoro, che conquista per il profilo olfattivo ricco e variegato e per l'assaggio strutturato e di equilibrio. Parimenti l'Antek, un Sangiovese che mostra finezza e potenza combinati insieme con una lunga maturazione fra acciaio e legno. Il focus resta sempre anche sul Ribona e sul Baccius, estremamente varietale.

Contrada Villamagna, 9 - 62010 Urbisaglia (MC)
T. 0733 506843 | M. info@murola.it
www.murola.it

Viticoltura: In conversione al biologico
Ettari: 70 | **Bottiglie:** 200.000 | **Produzione olearia:** Sì
Proprietà: Famiglia Mosiewicz
Cond. enologica: Staff aziendale
Cond. agronomica: Staff aziendale
Vendita diretta: Sì | **Visite in azienda:** Sì

TEODORO 2019
Rosso Igt - Montepulciano 100%
Alc. 14% | € 15 | Bt. 7.200 | Ferm. Acciaio | Mat. Acciaio 12 mesi e Legno 12 mesi
Rosso granato cupo e pieno. Cacao, tabacco biondo, viola appassita. Ciliegie in confettura, vaniglia e pepe bianco. Bacche di ginepro e tratti balsamici. Al gusto le componenti di morbidezza e alcolicità incontrano la sensazione d'astringenza, ben integrata. Corpo ben saldo. Retrogusto speziato. Manzo brasato con funghi.

SANGIOVESE ANTEK 2018
Rosso Igt - Sangiovese 100%
Alc. 14% | € 35 | Bt. 4.000 | Ferm. Acciaio | Mat. Acciaio 20 mesi e Legno 18 mesi
Oca arrosto.

COLLI MACERATESI RIBONA BACCIUS 2022
Bianco Doc - Maceratino 100%
Alc. 12,5% | € 13 | Bt. 6.600 | Ferm. Acciaio | Mat. Acciaio 6 mesi
Ravioli burro e salvia.

JUREK DILECTUM DOMINI BRUT
S.A.

GIULIA MORICHELLI D'ALTEMPS
2017 | 2018 | 2020

Numa
(2016)

Dopo aver fatto importanti esperienze all'estero, Pier Francesco, con l'aiuto della famiglia, ha costruito una cantina funzionale ed estremamente tecnologica nel cuore vitivinicolo del Piceno. Vitigni autoctoni, montepulciano e pecorino, e adozione di tecniche di vinificazione ispirate da tradizioni d'oltralpe per realizzare vini dall'identità ben definita. Ne risulta una produzione di alto livello, con picchi raggiunti nelle Limited Edition, soprattutto in ottica evolutiva, apprezzabili sia in versione rosso che bianco.

Contrada San Michele, 18 - 63065 Ripatransone (AP)
T. 334 7751831 | M. info@cantinanuma.it
www.cantinanuma.it

Viticoltura: Biologica
Ettari: 15 | **Bottiglie:** 25.000 | **Produzione olearia:** No
Proprietà: Pier Francesco Liberi
Cond. enologica: Pier Francesco Liberi
Cond. agronomica: Pier Francesco Liberi
Vendita diretta: Sì | **Visite in azienda:** Sì

NUMA ROSSO LIMITED EDITION 2019
Rosso Igp - Montepulciano 100%
Alc. 14% | € 45 | Bt. 1.384 | Ferm. Legno | Mat. Legno 26 mesi
Cremisi vibrante. Al naso riconoscimenti di lampone, ciliegia e glicine, con orme di noce moscata in sottofondo. In bocca è acceso e di classe, con un tannino cesellato e una freschezza che gli permetteranno di esprimersi al meglio tra qualche anno. Intrigante finale di aromi fruttati. Filetto di manzo alla Voronoff.

OFFIDA PECORINO LIMITED EDITION 2019
Bianco Docg - Pecorino 100%
Alc. 14% | € 38 | Bt. 2.744 | Ferm. Legno | Mat. Legno 15 mesi
Pesce spada alla griglia.

ROSSO PICENO SUPERIORE 2020
Rosso Doc - Montepulciano 70%, Sangiovese 30%
Alc. 13,5% | € 16 | Bt. 4.500 | Ferm. Acciaio | Mat. Legno 25 mesi
Costoletta alla valdostana.

OFFIDA PECORINO 2021
Bianco Docg - Pecorino 100%
Alc. 13,5% | € 15 | Bt. 7.000 | Ferm. Acciaio | Mat. Acciaio 15 mesi
Branzino al sale su letto di patate.

Oasi degli Angeli
(1997)

Riguardo alle creature di Marco Casolanetti c'è poco che si possa dire, che non si sappia già bene. Un personaggio che ha operato una vera e propria rivoluzione agronomica con le sue bassissime rese in vigna che non hanno eguali nel territorio. È questo che porta a una grande ricchezza del frutto che si ritrova poi nei calici delle due etichette prodotte. Vini iconici che sono diventati un vezzo per gli amatori e per i collezionisti. Il Kurni, riconoscibile a occhi chiusi, conquista per la sua energica struttura.

Contrada S. Egidio, 50 - 63064 Cupra Marittima (AP)
T. 0735 778569 | M. info@kurni.it
www.kurni.it

Viticoltura: Biologica e biodinamica
Ettari: 16 | **Bottiglie:** 7.500 | **Produzione olearia:** Sì
Proprietà: Eleonora Rossi
Cond. enologica: Marco Casolanetti
Cond. agronomica: Marco Casolanetti
Vendita diretta: Sì | **Visite in azienda:** Sì

(92)
KURNI 2021
Rosso Igt - Montepulciano 100%
Alc. 14,5% | € 120 | Bt. 7.000 | Ferm. Legno | Mat. Legno 20 mesi
Impenetrabile, denso, profondo rubino con i primi riflessi granato. Visciola sotto spirito, vaniglia e pepe bianco. Cardamomo, viola e rosa rossa. Ricordi di alloro, infine cioccolato. Al gusto è voluminoso, carezzevole, morbido. Tannino levigatissimo. Lunghissimo su toni di frutta rossa e spezie. Bitto stravecchio.

KUPRA 2020
Rosso Igt - Alicante 100%
Alc. 14,5% | € 250 | Bt. 500 | Ferm. Cemento | Mat. Legno 32 mesi
Pluma di maialino Bellota con cipolle caramellate.

KUPRA
2015 | 2017 | 2018

KURNI
2014

Piantate Lunghe
(2004)

Vogliamo produrre il miglior Rosso Conero di cui siamo capaci, è il motto di Roberto e Amedeo, che stanno lavorando di buona lena alla trasformazione della loro cantina, con un progetto radicale. Valorizzare e sperimentare in vigna e in cantina, questa la filosofia, e una grande passione che permette loro di ottenere dal montepulciano risultati sorprendenti. Il loro motto è confermato da tutte le etichette che presentano. Naturalmente i Conero Riserva prevalgono per eleganza, struttura e portanza.

Via Piantate Lunghe, 91 - Frazione Candia - 60131 Ancona (AN)
T. 380 4186414 | M. info@piantatelunghe.it
www.piantatelunghe.it

Viticoltura: Convenzionale
Ettari: 4 | **Bottiglie:** 22.000 | **Produzione olearia:** Sì
Proprietà: Roberto Mazzoni, Amedeo Giustini e Nicola Splendiani
Cond. enologica: Mirco Niccolai, Roberto Mazzoni
Cond. agronomica: Roberto Mazzoni, Luca Mercadante
Vendita diretta: Sì | **Visite in azienda:** Sì

CONERO ROSSINI RISERVA 2017
Rosso Docg - Montepulciano 100%
Alc. 14% | € 30 | Bt. 8.600 | Ferm. Legno e Acciaio | Mat. Legno 22 mesi
Rubino fitto. Fiori macerati si uniscono a confettura di more, tamarindo, radice di liquirizia, pepe nero, tabacco dolce. Al gusto mostra potenza ed equilibrio, con una generosa dotazione alcolica. La sensazione inconfondibile è di essere al cospetto di un grande vino, che ha davanti a sé un luminoso cammino. Medaglioni di cervo con riduzione di cottura.

CONERO IL PALAZZO RISERVA 2018
Rosso Docg - Montepulciano 100%
Alc. 14,5% | € 30 | Bt. 7.900 | Ferm. Legno e Acciaio | Mat. Legno 22 mesi
Nodini di cinta senese lardellati al forno.

ROSSO CONERO 2018
Rosso Doc - Montepulciano 100%
Alc. 14% | € 10 | Bt. 8.600 | Ferm. Acciaio | Mat. Cemento 24 mesi
Spezzatino di manzo.

CONERO ROSSINI RISERVA
2016

ROSSO CONERO
2016

Piersanti
(1955)

La storia della famiglia Piersanti può rappresentare uno dei tipici esempi di imprenditoria marchigiana. Da una piccola realtà di paese si è arrivati, di generazione in generazione, a creare un'azienda che cogliendo le opportunità dei nuovi mercati, anche internazionali, riesce a muovere grandi numeri. Tutto ciò, però, senza perdere le sue radici familiari e il legame con il territorio, da sempre vocato al vino e principalmente al Verdicchio. Così facendo, dà lustro a questo grande vino marchigiano realizzando anche bottiglie quasi di nicchia e di sicura qualità.

Via Borgo Santa Maria, 60 - 60038 San Paolo di Jesi (AN)
T. 0731 703214 | M. info@piersantivini.com
www.piersantivini.com

Viticoltura: Convenzionale
Ettari: 28 | **Bottiglie:** 4.000.000 | **Produzione olearia:** No
Proprietà: Famiglia Piersanti
Cond. enologica: Nicola Piersanti
Cond. agronomica: Staff aziendale
Vendita diretta: Sì | **Visite in azienda:** Sì

(91)
VERDICCHIO DEI CASTELLI DI JESI CLASSICO SUPERIORE 101 PERCENTO DANIELE TOMBOLINI ENOLOGO 2021
Bianco Doc - Verdicchio 100%
Alc. 14,5% | € 15 | Bt. 2.000 | Ferm. Acciaio | Mat. Acciaio 6 mesi e Legno 6 mesi
Giallo paglierino. L'eleganza si manifesta in fragranze di fiori gialli, cera d'api, mandorla, scie marine e percezioni tostate. Poi scorza di cedro e giuggiola. Al palato è impeccabile. Verticale, sapido e in perfetto equilibrio, si mantiene ricco fino alla chiusura gradevolmente sapida. Capitone in umido.

VERDICCHIO DEI CASTELLI DI JESI CLASSICO SUPERIORE TERRE DI SAMPAOLO 2021
Bianco Doc - Verdicchio 100%
Alc. 14% | € 12 | Bt. 20.000 | Ferm. Acciaio | Mat. Acciaio 6 mesi
Tortelli di branzino con salsa d'astice.

VERDICCHIO DEI CASTELLI DI JESI CLASSICO QUOTA 311 MT S.L.M. 2022
Bianco Doc - Verdicchio 85%, Malvasia 15%
Alc. 13% | € 7 | Bt. 200.000 | Ferm. Acciaio | Mat. Acciaio 2 mesi
Garganelli freschi con gamberi di fiume.

VERDICCHIO DEI CASTELLI DI JESI CLASSICO SUPERIORE ORI DI VERDICCHIO
2018 | 2019

VERDICCHIO DEI CASTELLI DI JESI CLASSICO SUPERIORE BACARÉTO
2020

●●○○

Pievalta
(2003)

Con l'obiettivo di incrementare e migliorare la produzione del Verdicchio nell'ultimo anno sono stati reimpiantati due nuovi ettari nel vigneto Fosso del Lupo, estirpato pochi anni fa. Per notizia, nello stesso areale sono stati occupati quattro ettari a seminativo di cereali per la produzione della loro pasta. Nei vigneti è stato ridotto leggermente l'utilizzo del sovescio per cercare di lasciare intatto il terreno e non perderne l'umidità. I risultati magistrali degli ultimi Verdicchio confermano pienamente le scelte a monte dell'azienda.

Via Monteschiavo, 18 - 60030 Maiolati Spontini (AN)
T. 0731 705199 | M. pievalta@baronepizzini.it
www.pievalta.it

Viticoltura: Biologica e biodinamica
Ettari: 34 | **Bottiglie:** 150.000 | **Produzione olearia:** Sì
Proprietà: Barone Pizzini
Cond. enologica: Alessandro Fenino, Sergio Paolucci
Cond. agronomica: Pierluigi Donna
Vendita diretta: Sì | **Visite in azienda:** Sì

CASTELLI DI JESI VERDICCHIO CLASSICO SAN PAOLO RISERVA 2020
Bianco Docg - Verdicchio 100%
Alc. 13,5% | € 23 | Bt. 13.537 | Ferm. Acciaio | Mat. Acciaio 18 mesi e Legno 18 mesi e Cemento 18 mesi
Quasi oro brillante. Sensazioni di pietra focaia, selce e frutta matura come mela cotogna, prugna e albicocca. Prosegue con malie di pompelmo e mandorle su sfondo floreale d'acacia e sambuco. Beva energica, dinamica, sapida, è un vino al contempo fresco e morbido, dall'estensione piacevolissima. Pesce spada gratinato.

VERDICCHIO DEI CASTELLI DI JESI CLASSICO SUPERIORE DOMINÈ 2021
Bianco Doc - Verdicchio 100%
Alc. 13% | € 12 | Bt. 17.333 | Ferm. Acciaio | Mat. Acciaio 2 mesi e Legno 12 mesi e Cemento 20 mesi
Ravioli di patate e baccalà.

PERLUGO ZERO DOSAGGIO ZERO
Bianco Metodo Classico - Verdicchio 100%
Alc. 12,5% | € 15 | Bt. 20.000 | Ferm. Acciaio | Mat. Acciaio 6 mesi
24 mesi sui lieviti
Tartare di scampi.

VERDICCHIO DEI CASTELLI DI JESI CLASSICO SUPERIORE TRE RIPE 2022
Bianco Doc - Verdicchio 100%
Alc. 12,5% | € 9 | Bt. 98.000 | Ferm. Acciaio | Mat. Acciaio 6 mesi
Spaghetti con vongole veraci.

CASTELLI DI JESI VERDICCHIO CLASSICO SAN PAOLO RISERVA
2013 | 2016

PERLUGO ZERO DOSAGGIO ZERO
S.A.

●○○○

Podere sul Lago
(1999)

Azienda a conduzione familiare che fa di passione e fatica la ricetta per creare vini di qualità. L'orgoglio per le proprie radici valorizza la vernaccia nera, pur strizzando l'occhio a vitigni internazionali come il merlot. I vigneti, posti a cinquecento metri di altitudine, grazie all'interessante escursione termica e alla vendemmia anticipata, garantiscono ottimi risultati. Ne sono esempio il Travenano, espressione fedele e preziosa della denominazione Serrapetrona, e il Ruggero da uve merlot, che lascia una traccia originale nella memoria olfattiva.

Via Castello, 20 - Località Borgiano - 62020 Serrapetrona (MC)
T. 333 3017380 | M. info@poderesullago.it
www.poderesullago.it

Viticoltura: Biologica
Ettari: 4,2 | **Bottiglie:** 10.000 | **Produzione olearia:** Sì
Proprietà: Sandrino Quadraroli
Cond. enologica: David Soverchia
Cond. agronomica: David Soverchia
Vendita diretta: Sì | **Visite in azienda:** Sì

SERRAPETRONA TRAVENANO 2018
Rosso Doc - Vernaccia nera 100%
Alc. 13% | € 24 | Bt. 1.300 | Ferm. Legno e Acciaio | Mat. Legno 10 mesi
Manto rubino con barlumi granato. Prezioso attacco su ciliegia e glicine, poi regala sbuffi di rosa, viola e gerani appassiti. Legno di sandalo, cenni di pepe nero. Assaggio vigoroso ed equilibrio sostenuto da tannini di bella caratura. Buona la persistenza su rimandi pepati e scorza d'agrumi. Tacchino stufato con peperoni e radicchio.

MERLOT IL RUGGERO 2016
Rosso Igt - Merlot 100%
Alc. 14% | € 25 | Bt. 2.000 | Ferm. Legno e Acciaio | Mat. Legno 12 mesi
Quaglie alla cacciatora.

Poderi Mattioli
(2010)

È una moderna cantina con sala di degustazione panoramica in mezzo ai vigneti, nel cuore della zona del Verdicchio Classico. La conduzione biologica è lo sbocco quasi naturale della tradizione di famiglia di produrre vino rispettando l'ambiente, che risale al nonno di Giordano, quindi ai primi anni Sessanta del secolo scorso. Il vitigno più coltivato è appunto il verdicchio, che viene declinato pure in un'interessante versione spumante Metodo Classico Dosaggio Zero, oltre alle tipologie Superiore, l'Ylice, e Riserva, il Lauro, eccellente per raffinatezza.

Via Farneto, 17/A - 60030 Serra de' Conti (AN)
T. 0731 075335 | M. info@poderimattioli.it
www.poderimattioli.it

Viticoltura: Biologica
Ettari: 7 | **Bottiglie:** 45.000 | **Produzione olearia:** No
Proprietà: Giordano Mattioli
Cond. enologica: Giacomo Mattioli
Cond. agronomica: Giordano Mattioli
Vendita diretta: Sì | **Visite in azienda:** Sì

92

CASTELLI DI JESI VERDICCHIO CLASSICO LAURO RISERVA 2020
Bianco Docg - Verdicchio 100%
Alc. 13% | € 28 | Bt. 6.600 | Ferm. Acciaio | Mat. Acciaio 24 mesi
Striature verdoline impreziosiscono il marcato giallo paglierino. Ricco e raffinato nei profumi, rapisce per il bouquet di tiglio, anice e sambuco più buccia d'agrumi, pesca gialla e mandorla. Il sorso è morbido e persistente. Chiude senza fretta su echi vegetali di macchia mediterranea. Pesce spada gratinato.

PODERI MATTIOLI DOSAGGIO ZERO 2017
Bianco Metodo Classico - Verdicchio 75%, Chardonnay 25%
Alc. 12,5% | € 32 | Bt. 2.000 | Ferm. Acciaio | Mat. Acciaio 6 mesi
51 mesi sui lieviti
Ostriche Belon.

VERDICCHIO DEI CASTELLI DI JESI CLASSICO SUPERIORE YLICE 2021
Bianco Doc - Verdicchio 100%
Alc. 13% | € 17 | Bt. 33.000 | Ferm. Acciaio | Mat. Acciaio 12 mesi
Catalana di crostacei.

CASTELLI DI JESI VERDICCHIO CLASSICO LAURO RISERVA
2018 | 2019

VERDICCHIO DEI CASTELLI DI JESI CLASSICO SUPERIORE YLICE
2019

Provima
(1932)

Massima attenzione al territorio e al biologico, con uno sguardo sempre al futuro, grazie al progetto di controllo naturale dell'ambiente attraverso l'apicoltura. Il carattere identitario aziendale si arricchisce con la chicca dell'anno, il Verdicchio Riserva 2019, commemorativo dei novant'anni dalla fondazione e destinato all'invecchiamento. Questo vino colpisce il palato con la sua forza e finezza e lascia lunga traccia nella memoria. Nuove e accattivanti le etichette fascianti riservate alla linea classica Jana, completate dalla scelta moderna del pratico tappo a vite Stelvin.

Via Raffaello, 1/C - 62024 Matelica (MC)
T. 0737 84013 | M. info@cantineprovima.it
www.cantineprovima.it

Viticoltura: Convenzionale e biologica
Bottiglie: 160.000 | **Produzione olearia:** No
Proprietà: Cooperativa di produttori
Cond. enologica: Lucio Matricardi
Cond. agronomica: Staff aziendale
Vendita diretta: Sì | **Visite in azienda:** Sì

VERDICCHIO DI MATELICA 90 ANNIVERSARIO RISERVA 2019
Bianco Docg - Verdicchio 100%
Alc. 14% | € 29 | Bt. 3.300 | Ferm. Cemento | Mat. Legno 12 mesi
Colore che volge al dorato. Non frappone indugi, inebria il naso in un ricco susseguirsi di scaglie di cioccolato bianco, zafferano, vaniglia, miele. Intreccio di rosa gialla appassita, nespola, albicocca e tostatura di mandorla. Il palato è pieno e morbido, con spina dorsale fresco-sapida. Lunga estensione. Coniglio in porchetta.

VERDICCHIO DI MATELICA TERRAMONTE 2022
Bianco Doc - Verdicchio 100%
Alc. 14% | € 14 | Bt. 6.700 | Ferm. Acciaio | Mat. Cemento 8 mesi
Calamarata con ragù di pesce spada.

VERDICCHIO DI MATELICA EGOS 2022
Bianco Doc - Verdicchio 100%
Alc. 14% | € 12 | Bt. 20.000 | Ferm. Cemento | Mat. Cemento 4 mesi
Branzino al sale su letto di patate.

VERDICCHIO DI MATELICA JANA 2022
Bianco Doc - Verdicchio 100%
Alc. 13,5% | € 9 | Bt. 20.000 | Ferm. Cemento | Mat. Cemento 4 mesi
Guazzetto di fasolari.

ANNO DOMINI 1579 BRUT
Bianco Metodo Martinotti - Chardonnay 50%, Verdicchio 50%
Alc. 12,5% | € 12 | Bt. 6.700 | Ferm. Acciaio | Mat. Acciaio 3 mesi
1 mese sui lieviti
Frittura di calamari, gamberi e zucchine.

VOCÀBOLO ROSSO 2021
Rosso Igt - Merlot 40%, Petit verdot 40%, Sangiovese 20%
Alc. 14% | € 17 | Bt. 6.700 | Ferm. Acciaio | Mat. Acciaio 6 mesi e Legno 6 mesi
Fettuccine al ragù d'agnello.

VERDICCHIO DI MATELICA MATÉRGA RISERVA
2018 | 2020

VERDICCHIO DI MATELICA EGOS
2021

Alberto Quacquarini
(1958)

Dall'orgoglio, dall'attaccamento al proprio terroir e da un costante lavoro dei fratelli nell'azienda cresce la simbiosi con lo storico vitigno di Serrapetrona, la vernaccia nera. Grazie all'annata molto calda e ai cinquecento metri di altitudine l'ultima vendemmia ha regalato vini di grande qualità. Interessante l'ottima affermazione della vernaccia nera nei vini fermi, sia come monovitigno che in associazione ad altri vitigni internazionali. Esemplari di ciò l'eccellente e caldo Petronio e il Colli della Serra, ambedue provenienti da lunghe maturazioni fra acciaio e legno.

Via Colli, 12 - 62020 Serrapetrona (MC)
T. 0733 908180 | M. info@quacquarini.it
www.quacquarini.it

Viticoltura: Biologica
Ettari: 35 | **Bottiglie:** 150.000 | **Produzione olearia:** No
Proprietà: Monica, Luca e Mauro Quacquarini
Cond. enologica: Luca Quacquarini
Cond. agronomica: Luca Quacquarini
Vendita diretta: Sì | **Visite in azienda:** Sì

94

PETRONIO 2017
Rosso Igt - Vernaccia nera 100%
Alc. 16% | € 32 | Bt. 5.000 | Ferm. Acciaio | Mat. Acciaio 18 mesi e Legno 24 mesi
Granato netto. Apre su mélange di fiori secchi, humus boschivo, spezie dolci, cacao, buccia d'arancia disidratata e sandalo. Poi incedono china e incenso. In bocca la calibrata alcolicità equilibra la verve fresco sapida. Il tannino setoso dona avvolgenza. Persiste un caldo ricordo di frutti rossi sotto spirito. Beccacce allo spiedo.

COLLI DELLA SERRA 2018
Rosso Igt - Cabernet 25%, Merlot 25%, Sangiovese 25%, Vernaccia nera 25%
Alc. 14% | € 18 | Bt. 5.000 | Ferm. Acciaio | Mat. Acciaio 18 mesi e Legno 24 mesi
Agnello al forno con rosmarino.

VERNACCIA DI SERRAPETRONA DOLCE
Rosso Docg Metodo Martinotti Dolce - Vernaccia nera 100%
Alc. 12,5% | € 15 | Bt. 80.000 | Ferm. Acciaio | Mat. Acciaio | 10 mesi sui lieviti
Crostata ai frutti di bosco con mandorle e noci.

SERRAPETRONA 2021
Rosso Doc - Vernaccia nera 100%
Alc. 12,5% | € 11 | Bt. 18.000 | Ferm. Acciaio | Mat. Acciaio 10 mesi
Maialino in agrodolce.

VERNACCIA DI SERRAPETRONA SECCO
Rosso Docg Metodo Martinotti - Vernaccia nera 100%
Alc. 12,5% | € 16 | Bt. 80.000 | Ferm. Acciaio | 10 mesi sui lieviti
Lombata di vitello su letto di cipolline saltate.

VERNACCIA DI SERRAPETRONA DOLCE
S.A.

VERNACCIA DI SERRAPETRONA SECCO
S.A. | S.A.

Rio Maggio
(1976)

Un anno all'insegna delle novità. Cambio creativo ed estetico per Falerio, Passerina e Rosso Piceno, sia nell'immagine che nel materiale, con utilizzo di carta certificata FSC e ricorso a bottiglie più leggere. Lotta integrata in vigna finalizzata alla certificazione, ottenuta, dell'assenza di residui fitosanitari nelle uve e nel vino. In cantina utilizzo di lieviti neutri e preferenza per le fermentazioni spontanee per i vini rossi, che si rivelano nella linea della tradizione con le due declinazioni del Rosso Piceno.

Contrada Vallone, 41 - 63812 Montegranaro (FM)
T. 0734 889587 | M. info@riomaggio.it
www.riomaggiovini.it

Viticoltura: Certificazione residuo zero
Ettari: 10 | **Bottiglie:** 85.000 | **Produzione olearia:** Sì
Proprietà: Famiglia Santucci
Cond. enologica: Ettore Janni
Cond. agronomica: Alessia Santucci, Ettore Janni
Vendita diretta: Sì | **Visite in azienda:** Sì

ROSSO PICENO VALLONE 2019
Rosso Doc - Montepulciano 70%, Sangiovese 30%
Alc. 14% | € 18 | Bt. 10.000 | Ferm. Acciaio | Mat. Legno 12 mesi
Deciso carminio dai ricami granato. Cioccolato, vaniglia, liquirizia nera. Confettura di amarena, sandalo. Al gusto è solido, di corpo, dal tannino percettibile ma cesellato. La componente alcolica viene bilanciata dalle parti dure. Epilogo che torna sulla frutta rossa lavorata. Carré di maiale con spinaci.

FALERIO PECORINO COLLE MONTEVERDE 2022
Bianco Doc - Pecorino 100%
Alc. 13% | € 16 | Bt. 6.000 | Ferm. Acciaio | Mat. Cemento 24 mesi
Ravioli di pesce con sugo di canestrelli.

ROSSO PICENO GRANARIJS 2019
Rosso Doc - Montepulciano 70%, Sangiovese 30%
Alc. 15% | € 28 | Bt. 4.000 | Ferm. Acciaio e Cemento | Mat. Legno 20 mesi
Tagliata al pepe verde.

TELUSIANO 2021
Bianco Igt - Pecorino 40%, Trebbiano 40%, Verdicchio 20%
Alc. 14% | € 16 | Bt. 8.000 | Ferm. Acciaio | Mat. Acciaio 10 mesi
Soufflé con pecorino e crema di patate.

VINUM 62
2019

ROSSO PICENO GRANARIJS
2015 | 2017 | 2018

Ripawine
(2016)

Un gruppo di fieri viticoltori che si sono uniti per aumentare la visibilità commerciale dei loro prodotti, ottenuti dai vigneti di proprietà posti tra Offida e Ripatransone. Il motto "Coltivare passioni per realizzare sogni" esprime la cura posta nella scelta del biologico e il rispetto del territorio, protagonista di ogni calice. Cavallo di razza e testimone del territorio si dimostra per ampiezza gusto-olfattiva l'Offida Rosso Klausura. Il Sangiovese Moro Matto, frutto di diverse tecnologie, esprime contrasti tra leggerezze fruttate e spessori ceduti dalla maturazione in cemento.

Via Fonte Antica, 37 - 63065 Ripatransone (AP)
T. 348 5745846 | M. info@ripawine.it
www.ripawine.it

Viticoltura: Convenzionale e biologica
Ettari: 30 | **Bottiglie:** 10.000 | **Produzione olearia:** No
Proprietà: Cooperativa di produttori
Cond. enologica: Sandro Crescenzi
Cond. agronomica: Staff aziendale
Vendita diretta: Sì | **Visite in azienda:** No

OFFIDA ROSSO KLAUSURA 2019
Rosso Docg - Montepulciano 90%, Petit verdot 10%
Alc. 14% | € 24 | Bt. 2.000 | Ferm. Acciaio | Mat. Acciaio 18 mesi e Legno 18 mesi
Bordatura granato su corpo rubino. Al naso libera balsamicità, note ferruginose e una ventata di cedro. Soffi di sottobosco profondo. Polvere di caffè, tabacco dolce e pepe nero stuzzicano e perfezionano l'olfazione. L'ingresso è calorico e fresco al contempo, con tannicità integrata e di pregevole fattura. Straccetti di cavallo.

SANGIOVESE MORO MATTO 2021
Rosso Igp - Sangiovese 90%, Montepulciano 10%
Alc. 14% | € 24 | Bt. 2.000 | Ferm. Acciaio | Mat. Cemento 12 mesi
Brasato di manzo al vino rosso.

ROSSO PICENO SUPERIORE TRUFO 2020
Rosso Dop - Montepulciano 70%, Sangiovese 20%, Cabernet 10%
Alc. 14% | € 24 | Bt. 2.000 | Ferm. Acciaio | Mat. Legno 18 mesi
Capretto arrosto alle erbe aromatiche.

OFFIDA PECORINO GEKO 2022
Bianco Docg - Pecorino 100%
Alc. 14% | € 24 | Bt. 2.000 | Ferm. Acciaio e Cemento | Mat. Cemento 6 mesi
Coniglio al forno con patate.

OFFIDA PASSERINA KRETA 2022
Bianco Docg - Passerina 100%
Alc. 12% | € 24 | Bt. 2.000 | Ferm. Acciaio e Cemento | Mat. Cemento 6 mesi
Filetto di orata in crosta di mandorle e patate.

ROSSO PICENO SUPERIORE TRUFO
2015

OFFIDA ROSSO KLAUSURA
2017

Saladini Pilastri
(1985)

L'ondata di rinnovamento in corso ha portato alla riorganizzazione del portfolio, con la concentrazione sulle denominazioni più rappresentative del Piceno e sui vini tradizionali. Rivisitate anche le etichette che, pur rinnovate, continuano a ritrarre i luoghi aziendali del cuore in veste più attuale. Importante la decisione di rimandare l'uscita del Vigna Monteprandone e del Montetinello, per dare tempo a questi vini di esprimersi al meglio, magari li avremo per la prossima edizione. Nel frattempo tutti gli altri vini evidenziano l'ottimo lavoro svolto prima in vigna e poi in cantina.

Via Saladini, 5 - 63078 Spinetoli (AP)
T. 0736 899534 | M. info@saladinipilastri.it
www.saladinipilastri.it

Viticoltura: Biologica
Ettari: 150 | **Bottiglie:** 650.000 | **Produzione olearia:** Sì
Proprietà: Saladino Saladini Pilastri
Cond. enologica: Fabio Felicioni
Cond. agronomica: Graziano Celani
Vendita diretta: Sì | **Visite in azienda:** Sì

OFFIDA PECORINO COMES 2022
Bianco Docg - Pecorino 100%
Alc. 13,5% | € 18 | Bt. 50.000 | Ferm. Cemento | Mat. Cemento 6 mesi
Paglierino con screzi verdolini. Profilo odoroso disposto su camomilla, mandorla, lavanda. Poi bergamotto e pesca Saturnia. Palato dal timbro caldo, ben sorretto da succosa freschezza e pacata sapidità. Si congeda lentamente su echi di mandorla verde. Fritto di paranza.

ROSSO PICENO SUPERIORE PIEDIPRATO 2021
Rosso Doc - Montepulciano 50%, Sangiovese 50%
Alc. 13,5% | € 16 | Bt. 40.000 | Ferm. Acciaio | Mat. Legno 6 mesi
Arista di maiale con salsa di prugne.

CONSENSO 2022
Rosato Igt - Sangiovese 80%, Merlot 20%
Alc. 13% | € 16 | Bt. 20.000 | Ferm. Cemento | Mat. Cemento 6 mesi
Paccheri con salsa di pomodoro e basilico.

PREGIO DEL CONTE 2021
Rosso Igt - Montepulciano 60%, altre varietà 40%
Alc. 14% | € 24 | Bt. 10.000 | Ferm. Acciaio | Mat. Legno 18 mesi
Pappardelle al ragù di cervo.

FALERIO 2022
Bianco Doc - Trebbiano 50%, Pecorino 20%, Passerina 15%, Chardonnay 10%, Fiano 5%
Alc. 13,5% | € 13 | Bt. 90.000 | Ferm. Cemento | Mat. Cemento 5 mesi
Squacquerone di Romagna.

OFFIDA PASSERINA ROCCOLO 2022
Bianco Docg - Passerina 100%
Alc. 13% | € 16 | Bt. 20.000 | Ferm. Cemento | Mat. Cemento 5 mesi
Crostini con baccalà mantecato.

PREGIO DEL CONTE
2020

ROSSO PICENO SUPERIORE MONTETINELLO
2020

San Michele a Ripa
(2013)

Una realtà che nasce dalla voglia di avvicinarsi alla produzione del vino per passione, al fine di suscitare emozioni, cercando di esplorare un modo nuovo e sconosciuto. È questa la sfida di Marco Alfonzi, che ha scelto di coltivare, a Ripatransone, i principali vitigni della denominazione Offida, in pochi ettari immersi in un anfiteatro naturale che guarda verso il mare e circondati da un'area boschiva, a godere di un microclima particolarmente vocato. Si confermano su ottimi livelli Pecorino e Passerina, ma una nota particolare merita l'Offida Rosso Rubra, che sfiora l'eccellenza.

Contrada San Michele, 24 - 63065 Ripatransone (AP)
T. 0736 246756 | M. info@sanmichelearipa.com
www.sanmichelearipa.com

Viticoltura: Biologica
Ettari: 5 | **Bottiglie:** 25.000 | **Produzione olearia:** No
Proprietà: Marco Alfonzi e Patrizia Ceteroni
Cond. enologica: Roberto Pasquali
Cond. agronomica: Staff aziendale
Vendita diretta: Sì | **Visite in azienda:** Sì

OFFIDA ROSSO RUBRA 2016
Rosso Docg - Montepulciano 100%
Alc. 13,5% | € 30 | Bt. 3.117 | Ferm. Acciaio | Mat. Legno 36 mesi
Rubino lucente. Esperienza olfattiva che si sviluppa dall'intreccio di frutta rossa sotto spirito, peperone grigliato, pepe nero e carruba. Dopo: cacao, accenni ferrosi, humus e smalto. Sorso pregevole con astringenza setosa e orchestrante, garante di una chiosa mai doma, giocata su echi speziati ed eterei. Piccione ai porcini e tartufo nero.

OFFIDA PECORINO FALCHETTI 2021
Bianco Docg - Pecorino 100%
Alc. 13,5% | € 16 | Bt. 4.784 | Ferm. Acciaio | Mat. Acciaio 12 mesi
Risotto con mazzancolle al profumo d'arancia.

OFFIDA PASSERINA BRANCUNA 2021
Bianco Docg - Passerina 100%
Alc. 13% | € 12 | Bt. 3.318 | Ferm. Acciaio | Mat. Acciaio 12 mesi
Crema di zucca con gamberi croccanti.

OFFIDA PECORINO FALCHETTI
2018 | 2020

OFFIDA PASSERINA BRANCUNA
2018 | 2020

Sangiovanni
(1970)

La qualità dei vini si ottiene da un estremo rispetto della natura; da sempre in quest'azienda si crede nello sfruttamento controllato dei terreni, cercando di preservarli e di non impoverirli. Quest'anno i migliori risultati vengono dai vini rossi, con il mirabile Leo Guelfus, un Piceno Superiore di tradizione, che raggiunge l'apice. Alla vitivinicoltura si affianca anche la produzione di olio extravergine di oliva biologico, ottenuto per centrifugazione dalle olive di piante coltivate nello stesso territorio di Offida.

Contrada Ciafone, 41 - 63073 Offida (AP)
T. 0736 889032 | M. info@vinisangiovanni.it
www.vinisangiovanni.it

Viticoltura: Biologica
Ettari: 30 | **Bottiglie:** 250.000 | **Produzione olearia:** Sì
Proprietà: Agrobiologica San Giovanni
Cond. enologica: Daniela Molaro
Cond. agronomica: Pietro Zeppilli
Vendita diretta: Sì | **Visite in azienda:** Sì

PICENO SUPERIORE LEO GUELFUS 2018
Rosso Dop - Montepulciano 70%, Sangiovese 30%
Alc. 14,5% | € 15 | Bt. 20.000 | Ferm. Acciaio | Mat. Legno 18 mesi
Filigrana granato a ornare il carminio. Ouverture di amarena, garofano e prugna, seguita da veli di ginepro. In bocca è energico e di grande struttura, con un tannino deciso e levigato, incastonato nella rotonda alcolicità. Lungo e affascinante il risuonare speziato e di frutti rossi. Gulasch di cervo con patate stufate.

OFFIDA ROSSO ZEII 2016
Rosso Docg - Montepulciano 90%, Cabernet sauvignon 10%
Alc. 15% | € 25 | Bt. 6.000 | Ferm. Acciaio | Mat. Legno 24 mesi
Pernici farcite.

OFFIDA PECORINO KIARA 2022
Bianco Docg - Pecorino 100%
Alc. 14% | € 12 | Bt. 20.000 | Ferm. Acciaio | Mat. Acciaio 6 mesi
Linguine agli scampi.

PASSERINA MARTA 2022
Bianco Igp - Passerina 100%
Alc. 13% | € 9 | Bt. 15.000 | Ferm. Acciaio | Mat. Acciaio 6 mesi
Robiola di Roccaverano.

MARTA PASSERINA BRUT
Bianco Metodo Martinotti - Passerina 100%
Alc. 12,5% | € 12 | Bt. 10.000 | Ferm. Acciaio | Mat. Acciaio 6 mesi
6 mesi sui lieviti
Moeche fritte.

OFFIDA PECORINO KIARA
2021

PICENO AURUS
2019 | 2020

Santa Barbara
(1984)

Stefano Antonucci non ha bisogno di presentazioni: con la sua energia, tenacia ed eclettismo ha portato il Verdicchio in tutto il mondo. Negli anni, con sapienza e guidato da un'innata curiosità, ha creato vini anche molto differenti tra loro, ma con un filo conduttore che si può individuare nella voglia di ricercare e sperimentare. Quest'anno la celeberrima etichetta Le Vaglie compie trent'anni e per l'occasione esce con una grafica tutta nuova, che omaggia sia il vino che il patron, anima dell'azienda. I riflettori illuminano il Verdicchio Passito Lina, di assoluta eleganza e armonia.

Borgo Mazzini, 35 - 60010 Barbara (AN)
T. 071 9674249 | M. info@vinisantabarbara.it
www.santabarbara.it

Viticoltura: Convenzionale
Ettari: 40 | **Bottiglie:** 900.000 | **Produzione olearia:** Sì
Proprietà: Stefano Antonucci
Cond. enologica: Daniele Rotatori, Pierluigi Lorenzetti
Cond. agronomica: Antonio Verdolini
Vendita diretta: Sì | **Visite in azienda:** Sì

(92)
VERDICCHIO DEI CASTELLI DI JESI PASSITO LINA 2021
Bianco Doc Passito - Verdicchio 100%
Alc. 12% | € 26 (0,5l) | Bt. 1.110 | Ferm. Acciaio | Mat. Acciaio 24 mesi
Oro liquido. Dispiega miele, zabaione, tabacco biondo, zenzero, zafferano. Intarsi di frutta essiccata e candita. Un afflato salmastro. Sfiora l'etereo. In bocca un'incessante, calda, avvolgente cremosità alcolica contrapposta a spiccate freschezza e sapidità: insieme realizzano armonia. Chiude su datteri. Cannoli di ricotta e canditi.

STEFANO ANTONUCCI 2021
Rosso Igt - Cabernet sauvignon 40%, Merlot 40%, Montepulciano 20%
Alc. 14% | € 18 | Bt. 10.000 | Ferm. Acciaio | Mat. Legno 12 mesi
Filetto di maiale lardellato.

MERLOT MOSSONE 2020
Rosso Igt - Merlot 100%
Alc. 14% | € 45 | Bt. 5.300 | Ferm. Acciaio | Mat. Legno 16 mesi
Guanciale di vitello alle erbe aromatiche.

CASTELLI DI JESI VERDICCHIO CLASSICO TARDIVO MA NON TARDO RISERVA 2021
Bianco Docg - Verdicchio 100%
Alc. 14% | € 35 | Bt. 15.000 | Ferm. Acciaio | Mat. Acciaio 12 mesi e Cemento 6 mesi
Rombo al forno ai sapori mediterranei.

PÀ·THOS 2021
Rosso Igt - Merlot 34%, Cabernet sauvignon 33%, Syrah 33%
Alc. 14% | € 36 | Bt. 10.000 | Ferm. Acciaio | Mat. Legno 12 mesi
Stinco di maiale al forno in pancetta affumicata.

VERDICCHIO DEI CASTELLI DI JESI CLASSICO SUPERIORE MOSS BLANC 2020
Bianco Doc - Verdicchio 100%
Alc. 14,5% | € 70 | Bt. 3.692 | Ferm. Legno | Mat. Legno 12 mesi
Arrosto di tacchino lardellato.

CASTELLI DI JESI VERDICCHIO CLASSICO TARDIVO MA NON TARDO RISERVA
2016 | 2018

MERLOT MOSSONE
2018

Sant'Isidoro
(2005)

La cantina continua con successo il percorso di valorizzazione del maceratino. Cura assoluta per il vigneto, impiego di sostanze naturali e certificazione Residuo Zero fanno sì che l'uva e tutti i vini conseguenti non contengano residui chimici. Il maceratino trova interpretazioni diverse nelle etichette di Ribona. Il Beltrovato vanta vinificazione interamente senza solfiti aggiunti ed esibisce particolare leggiadria e dinamismo. Pausula, giovane, matura in acciaio, Paucis riposa anche in legno, Ribona MC matura in anfora di terracotta con macerazione sulle bucce.

Contrada Colle Sant'Isidoro, 5 - Località Colbuccaro - 62014 Corridonia (MC)
T. 0733 770765 | M. info@cantinasantisidoro.it
www.cantinasantisidoro.it

Viticoltura: Certificazione residuo zero
Ettari: 13,5 | **Bottiglie:** 30.000 | **Produzione olearia:** Sì
Proprietà: Famiglia Foresi
Cond. enologica: Roberto Potentini
Cond. agronomica: Luca Severini
Vendita diretta: Sì | **Visite in azienda:** Sì

COLLI MACERATESI RIBONA BELTROVATO 2022
Bianco Doc - Maceratino 100%
Alc. 13,5% | € 16 | Bt. 1.350 | Ferm. Acciaio | Mat. Acciaio 3 mesi
Paglierino dai lampi solari scintillanti. Profuma di pan brioche, zenzero, pesca gialla, sambuco e viola. Naso arricchito da presenze salmastre e mentolate. Il sorso è materico, a tratti tagliente, volitivo e gratificante. Riso, cozze e zafferano.

COLLI MACERATESI RIBONA PAUCIS 2021
Bianco Doc - Maceratino 100%
Alc. 13,5% | € 19 | Bt. 2.500 | Ferm. Legno e Acciaio | Mat. Acciaio 9 mesi e Legno 9 mesi
Linguine allo scoglio.

ISIDORO 2022
Bianco Igt - Pecorino 100%
Alc. 13,5% | € 13 | Bt. 3.300 | Ferm. Acciaio | Mat. Acciaio 4 mesi
Risotto alla zucca.

COLLI MACERATESI RIBONA PAUSULA 2022
Bianco Doc - Maceratino 100%
Alc. 12,5% | € 13 | Bt. 6.600 | Ferm. Acciaio | Mat. Acciaio 3 mesi
Trofie al pesto.

ROSSO PICENO PINTO 2021
Rosso Doc - Montepulciano 60%, Sangiovese 30%, Lacrima 10%
Alc. 13,5% | € 13 | Bt. 6.600 | Ferm. Acciaio | Mat. Acciaio 12 mesi e Legno 6 mesi
Straccetti di vitello al rosmarino.

COLLI MACERATESI RIBONA MC 2020
Bianco Doc - Maceratino 100%
Alc. 13% | € 33 | Bt. 550 | Ferm. Acciaio | Mat. Terracotta 24 mesi
Insalata greca.

MONTOLMO
2018

ISIDORO ORO
2021

Saputi
(1960)

L'azienda, arrivata alla quarta generazione e gestita da Alvaro con i due figli, è riuscita a produrre vini bianchi e rossi di alta qualità nonostante l'annata calda. Ciò grazie alla vicinanza dei Monti Sibillini, agli oltre trecento metri di altitudine e a qualche pioggia estiva. Un'autorità nella produzione del Ribona, è capace di mettere in risalto il maceratino. Infatti, dai vigneti in regime biologico derivano il Ribona Camurena d'annata, con caratteri di spiccata tipicità, e il Ribona R, giovane e fresco. Una lieta conferma il Castru Vecchiu, caldo Rosso Piceno di tradizione.

Contrada Fiastra, 1 - 62020 Colmurano (MC)
T. 0733 508137 | M. info@saputi.it
www.saputi.it

Viticoltura: Biologica
Ettari: 24 | **Bottiglie:** 80.000 | **Produzione olearia:** No
Proprietà: Famiglia Saputi
Cond. enologica: Goffredo Agostini
Cond. agronomica: Leonardo Saputi
Vendita diretta: Sì | **Visite in azienda:** Sì

ROSSO PICENO CASTRU VECCHIU 2017
Rosso Doc - Montepulciano 70%, Sangiovese 30%
Alc. 14,5% | € 12 | Bt. 7.000 | Mat. Legno 10 mesi
Veste rubino di pregiata stoffa. Un racconto di rosa rossa e viola avvolte da ricordi eterei di ceralacca. Marasca e prugna cotta si sposano a dovere con nuance di noce moscata. In bocca la freschezza è esaltata dal tannino. Il tutto è equilibrato da calde sensazioni. Manzo brasato con funghi.

COLLI MACERATESI RIBONA CAMURENA 2020
Bianco Doc - Maceratino 100%
Alc. 13,5% | € 18 | Bt. 2.500 | Ferm. Acciaio | Mat. Acciaio 5 mesi
Petto d'anatra laccato al miele.

MERLOT ABATE PALLIA 2018
Rosso Igt - Merlot 100%
Alc. 15% | € 16 | Bt. 3.500 | Mat. Legno 18 mesi
Bocconcini di cinghiale con salsa di prugne.

COLLI MACERATESI RIBONA R 2022
Bianco Doc - Maceratino 100%
Alc. 13,5% | € 10 | Bt. 15.000 | Ferm. Acciaio | Mat. Acciaio 5 mesi
Strudel di porcini e zucca con crema al parmigiano.

COLLI MACERATESI RIBONA R
2020

COLLI MACERATESI RIBONA CAMURENA
2019

Sartarelli
(1972)

Produzione monovitigno per questa storica realtà che si conferma punto di riferimento nell'areale del Verdicchio. Nell'ottica di ottenere una maggior produzione della loro prima referenza, il Balciana, quest'anno sono stati impiantati quattro ettari di vigneto a questo destinati. Sono state acquistate anche due nuove macchine per la lavorazione della terra, con lo scopo di migliorare l'equilibrio vegeto-produttivo delle viti. Tutta la produzione si attesta su livelli molto elevati e il Balciana si conferma, nella sua particolarità, una delle più grandi espressioni del Verdicchio.

Via Coste del Molino, 24 - 60030 Poggio San Marcello (AN)
T. 0731 89732 | M. info@sartarelli.it
www.sartarelli.it

Viticoltura: Certificazione residuo zero
Ettari: 45 | **Bottiglie:** 250.000 | **Produzione olearia:** Sì
Proprietà: Donatella Sartarelli e Patrizio Chiacchiarini
Cond. enologica: Tommaso Chiacchiarini Sartarelli
Cond. agronomica: Tommaso Chiacchiarini Sartarelli
Vendita diretta: Sì | **Visite in azienda:** Sì

97

VERDICCHIO DEI CASTELLI DI JESI CLASSICO SUPERIORE BALCIANA 2021
Bianco Doc - Verdicchio 100%
Alc. 15% | € 45 | Bt. 15.000 | Ferm. Acciaio | Mat. Acciaio 9 mesi
Paglierino con pregiate striature verdoline. In apertura allusioni di cedro, pesca e ginestra a cui subentrano nuance di miele e coriandolo. All'assaggio è acceso e di classe, con una ricercata sapidità che ravviva una beva piena e rotonda. Lungo finale con aromi speziati e fruttati. Pesce spada al cartoccio.

CASTELLI DI JESI VERDICCHIO CLASSICO MILLETTA RISERVA 2021
Bianco Docg - Verdicchio 100%
Alc. 14,5% | € 20 | Bt. 6.000 | Ferm. Acciaio | Mat. Acciaio 10 mesi
Aragosta in bellavista.

VERDICCHIO DEI CASTELLI DI JESI CLASSICO SUPERIORE TRALIVIO 2021
Bianco Doc - Verdicchio 100%
Alc. 14% | € 20 | Bt. 90.000 | Ferm. Acciaio | Mat. Acciaio 8 mesi
San Pietro alla siciliana con dadolata di patate.

VERDICCHIO DEI CASTELLI DI JESI PASSITO 2021
Bianco Doc Passito - Verdicchio 100%
Alc. 14,5% | € 25 (0,5l) | Bt. 6.000 | Ferm. Acciaio | Mat. Acciaio 9 mesi
Semifreddo al torroncino.

VERDICCHIO DEI CASTELLI DI JESI CLASSICO 2022
Bianco Doc - Verdicchio 100%
Alc. 13% | € 15 | Bt. 150.000 | Ferm. Acciaio | Mat. Acciaio 6 mesi
Risotto al nero di seppia con seppie croccanti.

VERDICCHIO DEI CASTELLI DI JESI CLASSICO SUPERIORE BALCIANA
2015 | 2017 | 2020

VERDICCHIO DEI CASTELLI DI JESI CLASSICO SUPERIORE TRALIVIO
2019 | 2020

Selvagrossa
(2002)

Alberto e Alessandro seguono in maniera rigorosa tutte le attività. Le vigne ad alta densità d'impianto, la bassa resa delle uve per ceppo e la scrupolosa selezione delle stesse in fase di vendemmia, rendono i loro prodotti una certezza qualitativa. Dominano i vitigni locali, sangiovese e trebbiano; quest'ultimo viene proposto in una versione inedita, il Cuchén Sulle Bucce, appunto macerato sulle bucce in contenitori di cocciopesto. Il Trimpilin, sangiovese quasi in purezza, si distingue per raffinatezza di profumi e briosità gustativa.

Strada Selvagrossa, 37 - Borgo Santa Maria - 61122 Pesaro (PU)
T. 0721 202923 | M. info@selvagrossa.it
www.selvagrossa.it

Viticoltura: Biologica
Ettari: 5,2 | **Bottiglie:** 30.000 | **Produzione olearia:** Sì
Proprietà: Alessandro e Alberto Taddei
Cond. enologica: Emiliano Falsini
Cond. agronomica: Luca Severini
Vendita diretta: Sì | **Visite in azienda:** Sì

SANGIOVESE TRIMPILIN 2020
Rosso Igt - Sangiovese 95%, Ciliegiolo 5%
Alc. 14% | € 20 | Bt. 3.000 | Ferm. Acciaio | Mat. Legno 12 mesi
Uno scrigno rubino che all'olfatto propone un corteo olfattivo raffinato, profondo. Fiori secchi, tocco terroso, fungo, erbe officinali, cacao, spezie dolci e pungenti. Una stilla di goudron. La bocca è permeata da avvolgente alcolicità. Il tannino, dolce ma vivido e la briosa acidità danno nerbo e longevità. Stracotto d'asino.

MERLOT CAPPITANO 2019
Rosso Igt - Merlot 100%
Alc. 14,5% | € 32 | Bt. 1.000 | Ferm. Acciaio | Mat. Legno 18 mesi
Entrecôte alla griglia con scaglie di formaggio.

MUSCHÉN 2022
Rosso Igt - Sangiovese 50%, Merlot 30%, Cabernet franc 20%
Alc. 14,5% | € 9 | Bt. 8.000 | Ferm. Acciaio | Mat. Acciaio 4 mesi
Costolette di maiale alla brace.

CUCHÉN SULLE BUCCE 2022
Bianco Igt - Trebbiano toscano 100%
Alc. 14,5% | € 20 | Bt. 650 | Ferm. Acciaio | Mat. Terracotta 6 mesi
Costine d'agnello in crosta di noci.

ICA 2022
Rosato Igt - Ciliegiolo 100%
Alc. 13% | € 9 | Bt. 4.000 | Ferm. Acciaio | Mat. Acciaio 4 mesi
Triglie in guazzetto.

SANGIOVESE TRIMPILIN
2019

CUCHÉN
2021

Alberto Serenelli
(1987)

Il mare e il bianco della roccia calcarea, un susseguirsi di forza e eleganza, di emozioni e di solide sicurezze, è lo scenario che circonda le vigne di Alberto. Alla valorizzazione dei vitigni locali si affianca un'attenta innovazione che regala vini precisi, puliti, fini. La filosofia produttiva si basa sulla profonda conoscenza del montepulciano e del verdicchio, ai quali si affiancano sauvignon, syrah, e merlot, anche coniugati in inediti blend. Varano su tutti, ma una menzione va anche ai bianchi che denotano una cura maniacale della qualità e dell'equilibrio gusto-olfattivo.

Via Bartolini, 2 - Frazione Pietralacroce - 60129 Ancona (AN)
T. 335 5329063 | M. info@albertoserenelli.com
www.albertoserenelli.com

Viticoltura: Convenzionale
Ettari: 7 | **Bottiglie:** 20.000 | **Produzione olearia:** Sì
Proprietà: Alberto Serenelli
Cond. enologica: Sergio Paolucci
Cond. agronomica: Luca Mercadante
Vendita diretta: Sì | **Visite in azienda:** Sì

ROSSO CONERO VARANO 2020 (91)
Rosso Doc - Montepulciano 100%
Alc. 16% | € 59 | Bt. 3.400 | Ferm. Legno e Acciaio | Mat. Legno 18 mesi
Rosso rubino impenetrabile. Sentori decisi di cacao, chiodi di garofano, viola e visciola, frutta fermentata. Tartufo nero, tabacco da sigaro. Orma mentolata e balsamica. Impalcatura gustativa possente, grande corpo, tannino importante e dolce. Fresco e morbido, accompagna con aromi di frutta cotta. Filetto di bue con salsa di Roquefort.

VERDICCHIO DEI CASTELLI DI JESI CLASSICO SUPERIORE SORA ELVIRA 2022
Bianco Doc - Verdicchio 100%
Alc. 14% | € 25 | Bt. 3.000 | Ferm. Acciaio | Mat. Acciaio 9 mesi
Filetti di trota al vapore con maionese.

BIANCOSPINO 2022
Bianco - Sauvignon 100%
Alc. 11,5% | € 25 | Bt. 3.000 | Ferm. Acciaio | Mat. Acciaio 9 mesi
Risotto agli asparagi e provola affumicata.

BORANICO
2019

VERDICCHIO DEI CASTELLI DI JESI CLASSICO SUPERIORE SORA ELVIRA
2021

Sparapani Frati Bianchi
(1980)

Realtà sempre al passo con i tempi. Da quest'anno sono stati impiantati altri due ettari di verdicchio ed è stato prodotto un nuovo vino, il Daje Tempo. Come si deduce dal nome stesso, però, potremo assaporare solo in futuro quest'ultimo frutto di una macerazione lunga di uve verdicchio raccolte a fine ottobre, maturato in botte grande. I due vini degustati dimostrano, anche quest'anno, una decisa personalità nell'interpretazione al meglio di questo vitigno, che da sempre è nelle priorità del produttore.

Via Barchio, 12 - 60034 Cupramontana (AN)
T. 0731 781216 | M. info@fratibianchi.it
www.fratibianchi.it

Viticoltura: Convenzionale e biologica
Ettari: 15 | **Bottiglie:** 50.000 | **Produzione olearia:** Sì
Proprietà: Fratelli Sparapani
Cond. enologica: Sergio Paolucci, Giuseppe Sparapani
Cond. agronomica: Franco Gasparini
Vendita diretta: Sì | **Visite in azienda:** Sì

VERDICCHIO DEI CASTELLI DI JESI CLASSICO SUPERIORE IL PRIORE 2021
Bianco Doc - Verdicchio 100%
Alc. 14% | € 14 | Bt. 20.000 | Ferm. Acciaio | Mat. Acciaio 6 mesi
Paglierino pieno. Fragranze vegetali di mandorla verde, giuggiola e sedano, abbracciate da biancospino, pesca bianca e pompelmo. Al palato rivela salinità a braccetto con la componente acida e una bella struttura pseudo-calorica. Coerente l'allungo su ricordi verdi e agrumati. Linguine con asparagi e calamaretti.

CASTELLI DI JESI VERDICCHIO CLASSICO DONNA CLOE RISERVA 2020
Bianco Docg - Verdicchio 100%
Alc. 14,5% | € 23 | Bt. 1.400 | Ferm. Acciaio | Mat. Legno 15 mesi
Rotolo di tacchino alle mele ed erbe aromatiche.

VERDICCHIO DEI CASTELLI DI JESI CLASSICO SUPERIORE IL PRIORE
2020

CASTELLI DI JESI VERDICCHIO CLASSICO DONNA CLOE RISERVA
2019

Silvano Strologo
(1960)

Realtà che si è imposta tra le eccellenze dell'anconetano. I vigneti, coltivati a guyot e a cordone speronato, sono vitati principalmente a montepulciano. È questo il vitigno che troviamo in tutti i vini più importanti di Silvano. Vini che già nel nome rivelano la loro identità culturale: Julius e Decebalo sono la raffinata e nitida fotografia di un'azienda che è però capace anche di esprimere un Metodo Classico e di valorizzare l'Incrocio Bruni 54 con due versioni differenti. Sfiorano l'eccellenza i tre rossi, da montepulciano, evidenziando un'interpretazione e uno stile sempre coerenti.

Via Osimana, 89 - 60021 Camerano (AN)
T. 071 731104 | M. s.strologo@vinorossoconero.com
www.vinorossoconero.com

Viticoltura: Convenzionale
Ettari: 14 | **Bottiglie:** 75.000 | **Produzione olearia:** No
Proprietà: Silvano Strologo
Cond. enologica: Giancarlo Soverchia, David Soverchia
Cond. agronomica: Staff aziendale
Vendita diretta: Sì | **Visite in azienda:** Sì

CONERO DECEBALO RISERVA 2018
Rosso Docg - Montepulciano 100%
Alc. 14% | € 22 | Bt. 4.000 | Ferm. Legno | Mat. Legno 18 mesi
Carminio. Fiori essiccati e confettura di more s'alternano a sensazioni più evolute di ginepro, pepe nero, cuoio e acetone. Al gusto è succoso, pieno e sfoggia tutta la sua potenza e signorilità. Tannino mai domo ma suggestivo, coadiuvato da spalla acida. Commiato lunghissimo su balsamicità e speziature. Quaglie alla cacciatora.

ROSSO CONERO JULIUS 2021
Rosso Doc - Montepulciano 100%
Alc. 13,5% | € 9 | Bt. 40.000 | Ferm. Acciaio | Mat. Acciaio 6 mesi e Legno 8 mesi
Bocconcini di cinghiale con salsa di prugne.

ROSSO CONERO ZERO SOLFITI AGGIUNTI 2022
Rosso Doc - Montepulciano 100%
Alc. 13% | € 10 | Bt. 8.000 | Ferm. Legno | Mat. Acciaio 8 mesi
Stinco di maiale al forno in pancetta affumicata.

DALNERO PAS DOSÉ
Bianco Metodo Classico - Montepulciano 100%
Alc. 12% | € 18 | Bt. 4.000 | Ferm. Acciaio | Mat. Acciaio 4 mesi
36 mesi sui lieviti
Risotto con rape rosse e Gorgonzola.

INCROCIO BRUNI 54 ACASIO 2021
Bianco Igt - Incrocio Bruni 54 100%
Alc. 13,5% | € 14 | Bt. 4.000 | Ferm. Legno e Acciaio | Mat. Acciaio 2 mesi e Legno 5 mesi
Coniglio in porchetta.

PINK BRUT ROSÉ
Rosato Metodo Martinotti - Montepulciano 100%
Alc. 12% | € 10 | Bt. 7.000 | Ferm. Acciaio | Mat. Acciaio 2 mesi
5 mesi sui lieviti
Risotto alla pescatora.

CONERO DECEBALO RISERVA
2012

ROSSO CONERO TRAIANO
2018

Tenuta Carlini
(1997)

Andrea prosegue con dedizione e impegno la cura delle vigne sul promontorio del Parco Naturale Monte San Bartolo, dove nel terreno arenaceo-marnoso sangiovese, pinot nero e trebbiano trovano il loro habitat ideale. Un territorio ove si dà grande importanza anche alla spumantizzazione, spinta proprio dalla presenza del pinot nero. Ottimi i frutti che pervengono dal sangiovese, come dimostra la pienezza del Lunar Eclipse, perfettamente integro a dieci anni dalla vendemmia. La tenuta è pure meta consolidata per appassionati ed enoturisti, oltre che punto di riferimento per iniziative culturali.

Strada Fontanelle, 3 - Località Fiorenzuola di Focara - 61121 Pesaro (PU)
T. 0721 27555 | M. info@tenutacarlini.it
www.tenutacarlini.it

Viticoltura: Biologica
Ettari: 6 | **Bottiglie:** 35.000 | **Produzione olearia:** No
Proprietà: Andrea Carlini
Cond. enologica: Fabio Rossi
Cond. agronomica: Staff aziendale
Vendita diretta: Sì | **Visite in azienda:** Sì

COLLI PESARESI SANGIOVESE PARCO NATURALE MONTE SAN BARTOLO LUNAR ECLIPSE 2013
Rosso Doc - Sangiovese 100%
Alc. 14% | € 25 | Bt. 5.000 | Ferm. Legno e Acciaio | Mat. Acciaio 3 mesi e Legno 6 mesi
Granato con screziature aranciate. Profuma subito di fiori secchi, miele di castagno, humus, tartufo nero, poi passa a spezie dolci, goudron e nuance fumé. Rivela intensità gustativa e tannini ben estratti, fusi con la calibrata dotazione alcolica. Bell'equilibrio per un sorso di lunga persistenza. Bocconcini di cervo al cavolo nero.

COLLI PESARESI BIANCO PIANETA BIANCO 2022
Bianco Doc - Trebbiano toscano 100%
Alc. 13,5% | € 10 | Bt. 10.000 | Ferm. Acciaio | Mat. Acciaio 6 mesi
Timballo di riso e gamberi.

PIANETA CLASSICO PINOT NERO BRUT
Bianco Metodo Classico - Pinot nero 100%
Alc. 12,5% | € 22 | Bt. 2.500 | Ferm. Acciaio | Mat. Acciaio 6 mesi
12 mesi sui lieviti
Filetti di sogliola con salsa di asparagi.

COLLI PESARESI FOCARA PINOT NERO 2019
Rosso Doc - Pinot nero 100%
Alc. 13% | € 15 | Bt. 2.500 | Ferm. Legno e Acciaio | Mat. Acciaio 6 mesi e Legno 12 mesi
Cotechino e lenticchie.

SANGIOVESE PIANETA ROSSO 2021
Rosso Igt - Sangiovese 85%, Montepulciano 15%
Alc. 13% | € 9 | Bt. 10.000 | Ferm. Acciaio | Mat. Acciaio 3 mesi
Tortellini in brodo.

SAUVIGNON PIANETA ARANCIO 2022
Bianco Igt - Sauvignon 100%
Alc. 14,5% | € 11 | Bt. 2.500 | Ferm. Acciaio | Mat. Acciaio 3 mesi
Asparagi verdi allo zabaione salato.

COLLI PESARESI BIANCO PIANETA BIANCO
2021

COLLI PESARESI SANGIOVESE PARCO NATURALE MONTE SAN BARTOLO LUNAR ECLIPSE
2020

Tenuta Cocci Grifoni
(1970)

Notturna è il nuovo Offida Passerina, vinificato dalle uve provenienti dalla parte bassa, quella più fresca, del vigneto posto nella Tenuta San Basso. Un vino ottenuto da un clone antico, impiantato da Guido negli anni Ottanta. Sono sempre una certezza le referenze storiche come il Vigna Messieri, Rosso Piceno Superiore di grande struttura, e il Colle Vecchio, tradizionale Pecorino che viene dalle origini. L'azienda ha ottenuto di recente il riconoscimento di Oasi LIPU, predisponendo dei percorsi ciclabili lungo i quali è possibile svolgere attività di birdwatching.

Contrada Messieri, 12 - Frazione San Savino - 63065 Ripatransone (AP)
T. 0735 90143 | M. info@tenutacoccigrifoni.it
www.tenutacoccigrifoni.it

Viticoltura: Certificazione SQNPI
Ettari: 50 | **Bottiglie:** 550.000 | **Produzione olearia:** Sì
Proprietà: Famiglia Cocci Grifoni
Cond. enologica: Riccardo Brighigna, Fabio Allievi
Cond. agronomica: Moreno D'Ercoli, Lucio Brancadoro
Vendita diretta: Sì | **Visite in azienda:** Sì

ROSSO PICENO SUPERIORE VIGNA MESSIERI 2020
Rosso Doc - Montepulciano 60%, Sangiovese 40%
Alc. 14% | € 19 | Bt. 10.000 | Ferm. Acciaio | Mat. Acciaio 4 mesi e Legno 24 mesi
Rosso rubino. Al naso elargisce fragranze di ciliegia, prugna e viola, poi chiodi di garofano. Di ottimo equilibrio, mostra un sorso pieno e di grande struttura, con una componente tannica muscolosa ma evoluta. In progressione emergono piacevoli aromi fruttati e di tabacco. Fiorentina alla brace.

OFFIDA PECORINO COLLE VECCHIO 2022
Bianco Docg - Pecorino 100%
Alc. 14% | € 15 | Bt. 30.000 | Ferm. Acciaio | Mat. Acciaio 8 mesi
Cotolette di pollo con melanzane e provola.

OFFIDA PASSERINA NOTTURNA 2022
Bianco Docg - Passerina 100%
Alc. 13,5% | € 13 | Bt. 6.500 | Mat. Acciaio 6 mesi
Filetto di branzino gratinato.

FALERIO PECORINO TARÀ 2022
Bianco Doc - Pecorino 85%, Trebbiano 15%
Alc. 13,5% | € 11 | Bt. 40.000 | Ferm. Acciaio | Mat. Acciaio 4 mesi
Linguine agli scampi.

PASSERINA SAN BASSO 2022
Bianco Igt - Passerina 100%
Alc. 13% | € 10 | Bt. 50.000 | Ferm. Acciaio | Mat. Acciaio 4 mesi
Risotto al lavarello del Garda.

TARÀ PASSERINA BRUT 2022
Bianco Metodo Martinotti - Passerina 100%
Alc. 12,5% | € 15 | Bt. 20.000 | Ferm. Acciaio | Mat. Acciaio 3 mesi
6 mesi sui lieviti
Verdure in tempura.

OFFIDA PECORINO GUIDO COCCI GRIFONI
2014 | 2015

OFFIDA ROSSO IL GRIFONE
2013

Tenuta di Fra'
(2018)

Una cantina consolidata che continua a puntare sui vini del territorio, Lacrima e Verdicchio, nelle diverse declinazioni. Gli ultimi impianti vitati contribuiranno nel prossimo futuro a implementarne la produzione. Sapiente l'alternanza dei contenitori per la vinificazione, fra acciaio, cemento e legno. Riposa ancora in cantina un passito da uve verdicchio che contiamo di poter assaggiare il prossimo anno. Il Lacrima che era senza nome è ora battezzato Joy. I due ottimi Verdicchio sono caratterizzati da struttura gustativa ricca, pregiata e longeva unita a sensazioni di armoniosità olfattiva.

Via Marciano, 10/B - 60030 Morro d'Alba (AN)
T. 339 7229846 | M. info@tenutadifra.com
www.tenutadifra.com

Viticoltura: Biologica
Ettari: 10 | **Bottiglie:** 35.000 | **Produzione olearia:** Sì
Proprietà: Franziska Waldner
Cond. enologica: Gianluca Bartolucci, Pierluigi Lorenzetti
Cond. agronomica: Staff aziendale
Vendita diretta: Sì | **Visite in azienda:** Sì

CASTELLI DI JESI VERDICCHIO CLASSICO FRANZ RISERVA 2020
Bianco Docg - Verdicchio 100%
Alc. 13,5% | € 28 | Bt. 5.000 | Ferm. Acciaio | Mat. Acciaio 9 mesi e Legno 2 mesi e Cemento 12 mesi
Cuore giallo limone. Spettro odoroso agrumato e dolce: mandarino, zagara, cenni di tiglio, anice e tocchi di corteccia. Abbraccio suadente con sicuro apporto glicerico-calorico. Tempestiva dialettica tra componenti fresco-sapide e muscolari. Ottimo il lento congedo su echi di incenso, zenzero e agrumi saporiti. Lasagne ai cardi con formaggi saporiti.

VERDICCHIO DEI CASTELLI DI JESI CLASSICO SUPERIORE LORENZO 2021
Bianco Doc - Verdicchio 100%
Alc. 13,5% | € 16 | Bt. 5.500 | Ferm. Acciaio | Mat. Acciaio 4 mesi e Legno 2 mesi e Cemento 7 mesi
Ravioli di patate e baccalà.

DONNA FRA' 2018
Rosso Igt - Merlot 100%
Alc. 14,5% | € 28 | Bt. 3.500 | Ferm. Acciaio | Mat. Acciaio 8 mesi e Legno 18 mesi e Cemento 14 mesi
Tagliata al pepe verde.

LACRIMA DI MORRO D'ALBA JOY 2022
Rosso Doc - Lacrima 100%
Alc. 13% | € 12 | Bt. 6.000 | Ferm. Acciaio | Mat. Acciaio 2 mesi e Cemento 2 mesi
Prosciutto di Norcia.

ROS'ANNA 2022
Rosato Igt - Lacrima 100%
Alc. 13% | € 12 | Bt. 6.500 | Ferm. Acciaio | Mat. Acciaio 4 mesi
Zuppa di pesce.

VERDICCHIO DEI CASTELLI DI JESI CLASSICO SUPERIORE LORENZO
2020

CASTELLI DI JESI VERDICCHIO CLASSICO FRANZ RISERVA
2019

Tenuta di Tavignano
(1973)

Tradizione, competenza e ricerca per la cura migliore del vigneto, con l'obiettivo di conservare l'integrità del terreno. In vinificazione alternanza calibrata nell'uso dell'acciaio e del legno, questo ora nella rinnovata bottaia. Proprio il territorio e la conduzione biologica in vigna, orgoglio dell'azienda, hanno sapientemente trasferito nelle uve verdicchio quelle straordinarie connotazioni sensoriali che nel Misco, sia nella versione Classico Superiore sia nella Riserva, nobilitano il vitigno principe marchigiano.

Località Tavignano, 10 - 62011 Cingoli (MC)
T. 0733 617303 | M. info@tenutaditavignano.it
www.tenutaditavignano.it

Viticoltura: Biologica
Ettari: 33 | **Bottiglie:** 150.000 | **Produzione olearia:** Sì
Proprietà: Stefano Aymerich di Laconi
Cond. enologica: Pierluigi Lorenzetti, Paolo Novelli
Cond. agronomica: Luca Severini, Gianni Modesti
Vendita diretta: Sì | **Visite in azienda:** Sì

VERDICCHIO DEI CASTELLI DI JESI CLASSICO SUPERIORE MISCO 2021
Bianco Doc - Verdicchio 100%
Alc. 13,5% | € 21 | Bt. 30.000 | Ferm. Acciaio | Mat. Acciaio 12 mesi
Paglierino smagliante. Espande ginestra, tarassaco, cipria e piccoli frutti a polpa gialla. Maggiorana e una verve salmastra spostano l'attenzione su note esotiche e di agrumi di costiera. In bocca avanza un caldo abbraccio alcolico temperato dalla tensione acida. Eccellente persistenza salina. Rombo al forno ai sapori mediterranei.

CASTELLI DI JESI VERDICCHIO CLASSICO MISCO RISERVA 2020
Bianco Docg - Verdicchio 100%
Alc. 13,5% | € 40 | Bt. 3.300 | Ferm. Acciaio | Mat. Acciaio 18 mesi
Paella.

ROSSO PICENO CERVIDONI 2021
Rosso Doc - Montepulciano 70%, Sangiovese 30%
Alc. 14% | € 15 | Bt. 18.000 | Ferm. Acciaio | Mat. Legno 6 mesi
Cosciotto di maiale farcito.

VERDICCHIO DEI CASTELLI DI JESI CLASSICO SUPERIORE VILLA TORRE 2022
Bianco Doc - Verdicchio 100%
Alc. 13% | € 15 | Bt. 40.000 | Ferm. Acciaio | Mat. Acciaio 6 mesi
Coda di rospo gratinata.

CASTELLI DI JESI VERDICCHIO CLASSICO MISCO RISERVA
2018 | 2019

LIBENTER
2018

Tenuta Santori
(2012)

L'attenzione verso il territorio e i vitigni autoctoni è da sempre il marchio di fabbrica di Marco. Questa cura si riflette principalmente nella produzione della denominazione Offida, sia nella versione Rosso che in quella Pecorino. Da un paio d'anni all'interno della tenuta è stato inaugurato un relais che, grazie al restauro di un vecchio casale mantenuto secondo le caratteristiche tipiche della collina marchigiana, offre ai visitatori un'esperienza unica. Si legano insieme il buon vino, la cucina tipica e il lusso discreto: tutto per coccolare i visitatori.

Contrada Montebove Ovest, 14 - 63065 Ripatransone (AP)
T. 346 9559465 | M. info@tenutasantori.it
www.tenutasantori.it

Viticoltura: Biologica
Ettari: 17 | **Bottiglie:** 85.000 | **Produzione olearia:** Sì
Proprietà: Marco Santori
Cond. enologica: Pierluigi Lorenzetti
Cond. agronomica: Staff aziendale
Vendita diretta: Sì | **Visite in azienda:** Sì

OFFIDA ROSSO 2019
Rosso Docg - Montepulciano 100%
Alc. 15% | € 30 | Bt. 3.500 | Ferm. Acciaio | Mat. Legno 18 mesi
Rubino impenetrabile. Al naso richiama percezioni di viola e rosa macerata. Poi orme di tabacco, mora e marasca. Bocca tesa e dinamica, con evidente ma misurata trama tannica. Perspicace anche la dotazione alcolica. L'equilibrio è interessante e dà il via a una notevole progressione aromatica. Stracotto d'asino.

OFFIDA PECORINO 2022
Bianco Docg - Pecorino 100%
Alc. 13,5% | € 14 | Bt. 35.000 | Ferm. Acciaio | Mat. Acciaio 7 mesi
Insalata di carciofi con scaglie di parmigiamo.

OFFIDA PECORINO
2021

ROSSO PICENO SUPERIORE
2018 | 2019

Tenute Pieralisi Monte Schiavo
(1995)

Il cammino compiuto da quest'azienda è stato sempre molto progettuale, fino a sfociare, qualche anno fa, nella linea Monte Schiavo. La guida continua è stata l'affezione al territorio, nel segno del rispetto e di una cura attenta, soprattutto nel Colle del Sole. Un grande vigneto che si adagia tutto intorno alla cantina, formato da soli vitigni autoctoni. La gamma di Verdicchio si allarga considerevolmente e spiccano le diverse declinazioni, compresa la versione Metodo Classico, questa in mescola con uve chardonnay.

Via Vivaio, 35 - 60030 Maiolati Spontini (AN)
T. 0731 700385 | M. vini@tenutepieralisi.it
www.tenutepieralisi.it

Viticoltura: Biologica
Ettari: 103 | **Bottiglie:** 710.000 | **Produzione olearia:** Sì
Proprietà: Famiglia Pieralisi
Cond. enologica: Simone Schiaffino
Cond. agronomica: Paolo Bucci
Vendita diretta: Sì | **Visite in azienda:** Sì

VERDICCHIO DEI CASTELLI DI JESI CLASSICO SUPERIORE VILLAIA 2021
Bianco Doc - Verdicchio 100%
Alc. 13,5% | € 16 | Bt. 6.500 | Ferm. Acciaio | Mat. Acciaio 6 mesi
Giallo tenue ma di buona consistenza. Anice stellato, alloro, mandorla verde, erbette aromatiche, mela Renetta e pepe verde compongono il bouquet. Palato magistrale, sostenuto da piacevole freschezza e apprezzabile sapidità. Buona armonia, durevoli i riverberi d'agrume. Coniglio in porchetta.

VERDICCHIO DEI CASTELLI DI JESI CLASSICO COSTE DEL MOLINO 2022
Bianco Doc - Verdicchio 100%
Alc. 13% | € 10 | Bt. 80.000 | Ferm. Acciaio | Mat. Acciaio 5 mesi
Tajarin al tartufo bianco d'Alba.

VERDICCHIO DEI CASTELLI DI JESI SPUMANTE BRUT ELARA 2017
Bianco Doc Metodo Classico - Verdicchio 85%, Chardonnay 15%
Alc. 12,5% | € 23 | Bt. 6.000 | Ferm. Acciaio | 60 mesi sui lieviti
Tataki di tonno al sesamo.

VERDICCHIO DEI CASTELLI DI JESI CLASSICO SUPERIORE PALLIO DI SAN FLORIANO 2022
Bianco Doc - Verdicchio 100%
Alc. 13,5% | € 13 | Bt. 15.000 | Ferm. Acciaio | Mat. Acciaio 5 mesi
Risotto ai porcini e zucca.

ROSSO PICENO CACCIALEPRE 2020
Rosso Doc - Montepulciano 85%, Sangiovese 15%
Alc. 13,5% | € 13 | Bt. 6.500 | Ferm. Acciaio | Mat. Legno 12 mesi
Piccione al forno con cipollotti.

VERDICCHIO DEI CASTELLI DI JESI CLASSICO NATIVO 2022
Bianco Doc - Verdicchio 100%
Alc. 12,5% | € 12 | Bt. 6.500 | Ferm. Acciaio | Mat. Acciaio 5 mesi
Spaghetti con vongole veraci.

VERDICCHIO DEI CASTELLI DI JESI SPUMANTE DOSAGGIO ZERO 1622 MDCXXII
2016

VERDICCHIO DEI CASTELLI DI JESI CLASSICO SUPERIORE PALLIO DI SAN FLORIANO
2021

Tenute San Sisto
(2019)

Un grande gruppo della famiglia Angelini che si è formato con la somma di proprietà vitivinicole già detenute oppure acquisite man mano. Nel 2022 è stato anche rinnovato nel nome, diventato Angelini Wines & Estates. Al suo interno è comunque rimasto lo spazio per questa storica tenuta, coniugata al plurale perché fondata su due vigneti, due cru e quindi due selezioni di vini. La composizione dei terreni aiuta molto i due Verdicchio, strutturati ma raffinati; poi conta senz'altro la vinificazione attenta, in botti di rovere francese per il San Sisto, in botti di cemento per il Massaccio.

Via San Sisto, 6 - 60030 Maiolati Spontini (AN)
T. 0731 81591 | M. info@tenutesansisto.com
www.tenutesansisto.com

Viticoltura: Convenzionale
Ettari: 54 | **Bottiglie:** 100.000 | **Produzione olearia:** No
Proprietà: Angelini Wines & Estates
Cond. enologica: Staff aziendale
Cond. agronomica: Staff aziendale
Vendita diretta: Sì | **Visite in azienda:** Sì

(91)

CASTELLI DI JESI VERDICCHIO CLASSICO SAN SISTO RISERVA 2020
Bianco Docg - Verdicchio 100%
Alc. 12,5% | € 23 | Bt. 7.000 | Ferm. Legno | Mat. Legno 12 mesi
Un campo di grano. Suggestive percezioni di mughetto e tiglio aprono il quadro nel quale pennellate di zenzero e mela cotogna si fondono a golosi tocchi di scorza di cedro e salsedine. Il sorso è lungo, teso, dotato di una ricca sapidità che evolve in una chiusura di agrumi ed erbe aromatiche. Scampi alla griglia.

VERDICCHIO DEI CASTELLI DI JESI CLASSICO SUPERIORE MASSACCIO 2021
Bianco Doc - Verdicchio 100%
Alc. 12,5% | € 16 | Bt. 14.000 | Ferm. Acciaio | Mat. Cemento 6 mesi
Risotto agli asparagi e frutti di mare.

VERDICCHIO DEI CASTELLI DI JESI CLASSICO SUPERIORE MASSACCIO
2015

CASTELLI DI JESI VERDICCHIO CLASSICO SAN SISTO RISERVA
2015 | 2016 | 2019

Terra Argillosa
(2007)

L'amore per questo piccolo angolo di paradiso è tangibile in Raffaele Roberto e si percepisce chiaramente quando lo si va a trovare in cantina. Il rispetto per le vigne vuole essere contagioso; infatti da qualche anno è possibile aderire all'iniziativa "adotta un filare" che, a fronte di un contributo, aiuta il finanziamento dell'attività imprenditoriale e permette di ricevere in cambio prodotti e servizi, oltre che un certificato di adozione. Particolarmente apprezzabili l'intensità e l'equilibrio del Fatjà, blend di vitigni internazionali. Molto versatile il rosato Enea.

Contrada Ciafone, 79 - 63073 Offida (AP)
T. 0736 099976 | M. info@terrargillosa.com
www.terrargillosa.com

Viticoltura: Convenzionale
Ettari: 6 | **Bottiglie:** 25.000 | **Produzione olearia:** No
Proprietà: Raffaele Roberto Paolini
Cond. enologica: Raffaele Roberto Paolini
Cond. agronomica: Raffaele Roberto Paolini
Vendita diretta: Sì | **Visite in azienda:** Sì

CABERNET FRANC MERLOT FATJÀ 2019
Rosso Igt - Cabernet franc 50%, Merlot 50%
Alc. 14,5% | € 40 | Bt. 6.000 | Ferm. Acciaio | Mat. Legno 12 mesi
Manto rubino. Al naso seduce con guizzi di mirtillo, rabarbaro e garofano. Indizi di pepe. All'assaggio è vigoroso e di ottimo equilibrio, con un tannino serico che incontra un'avvolgente alcolicità. Lungo finale dove emerge un irresistibile aroma di liquirizia. Roast beef.

ENEA 2022
Rosato Igt - Montepulciano 100%
Alc. 12% | € 9 | Bt. 720 | Ferm. Legno e Acciaio | Mat. Acciaio 6 mesi
Costoletta di vitello alla milanese.

OFFIDA PECORINO AURAI 2021
Bianco Docg - Pecorino 100%
Alc. 13% | € 15 | Bt. 2.300 | Ferm. Legno | Mat. Acciaio 6 mesi
Filetto di orata allo zenzero.

INCROCIO BRUNI 54 IB54 2021
Bianco Igt - Incrocio Bruni 54 100%
Alc. 13% | € 15 | Bt. 2.600 | Ferm. Acciaio | Mat. Acciaio 6 mesi
Linguine alla granseola e rosmarino.

PETÌ VERDÒ
2014

FIACCA
2019 | 2020

Terra Fageto
(1988)

In questi ultimi anni il focus aziendale si sta proiettando con successo verso i mercati esteri, pur restando sempre legato alla territorialità e ai vitigni autoctoni. Proprio da questi derivano il Rusus, Piceno Superiore che gratifica il palato con ricco sapore e si mostra vino dal promettente futuro, e le molto convincenti interpretazioni di Pecorino, vibranti e gustose. Da visitare la bottaia, sita in Via Belvedere, in un suggestivo punto panoramico e circondata da un grande vigneto: è stata predisposta per l'accoglienza degli enoturisti e come contenitore di eventi e degustazioni.

Via Valdaso, 52 - 63827 Pedaso (FM)
T. 0734 931784 | M. info@terrafageto.it
www.terrafageto.it

Viticoltura: Biologica
Ettari: 45 | **Bottiglie:** 100.000 | **Produzione olearia:** Sì
Proprietà: Angelo e Michele Di Ruscio
Cond. enologica: Matteo Bernabei, Franco Bernabei
Cond. agronomica: Angelo Di Ruscio, Claudio Di Ruscio
Vendita diretta: Sì | **Visite in azienda:** Sì

PICENO SUPERIORE RUSUS 2021
Rosso Doc - Montepulciano 50%, Sangiovese 50%
Alc. 14,5% | € 20 | Bt. 7.000 | Ferm. Acciaio | Mat. Legno 12 mesi
Cremisi impenetrabile. Apre con effluvi di ciliegia, visciola e amarena sotto spirito, geranio e alloro. Seguono nuance di tabacco, ginepro e soffi iodati. Al gusto colma il palato con ricchezza di sapore e morbidezza, che dominano la delicata linea astringente. Gustoso epilogo di ciliegia matura. Bocconcini di cinghiale con salsa di prugne.

OFFIDA PECORINO FENÈSIA 2022
Bianco Docg - Pecorino 100%
Alc. 14% | € 13 | Bt. 20.000 | Ferm. Acciaio | Mat. Acciaio 6 mesi
Verdure in tempura.

SERRONE 2020
Rosso Igt - Cabernet sauvignon 60%, Merlot 40%
Alc. 15% | € 35 | Bt. 3.500 | Ferm. Legno | Mat. Legno 18 mesi
Fiorentina alla brace.

OFFIDA PECORINO SALSEDINE 2021
Bianco Docg - Pecorino 100%
Alc. 13,5% | € 22 | Bt. 3.270 | Ferm. Legno e Acciaio | Mat. Acciaio 12 mesi
Linguine al sugo di totani e piselli.

ROSSO PICENO RUSUS
2016 | 2018 | 2019

OFFIDA PECORINO SALSEDINE
2020

Terracruda
(2005)

Sempre fedele all'obiettivo di valorizzare al massimo i vitigni autoctoni, l'azienda della famiglia Avenanti ha raggiunto quest'anno le dimensioni ideali per poter continuare a offrire prodotti di assoluta qualità. Vedi il Metaurum, Bianchello Superiore, e l'Ortaia, Pergola Aleatico Superiore, ciascuno emblema dei due vitigni di punta. Senza dimenticare i vini derivati dai vitigni riscoperti, incrocio Bruni 54 e garofanata. Ma non finisce qui: un altro terreno è stato acquisito da poco per impiantare sempre varietà locali; entrerà in produzione fra qualche anno.

Via Serre, 28 - 61040 Fratte Rosa (PU)
T. 0721 777412 | M. info@terracruda.it
www.terracruda.it

Viticoltura: Biologica
Ettari: 16 | **Bottiglie:** 120.000 | **Produzione olearia:** No
Proprietà: Zeno Avenanti ed Emma Berti
Cond. enologica: Giancarlo Soverchia, David Soverchia
Cond. agronomica: Eugenio Fanelli
Vendita diretta: Sì | **Visite in azienda:** Sì

PERGOLA ALEATICO SUPERIORE ORTAIA 2019
Rosso Doc - Aleatico 100%
Alc. 14,5% | € 17 | Bt. 8.000 | Ferm. Acciaio | Mat. Legno 16 mesi
Meraviglioso rubino. Elegante apertura varietale con fascino floreale espresso da fragranze di geranio, ciclamino, rosa violetta e resina, che si uniscono a sobri cenni fumé. Sorso caldo, con tannini delicati, sostenuti da un'adeguata morbidezza. Stenta a congedarsi con marcati ricordi tipici del vitigno. Carré d'agnello al timo e lardo di Colonnata.

BIANCHELLO DEL METAURO SUPERIORE METAURUM 2020
Bianco Doc - Bianchello 95%, Malvasia 5%
Alc. 13,5% | € 27 | Bt. 1.800 | Ferm. Legno | Mat. Legno 12 mesi
Pappardelle con coda di rospo e carciofi.

INCROCIO BRUNI 54 2022
Bianco Igt - Incrocio Bruni 54 100%
Alc. 13% | € 14 | Bt. 8.000 | Ferm. Acciaio | Mat. Acciaio 5 mesi
Filetto di dentice in crosta di patate.

PERGOLA ROSATO CODAZZO 2022
Rosato Doc - Aleatico 100%
Alc. 12,5% | € 12 | Bt. 6.000 | Ferm. Acciaio | Mat. Acciaio 4 mesi
Carpaccio di chianina e insalata di porcini.

INNOMINATA 2022
Bianco Igt - Garofanata 100%
Alc. 13% | € 15 | Bt. 5.000 | Ferm. Acciaio | Mat. Acciaio 5 mesi
Risotto con gamberi di fiume e piselli.

BIANCHELLO DEL METAURO BOCCALINO 2022
Bianco Doc - Bianchello 95%, Malvasia 5%
Alc. 12,5% | € 9 | Bt. 40.000 | Ferm. Acciaio | Mat. Acciaio 4 mesi
Frittura di canestrelli e calamari.

PERGOLA ALEATICO LUBACO RISERVA
2016

COLLI PESARESI SANGIOVESE OLPE RISERVA
2018 | 2019

Terre di Serrapetrona - Tenuta Stefano Graidi
(1999)

Annata calda e siccitosa sin da maggio, ma grazie alle piogge mitigatrici di agosto si è ottenuta un'uva inaspettatamente di qualità, complici un territorio vocato e i cinquecento metri di altitudine. La novità frutto di questa vendemmia, in questo caso con la complicità del sangiovese, è il Terre Da Mare, un Colli Maceratesi Rosso, che si aggiunge a vini e spumanti sempre prodotti con il super autoctono vernaccia nera, ormai simbolo di Serrapetrona. Nel gradino più alto c'è il Robbione, vino fermo realizzato in purezza, incredibile per carica e trama tannica.

Via Colli, 7/8 - 62020 Serrapetrona (MC)
T. 0733 908329 | M. info@terrediserrapetrona.it
www.terrediserrapetrona.it

Viticoltura: Biologica
Ettari: 17,5 | **Bottiglie:** 50.000 | **Produzione olearia:** No
Proprietà: Famiglia Graidi
Cond. enologica: Fabrizio Ciufoli, Sandro Giuliodori
Cond. agronomica: Staff aziendale
Vendita diretta: Sì | **Visite in azienda:** Sì

92

SERRAPETRONA ROBBIONE 2016
Rosso Doc - Vernaccia nera 100%
Alc. 15% | € 28 | Bt. 13.000 | Ferm. Acciaio | Mat. Acciaio 24 mesi e Legno 36 mesi
Suntuoso già nell'abito rubino di discreta trasparenza. Propone percezioni speziate che primeggiano su fiori secchi e cera d'api. Bella tostatura con incursioni balsamiche. Bilanciato e preciso al gusto. Importante la dotazione calorica, smorzata da un tannino magistrale che assicura lunghezza e piacere. Brasato di manzo al vino rosso.

VERNACCIA DI SERRAPETRONA VERNACCIANERA DOLCE
Rosso Docg Metodo Martinotti Dolce - Vernaccia nera 100%
Alc. 12% | € 15 | Bt. 6.500 | Ferm. Acciaio | Mat. Acciaio 6 mesi
2 mesi sui lieviti
Tortino di marroni tiepido.

VERNACCIA DI SERRAPETRONA VERNACCIANERA SECCO
Rosso Docg Metodo Martinotti - Vernaccia nera 100%
Alc. 12,5% | € 15 | Bt. 3.300 | Ferm. Acciaio | Mat. Acciaio 6 mesi
2 mesi sui lieviti
Cotechino e lenticchie.

BLINK BRUT ROSÉ
Rosato Metodo Martinotti - Vernaccia nera 100%
Alc. 12,5% | € 12 | Bt. 3.300 | Ferm. Acciaio | Mat. Acciaio 6 mesi
2 mesi sui lieviti
Battuto di gamberi rossi di Sicilia.

COLLI MACERATESI ROSSO TERRE DA MARE 2022
Rosso Doc - Sangiovese 60%, Vernaccia nera 40%
Alc. 13,5% | € 9 | Bt. 6.600 | Ferm. Acciaio | Mat. Acciaio 3 mesi
Risotto con rape rosse e Gorgonzola.

UNBIANCO 2021
Bianco Igt - Pecorino 50%, Sauvignon 50%
Alc. 14% | € 12 | Bt. 3.300 | Ferm. Acciaio | Mat. Acciaio 6 mesi
Insalata di pollo e verdure.

SERRAPETRONA ROBBIONE
2015

SERRAPETRONA COLLEQUANTO
2013 | 2017

Umani Ronchi
(1957)

Grande azienda che si dedica da decenni alla vinificazione dei principali vitigni marchigiani, e di recente anche abruzzesi, con coltivazioni in biologico, per un'ampia gamma di etichette. Ha recentemente ottenuto la certificazione sulla sostenibilità ambientale, sociale ed economica rilasciata dal Consorzio Equalitas. Grande l'attenzione per tutti i vitigni e i risultati dei vini ripagano ampiamente queste cure. Emerge l'Historical con grande evidenza, una versione di Verdicchio apposita per festeggiare i trent'anni del Vecchie Vigne. Accanto alla cantina è presente un fornito wineshop.

Via Adriatica, 12 - 60027 Osimo (AN)
T. 071 7108019 | M. wine@umanironchi.it
www.umanironchi.com

Viticoltura: Biologica
Ettari: 240 | **Bottiglie:** 3.200.000 | **Produzione olearia:** No
Proprietà: Famiglia Bianchi Bernetti
Cond. enologica: Giacomo Mattioli, Giuseppe Caviola
Cond. agronomica: Luigi Piersanti
Vendita diretta: Sì | **Visite in azienda:** Sì

97

VERDICCHIO DEI CASTELLI DI JESI CLASSICO SUPERIORE HISTORICAL 2018
Bianco Doc - Verdicchio 100%
Alc. 13% | € 50 | Bt. 4.950 | Ferm. Acciaio | Mat. Acciaio 36 mesi e Cemento 18 mesi
Paglierino solcato da riflessi verdolini. L'olfatto si manifesta con suggestioni di tiglio, mandorla verde, bergamotto, mandarino. A ruota sbuffi salmastri e anice. Subito avvolgente ed equilibrato in bocca, si pregia di un sorso rinfrescante che si fa sapido e ricco di rimandi ammandorlati. Branzino al forno con erbe aromatiche.

CASTELLI DI JESI VERDICCHIO CLASSICO PLENIO RISERVA 2021
Bianco Docg - Verdicchio 100%
Alc. 13,5% | € 21 | Bt. 21.000 | Ferm. Legno e Acciaio
Mat. Acciaio 12 mesi e Legno 12 mesi
Filetto di orata in crosta di mandorle e patate.

MAXIMO 2021
Bianco Igt Dolce - Sauvignon 100%
Alc. 12,5% | € 24 (0,375l) | Bt. 6.500 | Ferm. Acciaio | Mat. Acciaio 12 mesi
Strudel di mele.

CONERO CAMPO SAN GIORGIO RISERVA 2019
Rosso Docg - Montepulciano 100%
Alc. 14% | € 52 | Bt. 6.912 | Ferm. Acciaio | Mat. Legno 24 mesi
Piccione ai porcini e tartufo nero.

VERDICCHIO DEI CASTELLI DI JESI CLASSICO SUPERIORE VECCHIE VIGNE 2021
Bianco Doc - Verdicchio 100%
Alc. 13% | € 20 | Bt. 27.000 | Ferm. Acciaio | Mat. Cemento 10 mesi
Stoccafisso all'anconetana.

CONERO CÚMARO RISERVA 2019
Rosso Docg - Montepulciano 100%
Alc. 14% | € 22 | Bt. 62.000 | Ferm. Acciaio | Mat. Legno 12 mesi
Arista di maiale con salsa di prugne.

CONERO CAMPO SAN GIORGIO RISERVA
2015 | 2018

PELAGO
2011 | 2012 | 2014

Vallerosa Bonci
(1962)

Una cantina che nella sua essenza racchiude lo spirito cuprense e del mondo del vino che caratterizza questa zona. Valentina ormai da tempo guida l'azienda di famiglia seguendo le orme del padre Giuseppe. È quasi conclusa la transizione al biologico, che rappresenterà un valore aggiunto per la produzione dell'azienda, che già sperimenta molte delle possibilità che il verdicchio concede. Questo si riscontra in tutte le sue declinazioni, dal San Michele, al Pietrone fino al Michelangelo Spumante Metodo Classico, ammaliante per ricchezza di profumi e inconfondibile classe.

Via Torre 15-17 - 60034 Cupramontana (AN)
T. 0731 789129 | M. info@vallerosa-bonci.com
www.vallerosa-bonci.com

Viticoltura: In conversione al biologico
Ettari: 13 | **Bottiglie:** 75.000 | **Produzione olearia:** Sì
Proprietà: Famiglia Bonci
Cond. enologica: Roberto Alfieri, Giovanni Loberto
Cond. agronomica: Andrea Ortenzi
Vendita diretta: Sì | **Visite in azienda:** Sì

VERDICCHIO DEI CASTELLI DI JESI CLASSICO SUPERIORE SAN MICHELE 2021
Bianco Doc - Verdicchio 100%
Alc. 13,5% | € 21 | Bt. 13.500 | Ferm. Cemento | Mat. Cemento 12 mesi
Quasi oro. Odora di camomilla, ginestra, tarassaco e cera d'api. Foglie di edera e mandorla verde intrecciate a cedro e anice, quindi un effluvio di pietra focaia. Molto caldo al gusto, ma l'equilibrio è garantito da una nervina acidità e sapidità che donano estensione su pompelmo maturo. Calamari con ripieno di tarassaco e patate.

CASTELLI DI JESI VERDICCHIO CLASSICO PIETRONE RISERVA 2019
Bianco Docg - Verdicchio 100%
Alc. 13,5% | € 40 | Bt. 1.500 | Ferm. Cemento | Mat. Cemento 12 mesi
Rotolo di tacchino alle mele ed erbe aromatiche.

VERDICCHIO DEI CASTELLI DI JESI SPUMANTE BRUT MICHELANGELO 2013
Bianco Doc Metodo Classico - Verdicchio 100%
Alc. 12% | € 50 | Bt. 1.200 | Ferm. Legno | Mat. Legno 8 mesi
90 mesi sui lieviti
Tartare di gamberi.

VERDICCHIO DEI CASTELLI DI JESI CLASSICO SUPERIORE SAN MICHELE
2016

VERDICCHIO DEI CASTELLI DI JESI SPUMANTE BRUT GIUSEPPE BONCI
2012 | 2013

Velenosi
(1984)

Novità sia nel campo della veste grafica, ove si rinnova l'etichetta dell'Offida Pecorino Villa Angela, che nei prodotti, con il Solestà che diventa Rosso Piceno Superiore. Ciò tutto nell'ambito della realizzazione del progetto di valorizzazione del territorio piceno. Nell'ampia e variegata produzione che si conferma di ottimo livello emergono i grandi rossi Roggio del Filare e Ludi, interessanti anche in una prospettiva evolutiva. Sempre di grande godibilità i Metodo Classico, derivanti da soste molto lunghe sui lieviti.

Via dei Biancospini, 11 - 63100 Ascoli Piceno (AP)
T. 0736 341218 | M. info@velenosivini.com
www.velenosivini.com

Viticoltura: Convenzionale e biologica
Ettari: 220 | **Bottiglie:** 2.500.000 | **Produzione olearia:** Sì
Proprietà: Angiolina Piotti Velenosi, Ercole Velenosi e Paolo Garbini
Cond. enologica: Filippo Carli, Attilio Pagli
Cond. agronomica: Stefano Dini
Vendita diretta: Sì | **Visite in azienda:** Sì

96

ROSSO PICENO SUPERIORE ROGGIO DEL FILARE 2020
Rosso Doc - Montepulciano 70%, Sangiovese 30%
Alc. 14,5% | € 36 | Bt. 50.000 | Ferm. Acciaio | Mat. Legno 18 mesi
Rubino orlato di granato. Apre con pregiati profumi di amarena e liquirizia seguiti da affascinanti stille di tabacco e cioccolato. All'assaggio è intenso e di grande persistenza, con morbida alcolicità e tannini vellutati. Irresistibili aromi speziati in chiusura. Civet di capriolo ai funghi.

OFFIDA ROSSO LUDI 2020
Rosso Docg - Montepulciano 85%, Cabernet sauvignon 8%, Merlot 7%
Alc. 14,5% | € 38 | Bt. 45.000 | Ferm. Acciaio | Mat. Legno 18 mesi
Bigoli con l'anatra.

VELENOSI GRAN CUVÉE GOLD BRUT 2012
Bianco Metodo Classico - Chardonnay 70%, Pinot nero 30%
Alc. 12,5% | € 35 | Bt. 1.000 | Ferm. Acciaio | 120 mesi sui lieviti
Catalana di crostacei.

ROSSO PICENO SUPERIORE SOLESTÀ 2021
Rosso Doc - Montepulciano 70%, Sangiovese 30%
Alc. 14% | € 22 | Bt. 80.000 | Ferm. Acciaio | Mat. Legno 12 mesi
Filetto al vino rosso e scalogno.

VELENOSI GRAN CUVÉE BRUT 2017
Bianco Metodo Classico - Chardonnay 70%, Pinot nero 30%
Alc. 12,5% | € 23 | Bt. 25.000 | Ferm. Acciaio | 60 mesi sui lieviti
Salmone al timo.

OFFIDA PECORINO RÊVE 2021
Bianco Docg - Pecorino 100%
Alc. 13,5% | € 25 | Bt. 13.000 | Ferm. Legno e Acciaio
Rollè di cernia con patate al rosmarino.

ROSSO PICENO SUPERIORE ROGGIO DEL FILARE
2012 | 2016 | 2019

OFFIDA ROSSO LUDI
2015 | 2017 | 2018

Roberto Venturi
(1988)

Una manciata di vigneti gestiti con cura e una profonda passione per l'arte della produzione vinicola costituiscono le fondamenta di quest'azienda. L'obiettivo è raggiungere i migliori risultati qualitativi nel rispetto dell'ambiente e della natura. Grazie alla guida sicura di Roberto, figura che incarna l'anima della vigna e della cantina, vengono creati vini che si distinguono per la loro fedeltà alla varietà, per l'eccezionale pulizia olfattiva e per l'equilibrio gustativo. In tema di varietà si distingue per vivacità il Balsamino, da uve aleatico.

Contrada Case Nuove, 1/A - 60010 Castelleone di Suasa (AN)
T. 071 966635 | M. roberto@viniventuri.it
www.viniventuri.it

Viticoltura: Biologica
Ettari: 10 | **Bottiglie:** 65.000 | **Produzione olearia:** No
Proprietà: Famiglia Roberto Venturi
Cond. enologica: Roberto Venturi
Cond. agronomica: Roberto Venturi
Vendita diretta: Sì | **Visite in azienda:** Sì

BALSAMINO 2022
Rosso Igp - Aleatico 100%
Alc. 14% | € 8 | Bt. 8.000 | Ferm. Acciaio | Mat. Acciaio 3 mesi
Aggraziato rosso rubino. Ouverture di stimolanti cenni di pepe. Poi regala sensazioni di tè nero, anice, amarena, ribes, glicine e timo. Palato strutturato, ammantato di pacata morbidezza e accompagnato da una stoffa tannica ancora ben tesa. Chiosa delicatamente ammandorlata. Braciola di cervo con salsa di ribes.

SQUARCIAFICO 2019
Rosso Igt - Montepulciano 100%
Alc. 14% | € 18 | Bt. 5.000 | Ferm. Acciaio | Mat. Legno 6 mesi
Ravioli al sugo di chianina e tartufo nero.

CASTELLI DI JESI VERDICCHIO QUDÍ RISERVA 2019
Bianco Docg - Verdicchio 100%
Alc. 13,5% | € 22 | Bt. 5.000 | Ferm. Acciaio | Mat. Cemento 12 mesi
Linguine con bottarga e pomodori secchi.

VERDICCHIO DEI CASTELLI DI JESI CLASSICO SUPERIORE QUDÍ 2021
Bianco Dop - Verdicchio 100%
Alc. 13,5% | € 13 | Bt. 10.000 | Ferm. Acciaio | Mat. Cemento 6 mesi
Puntarelle croccanti con colatura di alici, arance e melagrana.

DONNAMATA 2022
Bianco Igp - Moscato 100%
Alc. 12,5% | € 9 | Bt. 8.000 | Ferm. Acciaio | Mat. Acciaio 3 mesi
Crostini con burro e alici.

VERDICCHIO DEI CASTELLI DI JESI CLASSICO SUPERIORE QUDÍ
2017 | 2018 | 2020

CASTELLI DI JESI VERDICCHIO QUDÍ RISERVA
2018

Vicari
(1990)

La famiglia Vicari si conferma negli anni un riferimento per la viticoltura di Morro d'Alba, sia sul fronte lacrima che verdicchio, entrambi coniugati in molteplici forme ma sempre ad alti livelli. Quest'anno è iniziato l'impianto dei primi tre di tredici ettari che andranno ad arricchire la produzione nel giro di quattro o cinque anni, segno di grandi aspettative e progetti per il futuro. Progetti disegnati sempre attorno a questi due grandi vitigni marchigiani, dai quali traggono origine tutti i bianchi e i rossi accomunati nel nome dal riferimento al luogo d'origine, il Pozzo Buono.

Via Pozzo Buono, 3 - 60030 Morro d'Alba (AN)
T. 0731 63164 | M. info@vicarivini.it
www.vicarivini.it

Viticoltura: Biologica
Ettari: 33 | **Bottiglie:** 150.000 | **Produzione olearia:** Sì
Proprietà: Nazzareno, Vico e Valentina Vicari
Cond. enologica: Vico Vicari, Giuseppe Potentini, Agostino Pisani
Cond. agronomica: Nazzareno Vicari, Alessandro Sordoni
Vendita diretta: Sì | **Visite in azienda:** Sì

CASTELLI DI JESI VERDICCHIO CLASSICO OLTRETEMPO DEL POZZO BUONO RISERVA 2019
Bianco Docg - Verdicchio 100%
Alc. 14,5% | € 28 | Bt. 2.242 | Ferm. Acciaio | Mat. Acciaio 10 mesi
Oro luminoso. Bella espressione olfattiva, evoluta e fine. Fiori disidratati, cera d'api, mandorla tostata, cannella. Una sferzata di idrocarburi, mela Renetta e fieno d'alpeggio. Rotondo l'ingresso in bocca, si allarga subito sapido. Equilibrato e corrispondente anche nella lunga progressione. San Pietro alla siciliana con dadolata di patate.

LACRIMA DI MORRO D'ALBA SUPERIORE LACRIMA DEL POZZO BUONO 2020
Rosso Doc - Lacrima 100%
Alc. 15,5% | € 25 | Bt. 10.200 | Ferm. Acciaio | Mat. Acciaio 10 mesi
Costolette di maiale alla brace.

VERDICCHIO DEI CASTELLI DI JESI CLASSICO SUPERIORE L'INSOLITO DEL POZZO BUONO 2021
Bianco Doc - Verdicchio 100%
Alc. 14% | € 15 | Bt. 9.300 | Ferm. Acciaio | Mat. Acciaio 10 mesi
Linguine all'astice.

VERDICCHIO DEI CASTELLI DI JESI CLASSICO CAPOFILA DEL POZZO BUONO 2022
Bianco Doc - Verdicchio 100%
Alc. 13,5% | € 10 | Bt. 35.000 | Ferm. Acciaio | Mat. Acciaio 5 mesi
Risotto agli scampi.

LACRIMA DI MORRO D'ALBA DASEMPRE DEL POZZO BUONO 2022
Rosso Doc - Lacrima 100%
Alc. 14% | € 12 | Bt. 60.000 | Ferm. Acciaio | Mat. Acciaio 5 mesi
Tagliatelle al ragù.

LACRIMA DI MORRO D'ALBA PASSITO AMARANTO DEL POZZO BUONO
2012 | 2016 | 2020

LACRIMA DI MORRO D'ALBA SUPERIORE DEL POZZO BUONO
2012 | 2015 | 2016

Vigna degli Estensi
(2009)

Verso il futuro, con grande attenzione alla produzione biologica, iniziata con il verdicchio tre anni fa e ormai estesa a tutti i vitigni. Vini mai banali, anche l'intrigante bollicina, con attenzione alla potenzialità del Lacrima e del Fiano, e in continua evoluzione. Affascinanti le versioni di Verdicchio, raccontano il territorio, le accoglienti colline senigalliesi e la passione di Stefano e soci. Hanno eleganza, equilibrio, longevità e confermano, insieme a tutti gli altri, lo stato di salute dell'azienda e la volontà e la capacità di crescere qualitativamente.

Strada della Martuccia, 213/A - Frazione Roncitelli - 60019 Senigallia (AN)
T. 340 3726021 | M. info@vignadegliestensi.it
www.vignadegliestensi.it

Viticoltura: Biologica
Ettari: 5,6 | **Bottiglie:** 20.000 | **Produzione olearia:** No
Proprietà: Stefano e Luca Bondanelli, Laura Fagioli e Laura Brignone
Cond. enologica: Stefano Bondanelli
Cond. agronomica: Stefano Bondanelli
Vendita diretta: Sì | **Visite in azienda:** Sì

CASTELLI DI JESI VERDICCHIO LÒGOS RISERVA 2019
Bianco Docg - Verdicchio 100%
Alc. 14% | € 17 | Bt. 2.100 | Ferm. Acciaio | Mat. Acciaio 9 mesi
Giallo verdolino, consistente. Al naso seduce per la dotazione varietale: biancospino, camomilla, anice stellato, nespola e mela cotogna. Al palato è succoso, tonico, molto contrastato, saporito, quasi ancora embrionale. L'allungo finale è tracciato da rifrangenze salmastre e sussurri di mandorla. Ricciola al forno con capperi e pomodori ciliegino.

VERDICCHIO DEI CASTELLI DI JESI CLASSICO SUPERIORE SOTÈRIA 2021
Bianco Doc - Verdicchio 100%
Alc. 14% | € 12 | Bt. 2.300 | Ferm. Acciaio | Mat. Acciaio 3 mesi
Seppioline ai ferri.

FIANO KORIS 2020
Bianco Igt - Fiano 85%, Verdicchio 15%
Alc. 14% | € 12 | Bt. 1.800 | Ferm. Acciaio | Mat. Acciaio 9 mesi e Legno 9 mesi
Insalata di pollo e verdure.

ROSSO PICENO AESTUS 2020
Rosso Doc - Montepulciano 70%, Sangiovese 30%
Alc. 14,5% | € 16 | Bt. 1.400 | Ferm. Acciaio | Mat. Legno 9 mesi
Guanciale di vitello in umido con patate.

VIGNA DEGLI ESTENSI BRUT ROSÉ
Rosato Metodo Martinotti - Lacrima 70%, Verdicchio 30%
Alc. 12% | € 12 | Bt. 2.500 | Ferm. Acciaio | 2 mesi sui lieviti
Crema di patate e asparagi con cappesante scottate.

LACRIMA DI MORRO D'ALBA PÌRAMO 2021
Rosso Doc - Lacrima 100%
Alc. 13% | € 11 | Bt. 1.800 | Ferm. Acciaio | Mat. Acciaio 3 mesi e Terracotta 3 mesi
Agnello al forno con rosmarino.

CASTELLI DI JESI VERDICCHIO LÒGOS RISERVA
2016 | 2017

LACRIMA DI MORRO D'ALBA SUPERIORE IUS LACRIMAE
2019

Vignamato
(1952)

Con oltre settant'anni di esperienza quest'azienda continua a confermarsi eccellenza produttiva, mantenendo un approccio intraprendente e dinamico che si riflette nel vasto assortimento di vini. È affascinante osservare come i vini stessi riescano a essere la coerente espressione di questa mentalità. La famiglia delle etichette si espande per accogliere l'arrivo del nuovo Amato: bottiglie numerate dedicate al nonno, figura simbolica alla quale ancora ci si ispira. Lodevole l'interpretazione dell'Incrocio Bruni a conferma delle potenzialità del vitigno, di spessore il Verdicchio Riserva.

Via Battinebbia, 4 - 60038 San Paolo di Jesi (AN)
T. 0731 779197 | M. info@vignamato.com
www.vignamato.com

Viticoltura: Biologica
Ettari: 24 | **Bottiglie:** 150.000 | **Produzione olearia:** Sì
Proprietà: Andrea Ceci
Cond. enologica: Pierluigi Lorenzetti, Andrea Ceci
Cond. agronomica: Staff aziendale
Vendita diretta: Sì | **Visite in azienda:** Sì

INCROCIO BRUNI 54 VERSUS 2022
Bianco Igt - Incrocio Bruni 54 100%
Alc. 13% | € 15 | Bt. 8.000 | Ferm. Acciaio | Mat. Acciaio 4 mesi
Paglierino di luce. Sensazioni di iodio e cera d'api introducono cedro, foglia di limone, timo, rosmarino, tiglio, zagara. Intrigante orma vegetale di melissa. Rimarchevole il corpo, invitanti la freschezza mentolata e la sapidità che conducono a una chiusura agrumata e salmastra. Branzino al forno con erbe aromatiche.

AMATO 2019
Bianco - Verdicchio 100%
Alc. 14,5% | € 40 | Bt. 3.500 | Ferm. Acciaio | Mat. Acciaio 24 mesi
Rombo al forno con patate e carciofi.

CASTELLI DI JESI VERDICCHIO CLASSICO AMBROSIA RISERVA 2020
Bianco Docg - Verdicchio 100%
Alc. 13,5% | € 22 | Bt. 6.600 | Ferm. Cemento | Mat. Cemento 18 mesi
Risotto alla pescatora.

VERDICCHIO DEI CASTELLI DI JESI CLASSICO SUPERIORE VERSIANO 2022
Bianco Doc - Verdicchio 100%
Alc. 13,5% | € 16 | Bt. 40.000 | Ferm. Acciaio e Cemento
Mat. Acciaio 6 mesi e Cemento 6 mesi
Coda di rospo gratinata.

ALE BRUT ROSÉ
Rosato Metodo Martinotti - Lacrima 50%, Sangiovese 50%
Alc. 12% | € 15 | Bt. 7.000 | Ferm. Acciaio | Mat. Acciaio 3 mesi
6 mesi sui lieviti
Crostini con burro e salmone.

ALE BRUT
Bianco Metodo Martinotti - Verdicchio 100%
Alc. 11,5% | € 15 | Bt. 7.000 | Ferm. Acciaio | Mat. Acciaio 3 mesi
6 mesi sui lieviti
Pizza con fiordilatte e prosciutto crudo.

CASTELLI DI JESI VERDICCHIO CLASSICO AMBROSIA RISERVA
2018 | 2019

VERDICCHIO DEI CASTELLI DI JESI CLASSICO SUPERIORE VERSIANO
2018 | 2019 | 2021

Vigneti Santa Liberata
(1934)

In vigna si sta portando avanti il progetto Vitis, in collaborazione con l'Università Politecnica delle Marche. Tutti i parametri, sia dal punto di vista meteorologico che vegetativo, vengono costantemente monitorati in ogni singola zona del vigneto per consentire una tempestiva e mirata azione di supporto e la riduzione al minimo dei trattamenti. Testimonianza del lavoro eseguito sono i prodotti che traggono vita dai vitigni tipici della terra picena, primo fra tutti il Vigna Cacià, Rosso Piceno che spicca per la ricchezza e l'evoluzione raffinata dei profumi.

Via Nazionale, 194 - Frazione Lido di Fermo - 63900 Fermo (FM)
T. 0734 640100 | M. info@vinisantaliberata.it
www.vinisantaliberata.it

Viticoltura: Biologica
Ettari: 70 | **Bottiglie:** 120.000 | **Produzione olearia:** Sì
Proprietà: Famiglia Savini
Cond. enologica: Martina Savini, Domenico Savini
Cond. agronomica: Giorgio Savini
Vendita diretta: Sì | **Visite in azienda:** Sì

ROSSO PICENO VIGNA CACIÀ 2018
Rosso Doc - Montepulciano 60%, Sangiovese 32%, Cabernet sauvignon 4%, Canaiolo 4%
Alc. 13,5% | € 14 | Bt. 1.333 | Ferm. Acciaio | Mat. Acciaio 12 mesi e Legno 18 mesi e Cemento 24 mesi
Rubino fitto e compatto. Esordio balsamico, poi divaga su lavanda, iris, narciso e fascinosi rimandi speziati. Terroso. Fanno breccia goudron e un penetrante cardamomo. Bocca permeata di morbida alcolicità, acidità e sapidità equilibrano una beva ricca, dal tannino vivo, saporita. Lunghezze di frutta sotto spirito. Brasato di lepre con riduzione di vino rosso.

OFFIDA PECORINO SAGGIOLO 2022
Bianco Docg - Pecorino 100%
Alc. 14% | € 9 | Bt. 7.600 | Ferm. Acciaio | Mat. Cemento 5 mesi
Risotto alla zucca e astice.

OFFIDA PASSERINA AMARE 2022
Bianco Docg - Passerina 100%
Alc. 13% | € 9 | Bt. 7.460 | Ferm. Acciaio | Mat. Acciaio 5 mesi
Vellutata di zucca e porri.

MALVASIA DUGNET 2022
Bianco Igt - Malvasia 100%
Alc. 12,5% | € 9 | Bt. 7.460 | Ferm. Cemento | Mat. Acciaio 5 mesi
Pollo alle mandorle e curcuma.

MALVASIA DUGNET
2021

OFFIDA PECORINO SAGGIOLO
2018 | 2019 | 2021

Vigneti Vallorani
(1963)

Bellissima la nuova sala degustazione, appena realizzata, che si apre alle colline marchigiane, con vista sul Monte Gran Sasso e sul Monte Vettore. Cinquanta posti a disposizione per la degustazione delle annate correnti e per godere di preziose verticali con vecchie annate. È una produzione trasversale, sia per la diversificazione dei vitigni, sia per la distinzione fra vini bianchi molto freschi e vini rossi di grande struttura e qualità. Infatti si va dalle uve bianche di pecorino, passerina, trebbiano e malvasia a quelle nere di montepulciano e sangiovese.

Contrada La Rocca, 28 - 63079 Colli del Tronto (AP)
T. 353 4195388 | M. info@vignetivallorani.com
www.vignetivallorani.com

Viticoltura: Biologica
Ettari: 7,5 | **Bottiglie:** 32.000 | **Produzione olearia:** Sì
Proprietà: Rocco Vallorani
Cond. enologica: Rocco Vallorani
Cond. agronomica: Stefano Vallorani
Vendita diretta: Sì | **Visite in azienda:** Sì

PICENO SUPERIORE KONÉ 2019
Rosso Doc - Montepulciano 60%, Sangiovese 40%
Alc. 13,5% | € 28 | Bt. 4.000 | Ferm. Acciaio | Mat. Acciaio 12 mesi e Legno 18 mesi
Carminio con suggestivi riflessi granato. Visciola, geranio, rosa rossa, chiodi di garofano, cacao e tabacco da sigaro. Sorso caldo e morbido che pervade la bocca e rivela un tannino vellutato che si instaura perfettamente. Il lento epilogo ricorda aromi di visciola sotto spirito. Manzo brasato con olive e porri.

FALERIO AVORA 2022
Bianco Doc - Trebbiano 40%, Passerina 30%, Pecorino 30%
Alc. 13% | € 18 | Bt. 10.000 | Ferm. Acciaio | Mat. Acciaio 10 mesi
Tortelli di zucca e salvia.

PICENO SUPERIORE POLISIA 2020
Rosso Doc - Montepulciano 50%, Sangiovese 50%
Alc. 13,5% | € 16 | Bt. 7.000 | Ferm. Acciaio | Mat. Acciaio 18 mesi
Pappardelle al ragù di cinghiale.

OCTAVUM 2022
Rosato Igt - Sangiovese 80%, Montepulciano 20%
Alc. 14% | € 15 | Bt. 3.000 | Ferm. Acciaio | Mat. Acciaio 8 mesi
Tacchino farcito con castagne.

LEFRIC 2021
Bianco Igt - Trebbiano 80%, Malvasia 20%
Alc. 13% | € 24 | Bt. 3.500 | Ferm. Terracotta | Mat. Acciaio 12 mesi e Legno 22 mesi e Terracotta 12 mesi
Yakitori, spiedini di pollo con zenzero.

SORLIVIO
2018

PICENO SUPERIORE KONÉ
2015 | 2017

Villa Forano

(1966)

La conduzione del vigneto attenta e scrupolosa, unita alla particolare cura nel limitare i trattamenti, hanno portato Chiara e Francesco a una crescita qualitativa di rilievo. Vinificazioni tradizionali, legame con il territorio, rispetto per l'ambiente e un'annata calda sono le cifre dei loro prodotti. Sono proprio il Rosso Piceno annata 2021 e il Ribona annata 2022 a esprimere in pieno le potenzialità dei rispettivi vitigni, ritrovandole nei calici. Una beva generalmente dinamica, equilibrata, all'insegna di un gusto moderno.

Contrada Forano, 43 - 62010 Appignano (MC)
T. 0733 57102 | M. info@fattoriaforano.it
www.fattoriaforano.it

Viticoltura: Convenzionale
Ettari: 21 | **Bottiglie:** 30.000 | **Produzione olearia:** No
Proprietà: Chiara, Francesco e Camilla Lucangeli
Cond. enologica: Aroldo Bellelli
Cond. agronomica: Francesco Lucangeli
Vendita diretta: Sì | **Visite in azienda:** Sì

ROSSO PICENO 2021
Rosso Doc - Montepulciano 60%, Sangiovese 40%
Alc. 14% | € 11 | Bt. 3.500 | Ferm. Legno | Mat. Legno 21 mesi
Profondo sipario rubino. Estrinseca un floreale di gradevole ampiezza supportato da erbe aromatiche fresche come timo e maggiorana. Pepe nero e noce moscata insieme a frutta rossa matura. Ingresso calorico al quale l'acidità briosa e il tannino sodo portano equilibrio. Termina su aromi di mirtillo. Fettuccine al ragù d'agnello.

COLLI MACERATESI RIBONA LE PIAGGE 2022
Bianco Doc - Maceratino 100%
Alc. 13% | € 10 | Bt. 5.000 | Ferm. Acciaio | Mat. Acciaio 9 mesi
Frittata di erbette.

COLLI MACERATESI ROSSO MONTELIPA 2022
Rosso Doc - Sangiovese 50%, Lacrima 25%, Vernaccia nera 25%
Alc. 13% | € 12 | Bt. 3.500 | Ferm. Legno | Mat. Legno 9 mesi
Carré di vitello alle erbe aromatiche.

COLLI MACERATESI RIBONA MONTEFERRO 2021
Bianco Doc - Maceratino 100%
Alc. 13% | € 16 | Bt. 2.000 | Ferm. Acciaio | Mat. Acciaio 21 mesi e Legno 5 mesi
Arrosto di pollo ripieno.

OCCHIO DI GALLO 2022
Rosato Igt - Lacrima 50%, Montepulciano 25%, Sangiovese 25%
Alc. 13% | € 9 | Bt. 3.500 | Ferm. Acciaio | Mat. Acciaio 9 mesi
Frittura di moscardini.

COLLI MACERATESI RIBONA MONTEFERRO
2018

COLLI MACERATESI RIBONA LE PIAGGE
2015

Zaccagnini

(1973)

Un'attività nata dalla passione della famiglia Zaccagnini, quasi per gioco, oltre cinquant'anni fa. Con il passare del tempo si è consolidata, diventando invece l'attività principale. Tutto iniziò in contrada Salmàgina, così si chiama per l'antica presenza di cave saline, nome assegnato al primo loro Verdicchio di successo: il Salmàgina Classico Superiore, appunto, che tuttora si colloca al vertice della gamma, specialmente quando mancano le Riserve. Ottima interpretazione del verdicchio anche nel Classico Superiore Argonauta, un'etichetta piuttosto recente.

Contrada Salmagina, 9/10 - 60039 Staffolo (AN)
T. 0731 779892 | M. rosella@zaccagnini.it
www.zaccagnini.it

Viticoltura: Biologica
Ettari: 30 | **Bottiglie:** 200.000 | **Produzione olearia:** Sì
Proprietà: Famiglia Zaccagnini
Cond. enologica: Vittorio Fiorelli
Cond. agronomica: Franco Boezio, Vittorio Fiorelli
Vendita diretta: Sì | **Visite in azienda:** Sì

VERDICCHIO DEI CASTELLI DI JESI CLASSICO SUPERIORE SALMÀGINA 2021
Bianco Doc - Verdicchio 100%
Alc. 14% | € 18 | Bt. 10.000 | Ferm. Legno e Cemento | Mat. Legno 2 mesi e Cemento 12 mesi
Paglierino. Quadro olfattivo con pennellate floreali di biancospino e tiglio, espressioni rinfrescanti di erba appena tagliata, asparagi e mandorla. Sullo sfondo, erbe aromatiche. Al sorso lo scettro è affidato alla freschezza, che conduce a un lungo finale dalla beva decisamente armonica. Filetto di orata in crosta di mandorle e patate.

VERDICCHIO DEI CASTELLI DI JESI CLASSICO SUPERIORE ARGONAUTA 2022
Bianco Doc - Verdicchio 100%
Alc. 13,5% | € 14 | Bt. 30.000 | Ferm. Cemento | Mat. Cemento 8 mesi
Salmone al timo.

VERDICCHIO DEI CASTELLI DI JESI CLASSICO Z 2022
Bianco Doc - Verdicchio 100%
Alc. 13% | € 11 | Bt. 50.000 | Ferm. Cemento | Mat. Cemento 5 mesi
Risotto alla zucca e astice.

MARTINÈ BRUT
Bianco Metodo Martinotti - Verdicchio 100%
Alc. 12% | € 14 | Bt. 7.000 | Ferm. Acciaio | 12 mesi sui lieviti
Crostini con baccalà mantecato.

CASTELLI DI JESI VERDICCHIO CLASSICO PIER DELLE VIGNE RISERVA
2019

VERDICCHIO DEI CASTELLI DI JESI SPUMANTE DOSAGGIO ZERO
2016

LAZIO

Alla ricerca dei segni dell'antichità diffusa

Luciano Ferraro

Dagli Appennini alle coste, passando per borghi dai nomi che rievocano storie millenarie. Segni di quell'antichità diffusa che racconta come in questi luoghi abbia mosso i primi passi una cultura che ha segnato la civiltà umana. Non solo Roma, ma anche le antiche città degli Etruschi hanno lasciato nel Lazio segni di saperi e arti secolari. Paesi, siti archeologici e centri storici tra più raccontati dai viaggiatori e scrittori di tutti i tempi. Da Virgilio a Goethe. Qui come in pochi altri luoghi in Italia il paesaggio qui è eredità culturale di popoli che ne hanno, di volta in volta, cambiato il volto. Fino alla bonifica dell'Agro Pontino. Un mosaico di civiltà ed epoche sovrapposizioni e intrecci, aree agricole e naturali che hanno dovuto fare spazio a una urbanizzazione quasi insaziabile, soprattutto sul litorale, in alcuni punti deturpato e ferito. Ad accompagnarci come un moderno Virgilio in questo viaggio nel viaggio nel Lazio è Mario Tozzi, Primo ricercatore al Consiglio nazionale delle ricerche, divulgatore scientifico, conduce su Rai Radio Uno "Green Zone".

Mario Tozzi: "I quattro grandi laghi, soprattutto Vico sono ancora godibili, conservano il loro fascino".

"Lo stato del paesaggio è molto dipendente dalle zone. Il litorale laziale negli ultimi decenni, direi nell'ultimo mezzo secolo, è stato completamente stravolto. Sono spariti lembi di foreste, distese di dune e una grande ricchezza della vita. Da Roma a Civitavecchia verso nord e da Roma a Latina, verso sud è tutto distrutto. Si è salvato poco. Il parco regionale del Circeo con la sua spiaggia dove ci sono ancora le dune, ma sono piene di ville. Quelle che risalgono al Ventennio fatte costruire dai gerarchi fascisti dove accanto sono apparse quelle in stile moderno di proprietà di attori e calciatori. C'è anche il lago di Paola e la sua riserva naturale a Sabaudia, ma costantemente sotto aggressione dal punto di vista edilizio e ambientale. Si salva Castelporziano perché è la tenuta presidenziale, ma è un'oasi in mezzo al delirio. Quello del Lazio è un litorale pesantemente aggredito. Per non dire di Fiumicino dove si è costruito persino sulla foce, con grave rischio idrogeologico. In tutto il litorale romano sono stati cancellati campi di dune, a servizio di un malinteso sviluppo e del turismo delle seconde case".
Diverso il discorso dei laghi. "I quattro grandi laghi, soprattutto Vico, sono ancora godibili anche se le acque sono inquinate talvolta a causa degli sversamenti dell'attività agricola. Non sono proprio cristallini, ma Albano, Bolsena e Martignano conservano ancora il loro fascino, non sono stati così aggrediti".
Un paesaggio che testimonia un equilibrio difficile tra società e ambiente. "Le aree dell'Appennino sono sempre sotto pressione, ma hanno un loro valore. Al Terminillo però sono stati costruiti impianti di risalita che non hanno senso con il cambiamento climatico, anche Monte Livata o ancora più a nord. Certo non si tratta di uno sfruttamento come in altre località delle Alpi. Si salvano dall'aggressione le aree protette del parco Abruzzo-Molise, e anche la Maremma laziale mantiene il suo profilo identitario. La civiltà del tufo, da Barbarano a Calcata, rischia però parecchio perché i romani vogliono andare ad abitare lì. Ma i collegamenti e lo spazio sono quelli che sono. Complessivamente si può dire che le aree interne restano attraenti. Un esempio? Tolfa, che mantiene un'arcaica salubrità. Anche sui Castelli Romani resiste la struttura dei paesi, densamente abitati ma con panorami mozzafiato, ad esempio verso il lago di Albano. Poi certo se ti affacci verso Roma o Latina ti trovi davanti a un delirio di costruzioni. Uno sviluppo privo di un piano, anche se i piccoli paesi laziali sono ancora godibili".

Incuneato tra mare, colline, pianure e vulcani spenti, potenzialmente il Lazio è una delle regioni italiane più vocate alla viticoltura con una tradizione vitivinicola millenaria. Quello tra vino e territorio è un rapporto antico, parte integrante del patrimonio culturale, dell'identità e del paesaggio dell'intera regione.

Eppure, è stato considerato per decenni produttore di facili vini bianchi, con il mercato enologico affidato prevalentemente alle cantine sociali. Con ventimila ettari di superficie destinati alla vite, alla cui coltivazione si dedicano circa ventimila aziende, per lo più di piccole dimensioni, la regione fatica ad avere visibilità e una propria identità regionale dei vini del Lazio. Ma se di strada ce n'è da fare, qualcosa si muove. Soprattutto nella zona dei Castelli Romani, dove la qualità sta lentamente migliorando. La mappa regionale dei vini di qualità conta 27 DOC, 3 DOCG e 6 IGT. L'ultima nata è la DOC Roma, una denominazione che abbraccia l'intero territorio della provincia sfruttando il nome della capitale. Sul territorio regionale sono comunque ammessi alla coltivazione oltre 60 vitigni: prevalgono le uve a bacca bianca, trebbiano e malvasia di Candia, mentre per la produzione di uve rosse i vitigni più diffusi appartengono alle cultivar merlot, sangiovese e montepulciano. A questi si aggiungono, su estensioni molto più ridotte, i vitigni malvasia del Lazio e bellone per i bianchi, cesanese e nero buono per i rossi.

C'è poi un grande lavoro di riscoperta degli autoctoni, tendenzialmente orientato alla produzione di etichette di pregio o al recupero di un legame più profondo con il territorio: i progetti per la valorizzazione di vitigni come la biancolella di Ponza o il nero buono, il bellone o il moscato di Terracina. Per esprimere questo ritrovato rapporto tra il paesaggio, territorio e vitigni nel 2001 sono state istituite le Strade del Vino, dell'Olio e dei Prodotti Tipici. In una regione dove il 53 % del territorio è formato da colline, i vigneti con le sue geometrie danno un valore aggiunto al paesaggio in un territorio che conta 3 parchi nazionali e 16 parchi naturali regionali. "Roma stessa – racconta ancora Mario Tozzi – è piena di aree verdi. Tutto questo insieme di aree protette statali e regionali costituiscono un vasto patrimonio di biodiversità. Purtroppo, dal punto di vista dell'agricoltura, bisogna ricordare che sulla pianura pontina c'è il caso limite dei kiwi, una coltura che beve fortemente acqua.

"Sui Castelli Romani resiste la struttura dei paesi, densamente abitati ma con panorami mozzafiato".

Si è arrivati al punto che si è perfino abbassata la falda. Non è stata una idea brillante. Poi ci sono i vigneti che conosciamo. E i prodotti tipici del Lazio, dalle fragole di Nemi ai carciofi di Viterbo, prodotti che mantengono l'identità dell'agricoltura laziale. Chi punta sulla qualità ha un ruolo importante di tutela del territorio. Penso a certi pecorini e a certi mieli del Lazio, o al vino nel parco dell'Appia antica, di cui sono stato presidente fino a poco tempo fa. Ad esempio, nella zona di Fiorano. Roma, non dimentichiamo, è uno dei comuni con superficie agricola maggiore d'Europa". Perché anche una grande città può celare un paesaggio nascosto straordinario. Un habitat unico tra parchi, ville, giardini e monumenti in cui è bello potersi perdere.

Highlights

20.408 ETTARI VITATI COMPLESSIVI
9.789 destinati a DOP, 6.167 destinati a IGP, 4.452 destinati a vini generici.

1.429.127 HL DI PRODUZIONE TOTALE
726.636 di vino DOP, 397.559 di vino IGP, 304.912 di vini generici.

RIPARTIZIONE COLORE
Vini bianchi 71,06%
Vini rossi o rosati 28,94%

LE PROVINCE PIÙ PRODUTTIVE
Roma 52,78% sul totale, Latina 21,09% sul totale, Viterbo 12,10% sul totale

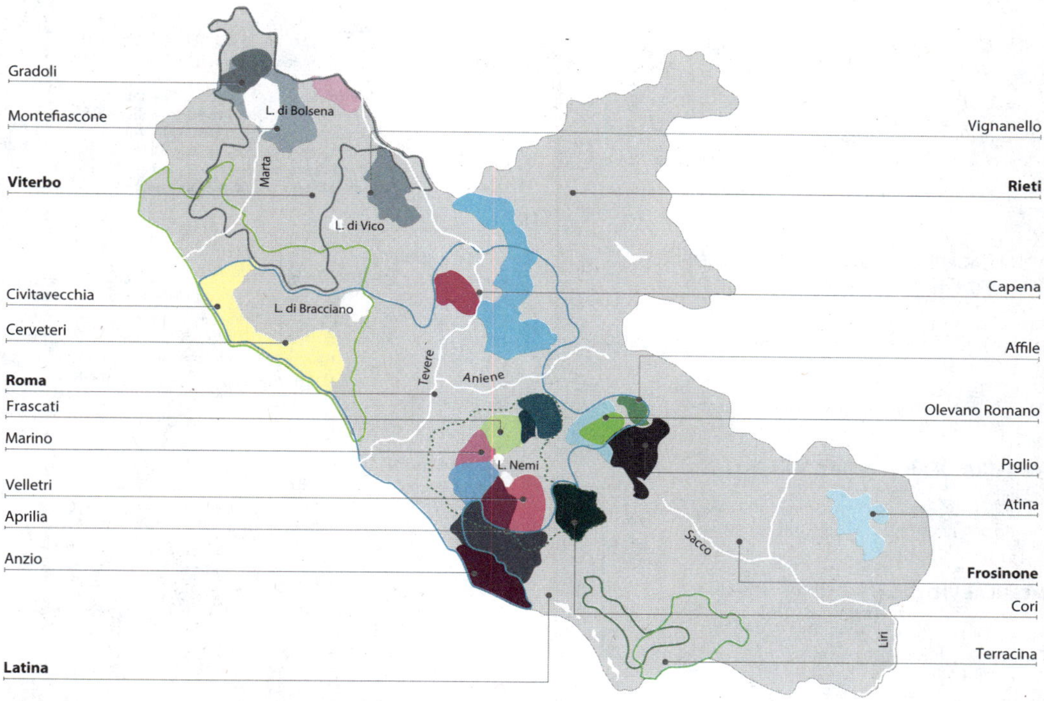

Legenda

- Colli Etruschi Viterbesi o Tuscia
- Aleatico di Gradoli
- Est! Est!! Est!!! di Montefiascone
- Orvieto
- Tarquinia
- Cerveteri
- Vignanello
- Bianco Capena
- Colli della Sabina
- Roma
- Castelli Romani
- Zagarolo
- Montecompatri-Colonna o Montecompatri o Colonna
- Cannellino di Frascati DOCG Frascati Superiore DOCG Frascati
- Marino
- Colli Albani
- Colli Lanuvini
- Velletri
- Cori
- Aprilia
- Nettuno
- Circeo
- Terracina o Moscato di Terracina
- Genazzano
- Cesanese di Olevano Romano o Olevano Romano
- Cesanese di Affile o Affile
- Cesanese del Piglio o Piglio DOC
- Atina

Albetum
(2018)

Giovane realtà vitivinicola di Alvito nata grazie all'impegno della famiglia Viscogliosi, da tempo nota nell'ambito della ristorazione. Massimo, il più grande dei fratelli, ha acquistato i terreni dove erano presenti vigne già in produzione e coltivate in regime biologico, per debuttare con la prima etichetta nel 2019. Oggi è in atto un nuovo progetto legato alla realizzazione di un Metodo Classico che sappia esprimere le peculiarità del territorio, e che sia capace di raccontare i vitigni autoctoni e il clima fresco dell'areale.

Via Colle Buono, 7 - 03041 Alvito (FR)
T. 335 5899675 | M. info@albetum.it
www.albetum.it

Viticoltura: Biologica
Ettari: 7 | **Bottiglie:** 18.000 | **Produzione olearia:** Sì
Proprietà: Il Laureto srl
Cond. enologica: Maurizio De Simone
Cond. agronomica: Carlo Esposito
Vendita diretta: Sì | **Visite in azienda:** Sì

ATINA CABERNET RUBRO DEL COLLE RISERVA 2020
Rosso Doc - Cabernet 90%, Merlot 10%
Alc. 13,5% | € 19 | Bt. 2.090 | Ferm. Acciaio | Mat. Legno 24 mesi
Rubino compatto e lucente. Olfatto vigoroso che si apre su cenni di spezie dolci, poi frutta rossa matura, fiori rossi in appassimento ed erbe aromatiche. Sorso pieno, con alcol e tannini armonizzati da una splendida freschezza. Lunga la persistenza, giocata su suggestioni balsamiche. Filetto di maiale lardellato.

ARANTIUS ORANGE ALBA COLLE 2021
Bianco Igt - Maturano 100%
Alc. 13% | € 20 | Bt. 360 | Ferm. Terracotta | Mat. Terracotta 8 mesi
Risotto con tinca di lago e datterini.

MERULAE VITIS 2021
Rosso Igt - Cabernet 90%, Merlot 10%
Alc. 13,5% | € 17 | Bt. 2.540 | Ferm. Acciaio | Mat. Legno 20 mesi
Costolette di maiale alla brace.

RUBRO DEL COLLE ATINA CABERNET 2020
Rosso Doc - Cabernet 90%, Merlot 10%
Alc. 13,5% | € 16 | Bt. 2.432 | Ferm. Acciaio
Costata di manzo alla griglia.

MATURANO ALBA DEL COLLE 2022
Bianco Igt - Maturano 100%
Alc. 13% | € 12 | Bt. 4.000 | Ferm. Acciaio | Mat. Acciaio 8 mesi
Soufflé con pecorino e crema di patate.

RUBRO DEL COLLE ROSÉ 2022
Rosato Igt - Cabernet 50%, Merlot 50%
Alc. 13% | € 13 | Bt. 1.400 | Ferm. Acciaio
Garganelli con julienne di calamari e ortiche.

ARANTIUS ORANGE ALBA COLLE
2020

ATINA CABERNET RUBRO DEL COLLE RISERVA
2019

Antica Cantina Leonardi
(1900)

Anche quest'anno l'azienda conferma l'ottimo livello qualitativo dei suoi vini, i quali si pongono ai vertici delle rispettive denominazioni e ne fanno una delle realtà produttive qualitativamente più affidabili nel panorama del centro Italia. Rispetto allo scorso anno migliora ancora il Don Carlo, che si aggiudica il massimo riconoscimento grazie alla sua capacità di coniugare magnificamente ricchezza e godibilità gustativa. Grande pregio e alto livello gusto-olfattivo per i vini bianchi derivanti dai vitigni grechetto e vermentino.

Via del Pino, 12 - 01027 Montefiascone (VT)
T. 0761 826028 | M. leonardi@cantinaleonardi.it
www.cantinaleonardi.it

Viticoltura: Biologica certificata
Ettari: 33 | **Bottiglie:** 150.000 | **Produzione olearia:** Sì
Proprietà: Ugo e Maria Vittoria Leonardi
Cond. enologica: Ugo Leonardi, Riccardo Aputini
Cond. agronomica: Staff aziendale
Vendita diretta: Sì | **Visite in azienda:** Sì

(92)

DON CARLO 2020
Rosso Igp - Merlot 70%, Cabernet franc 15%, Cabernet sauvignon 15%
Alc. 14% | € 18 | Bt. 10.000 | Ferm. Acciaio | Mat. Legno 12 mesi
Cremisi delicato sull'orlo. La fase olfattiva conquista per un inizio balsamico e mentolato, per l'intrigo di frutta scura, che anticipa echi tostati, di tabacco e china. Bocca di struttura e sorprendente freschezza, appagante e godibile. Durevole sugli aromi speziati. Guanciale di manzo al brandy.

TERRA DI VENTO 2022
Bianco Igt - Vermentino 100%
Alc. 12,5% | € 10 | Bt. 6.000 | Ferm. Acciaio | Mat. Acciaio 3 mesi
Bocconcini di rana pescatrice in crosta di mandorle.

PENSIERO 2022
Bianco Igp - Grechetto 100%
Alc. 13,5% | € 10 | Bt. 8.000 | Ferm. Legno e Acciaio | Mat. Acciaio 3 mesi e Legno 3 mesi
Petto d'anatra all'arancia.

EST! EST!! EST!!! DI MONTEFIASCONE POGGIO DEL CARDINALE 2022
Bianco Dop - Procanico 50%, Rossetto 30%, Malvasia 20%
Alc. 13% | € 10 | Bt. 10.000 | Ferm. Legno e Acciaio | Mat. Acciaio 3 mesi e Legno 3 mesi
Coregone al forno.

LUCE DI LAGO 2022
Bianco Igp - Rossetto 100%
Alc. 12,5% | € 10 | Bt. 8.000 | Ferm. Acciaio | Mat. Acciaio 3 mesi
Polpette di pesce d'acqua dolce.

ANTICA CANTINA LEONARDI DOSAGE ZÉRO
Bianco Igp Metodo Classico - Chardonnay 80%, Riesling renano 20%
Alc. 12,5% | € 22 | Bt. 2.000 | Ferm. Acciaio | Mat. Acciaio 3 mesi
40 mesi sui lieviti
Frittura di canestrelli e calamari.

LUCE DI LAGO
2020 | 2021

TERRA DI VENTO
2021

Antica Tenuta Palombo
(1980)

A ogni vendemmia l'azienda mostra sempre di più i caratteri di una realtà in grado di essere un'ottima ambasciatrice delle potenzialità del territorio di Atina e della Valle di Comino. Quest'anno, oltre ai già conosciuti e apprezzati vini da vitigni rossi, ci ha stupiti la personalità dei vini bianchi. Il Maturano ha espresso grande e suggestiva ricchezza olfattiva. Lo stesso vale per il Sauvignon, che si è rivelato nitido e magistrale nei riconoscimenti e dotato di un'ottima struttura gustativa.

Via Ponte Capone - 03042 Atina (FR)
T. 340 8652669 | M. anticatenutapalombo@gmail.com
www.anticatenutapalombo.it

Viticoltura: Lotta integrata
Ettari: 7 | **Bottiglie:** 25.000 | **Produzione olearia:** No
Proprietà: Norberto Mastrantoni
Cond. enologica: Roberto Mazzer
Cond. agronomica: Pierpaolo Pirone
Vendita diretta: Sì | **Visite in azienda:** Sì

ATINA CABERNET 2020
Rosso Doc - Cabernet sauvignon 100%
Alc. 14% | € 20 | Bt. 6.000 | Ferm. Acciaio | Mat. Acciaio 6 mesi
Colore rubino molto concentrato e di buona luminosità. Naso che comincia su allusioni balsamiche, seguite da prugna, amarena, sottobosco e tabacco. In bocca è di buona espressione alcolica, ma si fa notare per l'equilibrio nell'ordito tra acidità e tannino. Intenso e con un finale di buona lunghezza. Gulasch di manzo alla paprica dolce.

MERLOT 2020
Rosso Igp - Merlot 100%
Alc. 14% | € 17 | Bt. 3.300 | Ferm. Acciaio | Mat. Acciaio 6 mesi
Scaloppa di vitello con asparagi trifolati.

SAUVIGNON 2022
Bianco Igt - Sauvignon 100%
Alc. 12,5% | € 15 | Bt. 3.600 | Ferm. Acciaio
Lasagne di verdure.

MATURANO 2022
Bianco Igp - Maturano 100%
Alc. 12,5% | € 15 | Bt. 3.600 | Ferm. Acciaio | Mat. Acciaio 8 mesi
Frittata di cipolle.

ROSA INVIDIATA 2022
Rosato Igp - Merlot 100%
Alc. 12,5% | € 15 | Bt. 3.300 | Ferm. Acciaio
Stoccafisso in umido con porcini.

ATINA CABERNET DUCA CANTELMO RISERVA
2018

MERLOT
2019

Antiche Cantine Migliaccio
(2000)

I tre ettari di viticoltura eroica nella maggiore delle Isole Pontine, integrati in uno scenario scosceso e di una bellezza mozzafiato, permettono all'azienda di contribuire in maniera decisa alla produzione di qualità dell'enologia della regione. Gli ormai storici vitigni, provenienti dalle coste campane, e la sapiente mano di Vincenzo Mercurio danno vita a una gamma di vini di grande identità territoriale per la presenza di elementi legati all'influenza marina, che quest'anno si confermano nel Fieno di Ponza bianco.

Via Pizzicato, 9 - 04027 Ponza (LT)
T. 339 2822252 | M. info@antichecantinemigliaccio.it
www.antichecantinemigliaccio.it

Viticoltura: Convenzionale
Ettari: 3 | **Bottiglie:** 10.000 | **Produzione olearia:** No
Proprietà: Luciana Sabino ed Emanuele Vittorio
Cond. enologica: Vincenzo Mercurio
Cond. agronomica: Staff aziendale
Vendita diretta: Sì | **Visite in azienda:** Sì

FIENO DI PONZA BIANCO 2022
Bianco Igt - Biancolella 80%, Forastera 20%
Alc. 12% | € 28 | Ferm. Acciaio | Mat. Acciaio 8 mesi
Giallo paglierino venato d'oro. Profilo attraente e generoso: sensazioni iodate e di erbe aromatiche, mandorla, citronella, pompelmo, biancospino e spezie. Al gusto risulta ben bilanciato, raffinato, con una buona struttura accompagnata da un'alternanza acido-sapida che lo rendono estremamente versatile. Rombo al forno ai sapori mediterranei.

BIANCOLELLA DI PONZA 2022
Bianco Igt - Biancolella 100%
Alc. 12,5% | € 30 | Bt. 3.500 | Ferm. Acciaio | Mat. Acciaio 8 mesi
Riso venere con verdure e crostacei.

FIENO DI PONZA ROSATO 2022
Rosato Igt - Aglianico 50%, Piedirosso 50%
Alc. 13% | € 28 | Bt. 1.000 | Ferm. Acciaio | Mat. Acciaio 8 mesi
Risotto all'isolana.

BIANCOLELLA DI PONZA
2013

FIENO DI PONZA BIANCO
2019 | 2021

Marco Antonelli
(2007)

Marco Antonelli si conferma, anno dopo anno, uno dei maggiori vignaioli, interprete capace di restituire nel calice la forza gentile del cesanese. I suoi vigneti, dislocati a diverse altitudini, raggiungono la maturazione in epoche differenti e gli consentono di modulare le vinificazioni dosando sapientemente le partite di uva da assemblare. La freschezza e l'eleganza delle sue bottiglie confermano ogni anno la validità di questa sua ricercata idea di vino da proporre al mercato, che lo rende una figura enoica dalla forte identità.

Via di Villa Marina - 00035 Olevano Romano (RM)
T. 06 9562831 | M. contatto@marcoantonelli.info
www.marcoantonelli.info

Viticoltura: Biologica
Ettari: 3,5 | **Bottiglie:** 16.000 | **Produzione olearia:** No
Proprietà: Marco Antonelli
Cond. enologica: Marco Antonelli
Cond. agronomica: Enrico Carli
Vendita diretta: Sì | **Visite in azienda:** Sì

CESANESE DI OLEVANO ROMANO SUPERIORE TYTO 2021
Rosso Dop - Cesanese 100%
Alc. 14,5% | € 15 | Bt. 3.500 | Ferm. Acciaio | Mat. Acciaio 12 mesi e Legno 18 mesi
Rosso rubino di buona luminosità. Una ricca cornucopia olfattiva con tratti di mirtillo, more, mirto, bergamotto e ginepro. Assaggio deciso e succoso, con una vena fresca che domina la struttura gustativa, accogliendo con equilibrio la dotazione alcolica e il pregevole tannino. Buona persistenza. Filetto al vino rosso e scalogno.

CESANESE DI OLEVANO ROMANO SUPERIORE IL FRESCO 2022
Rosso Doc - Cesanese 100%
Alc. 13,5% | € 10 | Bt. 7.000 | Ferm. Acciaio | Mat. Acciaio 8 mesi
Gnocchi al ragù.

LE NUVOLE 2022
Bianco Igt - Bombino bianco 32%, Malvasia puntinata 32%, Trebbiano abruzzese 32%, altre varietà 4%
Alc. 12% | € 12 | Bt. 2.500 | Ferm. Acciaio | Mat. Acciaio 8 mesi
Carciofi alla giudia.

CESANESE DI OLEVANO ROMANO SUPERIORE KOSMOS RISERVA
2015

CESANESE DI OLEVANO ROMANO IL FRESCO
2016 | 2018 | 2019

Maria Ernesta Berucci
(2009)

Maria Ernesta Berucci ha realizzato un progetto di grande ambizione enologica che l'ha portata ad essere la prima azienda "Triple A" del Lazio. Ricevuto il testimone dal padre Manfredi, è divenuta la pioniera di un approccio improntato ad adottare filosofie non interventiste né in vigna né in cantina. Il livello dei vini degustati dimostra la validità di questo approccio: tutti i rossi mostrano una rara personalità, con pulizia olfattiva e gustativa che, unita in bocca a generose dotazioni materiche, li pongono ai vertici della denominazione e dell'enologia regionale.

Via Colle Santa Maria, 14 - 03010 Paliano (FR)
T. 347 9408300 | M. info@mariaernestaberucci.com
www.mariaernestaberucci.com

Viticoltura: Biologica
Ettari: 3,1 | **Bottiglie:** 12.500 | **Produzione olearia:** Sì
Proprietà: Maria Ernesta Berucci e Geminiano Montecchi
Cond. enologica: Gabriele Graia
Cond. agronomica: Geminiamo Montecchi
Vendita diretta: Sì | **Visite in azienda:** Sì

92

CESANESE DEL PIGLIO SUPERIORE MOLA DA PIEDI 2021
Rosso Docg - Cesanese d'Affile 100%
Alc. 14,5% | € 40 | Bt. 600 | Ferm. Legno e Terracotta | Mat. Terracotta 4 mesi
Cremisi intenso di buona luminosità. Al naso suggestive percezioni di sottobosco e balsamiche, poi prugna, amarena e uno sfondo etereo che raccorda piacevolmente il tutto. La bocca evidenzia un esuberante e diffuso tannino e una pregevole bevibilità che si bilancia con i tratti eterei e glicerici. Terrina di lepre con salsa di prugne.

CESANESE DEL PIGLIO SUPERIORE RAPHAEL 2021
Rosso Docg - Cesanese d'Affile 90%, Cesanese 10%
Alc. 14,5% | € 26 | Bt. 2.700 | Ferm. Cemento | Mat. Cemento 6 mesi
Camoscio in umido.

RAPHAEL 2022
Bianco Igt - Passerina 85%, Bellone 4%, Ottonese 4%, Trebbiano 4%, Malvasia 3%
Alc. 11,5% | € 20 | Bt. 2.400 | Ferm. Cemento | Mat. Cemento 6 mesi
Asparagi di Bassano e uova in camicia.

Bottaccio
(2006)

L'altissimo livello qualitativo continua a essere la cifra stilistica di questa cantina. La vigna è piccola e le bottiglie sono poche ma i terreni, che al tufo vulcanico aggiungono la parte sedimentaria ricchissima di minerali, sono i veri protagonisti. Sia il Grandi Annate che il Pietra Dura, maturati in legni di media tostatura, cavalcano a briglia sciolta il favorevole 2020. La "cenerentola" Rocca Monaldeschi, solo acciaio, supera in forma smagliante al siccitosa vendemmia 2022. Mai abbastanza lodata l'attentissima conduzione enologica di Paolo Trappolini.

Via Fontana Vecchia, 24 - 01024 Castiglione in Teverina (VT)
T. 335 7254452 | M. info@cantinabottaccio.it
www.cantinabottaccio.it

Viticoltura: Biologica e biologica certificata
Ettari: 1 | **Bottiglie:** 5.000 | **Produzione olearia:** Sì
Proprietà: Silvano Sganappa
Cond. enologica: Paolo Trappolini
Cond. agronomica: Paolo Trappolini
Vendita diretta: No | **Visite in azienda:** Sì

(94)

BOTTACCIO GRANDI ANNATE 2020
Rosso Igt - Syrah 100%
Alc. 14% | € 100 | Bt. 500 | Ferm. Legno | Mat. Legno 20 mesi
Rubino con sfumature carminio. Richiami di mora, fiori appassiti e speziatura s'alternano con grande eleganza. La bocca è sontuosa: la struttura fa da architrave alla gentilezza del tannino. La trama acida conferisce equilibrio e determina una grande attrattiva. Piccione al forno con cipollotti.

PIETRA DURA 2020
Rosso Igt - Montepulciano 80%, Syrah 20%
Alc. 13,5% | € 26 | Bt. 1.500 | Ferm. Acciaio | Mat. Acciaio 2 mesi e Legno 20 mesi
Tagliata al pepe verde.

ROCCA MONALDESCHI 2022
Rosso Igt - Montepulciano 80%, Syrah 20%
Alc. 13,5% | € 13 | Bt. 1.500 | Ferm. Acciaio | Mat. Acciaio 6 mesi
Bucatini all'amatriciana.

BOTTACCIO GRANDI ANNATE
2017 | 2018 | 2019

PIETRA DURA
2017 | 2019

Cantina Sant'Andrea
(1963)

Da quasi due secoli i Pandolfo portano avanti la tradizione di famiglia, gelosamente custodita nel diario che ancora oggi viene scritto da Gabriele, Enza e Andrea. Nel vigneto aziendale il moscato di Terracina, completamente lavorato a mano, dona ottime espressioni. Il passito Capitolum sembra strizzare l'occhio alla storia familiare, che vede le origini sull'isola di Pantelleria, regalando un'ottima interpretazione del genere. Trova conferma su eccellenti livelli il Sogno, che rimane al vertice qualitativo della linea aziendale.

Via Renibbio, 1720 - Località Borgo Vodice - 04019 Terracina (LT)
T. 0773 755028 | M. info@cantinasantandrea.it
www.cantinasantandrea.it

Viticoltura: Convenzionale
Ettari: 150 | **Bottiglie:** 1.000.000 | **Produzione olearia:** Sì
Proprietà: Gabriele Pandolfo
Cond. enologica: Gabriele Pandolfo
Cond. agronomica: Gabriele Pandolfo
Vendita diretta: Sì | **Visite in azienda:** Sì

SOGNO 2016
Rosso Igt - Merlot 85%, Cesanese 15%
Alc. 14,5% | € 13 | Bt. 20.000 | Ferm. Acciaio | Mat. Acciaio 3 mesi e Legno 18 mesi
Veste cremisi impenetrabile con intarsi rubino. All'olfatto emergono cassis e mora di rovo in confettura, accenni floreali di violetta, tabacco, liquirizia ed echi di polvere di cacao. Sorso energico ed equilibrato, sorretto da tannino serico e corroborante freschezza. Gradevole lunghezza con aromi fruttati. Spezzatino di manzo.

OPPIDUM BRUT 2022
Bianco Igt Metodo Martinotti - Moscato di Terracina 100%
Alc. 13% | € 9 | Bt. 20.000 | Ferm. Acciaio | Mat. Acciaio 3 mesi
Vellutata di zucca e porri.

CIRCEO BIANCO DUNE 2021
Bianco Doc - Trebbiano 60%, Malvasia bianca 40%
Alc. 13,5% | € 9 | Bt. 15.000 | Ferm. Acciaio | Mat. Acciaio 3 mesi e Legno 6 mesi
Saltimbocca alla romana.

TERRACINA SECCO OPPIDUM 2022
Bianco Doc - Moscato di Terracina 100%
Alc. 13% | € 9 | Bt. 40.000 | Ferm. Acciaio
Frittata di erbette.

BIANCO EXTRA DRY RIFLESSI S.A.
Bianco Igt Metodo Martinotti - Trebbiano 60%, Malvasia bianca 40%
Alc. 13% | € 8 | Bt. 10.000 | Ferm. Acciaio | Mat. Acciaio 2 mesi
Crostini con burro e alici.

SOGNO
2015

TERRACINA SECCO HUM
2013 | 2020

Cantina Stefanoni
(1948)

Dall'inizio degli anni Cinquanta la famiglia Stefanoni porta avanti l'azienda, tramandata di padre in figlio. Il Lago di Bolsena a fare da volano termico crea l'ecosistema ideale per i vigneti aziendali, in un terroir unico nel viterbese. Una recente sperimentazione con l'Università di Perugia ha consentito di selezionare i cloni ideali di trebbiano giallo e di roscetto, che oggi viene proposto anche in un'interessante versione Metodo Classico. Alfieri della linea restano il Foltone, brillante interpretazione di Est! Est!! Est!!!, e l'Aleatico Colle De' Poggeri.

Via Stefanoni, 48 - 01027 Montefiascone (VT)
T. 0761 825651 | M. info@cantinastefanoni.it
www.cantinastefanoni.it

Viticoltura: In conversione al biologico
Ettari: 13 | **Bottiglie:** 120.000 | **Produzione olearia:** Sì
Proprietà: Famiglia Stefanoni
Cond. enologica: Francesco Stefanoni
Cond. agronomica: Francesco Stefanoni
Vendita diretta: Sì | **Visite in azienda:** Sì

EST! EST!! EST!!! DI MONTEFIASCONE FOLTONE 2022
Bianco Dop - Rossetto 50%, Malvasia di Candia aromatica 25%, Trebbiano 25%
Alc. 13,5% | € 5 | Bt. 15.000 | Ferm. Acciaio
Giallo paglierino vivace dai primi ornamenti dorati. Ouverture di frutta a polpa bianca matura, seguita dai toni floreali e da erbe aromatiche. Vibrante piacevolezza al sorso, ben in equilibrio anche grazie alla spalla alcolica. Persiste gentile su reminiscenze agrumate e ammandorlate. Pasta e fagioli.

ALEATICO COLLE DE' POGGERI 2022
Rosso Igp Passito - Aleatico 100%
Alc. 13% | € 7 (0,5l) | Bt. 5.000 | Ferm. Acciaio | Mat. Acciaio 4 mesi
Crostata ai frutti di bosco con mandorle e noci.

ROSCETTO COLLE DE' POGGERI 2022
Bianco Igt - Rossetto 100%
Alc. 13% | € 10 | Bt. 5.000 | Ferm. Acciaio
Coniglio al forno con polenta di Storo.

STEFANONI BRUT
Bianco Igp Metodo Classico - Rossetto 100%
Alc. 12% | € 21 | Ferm. Acciaio | Mat. Acciaio 6 mesi | 24 mesi sui lieviti
Risotto alla zucca.

FANUM 2022
Rosso Igt - Cabernet franc 50%, Syrah 35%, Merlot 15%
Alc. 14% | € 9 | Bt. 8.000 | Ferm. Acciaio | Mat. Acciaio 5 mesi e Legno 12 mesi
Fiorentina alla brace.

MOSCATO COLLE DE' POGGERI 2022
Bianco Igt - Moscato giallo 100%
Alc. 13% | € 6 | Bt. 7.000 | Ferm. Acciaio | Mat. Acciaio 3 mesi
Frittata di finferli.

MOSCATO COLLE DE' POGGERI
2017 | 2018 | 2021

ALEATICO COLLE DE' POGGERI
2021

CantinAmena
(2004)

La storia di CantinAmena è radicata nella passione per il vino dei coniugi Valeriano e Maria Rosa Mingotti, che nel 2004 acquistarono venti ettari nello splendido scenario dei Castelli Romani. La scelta di optare per la conduzione biologica, unita al contributo dei figli, Silvia, Enrico e Osvaldo, ha dato origine alla Società Agricola Mingotti, affermatasi poi nel mercato vinicolo. Il Roma rosso emerge per la sua eccellente godibilità e per il notevole spettro olfattivo, seguito dall'Arcana, di rilievo per lo spessore gustativo e per la lunga persistenza.

Via Cisternense, 17 - Frazione Campoleone - 00075 Lanuvio (RM)
T. 06 45557063 | M. info@cantinamena.it
www.cantinamena.com

Viticoltura: Biologica
Ettari: 14 | **Bottiglie:** 45.000 | **Produzione olearia:** Sì
Proprietà: Famiglia Mingotti
Cond. enologica: Valentino Ciarla
Cond. agronomica: Giacomo Sensi
Vendita diretta: Sì | **Visite in azienda:** Sì

ROMA ROSSO 2020
Rosso Doc - Cesanese d'Affile 50%, Montepulciano 50%
Alc. 14% | € 18 | Bt. 2.000 | Ferm. Acciaio | Mat. Acciaio 9 mesi
Carminio dai riflessi vividi. Olfatto ampio: si apre con profumi di viola, rosa appassita, more di gelso, poi tabacco dolce e allusioni di salvia, anice stellato e pepe. All'assaggio rivela grande sinergia tra tannino morbido e linea fresco-sapida. Interminabile il finale balsamico e speziato. Coda alla vaccinara.

ARCANA 2021
Rosso Igt - Cesanese d'Affile 100%
Alc. 14,5% | € 20 | Bt. 2.500 | Ferm. Acciaio | Mat. Acciaio 3 mesi
Reale di vitello alla senape antica.

PATIENTIA 2020
Rosso Igt - Cesanese d'Affile 34%, Montepulciano 33%, Sangiovese 33%
Alc. 14,5% | € 24 | Bt. 1.000 | Ferm. Legno | Mat. Legno 12 mesi
Fettuccine al ragù d'agnello.

BIBE BIANCO 2022
Bianco Igt - Malvasia puntinata 34%, Sauvignon 33%, Trebbiano toscano 33%
Alc. 13% | € 12 | Bt. 4.000 | Mat. Acciaio 3 mesi
Ovoli freschi crudi su letto di rucola.

ROSAM 2022
Rosato Igt - Cesanese d'Affile 34%, Montepulciano 33%, Syrah 33%
Alc. 12,5% | € 14 | Bt. 1.000 | Ferm. Acciaio
Salmone al timo.

BIBE ROSSO 2022
Rosso Igt - Cesanese d'Affile 25%, Merlot 25%, Montepulciano 25%, Sangiovese 25%
Alc. 13,5% | € 12 | Bt. 4.000 | Ferm. Acciaio | Mat. Acciaio 5 mesi
Pasta alla gricia.

Marco Carpineti
(1986)

Confermata la volontà di arricchire la produzione di vini spumanti di qualità, l'azienda centra l'obiettivo con la terza etichetta di Metodo Classico, il Kius Pas Dosé da uve nero buono. Notevole il vino dolce Ludum che, insieme allo Nzù e al Capolemole bianco, diventa esempio di finezza gustativa e sfiora la vetta. Ancora una volta l'azienda di Marco rappresenta e interpreta il territorio proponendo al pubblico una gamma variegata di vini da vitigni tradizionali. Un punto di riferimento per la provincia di Latina e per tutto il Lazio.

Strada Provinciale Velletri-Anzio, 3 - 04010 Cori (LT)
T. 06 9679860 | M. info@marcocarpineti.com
www.marcocarpineti.com

Viticoltura: Biologica certificata
Ettari: 65 | **Bottiglie:** 360.000 | **Produzione olearia:** Sì
Proprietà: Famiglia Carpineti
Cond. enologica: Francesco Silvi, Emiliano Rossi
Cond. agronomica: Staff aziendale
Vendita diretta: Sì | **Visite in azienda:** Sì

KIUS PAS DOSÉ 2015
Bianco Metodo Classico - Nero buono 100%
Alc. 12,5% | € 30 | Bt. 4.000 | Ferm. Acciaio | 66 mesi sui lieviti
Intrigante oro con bagliori di bollicine minutissime. Percezioni olfattive chiare e raffinate: si susseguono cera d'api, zenzero e sandalo, frutta gialla matura e memorie di biscotto. L'assaggio è squisito, la bocca rinfrescata e amabilmente sapida, l'allungo cremoso e speziato. Paella.

BELLONE NZÙ 2020
Bianco Igt - Bellone 100%
Alc. 14% | € 27 | Bt. 6.000 | Ferm. Terracotta | Mat. Terracotta 9 mesi
Pesce spada al cartoccio.

LUDUM 2020
Bianco Igt Passito - Bellone 100%
Alc. 12% | € 23 (0,5l) | Bt. 1.500 | Mat. Legno 12 mesi
Pasticceria secca.

CAPOLEMOLE BIANCO 2022
Bianco Igt - Bellone 100%
Alc. 13% | € 10 | Bt. 140.000 | Ferm. Acciaio | Mat. Acciaio 4 mesi
Risotto con gamberi di fiume e piselli.

CAPOLEMOLE ROSSO 2020
Rosso Igt - Nero buono 70%, Montepulciano 30%
Alc. 14,5% | € 13 | Bt. 60.000 | Ferm. Acciaio | Mat. Acciaio 4 mesi e Legno 12 mesi
Maltagliati con funghi porcini.

KIUS BRUT 2020
Bianco Metodo Classico - Bellone 100%
Alc. 12,5% | € 16 | Bt. 60.000 | Ferm. Acciaio | 90 mesi sui lieviti
Linguine all'astice.

DITHYRAMBUS
2010 | 2013 | 2016

APOLIDE
2017

Casa Divina Provvidenza
(1820)

Come ogni anno, in un territorio storicamente favorevole alla viticoltura autoctona del bellone, abbiamo la conferma di questo vitigno nella sua massima espressione, frutto di un terroir unico che viene giornalmente ventilato dalla brezza marina. Assenti diversi vini della batteria aziendale, il blasone viene confermato dalla buona prova del Nettuno Cacchione, che ribadisce le doti sapide che il vitigno riesce a catalizzare dal sottosuolo sabbioso del territorio di Nettuno. Storia, tradizione e innovazione: tre elementi che trovano il loro equilibrio in vini da amare.

Via dei Frati, 140 - 00048 Nettuno (RM)
T. 06 9851366 | M. commerciale@casadivinaprovvidenza.it
www.casadivinaprovvidenza.it

Viticoltura: Convenzionale e biologica
Ettari: 71 | **Bottiglie:** 400.000 | **Produzione olearia:** Sì
Proprietà: Famiglia Cosmi
Cond. enologica: Marco Dellizzotti
Cond. agronomica: Gabriele Di Chiara
Vendita diretta: Sì | **Visite in azienda:** Sì

NETTUNO CACCHIONE 2022
Bianco Dop - Bellone 100%
Alc. 13% | € 7 | Bt. 8.000 | Ferm. Acciaio | Mat. Acciaio 6 mesi
Ha il colore della paglia e una buona concentrazione. Naso piacevole grazie ai riconoscimenti agrumati, nespola, melone bianco, tiglio e sottofondo etereo e minerale. Bocca equilibrata, con spalla alcolica sostenuta dalla freschezza e dalla marcata sapidità. Sfocia in un gradevole allungo aromatico. Pesce spada gratinato.

MAREDIVINO ROSÉ
Rosato Igt Frizzante - Cesanese 100%
Alc. 12,5% | € 11 | Bt. 6.000 | Ferm. Acciaio | 6 mesi sui lieviti
Pizza marinara.

ROMA ROSSO 200
2017 | 2019

NETTUNO CACCHIONE NERONIANO
2020

Casale del Giglio
(1967)

Già nel lontano 1967 Dino Santarelli aveva intravisto nei terreni strappati alle paludi e in un territorio dove mancava una tradizione enologica un potenziale inesplorato, una tela bianca su cui realizzare dei vini di qualità. L'azienda è diventata negli anni il laboratorio di un lavoro enologico avanguardista. Qui la sperimentazione si è fusa con la scienza e l'audacia è stata premiata con la nascita di vini unici. Come il Radix, che anche quest'anno si piazza sul podio dimostrando come la natura di questa terra si sia sposata con la maestria dell'uomo.

Strada Cisterna-Nettuno, km 13 - Località Le Ferriere - 04100 Aprilia (LT)
T. 06 92902530 | M. info@casaledelgiglio.it
www.casaledelgiglio.it

Viticoltura: Lotta integrata
Ettari: 164 | **Bottiglie:** 1.707.000 | **Produzione olearia:** Sì
Proprietà: Antonio Santarelli
Cond. enologica: Paolo Tiefenthaler
Cond. agronomica: Paolo Tiefenthaler
Vendita diretta: Sì | **Visite in azienda:** Sì

96

RADIX 2019
Bianco Igt - Bellone 100%
Alc. 14% | € 45 | Bt. 3.000 | Ferm. Acciaio | Mat. Acciaio 6 mesi e Legno 24 mesi e Terracotta 9 mesi
Paglierino con bagliori d'oro etrusco. Inebrianti profumi di papaia e pesca bianca, erbe officinali e zenzero, seguiti da fini stille di pietra focaia. Ingresso seducente e di grande equilibrio, in cui si distingue per corrispondenza la freschezza della frutta esotica, protagonista di un infinito epilogo. Saltimbocca alla romana.

FARO DELLA GUARDIA 2022
Bianco Igt - Biancolella 100%
Alc. 13,5% | € 26 | Bt. 6.000 | Ferm. Acciaio | Mat. Acciaio 6 mesi
Alici panate e fritte.

MATER MATUTA 2019
Rosso Igt - Syrah 85%, Petit verdot 15%
Alc. 14% | € 40 | Bt. 20.000 | Ferm. Acciaio | Mat. Legno 24 mesi
Blu di pecora.

ANTHIUM 2022
Bianco Igt - Bellone 100%
Alc. 14% | € 11 | Bt. 20.000 | Ferm. Acciaio | Mat. Acciaio 6 mesi
Tacchino stufato con peperoni e radicchio.

MADRESELVA 2019
Rosso Igt - Petit verdot 40%, Cabernet sauvignon 30%, Merlot 30%
Alc. 14% | € 17 | Bt. 25.000 | Ferm. Acciaio | Mat. Legno 18 mesi
Cinghiale in umido.

APHRODISIUM 2022
Bianco Igt Dolce - Fiano 30%, Greco 30%, Petit manseng 30%, Viognier 10%
Alc. 11% | € 24 (0,5l) | Bt. 5.000 | Ferm. Acciaio | Mat. Acciaio 12 mesi
Mozzarella di bufala campana.

RADIX
2016 | 2017 | 2018

FARO DELLA GUARDIA
2021

Casale della Ioria
(1921)

Paolo Perinelli entusiasma ancora una volta per aver interpretato con finezza e garbo il suo territorio. Quest'anno ci ha regalato una nuova versione di cesanese, completando così il quadro aziendale con una nuova etichetta. I Portali di Pietra è un vino entusiasmante, di grandissima classe, che ha raggiunto il massimo del riconoscimento. L'eccellente fattura del Torre del Piano emerge con forza anche quest'anno e tra i bianchi è sempre di grande spessore il Colle Bianco.

Piazza Regina Margherita, 1 - 03010 Acuto (FR)
T. 335 6403079 | M. info@casaledellaioria.com
www.casaledellaioria.com

Viticoltura: Biologica certificata
Ettari: 38 | **Bottiglie:** 100.000 | **Produzione olearia:** Sì
Proprietà: Paolo Perinelli
Cond. enologica: Roberto Mazzer, Alessandro Perinelli
Cond. agronomica: Alessandro Perinelli
Vendita diretta: Sì | **Visite in azienda:** Sì

96

CESANESE DEL PIGLIO SUPERIORE I PORTALI DI PIETRA RISERVA 2017
Rosso Docg - Cesanese d'Affile 100%
Alc. 15% | € 50 | Bt. 1.000 | Mat. Legno 24 mesi
Granato fitto. Naso che entusiasma per ricchezza: floreale di viole e rose, fruttato di ciliegia e more, poi soffi balsamici di eucalipto, note mentolate e cenni tostati. Il sorso è pieno e al contempo fine. Alcol integrato e tannini levigatissimi conducono a un'estensione balsamica. Carré di vitello alle erbe aromatiche.

CESANESE DEL PIGLIO SUPERIORE TORRE DEL PIANO RISERVA 2020
Rosso Docg - Cesanese d'Affile 100%
Alc. 14,5% | € 25 | Bt. 5.500 | Ferm. Acciaio | Mat. Legno 6 mesi
Costolette d'agnello alle erbe.

PASSERINA COLLE BIANCO 2022
Bianco Igp - Passerina 95%, Grechetto 5%
Alc. 13% | € 8 | Bt. 18.000 | Ferm. Acciaio | Mat. Acciaio 4 mesi
Vellutata di ceci con gamberi croccanti.

CESANESE DEL PIGLIO SUPERIORE TENUTA DELLA IORIA 2020
Rosso Docg - Cesanese d'Affile 100%
Alc. 14,5% | € 13 | Bt. 35.000 | Ferm. Acciaio | Mat. Legno 6 mesi
Guanciale di vitello in umido con patate.

ESPERO 2022
Rosso Igp - Olivella nera 100%
Alc. 12,5% | € 9 | Bt. 6.000 | Ferm. Acciaio | Mat. Acciaio 8 mesi
Piccione al forno con cipollotti.

TRE'S BIANCO 2022
Bianco Igt - Passerina 50%, Grechetto 25%, Viognier 25%
Alc. 14% | € 18 | Bt. 6.000 | Mat. Acciaio 6 mesi
Piovra arrostita.

CESANESE DEL PIGLIO SUPERIORE TORRE DEL PIANO RISERVA
2017 | 2018 | 2019

CESANESE DEL PIGLIO SUPERIORE TENUTA DELLA IORIA
2018

Casale Marchese
(1713)

Casale Marchese è un'azienda ricca di storia, legata a personaggi illustri che hanno dimorato all'interno della proprietà e dalla quale prende oggi il nome. Con i suoi cinquanta ettari di territorio situati ai piedi del Monte Tuscolo, si conferma una cantina solida e di forte identità, che con il suo Frascati Superiore esalta le peculiarità territoriali, grazie alla spiccata mineralità. La politica produttiva è improntata alla preservazione del territorio utilizzando prodotti a basso impatto ambientale.

Via di Vermicino, 68 - 00044 Frascati (RM)
T. 06 9408932 | M. info@casalemarchese.it
www.casalemarchese.it

Viticoltura: Convenzionale
Ettari: 35 | **Bottiglie:** 150.000 | **Produzione olearia:** Sì
Proprietà: Famiglia Carletti
Cond. enologica: Paolo Peira
Cond. agronomica: Ferdinando Carletti
Vendita diretta: Sì | **Visite in azienda:** Sì

FRASCATI SUPERIORE 2022
Bianco Docg - Malvasia puntinata 70%, Trebbiano toscano 20%, Bellone 5%, Bombino bianco 5%
Alc. 13% | € 10 | Bt. 120.000 | Ferm. Acciaio | Mat. Acciaio 4 mesi
Giallo pieno che tende all'oro. Si esprime con un ventaglio di fragranze suadenti che ricordano la ginestra e il melone e con slanci di salvia e timo che si fondono con scorza d'arancia matura. Il palato è colmo d'intensa sapidità ed equilibrata piacevolezza. Tacchino stufato con peperoni e radicchio.

FRASCATI SUPERIORE QUARTO MARCHESE 2022
Bianco Docg - Malvasia puntinata 70%, Trebbiano toscano 20%, Bellone 5%, Bombino bianco 5%
Alc. 14,5% | € 15 | Bt. 6.000 | Ferm. Acciaio | Mat. Acciaio 4 mesi
Risotto con seppie e burrata.

CLEMENS 2022
Bianco Igt - Malvasia puntinata 70%, Chardonnay 30%
Alc. 14% | € 15 | Bt. 6.000 | Ferm. Acciaio | Mat. Acciaio 4 mesi
Zuppa di funghi.

MARCHESE DE' CAVALIERI 2021
Rosso Igt - Merlot 50%, Cabernet franc 25%, Cabernet sauvignon 25%
Alc. 14% | € 20 | Bt. 6.000 | Ferm. Acciaio | Mat. Legno 9 mesi
Risotto con rape rosse e Gorgonzola.

ROSSO EMINENZA 2022
Rosso Igt - Merlot 50%, Cabernet sauvignon 20%, altre varietà 30%
Alc. 14% | € 15 | Bt. 6.000 | Ferm. Acciaio | Mat. Acciaio 4 mesi
Tordi in salmì.

FRASCATI SUPERIORE
2020

CLEMENS
2020

Casale Vallechiesa
(1880)

A pochi passi da Roma, Casale Vallechiesa pone le sue radici su un territorio d'elezione, quello del vulcano laziale, con l'obiettivo di produrre vini rappresentativi del territorio, che riescano a esprimere le grandi potenzialità dei suoli vulcanici. Nonostante la grave siccità che ha segnato l'annata 2022, la conduzione meticolosa di Carlo Roveda ha permesso di rappresentare al meglio l'Heredio, che dimostra ogni anno una lodevole costanza qualitativa che lo pone ormai tra i vini di riferimento regionale e dell'Italia centrale.

Via Pietra Porzia, 19/23 - 00044 Frascati (RM)
T. 06 9417270 | M. info@casalevallechiesa.it
www.casalevallechiesa.it

Viticoltura: Convenzionale
Ettari: 13 | **Bottiglie:** 300.000 | **Produzione olearia:** Sì
Proprietà: Aristide Gasperini
Cond. enologica: Carlo Roveda
Cond. agronomica: Staff aziendale
Vendita diretta: Sì | **Visite in azienda:** Sì

FRASCATI SUPERIORE HEREDIO 2022
Bianco Docg - Malvasia puntinata 70%, Bombino bianco 15%, Greco 15%
Alc. 13,5% | € 16 | Bt. 20.000 | Ferm. Acciaio | Mat. Acciaio 4 mesi
Paglierino tenue di vivace luminosità. Si svela nei suoi tipici toni di mandorla fresca, lievi soffi agrumati e sentori di erbe aromatiche quali timo e rosmarino. Al gusto, la freschezza e la notevole sapidità ben bilanciano l'evidente impalcatura alcolica. Durevole la sensazione d'agrume. Filetto di orata in crosta di mandorle e patate.

FRASCATI SUPERIORE HEREDIO RISERVA 2020
Bianco Docg - Malvasia puntinata 70%, Bombino bianco 15%, Greco 15%
Alc. 13,5% | € 30 | Bt. 2.000 | Ferm. Acciaio | Mat. Acciaio 6 mesi e Legno 4 mesi
Pesce spada alla griglia.

FRASCATI LE RUBBIE 2022
Bianco Doc - Malvasia puntinata 50%, Malvasia di Candia aromatica 20%, Greco 15%, Trebbiano toscano 15%
Alc. 13% | € 13 | Bt. 120.000 | Ferm. Acciaio | Mat. Acciaio 4 mesi
Terrina di coniglio.

CANNELLINO DI FRASCATI 2020
Bianco Docg - Malvasia puntinata 80%, Bombino bianco 10%, Greco 10%
Alc. 13% | € 20 | Bt. 500 | Ferm. Acciaio | Mat. Acciaio 8 mesi e Legno 8 mesi
Spuma di ricotta con salsa di albicocche.

SORAYA 2020
Rosso Igp - Syrah 100%
Alc. 14% | € 18 | Bt. 10.000 | Ferm. Acciaio | Mat. Legno 6 mesi
Porchetta di Ariccia.

ONIRO 2021
Rosso Igp - Cesanese 100%
Alc. 14% | € 18 | Bt. 10.000 | Ferm. Acciaio | Mat. Acciaio 8 mesi
Tagliere di salumi.

FRASCATI SUPERIORE HEREDIO
2021

GIOVIN RE
2021

Castel De Paolis
(1985)

Quando si raggiunge un elevato livello non è mai facile mantenerlo nel tempo. L'azienda Castel de Paolis, sapientemente condotta da Fabrizio Santarelli, ci sta riuscendo egregiamente. I suoi cavalli di battaglia sono ancora una volta ai primi posti, confermando la bontà delle scelte produttive orientate al raggiungimento della qualità massima attraverso la valorizzazione di un territorio, quello della zona di Grottaferrata, che offre tutte le condizioni pedoclimatiche per produrre grandi vini. Tra i progetti futuri la produzione di uno spumante.

Via Val de Paolis - 00046 Grottaferrata (RM)
T. 06 9412560 | M. casteldepaolis@gmail.com
www.casteldepaolis.com

Viticoltura: Convenzionale
Ettari: 11 | **Bottiglie:** 80.000 | **Produzione olearia:** Sì
Proprietà: Giulio e Adriana Santarelli
Cond. enologica: Fabrizio Bono
Cond. agronomica: Giulio Santarelli
Vendita diretta: Sì | **Visite in azienda:** Sì

95

DONNA ADRIANA 2021
Bianco Igt - Viognier 80%, Malvasia puntinata 20%
Alc. 14,5% | € 25 | Bt. 6.000 | Ferm. Legno e Acciaio | Mat. Acciaio 12 mesi e Legno 12 mesi
Oro sfavillante. Spettro olfattivo complesso e deciso, con suggestioni di frutto della passione, pesca gialla, ginestra, zafferano e tè. Nel sorso l'alcol si fonde con la netta impronta fresca e sapida, donando al vino un equilibrio memorabile in una struttura di rara imponenza. Chiude con un accenno di mandorla. Tagliolini all'astice.

FRASCATI SUPERIORE 2022
Bianco Docg - Malvasia puntinata 70%, Trebbiano giallo 15%, Bombino bianco 10%, Bellone 5%
Alc. 14% | € 14 | Bt. 9.000 | Ferm. Acciaio | Mat. Acciaio 6 mesi
Pollo alle mandorle e curcuma.

I QUATTRO MORI 2018
Rosso Igt - Syrah 40%, Cabernet sauvignon 30%, Merlot 20%, Petit verdot 10%
Alc. 14,5% | € 30 | Bt. 4.000 | Ferm. Acciaio | Mat. Legno 24 mesi
Stracotto d'asino.

CAMPO VECCHIO BIANCO 2022
Bianco Igt - Malvasia di Candia aromatica 60%, Malvasia del Lazio 20%, Viognier 20%
Alc. 13,5% | € 10 | Bt. 12.000 | Ferm. Acciaio | Mat. Acciaio 6 mesi
Petto d'anatra all'arancia.

CAMPO VECCHIO ROSSO 2018
Rosso Igt - Cesanese 50%, Syrah 50%
Alc. 14% | € 18 | Bt. 12.000 | Ferm. Acciaio | Mat. Acciaio 18 mesi e Legno 18 mesi
Guanciale di manzo in umido con polenta.

DONNA ADRIANA
2020

FRASCATI SUPERIORE
2019 | 2020

Cincinnato
(1947)

Ogni anno Cincinnato sperimenta nuove tecniche, sia in vigna che in cantina, con l'obiettivo di raccontare al meglio l'unicità del proprio territorio, ricco di minerali e con le vigne esposte costantemente alla brezza del Mediterraneo. Qui, da più di settantacinque anni, la cooperativa porta avanti la valorizzazione dei due vitigni autoctoni: nero buono e bellone, capaci di generare vini dalle molteplici sfumature. Da queste uve stanno nascendo due nuovi rifermentati Metodo Ancestrale, chiamati Bombo, in versione bianco e rosato. Siamo curiosi di poterli presto raccontare.

Via Cori-Cisterna, 23 - 04010 Cori (LT)
T. 06 9679380 | M. info@cincinnato.it
www.cincinnato.it

Viticoltura: Convenzionale e biologica certificata
Ettari: 300 | **Bottiglie:** 950.000 | **Produzione olearia:** Sì
Proprietà: Cooperativa di produttori
Cond. enologica: Carlo Morettini, Fabio Bigolin
Cond. agronomica: Nazzareno Milita
Vendita diretta: Sì | **Visite in azienda:** Sì

CORI ENYO 2021
Bianco Doc - Bellone 100%
Alc. 13,5% | € 12 | Ferm. Acciaio | Mat. Acciaio 12 mesi
Da un manto carminio di pregiata stoffa emerge un bouquet di cassis, ribes, rabarbaro, rose e garofani in pot-pourri e gocce balsamiche. Seguono cannella e pepe nero, cioccolato e liquirizia. Il palato è di velluto, sostenuto da una buona freschezza e da un tannino presente e ben modulato. Sformato di patate e prosciutto cotto.

KORA 2019
Rosso Igt - Nero buono 100%
Alc. 14% | € 16 | Ferm. Acciaio | Mat. Legno 24 mesi
Arista di maiale con salsa di prugne.

ARCATURA 2021
Rosso Igt - Cesanese 100%
Alc. 13,5% | € 8 | Ferm. Acciaio | Mat. Acciaio 12 mesi e Legno 8 mesi
Carpaccio di chianina e insalata di porcini.

ERCOLE 2020
Rosso Igt - Nero buono 100%
Alc. 13,5% | € 10 | Ferm. Acciaio | Mat. Legno 12 mesi
Trippa in umido.

QUINTO 2022
Bianco Igt - Bellone 100%
Alc. 13% | € 7 | Ferm. Acciaio
Insalata di carciofi con scaglie di parmigiamo.

CASTORE 2022
Bianco Igt - Bellone 100%
Alc. 13% | € 6 | Ferm. Acciaio | Mat. Acciaio 6 mesi
Verdure in tempura.

KORA
2016

CORI ENYO
2020

Damiano Ciolli
(2000)

Il percorso di Damiano è iniziato nel 2001 e i suoi vini sono sempre cresciuti, insieme al territorio e al vitigno che lo rappresenta. Per far fronte all'incremento delle temperature, nel 2020 ha realizzato un nuovo impianto di due ettari di cesanese nel versante nord per dare maggiore freschezza al suo Silene, mentre lo storico Cirsium, a partire dalla produzione 2023, che sarà in commercio nel 2026, cambierà nome assumendo quello del cru Vigna la Torre. Anche quest'anno i due vini si collocano su alti livelli, con il Cirsium che sembra avere addirittura qualcosa in più rispetto allo scorso anno.

Via del Corso - 00035 Olevano Romano (RM)
T. 06 9563334 | M. info@damianociolli.it
www.damianociolli.it

Viticoltura: Biologica e biodinamica
Ettari: 9 | **Bottiglie:** 40.000 | **Produzione olearia:** No
Proprietà: Damiano Ciolli
Cond. enologica: Letizia Rocchi
Cond. agronomica: Letizia Rocchi
Vendita diretta: Sì | **Visite in azienda:** Sì

(95)

OLEVANO ROMANO CESANESE CIRSIUM RISERVA 2019
Rosso Doc - Cesanese d'Affile 100%
Alc. 14% | € 23 | Bt. 4.500 | Ferm. Cemento | Mat. Legno 12 mesi e Cemento 12 mesi
Rosso rubino tendente al granato. Al naso si avvertono sensazioni di geranio, frutta rossa sotto spirito, china e una lieve venatura ematica. Pieno, avvolgente, morbido il sorso, sebbene sia fresco e col giusto tannino. Finale lunghissimo e coerente con l'olfattiva. Filetto al pepe verde.

OLEVANO ROMANO CESANESE SUPERIORE SILENE 2021
Rosso Doc - Cesanese d'Affile 100%
Alc. 14% | € 16 | Bt. 30.000 | Ferm. Cemento | Mat. Cemento 12 mesi
Tagliatelle al ragù.

OLEVANO ROMANO CESANESE CIRSIUM RISERVA
2016 | 2017 | 2018

OLEVANO ROMANO CESANESE SUPERIORE SILENE
2014 | 2015 | 2016

Paolo e Noemia d'Amico
(1985)

Situata al confine tra Umbria e Lazio, nella zona dei calanchi, l'azienda produce su terreni tufacei vini di grande qualità da varietà autoctone e internazionali. Dal 1985 la passione e il costante impegno di Paolo e Noemia d'Amico sono riusciti a far emergere il territorio della Tuscia in tutte le etichette prodotte. Il Pinot Nero nell'annata 2020 riesce a coniugare pregio e bontà. Così come l'Atlante e il Falesia. Azienda da visitare nella splendida cornice di Villa Tirrenia, uno spazio che riesce a coniugare sapientemente arte e vino.

Località Palombaro - Frazione Vaiano - 01024 Castiglione in Teverina (VT)
T. 06 84561471 - 0761 948034 | M. info@damicowines.it
www.paoloenoemiadamico.net

Viticoltura: Biologica
Ettari: 31 | **Bottiglie:** 180.000 | **Produzione olearia:** No
Proprietà: Paolo e Noemia d'Amico
Cond. enologica: Guillaume Gelly
Cond. agronomica: Guillaume Gelly
Vendita diretta: Sì | **Visite in azienda:** Sì

(91)

NOTTURNO DEI CALANCHI 2020
Rosso Igp - Pinot nero 100%
Alc. 14,5% | € 30 | Bt. 8.000 | Ferm. Acciaio | Mat. Legno 12 mesi
Granato lucente. Piccoli frutti rossi aprono il ventaglio olfattivo, che prosegue con indizi tostati di cacao e caffè, nuvole di viola, sottobosco e sbuffi balsamici. In bocca è morbido, ben bilanciato da acidità e astringenza. Chiosa persistente con aromi di fragolina di bosco. Carré di maiale al forno con mele renette.

ATLANTE 2017
Rosso Igp - Cabernet franc 100%
Alc. 13,5% | € 36 | Bt. 3.500 | Ferm. Acciaio | Mat. Legno 15 mesi
Bocconcini di cinghiale con salsa di prugne.

FALESIA 2021
Bianco Igp - Chardonnay 100%
Alc. 13,5% | € 24 | Bt. 10.000 | Ferm. Legno | Mat. Legno 10 mesi
Tartare di scampi.

AGYLLA 2022
Bianco Igp - Grechetto 100%
Alc. 14,5% | € 18 | Bt. 12.000 | Ferm. Acciaio e Terracotta
Petto di pollo agli asparagi.

TERRE DI ALA 2021
Bianco Igp - Sémillon 70%, Sauvignon 30%
Alc. 14,5% | € 14 | Bt. 7.000 | Ferm. Acciaio | Mat. Acciaio 6 mesi
Cappesante scottate allo zenzero.

ORVIETO NOE DEI CALANCHI 2022
Bianco Dop - Grechetto 40%, Pinot grigio 30%, Trebbiano 30%
Alc. 13,5% | € 10 | Bt. 45.000 | Ferm. Acciaio | Mat. Acciaio 5 mesi
Insalata di pollo e verdure.

NOTTURNO DEI CALANCHI
2015 | 2016 | 2017

ATLANTE
2013 | 2014 | 2016

De Sanctis
(2009)

I vini dell'azienda si confermano come il fedele paradigma di un territorio che ha nel Lago Regillo, antico bacino vulcanico, un importante riferimento geologico e storico. L'annata 2022 del Frascati Superiore Abelos affascina per struttura ed eleganza aromatica, in aggiunta alla tipica sapidità che lo predispone alla longevità. A impreziosire la produzione aziendale troviamo il raro e dolce Cannellino di Frascati, ottenuto con la tecnica della strozzatura del capo a frutto. Il cabernet franc si consolida come vitigno guida nella produzione di rossi e rosati.

Via Pietra Porzia, 50 - 00044 Frascati (RM)
T. 340 7058552 | M. desanctisluigi@yahoo.it
www.frascati-wine.com

Viticoltura: Biologica certificata
Ettari: 35 | **Bottiglie:** 100.000 | **Produzione olearia:** Sì
Proprietà: Famiglia De Sanctis
Cond. enologica: Francesco De Sanctis
Cond. agronomica: Luigi De Sanctis
Vendita diretta: Sì | **Visite in azienda:** Sì

FRASCATI SUPERIORE ABELOS BIO 2022
Bianco Docg - Malvasia puntinata 80%, Bombino bianco 20%
Alc. 13,5% | € 15 | Bt. 30.000 | Ferm. Acciaio | Mat. Acciaio 8 mesi
Abito paglierino con cuciture d'oro. Olfatto che richiama scie di pesca, limone, mandorla, delicati toni di mentuccia e suggestioni minerali. In bocca si ha una sensazione di precisione, frutto della sintonia tra morbidezza, sapidità e spinta acida. Sfuma con una gustosa traccia agrumata. Cartoccio di pescatrice agli agrumi.

ONDE BIO 2022
Rosato Igt - Cabernet franc 100%
Alc. 14,5% | € 15 | Bt. 4.000 | Ferm. Acciaio | Mat. Acciaio 5 mesi
Filetto di maiale alla senape.

ANACOS BIO 2021
Bianco Igt - Malvasia puntinata 80%, Bombino bianco 20%
Alc. 14% | € 25 | Bt. 2.666 | Ferm. Acciaio | Mat. Acciaio 6 mesi e Legno 6 mesi
Gorgonzola naturale.

CANNELLINO DI FRASCATI DICIASSETTE UNDICI BIO 2022
Bianco Docg Passito - Malvasia puntinata 100%
Alc. 12% | € 25 (0,375l) | Bt. 2.000 | Ferm. Acciaio | Mat. Acciaio 8 mesi
Crostata alle mandorle e albicocche.

FRASCATI SUPERIORE ABELOS
2019 | 2020 | 2021

IUNO
2020

Doganieri Miyazaki
(2009)

L'azienda di Maurizio e di Madoka si consolida ogni anno di più nel panorama dell'eccellenza vitivinicola della Tuscia. Maurizio è vignaiolo, enologo e agronomo. Ogni anno valuta con attenzione maniacale i grappoli dei suoi "mitici" quarantadue filari e decide cosa produrre, cosa non portare in cantina e, non ultimo, cosa sperimentare per poter innovare. I risultati sono veramente lodevoli per bravura ed eticità del progetto. Tutte le etichette volano alto, con punte di sublimità per l'Airi e l'Ame.

Frazione Vaiano, 3 - 01024 Castiglione in Teverina (VT)
T. 333 28079585 | M. doganierimiyazaki@gmail.com
www.doganierimiyazaki.com

Viticoltura: Biologica
Ettari: 1,3 | **Bottiglie:** 8.000 | **Produzione olearia:** Sì
Proprietà: Maurizio Doganieri
Cond. enologica: Maurizio Doganieri
Cond. agronomica: Maurizio Doganieri
Vendita diretta: Sì | **Visite in azienda:** Sì

AIRI 2022
Bianco Igp - Vermentino 100%
Alc. 14% | € 14 | Bt. 1.500 | Ferm. Acciaio | Mat. Acciaio 6 mesi
Giallo tenue di grande luce. Il racconto odoroso di erbe aromatiche è arricchito dalla frutta a polpa bianca e da un bel nitore minerale. Palato ricco e ben equilibrato, dove la sapidità e la freschezza dipanano una struttura solida e saporita. Lunga la persistenza. Catalana di crostacei.

AME 2021
Bianco Igp Dolce - Petit manseng 100%
Alc. 13,5% | € 26 (0,5l) | Bt. 400 | Ferm. Acciaio | Mat. Acciaio 12 mesi
Torta Margherita al profumo d'arancia.

FIXUS 2022
Bianco Igp - Viognier 100%
Alc. 13,5% | € 17 | Bt. 1.700 | Ferm. Acciaio | Mat. Acciaio 6 mesi
Sushi e sashimi.

U 2022
Rosato Igp - Syrah 80%, Cesanese 20%
Alc. 13% | € 15 | Bt. 1.600 | Ferm. Acciaio | Mat. Acciaio 7 mesi
Risotto alla pescatora.

POGGIO EREMO 2021
Rosso Igp - Sangiovese 50%, Cabernet 30%, Alicante 20%
Alc. 14% | € 15 | Bt. 1.600 | Ferm. Acciaio | Mat. Acciaio 18 mesi
Involtini di vitello lardellati.

AIRI
2020 | 2021

FIXUS
2020

Emanuele Ranchella
(1988)

"Dalla terra la vita, dalla vite ogni bene" è il motto della famiglia Ranchella, viticoltori da sette generazioni. Il solco della tradizione è quello che caratterizza la filosofia di Emanuele, agronomo e vignaiolo. I vigneti si trovano a Grottaferrata, uno in località Villa Senni, in prossimità delle Catacombe ad Decimum, l'altro nella Valle Marciana, in origine un cratere del vulcano Laziale. I suoli vulcanici, sia pur diversi, conferiscono ai vini una netta impronta fresca e sapida. Quest'anno è presente in Guida anche un rosso che merita attenzione, il Rubens, al secondo anno di produzione.

Via Campi d'Annibale, 69-71 - 00046 Grottaferrata (RM)
T. 333 6961189 | M. emanueleranchella@gmail.com
www.emanueleranchella.it

Viticoltura: Convenzionale e lotta integrata
Ettari: 16 | **Bottiglie:** 13.000 | **Produzione olearia:** Sì
Proprietà: Emanuele Ranchella
Cond. enologica: Emanuele Ranchella, Carlo Roveda
Cond. agronomica: Emanuele Ranchella, Paolo Savo Sardaro
Vendita diretta: Sì | **Visite in azienda:** Sì

VIRDIS 2021
Bianco Igp - Trebbiano verde 100%
Alc. 12,5% | € 15 | Bt. 3.500 | Ferm. Cemento | Mat. Cemento 6 mesi
Verdolino molto luminoso. Naso dai toni freschi e agrumati di pompelmo, lime, cedro, fiori d'arancio ed erba limoncina. Al palato spicca la comunicazione fresco-sapida che, con un alcol contenuto, rende il vino di bella scorrevolezza. Chiosa caratterizzata da una godibile e lunga scia amaricante. Torta salata ai broccoli.

ROMA ROSSO RUBENS 2021
Rosso Doc - Montepulciano 60%, Cesanese d'Affile 40%
Alc. 14% | € 22 | Bt. 3.500 | Ferm. Cemento | Mat. Acciaio 6 mesi e Legno 2 mesi
Zampone e lenticchie.

ROMA BIANCO CLASSICO AD DECIMUM 2021
Bianco Doc - Malvasia del Lazio 60%, Trebbiano giallo 20%, Trebbiano verde 20%
Alc. 13,5% | € 18 | Bt. 3.500 | Ferm. Cemento | Mat. Cemento 9 mesi
Guazzetto di scampi.

VIRDIS
2020

ROMA BIANCO CLASSICO AD DECIMUM
2020

Falcone
(2011)

Marco Falcone, infettivologo per formazione e viticoltore per passione, coltiva il cesanese a Piglio su tre ettari in contrada Vorroni. Impiantato su declivi piuttosto pietrosi e ad alta densità di ceppi, viene coltivato interamente con metodi naturali e posto in anfore interrate di diversa provenienza. La cura maniacale nella vigna e nelle fasi di vinificazione e affinamento ci hanno regalato il Giarrocco, croccante e al contempo energico, il 5/Dodici di gran carattere e gradevolezza e Primi Cinque snello ed elegante. Ottimo ingresso in Guida per vini che sfiorano l'eccellenza.

Contrada Vorroni - 03010 Piglio (FR)
T. 347 6529127 | M. cesanesedelpiglio.falcone@gmail.com

Viticoltura: Biologica e biodinamica
Ettari: 2,5 | **Bottiglie:** 10.000 | **Produzione olearia:** Sì
Proprietà: Marco Falcone
Cond. enologica: Michele Lorenzetti
Cond. agronomica: Michele Lorenzetti
Vendita diretta: Sì | **Visite in azienda:** Sì

CESANESE DEL PIGLIO GIARROCCO 2020
Rosso Docg - Cesanese d'Affile 100%
Alc. 14% | € 24 | Bt. 5.000 | Ferm. Terracotta | Mat. Terracotta 12 mesi
Rubino con riflessi granato. Ventaglio olfattivo di pregio, con floreale di rosa e violetta, frutti di bosco maturi, ciliegia scura, note balsamiche, di torrefazione, di genziana e rabarbaro. Sorso appagante, tannino efficace, acidità e saporosità che ne allungano il finale di cioccolato. Cinghiale arrosto con castagne.

CESANESE DEL PIGLIO 5/DODICI 2019
Rosso Docg - Cesanese d'Affile 100%
Alc. 15% | € 30 | Bt. 600 | Ferm. Terracotta | Mat. Terracotta 12 mesi
Lepre alla cacciatora.

CESANESE DEL PIGLIO PRIMI CINQUE 2020
Rosso Docg - Cesanese d'Affile 100%
Alc. 14% | € 20 | Bt. 1.800 | Ferm. Terracotta | Mat. Terracotta 12 mesi
Pappardelle al ragù di cinghiale.

GIÒ 2022
Rosato Igt - Cesanese d'Affile 100%
Alc. 12,5% | € 14 | Bt. 1.500 | Ferm. Terracotta | Mat. Terracotta 6 mesi
Risotto ai porcini.

Famiglia Cotarella
(1979)

Da oltre quarant'anni la famiglia Cotarella è presente nel territorio della Tuscia viterbese e coniuga la cura del territorio alla capacità di rinnovarsi e affermarsi come un punto di riferimento enologico non solo per il Lazio ma per tutta l'Italia. Anche quest'anno, la bravura è confermata sia per i vitigni autoctoni, come il roscetto - che viene anche spumantizzato -, sia per le espressioni delle varietà internazionali. Il Montiano trova anche quest'anno il massimo del nostro riconoscimento. Un'icona italiana.

Località San Pietro - 05020 Montecchio (TR)
T. 0744 9556 | M. info@famigliacotarella.it
www.famigliacotarella.it

Viticoltura: Convenzionale
Ettari: 200 | **Bottiglie:** 1.200.000 | **Produzione olearia:** Sì
Proprietà: Dominga, Marta ed Enrica Cotarella
Cond. enologica: Pier Paolo Chiasso, Riccardo Cotarella
Cond. agronomica: Riccardo Cotarella
Vendita diretta: Sì | **Visite in azienda:** Sì

(95)

MONTIANO 2020
Rosso Igp - Merlot 100%
Alc. 15% | € 60 | Bt. 45.000 | Ferm. Acciaio | Mat. Legno 12 mesi
Rosso rubino concentrato e venato di riflessi purpurei. Respiro ampio, di frutto scuro e bacche di bosco, amarene, granatina e carrube. Scie fumé portano a indizi balsamici di pepe e carcadè. In bocca rivela una trama fitta e strutturata, esaltata da un equilibrio morbido e tannico e da un lento congedo. Piccione ai porcini e tartufo nero.

SOENTE 2022
Bianco Igp - Viognier 100%
Alc. 13% | € 15 | Bt. 20.000 | Ferm. Acciaio
Coniglio alla cacciatora.

SODALE 2021
Rosso Igp - Merlot 100%
Alc. 14,5% | € 20 | Bt. 100.000 | Ferm. Acciaio | Mat. Legno 9 mesi
Maialino in agrodolce.

FERENTANO 2020
Bianco Igp - Rossetto 100%
Alc. 12,5% | € 25 | Bt. 15.000 | Ferm. Legno e Acciaio | Mat. Legno 4 mesi
Petto di pollo agli asparagi.

METODO CLASSICO BRUT 2016
Bianco Metodo Classico - Rossetto 100%
Alc. 12,5% | € 16 | Bt. 3.000 | Ferm. Acciaio | 60 mesi sui lieviti
Riso, cozze e zafferano.

PASSIRÒ 2021
Bianco Igp Passito - Rossetto 100%
Alc. 13,5% | € 17 (0,375l) | Bt. 2.500 | Ferm. Legno
Grana Padano Riserva.

MONTIANO
2017 | 2018 | 2019

FERENTANO
2014

Emiliano Fini
(1988)

L'azienda Fini, situata ai piedi del vulcano dei Colli Albani, con la nuova cantina continua il suo lavoro di qualità, con una produzione ottenuta tramite la valorizzazione costante della tipicità dei vitigni autoctoni, coltivati in modo biologico. La favorevole annata 2021 ha garantito un'ottima maturità delle uve e una vendemmia regolare, offrendo un profilo olfattivo raffinato per il grechetto e profumi distintivi nella malvasia puntinata. L'azienda, determinata nella sua continua evoluzione, sta portando avanti il lavoro avviato lo scorso anno con l'impianto di un nuovo vigneto a base grechetto.

Via Vallelata, 141 - 04011 Aprilia (LT)
T. 338 2932111 | M. info@emilianofini.it
www.emilianofini.it

Viticoltura: Biologica
Ettari: 6,9 | **Bottiglie:** 5.300 | **Produzione olearia:** No
Proprietà: Emiliano Fini
Cond. enologica: Letizia Rocchi
Cond. agronomica: Letizia Rocchi, Daniele Vittorilli
Vendita diretta: Sì | **Visite in azienda:** Sì

CLETO 2021
Bianco Igt - Grechetto 100%
Alc. 14,5% | € 14 | Bt. 2.650 | Ferm. Acciaio | Mat. Acciaio 11 mesi
Oro cangiante. Si apre con profumi di ginestra, frutta esotica e mandorla e prosegue con allusioni di pesca matura e un sottile cenno salino. Fine l'assaggio, di esuberante freschezza e sapidità ben bilanciate dalla morbidezza. Nella chiosa una nota di mandorla amara ne esalta la lunga persistenza. Rotolo di coniglio con pomodorini ed erbe aromatiche.

LAVENTE 2021
Bianco Igt - Malvasia del Lazio 100%
Alc. 13% | € 15 | Bt. 2.650 | Ferm. Acciaio | Mat. Acciaio 11 mesi
Ravioli di patate e baccalà.

CLETO
2018 | 2019 | 2020

LAVENTE
2020

Fontana Candida
(1958)

Questa storica cantina del Frascati è nata come società agricola nel 1958 ed è oggi proprietà del Gruppo Italiano Vini. Oltre alle uve conferite da circa duecento viticoltori dell'area, possiede altri ettari vitati che si estendono su colline con suolo di origine vulcanica, caratterizzato da terre pozzolaniche dette "terrinelle", permeabili all'acqua e ricche di scheletro e di sali. Queste particolari condizioni pedoclimatiche permettono alle uve una completa e lenta maturazione, così da far esprimere al meglio le caratteristiche del Frascati.

Via Fontana Candida, 11 - 00078 Monte Porzio Catone (RM)
T. 06 9401881 | M. fontanacandida@giv.it
www.fontanacandida.it

Viticoltura: Convenzionale
Ettari: 210 | **Bottiglie:** 600.000 | **Produzione olearia:** No
Proprietà: Gruppo Italiano Vini
Cond. enologica: Mauro Merz
Cond. agronomica: Paolo Savo Sardaro
Vendita diretta: Sì | **Visite in azienda:** Sì

(94)

FRASCATI SUPERIORE LUNA MATER RISERVA 2022
Bianco Docg - Malvasia bianca di Candia 60%, Malvasia puntinata 30%, Bombino bianco 10%
Alc. 14,5% | € 21 | Bt. 13.000 | Ferm. Legno e Cemento
Giallo dorato di bella pienezza. Ampio al naso: frutta esotica, pesca, mandorla e glicine, a cui fanno seguito elegie agrumate e minerali. Buon equilibrio gustativo, con il rapporto acido-salino che si integra con la dotazione alcolica in buona evidenza. Un timbro ammandorlato accompagna a lungo. Petto d'anatra laccato al miele.

FRASCATI SUPERIORE VIGNETO SANTA TERESA 2022
Bianco Docg - Malvasia puntinata 80%, Greco 10%, Malvasia di Candia aromatica 10%
Alc. 14% | € 11 | Bt. 44.000 | Ferm. Cemento
Pappardelle con coda di rospo e carciofi.

FRASCATI SUPERIORE LUNA MATER RISERVA
2019 | 2020 | 2021

FRASCATI SUPERIORE VIGNETO SANTA TERESA
2020 | 2021

Formiconi
(2003)

L'azienda, piccola ma dinamica, quest'anno ha rivoluzionato l'intera veste grafica delle sue bottiglie, prediligendo disegni a mano evocativi, con richiami al proprio territorio e con citazioni storiche. Anche le tradizionali bottiglie bordolesi sono state sostituite dalle borgognotte. Altra novità di quest'anno è Il Ciclista, da un vigneto impiantato nel 2020 a ridosso della cantina. La prima vendemmia di questo rosato certifica come l'azienda conosca il suo potenziale e lo trasmetta in tutti i suoi vini. La calda estate del 2021 ha regalato al Capozzano una struttura sontuosa.

Località Farinella - 00021 Affile (RM)
T. 340 2731163 | M. info@formiconicantina.com
www.cantinaformiconi.com

Viticoltura: Convenzionale
Ettari: 4 | **Bottiglie:** 20.000 | **Produzione olearia:** No
Proprietà: Michael Formiconi
Cond. enologica: Marco Dellizzotti
Cond. agronomica: Alessandro Spatafora
Vendita diretta: Sì | **Visite in azienda:** Sì

(94)

CESANESE DI AFFILE CAPOZZANO RISERVA 2021
Rosso Dop - Cesanese d'Affile 100%
Alc. 15,5% | € 30 | Bt. 3.000 | Ferm. Acciaio | Mat. Acciaio e Legno 18 mesi
Un rosso cremisi intenso prelude a un'impetuosità olfattiva che declina sensazioni di gelsi neri e visciole in confettura. Riverberi mentolati su una trama di cannella e chiodi di garofano. Il sorso è pieno e avvolgente, deciso. Sfocia in un corredo speziato che stenta ad accomiatarsi. Brasato di lepre con riduzione di vino rosso.

CESANESE DI AFFILE CISINIANUM 2022
Rosso Dop - Cesanese d'Affile 100%
Alc. 14,5% | € 18 | Bt. 12.000 | Ferm. Acciaio | Mat. Acciaio 12 mesi e Legno 2 mesi
Oca arrosto.

ENEA 2022
Bianco Igt - Malvasia puntinata 100%
Alc. 13% | € 15 | Bt. 2.800 | Ferm. Acciaio | Mat. Acciaio 8 mesi
Filetto di ombrina e radicchio.

IL CICLISTA 2022
Rosato Igt - Cesanese d'Affile 100%
Alc. 13% | € 16 | Bt. 2.200 | Ferm. Acciaio | Mat. Acciaio 7 mesi
Risotto con salsiccia e Taleggio.

CESANESE DI AFFILE CAPOZZANO RISERVA
2018 | 2019 | 2020

CESANESE DI AFFILE CISINIANUM
2014 | 2015 | 2019

Gaffino
(1961)

Con i suoi trentadue ettari, di cui ventotto vitati, l'azienda si conferma un punto fermo della viticoltura del basso Lazio. Sono soprattutto i rossi che esprimono grande piacevolezza e personalità. Il Cardinale Etichetta Blu emerge raccontando la storia di uno stretto legame territoriale con il vitigno cesanese, che qui trova la forza e la sua espressività tipica, raggiungendo un alto grado di pregio. Il connubio tra montepulciano e sangiovese viene narrato nel Roma rosso, con sensazioni olfattive ampie e di grande intensità.

Via Ardeatina, 10 - km 24+650 - 00040 Roma (RM)
T. 349 8018794 | M. info@cantinagaffino.it
www.cantinagaffino.it

Viticoltura: Biologica
Ettari: 28 | **Bottiglie:** 80.000 | **Produzione olearia:** Sì
Proprietà: Gabriele Gaffino
Cond. enologica: Massimo Bartolini
Cond. agronomica: Massimo Bartolini
Vendita diretta: Sì | **Visite in azienda:** Sì

CARDINALE ETICHETTA BLU 2021
Rosso Igt - Cesanese 100%
Alc. 14% | € 18 | Bt. 1.200 | Ferm. Acciaio | Mat. Acciaio 3 mesi e Legno 3 mesi
Il rosso carminio annuncia una fragranza di petali di rosa appassiti che si mescola a nuance di geranio e prugna matura. I risvolti di aghi di pino e resina arricchiscono, insieme al cacao, il finale odoroso. Al palato è energico, con un tannino armonioso e un'estensione notevole. Spezzatino di manzo.

ROMA ROSSO 2020
Rosso Doc - Montepulciano 50%, Sangiovese 35%, Petit verdot 15%
Alc. 14% | € 18 | Bt. 6.700 | Ferm. Acciaio | Mat. Acciaio 12 mesi e Legno 12 mesi
Parmigiano Reggiano Riserva.

CARDINALE ETICHETTA BIANCA 2021
Rosso Igt - Cesanese 100%
Alc. 13,5% | € 14 | Bt. 8.000 | Ferm. Cemento | Mat. Acciaio 3 mesi e Legno 3 mesi
Roast beef.

FOJETTA 2022
Bianco Igt - Viognier 100%
Alc. 13% | € 13 | Bt. 15.000 | Ferm. Acciaio
Frittata di finferli.

TUBBO 2022
Rosso Igt - Merlot 100%
Alc. 13,5% | € 12 | Bt. 6.700 | Ferm. Acciaio | Mat. Acciaio 3 mesi e Legno 3 mesi
Guanciale di vitello in umido con patate.

SOSPIRO 2022
Bianco Igt - Malvasia 50%, Trebbiano verde 50%
Alc. 13% | € 10 | Bt. 15.000 | Ferm. Acciaio
Insalata di ceci e pomodorini.

ROMA ROSSO
2019

OPIMIAM
2018 | 2019

Alberto Giacobbe
(2009)

L'azienda continua a scrivere una storia di successo, tra tradizione e innovazione, rappresentando un punto di riferimento per l'intero areale produttivo del cesanese. Lotta integrata, agricoltura sostenibile e ricerca della qualità a discapito della quantità, sono i punti di svolta introdotti da Alberto Giacobbe, terza generazione, tra il 2006 e il 2008. Dai suoi vini emerge l'attenzione posta alla cura delle viti e all'interpretazione migliore di ogni annata, ricercando gli opportuni accorgimenti sia in vigna che in cantina. Grandi l'espressione e il valore, anche quest'anno, del Lepanto.

Colle San Giovenale - 03018 Paliano (FR)
T. 0775 579198 | M. info@vinigiacobbe.it
www.vinigiacobbe.it

Viticoltura: Biologica
Ettari: 14 | **Bottiglie:** 60.000 | **Produzione olearia:** Sì
Proprietà: Alberto Giacobbe
Cond. enologica: Letizia Rocchi
Cond. agronomica: Staff aziendale
Vendita diretta: Sì | **Visite in azienda:** Sì

91

CESANESE DEL PIGLIO SUPERIORE LEPANTO RISERVA 2020
Rosso Docg - Cesanese d'Affile 100%
Alc. 14% | € 28 | Bt. 3.000 | Ferm. Acciaio | Mat. Legno 12 mesi e Cemento 12 mesi
Rubino profondo con orlo granato. Stupisce il ventaglio olfattivo: praline al liquore di ciliegia, fiori rossi macerati, tabacco, spunti eterei e balsamici. Seducente al sorso, convince per la spiccata freschezza e per i tannini energici ma ben vellutati. Sfuma lungamente, lento e magistrale. Allodole tartufate in casseruola.

CESANESE DI OLEVANO ROMANO SUPERIORE GIACOBBE 2022
Rosso Doc - Cesanese d'Affile 100%
Alc. 14% | € 16 | Bt. 16.000 | Ferm. Cemento | Mat. Cemento 6 mesi
Fagiano arrosto.

PASSERINA MADDALENA 2021
Bianco Igt - Passerina 100%
Alc. 13% | € 18 | Bt. 4.000 | Ferm. Cemento | Mat. Cemento 12 mesi
Risotto alla granseola.

PASSERINA DUCHESSA 2022
Bianco Igt - Passerina 100%
Alc. 13% | € 13 | Bt. 12.000 | Ferm. Acciaio | Mat. Cemento 4 mesi
Fritto di paranza.

CESANESE DEL PIGLIO SUPERIORE LEPANTO RISERVA
2017 | 2018 | 2019

CESANESE DI OLEVANO ROMANO SUPERIORE GIACOBBE
2020 | 2021

Donato Giangirolami
(1956)

L'azienda pontina conferma, anno dopo anno, gli alti standard di qualità e precisione, conseguenza dell'assenza di pesticidi nei vigneti, della selezione manuale, dei protocolli enologici e della cura negli affinamenti. La vigna, distribuita su tre differenti aree, permette la coltivazione di vitigni autoctoni e internazionali ed è correlata da una bellissima struttura dedicata agli eventi. All'interno dell'ampia gamma degli assaggi spicca l'Aprìcor passito, un tripudio di sapori e di aromi concentrati grazie all'appassimento sulla vite.

Via del Cavaliere, 1414 - Località Borgo Montello - 04100 Latina (LT)
T. 0773 458626 | M. info@donatogiangirolami.it
www.donatogiangirolami.it

Viticoltura: Biologica certificata
Ettari: 40 | **Bottiglie:** 100.000 | **Produzione olearia:** No
Proprietà: Donato Giangirolami
Cond. enologica: Emiliano Rossi
Cond. agronomica: Donato Giangirolami
Vendita diretta: Sì | **Visite in azienda:** Sì

(91,5)
APRÌCOR 2021
Bianco Igp Passito - Malvasia puntinata 100%
Alc. 12% | € 15 (0,375l) | Bt. 6.700 | Ferm. Acciaio | Mat. Acciaio 16 mesi e Legno 6 mesi
Spettacolare ambra. Al naso emergono scorza di arancia candita, mandarino, albicocca disidratata, con aggiunta di miele, fiori secchi e il sostegno di stille smaltate, speziate e della radice di genziana. Il palato conferma l'aspettativa di dolcezza, ma non nega freschezza e una bellissima nota iodata. Crostata di albicocche.

PROPIZIO 2022
Bianco Igp - Grechetto 100%
Alc. 13% | € 9 | Bt. 20.000 | Ferm. Acciaio | Mat. Acciaio 7 mesi
Coda di rospo gratinata.

NYNPHE 2018
Bianco Igp Metodo Classico - Grechetto 100%
Alc. 13% | € 24 | Bt. 3.500 | Ferm. Acciaio | 30 mesi sui lieviti
Frittura di calamari, gamberi e zucchine.

PESCHIO TRENTASEI 2017
Rosso Igp - Cabernet sauvignon 50%, Petit verdot 50%
Alc. 14% | € 15 | Bt. 7.000 | Ferm. Acciaio | Mat. Acciaio 7 mesi e Legno 36 mesi
Straccetti di vitello al rosmarino.

CARDITO 2022
Bianco Igp - Malvasia puntinata 100%
Alc. 13% | € 9 | Bt. 13.000 | Ferm. Acciaio | Mat. Acciaio 7 mesi
Risotto con zucchine, fiori di zucca e zafferano.

ROSÌ 2022
Rosato Igp - Montepulciano 100%
Alc. 13% | € 11 | Bt. 3.300 | Ferm. Acciaio | Mat. Acciaio 7 mesi
Zuppetta di piselli e vongole.

LEPINO
2017 | 2019

PESCHIO TRENTASEI
2016

I Pampini
(1999)

L'azienda si trova in una posizione strategica tra il mare e la selva di Nettuno, due elementi di termoregolazione del clima che la aiutano nel contenimento della siccità delle ultime annate. Ottima, di spessore mai ordinario, l'espressione del bellone non filtrato, che qualitativamente parlando rimane, grazie al minuzioso lavoro svolto, il fiore all'occhiello della cantina. Gli altri vini, trattati principalmente in purezza, risultano di grande piacevolezza e con il passare degli anni migliorano la propria complessità.

Strada Foglino, 1126 - 04100 Latina (LT)
T. 0773 643144 | M. info@ipampini.it
www.ipampini.it

Viticoltura: Convenzionale
Ettari: 7 | **Bottiglie:** 22.000 | **Produzione olearia:** No
Proprietà: Carmen Iemma ed Enzo Oliveto
Cond. enologica: Pierpaolo Pirone
Cond. agronomica: Staff aziendale
Vendita diretta: Sì | **Visite in azienda:** Sì

BELLONE NON FILTRATO 2022
Bianco Igt - Bellone 100%
Alc. 13% | € 13 | Bt. 3.500 | Ferm. Acciaio | Mat. Acciaio 3 mesi
Ha il colore del grano. Suggestioni di fiori e frutta a polpa gialla s'intersecano con più lieve floreale di magnolia e di melone bianco. Gustativa di ottima struttura, con le percezioni gliceriche in evidenza ma ben supportate dai riverberi freschi e sapidi, che determinano un ottimo equilibrio. Orata all'acqua pazza.

COBOLDO 2022
Rosso Igt - Merlot 100%
Alc. 13,5% | € 11 | Bt. 5.000 | Ferm. Acciaio | Mat. Acciaio 4 mesi
Stinco di maiale al forno in pancetta affumicata.

ORIENTE 2022
Rosso Igt - Syrah 100%
Alc. 13% | € 11 | Bt. 5.000 | Ferm. Acciaio | Mat. Acciaio 4 mesi
Pasta alla Norma.

BELLONE NON FILTRATO
2017 | 2019 | 2021

BELLONE
2019 | 2020 | 2021

Gianmarco Iachetti
(2012)

Nel 2016, dopo la laurea in enologia conseguita presso l'Università della Tuscia e un'esperienza a Bordeaux, l'enologo Gianmarco Iachetti ha deciso di vinificare le uve dell'azienda di famiglia, puntando a produrre vini di grande qualità. I vigneti allevati a Doganella di Ninfa, in provincia di Latina, posano le proprie radici su suoli di origine vulcanica e componenti tufacee, regalando vini di struttura e di viva freschezza. Al suo primo anno in Guida, tra i vini presentati spicca il Rivocieco, un cesanese in purezza in forma smagliante.

Via Celestino II, 25 - Località Doganella di Ninfa - 04012 Cisterna di Latina (LT)
T. 06 9601232 - 380 3745295 | M. gia.iachetti@gmail.com

Viticoltura: Convenzionale
Ettari: 12 | **Bottiglie:** 18.000 | **Produzione olearia:** No
Proprietà: Gianmarco Iachetti
Cond. enologica: Gianmarco Iachetti
Cond. agronomica: Staff aziendale
Vendita diretta: Sì | **Visite in azienda:** Sì

RIVOCIECO 2020
Rosso Igt - Cesanese 100%
Alc. 14% | € 25 | Bt. 1.000 | Ferm. Acciaio | Mat. Legno 12 mesi
Carminio fulgido con filigrana granato. Intrigante il profilo olfattivo: frutti maturi di prugna e mora di gelso, sbuffi balsamici e ricche trame tostate di caffè, polvere di cacao e tabacco. Struttura vigorosa, in un gioco di equilibri tannici e freschi che si prolungano verso un finale di spezie e china. Agnello al forno con rosmarino.

ROSELLO 2021
Rosso Igt - Cesanese 100%
Alc. 12,5% | € 15 | Bt. 1.000 | Ferm. Acciaio | Mat. Acciaio 8 mesi
Carpaccio di chianina e insalata di porcini.

VIGNALASELVA 2021
Bianco Igt - Bellone 100%
Alc. 13,5% | € 15 | Bt. 4.000 | Ferm. Acciaio | Mat. Acciaio 8 mesi
Pollo fritto.

MONTEMIRTETO 2021
Bianco Igt - Greco 60%, Chardonnay 40%
Alc. 14% | € 30 | Bt. 400 | Ferm. Legno e Acciaio | Mat. Acciaio 8 mesi
Caesar salad.

La Visciola
(2005)

Rosa e Piero rappresentano ormai da anni un emblema della produzione biodinamica italiana. Con l'aiuto di Michele Lorenzetti vinificano le uve di vigneti differenti, esaltandone le specifiche caratteristiche con fermentazioni spontanee e l'utilizzo del cemento per la fermentazione e la maturazione. Ognuno dei vini presentati proviene da singoli vigneti e tutti entusiasmano per tensione gustativa giovanile, indicazione di futura longevità ed espressione già compiuta delle peculiarità del cesanese.

Contrada Carcassano, 40/76 - 03010 Piglio (FR)
T. 0775 501950 | M. macciocca.piero@libero.it

Viticoltura: Biodinamica
Ettari: 5 | **Bottiglie:** 18.000 | **Produzione olearia:** No
Proprietà: Rosa Alessandri e Piero Macciocca
Cond. enologica: Michele Lorenzetti
Cond. agronomica: Staff aziendale
Vendita diretta: Sì | **Visite in azienda:** Sì

CESANESE DEL PIGLIO PRIORE MOZZATTA 2020
Rosso Docg - Cesanese d'Affile 100%
Alc. 14% | € 35 | Bt. 3.000 | Ferm. Cemento | Mat. Cemento 10 mesi
Rosso rubino. Ampio corredo olfattivo dove emergono nuance di amarena e ribes nero, liquirizia, rabarbaro, tamarindo, ginepro e sottobosco. Assaggio potente e di vibrante freschezza, con spessore alcolico e tannino fitto che solletica tutta la bocca. Chiusura molto lunga, sapida e speziata. Cinghiale arrosto con castagne.

CESANESE DEL PIGLIO PRIORE JU LATTARO 2020
Rosso Docg - Cesanese d'Affile 100%
Alc. 14% | € 26 | Bt. 1.500 | Ferm. Cemento | Mat. Cemento 10 mesi
Grigliata di carne con salsa barbecue.

CESANESE DEL PIGLIO PRIORE JU QUARTO 2021
Rosso Docg - Cesanese d'Affile 100%
Alc. 13,5% | € 27 | Bt. 2.000 | Ferm. Cemento | Mat. Cemento 10 mesi
Gnocchi al ragù.

CESANESE DEL PIGLIO PRIORE VIGNALI 2021
Rosso Docg - Cesanese d'Affile 100%
Alc. 14% | € 26 | Bt. 2.500 | Ferm. Cemento | Mat. Cemento 10 mesi
Tartare di manzo.

CESANESE DEL PIGLIO VICINALE 2021
Rosso Docg - Cesanese d'Affile 100%
Alc. 13,5% | € 18 | Bt. 4.000 | Ferm. Cemento
Rosticciana.

DONNA ROSA 2021
Bianco Igt - Passerina 100%
Alc. 13% | € 20 | Bt. 3.000 | Ferm. Cemento | Mat. Cemento 10 mesi
Arrosto di tacchino lardellato.

L'Avventura
(2015)

La famiglia Matturro propone vini di grande espressività, che nascono da vigneti vocati alla coltivazione di uve autoctone. Il felice connubio con la terra che li ospita si basa sul concetto di agricoltura biologica rigenerativa, attraverso la quale si garantisce tanto la salvaguardia dell'ambiente quanto la finezza dei vini in cantina. Nella corrente annata l'azienda conferma la qualità che la contraddistingue, migliorando nelle declinazioni del cesanese, e portando all'attenzione la Passerina Con Te Lollo. Interessante l'offerta enoturistica.

Località Civitella, 3 - 03010 Piglio (FR)
T. 0775 503051 | M. info@agriavventura.it
www.agriavventura.it

Viticoltura: Biologica certificata
Ettari: 9 | **Bottiglie:** 40.000 | **Produzione olearia:** Sì
Proprietà: Stefano Matturro
Cond. enologica: Daniele Proietti
Cond. agronomica: Enrico Carli
Vendita diretta: Sì | **Visite in azienda:** Sì

CESANESE DEL PIGLIO SUPERIORE AMOR 2021
Rosso Docg - Cesanese d'Affile 100%
Alc. 15% | € 25 | Bt. 4.000 | Ferm. Acciaio | Mat. Legno 7 mesi
Fitto rosso carminio dai riflessi granato. Spettro odoroso di viole appassite, ciliegie, more, bergamotto, ribes, spezie scure, chiodi di garofano, cannella, elegie di sottobosco e indizi ematici. Sorso ben bilanciato, integrato da un tannino che accompagna un setale dai ricordi agrumati. Filetto di bue con salsa di Roquefort.

CESANESE DEL PIGLIO SUPERIORE PICCHIATELLO 2021
Rosso Docg - Cesanese d'Affile 100%
Alc. 14,5% | € 20 | Bt. 7.500 | Ferm. Legno e Acciaio | Mat. Acciaio 12 mesi e Cemento 12 mesi
Guanciale di vitello alle erbe aromatiche.

CON TE LOLLO 2021
Bianco Igt - Passerina 100%
Alc. 13,5% | € 18 | Bt. 2.500 | Ferm. Acciaio | Mat. Acciaio 4 mesi
Verdure pastellate.

ROSÉ 2022
Rosato Igt - Cesanese d'Affile 100%
Alc. 12% | € 14 | Bt. 1.500 | Ferm. Acciaio | Mat. Acciaio 6 mesi
Pomodori gratinati con paté di olive.

SAXA 2022
Bianco Igt - Passerina 100%
Alc. 12% | € 13 | Bt. 3.500 | Ferm. Acciaio | Mat. Acciaio 4 mesi
Farinata di ceci.

CESANESE DEL PIGLIO SUPERIORE AMOR
2018

CESANESE DEL PIGLIO SUPERIORE PICCHIATELLO
2018 | 2019 | 2020

Le Macchie
(2011)

L'azienda è situata sui pendii del Monte Terminillo, con vigneti a partire da seicento metri che si giovano delle elevate escursioni termiche per dare vita a vini freschi e profumati. Appartenente al Cervim, la cantina ha dimostrato un evidente salto di qualità in tutte le etichette degustate. Ne sono esempi l'Ultimo Baluardo e La Sciantosa, ottenuto dalla macerazione di uve malvasia del Lazio. Lo Scarpe Toste Unplugged, macerato da uve aromatiche, raggiunge quest'anno il massimo riconoscimento per magistrale complessità olfattiva e gustativa.

Via Casa Nuova, 5 - Località Castelfranco - 02100 Rieti (RI)
T. 338 4620702 | M. info@cantinalemacchie.it
www.cantinalemacchie.it

Viticoltura: Convenzionale
Ettari: 11 | **Bottiglie:** 68.000 | **Produzione olearia:** Sì
Proprietà: Famiglia Di Carlo
Cond. enologica: Maurizio Mazzocchi
Cond. agronomica: Stefano Tenneroni
Vendita diretta: Sì | **Visite in azienda:** Sì

91

SCARPE TOSTE UNPLUGGED 2022
Bianco - Gewürztraminer 100%
Alc. 15% | € 28 | Bt. 900 | Ferm. Acciaio | Mat. Acciaio 6 mesi
Giallo ambrato dalla spiccata vivacità. Olfatto ricco, scandito da rintocchi di arancia candita, bouquet di fiori gialli appassiti e frutta secca, tenuti insieme da essenze balsamiche e di radice di liquirizia. Appagante e di ottima persistenza il gusto, ben bilanciato dalle componenti acide e sapide. Pernici farcite.

LA SCIANTOSA 2022
Bianco Igt - Malvasia puntinata 100%
Alc. 15% | € 22 | Bt. 1.800
Cappone ripieno al forno.

L'ULTIMO BALUARDO 2021
Rosso Igp - Cesenese nero 100%
Alc. 14,5% | € 18 | Bt. 5.800 | Ferm. Acciaio | Mat. Legno 12 mesi
Tagliata di manzo al rosmarino.

BANDOLO DELLA MATASSA 2022
Rosato Igt - Sangiovese 80%, altre varietà 20%
Alc. 13% | € 11 | Bt. 4.000 | Ferm. Acciaio | Mat. Acciaio 5 mesi
Bucatini all'amatriciana.

STRAPPO ALLA REGOLA 2020
Bianco Igp Metodo Classico - Malvasia 50%, Sangiovese 50%
Alc. 12,5% | € 24 | Bt. 2.400 | Ferm. Acciaio | 24 mesi sui lieviti
Tartare di tonno.

RIESLING 2021
Bianco Igp - Riesling renano 100%
Alc. 14% | € 18 | Bt. 4.700 | Ferm. Acciaio | Mat. Acciaio 4 mesi
Filetto di branzino gratinato.

L'ULTIMO BALUARDO
2014 | 2017 | 2020

SCARPE TOSTE UNPLUGGED
2021

Le Rose
(2003)

Genzano, già nota per l'Infiorata e il suo pane dalla crosta bruna, è anche un territorio di grande tradizione vinicola, di cui Le Rose rappresenta una delle più importanti realtà. La riscoperta e la valorizzazione del fiano, vitigno a suo agio nei terreni vulcanici e già presente nel Lazio nell'antichità, è stata un'intuizione vincente fin dal 2003, data di inizio del progetto vitivinicolo. Il Colle dei Marmi si conferma come vino che affascina per l'eleganza delle sue sfumature ma merita considerazione anche la restante produzione, con vini intensi ma calibrati e di spiccata piacevolezza.

Via Ponte Tre Armi, 25 - 00045 Genzano di Roma (RM)
T. 06 93709671 | M. aziendaagricolalerose@gmail.com
www.aziendaagricolalerose.com

Viticoltura: Biologica certificata
Ettari: 10 | **Bottiglie:** 70.000 | **Produzione olearia:** Sì
Proprietà: Cataldo Piccarreta
Cond. enologica: Luca D'Attoma
Cond. agronomica: Staff aziendale
Vendita diretta: Sì | **Visite in azienda:** Sì

91

COLLE DEI MARMI 2021
Bianco Igt - Fiano 100%
Alc. 13% | € 25 | Bt. 70.000 | Ferm. Acciaio | Mat. Acciaio 3 mesi
Paglierino rilucente. Sequenza olfattiva che esordisce con l'intreccio di pesca, melone, lime e iris, avvolti da toni erbacei, mentolati e di assenzio. Avvolge il palato con una struttura solida ma agile, in cui si amalgamano componenti morbide e sapide. Termina con una coinvolgente persistenza agrumata e minerale. Spaghetti con vongole veraci.

LA FAIOLA 2022
Bianco Igt - Verdicchio 60%, Bombino bianco 20%, Grechetto 20%
Alc. 13% | € 20 | Bt. 15.000 | Ferm. Acciaio | Mat. Acciaio 6 mesi e Cemento 6 mesi
Rotolo di coniglio con pomodorini ed erbe aromatiche.

ARTEMISIA 2022
Bianco Igp - Malvasia puntinata 100%
Alc. 13% | € 18 | Bt. 20.000 | Ferm. Acciaio e Cemento | Mat. Acciaio 6 mesi e Cemento 6 mesi
Spaghetti alla carbonara.

LA FAIOLA ROSSO 2022
Rosso Igp - Cesanese 100%
Alc. 13% | € 25 | Bt. 20.000 | Ferm. Acciaio | Mat. Acciaio 6 mesi e Cemento 6 mesi
Scaloppa di vitello con asparagi trifolati.

COLLE DEI MARMI
2018 | 2019 | 2020

LA FAIOLA ROSSO
2015 | 2018 | 2020

Gabriele Magno
(2015)

Un'azienda nata nel 2015 quando Gabriele, pilota di linea, decide con Luigi Fragiotta di dedicarsi alla produzione di vini, e per farlo usa le uve dei vigneti di famiglia. L'idea è quella di produrre un Frascati tradizionale, imponente, che abbia nel gusto tutte le caratteristiche del vino delle usanze dei Castelli Romani. Sotto la guida enologica di Lorenzo Costantini, quest'anno l'azienda presenta due novità: un Metodo Classico Pas Dosé Millesimato e il Crypta, un progetto comune con cui i vignaioli di Grottaferrata rappresentano il territorio, ciascuno con la propria peculiarità.

Valle Marciana, 24 - 00046 Grottaferrata (RM)
T. 335 5706931 | M. info@gabrielemagno.it
www.gabrielemagno.it

Viticoltura: Biologica
Ettari: 6 | **Bottiglie:** 22.000 | **Produzione olearia:** No
Proprietà: Gabriele Magno e Luigi Fragiotta
Cond. enologica: Lorenzo Costantini, Cristiano Ponzo
Cond. agronomica: Lorenzo Costantini, Cristiano Ponzo
Vendita diretta: Sì | **Visite in azienda:** Sì

FRASCATI SUPERIORE VIGNETO LA TORRETTA DI VALLE MARCIANA RISERVA 2021
Bianco Docg - Malvasia puntinata 75%, Trebbiano 25%
Alc. 14,5% | € 25 | Bt. 1.400 | Ferm. Legno e Acciaio | Mat. Acciaio 10 mesi e Legno 6 mesi
Giallo tenue con orlatura dorata. Profilo variopinto: agrumi dolci, pompelmo, glicine, erba limoncina, traccia minerale e speziatura dolce. Sorso pieno e rotondo, con il piacevole gusto fresco-sapido che cela la nota alcolica pronunciata. Nel finale molto lungo ritorna l'agrume. Coniglio alla cacciatora.

FRASCATI SUPERIORE 2022
Bianco Docg - Malvasia puntinata 75%, Trebbiano 25%
Alc. 14,5% | € 14 | Bt. 13.000 | Ferm. Acciaio | Mat. Acciaio 10 mesi
Crema di patate e asparagi con cappesante scottate.

LA RASA 2020
Rosato Igt - Cesanese 100%
Alc. 15% | € 48 | Bt. 600 | Ferm. Acciaio | Mat. Legno 24 mesi
Bruschetta al pomodoro.

CRYPTA 2021
Bianco Igt - Malvasia del Lazio 75%, Trebbiano toscano 25%
Alc. 13% | € 15 | Bt. 2.700 | Ferm. Acciaio | Mat. Legno 2 mesi e Cemento 12 mesi
Risotto con cannellini e canestrelli.

METODO CLASSICO PAS DOSÉ 2019
Bianco Igt Metodo Classico - Malvasia del Lazio 75%, Trebbiano toscano 25%
Alc. 13,5% | € 30 | Bt. 1.000 | Ferm. Acciaio | Mat. Acciaio 6 mesi | 30 mesi sui lieviti
Scampi alla griglia.

FRASCATI SUPERIORE
2018 | 2020

FRASCATI SUPERIORE VIGNETO LA TORRETTA DI VALLE MARCIANA RISERVA
2018 | 2019 | 2020

Masseria Barone
(2007)

Continua la crescita di questa giovane azienda nel cuore di Atina, una terra storicamente legata alla coltivazione di cabernet e merlot. Da annoverare nel 2023 la prima vendemmia di pinot nero, impiantato nel 2019. Con uno sguardo rivolto al futuro e alla ricerca dell'innovazione, l'azienda inaugura una nuova cantina dal design contemporaneo, luogo ideale per degustazioni e tour enologici. Anche quest'anno grandissima espressione del Sul Iss, così come del Marcon Riserva, vini fieri che colpiscono per eleganza e compostezza.

Via Broile, 267 - 03042 Atina (FR)
T. 389 9828755 | M. info@masseriabarone.com
www.masseriabarone.com

Viticoltura: Convenzionale
Ettari: 5 | **Bottiglie:** 12.000 | **Produzione olearia:** No
Proprietà: Enrico Rossi
Cond. enologica: Pierpaolo Pirone, Roberto Mazzer
Cond. agronomica: Lorenzo Costantini
Vendita diretta: Sì | **Visite in azienda:** Sì

(91)

SUL ISS 2018
Rosso Igt - Merlot 100%
Alc. 15% | € 130 | Bt. 300 | Ferm. Acciaio | Mat. Legno 30 mesi
Rosso rubino concentrato. Naso complesso che accenna a more selvatiche, prugne, sottobosco e funghi. Poi suggestioni di legno arso e liquirizia, erbe aromatiche e tocchi fumé. Sorso morbido e voluminoso, tannino setoso in equilibrio con la decisa freschezza balsamica. Congedo lungo e fruttato. Abbacchio al forno con verdure grigliate.

ATINA CABERNET MARCON RISERVA 2018
Rosso Doc - Cabernet sauvignon 100%
Alc. 14,5% | € 35 | Bt. 1.600 | Ferm. Acciaio | Mat. Legno 24 mesi
Guancia di vitello in umido.

ATINA CABERNET RICUCC' 2021
Rosso Doc - Cabernet sauvignon 100%
Alc. 13,5% | € 18 | Bt. 4.000 | Ferm. Acciaio | Mat. Acciaio 12 mesi
Terrina di lepre con salsa di prugne.

TELINA 2021
Rosso Igt - Merlot 100%
Alc. 14% | € 14 | Bt. 5.000 | Ferm. Acciaio | Mat. Acciaio 10 mesi
Risotto ai porcini.

SUL ISS
2017

ATINA CABERNET MARCON
2018

Merumalia
(2013)

La famiglia Fusco, anno dopo anno, continua il suo lavoro di crescita qualitativa. Pur legata alle tradizioni di famiglia e puntando sui vitigni tradizionali della zona, non rinuncia alle sperimentazioni, come ad esempio con il Giova 2021, ottima versione di greco in purezza, che beneficia di un affinamento prolungato in acciaio. Assente il Primo Riserva, che ritroveremo il prossimo anno, il gradino più alto spetta al Vetus Riserva 2020, grazie a una finezza e a una piacevolezza da vero fuoriclasse.

Vicolo Prataporci, 8 - 00044 Frascati (RM)
T. 340 2998994 | M. info@merumalia.it
www.merumalia.it

Viticoltura: Biologica certificata
Ettari: 8,7 | **Bottiglie:** 25.000 | **Produzione olearia:** Sì
Proprietà: Famiglia Fusco
Cond. enologica: Lorenzo Costantini
Cond. agronomica: Mario Satolli, Lorenzo Costantini
Vendita diretta: Sì | **Visite in azienda:** Sì

(92)

ROMA ROSSO VETUS RISERVA 2020
Rosso Doc - Montepulciano 70%, Syrah 30%
Alc. 14,5% | € 27 | Bt. 900 | Ferm. Acciaio | Mat. Acciaio 5 mesi e Legno 8 mesi
Nel calice si presenta di un bel rubino pieno e lucente. Si percepiscono essenze speziate e tostate, piccoli frutti rossi in confettura, riconoscimenti di sottobosco e stille fumé. Il gusto è pieno, fresco, con un tannino cesellato e appagante. Chiusura fruttata e sensuale. Filetto alla Wellington.

FRASCATI SUPERIORE PRIMO 2022
Bianco Docg - Malvasia puntinata 70%, Greco 20%, Bombino bianco 10%
Alc. 13,5% | € 23 | Bt. 3.457 | Ferm. Acciaio | Mat. Acciaio 5 mesi
Insalata di mare.

GIOVA 2021
Bianco Igp - Greco 100%
Alc. 13,5% | € 15 | Bt. 2.000 | Ferm. Acciaio | Mat. Acciaio 4 mesi
Tataki di tonno al sesamo.

FRASCATI TERSO 2022
Bianco Doc - Malvasia 70%, Greco 20%, Fiano 10%
Alc. 13% | € 13 | Bt. 5.000 | Ferm. Acciaio
Risotto ai frutti di mare.

FRASCATI SUPERIORE PRIMO RISERVA
2018 | 2019 | 2020

FRASCATI SUPERIORE PRIMO
2013

Migrante
(2000)

I terreni variegati delle colline che circondano Olevano Romano sono il segreto dell'azienda, che può vantare la possibilità di allevare le proprie viti di cesanese su suoli argillosi, limosi e calcarei di origine vulcanica, con costanti escursioni termiche. La filosofia aziendale continua nel rispetto della tradizione, mediante tecniche innovative, per valorizzare l'espressione del cesanese, che anche quest'anno trova il suo alfiere nel Consilium, che si conferma con i consueti ottimi livelli qualitativi.

Contrada Formale - 00035 Olevano Romano (RM)
T. 06 9563583 | M. info@migrante.it
www.migrante.it

Viticoltura: Convenzionale
Ettari: 3 | **Bottiglie:** 16.500 | **Produzione olearia:** No
Proprietà: Lorenzo Migrante
Cond. enologica: Maurizio Pezza
Cond. agronomica: Staff aziendale
Vendita diretta: Sì | **Visite in azienda:** Sì

(91)

CESANESE DI OLEVANO ROMANO CONSILIUM 2019
Rosso Doc - Cesanese 100%
Alc. 14,5% | € 22 | Bt. 7.000 | Ferm. Acciaio | Mat. Acciaio 24 mesi
Rosso granato vivace. Effluvi di ciliegia matura, frutti di bosco, viola, chiodi di garofano, nuance iodate e appunti di tostatura e cuoio. Prorompente in bocca, dal tannino carezzevole e dal giusto equilibrio, con buona tensione acida e sapida, e una vena alcolica che sostiene. Lungo. Cinghiale in umido.

EQUO 2022
Rosato - Cesanese 100%
Alc. 14% | € 18 | Bt. 1.500 | Ferm. Acciaio | Mat. Acciaio 7 mesi
Tiella di riso, patate e cozze.

CESANESE DI OLEVANO ROMANO TERRE OLIBANI 2019
Rosso Doc - Cesanese 100%
Alc. 13,5% | € 20 | Bt. 8.000 | Ferm. Acciaio | Mat. Acciaio 24 mesi
Pappardelle con sugo di lepre.

CESANESE DI OLEVANO ROMANO CONSILIUM
2017 | 2018

CESANESE DI OLEVANO ROMANO TERRE OLIBANI
2017 | 2018

Monti Cecubi
(1990)

L'abbuoto è diventato per la famiglia Schettino il cavallo di razza nella propria scuderia, a coronamento di un lungimirante e coraggioso lavoro di riscoperta e reinserimento territoriale di un vitigno antico, citato già da Orazio nel 25 a.C. Il substrato argilloso, le correnti fresche montane e quelle più temperate provenienti dal mare creano l'ambiente pedoclimatico ideale per vini di temperamento. Il Caecubum Rosso ne è la conferma, mentre il Mamurra rosato convince per nitore olfattivo e sinergia sapida.

SP Itri-Sperlonga, km 4,800 - Contrada Porcignano - 04020 Itri (LT)
T. 328 5550198 | M. monticecubi@gmail.com
www.monticecubi.it

Viticoltura: Biologica certificata
Ettari: 29 | **Bottiglie:** 80.000 | **Produzione olearia:** Sì
Proprietà: Famiglia Schettino
Cond. enologica: Chiara Fabietti
Cond. agronomica: Chiara Fabietti
Vendita diretta: Sì | **Visite in azienda:** Sì

CAECUBUM ROSSO 2020
Rosso Igt - Abbuoto 90%, Serpe 10%
Alc. 13,5% | € 25 | Bt. 4.000 | Ferm. Acciaio | Mat. Legno 9 mesi
Scrigno rosso rubino profondo. Esordio di frutti scuri, mora di rovo, arancia sanguinella e prugne in confettura, pot-pourri di fiori rossi, guizzi di sottobosco, chiodi di garofano e ginepro. Assaggio succoso, materico, dal tannino deciso. Chiude lentamente su veli di polvere di cacao. Lepre alla cacciatora.

FILARI SAN RAFFAELE 2021
Rosso Igt - Abbuoto 100%
Alc. 13% | € 20 | Bt. 8.000 | Ferm. Acciaio | Mat. Legno 6 mesi
Coq au vin alla borgognona.

MAMURRA 2022
Rosato Igt - Abbuoto 100%
Alc. 13% | € 14 | Bt. 2.700 | Ferm. Acciaio
Risotto con le quaglie.

AMYCLANO 2022
Bianco Igt - Vermentino 100%
Alc. 13% | € 12 | Bt. 20.000 | Ferm. Acciaio
Frittura di moscardini.

TERRAE D'ITRJ 2021
Rosso Igt - Abbuoto 35%, Serpe 35%, Merlot 30%
Alc. 13% | € 20 | Bt. 16.000 | Ferm. Acciaio | Mat. Acciaio e Legno 6 mesi
Lasagnette al ragù di faraona e asparagi.

CAECUBUM ROSSO
2018 | 2019

MAMURRA
2020 | 2021

Sergio Mottura
(1933)

Immaginate Davide e Golia. Davide è l'azienda Mottura e Golia è Château Latour di Pauillac, i cui avvocati hanno intimato legalmente a tutti, nel mondo, di cambiare i vari riferimenti al loro nome. Accadde, infatti, che l'allora titolare della Latour, degustando il grechetto di Sergio, consigliasse un passaggio in legno e, in considerazione dell'amicizia, gli regalasse le barrique allo scopo. Così nacque Latour a Civitella. Quest'anno "ri-nasce" con il nome di La Torre a Civitella, che si conferma come sempre ai massimi livelli e si aggiudica il nostro Tastevin.

Località Poggio della Costa, 1 - 01020 Civitella d'Agliano (VT)
T. 0761 914533 | M. vini@motturasergio.it
www.motturasergio.it

Viticoltura: Biologica certificata
Ettari: 37 | **Bottiglie:** 85.000 | **Produzione olearia:** Sì
Proprietà: Sergio Mottura
Cond. enologica: Giandomenico Negro
Cond. agronomica: Beatrice Scorsino
Vendita diretta: Sì | **Visite in azienda:** Sì

92

LA TORRE A CIVITELLA 2021
Bianco Igt - Grechetto 100%
Alc. 14% | € 27 | Bt. 7.000 | Ferm. Acciaio | Mat. Acciaio 8 mesi e Legno 9 mesi
Giallo paglia con increspature d'oro. Su uno sfondo di leggera speziatura e pietra focaia domina la frutta gialla, che s'alterna al fiore di sambuco in un fraseggio di citazioni eteree e mielate. In bocca l'intensità e la struttura supportano un'espressività ai massimi livelli. Splendido e instancabile il finale. Rigatoni al ragù bianco di carne.

SERGIO MOTTURA BRUT 2014
Bianco Igt Metodo Classico - Chardonnay 100%
Alc. 13% | € 40 | Bt. 6.000 | Ferm. Acciaio | Mat. Acciaio 6 mesi
96 mesi sui lieviti
Frittura di canestrelli e calamari.

POGGIO DELLA COSTA 2022
Bianco Igt - Grechetto 100%
Alc. 14% | € 19 | Bt. 30.000 | Ferm. Acciaio | Mat. Acciaio 6 mesi
Grigliata di carne bianca e verdure.

ORVIETO TRAGUGNANO 2022
Bianco Doc - Grechetto 50%, Procanico 50%
Alc. 14% | € 17 | Bt. 10.000 | Ferm. Acciaio | Mat. Acciaio 6 mesi
Risotto agli asparagi con gamberi croccanti.

NENFRO 2016
Rosso Igt - Montepulciano 100%
Alc. 13,5% | € 24 | Bt. 3.000 | Ferm. Legno e Acciaio | Mat. Legno 12 mesi
Paccheri con salsa di pomodoro e basilico.

ORVIETO 2022
Bianco Doc - Grechetto 50%, Procanico 50%
Alc. 13,5% | € 15 | Bt. 10.000 | Ferm. Acciaio | Mat. Acciaio 6 mesi
Minestra di riso, patate, porri, sedano e speck.

LATOUR A CIVITELLA
2017 | 2019 | 2020

POGGIO DELLA COSTA
2015

Muscari Tomajoli
(2007)

Dopo il Nethun, Marco aggiunge un'altra freccia nella sua faretra di etichette eccellenti, che stanno ridando la giusta luce alla zona di Tarquinia. L'Aita si aggiudica il nostro massimo riconoscimento grazie a una struttura imponente, figlia della vendemmia delle migliori uve di montepulciano, raccolte in fase di surmaturazione e fatte elevare per diciotto mesi in una barrique T5 Taransaud. Ma anche la personalità del Velca e del Pantaleone raccontano la storia di un progetto dalle solide conoscenze agronomiche e destinato a crescere ancora negli anni.

Località Bandita del Casal Nuovo - 01016 Tarquinia (VT)
T. 328 8990631 | M. vinimuscaritomajoli@gmail.com
www.muscaritomajoli.it

Viticoltura: Biologica
Ettari: 2 | **Bottiglie:** 7.000 | **Produzione olearia:** No
Proprietà: Marco Muscari Tomajoli
Cond. enologica: Gabriele Gadenz
Cond. agronomica: Gabriele Gadenz
Vendita diretta: Sì | **Visite in azienda:** Sì

92

AITA 2020
Rosso Igp - Montepulciano 100%
Alc. 15% | € 70 | Bt. 450 | Ferm. Acciaio | Mat. Legno 18 mesi
Austero rubino con filigrana violacea. Naso che affascina per complessità: presenze di prugna matura, amarena sotto spirito, cioccolato, polvere di caffè e spezie dolci. Poderosa la struttura, con tannino e acidità ben presenti e ottimamente intessuti. Lunghi gli echi gustativi. Bocconcini di cinghiale con salsa di prugne.

NETHUN 2022
Bianco Igp - Vermentino 100%
Alc. 13% | € 30 | Bt. 1.853 | Ferm. Acciaio | Mat. Acciaio 6 mesi
Spaghetti con mazzancolle e pomodorini.

PANTALEONE 2021
Rosso Igp - Petit verdot 100%
Alc. 13,5% | € 32 | Bt. 2.280 | Ferm. Acciaio | Mat. Acciaio 6 mesi
Fettuccine al ragù d'agnello.

VELCA 2022
Rosato Igp - Montepulciano 100%
Alc. 12,5% | € 28 | Bt. 1.452 | Ferm. Acciaio | Mat. Acciaio 6 mesi
Bucatini all'amatriciana.

NETHUN
2021

PANTALEONE
2020

Carlo Noro
(1998)

Da più di trent'anni Carlo Noro si occupa di formazione nel campo dell'agricoltura biodinamica, con corsi in azienda e in altre sedi in tutta Italia. Nel 2010 l'azienda ha acquistato circa cinque ettari di vigneti situati nel comune di Piglio, alla cui conduzione collabora anche Michele Lorenzetti, affermato enologo in ambito biodinamico. Nel 2020 l'impiego della nuova cantina nel comune di Labico ha comportato l'uscita dalla Docg. Tra i vini degustati spicca il Collefurno, sanguigna espressione del cesanese, potente ma senza ostentazione, che prende dimora in chi lo beve.

Via Valle Fredda, 31 - 00030 Labico (RM)
T. 06 9511243 | M. biodinamicanoro@gmail.com
www.biodinamicanoro.net

Viticoltura: Biodinamica
Ettari: 5 | **Bottiglie:** 20.000 | **Produzione olearia:** Sì
Proprietà: Simone e Valerio Noro
Cond. enologica: Simone Noro, Valerio Noro, Michele Lorenzetti
Cond. agronomica: Simone Noro, Valerio Noro
Vendita diretta: Sì | **Visite in azienda:** Sì

COLLEFURNO 2020
Rosso Igp - Cesanese d'Affile 100%
Alc. 14% | € 25 | Bt. 3.000 | Ferm. Acciaio | Mat. Legno 10 mesi
Rubino scuro ma luminoso. Rilascia fragranze di frutti rossi e ciliegia in confettura, impreziosite da didascalie balsamiche, di radici, humus, viola e incenso. Al palato è avvolgente, con un'alternanza di sensazioni calde e fresche e una precisa tessitura tannica. Chiude su liquirizia ed erbe amare. Blu di pecora.

FORETANO 2020
Rosso Igt - Cesanese d'Affile 100%
Alc. 14% | € 21 | Bt. 3.500 | Ferm. Acciaio | Mat. Acciaio 10 mesi
Agnolotti al sugo di carne.

ONCIA ROSSA 2021
Rosso Igt - Cesanese d'Affile 100%
Alc. 14% | € 17 | Bt. 3.500 | Ferm. Acciaio | Mat. Acciaio 10 mesi
Straccetti di vitello al rosmarino.

LA FORCINELLA 2022
Rosato Igp - Cesanese d'Affile 100%
Alc. 13% | € 17 | Bt. 3.000 | Ferm. Acciaio | Mat. Acciaio 7 mesi
Gnocchi alla romana.

ONCIA BIANCA 2020
Bianco Igt - Passerina 80%, Malvasia di Candia aromatica 20%
Alc. 13% | € 14 | Bt. 3.500 | Ferm. Acciaio | Mat. Acciaio 9 mesi
Timballo di riso e gamberi.

Andrea Occhipinti
(2004)

Ad Andrea Occhipinti va riconosciuto il merito di essere divenuto uno dei migliori ambasciatori dell'areale di Gradoli, grazie a un progetto enologico teso a esaltarne le caratteristiche territoriali. Coltivazione di soli vitigni autoctoni, agricoltura a basso impatto e, in cantina, utilizzo di lieviti indigeni e di materiali inerti per la fermentazione e la maturazione dei vini. Ne derivano dei vini che hanno la capacità di esprimere le sole peculiarità dell'areale, senza arricchimenti e sovrapposizioni. Nel Rosso Arcaico abbiamo ritrovato l'essenza di questa sua filosofia.

Strada Comunale - Località Montemaggiore - 01010 Gradoli (VT)
T. 335 5789773 | M. info@occhipintiandrea.it
www.occhipintiagricola.it

Viticoltura: Biologica certificata
Ettari: 5 | **Bottiglie:** 25.000 | **Produzione olearia:** No
Proprietà: Andrea Occhipinti
Cond. enologica: Andrea Occhipinti
Cond. agronomica: Andrea Occhipinti
Vendita diretta: Sì | **Visite in azienda:** Sì

ROSSO ARCAICO 2022
Rosso - Aleatico 50%, Grechetto rosso 50%
Alc. 12,5% | € 17 | Bt. 5.066 | Ferm. Terracotta | Mat. Acciaio e Terracotta 6 mesi
Cremisi di buona trasparenza e consistenza. Il naso stupisce per ricchezza espressiva, dove alle note di fiori appassiti e foglia di tè seguono ciliegia, bergamotto ed eucalipto. Bocca in ottimo equilibrio, con tannino diffuso ben intrecciato a freschezza e spalla alcolica. Persistente la scia sapida. Risotto al tartufo nero.

LACALDERA 2022
Rosso - Grechetto rosso 100%
Alc. 13,5% | € 18 | Bt. 5.866 | Ferm. Cemento | Mat. Acciaio e Cemento 6 mesi
Spezzatino di manzo.

ALEA VIVA 2022
Rosso - Aleatico 100%
Alc. 12,5% | € 19 | Bt. 6.933 | Ferm. Cemento | Mat. Cemento 7 mesi
Tartare di manzo.

ALEA ROSA 2022
Rosato - Aleatico 100%
Alc. 12% | € 15 | Bt. 5.066 | Ferm. Cemento | Mat. Acciaio 6 mesi
Agnolotti al sugo di carne.

SOTTOBANCO 2022
Bianco - Procanico 100%
Alc. 13,5% | € 15 | Bt. 5.000 | Ferm. Cemento | Mat. Acciaio 6 mesi
Gnocchi alla romana.

ALEA VIVA
2014 | 2015

ROSSO ARCAICO
2013

Ômina Romana
(2007)

Il comprensorio vinicolo di Velletri trova in quest'azienda una realtà produttiva capace di ottenere un'elevata qualità, modulandola su tutte le etichette che vengono realizzate. Un progetto aziendale ambizioso, che ha visto l'impianto di vigneti progettati in chiave moderna, tesi alla basse rese e con la presenza dei migliori cloni dei vitigni internazionali. I risultati delle degustazioni vedono i loro vini sempre in ottime posizioni, a dimostrazione di risultati di grande livello, spessore e personalità.

Via Fontana Parata, 75 - 00049 Velletri (RM)
T. 06 96430193 | M. info@ominaromana.com
www.ominaromana.com

Viticoltura: Ecosostenibile
Ettari: 61 | **Bottiglie:** 250.000 | **Produzione olearia:** Sì
Proprietà: Famiglia Börner
Cond. enologica: Simone Sarnà, Claudio Gori
Cond. agronomica: Paula Edith Pacheco
Vendita diretta: Sì | **Visite in azienda:** Sì

CABERNET FRANC ARS MAGNA 2019
Rosso Igp - Cabernet franc 100%
Alc. 13,5% | € 99 | Bt. 16.260 | Ferm. Acciaio | Mat. Legno 22 mesi
Grande concentrazione per il calice rubino. Affascinante olfatto di frutta scura, mora, prugna, amarena, insieme a più fresche essenze di bergamotto, tabacco ed eucalipto. Sorso appagante per poderosa struttura ma di ottima piacevolezza per acidità e tannini ben presenti e integrati. Durevole. Carré di maiale affumicato.

CHARDONNAY 2021
Bianco Igp - Chardonnay 100%
Alc. 13,5% | € 28 | Bt. 19.350 | Ferm. Legno e Acciaio | Mat. Legno 6 mesi
Filetto di dentice in crosta di patate.

DIANA NEMORENSIS I 2020
Rosso Igp - Merlot 50%, Cabernet sauvignon 30%, Cabernet franc 20%
Alc. 13,5% | € 25 | Bt. 87.190 | Ferm. Legno e Acciaio | Mat. Acciaio 10 mesi
Filetto di manzo in crosta alle erbette.

MERLOT ARS MAGNA 2019
Rosso Igt - Merlot 100%
Alc. 13,5% | € 103 | Bt. 12.870 | Ferm. Acciaio | Mat. Acciaio 4 mesi e Legno 24 mesi
Filetto di bue con salsa di Roquefort.

CHARDONNAY ARS MAGNA
2018 | 2019 | 2020

VIOGNIER ARS MAGNA
2020

Antonella Pacchiarotti
(1998)

Antonella è una locomotiva che tira dritto sulle rotaie della qualità e non lascia nulla al caso. L'aleatico viene interpretato in tutte le sue possibili vinificazioni, complici i terreni vulcanici del comprensorio del Lago di Bolsena. Il vitigno, di grande pregio ma allo stesso tempo ostico e delicato, nell'annata 2021 è stato qualitativamente generoso. Per far fronte alla calura estiva degli ultimi anni, l'azienda mantiene un'elevata superficie fogliare. Il Cavarosso e il Pian di Stelle sono stati le punte di diamante nelle nostre degustazioni.

Via Roma, 14 - 01025 Grotte di Castro (VT)
T. 339 2216719 | M. vinipacchiarotti@gmail.com
www.vinipacchiarotti.it

Viticoltura: Convenzionale
Ettari: 2,5 | **Bottiglie:** 10.000 | **Produzione olearia:** No
Proprietà: Antonella Pacchiarotti
Cond. enologica: Daniele Di Mambro
Cond. agronomica: Daniele Di Mambro
Vendita diretta: Sì | **Visite in azienda:** Sì

CAVAROSSO 2021
Rosso Igt - Aleatico 100%
Alc. 14% | € 23 | Bt. 3.200 | Ferm. Acciaio | Mat. Acciaio 8 mesi
Rosso carminio che gioca col violaceo. La purezza e l'attrattiva della visciola e della mora incantano il naso, insieme a toni eterei e balsamici. In bocca gli aromi tipici del vitigno sono ancora più evidenti, con un tannino morbido che accompagna e sottolinea la gioia della beva. Cacciucco alla livornese.

PIAN DI STELLE 2022
Rosato Igt - Aleatico 100%
Alc. 13% | € 23 | Bt. 1.300 | Ferm. Acciaio | Mat. Acciaio 10 mesi
Sushi e sashimi.

FATÌ 2021
Bianco Igt - Aleatico 100%
Alc. 14% | € 20 | Bt. 900 | Ferm. Acciaio
Fritto di paranza.

MATÈE 2021
Bianco Igt - Aleatico 100%
Alc. 13% | € 22 | Bt. 2.600 | Ferm. Acciaio | Mat. Acciaio 9 mesi
Frittata di erbette.

RAMATICO 2021
Rosato Igt - Aleatico 100%
Alc. 13% | € 22 | Bt. 1.300 | Ferm. Acciaio | Mat. Acciaio 10 mesi
Timballo di riso e gamberi.

CAVAROSSO
2015 | 2016 | 2020

RAMATICO
2016 | 2017 | 2020

Papalino
(1960)

L'azienda nasce dall'intuizione di nonno Ercole, che nel 1960 decise di acquistare il vasto terreno allora di proprietà del conte Vanicelli. I vitigni autoctoni quali grechetto, violone, sangiovese, malvasia e procanico, vengono lavorati con tecnologia all'avanguardia senza rinunciare alla tradizione. Tra le ultime innovazioni spiccano l'uso dell'ozono come sterilizzante naturale per i lavaggi, la cella di appassimento a risparmio energetico e il biolago per la fitodepurazione delle acque reflue.

Strada della Lega, 10 - 01024 Castiglione in Teverina (VT)
T. 340 5352190 | M. info@papalino.it
www.papalino.it

Viticoltura: Convenzionale
Ettari: 3,7 | **Bottiglie:** 18.000 | **Produzione olearia:** No
Proprietà: Erminio Papalino
Cond. enologica: Maurilio Chioccia
Cond. agronomica: Erminio Papalino
Vendita diretta: Sì | **Visite in azienda:** Sì

AMETIS 2021
Bianco Igt - Grechetto 100%
Alc. 13,5% | € 19 | Bt. 6.600 | Ferm. Acciaio | Mat. Acciaio 4 mesi
Giallo paglierino dai bagliori verdolini. Al naso ouverture di fresche sensazioni d'agrume, fiori di zagara, maggiorana e timo, accompagnate da delicate presenze d'acacia e da un tocco di frutta tropicale. In bocca mostra nerbo fresco e allo stesso tempo è sapido. Progressione aromatica di pregio. Coniglio al forno con patate.

SENAURO 2020
Rosso Igt - Merlot 80%, Sangiovese 20%
Alc. 14,5% | € 25 | Bt. 1.800 | Ferm. Acciaio | Mat. Acciaio 2 mesi e Legno 12 mesi
Roast beef.

SOLIDAGO 2020
Rosso Igt - Montepulciano 80%, Sangiovese 20%
Alc. 14% | € 18 | Bt. 3.300 | Ferm. Acciaio | Mat. Acciaio 4 mesi
Scaloppa di vitello con asparagi trifolati.

AMETIS
2015 | 2017

LAZULUM
2016

Piero Riccardi Lorella Reale
(2010)

Lorella Reale e Piero Riccardi hanno collaborato a inchieste giornalistiche sul mondo dell'agricoltura e nel 2010 hanno fondato un'azienda vitivinicola, la cui conduzione s'ispira alla normativa sull'agricoltura biologica e alla pratica biodinamica. Meno ostacoli possibili tra l'uomo e il suo ambiente naturale, mantenimento dell'equilibrio ecologico nella vigna, tecniche di vinificazione poco invasive. I vitigni coltivati sono il cesanese, la malvasia, la rosciola e il riesling e la raccolta delle uve è differenziata in base alla presenza di terreni vulcanici o arenarie.

Via Vitellia, 56 - Località Maniella - 00030 Bellegra (RM)
T. 347 9245226 | M. info@cantinericcardireale.it
www.cantinericcardireale.it

Viticoltura: Biologica certificata e biodinamica
Ettari: 5 | **Bottiglie:** 27.000 | **Produzione olearia:** No
Proprietà: Piero Riccardi e Loredana Reale
Cond. enologica: Piero Riccardi
Cond. agronomica: Ruggero Mazzilli
Vendita diretta: Sì | **Visite in azienda:** Sì

CESANESE DI OLEVANO ROMANO COLLEPAZZO 2021
Rosso Doc - Cesanese d'Affile 100%
Alc. 14,5% | € 18 | Bt. 10.000 | Ferm. Cemento | Mat. Cemento 12 mesi
Rubino fitto fitto. Profilo di visciola, prugna, viola appassita, mirto, in cui s'innestano tabacco, liquirizia e terra bagnata. Al sorso è avvolgente, con generoso ingresso alcolico, ben supportato dalla sapidità e da stimolante spalla acida e tannica. Evolve su intriganti orme amare di rabarbaro. Bocconcini di cinghiale con salsa di prugne.

CESANESE DI OLEVANO ROMANO NECCIO 2021
Rosso Doc - Cesanese d'Affile 100%
Alc. 14,5% | € 30 | Bt. 2.000 | Ferm. Legno | Mat. Legno 12 mesi
Bocconcini di cervo al cavolo nero.

TUCUCA 2022
Rosato Igp - Cesanese d'Affile 100%
Alc. 12,5% | € 16 | Bt. 4.000 | Ferm. Legno | Mat. Legno 12 mesi
Risotto ai porcini e zucca.

CESANESE DI OLEVANO ROMANO COLLEPAZZO
2017 | 2019

CESANESE DI OLEVANO ROMANO NECCIO
2019

Pietra Pinta
(1899)

Nel solco della tradizione ecosostenibile, l'azienda ha di recente ottenuto la certificazione di sostenibilità SQNPI, sintesi dell'impegno in ambito produttivo, etico e sociale. Il 2022 è stata un'annata molto siccitosa, che ha richiesto una grande cura per l'equilibrio dei vigneti. Una vendemmia un po' anticipata e l'ormai tradizionale raccolta notturna hanno consentito di preservare freschezza e corredo aromatico delle diverse varietà. Altra novità l'esordio dello spumante Metodo Martinotti Costa Vecchia da falanghina e trebbiano verde.

Via Le Pastine, 5 - 04010 Cori (LT)
T. 06 9678001 - 06 9677151 | M. info@pietrapinta.com
www.pietrapinta.com

Viticoltura: Lotta integrata
Ettari: 20 | **Bottiglie:** 150.000 | **Produzione olearia:** Sì
Proprietà: Famiglia Ferretti
Cond. enologica: Lorenzo Costantini, Cristiano Ponzo
Cond. agronomica: Lorenzo Costantini, Cristiano Ponzo
Vendita diretta: Sì | **Visite in azienda:** Sì

COSTA VECCHIA BIANCO 2022
Bianco Igt - Sauvignon 58%, Chardonnay 24%, Malvasia del Lazio 18%
Alc. 12,5% | € 9 | Bt. 6.600 | Ferm. Acciaio | Mat. Acciaio 5 mesi
Oro verde brillante. Variegati profumi che spaziano dalla frutta tropicale al giacinto, dalle erbe mediterranee alla pietra focaia. Perfetta armonia tra le morbidezze e la sferzante freschezza sapida. Lunga chiusura minerale e agrumata. Sauté di cozze.

COSTA VECCHIA ROSSO 2021
Rosso Igt - Nero buono 85%, Syrah 15%
Alc. 13% | € 9 | Bt. 3.300 | Ferm. Acciaio | Mat. Acciaio 4 mesi e Legno 10 mesi
Carré di maiale con patate al forno.

NERO BUONO 2021
Rosso Igt - Nero buono 100%
Alc. 13,5% | € 9 | Bt. 13.000 | Ferm. Acciaio | Mat. Acciaio 4 mesi e Legno 12 mesi
Costata di manzo alla griglia.

SHIRAZ 2021
Rosso Igt - Syrah 100%
Alc. 13,5% | € 9 | Bt. 7.000 | Ferm. Acciaio | Mat. Acciaio 6 mesi e Legno 6 mesi
Guancia di vitello in umido.

BELLONE 2022
Bianco Igt - Bellone 100%
Alc. 13% | € 9 | Bt. 3.300 | Ferm. Acciaio | Mat. Acciaio 5 mesi
Tonnarelli cacio e pepe.

CHARDONNAY 2022
Bianco Igt - Chardonnay 100%
Alc. 13% | € 9 | Ferm. Acciaio | Mat. Acciaio 5 mesi
Vitello tonnato.

COLLE AMATO
2014 | 2016 | 2020

COSTA VECCHIA BIANCO
2019 | 2020 | 2021

Pileum
(2002)

La cantina ha un progetto enologico che prevede un attento insieme di artigianalità e tecnologia, che permette di ottenere vini di alta qualità in grado di riflettere le potenzialità di un territorio di antica tradizione enoica. Come sempre è il Bolla di Urbano il vino che si aggiudica la palma di migliore etichetta aziendale e soltanto per un soffio quest'anno non è riuscito ad aggiudicarsi le Quattro viti. Ma non sono meno interessanti tutti i rossi ottenuti da uve cesanese, a dimostrazione di quanto venga interpretato al meglio questo portabandiera.

Via del Casalotto - 03010 Piglio (FR)
T. 366 3129910 | M. info@pileum.it
www.pileum.it

Viticoltura: Biologica certificata
Ettari: 15 | **Bottiglie:** 65.000 | **Produzione olearia:** Sì
Proprietà: Pileum
Cond. enologica: Gabriele Graia
Cond. agronomica: Gabriele Graia
Vendita diretta: Sì | **Visite in azienda:** Sì

CESANESE DEL PIGLIO BOLLA DI URBANO RISERVA 2021
Rosso Docg - Cesanese d'Affile 100%
Alc. 15,5% | € 28 | Bt. 8.132 | Ferm. Acciaio | Mat. Legno 18 mesi
Rosso pregiato, concentrato e granato sull'orlo. Raffinate fragranze di mora in confettura, fiori secchi, cannella, pepe nero e macchia mediterranea lasciano spazio a richiami di cacao amaro. Palato materico, impreziosito da tessitura tannica e freschezza in gran spolvero. Chiosa giocata su sensazioni balsamiche. Capriolo con salsa di ribes rosso.

CESANESE DEL PIGLIO SUPERIORE I CLONI 2021
Rosso Docg - Cesanese d'Affile 100%
Alc. 15% | € 20 | Bt. 2.666 | Ferm. Acciaio | Mat. Acciaio 16 mesi
Stufato di daino.

LA FATTORA 2022
Bianco Igt - Fiano 50%, Grechetto 50%
Alc. 13,5% | € 15 | Bt. 2.000 | Ferm. Acciaio | Mat. Acciaio 12 mesi
Costine d'agnello in crosta di noci.

CESANESE DEL PIGLIO MASSITIUM 2021
Rosso Docg - Cesanese d'Affile 100%
Alc. 15% | € 19 | Bt. 15.000 | Ferm. Acciaio | Mat. Acciaio 20 mesi e Legno 20 mesi
Lepre alla cacciatora.

VALLE BIANCA 2022
Bianco Igp - Passerina 90%, Malvasia puntinata 10%
Alc. 13% | € 10 | Bt. 10.000 | Ferm. Acciaio | Mat. Acciaio 8 mesi
Pollo alle mandorle e curcuma.

CESANESE DEL PIGLIO SUPERIORE BOLLA DI URBANO RISERVA
2016 | 2019 | 2020

CESANESE DEL PIGLIO SUPERIORE I CLONI
2019 | 2020

Poggio alla Meta

(2000)

L'azienda quest'anno si è imposta di non far uscire la Passerina Piluc Orange 2020, a causa del trascorso pandemico. Il rispetto del regime biologico e biodinamico in vigna è complementare all'adozione della tecnologia in cantina per garantire la qualità dei vini prodotti. Nulla è lasciato al caso, e la cantina, come al solito, ci regala perle enologiche di gran pregio: dai rossi strutturati con vitigni internazionali - da segnalare il Lot 2019 - ai bianchi autoctoni, rappresentati dalla Passerina del Frusinate Piluc, che ogni anno sorprende per eleganza e spessore.

Via Valloni - Località I Valloni - 03034 Casalvieri (FR)
T. 335 6861317 | M. poggioallameta@gmail.com
www.poggioallameta.com

Viticoltura: Biologica e biodinamica certificate
Ettari: 13 | **Bottiglie:** 75.000 | **Produzione olearia:** No
Proprietà: Famiglia Nicòtina
Cond. enologica: Andrea Nicòtina, Mariano Nicòtina
Cond. agronomica: Mariano Nicòtina
Vendita diretta: Sì | **Visite in azienda:** Sì

LOT 2019
Rosso Igt - Merlot 100%
Alc. 14,5% | € 32 | Bt. 2.500 | Ferm. Acciaio | Mat. Acciaio 9 mesi e Legno 24 mesi
Impenetrabile carminio dai bordi rubino. Echi balsamici introducono more e amarene, subito dopo spezie, pepe nero, vaniglia, tabacco e caffè. L'ingresso in bocca è agile e suadente, con un setoso tannino che conduce le danze tra una persistente freschezza e un caldo contrafforte vellutato. Medaglioni di cervo con riduzione di cottura.

ATINA CABERNET IL VECCHIO RISERVA 2020
Rosso Dop - Cabernet sauvignon 75%, Cabernet franc 10%, Merlot 10%, Syrah 5%
Alc. 14% | € 26 | Bt. 4.500 | Ferm. Acciaio | Mat. Acciaio 9 mesi e Legno 12 mesi
Filetto di manzo in crosta alle erbette.

ATINA CABERNET IL GIOVANE 2021
Rosso Dop - Cabernet sauvignon 75%, Cabernet franc 10%, Merlot 10%, Syrah 5%
Alc. 13,5% | € 16 | Bt. 17.500 | Ferm. Acciaio | Mat. Acciaio 6 mesi
Blu di pecora.

PASSERINA PILUC 2022
Bianco Igt - Passerina 100%
Alc. 13% | € 12 | Bt. 13.000 | Ferm. Acciaio | Mat. Acciaio 6 mesi
Risotto ai frutti di mare.

BIANCOALLAMETA 2022
Bianco Igt - Moscato bianco 34%, Maturano 33%, Passerina 33%
Alc. 13% | € 9 | Bt. 20.000 | Ferm. Acciaio | Mat. Acciaio 5 mesi
Rotolo di coniglio con pomodorini ed erbe aromatiche.

MATURANO BIANCO BIO 2022
Bianco Igt - Maturano 100%
Alc. 13% | € 16 | Bt. 10.000 | Ferm. Acciaio | Mat. Acciaio 7 mesi
Stinco d'agnello al forno.

ORANGE WINE PILUC
2019

ATINA CABERNET IL VECCHIO RISERVA
2016 | 2017 | 2019

Poggio Le Volpi

(1996)

Il nome di questa cantina rimanda alla famosa favola di Esopo "La volpe e l'uva" per la numerosa presenza di animali nella zona. Avviata nel 1920, l'azienda concentra la sua produzione sui vitigni autoctoni della regione, valorizzandone le caratteristiche grazie anche a un territorio di origine vulcanica con ottime condizioni pedoclimatiche, capaci di caratterizzare i vini prodotti. Quest'anno, oltre alla conferma degli alti livelli del Donnaluce e del Baccarossa, si mette anche in evidenza l'eccellente Roma Rosso Riserva.

Via Colle Pisano, 27 - 00078 Monte Porzio Catone (RM)
T. 06 9426980 | M. info@poggiolevolpi.it
www.poggiolevolpi.it

Viticoltura: Convenzionale
Ettari: 230 | **Bottiglie:** 1.000.000 | **Produzione olearia:** Sì
Proprietà: Felice Mergè
Cond. enologica: Felice Mergè
Cond. agronomica: Valerio Fiorelli
Vendita diretta: Sì | **Visite in azienda:** Sì

DONNALUCE 2022
Bianco Igp - Malvasia puntinata 60%, Greco 30%, Chardonnay 10%
Alc. 13% | € 15 | Bt. 99.936 | Ferm. Acciaio | Mat. Acciaio 3 mesi
Paglierino brillante. Presenta un corredo olfattivo complesso, di succosa frutta gialla, agrume dolce, miele e tostature. Gradevolezza al gusto, dove la componente fresco-sapida gioca con la morbidezza e il calore rendendo assai piacevole la beva. Il finale lascia una scia lunga e ammandorlata. Tagliolini all'astice.

ROMA ROSSO RISERVA 2020
Rosso Doc - Montepulciano 50%, Cabernet franc 35%, Syrah 15%
Alc. 14% | € 35 | Bt. 20.400 | Ferm. Acciaio | Mat. Legno 10 mesi
Carré di maiale affumicato.

BACCAROSSA 2021
Rosso Igp - Nero buono 100%
Alc. 13,5% | € 20 | Bt. 50.000 | Ferm. Acciaio | Mat. Legno 12 mesi
Manzo brasato con funghi.

ROMA BIANCO 2022
Bianco Doc - Malvasia del Lazio 65%, Bombino bianco 35%
Alc. 13% | € 13 | Bt. 26.600 | Ferm. Acciaio
Rombo al forno con patate e carciofi.

ROMA ROSATO 2022
Rosato Doc - Montepulciano 50%, altre varietà 50%
Alc. 12,5% | € 13 | Bt. 6.270 | Ferm. Acciaio
Riso, cozze e zafferano.

DONNALUCE
2018 | 2021

BACCAROSSA
2018 | 2019 | 2020

Proietti
(1999)

Vitigno giusto nel terreno giusto: questa è la filosofia della famiglia Proietti. Le colline di origine vulcanica site ai piedi dei Monti Simbruini forniscono mineralità e buona acidità ai vini a base di uve autoctone. La prestigiosa linea Tenuta al Campo riflette le peculiarità del territorio, armonizzando tradizioni secolari con tecniche enologiche moderne. La grande tradizione vitivinicola tramandata di padre in figlio dimostra una continua necessità di rinnovarsi: in quest'edizione il Metodo Classico Brut vede la presenza esclusiva di cesanese vinificato in bianco.

Via Maremmana Superiore, km 2,8 - 00035 Olevano Romano (RM)
T. 06 9563376 | M. info@aziendaagricolaproietti.it
www.aziendaagricolaproietti.it

Viticoltura: Convenzionale
Ettari: 15 | **Bottiglie:** 120.000 | **Produzione olearia:** Sì
Proprietà: Fernando Proietti
Cond. enologica: Gianni Pasquale
Cond. agronomica: Francesco Paolini
Vendita diretta: Sì | **Visite in azienda:** Sì

SPUMANTE BRUT NATURE 2019
Bianco Metodo Classico - Cesanese 100%
Alc. 12,5% | € 25 | Bt. 2.000 | Ferm. Acciaio | Mat. Acciaio 8 mesi 36 mesi sui lieviti
Il cangiante perlage attraversa un paglierino lucentissimo. Subito rivela un naso deciso, di susine, uva spina, salvia e mandorla tostata. L'assaggio si caratterizza per l'energia della freschezza, che invita a provare e riprovare. Chiusura allietata da una bella rilettura della componente fruttata. Frittura di calamari, gamberi e zucchine.

MALVASIA PUNTINATA TENUTA AL CAMPO 2022
Bianco Igp - Malvasia puntinata 100%
Alc. 13% | € 10 | Bt. 5.000 | Ferm. Acciaio | Mat. Acciaio 6 mesi
Soufflé con pecorino e crema di patate.

OTTONESE TENUTA AL CAMPO 2022
Bianco Igt - Bombino bianco 100%
Alc. 13% | € 10 | Bt. 4.000 | Ferm. Acciaio | Mat. Acciaio 6 mesi
Petto di pollo agli asparagi.

CESANESE DI OLEVANO ROMANO SUPERIORE TENUTA AL CAMPO
2019

CESANESE DI OLEVANO ROMANO TENUTA AL CAMPO RISERVA
2020

Riserva della Cascina
(1946)

Torna in Guida una delle aziende migliori dell'Agro romano, ambasciatrice delle grandi potenzialità enologiche dei vigneti a ridosso delle Colline dei Castelli Romani. Situata lungo l'affascinante percorso dell'Appia Antica, l'azienda vanta una gamma di vini di grande pulizia olfattiva e nitore gustativo, a conferma di maturità e perizia enologica. Di grande suggestione l'ospitalità, con un terrazzo per la degustazione che si affaccia sulle vigne aziendali. Assente quest'anno alle degustazioni il Metodo Classico Gaius, uno spumante di rara eleganza.

Via Appia Antica, 596 - 00178 Roma (RM)
T. 06 7917221 | M. info@riservadellacascina.it
www.riservadellacascina.it

Viticoltura: Biologica certificata
Ettari: 23 | **Bottiglie:** 60.000 | **Produzione olearia:** No
Proprietà: Daniela Vecchi
Cond. enologica: Marco Esti
Cond. agronomica: Staff aziendale
Vendita diretta: Sì | **Visite in azienda:** Sì

DOMINA 2020
Bianco Igt - Grechetto 100%
Alc. 13% | € 18 | Bt. 1.700 | Ferm. Acciaio | Mat. Acciaio 10 mesi e Legno 10 mesi
Oro corrusco. Esordio con suggestivo sfondo di idrocarburo accompagnato da ginestra, frutta bianca, smalto e caramella d'orzo. Il sorso è imponente, ottimamente bilanciato e di lunga persistenza, con il carico glicerico ben sostenuto da freschezza e sapidità. Stoccafisso in umido con porcini.

GALLIENO 2021
Bianco Igt - Malvasia puntinata 100%
Alc. 13,5% | € 16 | Bt. 8.000 | Ferm. Acciaio | Mat. Acciaio 6 mesi
Cotolette di pollo con melanzane e provola.

PALOMBAIO 2019
Rosso Igt - Cabernet sauvignon 100%
Alc. 13,5% | € 27 | Bt. 700 | Ferm. Acciaio | Mat. Legno 12 mesi
Guanciale di manzo in umido con polenta.

WRIGHT 2021
Rosato - Merlot 100%
Alc. 13,5% | € 20 | Bt. 500 | Ferm. Acciaio | Mat. Acciaio 10 mesi
Coniglio in umido alle erbe aromatiche.

MARINO SUPERIORE IX MIGLIO BIANCO
2017

COSTA DI BASALTO
2016

San Giovenale
(2006)

Nella campagna viterbese, nei pressi di Blera, sorge quest'azienda nata dall'idea di Emanuele Pangrazi di produrre vini di assoluta eccellenza. A distanza di anni, la scelta di vitigni come carignano, syrah, tempranillo e grenache per l'Habenus Etichetta Bianca e cabernet franc per l'Habemus Etichetta Rossa si è rivelata vincente. Impianti fittissimi e basse rese per ettaro danno luogo a due vini concentrati e potenti, che ci regalano sempre grandi emozioni. Etichetta Bianca 2021 è un vino che ha pochi eguali, seguito a un passo dal fratello Etichetta Rossa 2020.

Località La Macchia - 01010 Blera (VT)
T. 06 6877877 | M. info@sangiovenale.it
www.sangiovenale.it

Viticoltura: Biologica certificata
Ettari: 10 | **Bottiglie:** 9.000 | **Produzione olearia:** Sì
Proprietà: Emanuele Pangrazi
Cond. enologica: Marco Casolanetti
Cond. agronomica: Staff aziendale
Vendita diretta: Sì | **Visite in azienda:** Sì

(93)

HABEMUS ETICHETTA BIANCA 2021
Rosso Igt - Grenache 40%, Syrah 30%, Carignano 20%, Tempranillo 10%
Alc. 15% | € 55 | Bt. 8.000 | Ferm. Acciaio | Mat. Legno 20 mesi
Rosso amaranto di grande concentrazione. Si percepiscono sensazioni di confettura di mora, spezie orientali, tabacco da pipa, caffè e stille vegetali. In bocca è potente, agile ma fine grazie a una rinfrescante acidità e a un apporto tannico che si fa notare. Interminabile. Lepre in salmì.

HABEMUS ETICHETTA ROSSA 2020
Rosso Igt - Cabernet franc 100%
Alc. 15% | € 90 | Bt. 1.000 | Ferm. Acciaio | Mat. Legno 30 mesi
Bocconcini di cinghiale con salsa di prugne.

HABEMUS ETICHETTA ROSSA
2017 | 2018 | 2019

HABEMUS ETICHETTA BIANCA
2020

Sensi Trappolini
(2015)

Collocata al confine con l'Umbria, l'azienda rappresenta una delle realtà più interessanti del territorio dell'alto Lazio, grazie a un'interpretazione dei vini in cui l'eleganza olfattiva si sposa sempre con espressioni gustative di grande impatto. Caratteristiche che li rendono polivalenti e adatti a una grande varietà di abbinamenti gastronomici. Quest'anno segnaliamo con piacere Est! Est!! Est!!!, da viti vecchie, senz'altro la migliore interpretazione della denominazione nelle nostre batterie di degustazione.

Via del Conservificio, 28 - 06132 Perugia (PG)
T. 347 1307967 | M. info@terre-enoike.com

Viticoltura: Convenzionale
Ettari: 4 | **Bottiglie:** 25.000 | **Produzione olearia:** Sì
Proprietà: Famiglie Sensi e Trappolini
Cond. enologica: Paolo Duchini
Cond. agronomica: Giovanni Spano
Vendita diretta: Sì | **Visite in azienda:** Sì

EST! EST!! EST!!! DI MONTEFIASCONE VITI VECCHIE 2022
Bianco Doc - Malvasia 40%, Procanico 40%, Rossetto 20%
Alc. 13,5% | € 20 | Bt. 10.000 | Ferm. Acciaio | Mat. Acciaio 4 mesi
Splendido giallo pieno. Profilo odoroso ben delineato nei suoi particolari tratti: accenni minerali, di ginestra e di susina croccante. La gustativa si segnala per una sapidità chiara e diffusa che marca tutta la bocca e rende molto persistente il ricordo del vino. Magistrale l'equilibrio complessivo. Ribollita.

VITI VECCHIE SANGIOVESE 2021
Rosso Igt - Sangiovese 100%
Alc. 14,5% | € 20 | Bt. 8.000 | Ferm. Acciaio | Mat. Acciaio 2 mesi e Legno 9 mesi
Reale di vitello alla senape antica.

L'INSOLENTE 2020
Bianco Igt - Rossetto 100%
Alc. 13,5% | € 30 | Bt. 2.000 | Ferm. Acciaio | Mat. Acciaio 12 mesi
Vitello tonnato.

EST! EST!! EST!!! DI MONTEFIASCONE VITI VECCHIE
2020

L'INSOLENTE
2018

Tenuta di Fiorano
(1940)

Nel Parco dell'Appia Antica, a due passi da Roma, le vigne godono di un microclima invidiabile, con terreni vulcanici e una ventilazione costante che permettono ai vini di esprimersi in modo chiaro e con una forte impronta territoriale. I vitigni impiantati e lo stile di vinificazione sono gli stessi tramandati da Alberico, zio di Alessandro. Il Fiorano Bianco 2021 è un vino sontuoso, mentre il Fiorano Rosso 2018 conferma la sua gran classe. Di grande levatura anche i due Fioranello... e guai a chiamarli vini minori.

Via di Fioranello, 19 - 00134 Roma (RM)
T. 06 79340093 | M. info@tenutadifiorano.it
www.tenutadifiorano.it

Viticoltura: Biologica certificata
Ettari: 24 | **Bottiglie:** 40.000 | **Produzione olearia:** Sì
Proprietà: Alessandrojacopo Boncompagni Ludovisi
Cond. enologica: Lorenzo Costantini
Cond. agronomica: Staff aziendale
Vendita diretta: Sì | **Visite in azienda:** Sì

(95)
FIORANO BIANCO 2021
Bianco Igt - Grechetto 50%, Viognier 50%
Alc. 13,5% | € 32 | Bt. 10.000 | Ferm. Legno | Mat. Legno 12 mesi
Un biondo luminoso e di evidente consistenza. Ampio: esordio di pesca gialla e ananas, zenzero, fiori di camomilla, poi note burrose e di pepe bianco. La beva è appagante, la relazione tra acidità e sapidità è equilibrata e gestisce con garbo la spalla alcolica. Lungo, chiude su memorie iodate. Rotolo di tacchino alle mele ed erbe aromatiche.

FIORANO ROSSO 2018
Rosso Igt - Cabernet sauvignon 65%, Merlot 35%
Alc. 14% | € 47 | Bt. 10.000 | Ferm. Legno | Mat. Legno 30 mesi
Carré d'agnello al timo e lardo di Colonnata.

FIORANELLO BIANCO 2022
Bianco Igt - Grechetto 50%, Viognier 50%
Alc. 13% | € 15 | Bt. 10.000 | Ferm. Legno e Acciaio | Mat. Acciaio 6 mesi
Coniglio al forno con patate.

FIORANELLO ROSSO 2021
Rosso Igt - Cabernet sauvignon 100%
Alc. 13,5% | € 17 | Bt. 10.000 | Ferm. Legno | Mat. Legno 12 mesi
Guanciale di vitello alle erbe aromatiche.

FIORANO BIANCO
2016 | 2017 | 2019

FIORANO ROSSO
2015 | 2016 | 2017

Tenuta La Pazzaglia
(1992)

Maria Teresa e Laura hanno ormai consolidato l'identità aziendale come una realtà di primo livello nel panorama enoico laziale. Maria Teresa cura i vigneti meticolosamente e con il massimo della sostenibilità ambientale, dedicando particolare attenzione al progetto di valorizzazione del grechetto, che caratterizza la linea produttiva. Laura provvede alle vendite e all'accoglienza in cantina, nella splendida cornice dei calanchi dell'alto viterbese. Il Poggio Triale raggiunge nuovamente ottimi livelli, apice della linea dei grechetto.

Strada di Bagnoregio, 4 - 01024 Castiglione in Teverina (VT)
T. 348 6610038 | M. info@tenutalapazzaglia.it
www.tenutalapazzaglia.it

Viticoltura: Convenzionale ed ecosostenibile
Ettari: 10 | **Bottiglie:** 35.000 | **Produzione olearia:** Sì
Proprietà: Fratelli Verdecchia
Cond. enologica: Maria Teresa Verdecchia, Daniele Di Mambro
Cond. agronomica: Pierfrancesco Verdecchia, Daniele Di Mambro
Vendita diretta: Sì | **Visite in azienda:** Sì

(91)
POGGIO TRIALE 2021
Bianco Igp - Grechetto 100%
Alc. 14% | € 20 | Bt. 3.300 | Ferm. Acciaio | Mat. Acciaio 12 mesi
Cristallino e vivace giallo tenue. Al naso regala fragranze di frutta esotica, seguite da tiglio e camomilla che conducono verso sbuffi vanigliati e di erbe aromatiche. Palato coinvolgente e vibrante, coadiuvato dalla sapidità, preludio di una persistenza dai toni di mandorla e agrume. Baccalà mantecato.

MONTIJONE 2020
Rosso Igp - Merlot 100%
Alc. 14% | € 20 | Bt. 3.300 | Ferm. Legno e Acciaio | Mat. Legno 24 mesi
Risotto ai porcini.

MIADIMIA 2022
Bianco Igt - Chardonnay 25%, Grechetto 25%, Malvasia 25%, Procanico 25%
Alc. 13% | € 9 | Bt. 7.000 | Ferm. Acciaio | Mat. Acciaio 5 mesi
Fiori di zucca ripieni di ricotta e acciughe.

G 109 2021
Bianco Igp - Grechetto 100%
Alc. 13% | € 16 | Bt. 7.000 | Ferm. Acciaio | Mat. Acciaio 6 mesi
Crema di patate e asparagi con cappesante scottate.

PALAGIO 2021
Rosso Igp - Sangiovese 50%, Ciliegiolo 30%, Syrah 20%
Alc. 14% | € 13 | Bt. 6.600 | Ferm. Acciaio | Mat. Acciaio 8 mesi
Faraona al forno.

RENDU 2022
Bianco Igt - Grechetto 100%
Alc. 13% | € 25 | Bt. 2.500 | Ferm. Acciaio | Mat. Acciaio 5 mesi
Zuppa di stoccafisso e patate.

POGGIO TRIALE
2020

MONTIJONE
2015 | 2017

Tenuta Le Quinte
(1964)

Nel cuore dei Castelli Romani, a quattrocento metri d'altezza e su suolo vulcanico, affondano le loro radici i vigneti della Tenuta, con varietà autoctone e internazionali. L'obiettivo della cantina è la valorizzazione dei prodotti del territorio laziale e anche quest'anno si riconferma la crescente qualità dei vini prodotti. Che si tratti di monovitigni o di vini d'assemblaggio, la produzione è dotata di grande purezza olfattiva, equilibrio e freschezza. La malvasia puntinata ne evidenzia la massima espressione nelle due etichette Virtù Romane e Orchidea.

Via delle Marmorelle Nuova, 91 - 00077 Monte Compatri (RM)
T. 06 9438756 | M. info@tenutalequinte.it
www.tenutalequinte.it

Viticoltura: Convenzionale
Ettari: 40 | **Bottiglie:** 200.000 | **Produzione olearia:** No
Proprietà: Giovanna Manca
Cond. enologica: Pietro Zitoli
Cond. agronomica: Staff aziendale
Vendita diretta: Sì | **Visite in azienda:** Sì

MONTECOMPATRI SUPERIORE VIRTÙ ROMANE 2022
Bianco Doc - Malvasia puntinata 60%, altre varietà 40%
Alc. 13,5% | € 13 | Bt. 37.000 | Ferm. Acciaio | Mat. Acciaio 7 mesi
Veste giallo tenue di gran luce. Profilo olfattivo segnato dalla piacevolezza: frutta matura, pesche, albicocche e agrumi che introducono fiori gialli, melissa e rosmarino. Il sorso fresco e sapido è ben amalgamato alla componente alcolica e si conclude nel ricordo dei descrittori olfattivi. Yakitori, spiedini di pollo con zenzero.

ORCHIDEA 2022
Bianco Igt - Malvasia puntinata 100%
Alc. 13,5% | € 17 | Bt. 17.000 | Ferm. Acciaio | Mat. Acciaio 8 mesi
Linguine agli scampi.

NASYR 2021
Rosso Igt - Syrah 100%
Alc. 14% | € 21 | Bt. 19.000 | Ferm. Acciaio | Mat. Acciaio 7 mesi e Legno 7 mesi
Guancia di vitello in umido.

LUCET 2022
Bianco Igt - Trebbiano verde 100%
Alc. 13,5% | € 24 | Bt. 11.000 | Ferm. Acciaio | Mat. Acciaio 8 mesi
Risotto ai frutti di mare.

NOHAS 2022
Bianco Igt - Grechetto 100%
Alc. 13,5% | € 17 | Bt. 17.000 | Ferm. Acciaio | Mat. Acciaio 7 mesi
Zuppetta di piselli e vongole.

TRECCIOLE 2022
Bianco Igt - Bellone, Bombino bianco, Malvasia puntinata, Trebbiano giallo e Verdicchio 100%
Alc. 13% | € 9 | Bt. 36.000 | Ferm. Acciaio | Mat. Acciaio 7 mesi
Grigliata di carne bianca e verdure.

MONTECOMPATRI SUPERIORE VIRTÙ ROMANE
2013

ORCHIDEA
2015 | 2021

Tenuta Ronci di Nepi
(1990)

L'azienda si sta facendo interprete e simbolo di una Tuscia viterbese in continua crescita. La capacità di traslare nei vini le caratteristiche di una zona vulcanica e di un suolo tufaceo sta diventando la sua cifra stilistica. Nei vini della Tenuta è facile leggere l'impronta data da Luigi Moio, che sta guidando l'azienda verso un percorso di sperimentazione e consolidamento. Dai vitigni autoctoni, come il grechetto e il violone, a quelli internazionali, il proprietario Arturo Improta preserva l'autenticità dei suoi prodotti, regalando al contempo grandi interpretazioni.

Via Ronci, 2072 - Località Valle Ronci - 01036 Nepi (VT)
T. 0761 555125 | M. info@roncidinepi.it
www.roncidinepi.it

Viticoltura: Convenzionale
Ettari: 15 | **Bottiglie:** 350.000 | **Produzione olearia:** Sì
Proprietà: Arturo Improta
Cond. enologica: Luigi Moio
Cond. agronomica: Enrico Carli
Vendita diretta: Sì | **Visite in azienda:** Sì

RONCI 2019
Rosso Igp - Cabernet sauvignon 100%
Alc. 13,5% | € 10 | Bt. 3.000 | Ferm. Acciaio | Mat. Legno 24 mesi
Rosso rubino luminoso. Un racconto impetuoso: sottobosco di frutti neri e arancia sanguinella, effluvi balsamici, elegie ferrose ed empireumatiche. In bocca la struttura tannica equilibrata evidenzia la qualità del cabernet sauvignon. L'acidità spinge verso un finale lungo di cardamomo. Brasato di lepre con riduzione di vino rosso.

MANTI 2022
Bianco Igp - Chardonnay 100%
Alc. 13,5% | € 16 | Bt. 6.000 | Ferm. Legno | Mat. Acciaio 6 mesi e Legno 3 mesi
Risotto agli scampi.

ROSSO DI NÈ 2020
Rosso Igp - Sangiovese 70%, Cabernet sauvignon 15%, Merlot 15%
Alc. 13% | € 8 | Bt. 15.000 | Ferm. Acciaio | Mat. Acciaio 12 mesi
Faraona arrosto con salsa di frutti di bosco.

O' DI NÈ 2022
Bianco Igt - Chardonnay 100%
Alc. 13,5% | € 10 | Bt. 25.000 | Ferm. Acciaio | Mat. Acciaio 6 mesi
Spaghetti con vongole veraci.

BIANCO DI NÈ 2022
Bianco Igp - Chardonnay 100%
Alc. 13% | € 8 | Bt. 15.000 | Ferm. Acciaio | Mat. Acciaio 6 mesi
Linguine con asparagi e calamaretti.

VESTE PORPORA 2021
Rosso Igp - Cabernet sauvignon 50%, Merlot 50%
Alc. 13,5% | € 10 | Bt. 25.000 | Ferm. Acciaio | Mat. Legno 15 mesi
Lombata di vitello su letto di cipolline saltate.

RONCI
2017 | 2018

ROSSO DI NÈ
2016 | 2019

Tenuta Santa Lucia
(2003)

L'azienda ha i suoi vigneti presso l'abbazia di Farfa, nella Valle del Tevere, di fronte al suggestivo scenario del Monte Soratte. Terra oggi di viti e ulivi, la cultura vitivinicola è presente in questi luoghi già dai tempi dei Romani. Nello stile delle etichette e nei vini ritroviamo la visione moderna e l'energia di Gabriella Fiorelli, vignaiola impegnata nella continua ricerca della qualità e dell'identità aziendale. Il Morrone 2020 si conferma il miglior vino e dal grande potenziale evolutivo, ma di sicura affidabilità qualitativa è tutta la produzione.

Via Santa Lucia - Località Santa Lucia - 02047 Poggio Mirteto (RI)
T. 0765 24616 | M. info@tenutasantalucia.com
www.tenutasantalucia.com

Viticoltura: Convenzionale
Ettari: 40 | **Bottiglie:** 130.000 | **Produzione olearia:** Sì
Proprietà: Gabriella Fiorelli e Mario Colantuono
Cond. enologica: Fabio Mecca, Massimo Castellani
Cond. agronomica: Massimo Castellani
Vendita diretta: Sì | **Visite in azienda:** Sì

MORRONE 2020
Rosso Igp - Syrah 100%
Alc. 13,5% | € 30 | Bt. 3.000 | Ferm. Acciaio | Mat. Acciaio 6 mesi e Legno 24 mesi
Granato dal piglio deciso. Spettro olfattivo che si apre con il varietale pepato del vitigno a cui seguono vaniglia, prugna, visciole e lieve tostatura. All'assaggio spicca la freschezza, con tannini morbidi e integrati. Equilibrato e di buona persistenza, con ricorsi di cioccolato e tabacco. Pappardelle con sugo di lepre.

CARIGNANO 2020
Rosso Igt - Carignano 100%
Alc. 13,5% | € 12 | Bt. 3.300 | Ferm. Acciaio | Mat. Acciaio 10 mesi
Agnello al forno con rosmarino.

COLLI DELLA SABINA BIANCO DOMINA SABINAE 2020
Bianco Doc - Malvasia puntinata 50%, Trebbiano toscano 35%, Falanghina 15%
Alc. 13,5% | € 12 | Bt. 6.600 | Ferm. Acciaio | Mat. Acciaio 6 mesi e Legno 10 mesi
Risotto con salsiccia e Taleggio.

PECORINO 2022
Bianco Igp - Pecorino 100%
Alc. 12,5% | € 10 | Bt. 3.300 | Ferm. Acciaio | Mat. Acciaio 6 mesi
Torta salata alle zucchine e origano.

FALANGHINA 2022
Bianco Igp - Falanghina 100%
Alc. 12,5% | € 10 | Bt. 3.300 | Ferm. Acciaio | Mat. Acciaio 6 mesi
Crostini con spuma di mortadella.

MORRONE
2012

COLLI DELLA SABINA BIANCO DOMINA SABINAE
2019

Giovanni Terenzi
(1974)

Tra le novità di quest'azienda familiare ci sono l'apertura di un giardino esterno situato accanto alla sala degustazione, appositamente allestito per ospitare eventi serali, e l'impianto di un altro ettaro di cesanese d'Affile. L'estate mite, unita a un settembre climaticamente ideale, ha favorito un'ottima maturazione dei grappoli per la vendemmia di ottobre. Il carattere attraente del Vajoscuro Riserva e del Colle Forma Superiore confermano il lavoro straordinario e distintivo dell'azienda Terenzi per l'annata 2021. Innovazione e qualità ne suggellano la firma.

Via Forese, 13 - Località La Forma - 03010 Serrone (FR)
T. 0775 594286 | M. info@viniterenzi.com
www.viniterenzi.com

Viticoltura: Biologica
Ettari: 12 | **Bottiglie:** 150.000 | **Produzione olearia:** Sì
Proprietà: Famiglia Terenzi
Cond. enologica: Roberto Mazzer
Cond. agronomica: Giovanni Terenzi
Vendita diretta: Sì | **Visite in azienda:** Sì

(91)
CESANESE DEL PIGLIO SUPERIORE VAJOSCURO RISERVA 2021
Rosso Docg - Cesanese d'Affile 100%
Alc. 14,5% | € 18 | Bt. 3.000 | Ferm. Acciaio | Mat. Legno 12 mesi
Carminio vivace. Esordisce con visciole sotto spirito, mora di gelso, rosa e viola, nonché una velatura di pepe. Lascia poi spazio all'attrazione balsamica della macchia mediterranea. Al sorso la sferzante acidità è in sintonia con un tannino nobile. Chiude con rimbalzi di liquirizia. Stinco di maiale al forno in pancetta affumicata.

CESANESE DEL PIGLIO SUPERIORE COLLE FORMA 2021
Rosso Docg - Cesanese d'Affile 100%
Alc. 14,5% | € 12 | Bt. 2.600 | Ferm. Acciaio | Mat. Legno 20 mesi
Pluma di maialino Bellota con cipolle caramellate.

CESANESE DEL PIGLIO VELOBRA 2021
Rosso Docg - Cesanese d'Affile 90%, Sangiovese 10%
Alc. 14,5% | € 7 | Bt. 8.000 | Ferm. Acciaio | Mat. Acciaio 12 mesi e Legno 4 mesi
Straccetti di vitello al rosmarino.

VILLA SANTA 2022
Bianco Igt - Passerina 100%
Alc. 13% | € 7 | Bt. 8.000 | Ferm. Acciaio | Mat. Acciaio 4 mesi
Crostini con burro e alici.

ZERLI 2021
Bianco Igt - Passerina 100%
Alc. 13% | € 12 | Bt. 1.200 | Ferm. Legno | Mat. Legno 8 mesi
Frittata di cipolle.

CESANESE DEL PIGLIO SUPERIORE VAJOSCURO RISERVA
2017 | 2019 | 2020

CESANESE DEL PIGLIO SUPERIORE COLLE FORMA
2018

Terre Antiche
(2016)

Ambrogio, Tonino e Michele, i fondatori dell'azienda, fin dall'inizio hanno voluto sposare il concetto di singola vigna, affinché ogni vino fosse l'espressione di uno specifico luogo. Le caratteristiche del terreno, ricco di sostanze estrattive derivate dalla decalcificazione delle rocce sedimentarie dei Monti Ernici, si riverberano nei calici, per un assortimento vinicolo che vede i rossi protagonisti. L'azienda segue un processo di filiera molto corto, studiato per non subire inquinamenti dall'ambiente circostante.

Via Comunale Calzatora, 92/A - 03012 Anagni (FR)
T. 328 2998397 - 338 7081940 | M. info@terreantiche.srl
www.terreantiche.srl

Viticoltura: Biodinamica
Ettari: 4,2 | **Bottiglie:** 9.500 | **Produzione olearia:** No
Proprietà: Tonino Severini
Cond. enologica: Michele Lorenzetti
Cond. agronomica: Staff aziendale
Vendita diretta: No | **Visite in azienda:** Sì

CESANESE DEL PIGLIO EUFONIA 2020
Rosso Docg Metodo Ancestrale - Cesanese 100%
Alc. 14% | € 22 | Bt. 2.700 | Ferm. Terracotta | Mat. Terracotta 10 mesi
Rosso rubino concentrato. Fine combinazione odorosa declinata sulla frutta rossa: ciliegia, ribes e more di rovo. Prosegue con chiodi di garofano, petali di rosa essiccati e sbuffi mentolati. Sorso fresco e volumico, con un tannino giovanile in via d'integrazione. Persistente negli aromi. Fondue bourguignonne.

CESANESE DEL PIGLIO RUBINO 2021
Rosso Docg Metodo Ancestrale - Cesanese 100%
Alc. 14% | € 14 | Bt. 4.500 | Mat. Acciaio 3 mesi
Involtini di vitello lardellati.

R(OSE') 2022
Rosato Igt - Cesanese 100%
Alc. 13% | € 13 | Bt. 1.700 | Ferm. Terracotta | Mat. Terracotta 5 mesi
Capretto allo spiedo.

CESANESE DEL PIGLIO SUPERIORE MONUMENTO
2020

LA FORMA
2020

Terre d'Aquesia
(2020)

Una delle novità più entusiasmanti nel panorama dell'Italia centrale. Tutti i vini presentati si sono imposti alla nostra attenzione per la grande espressività olfattiva, coniugata con una forte complessità gustativa. In ogni vino si rintraccia una manifesta eleganza che mai ne pregiudica la ricchezza espressiva. Su tutti svetta il Santermete, con il sangiovese che ingentilisce la forza del cabernet sauvignon, ma da ricordare è anche il Contaluna, un'interpretazione del ciliegiolo che delizia il palato.

Via Cassia, km 137,400 - 01021 Acquapendente (VT)
T. 347 5341010 | M. info@terredaquesia.it
www.terredaquesia.it

Viticoltura: In conversione al biologico
Ettari: 11,2 | **Bottiglie:** 20.000 | **Produzione olearia:** No
Proprietà: Vincenzo Adduci
Cond. enologica: Vincenzo Adduci
Cond. agronomica: Leonardo Sallusti
Vendita diretta: Sì | **Visite in azienda:** Sì

SANTERMETE 2018
Rosso Igt - Cabernet sauvignon 60%, Sangiovese 40%
Alc. 14,5% | € 28 | Bt. 3.000 | Ferm. Acciaio | Mat. Acciaio 8 mesi e Legno 20 mesi
Fitto cremisi dalla filigrana granato. Splendida apertura odorosa, con note di ribes, amarena, bergamotto e tamarindo innestate su un pregiato sfondo etereo e speziato. Bocca di struttura ampia e bilanciata, che sa coniugare morbidezza e una progressione dinamica legata alla verve fresco-sapida. Filetto di scottona in sfoglia.

CONTALUNA 2018
Rosso Igt - Ciliegiolo 100%
Alc. 13,5% | € 21 | Bt. 2.000 | Ferm. Acciaio | Mat. Acciaio 8 mesi e Legno 20 mesi
Carré di maiale alle prugne.

AQUESIA 2019
Rosso Igt - Sangiovese 100%
Alc. 14% | € 18 | Bt. 7.000 | Ferm. Acciaio | Mat. Acciaio 12 mesi
Cotechino e lenticchie.

GRECHETTO 2021
Bianco Igt - Grechetto 100%
Alc. 13% | € 16 | Bt. 3.000 | Ferm. Acciaio | Mat. Acciaio 8 mesi
Risotto alla pescatora.

ROSAROTONDO 2021
Rosato Igt - Sangiovese 100%
Alc. 13% | € 16 | Bt. 2.000 | Ferm. Acciaio | Mat. Acciaio 8 mesi
Tagliatelle al ragù.

AQUESIA 2021
Bianco Igt - Chardonnay 70%, Grechetto 30%
Alc. 13% | € 16 | Bt. 3.000 | Ferm. Acciaio | Mat. Acciaio 8 mesi
Linguine al sugo di totani e piselli.

Vigne del Patrimonio
(2009)

Vigne del Patrimonio ha una storia legata profondamente al suo territorio. Il nome s'ispira al toponimo, in vigore fino all'Unità d'Italia, dell'attuale Provincia di Viterbo, ovvero "Provincia del Patrimonio di S. Pietro". Il logo riproduce l'immagine di un leone alato etrusco, ritrovato in una tomba vicina ai vigneti di proprietà. Anche le varietà internazionali utilizzate, quali chardonnay, pinot nero e cabernet franc, si fanno interpreti del suolo vulcanico della Tuscia e danno vita ad alcuni dei Metodo Classico di maggiore rilievo regionale.

Strada Vicinale Vepre - 01010 Ischia di Castro (VT)
T. 328 6507893 | M. vignedelpatrimonio@gmail.com

Viticoltura: Convenzionale
Bottiglie: 20.000 | **Produzione olearia:** No
Proprietà: Rosa Capece
Cond. enologica: Marco Esti
Cond. agronomica: Staff aziendale
Vendita diretta: No | **Visite in azienda:** No

ALAENNE BRUT
Bianco Metodo Classico - Pinot nero 100%
Alc. 12,5% | € 40 | Ferm. Acciaio | Mat. Acciaio 9 mesi | 72 mesi sui lieviti
I riflessi dorati e la carbonica fine preludono a stille di pasticceria aristocratica e tostature fuse agli agrumi scuri, alle gelatine di lampone e a ricordi di scisto, pepe bianco e melissa. La beva cremosa e di bella tessitura solletica il palato e ripropone in modo fresco e vibrante le stesse sensazioni del naso. Coniglio al forno con funghi.

VEPRE 2017
Rosso Igt - Cabernet franc 100%
Alc. 13,5% | € 25 | Bt. 3.000 | Ferm. Acciaio | Mat. Legno 12 mesi
Lasagne alla bolognese.

ALADORO BRUT
Bianco Metodo Classico - Chardonnay 100%
Alc. 12,5% | € 24 | Bt. 6.000 | Ferm. Acciaio | 40 mesi sui lieviti
Zuppa d'orzo e chiodini.

ALAROSA BRUT ROSÉ
Rosato Metodo Classico - Pinot nero 90%, Chardonnay 10%
Alc. 12,5% | € 24 | Bt. 5.500 | Ferm. Acciaio | 30 mesi sui lieviti
Risotto con tinca di lago e datterini.

CICOGNINA 2020
Bianco Igt - Chardonnay 100%
Alc. 13,5% | € 15 | Bt. 3.000 | Ferm. Acciaio | Mat. Acciaio 10 mesi
Risotto agli asparagi e frutti di mare.

RIPATONNA 2020
Rosso Igt - Cabernet franc 85%, Pinot nero 15%
Alc. 14,5% | € 15 | Ferm. Acciaio | Mat. Acciaio 12 mesi
Grigliata di carne con salsa barbecue.

Villa Simone
(1982)

Con una lunga tradizione di famiglia alle spalle, attualmente l'azienda è di proprietà di Lorenzo Costantini, affermato enologo e appassionato dei vini laziali. Lorenzo crede nel Frascati e nelle sue potenzialità, ritenendo che il territorio e il clima dei Castelli Romani rendano unici e identitari i vini qui prodotti. Dopo un paziente lavoro sul vigneto Filonardi, l'omonimo Frascati Superiore raggiunge meritatamente le Quattro Viti. L'azienda lavora con impegno nel rispetto dell'ambiente, riducendo i consumi di acqua, energia e antiparassitari.

Via Frascati Colonna, 29 - 00078 Monte Porzio Catone (RM)
T. 06 9449717 | M. info@villasimone.it
www.villasimone.it

Viticoltura: Convenzionale e lotta integrata
Ettari: 31 | **Bottiglie:** 200.000 | **Produzione olearia:** Sì
Proprietà: Lorenzo Costantini
Cond. enologica: Lorenzo Costantini
Cond. agronomica: Lorenzo Costantini
Vendita diretta: Sì | **Visite in azienda:** Sì

92
FRASCATI SUPERIORE VIGNETO FILONARDI RISERVA 2021
Bianco Docg - Malvasia del Lazio 56%, Malvasia di Candia aromatica 44%
Alc. 13,5% | € 14 | Bt. 10.000 | Ferm. Acciaio | Mat. Acciaio 7 mesi
Giallo paglierino splendente. Vivaci espressioni floreali e di erbe aromatiche danno il la al naso, poi frutta bianca, vaniglia e suggestioni agrumate. In bocca è animato da gustosa sapidità e da giovanile freschezza. Suadente chiusura saporita, con erbe aromatiche, biancospino, ananas e banana. Pesce spada al cartoccio.

FERRO E SETA 2019
Rosso Igp - Cesanese 60%, Nero buono 40%
Alc. 14% | € 22 | Bt. 3.000 | Ferm. Acciaio | Mat. Legno 24 mesi
Manzo brasato con olive e porri.

FRASCATI SUPERIORE VILLA DEI PRETI 2022
Bianco Docg - Malvasia del Lazio 57%, Malvasia bianca di Candia 30%, altre varietà 13%
Alc. 13,5% | € 10 | Bt. 26.000 | Ferm. Acciaio | Mat. Acciaio 4 mesi
Tagliolini al nero di seppia e pomodori ciliegino.

LA TORRACCIA 2020
Rosso Igp - Cesanese 80%, Nero buono 20%
Alc. 14% | € 12 | Bt. 1.500 | Ferm. Acciaio | Mat. Legno 12 mesi
Maltagliati con funghi porcini.

FRASCATI VILLA SIMONE 2022
Bianco Doc - Malvasia di Candia aromatica 78%, Trebbiano 22%
Alc. 13% | € 8 | Bt. 60.000 | Ferm. Acciaio | Mat. Acciaio 3 mesi
Risotto alla zucca e astice.

FERRO E SETA
2017

FRASCATI SUPERIORE VIGNETO FILONARDI RISERVA
2019 | 2020

AB
RUZZ
O

Il teatro dove va in scena il silenzio

Luciano Ferraro

"L'Abruzzo è un grande produttore di silenzio", così scriveva Giorgio Manganelli, giornalista, scrittore e critico letterario, ne *La favola pitagorica,* l'opera che raccoglie i reportage dal Nord al Sud Italia tra il 1971 e il 1989. L'Abruzzo è "terra di silenzi", nonostante sia una terra di richiami letterari altissimi (da Gabriele D'Annunzio a Benedetto Croce, Ennio Flaiano). Sembra quasi voglia passare inosservata. Ma, una volta che vai fuori rotta e la incontri, non la dimentichi più.

È quel "grande teatro silenzioso" ciò che ci racconta Donatella Di Pietrantonio nei suoi romanzi *Bella Mia* dedicato e ambientato all'Aquila (Elliot) e *L'Arminuta* (Einaudi) con cui ha vinto il Premio Campiello. Continua ad abitare a Penne, in provincia di Pescara e a dividere la sua vita tra la scrittura e il lavoro di dentista pediatra. In un'intervista così descrive il carattere degli abruzzesi, silenziosi come il paesaggio: "Sono stata cresciuta nei silenzi, nei non-detti, le persone importanti della mia vita hanno parlato agendo, o con sfumature minime delle espressioni dei volti. Per poter dare un senso al mio mondo di origine, ho dovuto imparare ad ascoltare e a interpretare tutto ciò che c'era oltre quei silenzi".

È stata definita la regione più selvaggia d'Italia, l'Abruzzo, l'ultima zona *wild*. E non poteva accadere che in questa regione, dove la natura è stata salvaguardata, forse l'unica in cui c'è una convivenza possibile tra le comunità della montagna e la fauna selvatica. Non solo l'orso bruno marsicano, che ha trovato l'habitat naturale nei boschi del Parco nazionale d'Abruzzo fino a diventarne il simbolo, ma anche il lupo appenninico. E poi il camoscio d'Abruzzo, che abita nelle vaste praterie d'alta quota che si aprono oltre le foreste. Per questa sua solitudine, le aree interne dell'Appennino hanno atmosfere d'altri tempi, con borghi antichi lontani dai centri urbani, alcuni piccolissimi.

Regione di parchi, terra di riserve naturali: ce ne sono 33, aree protette, zone selvagge e borghi tra i più belli d'Italia: Santo Stefano di Sessanio (il paese dell'albergo diffuso), Rocca Calascio, Scanno sopra Sulmona immortalata da fotografi come Mario Giacomelli e Henri Cartier-Bresson, Castel del Monte, Pietracamela, Castelli, Civitella del Tronto, Villetta Barrea. Borghi diventati location di importanti set cinematografici. Qui hanno girato film Dino Risi e Pietro Germi fino a George Clooney che, innamorato di Castel del Monte, ha diretto *The American*. Tre parchi nazionali, quello d'Abruzzo, Lazio e Molise, il più antico d'Italia; il Parco Nazionale della Maiella, conosciuta come la Montagna Madre, immagine stessa della regione con i canyon selvaggi e altissimi. E il Parco Nazionale del Gran Sasso e dei Monti della Laga con i ghiacciai in vetta e nelle viscere della montagna il più grande e importante centro di ricerca sotterraneo del mondo: i Laboratori nazionali di Fisica Nucleare del Gran Sasso. 1.400 metri di roccia sovrastano i laboratori riducendo il flusso dei raggi cosmici di un milione, condizione necessaria perché si possano studiare fenomeni rarissimi e difficili da rilevare. È qui che il premio Nobel per la Fisica Giorgio Parisi ha condotto parte delle sue ricerche e gli scienziati sono immersi in quello che i fisici chiamano "silenzio cosmico".

Paolo Rumiz: "Ho scoperto luoghi dello spirito: eremi, fonti, santuari, boschi millenari".

Terra di montagne e di colline, da dove già si sente la brezza e nel cielo si riconosce la luminosità che annuncia il mare. Una costa breve, appena 133 chilometri, ma divisa in due. La Regione dei due mari la chiamano, in mezzo c'è Pescara: la spiaggia sabbiosa verso Roseto degli Abruzzi a nord, mentre a sud il paesaggio diventa più aspro e roccioso verso Ortona e Vasto, con calette di ciottoli, al riparo di falesie. È il mare visto dalla gente che vive sull'Appennino, perché come dice la protagonista di uno dei romanzi di Donatella Di Pietrantonio: "Non importa vederlo sempre o descriverlo meglio, perché si sa da sempre che sta lì".

"L'Abruzzo è così vario sia dal punto di vista del paesaggio che del carattere di chi lo abita. Ci sono comunità apparentemente vicine eppure così diverse. Come possono essere vicine le comunità rurali dell'interno rispetto agli abitanti della costa", ha raccontato la scrittrice abruzzese. Una ricchezza che si fa realtà nei vitigni, il montepulciano diffuso su tutto il territorio e il trebbiano, ma anche pecorino, passerina e vitigni quasi sconosciuti come la cococciola di Chieti. Perché l'Abruzzo si racconta anche attraverso il vino e il cibo. Questa è terra di transumanza e pastorizia che ha fatto nascere formaggi come il Canestrato di Castel del Monte, il pecorino di Farindola. E gli arrosticini, cibo in simbiosi con il paesaggio, le tradizioni, le sue genti. Ma andare in Abruzzo vuol dire anche viaggiare per le "terre mutate", un paesaggio che il terremoto della notte tra il 5 e il 6 aprile 2009 ha ferito, sconvolto, ma non cancellato. Immensa tragedia collettiva e individuale per tanti paesi e borghi, ma soprattutto per l'Aquila, che 14 anni fa ha vissuto la sua notte più buia. I portici, i caffè, le vetrine dei negozi, sbriciolati in pochi minuti si stanno ricostruendo, ma con grande fatica. Oggi ci sono ancora le gru, i cantieri aperti. Sullo sfondo le montagne, la sera diventano ancora più imponenti quando alcune zone del centro si fanno silenziose e deserte. Ancora con i palazzi disabitati. *Bella Mia*, il romanzo scritto da Di Pietrantonio, è ambientato in un'Aquila sconvolta dal sisma, spettrale, dove si racconta il dramma di un'intera comunità. I protagonisti tornano di notte di nascosto nelle loro case inagibili imprigionate nella zona rossa. *L'Aquila bella mé* ("Aquila bella mia") pronunciavano i pastori aquilani al rientro in città dopo un periodo di transumanza durato mesi. Tre parole che rassicuravano chi li aveva aspettati, significava il ritorno agli affetti, alle proprie case. E l'Aquila aspetta il ritorno dei suoi abitanti.

Donatella Di Pietrantonio: "Ci sono comunità apparentemente vicine eppure così diverse".

Fuori dalla città, il paesaggio riconquista il suo spazio e il suo silenzio che però non sa di tragedia, ma di poesia. Come scrive Paolo Rumiz, giornalista e scrittore, nella *Leggenda dei monti naviganti* durante un viaggio in Abruzzo: "Lontano dai luoghi della finzione e del frastuono ho attraversato una soglia invisibile e scoperto luoghi dello spirito: eremi, fonti, santuari, boschi millenari a volte semplici toponimi. Soprattutto piccole valli, orientate come antenne paraboliche verso un silenzio planetario".

Highlights

32.654 ETTARI VITATI COMPLESSIVI
11.161 destinati a DOP, 3.050 destinati a IGP, 18.443 destinati a vini generici.

RIPARTIZIONE COLORE
Vini bianchi 41,64%
Vini rossi o rosati 58,36%

3.129.030 HL DI PRODUZIONE TOTALE
30,99% di vino DOP, 10,49% di vino IGP, 58,52% di vini generici.

LE PROVINCE PIÙ PRODUTTIVE
Chieti 79,99% sul totale, Pescara 10,06% sul totale, Teramo 8,73% sul totale

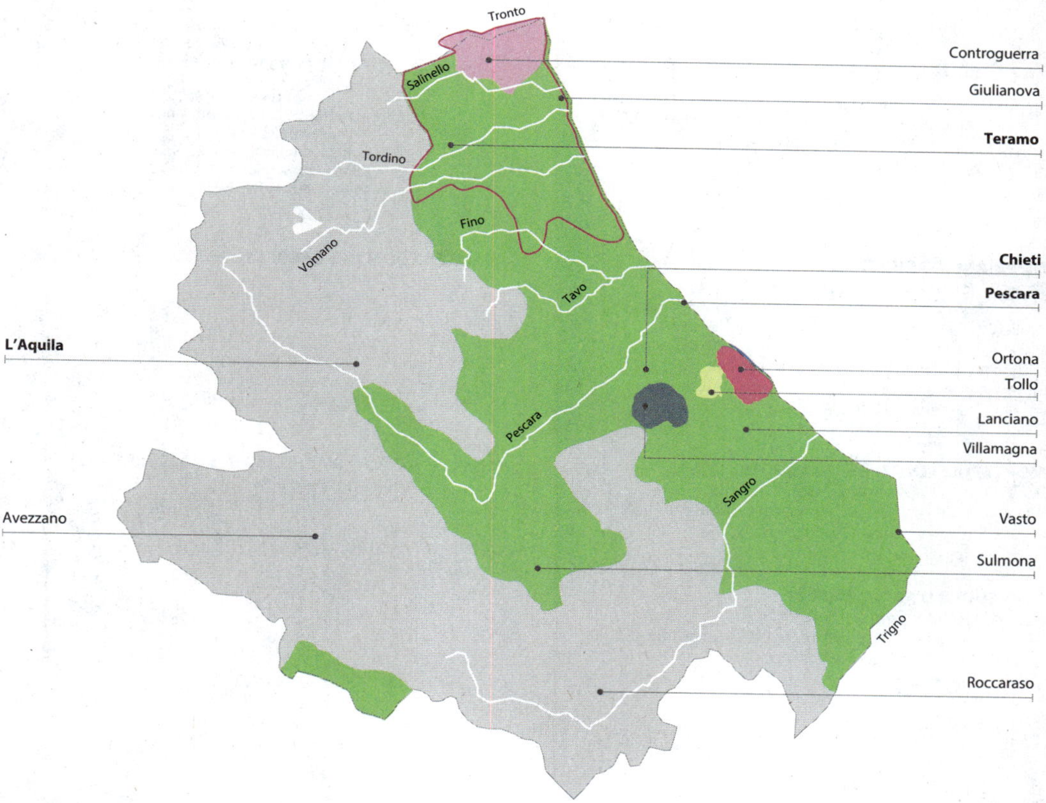

Legenda

- Montepulciano d'Abruzzo Colline Teramane DOCG
- Abruzzo, Cerasuolo d'Abruzzo, Montepulciano d'Abruzzo, Trebbiano d'Abruzzo
- Controguerra
- Villamagna
- Terre Tollesi o Tullum DOCG
- Ortona

Amorotti
(1521)

La produzione di Amorotti riconferma una piena qualità. La cantina negli anni ha visto una crescita costante e che incarna in pieno la peculiarità del territorio. Poche le etichette prodotte, tutte giuste, perfetta cifra di una produzione che avviene con processi rigorosamente bio. Il dono del luogo, del terreno, del clima, della storia che porta in sé, che da sempre ha quel genius distintivo, viene rispettato e valorizzato nel vino. Quest'anno la veste delle bottiglie è rinnovata, ricca di eleganza e bellezza, uno scrigno accattivante per un contenuto di pregio.

Via del Baio, 31 - 65014 Loreto Aprutino (PE)
T. 349 4003131 | M. info@amorotti.it
www.amorotti.it

Viticoltura: Biologica certificata
Ettari: 5 | **Bottiglie:** 26.300 | **Produzione olearia:** No
Proprietà: Gaetano Carboni
Cond. enologica: Nicola Di Ciano
Cond. agronomica: Nicola Di Ciano
Vendita diretta: Sì | **Visite in azienda:** Sì

94

TREBBIANO D'ABRUZZO 2021
Bianco Doc - Trebbiano 90%, altre varietà 10%
Alc. 12,5% | € 27 | Bt. 7.800 | Ferm. Legno | Mat. Legno 12 mesi
Paglierino con striature d'oro, vino dal carattere intrigante, al naso e al sorso, una sequenza di riconoscimenti territoriali: pesca matura, fiori bianchi, cenni di frutta secca. Un Trebbiano di razza, in pieno fulgore. La beva è gustosa e induce senza esitare al sorso successivo. Filetto di dentice in crosta di patate.

MONTEPULCIANO D'ABRUZZO 2019
Rosso Doc - Montepulciano 100%
Alc. 15% | € 29 | Bt. 12.900 | Ferm. Legno | Mat. Legno 30 mesi
Ravioli al sugo di chianina e tartufo nero.

CERASUOLO D'ABRUZZO 2021
Rosato Doc - Montepulciano 100%
Alc. 14% | € 27 | Bt. 5.600 | Ferm. Legno | Mat. Legno 12 mesi
Spaghetti con mazzancolle e pomodorini.

TREBBIANO D'ABRUZZO
2018 | 2020

MONTEPULCIANO D'ABRUZZO
2017

Baldassarre
(1956)

Un areale ad alta vocazione e la capacità di operare bene, il focus centrato esclusivamente su uve fortemente territoriali: ecco la chiave del successo di Baldassarre. Quest'anno le etichette sono due, valide entrambe, con il Pecorino che spicca e convince. I vigneti, ormai nel pieno della produzione anche per il montepulciano, si rivelano di ottimo registro. Abbiamo, con questa cantina, una splendida rappresentazione del detto "poco, ma buono", con la certezza di un sorso che rimanda alle radici.

Strada del mulino dei felici, 5 - 65020 Rosciano (PE)
T. 349 3750739 | M. azagr_baldassarre@libero.it
www.aziendaagricolabaldassarre.it

Viticoltura: Biologica
Ettari: 11 | **Bottiglie:** 2.500 | **Produzione olearia:** Sì
Proprietà: Baldassarre e Petruzzi
Cond. enologica: Gabriele Lametti
Cond. agronomica: Staff aziendale
Vendita diretta: Sì | **Visite in azienda:** Sì

91

ABRUZZO PECORINO BALDASSARRE 2022
Bianco Doc - Pecorino 100%
Alc. 14% | € 10 | Bt. 1.100 | Ferm. Acciaio | Mat. Acciaio 9 mesi
Giallo sole. Esordio di buona incisività e larghezza olfattiva: salvia, camomilla ed elicriso evolvono nella generosità della frutta gialla matura. Quasi taglienti al sorso la freschezza e la sapidità. Si connota come un Pecorino di grande stoffa e dall'ottima persistenza gustativa. Risotto con salsiccia e Taleggio.

MONTEPULCIANO D'ABRUZZO BALDASSARRE 2021
Rosso Doc - Montepulciano 90%, Merlot 10%
Alc. 14% | € 10 | Bt. 1.800 | Ferm. Acciaio | Mat. Acciaio 10 mesi e Legno 10 mesi
Melanzane e peperoni ripieni.

MONTEPULCIANO D'ABRUZZO BALDASSARRE
2017 | 2018

MONTEPULCIANO D'ABRUZZO
2017

Barba
(1991)

I vini degustati si sono rivelati in perfetta forma. Barba è un nome che è una garanzia, con prodotti di carattere e perfetta aderenza allo standard iconico del vitigno e del territorio. L'etichetta I Vasari è il Montepulciano che conferma il proprio valore, conquistando sempre posizioni di alto interesse. L'azienda, ubicata nel teramano, con vigne all'interno di una vasta tenuta, riesce a proporre vini schietti e succosi, tra i quali quest'anno svetta il Montepulciano, che raggiunge le Quattro Viti grazie a un mirabile mix di classe e potenza.

Strada Rotabile per Casoli - Frazione Scerne - 64025 Pineto (TE)
T. 085 8990104 | M. cantina@fratellibarba.it
www.fratellibarba.it

Viticoltura: Lotta integrata
Ettari: 62 | **Bottiglie:** 400.000 | **Produzione olearia:** Sì
Proprietà: Vincenzo, Giovanni e Domenico Barba
Cond. enologica: Stefano Chioccioli
Cond. agronomica: Staff aziendale
Vendita diretta: Sì | **Visite in azienda:** Sì

(91)
MONTEPULCIANO D'ABRUZZO I VASARI 2020
Rosso Doc - Montepulciano 100%
Alc. 13,5% | € 23 | Bt. 20.000 | Ferm. Legno | Mat. Legno 18 mesi
Un rubino profondo palesa un'olfazione ricca, disseminata di stille erbacee, tracce di tabacco, spezie, cuoio e legno di sandalo e una vaporosa confettura di prugne. I tannini slanciati giocano con freschezza e alcol, svelando un vino promettente ma già godibile. Durevole balsamicità. Carré di maiale alle prugne.

MONTEPULCIANO D'ABRUZZO COLLINE TERAMANE YANG 2021
Rosso Docg - Montepulciano 100%
Alc. 13% | € 13 | Bt. 40.000 | Ferm. Acciaio | Mat. Acciaio 3 mesi
Abbacchio al forno con verdure grigliate.

TREBBIANO D'ABRUZZO COLLEMORINO 2022
Bianco Doc - Trebbiano 100%
Alc. 12,5% | € 10 | Bt. 15.000 | Ferm. Acciaio
Filetti di scorfano con carciofi.

CERASUOLO D'ABRUZZO COLLEMORINO 2022
Rosato Doc - Montepulciano 100%
Alc. 13,5% | € 9 | Bt. 35.000 | Ferm. Acciaio | Mat. Acciaio 2 mesi
Grigliata di carne bianca e verdure.

PECORINO COLLEMORINO 2022
Bianco Igt - Pecorino 100%
Alc. 13,5% | € 10 | Bt. 36.000 | Ferm. Acciaio
Torta salata alle zucchine e origano.

MONTEPULCIANO D'ABRUZZO COLLINE TERAMANE YANG
2020

MONTEPULCIANO D'ABRUZZO I VASARI
2016 | 2017 | 2018

Barone Cornacchia
(1870)

Azienda che vanta una lunga tradizione nella produzione di vini magistrali e un'importante presenza sui mercati internazionali. La cantina si estende su una proprietà di oltre 100 ettari, che comprende vigneti ben curati e una moderna struttura di vinificazione. Dal 2016 Filippo e Caterina, esponenti della quinta generazione, proseguono il percorso di valorizzazione del patrimonio enologico tradizionale puntando su un'agricoltura biodinamica e sostenibile. Il Trebbiano macerato è un vino moderno che affonda le sue radici nel passato, deciso, magistrale e pieno di personalità.

Contrada Torri, 19 - 64010 Torano Nuovo (TE)
T. 0861 887412 | M. info@baronecornacchia.it
www.baronecornacchia.it

Viticoltura: Biologica e biodinamica
Ettari: 60 | **Bottiglie:** 250.000 | **Produzione olearia:** Sì
Proprietà: Filippo e Caterina Cornacchia
Cond. enologica: Goffredo Agostini, Michele Lorenzetti
Cond. agronomica: Staff aziendale
Vendita diretta: Sì | **Visite in azienda:** Sì

(91)
TREBBIANO D'ABRUZZO MACERATO POGGIO VARANO 2021
Bianco Doc - Trebbiano abruzzese 100%
Alc. 13,5% | € 21 | Bt. 4.000 | Ferm. Terracotta | Mat. Terracotta 6 mesi
Orange luminoso e consistente, al naso si annuncia con profumi intensi e netti di smalto e frutta matura, per poi virare su fieno e miele di castagno, che rimangono nel calice a lungo. Ottimo l'equilibrio tra la sapidità e le morbidezze, garanzia di finezza gustativa. Lungo il ricordo in bocca. Scaloppa di foie gras con prugne e albicocche secche.

MONTEPULCIANO D'ABRUZZO COLLINE TERAMANE VIZZARRO RISERVA 2019
Rosso Docg - Montepulciano 100%
Alc. 14,5% | € 30 | Bt. 7.000 | Ferm. Acciaio | Mat. Legno 24 mesi
Capriolo ai porcini.

MONTEPULCIANO D'ABRUZZO POGGIO VARANO 2021
Rosso Doc - Montepulciano 100%
Alc. 14,5% | € 13 | Bt. 4.000 | Ferm. Terracotta | Mat. Terracotta 6 mesi
Guanciale di manzo al brandy.

TREBBIANO D'ABRUZZO SUPERIORE CASANOVA 2022
Bianco Doc - Trebbiano abruzzese 100%
Alc. 12,5% | € 13 | Bt. 24.000 | Ferm. Acciaio | Mat. Acciaio 2 mesi
Sformato di patate e prosciutto cotto.

CONTROGUERRA ROSSO COLLE CUPO 2019
Rosso Doc - Montepulciano 60%, Cabernet sauvignon 20%, Merlot 20%
Alc. 14% | € 21 | Bt. 5.000 | Ferm. Acciaio | Mat. Legno 18 mesi
Gulasch di cervo con patate stufate.

MONTEPULCIANO D'ABRUZZO VIGNA LE COSTE RISERVA 2019
Rosso Doc - Montepulciano 100%
Alc. 14% | € 23 | Bt. 7.000 | Ferm. Acciaio | Mat. Legno 18 mesi
Pappardelle al ragù di cinghiale.

MONTEPULCIANO D'ABRUZZO COLLINE TERAMANE VIZZARRO RISERVA
2017 | 2018

MONTEPULCIANO D'ABRUZZO VIGNA LE COSTE RISERVA
2017

Bosco Nestore

(1897)

Bosco Nestore delizia i palati con una superba rosa di vini, alcuni dei quali fregiati da un'etichetta 1897 che omaggia l'anno di nascita della produzione. L'azienda è da sempre impegnata a dare emozioni che rappresentano il territorio e non ha mai smesso di investire. La continua evoluzione l'ha portata a essere presente sul mercato nazionale e internazionale non smettendo mai di innovarsi e ampliando gli impianti di vinificazione. Sul podio la Riserva Don Bosco, anche se l'ultimo nato, e già ottimo, è il Trebbiano d'Abruzzo Superiore Don Bosco.

Contrada Casali, 147 - 65010 Nocciano (PE)
T. 085 847345 | M. info@nestorebosco.com
www.nestorebosco.com

Viticoltura: Convenzionale e biologica
Ettari: 75 | **Bottiglie:** 700.000 | **Produzione olearia:** Sì
Proprietà: Famiglia Bosco
Cond. enologica: Nestore Bosco, Riccardo Brighigna
Cond. agronomica: Nestore Bosco
Vendita diretta: Sì | **Visite in azienda:** Sì

DON BOSCO MONTEPULCIANO D'ABRUZZO RISERVA 2018
Rosso Doc - Montepulciano 100%
Alc. 14,5% | € 20 | Bt. 8.000 | Ferm. Acciaio | Mat. Legno 24 mesi e Cemento 12 mesi
Carminio impenetrabile. Naso contrassegnato da prorompenti allusioni di frutta rossa in confettura, pepe nero, liquirizia e lievi sfumature balsamiche. Ottima personalità, pieno e rotondo al palato, vigore e persistenza in equilibrio, struttura alcolica integrata con un tannino fine e vellutato. Longevità. Reale di vitello alla senape antica.

DON BOSCO TREBBIANO D'ABRUZZO SUPERIORE 2022
Bianco Doc - Trebbiano 100%
Alc. 13,5% | € 16 | Bt. 7.000 | Ferm. Acciaio | Mat. Cemento 3 mesi
Fettuccine ai funghi porcini.

1897 MONTEPULCIANO D'ABRUZZO 2020
Rosso Doc - Montepulciano 100%
Alc. 13,5% | € 9 | Bt. 50.000 | Ferm. Acciaio | Mat. Legno 4 mesi e Cemento 12 mesi
Manzo brasato con olive e porri.

1897 PASSERINA 2022
Bianco Igp - Passerina 100%
Alc. 13% | € 9 | Bt. 15.000 | Ferm. Acciaio | Mat. Acciaio 4 mesi
Risi e bisi.

ROSA DI BOSCO 2022
Rosato Igp - Montepulciano 100%
Alc. 13,5% | € 10 | Bt. 13.000 | Ferm. Acciaio | Mat. Acciaio 4 mesi
Pollo alle mandorle e curcuma.

1897 PECORINO 2022
Bianco Igp - Pecorino 100%
Alc. 13,5% | € 9 | Bt. 35.000 | Ferm. Acciaio | Mat. Acciaio 4 mesi
Tiella di riso, patate e cozze.

MONTEPULCIANO D'ABRUZZO LINEA STORICA
2017

CERASUOLO D'ABRUZZO LINEA STORICA
2020

Cantina Bossanova

(2018)

Andrea e Nat sono partiti da un piccolo appezzamento di terreno di poco più di un ettaro, piantato negli anni '70, per dare vita a quella che si è trasformata poi in una grande passione: valorizzare vigne di oltre 40 anni, dalle rese basse ma qualitativamente ottimali. Un progetto che porta l'azienda a seguire i principi della biodinamica e le antiche consuetudini, in armonia con la natura. Anche nella pratica di cantina si seguono processi poco invasivi, con fermentazioni spontanee, vinificazione e affinamento in vasche di cemento vetrificato.

Contrada Pignotto, 87 - 64010 Controguerra (TE)
T. 327 8889851 | M. info@vinibossanova.com
www.vinibossanova.com

Viticoltura: Biodinamica
Ettari: 8,6 | **Bottiglie:** 50.000 | **Produzione olearia:** No
Proprietà: Andrea Quaglia e Natalino Colantonio
Cond. enologica: Natalino Colantonio, Andrea Quaglia
Cond. agronomica: Natalino Colantonio, Andrea Quaglia
Vendita diretta: Sì | **Visite in azienda:** Sì

CERASUOLO D'ABRUZZO BOSSANOVA 2022
Rosato Doc - Montepulciano 100%
Alc. 13,5% | € 24 | Bt. 6.000 | Ferm. Cemento | Mat. Cemento 8 mesi
Rosa cerasuolo, cristallino e consistente. Si offre con profumi di frutti di bosco, ribes, ciliegia ferrovia ed erbe aromatiche mediterranee. Al palato si presenta con doti di freschezza e di sapidità, ben sostenuto dal corpo e con un epilogo particolarmente durevole e piacevolmente fruttato. Triglie in guazzetto.

TREBBIANO D'ABRUZZO BOSSANOVA 2022
Bianco Doc - Trebbiano abruzzese 100%
Alc. 12% | € 24 | Bt. 8.000 | Ferm. Acciaio | Mat. Acciaio 8 mesi
Fregola con le arselle.

MONTEPULCIANO D'ABRUZZO COLLINE TERAMANE IL BOSSA 2020
Rosso Docg - Montepulciano 100%
Alc. 14% | € 38 | Bt. 1.500 | Ferm. Cemento | Mat. Cemento 24 mesi
Filetto al vino rosso e scalogno.

Cantina Colonnella
(1971)

Realtà cooperativa tra le più affermate della provincia di Teramo, dal 1971 la Cantina Colonnella ha saputo affermare la sua filosofia produttiva e cogliere a piene mani l'esperienza dei soci e della tradizione vinicola locale, abbracciando tecniche agronomiche ed enologiche artigianali e sostenibili. Dai raffinati rossi ai freschi bianchi, l'ampia gamma di vini rende omaggio ai grandi vitigni autoctoni abruzzesi, e ogni sorso diventa un viaggio sensoriale alla scoperta dei sapori locali. Notevole in quest'edizione il Montepulciano d'Abruzzo Colline Teramane Barocco Riserva.

Via Vibrata, 72 - 64010 Colonnella (TE)
T. 0861 714777 | M. info@cantinacolonnella.it
www.cantinacolonnella.it

Viticoltura: Convenzionale, biologica e lotta integrata
Ettari: 300 | **Bottiglie:** 300.000 | **Produzione olearia:** Sì
Proprietà: Cooperativa di produttori
Cond. enologica: Nicola Biasi
Cond. agronomica: Remo Di Giuliantonio
Vendita diretta: Sì | **Visite in azienda:** Sì

MONTEPULCIANO D'ABRUZZO COLLINE TERAMANE BAROCCO RISERVA 2017
Rosso Docg - Montepulciano 100%
Alc. 14% | € 19 | Ferm. Legno e Acciaio | Mat. Legno 24 mesi
Granato impenetrabile. Naso molto deciso nell'intreccio di prugna e visciola belle mature se non già in confettura che lasciano via via il posto a rinfrescanti note di sambuco e macchia mediterranea. Il sorso è volumico, frutta scura, cacao amaro e caffè, si sviluppano con buona persistenza. Costata di manzo alla griglia.

MONTEPULCIANO D'ABRUZZO PARHELIA 2021
Rosso Doc - Montepulciano 100%
Alc. 14% | € 15 | Bt. 30.000 | Ferm. Acciaio | Mat. Legno 10 mesi e Cemento 4 mesi
Straccetti di vitello al rosmarino.

PECORINO PARHELIA 2022
Bianco Igt - Pecorino 100%
Alc. 14% | € 14 | Bt. 12.000 | Ferm. Cemento | Mat. Cemento 6 mesi
Filetto di branzino gratinato.

CERASUOLO D'ABRUZZO PARHELIA 2022
Rosato Doc - Montepulciano 100%
Alc. 14% | € 14 | Bt. 30.000 | Ferm. Cemento | Mat. Cemento 4 mesi
Tigelle e salumi.

TREBBIANO D'ABRUZZO PARHELIA 2022
Bianco Doc - Trebbiano abruzzese 100%
Alc. 13% | € 13 | Bt. 30.000 | Ferm. Cemento | Mat. Cemento 6 mesi
Insalata di mare.

MONTEPULCIANO D'ABRUZZO COLLINE TERAMANE BAROCCO RISERVA
2007 | 2011 | 2013

PECORINO CLIVIS
2014

Cantina Frentana
(1960)

La Cantina Frentana s'impone agli occhi del visitatore da lontano, modificando lo skyline e catturando lo sguardo quasi fosse una calamita. Linee lunghe e geometriche, che disegnano un'architettura industriale di pregio, traboccante stile: una torre vinaria generata da vasche in cemento sovrapposte. I vini degustati quest'anno ci hanno stupito per gli equilibri perfetti, anche quando giocati su toni alti. Il Rubesto, la Riserva del Montepulciano d'Abruzzo, è lo specchio di questa descrizione. Intriganti anche Donna Greta e Panarda.

Via Perazza, 32 - 66020 Rocca San Giovanni (CH)
T. 0872 60152 | M. info@cantinafrentana.it
www.cantinafrentana.it

Viticoltura: Convenzionale e biologica certificata
Ettari: 1020 | **Bottiglie:** 1.100.000 | **Produzione olearia:** No
Proprietà: Cooperativa di produttori
Cond. enologica: Gianni Pasquale
Cond. agronomica: Maurizio Piucci
Vendita diretta: Sì | **Visite in azienda:** Sì

MONTEPULCIANO D'ABRUZZO RUBESTO 2019
Rosso Doc - Montepulciano 100%
Alc. 14% | € 9 | Bt. 26.000 | Ferm. Acciaio | Mat. Acciaio 8 mesi e Legno 14 mesi
Un sipario dai toni granato. Protagonisti i sentori fruttati: more, lamponi e visciole sotto spirito, segue un leggero floreale di violetta, pepe nero, spezie e tabacco. Il tannino e la freschezza balsamica accompagnano il sorso, lungo e contraddistinto da una chiosa di polvere di cacao. Manzo brasato con funghi.

ABRUZZO PECORINO DONNA GRETA 2021
Bianco Doc - Pecorino 100%
Alc. 14% | € 14 | Bt. 4.000 | Ferm. Acciaio | Mat. Acciaio 6 mesi
Rotolo di coniglio con pomodorini ed erbe aromatiche.

MONTEPULCIANO D'ABRUZZO 1960 RISERVA 2020
Rosso Doc - Montepulciano 100%
Alc. 14% | € 11 | Bt. 15.000 | Ferm. Acciaio | Mat. Acciaio 14 mesi e Legno 16 mesi e Cemento 8 mesi
Ravioli di magro con funghi chiodini.

MONTEPULCIANO D'ABRUZZO PANARDA RISERVA 2020
Rosso Doc - Montepulciano 100%
Alc. 14% | € 15 | Bt. 6.000 | Ferm. Acciaio | Mat. Acciaio 14 mesi e Legno 12 mesi
Bocconcini di cervo al cavolo nero.

TREBBIANO D'ABRUZZO TERRE DI VENERE 2021
Bianco Doc - Trebbiano 100%
Alc. 14% | € 9 | Bt. 3.500 | Ferm. Acciaio | Mat. Acciaio 10 mesi
Insalata di pollo e verdure.

ABRUZZO COCOCCIOLA COSTA DEL MULINO 2022
Bianco Doc - Cococciola 85%, Pecorino 15%
Alc. 12,5% | € 7 | Bt. 20.000 | Ferm. Acciaio | Mat. Acciaio 5 mesi
Insalata di polpo, patate e olive.

ABRUZZO PECORINO DONNA GRETA
2020

MONTEPULCIANO D'ABRUZZO RUBESTO
2018

Cantina Terzini
(2009)

Quattordici anni fa Domenico Terzini decide di trasformare la cantina di famiglia, adagiata sulla vallata casauriense, puntando sulla qualità. Cominciò così un periodo di forte crescita e di conferme tra cui numerosi premi nazionali e internazionali. Nella proposta di vini spicca la Riserva Vigna Vetum, frutto di una vigna trentennale, e gli spumanti Metodo Martinotti. Va segnalata una novità: Coral, Montepulciano dal colore tenue, dai sentori appaganti e particolarmente vocato per l'aperitivo.

Via Roma, 52 - 65028 Tocco da Casauria (PE)
T. 085 9158147 | M. info@cantinaterzini.it
www.cantinaterzini.it

Viticoltura: Convenzionale
Ettari: 20 | **Bottiglie:** 200.000 | **Produzione olearia:** Sì
Proprietà: Domenico Terzini
Cond. enologica: Franco Bernabei
Cond. agronomica: Luca Dell'Orso
Vendita diretta: Sì | **Visite in azienda:** Sì

MONTEPULCIANO D'ABRUZZO VIGNA VETUM 2020
Rosso Dop - Montepulciano 100%
Alc. 14,5% | € 35 | Bt. 7.000 | Ferm. Acciaio | Mat. Acciaio 12 mesi e Legno 12 mesi
Rosso rubino con intarsi violacei, e dalla fittezza seducente; naso elegante che si apre con aromi di frutta rossa matura, vaniglia, caffè e legno dolce tostato. In bocca vi è un gradevole equilibrio fra dotazione calorica e tannini. Buone capacità di invecchiamento. Stinco di maiale al forno in pancetta affumicata.

CERASUOLO D'ABRUZZO 2022
Rosato Dop - Montepulciano 100%
Alc. 14% | € 15 | Bt. 35.000 | Ferm. Acciaio | Mat. Acciaio 6 mesi
Saltimbocca alla romana.

CORAL 2021
Rosato - Montepulciano 100%
Alc. 12% | € 15 | Bt. 10.000 | Ferm. Acciaio | Mat. Acciaio 6 mesi
Tartare di gamberi.

SPUMANTE PECORINO BRUT 2022
Bianco Metodo Martinotti - Pecorino 100%
Alc. 12% | € 10 | Bt. 10.000 | Ferm. Acciaio | Mat. Acciaio 6 mesi
Tempura di gamberi.

MONTEPULCIANO D'ABRUZZO DUMÌ 2022
Rosso Dop - Montepulciano 100%
Alc. 13,5% | € 10 | Bt. 30.000 | Ferm. Acciaio | Mat. Acciaio 6 mesi e Legno 2 mesi
Gulasch di manzo alla paprica dolce.

MONTEPULCIANO D'ABRUZZO TERZINI 2022
Rosso Dop - Montepulciano 100%
Alc. 14% | € 15 | Bt. 30.000 | Ferm. Acciaio | Mat. Acciaio 6 mesi e Legno 6 mesi
Cotechino e lenticchie.

ABRUZZO PECORINO TERZINI
2021

TREBBIANO D'ABRUZZO TERZINI
2016 | 2017 | 2021

Cantina Tollo
(1960)

Cantina nata negli anni '60, protagonista del vivace fermento di quel tempo, con oltre 2.000 ettari di vigneto a disposizione, l'Azienda Tollo è un imponente riferimento enologico d'Abruzzo. L'offerta vinicola è sfaccettata e spazia dai vitigni autoctoni a quelli internazionali. La cantina punta su affinamento e invecchiamento grazie a un complesso di barrique, tonneaux e botti di rovere, e vasche di cemento vetrificato. Notevole l'impegno per il continuo miglioramento della qualità dei propri prodotti nel rispetto dell'ambiente e della sostenibilità.

Viale Giuseppe Garibaldi, 68 - 66010 Tollo (CH)
T. 0871 96251 | M. info@cantinatollo.it
www.cantinatollo.it

Viticoltura: Convenzionale e biologica certificata
Ettari: 5200 | **Bottiglie:** 18.000.000 | **Produzione olearia:** No
Proprietà: Cooperativa di produttori
Cond. enologica: Riccardo Brighigna, Daniele Ferrante
Cond. agronomica: Daniele Di Nardo
Vendita diretta: Sì | **Visite in azienda:** Sì

MONTEPULCIANO D'ABRUZZO CAGIÒLO RISERVA 2018
Rosso Dop - Montepulciano 100%
Alc. 14,5% | € 26 | Bt. 20.000 | Ferm. Legno e Acciaio | Mat. Acciaio e Legno 24 mesi
Granato di splendida saturazione. Olfatto particolarmente espressivo: frutti rossi, more, ribes e prugne si intersecano con malie floreali, rose rosse. Segue un soave corredo aromatico di spezie dolci e cacao. Il sorso è caldo, avvolgente, in equilibrio con i tannini morbidi e una giusta sapidità. Finale lungo. Roast beef.

CERASUOLO D'ABRUZZO BIOLOGICO 2022
Rosato Dop - Montepulciano 100%
Alc. 13,5% | € 11 | Bt. 13.000 | Ferm. Acciaio | Mat. Acciaio 4 mesi
Risotto al radicchio tardivo.

CERASUOLO D'ABRUZZO HEDOS 2022
Rosato Dop - Montepulciano 100%
Alc. 14% | € 15 | Bt. 40.000 | Ferm. Acciaio | Mat. Acciaio 6 mesi
Pizza con fiordilatte e prosciutto crudo.

MONTEPULCIANO D'ABRUZZO BIOLOGICO 2022
Rosso Dop - Montepulciano 100%
Alc. 14% | € 11 | Bt. 13.000 | Ferm. Acciaio e Cemento
Mat. Cemento 6 mesi
Terrina di coniglio.

MONTEPULCIANO D'ABRUZZO MO RISERVA 2019
Rosso Dop - Montepulciano 100%
Alc. 13,5% | € 15 | Bt. 130.000 | Ferm. Legno e Acciaio | Mat. Acciaio 6 mesi e Legno 24 mesi
Maialino in agrodolce.

PASSERINA BIOLOGICO 2022
Bianco Igp - Passerina 100%
Alc. 13% | € 11 | Bt. 7.000 | Ferm. Acciaio | Mat. Acciaio 4 mesi
Asparagi verdi allo zabaione salato.

MONTEPULCIANO D'ABRUZZO MO RISERVA
2018

MONTEPULCIANO D'ABRUZZO CAGIÒLO RISERVA
2012 | 2015 | 2017

Casal Thaulero
(1961)

Ritorna lodevolmente in Guida la cantina Casal Thaulero. Sebbene il suo passato affondi le proprie radici nell'antico regno di Napoli, a tutti gli effetti Giovanni Thaulero, figura di spicco nella politica locale del regno, può essere considerato un personaggio chiave per lo sviluppo della viticoltura abruzzese, grazie ai numerosi trattati scritti sulle tecniche agricole più all'avanguardia in quei tempi. Tornando al presente, a partire dagli anni Sessanta riconosciamo alla cooperativa di Thaulero il merito di esportare e far apprezzare i vini abruzzesi in tutto il mondo.

Contrada Cucullo - 66026 Ortona (CH)
T. 085 9032533 | M. info@casalthaulero.it
www.casalthaulero.it

Viticoltura: Convenzionale
Bottiglie: 1.300.000 | **Produzione olearia:** No
Proprietà: Azienda societaria
Cond. enologica: Davide Dias, Lino Olivastri
Cond. agronomica: Staff aziendale
Vendita diretta: Sì | **Visite in azienda:** Sì

MONTEPULCIANO D'ABRUZZO DUCA THAULERO RISERVA 2019
Rosso Dop - Montepulciano 100%
Alc. 14% | € 24 | Bt. 9.000 | Ferm. Acciaio | Mat. Acciaio e Legno 24 mesi
Rubino vivido. Trama ricca: viola essiccata, more e prugne in confettura; sbuffi tostati di cacao si fondono a note speziate dolci di liquirizia e noce moscata. Sorso succoso e materico, con tannino calibrato. La piacevole chiusura ricorda l'assaggio di un cioccolatino alla ciliegia sotto spirito. Pluma di maialino Bellota con cipolle caramellate.

ABRUZZO PECORINO SUPERIORE DUCA THAULERO 2022
Bianco Dop - Pecorino 100%
Alc. 13% | € 16 | Bt. 6.000 | Ferm. Acciaio | Mat. Legno 3 mesi
Risotto con zucchine, fiori di zucca e zafferano.

CERASUOLO D'ABRUZZO ORSETTO ORO 2022
Rosato Doc - Montepulciano 100%
Alc. 12,5% | € 13 | Bt. 3.500 | Ferm. Acciaio | Mat. Acciaio 2 mesi
Puntarelle croccanti con colatura di alici, arance e melagrana.

MONTEPULCIANO D'ABRUZZO THALÉ 2018
Rosso Doc - Montepulciano 100%
Alc. 14% | € 30 | Bt. 5.500 | Ferm. Acciaio | Mat. Acciaio e Legno 24 mesi
Cinghiale arrosto con castagne.

MONTEPULCIANO D'ABRUZZO DUCA THAULERO RISERVA
2011

SEI TU
2016

Cataldi Madonna
(1920)

C'è fermento in casa Cataldi Madonna, sfide e inediti progetti che porteranno ad aprire le porte della nuova cantina nel 2025. Nel mentre il vigneto si amplia con un altro ettaro di Trebbiano: è il segno tangibile di voler rendere protagonista questo vitigno, in un cast già d'eccellenza. Dopo anni di assenza, celebriamo il ritorno del Frontone come massima espressione del pecorino di montagna. Menzione d'oro per Pié delle vigne. Encomiabile l'impegno nel promuovere la conoscenza del vino e del territorio, grazie ai numerosi eventi enogastronomici, tra natura e degustazioni di pregio.

Località Madonna del Piano - 67025 Ofena (AQ)
T. 0862 954252 | M. info@cataldimadonna.com
www.cataldimadonna.com

Viticoltura: Biologica certificata
Ettari: 30 | **Bottiglie:** 230.000 | **Produzione olearia:** No
Proprietà: Giulia Cataldi Madonna
Cond. enologica: Lorenzo Landi
Cond. agronomica: Lorenzo Landi
Vendita diretta: Sì | **Visite in azienda:** Sì

92

CERASUOLO D'ABRUZZO PIÈ DELLE VIGNE 2021
Rosato Doc - Montepulciano 100%
Alc. 14% | € 33 | Bt. 3.000 | Ferm. Acciaio | Mat. Acciaio 8 mesi
Rosa chiaretto dal brillio seducente. Pot-pourri di rosa canina e viola appassite, che rapidamente si arricchisce di amarene sotto spirito e noce moscata. Equilibrio perfetto, giocato da una scalpitante freschezza in armonia con una struttura piena, aristocratica e avvolgente. Incanta il lungo finale. Faraona arrosto con salsa di frutti di bosco.

PECORINO FRONTONE 2020
Bianco Igt - Pecorino 100%
Alc. 12,5% | € 74 | Bt. 2.000 | Ferm. Acciaio | Mat. Acciaio 12 mesi
Lasagnette al ragù di faraona e asparagi.

PECORINO GIULIA 2022
Bianco Igt - Pecorino 100%
Alc. 13% | € 14 | Bt. 40.000 | Ferm. Acciaio | Mat. Acciaio 2 mesi
Tortelli di zucca e salvia.

CERASUOLO D'ABRUZZO MALANDRINO 2022
Rosato Doc - Montepulciano 100%
Alc. 13% | € 11 | Bt. 60.000 | Ferm. Acciaio
Vellutata di ceci con gamberi croccanti.

MONTEPULCIANO D'ABRUZZO MALANDRINO 2021
Rosso Doc - Montepulciano 100%
Alc. 14% | € 14 | Bt. 90.000 | Ferm. Acciaio | Mat. Acciaio 12 mesi e Cemento 6 mesi
Lombata di vitello su letto di cipolline saltate.

TREBBIANO D'ABRUZZO MALANDRINO 2022
Bianco Doc - Trebbiano abruzzese 100%
Alc. 12% | € 10 | Bt. 30.000 | Ferm. Acciaio | Mat. Acciaio 2 mesi
Garganelli con julienne di calamari e ortiche.

MONTEPULCIANO D'ABRUZZO GIROVAGO
2019

MONTEPULCIANO D'ABRUZZO MALANDRINO
2017

Chiusa Grande
(1991)

È possibile coniugare una vinificazione naturale e una filosofia di vita? È la sfida che da anni, nel territorio di Nocciano, porta avanti Franco D'Eusanio, per il quale non esiste vino se dietro non c'è lo studio del percorso emozionale che il suo assaggio deve suscitare. Ogni vino è concepito come un viaggio e la sala degustazioni multisensoriale presente in azienda vuole ricreare con la stimolazione di tutti i 5 sensi un'esperienza di degustazione totalizzante. Tra i tanti vini proposti, il Montepulciano Riserva biologico colpisce per personalità ed equilibrio gusto-olfattivo.

Contrada Casali - 65010 Nocciano (PE)
T. 085 847460 | M. info@chiusagrande.com
www.chiusagrande.com

Viticoltura: Biologica
Ettari: 70 | **Bottiglie:** 350.000 | **Produzione olearia:** Sì
Proprietà: Franco D'Eusanio
Cond. enologica: Franco Giandomenico
Cond. agronomica: Staff aziendale
Vendita diretta: Sì | **Visite in azienda:** Sì

MONTEPULCIANO D'ABRUZZO PERLA NERA RISERVA 2016
Rosso Doc - Montepulciano 100%
Alc. 14% | € 25 | Bt. 5.000 | Ferm. Acciaio | Mat. Legno 18 mesi
Rubino impenetrabile e consistente, profumi intensi e fini di frutti di bosco, ciliegia sotto spirito, fava di cacao, caffè e liquirizia. In bocca il tannino levigato e il finale sapido bilanciano la morbidezza garantendo equilibrio e piacevolezza nella beva. Incessante il ricordo aromatico. Fiorentina alla brace.

PERLA ROSSA CABERNET SAUVIGNON BIOLOGICO 2021
Rosso Igt - Cabernet sauvignon 100%
Alc. 13,5% | € 22 | Bt. 2.000 | Ferm. Acciaio | Mat. Legno 18 mesi
Brasato di manzo al vino rosso.

TREBBIANO D'ABRUZZO BIOLOGICO PERLA BIANCA 2020
Bianco Doc - Trebbiano abruzzese 100%
Alc. 13,5% | € 25 | Bt. 2.000 | Ferm. Acciaio | Mat. Legno 18 mesi
Petto d'anatra laccato al miele.

MONTEPULCIANO D'ABRUZZO IN PETRA 2020
Rosso Doc - Montepulciano 100%
Alc. 13,5% | € 24 | Bt. 3.500 | Ferm. Pietra calcarenite| Mat. Acciaio 5 mesi
Capretto allo spiedo.

TREBBIANO D'ABRUZZO IN PETRA 2020
Bianco Doc - Trebbiano abruzzese 100%
Alc. 13% | € 24 | Bt. 3.000 | Ferm. Pietra calcarenite| Mat. Acciaio 5 mesi
Catalana di crostacei.

ABRUZZO PECORINO VINOSOPHIA 2022
Bianco Doc - Pecorino 100%
Alc. 13,5% | € 13 | Bt. 15.000 | Ferm. Acciaio | Mat. Acciaio 3 mesi
Crostini con spuma di mortadella.

MONTEPULCIANO D'ABRUZZO PERLA NERA
2010

MONTEPULCIANO D'ABRUZZO DNA D'EUSANIO
2018

Chiara Ciavolich
(1853)

Attorno al comune di Loreto Aprutino, su vigneti collinari posti tra i 150 e i 300 metri sul livello del mare, il clima mediterraneo e i terreni ricchi di argilla e calcare, creano le condizioni perfette per la coltivazione di uve di alta qualità. La filosofia e lo stile dell'azienda guidata da Chiara, nel rispetto del patrimonio agricolo ed enologico, preservano l'identità e la tipicità dei vini che se ne ricavano, facendone veri ambasciatori di un territorio. I vini Fosso Cancelli, con l'utilizzo di fermentazioni spontanee in legno e terracotta ne sono autentica testimonianza.

Contrada Salmacina, 11 - 65014 Loreto Aprutino (PE)
T. 085 8289002 | M. agricola@ciavolich.com
www.ciavolich.com

Viticoltura: Lotta integrata
Ettari: 35 | **Bottiglie:** 120.000 | **Produzione olearia:** Sì
Proprietà: Chiara Ciavolich
Cond. enologica: Romano D'Amario, Guerino Pescara
Cond. agronomica: Romano D'Amario, Guerino Pescara
Vendita diretta: Sì | **Visite in azienda:** Sì

93

PECORINO FOSSO CANCELLI 2020
Bianco Igp - Pecorino 100%
Alc. 12,5% | € 35 | Bt. 2.500 | Ferm. Legno | Mat. Terracotta 6 mesi
Oro limpido e luminoso, sprigiona fragranze nitide e distinte di basilico, macchia mediterranea, pinoli e fiore di iperico, su sottofondo salmastro. Si annuncia al palato con percezioni fresche e sapide ben bilanciate da morbidezza e dotazione calorica. Lungo epilogo ammandorlato. Risotto con seppie e burrata.

CERASUOLO D'ABRUZZO FOSSO CANCELLI 2022
Rosato Dop - Montepulciano 100%
Alc. 13% | € 35 | Bt. 4.000 | Ferm. Terracotta | Mat. Terracotta 6 mesi
Paella.

TREBBIANO D'ABRUZZO FOSSO CANCELLI 2020
Bianco Dop - Trebbiano abruzzese 100%
Alc. 12,5% | € 30 | Bt. 4.000 | Ferm. Legno | Mat. Terracotta 6 mesi
Lasagne con scamorza, funghi e zucca.

PECORINO FOSSO CANCELLI
2018

TREBBIANO D'ABRUZZO FOSSO CANCELLI
2018 | 2019

Francesco Cirelli
(2003)

Negli anni Francesco Cirelli è riuscito ad affermarsi quale esempio virtuoso tra le aziende che fanno del rispetto della natura e dei suoi cicli il fondamento del loro credo produttivo. L'anfora, usata come recipiente per la maturazione dei propri vini, è emblema e carattere distintivo dell'azienda che dedica due delle sue tre linee a quest'antica tecnica. Dal 2019 a queste si affianca l'estroso progetto "La Collina Biologica" dove Francesco spazia e sperimenta. Il Trebbiano d'Abruzzo Anfora si conferma un capolavoro.

Contrada Via Colle San Giovanni, 1 - 64032 Atri (TE)
T. 085 8700106 | M. hospitality@lacollinabiologica.com
www.agricolacirelli.com

Viticoltura: Biologica e biodinamica
Ettari: 7 | **Bottiglie:** 35.000 | **Produzione olearia:** Sì
Proprietà: Francesco Cirelli
Cond. enologica: Paolo Colaizzo, Donato Di Tommaso
Cond. agronomica: Paolo Colaizzo
Vendita diretta: Sì | **Visite in azienda:** Sì

TREBBIANO D'ABRUZZO ANFORA 2021
Bianco Doc - Trebbiano abruzzese 100%
Alc. 13% | € 25 | Bt. 4.000 | Ferm. Acciaio | Mat. Terracotta 18 mesi
Oro, cristallino, suadente l'ouverture olfattiva, una sinfonia di note calde e assolate di frutta tropicale e agrumi talora canditi su un fondo di macchia mediterranea. Al palato è vellutato, bilanciato dalla sapidità, di ottima persistenza, chiude agrumato e invita al sorso successivo. Armonico. Linguine con bottarga e pomodori secchi.

ABRUZZO PECORINO ANFORA 2021
Bianco Doc - Pecorino 100%
Alc. 13% | € 25 | Bt. 3.000 | Ferm. Acciaio | Mat. Terracotta 18 mesi
Risotto agli scampi.

MONTEPULCIANO D'ABRUZZO ANFORA 2021
Rosso Doc - Montepulciano 100%
Alc. 14% | € 14 | Bt. 7.000 | Ferm. Terracotta | Mat. Terracotta 18 mesi
Lasagne alla bolognese.

MONTEPULCIANO D'ABRUZZO CIRELLI LA COLLINA BIOLOGICA 2022
Rosso Doc - Montepulciano 100%
Alc. 13% | € 14 | Bt. 10.000 | Ferm. Acciaio | Mat. Acciaio 6 mesi
Beccacce allo spiedo.

TREBBIANO D'ABRUZZO CIRELLI LA COLLINA BIOLOGICA 2022
Bianco Doc - Trebbiano abruzzese 100%
Alc. 12% | € 14 | Bt. 6.000 | Ferm. Acciaio | Mat. Acciaio 6 mesi
Insalata di mare.

CERASUOLO D'ABRUZZO FRANCESCO CIRELLI
2020

MONTEPULCIANO D'ABRUZZO CIRELLI
2020

Citra
(1973)

Premi e riconoscimenti suggellano l'importante anniversario dei 50 anni della più grande cooperativa vinicola abruzzese. Merita una menzione il premio all'etichetta del Laus Vitae, nella quale è stato inserito un elemento, il pennino di D'Annunzio e alcuni dei suoi versi più significativi. Sul fronte enologico continua il minuzioso progetto Zonazione, finalizzato a individuare quattro zone eterogenee all'interno della grande area produttiva, con l'obiettivo di portare alla luce le peculiarità dei territori e dei vini che ne derivano.

Contrada Cucullo - 66026 Ortona (CH)
T. 085 9031342 | M. citra@citra.it
www.citra.it

Viticoltura: Convenzionale e biologica
Ettari: 6000 | **Bottiglie:** 22.000.000 | **Produzione olearia:** No
Proprietà: Cooperativa di produttori
Cond. enologica: Davide Dias, Riccardo Cotarella
Cond. agronomica: Ludovica Crugnale
Vendita diretta: Sì | **Visite in azienda:** Sì

MONTEPULCIANO D'ABRUZZO LAUS VITAE RISERVA 2018 (91)
Rosso Doc - Montepulciano 100%
Alc. 15% | € 40 | Bt. 2.500 | Ferm. Acciaio | Mat. Acciaio e Legno 24 mesi
Rubino compatto con orlo porpora. Al naso sorprende con un bouquet di frutti rossi maturi e fiori essiccati. Seguono cenni di tabacco, cuoio giovane, cioccolato e liquirizia. Potente e di marcato calore, con tannino carezzevole. Si congeda con tonalità di liquirizia. Bocconcini di cervo al cavolo nero.

MONTEPULCIANO D'ABRUZZO CAROSO RISERVA 2019
Rosso Doc - Montepulciano 100%
Alc. 14% | € 20 | Bt. 28.000 | Ferm. Acciaio | Mat. Acciaio e Legno 20 mesi
Ravioli al sugo di chianina e tartufo nero.

TREBBIANO D'ABRUZZO LAUS VITAE 2020
Bianco Doc - Trebbiano abruzzese 100%
Alc. 13% | € 35 | Bt. 2.400 | Ferm. Legno e Acciaio | Mat. Legno 16 mesi
Stoccafisso all'anconetana.

MONTEPULCIANO D'ABRUZZO TEATE FERZO 2020
Rosso Doc - Montepulciano 100%
Alc. 14% | € 16 | Bt. 36.000 | Ferm. Acciaio | Mat. Acciaio e Legno 14 mesi
Saltimbocca alla romana.

ABRUZZO PECORINO SUPERIORE FERZO 2022
Bianco Doc - Pecorino 100%
Alc. 13% | € 15 | Ferm. Acciaio | Mat. Acciaio e Legno 2 mesi
Calamarata con ragù di pesce spada.

ABRUZZO PECORINO BRUT TRABOCCO AUREAE STELLAE 2022
Bianco Doc - Pecorino 100%
Alc. 12% | € 12 | Bt. 10.000 | Ferm. Acciaio
Crostini con burro e alici.

MONTEPULCIANO D'ABRUZZO CAROSO RISERVA
2013 | 2018

MONTEPULCIANO D'ABRUZZO TEATE FERZO
2019

Collefrisio
(2004)

Dall'idea di due amici di lunga data nasce Cantina Collefrisio, un'azienda che ha una proposta variegata destinata a un pubblico eterogeneo, e che propone vini al giusto prezzo senza mai rinunciare alla qualità. Si conferma sulla vetta il Montepulciano Appassimento, morbido e suadente, e tra le novità il Pecorino Vignaquadra e il Montepulciano Vignaquadra. Menzione particolare per la cura del packaging della linea Prestige e le etichette della linea Vignaquadra, frutto di un attento studio di design.

Località Piane di Maggio, 4 - 66030 Frisa (CH)
T. 085 9039074 | M. info@collefrisio.it
www.collefrisio.it

Viticoltura: Biologica
Ettari: 50 | **Bottiglie:** 700.000 | **Produzione olearia:** No
Proprietà: Collefrisio
Cond. enologica: Amedeo De Luca
Cond. agronomica: Staff aziendale
Vendita diretta: Sì | **Visite in azienda:** Sì

(91)

APPASSIMENTO 2021
Rosso - Montepulciano 60%, Merlot 20%, Sangiovese 20%
Alc. 14% | € 14 | Bt. 25.000 | Ferm. Acciaio | Mat. Acciaio 12 mesi
Colore rosso rubino con filigrana granato, emana profumi di violetta e frutta sotto spirito, poi cuoio e tabacco dolce. Gusto morbido, elegante, suadente e contraddistinto da uno stile internazionale. Incessante. Fegato alla veneziana.

MONTEPULCIANO D'ABRUZZO 2019
Rosso Doc - Montepulciano 100%
Alc. 14% | € 18 | Bt. 12.000 | Ferm. Acciaio | Mat. Acciaio 12 mesi e Legno 20 mesi
Pappardelle al ragù di cinghiale.

ABRUZZO PECORINO 2022
Bianco Doc - Pecorino 100%
Alc. 13,5% | € 18 | Bt. 12.000 | Ferm. Acciaio | Mat. Acciaio 4 mesi e Legno 4 mesi
Fregola con le arselle.

PASSERINA VIGNAQUADRA 2022
Bianco Igt - Passerina 100%
Alc. 12,5% | € 10 | Bt. 15.000 | Ferm. Acciaio | Mat. Acciaio 2 mesi
Fritto di paranza.

PECORINO VIGNAQUADRA 2022
Bianco Igt - Pecorino 100%
Alc. 13,5% | € 10 | Bt. 50.000 | Ferm. Acciaio | Mat. Acciaio 2 mesi
Maltagliati con fiori di zucca e gamberetti.

FALANGHINA VIGNAQUADRA 2022
Bianco Igt - Falanghina 100%
Alc. 12,5% | € 10 | Bt. 15.000 | Ferm. Acciaio | Mat. Acciaio 2 mesi
Spaghetti con vongole veraci.

MONTEPULCIANO D'ABRUZZO IN & OUT
2014 | 2015

MONTEPULCIANO D'ABRUZZO TEN VINTAGE
2017

Contesa
(2000)

Consapevole e fiera di ergere i propri filari in una delle zone vinicole più privilegiate, l'azienda Contesa è considerata oggi un'ambasciatrice di rilievo del progetto Terre dei Vestini con Chiedi Alla Polvere in strepitosa forma… ma non è l'unico riconoscimento che associamo a Rocco Pasetti: se oggi la produzione vinicola abruzzese vanta nel suo animo bianco, non solo il trebbiano, ma anche il pecorino, è certamente merito della valorizzazione talentuosa di questo monocultivar vent'anni or sono.

Strada delle Vigne, 28 - Contrada Caparrone - 65010 Collecorvino (PE)
T. 085 8205078 | M. info@contesa.it
www.contesa.it

Viticoltura: Ecosostenibile
Ettari: 45 | **Bottiglie:** 400.000 | **Produzione olearia:** No
Proprietà: Franco Pasetti
Cond. enologica: Antonio Circelli
Cond. agronomica: Antonio Citti
Vendita diretta: Sì | **Visite in azienda:** Sì

(93)

MONTEPULCIANO D'ABRUZZO TERRE DEI VESTINI CHIEDI ALLA POLVERE RISERVA 2019
Rosso Doc - Montepulciano 100%
Alc. 14,5% | € 25 | Bt. 6.000 | Ferm. Acciaio | Mat. Legno 24 mesi
Rubino di ottima concentrazione. L'approccio olfattivo è deciso, comincia con prugne nere, amarene, macis e chiude con pepe rosa. Austero al palato, con tannino ben presente ma amalgamato nel corpo del vino. Suadente e affascinante il finale. Tortelli al Castelmagno.

ABRUZZO PECORINO ASPETTA PRIMAVERA 2022
Bianco Doc - Pecorino 100%
Alc. 13% | € 20 | Bt. 6.000 | Ferm. Legno e Acciaio | Mat. Acciaio 6 mesi
Stoccafisso in umido con porcini.

ABRUZZO PECORINO CONTESA 2022
Bianco Doc - Pecorino 100%
Alc. 13% | € 13 | Bt. 16.000 | Ferm. Acciaio
Scampi alla busara.

MONTEPULCIANO D'ABRUZZO CONTESA RISERVA 2019
Rosso Doc - Montepulciano 100%
Alc. 14% | € 21 | Bt. 16.000 | Ferm. Acciaio | Mat. Legno 12 mesi
Oca arrosto.

CERASUOLO D'ABRUZZO CONTESA 2022
Rosato Doc - Montepulciano 100%
Alc. 13,5% | € 13 | Bt. 16.000 | Ferm. Acciaio
Prosciutto di San Daniele.

MONTEPULCIANO D'ABRUZZO TERRE DEI VESTINI CHIEDI ALLA POLVERE RISERVA
2016 | 2017 | 2018

MONTEPULCIANO D'ABRUZZO CONTESA RISERVA
2013 | 2015 | 2018

Paride D'Angelo
(2014)

Sulle colline che circondano Pianella, i trenta ettari di vigna di proprietà della giovane azienda guidata da Paride D'Angelo, sono coltivati con vitigni tradizionali quali montepulciano, cococciola e pecorino. L'ottima esposizione e un approccio teso al rispetto dell'ambiente e all'utilizzo delle tecnologie più moderne, consente di elaborare vini raffinati, di stile moderno e di facile beva. Potente ed elegante il Montepulciano d'Abruzzo Riserva 2019. Intrigante e profumato il Cerasuolo 2022. Interessanti i risultati ottenuti dalla spumantizzazione di uve cococciola e montepulciano.

Contrada Garofalo - 65019 Pianella (PE)
T. 327 3252046 | M. info@paridedangelo.it
www.paridedangelo.it

Viticoltura: Biologica certificata
Ettari: 30 | **Bottiglie:** 100.000 | **Produzione olearia:** Sì
Proprietà: Paride D'Angelo
Cond. enologica: Staff aziendale
Cond. agronomica: Staff aziendale
Vendita diretta: Sì | **Visite in azienda:** Sì

MONTEPULCIANO D'ABRUZZO RISERVA 2019
Rosso Doc - Montepulciano 100%
Alc. 14,5% | € 26 | Bt. 1.300 | Ferm. Acciaio | Mat. Acciaio 6 mesi e Legno 24 mesi
Lucente filigrana granato, si offre generoso con intensità di amarena, vaniglia, legno e spezie dolci. Potente la tessitura tannica, ingentilita dall'utilizzo della barrique. In bocca l'equilibrio è garantito da morbidezza e nota calorica. Persistente e meditativo. Filetto alla Wellington.

CERASUOLO D'ABRUZZO 2022
Rosato Doc - Montepulciano 100%
Alc. 12,5% | € 14 | Bt. 6.000 | Ferm. Acciaio | Mat. Acciaio 6 mesi
Spaghetti con mazzancolle e pomodorini.

TUTTACOCCIA ALLA TUA ETÀ 2022
Bianco Metodo Martinotti - Cococciola 100%
Alc. 12% | € 16 | Bt. 2.000 | Ferm. Acciaio | 5 mesi sui lieviti
Spaghetti alla carbonara.

TUTTACOCCIA AI TEMPI MIEI 2022
Rosato Metodo Martinotti - Montepulciano 100%
Alc. 12% | € 16 | Bt. 2.000 | Ferm. Acciaio | 5 mesi sui lieviti
Crescentine e salumi.

PECORINO 2022
Bianco Igp - Pecorino 100%
Alc. 13% | € 13 | Bt. 6.000 | Ferm. Acciaio | Mat. Acciaio 6 mesi
Soufflé con pecorino e crema di patate.

ABRUZZO COCOCCIOLA 2022
Bianco Doc - Cococciola 100%
Alc. 12% | € 13 | Bt. 6.000 | Ferm. Acciaio | Mat. Acciaio 6 mesi
Risotto alla zucca.

CERASUOLO D'ABRUZZO
2020

PECORINO
2021

Eredi Legonziano
(1968)

Superba cooperativa che evoca un patrimonio vitivinicolo preservato da centoventi soci per circa duecento ettari di estensione, la piattaforma ampelografica è costituita prevalentemente da uve autoctone, di cui la maggior quota sono a bacca bianca e riservate esclusivamente alla spumantizzazione di Metodo Classico e Metodo Martinotti. Il nome dell'azienda ripercorre la leggenda di un passato ricco di significati per l'enologia abruzzese, che fa capo alla figura del centurione Longino. Eredi di Legonziano abbraccia quest'anno il progetto Trabocco con la freschezza del montonico e del pecorino.

Contrada Nasuti, 169 - 66034 Lanciano (CH)
T. 0872 45210 | M. info@eredilegonziano.it
www.eredilegonziano.it

Viticoltura: Convenzionale e biologica
Ettari: 200 | **Bottiglie:** 35.000 | **Produzione olearia:** No
Proprietà: Cooperativa di produttori
Cond. enologica: Federica D'Amato
Cond. agronomica: Staff aziendale
Vendita diretta: Sì | **Visite in azienda:** Sì

LEGONZIANO BRUT METODO CLASSICO 2019
Bianco Metodo Classico - Montonico 40%, Passerina 30%, Pecorino 30%
Alc. 12,5% | € 14 | Bt. 11.000 | Ferm. Acciaio | Mat. Acciaio 10 mesi 24 mesi sui lieviti
Brillante, perlage fine, sottile e continuo. Racconto olfattivo delicato e intrigante, frutta gialla, fiori bianchi e una lieve traccia erbacea. Al palato avvolgente e vellutato, buona freschezza e sapidità confermano l'eleganza percepita al naso. Chiusura lunga e bilanciata. Cappesante gratinate.

ABRUZZO PECORINO SUPERIORE METHYS 2022
Bianco Doc Metodo Martinotti - Pecorino 100%
Alc. 11,5% | € 8 | Bt. 12.000
Fritto di paranza.

ABRUZZO SPUMANTE METODO ITALIANO MONTONICO 2022
Bianco Doc Metodo Martinotti - Montonico 100%
Alc. 11,5% | € 8 | Bt. 12.000 | Ferm. Acciaio | Mat. Acciaio 10 mesi
Crostini con baccalà mantecato.

ABRUZZO SPUMANTE ROSÉ 2020
Rosato Dop Metodo Classico - Montepulciano 100%
Alc. 12,5% | € 14 | Bt. 2.000 | Ferm. Acciaio | 24 mesi sui lieviti
Risotto al nero di seppia con seppie croccanti.

ABRUZZO SPUMANTE BRUT LEGONZIANO 36
S.A. | S.A. | 2014

ABRUZZO SPUMANTE BRUT CARMINE FESTA
2011 | 2012 | 2013

Famiglia Di Carlo - Vigna Madre
(1830)

Giannicola Di Carlo, uno dei titolari, è un vero precursore del Bio in Italia. Da più di trent'anni si dedica con tenacia alla sostenibilità e alla salvaguardia dell'ambiente. È sua l'idea del vigneto dinamico-energetico, brevetto di utilità collettiva, che vede l'inserimento di pali di sostegno con i colori dei chakra. L'armonia che si coglie, già soltanto alla vista, ci convince dell'effetto benefico che la vite ne trarrà. Nei vini i profumi sono netti, quasi taglienti e, insieme alla forte connotazione fresca e sapida, contribuiscono a creare una bella e piacevole carta di identità.

Via Stortini, 32 - Loc. Villa Caldari - 66026 Ortona (CH)
T. 085 9031500 | M. info@vignamadre.it
www.dicarlovini.it

Viticoltura: Biologica
Ettari: 65 | **Bottiglie:** 650.000 | **Produzione olearia:** Sì
Proprietà: Famiglia Di Carlo
Cond. enologica: Giannicola Di Carlo, Marco Flacco
Cond. agronomica: Staff aziendale
Vendita diretta: Sì | **Visite in azienda:** Sì

(91)
PECORINO BECCO REALE 2022
Bianco Igp - Pecorino 100%
Alc. 13% | € 15 | Bt. 20.000 | Ferm. Acciaio
Giallo verdolino dalla spiccata lucentezza. Naso affilato, fragrante, con fiori di elicriso, foglie di ruta, timo e sensazioni fresche di erbette mediterranee. L'assaggio è fresco, sapido, pieno, l'equilibrio è calibrato e aderente alla tipologia, accenni ammandorlati ne allietano la persistenza. Pizza capricciosa.

APOTEO BIANCO 2020
Bianco - Chardonnay 40%, Trebbiano abruzzese 40%, Malvasia 20%
Alc. 13,5% | € 50 | Bt. 6.000 | Ferm. Acciaio
Risotto con rape rosse e Gorgonzola.

MONTEPULCIANO D'ABRUZZO BECCO REALE 2019
Rosso Doc - Montepulciano 100%
Alc. 13,5% | € 18 | Ferm. Acciaio
Peperonata.

MONTEPULCIANO D'ABRUZZO CAPO LE VIGNE 2017
Rosso Doc - Montepulciano 100%
Alc. 14% | € 20 | Bt. 13.000 | Ferm. Acciaio e Cemento | Mat. Acciaio 12 mesi e Legno 24 mesi
Zuppa toscana con cavolo nero e crostini di pane.

APOTEO ROSSO 2019
Rosso - Montepulciano 40%, Primitivo 40%, Sangiovese 20%
Alc. 14,5% | € 60 | Bt. 6.000 | Ferm. Acciaio e Cemento
Gnocchi di patate viola con carciofi morbidi e croccanti.

CERASUOLO D'ABRUZZO CAPO LE VIGNE 2022
Rosato Doc - Montepulciano 100%
Alc. 13,5% | € 18 | Bt. 6.000 | Ferm. Acciaio e Cemento
Minestra di riso, patate, porri, sedano e speck.

Fattoria La Valentina
(1990)

È dal 1990 che Fattoria La Valentina ha come unico obiettivo quello di valorizzare le Doc abruzzesi, attraverso la qualità, la genuinità, la veridicità dei propri vini, capaci di parlarci di luoghi e coltivazioni. Vini che rappresentano un terroir unico come quello abruzzese: da una parte influenzato dalle correnti miti e dolci dell'Adriatico e dall'altra dal clima freddo e continentale delle montagne appenniniche. La gestione agronomica è orientata alla filosofia che lascia da parte l'uso sfrenato della chimica e della tecnologia, intervenendo il meno possibile nei processi della natura.

Via Torretta, 52 - 65010 Spoltore (PE)
T. 085 4478158 | M. lavalentina@fattorialavalentina.it
www.lavalentina.it

Viticoltura: Convenzionale e biologica certificata
Ettari: 40 | **Bottiglie:** 370.000 | **Produzione olearia:** No
Proprietà: Sabatino Di Properzio
Cond. enologica: Luca D'Attoma
Cond. agronomica: Staff aziendale
Vendita diretta: Sì | **Visite in azienda:** Sì

(92)
MONTEPULCIANO D'ABRUZZO RISERVA BINOMIO 2019
Rosso Doc - Montepulciano 100%
Alc. 15% | € 42 | Bt. 11.000 | Ferm. Acciaio | Mat. Legno 15 mesi
Cremisi impenetrabile. Ventaglio raffinato, confettura di mora, china, marasca e bacche di ginepro. Arricchito da stille di sottobosco e foglie di tè nero. Si presenta vigoroso in bocca, capace di unire un tannino importante e una buona morbidezza. Finale lungo e appagante. Guanciale di vitello in umido con patate.

(91)
MONTEPULCIANO D'ABRUZZO TERRE DEI VESTINI BELLOVEDERE RISERVA 2020
Rosso Doc - Montepulciano 100%
Alc. 14,5% | € 50 | Bt. 6.700 | Ferm. Legno | Mat. Legno 18 mesi
Nero, scuro e impenetrabile, naso da superstar: piccoli frutti rossi a rincorrere pepe nero e tabacco Kentucky. Chiusura con amarene allo sciroppo e liquore alle prugne. Palato squisito, con tannino dolce fuso a glicerina e sapidità. Filetto di scottona in sfoglia.

MONTEPULCIANO D'ABRUZZO RISERVA BINOMIO COLLEZIONE 2017
Rosso Doc - Montepulciano 100%
Alc. 14,5% | € 100 | Bt. 62 | Ferm. Acciaio | Mat. Legno 15 mesi
Lombata di vitello su letto di cipolline saltate.

CERASUOLO D'ABRUZZO SUPERIORE SPELT 2022
Rosato Doc - Montepulciano 100%
Alc. 14% | € 17 | Bt. 6.000 | Ferm. Acciaio | Mat. Acciaio 4 mesi
Zuppa di farro e borlotti.

MONTEPULCIANO D'ABRUZZO SPELT 2020
Rosso Doc - Montepulciano 100%
Alc. 14% | € 20 | Bt. 65.000 | Ferm. Acciaio | Mat. Acciaio 18 mesi e Legno 16 mesi
Tagliata al pepe verde.

TREBBIANO D'ABRUZZO ORO SPELT 2021
Bianco Doc - Trebbiano 100%
Alc. 13% | € 19 | Bt. 7.500 | Ferm. Acciaio | Mat. Acciaio 4 mesi
Sogliola alla mugnaia.

MONTEPULCIANO D'ABRUZZO TERRE DEI VESTINI BELLOVEDERE RISERVA
2013 | 2015 | 2017

MONTEPULCIANO D'ABRUZZO BINOMIO RISERVA
2014 | 2018

Fattoria Nicodemi
(1970)

Dal 1997 l'azienda Nicodemi rispetta i protocolli dell'agricoltura biologica e punta tutto su strategie ecosostenibili. Sempre improntata sulla continua innovazione e sperimentazione, la filosofia aziendale rimane comunque legata alla storia, alla tradizione, al rispetto del territorio e alla coltivazione di sole uve autoctone. Ciò che guida i due fratelli Elena e Alessandro, che hanno proseguito l'attività iniziata mezzo secolo fa dal padre Bruno, è la consapevolezza che il vino è, o deve essere, espressione di terra, vigna e cultura.

Contrada Veniglio, 8 - SP 19 - 64024 Notaresco (TE)
T. 085 895493 | M. info@nicodemi.com
www.nicodemi.com

Viticoltura: Biologica certificata
Ettari: 30 | **Bottiglie:** 200.000 | **Produzione olearia:** Sì
Proprietà: Elena e Alessandro Nicodemi
Cond. enologica: Mirko Niccolai
Cond. agronomica: Luca Mercadante
Vendita diretta: Sì | **Visite in azienda:** Sì

91

TREBBIANO D'ABRUZZO COCCIOPESTO 2021
Bianco Doc - Trebbiano abruzzese 100%
Alc. 13,5% | € 15 | Bt. 1.200 | Ferm. Cocciopesto| Mat. Cocciopesto 12 mesi
Cuore paglierino con sfumature dorate. Piacevolissimi rimandi agrumati di lime e lievi toni erbacei. Sbuffi sulfurei che attestano un'intrigante mineralità. Al sorso si rivela gradevole, deciso, dotato di buona sapidità. Progressione al sapore di mandorla. Riso, cozze e zafferano.

MONTEPULCIANO D'ABRUZZO COLLINE TERAMANE LE MURATE 2021
Rosso Docg - Montepulciano 100%
Alc. 13,5% | € 15 | Bt. 100.000 | Ferm. Acciaio | Mat. Acciaio 12 mesi
Pappardelle al ragù di cervo.

CERASUOLO D'ABRUZZO LE MURATE 2022
Rosato Doc - Montepulciano 100%
Alc. 14% | € 12 | Bt. 10.000 | Ferm. Acciaio | Mat. Acciaio 4 mesi
Pizza con bufala e pomodorini.

TREBBIANO D'ABRUZZO LE MURATE 2022
Bianco Doc - Trebbiano abruzzese 100%
Alc. 13,5% | € 12 | Bt. 40.000 | Ferm. Acciaio | Mat. Acciaio 4 mesi
Tagliolini all'astice.

TREBBIANO D'ABRUZZO SUPERIORE NOTÀRI 2021
Bianco Doc - Trebbiano abruzzese 100%
Alc. 13,5% | € 15 | Bt. 3.000 | Ferm. Acciaio | Mat. Acciaio 6 mesi
Rombo al forno ai sapori mediterranei.

MONTEPULCIANO D'ABRUZZO COLLINE TERAMANE NEROMORO RISERVA
2015 | 2016 | 2017

MONTEPULCIANO D'ABRUZZO COLLINE TERAMANE NOTÀRI
2011 | 2019

Feudo Antico
(2008)

Feudo Antico si muove in progetti e attività di ampio respiro con la capacità d'inglobare l'arte e la storia e valorizzare i vitigni autoctoni nel rispetto della natura. All'interno dell'azienda l'area archeologica con i resti di una villa rustica di epoca romana, è sito museale. La zona moderna contiene ampi spazi per le degustazioni, alcune camere e un'area wellness. Tra i campioni degustati, di gran carattere, il Rosato Biologico a fermentazione spontanea si è distinto, estroso in un rosa lucente come un mucchietto di perle di corniola, strepitoso all'assaggio per la godibile personalità.

Contrada San Pietro, 25 - 66010 Tollo (CH)
T. 0871 9625253 | M. info@feudoantico.it
www.feudoantico.it

Viticoltura: Convenzionale e biologica certificata
Ettari: 30 | **Bottiglie:** 150.000 | **Produzione olearia:** Sì
Proprietà: Feudo Antico
Cond. enologica: Daniele Ferrante, Riccardo Brighigna
Cond. agronomica: Daniele Di Nardo
Vendita diretta: Sì | **Visite in azienda:** Sì

91

ROSATO BIOLOGICO FS 2022
Rosato Igt - Montepulciano 100%
Alc. 14% | € 13 | Bt. 6.500 | Ferm. Legno e Acciaio | Mat. Acciaio 6 mesi e Legno 6 mesi
Rosa salmone fulgido. Esordio di geranio, lampone e susina, ornamenti di erbette di montagna e marasca. Polposo e coerente l'assaggio, in perfetto equilibrio tra freschezza e sapidità con delicata sensazione tattile. Rotonda l'estensione gustativa, chiude con un guizzo d'armellina. Ricciola al forno con capperi e pomodori ciliegino.

TULLUM PECORINO BIOLOGICO FS 2022
Bianco Docg - Pecorino 100%
Alc. 13,5% | € 13 | Bt. 13.000 | Mat. Acciaio 6 mesi
Vitello tonnato.

TULLUM INANFORA ROSSO 2021
Rosso Docg - Montepulciano 100%
Alc. 14,5% | € 17 | Bt. 1.200 | Ferm. Terracotta | Mat. Terracotta 12 mesi
Bollito misto con salse.

TULLUM ROSSO RISERVA 2018
Rosso Docg - Montepulciano 100%
Alc. 14,5% | € 28 | Bt. 9.000 | Ferm. Acciaio | Mat. Legno 12 mesi
Camoscio in umido.

TULLUM ROSSO 2018
Rosso Docg - Montepulciano 100%
Alc. 13,5% | € 15 | Bt. 13.000 | Ferm. Acciaio | Mat. Cemento 18 mesi
Cotechino e lenticchie.

TULLUM PECORINO BIOLOGICO
2018 | 2020 | 2021

TULLUM PASSERINA
2021

Fontefico
(1996)

La particolarità di quest'azienda è che ogni vino proviene da una singola e specifica vigna. Circa 15 ettari vitati con caratteristiche uniche e irripetibili, che hanno permesso, negli anni, di evidenziare e conoscere l'identità di quel vino, anche attraverso le sue originali etichette che ne raccontano la storia: una storia che parla di territorio e autenticità. Negli ultimi anni Fontefico si sta muovendo anche nel campo dell'enoturismo organizzando degustazioni, visite, eventi e attività outdoor tra i vigneti.

Via Difenza, 38 - 66054 Vasto (CH)
T. 328 4113619 | M. info@fontefico.it
www.fontefico.it

Viticoltura: Biologica certificata
Ettari: 15 | **Bottiglie:** 50.000 | **Produzione olearia:** Sì
Proprietà: Fratelli Altieri
Cond. enologica: Emanuele Altieri
Cond. agronomica: Alessandro Altieri
Vendita diretta: Sì | **Visite in azienda:** Sì

ABRUZZO PECORINO SUPERIORE LA FOIA 2021
Bianco Doc - Pecorino 100%
Alc. 15% | € 25 | Bt. 4.000 | Ferm. Acciaio | Mat. Acciaio 4 mesi e Cemento 12 mesi
Luminose nuance dorate. Sensazioni di tiglio, fiori di camomilla e cera d'api lasciano spazio a cenni di zafferano. L'assaggio evidenzia le componenti morbide di calore e morbidezza. Importante la dotazione alcolica che al palato accentua freschezza e sapidità. Durevole e armonioso. Linguine agli scampi.

ABRUZZO PECORINO SUPERIORE LA CANAGLIA 2022
Bianco Doc - Pecorino 100%
Alc. 14,5% | € 19 | Bt. 12.000 | Ferm. Acciaio | Mat. Acciaio 6 mesi
Anatra ai funghi.

MONTEPULCIANO D'ABRUZZO COCCA DI CASA 2020
Rosso Doc - Montepulciano 100%
Alc. 14% | € 19 | Bt. 10.000 | Ferm. Acciaio | Mat. Acciaio 24 mesi
Filetto di vitello alla Rossini.

CERASUOLO D'ABRUZZO SUPERIORE FOSSIMATTO 2022
Rosato Doc - Montepulciano 100%
Alc. 13,5% | € 19 | Bt. 10.000 | Ferm. Acciaio | Mat. Acciaio 6 mesi
Zuppa di pesce.

ABRUZZO PECORINO SUPERIORE LA CANAGLIA
2016

TREBBIANO D'ABRUZZO SUPERIORE PORTARISPETTO
2015

Fosso Corno
(2003)

Basse rese su cordone speronato, sperimentazione agronomica, vista mozzafiato sul gigante del Gran Sasso che digrada verso l'Adriatico: questi sono soltanto alcuni degli elementi che vanno a connotare la produzione di Fosso Corno. È stata una degustazione in rosso quella proposta al panel di assaggio, ma la cantina produce anche bianchi e rosati. Sequenze gustative di alto profilo: struttura, profumi seducenti e persistenze di pregio. I vigneti hanno giaciture che vanno dai 100 ai 190 metri s.l.m. e il suolo argilloso vede il merlot affiancare il montepulciano.

Villa Bizzarri - 64010 Torano Nuovo (TE)
T. 045 6201154 | M. info@fossocornovini.it
www.fossocornovini.it

Viticoltura: Convenzionale e lotta integrata
Ettari: 30 | **Bottiglie:** 350.000 | **Produzione olearia:** Sì
Proprietà: Marco Biscardo
Cond. enologica: Marco Monchiero, Franco Campanelli
Cond. agronomica: Franco Campanelli
Vendita diretta: Sì | **Visite in azienda:** Sì

MONTEPULCIANO D'ABRUZZO COLLINE TERAMANE ORSUS 2019
Rosso Docg - Montepulciano 100%
Alc. 13,5% | € 25 | Bt. 13.800 | Ferm. Acciaio | Mat. Acciaio 3 mesi e Legno 14 mesi
Rubino coeso dall'orlo granato. Il profumo è un susseguirsi di allusioni speziate, liquirizia, noce moscata, resina conifera e l'immancabile impronta del frutto rosso sotto spirito. Sorso pieno e incalzante sostenuto da adeguata freschezza, con un setale sapido e un ordito tannico dalle grandi prospettive. Guanciale di vitello in umido con patate.

ADMIRE 2021
Rosso Igt - Merlot 100%
Alc. 13,5% | € 28 | Bt. 4.150 | Ferm. Acciaio | Mat. Legno 12 mesi
Tacchinella ripiena su letto di patate.

ZERESIMO 2020
Rosso - Montepulciano 70%, Merlot 30%
Alc. 13,5% | € 29 | Bt. 4.344 | Ferm. Acciaio | Mat. Legno 12 mesi
Risotto ai porcini.

MONTEPULCIANO D'ABRUZZO FOSSO CORNO RISERVA 2020
Rosso Doc - Montepulciano 100%
Alc. 13,5% | € 28 | Bt. 18.960 | Ferm. Acciaio | Mat. Acciaio 6 mesi e Legno 18 mesi
Bigoli con salsiccia.

MONTEPULCIANO D'ABRUZZO MAYRO 2020
Rosso Doc - Montepulciano 100%
Alc. 13,5% | € 17 | Bt. 50.000 | Ferm. Acciaio | Mat. Legno 6 mesi
Roast beef.

MONTEPULCIANO D'ABRUZZO COLLINE TERAMANE ORSUS RISERVA
2013

MONTEPULCIANO D'ABRUZZO RISERVA
2019

Illuminati
(1890)

Sulle colline di Controguerra Illuminati porta avanti oltre un secolo di gloriosa storia vitivinicola e, giunto alla quinta generazione, continua a guardare con entusiasmo al futuro. Vitigni perlopiù autoctoni, coltivati su terreni vocati, danno vini dalla decisa personalità, frutto di tecniche consolidate e di una sperimentazione continua. Montepulciano d'Abruzzo e Pecorino i vini più acclamati dalla critica negli ultimi decenni, ma è soprattutto con i primi che quest'anno l'azienda si distingue. Spicca tra i rossi la Riserva Pieluni 2017 che si aggiudica le Quattro Viti.

Contrada San Biagio, 18 - 64010 Controguerra (TE)
T. 0861 808008 | M. info@illuminativini.it
www.illuminativini.it

Viticoltura: Convenzionale
Ettari: 130 | **Bottiglie:** 900.000 | **Produzione olearia:** Sì
Proprietà: Stefano e Lorenzo Illuminati
Cond. enologica: Claudio Cappellacci, Giorgio Marone
Cond. agronomica: Valerio Barbieri
Vendita diretta: Sì | **Visite in azienda:** Sì

(91)

MONTEPULCIANO D'ABRUZZO COLLINE TERAMANE PIELUNI RISERVA 2017
Rosso Docg - Montepulciano 100%
Alc. 15% | € 55 | Bt. 9.000 | Ferm. Acciaio | Mat. Acciaio 3 mesi e Legno 24 mesi
Granato impenetrabile, dai sentori entusiasmanti. Un'apertura di amarene in confettura introduce un pot-pourri di frutta e fiori secchi, spezie dolci e malie legnose. Il sorso, opulento e dalla trama persistente, è secco e materico, compensato da buona freschezza e un tannino raffinato. Armonico. Filetto di capriolo ai mirtilli.

MONTEPULCIANO D'ABRUZZO ILICO 2020
Rosso Doc - Montepulciano 100%
Alc. 13,5% | € 15 | Bt. 90.000 | Ferm. Acciaio | Mat. Acciaio 3 mesi e Legno 12 mesi
Petto di germano reale al balsamico.

MONTEPULCIANO D'ABRUZZO COLLINE TERAMANE ZANNA RISERVA 2019
Rosso Docg - Montepulciano 100%
Alc. 14,5% | € 30 | Bt. 30.000 | Ferm. Acciaio | Mat. Acciaio 3 mesi e Legno 24 mesi
Spezzatino di manzo.

CONTROGUERRA PECORINO 2022
Bianco Doc - Pecorino 100%
Alc. 13,5% | € 16 | Bt. 60.000 | Ferm. Acciaio | Mat. Acciaio 3 mesi
Tartare di scampi.

MONTEPULCIANO D'ABRUZZO LUMEGGIO DI ROSSO 2022
Rosso Doc - Montepulciano 100%
Alc. 16,5% | € 12 | Bt. 35.000 | Ferm. Acciaio | Mat. Acciaio 3 mesi e Legno 6 mesi
Tagliatelle al ragù.

CONTROGUERRA LUMEGGIO DI BIANCO 2022
Bianco Doc - Trebbiano 70%, Chardonnay 15%, Passerina 15%
Alc. 12,5% | € 10 | Bt. 25.000 | Ferm. Acciaio | Mat. Acciaio 3 mesi
Spaghetti con vongole veraci.

CONTROGUERRA ROSSO LUMEN RISERVA
2013 | 2017

MONTEPULCIANO D'ABRUZZO COLLINE TERAMANE ZANNA RISERVA
2011 | 2013 | 2017

Inalto
(2015)

Adolfo de Cecco è riuscito a legare il suo nome alla qualità. Vini che già nel nome dell'azienda esplicitano la provenienza: quell'altura che, soprattutto in terra d'Abruzzo, dirige il pensiero verso le escursioni termiche. I profumi netti e schietti, la struttura piena e le valide lunghezze gustative premiano il lavoro a rischio di questi areali e danno origine a eleganze godibili, a calici dal sorso convincente. I bianchi, nel paglierino evoluto, sanciscono la maturità e l'evoluzione e il Pecorino, che raggiunge la sua piena espressività, ne è la dimostrazione inconfutabile.

Via del Giardino, 7 - 67025 Ofena (AQ)
T. 0862 956618 | M. inaltovini@gmail.com
www.inaltovinidaltura.it

Viticoltura: Convenzionale
Ettari: 12 | **Bottiglie:** 25.000 | **Produzione olearia:** No
Proprietà: Adolfo De Cecco
Cond. enologica: Mauro Monicchi
Cond. agronomica: Lauretta Bernini
Vendita diretta: Sì | **Visite in azienda:** Sì

LE PAGLIARE 2020
Bianco Igp - Pecorino 100%
Alc. 13% | € 45 | Bt. 1.348 | Ferm. Acciaio | Mat. Acciaio 6 mesi e Legno 6 mesi
Oro fulgido e magnetico. Piacevolissimi e complessi profumi di ginestra e miele millefiori, albicocca matura e sfumature di gesso. La sapiente gestione del legno conferisce un sorso armonioso con un pregevole equilibrio incentrato su freschezza e sapidità. Chiosa lunga e persistente. Linguine con asparagi e calamaretti.

TREBBIANO D'ABRUZZO SUPERIORE INALTO 2020
Bianco Doc - Trebbiano abruzzese 100%
Alc. 13,5% | € 26 | Bt. 3.480 | Ferm. Acciaio | Mat. Acciaio 6 mesi e Legno 6 mesi
Rotolo di tacchino alle mele ed erbe aromatiche.

CERASUOLO D'ABRUZZO SUPERIORE INALTO 2021
Rosato Doc - Montepulciano 100%
Alc. 14% | € 26 | Ferm. Legno e Acciaio | Mat. Acciaio 6 mesi e Legno 6 mesi
Abbacchio al forno con verdure grigliate.

LE PALLIARE
2019

PECORINO INALTO
2019

La Quercia
(1968)

La storica azienda collocata nel comune di Morro d'Oro, nel cuore di un territorio storicamente vocato alla viticoltura, propone vini Doc e Docg dallo stile moderno, elaborando vitigni autoctoni quali montepulciano, trebbiano, montonico e passerina. L'azienda negli ultimi anni sta riscuotendo sempre maggiori consensi in ambito internazionale. Tra i vini proposti all'assaggio una menzione particolare la merita il Montepulciano d'Abruzzo Colline Teramane Riserva 2014 per ampiezza di profumi e potenza gusto-olfattiva. Buoni riscontri ottenuti con il Cerasuolo Superiore Primamadre.

Contrada Colle Croce - 64020 Morro d'Oro (TE)
T. 085 8959110 | M. info@vinilaquercia.it
www.vinilaquercia.it

Viticoltura: Convenzionale e lotta integrata
Ettari: 46 | **Bottiglie:** 260.000 | **Produzione olearia:** Sì
Proprietà: La.Di.
Cond. enologica: Federica Sacchetti, Antonio Lamona
Cond. agronomica: Fabio Pedicone, Remo Di Giuliantonio
Vendita diretta: Sì | **Visite in azienda:** Sì

MONTEPULCIANO D'ABRUZZO COLLINE TERAMANE MASTROBONO RISERVA 2014
Rosso Docg - Montepulciano 100%
Alc. 14,5% | € 25 | Bt. 2.800 | Ferm. Acciaio | Mat. Acciaio 36 mesi e Legno 24 mesi
Inchiostro impenetrabile e consistente, spettro olfattivo ampio, caratterizzato da percezioni di amarena sotto spirito, tabacco, pepe nero su sfondo terroso ed ematico. Sorso vibrante e tannico sostenuto dalla dotazione calorica importante. Risotto al gorgonzola.

CERASUOLO D'ABRUZZO SUPERIORE PRIMAMADRE 2022
Rosato Doc - Montepulciano 100%
Alc. 14% | € 13 | Bt. 6.600 | Ferm. Acciaio | Mat. Acciaio 4 mesi
Rotolo di coniglio con pomodorini ed erbe aromatiche.

MONTEPULCIANO D'ABRUZZO LA QUERCIA 2019
Rosso Doc - Montepulciano 100%
Alc. 14% | € 10 | Bt. 20.120 | Ferm. Acciaio | Mat. Acciaio 12 mesi
Pasta e fagioli.

CERASUOLO D'ABRUZZO PELADI 2022
Rosato Doc - Montepulciano 100%
Alc. 13,5% | € 8 | Bt. 13.300 | Ferm. Acciaio | Mat. Acciaio 4 mesi
Bigoli con l'anatra.

MONTEPULCIANO D'ABRUZZO PELADI 2022
Rosso Doc - Montepulciano 100%
Alc. 13,5% | € 8 | Bt. 28.500 | Ferm. Acciaio | Mat. Acciaio 4 mesi
Bucatini all'amatriciana.

TREBBIANO D'ABRUZZO PELADI 2022
Bianco Doc - Trebbiano 100%
Alc. 12% | € 8 | Bt. 15.500 | Ferm. Acciaio | Mat. Acciaio 4 mesi
Risotto ai finferli.

MONTEPULCIANO D'ABRUZZO COLLINE TERAMANE PRIMAMADRE
2016

ABRUZZO PASSERINA SUPERIORE SANTAPUPA
2021

Lepore
(1992)

L'azienda di Colonnella, nei suoi quattordici ettari di vigneti collocati nel cuore di un territorio altamente vocato quale quello delle colline teramane, coltiva vitigni autoctoni: montepulciano, passerina e trebbiano da cui elabora vini in purezza che spaziano dai beverini (ma mai banali) bianchi da passerina ai profumati cerasuoli color ciliegia, fino ad arrivare a rossi di classe e struttura come il Montepulciano d'Abruzzo Colline Teramane Re e la sontuosa Riserva 2017 Luigi Lepore, vera carezza per il palato, adatta anche a momenti di meditazione.

Contrada Civita, 29 - 64010 Colonnella (TE)
T. 0861 70860 | M. info@vinilepore.it
www.vinilepore.it

Viticoltura: Biologica certificata
Ettari: 14 | **Bottiglie:** 250.000 | **Produzione olearia:** No
Proprietà: Gaspare Lepore
Cond. enologica: Staff aziendale
Cond. agronomica: Lanfranco Di Basilio
Vendita diretta: Sì | **Visite in azienda:** Sì

92

MONTEPULCIANO D'ABRUZZO COLLINE TERAMANE LUIGI LEPORE RISERVA 2017
Rosso Docg - Montepulciano 100%
Alc. 15% | € 35 | Bt. 3.300 | Ferm. Acciaio | Mat. Acciaio 3 mesi e Legno 24 mesi
Rubino limpido e lucente, dal bouquet fine di amarene e more di rovo, fava di cacao, elegie di legno tostato, ricordi di smalto e ceralacca. Vibrante al gusto e morbido, tannini levigati e decisa freschezza gustativa. Congedo lento e serico. Da meditazione. Medaglioni di cervo con riduzione di cottura.

MONTEPULCIANO D'ABRUZZO COLLINE TERAMANE RE 2018
Rosso Docg - Montepulciano 100%
Alc. 15% | € 30 | Bt. 3.300 | Ferm. Acciaio | Mat. Acciaio 3 mesi e Legno 15 mesi
Filetto di bue con salsa di Roquefort.

MONTEPULCIANO D'ABRUZZO PASSIONE 2020
Rosso Doc - Montepulciano 100%
Alc. 14,5% | € 20 | Bt. 3.300 | Ferm. Acciaio | Mat. Acciaio 3 mesi e Legno 12 mesi
Filetto di scottona in sfoglia.

CERASUOLO D'ABRUZZO LUNADEA 2022
Rosato Doc - Montepulciano 100%
Alc. 13,5% | € 18 | Bt. 3.300 | Ferm. Acciaio | Mat. Acciaio
Gnocchetti al sugo d'astice.

CONTROGUERRA PASSERINA DO 2022
Bianco Doc - Passerina 100%
Alc. 13,5% | € 35 | Bt. 3.300 | Ferm. Acciaio | Mat. Acciaio 6 mesi e Legno 3 mesi
Piovra arrostita.

CONTROGUERRA PASSERINA LUNADEA 2022
Bianco Doc - Passerina 100%
Alc. 13% | € 15 | Bt. 3.300 | Ferm. Acciaio | Mat. Acciaio 3 mesi
Burrata di Andria.

MONTEPULCIANO D'ABRUZZO COLLINE TERAMANE RE
2017

CONTROGUERRA PASSERINA DO
2017 | 2018

Lidia e Amato
(2005)

Un passaggio di testimone, da un'importante casata a una nuova famiglia, segna l'inizio dell'avventura della cantina Lidia e Amato. Più di due secoli hanno visto l'avvicendarsi di nove generazioni di viticultori che, con Lidia Tavoletta, lasciano ora un'importante eredità alla famiglia Di Florio insieme a Yannis Kyriazis. Si accompagna a questo passaggio un ampliamento degli spazi produttivi e un desiderio di allargamento del mercato senza mai perdere d'occhio l'attenzione alla qualità. Controguerra è la cornice che fa da contorno a questo progetto.

Contrada San Biagio, 2 - 64010 Controguerra (TE)
T. 0861 817041 | M. info@lidiaeamato.com
www.lidiaeamato.com

Viticoltura: Lotta integrata
Ettari: 19 | **Bottiglie:** 70.000 | **Produzione olearia:** Sì
Proprietà: Famiglia Di Florio
Cond. enologica: Giorgio Ficerai
Cond. agronomica: Giorgio Ficerai
Vendita diretta: Sì | **Visite in azienda:** Sì

MONTEPULCIANO D'ABRUZZO COLLINE TERAMANE RISERVA 2017
Rosso Docg - Montepulciano 100%
Alc. 15,5% | € 18 | Bt. 3.000 | Ferm. Acciaio | Mat. Legno 24 mesi
Carminio di pregiata stoffa. Amarene, visciole, frutta sotto spirito e liquirizia compongono il profilo odoroso, accompagnandosi a leggere scie balsamiche. Scorre con agilità grazie ai tannini tesi e precisi, spalleggiati da un'acidità calibrata. Si congeda con rimandi di liquirizia. Pappardelle con sugo di lepre.

MONTEPULCIANO D'ABRUZZO COLLINE TERAMANE 2018
Rosso Docg - Montepulciano 100%
Alc. 14,5% | € 18 | Bt. 3.000 | Ferm. Acciaio | Mat. Legno 18 mesi
Brasato di lepre con riduzione di vino rosso.

CONTROGUERRA PECORINO 2022
Bianco Doc - Pecorino 100%
Alc. 13% | € 13 | Bt. 13.000 | Ferm. Acciaio | Mat. Acciaio 6 mesi
Mozzarella di bufala campana.

TREBBIANO D'ABRUZZO 2022
Bianco Doc - Trebbiano abruzzese 100%
Alc. 12% | € 10 | Bt. 15.000 | Ferm. Acciaio | Mat. Acciaio 6 mesi
Pizza marinara.

CONTROGUERRA PASSERINA 2022
Bianco Doc - Passerina 100%
Alc. 12% | € 11 | Bt. 13.000 | Ferm. Acciaio | Mat. Acciaio 6 mesi
Canapè di pasta sfoglia al formaggio.

CERASUOLO D'ABRUZZO 2022
Rosato Doc - Montepulciano 100%
Alc. 13% | € 11 | Bt. 13.000 | Ferm. Acciaio | Mat. Acciaio 6 mesi
Pizza fritta con provola e salsiccia.

Marchesi De' Cordano
(2000)

Nei vigneti dal suolo argilloso calcareo, collocati in un territorio storicamente vocato quale l'areale di Loreto Aprutino, l'azienda guidata da Francesco D'Onofrio coltiva uve autoctone che Vittorio Festa elabora in vini di classe e personalità. I bianchi da cococciola e pecorino preservano e valorizzano i sentori tipici dei vitigni garantendo piacevolezza di beva. Da provare Lusciablì Cococciola 2019 che matura 12 mesi in anfora. Il Montepulciano d'Abruzzo Trinità Riserva 2018 è un vino di stile moderno, che preserva forza e tipicità del vitigno donandogli grazia ed equilibrio.

Contrada Cordano, 43 - 65014 Loreto Aprutino (PE)
T. 085 8289526 | M. info@cordano.it
www.cordano.it

Viticoltura: Convenzionale e biologica
Ettari: 50 | **Bottiglie:** 250.000 | **Produzione olearia:** Sì
Proprietà: Francesco D'Onofrio
Cond. enologica: Vittorio Festa
Cond. agronomica: Staff aziendale
Vendita diretta: Sì | **Visite in azienda:** Sì

91

MONTEPULCIANO D'ABRUZZO TRINITÀ RISERVA 2018
Rosso Doc - Montepulciano 100%
Alc. 14% | € 25 | Bt. 28.000 | Ferm. Acciaio | Mat. Acciaio 12 mesi e Legno 12 mesi
Rosso scuro, saturo e dalla piena consistenza, libera fragranze di china, grafite, frutta rossa matura, su sfondo erbaceo e terroso. In bocca è caldo, morbido con tannino vellutato che assieme a una decisa sapidità rende il gusto bilanciato e lungo. Filetto di manzo alla Voronoff.

COCOCCIOLA LUSCIABLÌ 2019
Bianco Igt - Cococciola 100%
Alc. 13% | € 28 | Bt. 3.000 | Ferm. Acciaio | Mat. Acciaio 12 mesi e Terracotta 12 mesi
Coda di rospo gratinata.

PECORINO DIAMINE 2022
Bianco Igt - Pecorino 100%
Alc. 13% | € 14 | Bt. 15.000 | Ferm. Acciaio | Mat. Acciaio 6 mesi
Branzino al sale su letto di patate.

ROSATO AIDA 2022
Rosato Igt - Merlot 50%, Montepulciano 50%
Alc. 13% | € 10 | Bt. 4.000 | Ferm. Acciaio | Mat. Acciaio 3 mesi
Battuto di gamberi rossi di Sicilia.

CERASUOLO D'ABRUZZO PUNTAROSA 2022
Rosato Doc - Montepulciano 100%
Alc. 14% | € 10 | Bt. 3.000 | Ferm. Acciaio | Mat. Acciaio 6 mesi
Triglie in guazzetto.

COCOCCIOLA BRILLA 2022
Bianco Igt - Cococciola 100%
Alc. 13% | € 15 | Bt. 13.000 | Ferm. Acciaio | Mat. Acciaio 6 mesi
Risotto alla zucca.

MONTEPULCIANO D'ABRUZZO TERRA DEI VESTINI SANTINUMI RISERVA
2010 | 2015

CHARDONNAY SANTAGIUSTA
2018

Marramiero
(1993)

L'intero parterre delle etichette mostra una cantina in costante crescita, e con Inferi Terre dei Vestini regala straordinarie performance. Il montepulciano, in Abruzzo e nelle sue sottozone, evolve in modo formidabile, e finalmente si vede sancita, con merito, la qualità di queste produzioni. Degna di nota è l'attenzione alla salvaguardia ambientale, con l'ottenimento di certificazioni importanti, Equalitas in primis, per l'organizzazione e la sostenibilità. Quest'anno è proprio Inferi, con il formato Magnum, a partecipare al progetto AIS Alba Vitae.

Contrada Sant'Andrea, 1 - 65020 Rosciano (PE)
T. 085 8505766 | M. info@marramiero.it
www.marramiero.wine

Viticoltura: Lotta integrata
Ettari: 60 | **Bottiglie:** 600.000 | **Produzione olearia:** Sì
Proprietà: Enrico Marramiero
Cond. enologica: Giuseppe Falcone, Romeo Taraborrelli
Cond. agronomica: Giovanni Chiavaroli
Vendita diretta: Sì | **Visite in azienda:** Sì

(91,5)

MONTEPULCIANO D'ABRUZZO TERRE DEI VESTINI INFERI RISERVA 2019
Rosso Doc - Montepulciano 100%
Alc. 14% | € 25 | Bt. 80.000 | Ferm. Acciaio | Mat. Legno 18 mesi
Un manto granato, impenetrabile, emana profumi di amarene, cuoio, tabacco, spezie, radici. Bocca suadente, piena, equilibrata, dal tannino cesellato. Morbidezza vellutata con ottima dotazione alcolica. Sapido e durevole. Un vino magnifico. Filetto al pepe verde.

MARRAMIERO BRUT
Bianco Metodo Classico - Chardonnay 60%, Pinot nero 40%
Alc. 12,5% | € 22 | Bt. 14.500 | Ferm. Acciaio | Mat. Acciaio 9 mesi | 36 mesi sui lieviti
Crostini con burro e alici.

TREBBIANO D'ABRUZZO ALTARE 2021
Bianco Doc - Trebbiano abruzzese 100%
Alc. 14% | € 17 | Bt. 11.300 | Ferm. Legno | Mat. Legno 18 mesi
Parmigiano Reggiano Riserva.

MARRAMIERO BRUT ROSÉ
Rosato Metodo Classico - Pinot nero 80%, Chardonnay 20%
Alc. 12,5% | € 25 | Bt. 3.000 | Ferm. Acciaio | 36 mesi sui lieviti
Tempura di gamberi.

MONTEPULCIANO D'ABRUZZO INCANTO 2020
Rosso Doc - Montepulciano 100%
Alc. 14% | € 14 | Bt. 42.000 | Ferm. Acciaio | Mat. Acciaio 24 mesi
Trippa in umido.

TREBBIANO D'ABRUZZO ANIMA 2022
Bianco Doc - Trebbiano abruzzese 100%
Alc. 13,5% | € 13 | Bt. 22.000 | Ferm. Acciaio | Mat. Acciaio 3 mesi
Sformatino di zucca con fonduta di Asiago.

MONTEPULCIANO D'ABRUZZO DANTE MARRAMIERO RISERVA
2013

MARRAMIERO BRUT ROSÉ
S.A.

Masciarelli
(1981)

Le parole non riescono sempre a rendere il giusto merito a chi lavora sul territorio regionale da decenni con l'attitudine alla perfezione. Calici dalle enormi potenzialità, espresse in singolari caratteristiche organolettiche, tutte di livello. Un Tastevin di grande valore sancisce una storia: Villa Gemma. Etichetta di pregio con versione firmata da grandi artisti. Dal 2021 ArtProject vede la cantina impegnata anche su questo fronte, con la partecipazione di nomi importanti che, con il contributo del genio creativo, generano plusvalenza emozionale.

Via Gamberale, 2 - 66010 San Martino sulla Marrucina (CH)
T. 0871 85241 | M. info@masciarelli.it
www.masciarelli.it

Viticoltura: Convenzionale
Ettari: 300 | **Bottiglie:** 2.000.000 | **Produzione olearia:** Sì
Proprietà: Marina Cvetic
Cond. enologica: Attilio Alfino
Cond. agronomica: Marco Di Domenico
Vendita diretta: Sì | **Visite in azienda:** Sì

(98)

MONTEPULCIANO D'ABRUZZO VILLA GEMMA RISERVA 2018
Rosso Doc - Montepulciano 100%
Alc. 15% | € 61 | Bt. 20.000 | Ferm. Acciaio | Mat. Legno 12 mesi
Un rosso dal temperamento suggestivo già dalla lucente veste cromatica. Magistrale è la sequenza dei profumi: frutta rossa, poi malie balsamiche e tostate si fondono magnificamente. L'abbraccio tannico avvolge e invita alla meditazione. Un'annata già pronta, ma con la visione di un lungo percorso evolutivo. Entrecôte alla griglia con scaglie di formaggio.

TREBBIANO D'ABRUZZO SUPERIORE CASTELLO DI SEMIVICOLI 2020
Bianco Doc - Trebbiano 100%
Alc. 13% | € 25 | Bt. 12.000 | Ferm. Acciaio | Mat. Acciaio 12 mesi
Seppie ripiene su crema di ceci.

CERASUOLO D'ABRUZZO SUPERIORE VILLA GEMMA 2022
Rosato Doc - Montepulciano 100%
Alc. 14% | € 15 | Bt. 40.000 | Ferm. Acciaio | Mat. Acciaio 3 mesi
Insalatina di porcini e scaglie di formaggio.

MONTEPULCIANO D'ABRUZZO ISKRA RISERVA 2019
Rosso Doc - Montepulciano 100%
Alc. 15% | € 35 | Bt. 13.000 | Ferm. Acciaio | Mat. Legno 18 mesi
Rosticciana.

ABRUZZO MALVASIA ISKRA MARINA CVETIC 2020
Bianco Doc - Malvasia istriana 100%
Alc. 13,5% | € 28 | Bt. 6.000 | Ferm. Legno | Mat. Legno 12 mesi
Brie de Meaux.

MONTEPULCIANO D'ABRUZZO VILLA GEMMA RISERVA
2014 | 2015 | 2017

ABRUZZO PECORINO CASTELLO DI SEMIVICOLI
2014

Francesco Massetti
(2013)

Per coltivare i vigneti situati nel comune di Colonnella con vitigni tradizionali quali montepulciano e trebbiano, la giovane azienda fondata da Francesco Massetti, adotta metodi di coltivazione sostenibili, rispettando l'ambiente e preservandone la biodiversità. Il suolo argilloso e ricco di sedimenti marini, e la vicinanza del mare, consentono di ottenere uve di qualità da cui si ricavano vini autentici e riconoscibili. Il Montepulciano Quarantacinque 2021 seduce con il suo ventaglio di profumi ed è vibrante in bocca, pur rimanendo sempre raffinato.

Via della Marina, 28 - 64010 Colonnella (TE)
T. 329 7266209 | M. francesco.massetti.88@gmail.com
www.vinimassetti.it

Viticoltura: Biologica certificata
Ettari: 5,5 | **Bottiglie:** 15.000 | **Produzione olearia:** No
Proprietà: Francesco Massetti
Cond. enologica: Francesco Massetti
Cond. agronomica: Francesco Massetti
Vendita diretta: Sì | **Visite in azienda:** Sì

(91)

MONTEPULCIANO D'ABRUZZO QUARANTACINQUE 2021
Rosso Doc - Montepulciano 100%
Alc. 15% | € 40 | Bt. 6.000 | Ferm. Acciaio | Mat. Acciaio 5 mesi e Legno 12 mesi
Rubino d'incisiva consistenza, magnifico il profilo odoroso delineato da effluvi di mora, rosa rossa e violetta, per poi virare su memorie di liquirizia e caffè su sottofondo di cipria. Il sorso è acceso e di struttura, gradevole la freschezza gustativa, preludio di un lungo percorso evolutivo. Fiorentina alla brace.

MEZZO PIENO 2022
Rosato Igt - Montepulciano 100%
Alc. 13,5% | € 30 | Bt. 4.000 | Ferm. Acciaio | Mat. Acciaio 6 mesi
Insalata greca.

MEZZO PIENO 2022
Bianco Igt - Trebbiano abruzzese 100%
Alc. 14,5% | € 28 | Bt. 5.000 | Ferm. Acciaio | Mat. Acciaio 6 mesi
Verdure in tempura.

MONTEPULCIANO D'ABRUZZO QUARANTACINQUE
2020

MEZZO PIENO
2019 | 2020 | 2021

Monti
(1969)

Tradizione, famiglia, valori: una terna che permette a Monti di offrire vini dalla cifra stilistica netta e riconoscibile. L'impegno e il lavoro affiancano questo merito. La cantina è ubicata nelle colline teramane, nome che si lega in modo indelebile all'Abruzzo. Brezze marine, terreni calcareo-sabbiosi, vendemmie a mano, cemento vetrificato, botti e barrique sono gli ingredienti imprescindibili per la qualità del vino. Il fondatore, Elio Monti, padre di Emilia, l'attuale proprietaria, ha ora un'etichetta dedicata che affianca la nuova linea di vini da vitigni autoctoni.

Contrada Pignotto, 54 - 64010 Controguerra (TE)
T. 0861 89042 | M. info@vinimonti.it
www.vinimonti.it

Viticoltura: Lotta integrata
Ettari: 8 | **Bottiglie:** 60.000 | **Produzione olearia:** Sì
Proprietà: Emilia Monti e famiglia
Cond. enologica: Massimo Bartolini
Cond. agronomica: Emanuele Leopardi
Vendita diretta: Sì | **Visite in azienda:** Sì

CONTROGUERRA PECORINO ELIO MONTI 2022
Bianco Doc - Pecorino 100%
Alc. 13,5% | € 7 | Bt. 2.000 | Ferm. Acciaio | Mat. Cemento 6 mesi
Paglierino dai bordi d'oro. Molto raffinata la trama olfattiva, spazia dai guizzi floreali di ginestra ai fiori estivi, dal sambuco al miele d'acacia e resine. In bocca si esprime con uno stile legato alla provenienza: caldo e potente, bilanciato da una tipica e splendida impronta sapida. Spiedo di seppioline ai ferri.

CERASUOLO D'ABRUZZO SUPERIORE FEMINA 2022
Rosato Doc - Montepulciano 100%
Alc. 13,5% | € 7 | Ferm. Acciaio | Mat. Cemento 4 mesi
Timballo di riso e gamberi.

MONTEPULCIANO D'ABRUZZO MONTI 2022
Rosso Doc - Montepulciano 100%
Alc. 13,5% | € 6 | Bt. 2.500 | Ferm. Acciaio | Mat. Cemento 12 mesi
Spaghetti al pomodoro.

PECORINO MONTI 2022
Bianco Igp - Pecorino 100%
Alc. 13% | € 5 | Ferm. Acciaio | Mat. Cemento 4 mesi
Pizza con fiordilatte e prosciutto crudo.

ROSATO MONTI 2022
Rosato Igp - Montepulciano 100%
Alc. 13% | € 5 | Ferm. Acciaio | Mat. Cemento 3 mesi
Ciauscolo.

PASSERINA MONTI 2022
Bianco Igp - Passerina 100%
Alc. 12% | € 5 | Bt. 1.500 | Ferm. Acciaio | Mat. Cemento 3 mesi
Pinsa romana con acciughe e capperi.

MONTEPULCIANO D'ABRUZZO COLLINE TERAMANE PIGNOTTO RISERVA
2010 | 2015

CERASUOLO D'ABRUZZO SUPERIORE FEMINA
2019 | 2020

Nododivino
(2019)

Cambio di denominazione per questa giovane realtà, nata come Codicedivino da una costola di Citra, si avvia a passi spediti nel panorama enologico con la nobile ambizione di segnare un riscatto importante per il territorio: sdoganare la tradizionale produzione quantitativa e mirare alla creazione di vini di pregio. Il prezioso logo, che incastona una presentosa sulle bottiglie, ne suggella gli intenti e simboleggia il patto d'amore dell'azienda verso il proprio territorio e i propri vitigni. Trionfo di bianchi che si fanno apprezzare per espressività e facilità di beva.

Località Caldari Stazione - 66026 Ortona (CH)
T. 085 9031517 | M. codicevino@codicevino.it
www.codicevino.it

Viticoltura: Convenzionale
Bottiglie: 110.000 | **Produzione olearia:** No
Proprietà: Nododivino
Cond. enologica: Riccardo Cotarella
Cond. agronomica: Staff aziendale
Vendita diretta: Sì | **Visite in azienda:** Sì

TREBBIANO D'ABRUZZO TREBBIANO C: 2020
Bianco Doc - Trebbiano abruzzese 100%
Alc. 13% | € 24 | Bt. 5.500 | Ferm. Legno e Acciaio | Mat. Acciaio e Legno 6 mesi
Giallo pieno, vivo e con guizzi d'oro. La prima olfazione denota un nitore di camomilla e fieno fresco, che sfuma verso sensazioni evolute di pera sciroppata, miele e cera d'api. Struttura di stoffa spessa che non manca di vivacità, possiede una lunga scia iodata che invita al riassaggio. Yakitori, spiedini di pollo con zenzero.

ABRUZZO PASSERINA SUPERIORE CODA D'ORO 2021
Bianco Doc - Passerina 100%
Alc. 13% | € 22 | Bt. 5.000 | Ferm. Legno e Acciaio | Mat. Acciaio e Legno 6 mesi
Carpaccio di crostacei su mela verde.

ABRUZZO PECORINO SUPERIORE TEGEO 2021
Bianco Doc - Pecorino 100%
Alc. 13% | € 23 | Bt. 6.700 | Ferm. Legno e Acciaio | Mat. Acciaio e Legno 6 mesi
Risotto con cannellini e canestrelli.

MONTEPULCIANO D'ABRUZZO 2019
Rosso Doc - Montepulciano 100%
Alc. 14% | € 15 | Bt. 18.000 | Ferm. Acciaio | Mat. Acciaio e Legno 15 mesi
Guanciale di vitello alle erbe aromatiche.

ABRUZZO PASSERINA SUPERIORE CODA D'ORO
2019

ABRUZZO PECORINO SUPERIORE TEGEO
2018

Novaripa
(1969)

La cantina di Ripa Teatina nata nel 1969 dall'unione di 20 agricoltori spinti dalla passione per la propria terra e dall'idea di proteggerne valori e tradizioni, oggi è una realtà imprenditoriale a forte connotazione internazionale che conta 400 membri e ben 700 ettari vitati tutti collocati in Abruzzo. I vini, ottenuti da vitigni prevalentemente autoctoni quali montepulciano, trebbiano e passerina, hanno carattere e uno stile che si apre al gusto internazionale. Il Montepulciano colpisce per equilibrio e lunghezza. Accattivante il Monatic Gold realizzato da uve viognier.

Via Tiboni, 7 - 66010 Ripa Teatina (CH)
T. 0871 399001 | M. info@novaripa.com
www.novaripa.com

Viticoltura: Lotta integrata
Ettari: 700 | **Bottiglie:** 2.000.000 | **Produzione olearia:** No
Proprietà: Cooperativa di produttori
Cond. enologica: Alberto Di Muzio, Pasquale Caldora
Cond. agronomica: Alessio Masciulli
Vendita diretta: Sì | **Visite in azienda:** Sì

MONTEPULCIANO D'ABRUZZO DOVIZIA 2019
Rosso Doc - Montepulciano 100%
Alc. 14% | € 19 | Bt. 3.000 | Ferm. Acciaio | Mat. Legno 12 mesi e Cemento 12 mesi
Splendido cremisi fitto fitto, decise fragranze di frutti di bosco, vaniglia, cioccolato fondente e cuoio. Il palato è generoso e morbido, bilanciato da un tannino muscoloso e disegnato che lo rende perfetto sia in abbinamento con piatti succulenti sia per momenti di meditazione. Costata di manzo alla griglia.

MONATIC GOLD 2022
Bianco Igp - Viognier 100%
Alc. 13% | € 12 | Bt. 10.000 | Ferm. Acciaio | Mat. Acciaio 6 mesi
Sushi e sashimi.

TREBBIANO D'ABRUZZO DOVIZIA 2020
Bianco Doc - Trebbiano abruzzese 100%
Alc. 14% | € 19 | Bt. 3.000 | Ferm. Legno | Mat. Cemento 12 mesi
Pollo al curry.

PASSERINA AGRONIKA 2022
Bianco Igp - Passerina 100%
Alc. 12,5% | € 6 | Bt. 20.000 | Ferm. Acciaio | Mat. Acciaio 3 mesi
Tartare di gamberi.

MONTEPULCIANO D'ABRUZZO NOVARIPA RISERVA
2018

MOSCATO PASSITO DOVIZIA
2020 | 2021

Orlandi Contucci Ponno
(1960)

Sulle colline che circondano il comune di Roseto degli Abruzzi, la storica azienda, oggi di proprietà della famiglia Gussalli Beretta, elabora dalle uve montepulciano, trebbiano e pecorino, vini Doc e Docg dall'ottimo profilo organolettico e dallo stile moderno. I 26 ettari di vigneti di proprietà sono caratterizzati da buona ventilazione e ottimale esposizione alla luce solare e questo garantisce un numero minimo di interventi in vigna e cantina. Il Montepulciano Riserva 2018 unisce alla tradizionale forza e potenza del vitigno, indiscutibili doti di classe e bevibilità.

Località Piana degli Ulivi, 1 - 64026 Roseto degli Abruzzi (TE)
T. 085 8944049 | M. info@orlandocontucciponno.com
www.orlandicontucciponno.it

Viticoltura: Lotta integrata
Ettari: 26 | **Bottiglie:** 180.000 | **Produzione olearia:** Sì
Proprietà: Famiglia Gussalli Beretta
Cond. enologica: Gianni Fioravanti
Cond. agronomica: Staff aziendale
Vendita diretta: Sì | **Visite in azienda:** Sì

MONTEPULCIANO D'ABRUZZO COLLINE TERAMANE RISERVA 2018
Rosso Docg - Montepulciano 100%
Alc. 14% | € 27 | Bt. 6.600 | Ferm. Legno e Acciaio | Mat. Legno 24 mesi
Rubino lucente, ouverture di amarena matura e ciliegia sotto spirito, poi subentrano cioccolato, cuoio e ricordi di ceralacca. Impalcatura gustativa energica, il sorso si mostra sempre in equilibrio grazie alla presenza di tannini decisi ma fini. Persistente. Filetto al pepe verde.

MONTEPULCIANO D'ABRUZZO COLLINE TERAMANE PODERE LA REGIA SPECULA 2020
Rosso Docg - Montepulciano 100%
Alc. 13,5% | € 22 | Bt. 20.000 | Ferm. Acciaio | Mat. Legno 12 mesi
Lasagne alla bolognese.

TREBBIANO D'ABRUZZO SUPERIORE 2022
Bianco Doc - Trebbiano abruzzese 90%, Passerina 10%
Alc. 13,5% | € 18 | Bt. 5.000 | Ferm. Acciaio | Mat. Acciaio 5 mesi e Legno 5 mesi
Zuppa di cipolle gratinate.

CERASUOLO D'ABRUZZO SUPERIORE VERMIGLIO 2022
Rosato Doc - Montepulciano 100%
Alc. 13,5% | € 18 | Bt. 10.000 | Ferm. Acciaio | Mat. Acciaio 5 mesi
Gazpacho.

ABRUZZO PECORINO SUPERIORE 2022
Bianco Doc - Pecorino 100%
Alc. 13,5% | € 18 | Bt. 13.000 | Ferm. Acciaio | Mat. Acciaio 4 mesi
Anguilla ai ferri.

MONTEPULCIANO D'ABRUZZO COLLINE TERAMANE RISERVA
2016 | 2017

LIBURNIO
2013 | 2015 | 2016

Emidio Pepe
(1964)

Se fossimo dall'altra parte del mondo e stappassimo una bottiglia di Emidio Pepe, a occhi chiusi ci sembrerebbe d'essere immersi nella brezza dell'Adriatico, tra le colline soleggiate del teramano. Sono vini nati per raccontare il territorio, descrivere la variabilità dell'annata, celebrare le monocultivar abruzzesi, come se aprissimo un libro: il calice narra la storia del vino, dal vigneto alla cantina, aprendosi in un racconto che esalta le peculiarità delle stagioni e onora la mano esperta, ma riservata, del vigneron. Il Trebbiano è un inno alla natura e alla vita.

Via Chiesi, 10 - 64010 Torano Nuovo (TE)
T. 0861 856493 | M. info@emidiopepe.com
www.emidiopepe.com

Viticoltura: Biologica e biodinamica certificate
Ettari: 20 | **Bottiglie:** 80.000 | **Produzione olearia:** Sì
Proprietà: Sofia e Daniela Pepe
Cond. enologica: Sofia Pepe
Cond. agronomica: Sofia Pepe
Vendita diretta: Sì | **Visite in azienda:** Sì

97

TREBBIANO D'ABRUZZO EMIDIO PEPE 2021
Bianco Doc - Trebbiano abruzzese 100%
Alc. 12% | € 55 | Bt. 30.000 | Ferm. Cemento | Mat. Cemento 24 mesi
Oro liquido, ricco e variegato al naso, gradevole inizio di albicocca disidratata, fiori di mimosa e miele di acacia in rapida sequenza, chiude un'entusiasmante performance olfattiva con sentori di pietra focaia bagnata. Bocca trainata dalla forza acida che si allunga assieme alla ruvida firma della macerazione. Eccellente come sempre. Seppioline ai ferri.

95

MONTEPULCIANO D'ABRUZZO COLLINE TERAMANE BIO 2021
Rosso Docg - Montepulciano 100%
Alc. 13,5% | € 60 | Bt. 35.000 | Ferm. Cemento | Mat. Cemento 24 mesi
Rubino con lampi purpurei e riconoscimenti di mora, mirtillo, mirto e violetta accarezzati da un soffio delicato di lavanda e spaziatura dolce. Maestoso al palato, slanciato e dinamico con una mirabile freschezza con tannino aristocratico magistralmente intarsiato. Fondue bourguignonne.

PECORINO EMIDIO PEPE 2021
Bianco Igt - Pecorino 100%
Alc. 13,5% | € 60 | Bt. 8.000 | Ferm. Cemento | Mat. Cemento 24 mesi
Pappardelle con coda di rospo e carciofi.

CERASUOLO D'ABRUZZO EMIDIO PEPE 2022
Rosato Doc - Montepulciano 100%
Alc. 14,5% | € 50 | Bt. 6.000 | Ferm. Cemento
Caciocavallo podolico.

TREBBIANO D'ABRUZZO EMIDIO PEPE
2019 | 2020

MONTEPULCIANO D'ABRUZZO COLLINE TERAMANE BIO
2020

Pietrantonj
(1830)

Una cantina in costante rinnovo, con le conferme di sempre. La scelta del panel si è indirizzata, ancora una volta, verso quel vino rosa che piace a tutti, che tanto caratterizza la regione e che porta il nome di Cerasuolo. Aderente alle nuove mode, al gusto giovane, da sempre viene prodotto qui, e in modo magistrale da Pietrantonj. Un vino che rappresenta la declinazione più tipica, fresca e profumata del Montepulciano. Ci lascia stupiti anche il Cerano in versione Riserva. Apprezzato però tutto il corpus di etichette con bianchi da autoctoni e un incredibile passito.

Via San Sebastiano, 38 - 67030 Vittorito (AQ)
T. 0864 727102 | M. info@vinipietrantonj.it
www.vinipietrantonj.it

Viticoltura: Lotta integrata
Ettari: 60 | **Bottiglie:** 350.000 | **Produzione olearia:** Sì
Proprietà: Serena, Roberta e Alice Pietrantonj
Cond. enologica: Nicola Dragani
Cond. agronomica: Romano D'Amario
Vendita diretta: Sì | **Visite in azienda:** Sì

91

CERASUOLO D'ABRUZZO SUPERIORE CERANO 2022
Rosato Doc - Montepulciano 100%
Alc. 14% | € 20 | Bt. 30.000 | Ferm. Acciaio | Mat. Acciaio 6 mesi
Cerasuolo di nome e di fatto. Freschi profumi di piccoli frutti rossi: marasche, lampone e melagrana si uniscono a delicati effluvi floreali di ciclamino, rose e peonie. Al palato è carezzevole e fresco, particolarmente appagante e tipico. Finale di spessore e lunga memoria. Zuppa di pesce.

MONTEPULCIANO D'ABRUZZO CERANO RISERVA 2018
Rosso Doc - Montepulciano 100%
Alc. 14% | € 20 | Bt. 7.000 | Ferm. Acciaio | Mat. Acciaio 18 mesi e Legno 18 mesi
Controfiletto di bue alla brace.

PASSITO
Rosso Igt Passito - Montepulciano 100%
Alc. 14% | € 20 (0,5l) | Bt. 1.500 | Ferm. Acciaio
Mostaccioli.

PECORINO CERANO 2022
Bianco Igt - Pecorino 100%
Alc. 13% | € 10 | Bt. 10.000 | Ferm. Acciaio
Crema di patate e asparagi con cappesante scottate.

MALVASIA TORRE AQUILANE 2022
Bianco Igt - Malvasia di Candia aromatica 100%
Alc. 13% | € 8 | Bt. 10.000 | Ferm. Acciaio
Filetti di pesce persico al burro e timo.

CERASUOLO D'ABRUZZO SUPERIORE CERANO
2021

MONTEPULCIANO D'ABRUZZO CERANO RISERVA
2010 | 2011 | 2021

Podere Colle San Massimo
(2012)

Grazie alla conduzione biologica e a un attento lavoro in vigna, pecorino, passerina e montepulciano, esaltano le loro caratteristiche clonali in perfetta sintonia con il terroir e con lo spirito dell'azienda, sempre protesa a ottenere obbiettivi di qualità e sostenibilità in armonia con l'ambiente. La collocazione della big bench, panchina gigante, conferma la bellezza di un panorama mozzafiato dal quale lasciarsi emozionare sorseggiando l'ottimo vino prodotto da Salvatore e Cinzia: Orso e Ape, che nella loro struttura ricettiva accolgono gli ospiti come amici in casa.

Colle San Massimo, 16 - 64021 Giulianova (TE)
T. 335 5650784 | M. info@poderecollesanmassimo.com
www.poderecollesanmassimo.com

Viticoltura: Biologica certificata
Ettari: 4 | **Bottiglie:** 25.000 | **Produzione olearia:** Sì
Proprietà: Podere Colle San Massimo
Cond. enologica: Antonio Lamona
Cond. agronomica: Emanuele Leopardi
Vendita diretta: Sì | **Visite in azienda:** Sì

PASSERINA COLLE REGINA 2022
Bianco Igp - Passerina 100%
Alc. 13% | € 13 | Bt. 2.700 | Ferm. Acciaio | Mat. Acciaio 8 mesi
Giallo paglierino con riflessi verdolini. L'olfatto dapprima austero si apre nell'abbraccio di un bouquet di fiori bianchi, un fruttato delicato e malie salmastre. Generoso e teso il sorso, sorretto da acidità e sapidità capaci di imprimere una buona persistenza. Risotto alla zucca e astice.

CERASUOLO D'ABRUZZO AMORE 2022
Rosato Doc - Montepulciano 100%
Alc. 13% | € 14 | Bt. 3.330 | Ferm. Acciaio
Involtini di melanzana con scamorza.

MONTEPULCIANO D'ABRUZZO COLLINE TERAMANE TERRA BRUNA 2018
Rosso Docg - Montepulciano 100%
Alc. 14% | € 25 | Bt. 4.700 | Ferm. Acciaio | Mat. Acciaio 12 mesi e Legno 12 mesi
Entrecôte alla griglia con scaglie di formaggio.

ABRUZZO PECORINO COLLE DELL'ORSO
2021

MONTEPULCIANO D'ABRUZZO COLLEROSSO
2017

Poderi Costantini Antonio
(1996)

Di anno in anno i vini della famiglia Costantini si confermano eccezionali: merito della perseveranza e dell'ultracentenaria esperienza. Il percorso è in ascesa, come dimostra l'apertura dei nuovi spazi adiacenti alla cantina, con una parte per la vinificazione e la bottaia. La recentissima sala degustazione ci permetterà di tastare le sperimentazioni in anfora, e di godere dell'assaggio dell'intera scuderia di casa, vini che fanno emergere i tratti distintivi dei vitigni locali e del preziosissimo terroir. Primo posto per il Montepulciano, rotondo ed equilibrato.

Strada Migliori, 20 - 65013 Città Sant'Angelo (PE)
T. 085 9699169 | M. info@costantinivini.it
www.podericostantini.it

Viticoltura: Lotta integrata
Ettari: 52 | **Bottiglie:** 200.000 | **Produzione olearia:** Sì
Proprietà: Famiglia Costantini
Cond. enologica: Riccardo Brighigna
Cond. agronomica: Staff aziendale
Vendita diretta: Sì | **Visite in azienda:** Sì

MONTEPULCIANO D'ABRUZZO COSTANTINI 2020
Rosso Doc - Montepulciano 100%
Alc. 14,5% | € 17 | Ferm. Acciaio | Mat. Acciaio 18 mesi e Legno 18 mesi
Un cuore rubino, dai toni saturi. Un racconto di ciliegia, amarena e prugna matura, arricchito da suadenti stille speziate di liquirizia e noce moscata, su sfondo di rabarbaro. Tondo al gusto, caldo e morbido, ben equilibrato da decisa freschezza e da tannino vellutato. Epilogo di frutti rossi e spezie. Blu di pecora.

CERASUOLO D'ABRUZZO SUPERIORE COSTANTINI 2022
Rosato Doc - Montepulciano 100%
Alc. 14% | € 13 | Bt. 2.500 | Ferm. Acciaio | Mat. Acciaio 6 mesi
Crostini con spuma di mortadella.

MONTEPULCIANO D'ABRUZZO TORNESE 2017
Rosso Doc - Montepulciano 100%
Alc. 14,5% | € 25 | Bt. 3.000 | Ferm. Acciaio | Mat. Acciaio 6 mesi e Legno 24 mesi
Maialino in agrodolce.

TREBBIANO D'ABRUZZO FEBE 2022
Bianco Doc - Trebbiano 100%
Alc. 12,5% | € 11 | Bt. 5.000 | Ferm. Acciaio | Mat. Acciaio 6 mesi
Petto di pollo agli asparagi.

MONTEPULCIANO D'ABRUZZO COSTANTINI
2018

CERASUOLO D'ABRUZZO FEBE
2017 | 2020 | 2021

Rosarubra
(2012)

La linea Vigne Lomanegra riconferma il primato tra i vini della cantina Rosarubra. Una selezione di cru della tenuta di Pietranico indirizzati a rappresentare una linea di vini naturali, non filtrati, con lieviti selezionati in azienda e torchiati a mano. Lungi dal ricondursi a mode e tendenze in un terroir unico, l'azienda ribadisce l'attaccamento alla terra, ricercando in ogni momento della lavorazione l'integrità del frutto e l'assenza di forzature. È la natura che detta tempi e modi, ma è l'uomo a godere dell'interpretazione che porta i vini alla perfezione ricercata.

Via Cesa, 60 - 65020 Pietranico (PE)
T. 085 7993626 | M. info@rosarubra.it
www.rosarubra.it

Viticoltura: Biologica certificata e biodinamica
Ettari: 15 | **Bottiglie:** 90.000 | **Produzione olearia:** Sì
Proprietà: Riccardo Iacobone
Cond. enologica: Camillo Zulli, Margherita Maiorino
Cond. agronomica: Enio Tiberio
Vendita diretta: Sì | **Visite in azienda:** Sì

MONTEPULCIANO D'ABRUZZO VIGNE LOMANEGRA 2020
Rosso Doc - Montepulciano 100%
Alc. 14,5% | € 39 | Ferm. Legno | Mat. Legno 12 mesi
Granato, intenso e ricercato. All'olfatto si percepisce immediatamente la macerazione della ciliegia, la rosa appassita, il tabacco, il cuoio e un'evidente speziatura. Seducente il corpo, tannico e morbido, ci regala un vino di grande spessore organolettico. Cinghiale arrosto con castagne.

MONTEPULCIANO D'ABRUZZO SHAMÀN RISERVA 2015
Rosso Doc - Montepulciano 100%
Alc. 15% | € 44 | Bt. 6.000 | Ferm. Acciaio | Mat. Legno 18 mesi
Medaglioni di cervo con riduzione di cottura.

CERASUOLO D'ABRUZZO 2022
Rosato Doc - Montepulciano 100%
Alc. 13,5% | € 19 | Bt. 6.000 | Ferm. Acciaio | Mat. Acciaio 4 mesi
Tagliere di salumi.

ABRUZZO PECORINO SHAMÀN 2017
Bianco Doc - Pecorino 100%
Alc. 14,5% | € 44 | Bt. 3.000 | Ferm. Acciaio | Mat. Acciaio 12 mesi e Legno 12 mesi
Spaghetti alla carbonara.

MONTEPULCIANO D'ABRUZZO VIGNE LOMANEGRA
2019

TREBBIANO D'ABRUZZO VIGNE LOMANEGRA
2020

San Lorenzo
(1998)

Il montepulciano è protagonista indiscusso e mentre Oinos, in strepitosa forma, domina la classifica, si fa notare un elegante Aldebaran per l'immediata gradevolezza del frutto in primo piano che ci conquista all'assaggio. Quest'anno altri sei ettari di terreno di proprietà sono stati impiantati con vigne di montepulciano e di trebbiano sulle alte colline nel comune di Castilenti, a 290 metri sul livello del mare, con un'attenzione particolare al cambiamento climatico, ai nuovi progetti aziendali e non solo. San Lorenzo si conferma esempio di eccellenza custodita nel tempo.

Contrada Plavignano, 2 - 64035 Castilenti (TE)
T. 0861 999325 | M. info@sanlorenzovini.com
www.sanlorenzovini.com

Viticoltura: Biologica
Ettari: 170 | **Bottiglie:** 780.000 | **Produzione olearia:** Sì
Proprietà: Gianluca e Fabrizio Galasso, Giuseppe Franco e Giuseppina Barbone
Cond. enologica: Riccardo Brighigna
Cond. agronomica: Giuseppe Franco Barbone
Vendita diretta: Sì | **Visite in azienda:** Sì

96

MONTEPULCIANO D'ABRUZZO COLLINE TERAMANE OINOS 2019
Rosso Docg - Montepulciano 100%
Alc. 14% | € 22 | Bt. 25.000 | Ferm. Legno e Acciaio | Mat. Legno 24 mesi
Cremisi dalle screziature granato. Nell'ampiezza odorosa si fondono ciliegia, mora, pepe nero, caffè, ginepro e sensazioni iodate. Al sorso incede vigoroso senza ostentare potenza, mostrando ottima freschezza, vena sapida e tannino integrato che accompagna un'estensione di frutti rossi e liquirizia. Filetto di manzo in crosta alle erbette.

MONTEPULCIANO D'ABRUZZO COLLINE TERAMANE ESCOL RISERVA 2018
Rosso Docg - Montepulciano 100%
Alc. 14,5% | € 22 | Bt. 25.000 | Ferm. Legno e Cemento | Mat. Legno 36 mesi
Civet di capriolo ai funghi.

MONTEPULCIANO D'ABRUZZO ALDEBARAN 2022
Rosso Doc - Montepulciano 100%
Alc. 14% | € 10 | Bt. 40.000 | Ferm. Cemento | Mat. Cemento 5 mesi
Agnolotti al sugo di carne.

MONTEPULCIANO D'ABRUZZO COLLINE TERAMANE ANTARES 2020
Rosso Docg - Montepulciano 100%
Alc. 13,5% | € 10 | Bt. 100.000 | Ferm. Acciaio | Mat. Legno 12 mesi
Pecorino di Pienza.

IL PECORINO SAN LORENZO 2022
Bianco Doc - Pecorino 100%
Alc. 13% | € 10 | Bt. 60.000 | Ferm. Acciaio
Mortadella Bologna.

TREBBIANO D'ABRUZZO CASABIANCA 2022
Bianco Doc - Trebbiano abruzzese 100%
Alc. 12,5% | € 9 | Bt. 50.000 | Ferm. Acciaio
Verdure pastellate.

MONTEPULCIANO D'ABRUZZO COLLINE TERAMANE ESCOL RISERVA
2013 | 2016 | 2017

MONTEPULCIANO D'ABRUZZO COLLINE TERAMANE OINOS
2013 | 2015 | 2016

Spinelli
(1973)

L'azienda a conduzione familiare, nonostante oggi esporti circa il 60% della propria produzione nei mercati esteri continua a mantenere ben salde le proprie radici nella terra, e con essa continua a nutrire un rapporto viscerale che è la sintesi della filosofia aziendale: il vino non lo inventi, è il prodotto della terra e di ciò che avviene in vigna. Le tecnologie in cantina hanno solo il compito di perfezionare ed esaltare ciò che di meglio la terra ha da offrire. Tra le novità di quest'anno svetta il Montepulciano d'Abruzzo Zione, perfetto in abbinamento a carni rosse alla brace.

Via Piana La Fara, 90 - 66041 Atessa (CH)
T. 0872 897916 | M. info@cantinespinelli.it
www.cantinespinelli.it

Viticoltura: Convenzionale
Ettari: 100 | **Bottiglie:** 7.000.000 | **Produzione olearia:** Sì
Proprietà: Famiglia Spinelli
Cond. enologica: Andrea Spinelli
Cond. agronomica: Staff aziendale
Vendita diretta: Sì | **Visite in azienda:** Sì

MONTEPULCIANO D'ABRUZZO ZIONE 2020
Rosso Doc - Montepulciano 100%
Alc. 14% | € 21 | Bt. 50.000 | Ferm. Acciaio | Mat. Legno 24 mesi
Inchiostro impenetrabile e consistente, dallo spettro olfattivo sfaccettato e complesso che si presenta con frutta rossa matura, cioccolato fondente, cuoio e caffè. In bocca vi è un buon equilibrio grazie alla contrapposizione tra tannino levigato e dotazione calorica. Tagliata di manzo al rosmarino.

PECORINO LA TESSA 2022
Bianco Igt - Pecorino 100%
Alc. 13% | € 11 | Bt. 60.000 | Ferm. Acciaio
Alette di pollo piccanti.

CERASUOLO D'ABRUZZO ZIONE 2021
Rosato Doc - Montepulciano 100%
Alc. 14% | € 21 | Bt. 20.000 | Ferm. Acciaio
Parmigiana di melanzane.

MONTEPULCIANO D'ABRUZZO LA TESSA 2022
Rosso Doc - Montepulciano 100%
Alc. 13,5% | € 11 | Bt. 30.000 | Ferm. Acciaio
Tagliatelle al ragù.

TREBBIANO D'ABRUZZO ZIONE 2022
Bianco Doc - Trebbiano 100%
Alc. 13% | € 21 | Bt. 20.000 | Ferm. Acciaio
Bocconcini di rana pescatrice in crosta di mandorle.

PECORINO SUPERIORE STAGIONI DEL VINO
2021

TREBBIANO D'ABRUZZO STAGIONI DEL VINO
2021

Guido Strappelli
(1990)

Il fondatore Guido Strappelli con un occhio guarda alla propria storia, al rispetto delle espressioni tipiche del territorio di Torano Nuovo (l'antica Turan) e con l'altro mira a cogliere le tendenze della vitivinicoltura contemporanea, come testimonia la collaborazione dal 2018 con la start-up di trace technologies, che fornisce al cliente un tracciamento completo di tutta la filiera dei vini lavorati esclusivamente con agricoltura biologica. Il Pecorino Soprano si è mostrato quest'anno particolarmente intenso, espressivo e di carattere meritando il podio.

Via Torri, 16 - 64010 Torano Nuovo (TE)
T. 0861 887402 | M. info@cantinastrappelli.it
www.cantinastrappelli.it

Viticoltura: Biologica certificata
Ettari: 10 | **Bottiglie:** 75.000 | **Produzione olearia:** Sì
Proprietà: Guido Strappelli
Cond. enologica: Riccardo Brighigna
Cond. agronomica: Guido Strappelli
Vendita diretta: Sì | **Visite in azienda:** Sì

CONTROGUERRA PECORINO SOPRANO 2022
Bianco Doc - Pecorino 100%
Alc. 14,5% | € 11 | Bt. 3.333 | Ferm. Acciaio
Eccellente vivacità ad animare il paglierino. Percorre sentieri di gran de fascino: tropicale nel frutto dell'ananas e mango, vegetale e fresco nell'erba tagliata, balsamico con timo e rosmarino. Palato teso, articolato e ben calibrato con una vena sapida di spicco. Godibile e piacevole, chiude su scie iodate. Rollè di cernia con patate al rosmarino.

CERASUOLO D'ABRUZZO SUPERIORE BIO COLLE TRÀ 2022
Rosato Dop - Montepulciano 100%
Alc. 14,5% | € 12 | Bt. 3.333 | Ferm. Acciaio | Mat. Acciaio 6 mesi
Cannelloni con radicchio e speck.

MONTEPULCIANO D'ABRUZZO COLLINE TERAMANE BIO COLLE TRÀ 2017
Rosso Docg - Montepulciano 100%
Alc. 15% | € 22 | Ferm. Legno | Mat. Legno 18 mesi
Pappardelle con funghi porcini.

CONTROGUERRA PASSERINA COLLE TRÀ 2022
Bianco Doc - Passerina 100%
Alc. 13,5% | € 12 | Bt. 6.666 | Ferm. Acciaio | Mat. Acciaio 6 mesi
Seppie in umido con piselli.

MONTEPULCIANO D'ABRUZZO 2020
Rosso Doc - Montepulciano 100%
Alc. 14% | € 11 | Ferm. Acciaio
Scaloppa di vitello con asparagi trifolati.

MONTEPULCIANO D'ABRUZZO COLLINE TERAMANE CELIBE RISERVA
2015

CERASUOLO D'ABRUZZO
2017 | 2021

Nic Tartaglia
(2015)

Vini sinceri e autentici, fedeli al territorio. È così che Nic Tartaglia esprime l'amore viscerale per la sua terra. Siamo ad Alanno, nel cuore della fascia collinare abruzzese e dai 12 ettari di vigneti Nic ricava le uve che vinifica in purezza e con tecniche di affinamento mirate a mantenere intatte le caratteristiche dei terroir di provenienza. Da qui le due linee proposte: i monovarietali da uve autoctone con maturazione in acciaio ai quali si affiancano le Riserve, anche da vitigni internazionali, con maturazioni più articolate.

Via Oratorio, 24 - 65020 Alanno (PE)
T. 333 9484475 | M. azienda@nictartaglia.com
www.nictartaglia.com

Viticoltura: Lotta integrata
Ettari: 12 | **Bottiglie:** 35.000 | **Produzione olearia:** Sì
Proprietà: Nic Tartaglia
Cond. enologica: Loriano Di Sabatino
Cond. agronomica: Ercolino Tartaglia, Nic Tartaglia
Vendita diretta: Sì | **Visite in azienda:** Sì

MONTEPULCIANO D'ABRUZZO 2020
Rosso Doc - Montepulciano 100%
Alc. 14,5% | € 13 | Bt. 10.000 | Ferm. Acciaio | Mat. Acciaio 30 mesi
Rosso rubino smagliante, al naso dominano sentori scuri, dati dal connubio tra espressioni mature di mora e prugna, liquirizia, caffè e un accenno di sottobosco e humus. Al palato è succoso, acceso da gentile freschezza e da un tannino vivido. Il frutto sfuma, lungo, su linee di polvere di caffè. Cosciotto d'agnello al forno con patate novelle.

PECORINO 2022
Bianco Igt - Pecorino 100%
Alc. 13,5% | € 13 | Ferm. Acciaio | Mat. Acciaio 7 mesi
Stracciatella di bufala.

CERASUOLO D'ABRUZZO 2022
Rosato Doc - Montepulciano 100%
Alc. 13,5% | € 13 | Bt. 6.500 | Ferm. Acciaio | Mat. Acciaio 7 mesi
Pennette con pesto alla trapanese.

TREBBIANO D'ABRUZZO 2022
Bianco Doc - Trebbiano 100%
Alc. 12,5% | € 13 | Bt. 4.000 | Ferm. Acciaio | Mat. Acciaio 7 mesi
Insalata greca.

CABERNET BIFOLCO
2016

MONTEPULCIANO D'ABRUZZO IO SELVA DELLE MURA
2016

Tenuta Antonini
(2018)

Brillante esordio per la giovanissima Tenuta Antonini, che fa il suo primo ingresso in Guida. La prima vendemmia della cantina è stata quella del 2020, eppure sono già molteplici i successi collezionati; merito senz'altro dell'esperienza di Marco Antonini e della vocazione del figlio Alessio per la terra del nonno Luigi. Padre e figlio prediligono una produzione nella quale agronomia e tecniche di vinificazione camminano parallelamente, avvalendosi delle più avanzate tecnologie, come la criomacerazione in cantina, e la tecnica del sovescio in vigna. Brindiamo al loro futuro.

Strada vicinale Casette, snc - Loc. Casette - 64010 Ancarano (TE)
T. 0861 855703 | M. info@antonini.srl
www.tenutaantonini.it

Viticoltura: Convenzionale e lotta integrata
Ettari: 20 | **Bottiglie:** 187.000 | **Produzione olearia:** Sì
Proprietà: Marco e Alessio Antonini
Cond. enologica: Nicola Tucci, Valerio Crocetti
Cond. agronomica: Marco Di Domenico
Vendita diretta: Sì | **Visite in azienda:** Sì

ROSSO 24 CARATI 2020
Rosso - Montepulciano 80%, Merlot 20%
Alc. 14,5% | € 22 | Bt. 27.600 | Ferm. Acciaio | Mat. Legno 12 mesi
Sipario rubino, con orlo granato, che apre su una danza di amarene e prugne mature, cedono il passo ad avvolgenti guizzi di caffè e cioccolato, per poi evolvere verso ondate eteree. Solenne la struttura, supportata da alcol e tannino. Lungo congedo su aromi di liquirizia. Braciola di cervo con salsa di ribes.

ABRUZZO PECORINO 2022
Bianco Doc - Pecorino 100%
Alc. 13% | € 12 | Bt. 19.700 | Ferm. Acciaio | Mat. Acciaio
Cappesante scottate allo zenzero.

TREBBIANO D'ABRUZZO 2022
Bianco Doc - Trebbiano abruzzese 100%
Alc. 13% | € 12 | Bt. 19.850 | Ferm. Acciaio | Mat. Acciaio
Ravioli burro e salvia.

MONTEPULCIANO D'ABRUZZO COLLINE TERAMANE P.121 2021
Rosso Docg - Montepulciano 100%
Alc. 14,5% | € 27 | Bt. 13.200 | Ferm. Acciaio | Mat. Legno 18 mesi
Gulasch di manzo alla paprica dolce.

Tenuta Arabona
(2006)

Tenuta Arabona è un'azienda a gestione familiare che Domenico Radica, unendo l'antico sapere di famiglia e le conoscenze maturate negli anni di studio, porta avanti assieme alla moglie Maria Antonietta e ai figli. Il sogno è realizzare vini biologici rappresentativi del territorio di Manoppello, ottenuti dall'elaborazione delle uve montepulciano, trebbiano, pecorino e passerina coltivate nei vigneti di proprietà. Quest'anno spicca la linea Manus Plere con il Montepulciano d'Abruzzo che convince per espressività e pulizia gusto-olfattiva, e il sinuoso e profumato Cerasuolo.

Via dei Vigneti, 4 - Contrada Santa Maria Arabona - 65024 Manoppello Scalo (PE)
T. 085 8561902 | M. info@tenutaarabona.it
www.tenutaarabona.it

Viticoltura: Biologica certificata
Ettari: 25 | **Bottiglie:** 80.000 | **Produzione olearia:** Sì
Proprietà: Maria Antonietta De Acetis
Cond. enologica: Romano D'Amario, Domenico Radica
Cond. agronomica: Domenico Radica
Vendita diretta: Sì | **Visite in azienda:** Sì

MONTEPULCIANO D'ABRUZZO MANUS PLERE 2018
Rosso Doc - Montepulciano 100%
Alc. 13,5% | € 10 | Bt. 10.000 | Ferm. Acciaio | Mat. Acciaio 24 mesi
Rosso profondo con merletto granato. Al naso libera profumi di ciliegia sotto spirito, liquirizia, note ematiche e petali di geranio. Sul finale si percepiscono tracce eteree di smalto. In bocca è sapido e di buona beva, con un delizioso equilibrio tra morbidezze e tannini. Costoletta alla valdostana.

CERASUOLO D'ABRUZZO MANUS PLERE 2022
Rosato Doc - Montepulciano 100%
Alc. 12,5% | € 8 | Bt. 5.000 | Ferm. Acciaio | Mat. Acciaio 2 mesi
Tagliolini all'astice.

MONTEPULCIANO D'ABRUZZO MIA NATURA 2022
Rosso Doc - Montepulciano 100%
Alc. 13,5% | € 12 | Bt. 5.000 | Ferm. Acciaio | Mat. Acciaio 6 mesi
Agnolotti al piccione con sugo d'arrosto.

PECORINO MIA NATURA 2022
Bianco Igt - Pecorino 100%
Alc. 12% | € 12 | Bt. 5.000 | Ferm. Acciaio | Mat. Acciaio 2 mesi
Risotto alla pescatora.

TREBBIANO D'ABRUZZO MANUS PLERE 2022
Bianco Doc - Trebbiano 100%
Alc. 12,5% | € 8 | Bt. 5.000 | Ferm. Acciaio | Mat. Acciaio 2 mesi
Culatello di Zibello e gnocco fritto.

PASSERINA MIA NATURA 2022
Bianco Igt - Passerina 100%
Alc. 12% | € 12 | Bt. 5.000 | Ferm. Acciaio | Mat. Acciaio 2 mesi
Verdure pastellate.

MONTEPULCIANO D'ABRUZZO MIA NATURA
2021

MONTEPULCIANO D'ABRUZZO TERRA CRUDA
2015

Tenuta Cerulli Spinozzi
(2003)

L'azienda conta 35 ettari di superficie vitata nel comune di Cansano e 18 nel comune di Mosciano. Le piante sono coltivate su terreni di origine alluvionale, preistoricamente attraversate dalle acque del fiume Vomano, che qui hanno lasciato una terra argillosa di sassi e di sabbia. A questo si aggiunge l'esposizione a sud-est, la vicinanza incombente del Gran Sasso da una parte e il mare dall'altra, che garantiscono un microclima perfetto per la maturazione e la salute di queste uve, rigorosamente autoctone. Cerulli Spinozzi da oltre vent'anni segue i dettami dell'agricoltura biologica.

SS 150, km 17,600 - 64020 Canzano (TE)
T. 0861 57193 - 0861 57360 | M. info@cerullispinozzi.it
www.cerullispinozzi.it

Viticoltura: Lotta integrata
Ettari: 35 | **Bottiglie:** 150.000 | **Produzione olearia:** Sì
Proprietà: Vincenzo, Enrico e Francesco Cerulli Irelli
Cond. enologica: Nereo Ianni
Cond. agronomica: Remo Di Giuliantonio
Vendita diretta: Sì | **Visite in azienda:** Sì

PECORINO CORTALTO 2021
Bianco Igt - Pecorino 100%
Alc. 14,5% | € 18 | Bt. 4.000 | Ferm. Acciaio | Mat. Acciaio 8 mesi
Giallo sole, quasi oro. Fine e intenso il profilo, rimandi agrumati di lime, lievi toni erbacei, sbuffi sulfurei che attestano un'intrigante mineralità. Al gusto si rivela gradevole, energico, dotato di buona sapidità. La chiosa è appagante, lunga e appena ammandorlata. Baccalà mantecato.

MONTEPULCIANO D'ABRUZZO COLLINE TERAMANE TORRE MIGLIORI RISERVA 2017
Rosso Docg - Montepulciano 100%
Alc. 15% | € 40 | Bt. 4.000 | Mat. Acciaio 24 mesi e Legno 36 mesi
Capriolo ai porcini.

CERASUOLO D'ABRUZZO SUPERIORE CORTALTO 2022
Rosato Doc - Montepulciano 100%
Alc. 14,5% | € 18 | Bt. 4.000 | Ferm. Acciaio | Mat. Acciaio 8 mesi
Zuppa d'orzo e chiodini.

TREBBIANO D'ABRUZZO TORRE MIGLIORI 2021
Bianco Doc - Trebbiano 100%
Alc. 13% | € 25 | Bt. 1.300 | Ferm. Acciaio | Mat. Acciaio 10 mesi e Legno 2 mesi
Frittata di erbette.

MONTEPULCIANO D'ABRUZZO COLLINE TERAMANE CORTALTO 2019
Rosso Docg - Montepulciano 100%
Alc. 14% | € 18 | Bt. 3.000 | Ferm. Acciaio | Mat. Legno 10 mesi
Costolette di maiale alla brace.

TREBBIANO D'ABRUZZO TORRE MIGLIORI
2017

MONTEPULCIANO D'ABRUZZO COLLINE TERAMANE TORRE MIGLIORI
2017

Tenuta del Priore
(1973)

La cantina dei cugini Mazzocchetti, che quest'anno compie cinquant'anni di attività, omaggia il soprannome con cui era conosciuto nella zona il nonno dei fondatori, Vincenzo, chiamato da tutti con ossequio "il Priore". Da sempre a conduzione familiare, l'azienda è attualmente guidata dall'enologo Fabrizio Mazzocchetti che ha deciso di puntare su qualità e valorizzazione di vitigni autoctoni. La nuova generazione, oltre a innovare i sistemi di produzione, ha creato una nuova linea di vini: Col del Mondo.

Via Masseria Flaiani, 1 - 65010 Collecorvino (PE)
T. 085 8207162 | M. info@priore.it
www.tenutadelpriore.it

Viticoltura: Lotta integrata
Ettari: 60 | **Bottiglie:** 250.000 | **Produzione olearia:** Sì
Proprietà: Fabrizio e Antonio Mazzocchetti
Cond. enologica: Fabrizio Mazzocchetti
Cond. agronomica: Antonio Mazzocchetti
Vendita diretta: Sì | **Visite in azienda:** Sì

PECORINO KERRIAS 2022
Bianco Igt - Pecorino 100%
Alc. 14,5% | € 14 | Bt. 10.000 | Ferm. Legno | Mat. Cemento 4 mesi
Di colore giallo paglierino, è un vino che esprime bene la sua complessità aromatica, in cui si distinguono macchia mediterranea, ginestra, gelsomino, e agrumi alternati a un letto di erbe aromatiche e ricordi salmastri. In bocca è fresco e sapido, con una leggera chiusura ammandorlata. Grigliata di carne bianca e verdure.

MONTEPULCIANO D'ABRUZZO KERRIAS 2019
Rosso Doc - Montepulciano 100%
Alc. 14,5% | € 25 | Bt. 10.000 | Ferm. Acciaio | Mat. Legno 12 mesi e Terracotta 12 mesi
Bitto stravecchio.

CERASUOLO D'ABRUZZO FATTORE 2022
Rosato Doc - Montepulciano 100%
Alc. 14% | € 13 | Bt. 5.000 | Ferm. Acciaio | Mat. Cemento 4 mesi
Pizza prosciutto e funghi.

MONTEPULCIANO D'ABRUZZO TERRE DEI VESTINI FATTORE 2019
Rosso Doc - Montepulciano 100%
Alc. 14,5% | € 15 | Bt. 20.000 | Ferm. Acciaio | Mat. Legno 12 mesi
Maiale in agrodolce.

TREBBIANO D'ABRUZZO FATTORE 2022
Bianco Doc - Trebbiano 100%
Alc. 14% | € 13 | Bt. 5.000 | Ferm. Acciaio | Mat. Legno 4 mesi
Risotto con piselli e ricotta affumicata.

Tenuta I Fauri
(1978)

Tra i vigneti adagiati sulle colline che guardano il mare, tra i comuni di Francavilla al mare e Villamagna, i fratelli Luigi e Valentina portano avanti l'attività di famiglia seguendo la filosofia del papà Domenico caratterizzata da agricoltura sostenibile (è del 2021 la certificazione biologica) e utilizzo in cantina di materiali come il cemento. L'idea è di produrre vini veraci e ben riconoscibili, come il Montepulciano Ottobre Rosso e il Pecorino, 2022 nei quali le fasi di fermentazione e maturazione in vasche di cemento restituiscono al vino tutta la tipicità del vitigno.

Via Foro, 18 - 66100 Ari (CH)
T. 0871 332627 | M. info@tenutaifauri.it
www.tenutaifauri.it

Viticoltura: Biologica certificata
Ettari: 32 | **Bottiglie:** 100.000 | **Produzione olearia:** Sì
Proprietà: Luigi Di Camillo
Cond. enologica: Luigi Di Camillo
Cond. agronomica: Domenico Di Camillo
Vendita diretta: Sì | **Visite in azienda:** Sì

91

MONTEPULCIANO D'ABRUZZO OTTOBRE ROSSO 2021
Rosso Doc - Montepulciano 100%
Alc. 14,5% | € 15 | Bt. 15.000 | Ferm. Cemento | Mat. Cemento 12 mesi
Carminio scuro incendiato da fiamme purpuree, si annuncia con fragranze di sottobosco, prugna, su sottofondo ematico e salmastro. In bocca la dotazione calorica è ben bilanciata dalle componenti tanniche e dalla sapidità. Buona la freschezza gustativa e la sapidità che lo rendono di facile beva. Pappardelle al ragù di cervo.

ABRUZZO PECORINO 2022
Bianco Doc - Pecorino 100%
Alc. 13,5% | € 15 | Bt. 20.000 | Ferm. Cemento | Mat. Cemento 9 mesi
Cappone ripieno al forno.

MONTEPULCIANO D'ABRUZZO BALDOVINO 2021
Rosso Doc - Montepulciano 100%
Alc. 13,5% | € 12 | Bt. 10.000 | Ferm. Cemento | Mat. Cemento 12 mesi
Tartare di manzo.

CERASUOLO D'ABRUZZO BALDOVINO 2022
Rosato Doc - Montepulciano 100%
Alc. 14% | € 12 | Bt. 10.000 | Ferm. Cemento | Mat. Cemento 6 mesi
Insalata greca.

PASSERINA 2022
Bianco Igt - Passerina 100%
Alc. 12,5% | € 15 | Bt. 15.000 | Ferm. Cemento | Mat. Cemento 3 mesi
Caesar salad.

TREBBIANO D'ABRUZZO BALDOVINO 2022
Bianco Doc - Trebbiano 100%
Alc. 12% | € 12 | Bt. 10.000 | Ferm. Cemento | Mat. Cemento 6 mesi
Lasagne di verdure.

MONTEPULCIANO D'ABRUZZO OTTOBRE ROSSO
2018 | 2019 | 2020

ABRUZZO PECORINO
2018

Tenuta Pescarina
(2011)

Sulle colline pescaresi giacciono vitigni di proprietà della famiglia Cerulli Irelli sin dal 1800, lì si coltivano da sempre montepulciano e pecorino che danno vita a vini di struttura e carattere. Recente è l'introduzione del merlot che viene vinificato in purezza per produrre un vino di classe che si presta ad abbinamenti audaci come una tagliatella al cacao noci e gorgonzola. Da visitare la cantina, di ultima ristrutturazione e situata all'interno di un antico convento risalente al XIV secolo, e il chiostro, luogo ideale per degustazioni ed eventi.

Via Pescarina, 1 - 65010 Spoltore (PE)
T. 335 6934933 | M. info@tenutapescarina.it
www.tenutapescarina.it

Viticoltura: Convenzionale
Ettari: 20 | **Bottiglie:** 15.000 | **Produzione olearia:** Sì
Proprietà: Vincenzo, Enrico e Francesco Cerulli Irelli
Cond. enologica: Marco Gozzi
Cond. agronomica: Staff aziendale
Vendita diretta: Sì | **Visite in azienda:** Sì

MONTEPULCIANO D'ABRUZZO LA TORRE 2018
Rosso Doc - Montepulciano 100%
Alc. 14% | € 14 | Bt. 3.500 | Ferm. Acciaio | Mat. Acciaio 7 mesi
Troneggia di rubino con ricami granato, limpido e consistente. Un intreccio aromatico che richiama la confettura di more, il caffè, il tabacco da pipa e cenni di smalto. Caldo e morbido, propone un tannino cesellato e un input salmastro che lo rendono equilibrato e persistente. Guanciale di manzo in umido con polenta.

LYS 2016
Rosso - Merlot 100%
Alc. 14,5% | € 18 | Bt. 1.200 | Ferm. Legno | Mat. Legno 12 mesi
Medaglioni di cervo con riduzione di cottura.

CERASUOLO D'ABRUZZO SUPERIORE RADUSA 2021
Rosato Doc - Montepulciano 100%
Alc. 14% | € 14 | Bt. 1.000 | Ferm. Acciaio | Mat. Acciaio 5 mesi
Risotto con mazzancolle al profumo d'arancia.

ABRUZZO PECORINO SUPERIORE CONVENTO 2021
Bianco Doc - Pecorino 100%
Alc. 13,5% | € 12 | Bt. 4.250 | Ferm. Acciaio | Mat. Acciaio 3 mesi
Battuto di gamberi rossi di Sicilia.

MONTEPULCIANO D'ABRUZZO FRA LUCERTA 2021
Rosso Doc - Montepulciano 100%
Alc. 13% | € 18 | Bt. 1.000 | Ferm. Legno | Mat. Acciaio 7 mesi
Pappardelle con sugo di capriolo.

MONTEPULCIANO D'ABRUZZO MASCALICO 2020
Rosso Doc - Montepulciano 100%
Alc. 14% | € 20 | Bt. 4.000 | Ferm. Acciaio | Mat. Legno 12 mesi
Filetto alla Wellington.

MASCALICO
2015

LA TORRE
2013

Tenuta Secolo IX
(2016)

C'era una volta una valle, immersa nelle Gole di Tre Monti in cui dei monaci dell'Abbazia di San Clemente, intorno all'anno '800, coltivavano e vinificavano il moscatello di Castiglione. Dal ritrovamento di un documento in cui è scritta questa testimonianza inizia la storia di Tenuta Secolo IX. Intorno al borgo si estendono i vigneti a oltre 300 metri sul livello del mare, dove Stefania La Guardia ha creato dall'antico vitigno autoctono il moscatello in purezza, nella versione secca e passita. Sui suoi vini moderni e identitari e sulla sua dinamica azienda c'è ancora molto da scoprire.

Contrada Vicenna, 5/A - 65020 Castiglione a Casauria (PE)
T. 085 7998193 | M. info@tenutasecoloix.it
www.tenutasecoloix.it

Viticoltura: Lotta integrata
Ettari: 22 | **Bottiglie:** 45.000 | **Produzione olearia:** Sì
Proprietà: Stefania La Guardia
Cond. enologica: Donato Di Tommaso
Cond. agronomica: Romano D'Amario
Vendita diretta: Sì | **Visite in azienda:** Sì

MOSCATELLO PASSITO 2018
Bianco Igt Passito - Moscatello di Castiglione 100%
Alc. 13% | € 28 (0,5l) | Bt. 9.000 | Ferm. Acciaio | Mat. Legno 30 mesi
Oro brillante. Intenso e coinvolgente all'olfatto, un caleidoscopio di agrumi canditi, fiori di acacia, crostata di albicocche, confettura di pesche e miele. Dolce e bilanciato da un'ottima acidità, permane indelebile in bocca in una lunga scia minerale. Cantucci di Prato.

MONTEPULCIANO D'ABRUZZO FIORAVANTE SELEZIONE 2019
Rosso Doc - Montepulciano 100%
Alc. 14% | € 25 | Bt. 3.000 | Ferm. Acciaio | Mat. Legno 12 mesi
Bocconcini di cinghiale con salsa di prugne.

PECORINO 2022
Bianco Igt - Pecorino 100%
Alc. 13,5% | € 18 | Bt. 6.000 | Ferm. Acciaio
Linguine allo scoglio.

FONTE GROTTA 2022
Bianco Igt - Moscatello di Castiglione 100%
Alc. 13% | € 20 | Bt. 5.000 | Ferm. Acciaio | Mat. Acciaio 6 mesi e Legno 3 mesi
Salmone al timo.

FONTE FIORITA 2022
Bianco Igt - Moscatello di Castiglione 100%
Alc. 12% | € 16 | Bt. 8.000 | Ferm. Acciaio
Risotto con zucchine, fiori di zucca e zafferano.

MONTEPULCIANO D'ABRUZZO 2021
Rosso Doc - Montepulciano 100%
Alc. 14% | € 20 | Bt. 6.000 | Ferm. Acciaio
Agnello al forno con rosmarino.

MOSCATELLO PASSITO
2013

MONTEPULCIANO D'ABRUZZO SECOLO IX
2016

Tenuta Tre Gemme
(2017)

È il 2020 quando Carla e Anna, figlie del fondatore Rocco Perrucci, decidono di rilanciare e dare nuova linfa all'azienda di famiglia, attiva dal 1960 in quella fortunata fetta di territorio che oggi fa riferimento alla sottozona Terre dei Vestini. Il nuovo corso, dai decisi connotati rosa, ripropone il legame con le tradizioni del territorio fornendone una declinazione in chiave moderna, dinamica, dove le parole d'ordine sono innovazione, sostenibilità e customer experience, con la promozione delle proprie gemme che passa attraverso l'accoglienza e il turismo esperienziale. Da vivere!

Contrada Varano - 65011 Catignano (PE)
T. 085 9218100 | M. info@tenutatregemme.com
www.tenutatregemme.com

Viticoltura: Biologica
Ettari: 63 | **Bottiglie:** 140.000 | **Produzione olearia:** Sì
Proprietà: Azienda societaria
Cond. enologica: Marco Mascellani
Cond. agronomica: Loris D'Angelo
Vendita diretta: Sì | **Visite in azienda:** Sì

MONTEPULCIANO D'ABRUZZO DON ROCCO PERRUCCI RISERVA 2018
Rosso Doc - Montepulciano 100%
Alc. 15% | € 30 | Bt. 8.000 | Ferm. Acciaio | Mat. Legno 24 mesi e Cemento 12 mesi
Granato imperscrutabile, al naso è caldo e rotondo, propone guizzi di confettura di visciola che sposano nuance di cacao, tabacco dolce, cardamomo. Palato opulento che conferma nei sapori l'olfatto. Volumico, è equilibrato da una buona acidità e da un tannino finemente levigato. Filetto di maiale lardellato.

MAGGIOCIONDOLO 2022
Bianco Igt - Pecorino 30%, Pinot bianco 30%, Chardonnay 20%, Riesling 20%
Alc. 13% | € 14 | Ferm. Acciaio | Mat. Acciaio 2 mesi
Pollo al curry.

MAGGIOCIONDOLO APPASSIMENTO 2022
Rosso Igt - Montepulciano 100%
Alc. 14,5% | € 14 | Bt. 3.000 | Ferm. Acciaio | Mat. Cemento 3 mesi
Petto di germano reale al balsamico.

MONTEPULCIANO D'ABRUZZO RENASCENZIA 2020
Rosso Doc - Montepulciano 100%
Alc. 14% | € 20 | Bt. 25.000 | Ferm. Acciaio | Mat. Legno 10 mesi e Cemento 6 mesi
Entrecôte alla griglia con scaglie di formaggio.

CERASUOLO D'ABRUZZO 2022
Rosato Doc - Montepulciano 100%
Alc. 13,5% | € 13 | Bt. 15.000 | Ferm. Acciaio | Mat. Acciaio 2 mesi
Paccheri con salsa di pomodoro e basilico.

MONTEPULCIANO D'ABRUZZO RISERVA
2015

MONTEPULCIANO D'ABRUZZO
2019

Tenute Barone di Valforte
(2005)

Magnifiche estensioni, a perdita d'occhio, attestano l'origine storica di quest'antica famiglia di possidenti in Abruzzo, Tenute Barone di Valforte. I raffinati vini riposano in un'antica bottaia che risale al XVII secolo e ancora oggi la produzione si vede legata agli autoctoni. Tradizioni che passano, in una virtuosa staffetta, di generazione in generazione, con il testimone importante del rispetto degli usi e costumi. Nel blasone di famiglia una falce, strumento di lavoro indissolubilmente legato alla terra.

Contrada Piomba - 64028 Silvi (TE)
T. 085 9353432 | M. info@baronedivalforte.it
www.baronedivalforte.it

Viticoltura: Convenzionale
Ettari: 50 | **Bottiglie:** 200.000 | **Produzione olearia:** No
Proprietà: Guido Sorricchio di Valforte
Cond. enologica: Leonardo Palumbo
Cond. agronomica: Staff aziendale
Vendita diretta: Sì | **Visite in azienda:** Sì

MONTEPULCIANO D'ABRUZZO COLLINE TERAMANE COLLE SALE 2020
Rosso Docg - Montepulciano 100%
Alc. 14% | € 25 | Bt. 15.000 | Ferm. Acciaio | Mat. Legno 18 mesi
Una livrea rosso rubino. Profilo delineato da un intrigante sviluppo olfattivo di marasche, pepe nero e spezie dolci, con leggeri cenni vegetali di sottobosco. Fitta trama tannica che ben si affianca all'alcol, in un abbraccio che termina su graziosi ricordi fruttati. Pappardelle al ragù di cinghiale.

MONTEPULCIANO D'ABRUZZO BARONE DI VALFORTE 2022
Rosso Doc - Montepulciano 100%
Alc. 13,5% | € 15 | Bt. 90.000 | Ferm. Acciaio
Tartare di manzo.

ABRUZZO PASSERINA BARONE DI VALFORTE 2022
Bianco Doc - Passerina 100%
Alc. 12,5% | € 14 | Bt. 30.000 | Ferm. Acciaio
Sauté di cozze.

CERASUOLO D'ABRUZZO VALFORTE ROSÉ 2022
Rosato Doc - Montepulciano 100%
Alc. 13% | € 13 | Bt. 15.000 | Ferm. Acciaio
Paccheri con salsa di pomodoro e basilico.

TREBBIANO D'ABRUZZO VILLA CHIARA 2022
Bianco Doc - Trebbiano 100%
Alc. 13% | € 14 | Bt. 15.000 | Ferm. Acciaio
Orata all'acqua pazza.

ABRUZZO PECORINO BARONE DI VALFORTE 2022
Bianco Doc - Pecorino 100%
Alc. 13,5% | € 15 | Bt. 90.000 | Ferm. Acciaio
Insalata di ceci e pomodorini.

MONTEPULCIANO D'ABRUZZO BARONE DI VALFORTE RISERVA
2015

MONTEPULCIANO D'ABRUZZO COLLINE TERAMANE COLLE SALE
2019

Terre d'Erce
(1985)

La giovane azienda, fondata da Salvatore Sabatini, prosegue il suo percorso di crescita qualitativo elaborando con le proprie uve, un tempo conferite a strutture esterne, vini dallo stile aristocratico che riscuotono sempre maggiori consensi sul mercato. La posizione favorevole dei vigneti, collocati all'interno della riserva naturale di Punta Aderci, consente di ottenere grappoli sani adatti alla vinificazione. La novità quest'anno è rappresentata dal Montepulciano Riserva 2018 Sabatini Luigi, che convince per la riconoscibilità e l'ampiezza dei profumi e per la setosità dei tannini.

Via Torre Sinello, 31 - 66054 Vasto (CH)
T. 328 6278673 | M. info@terrederce.it
www.terrederce.it

Viticoltura: Convenzionale
Ettari: 5,6 | **Bottiglie:** 22.000 | **Produzione olearia:** Sì
Proprietà: Salvatore Sabatini
Cond. enologica: Carmine De Jure
Cond. agronomica: Nicolino Travaglini, Salvatore Sabatini
Vendita diretta: Sì | **Visite in azienda:** Sì

91
MONTEPULCIANO D'ABRUZZO SABATINI LUIGI RISERVA 2018
Rosso Doc - Montepulciano 100%
Alc. 14% | € 35 | Bt. 1.075 | Ferm. Legno | Mat. Legno 18 mesi
Si presenta di un rosso intenso e fitto, il naso vede protagonista l'intreccio di frutti di bosco, cioccolato fondente e sensazioni tostate, per poi chiudere con memorie di scorza di arancia e gocce di miele. In bocca l'equilibrio è garantito dalla contrapposizione tra nota calorica e tannino. Filetto al pepe verde.

PECORINO MOTTAGROSSA 2022
Bianco Igt - Pecorino 100%
Alc. 13,5% | € 20 | Bt. 2.500 | Ferm. Acciaio | Mat. Acciaio 3 mesi
Lasagne ai cardi con formaggi saporiti.

MONTEPULCIANO D'ABRUZZO TERREDERCE 2021
Rosso Doc - Montepulciano 100%
Alc. 13% | € 18 | Bt. 2.500 | Ferm. Acciaio | Mat. Legno 6 mesi
Carpaccio di chianina e insalata di porcini.

PECORINO BRUT VELICO 2022
Bianco Metodo Martinotti - Pecorino 100%
Alc. 12% | € 15 | Bt. 3.000 | Ferm. Acciaio | Mat. Acciaio 2 mesi
Coppa piacentina.

PECORINO MOTTAGROSSA
2021

CERASUOLO D'ABRUZZO TERREDERCE
2020 | 2021

Tiberio
(2004)

Il Trebbiano di Tiberio brilla nel firmamento della produzione della cantina. È il vero trebbiano d'Abruzzo, da vigne vecchie, che consente di raggiungere equilibrio, forza, carattere. La rosa dei vini degustati è lo specchio di sapienza agronomica e rispetto territoriale. Una materia prima di ottima qualità che genera sorsi appetibili e piacevoli. Cristiana e Antonio hanno saputo gestire al meglio il patrimonio viticolo importante che sorge in un areale altamente vocato. Si riflettono nei vini il know-how e le competenze acquisite nel tempo.

Contrada La Vota - 65020 Cugnoli (PE)
T. 085 8576744 | M. info@tiberio.it
www.tiberio.it

Viticoltura: Lotta integrata
Ettari: 30 | **Bottiglie:** 80.000 | **Produzione olearia:** No
Proprietà: Famiglia Tiberio
Cond. enologica: Cristiana Tiberio
Cond. agronomica: Antonio Tiberio
Vendita diretta: No | **Visite in azienda:** Sì

(91)

TREBBIANO D'ABRUZZO 2022
Bianco Dop - Trebbiano abruzzese 100%
Alc. 13,5% | € 18 | Bt. 30.000 | Ferm. Acciaio | Mat. Acciaio 5 mesi
Splendente giallo tra il paglierino e il dorato. Un ingresso olfattivo energico tra erbe aromatiche, tiglio, camomilla, cedro, ananas maturo, molteplici tratti balsamici e salgemma. Impalcatura gustativa piena e fresca, movimentata dalla vispa acidità agrumata e dalla scia sapida. Sorso invitante. Calamari con ripieno di tarassaco e patate.

CERASUOLO D'ABRUZZO 2022
Rosato Dop - Montepulciano 100%
Alc. 14% | € 18 | Bt. 20.000 | Ferm. Acciaio | Mat. Acciaio 5 mesi
Rigatoni al ragù bianco di carne.

MONTEPULCIANO D'ABRUZZO 2022
Rosso Dop - Montepulciano 100%
Alc. 14% | € 18 | Bt. 20.000 | Ferm. Acciaio | Mat. Acciaio 12 mesi
Filetto di cervo ai mirtilli.

PECORINO 2022
Bianco Igp - Pecorino 100%
Alc. 14% | € 25 | Bt. 20.000 | Ferm. Acciaio | Mat. Acciaio 5 mesi
Rombo al forno ai sapori mediterranei.

PECORINO
2014 | 2015 | 2018

TREBBIANO D'ABRUZZO
2021

Tocco Vini
(1985)

Sogni e progetti illuminano il futuro della cantina Tocco, grazie alla giovane intraprendenza dei fratelli Lorenzo e Danilo, spalleggiati dall'appassionata esperienza del padre Enisio. Si lavora all'ampliamento degli ettari vitati e alla realizzazione di una nuova cantina, con l'augurio e la promessa di scoprire nuovi prodotti negli anni avvenire. Nel mentre, dal vigneto più storico dell'azienda risalente al 1978, si raccolgono a mano le uve destinate alla produzione del Montepulciano Enisio Riserva, che svetta con carattere e autorevolezza anche quest'anno.

Piazza Alcide De Gasperi, 9 - 65020 Alanno (PE)
T. 085 8541175 | M. info@toccovini.com
www.toccovini.com

Viticoltura: Biologica certificata
Ettari: 18 | **Bottiglie:** 58.000 | **Produzione olearia:** Sì
Proprietà: Enisio Tocco
Cond. enologica: Goffredo Agostini
Cond. agronomica: Stefano Dini
Vendita diretta: Sì | **Visite in azienda:** Sì

MONTEPULCIANO D'ABRUZZO ENISIO RISERVA 2018
Rosso Doc - Montepulciano 100%
Alc. 14,5% | € 22 | Bt. 5.000 | Ferm. Acciaio | Mat. Acciaio 12 mesi e Legno 12 mesi
Manto rubino di pregiata stoffa. Debutto di ribes, prugne e more in confettura, poi vira su tracce speziate e sfumature di tabacco, cuoio e pellame. Potente al gusto, con tannino vigoroso e autentico, accompagnato da acidità di razza. Elegante e con buona lunghezza ammandorlata. Filetto di capriolo ai mirtilli.

CERASUOLO D'ABRUZZO CAPOSTAZIONE 2022
Rosato Dop - Montepulciano 100%
Alc. 13,5% | € 12 | Bt. 8.000 | Ferm. Acciaio | Mat. Acciaio 5 mesi
Ravioli di patate e baccalà.

MONTEPULCIANO D'ABRUZZO CAPOSTAZIONE BIO 2021
Rosso Dop - Montepulciano 100%
Alc. 14% | € 12 | Bt. 18.000 | Ferm. Acciaio | Mat. Acciaio 10 mesi
Fusilli di kamut al ragù di faraona.

PASSERINA CAPOSTAZIONE BIO 2022
Bianco Igt - Passerina 100%
Alc. 12,5% | € 12 | Bt. 5.000 | Ferm. Acciaio | Mat. Acciaio 5 mesi
Cicale di mare su letto di verdure.

PECORINO CAPOSTAZIONE BIO 2022
Bianco Igt - Pecorino 100%
Alc. 14% | € 12 | Bt. 16.000 | Ferm. Acciaio | Mat. Acciaio 5 mesi
Risotto ai frutti di mare.

MONTEPULCIANO D'ABRUZZO ENISIO RISERVA
2017

CERASUOLO D'ABRUZZO CAPOSTAZIONE
2020 | 2021

Torre dei Beati
(1999)

Fausto Albanesi e Adriana Galasso hanno dato vita a un'azienda vitivinicola in una delle aree più vocate d'Abruzzo, le colline di Loreto Aprutino. Genuinità e sostenibilità sono da sempre linee guida che si rispecchiano nella valorizzazione dei vitigni autoctoni e nei metodi di coltivazione, fin dalle origini hanno convertito i vigneti al biologico certificato. I loro vini sono capaci di raggiungere degli ottimi livelli qualitativi; quest'anno una menzione particolare va al Trebbiano d'Abruzzo Diverto che fermenta e matura in ceramica, alla sua prima annata in commercio.

Contrada Poggioragone, 56 - 65014 Loreto Aprutino (PE)
T. 085 4916069 | M. info@torredeibeati.it
www.torredeibeati.it

Viticoltura: Biologica certificata
Ettari: 26 | **Bottiglie:** 150.000 | **Produzione olearia:** Sì
Proprietà: Famiglia Albanesi
Cond. enologica: Fausto Albanesi
Cond. agronomica: Adriana Galasso
Vendita diretta: Sì | **Visite in azienda:** Sì

(91)

TREBBIANO D'ABRUZZO DIVERTO 2021
Bianco Doc - Trebbiano abruzzese 100%
Alc. 14% | € 18 | Bt. 2.000 | Ferm. Terracotta | Mat. Terracotta 12 mesi
Oro cangiante. Ouverture d'agrume, con netti richiami a lime e limone, poi si fa strada un'elegante complessità, con miele di sulla e fieno fresco. Regala un sorso emozionante, ricco e rotondo, lungo nelle sue espressioni aromatiche di pesca matura. Spaghetti con vongole veraci.

MONTEPULCIANO D'ABRUZZO MAZZAMURELLO RISERVA 2020
Rosso Doc - Montepulciano 100%
Alc. 14,5% | € 29 | Bt. 7.000 | Ferm. Acciaio | Mat. Legno 20 mesi
Nodini di cinta senese lardellati al forno.

MONTEPULCIANO D'ABRUZZO TORRE DEI BEATI 2021
Rosso Doc - Montepulciano 100%
Alc. 14% | € 144 | Ferm. Acciaio | Mat. Legno 18 mesi
Guancia di vitello in umido.

ABRUZZO PECORINO BIANCHI GRILLI PER LA TESTA 2021
Bianco Doc - Pecorino 100%
Alc. 14% | € 19 | Bt. 4.000 | Ferm. Legno | Mat. Legno 12 mesi
Tacchino farcito con castagne.

ABRUZZO PECORINO GIOCHEREMO CON I FIORI 2022
Bianco Doc - Pecorino 100%
Alc. 14% | € 14 | Bt. 35.000 | Ferm. Acciaio | Mat. Acciaio 7 mesi
Risotto con seppie e burrata.

MONTEPULCIANO D'ABRUZZO COCCIAPAZZA RISERVA 2020
Rosso Doc - Montepulciano 100%
Alc. 14,5% | € 23 | Bt. 15.000 | Ferm. Acciaio | Mat. Legno 20 mesi
Guanciale di manzo in umido con polenta.

MONTEPULCIANO D'ABRUZZO MAZZAMURELLO
2013 | 2017 | 2018

TREBBIANO D'ABRUZZO BIANCHI GRILLI
2020

Torre Zambra
(1961)

Quarta generazione di vignaioli, in continua evoluzione, in rapida ascesa, come la Torre che dà il nome alla cantina e che quest'anno vede completati il restauro e la ricostruzione architettonica. La sequenza dei vini degustati ha dimostrato, nel calice, carattere, forza e classe. Un perfetto mix che permette la promozione di tutta la produzione e che vede brillare il Villamagna, confermando l'alta vocazione territoriale per il montepulciano. Mare e montagna che stringono e cingono gli ettari vitati in un abbraccio dal futuro di certo e distintivo carattere organolettico.

Viale Regina Margherita, 24 - 66010 Villamagna (CH)
T. 0871 300917 | M. info@famigliadecerchio.it
www.famigliadecerchio.it

Viticoltura: Biologica certificata
Ettari: 42 | **Bottiglie:** 200.000 | **Produzione olearia:** No
Proprietà: Federico Laurentino De Cerchio
Cond. enologica: Davide Dias
Cond. agronomica: Dino Dell'Osa
Vendita diretta: Sì | **Visite in azienda:** Sì

(91)

VILLAMAGNA 2021
Rosso Doc - Montepulciano 100%
Alc. 15% | € 30 | Bt. 20.000 | Ferm. Acciaio | Mat. Legno 10 mesi e Cemento 6 mesi
Carminio vivace e impenetrabile, perfettamente allineato con l'olfatto: prugna in confettura, amarene e malie balsamiche. In bocca si manifesta secco e vibrante, con un ottimo tannino e persistenza intrigante. Una perfetta declinazione di Montepulciano territoriale e di grande stoffa. Maltagliati con funghi porcini.

TREBBIANO D'ABRUZZO TORRE ZAMBRA PIANA MARINA 2022
Bianco Doc - Trebbiano 100%
Alc. 13% | € 45 | Bt. 1.200 | Ferm. Legno e Acciaio | Mat. Cemento 15 mesi
Soufflé con pecorino e crema di patate.

VILLAMAGNA RISERVA 2020
Rosso Doc - Montepulciano 100%
Alc. 15% | € 55 | Bt. 1.300 | Ferm. Acciaio | Mat. Legno 20 mesi e Cemento 6 mesi
Spezzatino di manzo.

MONTEPULCIANO D'ABRUZZO COLLE MAGGIO RISERVA 2021
Rosso Doc - Montepulciano 100%
Alc. 14% | € 25 | Bt. 15.000 | Ferm. Acciaio | Mat. Legno 12 mesi e Cemento 6 mesi
Risotto con salsiccia e Taleggio.

PECORINO POGGIO SALAIA 2022
Bianco Igt - Pecorino 100%
Alc. 13% | € 18 | Bt. 50.000 | Ferm. Acciaio | Mat. Acciaio 2 mesi
Riso venere con verdure e crostacei.

CERASUOLO D'ABRUZZO PASSO SACRO 2022
Rosato Doc - Montepulciano 100%
Alc. 13% | € 18 | Bt. 20.000 | Ferm. Acciaio | Mat. Acciaio 2 mesi
Porchetta di Ariccia.

VILLAMAGNA TORRE ZAMBRA RISERVA
2019

VILLAMAGNA
2015 | 2020

Valentini
(1650)

"Guardo e lascio che Madre Natura faccia il suo corso, esiste già tutto, bisogna solo farlo emergere"; le parole del filosofo greco Socrate echeggiano tra i filari della famiglia Valentini. Essenzialità e austerità in cantina, il grande lavoro è in vigna, dove con capacità e umiltà Francesco Paolo riesce a trarre il massimo potenziale dei due tesori monovarietali d'Abruzzo, trebbiano e montepulciano. I vini Valentini girano e stupiscono il mondo, senza fronzoli, senza spinte mediatiche, semplicemente raccontando con grande espressività terroir e annata... senza scendere a compromessi. Chapeau!

Via del Baio, 2 - 65014 Loreto Aprutino (PE)
T. 085 8291138 | M. az.agr.valentini@gmail.com

Viticoltura: Convenzionale
Ettari: 65 | **Bottiglie:** 33.000 | **Produzione olearia:** Sì
Proprietà: Francesco Paolo e Gabriele Valentini
Cond. enologica: Francesco Paolo Valentini
Cond. agronomica: Francesco Paolo Valentini
Vendita diretta: No | **Visite in azienda:** No

(97)
TREBBIANO D'ABRUZZO 2019
Bianco Doc - Trebbiano 100%
Alc. 12% | € 110 | Bt. 23.000 | Ferm. Legno | Mat. Legno 24 mesi
Scintillante veste paglierino intenso. Ricco e variegato, il ventaglio olfattivo si apre con susina, melone e pesca, fusi a profumi di fiori di camomilla e miele di acacia in un setale vibrante e delizioso. Serico e succulento al palato, straordinario, si stende morbido con equilibrio in linea con la freschezza. Guazzetto di scampi.

(91)
CERASUOLO D'ABRUZZO 2022
Rosato Doc - Montepulciano 100%
Alc. 14% | € 60 | Bt. 9.500 | Ferm. Legno | Mat. Legno 9 mesi
Rosa ramato con barlumi aranciati. Naso con pesca gialla e melone a far da apripista a macchia mediterranea e talco. Deciso l'assaggio, dimostra la classe di rossi ben più strutturati, con gusto morbido e suadente. Tacchinella ripiena su letto di patate.

TREBBIANO D'ABRUZZO
2016 | 2017 | 2018

MONTEPULCIANO D'ABRUZZO
2013 | 2015 | 2017

Valle Martello
(1979)

Valle Martello e Villamagna sono un binomio che da anni certifica la qualità degli autoctoni. Un comune chiamato anche "città del vino", che dà nome alla denominazione e una cantina che giace in una delle zone più splendide della regione. Le degustazioni ci hanno fatto scoprire un orange di carattere, ma soprattutto hanno nuovamente confermato la godibilità della cococciola in purezza e la supremazia assoluta del rosso da montepulciano. Vini convincenti e validi che si ripropongono di ottenere importanti traguardi qualitativi.

Contrada Valle Martello, 10 - 66010 Villamagna (CH)
T. 0871 300330 | M. info@vallemartello.it
www.vallemartello.it

Viticoltura: Convenzionale
Ettari: 40 | **Bottiglie:** 140.000 | **Produzione olearia:** Sì
Proprietà: Fratelli Masci
Cond. enologica: Corrado Masci
Cond. agronomica: Luca Masci
Vendita diretta: Sì | **Visite in azienda:** Sì

(91)
VILLAMAGNA VALLE MARTELLO 2020
Rosso Doc - Montepulciano 100%
Alc. 14% | € 20 | Bt. 5.000 | Ferm. Acciaio | Mat. Acciaio e Legno 2 mesi e Cemento 9 mesi
Rosso cremisi di grande concentrazione. Olfatto centrato su frutti rossi, ciliegia scura, prugna e arancia sanguinella, che si alternano, in armonia, con tabacco e spezie dolci. Bocca robusta e voluttuosa sostenuta da un tannino fitto ancora in evoluzione. Un Villamagna di razza, con bilanciato e lungo finale. Involtini di vitello lardellati.

COCOCCIOLA BRADO 2022
Bianco Igt - Cococciola 100%
Alc. 12,5% | € 7 | Bt. 20.000 | Ferm. Acciaio | Mat. Acciaio 3 mesi
Pomodori gratinati con paté di olive.

VALLE MARTELLO ORANGE 2022
Bianco - Malvasia 50%, Trebbiano 50%
Alc. 11,5% | € 8 | Bt. 5.000 | Ferm. Cemento | Mat. Cemento 4 mesi
Pasta alla gricia.

VILLAMAGNA VALLE MARTELLO RISERVA 2018
Rosso Doc - Montepulciano 100%
Alc. 14,5% | €. 22 | Bt. 2.000 | Ferm. Acciaio | Mat. Acciaio e Legno 8 mesi e Cemento 9 mesi
Lepre alla cacciatora.

CERASUOLO D'ABRUZZO VALLE MARTELLO 2022
Rosato Doc - Montepulciano 100%
Alc. 13% | € 6 | Bt. 20.000 | Ferm. Acciaio | Mat. Acciaio 4 mesi
Strudel di porcini e zucca con crema al parmigiano.

VILLAMAGNA VALLE MARTELLO RISERVA
2017

COCOCCIOLA BRADO
2019 | 2020 | 2021

Valle Reale
(1999)

Sorseggiare i vini dell'azienda condotta da Leonardo Pizzolo è sempre un piacere, ogni anno c'è la conferma di qualità e personalità nei suoi Trebbiano e Montepulciano. I vigneti sono siti nel comune di Popoli e nel comune di Capestrano, territori particolarmente vocati. Per sottolineare la peculiarità delle condizioni pedoclimatiche, ogni particella è contraddistinta da uno specifico cru. La produzione è a regime biodinamico certificato e tutte le vinificazioni sono a fermentazione spontanea attraverso lieviti indigeni e senza controllo termico.

Contrada San Calisto - 65026 Popoli (PE)
T. 085 9871039 | M. info@vallereale.it
www.vallereale.it

Viticoltura: Biologica certificata e biodinamica
Ettari: 46 | **Bottiglie:** 97.000 | **Produzione olearia:** No
Proprietà: Leonardo Pizzolo
Cond. enologica: Emmanuel Merlo
Cond. agronomica: Emmanuel Merlo
Vendita diretta: Sì | **Visite in azienda:** Sì

(91)

TREBBIANO D'ABRUZZO VIGNETO DI POPOLI 2020
Bianco Doc - Trebbiano abruzzese 100%
Alc. 12,5% | € 42 | Bt. 6.280 | Ferm. Acciaio | Mat. Acciaio 6 mesi
Paglierino luminoso con venature dorate. Al naso tipico e nobile, note vegetali, erbe aromatiche, a seguire pesca bianca e ananas, sul finale effluvi di miele d'acacia ed eleganti sensazioni agrumate. Sorso morbido e avvolgente, bilanciato da freschezza e sapidità. Chiusura lunga, pulita e appagante. Coniglio in umido alle erbe aromatiche.

MONTEPULCIANO D'ABRUZZO VIGNETO DI SANT'EUSANIO 2021
Rosso Doc - Montepulciano 100%
Alc. 12,5% | € 35 | Bt. 11.860 | Ferm. Acciaio | Mat. Acciaio 8 mesi
Cinghiale in umido.

MONTEPULCIANO D'ABRUZZO VALLE REALE 2022
Rosso Doc - Montepulciano 100%
Alc. 12,5% | € 27 | Bt. 46.000 | Ferm. Acciaio | Mat. Acciaio 4 mesi
Fettuccine al ragù d'agnello.

TREBBIANO D'ABRUZZO VALLE REALE 2022
Bianco Doc - Trebbiano abruzzese 100%
Alc. 12% | € 27 | Bt. 16.000 | Ferm. Acciaio | Mat. Acciaio 2 mesi
Fritto di paranza.

MONTEPULCIANO D'ABRUZZO VIGNETO DI SANT'EUSANIO
2019

TREBBIANO D'ABRUZZO VIGNETO DI POPOLI
2014 | 2016 | 2019

Vini Valori
(1996)

Siamo di fronte a una produzione biologica certificata che si conferma, anno dopo anno, in crescita qualitativa costante anche grazie alla zona di produzione altamente vocata: ci troviamo nel cuore delle colline teramane sede della prima Docg regionale. Quest'anno il cerasuolo Chiamami quando piove (cioè quando in vigna non si può lavorare) si mette in mostra come primo della classe, l'uso del solo acciaio rispetta appieno le caratteristiche della cultivar e le esalta ottenendo quest'anno un risultato eccellente.

Via Torquato al Salinello, 8 - 64027 Sant'Omero (TE)
T. 0871 85241 | M. info@vinivalori.it
www.vinivalori.it

Viticoltura: Biologica certificata
Ettari: 14 | **Bottiglie:** 125.000 | **Produzione olearia:** No
Proprietà: Marina Cvetic
Cond. enologica: Attilio Alfino
Cond. agronomica: Marco Di Giovanni
Vendita diretta: No | **Visite in azienda:** Sì

(91)

CERASUOLO D'ABRUZZO VALORI CHIAMAMI QUANDO PIOVE 2022
Rosato Doc - Montepulciano 100%
Alc. 13,5% | € 10 | Bt. 6.500 | Ferm. Acciaio | Mat. Acciaio 6 mesi
Rosa salmone. Naso vibrante di ciliegia, lampone e rosa canina con elegie di erbette di campo a seguire. Presenta una marcata acidità, un leggero pétillant e una carezzevole morbidezza che lo rendono equilibrato e stuzzicante all'assaggio. Progressione di echi agrumati. Tortino al radicchio e cannellini.

MONTEPULCIANO D'ABRUZZO VALORI CHIAMAMI QUANDO PIOVE 2021
Rosso Doc - Montepulciano 100%
Alc. 14% | € 10 | Bt. 110.000 | Ferm. Acciaio | Mat. Acciaio 12 mesi
Pasta alla Norma.

ABRUZZO PECORINO OCTAVA DIES 2018
Bianco Doc - Pecorino 100%
Alc. 13,5% | € 21 | Bt. 3.000 | Ferm. Acciaio | Mat. Legno 12 mesi
Crema di zucca con gamberi croccanti.

MONTEPULCIANO D'ABRUZZO
2018

ABRUZZO PECORINO OCTAVA DIES
2019

Ciccio Zaccagnini
(1978)

Azienda storica nel panorama vitivinicolo abruzzese, da sempre ambasciatrice della regione nel mondo. I suoi vini, grazie alla passione, gran lavoro e pluriennale esperienza, sanno coniugare elegantemente la precisione enologica con il rispetto e la valorizzazione del territorio e dei vitigni autoctoni come nel Trebbiano San Clemente, vino energico ma raffinato, con sorso accattivante e lungo finale oppure nel Clematis, passito rosso da uve montepulciano, dall'ampia personalità olfattiva, estensione gustativa sorretta da una graziosa freschezza e rimarchevole persistenza.

Contrada Pozzo - 65020 Bolognano (PE)
T. 085 8880195 | M. info@cantinazaccagnini.it
www.cantinazaccagnini.it

Viticoltura: Convenzionale
Ettari: 500 | **Bottiglie:** 6.000.000 | **Produzione olearia:** Sì
Proprietà: Marcello Zaccagnini
Cond. enologica: Concezio Marulli, Lorenzo Di Biase
Cond. agronomica: Francesco Savina
Vendita diretta: Sì | **Visite in azienda:** Sì

(92)

MONTEPULCIANO D'ABRUZZO TERRE DI CASAURIA SAN CLEMENTE RISERVA 2019
Rosso Doc - Montepulciano 100%
Alc. 14,5% | € 25 | Bt. 20.000 | Ferm. Legno e Acciaio | Mat. Acciaio 12 mesi e Legno 24 mesi
Accattivante rubino. Esordisce con frutta rossa sotto spirito, poi note balsamiche accompagnano sentori di liquirizia, cacao, tabacco e cuoio. Sorso pieno e materico, finemente tannico. Esteso e appagante il finale dai ritorni fruttati. Arista di maiale con salsa di prugne.

CLEMATIS PASSITO ROSSO 2017
Rosso Igt Passito - Montepulciano 100%
Alc. 13% | € 40 (0,375l) | Bt. 3.000 | Ferm. Legno e Acciaio
Mat. Acciaio 6 mesi e Legno 36 mesi
Crostata ai frutti di bosco con mandorle e noci.

TREBBIANO D'ABRUZZO SAN CLEMENTE 2022
Bianco Doc - Trebbiano abruzzese 100%
Alc. 13% | € 15 | Bt. 4.000 | Ferm. Legno e Acciaio | Mat. Acciaio 6 mesi e Legno 3 mesi
Pollo fritto.

ABRUZZO CHRONICON PECORINO 2022
Bianco Doc - Pecorino 100%
Alc. 13% | € 10 | Bt. 34.000 | Ferm. Acciaio | Mat. Acciaio 4 mesi
Frittura di canestrelli e calamari.

MONTEPULCIANO D'ABRUZZO CHRONICON 2020
Rosso Doc - Montepulciano 100%
Alc. 13% | € 10 | Ferm. Acciaio | Mat. Acciaio 6 mesi e Legno 12 mesi
Lasagne alle melanzane.

MONTEPULCIANO D'ABRUZZO TERRE DI CASAURIA SAN CLEMENTE RISERVA
2018

CLEMATIS PASSITO ROSSO
2015 | 2016

Fausto Zazzara
(2018)

La cantina ha ormai consolidato il suo posizionamento nella produzione di Metodo Classico di qualità. Un'avventura di un ingegnere che incarna la passione per i vini base, per la trasformazione, per le bolle. Zazzara, l'ingegnere in questione, conduce i visitatori nelle sue grotte dedicate all'élevage, facendo così vivere, in prima persona, la magia che accompagna i suoi spumanti. La bottiglia merita il sorso, ma guardare il luogo di nascita, a Tocco da Casauria, rende il palato più goloso e l'apprezzamento pieno di fascino.

Via Mazzini Vico I - 65028 Tocco da Casauria (PE)
T. 393 6597739 | M. cantinafaustozazzara@gmail.com
www.spumantifaustozazzara.it

Viticoltura: Convenzionale
Bottiglie: 12.000 | **Produzione olearia:** No
Proprietà: Fausto Zazzara
Cond. enologica: Guido Vecchio
Cond. agronomica: Matteo Fortunato
Vendita diretta: Sì | **Visite in azienda:** Sì

FAUSTO ZAZZARA PAS DOSÉ 48
Bianco Metodo Classico - altre varietà 100%
Alc. 12% | € 20 | Bt. 2.000 | Ferm. Acciaio | 48 mesi sui lieviti
Giallo paglierino reso ancor più brillante da un fine perlage. Fragrante al naso, tanto da leggere a chiare lettere il metodo utilizzato; gioca su riconoscimenti di pasticceria, limone candito e allusioni iodate. Sorso brioso e rinfrescante con una spiccata sapidità. Scia lunga e agrumata. Filetto di orata in crosta di mandorle e patate.

FAUSTO ZAZZARA BRUT 48
Bianco Metodo Classico - altre varietà 100%
Alc. 12% | € 22 | Bt. 2.000 | Ferm. Acciaio | 48 mesi sui lieviti
Impepata di cozze.

FAUSTO ZAZZARA BRUT 60
Bianco Metodo Classico - altre varietà 100%
Alc. 12% | € 22 | Bt. 2.000 | Ferm. Acciaio | 60 mesi sui lieviti
Scampi alla griglia.

FAUSTO ZAZZARA PAS DOSÉ 60
Bianco Metodo Classico - altre varietà 100%
Alc. 12% | € 26 | Bt. 2.000 | Ferm. Acciaio | 60 mesi sui lieviti
Storico Ribelle.

FAUSTO ZAZZARA BRUT ROSÉ 48
Rosato Metodo Classico - Montepulciano 100%
Alc. 13% | € 25 | Bt. 2.000 | Ferm. Acciaio | 48 mesi sui lieviti
Risotto alla granseola.

FAUSTO ZAZZARA BRUT ROSÉ 60
Rosato Metodo Classico - Montepulciano 100%
Alc. 13% | € 25 | Bt. 2.000 | Ferm. Acciaio | 60 mesi sui lieviti
Salmone al timo.

MAJGUAL PAS DOSÉ 24
2018

MAJGUAL BRUT 36
2017

MO
LISE

La quiete e il turismo la regione che cambia

Luciano Ferraro

"Ad accogliere il viaggiatore che arriva in Molise dall'autostrada è Venafro. Te ne accorgi subito perché auto e tir passano attraverso un corridoio di negozi di mozzarelle di bufala, prosciutto e pane casereccio. È una strada obbligata che dice però tanto della regione, fatta di cibo semplice, allevamento, cose che servono per campare ogni giorno. Da Venafro si entra in questa atmosfera molisana". Ecco il paesaggio molisano visto con gli occhi della scrittrice Valentina Farinaccio, 43 anni.
Nei suoi romanzi – *La strada del ritorno è sempre più corta* (Mondadori), *Le poche cose certe* (Mondadori), *Non è al momento raggiungibile* (Mondadori) – racconta spesso il "suo" Molise. Nata a Campobasso, vive da tanti anni a Roma. Dal finestrino della sua auto, spostandosi per anni da una città all'altra, ha visto i cambiamenti di un paesaggio diventato, viaggio dopo viaggio, quasi una "casa". Luoghi che piano piano, mentre ti avvicini alla tua terra, ti aiutano a ritrovare la tua identità. La tua storia. "Da Venafro a Isernia ti ritrovi improvvisamente davanti a distese di ulivi, poi la montagna verso Campobasso, si gioisce e ti sembra di entrare in un posto incontaminato con poche costruzioni. Nel Molise ci sono in tutto 250 mila abitanti, e nel paesaggio riesci a vedere le montagne e i boschi fitti, il verde che ti aggredisce per quanto è bello. La verità è che il paesaggio è immutato. Purtroppo, o per fortuna, la nostra regione sembra immobile". Terra di cerniera tra Abruzzo, Puglia, Lazio e Campania, il Molise ha pochi chilometri di costa, appena 40, con le sue tradizionali capanne da pesca, i trabucchi. Il 55% del territorio è montuoso, mentre il restante 45% è occupato dalle colline.
I vitigni ci sono da sempre, come testimoniano i reperti ritrovati nel sito archeologico di Campomarino. Risalenti al XIII secolo a.C. secondo gli archeologi fanno pensare all'uva, come frutto, e, poi, alla sua trasformazione in vino. Oggi i vigneti, concentrati nella zona di Campobasso, occupano circa 5.500 ettari e quelli dominanti sono a bacca nera (montepulciano, sangiovese e aglianico).
Così anche l'immobile Molise ha sommessamente cambiato il suo paesaggio, modellato dall'azione degli agricoltori e dei vignaioli. E ora sta vivendo un'altra trasformazione dovuta all'integrazione dei bisogni dei suoi abitanti e dei suoi ospiti: quella del turismo.
Una regione che "esiste", come ci hanno fatto sapere gli inglesi in un famoso servizio mandato in onda dalla BBC. E ci sono voluti gli stranieri per far conoscere questa regione anche agli italiani. Si sono avventurati nel cuore verde soprattutto durante le estati della pandemia, considerando il Molise come il luogo italiano "più esotico" per trascorrere le vacanze. In un certo senso sembrava l'ultimo grande luogo sconosciuto d'Italia. Così, ad esempio, i vecchi tratturi, gli antichi sentieri percorsi dai pastori che collegavano un paese a un altro, adesso si sono trasformati in percorsi escursionistici.

Valentina Farinaccio: "Ti ritrovi improvvisamente davanti a distese di ulivi, poi la montagna, si entra in un posto incontaminato".

"Una regione che esiste, è vero, ma con molto fatica – racconta Valentina Farinaccio – perché, anche nel 2023, il modo più rapido per arrivare in Molise resta l'auto. Il treno da Roma non arriva a Campobasso, ma a Isernia da dove bisogna scendere e salire su un bus sostitutivo. Un viaggio della speranza: per fare 230 chilometri ci impieghi oltre quattro ore. Da Roma il treno per il Molise parte da un binario distante da tutti gli altri, come quello nascosto di Harry Potter. Devi camminare un chilometro a piedi per arrivarci. La situazione delle vie di comunicazione è disastrosa. Le costruzioni a volte sono sfacciatamente brutte, erette per utilità, mai per bellezza: i carrozzieri, i negozi dei produttori, i capannoni di cemento. Le costruzioni patinate di altre regioni non ci sono, non c'è mai un occhio estetico e questo ci dispiace. Queste costruzioni non sono recenti, negli ultimi 25 anni pochissimo è cambiato".

"Il molisano è diffidente su chi arriva, come volesse proteggere uno scrigno segreto".

Il Molise è una terra difficile da raccontare. "Il molisano è chiuso e quindi diffidente verso chi arriva, come volesse proteggere uno scrigno segreto. Proprio perché fino a pochissimi anni fa non eravamo percepiti all'esterno. Adesso vengono i turisti e la gente del posto pensa: ci vengono a disturbare dopo anni di quiete e autogestione. Ma se da una parte questo ha tutelato l'ambiente e il paesaggio perché non c'è stato turismo, dall'altra è come se il Molise avesse costruito inferriate attorno a sé. Il molisano ancora pensa di poter vivere in maniera autosufficiente con la produzione di vino, di carne soprattutto di maiale (da bambina ricordo che quando si ammazzava il maiale era festa: era la scorta di cibo per tutto l'anno), l'attaccamento al prodotto della terra e all'animale allevato a casa. Sa qual è il proverbio tipico da queste parti? Il pesce migliore è sempre il porco. È il cibo per eccellenza per i molisani". Poi ci sono state le estati del Covid e il Molise era l'unico posto esotico accessibile. "Molti Comuni hanno iniziato a valorizzare quello che avevano, investendo sulla promozione e sulla pubblicità, ma senza infrastrutture e servizi. Ci sono luoghi bellissimi come Castel San Vincenzo, Capracotta e Agnone, famosa per la produzione di campane, luoghi di interesse archeologico importante come Sepino, dove ci sono rovine romane pazzesche. Anche per quanto riguarda il bosco, dal Covid si è affacciato un po' di turismo e questo ha significato maggiore cura per alcuni luoghi che venivano dati per scontati, non valorizzati in passato". E poi ci sono i molisani. "Il primo romanzo l'ho ambientato a Campobasso, narrando pregi e difetti dei miei concittadini. Una terra molto calda e calorosa, ma dove tutti tendono a voler sapere tutto degli altri, e chiacchierano. Giudicano le vite, le case e perfino le auto degli altri. Luoghi in cui si sente l'occhio dell'altro addosso, ma ti senti anche sempre al sicuro. Come in molti altri luoghi della provincia italiana, è vero che a volte ci si sente esposti al giudizio degli altri. Ma anche protetti".

Highlights

5.430 ETTARI VITATI COMPLESSIVI
611 destinati a DOP, 826 destinati a IGP, 3.993 destinati a vini generici.

512.978 HL DI PRODUZIONE TOTALE
6,78% di vino DOP, 13,55% di vino IGP, 79,67% di vini generici.

RIPARTIZIONE COLORE
Vini bianchi 28,08%
Vini rossi o rosati 71,92%

LE PROVINCE PIÙ PRODUTTIVE
Campobasso 93,00% sul totale,
Isernia 7,00% sul totale

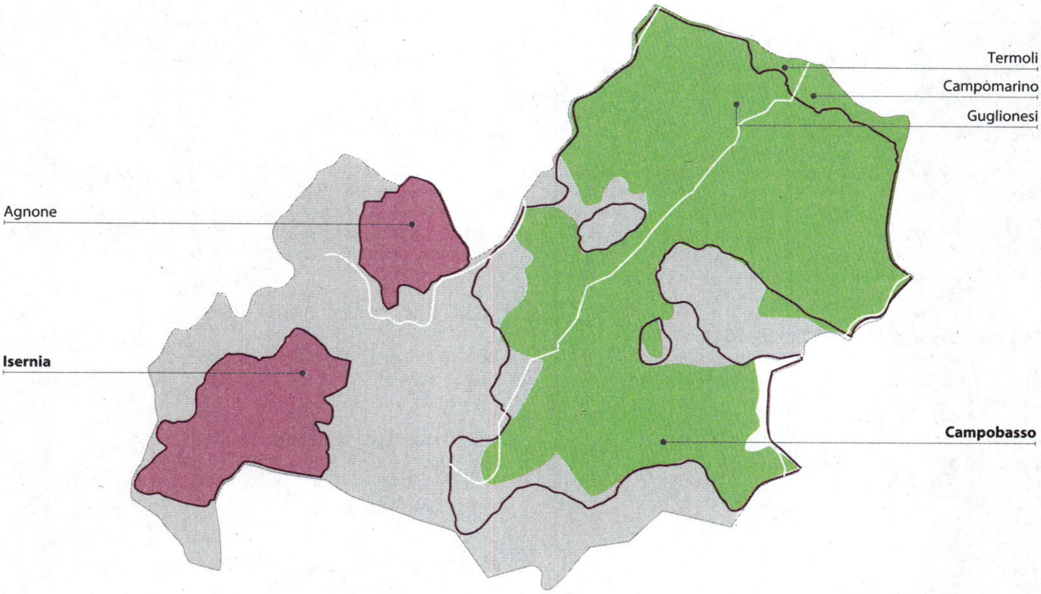

Legenda

Molise o del Molise
Tintilia del Molise
Pentro d'Isernia o Pentro
Biferno

Borgo di Colloredo
(1994)

La famiglia Di Giulio non si smentisce e dopo aver ricevuto il più alto riconoscimento nella scorsa edizione, con Tastevin e Gemma appannaggio del Gironia Rosso Riserva, si ripropone con una batteria di pezzi da novanta, capitanata dall'ammaliante versione rosata del Gironia, che elargisce spessore e trama da fuoriclasse. A un passo dal gradino più alto la versione in rosso. Prova da segnalare anche per il Molise Rosso Campo in Mare, Montepulciano di stoffa e proiettato verso un roseo futuro. Si difende egregiamente tutta la gamma, con solide proposte per diversi palati.

Via Colloredo, 15 - 86042 Campomarino (CB)
T. 0875 57453 | M. info@borgodicolloredo.com
www.borgodicolloredo.com

Viticoltura: Ecosostenibile
Ettari: 80 | **Bottiglie:** 150.000 | **Produzione olearia:** No
Proprietà: Famiglia Di Giulio
Cond. enologica: Enrico Di Giulio
Cond. agronomica: Pasquale Di Giulio
Vendita diretta: Sì | **Visite in azienda:** Sì

(92)

BIFERNO ROSATO GIRONIA 2022
Rosato Doc - Montepulciano 85%, Aglianico 15%
Alc. 13% | € 14 | Bt. 10.000 | Ferm. Acciaio | Mat. Acciaio 5 mesi
Cerasuolo lucente. Comparto olfattivo che si esprime su note di susina, pompelmo rosa, anguria ed erbe officinali che ne rinfrescano il carattere; chiude con refoli di pepe rosa. La bocca propone una beva aggraziata, colma di frutto fresco. Vibrante, si congeda appagante e lungo nel racconto fruttato. Risotto ai porcini e zucca.

BIFERNO ROSSO GIRONIA RISERVA 2017
Rosso Doc - Montepulciano 80%, Aglianico 20%
Alc. 13,5% | € 21 | Bt. 20.000 | Ferm. Acciaio | Mat. Legno 24 mesi
Tagliata al pepe verde.

MOLISE ROSSO CAMPO IN MARE 2020
Rosso Doc - Montepulciano 100%
Alc. 13,5% | € 11 | Bt. 25.000 | Ferm. Acciaio | Mat. Legno 24 mesi
Stinco di maiale al forno in pancetta affumicata.

AGLIANICO 2018
Rosso Igt - Aglianico 100%
Alc. 13,5% | € 15 | Bt. 10.000 | Ferm. Acciaio | Mat. Acciaio 24 mesi
Pappardelle al ragù di cinghiale.

BIFERNO BIANCO GIRONIA 2022
Bianco Doc - Trebbiano 70%, Garganega 20%, Malvasia bianca 10%
Alc. 13% | € 14 | Bt. 20.000 | Ferm. Legno e Acciaio | Mat. Acciaio 6 mesi
Mozzarella di bufala campana.

MOLISE FALANGHINA CAMPO DI MARE 2022
Bianco Doc - Falanghina 100%
Alc. 13% | € 9 | Bt. 20.000 | Ferm. Legno e Acciaio | Mat. Acciaio 5 mesi
Crema di zucca con gamberi croccanti.

BIFERNO ROSSO GIRONIA RISERVA
2015

BIFERNO BIANCO GIRONIA
2016 | 2019 | 2021

Campi Valerio
(2004)

Antonio Valerio non si ferma mai, con la sua voglia di sperimentare e innalzare la qualità. Continuano le lavorazioni in anfora, per le quali è apripista regionale. Il lavoro più minuzioso viene fatto puntando sui singoli cru, esprimendo in questo modo la vera essenza della tintilia, in funzione della culla di nascita. Dalla bellissima e suggestiva vigna di Guado San Nicola si riesce a ottenere un autoctono di spessore e forza, senza troppi fronzoli e di grande prospettiva temporale. Peccato l'assenza degli altri cru, sempre di elevato lignaggio.

Località Selvotta - 86075 Monteroduni (IS)
T. 0865 493043 | M. info@valeriovini.it
www.campi-valerio.it

Viticoltura: Convenzionale
Ettari: 14 | **Bottiglie:** 100.000 | **Produzione olearia:** Sì
Proprietà: Antonio Valerio
Cond. enologica: Vincenzo Mercurio
Cond. agronomica: Vincenzo Mercurio
Vendita diretta: Sì | **Visite in azienda:** Sì

G.S.N. TINTILIA DEL MOLISE 2021
Rosso Doc - Tintilia 100%
Alc. 16% | € 35 | Bt. 650 | Ferm. Acciaio | Mat. Legno 24 mesi
Manto rubino fitto. Al naso dispensa profonde ventate marine fuse a sbuffi balsamici, contornati da spezie scure e carrube. Il sorso è voluminoso, corposo, pienamente proporzionato, con tannino tenace e di spessore. Chiusura molto sapida. Filetto di maiale lardellato.

TINTILIA DEL MOLISE OPALIA 2020
Rosso Doc - Tintilia 100%
Alc. 13% | € 19 | Bt. 15.000 | Ferm. Legno
Straccetti di cavallo.

ROSSO DEL MOLISE CALIDIO 2021
Rosso Doc - Montepulciano 100%
Alc. 13,5% | € 12 | Bt. 40.000 | Ferm. Acciaio | Mat. Acciaio 6 mesi
Ravioli di magro con funghi chiodini.

FALANGHINA DEL MOLISE FANNIA 2022
Bianco Doc - Falanghina 100%
Alc. 14% | € 12 | Bt. 35.000 | Ferm. Acciaio | Mat. Acciaio 6 mesi
Seppioline ai ferri.

PENTRO
2013 | 2014 | 2015

TINTILIA DEL MOLISE LA LANA
2018

Cantine Catabbo
(2004)

Anche quest'anno la famiglia Catabbo non si smentisce, cavalcando l'onda della qualità insieme all'enologo Emiliano Falsini. Continuano le lavorazioni in anfora e la sperimentazione dei vini frizzanti da Metodo Ancestrale. I proiettori rimangono puntati sull'autoctona Tintilia, con la versione S sempre sugli scudi e il Vincè Riserva autentico caposaldo della sua tipologia, con gestione magistrale del millesimo che ha dato pensieri ai viticoltori. La nuova e bellissima cantina è pronta per regalarvi esperienze all'altezza, coccolati da una gestione familiare unita e propositiva.

Contrada Petriera - 86046 San Martino in Pensilis (CB)
T. 0875 604945 | M. info@catabbo.it
www.catabbo.it

Viticoltura: Biologica certificata
Ettari: 52 | **Bottiglie:** 150.000 | **Produzione olearia:** Sì
Proprietà: Famiglia Catabbo
Cond. enologica: Emiliano Falsini
Cond. agronomica: Pasquale Catabbo
Vendita diretta: Sì | **Visite in azienda:** Sì

(92)

TINTILIA DEL MOLISE S 2020
Rosso Doc - Tintilia 100%
Alc. 14,5% | € 22 | Bt. 5.000 | Ferm. Acciaio | Mat. Legno 14 mesi
Manto rubino cupo. Regala all'olfatto eleganti note di amarena, carrube e liquirizia, seguite da accenni pepati. Sorso ritmato da tannino misurato, equilibrato dall'alcolicità e dai caratteri estrattivi. Epilogo perfettamente equilibrato, con rimandi di frutti rossi, arancia Sanguinella e sentori speziati. Filetto al vino rosso e scalogno.

ROSSO DEL MOLISE VINCÈ 2018
Rosso Doc - Tintilia 100%
Alc. 14% | € 25 | Bt. 5.000 | Ferm. Acciaio | Mat. Legno 24 mesi
Spezzatino di manzo.

TINTILIA DEL MOLISE COLLE CERVINO 2020
Rosso Doc - Tintilia 100%
Alc. 14,5% | € 18 | Bt. 15.000 | Ferm. Acciaio | Mat. Acciaio 12 mesi
Filetto di manzo in crosta alle erbette.

ANCESTRALE BIANCO
Bianco Metodo Ancestrale - Falanghina 100%
Alc. 11% | € 13 | Bt. 5.000 | Ferm. Acciaio
Alici panate e fritte.

ANCESTRALE ROSATO
Rosato Metodo Ancestrale - Tintilia 100%
Alc. 11% | € 13 | Bt. 5.000 | Ferm. Acciaio
Fiori di zucca ripieni di ricotta e acciughe.

FALANGHINA DEL MOLISE IN ANFORA 2022
Bianco Doc - Falanghina 100%
Alc. 13% | € 20 | Bt. 2.500 | Ferm. Terracotta | Mat. Terracotta 8 mesi
Filetto di orata in crosta di mandorle e patate.

TINTILIA DEL MOLISE S
2015 | 2018

TINTILIA DEL MOLISE COLLE CERVINO
2016 | 2018 | 2019

Claudio Cipressi
(2003)

Claudio Cipressi è un'icona della viticoltura molisana, fautore della riscoperta e successiva promozione della tintilia. Bellissima e moderna la cantina e sempre di buon livello la produzione, comprendendo ache il Metodo Classico; ma la vera identità regionale si manifesta nelle interpretazioni dell'uva tintilia, con la selezione 66 che in questa edizione svetta tra tutte le eccellenze molisane, occupando un posto di rilievo tra le produzioni nazionali. Sempre una sicurezza il Macchiarossa, così come il succoso e goloso rosato Collequinto. Complimenti a Claudio e avanti così.

Contrada Montagna, 11/B - 86030 San Felice del Molise (CB)
T. 0874 874535 | M. info@claudiocipressi.it
www.viniclaudiocipressi.it

Viticoltura: Biologica certificata
Ettari: 15 | **Bottiglie:** 50.000 | **Produzione olearia:** Sì
Proprietà: Nicole e Valeria Cipressi
Cond. enologica: Cosimo Cristiano Chiloiro
Cond. agronomica: Claudio Cipressi
Vendita diretta: Sì | **Visite in azienda:** Sì

(95)

TINTILIA DEL MOLISE TINTILIA 66 2017
Rosso Doc - Tintilia 100%
Alc. 14,5% | € 48 | Bt. 3.000 | Ferm. Acciaio | Mat. Legno 36 mesi
Aristocratico rosso rubino. L'annuncio olfattivo ha classe e si orienta su indizi di marasca, arancia Sanguinella, tabacco e refoli balsamici con accenni di cacao. Compatto il sorso, dal tannino integrato e saporoso, che rende il comparto vellutato. Si congeda senza alcuna fretta, ritmando sale e spezie. Capriolo con salsa di ribes rosso.

TINTILIA DEL MOLISE MACCHIAROSSA 2018
Rosso Doc - Tintilia 100%
Alc. 14,5% | € 28 | Bt. 20.000 | Ferm. Acciaio | Mat. Acciaio 36 mesi
Straccetti di vitello al rosmarino.

TINTILIA DEL MOLISE ROSATO COLLEQUINTO 2022
Rosato Dop - Tintilia 100%
Alc. 14% | € 28 | Bt. 5.000 | Ferm. Acciaio | Mat. Acciaio 8 mesi
Risotto agli asparagi e provola affumicata.

TREBBIANO DEL MOLISE LE SCOSTE 2022
Bianco Doc - Trebbiano 100%
Alc. 14,5% | € 22 | Bt. 3.000 | Ferm. Acciaio | Mat. Acciaio 8 mesi
Crostini con burro e alici.

TINTILIA DEL MOLISE ROSATO COLLEQUINTO
2017 | 2019 | 2021

FALANGHINA SETTEVIGNE
2021

Azienda Agricola Giuseppe De Lisio

(1999)

Ritorno in Guida per la cantina De Lisio, bellissima realtà a conduzione biologica di Guglionesi, attiva dagli anni Settanta e dal 2008 impegnata nella produzione di vini di qualità. Si pratica viticoltura in regime biologico da anni, una delle prime in regione a sposare questa filosofia. Quest'anno la Tintilia 2021 si posiziona a un passo dall'eccellenza, per pulizia e progressione stilistica. Da sottolineare anche il profumatissimo Colle Dioniso Rosato e il Nisyus, da uve montepulciano, morbido e goloso. La gamma dei vini si è ampliata, come si è alzata l'asticella della qualità.

Contrada Piano della Conca - 86034 Guglionesi (CB)
T. 0875 910884 | M. info@cantinedelisio.com
www.cantinedelisio.com

Viticoltura: Biologica certificata
Ettari: 40 | **Bottiglie:** 15.000 | **Produzione olearia:** Sì
Proprietà: Famiglia De Lisio
Cond. enologica: Maria Antonietta De Lisio
Cond. agronomica: Giuseppe De Lisio
Vendita diretta: Sì | **Visite in azienda:** Sì

TINTILIA DEL MOLISE BIOLOGICA 2021
Rosso Doc - Tintilia 100%
Alc. 12,5% | € 12 | Bt. 3.000 | Ferm. Acciaio | Mat. Acciaio 6 mesi
Colore rubino luminoso. Profilo varietale intrigante: regala allusioni di macis, mora e confettura di more di gelso, fusi a sbuffi di spezie. Dinamica la beva, densa di frutto polposo, con saporoso tannino, di ottima fattezza. Propone una ricca chiusura rimarcata da echi speziati. Tagliata di manzo al rosmarino.

MOLISE ROSSO NISYUS BIOLOGICO 2020
Rosso Doc - Montepulciano 100%
Alc. 13,5% | € 7 | Bt. 2.000 | Ferm. Acciaio | Mat. Acciaio 12 mesi
Pasta alla gricia.

COLLE DIONISO ROSATO BIOLOGICO 2022
Rosato - Montepulciano 100%
Alc. 13% | € 6 | Bt. 1.000 | Ferm. Acciaio
Pizza con bufala e pomodorini.

USCONIUM CHARDONNAY BIOLOGICO 2022
Bianco Igt - Chardonnay 100%
Alc. 13% | € 7 | Bt. 1.000 | Ferm. Acciaio
Insalata di mare.

AGLIANICO DEL MOLISE BIOLOGICO 2018
Rosso Doc - Aglianico 100%
Alc. 14% | € 8 | Bt. 1.000 | Ferm. Acciaio | Mat. Acciaio 12 mesi
Scaloppa di vitello con asparagi trifolati.

COLLE DIONISO BIANCO BIOLOGICO 2022
Bianco - Trebbiano 100%
Alc. 12,5% | € 6 | Bt. 2.000 | Ferm. Acciaio
Risotto alla pescatora.

Di Majo Norante

(1968)

Ormai l'azienda Di Majo Norante ha conquistato ampi consensi, proponendo una batteria di vini di tutto rispetto, a partire dalla Tintilia, che sale sul gradino più alto del podio, un vino straripante di erbe aromatiche e spezie. Sempre sugli scudi il caposaldo Don Luigi, seguito a ruota da uno dei migliori rosati della regione, il Floralia, da uve aglianico, vitigno molto caro alla famiglia e proposto in diverse versioni. Bella e accogliente la nuova cantina, in ottima posizione, che si presta anche a piccoli eventi e serate gastronomiche.

Contrada Ramitello, 4 - 86042 Campomarino (CB)
T. 0875 57208 | M. vini@dimajonorante.it
www.dimajonorante.com

Viticoltura: Biologica certificata
Ettari: 140 | **Bottiglie:** 800.000 | **Produzione olearia:** Sì
Proprietà: Alessio Di Majo Norante
Cond. enologica: Riccardo Cotarella
Cond. agronomica: Alessio Di Majo Norante
Vendita diretta: Sì | **Visite in azienda:** Sì

92

TINTILIA DEL MOLISE 2021
Rosso Doc - Tintilia 100%
Alc. 14% | € 20 | Bt. 30.000 | Ferm. Acciaio | Mat. Acciaio 3 mesi e Legno 3 mesi
Aristocratica livrea rubino. Esaltano l'olfatto fresche note di basilico, macchia mediterranea e mirto, seguiti da fragoline di bosco e un tocco pepato. Sorso ben equilibrato tra le note estrattive e la grande freschezza. Allungo sapido che si distende ricordando piccoli frutti rossi. Risotto ai porcini e zucca.

MOLISE ROSSO DON LUIGI RISERVA 2019
Rosso Doc - Montepulciano 100%
Alc. 15,5% | € 38 | Bt. 30.000 | Ferm. Acciaio | Mat. Acciaio 6 mesi e Legno 18 mesi
Stracotto d'asino.

FLORALIA 2022
Rosato Igt - Aglianico 100%
Alc. 13% | € 15 | Bt. 10.000 | Ferm. Acciaio | Mat. Acciaio 6 mesi
Parmigiana di melanzane.

MOLISE ROSSO CONTADO 2019
Rosso Doc - Aglianico 100%
Alc. 14,5% | € 23 | Bt. 80.000 | Ferm. Acciaio | Mat. Acciaio 6 mesi e Legno 24 mesi
Cinghiale in umido.

MOLISE ROSSO DON LUIGI RISERVA
2015 | 2016 | 2017

TINTILIA DEL MOLISE
2020

Angelo D'Uva
(2001)

La bellissima azienda della famiglia D'Uva propone quest'anno solo due delle tante etichette che ci ha abituato ad apprezzare. Il livello è mantenuto alto grazie al Biferno bianco Kantharos, da uve trebbiano e malvasia, che esprime un'elegante trama fruttata. La tenuta vale il viaggio, per ammirare lo scorcio del Tirreno ma soprattutto per godere degli ottimi abbinamenti proposti dall'impeccabile cucina del relais I Dolci Grappoli, guidato dalla vulcanica moglie di Angelo, la bravissima Enrica.

Contrada Monte Altino, 23/A - 86035 Larino (CB)
T. 0874 822320 | M. info@cantineduva.com
www.cantineduva.com

Viticoltura: Lotta integrata
Ettari: 25 | **Bottiglie:** 70.000 | **Produzione olearia:** Sì
Proprietà: Angelo D'Uva
Cond. enologica: Donato Di Tommaso
Cond. agronomica: Angelo D'Uva
Vendita diretta: Sì | **Visite in azienda:** Sì

BIFERNO BIANCO KANTHAROS 2022
Bianco Doc - Trebbiano 70%, Malvasia 30%
Alc. 13% | € 14 | Bt. 4.000 | Ferm. Acciaio | Mat. Acciaio 6 mesi
Paglierino lucente. Nell'esordio olfattivo si susseguono frutta gialla ed esotica: ananas, pesca e accenni di mango, contornati da floreale di sambuco e da erbe officinali. Bocca snella e spigliata, dagli squisiti rimandi a fruttato di ananas e accenni di menta. Salino l'epilogo. Crostini con baccalà mantecato.

ROSSO DEL MOLISE RICUPO 2020
Rosso Doc - Montepulciano 100%
Alc. 13,5% | € 12 | Bt. 4.000 | Ferm. Acciaio | Mat. Acciaio 18 mesi
Quaglie alla cacciatora.

TINTILIA DEL MOLISE LAGENA
2020

ROSSO DEL MOLISE RICUPO
2019

Lagatta
(2017)

Lupara sorge su una collina, a circa 500 metri di quota, che delimita la sinistra orografica del fiume Biferno, guardando da una parte le montagne e dall'altra le prime colline del basso Molise. Qui nasce la nuova e piccola realtà vitivinicola di Pasquale Pietroniro e Antonietta Lagatta, determinati e dalle idee chiare, che sta già facendo parlare di sé per la qualità dei vini. Nuovo ingresso in Guida che pone l'accento sulla ricchezza e la profondità della Tintilia Riserva 2018, a un passo dall'eccellenza, seguita dalla versione d'annata, che si difende egregiamente.

Via Falciglia, 35 - 86030 Lupara (CB)
T. 349 0643458 | M. pasquale.pietroniro3@gmail.com

Viticoltura: Convenzionale
Ettari: 2 | **Bottiglie:** 5.000 | **Produzione olearia:** Sì
Proprietà: Antonietta Lagatta
Cond. enologica: Ernesto Buono
Cond. agronomica: Staff aziendale
Vendita diretta: Sì | **Visite in azienda:** No

TINTILIA DEL MOLISE RISERVA 2018
Rosso Dop - Tintilia 100%
Alc. 14% | € 25 | Bt. 600 | Ferm. Acciaio
Rubino vivido. Olfatto scandito da confettura di more, crème de cassis, melagrana e corbezzolo, con accenni balsamici di tè verde su sfondo di incenso. Sorso delineato da freschezza corroborante che anticipa i tannini maturi e perfettamente amalgamati con la struttura fruttata. Notevole persistenza balsamica. Stinco di maiale al forno in pancetta affumicata.

TINTILIA DEL MOLISE 2018
Rosso Dop - Tintilia 100%
Alc. 13,5% | € 18 | Bt. 6.000 | Ferm. Acciaio
Fagiano arrosto.

FALANGHINA DEL MOLISE 2022
Bianco Dop - Falanghina 100%
Alc. 13,5% | € 12 | Bt. 500 | Ferm. Acciaio | Mat. Acciaio 6 mesi
Trofie al pesto.

Mastrangelo
(2015)

L'azienda agricola biologica Mastrangelo ha deliziato i palati molisani per anni con il fantastico extravergine di oliva, caposaldo della produzione regionale, grazie alla riscoperta della cultivar Gentile di Mafalda, che porta il nome di un luogo dove dimorano anche vigneti: una manciata di ettari per una piccolissima produzione di poco più di 1.000 bottiglie, davvero promettenti, con il Mastrangelo Rosso che lascia ottimo ricordo di sé per succosità, leggiadria e piacevolezza. Azienda da tenere sotto osservazione.

Via Emilia, 4 - 86030 Mafalda (CB)
T. 329 1243177 | M. francescomastrangelo81@gmail.com

Viticoltura: Biologica
Ettari: 0,3 | **Bottiglie:** 1.000 | **Produzione olearia:** Sì
Proprietà: Francesco Mastrangelo
Cond. enologica: Francesco Mastrangelo
Cond. agronomica: Francesco Mastrangelo
Vendita diretta: Sì | **Visite in azienda:** Sì

MASTRANGELO VINO ROSSO 2022
Rosso - Montepulciano 50%, Sangiovese 50%
Alc. 14% | € 14 | Bt. 800 | Ferm. Acciaio | Mat. Acciaio 6 mesi
Rubino fitto. Olfatto caratterizzato da prugna, cannella, accenni di noce moscata e tabacco da pipa, con chiusura intrigante di frutta a polpa gialla. Sorso di grande eleganza, denso il centro bocca, con tannino calibrato. Congedo lungo su croccanti pennellate fruttate. Maialino in agrodolce.

MASTRANGELO VINO BIANCO 2022
Bianco - Trebbiano 90%, Malvasia 10%
Alc. 13% | € 14 | Bt. 600 | Ferm. Acciaio | Mat. Acciaio 6 mesi
Rombo al forno ai sapori mediterranei.

Cantine Salvatore
(1998)

Ottima prova anche quest'anno dei vini di Pasquale Salvatore, ormai una garanzia nel panorama vinicolo regionale. In cantina i tempi sono dettati in sintonia con il bravissimo Carmine De Iure. Seppur orfana del cavallo di razza Don Donà, uno dei migliori rossi regionali, lo stendardo è mantenuto alto dalla Tintilia Rutilia e dal sempre elegantissimo Ros Is, che svettano tra i campioni proposti, rimarcando come l'areale di Ururi riesca a imprimere stoffa al vitigno autoctono. Ottima anche la prova dell'Aglianico, davvero ineccepibile per complessità e profondità.

Contrada Vigne - 86049 Ururi (CB)
T. 0874 830656 | M. info@cantinesalvatore.it
www.cantinesalvatore.it

Viticoltura: Biologica
Ettari: 20 | **Bottiglie:** 80.000 | **Produzione olearia:** Sì
Proprietà: Pasquale Salvatore
Cond. enologica: Carmine De Iure
Cond. agronomica: Pasquale Salvatore
Vendita diretta: Sì | **Visite in azienda:** Sì

TINTILIA DEL MOLISE ROSATO ROS IS 2022
Rosato Doc - Tintilia 100%
Alc. 14% | € 16 | Bt. 3.500 | Ferm. Acciaio | Mat. Acciaio 6 mesi
Acceso cerasuolo. Approccio olfattivo stentoreo, con vibranti citazioni di fragola, lampone, pennellate di ciliegia e finocchietto selvatico. Sorso equilibrato, tonico e dinamico, con puntellature fresco-sapide che si distendono sul palato; finale con richiamo iodato e fruttato di anguria. Zuppa di pesce.

TINTILIA DEL MOLISE RUTILIA 2019
Rosso Doc - Tintilia 100%
Alc. 14% | € 17 | Bt. 12.000 | Ferm. Acciaio | Mat. Acciaio 18 mesi
Civet di capriolo ai funghi.

AGLIANICO DEL MOLISE 2020
Rosso Doc - Aglianico 100%
Alc. 14% | € 18 | Bt. 3.500 | Ferm. Acciaio | Mat. Acciaio 12 mesi e Legno 12 mesi
Guanciale di vitello in umido con patate.

TI.A.MO. 2019
Rosso - Montepulciano 40%, Aglianico 30%, Tintilia 30%
Alc. 14% | € 18 | Bt. 8.000 | Ferm. Acciaio | Mat. Acciaio 18 mesi e Legno 12 mesi
Tagliere di salumi.

FALANGHINA DEL MOLISE NYSIAS 2022
Bianco Doc - Falanghina 100%
Alc. 14% | € 16 | Bt. 12.000 | Ferm. Acciaio | Mat. Acciaio 8 mesi
Risotto alla granseola.

MOLISE ROSSO BIBERIUS 2019
Rosso Doc - Montepulciano 100%
Alc. 13,5% | € 13 | Bt. 20.000 | Ferm. Acciaio | Mat. Acciaio 18 mesi
Cosciotto di maiale farcito.

FALANGHINA DEL MOLISE NYSIAS
2014 | 2020 | 2021

TINTILIA DEL MOLISE ROSATO ROS IS
2021

Cantina San Zenone
(1975)

San Zenone è stata una delle prime realtà cooperative molisane, fin dal 1975. Da allora tanta strada è stata fatta e la qualità media dei prodotti è sempre cresciuta, distinguendosi per il fantastico rapporto qualità-prezzo. Mauro Confalonieri, giovane enologo, affiancato dalla dinamica presidenza e dal resto dello staff, consegna tra i migliori vini d'Italia la Tintilia, che associa eleganza estrattiva a freschezza e complessità. A un passo dal podio anche il Pluris bianco, salino e fresco. Tutta la gamma proposta dimostra pulizia e piacevolezza.

Contrada dei Pastini - 86036 Montenero di Bisaccia (CB)
T. 0875 96576 | M. info@cantinasanzenone.it
www.cantinasanzenone.it

Viticoltura: Convenzionale e biologica
Ettari: 199 | **Bottiglie:** 200.000 | **Produzione olearia:** No
Proprietà: Cooperativa di produttori
Cond. enologica: Mauro Confalonieri
Cond. agronomica: Mauro Confalonieri
Vendita diretta: Sì | **Visite in azienda:** Sì

(92)

TINTILIA DEL MOLISE 2020
Rosso Doc - Tintilia 100%
Alc. 13,5% | € 22 | Bt. 7.400 | Ferm. Acciaio | Mat. Acciaio 12 mesi
Carminio profondo. Naso sorprendentemente fresco, con rivoli di succhi di frutti rossi accompagnati da radici come china e genziana; seguono le erbe aromatiche e i sentori empireumatici, rosmarino e scatola di sigari. Il sorso vibra di fresco piacere, ravvivando una massa notevole ma perfettamente bilanciata. Filetto di capriolo ai mirtilli.

FALANGHINA DEL MOLISE PLURIS 2022
Bianco Doc - Falanghina 100%
Alc. 13% | € 14 | Bt. 1.200 | Ferm. Legno | Mat. Legno 6 mesi
Rollè di cernia con patate al rosmarino.

ROSATO CLIVIA 2022
Rosato Igt - Montepulciano 100%
Alc. 13% | € 8 | Bt. 10.000 | Ferm. Acciaio | Mat. Acciaio 3 mesi
Risotto con le spugnole.

MOLISE ROSSO CLIVIA 2021
Rosso Doc - Montepulciano 100%
Alc. 13,5% | € 8 | Bt. 11.000 | Ferm. Acciaio | Mat. Acciaio 12 mesi
Filetto di manzo alla Voronoff.

IL VIANDANTE ROSSO BIOLOGICO 2021
Rosso Igp - Montepulciano 100%
Alc. 13% | € 8 | Bt. 5.000 | Ferm. Acciaio | Mat. Acciaio 12 mesi
Rigatoni al ragù bianco di carne.

FALANGHINA DEL MOLISE PLURIS
2021

MOLISE ROSSO PLURIS RISERVA
2019

Serra del Parco
(1980)

L'azienda agricola di Floriana Di Vito, appassionata e radicata nella sua terra, sorge a Palata, immersa nelle colline della provincia di Campobasso. Presente per il secondo anno in Guida, convince con la Tintilia, meritevole del riconoscimento come vino passepartout. Un attento lavoro sia in vigna sia in cantina ci ha permesso di apprezzare il frutto denso e fresco, di grande piacevolezza ed eleganza, che camaleonticamente si abbina, giocando con le temperature di servizio, a numerosi piatti regionali. Di buon livello anche il rosato, salino e succoso.

Contrada Coppere - zona Serra del Parco - 86037 Palata (CB)
T. 329 0211318 | M. contatti@serradelparco.it
www.serradelparco.com

Viticoltura: Biologica certificata
Ettari: 3,1 | **Bottiglie:** 5.000 | **Produzione olearia:** No
Proprietà: Floriana e Daniele Di Vito
Cond. enologica: Maria Antonietta De Lisio
Cond. agronomica: Staff aziendale
Vendita diretta: Sì | **Visite in azienda:** Sì

TINTILIA DEL MOLISE 2022
Rosso Doc - Tintilia 100%
Alc. 13,5% | € 15 | Bt. 6.000 | Ferm. Acciaio | Mat. Acciaio 6 mesi
Il carminio luminoso anticipa un bouquet ampio, dal debutto fruttato di lampone e pesca, cui seguono rosmarino e tabacco. Al palato la struttura è bilanciata da una evidente spinta sapida e da tannicità ottimamente integrata. La freschezza sigla il finale dalla lunga persistenza. Brasato di manzo al vino rosso.

TINTILIA DEL MOLISE ROSATO 2022
Rosato Doc - Tintilia 100%
Alc. 14,5% | € 15 | Ferm. Acciaio | Mat. Acciaio 5 mesi
Risotto alla zucca e astice.

TINTILIA DEL MOLISE
2021

Tenimenti Grieco
(2013)

Antonio Grieco festeggia i 10 anni dalla fondazione dell'azienda, cercando di affermarsi ancor di più tra le produzioni territoriali. In cantina Maria Concetta Raimondo, autoctona molisana, interpreta al meglio i vitigni per regalare vini di grande stoffa ed eleganza. Quest'anno l'Aglianico Passo alle Tremiti è la punta di diamante aziendale, a un soffio dall'eccellenza, proponendosi come vino di alto valore ma dal prezzo contenuto. Appena più in basso il Triassi, connubio perfetto di tre grandi vitigni. Da segnalare il Matana, chardonnay vinificato in legno, molto promettente.

Contrada Difensola - 86045 Portocannone (CB)
T. 0875 590032 | M. info@tenimentigrieco.it
www.tenimentigrieco.it

Viticoltura: Convenzionale
Ettari: 85 | **Bottiglie:** 700.000 | **Produzione olearia:** Sì
Proprietà: Antonio Grieco
Cond. enologica: Maria Concetta Raimondo
Cond. agronomica: Maria Concetta Raimondo
Vendita diretta: Sì | **Visite in azienda:** Sì

AGLIANICO PASSO ALLE TREMITI 2020
Rosso Igt - Aglianico 100%
Alc. 13,5% | € 12 | Bt. 30.000 | Ferm. Acciaio | Mat. Acciaio 3 mesi e Legno 12 mesi
Rubino cupo. Ipnotizza al naso tra sbuffi speziati di coriandolo e noce moscata, seguiti da un ventaglio olfattivo elegante, che spazia tra cacao, tabacco e confettura di marasca. Al palato gli estratti non frenano la beva, è polposo, con tannino mai scomposto, che si distende nel lungo epilogo speziato. Bocconcini di cinghiale con salsa di prugne.

TRIASSI 2020
Rosso Igt - Cabernet sauvignon 55%, Merlot 35%, Aglianico 10%
Alc. 14% | € 27 | Bt. 6.000 | Ferm. Acciaio | Mat. Acciaio 3 mesi e Legno 15 mesi
Pluma di maialino Bellota con cipolle caramellate.

MATANA 2022
Bianco Igt - Chardonnay 100%
Alc. 13% | € 17 | Bt. 6.000 | Ferm. Acciaio | Mat. Acciaio 3 mesi e Legno 12 mesi
Fettuccine ai funghi porcini.

TINTILIA DEL MOLISE 200 METRI 2022
Rosso Doc - Tintilia 100%
Alc. 13,5% | € 12 | Bt. 60.000 | Ferm. Acciaio | Mat. Acciaio 7 mesi
Lepre alla cacciatora.

FALANGHINA DEL MOLISE PASSO ALLE TREMITI 2022
Bianco Doc - Falanghina 100%
Alc. 13% | € 11 | Bt. 30.000 | Ferm. Acciaio | Mat. Acciaio 3 mesi
Rotolo di tacchino alle mele ed erbe aromatiche.

BIFERNO ROSSO BOSCO DELLE GUARDIE 2021
Rosso Doc - Montepulciano 80%, Aglianico 20%
Alc. 13,5% | € 14 | Bt. 8.000 | Ferm. Acciaio | Mat. Acciaio 3 mesi e Legno 12 mesi
Saltimbocca alla romana.

TINTILIA DEL MOLISE 200 METRI
2020

ROSATO DEL MOLISE PASSO ALLE TREMITI
2019 | 2020 | 2021

Tenute Martarosa
(2015)

I fratelli Travaglini hanno preso per mano la tradizione di famiglia e hanno portato l'azienda ad altissimi livelli, a simboleggiare un Molise enologico dinamico, non solo per la produzione di vini ma anche per l'organizzazione di numerosi eventi. L'annata 2020 ha permesso di sfoggiare una Tintilia che ammalia e seduce per finezza e succosità, con dinamicità del sorso, vero cavallo di razza e grande esempio di interpretazione raffinata del vitigno, meritevole del Tastevin. Da tenere d'occhio anche il nuovo progetto di vini con affinamento subacqueo.

Via Madonna Grande, 11 - 86042 Campomarino (CB)
T. 0875 57156 | M. info@tenutemartarosa.com
www.tenutemartarosa.com

Viticoltura: In conversione al biologico
Ettari: 23 | **Bottiglie:** 90.000 | **Produzione olearia:** Sì
Proprietà: Pierluigi Travaglini
Cond. enologica: Alessio Bandinelli
Cond. agronomica: Dario Ceccatelli
Vendita diretta: Sì | **Visite in azienda:** Sì

93

TINTILIA DEL MOLISE 2020
Rosso Doc - Tintilia 100%
Alc. 14,5% | € 18 | Bt. 8.000 | Ferm. Acciaio | Mat. Acciaio 4 mesi e Legno 12 mesi
Sfoggia un bel rubino acceso ed elegante, preludio a un ventaglio olfattivo che si eleva su note balsamiche di eucalipto e pepe di Java, adornato da fragoline di bosco e glicine. Molto preciso il sorso, con un tannino ben calibrato, in linea con la freschezza che alleggerisce. Allungo sapido su refoli di frutta rossa. Carré di maiale alle prugne.

TINTILIA DEL MOLISE ROSATO 2022
Rosato Doc - Tintilia 100%
Alc. 13,5% | € 15 | Bt. 13.000 | Ferm. Acciaio | Mat. Acciaio 6 mesi
Sushi e sashimi.

MOSCATO 2022
Bianco Igt - Moscato 100%
Alc. 13,5% | € 14 | Bt. 4.000 | Ferm. Acciaio | Mat. Acciaio 6 mesi
Risotto agli asparagi e frutti di mare.

ROSSO DEL MOLISE ANTICO PODERE 2018
Rosso Doc - Montepulciano 100%
Alc. 14% | € 16 | Bt. 5.000 | Ferm. Acciaio | Mat. Acciaio 4 mesi e Legno 12 mesi
Guancia di vitello in umido.

FIANO DEL MOLISE 2022
Bianco Doc - Fiano 100%
Alc. 13,5% | € 14 | Bt. 7.000 | Ferm. Acciaio | Mat. Acciaio 6 mesi
Ovoli freschi crudi su letto di rucola.

TINTILIA DEL MOLISE
2019

TINTILIA DEL MOLISE ROSATO
2020

Terresacre
(2004)

Andare a trovare i Palladino alla tenuta di famiglia a Montenero di Bisaccia è sempre un gran piacere, grazie al luogo meraviglioso che guarda ridente il Tirreno. I vini proposti quest'anno sono tutti di grande stoffa, senza sbavature e dalla media qualitativa molto elevata; a svettare è il Neravite, succoso ed espressivo, dal costo decisamente allettante. La Tintilia è sempre una sicurezza, sia nella versione da vigne giovani sia nella Selezione, che conta su un corredo di finezza e promette longevità. Ottimi anche bianco e rosato.

Contrada Montebello - 86036 Montenero di Bisaccia (CB)
T. 0875 960191 | M. info@terresacre.net
www.terresacre.net

Viticoltura: Convenzionale
Ettari: 35 | **Bottiglie:** 100.000 | **Produzione olearia:** Sì
Proprietà: Società Agricola Il Quadrifoglio
Cond. enologica: Goffredo Agostini
Cond. agronomica: Massimo Tarchi
Vendita diretta: Sì | **Visite in azienda:** Sì

ROSSO DEL MOLISE NERAVITE 2021
Rosso Doc - Montepulciano 100%
Alc. 14,5% | € 9 | Bt. 10.000 | Mat. Acciaio 6 mesi e Legno 6 mesi
Vivido rubino. Olfatto di grande complessità ed eleganza, spazia da profumi di carrube, ciliegia e viola ad accenni di noce moscata. Raffinato il tannino, ottimamente accordato con la piacevolezza fruttata. Il connubio acido-sapido sostiene il sorso, dai lunghi ritorni di frutti rossi e spezie. Arista di maiale con salsa di prugne.

TINTILIA DEL MOLISE VIGNE NUOVE 2022
Rosso Doc - Tintilia 100%
Alc. 13,5% | € 12 | Bt. 8.000 | Ferm. Acciaio
Manzo brasato con funghi.

TINTILIA DEL MOLISE SELEZIONE 2020
Rosso Doc - Tintilia 100%
Alc. 14,5% | € 24 | Bt. 5.500 | Ferm. Acciaio | Mat. Legno 12 mesi
Castelmagno.

FALANGHINA DEL MOLISE 2022
Bianco Doc - Falanghina 100%
Alc. 14% | € 12 | Bt. 7.000 | Ferm. Acciaio
Totani ripieni con salsa mediterranea.

ROSAVITE 2022
Rosato Igt - Montepulciano 100%
Alc. 13% | € 10 | Bt. 10.000
Polpo alla Luciana.

TINTILIA DEL MOLISE VIGNE NUOVE
2021

FALANGHINA DEL MOLISE
2017

Cantina Valtappino
(1969)

Quasi 55 anni di storia per questa cantina che unisce gli sforzi di circa 300 viticoltori. Svariati i successi e le soddisfazioni, come il Tastevin per Embratur Riserva 2007, qualche anno fa. La tradizione si fonde alle tecniche moderne, atte a ottenere il massimo dai vitigni, per consegnare ai consumatori vini validi, territoriali, adatti a molte tipologie di consumatori. L'imperatore dei vitigni, la tintilia, si distingue sempre, grazie al già citato Embratur, ma a colpire è il Rosso del Molise Enosè, dal favorevole rapporto valore/prezzo; entrambi i vini hanno mancato di poco l'alloro.

Contrada Mascione, 10 - 86100 Campobasso (CB)
T. 0874 441835 | M. bevi@cantinavaltappino.com
www.cantinavaltappino.com

Viticoltura: Convenzionale
Ettari: 20 | **Bottiglie:** 60.000 | **Produzione olearia:** Sì
Proprietà: Cooperativa di produttori
Cond. enologica: Ernesto Buono
Cond. agronomica: Luciano Cirucci
Vendita diretta: Sì | **Visite in azienda:** Sì

ROSSO DEL MOLISE ENOSÈ 2022
Rosso Dop - Montepulciano 100%
Alc. 13% | € 12 | Bt. 4.000 | Ferm. Acciaio | Mat. Acciaio 6 mesi
Tonalità rubino vivace e cupo. Si apre su cenni floreali di rosa e viola, seguiti da more, mirtilli e tracce di frutta a polpa gialla; chiude con balsamicità e un tocco di lavanda. Al palato è snello e scorrevole, con ottimo connubio tra freschezza, elegante trama tannica e adeguata morbidezza. Pappardelle al ragù di cinghiale.

TINTILIA DEL MOLISE EMBRATUR RISERVA 2018
Rosso Doc - Tintilia 100%
Alc. 14% | € 30 | Bt. 1.500 | Ferm. Acciaio | Mat. Acciaio 30 mesi e Legno 6 mesi e Cemento 12 mesi
Controfiletto di bue alla brace.

TINTILIA DEL MOLISE EMBRATUR 2020
Rosso Dop - Tintilia 100%
Alc. 13,5% | € 22 | Bt. 2.000 | Ferm. Acciaio | Mat. Acciaio 12 mesi e Legno 2 mesi e Cemento 5 mesi
Filetto di cervo ai mirtilli.

MADAMA TINTILIA DEL MOLISE 2021
Rosso Dop - Tintilia 100%
Alc. 13,5% | € 15 | Bt. 4.500 | Ferm. Acciaio | Mat. Acciaio 6 mesi
Maiale in agrodolce.

FALANGHINA DEL MOLISE SAUNIA 2022
Bianco Dop - Falanghina 100%
Alc. 13,5% | € 12 | Bt. 2.000 | Ferm. Acciaio
Insalata di pollo e verdure.

ROSATO DEL MOLISE ENOSÉ 2022
Rosato Dop - Montepulciano 100%
Alc. 13% | € 12 | Bt. 1.500 | Ferm. Acciaio | Mat. Acciaio 6 mesi
Zuppa d'orzo e chiodini.

TINTILIA DEL MOLISE EMBRATUR
2013 | 2014 | 2016

TINTILIA DEL MOLISE EMBRATUR EDIZIONE LIMITATA
2013

CA
MPANIA

Tra i vicoli e il mare la bellezza folgorante

Luciano Ferraro

Un'abbuffata di spaghetti indimenticabile. Con la pasta come antidoto ad una fame di classe, sottratta con un sotterfugio a chi la ignora, un bottino da portar via, nascondendola nelle tasche della giacca logora, per saziarsi il giorno dopo, quando la fame tornerà a mordere. La scena di Totò in *Miseria e nobiltà*, film del 1954 diretto da Mario Mattoli, tratto dall'omonima opera teatrale (1888) di Eduardo Scarpetta, è una chiave per capire la Campania. Solo mangiando, Napoli la si comprende davvero. Perché, come assicura lo scrittore Maurizio De Giovanni, il giallista del commissario Ricciardi e dei Bastardi di Pizzofalcone, "Napoli è un universo, un mondo intero che può essere visto da tutti i punti di vista. Non c'è una Napoli vera e una Napoli falsa. Napoli raccoglie tutte le sfumature possibili".

Dai vicoli alle pendenze della Costiera Amalfitana, la gastronomia è un insieme di cibi umili, nobilitati dalla tradizione e dagli scambi culturali. Ed è così anche per il paesaggio umano e del territorio. Con una forza che trasforma la bellezza in folgore, in stordimento. Tavola e paesaggio sono uniti dalla dieta mediterranea che l'Unesco ha inserito tra i patrimoni immateriali dell'Umanità. Era il 2010. Cinquantanove anni prima un biologo americano, Ancel Benjamin Keys, mentre si stava occupando delle malattie del cuore, scoprì nel Cilento una forte relazione tra alimentazione e stato di salute, ed elogiò in tutto il mondo lo stile di vita che si praticava, come una scelta naturale e antica. "Dieta significa forma di vita, ma anche dimora. L'equilibrio che mantiene la dieta mediterranea non è solo quello fisico, ma anche quello ambientale" sostiene Marino Niola, antropologo napoletano, docente universitario e grande divulgatore del cibo e dei suoi miti.

Nel succedersi di civiltà e di culture, un percorso lungo tre millenni, Napoli conserva le tracce di popoli diversi. E anche di cibi lontani, come il pomodoro arrivato dall'America e qui reinventato sotto la sacra forma della pummarola, quando in altre parti d'Europa lo si usava come pianta ornamentale. Se come afferma Carlo Petrini, fondatore di Slow food, l'identità gastronomica è figlia dello scambio, del meticciato, ciò è ancora più vero a Napoli e nella Campania, dove la cultura culinaria diventa una fonte di uguaglianza. E anche, è convinto Petrini, di economia sostenibile e natura.

Marino Niola: "Qui il bello ti folgora all'improvviso, come un lampo di verità nuda, scandalosa e luminosa".

Neppure la ferita della Terra dei fuochi, ovvero lo smaltimento illegale di rifiuti tra Napoli e Caserta, in un territorio di 57 Comuni, è riuscita a mettere in ombra l'agricoltura sana, la Campania dei produttori onesti, dal settore del vino a quello caseario. Gli esempi virtuosi della custodia del territorio sono numerosi, dall'Irpinia al Sannio.

Dai piani nobili ai "bassi" del popolo di Spaccanapoli, la pizza è una garanzia di piacere o di sopravvivenza. O di allegria per l'esercito inarrestabile dei turisti. In un dedalo di stradine che sembra solare ma è pieno di ombre, di angoli nascosti, di esoterismo e di riti come i tre momenti sublimi di tifoseria religiosa, in cui, ogni anno, il sangue di San Gennaro si scioglie a un appuntamento immancabile per la fede pagana del popolo.

La furbizia dei napoletani, come notò lo scrittore Ermanno Rea, è il prodotto dell'adattamento all'autorità secolare e spirituale. L'arte di arrangiarsi che si fonde con la superstizione. "È Napoli. 42, u caffè. 18, u sangue. Lo dicono i numeri: è Napoli. Questa città, i suoi segreti, non li svela a nessuno", proclama Reginella nel film *Napoli velata* di Ferzan Özpetek, con Giovanna Mezzogiorno e Alessandro Borghi.

Per afferrare i segreti, l'antropologo tedesco Ulrich van Loyen si è immerso, una decina di anni fa, nel sottosuolo, vivendo per 14 mesi a Napoli. Nel "regno di mezzo, in un culto pittoresco fatto di teschi, all'interno di grotte debolmente illuminate da candele, inteso, per così dire, a regolare uno scambio di doni tra viventi e defunti anonimi". Ma in quei 14 mesi, descritti nel libro *Napoli sepolta* (Meltemieditore), l'antropologo è stato catapultato in un mondo di pasta, pizza e feste. "Ignoravo – ha raccontato – quanti mastelli pieni di pasta avrei visto, agitati da energiche braccia femminili per conto della Caritas di Secondigliano, ad esempio, o quante volte avrei fissato, da sopra le spalle di Lella, nell'unica pizzeria gestita da donne del quartiere Mercato, la gola ardente di un forno da cui San Gennaro, patrono della città, a differenza del miracolo narrato nella sua agiografia, sarebbe riuscito a uscire solo cotto a puntino".

Antonio Scurati: "Sottile è la linea che separa la bellezza dall'obbrobrio. È una linea tracciata dall'uomo".

Dalla pizza Margherita, alla torta caprese, dalle sfogliatelle ai babà, la terza città italiana per numero di abitanti (più di 900 mila), è una grande macchina culinaria che impasta e sforna, sfama e disseta, e poi chiude in bellezza con la cerimonia del caffè. E alzandosi dalla tavola basta guardarsi intorno per capire, come sostiene Niola, che "qui il bello ti folgora all'improvviso, come un lampo di verità nuda, scandalosa e luminosa".

Dalla capitale della Campania alla Costiera, dal Vesuvio e luoghi dell'archeologia, Pompei e Paestum in testa, e poi dalle montagne dell'Irpinia, alla storia della provincia di Caserta, fino alle isole, Capri, Ischia e Procida. Meraviglie. Anche se, come ha sottolineato lo scrittore Antonio Scurati, "sottile è la linea che separa la bellezza dall'obbrobrio. È una linea tracciata dalla mano dell'uomo". Gli incendi dolosi, l'abbandono delle campagne, le frane dovute all'incuria o alle costruzioni in luoghi che dovrebbero essere salvaguardati. E l'abusivismo edilizio.

I dati di Legambiente raccontano gli sfregi al paesaggio della Campania: ogni cento costruzioni, più di 15 sorgono senza alcun permesso. Al punto che quasi metà degli edifici sono irregolari, ogni anno vengono contestati almeno novemila reati di abuso edilizio, ma le ferite al territorio rimangono. "Affinché un paradiso si rovesci in un inferno non è necessaria la malvagità, è sufficiente il vizio del tirare a campare, del chiudere un occhio, della mano che lava l'altra": così Scurati ha commentato l'ultima frana ad Amalfi, che nel febbraio del 2021 portò via una parte della Costiera.

La speranza è che l'opera incessante dei vignaioli che hanno saputo plasmare il territorio, faccia rinascere quella civiltà contadina che ha sempre curato la terra. Purché ci sia un'azione più incisiva delle soprintendenze e della politica, spinte da una più forte coscienza ambientale.

Highlights

25.601 ETTARI VITATI COMPLESSIVI
5.333 destinati a DOP, 2.689 destinati a IGP, 17.579 destinati a vini generici.

RIPARTIZIONE COLORE
Vini bianchi 48,87%
Vini rossi o rosati 51,13%

1.475.869 HL DI PRODUZIONE TOTALE
19,04% di vino DOP, 11,03% di vino IGP, 69,93% di vini generici.

LE PROVINCE PIÙ PRODUTTIVE
Benevento 41,21% sul totale, Avellino 24,22% sul totale, Salerno 16,76% sul totale

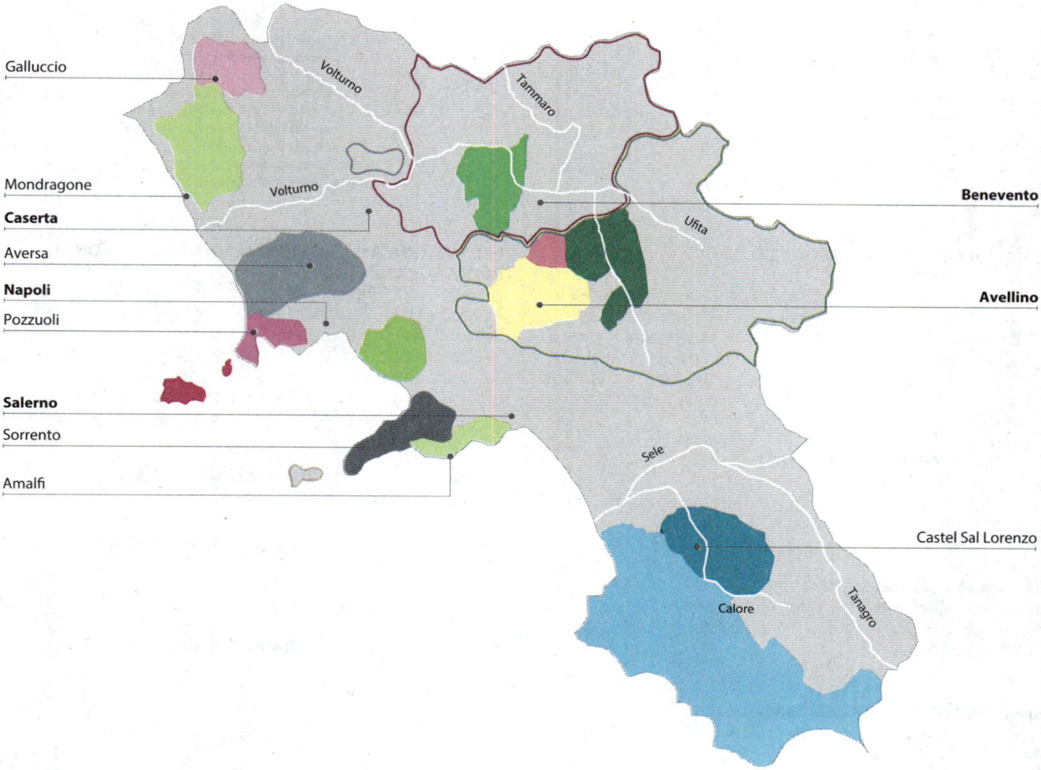

Legenda

- Galluccio
- Falerno del Massico
- Casavecchia di Pontelatone
- Aversa
- Campi Flegrei
- Ischia
- Vesuvio
- Penisola Sorrentina
- Costa d'Amalfi
- Capri
- Sannio
- Falanghina del Sannio
- Aglianico del Taburno DOCG
- Irpinia
- Fiano di Avellino DOCG
- Greco di Tufo DOCG
- Taurasi DOCG
- Castel San Lorenzo
- Cilento

Agnanum
(2002)

Il cratere degli Astroni è uno dei più imponenti della caldera flegrea: un luogo assai suggestivo e affascinante, storica riserva di caccia dei Borbone e dal 1969 Oasi WWF. Il declivio sud-est si affaccia sull'ippodromo di Agnano e ospita i terrazzamenti dove sono messe a dimora viti secolari di falanghina e piedirosso, rigorosamente a piede franco, coccolate dalle cure quotidiane di Raffaele Moccia, per generare vini che sanno di fiori mediterranei e polvere pirica, di mare e di fuoco: quintessenza liquida di un territorio che sta scalando le classifiche di gradimento dei wine lovers.

Via Abbandonata degli Astroni, 3 - 80125 Napoli (NA)
T. 339 1960382 | M. info@agnanum.it
www.agnanum.it

Viticoltura: Lotta integrata
Ettari: 15 | **Bottiglie:** 30.000 | **Produzione olearia:** No
Proprietà: Raffaele Moccia
Cond. enologica: Gianluca Tommaselli
Cond. agronomica: Raffaele Moccia
Vendita diretta: Sì | **Visite in azienda:** Sì

CAMPI FLEGREI PIEDIROSSO 2022
Rosso Doc - Piedirosso 100%
Alc. 13% | € 19 | Bt. 4.500 | Ferm. Acciaio | Mat. Acciaio 8 mesi
Carminio vivido. Fiori rossi e arancia Sanguinella si mescolano alle stuzzicanti sensazioni di pepe nero, grafite e polvere da sparo. Colpisce per il sorso succoso e sapido, sostenuto da un corpo sinuoso, caratterizzato da un tannino lieve che svolge egregiamente il suo compito. Finale che rievoca suggestioni minerali. Zuppa di pesce.

CAMPI FLEGREI FALANGHINA 2022
Bianco Doc - Falanghina 100%
Alc. 11,5% | € 15 | Bt. 16.000 | Ferm. Acciaio | Mat. Acciaio 6 mesi
Crema di zucca con gamberi croccanti.

SABBIA VULCANICA BIANCO 2022
Bianco Igt - Falanghina 85%, Moscato 8%, Catalanesca 7%
Alc. 12,5% | € 12 | Bt. 7.000 | Ferm. Acciaio | Mat. Acciaio 6 mesi
Crostini con baccalà mantecato.

SABBIA VULCANICA ROSSO 2022
Rosso Igt - Piedirosso 85%, Barbera 15%
Alc. 12,5% | € 12 | Bt. 6.000 | Ferm. Acciaio | Mat. Acciaio 6 mesi
Coniglio al forno con patate.

CAMPI FLEGREI PIEDIROSSO
2017 | 2020 | 2021

CAMPI FLEGREI FALANGHINA
2017

Aia dei Colombi
(2002)

Sostenibilità, cura della biodiversità e attenzione ambientale sono gli assi cartesiani, non negoziabili, della filosofia aziendale introdotta e orgogliosamente rivendicata dalla famiglia Pascale. L'interpretazione dei vini da uve autoctone, in primis aglianico e falanghina, è sempre rispettosa dei caratteri della tradizione contadina, con la consapevolezza e la conoscenza della viticoltura di precisione. La maniacale selezione premia ancora una volta Vigna Suprema, Falanghina del Sannio Guardia Sanframondi, magistrale e identitaria espressione del genius loci sannita.

Contrada Sapienze - 82034 Guardia Sanframondi (BN)
T. 0824 817139 | M. info@aiadeicolombi.it
www.aiadeicolombi.it

Viticoltura: Convenzionale
Ettari: 12 | **Bottiglie:** 55.000 | **Produzione olearia:** Sì
Proprietà: Marcellino Pascale
Cond. enologica: Angelo Pizzi
Cond. agronomica: Gaetano Pascale
Vendita diretta: Sì | **Visite in azienda:** Sì

91

FALANGHINA DEL SANNIO GUARDIA SANFRAMONDI VIGNA SUPREMA 2021
Bianco Doc - Falanghina 100%
Alc. 14,5% | € 18 | Bt. 8.000 | Ferm. Acciaio | Mat. Acciaio 10 mesi
Paglierino dai lucenti riflessi oro. Un elegante ventaglio di albicocca e agrumi dolci, tiglio e miele; poi incursioni gessose a rinfrescare i singoli profumi. L'abbrivio al palato è caratterizzato da una decisa espressione sapida, fusa a una spiccata freschezza. Si congeda con lunghe sfumature vegetali. Rollè di cernia con patate al rosmarino.

SANNIO GUARDIA SANFRAMONDI AGLIANICO COLLE DELL'AIA RISERVA 2019
Rosso Doc - Aglianico 100%
Alc. 15% | € 28 | Bt. 2.600 | Ferm. Acciaio | Mat. Acciaio 6 mesi e Legno 18 mesi
Gulasch di manzo alla paprica dolce.

SANNIO GUARDIA SANFRAMONDI AGLIANICO 2020
Rosso Doc - Aglianico 100%
Alc. 14,5% | € 18 | Bt. 12.700 | Ferm. Acciaio | Mat. Acciaio 10 mesi e Legno 8 mesi
Roast beef.

SANNIO GUARDIA SANFRAMONDI FIANO 2022
Bianco Doc - Fiano 100%
Alc. 14% | € 16 | Bt. 5.800 | Ferm. Acciaio | Mat. Acciaio 5 mesi
Maltagliati con fiori di zucca e gamberetti.

SANNIO BARBERA CAMAIOLA 2022
Rosso Doc - Camaiola 100%
Alc. 14,5% | € 14 | Bt. 3.500 | Ferm. Acciaio | Mat. Acciaio 5 mesi
Tagliere di salumi.

FALANGHINA DEL SANNIO GUARDIA SANFRAMONDI VIGNA SUPREMA
2019

FALANGHINA DEL SANNIO GUARDIA SANFRAMONDI
2019

Alois
(1992)

L'azienda nasce negli anni Novanta del secolo scorso come costola di un'affermata realtà imprenditoriale dedita alla produzione tessile, con radici antiche e respiro internazionale. Oggi è condotta da Massimo Alois, instancabile collezionista di suoli dei vigneti più famosi del mondo: la visita del suo antro traboccante di barattoli di vetro è un'esperienza didattica che vale da sola il viaggio. L'amore per l'alta Campania passa attraverso il confronto e la costante inclusione di nuove conoscenze. Si conferma l'eccellenza del Morrone, espressa anche nel millesimo 2021.

Via Ragazzano - Località Audelino - 81040 Pontelatone (CE)
T. 0823 876710 | M. info@vinialois.it
www.vinialois.it

Viticoltura: Convenzionale e lotta integrata
Ettari: 30 | **Bottiglie:** 160.000 | **Produzione olearia:** No
Proprietà: Michele Alois
Cond. enologica: Giovanni Piccirillo
Cond. agronomica: Staff aziendale
Vendita diretta: Sì | **Visite in azienda:** Sì

(91)
MORRONE 2021
Bianco Igt - Pallagrello bianco 100%
Alc. 13% | € 50 | Bt. 3.200 | Ferm. Acciaio | Mat. Acciaio 9 mesi e Legno 9 mesi
Paglierino cristallino, screziato di verde. Un ampio corredo olfattivo che prima intreccia sambuco, camomilla e malva, e poi incontra anice, noce moscata, susina, foglie di fico e tè verde. Il sorso è coinvolgente, con un guizzo fresco-sapido che scandisce la lunga progressione finale al sapore di sale e frutta. Ricciola al forno con capperi e pomodori ciliegino.

CUNTO 2018
Rosso Igt - Pallagrello nero 100%
Alc. 13% | € 20 | Bt. 6.000 | Ferm. Acciaio | Mat. Acciaio 12 mesi e Legno 12 mesi
Maialino in agrodolce.

CAIATÌ 2022
Bianco Igp - Pallagrello bianco 100%
Alc. 13,5% | € 13 | Bt. 25.000 | Ferm. Acciaio | Mat. Acciaio 5 mesi
Risotto alla zucca.

CASAVECCHIA DI PONTELATONE TRIFOLIUM 2018
Rosso Doc - Casavecchia 100%
Alc. 13% | € 18 | Bt. 6.000 | Ferm. Acciaio | Mat. Legno 12 mesi
Beccacce allo spiedo.

MORRONE
2018 | 2020

CASAVECCHIA DI PONTELATONE TREBULANUM RISERVA
2013 | 2015 | 2018

Amarano
(2004)

Siamo sul dorso dei colli Picentini, proprio di fronte al borgo di Castelfranci, con una famiglia che da quattro generazioni ha sempre prodotto vino e oggi conduce sette ettari di vigneti che superano tutti i 500 m s.l.m. La severità climatica di questi luoghi conferisce tradizionalmente potenza e austerità all'Aglianico, ma stavolta il Taurasi risente della torrida estate del millesimo 2015 ed è costretto a cedere il passo al Dulcinea 2022, Fiano di Avellino che coniuga passo morbido e animo scattante: combinazione ideale, che fa ben sperare per la sua attitudine alla longevità.

Contrada Torre, 32 - 83040 Montemarano (AV)
T. 0827 63351 | M. info@amarano.it
www.amarano.it

Viticoltura: Lotta integrata
Ettari: 7 | **Bottiglie:** 30.000 | **Produzione olearia:** Sì
Proprietà: Lucia Storti
Cond. enologica: Staff aziendale
Cond. agronomica: Staff aziendale
Vendita diretta: No | **Visite in azienda:** Sì

FIANO DI AVELLINO DULCINEA 2022
Bianco Docg - Fiano 100%
Alc. 13,5% | € 16 | Bt. 4.000 | Ferm. Acciaio
Lucente giallo sabbia, illuminato da lampi verdolini. Propone miele di agrumi, pesca bianca e camomilla, su uno sfondo minerale dai ricordi di cipria. La bocca si apre in piena coerenza con l'olfatto; sapidità e freschezza sono ben integrate con l'alcol. Lunga e riconoscibile la chiusura fruttata. Risotto ai porcini.

TAURASI PRINCIPE LAGONESSA 2015
Rosso Docg - Aglianico 100%
Alc. 14,5% | € 30 | Bt. 5.000 | Ferm. Acciaio | Mat. Legno 36 mesi
Coda alla vaccinara.

IRPINIA CODA DI VOLPE LUCINDA 2021
Bianco Doc - Coda di volpe 100%
Alc. 13,5% | € 13 | Bt. 4.000 | Ferm. Acciaio | Mat. Acciaio 9 mesi
Minestrone con ortaggi invernali.

GRECO DI TUFO CARDENIO 2022
Bianco Docg - Greco 100%
Alc. 13,5% | € 16 | Bt. 4.000 | Ferm. Acciaio
Filetto di orata in crosta di mandorle e patate.

IRPINIA CAMPI TAURASINI MALABRUNO
2015

TAURASI PRINCIPE LAGONESSA
2011 | 2012 | 2014

Antica Hirpinia
(2016)

Una storia che comincia 65 anni fa, quando venne costituita la cantina sociale che poi prende nel 1992 l'attuale nome, fino a risorgere a nuova vita societaria nel 2016. Le celebrazioni appena concluse del trentennale della Docg Taurasi sono l'occasione per ricordare che la prima bottiglia di questa preziosa denominazione, con la fascetta numero 00000001, fu proprio di quest'azienda. Registriamo un significativo avvicendamento nella conduzione enologica con Maurilio Chioccia al posto di Riccardo Cotarella. In grande spolvero la Riserva di Taurasi, che svetta nella batteria presentata.

Contrada Lenze - SP 52 - 83030 Taurasi (AV)
T. 0827 74730 | M. amministrazione@anticahirpinia.it
www.anticahirpinia.it

Viticoltura: Convenzionale
Ettari: 31 | **Bottiglie:** 300.000 | **Produzione olearia:** No
Proprietà: Roberto Benedetto, Ciriaco Bianco, Antonio Di Pietro, Alfonso Romano
Cond. enologica: Maurilio Chioccia
Cond. agronomica: Staff aziendale
Vendita diretta: Sì | **Visite in azienda:** Sì

TAURASI RISERVA 2014
Rosso Docg - Aglianico 100%
Alc. 15% | € 32 | Bt. 8.000 | Ferm. Acciaio | Mat. Legno 24 mesi
Impenetrabile granato di ottima vivacità. L'incipit olfattivo si colora di spezie, con cardamomo e pepe nero; poi liquirizia, tabacco scuro, goudron e rinfrescanti ricordi di eucalipto. Materico, pieno e succoso, con tannini levigati, rinfrescati dai puntuali ritorni balsamici e da un tocco di macis. Carré d'agnello al timo e lardo di Colonnata.

IRPINIA FALANGHINA 2002
Bianco Doc - Falanghina 100%
Alc. 13% | € 8 | Bt. 8.000 | Ferm. Acciaio | Mat. Acciaio 4 mesi
Filetto di branzino gratinato.

FIANO DI AVELLINO 2022
Bianco Docg - Fiano 100%
Alc. 13% | € 9 | Bt. 4.000 | Ferm. Acciaio | Mat. Acciaio 4 mesi
Salmone al timo.

IRPINIA CODA DI VOLPE 2022
Bianco Doc - Coda di volpe 100%
Alc. 13% | € 8 | Bt. 6.000 | Ferm. Acciaio | Mat. Acciaio 4 mesi
Sushi e sashimi.

IRPINIA AGLIANICO 2019
Rosso Doc - Aglianico 100%
Alc. 14% | € 9 | Bt. 6.000 | Ferm. Acciaio | Mat. Acciaio 8 mesi
Guanciale di vitello in umido con patate.

IRPINIA CODA DI VOLPE
2018 | 2019

FIANO DI AVELLINO
2018

Antico Castello
(2006)

Un gioiello di modernità e tecnologia: così recita il claim aziendale. A fugare ogni dubbio sull'approccio realmente innovativo, nonostante il rimando a epoche cavalleresche nel nome prescelto, è la netta prevalenza di ingegneri in famiglia; il colpo d'occhio di chi arriva a Poppano, con i filari delle vigne resi candidi dai teli protettivi antigrandine, è il tocco dell'ingegner Francesco Romano, in arte vignaiolo. Si conferma l'Irpinia Greco Ermes per la sua gratificante pulizia di bocca, così come è degno di nota il profumato Taurasi del millesimo 2018.

Contrada Poppano, 11/Bis - 83050 San Mango sul Calore (AV)
T. 340 8062830 | M. info@anticocastello.com
www.anticocastello.com

Viticoltura: Lotta integrata
Ettari: 10 | **Bottiglie:** 50.000 | **Produzione olearia:** Sì
Proprietà: Chiara e Francesco Romano
Cond. enologica: Carmine Valentino, Francesco Romano
Cond. agronomica: Franco Romano
Vendita diretta: Sì | **Visite in azienda:** Sì

IRPINIA GRECO ERMES 2022
Bianco Dop - Greco 100%
Alc. 13% | € 15 | Bt. 9.000 | Ferm. Acciaio | Mat. Acciaio 8 mesi
Delicato e luminoso oro. La frutta si intreccia a fragranze vegetali: albicocca, pesca gialla e sorbe, fuse a foglie di mirto e rosmarino. Gusto terso, saporito e dissetante, innescato da gradevolissima acidità che sfuma con insistiti rimbalzi fruttati. Risotto agli scampi.

TAURASI 2018
Rosso Docg - Aglianico 100%
Alc. 14% | € 26 | Bt. 10.000 | Ferm. Legno | Mat. Legno 24 mesi
Tagliata di manzo al rosmarino.

IRPINIA FIANO ORFEO 2022
Bianco Dop - Fiano 100%
Alc. 13% | € 15 | Bt. 8.000 | Ferm. Acciaio | Mat. Acciaio 8 mesi
Canapè di pasta sfoglia al formaggio.

TAURASI MASSALE RISERVA 2014
Rosso Docg - Aglianico 100%
Alc. 14,5% | € 35 | Bt. 2.500 | Ferm. Legno | Mat. Legno 36 mesi
Parmigiano Reggiano Riserva.

IRPINIA FALANGHINA DEMETRA 2022
Bianco Dop - Falanghina 100%
Alc. 12,5% | € 15 | Bt. 9.500 | Ferm. Acciaio | Mat. Acciaio 8 mesi
Insalata di polpo, patate e olive.

IRPINIA AGLIANICO MAGIS 2019
Rosso Dop - Aglianico 100%
Alc. 13,5% | € 15 | Bt. 12.000 | Ferm. Acciaio | Mat. Legno 9 mesi
Controfiletto di bue alla brace.

TAURASI
2011 | 2016

IRPINIA GRECO ERMES
2021

Giuseppe Apicella
(1977)

I fratelli Prisco e Fiorina, con i loro rispettivi nuclei familiari, rappresentano il cuore pulsante di questa realtà produttiva che si scontra quotidianamente con le difficoltà della sottozona Tramonti della Costa d'Amalfi. Vigne secolari, a piede franco, su suoli vulcanici, circondate da querce e castagni e sferzate da una ventilazione costante, da mare e da terra, che si infila lungo la vallata. Un paesaggio impervio ed estremo che sa essere anche generoso, come nel caso di A' Scippata, una Riserva 2018 frutto del riuscitissimo blend di tintore e piedirosso.

Via Castello Santa Maria, 1 - Frazione Capitignano - 84010 Tramonti (SA)
T. 089 876075 | M. info@giuseppeapicella.it
www.giuseppeapicella.it

Viticoltura: Biologica e lotta integrata
Ettari: 7 | **Bottiglie:** 70.000 | **Produzione olearia:** No
Proprietà: Giuseppe Apicella
Cond. enologica: Prisco Apicella
Cond. agronomica: Prisco Apicella
Vendita diretta: Sì | **Visite in azienda:** Sì

(94)
COSTA D'AMALFI TRAMONTI A' SCIPPATA RISERVA 2018
Rosso Doc - Tintore 80%, Piedirosso 20%
Alc. 14,5% | € 50 | Bt. 4.000 | Ferm. Acciaio | Mat. Legno 36 mesi
Carminio intenso. Si alternano al naso sensazioni di fiori di canfora, frutti di bosco e ciliegie dai toni maturi; poi pepe nero, chiodi di garofano e polvere di caffè. Il sorso è succoso, modulato tra freschezza e sapidità, con tannini vellutati. Chiusura prolungata dalla sinergia di cacao ed echi balsamici. Costolette d'agnello alle erbe.

PASSION 2021
Bianco Igt Passito - Falanghina 30%, Ginestra 30%, Biancolella 20%, Fiano 20%
Alc. 15% | € 25 (0,375l) | Bt. 600 | Ferm. Legno | Mat. Legno 12 mesi
Crostata alle mandorle e albicocche.

COSTA D'AMALFI TRAMONTI BIANCO COLLE SANTA MARINA 2021
Bianco Doc - Biancolella 30%, Falanghina 30%, Ginestra 30%, Pepella 10%
Alc. 13,5% | € 20 | Bt. 2.600 | Ferm. Legno e Acciaio | Mat. Acciaio 12 mesi
Pesce spada gratinato.

PIEDIROSSO 2022
Rosso Igt - Piedirosso 100%
Alc. 12,5% | € 11 | Bt. 4.000 | Ferm. Cemento | Mat. Cemento 8 mesi
Zuppa di cipolle gratinate.

COSTA D'AMALFI TRAMONTI BIANCO 2022
Bianco Doc - Falanghina 60%, Biancolella 40%
Alc. 12,5% | € 15 | Bt. 20.000 | Ferm. Acciaio | Mat. Acciaio 4 mesi
Linguine al sugo di totani e piselli.

COSTA D'AMALFI ROSATO 2022
Rosato Doc - Piedirosso 50%, Sciascinoso 50%
Alc. 12% | € 15 | Bt. 5.000 | Ferm. Acciaio | Mat. Acciaio 3 mesi
Pizza prosciutto e funghi.

PASSION
2017 | 2019 | 2020

COSTA D'AMALFI TRAMONTI BIANCO COLLE SANTA MARINA
2019 | 2020

Bambinuto
(2006)

In Guida con una batteria a tinte bianche, tutta a tema Greco di Tufo, con la novità del Rafilù, etichetta aziendale dal grande valore affettivo dedicata al padre di Marilena Aufiero. Un vino nato da un fermentino dimenticato in maturazione durante la pandemia e affinato a lungo in bottiglia: elegante ed equilibrato, un esemplare unico e di grande spessore, proprio come il battagliero papà Raffaele. In grande forma Picoli Riserva 2021 che, grazie alla sua minerale verticalità si attesta, come spesso accade, sul gradino più alto del podio aziendale.

Via Cerro, 20 - 83030 Santa Paolina (AV)
T. 349 6454046 | M. info@cantinabambinuto.com
www.cantinabambinuto.com

Viticoltura: Lotta integrata
Ettari: 7 | **Bottiglie:** 25.000 | **Produzione olearia:** Sì
Proprietà: Marilena, Antonio e Michela Aufiero
Cond. enologica: Vincenzo Mercurio
Cond. agronomica: Staff aziendale
Vendita diretta: Sì | **Visite in azienda:** Sì

GRECO DI TUFO PICOLI RISERVA 2021
Bianco Docg - Greco 100%
Alc. 13,5% | € 21 | Bt. 3.700 | Ferm. Acciaio | Mat. Acciaio 12 mesi
Oro di peculiare luminosità. Naso intriso di profumi di albicocca matura, ananas, dolcezze di pasticceria, cedro candito, fiori di acacia e magnolia; seguono stimolanti tracce empireumatiche e soffi di polvere di gesso. Sorso teso, verticale e vibrante; chiude con un'infiltrante riflesso agrumato. Aragosta in bellavista.

GRECO DI TUFO RAFILÙ 2019
Bianco Docg - Greco 100%
Alc. 13,5% | € 27 | Bt. 3.000 | Ferm. Acciaio | Mat. Acciaio 36 mesi
Vitello tonnato.

GRECO DI TUFO 2021
Bianco Docg - Greco 100%
Alc. 13,5% | € 19 | Bt. 8.000 | Ferm. Acciaio | Mat. Acciaio 12 mesi
Filetto di ombrina e radicchio.

RESPINTO
2020

GRECO DI TUFO
2016 | 2017 | 2020

Bosco de' Medici
(1996)

Il collaudato staff dimostra con il suo impegno quotidiano la raggiunta capacità di sintesi della filosofia produttiva aziendale: sperimentazione e ricerca, studio e tradizione, radicati nel solco del patrimonio varietale vesuviano. Anche quest'anno il corredo di etichette presentate si distingue per stile e qualità espresse: il trittico a tinte bianche sul podio aziendale dimostra di avere una marcia in più e testimonia ulteriormente il crescente percorso di sviluppo intrapreso, con la sapiente regia enologica di Vincenzo Mercurio e Franco Monaco.

Via Antono Segni, 43 - 80045 Pompei (NA)
T. 338 2828234 | M. info@boscodemedici.com
www.boscodemedici.com

Viticoltura: Biologica
Ettari: 8 | **Bottiglie:** 32.000 | **Produzione olearia:** No
Proprietà: Famiglie Monaco e Palomba
Cond. enologica: Vincenzo Mercurio, Franco Monaco
Cond. agronomica: Vincenzo Mercurio
Vendita diretta: Sì | **Visite in azienda:** Sì

VESUVIO LACRYMA CHRISTI BIANCO LAVAFLAVA 2022
Bianco Doc - Caprettone 85%, Falanghina 15%
Alc. 13% | € 20 | Bt. 5.500 | Ferm. Acciaio | Mat. Acciaio 7 mesi
Paglia con un vivido bagliore di luce. Naso ricco e raffinato, con erbe aromatiche, pesca tabacchiera, fiori di elicriso; chiude con un soffio minerale di pietra focaia. Appagante al gusto, grazie alla sinergica unione di freschezza e sapidità. I ricordi mentolati esaltano la coerente persistenza. Filetto di orata allo zenzero.

POMPEII BIANCO 2022
Bianco Igt - Caprettone 100%
Alc. 13,5% | € 30 | Bt. 7.000 | Ferm. Terracotta | Mat. Acciaio 7 mesi
Puntarelle croccanti con colatura di alici, arance e melagrana.

DRESSEL 19.2 2022
Bianco Igt - Caprettone 100%
Alc. 13% | € 60 | Bt. 1.200 | Ferm. Terracotta | Mat. Terracotta 6 mesi
Coniglio in porchetta.

VESUVIO LACRYMA CHRISTI ROSSO LAVARUBRA 2022
Rosso Doc - Piedirosso 85%, Aglianico 15%
Alc. 13% | € 20 | Bt. 5.500 | Ferm. Acciaio | Mat. Acciaio 7 mesi
Risotto con salsiccia e Taleggio.

POMPEII ROSSO 2022
Rosso Igt - Piedirosso 100%
Alc. 13,5% | € 25 | Ferm. Legno e Acciaio | Mat. Acciaio 7 mesi e Legno 12 mesi
Parmigiana di melanzane.

PIEDIROSSO AGATHOS 2021
Rosso Igt - Piedirosso 100%
Alc. 13% | € 70 | Bt. 1.300 | Ferm. Acciaio | Mat. Legno 12 mesi
Ravioli di magro con funghi chiodini.

POMPEII BIANCO
2020 | 2021

LACRYMA CHRISTI DEL VESUVIO ROSSO LAVARUBRA
2019 | 2021

Cantine Antonio Caggiano
(1990)

Il trentennale della Docg Taurasi, nel 2023, è stata l'occasione per una riflessione sulla carismatica figura di Antonio Caggiano, interprete visionario di questa denominazione e di tanti vini della sua amata terra irpina. Oggi, complici gli anni, ci fa credere di occuparsi solo della conduzione agronomica della primissima vigna di famiglia, quella legata al toponimo Sala, diventata poi etimo delle etichette del rosato e del pregiato Campi Taurasini, che da anni sale sul gradino più alto del podio aziendale. Novità spumeggiante con i Metodo Classico dall'evocativo nome.

Contrada Sala - 83030 Taurasi (AV)
T. 0827 74723 | M. info@cantinecaggiano.it
www.cantinecaggiano.it

Viticoltura: Convenzionale
Ettari: 32 | **Bottiglie:** 170.000 | **Produzione olearia:** No
Proprietà: Antonio e Giuseppe Caggiano
Cond. enologica: Giuseppe Caggiano, Luigi Moio
Cond. agronomica: Antonio Caggiano
Vendita diretta: Sì | **Visite in azienda:** Sì

IRPINIA CAMPI TAURASINI SALAE DOMINI 2021
Rosso Doc - Aglianico 100%
Alc. 14% | € 25 | Bt. 6.000 | Ferm. Acciaio | Mat. Acciaio 3 mesi e Legno 10 mesi
Guizzante rubino, dai tratti nereggianti. Declina profumi di mirtilli in confettura, cuoio, cenere, con un'ammaliante nuance di spezie orientali, in cui primeggiano incenso e sandalo. Beva gratificante ed equilibrata; tannini rifiniti. Nel finale tornano saporiti aromi fruttati. Spezzatino di manzo.

IRPINIA FIANO SPUMANTE BRIOLÉ PAS DOSÉ 2019
Bianco Doc Metodo Classico - Fiano 100%
Alc. 13,5% | € 27 | Bt. 3.000 | 36 mesi sui lieviti
Carpaccio di crostacei su mela verde.

ROSA SALAE 2022
Rosato Igt - Aglianico 100%
Alc. 13,5% | € 12 | Bt. 5.500 | Ferm. Acciaio | Mat. Acciaio 2 mesi
Filetto di dentice in crosta di patate.

TAURASI MACCHIA DEI GOTI 2019
Rosso Docg - Aglianico 100%
Alc. 14% | € 38 | Bt. 13.000 | Ferm. Acciaio | Mat. Acciaio 3 mesi e Legno 18 mesi
Roast beef.

BRIOLÉ ROSÉ PAS DOSÉ 2019
Rosato Metodo Classico - Aglianico 100%
Alc. 13,5% | € 27 | Bt. 3.000 | 36 mesi sui lieviti
Tartare di scampi.

FIANO DI AVELLINO BECHAR 2022
Bianco Docg - Fiano 100%
Alc. 13,5% | € 18 | Bt. 35.000 | Ferm. Acciaio | Mat. Acciaio 2 mesi
Orata all'acqua pazza.

MEL
2018

FIANO DI AVELLINO VIGNA ISCA RISERVA
2020

Cantina del Taburno
(1972)

La sede della cantina cooperativa è la stessa dagli anni '70: a Foglianise, nel cuore del Taburno, dove i trecento soci conferitori portano avanti una filosofia produttiva identitaria con la consueta abnegazione, avendo scelto di custodire e valorizzare le varietà tradizionali. Negli ultimi tempi la gestione commissariale ha rallentato un po' i progetti aziendali, ma il team operativo assicura che c'è aria di rilancio, facendo leva sul valore reputazionale capitalizzato in oltre cinquant'anni di attività enoica. Non è escluso all'orizzonte un prossimo cambio proprietario. Vedremo.

Via Sala, 12 - 82030 Foglianise (BN)
T. 0824 871338 | M. info@cantinadeltaburno.it
www.cantinadeltaburno.it

Viticoltura: Convenzionale
Bottiglie: 1.000.000 | **Produzione olearia:** No
Proprietà: Consorzio Agrario Provinciale di Benevento
Cond. enologica: Filippo Colandrea
Cond. agronomica: Staff aziendale
Vendita diretta: Sì | **Visite in azienda:** Sì

(92)
CESCO DELL'EREMO 2021
Bianco Igp - Falanghina 100%
Alc. 14% | € 16 | Bt. 15.000 | Ferm. Legno | Mat. Legno 6 mesi
Paglierino radioso. Bouquet ampio, intessuto da ricami di frutta gialla, erbe di campo, mentuccia selvatica e salvia; chiude con un tocco speziato. Al palato mostra una progressione dinamica che regala equilibrio e proporzione tra freschezza e sapidità. Lungo epilogo balsamico. Linguine all'astice.

FALANGHINA DEL SANNIO TABURNO 2022
Bianco Dop - Falanghina 100%
Alc. 13% | € 9 | Bt. 150.000 | Ferm. Acciaio | Mat. Acciaio 3 mesi
Risotto con mazzancolle al profumo d'arancia.

AGLIANICO DEL TABURNO BUE APIS 2017
Rosso Docg - Aglianico 100%
Alc. 14% | € 60 | Bt. 3.000 | Ferm. Legno | Mat. Legno 16 mesi
Filetto di scottona in sfoglia.

PIEDIROSSO 2019
Rosso Igp - Piedirosso 100%
Alc. 13,5% | € 15 | Bt. 6.000 | Mat. Legno 12 mesi
Risotto all'isolana.

SANNIO AGLIANICO FIDELIS 2019
Rosso Dop - Aglianico 90%, Merlot 5%, Sangiovese 5%
Alc. 13,5% | € 9 | Bt. 150.000 | Ferm. Cemento | Mat. Legno 12 mesi e Cemento 12 mesi
Prosciutto d'oca affumicato.

AGLIANICO DEL TABURNO DELIUS
2015

CESCO DELL'EREMO
2020

Cantina del Vesuvio
(1930)

Parte da lontano la storia della famiglia Russo, generazioni di attenti e appassionati vignaioli. Oggi alla guida c'è il giovane e brillante Giovanni, che prosegue con entusiasmo il percorso intrapreso da papà Maurizio, cui si deve lo sprint decisivo per realizzare alle pendici del Vesuvio un modello di sviluppo che ha optato per la scelta, prima coraggiosa e poi vincente, di valorizzare i propri vini solo all'interno della filiera enoturistica dell'accoglienza aziendale. Un lavoro scrupoloso e incessante che ha altresì innescato la costante crescita qualitativa della produzione vitivinicola.

Via Panoramica, 15 - 80040 Trecase (NA)
T. 081 5369041 | M. info@cantinadelvesuvio.it
www.cantinadelvesuvio.it

Viticoltura: Biologica certificata
Ettari: 16 | **Bottiglie:** 60.000 | **Produzione olearia:** Sì
Proprietà: Famiglia Russo
Cond. enologica: Antonio Pesce, Marco Serafino D'Urzo
Cond. agronomica: Marco Serafino D'Urzo
Vendita diretta: Sì | **Visite in azienda:** Sì

VESUVIO LACRYMA CHRISTI ROSSO SUPERIORE 2021
Rosso Dop - Piedirosso 100%
Alc. 13,5% | € 25 | Bt. 6.000 | Ferm. Acciaio | Mat. Acciaio 6 mesi e Legno 12 mesi
Rubino luminoso. Dispiega frutta a tinte rosse e arancia Sanguinella; seguite da nuance di geranio e spezie dolci, con incursioni saline di scogliera. I rifiniti tannini sono irrorati da un sorso succoso; l'abbraccio alcolico è sostenuto dalla freschezza. Gradevoli ritorni speziati. Guanciale di vitello alle erbe aromatiche.

VESUVIO LACRYMA CHRISTI ROSATO 2022
Rosato Dop - Piedirosso 100%
Alc. 13,5% | € 25 | Bt. 6.000 | Ferm. Acciaio | Mat. Acciaio 8 mesi
Riso venere con verdure e crostacei.

VESUVIO LACRYMA CHRISTI BIANCO SUPERIORE 2021
Bianco Dop - Caprettone 100%
Alc. 13,5% | € 25 | Bt. 6.000 | Ferm. Acciaio | Mat. Acciaio 12 mesi e Legno 12 mesi
Seppie ripiene su crema di ceci.

LACRYMA CHRISTI DEL VESUVIO BIANCO SUPERIORE
2017 | 2018 | 2020

LACRYMA CHRISTI DEL VESUVIO ROSSO SUPERIORE
2017 | 2018 | 2020

Cantina di Solopaca
(1966)

L'ambizioso programma di zonazione delle vigne dei trecento soci conferitori della storica cantina cooperativa, con relativa tracciatura della provenienza di ogni singola partita di uva e relativa descrizione dell'ambito pedologico, è quasi del tutto completato; e ormai si può ritenere raggiunto l'obiettivo dichiarato di destinare ogni singola massa al suo più proficuo utilizzo. Solus Pagus, antica radice etimologica di Solopaca, non è più quindi un "villaggio solitario" ma descrive orgoglio e appartenenza alla cosmopolita comunità della vitivinicoltura di precisione. Avanti così.

Via Bebiana, 44 - 82036 Solopaca (BN)
T. 0824 977921 | M. info@cantinasolopaca.it
www.cantinasolopaca.it

Viticoltura: Convenzionale e biologica certificata
Ettari: 1100 | **Bottiglie:** 3.700.000 | **Produzione olearia:** No
Proprietà: Cooperativa di produttori
Cond. enologica: Raffaele Di Marco, Vincenzo Mercurio
Cond. agronomica: Staff aziendale
Vendita diretta: Sì | **Visite in azienda:** Sì

FALANGHINA DEL SANNIO IDENTITAS 2022
Bianco Dop - Falanghina 100%
Alc. 14% | € 12 | Bt. 5.200 | Ferm. Acciaio | Mat. Acciaio 6 mesi
Paglierino vivace, dalla sinuosa consistenza. Spiccano subito le sensazioni di frutta e fiori a tinte bianche, seguite dalla verve vegetale di erbe campestri, su uno sfondo di appuntita mineralità gessosa. Sorso pieno, fresco e gratificante, con una scia salina, ricca di frutto. Timballo di riso e gamberi.

AGLIANICO DEL TABURNO 24 CARATI 2019
Rosso Docg - Aglianico 100%
Alc. 14% | € 30 | Bt. 3.000 | Ferm. Acciaio | Mat. Legno 24 mesi
Lepre alla cacciatora.

FALANGHINA DEL SANNIO TABURNO ARMUNIA VITICOLTORI SAN MARTINO 2021
Bianco Dop - Falanghina 100%
Alc. 14% | € 15 | Bt. 6.000 | Ferm. Acciaio | Mat. Acciaio 10 mesi
Canapè di pasta sfoglia al formaggio.

AGLIANICO DEL TABURNO ARMUNIA VITICOLTORI SAN MARTINO 2020
Rosso Docg - Aglianico 100%
Alc. 14% | € 14 | Bt. 6.000 | Ferm. Acciaio | Mat. Legno 24 mesi
Ravioli al sugo di chianina e tartufo nero.

FALANGHINA DEL SANNIO SPUMANTE ORO BRUT
Bianco Dop Metodo Martinotti - Falanghina 100%
Alc. 12% | € 12 | Bt. 5.200 | Ferm. Acciaio | 9 mesi sui lieviti
Seppioline ai ferri.

FALANGHINA DEL SANNIO IDENTITAS
2021

AGLIANICO DEL TABURNO ARMUNIA VITICOLTORI SAN MARTINO
2019

Cantina Federico De Gregorio
(2022)

Attraccando a Marina Grande e guardando verso l'alto, in direzione delle frazioni Marucella e Veruotto, non sfuggiranno agli osservatori più attenti i filari di vite che fanno capolino tra le case. È proprio qui che Augusto Federico ha deciso da pochissimo di proseguire la lunga storia d'amore tra la sua famiglia e il vino di Capri. Dai fasti legati ai premi ricevuti dal trisavolo alle esposizioni internazionali di fine 800 a oggi il passo è lungo, ma la gestione agronomica ed enologica del team Piccirillo e Fiorillo fa ben sperare per il rilancio della storica viticoltura dell'Isola Azzurra.

Via Marucella, 28 - 80073 Capri (NA)
T. 339 8238362 | M. federicodegregorio@hotmail.it

Viticoltura: Ecosostenibile
Ettari: 0,2 | **Bottiglie:** 1.400 | **Produzione olearia:** No
Proprietà: Famiglia Federico
Cond. enologica: Giovanni Piccirillo , Alessandro Fiorillo
Cond. agronomica: Giovanni Piccirillo , Alessandro Fiorillo
Vendita diretta: Sì | **Visite in azienda:** Sì

CAPRI BIANCO ELISIR VITAE 2022
Bianco Doc - Falanghina 50%, Greco 30%, Biancolella 20%
Alc. 12,5% | € 44 | Bt. 700 | Ferm. Acciaio e Terracotta | Mat. Acciaio 3 mesi e Terracotta 3 mesi
Guizzante e luminoso paglierino. Intenso nei profumi netti e riconoscibili di mandorla e ginestra, avvolti da sentori di macchia mediterranea ed erbe campestri. L'assaggio riempie il palato e si distende in un lunghissimo finale sapido che evoca suggestioni marine. Fritto di paranza.

CAPRI ROSSO MARIS CELLAE 2022
Rosso Doc - Piedirosso 80%, Aglianico 20%
Alc. 12% | € 44 | Bt. 650 | Ferm. Legno e Acciaio | Mat. Acciaio 3 mesi e Legno 3 mesi
Capocollo di Martina Franca.

Cantina Polito
(2005)

Il Saracè 2022 giunge a un passo dal massimo riconoscimento e conferma il trend di crescita di quest'impresa vitivinicola cilentana, che sembra aver trovato la marcia giusta, soprattutto nella gestione dei vitigni a bacca bianca: fiano e falanghina si caricano di una riconoscibile espressione territoriale. Carlo si concentra nella ricerca e sperimentazione dei diversi lotti di produzione, mentre l'accoglienza in cantina è affidata alla figlia Lucia, che ha completato il suo percorso di studi sulla sommellerie e adesso si dedica anche alla pittura, suo grande amore, disegnando alcune etichette aziendali.

Via Malagenia, 19 - 84043 Agropoli (SA)
T. 0974 1987052 | M. info@politoviticoltori.com
www.politoviticoltori.com

Viticoltura: Biologica
Ettari: 10 | **Bottiglie:** 50.000 | **Produzione olearia:** Sì
Proprietà: Carlo Polito
Cond. enologica: Carlo Polito
Cond. agronomica: Vincenzo Polito
Vendita diretta: Sì | **Visite in azienda:** Sì

CILENTO FIANO SARACÈ 2022
Bianco Dop - Fiano 100%
Alc. 13% | € 15 | Bt. 6.000 | Ferm. Acciaio | Mat. Acciaio 5 mesi
Paglierino di grande brio. Naso dall'indole mediterranea, con fiori di ginestra, agrumi e pera; seguono eucalipto, erbe officinali e sbuffi gessosi. Il sorso morbido si stempera in una freschezza importante arrivando a un proporzionato equilibrio gustativo. Decisa e prolungata chiusura sapida. Ravioli burro e salvia.

FALANGHINA 2022
Bianco Igp - Falanghina 100%
Alc. 13% | € 13 | Bt. 5.000 | Ferm. Acciaio | Mat. Acciaio 3 mesi
Petto di pollo agli asparagi.

CILENTO ROSSO CORSARO 2020
Rosso Dop - Aglianico 100%
Alc. 15% | € 15 | Bt. 6.000 | Ferm. Acciaio | Mat. Legno 12 mesi
Cinghiale in umido.

CILENTO FIANO SARACÈ
2019 | 2020 | 2021

FALANGHINA
2019 | 2020 | 2021

Cantina Riccio
(2012)

Dodici candeline per quest'azienda incastonata tra le alture enoiche della provincia di Avellino, una realtà che seguiamo con attenzione fin dalla prima edizione della nostra Guida. Il millesimo 2022 sembra non aiutare la denominazione "garantita" ma regala un'interpretazione dell'Irpinia Falanghina di pregevole profilo organolettico, confermandosi questa un'etichetta su cui puntare, che riesce a distinguersi nel panorama produttivo irpino ed è capace di far coincidere significativi livelli qualitativi con un prezzo di mercato estremamente competitivo.

Via Campore - 83040 Chiusano di San Domenico (AV)
T. 0825 1802922 | M. info@cantinariccio.it
www.cantinariccio.it

Viticoltura: Lotta integrata
Ettari: 10 | **Bottiglie:** 50.000 | **Produzione olearia:** Sì
Proprietà: Giuseppe e Luigi De Marco
Cond. enologica: Gerardo Spiniello
Cond. agronomica: Gerardo Spiniello
Vendita diretta: Sì | **Visite in azienda:** Sì

IRPINIA FALANGHINA 2022
Bianco Doc - Falanghina 100%
Alc. 13% | € 10 | Bt. 6.000 | Ferm. Acciaio | Mat. Acciaio 5 mesi
Luce paglierina di distinta verve. Una fragrante sequenza di profumi: fiori di sambuco, ananas, mela annurca ed erbe aromatiche. In bocca coniuga pienezza e verticalità, con un percettibile allungo che si conclude con un sapore di origano e finocchietto selvatico. Alici a scapece.

IRPINIA AGLIANICO 2019
Rosso Doc - Aglianico 100%
Alc. 13,5% | € 22 | Bt. 4.000 | Ferm. Acciaio | Mat. Acciaio 5 mesi e Legno 8 mesi
Tagliatelle al ragù.

TAURASI APPIA ANTICA 2018
Rosso Docg - Aglianico 100%
Alc. 14% | € 30 | Bt. 4.000 | Ferm. Legno e Acciaio | Mat. Acciaio 5 mesi e Legno 15 mesi
Bocconcini di cinghiale con salsa di prugne.

FIANO DI AVELLINO 2022
Bianco Docg - Fiano 100%
Alc. 13% | € 14 | Bt. 5.000 | Ferm. Acciaio | Mat. Acciaio 5 mesi
Guazzetto di vongole veraci.

GRECO DI TUFO 2022
Bianco Docg - Greco 100%
Alc. 13% | € 14 | Bt. 6.000 | Ferm. Acciaio | Mat. Acciaio 5 mesi
Crostini con burro e alici.

TAURASI APPIA ANTICA
2012 | 2013

FIANO DI AVELLINO
2021

Cantine Astroni

(1999)

Varchetta è da sempre un cognome importante per la produzione vinicola flegrea. Ma si deve a Gerardo Vernazzaro la capacità di traghettare la sua famiglia verso un'idea di impresa in grado di porsi obiettivi di qualità più ambiziosi, attraverso la fondazione di un nuovo marchio che oggi è diventato una consolidata realtà, che promuove e valorizza i tradizionali vitigni partenopei senza snaturare la loro naturale vocazione. Ed ecco vini contemporanei e identitari come Colle Rotondella, dal passo lieve ed elegante; la sorprendente Vigna Astroni che ancora una volta emoziona, vince e convince.

Via Sartania, 48 - 80126 Napoli (NA)
T. 081 5884182 | M. info@cantineastroni.com
www.cantineastroni.com

Viticoltura: Biologica e biologica certificata
Ettari: 25 | **Bottiglie:** 150.000 | **Produzione olearia:** Sì
Proprietà: Famiglia Varchetta
Cond. enologica: Gerardo Vernazzaro, Vincenzo Varchetta
Cond. agronomica: Gerardo Vernazzaro
Vendita diretta: Sì | **Visite in azienda:** Sì

(92)

CAMPI FLEGREI FALANGHINA VIGNA ASTRONI 2019
Bianco Doc - Falanghina 100%
Alc. 12,5% | € 22 | Bt. 4.000 | Ferm. Legno | Mat. Acciaio 8 mesi
Raggiante giallo sole con punte d'oro. L'olfatto stupisce per il raffinato intreccio di pesca nettarina e salvia; poi sorbe e alga marina, che si snodano su un sulfureo tappeto di fiammiferi svedesi. Svela un corpo dinamico e fresco, con un finale avvincente, trainato da intrigante sapidità iodata. Vellutata di zucca spolverata di tartufo nero.

CAMPI FLEGREI PIEDIROSSO COLLE ROTONDELLA 2022
Rosso Doc - Piedirosso 100%
Alc. 12% | € 15 | Bt. 12.000 | Ferm. Acciaio | Mat. Acciaio 4 mesi
Triglie in guazzetto.

CAMPI FLEGREI FALANGHINA COLLE IMPERATRICE 2022
Bianco Doc - Falanghina 100%
Alc. 12% | € 12 | Bt. 20.000 | Ferm. Acciaio | Mat. Acciaio 4 mesi
Pizza con fiordilatte e prosciutto crudo.

STRIONE 2017
Bianco Igt - Falanghina 100%
Alc. 13% | € 22 | Bt. 2.000 | Ferm. Acciaio | Mat. Acciaio 24 mesi e Legno 12 mesi
Soufflé con pecorino e crema di patate.

CAMPI FLEGREI PIEDIROSSO COLLE ROTONDELLA
2016 | 2018

CAMPI FLEGREI FALANGHINA COLLE IMPERATRICE
2019 | 2020 | 2021

Cantine Barone

(2004)

Quello spicchio di territorio incastonato nel cuore del Parco Nazionale del Cilento e Vallo di Diano è ricco di suoli caratterizzati da una matrice di argilla con incursioni calcaree, ideale combinazione pedologica per realizzare vini che coniugano eleganza ed equilibrio. Cilento Mater Fiano, proporzionato e intrigante, conferma le potenzialità di questo interessante ambiente pedoclimatico; così pure Primula Rosa, accattivante e profumata espressione di Aglianico rosato. Novità di quest'anno, da tenere sott'occhio, è il Metodo Martinotti di Falanghina, Stizze Re' Luna.

Via Giardino, 2 - 84070 Rutino (SA)
T. 0974 830463 | M. info@cantinebarone.it
www.cantinebarone.it

Viticoltura: Convenzionale
Ettari: 17 | **Bottiglie:** 120.000 | **Produzione olearia:** Sì
Proprietà: Famiglie Barone, Di Fiore e Perrella
Cond. enologica: Vincenzo Mercurio
Cond. agronomica: Vincenzo Mercurio
Vendita diretta: Sì | **Visite in azienda:** Sì

CILENTO FIANO MATER 2019
Bianco Doc - Fiano 100%
Alc. 14% | € 30 | Bt. 4.000 | Ferm. Acciaio | Mat. Legno 4 mesi
L'intensa livrea dorata ci annuncia un vino evoluto, ma in ottima forma. L'olfatto fine, elegante, ci racconta di frutta matura dolce, delicata, suadente, con note mielate di vaniglia. Carezzevole al palato, di grande lunghezza e piacevole chiusura, con ritorni di frutta secca con guscio. Trenette al pesto, patate e fagiolini.

PRIMULA ROSA 2022
Rosato Igp - Aglianico 100%
Alc. 14% | € 20 | Bt. 5.000 | Ferm. Acciaio | Mat. Acciaio 6 mesi
Risotto agli asparagi e frutti di mare.

CILENTO AGLIANICO PIETRALENA 2020
Rosso Doc - Aglianico 100%
Alc. 13,5% | € 20 | Bt. 15.000 | Ferm. Legno | Mat. Legno 24 mesi
Tagliata di manzo al rosmarino.

STIZZE RE' LUNA 2022
Bianco Metodo Martinotti - Falanghina 100%
Alc. 12% | € 18 | Bt. 4.000 | Ferm. Acciaio | 3 mesi sui lieviti
Pizza capricciosa.

CILENTO FIANO VIGNOLELLA 2020
Bianco Doc - Fiano 100%
Alc. 13% | € 20 | Bt. 15.000 | Ferm. Acciaio | Mat. Acciaio 7 mesi
Pizzoccheri valtellinesi.

LA FALANGHINA 2022
Bianco Igp - Falanghina 100%
Alc. 13% | € 14 | Bt. 5.000 | Ferm. Acciaio | Mat. Acciaio 5 mesi
Robiola di Roccaverano.

CILENTO FIANO MATER
2020

PRIMULA ROSA
2015 | 2019 | 2021

Cantine del Mare
(2003)

Gennaro Schiano è l'anima dell'azienda. Negli anni si sono succeduti soci e partner diversi, ma lui è sempre stato fedele alla sua idea di viticoltura con le spettacolari vigne a piede franco, terrazzate sul golfo, e ai suoi vini semplici e sinceri. Sfiora il massimo premio con l'etichetta forse più preziosa, quella dedicata al padre, e al recupero di un modo di essere autentico e genuino. Come la generosa accoglienza, gestita con la moglie Alessandra, che porta i visitatori alla scoperta di un territorio favoloso ed emozionante in compagnia di una cucina essenziale e gustosissima.

IV Traversa Cappella - 80070 Monte di Procida (NA)
T. 081 5233040 | M. info@cantinedelmare.it
www.cantinedelmare.it

Viticoltura: Biologica e lotta integrata
Ettari: 10 | **Bottiglie:** 50.000 | **Produzione olearia:** Sì
Proprietà: Gennaro Schiano
Cond. enologica: Arturo Erbaggio
Cond. agronomica: Arturo Erbaggio
Vendita diretta: Sì | **Visite in azienda:** Sì

CAMPI FLEGREI PIEDIROSSO TERRA DEL PADRE RISERVA 2018
Rosso Doc - Piedirosso 100%
Alc. 13,5% | € 39 | Bt. 1.300 | Ferm. Acciaio | Mat. Legno 12 mesi
Carminio fitto con orlo granato. Naso didattico e riconoscibile per la trinità olfattiva di ciliegia sotto spirito, polvere pirica e pepe nero; cui subentrano echi balsamici. Al gusto è asciutto e austero, con un tannino domato ed efficace; finale prolungato da coerenti ritorni di frutta e spezie. Parmigiana di melanzane.

CAMPI FLEGREI FALANGHINA LUCE FLEGREA 2022
Bianco Doc - Falanghina 100%
Alc. 12,5% | € 16 | Bt. 25.000 | Ferm. Acciaio | Mat. Acciaio 7 mesi
Totani ripieni con salsa mediterranea.

CAMPI FLEGREI FALANGHINA TORREFUMO 2020
Bianco Doc - Falanghina 100%
Alc. 12,5% | € 20 | Bt. 4.000 | Ferm. Acciaio | Mat. Acciaio 6 mesi
Crema di zucca con gamberi croccanti.

CAMPI FLEGREI FALANGHINA SORBO BIANCO 2020
Bianco Doc - Falanghina 100%
Alc. 12,5% | € 26 | Bt. 1.300 | Ferm. Acciaio | Mat. Legno 12 mesi
Sformato di patate e prosciutto cotto.

CAMPI FLEGREI PIEDIROSSO TERRA DEL PADRE RISERVA
2017

CAMPI FLEGREI FALANGHINA TORREFUMO
2019

Cantine di Marzo
(1647)

Il Palazzo Di Marzo si erge maestoso sul costone tufaceo che dà il nome al borgo irpino, giocando a camuffarsi tra le mura che cingono il centro antico di Tufo. Qui ci sono la sede operativa e le cantine ottocentesche di questa blasonata realtà, che è riuscita a far vivere in un luogo di pregio storico e culturale un'impresa vitivinicola sostenibile. Sono i Greco di Tufo Riserva che hanno in etichetta i toponimi delle tre vigne a esprimersi al meglio: primeggia, come spesso accade, il signorile Laure; seguito da Ortale, setoso e suadente; chiude Serrone, con verticalità e freschezza citrina.

Via Gaetano di Marzo, 2 - 83010 Tufo (AV)
T. 0825 998022 | M. info@cantinedimarzo.it
www.cantinedimarzo.it

Viticoltura: Lotta integrata
Ettari: 20 | **Bottiglie:** 120.000 | **Produzione olearia:** No
Proprietà: Ferrante Di Somma
Cond. enologica: Vincenzo Mercurio
Cond. agronomica: Antonio Di Stasio
Vendita diretta: Sì | **Visite in azienda:** Sì

(93)

GRECO DI TUFO VIGNA LAURE RISERVA 2021
Bianco Docg - Greco 100%
Alc. 13% | € 20 | Bt. 5.000 | Ferm. Acciaio | Mat. Acciaio 9 mesi
Paglierino denso, di rara luminosità. Una scia sulfurea diluisce le fragranze di rosmarino, macchia mediterranea, cedro e pesca bianca. Il sorso è saporito, permeato da una delicata astringenza che ne arricchisce il profilo aristocratico: opulenza e freschezza accompagnano il lunghissimo finale. Aragosta in bellavista.

GRECO DI TUFO VIGNA ORTALE RISERVA 2021
Bianco Docg - Greco 100%
Alc. 13,5% | € 20 | Bt. 5.000 | Ferm. Acciaio | Mat. Acciaio 9 mesi
Tempura di gamberi.

GRECO DI TUFO VIGNA SERRONE RISERVA 2021
Bianco Docg - Greco 100%
Alc. 13% | € 20 | Bt. 5.000 | Ferm. Acciaio | Mat. Acciaio 9 mesi
Risotto alla milanese.

GRECO DI TUFO ANNI VENTI EXTRA BRUT RISERVA 2018
Bianco Docg Metodo Classico - Greco 100%
Alc. 13,5% | € 27 | Bt. 1.600 | Mat. Acciaio 6 mesi | 36 mesi sui lieviti
Crostini al foie gras.

IRPINIA AGLIANICO 2019
Rosso Doc - Aglianico 100%
Alc. 13,5% | € 11 | Bt. 6.000 | Ferm. Acciaio | Mat. Acciaio 6 mesi e Legno 6 mesi
Coq au vin alla borgognona.

TAURASI 2017
Rosso Docg - Aglianico 100%
Alc. 14% | € 22 | Bt. 2.500 | Ferm. Acciaio | Mat. Acciaio 12 mesi e Legno 12 mesi
Agnolotti al sugo di carne.

GRECO DI TUFO VIGNA LAURE RISERVA
2019

GRECO DI TUFO VIGNA ORTALE RISERVA
2020

Cantine Mazzella

(1940)

Da un costone di roccia che ha le sembianze di un lume parte il tortuoso percorso del Vigna del Lume, con le uve biancolella raccolte tardivamente e ammostate parzialmente sul posto in piccole grotte scavate nel lapillo, poi trasportate via mare a Ischia Ponte e infine a Campagnano per completare la vinificazione. Un viaggio affascinante, che si ripete ogni anno e testimonia quanto può essere estrema la viticoltura ischitana: tanta fatica che viene ripagata con un vino di straordinaria bellezza. Bene anche l'Ischia Per'e Palumm, versione isolana di Piedirosso.

Via Serbatoio, 2 - 80077 Ischia (NA)
T. 081 901541 | M. veramazzella@gmail.com
www.ischiavini.it

Viticoltura: Convenzionale
Ettari: 10 | **Bottiglie:** 110.000 | **Produzione olearia:** No
Proprietà: Famiglia Mazzella
Cond. enologica: Nicola Mazzella
Cond. agronomica: Gaetano Garigliano
Vendita diretta: Sì | **Visite in azienda:** Sì

(91,5)

ISCHIA BIANCOLELLA VIGNA DEL LUME 2022
Bianco Doc - Biancolella 100%
Alc. 13% | € 28 | Bt. 10.000 | Ferm. Acciaio | Mat. Acciaio 5 mesi
Paglia e oro. Raffinato intreccio di fiori, frutta e macchia mediterranea: zagara, limone, melone e rosmarino; e poi miele d'acacia e salsedine. Al gusto è irresistibile, saporito e appagante; dotato di una ripulente freschezza e con un finale in cui irrompe ancora il mare con le sue suggestioni saline. Pasta, patate e cozze.

ISCHIA PER'E PALUMMO 2022
Rosso Doc - Piedirosso 85%, altre varietà 15%
Alc. 13% | € 18 | Bt. 18.000 | Ferm. Acciaio | Mat. Acciaio 5 mesi
Spaghetti con mazzancolle e pomodorini.

ISCHIA BIANCOLELLA 2022
Bianco Dop - Biancolella 85%, altre varietà 15%
Alc. 12,5% | € 15 | Bt. 68.000 | Ferm. Acciaio | Mat. Acciaio 5 mesi
Seppie in umido con piselli.

ISCHIA FORASTERA 2022
Bianco Doc - Forastera 85%, altre varietà 15%
Alc. 12,5% | € 15 | Bt. 15.000 | Ferm. Acciaio | Mat. Acciaio 5 mesi
Fiori di zucca ripieni di ricotta e acciughe.

ISCHIA PIEDIROSSO NERO 70 2021
Rosso Doc - Piedirosso 85%, Guarnaccia 15%
Alc. 14,5% | € 30 | Bt. 5.000 | Ferm. Legno e Acciaio | Mat. Acciaio 8 mesi e Legno 8 mesi
Coniglio all'ischitana.

VILLA CAMPAGNANO 2022
Bianco Igt - Biancolella 50%, Forastera 50%
Alc. 13% | € 26 | Bt. 5.000 | Ferm. Legno e Acciaio | Mat. Acciaio 5 mesi
Carpaccio di crostacei su mela verde.

ISCHIA BIANCOLELLA VIGNA DEL LUME
2021

TERRAZZE DI LEVANTE
2019

Cantine Olivella

(2005)

Nel comprensorio enologico del Monte Somma Vesuvio questa realtà rappresenta un esempio virtuoso per l'impulso che ha dato, e continua a dare, al recupero della catalanesca, uva che parrebbe essere arrivata all'ombra del vulcano come dono d'amore del Re Alfonso d'Aragona alla giovane Lucrezia d'Alagno. E ancor oggi, grazie a una visione contemporanea arricchita dal rispetto per la natura, si rinnova questa testimonianza d'amore, forza e resilienza, con il raggiungimento di un ottimo livello qualitativo che abbraccia tutta la filosofia produttiva aziendale.

Via Zazzera, 28 - 80048 Sant'Anastasia (NA)
T. 081 5311388 | M. info@cantineolivella.com
www.cantineolivella.wine

Viticoltura: Biologica
Ettari: 24 | **Bottiglie:** 90.000 | **Produzione olearia:** Sì
Proprietà: Andrea Cozzolino e Ciro Giordano
Cond. enologica: Fortunato Sebastiano
Cond. agronomica: Andrea Cozzolino
Vendita diretta: Sì | **Visite in azienda:** Sì

(92)

VESUVIO LACRYMA CHRISTI BIANCO LACRIMABIANCO 2022
Bianco Doc - Caprettone 80%, Catalanesca 20%
Alc. 12,5% | € 13 | Bt. 12.000 | Ferm. Acciaio | Mat. Acciaio 4 mesi
Luminosa veste giallo tenue, con accenni verdolini. Raffinata progressione di tiglio, gelsomino, agrumi canditi e screzi balsamici che si adagia su uno sfondo gessoso. Bocca composta: struttura, freschezza e sapidità sorreggono la tensione gustativa. Il lungo epilogo è irradiato da un'aggraziata scia marina. Ravioli di patate e baccalà.

SUMMA 2021
Bianco Igp - Catalanesca 100%
Alc. 12,5% | € 27 | Bt. 2.700 | Ferm. Acciaio e Terracotta | Mat. Acciaio 10 mesi e Terracotta 10 mesi
Pappardelle con coda di rospo e carciofi.

VESUVIO LACRYMA CHRISTI ROSSO LACRIMANERO 2022
Rosso Dop - Piedirosso 50%, Olivella nera 30%, Aglianico 20%
Alc. 13% | € 13 | Bt. 12.000 | Ferm. Acciaio | Mat. Acciaio 4 mesi
Pasta alla Norma.

VESUVIO ROSATO EREO 2022
Rosato Dop - Piedirosso 34%, Guarnaccia 33%, Sciascinoso 33%
Alc. 12,5% | € 18 | Bt. 8.000 | Ferm. Acciaio | Mat. Acciaio 3 mesi
Terrina di coniglio.

VESUVIO PIEDIROSSO VIPT 2022
Rosso Doc - Piedirosso 100%
Alc. 12,5% | € 13 | Bt. 12.000 | Ferm. Acciaio | Mat. Acciaio 4 mesi
Hamburger di manzo con Montasio fuso.

KATÀ 2022
Bianco Igp - Catalanesca 100%
Alc. 12,5% | € 14 | Bt. 35.000 | Ferm. Acciaio | Mat. Acciaio 4 mesi
Burrata di Andria.

SUMMA
2016 | 2017

VESUVIO ROSATO EREO
2020

Cantine Tora
(2001)

Giampiero e Francesco, i fratelli Rillo, guidano con entusiasmo questa dinamica realtà produttiva torrecusana, diventata da anni punto di riferimento per wine lovers e operatori di settore soprattutto per le interpretazioni più originali dei vitigni tradizionali sanniti, realizzati senza snaturare le caratteristiche varietali. Come nel caso della Falanghina del Sannio Kissòs, declinata in una versione che mette d'accordo la facilità di beva con la serbevolezza che sfida il tempo: etichetta che si conferma in cima alla classifica aziendale.

Località Tora II, 18 - 82030 Torrecuso (BN)
T. 0824 872406 | M. info@cantinetora.it
www.cantinetora.it

Viticoltura: Lotta integrata
Ettari: 12 | **Bottiglie:** 95.000 | **Produzione olearia:** Sì
Proprietà: Famiglia Rillo
Cond. enologica: Angelo Antonio Valentino
Cond. agronomica: Staff aziendale
Vendita diretta: Sì | **Visite in azienda:** Sì

FALANGHINA DEL SANNIO KISSÒS 2018
Bianco Dop - Falanghina 100%
Alc. 13% | € 25 | Bt. 5.000 | Ferm. Acciaio | Mat. Acciaio 6 mesi
Splendente oro antico. Ventaglio olfattivo di tutta ampiezza, con intrecci che legano il fiore di ginestra alla frutta esotica disidratata, con richiami di miele, bergamotto e nuance di pasticceria. Il palato, secco e suadente, indulge su aromi di spezie dolci prima del lungo epilogo salino. Risotto alla granseola.

AGLIANICO DEL TABURNO 2019
Rosso Docg - Aglianico 100%
Alc. 14% | € 16 | Bt. 18.000 | Ferm. Acciaio | Mat. Acciaio 12 mesi
Stinco di maiale al forno in pancetta affumicata.

SANNIO CODA DI VOLPE 2022
Bianco Doc - Coda di volpe 100%
Alc. 13% | € 15 | Bt. 4.000 | Ferm. Acciaio | Mat. Acciaio 3 mesi
Vellutata di zucca e porri.

FALANGHINA DEL SANNIO 2022
Bianco Doc - Falanghina 100%
Alc. 13% | € 15 | Ferm. Acciaio | Mat. Acciaio 2 mesi
Risotto alla zucca e astice.

CAMBIOLUNA
2015

AGLIANICO DEL TABURNO ROSATO LADY PINK
2021

Caputo 1890 - Vinica
(1890)

La data nel naming aziendale racconta la storia passata della famiglia Caputo; quella più recente ha visto protagonisti Corrado prima e i figli Mario e Nicola oggi. Da sempre presenti in Terra di Lavoro, hanno ampliato la loro attività con investimenti in Irpinia e nell'area vesuviana. Nel 1980, nella ricostruzione post terremoto, diventano riferimento dell'innovazione nel mondo dell'Asprinio e decidono di affrontare la sfida, poi vinta, della spumantizzazione con Metodo Classico. Un modello imprenditoriale all'avanguardia che coniuga modernità e sostenibilità.

Via Consortile - Zona ASI - 81032 Carinaro (CE)
T. 081 3532031 | M. vinica@caputo1890.it
www.caputo1890.it

Viticoltura: Convenzionale
Bottiglie: 350.000 | **Produzione olearia:** No
Proprietà: Mario Caputo
Cond. enologica: Fabio Mecca
Cond. agronomica: Staff aziendale
Vendita diretta: Sì | **Visite in azienda:** Sì

AVERSA ASPRINIO FESCINE 2022
Bianco Doc - Asprinio 100%
Alc. 12,5% | € 15 | Bt. 15.000 | Ferm. Acciaio
Giallo paglierino con gorgiera dorata. Naso intrigante con gelsomino, mentuccia selvatica e limone; seguono ananas e albicocca, con un tocco di resina di pino. In bocca la freschezza non lascia scampo, scorre dritto e verticale, con una corroborante sapidità. Finale acceso da una scintilla agrumata. Salmone al timo.

ZICORRÀ 2019
Rosso Igt - Aglianico 100%
Alc. 14% | € 38 | Bt. 10.000 | Ferm. Acciaio | Mat. Legno 12 mesi
Arista di maiale con salsa di prugne.

CAMPANUS 2022
Rosato Igt - Casavecchia 100%
Alc. 13,5% | € 16 | Bt. 15.000 | Ferm. Acciaio | Mat. Acciaio 4 mesi
Pinsa romana con acciughe e capperi.

SANNIO AGLIANICO 2021
Rosso Doc - Aglianico 100%
Alc. 13% | € 14 | Bt. 20.000 | Ferm. Acciaio
Peperonata.

Casa D'Ambra
(1888)

Per una volta i riflettori non sono puntati sul Tenuta Frassitelli, il vino iconico della celebre casa ischitana, che tante soddisfazioni ha dato in termini di premi e riconoscimenti: adesso è il momento di un'etichetta originale e sorprendente, già presentata nella scorsa edizione ma che in questa merita il vertice aziendale, raggiungendo livelli qualitativi davvero notevoli. Leninfe è un blend di uve continentali, un riassunto dell'ampelografia nazionale, più che isolana; un mix di uve neutre e aromatiche che offre un naso ricco e un sorso appagante. Davvero una bellissima sorpresa.

Via Mario D'Ambra, 16 - Frazione Panza - 80075 Forio d'Ischia (NA)
T. 081 907210 | M. info@dambravini.com
www.dambravini.com

Viticoltura: Convenzionale
Ettari: 26 | **Bottiglie:** 500.000 | **Produzione olearia:** No
Proprietà: Andrea D'Ambra
Cond. enologica: Andrea D'Ambra
Cond. agronomica: Andrea D'Ambra
Vendita diretta: Sì | **Visite in azienda:** Sì

LENINFE 2022
Bianco - Falanghina 40%, Greco 30%, Trebbiano 20%, Malvasia di Candia aromatica 10%
Alc. 12,5% | € 11 | Bt. 20.000 | Ferm. Acciaio e Terracotta
Mat. Acciaio 8 mesi
Paglierino luminoso dai riflessi verdolini. Anche l'olfatto svela riverberi a tinte verdi con salvia, timo e resina di pino; assieme a frutta bianca matura, zucchero a velo e sbuffi di salsedine. Il sorso è opulento, morbido e saporito; il setale unisce sensazioni di pasticceria e salinità marina. Tortelli di zucca e salvia.

ISCHIA BIANCOLELLA TENUTA FRASSITELLI 2022
Bianco Doc - Biancolella 100%
Alc. 13% | € 17 | Bt. 50.000 | Ferm. Acciaio | Mat. Acciaio 8 mesi
Guazzetto di moscardini.

ISCHIA ROSSO DEDICATO A MARIO D'AMBRA 2019
Rosso Doc - Guarnaccia 50%, Piedirosso 50%
Alc. 13,5% | € 15 | Bt. 4.000 | Ferm. Acciaio | Mat. Acciaio 2 mesi e Legno 6 mesi
Cotoletta di tonno al sesamo.

ISCHIA FORASTERA 2022
Bianco Doc - Forastera 100%
Alc. 13% | € 11 | Bt. 22.000 | Ferm. Acciaio | Mat. Acciaio 8 mesi
Soufflé con pecorino e crema di patate.

ISCHIA BIANCOLELLA TENUTA FRASSITELLI
2014 | 2015

ISCHIA BIANCOLELLA
2016 | 2017 | 2021

Casa Di Baal
(2006)

Una delle realtà più rappresentative del territorio cilentano, soprattutto da quando ha scelto con convinzione la strada della conversione in biologico. Il rispetto per l'ambiente è diventato infatti il mantra aziendale con l'instancabile patron Annibale, per tutti Baal, sempre impegnato in prima persona nella conduzione agronomica, con il sostegno del resto della famiglia. Quest'anno ci ha colpito in particolar modo il Metodo Classico, da Fiano in purezza: un'interpretazione raffinata e materica che sta dando ottimi risultati.

Via Tiziano, 14 - Loc. Macchia - 84096 Montecorvino Rovella (SA)
T. 089 981143-44 | M. info@casadibaal.it
www.casadibaal.it

Viticoltura: Biologica
Ettari: 5 | **Bottiglie:** 30.000 | **Produzione olearia:** Sì
Proprietà: Anna Maria Corrado
Cond. enologica: Gennaro Reale
Cond. agronomica: Gennaro Reale, Annibale Salerno
Vendita diretta: Sì | **Visite in azienda:** Sì

ORO DI BAAL 2019
Bianco Metodo Classico - Fiano 100%
Alc. 12% | € 23 | Bt. 2.000 | Ferm. Acciaio | Mat. Acciaio 12 mesi
18 mesi sui lieviti
Paglierino frammisto a oro, attraversato da finissimo perlage. Il naso, rinfrescato da accenti agrumati e nuance di erbe aromatiche, è avvolto da dolci sensazioni di pan brioche. Sorso cremoso e dinamico, con il sostegno sinergico di freschezza e sapidità; chiude con ricordi tostati. Risotto con seppie e burrata.

FIANO DI BAAL 2021
Bianco Igt - Fiano 100%
Alc. 12,5% | € 17 | Bt. 6.000 | Ferm. Acciaio | Mat. Acciaio 7 mesi
Frittura di rane e verdure croccanti.

TORNO SUBITO 2022
Rosso Igt - Barbera 70%, Merlot 20%, Aglianico 10%
Alc. 12,5% | € 16 (1l) | Bt. 2.500 | Ferm. Acciaio | Mat. Terracotta 6 mesi
Pappardelle al ragù di cervo.

LA MOSSA DI BAAL 2022
Bianco Igt Frizzante - Fiano 70%, Moscato giallo 30%
Alc. 12% | € 16 | Bt. 5.000 | Ferm. Acciaio | Mat. Acciaio 5 mesi
Insalata di fagiolini e pinoli.

ROSSO DI BAAL 2022
Rosso Igt - Aglianico 50%, Barbera 30%, Merlot 20%
Alc. 12,5% | € 13 | Bt. 4.000 | Ferm. Acciaio | Mat. Cemento 7 mesi
Tortelli al Castelmagno.

BIANCO DI BAAL 2022
Bianco Igt - Fiano 60%, Falanghina 20%, Moscato bianco 20%
Alc. 12% | € 13 | Bt. 3.000 | Ferm. Acciaio | Mat. Acciaio 6 mesi
Canapè di pasta sfoglia al formaggio.

Casa Setaro
(2004)

Vent'anni di sacrifici e abnegazione, con il cuore produttivo mantenuto rigorosamente al civico 34 di via Bosco del Monaco, in un sito che unisce opificio e dimora di famiglia. Adesso cresce la superficie vitata, e con essa anche l'ambiziosa pianificazione futura che ha reso imminente l'inaugurazione della nuova cantina, che porterà maggiore spazio all'accoglienza e ulteriore linfa per la salvaguardia dei vitigni tradizionali, rafforzando l'eclettica filosofia aziendale. Perfetto testimone il Metodo Classico Pietrafumante, che profuma di brezza marina ed esprime sferzante freschezza.

Via Bosco del Monaco, 34 - 80040 Trecase (NA)
T. 081 8628956 | M. info@casasetaro.it
www.casasetaro.it

Viticoltura: Biologica
Ettari: 12 | **Bottiglie:** 90.000 | **Produzione olearia:** Sì
Proprietà: Massimo Setaro
Cond. enologica: Massimo Setaro
Cond. agronomica: Massimo Setaro
Vendita diretta: Sì | **Visite in azienda:** Sì

93

PIETRAFUMANTE METODO CLASSICO MILLESIMATO BRUT 2020
Bianco Metodo Classico - Caprettone 100%
Alc. 12,5% | € 27 | Bt. 15.000 | Ferm. Acciaio | 30 mesi sui lieviti
Paglierino pieno, con fine perlage a esaltare i riverberi oro. Suggestioni citrine, con salvia e ginestra, aprono il ventaglio olfattivo; seguite da tocchi mentolati, sambuco e nuance di pasticceria. Ingresso dinamico ed energico, con una progressione gustativa che si allunga in un'infinita scia marina. Tortelli di branzino con salsa d'astice.

VESUVIO BIANCO 61.37 CONTRADAE 2020
Bianco Dop - Caprettone 50%, Greco 30%, Fiano 20%
Alc. 13% | € 39 | Bt. 3.000 | Ferm. Acciaio | Mat. Acciaio 12 mesi
Fiori di zucca ripieni di ricotta e acciughe.

VESUVIO PIEDIROSSO FUOCOALLEGRO 2021
Rosso Doc - Piedirosso 100%
Alc. 13% | € 19 | Bt. 9.000 | Ferm. Legno e Terracotta | Mat. Legno 6 mesi e Terracotta 6 mesi
Guanciale di vitello alle erbe aromatiche.

VESUVIO LACRYMA CHRISTI ROSATO MUNAZEI 2022
Rosato Dop - Piedirosso 100%
Alc. 13% | € 15 | Bt. 10.000 | Ferm. Acciaio | Mat. Acciaio 6 mesi
Risotto con rape rosse e Gorgonzola.

VESUVIO CAPRETTONE ARYETE 2022
Bianco Dop - Caprettone 100%
Alc. 13% | € 19 | Bt. 9.000 | Ferm. Legno | Mat. Terracotta 6 mesi
Linguine alla granseola e rosmarino.

PIETRAFUMANTE METODO CLASSICO MILLESIMATO BRUT NATURE 2018
Bianco Metodo Classico - Caprettone 100%
Alc. 12,5% | € 55 | Bt. 1.200 | 48 mesi sui lieviti
Pesce spada gratinato.

PIETRAFUMANTE BRUT
2019

VESUVIO CAPRETTONE ARYETE
2019 | 2021

Chalet Azzurro
(2019)

Franco Senesi è un eclettico gallerista, con prestigiose sedi a Capri, Anacapri, Positano e Ravello. L'amore per la bellezza è stata la molla per buttarsi a capofitto in un'impresa visionaria: il recupero di alcuni vigne distribuite sull'Isola Azzurra e la loro conversione a metodi moderni di allevamento. Due le etichette presentate, dedicate alla Migliera, una delle passeggiate isolane più suggestive, tra parcelle di vigneti superstiti, antichi boschi e squarci a strapiombo sul mare. Con l'annata 2022 rivendicheranno orgogliosamente la Doc Capri: il sogno è appena cominciato.

Via Veterino - 80071 Anacapri (NA)
T. 347 671858

Viticoltura: Lotta integrata
Ettari: 1 | **Bottiglie:** 2.000 | **Produzione olearia:** No
Proprietà: Franco Senesi
Cond. enologica: Piccirillo Winemakers
Cond. agronomica: Piccirillo Winemakers
Vendita diretta: Sì | **Visite in azienda:** Sì

MIGLIERA BIANCO 2021
Bianco Igt - Falanghina 90%, Greco 10%
Alc. 12,5% | € 45 | Bt. 1.300 | Ferm. Legno e Acciaio | Mat. Acciaio 8 mesi e Legno 8 mesi
Giallo tenue, di luminosa definizione cromatica. Terso e intrigante, si concede un'apertura vegetale, con felce, erbe aromatiche e salvia; prosegue con susina e mela annurca e chiude con uno sbuffo di cipria. Il sorso esprime grande sapidità e puntuale freschezza. Finale persistente. Ravioli di pesce con sugo di canestrelli.

MIGLIERA ROSSO 2021
Rosso Igt - Piedirosso 90%, Aglianico 10%
Alc. 14,5% | € 48 | Bt. 1.300 | Ferm. Legno e Acciaio | Mat. Acciaio 8 mesi e Legno 8 mesi
Lombata di vitello su letto di cipolline saltate.

Colli di Lapio

(1994)

Lapio condivide con Montefalcione lo status privilegiato di poter imbottigliare nello stesso areale due differenti Docg: Fiano di Avellino e Taurasi. Clelia Romano, grazie alla vocazione territoriale di contrada Arianiello, si è guadagnata l'appellativo di Signora del Fiano, trovando in questi luoghi l'ambiente pedoclimatico ideale per realizzare una delle migliori interpretazioni di questo vino. Stavolta, un po' a sorpresa, è il Taurasi Andrea a meritare il premio più ambito, e lo fa con l'annata 2019, che esprime una vigoria e una forza da lasciare veramente senza fiato.

Contrada Arianiello, 47 - 83030 Lapio (AV)
T. 348 7626010 | M. info@collidilapio.it
www.collidilapio.it

Viticoltura: Convenzionale e lotta integrata
Ettari: 12 | **Bottiglie:** 90.000 | **Produzione olearia:** No
Proprietà: Clelia Romano
Cond. enologica: Angelo Pizzi
Cond. agronomica: Angelo Pizzi
Vendita diretta: Sì | **Visite in azienda:** Sì

(92)

TAURASI ANDREA 2019
Rosso Docg - Aglianico 100%
Alc. 15% | € 33 | Bt. 4.000 | Ferm. Acciaio | Mat. Acciaio 10 mesi e Legno 12 mesi
Carminio impenetrabile, con una superfice scintillante. Il naso suona un canone inverso, disegnando contrappunti di marasche ed erbe aromatiche, prugne californiane e cenere; cuoio e tabacco. Anche al sorso si avvicendano gli estremi: opulenza e fresca agilità, con tannini tenaci e rifiniti nel contempo. Quaglie alla cacciatora.

FIANO DI AVELLINO 2022
Bianco Docg - Fiano 100%
Alc. 13,5% | € 22 | Bt. 60.000 | Ferm. Acciaio | Mat. Acciaio 6 mesi
Crema di zucca con porcini.

IRPINIA CAMPI TAURASINI DONNA CHIARA 2021
Rosso Doc - Aglianico 100%
Alc. 14% | € 20 | Bt. 8.000 | Ferm. Acciaio | Mat. Acciaio 7 mesi e Legno 12 mesi
Scaloppa di vitello con asparagi trifolati.

GRECO DI TUFO ALEXANDROS 2022
Bianco Docg - Greco 100%
Alc. 13,5% | € 22 | Bt. 8.000 | Ferm. Acciaio | Mat. Acciaio 6 mesi
Risotto alla pescatora.

FIANO DI AVELLINO
2020 | 2021

GRECO DI TUFO ALEXANDROS
2016 | 2020 | 2021

Michele Contrada

(2003)

Quest'azienda sta contribuendo ad arricchire la storia enoica dell'areale di Candida, caratterizzato da un sottosuolo ricco di rocce calcaree biancheggianti che conferisce ai vini una riconoscibile finezza espressiva. Nella batteria presentata spicca la prova del Taurasi 2017, un'interpretazione contemporanea, avvolgente ed equilibrata. Novità assoluta è la scelta di spumantizzare l'uva fiano, e l'attribuzione di un nome che auspica rigenerazione, nuovi sorrisi, buoni e rinnovati propositi, dopo il difficile periodo del confinamento della pandemia. E allora che Rinascita sia per tutti!

Contrada Taverna, 31 - 83040 Candida (AV)
T. 349 3744964 | M. info@vinicontrada.it
www.vinicontrada.it

Viticoltura: Lotta integrata
Ettari: 10 | **Bottiglie:** 60.000 | **Produzione olearia:** No
Proprietà: Michele Contrada
Cond. enologica: Carmine Valentino
Cond. agronomica: Antonio Cresta
Vendita diretta: Sì | **Visite in azienda:** Sì

TAURASI 2017
Rosso Docg - Aglianico 100%
Alc. 14,5% | € 28 | Bt. 4.000 | Ferm. Acciaio | Mat. Legno 36 mesi
Rubino scuro. Una sequenza di attraenti fragranze: tabacco da pipa, cuoio e arancia rossa disidratata; ricordi di sottobosco, humus e resina d'albero; chiude con sbuffi fumé e grafite. Assaggio avvolgente, proporzionato e succoso, con una levigata materia tannica che innesca un percettibile allungo dai coerenti ritorni. Manzo brasato con funghi.

IRPINIA SPUMANTE RINASCITA 2019
Bianco Doc Metodo Classico - Fiano 100%
Alc. 12% | € 30 | Bt. 2.000 | Ferm. Acciaio | 24 mesi sui lieviti
Catalana di crostacei.

FIANO DI AVELLINO 2022
Bianco Docg - Fiano 100%
Alc. 13,5% | € 15 | Bt. 25.000 | Ferm. Acciaio | Mat. Acciaio 8 mesi
Linguine allo scoglio.

IRPINIA CODA DI VOLPE 2020
Bianco Doc - Coda di volpe 100%
Alc. 13% | € 12 | Bt. 3.000 | Ferm. Acciaio
Sushi e sashimi.

IRPINIA FALANGHINA 2022
Bianco Doc - Falanghina 100%
Alc. 13,5% | € 12 | Ferm. Acciaio | Mat. Acciaio
Squacquerone di Romagna.

TAURASI
2016

GRECO DI TUFO
2019

Contrada Salandra
(2004)

Una sorella maggiore, generosa e materna; e un fratellino geniale ma un po' scugnizzo. Così ci immaginiamo i due tradizionali vini flegrei, come due fanciulli felici che si rincorrono, alternandosi sulla scena, a seconda delle annate e della capacità di governo dei vignaioli. Peppe Fortunato gestisce questa appassionante sfida ogni vendemmia: non si sa chi la spunterà sull'altro, ma è innegabile il costante percorso di crescita che accomuna entrambe le tipologie della stessa denominazione. Quest'anno è il Campi Flegrei Falanghina a meritare di arrivare nell'Olimpo del vino campano.

Via Tre Piccioni, 40 - Località Coste di Cuma - 80078 Pozzuoli (NA)
T. 339 2744372 | M. contradasalandra@gmail.com
www.contradasalandra.it

Viticoltura: Convenzionale
Ettari: 4,5 | **Bottiglie:** 20.000 | **Produzione olearia:** No
Proprietà: Giuseppe Fortunato
Cond. enologica: Carmine Valentino
Cond. agronomica: Carmine Valentino
Vendita diretta: Sì | **Visite in azienda:** Sì

(91)

CAMPI FLEGREI FALANGHINA 2021
Bianco Doc - Falanghina 100%
Alc. 13% | € 18 | Bt. 12.000 | Ferm. Acciaio | Mat. Acciaio 12 mesi
Veste di uno splendente giallo paglia. Al naso c'è il dinamico intreccio di acacia e tiglio, timo e ananas; sembra una sensuale danza dal passo deciso e salino. Il gusto mantiene le promesse: ricco e fresco; con un corpo di spessore che si fonde alla sapidità marina per una prolungata ed emozionante chiusura. Linguine con bottarga e pomodori secchi.

CAMPI FLEGREI PIEDIROSSO 2020
Rosso Doc - Piedirosso 100%
Alc. 13% | € 18 | Bt. 4.000 | Ferm. Acciaio | Mat. Acciaio 18 mesi
Pasta, patate e provola.

CAMPI FLEGREI FALANGHINA
2018 | 2020

CAMPI FLEGREI PIEDIROSSO
2017 | 2018 | 2019

Contrade di Taurasi
(1998)

In casa Lonardo perfino le pareti trasudano cultura: con papà Sandro e sua moglie, insegnanti in pensione, le figlie Enza e Antonella, rispettivamente ricercatrice biomedica e archeologa. Una consolidata tradizione che si unisce a un approccio scientifico e razionale. La collaborazione con le Università di Napoli e di Palermo non fa altro che confermare questa filosofia produttiva, che ha consentito di preservare uve prossime all'estinzione come il roviello; e nel contempo adottare per il prediletto aglianico un protocollo di vinificazione con lieviti indigeni e botti grandi.

Via Municipio, 41 - 83030 Taurasi (AV)
T. 392 7766886 | M. info@cantinelonardo.it
www.cantinelonardo.it

Viticoltura: Biologica certificata
Ettari: 5 | **Bottiglie:** 20.000 | **Produzione olearia:** Sì
Proprietà: Enza e Antonella Lonardo
Cond. enologica: Maurizio De Simone
Cond. agronomica: Giovanni Biancaniello
Vendita diretta: Sì | **Visite in azienda:** Sì

(92,5)

TAURASI 2017
Rosso Docg - Aglianico 100%
Alc. 14% | € 30 | Bt. 4.000 | Ferm. Acciaio | Mat. Legno 36 mesi
Rubino impenetrabile. Vive di irresistibili dualismi olfattivi: rosa appassita e confettura di more, castagna del prete e fico infornato, cioccolato e tabacco. Il sorso è gagliardo, con le parti gustative in perfetta sintonia: alcol e corpo compensano l'acidità e sostengono una vellutata tessitura tannica. Filetto alla Wellington.

TAURASI COSTE 2016
Rosso Docg - Aglianico 100%
Alc. 15% | € 50 | Bt. 1.000 | Ferm. Acciaio | Mat. Legno 36 mesi
Pappardelle al ragù di cinghiale.

GRECOMUSC' ANFORA 2018
Bianco Igt - Roviello 100%
Alc. 13% | € 30 | Bt. 1.000 | Ferm. Acciaio e Terracotta
Mat. Terracotta 6 mesi
Orecchiette con cime di rapa.

TAURASI VIGNE D'ALTO
2012 | 2015 | 2016

GRECOMUSC'
2016

Corte dei Roberto
(2013)

L'azienda nasce poco più di dieci anni fa dall'intrepida idea dei giovani cugini Roberto, che riprendendo una radicata convinzione familiare decidono di investire sul Metodo Classico, tipologia che in questo areale non aveva ancora una storia consolidata. La Cuvée della Posta rompe gli schemi tradizionali del territorio irpino, legati all'austerità dell'Aglianico e ai grandi bianchi fermi, candidandosi a diventare nel tempo una delle bollicine più originali ed espressive, grazie all'utilizzo sapiente dei vitigni autoctoni. È proprio vero che l'audacia è dei giovani.

Via Nazionale - 83030 Greci (AV)
T. 0825 801215 | M. info@divinoroberto.it
www.cortedeiroberto.it

Viticoltura: Biologica
Ettari: 3,5 | **Bottiglie:** 16.000 | **Produzione olearia:** Sì
Proprietà: Famiglia Roberto
Cond. enologica: Fortunato Sebastiano
Cond. agronomica: Fortunato Sebastiano
Vendita diretta: Sì | **Visite in azienda:** Sì

CUVÉE DELLA POSTA BRUT
Bianco Metodo Classico - Fiano 50%, Piedirosso 40%, Greco 10%
Alc. 12,5% | € 30 | Bt. 5.000 | Ferm. Acciaio | 36 mesi sui lieviti
Una spuma candida, raffinata e persistente, sovrasta l'oro lucente. Al naso agrumi canditi e zagara si uniscono alle spezie dolci, donando profumi ammalianti. In bocca la bolla conferma la finezza e nel contempo riesce ad amplificare la graffiante freschezza, cui segue un corpo compiuto e lineare. Lumache alla bourguignonne.

CORTE DEI ROBERTO BRUT
Bianco Metodo Classico - Fiano 60%, Piedirosso 25%, Greco 15%
Alc. 12,5% | € 25 | Bt. 10.000 | Ferm. Acciaio | 26 mesi sui lieviti
Vellutata di zucca spolverata di tartufo nero.

CUVÉE DELLA POSTA BRUT
S.A.

CORTE DEI ROBERTO BRUT
S.A. | S.A.

Marisa Cuomo
(1983)

La sottozona Furore della Costa d'Amalfi sembra in grande spolvero. Non solo il Fiorduva, che ci ha abituati a punteggi stratosferici, ma anche le altre etichette di territorio esprimono una prestazione complessiva di qualità eccellente. Tutto questo avviene in un luogo unico, di una bellezza che lascia senza fiato, e che è estremamente difficile custodire; è solo con l'impegno costante della famiglia Ferraioli, con Marisa Cuomo in prima linea, che si riesce a difendere una viticoltura autenticamente eroica, fatta di tanti sacrifici ripagati da grandi soddisfazioni.

Via G.B. Lama, 16/18 - 84010 Furore (SA)
T. 089 830348 | M. info@marisacuomo.com
www.marisacuomo.com

Viticoltura: Convenzionale
Ettari: 20 | **Bottiglie:** 200.000 | **Produzione olearia:** No
Proprietà: Marisa Cuomo, Andrea, Raffaele e Dorotea Ferraioli
Cond. enologica: Luigi Moio, Andrea Ferraioli
Cond. agronomica: Gaetano Carrano
Vendita diretta: Sì | **Visite in azienda:** Sì

95

COSTA D'AMALFI FURORE BIANCO FIORDUVA 2022
Bianco Doc - Ripolo 40%, Fenile 30%, Ginestra 30%
Alc. 14,5% | € 65 | Bt. 30.613 | Ferm. Legno | Mat. Legno 6 mesi
Bellissimo paglierino. Una tempesta floreale: ginestra, camomilla e fiori d'arancio; seguono pesca gialla e mango, con uno sfondo di macchia mediterranea, vaniglia e zenzero. Il palato restituisce proporzione e integrazione tra freschezza, sapidità e morbidezza. Finale stuzzicante, al sapore di erbe aromatiche. Tiella di riso, patate e cozze.

COSTA D'AMALFI FURORE ROSSO RISERVA 2020
Rosso Doc - Aglianico 50%, Piedirosso 50%
Alc. 14% | € 40 | Bt. 9.100 | Ferm. Legno | Mat. Legno 12 mesi
Capretto arrosto alle erbe aromatiche.

COSTA D'AMALFI FURORE BIANCO 2022
Bianco Doc - Falanghina 60%, Biancolella 40%
Alc. 13,5% | € 25 | Bt. 46.620 | Ferm. Acciaio | Mat. Acciaio 4 mesi
Branzino al cartoccio.

COSTA D'AMALFI FURORE ROSSO 2022
Rosso Doc - Aglianico 50%, Piedirosso 50%
Alc. 13,5% | € 25 | Bt. 20.809 | Ferm. Legno | Mat. Legno 6 mesi
Gnocchi alla sorrentina.

COSTA D'AMALFI RAVELLO BIANCO 2022
Bianco Doc - Falanghina 60%, Biancolella 40%
Alc. 13,5% | € 25 | Bt. 10.909 | Ferm. Acciaio | Mat. Acciaio 4 mesi
Risotto agli asparagi con gamberi croccanti.

COSTA D'AMALFI RAVELLO ROSSO RISERVA 2020
Rosso Doc - Piedirosso 70%, Aglianico 30%
Alc. 14% | € 35 | Bt. 9.000 | Ferm. Legno | Mat. Legno 12 mesi
Spezzatino di manzo.

COSTA D'AMALFI FURORE BIANCO FIORDUVA
2019 | 2020 | 2021

COSTA D'AMALFI RAVELLO ROSSO RISERVA
2017 | 2018 | 2019

De' Gaeta Kumor Bozena
(2007)

La storia enoica di Castelvetere è ancora tutta da scrivere ma dobbiamo riconoscere che quest'azienda sta sicuramente contribuendo ad accendere i riflettori sulla zona. Mentre sta ancora sperimentando un approccio biodinamico, l'attenzione per l'ambiente passa attraverso la messa a dimora di arnie tra i vigneti e l'incremento delle coccinelle; poi la scelta consapevole di bottiglie di grammatura minore, l'uso di imballaggi FSC e la realizzazione di un impianto di energia da fonti rinnovabili per il fabbisogno della produzione. Novità, molto apprezzata, è il Fiano "no logo" presentato.

Via Toppolocozzetto, 1 - Cipollara - 83040 Castelvetere sul Calore (AV)
T. 328 9159812 | M. info@degaeta.it
www.degaeta.it

Viticoltura: Biologica certificata
Ettari: 5,1 | **Bottiglie:** 15.000 | **Produzione olearia:** Sì
Proprietà: Salvatore e Bruno Gaeta
Cond. enologica: Vincenzo Mercurio
Cond. agronomica: Vincenzo Mercurio
Vendita diretta: Sì | **Visite in azienda:** Sì

VINO BIANCO 2021
Bianco - Fiano 100%
Alc. 13,5% | € 18 | Bt. 1.000 | Ferm. Acciaio | Mat. Acciaio 9 mesi
Oro antico dalle tendenze orange. Fragranze di cera d'api, miele di essenze floreali, macchia mediterranea, arancia amara candita, frutta gialla e spezie. Pieno e caldo, con una lieve astringenza e una beva più snella rispetto alla ricchezza olfattiva: una progressione che alterna tratti rustici a carezze garbate. Pollo alle mandorle e curcuma.

IRPINIA CAMPI TAURASINI DE' GAETA 2019
Rosso Doc - Aglianico 100%
Alc. 13,5% | € 22 | Bt. 4.000 | Ferm. Acciaio | Mat. Acciaio 21 mesi
Costolette di maiale alla brace.

AGLIANICO 2019
Rosso Igt - Aglianico 100%
Alc. 13,5% | € 16 | Bt. 7.000 | Ferm. Acciaio | Mat. Acciaio 18 mesi
Carré d'agnello al timo e lardo di Colonnata.

IRPINIA CAMPI TAURASINI DE' GAETA
2017

TAURASI DUECAPE
2015

Di Meo
(1986)

La linea Tempo, il progetto aziendale legato alla longevità dei vini d'Irpinia, passa attraverso il racconto di una saga familiare fatta di affetti, emozioni e sguardi che si leggono attraverso i nomi delle etichette dedicate alle selezioni: Vittorio, Alessandra ed Erminia, rispettivamente padre, madre e sorella di Roberto e Generoso. Belle le affermazioni dei Riserva: il succoso e rinfrescante Taurasi Vigna Olmo, e non potrebbe essere altrimenti con la sua genesi a 870 m s.l.m. nel campo più alto di Montemarano; e soprattutto il Fiano di Avellino Erminia, vent'anni di smagliante giovinezza.

Contrada Coccovoni, 1 - 83050 Salza Irpina (AV)
T. 0825 981419 | M. info@dimeo.it
www.dimeo.it

Viticoltura: Convenzionale
Ettari: 30 | **Bottiglie:** 350.000 | **Produzione olearia:** Sì
Proprietà: Roberto e Generoso Di Meo
Cond. enologica: Roberto Di Meo
Cond. agronomica: Staff aziendale
Vendita diretta: Sì | **Visite in azienda:** Sì

91

FIANO DI AVELLINO ERMINIA RISERVA 2004
Bianco Docg - Fiano 100%
Alc. 13,5% | € 102 | Bt. 4.000 | Ferm. Acciaio | Mat. Acciaio 192 mesi
Seducente oro. Strega con effluvi di miele di acacia, zafferano, canditi d'arancia e albicocca, erbe officinali, pasta frolla, pane tostato imburrato e rinfreschi balsamici. Di spiazzante e disarmante freschezza, con allungo al sapore di macchia mediterranea e frutta a guscio. Un vino eterno. Coniglio in umido alle erbe aromatiche.

TAURASI VIGNA OLMO RISERVA 2015
Rosso Docg - Aglianico 100%
Alc. 14% | € 43 | Bt. 30.000 | Ferm. Acciaio | Mat. Legno 24 mesi
Arista di maiale con salsa di prugne.

FIANO DI AVELLINO 2022
Bianco Docg - Fiano 100%
Alc. 13,5% | € 19 | Bt. 65.000 | Ferm. Acciaio | Mat. Acciaio 3 mesi
Risotto alle ortiche.

AGLIANICO 2018
Rosso Igt - Aglianico 100%
Alc. 13,5% | € 18 | Bt. 40.000 | Ferm. Acciaio | Mat. Legno 12 mesi
Lasagne alla bolognese.

FALANGHINA 2022
Bianco Igt - Falanghina 100%
Alc. 13% | € 15 | Bt. 70.000 | Ferm. Acciaio | Mat. Acciaio 3 mesi
Zuppa di legumi e cereali.

GRECO DI TUFO 2022
Bianco Docg - Greco 100%
Alc. 13,5% | € 19 | Bt. 60.000 | Ferm. Acciaio | Mat. Acciaio 3 mesi
Crostini con paté de foie gras d'oca.

FIANO DI AVELLINO ALESSANDRA
2013

GRECO DI TUFO
2021

Donnachiara

(2005)

Azienda dinamica, guidata con uno spirito imprenditoriale vivace e innovativo, rafforzato da un consolidato team enologico e agronomico. Grande sensibilità verso l'ambiente, dimostrata con consistenti investimenti nella direzione di una produzione realmente sostenibile. Quest'anno sono entrambi i Taurasi a primeggiare, con la Riserva appena un passo dietro l'affidabile compagno di millesimo. Novità da segnalare è la promozione a Docg di Esoterico, Fiano di Avellino ora interamente lavorato in acciaio, mentre nelle versioni precedenti si caratterizzava per una lunga maturazione in barrique.

Via Stazione - Località Pietracupa - 83030 Montefalcione (AV)
T. 0825 977135 | M. info@donnachiara.it
www.donnachiara.com

Viticoltura: Biologica e lotta integrata
Ettari: 27 | **Bottiglie:** 300.000 | **Produzione olearia:** No
Proprietà: Famiglia Petitto
Cond. enologica: Riccardo Cotarella, Alessio Gaiaschi
Cond. agronomica: Riccardo Cotarella, Alessio Gaiaschi
Vendita diretta: Sì | **Visite in azienda:** Sì

TAURASI 2020
Rosso Docg - Aglianico 100%
Alc. 13,5% | € 32 | Bt. 20.000 | Ferm. Acciaio | Mat. Acciaio 12 mesi e Legno 12 mesi
Rubino impenetrabile e luminoso. Intriganti intrecci di spezie dolci, visciole e petali di rosa rossa, con una scia cinerina a chiudere. Sorso immediato e fresco che sembra ammiccare alla morbidezza, per poi far prevalere un tannino incisivo e gagliardo, che dona carattere allo sviluppo gustativo. Faraona ripiena con salsa tartufata.

TAURASI RISERVA 2020
Rosso Docg - Aglianico 100%
Alc. 14% | € 42 | Bt. 6.000 | Ferm. Acciaio | Mat. Acciaio 18 mesi e Legno 18 mesi
Gnocchi al ragù.

FIANO DI AVELLINO ESOTERICO 2022
Bianco Docg - Fiano 100%
Alc. 13% | € 19 (0,5l) | Bt. 10.000 | Ferm. Acciaio | Mat. Acciaio 6 mesi
Crostini con burro e alici.

FIANO DI AVELLINO 2022
Bianco Docg - Fiano 100%
Alc. 13% | € 16 | Bt. 25.000 | Ferm. Acciaio | Mat. Acciaio 4 mesi
Rombo al forno ai sapori mediterranei.

FALANGHINA 2022
Bianco Igt - Falanghina 100%
Alc. 13% | € 11 | Bt. 45.000 | Ferm. Acciaio | Mat. Acciaio 3 mesi
Lumache in umido alle erbette.

FALANGHINA RESILIENZA 2021
Bianco Igt - Falanghina 100%
Alc. 13,5% | € 18 | Bt. 10.000 | Ferm. Acciaio | Mat. Acciaio 12 mesi
Polpettine di alici con crema di piselli.

FIANO DI AVELLINO
2021

FALANGHINA RESILIENZA
2018 | 2019 | 2020

Fattoria La Rivolta

(1997)

Siamo nel cuore del Massiccio del Taburno e qui l'identità territoriale è diventata l'imprescindibile marchio di fabbrica di Paolo Cotroneo, grazie all'attento lavoro di precisione in vigna e le maniacali pratiche enologiche in cantina. Un modello di agricoltura sostenibile permette di realizzare vini profumati e godibili, nitidi e rinfrescanti: va a Simbiosi l'onore di ricevere il premio più ambito, con il Sogno di Rivolta che raggiunge anch'esso livelli di eccellenza espressiva. Un risultato complessivo che premia ancora una volta un team aziendale affiatato, competente e affidabile.

Contrada Rivolta - 82030 Torrecuso (BN)
T. 081 0362454 | M. info@fattorialarivolta.com
www.fattorialarivolta.com

Viticoltura: Biologica certificata
Ettari: 30 | **Bottiglie:** 250.000 | **Produzione olearia:** No
Proprietà: Paolo Cotroneo
Cond. enologica: Vincenzo Mercurio
Cond. agronomica: Vincenzo Mercurio
Vendita diretta: Sì | **Visite in azienda:** Sì

(92,5)

SIMBIOSI 2020
Rosso Igp - Aglianico 85%, Piedirosso 15%
Alc. 13,5% | € 26 | Bt. 5.000 | Ferm. Acciaio | Mat. Legno 12 mesi
Rubino fitto e lucente. Il bouquet propone viola mammola, ciliegie di Vignola, piccoli frutti rossi, spezie dolci e piccanti in un fondo di erbe e macchia mediterranea. Sorso avvolgente e ben bilanciato da una spiccata succosità; verve tannica integrata in un finale lungo e sapido. Bollito misto con salse.

SOGNO DI RIVOLTA 2020
Bianco Igp - Falanghina 50%, Fiano 25%, Greco 25%
Alc. 13,5% | € 17 | Bt. 5.000 | Ferm. Legno | Mat. Acciaio 12 mesi
Gnocchi al burro e ricotta affumicata.

AGLIANICO DEL TABURNO LE MONGOLFIERE A SAN BRUNO 2021
Rosato Docg - Aglianico 100%
Alc. 13,5% | € 12 | Bt. 7.000 | Ferm. Acciaio | Mat. Acciaio 5 mesi
Zuppa di pesce.

AGLIANICO DEL TABURNO TERRA DI RIVOLTA RISERVA 2019
Rosso Docg - Aglianico 100%
Alc. 14,5% | € 32 | Bt. 8.000 | Ferm. Acciaio | Mat. Legno 18 mesi
Fagiano arrosto.

AGLIANICO DEL TABURNO 2021
Rosso Docg - Aglianico 100%
Alc. 14% | € 15 | Bt. 20.000 | Ferm. Acciaio | Mat. Legno 18 mesi
Straccetti di vitello al rosmarino.

FALANGHINA DEL SANNIO TABURNO 2022
Bianco Dop - Falanghina 100%
Alc. 12,5% | € 12 | Bt. 60.000 | Ferm. Acciaio | Mat. Acciaio 4 mesi
Risotto alla zucca e astice.

SIMBIOSI
2019

SOGNO DI RIVOLTA
2015 | 2017

Fattoria Pagano
(2001)

Ci troviamo a Carinola, alle pendici del Massico, una catena montuosa che partendo dalla china del Vulcano di Roccamonfina giunge fino a lambire la costa tirrenica. Qui si trovano le vigne più alte della provincia casertana: si arriva sino a 650 m s.l.m. grazie a terrazzamenti su suoli ricchi di tufo e calcare, che predispongono a una produzione vinicola caratterizzata da sapidità e attitudine alla longevità. Requisiti che esaltano la filosofia di Angelo Pagano, che ci seduce con la sua personale versione di Primitivo e con la vista mozzafiato che si gode dai suoi vigneti.

Via Provinciale per Falciano - 81030 Carinola (CE)
T. 0823 720550 | M. fattoriapagano@gmail.com
www.fattoriapagano.it

Viticoltura: Biologica
Ettari: 18 | **Bottiglie:** 180.000 | **Produzione olearia:** Sì
Proprietà: Angelo Pagano
Cond. enologica: Roberto Fiore
Cond. agronomica: Staff aziendale
Vendita diretta: Sì | **Visite in azienda:** Sì

FALERNO DEL MASSICO PRIMITIVO SEDUZIONE 2019
Rosso Doc - Primitivo 100%
Alc. 16,5% | € 70 | Bt. 2.666 | Ferm. Acciaio | Mat. Acciaio 24 mesi
Carminio dall'ammaliante tinta scura. Naso che cattura l'attenzione con un'esplosione di piccoli frutti rossi e spezie dolci; chiude con una vigorosa sferzata balsamica. Beva carnosa e accogliente, vivacizzata da un tannino sottile. Lungo e saporito aroma di ciliegie in confettura. Stinco di maiale al forno in pancetta affumicata.

FALERNO DEL MASSICO ANGELUS RISERVA 2017
Rosso Dop - Aglianico 80%, Piedirosso 20%
Alc. 14,5% | € 26 | Bt. 8.000 | Ferm. Acciaio | Mat. Legno 18 mesi
Manzo brasato con olive e porri.

FALERNO DEL MASSICO PRIMITIVO VOLUPTAS 2021
Rosso Dop - Primitivo 100%
Alc. 15% | € 15 | Bt. 5.000 | Ferm. Acciaio | Mat. Acciaio 24 mesi
Grana Padano Riserva.

FALERNO DEL MASSICO GAURASI 2021
Rosso Dop - Aglianico 100%
Alc. 13,5% | € 13 | Bt. 3.000 | Ferm. Acciaio | Mat. Acciaio 24 mesi
Costine d'agnello in crosta di noci.

FALERNO DEL MASSICO PECTUS 2021
Bianco Dop - Falanghina 100%
Alc. 13,5% | € 19 | Bt. 3.000 | Ferm. Legno | Mat. Legno 6 mesi
Pollastra alla birra e cipolle di Tropea.

FALERNO DEL MASSICO PRIMITIVO VOLUPTAS
2019

FALERNO DEL MASSICO PECTUS
2020

Benito Ferrara
(1860)

La letteratura enoica descrive il Greco di Tufo come un vino scontroso, spesso caratterizzato da una sobrietà olfattiva, mentre esprime compattezza e pienezza al palato: insomma un vino più di naso che di bocca. Con un'eccezione: Vigna Cicogna, da un piccolo e miracoloso lembo di terra irpina, che riesce ad aggiungere alle tradizionali caratteristiche della denominazione un'eleganza e una finezza olfattiva di rara bellezza. È irriverente, quasi imbarazzante, la supremazia con la quale sistematicamente conquista il gradino più alto del podio.

Frazione San Paolo, 14/A - 83010 Tufo (AV)
T. 0825 998194 | M. info@benitoferrara.it
www.benitoferrara.com

Viticoltura: Convenzionale
Ettari: 23 | **Bottiglie:** 94.000 | **Produzione olearia:** No
Proprietà: Gabriella Ferrara
Cond. enologica: Paolo Caciorgna
Cond. agronomica: Gabriella Ferrara
Vendita diretta: Sì | **Visite in azienda:** Sì

(92)
GRECO DI TUFO VIGNA CICOGNA 2022
Bianco Docg - Greco 100%
Alc. 13,5% | € 20 | Bt. 26.000 | Ferm. Acciaio | Mat. Acciaio 6 mesi
Splendente paglierino. Straordinaria convivenza di mediterraneo e tropici: erbe aromatiche e mela annurca fuse a litchi e mango. Al palato mostra un raffinato ricamo tra le parti gustative: freschezza scalpitante e corpo sinuoso; morbidezza e gratificante sapidità che prolungano gioiosamente il sapore. Filetto di orata in crosta di mandorle e patate.

GRECO DI TUFO TERRA D'UVA 2022
Bianco Docg - Greco 100%
Alc. 13% | € 18 | Bt. 36.000 | Ferm. Acciaio | Mat. Acciaio 6 mesi
Insalata di finocchi, arance e olive nere.

TAURASI VIGNA QUATTRO CONFINI 2019
Rosso Docg - Aglianico 100%
Alc. 14,5% | € 30 | Bt. 5.000 | Ferm. Acciaio | Mat. Legno 15 mesi
Allodole tartufate in casseruola.

IRPINIA AGLIANICO VIGNA QUATTRO CONFINI 2020
Rosso Doc - Aglianico 100%
Alc. 14% | € 16 | Bt. 15.000 | Ferm. Acciaio | Mat. Acciaio 15 mesi
Agnello al forno con rosmarino.

FIANO DI AVELLINO SEQUENZHA 2022
Bianco Docg - Fiano 100%
Alc. 13% | € 18 | Bt. 12.000 | Ferm. Acciaio | Mat. Acciaio 6 mesi
Strudel di porcini e zucca con crema al parmigiano.

GRECO DI TUFO VIGNA CICOGNA
2018 | 2019 | 2020

GRECO DI TUFO TERRA D'UVA
2020

Feudi di San Gregorio
(1986)

Prima azienda del sud Italia con esportazioni in più di 50 Paesi, una costellazione di realtà produttive in tutt'Italia sotto l'egida del marchio Tenute Capaldo: tutto è partito da una contrada di Sorbo Serpico, nel cuore dell'antico Patrimonio Sancti Petri, risalente al pontificato di Gregorio Magno. Un'ascesa irresistibile che ha visto come tappe recenti il codice etico del 2019, l'inaugurazione, nel 2020, della sala Balthazar Teatro del Vino, e nel 2021 la nascita della società benefit, implementando un modello di business sostenibile. Cos'altro riserverà il futuro?

Località Cerza Grossa - 83050 Sorbo Serpico (AV)
T. 0825 986683 - 0825 986611 | M. info@feudi.it
www.feudi.it

Viticoltura: Convenzionale
Ettari: 400 | **Bottiglie:** 3.500.000 | **Produzione olearia:** Sì
Proprietà: Famiglia Capaldo
Cond. enologica: Pierpaolo Sirch
Cond. agronomica: Pierpaolo Sirch
Vendita diretta: Sì | **Visite in azienda:** Sì

GRECO DI TUFO CUTIZZI 2022
Bianco Docg - Greco 100%
Alc. 12,5% | € 15 | Bt. 120.000 | Ferm. Acciaio | Mat. Acciaio 5 mesi
Topazio corrusco. Reminiscenze sulfuree, fuse a profumi vegetali con ricordi di macchia mediterranea e frutta a polpa bianca. In bocca trova sapore e volume, con lo sviluppo gustativo caratterizzato da una decisa freschezza citrina che accompagna anche il finale. Salmone al timo.

TAURASI PIANO DI MONTEVERGINE RISERVA 2017
Rosso Docg - Aglianico 100%
Alc. 14% | € 35 | Bt. 80.000 | Ferm. Acciaio | Mat. Legno 24 mesi
Bracioline di maiale al calvados.

TAURASI 2019
Rosso Docg - Aglianico 100%
Alc. 14% | € 19 | Bt. 80.000 | Ferm. Acciaio | Mat. Legno 18 mesi
Controfiletto di bue alla brace.

FALANGHINA DEL SANNIO SERROCIELO 2022
Bianco Doc - Falanghina 100%
Alc. 13% | € 12 | Bt. 120.000 | Ferm. Acciaio | Mat. Acciaio 4 mesi
Bruschetta al pomodoro.

IRPINIA ROSATO VISIONE 2022
Rosato Doc - Aglianico 100%
Alc. 12,5% | € 12 | Bt. 100.000 | Ferm. Acciaio | Mat. Acciaio 4 mesi
Crostini con burro e salmone.

FIANO DI AVELLINO PIETRACALDA 2022
Bianco Docg - Fiano 100%
Alc. 13% | € 15 | Bt. 80.000 | Ferm. Acciaio | Mat. Acciaio 5 mesi
Canapè di pasta sfoglia al formaggio.

GRECO DI TUFO CUTIZZI
2021

FIANO DI AVELLINO PIETRACALDA
2013

Florami
(2017)

Quando il vino diventa la quintessenza liquida di un territorio si riesce a leggere nel calice la fedeltà a un'idea, la voglia di allargare lo sguardo oltre la storia e la capacità di osare e di mettersi alla prova. Con questa ispirazione continua imperterrito il progetto aziendale nel perseguire un'espressione identitaria in cui convivono in perfetta simbiosi la custodia della viticoltura a piede franco e la curiosità dell'eretico Vincenzo Mercurio, enologo pronto a raccogliere ogni sfida di sperimentazione. Indole 2021 giunge solo a un soffio dal premio più ambito.

Via Tirone della Guardia, 34 - 80040 Trecase (NA)
T. 081 18556420 | M. info@florami.it
www.florami.it

Viticoltura: Biologica
Ettari: 1 | **Bottiglie:** 6.000 | **Produzione olearia:** Sì
Proprietà: Mario Terzo
Cond. enologica: Vincenzo Mercurio
Cond. agronomica: Vincenzo Mercurio
Vendita diretta: Sì | **Visite in azienda:** Sì

INDOLE 2021
Bianco Igp - Falanghina 100%
Alc. 13% | € 18 | Bt. 5.000 | Ferm. Acciaio | Mat. Acciaio 8 mesi
Garbato giallo dorato che sorprende con una travolgente ondata marina, che accompagna la raffinata progressione di albicocca e agrumi, erbe mediterranee e miele di acacia. Gusto pieno, gratificato da freschezza e sapidità con il calore alcolico. Conclude con un'avvincente scia ammandorlata. Sarde a beccafico.

CONLEBUCCE 2021
Bianco Igp - Falanghina 100%
Alc. 13,5% | € 22 | Bt. 1.000 | Ferm. Acciaio | Mat. Acciaio 8 mesi
Risotto ai porcini e zucca.

INDOLE
2020

CONLEBUCCE
2019 | 2020

Fontana Reale
(1999)

Si consolidano, anno dopo anno, lo stile e la proposta di questa realtà posizionata tra le colline beneventane, proprio di fronte alla bella Dormiente del Sannio e alla rigogliosa Valle del Calore. La certificazione biologica con la conduzione di Rino Corbo si è rivelata una scelta consapevole, fatta in tempi non sospetti, che adesso diventa il meritato riconoscimento per l'intera filiera produttiva, che abbraccia con la stessa attenzione varietà autoctone e internazionali, tutte accomunate dalla rigorosa raccolta a mano e da bassissime rese per ettaro.

Contrada S. Giovanni a Caprara (Loc. Fontana Reale) - 82100 Benevento (BN)
T. 348 2627821 | M. info@fontanareale.com
www.fontanareale.com

Viticoltura: Biologica
Ettari: 12 | **Bottiglie:** 60.000 | **Produzione olearia:** Sì
Proprietà: Rino Corbo
Cond. enologica: Rino Corbo
Cond. agronomica: Staff aziendale
Vendita diretta: Sì | **Visite in azienda:** Sì

FALANGHINA DEL SANNIO NANA 2021
Bianco Dop - Falanghina 100%
Alc. 13% | € 14 | Bt. 3.300 | Ferm. Acciaio | Mat. Acciaio 6 mesi
Giallo tenue di bella vividezza. Ouverture di ginestra, gelsomino e fiori di campo che si alternano a pesca gialla, mango ed erbe aromatiche. Assaggio bilanciato da puntuale freschezza e infiltrante sapidità. Gusto teso, quasi ammandorlato, con echi balsamici. Risotto con zucchine, fiori di zucca e zafferano.

SANNIO AGLIANICO MORGIA NOCE RISERVA 2016
Rosso Doc - Aglianico 100%
Alc. 15% | € 22 | Bt. 3.000 | Ferm. Acciaio
Porchetta di Ariccia.

MERLONERO 2021
Rosso Igp - Merlot 100%
Alc. 14% | € 15 | Bt. 3.300 | Ferm. Acciaio
Manzo brasato con funghi.

SANNIO GRECO ALBOSCO 2021
Bianco Dop - Greco 100%
Alc. 13% | € 14 | Bt. 3.300 | Ferm. Acciaio | Mat. Acciaio 6 mesi
Zuppetta di piselli e vongole.

Fontanavecchia
(1980)

Essere un punto di riferimento per il territorio del Monte Taburno e per le denominazioni a esso collegate, riuscendo a restare sempre sulla cresta dell'onda, potrebbe essere estenuante per molti ma non per Libero Rillo e la sua famiglia: all'indole di instancabile coltivatore e custode degli splendidi vigneti di proprietà si è sempre aggiunta la propensione alla qualità totale. La scelta della guida enologica di Emiliano Falsini non fa altro che rafforzare questa filosofia produttiva, che coniuga identità e sperimentazione. Al top di gamma ancora il bianco dal nome assai familiare.

Via Fontanavecchia - 82030 Torrecuso (BN)
T. 0824.876275 | M. info@fontanavecchia.info
www.fontanavecchia.info

Viticoltura: Ecosostenibile
Ettari: 20 | **Bottiglie:** 180.000 | **Produzione olearia:** Sì
Proprietà: Libero Rillo
Cond. enologica: Emiliano Falsini
Cond. agronomica: Arturo Erbaggio
Vendita diretta: Sì | **Visite in azienda:** Sì

95

FALANGHINA DEL SANNIO TABURNO VENDEMMIA TARDIVA LIBERO 2019
Bianco Dop - Falanghina 100%
Alc. 14% | € 24 | Bt. 1.333 | Ferm. Legno e Acciaio | Mat. Legno 6 mesi
Screziature d'oro. Il corredo olfattivo svela raffinate suggestioni di salvia, fieno secco e miele di acacia; poi fiori di camomilla e sbuffi speziati. Corpo materico, in cui mineralità e freschezza orchestrano un'avvolgenza voluttuosa e appagante. Si congeda con richiami speziati. Aragosta in bellavista.

AGLIANICO DEL TABURNO VIGNA CATARATTE RISERVA 2018
Rosso Docg - Aglianico 100%
Alc. 14,5% | € 24 | Bt. 4.000 | Ferm. Acciaio | Mat. Acciaio 36 mesi e Legno 18 mesi
Filetto alla Wellington.

FALANGHINA DEL SANNIO TABURNO 2022
Bianco Dop - Falanghina 100%
Alc. 13,5% | € 11 | Bt. 80.000 | Ferm. Acciaio | Mat. Acciaio 4 mesi
Piccione al forno con cipollotti.

AGLIANICO DEL TABURNO GRAVE MORA RISERVA 2017
Rosso Docg - Aglianico 100%
Alc. 14,5% | € 40 | Bt. 1.333 | Ferm. Acciaio | Mat. Legno 18 mesi
Filetto di bue con salsa di Roquefort.

PRINCIPE LOTARIO BRUT 2019
Rosato Metodo Classico - Aglianico 100%
Alc. 12,5% | € 24 | Bt. 1.333 | Ferm. Acciaio | 30 mesi sui lieviti
Crostini con spuma di mortadella.

AGLIANICO DEL TABURNO ROSATO 2022
Rosato Docg - Aglianico 100%
Alc. 13,5% | € 11 | Bt. 6.933 | Ferm. Acciaio | Mat. Acciaio 4 mesi
Zuppa di stoccafisso e patate.

AGLIANICO DEL TABURNO VIGNA CATARATTE RISERVA
2009 | 2010 | 2015

FALANGHINA DEL SANNIO TABURNO VENDEMMIA TARDIVA LIBERO
2017

Fonzone

(2005)

La sottozona Campi Taurasini della Doc Irpinia è stata considerata una sorta di sorella minore della celebre Docg a base di aglianico. Sul campo si è rivelata invece un efficace strumento per realizzare vini più agili e moderni. Così, pur restando il Taurasi il modello di riferimento, la maggiore libertà dei produttori sta generando proposte rivoluzionarie e sorprendenti: è questo il caso del Mattoda' con cui l'enologo toscano D'Attoma ha stravolto il suo nome e la tradizione locale, affinando il vino in cocciopesto, in botte grande e infine in bottiglia. Il risultato è da applausi.

Località Scorzagalline - 83052 Paternopoli (AV)
T. 0827 1730100 | M. info@fonzone.it
www.fonzone.it

Viticoltura: Lotta integrata
Ettari: 26 | **Bottiglie:** 100.000 | **Produzione olearia:** No
Proprietà: Famiglia Fonzone
Cond. enologica: Luca D'Attoma
Cond. agronomica: Luca D'Attoma
Vendita diretta: Sì | **Visite in azienda:** Sì

(91)

IRPINIA CAMPI TAURASINI MATTODA' 2019
Rosso Doc - Aglianico 100%
Alc. 14% | € 20 | Bt. 19.000 | Ferm. Terracotta | Mat. Acciaio 10 mesi e Legno 24 mesi e Terracotta 24 mesi
Preziosa filigrana carminio. Naso ricco e affascinante: emergono visciole mature, pepe bianco, menta selvatica, cuoio e noce moscata. Sorso equilibrato, pieno di carattere e persistente, grazie a un'accogliente rotondità che bilancia la dirompente freschezza e i tannini vigorosi. Carré di maiale alle prugne.

GRECO DI TUFO 2022
Bianco Docg - Greco 100%
Alc. 13,5% | € 14 | Bt. 22.000 | Ferm. Acciaio | Mat. Acciaio 6 mesi
Vellutata di finferli con crostini.

IRPINIA ROSATO 2022
Rosato Doc - Aglianico 100%
Alc. 13,5% | € 12 | Bt. 10.000 | Ferm. Acciaio | Mat. Acciaio 5 mesi
Crostini al lardo di Colonnata.

TAURASI SCORZAGALLINE RISERVA 2016
Rosso Docg - Aglianico 100%
Alc. 14% | € 39 | Bt. 3.300 | Ferm. Acciaio | Mat. Acciaio 10 mesi e Legno 18 mesi
Filetto di scottona in sfoglia.

FIANO DI AVELLINO 2022
Bianco Docg - Fiano 100%
Alc. 13,5% | € 14 | Bt. 21.000 | Ferm. Acciaio | Mat. Acciaio 6 mesi
Torta salata alle zucchine e origano.

GRECO DI TUFO RISERVA OIKOS 2021
Bianco Docg - Greco 100%
Alc. 13,5% | € 27 | Bt. 6.500 | Ferm. Legno e Acciaio | Mat. Legno 12 mesi e Cemento 18 mesi
Pizza con fiordilatte e prosciutto crudo.

TAURASI SCORZAGALLINE RISERVA
2015

FIANO DI AVELLINO
2019 | 2021

Guastaferro

(2007)

Si tocca con mano il nuovo corso aziendale: minimalista ed essenziale, decisamente in controtendenza in un'epoca tutta, forse troppo, social; nessuna visita in cantina e la sensazione di muoversi verso una filosofia introversa, perfino ascetica, quasi anacoretica. La scelta della lotta integrata in vigna per le viti centenarie di aglianico fa coppia con i legni grandi utilizzati per le maturazioni: segnali della ricerca di un tempo antico, ma vissuto nel presente. La concentrazione sulla sostanza e sugli obiettivi ha dato i suoi frutti con il Taurasi Primum Riserva 2017, che merita il Cupido.

Via Gramsci, 2 - 83030 Taurasi (AV)
T. 334 155143 | M. info@guastaferro.it
www.guastaferro.it

Viticoltura: Lotta integrata
Ettari: 7 | **Bottiglie:** 6.000 | **Produzione olearia:** No
Proprietà: Famiglia Guastaferro
Cond. enologica: Fortunato Sebastiano
Cond. agronomica: Raffaele Guastaferro
Vendita diretta: No | **Visite in azienda:** No

TAURASI PRIMUM RISERVA 2017
Rosso Docg - Aglianico 100%
Alc. 14,5% | € 50 | Bt. 2.000 | Ferm. Acciaio | Mat. Acciaio 6 mesi e Legno 24 mesi
Carminio con trina granato. Nere fragranze fruttate di gelso e ribes, prugna e more; poi ci sono i guizzi scuri di humus, goudron e scintille di brace ardente. Ferrigno e dissetante, con tannini espressivi dal tocco levigato e un allungo insaporito dagli aromi di frutta, stavolta a tinte rosse. Fiorentina alla brace.

TAURASI PRIMUM 2017
Rosso Docg - Aglianico 100%
Alc. 14,5% | € 50 | Bt. 2.000 | Ferm. Acciaio | Mat. Acciaio 6 mesi e Legno 14 mesi
Stracotto d'asino.

FULGEO 2021
Bianco Igt - Roviello 80%, Fiano 20%
Alc. 13% | € 20 | Bt. 2.000 | Ferm. Acciaio | Mat. Acciaio 6 mesi
Foie gras in torchon.

FULGEO
2020

TAURASI PRIMUM
2014

Guerritore
(2013)

Dopo l'ingresso in Guida nella scorsa edizione si conferma e rilancia, presentando tre etichette di ottima fattura. L'entrata in azienda della figlia Svieta ha portato nuova linfa all'immagine commerciale; ma non è l'unica novità da segnalare: con la vendemmia 2023 ci sarà il battesimo della cantina incastonata tra i vigneti, dotata di una struttura ricettiva adiacente per l'accoglienza enoturistica. Primeggia Acquamela, Fiano dall'indole mediterranea; seguito a un soffio da Cariti, accattivante e profumato Merlot che colpisce per la sua rotonda morbidezza.

Via Nocelleto - 84081 Baronissi (SA)
T. 089 2880445 | M. info@viniguerritore.it

Viticoltura: Convenzionale
Ettari: 5 | **Bottiglie:** 20.000 | **Produzione olearia:** No
Proprietà: Marina Agnese Guerritore
Cond. enologica: Andrea Chiasso, Riccardo Cotarella
Cond. agronomica: Donato Di Lascio
Vendita diretta: Sì | **Visite in azienda:** Sì

ACQUAMELA 2021
Bianco Igt - Fiano 100%
Alc. 13% | € 17 | Bt. 11.000 | Ferm. Acciaio | Mat. Acciaio 6 mesi
Un sole che sprigiona profumi intensi e verticali, tutti giocati sulla freschezza delle sensazioni con pompelmo, mela verde e gelsomino. Gusto pieno, caldo e volumico, bilanciato da una sapidità dal respiro marino. Si congeda con delicate nuance tostate. Terrina di coniglio.

CARITI 2020
Rosso Igt - Merlot 100%
Alc. 14% | € 22 | Bt. 2.000 | Ferm. Legno e Acciaio | Mat. Legno 18 mesi
Piccione al forno con cipollotti.

FUSARA 2020
Rosso Igt - Aglianico 100%
Alc. 13,5% | € 19 | Bt. 3.000 | Ferm. Acciaio | Mat. Acciaio e Legno 18 mesi
Stinco d'agnello al forno.

FUSARA
2019

ACQUAMELA
2020

I Borboni
(1986)

La famiglia Numeroso continua con forza e dedizione la sua battaglia di identità per riportare in auge la storia dell'Asprinio. Un lavoro sodo e incessante gratificato dalle sempre più numerose visite di appassionati provenienti da ogni parte del mondo, per ammirare l'altezza delle alberate aversane e scendere nella profondità delle grotte scavate nel tufo grigio di genesi vulcanica. Un saliscendi che è la perfetta sintesi della bellezza, spesso nascosta e trascurata, di questo territorio. La novità di quest'anno è il Metodo Ancestrale, per tornare al tempo del vino raccontato da Mario Soldati.

Via Enrico De Nicola, 7 - 81030 Lusciano (CE)
T. 081 8141386 | M. info@iborboni.it
www.iborboni.it

Viticoltura: Convenzionale e lotta integrata
Ettari: 22 | **Bottiglie:** 60.000 | **Produzione olearia:** No
Proprietà: Famiglia Numeroso
Cond. enologica: Gianluca Tommaselli
Cond. agronomica: Dino Barra
Vendita diretta: Sì | **Visite in azienda:** Sì

RIVOLTA 2022
Bianco Igt Metodo Ancestrale - Asprinio 100%
Alc. 11,5% | € 18 | Bt. 2.500 | Ferm. Acciaio | 4 mesi sui lieviti
Oro velato da una sottile opalescenza, attraversato da continua e decisa effervescenza. Irresistibile il profumo di limone, buccia e foglia, a dare freschezza e verticalità. Beva succosa, lineare e compulsiva, che valorizza la naturale vocazione asprigna del varietale. Tigelle e salumi.

ASPRINIO BRUT
Bianco Metodo Martinotti - Asprinio 100%
Alc. 12% | € 20 | Bt. 16.000 | Ferm. Acciaio | Mat. Acciaio 8 mesi
Provola di Agerola.

ASPRINIO DI AVERSA VITE MARITATA 2022
Bianco Dop - Asprinio 100%
Alc. 12% | € 18 | Bt. 8.000 | Ferm. Acciaio | Mat. Acciaio 6 mesi
Crespelle con asparagi e ricotta salata.

ASPRINIO DI AVERSA VITE MARITATA
2019 | 2020 | 2021

AVERSA ASPRINIO CRIPTO EXTRA BRUT
2018

I Capitani
(1910)

I Capitani "coraggiosi" hanno proprio tutto quello che serve: accoglienza con ristorante e camere, produzione di olio extravergine di oliva e museo contadino; una politica aziendale sempre più a favore della sostenibilità. Mutuando dal linguaggio ciclistico si potrebbe dire che lo scattante Jumara si avvicina all'imprendibile Taurasi, tallonato dal gregario Guaglione, tutto acciaio; rimane staccato il gruppone degli inseguitori. Vince la gara quindi Bosco Faiano, davvero in forma smagliante in questo agguerrito giro d'Irpinia.

Via Bosco Faiano, 14 - Località Bosco - 83030 Torre le Nocelle (AV)
T. 0825 969182 | M. icapitani@icapitani.com
www.icapitani.com

Viticoltura: Lotta integrata
Ettari: 20 | **Bottiglie:** 120.000 | **Produzione olearia:** Sì
Proprietà: Famiglia Cefalo
Cond. enologica: Antonio Cefalo, Claudio Introini
Cond. agronomica: Pasqualina Cefalo
Vendita diretta: Sì | **Visite in azienda:** Sì

TAURASI BOSCO FAIANO 2019
Rosso Docg - Aglianico 100%
Alc. 14,5% | € 32 | Bt. 10.000 | Mat. Acciaio 12 mesi e Legno 24 mesi
Granato vivo. Riconoscimenti di ribes nero, confettura di prugne, arancia Sanguinella e violetta di campo. Sorso saporitissimo, appagante e carnoso; con una convincente ed espressiva dinamica gustativa che svela una trama tannica setosa, che si colora nelle persistenze aromatiche di carruba e carcadè. Cinghiale in umido.

IRPINIA CAMPI TAURASINI JUMARA 2021
Rosso Doc - Aglianico 100%
Alc. 14% | € 17 | Bt. 15.000 | Mat. Acciaio 9 mesi e Legno 12 mesi
Arista di maiale con salsa di prugne.

IRPINIA AGLIANICO GUAGLIONE 2021
Rosso Doc - Aglianico 100%
Alc. 13% | € 13 | Bt. 20.000 | Mat. Acciaio 12 mesi
Tagliatelle al ragù.

FAIUS 2022
Bianco Igt - Fiano 50%, altre varietà 50%
Alc. 13,5% | € 21 | Bt. 3.000 | Mat. Legno 7 mesi
Filetto di ombrina e radicchio.

GRECO DI TUFO SERUM 2022
Bianco Docg - Greco 100%
Alc. 13% | € 17 | Bt. 15.000 | Mat. Acciaio 6 mesi
Burrata di Andria.

IRPINIA FALANGHINA CLARUM 2022
Bianco Doc - Falanghina 100%
Alc. 13% | € 13 | Bt. 22.000 | Mat. Acciaio 6 mesi
Pizza prosciutto e funghi.

TAURASI BOSCO FAIANO
2014

GRECO DI TUFO SERUM
2018 | 2020

I Favati
(1994)

Tre punte di diamante a tinte scarlatte, in progressione di annata, svettano altissime, sbaragliando tutti gli altri campioni aziendali: il Taurasi Etichetta Bianca Riserva conferma il rating a cinque stelle del millesimo 2017, una stagione enoica che ha regalato pienezza, concentrazione ed eleganza; degli altri compagni di podio abbiamo apprezzato il profilo più incisivo e meno materico del Taurasi 2018; così come la succosa freschezza dell'Irpinia Campi Taurasini 2019. Peccato solo per il Rose Season, che non è riuscito a ripetere lo splendido exploit dell'anno scorso.

Piazza di Donato, 41 - 83020 Cesinali (AV)
T. 0825 666898 | M. info@cantineifavati.it
www.cantineifavati.it

Viticoltura: Lotta integrata
Ettari: 20 | **Bottiglie:** 100.000 | **Produzione olearia:** No
Proprietà: Rosanna Petrozziello
Cond. enologica: Vincenzo Mercurio
Cond. agronomica: Vincenzo Mercurio, Nicola Cipolletta
Vendita diretta: Sì | **Visite in azienda:** Sì

92,5

TAURASI TERZOTRATTO ETICHETTA BIANCA RISERVA 2017
Rosso Docg - Aglianico 100%
Alc. 14,5% | € 60 | Bt. 5.000 | Ferm. Acciaio | Mat. Legno 40 mesi
Carminio splendente. Una teoria incessante di profumi d'altura: genziana, bacche di mirto e ginepro; poi amarena, lentisco, rosmarino, caffè, tabacco e pepe nero; chiude con liquirizia, cuoio ed echi balsamici. Grande coerenza, con saporiti e infiltranti tannini che accompagnano una scia d'aromi lunghissima. Brasato di manzo al vino rosso.

TAURASI TERZOTRATTO 2018
Rosso Docg - Aglianico 100%
Alc. 14% | € 30 | Bt. 10.000 | Ferm. Acciaio | Mat. Legno 30 mesi
Carré di maiale con patate al forno.

IRPINIA CAMPI TAURASINI CRETAROSSA 2019
Rosso Doc - Aglianico 100%
Alc. 14% | € 27 | Bt. 30.000 | Ferm. Acciaio | Mat. Acciaio 10 mesi e Legno 24 mesi
Parmigiana di melanzane.

FIANO DI AVELLINO RISERVA PIETRAMARA ETICHETTA BIANCA 2020
Bianco Docg - Fiano 100%
Alc. 13,5% | € 30 | Bt. 10.000 | Ferm. Acciaio | Mat. Acciaio 15 mesi
Trofie al pesto.

FIANO DI AVELLINO PIETRAMARA 2022
Bianco Docg - Fiano 100%
Alc. 13% | € 27 | Bt. 30.000 | Ferm. Acciaio | Mat. Acciaio 8 mesi
Fregola con le arselle.

ROSE SEASON 2022
Rosato Igt - Aglianico 100%
Alc. 13,5% | € 27 | Bt. 5.000 | Ferm. Acciaio | Mat. Acciaio 8 mesi
Spaghetti al pomodoro.

FIANO DI AVELLINO PIETRAMARA
2018

ROSE SEASON
2021

Il Colle del Corsicano
(2013)

Il colle del Corsicano è la località di Castellabate dove ha sede l'azienda, in pieno Parco Nazionale del Cilento, Vallo di Diano e Alburni. Il battesimo in Guida è celebrato dalla bella prestazione offerta dal Cilento Fiano Licosa 2021, ottenuto da un'unica vigna mozzafiato a Punta Licosa, area marina protetta: un vino ricco di attraenti suggestioni mediterranee. Interessante anche l'interpretazione del Patrinus 2020, aglianico con una goccia di primitivo. Ottimi i risultati raggiunti dalla conduzione enologica a quattro mani di Alferio Romito e Arturo Erbaggio.

Via G. Romito - Località San Marco - 84048 Castellabate (SA)
T. 339 8471226 | M. info@ilcolledelcorsicano.it
www.ilcolledelcorsicano.it

Viticoltura: Biologica
Ettari: 4 | **Bottiglie:** 25.000 | **Produzione olearia:** Sì
Proprietà: Alferio Romito
Cond. enologica: Alferio Romito, Arturo Erbaggio
Cond. agronomica: Alferio Romito
Vendita diretta: Sì | **Visite in azienda:** Sì

CILENTO FIANO LICOSA 2021
Bianco Doc - Fiano 100%
Alc. 13,5% | € 17 | Bt. 7.000 | Ferm. Acciaio
Radioso giallo limone. Offre fragranze di gelsomino e fiori d'arancio, seguite da frutta matura a tinte gialle, erbe aromatiche e orme di nocciola tostata. La trama gustativa evidenzia una decisa spinta di freschezza, accompagnata da coerente sapidità. Lungheggia tra frutta e spezie. Pesce spada al cartoccio.

PATRINUS 2020
Rosso Igt - Aglianico 95%, Primitivo 5%
Alc. 14,5% | € 18 | Bt. 6.000 | Ferm. Acciaio | Mat. Acciaio 6 mesi e Legno 3 mesi
Monte Veronese d'allevo.

PATRINUS 2021
Rosso Igt - Aglianico 95%, Primitivo 5%
Alc. 14% | € 18 | Bt. 8.000 | Ferm. Acciaio | Mat. Acciaio 6 mesi e Legno 3 mesi
Pappardelle al ragù di cinghiale.

CILENTO FIANO LICOSA 2022
Bianco Doc - Fiano 100%
Alc. 13,5% | € 17 | Bt. 12.000 | Ferm. Acciaio
Salmone al timo.

FURANO 2022
Rosato Igt - Aglianico 100%
Alc. 13,5% | € 17 | Bt. 2.400 | Ferm. Acciaio | Mat. Acciaio 6 mesi
Polpo alla Luciana.

Il Poggio
(1997)

A Torrecuso si vive di vino: una comunità di 3426 abitanti che in un modo o nell'altro hanno a che fare con questo mondo. Una zona elettiva, nel cuore dell'areale del Taburno, in cui si concentrano le attività dei fratelli Fusco, Carmine e Marco, sotto la guida enologica di Franco e Matteo Bernabei. Un'idea produttiva che punta senza compromessi a un progetto di qualità a tutto tondo, riducendo le rese per ettaro e adottando moderne tecnologie nel rispetto di un'agricoltura green. Convincente la prova della Falanghina del Sannio Taburno 2022, dall'eccezionale valore/prezzo.

Via Defenze, 4 - 82030 Torrecuso (BN)
T. 0824 874068 | M. info@ilpoggiovini.it
www.ilpoggiovini.it

Viticoltura: Convenzionale
Ettari: 20 | **Bottiglie:** 180.000 | **Produzione olearia:** Sì
Proprietà: Carmine Fusco
Cond. enologica: Franco Bernabei, Matteo Bernabei
Cond. agronomica: Staff aziendale
Vendita diretta: Sì | **Visite in azienda:** Sì

FALANGHINA DEL SANNIO TABURNO 2022
Bianco Dop - Falanghina 100%
Alc. 14% | € 10 | Bt. 20.000 | Ferm. Acciaio | Mat. Acciaio 6 mesi
Livrea di color paglierino. Primo naso a trazione fruttata: mela annurca con incursioni tropicaleggianti, seguito da fiori di ginestra e rintocchi salmastri. Fresco e corroborante; con un corpo sostenuto da una stuzzicante spinta sapida. Nel finale di bocca emerge il soffuso aroma di vaniglia. Pesce spada gratinato.

SANNIO CODA DI VOLPE 2022
Bianco Doc - Coda di volpe 100%
Alc. 14% | € 11 | Bt. 15.000 | Ferm. Acciaio | Mat. Acciaio 6 mesi
Caciocavallo podolico.

SANNIO AGLIANICO 2019
Rosso Doc - Aglianico 100%
Alc. 14% | € 12 | Bt. 20.000 | Ferm. Acciaio | Mat. Acciaio 6 mesi e Legno 12 mesi
Quaglie alla cacciatora.

FALANGHINA DEL SANNIO VENDEMMIA TARDIVA 2018
Bianco Doc - Falanghina 100%
Alc. 16% | € 18 (0,5l) | Bt. 3.000 | Ferm. Acciaio | Mat. Legno 12 mesi
Castelmagno.

SANNIO FIANO 2022
Bianco Doc - Fiano 100%
Alc. 14% | € 12 | Bt. 10.000 | Ferm. Acciaio | Mat. Acciaio 6 mesi
Crostini con burro e salmone.

AGLIANICO DEL TABURNO ROSATO 2022
Rosato Docg - Aglianico 100%
Alc. 14% | € 12 | Bt. 3.300 | Ferm. Acciaio | Mat. Acciaio 6 mesi
Linguine con bottarga e pomodori secchi.

FALANGHINA DEL SANNIO TABURNO
2021

AGLIANICO DEL TABURNO SAFINOS
2015 | 2016

Il Verro
(2003)

Il nome Sheep fu il riuscito escamotage per comunicare quello che non si poteva ancora dire; adesso che nel mese di aprile del 2023 si è concluso l'iter del burocratico inserimento nel Registro nazionale delle varietà di vite, finalmente possiamo celebrare un traguardo storico per l'enologia casertana e campana: benvenuta coda di pecora! Ma Cesare Avenia non è certo uomo a cui piace riposare sugli allori, e quest'anno si porta a casa le Quattro Viti con il Verginiano Bio, da uve pallagrello bianco, che ci conquista per la capacità di bilanciare profumi mediterranei, morbidezza e mineralità gustativa.

Località Acquavalle - Lautoni - 81040 Formicola (CE)
T. 335 1223462 | M. info@ilverro.it
www.ilverro.it

Viticoltura: Biologica certificata
Ettari: 5 | **Bottiglie:** 25.000 | **Produzione olearia:** No
Proprietà: Cesare Avenia
Cond. enologica: Vincenzo Mercurio
Cond. agronomica: Elio De Rosa
Vendita diretta: Sì | **Visite in azienda:** Sì

(91)

VERGINIANO BIO 2022
Bianco Igp - Pallagrello bianco 100%
Alc. 14,5% | € 15 | Bt. 6.000 | Ferm. Acciaio | Mat. Acciaio 8 mesi
Paglierino dai cangianti lampi dorati. Rimanda a sensazioni di susina gialla, salvia e timo, con invitanti nuance di tarassaco e ginestra. Morbido e di corpo, svela nella progressione gustativa un'impronta minerale che allunga la persistenza e traina gli echi di frutta ed erbe aromatiche. Risotto al lavarello del Garda.

MONTEMAGGIORE 2019
Rosso Igp - Casavecchia 100%
Alc. 12,5% | € 30 | Bt. 2.000 | Ferm. Acciaio | Mat. Acciaio 8 mesi e Legno 18 mesi
Straccetti di vitello al rosmarino.

SHEEP 2022
Bianco Igp - Coda di pecora 100%
Alc. 13% | € 20 | Bt. 4.500 | Ferm. Acciaio | Mat. Acciaio 8 mesi
Culatello di Zibello e gnocco fritto.

LAUTONIS 2021
Rosso Igp - Casavecchia 100%
Alc. 13% | € 15 | Bt. 3.500 | Ferm. Acciaio | Mat. Acciaio 8 mesi
Lumache in umido alle erbette.

PALLAGRELLO NERO 2021
Rosso Igp - Pallagrello nero 100%
Alc. 13% | € 15 | Bt. 5.000 | Ferm. Acciaio | Mat. Acciaio 8 mesi
Trippa in umido.

VERGINIANO BIO
2018 | 2020

PALLAGRELLO NERO
2020

Kifra
(2010)

La notizia della scomparsa di Erminio Spiezia ci è arrivata proprio mentre stavamo chiudendo la scheda aziendale. È sempre difficile elaborare un lutto ma siamo convinti che Stefania farà di tutto per continuare questo bellissimo sogno: lascia un'eredità gentile, come il suo animo e il suo modo di pensare l'Aglianico, figlio di Paternopoli. Una terra che tempra il tannino e ne forgia il corpo, ma che riesce a far convivere forza e gentilezza a chi sa interpretare con perizia e rispetto le severe escursioni termiche del quadrante sud della denominazione. Poderosa prestazione del Taurasi Fren.

Contrada Calore, 10 - 83050 Paternopoli (AV)
T. 335 7295133 | M. info@stefaniabarbot.it
www.stefaniabarbot.it

Viticoltura: Biologica
Ettari: 4 | **Bottiglie:** 25.000 | **Produzione olearia:** No
Proprietà: Erminio Spiezia e Stefania Barbot
Cond. enologica: Vincenzo Mercurio
Cond. agronomica: Giovanni Biancaniello
Vendita diretta: Sì | **Visite in azienda:** Sì

(91)

TAURASI FREN 2019
Rosso Docg - Aglianico 100%
Alc. 14,5% | € 40 | Bt. 4.000 | Ferm. Acciaio | Mat. Acciaio 24 mesi e Legno 12 mesi
Rubino splendente. Profuma di cioccolato e ciliegie sotto spirito, prugna disidratata, muschio, carrube e pot-pourri di rose e violette. Sorso vibrante, insaporito da tannini espressivi dalla finissima trama. Nel finale si distende con una chiusura a tinte scure, di tabacco Kentucky, cacao e pepe nero. Tagliata di manzo al rosmarino.

FIANO DI AVELLINO XORÒS 2021
Bianco Docg - Fiano 100%
Alc. 13,5% | € 22 | Bt. 7.000 | Ferm. Acciaio | Mat. Acciaio 12 mesi
Risotto alle ortiche.

TAURASI FREN
2017

La Fortezza
(2006)

Lungo la strada che conduce al comune di Torrecuso, antico centro longobardo nel cuore del massiccio del Taburno, Enzo Rillo, imprenditore poliedrico, ha definitivamente consolidato il suo appassionato e visionario progetto enologico: una viticoltura di tradizione, rispettosa dell'ambiente e delle forme tradizionali di allevamento. La sfavillante wedding house, dall'eclettico linguaggio architettonico, è uno dei segni della capacità di diversificare il proprio investimento. La costante ricerca della qualità è testimoniata dall'eccellente risultato raggiunto con l'Aglianico del Taburno Riserva.

Via Tora II - 82030 Torrecuso (BN)
T. 0824 886155 | M. info@lafortezzasrl.it
www.lafortezzasrl.it

Viticoltura: Biologica e biodinamica
Ettari: 60 | **Bottiglie:** 800.000 | **Produzione olearia:** Sì
Proprietà: Enzo Rillo
Cond. enologica: Vittorio Festa
Cond. agronomica: Vittorio Festa
Vendita diretta: Sì | **Visite in azienda:** Sì

(91)

AGLIANICO DEL TABURNO RISERVA ENZO RILLO 2013
Rosso Docg - Aglianico 100%
Alc. 14% | € 24 | Bt. 15.000 | Ferm. Acciaio | Mat. Legno 10 mesi
Rosso granato con bagliori rubino. Naso puntellato da pot-pourri ed erbe aromatiche, con richiami fruttati di ribes e mirtilli; deciso contributo di tabacco biondo, noce moscata e cioccolato. In bocca è coerente, con spessore glicerico e verve tannica. Persistente nei ricordi di caffè tostato. Filetto di manzo in crosta alle erbette.

BAREGLIÀ
Rosso - Aglianico 40%, Camaiola 30%, Piedirosso 30%
Alc. 14,5% | € 90 | Bt. 5.000 | Ferm. Acciaio | Mat. Legno 12 mesi
Salame d'oca di Mortara.

DONNADANIELA
Bianco - Fiano 60%, Aglianico 40%
Alc. 14% | € 90 | Bt. 5.000 | Ferm. Legno e Acciaio
Soufflé con pecorino e crema di patate.

FALANGHINA DEL SANNIO TABURNO 2022
Bianco Doc - Falanghina 100%
Alc. 13% | € 10 | Bt. 200.000 | Ferm. Acciaio | Mat. Acciaio 4 mesi
Risotto ai frutti di mare.

SANNIO GRECO 2022
Bianco Doc - Greco 100%
Alc. 13% | € 10 | Bt. 20.000 | Ferm. Acciaio | Mat. Acciaio 4 mesi
Zuppa d'orzo e chiodini.

SANNIO FIANO 2022
Bianco Doc - Fiano 100%
Alc. 13% | € 10 | Bt. 20.000 | Ferm. Acciaio | Mat. Acciaio 4 mesi
Spaghetti con vongole veraci.

AGLIANICO DEL TABURNO RISERVA ENZO RILLO
2012

FALANGHINA DEL SANNIO TABURNO
2018 | 2019 | 2020

La Guardiense
(1960)

Il treno procede spedito e in perfetto orario con a bordo i mille soci della cooperativa più grande del meridione. Il programma di viaggio viene rispettato in ogni singola tappa di crescita e innovazione, grazie alla consulenza di Riccardo Cotarella e con la quotidiana guida di Marco Giulioli. A tenere la barra nella direzione dell'identità territoriale ci pensa l'illuminata gestione del presidente Domizio Pigna. Senete guadagna il premio più ambito, mentre l'altra Falanghina, Anima Lavica, da suoli ricchi di ignimbrite campana, si ferma solo a un'incollatura.

Località Santa Lucia - 82034 Guardia Sanframondi (BN)
T. 0824 864034 | M. info@laguardiense.it
www.laguardiense.it

Viticoltura: Convenzionale, biologica e lotta integrata
Ettari: 1500 | **Bottiglie:** 6.000.000 | **Produzione olearia:** No
Proprietà: Cooperativa di produttori
Cond. enologica: Riccardo Cotarella
Cond. agronomica: Domizio Pigna
Vendita diretta: Sì | **Visite in azienda:** Sì

(92)

FALANGHINA DEL SANNIO JANARE SENETE 2022
Bianco Doc - Falanghina 100%
Alc. 13,5% | € 18 | Bt. 60.000 | Ferm. Acciaio | Mat. Acciaio 6 mesi
Giallo oro, cristallino. Nell'esordio respira erbe aromatiche e soffi mentolati; seguono agrumi, accenni di idrocarburi, pasticceria e miele di acacia. Coerente, elegante e proporzionato all'assaggio, con calibrata freschezza e durevole sapidità che si uniscono in un lunghissimo finale. Ravioli di patate e baccalà.

FALANGHINA DEL SANNIO JANARE ANIMA LAVICA 2022
Bianco Doc - Falanghina 100%
Alc. 13,5% | € 18 | Bt. 40.000 | Ferm. Acciaio | Mat. Acciaio 4 mesi e Cemento 2 mesi
Seppie ripiene su crema di ceci.

SANNIO AGLIANICO CANTARI JANARE RISERVA 2017
Rosso Doc - Aglianico 100%
Alc. 13,5% | € 25 | Bt. 20.000 | Ferm. Acciaio | Mat. Acciaio 12 mesi e Legno 12 mesi
Cotechino e lenticchie.

SANNIO AGLIANICO ANIMA LAVICA 2020
Rosso Doc - Aglianico 100%
Alc. 13,5% | € 20 | Bt. 6.000 | Ferm. Acciaio | Mat. Legno 8 mesi e Cemento 6 mesi
Costata di cavallo con patate al rosmarino.

SANNIO AGLIANICO ROSATO JANARE AMBRA ROSA 2020
Rosato Dop - Aglianico 100%
Alc. 13,5% | € 15 | Bt. 15.000 | Ferm. Acciaio | Mat. Acciaio 4 mesi
Insalata di pollo e verdure.

FALANGHINA DEL SANNIO METODO ITALIANO SPUMANTE 2020
Bianco Doc Metodo Martinotti - Falanghina 100%
Alc. 12% | € 18 | Bt. 20.000 | Ferm. Acciaio | 3 mesi sui lieviti
Crostini con burro e alici.

FALANGHINA DEL SANNIO JANARE SENETE
2017 | 2020

FALANGHINA DEL SANNIO JANARE ANIMA LAVICA
2021

La Molara
(2002)

Il termine molara fa riferimento alla pietra che veniva utilizzata storicamente per frangere le olive. Un legame forte e intimo quello che quest'azienda ha intessuto in oltre vent'anni con il territorio di Luogosano, piccolo borgo circondato dai vigneti nella Valle del Calore: un areale abitato fin dalla preistoria e con una tradizione vitivinicola che si perde nel tempo. Una gamma produttiva, ampia e diversificata, in cui spicca la sfavillante prova del Taurasi Santa Vara Riserva 2015, che lascia prevedere ancora un percorso di vita lungo ed emozionante.

Contrada Filetto - 83040 Luogosano (AV)
T. 0827 78017 | M. info@lamolara.com
www.lamolara.it

Viticoltura: Convenzionale
Ettari: 3 | **Bottiglie:** 40.000 | **Produzione olearia:** No
Proprietà: Riccardo Morelli
Cond. enologica: Antonio Pesce
Cond. agronomica: Giovanni Soriano
Vendita diretta: Sì | **Visite in azienda:** Sì

TAURASI SANTA VARA RISERVA 2015
Rosso Docg - Aglianico 100%
Alc. 14,5% | € 29 | Bt. 2.930 | Ferm. Acciaio | Mat. Acciaio 12 mesi e Legno 48 mesi
Notevole intensità cromatica che varia dal vermiglio al granato. Profilo olfattivo caldo e coeso: frutta scura, rabarbaro, cenere, pepe nero e arancia Sanguinella. Al gusto mostra subito un abbraccio morbido sotto cui cova una strutturata intelaiatura acido-tannica. Persistenza commovente. Gulasch di manzo alla paprica dolce.

IRPINIA CAMPI TAURASINI VALERIA 2017
Rosso Doc - Aglianico 100%
Alc. 14,5% | € 16 | Bt. 2.100 | Ferm. Acciaio | Mat. Acciaio 12 mesi e Legno 36 mesi
Risotto alla milanese con ossobuco.

FIANO DI AVELLINO 2021
Bianco Docg - Fiano 100%
Alc. 13,5% | € 18 | Bt. 3.700 | Ferm. Acciaio | Mat. Acciaio 8 mesi
Linguine con asparagi e calamaretti.

IRPINIA FIANO SPUMANTE BRUT 2020
Bianco Doc Metodo Martinotti - Fiano 100%
Alc. 12,5% | € 16 | Bt. 3.300 | Ferm. Acciaio
Frittata di cipolle.

GRECO DI TUFO 2021
Bianco Docg - Greco 100%
Alc. 13,5% | € 18 | Bt. 6.600 | Ferm. Acciaio | Mat. Acciaio 8 mesi
Vellutata di patate e porri.

FIANO DI AVELLINO
2020

TAURASI SANTA VARA
2010 | 2013 | 2014

La Pietra di Tommasone
(2000)

La famiglia Monti è solita presentare nella sua proposta produttiva una molteplice gamma di tipologie, spaziando con disinvoltura dalla Biancolella, iconico vino isolano, fino ad arrivare a un Metodo Classico dal respiro mediterraneo. Stavolta emerge con forza, con il suo stile duttile e contemporaneo, l'Ischia Per' e Palummo, che sembra meglio raccontare l'identità di questa isola, crocevia di culture millenarie. Una denominazione a tinte rosse che si sta sempre più affermando nell'alta ristorazione per la sua capacità trasversale di interazione con il cibo a tavola.

Via Provinciale Lacco Fango, 98 - 80076 Lacco Ameno (NA)
T. 081 3330330 | M. tommasonevini@ischia.it
www.tommasonevini.it

Viticoltura: Convenzionale
Ettari: 12 | **Bottiglie:** 100.000 | **Produzione olearia:** No
Proprietà: Antonio Monti
Cond. enologica: Giuseppe Andreoli, Lucia Monti
Cond. agronomica: Crescenzo Mattera
Vendita diretta: Sì | **Visite in azienda:** Sì

ISCHIA PER' E PALUMMO 2022
Rosso Doc - Piedirosso 100%
Alc. 13% | € 15 | Bt. 13.000 | Ferm. Acciaio | Mat. Acciaio 6 mesi
Raggiante gorgiera rosso porpora. Seduttivo e intrigante con i toni scuri di pepe nero e fiore di geranio, ciliegie nere e polvere pirica. In bocca svela una personalità ricca e proporzionata; con una freschezza dinamica e vibrante che dialoga con tannini dal tatto gentile. Compiuto e lineare nella chiosa. Fagottino di persico con melanzane, pomodori e basilico.

ISCHIA FORASTERA 2022
Bianco Doc - Forastera 100%
Alc. 13% | € 15 | Bt. 5.000 | Ferm. Acciaio | Mat. Acciaio 6 mesi
Frittura di moscardini.

PITHECUSA BIANCO 2022
Bianco Igp - Fiano 70%, Falanghina 30%
Alc. 13% | € 15 | Bt. 16.000 | Ferm. Acciaio | Mat. Acciaio 6 mesi
Riso venere con verdure e crostacei.

ISCHIA BIANCO SPUMANTE DEDICATO AL FONDATORE 2018
Bianco Dop Metodo Classico - Biancolella 50%, Forastera 50%
Alc. 12,5% | € 24 | Bt. 1.200 | Ferm. Acciaio | Mat. Acciaio 10 mesi | 36 mesi sui lieviti
Battuto di gamberi rossi di Sicilia.

ISCHIA BIANCOLELLA 2022
Bianco Doc - Biancolella 100%
Alc. 13% | € 15 | Bt. 50.000 | Ferm. Acciaio | Mat. Acciaio 6 mesi
Zuppetta di piselli e vongole.

ISCHIA BIANCOLELLA TENUTA DEI PRETI 2022
Bianco Doc - Biancolella 100%
Alc. 13,5% | € 18 | Bt. 10.000 | Ferm. Acciaio | Mat. Acciaio 10 mesi e Legno 10 mesi
Bocconcini di rana pescatrice in crosta di mandorle.

ISCHIA BIANCOLELLA TENUTA DEI PRETI
2018 | 2021

PITHECUSA ROSSO
2017

La Sibilla
(1997)

Quante viti al mondo possono vantarsi di dimorare in una villa romana di oltre duemila anni? Sul ciglio di uno dei numerosi crateri che caratterizzano i Campi Flegrei, la Domus Giulii si affaccia coi suoi resti sul panorama mozzafiato del Golfo di Pozzuoli. Qui le uve a piede franco, le cui radici affondano nella storia della civiltà mediterranea, generano l'omonima etichetta che ottiene un ottimo piazzamento. Ma è Cruna Delago, ancora una volta, a rubare fiato e parole: una bellezza che è diventata un grande classico che non cede nel tempo, ma che anzi si incrementa, anno dopo anno.

Via Ottaviano Augusto, 19 - 80070 Bacoli (NA)
T. 081 8688778 | M. info@sibillavini.com
www.sibillavini.com

Viticoltura: Lotta integrata
Ettari: 9,5 | **Bottiglie:** 70.000 | **Produzione olearia:** No
Proprietà: Famiglia Di Meo
Cond. enologica: Vincenzo Di Meo
Cond. agronomica: Vincenzo Di Meo
Vendita diretta: Sì | **Visite in azienda:** Sì

(92)
CAMPI FLEGREI FALANGHINA CRUNA DELAGO 2021
Bianco Doc - Falanghina 100%
Alc. 13% | € 30 | Bt. 4.000 | Ferm. Acciaio | Mat. Acciaio 6 mesi
Oro splendente. Emoziona per le originali coppie olfattive: incenso e lime; mineralità gessosa e fiori di arancio. Il sorso è reso dinamico e sferzante dalla freschezza, sostenuta e fusa a un corpo che avvolge in un caloroso abbraccio il palato, conducendo a un lungo e appagante ristoro. Seppie ripiene su crema di ceci.

DOMUS GIULII 2021
Bianco Igt - Falanghina 100%
Alc. 12,5% | € 35 | Bt. 600 | Ferm. Acciaio | Mat. Acciaio 6 mesi
Rotolo di tacchino alle mele ed erbe aromatiche.

CAMPI FLEGREI PIEDIROSSO VIGNA MADRE 2021
Rosso Doc - Piedirosso 100%
Alc. 13% | € 30 | Bt. 1.500 | Ferm. Acciaio | Mat. Acciaio 6 mesi
Terrina di coniglio.

MARSILIANO 2019
Rosso Igt - Marsigliese 60%, Olivella nera 20%, Piedirosso 10%, altre varietà 10%
Alc. 13% | € 35 | Bt. 1.000 | Ferm. Acciaio | Mat. Acciaio 6 mesi
Guancia di vitello in umido.

CAMPI FLEGREI FALANGHINA 2022
Bianco Doc - Falanghina 100%
Alc. 12% | € 10 | Bt. 40.000 | Ferm. Acciaio | Mat. Acciaio 3 mesi
Pinsa romana con acciughe e capperi.

CAMPI FLEGREI PIEDIROSSO 2022
Rosso Doc - Piedirosso 100%
Alc. 12,5% | € 12 | Bt. 15.000 | Ferm. Acciaio | Mat. Acciaio 3 mesi
Fettuccine al ragù d'agnello.

CAMPI FLEGREI PIEDIROSSO VIGNA MADRE
2015

CAMPI FLEGREI FALANGHINA CRUNA DELAGO
2018 | 2019 | 2020

Laura De Vito
(2018)

Il Fiano di Avellino è nato proprio qui, se pensiamo che in sede di redazione del disciplinare balenò perfino l'ipotesi di legare la denominazione a questo comune invece che al capoluogo irpino. Sappiamo come è andata a finire, ma la magia di questo areale continua, e con essa anche l'intima connessione con questo vino-vitigno; ed è grazie anche a un progetto come quello di Laura De Vito che il mito si rinnova e si alimenta, esplorando le potenzialità dei singoli cru con una linea di vinificazione dedicata alle singole contrade territoriali: questa volta primeggia Verzare, con il millesimo 2020.

Contrada Saudoni - 83030 Lapio (AV)
T. 334 1494724 | M. info@lauradevito.it
www.lauradevito.it

Viticoltura: Lotta integrata
Ettari: 10 | **Bottiglie:** 10.000 | **Produzione olearia:** Sì
Proprietà: Laura De Vito
Cond. enologica: Vincenzo Mercurio
Cond. agronomica: Vincenzo Mercurio
Vendita diretta: Sì | **Visite in azienda:** Sì

(93)
FIANO DI AVELLINO VERZARE 2020
Bianco Docg - Fiano 100%
Alc. 13% | € 27 | Bt. 750 | Ferm. Acciaio | Mat. Acciaio 9 mesi
Paglierino ipnotico. Ampio ventaglio di mediterranee fragranze e frutta esotica: timo, maggiorana ed elicriso; poi lentisco, origano e foglie di mirto bianco; e ancora mango, maracuja e litchi. Saporito, seducente e rinfrescante, con lunghissimo epilogo salino che richiama agrumi e ricordi di pietra focaia. Branzino al sale su letto di patate.

FIANO DI AVELLINO ARIANIÈ 2020
Bianco Docg - Fiano 100%
Alc. 13,5% | € 27 | Bt. 750 | Ferm. Acciaio | Mat. Acciaio 9 mesi
Granseola al vapore su misticanza.

FIANO DI AVELLINO LI SAURUNI 2020
Bianco Docg - Fiano 100%
Alc. 13,5% | € 27 | Bt. 750 | Ferm. Acciaio | Mat. Acciaio 9 mesi
San Pietro alla siciliana con dadolata di patate.

FIANO DI AVELLINO ELLE 2020
Bianco Docg - Fiano 100%
Alc. 13,5% | € 22 | Bt. 6.500 | Ferm. Acciaio | Mat. Acciaio 9 mesi
Crespelle con asparagi e ricotta salata.

FIANO DI AVELLINO ELLE
2019

FIANO DI AVELLINO LI SAURUNI
2018 | 2019

Lunarossa Vini
(2007)

L'uso dell'anfora caratterizza sempre di più la produzione aziendale, con il contenitore di terracotta che si fa portatore di una maggior morbidezza, senza snaturare le caratteristiche varietali dei vitigni utilizzati, secondo lo stile cui ci ha abituato la conduzione enologica di Mario Mazzitelli e Fortunato Sebastiano. Protagonista nella batteria presentata in Guida è Borgomastro, aglianico in purezza, che toglie per una volta la piazza d'onore al Quartara, Fiano sempre profondo e intrigante; la novità di quest'anno è il 24 Lune, Fiano rifermentato col fondo.

Via Valentino Fortunato, lotto 10 - 84095 Giffoni Valle Piana (SA)
T. 328 6232323 | M. info@lunarossavini.it
www.lunarossavini.it

Viticoltura: Convenzionale e lotta integrata
Ettari: 5 | **Bottiglie:** 50.000 | **Produzione olearia:** No
Proprietà: Lunarossa Vini e Passione srl
Cond. enologica: Mario Mazzitelli, Fortunato Sebastiano
Cond. agronomica: Fortunato Sebastiano
Vendita diretta: No | **Visite in azienda:** Sì

BORGOMASTRO 2018
Rosso Igt - Aglianico 100%
Alc. 14% | € 34 | Bt. 2.200 | Ferm. Acciaio e Terracotta | Mat. Legno 30 mesi
Rubino fittissimo, in cui si insinua una venatura granato. Il naso vive della riuscita combinazione di marasche e more, dai toni maturi, con sbuffi tostati e spezie dolci. In bocca è sontuoso, con il palato sedotto dalla morbida carezza dell'alcol che viene bilanciata da adeguata freschezza. Guanciale di manzo al brandy.

QUARTARA 2020
Bianco Igt - Fiano 100%
Alc. 13% | € 31 | Bt. 3.890 | Ferm. Terracotta | Mat. Legno 12 mesi e Terracotta 12 mesi
Lasagne con scamorza, funghi e zucca.

COSTACIELO ROSSO 2020
Rosso Igt - Aglianico 100%
Alc. 13,5% | € 17 | Bt. 15.000 | Ferm. Acciaio | Mat. Acciaio 8 mesi e Legno 8 mesi e Terracotta 10 mesi
Civet di capriolo ai funghi.

24 LUNE
Bianco Frizzante - Fiano 100%
Alc. 12% | € 18 | Bt. 1.600 | Ferm. Acciaio | Mat. Terracotta 12 mesi
Verdure pastellate.

COSTACIELO ROSATO 2021
Rosato Igt - Aglianico 100%
Alc. 13% | € 17 | Bt. 4.000 | Ferm. Acciaio | Mat. Acciaio 4 mesi e Terracotta 9 mesi
Peperonata.

COSTACIELO BIANCO 2021
Bianco Igt - Fiano 100%
Alc. 13% | € 17 | Bt. 8.000 | Ferm. Acciaio | Mat. Acciaio 6 mesi e Legno 6 mesi e Terracotta 10 mesi
Risotto con le spugnole.

QUARTARA
2018

COSTACIELO
2019

Luigi Maffini
(1974)

Una prestazione complessiva di altissimo profilo che non ci sorprende: Luigi Maffini, che incarna da tempo un modello aziendale di assoluto riferimento, in quest'edizione della Guida festeggia cinquant'anni di attività. Un percorso di vita colmo di riconoscimenti e successi, ultimi dei quali, in ordine di tempo, proprio le meritatissime Quattro Viti per il Cilento Fiano Pietraincatenata 2021, seguito a un soffio dall'Aglianico Klèos. Segnaliamo anche l'ottima prestazione del rosato di famiglia, il Denazzano, un vino dalla grande piacevolezza di beva.

Via Serri, 34/D - 84050 Giungano (SA)
T. 0828 1997568 | M. info@luigimaffini.it
www.luigimaffini.it

Viticoltura: Biologica certificata
Ettari: 20 | **Bottiglie:** 120.000 | **Produzione olearia:** No
Proprietà: Luigi Maffini
Cond. enologica: Luigi Maffini
Cond. agronomica: Luigi Maffini
Vendita diretta: Sì | **Visite in azienda:** Sì

95

CILENTO FIANO PIETRAINCATENATA 2021
Bianco Dop - Fiano 100%
Alc. 13,5% | € 30 | Bt. 11.800 | Ferm. Legno e Acciaio | Mat. Acciaio 4 mesi e Legno 3 mesi
Oro brillante. Il naso colpisce per la perfetta successione di cedro, mango, macchia mediterranea e ricordi gessosi. Equilibrata e lineare la progressione gustativa: lascia un palato levigato, con una sottile e lunghissima chiusura di fiori d'acacia, frutta a tinte bianche e morbide spezie orientaleggianti. Riso, cozze e zafferano.

CILENTO AGLIANICO KLÈOS 2021
Rosso Dop - Aglianico 100%
Alc. 13,5% | € 20 | Bt. 30.000 | Ferm. Acciaio | Mat. Acciaio 2 mesi e Legno 8 mesi
Entrecôte alla griglia con scaglie di formaggio.

DENAZZANO 2022
Rosato Igp - Aglianico 100%
Alc. 12,5% | € 14 | Bt. 4.000 | Ferm. Acciaio | Mat. Acciaio 2 mesi
Tagliere di salumi.

CILENTO FIANO KRÀTOS 2022
Bianco Dop - Fiano 100%
Alc. 13,5% | € 18 | Bt. 65.000 | Ferm. Acciaio | Mat. Acciaio 2 mesi
Monte Veronese d'allevo.

CILENTO FIANO PIETRAINCATENATA
2017 | 2019 | 2020

CILENTO AGLIANICO CENITO
2015 | 2018 | 2020

Salvatore Martusciello
(2015)

Mario Soldati nel raccontare il Gragnano lo metteva a metà strada tra Lambrusco e Barbera per le dimensione del corpo; ma ciò che ha reso celebre questo vino è il suo originale equilibrio tra la frizzantezza della tipologia, la morbidezza dello sciascinoso, l'apporto tannico dell'aglianico e la freschezza del piedirosso. Salvatore Martusciello ha il merito di aver affrancato questa denominazione dalle sue origini contadine per proiettarla in ambiti gastronomici più raffinati. Oggi Ottouve domina nelle pizzerie gourmet e nelle carte dei vini dei ristoranti stellati della Regione.

Corso della Repubblica, 138 - 80078 Pozzuoli (NA)
T. 349 7896111 | M. info@salvatoremartusciello.it
www.salvatoremartusciello.it

Viticoltura: Convenzionale
Ettari: 12 | **Bottiglie:** 70.000 | **Produzione olearia:** No
Proprietà: Gilda Guida e Salvatore Martusciello
Cond. enologica: Francesco Martusciello
Cond. agronomica: Francesco Martusciello
Vendita diretta: No | **Visite in azienda:** Sì

(91,5)

PENISOLA SORRENTINA GRAGNANO OTTOUVE 2022
Rosso Doc Frizzante - Piedirosso 40%, Aglianico 10%, Sciascinoso 10%, altre varietà 40%
Alc. 11,5% | € 15 | Bt. 30.000 | Ferm. Acciaio | Mat. Acciaio 2 mesi
Spuma amaranto e cuore rubino. Naso attraente, con more e lamponi che si intrecciano a rosa canina e sensazioni ferrose di arancia Sanguinella. In bocca è deliziosamente secco e morbido, dotato di un corpo sostenuto dal tannino appena accennato eppur efficace, e con un sorso che colpisce per estensione. Pizza marinara.

PENISOLA SORRENTINA LETTERE OTTOUVE 2022
Rosso Doc Frizzante - Piedirosso 40%, Aglianico 10%, Sciascinoso 10%, altre varietà 40%
Alc. 11,5% | € 15 | Bt. 10.000 | Ferm. Acciaio | Mat. Acciaio 2 mesi
Spaghetti al pomodoro.

CAMPI FLEGREI PIEDIROSSO SETTEVULCANI 2022
Rosso Doc - Piedirosso 100%
Alc. 12% | € 14 | Bt. 1.000 | Ferm. Acciaio | Mat. Acciaio 6 mesi
Coniglio al forno con patate.

CAMPI FLEGREI FALANGHINA SETTEVULCANI 2022
Bianco Doc - Falanghina 100%
Alc. 12,5% | € 14 | Bt. 13.000 | Ferm. Acciaio | Mat. Acciaio 5 mesi
Provola di Agerola.

ASPRINIO DI AVERSA SPUMANTE BRUT TRENTAPIOLI 2022
Bianco Doc Metodo Martinotti - Asprinio 100%
Alc. 11,5% | € 15 | Bt. 22.000 | Ferm. Acciaio | Mat. Acciaio 6 mesi | 6 mesi sui lieviti
Insalata di polpo, patate e olive.

PENISOLA SORRENTINA LETTERE OTTOUVE
2020

CAMPI FLEGREI PIEDIROSSO SETTEVULCANI
2021

Masseria Alfano
(2015)

Dalle nocciole alle olive, passando per il succo di frutta, ovviamente da uve fiano, per arrivare finalmente alla grande passione di Luigi Alfano: il vino. Vigneti distribuiti in alcuni dei comuni a maggiore vocazione vitivinicola dell'intera Irpinia, le cui elevate altitudini conferiscono leggiadria e finezza espressiva: il vero marchio di fabbrica di quest'azienda dinamica e innovativa. Dal primo vigneto impiantato dalla famiglia Alfano per la produzione e commercializzazione nasce il Viraggio, Greco di Tufo Riserva 2020, che quest'anno svetta per qualità e raffinatezza.

Via Querceto, 16 - 83010 Sant'Angelo a Scala (AV)
T. 320 4606603 | M. info@masseriaalfano.com
www.masseriaalfano.com

Viticoltura: Lotta integrata
Ettari: 2,5 | **Bottiglie:** 20.000 | **Produzione olearia:** Sì
Proprietà: Alfano Luigi
Cond. enologica: Luigi Alfano
Cond. agronomica: Luigi Alfano
Vendita diretta: Sì | **Visite in azienda:** Sì

GRECO DI TUFO IL VIRAGGIO RISERVA 2020
Bianco Docg - Greco 100%
Alc. 13% | € 20 | Bt. 5.000 | Ferm. Acciaio | Mat. Acciaio 10 mesi
Giallo dorato di grazioso brio. Olfatto intenso e profondo, con fiori bianchi e gialli, stille di zucchero a velo e spezie dolci; chiude con uno sbuffo minerale di suggestioni marine. Bocca ricca, piena e coerente, con proporzione e compostezza. Epilogo dalla raffinata sapidità. Spaghetti con vongole e bottarga.

FIANO DI AVELLINO IL GHEPPIO 2020
Bianco Docg - Fiano 100%
Alc. 12,5% | € 20 | Bt. 5.000 | Ferm. Acciaio | Mat. Acciaio 10 mesi
Ricciola al forno con capperi e pomodori ciliegino.

LA NATURA 2021
Rosso Igt - Aglianico 100%
Alc. 12,5% | € 15 | Bt. 2.000 | Ferm. Acciaio | Mat. Acciaio 10 mesi
Torta salata ai broccoli.

L'ORMA
2020

FIANO DI AVELLINO IL GHEPPIO
2019

Masseria Frattasi
(2002)

Siamo alle falde del Taburno, sul versante che guarda alla Valle Caudina: è qui che la famiglia Clemente ha saputo ritagliarsi uno spazio di ricerca e sperimentazione, coltivando su questo crinale vigneti che arrivano a superare gli 800 m s.l.m., e puntando a una viticoltura di montagna estrema e difficile, ma ricca di soddisfazioni. Nell'attesa di terminare i lavori della nuova cantina, con bottaia interrata e panoramica sala di degustazione, ci godiamo la prestazione del Kapnios 2020, cui spetta ancora una volta salire sul podio più alto.

Via Frattasi, 1 - 82016 Montesarchio (BN)
T. 0823 797879 | M. info@masseriafrattasi.it
www.masseriafrattasi.it

Viticoltura: Convenzionale
Ettari: 40 | **Bottiglie:** 180.000 | **Produzione olearia:** Sì
Proprietà: Beniamino Clemente
Cond. enologica: Anna Oliviero, Renato Ciaramella
Cond. agronomica: Anna Oliviero
Vendita diretta: Sì | **Visite in azienda:** Sì

93

KAPNIOS 2020
Rosso Igp - Aglianico 100%
Alc. 14,5% | € 85 | Bt. 3.000 | Mat. Legno 18 mesi
Rubino di buona concentrazione. Svela una profonda stratificazione: amarene e prugne dai toni maturi, cacao e spezie orientali, con un alito balsamico a rinfrescare ogni ricordo olfattivo. Bocca densa e fresca, con tannini suadenti che accompagnano il lungo finale, intriso di frutta e liquirizia. Cosciotto di maiale farcito.

MOSCATO PASSITO 2018
Bianco Igt - Moscato 100%
Alc. 16% | € 20 | Bt. 1.500 | Ferm. Acciaio | Mat. Legno 6 mesi
Montasio stravecchio.

FALANGHINA DEL SANNIO TABURNO VENDEMMIA TARDIVA DONNALAURA 2022
Bianco Doc - Falanghina 100%
Alc. 14% | € 25 | Bt. 14.000 | Ferm. Acciaio | Mat. Legno 6 mesi
Risotto con cannellini e canestrelli.

AGLIANICO DEL TABURNO IOVI TONAN 2020
Rosso Docg - Aglianico 100%
Alc. 14,5% | € 35 | Bt. 8.000 | Ferm. Acciaio | Mat. Legno 18 mesi
Terrina di lepre con salsa di prugne.

CODA DI VOLPE 2022
Bianco Igp - Coda di volpe 100%
Alc. 13,5% | € 15 | Bt. 6.500 | Ferm. Acciaio | Mat. Acciaio 5 mesi
Polpettine di alici con crema di piselli.

CHARDONNAY 890 2022
Bianco Igt - Chardonnay 100%
Alc. 13% | € 15 | Bt. 8.000 | Ferm. Acciaio | Mat. Legno 5 mesi
Tortino al radicchio e cannellini.

KAPNIOS
2017 | 2018 | 2019

AGLIANICO DEL TABURNO IOVI TONAN
2017 | 2019

Masseria Piccirillo
(2001)

Quest'anno Giovanni Piccirillo non ha presentato in Guida Prima Gioia, originale versione Metodo Classico da uve pallagrello bianco, ma si è dedicato, anima e corpo, al Casavecchia, regalandoci un'interpretazione con la quale dimostra di aver raggiunto la piena consapevolezza delle potenzialità del proprio territorio, padroneggiando ogni sua più piccola sfumatura: si muove con l'esperienza di un veterano in apparente antitesi con la sua giovane età anagrafica. L'agriturismo aziendale è un fiore all'occhiello dell'Alta Campania, un luogo che coniuga qualità della proposta e accoglienza genuina.

Via Carpinito, 1 - 81013 Caiazzo (CE)
T. 0823 862886 | M. masseria.piccirillo@virgilio.it
www.masseriapiccirillo.eu

Viticoltura: Convenzionale e lotta integrata
Ettari: 3 | **Bottiglie:** 20.000 | **Produzione olearia:** No
Proprietà: Carmine Piccirillo
Cond. enologica: Giovanni Piccirillo
Cond. agronomica: Giovanni Piccirillo
Vendita diretta: Sì | **Visite in azienda:** Sì

CASAVECCHIA 2020
Rosso Igt - Casavecchia 100%
Alc. 13% | € 16 | Bt. 2.000 | Ferm. Acciaio | Mat. Acciaio 5 mesi e Legno 8 mesi
Cremisi, dalle eleganti trasparenze. Violetta selvatica e petali di rosa con un'intrigante stilla di sottobosco, arricchita da pepe nero e tocchi balsamici: sintesi di agilità e profondità. In bocca l'equilibrio è assicurato da tannini setosi che vengono irrorati dalla succosa persistenza del frutto. Spezzatino di manzo.

PALLAGRELLO BIANCO 2022
Bianco Igp - Pallagrello bianco 100%
Alc. 13% | € 14 | Bt. 6.000 | Ferm. Acciaio | Mat. Acciaio 8 mesi
Battuto di gamberi rossi di Sicilia.

PRIMA GIOIA BRUT
2020

PALLAGRELLO NERO
2018 | 2019 | 2020

Mastroberardino
(1878)

L'ambizione, condita da orgoglio e competenza professionale, di recuperare un'idea di viticoltura dell'Irpinia anteguerra, quando c'era una maggiore attenzione al patrimonio genetico varietale e si realizzavano vini con un'autentica fedeltà territoriale. Tecnologia moderna al fianco di protocolli antichi: i risultati nel bicchiere del progetto Stilèma premiano la visione e la lungimiranza del professor Piero Mastroberardino, alla guida di questa impresa storica che lascia sempre il segno. Vince, in una sfida tra giganti, il poderoso ed elegante Taurasi Stilèma Riserva 2017.

Via Manfredi, 75/81 - 83042 Atripalda (AV)
T. 0825 614111 | M. pr@mastroberardino.com
www.mastroberardino.com

Viticoltura: A basso impatto ambientale
Ettari: 260 | **Bottiglie:** 1.700.000 | **Produzione olearia:** Sì
Proprietà: Avalon srl e Piero Mastroberardino
Cond. enologica: Massimo Di Renzo
Cond. agronomica: Antonio Dente, Antonio Capone
Vendita diretta: Sì | **Visite in azienda:** Sì

(93)
TAURASI STILÈMA RISERVA 2017
Rosso Docg - Aglianico 100%
Alc. 13% | € 66 | Bt. 7.900 | Ferm. Acciaio | Mat. Legno 24 mesi
Granato splendente. Tante voci si uniscono in un armonioso canto corale con more mature e succo di pomodoro, carruba e cuoio, violette e tabacco. Il palato esprime un'importante freschezza, garante di un sorso dinamico e ripulente, con un corpo avvolgente e calibratissimi tannini. Appassionante. Filetto di bue con salsa di Roquefort.

FIANO DI AVELLINO STILÈMA 2019
Bianco Docg - Fiano 100%
Alc. 13% | € 36 | Bt. 6.700 | Ferm. Acciaio | Mat. Acciaio 24 mesi e Legno 12 mesi
Sformatino di zucca con fonduta di Asiago.

GRECO DI TUFO STILÈMA RISERVA 2019
Bianco Docg - Greco 100%
Alc. 13% | € 36 | Bt. 6.500 | Ferm. Acciaio | Mat. Acciaio 18 mesi e Legno 12 mesi
Cicale di mare su letto di verdure.

TAURASI RADICI RISERVA 2017
Rosso Docg - Aglianico 100%
Alc. 13,5% | € 43 | Bt. 27.550 | Ferm. Acciaio | Mat. Legno 24 mesi
Crostini con paté de foie gras d'anatra.

TAURASI NATURALIS HISTORIA RISERVA 2017
Rosso Docg - Aglianico 100%
Alc. 13,5% | € 43 | Bt. 6.500 | Ferm. Acciaio | Mat. Legno 24 mesi
Involtini di vitello lardellati.

TAURASI RADICI RISERVA
2009 | 2012 | 2015

TAURASI NATURALIS HISTORIA RISERVA
2016

Giovanni Molettieri
(1999)

Giovanni Molettieri ci ha abituato a esaltanti figli della sottozona Campi Taurasini della Doc Irpinia, mentre i suoi Taurasi di montagna, altrettanto gustosi e irresistibili, hanno sempre lambito il vertice senza mai conquistarlo, a causa di una genuina spontaneità che ne rappresentava, allo stesso tempo, forza e limite. Ma Giovanni è un giovane che impara presto, e stavolta ci regala una Riserva 2012 energica e vitale, austera e magistrale: un'interpretazione di quelle che non si dimenticano facilmente, degna rappresentante dell'areale di Montemarano, dove l'aglianico regna incontrastato.

Contrada Cortecorbo, 16 - 83040 Montemarano (AV)
T. 340 0730119 | M. info@giovannimolettieri.it
www.giovannimolettieri.it

Viticoltura: Convenzionale e lotta integrata
Ettari: 22 | **Bottiglie:** 100.000 | **Produzione olearia:** Sì
Proprietà: Giovanni e Armando Molettieri
Cond. enologica: Raffaele De Martino, Giovanni Molettieri
Cond. agronomica: Armando Molettieri
Vendita diretta: Sì | **Visite in azienda:** Sì

(92)
TAURASI FONTE DEL GELSO RISERVA 2012
Rosso Docg - Aglianico 100%
Alc. 14,5% | € 35 | Bt. 4.000 | Ferm. Acciaio | Mat. Acciaio 60 mesi e Legno 24 mesi
Carminio vitale e impenetrabile. Il naso si esalta fluttuando tra ciliegie mature e ribes, porcino fresco e tabacco; poi una deliziosa percezione di cioccolato fondente. L'austerità iniziale si smorza in un corpo che diventa scorrevole e caldo, con tannini sottili ed espressivi. Lunga ed emozionante chiosa. Manzo brasato con funghi.

TAURASI SAN GIOVANNI 2017
Rosso Docg - Aglianico 100%
Alc. 15% | € 30 | Bt. 6.000 | Ferm. Acciaio | Mat. Acciaio 30 mesi e Legno 14 mesi
Abbacchio al forno con verdure grigliate.

FIANO DI AVELLINO VIGNALI 2022
Bianco Docg - Fiano 100%
Alc. 13% | € 15 | Bt. 15.000 | Ferm. Acciaio | Mat. Acciaio 6 mesi
Frittata di piselli, fave e fagiolini.

IRPINIA CAMPI TAURASINI COLLE SANTA MARIA 2018
Rosso Doc - Aglianico 100%
Alc. 14% | € 15 | Bt. 10.000 | Ferm. Acciaio | Mat. Acciaio 18 mesi e Legno 12 mesi
Straccetti di cavallo.

IRPINIA AGLIANICO TINTOTERRA 2019
Rosso Doc - Aglianico 100%
Alc. 13,5% | € 12 | Bt. 15.000 | Ferm. Acciaio | Mat. Acciaio 24 mesi e Legno 6 mesi
Lepre alla cacciatora.

GRECO DI TUFO PIETRA DELL'ORCO 2022
Bianco Docg - Greco 100%
Alc. 13% | € 15 | Bt. 15.000 | Ferm. Acciaio | Mat. Acciaio 6 mesi
Alici panate e fritte.

IRPINIA CAMPI TAURASINI DOLIUM
2018

TAURASI ROBORIS
2015 | 2016

Salvatore Molettieri
(1983)

Su due cose a Montemarano non si transige: la tarantella e l'uva aglianico, chi non si adegua viene emarginato, come succede a Napoli se un bar non sa fare il caffè. La batteria presentata dimostra il livello raggiunto da quest'azienda che porta tutte le sue etichette in odor di premio. Un risultato strabiliante, che evidenzia l'eccellenza della produzione con il Taurasi Vigna Cinque Querce Riserva, grazie a un progetto enologico che è riuscito a ingentilire, senza forzature, la tradizionale muscolatura che questo ambiente pedoclimatico conferisce alla denominazione.

Contrada Musanni, 19 - SS 400, km 15/500 - 83040 Montemarano (AV)
T. 0827 63722 - 347 7740206 | M. info@salvatoremolettieri.com
www.salvatoremolettieri.it

Viticoltura: Convenzionale
Ettari: 15 | **Bottiglie:** 76.000 | **Produzione olearia:** Sì
Proprietà: Salvatore Molettieri
Cond. enologica: Giovanni Molettieri
Cond. agronomica: Giovanni Molettieri
Vendita diretta: Sì | **Visite in azienda:** Sì

92

TAURASI VIGNA CINQUE QUERCE RISERVA 2015
Rosso Docg - Aglianico 100%
Alc. 15,5% | € 50 | Bt. 2.200 | Ferm. Acciaio | Mat. Acciaio 6 mesi e Legno 60 mesi
Rubino sfavillante. Seducenti riconoscimenti di cioccolato e menta, confettura di ciliegie e arancia Sanguinella, con una traccia eterea a sottolineare ogni dettaglio. Sorso volumico e appagante, con tannini dall'espressiva maturità. Sfuma lentamente con frutta rossa sotto spirito e cacao. Brasato di manzo al vino rosso.

TAURASI RENONNO 2017
Rosso Docg - Aglianico 100%
Alc. 15% | € 30 | Bt. 3.804 | Ferm. Acciaio | Mat. Acciaio 6 mesi e Legno 36 mesi
Filetto alla Wellington.

TAURASI VIGNA CINQUE QUERCE 2016
Rosso Docg - Aglianico 100%
Alc. 15% | € 40 | Bt. 7.796 | Ferm. Acciaio | Mat. Acciaio 6 mesi e Legno 48 mesi
Costata di manzo alla griglia.

IRPINIA AGLIANICO CINQUE QUERCE 2019
Rosso Doc - Aglianico 100%
Alc. 14% | € 20 | Bt. 32.468 | Ferm. Acciaio | Mat. Acciaio 6 mesi e Legno 24 mesi
Cosciotto d'agnello al forno con patate novelle.

IRPINIA AGLIANICO ISCHA PIANA 2019
Rosso Doc - Aglianico 100%
Alc. 13,5% | € 15 | Bt. 15.340 | Ferm. Acciaio | Mat. Acciaio 6 mesi e Legno 18 mesi
Lasagne alla bolognese.

GRECO DI TUFO 2022
Bianco Docg - Greco 100%
Alc. 13,5% | € 16 | Bt. 8.396 | Ferm. Acciaio | Mat. Acciaio 12 mesi
Spiedo di seppioline ai ferri.

TAURASI VIGNA CINQUE QUERCE RISERVA
2012 | 2013 | 2014

TAURASI VIGNA CINQUE QUERCE
2012

Montesommavesuvio
(2001)

Realtà dinamica e intraprendente che ha valorizzato il versante nord-ovest del Vesuvio attraverso il recupero di impianti storici da terreni abbandonati, con la contestuale attivazione di protocolli di lotta integrata in vigna. La catalanesca è fermamente al centro della strategia aziendale, con un progetto che esplora tutte le interpretazioni possibili di questa poliedrica varietà, storicamente diffusa in quest'area. La caparbietà profusa è premiata dal risultato raggiunto, soprattutto dalla versione Metodo Classico del Català 36, che si ferma solo a un passo dall'eccellenza.

Via Giuseppe Mazzini, 6 - 80040 Pollena Trocchia (NA)
T. 081 5303331 | M. info@montesommavesuvio.com
www.montesommavesuvio.com

Viticoltura: Biodinamica e lotta integrata
Ettari: 5,5 | **Bottiglie:** 25.000 | **Produzione olearia:** No
Proprietà: Famiglia Campanile
Cond. enologica: Ernesto Buono
Cond. agronomica: Giuseppe Campanile
Vendita diretta: Sì | **Visite in azienda:** Sì

CATALÀ 36 MILLESIMATO BRUT 2019
Bianco Metodo Classico - Catalanesca 100%
Alc. 12,5% | € 35 | Bt. 1.000 | Ferm. Acciaio | 36 mesi sui lieviti
Paglierino con perlage fine e persistente. Un ventaglio profumato in crescendo con agrumi, accenni vegetali e fiori di sambuco che fanno spazio a suggestioni gessose e a malie di pasticceria. Palato sorretto da vibrante freschezza e adeguata sapidità. Avvolgente, con una scia ammandorlata. Maltagliati con fiori di zucca e gamberetti.

CATALÀ INNATURALE MILLESIMATO PAS DOSÈ 2021
Bianco Metodo Ancestrale - Catalanesca 100%
Alc. 12,5% | € 25 | Bt. 2.000 | Ferm. Acciaio | 24 mesi sui lieviti
Crema di patate e asparagi con cappesante scottate.

CATALÀ 2022
Bianco Igp - Catalanesca 100%
Alc. 13% | € 15 | Bt. 5.000 | Ferm. Acciaio | Mat. Acciaio 5 mesi
Squacquerone di Romagna.

CATALÀ
2020

CATALÀ 36 BRUT
2018

Montevetrano
(1994)

Gaia e Silvia, mamma e figlia, sono davvero una bella coppia: espressione di un rapporto che, oltre gli affetti, è stato portatore di linfa nuova in un'azienda che da trent'anni illumina la storia enologica di questa porzione di territorio campano. Un sodalizio affiatato in cui nulla viene lasciato al caso e che punta con continuità all'eccellenza; supportato da efficace e puntale comunicazione, il che non guasta. La leggenda Montevetrano si conferma anche nel millesimo 2021 sul gradino più alto del podio con il Core Bianco che in quest'edizione compie un ulteriore passo in avanti.

Via Montevetrano, 3 - 84099 San Cipriano Picentino (SA)
T. 089 882285 | M. info@montevetrano.it
www.montevetrano.it

Viticoltura: Convenzionale
Ettari: 5 | **Bottiglie:** 60.000 | **Produzione olearia:** No
Proprietà: Silvia Imparato
Cond. enologica: Riccardo Cotarella
Cond. agronomica: Riccardo Cotarella
Vendita diretta: Sì | **Visite in azienda:** Sì

(93)

MONTEVETRANO 2021
Rosso Igt - Cabernet sauvignon 50%, Aglianico 30%, Merlot 20%
Alc. 14,5% | € 57 | Bt. 20.000 | Ferm. Acciaio | Mat. Legno 12 mesi
Rubino concentrato. Raffinata sequenza di ciliegie, ribes nero, confettura di prugne; e ancora cioccolato e spezie dolci. La bocca esprime una setosa trama tannica, rifinita in ogni dettaglio gustativo. Lo straordinario equilibrio prepara a una dissolvenza fatta di sale, echi balsamici e tabacco. Storico Ribelle.

CORE BIANCO 2022
Bianco Igt - Fiano 50%, Greco 50%
Alc. 13,5% | € 18 | Bt. 20.000 | Ferm. Acciaio
Baccalà mantecato.

CORE ROSSO 2020
Rosso Igt - Aglianico 100%
Alc. 13,5% | € 18 | Bt. 20.000 | Ferm. Acciaio | Mat. Legno 10 mesi
Carré di vitello alle erbe aromatiche.

MONTEVETRANO
2018 | 2019 | 2020

CORE ROSSO
2018 | 2019

Mustilli
(1970)

Mustilli e Sant'Agata de' Goti sono uno storico binomio, ormai approdato quasi alla sinonimia. Un legame d'amore e di passione celebrato nella fedeltà alle varietà tradizionali che nelle settecentesche cantine di Palazzo Rainone trovarono custodia e valorizzazione grazie alle intuizioni del compianto ing. Leonardo. Le figlie Paola e Anna Chiara hanno dato continuità al sogno paterno, rinnovando questa bellissima storia che ha saputo arricchirsi dei principi e delle pratiche della vitivinicoltura di precisione. Alla Vigna Segreta il premio meritato delle Quattro Viti con il millesimo 2022.

Via Caudina, 10 - 82019 Sant'Agata dei Goti (BN)
T. 0823 718142 | M. info@mustilli.com
www.mustilli.com

Viticoltura: Convenzionale
Ettari: 15 | **Bottiglie:** 100.000 | **Produzione olearia:** Sì
Proprietà: Paola e Anna Chiara Mustilli
Cond. enologica: Fortunato Sebastiano
Cond. agronomica: Anna Chiara Mustilli
Vendita diretta: Sì | **Visite in azienda:** Sì

(92)

FALANGHINA DEL SANNIO SANT'AGATA DEI GOTI VIGNA SEGRETA 2021
Bianco Doc - Falanghina 100%
Alc. 13% | € 19 | Bt. 3.000 | Ferm. Acciaio | Mat. Acciaio 12 mesi
Giallo sole, emana intensi profumi di ginestra, mango, pesca gialla e zeste di agrumi, seguiti da erbe officinali, accenni gessosi e miele d'acacia. Il sorso è pieno, ravvivato da una dinamica freschezza. La lunga sapidità traina memorie balsamiche e di macchia mediterranea. Garganelli con julienne di calamari e ortiche.

FALANGHINA DEL SANNIO 2022
Bianco Doc - Falanghina 100%
Alc. 13% | € 13 | Bt. 40.000 | Ferm. Acciaio | Mat. Acciaio 3 mesi
Zuppa di cipolle gratinate.

SANNIO AGLIANICO 2021
Rosso Doc - Aglianico 100%
Alc. 12,5% | € 13 | Bt. 5.000 | Ferm. Acciaio | Mat. Acciaio 24 mesi
Trippa in umido.

SANNIO GRECO 2022
Bianco Doc - Greco 100%
Alc. 13% | € 13 | Bt. 3.000 | Ferm. Acciaio | Mat. Acciaio 6 mesi
Mozzarella di bufala campana.

SANNIO SANT'AGATA DEI GOTI PIEDIROSSO ARTUS
2015

FALANGHINA DEL SANNIO SANT'AGATA DEI GOTI VIGNA SEGRETA
2019 | 2020

Nifo Sarrapochiello
(1998)

È un ricordo ormai lontano, per fortuna, la bomba d'acqua che la notte del 15 ottobre 2015 sconvolse il patrimonio dei vigneti aziendali. Lorenzo e Lorenzo, i due omonimi cugini Nifo Sarrapochiello, sono riusciti a reimpiantare tutto quello che il Fiume Calore, esondando, aveva portato via. È stato un duro lavoro che ha impegnato campagna e cantina per qualificare la produzione in una dimensione fatta di fedeltà al territorio, un sentire che nasce dalle affinità che legano questa operosa famiglia alle tradizioni contadine. Primeggia nella batteria aziendale il Passito Sarriano.

Via Piana, 62 - 82030 Ponte (BN)
T. 0824 876450 | M. info@nifo.eu
www.nifo.eu

Viticoltura: Biologica certificata
Ettari: 20 | **Bottiglie:** 100.000 | **Produzione olearia:** Sì
Proprietà: Lorenzo Nifo Sarrapochiello
Cond. enologica: Lorenzo Nifo Sarrapochiello
Cond. agronomica: Lorenzo Nifo Sarrapochiello
Vendita diretta: Sì | **Visite in azienda:** Sì

FALANGHINA PASSITO SARRIANO 2017
Bianco Igt Passito - Falanghina 100%
Alc. 16% | € 25 | Bt. 1.500 | Ferm. Legno e Acciaio
Giallo dorato con riflessi ambrati. Fragranze riconoscibili che riempiono il naso di albicocche candite e prugne disidratate, seguite da pot-pourri e miele millefiori. Gusto fresco, rinvigorito da aromi di sandalo e zafferano che affiorano nel lungo e morbido finale di bocca. Semifreddo alla ricotta con gocce di cioccolato e scorze di mandarino.

AGLIANICO DEL TABURNO PONTIUS 2018
Rosso Docg - Aglianico 100%
Alc. 14% | € 12 | Bt. 15.000 | Ferm. Acciaio | Mat. Acciaio 24 mesi e Legno 12 mesi
Reale di vitello alla senape antica.

FALANGHINA DEL SANNIO TABURNO FLUUSA 2022
Bianco Doc - Falanghina 100%
Alc. 13,5% | € 10 | Bt. 25.000 | Ferm. Acciaio
Risotto con gamberi di fiume e piselli.

AGLIANICO DEL TABURNO D'ERASMO RISERVA 2016
Rosso Docg - Aglianico 100%
Alc. 15% | € 25 | Bt. 6.000 | Ferm. Acciaio | Mat. Acciaio 24 mesi e Legno 20 mesi
Lepre alla cacciatora.

AGLIANICO DEL TABURNO ROSATO MAROSA 2022
Rosato Docg - Aglianico 100%
Alc. 13% | € 10 | Bt. 6.000 | Ferm. Acciaio
Paccheri con salsa di pomodoro e basilico.

AGLIANICO DEL TABURNO
2016

FALANGHINA DEL SANNIO VENDEMMIA TARDIVA ALENTA
2016 | 2019

Gennaro Papa
(1988)

È profondo il legame tra l'azienda Papa e il territorio del Massico: una "catena" di sentimenti, emozioni ed esperienze. Un patrimonio di conoscenza sul campo che si è arricchito di ricerche e studi, con un focus specifico sul primitivo e sulla genesi storica di questa enclave ampelografica nell'areale casertano. La padronanza delle tecniche produttive e la capacità di gestione del varietale esprime uno stile contemporaneo di vinificazione che coniuga la prorompente generosità alcolica con spiccata freschezza e sapidità mediterranea. Raggiuge l'eccellenza con il Campantuono 2020.

Piazza Limata, 2 - 81030 Falciano del Massico (CE)
T. 0823 931267 | M. info@gennaropapa.it
www.gennaropapa.it

Viticoltura: Biologica
Ettari: 9 | **Bottiglie:** 35.000 | **Produzione olearia:** Sì
Proprietà: Gennaro e Antonio Papa
Cond. enologica: Maurilio Chioccia
Cond. agronomica: Francesco Rizzo, Gennaro Papa
Vendita diretta: Sì | **Visite in azienda:** Sì

(93)
FALERNO DEL MASSICO PRIMITIVO CAMPANTUONO 2020
Rosso Doc - Primitivo 100%
Alc. 16% | € 38 | Bt. 3.450 | Ferm. Acciaio | Mat. Acciaio 12 mesi e Legno 7 mesi
Rubino vivido. Naso pregno di confettura di frutti rossi e neri, radice di liquirizia, resina di pino, petali di rosa appassita e tabacco da pipa. Struttura avvolgente, bilanciata da delicati tannini e da una succosa freschezza al sapor di melagrana. Persistente, con lunghi echi balsamici. Roquefort.

FALERNO DEL MASSICO PRIMITIVO CONCLAVE 2021
Rosso Dop - Primitivo 100%
Alc. 16% | € 18 | Bt. 10.400 | Ferm. Acciaio | Mat. Acciaio 15 mesi e Legno 5 mesi
Ossobuco alla milanese.

MEMORIAE 2021
Bianco - Falanghina 70%, Moscato di Terracina 30%
Alc. 13,5% | € 14 | Bt. 3.350 | Ferm. Acciaio | Mat. Acciaio 5 mesi
Risotto al radicchio tardivo.

FALERNO DEL MASSICO PRIMITIVO CAMPANTUONO
2018 | 2019

FALERNO DEL MASSICO PRIMITIVO CONCLAVE
2015 | 2019 | 2020

Perillo
(1999)

1999 Odissea nella cantina: potrebbe essere il titolo di una saga aziendale che celebra i 25 anni di attività; e che ha nel suo Dna il confronto costante con la dimensione temporale, che viene esplorata in ogni ambito ed evoluzione possibile, con la scelta stilistica di far uscire i propri vini solo dopo lunghissimi anni di affinamento. Una sorta di sospensione nel tempo che consente di far raggiungere al Taurasi altissime vette qualitative; la Riserva 2011 vive un presente così affascinante e attrattivo da far immaginare una prospettiva ulteriore di crescita.

Contrada Valle, 19 - 83040 Castelfranci (AV)
T. 0827 72252 | M. cantinaperillo@libero.it
www.cantinaperillo.it

Viticoltura: Convenzionale
Ettari: 10 | **Bottiglie:** 18.000 | **Produzione olearia:** No
Proprietà: Annamaria Romano
Cond. enologica: Felice Perillo
Cond. agronomica: Felice Perillo, Nicola Perillo, Michele Perillo
Vendita diretta: Sì | **Visite in azienda:** Sì

95

TAURASI RISERVA 2011
Rosso Docg - Aglianico 100%
Alc. 14% | € 56 | Bt. 5.000 | Ferm. Acciaio | Mat. Acciaio 36 mesi e Legno 24 mesi
Granato sfolgorante. Olfatto austero e aristocratico: pepe nero e cannella, cardamomo e noce moscata, alloro e castagna del prete; confettura di gelsi e goudron. In bocca è goloso, invitante e fresco; con una tela tannica finemente ricamata, che traina aromi di arancia Sanguinella e polvere di caffè. Bitto stravecchio.

TAURASI 2012
Rosso Docg - Aglianico 100%
Alc. 13,5% | € 47 | Bt. 5.000 | Ferm. Acciaio | Mat. Acciaio 36 mesi e Legno 24 mesi
Paella.

TAURASI RISERVA
2007 | 2008 | 2010

TAURASI
2008

Ciro Picariello
(2004)

Ciro Picariello non ha fatto sempre il vignaiolo, anzi, si ritrova tra i filari senza discendere da una dinastia di viticoltori e quasi per caso, quando eredita con la moglie Rita, a fine anni '90, un terreno agricolo in cui c'erano frutteti, noccioleti, e un po' di uva rossa. Ma non il fiano. Questo il merito che gli va riconosciuto: aver intuito le enormi potenzialità di questi luoghi per il celebre vitigno. Così è nata la particella 906, diventata in pochissimi anni un cru di riferimento per la denominazione Fiano di Avellino. Un vino superbo, che celebriamo anche nel millesimo 2020.

Via Campo di Maio - 83010 Summonte (AV)
T. 329 6271160 | M. info@ciropicariello.it
www.ciropicariello.it

Viticoltura: Convenzionale e lotta integrata
Ettari: 17 | **Bottiglie:** 80.000 | **Produzione olearia:** Sì
Proprietà: Ciro Picariello
Cond. enologica: Bruno Picariello
Cond. agronomica: Ciro Picariello
Vendita diretta: Sì | **Visite in azienda:** Sì

93

FIANO DI AVELLINO CIRO 906 2020
Bianco Docg - Fiano 100%
Alc. 13,5% | € 35 | Bt. 3.500 | Ferm. Acciaio | Mat. Acciaio 12 mesi
Biondo paglia, con lampi smeraldo. Al naso si propongono ginestra, fresia e lantana, che precedono sensazioni più succose di pesca gialla, con una spolverata di gesso. In bocca entra morbido, quasi cauto, per essere poi scosso da un'impennata di freschezza che desta il palato e lo seduce senza abbandonarlo. Crostini con paté de foie gras d'oca.

FIANO DI AVELLINO
2012 | 2013 | 2019

FIANO DI AVELLINO CIRO 906
2019

Quintodecimo
(2001)

La Grande Cuvée Luigi Moio si conferma in grado di sostenere, in scioltezza, il confronto con le più blasonate denominazioni d'Europa, ribadendo la naturale vocazione dell'Irpinia per i vini bianchi di struttura ed eleganza. Negli anni registriamo l'incremento costante del livello qualitativo di tutta la gamma produttiva; e questo riporta alla capacità gestionale di un'impresa a conduzione familiare che, a poco più di un ventennio dalla nascita, è adesso stabilmente tra le prime del Paese. Un plauso doveroso a Laura Di Marzio, Chiara e Rosa Moio; e alla giovane new entry, Michele Moio.

Via San Leonardo, 27 - 83036 Mirabella Eclano (AV)
T. 0825 449321 | M. info@quintodecimo.it
www.quintodecimo.it

Viticoltura: Biologica
Ettari: 30 | **Bottiglie:** 90.000 | **Produzione olearia:** No
Proprietà: Laura e Luigi Moio
Cond. enologica: Luigi Moio
Cond. agronomica: Luigi Moio
Vendita diretta: Sì | **Visite in azienda:** Sì

96

IRPINIA BIANCO GRANDE CUVÉE LUIGI MOIO 2021
Bianco Doc - Fiano 40%, Greco 40%, Falanghina 20%
Alc. 13,5% | € 90 | Bt. 4.500 | Ferm. Legno | Mat. Acciaio 8 mesi e Legno 8 mesi
Attraente tonalità paglia. Una scoppiettante quanto perfetta fusione di albicocca disidratata, crema alla nocciola, mandorla intinta in miele d'acacia e vaniglia Bourbon. In bocca è sontuoso: ricco, compiuto e rotondo; con un finale sapido che prolunga nel tempo l'incantesimo. Strudel di porcini e zucca con crema al parmigiano.

GRECO DI TUFO GIALLO D'ARLES 2022
Bianco Docg - Greco 100%
Alc. 13% | € 34 | Bt. 44.000 | Ferm. Legno e Acciaio | Mat. Acciaio 10 mesi e Legno 10 mesi
Filetto di orata in crosta di mandorle e patate.

FIANO DI AVELLINO EXULTET 2022
Bianco Docg - Fiano 100%
Alc. 13% | € 34 | Bt. 40.000 | Ferm. Legno e Acciaio | Mat. Acciaio 10 mesi e Legno 10 mesi
Fiori di zucca ripieni di ricotta e acciughe.

IRPINIA AGLIANICO TERRA D'ECLANO 2020
Rosso Doc - Aglianico 100%
Alc. 14% | € 48 | Bt. 16.500 | Ferm. Acciaio | Mat. Legno 12 mesi
Carré di maiale al forno con mele renette.

IRPINIA FALANGHINA VIA DEL CAMPO 2022
Bianco Doc - Falanghina 100%
Alc. 13,5% | € 34 | Bt. 31.000 | Ferm. Legno e Acciaio | Mat. Acciaio 10 mesi e Legno 10 mesi
Yakitori, spiedini di pollo con zenzero.

IRPINIA BIANCO GRANDE CUVÉE LUIGI MOIO
2018 | 2019

FIANO DI AVELLINO EXULTET
2014

Andrea Reale
(2002)

Viticoltura, cantina e osteria: tre esperienze strettamente connesse nella storia della famiglia Reale. Visitare Borgo di Gete, una delle tredici frazioni di Tramonti, è un viaggio nella memoria contadina, riempie di serenità e consente di apprezzare la semplicità di una vita quotidiana che segue i ritmi della natura; se poi si ha l'opportunità di passeggiare tra i monumentali ceppi del vigneto secolare di tintore, allora l'emozione ti corre lungo la schiena e ti invoglia a una sosta più prolungata, magari allietata da un calice di autentico vino tramontino.

Via Cardamone - Borgo di Gete - 84010 Tramonti (SA)
T. 333 1783788 | M. info@aziendaagricolareale.it
www.aziendaagricolareale.it

Viticoltura: Biologica
Ettari: 3,5 | **Bottiglie:** 18.000 | **Produzione olearia:** Sì
Proprietà: Gaetano e Luigi Reale
Cond. enologica: Fortunato Sebastiano
Cond. agronomica: Fortunato Sebastiano
Vendita diretta: Sì | **Visite in azienda:** Sì

COSTA D'AMALFI TRAMONTI ROSSO BORGO DI GETE 2019
Rosso Dop - Tintore 100%
Alc. 13,5% | € 45 | Bt. 2.000 | Ferm. Acciaio | Mat. Legno 24 mesi
Carminio impenetrabile. Profumi intensi di more e mirtilli, intrisi di promesse floreali e vegetali; in chiusura nuance speziate di pepe e chiodi di garofano, con un elegante soffio mentolato. Palato succoso, fresco e strutturato; tannini espressivi e levigati. Finale di rabarbaro e arancia Sanguinella. Cinghiale arrosto con castagne.

COSTA D'AMALFI TRAMONTI ROSSO CARDAMONE 2021
Rosso Doc - Piedirosso 80%, Tintore 20%
Alc. 13,5% | € 20 | Bt. 6.000 | Ferm. Acciaio | Mat. Acciaio 10 mesi e Legno 10 mesi
Costine d'agnello in crosta di noci.

COSTA D'AMALFI TRAMONTI BIANCO ALISEO BIO 2022
Bianco Doc - Biancolella 50%, Falanghina 40%, Pepella 10%
Alc. 12% | € 20 | Bt. 5.000 | Ferm. Acciaio | Mat. Acciaio 4 mesi
Gnocchetti al sugo d'astice.

COSTA D'AMALFI TRAMONTI ROSATO GETI 2022
Rosato Doc - Piedirosso 80%, Tintore 20%
Alc. 12,5% | € 20 | Bt. 5.000 | Ferm. Acciaio | Mat. Acciaio 4 mesi
Soufflé con pecorino e crema di patate.

COSTA D'AMALFI TRAMONTI ROSSO BORGO DI GETE
2017

COSTA D'AMALFI TRAMONTI ROSATO GETIS BIO
2018 | 2020 | 2021

Rocca del Principe
(2004)

È emozionante assistere al derby tutto interno tra il Fiano di Avellino – che chiamiamo "base" solo per intenderci – e il cru Tognano. A ogni edizione della Guida si contendono il titolo massimo, ma stavolta a vincere al fotofinish è il secondo che ha il vantaggio, non trascurabile, di avere un anno in più sulle spalle, condizione che esalta le virtù di questo vino longevo. L'eccellente Taurasi non demorde e cresce, annata dopo annata, dimostrando ancora una volta il livello qualitativo raggiunto, nonché la vocazione di Lapio e delle sue contrade per tutte e due le denominazioni.

Contrada Arianiello, 9 - 83030 Lapio (AV)
T. 340 7387204 | M. roccadelprincipe@libero.it
www.roccadelprincipe.it

Viticoltura: Lotta integrata
Ettari: 7,5 | **Bottiglie:** 40.000 | **Produzione olearia:** Sì
Proprietà: Aurelia Fabrizio ed Ercole Zarrella
Cond. enologica: Simona Zarrella
Cond. agronomica: Simona Zarrella
Vendita diretta: Sì | **Visite in azienda:** Sì

(93,5)

FIANO DI AVELLINO TOGNANO 2020
Bianco Docg - Fiano 100%
Alc. 13% | € 24 | Bt. 4.000 | Ferm. Acciaio | Mat. Acciaio 12 mesi
Oro abbagliante. Gelsomino e ginestra; poi frutta a guscio, su uno strato minerale che evoca paesaggi marini, fatti di scoglio e salsedine. Al sorso è prezioso per la compostezza: saporita freschezza, struttura ed equilibrio; lascia dietro di sé una scia di mandorla, con la bramosia di un ulteriore assaggio. Sformatino di zucca con fonduta di Asiago.

FIANO DI AVELLINO 2021
Bianco Docg - Fiano 100%
Alc. 14,5% | € 17 | Bt. 22.000 | Ferm. Acciaio | Mat. Acciaio 10 mesi
Lagane e ceci.

TAURASI AURELIA 2019
Rosso Docg - Aglianico 100%
Alc. 14% | € 28 | Bt. 3.000 | Ferm. Acciaio | Mat. Legno 24 mesi
Scaloppa di foie gras con prugne e albicocche secche.

FIANO DI AVELLINO
2017 | 2020

FIANO DI AVELLINO TOGNANO
2015 | 2017 | 2018

Ettore Sammarco
(1960)

È dal 1960 che la famiglia Sammarco riesce a valorizzare nella sua unicità la sottozona Ravello, prima ancora che nascesse la denominazione Costa d'Amalfi. Un territorio dalle colline più chiuse rispetto a Furore, e quindi con un microclima più fresco e umido, con vigne che si assestano a un'altimetria tra i 400 e i 500 m s.l.m., un ambiente pedoclimatico ideale per le varietà tradizionali a bacca bianca, che ritroviamo fedelmente rappresentate nell'eccellente Costa d'Amalfi Ravello Bianco Vigna Grotta Piana 2022, che guadagna con merito il premio delle Quattro Viti.

Via Civita, 9 - 84010 Ravello (SA)
T. 089 872774 | M. info@ettoresammarco.it
www.ettoresammarco.it

Viticoltura: Convenzionale
Ettari: 15 | **Bottiglie:** 60.000 | **Produzione olearia:** No
Proprietà: Ettore Sammarco
Cond. enologica: Bartolo Sammarco, Carlo Roveda
Cond. agronomica: Ettore Sammarco
Vendita diretta: Sì | **Visite in azienda:** Sì

(91)

COSTA D'AMALFI RAVELLO BIANCO VIGNA GROTTA PIANA 2022
Bianco Doc - Ginestra 40%, Biancolella 30%, Falanghina 30%
Alc. 13,5% | € 30 | Bt. 2.000 | Ferm. Acciaio | Mat. Acciaio 6 mesi e Legno 4 mesi
Giallo paglierino. Naso punteggiato da scintille di pietra focaia, con rimandi floreali di camomilla, acacia e tiglio, seguiti da erbe aromatiche, rinfrescate da accenti agrumati. Palato attraente, grazie all'unione sinergica di freschezza e sapidità. Chiosa ricca di sfumature di nocciola tostata. Spaghetti con vongole e bottarga.

COSTA D'AMALFI RAVELLO BIANCO SELVA DELLE MONACHE 2022
Bianco Doc - Biancolella 70%, Falanghina 30%
Alc. 13,5% | € 18 | Bt. 20.000 | Ferm. Acciaio
Tartare di tonno.

COSTA D'AMALFI ROSSO PIETRE DI TRAMONTI RISERVA 2017
Rosso Dop - Tintore 70%, Piedirosso 20%, Aglianico 10%
Alc. 14,5% | € 35 | Bt. 3.000 | Ferm. Acciaio | Mat. Acciaio 2 mesi e Legno 20 mesi
Brasato di manzo al vino rosso.

COSTA D'AMALFI RAVELLO ROSSO SELVA DELLE MONACHE 2021
Rosso Doc - Aglianico 50%, Piedirosso 50%
Alc. 14% | € 18 | Bt. 12.000 | Ferm. Acciaio | Mat. Legno 5 mesi
Risotto con le quaglie.

COSTA D'AMALFI RAVELLO ROSSO SELVA DELLE MONACHE RISERVA 2019
Rosso Doc - Aglianico 70%, Piedirosso 30%
Alc. 14,5% | € 35 | Bt. 3.000 | Ferm. Acciaio | Mat. Legno 24 mesi
Tagliata al pepe verde.

COSTA D'AMALFI BIANCO TERRE SARACENE 2022
Bianco Doc - Biancolella 50%, Pepella 30%, Falanghina 20%
Alc. 13,5% | € 18 | Bt. 20.000 | Ferm. Acciaio
Scampi alla griglia.

COSTA D'AMALFI RAVELLO BIANCO VIGNA GROTTA PIANA
2018 | 2019 | 2021

COSTA D'AMALFI RAVELLO BIANCO SELVA DELLE MONACHE
2018 | 2021

San Salvatore 1988
(2004)

Il profilo aziendale è quello di una realtà dinamica e vitale, con un grande capitano sulla tolda di comando: l'inesauribile Peppe Pagano, capace di mettere in cantiere sempre nuovi progetti enologici e non solo, grazie a una personalità davvero multitasking. In una gamma ampia e articolata, a raggiungere il punteggio più alto quest'anno ci pensa il Pian di Stio, un'espressione da vigna di montagna, con i suoi ragguardevoli 600 m s.l.m.: freschezza e carattere da vendere per questo Fiano dal cuore cilentano, scolpito dalle escursioni termiche.

Via Dioniso - 84050 Giungano (SA)
T. 0828 1990900 | M. info@sansalvatore1988.it
www.sansalvatore1988.it

Viticoltura: Biologica e biodinamica
Ettari: 42 | **Bottiglie:** 500.000 | **Produzione olearia:** Sì
Proprietà: Giuseppe Pagano
Cond. enologica: Riccardo Cotarella, Charly Annes
Cond. agronomica: Staff aziendale
Vendita diretta: Sì | **Visite in azienda:** Sì

92

PIAN DI STIO 2022
Bianco Igp - Fiano 100%
Alc. 14% | € 32 | Bt. 20.000 | Ferm. Acciaio | Mat. Acciaio 6 mesi
Giallo paglierino luminoso. Naso ricco e stratificato, con citazioni di frutta a polpa bianca, gelsomino e zagara, seguite da rinfrescanti incursioni di erbe aromatiche. Sviluppo gustativo lineare e proporzionato, con il volume della struttura a donare profondità all'assaggio. Il ricordo è lungo. Tacchinella ripiena su letto di patate.

GIOÌ ROSÉ BRUT 2020
Rosato Metodo Classico - Aglianico 100%
Alc. 12% | € 33 | Bt. 18.000 | Ferm. Acciaio | 24 mesi sui lieviti
Lasagne alle melanzane.

JUNGANO 2020
Rosso Igp - Aglianico 100%
Alc. 14,5% | € 23 | Bt. 40.000 | Ferm. Acciaio | Mat. Acciaio 12 mesi e Legno 12 mesi
Agnolotti al sugo di carne.

OMAGGIO A GILLO DORFLES 2019
Rosso Igt - Aglianico 100%
Alc. 14,5% | € 52 | Bt. 6.000 | Ferm. Legno e Acciaio | Mat. Legno 24 mesi
Controfiletto di bue alla brace.

PINO DI STIO 2021
Rosso Igp - Pinot nero 100%
Alc. 14% | € 31 | Bt. 3.000 | Ferm. Acciaio | Mat. Legno 12 mesi
Risotto al tartufo bianco.

CALPAZIO 2022
Bianco Igp - Greco 100%
Alc. 13% | € 22 | Bt. 20.000 | Ferm. Acciaio | Mat. Acciaio 6 mesi
Rollè di cernia con patate al rosmarino.

OMAGGIO A GILLO DORFLES
2014 | 2015 | 2016

PINO DI STIO
2019 | 2020

Scala Fenicia
(2010)

La favolosa e immaginifica Capri può vantare una radicata tradizione vitivinicola, che rischia però di essere offuscata dai clamori mondani della mitica piazzetta, affollata ogni anno dal jet set internazionale. Se la fiammella della viticoltura caprese resta accesa, nonostante tutto, si deve a piccole realtà come questa, che custodiscono e rinnovano una tradizione agricola fatta di sacrifici e passione per l'antico genius loci di un'isola senza eguali; con un potenziale enologico assai interessante grazie a terreni sciolti su un substrato di roccia calcarea e a un microclima invidiabile.

Via Fenicia, 15 - Località Marina Grande - 80073 Capri (NA)
T. 338 5226197 | M. info@scalafenicia.com
www.scalafelicia.com

Viticoltura: Convenzionale
Ettari: 0,4 | **Bottiglie:** 5.000 | **Produzione olearia:** No
Proprietà: Andrea Koch
Cond. enologica: Andrea Koch, Giuseppe Pizzolante Leuzzi
Cond. agronomica: Andrea Koch, Ciro Vicedomini
Vendita diretta: Sì | **Visite in azienda:** Sì

CAPRI BIANCO 2021
Bianco Doc - Falanghina 50%, Greco 30%, Biancolella 20%
Alc. 12% | € 25 | Bt. 5.000 | Ferm. Acciaio | Mat. Acciaio 4 mesi
Giallo paglia, misto a oro. Profilo garbato e seducente, con nitide sensazioni di zagara e acacia, seguite da pesca tabacchiera e accenni di macchia mediterranea. In bocca si offre con un movimento al contempo denso e scorrevole, ritmato dalla dialettica tra dissetante freschezza e spessore gustativo. Seppie in umido con piselli.

CAPRI BIANCO
2020

Sella delle Spine

(1970)

Le parole di Luigi Caggiano, vero motore dell'azienda, sono sempre intrise di amore incondizionato per il proprio paese d'origine: Taurasi. È qui che, da vigneti disposti ordinatamente a sella di cavallo, grazie a un microclima davvero unico, nascono i vini che hanno reso questa realtà un solido punto di riferimento nel panorama enologico irpino. La confidenza con il vitigno a bacca rossa per antonomasia di questo territorio la ritroviamo tutta nella monumentale versione dell'Irpinia Campi Taurasini Sella 2017, un perfetto vino passepartout per la succosa freschezza e i sobri tannini.

Contrada Piano D'Angelo, 12 - 83030 Taurasi (AV)
T. 339 8718734 | M. info@selladellespine.it
www.selladellespine.com

Viticoltura: In conversione al biologico
Ettari: 20 | **Bottiglie:** 100.000 | **Produzione olearia:** Sì
Proprietà: Eugenia Caggiano
Cond. enologica: Luigi Caggiano, Alberto Cecere
Cond. agronomica: Maurizio Petrillo
Vendita diretta: Sì | **Visite in azienda:** Sì

IRPINIA CAMPI TAURASINI SELLA 2017
Rosso Doc - Aglianico 100%
Alc. 13,5% | € 28 | Bt. 15.000 | Ferm. Acciaio | Mat. Legno 24 mesi
Granato fitto. Profumi di confettura di prugne e fichi secchi farciti di mandorle, con rinfrescanti echi balsamici, spezie orientali, incenso e sandalo. Gusto pieno e morbido, con una tensione gustativa rilanciata da puntale freschezza e garbata tannicità. Chiusura sapida e corroborante. Guanciale di manzo in umido con polenta.

TAURASI VIGNA PIANO DELL'ANGELO 2015
Rosso Docg - Aglianico 100%
Alc. 14,5% | € 35 | Bt. 10.000 | Ferm. Acciaio | Mat. Legno 24 mesi
Costolette d'agnello alle erbe.

FIANO DI AVELLINO EUGENIA 2022
Bianco Docg - Fiano 100%
Alc. 14% | € 27 | Bt. 13.000 | Ferm. Acciaio | Mat. Acciaio 6 mesi
Linguine al sugo di totani e piselli.

GRECO DI TUFO DON RAFFAELE 2022
Bianco Docg - Greco 100%
Alc. 13,5% | € 28 | Bt. 15.000 | Ferm. Acciaio | Mat. Acciaio 6 mesi
Crema di patate e asparagi con cappesante scottate.

FALANGHINA 2022
Bianco Igt - Falanghina 100%
Alc. 12,5% | € 13 | Bt. 13.000 | Ferm. Acciaio | Mat. Acciaio 6 mesi
Vellutata di asparagi.

IRPINIA AGLIANICO ROSSO TAU 2020
Rosso Doc - Aglianico 100%
Alc. 13,5% | € 16 | Bt. 20.000 | Ferm. Acciaio | Mat. Legno 4 mesi
Crostini al lardo d'Arnad.

Sorrentino

(1990)

Il versante sud-est del Vesuvio è quello che guarda il mare, attraversato nei millenni da tantissime eruzioni e colate laviche che hanno infiltrato nel suolo pomici, lapilli e tanti elementi minerali che hanno determinato una tessitura pedologica porosa e con alta capacità drenante, capace di proteggere le vigne storiche dall'aggressione della fillossera. La sapidità gustativa è il fil rouge che ritroviamo in tutta la produzione, con il Vesuvio Lacryma Christi Vigna Lapillo a rivendicare la sua fiera appartenenza al vulcano, tingendosi anche di un'invitante impronta marina.

Via Fruscio, 2 - 80042 Boscotrecase (NA)
T. 081 8584963 | M. info@sorrentinovini.com
www.sorrentinovini.com

Viticoltura: Biologica certificata
Ettari: 40 | **Bottiglie:** 250.000 | **Produzione olearia:** Sì
Proprietà: Famiglia Sorrentino
Cond. enologica: Benny Sorrentino
Cond. agronomica: Carmine Valentino
Vendita diretta: Sì | **Visite in azienda:** Sì

VESUVIO LACRYMA CHRISTI BIANCO SUPERIORE VIGNA LAPILLO 2020
Bianco Doc - Caprettone 80%, Falanghina 20%
Alc. 13% | € 20 | Bt. 15.000 | Ferm. Acciaio | Mat. Acciaio 10 mesi
Oro di una luce abbagliante. Raffinata sequenza di fiori di ginestra, pesca bianca, miele di acacia, macchia mediterranea ed echi balsamici; chiude un soffio sulfureo. Sorso coerente e generoso, con una firma salmastra ad amplificare l'attraente finale. Calamarata con ragù di pesce spada.

VESUVIO LACRYMA CHRISTI BIANCO 5 VITI 2022
Bianco Doc - Caprettone 80%, Falanghina 10%, Greco 10%
Alc. 12,5% | € 15 | Bt. 15.000 | Ferm. Acciaio | Mat. Acciaio 6 mesi
Filetti di pesce persico al burro e timo.

PIEDIROSSO FRUPA 2016
Rosso Igt - Piedirosso 100%
Alc. 13,5% | € 28 | Bt. 3.000 | Ferm. Acciaio | Mat. Legno 12 mesi
Nodini di cinta senese lardellati al forno.

VESUVIO LACRYMA CHRISTI ROSATO 5 VITI 2022
Rosato Doc - Piedirosso 100%
Alc. 12,5% | € 15 | Bt. 15.000 | Ferm. Acciaio | Mat. Acciaio 6 mesi
Insalata di polpo, patate e olive.

VESUVIO CAPRETTONE BENITA '31 2022
Bianco Doc - Caprettone 100%
Alc. 13% | € 16 | Bt. 10.000 | Ferm. Acciaio | Mat. Acciaio 6 mesi
Baccalà mantecato.

VESUVIO CAPRETTONE SPUMANTE DÒRÈ BRUT 2021
Bianco Doc Metodo Martinotti - Caprettone 100%
Alc. 12,5% | € 18 | Bt. 13.000 | Ferm. Acciaio | Mat. Acciaio 10 mesi sui lieviti
Burrata di Andria.

LACRYMA CHRISTI DEL VESUVIO ROSSO SUPERIORE VIGNA LAPILLO
2019

VESUVIO PIEDIROSSO 7 MOGGI
2021

Luigi Tecce
(2003)

L'aglianico di montagna è un vitigno assai testardo; chi lo alleva sa che deve confrontarsi con un talento naturale, non privo di capricci, capace di inattese durezze come di vellutate carezze che scaldano il cuore. Luigi Tecce è probabilmente il vignaiolo che più ne asseconda la scontrosità e lo lascia libero di esprimersi, accettando il rischio di oscillare nell'impianto gustativo e nella denominazione. Ma che esca sul mercato come Taurasi Riserva o Campania Igp, poco importa: Poliphemo lascia sempre senza fiato e fa innamorare al primo sorso anche i palati più sensibili ed esigenti.

Via Trinità, 6 - 83052 Paternopoli (AV)
T. 349 2957565 | M. ltecce@libero.it

Viticoltura: A basso impatto ambientale
Ettari: 5 | **Bottiglie:** 230.000 | **Produzione olearia:** Sì
Proprietà: Luigi Tecce
Cond. enologica: Luigi Tecce
Cond. agronomica: Luigi Tecce
Vendita diretta: No | **Visite in azienda:** No

93

POLIPHEMO 2019
Rosso Igp - Aglianico 100%
Alc. 15% | € 60 | Bt. 6.500 | Ferm. Legno | Mat. Legno 24 mesi
Carminio smagliante. Una danza olfattiva che si muove con agilità tra ciliegie mature e viole, carruba e pepe, cuoio e cioccolato: il tutto su un tappeto d'incenso e anice stellato. Dal primo sorso all'ultimo ricordo gustativo resta compatto e impeccabile, con freschezza, tannini e alcol splendidamente integrati. Crostini con paté de foie gras d'anatra.

PURO SANGUE 2019
Rosso Igp - Aglianico 100%
Alc. 15% | € 55 | Bt. 6.500 | Ferm. Legno | Mat. Legno 24 mesi
Fondue bourguignonne.

SATYRICON 2021
Rosso Igt - Aglianico 100%
Alc. 15% | € 23 | Bt. 14.000 | Ferm. Acciaio | Mat. Legno 12 mesi
Beccacce allo spiedo.

POLIPHEMO
2018

PURO SANGUE
2018

Tenuta Cavalier Pepe
(1999)

Ha raggiunto un importante traguardo con il quarto di secolo di attività: un percorso durante il quale quest'azienda ha anche avviato con convinzione una politica green ottenendo la certificazione SQNPI per la valorizzazione delle produzioni integrate e quella Equalitas per la filiera del vino sostenibile: risultati che premiamo la gestione attenta e oculata dei vigneti nel parco archeologico di Mirabella Eclano lungo la Via Appia. Sugli scudi l'espressivo Greco di Tufo Grancare Riserva che sfrutta al meglio il calibrato contributo ligneo nelle fasi di fermentazione e maturazione.

Via Santa Vara - 83050 Sant'Angelo all'Esca (AV)
T. 0827 73766 | M. info@tenutacavalierpepe.it
www.tenutacavalierpepe.it

Viticoltura: Lotta integrata
Ettari: 70 | **Bottiglie:** 450.000 | **Produzione olearia:** Sì
Proprietà: Famiglia Pepe
Cond. enologica: Gennaro Reale, Milena Pepe
Cond. agronomica: Benvenuto Vicinanza
Vendita diretta: Sì | **Visite in azienda:** Sì

91

GRECO DI TUFO GRANCARE RISERVA 2021
Bianco Docg - Greco 100%
Alc. 13,5% | € 25 | Bt. 3.000 | Ferm. Legno e Acciaio | Mat. Acciaio 6 mesi e Legno 6 mesi
Scintillante dorato. Profuma di pesche bianche, susine e nespole; con un soffio di zucchero filato ad avvolgere spezie orientali e burro d'arachidi. In bocca è allettante, succoso e saporito, con un corpo sinuoso e scattante, che lascia intravedere davanti a sé una lunghissima prospettiva di evoluzione. Coniglio in umido alle erbe aromatiche.

TAURASI OPERA MIA 2016
Rosso Docg - Aglianico 100%
Alc. 14% | € 24 | Bt. 13.000 | Ferm. Acciaio | Mat. Legno 12 mesi e Cemento 24 mesi e Terracotta 12 mesi
Guancia di vitello in umido.

FIANO DI AVELLINO BRANCATO RISERVA 2021
Bianco Docg - Fiano 100%
Alc. 13,5% | € 25 | Bt. 3.000 | Ferm. Legno e Acciaio | Mat. Acciaio 6 mesi e Legno 6 mesi
Pizza fritta con provola e salsiccia.

IRPINIA FALANGHINA SANTA VARA 2021
Bianco Doc - Falanghina 100%
Alc. 13,5% | € 19 | Bt. 4.000 | Ferm. Legno | Mat. Legno 6 mesi
Insalata di mare.

IRPINIA CAMPI TAURASINI SANTO STEFANO 2017
Rosso Doc - Aglianico 100%
Alc. 13,5% | € 20 | Bt. 13.000 | Ferm. Acciaio | Mat. Legno 12 mesi e Cemento 24 mesi
Fusilli di kamut al ragù di faraona.

IRPINIA CODA DI VOLPE BIANCO DI BELLONA 2022
Bianco Doc - Coda di volpe 100%
Alc. 13% | € 14 | Bt. 20.000 | Ferm. Acciaio | Mat. Acciaio 3 mesi
Zuppa di legumi e cereali.

TAURASI LA LOGGIA DEL CAVALIERE RISERVA
2012 | 2014 | 2015

GRECO DI TUFO GRANCARE RISERVA
2019

Tenuta Le Lune del Vesuvio
(2014)

L'ambizioso progetto enoturistico si consolida, anno dopo anno, grazie alla tenace gestione della famiglia Forno, che ha fatto di quest'azienda una piccola gemma di accoglienza del terroir vesuviano, con tanto di casa vacanze, fattoria didattica, maneggio e ristorante a km 0. Tutto ruota naturalmente intorno alla ferma volontà di valorizzare le varietà tradizionali e alla ricerca dell'eccellenza dell'approccio produttivo. La batteria presentata in degustazione propone una terna di etichette dal timbro vulcanico, che rendono onore alla tradizione identitaria che si respira in questi luoghi.

Via Vicinale Lavarella - 80040 Terzigno (NA)
T. 081 8282420 | M. info@lelunedelvesuvio.it
www.lelunedelvesuvio.it

Viticoltura: Lotta integrata
Ettari: 7 | **Bottiglie:** 150.000 | **Produzione olearia:** Sì
Proprietà: Grazia Parisi
Cond. enologica: Raffaele De Martino
Cond. agronomica: Raffaele De Martino
Vendita diretta: Sì | **Visite in azienda:** Sì

VESUVIO LACRYMA CHRISTI BIANCO JANESTA 2022
Bianco Doc - Coda di volpe 70%, Falanghina 30%
Alc. 13,5% | € 12 | Bt. 20.000 | Ferm. Acciaio | Mat. Acciaio 4 mesi
Luminoso paglierino. Eclettico al naso, che evoca nuance di erbe aromatiche, pesca nettarina, glicine e crema di limone; chiude con sbuffi di anice stellato. Un'avvolgente carezza ne caratterizza la beva, con la vivida freschezza a rendere l'alcol pienamente integrato. Estensione amplificata da riverberi iodati. Rollè di cernia con patate al rosmarino.

VESUVIO LACRYMA CHRISTI ROSSO CHRATÈ 2022
Rosso Doc - Piedirosso 70%, Aglianico 30%
Alc. 13,5% | € 20 | Bt. 20.000 | Ferm. Legno | Mat. Legno 6 mesi
Involtini di vitello lardellati.

VESUVIO LACRYMA CHRISTI ROSSO MUSCARI 2022
Rosso Doc - Piedirosso 70%, Aglianico 30%
Alc. 13,5% | € 12 | Bt. 20.000 | Ferm. Acciaio | Mat. Acciaio 4 mesi
Crostini al lardo di Colonnata.

LACRYMA CHRISTI DEL VESUVIO BIANCO JANESTA
2021

LACRYMA CHRISTI DEL VESUVIO ROSSO MUSCARI
2021

Tenuta Madre
(2019)

Azienda giovane, anzi giovanissima, che ha saputo però rapidamente bruciare le tappe sfruttando al meglio le peculiarità dell'areale di Montefalcione, entro i cui confini è possibile, come è noto, produrre Fiano di Avellino e Taurasi. E infatti, Marianna e Adriano propongono qui in anteprima il cru Vigna Carrani, moderna interpretazione della Docg a tinte rosse, dopo che con I Sognatori si era fatto conoscere al pubblico di appassionati e operatori, con un'etichetta ricca di reminiscenze d'Oltralpe, con il dosato passaggio ligneo che, anche nel millesimo 2021, ha donato raffinata eleganza.

Contrada Carrani - 83030 Montefalcione (AV)
T. 333 8008884 | M. info@tenutamadre.it
www.tenutamadre.it

Viticoltura: Lotta integrata
Ettari: 4 | **Bottiglie:** 9.000 | **Produzione olearia:** No
Proprietà: Marianna Mazzariello e Adriano Tartaglia
Cond. enologica: Arturo Erbaggio
Cond. agronomica: Arturo Erbaggio
Vendita diretta: Sì | **Visite in azienda:** Sì

FIANO DI AVELLINO I SOGNATORI 2021
Bianco Docg - Fiano 100%
Alc. 13,5% | € 26 | Bt. 7.566 | Ferm. Legno e Acciaio | Mat. Acciaio 7 mesi e Legno 7 mesi
Giallo limone, seducente. Mostra un naso profondo, con cenni di tostatura, gocce di miele d'acacia, vaniglia Bourbon, pesca gialla, indizi marini di alga e cenni di polvere pirica. Palato suadente, che maschera con classe la sua ricchezza glicerica, tuffandosi in un finale di iodio e salsedine. Paella.

TAURASI VIGNA CARRANI 2019
Rosso Docg - Aglianico 100%
Alc. 14% | € 36 | Bt. 1.266 | Ferm. Legno e Acciaio | Mat. Acciaio 12 mesi e Legno 18 mesi
Trippa in umido.

FIANO DI AVELLINO I SOGNATORI
2019 | 2020

Tenuta Sant'Agostino
(2013)

L'amore e la passione per le proprie radici hanno guidato Carlo Ceparano e i suoi fratelli nel tornare a Solopaca, la terra dei genitori. Una produzione con certificazione biologica e la consulenza enologica di Vincenzo Mercurio per una linea di etichette che sono il frutto di una maturazione condotta esclusivamente in anfore di materiali differenti, gres porcellanato e terracotta rivestita con cera d'api, a seconda dei tempi di sosta previsti. E ogni anno, il 28 agosto, con la festa di Sant'Agostino, il nome del capostipite della famiglia, ritorna l'antica festa in vigna.

Via Cupa - 82036 Solopaca (BN)
T. 393 5051862 | M. tenutasantagostino@gmail.com
www.tenutasantagostino.it

Viticoltura: Biologica
Ettari: 17 | **Bottiglie:** 17.000 | **Produzione olearia:** Sì
Proprietà: Carlo Ceparano
Cond. enologica: Vincenzo Mercurio
Cond. agronomica: Staff aziendale
Vendita diretta: No | **Visite in azienda:** No

VENTIVENTI 2020
Bianco Igt - Trebbiano 100%
Alc. 13% | € 16 | Bt. 5.000 | Ferm. Acciaio | Mat. Terracotta 3 mesi
Paglierino intenso con lucenti intarsi dorati. Il primo naso è tutto di miele d'acacia e fiori d'arancio; a seguire confettura di mela cotogna e malie di ginestra. Il palato, ben equilibrato tra morbidezza e freschezza, chiude con un deciso e lunghissimo tratteggio dalla firma sapida. Pollo fritto.

SCOMPOSTO 2020
Bianco Igt - Malvasia bianca di Candia 100%
Alc. 13% | € 16 | Bt. 5.000 | Ferm. Acciaio | Mat. Terracotta 10 mesi
Trenette al pesto, patate e fagiolini.

BUCCE D'UVA 2021
Bianco Igt - Trebbiano 100%
Alc. 13% | € 22 | Bt. 2.000 | Ferm. Terracotta | Mat. Terracotta 11 mesi
Vellutata di ortiche.

ATTOPRIMO 2020
Rosso Igt - Aglianico 70%, Lambrusco Maestri 30%
Alc. 13,5% | € 13 | Bt. 5.000 | Ferm. Acciaio | Mat. Terracotta 3 mesi
Tigelle e salumi.

BUCCE D'UVA
2019

Tenuta Sarno 1860
(2004)

Nel comune di Candida siamo a 630 m s.l.m.; e si mette nel conto qualche rischio di carattere climatico, ma il gioco vale la candela perché le uve possono esprimere finezza aromatica ed eleganza. I vini di Maura Sarno si distinguono in questo senso e sono da sempre ai vertici delle classifiche internazionali. In quest'edizione ci presenta l'ultimo nato: Emme, in cui la metà della massa resta a contatto con le bucce per dieci giorni; seguita dalla maturazione di dodici mesi in acciaio. Un Fiano di Avellino che mostra ancora un deciso respiro di giovinezza, ma con un grande futuro davanti a sé.

Contrada Serroni, 4/B - 83100 Avellino (AV)
T. 339 7265669 | M. info@tenutasarno1860.it
www.tenutasarno1860.it

Viticoltura: Lotta integrata
Ettari: 13 | **Bottiglie:** 25.000 | **Produzione olearia:** No
Proprietà: Maura Sarno e Renato Abate
Cond. enologica: Vincenzo Mercurio
Cond. agronomica: Vincenzo Mercurio
Vendita diretta: Sì | **Visite in azienda:** Sì

FIANO DI AVELLINO EMME 2021
Bianco Docg - Fiano 100%
Alc. 13,5% | € 22 | Bt. 4.500 | Ferm. Acciaio | Mat. Acciaio 12 mesi
Giallo paglia con lampi oro. Esprime deliziosi refoli fruttati di nespola e pesca nettarina; poi fiori di acacia ed effluvi erbacei in coda. In bocca mostra un corpo importante, in cui prevale un'intensa sapidità che conduce a una progressione lunga e lievemente ammandorlata. Filetti di sogliola con salsa di asparagi.

FIANO DI AVELLINO EMME
2020

FIANO DI AVELLINO SARNO 1860 ERRE
2018

Tenuta Scuotto
(2009)

Quando Eduardo Scuotto decise di investire in Irpinia, nel 2009, si trovò davanti a una tradizione vitivinicola secolare e fu inevitabile il confronto con un modello enologico piuttosto cristallizzato. La visione dell'imprenditore lo spinse però a percorrere una strada più originale, anche se temeraria: interpretare i vitigni storici con un approccio stilistico più internazionale. Il successo dell'eccentrico Oi Nì gli ha dato ragione e innescato anche processi di emulazione. Evidenti i progressi degli altri vini, ma è ancora con il Fiano da Lapio che riesce a fare il salto più lontano.

Via Campomarino, 3 - 83030 Lapio (AV)
T. 0825 1851965 | M. info@tenutascuotto.it
www.tenutascuotto.it

Viticoltura: Convenzionale
Ettari: 10 | **Bottiglie:** 80.000 | **Produzione olearia:** No
Proprietà: Eduardo Scuotto
Cond. enologica: Angelo Antonio Valentino
Cond. agronomica: Staff aziendale
Vendita diretta: Sì | **Visite in azienda:** Sì

(91)

OI NÌ 2020
Bianco Igt - Fiano 100%
Alc. 14,5% | € 26 | Bt. 10.000 | Ferm. Legno | Mat. Legno 12 mesi
Oro zecchino. Intriga subito con noce e mandorla, poi con pesca nettarina e ginestra; subentra infine una preziosa mineralità empireumatica di pietra focaia. In bocca stupisce il connubio tra freschezza e sapidità con l'avvolgente e calda morbidezza: un equilibrio perfetto che fa innamorare il palato. Vellutata di zucca spolverata di tartufo nero.

FIANO DI AVELLINO 2022
Bianco Docg - Fiano 100%
Alc. 13,5% | € 15 | Bt. 14.000 | Ferm. Acciaio | Mat. Acciaio 4 mesi
Lasagne di verdure.

TAURASI 2019
Rosso Docg - Aglianico 100%
Alc. 14% | € 35 | Bt. 3.500 | Ferm. Acciaio | Mat. Legno 12 mesi
Coniglio al forno con funghi.

GRECO DI TUFO RISERVA KURIS 2021
Bianco Docg - Greco 100%
Alc. 13,5% | € 28 | Bt. 14.000 | Ferm. Legno | Mat. Acciaio 4 mesi
Anelli di cipolla pastellati fritti.

OI NÌ
2017 | 2018 | 2019

TAURASI
2011 | 2017

Terre Stregate
(1998)

Dopo un lungo periodo trascorso solo come conferitori della locale cooperativa la famiglia Iacobucci sceglie di camminare sulle proprie gambe con produzione e imbottigliamento in proprio, grazie alla vulcanica Filomena e alla sapiente egida agronomica ed enologica di papà Armando. Così nasce la nuova cantina, su una collina panoramica alle porte di Guardia Sanframondi, con tanti investimenti tecnologici nella direzione di un modello energetico sostenibile. Vini dalla marcata identità sannita si affiancano alla produzione di un ottimo olio extra vergine di oliva.

Località Santa Lucia - 82034 Guardia Sanframondi (BN)
T. 0824 817857 | M. info@terrestregate.it
www.terrestregate.it

Viticoltura: Lotta integrata
Ettari: 25 | **Bottiglie:** 120.000 | **Produzione olearia:** Sì
Proprietà: Famiglia Iacobucci
Cond. enologica: Carlo Iacobucci
Cond. agronomica: Carlo Iacobucci
Vendita diretta: Sì | **Visite in azienda:** Sì

FALANGHINA DEL SANNIO SVELATO 2022
Bianco Doc - Falanghina 100%
Alc. 13% | € 12 | Bt. 65.000 | Ferm. Acciaio | Mat. Acciaio 3 mesi
Paglierino vivido. Ouverture di frutta esotica e fiori di ginestra; poi irrompono orme gessose con erbe aromatiche e infine una delicata suggestione di camomilla. Sorso imperioso, con una decisa ed energica ventata di freschezza, seguita da appagante rotondità. Chiusura persistente. Torta salata alle zucchine e origano.

CARACARA 2018
Bianco Igt - Falanghina 100%
Alc. 14% | € 28 | Bt. 2.500 | Ferm. Acciaio | Mat. Acciaio 3 mesi e Legno 3 mesi
Fiori di zucca ripieni di ricotta e acciughe.

SANNIO GRECO AURORA 2022
Bianco Doc - Greco 100%
Alc. 13% | € 10 | Bt. 10.000 | Ferm. Acciaio | Mat. Acciaio 3 mesi
Petto di pollo agli asparagi.

ATTIMO 2022
Rosato Igp - Aglianico 100%
Alc. 13% | € 9 | Bt. 5.000 | Ferm. Acciaio | Mat. Acciaio 3 mesi
Risotto al gorgonzola.

SANNIO AGLIANICO MANENT 2020
Rosso Doc - Aglianico 100%
Alc. 14% | € 12 | Bt. 5.000 | Ferm. Acciaio | Mat. Acciaio 3 mesi e Legno 3 mesi
Guancia di vitello in umido.

SANNIO FIANO GENIUS LOCI 2022
Bianco Doc - Fiano 100%
Alc. 13% | € 10 | Bt. 10.000 | Ferm. Acciaio | Mat. Acciaio 3 mesi
Frittata di erbette.

SANNIO AGLIANICO ARCANO RISERVA
2015

FALANGHINA DEL SANNIO SVELATO
2021

Terredora
(1978)

I celebri Taurasi, marchio di fabbrica dell'azienda, attendono ancora, placidi e dormienti, il momento propizio per essere messi in commercio: un lungo riposo ancora li aspetta e quindi la loro valutazione è rimandata almeno alla prossima edizione della Guida. Nel frattempo un'altra etichetta storica si è guadagnata l'attenzione della nostra commissione: il Fiano del CampoRe si erge maestoso sugli altri, per bellezza ed eleganza, con lo spettacolare millesimo 2018. Ormai questo vino rappresenta più di una certezza e riesce a emozionare ogni anno come se fosse la prima volta.

Via Serra - 83030 Montefusco (AV)
T. 0825 968215 | M. info@terredora.com
www.terredora.com

Viticoltura: Biodinamica e lotta integrata
Ettari: 180 | **Bottiglie:** 700.000 | **Produzione olearia:** Sì
Proprietà: Paolo e Daniela Matroberardino
Cond. enologica: Paolo Mastroberardino
Cond. agronomica: Paolo Mastroberardino
Vendita diretta: Sì | **Visite in azienda:** Sì

(91)

FIANO DI AVELLINO CAMPORE 2018
Bianco Docg - Fiano 100%
Alc. 13% | € 22 | Bt. 6.000 | Ferm. Legno e Acciaio | Mat. Legno 6 mesi
Una luce intarsiata d'oro. Emozionante fusione di fiori di sambuco, tiglio, cotognata, erbe aromatiche e anice stellato. Il sorso segue una lineare dinamica gustativa: dopo lo sprint iniziale della freschezza si distende su un corpo soffice, puntellato da una sapidità gratificante, appagante e prolungata. Lasagne con scamorza, funghi e zucca.

GRECO DI TUFO TERRE DEGLI ANGELI 2022
Bianco Docg - Greco 100%
Alc. 12,5% | € 15 | Bt. 80.000 | Ferm. Acciaio | Mat. Acciaio 4 mesi
Stracciatella di bufala.

FIANO DI AVELLINO EX CINERE RESURGO 2022
Bianco Docg - Fiano 100%
Alc. 12,5% | € 15 | Bt. 120.000 | Ferm. Acciaio | Mat. Acciaio 4 mesi
Soufflé con pecorino e crema di patate.

IRPINIA AGLIANICO IL PRINCIPIO 2017
Rosso Doc - Aglianico 100%
Alc. 13% | € 17 | Bt. 12.000 | Ferm. Legno e Acciaio | Mat. Legno 12 mesi
Carré di maiale affumicato.

GRECO DI TUFO LOGGIA DELLA SERRA 2022
Bianco Docg - Greco 100%
Alc. 12,5% | € 15 | Bt. 120.000 | Ferm. Acciaio | Mat. Acciaio 4 mesi
Riso venere con verdure e crostacei.

IRPINIA ROSATO ROSAENOVAE 2022
Rosato Doc - Aglianico 100%
Alc. 13% | € 13 | Bt. 13.000 | Ferm. Acciaio | Mat. Acciaio 4 mesi
Prosciutto di Parma 36 mesi.

FIANO DI AVELLINO CAMPORE
2013 | 2016 | 2017

TAURASI PAGO DEI FUSI
2010 | 2011 | 2013

Torre a Oriente
(2002)

La descrizione più aderente dell'azienda torrecusana può essere sintetizzata con un efficace termine anglosassone: multitasking. Produzione di alta gamma, vinicola e olearia, con annessa agro-ristorazione sono oramai attività strettamente connesse: la maestria in cucina della proprietaria Patrizia si unisce alla sapiente gestione della filiera dell'olio extra vergine di oliva da parte del consorte Giorgio Gentilcore; ma sono la vigna e la cantina i luoghi in cui si uniscono tradizioni, competenze e saperi di entrambi. In attesa che cresca il piccolo e assai esuberante Giosuè.

Località Mercuri I, 19 - 82030 Torrecuso (BN)
T. 0824 874274 | M. info@torreaoriente.eu
www.torreaoriente.eu

Viticoltura: Lotta integrata
Ettari: 10 | **Bottiglie:** 45.000 | **Produzione olearia:** Sì
Proprietà: Famiglia Iannella
Cond. enologica: Patrizia Iannella
Cond. agronomica: Patrizia Iannella
Vendita diretta: Sì | **Visite in azienda:** Sì

FALANGHINA DEL SANNIO BIANCUZITA 2021
Bianco Doc - Falanghina 100%
Alc. 14% | € 15 | Bt. 8.000 | Ferm. Acciaio | Mat. Acciaio 8 mesi
Livrea di color giallo paglierino. Un profondo bagaglio olfattivo che si apre con biancospino e salvia, frutta esotica e cedro; per approdare alla susina e alla percoca. Si muove in bocca con agile freschezza, corroborata da riverberi minerali in un lungo finale, dal tocco lievemente ammandorlato. Risotto con le spugnole.

FALANGHINA DEL SANNIO TABURNO SIRIANA 2022
Bianco Doc - Falanghina 100%
Alc. 14% | € 13 | Bt. 7.000 | Ferm. Acciaio | Mat. Acciaio 6 mesi
Asparagi verdi con uovo croccante e fonduta di Taleggio.

SANNIO AGLIANICO JANICO 2020
Rosso Doc - Aglianico 100%
Alc. 13% | € 14 | Bt. 10.000 | Ferm. Acciaio | Mat. Acciaio 12 mesi
Finanziera.

AGLIANICO DEL TABURNO 'U BARONE
2012 | 2016

SANNIO AGLIANICO JANICO
2018

Torricino
(2002)

Siamo sempre molto contenti di testimoniare l'affermazione di un'azienda che da molti anni lavora al miglioramento della qualità dei suoi vini. Il premio sfiorato nell'ultima edizione della Guida con il Greco di Tufo lasciava presagire che ormai i tempi fossero maturi. Quest'anno l'obbiettivo tanto atteso viene centrato dal Taurasi, che convince sin dal primo assaggio. Il giusto riconoscimento per Stefano Di Marzo, molto noto nell'ambiente dell'enologia campana anche per i tanti incarichi prestigiosi ricoperti; ma stavolta conquista la ribalta per l'eccellente Cevotiempo 2019.

Via Nazionale, 5 - Località Torricino - 83010 Tufo (AV)
T. 0825 998119 | M. info@torricino.it
www.torricino.it

Viticoltura: Lotta integrata
Ettari: 8 | **Bottiglie:** 40.000 | **Produzione olearia:** No
Proprietà: Stefano Di Marzo
Cond. enologica: Stefano Di Marzo
Cond. agronomica: Stefano Di Marzo
Vendita diretta: Sì | **Visite in azienda:** Sì

(91)
TAURASI CEVOTIEMPO 2019
Rosso Docg - Aglianico 100%
Alc. 14% | € 22 | Bt. 5.000 | Ferm. Acciaio | Mat. Legno 24 mesi
Lucente rubino con filigrana carminio. Il naso s'intreccia tra viole del pensiero e ciliegie nere, cioccolato gianduia e rabarbaro. Anche la bocca si muove in sintonia con l'olfatto, con un gusto orchestrale in cui emergono una prolungata persistenza e l'effetto sinergico di alcol e tannini espressivi. Tagliata al pepe verde.

GRECO DI TUFO 2021
Bianco Docg - Greco 100%
Alc. 13% | € 18 | Bt. 3.000 | Ferm. Acciaio | Mat. Acciaio 6 mesi
Provola di Agerola.

FIANO DI AVELLINO 2022
Bianco Docg - Fiano 100%
Alc. 13% | € 14 | Bt. 8.000 | Ferm. Acciaio | Mat. Acciaio 4 mesi
Risotto agli scampi.

FIANO DI AVELLINO SERRAPIANO 2021
Bianco Docg - Fiano 100%
Alc. 13% | € 18 | Bt. 3.000 | Ferm. Acciaio | Mat. Acciaio 6 mesi
Petto di pollo agli asparagi.

GRECO DI TUFO RAONE 2021
Bianco Docg - Greco 100%
Alc. 13% | € 18 | Bt. 5.000 | Ferm. Acciaio | Mat. Acciaio 6 mesi
Vellutata di zucca e porri.

FIANO DI AVELLINO SERRAPIANO
2015 | 2017

GRECO DI TUFO RAONE
2018 | 2019 | 2020

Traerte
(2011)

Ha fatto 13: nessuna nostalgia vintage per il Totocalcio ma solo la voglia di celebrare i tanti anni di attività che hanno consolidato quest'azienda, dopo la svolta che ha segnato il passaggio dalla storica fase Vadiaperti. Raffaele Troisi, figlio d'arte, è braccio energico ma soprattutto acuta mente enoica di una filosofia produttiva che mette a segno un grande risultato con il Fuori Limite Le Vecchie Vigne 2021, un saporitissimo Greco prodotto in sole 2.000 bottiglie da undici filari in quel di Montefredane. A un soffio si piazzano il materico Tornante e il Fiano di Avellino Aipierti.

Contrada Vadiaperti - 83030 Montefredane (AV)
T. 0825 607013 | M. info@traerte.it
www.traerte.it

Viticoltura: Convenzionale
Ettari: 8 | **Bottiglie:** 80.000 | **Produzione olearia:** No
Proprietà: Giuseppe Pisano
Cond. enologica: Raffaele Troisi
Cond. agronomica: Raffaele Troisi
Vendita diretta: Sì | **Visite in azienda:** Sì

(91)
FUORI LIMITE LE VECCHIE VIGNE 2021
Bianco Igt - Greco 100%
Alc. 13% | € 22 | Bt. 2.000 | Ferm. Acciaio | Mat. Acciaio 9 mesi
Barbagli d'oro. Concede raffinati profumi di cedro candito e ginestra, caramella all'orzo ed erbe di campo, miele d'acacia e malto. Al sorso è spesso, saporito ed equilibrato: si allarga con un movimento dinamico, per poi sfumare con una persistente chiusura, ritmata dai ritorni retro olfattivi. Cosciotto d'agnello al forno con patate novelle.

GRECO DI TUFO TORNANTE 2022
Bianco Docg - Greco 100%
Alc. 13% | € 22 | Bt. 2.000 | Ferm. Acciaio | Mat. Acciaio 9 mesi
Pesce spada alla griglia.

FIANO DI AVELLINO AIPIERTI 2022
Bianco Docg - Fiano 100%
Alc. 13% | € 22 | Bt. 2.000 | Ferm. Acciaio | Mat. Acciaio 12 mesi
Tartare di tonno.

FIANO DI AVELLINO 2022
Bianco Docg - Fiano 100%
Alc. 13% | € 12 | Bt. 20.000 | Ferm. Acciaio | Mat. Acciaio 6 mesi
Insalata di polpo, patate e olive.

IRPINIA CODA DI VOLPE TORAMA 2022
Bianco Doc - Coda di volpe 100%
Alc. 13% | € 22 | Bt. 2.000 | Ferm. Acciaio | Mat. Acciaio 9 mesi
Insalata di spinaci e pesce spada.

GRECO DI TUFO 2022
Bianco Docg - Greco 100%
Alc. 13% | € 14 | Bt. 23.000 | Ferm. Acciaio | Mat. Acciaio 9 mesi
Sushi e sashimi.

IRPINIA CODA DI VOLPE TORAMA
2019 | 2020 | 2021

FIANO DI AVELLINO AIPIERTI
2016 | 2018

VentitréFilari
(2014)

Del percorso di questa realtà abbiamo apprezzato soprattutto il progetto imprenditoriale di dedicarsi esclusivamente alla denominazione Fiano di Avellino e all'areale di Montefredane. Una strategia rafforzata dalla scelta di raddoppiare gli ettari vitati di proprietà e dalla piena fiducia accordata a Carmine Valentino. Un'ulteriore conferma arriva dalle due etichette presentate, accomunate dalla scelta di uscire con un anno in più sulle spalle. Raggiunge il vertice aziendale Numero Primo, e dimostra quanto fosse giusta l'intuizione di trasformarlo in Riserva.

Via Piante, 43 - Località Alimata - 83030 Montefredane (AV)
T. 0825 672482 - 334 9331944 | M. info@ventitrefilari.com
www.ventitrefilari.com

Viticoltura: Convenzionale
Ettari: 2 | **Bottiglie:** 8.000 | **Produzione olearia:** No
Proprietà: Rossella De Benedetto
Cond. enologica: Carmine Valentino
Cond. agronomica: Carmine Valentino
Vendita diretta: Sì | **Visite in azienda:** Sì

FIANO DI AVELLINO NUMERO PRIMO RISERVA 2021
Bianco Docg - Fiano 100%
Alc. 13% | € 28 | Bt. 4.000 | Ferm. Acciaio | Mat. Acciaio 12 mesi
Paglierino vivido. Incede austero con nitidi riconoscimenti di cipria e polvere di pietra macinata; lascia poi che la delicatezza della frutta a polpa gialla s'insinui. Al palato è fresco e di classe; terso e gradevole nella sua progressione gustativa. Persistente. Linguine al sugo di totani e piselli.

FIANO DI AVELLINO ELEMENTO 2021
Bianco Docg - Fiano 100%
Alc. 13% | € 20 | Bt. 3.000 | Ferm. Acciaio | Mat. Acciaio 10 mesi
Alette di pollo piccanti.

FIANO DI AVELLINO NUMERO PRIMO RISERVA
2020

FIANO DI AVELLINO ELEMENTO
2020

Vestini Campagnano
(1997)

La famiglia Barletta ha saputo custodire, con lungimiranza ed enormi sforzi, i vitigni storici dell'areale caiatino: pallagrello bianco e nero e casavecchia, che continuano a essere interpretati in coerenza con territorio e annata, dimostrando anche di saper dialogare con un mondo della ristorazione che appare in perenne movimento. A questo mondo hanno dato risposte nuove, ad esempio il Pallagrello Nero 2012, una versione dinamica e gourmand che si distingue per personalità e carattere e ottiene con merito le nostre Quattro Viti.

Via Barraccone - Località San Giovanni e Paolo - 81013 Caiazzo (CE)
T. 0823 679087 | M. info@vestinicampagnano.it
www.vestinicampagnano.it

Viticoltura: Biologica certificata
Ettari: 4 | **Bottiglie:** 75.000 | **Produzione olearia:** No
Proprietà: Famiglie Barletta e Quaranta
Cond. enologica: Emilia Tartaglione, Paolo Caciorgna
Cond. agronomica: Orazio Andreoli
Vendita diretta: Sì | **Visite in azienda:** Sì

(92)

PALLAGRELLO NERO 2021
Rosso Igt - Pallagrello nero 100%
Alc. 13,5% | € 18 | Bt. 6.000 | Ferm. Acciaio | Mat. Legno 15 mesi
Rubino di intensa tonalità. Naso ricco e opulento, con pepe nero, confettura di lamponi, humus, violette; poi una rinfrescante ventata balsamica. Il palato coniuga volume e succo, con una dialettica che guadagna in verticalità e tannini calibrati. Lungo finale, con ricordi di frutta scura e liquirizia. Fiorentina alla brace.

PALLAGRELLO BIANCO 2022
Bianco Igt - Pallagrello bianco 100%
Alc. 13,5% | € 13 | Bt. 20.000 | Ferm. Acciaio | Mat. Acciaio 5 mesi
Rotolo di tacchino alle mele ed erbe aromatiche.

CASAVECCHIA DI PONTELATONE RISERVA 2019
Rosso Doc - Casavecchia 100%
Alc. 13,5% | € 16 | Bt. 2.000 | Ferm. Acciaio | Mat. Acciaio 18 mesi e Legno 18 mesi
Manzo brasato con funghi.

ASPRINIO 2022
Bianco Igt - Asprinio 100%
Alc. 10% | € 8 | Bt. 4.000 | Ferm. Acciaio | Mat. Acciaio 5 mesi
Spaghetti alla carbonara.

ASPRINIO BRUT
Bianco Metodo Martinotti - Asprinio 100%
Alc. 12% | € 9 | Bt. 10.000 | Ferm. Acciaio | Mat. Acciaio 6 mesi
Crostini al foie gras.

VADOCERASO 2022
Rosato Igt - Casavecchia 50%, Pallagrello nero 50%
Alc. 13% | € 11 | Bt. 3.000 | Ferm. Acciaio | Mat. Acciaio 5 mesi
Cocktail di gamberetti.

PALLAGRELLO NERO
2020

CASAVECCHIA DI PONTELATONE RISERVA
2017 | 2018

Villa Diamante
(1996)

Il passo è quello di un tempo, ricco di verve e voglia di stupire; la compagine aziendale sempre più affiatata, con mamma Diamante che osserva con orgoglio la crescita costante della figlia Serena Gaita, giunta alla seconda conduzione enologica insieme a Vincenzo Mercurio, e l'eredità spirituale dell'immenso papà Antoine che continua a essere fonte inesauribile di ispirazione. Dal blasonato areale di Montefredane provengono entrambi i Fiano di Avellino, che si sono sfidati in una gara all'ultima goccia prima di veder prevalere l'etichetta che proviene dalla vigna più alta, il Clos d'Haut.

Via Toppole, 16 - 83030 Montefredane (AV)
T. 347 6791469 - 0825 670014 | M. info@villadiamante.wine
www.villadiamante.wine

Viticoltura: Biologica
Ettari: 4 | **Bottiglie:** 10.000 | **Produzione olearia:** No
Proprietà: Diamante Maria Renna
Cond. enologica: Serena Gaita, Vincenzo Mercurio
Cond. agronomica: Staff aziendale
Vendita diretta: Sì | **Visite in azienda:** Sì

(91,5)
FIANO DI AVELLINO CLOS D'HAUT 2021
Bianco Docg - Fiano 100%
Alc. 13% | € 28 | Bt. 2.600 | Ferm. Acciaio | Mat. Acciaio 16 mesi
Paglierino di smagliante intensità. Un soffio fumé si unisce alla pietra focaia con una delicata impronta iodata; poi arrivano le fragranze di cedro, anice e finocchietto selvatico. Sorso di estrema bevibilità: per la capacità di irrorare il palato in continuità. Finale dissetante, lunghissimo e coerente. Rombo al forno con patate e carciofi.

FIANO DI AVELLINO VIGNA DELLA CONGREGAZIONE RISERVA 2021
Bianco Docg - Fiano 100%
Alc. 13% | € 28 | Bt. 3.600 | Ferm. Acciaio | Mat. Acciaio 16 mesi
Anguilla ai ferri.

TAURASI AD ULTIMUM RISERVA
2009

FIANO DI AVELLINO CLOS D'HAUT
2019

Villa Dora
(1997)

Le lancette dell'orologio tornano indietro e si fermano al millesimo 2002 con l'edizione ventennale della Vigna del Vulcano che guadagna un punteggio stellare: ed è la conferma liquida di quanto la visionaria intuizione della famiglia Ambrosio sia diventata una concreta realtà. Si parla spesso di potenzialità del terroir vesuviano, ma qui la narrazione si tinge di pura emozione e solide certezze. Bellissimo l'assaggio in batteria della stessa etichetta nell'annata 2021. Passato e futuro si confrontano in una sfida nel bicchiere che testimonia un presente da giganti: il Tastevin 2024.

Strada Provinciale Zabatta, 252 - 80040 Terzigno (NA)
T. 081 5295016 | M. info@cantinevilladora.it
www.cantinevilladora.it

Viticoltura: Biologica certificata
Ettari: 14 | **Bottiglie:** 70.000 | **Produzione olearia:** Sì
Proprietà: Famiglia Ambrosio
Cond. enologica: Fabio Mecca
Cond. agronomica: Vincenzo Ambrosio
Vendita diretta: Sì | **Visite in azienda:** Sì

(98,5)
VESUVIO LACRYMA CHRISTI BIANCO VIGNA DEL VULCANO VENTENNALE 2002
Bianco Doc - Caprettone 80%, Falanghina 20%
Alc. 13,5% | € 70 | Bt. 10.000 | Ferm. Legno e Acciaio
Oro di lucente eleganza. Il respiro minerale accoglie suggestioni marine, polvere da sparo, frutta candita, erbe aromatiche, tabacco, liquirizia e distillato di canna da zucchero. Bocca piena e materica, con una sorprendente acidità a sostenere il sorso, mentre l'abbraccio calorico è proporzionato alla raffinata e infinita persistenza. Rollè di cernia con patate al rosmarino.

VESUVIO LACRYMA CHRISTI BIANCO VIGNA DEL VULCANO 2021
Bianco Doc - Caprettone 80%, Falanghina 20%
Alc. 13,5% | € 20 | Bt. 10.000 | Ferm. Acciaio | Mat. Acciaio 18 mesi
San Pietro alla siciliana con dadolata di patate.

VESUVIO LACRYMA CHRISTI ROSSO FORGIATO 2020
Rosso Doc - Piedirosso 80%, Aglianico 20%
Alc. 13% | € 25 | Bt. 3.800 | Ferm. Acciaio | Mat. Legno 12 mesi
Filetto al vino rosso e scalogno.

LACRYMA CHRISTI DEL VESUVIO BIANCO VIGNA DEL VULCANO
2017 | 2018 | 2020

LACRYMA CHRISTI DEL VESUVIO ROSSO GLESONERO
2020

Villa Matilde Avallone
(1965)

Storico riferimento della denominazione Falerno del Massico grazie a Francesco Paolo Avallone, avvocato napoletano che decise, oltre cinquant'anni fa, di riportare in vita l'antico Falernum. Il testimone enologico fu raccolto dai figli Tani e Maria Ida, e adesso è rinnovato dall'inserimento a pieno regime delle nuove generazioni: Cristina e Francesco Paolo. Un percorso denso di successi e soddisfazioni che si arricchisce di un ulteriore tassello: le Quattro Viti per il Vigna Camarato Riserva 2018, un Aglianico con un goccio di Piedirosso dalla riconoscibile identità territoriale.

SS Domitiana, 18 - 81030 Cellole (CE)
T. 0823 932088 | M. info@villamatilde.it
www.villamatilde.it

Viticoltura: Convenzionale
Ettari: 125 | **Bottiglie:** 700.000 | **Produzione olearia:** Sì
Proprietà: Salvatore e Maria Ida Avallone
Cond. enologica: Fabio Gennarelli, Riccardo Cotarella
Cond. agronomica: Carmine De Lucia
Vendita diretta: Sì | **Visite in azienda:** Sì

(92)
FALERNO DEL MASSICO ROSSO VIGNA CAMARATO RISERVA 2018
Rosso Dop - Aglianico 99%, Piedirosso 1%
Alc. 14,5% | € 55 | Bt. 10.000 | Ferm. Acciaio | Mat. Legno 18 mesi
Rosso scuro e fittissimo. Naso di grande personalità e completezza olfattiva, con sentori di frutta rossa e nera pestata, rabarbaro, erbe officinali, tè nero e foglie di sottobosco. Bocca piena e scalpitante, con tannini serrati e ben integrati. Chiusura lunghissima che fa immaginare un futuro radioso. Cinghiale arrosto con castagne.

FALERNO DEL MASSICO BIANCO VIGNA CARACCI 2020
Bianco Dop - Falanghina 100%
Alc. 13,5% | € 38 | Bt. 10.000 | Ferm. Legno e Acciaio
Pecorino di Pienza.

MATA EXTRA BRUT
Bianco Metodo Classico - Falanghina 100%
Alc. 12,5% | € 30 | Bt. 15.000 | Ferm. Acciaio | 120 mesi sui lieviti
Tempura di gamberi.

FALERNO DEL MASSICO BIANCO 2022
Bianco Dop - Falanghina 100%
Alc. 13,5% | € 14 | Bt. 52.000 | Ferm. Acciaio | Mat. Acciaio 3 mesi
Mozzarella di bufala campana.

FALERNO DEL MASSICO ROSSO 2019
Rosso Dop - Aglianico 90%, Piedirosso 10%
Alc. 14% | € 15 | Bt. 55.000 | Ferm. Acciaio | Mat. Acciaio 12 mesi e Legno 12 mesi
Ravioli al sugo di chianina e tartufo nero.

FALERNO DEL MASSICO ROSSO VIGNA CAMARATO RISERVA
2016

FALERNO DEL MASSICO ROSSO
2018

Villa Raiano
(1996)

La notizia che Sabino Basso non si occupa più della conduzione agronomica è il segno tangibile che il saggio patriarca ha deciso di dare piena fiducia alla sua squadra, integrata dai vari componenti della famiglia. Quest'anno sono tre le etichette che raggiungono livelli di eccellenza: un avvincente derby tra le Docg irpine in cui prevale di un soffio la selezione di Greco di Tufo Ponte dei Santi 2021, con una prestazione da fuoriclasse che tocca il cuore e il palato; subito dopo si piazzano il raffinato cru Fiano di Avellino Alimata, pari annata, e il succosissimo Taurasi Riserva.

Via Bosco Satrano, 1 - Località Cerreto - 83020 San Michele di Serino (AV)
T. 0825 595663 | M. info@villaraiano.com
www.villaraiano.com

Viticoltura: Biologica
Ettari: 30 | **Bottiglie:** 300.000 | **Produzione olearia:** No
Proprietà: Famiglia Basso
Cond. enologica: Sebastiano Fortunato
Cond. agronomica: Sebastiano Fortunato
Vendita diretta: Sì | **Visite in azienda:** Sì

(91)
GRECO DI TUFO PONTE DEI SANTI 2021
Bianco Docg - Greco 100%
Alc. 13,5% | € 22 | Bt. 3.300 | Ferm. Acciaio | Mat. Acciaio 10 mesi
Paglierino di affascinante luminosità. Profuma di caramella all'orzo, fieno greco, albicocca e pesca gialla, fiori di magnolia e fragranze di ginestra. Al gusto è vellutato, saporito e rinfrescante; quasi stuzzicante per la delicata astringenza che attraversa il lunghissimo setale, ricco di riverberi marini. Scaloppa di foie gras con prugne e albicocche secche.

TAURASI RISERVA 2017
Rosso Docg - Aglianico 100%
Alc. 13,5% | € 75 | Bt. 1.200 | Ferm. Acciaio | Mat. Legno 24 mesi
Braciola di cervo con salsa di ribes.

FIANO DI AVELLINO ALIMATA 2021
Bianco Docg - Fiano 100%
Alc. 13,5% | € 22 | Bt. 3.300 | Ferm. Acciaio | Mat. Acciaio 10 mesi
Cartoccio di pescatrice agli agrumi.

FIANO DI AVELLINO 2022
Bianco Docg - Fiano 100%
Alc. 13% | € 15 | Bt. 40.000 | Ferm. Acciaio | Mat. Acciaio 4 mesi
Filetti di scorfano con carciofi.

TAURASI 2018
Rosso Docg - Aglianico 100%
Alc. 13,5% | € 28 | Bt. 13.500 | Ferm. Acciaio | Mat. Legno 12 mesi
Filetto di maiale lardellato.

IRPINIA CAMPI TAURASINI COSTA BAIANO 2019
Rosso Doc - Aglianico 100%
Alc. 13,5% | € 20 | Bt. 6.600 | Ferm. Acciaio | Mat. Cemento 12 mesi
Castelmagno.

FIANO DI AVELLINO VENTIDUE
2012 | 2017

IRPINIA CAMPI TAURASINI COSTA BAIANO
2018

Vitematta
(2014)

Il sito produttivo è nel cuore di Casal di Principe, all'interno di una corte, la classica conformazione urbanistica di Terra di Lavoro, e vi si accede dalla cantina sotterranea, una grotta scavata nel tufo grigio, l'ignimbrite campana di genesi vulcanica che caratterizza tutto l'agro aversano. Le uve provengono da terreni confiscati alla camorra e affidati, grazie a un processo virtuoso, alla cooperativa Eureka, che include nel team di lavoro persone con problemi psichici al fine di contribuire al loro percorso di indipendenza: da qui l'ironico ed eroico nome di Vitematta.

Via Treviso I Traversa - 81033 Casal di Principe (CE)
T. 081 892 3880 | M. info@vitematta.it
www.vitematta.it

Viticoltura: Convenzionale
Ettari: 24 | **Bottiglie:** 90.000 | **Produzione olearia:** No
Proprietà: Coop Sociale Eureka Onlus
Cond. enologica: Gianluca Tommaselli
Cond. agronomica: Staff aziendale
Vendita diretta: Sì | **Visite in azienda:** Sì

AVERSA ASPRINIO RADICE ETRUSCA PAS DOSÉ 2019
Bianco Doc Metodo Classico - Asprinio 100%
Alc. 11,5% | € 30 | Bt. 2.000 | Ferm. Acciaio | 36 mesi sui lieviti
Giallo paglierino, attraversato da perlage fine e persistente. Profumo energico di panificazione, con foglie di limone e nuance empireumatiche. Gusto vibrante e dissetante, con una vena salina che accompagna il lungo e succoso epilogo, ricco di accenti agrumati. Pizza fritta con provola e salsiccia.

PIETRA BIANCA 2021
Bianco Igt - Asprinio 100%
Alc. 12,5% | € 18 | Bt. 1.500 | Ferm. Acciaio | Mat. Acciaio 12 mesi
Risotto all'isolana.

MARHITATE 2022
Bianco Metodo Martinotti - Asprinio 100%
Alc. 11% | € 15 | Bt. 20.000 | Ferm. Acciaio | 4 mesi sui lieviti
Bruschetta al pomodoro.

EDONÈ 2021
Bianco Igt Passito - Asprinio 100%
Alc. 14% | € 30 | Bt. 1.500 | Ferm. Acciaio | Mat. Legno 5 mesi
Blu di pecora.

Viticoltori De Conciliis
(1996)

La famiglia De Conciliis non ha mai smesso di amare la musica, oltre al vino, ed è quindi facile comprendere l'adesione a tanti eventi jazz in cui le sonorità musicali si fondono con le caratteristiche organolettiche dei loro vini. Le nuove generazioni propongono un'attività di accoglienza enoturistica che punta all'abbinamento della produzione enologica con le eccellenze del territorio cilentano. La grande pulizia di beva è il filo conduttore di tutte le etichette presentate; un po' a sorpresa, il punteggio più alto lo raggiunge con un classico aziendale, il Cilento Aglianico Donnaluna 2019.

Località Querce, 1 - 84060 Prignano Cilento (SA)
T. 0974 831090 | M. info@viticoltorideconciliis.it
www.viticoltorideconciliis.it

Viticoltura: Biologica certificata
Ettari: 15 | **Bottiglie:** 250.000 | **Produzione olearia:** Sì
Proprietà: Famiglia De Conciliis
Cond. enologica: Fortunato Sebastiano, Vincenzo Falace
Cond. agronomica: Paola De Conciliis
Vendita diretta: Sì | **Visite in azienda:** Sì

CILENTO AGLIANICO DONNALUNA 2019
Rosso Doc - Aglianico 100%
Alc. 14% | € 18 | Bt. 25.000 | Ferm. Acciaio | Mat. Acciaio 12 mesi e Legno 12 mesi
Luminoso rosso carminio. La frutta è protagonista del primo naso con ciliegie, more di rovo e ribes, cui seguono le spezie con chiodi di garofano e pepe nero. Sorso avvolgente e trama tannica ben equilibrata: bevibilità e persistenza, scandite da puntuali ritorni di confettura di amarene. Fettuccine al ragù d'agnello.

NAIMA 2018
Rosso Igp - Aglianico 100%
Alc. 14,5% | € 40 | Bt. 1.500 | Ferm. Acciaio | Mat. Acciaio 6 mesi e Legno 36 mesi
Pluma di maialino Bellota con cipolle caramellate.

CILENTO FIANO DONNALUNA 2022
Bianco Doc - Fiano 100%
Alc. 13% | € 18 | Bt. 20.000 | Ferm. Acciaio | Mat. Acciaio 5 mesi
Alici a scapece.

CILENTO FIANO PERELLA 2019
Bianco Doc - Fiano 100%
Alc. 12,5% | € 20 | Bt. 1.500 | Ferm. Acciaio | Mat. Acciaio 6 mesi e Legno 9 mesi
Risotto ai frutti di mare.

MISTERIOSO ROSSO 2020
Rosso Igp - Aglianicone 100%
Alc. 13,5% | € 18 | Bt. 1.500 | Ferm. Acciaio | Mat. Acciaio 6 mesi e Terracotta 12 mesi
Brasato di manzo al vino rosso.

BACIOILCIELO FIANO 2021
Bianco Igp - Fiano 90%, Falanghina 10%
Alc. 12,5% | € 12 | Bt. 15.000 | Ferm. Acciaio | Mat. Acciaio 5 mesi
Seppie ripiene su crema di ceci.

AGLIANICO DONNALUNA
2018

MAYBE BRUT
2018

PU
GLIA

L'autenticità, il segreto di un territorio

Luciano Ferraro

Nella regione più pianeggiante d'Italia (costituita per il 53,2% da pianura, per il 43,5% da collina e per l'1,5% da montagna) i segni della Xilella e lo sterminio degli ulivi hanno cambiato radicalmente il paesaggio. La Xilella è un mostro entrato anche nella casa di Donato Carrisi. Lo scrittore di Martina Franca che ha vinto il Premio Bancarella con *Il suggeritore* e il David di Donatello con *La ragazza della nebbia* produce olio dall'oliveto di famiglia, con piante secolari. "Stiamo cercando di proteggerle in tutti i modi, di difenderle e di tenerle in vita", racconta Carrisi. "Il paesaggio è stato modificato in maniera radicale dal batterio. Sono state devastate le piane".
Ma se la morìa degli alberi secolari ha segnato in modo indelebile il paesaggio, un evento di segno contrario lo ha impreziosito. Come la diffusione della vite in alcune zone un tempo sottovalutate. La descrizione del vino pugliese fino a qualche decina di anni fa era disarmante: nella maggior parte si trattava di vino da taglio. Venivano trasportate le uve – con i treni, a quintali e quintali – verso il Nord, per dare vigore a rossi esangui, con poco colore e scarso grado alcolico. Il cambiamento climatico ha reso inutile questa pratica. "Ed è stato un bene – dice Carrisi – perché quel vino da taglio di scarsissima qualità, grazie anche all'intervento di produttori di altre regioni e di bravissimi enologi pugliesi, è sparito lasciando il posto alla valorizzazione del Negramaro e del Primitivo, che sono ormai eccellenze d'Italia. O alla scoperta del Nero di Troia, che ha ancora un margine di crescita". Carrisi è cresciuto in Valle d'Itria. "Un altopiano stranissimo, dal quale nasceva un vino aspro, non buonissimo. Quello è un terreno carsico e il prodotto era quello che era. I viticoltori davano le uve alle cantine sociali, l'unico modo per rendere produttivi i filari era di mettere insieme le uve, e anche così la qualità non era certo eccelsa. Negli ultimi anni però sono cambiate le vigne, non sono più piccole e arroccate in scampoli di terreno. Ora sono rigogliose. E chissà tra qualche anno cosa succederà alle viti, diventeranno sempre migliori".
Ormai si assiste con costanza al successo dei vini regionali, provenienti da territori distanti tra di loro, non solo dalle aree a denominazione che tutti conoscono. La ricetta prevede spesso la sapiente miscela tra antico e moderno, dove l'uva di vecchie viti ad alberello, lascito della Magna Grecia, alcune più che centenarie e con produzioni limitatissime, incontra tecniche di vinificazione moderne, attente e rigorose, volte a ottenere il meglio da questi ceppi, veri cimeli da custodire con cura. Il rinnovato entusiasmo per gli autoctoni non ha risparmiato la regione, capace di proporre sempre più numerose interpretazioni, sia in bianco che in rosso, di uve che hanno rischiato di scomparire, come susumaniello, minutolo o pampanuto, solo per citarne alcuni.

Donato Carrisi: "Per scoprire la Puglia autentica e originale non si devono seguire i percorsi turistici".

La Puglia è una delle regioni a più alto tasso di occupazione agricola e urbana del suolo. Il 65% della superficie è destinata all'agricoltura (1.259.000 ettari), città e infrastrutture occupano 213.400 ettari, pari ad un altro 11%. Il resto sono boschi, pascoli e prati, zone umide, raggiungiamo un totale di aree non naturali esteso per il 76% della regione. Nell'Atlante del Patrimonio Ambientale, Territoriale e Paesaggistico della Regione Puglia vengono elencate le ricchezze naturali: 47 habitat della regione mediterranea su 110 in Italia; 2.500 specie di piante, il 42% di quelle nazionali; 10 specie di anfibi su 37 presenti nell'Italia peninsulare; 21 specie di rettili su 49; 179 specie di uccelli nidificanti su 250; 62 specie di Mammiferi su 102. "Sorprendente è l'importanza dei boschi in termini di valore e conservazione. Il nucleo più importante è rappresentato dai boschi del Gargano, dove sono presenti ben 12 habitat d'interesse comunitario.

Quante di queste bellezze naturali sono comprese e visitate? Bisognerebbe trasformarsi da turisti in viaggiatori, secondo Donato Carrisi. Che ha idee precise su quanto il boom del turismo abbia inciso sulla vita e sul paesaggio della regione. "I turisti sono come i topi, devastano quello che trovano. Sono a favore dei viaggiatori, quelli che arrivano con la consapevolezza del territorio in cui si trovano". Secondo il romanziere e regista, la Puglia sta vivendo una "stranissima illusione: è convinta che il turismo porti il tesoro, quindi ogni luogo si adatta al turismo e proprio per questo viene snaturato. Per scoprire la Puglia autentica e originale non si devono seguire i percorsi turistici".

"Sono a favore dei viaggiatori, quelli che arrivano con la consapevolezza del territorio in cui si trovano".

Un esempio è quello della piana di Fasano, tristemente nota alle cronache. "Quando il contrabbando è stato sradicato nella piana di Fasano – ricorda Carresi – tutti si chiedevano chissà cosa succederà, si pensava a un disastro economico e sociale. Invece quella piana è diventata la piana dei resort, le masserie extra lusso, offerte al viaggiatore che vuole rispettare la terra che visita".

Il dibattito sui prezzi sopra la media ha segnato l'estate 2023, con accuse dei turisti e repliche di ristoratori e baristi. Una girandola di scontrini fiscali contestati. Scontrini in qualche caso tragicomici. "Ma vanno benissimo i prezzi altissimi, a patto che corrispondano alla qualità del servizio", dice Carrisi. "Conosco alcune persone che lavorano per i resort e raccontano che i turisti non escono, mangiano nelle masserie perché una volta fuori vengono spennati. Anche se non hanno problemi di soldi, non sopportano di pagare più del dovuto per un pasto". Diversi gli scopi di buona parte dei turisti che scelgono il Salento, soprattutto i giovani. "Molti sono interessati – secondo Carrisi – solo a spiagge, alcol, discoteche e baldorie. Sono loro i turisti topi, per i quali fa lo stesso andare in Puglia, in Grecia o in Croazia. Ma prima o poi i pugliesi si sveglieranno e scopriranno che questo turismo porta via più di quanto lascia. In Spagna questo passaggio è già avvenuto. A Barcellona gli abitanti sono ormai ostili con i turisti. Se racconto la Puglia nei miei romanzi? No, perché gli scrittori hanno un passaporto per andare dove e quando vogliono. Se posso viaggiare su Marte mille anni fa, perché dovrei restare a Martina Franca?".

Highlights

94.263 ETTARI VITATI COMPLESSIVI
14.396 destinati a DOP, 37.908 destinati a IGP, 41.959 destinati a vini generici.

RIPARTIZIONE COLORE
Vini bianchi 45,96%
Vini rossi o rosati 54,04%

10.846.499 HL DI PRODUZIONE TOTALE
7,16% di vino DOP, 32,48% di vino IGP, 60,36% di vini generici.

LE PROVINCE PIÙ PRODUTTIVE
Foggia 30,88% sul totale, Taranto 22,79% sul totale, Barletta-Andria-Trani 16,15% sul totale

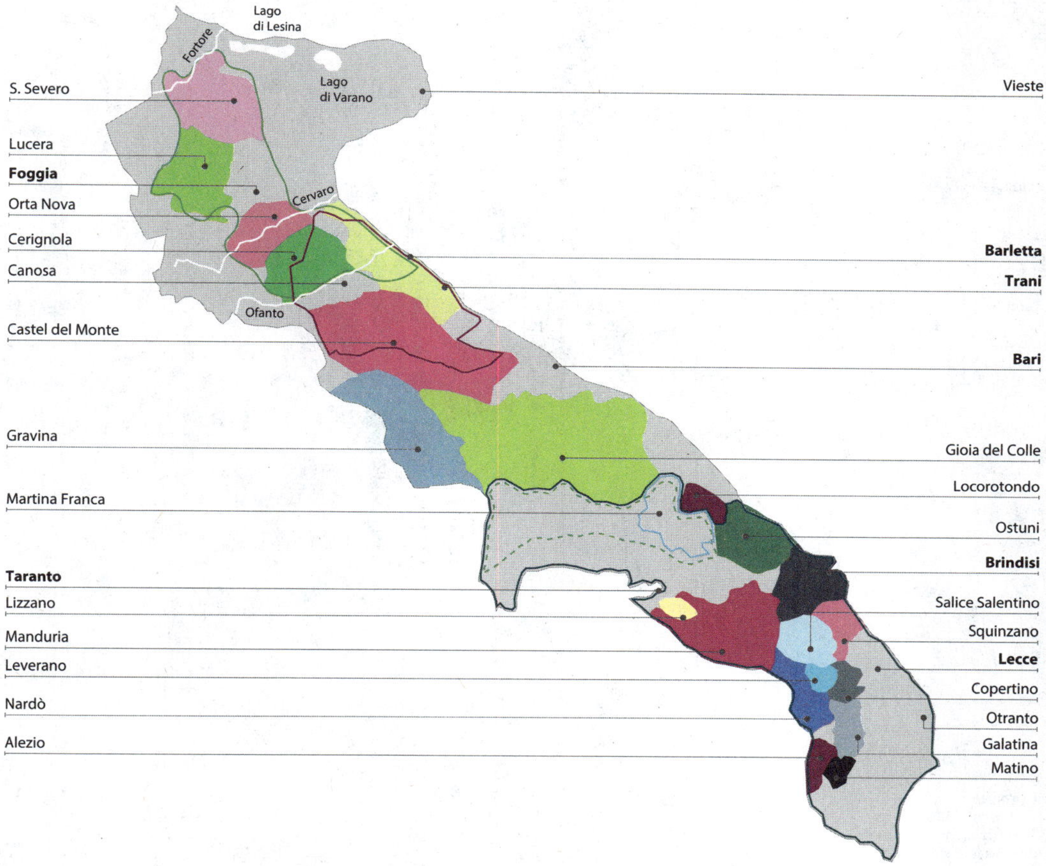

Legenda

- Aleatico di Puglia (tutta la regione)
- Tavoliere delle Puglie o Tavoliere
- San Severo
- Cacc'e Mmitte di Lucera
- Orta Nova
- Rosso di Cerignola
- Moscato di Trani
- Barletta
- Gravina
- Gioia del Colle
- Castel del Monte Bombino Nero DOCG
  Castel del Monte Nero di Troia Riserva DOCG
  Castel del Monte Rosso Riserva DOCG
  Castel del Monte
- Locorotondo
- Colline Joniche Tarantine
- Martina o Martina Franca
- Ostuni
- Lizzano
- Primitivo di Manduria Dolce Naturale DOCG
  Primitivo di Manduria
- Brindisi
- Squinzano
- Salice Salentino
- Nardò
- Leverano
- Copertino
- Galatina
- Alezio
- Matino
- Terra d'Otranto
  Negroamaro di Terra d'Otranto

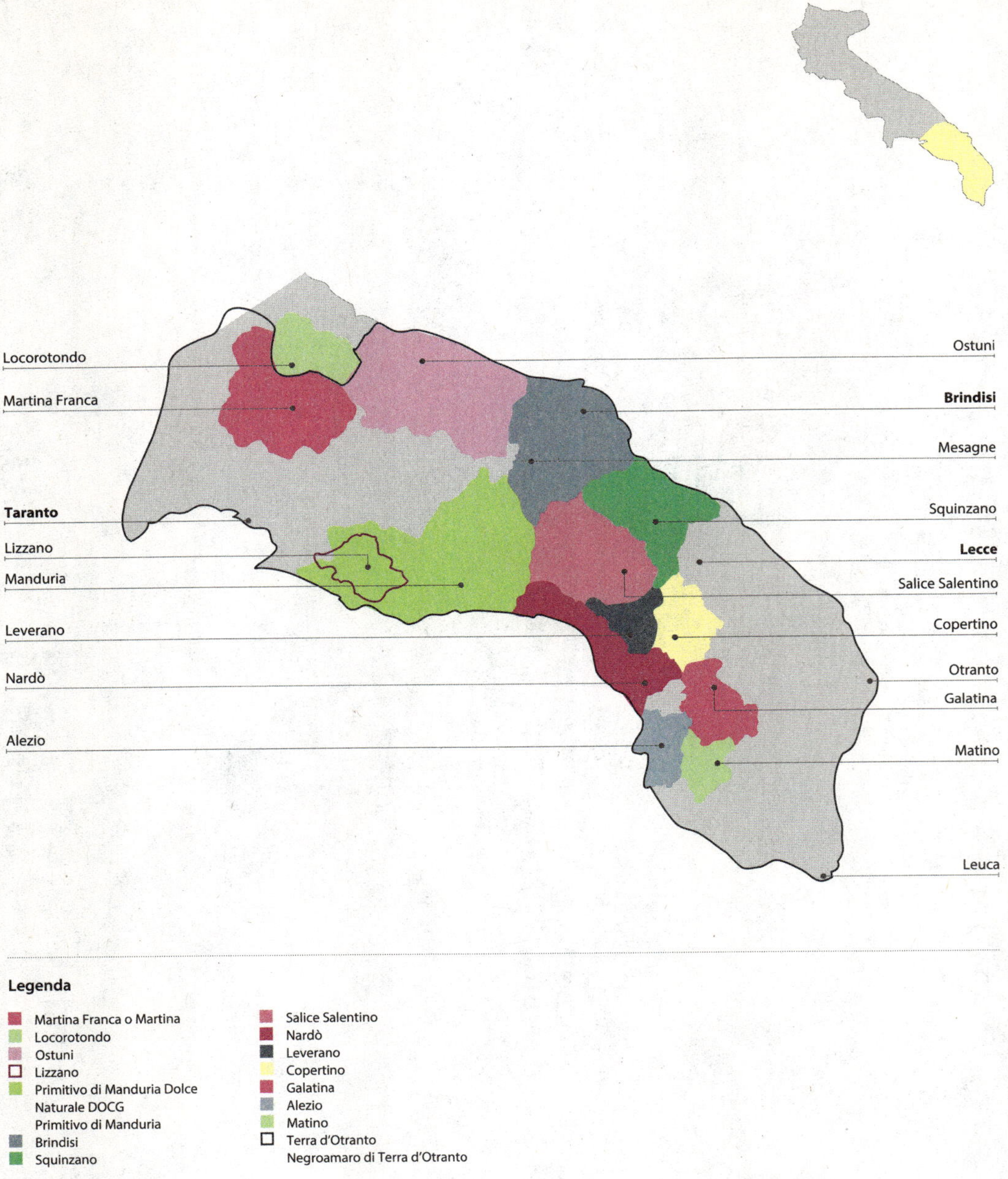

un inconfondibile amalgama di potenza strutturale e delicatezza aromatica, in un contesto in cui il calore alcolico non fungeva da freno all'espansione dei profumi; in questo senso erano imparentabili solo a certi grandi vini greci del Peloponneso, capaci di rilasciare strati di aromi e di energia gustativa anche se avvolti in una gradazione alcolica poderosa e a tratti quasi violenta. Nel quarto di secolo successivo molti vini hanno finito per somigliare a un Supertuscan, o a un massiccio vino siciliano "moderno", o a un carnoso rosso umbro, eccetera eccetera: non c'era sostanzialmente una grande differenza organolettica. Nel periodo che è seguito, immediatamente precedente alla contemporaneità, anche in Puglia il progetto di rinascita del vino è partito dalla graduale riscoperta del patrimonio di varietà locali. A cominciare certo dal primitivo e dal negroamaro – vitigno in grado di dare rossi di sorprendente multidimen

A Mano Wine
(1998)

Mark ed Elvezia, i proprietari dell'azienda, si sono innamorati della Puglia 25 anni fa e da allora non l'hanno più abbandonata. Mark è un winemaker californiano, Elvezia un'enologa friulana. Insieme hanno trasformato quella che doveva essere una vacanza in una scelta di vita. I loro vini danno voce ai vitigni pugliesi, e non solo al primitivo, che è stato il primo amore e che rimane la varietà prediletta, ma anche al susumaniello, al negroamaro e alla falanghina. Il susumaniello, in particolare, è declinato in rosato e in rosso e mostra di trovarsi a proprio agio nella Murgia.

Via San Giovanni, 41 - 70015 Noci (BA)
T. 080 3434872 | M. a.mano@amanowine.com
www.amanowine.com

Viticoltura: Biologica
Ettari: 40 | **Bottiglie:** 350.000 | **Produzione olearia:** Sì
Proprietà: Mark Shannon e Elvezia Sbalchiero
Cond. enologica: Mark Shannon
Cond. agronomica: Mark Shannon
Vendita diretta: Sì | **Visite in azienda:** Sì

SUSUMANIELLO IMPRINT ROSATO 2022
Rosato Igt - Susumaniello 100%
Alc. 13% | € 14 | Bt. 10.000 | Ferm. Acciaio | Mat. Acciaio 3 mesi
Cerasuolo tenue con bagliori di oro rosa. Offerta olfattiva invitante, con ricordi di ciliegia, bocca di leone, garofano, pesca nettarina e maggiorana. Gusto polposo, rotondo, ben bilanciato e di attraente persistenza. Linguine allo scoglio.

FALANGHINA IMPRINT 2022
Bianco Igt - Falanghina 100%
Alc. 13% | € 14 | Bt. 10.000 | Ferm. Acciaio | Mat. Acciaio 3 mesi
Spaghetti con vongole veraci.

PRIMA MANO NEGROAMARO 2017
Rosso Igt - Negroamaro 100%
Alc. 14,5% | € 20 | Bt. 9.000 | Ferm. Cemento | Mat. Cemento 24 mesi
Pollo alle mandorle e curcuma.

PRIMA MANO PRIMITIVO 2021
Rosso Igt - Primitivo 100%
Alc. 14,5% | € 20 | Bt. 9.000 | Ferm. Cemento | Mat. Cemento 12 mesi
Tartare di manzo.

PRIMITIVO IMPRINT 2021
Rosso Igp - Primitivo 100%
Alc. 14% | € 14 | Bt. 55.000 | Ferm. Cemento | Mat. Cemento 6 mesi
Tagliatelle al ragù.

SUSUMANIELLO IMPRINT 2021
Rosso Igt - Susumaniello 100%
Alc. 13,5% | € 14 | Bt. 20.000 | Ferm. Acciaio | Mat. Cemento 6 mesi
Zuppa di legumi e cereali.

PRIMITIVO ROSATO A MANO
2018

PRIMA MANO
2015

Agri Girardi
(2017)

Azienda agricola familiare di recente fondazione, con sede su un'alta collina in contrada Cimaglia, quasi al confine fra l'agro di Acquaviva delle Fonti e quello di Gioia del Colle. I progetti sono tanti e ambiziosi e le premesse positive ci sono tutte. Il bianco è una delizia e le uve fiano e malvasia bianca sono prodotte nelle vicinanze dell'azienda. Le vigne di primitivo si trovano invece nel vocatissimo territorio di Sammichele di Bari. I rossi già pronti sono molto promettenti, mentre la robusta Riserva è ancora in affinamento.

Via Sottotenente Silecchia, 6 - 70020 Cassano delle Murge (BA)
T. 338 5268202 | M. info@agrigirardi.it
www.agrigirardi.it

Viticoltura: Convenzionale
Ettari: 77 | **Bottiglie:** 15.680 | **Produzione olearia:** Sì
Proprietà: Francesco Girardi
Cond. enologica: Tommaso Pinto
Cond. agronomica: Francesco Girardi
Vendita diretta: Sì | **Visite in azienda:** No

CIMAGLIA 2022
Bianco Igp - Fiano 50%, Malvasia bianca 50%
Alc. 12,5% | € 15 | Bt. 2.860 | Ferm. Acciaio | Mat. Acciaio 7 mesi
Verdolino scintillante, che libera purissimi sentori di lime, bergamotto, gelsomino, banana, mela verde, timo e finocchietto. In bocca si esprime con grazia, dimostrando precisione, coerenza e spiccata personalità. Tiella di riso, patate e cozze.

GIOIA DEL COLLE PRIMITIVO BARTOLO 2021
Rosso Doc - Primitivo 100%
Alc. 15% | € 26 | Bt. 3.300 | Ferm. Legno e Acciaio | Mat. Legno 18 mesi
Canestrato pugliese.

TRE LAME 2021
Rosso Igp - Primitivo 100%
Alc. 14,5% | € 20 | Bt. 3.270 | Ferm. Acciaio | Mat. Acciaio 7 mesi
Fettuccine al ragù d'agnello.

PIRÒK 2022
Rosato Igp - Primitivo 100%
Alc. 13,5% | € 17 | Bt. 6.250 | Ferm. Acciaio | Mat. Acciaio 7 mesi
Capocollo di Martina Franca.

Agricola Armònja
(2019)

In pochi anni questa piccola e giovane azienda, di proprietà di Giuseppe Latorre, sta guadagnando visibilità e apprezzamenti per una gamma di vini fortemente rappresentativi dell'area territoriale murgiana. In attesa delle nuove annate degli altri vini, la sola etichetta presentata in quest'edizione è il prodotto di punta della cantina, un Primitivo che, a uno straordinario vigore, affianca equilibrio e armoniosa finezza. Il nome Terre di Monteschiavo evoca una rinomata contrada di Acquaviva delle Fonti.

Contrada Sant'Elia - 70021 Acquaviva delle Fonti (BA)
T. 080 9643502 | M. info@agricolaarmonja.com
www.agricolaarmonja.com

Viticoltura: Convenzionale
Ettari: 5 | **Bottiglie:** 12.000 | **Produzione olearia:** No
Proprietà: Giuseppe Latorre
Cond. enologica: Benedetto Lorusso
Cond. agronomica: Vito Ferri
Vendita diretta: No | **Visite in azienda:** No

GIOIA DEL COLLE PRIMITIVO RISERVA TERRE DI MONTESCHIAVO 2020
Rosso Doc - Primitivo 100%
Alc. 16% | € 26 | Bt. 2.000 | Ferm. Acciaio | Mat. Acciaio 12 mesi e Legno 6 mesi
Rubino intenso. Sinfonia olfattiva che unisce ai sentori di confettura di ciliegia, scorzetta di arancia, carruba e castagna, accenti di rosa, cenere e marzapane, su uno sfondo di curry e vaniglia. La generosa dotazione alcolica è bilanciata da succosa freschezza, giusta sapidità e tannino levigato. Chiusura agrumata. Maiale in agrodolce.

GIOIA DEL COLLE PRIMITIVO RISERVA TERRE DI MONTESCHIAVO
2019

GIOIA DEL COLLE PRIMITIVO CORTE SANT'ELIA
2020

Agricola Ladogana
(2014)

Un'azienda agricola che vanta oltre un secolo di storia nel fertile territorio di Orta Nova in Capitanata. Il passaggio di testimone fra generazioni ha consentito di mantenere una forte identità e l'attaccamento alla terra. Non è comunque mancata la capacità di rinnovarsi e camminare a passo spedito con i tempi. Fra le degustazioni di quest'edizione, si fa particolarmente apprezzare il corposo rosso Ghort, da nero di Troia in purezza. Una bella scoperta l'invitante rosato Delicia, da uve syrah.

Via De Gasperi, 61 - 71045 Orta Nova (FG)
T. 0885 784335 | M. info@ladoganavini.it
www.ladoganavini.it

Viticoltura: Biologica certificata
Ettari: 40 | **Bottiglie:** 250.000 | **Produzione olearia:** No
Proprietà: Famiglia Ladogana
Cond. enologica: Vittorio Feola
Cond. agronomica: Vittorio Feola
Vendita diretta: Sì | **Visite in azienda:** No

GHORT 2021
Rosso Igt - Nero di Troia 100%
Alc. 13% | € 12 | Bt. 20.000 | Ferm. Acciaio | Mat. Acciaio 3 mesi
Carminio di elegante trasparenza con guizzo granato. Al naso rivela invitanti segnali di mora di rovo, iris, lavanda, radice di liquirizia, speziatura dolce e tabacco biondo. Al palato è asciutto, con tannino serico e gradevole succosità. Durevole finale fruttato. Trippa in umido.

DELICIA 2022
Rosato Igt - Syrah 100%
Alc. 13% | € 12 | Bt. 20.000 | Ferm. Acciaio | Mat. Acciaio 3 mesi
Risotto con zucchine, fiori di zucca e zafferano.

PHILOMENE 2022
Rosato Igt Frizzante - Aglianico 100%
Alc. 13% | € 15 | Bt. 25.000 | Ferm. Acciaio | Mat. Acciaio 2 mesi
Battuto di gamberi rossi di Sicilia.

VERSURA 2022
Rosato Igt - Nero di Troia 100%
Alc. 13% | € 12 | Bt. 20.000 | Ferm. Acciaio | Mat. Acciaio 2 mesi
Riso venere con verdure e crostacei.

TERRE SALDE 2022
Bianco Igt - Greco 100%
Alc. 12% | € 12 | Bt. 25.000 | Ferm. Acciaio | Mat. Acciaio 2 mesi
Torta salata alle zucchine e origano.

DON FRANC' 2022
Bianco Igt Frizzante - Chardonnay 100%
Alc. 12% | € 15 | Bt. 25.000 | Ferm. Acciaio | Mat. Acciaio 3 mesi
Frittura di calamari, gamberi e zucchine.

GHORT
2020

NERO DI TROIA LE SELEZIONI
2018 | 2019

Albea
(1905)

Nello scenario sempre magico di Alberobello, fiabesca città dei trulli, una cantina che riesce a mantenere nei suoi vini un filo conduttore di forza e finezza. Le prime posizioni vanno a due rossi di carattere, Lui, da nero di Troia in purezza, e Sol, da primitivo. Intrigante lo spumante Metodo Classico, che riesce a concertare ben quattro diverse uve locali: minutolo, bianco d'Alessano, maresco e verdeca. Singolare anche il blend di Lei, che mette insieme maresco, viognier e uva di Troia vinificata in bianco.

Via Due Macelli, 8 - 70011 Alberobello (BA)
T. 080 4323548 | M. albea@albeavini.com
www.albeavini.com

Viticoltura: Convenzionale e biologica
Ettari: 80 | **Bottiglie:** 320.000 | **Produzione olearia:** No
Proprietà: Renzini Holding
Cond. enologica: Mourad Ouada, Claudio Sisto
Cond. agronomica: Staff aziendale
Vendita diretta: Sì | **Visite in azienda:** Sì

LUI 2019
Rosso Igt - Nero di Troia 100%
Alc. 14% | € 28 | Bt. 10.000 | Ferm. Acciaio | Mat. Acciaio 6 mesi e Legno 10 mesi
Rubino impenetrabile con screzio granato. Con maestria si fanno strada profumi di confettura di more di rovo, spezie dolci, essenze orientali e radice di liquirizia. Sorso di notevole struttura, bilanciato da freschezza rigenerante e da un tannino fitto e setoso. Di rilievo l'allungo finale. Pappardelle al ragù di cervo.

LEI
Bianco - Nero di Troia 70%, Viognier 20%, Maresco 10%
Alc. 13,5% | € 28 | Bt. 10.000 | Ferm. Legno e Acciaio | Mat. Legno 4 mesi
Baccalà mantecato.

ODEGITRIA 2019
Bianco Metodo Classico - Verdeca 40%, Bianco d'Alessano 30%, Maresco 20%, Minutolo 10%
Alc. 12,5% | € 28 | Bt. 3.000 | Ferm. Acciaio | Mat. Acciaio 8 mesi
48 mesi sui lieviti
Grana Padano Riserva.

SOL 2020
Rosso Igt - Primitivo 100%
Alc. 15% | € 22 | Bt. 15.000 | Ferm. Acciaio | Mat. Legno 12 mesi
Costata di manzo alla griglia.

PETRANERA 2021
Rosso Igt - Primitivo 100%
Alc. 13,5% | € 18 | Bt. 30.000 | Ferm. Legno e Acciaio | Mat. Legno 6 mesi
Filetto di scottona in sfoglia.

PETRAROSA 2022
Rosato Igt - Primitivo 100%
Alc. 12,5% | € 16 | Bt. 16.000 | Ferm. Acciaio | Mat. Acciaio 3 mesi
Scaloppa di vitello con asparagi trifolati.

PETRANERA
2020

SOL
2016 | 2017 | 2018

Donato Angiuli
(1982)

Una cantina che in un modo o nell'altro rimane sempre sotto i riflettori, innanzitutto per la capacità di mantenere nei vini un livello costantemente elevato; poi perché, pur riproponendo etichette in qualche modo classiche, riesce anche a esplorare strade nuove e a cercare nuove espressioni. Così, accanto a Maccone Moscato secco, che si conferma da anni un bianco di forte personalità e di ottima caratura, ecco spuntare un inedito rosato ottenuto da uva notardomenico, un vino raro, che unisce alla piacevolezza un particolare impatto emozionale.

Via Principe Umberto, 27 - 70010 Adelfia (BA)
T. 080 4597130 | M. info@angiulidonato.com
www.angiulidonato.com

Viticoltura: Convenzionale
Ettari: 12 | **Bottiglie:** 200.000 | **Produzione olearia:** No
Proprietà: Donato Angiuli
Cond. enologica: Giuseppe Angiuli, Tommaso Pinto
Cond. agronomica: Vincenzo Macchia, Antonio Carlo Magno
Vendita diretta: Sì | **Visite in azienda:** Sì

MOSCATO SECCO MACCONE 2022
Bianco Igp - Moscato bianco 100%
Alc. 13,5% | € 12 | Bt. 5.000 | Ferm. Acciaio | Mat. Acciaio 6 mesi
Paglierino smagliante. Al naso un annuncio salmastro precede note aromatiche di gelsomino, lime, pesca noce, erbette e mallo di noce. Avvincente l'evoluzione di un sorso calibrato, lungo e rotondo, grande equilibrio. Dissolvenza su temi floreali. Ravioli di pesce con sugo di canestrelli.

MARESCO MACCONE BIANCO 2022
Bianco Igp - Maresco 100%
Alc. 12,5% | € 15 | Bt. 2.000 | Ferm. Acciaio | Mat. Acciaio 6 mesi
Impepata di cozze.

MACCONE NOTARDOMENICO ROSATO 2022
Rosato Igp - Notardomenico 100%
Alc. 13,5% | € 15 | Bt. 1.500 | Ferm. Acciaio | Mat. Acciaio 6 mesi
Melanzane e peperoni ripieni.

MACCONE BIANCO D'ALESSANO 2022
Bianco Igp - Bianco d'Alessano 100%
Alc. 13,5% | € 20 | Bt. 1.300 | Ferm. Legno e Acciaio | Mat. Acciaio 6 mesi e Legno 6 mesi
Insalata di mare.

NERO DI TROIA ANGIULI 2021
Rosso Igp - Nero di Troia 100%
Alc. 14% | € 8 | Bt. 15.000 | Ferm. Acciaio | Mat. Acciaio 6 mesi
Carré di maiale con patate al forno.

NEGROAMARO BIANCO MACCONE 2022
Bianco Igp - Negroamaro 100%
Alc. 13,5% | € 12 | Bt. 9.500 | Ferm. Acciaio | Mat. Acciaio 6 mesi
Risotto alla granseola.

MOSCATO SECCO MACCONE
2016 | 2017 | 2019

NEGROAMARO BIANCO MACCONE
2021

Antica Enotria
(1993)

La realtà vitivinicola di Cerignola sta tornando a splendere, grazie a un gruppo di produttori intraprendenti, motivati e capaci di tradurre i loro sogni in realizzazioni concrete. L'azienda Antica Enotria, guidata con lungimiranza dalla famiglia Di Tuccio, si inserisce perfettamente in questo contesto di proposte significative, capaci di esaltare i vitigni storici di questa zona, a partire dal nero di Troia. Quest'ultimo dà vita a vini del calibro di Contessa Staffa e Sale della Terra. Significative anche le interpretazioni di falanghina, fiano e primitivo.

SP 65 - Contrada Risicata - 71042 Cerignola (FG)
T. 0885 418462 | M. info@anticaenotria.it
www.anticaenotria.it

Viticoltura: Biologica e biologica certificata
Ettari: 25 | **Bottiglie:** 100.000 | **Produzione olearia:** Sì
Proprietà: Famiglia Di Tuccio
Cond. enologica: Aldo Avello
Cond. agronomica: Luigi Di Tuccio
Vendita diretta: Sì | **Visite in azienda:** Sì

CONTESSA STAFFA 2022
Rosato Igt - Nero di Troia 100%
Alc. 13,5% | € 12 | Bt. 10.500 | Ferm. Acciaio | Mat. Acciaio 2 mesi
Rosa antico con lampi cerasuolo. Invitanti richiami olfattivi di ciliegia, rabarbaro e chinotto. Assaggio corposo, perfettamente bilanciato, che si allunga su una gradevole vena sapida. Chiusura appena amaricante. Lasagnette con ragù di coniglio e crema di piselli.

FALANGHINA 2022
Bianco Igt - Falanghina 100%
Alc. 13,5% | € 12 | Bt. 10.000 | Ferm. Acciaio | Mat. Acciaio 5 mesi
Zuppa di pesce.

IL SALE DELLA TERRA 2019
Rosso Igt - Nero di Troia 100%
Alc. 13,5% | € 22 | Bt. 3.800 | Ferm. Acciaio | Mat. Legno 20 mesi
Quaglie alla cacciatora.

FIANO 2022
Bianco Igt - Fiano 100%
Alc. 13,5% | € 12 | Bt. 5.000 | Ferm. Acciaio | Mat. Acciaio 6 mesi
Linguine all'astice.

VRICCIO PRIMITIVO 2021
Rosso Igt - Primitivo 100%
Alc. 13,5% | € 14 | Bt. 9.000 | Ferm. Acciaio | Mat. Acciaio 12 mesi
Lasagne alla bolognese.

NERO DI TROIA 2020
Rosso Igt - Nero di Troia 100%
Alc. 13,5% | € 16 | Bt. 5.000 | Ferm. Acciaio | Mat. Acciaio 12 mesi e Legno 12 mesi
Risotto con salsiccia e Taleggio.

PURAGIOIA
2018 | 2020

NERO DI TROIA
2013 | 2017 | 2018

Antica Masseria Jorche
(2009)

La famiglia Gianfreda ha trasformato un'antica masseria in un moderno resort con annesso ristorante, dove si respira un'atmosfera magica in uno scenario autenticamente mediterraneo. La produzione vitivinicola è parte integrante di questo contesto luminoso, curatissimo e accogliente. Le punte di diamante della produzione sono le diverse versioni di Primitivo, tra le quali brillano il Dolce Naturale Lo Apu e la Riserva. Si rimane piacevolmente colpiti anche dall'ottimo bianco e dal sorprendente spumante Metodo Classico.

Contrada Jorche - 74020 Torricella (TA)
T. 099 9573232 | M. jorchewines@jorche.it
www.jorchewinery.it

Viticoltura: Biologica certificata
Ettari: 41 | **Bottiglie:** 130.000 | **Produzione olearia:** Sì
Proprietà: Dalila ed Emanuela Gianfreda
Cond. enologica: Emanuela Gianfreda
Cond. agronomica: Staff aziendale
Vendita diretta: Sì | **Visite in azienda:** Sì

PRIMITIVO DI MANDURIA DOLCE NATURALE LO APU 2021
Rosso Docg Dolce - Primitivo 100%
Alc. 14,5% | € 30 | Bt. 2.000 | Ferm. Acciaio | Mat. Acciaio 10 mesi e Legno 5 mesi
Prezioso rubino con orlo granato, di bella concentrazione. Spartito olfattivo orientato su sinfonie di ciliegia scura, carruba, erbe officinali, corteccia d'albero e radice di liquirizia. Sorso vellutato, carnoso, attraente, sostenuto da un tannino di squisita fattura. Allungo godurioso. Mousse al cioccolato fondente.

PRIMITIVO DI MANDURIA RISERVA 2019
Rosso Dop - Primitivo 100%
Alc. 16% | € 32 | Bt. 35.000 | Ferm. Acciaio | Mat. Acciaio 30 mesi e Legno 12 mesi
Arista di maiale con salsa di prugne.

FIANO E BIANCO D'ALESSANO 2019
Bianco Igp - Minutolo 75%, Bianco d'Alessano 25%
Alc. 12% | € 18 | Bt. 3.000 | Ferm. Acciaio | Mat. Acciaio 33 mesi e Legno 3 mesi
Ricciola al forno con capperi e pomodori ciliegino.

SPUMANTE METODO CLASSICO BRUT 2013
Bianco Igp Metodo Classico - Bianco d'Alessano 75%, Minutolo 25%
Alc. 12% | € 26 | Bt. 3.500 | Ferm. Acciaio | Mat. Legno 3 mesi
90 mesi sui lieviti
Risotto ai frutti di mare.

PRIMITIVO DI MANDURIA 2019
Rosso Dop - Primitivo 100%
Alc. 15% | € 24 | Bt. 20.000 | Ferm. Acciaio | Mat. Acciaio 33 mesi e Legno 9 mesi
Tagliata di manzo al rosmarino.

CALEIDO 2020
Rosso Igp - Negroamaro 100%
Alc. 13% | € 16 | Bt. 10.000 | Ferm. Acciaio | Mat. Acciaio 24 mesi e Legno 24 mesi
Grigliata di carne con salsa barbecue.

PRIMITIVO DI MANDURIA RISERVA
2017 | 2018

SPUMANTE METODO CLASSICO BRUT
S.A.

Antico Palmento
(2003)

Esemplare gioco di squadra quello della famiglia Garofano, tutta impegnata in questa piccola cantina di Manduria, che confeziona con cura artigianale e passione infinita un numero limitato di bottiglie. Il gioiello di cui sono particolarmente orgogliosi è il Primitivo Acini Spargoli Riserva, un vino generoso, esuberante, di tale temperamento da arrivare dritto al cuore. Intrigante e piacevolmente sorprendente il bianco Sorsi d'Estate, che mette insieme in modo del tutto felice le uve chardonnay e fiano.

Via Nicola Fabrizi, 20/A - 74028 Manduria (TA)
T. 328 7237601 | M. info@anticopalmentogarofano.com
www.anticopalmentogarofano.com

Viticoltura: Convenzionale
Ettari: 4 | **Bottiglie:** 18.000 | **Produzione olearia:** No
Proprietà: Famiglia Garofano
Cond. enologica: Bruno Garofano, Mariangela Garofano
Cond. agronomica: Gabriele Garofano
Vendita diretta: Sì | **Visite in azienda:** Sì

PRIMITIVO DI MANDURIA ACINI SPARGOLI RISERVA 2018
Rosso Dop - Primitivo 100%
Alc. 16% | € 35 | Bt. 5.800 | Ferm. Cemento | Mat. Acciaio 36 mesi e Legno 12 mesi
Splendida veste granato. Avvince l'olfatto con ventate di prugna secca, confettura di more, alloro e mirto, in elegante cornice speziata. Una succosa freschezza movimenta un sorso robusto, intessuto da tannino in perfetto amalgama; echi di radice di liquirizia impreziosiscono l'incessante persistenza. Capretto arrosto alle erbe aromatiche.

SORSI D'ESTATE 2022
Bianco Igp - Chardonnay 90%, Fiano 10%
Alc. 12,5% | € 14 | Bt. 3.000 | Ferm. Cemento | Mat. Acciaio 6 mesi
Crostini con burro e salmone.

PRIMITIVO DI MANDURIA CHIODI DI GAROFANO 2020
Rosso Dop - Primitivo 100%
Alc. 16% | € 25 | Bt. 3.300 | Ferm. Cemento | Mat. Cemento 30 mesi
Involtini di vitello lardellati.

ROSE DEL SUD 2022
Rosato Igp - Primitivo 100%
Alc. 13,5% | € 17 | Bt. 4.000 | Ferm. Cemento | Mat. Acciaio 6 mesi
Spaghetti al pomodoro.

PRIMITIVO DI MANDURIA ACINI SPARGOLI RISERVA
2015

PRIMITIVO DI MANDURIA CHIODI DI GAROFANO
2015 | 2016

Apollonio 1870
(1870)

Con oltre 150 anni di storia è una delle cantine pugliesi più antiche e anche fra le più rinomate in Italia e all'estero. Il fedele richiamo alla tradizione non impedisce all'azienda di essere fortemente contemporanea, estremamente attenta al mondo della ricerca, della cultura e dell'arte. Se Terragnolo Negroamaro si aggiudica il riconoscimento delle Quattro Viti per la struttura generosa e il profilo elegante, colpiscono anche le felici interpretazioni del Copertino Doc e del Salice Salentino Doc.

Via San Pietro in Lama, 7 - 73047 Monteroni di Lecce (LE)
T. 0832 327182 | M. info@apolloniovini.it
www.apolloniovini.it

Viticoltura: Convenzionale
Ettari: 120 | **Bottiglie:** 1.500.000 | **Produzione olearia:** No
Proprietà: Famiglia Apollonio
Cond. enologica: Massimiliano Antonio Apollonio
Cond. agronomica: Elio Rizzo
Vendita diretta: Sì | **Visite in azienda:** Sì

91

TERRAGNOLO NEGROAMARO 2018
Rosso Igp - Negroamaro 100%
Alc. 15% | € 24 | Bt. 100.000 | Ferm. Legno | Mat. Legno 12 mesi
Arazzo carminio con intarsio granato. Corteo odoroso guidato da carruba e prugna in confettura; seguono caffè tostato, cannella, tabacco dolce, humus secco e corteccia d'albero. In bocca è rotondo, profondo e avvolgente, con il segno di un tannino deciso e ben levigato; finale opulento, coinvolgente. Agnello al forno con rosmarino.

COPERTINO ROSSO MANI DEL SUD 2020
Rosso Dop - Negroamaro 70%, Montepulciano 20%, Malvasia nera 10%
Alc. 14% | € 16 | Bt. 10.000 | Ferm. Legno | Mat. Legno 6 mesi
Pappardelle al ragù di cinghiale.

IL 150 SUSUMANIELLO 2022
Rosato Igp - Susumaniello 100%
Alc. 12,5% | € 12 | Bt. 10.000 | Ferm. Acciaio
Guazzetto di fasolari.

VALLE CUPA 2019
Rosso Igp - Negroamaro 50%, Primitivo 50%
Alc. 15% | € 25 | Bt. 100.000 | Ferm. Legno | Mat. Legno 12 mesi
Spezzatino di manzo.

SALICE SALENTINO ROSSO MANI DEL SUD 2021
Rosso Dop - Negroamaro 80%, Malvasia 20%
Alc. 14% | € 16 | Bt. 50.000 | Ferm. Legno | Mat. Legno 6 mesi
Straccetti di cavallo.

LAICALE
2020

SUSUMANIELLO ELFO
2021

Ariano Terra & Famiglia
(1997)

Situata nel cuore del Tavoliere di Puglia, a pochi chilometri dalla bella città di San Severo, quest'azienda si distingue per l'impegno nella direzione dell'ecosostenibilità. I vini danno espressione alle varietà caratteristiche di questo contesto territoriale. Fra i vitigni a bacca bianca sono bombino bianco e falanghina a dominare; dal primo dei due si ottengono anche promettenti spumanti Metodo Classico. Tra le cultivar a frutto scuro la preferenza va decisamente a nero di Troia e primitivo.

SP 30, km 1,800 - 71016 San Severo (FG)
T. 0882 392139 | M. info@cantinariano.it
www.cantinariano.it

Viticoltura: Biologica
Ettari: 15 | **Bottiglie:** 60.000 | **Produzione olearia:** Sì
Proprietà: Famiglia Ariano
Cond. enologica: Federica Ariano
Cond. agronomica: Omar Leonardi
Vendita diretta: Sì | **Visite in azienda:** Sì

FALANGHINA 2022
Bianco Igt - Falanghina 100%
Alc. 14,5% | € 18 | Bt. 7.500 | Ferm. Acciaio | Mat. Acciaio 5 mesi
Verdolino squillante. Invitanti ventate olfattive di pesca bianca, agrumi ed erbe di macchia mediterranea, su sfondo balsamico. In bocca esprime pienezza e piacevolezza, esaltata da lunga ed elegante scia sapida. Epilogo fruttato. Tagliolini al nero di seppia e pomodori ciliegino.

PRIMITIVO 2021
Rosso Igp - Primitivo 100%
Alc. 14,5% | € 23 | Bt. 8.000 | Ferm. Acciaio | Mat. Acciaio 5 mesi
Caciocavallo podolico.

FEDRO BRUT 2019
Bianco Igt Metodo Classico - Bombino bianco 100%
Alc. 12,5% | € 24 | Bt. 2.500 | Ferm. Acciaio | Mat. Acciaio 5 mesi
36 mesi sui lieviti
Tartare di gamberi.

SOGNO DI VOLPE BIANCO 2022
Bianco Igt - Bombino bianco 100%
Alc. 13% | € 18 | Bt. 6.500 | Ferm. Acciaio | Mat. Acciaio 5 mesi
Pappardelle con coda di rospo e carciofi.

FEDRO PAS DOSÉ 2019
Bianco Igt Metodo Classico - Bombino bianco 100%
Alc. 12,5% | € 24 | Bt. 2.500 | Ferm. Acciaio | Mat. Acciaio 5 mesi
36 mesi sui lieviti
Cocktail di gamberetti.

NEGROAMARO 2020
Rosso Igp - Negroamaro 100%
Alc. 13,5% | € 23 | Bt. 8.000 | Ferm. Acciaio | Mat. Acciaio 5 mesi
Reale di vitello alla senape antica.

SOGNO DI VOLPE ROSATO
2016 | 2017 | 2021

NERO DI TROIA GOLD
2019

Cantine Barsento
(1969)

La proposta di quest'azienda di Noci, collocata nel cuore della Murgia barese, si muove con disinvoltura fra vini classici, come il magnetico Primitivo Dolce Malicchia Mapicchia, e una serie di etichette innovative pensate per un pubblico più giovane. Queste ultime si inquadrano nella linea denominata W'Hearth, che nasce anche grazie alla creatività comunicativa dall'artista digitale Claudio Castellana, e riesce a mettere in primo piano i vitigni autoctoni con uno stile immediato, gioviale e un po' ammiccante.

Contrada San Giacomo - 70015 Noci (BA)
T. 080 4979657 | M. info@cantinebarsento.com
www.cantinebarsento.com

Viticoltura: Convenzionale
Ettari: 30 | **Bottiglie:** 150.000 | **Produzione olearia:** No
Proprietà: Cantine Barsento srl
Cond. enologica: Leonardo Palumbo
Cond. agronomica: Staff aziendale
Vendita diretta: Sì | **Visite in azienda:** Sì

MALICCHIA MAPICCHIA 2020
Rosso Igt Dolce - Primitivo 100%
Alc. 17,5% | € 30 | Bt. 20.000 | Ferm. Acciaio | Mat. Acciaio 4 mesi e Legno 12 mesi
Rubino compatto, che sprigiona delizie di gelatina di ciliegia, cenni speziati e tostatura di cioccolato fondente. Toni e gusti che tornano al palato, dove un tannino agile e scattante mitiga al punto giusto la dolcezza di base. Filetto di cervo ai mirtilli.

W'HEART EXTRA DRY ROSÉ 2022
Rosato Igp Metodo Martinotti - Primitivo 100%
Alc. 12% | € 12 | Bt. 6.000 | Ferm. Acciaio | Mat. Acciaio 6 mesi
Spaghetti alla carbonara.

W'HEART EXTRA DRY VERDECA 2022
Bianco Igp Metodo Martinotti - Verdeca 100%
Alc. 12% | € 12 | Bt. 10.000 | Ferm. Acciaio | Mat. Acciaio 6 mesi
Tartare di scampi.

W'HEART ROSATO 2022
Rosato Igp - Primitivo 100%
Alc. 12% | € 12 | Bt. 20.000 | Ferm. Acciaio | Mat. Acciaio 6 mesi
Risotto con mazzancolle al profumo d'arancia.

MAGILDA 2022
Rosato Igp - Negroamaro 100%
Alc. 12% | € 12 | Bt. 20.000 | Ferm. Acciaio | Mat. Acciaio 6 mesi
Calamarata con ragù di pesce spada.

W'HEART ROSSO 2021
Rosso Igp - Primitivo 100%
Alc. 13% | € 12 | Bt. 20.000 | Ferm. Acciaio | Mat. Acciaio 6 mesi
Straccetti di vitello al rosmarino.

GIOIA DEL COLLE PRIMITIVO CASABOLI RISERVA
2016 | 2018 | 2019

MAGILDA
2019 | 2021

Michele Biancardi
(2009)

Nell'agro cerignolano, storica terra di corposi vini rossi, Michele Biancardi si conferma un produttore talentuoso, capace di trarre ispirazione dalla tradizione e nel contempo di cercare nuove modalità espressive e percorsi insoliti. Si rimane affascinati dai volti diversi che sa dare ai suoi Nero di Troia: Mille Ceppi, un rosso innovativo e scattante, Utopia, altro rosso nerboruto e sfaccettato, e finalmente Rosalia, un rosato, variopinto e grintoso. Per i bianchi il vitigno privilegiato è il minutolo.

SP 68, km 3,200 - Contrada Viro Acquarulo - 71042 Cerignola (FG)
T. 339 4912659 | M. info@michelebiancardi.it
www.michelebiancardi.it

Viticoltura: Biologica
Ettari: 14 | **Bottiglie:** 70.000 | **Produzione olearia:** Sì
Proprietà: Famiglia Biancardi
Cond. enologica: Michelangelo Perrone
Cond. agronomica: Michele Biancardi
Vendita diretta: Sì | **Visite in azienda:** Sì

MILLECEPPI 2019
Rosso Igt - Nero di Troia 100%
Alc. 13,5% | € 23 | Bt. 6.000 | Ferm. Acciaio | Mat. Terracotta 12 mesi
Ordito rubino con ombre granato. Onde di eucalipto e macchia mediterranea, prugna, ribes nero, noce moscata e liquirizia. Assaggio pieno, ricco, dotato di tannino aitante e vibrante saporosità. Coinvolgente dissolvenza finale. Carré di maiale con patate al forno.

UTOPIA 2017
Rosso Igt - Nero di Troia 100%
Alc. 15,5% | € 55 | Bt. 1.000 | Ferm. Acciaio | Mat. Legno 30 mesi
Capretto allo spiedo.

ROSALIA 2022
Rosato Igt - Nero di Troia 100%
Alc. 12,5% | € 12 | Bt. 16.000 | Ferm. Acciaio | Mat. Acciaio 3 mesi
Triglie in guazzetto.

L'INSOLITO 2022
Bianco Igp - Minutolo 100%
Alc. 12% | € 12 | Bt. 18.000 | Ferm. Acciaio | Mat. Acciaio 3 mesi
Battuto di gamberi rossi di Sicilia.

L'INSOLITO
2021

MILLE CEPPI
2014 | 2016 | 2018

Cantine Bonsegna
(1964)

Per caratteristiche pedoclimatiche e patrimonio viticolo quella di Nardò è una terra generosa capace di esprimere grandi vini. Alessandro Bonsegna ne è uno degli interpreti più attenti e rigorosi. La sua ammirevole dedizione lo porta a concentrare ogni attenzione sulla vigna, con l'obiettivo di ottenere uve sane e idonee ai diversi progetti enologici. I risultati parlano chiaro: in una produzione tutta di ottimo livello si impone Primo, un magnifico blend di Negroamaro e Primitivo, a cui va il riconoscimento delle Quattro Viti.

Via Volta, 17 - 73048 Nardò (LE)
T. 0833 561483 | M. vinibonsegna@vinibonsegna.it
www.vinibonsegna.it

Viticoltura: Lotta integrata
Ettari: 25 | **Bottiglie:** 150.000 | **Produzione olearia:** No
Proprietà: Alessandro Bonsegna
Cond. enologica: Alessandro Bonsegna
Cond. agronomica: Eugenio Manieri
Vendita diretta: Sì | **Visite in azienda:** Sì

PRIMO 2020 (93)
Rosso Igt - Negroamaro 50%, Primitivo 50%
Alc. 14,5% | € 18 | Bt. 6.000 | Ferm. Acciaio | Mat. Acciaio 12 mesi e Legno 6 mesi
Luminoso granato. Naso caleidoscopico, che spazia da prugna, arancia rossa e carruba a fiori secchi e lavanda; poi vaniglia, noce moscata, macis e resina di pino. In bocca è succoso, calibrato, dalla persistenza interminabile, con tannino lungo e materico e riverbero di stille tostate e agrumate. Coniglio al forno con patate.

NARDÒ ROSATO NARTHOS 2022
Rosato Doc - Negroamaro 100%
Alc. 13,5% | € 12 | Bt. 5.000 | Ferm. Acciaio | Mat. Acciaio 6 mesi
Parmigiana di melanzane.

NARDÒ ROSSO RISERVA NARTHOS 2020
Rosso Doc - Negroamaro 80%, Malvasia nera 20%
Alc. 13% | € 15 | Bt. 4.500 | Ferm. Acciaio | Mat. Acciaio 24 mesi
Fettuccine al ragù d'agnello.

NARTHOS 2021
Rosso Igt - Primitivo 100%
Alc. 16% | € 18 | Bt. 4.200 | Ferm. Acciaio | Mat. Acciaio 12 mesi
Pecorino di Pienza.

NARDÒ ROSATO DANZE DELLA CONTESSA 2022
Rosato Doc - Negroamaro 80%, Malvasia nera 20%
Alc. 13% | € 8 | Bt. 15.000 | Ferm. Acciaio | Mat. Acciaio 6 mesi
Gnocchetti di zucca con porcini.

NARDÒ ROSSO DANZE DELLA CONTESSA 2021
Rosso Doc - Negroamaro 80%, Malvasia nera 20%
Alc. 13,5% | € 10 | Bt. 10.000 | Ferm. Acciaio | Mat. Acciaio 18 mesi
Costoletta di vitello alla milanese.

NARDÒ ROSATO DANZE DELLA CONTESSA
2021

NARTHOS
2020

Borgo Turrito
(2006)

Collocata al centro del Tavoliere, nel Borgo dell'Incoronata, a pochi chilometri da Foggia, questa piccola cantina continua a collezionare successi. E lo fa puntando senza esitazioni sul nero di Troia, declinato in più versioni. In quest'edizione a salire sul gradino più alto del podio è un eccellente rosato spumante Metodo Classico ottenuto proprio da questo straordinario vitigno. A poca distanza il rosato fermo Calarosa si conferma un'espressione felicissima della lavorazione in rosa della stessa varietà.

Via Borgo Incoronata, 775/A - 71122 Foggia (FG)
T. 0881 810141 | M. info@borgoturrito.it
www.borgoturrito.it

Viticoltura: Ecosostenibile
Ettari: 15 | **Bottiglie:** 80.000 | **Produzione olearia:** No
Proprietà: Luca Scapola
Cond. enologica: Luca Scapola
Cond. agronomica: Luca Scapola
Vendita diretta: Sì | **Visite in azienda:** Sì

92

CALAROSA METODO CLASSICO ROSÉ
Rosato Igp Metodo Classico - Nero di Troia 100%
Alc. 12,5% | € 30 | Bt. 7.000 | Ferm. Acciaio | 24 mesi sui lieviti
Rosa salmone brillante, solcato da splendido perlage. Ampia proposta olfattiva, con agrumi, ciliegia, lampone e peonia, incalzati da salvia, rosmarino e lieve pasticceria. Deciso al palato, suadente, incessante nell'allungo, con un cenno di fine tannino; si acquieta piano fra risonanze di agrumi. Tartare di tonno.

CALAROSA 2022
Rosato Igp - Nero di Troia 100%
Alc. 13% | € 12 | Bt. 40.000 | Ferm. Acciaio | Mat. Acciaio 3 mesi
Brodetto all'anconetana.

LINGUE DI TERRA 2017
Rosso Igp - Nero di Troia 100%
Alc. 14% | € 45 | Bt. 1.500 | Mat. Acciaio 2 mesi e Legno 18 mesi
Lepre alla cacciatora.

TERRA CRETOSA ROSSO 2020
Rosso Igp - Nero di Troia 100%
Alc. 13% | € 13 | Bt. 20.000 | Ferm. Acciaio | Mat. Acciaio 6 mesi e Legno 6 mesi
Anatra alla pechinese.

DODICIVENTUNO 2020
Rosso Igp - Nero di Troia 100%
Alc. 14% | € 20 | Bt. 10.000 | Ferm. Acciaio | Mat. Acciaio 12 mesi e Legno 12 mesi
Tagliata di manzo al rosmarino.

TERRA CRETOSA ROSATO 2022
Rosato Igp - Nero di Troia 50%, Primitivo 50%
Alc. 12,5% | € 12 | Bt. 8.000 | Ferm. Acciaio | Mat. Acciaio 3 mesi
Parmigiana di melanzane.

CALAROSA
2020

DODICIVENTUNO
2019

Cantine Botromagno
(1991)

Azienda di riferimento guidata con autorevolezza dalla famiglia D'Agostino. Si inserisce perfettamente nel contesto pedoclimatico murgiano e nella bella e antica città di Gravina in Puglia. La locale tradizione bianchista trova nel validissimo Poggio al Bosco un'espressione di rilievo, una solida conferma. Si fanno particolarmente apprezzare le riuscite interpretazioni dei rossi, con Pier delle Vigne, raffinato blend di aglianico e montepulciano, che arriva a un passo dall'eccellenza e L'Elite, un Nero di Troia in purezza dotato di una bevibilità fantastica.

Via Archimede, 24 - 70024 Gravina in Puglia (BA)
T. 080 3265865 | M. info@botromagno.it
www.botromagno.it

Viticoltura: Biologica
Ettari: 60 | **Bottiglie:** 250.000 | **Produzione olearia:** No
Proprietà: Famiglia D'Agostino
Cond. enologica: Goffredo Agostini
Cond. agronomica: Stefano Dini
Vendita diretta: Sì | **Visite in azienda:** Sì

PIER DELLE VIGNE 2018
Rosso Igp - Aglianico 60%, Montepulciano 40%
Alc. 14% | € 25 | Bt. 25.000 | Ferm. Acciaio | Mat. Legno 24 mesi
Profondo granato. Esordisce su toni di prugna disidratata, carruba, castagna, fico secco; a seguire china, grafite, chiodi di garofano e resine balsamiche. Sorso pieno e scattante, ravvivato da tannino grintoso in gustoso equilibrio. Echi di rabarbaro in chiusura. Faraona ripiena con salsa tartufata.

L'ELITE 2021
Rosso Igp - Nero di Troia 100%
Alc. 14% | € 22 | Bt. 3.000 | Ferm. Acciaio | Mat. Legno 12 mesi
Agnolotti al piccione con sugo d'arrosto.

GRAVINA BIANCO POGGIO AL BOSCO 2021
Bianco Dop - Greco 60%, Malvasia bianca 40%
Alc. 13,5% | € 19 | Bt. 5.000 | Ferm. Acciaio | Mat. Acciaio 5 mesi
Coniglio in umido alle erbe aromatiche.

DEDICATO A FRANCO E LUCIA 2022
Rosso Igp - Primitivo 100%
Alc. 14% | € 22 | Bt. 3.000 | Ferm. Acciaio | Mat. Legno 12 mesi
Pappardelle con sugo di capriolo.

ROSÉ DI LULÙ 2022
Rosato Igp - Nero di Troia 100%
Alc. 12% | € 19 | Bt. 4.500 | Ferm. Acciaio | Mat. Acciaio 4 mesi
Guazzetto di moscardini.

ROSÉ DI LULÙ
2015

EFFE CHARDONNAY
2021

Caiaffa Vini
(2015)

Nel novero delle aziende vitivinicole che stanno con particolare impegno riportando Cerignola alla ribalta della scena enoica, vi è certamente questa cantina appartenente alla famiglia Caiaffa. Se di sicuro un posto d'onore è riservato al nero di Troia, che viene anche spumantizzato col Metodo Martinotti, brillano anche bianchi e rosati ottenuti da altre varietà. In particolare, Carabus, uno stupendo mix di fiano e chardonnay, arriva a un soffio dalle Quattro Viti e Acheta si conferma un ottimo rosato da negroamaro.

Strada Vicinale Le Torri - 71042 Cerignola (FG)
T. 329 3449555 | M. info@caiaffavini.it
www.caiaffavini.it

Viticoltura: Biologica
Ettari: 40 | **Bottiglie:** 150.000 | **Produzione olearia:** Sì
Proprietà: Famiglia Caiaffa
Cond. enologica: Marco Caiaffa
Cond. agronomica: Francesco Caiaffa
Vendita diretta: Sì | **Visite in azienda:** Sì

CARABUS 2022
Bianco Igt - Chardonnay 50%, Fiano 50%
Alc. 13% | € 11 | Bt. 6.500 | Ferm. Acciaio | Mat. Acciaio 6 mesi
Splendido paglierino. Ampio ventaglio olfattivo che mette in fila pennellate di ananas, avocado, scorzetta di cedro, banana e fiore di zagara, incalzati da basilico e mentuccia. Ingresso al palato suadente, di classe, brioso, impreziosito da retrogusto di agrumi ed erbe profumate. Tartare di gamberi.

ACHETA 2022
Rosato Igt - Negroamaro 100%
Alc. 13% | € 11 | Bt. 6.500 | Ferm. Acciaio | Mat. Acciaio 6 mesi
Branzino al sale su letto di patate.

MYRIA BRUT 2022
Bianco Igt Metodo Martinotti - Fiano 100%
Alc. 11,5% | € 11 | Bt. 10.000 | Ferm. Acciaio | Mat. Acciaio 6 mesi
6 mesi sui lieviti
Linguine allo scoglio.

NEGROAMARO 2022
Rosso Igp - Negroamaro 100%
Alc. 13% | € 9 | Bt. 6.500 | Ferm. Acciaio | Mat. Legno 6 mesi
Grana Padano Riserva.

ROSÉ BRUT 2022
Rosato Igt Metodo Martinotti - Nero di Troia 100%
Alc. 11,5% | € 11 | Bt. 7.000 | Ferm. Acciaio | Mat. Acciaio 6 mesi
6 mesi sui lieviti
Flan di zucchine e carote.

TROIA ROSATO 2022
Rosato Igt - Nero di Troia 100%
Alc. 13,5% | € 9 | Bt. 10.000 | Ferm. Acciaio | Mat. Acciaio 4 mesi
Parmigiana di melanzane.

ACHETA
2019 | 2021

FIANO
2021

Michele Calò e Figli
(1954)

Tuglie, sede dell'azienda, si trova in un angolo sperduto di paradiso, in un pezzo appartato di una penisola salentina che a volte sembra sconfinata. La cantina può vantarsi di una speciale e tradizionale dedizione al negroamaro e di una sorta di devozione nei confronti dei rosati. I suoi vini sono espressioni classiche di una tipicità intensa e autentica. Cerasa, rosato da negroamaro in purezza, si conferma l'etichetta di punta, in attesa che, prima o poi, arrivi una nuova annata del capitano di ventura Vigna Spano.

Via Masseria Vecchia, 1 - 73058 Tuglie (LE)
T. 0833 596242 | M. info@michelecalo.it
www.michelecalo.it

Viticoltura: Convenzionale
Ettari: 38,5 | **Bottiglie:** 150.000 | **Produzione olearia:** No
Proprietà: Fernando e Giovanni Calò
Cond. enologica: Giuseppe Bassi
Cond. agronomica: Staff aziendale
Vendita diretta: Sì | **Visite in azienda:** Sì

CERASA 2022
Rosato Igp - Negroamaro 100%
Alc. 13,5% | € 17 | Bt. 18.000 | Ferm. Legno e Acciaio | Mat. Acciaio 6 mesi e Legno 6 mesi
Fervido rosa corallo, che regala un'esplosione di rosa appassita, ciliegia, mandarino, fiori di campo ed erbette profumate. Il sorso è avvolgente, pieno, ben contrastato, con allungo verso l'epilogo fruttato. Terrina di coniglio.

MJÈRE BIANCO 2022
Bianco Igp - Verdeca 70%, Chardonnay 30%
Alc. 12,5% | € 10 | Bt. 28.000 | Ferm. Acciaio | Mat. Acciaio 6 mesi
Guazzetto di vongole veraci.

MJÈRE ROSSO 2020
Rosso Igp - Negroamaro 100%
Alc. 14% | € 13 | Bt. 28.000 | Ferm. Acciaio | Mat. Acciaio 6 mesi e Legno 6 mesi
Capriolo ai porcini.

MJÈRE ROSATO 2022
Rosato Igp - Negroamaro 90%, Malvasia nera 10%
Alc. 13% | € 12 | Bt. 35.000 | Ferm. Acciaio | Mat. Acciaio 6 mesi
Risotto con mazzancolle al profumo d'arancia.

CERASA
2016 | 2020 | 2021

MJÈRE ROSATO
2018 | 2020 | 2021

Erminio Campa
(2011)

Una vigna benedetta, quella che genera il Primitivo Li Cameli, grazie alle cure meticolose della famiglia Campa e dei loro collaboratori. Il territorio è l'agro di Torricella, nel Tarantino, a pochi chilometri dal Mar Jonio; qui il vitigno produce uve di concentrazione inusitata, che generano vini di stoffa maestosa, capaci tuttavia di mantenere un superiore equilibrio nelle annate giuste. Di particolare pregio si conferma la Riserva, un vino di spiccato carattere, che d'impeto vola al traguardo delle Quattro Viti.

SP 123 Monacizzo-Pulsano - 74020 Torricella (TA)
T. 338 3940636 | M. info@erminiocampa.it
www.erminiocampa.it

Viticoltura: Convenzionale
Ettari: 25 | **Bottiglie:** 50.000 | **Produzione olearia:** Sì
Proprietà: Erminio Campa
Cond. enologica: Marco Mascellani
Cond. agronomica: Francesco Campa
Vendita diretta: Sì | **Visite in azienda:** Sì

(94)

PRIMITIVO DI MANDURIA LI CAMELI RISERVA 2020
Rosso Dop - Primitivo 100%
Alc. 16% | € 30 | Bt. 3.000 | Ferm. Acciaio | Mat. Acciaio 12 mesi e Legno 12 mesi
Rubino fitto e smagliante. Naso espressivo e di grande purezza: parla di ciliegia sotto spirito, mora di rovo, susina, arancia scura, cacao e radice di liquirizia, fra allusioni di marzapane, pepe nero, vaniglia ed erbe balsamiche. Un tannino fitto e serico sostanzia un sorso carnoso di formidabile persistenza. Capretto arrosto alle erbe aromatiche.

PRIMITIVO DI MANDURIA LI CAMELI 2021
Rosso Doc - Primitivo 100%
Alc. 16% | € 23 | Bt. 15.000 | Ferm. Acciaio | Mat. Acciaio 6 mesi
Carré di maiale affumicato.

PRIMITIVO DI MANDURIA LI CAMELI RISERVA
2019

PRIMITIVO DI MANDURIA LI CAMELI
2020

Candido
(1929)

Saluta festosamente il cinquantesimo compleanno dell'intramontabile Cappello di Prete quest'azienda salentina che per prima ha accolto il giovane Severino Garofano e ha accompagnato i primi passi di rinnovamento della vitivinicoltura salentina. In quella temperie nacque anche Duca D'Aragona, un rosso da uve negroamaro e montepulciano di grande carattere. Ancora oggi questa storica etichetta conferma la sua eccellenza. Tra gli altri vini, tutti impeccabili, uno speciale plauso va all'Aleatico dolce.

Via Lombardia, 27 - 72025 San Donaci (BR)
T. 0831 635674 | M. candido@candidowines.it
www.candidowines.it

Viticoltura: Biologica
Ettari: 110 | **Bottiglie:** 800.000 | **Produzione olearia:** No
Proprietà: Famiglia Candido
Cond. enologica: Leonardo Pinto
Cond. agronomica: Emanuele De Milito
Vendita diretta: Sì | **Visite in azienda:** Sì

(91,5)

DUCA D'ARAGONA 2018
Rosso Igt - Negroamaro 80%, Montepulciano 20%
Alc. 14,5% | € 22 | Bt. 40.000 | Ferm. Acciaio | Mat. Acciaio 6 mesi e Legno 12 mesi
Manto granato con bagliori carminio. Un susseguirsi di marasca, ribes rosso, succo di melagrana, petalo di rosa e violetta; subentrano poi note di cioccolato fondente, frutta secca e spezie dolci. L'assaggio coniuga volume e dinamismo gustativo, sottolineato da una deliziosa verve tannica. Stracotto d'asino.

SALICE SALENTINO ALEATICO 2019
Rosso Doc Dolce - Aleatico 100%
Alc. 14,5% | € 18 (0,5l) | Bt. 3.000 | Ferm. Acciaio | Mat. Acciaio 12 mesi e Legno 12 mesi
Crostata ai frutti di bosco con mandorle e noci.

LUMINOSÌA 2022
Bianco Igt - Chardonnay 100%
Alc. 13% | € 11 | Bt. 15.000 | Ferm. Acciaio | Mat. Acciaio 6 mesi e Legno 6 mesi
Pesce spada alla griglia.

PICCOLI PASSI 2022
Rosato Igt - Negroamaro 100%
Alc. 13% | € 11 | Bt. 30.000 | Ferm. Acciaio | Mat. Acciaio 6 mesi
Triglie in guazzetto.

SALICE SALENTINO ROSSO IMMENSUM RISERVA 2020
Rosso Doc - Negroamaro 100%
Alc. 14,5% | € 14 | Bt. 120.000 | Ferm. Acciaio | Mat. Acciaio 12 mesi e Legno 12 mesi
Caciocavallo podolico.

PRIMITIVO DI MANDURIA CASSIO DIONE RISERVA 2019
Rosso Doc - Primitivo 100%
Alc. 15% | € 30 | Bt. 15.000 | Ferm. Acciaio | Mat. Acciaio 6 mesi e Legno 12 mesi
Costata di cavallo con patate al rosmarino.

DUCA D'ARAGONA
2015 | 2016 | 2017

LUMINOSÌA
2019

Cannito
(1994)

Performance da standing ovation per questa piccola cantina, collocata in quella parte collinare della Murgia barese che guarda verso la vicina costa adriatica. È il primitivo a trionfare in quasi tutte le degustazioni, con uno stile che non rinuncia alla potenza, ma riesce a coniugarla con la giusta tensione acida e con una finezza davvero non comune. A tagliare il traguardo dell'eccellenza è il rosso Drùmon S, un Gioia del Colle Doc esemplare per tipicità ed equilibrio, punta di diamante in una gamma tutta di ottimo livello.

Contrada Parco Bizzarro - 70025 Grumo Appula (BA)
T. 080 8807848 | M. info@agricolacannito.it
www.agricolacannito.it

Viticoltura: Biologica
Ettari: 20 | **Bottiglie:** 100.000 | **Produzione olearia:** Sì
Proprietà: Famiglia Cannito
Cond. enologica: Francesco Cannito
Cond. agronomica: Francesco Cannito
Vendita diretta: Sì | **Visite in azienda:** Sì

(92)

GIOIA DEL COLLE PRIMITIVO DRÙMON S 2019
Rosso Doc - Primitivo 100%
Alc. 15% | € 25 | Bt. 10.000 | Ferm. Acciaio | Mat. Acciaio 6 mesi e Legno 12 mesi
Rubino compatto e luminoso. Naso ampio e attraente, che declina ciliegia matura, lavanda, rosmarino, radice di liquirizia, tabacco biondo, cioccolato fondente e spezie dolci. Riempie la bocca, è ricco, appagante, con tannino perfettamente integrato e finale d'indubbia classe. Guanciale di manzo in umido con polenta.

GIOIA DEL COLLE PRIMITIVO DRÙMON 2019
Rosso Doc - Primitivo 100%
Alc. 14,5% | € 15 | Bt. 20.000 | Ferm. Acciaio | Mat. Acciaio 6 mesi e Legno 6 mesi
Cappone ripieno al forno.

DRÙMON ROSATO 2022
Rosato Igt - Primitivo 60%, Montepulciano 30%, Negroamaro 10%
Alc. 12% | € 13 | Bt. 15.000 | Ferm. Acciaio | Mat. Acciaio 4 mesi
Gamberoni al curry.

GIOIA DEL COLLE PRIMITIVO CENTRUM 2017
Rosso Doc - Primitivo 100%
Alc. 16,5% | € 50 | Bt. 2.000 | Ferm. Acciaio | Mat. Acciaio 6 mesi e Legno 30 mesi
Canestrato pugliese.

GIOIA DEL COLLE PRIMITIVO DRÙMON RISERVA 2018
Rosso Doc - Primitivo 100%
Alc. 15,5% | € 30 | Bt. 5.000 | Ferm. Acciaio | Mat. Acciaio 6 mesi e Legno 24 mesi
Arista di maiale con salsa di prugne.

DRÙMON FIANO 2022
Bianco Igt - Fiano 100%
Alc. 12,5% | € 13 | Bt. 15.000 | Ferm. Acciaio | Mat. Acciaio 4 mesi
Maltagliati con fiori di zucca e gamberetti.

DRÙMON NEGROAMARO
2021

GIOIA DEL COLLE PRIMITIVO DRÙMON
2016

Cantele
(1979)

I vini di questa rinomata azienda sono attraversati da un filo conduttore, che è quello di dare voce all'anima salentina, alla sua magia, con una particolare finezza. È un leitmotiv che non si ritrova solo nei bianchi, ma anche nei rossi e nei rosati. Fra le etichette degustate in quest'edizione, è stata proprio quella del rosato Rohesia a evocare le emozioni più intense, con un mix di tipicità e di perfezione stilistica davvero entusiasmante. A breve distanza segue il rosso Amativo.

SP 365, km 1 - 73010 Guagnano (LE)
T. 0832 705010 | M. cantele@cantele.it
www.cantele.it

Viticoltura: Lotta integrata
Ettari: 135 | **Bottiglie:** 1.500.000 | **Produzione olearia:** No
Proprietà: Famiglia Cantele
Cond. enologica: Gianni Cantele
Cond. agronomica: Cataldo Ferrari
Vendita diretta: Sì | **Visite in azienda:** Sì

(92,5)

NEGROAMARO ROSATO ROHESIA 2022
Rosato Igp - Negroamaro 100%
Alc. 13% | € 13 | Bt. 48.000 | Ferm. Acciaio | Mat. Acciaio 5 mesi
Rosa confetto, che effonde intriganti nuance di gelso bianco, succo di melagrana, rucola e cipria, orme salmastre e di incenso. La beva conferma una decisa personalità, slanciata da un grazioso intreccio di sapidità e freschezza; il percorso al palato è lungo e risonante, con chiusura appena ammandorlata. Gnocchetti al sugo d'astice.

AMATIVO 2021
Rosso Igp - Primitivo 60%, Negroamaro 40%
Alc. 15% | € 18 | Bt. 28.000 | Ferm. Acciaio | Mat. Acciaio 6 mesi e Legno 12 mesi
Cinghiale arrosto con castagne.

CHARDONNAY TERESA MANARA 2022
Bianco Igp - Chardonnay 100%
Alc. 13,5% | € 14 | Bt. 87.000 | Ferm. Legno e Acciaio | Mat. Legno 6 mesi
Anguilla ai ferri.

ROHESIA MALVASIA BIANCA 2022
Bianco Igp - Malvasia bianca 100%
Alc. 13,5% | € 10 | Bt. 28.000 | Ferm. Acciaio | Mat. Acciaio 5 mesi
Linguine agli scampi.

NEGROAMARO ROSATO ROHESIA
2019 | 2020 | 2021

TERESA MANARA CHARDONNAY QUATTORDICI SETTEMBRE
2021

Cantina Coppola 1489
(1489)

Un lavoro esemplare quello di Cantine Coppola, a partire dalla dedizione appassionata verso il negroamaro, declinato in modo encomiabile quasi in tutte le maniere possibili. Per proseguire con le ben tre versioni di spumante Metodo Classico Blanc de Noir, tra le quali il Pas Dosé 45 mesi intriga ed emoziona. E poi per la speciale attenzione posta all'enogastronomia e per l'enoturismo, con la creazione di un ristorante gourmet, una braceria e un campeggio. E per finire, per la difesa a oltranza e la promozione intelligente della Doc Alezio.

Via Tenuta di Torre Sabea - 73014 Gallipoli (LE)
T. 0833 201425 | M. info@cantinacoppola.it
www.cantinacoppola.it

Viticoltura: Convenzionale e biologica
Ettari: 15 | **Bottiglie:** 100.000 | **Produzione olearia:** Sì
Proprietà: Giuseppe, Lucio e Nanni Coppola
Cond. enologica: Giuseppe Pizzolante Leuzzi
Cond. agronomica: Gabriella Puzzovio
Vendita diretta: Sì | **Visite in azienda:** Sì

COPPOLA DOSAGGIO ZERO 2019
Bianco Metodo Classico - Negroamaro 100%
Alc. 12% | € 45 | Bt. 2.000 | Ferm. Acciaio | 45 mesi sui lieviti
Verdolino scintillante, impreziosito da vivido perlage. L'olfatto intercetta invitanti segnali di pompelmo, scorzetta di limone, anice, mela verde ed erbe balsamiche. Il sorso rivela vibrante freschezza, effervescenza decisa, nitore rigenerante. Plateau royal di crudité.

PATITARI 2017
Rosso Igt - Primitivo 100%
Alc. 14% | € 25 | Bt. 6.600 | Ferm. Acciaio | Mat. Acciaio 6 mesi e Legno 24 mesi
Cosciotto d'agnello al forno con patate novelle.

COPPOLA BRUT 2019
Bianco Igt Metodo Classico - Negroamaro 100%
Alc. 12% | € 30 | Bt. 3.000 | Ferm. Acciaio | 36 mesi sui lieviti
Risotto ai frutti di mare.

ALEZIO ROSSO DOXI 2016
Rosso Doc - Negroamaro 80%, Malvasia nera 20%
Alc. 13,5% | € 25 | Bt. 6.600 | Ferm. Acciaio | Mat. Acciaio 6 mesi e Legno 24 mesi
Cinghiale in umido.

ALEZIO ROSSO LI CUTI 2019
Rosso Doc - Negroamaro 100%
Alc. 13,5% | € 18 | Bt. 6.600 | Ferm. Acciaio | Mat. Acciaio 24 mesi
Tagliatelle al ragù.

ROCCI 2021
Bianco Igt - Negroamaro 100%
Alc. 12,5% | € 20 | Bt. 6.600 | Ferm. Acciaio | Mat. Acciaio 12 mesi
Filetto di branzino gratinato.

COPPOLA DOSAGGIO ZERO
2015

PATITARI
2016

Crifo
(1960)

Grande performance per questa storica cantina sociale, che abbraccia un ampio territorio nell'area di Castel del Monte. Quest'edizione della Guida vede in testa il rosso Augustale, un Nero di Troia Riserva di grande spessore, che lascia un grato ricordo nella memoria di chi lo degusta, aggiudicandosi la palma delle Quattro Viti. Seguono a ruota il sorprendente rosso Squarcione e l'ottimo rosato Fuorilemura, da nero di Troia in purezza. Merita una segnalazione il bianco Bellagriffi, che dà voce all'autoctono moscatello selvatico.

Via Madonna delle Grazie, 4 - 70037 Ruvo di Puglia (BA)
T. 080 3601611 | M. info@cantinadiruvodipuglia.it
www.crifo.it

Viticoltura: Convenzionale
Ettari: 1.000 | **Bottiglie:** 3.500.000 | **Produzione olearia:** No
Proprietà: Sebastiano Marinelli
Cond. enologica: Massimo Tripaldi
Cond. agronomica: Sebastiano Marinelli
Vendita diretta: Sì | **Visite in azienda:** Sì

91,5

CASTEL DEL MONTE NERO DI TROIA AUGUSTALE RISERVA 2017
Rosso Docg - Nero di Troia 100%
Alc. 14% | € 15 | Bt. 20.000 | Ferm. Acciaio | Mat. Legno 24 mesi
Impenetrabile carminio. Cornucopia olfattiva di ciliegia e mora di rovo, prugna e viola appassita, mirto, coriandolo e radice di liquirizia. Palato sontuoso, profondo, forte di un tannino fitto e vigoroso, che una giuliva freschezza carezza e stempera. Bocconcini di cinghiale con salsa di prugne.

SQUARCIONE 2021
Rosso Igp - Nero di Troia 70%, altre varietà 30%
Alc. 14,5% | € 10 | Bt. 10.000 | Ferm. Acciaio | Mat. Legno 10 mesi
Tacchinella ripiena su letto di patate.

FUORILEMURA 2022
Rosato Igp - Nero di Troia 100%
Alc. 13% | € 10 | Bt. 30.000 | Ferm. Acciaio
Zuppa di pesce.

NEIA 2022
Rosato Igp - Nero di Troia 100%
Alc. 12,5% | € 8 | Bt. 50.000 | Ferm. Acciaio
Mozzarella di bufala campana.

TERRE DEL CRIFO NERO DI TROIA 2021
Rosso Igt - Nero di Troia 100%
Alc. 13% | € 8 | Bt. 50.000 | Ferm. Acciaio | Mat. Legno 6 mesi
Arrosto di pollo ripieno.

BELLAGRIFFI 2022
Bianco Igp - Moscatello selvatico 100%
Alc. 12% | € 8 | Bt. 30.000 | Ferm. Acciaio | Mat. Acciaio 2 mesi
Risotto con gamberi di fiume e piselli.

CASTEL DEL MONTE NERO DI TROIA AUGUSTALE RISERVA
2015 | 2015 | 2016

FUORILEMURA
2021

Cantina Sampietrana
(1952)

Ha da poco spento le candeline del suo settantesimo compleanno questa dinamica cantina sociale del Brindisino, che lavora le uve provenienti da poco meno di 200 ettari di vigna. L'impegno in azienda è quello di valorizzare i vitigni autoctoni della zona, con particolare riferimento a negroamaro, primitivo, susumaniello e verdeca. Fra i vini degustati in quest'edizione, ci ha particolarmente colpito per finezza il Salice Salentino Riserva Le Monache, ottenuto da negroamaro in purezza. Molto valido ci è sembrato anche il Primitivo Tre Filari.

Via Mare, 38 - 72027 San Pietro Vernotico (BR)
T. 0831 671120 | M. mevalente@cantinasampietrana.com
www.cantinasampietrana.it

Viticoltura: Convenzionale
Ettari: 190 | **Bottiglie:** 850.000 | **Produzione olearia:** No
Proprietà: Soci Cantina Sampietrana
Cond. enologica: Ennio Cagnazzo
Cond. agronomica: Giuseppe Varratta
Vendita diretta: Sì | **Visite in azienda:** Sì

SALICE SALENTINO ROSSO RISERVA LE MONACHE 2019
Rosso Doc - Negroamaro 100%
Alc. 13,5% | € 12 | Bt. 13.000 | Ferm. Acciaio | Mat. Legno 12 mesi
Granato lucente. Proposta olfattiva intrigante, con sensazioni di marasca in gelatina, arancia mora, rosa appassita e alloro. In bocca è godurioso, richiama il sorso, equilibrato, persistente, con tannino perfettamente integrato ed epilogo di agrumi. Caciocavallo podolico.

TRE FILARI 2021
Rosso Igp - Primitivo 100%
Alc. 14,5% | € 17 | Bt. 150.000 | Ferm. Acciaio | Mat. Legno 6 mesi
Costata di cavallo con patate al rosmarino.

VERDECA BIO 2022
Bianco Igp - Verdeca 100%
Alc. 13% | € 9 | Bt. 11.000 | Mat. Acciaio 5 mesi
Seppie in umido con piselli.

SUMAEST 2019
Rosso Igp - Susumaniello 100%
Alc. 13,5% | € 17 | Bt. 13.000 | Ferm. Acciaio | Mat. Acciaio 5 mesi
Straccetti di vitello al rosmarino.

EGOROSEO 2022
Rosato Igp - Susumaniello 100%
Alc. 13% | € 14 | Bt. 13.000 | Ferm. Acciaio
Peperonata.

STILLAROSEA 2022
Rosato Igp - Primitivo 100%
Alc. 13% | € 10 | Bt. 20.000 | Ferm. Acciaio | Mat. Acciaio 5 mesi
Trofie al pesto.

BRINDISI ROSSO RISERVA SINCE 1952
2019

STILLAROSEA
2021

Cantina Vecchia Torre
(1959)

A parte qualche piacevole incursione di chardonnay e syrah, peraltro ambientati perfettamente da queste parti, la produzione di questa benemerita cantina sociale valorizza le varietà tipiche del Salento. Le declina praticamente in tutti i modi possibili, ma sempre con una perfezione stilistica encomiabile. La gamma dei vini ha dell'incredibile per l'ampiezza della proposta e per il rapporto valore/prezzo sempre vantaggioso per il cliente. Uno speciale plauso meritano il Salice Salentino Rosso Riserva e i rosati ottenuti da negroamaro in purezza o con un tocco di malvasia nera.

Via Marche, 1 - 73045 Leverano (LE)
T. 0832 925053 | M. info@cantinavecchiatorre.it
www.cantinavecchiatorre.it

Viticoltura: Convenzionale
Ettari: 1.500 | **Bottiglie:** 370.000 | **Produzione olearia:** No
Proprietà: Cooperativa di produttori
Cond. enologica: Ennio Cagnazzo
Cond. agronomica: Alessio Durante
Vendita diretta: Sì | **Visite in azienda:** Sì

SALICE SALENTINO ROSSO RISERVA 2019
Rosso Dop - Negroamaro 85%, Malvasia nera 15%
Alc. 13,5% | € 8 | Bt. 80.000 | Ferm. Acciaio | Mat. Legno 6 mesi
Rubino fitto fitto. Naso intenso e piacevole, nitide suggestioni di gelso nero, rosa, menta, caffè tostato e spezie. Sorso composito, di buon equilibrio, succoso, ben cesellato da tannino muscoloso e disegnato. Pappardelle con sugo di lepre.

NEGROAMARO ROSATO 2022
Rosato Igp - Negroamaro 100%
Alc. 12,5% | € 6 | Bt. 50.000 | Ferm. Acciaio | Mat. Acciaio 3 mesi
Linguine all'astice.

LEVERANO ROSATO 2022
Rosato Dop - Negroamaro 80%, Malvasia nera di Lecce 20%
Alc. 12,5% | € 5 | Bt. 80.000 | Ferm. Acciaio | Mat. Acciaio 3 mesi
Lumache in umido alle erbette.

AMO' ROSÉ BRUT 2022
Rosato Igp Metodo Martinotti - Negroamaro 100%
Alc. 12% | € 8 | Bt. 15.000 | Ferm. Acciaio | Mat. Acciaio 6 mesi
6 mesi sui lieviti
Canapè di pasta sfoglia al formaggio.

MALVASIA NERA 2021
Rosso Igp - Malvasia nera 100%
Alc. 14% | € 6 | Bt. 50.000 | Ferm. Acciaio | Mat. Acciaio 2 mesi e Legno 3 mesi
Spezzatino di manzo.

NEGROAMARO ROSATO
2021

BAROCCO REALE
2018

Cantine Due Palme

(1989)

È per dimensioni la più grande cantina di Puglia, modello virtuoso di cooperazione e di organizzazione, con la porta sempre aperta al mondo della ricerca e una capacità di comunicazione senza pari. Forte di un formidabile gioco di squadra e di una straordinaria direzione di orchestra, mantiene invidiabili livelli di qualità, con punte di eccellenza. È il rosso 1943, impareggiabile blend di aglianico e primitivo, a centrare ancora una volta l'obiettivo delle Quattro Viti con una classe straripante.

Via San Marco, 130 - 72020 Cellino San Marco (BR)
T. 0831 617865 | M. info@cantineduepalme.it
www.cantineduepalme.wine

Viticoltura: Lotta integrata
Ettari: 2.500 | **Bottiglie:** 17.000.000 | **Produzione olearia:** No
Proprietà: Cooperativa di produttori
Cond. enologica: Angelo Maci
Cond. agronomica: Nicola Scarano
Vendita diretta: Sì | **Visite in azienda:** Sì

93

1943 2020
Rosso Igp - Aglianico 50%, Primitivo 50%
Alc. 15% | € 32 | Bt. 15.000 | Ferm. Acciaio | Mat. Legno 9 mesi
Profondità granato, luminoso. Olfattiva orchestrale, con frutti rossi e neri in compagnia di cannella, macis, cardamomo, pepe nero; poi sottobosco, corteccia, resina di pino e finocchietto aromatico. Gusto di grande equilibrio, impreziosito da tannino di rango; sfuma lentamente su torrefazione di tabacco. Agnello al forno con rosmarino.

SALICE SALENTINO ROSSO SELVAROSSA RISERVA 2020
Rosso Dop - Negroamaro 80%, Malvasia nera 20%
Alc. 14,5% | € 19 | Bt. 100.000 | Ferm. Acciaio | Mat. Legno 9 mesi
Gulasch di manzo alla paprica dolce.

COREROSA 2022
Rosato Igp - Primitivo 50%, Susumaniello 50%
Alc. 12,5% | € 10 | Bt. 40.000 | Ferm. Acciaio | Mat. Acciaio 6 mesi
Risotto agli scampi.

SALICE SALENTINO BIANCO TINAIA 2022
Bianco Dop - Chardonnay 100%
Alc. 12,5% | € 10 | Bt. 30.000 | Ferm. Legno e Acciaio | Mat. Acciaio 6 mesi e Legno 2 mesi
Spiedo di seppioline ai ferri.

1943
2016 | 2018 | 2019

SALICE SALENTINO ROSSO SELVAROSSA RISERVA
2018

Cantine Ferri

(1970)

Grande interprete del primitivo, Nicola Ferri mostra di muoversi con disinvoltura con qualsiasi vitigno, e non solo con le varietà pugliesi, ma anche con le cultivar internazionali. Non a caso, in Guida sono due suoi bianchi a sfiorare l'eccellenza: Ad Mira, uno Chardonnay di spessore, capace di evoluzione, e B2, un riuscitissimo blend di garganega e fiano. La voce dei rossi è affidata alla syrah, una varietà che il produttore riesce a declinare con maestria. E con Amore Infinito regala emozioni.

Via Bari, 347 - 70100 Valenzano (BA)
T. 080 4671753 | M. info@cantineferri.it
www.cantineferri.it

Viticoltura: Convenzionale
Ettari: 4 | **Bottiglie:** 40.000 | **Produzione olearia:** No
Proprietà: Nicola Ferri
Cond. enologica: Nicola Ferri
Cond. agronomica: Nicola Ferri
Vendita diretta: Sì | **Visite in azienda:** Sì

AD MIRA 2020
Bianco Igp - Chardonnay 100%
Alc. 14% | € 14 | Bt. 4.000 | Ferm. Acciaio | Mat. Acciaio 18 mesi e Legno 18 mesi
Veste dai bagliori d'oro. Profuma di nocciola tostata e vaniglia, che vira con eleganza verso banana, kiwi gold, rosa gialla e ginestra. Palato in sintonia, morbido e fresco, carezzato da insistenti rimandi di tostatura. Dissolvenza sapida. Cappesante gratinate.

B2 2022
Bianco Igp - Fiano 50%, Garganega 50%
Alc. 14% | € 10 | Bt. 4.000 | Ferm. Acciaio | Mat. Acciaio 6 mesi e Cemento 5 mesi
Stracciatella di bufala.

AMORE INFINITO 2020
Rosso Igp - Syrah 100%
Alc. 15% | € 16 | Bt. 4.000 | Ferm. Acciaio | Mat. Acciaio e Cemento 12 mesi
Capocollo di Martina Franca.

SOL DI CUTI 2022
Bianco Igp - Fiano 100%
Alc. 13,5% | € 10 | Bt. 8.000 | Ferm. Acciaio | Mat. Acciaio 6 mesi
Tiella di riso, patate e cozze.

ROSA DI CUTI 2022
Rosato Igp - Bombino nero 100%
Alc. 13% | € 11 | Bt. 10.000 | Ferm. Acciaio | Mat. Acciaio 6 mesi
Triglie in guazzetto.

MORA DI CUTI 2021
Rosso Igp - Syrah 80%, Primitivo 20%
Alc. 14,5% | € 15 | Bt. 4.000 | Ferm. Acciaio | Mat. Acciaio 12 mesi e Cemento 6 mesi
Costolette di maiale alla brace.

OBLIVIO
2020

CHARDONNAY AD MIRA
2016

Cantine Imperatore
(2005)

Ad Adelfia la vitivinicoltura ha tradizioni antiche e consolidate, anche se solo in anni recenti vi è stato un risveglio e un recupero, grazie ad aziende dinamiche come questa che hanno saputo ridare vitalità e slancio alla produzione di vino di qualità. Da queste parti il grande protagonista nelle vigne è sempre stato il primitivo e Cantine Imperatore gli attribuisce un posto d'onore. Etichette come Il Sogno, Vincenzo Latorre Riserva e Sonya ne sono validissime espressioni, con il giusto mix di forza, finezza e tipicità.

Via Marconi, 36 - 70010 Adelfia (BA)
T. 392 3507545 | M. vincenzo.latorre.vl@gmail.com
www.cantineimperatore.com

Viticoltura: Biologica
Ettari: 10 | **Bottiglie:** 40.000 | **Produzione olearia:** No
Proprietà: Sonia Imperatore e Vincenzo Latorre
Cond. enologica: Tommaso Pinto
Cond. agronomica: Giovanni Pinto
Vendita diretta: Sì | **Visite in azienda:** Sì

GIOIA DEL COLLE PRIMITIVO IL SOGNO 2021
Rosso Dop - Primitivo 100%
Alc. 14% | € 20 | Bt. 15.000 | Ferm. Legno e Acciaio | Mat. Acciaio 2 mesi e Legno 6 mesi
Intarsio granato a illuminare la profondità del rubino. Un ventaglio composto da prugna, spezie e macchia mediterranea. Assaggio succoso, gradevolmente equilibrato, sospinto a lungo da tannino appena scalpitante. In chiusura ricordi di liquirizia. Fagiano arrosto.

GIOIA DEL COLLE PRIMITIVO VINCENZO LATORRE 2021
Rosso Doc - Primitivo 100%
Alc. 14,5% | € 25 | Bt. 5.000 | Ferm. Acciaio | Mat. Acciaio 6 mesi e Legno 12 mesi
Tordi in salmì.

QUARTO COLORE 2022
Bianco Igp - Pampanuto 100%
Alc. 12% | € 20 | Bt. 8.000 | Ferm. Legno | Mat. Acciaio 4 mesi
Camembert.

SONYA 2022
Rosso Igp - Primitivo 100%
Alc. 14,5% | € 10 | Bt. 15.000 | Ferm. Legno e Acciaio | Mat. Legno 6 mesi
Grigliata di carne con salsa barbecue.

VIII DECUMANO 2022
Rosso Igp - Primitivo 100%
Alc. 14% | € 20 | Bt. 5.000 | Ferm. Acciaio | Mat. Legno 6 mesi
Lasagne alla bolognese.

GIOIA DEL COLLE PRIMITIVO VINCENZO LATORRE RISERVA
2020

GIOIA DEL COLLE PRIMITIVO IL SOGNO RISERVA
2016 | 2020

Cantine Toto
(2005)

Astro solitario nell'agro di Palo del Colle, questa piccola impresa familiare si impegna nella produzione di uve proprie e nella loro trasformazione, affidata per la parte enologica a Nicola Toto. La gamma di etichette della cantina valorizza uve locali, con il primitivo in top position. Uno spazio significativo è offerto anche a bombino bianco, bombino nero e moscato reale. Fra le etichette degustate, spicca per struttura, tipicità e finezza il Primitivo Miglione. Attendiamo una nuova annata dello splendido passito Heglios.

SP 220, km 1,4 - 70027 Palo del Colle (BA)
T. 080 626295 | M. vin.toto@libero.it
www.aziendaagricolatoto.it

Viticoltura: Biologica
Ettari: 13 | **Bottiglie:** 10.000 | **Produzione olearia:** Sì
Proprietà: Famiglia Toto
Cond. enologica: Nicola Toto
Cond. agronomica: Francesco Toto, Vito Toto
Vendita diretta: Sì | **Visite in azienda:** Sì

IL MIGLIONE 2021
Rosso Igp - Primitivo 100%
Alc. 14,5% | € 16 | Bt. 5.000 | Ferm. Acciaio | Mat. Acciaio 6 mesi
Rubino compatto. Olfatto deciso, che vede l'alternarsi gentile di citazioni di ciliegia scura, spezie e tostatura. Assaggio corposo, rinvigorito da un tannino ancora segnato dalla giovinezza. Media persistenza e gustoso cenno ammandorlato nel finale. Costolette d'agnello alle erbe.

FRANITO ROSSO 2019
Rosso Igp - Nero di Troia 90%, Primitivo 10%
Alc. 14% | € 10 | Bt. 2.500 | Ferm. Acciaio | Mat. Acciaio 8 mesi
Carré di maiale con spinaci.

GIUGLIETTE BIANCO
2021

HEGLIOS
2014 | 2018 | 2021

Cardone
(1970)

Trainata dall'energia infaticabile e dal carisma indiscusso di Marianna, la cantina della famiglia Cardone si conferma un forte punto di riferimento per la vitivinicoltura e l'enoturismo della Valle d'Itria. Collocata in uno degli angoli più attraenti e suggestivi della Puglia, l'azienda punta senza tentennamenti sui vitigni e sui vini tipici di questa zona. Il gioiello più luminoso resta il Castillo Minutolo, un vino che unisce mirabilmente grazia, bevibilità e fedeltà al territorio. Incalza Nausica, uno splendido rosato da negroamaro.

Via Martiri della Libertà, 32 - 70010 Locorotondo (BA)
T. 080 4311624 | M. info@cardonevini.com
www.cardonevini.com

Viticoltura: Convenzionale
Ettari: 11 | **Bottiglie:** 300.000 | **Produzione olearia:** No
Proprietà: Angela Derobertis
Cond. enologica: Leonardo Palumbo, Marianna Cardone
Cond. agronomica: Giuseppe Palmisano
Vendita diretta: Sì | **Visite in azienda:** Sì

91

CASTILLO MINUTOLO 2022
Bianco Igp - Minutolo 100%
Alc. 13% | € 15 | Bt. 20.000 | Ferm. Acciaio | Mat. Acciaio 3 mesi
Splendida livrea verdolino. Delicatamente aromatico con un avvincente racconto di pesca bianca, lime, gelsomino, basilico, mentuccia e anice. Bocca di speculare bellezza, deliziosa, equilibrata e risonante, impreziosita da onda agrumata e guizzo salino finale. Sarde in saor.

NAUSICA 2022
Rosato Igp - Negroamaro 100%
Alc. 12% | € 15 | Bt. 20.000 | Ferm. Acciaio | Mat. Acciaio 3 mesi
Baccalà mantecato.

LOCOROTONDO IL CASTILLO 2022
Bianco Dop - Verdeca 50%, Bianco d'Alessano 45%, Fiano 5%
Alc. 12,5% | € 10 | Bt. 20.000 | Ferm. Acciaio | Mat. Acciaio 3 mesi
Orecchiette con cime di rapa.

SUSUMANIELLO ROSÉ CASTILLO 2022
Rosato Igp - Susumaniello 100%
Alc. 12,5% | € 15 | Bt. 20.000 | Ferm. Acciaio | Mat. Acciaio 3 mesi
Anelli di cipolla pastellati fritti.

PROSIT BIANCO 2022
Bianco Igp Frizzante - Bianco d'Alessano 50%, Verdeca 50%
Alc. 11% | € 12 | Bt. 30.000 | Ferm. Acciaio
Tartare di tonno.

PROSIT ROSÉ 2022
Rosato Igp Frizzante - Pinot nero 100%
Alc. 11% | € 15 | Bt. 30.000 | Ferm. Acciaio
Crostini con burro e alici.

CASTILLO MINUTOLO
2021

NAUSICA
2016 | 2018

Casa Primis
(2004)

In un lembo appartato, ma tutto da scoprire dello sterminato Tavoliere di Puglia, nel piccolo borgo di Stornarella, ha sede quest'azienda vitivinicola familiare, recentemente convertita alla conduzione biologica. Il lavoro in vigna e in cantina è interamente dedicato ai vitigni autoctoni pugliesi. Il nero di Troia è il protagonista dei più riusciti e convincenti rossi e rosati; fra tutti primeggia il focoso Crusta. Per i bianchi bombino bianco e greco sono le varietà di riferimento.

Contrada Gavitella - 71048 Stornarella (FG)
T. 0885 433333 | M. info@casaprimis.com
www.casaprimis.com

Viticoltura: Biologica
Ettari: 22 | **Bottiglie:** 90.000 | **Produzione olearia:** No
Proprietà: Nicola Selano e Gianni Mauriello
Cond. enologica: Angelo Mauriello
Cond. agronomica: Nicola Selano
Vendita diretta: Sì | **Visite in azienda:** Sì

CRUSTA 2019
Rosso Igt - Nero di Troia 100%
Alc. 14% | € 25 (1,5l) | Bt. 5.000 | Ferm. Acciaio | Mat. Acciaio 6 mesi e Legno 18 mesi
Screziature purpuree sul corpo rosso rubino. Al naso emergono effluvi di mora di rovo, ciliegia, viola, corteccia d'albero, anice stellato e radice di liquirizia. Al palato amalgama in divenire, siglato da tannino importante e cenno sapido. Sfocia su echi fruttati. Stracotto d'asino.

BOMBINO BIANCO 2022
Bianco Igt - Bombino bianco 100%
Alc. 12,5% | € 16 | Bt. 12.000 | Ferm. Acciaio | Mat. Acciaio 4 mesi
Rombo al forno con patate e carciofi.

GRECO 2022
Bianco Igp - Greco 100%
Alc. 12,5% | € 16 | Bt. 8.000 | Ferm. Acciaio | Mat. Acciaio 4 mesi
Crespelle con asparagi e ricotta salata.

MONROSE 2022
Rosato Igt - Nero di Troia 100%
Alc. 12,5% | € 16 (1,5l) | Bt. 18.000 | Ferm. Acciaio | Mat. Acciaio 4 mesi
Pizza capricciosa.

NERO DI TROIA 2022
Rosso Igt - Nero di Troia 100%
Alc. 13% | € 16 (1,5l) | Bt. 20.000 | Ferm. Acciaio | Mat. Acciaio 6 mesi
Zuppa di farro e borlotti.

BOMBINO BIANCO
2021

NERO DI TROIA
2018 | 2021

Castel di Salve
(1885)

La cantina ha sede a Depressa di Tricase, in un angolo sperduto della porzione sud-orientale della penisola salentina. Il Mare Adriatico è lì a due passi e si fa sentire, con le brezze che sferzano le vigne. Si tratta di uno scenario fascinoso, magico, quasi selvaggio, dove nascono vini dall'impronta molto particolare. Fra i vini degustati, colpisce la fragranza del rosato Santimedici, espressivo dei caratteri tipici del negroamaro. Generoso ed estroverso il rosso Lama del Tenente, nel quale si fondono armoniosamente montepulciano, primitivo e malvasia nera.

Piazza Castello, 8 - 73039 Tricase (LE)
T. 0833 771041 | M. info@casteldisalve.com
www.casteldisalve.com

Viticoltura: Convenzionale
Ettari: 30 | **Bottiglie:** 170.000 | **Produzione olearia:** Sì
Proprietà: Francesco Winspeare
Cond. enologica: Andrea Boaretti
Cond. agronomica: Francesco Winspeare
Vendita diretta: Sì | **Visite in azienda:** Sì

SANTIMEDICI ROSATO 2022
Rosato Igt - Negroamaro 100%
Alc. 12,5% | € 10 | Bt. 12.000 | Ferm. Acciaio | Mat. Acciaio 6 mesi
Delicato rosa corallo con palpiti ramati. Naso bello deciso, che elargisce fini percezioni di ciliegia, fragola, gelsomino e fiori di zagara. Al palato si conferma di carattere; si distende su una scia fruttata, variegata e durevole. Tartare di scampi.

LAMA DEL TENENTE 2019
Rosso Igt - Montepulciano 35%, Primitivo 35%, Malvasia nera di Lecce 30%
Alc. 15% | € 33 | Bt. 8.000 | Ferm. Acciaio | Mat. Acciaio 12 mesi e Legno 12 mesi
Petto d'anatra all'arancia.

PRIMITIVO CENTO SU CENTO
2016 | 2019

SANTIMEDICI ROSATO
2020

Castello Monaci
(2001)

Scenario da favola per questa rinomata cantina, che vanta anche numeri importanti sul piano della produzione e che stupisce i visitatori per la bellezza delle sue strutture architettoniche immerse in un paesaggio rurale incantevole. Non da meno sono i vini, capaci di trasmettere genuine vibrazioni territoriali. In pole position Aiace, un rosso gagliardo e di formidabile temperamento; a seguire il giocoso e schietto Maru; entrambi sono un inno al negroamaro. Da non perdere il suadente Moscatello selvatico, delicatamente aromatico.

Contrada Monaci - 73015 Salice Salentino (LE)
T. 0831 665700 | M. castello.monaci@giv.it
www.castellomonaci.it

Viticoltura: Convenzionale
Ettari: 210 | **Bottiglie:** 2.000.000 | **Produzione olearia:** No
Proprietà: Castello Monaci srl
Cond. enologica: Leonardo Sergio, Christian Scrinzi
Cond. agronomica: Angelo Bagorda
Vendita diretta: Sì | **Visite in azienda:** Sì

SALICE SALENTINO ROSSO AIACE RISERVA 2020
Rosso Doc - Negroamaro 100%
Alc. 15% | € 19 | Bt. 18.000 | Ferm. Legno e Acciaio | Mat. Acciaio 12 mesi e Legno 12 mesi
Luminosa filigrana granato. Visciole sotto spirito, prugna disidratata, mallo di noce, bacche di mirto e pepe nero sono i felici protagonisti dell'analisi olfattiva. Il corpo sfoggia salda struttura, col supporto di un tannino setoso e di una sapidità vivificante. Civet di capriolo ai funghi.

MARU 2022
Rosso Igt - Negroamaro 100%
Alc. 13% | € 11 | Bt. 70.000 | Ferm. Acciaio | Mat. Acciaio 6 mesi e Legno 3 mesi
Capocollo di Martina Franca.

KREOS 2022
Rosato Igt - Negroamaro 100%
Alc. 13% | € 11 | Bt. 110.000 | Ferm. Acciaio | Mat. Acciaio 3 mesi
Polpo alla Luciana.

TERRA D'OTRANTO CHARÀ 2022
Bianco Doc - Chardonnay 100%
Alc. 13,5% | € 15 | Bt. 25.000 | Ferm. Acciaio
Catalana di crostacei.

MOSCATELLO SELVATICO 2021
Bianco Igt Passito - Moscatello selvatico 100%
Alc. 13% | € 17 (0,5l) | Bt. 9.000 | Ferm. Acciaio | Mat. Acciaio 6 mesi e Legno 8 mesi
Torta con mandorle e cioccolato.

ACANTE 2022
Bianco Igt - Fiano 100%
Alc. 13% | € 11 | Bt. 24.000 | Ferm. Acciaio | Mat. Acciaio 3 mesi
Risotto agli asparagi con gamberi croccanti.

ARTAS
2017 | 2019 | 2020

CORIBANTE
2020

Giancarlo Ceci
(1998)

Azienda biodinamica certificata, sita in agro di Andria, in una zona che dista pochi chilometri da Castel del Monte, l'enigmatico maniero fatto erigere da Federico II di Svevia. In un assortimento di vini tutti ben fatti, spicca con particolare prestigio il rosso Riserva Felice Ceci, elegante e corposo, che esalta le doti del nero di Troia. Un'importante e promettente novità è rappresentata dagli spumanti Millesimati Metodo Classico, ottenuti dai ben noti bombino nero e bombino bianco.

Contrada Sant'Agostino - 76123 Andria (BT)
T. 0883 565220 | M. info@agrinatura.net
www.giancarloceci.com

Viticoltura: Biodinamica
Ettari: 70 | **Bottiglie:** 350.000 | **Produzione olearia:** Sì
Proprietà: Giancarlo Ceci
Cond. enologica: Lorenzo Landi
Cond. agronomica: Giancarlo Ceci
Vendita diretta: Sì | **Visite in azienda:** Sì

CASTEL DEL MONTE NERO DI TROIA RISERVA FELICE CECI 2018
Rosso Docg - Nero di Troia 100%
Alc. 13% | € 26 | Bt. 6.000 | Ferm. Acciaio | Mat. Acciaio 8 mesi e Legno 14 mesi
Nobile carminio con un'idea di granato. Tela olfattiva composta da nuance di ciliegia sotto spirito, incenso, tabacco, cuoio e pepe nero. Sorso longilineo, guizzante, con freschezza e sapidità a dare slancio all'energica vena tannica. Pluma di maialino Bellota con cipolle caramellate.

CASTEL DEL MONTE APNEA ROSÉ 2018
Rosato Doc Metodo Classico - Bombino nero 100%
Alc. 11,5% | € 33 | Bt. 1.000 | Ferm. Acciaio | Mat. Acciaio 6 mesi
36 mesi sui lieviti
Ceviche di gamberi.

CASTEL DEL MONTE BIANCO APNEA 2018
Bianco Doc Metodo Classico - Bombino bianco 100%
Alc. 11,5% | € 32 | Bt. 1.000 | Ferm. Acciaio | Mat. Acciaio 6 mesi
36 mesi sui lieviti
Risotto con seppie e burrata.

CASTEL DEL MONTE BOMBINO BIANCO PANASCIO 2022
Bianco Doc - Bombino bianco 100%
Alc. 12% | € 10 | Bt. 30.000 | Ferm. Acciaio | Mat. Acciaio 5 mesi
Cappesante scottate allo zenzero.

CASTEL DEL MONTE BOMBINO NERO PARCHITELLO 2022
Rosato Docg - Bombino nero 100%
Alc. 13% | € 11 | Bt. 20.000 | Ferm. Acciaio | Mat. Acciaio 6 mesi
Verdure in tempura.

CASTEL DEL MONTE ROSATO PARCO PETRULLO 2022
Rosato Doc - Nero di Troia 100%
Alc. 13% | € 10 | Bt. 10.000 | Ferm. Acciaio | Mat. Acciaio 6 mesi
Prosciutto di San Daniele.

CASTEL DEL MONTE CHARDONNAY POZZO SORGENTE
2016 | 2017 | 2019

CASTEL DEL MONTE NERO DI TROIA FELICE CECI RISERVA
2015 | 2017

Centovignali
(1978)

Questa piccola cantina, di proprietà di Vito Rossi, opera da diversi decenni nel territorio collinare murgiano, in agro di Sammichele di Bari. Al centro del suo impegno vi è innanzitutto la valorizzazione del primitivo, che da queste parti si trova del tutto a suo agio per antica tradizione. Il campione che si pone maggiormente in evidenza è il fragrante e generoso rosato Frassinito, da primitivo e aleatico. Ancora una volta il corposo Gioia del Colle Primitivo Indellicato si conferma di ottimo livello.

Piazza Aldo Moro, 10 - 70010 Sammichele di Bari (BA)
T. 080 8917968 | M. info@centovignali.it
www.centovignali.it

Viticoltura: Biologica
Ettari: 30 | **Bottiglie:** 30.000 | **Produzione olearia:** Sì
Proprietà: Vito Rossi
Cond. enologica: Mourad Ouada
Cond. agronomica: Mourad Ouada, Antonio Spinelli
Vendita diretta: Sì | **Visite in azienda:** No

FRASSINITO 2022
Rosato Igt - Primitivo 85%, Aleatico 15%
Alc. 12,5% | € 10 | Bt. 6.000 | Ferm. Acciaio | Mat. Acciaio 6 mesi
Rosa tenue con palpiti ramati. Folate di pesca nettarina, albicocca, fragola e pompelmo rosa, intrecciate ad accenni floreali di iris e rosa. Palato fresco, equilibrato e succoso; durevole lo splendido epilogo agrumato. Rollè di cernia con patate al rosmarino.

GIOIA DEL COLLE PRIMITIVO INDELLICATO 2021
Rosso Dop - Primitivo 100%
Alc. 15% | € 20 | Bt. 3.000 | Ferm. Acciaio | Mat. Legno 10 mesi
Saltimbocca alla romana.

ALBIORE 2022
Bianco Igt - Fiano 100%
Alc. 12,5% | € 10 | Bt. 5.000 | Ferm. Acciaio | Mat. Acciaio 5 mesi
Totani ripieni con salsa mediterranea.

SERVIANO 2022
Rosso Igt - Primitivo 100%
Alc. 13% | € 10 | Bt. 10.000 | Ferm. Acciaio | Mat. Legno 4 mesi
Roast beef.

GIOIA DEL COLLE PRIMITIVO INDELLICATO
2019

ALBIORE
2020

Ciatò
(2013)

Nel sorprendente mondo della spumantistica pugliese, per molti versi ancora tutto da scoprire, vi sono aziende dedicate esclusivamente alla produzione di questa tipologia di vini. Cantine Ciatò di Castelluccio dei Sauri ne è un esempio luminoso. In quest'edizione propone tre Millesimati da nero di Troia in purezza, due rosati e un bianco. Si tratta di vini a tiratura limitata, destinati soprattutto a un pubblico di appassionati e cultori, non solo italiani, delle bollicine elaborate col Metodo Classico da vitigni autoctoni.

Via Roma, 88 - 71025 Castelluccio dei Sauri (FG)
T. 324 6892488 | M. vogapuglia@gmail.com
www.cantineciato.com

Viticoltura: Biologica
Ettari: 4 | **Bottiglie:** 27.000 | **Produzione olearia:** No
Proprietà: Famiglia Nota
Cond. enologica: Cristiano Chiloiro
Cond. agronomica: Cristiano Chiloiro
Vendita diretta: Sì | **Visite in azienda:** Sì

CIATÒ VENDEMMIA 2014 MILLESIMATO EXTRA BRUT 2014
Rosato Metodo Classico - Nero di Troia 100%
Alc. 13% | € 65 | Bt. 1.300 | Ferm. Acciaio | Mat. Acciaio 6 mesi
108 mesi sui lieviti
Fine perlage in un tenue ramato dai bagliori arancio. Delicate nuance di fragolina selvatica, lampone, petalo di rosa, pompelmo rosa e succo di melagrana, fra sbuffi di erbe aromatiche e pasticceria. Sorso rotondo, con lunga vibrazione fresco-sapida e finale citrino appena ammandorlato. Risotto agli scampi.

CIATÒ REGINA LUCIA BRUT ROSÉ 2020
Rosato Metodo Classico - Nero di Troia 100%
Alc. 12,5% | € 25 | Bt. 15.000 | Ferm. Acciaio | Mat. Acciaio 7 mesi
24 mesi sui lieviti
Culatello di Zibello e gnocco fritto.

CIATÒ RE LUIGI BIANCO PAS DOSÉ 2020
Bianco Metodo Classico - Nero di Troia 100%
Alc. 12,5% | € 25 | Bt. 15.000 | Ferm. Acciaio | Mat. Acciaio 6 mesi
24 mesi sui lieviti
Pizza con fiordilatte e prosciutto crudo.

Claudio Quarta Vignaiolo
(2005)

Un'azienda con più anime territoriali in Puglia e in Campania, ma con un costante inscindibile legame con la dimensione artistica. Ne è nata una piccola ma preziosa galleria di arte contemporanea ospitata fra i vasi vinari nella sede centrale, mentre nella bottaia ha trovato collocazione il "Museo del Simposio di Claudio Quarta". In questa cantina prende forma il rosso Moros, un Salice Salentino di grande fascino, ottenuto da negroamaro di vecchi alberelli e dalle uve di pochi ceppi di malvasia nera.

Contrada Porvica - SP 124 - 74100 Lizzano (TA)
T. 0832 704398 | M. info@tenuteemera.it
www.claudioquarta.it

Viticoltura: Convenzionale
Ettari: 55 | **Bottiglie:** 700.000 | **Produzione olearia:** No
Proprietà: Claudio Quarta
Cond. enologica: Claudio Quarta
Cond. agronomica: Claudio Quarta
Vendita diretta: Sì | **Visite in azienda:** Sì

92,5
SALICE SALENTINO ROSSO MOROS RISERVA 2019
Rosso Dop - Negroamaro 97%, Malvasia nera 3%
Alc. 14,5% | € 30 | Bt. 7.500 | Mat. Legno 18 mesi
Rubino impenetrabile, che dischiude una cascata di marasca, mora di rovo, rosa appassita, menta, tabacco biondo, chiodi di garofano, cannella e un leggero pepe verde. Palato di carattere, avvolgente, cadenzato da nitida freschezza e tannino serico. Lungo, appagante, sembra non volersi fermare. Capretto arrosto alle erbe aromatiche.

LIZZANO ROSSO SUPERIORE ANIMA DI NEGROAMARO 2019
Rosso Dop - Negroamaro 100%
Alc. 15% | € 12 | Bt. 30.000 | Ferm. Acciaio | Mat. Acciaio 6 mesi e Legno 6 mesi
Straccetti di cavallo.

PRIMITIVO DI MANDURIA ANIMA DI PRIMITIVO 2021
Rosso Dop - Primitivo 100%
Alc. 15% | € 15 | Bt. 45.000 | Ferm. Acciaio | Mat. Acciaio 10 mesi e Legno 2 mesi
Filetto di manzo in crosta alle erbette.

AMURE 2022
Bianco Igp - Fiano 93%, Manzoni bianco 7%
Alc. 13,5% | € 12 | Bt. 45.000 | Ferm. Acciaio | Mat. Acciaio 3 mesi
Impepata di cozze.

PRIMITIVO DI MANDURIA ORO DI EMÉRA 2021
Rosso Dop - Primitivo 100%
Alc. 15% | € 25 | Bt. 40.000 | Ferm. Legno | Mat. Legno 12 mesi
Carré di maiale al forno con mele renette.

ANIMA DI CHARDONNAY REVOLUTION 2022
Bianco Igp - Chardonnay 100%
Alc. 13% | € 12 | Bt. 15.000 | Ferm. Acciaio | Mat. Acciaio 6 mesi
Risotto agli asparagi e provola affumicata.

CIATÒ VENDEMMIA 2014 MILLESIMATO EXTRA BRUT
2014

CIATÒ REGINA LUCIA BRUT ROSÉ
2018

SALICE SALENTINO ROSSO MOROS RISERVA
2017 | 2018

PRIMITIVO DI MANDURIA ORO DI EMÉRA
2017 | 2018

Colli della Murgia
(1990)

Il lavoro tenace e visionario di Francesco Ventricelli e dei suoi bravi collaboratori approda con Myor al riconoscimento delle Quattro Viti. Un vino stupendo, che narra le straordinarie potenzialità del minutolo e guida un'incredibile carrellata di proposte, capaci di declinare quest'uva in quasi tutti i modi possibili. Non mancano un vino macerato, Portokali, e uno spumante Metodo Classico, Amore Protetto, e poi lo storico Tufjano, che mantiene intatto il suo valore e il suo fascino primigenio.

Contrada Zingariello - 70024 Gravina in Puglia (BA)
T. 080 3261271 | M. info@collidellamurgia.it
www.collidellamurgia.it

Viticoltura: Biologica certificata
Ettari: 27 | **Bottiglie:** 250.000 | **Produzione olearia:** No
Proprietà: Francesco Ventricelli
Cond. enologica: Anna Cicirelli
Cond. agronomica: Francesco Ventricelli
Vendita diretta: Sì | **Visite in azienda:** Sì

(91)

MYOR 2021
Bianco Igp - Minutolo 100%
Alc. 14% | € 25 | Bt. 3.000 | Ferm. Legno | Mat. Legno 6 mesi
Giallo sole con fendenti dorati. Al naso ghirlanda di fiori di tiglio, ginestra e mentuccia, impreziosita da sussurri di vaniglia e marzapane. Una rigenerante freschezza scuote il sorso denso e materico, che a lungo dispensa delizie al palato. Calamarata con ragù di pesce spada.

TUFJANO 2022
Bianco Igp - Minutolo 100%
Alc. 13% | € 14 | Bt. 15.000 | Ferm. Acciaio | Mat. Acciaio 4 mesi
Granseola al vapore su misticanza.

AMORE PROTETTO
Bianco Igp Metodo Classico - Minutolo 100%
Alc. 13% | € 27 | Bt. 5.000 | Ferm. Acciaio | Mat. Acciaio 2 mesi
48 mesi sui lieviti
Crostini al lardo di Colonnata.

PORTOKALI 2021
Bianco Igp - Minutolo 100%
Alc. 12,5% | € 22 | Bt. 2.000 | Ferm. Acciaio | Mat. Acciaio 6 mesi
Verdure in tempura.

SYMBOL 2019
Rosso Igp - Primitivo 100%
Alc. 15,5% | € 25 | Bt. 3.000 | Ferm. Acciaio | Mat. Acciaio 24 mesi e Legno 24 mesi
Tagliata al pepe verde.

ERBACEO 2022
Bianco Igp - Greco 50%, Minutolo 50%
Alc. 12% | € 11 | Bt. 40.000 | Ferm. Acciaio | Mat. Acciaio 4 mesi
Filetto di branzino gratinato.

TUFJANO
2021

PORTOKALI
2020

Conte Spagnoletti Zeuli
(1600)

Il cuore dell'azienda agricola è nascosto tra immense distese di ulivi, che ornano le colline site nel fascinoso territorio di Castel del Monte. Qui la produzione olearia è di alto livello, non meno di quella vitivinicola. A guidare una serie di vini commendevoli, vi è un fiero rosso Riserva che si avvale del blend di nero di Troia, montepulciano e aglianico in modo talmente convincente da salire sul gradino più alto del podio. Belle anche le conferme del rosato Colombaio e del bianco Nevaia.

SP 231, km 60 - Tenuta San Domenico - 76123 Andria (BT)
T. 0883 569511 | M. c.szo@contespagnolettizeuli.it
www.contespagnolettizeuli.it

Viticoltura: Lotta integrata
Ettari: 150 | **Bottiglie:** 600.000 | **Produzione olearia:** Sì
Proprietà: Conte Onofrio Spagnoletti Zeuli
Cond. enologica: Leonardo Pinto
Cond. agronomica: Onofrio Spagnoletti Zeuli
Vendita diretta: Sì | **Visite in azienda:** Sì

(92)

CASTEL DEL MONTE ROSSO TERRANERA RISERVA 2019
Rosso Docg - Nero di Troia 70%, Aglianico 15%, Montepulciano 15%
Alc. 14% | € 18 | Bt. 25.000 | Ferm. Acciaio | Mat. Legno 12 mesi
Drappo carminio tendente al granato. Raffinato spartito con arie di ciliegia e mora selvatica, rosa appassita, pepe nero e anice stellato in una coltre di eucalipto. Abbrivio gustativo dritto e deciso, intarsiato da tannino fitto, fasciante e da vibrazione fresco-sapida. Gulasch di manzo alla paprica dolce.

CASTEL DEL MONTE BOMBINO NERO COLOMBAIO 2022
Rosato Docg - Bombino nero 100%
Alc. 12,5% | € 12 | Bt. 30.000 | Ferm. Acciaio
Burrata di Andria.

NEVAIA 2021
Bianco Igt - Fiano 100%
Alc. 13,5% | € 12 | Bt. 30.000 | Ferm. Legno | Mat. Legno 8 mesi
Riso, cozze e zafferano.

CASTEL DEL MONTE ROSSO GHIANDARA 2019
Rosso Doc - Aglianico 100%
Alc. 13,5% | € 12 | Bt. 30.000 | Ferm. Acciaio | Mat. Legno 24 mesi
Fesa di vitello al latte.

NEVAIA
2020

CASTEL DEL MONTE NERO DI TROIA RINZACCO RISERVA
2019

Conti Zecca
(1935)

Il territorio di Leverano è uno dei distretti fondamentali del negroamaro, un'area non molto distante dal Mar Jonio, caratterizzata da terre profonde calcareo-argillose. Questa storica cantina, forte di diverse tenute, ne interpreta la tipicità con uno stile inimitabile, che prevede a volte un misurato apporto di vitigni internazionali. Meraviglie come Nero ne rappresentano l'icona, per espressione di classe, raffinatezza e potenziale di longevità. Il Primitivo Rodinò si colloca nella stessa scia.

Via Cesarea - 73045 Leverano (LE)
T. 0832 925613 | M. info@contizecca.it
www.contizecca.it

Viticoltura: Convenzionale, biologica e certificata SQNPI
Ettari: 320 | **Bottiglie:** 2.800.000 | **Produzione olearia:** No
Proprietà: Conti Zecca
Cond. enologica: Giorgio Marone, Antonio Fernando Romano
Cond. agronomica: Ruggero Mazzilli
Vendita diretta: Sì | **Visite in azienda:** Sì

(93,5)
NERO 2020
Rosso Igp - Negroamaro 70%, Cabernet sauvignon 30%
Alc. 14% | € 30 | Bt. 8.000 | Ferm. Acciaio | Mat. Legno 24 mesi
Rubino fitto, splendente. Naso di grande pregio, con un coro di ciliegia sotto spirito, amarena, cioccolato fondente, vaniglia, legno di sandalo, marzapane, cannella ed eucalipto. Avvolgenza e classe guidano il sorso, con l'apporto di un tannino palpitante e di una nitida freschezza. Approdo fruttato. Fagiano arrosto.

RODINÒ 2020
Rosso Igp - Primitivo 85%, altre varietà 15%
Alc. 14,5% | € 35 | Bt. 1.300 | Ferm. Acciaio | Mat. Legno 18 mesi
Capretto arrosto alle erbe aromatiche.

LUNA 2022
Bianco Igp - Chardonnay 50%, Malvasia bianca 50%
Alc. 13% | € 15 | Bt. 20.000 | Ferm. Legno e Acciaio | Mat. Acciaio 2 mesi e Legno 6 mesi
Pappardelle con funghi porcini.

VENUS 2022
Rosato Igp - Negroamaro 85%, altre varietà 15%
Alc. 12,5% | € 11 | Bt. 10.000 | Ferm. Acciaio | Mat. Acciaio 5 mesi
Paella.

MENDOLA 2022
Bianco Igp - Fiano 100%
Alc. 13% | € 10 | Bt. 8.000 | Ferm. Acciaio | Mat. Acciaio 5 mesi
Tempura di gamberi.

NERO
2017 | 2018 | 2019

LUNA
2017

Casa Vinicola Coppi
(1882)

Il vulcanico Antonio Coppi, enologo d'esperienza ma anche imprenditore lungimirante, guida una delle aziende vitivinicole più grandi e prestigiose del Barese. Lo affiancano la figlia Miriam e il figlio Antonio Michele con entusiasmo e competenza. La cantina, moderna e perfettamente organizzata, è molto bene attrezzata anche per l'accoglienza. Ancora una volta è il raffinato Primitivo Senatore a meritarsi il più alto riconoscimento. Colpiscono molto favorevolmente i bianchi da falanghina e malvasia bianca e il rosato da negroamaro.

SP Turi-Gioia del Colle - 70010 Turi (BA)
T. 080 8915049 | M. info@vinicoppi.it
www.vinicoppi.it

Viticoltura: Biologica
Ettari: 210 | **Bottiglie:** 780.000 | **Produzione olearia:** No
Proprietà: Antonio Michele Coppi
Cond. enologica: Miriam Coppi, Antonio Michele Coppi
Cond. agronomica: Antonio Michele Coppi
Vendita diretta: Sì | **Visite in azienda:** Sì

(91)
GIOIA DEL COLLE PRIMITIVO SENATORE 2020
Rosso Doc - Primitivo 100%
Alc. 13,5% | € 29 | Bt. 30.000 | Ferm. Acciaio | Mat. Legno 12 mesi
Nobile cremisi, che libera a profusione effluvi di ciliegia, fragola, fiori rossi macerati, cacao, pepe nero ed erbe profumate. Assaggio flessuoso, carezzevole, ricamato da tannino vellutato e rigenerante freschezza. Il congedo è affidato a piacevoli guizzi speziati. Filetto al pepe verde.

GUISCARDO 2022
Bianco Igp - Falanghina 100%
Alc. 13% | € 14 | Bt. 25.000 | Ferm. Acciaio | Mat. Acciaio 2 mesi
Linguine allo scoglio.

CORÉ 2022
Rosato Igp - Negroamaro 100%
Alc. 13% | € 10 | Bt. 30.000 | Ferm. Acciaio | Mat. Acciaio 3 mesi
Cocktail di gamberetti.

SERRALTO 2022
Bianco Igp - Malvasia bianca 100%
Alc. 12% | € 10 | Bt. 40.000 | Ferm. Acciaio | Mat. Acciaio 2 mesi
Insalata di mare.

CANTONOVO ROSÉ 2022
Rosato Igp - Primitivo 100%
Alc. 12% | € 14 | Bt. 25.000 | Ferm. Acciaio | Mat. Acciaio 2 mesi
Spaghetti con vongole veraci.

GIOIA DEL COLLE PRIMITIVO SENATORE
2018 | 2019

GUISCARDO
2018

Cupertinum
(1935)

Una cantina sociale che sprizza energia e vitalità da tutti i pori, qualificando la propria infaticabile attività con iniziative ed eventi che spaziano nella cultura e nel sociale. Ogni etichetta parla un linguaggio compiuto e verace, facendosi espressione delle storiche varietà salentine. Il negroamaro è declinato in tutti i modi possibili. A sfiorare il riconoscimento delle Quattro Viti è il rosato da negroamaro in purezza, Spinello dei Falconi, dotato anche di un favorevolissimo rapporto valore/prezzo.

Via Martiri del Risorgimento, 6 - 73043 Copertino (LE)
T. 0832 947031 | M. cantinacopertino@libero.it
www.cupertinum.it

Viticoltura: Convenzionale
Ettari: 320 | **Bottiglie:** 900.000 | **Produzione olearia:** No
Proprietà: Cooperativa di produttori
Cond. enologica: Giuseppe Pizzolante Leuzzi
Cond. agronomica: Francesco Trono
Vendita diretta: Sì | **Visite in azienda:** Sì

SPINELLO DEI FALCONI 2022
Rosato Igt - Negroamaro 100%
Alc. 13% | € 7 | Bt. 50.000 | Ferm. Acciaio | Mat. Acciaio 5 mesi
Luminoso rosa chiaretto. Sinfonia di amarena, ribes rosso e gelso scuro, allietati da lavanda, peonia, ciclamino, bergamotto e arancia Sanguinella. Sorso ampio, di grande rotondità e giusta freschezza, con un tocco di mandorla verde che sigla il lungo finale di bocca. Linguine all'astice.

GIORTÌ 2022
Bianco Igt Metodo Martinotti - Negroamaro 100%
Alc. 12% | € 10 | Bt. 20.000 | Ferm. Acciaio | Mat. Acciaio 6 mesi
3 mesi sui lieviti
Sushi e sashimi.

COPERTINO ROSSO RISERVA 2015
Rosso Doc - Negroamaro 100%
Alc. 13% | € 9 | Bt. 300.000 | Ferm. Acciaio | Mat. Acciaio 18 mesi e Legno 6 mesi
Pappardelle al ragù di cervo.

COPERTINO ROSSO SETTANTACINQUE 2011
Rosso Doc - Negroamaro 100%
Alc. 13,5% | € 11 | Bt. 50.000 | Ferm. Acciaio | Mat. Acciaio 18 mesi e Legno 6 mesi
Capriolo ai porcini.

COPERTINO ROSSO 2020
Rosso Doc - Negroamaro 100%
Alc. 13% | € 8 | Bt. 100.000 | Ferm. Acciaio | Mat. Acciaio 18 mesi
Terrina di coniglio.

SQUARCIAFICO 2022
Bianco Igt Frizzante - Chardonnay 50%, Malvasia bianca 50%
Alc. 12% | € 6 | Bt. 20.000 | Ferm. Acciaio | Mat. Acciaio 5 mesi
Spaghetti con mazzancolle e pomodorini.

COPERTINO ROSSO RISERVA
2012

COPERTINO ROSSO SETTANTACINQUE RISERVA
2009 | 2010 | 2011

D'Alfonso del Sordo
(1957)

Nella vivace e variegata realtà vitivinicola del Tavoliere di Puglia, questa storica cantina ha svolto un ruolo guida pionieristico fin dalla metà del secolo scorso. Ancora oggi rimane un importante punto di riferimento grazie a etichette che, con ammirevole fedeltà al territorio, esaltano innanzitutto il nero di Troia, vitigno a volte scontroso ma capace di esprimere vini di classe. Quest'ultimo consente l'elaborazione di rossi di grande pregio come Guado San Leo e Casteldrione e rosati prestigiosi e fragranti come Dammirose.

Contrada S. Antonino - SS 89, km 5 - 71016 San Severo (FG)
T. 0882 221444 | M. info@dalfonsodelsordo.it
www.dalfonsodelsordo.it

Viticoltura: Convenzionale
Ettari: 35 | **Bottiglie:** 200.000 | **Produzione olearia:** No
Proprietà: Gianfelice e Celeste D'Alfonso del Sordo
Cond. enologica: Cosimo Cristiano Chiloiro
Cond. agronomica: Gianfelice D'Alfonso del Sordo
Vendita diretta: Sì | **Visite in azienda:** Sì

GUADO SAN LEO 2020
Rosso Igp - Nero di Troia 100%
Alc. 13,5% | € 25 | Bt. 10.000 | Ferm. Acciaio | Mat. Acciaio 4 mesi e Legno 12 mesi
Granato fitto. Pennellate di caffè, cioccolato nero, ciliegia Ferrovia, nocciola tostata e anice stellato, su tappeto balsamico. In bocca risulta pieno, avvolgente, sostenuto da tannino ben gestito. Epilogo fruttato e balsamico. Reale di vitello alla senape antica.

DAMMIROSE 2022
Rosato Igp - Nero di Troia 100%
Alc. 13% | € 12 | Bt. 10.000 | Mat. Acciaio 4 mesi
Carpaccio di crostacei su mela verde.

CASTELDRIONE 2021
Rosso Igt - Nero di Troia 100%
Alc. 14% | € 13 | Bt. 30.000 | Ferm. Acciaio | Mat. Acciaio 2 mesi e Legno 6 mesi
Bigoli con salsiccia.

CORTECAMPANA 2022
Bianco Igp - Falanghina 100%
Alc. 13,5% | € 11 | Bt. 10.000 | Mat. Acciaio 4 mesi
Filetto di orata in crosta di mandorle e patate.

PRIMITIVO 2022
Rosso Igp - Primitivo 100%
Alc. 13,5% | € 12 | Bt. 7.000 | Ferm. Acciaio | Mat. Acciaio 3 mesi
Guanciale di vitello alle erbe aromatiche.

SAN SEVERO BIANCO CATAPANUS 2022
Bianco Dop - Bombino bianco 100%
Alc. 13% | € 12 | Bt. 25.000 | Mat. Acciaio 4 mesi
Cappesante scottate allo zenzero.

GUADO SAN LEO
2017 | 2018 | 2019

CASTELDRIONE
2020

D'Araprì
(1979)

Potremmo definirlo il tempio delle bollicine pugliesi o comunque la casa madre, il centro ispiratore, che, partendo da San Severo, ha dato il via a un fenomeno inatteso, sorprendente, contagioso e ancora vertiginosamente in crescita. Se i vini sono sempre emozionanti, esemplari in cantina sono anche l'accoglienza, il legame forte con la cultura e con l'arte, il binomio con la gastronomia ricercata e autentica, la custodia di vecchie annate. E per finire, una Gran Cuvée XXI Secolo che si conferma stellare.

Via Zannotti, 30 - 71016 San Severo (FG)
T. 0882 227643 | M. info@darapri.it
www.darapri.it

Viticoltura: Convenzionale
Ettari: 22,5 | **Bottiglie:** 180.000 | **Produzione olearia:** No
Proprietà: D'Araprì
Cond. enologica: Girolamo D'Amico, Libero Antonio Priore
Cond. agronomica: Libero Antonio Priore, Massimo D'Anzeo
Vendita diretta: Sì | **Visite in azienda:** Sì

(93)
D'ARAPRÌ BRUT GRAN CUVÉE XXI SECOLO 2017
Bianco Metodo Classico - Bombino bianco 60%, Montepulciano 20%, Pinot nero 20%
Alc. 12,5% | € 45 | Bt. 10.000 | Ferm. Acciaio | Mat. Acciaio 5 mesi
60 mesi sui lieviti
Scintillio di finissime bollicine nel paglierino. Naso ampio, che racconta di pera, frutta esotica, scorzetta di cedro, fieno, cioccolato bianco e nocciola tostata, mentre aleggiano ventate di miele e pasticceria. Assaggio pieno e appagante, di superiore equilibrio; pregevole persistenza. Aragosta in bellavista.

D'ARAPRÌ PAS DOSÉ
Bianco Metodo Classico - Bombino bianco 70%, Pinot nero 30%
Alc. 12,5% | € 22 | Bt. 50.000 | Ferm. Acciaio | Mat. Acciaio 5 mesi
28 mesi sui lieviti
Risotto agli scampi.

D'ARAPRÌ BRUT ROSÉ
Rosato Metodo Classico - Montepulciano 65%, Pinot nero 35%
Alc. 13% | € 28 | Bt. 40.000 | Ferm. Acciaio | Mat. Acciaio 5 mesi
24 mesi sui lieviti
Riso venere con verdure e crostacei.

D'ARAPRÌ BRUT
Bianco Metodo Classico - Bombino bianco 60%, Pinot nero 40%
Alc. 12,5% | € 20 | Bt. 45.000 | Ferm. Acciaio | Mat. Acciaio 5 mesi
24 mesi sui lieviti
Linguine alla granseola e rosmarino.

D'ARAPRÌ BRUT GRAN CUVÉE XXI SECOLO
2012 | 2014 | 2015

D'ARAPRÌ BRUT ROSÉ
S.A.

Cantine Di Gioia
(1997)

Puntare sui vitigni autoctoni in una terra eletta per la vitivinicoltura di qualità, la Murgia carsica, con le sue colline a Gioia del Colle e dintorni. È l'obiettivo che il titolare della cantina, Angelo Antonio Di Gioia, si è dato in questi anni. Grande risalto viene quindi dato al primitivo, che brilla soprattutto nel rosso Ode. Non mancano le belle sorprese, come lo splendido rosato Lapis, da uve susumaniello in purezza. Una gradita e apprezzata conferma arriva dal Moscatello Selvatico Heliodor.

Via della Fiera, 355/357 - 70023 Gioia del Colle (BA)
T. 080 4551444 | M. info@cantinedigioia.com
www.cantinedigioia.com

Viticoltura: Lotta integrata
Ettari: 185 | **Bottiglie:** 350.000 | **Produzione olearia:** Sì
Proprietà: Angelo Antonio Di Gioia
Cond. enologica: Giovanni Di Gioia
Cond. agronomica: Angelo Antonio Di Gioia
Vendita diretta: Sì | **Visite in azienda:** Sì

LAPIS 2022
Rosato Igp - Susumaniello 100%
Alc. 12,5% | € 12 | Bt. 20.000 | Ferm. Acciaio e Cemento | Mat. Acciaio 3 mesi e Cemento 3 mesi
Rosa tenue con lampi ramati, conduce a delicati ricordi di ciliegia, melone e anice, poi un susseguirsi di pesca, gelsomino e finocchietto selvatico. Guizzi di freschezza e sapidità allietano il gusto coerente, lungo e con una sua morbidezza. Totani ripieni con salsa mediterranea.

GIOIA DEL COLLE PRIMITIVO ODE 2019
Rosso Doc - Primitivo 100%
Alc. 15% | € 18 | Bt. 5.000 | Ferm. Acciaio e Cemento | Mat. Acciaio e Legno 12 mesi e Cemento 8 mesi
Rigatoni al ragù bianco di carne.

HELIODOR 2022
Bianco Igp - Moscatello selvatico 100%
Alc. 12,5% | € 12 | Bt. 15.000 | Ferm. Acciaio | Mat. Acciaio 3 mesi
Pollo al curry.

ZAFFIRO 2022
Bianco Igp - Fiano 100%
Alc. 12,5% | € 12 | Bt. 20.000 | Ferm. Acciaio | Mat. Acciaio 3 mesi e Legno 2 mesi e Cemento
Fiori di zucca ripieni di ricotta e acciughe.

AMETISTA 2022
Rosato Igp - Primitivo 100%
Alc. 13% | € 12 | Bt. 20.000 | Ferm. Acciaio e Cemento | Mat. Acciaio 3 mesi e Cemento 3 mesi
Insalata di polpo, patate e olive.

HELIODOR
2021

ONICE
2021

Duca Carlo Guarini
(1065)

Storica cantina salentina che, in quel di Scorrano, forgia vini di specchiata fedeltà al territorio, pur non disdegnando di percorrere strade fortemente innovative. Si muovono in questa direzione il delizioso 900 Malvasia Rosso, da sola malvasia nera, e, ancor più, le diverse declinazioni del negroamaro. L'etichetta 900 Negroamaro Bianco propone il negroamaro vinificato in bianco e sottoposto a maturazione in barrique. Intrigante anche lo spumante Blanc de Noir ottenuto elaborando col Metodo Classico una base di negroamaro.

Via Gianprospero Sindaco, 54 - 73020 Scorrano (LE)
T. 0836 460288 | M. info@ducacarloguarini.it
www.ducacarloguarini.it

Viticoltura: Biologica e biologica certificata
Ettari: 70 | **Bottiglie:** 350.000 | **Produzione olearia:** Sì
Proprietà: Famiglia Guarini
Cond. enologica: Giuseppe Pizzolante Leuzzi
Cond. agronomica: Roberto Guarini
Vendita diretta: Sì | **Visite in azienda:** Sì

900 MALVASIA ROSSO 2017
Rosso Igt - Malvasia nera 100%
Alc. 14% | € 35 | Bt. 4.000 | Ferm. Cemento | Mat. Cemento 48 mesi
Un granato dalla splendida trasparenza e dai primi rimandi aranciati. Ampiezza di prugna secca, marasca, amarena in confettura, uva passa, fiori appassiti, eucalipto e tabacco. Dinamico al sorso, con tannino di bella fattura, equilibrato e coerente, con scia sapida a dare dinamismo a un finale d'erbe aromatiche. Stracotto d'asino.

900 NEGROAMARO BIANCO 2019
Bianco Igt - Negroamaro 100%
Alc. 13% | € 22 | Bt. 2.500 | Ferm. Acciaio | Mat. Acciaio 24 mesi e Legno 12 mesi
Risotto con mazzancolle al profumo d'arancia.

900 METODO CLASSICO BRUT NATURE 2018
Bianco Metodo Classico - Negroamaro 100%
Alc. 12% | € 27 | Bt. 2.000 | Ferm. Acciaio | 48 mesi sui lieviti
Catalana di crostacei.

900 NEGROAMARO ROSSO 2017
Rosso Igt - Negroamaro 100%
Alc. 14% | € 35 | Bt. 4.000 | Ferm. Cemento | Mat. Cemento 48 mesi
Guanciale di vitello in umido con patate.

900 PRIMITIVO ROSSO 2019
Rosso Igt - Primitivo 100%
Alc. 15,5% | € 35 | Bt. 5.000 | Ferm. Cemento | Mat. Cemento 24 mesi
Pappardelle con sugo di lepre.

BOEMONDO
2013

900 NEGROAMARO
2016

Elda Cantine
(2005)

Se il nero di Troia abbia preso il suo nobile nome da quello della bella cittadina dauna o da una lontana località dell'Asia Minore ancora non si sa. Di sicuro il vitigno si trova perfettamente a suo agio da queste parti, dove si è ambientato da secoli. Le sue uve pregiate offrono a cantine come questa una materia prima che si presta a essere trasformata in vini deliziosi. Ottimo il rosso Il Primo, scattante e potente al punto giusto, intrigante e versatile lo spumante Metodo Ancestrale Troja, affabile e invitante il rosato Pescarosa.

Zona industriale, lotto 9 - 71029 Troia (FG)
T. 0881 371279 | M. info@eldacantine.it
www.eldacantine.com

Viticoltura: Biologica certificata
Ettari: 25 | **Bottiglie:** 200.000 | **Produzione olearia:** Sì
Proprietà: Marcello Salvatori
Cond. enologica: Rosalia Ambrosino
Cond. agronomica: Rosalia Ambrosino
Vendita diretta: Sì | **Visite in azienda:** Sì

IL PRIMO 2021
Rosso Igp - Nero di Troia 100%
Alc. 14% | € 16 | Bt. 14.000 | Ferm. Acciaio | Mat. Acciaio 6 mesi
Rubino smagliante. Affresco olfattivo di ciliegia, mora di rovo, cioccolato fondente, vaniglia e radice di liquirizia. Assaggio sospinto da giuliva freschezza e tannino pimpante. Durevoli e coerenti gli aromi che richiamano l'olfatto. Fegato alla veneziana.

PESCAROSA 2022
Rosato Igp - Nero di Troia 100%
Alc. 13% | € 18 | Bt. 14.000 | Ferm. Acciaio | Mat. Acciaio 6 mesi
Impepata di cozze.

TROJA ANCESTRALE 2022
Bianco Metodo Ancestrale - Nero di Troia 100%
Alc. 11,5% | € 18 | Bt. 3.000 | Ferm. Acciaio | 3 mesi sui lieviti
Pizza con fiordilatte e prosciutto crudo.

ELIS 2022
Bianco Igp - Falanghina 100%
Alc. 13% | € 16 | Bt. 7.000 | Ferm. Acciaio | Mat. Acciaio 6 mesi
Pesce spada alla griglia.

CALANDRA 2022
Bianco Igp - Bombino bianco 100%
Alc. 12,5% | € 16 | Bt. 7.000 | Ferm. Acciaio | Mat. Acciaio 6 mesi
Fregola con le arselle.

ETTORE VIGNA SANTA CECILIA
2018

VORIET
2021

Fabiana
(2005)

Le vigne di quest'azienda vitivinicola a carattere familiare hanno sede in agro di San Giorgio Jonico, a due passi dal mare. Si tratta di un'area caratterizzata da forti escursioni termiche, di particolare elezione per il primitivo, ma che riesce a favorire la migliore espressione di altre varietà come il negroamaro, il fiano, la malvasia bianca e lo chardonnay. A guidare la sfilata è il gagliardo Primitivo Calidus, vigoroso e carezzevole; lo incalza l'ottimo Chardonnay Kalema. Tutte le altre etichette della ricca gamma aziendale non sfigurano affatto.

Via Roma, 174 - 74027 San Giorgio Jonico (TA)
T. 320 4512620 | M. agricolafabiana@gmail.com
www.fabianawines.it

Viticoltura: Lotta integrata
Ettari: 30 | **Bottiglie:** 51.000 | **Produzione olearia:** No
Proprietà: Fabiana Barulli
Cond. enologica: Benedetto Lorusso
Cond. agronomica: Fabiana Barulli
Vendita diretta: Sì | **Visite in azienda:** Sì

PRIMITIVO DI MANDURIA CALIDUS 2021
Rosso Doc - Primitivo 100%
Alc. 15% | € 20 | Bt. 8.000 | Ferm. Acciaio | Mat. Acciaio 12 mesi e Legno 6 mesi
Cremisi lucente. Incipit salmastro al naso, che apre ad allusioni di ciliegia, susina, caffè tostato, pepe nero e leggero affumicato. Il vigore e il volume sono mitigati, al palato, dal giusto apporto di acidità e di tannicità. Carpaccio di chianina e insalata di porcini.

KALEMA CHARDONNAY 2022
Bianco Igp - Chardonnay 100%
Alc. 13% | € 12 | Bt. 3.000 | Ferm. Acciaio | Mat. Acciaio 5 mesi
Carpaccio di crostacei su mela verde.

KALEMA NEGROAMARO 2022
Rosato Igp - Negroamaro 100%
Alc. 12% | € 13 | Bt. 2.000 | Ferm. Acciaio | Mat. Acciaio 12 mesi
Risotto con zucchine, fiori di zucca e zafferano.

KALEMA PRIMITIVO 2021
Rosso Igp - Primitivo 100%
Alc. 14% | € 14 | Bt. 28.000 | Ferm. Acciaio | Mat. Acciaio 12 mesi
Costolette di maiale alla brace.

KALEMA NEGROAMARO 2020
Rosso Igp - Negroamaro 100%
Alc. 13% | € 14 | Bt. 5.000 | Ferm. Acciaio | Mat. Legno 5 mesi
Entrecôte alla griglia con scaglie di formaggio.

BARÙ 2022
Bianco Igt Metodo Martinotti - Malvasia bianca 100%
Alc. 12% | € 12 | Bt. 2.000 | Ferm. Acciaio | Mat. Acciaio 6 mesi
Guazzetto di moscardini.

Fatalone
(1987)

Questa rinomata azienda familiare rappresenta da diversi decenni un saldo e autorevole punto di riferimento nell'area murgiana, dove brilla il Primitivo di Gioia del Colle. La sua filosofia green è senza compromessi, con la scelta dell'ecosostenibilità e della coltivazione in biologico. Vi è poi l'impegno a non snaturare il primitivo, puntando a fedeli e autentiche espressioni di territorio, come quella dell'eccellente Gioia del Colle Primitivo Riserva, un vino austero e capace di lunghe evoluzioni.

Strada Vicinale Spinomarino, 291 - 70023 Gioia del Colle (BA)
T. 328 7033220 | M. info@fatalone.it
www.fatalone.it

Viticoltura: Biologica
Ettari: 10 | **Bottiglie:** 78.000 | **Produzione olearia:** Sì
Proprietà: Rosa Orfino
Cond. enologica: Benedetto Lorusso
Cond. agronomica: Francesco Mastrangelo
Vendita diretta: Sì | **Visite in azienda:** Sì

91,5

GIOIA DEL COLLE PRIMITIVO ROSSO FATALONE RISERVA 2020
Rosso Doc - Primitivo 100%
Alc. 16% | € 30 | Bt. 20.000 | Ferm. Acciaio | Mat. Acciaio 9 mesi e Legno 12 mesi
Rubino di gran luce. Ouverture resinosa balsamica, che precede segnali di ciliegia, frutti di bosco, arancia scura, cioccolato, liquirizia e vaniglia. Il sorso materico riceve slancio dalla vivida freschezza e da un'impronta tannica netta. Ricche risonanze dal retrolfatto. Lombata di vitello su letto di cipolline saltate.

TERES 2022
Rosso Igp - Primitivo 100%
Alc. 14,5% | € 20 | Bt. 14.000 | Ferm. Acciaio | Mat. Acciaio 6 mesi
Cosciotto di maiale farcito.

GIOIA DEL COLLE PRIMITIVO FATALONE RISERVA
2015 | 2017

TERES
2019

Felline
(1996)

Ambasciatore del primitivo in tutto il mondo, Gregory Perrucci è stato anche un pioniere visionario, che già da decenni ha indicato nella riscoperta e valorizzazione dei vitigni autoctoni l'unica strada per l'affermazione del vino pugliese e per il suo riscatto. Fra i vini degustati in quest'edizione, ci sono particolarmente piaciuti l'elegante Primitivo Giravolta e il gagliardo Nero di Troia Trullari, dal rapporto valore/prezzo molto invitante. Una bella scommessa anche il Metodo Classico Edmond Dantes, da uve vermentino.

Strada Comunale Santo Stasi Primo, 42/B - 74024 Manduria (TA)
T. 099 9711660 | M. info@agricolafelline.it
www.agricolafelline.it

Viticoltura: Biologica
Ettari: 110 | **Bottiglie:** 800.000 | **Produzione olearia:** No
Proprietà: Felline
Cond. enologica: Fabrizio Perrucci
Cond. agronomica: Salvatore Mero
Vendita diretta: Sì | **Visite in azienda:** Sì

PRIMITIVO DI MANDURIA GIRAVOLTA 2019
Rosso Dop - Primitivo 100%
Alc. 14,5% | € 19 | Bt. 11.600 | Ferm. Acciaio | Mat. Legno 9 mesi
Rubino impenetrabile. Al naso effluvi di ciliegia scura, erbe officinali, corteccia e radice di liquirizia, su tappeto di spezie. In bocca è denso, masticabile, con la giusta freschezza e un tannino di bella trama perfettamente integrato. Costata di manzo alla griglia.

TRULLARI 2021
Rosso Igp - Nero di Troia 100%
Alc. 13,5% | € 9 | Bt. 60.000 | Ferm. Acciaio | Mat. Acciaio 9 mesi
Involtini di vitello lardellati.

EDMOND DANTES 2021
Bianco Metodo Classico - Vermentino 100%
Alc. 11,5% | € 25 | Bt. 6.000 | Ferm. Acciaio | 12 mesi sui lieviti
Caviale Sevruga.

PRIMITIVO DI MANDURIA TERRA ROSSA 2022
Rosso Dop - Primitivo 100%
Alc. 14% | € 15 | Bt. 90.000 | Ferm. Acciaio | Mat. Legno 6 mesi
Maialino in agrodolce.

VERDECA 2022
Bianco Igp - Verdeca 100%
Alc. 12,5% | € 10 | Bt. 6.000 | Ferm. Acciaio | Mat. Acciaio 9 mesi
Risotto alla zucca e astice.

ALBERELLO 2022
Rosso Igp - Negroamaro 50%, Primitivo 50%
Alc. 13% | € 10 | Bt. 90.000 | Ferm. Acciaio | Mat. Acciaio 9 mesi
Reale di vitello alla senape antica.

PRIMITIVO DI MANDURIA ZINFANDEL
2018

SUM
2018

Feudi di Guagnano
(2002)

La cittadina di Guagnano è praticamente attaccata al comune di Salice Salentino. Insieme formano una sorta di baricentro dell'area salentina del negroamaro. In questa terra eletta ancora si trovano distese di vecchi alberelli. A prendersene cura aziende come Feudi di Guagnano, che ne ricavano vini di valore riconosciuto. Fra i gioielli più preziosi vi è il rosso Nero di Velluto, un'etichetta da uve surmature che lascia un segno indelebile nella memoria del degustatore. Notevole anche la prestazione di Cupone Salice Salentino Riserva.

Via Cellino, 3 - 73010 Guagnano (LE)
T. 0832 705422 | M. contact@feudiguagnano.it
www.feudiguagnano.it

Viticoltura: Convenzionale
Ettari: 15 | **Bottiglie:** 250.000 | **Produzione olearia:** No
Proprietà: Famiglie Rizzo, Maci e Maldarelli
Cond. enologica: Gianvito Rizzo
Cond. agronomica: Gianvito Rizzo
Vendita diretta: Sì | **Visite in azienda:** Sì

91

NERO DI VELLUTO 2020
Rosso Igp - Negroamaro 100%
Alc. 14% | € 27 | Bt. 9.000 | Ferm. Acciaio | Mat. Legno 12 mesi
Prezioso rubino con screzio granato. Profilo ampio e godurioso: sfilano ciliegia sotto spirito, amarena, carruba, rosa canina, cioccolato fondente, tabacco, cuoio e cannella. In bocca risulta sferico, con astringenza fine. Progressione durevole e appagante. Filetto di manzo in crosta alle erbette.

SALICE SALENTINO ROSSO CUPONE RISERVA 2020
Rosso Dop - Negroamaro 100%
Alc. 13,5% | € 15 | Bt. 10.000 | Ferm. Acciaio | Mat. Acciaio 4 mesi e Legno 12 mesi
Arrosto di tacchino lardellato.

MALVASIA NERA DIECIANNI 2020
Rosso Igp - Malvasia nera 100%
Alc. 13,5% | € 11 | Bt. 10.000 | Ferm. Acciaio | Mat. Acciaio 2 mesi
Bollito misto con salse.

CUCCIMANNÉ 2022
Rosato Igp - Susumaniello 100%
Alc. 12,5% | € 15 | Bt. 6.000 | Ferm. Acciaio | Mat. Acciaio 3 mesi
Cocktail di gamberetti.

LE CAMARDE 2021
Rosso Igp - Negroamaro 80%, Primitivo 20%
Alc. 13,5% | € 13 | Bt. 10.000 | Ferm. Acciaio | Mat. Legno 3 mesi
Carré di maiale con spinaci.

SALICE SALENTINO ROSATO ROSARÒ 2022
Rosato Dop - Negroamaro 100%
Alc. 13% | € 12 | Bt. 15.000 | Ferm. Acciaio | Mat. Acciaio 4 mesi
Tagliolini al nero di seppia e pomodori ciliegino.

NERO DI VELLUTO
2019

SALICE SALENTINO ROSSO CUPONE RISERVA
2013 | 2015 | 2019

Feudo Croce
(2000)

La famiglia Tinazzi ha creato questa bella e accogliente azienda vitivinicola intorno a un casale, in quel di Carosino, a poca distanza dalla costa jonica. L'area è rinomata per essere una terra eletta per la coltivazione del primitivo, che qui produce vini di grande struttura e nel contempo dotati di particolare piacevolezza. Ne è tipica espressione il Primitivo di Manduria Imperio LXXIV, l'etichetta di maggior carattere della cantina. Quanto ai bianchi, si fa notare l'attraente Dysmé, da uve fiano in purezza.

Contrada Civitella - 74021 Carosino (TA)
T. 099 5924445 | M. info@cantinesangiorgio.it
www.tinazzi.it

Viticoltura: Convenzionale
Ettari: 30 | **Bottiglie:** 450.000 | **Produzione olearia:** Sì
Proprietà: Famiglia Tinazzi
Cond. enologica: Michele Paolicelli
Cond. agronomica: Vito Piergianni
Vendita diretta: Sì | **Visite in azienda:** Sì

PRIMITIVO DI MANDURIA IMPERIO LXXIV 2022
Rosso Dop - Primitivo 100%
Alc. 14,5% | € 26 | Bt. 96.000 | Ferm. Acciaio | Mat. Legno 8 mesi
Prezioso carminio con bagliore granato. Invitante spettro olfattivo con segnali di ciliegia e susina in macerazione, cenni speziati ed erbe mediterranee, su sfondo balsamico. Dinamismo gustativo esaltato da elegante vena tannica. Coq au vin alla borgognona.

DYSMÉ 2022
Bianco Igp - Fiano 100%
Alc. 12,5% | € 8 | Bt. 10.000 | Ferm. Acciaio | Mat. Acciaio 4 mesi
Spaghetti con vongole veraci.

NYKTOS 2022
Rosso Igp - Aglianico 100%
Alc. 14% | € 12 | Bt. 10.000 | Ferm. Acciaio | Mat. Acciaio 6 mesi
Filetto alla Wellington.

PRIMITIVO 2021
Rosso Igp - Primitivo 100%
Alc. 14% | € 12 | Bt. 30.000 | Ferm. Acciaio | Mat. Legno 8 mesi
Carré d'agnello al timo e lardo di Colonnata.

ALÉA
2021

PRIMITIVO DI MANDURIA IMPERIO
2017 | 2018 | 2021

Gianfranco Fino
(2004)

Fin dall'inizio della loro impresa enoica, Gianfranco e Simona hanno fatto una scelta rigorosa, quasi minimalista, apparentemente limitante: concentrarsi su due soli vitigni, come fossero due soli strumenti, per sempre, senza tentennamenti o ripensamenti. E così, come due grandi concertisti, annata per annata, concepiscono la loro musica, dando voce solo a primitivo e a negroamaro. Una voce assoluta, struggente, che riesce a far vibrare le corde più segrete dell'inconscio e le casse di risonanza dell'io.

Contrada Lella - 74024 Manduria (TA)
T. 099 7773970 | M. info@gianfrancofino.it
www.gianfrancofino.it

Viticoltura: Biologica
Ettari: 23 | **Bottiglie:** 30.000 | **Produzione olearia:** No
Proprietà: Gianfranco Fino
Cond. enologica: Gianfranco Fino
Cond. agronomica: Gianfranco Fino
Vendita diretta: Sì | **Visite in azienda:** Sì

ES 2021 96
Rosso Igt - Primitivo 100%
Alc. 16% | € 53 | Bt. 16.000 | Ferm. Acciaio | Mat. Legno 9 mesi
Arazzo rubino, con ricami amaranto. Naso caleidoscopico che racconta di gelso scuro, confettura di more, cotognata e uva passa; poi arrivano timo, tabacco, marzapane, chiodi di garofano e vaniglia. In bocca è abbellito da un grandioso tannino e da una freschezza palpitante; evoluzione interminabile. Brasato di manzo al vino rosso.

JO 2020
Rosso Igt - Negroamaro 100%
Alc. 14% | € 53 | Bt. 5.000 | Ferm. Acciaio | Mat. Legno 12 mesi
Filetto di bue con salsa di Roquefort.

ES
2018 | 2019 | 2020

PRIMITIVO DI MANDURIA ES
2012 | 2013 | 2014

Garofano Vigneti e Cantine
(1995)

Stefano e Renata calcano con orgoglio e rispetto le orme paterne, facendo tesoro degli insegnamenti ricevuti dal grande Severino, e allo stesso tempo cercano nuove modalità espressive. Il loro amore per il negroamaro non conosce confini e anche la loro passione per il rosato, quello vero, quello che ha il coraggio di andare controcorrente. Con l'annata 2022 ci donano due piccoli capolavori da negroamaro declinato in rosa, due vini che ammaliano e a ogni sorso raccontano la magia del Salento.

Località Tenuta Monaci - 73043 Copertino (LE)
T. 0832 947512 | M. info@vinigarofano.it
www.vinigarofano.it

Viticoltura: Convenzionale
Ettari: 35 | **Bottiglie:** 160.000 | **Produzione olearia:** No
Proprietà: Famiglia Garofano
Cond. enologica: Stefano Garofano
Cond. agronomica: Tonio Protezione
Vendita diretta: Sì | **Visite in azienda:** Sì

(91,5)

CLO' DE GIROFLE 2022
Rosato Igp - Negroamaro 85%, Montepulciano 15%
Alc. 14,5% | € 20 | Bt. 10.000 | Ferm. Cemento | Mat. Cemento 6 mesi
Fascinoso rosa peonia. Tavolozza disegnata da nitide espressioni di ciliegia, lampone, violetta, arancia Sanguinella, chiodi di garofano e cespugli mediterranei. Ondate fresco-sapide increspano un sorso deciso e allo stesso tempo morbido. Lenta dissolvenza su toni di amarena. Zuppa di pesce.

GIROFLE 2022
Rosato Igp - Negroamaro 100%
Alc. 13,5% | € 11 | Bt. 50.000 | Ferm. Cemento | Mat. Cemento 3 mesi
Linguine allo scoglio.

SIMPOTICA 2017
Rosso Igp - Negroamaro 100%
Alc. 14% | € 18 | Bt. 20.000 | Ferm. Cemento | Mat. Legno 12 mesi
Scaloppa di vitello con asparagi trifolati.

NEGROAMARO COPERTINO ROSSO ELOQUENZIA 2019
Rosso Dop - Negroamaro 100%
Alc. 13% | € 10 | Bt. 60.000 | Ferm. Cemento | Mat. Cemento 24 mesi
Filetto di manzo in crosta alle erbette.

LE BRACI
2011 | 2013 | 2014

CLO' DE GIROFLE
2021

Giuliani
(1940)

Il territorio collinare murgiano di Turi è uno di quelli maggiormente vocati per il primitivo e storicamente questa cittadina del Barese è stata una delle prime a imbottigliare il Primitivo verso fine Ottocento. La famiglia Giuliani ha un'azienda agricola da generazioni e si dedica all'attività vitivinicola con riconosciuto impegno e passione esemplare. Fra i campioni degustati in quest'edizione, è stata Lavarossa a conquistarsi l'eccellenza, precedendo per una volta l'ottimo Baronaggio Riserva.

Via Gioia Canale, 18 - 70010 Turi (BA)
T. 080 8915335 | M. info@giulianivini.com
www.giulianivini.com

Viticoltura: Biologica
Ettari: 60 | **Bottiglie:** 200.000 | **Produzione olearia:** Sì
Proprietà: Vito Donato Giuliani
Cond. enologica: Luca Petrelli
Cond. agronomica: Vito Donato Giuliani
Vendita diretta: Sì | **Visite in azienda:** Sì

(91,5)

GIOIA DEL COLLE PRIMITIVO LAVAROSSA 2021
Rosso Doc - Primitivo 100%
Alc. 14,5% | € 18 | Bt. 40.000 | Ferm. Acciaio | Mat. Acciaio 2 mesi
Rubino con ricamo amaranto. Ouverture olfattiva di ciliegia e mora selvatica; a seguire sussurri di viola e radice di liquirizia, in cornice balsamica. Il sorso è sferico, il tannino preciso, la freschezza rigenerante, il finale di bocca pulito e appagante. Cosciotto di maiale farcito.

GIOIA DEL COLLE PRIMITIVO BARONAGGIO RISERVA 2021
Rosso Doc - Primitivo 100%
Alc. 15,5% | € 25 | Bt. 20.000 | Ferm. Acciaio | Mat. Acciaio 18 mesi e Legno 6 mesi
Carré di vitello alle erbe aromatiche.

TRE LAMIE 2021
Rosso Igt - Susumaniello 100%
Alc. 13% | € 18 | Bt. 15.000 | Ferm. Acciaio | Mat. Acciaio 12 mesi
Rigatoni al ragù bianco di carne.

GIOIA DEL COLLE PRIMITIVO BARONAGGIO RISERVA
2016 | 2017

GIOIA DEL COLLE PRIMITIVO LAVAROSSA
2014 | 2017 | 2018

Giustini
(2005)

Azienda di famiglia, gestita da Giuseppe Papadopoli e dai suoi figli, nel territorio altamente vocato per la vitivinicoltura di San Giorgio Ionico, a pochi chilometri dal litorale Ionico. La prima vigna a essere coltivata fu quella di Tenuta Giustini, che ha dato il nome all'azienda. Gli sforzi della cantina si concentrano soprattutto sulle varietà storiche della zona, primitivo e negroamaro. Fra i vini degustati, di maggiore impatto si è dimostrato Acinorè Limited Edition, un Primitivo armonioso, godibile e di struttura generosa.

Via Pietro Germi - 74027 San Giorgio Ionico (TA)
T. 099 5330411 | M. info@tenutagiustini.it
www.giustini.wine

Viticoltura: Convenzionale
Ettari: 60 | **Bottiglie:** 35.000 | **Produzione olearia:** No
Proprietà: Salvatore Papadopoli
Cond. enologica: Salvatore Papadopoli
Cond. agronomica: Tino Sabino
Vendita diretta: Sì | **Visite in azienda:** Sì

PRIMITIVO DI MANDURIA ACINORÈ LIMITED EDITION 2021
Rosso Doc - Primitivo 100%
Alc. 15% | € 23 | Bt. 2.033 | Ferm. Acciaio | Mat. Acciaio 8 mesi e Legno 6 mesi
Carminio con onde granato. Naso ricco e variegato, con citazioni di ciliegia scura, prugna, fiorone rosso, frutta secca, tabacco, cioccolato fondente, leggero tabacco, frutta secca e bacche di ginepro. In bocca è opulento, sfoggia tannini di rango e vitale freschezza. Carré d'agnello al timo e lardo di Colonnata.

PRIMITIVO DI MANDURIA ACINORÈ 2021
Rosso Doc - Primitivo 100%
Alc. 15% | € 20 | Bt. 12.000 | Ferm. Acciaio | Mat. Acciaio 8 mesi e Legno 6 mesi
Roast beef.

VECCHIO SOGNO 2022
Rosso Igp - Negroamaro 100%
Alc. 14% | € 11 | Bt. 50.000 | Ferm. Acciaio | Mat. Acciaio 8 mesi
Pappardelle con sugo di capriolo.

COSTIERO 2022
Rosato Igp - Negroamaro 100%
Alc. 13% | € 10 | Bt. 15.000 | Ferm. Acciaio | Mat. Acciaio 4 mesi
Coniglio al forno con funghi.

Romaldo Greco
(1973)

Quest'azienda a conduzione familiare, spegne quest'anno le sue cinquanta candeline. Fondata da Romaldo Greco, si è aggiornata e ristrutturata grazie anche alla collaborazione dei suoi due figli, Antongiulio e Gloria, ma non ha mai smarrito il convinto riferimento alla tradizione. La cantina ha sede a Seclì, nel cuore del Salento, dove sono di casa le generose e caratteristiche terre rosse di natura calcareo-argillosa. Nelle vigne un posto privilegiato è destinato a primitivo, negroamaro, malvasia nera e verdeca.

Via Aradeo, 12 - 73050 Seclì (LE)
T. 0836 554895 | M. info@romaldogreco.it
www.romaldogreco.it

Viticoltura: Lotta integrata
Ettari: 17 | **Bottiglie:** 60.000 | **Produzione olearia:** No
Proprietà: Romaldo Greco
Cond. enologica: Goffredo Agostini
Cond. agronomica: Stefano Dini
Vendita diretta: Sì | **Visite in azienda:** Sì

PRIMUS 2021
Rosso Igp - Primitivo 100%
Alc. 13,5% | € 11 | Bt. 7.000 | Ferm. Acciaio | Mat. Acciaio 4 mesi
Rubino con segnali amaranto. Elegia olfattiva con rime di gelso nero, fiorone, arancia Sanguinella, pesca, mentuccia e rosmarino. Sorso pieno, di grande stoffa, intessuto da tannino levigato; lunga evoluzione su echi di liquirizia e cioccolato al latte, con chiusura balsamica. Lepre alla cacciatora.

PURO 2022
Rosato Igp - Malvasia nera 100%
Alc. 13% | € 9 | Bt. 6.000 | Ferm. Acciaio | Mat. Acciaio 4 mesi
Tiella di riso, patate e cozze.

VERO 2022
Bianco Igp - Verdeca 100%
Alc. 12,5% | € 9 | Bt. 6.000 | Ferm. Acciaio | Mat. Acciaio 4 mesi
Vellutata di ceci con gamberi croccanti.

DUODECIM 2022
Rosato Igp - Negroamaro 100%
Alc. 13% | € 11 | Bt. 7.000 | Ferm. Acciaio | Mat. Acciaio 4 mesi
Paella.

ERA 2018
Rosso Igp - Primitivo 100%
Alc. 14% | € 20 | Bt. 3.000 | Mat. Legno 9 mesi
Pappardelle al ragù di cervo.

VIVO 2022
Rosso Igp - Primitivo 100%
Alc. 13,5% | € 9 | Bt. 6.000 | Ferm. Acciaio | Mat. Acciaio 4 mesi
Saltimbocca alla romana.

ERA
2012

DUODECIM
2020

I Pastini
(1996)

È una delle aziende vitivinicole da tenere d'occhio in Valle d'Itria. È collocata quasi a metà strada fra Martina Franca e Locorotondo, in uno scenario fiabesco che mozza il fiato e traduce tutta la bellezza di un paesaggio unico. Vigne e vini sono la quintessenza della tipicità. Azzeccata la riscoperta del susumaniello, che da queste parti era apprezzato già a fine Ottocento e che la cantina interpreta in modo molto convincente, sia in rosso che in rosato. E poi un corteo di bianchi, guidato dall'iconico Rampone, da minutolo in purezza.

Strada Cupa Rampone, Zona A - 74015 Martina Franca (TA)
T. 080 4313309 - 080 3847149 | M. info@ipastini.it
www.ipastini.it

Viticoltura: Biologica
Ettari: 18 | **Bottiglie:** 100.000 | **Produzione olearia:** No
Proprietà: Famiglia Carparelli
Cond. enologica: Gianni Carparelli
Cond. agronomica: Angelo Lorusso
Vendita diretta: Sì | **Visite in azienda:** Sì

VERSOSUD 2020
Rosso Igp - Susumaniello 100%
Alc. 15% | € 10 | Bt. 20.000 | Ferm. Acciaio | Mat. Acciaio 5 mesi e Legno 6 mesi
Rubino concentrato, coronato da linee amaranto. Effluvi di caffè tostato, marasca e mora di rovo fanno spazio a caramella mou, cioccolato fondente, anice stellato e vaniglia. In bocca è pieno, opulento, con tannino poderoso e cesellato. Ottima la persistenza. Bocconcini di cinghiale con salsa di prugne.

RAMPONE 2022
Bianco Igp - Minutolo 100%
Alc. 12,5% | € 11 | Bt. 18.000 | Ferm. Acciaio | Mat. Acciaio 5 mesi
Fiori di zucca ripieni di ricotta e acciughe.

CUPA 2022
Bianco Igt - Bianco d'Alessano 100%
Alc. 12% | € 9 | Bt. 18.000 | Ferm. Acciaio | Mat. Acciaio 5 mesi
Tortelli di branzino con salsa d'astice.

LOCOROTONDO ANTICO 2022
Bianco Dop - Verdeca 60%, Bianco d'Alessano 35%, Minutolo 5%
Alc. 12% | € 8 | Bt. 15.000 | Ferm. Acciaio | Mat. Acciaio 5 mesi
Orecchiette con cime di rapa.

FARAONE 2022
Bianco Igt - Verdeca 100%
Alc. 12% | € 9 | Bt. 15.000 | Ferm. Acciaio | Mat. Acciaio 5 mesi
Risotto con cannellini e canestrelli.

LE ROTAIE 2022
Rosato Igp - Susumaniello 100%
Alc. 12% | € 10 | Bt. 18.000 | Ferm. Acciaio | Mat. Acciaio 5 mesi
Carciofi alla giudia.

RAMPONE
2019 | 2020 | 2021

LE ROTAIE
2014 | 2015 | 2021

Cantina La Marchesa
(1988)

Il territorio di riferimento è quello dell'agro di Lucera, nella gloriosa terra di Capitanata. L'azienda concentra le proprie attenzioni su poche produzioni e le realizza con la massima cura, sicché esse sono ormai ben note agli enoappassionati. Quanto ai vitigni, il capofila è senza ombra di dubbio il nero di Troia, declinato in rosso nel gagliardo Nerone, oltre che in rosato nell'intramontabile Il Melograno. Per i bianchi è il Capriccio della Marchesa, avvolto nella sua eleganza, a colpire maggiormente.

SP 8, km 1 - Strada per Castelnuovo della Daunia-Lucera - 71036 Lucera (FG)
T. 337 838702 - 329 0946868 | M. info@cantinalamarchesa.it
www.cantinalamarchesa.it

Viticoltura: Convenzionale
Ettari: 15 | **Bottiglie:** 62.000 | **Produzione olearia:** No
Proprietà: Sergio Lucio Grasso
Cond. enologica: Giuseppe Petruzzellis, Sergio Lucio Grasso
Cond. agronomica: Sergio Lucio Grasso
Vendita diretta: Sì | **Visite in azienda:** No

IL NERONE DELLA MARCHESA 2018
Rosso Igt - Nero di Troia 100%
Alc. 13,5% | € 20 | Bt. 3.300 | Ferm. Acciaio | Mat. Legno 12 mesi
Mantello granato. Fine corredo olfattivo, che richiama ciliegia scura, mora selvatica e ribes nero, in una cornice di macchia mediterranea e sottobosco. Assaggio dinamico, guidato da un tannino fitto e di bella trama. Epilogo mentolato. Cosciotto d'agnello al forno con patate novelle.

IL CAPRICCIO DELLA MARCHESA 2021
Bianco Igt - Fiano 100%
Alc. 13% | € 16 | Bt. 3.300 | Ferm. Legno | Mat. Legno 8 mesi
Linguine agli scampi.

IL MELOGRANO DELLA MARCHESA 2022
Rosato Igt - Nero di Troia 100%
Alc. 13% | € 12 | Bt. 30.000 | Ferm. Acciaio | Mat. Acciaio 6 mesi
Frittata di cipolle.

IL QUADRELLO 2022
Bianco Igt - Bombino bianco 100%
Alc. 12,5% | € 10 | Bt. 10.000 | Ferm. Acciaio | Mat. Acciaio 8 mesi
Risotto al nero di seppia con seppie croccanti.

IL MELOGRANO DELLA MARCHESA
2021

IL CAPRICCIO DELLA MARCHESA
2014 | 2016 | 2020

La Pruina
(2012)

L'azienda della famiglia D'Apolito ha sede a Torre Santa Susanna in provincia di Brindisi. Il nome dell'impresa è un acronimo, che deriva da una serie di affermazioni che costituiscono una sorta di manifesto per la cantina: proteggere le radici, rispettare la terra, unire le radici, intessere le foglie, nutrire il frutto, aspettare il vino. La cantina vanta uno splendido parterre di vini, elaborati a partire soprattutto da negroamaro, primitivo e malvasia di Candia. Fra le etichette più convincenti spicca il Salice Salentino La Pruina, un rosso da negroamaro in purezza.

Via Attilio Calabrese, 51 - 72028 Torre Santa Susanna (BR)
T. 344 1937783 | M. info@lapruinavini.com
www.lapruinavini.com

Viticoltura: Biologica
Ettari: 20 | **Bottiglie:** 100.000 | **Produzione olearia:** No
Proprietà: Giovanni Moretto e Valentina Antonini
Cond. enologica: Teodosio D'Apolito
Cond. agronomica: Pietro D'Apolito
Vendita diretta: Sì | **Visite in azienda:** Sì

SALICE SALENTINO ROSSO LA PRUINA 2021
Rosso Dop - Negroamaro 80%, Malvasia nera 20%
Alc. 14% | € 9 | Bt. 6.000 | Ferm. Acciaio | Mat. Legno 6 mesi
Rubino splendente. Il racconto dei profumi comincia dalla ciliegia e s'arricchisce di fragolina, vaniglia, noce moscata e cannella, con sfondo balsamico. L'assaggio è delizioso, succoso, piacevole, vivace, dotato di tannino di pregevole fattura. Cannelloni con radicchio e speck.

LA PRUINA NEGROAMARO 2022
Rosso Igp - Negroamaro 100%
Alc. 12,5% | € 6 | Bt. 6.000 | Ferm. Acciaio | Mat. Acciaio 3 mesi
Stinco d'agnello al forno.

LA PRUINA NEGROAMARO ROSATO 2022
Rosato Igp - Negroamaro 100%
Alc. 12% | € 8 | Bt. 6.000 | Ferm. Acciaio
Rigatoni al ragù bianco di carne.

PRIMITIVO LA PRUINA 2022
Rosso Igp - Primitivo 100%
Alc. 12,5% | € 6 | Bt. 12.000 | Ferm. Acciaio | Mat. Acciaio 3 mesi
Ossobuco alla milanese.

MELESCO 2019
Bianco Igp Passito - Malvasia bianca di Candia 100%
Alc. 14,5% | € 18 | Bt. 1.500 | Ferm. Acciaio | Mat. Acciaio 12 mesi
Strudel di mele.

LA PRUINA PRIMITIVO ROSATO 2022
Rosato Igp - Primitivo 100%
Alc. 12,5% | € 9 | Bt. 1.500 | Ferm. Acciaio | Mat. Acciaio 3 mesi
Capocollo di Martina Franca.

LA PRUINA NEGROAMARO ROSATO
2021

PRIMITIVO DI MANDURIA IL MORANTE RISERVA
2018

L'Archetipo
(2010)

La famiglia Dibenedetto, che si occupa di agricoltura da generazioni, dopo aver lavorato in regime biologico e biodinamico è approdata all'agricoltura sinergica, con un approccio del tutto sostenibile. Si coltivano solo varietà autoctone, come primitivo, negroamaro, susumaniello, fiano e verdeca. In cantina si lavorano le uve intervenendo il meno possibile e dedicando a ogni vino cure certosine. Il vino che particolarmente si mette in luce è il maestoso Primitivo Mistico. Intrigante e versatile lo spumante Susumante, da uve susumaniello.

Contrada Tafuri - SP 21, km 7 - 74011 Castellaneta (TA)
T. 320 8562642 | M. info@larchetipo.it
www.larchetipo.it

Viticoltura: Biodinamica
Ettari: 30 | **Bottiglie:** 150.000 | **Produzione olearia:** No
Proprietà: Francesco Valentino Dibenedetto
Cond. enologica: Valentino Dibenedetto
Cond. agronomica: Valentino Dibenedetto
Vendita diretta: No | **Visite in azienda:** No

MISTICO 2019
Rosso Igp - Primitivo 100%
Alc. 16,5% | € 28 | Bt. 5.000 | Ferm. Acciaio | Mat. Acciaio 12 mesi e Legno 12 mesi
Profondo rosso carminio che sfoggia una sfilata di fragranze tra le quali spiccano amarena, prugna, arancia Sanguinella, rosa appassita e pepe bianco. Sorso poderoso, caldo, eppure succulento, sostenuto da astringenza vellutata e di bella trama. Finale agrumato. Filetto di scottona in sfoglia.

SUSUMANTE 2021
Rosato Igp Metodo Ancestrale - Susumaniello 100%
Alc. 12% | € 25 | Bt. 10.000 | Ferm. Acciaio | Mat. Acciaio 6 mesi
6 mesi sui lieviti
Spaghetti alla carbonara.

FIANO 2021
Bianco Igp - Fiano 100%
Alc. 13% | € 25 | Bt. 10.000 | Ferm. Acciaio | Mat. Acciaio 6 mesi
Tagliolini al nero di seppia e pomodori ciliegino.

NIURU MARU 2020
Rosso Igp - Negroamaro 100%
Alc. 13,5% | € 25 | Bt. 10.000 | Ferm. Legno e Acciaio | Mat. Acciaio 12 mesi e Legno 3 mesi
Ravioli al sugo di chianina e tartufo nero.

PRIMITIVO 2020
Rosso Igp - Primitivo 100%
Alc. 14% | € 23 | Bt. 10.000 | Ferm. Acciaio | Mat. Acciaio 12 mesi e Legno 8 mesi
Cinghiale arrosto con castagne.

VERDECA SETTE LUNE 2020
Bianco Igp - Verdeca 100%
Alc. 12,5% | € 27 | Bt. 8.000 | Ferm. Acciaio | Mat. Acciaio 12 mesi
Fagottino di persico con melanzane, pomodori e basilico.

SUSUMANTE
2019

VERDECA SETTE LUNE
2017

L'Astore Masseria
(1936)

Raccontare il Salento, le sue vigne e le sue uve in modo credibile, autentico e con la giusta passione è ciò che quest'azienda riesce a fare in modo immediato e con grande naturalezza. Il racconto parte dalla masseria, dalle strutture, anche se la parte più importante è affidata ai vigneti e ai vini. Appassionante Alberelli di Primitivo, un rosso di stoffa formidabile che sale sul gradino più alto del podio. Colpiscono anche l'elegiaca Malvasia bianca e lo scalpitante, irruento Alberelli di Negroamaro.

Via G. Di Vittorio, 1 - 73020 Cutrofiano (LE)
T. 0836 542020 - 393 2290830 | M. info@lastoremasseria.it
www.lastoremasseria.it

Viticoltura: Biologica
Ettari: 20 | **Bottiglie:** 50.000 | **Produzione olearia:** Sì
Proprietà: Famiglia Benegiamo
Cond. enologica: Pietro Mandorino
Cond. agronomica: Pietro Mandorino
Vendita diretta: Sì | **Visite in azienda:** Sì

92

ALBERELLI DI PRIMITIVO DAL 1955 2020
Rosso Igp - Primitivo 100%
Alc. 15% | € 28 | Bt. 2.500 | Ferm. Acciaio | Mat. Acciaio 6 mesi e Legno 18 mesi
Rubino fittissimo con ricamo purpureo. Ampio corredo olfattivo di ciliegia, mora di rovo, cotognata, menta e cioccolato fondente; a seguire pepe nero, marzapane, vaniglia, radice di liquirizia e corteccia di albero. Palato carnoso, intessuto da un grande tannino, fitto e solido, e da freschezza rigenerante. Costolette d'agnello alle erbe.

L'ASTORE BIANCO 2020
Bianco Igp - Malvasia bianca 100%
Alc. 13,5% | € 16 | Bt. 1.500 | Ferm. Acciaio | Mat. Acciaio 6 mesi e Terracotta 6 mesi
Spaghetti con vongole e bottarga.

ALBERELLI DI NEGROAMARO DAL 1947 2020
Rosso Igp - Negroamaro 100%
Alc. 14,5% | € 25 | Bt. 3.500 | Mat. Acciaio 6 mesi e Legno 18 mesi
Manzo brasato con olive e porri.

JÉMA 2021
Rosso Igp - Primitivo 100%
Alc. 14% | € 12 | Bt. 10.000 | Ferm. Acciaio | Mat. Acciaio 18 mesi
Faraona arrosto con salsa di frutti di bosco.

L'ASTORE SUSUMANIELLO ROSATO 2022
Rosato Igp - Susumaniello 100%
Alc. 13% | € 13 | Bt. 3.000 | Ferm. Acciaio | Mat. Acciaio
Bresaola di punta d'anca.

KRITA 2022
Bianco Igp - Malvasia bianca 100%
Alc. 13% | € 12 | Bt. 8.000 | Ferm. Acciaio | Mat. Acciaio 3 mesi
Seppie ripiene su crema di ceci.

MALVASIA NERA
2018

ALBERELLI DI PRIMITIVO DA VIGNE DEL 1955
2019

Le Vigne di Sammarco
(2011)

L'azienda ha sede a Cellino San Marco, al centro di un'area salentina storicamente di grande pregio per la vitivinicoltura. Fatta eccezione per lo chardonnay, che ormai è di casa, la produzione si orienta con decisione verso l'utilizzo e la valorizzazione delle varietà autoctone, a partire da negroamaro, primitivo e susumaniello. Un particolare appeal dimostra il rosso Archè, riuscito blend a base di primitivo e negroamaro. Intriganti le interpretazioni del susumaniello, sia in rosato che in rosso.

Via Niccolò Tommaseo, 15/19 - 72020 Cellino San Marco (BR)
T. 0831 617776 | M. info@levignedisammarco.it
www.levignedisammarco.it

Viticoltura: Convenzionale
Ettari: 120 | **Bottiglie:** 1.000.000 | **Produzione olearia:** Sì
Proprietà: Marco Rizzello
Cond. enologica: Vincenzo Baldari, Dina Bolettieri
Cond. agronomica: Antonio Rizzo
Vendita diretta: Sì | **Visite in azienda:** Sì

ARCHÈ BLEND 2017
Rosso Igp - Negroamaro 50%, Primitivo 50%
Alc. 15% | € 15 | Bt. 14.000 | Ferm. Acciaio | Mat. Legno 14 mesi
Mantello granato. Un susseguirsi incalzante di segni d'amarena e arancia scura, di polvere di tabacco, rosmarino, sottobosco e spezie. Assaggio dinamico, equilibrato, di bella stoffa e con un tannino serico e amalgamato. L'agrume ci accompagna per un bel po'. Pappardelle con sugo di lepre.

NOTTETEMPO 2021
Bianco Igp - Chardonnay 100%
Alc. 14,5% | € 17 | Bt. 7.000 | Mat. Legno 12 mesi
Triglie in guazzetto.

SALICE SALENTINO ORMANERA RISERVA 2016
Rosso Dop - Negroamaro 100%
Alc. 15% | € 17 | Bt. 7.000 | Ferm. Acciaio | Mat. Legno 8 mesi
Arrosto di pollo ripieno.

SUSUMÀ 2022
Rosato Igp - Susumaniello 100%
Alc. 13,5% | € 12 | Bt. 14.000 | Ferm. Acciaio
Tartare di gamberi.

GUARANO APPASSIMENTO 2021
Rosso Igp - Negroamaro 100%
Alc. 15% | € 16 | Bt. 7.000 | Ferm. Acciaio | Mat. Legno 6 mesi
Soppressata di Calabria.

SUMARONE 2019
Rosso Igp - Susumaniello 100%
Alc. 14% | € 14 | Bt. 7.000 | Ferm. Acciaio | Mat. Acciaio 6 mesi
Faraona al forno.

SALICE SALENTINO SALICALE
2016

MARASIA
2016 | 2018

Cantine Paolo Leo

(1989)

Le attività multiformi di questa cantina, che definire dinamica è poco, non conoscono sosta. Da poco sono state collocate in affinamento nelle acque del Golfo di Gallipoli le bottiglie di un nuovissimo spumante Metodo Classico; lo attendiamo con trepidazione. Il lungimirante Progetto Alture ci regala un eccellente minutolo, meritevole della vetta. Arrivano poi due intriganti interpretazioni della malvasia nera, una in rosso, l'altra in rosato. Per gli intramontabili, notissimi Orfeo e Numen grandi conferme.

Via Tuturano, 21 - 72025 San Donaci (BR)
T. 0831 635073 | M. info@paololeo.it
www.paololeo.it

Viticoltura: Convenzionale
Ettari: 80 | **Bottiglie:** 500.000 | **Produzione olearia:** Sì
Proprietà: Paolo Leo e Famiglia
Cond. enologica: Nicola Leo
Cond. agronomica: Paolo Leo
Vendita diretta: Sì | **Visite in azienda:** Sì

(91)
MINUTOLO ALTURE 2021
Bianco Igp - Minutolo 100%
Alc. 12,5% | € 9 | Bt. 6.000 | Ferm. Acciaio | Mat. Acciaio 3 mesi
Paglierino scintillante con guizzi verdolini. Corredo olfattivo che attira e sorprende: scorzetta di limone, mughetto e anice, impreziositi da incursioni di incenso e idrocarburi. L'assaggio è perfettamente in linea, rotondo, calibrato, ingentilito di continuo da una risacca di agrumi. Ravioli di patate e baccalà.

ORFEO 2021
Rosso Igp - Negroamaro 100%
Alc. 14,5% | € 14 | Bt. 40.000 | Ferm. Acciaio | Mat. Acciaio 3 mesi e Legno 12 mesi
Tartare di manzo.

NUMEN 2022
Bianco Igp - Chardonnay 100%
Alc. 14% | € 13 | Bt. 20.000 | Ferm. Legno | Mat. Acciaio 6 mesi
Anatra ai funghi.

MORAMORA 2022
Rosso Igp - Malvasia nera 100%
Alc. 14,5% | € 10 | Bt. 12.000 | Ferm. Acciaio | Mat. Acciaio 3 mesi e Legno 3 mesi
Ossobuco alla milanese.

ROSAMORA 2022
Rosato Igp - Malvasia nera 100%
Alc. 12,5% | € 10 | Bt. 12.000 | Ferm. Acciaio | Mat. Acciaio 3 mesi
Pesce spada al cartoccio.

BIANCO D'ALESSANO ALTURE 2021
Bianco Igt - Bianco d'Alessano 100%
Alc. 13% | € 9 | Bt. 6.000 | Ferm. Acciaio | Mat. Acciaio 3 mesi
Insalata di polpo, patate e olive.

ORFEO
2017 | 2018 | 2019

PRIMITIVO DI MANDURIA GIUNONICO RISERVA
2017

Leone de Castris

(1665)

Spegne le sue 80 candeline Five Roses, un rosato iconico che ha inaugurato una nuova fase per il vino salentino e pugliese. Quasi a festeggiare l'avvenimento, Five Roses Metodo Classico Brut Rosé, ottenuto da uve negroamaro in purezza, si vede attribuire le Quattro Viti. E ancora una volta sembra aprirsi un percorso nuovo per il vino del Salento e per la Puglia intera. A quest'azienda va riconosciuto il merito di riuscire sempre a immaginare il futuro traendo linfa vitale dal suo glorioso passato.

Via Senatore de Castris, 26 - 73015 Salice Salentino (LE)
T. 0832 731112 | M. marketing@leonedecastris.com
www.leonedecastris.com

Viticoltura: Convenzionale
Ettari: 300 | **Bottiglie:** 2.500.000 | **Produzione olearia:** No
Proprietà: Piernicola Leone de Castris
Cond. enologica: Riccardo Cotarella, Matteo Esposito
Cond. agronomica: Matteo Esposito
Vendita diretta: Sì | **Visite in azienda:** Sì

(91)
SALICE SALENTINO ROSATO FIVE ROSES BRUT ROSÉ 2020
Rosato Doc Metodo Classico - Negroamaro 100%
Alc. 12,5% | € 20 | Bt. 15.000 | Ferm. Acciaio | 30 mesi sui lieviti
Rosa cipria movimentato da perlage impeccabile. Profumi di petalo di rosa accarezzano refoli di fragolina, confetto, anice, pompelmo rosa e melagrana. Sorso appagante, pulito, avvolgente, che si distende finemente su una lunga scia sapida e agrumata. Ostriche Bouzigues.

GIOIA DEL COLLE PRIMITIVO COLPO DI ZAPPA 2021
Rosso Doc - Primitivo 100%
Alc. 15% | € 28 | Bt. 6.000 | Ferm. Acciaio | Mat. Legno 8 mesi
Filetto di cervo ai mirtilli.

MARISA 2022
Rosato Igt - Primitivo 100%
Alc. 12% | € 28 | Bt. 6.000 | Ferm. Acciaio | Mat. Acciaio 4 mesi
Frittura di moscardini.

SALICE SALENTINO DONNA LISA 2019
Rosso Doc - Negroamaro 90%, Malvasia nera di Lecce 10%
Alc. 14,5% | € 33 | Bt. 50.000 | Ferm. Acciaio | Mat. Legno 18 mesi
Filetto di maiale lardellato.

VILLA SANTERA 2022
Rosso Igt - Primitivo 100%
Alc. 15% | € 13 | Bt. 40.000 | Ferm. Acciaio | Mat. Acciaio 2 mesi
Grigliata di carne bianca e verdure.

SALICE SALENTINO ROSATO FIVE ROSES ANNIVERSARIO 2018
Rosato Doc Metodo Classico - Negroamaro 100%
Alc. 11,5% | € 35 | Bt. 5.000 | 48 mesi sui lieviti
Aragosta in bellavista.

DONNA LISA
2017 | 2019

GIOIA DEL COLLE PRIMITIVO COLPO DI ZAPPA
2020

Alberto Longo
(2002)

Un imprenditore che ama la terra ma e la vigna, anche perché da ragazzo ha conosciuto le fatiche e le gioie del lavoro in campagna. Quando parla dei suoi vini la passione traspare e il suo volto si accende, ma anche i suoi vini parlano per lui. Il campione di maggior prestigio è senz'altro Le Cruste, un capitano di ventura, un nero di Troia in purezza che arriva appena a un passo dall'eccellenza. Fascinoso e spiazzante il rosato Donnadele, da uve negroamaro; graziosa e convincente la Falanghina Le Fossette.

SP 5, km 4 - Contrada Padulecchia - 71036 Lucera (FG)
T. 0881 539057 | M. info@albertolongo.it
www.albertolongo.it

Viticoltura: Biologica
Ettari: 35 | **Bottiglie:** 150.000 | **Produzione olearia:** Sì
Proprietà: Alberto Longo
Cond. enologica: Graziana Grassini
Cond. agronomica: Francesco Grifoni
Vendita diretta: Sì | **Visite in azienda:** Sì

LE CRUSTE 2020
Rosso Igp - Nero di Troia 100%
Alc. 14% | € 16 | Bt. 6.000 | Ferm. Acciaio | Mat. Acciaio 5 mesi e Legno 9 mesi
Rubino impenetrabile che sfuma al granato. Naso generoso, con citazioni di ciliegia scura, confettura di gelso, viola e rosa appassita; a seguire vaniglia, coriandolo e anice stellato. Sorso morbido, denso e profondo, fresco e sapido, intessuto da tannino levigato. Nel finale echi di liquirizia. Canestrato pugliese.

DONNADELE 2022
Rosato Igp - Negroamaro 100%
Alc. 12,5% | € 10 | Bt. 14.000 | Ferm. Acciaio | Mat. Acciaio 5 mesi
Polpo alla Luciana.

LE FOSSETTE 2022
Bianco Igp - Falanghina 100%
Alc. 13% | € 13 | Bt. 18.000 | Ferm. Acciaio | Mat. Acciaio 5 mesi
Seppie ripiene su crema di ceci.

CACC'E MMITTE DI LUCERA 2020
Rosso Doc - Nero di Troia 50%, Montepulciano 35%, Bombino bianco 15%
Alc. 13,5% | € 12 | Bt. 8.000 | Ferm. Acciaio | Mat. Acciaio 9 mesi
Lagane e ceci.

LE CRUSTE
2017 | 2019

LE FOSSETTE
2018 | 2019 | 2020

Mandwinery
(2021)

Fa il suo ingresso in Guida questa cantina molto promettente, che ha l'ambizione di ridare smalto alle tradizioni enoiche di Cerignola, con particolare riferimento al nero di Troia. Lo stile dei vini è agile, scattante, orientato alla bevibilità. Il packaging è curatissimo, moderno e di ottimo gusto. Dalla terrazza della torre che accoglie la bella sede aziendale ci si affaccia sulla maestosa cattedrale e sull'ampia piazza antistante. Lodevole il collegamento che l'azienda si impegna a creare col mondo della ricerca e della cultura.

Via Curiel, 4 - 71042 Cerignola (FG)
T. 0885 84450 | M. info@mandwinery.it
www.mandwinery.it

Viticoltura: In conversione al biologico
Ettari: 17 | **Bottiglie:** 20.000 | **Produzione olearia:** Sì
Proprietà: Michela e Vito Manduano
Cond. enologica: Giuseppe Colopi
Cond. agronomica: Marco Manduano
Vendita diretta: Sì | **Visite in azienda:** Sì

JALISSIA 2022
Rosso Igp - Nero di Troia 100%
Alc. 13,5% | € 20 | Bt. 5.300 | Ferm. Acciaio | Mat. Legno 5 mesi
Carminio con screzi amaranto. Invitanti sensazioni varietali di mora di rovo, marasca, violetta e radice di liquirizia. Piacevole dinamismo gustativo, con freschezza e tannino che duettano in sintonia, promettendo ulteriore evoluzione. Delizioso epilogo fruttato. Bucatini all'amatriciana.

MANTAJO 2022
Rosato Igp - Negroamaro 100%
Alc. 12,5% | € 16 | Bt. 4.900 | Ferm. Acciaio | Mat. Acciaio 5 mesi
Burrata di Andria.

MAARÌ 2022
Bianco Igp - Chardonnay 100%
Alc. 12,5% | € 16 | Bt. 4.000 | Ferm. Acciaio | Mat. Acciaio 5 mesi
Tartare di tonno.

BISCIÙ 2022
Rosato Igp - Nero di Troia 100%
Alc. 12,5% | € 16 | Bt. 4.000 | Ferm. Acciaio | Mat. Acciaio 5 mesi
Ricciola al forno con capperi e pomodori ciliegino.

OTTANTADÌ 2021
Rosso Igp - Montepulciano 60%, Nero di Troia 40%
Alc. 14% | € 21 | Bt. 7.100 | Ferm. Acciaio
Roast beef.

Vitivinicola Marulli
(1975)

Il territorio di Copertino rappresenta una delle aree del Salento più vocate per la vitivinicoltura di qualità e una delle terre di elezione del negroamaro. Fra le aziende della zona, brilla per livello dei vini e continuità nel tempo la cantina di proprietà della famiglia Marulli. Anche se i vini di valore sono diversi, fra tutti abbiamo trovato in gran forma il Primitivo Capuccini, seguito a ruota dal fascinoso Menone e dal poderoso Copertino Riserva Malassiso, questi ultimi ottenuti da uve negroamaro in purezza.

Via Grottella, 155 - 73043 Copertino (LE)
T. 0832 932821 | M. info@vinimarulli.com
www.vinimarulli.com

Viticoltura: Convenzionale
Ettari: 20 | **Bottiglie:** 75.000 | **Produzione olearia:** No
Proprietà: Famiglia Marulli
Cond. enologica: Marco Mascellani
Cond. agronomica: Angelo Bagorda
Vendita diretta: Sì | **Visite in azienda:** Sì

CAPUCCINI 2021
Rosso Igp - Primitivo 100%
Alc. 15,5% | € 17 | Bt. 5.000 | Ferm. Acciaio | Mat. Cemento 24 mesi
Profondo granato. Opulenti fragranze di confettura di ciliegia, dattero, fico secco, coriandolo e tabacco, fra carezze balsamiche. Palato potente, eppure succoso, godibile, disteso su una trama tannica a proprio agio. Approdo fruttato e balsamico. Capretto arrosto alle erbe aromatiche.

MENONE 2019
Rosso Igp - Negroamaro 100%
Alc. 14,5% | € 30 (1,5l) | Bt. 3.000 | Ferm. Cemento | Mat. Cemento 36 mesi
Gulasch di cervo con patate stufate.

COPERTINO ROSSO MALASSISO RISERVA 2019
Rosso Dop - Negroamaro 70%, Montepulciano 30%
Alc. 15% | € 34 | Bt. 2.500 | Ferm. Acciaio | Mat. Legno 15 mesi e Cemento 18 mesi
Guancia di vitello in umido.

CAPOROTONDO 2021
Rosso Igp - Negroamaro 100%
Alc. 14% | € 10 | Bt. 7.000 | Ferm. Acciaio | Mat. Cemento 24 mesi
Quaglie alla cacciatora.

COPERTINO ROSSO TENUTA PRAIDA 2021
Rosso Dop - Negroamaro 80%, Malvasia nera di Lecce 15%, Montepulciano 5%
Alc. 14,5% | € 12 | Bt. 10.000 | Ferm. Acciaio | Mat. Legno 8 mesi e Cemento 12 mesi
Arista di maiale con salsa di prugne.

HIDRIA 2020
Bianco Igp - Verdeca 100%
Alc. 12,5% | € 22 | Bt. 2.000 | Ferm. Acciaio | Mat. Cemento 24 mesi
Risotto ai porcini.

MENONE
2018

CAPUCCINI
2019 | 2020

Masseria Altemura
(2000)

La tenuta, di proprietà della famiglia Zonin, è ubicata in agro di Torre Santa Susanna nel Brindisino, in un territorio storicamente molto vocato alla vitivinicoltura di qualità. Un sapiente restauro, rispettoso dell'ambiente e dell'architettura originaria, ha consentito che la cantina fosse ospitata nel perimetro di una masseria risalente al XVII secolo. Il luogo è incantevole e molto accogliente. Tra le diverse proposte di pregio, è stata Petravia a catturare il nostro maggiore apprezzamento.

SP 69 Mesagne-Torre Santa Susanna - 72028 Torre Santa Susanna (BR)
T. 0831 740485 | M. info@masseriaaltemura.it
www.masseriaaltemura.it

Viticoltura: Convenzionale
Ettari: 130 | **Bottiglie:** 600.000 | **Produzione olearia:** Sì
Proprietà: Zonin 1821
Cond. enologica: Marco Vesperini
Cond. agronomica: Antonio Cavallo
Vendita diretta: Sì | **Visite in azienda:** Sì

PETRAVIA 2019
Rosso Igt - Aglianico 85%, Primitivo 15%
Alc. 14,5% | € 21 | Bt. 6.500 | Ferm. Acciaio | Mat. Acciaio 2 mesi e Legno 14 mesi
Stoffa rubino con ricamo che accenna all'evoluzione. Allietano l'olfatto ventate di ciliegia, rosmarino, lavanda e noce moscata. Assaggio di bel vigore, equilibrato e dinamico, dotato di tannino energico; piacevole allungo aromatico. Pappardelle con sugo di capriolo.

SASSEO 2021
Rosso Igt - Primitivo 100%
Alc. 14,5% | € 14 | Bt. 300.000 | Ferm. Acciaio | Mat. Acciaio 2 mesi e Legno 12 mesi
Costolette d'agnello alle erbe.

ZINZULA ROSATO 2022
Rosato Igt - Negroamaro 100%
Alc. 12% | € 14 | Bt. 100.000 | Ferm. Acciaio | Mat. Acciaio 3 mesi
Insalata di pollo e verdure.

PRIMITIVO DI MANDURIA ALTEMURA 2021
Rosso Doc - Primitivo 100%
Alc. 15% | € 24 | Bt. 25.000 | Ferm. Acciaio | Mat. Acciaio 2 mesi e Legno 12 mesi
Capretto allo spiedo.

ZINZULA BIANCO 2022
Bianco Igt - Fiano 92%, Moscato 8%
Alc. 12,5% | € 14 | Bt. 30.000 | Ferm. Acciaio | Mat. Acciaio 3 mesi
Riso venere con verdure e crostacei.

FIANO
2020

SASSEO
2018

Masseria Cuturi
(1881)

Camilla Rossi-Chauvenet, già proprietaria di un'azienda in Veneto, ha acquisito una bellissima tenuta, estesa su 300 ettari, a pochi chilometri da Manduria, nei pressi di una masseria costruita fra il XVIII e il XIX secolo. La tenuta comprende un bosco, 30 ettari di vigna e olivi secolari. Si tratta del sito dove cominciò l'avventura del primitivo nel Tarantino. Vi si coltivano anche negroamaro, aglianico e minutolo. Fra le etichette di maggiore impatto, il fascinoso Primitivo Monte Diavoli e l'ottimo Segreto di Bianca.

Strada Provinciale, 137 - 74024 Manduria (TA)
T. 327 5413956 | M. info@masseriacuturi.com
www.masseriacuturi.it

Viticoltura: Biologica
Ettari: 40 | **Bottiglie:** 80.000 | **Produzione olearia:** Sì
Proprietà: Camilla Rossi-Chauvenet
Cond. enologica: Valentino Ciarla, Giacomo Sensi
Cond. agronomica: Giacomo Sensi
Vendita diretta: Sì | **Visite in azienda:** Sì

PRIMITIVO DI MANDURIA MONTE DIAVOLI 2019
Rosso Doc - Primitivo 100%
Alc. 15,5% | € 35 | Bt. 1.800 | Ferm. Acciaio | Mat. Acciaio 6 mesi e Legno 24 mesi
Un impenetrabile e lucente carminio emana sensazioni di prugna e ciliegia scura, poi subentrano gelso nero, lavanda, marzapane e cioccolato fondente. Il sorso è volumico, di spessore, slanciato da una vivida trama tannica abbracciata da una netta freschezza. Pappardelle al ragù di cinghiale.

SEGRETO DI BIANCA 2022
Bianco Igt - Fiano 85%, Minutolo 15%
Alc. 13% | € 13 | Bt. 12.000 | Ferm. Acciaio | Mat. Acciaio 3 mesi
Ravioli di patate e baccalà.

ROSA DEI CUTURI 2022
Rosato Igt - Negroamaro 85%, Aglianico 15%
Alc. 12% | € 13 | Bt. 6.000 | Ferm. Acciaio | Mat. Acciaio 3 mesi
Crostini con burro e salmone.

PRIMITIVO DI MANDURIA CHIDRO 2020
Rosso Doc - Primitivo 100%
Alc. 15% | € 19 | Bt. 6.600 | Ferm. Acciaio | Mat. Acciaio 6 mesi e Legno 12 mesi
Stracotto di manzo all'Amarone.

ZACINTO 2022
Rosso Igt - Negroamaro 100%
Alc. 13,5% | € 13 | Bt. 18.000 | Ferm. Acciaio | Mat. Acciaio 6 mesi
Petto d'anatra alle prugne.

TUMÀ 2022
Rosso Igt - Primitivo 100%
Alc. 14,5% | € 13 | Bt. 28.000 | Ferm. Acciaio | Mat. Acciaio 6 mesi
Tagliere di salumi.

SEGRETO DI BIANCA
2019 | 2021

PRIMITIVO DI MANDURIA CHIDRO
2019

Masseria Li Veli
(2000)

L'azienda, di proprietà della famiglia Falvo, si trova in posizione strategica in uno degli angoli più suggestivi del paesaggio agrario salentino. Le vigne si susseguono a perdita d'occhio in tutte le direzioni. La cantina esalta i vitigni della tradizione con uno stile che ricerca la tipicità non meno della perfezione stilistica. Colpiscono le intriganti interpretazioni del susumaniello, in rosato e in rosso; e anche primitivo e negroamaro sono modellati con cura. Il rosso MLV unisce con classe il primitivo al cabernet sauvignon.

SP Cellino-Campi, km 1 - 72020 Cellino San Marco (BR)
T. 0831 618259 | M. info@liveli.it
www.liveli.it

Viticoltura: Lotta integrata
Ettari: 58 | **Bottiglie:** 700.000 | **Produzione olearia:** No
Proprietà: Famiglia Falvo
Cond. enologica: Riccardo Cotarella
Cond. agronomica: Riccardo Cotarella
Vendita diretta: Sì | **Visite in azienda:** Sì

SUSUMANIELLO ROSATO ASKOS 2022
Rosato Igt - Susumaniello 100%
Alc. 12,5% | € 16 (0,375l) | Bt. 25.000 | Ferm. Acciaio | Mat. Acciaio 4 mesi
Radioso rosa antico che lascia presagire profumi delicati e suadenti. Cantano in coro alloro, semi di anice, scorza di mandarino e bergamotto. Di giusto corpo e decisa coerenza con l'olfatto, equilibrato e delizioso nel suo lungheggiare. Paella.

MLV 2020
Rosso Igt - Primitivo 85%, Cabernet sauvignon 15%
Alc. 15% | € 25 (1,5l) | Bt. 4.000 | Ferm. Legno | Mat. Legno 12 mesi
Lepre in salmì.

SUSUMANIELLO ASKOS 2022
Rosso Igt - Susumaniello 100%
Alc. 14% | € 16 (0,375l) | Bt. 50.000 | Ferm. Legno | Mat. Legno 9 mesi
Coda alla vaccinara.

PRIMITIVO DI MANDURIA ASKOS 2021
Rosso Doc - Primitivo 100%
Alc. 14,5% | € 17 | Bt. 10.000 | Ferm. Legno | Mat. Legno 12 mesi
Fiorentina alla brace.

SALICE SALENTINO ROSSO PEZZO MORGANA RISERVA 2020
Rosso Dop - Negroamaro 100%
Alc. 14,5% | € 20 (1,5l) | Bt. 10.000 | Ferm. Legno | Mat. Legno 12 mesi
Agnolotti al sugo di carne.

VERDECA ASKOS 2022
Bianco Igt - Verdeca 100%
Alc. 13% | € 16 (1,5l) | Bt. 50.000 | Ferm. Acciaio | Mat. Acciaio 3 mesi
San Pietro alla siciliana con dadolata di patate.

PRIMITIVO DI MANDURIA ASKOS
2020

VERDECA ASKOS
2019

Menhir Salento
(2002)

Una collezione di vini molto curata e riuscita per questa cantina che dà risalto e valorizza un territorio salentino orientato verso la porzione estrema di questa terra fascinosa. Il protagonista più importante nelle vigne e in cantina è il negroamaro, gestito con grande attenzione e con profondo rispetto per la tipicità. Conquistano le felici interpretazioni del fiano per i bianchi, del negroamaro, del primitivo e del susumaniello per i rossi, mentre fa capolino l'ottavianello nel rosato Nina.

Via Salvatore Negro - 73020 Bagnolo del Salento (LE)
T. 0836 818199 | M. commerciale@menhirsalento.com
www.menhirsalento.it

Viticoltura: Lotta integrata
Ettari: 55 | **Bottiglie:** 1.200.000 | **Produzione olearia:** Sì
Proprietà: Famiglia Marangelli
Cond. enologica: Marco Mascellani
Cond. agronomica: Marco Mascellani
Vendita diretta: Sì | **Visite in azienda:** Sì

N° ZERO 2022
Rosso Igt - Negroamaro 100%
Alc. 13,5% | € 8 | Bt. 150.000 | Ferm. Acciaio | Mat. Acciaio 6 mesi
Rubino con riverberi purpurei. Affresco olfattivo che richiama marasca, gelso scuro, rosa, rosmarino, mirto, coriandolo e anice stellato. Assaggio fresco e slanciato, con tannino ben cesellato. Sfuma lentamente su echi fruttati. Trippa in umido.

TERRA D'OTRANTO ORA 2021
Bianco Doc - Fiano 100%
Alc. 13% | € 20 | Bt. 6.000 | Ferm. Legno e Acciaio | Mat. Acciaio 6 mesi e Legno 6 mesi
Linguine agli scampi.

QUOTA 29 2022
Rosso Igt - Primitivo 100%
Alc. 14% | € 8 | Bt. 400.000 | Ferm. Acciaio | Mat. Acciaio 6 mesi
Costoletta alla valdostana.

NEGROAMARO DI TERRA D'OTRANTO FILO RISERVA 2021
Rosso Doc - Negroamaro 100%
Alc. 14% | € 25 | Bt. 6.000 | Ferm. Acciaio
Fegato alla veneziana.

PIETRA PRIMITIVO SUSUMANIELLO 2022
Rosso Igt - Primitivo 60%, Susumaniello 40%
Alc. 15% | € 15 | Bt. 40.000 | Ferm. Acciaio | Mat. Acciaio 3 mesi
Involtini di vitello lardellati.

TERRA D'OTRANTO NINA 2022
Rosato Doc - Negroamaro 80%, Ottavianello 20%
Alc. 12,5% | € 20 | Bt. 4.000 | Ferm. Acciaio | Mat. Acciaio 2 mesi
Seppie in umido con piselli.

TERRA D'OTRANTO NINA
2021

QUOTA 29
2021

Morella
(2001)

L'estrema fedeltà al terroir fa di questa piccola cantina uno degli interpreti più prestigiosi dell'agro di Manduria. L'azienda è rinomata soprattutto per le straordinarie etichette di Primitivo, molto apprezzate dagli intenditori. Si tratta di veri e propri cru a tiratura limitata, che valorizzano piccoli appezzamenti di vecchi alberelli. Il gradino più alto del podio in quest'edizione va a La Signora, un Primitivo di gran classe. Lo tallona molto da vicino l'intramontabile e straripante Old Vines.

Via per Uggiano, 147 - 74024 Manduria (TA)
T. 099 9791482 | M. info@morellavini.it
www.morellavini.it

Viticoltura: Biologica certificata e biodinamica
Ettari: 20 | **Bottiglie:** 30.000 | **Produzione olearia:** No
Proprietà: Lisa Gilbee
Cond. enologica: Lisa Gilbee
Cond. agronomica: Gaetano Morella
Vendita diretta: Sì | **Visite in azienda:** Sì

92,5

LA SIGNORA 2019
Rosso Igt - Primitivo 100%
Alc. 15% | € 42 | Bt. 3.000 | Mat. Legno 15 mesi
Carminio sgargiante con barlumi granato. Un impagabile coro di ciliegia sotto spirito, prugna, carruba, tabacco biondo, rabarbaro, spezie dolci e cespugli mediterranei. Raffinato e succoso il corpo, animato da freschezza palpitante e tannino tonico. Un tocco ammandorlato sigla la scia finale. Straccetti di cavallo.

PRIMITIVO OLD VINES 2019
Rosso Igt - Primitivo 100%
Alc. 16% | € 42 | Bt. 4.000 | Mat. Legno 15 mesi
Brasato di manzo al vino rosso.

MEZZAROSA ROSATO 2022
Rosato Igt - Negroamaro 50%, Primitivo 50%
Alc. 13% | € 12 | Bt. 5.000 | Ferm. Acciaio e Cemento | Mat. Cemento 6 mesi
Cicale di mare su letto di verdure.

MEZZOGIORNO 2022
Bianco Igp - Fiano 100%
Alc. 12% | € 12 | Bt. 4.000 | Ferm. Acciaio e Cemento | Mat. Cemento 6 mesi
Risotto con gamberi di fiume e piselli.

PRIMITIVO MALBEK 2021
Rosso Igt - Malbech 50%, Primitivo 50%
Alc. 14,5% | € 18 | Bt. 6.000 | Mat. Legno 18 mesi
Sella di coniglio al tartufo con timballo di patate.

PRIMITIVO MEZZANOTTE 2021
Rosso Igp - Primitivo 100%
Alc. 15% | € 12 | Bt. 8.000 | Mat. Legno 8 mesi
Entrecôte alla griglia con scaglie di formaggio.

PRIMITIVO OLD VINES
2016 | 2017 | 2018

LA SIGNORA
2016 | 2017 | 2018

Mottura
(1927)

Azienda vitivinicola di grandi dimensioni che può vantare una continuità storica fra quattro generazioni nell'arco di quasi un secolo. La cantina ha sede in un elegante edificio di fine Ottocento a Tuglie, nel Salento sud-occidentale. Il portfolio aziendale è ampio e variegato, ma riesce a mantenere costantemente uno standard qualitativo invidiabile. I vitigni di riferimento sono quelli cari alla tradizione salentina: negroamaro, primitivo, aleatico e fiano. Nonostante l'ottimo profilo qualitativo dei rossi, sono i bianchi Fiano e Le Pitre Salice Salentino a sorprendere.

Piazza Melica, 4 - 73058 Tuglie (LE)
T. 0833 596601 | M. info@motturavini.it
www.motturavini.it

Viticoltura: Convenzionale
Ettari: 120 | **Bottiglie:** 1.700.000 | **Produzione olearia:** No
Proprietà: Antonio e Barbara Mottura
Cond. enologica: Teodosio D'Apolito
Cond. agronomica: Nicola Scarano
Vendita diretta: Sì | **Visite in azienda:** Sì

FIANO I CLASSICI 2022
Bianco Igt - Fiano 100%
Alc. 12,5% | € 9 | Bt. 2.000 | Ferm. Acciaio | Mat. Acciaio 2 mesi
Magnifico giallo tenue con gemme verdoline. Racconto olfattivo che parla di magnolia, petalo di rosa bianca, papaia, mango, pesca, cedro e zenzero. Al gusto una deliziosa eco sapida increspa e movimenta il sorso. Timballo di riso e gamberi.

SALICE SALENTINO BIANCO LE PITRE 2022
Bianco Doc - Chardonnay 70%, Fiano 30%
Alc. 12,5% | € 10 | Bt. 3.300 | Ferm. Acciaio | Mat. Acciaio 2 mesi
Rombo al forno con patate e carciofi.

NEGROAMARO ROSONE 2021
Rosso Igt - Negroamaro 100%
Alc. 14,5% | € 23 | Bt. 45.000 | Ferm. Acciaio | Mat. Legno 10 mesi
Lombata di vitello su letto di cipolline saltate.

PRIMITIVO DI MANDURIA LE PITRE 2021
Rosso Doc - Primitivo 100%
Alc. 14,5% | € 15 | Bt. 25.000 | Ferm. Acciaio | Mat. Legno 10 mesi
Fettuccine al ragù d'agnello.

PRIMITIVO I CLASSICI 2022
Rosso Igt - Primitivo 100%
Alc. 13% | € 10 | Bt. 6.000 | Ferm. Acciaio | Mat. Acciaio 3 mesi
Fusilli di kamut al ragù di faraona.

ALEATICO DI PUGLIA DOLCE NATURALE LE PITRE 2021
Rosso Doc Dolce - Aleatico 100%
Alc. 13,5% | € 14 | Bt. 3.000 | Ferm. Acciaio | Mat. Acciaio 12 mesi
Pasticciotto salentino.

PRIMITIVO DI MANDURIA STILIO
2020

ROSATO I CLASSICI
2019 | 2020 | 2021

Palamà Vinicola nel Salento
(1936)

Il Salento è una terra misteriosa, che pullula di angoli nascosti e di piccoli centri, sconosciuti ai più, ma spesso ricchi di sorprese. In uno di questi borghi, Cutrofiano, ha sede questa cantina, dalla lunga storia familiare e dal forte attaccamento alla tradizione. Le vigne sono coltivate in parte a spalliera, in parte ad alberello. C'è spazio solo per i vitigni autoctoni: negroamaro, malvasia nera, primitivo, malvasia bianca e verdeca. L'etichetta che ci ha maggiormente colpito è Il Vino D'Arcangelo, una Malvasia nera davvero speciale.

Via Armando Diaz, 8 - 73020 Cutrofiano (LE)
T. 0836 542865 | M. info@vinicolapalama.com
www.vinicolapalama.com

Viticoltura: Lotta integrata
Ettari: 12 | **Bottiglie:** 200.000 | **Produzione olearia:** No
Proprietà: Famiglia Palamà
Cond. enologica: Teodosio D'Apolito
Cond. agronomica: Ivan Loparco
Vendita diretta: Sì | **Visite in azienda:** Sì

IL VINO D'ARCANGELO 2021
Rosso Igp - Malvasia nera di Lecce 100%
Alc. 15% | € 22 | Bt. 5.000 | Ferm. Acciaio | Mat. Legno 18 mesi
Luminoso granato con barlumi aranciati. Corteo odoroso che procede tra passi di amarena in macerazione, arancia rossa, erbe aromatiche, sottobosco, cuoio e spezie dolci. Assaggio godurioso, equilibrato, con tannino serico e perfettamente integrato. Coda agrumata. Canestrato pugliese.

PATRUNALE COLLEZIONE PRIVATA 2019
Rosso Igp - Primitivo 100%
Alc. 15% | € 25 | Bt. 5.000 | Ferm. Acciaio | Mat. Legno 12 mesi
Filetto di vitello alla Rossini.

METIUSCO ANNIVERSARIO 2021
Rosso Igp - Negroamaro 100%
Alc. 14,5% | € 18 | Bt. 10.000 | Ferm. Acciaio | Mat. Legno 12 mesi
Spezzatino di manzo.

75 VENDEMMIE 2020
Rosso Igp - Negroamaro 100%
Alc. 14,5% | € 25 | Bt. 5.000 | Ferm. Legno e Acciaio | Mat. Legno 6 mesi
Coniglio al forno con patate.

METIUSCO ROSATO 2022
Rosato Igp - Negroamaro 100%
Alc. 13% | € 15 | Bt. 35.000 | Ferm. Acciaio | Mat. Acciaio 2 mesi
Coppa piacentina.

METIUSCO ROSSO 2022
Rosso Igp - Negroamaro 50%, Malvasia nera di Lecce 25%, Primitivo 25%
Alc. 14% | € 15 | Bt. 25.000 | Ferm. Acciaio | Mat. Acciaio 2 mesi
Grigliata di carne con salsa barbecue.

METIUSCO ROSATO
2021

75 VENDEMMIE
2019

Cantine Paradiso
(1954)

In questi ultimi anni l'agro di Cerignola pullula di aziende vecchie e nuove, che stanno ridando smalto e continuità alle gloriose tradizioni vitivinicole di questa zona. Cantine Paradiso vanta una produzione ragguardevole sia per quantità che per qualità, avendo come principali vitigni di riferimento il nero di Troia, il negroamaro e il primitivo. Il rosso Angelo Primo, da nero di Troia in purezza, si conferma l'etichetta di maggiore prestigio, meritevole di salire sul gradino più alto del podio. A un soffio incalza il magistrale Negroamaro Posta Piana.

Via Manfredonia, 39 - 71042 Cerignola (FG)
T. 0885 428720 | M. info@cantineparadiso.it
www.cantineparadiso.it

Viticoltura: Convenzionale
Ettari: 40 | **Bottiglie:** 500.000 | **Produzione olearia:** No
Proprietà: Angelo Paradiso
Cond. enologica: Teodosio D'Apolito
Cond. agronomica: Angelo Paradiso
Vendita diretta: No | **Visite in azienda:** No

(92)

ANGELO PRIMO 2021
Rosso Igp - Nero di Troia 100%
Alc. 15% | € 20 | Bt. 70.000 | Ferm. Acciaio | Mat. Legno 12 mesi
Rubino con drappeggio granato, libera folate di ciliegia, cioccolato fondente, chiodi di garofano, cannella e vaniglia, su tappeto balsamico. Corposo e volumico, scolpito da un tannino fitto e ben amalgamato; evoluzione prolungata e risonante. Faraona arrosto con salsa di frutti di bosco.

NEGROAMARO POSTA PIANA 2021
Rosso Igp - Negroamaro 100%
Alc. 14% | € 9 | Bt. 30.000 | Ferm. Acciaio | Mat. Legno 12 mesi
Rosticciana.

MAST 2021
Rosso Igp - Negroamaro 100%
Alc. 14,5% | € 18 | Bt. 50.000 | Ferm. Acciaio | Mat. Legno 12 mesi
Lepre alla cacciatora.

1954 2021
Rosso Igp - Primitivo 100%
Alc. 15% | € 18 | Bt. 110.000 | Ferm. Acciaio | Mat. Legno 12 mesi
Gnocchi al ragù.

SALICE SALENTINO ROSSO POSTA PIANA 2021
Rosso Doc - Negroamaro 80%, Malvasia nera 20%
Alc. 14% | € 9 | Bt. 20.000 | Ferm. Acciaio | Mat. Legno 12 mesi
Carré di maiale affumicato.

FIANO GRECO POSTA PIANA 2022
Bianco Igp - Fiano 60%, Greco 40%
Alc. 13% | € 8 | Bt. 10.000 | Ferm. Acciaio | Mat. Acciaio 3 mesi
Risotto al nero di seppia con seppie croccanti.

ANGELO PRIMO
2020

SALICE SALENTINO ROSSO POSTA PIANA
2020

Cantina Petrelli
(2022)

Si tratta di un'azienda agricola familiare che negli anni Settanta passò dalla coltivazione del tabacco alla vitivinicoltura. Ha sede a Carmiano, non lontano da Lecce, in una bellissima villa risalente a metà Ottocento. Nelle etichette brilla il negroamaro, declinato in diverse versioni, tutte di pregio. Si fanno particolarmente notare i generosi rossi Cavarletta, Tre Archi e Don Pepè. Meritano anche una segnalazione le interpretazioni dell'aleatico che danno continuità e vitalità alla verace tradizione salentina.

Via Villa Convento, km 2 - 73041 Carmiano (LE)
T. 0832 603051 | M. info@cantinapetrelli.com
www.cantinapetrelli.com

Viticoltura: Convenzionale
Ettari: 17 | **Bottiglie:** 70.000 | **Produzione olearia:** Sì
Proprietà: Chiara Petrelli & C.
Cond. enologica: Giovanni Petrelli, Chiara Petrelli
Cond. agronomica: Giovanni Petrelli
Vendita diretta: Sì | **Visite in azienda:** Sì

CAVARLETTA 2022
Rosato Igp - Negroamaro 100%
Alc. 13,5% | € 20 | Bt. 10.000 | Ferm. Acciaio | Mat. Acciaio 4 mesi
Rosa corallo scintillante. Il naso effonde sussurri di fragola e lampone, a cui seguono tocchi di pompelmo rosa, melagrana, rosa canina e arancia Sanguinella. In bocca è perfettamente coerente, succoso, scattante, contraddistinto da un felice duetto di freschezza e sapidità. Rombo al forno ai sapori mediterranei.

COPERTINO ROSSO TRE ARCHI 2020
Rosso Dop - Negroamaro 100%
Alc. 14% | € 20 | Bt. 4.000 | Ferm. Acciaio | Mat. Acciaio 6 mesi e Legno 10 mesi
Costolette di maiale alla brace.

DON PEPÈ 2020
Rosso Igp - Negroamaro 90%, Malvasia nera di Lecce 10%
Alc. 14,5% | € 40 | Bt. 5.000 | Ferm. Acciaio | Mat. Acciaio 6 mesi e Legno 18 mesi
Filetto al pepe verde.

KIALÙ 2020
Rosso Igp Dolce - Aleatico 100%
Alc. 16% | € 20 | Bt. 2.030 | Ferm. Acciaio | Mat. Acciaio 15 mesi
Torta Foresta Nera.

P 2022
Rosso Igp - Primitivo 100%
Alc. 14% | € 25 | Bt. 25.000 | Ferm. Acciaio | Mat. Acciaio 6 mesi e Legno 4 mesi
Gnocchi alla romana.

PETRICORE ROSATO 2022
Rosato Igt - Aleatico 100%
Alc. 13% | € 16 | Bt. 2.500 | Ferm. Acciaio | Mat. Acciaio 5 mesi
Sformato di patate e prosciutto cotto.

PETRICORE
2017

Pietraventosa
(2005)

A un numero limitato di etichette fa riscontro una cura certosina per tradurre in ogni vino l'anima di questo lembo di Murgia che da Gioia del Colle guarda in direzione delle più alte colline murgiane di Santeramo in Colle. I rossi da primitivo di quest'azienda uniscono alla finezza aromatica una solidità strutturale e una particolare freschezza. Attraente e di bel vigore si conferma il rosato Est Rosa, da uve primitivo con un tocco di aglianico. Quest'ultimo duetta armoniosamente con il primitivo nel rosso Ossimoro. A raggiungere la vetta è però Allegoria, magnifico Primitivo.

Strada vicinale Latta Latta - Contrada Parco Largo - 70023 Gioia del Colle (BA)
T. 335 5730274 | M. info@pietraventosa.it
www.pietraventosa.it

Viticoltura: Biologica
Ettari: 7,2 | **Bottiglie:** 35.000 | **Produzione olearia:** Sì
Proprietà: Marianna Annio
Cond. enologica: Oronzo Alò, Raffaele Leo
Cond. agronomica: Francesco Mastrangelo
Vendita diretta: No | **Visite in azienda:** Sì

GIOIA DEL COLLE PRIMITIVO ALLEGORIA 2021
Rosso Doc - Primitivo 100%
Alc. 14% | € 17 | Bt. 8.000 | Ferm. Acciaio | Mat. Acciaio 12 mesi
Lampi purpurei impreziosiscono il rubino. Tavolozza olfattiva con pennellate di ciliegia scura, gelso nero, mora selvatica, viola, pepe nero ed erbette aromatiche. Al palato è rotondo, materico, sostenuto da bella dotazione tannica. Evoluzione su toni d'arancia Sanguinella. Coniglio in porchetta.

VOLERE VOLARE 2021
Rosso Igt - Primitivo 100%
Alc. 14% | € 15 | Bt. 14.500 | Ferm. Acciaio | Mat. Acciaio 8 mesi e Legno 8 mesi
Lasagnette al ragù di faraona e asparagi.

EST ROSA 2022
Rosato Igt - Primitivo 85%, Aglianico 15%
Alc. 14% | € 17 | Bt. 6.400 | Ferm. Acciaio | Mat. Acciaio 4 mesi
Cannelloni con radicchio e speck.

OSSIMORO 2019
Rosso Igt - Primitivo 60%, Aglianico 40%
Alc. 14% | € 20 | Bt. 3.200 | Ferm. Acciaio | Mat. Acciaio 12 mesi e Legno 12 mesi
Filetto di scottona in sfoglia.

APRITI CIELO! 2022
Bianco Igt - Malvasia bianca 50%, Minutolo 50%
Alc. 11,5% | € 17 | Bt. 5.000 | Ferm. Acciaio | Mat. Acciaio 4 mesi
Filetto di orata allo zenzero.

GIOIA DEL COLLE PRIMITIVO RISERVA DI PIETRAVENTOSA
2017

EST ROSA
2016 | 2020 | 2021

Pisan Battel
(2017)

A San Severo si sta creando un vero e proprio polo spumantistico, con una netta propensione verso il Metodo Classico. Quella di Leonardo Battello e di Antonio Pisante è una delle aziende protagoniste di questo rilevante e innovativo fenomeno enoico. Le uve prescelte sono soprattutto gli autoctoni bombino bianco e nero di Troia, che si lasciano plasmare in modo mirabile. Il prodotto di punta è il Pas Dosé 48, uno spumante strepitoso, a cui va senza tentennamenti il riconoscimento delle Quattro Viti.

Corso Vittorio Emanuele, 25 - 71016 San Severo (FG)
T. 0882 605935 | M. info@pisanbattel.it
www.pisanbattel.it

Viticoltura: Convenzionale
Ettari: 7 | **Bottiglie:** 70.000 | **Produzione olearia:** No
Proprietà: Leonardo Battello e Antonio Pisante
Cond. enologica: Cosimo Cristiano Chiloiro
Cond. agronomica: Antonio Pisante
Vendita diretta: Sì | **Visite in azienda:** Sì

92

PISAN-BATTEL PAS DOSÉ 48 2018
Bianco Igp Metodo Classico - Bombino bianco 100%
Alc. 12% | € 25 | Bt. 10.000 | Ferm. Acciaio | 48 mesi sui lieviti
Paglierino brillante, percorso da finissimo perlage. Naso di nitore e purezza espressiva superlativi, con segnali di ananas, scorzetta di cedro e fresia, fra accenti balsamici e di pasticceria. Bocca avvolgente, effervescenza cremosa e dinamismo gustativo trainato da grande freschezza e guizzo salmastro. Ostriche Belon.

PISAN-BATTEL PAS DOSÉ ROSÉ 2020
Rosato Igp Metodo Classico - Nero di Troia 100%
Alc. 12% | € 20 | Bt. 4.500 | Ferm. Acciaio | 30 mesi sui lieviti
Tartare di scampi.

PISAN-BATTEL BRUT
Bianco Igp Metodo Classico - Bombino bianco 100%
Alc. 12% | € 18 | Bt. 15.000 | Ferm. Acciaio | 24 mesi sui lieviti
Zuppetta di piselli e vongole.

PISAN-BATTEL PAS DOSÉ 30 MESI 2019
Bianco Igp Metodo Classico - Bombino bianco 100%
Alc. 12% | € 20 | Bt. 10.000 | Ferm. Acciaio | 30 mesi sui lieviti
Sauté di cozze.

ANCESTRE 2020
Bianco Igp Metodo Ancestrale - Bombino bianco 70%, Moscato 30%
Alc. 12% | € 17 | Bt. 5.000 | Ferm. Acciaio | 12 mesi sui lieviti
Salmone al timo.

PISAN-BATTEL BRUT ROSÉ 2020
Rosato Igp Metodo Classico - Pinot nero 100%
Alc. 12% | € 18 | Bt. 7.500 | Ferm. Acciaio | 24 mesi sui lieviti
Mortadella Bologna.

PISAN-BATTEL PAS DOSÉ ROSÉ
2019

PISAN- BATTEL PAS DOSÉ 48
2017

Placido Volpone
(2018)

Il Tavoliere di Puglia pullula di cantine e ognuno dei suoi innumerevoli centri abitati ne vanta almeno una. Qui siamo nella piccola e storica Ordona. Da alcuni anni qui si dispiega la collaborazione fra l'attore Michele Placido e il suo amico vignaiolo Domenico Volpone. L'azienda ha la mano felice con i rosati: il primo, Rosantica, intrigante sintesi fra sangiovese e aglianico, l'altro, Faragola, espressione ricca e invitante del nero di Troia. Si fa apprezzare anche il bianco da falanghina in purezza I Cinque Figli.

Contrada Monterozzi - 71040 Ordona (FG)
T. 338 7319282 | M. produzione@placidovolpone.it
www.placidovolpone.it

Viticoltura: Biologica
Ettari: 15 | **Bottiglie:** 100.000 | **Produzione olearia:** No
Proprietà: Famiglie Placido e Volpone
Cond. enologica: Cristoforo Pastore
Cond. agronomica: Domenico Volpone
Vendita diretta: Sì | **Visite in azienda:** Sì

ROSANTICA 2022
Rosato Igp - Aglianico 70%, Sangiovese 30%
Alc. 13,5% | € 12 | Bt. 10.000 | Ferm. Acciaio | Mat. Acciaio 4 mesi
Uno scrigno di scintillante rame, che con veemenza e classe libera ricordi di pesca bianca, agrumi, eucalipto e spezie. Al palato l'ingresso è suadente, godibile, equilibrato, molto coerente con il ventaglio olfattivo. Calamarata con ragù di pesce spada.

FARAGOLA 2022
Rosato Igp - Nero di Troia 100%
Alc. 14% | € 14 | Bt. 10.000 | Ferm. Acciaio | Mat. Acciaio 4 mesi
Strudel di porcini e zucca con crema al parmigiano.

I CINQUE FIGLI 2022
Bianco Igp - Falanghina 100%
Alc. 12,5% | € 14 | Bt. 13.000 | Ferm. Acciaio | Mat. Acciaio 4 mesi
Risotto alla granseola.

FARAGOLA
2021

I CINQUE FIGLI
2018

Plantamura
(2001)

È motivo di ammirazione la dedizione al primitivo di questa piccola cantina di proprietà di Alessia e Chiara Maggialetti. Si tratta di una delle realtà più significative nell'areale collinare di Gioia del Colle. Il primitivo viene plasmato in tre etichette, ognuna di colore diverso e con una personalità ben definita. Contrada San Pietro coniuga bene vigore e finezza e giunge appena a un passo dalle Quattro Viti. Incalza la Riserva, da attendere ancora un po', ma ricca di promesse; a ruota c'è Parco Largo, esuberante e gioioso.

Via Vittorio Bodini, 9/A - 70023 Gioia del Colle (BA)
T. 347 4711027 | M. info@viniplantamura.it
www.viniplantamura.it

Viticoltura: Biologica certificata
Ettari: 10 | **Bottiglie:** 45.000 | **Produzione olearia:** Sì
Proprietà: Alessia e Chiara Maggialetti
Cond. enologica: Chiara Maggialetti
Cond. agronomica: Vincenzo Maggialetti
Vendita diretta: Sì | **Visite in azienda:** Sì

GIOIA DEL COLLE PRIMITIVO CONTRADA SAN PIETRO 2021
Rosso Doc - Primitivo 100%
Alc. 15% | € 20 | Bt. 15.000 | Ferm. Acciaio | Mat. Acciaio 12 mesi
Solare rubino. Un annuncio di cipria precede segnali di ciliegia mandarino, lavanda, glicine, aneto, finocchietto selvatico e liquirizia. Bocca ben orchestrata, grazie al tannino risolto e alla netta spalla fresco-sapida. Evoluzione lunga e appagante. Rotolo di coniglio con pomodorini ed erbe aromatiche.

GIOIA DEL COLLE PRIMITIVO RISERVA 2020
Rosso Doc - Primitivo 100%
Alc. 16% | € 26 | Bt. 8.000 | Ferm. Acciaio | Mat. Acciaio 12 mesi
Filetto di manzo alla Voronoff.

GIOIA DEL COLLE PRIMITIVO PARCO LARGO 2022
Rosso Doc - Primitivo 100%
Alc. 14,5% | € 15 | Bt. 18.000 | Ferm. Acciaio | Mat. Acciaio 8 mesi
Bigoli con salsiccia.

GIOIA DEL COLLE PRIMITIVO CONTRADA SAN PIETRO
2019

GIOIA DEL COLLE PRIMITIVO RISERVA
2019

Agricola Pliniana

(1964)

Manduria è importante città del vino, roccaforte del Primitivo, sede di numerose cantine private e di innumerevoli vignaioli, molti dei quali conferiscono l'uva a cooperative sociali, che fanno un lavoro egregio. Quella di cui scriviamo è una cantina sociale storica, ormai alle soglie del suo sessantesimo compleanno. Il volume di attività è notevole, visto che lavora le uve provenienti da circa 900 ettari di vigne. Fra le tante validissime etichette proposte ci hanno impressionato particolarmente i gagliardi Primitivo: Mandyrion, Priscus e Re Noire.

Contrada Barce - 74024 Manduria (TA)
T. 099 9794273 | M. direzione@cantinepliniana.it
www.cantinepliniana.com

Viticoltura: Convenzionale
Ettari: 900 | **Bottiglie:** 200.000 | **Produzione olearia:** Sì
Proprietà: Società Cooperativa Agricola
Cond. enologica: Cosimo Spina, Teodosio D'Apolito, Francesco Gorgoglione
Cond. agronomica: Teodosio D'Apolito, Francesco Gorgoglione
Vendita diretta: Sì | **Visite in azienda:** Sì

PRIMITIVO DI MANDURIA MANDYRION 2020
Rosso Doc - Primitivo 100%
Alc. 17% | € 19 | Bt. 3.000 | Ferm. Cemento | Mat. Cemento 12 mesi
Mantello granato fittissimo. Dischiude ricordi di confettura di prugna, carruba, tabacco biondo, cacao, pepe nero e vaniglia, con un'idea mentolata sullo sfondo. Sorso vigoroso, denso e volumico, ben supportato da tannino levigato e gustosa sapidità. Bitto stravecchio.

PRIMITIVO DI MANDURIA PRISCUS 2021
Rosso Dop - Primitivo 100%
Alc. 14,5% | € 9 | Bt. 20.000 | Ferm. Acciaio | Mat. Legno 6 mesi
Coniglio alla ligure.

PRIMITIVO DI MANDURIA RE NOIRE 2021
Rosso Doc - Primitivo 100%
Alc. 14,5% | € 17 | Bt. 10.000 | Ferm. Acciaio | Mat. Legno 12 mesi
Pollo al curry.

PRIMITIVO DI MANDURIA PLINIUS MAIOR RISERVA 2018
Rosso Doc - Primitivo 100%
Alc. 14,5% | € 19 | Bt. 10.000 | Ferm. Cemento | Mat. Legno 18 mesi e Cemento 12 mesi
Manzo brasato con funghi.

REGECO 2020
Rosso Igp - Malvasia nera 100%
Alc. 13,5% | € 4 | Bt. 15.000 | Ferm. Acciaio | Mat. Cemento 24 mesi
Tagliere di salumi.

PRIMITIVO DI MANDURIA JUVENIS 2021
Rosso Dop - Primitivo 100%
Alc. 14% | € 5 | Bt. 30.000 | Ferm. Acciaio | Mat. Acciaio 9 mesi
Soppressata di Calabria.

Podere 29

(2005)

Si fa ancora una volta notare questa cantina collocata in agro di Margherita di Savoia, non lontano dalle estese, fascinose saline, spesso abitate da stupendi fenicotteri rosa. L'elegante rosso Gelso Nero, da uva di Troia in purezza, si conferma la punta di diamante della cantina. Dalla stessa varietà l'azienda produce altre due etichette di spiccato carattere, Gelso D'Oro e Gelso Rosa. Meritano anche una segnalazione la bella performance del minutolo nel Gelso Bianco e del susumaniello nel rosso Duna.

Corso Nunzio Ricco, 61 - 76016 Margherita di Savoia (BT)
T. 347 1917291 | M. info@podere29.it
www.podere29.it

Viticoltura: Biologica
Ettari: 20 | **Bottiglie:** 140.000 | **Produzione olearia:** Sì
Proprietà: Giuseppe Marrano
Cond. enologica: Luca Pugliese
Cond. agronomica: Giuseppe Marrano
Vendita diretta: Sì | **Visite in azienda:** Sì

GELSO NERO 2022
Rosso Igt - Nero di Troia 100%
Alc. 13% | € 14 | Bt. 35.000 | Ferm. Acciaio | Mat. Acciaio 6 mesi
Carminio con bagliori amaranto. Naso invitante, con fini nuance di violetta, mora di rovo, ciliegia scura, ribes nero, anice stellato, chiodi di garofano e cioccolato fondente. In bocca è snello, sostenuto da una ricca vena tannica e da succosa freschezza. Cenno sapido nel finale appena ammandorlato. Carré d'agnello al timo e lardo di Colonnata.

GELSO BIANCO 2022
Bianco Igp - Minutolo 100%
Alc. 12% | € 15 | Bt. 15.000 | Ferm. Acciaio | Mat. Acciaio 6 mesi
Sushi e sashimi.

DUNA 2021
Rosso Igp - Susumaniello 100%
Alc. 15% | € 35 | Bt. 3.000 | Ferm. Acciaio | Mat. Acciaio 3 mesi e Legno 8 mesi
Maiale in agrodolce.

GELSO D'ORO 2020
Rosso Igt - Nero di Troia 100%
Alc. 14% | € 28 | Bt. 24.000 | Ferm. Acciaio | Mat. Acciaio 2 mesi e Legno 8 mesi
Guanciale di manzo in umido con polenta.

GELSO ROSA 2022
Rosato Igp - Nero di Troia 100%
Alc. 12,5% | € 14 | Bt. 10.000 | Ferm. Acciaio | Mat. Acciaio 6 mesi
Frittata di cipolle.

GELSO NERO
2021

AVIA PERVIA
2014 | 2018 | 2020

Polvanera
(2003)

La parola d'ordine in azienda è non fermarsi mai e così i lavori procedono senza sosta e in più direzioni. Sono stati acquisiti nuovi terreni, piantate nuove vigne, la cantina di affinamento e stoccaggio è in fase di allargamento, mentre si avvia al completamento il nuovo bellissimo punto vendita. Si segnala la nascita di un nuovo spumante che valorizza un vitigno autoctono emergente, il maresco. Grande conferma poi per il Polvanera 17, un Primitivo ammaliante, che ancora una volta sale sul gradino più alto del podio.

Strada Vicinale Lamie Marchesana, 601 - 70023 Gioia del Colle (BA)
T. 080 758900 | M. info@cantinepolvanera.it
www.cantinepolvanera.it

Viticoltura: Biologica
Ettari: 120 | **Bottiglie:** 800.000 | **Produzione olearia:** Sì
Proprietà: Filippo Cassano
Cond. enologica: Maria Rosaria Campanella, Adriana Cassano
Cond. agronomica: Filippo Cassano
Vendita diretta: Sì | **Visite in azienda:** Sì

96

GIOIA DEL COLLE PRIMITIVO POLVANERA 17 2020
Rosso Doc - Primitivo 100%
Alc. 16,5% | € 35 | Bt. 20.000 | Ferm. Acciaio | Mat. Acciaio 24 mesi
Arazzo rubino con fregio granato. Ben riuscito intreccio di erbe officinali, fieno, ciliegia in confettura, violetta, radice di liquirizia e marzapane. Palato carnoso, ricamato da tannino fitto e freschezza rigenerante; esplode in una miriade di risonanze lunghissime, mantenendo verticalità e nitore. Pecorino di Pienza.

GIOIA DEL COLLE PRIMITIVO POLVANERA 16 2020
Rosso Doc - Primitivo 100%
Alc. 16% | € 30 | Bt. 20.000 | Ferm. Acciaio | Mat. Acciaio 24 mesi
Stracotto d'asino.

POLVANERA ROSATO 2022
Rosato Igt - Aleatico 40%, Aglianico 30%, Primitivo 30%
Alc. 12% | € 12 | Bt. 100.000 | Ferm. Acciaio | Mat. Acciaio 3 mesi
Culatello di Zibello e gnocco fritto.

GIOIA DEL COLLE PRIMITIVO POLVANERA 14 2021
Rosso Doc - Primitivo 100%
Alc. 14,5% | € 20 | Bt. 80.000 | Ferm. Acciaio | Mat. Acciaio 12 mesi
Stinco di maiale al forno in pancetta affumicata.

POLVANERA M 2022
Bianco Igt Metodo Martinotti - Maresco 100%
Alc. 11% | € 12 | Bt. 20.000 | Ferm. Acciaio | Mat. Acciaio 3 mesi
4 mesi sui lieviti
Seppioline ai ferri.

POLVANERA MINUTOLO 2022
Bianco Igt - Minutolo 100%
Alc. 12% | € 13 | Bt. 50.000 | Ferm. Acciaio | Mat. Acciaio 3 mesi
Tataki di tonno al sesamo.

GIOIA DEL COLLE PRIMITIVO POLVANERA 17
2017 | 2018 | 2019

GIOIA DEL COLLE PRIMITIVO POLVANERA 16
2017 | 2018 | 2019

Produttori di Manduria
(1932)

Ha festeggiato da poco i suoi novant'anni questa cantina sociale e non li sente. Anzi, pur avendo scritto pagine indelebili della storia del Primitivo e del vino manduriano, è più vitale e dinamica che mai. Per capacità organizzativa, comunicativa e di accoglienza è un modello da imitare. Per i vini di valore c'è l'imbarazzo della scelta, ma il Primitivo Lirica arriva primo al traguardo delle Quattro Viti. Tra gli inseguitori ci sono il favoloso bianco Zìn da uve fiano in purezza e il prezioso robusto Sonetto.

Via Fabio Massimo, 19 - 74024 Manduria (TA)
T. 099 9735332 | M. info@produttoridimanduria.it
www.produttoridimanduria.it

Viticoltura: Convenzionale e lotta integrata
Ettari: 900 | **Bottiglie:** 2.200.000 | **Produzione olearia:** No
Proprietà: Cooperativa di produttori
Cond. enologica: Leonardo Pinto
Cond. agronomica: Leonardo Pinto
Vendita diretta: Sì | **Visite in azienda:** Sì

91

PRIMITIVO DI MANDURIA LIRICA 2021
Rosso Doc - Primitivo 100%
Alc. 14,5% | € 10 | Bt. 450.000 | Ferm. Acciaio | Mat. Legno 6 mesi
Compatto rosso cremisi. Ouverture su toni di pot-pourri, vira poi verso amarena, fico secco, carruba, scatola di sigaro, chiodi di garofano e mallo di noce. Il sorso conquista per l'avvolgenza, ha tannini setosi, è profondo e si allunga in modo pregevole. Costine d'agnello in crosta di noci.

ZÌN 2022
Bianco Igp - Fiano 100%
Alc. 13% | € 9 | Bt. 150.000 | Ferm. Acciaio | Mat. Acciaio 3 mesi
Salmone al timo.

PRIMITIVO DI MANDURIA SONETTO RISERVA 2018
Rosso Doc - Primitivo 100%
Alc. 16% | € 40 | Bt. 14.000 | Ferm. Cemento | Mat. Legno 24 mesi
Brasato di lepre con riduzione di vino rosso.

ALICE 2022
Bianco Igt - Verdeca 100%
Alc. 13% | € 9 | Bt. 150.000 | Ferm. Acciaio | Mat. Acciaio 3 mesi
Pesce spada alla griglia.

GARNET 2022
Rosato Igt - Negroamaro 100%
Alc. 13% | € 9 | Bt. 40.000 | Ferm. Acciaio | Mat. Acciaio 3 mesi
Pasta, patate e cozze.

ABATEMASI 2020
Rosso Igt - Negroamaro 90%, Primitivo 10%
Alc. 15% | € 19 | Bt. 20.000 | Ferm. Cemento | Mat. Legno 12 mesi
Coniglio in umido con verze e purea di patate.

ABATEMASI
2018

PRIMITIVO DI MANDURIA SONETTO RISERVA
2015 | 2017

Cantine Re Dauno
(2013)

Se un giorno si dovesse indicare la capitale delle bollicine pugliesi ottenute col Metodo Classico, la scelta quasi certamente cadrebbe sulla bella San Severo, roccaforte degli spumanti della regione. Vi è dato trovarvi più di un'azienda che, come Re Dauno, si concentra esclusivamente sulla produzione di questa tipologia di vini con piccoli numeri e grande qualità. Re Dauno Gold, un Millesimato da bombino bianco e pinot nero vinificato in bianco, si conferma vino di punta per struttura ed eleganza.

Via Fratelli Cairoli, 23 - 71016 San Severo (FG)
T. 328 3862516 | M. cantineredauno@hotmail.com
www.cantineredauno.it

Viticoltura: Convenzionale
Ettari: 2 | **Bottiglie:** 10.000 | **Produzione olearia:** No
Proprietà: Francesco Toma
Cond. enologica: Francesco Toma, Cosimo Cristiano Chiloiro
Cond. agronomica: Cosimo Cristiano Chiloiro
Vendita diretta: Sì | **Visite in azienda:** Sì

RE DAUNO GOLD BRUT 2017
Bianco Igp Metodo Classico - Bombino bianco 60%, Pinot nero 40%
Alc. 12,5% | € 18 | Bt. 3.500 | 36 mesi sui lieviti
Paglierino brillante, animato da vivido perlage. Spartito olfattivo nitido e invitante, con stille di scorzetta di limone, lime, cedro candito, poi tratti di mela, alloro e cenni di pasticceria. Gusto lungo e rotondo, ritmato da acidità vibrante. Epilogo citrino. Ostriche Belon.

RE DAUNO PAS DOSÉ 2019
Bianco Igp Metodo Classico - Bombino bianco 100%
Alc. 12% | € 16 | Bt. 3.500 | 36 mesi sui lieviti
Risotto con seppie e burrata.

RE DAUNO BRUT ROSÉ NATURE 2019
Rosato Igp Metodo Classico - Nero di Troia 100%
Alc. 12,5% | € 19 | Bt. 2.500 | 36 mesi sui lieviti
Fritto di paranza.

RE DAUNO GOLD BRUT
2017

RE DAUNO BRUT ROSÉ NATURE
2019

Rivera
(1950)

Performance da applauso per questa cantina di proprietà della famiglia De Corato, che ha scritto pagine importanti della storia del vino pugliese e continua a essere un autorevole punto di riferimento ancora oggi. Innanzitutto per le interpretazioni magistrali del nero di Troia, a partire da un superbo Puer Apuliae, che vola verso il podio dell'eccellenza. Sulla sua scia si colloca un rosato fantastico e innovativo, Fabri. Tanto di cappello anche alle esemplari interpretazioni di moscato reale, fiano, bombino nero e aglianico.

SP 231, km 60,5 - 76123 Andria (BT)
T. 0883 569510 - 0883 569501 | M. info@rivera.it
www.rivera.it

Viticoltura: Convenzionale
Ettari: 75 | **Bottiglie:** 1.100.000 | **Produzione olearia:** No
Proprietà: Famiglia De Corato
Cond. enologica: Marco Bernabei, Angelo Mauriello
Cond. agronomica: Carlo De Corato
Vendita diretta: Sì | **Visite in azienda:** Sì

96

CASTEL DEL MONTE NERO DI TROIA PUER APULIAE RISERVA 2017
Rosso Docg - Nero di Troia 100%
Alc. 13,5% | € 27 | Bt. 12.000 | Ferm. Acciaio | Mat. Legno 14 mesi
Prezioso rubino con screzi purpurei. Naso incantevole: mora di rovo, ribes nero e radice di liquirizia; emergono intanto mentolo, pepe nero, anice stellato e incenso. Palato raffinato, materico, con magnifico contrappunto tannico e rigenerante freschezza; evoluzione inarrestabile. Cosciotto d'agnello al forno con patate novelle.

FABRI 2022
Rosato Igt - Nero di Troia 100%
Alc. 13% | € 14 | Bt. 4.200 | Ferm. Acciaio | Mat. Terracotta 4 mesi
Polpo alla Luciana.

MOSCATO DI TRANI DOLCE NATURALE PIANI DI TUFARA 2020
Bianco Doc Dolce - Moscato bianco 100%
Alc. 14,5% | € 10 (0,5l) | Bt. 13.000 | Ferm. Acciaio | Mat. Legno 3 mesi
Crostata di albicocche.

CASTEL DEL MONTE BOMBINO NERO PUNGIROSA 2022
Rosato Docg - Bombino nero 100%
Alc. 12% | € 10 | Bt. 260.000 | Ferm. Acciaio | Mat. Cemento 3 mesi
Tiella di riso, patate e cozze.

SCARIAZZO 2022
Bianco Igt - Fiano 100%
Alc. 13,5% | € 11 | Bt. 19.000 | Ferm. Legno e Acciaio | Mat. Cemento 9 mesi
Sauté di cozze.

CASTEL DEL MONTE AGLIANICO CAPPELLACCIO 2017
Rosso Doc - Aglianico 100%
Alc. 13,5% | € 12 | Bt. 40.000 | Ferm. Acciaio | Mat. Legno 4 mesi
Carré di maiale con patate al forno.

CASTEL DEL MONTE NERO DI TROIA PUER APULIAE RISERVA
2014 | 2015 | 2016

CASTEL DEL MONTE CHARDONNAY LAMA DEI CORVI
2016 | 2020

Rosa del Golfo
(1938)

L'azienda coltiva alcune delle vigne più meridionali del Salento, in agro di Alezio, a pochi chilometri dal mare, che assicura alle piante le sue brezze benefiche. Del mare i vini di questa cantina recano l'influenza, l'impronta, il segno, persino nelle etichette. Il portabandiera di tutta la produzione è il fantastico rosato Mazzì, la cui forma strepitosa lo porta dritto al traguardo delle Quattro Viti. Impagabili anche il rosso Portulano da negroamaro in purezza e gli spumanti Metodo Classico.

Via Garibaldi, 18 - 73011 Alezio (LE)
T. 0833 281045 | M. calo@rosadelgolfo.com
www.rosadelgolfo.com

Viticoltura: Convenzionale
Ettari: 40 | **Bottiglie:** 300.000 | **Produzione olearia:** Sì
Proprietà: Damiano e Pamela Calò
Cond. enologica: Angelo Solci, Damiano Calò
Cond. agronomica: Angelo Solci
Vendita diretta: Sì | **Visite in azienda:** Sì

(92,5)

VIGNA MAZZÌ 2021
Rosato Igp - Negroamaro 90%, Malvasia nera di Lecce 10%
Alc. 13,5% | € 18 | Bt. 7.000 | Ferm. Legno | Mat. Legno 12 mesi
Prezioso rosa corallo. Affresco odoroso che racconta di ciliegia, scorzetta di arancia, rabarbaro, china, caffè, chiodi di garofano e legno di sandalo. Assaggio di speculare distinzione, ampio, profondo, permeato da sbuffi fresco-sapidi. Congedo lento e piacevole. Ricciola al forno con capperi e pomodori ciliegino.

PORTULANO 2020
Rosso Igp - Negroamaro 100%
Alc. 14% | € 15 | Bt. 20.000 | Ferm. Acciaio | Mat. Legno 12 mesi
Carré di maiale alle prugne.

BOLINA BRUT
Bianco Metodo Classico - Verdeca 90%, Chardonnay 10%
Alc. 12% | € 25 | Bt. 6.000 | Ferm. Acciaio | Mat. Acciaio 6 mesi
36 mesi sui lieviti
Pizza marinara.

ROSA DEL GOLFO BRUT ROSÉ
Rosato Metodo Classico - Negroamaro 100%
Alc. 12,5% | € 25 | Bt. 15.000 | Ferm. Acciaio | 36 mesi sui lieviti
Paella.

BOLINA 2022
Bianco Igp - Verdeca 90%, Chardonnay 10%
Alc. 12,5% | € 10 | Bt. 50.000 | Ferm. Acciaio | Mat. Acciaio 6 mesi
Branzino al cartoccio.

PRIMITIVO 2021
Rosso Igp - Primitivo 100%
Alc. 14% | € 15 | Bt. 30.000 | Ferm. Acciaio | Mat. Acciaio 6 mesi e Legno 8 mesi
Risotto con le quaglie.

VIGNA MAZZÌ
2016

BOLINA BRUT
S.A. | S.A.

Cantina San Donaci
(1933)

Storica cantina sociale, molto attenta alla realtà territoriale che la circonda, alla cultura e all'enogastronomia salentina. Ha sede a San Donaci, nel cuore pulsante della penisola salentina, fra distese di vigne che lo sguardo abbraccia in tutte le direzioni. Fra i tanti vini di valore, merita uno speciale plauso Pietra Caya, una versione in rosso della malvasia nera, a dir poco delizioso e dal rapporto valore/prezzo entusiasmante. Non passano inosservate le felici interpretazioni di primitivo, negroamaro e susumaniello.

Via Mesagne, 62 - 72025 San Donaci (BR)
T. 0831 681085 | M. info@cantinasandonaci.eu
www.cantinasandonaci.eu

Viticoltura: Convenzionale
Ettari: 52 | **Bottiglie:** 800.000 | **Produzione olearia:** Sì
Proprietà: Cooperativa di produttori
Cond. enologica: Andrea Scarafile
Cond. agronomica: Salvatore Cagnazzo
Vendita diretta: Sì | **Visite in azienda:** Sì

PIETRA CAYA MALVASIA 2022
Rosso Igp - Malvasia nera 100%
Alc. 13% | € 7 | Bt. 15.000 | Ferm. Acciaio | Mat. Acciaio 2 mesi
Rubino vivace dall'intrigante trasparenza. Naso fruttato fresco di fragola, lampone, arancia rossa e mandorla, con floreale di rosa. Sorso coerente con l'olfatto, succoso, in equilibrio tra rotondità, felpata tannicità e freschezza rigenerante. Refrain di melagrana e agrumi in chiusura. Coratella di agnello.

ANTICAIA PRIMITIVO 2022
Rosso Igp - Primitivo 100%
Alc. 14% | € 7 | Bt. 180.000 | Ferm. Acciaio | Mat. Acciaio 2 mesi
Arrosto di pollo ripieno.

FULGEO 2019
Rosso Igp - Negroamaro 100%
Alc. 14% | € 15 | Bt. 7.000 | Ferm. Acciaio | Mat. Acciaio 9 mesi e Legno 9 mesi
Rigatoni al ragù bianco di carne.

ASSINA SUSUMANIELLO ROSATO 2022
Rosato Igp - Susumaniello 100%
Alc. 12,5% | € 8 | Bt. 10.000 | Ferm. Acciaio | Mat. Acciaio 2 mesi
Frittura di moscardini.

SALICE SALENTINO ROSSO RISERVA ANTICAIA 2019
Rosso Dop - Negroamaro 100%
Alc. 14% | € 9 | Bt. 150.000 | Ferm. Acciaio | Mat. Acciaio 2 mesi e Legno 6 mesi
Stinco d'agnello al forno.

ASSINA SUSUMANIELLO ROSSO 2021
Rosso Igp - Susumaniello 100%
Alc. 13% | € 8 | Bt. 10.000 | Ferm. Acciaio | Mat. Acciaio 6 mesi e Cemento 6 mesi
Risotto all'isolana.

SALICE SALENTINO ROSATO ANTICAIA
2019 | 2020 | 2021

PIETRA CAYA MALVASIA
2021

San Marzano
(1962)

Produrre numeri da capogiro e mantenere la qualità al top è un modus operandi abituale per questa straordinaria cantina sociale del Tarantino. Alcune etichette si confermano veri e propri gioielli: il Primitivo Anniversario 62 Riserva centra il traguardo delle Quattro Viti e il Primitivo Sessantanni ci arriva molto vicino. Un'altra grande conferma arriva dal Negroamaro F, un rosso elegante e di magnifica concentrazione. Per non parlare dello spumante Millesimato Calce Rosé, da chardonnay e negroamaro, una rivelazione.

Via Monsignor Bello, 9 - 74020 San Marzano di San Giuseppe (TA)
T. 099 9574181 | M. info@sanmarzanovini.com
www.sanmarzano.wine

Viticoltura: Convenzionale
Ettari: 1.500 | **Bottiglie:** 12.000.000 | **Produzione olearia:** Sì
Proprietà: Cooperativa di produttori
Cond. enologica: Davide Ragusa, Caterina Bellanova
Cond. agronomica: Tommaso Galiotta
Vendita diretta: Sì | **Visite in azienda:** No

91,5

PRIMITIVO DI MANDURIA ANNIVERSARIO 62 RISERVA 2019
Rosso Dop - Primitivo 100%
Alc. 14,5% | € 29 | Bt. 50.000 | Ferm. Acciaio | Mat. Acciaio 12 mesi e Legno 18 mesi
Impenetrabile rosso carminio. Ouverture salmastra di cappero, poi prugna in confettura, fico secco, china, tabacco biondo, caffè e spezie dolci. In bocca il vino è carnoso, masticabile, intarsiato da tannino levigato. La progressione, lenta e appagante, trascina ricordi fruttati e tostati. Terrina di lepre con salsa di prugne.

PRIMITIVO DI MANDURIA SESSANTANNI 2019
Rosso Dop - Primitivo 100%
Alc. 14,5% | € 26 | Bt. 300.000 | Ferm. Acciaio | Mat. Acciaio 12 mesi e Legno 12 mesi
Bitto stravecchio.

CALCE BRUT ROSÉ 2017
Rosato Metodo Classico - Chardonnay 60%, Negroamaro 40%
Alc. 12,5% | € 33 | Bt. 10.000 | Ferm. Acciaio | Mat. Acciaio 6 mesi
36 mesi sui lieviti
Aragosta in bellavista.

NEGROAMARO F 2021
Rosso Igp - Negroamaro 100%
Alc. 14,5% | € 26 | Bt. 80.000 | Ferm. Acciaio | Mat. Acciaio 12 mesi e Legno 12 mesi
Capriolo con salsa di ribes rosso.

TIMO VERMENTINO 2022
Bianco Igp - Vermentino 100%
Alc. 12,5% | € 10 | Bt. 50.000 | Ferm. Acciaio | Mat. Acciaio 3 mesi
Cartoccio di pescatrice agli agrumi.

TALÒ NEGROAMARO 2022
Rosso Igp - Negroamaro 100%
Alc. 13,5% | € 10 | Bt. 240.000 | Ferm. Acciaio | Mat. Acciaio 2 mesi e Legno 4 mesi
Faraona arrosto con salsa di frutti di bosco.

PRIMITIVO DI MANDURIA ANNIVERSARIO 62 RISERVA
2011

PRIMITIVO DI MANDURIA SESSANTANNI
2016 | 2017 | 2018

Cantine Santa Barbara
(2003)

Pietro Giorgiani è considerato un vero e proprio decano degli enologi pugliesi, anche perché per la sua lunga esperienza conosce ogni sfaccettatura dei vitigni e dei vini della sua regione. Nel lavoro in azienda oggi è affiancato con entusiasmo e competenza dalle figlie e da tutta la famiglia. È stato un pioniere nella riscoperta del susumaniello e ancora oggi ne propone versioni dal forte impatto emozionale. È anche bello che abbia avvertito il bisogno di riscoprire l'aleatico, un'uva che rischia di scomparire dalle vigne salentine.

Via Maternità e Infanzia, 23 - 72027 San Pietro Vernotico (BR)
T. 0831 652749 | M. info@cantinesantabarbara.it
www.cantinesantabarbara.it

Viticoltura: Convenzionale
Ettari: 70 | **Bottiglie:** 100.000 | **Produzione olearia:** No
Proprietà: Famiglia Giorgiani
Cond. enologica: Pietro Giorgiani
Cond. agronomica: Pietro Giorgiani
Vendita diretta: Sì | **Visite in azienda:** Sì

ALEATICO PASSITO 2020
Rosso Igp Passito - Aleatico 100%
Alc. 16% | € 24 (0,5l) | Bt. 1.000 | Ferm. Acciaio | Mat. Acciaio 9 mesi e Legno 9 mesi
Granato con cenno mattone, che ammalia con un susseguirsi di caffè tostato, amaretto, nocciola tostata, viola appassita, fico mandorlato, crema pasticciera, menta e cioccolato fondente. Beva di speculare bellezza, con dolcezza bene integrata e tannino impalpabile. Mostaccioli.

SUSUMANIELLO CAPIRUSSU ROSATO 2022
Rosato Igt - Susumaniello 100%
Alc. 13% | € 14 | Bt. 8.000 | Ferm. Acciaio | Mat. Acciaio 9 mesi
Coniglio al forno con funghi.

SALICE SALENTINO ROSSO CAPIRUSSU 2020
Rosso Doc - Negroamaro 85%, Malvasia nera 15%
Alc. 13,5% | € 16 | Bt. 5.000 | Ferm. Acciaio | Mat. Acciaio 9 mesi
Costata di manzo alla griglia.

SUSUMANIELLO CAPIRUSSU 2022
Rosso Igt - Susumaniello 100%
Alc. 14% | € 16 | Bt. 28.000 | Ferm. Acciaio | Mat. Acciaio 9 mesi
Controfiletto di bue alla brace.

URSA MAJOR ROSSO 2020
Rosso Igp - Primitivo 80%, Negroamaro 20%
Alc. 14% | € 26 | Bt. 32.000 | Ferm. Acciaio | Mat. Legno 9 mesi
Braciola di cervo con salsa di ribes.

FIANO CAPIRUSSU 2022
Bianco Igt - Fiano 100%
Alc. 12% | € 12 | Bt. 10.000 | Ferm. Acciaio | Mat. Acciaio 9 mesi
Battuto di gamberi rossi di Sicilia.

ROSATO CAPIRUSSU
2019 | 2021

SUMANERO
2016 | 2017

Santa Lucia
(1822)

Per Roberto Perrone Capano, proprietario dell'azienda, occuparsi delle vigne e produrre vino è quasi un'attività amatoriale, anche se svolta con impegno e passione incredibili. I numeri sono piccoli, le etichette sono poche, ma i risultati sono grandi. La Riserva Le More è una delle espressioni più alte del nero di Troia nell'areale di Castel del Monte, meritevole senz'altro del riconoscimento più alto. Non delude il rosso di Castel del Monte Il Melograno, sempre affidabile nella sua elegante rappresentazione del territorio.

Strada Comunale San Vittore, 1 - 70033 Corato (BA)
T. 081 7642888 | M. info@vinisantalucia.com
www.vinisantalucia.com

Viticoltura: Biologica certificata
Ettari: 14 | **Bottiglie:** 50.000 | **Produzione olearia:** Sì
Proprietà: Famiglia Perrone Capano
Cond. enologica: Emilia Tartaglione
Cond. agronomica: Alfredo Tocchini
Vendita diretta: Sì | **Visite in azienda:** Sì

95

CASTEL DEL MONTE NERO DI TROIA LE MORE RISERVA 2019
Rosso Docg - Nero di Troia 100%
Alc. 14,5% | € 29 | Bt. 4.000 | Ferm. Acciaio | Mat. Legno 18 mesi
Rubino profondo. Al naso un'esplosione di mora di rovo, ciliegia, rosa appassita, iris e violetta; si evidenziano poi vaniglia, anice stellato, chiodi di garofano, pepe nero ed eucalipto. Il sorso è carnoso, di formidabile stoffa, ritmato da energica freschezza e da un grande tannino. Bocconcini di cinghiale con salsa di prugne.

CASTEL DEL MONTE ROSSO IL MELOGRANO 2020
Rosso Dop - Nero di Troia 100%
Alc. 14% | € 18 | Bt. 25.000 | Ferm. Acciaio | Mat. Legno 12 mesi
Petto d'anatra all'arancia.

GAZZA LADRA 2022
Bianco Igp - Fiano 100%
Alc. 13% | € 18 | Bt. 7.000 | Ferm. Acciaio | Mat. Cemento 6 mesi
Filetto di dentice in crosta di patate.

CASTEL DEL MONTE BOMBINO NERO FIOR DI RIBES 2022
Rosato Docg - Bombino nero 90%, Nero di Troia 10%
Alc. 13% | € 18 | Bt. 7.000 | Ferm. Acciaio | Mat. Acciaio 6 mesi
Risotto agli asparagi e provola affumicata.

CASTEL DEL MONTE NERO DI TROIA LE MORE RISERVA
2015 | 2017 | 2018

CASTEL DEL MONTE ROSSO IL MELOGRANO
2017 | 2018 | 2019

Schola Sarmenti
(1999)

Grande concentrazione, opulenza e attenta, incessante ricerca della perfezione stilistica sono alcuni dei canoni fondamentali a cui si ispira la produzione dei vini di questa cantina, che valorizza la migliore produzione vitivinicola dell'agro di Nardò. Ai vertici di una gamma di qualità sbalorditiva si colloca il Primitivo Diciotto, di qualità assolutamente eccellente. Intrigante e sorprendente Cortices, un vino macerato da uve fiano. Straordinari anche Antièri, rosso vigoroso da susumaniello, e Nerìo, blend di negroamaro e malvasia nera.

Via Generale Cantore, 37 - 73048 Nardò (LE)
T. 0833 567247 | M. info@scholasarmenti.it
www.scholasarmenti.it

Viticoltura: Convenzionale e biologica certificata
Ettari: 82 | **Bottiglie:** 550.000 | **Produzione olearia:** Sì
Proprietà: Luigi Carlo Marra
Cond. enologica: Benedetto Lorusso
Cond. agronomica: Silvia Spedicato
Vendita diretta: Sì | **Visite in azienda:** Sì

94

DICIOTTO 2021
Rosso Igt - Primitivo 100%
Alc. 18% | € 46 | Bt. 6.000 | Ferm. Acciaio | Mat. Legno 14 mesi
Impenetrabile rosso cremisi. Sconfinato nei profumi: confettura di prugne, cotognata, uva passa, amarena, fico secco, tabacco, anice stellato, legno di sandalo, incenso e menta. In bocca è maestoso, sferico, masticabile, intarsiato da tannino vellutato. Sorprendente la freschezza. Camoscio in umido.

CORTICES 2022
Bianco Igt - Fiano 100%
Alc. 12,5% | € 22 | Bt. 6.000 | Ferm. Acciaio | Mat. Acciaio 4 mesi
Tempura di gamberi.

ANTIÈRI 2021
Rosso Igt - Susumaniello 100%
Alc. 15% | € 27 | Bt. 12.000 | Ferm. Acciaio | Mat. Legno 12 mesi
Stinco d'agnello al forno.

NARDÒ ROSSO NERÌO RISERVA 2020
Rosso Doc - Negroamaro 80%, Malvasia nera di Lecce 20%
Alc. 14,5% | € 21 | Bt. 34.000 | Ferm. Acciaio | Mat. Acciaio 3 mesi e Legno 8 mesi
Involtini di vitello lardellati.

NAUNA 2021
Rosso Igt - Negroamaro 60%, Primitivo 40%
Alc. 16% | € 32 | Bt. 17.500 | Ferm. Acciaio | Mat. Legno 9 mesi
Tagliata di manzo al rosmarino.

NARDÒ ROSATO OPRA 2022
Rosato Doc - Negroamaro 100%
Alc. 13% | € 18 | Bt. 9.500 | Ferm. Acciaio | Mat. Acciaio 3 mesi
Maltagliati con funghi porcini.

ANTIÈRI
2019

DICIOTTO
2017 | 2018 | 2020

Soloperto
(1967)

Colpisce ed emoziona il legame forte e inscindibile che la famiglia Soloperto mantiene con il primitivo, al quale dedica il posto d'onore nelle vigne e in cantina. Sono molti i vini nei quali questa straordinaria simbiosi si esprime, sia pure con modulazioni diverse, ma sempre con un timbro di tipicità inconfondibile. In degustazione si impone per la sintesi di grazia e vigore Rubinum, ma si scolpiscono nel ricordo anche Centofuochi e Ceralacca, quintessenza del territorio di Manduria.

SS 7 Ter - 74024 Manduria (TA)
T. 099 9794286 | M. soloperto@soloperto.it
www.solopertovini.it

Viticoltura: Convenzionale
Ettari: 50 | **Bottiglie:** 500.000 | **Produzione olearia:** No
Proprietà: Famiglia Soloperto
Cond. enologica: Massimo Tripaldi
Cond. agronomica: Massimo Tripaldi
Vendita diretta: Sì | **Visite in azienda:** Sì

PRIMITIVO DI MANDURIA RUBINUM 2021
Rosso Dop - Primitivo 100%
Alc. 17% | € 16 | Bt. 50.000 | Ferm. Acciaio | Mat. Acciaio 6 mesi
Arazzo rubino, che libera squisiti ricami di gelso nero maturo, ciliegia, fragola, confettura di fico, note iodate e salmastre, tocchi di marzapane, carruba, bacche di ginepro e cespugli mediterranei. Un sorso dinamico dissimula la forza, ma esprime freschezza, sapidità e un tannino di gran garbo in mirabile armonia. Arista di maiale con salsa di prugne.

PRIMITIVO DI MANDURIA CENTOFUOCHI 2019
Rosso Dop - Primitivo 100%
Alc. 15% | € 30 | Bt. 20.000 | Ferm. Acciaio | Mat. Acciaio 6 mesi e Legno 12 mesi
Guanciale di vitello in umido con patate.

PRIMITIVO DI MANDURIA CERALACCA 2022
Rosso Dop - Primitivo 100%
Alc. 14% | € 10 | Bt. 100.000 | Ferm. Acciaio | Mat. Acciaio 6 mesi e Legno 6 mesi
Ravioli di magro con funghi chiodini.

VECCHIO CEPPO 2022
Rosso Igp - Primitivo 100%
Alc. 13,5% | € 8 | Bt. 50.000 | Ferm. Acciaio | Mat. Acciaio 6 mesi
Risotto al radicchio tardivo.

MONO 2022
Rosso Igp - Susumaniello 100%
Alc. 13% | € 11 | Bt. 10.000 | Ferm. Acciaio | Mat. Acciaio 4 mesi
Melanzane e peperoni ripieni.

PRIMITIVO DI MANDURIA VINTIA 2020
Rosso Dop - Primitivo 100%
Alc. 14% | € 13 | Bt. 100.000 | Ferm. Acciaio | Mat. Acciaio 6 mesi
Pasta alla Norma.

PRIMITIVO DI MANDURIA CENTOFUOCHI
2017

PRIMITIVO DI MANDURIA PATRIARCA
2018

Somm'a4
(2018)

Si tratta del sodalizio di quattro amici sommelier provenienti da professioni diverse, ma accomunati dalla forte passione per il vino e da una speciale predilezione per le bollicine. Il progetto ha preso forma nell'arco di pochi anni e subito sono stati fissati ulteriori e più ambiziosi obiettivi. È stato realizzato un wine bar nel centro di Brindisi, dove viene proposta una selezione dei migliori vini pugliesi. Fra questi, figurano degnamente le etichette di spumante elaborate col Metodo Classico da un blend di negroamaro e chardonnay.

Corso Garibaldi, 88 - 72100 Brindisi (BR)
T. 338 7182206 | M. info@somma4.com
www.somma4.com

Viticoltura: Convenzionale
Ettari: 5,5 | **Bottiglie:** 9.500 | **Produzione olearia:** No
Proprietà: Giulio Corciulo, Giuseppe Rollo, Saverio Caniglia, Salvatore Baldari
Cond. enologica: Cesare Ferrari
Cond. agronomica: Salvatore Baldari
Vendita diretta: Sì | **Visite in azienda:** Sì

SOMM'A4 ROSÉ DOSAGGIO ZERO
Rosato Metodo Classico - Negroamaro 80%, Chardonnay 20%
Alc. 12,5% | € 22 | Bt. 3.500 | Ferm. Acciaio | Mat. Acciaio 8 mesi
26 mesi sui lieviti
Rosato brillante con finissimo perlage. Intrigante ventaglio che spazia dalla pesca all'albicocca, dalla pera alla nocciola tostata, su sfondo di cipria. Sorso cremoso, avvolgente, di squisita piacevolezza, con vivificante apporto di freschezza e sapidità. Fritto di paranza.

SOMM'A4 BRUT ROSÉ
Rosato Metodo Classico - Negroamaro 80%, Chardonnay 20%
Alc. 12,5% | € 22 | Bt. 3.500 | Ferm. Acciaio | Mat. Acciaio 8 mesi
26 mesi sui lieviti
Linguine agli scampi.

CAPUVERDE 2021
Bianco Frizzante - Negroamaro 100%
Alc. 11,5% | € 14 | Bt. 6.000 | Ferm. Acciaio | Mat. Acciaio 8 mesi
Timballo di riso e gamberi.

SOMM'A4 ROSÉ DOSAGGIO ZERO
2019

SOMM'A4 BRUT ROSÉ
2019

Cantine Spelonga
(2001)

Capitanata è una terra sconfinata che pullula di realtà significative dal punto di vista vitivinicolo. Una di queste, Cantine Spelonga, opera con ammirevole continuità e impegno da più di vent'anni nel piccolo centro di Stornara. Il fiore all'occhiello dell'azienda sono soprattutto i vini da nero di Troia, varietà ostica e difficile ma capace di offrire grandi soddisfazioni. In quest'edizione è un rosso a impressionare maggiormente con la sua austera finezza, ma non passano inosservati i rosati, specie Marilina Rosé, sempre elaborati con grande cura.

Via Menola - 71047 Stornara (FG)
T. 0885 431048 | M. commerciale@cantinespelonga.com
www.cantinespelonga.com

Viticoltura: Convenzionale
Ettari: 20 | **Bottiglie:** 70.000 | **Produzione olearia:** Sì
Proprietà: Marilina Nappi e Maria Franca Spelonga
Cond. enologica: Marilina Nappi, Leonardo Palumbo
Cond. agronomica: Marcello Martino
Vendita diretta: Sì | **Visite in azienda:** Sì

NERO DI TROIA 2021
Rosso Igp - Nero di Troia 100%
Alc. 13,5% | € 16 | Bt. 20.000 | Ferm. Acciaio | Mat. Acciaio 12 mesi
Rubino impenetrabile con riflessi purpurei. Al naso emerge una ciliegia scura, anche in confettura, poi cioccolato, corteccia d'albero, radice di liquirizia, spezie dolci e pepe nero. Al palato è vellutato, il tannino è deciso, serico, il gusto coerente. Scaloppa di vitello con asparagi trifolati.

MARILINA ROSÉ 2022
Rosato Igp - Nero di Troia 100%
Alc. 12,5% | € 14 | Bt. 25.000 | Ferm. Acciaio | Mat. Acciaio 4 mesi
Parmigiana di melanzane.

NINU' ROSATO 2022
Rosato Igp - Nero di Troia 100%
Alc. 12% | € 11 | Bt. 7.000 | Ferm. Acciaio | Mat. Acciaio 4 mesi
Risotto ai frutti di mare.

BIANCOMANTO 2022
Bianco Igp - Bombino bianco 100%
Alc. 12,5% | € 12 | Bt. 9.000 | Ferm. Acciaio | Mat. Acciaio 4 mesi
Pappardelle con coda di rospo e carciofi.

EXTREMA 2022
Bianco Igp - Falanghina 100%
Alc. 12,5% | € 14 | Bt. 10.000 | Ferm. Acciaio | Mat. Acciaio 5 mesi
Spiedo di seppioline ai ferri.

MARILINA ROSÉ
2021

NERO DI TROIA
2020

Taurino Cosimo Az. Agr. Vigneti & Cantine
(1970)

Manca poco al cinquantesimo compleanno di Patriglione, etichetta iconica nel mondo del negroamaro salentino, nata dal geniale sodalizio fra Cosimo Taurino e Severino Garofano. Un vino rivoluzionario, che inaugurò un percorso totalmente nuovo e assai fecondo per il vitigno principe del Salento, oltre che per tutto il vino pugliese di qualità. Ancora oggi questo straordinario rosso mantiene intatto il suo fascino, meritandosi non solo il riconoscimento di assoluta eccellenza, ma anche quello del Tastevin per la Puglia.

SP 365, km 1,400 - 73010 Guagnano (LE)
T. 0832 706490 | M. info@taurinovini.it
www.taurinovini.it

Viticoltura: Convenzionale
Ettari: 90 | **Bottiglie:** 90.000 | **Produzione olearia:** No
Proprietà: Rosanna Taurino e Antonio Bello
Cond. enologica: Massimo Tripaldi
Cond. agronomica: Eugenio Manieri
Vendita diretta: Sì | **Visite in azienda:** Sì

95

PATRIGLIONE 2018
Rosso Igp - Negroamaro 100%
Alc. 14,5% | € 55 | Bt. 36.000 | Ferm. Acciaio | Mat. Acciaio 24 mesi e Legno 12 mesi
Comincia a tingersi di granato. Profumi affascinanti: dalla ciliegia sotto spirito alla carruba, dal gheriglio di noce alla corteccia, al fico secco, alla radice di liquirizia, al tabacco, al cuoio e all'incenso, fra echi speziati e fumé. Potente e dinamico il sorso, tannino superlativo e chiusura saporita. Pappardelle al ragù di cinghiale.

I SIERRI 2022
Bianco Igt - Chardonnay 90%, Riesling 10%
Alc. 14% | € 9 | Bt. 12.000 | Ferm. Acciaio | Mat. Acciaio 4 mesi
Funghi porcini trifolati.

LE RICORDANZE 2020
Bianco Igp Passito - Riesling 50%, Sémillon 50%
Alc. 14% | € 20 (0,5l) | Bt. 12.000 | Ferm. Acciaio | Mat. Acciaio 12 mesi e Legno 4 mesi
Blu di pecora.

7° CEPPO 2020
Rosso Igp - Primitivo 100%
Alc. 15% | € 13 | Bt. 12.000 | Ferm. Acciaio | Mat. Acciaio 24 mesi
Agnolotti al sugo di carne.

SCALOTI 2022
Rosato Igp - Negroamaro 100%
Alc. 13% | € 9 | Bt. 12.000 | Ferm. Acciaio | Mat. Acciaio 4 mesi
Paella.

A64 COSIMO TAURINO 2016
Rosso Igp - Negroamaro 90%, Cabernet sauvignon 10%
Alc. 14,5% | € 21 | Bt. 36.000 | Ferm. Acciaio | Mat. Acciaio 24 mesi
Caciocavallo podolico.

PATRIGLIONE
2015 | 2016 | 2017

I SIERRI
2021

Cantina Pietro Tauro
(1949)

Si conferma un luminoso punto di riferimento questa cantina sociale, che raccoglie le uve di vignaioli operanti ad Alberobello e dintorni. La qualità costante e diffusa, il vantaggioso rapporto valore/prezzo, la valorizzazione dei vitigni autoctoni pugliesi sono alcune delle carte vincenti di questa realtà cooperativa. A parte il solito validissimo rosso L'Imperatore, si segnala per grazia e per l'ottimo rapporto valore/prezzo il rosato frizzante Rosedoné, ottenuto in prevalenza da uve negroamaro.

Via Cavour, 88 - 70011 Alberobello (BA)
T. 080 4321285 - 080 4321067 | M. cantina.oleificio.tauro@virgilio.it

Viticoltura: Convenzionale
Ettari: 200 | **Bottiglie:** 400.000 | **Produzione olearia:** Sì
Proprietà: Cantina Pietro Tauro
Cond. enologica: Luca Petrelli
Cond. agronomica: Luca Petrelli
Vendita diretta: Sì | **Visite in azienda:** Sì

ROSEDONÉ 2022
Rosato Igp Frizzante - Negroamaro 60%, altre varietà 40%
Alc. 12% | € 7 | Bt. 50.000 | Ferm. Acciaio | Mat. Acciaio 5 mesi
Delicato rosa tenue. Intense e attraenti arrivano le fragranze di ribes rosso, fragolina, pompelmo rosa, glicine e finocchietto selvatico. In bocca è rotondo, eppure dinamico, con gusto sapido e leggero petillant. Prolungati gli echi agrumati. Polpo alla Luciana.

L' IMPERATORE 2021
Rosso Igt - Primitivo 40%, altre varietà 60%
Alc. 14% | € 12 | Bt. 60.000 | Ferm. Acciaio | Mat. Acciaio 4 mesi e Legno 12 mesi
Beccacce allo spiedo.

CHARDONNAY 2022
Bianco Igp - Chardonnay 100%
Alc. 13,5% | € 8 | Bt. 30.000 | Ferm. Acciaio | Mat. Acciaio 6 mesi
Risotto al tartufo bianco.

FIANO 2022
Bianco Igt - Fiano 100%
Alc. 12% | € 7 | Bt. 20.000 | Ferm. Acciaio | Mat. Acciaio 5 mesi
Pesce spada gratinato.

PRIMITIVO 2021
Rosso Igt - Primitivo 100%
Alc. 13,5% | € 9 | Bt. 120.000 | Ferm. Acciaio | Mat. Acciaio 6 mesi e Legno 8 mesi
Pollo al curry.

ROSA DI SELVA 2022
Rosato Igp - Negroamaro 100%
Alc. 12,5% | € 7 | Bt. 30.000 | Ferm. Acciaio | Mat. Acciaio 6 mesi
Branzino al sale su letto di patate.

PRIMITIVO
2019 | 2020

L' IMPERATORE
2018

Tenuta Corallo Winery
(2010)

La cantina, di proprietà di Enzo Marti e Gabriella Maniglio, è ospitata in un curatissimo agriturismo che si affaccia sulla stupenda spiaggia di Baia dei Turchi. Si tratta di una vera e propria oasi di pace e di relax situata a pochi chilometri da Otranto. Da vitigni autoctoni pugliesi, come primitivo, negroamaro, aleatico e fiano, si elabora un piccolo numero di vini, con una produzione complessiva che punta decisamente alla qualità. In degustazione spicca per complessità e carattere il Primitivo Korafi.

SP 366 San Cataldo-Otranto, km 28,700 - 73028 Otranto (LE)
T. 380 8682366 | M. info@tenutacorallo.it
www.tenutacorallo.it

Viticoltura: Biologica certificata
Ettari: 9 | **Bottiglie:** 70.000 | **Produzione olearia:** No
Proprietà: Enzo Marti e Gabriella Maniglio
Cond. enologica: Giuseppe Pizzolante Leuzzi
Cond. agronomica: Gabriella Puzzovio
Vendita diretta: Sì | **Visite in azienda:** Sì

KORAFI 2019
Rosso Igt - Primitivo 100%
Alc. 14% | € 23 | Bt. 3.500 | Ferm. Legno | Mat. Legno 6 mesi
Gemma rubino. Quadro odoroso che ricorda prugna, ciliegia, peperone, maggiorana e lavanda; poi arrivano stille di tabacco, cioccolato, incenso, sandalo e mentolo. Assaggio espressivo, durevole, di grande equilibrio, impreziosito dal tannino vellutato. Filetto di vitello alla Rossini.

TERRA D'OTRANTO MATRÌA 2022
Rosato Doc - Negroamaro 100%
Alc. 13% | € 9 | Bt. 6.500 | Ferm. Acciaio | Mat. Acciaio 5 mesi
Garganelli con julienne di calamari e ortiche.

ASTERI 2022
Rosato Igt - Primitivo 100%
Alc. 13% | € 9 | Bt. 3.000 | Ferm. Acciaio | Mat. Acciaio 8 mesi
Paccheri con salsa di pomodoro e basilico.

DROSIA 2022
Bianco Igp - Negroamaro 100%
Alc. 13% | € 9 | Bt. 3.300 | Ferm. Acciaio | Mat. Acciaio 8 mesi
Filetti di sogliola con salsa di asparagi.

TERRA D'OTRANTO CHORA 2022
Bianco Doc - Fiano 100%
Alc. 13% | € 10 | Bt. 10.500 | Ferm. Acciaio | Mat. Acciaio 3 mesi
Verdure in tempura.

MILÌA
2019 | 2020 | 2021

CHORA
2018 | 2019

Tenuta Patruno Perniola
(1821)

In quest'azienda familiare la dedizione verso l'agricoltura ha radici ottocentesche. La proprietà ha sede in contrada Marzagaglia, in agro di Gioia del Colle, dove il territorio collinare si caratterizza per le tipiche terre rosse. In questo contesto territoriale ci sono le condizioni ideali per la coltivazione del primitivo, che la cantina valorizza con diverse proposte. Colpisce per forza, equilibrio e carattere il rosso 1821 Riserva, ma si mettono in evidenza anche il rosato Ghirigori e i rossi Marzagaglia e Lenos.

Strada Vicinale Marzagaglia, 2603 - 70023 Gioia del Colle (BA)
T. 338 3940830 | M. info@tenutapatrunoperniola.it
www.tenutapatrunoperniola.it

Viticoltura: Biologica
Ettari: 36 | **Bottiglie:** 16.000 | **Produzione olearia:** Sì
Proprietà: Famiglia Patruno Perniola
Cond. enologica: Benedetto Lorusso
Cond. agronomica: Paolo Patruno
Vendita diretta: Sì | **Visite in azienda:** Sì

GIOIA DEL COLLE PRIMITIVO 1821 RISERVA 2019
Rosso Doc - Primitivo 100%
Alc. 17% | € 35 | Bt. 3.000 | Ferm. Acciaio | Mat. Acciaio 24 mesi e Legno 12 mesi
Profondo rubino. Allettante proposta olfattiva di rosa, viola e ciliegia in confettura, affiancate da cioccolato fondente, marzapane, vaniglia, erbe mediterranee e liquirizia. Sorso voluminoso, percorso da freschezza agrumata e da tannino levigato. Brasato di lepre con riduzione di vino rosso.

GHIRIGORI 2022
Rosato Igt - Primitivo 100%
Alc. 12,5% | € 12 | Bt. 800 | Ferm. Acciaio | Mat. Acciaio 5 mesi
Pizza con bufala e pomodorini.

STRIALE 2022
Bianco Igt - Verdeca 100%
Alc. 12% | € 12 | Bt. 1.200 | Ferm. Acciaio | Mat. Acciaio 5 mesi
Risotto agli asparagi e frutti di mare.

GIOIA DEL COLLE PRIMITIVO MARZAGAGLIA 2020
Rosso Doc - Primitivo 100%
Alc. 15% | € 18 | Bt. 6.700 | Ferm. Acciaio | Mat. Acciaio 24 mesi e Legno 8 mesi
Gulasch di manzo alla paprica dolce.

LENOS 2021
Rosso Igt - Primitivo 100%
Alc. 14% | € 12 | Bt. 4.000 | Ferm. Acciaio | Mat. Acciaio 12 mesi e Legno 3 mesi
Stinco di maiale al forno in pancetta affumicata.

LENOS
2018 | 2019 | 2020

GIOIA DEL COLLE PRIMITIVO MARZAGAGLIA
2019

Tenuta Planisium
(2020)

La Daunia è l'area di Capitanata più addentrata e nascosta. Nel piccolo borgo di Volturino ha sede questa piccola azienda agricola, che ha nella produzione di olio e di vino i suoi punti di forza. Il nome Tenuta Planisium fa riferimento ai resti di una villa romana portati alla luce da scavi archeologici. La cantina sorprende soprattutto per la qualità dei suoi vini rossi, che declinano le principali varietà pugliesi: Humara è ottenuto da nero di Troia, Montorso da primitivo e Capotorre da negroamaro.

Contrada Pozzacchio - 71030 Volturino (FG)
T. 0881 510062 | M. info@tenutaplanisium.it
www.tenutaplanisium.it

Viticoltura: Biologica
Ettari: 6 | **Bottiglie:** 30.000 | **Produzione olearia:** Sì
Proprietà: Di Pasqua, Petecchia, Cetola
Cond. enologica: Alessandro Leoni
Cond. agronomica: Alessandro Leoni
Vendita diretta: Sì | **Visite in azienda:** Sì

HUMARA 2021
Rosso Igp - Nero di Troia 100%
Alc. 14,5% | € 12 | Bt. 6.500 | Ferm. Acciaio | Mat. Legno 3 mesi
Cremisi intenso con ornamenti purpurei. Al naso veemenze di mora selvatica, ciliegia, iris, anice stellato, incenso e scorzetta di arancia candita. Palato materico, calibrato e durevole, ritmato da un tannino perentorio. In coda ricordi di cioccolato e spezie. Filetto di capriolo ai mirtilli.

MONTORSO 2021
Rosso Igp - Primitivo 100%
Alc. 14,5% | € 15 | Bt. 3.300 | Ferm. Acciaio | Mat. Acciaio e Legno 6 mesi
Costata di manzo alla griglia.

CAPOTORRE 2021
Rosso Igp - Negroamaro 100%
Alc. 14% | € 15 | Bt. 3.300 | Ferm. Acciaio | Mat. Legno 6 mesi
Coniglio all'ischitana.

BRIELE 2022
Rosato Igp - Nero di Troia 100%
Alc. 12% | € 14 | Bt. 3.300 | Ferm. Acciaio | Mat. Acciaio 6 mesi
Zuppa di pesce.

NOTAMENTO 2021
Bianco Igp - Fiano 90%, Pinot bianco 5%, Sauvignon 5%
Alc. 13% | € 20 | Bt. 4.000 | Ferm. Acciaio | Mat. Acciaio 3 mesi e Legno 3 mesi
Risotto alla granseola.

Tenuta Viglione
(1937)

A Santeramo in Colle la Murgia carsica raggiunge una delle maggiori altitudini, portandosi decisamente sopra i 400 metri sul livello del mare. In questo particolare contesto territoriale, Tenuta Viglione riesce a lavorare in cantina uve di grande qualità e l'ottimo livello dei vini lo conferma. Il Primitivo è il grande indiscusso protagonista, con etichette storiche, come Marpione e Sellato, ma a vincere la volata, a sorpresa, è Morso Rosso, un Susumaniello eccellente, che miete allori.

SP 140, km 4,500 - 70029 Santeramo in Colle (BA)
T. 080 2123661 | M. info@tenutaviglione.com
www.tenutaviglione.com

Viticoltura: Biologica
Ettari: 200 | **Bottiglie:** 1.000.000 | **Produzione olearia:** Sì
Proprietà: Giovanni Zullo
Cond. enologica: Tommaso Pinto
Cond. agronomica: Giovanni Zullo
Vendita diretta: Sì | **Visite in azienda:** Sì

92,5

MORSO ROSSO 2022
Rosso Igp - Susumaniello 100%
Alc. 14,5% | € 11 | Bt. 30.000 | Ferm. Acciaio | Mat. Legno 6 mesi
Venature porpora a ingentilire il rosso deciso. Inondano il calice ondate di marasca, ciliegia, viola, rosa appassita, radice di liquirizia e chiodi di garofano. All'assaggio è sontuoso, si espande mantenendo un perfetto equilibrio con un tannino di grande temperamento. Fresco e di lunga persistenza. Braciola di cervo con salsa di ribes.

GIOIA DEL COLLE PRIMITIVO MARPIONE RISERVA 2020
Rosso Doc - Primitivo 100%
Alc. 14,5% | € 19 | Bt. 15.000 | Ferm. Acciaio | Mat. Legno 28 mesi
Pappardelle al ragù di cinghiale.

GIOIA DEL COLLE PRIMITIVO SELLATO 2021
Rosso Dop - Primitivo 100%
Alc. 14% | € 11 | Bt. 40.000 | Ferm. Acciaio | Mat. Legno 12 mesi
Fagiano arrosto.

MORSO ROSA 2022
Rosato Igp - Susumaniello 100%
Alc. 13% | € 10 | Bt. 33.000 | Ferm. Legno
Tagliolini all'astice.

HERBA 2022
Bianco Igp - Chardonnay 50%, Verdeca 50%
Alc. 13% | € 10 | Bt. 25.000 | Ferm. Legno
Riso venere con verdure e crostacei.

MAIDOMO 2022
Bianco Igp - Negroamaro 100%
Alc. 13% | € 10 | Bt. 25.000 | Ferm. Acciaio | Mat. Acciaio 5 mesi
Ricciola al forno con capperi e pomodori ciliegino.

GIOIA DEL COLLE PRIMITIVO MARPIONE RISERVA
2018 | 2019

FIANO MAIOLICHE
2021

Tenute Cerfeda
(2005)

Bella realtà, di proprietà di Giovanni Cerfeda, operante a Manduria ormai da quasi un trentennio. La cantina è attentissima alla qualità delle uve, le lavora in agricoltura biologica e si serve delle tecniche che consentono un'agricoltura di precisione. Il grande protagonista in vigna e in cantina è il primitivo, che viene forgiato in svariate validissime etichette. Fra quelle degustate in quest'edizione, ci ha particolarmente colpito Masseria Vecchia, un Primitivo saldo e verace, di grande bevibilità.

Contrada Schiavoni - 74024 Manduria (TA)
T. 342 8202231 | M. comunicazione@tenutecerfedadellelba.it
www.tenutecerfedadellelba.it

Viticoltura: Biologica
Ettari: 28 | **Bottiglie:** 150.000 | **Produzione olearia:** Sì
Proprietà: Giovanni Cerfeda
Cond. enologica: Nicola Bello
Cond. agronomica: Nicola Bello, Marco Inzirillo
Vendita diretta: Sì | **Visite in azienda:** Sì

PRIMITIVO DI MANDURIA MASSERIA VECCHIA 2021
Rosso Dop - Primitivo 100%
Alc. 16% | € 17 | Bt. 15.000 | Ferm. Acciaio | Mat. Acciaio 10 mesi e Legno 3 mesi
Rubino di bella concentrazione. Una malia salmastra precede segnali di prugna matura, ciliegia, erbe aromatiche balsamiche, chiodi di garofano e radice di liquirizia. Sorso asciutto, irrorato da un'adeguata freschezza; tannino scalpitante. Finale che appaga. Costata di cavallo con patate al rosmarino.

GIUÀ 2022
Rosato Igp - Primitivo 100%
Alc. 12,5% | € 15 | Bt. 5.000 | Ferm. Acciaio | Mat. Acciaio 6 mesi
Involtini di melanzana con scamorza.

GIUÀ 2022
Bianco Igp - Fiano 100%
Alc. 12,5% | € 13 | Bt. 5.000 | Ferm. Acciaio | Mat. Acciaio 6 mesi
Lumache alla bourguignonne.

PRIMITIVO DI MANDURIA MANDURINO
2013 | 2020

PRIMITIVO DI MANDURIA ETERIA
2018

Tenute Chiaromonte
(1826)

Per Nicola Chiaromonte le mezze misure non esistono. Sta lavorando molto seriamente sulle bollicine, per l'elaborazione delle quali ha messo a punto un ceppo di lieviti indigeni. Sotto la nuova bellissima cantina sono state create celle di affinamento che accoglieranno mezzo milione di bottiglie di spumante elaborate in bianco e in rosato con Metodo Ancestrale. La punta di diamante della cantina restano comunque i grandi Primitivo, con Muro Sant'Angelo Contrada Barbatto che guida con fierezza la cordata.

Contrada Borgo Annunziata - 70021 Acquaviva delle Fonti (BA)
T. 080 768156 | M. info@tenutechiaromonte.com
www.tenutechiaromonte.com

Viticoltura: Biologica
Ettari: 40 | **Bottiglie:** 280.000 | **Produzione olearia:** Sì
Proprietà: Nicola Chiaromonte e Paolo Montanaro
Cond. enologica: Nicola Chiaromonte, Tommaso Pinto
Cond. agronomica: Nicola Chiaromonte
Vendita diretta: Sì | **Visite in azienda:** Sì

96

GIOIA DEL COLLE PRIMITIVO MURO SANT'ANGELO CONTRADA BARBATTO 2020
Rosso Doc - Primitivo 100%
Alc. 16,5% | € 35 | Bt. 12.000 | Ferm. Acciaio | Mat. Acciaio 6 mesi e Legno 18 mesi
Nobile rubino, fitto e luminoso. Irresistibili ventate di ciliegia, mentuccia selvatica, alloro, salvia, rosmarino e radice di liquirizia. Al palato è imponente, masticabile, intriso di freschezza e con un tannino strepitoso. Interminabile chiusura balsamica. Brasato di manzo al vino rosso.

GIOIA DEL COLLE PRIMITIVO MURO SANT'ANGELO 2020
Rosso Doc - Primitivo 100%
Alc. 15,5% | € 20 | Bt. 20.000 | Ferm. Acciaio | Mat. Acciaio 12 mesi
Carré di maiale con patate al forno.

CHIAROMONTE ANCESTRALE ROSÉ 2018
Rosato Metodo Ancestrale - Pinot nero 90%, Primitivo 10%
Alc. 12,5% | € 70 | Bt. 12.000 | Ferm. Acciaio
Risotto al tartufo bianco.

CHIAROMONTE ANCESTRALE 2019
Bianco Metodo Ancestrale - Chardonnay 90%, Fiano 10%
Alc. 12,5% | € 40 | Bt. 10.000 | Ferm. Acciaio | 36 mesi sui lieviti
Timballo di riso e gamberi.

FIANO KIMÌA 2022
Bianco Igp - Fiano 100%
Alc. 12,5% | € 18 | Bt. 16.000 | Mat. Acciaio 3 mesi
Pesce spada al cartoccio.

KIMIA SUSUMANIELLO ROSATO 2022
Rosato Igp - Susumaniello 100%
Alc. 12,5% | € 18 | Bt. 10.000 | Ferm. Acciaio | Mat. Acciaio 3 mesi
Spaghetti con vongole e bottarga.

GIOIA DEL COLLE PRIMITIVO MURO SANT'ANGELO CONTRADA BARBATTO
2016 | 2017 | 2019

CONTRADA SCAPPAGRANO
2018 | 2020

Tenute Girolamo
(2001)

Il corpo aziendale è accolto in un edificio monumentale, che si sviluppa su più livelli e comprende diversi ambienti. La zona in cui sorge, non distante dalla signorile città di Martina Franca, è immersa in un angolo meraviglioso e un po' appartato della Valle d'Itria. La cantina ha una mano particolarmente felice con i rossi, elaborati in diverse importanti etichette a partire da primitivo, negroamaro, aglianico e syrah. Tuttavia, la semplice e tradizionale Verdeca mantiene una silhouette incantevole.

Via Noci, 314 - Contrada Carpari - 74015 Martina Franca (TA)
T. 080 4402142 | M. family@tenutegirolamo.it
www.tenutegirolamo.it

Viticoltura: Convenzionale
Ettari: 42 | **Bottiglie:** 250.000 | **Produzione olearia:** No
Proprietà: Maria Antonietta Palmisano
Cond. enologica: Teodosio D'Apolito
Cond. agronomica: Piero Girolamo
Vendita diretta: Sì | **Visite in azienda:** Sì

MONTE DEI COCCI VERDECA 2022
Bianco Igp - Verdeca 100%
Alc. 12,5% | € 12 | Bt. 10.000 | Ferm. Acciaio | Mat. Acciaio 3 mesi
Verdolino corrusco. Invitante profilo con tratti di mela, pompelmo, rosmarino e finocchietto selvatico. Assaggio gratificante, deciso, equilibrato, con agile allungo su una rinfrescante scia minerale. Spiedo di seppioline ai ferri.

CONTE GIANGIROLAMO GOLD 2017
Rosso Igp - Negroamaro 50%, Primitivo 50%
Alc. 14,5% | € 40 | Bt. 5.000 | Ferm. Legno | Mat. Legno 24 mesi
Canestrato pugliese.

PRIMITIVO MONTE DEI COCCI VENDEMMIA TARDIVA LIMITED EDITION 2020
Rosso Igp - Primitivo 100%
Alc. 16% | € 20 | Bt. 10.000 | Mat. Acciaio 6 mesi e Legno 6 mesi
Guanciale di vitello in umido con patate.

MONTE DEI COCCI AGLIANICO 2020
Rosso Igp - Aglianico 100%
Alc. 14% | € 15 | Bt. 15.000 | Ferm. Acciaio | Mat. Acciaio 6 mesi e Legno 6 mesi
Spezzatino di manzo.

MONTE DEI COCCI FIANO 2022
Bianco Igp - Fiano 100%
Alc. 12,5% | € 12 | Bt. 10.000 | Ferm. Acciaio | Mat. Acciaio 5 mesi
Risotto alla pescatora.

MONTE DEI COCCI PRIMITIVO
2020

CONTE GIANGIROLAMO
2016 | 2017 | 2018

Tenute Lu Spada
(2015)

La Società Agricola, di recente costituzione, ha come amministratore l'attivissimo Carmine Dipietrangelo. È ubicata in contrada Scalella Cillarese, a pochi chilometri dal centro abitato di Brindisi e dalla vicina costa adriatica. Sta facendo un grande e appassionato lavoro con le uve tipiche della zona, dando speciale risalto a negroamaro e susumaniello. Entrambi vengono lavorati in rosso e in rosato con risultati sempre più lusinghieri. Il rosso Philonianum colpisce per purezza espressiva e bevibilità.

Strada Comunale 14 per Lo Spada, Contrada Scalella Cillarese - 72100 Brindisi (BR)
T. 335 261220 | M. info@tenuteluspada.it
www.tenuteluspada.it

Viticoltura: Biologica
Ettari: 19 | **Bottiglie:** 75.000 | **Produzione olearia:** No
Proprietà: Società Agricola - Amministratore Carmine Dipietrangelo
Cond. enologica: Giuseppe Pizzolante Leuzzi
Cond. agronomica: Emanuele Demilito
Vendita diretta: Sì | **Visite in azienda:** Sì

PHILONIANUM 2021
Rosso Igt - Susumaniello 100%
Alc. 13% | € 16 | Bt. 12.000 | Ferm. Acciaio | Mat. Acciaio 12 mesi
Cremisi sgargiante. Ouverture floreale di rosa e viola; vira poi verso mora di rovo, gelso nero, radice di liquirizia e pepe nero. Palato di bella stoffa, con tannino carezzevole ed equilibrio superbo. Persistenza di rilievo. Stinco di maiale al forno in pancetta affumicata.

NYROCA 2020
Rosso Igt - Negroamaro 100%
Alc. 13,5% | € 14 | Bt. 6.000 | Ferm. Acciaio | Mat. Acciaio 12 mesi
Grigliata di carne con salsa barbecue.

TUFFETTO 2022
Rosato Igt - Negroamaro 100%
Alc. 12,5% | € 10 | Bt. 6.500 | Ferm. Acciaio
Bocconcini di rana pescatrice in crosta di mandorle.

FUOCO ROSA 2022
Rosato Igp - Negroamaro 80%, Susumaniello 20%
Alc. 12% | € 13 | Bt. 11.000 | Ferm. Acciaio | Mat. Acciaio 7 mesi
Zuppa di pesce.

BRINDISI ROSSO MASADA
2017 | 2018

TUFFETTO
2019 | 2020 | 2021

Tenute Rubino
(1999)

I numerosi riconoscimenti ottenuti non fanno che alimentare l'attività infaticabile di Luigi Rubino e Romina Leopardi nel portare quest'azienda rinomata verso ulteriori traguardi. A breve sarà ultimata la nuova bellissima cantina, circondata da distese di vigne e collocata a pochi chilometri dalla costa adriatica. Il progetto susumaniello intanto continua a portare frutti lusinghieri: questa volta a salire sul gradino più alto del podio è stato il magnifico Torre Testa Rosato, tallonato da un validissimo Primitivo di Manduria.

Via Enrico Fermi, 50 - 72100 Brindisi (BR)
T. 0831 571955 | M. info@tenuterubino.it
www.tenuterubino.com

Viticoltura: Lotta integrata
Ettari: 180 | **Bottiglie:** 1.000.000 | **Produzione olearia:** Sì
Proprietà: Luigi Rubino
Cond. enologica: Luca Petrelli
Cond. agronomica: Piernicola Tondo
Vendita diretta: Sì | **Visite in azienda:** Sì

91

TORRE TESTA ROSATO 2022
Rosato Igt - Susumaniello 100%
Alc. 11,5% | € 16 | Bt. 8.000 | Ferm. Acciaio | Mat. Acciaio 5 mesi
Rosa ramato splendente. Intreccio di petalo di rosa e glicine, ornamenti di mandarino, pompelmo rosa e pesca. Freschezza e sapidità conferiscono eleganza a un gusto pieno e rotondo; l'evoluzione al palato è lunga e gratificante con finale deliziosamente agrumato. Calamari con ripieno di tarassaco e patate.

PRIMITIVO DI MANDURIA PALOMBARA 2021
Rosso Doc - Primitivo 100%
Alc. 14,5% | € 18 | Bt. 36.000 | Ferm. Acciaio | Mat. Acciaio 16 mesi e Legno 6 mesi
Stinco di maiale al forno in pancetta affumicata.

BRINDISI ROSSO OLTREMÉ 2021
Rosso Doc - Susumaniello 100%
Alc. 13,5% | € 13 | Bt. 100.000 | Ferm. Acciaio | Mat. Acciaio 10 mesi
Fettuccine ai funghi porcini.

GIANCOLA 2021
Bianco Igt - Malvasia bianca 100%
Alc. 13,5% | € 16 | Bt. 10.000 | Ferm. Acciaio | Mat. Acciaio 8 mesi
Guazzetto di scampi.

PUNTA AQUILA 2020
Rosso Igt - Primitivo 100%
Alc. 14,5% | € 11 | Bt. 100.000 | Ferm. Acciaio | Mat. Acciaio 5 mesi e Legno 4 mesi
Tagliere di salumi.

BRINDISI ROSATO SATURNINO 2022
Rosato Doc - Negroamaro 100%
Alc. 12% | € 11 | Bt. 40.000 | Ferm. Acciaio | Mat. Acciaio 4 mesi
Linguine agli scampi.

BRINDISI ROSSO TORRE TESTA
2017 | 2019

VISELLIO
2013 | 2015

Tenute Stefàno
(2020)

Dario Stefàno, conoscitore senza pari dell'agricoltura e della vitivinicoltura pugliesi, è impegnato da anni a valorizzare le opportunità di sviluppo offerte da enoturismo e oleoturismo. Salentino verace e combattivo, è sempre stato un convinto sostenitore dei vitigni autoctoni e naturalmente ha per il negroamaro una speciale predilezione. Allo stesso modo non ha mai nascosto la sua passione per i rosati, quelli autentici. È per questo che, quando ha deciso di creare un vino tutto suo, ha scelto di iniziare con un rosato da negroamaro, Tacco Rosa, un signor Rosato.

Contrada Marchi - 72020 Cellino San Marco (BR)
T. 329 0528205 | M. info@tenutestefano.it
www.tenutestefano.it

Viticoltura: Convenzionale
Ettari: 2,5 | **Bottiglie:** 12.000 | **Produzione olearia:** No
Proprietà: Dario Stefàno
Cond. enologica: Riccardo Cotarella, Vincenzo Campanella
Cond. agronomica: Nicola Scarano
Vendita diretta: No | **Visite in azienda:** No

(91)
TACCO ROSA 2022
Rosato Igt - Negroamaro 100%
Alc. 12,5% | € 15 | Bt. 12.000 | Ferm. Acciaio | Mat. Acciaio 3 mesi
Uno splendido rosa tenue anticipa delizie olfattive di melone, pesca noce, lampone, fragola, pompelmo rosa e cipria. Assaggio leggiadro e appagante, scandito da vibrante freschezza, con sfizioso setale che ammicca, indugiando un po', alla mandorla amara. Catalana di crostacei.

TACCO ROSA
2021

Terrecarsiche 1939
(1939)

Castellana Grotte, sede della cantina, è un gioiello paesaggistico di grande richiamo, soprattutto per le rinomate grotte, in una delle quali si affinano poche migliaia di bottiglie di Cava Bianca. Il punto di forza dell'azienda, che manifesta un'anima profondamente murgiana, sono comunque i rossi, ottenuti soprattutto da primitivo, ma anche da nero di Troia. Fra tutti, si impone, fiero e gagliardo, il magnifico Primitivo Fanova Riserva. Si ritaglia uno spazio importante anche l'ottimo Nero di Troia Telamone.

Via Maestri del Lavoro, 6/8 - 70013 Castellana Grotte (BA)
T. 080 4962309 | M. info@terrecarsiche.it
www.terrecarsiche.it

Viticoltura: Convenzionale
Ettari: 32 | **Bottiglie:** 800.000 | **Produzione olearia:** No
Proprietà: Andrea Insalata
Cond. enologica: Tommaso Pinto, Leonardo Palumbo
Cond. agronomica: Giovanni Pinto
Vendita diretta: Sì | **Visite in azienda:** Sì

(93,5)
GIOIA DEL COLLE PRIMITIVO FANOVA RISERVA 2019
Rosso Doc - Primitivo 100%
Alc. 16% | € 22 | Bt. 20.000 | Ferm. Acciaio | Mat. Legno 6 mesi
Manto rubino con merletto amaranto. Ampio bagaglio di fragranze: parla di rosa, ciliegia, mora di rovo, e poi ancora di menta, cioccolato scuro e chiodi di garofano. Palato vigoroso, di spessore, intessuto da serica trama tannica e da indomita freschezza. Canto di liquirizia nel finale. Pernici farcite.

TELAMONE 2018
Rosso Igt - Nero di Troia 100%
Alc. 14% | € 17 | Bt. 13.000 | Ferm. Acciaio | Mat. Acciaio 12 mesi e Legno 24 mesi
Stracotto d'asino.

GIOIA ROSA 2022
Rosato Igt - Primitivo 80%, Aleatico 20%
Alc. 12,5% | € 12 | Bt. 40.000 | Ferm. Acciaio | Mat. Acciaio 3 mesi
Risotto agli asparagi con gamberi croccanti.

CAVA BIANCA 2021
Bianco Igt - Bianco d'Alessano 40%, Chardonnay 30%, Fiano 30%
Alc. 13,5% | € 22 | Bt. 13.000 | Ferm. Acciaio | Mat. Legno 8 mesi
Rombo al forno ai sapori mediterranei.

PASSATURI 2022
Bianco Igp - Minutolo 100%
Alc. 12,5% | € 10 | Bt. 20.000 | Ferm. Acciaio | Mat. Acciaio 3 mesi
Carpaccio di crostacei su mela verde.

GIOIA DEL COLLE PRIMITIVO FANOVA RISERVA
2017

GIOIA DEL COLLE PRIMITIVO FANOVA
2018 | 2019

Tormaresca
(1998)

La famiglia Antinori ha recentemente acquistato una tenuta in agro di Gioia del Colle, dove costituirà una sorta di terzo polo della sua presenza in Puglia. Dalle sedi di Minervino Murge e San Pietro Vernotico provengono rispettivamente l'Aglianico Bocca di Lupo e il Negroamaro Masseria Maime. Il primo conquista con la sua baldanza da autentico fuoriclasse, il secondo colpisce per la finezza e l'espressività. A Bocca di Lupo anche quest'anno viene confermato il riconoscimento più alto.

Località Tofano - Contrada Torre d'Isola - 76013 Minervino Murge (BT)
T. 0883 692631 | M. tormaresca@tormaresca.it
www.tormaresca.it

Viticoltura: Lotta integrata
Ettari: 380 | **Bottiglie:** 3.000.000 | **Produzione olearia:** Sì
Proprietà: Marchesi Antinori
Cond. enologica: Renzo Cotarella
Cond. agronomica: Renzo Cotarella
Vendita diretta: Sì | **Visite in azienda:** Sì

95,5

CASTEL DEL MONTE AGLIANICO BOCCA DI LUPO 2019
Rosso Doc - Aglianico 100%
Alc. 14,5% | € 50 | Bt. 12.000 | Ferm. Acciaio | Mat. Acciaio 6 mesi e Legno 9 mesi
Carminio impenetrabile, che libera effluvi di amarena in confettura, mora selvatica, fragola, arancia rossa e viola, fra incursioni di pepe nero, tabacco dolce e vaniglia. Al palato è imperioso, materico, eppure fresco e succoso, sostenuto da un tannino di formidabile spessore. Filetto di vitello alla Rossini.

MASSERIA MAIME 2021
Rosso Igt - Negroamaro 100%
Alc. 14,5% | € 30 | Bt. 40.000 | Ferm. Acciaio | Mat. Legno 12 mesi
Tagliata di manzo al rosmarino.

FURIA 2022
Rosato Igt - Negroamaro 40%, Cabernet franc 30%, Syrah 30%
Alc. 12,5% | € 26 | Bt. 30.000 | Ferm. Acciaio
Polpo alla Luciana.

CASTEL DEL MONTE CHARDONNAY PIETRABIANCA 2022
Bianco Doc - Chardonnay 90%, Fiano 10%
Alc. 13,5% | € 20 | Bt. 100.000 | Ferm. Legno e Acciaio | Mat. Acciaio 6 mesi
Tartare di gamberi.

TORCICODA 2021
Rosso Igt - Primitivo 100%
Alc. 14,5% | € 20 | Bt. 200.000 | Ferm. Acciaio | Mat. Legno 8 mesi
Arista di maiale con salsa di prugne.

CASTEL DEL MONTE ROSSO TRENTANGELI 2019
Rosso Doc - Aglianico 70%, Cabernet sauvignon 20%, Syrah 10%
Alc. 14,5% | € 15 | Bt. 60.000 | Ferm. Acciaio | Mat. Acciaio 6 mesi e Legno 9 mesi
Straccetti di vitello al rosmarino.

CASTEL DEL MONTE AGLIANICO BOCCA DI LUPO
2016 | 2017 | 2018

MASSERIA MAIME
2018

Torrevento
(1948)

Ubicata in un lembo di Murgia di struggente e quasi selvaggia bellezza, a pochi chilometri dall'enigmatico maniero di Federico II di Svevia, quest'azienda riesce a coniugare numeri di produzione importanti e una gamma di etichette particolarmente ampia con una qualità impeccabile e costante. Fra i vini rossi è la Riserva Vigna Pedale, da nero di Troia in purezza, ad avvicinarsi al traguardo delle Quattro Viti. A un'incollatura giungono l'ottimo Salice Salentino Sine Nomine e il Primitivo Ghenos.

SP 234, km 10+600 - 70033 Corato (BA)
T. 080 8980929 | M. info@torrevento.it
www.torrevento.it

Viticoltura: Convenzionale e lotta integrata
Ettari: 450 | **Bottiglie:** 2.500.000 | **Produzione olearia:** Sì
Proprietà: Francesco Liantonio
Cond. enologica: Leonardo Palumbo
Cond. agronomica: Luigi Tarricone
Vendita diretta: Sì | **Visite in azienda:** Sì

CASTEL DEL MONTE ROSSO VIGNA PEDALE RISERVA 2017
Rosso Docg - Nero di Troia 100%
Alc. 13,5% | € 16 | Bt. 220.000 | Ferm. Acciaio | Mat. Acciaio 8 mesi e Cemento 12 mesi
Rubino con gemme purpuree. Effusioni olfattive di rosa, mora di rovo, tostatura di caffè, cuoio e vaniglia. Impalcatura gustativa volumica, dotata di vena tannica decisa, di agile freschezza e guizzo sapido. Lunga progressione fruttata. Costata di cavallo con patate al rosmarino.

PRIMITIVO DI MANDURIA GHENOS 2021
Rosso Doc - Primitivo 100%
Alc. 14% | € 12 | Bt. 160.000 | Ferm. Acciaio | Mat. Acciaio 10 mesi e Legno 6 mesi
Petto d'anatra laccato al miele.

SALICE SALENTINO ROSSO SINE NOMINE RISERVA 2019
Rosso Doc - Negroamaro 90%, Malvasia nera 10%
Alc. 13,5% | € 11 | Bt. 90.000 | Ferm. Acciaio | Mat. Acciaio 6 mesi e Legno 12 mesi
Maialino in agrodolce.

BACCA RARA 2022
Bianco Igt - Bombino bianco 70%, Chardonnay 30%
Alc. 13% | € 14 | Bt. 40.000 | Ferm. Acciaio | Mat. Acciaio 6 mesi e Legno 6 mesi
Seppioline ai ferri.

CASTEL DEL MONTE BOMBINO NERO VERITAS 2022
Rosato Docg - Bombino nero 100%
Alc. 12% | € 10 | Bt. 40.000 | Ferm. Acciaio | Mat. Acciaio 4 mesi
Tagliolini al nero di seppia e pomodori ciliegino.

MAREMOSSO ROSÉ 2022
Rosato Igt Frizzante - Bombino nero 100%
Alc. 11% | € 7 | Bt. 210.000 | Ferm. Acciaio | Mat. Acciaio 4 mesi
Ravioli di ricotta e spinaci.

CASTEL DEL MONTE BOMBINO NERO VERITAS
2021

PRIMITIVO DI MANDURIA RISERVA
2016

Cantine Tre Pini
(2012)

La cantina, di proprietà di Giovanna Perta, ha sede a Cassano Murge, nella parte più alta e pietrosa delle colline murgiane. Qui il primitivo, pur non rinunciando alla sua forza caratteristica, riesce a mantenere un'incredibile vena di freschezza, che modella con eleganza l'equilibrio e sostiene la beva. È il tipo di profilo che si riscontra in diversi vini da primitivo di quest'azienda; sono le etichette Piscina delle Monache e Trullo di Carnevale a compiacere maggiormente, ma anche le altre non passano inosservate.

Via Vecchia per Altamura SP 79, km 16 - 70020 Cassano delle Murge (BA)
T. 380 7274124 | M. info@cantinetrepini.com
www.cantinetrepini.com

Viticoltura: Biologica
Ettari: 12 | **Bottiglie:** 100.000 | **Produzione olearia:** Sì
Proprietà: Giovanna Perta
Cond. enologica: Tommaso Pinto
Cond. agronomica: Rocco Paolo Plantamura
Vendita diretta: Sì | **Visite in azienda:** Sì

GIOIA DEL COLLE PRIMITIVO PISCINA DELLE MONACHE 2021
Rosso Dop - Primitivo 100%
Alc. 16% | € 15 | Bt. 10.000 | Ferm. Acciaio | Mat. Acciaio 6 mesi e Legno 6 mesi
Cremisi intenso con drappeggio purpureo. Al naso ciliegia e lampone precedono carbone vegetale, erbette aromatiche, radice di liquirizia e cotognata. Assaggio sferico, perfettamente bilanciato, con tannino levigato e freschezza agrumata. Chiude fra rimandi di tostatura. Agnello al forno con rosmarino.

TRULLO DI CARNEVALE 2021
Rosso Igp - Primitivo 100%
Alc. 15% | € 12 | Bt. 15.000 | Ferm. Acciaio | Mat. Acciaio 6 mesi
Grigliata di carne con salsa barbecue.

GIOIA DEL COLLE PRIMITIVO RISERVA 2020
Rosso Doc - Primitivo 100%
Alc. 17% | € 22 | Bt. 10.000 | Ferm. Acciaio | Mat. Acciaio 6 mesi e Legno 24 mesi
Spezzatino di manzo.

VENTIFILE 2022
Rosato Igp - Bombino nero 100%
Alc. 12% | € 9 | Bt. 20.000 | Ferm. Acciaio | Mat. Acciaio 6 mesi
Frittata di piselli, fave e fagiolini.

CRAE 2022
Rosso Igp - Primitivo 100%
Alc. 14% | € 9 | Bt. 20.000 | Ferm. Acciaio | Mat. Acciaio 6 mesi
Filetto di manzo in crosta alle erbette.

DONNA JOHANNA 2022
Bianco Igp - Malvasia bianca 100%
Alc. 12% | € 8 | Bt. 15.000 | Ferm. Acciaio | Mat. Acciaio 6 mesi
Ravioli di patate e baccalà.

GIOIA DEL COLLE PRIMITIVO RISERVA
2014 | 2018 | 2019

VENTIFILE
2019

Trullo di Pezza Masseria
(2012)

Azienda vitivinicola di recente fondazione, guidata dalle intraprendenti e attivissime Simona e Marika Lacaita. Il nome è legato a un edificio rurale risalente al 1830. Il territorio è quello di Torricella, a pochi chilometri da Manduria, dove il primitivo si esprime in maniera eccelsa e con particolare concentrazione. Lo testimonia l'etichetta Licurti, un vino generoso, ammaliante, dal forte impatto emozionale. Una bella sorpresa è rappresentata dal rosso Arlati, ottenuto da uve susumaniello in purezza.

Contrada Trullo di Pezza - 74020 Torricella (TA)
T. 099 9872011 | M. info@trullodipezza.com
www.trullodipezza.com

Viticoltura: Biologica
Ettari: 60 | **Bottiglie:** 120.000 | **Produzione olearia:** Sì
Proprietà: Famiglia Lacaita
Cond. enologica: Benedetto Lorusso, Sante Palmisano
Cond. agronomica: Benedetto Lorusso
Vendita diretta: Sì | **Visite in azienda:** Sì

PRIMITIVO DI MANDURIA LICURTI 2021
Rosso Dop - Primitivo 100%
Alc. 15% | € 18 | Bt. 20.000 | Ferm. Acciaio | Mat. Legno 6 mesi
Rubino fittissimo. Al naso sprigiona delizie di ciliegia, confettura di mora, alloro, incenso, vaniglia e chiodi di garofano. Ampio, lungo e pregiato, si avviluppa al palato con un tannino serico e una splendida traiettoria sapida. In coda una moltitudine di spezie. Stinco d'agnello al forno.

ARLATI 2022
Rosso Igp - Susumaniello 100%
Alc. 14% | € 14 | Bt. 15.000 | Ferm. Acciaio | Mat. Acciaio 10 mesi e Legno 6 mesi
Filetto al vino rosso e scalogno.

MEZZA PEZZA PRIMITIVO 2021
Rosso Igp - Primitivo 100%
Alc. 14,5% | € 14 | Bt. 25.000 | Ferm. Acciaio | Mat. Acciaio 10 mesi
Controfiletto di bue alla brace.

DIECI GRANA 2022
Bianco Igp - Fiano 100%
Alc. 12,5% | € 13 | Bt. 15.000 | Ferm. Acciaio | Mat. Acciaio 2 mesi
Spaghetti con mazzancolle e pomodorini.

MEZZA PEZZA NEGROAMARO 2021
Rosso Igt - Negroamaro 100%
Alc. 13,5% | € 14 | Bt. 12.000 | Ferm. Acciaio | Mat. Acciaio 6 mesi e Legno 6 mesi
Gnocchi alla romana.

SCARFOGLIO 2021
Rosso Igp - Aglianico 100%
Alc. 14% | € 14 | Bt. 15.000 | Ferm. Acciaio | Mat. Legno 6 mesi
Pappardelle con sugo di capriolo.

MEZZA PEZZA NEGROAMARO
2019

SCARFOGLIO
2017

Upal
(1959)

Questa cantina sociale costituisce un sicuro punto di riferimento per tanti vignaioli conferitori, ma lo è anche per tantissimi visitatori, turisti ed enoappassionati. Il fatto è che questa cooperativa riesce a interpretare in modo assolutamente corretto e con specchiata autenticità i vitigni tipici della Valle d'Itria. Le perle più preziose della collezione sono i vini bianchi: la Verdeca, il Minutolo, il Bianco d'Alessano, il Locorotondo Superiore. Completa la carrellata un ottimo spumante Metodo Classico Dosaggio Zero.

Via Fasano, 150 - 72014 Cisternino (BR)
T. 080 4448150 | M. amministrazione@upalcisternino.it
www.upalcisternino.it

Viticoltura: Convenzionale
Ettari: 170 | **Bottiglie:** 950.000 | **Produzione olearia:** Sì
Proprietà: Cooperativa di produttori
Cond. enologica: Angelo Soleti
Cond. agronomica: Angelo Soleti
Vendita diretta: Sì | **Visite in azienda:** Sì

LOCOROTONDO VERDECA CINQUEÒ ALMA D'ITRIA 2022
Bianco Doc - Verdeca 100%
Alc. 13% | € 11 | Bt. 10.000 | Ferm. Acciaio | Mat. Acciaio 6 mesi
Magnifico giallo sole con raggi verdolini. Melodie di erbette fresche carezzano l'olfatto, che man mano s'arricchisce di fiori di campo, menta e ananas fresco e succoso. Sorso intenso e rotondo, magnificamente bilanciato, armonioso. Insalata di pollo e verdure.

MINUTOLO ALMA D'ITRIA 2022
Bianco Igt - Minutolo 100%
Alc. 12,5% | € 14 | Bt. 6.000 | Ferm. Acciaio | Mat. Acciaio 6 mesi
Gamberoni al curry.

LOCOROTONDO BIANCO D'ALESSANO CINQUEÒ ALMA D'ITRIA 2022
Bianco Doc - Bianco d'Alessano 100%
Alc. 13% | € 11 | Bt. 10.000 | Ferm. Acciaio | Mat. Acciaio 6 mesi
Rotolo di coniglio con pomodorini ed erbe aromatiche.

METODO CLASSICO DOSAGGIO ZERO
Bianco Metodo Classico - Verdeca 65%, Bianco d'Alessano 35%
Alc. 12,5% | € 17 | Bt. 1.200 | Ferm. Acciaio | Mat. Acciaio 46 mesi
42 mesi sui lieviti
Frittura di calamari, gamberi e zucchine.

LOCOROTONDO SUPERIORE CINQUEÒ ALMA D'ITRIA 2022
Bianco Dop - Verdeca 65%, Bianco d'Alessano 30%, Minutolo 5%
Alc. 13% | € 11 | Bt. 10.000 | Ferm. Acciaio | Mat. Acciaio 6 mesi
Pizza prosciutto e funghi.

MINUTOLO ALMA D'ITRIA
2021

LOCOROTONDO BIANCO D'ALESSANO CINQUEÒ ALMA D'ITRIA
2020 | 2021

Vallone
(1934)

Castel Serranova ha il fascino riservato, recondito, quasi segreto, di uno chateau, solo che respira il mare, essendo collocato a pochi chilometri dalla costa adriatica. Sul suo terrazzo, nelle annate giuste, le uve destinate a generare Graticciaia riposano per concentrare il loro nettare. Rimangono per una decina di giorni a farsi baciare dal sole e carezzare dalle brezze. Il risultato è un vino grandioso, iconico, esaltazione del negroamaro, della terra che lo genera e delle persone che lo forgiano e se ne prendono cura.

SP 90, km 923,7, 72/A - 72020 Tuturano (BR)
T. 0832 308041 | M. info@agvallone.it
www.agricolevallone.it

Viticoltura: Convenzionale e biologica
Ettari: 180 | **Bottiglie:** 800.000 | **Produzione olearia:** No
Proprietà: Francesco Vallone
Cond. enologica: Marco Mascellani
Cond. agronomica: Piernicola Tondo, Carmine Pagano
Vendita diretta: Sì | **Visite in azienda:** Sì

96

GRATICCIAIA 2018
Rosso Igp - Negroamaro 100%
Alc. 14,5% | € 70 | Bt. 24.000 | Ferm. Acciaio | Mat. Acciaio 18 mesi e Legno 10 mesi
Aristocratico carminio. Irresistibili allusioni di marasca, mora di rovo, fragola, lampone e arancia candita, intrecciate a viola e rosa appassita; poi mirto, radice di liquirizia, pepe nero, chiodi di garofano e sottobosco. Interminabile, vellutato, carnoso e intarsiato da tannino squisito. Un incanto. Faraona ripiena con salsa tartufata.

SALICE SALENTINO ROSSO VERETO RISERVA 2020
Rosso Doc - Negroamaro 100%
Alc. 15,5% | € 20 | Bt. 18.000 | Ferm. Acciaio | Mat. Acciaio 12 mesi e Legno 6 mesi
Petto d'anatra all'arancia.

SUSUMANIELLO ROSATO TENUTA SERRANOVA 2022
Rosato Igp - Susumaniello 100%
Alc. 12,5% | € 18 | Bt. 60.000 | Ferm. Acciaio | Mat. Acciaio 4 mesi
Linguine agli scampi.

FIANO TENUTA SERRANOVA 2022
Bianco Igp - Fiano 100%
Alc. 12,5% | € 18 | Bt. 40.000 | Ferm. Acciaio | Mat. Acciaio 5 mesi
Insalata di polpo, patate e olive.

GRATICCIAIA
2015 | 2016 | 2017

CASTEL SERRANOVA
2014

Varvaglione 1921
(1921)

Azienda familiare storica con sede in quel di Leporano, a due passi dal Mar Jonio. Di dimensioni ragguardevoli e di notevole prestigio, riesce a curare con la massima attenzione una vasta gamma di referenze, spaziando fra diverse tipologie. Sono primitivo e negroamaro a occupare il primo piano sulla scena e a donare i vini di maggiore spessore. La palma delle Quattro Viti va a Varvaglione Collezione Privata, un Negroamaro pregevole, di caratura decisamente fuori dell'ordinario. Si fa notare anche Chicca, un delizioso Primitivo di Manduria Dolce Naturale.

Contrada Santa Lucia - 74021 Leporano (TA)
T. 099 5315370 | M. info@varvaglione.com
www.varvaglione.com

Viticoltura: Convenzionale
Ettari: 400 | **Bottiglie:** 4.500.000 | **Produzione olearia:** Sì
Proprietà: Cosimo e Maria Teresa Varvaglione
Cond. enologica: Cosimo Varvaglione
Cond. agronomica: Cosimo Varvaglione
Vendita diretta: Sì | **Visite in azienda:** Sì

(92,5)

NEGROAMARO COLLEZIONE PRIVATA COSIMO VARVAGLIONE 2020
Rosso Igp - Negroamaro 100%
Alc. 15% | € 35 | Bt. 30.000 | Ferm. Acciaio | Mat. Legno 6 mesi
Livrea carminio. Incipit olfattivo su nobili accenti di ciliegia matura, amarena sotto spirito e rosa recisa; arrivano poi cioccolato fondente, vaniglia e un che di salmastro. Palato profondo e vellutato, intarsiato da raffinata vena tannica e slanciato da vivida freschezza. Epilogo fruttato godibilissimo. Quaglie alla cacciatora.

CHICCA PRIMITIVO DI MANDURIA DOLCE NATURALE 2021
Rosso Docg Dolce - Primitivo 100%
Alc. 15% | € 15 | Bt. 15.000 | Ferm. Acciaio | Mat. Acciaio 2 mesi e Legno 8 mesi
Sachertorte.

IDEA ROSA DI PRIMITIVO 2022
Rosato Igp - Primitivo 100%
Alc. 13% | € 15 | Bt. 30.000 | Ferm. Acciaio | Mat. Acciaio 2 mesi
Zuppa di pesce.

PRIMADONNA CHARDONNAY 2022
Bianco Igp - Chardonnay 100%
Alc. 13,5% | € 15 | Bt. 20.000 | Ferm. Acciaio | Mat. Acciaio 2 mesi e Legno 2 mesi
Risotto agli scampi.

PRIMITIVO DI MANDURIA COLLEZIONE PRIVATA COSIMO VARVAGLIONE
2017 | 2019

MASSERIA PIZZARIELLO
2020

Vespa Vignaioli per Passione
(2014)

In pochi anni la tenuta di Bruno Vespa e della sua famiglia in quel di Manduria è divenuta un luogo dove vino, cucina, natura e cultura si esprimono in una sintesi perfetta, attirando innumerevoli ospiti e visitatori italiani e stranieri. Fra le etichette proposte, è il bianco Donna Augusta a sprigionare un particolare fascino grazie a un magico blend di fiano, verdeca e chardonnay, che gli consente di centrare il traguardo e raggiungere la vetta. Sempre ad alti livelli si esprime l'eccellente Primitivo di Manduria Raccontami.

SP Manduria-Avetrana, km 3,8 - 70024 Manduria (TA)
T. 06 3722120 | M. info@bvfutura14.it
www.vespavignaioli.it

Viticoltura: Lotta integrata
Ettari: 34 | **Bottiglie:** 250.000 | **Produzione olearia:** No
Proprietà: Bruno Vespa
Cond. enologica: Riccardo Cotarella
Cond. agronomica: Riccardo Cotarella
Vendita diretta: Sì | **Visite in azienda:** Sì

(95,5)

DONNA AUGUSTA 2021
Bianco Igt - Chardonnay 40%, Fiano 30%, Verdeca 30%
Alc. 13% | € 55 | Bt. 6.000 | Ferm. Legno e Acciaio | Mat. Acciaio 6 mesi e Legno 6 mesi
Paglierino acceso da lampi verdolino. All'olfatto è un incanto: scorzetta di lime, avocado, petalo di rosa, gelsomino, felce e legno di sandalo. Scorre come un velluto pregiato, con classe superiore, sospinto da un guizzo sapido interminabile; finale leggiadro, appagante. Riso, cozze e zafferano.

PRIMITIVO DI MANDURIA RACCONTAMI 2021
Rosso Doc - Primitivo 100%
Alc. 15% | € 30 | Bt. 15.000 | Ferm. Acciaio | Mat. Acciaio 6 mesi e Legno 12 mesi
Brasato di lepre con riduzione di vino rosso.

IL BRUNO DEI VESPA 2022
Rosso Igp - Primitivo 100%
Alc. 14% | € 15 | Bt. 65.000 | Ferm. Acciaio | Mat. Acciaio 6 mesi
Stinco d'agnello al forno.

IL FEDALE 2020
Rosso Igt - Negroamaro 100%
Alc. 14% | € 20 | Bt. 13.000 | Ferm. Acciaio | Mat. Acciaio 12 mesi e Legno 12 mesi
Coniglio al forno con patate.

NOITRE
Rosato Igt Metodo Classico - Negroamaro 100%
Alc. 12% | € 28 | Bt. 10.000 | Ferm. Acciaio | Mat. Acciaio 6 mesi 36 mesi sui lieviti
Risotto agli scampi.

ZOE 2020
Bianco Igt Passito - Fiano 100%
Alc. 12,5% | € 28 (0,375l) | Bt. 2.000 | Ferm. Acciaio | Mat. Legno 6 mesi
Torta caprese.

PRIMITIVO DI MANDURIA RACCONTAMI
2018 | 2019 | 2020

NOITRE
S.A.

Vetrère
(1800)

Le sorelle Annamaria e Francesca Bruni hanno voluto mantenere viva, aggiornandola, la lunga tradizione di famiglia della dedizione alla terra e alla vitivinicoltura. L'azienda è ubicata in un accogliente paesaggio collinare rurale, tra vigne, ulivi e piccole superfici boschive. La cantina si concentra sui vitigni autoctoni e può vantare una serie di belle interpretazioni del minutolo. Fra le etichette degustate si mette in evidenza Barone Pazzo, un Primitivo che unisce alla forza naturale il giusto tocco di finezza. Deliziosi il rosato Taranta e la vendemmia tardiva di minutolo.

SP 80 Monteiasi-Montemesola, km 16 - 74123 Taranto (TA)
T. 340 2977870 | M. info@vetrere.it
www.vetrere.com

Viticoltura: Biologica certificata
Ettari: 50 | **Bottiglie:** 200.000 | **Produzione olearia:** Sì
Proprietà: Annamaria e Francesca Bruni
Cond. enologica: Martina Andriani
Cond. agronomica: Annamaria Bruni
Vendita diretta: Sì | **Visite in azienda:** Sì

BARONE PAZZO 2020
Rosso Igp - Primitivo 100%
Alc. 14,5% | € 13 | Bt. 7.000 | Ferm. Acciaio | Mat. Acciaio 4 mesi e Legno 9 mesi
Radioso rubino, che sprigiona essenze di ciliegia, prugna, macchia mediterranea e tabacco dolce, il tutto avvolto in una seducente cortina di spezie. Bocca di bel volume e tannino vellutato e inserito nell'amalgama gustativo. Sfocia in piacevolissimi aromi fruttati. Nodini di cinta senese lardellati al forno.

TARANTA 2022
Rosato Igp - Negroamaro 70%, Malvasia nera 30%
Alc. 12% | € 11 | Bt. 14.000 | Ferm. Acciaio | Mat. Acciaio 9 mesi
Garganelli freschi con gamberi di fiume.

VT 2021
Bianco Igp - Minutolo 100%
Alc. 13% | € 13 | Bt. 7.000 | Ferm. Acciaio | Mat. Acciaio
Linguine con bottarga e pomodori secchi.

TARANTA
2017 | 2019 | 2020

CRÉ
2018 | 2019

Vigna Flora
(2010)

Un solo vitigno, il susumaniello, per i due vini aziendali, il rosato e il rosso. Così ha voluto la proprietaria, Flora Saponari, che, con ammirevole lungimiranza, ha scommesso da anni esclusivamente su questa varietà, un tempo poco nota. A lei ha voluto interamente dedicare la sua piccola vigna ubicata nella amena campagna di Noci, in alta collina. È stata una scelta vincente, che le ha propiziato tante belle soddisfazioni. Il suo rosato è ormai un'etichetta di riferimento e il rosso non passa inosservato.

Strada Vicinale Barsento - 70015 Noci (BA)
T. 347 3229858 | M. info@vignaflora.it
www.vignaflora.it

Viticoltura: Biologica
Ettari: 2 | **Bottiglie:** 8.000 | **Produzione olearia:** No
Proprietà: Flora Saponari
Cond. enologica: Staff Aziendale
Cond. agronomica: Pamela Giannini
Vendita diretta: Sì | **Visite in azienda:** Sì

TRE TOMOLI ROSA 2022
Rosato Igt - Susumaniello 100%
Alc. 12% | € 14 | Bt. 4.100 | Ferm. Acciaio | Mat. Acciaio 6 mesi
Un rosa corallo palpitante emana attraenti respiri di lampone, rosa canina, ciclamino, succo di melagrana e bergamotto. Freschezza e sapidità s'intrecciano al palato, rendendolo succoso e pimpante. Scia lunga e saporita. Zuppa di legumi e cereali.

TRE TOMOLI ROSSO GRAPPOLI ELETTI 2021
Rosso Igt - Susumaniello 100%
Alc. 13% | € 20 | Bt. 2.800 | Ferm. Acciaio | Mat. Acciaio 15 mesi
Capocollo di Martina Franca.

TRE TOMOLI ROSA
2019 | 2020 | 2021

TRE TOMOLI ROSSO GRAPPOLI ELETTI
2018

Vigneti Calitro
(2011)

Francesco Lonoce può andare orgoglioso di avere dato continuità all'attività vitivinicola del nonno, che rischiava, con la sua scomparsa, di finire per sempre. L'azienda, di dimensioni ragguardevoli, ha sede a Sava, in una zona a spiccata vocazione soprattutto per il primitivo. Quest'ultimo ispira alcune delle più significative etichette della cantina, compresa quella di un piacevolissimo spumante elaborato col Metodo Martinotti. Si fa notare anche l'invitante rosso Ausilio, ottenuto da susumaniello in purezza.

Contrada Papacaniello, 18 - 74028 Sava (TA)
T. 099 9727758 | M. info@vigneticalitro.it
www.vigneticalitro.it

Viticoltura: Convenzionale
Ettari: 100 | **Bottiglie:** 65.000 | **Produzione olearia:** Sì
Proprietà: Francesco Lonoce
Cond. enologica: Mattia Altavilla
Cond. agronomica: Angelo Greco
Vendita diretta: Sì | **Visite in azienda:** Sì

SUSUMANIELLO AUSILIO 2021
Rosso Igp - Susumaniello 100%
Alc. 13,5% | € 22 | Bt. 5.000 | Ferm. Acciaio | Mat. Acciaio 9 mesi e Legno 5 mesi
Carminio squillante. Ouverture di amarena e viola; a seguire cenni di cuoio e spezie. Sorso succoso, di beva gratificante e scorrevole, supportato da tannino di bella trama. Chiusura in sintonia con quanto intercettato all'olfatto. Agnolotti al sugo di carne.

ARMONICA BRUT ROSÉ
Rosato Metodo Martinotti - Primitivo 100%
Alc. 12% | € 25 | Bt. 3.500 | Ferm. Acciaio | Mat. Acciaio 3 mesi
Tagliere di salumi.

NEGROAMARO ROSATO VIGNETO LONOCE 2022
Rosato Igt - Negroamaro 100%
Alc. 12,5% | € 15 | Bt. 10.000 | Ferm. Acciaio | Mat. Acciaio 4 mesi e Legno 3 mesi
Carpaccio di branzino.

NEGROAMARO 2021
Rosso Igp - Negroamaro 100%
Alc. 14,5% | € 33 | Bt. 10.000 | Ferm. Acciaio | Mat. Acciaio 6 mesi e Legno 12 mesi
Entrecôte alla griglia con scaglie di formaggio.

VERDECA 2022
Bianco Igp - Verdeca 100%
Alc. 12,5% | € 15 | Bt. 10.000 | Ferm. Acciaio | Mat. Acciaio 6 mesi
Coda di rospo gratinata.

PRIMITIVO DI MANDURIA AUSILIO 2021
Rosso Doc - Primitivo 100%
Alc. 14% | € 22 | Bt. 10.000 | Ferm. Acciaio | Mat. Acciaio 6 mesi e Legno 3 mesi
Bigoli con salsiccia.

PRIMITIVO DI MANDURIA RISERVA
2018

VERDECA
2021

Vignuolo
(2013)

Ha sede ad Andria ed è una delle cantine sociali dell'area di Castel del Monte. Bisogna riconoscere che fa un lavoro egregio, riuscendo a coniugare numeri significativi di produzione con standard qualitativi elevati e prezzi imbattibili. Pur avendo una gamma variegata di etichette, mostra una speciale propensione per il rosato. In questo caso il grande protagonista è il bombino nero, giocato in purezza o in assemblaggio col nero di Troia. Quest'ultimo è il vitigno preferito per i rossi.

Via Sosta San Riccardo, 1 - 76123 Andria (BT)
T. 0883 542912 | M. commerciale@vignuolo.it
www.vignuolo.it

Viticoltura: Convenzionale e biologica certificata
Ettari: 70 | **Bottiglie:** 300.000 | **Produzione olearia:** Sì
Proprietà: Cooperativa di produttori
Cond. enologica: Gianfranco Ruggeri
Cond. agronomica: Pierluigi Spagnoletti Zeuli
Vendita diretta: Sì | **Visite in azienda:** Sì

CASTEL DEL MONTE ROSATO BIOLOGICO 2022
Rosato Doc - Bombino nero 80%, Nero di Troia 20%
Alc. 12,5% | € 10 | Bt. 80.000 | Ferm. Acciaio | Mat. Acciaio 4 mesi
Scintillante rosa corallo. Scrigno di profumi composto da frutti di bosco, arancia e rosa canina. Al gusto è pieno e materico, possiede un ottimo equilibrio fresco-sapido e lunghezze aromatiche coerenti. Cartoccio di pescatrice agli agrumi.

CASTEL DEL MONTE BOMBINO NERO VIGNUOLO 2022
Rosato Docg - Bombino nero 100%
Alc. 12,5% | € 12 | Bt. 12.000 | Ferm. Acciaio | Mat. Acciaio 4 mesi
Crostini con burro e salmone.

CASTEL DEL MONTE BIANCO 2022
Bianco Doc - Bombino bianco 50%, Chardonnay 50%
Alc. 12,5% | € 10 | Bt. 25.000 | Ferm. Acciaio | Mat. Acciaio 4 mesi
Linguine con bottarga e pomodori secchi.

CASTEL DEL MONTE ROSSO MONTE GIANNELLI 2020
Rosso Doc - Nero di Troia 100%
Alc. 14% | € 20 | Bt. 20.000 | Ferm. Acciaio | Mat. Acciaio 18 mesi e Legno 6 mesi
Filetto di manzo alla Voronoff.

CHARDONNAY 2022
Bianco Igp - Chardonnay 100%
Alc. 13% | € 8 | Bt. 20.000 | Ferm. Acciaio | Mat. Acciaio 3 mesi
Scampi alla griglia.

VIGNUOLO UVA DI TROIA 2019
Rosso Igp - Nero di Troia 100%
Alc. 13% | € 10 | Bt. 40.000 | Ferm. Acciaio | Mat. Acciaio 24 mesi
Lasagne alla bolognese.

CASTEL DEL MONTE ROSATO
2021

CASTEL DEL MONTE ROSSO
2017 | 2018 | 2019

BASIL
ICATA

C'è un lato magico tra la serenità di due mari

Luciano Ferraro

C'è una Basilicata magica. Una terra di riti e guaritori, di sortilegi e di malattie da temere come punizioni divine. La svelarono gli antropologi dell'Ottocento (Crombie, The Saliva Superstition, in The International Folklore Congress, London 1892). Quelle figure non sono sparite, lo racconta Gaetano Cappelli nel romanzo *Storia controversa dell'inarrestabile fortuna del vino Aglianico nel mondo* (Marsilio, 2007). Riferisce "di un'usanza praticata nella vicina Miglionico dove per sciogliere il malaugurio persone estranee, non i genitori, sputavano addosso al bambino dicendo: 'Com'è brutt e schifoos uesto pampino', tenendo così lontana l'invidia della gente". Cappelli descrive anche la figura della Bavosa, donna delle campagne lucane "che aveva sempre rifiutato d'incontrare gli insinuanti scienziati, perfino dietro profferta di pagamento, temendo che volessero rubarle i segreti". Che consistevano nello spargimento di saliva sulla parte malata – un piede, una mano – dei suoi seguaci.

Senza questo lato magico non si afferra il senso del paesaggio della Basilicata, le sue strade desolate, l'immobile e arcaica bellezza di Matera, la serenità dei due mari.

Lo capì Pier Paolo Pasolini. Quando arrivò a Matera, nei primi anni Sessanta, per girare *Il Vangelo secondo Matteo*, vagò per strade e bar. Assoldò decine di comparse per mettere in scena la storia di Cristo e la "nostalgia del mitico, dell'epico, del tragico". Nelle grotte, fino a pochi anni prima, viveva ancora il popolo raccontato da Carlo Levi, negli anfratti che "non prendono altra luce e aria se non dalla porta". La definiva una "condizione preumana". Solo dal 1954, grazie al governo di Alcide De Gasperi, iniziarono a chiudersi le grotte in cui le famiglie vivevano assieme agli animali. I muli trasportavano l'uva sui sentieri. Levi lo chiamava "l'incontro animalesco". Ma si faceva spedire il vino "mieloso" dalla Basilicata al suo studio di Roma, come ha raccontato Italo Calvino: "Tesori di lontani regni, come una vertigine di un tempo diverso che ruota nel suo tempo diverso". Lentamente tutto è cambiato, Matera da ex vergogna nazionale, come la definì nel 1950 il segretario del Pci Palmiro Togliatti, è diventata nel 2019 la capitale europea della cultura. Le 150 chiese rupestri ci sono ancora le grotte, ma sono diventate musei, enoteche, ristoranti, persino sale per i concerti jazz. Il vino e il cibo, assieme alla proclamazione dell'evento culturale di quattro anni fa, hanno trasformato i "sassi" di Matera in un luogo d'attrazione turistica. L'Aglianico romanzato da Cappelli è diventato il prodotto leader di questo movimento. Lucania '61 è il quadro gigante, visibile a Palazzo Lanfranchi di Matera, che Levi dedicò a Rocco Scotellaro, scrittore, poeta e sindaco di Tricarico. Nei tre pannelli il paesaggio diventa la vita quotidiana dura dei contadini "immobili nella Preistoria": le grotte affollate, tra bambini e capre, i muli carichi di pesi, i vestiti poveri, le strade ripide e, sullo sfondo, le rocce candide e le montagne. Un documento di 18 metri.

Italo Calvino: "Tesori di lontani regni, come una vertigine di un tempo diverso che ruota nel suo tempo diverso".

Le grotte sono il simbolo della rinascita. Basta scorrere L'Atlante del Paesaggio urbano stilato dalla Regione Basilicata per capirlo. Si tratta dell'indagine che fa parte del progetto "Pays.Med.URBAN – Alta qualità del paesaggio come elemento chiave nella sostenibilità e competitività delle aree urbane mediterranee". La scarsa densità abitativa ha formato una rete di piccoli centri che rappresenta "una straordinaria ricchezza identitaria, testimone del rapporto tra l'uomo e l'ambiente e di come questo abbia assunto nel tempo caratteri adeguati alle diverse esigenze storiche di difesa e presidio". Nell'Atlante sono 28 i focus, con altrettante schede: mondi vicini e lontani del paesaggio, dal mosaico agricolo di Oppido lucano agli insediamenti dispersi nell'area rurale attorno a Matera.

È l'Aglianico, con la sua potenza che viene dall'energia vulcanica del Vulture, a generare storie e luoghi.

Il primo di questa lista è il parco urbano delle cantine di Barile. Novanta grotte nel versante settentrionale del promontorio. Proprio quelle in cui Pasolini girò la scena della natività e della strage degli innocenti del film dal vangelo di Matteo. È l'Aglianico, con la sua potenza che viene dall'energia vulcanica del Vulture, a generare storie e luoghi. Qui, nei cellari, ancora si produce e si conserva il vino a poca distanza dai terreni in cui, assieme alla vite, crescono verdure e alberi da frutta. Dal febbraio 2010, con una legge, è stato varato il Parco Urbano delle Cantine.

I boschi che coprivano la regione sono stati prima ridotti dai coloni greci, dal VII al III secolo avanti Cristo, poi hanno subìto un ulteriore attacco nell'Ottocento, dopo la legge sulla feudalità decisa dalle autorità napoleoniche del Regno di Napoli. I terreni a bosco diminuirono di quasi un terzo. Iniziò una fase di spopolamento, favorita anche da una serie di terremoti che spinse molti lucani a cercare fortuna dall'altra parte dell'Atlantico. Nel Novecento il disboscamento è ripreso, sotto la spinta della mussoliana battaglia del grano, con gli ettari destinati a questa coltivazione che passarono da 178 mila a 215 mila. Il paese di Cracco, un labirinto di macerie diventato un museo a cielo aperto, è il simbolo della scarsa cura novecentesca del territorio, sconvolto da ricorrenti ed enormi frane. Le bonifiche e la lotta, spesso sanguinosa, dei contadini per la terra e la riforma agraria hanno portato miglioramenti parziali. Ma la bellezza resiste, ad esempio a Maratea, come scrive Cappelli: "Se la costa di Maratea è oggi, com'è stato scritto, uno-dei-dieci-facciamo-trenta-più-bei-posti-al-mondo lo si deve in gran parte al conte nonché industriale Stefano Rivetti di Val Cervo, che negli anni Sessanta, dopo avervi installato una fabbrica, risistemò con architetti di grido case e piazze e piantò centinaia di conifere e migliaia di buganvillea rosso carminio, viola e arancio, avviando così il prodursi di una particolare sensibilità estetica, a differenza della fabbrica ormai fallita, tuttora viva. Come spiegare altrimenti l'esistenza di questa perla lussureggiante – " la perla del Tirreno" – dalle deliziose case e casine, anche le più umili ben curate, e su una costa in assoluto degrado, incastonata per di più tra due borghi non proprio ammirevoli come Praia e Sapri?".

Highlights

2.027 ETTARI VITATI COMPLESSIVI
682 destinati a DOP, 360 destinati a IGP, 985 destinati a vini generici.

RIPARTIZIONE COLORE
Vini bianchi 17,99%
Vini rossi o rosati 82,01%

86.187 HL DI PRODUZIONE TOTALE
31,63% di vino DOP, 30,19% di vino IGP, 38,18% di vini generici.

LE PROVINCE PIÙ PRODUTTIVE
Potenza 74,30% sul totale,
Matera 25,70% sul totale

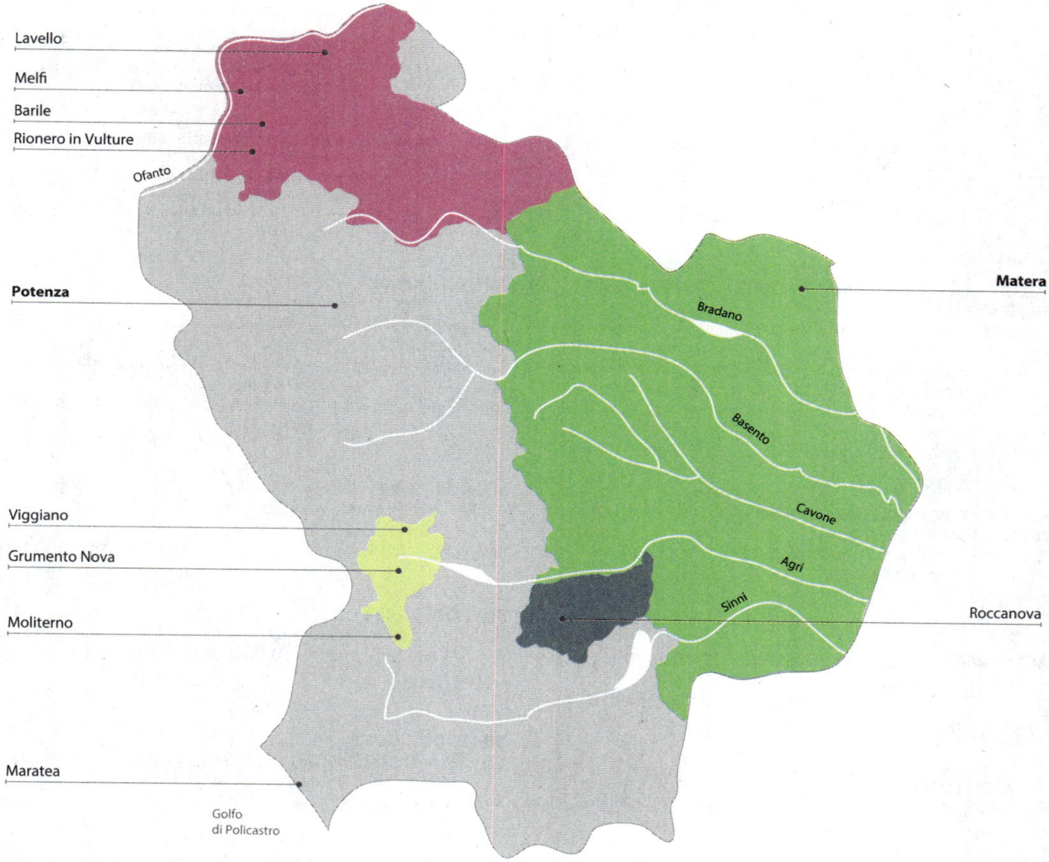

Legenda

- Aglianico del Vulture Superiore DOCG
- Aglianico del Vulture
- Terre dell'Alta Val d'Agri
- Grottino di Roccanova
- Matera

Agricola Strapellum
(2010)

Torniamo con piacere a parlare di Strapellum, cantina dalla cifra stilistica giovanile che nel giro di pochi anni è riuscita a ritagliarsi spazi di mercato interessanti. Vini solidi, territoriali e ben fatti, sempre orientati verso uno stile contemporaneo che punta alla freschezza, si accompagnano a un'accoglienza in cantina che non lesina sorrisi e affabilità. Le nuove annate confermano un ottimo livello qualitativo, sottolineato dalla facilità di beva dei rossi tra i quali si fa notare il portabandiera aziendale, il Nibbio Grigio, che manca l'eccellenza per un soffio.

Via delle Acque Minerali, Lotti 14/15 - 85028 Rionero in Vulture (PZ)
T. 342 6185074 - 0972 088132 | M. info@cantinestrapellum.com
www.cantinestrapellum.com

Viticoltura: Convenzionale
Ettari: 45 | **Bottiglie:** 90.000 | **Produzione olearia:** Sì
Proprietà: Giuseppe Cuseo e Michele Turtora
Cond. enologica: Fabio Mecca
Cond. agronomica: Fabio Mecca
Vendita diretta: Sì | **Visite in azienda:** Sì

AGLIANICO DEL VULTURE SUPERIORE IL NIBBIO GRIGIO RISERVA 2017
Rosso Docg - Aglianico del Vulture 100%
Alc. 14,5% | € 30 | Bt. 2.400 | Ferm. Acciaio | Mat. Legno 36 mesi
Carminio fitto, lucente. Esibisce un ampio quadro olfattivo a tinte scure, che esalta e valorizza prugna, ciliegia sotto spirito, viola e ancora cuoio, china e rabarbaro. Il sorso è ricco e materico, slanciato da una guizzante freschezza che intreccia un'intelaiatura tannica compiuta e integrata. Lungheggia sul frutto. Guancia di vitello in umido.

AGLIANICO DEL VULTURE SUPERIORE TENUTE PIANO REGIO 2018
Rosso Docg - Aglianico del Vulture 100%
Alc. 14,5% | € 20 | Bt. 7.000 | Ferm. Acciaio | Mat. Legno 24 mesi
Coniglio al forno con funghi.

AGLIANICO DEL VULTURE FOSSO DEL TIGLIO 2020
Rosso Doc - Aglianico del Vulture 100%
Alc. 13,5% | € 15 | Bt. 12.000 | Ferm. Acciaio | Mat. Legno 12 mesi
Canestrato pugliese.

STRAPELLUM PAS DOSÉ 2022
Bianco Metodo Martinotti - Aglianico del Vulture 90%, Falanghina 10%
Alc. 13% | € 15 | Bt. 5.000 | Ferm. Acciaio
Scampi alla griglia.

IL NIBBIO BIANCO 2021
Bianco Igp - Aglianico del Vulture 100%
Alc. 14% | € 20 | Bt. 6.000 | Ferm. Acciaio | Mat. Legno 12 mesi
Tacchinella ripiena su letto di patate.

AGLIANICO DEL VULTURE SUPERIORE TENUTE PIANO REGIO
2016 | 2017

AGLIANICO DEL VULTURE FOSSO DEL TIGLIO
2016 | 2017

Alte Vigne della Val Camastra
(2012)

Siamo alle pendici del Monte Siri, in agro di Anzi, dove ormai da più di un decennio Andrea Buchicchio e la moglie Teresa guidano la loro cantina con passione ed immutato impegno. Ed è grazie proprio a quest'ultimo che ogni anno ci regalano vini unici e di carattere. Finalmente dopo un anno di attesa ritorna in Guida, con l'annata 2021, il loro vino di punta, Don Giulio che, come sempre, colpisce per la sua eleganza e scorrevolezza. Degni di nota il Siri rosato, ammaliante nei tratti cromatici, tipicamente provenzali, e il Siri bianco, per freschezza e piacevolezza di beva.

Contrada San Donato - 85010 Anzi (PZ)
T. 0971 962379 - 348 3229220 | M. info@altevignedellavalcamastra.com
www.altevignedellavalcamastra.com

Viticoltura: Convenzionale e biologica
Ettari: 3,5 | **Bottiglie:** 25.000 | **Produzione olearia:** No
Proprietà: Teresa Buchicchio
Cond. enologica: Fabio Mecca
Cond. agronomica: Fabio Mecca
Vendita diretta: Sì | **Visite in azienda:** Sì

DON GIULIO 2021
Rosso Igt - Merlot 80%, Cabernet sauvignon 20%
Alc. 14% | € 12 | Bt. 3.000 | Ferm. Acciaio | Mat. Legno 12 mesi
Rubino compatto con riflessi granato. Al naso si presentano sentori floreali di geranio, marasca e ciliegia, un intreccio vegetale e di sottobosco, poi cacao, tabacco e liquirizia. Pieno, morbido e avvolgente al palato, con tannino evoluto ed equilibrato. Persistenze di frutta rossa. Pappardelle con funghi porcini.

SIRI ROSÉ 2022
Rosato Igt - Cabernet sauvignon 100%
Alc. 13% | € 8 | Bt. 3.000 | Ferm. Acciaio | Mat. Acciaio 6 mesi
Riso, cozze e zafferano.

SIRI ROSSO 2022
Rosso Igt - Cabernet sauvignon 50%, Merlot 50%
Alc. 13% | € 7 | Bt. 10.000 | Ferm. Acciaio | Mat. Acciaio 6 mesi
Pasta e fagioli.

SIRI BIANCO 2022
Bianco Igt - Müller Thurgau 70%, Traminer aromatico 30%
Alc. 13% | € 8 | Bt. 8.000 | Ferm. Acciaio | Mat. Acciaio 6 mesi
Stracciatella di bufala.

SIRI ROSSO
2016 | 2020 | 2021

SIRI BIANCO
2018 | 2020 | 2021

Basilisco
(1992)

"Il Re è tornato": dopo un po' di edizioni che hanno visto ai vertici delle classifiche di Vitae i vini frutto dei cru aziendali e del grande lavoro di selezione in vigna coordinato da Viviana Malafarina, Basilisco Docg Aglianico del Vulture Superiore, vino da sempre vessillo dell'azienda, ritorna con una grande annata, la 2016, e conquista con pieno merito le Quattro Viti che assegnano l'eccellenza in Guida. Un'ennesima conferma della grande vocazione che esprime nel Vulture il territorio di Barile, le cui potenzialità sono pienamente interpretate dai vini dell'azienda Basilisco.

Via delle Cantine, 20 - 85022 Barile (PZ)
T. 0972 771033 | M. info@basiliscovini.it
www.basiliscovini.it

Viticoltura: Biologica certificata
Ettari: 28 | **Bottiglie:** 70.000 | **Produzione olearia:** Sì
Proprietà: Famiglia Capaldo
Cond. enologica: Viviana Malafarina
Cond. agronomica: Pierpaolo Sirch
Vendita diretta: Sì | **Visite in azienda:** Sì

(93)

AGLIANICO DEL VULTURE SUPERIORE BASILISCO 2016
Rosso Docg - Aglianico del Vulture 100%
Alc. 13,5% | € 28 | Bt. 10.000 | Ferm. Legno e Acciaio | Mat. Acciaio 6 mesi e Legno 12 mesi
Impenetrabile rosso rubino. Olfatto di grande vigore con sensazioni che spaziano dalla marasca alla carruba, dall'humus al goudron, incorniciate da una nobile speziatura di pepe e cannella. L'assaggio è pieno, corposo, equilibrato, grazie alla perfetta sinergia tra trama alcolica e tannino levigato. Fiore sardo.

AGLIANICO DEL VULTURE SUPERIORE FIORDIMARNA
2015 | 2016

AGLIANICO DEL VULTURE TEODOSIO
2020

Battifarano
(1500)

Da molti anni ormai, Francesco Battifarano è protagonista assoluto nella Matera Doc. L'azienda lavora sia vitigni autoctoni che internazionali e si prodiga per garantire una qualità già ampiamente riconosciuta e sempre in costante crescita. Alla base di tutto c'è una solida tradizione agricola della famiglia, che dal 1500 è dedita esclusivamente alla terra, e la capacità di coniugare passato e sperimentazione, poesia e rigore, per donare a tutti i vini un carattere inconfondibile. Con l'annata 2020, Akratos Rosso rappresenta al meglio l'identità territoriale del primitivo made in Matera.

Contrada Cerrolongo, 1 - Località Nova Siri Scalo - 75020 Nova Siri (MT)
T. 0835 536174 | M. info@battifarano.com
www.battifarano.com

Viticoltura: Lotta integrata
Ettari: 35 | **Bottiglie:** 90.000 | **Produzione olearia:** Sì
Proprietà: Famiglia Battifarano
Cond. enologica: Francesco Paolo Battifarano, Michelangelo Perrone
Cond. agronomica: Francesco Paolo Battifarano
Vendita diretta: Sì | **Visite in azienda:** Sì

MATERA PRIMITIVO AKRATOS 2020
Rosso Doc - Primitivo 100%
Alc. 14,5% | € 16 | Bt. 13.000 | Ferm. Acciaio | Mat. Acciaio 3 mesi e Legno 12 mesi
Fitto e lucente manto rubino. Regala subito una successione di fragranze fruttate: mirtilli, ribes, fragoline di bosco, seguite da stille di pepe, cannella e liquirizia. Al palato è succoso, ma anche snello e scorrevole, grazie all'astringenza perfettamente calibrata. Durevole l'epilogo che invoglia a berne ancora. Fettuccine al ragù d'agnello.

TOCCACULO 2020
Rosso Igt - Petit verdot 100%
Alc. 14% | € 18 | Bt. 6.500 | Ferm. Acciaio | Mat. Acciaio 3 mesi e Legno 12 mesi
Costata di manzo alla griglia.

TOCCACIELO ROSSO 2022
Rosso Igt - Merlot 100%
Alc. 13,5% | € 11 | Bt. 10.000 | Ferm. Acciaio | Mat. Acciaio 12 mesi
Nodini di cinta senese lardellati al forno.

MATERA GRECO LE PAGLIE 2022
Bianco Doc - Greco bianco 100%
Alc. 13% | € 13 | Bt. 13.000 | Ferm. Acciaio | Mat. Acciaio 3 mesi
Frittata di ortiche.

MATERA ROSATO AKRATOS 2022
Rosato Doc - Primitivo 100%
Alc. 13% | € 13 | Bt. 6.000 | Ferm. Acciaio | Mat. Acciaio 3 mesi
Guazzetto di moscardini.

MATERA MORO CURAFFANNI RISERVA
2017 | 2018

TOCCACULO
2019

Cantina di Venosa
(1957)

Intuizioni commerciali, innovazioni tecnologiche, scelta accurata dei legni per le maturazioni, ricerca costante e attenzione per le proprie radici e per le peculiarità del territorio: ecco i punti di forza di questa cooperativa che conta oltre trecento soci. Novità di quest'anno Tansillo, il cui nome si rifà al poeta venosino vissuto nel XVI secolo, un Metodo Classico di tutto rispetto, ottenuto esclusivamente con uve aglianico del Vulture. In attesa del Carato e del Matematico, ancora in affinamento, un raffinato Gesualdo conquista meritatamente le Quattro Viti.

Via Appia, 86 - 85029 Venosa (PZ)
T. 0972 36702 | M. info@cantinadivenosa.it
www.cantinadivenosa.it

Viticoltura: Convenzionale e lotta integrata
Ettari: 800 | **Bottiglie:** 1.800.000 | **Produzione olearia:** No
Proprietà: Cooperativa di produttori
Cond. enologica: Donato Gentile
Cond. agronomica: Rocco Manieri
Vendita diretta: Sì | **Visite in azienda:** Sì

(91)

AGLIANICO DEL VULTURE GESUALDO 2020
Rosso Doc - Aglianico del Vulture 100%
Alc. 14,5% | € 15 | Bt. 40.000 | Ferm. Acciaio | Mat. Legno 9 mesi
Fitto drappeggio rubino. Profilo odoroso fine: gelatina di more e mirtilli, ginepro e viola, poi vaniglia e caffè che impreziosiscono il quadro. Gusto pieno e strutturato, avvolto da tessitura tannica integrata e morbida, sostenuta da una buona freschezza che ne allunga la persistenza. Maiale in agrodolce.

AGLIANICO DEL VULTURE VERBO 2021
Rosso Dop - Aglianico del Vulture 100%
Alc. 14% | € 12 | Bt. 100.000 | Ferm. Acciaio | Mat. Legno 10 mesi
Hamburger di manzo con Montasio fuso.

AGLIANICO DEL VULTURE TERRE DI ORAZIO 2020
Rosso Dop - Aglianico del Vulture 100%
Alc. 14% | € 9 | Bt. 100.000 | Ferm. Acciaio | Mat. Legno 15 mesi
Lasagne alla bolognese.

TANSILLO 2019
Rosato Igp Metodo Classico - Aglianico del Vulture 100%
Alc. 12,5% | € 28 | Bt. 6.000 | Ferm. Acciaio | 36 mesi sui lieviti
Tartare di scampi.

VERBO MALVASIA 2022
Bianco Igp - Malvasia bianca di Basilicata 100%
Alc. 13,5% | € 10 | Bt. 50.000 | Ferm. Acciaio | Mat. Acciaio 2 mesi
Pizza con bufala e pomodorini.

TERRE DI ORAZIO ROSATO 2022
Rosato Igp - Aglianico del Vulture 100%
Alc. 13% | € 8 | Bt. 70.000 | Ferm. Acciaio | Mat. Acciaio 2 mesi
Pasta, patate e provola.

AGLIANICO DEL VULTURE SUPERIORE CARATO VENUSIO
2013 | 2017

AGLIANICO DEL VULTURE GESUALDO
2017

Cantina Il Passo
(2012)

La cantina, situata nel centro storico di Barile, è una delle realtà emergenti per la produzione di aglianico. Con solo una manciata di ettari coltivati a vigna, l'azienda riesce a essere protagonista nel panorama enologico del Vulture. La cura in campagna, con le rese per ceppo molto basse e l'attenzione in cantina, rendono l'unica etichetta presentata quest'anno fortemente territoriale e d'impronta personale, caratteristica che è data dai terreni tufacei e vulcanici e dall'uso magistrale dei legni piccoli, che nobilita e arricchisce il sorso.

Via Vecchia Nazionale, 17 - 85022 Barile (PZ)
T. 347 5242706 | M. cantinailpasso@gmail.com
www.cantinailpasso.com

Viticoltura: Convenzionale
Ettari: 4 | **Bottiglie:** 2.000 | **Produzione olearia:** No
Proprietà: Raffaele Grimolizzi
Cond. enologica: Fabio Mecca
Cond. agronomica: Fabio Mecca
Vendita diretta: Sì | **Visite in azienda:** Sì

AGLIANICO DEL VULTURE SUPERIORE ALBERI IN PIANO 2020
Rosso Docg - Aglianico del Vulture 100%
Alc. 14% | € 30 | Bt. 2.000 | Ferm. Legno e Acciaio | Mat. Legno 24 mesi
Cremisi luminoso e impenetrabile. Naso austero di frutta a bacca nera, sbuffi di tabacco e vaniglia; chiude un'eco balsamica. Il sorso è bilanciato e caldo, rotondo e con tannini ben tesi e distribuiti. Precisi e succosi i ripetuti rimandi di liquirizia e gli effluvi fruttati di mora e prugna. Braciola di cervo con salsa di ribes.

AGLIANICO DEL VULTURE SUPERIORE ALBERI IN PIANO
2019

AGLIANICO DEL VULTURE ALBERI IN PIANO
2015 | 2016 | 2017

Cantine De Biase

(2009)

Credere con convinzione nelle potenzialità del territorio: questa la filosofia di Cantine De Biase che, pur appartenendo a una Doc come quella di Grottino di Roccanova, ancora poco conosciuta, può vantare una tradizione vitivinicola millenaria, con vigne che vegetano dall'antica Enotria. In questi anni abbiamo riscontrato da parte dell'azienda un costante e continuo innalzamento della qualità come dimostra il bel lavoro svolto con l'ultima annata presentata in Guida del Nettare dell'Enotria, che ci rassicura sul futuro di un vino sempre più protagonista del territorio.

SP 89, km 2+800 - Contrada Calvello - 85036 Roccanova (PZ)
T. 348 2581730 | M. cantinedebiase@gmail.com
www.cantinedebiase.it

Viticoltura: Biologica
Ettari: 5 | **Bottiglie:** 33.700 | **Produzione olearia:** No
Proprietà: Laura Marino
Cond. enologica: Fabio Mecca
Cond. agronomica: Fabio Mecca
Vendita diretta: Sì | **Visite in azienda:** Sì

GROTTINO DI ROCCANOVA NETTARE DELL'ENOTRIA ROSSO 2021
Rosso Dop - Sangiovese 60%, Montepulciano 20%, Cabernet sauvignon 10%, Malvasia nera 10%
Alc. 13,5% | € 14 | Bt. 25.000 | Ferm. Acciaio | Mat. Acciaio 9 mesi
Splendida luce rubino. Nette le percezioni di frutti di rovo, marasche e gelso nero arricchiti da profumi vegetali e di erbe aromatiche. Bocca gustosa con tannini setosi e sensazioni sapide nel finale a renderlo ancora più saporito e persistente. Caciocavallo podolico.

GROTTINO DI ROCCANOVA URSOLEI 2022
Bianco Dop - Sauvignon 60%, Malvasia bianca di Basilicata 40%
Alc. 13% | € 14 | Bt. 3.500 | Ferm. Acciaio | Mat. Acciaio 5 mesi
Crostini con burro e salmone.

GROTTINO DI ROCCANOVA DONNALUCANA 2022
Rosato Dop - Sangiovese 60%, Cabernet sauvignon 20%, Malvasia nera di Basilicata 10%, Montepulciano 10%
Alc. 13% | € 14 | Bt. 2.200 | Ferm. Acciaio | Mat. Acciaio 6 mesi
Tagliere di salumi.

GROTTINO DI ROCCANOVA L'ESSENZA
2019 | 2020

GROTTINO DI ROCCANOVA NETTARE DELL'ENOTRIA ROSSO
2019

Cantine del Notaio

(1998)

Per descrivere adeguatamente una gamma così ampia e significativa per numero di etichette, varietà e levatura non è sufficiente lo spazio in Guida. Come ogni edizione una novità: quest'anno La Procura, un primitivo in purezza, frutto di un progetto enologico che mira a esaltare freschezza e bevibilità mantenendo inalterate le caratteristiche peculiari del vitigno. Tra le molte etichette presentate spiccano, e trovano spazio su queste pagine, le più iconiche: La Firma, Il Sigillo e L'Autentica, che confermano il connubio tra eleganza, struttura e complessità. Eccellenza per La Firma 2018.

Via Roma, 159 - 85028 Rionero in Vulture (PZ)
T. 0972 723689 - 0972 724900 | M. info@cantinedelnotaio.it
www.cantinedelnotaio.com

Viticoltura: Lotta integrata
Ettari: 52 | **Bottiglie:** 590.000 | **Produzione olearia:** Sì
Proprietà: Cantine del Notaio
Cond. enologica: Gerardo Giuratrabocchetti, Saverio Vernucci
Cond. agronomica: Gerardo Giuratrabocchetti
Vendita diretta: Sì | **Visite in azienda:** Sì

(92)
AGLIANICO DEL VULTURE LA FIRMA 2018
Rosso Doc - Aglianico del Vulture 100%
Alc. 14% | € 35 | Bt. 25.000 | Ferm. Acciaio | Mat. Legno 12 mesi
Rosso carminio profondo. Un corredo olfattivo in cui s'intrecciano ribes e melagrana, tabacco scuro, mandorle tostate e caffè in grani; vira in chiusura su una sequenza di note balsamiche. Sorso sontuoso, succoso, con appagante trama tannica e ricca tensione fresco-sapida che conduce a un lunghissimo aroma fruttato. Costine d'agnello in crosta di noci.

AGLIANICO DEL VULTURE IL SIGILLO 2017
Rosso Doc - Aglianico del Vulture 100%
Alc. 14% | € 36 | Bt. 20.000 | Ferm. Acciaio | Mat. Legno 24 mesi
Filetto alla Wellington.

L'AUTENTICA 2021
Bianco Igt Passito - Moscato 70%, Malvasia 30%
Alc. 14% | € 32 (0,5l) | Bt. 3.000 | Ferm. Legno e Acciaio | Mat. Legno 12 mesi
Stilton.

AGLIANICO DEL VULTURE IL REPERTORIO 2021
Rosso Doc - Aglianico del Vulture 100%
Alc. 14% | € 19 | Bt. 60.000 | Ferm. Acciaio | Mat. Legno 12 mesi
Filetto di manzo in crosta alle erbette.

LA PROCURA 2021
Rosso Igt - Primitivo 100%
Alc. 14,5% | € 28 | Bt. 6.000 | Ferm. Acciaio | Mat. Legno 12 mesi
Lasagne con scamorza, funghi e zucca.

LA PARCELLA 2022
Bianco Igt - Sauvignon 30%, Aglianico del Vulture 25%, Fiano 25%, Chardonnay 20%
Alc. 14% | € 45 | Bt. 1.998 | Ferm. Legno | Mat. Legno 2 mesi
Maltagliati con funghi porcini.

AGLIANICO DEL VULTURE SUPERIORE LA FIRMA
2015 | 2016 | 2017

AGLIANICO DEL VULTURE IL SIGILLO
2012

Cantine Madonna Delle Grazie

(2002)

Esordio in Guida per la famiglia Latorraca. L'azienda produce vino in regime biologico da circa 21 anni, coltivando l'aglianico in diverse contrade nell'agro di Venosa, con altitudini che vanno dai 400 ai 500 m s.l.m. Scopo di Giuseppe, Paolo e Michele, è valorizzare le vigne per evitare che vadano perdute tradizioni e competenze tramandate da generazioni. A pochi passi dal monastero della Madonna delle Grazie, in cantina, si cerca di realizzare vini capaci di esaltare l'esperienza vitivinicola con il massimo rispetto per l'ambiente. Grande piacevolezza di beva per entrambi i campioni.

Via Appia, 78 - 85029 Venosa (PZ)
T. 0972 35704 | M. info@cantinemadonnadellegrazie.it
www.cantinemadonnadellegrazie.it

Viticoltura: Biologica
Ettari: 8,5 | **Bottiglie:** 40.000 | **Produzione olearia:** Sì
Proprietà: Giuseppe Latorraca
Cond. enologica: Michele Latorraca, Paolo Latorraca
Cond. agronomica: Michele Latorraca, Giuseppe Latorraca
Vendita diretta: Sì | **Visite in azienda:** Sì

AGLIANICO DEL VULTURE LISCONE 2018
Rosso Doc - Aglianico del Vulture 100%
Alc. 14% | € 12 | Bt. 13.000 | Ferm. Acciaio | Mat. Acciaio 24 mesi e Legno 15 mesi
Scrigno rubino, compatto e vivido. Naso potente di frutti rossi, rosa e macchia mediterranea, con sottofondo di vaniglia, cacao e tabacco. Palato pieno e coinvolgente, con un tannino percettibile e la sapidità che accompagna il finale caldo, scandito da ritorni fruttati. Stinco di maiale al forno in pancetta affumicata.

SAGARIS 2022
Rosato Igt - Aglianico del Vulture 100%
Alc. 13,5% | € 9 | Bt. 5.000 | Ferm. Acciaio | Mat. Acciaio 5 mesi
Straccetti di cavallo.

Carbone Vini

(2005)

L'areale di Melfi è situato in un luogo incantevole e ricco di storia: si trova a nord del Monte Vulture, dove le colline assumono pendenze meno ripide, su terreni scuri di matrice vulcanica, con esposizioni solari ottimali e dalle escursioni termiche inimitabili. Qui, Luca, vignaiolo e proprietario dell'azienda, ha sempre mostrato l'intenzione di sfruttare appieno le caratteristiche dell'aglianico e del terroir. Suggestiva è la cantina a forma di croce latina, scavata nel tufo vulcanico, nei pressi del centro storico della città. All'assaggio lo Stupor Mundi dimostra un profilo generoso.

Via Francesco Saverio Nitti, 48 - 85025 Melfi (PZ)
T. 328 2814344 | M. info@carbonevini.it
www.carbonevini.it

Viticoltura: Biologica
Ettari: 8 | **Bottiglie:** 25.000 | **Produzione olearia:** No
Proprietà: Luca Carbone
Cond. enologica: Luca Carbone
Cond. agronomica: Luca Carbone
Vendita diretta: Sì | **Visite in azienda:** Sì

AGLIANICO DEL VULTURE STUPOR MUNDI 2019
Rosso Doc - Aglianico del Vulture 100%
Alc. 14% | € 24 | Bt. 5.000 | Ferm. Acciaio | Mat. Acciaio 18 mesi e Legno 12 mesi
Rosso carminio, ricco di colore. Lo spartito olfattivo si apre su sinfonie di confettura di prugna e di mora seguite da erbe officinali, timo e mentuccia selvatica, rintocchi speziati di vaniglia, noce moscata e corteccia. Al gusto è avvolgente, grazie anche alla vendemmia avvenuta nella prima decade di novembre. Lombata di vitello su letto di cipolline saltate.

AGLIANICO DEL VULTURE 400 SOME 2019
Rosso Doc - Aglianico del Vulture 100%
Alc. 14% | € 18 | Bt. 7.000 | Ferm. Acciaio | Mat. Acciaio 24 mesi e Legno 12 mesi
Manzo brasato con olive e porri.

ROSA CARBONE 2022
Rosato Igt - Aglianico del Vulture 100%
Alc. 14% | € 12 | Bt. 4.000 | Ferm. Acciaio | Mat. Acciaio 6 mesi
Fettuccine ai finferli.

AGLIANICO DEL VULTURE SUPERIORE STUPOR MUNDI RISERVA
2011

AGLIANICO DEL VULTURE STUPOR MUNDI
2015 | 2017 | 2018

Casal Dragone
(1891)

Debutto in Guida per questo spin-off dell'azienda Dragone, avviato da Aldo pochi anni fa all'interno della tenuta storica di contrada Pietrapenta, nel frattempo trasformata in struttura agrituristica. Casal Dragone offre degustazioni di prodotti tipici, ristorazione e corsi di cucina, con la possibilità di pernottare nelle camere finemente arredate. La produzione vinicola è guidata da Fabio Mecca e si concentra su due blend di primitivo, cabernet e merlot: sorprende la versione Igt Kistos 2019, un entry level molto ben fatto.

Via Pasquale Vena, 28/E - 28751 Matera (MT)
T. 328 3746115 | M. casaldragone@gmail.com
www.casaldragone.it

Viticoltura: Convenzionale
Ettari: 7 | **Bottiglie:** 50.000 | **Produzione olearia:** Sì
Proprietà: Cataldo Dragone
Cond. enologica: Fabio Mecca
Cond. agronomica: Staff aziendale
Vendita diretta: Sì | **Visite in azienda:** Sì

KISTOS 2019
Rosso Igt - Primitivo 70%, Merlot 20%, Cabernet 10%
Alc. 13,5% | € 10 | Bt. 20.000 | Ferm. Acciaio | Mat. Legno 6 mesi
Riflessi violacei ornano il rubino. Un'ouverture di more e prugne, accompagnate da leggeri sbuffi mentolati. Sorprendentemente agile al palato, dove risulta fresco e gustoso, ma anche morbido, raffinato e di grande bevibilità. Buona la persistenza. Cosciotto d'agnello al forno con patate novelle.

MATERA MORO IL DONO 2018
Rosso Doc - Primitivo 70%, Cabernet 20%, Merlot 10%
Alc. 15,5% | € 18 | Bt. 30.000 | Ferm. Acciaio | Mat. Legno 6 mesi
Lepre alla cacciatora.

Colli Cerentino
(2002)

L'azienda, forte della sua ventennale esperienza, si afferma come realtà consolidata nel panorama vitivinicolo del Vulture. I loro vini da sempre si contraddistinguono per carattere e struttura sottolineando i tratti distintivi del vitigno. Quest'anno una bella novità con una nuova etichetta: Philos Moscato. Si tratta di Moscato Secco in purezza coltivato su terreni vulcanici, che va ad arricchire la proposta di vini. Il rosato acquista una veste più fresca e piacevole, mentre il Masqito gold, come sempre ampio e opulento, detiene appieno il primato conquistando l'eccellenza.

Piazza Giacomo Matteotti, 10 - 85028 Rionero in Vulture (PZ)
T. 335 7376112 | M. collicerentino@libero.it
www.collicerentino.it

Viticoltura: Biologica
Ettari: 11 | **Bottiglie:** 60.000 | **Produzione olearia:** No
Proprietà: Colli Cerentino
Cond. enologica: Maurizio Caffarelli
Cond. agronomica: Maurizio Caffarelli
Vendita diretta: Sì | **Visite in azienda:** Sì

93
AGLIANICO DEL VULTURE MASQITO GOLD 2017
Rosso Doc - Aglianico del Vulture 100%
Alc. 14,5% | € 70 | Bt. 2.500 | Ferm. Legno | Mat. Legno 48 mesi
Profonda tonalità rubino con screziature granato. Una caleidoscopica esplosione di profumi che vanno dalla confettura di more, ciliegie e mirtilli, ai guizzi più decisi di tabacco, cuoio e liquirizia. Piena e succosa la beva, con una trama tannica di pregevole fattura e decisa durata. Bocconcini di cinghiale con salsa di prugne.

ISOLAVERDE 2019
Rosso Igt - Aglianico del Vulture 100%
Alc. 13% | € 15 | Bt. 15.000 | Ferm. Acciaio | Mat. Acciaio 18 mesi
Fagiano arrosto.

PERLE DI CERENTINO BRUT
Bianco Metodo Martinotti - Falanghina 100%
Alc. 12% | € 14 | Bt. 6.000 | Ferm. Acciaio | Mat. Acciaio 6 mesi
6 mesi sui lieviti
Crostini con baccalà mantecato.

PHILOS MOSCATO 2022
Bianco Igt - Moscato 100%
Alc. 13,5% | € 18 | Bt. 3.000 | Ferm. Acciaio | Mat. Acciaio 6 mesi
Pasta, patate e cozze.

ROSENTINO 2022
Rosato Igt - Aglianico del Vulture 100%
Alc. 13,5% | € 18 | Bt. 6.000 | Ferm. Acciaio | Mat. Acciaio 6 mesi
Risotto agli asparagi e provola affumicata.

AGLIANICO DEL VULTURE MASQITO GOLD
2014 | 2015 | 2016

PHILOS
2019 | 2020 | 2021

Consorzio Viticoltori Associati del Vulture
(1977)

Azienda di riferimento della zona, con un'identità produttiva che ben rappresenta le peculiarità varietali e territoriali dell'area. La ricerca votata al continuo miglioramento, le vigne sui versanti più alti del Vulture, conferitori affiancati e sostenuti durante tutte le fasi del ciclo biologico della vite: ecco tutti gli elementi che hanno permesso negli anni di ottenere ottimi risultati con vini apprezzati e ben riconoscibili. Quest'anno la massima espressione è data dal Carpe Diem 2019, che arriva a sfiorare l'eccellenza; assolutamente godibile tutta la gamma presentata.

Ex Strada Statale 93 - 85022 Barile (PZ)
T. 0972 770386 | M. info@cantinadibarile.it
www.cantinadibarile.it

Viticoltura: Convenzionale
Ettari: 70 | **Bottiglie:** 100.000 | **Produzione olearia:** No
Proprietà: Cooperativa di produttori
Cond. enologica: Mauro Cappabianca
Cond. agronomica: Staff aziendale
Vendita diretta: Sì | **Visite in azienda:** Sì

AGLIANICO DEL VULTURE CARPE DIEM 2019
Rosso Doc - Aglianico del Vulture 100%
Alc. 14% | € 19 | Bt. 18.000 | Ferm. Acciaio | Mat. Acciaio 12 mesi e Legno 24 mesi
Rubino vivido dalla filigrana granato. Su uno sfondo di tabacco da pipa, cenere e cioccolato rimbalzano richiami di amarena, prugna disidratata ed effluvi mentolati e balsamici. Succoso e rotondo nel sorso, buon equilibrio e tannini integrati. Finale riscaldato dall'alcol che lascia un'eco fruttata. Lagane e ceci.

AGLIANICO DEL VULTURE 2020
Rosso Doc - Aglianico del Vulture 100%
Alc. 13,5% | € 11 | Bt. 20.000 | Ferm. Acciaio | Mat. Acciaio 12 mesi e Legno 6 mesi
Pappardelle al ragù di cinghiale.

LILY 2022
Rosato Igt - Aglianico del Vulture 100%
Alc. 12,5% | € 9 | Bt. 4.000 | Ferm. Acciaio
Branzino al cartoccio.

SPUMANTE ROSATO 2022
Rosato Metodo Martinotti - Aglianico del Vulture 100%
Alc. 12,5% | € 10 | Bt. 10.000 | Ferm. Acciaio | 3 mesi sui lieviti
Pizza prosciutto e funghi.

SPUMANTE MOSCATO DOLCE
Bianco Metodo Martinotti Dolce - Moscato bianco 100%
Alc. 7% | € 10 | Bt. 12.000 | Ferm. Acciaio | 2 mesi sui lieviti
Frittelle con cuore di Chantilly.

AGLIANICO DEL VULTURE SUPERIORE VETUSTO
2017

AGLIANICO DEL VULTURE
2016 | 2017 | 2019

Casa Vinicola D'Angelo
(1920)

I due giovani fratelli Rocco ed Erminia hanno già parecchie vendemmie da raccontare; sono ben consapevoli del ruolo e della responsabilità che hanno verso la storia vitivinicola vulturina. Il loro lavoro è costante e al passo con i tempi, sia in termini di marketing che di qualità dei prodotti. Tutti i vini godono indistintamente della massima attenzione in vigna e in tutte le fasi di vinificazione, seguite personalmente da Rocco. I rossi presentati sono tutti piacevoli alla beva, ma il Caselle e il Tecum 2018 hanno uno slancio gustativo che li posiziona a un passo dall'eccellenza.

Via Padre Pio, 8 - 85028 Rionero in Vulture (PZ)
T. 0972 721517 | M. dangelowine@gmail.com
www.dangelowine.com

Viticoltura: Biologica
Ettari: 25 | **Bottiglie:** 250.000 | **Produzione olearia:** No
Proprietà: Erminia e Rocco D'Angelo
Cond. enologica: Rocco D'Angelo
Cond. agronomica: Rocco D'Angelo
Vendita diretta: Sì | **Visite in azienda:** Sì

AGLIANICO DEL VULTURE CASELLE 2018
Rosso Doc - Aglianico del Vulture 100%
Alc. 13,5% | € 40 | Bt. 40.000 | Ferm. Cemento | Mat. Legno 24 mesi e Cemento 24 mesi
Compatto e consistente rosso carminio. Si esprime nel sublime intreccio di confettura di mirtillo, cacao e scatola da sigari, arricchito da cannella e pepe nero. Al gusto si rivela equilibrato, saporito, volumico, con una risoluta acidità che sostiene l'alcolicità e il tannino. Lungheggia su aromi di frutta e menta. Ravioli al sugo di chianina e tartufo nero.

AGLIANICO DEL VULTURE TECUM 2018
Rosso Doc - Aglianico del Vulture 100%
Alc. 14% | € 50 | Bt. 5.000 | Ferm. Cemento | Mat. Legno 12 mesi
Guanciale di manzo in umido con polenta.

CANNETO 2020
Rosso Igt - Aglianico del Vulture 100%
Alc. 13,5% | € 30 | Bt. 40.000 | Ferm. Cemento | Mat. Legno 18 mesi
Zuppa di farro e borlotti.

AGLIANICO DEL VULTURE 2021
Rosso Doc - Aglianico del Vulture 100%
Alc. 13,5% | € 15 | Bt. 100.000 | Ferm. Cemento | Mat. Legno 18 mesi
Capretto arrosto alle erbe aromatiche.

AGLIANICO DEL VULTURE CASELLE
2015 | 2016

AGLIANICO DEL VULTURE TECUM
2017

Donato D'Angelo
(2001)

Talentuose, dinamiche, caparbie e solari: Emiliana ed Erminia ormai affiancano stabilmente in azienda i genitori Donato e Filena. Una ventata di forze fresche e di nuove idee che si è concretizzata in EDE, il nuovo rosato da syrah, progetto della nuova generazione di cui l'etichetta riporta le iniziali dei nomi. Solo due i campioni presentati, una scelta legata alla volontà di ritardare l'uscita sul mercato delle ulteriori etichette, per aggiungere così un altro tassello nella ricerca della massima qualità a cui la famiglia di Donato D'Angelo aspira costantemente.

Via Padre Pio, 10 - 85028 Rionero in Vulture (PZ)
T. 0972 724602 | M. info@donatodangelo.it
www.donatodangelo.it

Viticoltura: Convenzionale
Ettari: 15 | **Bottiglie:** 120.000 | **Produzione olearia:** Sì
Proprietà: Filomena Ruppi
Cond. enologica: Donato D'Angelo, Emiliana D'Angelo
Cond. agronomica: Staff aziendale
Vendita diretta: Sì | **Visite in azienda:** Sì

AGLIANICO DEL VULTURE CALICE 2021
Rosso Doc - Aglianico del Vulture 100%
Alc. 14% | € 15 | Bt. 80.000 | Ferm. Acciaio | Mat. Legno 6 mesi
Rubino a trama fitta. Ammalia con suggestioni d'amarena, ciliegia sotto spirito, gelsi neri e violetta; poi il racconto olfattivo s'arricchisce di spezie dolci, chicchi di caffè tostato ed eucalipto. Tannini puntuali e ben dosati accompagnano a una chiosa dalla significativa lunghezza che richiama frutti rossi maturi. Parmigiana di melanzane.

EDE 2022
Rosato Igt - Syrah 100%
Alc. 13% | € 14 | Bt. 5.000 | Ferm. Acciaio | Mat. Acciaio 6 mesi
Calamarata con ragù di pesce spada.

BALCONARA
2017 | 2019 | 2020

AGLIANICO DEL VULTURE DONATO D'ANGELO
2019 | 2020

Dragone
(1882)

Da ben oltre 100 anni Dragone è sinonimo di vini di qualità nel territorio materano. Nella splendida tenuta alle porte della Città dei Sassi, al cui interno si trova la famosa Cripta del Peccato Originale, l'azienda lavora sui vitigni tipici del Matera Doc: il primitivo, il greco e la malvasia bianca di Basilicata, che danno vita a vini dalla forte identità territoriale. Peccato non poter degustare, in quest'edizione, i bianchi e gli spumanti. Tra i vini rossi, il Pietrapenta 2020 è un prodotto di grande eleganza e purezza stilistica.

Via Marco Biagi, 6 - Contrada Pietrapenta - 75100 Matera (MT)
T. 328 1040972 | M. info@dragonevini.com
www.dragonevini.com

Viticoltura: Biologica
Ettari: 23 | **Bottiglie:** 50.000 | **Produzione olearia:** Sì
Proprietà: Michele Dragone
Cond. enologica: Michele Dragone
Cond. agronomica: Michele Dragone
Vendita diretta: Sì | **Visite in azienda:** Sì

MATERA PRIMITIVO PIETRAPENTA 2020
Rosso Dop - Primitivo 100%
Alc. 13% | € 9 | Bt. 26.000 | Ferm. Acciaio | Mat. Legno 12 mesi
Vivacità e luminosità alla vista. Al naso l'intreccio di more e prugne è rinfrescato da una ricca componente balsamica, per poi chiudere con tracce di tostatura. Morbido e setoso in bocca, con tannini levigati e una freschezza calibrata. Persistenza fruttata. Agnolotti al sugo di carne.

MATERA ROSSO LAMINA 2020
Rosso Doc - Sangiovese 60%, Aglianico 20%, Primitivo 20%
Alc. 13% | € 8 | Bt. 12.000 | Ferm. Acciaio
Zuppa di legumi e cereali.

MATERA SPUMANTE BRUT ROSÉ EGO SVM
2016

MATERA SPUMANTE BRUT CENTO SANTI
2016

Eleano
(2000)

Profilo sempre virtuoso per la cantina Eleano: profonda convinzione nel ricercare vini che siano espressione di qualità, radicamento nel territorio, mai banali e piacioni, ma autentici e rispettosi delle peculiarità del vitigno. La conduzione enologica è affidata all'esperto Cristoforo Pastore e alla spiccata professionalità di Rosaria Nigro, vulturina di origine che ben conosce le caratteristiche morfologiche di questo territorio, interpretandolo in modo sapiente e magistrale, e facendone emergere le peculiarità in ogni singola etichetta. Straordinaria la gamma presentata.

Strada Provinciale 8 - Contrada Pian dell'Altare - 85020 Ripacandida (PZ)
T. 345 0507827 | M. info@eleano.it
www.eleano.it

Viticoltura: Convenzionale
Ettari: 12 | **Bottiglie:** 50.000 | **Produzione olearia:** Sì
Proprietà: Alfredo Cordisco e Francesca Grieco
Cond. enologica: Cristoforo Pastore, Rosaria Nigro
Cond. agronomica: Staff aziendale
Vendita diretta: Sì | **Visite in azienda:** Sì

AMBRA 2019
Bianco Igt Passito - Moscato bianco 100%
Alc. 14% | € 25 (0,5l) | Bt. 4.000 | Ferm. Acciaio | Mat. Acciaio 12 mesi e Legno 24 mesi
Oro antico. Olfatto intenso e fine, esordio di miele, mela cotogna e albicocca candita, poi erbe aromatiche, nocciola e fichi secchi, eucalipto e accenni minerali. Sorso dolce, caldo, avvolgente, si espande con equilibrio, marcato da viva freschezza e incisiva sapidità. Lungo e appagante. Gorgonzola naturale.

AGLIANICO DEL VULTURE DIONISO 2020
Rosso Doc - Aglianico del Vulture 100%
Alc. 14% | € 25 | Bt. 10.000 | Ferm. Acciaio | Mat. Acciaio 6 mesi e Legno 24 mesi
Brasato di lepre con riduzione di vino rosso.

TESEO 2021
Rosso Igp - Aglianico del Vulture 100%
Alc. 14% | € 15 | Bt. 20.000 | Ferm. Acciaio | Mat. Acciaio 6 mesi e Legno 12 mesi
Stinco d'agnello al forno.

SILVIA 2021
Rosato Igp Frizzante - Aglianico del Vulture 100%
Alc. 12,5% | € 26 | Bt. 3.000 | Ferm. Acciaio | Mat. Acciaio 12 mesi
Crostini con burro e alici.

AGLIANICO DEL VULTURE SUPERIORE ELEANO
2016 | 2017 | 2018

FEDRA
2021

Eubea
(1922)

La cantina Eubea affaccia su uno degli scorci più suggestivi del Vulture e gode di un panorama mozzafiato, con vigneti a perdita d'occhio che si adagiano su dolci colline. I vini presentati, Ròinos 2020 e Covo dei Briganti 2021, sono due storiche etichette di riferimento per l'enologia del territorio e rappresentano una pregevole interpretazione delle annate. Lo stile è sempre riconoscibile, a testimonianza della cinquantennale esperienza di Francesco, conosciuto come "il professore", che predilige lunghe maturazioni che donano non solo forza e opulenza, ma anche tanta classe ai vini.

Strada Provinciale 8 - 85020 Ripacandida (PZ)
T. 328 4312789 | M. eugeniasasso11@gmail.com
www.eubea.company.site

Viticoltura: Biologica certificata
Ettari: 20 | **Bottiglie:** 40.000 | **Produzione olearia:** No
Proprietà: Eugenia Sasso
Cond. enologica: Francesco Sasso
Cond. agronomica: Francesco Sasso
Vendita diretta: Sì | **Visite in azienda:** Sì

AGLIANICO DEL VULTURE RÒINOS 2020
Rosso Doc - Aglianico del Vulture 100%
Alc. 14,5% | € 38 | Bt. 8.000 | Ferm. Acciaio | Mat. Legno 24 mesi
Rubino compatto e luminoso. Naso austero e rigoroso, sprigiona liquirizia, genziana, rabarbaro e radice di china, poi uno sbuffo fruttato e floreale di rosa e agrume candito. Opulento il gusto, bilanciato, vibrante nel tannino ma gradevole nell'acidità, regala sapore e persistenza. Filetto di bue con salsa di Roquefort.

AGLIANICO DEL VULTURE COVO DEI BRIGANTI 2021
Rosso Doc - Aglianico del Vulture 100%
Alc. 14,5% | € 25 | Bt. 10.000 | Ferm. Acciaio | Mat. Legno 24 mesi
Pappardelle al ragù di cervo.

AGLIANICO DEL VULTURE RÒINOS
2019

AGLIANICO DEL VULTURE COVO DEI BRIGANTI
2017 | 2018 | 2019

Elena Fucci
(2000)

I cambiamenti evolutivi non avvengono solo in cantina, ma riguardano soprattutto le sfide imprenditoriali e le continue messe in gioco: ecco quello che ha fatto Elena Fucci in questi anni, raggiungendo una maturità aziendale che, a discapito della giovane età, la consacra sempre di più come una delle protagoniste dell'Aglianico del Vulture. Un'evoluzione positiva che riscontriamo pienamente nel Titolo Riserva 2018 che si aggiudica con merito l'eccellenza. Considerevole il Titolo 2021, seguito da Sceg 2021, un vino dalle ottime prospettive evolutive.

Contrada Solagna del Titolo - 85022 Barile (PZ)
T. 320 4879945 | M. info@elenafuccivini.com
www.elenafuccivini.com

Viticoltura: Biologica
Ettari: 9 | **Bottiglie:** 38.000 | **Produzione olearia:** Sì
Proprietà: Elena Fucci
Cond. enologica: Elena Fucci
Cond. agronomica: Elena Fucci
Vendita diretta: Sì | **Visite in azienda:** Sì

93

AGLIANICO DEL VULTURE SUPERIORE TITOLO RISERVA 2018
Rosso Docg - Aglianico del Vulture 100%
Alc. 14% | € 75 | Bt. 400 | Ferm. Acciaio | Mat. Legno 36 mesi
Smagliante rubino. Profilo olfattivo importante e generoso, caratterizzato da richiami di mora, frutti di bosco, caffè in chicchi, liquirizia, e poi ancora viola e polpa di lampone. Al palato potenza e struttura da primo attore; saporito e sapido, tannini fitti e precisi. Durevoli le percezioni aromatiche. Filetto di vitello alla Rossini.

AGLIANICO DEL VULTURE TITOLO 2021
Rosso Doc - Aglianico del Vulture 100%
Alc. 14% | € 32 | Bt. 28.000 | Ferm. Acciaio | Mat. Legno 12 mesi
Tortelli al Castelmagno.

AGLIANICO DEL VULTURE SCEG 2021
Rosso Dop - Aglianico del Vulture 100%
Alc. 13,5% | € 20 | Bt. 7.500 | Ferm. Acciaio | Mat. Legno 12 mesi
Reale di vitello alla senape antica.

TITOLO PINK EDITION 2022
Rosato Igp - Aglianico del Vulture 100%
Alc. 12,5% | € 25 | Bt. 4.500 | Ferm. Acciaio | Mat. Acciaio 2 mesi
Tortino al radicchio e cannellini.

AGLIANICO DEL VULTURE TITOLO
2015 | 2018 | 2020

AGLIANICO DEL VULTURE SCEG
2020

Grifalco
(2004)

La realtà produttiva di quest'azienda del Vulture si può riassumere in due semplici parole: stile e identità. I fratelli Lorenzo e Andrea Piccin sono sempre attenti, originali e capaci di interpretare in maniera ottimale il vitigno in relazione ai diversi cru aziendali, con lunghissime macerazioni e una cifra espressiva convincente che li contraddistingue e li rende unici. In quest'edizione un assortimento sorprendente in cui i vini raggiungono valutazioni importanti. Strepitoso Daginestra 2019, meritevole del Tastevin. Complimenti e avanti tutta, ragazzi!!

Località Piani di Camera - 85029 Venosa (PZ)
T. 0972 31002 | M. grifalcowine@gmail.com
www.grifalcovini.com

Viticoltura: Biologica certificata
Ettari: 15 | **Bottiglie:** 80.000 | **Produzione olearia:** No
Proprietà: Famiglia Piccin
Cond. enologica: Lorenzo Piccin
Cond. agronomica: Lorenzo Piccin
Vendita diretta: Sì | **Visite in azienda:** Sì

93

AGLIANICO DEL VULTURE SUPERIORE DAGINESTRA 2019
Rosso Docg - Aglianico del Vulture 100%
Alc. 13% | € 38 | Bt. 7.000 | Ferm. Legno | Mat. Legno 12 mesi
Il manto rubino fa da apripista a memorie di macchia mediterranea e muschio, seguite da mora e ciliegia sotto spirito, stille di tabacco e polvere di caffè. L'ingresso è d'indubbia eleganza, grazie alla sintonia tra freschezza e astringenza, con una chiusura sapida e persistente. Cosciotto di maiale farcito.

AGLIANICO DEL VULTURE SUPERIORE DAMASCHITO 2019
Rosso Docg - Aglianico del Vulture 100%
Alc. 13% | € 38 | Bt. 7.000 | Ferm. Legno | Mat. Legno 12 mesi
Stracotto d'asino.

AGLIANICO DEL VULTURE GRIFALCO 2021
Rosso Doc - Aglianico del Vulture 100%
Alc. 13,5% | € 25 | Bt. 22.000 | Ferm. Acciaio | Mat. Acciaio 12 mesi e Legno 12 mesi
Involtini di vitello lardellati.

AGLIANICO DEL VULTURE GRICOS 2021
Rosso Doc - Aglianico del Vulture 100%
Alc. 13% | € 18 | Bt. 44.000 | Ferm. Acciaio | Mat. Acciaio 12 mesi e Legno 12 mesi
Bigoli con salsiccia.

AGLIANICO DEL VULTURE SUPERIORE DAGINESTRA
2016 | 2017 | 2018

AGLIANICO DEL VULTURE SUPERIORE DAMASCHITO
2016 | 2017 | 2018

Macarico Vini
(1998)

Sorella più piccola della ben nota Cantine nel Notaio, ha al suo timone l'infaticabile talento di Gerardo Giuratrabocchetti. Lo stile e la piacevolezza di beva delle diverse etichette contraddistinguono l'azienda, che esalta l'indole e la versatilità dell'aglianico nelle possibili interpretazioni: dalla versione più snella come il Rosso del Vulcano 2022 a quella più strutturata del Macarico 2021. Matrice comune a tutti i campioni presentati la raffinatezza dei profumi e l'espressività gustativa che permettono di sentire in ogni sorso il legame territoriale.

Via Roma, 159 - 85028 Rionero in Vulture (PZ)
T. 0972 724900 | M. info@macaricovini.it
www.macaricovini.it

Viticoltura: Convenzionale
Ettari: 3 | **Bottiglie:** 46.000 | **Produzione olearia:** No
Proprietà: Cantine del Notaio
Cond. enologica: Gerardo Giuratrabocchetti
Cond. agronomica: Gerardo Giuratrabocchetti
Vendita diretta: Sì | **Visite in azienda:** Sì

AGLIANICO DEL VULTURE MACARICO 2021
Rosso Doc - Aglianico del Vulture 100%
Alc. 13,5% | € 28 | Bt. 6.000 | Ferm. Acciaio | Mat. Legno 12 mesi
Rubino compatto e lucente. Il quadro olfattivo si esprime con ciliegia, prugna e mirtilli; seguono lievi sensazioni floreali, intrecciate a una delicata speziatura di chiodi di garofano. Ricco e appagante l'abbrivio gustativo, preciso, ordinato, finemente tannico e fresco. Ottima progressione fruttata. Entrecôte alla griglia con scaglie di formaggio.

AGLIANICO DEL VULTURE MACARÌ 2021
Rosso Doc - Aglianico del Vulture 100%
Alc. 14% | € 15 | Bt. 15.000 | Ferm. Acciaio | Mat. Legno 12 mesi
Carré di maiale alle prugne.

ROSSO DEL VULCANO 2022
Rosso Igt - Uve nere tradizionali della Basilicata 100%
Alc. 13% | € 11 | Bt. 14.000 | Ferm. Acciaio | Mat. Legno 12 mesi
Soufflé con pecorino e crema di patate.

AGLIANICO DEL VULTURE MACARICO
2020

AGLIANICO DEL VULTURE MACARÌ
2018 | 2019 | 2020

Martino
(1942)

L'azienda Martino, con le sue oltre 80 vendemmie alle spalle, è uno dei punti di riferimento del panorama vitivinicolo del Vulture. Una realtà importante con una produzione e una selezione di vini ampia, che si fa apprezzare per la sua piacevolezza. Il carattere e la determinazione con cui Carolin cura i suoi vigneti si ritrovano in ogni vino, esaltando vitigno e territorio. Ottime prestazioni per i campioni in degustazione, il bianco piacevole e rinfrescante, i rossi sempre sugli scudi con il Martino Superiore Riserva 2017 che raggiunge meritatamente l'eccellenza.

Via La Vista, 2/A - 85028 Rionero in Vulture (PZ)
T. 0972 721422 | M. info@martinovini.com
www.martinovini.com

Viticoltura: Convenzionale
Ettari: 30 | **Bottiglie:** 250.000 | **Produzione olearia:** No
Proprietà: Armando e Carolin Martino
Cond. enologica: Gerardo Briola
Cond. agronomica: Gerardo Briola
Vendita diretta: Sì | **Visite in azienda:** Sì

92

AGLIANICO DEL VULTURE SUPERIORE MARTINO RISERVA 2017
Rosso Docg - Aglianico del Vulture 100%
Alc. 14% | € 40 | Bt. 1.333 | Ferm. Acciaio | Mat. Legno 24 mesi e Cemento 12 mesi
Striature granato sul carminio molto concentrato. Una traiettoria odorosa che parte da note di confettura di prugna e more per poi espandersi verso nuance di liquirizia e caffè tostato. Assaggio suadente, con una freschezza e un tannino ben dosati che contribuiscono a una decisa persistenza balsamica. Spezzatino di manzo.

AGLIANICO DEL VULTURE BEL POGGIO 2017
Rosso Doc - Aglianico del Vulture 100%
Alc. 14% | € 15 | Bt. 15.000 | Ferm. Acciaio | Mat. Legno 6 mesi e Cemento 24 mesi
Filetto di cervo ai mirtilli.

AGLIANICO DEL VULTURE ORAZIANO 2017
Rosso Doc - Aglianico del Vulture 100%
Alc. 14% | € 20 | Bt. 15.000 | Ferm. Acciaio | Mat. Acciaio 12 mesi e Legno 15 mesi
Arista di maiale con salsa di prugne.

SINCERITÀ 2022
Bianco Igt - Aglianico del Vulture 90%, altre varietà 10%
Alc. 13% | € 13 | Bt. 10.000 | Ferm. Acciaio | Mat. Acciaio 3 mesi
Coniglio in umido con verze e purea di patate.

AGLIANICO DEL VULTURE SUPERIORE MARTINO RISERVA
2013 | 2015 | 2016

AGLIANICO DEL VULTURE BEL POGGIO
2013

Masseria Cardillo
(1700)

Nella splendida masseria settecentesca situata a pochi chilometri da Matera e dal Mar Jonio, la famiglia Graziadei produce vini di grande qualità e ricercatezza e, al tempo stesso, accoglie turisti e winelover in una struttura elegante che ospita eventi e fa anche da agriturismo. Recentemente si è aggiunto anche un ristorante à la carte. La produzione vitivinicola è incentrata su primitivo, aglianico e fiano. Meritate le Quattro Viti al Malandrina 2020, un Matera Doc Moro particolarmente fine; sorprende il Tittà, blend di aglianico e primitivo dalla grande bevibilità.

SS 407 Basentana, km 97,5 - 75012 Bernalda (MT)
T. 0835 748992 | M. info@masseriacardillo.it
www.masseriacardillo.it

Viticoltura: Convenzionale
Ettari: 23 | **Bottiglie:** 80.000 | **Produzione olearia:** Sì
Proprietà: Famiglia Graziadei
Cond. enologica: Oronzo Alò
Cond. agronomica: Giovanni Graziadei
Vendita diretta: Sì | **Visite in azienda:** Sì

(91)

MATERA MORO MALANDRINA 2020
Rosso Doc - Cabernet 60%, Merlot 30%, Primitivo 10%
Alc. 14,5% | € 19 | Bt. 10.000 | Ferm. Acciaio | Mat. Acciaio 6 mesi e Legno 12 mesi
Rosso rubino con ricami granato. Olfatto ricco di frutti di bosco in confettura, erbe mediterranee, tabacco e cacao, impreziosito da una fresca scia balsamica. Al sorso è carnoso e potente, ma anche vellutato nella componente tannica. La buona sapidità lo rende equilibrato e intrigante. Tagliata al pepe verde.

MATERA PRIMITIVO BARUCH 2020
Rosso Doc - Primitivo 100%
Alc. 15% | € 27 | Bt. 10.000 | Ferm. Acciaio | Mat. Acciaio 6 mesi e Legno 12 mesi
Brasato di lepre con riduzione di vino rosso.

MATERA PRIMITIVO GOJ 2020
Rosso Doc - Primitivo 100%
Alc. 15,5% | € 29 | Bt. 3.500 | Ferm. Acciaio | Mat. Acciaio 6 mesi e Legno 16 mesi
Guanciale di manzo al brandy.

TITTÀ 2021
Rosso Igt - Aglianico 60%, Primitivo 40%
Alc. 14% | € 12 | Bt. 15.000 | Ferm. Acciaio | Mat. Acciaio 4 mesi e Legno 6 mesi
Maialino in agrodolce.

VIGNA GIADÌ 2021
Rosso Igt - Primitivo 100%
Alc. 13,5% | € 12 | Bt. 10.000 | Ferm. Acciaio | Mat. Acciaio 6 mesi
Pappardelle con sugo di lepre.

SPUMANTE PAS DOSÉ
Bianco Metodo Classico - Fiano 100%
Alc. 12,5% | € 23 | Bt. 2.000 | Ferm. Acciaio | 36 mesi sui lieviti
Frittura di canestrelli e calamari.

BACCHE ROSA
2019 | 2020 | 2021

OVO DI ELENA
2018 | 2020 | 2021

Musto Carmelitano
(2007)

Il lungo percorso di conversione al biologico voluto fortemente dalla famiglia Musto Carmelitano non è solo un tratto identificativo delle scelte coraggiose di un'azienda dai solidi principi, ma è anche una forma di rispetto delle terre coltivate da tre generazioni. La strategia si è dimostrata vincente e ricca di soddisfazioni imprenditoriali. La conoscenza di ogni vigneto è la chiave per calibrare le scelte agronomiche e far risaltare a pieno le peculiarità del vitigno. I vini sono fedeli testimoni dell'impegno e della dedizione costante, con Pian del Moro 2019 all'apice della proposta.

Via Pietro Nenni, 23 - 85020 Maschito (PZ)
T. 0972 33312 | M. info@mustocarmelitano.it
www.mustocarmelitano.it

Viticoltura: Biologica
Ettari: 8 | **Bottiglie:** 25.000 | **Produzione olearia:** Sì
Proprietà: Famiglia Musto Carmelitano
Cond. enologica: Sebastiano Fortunato
Cond. agronomica: Sebastiano Fortunato
Vendita diretta: Sì | **Visite in azienda:** Sì

AGLIANICO DEL VULTURE PIAN DEL MORO 2019
Rosso Doc - Aglianico del Vulture 100%
Alc. 14% | € 21 | Bt. 4.000 | Ferm. Acciaio | Mat. Acciaio 6 mesi e Legno 12 mesi
Carminio vivace. Marcati e ben distinti i profumi che iniziano con un mix di piccoli e succosi frutti rossi e neri, quali goji e mora, poi violetta appassita, tabacco, cuoio e vaniglia. In bocca ricco di struttura e tannini esuberanti e percettibili. La nota boisé rende il sorso particolarmente accattivante. Agnello al forno con rosmarino.

AGLIANICO DEL VULTURE SERRA DEL PRETE 2020
Rosso Doc - Aglianico del Vulture 100%
Alc. 14% | € 17 | Bt. 8.000 | Ferm. Acciaio | Mat. Acciaio 12 mesi e Cemento 12 mesi
Pappardelle al ragù di cinghiale.

AGLIANICO DEL VULTURE MASCHITANO ROSSO 2020
Rosso Doc - Aglianico del Vulture 100%
Alc. 13,5% | € 12 | Bt. 8.000 | Ferm. Acciaio | Mat. Acciaio 12 mesi
Gulasch di cervo con patate stufate.

AGLIANICO DEL VULTURE PIAN DEL MORO
2013 | 2015 | 2018

AGLIANICO DEL VULTURE SERRA DEL PRETE
2017 | 2018 | 2019

Paternoster

(1925)

La collezione di Paternoster si attesta da sempre su livelli di qualità invidiabile: vini di sostanza ma anche di finezza e precisione, dal piglio moderno. Parterre ridotto per quest'edizione poiché ancora in affinamento alcune etichette; con il 2018 fa il suo esordio il Don Anselmo nella versione Docg Superiore. Si tratta di un millesimo che ha la capacità di racchiudere e valorizzare le peculiarità del territorio di Barile, fondendo in un piacevolissimo sorso struttura, classe e trama tannica. Generosità di espressione anche per il Bariliott pensato come "vino quotidiano".

Contrada Valle del Titolo - 85022 Barile (PZ)
T. 0972 770224 | M. info@paternosterwine.it
www.paternosterwine.it

Viticoltura: Biologica
Ettari: 20 | **Bottiglie:** 150.000 | **Produzione olearia:** No
Proprietà: Tommasi Family Estates
Cond. enologica: Fabio Mecca
Cond. agronomica: Fabio Mecca
Vendita diretta: Sì | **Visite in azienda:** Sì

96

AGLIANICO DEL VULTURE SUPERIORE DON ANSELMO 2018
Rosso Docg - Aglianico del Vulture 100%
Alc. 14% | € 60 | Bt. 12.000 | Ferm. Acciaio | Mat. Acciaio 12 mesi e Legno 24 mesi
Carminio compatto. Tabacco scuro, cuoio e piccoli frutti neri e rossi alla prima olfazione, poi la dolcezza della cannella conduce a una chiosa tostata e balsamica. Energico, dinamico ed espressivo, con un calibrato tannino che appassiona il palato. Finale entusiasmante dai rintocchi fruttati. Filetto di maiale alla senape.

AGLIANICO DEL VULTURE BARILIOTT 2021
Rosso Doc - Aglianico del Vulture 100%
Alc. 13% | € 20 | Bt. 12.000 | Ferm. Acciaio | Mat. Legno 12 mesi
Bucatini all'amatriciana.

VULCANICO 2022
Bianco Igt - Falanghina 100%
Alc. 13% | € 15 | Bt. 20.000 | Ferm. Acciaio | Mat. Acciaio 5 mesi
Risotto alla granseola.

AGLIANICO DEL VULTURE SYNTHESI
2017 | 2018 | 2019

VULCANICO
2019 | 2020 | 2021

Quarta Generazione

(2016)

Decine e decine di vendemmie con quattro generazioni che si sono prese cura della vite e della produzione del vino. La cantina di Giovanna Paternoster affiancata da papà Sergio, decano dell'enologia vulturina, trasforma i frutti del vigneto con coerenza, confermando nel tempo il proprio stile identitario: i rossi energici, succosi, di grande bevibilità e ottimo profilo organolettico; i bianchi freschi e scorrevoli. Gamma ridotta quest'anno, con il Quarta Generazione 2021 dotato di grande stoffa che si ferma a un passo dall'eccellenza.

Località Macarico - 85022 Barile (PZ)
T. 334 2039805 | M. info@quartagenerazione.com
www.quartagenerazione.com

Viticoltura: Biologica
Ettari: 3 | **Bottiglie:** 20.000 | **Produzione olearia:** Sì
Proprietà: Giovanna Paternoster
Cond. enologica: Sergio Paternoster
Cond. agronomica: Staff aziendale
Vendita diretta: Sì | **Visite in azienda:** Sì

AGLIANICO DEL VULTURE QUARTA GENERAZIONE 2021
Rosso Dop - Aglianico del Vulture 100%
Alc. 14,5% | € 27 | Bt. 18.000 | Ferm. Acciaio | Mat. Legno 12 mesi
Rosso profondo e pieno. Naso d'ampio respiro: frutti rossi maturi, spezie dolci e tostature, caffè in grani e tabacco, poi un'interessante traccia d'eucalipto. La freschezza introduce una beva carnosa, piena di struttura e sapore, con ordito tannico di percettibile presenza. Allungo su coerenze fruttate. Gulasch di manzo alla paprica dolce.

IL BIANCO QUARTA GENERAZIONE 2022
Bianco - Fiano 100%
Alc. 13,5% | € 23 | Bt. 2.000 | Ferm. Acciaio | Mat. Acciaio 3 mesi
Tiella di riso, patate e cozze.

AGLIANICO DEL VULTURE QUARTA GENERAZIONE
2018 | 2019 | 2020

IL BIANCO QUARTA GENERAZIONE
2018 | 2019 | 2020

Re Manfredi - Cantine Terre degli Svevi
(1998)

Assoluto protagonista di questo territorio che, negli ultimi anni, ha investito significativamente in consistenti ampliamenti sia degli impianti che del corpo aziendale. Da poco terminati i lavori per rendere disponibili nuovi spazi per accoglienza e degustazioni e per la realizzazione di un locale ipogeo destinato alla maturazione dei vini. Distese di vigneti pettinati, la cura dei dettagli, un paesaggio mozzafiato alle pendici del Vulcano e una grande professionalità la rendono tappa obbligata per tutti gli appassionati. Risultati di altissima qualità anche nelle degustazioni.

Località Pian di Camera - 85029 Venosa (PZ)
T. 0972 31263 | M. remanfredi@giv.it
www.cantineremanfredi.com

Viticoltura: Convenzionale
Ettari: 100 | **Bottiglie:** 227.000 | **Produzione olearia:** No
Proprietà: Gruppo Italiano Vini
Cond. enologica: Morgan Mccrum
Cond. agronomica: Paolo Savo Sardaro
Vendita diretta: Sì | **Visite in azienda:** Sì

93

AGLIANICO DEL VULTURE SUPERIORE VIGNETO SERPARA 2017
Rosso Docg - Aglianico del Vulture 100%
Alc. 15% | € 35 | Bt. 7.000 | Ferm. Acciaio | Mat. Legno 24 mesi
Rubino scuro. All'olfatto intriganti profumi di pepe nero, ginepro e tabacco si fondono a ricordi di frutta rossa matura seguiti da una nuvola balsamica che stuzzica il naso. Al palato è solido e ben supportato da spiccata freschezza che incrocia tannini energici e integrati. Lunghissima persistenza fruttata. Carré d'agnello al timo e lardo di Colonnata.

AGLIANICO DEL VULTURE RE MANFREDI 2021
Rosso Doc - Aglianico del Vulture 100%
Alc. 14,5% | € 28 | Bt. 12.000 | Ferm. Acciaio | Mat. Acciaio 5 mesi e Legno 12 mesi
Formaggio di fossa di Sogliano.

AGLIANICO DEL VULTURE RE MANFREDI TAGLIO DEL TRALCIO 2021
Rosso Doc - Aglianico del Vulture 100%
Alc. 14,5% | € 15 | Bt. 48.000 | Ferm. Acciaio | Mat. Acciaio 5 mesi e Legno 6 mesi
Risotto al tartufo nero.

RE MANFREDI ROSA 2022
Rosato Igt - Aglianico del Vulture 100%
Alc. 13,5% | € 15 | Bt. 40.000 | Ferm. Acciaio | Mat. Acciaio 2 mesi
Lasagne alle melanzane.

RE MANFREDI BIANCO 2022
Bianco Igt - Müller Thurgau 70%, Traminer aromatico 30%
Alc. 13% | € 15 | Bt. 120.000 | Ferm. Acciaio | Mat. Acciaio 6 mesi
Rombo al forno con patate e carciofi.

AGLIANICO DEL VULTURE RE MANFREDI
2018 | 2019

AGLIANICO DEL VULTURE RE MANFREDI TAGLIO DEL TRALCIO
2018 | 2019 | 2020

Regio Cantina
(2004)

Siamo nella parte più bassa dell'areale del Vulture, nella città di Orazio, Venosa. Quello che colpisce assaggiando i vini di quest'azienda è la diversa interpretazione dell'aglianico nelle varie etichette. L'artefice di tutto questo è Giovanni Montrone che continua a essere un punto di riferimento sotto diversi aspetti. Le peculiarità morfologiche delle vigne, maturazioni e raccolta in periodi diversi, le differenti lavorazioni e l'uso corretto dei legni riescono a esaltare i vini in modo autentico e identitario. Menzione d'eccellenza per la Riserva Campo Melograno 2019.

Località Piano Regio - 85029 Venosa (PZ)
T. 0577 54011 | M. info@regiocantina.it
www.piccini1882.it

Viticoltura: Biologica certificata
Ettari: 15 | **Bottiglie:** 100.000 | **Produzione olearia:** No
Proprietà: Famiglia Piccini
Cond. enologica: Giovanni Montrone
Cond. agronomica: Giovanni Montrone
Vendita diretta: Sì | **Visite in azienda:** Sì

91

AGLIANICO DEL VULTURE SUPERIORE CAMPO MELOGRANO RISERVA 2019
Rosso Docg - Aglianico del Vulture 100%
Alc. 14,5% | € 22 | Bt. 15.000 | Ferm. Acciaio | Mat. Legno 24 mesi
Carminio dai lampi granato. Evidenze di marasca sotto spirito, ribes, confettura di prugna e violette appassite allietano il naso, poi alloro, aghi di pino, cacao amaro e humus. Al gusto tanta ricchezza, tannino mordace e freschezza sferzante, che tratteggiano uno sviluppo aromatico interminabile. Filetto di maiale lardellato.

AGLIANICO DEL VULTURE GENESI 2021
Rosso Doc - Aglianico del Vulture 100%
Alc. 14,5% | € 14 | Bt. 40.000 | Ferm. Acciaio | Mat. Legno 6 mesi
Cinghiale in umido.

AGLIANICO DEL VULTURE DONPÀ 2020
Rosso Doc - Aglianico del Vulture 100%
Alc. 14,5% | € 18 | Bt. 45.000 | Ferm. Acciaio | Mat. Legno 15 mesi
Risotto con salsiccia e Taleggio.

AGLIANICO DEL VULTURE SUPERIORE CAMPO MELOGRANO RISERVA
2016

AGLIANICO DEL VULTURE DONPÀ
2015 | 2017 | 2019

Ripanero
(2014)

Ritorna in Guida dopo una pausa di un anno questa piccola realtà vitivinicola di Rionero. Sempre più convinti delle potenzialità di quest'area, Maurizio, Mario e Davide, continuano con determinazione il loro lavoro, con complicità e dinamicità. A coadiuvare il gruppo di amici, sia nella parte agronomica che enologica, con grande attenzione e rispetto dell'ambiente c'è Fortunato Sebastiano, esperto conoscitore del territorio. Quest'anno è presentata una sola etichetta che sfiora le Quattro Viti, mentre le altre riposeranno in cantina per qualche altro mese di affinamento.

Via Tancredi, 6 - 85028 Rionero in Vulture (PZ)
T. 0972 720052 | M. soc.agricola.ripanero@gmail.com
www.ripanero.it

Viticoltura: Biologica
Ettari: 5 | **Bottiglie:** 12.000 | **Produzione olearia:** Sì
Proprietà: Maurizio Placido, Mario Di Nitto e Davide Zucale
Cond. enologica: Fortunato Sebastiano
Cond. agronomica: Fortunato Sebastiano
Vendita diretta: Sì | **Visite in azienda:** Sì

AGLIANICO DEL VULTURE SANZAVINO 2018
Rosso Doc - Aglianico del Vulture 100%
Alc. 13% | € 12 | Bt. 5.000 | Ferm. Acciaio | Mat. Acciaio 12 mesi
Concentrazione e luce per il rosso rubino. Esordisce su toni croccanti di more e ribes nero, viola mammola, macchia mediterranea e mirto, e sullo sfondo foglie di selce. Scorre agile e scaltro, gode di un perfetto equilibrio dall'appiglio fresco-sapido, con corroborante tannicità. Chiusura succosa. Zuppa di stoccafisso e patate.

AGLIANICO DEL VULTURE PHYSIS
2017

AGLIANICO DEL VULTURE LÒGOS
2017

Tenuta i Gelsi
(2003)

Un anno all'insegna del dinamismo: sono stati messi a dimora ulteriori impianti di fiano da destinare a nuovi progetti enologici; in cantiere una nuova grafica per le etichette della linea "Gelso", che raccontano di uno stile giovanile e fresco che ben si accorda con il recente orientamento produttivo; un fitto calendario di eventi in cantina, richiamo per tanti winelover che hanno anche la possibilità di scoprire lo splendido contesto paesaggistico e naturalistico in cui è incastonata quest'azienda. Grande risultato per il Calaturi 2018 che raggiunge le vette.

Contrada Paduli - Località Monticchio Bagni - 85028 Rionero in Vulture (PZ)
T. 0972 080289 | M. info@tenutaigelsi.com
www.tenutaigelsi.com

Viticoltura: Convenzionale
Ettari: 13 | **Bottiglie:** 70.000 | **Produzione olearia:** Sì
Proprietà: Famiglia Potito
Cond. enologica: Ruggiero Potito, Sebastiano Fortunato
Cond. agronomica: Ruggiero Potito
Vendita diretta: Sì | **Visite in azienda:** Sì

92

AGLIANICO DEL VULTURE SUPERIORE CALATURI RISERVA 2018
Rosso Docg - Aglianico del Vulture 100%
Alc. 14% | € 25 | Bt. 2.800 | Ferm. Legno e Acciaio | Mat. Legno 24 mesi
Rubino vivido e profondo. Una raffinata sequenza di carnose marasche, piccoli frutti neri, china e legni profumati magistralmente intrecciati a richiami balsamici. In bocca è rigenerante, una succosa freschezza bagna un tappeto di tannini serici. Epilogo ricco di sapore e soddisfazione. Brasato di manzo al vino rosso.

AGLIANICO DEL VULTURE CASELLO 105 2020
Rosso Doc - Aglianico del Vulture 100%
Alc. 13,5% | € 14 | Bt. 6.600 | Ferm. Acciaio e Terracotta
Mat. Terracotta 12 mesi
Bocconcini di cinghiale con salsa di prugne.

GELSO ROSA 2022
Rosato Igp - Aglianico del Vulture 100%
Alc. 13% | € 9 | Bt. 15.000 | Ferm. Acciaio | Mat. Acciaio 6 mesi
Melanzane e peperoni ripieni.

GELSO ROSSO 2022
Rosso Igp - Aglianico del Vulture 100%
Alc. 13% | € 9 | Bt. 20.000 | Ferm. Acciaio | Mat. Acciaio 6 mesi
Pasta alla Norma.

GELSO BIANCO 2022
Bianco Igp - Malvasia bianca di Basilicata 100%
Alc. 13% | € 9 | Bt. 15.000 | Ferm. Acciaio | Mat. Acciaio 6 mesi
Polpo alla Luciana.

AGLIANICO DEL VULTURE SUPERIORE CALATURI
2013 | 2017

AGLIANICO DEL VULTURE CASELLO 105
2018 | 2019

Tenuta le Querce
(1996)

Un'azienda che gode di un'invidiabile posizione sulla via che collega Barile a Ginestra con distese di vigneti che sono allevati in una delle aree più suggestive di questo scorcio di Basilicata. Per Leonardo Pietrafesa creare questa realtà nel 1996 è stata una sfida coraggiosa, con cui ha affiancato alla avviata professione di architetto quella di produttore di vino, investendo tutta la propria passione nel nuovo progetto. La cura dei dettagli, dalla vigna alla cantina, è filosofia aziendale e l'assaggio dei campioni conferma pienamente le aspettative qualitative con vini di ottima fattura.

Via delle Cantine, 10 - 85022 Barile (PZ)
T. 335 8098383 | M. info@tenutalequerce.it
www.tenutalequerce.it

Viticoltura: Biologica
Ettari: 12 | **Bottiglie:** 130.000 | **Produzione olearia:** Sì
Proprietà: Famiglia Pietrafesa
Cond. enologica: Leonardo Valenti
Cond. agronomica: Leonardo Valenti
Vendita diretta: Sì | **Visite in azienda:** Sì

AGLIANICO DEL VULTURE VIGNA DELLA CORONA 2019
Rosso Doc - Aglianico del Vulture 100%
Alc. 14% | € 65 | Bt. 7.000 | Ferm. Acciaio | Mat. Legno 24 mesi
Manto rubino. Esordio di frutta e spezie scure, rinfrescato da rabarbaro, radice di liquirizia, fragranze di eucalipto e una scia d'arancia Sanguinella. La bocca avvolge e seduce, sorprendendo per la straordinaria bevibilità; tannini ben distesi che si allungano in un piacevole finale fruttato. Stracotto d'asino.

AGLIANICO DEL VULTURE ANGELINA 2020
Rosso Doc - Aglianico del Vulture 100%
Alc. 13,5% | € 13 | Bt. 40.000 | Ferm. Acciaio | Mat. Legno 12 mesi
Tagliatelle al ragù.

AGLIANICO DEL VULTURE COSTANZA 2019
Rosso Doc - Aglianico del Vulture 100%
Alc. 14% | € 40 | Bt. 10.000 | Ferm. Acciaio | Mat. Legno 20 mesi
Tacchino stufato con peperoni e radicchio.

PRIYANKA BRUT 2022
Bianco Metodo Martinotti - Aglianico del Vulture 70%, Chardonnay 30%
Alc. 11% | € 16 | Bt. 10.000 | Ferm. Acciaio | Mat. Acciaio 4 mesi
Risotto agli asparagi e frutti di mare.

AGLIANICO DEL VULTURE VIGNA DELLA CORONA
2015 | 2016 | 2017

TAMURRO NERO
2015

Tenuta Parco dei Monaci
(2007)

Non tragga in inganno la storia relativamente recente di questa cantina situata alle porte di Matera, che fin dagli esordi ha regalato prodotti di alta qualità e forte riconoscibilità. Guidati dall'obiettivo della piena sostenibilità ambientale, Rosa e Matteo hanno reso la tenuta una green farm autosufficiente dal punto di vista energetico, dove tutte le fasi del lavoro si ispirano ai principi dell'agricoltura biologica. Quest'anno lo Spaccasassi riprende l'eccellenza sfoggiando classe e piacevolezza, oltreché complessità e profondità.

Contrada Parco dei Monaci - 75100 Matera (MT)
T. 328 4288046 | M. info@tenutaparcodeimonaci.it
www.tenutaparcodeimonaci.it

Viticoltura: Biologica
Ettari: 5 | **Bottiglie:** 20.000 | **Produzione olearia:** No
Proprietà: Rosa Padula
Cond. enologica: Vincenzo Mercurio
Cond. agronomica: Matteo Trabacca
Vendita diretta: No | **Visite in azienda:** Sì

92

MATERA MORO SPACCASASSI 2020
Rosso Doc - Cabernet sauvignon 60%, Merlot 20%, Primitivo 20%
Alc. 14% | € 22 | Bt. 5.500 | Ferm. Acciaio | Mat. Legno 18 mesi
Rubino compatto e fiammeggiante. Profuma di rosa appassita, mora e lampone, seguite da una ventata di spezie dolci, tabacco e liquirizia, in chiusura un tocco di caffè. Il sorso è imponente ma vellutato. L'importante alcolicità, ben equilibrata da freschezza e astringenza, regala un lungo e intenso congedo. Fiorentina alla brace.

MATERA PRIMITIVO MONACELLO 2021
Rosso Doc - Primitivo 100%
Alc. 15% | € 15 | Bt. 10.000 | Ferm. Acciaio | Mat. Legno 12 mesi
Fusilli di kamut al ragù di faraona.

MATERA ROSATO ROSAPERSEMPRE 2022
Rosato Doc - Primitivo 100%
Alc. 13,5% | € 12 | Bt. 4.500 | Ferm. Acciaio | Mat. Acciaio 8 mesi
Zuppa di farro e borlotti.

MATERA MORO SPACCASASSI
2016

MATERA PRIMITIVO MONACELLO
2020

Terra dei Re
(2000)

Ancora una conferma di assoluta qualità per l'azienda che anche in quest'edizione ci propone vini di spessore. Il Calata delle Brecce si esprime con profumi seducenti e scanditi, con sorso dinamico dotato di una trama tannica di pregio, ben integrata nella struttura. Il Vulcano 800 ben si comporta, intrigante e fresco, ricordando di essere figlio anch'esso di un'annata favorevole, un vino decisamente gastronomico. A segnare il risultato migliore è il Nocte 2019, aglianico in purezza, che esprime tutta la potenza del territorio vulcanico in un assaggio di grande soddisfazione.

Via Monticchio, km 2,700 - 85028 Rionero in Vulture (PZ)
T. 0972 725116 | M. terradeire@terradeire.com
www.terradeire.com

Viticoltura: Convenzionale ed ecosostenibile
Ettari: 11 | **Bottiglie:** 70.000 | **Produzione olearia:** No
Proprietà: Famiglie Rabasco e Leone
Cond. enologica: Riccardo Cotarella
Cond. agronomica: Paride Leone
Vendita diretta: Sì | **Visite in azienda:** Sì

AGLIANICO DEL VULTURE NOCTE 2019
Rosso Doc - Aglianico del Vulture 100%
Alc. 14% | € 29 | Bt. 10.000 | Ferm. Acciaio | Mat. Acciaio 24 mesi e Legno 12 mesi
Carminio pieno, sprigiona effluvi di mora matura, ciliegia e prugna a cui seguono appunti di caffè tostato e liquirizia che lo rendono suadente e irresistibile. Impalcatura appagante, con una ricca acidità e un tannino cesellato. Lungheggia alternando le note speziate a ricordi di frutta. Costolette d'agnello alle erbe.

CALATA DELLE BRECCE 2020
Rosso Igt - Pinot nero 100%
Alc. 14,5% | € 35 | Bt. 1.311 | Ferm. Acciaio | Mat. Acciaio 2 mesi e Legno 18 mesi
Manzo brasato con funghi.

VULCANO 800 2021
Rosso Igp - Pinot nero 100%
Alc. 13% | € 24 | Bt. 6.500 | Ferm. Acciaio | Mat. Acciaio 2 mesi e Legno 12 mesi
Bigoli con l'anatra.

LERÀ ROSATO 2022
Rosato Igt - Aglianico del Vulture 100%
Alc. 12,5% | € 13 | Bt. 15.000 | Ferm. Acciaio | Mat. Acciaio 4 mesi
Rombo al forno ai sapori mediterranei.

LERÀ BIANCO 2022
Bianco Igp - Malvasia bianca di Basilicata 100%
Alc. 13% | € 12 | Bt. 15.000 | Ferm. Acciaio | Mat. Acciaio 4 mesi
Insalata di polpo, patate e olive.

AGLIANICO DEL VULTURE NOCTE
2015

CALATA DELLE BRECCE
2019

Verha Wines
(2022)

Verha wines è una recentissima iniziativa imprenditoriale tutta "made in Vulture"; il progetto che ha preso forma grazie ad Andrea Manzani è quello di fare dei prodotti con tutte le caratteristiche di uno dei territori vulcanici più interessanti in Italia, utilizzando anche altre varietà oltre all'aglianico e, soprattutto, realizzando vini di grande bevibilità. L'esordio dell'intera proposta Verha rosso, rosato e bianco è promettente, e il merito va sicuramente assegnato all'attenta regia agronomica ed enologica di una grande protagonista del vino in Basilicata: Elena Fucci.

Via Grecia - 85022 Barile (PZ)
T. 335 426251 | M. eafinewines@gmail.com

Viticoltura: Convenzionale e lotta integrata
Ettari: 2,5 | **Bottiglie:** 15.000 | **Produzione olearia:** No
Proprietà: Andrea Manzani
Cond. enologica: Elena Fucci
Cond. agronomica: Elena Fucci
Vendita diretta: Sì | **Visite in azienda:** Sì

VERHA ROSSO 2022
Rosso Igt - Aglianico del Vulture 80%, Primitivo 20%
Alc. 13,5% | € 13 | Bt. 8.000 | Ferm. Acciaio | Mat. Acciaio 6 mesi
Rubino di grande luminosità. Alla ribalta olfattiva ciliegia, viola mammola, sottobosco e confettura di prugna. Vigoroso senza eccessi, è ben modulato dalla freschezza e si sviluppa su una trama fitta e morbida che restituisce un sorso caldo e una carezzevole persistenza fruttata. Maialino in agrodolce.

VERHA BIANCO 2022
Bianco Igt - Sauvignon 100%
Alc. 13% | € 13 | Bt. 3.500 | Ferm. Acciaio | Mat. Acciaio 2 mesi
Totani ripieni con salsa mediterranea.

VERHA ROSATO 2022
Rosato Igt - Aglianico del Vulture 80%, Primitivo 20%
Alc. 13% | € 13 | Bt. 3.500 | Ferm. Acciaio | Mat. Acciaio 2 mesi
Timballo di riso e gamberi.

Vigne Mastrodomenico

(1999)

Un Vulture autentico e senza compromessi quello che ritroviamo nell'Aglianico di Donato Mastrodomenico; un'azienda che, nonostante in questi anni abbia costantemente percorso traiettorie innovative in termini di sostenibilità e tracciabilità del prodotto, è sempre rimasta saldamente ancorata a quei capisaldi tradizionali che fanno dell'Aglianico del Vulture uno dei gradi protagonisti del vino italiano. Likos è probabilmente il simbolo di questa filosofia aziendale e lo dimostra raggiungendo, con l'annata 2020, un ottimo risultato.

Via Nazionale, 87 - 85022 Barile (PZ)
T. 338 7155243 | M. info@vignemastrodomenico.com
www.vignemastrodomenico.com

Viticoltura: Biologica certificata
Ettari: 8 | **Bottiglie:** 20.000 | **Produzione olearia:** No
Proprietà: Donato Mastrodomenico
Cond. enologica: Cristoforo Pastore
Cond. agronomica: Donato Mastrodomenico
Vendita diretta: Sì | **Visite in azienda:** Sì

AGLIANICO DEL VULTURE LIKOS 2020
Rosso Doc - Aglianico del Vulture 100%
Alc. 14% | € 35 | Bt. 8.000 | Ferm. Acciaio | Mat. Acciaio 10 mesi e Legno 10 mesi
Rosso pieno, denso, che anticipa un naso di deciso spessore fruttato. Ribes nero, visciola, bacche di rosa canina e una leggera speziatura di vaniglia. All'assaggio sorprende per la percettibile freschezza accompagnata da un tannino gentile ma ancora scalpitante. Tagliata di manzo al rosmarino.

MOS 2020
Rosso Igt - Aglianico del Vulture 100%
Alc. 14% | € 20 | Bt. 10.000 | Ferm. Acciaio | Mat. Acciaio 6 mesi e Legno 6 mesi
Quaglie alla cacciatora.

AGLIANICO DEL VULTURE LIKOS
2013 | 2017 | 2019

AGLIANICO DEL VULTURE PREMIÈRE LIKOS
2017 | 2019

Vigneti del Gaudello

(2014)

Esordio su Vitae di una piccola azienda, nata meno di dieci anni fa. La cura rigorosa nella gestione agronomica del vigneto e uno scrupoloso lavoro enologico in cantina fanno di Giuseppe Malvasi quasi un artigiano che crea il suo vino come un abito cucito su misura. Alibante, nel millesimo 2019, è un vino che racchiude uno scrigno di sapori e profumi e che rispecchia la grande esperienza del produttore maturata in tanti anni di professione sul campo; ed è un'ulteriore, interessante, espressione del Primitivo così come si intende interpretarlo nel territorio della Doc Matera.

Contrada Gaudello - 75012 Bernalda (MT)
T. 338 4390744 | M. vignetidelgaudello@gmail.com

Viticoltura: Biologica
Ettari: 1,3 | **Bottiglie:** 3.000 | **Produzione olearia:** No
Proprietà: Fratelli Malvasi
Cond. enologica: Oronzo Alò
Cond. agronomica: Giuseppe Malvasi
Vendita diretta: No | **Visite in azienda:** Sì

MATERA PRIMITIVO ALIBANTE 2019
Rosso Doc - Primitivo 100%
Alc. 15,5% | € 17 | Bt. 3.000 | Ferm. Acciaio | Mat. Acciaio 3 mesi e Legno 14 mesi
Rubino concentrato con sfumature granato. Evoluzione olfattiva che parte con amarena sotto spirito, mora di gelso e confettura di ribes per poi virare su nuance di pepe nero e tabacco da pipa. In bocca solida massa e sviluppo gustativo ineccepibile, con tannini fitti ma precisi. Capriolo con salsa di ribes rosso.

CALA
BRIA

L'ambiente che diventa una scultura vivente

Luciano Ferraro

La Calabria silvestre e mistica, il verde abbagliante dei parchi naturali della Sila, del Pollino e dell'Aspromonte impreziosito da luoghi come l'abbazia florense di San Giovanni in Fiore, dove si ritirò l'abate Gioacchino da Fiore, il profeta che sul finire del 1100 diede una svolta alla teologia medievale aprendo alla modernità. Dante lo elevò in Paradiso (canto XII, versi 139-141), tra la schiera dei beati sapienti, corrispondenti agli odierni dottori della Chiesa: "[…] e lucemi da lato il calavrese abate Giovacchino, di spirito profetico dotato […]". Gioacchino avrebbe ora la stessa età del Platano di Curinga, piantato forse dai monaci del vicino Eremo di Sant'Elia: 31,5 metri di altezza e una circonferenza alla base di 20 metri. Una scultura viva, con una grotta all'interno dove nei secoli si saranno riparati pastori e agricoltori.

Anna Maria Ortese: "Il sole splende sulla Calabria. Il mare più azzurro del mondo la bagna. Una luce che dà le vertigini l'avvolge".

La Calabria e il suo mare sono "grecità mediterranea", come ha scritto il fisico Carlo Rovelli che da ragazzo ha passato estati a studiare davanti al blu delle onde. Cittadino onorario di Condofuri, lo scienziato si è battuto per salvare dal cemento una parte della costa. Lo ha fatto con una lettera aperta che dovrebbe essere letta da molti sindaci delle città balneari d'Italia, almeno da quelle non compromesse da costruzioni invasive: "Sono tornato a vedere quel meraviglioso piccolo bosco di eucalipti lungo il mare, accanto alla foce. Ho camminato lungo la spiaggia verso Condofuri e ho percorso lunghi tratti di costa senza cemento e stabilimenti balneari. Avete un paradiso. Non fatevi incantare dalle sirene di un facile guadagno vicino o da interessi particolari, guardate alla ricchezza molto più grande che sta nascosta nella vostra natura".

Nonostante le minacce ambientali, alcuni paesaggi sembrano ancora quelli descritti da Anna Maria Ortese, nei suoi soggiorni calabresi. La scrittrice che vinse il Premio Strega con "Poveri e semplici", autrice di reportage giornalistici, descrive così la regione della nonna paterna: "Il sole splende sulla Calabria, una regione dolente, segreta. Il mare più azzurro del mondo la bagna. Una luce che dà le vertigini la avvolge. Qualche volta vedrete una magnifica giornata, un paesaggio splendido attraverso il vetro verde e viola di un occhiale: tutto appare entro una dolcezza malinconica". Per Ortese il "Mare non bagna Napoli", ma bagna la Calabria. "Quanto è intenso e malinconicamente mio questo mare di Calabria così distante da Roma e da Milano, così diverso dallo specchio d'acqua del golfo di Napoli che raccoglie passioni esasperate". La natura calabrese è rappresentata dalle "terre che sono esteticamente spesso molto belle, romantiche, come dice il popolo, ondate di pietra di un colore caldo come di carne; coperte qua e là da mirabili tappeti verdi, da fantastiche strisce di agrumi, dove il verde vivo e splendente delle foglie si alternava all'oro acceso delle arance e all'oro più pallido dei limoni e all'argento vivo degli ulivi. Una campagna piena di uno splendore misterioso, dove tutto è tenero, lucente e nobile. Su tutto ciò, un cielo del più cupo e smagliante turchino, un cielo tutto smalti inauditi che andavano dal latte celestino all'azzurro madonna al blu orientale fino al viola al pallido lilla e al rosa, a seconda le ore del giorno e delle stagioni dell'anno; ma più spesso azzurro e solamente azzurro senza gradazioni di luce da un orizzonte all'altro, dalle rocce rosse che ci dividevano da Reggio al mare viola dello stretto".

Parole che ora diventano immagini nel docufilm "Viaggio in Calabria", diretto da Matteo Scarfò e prodotto dal Centro studi Francesco Misiano con il contributo della Film Commission calabrese. Sceneggiatore e produttore esecutivo è Giovanni Scarfò, a sua volta regista e scrittore, direttore della Cineteca della Calabria e presidente del Centro studi, ricerche e promozione cinematografica "Francesco Misiano". Ha scritto, tra gli altri libri, "La Calabria nel cinema" e curato la regia di molti docufilm, tra cui "La canzone d'Aspromonte".

Giovanni Scarfò: "C'è un movimento di recupero delle campagne. I protagonisti sono spesso giovani".

Gli anni Trenta e Quaranta sono il periodo in cui è ambientato il docufilm, in uscita alla fine del 2023. Gli scenari naturali sono, tra gli altri, il laghetto di Gambarie, le spiagge di Capo Spartivento, il lungomare di Reggio Calabria. Giovanni Scarfò ricorda la parte agricola della famiglia Ortese. "Anna Maria veniva in Calabria perché aveva uno zio che faceva il fattore della tenuta dei principi San Felice di Napoli. Passava qui le vacanze. Nella fattoria incontrò Aurora Guerrera, un nome che diede il titolo ad un suo scritto in "Angelici dolori e altri racconti" (1937). Questa donna di campagna la impauriva, perché aveva una cicatrice sull'occhio destro, dovuta ad una martellata del padre che la colpì per errore. Poi questa donna avrà una crisi epilettica e Anna Maria le si avvicinò". Nel docufilm si racconta questo rapporto e soprattutto come la scrittrice vedeva il paesaggio calabrese.

"Da allora nel paesaggio molto è cambiato – riflette Giovanni Scarfò – oggi Ortese forse scapperebbe via, troppo rumorosa la Calabria. Il cambiamento è avvenuto soprattutto nelle zone marine, lo si capisce guardando una vecchia cartolina. Nelle zone interne invece i paesi sono rimasti quasi come prima. Anche perché non abbiamo un turismo di massa, non so se per fortuna o per sfortuna. È un afflusso ancora gestibile, non ci sono invasioni, c'è un limite dell'ospitalità, non ci sono tanti alberghi come a Riccione o a Jesolo" (la famiglia Scarfò conosce bene l'Alto Adriatico, il padre di Giovanni nel 1968 aprì alcuni alberghi proprio a Jesolo).

È cambiata anche l'agricoltura. Lo zio fattore oggi avrebbe una propria azienda, probabilmente. "Negli anni Sessanta e Settanta quasi tutti i contadini emigrarono per diventare operai al Nord. Ma negli ultimi dieci anni è iniziato un movimento di valorizzazione e recupero delle campagne. I protagonisti sono spesso giovani che hanno ereditato la terra dai genitori o dai nonni. Hanno studiato, magari agraria, e capiscono che è meglio vivere qui che in un appartamentino a Milano, pagando cifre folli per l'affitto". La tecnologia aiuta. "Grazie a Internet – dice il regista – riescono a vendere più facilmente i loro prodotti. È cambiata la considerazione dell'agricoltore calabrese, prima ci si vergognava, ora si è orgogliosi di esserlo. Cosa producono i giovani della rinascita delle campagne calabresi? Vino, olio, bergamotto, grani antichi".

Highlights

8.921 ETTARI VITATI COMPLESSIVI
1.056 destinati a DOP, 2.853 destinati a IGP, 5.012 destinati a vini generici.

RIPARTIZIONE COLORE
Vini bianchi 23,27%
Vini rossi o rosati 76,63%

269.855 HL DI PRODUZIONE TOTALE
11,65% di vino DOP, 26,16% di vino IGP, 62,20% di vini generici.

LE PROVINCE PIÙ PRODUTTIVE
Crotone 37,54% sul totale, Cosenza 37,00% sul totale, Reggio Calabria 14,57% sul totale

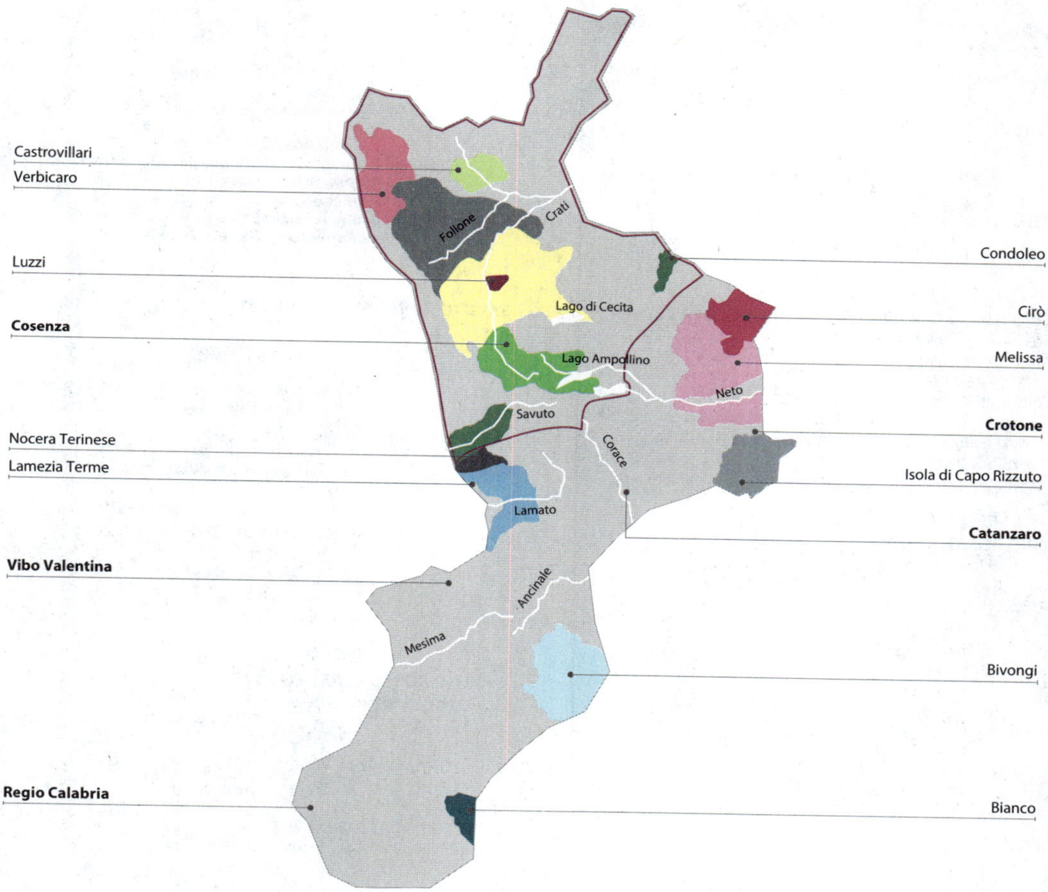

Legenda

- Terre di Cosenza
  - Verbicaro
  - Pollino
  - Esaro
- Colline del Crati
- San Vito di Luzzi
- Donnici
- Condoleo
- Cirò
- Melissa
- Sant'Anna di Isola Capo Rizzuto
- Savuto
- Scavigna
- Lamezia
- Bivongi
- Greco di Bianco

'A Vita
(2008)

Sulle placide colline cirotane, in una cornice accarezzata dalle brezze del Mar Ionio, si estendono i vigneti dell'azienda, sapientemente e rigorosamente coltivati in regime biologico. Pur provenendo da due realtà geografiche e culturali diverse, Francesco e Laura interpretano le uve e il terroir in modo originale. L'annata appena trascorsa, particolarmente siccitosa, ha visto anticipare la vendemmia di circa quindici giorni e ridurre anche i tempi di maturazione, pur nel rispetto della piena maturità tecnologica e fenolica. Noi apprezziamo il Cirò Riserva 2018, capace di grandi sensazioni.

SS 106, km 279,800 - 88811 Cirò Marina (KR)
T. 329 0732473 | M. avita.info@gmail.com
www.avitavini.it

Viticoltura: Biologica
Ettari: 8 | **Bottiglie:** 25.000 | **Produzione olearia:** No
Proprietà: Francesco De Franco e Laura Violino
Cond. enologica: Francesco De Franco
Cond. agronomica: Francesco De Franco
Vendita diretta: Sì | **Visite in azienda:** Sì

CIRÒ ROSSO CLASSICO SUPERIORE RISERVA 2018
Rosso Doc - Gaglioppo 100%
Alc. 14,5% | € 26 | Bt. 3.000 | Ferm. Acciaio | Mat. Acciaio 36 mesi e Legno 12 mesi
Vino che si dichiara con franchezza, con il granato e la vivace trasparenza. Il naso è sottobosco, arancia rossa e macchia mediterranea, leggero pot-pourri e liquirizia di Calabria. Sorso di gran carattere, ha coerenza di tannino e alcol che si amalgamano in un equilibrio ricco di suggestioni. Carré di maiale alle prugne.

CIRÒ ROSATO 2022
Rosato Doc - Gaglioppo 100%
Alc. 13% | € 19 | Bt. 8.500 | Ferm. Acciaio | Mat. Acciaio 7 mesi
Pizzoccheri valtellinesi.

CIRÒ ROSSO CLASSICO SUPERIORE RISERVA
2016

'A VITA ROSATO
2019

Antiche Vigne
(2004)

Antiche Vigne è il frutto della lungimiranza di Antonio Pironti e di suo figlio Gianfranco che, in una valle di storica vocazione vitivinicola, hanno deciso di recuperare, innestando tecnologie agronomiche e di vinificazione sempre più innovative, uve del territorio quasi del tutto scomparse, difficili da domare e di scarso interesse commerciale. L'azienda, inserita nel circuito enoturistico nazionale, affianca alle classiche visite e degustazioni anche l'opportunità di soggiornare in strutture di legno a forma di botte posizionate all'interno del vigneto che fa da cornice alla cantina.

Contrada Vallelonga - 87050 Marzi (CS)
T. 320 8194246 | M. pirontig@hotmail.com
www.antichevigne.com

Viticoltura: Convenzionale
Ettari: 12 | **Bottiglie:** 60.000 | **Produzione olearia:** No
Proprietà: Gianfranco Pironti
Cond. enologica: Lino Carparelli
Cond. agronomica: Gaetano Garigliano
Vendita diretta: Sì | **Visite in azienda:** Sì

SAVUTO ROSSO SUPERIORE 2015
Rosso Doc - Magliocco dolce 80%, Greco nero 20%
Alc. 14% | € 20 | Bt. 3.000 | Ferm. Acciaio | Mat. Acciaio 12 mesi e Legno 36 mesi
Rosso rubino abbagliante dalle movenze lente. Volume e ricca sequenza di fragranze che vanno dalle viole appena appassite alle visciole ben mature, vaniglia, cuoio, tabacco e leggero cacao. Il palato avvolge e, con destrezza, dà la giusta misura a un tannino che marca spessore e allungo finale. Spezzatino di manzo.

SAVUTO ROSSO SUPERIORE SUCCO DI PIETRA 2015
Rosso Doc - Magliocco dolce 100%
Alc. 14% | € 25 | Bt. 480 | Ferm. Acciaio | Mat. Acciaio 12 mesi e Legno 36 mesi
Civet di capriolo ai funghi.

SAVUTO ROSSO CLASSICO 2021
Rosso Doc - Magliocco dolce 80%, Greco nero 20%
Alc. 14% | € 12 | Bt. 15.000 | Ferm. Acciaio | Mat. Acciaio 4 mesi e Legno 4 mesi
Filetto di manzo alla Voronoff.

SAVUTO ROSATO GIDA 2022
Rosato Dop - Magliocco dolce 100%
Alc. 13,5% | € 12 | Bt. 10.000 | Ferm. Acciaio | Mat. Acciaio 5 mesi
Risotto con piselli e ricotta affumicata.

UNICO 2018 2021
Bianco - Magliocco dolce 100%
Alc. 14% | € 18 | Bt. 700 | Ferm. Acciaio | Mat. Acciaio 12 mesi
Burrata di Andria.

021 ORANGE WINE 2021
Bianco - Pecorello 100%
Alc. 14,5% | € 18 | Bt. 700 | Ferm. Acciaio | Mat. Acciaio 12 mesi
Peperonata.

SAVUTO ROSSO SUPERIORE SUCCO DI PIETRA
2014

SAVUTO ROSSO CLASSICO
2018

Maria Baccellieri
(2006)

È lei, Mariolina Baccellieri, il cuore pulsante di questa piccola azienda nel centro della Locride. Lei l'elegante signora che, con perseveranza, rigore e orgoglio, continua nella sua strada di valorizzazione dei vitigni del territorio in questo assolato lembo di terra che si affaccia lungo la costa ionica, caratterizzato da bianchi terreni argillosi e da una buona esposizione. I vini dolci da greco bianco e mantonico sono stati sempre l'emblema di questo territorio, ma quest'anno segnaliamo la grande performance del bianco Attafi – manco a dirlo – da uve mantonico.

Via Concordia, 4 - 89032 Bianco (RC)
T. 0964 911018 | M. aziendaagricolabaccellieri@gmail.com
www.baccellieri.it

Viticoltura: Biologica
Ettari: 15 | **Bottiglie:** 30.000 | **Produzione olearia:** No
Proprietà: Mariolina Baccellieri
Cond. enologica: Giuseppe Liotti
Cond. agronomica: Arcangelo Badolati
Vendita diretta: Sì | **Visite in azienda:** Sì

ATTAFI 2021
Bianco Igt - Mantonico bianco 100%
Alc. 13,5% | € 20 | Bt. 1.000 | Ferm. Legno | Mat. Acciaio 12 mesi
Colore del miele d'intensa luminosità, al naso si esprime con completezza, dal pompelmo rosa alla camomilla, passando per pesche mature e una sfumatura di erbe aromatiche. Rotondo e di equilibrio il gusto, dove il calore si accorda alla freschezza, congedandosi in aromi di tutto rispetto. Filetto di dentice in crosta di patate.

MANTONICO 2020
Bianco Igp Passito - Mantonico bianco 100%
Alc. 14% | € 35 (0,5l) | Bt. 1.500 | Ferm. Acciaio | Mat. Acciaio 24 mesi e Legno 4 mesi
Crostata alle mandorle e albicocche.

PIROCI 2020
Rosso Igt - Nerello 100%
Alc. 14% | € 22 | Bt. 8.000 | Ferm. Acciaio | Mat. Acciaio 12 mesi e Legno 4 mesi
Manzo brasato con olive e porri.

PIROCI
2017

MANTONICO
2015

Barone Macrì
(1991)

È un'antica azienda agricola che si estende dallo Ionio alle falde dell'Aspromonte. A ulivi, agrumi, ortaggi, allevamenti e attività casearia hanno affiancato la produzione enologica puntando con competenza e passione a valorizzare, anche in vigna e in cantina, tipicità, qualità e conduzione biologica. Privilegiano le varietà autoctone, come il greco nero e il greco bianco di Bianco, che prosperano nei vigneti aziendali dai terreni calcarei. I Macrì mirano all'eleganza coi bianchi, ma anche coi rossi, come conferma quest'anno la performance del Terre di Gerace Rosso 2021.

Contrada Modi, 1 - 89040 Gerace (RC)
T. 0964 356497 | M. info@baronemacri.it
www.baronemacri.it

Viticoltura: Biologica
Ettari: 11 | **Bottiglie:** 30.000 | **Produzione olearia:** Sì
Proprietà: Barone G. M. Macrì
Cond. enologica: Stefano Coppola
Cond. agronomica: Roberto Menegoni
Vendita diretta: Sì | **Visite in azienda:** Sì

TERRE DI GERACE ROSSO 2021
Rosso Igp - Greco nero 60%, Nerello mascalese 40%
Alc. 13% | € 10 | Bt. 10.000 | Ferm. Acciaio | Mat. Acciaio 8 mesi
Granato con il tramonto sull'orlo. Una discreta fittezza di colore prepara a un olfatto generoso, composto da visciole appassite e confetturate, prugne mature, pepe nero e bosso, sussurri di vaniglia. Grande equilibrio e personalità, struttura ferma che si traduce in lunghezza, pulizia e scie fruttate. Tagliatelle al ragù.

CENTOCAMERE 2020
Bianco Igp Passito - Greco bianco 100%
Alc. 14% | € 20 (0,375l) | Bt. 1.500 | Ferm. Acciaio | Mat. Acciaio 4 mesi
Blu di capra.

TERRE DI GERACE MANTONICO 2022
Bianco Igt - Mantonico bianco 100%
Alc. 12% | € 15 | Bt. 1.500 | Ferm. Acciaio | Mat. Acciaio 4 mesi
Tortino al radicchio e cannellini.

POZZELLO BIANCO 2021
Bianco Igt - Greco bianco 60%, Inzolia 40%
Alc. 13% | € 25 | Bt. 1.500 | Ferm. Legno e Acciaio | Mat. Acciaio 4 mesi
Frittura di calamari, gamberi e zucchine.

TERRE DI GERACE BIANCO 2022
Bianco Igt - Greco bianco 60%, Inzolia 40%
Alc. 12,5% | € 10 | Bt. 7.000 | Ferm. Acciaio | Mat. Acciaio 4 mesi
Squacquerone di Romagna.

TERRE DI GERACE ROSATO 2022
Rosato Igt - Nerello mascalese 100%
Alc. 12,5% | € 10 | Bt. 4.000 | Ferm. Acciaio | Mat. Acciaio 4 mesi
Risotto al radicchio tardivo.

CENTOCAMERE BRUT BIANCO
2019

POZZELLO BIANCO
2020

Baroni Capoano
(2005)

Con la guida di Massimiliano la cantina ha vissuto un rinnovamento profondo, senza però tradire il carattere familiare. Dal 2018 decide di avvalersi di Fabio Mecca, riconosciuto enologo di livello internazionale, che ha portato l'azienda a essere un'icona della migliore produzione del cirotano. Grandi progetti sono in cantiere: una rinnovata area per l'imbottigliamento, una moderna bottaia e una sala di degustazione, oltre alla nuova area esterna di accoglienza, delimitata da antiche pietre crotonesi, che valorizzerà ulteriormente l'azienda, accogliendo appassionati e curiosi winelover.

Contrada Ceramidio - 88811 Cirò Marina (KR)
T. 0962 35801 | M. info@capoano.it
www.capoano.it

Viticoltura: Convenzionale e biologica
Ettari: 50 | **Bottiglie:** 180.000 | **Produzione olearia:** No
Proprietà: Massimiliano Capoano
Cond. enologica: Fabio Mecca
Cond. agronomica: Domenico Spataro
Vendita diretta: Sì | **Visite in azienda:** Sì

CIRÒ ROSSO CLASSICO 2021
Rosso Dop - Gaglioppo 100%
Alc. 14% | € 9 | Bt. 20.000 | Ferm. Acciaio | Mat. Acciaio 6 mesi e Legno 6 mesi
Granato vivace e concentrato. Piacevole l'esordio olfattivo che apre con una sequenza di piccoli frutti rossi macerati, poi ciliegie e prugne, viole e vaniglia, cacao dolce e polvere di caffè. Sorso caldo e di buona acidità, impalcatura importante e una chiosa stupendamente sapida. Petto di germano reale al balsamico.

CERAMIDIO 2021
Rosso Igp - Cabernet sauvignon 25%, Gaglioppo 25%, Merlot 25%, Syrah 25%
Alc. 14% | € 20 | Bt. 5.000 | Ferm. Acciaio
Controfiletto di bue alla brace.

PIAN DEI SARACENI BIANCO 2022
Bianco Igp - Greco bianco 100%
Alc. 13,5% | € 40 | Bt. 5.000 | Ferm. Acciaio | Mat. Acciaio 4 mesi e Legno 6 mesi
Risotto al tartufo bianco.

CIRÒ ROSSO CLASSICO SUPERIORE TORRE ARAGONESE RISERVA 2018
Rosso Dop - Gaglioppo 100%
Alc. 14% | € 11 | Bt. 10.000 | Ferm. Legno e Acciaio | Mat. Legno 2 mesi
Tordi in salmì.

CIRÒ ROSSO CLASSICO SUPERIORE DON RAFFAELE RISERVA 2019
Rosso Doc - Gaglioppo 100%
Alc. 14,5% | € 27 | Bt. 5.000 | Ferm. Acciaio | Mat. Acciaio 18 mesi e Legno 6 mesi
Straccetti di cavallo.

CIRÒ BIANCO 2022
Bianco Dop - Greco bianco 100%
Alc. 12,5% | € 9 | Bt. 30.000 | Ferm. Acciaio | Mat. Acciaio 3 mesi
Ravioli di patate e baccalà.

CERAMIDIO
2020

CIRÒ BIANCO
2021

Filippo Brancati
(2007)

Siamo a Palizzi, paesino nel cuore dell'area di tradizione e lingua grecanica. Qui dimora il vigneto più a sud della penisola, in un territorio spettacolare, ancora selvaggio, come i Calanchi di Palizzi. I vigneti godono della frescura dell'Aspromonte e delle brezze dello Ionio. In questo paradiso, Nadia Dalle Mese gestisce la cantina con i figli e l'aiuto fondamentale del cognato Filippo. Nonostante i pochi ettari, la produzione è di qualità, con un rosso da nerello che anche quest'anno si presenta di grande personalità, molto agile, sapido, potente e con una vena minerale. Da provare.

Via Rocchette - Località Jannacci Carcare - Frazione Palizzi Marina - 89038 Palizzi (RC)
T. 335 7180028 | M. amministrazione@aziendaagricolabrancati.it
www.aziendaagricolabrancati.it

Viticoltura: Biologica
Ettari: 3 | **Bottiglie:** 8.000 | **Produzione olearia:** Sì
Proprietà: Nadia Dalle Mese, Marika Brancati e Massimo Brancati
Cond. enologica: Giuseppe Liotti
Cond. agronomica: Arcangelo Giampà
Vendita diretta: Sì | **Visite in azienda:** Sì

CARCARE ROSSO 2021
Rosso Igt - Nerello 100%
Alc. 13,5% | € 21 | Bt. 2.964 | Ferm. Acciaio | Mat. Acciaio 12 mesi e Legno 2 mesi
Carminio, dal naso che impressiona per rigore e nitore, sa di ciliegia ferrovia e prugna matura, una scia tostata di caffè e poi pepe nero e una rosa che appassisce. Saporito, di giusto equilibrio, ha tannino che dà sostegno e spessore, con il finale che sfocia in una sensazione di liquirizia dolce. Lasagnette al ragù di faraona e asparagi.

CARCARE ROSA 2021
Rosato Igt - Nerello 100%
Alc. 13% | € 17 | Bt. 1.440 | Ferm. Acciaio | Mat. Acciaio 6 mesi
Culatello di Zibello e gnocco fritto.

CARCARE BIANCO 2021
Bianco Igt - Chardonnay 100%
Alc. 13% | € 19 | Bt. 1.152 | Mat. Acciaio 6 mesi e Legno 6 mesi
Torta salata alle zucchine e origano.

CARCARE ROSSO
2020

CARCARE BIANCO
2020

Brigante Vigneti & Cantina
(2008)

Brigante è un'azienda a conduzione biologica di piccole dimensioni e di grandi obiettivi, ma è anche una località che sarà indicata come una delle sottozone della prossima nascente Docg. L'ultima vendemmia ha sofferto caldo e siccità, con importanti cali di quantità e anche quella ormai prossima si presenta con gli stessi presupposti: al momento le incognite sono ancora troppe. Fra le novità di quest'anno la linea Zero, gaglioppo vinificato in bianco, zero solfiti aggiunti, zero lieviti inoculati, senza filtrazioni: il produttore li ha definiti con evidente orgoglio "vini curati".

Via Sant'Elia, 31 - 88813 Cirò (KR)
T. 333 4135843 | M. info@vinocirobrigante.it
www.vinocirobrigante.it

Viticoltura: Biologica
Ettari: 11 | **Bottiglie:** 54.000 | **Produzione olearia:** No
Proprietà: Stefania Carè
Cond. enologica: Giuseppe Liotti
Cond. agronomica: Enzo Sestito
Vendita diretta: Sì | **Visite in azienda:** Sì

CIRÒ ROSSO CLASSICO SUPERIORE 0727 RISERVA 2017
Rosso Doc - Gaglioppo 100%
Alc. 14% | € 24 | Bt. 3.000 | Ferm. Legno e Acciaio | Mat. Acciaio 36 mesi e Legno 6 mesi
Colore granato che tiene quasi fino all'orlo, qualità e classe, profumi puri e raffinati, tra piccoli frutti scuri e rose rosse vellutate, grafite e macchia mediterranea. Bocca a un tempo composta e tenace, con un tannino che, pur imponendosi, dà spalla e proporzione. Vino che vuole tempo, epilogo di riguardo. Fiorentina alla brace.

ESSENZO ROSSO 2020
Rosso Igt - Syrah 75%, Gaglioppo 25%
Alc. 14% | € 20 | Bt. 3.000 | Ferm. Acciaio | Mat. Acciaio 6 mesi e Legno 12 mesi
Fagiano arrosto.

ESSENZO BIANCO 2020
Bianco Igt - Pecorello 75%, Greco bianco 25%
Alc. 13% | € 20 | Bt. 3.000 | Ferm. Legno e Acciaio | Mat. Legno 12 mesi
Polpettine di alici con crema di piselli.

ZERO BIANCO 2022
Bianco - Gaglioppo 100%
Alc. 13% | € 26 (1l) | Bt. 1.800 | Ferm. Acciaio | Mat. Acciaio 3 mesi
Zuppa di cipolle gratinate.

CIRÒ BIANCO PHEMINA 2022
Bianco Doc - Greco bianco 100%
Alc. 12,5% | € 13 | Bt. 13.000 | Ferm. Acciaio | Mat. Acciaio 3 mesi
Involtini di melanzana con scamorza.

CIRÒ ROSATO MANYARÌ 2022
Rosato Doc - Gaglioppo 100%
Alc. 12,5% | € 13 | Bt. 13.000 | Ferm. Acciaio | Mat. Acciaio 3 mesi
Risotto con le quaglie.

CIRÒ BIANCO PHEMINA
2019 | 2021

CIRÒ ROSATO MANYARÌ
2020 | 2021

Cantina Rizzo
(1996)

A Frascineto, piccolo paese di origine arbëreshë nel cuore del Parco Nazionale del Pollino, si trovano i vigneti di Gennaro Rizzo, un fazzoletto di terra intriso di unicità. In vigna troviamo non solo pecorello e magliocco canino, ma anche greco nero e montonico. Di nuovo c'è il montonico pinto, un nuovo clone di cui l'azienda ha ottenuto di recente la certificazione. Si tratta di un'uva a bacca bianca che in fase di maturazione sviluppa delle piccole cicatrici simili a punture di insetto. Aspettiamo di sentirlo in purezza, insieme alle nuove intuizioni di questa cantina da attenzionare.

Via Fontana Grande - Frazione Eianina - 87010 Frascineto (CS)
T. 340 0643254 | M. vitivinicolarizzo@gmail.com
www.vitivinicolarizzo.it

Viticoltura: Biologica
Ettari: 15 | **Bottiglie:** 5.000 | **Produzione olearia:** Sì
Proprietà: Gennaro Rizzo
Cond. enologica: Gennaro De Paola, Francesco Rizzo
Cond. agronomica: Gennaro De Paola
Vendita diretta: Sì | **Visite in azienda:** Sì

MONVECCHIO ROSATO 2021
Rosato Igp - Magliocco canino 100%
Alc. 12,5% | € 12 | Bt. 1.000 | Ferm. Acciaio | Mat. Acciaio 6 mesi
Rosa corallo vivace e di buona scorrevolezza. Peonie, lampone e fragoline di bosco, insieme a una manciata di salvia a descrivere un olfatto immediato e fresco. Il sorso ha una sottile vena sapida, accompagnata da una gradevole verve alcolica. Il risultato è ben bilanciato e di lunga permanenza. Spaghetti al pomodoro.

MONVECCHIO ROSSO 2021
Rosso Igp - Magliocco canino 100%
Alc. 13,5% | € 12 | Bt. 1.000 | Ferm. Acciaio | Mat. Acciaio 6 mesi
Gnocchi al ragù.

GËZUAR 2021
Rosso Igp - Magliocco canino 80%, Greco nero 20%
Alc. 13,5% | € 12 | Bt. 1.000 | Ferm. Acciaio | Mat. Acciaio 6 mesi
Guanciale di vitello alle erbe aromatiche.

TIMPA DELLE FAVE 2021
Bianco Igp - Montonico 80%, Malvasia 20%
Alc. 13,5% | € 12 | Bt. 1.000 | Ferm. Acciaio | Mat. Acciaio 6 mesi
Puntarelle croccanti con colatura di alici, arance e melagrana.

KROI 2021
Bianco Igp - Pecorello 100%
Alc. 13,5% | € 12 | Bt. 1.000 | Ferm. Acciaio | Mat. Acciaio 6 mesi
Torta salata ai broccoli.

GËZUAR
2019

Cantine Benvenuto
(2012)

In questo piccolissimo comune dell'hinterland vibonese, Giovanni Celeste Benvenuto, abruzzese di nascita ma con sangue calabrese che gli scorre nelle vene, decide di realizzare il suo tributo alla passione per il territorio, sfruttando i terreni agricoli ereditati dal nonno paterno e dedicandosi in particolar modo al recupero del vitigno zibibbo, tanto da fargli ottenere il riconoscimento di Presidio Slow Food. E grazie al suo immenso lavoro di diffusione, con il sostegno della Camera di Commercio di Vibo Valentia, finalmente il prossimo anno nascerà la nuova denominazione Costa degli Dei.

Contrada Ziopà - 89815 Francavilla Angitola (VV)
T. 331 7292517 | M. cantinebenvenuto@gmail.com
www.cantinebenvenuto.it

Viticoltura: Biologica
Ettari: 10 | **Bottiglie:** 60.000 | **Produzione olearia:** Sì
Proprietà: Giovanni Celeste Benvenuto
Cond. enologica: Giovanni Celeste Benvenuto
Cond. agronomica: Marco Benvenuto, Antonello Benvenuto
Vendita diretta: Sì | **Visite in azienda:** Sì

BENVENUTO ORANGE 2022
Bianco - Zibibbo 100%
Alc. 13% | € 20 | Bt. 10.000 | Ferm. Acciaio | Mat. Acciaio 6 mesi
Oro antico che s'immerge in un tramonto quasi ramato. Naso che s'apre con l'arancio tardivo e i fiori di zagara, un soffio di mare dall'accenno iodato e poi un ricordo di zafferano. Complesso il gusto, dove la leggera astringenza non intacca freschezza e sapidità, che accompagnano un finale di tutto rispetto. Pollo alle mandorle e curcuma.

CELESTE 2022
Rosato Igp - Nero d'Avola 100%
Alc. 13% | € 15 | Bt. 15.000 | Ferm. Acciaio | Mat. Acciaio 6 mesi
Risotto con silene e cime di luppolo selvatico.

MARE 2022
Bianco Igp - Malvasia 60%, Zibibbo 40%
Alc. 13% | € 15 | Bt. 15.000 | Ferm. Acciaio | Mat. Acciaio 6 mesi
Brie de Meaux.

BENVENUTO ZIBIBBO 2022
Bianco Igp - Zibibbo 100%
Alc. 13,5% | € 18 | Bt. 10.000 | Ferm. Acciaio | Mat. Acciaio 6 mesi
Seppie ripiene su crema di ceci.

TERRA 2022
Rosso Igp - Magliocco canino 60%, Greco nero 40%
Alc. 14% | € 15 | Bt. 10.000 | Ferm. Acciaio | Mat. Acciaio 6 mesi
Lasagnette con ragù di coniglio e crema di piselli.

MARE
2016 | 2020

BENVENUTO
2020 | 2021

Cantine Caccamo
(2015)

A leggere l'anno di fondazione sembra cominciata da poco la strada delle Cantine Caccamo, ma bisogna andare più indietro nel tempo per individuare il vero inizio, e cioè agli inizi degli anni Sessanta, quando Anna Mangialavori e Raffaele Caccamo iniziano la loro storia insieme. A raccogliere e alimentare i semi di tanto lavoro e passione ci sono adesso i figli, Leandro e Tony, in una terra che a volte lesina i frutti per renderli ancora più dolci a chi sa curarli e attendere. E loro hanno raccolto la sfida, dando tempo al tempo e presentando il Fluente, vino bianco macerato da greco bianco.

Contrada Gagliano, 23 - 89029 Taurianova (RC)
T. 347 8869368 | M. info@cantinecaccamo.it
www.cantinecaccamo.it

Viticoltura: Biologica
Ettari: 12 | **Bottiglie:** 15.000 | **Produzione olearia:** No
Proprietà: Leandro Caccamo
Cond. enologica: Nicola Domenico Luciano
Cond. agronomica: Nicola Domenico Luciano
Vendita diretta: Sì | **Visite in azienda:** Sì

FLUENTE 2022
Bianco Igp - Greco bianco 100%
Alc. 13% | € 18 | Bt. 3.000 | Mat. Acciaio 6 mesi
Giallo quasi oro, luminoso e ricco di luce. Olfatto che s'impone per forza e ricchezza di profumi, dall'agrumato della scorza di mandarino alla pesca bianca, poi biancospino e un ricordo di cipria. La beva è fresco-sapida, supportata dalla suadenza alcolica. Allungo coerente. Ovoli freschi crudi su letto di rucola.

MAIDOMA 2022
Bianco Igp - Greco bianco 100%
Alc. 12,5% | € 15 | Bt. 3.000 | Ferm. Acciaio | Mat. Acciaio 6 mesi
Pasta, patate e cozze.

CAPARBIO 2020
Rosso Igp - Nero d'Avola 100%
Alc. 14% | € 18 | Bt. 3.000 | Ferm. Legno e Acciaio | Mat. Acciaio 9 mesi e Legno 3 mesi
Lombata di vitello su letto di cipolline saltate.

GORRIA 2022
Rosato Igp - Gaglioppo 100%
Alc. 13% | € 15 | Bt. 3.000 | Ferm. Acciaio | Mat. Acciaio 6 mesi
Risotto con rape rosse e Gorgonzola.

Cantine Lavorata
(1958)

Siamo a Bivongi, denominazione e territorio a cavallo delle province di Reggio Calabria e Catanzaro per il solo comune di Guardavalle, prevalentemente in quella che è stata la culla dell'antica e importante città di Kaulon, quella dello splendido mosaico del Drago, fra la Catena delle Serre e la valle del torrente Stilaro. La filosofia dei Lavorata è molto orientata all'innovazione e ai nuovi mercati e, in quest'ottica, tutta la famiglia sta lavorando per ampliare la base produttiva. In programma il lancio di due nuove etichette, per il momento ancora top secret.

Contrada Melissari - 89047 Roccella Jonica (RC)
T. 0964 863060 | M. info@cantinelavorata.it
www.cantinelavorata.it

Viticoltura: Convenzionale
Bottiglie: 600.000 | **Produzione olearia:** No
Proprietà: Adele Anna Lavorata
Cond. enologica: Domenico Lavorata
Cond. agronomica: Staff aziendale
Vendita diretta: Sì | **Visite in azienda:** Sì

GRECO NERO 2018
Rosso Igt - Greco nero 100%
Alc. 14,5% | € 30 | Bt. 13.500 | Ferm. Acciaio | Mat. Acciaio 12 mesi e Legno 24 mesi
Carminio di grande vivacità. Il naso è rose rosse, amarene mature e arancia rossa. E poi ancora cioccolato e cacao, con un soffio di pepe nero a chiudere su un palato quasi rotondo, dove il tannino si fonde alla freschezza e al calore alcolico, creando un lungo equilibrio e un'ottima beva. Pasta alla Norma.

GRECO BIANCO 2022
Bianco Igt - Greco bianco 100%
Alc. 13% | € 21 | Bt. 10.000 | Ferm. Acciaio | Mat. Acciaio 12 mesi
Verdure in tempura.

BIVONGI ROSSO RISERVA 2017
Rosso Doc - Gaglioppo 35%, Nero d'Avola 35%, Greco nero 30%
Alc. 14,5% | € 30 | Bt. 14.000 | Ferm. Acciaio | Mat. Acciaio 12 mesi e Legno 24 mesi
Lepre alla cacciatora.

BIVONGI ROSATO 2022
Rosato Doc - Gaglioppo 35%, Nero d'Avola 35%, Greco nero 30%
Alc. 13% | € 20 | Bt. 10.000 | Ferm. Acciaio | Mat. Acciaio 12 mesi
Salame di cinta senese.

BIVONGI BIANCO 2022
Bianco Doc - Greco bianco 40%, Inzolia 40%, Malvasia 20%
Alc. 13% | € 20 | Bt. 12.000 | Ferm. Acciaio | Mat. Acciaio 12 mesi
Vellutata di cavolfiore.

ANFISIA VIVACE ROSATO 2022
Rosato Igt Frizzante - Gaglioppo 40%, Malvasia nera 30%, Nero d'Avola 30%
Alc. 11,5% | € 20 | Bt. 7.000 | Ferm. Acciaio | Mat. Acciaio 12 mesi
Pizza con bufala e pomodorini.

CABERNET SAUVIGNON
2021

BIVONGI BIANCO
2021

Caparra & Siciliani
(1963)

Superata la boa dei sessant'anni, questo sodalizio familiare rilancia l'impegno a raccontare il territorio cirotano in modo originale ed espressivo. L'azienda, per storia e dimensioni, introduce le novità con prudenza e lungimiranza. Fu tra le prime nel Sud a dotarsi di un consulente enologico e, quarant'anni dopo, ne ha scelto uno dei più giovani e innovativi. Vantano la certificazione biologica di tutti i vigneti di proprietà e hanno avviato un accorto restyling dell'intera gamma aziendale, con notevoli risultati, come testimonia il Cirò Rosso Classico Superiore Timpagrande Riserva 2018.

Bivio SS 106 - 88811 Cirò Marina (KR)
T. 0962 373319 | M. info@caparraesiciliani.it
www.caparraesiciliani.com

Viticoltura: Biologica
Ettari: 170 | **Bottiglie:** 800.000 | **Produzione olearia:** No
Proprietà: Famiglie Caparra e Siciliani
Cond. enologica: Jacopo Vagaggini
Cond. agronomica: Salvatore Cornicello
Vendita diretta: Sì | **Visite in azienda:** Sì

CIRÒ ROSSO CLASSICO SUPERIORE TIMPAGRANDE RISERVA 2018 92
Rosso Doc - Gaglioppo 100%
Alc. 13,5% | € 8 | Bt. 26.000 | Ferm. Acciaio | Mat. Acciaio 6 mesi e Legno 6 mesi
Granato trasparente che sfuma verso l'aranciato. Palette odorosa che debutta con prugna California e un leggero ricordo di miele di castagno, poi cioccolato, liquirizia, cuoio e fieno. Bocca tenace che sa di vino senza se e senza ma, e l'equilibrio che va dritto come un fuso lasciando un ricordo unico. Carré d'agnello al timo e lardo di Colonnata.

MASTROGIURATO 2020
Rosso Igt - Gaglioppo 70%, Greco nero 30%
Alc. 13,5% | € 13 | Bt. 6.000 | Ferm. Acciaio | Mat. Acciaio 8 mesi e Legno 8 mesi
Arista di maiale con salsa di prugne.

CIRÒ ROSSO CLASSICO SOLAGI 2021
Rosso Doc - Gaglioppo 100%
Alc. 13,5% | € 8 | Bt. 13.000 | Ferm. Acciaio | Mat. Acciaio 12 mesi
Zuppa di fagioli neri messicana.

CIRÒ ROSSO CLASSICO SUPERIORE VOLVITO RISERVA 2020
Rosso Doc - Gaglioppo 100%
Alc. 13,5% | € 13 | Bt. 12.900 | Ferm. Acciaio | Mat. Acciaio 12 mesi e Legno 8 mesi
Costolette d'agnello alle erbe.

CIRÒ ROSSO CLASSICO SUPERIORE VINTAGE EDITION 2020
Rosso Doc - Gaglioppo 100%
Alc. 13,5% | € 8 | Bt. 12.400 | Ferm. Acciaio | Mat. Acciaio 6 mesi e Legno 6 mesi
Bigoli con salsiccia.

CIRÒ ROSATO LE FORMELLE 2022
Rosato Doc - Gaglioppo 100%
Alc. 13% | € 8 | Bt. 16.600 | Ferm. Acciaio | Mat. Acciaio 3 mesi
Prosciutto di San Daniele.

MASTROGIURATO SPECIAL EDITION
2019

CIRÒ ROSSO CLASSICO SUPERIORE VOLVITO RISERVA
2017

Ceratti Pasquale
(1990)

Pasquale e Umberto Ceratti sono testimoni riconosciuti di questo lembo di costa ionica, ricco di storia e natura incontaminata, e di questa denominazione, autentica celebrazione d'antica connessione fra uomo e vitigno. Guardando al futuro, la famiglia si prepara a un anno promettente, con progetti ambiziosi in cantiere, tra cui il lancio di un nuovo vino spumante da mantonico e di un vino rosato. In programma anche l'installazione di un nuovo vigneto di greco di Bianco, per continuare a esaltare l'autenticità e il carattere distintivo di questa straordinaria varietà di uva.

Contrada Palazzi - 89032 Bianco (RC)
T. 0964 913073 | M. info@ceratti.it
www.ceratti.it

Viticoltura: Convenzionale e biologica
Ettari: 15 | **Bottiglie:** 12.000 | **Produzione olearia:** Sì
Proprietà: Pasquale Ceratti
Cond. enologica: Umberto Ceratti
Cond. agronomica: Umberto Ceratti
Vendita diretta: Sì | **Visite in azienda:** Sì

GRECO DI BIANCO 2014
Bianco Dop - Malvasia di Lipari 100%
Alc. 14% | € 35 (0,5l) | Bt. 6.000 | Ferm. Acciaio
Ambra lucido, lento. Primo naso esuberante e a seguire un inanellarsi di sfaccettature aromatiche che vanno dalla pesca confettura alla ginestra, al miele millefiori e ancora caffè e cannella, sigaro e fichi. Dolce, vellutato e suadente il sorso, che si prolunga in sensazioni che confermano l'olfatto. Stilton.

RÙDINA 2022
Bianco Igp - Malvasia di Lipari 100%
Alc. 13% | € 25 | Bt. 5.000 | Ferm. Acciaio
Rollè di cernia con patate al rosmarino.

MANTONICO
2008

GRECO DI BIANCO
2009

Ceraudo
(1973)

Con l'avvio della produzione di due Vermouth biologici, a base di vini, botaniche e agrumi aziendali, Ceraudo si conferma un'azienda innovativa nell'enologia del Sud. A cinquant'anni dalla fondazione, Roberto Ceraudo compie anche trent'anni di conduzione biologica. Oltre al vino e agli extravergini, in azienda brilla l'alta gastronomia, con le stelle Michelin (anche quella della sostenibilità) della figlia Caterina. I vigneti e la cantina rimangono però il cuore di questa tenuta e raccontano l'inesauribile passione che anima i Ceraudo, come conferma il lusinghiero risultato del bianco Grisara 2021.

Contrada Dattilo, 6 - 88816 Strongoli (KR)
T. 0962 865613 | M. info@dattilo.it
www.ceraudo.it

Viticoltura: Biologica
Ettari: 20 | **Bottiglie:** 80.000 | **Produzione olearia:** Sì
Proprietà: Roberto Ceraudo
Cond. enologica: Fabrizio Ciufoli
Cond. agronomica: Roberto Ceraudo
Vendita diretta: Sì | **Visite in azienda:** Sì

(91,5)

GRISARA 2022
Bianco Igt - Pecorello 100%
Alc. 13,5% | € 24 | Bt. 10.000 | Ferm. Acciaio | Mat. Acciaio 8 mesi
Il colore è quello del grano maturo, con nuance dorate e delicata consistenza. Olfatto che sa di pesca e litchi, un accenno di ananas e poi origano e un soffio di pepe bianco. Fresco e sapido, raccordato a una soave rotondità che descrive un grande equilibrio. Allungo fruttato. Risotto con zucchine, fiori di zucca e zafferano.

PETRARO 2018
Rosso Igt - Gaglioppo 50%, Greco nero 30%, Cabernet sauvignon 20%
Alc. 14,5% | € 30 | Bt. 1.800 | Ferm. Legno | Mat. Legno 36 mesi
Filetto di capriolo ai mirtilli.

PETELIA 2022
Bianco Igt - Greco bianco 50%, Mantonico bianco 50%
Alc. 13% | € 22 | Bt. 12.000 | Ferm. Acciaio | Mat. Acciaio 8 mesi
Insalatina di porcini e scaglie di formaggio.

IMYR 2022
Bianco Igt - Chardonnay 100%
Alc. 14% | € 25 | Bt. 5.500 | Ferm. Legno | Mat. Legno 5 mesi
Bocconcini di rana pescatrice in crosta di mandorle.

NANÀ 2021
Rosso Igt - Gaglioppo 80%, Magliocco dolce 20%
Alc. 13,5% | € 22 | Bt. 12.000 | Ferm. Acciaio | Mat. Acciaio 12 mesi
Bucatini all'amatriciana.

DATTILO 2021
Rosso Igt - Gaglioppo 100%
Alc. 13,5% | € 27 | Bt. 6.500 | Ferm. Legno | Mat. Legno 24 mesi
Filetto di manzo in crosta alle erbette.

IMYR
2020

PETELIA
2015

Colacino Wines
(2003)

Il Savuto e la sua valle, così impervia e quasi nascosta, confine naturale fra la provincia di Cosenza e il territorio di Lamezia, infonde il suo spirito nei vini e nel lavoro di quest'azienda dal passato certamente importante. Il papà Vittorio, medico del paese, inizia questo lavoro per pura passione e tramanda lo stesso sentimento e lo stesso impegno ai figli Mauro e Maria Teresa. Loro continuano la sua opera in chiave moderna e, pur mantenendo gli antichi muretti in pietra per parte del vigneto, portano il Savuto e i vini simbolo di questa denominazione lontano, fuori dai confini nazionali.

Via Colle Manco - 87050 Marzi (CS)
T. 0984 1900252 | M. vini@colacino.it
www.colacino.it

Viticoltura: Convenzionale
Ettari: 20 | **Bottiglie:** 110.000 | **Produzione olearia:** No
Proprietà: Mauro e Maria Teresa Colacino
Cond. enologica: Nicola Centonze
Cond. agronomica: Giorgio Masi
Vendita diretta: Sì | **Visite in azienda:** Sì

SAVUTO ROSSO SÌ 2022
Rosso Doc - Arvino 50%, Magliocco dolce 50%
Alc. 13,5% | € 13 | Bt. 20.000 | Ferm. Acciaio | Mat. Acciaio 6 mesi
Rubino pieno e lucente. Prugna che è quasi in confettura, pesca nettarina e viola a un primo esame, concentrato e molto pulito. Poi il registro cambia ed ecco pepe bianco, caffè e chiodi di garofano. La beva ha spessore e continuità in un equilibrio che è la cifra di un ricordo dalle volute fruttate. Filetto di maiale lardellato.

SAVUTO ROSSO SUPERIORE BRITTO 2020
Rosso Doc - Arvino 45%, Magliocco dolce 45%, Greco nero 10%
Alc. 14% | € 20 | Bt. 6.000 | Ferm. Acciaio | Mat. Acciaio 18 mesi e Legno 6 mesi
Medaglioni di cervo con riduzione di cottura.

TERRE DI COSENZA ROSATO MAGLIOCCO 2022
Rosato Doc - Magliocco dolce 100%
Alc. 12,5% | € 18 | Bt. 20.000 | Ferm. Acciaio | Mat. Acciaio 2 mesi
Spiedo di seppioline ai ferri.

SAVUTO ROSSO CLASSICO COLLE BARABBA 2022
Rosso Doc - Arvino 45%, Magliocco dolce 45%, Greco nero 10%
Alc. 13,5% | € 18 | Bt. 16.000 | Ferm. Acciaio | Mat. Acciaio 6 mesi
Fusilli di kamut al ragù di faraona.

QUARTO 2022
Bianco Igt - Pecorello 90%, Malvasia bianca 10%
Alc. 13,5% | € 15 | Bt. 20.000 | Ferm. Acciaio | Mat. Acciaio 6 mesi
Pappardelle con coda di rospo e carciofi.

SAVUTO BIANCO SÌ 2022
Bianco Doc - Mantonico bianco 40%, Pecorello 40%, Greco bianco 20%
Alc. 13% | € 13 | Bt. 20.000 | Ferm. Acciaio | Mat. Acciaio 6 mesi
Risotto alla pescatora.

SAVUTO ROSSO SUPERIORE BRITTO
2017 | 2019

QUARTO
2021

Criserà
(1957)

La Costa Viola è quel tratto di costa della Calabria tirrenica, certamente difficile e impervio, che però, con il suo ampio orizzonte, lascia grande spazio all'immaginazione. I filari, in alcuni punti a picco verso il mare e le isole Eolie, sono certificati come vigneti estremi e qui, dove la viticoltura eroica è praticata da sempre, la famiglia Tramontana ha fatto di tutto per continuare a perpetrare questa preziosa eredità. In un così piccolo spazio le uve sono tante, a testimonianza della pratica antica di vigneti multivarietali, e quest'anno è proprio il loro Nerone a issare la bandiera.

Via Militare, 10 - Località Catona - 89135 Reggio Calabria (RC)
T. 0965 302683 | M. info@vinicrisera.it
www.vinicrisera.it

Viticoltura: Convenzionale
Ettari: 60 | **Bottiglie:** 600.000 | **Produzione olearia:** No
Proprietà: Fratelli Tramontana
Cond. enologica: Francesco Tramontana
Cond. agronomica: Domenico Tramontana
Vendita diretta: Sì | **Visite in azienda:** Sì

NERONE DI CALABRIA 2018
Rosso Igt - Nero d'Avola 70%, Sangiovese 30%
Alc. 14% | € 20 | Bt. 24.000 | Ferm. Acciaio | Mat. Legno 30 mesi
Cremisi fitto e sinuoso che prepara a una sequenza odorosa importante e precisa: marasca, pepe nero e vaniglia, arancia sanguinella, cacao e tabacco dolce. Palato pieno, costante e fresco, tannino e calore mai sopra le righe. Piacevole, dal lungo setale a esprimere originalità e carattere. Tagliata di manzo al rosmarino.

ARMACÌA 2021
Rosso Igt - Gaglioppo 25%, Malvasia nera 25%, Nerello 25%, Prunesta 25%
Alc. 13% | € 9 | Bt. 32.000 | Ferm. Acciaio | Mat. Acciaio 6 mesi
Carré di maiale con patate al forno.

COSTA VIOLA 2022
Bianco Igt - Chardonnay 50%, Greco bianco 50%
Alc. 13% | € 9 | Bt. 28.000 | Ferm. Acciaio | Mat. Acciaio 2 mesi
Tempura di gamberi.

ARMACÌA
2018

NERONE DI CALABRIA
2014

●◐○○

Dell'Aera Vigneti e Cantina

(1860)

Dopo oltre cento anni e sei generazioni di agricoltori, è di nuovo un Modesto Dell'Aera a essere attore e motore di questa realtà, affiancato dal giovane figlio Matteo. Tra i progetti futuri ci sono l'impianto di nuovi vigneti e il potenziamento delle strutture produttive per seguire ancora più attentamente tutte le fasi di produzione e garantire una maggiore tracciabilità dalla vigna al consumatore. Un altro obiettivo è l'incremento dell'export verso nuovi mercati, per far conoscere sempre di più la Calabria, proponendosi come ambasciatori delle eccellenze di questa terra straordinaria.

Contrada Grandine - 88050 Soveria Simeri (CZ)
T. 329 2021807 | M. info@dellaeravini.it
www.dellaeravini.it

Viticoltura: Lotta integrata
Ettari: 18 | **Bottiglie:** 15.000 | **Produzione olearia:** No
Proprietà: Famiglia Dell'Aera
Cond. enologica: Matteo Dell'Aera , Stefano Coppola
Cond. agronomica: Vito Modesto Dell'Aera
Vendita diretta: Sì | **Visite in azienda:** Sì

KOMETES 2022
Bianco Igp - Malvasia bianca di Candia 100%
Alc. 13,5% | € 10 | Bt. 4.000 | Ferm. Acciaio | Mat. Acciaio 5 mesi
Giallo quasi lunare, luminoso. Naso che impressiona per classe e nitore dei profumi. Si evidenziano pesca matura, zeste d'agrume e miele, e poi origano di montagna e biancospino. Al sorso è fresco e insieme sapido, ben smussato, bilanciato e costante, segnato da una bella e lunga progressione. Linguine con asparagi e calamaretti.

VANITAS 2020
Bianco Igp - Mantonico bianco 100%
Alc. 14% | € 16 | Bt. 1.850 | Ferm. Acciaio | Mat. Acciaio 12 mesi e Legno 12 mesi
Vellutata di zucca spolverata di tartufo nero.

KRIO 2022
Rosso Igp - Merlot 50%, Nerello 50%
Alc. 13,5% | € 11 | Bt. 3.000 | Ferm. Acciaio | Mat. Acciaio 5 mesi
Cacciucco alla livornese.

GRANDANE 2021
Rosso Igp - Nerello 100%
Alc. 14,5% | € 16 | Bt. 4.000 | Ferm. Acciaio | Mat. Acciaio 12 mesi e Legno 12 mesi
Saltimbocca alla romana.

SEMIRUS 2022
Rosato Igp - Gaglioppo 100%
Alc. 13% | € 10 | Bt. 2.500 | Ferm. Acciaio | Mat. Acciaio 5 mesi e Legno 12 mesi
Capocollo di Martina Franca.

VANITAS
2018 | 2019

GRANDANE
2017 | 2018 | 2019

●●◐○

Enotria

(1974)

Cambio al vertice e cambio nella conduzione enologica con la prospettiva di rimodulare e riprendere le posizioni occupate lungamente nel passato da questo storico marchio. Lavoro certosino e molto puntuale che ha portato a un rinnovamento con conseguente adeguamento della filosofia produttiva, attraverso la creazione di una nuova linea di vino Cirò appositamente dedicata ai mercati esteri. Una novità è anche il restyling delle etichette, dallo stile più moderno e diretto, in grado di esaltare la linea de I Territoriali. In quest'edizione, fra tutti, è l'emergente Magliocco a dare mostra di sé.

Contrada San Gennaro, SS 106 - 88811 Cirò Marina (KR)
T. 0962 371181 | M. info@cantinaenotria.wine
www.cantinaenotria.wine

Viticoltura: Biologica certificata
Ettari: 27 | **Bottiglie:** 120.000 | **Produzione olearia:** No
Proprietà: Saverona srl
Cond. enologica: Tonino Guzzo
Cond. agronomica: Staff aziendale
Vendita diretta: Sì | **Visite in azienda:** Sì

MAGLIOCCO 2021
Rosso Igt - Magliocco dolce 100%
Alc. 13% | € 14 | Bt. 6.000 | Ferm. Acciaio | Mat. Acciaio 8 mesi e Legno 6 mesi
Ricorda il rubino birmano per concentrazione e lucentezza. Vino di buona consistenza e naso spontaneo che tocca la frutta sotto spirito, le arance rosse e poi la vaniglia, uno sbuffo di cacao e legno di cedro. Il palato è freschezza e tannini ben integrati e nella chiosa incede lento e succoso. Trippa in umido.

CIRÒ ROSSO CLASSICO SUPERIORE 2021
Rosso Doc - Gaglioppo 80%, Magliocco dolce 20%
Alc. 13,5% | € 11 | Bt. 20.000 | Ferm. Acciaio | Mat. Acciaio 8 mesi
Brasato di manzo al vino rosso.

GAGLIOPPO 2022
Rosato Igt - Gaglioppo 100%
Alc. 13% | € 13 | Bt. 6.000 | Ferm. Acciaio | Mat. Acciaio 4 mesi
Brodetto all'anconetana.

91 2022
Bianco Igt - Greco bianco 40%, Pecorello 40%, Chardonnay 20%
Alc. 13% | € 14 | Bt. 15.000 | Ferm. Acciaio | Mat. Acciaio 4 mesi
Minestra d'orzo perlato con fagioli di Lamon.

106 2019
Rosso Igt - Gaglioppo 50%, Syrah 40%, Magliocco dolce 10%
Alc. 14% | € 16 | Bt. 15.000 | Ferm. Acciaio | Mat. Acciaio 8 mesi e Legno 6 mesi
Costata di manzo alla griglia.

PECORELLO 2022
Bianco Igt - Pecorello 100%
Alc. 13% | € 13 | Bt. 6.000 | Ferm. Acciaio | Mat. Acciaio 4 mesi
Anelli di cipolla pastellati fritti.

91
2020

106
2017 | 2018

Fattoria San Francesco
(1984)

Il luogo dove ora si trova l'azienda oltre cinquecento anni fa era dimora di un convento dedicato a San Francesco, con attorno vigneti coltivati per il fabbisogno locale. Tutto questo fino alla fine del Settecento, quando il sito viene venduto all'asta e la proprietà va a don Benedetto Siciliani. Ai giorni nostri, nelle mani della famiglia Iuzzolini e con alla guida l'intraprendente e volitivo Pasquale, gli obiettivi erano chiari ancor prima di rilevare l'azienda: diffusione del marchio in uno scenario dal respiro internazionale con vini che, pur legati al territorio, sanno andare lontano.

Località Quattromani - 88813 Cirò (KR)
T. 0962 32228 | M. info@fattoriasanfrancesco.it
www.fattoriasanfrancesco.it

Viticoltura: Convenzionale
Ettari: 75 | **Bottiglie:** 700.000 | **Produzione olearia:** No
Proprietà: Famiglia Iuzzolini
Cond. enologica: Pasquale Iuzzolini
Cond. agronomica: Pasquale Iuzzolini
Vendita diretta: Sì | **Visite in azienda:** Sì

DONNA ROSA 2022
Rosato Igt - Gaglioppo 100%
Alc. 12,5% | € 16 | Bt. 70.000 | Ferm. Acciaio | Mat. Acciaio 3 mesi e Legno
Rosa fragola che luccica. Immediato l'esordio, la sequenza olfattiva si mostra ben allineata e percettibile, diffondendo volute odorose che vanno dai fiori di limone alla rosa e alla granadilla, con un pizzico di salvia. Beva pazzesca, calibrata la morbidezza e il calore alcolico. Finale interessante. Linguine agli scampi.

RONCO DEI QUATTROVENTI 2020
Rosso Igt - Gaglioppo 90%, altre varietà 10%
Alc. 13,5% | € 16 | Bt. 80.000 | Ferm. Acciaio | Mat. Acciaio 2 mesi e Legno 12 mesi
Crespelle con funghi e Asiago.

VIGNACORTA 2021
Rosso Igt - Magliocco dolce 60%, Gaglioppo 40%
Alc. 13,5% | € 16 | Bt. 70.000 | Ferm. Acciaio | Mat. Legno 10 mesi
Pernici farcite.

BIANCO DI SALE 2022
Bianco Igt - Pecorello 100%
Alc. 13% | € 16 | Bt. 60.000 | Ferm. Acciaio
Frittura di moscardini.

SETTEMARI 2022
Bianco Igt - Chardonnay 50%, Greco bianco 50%
Alc. 12,5% | € 16 | Bt. 70.000 | Ferm. Acciaio | Mat. Acciaio 3 mesi e Legno 2 mesi
Insalata di ceci e pomodorini.

CIRÒ ROSATO SAN FRANCESCO 2022
Rosato Doc - Gaglioppo 100%
Alc. 12,5% | € 11 | Bt. 90.000 | Ferm. Acciaio | Mat. Acciaio 3 mesi
Porchetta di Ariccia.

CIRÒ ROSSO CLASSICO SUPERIORE DUCA DELL'ARGILLONE RISERVA
2016 | 2017

RONCO DEI QUATTROVENTI
2017

Ferrocinto
(2007)

L'antico fortino, del quale la casa padronale conserva le torri, vigila silenzioso sul vigneto che si gode dalla terrazza e dà il nome all'azienda, situata alle pendici delle maestose vette della catena del Pollino. Qui trovano casa le uve del territorio che acquisiscono qualità e originalità dalle esclusive condizioni climatiche di allevamento in altura. In cantina, la mano generosa e accurata dell'enologo Stefano Coppola si traduce in vini di alto profilo per un'azienda che si muove su numeri grandi e vasti mercati. Splendida poi la sala degustazione, moderna e quasi sospesa sui vigneti.

Contrada Ferrocinto, 1 - 87012 Castrovillari (CS)
T. 0981 415141 - 339 5497844 | M. enocoppola@yahoo.it
www.ferrocinto.it

Viticoltura: Biologica
Ettari: 130 | **Bottiglie:** 900.000 | **Produzione olearia:** Sì
Proprietà: Famiglia Nola
Cond. enologica: Stefano Coppola, Luca Rosanova
Cond. agronomica: Luigi Di Minco
Vendita diretta: Sì | **Visite in azienda:** Sì

TERRE DI COSENZA POLLINO ROSATO 2022 (91)
Rosato Dop - Aglianico 100%
Alc. 13% | € 20 | Bt. 12.000 | Ferm. Acciaio | Mat. Acciaio 6 mesi
L'intrigante colore rosa tenue ammicca a un naso floreale che inizia fra rose e glicine, per raggiungere poi fragoline di bosco e foglie di salvia e origano, apripista per una bocca fresca e appagante. Equilibrio calibrato e congedo aromatico ne fanno un vino di grande pregio. Frittura di rane e verdure croccanti.

TERRE DI COSENZA POLLINO MAGLIOCCO 2022
Rosso Dop - Magliocco dolce 100%
Alc. 13% | € 20 | Bt. 13.000 | Ferm. Acciaio | Mat. Legno 6 mesi
Reale di vitello alla senape antica.

TERRE DI COSENZA POLLINO BIANCO 2022
Bianco Dop - Mantonico bianco 100%
Alc. 13% | € 20 | Bt. 13.000 | Ferm. Acciaio | Mat. Acciaio 6 mesi
Risotto con le spugnole.

TERRE DI COSENZA POLLINO BIANCO
2018

TERRE DI COSENZA POLLINO ROSATO
2021

Fezzigna
(1957)

Ci troviamo a Umbriatico, piccolo borgo del crotonese, al limite nord della provincia, il cui territorio è ricco di rupi scoscese e fitti boschi e dove la scarsa popolazione si è sempre occupata di allevamento, agricoltura e vigna. Testimoni e difensori della tradizione e dei dettami della denominazione Melissa fin dagli inizi, la famiglia Fezzigna entra da poco a far parte anche della più conosciuta Cirò. Apprezzamento per il vino new entry di quest'anno, Mico, blend fra gli autoctoni a bacca nera gaglioppo, greco nero e nerello, con un piccolo apporto dell'internazionale cabernet sauvignon.

SP 9 - Località Caraconessa - 88823 Umbriatico (KR)
T. 333 6847031 | M. info@fezzignavini.it
www.fezzignavini.it

Viticoltura: Biologica
Ettari: 5 | **Bottiglie:** 15.000 | **Produzione olearia:** Sì
Proprietà: Giuseppina Demunno
Cond. enologica: Giuseppe Liotti, Francesco Fezzigna
Cond. agronomica: Francesco Fezzigna
Vendita diretta: Sì | **Visite in azienda:** Sì

MICO 2019
Rosso Igt - Gaglioppo 60%, Cabernet sauvignon 15%, Greco nero 15%, Nerello 10%
Alc. 14,5% | € 15 | Bt. 2.000 | Ferm. Acciaio | Mat. Acciaio 34 mesi
Rosso cremisi, lampi granato, rarefatta la trama. Scrigno odoroso ben composto e brioso: marasca matura, viola appassita, polvere di cacao e tabacco da pipa. Anche il sorso si presenta vibrante, con i tannini a sostenere un equilibrio appena raggiunto. Estensione apprezzabile e pulita. Coratella di agnello.

CIRÒ BIANCO 2022
Bianco Doc - Greco bianco 100%
Alc. 12,5% | € 14 | Bt. 2.000 | Ferm. Acciaio | Mat. Acciaio 6 mesi
Risotto alla milanese con ossobuco.

MELISSA ROSSO CARACONESSA 2019
Rosso Doc - Gaglioppo 75%, Greco nero 25%
Alc. 14% | € 15 | Bt. 2.000 | Ferm. Acciaio | Mat. Acciaio 42 mesi
Tacchino farcito con castagne.

CIRÒ ROSATO 2022
Rosato Doc - Gaglioppo 100%
Alc. 13% | € 14 | Bt. 2.000 | Ferm. Acciaio | Mat. Acciaio 6 mesi
Prosciutto di Norcia.

ROMIDO 2022
Rosato Igt - Gaglioppo 70%, Greco nero 30%
Alc. 13% | € 13 | Bt. 2.000 | Ferm. Acciaio | Mat. Acciaio 6 mesi
Fiori di zucca ripieni di ricotta e acciughe.

MELISSA BIANCO CARACONESSA 2022
Bianco Doc - Greco bianco 95%, Malvasia 5%
Alc. 12,5% | € 13 | Bt. 2.000 | Ferm. Acciaio | Mat. Acciaio 6 mesi
Zuppa d'orzo e chiodini.

CIRÒ ROSATO
2021

MELISSA BIANCO CARACONESSA
2021

Giraldi & Giraldi
(2008)

I gemelli Alessandro e Pierfrancesco sono il cuore di questa piccola e giovane azienda, situata sulle colline attorno alla città di Cosenza, dove si respira l'aria che sale dalla valle del fiume Crati, capace di creare importanti escursioni termiche giorno-notte, salutari per una corretta maturazione fenolica delle uve. Il loro vessillo è il magliocco dolce, uva simbolo della denominazione, di cui segnaliamo un nuovo impianto e una nuova etichetta che ancora riposa. Ma non sono soli, perché i Giraldi sono una famiglia, supportati sempre dal lavoro del papà e dai tradizionali manicaretti di mamma Giuliana.

Via Don Onofrio, 2 - Località Nogiano - 87036 Rende (CS)
T. 0984 443449 | M. giraldiap@hotmail.it

Viticoltura: Convenzionale
Ettari: 18 | **Bottiglie:** 100.000 | **Produzione olearia:** No
Proprietà: Alessandro e Pierfrancesco Giraldi
Cond. enologica: Pierfrancesco Giraldi
Cond. agronomica: Alessandro Giraldi
Vendita diretta: Sì | **Visite in azienda:** Sì

TERRE DI COSENZA COLLINE DEL CRATI ROSSO DON ONOFRIO 2021
Rosso Dop - Magliocco dolce 80%, Cabernet sauvignon 20%
Alc. 14,5% | € 18 | Bt. 10.000 | Ferm. Acciaio | Mat. Acciaio 3 mesi e Legno 6 mesi
Carminio luminoso e fitto. Olfatto che libra gradevoli profumi di ciliegie e prugne in confettura, cannella e polvere di caffè, per poi diventare cuoio e tabacco dolce. Gusto immediato, ben distribuite le componenti, intarsiate da un calore definito e presente, pieno, durevole e identitario. Guancia di vitello in umido.

MONACI 2021
Rosso Igp - Magliocco dolce 100%
Alc. 14,5% | € 11 | Bt. 40.000 | Ferm. Acciaio | Mat. Acciaio 6 mesi
Fettuccine al ragù d'agnello.

DONNA GIULIANA 2022
Rosato Igp - Magliocco dolce 60%, Greco nero 40%
Alc. 13% | € 9 | Bt. 12.000 | Ferm. Acciaio | Mat. Acciaio 5 mesi
Sauté di cozze.

ARINTHA 2022
Bianco Igp - Greco bianco 90%, Chardonnay 10%
Alc. 12,5% | € 9 | Bt. 17.000 | Ferm. Acciaio | Mat. Acciaio 5 mesi
Zuppa di funghi.

I MONACI
2016 | 2017 | 2019

DONNA GIULIANA
2016 | 2018

Ippolito 1845
(1845)

I fratelli Gianluca e Vincenzo Ippolito, insieme al cugino Paolo, sono i giovani e instancabili ambasciatori della cantina più antica dell'area cirotana e di un territorio che sta sperimentando con successo innovative e originali strade di comunicazione. Tre le novità: arricchire l'accoglienza in cantina con la visita e la degustazione nei vigneti, fra cui quelli prospicienti il mare, apertura ai nuovi mercati esteri e una neonata etichetta, un Metodo Martinotti fresco e immediato, da uve greco e pecorello. Per noi quest'anno grande plauso all'immortale e aristocratico Ripe del Falco 2015.

Via Tirone, 118 - 88811 Cirò Marina (KR)
T. 0962 31106 | M. ippolito1845@ippolito1845.it
www.ippolito1845.it

Viticoltura: Biologica
Ettari: 100 | **Bottiglie:** 900.000 | **Produzione olearia:** No
Proprietà: Famiglia Ippolito
Cond. enologica: Staff aziendale
Cond. agronomica: Staff aziendale
Vendita diretta: Sì | **Visite in azienda:** Sì

96,5

CIRÒ ROSSO CLASSICO SUPERIORE RIPE DEL FALCO RISERVA 2015
Rosso Doc - Gaglioppo 100%
Alc. 14,5% | € 30 | Bt. 6.000 | Ferm. Cemento | Mat. Legno 18 mesi e Cemento 72 mesi
Rubino di spessore cromatico e consistenza. Naso da fuochi d'artificio, che elenca ordinatamente caffè, liquirizia, prugna California e poi rosa e legno profumato, tabacco e cacao. Palato importante, ben espresso, contraddistinto da possanza, piacevolezza e classe che si traducono in un finish di tutto rispetto. Bollito misto con salse.

CIRÒ ROSSO CLASSICO SUPERIORE COLLI DEL MANCUSO RISERVA 2020
Rosso Doc - Gaglioppo 100%
Alc. 14% | € 15 | Bt. 20.000 | Ferm. Acciaio | Mat. Acciaio 10 mesi e Legno 12 mesi
Bocconcini di cinghiale con salsa di prugne.

160 ANNI 2020
Rosso Igt - Gaglioppo 100%
Alc. 15% | € 24 | Bt. 20.000 | Ferm. Acciaio | Mat. Acciaio 6 mesi e Legno 12 mesi
Pappardelle con sugo di lepre.

PECORELLO 2022
Bianco Igt - Pecorello 100%
Alc. 13% | € 12 | Bt. 105.000 | Ferm. Acciaio e Cemento | Mat. Acciaio 5 mesi
San Pietro alla siciliana con dadolata di patate.

PESCANERA 2022
Rosato Igt - Greco nero 100%
Alc. 13% | € 12 | Bt. 54.000 | Ferm. Acciaio | Mat. Acciaio 4 mesi
Spaghetti con mazzancolle e pomodorini.

RIVADIVA BRUT 2022
Bianco Metodo Martinotti - Greco bianco 70%, Pecorello 30%
Alc. 11,5% | € 15 | Bt. 13.000 | Ferm. Acciaio | Mat. Acciaio 7 mesi
Robiola di Roccaverano.

CIRÒ ROSATO MABILIA
2021

160 ANNI
2013

La Peschiera
(2013)

La Peschiera dei fratelli Gallo è un antico concio di liquirizia e sorge nella valle del fiume Esaro, fra le montagne del Pollino e le coste ioniche. Qui il microclima crea un ambiente ideale per la coltivazione della vite e non solo, visto che già in passato si producevano pesche, albicocche e agrumi. Solo uve del territorio per i vini che confermano la strenua territorialità perseguita da quest'azienda. Quest'anno si mette in luce il San Lorenzo da solo magliocco dolce, da degustare, in abbinamento a prodotti locali, nella sala dell'antico casale, arricchito da sette stanze per l'ospitalità.

Contrada Peschiera - 87040 San Lorenzo del Vallo (CS)
T. 0981 950841 | M. alessandrogallo@lapeschiera.net
www.lapeschiera.net

Viticoltura: Convenzionale
Ettari: 13 | **Bottiglie:** 15.000 | **Produzione olearia:** No
Proprietà: Alessandro Gallo
Cond. enologica: Stefano Coppola
Cond. agronomica: Luigi Di Minco
Vendita diretta: Sì | **Visite in azienda:** Sì

TERRE DI COSENZA ROSSO SAN LORENZO 2021
Rosso Dop - Magliocco dolce 100%
Alc. 13,5% | € 15 | Bt. 3.000 | Ferm. Acciaio | Mat. Acciaio 8 mesi
Vermiglio luminoso e fitto, con ouverture olfattiva elegante, che si destreggia tra mirtilli e ciliegie mature, poi viola e cacao, e ancora vaniglia con una mite striscia di grafite. Berlo è freschezza e calore ben svolto, a intrecciarsi in un equilibrio che placa la deriva tannica. Buono l'allungo. Pappardelle con sugo di capriolo.

TERRE DI COSENZA BIANCO JENTILINO 2022
Bianco Dop - Greco bianco 60%, Mantonico bianco 40%
Alc. 13% | € 14 | Bt. 3.000 | Ferm. Acciaio | Mat. Acciaio 4 mesi
Stoccafisso all'anconetana.

TERRE DI COSENZA ROSATO ABBARUNA 2022
Rosato Doc - Aglianico 100%
Alc. 13,5% | € 14 | Bt. 3.000 | Ferm. Acciaio | Mat. Acciaio 4 mesi
Risotto alle ortiche.

TERRE DI COSENZA BIANCO JENTILINO
2017 | 2020 | 2021

TERRE DI COSENZA BIANCO IL PECORELLO DEL CASELLO
2021

La Pizzuta del Principe
(2008)

Realtà del crotonese ormai consolidata, fondata da Albino Bianchi, professione farmacista dall'animo signorile con la passione per il vino, da sempre affiancato dalla moglie e ora coadiuvato anche dalla figlia Dorina. In questo territorio difficile, dove gli uliveti compongono il paesaggio, gli autoctoni gaglioppo, greco nero e pecorello godono di un microclima congeniale: un mix di caldo e correnti d'aria fresca dal vicino Vitravo e dal Mar Ionio. Interessanti le opere d'arte e installazioni di giovani e rinomati artisti a incuriosire e incantare l'occhio e i sensi dei visitatori.

Contrada Pizzuta - 88816 Strongoli (KR)
T. 0962 88252 | M. info@lapizzutadelprincipe.it
www.lapizzutadelprincipe.it

Viticoltura: Biologica
Ettari: 13 | **Bottiglie:** 65.000 | **Produzione olearia:** Sì
Proprietà: Clara Ranieri
Cond. enologica: Massimo Bartolini
Cond. agronomica: Massimo Bartolini
Vendita diretta: Sì | **Visite in azienda:** Sì

MELISSA ROSSO JACCA VENTU 2020
Rosso Dop - Gaglioppo 90%, Greco nero 10%
Alc. 14% | € 13 | Bt. 10.000 | Ferm. Acciaio | Mat. Acciaio 6 mesi e Legno 6 mesi
Carminio di intensa luminosità, calice fitto e naso variegato con sentori di prugna matura e ciliegia nera, a seguire rintocchi di erbe appena sfalciate e poi grafite e caffè molito. Pieno il sorso, giusta la struttura a esprimere calore ed equilibrio, preludio di un futuro di grande personalità. Filetto al pepe verde.

CALASTRAZZA 2022
Rosato Igp - Magliocco canino 100%
Alc. 13% | € 13 | Bt. 10.000 | Ferm. Acciaio | Mat. Acciaio 6 mesi
Zuppa di legumi e cereali.

MOLARELLA 2022
Bianco Igp - Pecorello 100%
Alc. 13% | € 13 | Bt. 15.000 | Ferm. Acciaio | Mat. Acciaio 6 mesi
Carpaccio di branzino.

ZINGAMARO
2016

MELISSA ROSSO JACCA VENTU
2014 | 2019

Le Moire
(2006)

Lungo la valle del fiume Savuto, non così distante dal ponte di età romana ancora esistente, quello detto di Annibale, costruito a servizio della Via Popilia, troviamo Le Moire, guidata dal medico Paolo Chirillo. Molte novità in questa piccola azienda, a cominciare dall'impianto di un nuovo vigneto insieme al cambio nella vinificazione di uno dei suoi vini simbolo, Zaleuco, che prevede adesso macerazione sulle bucce e successiva permanenza sulle fecce fini per favorire l'estrazione dei precursori aromatici. Aspettiamo per il prossimo anno anche un rosato prodotto da uve tradizionali.

Contrada Strivillati - SS 616, km 11,400 - 88040 Motta Santa Lucia (CZ)
T. 371 3381919 | M. info@lemoire.it
www.lemoire.it

Viticoltura: Convenzionale e lotta integrata
Ettari: 4 | **Bottiglie:** 25.000 | **Produzione olearia:** No
Proprietà: Paolo Chirillo
Cond. enologica: Girolamo Grisafi
Cond. agronomica: Girolamo Grisafi
Vendita diretta: Sì | **Visite in azienda:** Sì

ANNIBALE 2019
Rosso Igt - Magliocco dolce 60%, Sangiovese 40%
Alc. 13,5% | € 14 | Bt. 10.000 | Ferm. Acciaio | Mat. Acciaio 12 mesi
Colore rubino concentrato. Olfatto che diventa macchia mediterranea e soffio di mare, poi ciliegia nera e anice stellato, grafite e viola appassita, a chiudere volute di vaniglia. Bocca potente, morbida e dal tannino suadente. L'equilibrio segna questo vino, con un sorso persistente che lascia il segno. Filetto al vino rosso e scalogno.

ZALEUCO 2021
Bianco Igt - Mantonico bianco 100%
Alc. 14% | € 14 | Bt. 7.000 | Ferm. Acciaio | Mat. Acciaio 18 mesi
Petto d'anatra laccato al miele.

SAVUTO ROSSO MUTE 2019
Rosso Doc - Arvino 45%, Magliocco dolce 45%, Greco nero 10%
Alc. 14% | € 17 | Bt. 6.000 | Ferm. Acciaio | Mat. Acciaio 24 mesi
Cinghiale arrosto con castagne.

SAVUTO ROSATO SHEMALE 2022
Rosato Igt - Magliocco dolce 60%, Mantonico bianco 40%
Alc. 13% | € 14 | Bt. 2.000 | Ferm. Acciaio | Mat. Acciaio 4 mesi
Prosciutto d'oca affumicato.

ZALEUCO
2017 | 2018 | 2019

ANNIBALE
2016 | 2018

Lento
(1972)

Azienda storica del Lametino, nel passaggio del nuovo millennio ha dato slancio alla volontà di crescita nella tenuta di Amato, che domina il paesaggio fra Ionio e Tirreno, coi vigneti che orlano l'antica dimora padronale e l'adiacente cantina con la suggestiva barricaia interrata. Da tre generazioni i Lento legano il loro nome alla viticoltura e ai vini della denominazione Lamezia. E oggi Salvatore, con le figlie Danila e Emanuela, rilancia la tradizione confermando un lusinghiero trend positivo, che si ritrova nei profumi intensi e nel carattere deciso del Lamezia Rosso Riserva 2019.

Via del Progresso, 1 - 88040 Amato (CZ)
T. 0968 28028 | M. info@cantinelento.it
www.cantinelento.it

Viticoltura: Convenzionale e lotta integrata
Ettari: 80 | **Bottiglie:** 650.000 | **Produzione olearia:** Sì
Proprietà: Famiglia Lento
Cond. enologica: Roberto Da Frassini
Cond. agronomica: Donato Bagnulo
Vendita diretta: Sì | **Visite in azienda:** Sì

93,5

LAMEZIA ROSSO RISERVA 2019
Rosso Doc - Magliocco canino 45%, Greco nero 35%, Nerello 20%
Alc. 14% | € 20 | Bt. 18.000 | Ferm. Acciaio | Mat. Acciaio 6 mesi e Legno 24 mesi
Fulgida trama rubino. Naso da fuochi d'artificio, gelso nero e confettura di more, ricordi di rosmarino, cuoio, cioccolato, vaniglia e poi ancora grafite e liquirizia. Struttura solida, con un tannino che rispetta la fresca sapidità e un sottofondo di piacevole morbidezza. Finale da ricordo importante. Costine d'agnello in crosta di noci.

MAGLIOCCO 2019
Rosso Igp - Magliocco canino 100%
Alc. 13,5% | € 20 | Bt. 36.000 | Ferm. Acciaio | Mat. Acciaio 6 mesi e Legno 24 mesi
Filetto di maiale alla senape.

LAMEZIA GRECO 2022
Bianco Dop - Greco bianco 100%
Alc. 13,5% | € 10 | Bt. 36.000 | Ferm. Acciaio | Mat. Acciaio 6 mesi
Strudel di porcini e zucca con crema al parmigiano.

DRAGONE BIANCO SELEZIONE 2022
Bianco Igp - Greco bianco 50%, Malvasia 50%
Alc. 13% | € 10 | Bt. 60.000 | Ferm. Acciaio | Mat. Acciaio 6 mesi
Alici panate e fritte.

FEDERICO II 2020
Rosso Igt - Cabernet sauvignon 100%
Alc. 14% | € 18 | Bt. 60.000 | Ferm. Acciaio | Mat. Acciaio 6 mesi e Legno 12 mesi
Finanziera.

CONTESSA EMBURGA 2022
Bianco Igp - Chardonnay 100%
Alc. 13,5% | € 10 | Bt. 20.000 | Ferm. Acciaio | Mat. Acciaio 6 mesi
Vellutata di ceci con gamberi croccanti.

MAGLIOCCO
2010 | 2016

LAMEZIA GRECO
2021

Librandi
(1950)

Il conferimento del Dottorato di Ricerca honoris causa in Scienze Agrarie a Nicodemo Librandi, per decenni di ricerche e sperimentazioni racchiuse in otto lavori scientifici di viticoltura ed enologia, ha aggiunto un ulteriore tassello al consolidato brand di un'azienda al passo coi tempi e spesso ben più avanti. E poi ci sono la certificazione di sostenibilità ambientale e il nuovo rosso Calaonda a completare la gamma. Ma i Librandi brindano ai risultati con l'etichetta che più di tutte rappresenta la loro storia aziendale, il Cirò Rosso Classico Superiore Duca Sanfelice Riserva 2021.

SS 106 - Contrada San Gennaro - 88811 Cirò Marina (KR)
T. 0962 31518 | M. librandi@librandi.it
www.librandi.it

Viticoltura: Lotta integrata
Ettari: 232 | **Bottiglie:** 2.200.000 | **Produzione olearia:** Sì
Proprietà: Famiglia Librandi
Cond. enologica: Donato Lanati
Cond. agronomica: Davide De Santis
Vendita diretta: Sì | **Visite in azienda:** Sì

93

CIRÒ ROSSO CLASSICO SUPERIORE DUCA SANFELICE RISERVA 2021
Rosso Doc - Gaglioppo 100%
Alc. 14% | € 18 | Bt. 90.000 | Ferm. Acciaio | Mat. Acciaio 28 mesi
Granato di grande luce. Esordio d'arancia rossa, rosa appassita e cardamomo, un tocco di pepe nero, poi macchia mediterranea e una scia di tabacco. Sorso che ha pienezza e spessore, esprime un tannino che si fa voler bene. Vino di grande territorialità e sensuale permanenza. Pluma di maialino Bellota con cipolle caramellate.

CALAONDA 2022
Rosso Igt - Magliocco dolce 50%, Merlot 50%
Alc. 13,5% | € 13 | Bt. 30.000 | Ferm. Acciaio | Mat. Acciaio 4 mesi
Abbacchio al forno con verdure grigliate.

CIRÒ ROSSO CLASSICO SEGNO 2022
Rosso Doc - Gaglioppo 100%
Alc. 13,5% | € 10 | Bt. 100.000 | Ferm. Acciaio | Mat. Acciaio 12 mesi
Piccione ai porcini e tartufo nero.

EFESO 2022
Bianco Igt - Mantonico bianco 100%
Alc. 13,5% | € 24 | Bt. 15.000 | Ferm. Acciaio | Mat. Legno 8 mesi
Baccalà mantecato.

GRAVELLO 2021
Rosso Igt - Gaglioppo 60%, Cabernet sauvignon 40%
Alc. 14,5% | € 34 | Bt. 60.000 | Ferm. Acciaio | Mat. Legno 12 mesi
Terrina di lepre con salsa di prugne.

MEGONIO 2021
Rosso Igt - Magliocco dolce 100%
Alc. 14,5% | € 24 | Bt. 35.000 | Ferm. Acciaio | Mat. Legno 12 mesi
Rosticciana.

MEGONIO
2019 | 2020

TERRE LONTANE
2018 | 2019

Malaspina
(1967)

È il confine, oppure la linea di unione, per come si vuole intendere, tra la Calabria e il mondo greco di Calabria. Le colline battute dal vento e dai raggi solari, alte e solitarie, che guardano al mare. In questo ambiente gaglioppo, nerello, nocera e greco bianco sviluppano elementi distintivi che le sapienti mani delle sorelle Malaspina e papà Consolato fanno esprimere ai loro vini: pienezza, sapidità, aromi concentrati. Del resto, Caterina, la sorella enologa, ha capito da tempo che i vini devono cantare il territorio e infatti questo fanno. Vini orgogliosamente identitari!

Via Pallica, 67 - 89063 Melito di Porto Salvo (RC)
T. 0965 781632 | M. info@aziendavinicolamalaspina.com
www.aziendavinicolamalaspina.com

Viticoltura: Biologica
Ettari: 10 | **Bottiglie:** 40.000 | **Produzione olearia:** Sì
Proprietà: Consolato Malaspina
Cond. enologica: Caterina Malaspina
Cond. agronomica: Caterina Malaspina
Vendita diretta: Sì | **Visite in azienda:** Sì

PALIKOS 2021
Rosso Igp - Gaglioppo 60%, Nerello 40%
Alc. 13,5% | € 12 | Bt. 10.000 | Ferm. Acciaio | Mat. Acciaio 24 mesi
Carminio. Si rivela con memorie di ciliegie mature, poi cannella e polvere di cacao, da un tappeto vegetale emergono la salvia e un fondo di liquirizia. La beva è solida, con tannino ancora evidente che, dopo il primo impatto, mette in mostra una discreta suadenza a descrivere buona lunghezza. Nodini di cinta senese lardellati al forno.

PATROS PIETRO 2018
Rosso Igp - Magliocco dolce 100%
Alc. 13,5% | € 18 | Bt. 5.000 | Ferm. Acciaio | Mat. Acciaio 12 mesi e Legno 12 mesi
Agnolotti al sugo di carne.

ROSA SPINA 2022
Rosato Igt - Gaglioppo 100%
Alc. 13,5% | € 12 | Bt. 5.000 | Ferm. Acciaio | Mat. Acciaio 5 mesi
Salame d'oca di Mortara.

PALIKOS
2018

PALIZZI
2016

Francesco Malena
(1990)

Famiglia e cantina fra quelle storiche del cirotano, oggi guidata da Antonio e da Cataldo, nipote e omonimo di quel Cataldo Malena che avviò l'attività di commercializzazione già agli inizi del secolo scorso. Insieme, i due fratelli hanno dato un taglio imprenditoriale alla loro attività e nei vigneti di contrada Cutura del Marchese, tradizionalmente fra le più vocate, coltivano in primis i grandi classici del territorio. Impegnati in un percorso di qualità, anche nella sostenibilità con la produzione vegana, quest'anno mettono in luce proprio il loro Cirò Rosso Classico 2021.

SS 106 - Località Petraro - 88811 Cirò Marina (KR)
T. 351 7187025 | M. info@malena.it
www.malena.it

Viticoltura: Convenzionale
Ettari: 16 | **Bottiglie:** 400.000 | **Produzione olearia:** No
Proprietà: Famiglia Malena
Cond. enologica: Benedetto Lorusso
Cond. agronomica: Salvatore Cornicello
Vendita diretta: Sì | **Visite in azienda:** Sì

CIRÒ ROSSO CLASSICO MALENA 2021
Rosso Dop - Gaglioppo 100%
Alc. 13,5% | € 6 | Bt. 50.000 | Ferm. Acciaio | Mat. Acciaio 6 mesi
Granato orlato d'arancio. Profumi variegati, dalle ciliegie mature al ribes, un cenno di vaniglia, e poi cuoio e sigaro passano la mano a bosso e liquirizia. La beva è rotonda, con una presenza tannica che fa da supporto e spessore a una beva di ottima fattura. Finale di riguardo. Guanciale di vitello in umido con patate.

1941 2022
Rosato Igt Frizzante - Gaglioppo 100%
Alc. 12% | € 8 | Bt. 30.000 | Ferm. Acciaio | Mat. Acciaio 6 mesi
Crostini con spuma di mortadella.

DEMETRA BIANCO 2022
Bianco Igp - Chardonnay 50%, Greco bianco 50%
Alc. 12,5% | € 7 | Bt. 30.000 | Ferm. Acciaio | Mat. Acciaio 6 mesi
Stracciatella di bufala.

DEMETRA ROSSO 2022
Rosso Igp - Gaglioppo 50%, Merlot 50%
Alc. 14,5% | € 7 | Bt. 50.000 | Ferm. Acciaio | Mat. Acciaio 6 mesi
Fettuccine ai funghi porcini.

CIRÒ ROSATO MALENA 2022
Rosato Dop - Gaglioppo 100%
Alc. 13% | € 6 | Bt. 50.000 | Ferm. Acciaio | Mat. Acciaio 6 mesi
Vellutata di ortiche.

CIRÒ ROSSO CLASSICO SUPERIORE PIAN DELLA CORTE RISERVA
2016 | 2017 | 2018

CUTURA DEL MARCHESE
2014 | 2017 | 2019

Poderi Marini
(2002)

Famiglia, storia e territorio sono le parole chiave di questa grande realtà produttiva. La famiglia, un punto fermo da cui proviene la proprietà, ricca anche di importanti personaggi pubblici. La storia perché le vicende dell'azienda, cioè quello che faceva e quello che fa, affondano in un passato remoto, distante diversi secoli. Il territorio, l'alto cosentino arbëreshë, le colline coperte di ulivi in fila, intervallate dai vigneti e grandi coltivazioni di agrumi, il mare che spunta. Questi elementi, insieme, creano il mood dei vini prodotti, espressivi, puliti, confortanti.

Località Sant'Agata - 87069 San Demetrio Corone (CS)
T. 0984 947224 | M. poderimarini@gmail.com
www.poderimarini.it

Viticoltura: Biologica
Ettari: 9 | **Bottiglie:** 65.000 | **Produzione olearia:** Sì
Proprietà: Salvatore Marini
Cond. enologica: Gianfranco Cordero
Cond. agronomica: Gian Piero Romana
Vendita diretta: Sì | **Visite in azienda:** Sì

KORONE' BIANCO 2022
Bianco Igt - Malvasia 40%, Chardonnay 30%, Sauvignon 30%
Alc. 13,5% | € 6 | Bt. 15.000 | Ferm. Acciaio | Mat. Acciaio 5 mesi
Veste dorata di buona scorrevolezza. Ventaglio che s'apre con appunti di pesca matura, accenni di salvia e vaniglia. Al palato si delineano freschezza e buona sapidità che il calore sa arrotondare a creare equilibrio. Leggermente ammandorlato nella chiosa che si distende sulla scia fruttata. Orata all'acqua pazza.

TERRE DI COSENZA ROSSO ELAPHE 2020
Rosso Dop - Magliocco dolce 70%, Aglianico 30%
Alc. 14% | € 15 | Bt. 9.000 | Ferm. Acciaio | Mat. Acciaio 4 mesi e Legno 8 mesi
Entrecôte alla griglia con scaglie di formaggio.

KORONE' ROSSO 2021
Rosso Igt - Sangiovese 50%, Magliocco dolce 30%, Cabernet sauvignon 20%
Alc. 14,5% | € 7 | Bt. 20.000 | Ferm. Acciaio | Mat. Acciaio 9 mesi
Agnolotti al piccione con sugo d'arrosto.

KORONE' ROSATO 2022
Rosato Igt - Sangiovese 60%, Aglianico 40%
Alc. 14% | € 6 | Bt. 6.000 | Ferm. Acciaio | Mat. Acciaio 7 mesi
Risotto ai porcini e zucca.

KORONÈ ROSSO
2016

KORONÈ BIANCO
2019 | 2021

Rocca Brettia
(2016)

Alessandro non è nato vignaiolo, lo è diventato, forse per caso, ma si è innamorato di questo nuovo ruolo. La piccola azienda che conduce interpreta il terroir di Donnici, alta collina che si affaccia verso i contrafforti della Sila. Terreni sciolti e silicei in un microclima in cui si alterna il fresco notturno al caldo del giorno. Nei suoi vini, prodotti a partire da aglianico, barbera, magliocco, pinot, greco bianco e mantonico, si può tastare la freschezza, l'eleganza del luogo e del suo stile: non si ricerca il tecnicismo, ma l'espressività territoriale. Alessandro ci sta riuscendo.

Contrada Verzano - 87100 Cosenza - Frazione Donnici Inferiore (CS)
T. 347 6722630 | M. info@roccabrettia.com
www.roccabrettia.com

Viticoltura: Lotta integrata
Ettari: 4 | **Bottiglie:** 13.000 | **Produzione olearia:** No
Proprietà: Anna De Battisti, Francesco Troisi e Alessandro Volpe
Cond. enologica: Vincenzo Ippolito
Cond. agronomica: Antonio Berlincieri
Vendita diretta: Sì | **Visite in azienda:** Sì

TERRE DI COSENZA AGLIANICO 2020
Rosso Dop - Aglianico 100%
Alc. 15% | € 18 | Bt. 4.500 | Ferm. Acciaio | Mat. Acciaio 18 mesi
Fitto granato dal bordo aranciato. Frutta sotto spirito, amarene e petali di rosa appassita fanno spazio a sbuffi di cacao e leggera vaniglia, passando per una patina di polvere di grafite. Sorso pieno, dal tannino evidente ma funzionale, volume e rotondità che sviluppano una lunga persistenza. Tacchino stufato con peperoni e radicchio.

TERRE DI COSENZA DONNICI ROSATO PEUCE 2022
Rosato Dop - Magliocco dolce 90%, Greco nero 10%
Alc. 12,5% | € 17 | Bt. 2.000 | Ferm. Acciaio | Mat. Acciaio 6 mesi
Zuppetta di piselli e vongole.

BARBERA 2020
Rosso Igp - Barbera 100%
Alc. 13,5% | € 18 | Bt. 1.300 | Ferm. Acciaio | Mat. Acciaio 18 mesi
Risotto con salsiccia e Taleggio.

SVEVO 2022
Bianco Igp - Pinot bianco 55%, Greco bianco 35%, Incrocio Manzoni 2.15 10%
Alc. 13% | € 17 | Bt. 2.200 | Ferm. Acciaio | Mat. Acciaio 6 mesi
Provola di Agerola.

SVEVO BIANCO
2020

ARDENTE DIVERZANO
2010

Scala Cantina e Vigneti
(1949)

L'azienda della famiglia Scala, una delle più antiche e solide del cirotano, ha mirabilmente coniugato nel tempo la tradizione enologica e grandi capacità di innovazione. Oggi a raccontare una zona vinicola luminosa e produttiva è Francesco, la next generation della famiglia, che con passione e dedizione segue le orme e cammina insieme al padre Luigi. La considerazione delle peculiarità del territorio e la certificazione biologica confermano una filosofia produttiva che mira a valorizzare solo le varietà classiche e lo fa anche mantenendo orgogliosamente la storica antica etichetta.

Località Torricella di San Biagio - 88811 Cirò Marina (KR)
T. 0962 32716 | M. info@cantinascala.it
www.cantinascala.it

Viticoltura: Biologica
Ettari: 15 | **Bottiglie:** 90.000 | **Produzione olearia:** No
Proprietà: Luigi e Francesco Scala
Cond. enologica: Benedetto Lorusso
Cond. agronomica: Domenico Spataro
Vendita diretta: Sì | **Visite in azienda:** Sì

CIRÒ ROSSO CLASSICO SUPERIORE 2021
Rosso Doc - Gaglioppo 80%, Magliocco dolce 20%
Alc. 13,5% | € 18 | Bt. 49.300 | Ferm. Acciaio | Mat. Cemento 18 mesi
Preziose sfumature aranciate ornano il granato. Sequenza articolata che passa dall'arancia rossa al cardamomo, una stilla di viola appassita e poi cuoio e foglie di tabacco. In bocca il vino rivela carattere, confermando la succosità agrumata, in un bilanciamento di tannino e rotondità che accompagnano a lungo. Gulasch di manzo alla paprica dolce.

CIRÒ ROSATO 2022
Rosato Doc - Gaglioppo 100%
Alc. 13% | € 15 | Bt. 18.000 | Ferm. Acciaio | Mat. Acciaio 7 mesi
Zuppa di pesce.

CIRÒ BIANCO 2022
Bianco Doc - Greco bianco 100%
Alc. 12% | € 15 | Bt. 16.900 | Ferm. Acciaio | Mat. Acciaio 7 mesi
Tartare di tonno.

CIRÒ ROSATO
2017 | 2020

CIRÒ ROSSO CLASSICO SUPERIORE RISERVA
2016

Senatore
(2005)

All'inizio del millennio, quando la famiglia Senatore ha iniziato la sua opera, forse non immaginava di arrivare a essere un'icona di questo territorio, culla della Magna Grecia. Una famiglia che oggi conta su cinque giovani di due generazioni diverse per un lavoro basato su basso impatto ambientale, produzioni biologiche e alta qualità del prodotto finale. L'azienda non è solo vino, ma anche accoglienza enoturistica sistematica e luogo dove si realizzano eventi privati ad alto tasso di coinvolgimento. Scudi in alto quest'anno per il Cirò Arcano Riserva 2018, fra le eccellenze del territorio.

Località San Lorenzo - 88811 Cirò Marina (KR)
T. 0962 32350 | M. info@senatorevini.com
www.senatorevini.com

Viticoltura: Biologica
Ettari: 32 | **Bottiglie:** 180.000 | **Produzione olearia:** No
Proprietà: Famiglia Senatore
Cond. enologica: Alberto Cugnetto
Cond. agronomica: Alberto Cugnetto
Vendita diretta: Sì | **Visite in azienda:** Sì

CIRÒ ROSSO CLASSICO SUPERIORE ARCANO RISERVA 2018
Rosso Dop - Gaglioppo 100%
Alc. 14% | € 18 | Bt. 3.300 | Ferm. Acciaio | Mat. Acciaio 6 mesi e Legno 24 mesi
Rosso granato, vivo e diafano. Variegato il naso che incede lento, prugna California e ciliegie a fare da apripista a rose e cacao, liquirizia e sandalo, cuoio e tabacco da pipa. Bocca che dà la cifra dell'equilibrio, dove il tannino si fonde, lasciando spazio a voluttuosità. Espressivo il finale. Capriolo con salsa di ribes rosso.

UNICO SENATOR 2014
Rosso Igp - Merlot 100%
Alc. 14% | € 60 | Bt. 3.300 | Ferm. Acciaio | Mat. Acciaio 12 mesi e Legno 12 mesi
Stufato di daino.

NERELLO 2016
Rosso Igp - Nerello 100%
Alc. 13,5% | € 18 | Bt. 13.200 | Ferm. Acciaio | Mat. Acciaio 6 mesi e Legno 24 mesi
Hamburger di manzo con Montasio fuso.

CASSIODORO SENATOR 2014
Rosso Igp - Cabernet sauvignon 60%, Gaglioppo 40%
Alc. 14% | € 40 | Bt. 3.300 | Ferm. Acciaio | Mat. Acciaio 12 mesi e Legno 15 mesi
Capriolo in salmì con polenta di grano saraceno.

ALIKIA BIO 2022
Bianco Igp - Greco bianco 70%, Traminer aromatico 30%
Alc. 11,5% | € 13 | Bt. 6.600 | Ferm. Acciaio | Mat. Acciaio 6 mesi
Rombo al forno con patate e carciofi.

CIRÒ ROSATO PUNTALICE BIO 2022
Rosato Dop - Gaglioppo 100%
Alc. 12,5% | € 12 | Bt. 13.200 | Ferm. Acciaio | Mat. Acciaio 4 mesi
Risotto alla parmigiana.

CIRÒ ROSATO PUNTALICE BIO
2021

NERELLO
2015

Serracavallo
(1995)

In un angolo affascinante della maestosa Valle del Crati, a quasi settecento metri d'altitudine e con un panorama di rara bellezza, Demetrio Stancati e la moglie Flaviana Bilotti portano avanti, con passione e dedizione, una solida realtà enologica, punto di riferimento del territorio. Notevoli il programma di selezione clonale in corso su uve storiche e le nuove iscrizioni di vitigni recuperati. Poi di recente la cantina ha visto ampliato il suo fascino con la realizzazione di un raffinato resort-bomboniera. Ancora una volta il nostro massimo riconoscimento va al Terraccia, vendemmia 2020.

Contrada Serracavallo - 87043 Bisignano (CS)
T. 0984 21144 | M. serracavallovini@gmail.com
www.viniserracavallo.com

Viticoltura: Biologica
Ettari: 30 | **Bottiglie:** 130.000 | **Produzione olearia:** Sì
Proprietà: Demetrio Stancati
Cond. enologica: Benedetto Lorusso
Cond. agronomica: Andrea Quaranta
Vendita diretta: Sì | **Visite in azienda:** Sì

(92)

TERRE DI COSENZA COLLINE DEL CRATI ROSSO TERRACCIA RISERVA 2020
Rosso Dop - Magliocco dolce 90%, Cabernet sauvignon 10%
Alc. 14,5% | € 18 | Bt. 10.000 | Ferm. Legno | Mat. Legno 18 mesi
Carminio cangiante a trama fitta. Classe e finezza di rose rosse e ciliegia matura, a seguire tracce di caffè e cacao, con un passaggio di vaniglia e liquirizia che sembra galleggiare su un mare di macchia mediterranea. Sorso monumentale che trova rifinitezza e struttura a sfumare con fare esitante. Stinco d'agnello al forno.

TERRE DI COSENZA COLLINE DEL CRATI MAGLIOCCO VIGNA SAVUCO RISERVA 2018
Rosso Dop - Magliocco dolce 100%
Alc. 15% | € 40 | Bt. 3.000 | Ferm. Legno | Mat. Legno 30 mesi
Filetto di cervo ai mirtilli.

TERRE DI COSENZA COLLINE DEL CRATI ROSATO DON FILÌ 2022
Rosato Dop - Magliocco dolce 100%
Alc. 13% | € 16 | Bt. 5.000 | Ferm. Acciaio | Mat. Acciaio 5 mesi
Oca arrosto.

PETRAMOLA 2022
Bianco Igp - Chardonnay 50%, Pecorello 50%
Alc. 12,5% | € 16 | Bt. 8.000 | Ferm. Acciaio | Mat. Acciaio 5 mesi
Vellutata di finferli con crostini.

FILOVENTO 2021
Bianco Igp - Greco bianco 40%, Pecorello 30%, Riesling italico 30%
Alc. 12,5% | € 18 | Bt. 5.000 | Ferm. Legno | Mat. Legno 8 mesi
Branzino al sale su letto di patate.

SETTECHIESE ROSSO 2022
Rosso Igp - Magliocco dolce 60%, Cabernet sauvignon 30%, Merlot 10%
Alc. 13,5% | € 12 | Bt. 40.000 | Ferm. Acciaio | Mat. Acciaio 7 mesi
Pennette con pesto alla trapanese.

TERRE DI COSENZA COLLINE DEL CRATI MAGLIOCCO VIGNA SAVUCO RISERVA
2016

TERRE DI COSENZA COLLINE DEL CRATI ROSATO DON FILÌ
2021

Spadafora 1915
(1915)

Ippolito Spadafora, imprenditore volitivo e determinato, erede della storia vitivinicola portata avanti da quattro generazioni, è il vero motore di quest'azienda che nel tempo, con regolarità e costanza, ha costruito un marchio la cui grande attenzione alle tendenze del momento, al marketing e alla distribuzione ha permesso numeri e diffusione da manuale. Ampia la lista di etichette, dalle storiche del territorio fino alle diverse versioni dei vitigni autoctoni magliocco dolce e greco nero in primis, insieme a pecorello e mantonico.

Z.I. Piano Lago di Mangone, 18 - 87050 Mangone (CS)
T. 0984 969080 | M. info@spadafora1915.it
www.spadafora1915.it

Viticoltura: Convenzionale
Ettari: 15 | **Bottiglie:** 100.000 | **Produzione olearia:** Sì
Proprietà: Ippolito Spadafora
Cond. enologica: Ennio Cagnazzo
Cond. agronomica: Staff aziendale
Vendita diretta: Sì | **Visite in azienda:** Sì

TERRE DI COSENZA DONNICI ROSSO TELESIO 2019
Rosso Dop - Greco nero 40%, Magliocco dolce 40%, Malvasia bianca 20%
Alc. 13,5% | € 16 | Bt. 5.000 | Ferm. Acciaio | Mat. Acciaio 6 mesi e Legno 12 mesi
Carminio denso, lento nel calice. All'olfatto dimostra subito carattere: allusioni di rosa appassita e prugna in confettura, a seguire risvolti di noce moscata, cioccolato e un soave guizzo mentolato. Il palato è ricco, con pienezza del frutto e un equilibrio che va verso il fresco. Coniglio alla cacciatora.

TERRE DI COSENZA DONNICI MAGLIOCCO 1915 ANNODOMINI 2019
Rosso Dop - Greco nero 50%, Magliocco dolce 50%
Alc. 14,5% | € 27 | Bt. 3.000 | Ferm. Acciaio | Mat. Acciaio 6 mesi e Legno 18 mesi
Filetto di bue con salsa di Roquefort.

NERELLO 2020
Rosso Igp - Nerello 60%, Greco nero 40%
Alc. 13,5% | € 7 | Bt. 50.000 | Ferm. Acciaio | Mat. Acciaio 6 mesi e Legno 6 mesi
Gulasch di cervo con patate stufate.

ROSASPINA 2022
Rosato Igp - Greco nero 100%
Alc. 13% | € 15 | Bt. 15.000 | Ferm. Acciaio | Mat. Acciaio 3 mesi
Speck dell'Alto Adige.

PANDOSIA 2022
Bianco Igp - Pecorello 100%
Alc. 13,5% | € 17 | Bt. 5.000 | Ferm. Acciaio | Mat. Acciaio 3 mesi
Risotto alla milanese.

MAGARÌA 2022
Bianco - Magliocco dolce 100%
Alc. 13% | € 15 | Bt. 5.000 | Ferm. Acciaio | Mat. Acciaio 3 mesi e Legno
Spaghetti con vongole veraci.

TERRE DI COSENZA DONNICI MAGLIOCCO 1915 ANNODOMINI
2018

NERELLO
2015 | 2019

Spiriti Ebbri
(2008)

Sodalizio importante quello di Damiano, Michele e Pierpaolo, solido quanto i loro vini libertari. Vini artigianali dove il buonsenso e le conoscenze del contadino specializzato vanno in soccorso nel caso la natura pensasse di prendersi troppe licenze. Vigne diverse che sono un po' dislocate nella campagna cosentina, dai dintorni della Sila a quelli del Pollino. Uve che sono quelle del territorio, ma che non disdegnano incursioni funzionali. Ed è proprio Neostòs 2020, blend rosso fra autoctoni e internazionali, a catturare la nostra attenzione in quest'edizione di Vitae.

Via Roma, 96 - Località Spezzano Piccolo - 87059 Casali del Manco (CS)
T. 339 2034644 | M. spiritiebbri@gmail.com
www.spiritiebbri.it

Viticoltura: Biologica e biodinamica
Ettari: 6 | **Bottiglie:** 28.000 | **Produzione olearia:** Sì
Proprietà: Pierpaolo Greco, Damiano Mele e Michele Scrivano
Cond. enologica: Damiano Mele, Pierpaolo Greco, Michele Scrivano
Cond. agronomica: Damiano Mele, Pierpaolo Greco, Michele Scrivano
Vendita diretta: Sì | **Visite in azienda:** Sì

NEOSTÒS ROSSO 2020
Rosso Igp - Greco nero 30%, Guarnaccia 30%, Merlot 30%, altre varietà 10%
Alc. 15% | € 27 | Bt. 5.850 | Ferm. Legno e Acciaio | Mat. Legno 10 mesi
Rubino compatto e lucente. Spettacolare al naso, frutta rossa sotto spirito, poi viola e noce moscata, una scia di tabacco dolce e poi cacao, grafite e una menta soffusa. Sorso succoso e godibile, dove freschezza, tannino e calore alcolico sono in una fusione quasi perfetta e regalano un finale di velluto. Pecorino di Pienza.

COTIDIE ROSSO 2021
Rosso Igp - Cabernet sauvignon 30%, Magliocco canino 30%, Magliocco dolce 30%, altre varietà 10%
Alc. 14% | € 16 | Bt. 4.700 | Ferm. Legno e Acciaio | Mat. Acciaio 8 mesi e Legno 8 mesi
Petto d'anatra alle prugne.

APPIANUM ROSSO 2020
Rosso Igp - Magliocco dolce 50%, Gaglioppo 10%, Magliocco canino 10%, altre varietà 30%
Alc. 14,5% | € 30 | Bt. 1.087 | Ferm. Legno | Mat. Legno 18 mesi
Costolette di maiale alla brace.

FRASNITA 2022
Bianco Igp - Pecorello 50%, Riesling italico 50%
Alc. 14,5% | € 36 | Bt. 800 | Ferm. Acciaio | Mat. Acciaio 7 mesi
Linguine con bottarga e pomodori secchi.

COTIDIE ROSATO 2022
Rosato Igp - Cabernet sauvignon 25%, Magliocco canino 25%, Magliocco dolce 25%, Nero d'Avola 25%
Alc. 13,5% | € 15 | Bt. 1.920 | Ferm. Acciaio | Mat. Acciaio 5 mesi e Legno 3 mesi
Risotto al nero di seppia con seppie croccanti.

APPIANUM ROSATO 2022
Rosato Igp - Gaglioppo 10%, Greco nero 10%, Nerello 10%, altre varietà 70%
Alc. 13,5% | € 20 | Bt. 1.310 | Ferm. Legno e Acciaio | Mat. Acciaio 7 mesi e Legno 4 mesi
Crescentine e salumi.

NEOSTÒS BIANCO
2017

COTIDIE BIANCO
2020 | 2021

Statti
(1784)

Da tre secoli gli Statti si tramandano questa grande tenuta nel Lametino e i fratelli Alberto e Antonio, impegnati a trasformarla in una realtà d'avanguardia, hanno recuperato anche i ritmi antichi e naturali. Oggi visitarla consente di godere una pausa di pace e natura, in centinaia di ettari di silenziosi oliveti e rigogliosi vigneti, tra scoiattoli, tassi e uccelli palustri. Le vigne sono parte dell'ecosistema, orientate a valorizzare le espressioni più autentiche del grande patrimonio di varietà autoctone. Nella luminosa batteria di vini risalta quest'anno il rosso Arvino 2020.

Contrada Lenti - 88046 Lamezia Terme (CZ)
T. 0968 456138 | M. info@statti.com
www.statti.com

Viticoltura: Convenzionale
Ettari: 100 | **Bottiglie:** 500.000 | **Produzione olearia:** Sì
Proprietà: Alberto e Antonio Statti
Cond. enologica: Nicola Colombo, Lorenzo Landi
Cond. agronomica: Antonio Malara
Vendita diretta: Sì | **Visite in azienda:** Sì

ARVINO 2020
Rosso Igt - Magliocco canino 100%
Alc. 13,5% | € 21 | Bt. 5.000 | Ferm. Acciaio | Mat. Legno 21 mesi
Cremisi pieno. All'olfatto ha grande potenza, libera suggestioni di grafite e di spezie dolci, pot-pourri e confettura di ribes, poi cioccolato e liquirizia che accompagnano una beva tonda e composita, dove l'astringenza fa da complemento a un equilibrio che promette mirabilia. Costata di manzetta con salsa allo zenzero.

CAURO 2021
Rosso Igt - Cabernet sauvignon 50%, Gaglioppo 30%, Magliocco canino 20%
Alc. 13,5% | € 15 | Bt. 40.000 | Ferm. Acciaio | Mat. Legno 12 mesi
Brasato di lepre con riduzione di vino rosso.

MANTONICO 2021
Bianco Igt - Mantonico bianco 100%
Alc. 13% | € 22 | Bt. 40.000 | Ferm. Legno e Acciaio | Mat. Legno 6 mesi
Insalata di carciofi con scaglie di parmigiamo.

LAMEZIA ROSSO BATASARRO RISERVA 2020
Rosso Doc - Gaglioppo 100%
Alc. 13,5% | € 22 | Bt. 10.000 | Ferm. Acciaio | Mat. Legno 24 mesi
Maialino in agrodolce.

GRECO NERO 2022
Rosato Igp - Greco nero 100%
Alc. 13% | € 11 | Bt. 13.000 | Ferm. Acciaio | Mat. Acciaio 3 mesi
Rotolo di coniglio con pomodorini ed erbe aromatiche.

GRECO 2022
Bianco Igt - Greco bianco 100%
Alc. 13% | € 11 | Bt. 60.000 | Ferm. Acciaio | Mat. Acciaio 3 mesi
Tataki di tonno al sesamo.

MANTONICO
2017 | 2020

LAMEZIA BIANCO LAMÉZIA
2019

Tenuta Celimarro
(2006)

Piccola azienda guidata dal giovane spirito di Valerio Cipolla, che ha fatto rivivere l'antico complesso rurale della famiglia Varcasia, situato alle pendici della catena del Pollino, che gode di forti escursioni termiche e di un particolare microclima. I vini vengono prodotti dalle sole uve dell'areale e sono tutti vinificati in purezza. Grande attenzione al territorio dunque, dove vediamo un lavoro di recupero di vitigni presenti ma abbandonati negli anni, come il montonico. Le vendemmie manuali e la forte cura in cantina completano il quadro e quest'anno danno grande lustro al Magliocco 2021.

Contrada Celimarro - 87012 Castrovillari (CS)
T. 0981 1926111 | M. tenuta@celimarro.it
www.celimarro.it

Viticoltura: Convenzionale
Ettari: 20 | **Bottiglie:** 14.000 | **Produzione olearia:** No
Proprietà: Famiglia Cipolla
Cond. enologica: Stefano Cipolla, Valerio Cipolla
Cond. agronomica: Stefano Cipolla
Vendita diretta: Sì | **Visite in azienda:** Sì

TERRE DI COSENZA POLLINO MAGLIOCCO 2021
Rosso Dop - Magliocco dolce 100%
Alc. 13% | € 17 | Bt. 6.000 | Ferm. Acciaio | Mat. Acciaio 6 mesi
Granato, concentrato. Splendida e intrigante gamma di profumi: prugna in confettura, ciliegie ferrovia, rosa appassita e poi cannella e tabacco dolce. La beva è piena e di spessore, con giusta fusione del calore con freschezza e sapidità, che rendono il vino di lunga persistenza. Ossobuco alla milanese.

GRECO BIANCO 2022
Bianco Igp - Greco bianco 100%
Alc. 12,5% | € 17 | Bt. 2.500 | Ferm. Acciaio | Mat. Acciaio 6 mesi
Coda di rospo gratinata.

OLTRE TEMPO 2022
Rosato Igp - Aglianico 100%
Alc. 13% | € 18 | Bt. 4.000 | Ferm. Acciaio | Mat. Acciaio 6 mesi
Risotto alla granseola.

MONTONICO 2022
Bianco Igp - Montonico 100%
Alc. 13% | € 18 | Bt. 1.500 | Ferm. Acciaio | Mat. Acciaio 6 mesi
Vellutata di patate e porri.

TERRE DI COSENZA POLLINO MAGLIOCCO
2014 | 2016 | 2020

TERRE DI COSENZA POLLINO ROSATO OLTRE TEMPO
2018

Tenuta del Conte
(1990)

Il profondo rispetto per la materia prima e l'attenta osservazione di rigidi protocolli manuali e biologici sono il faro che illumina Mariangela e la sua famiglia nella produzione di vini improntati al rigore e alla qualità. Poche le etichette prodotte dall'azienda, tutte incentrate sui vitigni sovrani del cirotano, come gaglioppo e greco bianco, senza disdegnare qualche incursione alloctona. Quest'anno, fra i nuovi vini, buona la performance del Manere senza annata, ma noi leviamo in alto gli scudi per il Cirò Dalla Terra Riserva 2016, che riceve il massimo riconoscimento delle Quattro Viti.

Via Tirone, 155 - 88811 Cirò Marina (KR)
T. 0962 36239 | M. info@tenutadelconte.it
www.tenutadelconte.it

Viticoltura: Biologica
Ettari: 12 | **Bottiglie:** 25.000 | **Produzione olearia:** No
Proprietà: Francesco Parrilla
Cond. enologica: Mariangela Parrilla
Cond. agronomica: Giuseppe Parrilla
Vendita diretta: Sì | **Visite in azienda:** Sì

92

CIRÒ ROSSO CLASSICO SUPERIORE DALLA TERRA RISERVA 2016
Rosso Doc - Gaglioppo 100%
Alc. 14% | € 32 | Bt. 4.000 | Ferm. Acciaio | Mat. Acciaio 32 mesi
Il colore è quasi aranciato, ha lucentezza e giusta trama. Esprime visciole mature e una peculiare nota speziata, accenna a bosso e liquirizia con un richiamo a semi di anice. L'ingresso è irruente, poi si armonizza e la sua vivace succulenza accompagna a un finale di riguardo. Involtini di vitello lardellati.

MANERE
Bianco Igt - Greco bianco 50%, Trebbiano toscano 50%
Alc. 13% | € 40 | Bt. 2.000 | Ferm. Acciaio | Mat. Acciaio 8 mesi
Verdure pastellate.

CIRÒ ROSATO MANI CONTADINE 2022
Rosato Doc - Gaglioppo 100%
Alc. 13,5% | € 18 | Bt. 5.000 | Ferm. Acciaio | Mat. Acciaio 6 mesi
Stoccafisso in umido con porcini.

CIRÒ ROSSO CLASSICO SUPERIORE 2019
Rosso Doc - Gaglioppo 100%
Alc. 13,5% | € 20 | Bt. 6.600 | Ferm. Acciaio | Mat. Acciaio 24 mesi
Beccacce allo spiedo.

CIRÒ BIANCO 2022
Bianco Doc - Greco bianco 100%
Alc. 13,5% | € 16 | Bt. 6.000 | Ferm. Acciaio | Mat. Acciaio 6 mesi
Caciocavallo Silano.

CIRÒ BIANCO DIVERSAMENTE 2019
Bianco Doc - Greco bianco 100%
Alc. 12% | € 20 | Bt. 2.900 | Ferm. Acciaio | Mat. Acciaio 24 mesi
Risotto ai frutti di mare.

Tenuta del Travale
(1993)

La vigna protetta da un bosco, la lavanda ai margini del vigneto eroico, con pendenze elevate e terrazze a delinearne i filari. Sembra un paesaggio immaginario, invece si trova in uno di microclimi più felici del pianeta: la Sila. In questo ambiente si pratica una viticoltura attenta e rispettosa della natura, dove i padroni incontrastati si chiamano nerello mascalese e cappuccio. Anche quella parte di nerello cappuccio che faticava a raggiungere una piena maturazione è stata collocata enologicamente in un rosato di personalità. Epicarma è il suo nome e si presenta subito con un'ottima annata.

Contrada Travale,13 - 87050 Rovito (CS)
T. 393 7150240 | M. info@tenutadeltravale.it
www.tenutadeltravale.it

Viticoltura: Ecosostenibile
Ettari: 2 | **Bottiglie:** 10.000 | **Produzione olearia:** Sì
Proprietà: Raffaella Ciardullo e Nicola Piluso
Cond. enologica: Emiliano Falsini
Cond. agronomica: Stefano Dini
Vendita diretta: Sì | **Visite in azienda:** Sì

ESMÉN TETRA 2021
Rosso Igp - Nerello mascalese 100%
Alc. 13,5% | € 35 | Bt. 4.000 | Ferm. Legno | Mat. Acciaio 6 mesi e Legno 14 mesi
Corrusco granato con un naso che ha forza ed espressività. Netti sentori di piccoli frutti maturi e arancia rossa, poi rose e pepe nero che portano a grafite e liquirizia. Sorso appagante, pieno, equilibrato, dal tannino levigato, con freschezza e calore di misura. Ottimo e lento il progredire del frutto. Melanzane e peperoni ripieni.

ELEUTERÍA 2020
Rosso Igp - Nerello mascalese 100%
Alc. 14,5% | € 55 | Bt. 2.000 | Ferm. Legno | Mat. Acciaio 4 mesi e Legno 20 mesi
Cinghiale in umido.

EPICARMA 2022
Rosato Igp - Nerello cappuccio 100%
Alc. 12% | € 23 | Bt. 1.000 | Ferm. Acciaio | Mat. Acciaio 6 mesi
Risotto alla zucca e astice.

ESMÉN TETRA
2020

ELEUTERÍA
2016 | 2017 | 2019

Tenuta Iuzzolini
(2004)

Relativamente giovane questa cantina, meno di vent'anni, che in quanto a numeri è invece salita sul tetto della produzione della zona del cirotano. Determinazione e intraprendenza le caratteristiche di Pasquale Iuzzolini, grande attenzione alle tendenze del momento, al marketing e alla distribuzione quelle dell'azienda, che si muove con sicurezza in una lista di etichette, dalle storiche e ricercate alle più nuove e di tendenza. Vendemmie caratterizzate da ricchi raccolti e contaminazioni naturali, grazie alla ricchezza del terreno che esalta la produzione enologica.

Località Frassà - 88811 Cirò Marina (KR)
T. 0962 373893 | M. info@tenutaiuzzolini.it
www.tenutaiuzzolini.it

Viticoltura: Convenzionale
Ettari: 130 | **Bottiglie:** 3.000.000 | **Produzione olearia:** Sì
Proprietà: Famiglia Iuzzolini
Cond. enologica: Pasquale Iuzzolini
Cond. agronomica: Pasquale Iuzzolini
Vendita diretta: Sì | **Visite in azienda:** Sì

DONNA GIOVANNA 2022
Bianco Igt - Greco bianco 100%
Alc. 13% | € 27 | Bt. 70.000 | Ferm. Acciaio | Mat. Legno 6 mesi
Oro vivido, composto nel calice. Debutto odoroso di vigore e sequenza importante, dalla pesca gialla al miele di sulla e alla ginestra, poi salvia e polvere di vaniglia. Avvolgente il corpo, si afferma in freschezza e sapidità ma non nega morbidezza e spessore. Chiude con timbro fruttato. Garganelli con julienne di calamari e ortiche.

CIRÒ ROSSO CLASSICO SUPERIORE MARADEA RISERVA 2019
Rosso Doc - Gaglioppo 100%
Alc. 14% | € 27 | Bt. 60.000 | Ferm. Acciaio | Mat. Acciaio 10 mesi e Legno 14 mesi
Braciola di cervo con salsa di ribes.

PATERNUM 2017
Rosso Igt - Magliocco dolce 100%
Alc. 15,5% | € 65 | Bt. 5.500 | Ferm. Acciaio | Mat. Legno 24 mesi
Filetto di vitello alla Rossini.

LUMARE 2022
Rosato Igt - Gaglioppo 80%, Cabernet sauvignon 20%
Alc. 13% | € 16 | Bt. 300.000 | Ferm. Acciaio | Mat. Acciaio 3 mesi e Legno
Granseola al vapore su misticanza.

MADRE GOCCIA 2022
Bianco Igt - Chardonnay 50%, Greco bianco 50%
Alc. 12,5% | € 16 | Bt. 350.000 | Ferm. Acciaio | Mat. Acciaio 3 mesi e Legno 2 mesi
Insalata di spinaci e pesce spada.

PRIMA FILA 2022
Bianco Igt - Pecorello 100%
Alc. 13% | € 20 | Bt. 80.000 | Ferm. Acciaio | Mat. Acciaio 2 mesi e Legno 2 mesi
Vellutata di asparagi.

PATERNUM
2013 | 2014 | 2016

PRIMA FILA
2018 | 2021

Tenute Paese
(2002)

C'è fermento in azienda. Due nuovi vini si affacciano sul mercato: un pecorello in purezza e un rosso principalmente da magliocco in blend con altri vitigni autoctoni. Il nome di quest'ultimo vino è Zichinardi, l'appellativo di un brigante che trovò rifugio in un casolare che fa oggi parte della tenuta. La stagione siccitosa è stata superata brillantemente dalla vite, che ha nel terreno sottostante diverse sorgenti d'acqua da cui l'apparato radicale può trarre sostegno e nutrimento. La vendemmia è stata anticipata e ha dato un prodotto qualitativamente ricco e interessante.

Via Bivio Donnici - Contrada Zichinardi - Loc. Donnici Inferiore - 87100 Cosenza (CS)
T. 328 4544523 | M. info@tenutepaese.it
www.tenutepaese.it

Viticoltura: Convenzionale
Ettari: 6 | **Bottiglie:** 25.000 | **Produzione olearia:** No
Proprietà: Andrea Paese
Cond. enologica: Fabio Mecca
Cond. agronomica: Andrea Paese
Vendita diretta: Sì | **Visite in azienda:** Sì

ZICHINARDI 2021
Rosso Igp - Magliocco dolce 80%, altre varietà 20%
Alc. 13,5% | € 22 | Bt. 5.000 | Ferm. Acciaio | Mat. Legno 4 mesi
Rubino dall'orlo violaceo, compatto. Vigorie di frutta rossa, fra tutte ciliegia matura e more, a seguire mirto, pepe nero e viole. La bocca è polposa e ha calore alcolico bilanciato da un tannino un tantino tenace ma che sa mostrare carattere e originalità. Splendido allungo. Coda alla vaccinara.

CAMPI DOMÌNICI 2022
Rosato Igp - Greco nero 100%
Alc. 12,5% | € 15 | Bt. 3.000 | Ferm. Acciaio | Mat. Acciaio 5 mesi
Riso, cozze e zafferano.

PECORELLO 2022
Bianco Igp - Pecorello 100%
Alc. 12,5% | € 20 | Bt. 1.800 | Ferm. Acciaio | Mat. Acciaio 5 mesi
Sarde a beccafico.

SACRA VIGNA 2022
Bianco Igp - Greco bianco 60%, Montonico 40%
Alc. 12,5% | € 15 | Bt. 3.000 | Ferm. Acciaio | Mat. Acciaio 5 mesi
Zuppa di broccolo fiolaro con olio extravergine del Garda.

CAMPI DOMÌNICI
2015

Terre di Balbia
(2014)

Incastonati nel superbo borgo di Altomonte crescono i verdi campi di Terre di Balbia. Sfiorati della brezza marina proveniente dalla vicina Sibari e dai venti di montagna del Pollino, si dispiegano i circa otto ettari di terreno dedicato a magliocco, gaglioppo e merlot. Una viticultura biologica, dove quasi tutte le operazioni in vigna vengono fatte a mano e i vini sono prodotti esclusivamente con le uve coltivate in azienda, sotto la guida eccellente di Gianfranco Fino. Attendiamo nel prossimo futuro l'aumento della produzione, una vinificazione in bianco e la spumantizzazione di un rosato.

Località Montino - 87042 Altomonte (CS)
T. 0984 35359 | M. info@terredibalbia.it
www.terredibalbia.it

Viticoltura: Biologica
Ettari: 8 | **Bottiglie:** 20.000 | **Produzione olearia:** Sì
Proprietà: Famiglia Chiappetta
Cond. enologica: Gianfranco Fino
Cond. agronomica: Gianfranco Fino
Vendita diretta: Sì | **Visite in azienda:** Sì

LIGREZZA 2022
Rosato Igp - Gaglioppo 100%
Alc. 13,5% | € 15 | Bt. 5.000 | Ferm. Acciaio | Mat. Acciaio 6 mesi
Il colore ricorda il corallo di Sciacca, con una luminosità avvincente a lasciare il posto a continue folate di fragola e mandarino, lievi rivoli di cannella e poi un accenno di salvia. Il sorso è fresco, equilibrato e godibile nella sua rotondità. Vino che lascia la bocca ricca di nostalgia sapida. Pizza fritta con provola e salsiccia.

LIGREZZA
2019 | 2020 | 2021

FERVORE
2018

Vigneti Vumbaca
(2019)

La scelta di Christian è stata coraggiosa: tornare in vigna, lasciando la professione e ascoltando il richiamo delle proprie radici e del lavoro tra la natura e la cantina. L'azienda lavora in regime biologico e ciò fa sì che si presti sempre la massima attenzione nell'accudire il terreno, preservandolo da funghi e parassiti. Il grande caldo di quest'annata ha determinato scarsità in termini quantitativi, ma ha restituito una qualità eccellente. L'obiettivo è quello di continuare a lavorare sempre più vini da monovitigni e con sole uve di proprietà, questa la firma di Vigneti Vumbaca.

Contrada Sant'Anastasia - 88813 Cirò (KR)
T. 388 9320696 | M. info@vignetivumbaca.it
www.vignetivumbaca.it

Viticoltura: Biologica certificata
Ettari: 7 | **Bottiglie:** 23.000 | **Produzione olearia:** Sì
Proprietà: Giuseppe Christian Vumbaca
Cond. enologica: Giuseppe Liotti
Cond. agronomica: Giuseppe Christian Vumbaca
Vendita diretta: Sì | **Visite in azienda:** Sì

CIRÒ ROSSO CLASSICO SUPERIORE RISERVA 2020
Rosso Doc - Gaglioppo 100%
Alc. 14% | € 37 | Bt. 1.053 | Ferm. Acciaio | Mat. Acciaio 25 mesi
Granato vivo con filigrana antica. Al naso indizi di frutta rossa matura e fiori appena appassiti, amarena e mirtilli, poi spezie dolci e chiodi di garofano con un'espansione che sa di liquirizia. Rotondo al palato, quantunque tenace, preludio di futuri equilibri. Si estende su aromi balsamici. Arrosto di pollo ripieno.

CIRÒ ROSATO 2022
Rosato Doc - Gaglioppo 100%
Alc. 13,5% | € 15 | Bt. 6.666 | Ferm. Acciaio | Mat. Acciaio 5 mesi
Risotto al gorgonzola.

CIRÒ ROSSO CLASSICO SUPERIORE 2021
Rosso Doc - Gaglioppo 100%
Alc. 14% | € 17 | Bt. 7.000 | Ferm. Acciaio | Mat. Acciaio 13 mesi
Filetto alla Wellington.

CIRÒ BIANCO 2022
Bianco Doc - Greco bianco 100%
Alc. 13% | € 15 | Bt. 6.666 | Ferm. Acciaio | Mat. Acciaio 5 mesi
Provolone del Monaco.

CIRÒ ROSSO CLASSICO SUPERIORE
2019 | 2020

CIRÒ ROSSO CLASSICO SUPERIORE RISERVA
2019

Viola
(1999)

Anche a Saracena, nonostante la sua posizione ai piedi del Massiccio del Pollino, le ultime annate sono state calde e siccitose. Già da qualche tempo la famiglia Viola si è dedicata a offrire un'esperienza enoturistica completa. Proprio a questo scopo si sta ristrutturando una proprietà familiare, Villa Margherita, dove è già attiva la sala degustazione. Al suo interno e nei giardini si possono assaggiare i vini, accompagnandoli alle prelibatezze del territorio. Pur essendo da tutti riconosciuti come cultori del Moscato Passito di Saracena, noi quest'anno vogliamo segnalare il RossoViola 2015.

Via Roma, 18 - 87010 Saracena (CS)
T. 0981 34722 | M. info@cantineviola.it
www.cantineviola.it

Viticoltura: Biologica
Ettari: 5 | **Bottiglie:** 16.000 | **Produzione olearia:** Sì
Proprietà: Luigi Viola
Cond. enologica: Alessio Dorigo
Cond. agronomica: Luigi Ferraro
Vendita diretta: Sì | **Visite in azienda:** Sì

ROSSOVIOLA 2015
Rosso Igp - Magliocco dolce 100%
Alc. 13% | € 25 | Bt. 4.200 | Ferm. Legno e Acciaio | Mat. Legno 12 mesi
Cremisi dai lampi granato. Volute fruttate di ciliegie, more e lamponi, un sottobosco di erbe aromatiche che lascia il posto a tabacco, cacao e cuoio. Il sorso è appagante, ben sostenuto da un tannino che fa da paciere tra le percezioni fresco-sapide e le morbidezze, creando un equilibrio persistente. Coniglio in umido con verze e purea di patate.

MOSCATO PASSITO DI SARACENA 2018
Bianco Igp Passito - Guarnaccia 40%, Malvasia 40%, Moscatello di Saracena 10%, Odoacra 10%
Alc. 14% | € 45 (0,5l) | Bt. 2.800 | Ferm. Acciaio | Mat. Acciaio 18 mesi
Panforte.

RINNI 2020
Rosso Igp - Magliocco dolce 100%
Alc. 13% | € 15 | Bt. 3.600 | Ferm. Acciaio | Mat. Acciaio 12 mesi
Filetto di scottona in sfoglia.

MOSCATO PASSITO DI SARACENA
2013

ROSSOVIOLA
2016

Cantine Zagarella
(1997)

Microclima unico per questi vigneti posti su un vero e proprio terrazzo affacciato sullo Stretto di Messina. I venti di scirocco e maestrale, capaci di fare da scudo contro le malattie nelle annate umide, e i terreni argillosi, che si arricchiscono d'acqua e diventano serbatoio nel sottosuolo in quelle siccitose, permettono di avere una materia prima di qualità. Questa poi, in cantina, con l'aiuto di moderne tecnologie, si trasforma in vini creati con l'obiettivo di raccontare la storia di questi luoghi e paesaggi degni di narrazioni mitologiche, e di far emozionare chi li assaggia.

Contrada Rugola di Rosali, 58 - Località Arghillà - 89135 Reggio Calabria (RC)
T. 0965 679521 | M. info@aziendazagarella.it
www.aziendazagarella.it

Viticoltura: Biologica
Ettari: 10 | **Bottiglie:** 66.000 | **Produzione olearia:** No
Proprietà: Fratelli Zagarella
Cond. enologica: Antonio Zaffina
Cond. agronomica: Antonio Zaffina
Vendita diretta: Sì | **Visite in azienda:** Sì

TERRAGRANDE 2021
Rosso Igt - Nero d'Avola 70%, Cabernet sauvignon 15%, Merlot 15%
Alc. 14% | € 12 | Bt. 15.000 | Ferm. Acciaio | Mat. Acciaio 27 mesi
Compattezza granato con segni d'aranciato. Una traiettoria di frutta rossa matura: ciliegie, prugne e more polpose, poi viola e vaniglia, e ancora tabacco e liquirizia. Bocca squisita, ben bilanciata, giusto tannino e un calore omogeneo che si allunga in un epilogo di riguardo. Cosciotto d'agnello al forno con patate novelle.

ALFIERIBIANCO 2022
Bianco Igt - Greco bianco 100%
Alc. 13,5% | € 12 | Bt. 6.500 | Ferm. Acciaio | Mat. Acciaio 6 mesi
Risotto con seppie e burrata.

ALFIERIROSATO 2022
Rosato Igt - Nocera 70%, Nero d'Avola 30%
Alc. 13,5% | € 12 | Bt. 6.500 | Ferm. Acciaio | Mat. Acciaio 6 mesi
Zuppa toscana con cavolo nero e crostini di pane.

ALFIERINERO 2021
Rosso Igt - Malvasia nera 100%
Alc. 14% | € 12 | Bt. 20.000 | Ferm. Acciaio | Mat. Acciaio 15 mesi
Paccheri con salsa di pomodoro e basilico.

ALFIERINERO
2019

Zito
(1970)

La famiglia Zito produce vino a Cirò da quattro generazioni. Da sempre ancorata al lungo legame con il territorio e alla longeva storia familiare, oggi punta ad ampliare il proprio mercato affiancando ai prodotti tradizionali della denominazione nuovi vini che possano incrociare il gusto contemporaneo. E allora aspettiamo di provare rosato e rosso da greco nero e, insieme all'ubiquitario pecorello, gli spumanti di prossima commercializzazione. Non sembra sbagliato per quest'azienda parlare di tradizione e innovazione, oppure, forse ancora meglio, di un'onda nuova da scoprire e raccontare.

Via Scalaretto, 203/205 - Località Punta Alice - 88811 Cirò Marina (KR)
T. 0962 31853 | M. info@zito.it
www.zito.it

Viticoltura: Convenzionale
Ettari: 70 | **Bottiglie:** 800.000 | **Produzione olearia:** No
Proprietà: Francesco Zito
Cond. enologica: Benedetto Lorusso
Cond. agronomica: Antonio Scalise
Vendita diretta: Sì | **Visite in azienda:** Sì

CIRÒ BIANCO NOSSIDE 2022
Bianco Doc - Greco bianco 100%
Alc. 12,5% | € 5 | Bt. 25.000 | Ferm. Acciaio
Oro dai toni luminosi. Si muove flessuoso tra pesca matura e fiori di ginestra, poi si allarga all'aromaticità delle erbe mediterranee. Beva di spessore, scorrevole, che accenna a miele e susine mature, con un equilibrio fresco sapido e giusto calore per una lunghezza adeguata. Risotto agli asparagi e frutti di mare.

CIRÒ ROSSO CLASSICO SUPERIORE KRIMISA 2018
Rosso Doc - Gaglioppo 100%
Alc. 13,5% | € 8 | Bt. 30.000 | Ferm. Acciaio | Mat. Acciaio 12 mesi e Legno 12 mesi
Sella di coniglio al tartufo con timballo di patate.

CIRÒ BIANCO DIFESA PIANA 2022
Bianco Doc - Greco bianco 100%
Alc. 12% | € 6 | Bt. 20.000 | Ferm. Acciaio
Pesce spada alla griglia.

CIRÒ ROSATO DIFESA PIANA 2022
Rosato Doc - Gaglioppo 100%
Alc. 13% | € 6 | Bt. 20.000 | Ferm. Acciaio
Tigelle e salumi.

CIRÒ ROSSO CLASSICO ALCEO 2021
Rosso Doc - Gaglioppo 100%
Alc. 14% | € 5 | Bt. 40.000 | Ferm. Acciaio | Mat. Legno 8 mesi
Pappardelle al ragù di cervo.

CIRÒ ROSATO IMERIO 2022
Rosato Doc - Gaglioppo 100%
Alc. 13,5% | € 5 | Bt. 30.000 | Ferm. Acciaio | Mat. Acciaio 7 mesi
Risotto alla zucca.

CIRÒ ROSATO IMERIO
2021

CIRÒ ROSSO CLASSICO ALCEO
2020

SI
CIL
IA

Quando il vino riscatta la terra

Luciano Ferraro

Stefania Auci è l'autrice de *I Leoni di Sicilia*, un romanzo che intreccia le vicende storiche con la vita privata dei Florio. Al centro le vicende di un vino, il Marsala, trasformato da povero a "nettare degno della tavola di un re", di pari passo alle trame di una Palermo di fine Ottocento che guarda da distante la fortuna di una famiglia composta da uomini che vengono chiamati comunque con disprezzo "facchini" il cui "sangue puzza di sudore". Trapanese, Stefania Auci è un'insegnante che si alzava all'alba, prima di andare a scuola, per scrivere il suo romanzo. La casa Editrice Nord ha creduto in lei e nella storia che svela la Sicilia dell'Ottocento attraverso l'avanzata dei Florio nel mondo degli affari, tra successi e controversie. Lo sfondo è quello della sfolgorante bellezza delle campagne e del mare siciliani. Più di seicentomila copie e, da settembre 2023, una serie tv tratta dai "Leoni di Sicilia" diretta dal regista Paolo Genovese.

Cosa è cambiato nel paesaggio siciliano dall'Ottocento dei Leoni? Quali sono state le azioni dell'uomo che hanno modificato le linee catturate dai paesaggisti dell'epoca, come Jacono, Mirabella e Corteggiani? Nella riflessione di Stefania Auci convivono l'amarezza per i luoghi compromessi, a volte in maniera violenta, tragica, nefasta, e il sollievo per una nuova sensibilità che alberga nelle campagne di Sicilia.

"Sicuramente – ci ricorda Auci – il paesaggio è stato fortemente condizionato in alcune zone dell'isola dalla grande urbanizzazione che si è verificata in Sicilia. Le città che sono state ampliate hanno invaso aree prima dedicate all'agricoltura. E a loro volta una parte del territorio sta vivendo una fase di spopolamento e di abbandono, come succede con costanza in molte altre zone d'Italia".

Dalla mole dei documenti che Stefania Auci ha raccolto per raccontare le generazioni dei Florio e le loro imprese, dalle spezie fino all'industria del tonno, il ruolo del vino nell'economia esce come una costante. Negli ultimi anni sono stati fatti passi avanti decisivi. "La coltivazione della vigna e dell'ulivo – spiega la scrittrice – ha segnato una sorta di controtendenza positiva nel territorio, modificando in meglio il paesaggio. Sono nate molte piccole cantine e alcune grandi imprese vitivinicole che puntano sulla riscoperta dei vitigni locali e sulla valorizzazione del prodotto. Hanno capito in molti casi l'importanza della coltivazione integrata, con la convivenza tra ulivo e vite. E hanno spesso puntato sul passaggio al biologico, che si sta rivelando una pratica molto valida. Nell'agricoltura assistiamo a cambiamenti di lungo periodo, ma i risultati si vedono ormai da tempo".

Stefania Auci: "La coltivazione della vigna e dell'ulivo ha segnato una sorta di controtendenza positiva nel territorio".

Auci conosce il patrimonio dei vigneti, apprezza la diversità biologica, vede come un riscatto siciliano l'affermazione di vitigni che prima difficilmente potevano contare su una notorietà oltre lo Stretto di Messina. "Nella provincia di Trapani – racconta – le campagne sono piene di vigneti di nero d'Avola, di catarratto, di inzolia e di altre uve fortemente legate al territorio e alla Sicilia occidentale. In qualche caso compaiono vitigni di origine francese, o vitigni del Nord, come il traminer. È commovente vedere la distesa di questi filari mossi dal vento". Se sono di fronte al mare, l'impatto visivo è ancora maggiore. "Sia le condizioni climatiche sia la conformazione del terreno permettono la coltivazione dei vigneti a poca distanza del mare, a volte a due passi dalla spiaggia. Sono i casi in cui la ricchezza di sapori è ineguagliabile. È difficile trovarne una tale ricchezza in altri vini. Questa isola all'interno del Mediterraneo è la custode di grandi tradizioni del vino, fino dai tempi degli antichi greci". Le tracce storiche, i resoconti su come si beveva allora, raccontano di un vino forte e robusto che andava mescolato con altri ingredienti e diluito per mitigarne gli effetti. "Come è accaduto anche allo stesso Marsala: proveniva dal Perpetuo, il classico vino da casa del nonno, poco raffinato, sapido e forte alcolico".

"Sull'Etna la lava colora il paesaggio e conferisce forza e sapidità ai vini".

La fortuna con il Marsala arrivò abbastanza presto per i Florio, sia in Italia sia all'estero. "Ci riuscirono – spiega Auci – perché usavano canali differenti di comunicazione. Avevano difficoltà di rapporti con il potere centrale, ad esempio per i dazi doganali. E chiesero un intervento ai politici. All'estero il Marsala fece concorrenza allo Xeres spagnolo, in Italia veniva venduto sia come vino liquoroso sia come ricostituente, in fondo lo zabaione si fa proprio con il Marsala. Venne affinato, come avviene ora, nelle botti di legno. Modalità di lavorazione antiche e tradizionali e la riscoperta di vitigni autoctoni come il nerello mascalese nella zona dell'Etna, hanno reso celebre la Sicilia del vino in tutto il mondo. A partire proprio dall'Etna, dove la lava colora il paesaggio e conferisce forza e sapidità ai vini".

Sulla tutela del paesaggio e dell'ambiente la scrittrice è stata in prima linea, anche nell'estate 2023. Ha lanciato una invettiva contro i piromani che attaccano i boschi, una piaga che la Sicilia, come altre regioni soprattutto al Sud, affronta da decenni. "Quello dei piromani è un crimine osceno di cui non riesco a capire le motivazioni – dice – cadiamo nell'ambito della patologia psichiatrica, poi c'è chi incendia per ottenere nuovi terreni da pascolo, nuove concessioni edilizie. Ma credo ci siano interessi più pesanti e pressanti, non legati a singole motivazioni, come ad esempio l'incremento dell'uso dei Canadair o le assunzioni del personale anti-incendi. È una complessità di cause. Di sicuro porta alla devastazione e all'impoverimento del territorio e così si danneggia tutto il sistema produttivo. L'abbandono delle campagne e del terreno coltivato finisce per favorire i piromani, colpiscono uliveti, agrumeti e vigneti, uno sfregio acido sul territorio. A lungo termine. Servono fino a trent'anni per far risorgere un bosco".

Highlights

119.268 ETTARI VITATI COMPLESSIVI
46.586 destinati a DOP, 54.995 destinati a IGP, 17.687 destinati a vini generici.

5.881.053 HL DI PRODUZIONE TOTALE
37,77% di vino DOP, 44,74% di vino IGP, 17,49% di vini generici.

RIPARTIZIONE COLORE
Vini bianchi 65,00%
Vini rossi o rosati 35,00%

LE PROVINCE PIÙ PRODUTTIVE
Trapani 44,86% sul totale, Agrigento 31,37% sul totale, Palermo 12,84% sul totale

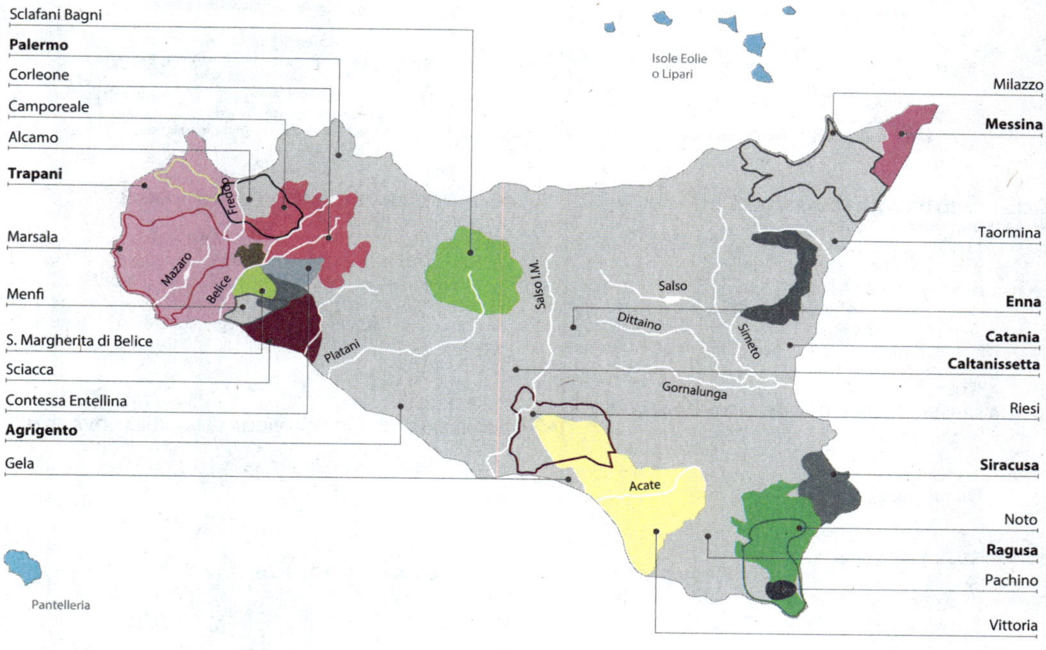

Legenda

- Marsala
- Delia Nivolelli
- Erice
- Alcamo
- Salaparuta
- Monreale
- Contessa Entellina
- S. Margherita di Belice
- Menfi
- Sambuca di Sicilia
- Sciacca
- Contea di Sclafani
- Riesi
- Noto
- Cerasuolo di Vittoria DOCG
- Vittoria
- Eloro
- Pachino
- Siracusa
- Etna
- Faro
- Mamertino di Milazzo o Mamertino
- Malvasia delle Lipari
- Pantelleria
- Sicilia (tutta la regione)

Abbazia Santa Anastasia
(1982)

Una tradizione vitivinicola che risale al medioevo, agli inizi del XII secolo, quando i monaci benedettini s'insediarono in questa Abbazia costruita per volere del Conte Ruggero d'Altavilla. Francesco Lena raccoglie il testimone fondando negli anni Ottanta un'azienda che in breve tempo si afferma come una delle più significative del panorama siciliano. L'azienda opera in regime biologico, utilizzando anche i dettami della biodinamica che hanno prodotto la linea Sensinverso, quest'anno in auge con il Nero d'Avola, per il quale Abbazia ha ottenuto la certificazione Demeter International.

Contrada Santa Anastasia - 90013 Castelbuono (PA)
T. 0921 671959 | M. info@abbaziasantanastasia.com
www.abbaziasantanastasia.com

Viticoltura: Biologica certificata e biodinamica
Ettari: 69 | **Bottiglie:** 500.000 | **Produzione olearia:** Sì
Proprietà: Francesco Lena
Cond. enologica: Stefania Lena
Cond. agronomica: Vincenzo Fina
Vendita diretta: Sì | **Visite in azienda:** Sì

SICILIA NERO D'AVOLA SENSINVERSO 2021
Rosso Doc - Nero d'Avola 100%
Alc. 14% | € 19 | Bt. 10.000 | Ferm. Cemento | Mat. Legno 24 mesi
Rubino intenso e luminoso. Debutto fruttato con prugna e marasca, seguono viola mammola, chiodi di garofano e liquirizia, percezioni minerali di grafite. Succoso e slanciato nella progressione gustativa, sostenuto da tannini setosi e ben integrati, regala una chiusura piacevolmente speziata. Costata di cavallo con patate al rosmarino.

SICILIA SPUMANTE BIANCO TERRE DI ANASTASIA BRUT 2016
Bianco Doc Metodo Classico - Grecanico dorato 100%
Alc. 12% | € 28 | Bt. 6.000 | Ferm. Acciaio | Mat. Acciaio 4 mesi
72 mesi sui lieviti
Plateau royal di crudité.

SICILIA ROSSO MONTENERO 2021
Rosso Doc - Nero d'Avola 51%, Cabernet franc 49%
Alc. 14% | € 25 | Bt. 12.000 | Ferm. Cemento | Mat. Legno 24 mesi
Entrecôte alla griglia con scaglie di formaggio.

SICILIA SYRAH SENSINVERSO 2021
Rosso Doc - Syrah 100%
Alc. 14% | € 19 | Bt. 10.000 | Ferm. Cemento | Mat. Legno 24 mesi
Filetto al vino rosso e scalogno.

SICILIA ROSSO PASSOMAGGIO 2021
Rosso Doc - Nero d'Avola 65%, Merlot 35%
Alc. 13,5% | € 14 | Bt. 30.000 | Ferm. Acciaio | Mat. Acciaio 6 mesi e Legno 12 mesi
Brasato di lepre con riduzione di vino rosso.

SICILIA SAUVIGNON CHARDONNAY ZURRICA 2022
Bianco Doc - Sauvignon 80%, Chardonnay 20%
Alc. 13% | € 14 | Bt. 25.000 | Ferm. Acciaio | Mat. Acciaio 6 mesi
Branzino al forno con erbe aromatiche.

SICILIA CABERNET SAUVIGNON LITRA
2018 | 2019

Q.1000 BRUT
2016

Alessandro di Camporeale
(1999)

La cantina della famiglia Alessandro affonda le proprie radici nei primi del Novecento. Situata a circa 600 metri di altezza, racconta un territorio con notevoli escursioni termiche che dà vita a vini eleganti ed equilibrati. Sui terreni argillosi e calcarei prosperano i vitigni autoctoni catarratto, grillo e nero d'Avola e gli internazionali, il sauvignon e soprattutto la syrah, che, nella versione secca e in quella dolce, rappresenta la punta di diamante della cantina. Oggi l'azienda è guidata dalla nuova generazione, che apporta innovazione tecnologica e sviluppa un enoturismo di qualità.

Contrada Mandranova - 90043 Camporeale (PA)
T. 0924 37038 | M. info@alessandrodicamporeale.it
www.alessandrodicamporeale.com

Viticoltura: Biologica certificata
Ettari: 40 | **Bottiglie:** 260.000 | **Produzione olearia:** Sì
Proprietà: Famiglia Alessandro
Cond. enologica: Benedetto Alessandro
Cond. agronomica: Benedetto Alessandro
Vendita diretta: Sì | **Visite in azienda:** Sì

SICILIA SYRAH VENDEMMIA TARDIVA KAID 2022
Rosso Doc Passito - Syrah 100%
Alc. 13% | € 28 (0,5l) | Ferm. Acciaio | Mat. Legno 3 mesi
Cremisi vivido di decisa fittezza. Olfatto variegato con fragranze di amarena e mora di rovo, pepe nero e chiodi di garofano, note di rabarbaro e rosmarino, sfumature tostate e balsamiche in chiusura. Il sorso è garbatamente dolce, vellutato, ottimo il connubio tra dolcezza e sapidità nel lungo finale. Crostata ai frutti di bosco con mandorle e noci.

MONREALE CATARRATTO VIGNA DI MANDRANOVA 2021
Bianco Doc - Catarratto bianco lucido 100%
Alc. 12,5% | € 22 | Bt. 9.600 | Ferm. Acciaio | Mat. Acciaio 8 mesi e Legno 8 mesi
Gnocchetti al sugo d'astice.

SICILIA CATARRATTO BENEDÈ 2022
Bianco Doc - Catarratto 100%
Alc. 12,5% | € 12 | Bt. 73.000 | Ferm. Acciaio | Mat. Acciaio 6 mesi
Sarde in saor.

SICILIA SAUVIGNON KAID 2022
Bianco Doc - Sauvignon 100%
Alc. 12,5% | € 16 | Bt. 27.000 | Ferm. Acciaio | Mat. Acciaio 6 mesi
Risotto al radicchio tardivo.

SICILIA GRILLO VIGNA DI MANDRANOVA 2022
Bianco Doc - Grillo 100%
Alc. 12,5% | € 16 | Bt. 37.000 | Ferm. Acciaio | Mat. Acciaio 6 mesi
Frittura di moscardini.

SICILIA SYRAH KAID
2012 | 2013

MONREALE CATARRATTO VIGNA DI MANDRANOVA
2019 | 2020

Antichi Vinai
(1877)

Dalla terrazza del centro aziendale di Passopisciaro la vista è incantevole, da un lato il vulcano, dall'altro la Valle dell'Alcantara, attorno i vigneti dell'Etna Doc. Qui Viviana e Sebastian, quinta generazione della famiglia Gangemi, proseguono con amore e impegno un'attività che affonda le radici nella seconda metà dell'Ottocento, con attenzione alla tradizione e orientati alla modernizzazione. Accanto ai vini fermi l'azienda produce spumanti da nerello mascalese con risultati lusinghieri, come confermato dal Brut 1877, che si colloca al vertice aziendale con un punteggio di tutto rispetto.

Via Castiglione, 49 - Località Passopisciaro - 95012 Castiglione di Sicilia (CT)
T. 0942 983232 | M. info@antichivinai.it
www.antichivinai.it

Viticoltura: Convenzionale
Ettari: 39 | **Bottiglie:** 300.000 | **Produzione olearia:** No
Proprietà: Famiglia Gangemi
Cond. enologica: Giuseppe Gangemi
Cond. agronomica: Giuseppe Gangemi
Vendita diretta: Sì | **Visite in azienda:** Sì

ETNA SPUMANTE 1877 BRUT 2016
Bianco Doc Metodo Classico - Nerello mascalese 100%
Alc. 12,5% | € 28 | Bt. 3.500 | Ferm. Acciaio | 48 mesi sui lieviti
Dorato brillante dal perlage raffinato e incessante. Bouquet fine e articolato, con fiori bianchi e limone maturo, note minerali di pietra focaia, pan brioche e crosta di pane, mandorla tostata e pepe bianco. Generoso in freschezza, con una decisa cremosità e coinvolgente epilogo sapido. Ostriche Belon.

ETNA BIANCO PETRALAVA 2022
Bianco Doc - Carricante 80%, Catarratto 20%
Alc. 12,5% | € 17 | Bt. 12.000 | Ferm. Acciaio | Mat. Acciaio 4 mesi e Legno 2 mesi
Linguine agli scampi.

ETNA ROSSO PETRALAVA 2018
Rosso Doc - Nerello mascalese 85%, Nerello cappuccio 15%
Alc. 13,5% | € 17 | Bt. 30.000 | Ferm. Acciaio | Mat. Acciaio 4 mesi e Legno 12 mesi
Capretto arrosto alle erbe aromatiche.

ASANGUEFREDDO 2021
Rosso Igt - Nerello mascalese 100%
Alc. 12,5% | € 15 | Bt. 4.000 | Ferm. Acciaio | Mat. Acciaio 7 mesi
Pappardelle con funghi porcini.

BOLLENERE
Bianco Igt Metodo Martinotti - Nerello mascalese 95%, altre varietà 5%
Alc. 12% | € 16 | Bt. 20.000 | Ferm. Acciaio | Mat. Acciaio 6 mesi
Crostini con baccalà mantecato.

NEROSUBIANCO 2022
Bianco Igt - Nerello mascalese 70%, Carricante 30%
Alc. 12,5% | € 17 | Bt. 4.000 | Ferm. Acciaio | Mat. Acciaio 4 mesi e Legno 2 mesi
Insalata di polpo, patate e olive.

ETNA ROSSO KOINÈ RISERVA
2013

ETNA ROSATO PETRALAVA
2017

Assuli
(2011)

Da oltre trent'anni la famiglia Caruso, imprenditori marsalesi, si dedica alla coltivazione di vigneti nell'areale compreso tra Trapani e Mazara del Vallo, che ospitano i principali vitigni autoctoni, oltre alla syrah. Da segnalare la realizzazione, in collaborazione con l'Irvos di Marsala, di un vigneto sperimentale con l'obiettivo di studiare e valorizzare antichi vitigni riscoperti. L'impegno della famiglia, confermato da Roberto, Nicoletta e Michele, terza generazione di vignaioli, è coronato dal risultato del Furioso, da uve perricone, che conquista di slancio le Quattro Viti.

Contrada Carcitella - 91026 Mazara del Vallo (TP)
T. 0923 547267 | M. info@assuli.it
www.assuli.it

Viticoltura: Biologica
Ettari: 130 | **Bottiglie:** 190.000 | **Produzione olearia:** Sì
Proprietà: Roberto Caruso
Cond. enologica: Lorenzo Landi
Cond. agronomica: Fabio Fonte
Vendita diretta: Sì | **Visite in azienda:** Sì

91,5

SICILIA PERRICONE FURIOSO 2020
Rosso Doc - Perricone 100%
Alc. 14,5% | € 24 | Bt. 6.800 | Ferm. Acciaio | Mat. Legno 18 mesi
Profondo rosso rubino. Ventaglio ricco di sensazioni di rosa rossa, iris, amarena e ribes nero, avvolto da intriganti nuance balsamiche. Bocca coinvolgente, marcata da una bella spinta alcolica e da una nobile trama tannica che accompagna e allunga, lasciando presagire sicura longevità. Arista di maiale con salsa di prugne.

SICILIA GRILLO ASTOLFO 2021
Bianco Doc - Grillo 100%
Alc. 13,5% | € 17 | Bt. 3.600 | Ferm. Legno e Acciaio | Mat. Legno 6 mesi
Risotto con mazzancolle al profumo d'arancia.

SICILIA NERO D'AVOLA LORLANDO 2022
Rosso Doc - Nero d'Avola 100%
Alc. 13,5% | € 14 | Bt. 53.000 | Ferm. Acciaio | Mat. Legno 24 mesi
Reale di vitello alla senape antica.

SICILIA ZIBIBBO DARDINELLO 2022
Bianco Doc - Zibibbo 100%
Alc. 12,5% | € 11 | Bt. 26.000 | Ferm. Acciaio | Mat. Acciaio 5 mesi
Piovra arrostita.

SICILIA INSOLIA CARINDA 2022
Bianco Doc - Inzolia 100%
Alc. 12,5% | € 11 | Bt. 20.000 | Ferm. Acciaio | Mat. Acciaio 4 mesi
Linguine alla granseola e rosmarino.

PASSITO 2020
Bianco Igt Passito - Grillo 100%
Alc. 13,5% | € 23 (0,5l) | Bt. 2.000 | Ferm. Acciaio | Mat. Acciaio 8 mesi
Cannoli di ricotta e canditi.

SICILIA PERRICONE FURIOSO
2017 | 2018 | 2019

SICILIA NERO D'AVOLA LORLANDO RISERVA
2018 | 2019

Bagliesi
(1986)

Una famiglia dalle profonde radici ancorate alla propria terra. Tra le colline della Sicilia centro-meridionale, tra Ravanusa e Naro, in un territorio da sempre considerato tra i più vocati all'impianto della vite, l'azienda coltiva in regime biologico, su terreni calcareo argillosi, i vitigni tradizionali, nero d'Avola, grillo e catarratto, e alcuni internazionali, dando vita a una composita gamma di vini con vinificazioni in purezza e in uvaggio. Il clima familiare e accogliente rende speciali le visite in cantina: un momento di gioiosa convivialità come una festa nei campi d'altri tempi.

Via Saffi, 136 - 92029 Ravanusa (AG)
T. 328 1783411 | M. bagliesi.vinibio@libero.it

Viticoltura: Biologica certificata
Ettari: 25 | **Bottiglie:** 75.000 | **Produzione olearia:** No
Proprietà: Vito Bagliesi
Cond. enologica: Tonino Guzzo
Cond. agronomica: Vito Bagliesi, Tommaso Bagliesi
Vendita diretta: Sì | **Visite in azienda:** Sì

SCIALUSU ROSSO 2021
Rosso Igt - Merlot 40%, Nero d'Avola 30%, Cabernet sauvignon 15%, Syrah 15%
Alc. 14% | € 10 | Bt. 6.180 | Ferm. Acciaio | Mat. Legno 12 mesi
Manto rubino di vivace lucentezza. Corredo fine e sfaccettato con ciliegia e prugna, presenze vegetali di menta e peperone verde, pepe nero, cuoio, grafite. All'assaggio è morbido, caldo, suadente, equilibrato dalla modulata freschezza e dai tannini vellutati. Lungheggia su riverberi fruttati. Carne cruda all'albese.

MAIOR 2020
Rosso Igt - Merlot 50%, Petit verdot 45%, Cabernet sauvignon 5%
Alc. 14% | € 22 | Bt. 6.180 | Ferm. Acciaio | Mat. Legno 12 mesi
Braciola di cervo con salsa di ribes.

SICILIA GRILLO TERRE DI TOTÒ 2022
Bianco Doc - Grillo 100%
Alc. 12,5% | € 11 | Bt. 16.140 | Ferm. Acciaio | Mat. Acciaio 4 mesi
Insalata di mare.

SICILIA NERO D'AVOLA KAMMUT 2020
Rosso Doc - Nero d'Avola 100%
Alc. 13,5% | € 13 | Bt. 6.420 | Ferm. Acciaio | Mat. Legno 12 mesi
Fusilli di kamut al ragù di faraona.

SCIALUSU BIANCO 2022
Bianco Igt - Grillo 65%, Catarratto 20%, Traminer aromatico 15%
Alc. 12% | € 11 | Bt. 18.800 | Ferm. Acciaio | Mat. Acciaio 4 mesi
Alici panate e fritte.

SICILIA CATARRATTO MASÌ 2022
Bianco Doc - Catarratto 100%
Alc. 12,5% | € 11 | Bt. 6.400 | Ferm. Acciaio | Mat. Acciaio 4 mesi
Fritto di paranza.

MAIOR
2017 | 2019

SICILIA NERO D'AVOLA NERO SARACENO
2018 | 2019

Baglio del Cristo di Campobello
(2000)

Una storia di famiglia che affonda le radici in un passato da vignaioli per poi evolversi nell'ormai nota e affermata realtà vitivinicola isolana. In oltre vent'anni, l'azienda ha dimostrato che l'attenta gestione in vigna, legata alla cura dei vitigni e agli aspetti pedoclimatici, può condurre a risultati di qualità indiscussa e di straordinaria aderenza territoriale. Quest'anno il Lusirà si conferma al vertice per pienezza di gusto e tipicità, soddisfacendo in pieno la platea dei degustatori accanto al blasonato Lu Patri e allo spumante, che raggiunge in breve tempo lusinghieri risultati.

Contrada Favarotta - SS 123, km 19+200 - 92023 Campobello di Licata (AG)
T. 0922 877709 | M. mail@cristodicampobello.it
www.cristodicampobello.it

Viticoltura: Convenzionale
Ettari: 35 | **Bottiglie:** 300.000 | **Produzione olearia:** Sì
Proprietà: Famiglia Bonetta
Cond. enologica: Riccardo Cotarella, Giuseppe Lentini
Cond. agronomica: Carmelo Bonetta
Vendita diretta: No | **Visite in azienda:** Sì

94

SICILIA SYRAH LUSIRÀ 2021
Rosso Doc - Syrah 100%
Alc. 14,5% | € 27 | Bt. 14.976 | Ferm. Acciaio | Mat. Legno 14 mesi
Pregevole cremisi. Profilo olfattivo articolato su allusioni di ciliegia e mora di rovo, arancia sanguinella e violetta, effluvi mentolati, pepe nero e liquirizia. Al sorso è austero ed equilibrato, con una trama tannica cesellata. Chiusura sapida e balsamica con ottima persistenza gustativa. Filetto di maiale lardellato.

SICILIA NERO D'AVOLA LU PATRI 2021
Rosso Doc - Nero d'Avola 100%
Alc. 14,5% | € 27 | Bt. 23.413 | Ferm. Acciaio | Mat. Legno 14 mesi
Fiorentina alla brace.

SICILIA SPUMANTE BIANCO EXTRA BRUT CRISTO DI CAMPOBELLO 2018
Bianco Doc Metodo Classico - Grillo 100%
Alc. 12% | € 30 | Bt. 5.780 | Ferm. Acciaio | Mat. Acciaio 8 mesi
36 mesi sui lieviti
Battuto di gamberi rossi di Sicilia.

SICILIA CHARDONNAY LAUDÀRI 2021
Bianco Doc - Chardonnay 100%
Alc. 13,5% | € 22 | Bt. 11.824 | Ferm. Acciaio | Mat. Legno 3 mesi
Guazzetto di fasolari.

SICILIA GRILLO LALÙCI 2022
Bianco Doc - Grillo 100%
Alc. 13,5% | € 16 | Bt. 51.919 | Ferm. Acciaio | Mat. Acciaio 4 mesi
Linguine agli scampi.

C'D'C' BIANCO 2022
Bianco Igt - Catarratto 25%, Chardonnay 25%, Grillo 25%, Inzolia 25%
Alc. 12,5% | € 12 | Bt. 117.120 | Ferm. Acciaio | Mat. Acciaio 3 mesi
Verdure pastellate.

SICILIA NERO D'AVOLA LU PATRI
2016 | 2017 | 2019

SICILIA GRILLO LALÙCI
2015

Baglio di Pianetto
(1997)

Il 2023 è un anno pieno di novità per l'azienda Baglio di Pianetto. Tra le principali il nuovo amministratore delegato Dante Bonacina, che dopo 25 anni alla guida di Cà del Bosco approda in Sicilia. Segue una nuova linea di vini monovarietali bio che celebra l'unione tra l'Urban Art e il vino. A celebrare, attraverso queste etichette, il territorio palermitano è l'artista Andrea Buglisi. Un'estetica che sembra quasi prendere vita attraverso personaggi dinamici, che seguono le curve della bottiglia e rappresentano il vino, creando un'esperienza sensoriale coinvolgente e unica.

Via Francia - Contrada Pianetto - 90030 Santa Cristina Gela (PA)
T. 091 8570002 | M. info@bagliodipianetto.it
www.bagliodipianetto.it

Viticoltura: Biologica
Ettari: 107 | **Bottiglie:** 900.000 | **Produzione olearia:** Sì
Proprietà: Famiglia Marzotto
Cond. enologica: Giuseppe Lo Iacono, Francesco Matesi
Cond. agronomica: Fernando Schepis
Vendita diretta: Sì | **Visite in azienda:** Sì

SICILIA MERLOT CABERNET SAUVIGNON VIAFRANCIA RISERVA 2017
Rosso Doc - Cabernet sauvignon 50%, Merlot 50%
Alc. 14,5% | € 23 | Bt. 14.000 | Ferm. Acciaio | Mat. Acciaio 9 mesi e Legno 24 mesi
Fitto rubino dalla vividezza incisiva. Ampiezza olfattiva. Note floreali e fruttate, lavanda, amarena, mora di rovo, che si integrano con peperone verde e spezie orientali. In bocca è vigoroso, caldo, avvolgente, equilibrato, si dispiega pieno e lungo anche grazie al sottile e serico tannino. Faraona ripiena con salsa tartufata.

SICILIA VIOGNIER VIAFRANCIA RISERVA 2021
Bianco Doc - Viognier 100%
Alc. 13% | € 21 | Bt. 13.300 | Ferm. Legno e Acciaio | Mat. Acciaio 9 mesi e Legno 9 mesi
Brodetto all'anconetana.

SHYMER 2019
Rosso Igt - Merlot 50%, Syrah 50%
Alc. 14,5% | € 15 | Bt. 31.000 | Ferm. Acciaio | Mat. Legno 12 mesi
Zuppa di fagioli neri messicana.

SICILIA GRILLO TIMEO 2022
Bianco Doc - Grillo 100%
Alc. 13% | € 14 | Bt. 30.000 | Ferm. Acciaio | Mat. Acciaio 10 mesi
Linguine al sugo di totani e piselli.

SICILIA MERLOT CABERNET SAUVIGNON VIAFRANCIA RISERVA
2016

SHYMER
2018

Barone di Villagrande
(1727)

Barone di Villagrande è una delle realtà più antiche e prestigiose della tradizione vitivinicola etnea. In un ampio territorio conosciuto soprattutto per la qualità dei vini rossi, il plauso per il mantenimento della tradizione bianchista spetta sicuramente anche a quest'azienda, che da svariati decenni crede fermamente nella qualità del carricante prodotto nell'areale di Milo, zona vocata che può fregiarsi della menzione Superiore per l'Etna Bianco Doc, dando ragione a Mario Soldati, che nel 1968 scriveva: "Presto ci accorgiamo che i bianchi sono, nettamente, superiori ai rossi".

Via del Bosco, 25 - 95010 Milo (CT)
T. 095 7082175 | M. info@villagrande.it
www.villagrande.it

Viticoltura: Biologica
Ettari: 27 | **Bottiglie:** 120.000 | **Produzione olearia:** No
Proprietà: Marco Nicolosi Asmundo
Cond. enologica: Marco Nicolosi Asmundo
Cond. agronomica: Alberto Barbera
Vendita diretta: Sì | **Visite in azienda:** Sì

ETNA BIANCO SUPERIORE 2022
Bianco Doc - Carricante 90%, Minnella bianca 5%, altre varietà 5%
Alc. 13,5% | € 20 | Bt. 50.000 | Ferm. Acciaio | Mat. Acciaio 6 mesi
Giallo paglierino cristallino. Elegante esordio di mela e susina bianca, sensazioni di ginestra e gelsomino, effluvi di zenzero e pietra focaia. Al gusto è deciso, rotondo, animato e bilanciato da freschezza e sapidità. Durevole la chiosa con piacevoli richiami fruttati. Ricciola al forno con capperi e pomodori ciliegino.

ETNA ROSATO 2022
Rosato Doc - Nerello mascalese 90%, Carricante 10%
Alc. 13,5% | € 18 | Bt. 24.000 | Ferm. Acciaio | Mat. Acciaio 6 mesi
Risotto alla zucca e astice.

ETNA ROSSO 2020
Rosso Doc - Nerello mascalese 80%, Nerello cappuccio 20%
Alc. 13% | € 20 | Bt. 33.000 | Ferm. Acciaio | Mat. Legno 12 mesi
Filetto di scottona in sfoglia.

SALINA BIANCO 2022
Bianco Igt - Malvasia di Lipari 40%, Catarratto 30%, altre varietà 30%
Alc. 13,5% | € 32 | Bt. 2.000 | Ferm. Acciaio | Mat. Acciaio 6 mesi
Mozzarella di bufala campana.

ETNA BIANCO SUPERIORE
2018 | 2019 | 2020

SALINA BIANCO
2021

Benanti
(1988)

Protagonista indiscussa della viticultura etnea, l'azienda pone le sue radici nell'idea visionaria e futuristica che, dalla fine degli anni Ottanta, il compianto Cavaliere Benanti ha concretizzato credendo fermamente nella cultura contadina e nella valorizzazione dei vitigni autoctoni. Un'eredità etica e manageriale che i figli Antonio e Salvino hanno raccolto e che trova conferma nella qualità dei prodotti. Il Serra della Contessa, storico vino della cantina, tornato quest'anno al vertice, testimonia l'espressione filosofica e fortemente identitaria dei territori perseguita dall'azienda.

Via Giuseppe Garibaldi, 361 - 95029 Viagrande (CT)
T. 095 7890928 | M. info@benanti.it
www.benanti.it

Viticoltura: Convenzionale e biologica
Ettari: 30 | **Bottiglie:** 250.000 | **Produzione olearia:** No
Proprietà: Antonio e Salvino Benanti
Cond. enologica: Enzo Calì
Cond. agronomica: Giovanni Marletta
Vendita diretta: Sì | **Visite in azienda:** Sì

92

ETNA ROSSO SERRA DELLA CONTESSA PARTICELLA 587 RISERVA 2017
Rosso Doc - Nerello mascalese 85%, Nerello cappuccio 15%
Alc. 14% | € 90 | Bt. 2.866 | Ferm. Acciaio | Mat. Legno 24 mesi
Carminio con riflessi granato. Fragranze di rosa e violetta annunciano confettura di amarena, mora di rovo, guizzi balsamici, pepe nero e chiodi di garofano. Gusto suadente e strutturato con una splendida tessitura tannica e una vibrante vena fresco-sapida. Lunga persistenza. Filetto di manzo in crosta alle erbette.

ETNA ROSSO ROVITTELLO PARTICELLA 341 RISERVA 2017
Rosso Doc - Nerello mascalese 90%, Nerello cappuccio 10%
Alc. 14% | € 90 | Bt. 2.866 | Ferm. Acciaio | Mat. Legno 24 mesi
Cinghiale arrosto con castagne.

ETNA BIANCO SUPERIORE PIETRA MARINA 2018
Bianco Doc - Carricante 100%
Alc. 12,5% | € 125 | Bt. 7.932 | Ferm. Acciaio | Mat. Acciaio 30 mesi
Ostriche Bouzigues.

ETNA SPUMANTE ROSÉ LAMORÈMIO BRUT 2020
Rosato Doc Metodo Classico - Nerello mascalese 100%
Alc. 13% | € 27 | Bt. 4.000 | Ferm. Acciaio | Mat. Acciaio 8 mesi
24 mesi sui lieviti
Crostini con paté de foie gras d'oca.

ETNA ROSSO CONTRADA DAFARA GALLUZZO 2021
Rosso Doc - Nerello mascalese 100%
Alc. 14,5% | € 40 | Bt. 5.300 | Ferm. Acciaio | Mat. Acciaio 3 mesi e Legno 12 mesi
Ragusano.

NOBLESSE XLVIII 2018 BRUT 2018
Bianco Igt Metodo Classico - Carricante 100%
Alc. 12% | € 45 | Bt. 1.000 | Ferm. Acciaio | Mat. Acciaio 8 mesi
48 mesi sui lieviti
Tempura di gamberi.

ETNA BIANCO SUPERIORE PIETRA MARINA
2012 | 2013 | 2017

ETNA ROSSO SERRA DELLA CONTESSA PARTICELLA 587 RISERVA
2015

Brugnano
(1970)

Contemporaneità e storia sono gli ingredienti dell'azienda Brugnano. Il cambio generazionale ha portato innovazione alla tradizione di famiglia con un restyling delle etichette, un approccio in vigna più sostenibile e la sperimentazione in biologico. Al centro della filosofia produttiva c'è il territorio: le fertili colline della Sicilia nord-occidentale che, con una produzione attenta e accurata, risulta riconoscibile in ogni calice di vino. Giovane e contemporaneo è anche il rapporto con il cliente, accolto nella cantina di recente restauro per visite guidate, degustazioni ed eventi.

Contrada S. Carlo SS 113 km 307 - 90047 Partinico (PA)
T. 091 8783360 | M. info@brugnano.it
www.brugnano.it

Viticoltura: Convenzionale e biologica
Ettari: 89 | **Bottiglie:** 200.000 | **Produzione olearia:** No
Proprietà: Famiglia Brugnano
Cond. enologica: Angelo Rubino
Cond. agronomica: Staff aziendale
Vendita diretta: Sì | **Visite in azienda:** Sì

CORALINE 2022
Rosato Igt - Frappato 100%
Alc. 12,5% | € 12 | Bt. 3.000 | Ferm. Acciaio | Mat. Acciaio 5 mesi
Elegante mise rosa corallo di vivida lucentezza. Un ventaglio odoroso di piccoli frutti rossi come lampone e fragoline di bosco, petali di rosa, leggere stille agrumate, soffi di salsedine. Il sorso è fresco e leggiadro, con misurata sapidità e ritorni fruttati che accompagnano il lento dissolversi. Spaghetti con mazzancolle e pomodorini.

SICILIA ROSSO NAISI 2021
Rosso Doc - Nero d'Avola 75%, Cabernet sauvignon 25%
Alc. 13,5% | € 13 | Bt. 8.500 | Ferm. Acciaio | Mat. Acciaio 6 mesi
Vastedda della Valle del Belice.

HER 2021
Rosso Igt - Perricone 100%
Alc. 14% | € 14 | Bt. 10.000 | Ferm. Legno e Acciaio | Mat. Acciaio 2 mesi e Legno 2 mesi
Braciola di cervo con salsa di ribes.

SICILIA ROSSO HONORIS CAUSA RISERVA 2018
Rosso Doc - Nero d'Avola 90%, Syrah 10%
Alc. 14% | € 37 | Bt. 3.000 | Ferm. Acciaio | Mat. Legno 24 mesi
Tagliata al pepe verde.

AMMARU 2022
Bianco Igt - Zibibbo 100%
Alc. 12,5% | € 10 | Bt. 6.000 | Ferm. Acciaio | Mat. Acciaio 4 mesi
Ceviche di gamberi.

KUÈ 2022
Bianco Igt - Inzolia 75%, Viognier 25%
Alc. 13% | € 13 | Bt. 14.000 | Ferm. Acciaio | Mat. Acciaio 4 mesi
Yakitori, spiedini di pollo con zenzero.

Calabretta
(1900)

Da quattro generazioni la famiglia Calabretta ha come obiettivo la coltivazione dei vigneti seguendo la tradizione plurisecolare dell'Etna, in combinazione con le tecniche e le tecnologie innovative. Il terreno lavico, le forti escursioni termiche e l'elevato irraggiamento, insieme alla cura meticolosa dei vigneti e delle operazioni in cantina, portano alla produzione di vini diversi per provenienza delle uve ed età delle viti, ma tutti di indiscussa qualità e aderenza territoriale, proprio come il Sara, da uve della rinomata contrada Feudo di Mezzo a Passopisciaro, che si colloca in vetta.

Via Bonaventura, 178/A - 95036 Randazzo (CT)
T. 328 4565050 | M. info@calabretta.net
www.calabretta.net

Viticoltura: Biologica certificata
Ettari: 12 | **Bottiglie:** 70.000 | **Produzione olearia:** No
Proprietà: Massimiliano Calabretta
Cond. enologica: Massimiliano Calabretta
Cond. agronomica: Massimiliano Calabretta
Vendita diretta: Sì | **Visite in azienda:** Sì

SARA 2021
Rosso Igt - Nerello mascalese 98%, Nerello cappuccio 2%
Alc. 13,5% | € 28 | Bt. 1.200 | Ferm. Acciaio | Mat. Acciaio 6 mesi e Legno 8 mesi
Rubino nitido. Apertura speziata, pepe nero e cannella, che incornicia fragoline di bosco e marasca, liquirizia, sottobosco e spunti di erbe officinali. In bocca è caldo e avvolgente, con tannini setosi che duettano con le morbidezze sostenuti dalla vivace spalla acida in un gradevole e dinamico equilibrio. Bigoli con l'anatra.

LA CONTRADA DEI CENTENARI 2021
Rosso - Nerello mascalese 98%, Nerello cappuccio 2%
Alc. 14,5% | € 67 | Bt. 600 | Ferm. Acciaio | Mat. Legno 9 mesi
Arista di maiale con salsa di prugne.

NONNA CONCETTA 2021
Rosso Igt - Nerello mascalese 100%
Alc. 14% | € 67 | Bt. 1.200 | Ferm. Acciaio | Mat. Legno 9 mesi
Trippa in umido.

VIGNE VECCHIE
2007 | 2010 | 2014

PINOT NERO
2019

Calcagno
(2006)

Una bella storia di famiglia quella dell'azienda vinicola Calcagno. Ereditati i vigneti di famiglia, si inizia a imbottigliare nel 2006 quello che deve essere un prodotto specchio del territorio e della famiglia stessa. Da allora ogni anno si producono vini che sono sempre più espressione e racconto del vulcano, vini che rappresentano contrade e piccoli appezzamenti. Nel pieno rispetto della tradizione, l'azienda guarda al futuro con innovative tecniche, in particolare con la sperimentazione, iniziata nel 2015, dell'affinamento ad alta quota, a circa 500 metri dal cratere centrale dell'Etna.

Via Regina Margherita, 153 - Passopisciaro - 95012 Castiglione di Sicilia (CT)
T. 338 7772780 | M. info@vinicalcagno.it
www.vinicalcagno.it

Viticoltura: Convenzionale
Ettari: 6 | **Bottiglie:** 35.000 | **Produzione olearia:** Sì
Proprietà: Famiglia Calcagno
Cond. enologica: Alessandro Biancolin
Cond. agronomica: Gianni Calcagno
Vendita diretta: Sì | **Visite in azienda:** Sì

ETNA ROSSO ARCURÌA 2021
Rosso Doc - Nerello mascalese 90%, Nerello cappuccio 10%
Alc. 14,5% | € 35 | Bt. 5.000 | Ferm. Acciaio | Mat. Legno 12 mesi
Cremisi con intarsi carminio. Naso fine e sfaccettato con violetta e rosa rossa, ciliegia sotto spirito e mora di rovo, liquirizia e tabacco. Morbido e caldo, strutturato ma setoso, scorre al palato sostenuto dall'astringenza e bilanciato dalla freschezza, chiudendo lentamente con richiami fruttati. Risotto alla parmigiana.

ETNA ROSATO ROMICE DELLE SCIARE 2022
Rosato Doc - Nerello mascalese 90%, Nerello cappuccio 10%
Alc. 13,5% | € 30 | Bt. 5.000 | Ferm. Acciaio | Mat. Acciaio 7 mesi
Insalata di fagiolini e pinoli.

ETNA BIANCO SUPERIORE PRIMAZAPPA 2021
Bianco Doc - Carricante 90%, Minnella bianca 10%
Alc. 13,5% | € 50 | Bt. 1.500 | Ferm. Acciaio | Mat. Acciaio 12 mesi
Risotto con zucchine, fiori di zucca e zafferano.

ETNA ROSSO CALDERARA 2020
Rosso Doc - Nerello mascalese 90%, Nerello cappuccio 10%
Alc. 14,5% | € 60 | Bt. 2.000 | Ferm. Acciaio | Mat. Legno 12 mesi
Stinco di maiale al forno in pancetta affumicata.

ETNA ROSSO FEUDO DI MEZZO 2021
Rosso Doc - Nerello mascalese 90%, Nerello cappuccio 10%
Alc. 14,5% | € 35 | Bt. 5.000 | Ferm. Acciaio | Mat. Legno 12 mesi
Straccetti di cavallo.

ETNA ROSSO ARCURÌA
2014

ETNA ROSSO FEUDO DI MEZZO
2018 | 2019 | 2020

Paolo Calì
(2001)

In un estremo lembo di terra siciliano, posto più a sud di Tunisi, nasce un'azienda "libera da schemi concettuali e che non insegue la moda". Paolo Calì e il figlio Emanuele coltivano solo vitigni autoctoni siciliani in un terroir particolare, praticamente in riva al mare, sulle sabbie assolate e plasmate dal vento, con importanti escursioni termiche. Quattro versioni di Cerasuolo di Vittoria quest'anno in Guida, diverse per provenienza delle uve e modalità di affinamento. Svetta il Pruvuletta, uno degli ultimi nati, da uve dell'omonimo vigneto sulle dune, maturato in anfore di cocciopesto.

Via del Frappato, 100 - 97019 Vittoria (RG)
T. 0932 510082 | M. info@vinicali.it
www.vinicali.it

Viticoltura: Biologica
Ettari: 15 | **Bottiglie:** 90.000 | **Produzione olearia:** No
Proprietà: Paolo Calì
Cond. enologica: Emiliano Falsini
Cond. agronomica: Stefano Dini
Vendita diretta: Sì | **Visite in azienda:** Sì

CERASUOLO DI VITTORIA CLASSICO PRUVULETTA 2020
Rosso Docg - Frappato 50%, Nero d'Avola 50%
Alc. 14,5% | € 38 | Bt. 600 | Ferm. Terracotta | Mat. Terracotta 12 mesi
Rubino con sfumature carminio. Immediati riconoscimenti di ciliegia e lampone precedono rimandi mentolati, macchia mediterranea e una delicata speziatura. Maturato in anfore di cocciopesto, è elegante, morbido e volumico, animato da tannini felpati ma briosi. Lento congedo su toni fruttati. Risotto alla milanese con ossobuco.

VITTORIA NERO D'AVOLA 2020
Rosso Doc - Nero d'Avola 100%
Alc. 13,5% | € 18 | Bt. 10.000 | Ferm. Acciaio | Mat. Acciaio 12 mesi e Legno 4 mesi
Lombata di vitello su letto di cipolline saltate.

CERASUOLO DI VITTORIA CLASSICO FORFICE 2020
Rosso Docg - Frappato 50%, Nero d'Avola 50%
Alc. 14,5% | € 38 | Bt. 600 | Ferm. Acciaio | Mat. Terracotta 12 mesi
Piacentinu Ennese.

BLUES 2022
Bianco Igt - Grillo 100%
Alc. 13% | € 15 | Bt. 20.000 | Ferm. Acciaio | Mat. Acciaio 4 mesi
Linguine all'astice.

CERASUOLO DI VITTORIA CLASSICO NISCIA 2020
Rosso Docg - Frappato 50%, Nero d'Avola 50%
Alc. 14,5% | € 38 | Bt. 600 | Ferm. Acciaio | Mat. Terracotta 12 mesi
Cotolette di pollo con melanzane e provola.

CERASUOLO DI VITTORIA CLASSICO MANENE 2021
Rosso Docg - Nero d'Avola 60%, Frappato 40%
Alc. 13,5% | € 22 | Bt. 15.000 | Ferm. Acciaio | Mat. Acciaio 14 mesi e Legno 4 mesi
Involtini di vitello lardellati.

CERASUOLO DI VITTORIA CLASSICO FORFICE
2014

VITTORIA NERO D'AVOLA VIOLINO
2017

Cambria
(1864)

Dalla riscoperta del vitigno nocera alla rinascita della Doc Mamertino, Cambria ha un ruolo da protagonista nella viticoltura messinese e regionale. Credere in un territorio vuol dire valorizzare al massimo le sue peculiarità, ed è in questo senso che va l'opera di questa cantina. La novità assoluta di quest'anno, oltre alle varie riconferme, è l'uscita del Mamertinum Riserva, in anteprima assoluta al MEDOC svoltosi a Messina nel Marzo 2023 e successivamente in degustazione all'ultimo Vinitaly. Disponibile in sole 1000 bottiglie, siamo sicuri diventerà un'altra punta di diamante dell'azienda.

Villa Arangia - Contrada San Filippo - 98054 Furnari (ME)
T. 0941 840214 | M. info@cambriavini.com
www.cambriavini.com

Viticoltura: Convenzionale
Ettari: 25 | **Bottiglie:** 100.000 | **Produzione olearia:** No
Proprietà: Cambria
Cond. enologica: Vito Giovinco
Cond. agronomica: Staff aziendale
Vendita diretta: Sì | **Visite in azienda:** Sì

SICILIA NOCERA MASTRONICOLA GRAN CRU DELLE COLLINE FURNARESI 2017
Rosso Doc - Nocera 100%
Alc. 14% | € 40 | Bt. 10.000 | Ferm. Acciaio | Mat. Legno 18 mesi
Sipario rosso di pregiata stoffa. Naso elegante, espressivo: malie balsamiche, poi amarena sotto spirito, pepe nero e cannella, sottobosco e funghi, liquirizia e tabacco. In bocca è rotondo, vellutato, i tannini sono perfettamente integrati. Gradevoli i ritorni di frutta e spezie nel prolungato finale. Stracotto di manzo all'Amarone.

MAMERTINO ROSSO MAMERTINUM RISERVA 2011
Rosso Doc - Nero d'Avola 60%, Nocera 40%
Alc. 16% | € 180 | Bt. 1.000 | Ferm. Acciaio | Mat. Legno 72 mesi
Bocconcini di cinghiale con salsa di prugne.

MAMERTINO ROSSO GIULIO CESARE 2018
Rosso Doc - Nero d'Avola 60%, Nocera 40%
Alc. 14% | € 34 | Bt. 12.400 | Ferm. Acciaio | Mat. Legno 14 mesi
Gulasch di cervo con patate stufate.

SICILIA NOCERA SYRAH ROSSO DEL LEVRIERO 2018
Rosso Doc - Nocera 50%, Syrah 50%
Alc. 14% | € 32 | Bt. 7.000 | Ferm. Acciaio | Mat. Legno 16 mesi
Soppressata di Calabria.

MASSERIA DELLE COLLINE FURNARESI 2020
Rosso Igt - Nocera 70%, Nerello mascalese 30%
Alc. 13% | € 20 | Bt. 20.000 | Ferm. Acciaio | Mat. Legno 4 mesi
Zuppa di funghi.

FIN CHE VENGA NOCERA BRUT ROSÉ 2020
Rosato Igt Metodo Classico - Nocera 100%
Alc. 12,5% | € 34 | Bt. 2.300 | Ferm. Acciaio | Mat. Acciaio 9 mesi 30 mesi sui lieviti
Canapè di pasta sfoglia al formaggio.

SICILIA NOCERA MASTRONICOLA
2014 | 2015

MAMERTINO ROSSO GIULIO CESARE
2016

Cantine Colosi

(1987)

I vini più rappresentativi della cantina, espressione di un territorio unico come le Isole Eolie, sono prodotti nella zona di Capo Faro a Salina ed esprimono una decisa mineralità portata dal suolo vulcanico. La scarsità di acqua unita all'importante esposizione ai raggi solari viene mitigata da un'energica escursione termica che accarezza e culla le vigne, creando vini fortemente territoriali che raccontano la Sicilia con i suoi tipici terrazzamenti sul mare. Novità di quest'anno il Guardiano del Faro, un rosso da nerello mascalese in purezza, con cui la famiglia Colosi festeggia i suoi 35 anni sull'isola.

Diramazione Viaria C - Località Giammoro - 98042 Pace del Mela (ME)
T. 090 9385549 | M. info@cantinecolosi.it
www.cantinecolosi.it

Viticoltura: Convenzionale
Ettari: 12 | **Bottiglie:** 700.000 | **Produzione olearia:** Sì
Proprietà: Piero Colosi
Cond. enologica: Piero Colosi
Cond. agronomica: Piero Colosi
Vendita diretta: Sì | **Visite in azienda:** Sì

MALVASIA DELLE LIPARI NURAH 2021
Bianco Doc Dolce - Malvasia di Lipari 95%, Corinto nero 5%
Alc. 13% | € 21 (0,5l) | Bt. 15.000 | Ferm. Acciaio | Mat. Acciaio 12 mesi
Preziosa veste dorata. Trama olfattiva intrigante, con deliziose percezioni di miele e albicocca disidratata che lasciano il posto ad agrumi canditi, gelsomino, frutta secca e soffi di salsedine. Delicatamente dolce e ben equilibrato, materico, con una spinta acida importante e una chiosa croccante. Crêpe con confettura di albicocca.

SALINA BIANCO 2022
Bianco Igt - Catarratto 50%, Inzolia 50%
Alc. 13% | € 14 | Bt. 25.000 | Ferm. Acciaio | Mat. Acciaio 12 mesi
Piovra arrostita.

MALVASIA DELLE LIPARI PASSITO NA'JM 2021
Bianco Doc Passito - Malvasia di Lipari 95%, Corinto nero 5%
Alc. 13% | € 23 (0,5l) | Bt. 15.000 | Ferm. Acciaio | Mat. Acciaio 12 mesi
Cannoli di ricotta e canditi.

PASSITO SICILIA 2019
Bianco Igt Passito - Moscato bianco 100%
Alc. 13% | € 15 (0,5l) | Bt. 10.000 | Ferm. Acciaio | Mat. Acciaio 12 mesi
Petit four alle mandorle.

SICILIA GRILLO ACACIA 2022
Bianco Doc - Grillo 100%
Alc. 13% | € 12 | Bt. 12.000 | Ferm. Acciaio | Mat. Acciaio 12 mesi e Legno 6 mesi
Risotto agli scampi.

GUARDIANO DEL FARO 2020
Rosso Igt - Nerello mascalese 100%
Alc. 14% | € 30 | Bt. 3.500 | Ferm. Acciaio | Mat. Legno 12 mesi
Costine d'agnello in crosta di noci.

MALVASIA DELLE LIPARI PASSITO NA'JM
2019

PASSITO
2015 | 2017

Cantine di Nessuno

(2016)

Ci troviamo sul versante sud-est dell'Etna, tra Fleri e Trecastagni. Qui nascono i vini di quest'azienda che prende il nome dalla mitologia omerica, ma anche da una visione particolare che crede che la terra sia di nessuno, quindi di tutti, e che debba di conseguenza essere trattata con estremo rispetto. I vigneti si trovano in tre contrade vicine, Carpene, Monte Gorna e Monte Ilice, tra 700 e 900 metri di altezza, su arditi terrazzamenti con pendenze che raggiungono il 60%. Prodotti diversi, tutti da vitigni autoctoni, con i vini di Monte Ilice a svettare nelle degustazioni.

Via Galileo Galilei, 4 - 95039 Trecastagni (CT)
T. 095 6177789 | M. info@cantinedinessuno.it
www.cantinedinessuno.it

Viticoltura: Convenzionale e lotta integrata
Ettari: 9 | **Bottiglie:** 30.000 | **Produzione olearia:** No
Proprietà: Seby Costanzo e Giuseppe Brancatelli
Cond. enologica: Andrea Marletta
Cond. agronomica: Andrea Marletta
Vendita diretta: Sì | **Visite in azienda:** Sì

ETNA BIANCO MILICE 2020
Bianco Doc - Carricante 100%
Alc. 13% | € 37 | Bt. 1.500 | Ferm. Acciaio | Mat. Legno 12 mesi
Paglierino con bagliori dorati. Al naso frutta e spezie: melone bianco, vaniglia, burro, ma anche sensazioni di salsedine e macchia mediterranea. Al gusto emerge subito una nota sapida, marina, la progressione è lineare, con buon equilibrio e grande personalità. Finale coerente e rinfrescante. Risotto con rape rosse e Gorgonzola.

ETNA SPUMANTE APUM BRUT 2017
Bianco Doc Metodo Classico - Nerello mascalese 100%
Alc. 12% | € 27 | Bt. 1.500 | Ferm. Acciaio | Mat. Acciaio 6 mesi
48 mesi sui lieviti
Guazzetto di fasolari.

ETNA ROSSO MILICE 2019
Rosso Doc - Nerello mascalese 100%
Alc. 12,5% | € 37 | Bt. 2.300 | Ferm. Acciaio | Mat. Legno 12 mesi
Zuppa di fagioli neri messicana.

ETNA BIANCO NENTI 2021
Bianco Doc - Carricante 80%, Catarratto 20%
Alc. 13% | € 19 | Bt. 3.600 | Ferm. Acciaio | Mat. Acciaio 24 mesi
Filetto di branzino gratinato.

ETNA ROSSO NUDDU 2020
Rosso Doc - Nerello mascalese 85%, Nerello cappuccio 15%
Alc. 13,5% | € 19 | Bt. 3.600 | Ferm. Acciaio | Mat. Acciaio 24 mesi
Manzo brasato con olive e porri.

ETNA ROSSO MILICE
2016 | 2017

ETNA BIANCO MILICE
2018

Cantine Nicosia
(1898)

Un'azienda vitivinicola che celebra la storia di cinque generazioni risalente alla fine dell'Ottocento. I vigneti, situati parte sull'Etna, parte a Vittoria e a Noto, sono coltivati, nel pieno rispetto dell'ambiente, in regime biologico, dando vita a una vasta e composita gamma di vini. Le novità sono tante in casa Nicosia: nuove acquisizioni e investimenti sull'Etna, con nuovi impianti di carricante e nerello mascalese, e nel territorio di Noto, con nuovi terreni coltivati con uve di moscato bianco, oltre a un nuovo spumante Etna Doc da nerello mascalese con sosta di 60 mesi sui lieviti.

Via Luigi Capuana, 65 - 95039 Trecastagni (CT)
T. 095 7806767 | M. info@cantinenicosia.it
www.cantinenicosia.it

Viticoltura: Biologica certificata
Ettari: 240 | **Bottiglie:** 1.800.000 | **Produzione olearia:** Sì
Proprietà: Famiglia Nicosia
Cond. enologica: Maria Carella
Cond. agronomica: Alessandro Lo Genco
Vendita diretta: Sì | **Visite in azienda:** Sì

ETNA ROSSO MONTE GORNA VECCHIE VITI RISERVA 2017
Rosso Doc - Nerello mascalese 100%
Alc. 13,5% | € 32 | Bt. 5.000 | Ferm. Acciaio | Mat. Legno 24 mesi
Vivace carminio. Balsamico il debutto, si apre su guizzi di ciliegia e pesca gialla, violetta appassita, malie di sottobosco e humus, cardamomo, tabacco biondo. Tannino protagonista al palato. Autorevole, ben cesellato, guida la lunga progressione gustativa bilanciato da morbidezze e pseudocalore. Bocconcini di cervo al cavolo nero.

ETNA ROSSO MONTE GORNA 2020
Rosso Doc - Nerello mascalese 90%, Nerello cappuccio 10%
Alc. 13% | € 16 | Bt. 15.000 | Ferm. Acciaio | Mat. Legno 12 mesi
Filetto al pepe verde.

ETNA SPUMANTE SOSTA TRE SANTI SESSANTAMESI BRUT 2016
Bianco Doc - Nerello mascalese 100%
Alc. 11,5% | € 39 | Bt. 1.800 | Ferm. Acciaio | 60 mesi sui lieviti
Guazzetto di fasolari.

ETNA BIANCO MONTE GORNA VECCHIE VITI 2019
Bianco Doc - Carricante 100%
Alc. 13% | € 32 | Bt. 4.000 | Ferm. Acciaio | Mat. Legno 12 mesi
Paella.

ETNA SPUMANTE SOSTA TRE SANTI BRUT 2019
Bianco Doc - Nerello mascalese 100%
Alc. 11,5% | € 25 | Bt. 10.000 | Ferm. Acciaio | 36 mesi sui lieviti
Battuto di gamberi rossi di Sicilia.

ETNA SPUMANTE ROSATO SOSTA TRE SANTI BRUT 2020
Rosato Doc Metodo Classico - Nerello mascalese 100%
Alc. 11,5% | € 25 | Bt. 10.000 | Ferm. Acciaio | 24 mesi sui lieviti
Pizza con bufala e pomodorini.

ETNA ROSSO MONTE GORNA VECCHIE VITI RISERVA
2015

ETNA BIANCO MONTE GORNA VECCHIE VITI
2018

Cantine Russo
(1955)

Grande attenzione ai vitigni e alla tradizione che caratterizzano il territorio in cui si trovano: questi sono i principi che, ormai da quasi 70 anni, segue la famiglia Russo, rappresentata oggi da Gina e Francesco, che insieme al padre Vincenzo gestiscono l'azienda. La cantina è situata a Solicchiata, nel versante nord dell'Etna; diversi i vini Doc prodotti anche da singola contrada, come lo straordinario Etna Rosso Contrada Crasà, tanto apprezzato dai degustatori. Importante la produzione spumantistica, con un bianco da carricante e catarratto e un rosato da nerello mascalese e cappuccio

Via Corvo - Contrada Crasà - Località Solicchiata - 95012 Castiglione di Sicilia (CT)
T. 0942 986271 | M. russowinery@gmail.com
www.cantinerusso.eu

Viticoltura: Convenzionale e biologica
Ettari: 12 | **Bottiglie:** 70.000 | **Produzione olearia:** Sì
Proprietà: Famiglia Russo
Cond. enologica: Francesco Russo
Cond. agronomica: Francesco Russo
Vendita diretta: Sì | **Visite in azienda:** Sì

ETNA ROSSO CONTRADA CRASÀ 2017
Rosso Doc - Nerello mascalese 80%, Nerello cappuccio 20%
Alc. 13,5% | € 30 | Bt. 6.600 | Ferm. Acciaio | Mat. Acciaio 24 mesi e Legno 15 mesi
Manto cremisi di bella lucentezza. Seducenti profumi di violetta, di confettura di ciliegie e mora di rovo annunciano pepe nero e cannella, scie balsamiche e iodate. Sorso di spessore, ritmato da freschezza e tannini composti. Lunga estensione gustativa dalla chiusura fruttata. Carré d'agnello al timo e lardo di Colonnata.

ETNA BIANCO LUCE DI LAVA 2022
Bianco Doc - Carricante 80%, Catarratto 20%
Alc. 12,5% | € 22 | Bt. 4.000 | Ferm. Acciaio | Mat. Acciaio 6 mesi
Frittata di erbette.

ETNA BIANCO CONTRADA CRASÀ 2021
Bianco Doc - Carricante 80%, Catarratto 20%
Alc. 12,5% | € 25 | Bt. 6.600 | Ferm. Acciaio | Mat. Acciaio 6 mesi
Trenette al pesto, patate e fagiolini.

ETNA ROSSO LUCE DI LAVA 2019
Rosso Doc - Nerello mascalese 80%, Nerello cappuccio 20%
Alc. 13,5% | € 20 | Bt. 14.000 | Ferm. Acciaio | Mat. Acciaio 12 mesi e Legno 10 mesi
Bucatini all'amatriciana.

ETNA ROSSO RAMPANTE
2012

ETNA BIANCO RAMPANTE
2018

Caravaglio
(1992)

Nino Caravaglio, che ama definirsi "contadino isolano", guarda sempre avanti per cercare di coniugare la prospettiva turistica dell'isola eoliana con il recupero della terra, dei capperi e del vino, sue passioni sin da bambino. Porta avanti l'azienda di famiglia con totale abnegazione e fermezza, oltre che con una mente aperta, libera da schemi, ma molto rispettosa della natura e dell'ecosistema. Già dal 1994 ottiene la certificazione biologica Ecogroup. I vigneti in produzione sono in due delle isole dell'arcipelago, Salina e Lipari, con nuovi progetti anche a Stromboli.

Via Provinciale, 33 - Frazione Gramignazzi - 98050 Malfa (ME)
T. 090 9844 043 | M. caravagliovini@virgilio.it
www.caravaglio.it

Viticoltura: Biologica certificata
Ettari: 15 | **Bottiglie:** 55.000 | **Produzione olearia:** No
Proprietà: Antonino Caravaglio
Cond. enologica: Antonino Caravaglio
Cond. agronomica: Antonino Caravaglio
Vendita diretta: Sì | **Visite in azienda:** Sì

ROSSO DI SALINA 2021
Rosso Igt - Corinto nero 50%, Nerello mascalese 25%, Perricone 15%, Nero d'Avola 10%
Alc. 13,5% | € 15 | Bt. 3.000 | Ferm. Acciaio | Mat. Acciaio 18 mesi
Amaranto trasparente, luminoso. Ouverture di ciliegia sotto spirito e mora di rovo, annuncio di sensazioni mentolate, poi sottobosco e sbuffi iodati. Leggiadro ma autorevole al palato, ottimamente bilanciato, si congeda piano con una chiosa fine e appena ammandorlata. Ravioli di pesce con sugo di canestrelli.

MALVASIA DELLE LIPARI PASSITO 2022
Bianco Doc Passito - Malvasia di Lipari 95%, Corinto nero 5%
Alc. 15% | € 32 (0,5l) | Bt. 4.000 | Ferm. Acciaio | Mat. Acciaio 8 mesi
Millefoglie con crema e scaglie di mandorle tostate.

OCCHIO DI TERRA 2022
Bianco Igt - Malvasia di Lipari 100%
Alc. 12,5% | € 17 | Bt. 7.000 | Ferm. Acciaio | Mat. Acciaio 6 mesi
Scampi alla busara.

INFATATA 2022
Bianco Igt - Malvasia di Lipari 100%
Alc. 12,5% | € 15 | Bt. 7.000 | Ferm. Acciaio | Mat. Acciaio 6 mesi
Risotto agli asparagi e frutti di mare.

PALMENTO DI SALINA 2022
Rosso Igt - Corinto nero 50%, Nerello mascalese 50%
Alc. 13% | € 17 | Bt. 3.500 | Ferm. Acciaio | Mat. Acciaio 8 mesi
Capitone in umido.

SCAMPATO 2020
Rosso Igt - Corinto nero 100%
Alc. 14% | € 38 | Bt. 600 | Ferm. Acciaio | Mat. Legno 24 mesi
Spaghetti con vongole e bottarga.

CHIANU CRUCI
2019 | 2021

OCCHIO DI TERRA
2015 | 2020 | 2021

Caruso e Minini
(2000)

Giovanna e Rosanna Caruso appartengono alla next generation del vino siciliano, caratterizzata sempre più da volti femminili, che interpretano le esigenze dei giovani, sensibili ai cambiamenti climatici, attenti alla sostenibilità ambientale e alle iniziative solidali. L'azienda, tra le tante iniziative, realizza una linea di etichette disegnate dai ragazzi di un'associazione che sostiene persone con disabilità. Un impegno che si riflette sulla crescente qualità dei prodotti, suggellata quest'anno dai due vini che conquistano il palato dei degustatori, raggiungendo l'eccellenza.

Via Salemi, 3 - 91025 Marsala (TP)
T. 0923 982356 | M. info@carusoeminini.it
www.carusoeminini.it

Viticoltura: Convenzionale e biologica
Ettari: 120 | **Bottiglie:** 650.000 | **Produzione olearia:** Sì
Proprietà: Stefano Caruso
Cond. enologica: Giuseppe Clementi, Giuseppe Ferranti
Cond. agronomica: Fernando Paternò
Vendita diretta: Sì | **Visite in azienda:** Sì

(94)
DELIA NIVOLELLI SYRAH RISERVA 2016
Rosso Doc - Syrah 100%
Alc. 18% | € 21 | Bt. 19.000 | Ferm. Acciaio | Mat. Acciaio 36 mesi e Legno 24 mesi
Rubino impenetrabile. Danzano leggiadre note di ciliegia matura, prugna e rosa appassita, che virano su aromi di pepe nero e noce moscata, liquirizia, carruba e cioccolato. Sorso pieno e rotondo, bilanciato da freschezza e tannini raffinati, persiste a lungo con elegante sapidità. Stracotto d'asino.

(92,5)
NINO 2014
Rosso Igt - Frappato 30%, Nero d'Avola 30%, Nerello mascalese 20%, Perricone 20%
Alc. 15% | € 50 | Bt. 6.464 | Ferm. Acciaio | Mat. Acciaio 6 mesi e Legno 40 mesi
Setosa veste rubino. Sorprende il bouquet ancora fresco, ciliegia e prugna, muschio, arricchito da cannella e malie mentolate. Palato deciso, incalza con un susseguirsi di rimbalzi fruttati, sorretto dall'incisiva spalla acida, dai tannini nobili e da un'intrigante vena salmastra. Piccione al forno con cipollotti.

SICILIA GRILLO TAGÓS VENDEMMIA TARDIVA 2019
Bianco Doc Dolce - Grillo 100%
Alc. 13,5% | € 15 (0,5l) | Bt. 3.000 | Ferm. Legno e Acciaio
Mat. Acciaio 2 mesi e Legno 4 mesi. Blu di capra.

SICILIA NERO D'AVOLA CUTAJA 2018
Rosso Doc - Nero d'Avola 100%
Alc. 14% | € 22 | Ferm. Acciaio | Mat. Acciaio 6 mesi e Legno 18 mesi
Lasagne alla bolognese.

SICILIA SPUMANTE BIANCO BRUT 2018
Bianco Doc Metodo Classico - Catarratto 100%
Alc. 12,5% | € 22 | Bt. 6.000 | Ferm. Acciaio | Mat. Acciaio 22 mesi
22 mesi sui lieviti. Flan di zucchine e carote.

SICILIA CATARRATTO NATURALMENTE BIO 2022
Bianco Doc - Catarratto 100%
Alc. 12,5% | € 13 | Bt. 27.000 | Ferm. Acciaio | Mat. Acciaio 4 mesi
Crema di zucca con gamberi croccanti.

DELIA NIVOLELLI SYRAH RISERVA
2013 | 2014 | 2015

SICILIA NERO D'AVOLA CUTAJA RISERVA
2016 | 2017 | 2018

Casa Grazia
(1998)

L'innovativa cantina è un'opera curata nei dettagli, nata dal restauro della vecchia struttura rurale con l'utilizzo di materiali come pietra lavica, cementine e cotto siciliano; a meno di un anno dall'inaugurazione è diventata il cuore pulsante dell'azienda, luogo di incontri ed eventi del vino originali e raffinati diretti dal team al femminile della famiglia, a cui si aggiunge Martina, neo sommelier e addetta all'accoglienza. Diverse le nuove etichette di quest'anno, tra le quali spicca il Cerasuolo Brunetti d'Opera, il vino che Maria Grazia Di Francesco ha dedicato al marito Angelo Brunetti.

Contrada Passo di Piazza - 93012 Gela (CL)
T. 0933 919465 | M. info@casagrazia.com
www.casagrazia.com

Viticoltura: Biologica certificata
Ettari: 50 | **Bottiglie:** 90.000 | **Produzione olearia:** Sì
Proprietà: Maria Grazia Di Francesco
Cond. enologica: Tonino Guzzo
Cond. agronomica: Staff aziendale
Vendita diretta: Sì | **Visite in azienda:** Sì

SICILIA SYRAH EMIRYAM 2020
Rosso Doc - Syrah 100%
Alc. 13,5% | € 20 | Bt. 3.300 | Ferm. Acciaio | Mat. Legno 12 mesi
Carminio lucente. Variopinto il ventaglio olfattivo: rosa rossa e ciliegia matura si fondono con suggestioni erbacee e di sottobosco, tabacco e liquirizia. Fresco in bocca, è succoso ed equilibrato, il tannino è vellutato, mostra solidità, una spiccata vena sapida e persistenza. Maialino in agrodolce.

CERASUOLO DI VITTORIA CLASSICO BRUNETTI D'OPERA 2019
Rosso Docg - Nero d'Avola 60%, Frappato 40%
Alc. 13,5% | € 35 | Bt. 3.300 | Ferm. Acciaio | Mat. Legno 12 mesi
Agnolotti al sugo di carne.

SICILIA NERO D'AVOLA GRADIVA 2020
Rosso Doc - Nero d'Avola 100%
Alc. 14% | € 20 | Bt. 6.300 | Ferm. Acciaio | Mat. Legno 12 mesi
Spezzatino di manzo.

SICILIA CABERNET SAUVIGNON VI VERI 2020
Rosso Doc - Cabernet sauvignon 100%
Alc. 14% | € 25 | Bt. 3.300 | Ferm. Acciaio | Mat. Legno 15 mesi
Ragusano.

SICILIA FRAPPATO LAETITYA 2022
Rosso Doc - Frappato 100%
Alc. 14% | € 18 | Bt. 6.300 | Ferm. Acciaio | Mat. Acciaio 4 mesi
Porchetta di Ariccia.

TRA DUNE ROSSO 2021
Rosso Igt - Nero d'Avola 50%, Syrah 45%, Cabernet sauvignon 5%
Alc. 13,5% | € 13 | Bt. 6.300 | Ferm. Acciaio
Coniglio alla cacciatora.

SICILIA NERO D'AVOLA GRADIVA
2017 | 2018 | 2019

SICILIA CABERNET SAUVIGNON VI VERI
2017 | 2018 | 2019

Cottanera
(1990)

La famiglia Cambria, già impegnata con Francesco alla guida del Consorzio Etna Doc, vanta oggi la prima neo presidente donna di Assovini Sicilia, associazione che riunisce oltre cento aziende vitivinicole. Anni di impegni sfidanti per Mariangela, che inizia anche la prima esperienza di ospitalità con l'ultimazione nell'agosto 2023 del progetto Dimora Cottanera: tredici camere eleganti e sobrie, diverse tra loro e nate dal restauro della casa di campagna etnea in contrada Feudo di Mezzo, luogo autentico e accogliente che segue i ritmi della natura e del ciclo vitale della vite.

SP 89 - Contrada Iannazzo - 95030 Castiglione di Sicilia (CT)
T. 0942 963601 | M. staff@cottanera.it
www.cottanera.it

Viticoltura: Convenzionale
Ettari: 65 | **Bottiglie:** 300.000 | **Produzione olearia:** No
Proprietà: Famiglia Cambria
Cond. enologica: Lorenzo Landi
Cond. agronomica: Lorenzo Landi
Vendita diretta: No | **Visite in azienda:** Sì

ETNA ROSSO DICIASSETTESALME 2021
Rosso Doc - Nerello mascalese 100%
Alc. 14% | € 18 | Bt. 24.000 | Ferm. Acciaio | Mat. Legno 8 mesi
Scrigno rubino luccicante con riflessi giovanili. Si presenta con profumi di violetta, ribes rosso e mora di rovo integrati da sottobosco, pepe rosa e tabacco. Il sorso è potente e avvolgente, esprime freschezza e una nota sapida, il tannino è rotondo, il setale è lungo con ritorni di frutta e spezie. Costoletta di vitello alla milanese.

ETNA ROSSO ZOTTORINOTO RISERVA 2014
Rosso Doc - Nerello mascalese 100%
Alc. 14% | € 70 | Bt. 1.900 | Ferm. Acciaio | Mat. Legno 24 mesi
Filetto alla Wellington.

ETNA ROSSO FEUDO DI MEZZO 2020
Rosso Doc - Nerello mascalese 100%
Alc. 14% | € 28 | Bt. 10.000 | Ferm. Acciaio | Mat. Legno 11 mesi
Tortelli al Castelmagno.

ETNA BIANCO CALDERARA 2021
Bianco Doc - Carricante 100%
Alc. 12,5% | € 28 | Bt. 5.600 | Ferm. Legno e Cemento | Mat. Legno 12 mesi e Cemento 12 mesi
Stoccafisso in umido con porcini.

SICILIA SYRAH SOLE DI SESTA 2020
Rosso Doc - Syrah 100%
Alc. 13,5% | € 22 | Bt. 4.500 | Ferm. Acciaio | Mat. Legno 12 mesi
Rigatoni al ragù bianco di carne.

SICILIA MONDEUSE L'ARDENZA 2020
Rosso Doc - Mondeuse 100%
Alc. 13,5% | € 25 | Bt. 3.500 | Ferm. Legno | Mat. Legno 12 mesi
Quaglie alla cacciatora.

ETNA BIANCO CALDERARA
2019

SICILIA MONDEUSE L'ARDENZA
2019

Curto
(1670)

Nel territorio eletto per la coltivazione del nero d'Avola la famiglia Curto, con dedizione, ha dato valore alla piccola Doc Eloro nelle sue diverse declinazioni, ottenendo vini di grande pregio e linearità; i terreni nel Val di Noto, di matrice prevalentemente calcarea e ricchi di marne e argilla, sono particolarmente assolati e luminosi ma godono dalla brezza marina dei due mari, Mediterraneo e Ionio, ideale per mitigare le alte temperature estive. Qui il Fontanelle, cru dell'azienda, anche quest'anno al vertice, si esprime da decenni ad alti livelli di qualità e identità territoriale.

Contrada Sulla - SS 115 Ispica-Rosolini, km 358,2 - 97014 Ispica (RG)
T. 0932 950161 | M. info@curto.it
www.curto.it

Viticoltura: Convenzionale
Ettari: 25 | **Bottiglie:** 70.000 | **Produzione olearia:** Sì
Proprietà: Giambattista Curto
Cond. enologica: Vito Giovinco
Cond. agronomica: Staff aziendale
Vendita diretta: Sì | **Visite in azienda:** Sì

ELORO NERO D'AVOLA FONTANELLE 2016
Rosso Doc - Nero d'Avola 100%
Alc. 14% | € 26 | Bt. 6.600 | Ferm. Acciaio | Mat. Acciaio 24 mesi e Legno 8 mesi
Luminosissimo granato. Amarena sotto spirito e prugna aprono a guizzi di glicine, tabacco, liquirizia e chiodi di garofano, una rinfrescante traccia mentolata in chiusura. Morbido e rotondo, bilanciato da una trama tannica integrata ma ancora vivace. Ravioli al sugo di chianina e tartufo nero.

POIANO 2022
Bianco Igt - Inzolia 100%
Alc. 12,5% | € 10 | Bt. 6.000 | Ferm. Acciaio | Mat. Acciaio 4 mesi
Verdure in tempura.

ELORO NERO D'AVOLA 2019
Rosso Doc - Nero d'Avola 100%
Alc. 13% | € 12 | Bt. 36.000 | Ferm. Acciaio | Mat. Acciaio 18 mesi
Costolette di maiale alla brace.

ELORO NERO D'AVOLA FONTANELLE
2011 | 2014 | 2015

ELORO NERO D'AVOLA
2017

CVA Canicattì
(1969)

Quest'azienda dell'agrigentino, nata più di cinquant'anni fa a Canicattì, oggi è affermata come una delle realtà cooperative più floride del panorama vitivinicolo siciliano. Dal lavoro coordinato di trecento vignaioli, dediti alla valorizzazione dei vitigni tradizionali con qualche incursione negli internazionali, nasce una composita gamma di vini, in varie linee, tra le quali emergono per costante livello qualitativo le due linee Cru e Selezioni. Uno dei Cru, l'Aynat, da uve nero d'Avola dei vigneti di Canicattì, svetta nelle degustazioni, coniugando struttura ed eleganza.

Contrada Aquilata - 92024 Canicattì (AG)
T. 0922 829371 | M. info@cvacanicatti.it
www.cvacanicatti.it

Viticoltura: Convenzionale, biologica e lotta integrata
Ettari: 700 | **Bottiglie:** 900.000 | **Produzione olearia:** No
Proprietà: Cooperativa di produttori
Cond. enologica: Giuditta Raccuglia, Tonino Guzzo
Cond. agronomica: Calogero Di Lauria
Vendita diretta: Sì | **Visite in azienda:** Sì

SICILIA NERO D'AVOLA AYNAT 2020
Rosso Doc - Nero d'Avola 100%
Alc. 14,5% | € 27 | Bt. 6.000 | Ferm. Acciaio | Mat. Acciaio 2 mesi e Legno 12 mesi
Rosso rubino compatto. Incipit di rosa rossa, prugna e amarena sotto spirito, a seguire aromi di cannella e pepe nero, stille di goudron, spunti di menta. In bocca è austero, opulento ma con grazia, bilanciato tra tannino scalpitante e generosa dotazione alcolica. Lunga chiosa sapida dagli echi fruttati. Tagliata di manzo al rosmarino.

SICILIA GRILLO FILENO 2022
Bianco Doc - Grillo 100%
Alc. 13% | € 12 | Bt. 33.000 | Ferm. Acciaio | Mat. Acciaio 6 mesi
Sarde a beccafico.

SICILIA ROSSO DIODOROS 2019
Rosso Doc - Nero d'Avola 90%, Nerello cappuccio 5%, Nerello mascalese 5%
Alc. 14% | € 22 | Bt. 4.500 | Ferm. Acciaio | Mat. Acciaio 2 mesi e Legno 10 mesi
Abbacchio al forno con verdure grigliate.

SICILIA BIANCO 1934 TRIBUTE TO PIRANDELLO 2021
Bianco Doc - Chardonnay 50%, Grillo 50%
Alc. 13% | € 18 | Bt. 6.600 | Ferm. Acciaio | Mat. Acciaio 8 mesi e Legno 8 mesi
Risotto al nero di seppia con seppie croccanti.

SICILIA NERO D'AVOLA CENTUNO 2020
Rosso Doc - Nero d'Avola 100%
Alc. 14% | € 12 | Bt. 24.000 | Ferm. Acciaio | Mat. Acciaio 2 mesi e Legno 10 mesi
Straccetti di cavallo.

ARCIFÀ 2022
Bianco Igt - Catarratto 100%
Alc. 12,5% | € 12 | Bt. 13.000 | Ferm. Acciaio | Mat. Acciaio 6 mesi
Alici panate e fritte.

SICILIA NERO D'AVOLA AYNAT
2016 | 2018 | 2019

SICILIA ROSSO DIODOROS
2014 | 2015 | 2018

Marco De Bartoli
(1978)

Storia, intensità e complessità sono i tre sostantivi che possono descrivere il profilo dell'azienda. Da oltre 40 anni costituisce una realtà consolidata che, attraverso i propri vini, racconta i caratteri identitari dei territori che spaziano dall'aerale marsalese ai caldi e assolati panorami panteschi. Particolarmente ricco il palmarès di quest'anno. Al vertice tre vini, emblemi dell'azienda e dei territori: un classico Marsala Oro, un "vino perpetuo", antica tipologia riscoperta proprio da Marco, e un Passito di Pantelleria denso, solare, mirabile espressione della tradizione isolana.

Contrada Fornara Samperi, 292 - 91025 Marsala (TP)
T. 0923 962093 | M. info@marcodebartoli.com
www.marcodebartoli.com

Viticoltura: Biologica certificata
Ettari: 21 | **Bottiglie:** 200.000 | **Produzione olearia:** Sì
Proprietà: Renato, Sebastiano e Giuseppina De Bartoli
Cond. enologica: Sebastiano De Bartoli, Renato De Bartoli
Cond. agronomica: Uva Sapiens
Vendita diretta: Sì | **Visite in azienda:** Sì

96

PASSITO DI PANTELLERIA BUKKURAM PADRE DELLA VIGNA 2019
Bianco Doc Passito - Zibibbo 100%
Alc. 14,5% | € 60 (0,5l) | Bt. 8.000 | Ferm. Acciaio | Mat. Legno 36 mesi
Nobile ambra. Ampio bouquet di datteri e frutta secca, agrumi canditi e mela cotogna, miele e caramello, capperi e cacao. Sorso denso e volumico. La dolcezza abbraccia il palato, integrata da freschezza e sapidità, in una progressione dinamica e interminabile. Selezione di cioccolato fondente.

95,5

VECCHIO SAMPERI
Bianco - Grillo 100%
Alc. 16,5% | € 55 | Bt. 7.000 | Ferm. Legno | Mat. Legno 180 mesi
Ambrato brillante. Deciso e raffinato, profuma di frutta secca e miele, spezie orientali, legni nobili, nuance marine. Assaggio di grande personalità, precisi ritorni olfattivi, prolungata e appagante persistenza. Ostriche Belon.

93,5

MARSALA ORO SUPERIORE 2009 RISERVA 2009
Bianco Doc - Grillo 100%
Alc. 19% | € 90 | Bt. 3.000 | Ferm. Legno | Mat. Legno 135 mesi
Oro antico luccicante. Al naso fragranze d'albicocca secca e noci, agrumi canditi, pennellate eteree e iodate. In bocca è rotondo, importante. Ancora fresco, chiude con piacevoli echi salmastri. Scaloppa di foie gras con prugne e albicocche secche.

SICILIA GRILLO GRAPPOLI DEL GRILLO 2021
Bianco Doc - Grillo 100%
Alc. 13% | € 23 | Bt. 20.000 | Ferm. Legno | Mat. Legno 12 mesi
Spaghetti con vongole veraci.

PIETRANERA 2022
Bianco Igt - Zibibbo 100%
Alc. 11% | € 22 | Bt. 20.000 | Ferm. Acciaio | Mat. Acciaio 8 mesi
Sushi e sashimi.

VECCHIO SAMPERI
S.A. | S.A. | S.A.

MARSALA SUPERIORE ORO VIGNA LA MICCIA
2016

Dei Principi di Spadafora
(1993)

Fondata da don Pietro dei Principi di Spadafora, che la ricevette in eredità, l'azienda oggi è condotta da Francesco Spadafora insieme alla figlia Enrica, brand ambassador, che da un paio di anni lo affianca sempre più nel marketing e in nuove strategie commerciali per una vision internazionale da next generation. Tra le sfide future dell'azienda troviamo il potenziamento dell'accoglienza in cantina e dell'enoturismo, che punta ai millennial come potenziali e prossimi consumatori. Imprescindibile, poi, continuare a prestare un'accurata attenzione alla sostenibilità in vigna.

Contrada Virzì - 90046 Monreale (PA)
T. 091 514952 | M. info@spadafora.com
www.spadafora.com

Viticoltura: Biologica certificata
Ettari: 100 | **Bottiglie:** 260.000 | **Produzione olearia:** Sì
Proprietà: Francesco Spadafora
Cond. enologica: Francesco Spadafora
Cond. agronomica: Francesco Spadafora
Vendita diretta: Sì | **Visite in azienda:** Sì

91,5

SOLE DEI PADRI 2012
Rosso Igt - Syrah 100%
Alc. 15% | € 90 | Bt. 3.000 | Ferm. Cemento | Mat. Acciaio 96 mesi e Legno 12 mesi e Cemento 6 mesi
Carminio luminoso dai riflessi granato. Raffinato profilo con prugna e ribes nero, viola appassita e tamarindo, aromi di pepe nero e polvere di caffè, soffi balsamici. In bocca cattura subito un tannino leggiadro che apre la strada a suggestivi guizzi fruttati nel finale lungo e imperioso. Fiorentina alla brace.

ENRICA SPADAFORA BRUT NATURE 2018
Bianco Igt Metodo Classico - Grillo 100%
Alc. 12% | € 30 | Bt. 6.000 | Ferm. Cemento | 36 mesi sui lieviti
Catalana di crostacei.

PRINCIPE N 2020
Rosso Igt - Nero d'Avola 100%
Alc. 13% | € 12 | Bt. 15.000 | Ferm. Cemento | Mat. Cemento 10 mesi
Controfiletto di bue alla brace.

SYRAH 2021
Rosso Igt - Syrah 100%
Alc. 13% | € 12 | Bt. 22.000 | Ferm. Cemento | Mat. Acciaio 10 mesi
Agnello al forno con rosmarino.

DON PIETRO BIANCO 2022
Bianco Igt - Catarratto 60%, Grillo 40%
Alc. 12% | € 12 | Bt. 10.000 | Ferm. Cemento | Mat. Acciaio 5 mesi
Carpaccio di crostacei su mela verde.

PRINCIPE G 2020
Bianco Igt - Grillo 100%
Alc. 13% | € 15 | Bt. 15.000 | Ferm. Cemento | Mat. Cemento 10 mesi
Insalata di spinaci e pesce spada.

NERO D'AVOLA SCHIETTO
2014

SIRIKI
2014 | 2015

Donnafugata
(1983)

Dal 1983 Donnafugata racconta una Sicilia innovativa che scommette sui valori dell'artigianalità e creatività. Cinque tenute nell'isola che puntano al miglior connubio tra terroir e vitigni. Un mondo ricco di colori e di valori senza tempo. Le etichette d'autore parlano un linguaggio femminile e identitario, dalle rivoluzionarie visioni di Gabriella, la fondatrice, alla recente partnership con Dolce&Gabbana, dalle intuizioni di Josè, innovatrice della comunicazione del vino, fino all'ultimo passaggio generazionale: la figlia Gabriellina, globetrotter e next generation delle donne del vino.

Via Sebastiano Lipari, 18 - 91025 Marsala (TP)
T. 0923 724200 | M. info@donnafugata.it
www.donnafugata.it

Viticoltura: A basso impatto ambientale
Ettari: 467 | **Bottiglie:** 3.750.000 | **Produzione olearia:** Sì
Proprietà: Famiglia Rallo
Cond. enologica: Stefano Valla, Antonino Santoro, Antonio Rallo, Pietro Russo
Cond. agronomica: Giuseppe Milano, Antonino Santoro, Antonio Rallo, Salvo Giuffrida
Vendita diretta: Sì | **Visite in azienda:** Sì

(94)
SICILIA ROSSO MILLE E UNA NOTTE 2019
Rosso Doc - Nero d'Avola 80%, altre varietà 20%
Alc. 13,5% | € 64 | Bt. 69.000 | Ferm. Acciaio | Mat. Legno 14 mesi
Splendido, fittissimo manto rubino. Bouquet di frutta matura, ribes nero, visciola, mora di gelso, arricchito da soffi balsamici, note tostate, pepe nero. Sorso regale, raffinato, dinamico, tannini garbati e freschezza vibrante. Incessante, sapido e fruttato. Carré di maiale al forno con mele renette.

(93,5)
PASSITO DI PANTELLERIA BEN RYÉ 2020
Bianco Doc Passito - Zibibbo 100%
Alc. 14,5% | € 61 | Bt. 83.000 | Ferm. Acciaio | Mat. Acciaio 8 mesi
Ambra lucente. Inebria con presenze di frutta candita e sciroppata, miele, mandorle tostate, datteri, pasticceria. Dolce e avvolgente. La dotazione alcolica e la vena acido-sapida si fondono nella delicata morbidezza finale. Cassata siciliana.

(92)
CONTESSA ENTELLINA CHARDONNAY CHIARANDÀ 2020
Bianco Doc - Chardonnay 100%
Alc. 14% | € 30 | Bt. 13.000 | Ferm. Acciaio | Mat. Acciaio 8 mesi e Legno 8 mesi
Paglierino di luce. Profuma di acacia, frutta esotica e agrumi, timo, vaniglia, mandorle. Morbido, vigoroso, animato dall'incisiva vena sapida. Lunga estensione ricca di sfumature speziate. Tagliolini al nero di seppia e pomodori ciliegino.

ETNA ROSSO MONTELAGUARDIA FRAGORE 2019
Rosso Doc - Nerello mascalese 100%
Alc. 13,5% | € 61 | Bt. 6.500 | Ferm. Acciaio | Mat. Legno 14 mesi
Scaloppa di vitello con asparagi trifolati.

MOSCATO DI PANTELLERIA KABIR 2022
Bianco Doc Dolce - Zibibbo 100%
Alc. 11,5% | € 23 | Bt. 40.000 | Ferm. Acciaio | Mat. Acciaio 3 mesi
Petit four alle mandorle.

ETNA BIANCO SUL VULCANO 2020
Bianco Doc - Carricante 100%
Alc. 12% | € 21 | Bt. 36.000 | Ferm. Acciaio | Mat. Acciaio 10 mesi e Legno 10 mesi
Ricciola al forno con capperi e pomodori ciliegino.

PASSITO DI PANTELLERIA BEN RYÉ
2017 | 2018 | 2019

SICILIA ROSSO MILLE E UNA NOTTE
2016 | 2017 | 2018

Duca di Salaparuta
(1824)

Lavorare su un concetto di zonazione, preservando la biodiversità dell'Isola, costituisce un vantaggio per il Gruppo Duca, che ha anche iniziato a seguire e collegare tra loro le modificazioni nella composizione chimica dell'uva nel corso della maturazione, nonché a confrontare la cinetica della maturazione da un'annata all'altra in funzione delle condizioni metereologiche soggette oggi a repentini mutamenti. La costanza certosina del lavoro in vigna viene premiata dallo standard qualitativo dei vini icona, come il Bianca di Valguarnera, che si ripropone ai vertici delle degustazioni.

Via Nazionale - SS 113 - 90014 Casteldaccia (PA)
T. 091 945201 | M. info@duca.it
www.duca.it

Viticoltura: Convenzionale
Ettari: 185 | **Bottiglie:** 1.000.000 | **Produzione olearia:** No
Proprietà: ILLVA Saronno Holding
Cond. enologica: Barbara Tamburini
Cond. agronomica: Francesco Pizzo
Vendita diretta: Sì | **Visite in azienda:** Sì

♡ (93)
BIANCA DI VALGUARNERA 2020
Bianco Igt - Inzolia 100%
Alc. 13,5% | € 38 | Bt. 12.000 | Ferm. Legno | Mat. Legno 12 mesi
Dinamico giallo sole, sfoggia un raffinato bouquet mediterraneo di ginestra e citronella, arricchito da albicocca, pera e frutta esotica e un piacevole finale di zenzero, erbe aromatiche e vaniglia. Il sorso è fresco, pieno, esprime solidità e forza, persistendo con un'intrigante vena sapida e minerale. Pollo alle mandorle e curcuma.

SICILIA NERO D'AVOLA DUCA ENRICO 2019
Rosso Doc - Nero d'Avola 100%
Alc. 14,5% | € 65 | Bt. 15.000 | Ferm. Acciaio | Mat. Legno 18 mesi
Parmigiano Reggiano Riserva.

ETNA ROSSO LÀVICO 2021
Rosso Doc - Nerello mascalese 100%
Alc. 13,5% | € 20 | Bt. 35.000 | Ferm. Acciaio | Mat. Legno 12 mesi e Cemento 12 mesi
Pluma di maialino Bellota con cipolle caramellate.

ETNA BIANCO LAVICO 2022
Bianco Doc - Carricante 100%
Alc. 12,5% | € 20 | Bt. 20.000 | Ferm. Acciaio | Mat. Acciaio 4 mesi
Risotto ai porcini e zucca.

SENTIERO DEL VENTO 2022
Bianco Igt - Vermentino 100%
Alc. 12,5% | € 12 | Bt. 15.000 | Ferm. Acciaio | Mat. Acciaio 2 mesi
Stracciatella di bufala.

SICILIA NERO D'AVOLA PASSO DELLE MULE 2021
Rosso Doc - Nero d'Avola 100%
Alc. 13,5% | € 12 | Bt. 150.000 | Ferm. Acciaio | Mat. Legno 10 mesi e Cemento 10 mesi
Filetto al vino rosso e scalogno.

SICILIA NERO D'AVOLA DUCA ENRICO
2018

BIANCA DI VALGUARNERA
2013 | 2014 | 2016

Fazio
(1998)

Anno denso di avvenimenti per l'azienda Fazio, che sempre più punta a valorizzare il territorio. A partire dal 2023 è stato inserito un nuovo consulente enologo, Luca D'Attoma, ad affiancare Francesco Di Giovanni. Con la presentazione al Vinitaly del rosé, primo vino firmato da D'Attoma, si incrementa la linea Anima Solis, apprezzata dai degustatori. Sempre nell'anno ancora in corso, continua il restyling delle etichette più rappresentative dell'azienda. La linea dei bianchi delle Egadi si presenta con un aspetto completamente nuovo che richiama i colori del meraviglioso arcipelago.

Via Capitano Rizzo, 39 - Località Fulgatore - 91010 Erice (TP)
T. 0923 811700 | M. marketing@faziowines.it
www.faziowines.it

Viticoltura: Convenzionale e biologica
Ettari: 60 | **Bottiglie:** 800.000 | **Produzione olearia:** Sì
Proprietà: Famiglia Fazio
Cond. enologica: Luca D'Attoma, Francesco Di Giovanni
Cond. agronomica: Vita Maria Pantano
Vendita diretta: Sì | **Visite in azienda:** Sì

CARTESIANO 2019
Rosso Igt - Cabernet sauvignon 40%, Merlot 30%, Nero d'Avola 20%, Cabernet franc 10%
Alc. 14% | € 20 | Bt. 5.000 | Ferm. Acciaio | Mat. Legno 12 mesi
Rubino con sfumature carminio, fitto e vivace. All'olfatto rivela l'intreccio di prugna matura e frutti di bosco, accompagnati da bacche di vaniglia, pepe nero, liquirizia e cioccolato. Sorso deciso, caldo, strutturato, bilanciato da tannini morbidi e vellutati. Dissolvenza speziata. Tagliata al pepe verde.

ANIMA SOLIS BIANCO 2022
Bianco Igt - Catarratto 50%, Zibibbo 50%
Alc. 12,5% | € 12 | Bt. 20.000 | Ferm. Acciaio | Mat. Acciaio 4 mesi
Zuppa di cipolle gratinate.

ANIMA SOLIS ROSSO 2021
Rosso Igt - Cabernet sauvignon 40%, Merlot 30%, Nero d'Avola 30%
Alc. 14% | € 14 | Bt. 20.000 | Ferm. Acciaio | Mat. Legno 12 mesi
Tacchino stufato con peperoni e radicchio.

ANIMA SOLIS ROSÈ 2022
Rosato Igt - Syrah 100%
Alc. 12,5% | € 13 | Bt. 10.000 | Ferm. Acciaio | Mat. Acciaio 4 mesi
Pizza capricciosa.

ERICE CATARRATTO CALEBIANCHE 2022
Bianco Doc - Catarratto 100%
Alc. 12,5% | € 12 | Bt. 18.000 | Ferm. Acciaio | Mat. Acciaio 4 mesi
Risotto alla pescatora.

ERICE MÜLLER THURGAU 2022
Bianco Doc - Müller Thurgau 100%
Alc. 12,5% | € 15 | Bt. 25.000 | Ferm. Acciaio e Terracotta
Mat. Acciaio 4 mesi e Terracotta 4 mesi
Frittura di calamari, gamberi e zucchine.

ERICE ROSSO PIETRASACRA RISERVA
2008 | 2011 | 2015

SICILIA NERO D'AVOLA GABAL
2015

Ferreri & Bianco
(2003)

L'azienda ha spento nel 2023 la ventesima candelina confermando l'impegno preso dalle due famiglie Ferreri e Bianco di valorizzare i vitigni locali con vinificazioni in purezza. Il catarratto e il nero d'Avola sono stati i primi due vitigni scelti per la produzione, ma a essi si sono aggiunti negli anni anche il grillo, lo zibibbo e il pignatello o perricone. In evidenza, per eleganza e persistenza, il Catarratto accanto al Pignatello Rosé, tipologia non comune per questo vitigno, che risulta uno dei migliori rosati degustati quest'anno.

Contrada Salinella - 91029 Santa Ninfa (TP)
T. 333 2143255 | M. info@ferrerivini.it
www.ferrerivini.it

Viticoltura: Convenzionale
Ettari: 30 | **Bottiglie:** 70.000 | **Produzione olearia:** Sì
Proprietà: Mario e Rosario Ferreri, Vincenzo Bianco
Cond. enologica: Vincenzo Bianco
Cond. agronomica: Vincenzo Bianco
Vendita diretta: Sì | **Visite in azienda:** Sì

SICILIA CATARRATTO 2022
Bianco Doc - Catarratto 100%
Alc. 12,5% | € 12 | Bt. 20.000 | Ferm. Acciaio | Mat. Acciaio 2 mesi
Paglierino lucente con lampi verdolini. Profuma di fiori di gelsomino, mela verde, pesca a polpa bianca, insieme a una delicata nota erbacea. In bocca esplode la freschezza, è deciso ed equilibrato, con rimandi salmastri che avvolgono il palato e persistono a lungo con grande piacevolezza. Rombo al forno ai sapori mediterranei.

SICILIA PIGNATELLO ROSÉ 2022
Rosato Doc - Perricone 100%
Alc. 12,5% | € 12 | Bt. 4.000 | Ferm. Acciaio | Mat. Acciaio 2 mesi
Parmigiana di melanzane.

SICILIA NERO D'AVOLA 2020
Rosso Doc - Nero d'Avola 100%
Alc. 13,5% | € 12 | Bt. 30.000 | Ferm. Acciaio | Mat. Acciaio 8 mesi
Pappardelle con funghi porcini.

INZOLIA 2022
Bianco Igt - Inzolia 100%
Alc. 12,5% | € 12 | Bt. 7.000 | Ferm. Acciaio | Mat. Acciaio 2 mesi
Cicale di mare su letto di verdure.

SICILIA PIGNATELLO 2020
Rosso Doc - Perricone 100%
Alc. 13,5% | € 13 | Bt. 4.000 | Ferm. Acciaio | Mat. Acciaio 8 mesi
Lasagne alla bolognese.

SICILIA ZIBIBBO 2022
Bianco Doc - Zibibbo 100%
Alc. 13% | € 12 | Bt. 6.500 | Ferm. Acciaio | Mat. Acciaio 2 mesi
Mozzarella di bufala campana.

AL MERAT
2016

CATARRATTO BRASI
2015

●●●○

Feudi del Pisciotto
(2002)

Una prestigiosa dimora storica siciliana del Settecento accoglie oggi la cantina, il wine relais e il ristorante, a seguito di un'imponente opera di restauro conservativo ancora in corso. Dopo il meraviglioso palmento, che ospita anche il ristorante, è il baglio a essere oggetto dei lavori. Il feudo si conferma, per l'ospitalità e per i vini, un luogo esclusivo in Val di Noto, scelto anche per importanti eventi e matrimoni. Nuovi vini si aggiungono alle prestigiose referenze, tra cui il "supersicily" Moro di Testa, ma è il tradizionale Passito Gianfranco Ferrè a svettare nelle degustazioni.

Contrada Pisciotto - 93015 Niscemi (CL)
T. 0577 742903 | M. info@castellare.it
www.castellare.it

Viticoltura: Convenzionale
Ettari: 45 | **Bottiglie:** 400.000 | **Produzione olearia:** No
Proprietà: Paolo Panerai
Cond. enologica: Alessandro Cellai
Cond. agronomica: Alessandro Cellai
Vendita diretta: Sì | **Visite in azienda:** Sì

t't't't' (91,5)
GIANFRANCO FERRÉ PASSITO 2021
Bianco Igt Passito - Gewürztraminer 50%, Sémillon 50%
Alc. 16% | € 25 (0,5l) | Bt. 5.000 | Ferm. Acciaio | Mat. Legno 12 mesi
Luccicante veste dorata. Naso energico e raffinato. Si apre con rosa canina e frutta secca, datteri e albicocca; a seguire miele e vaniglia, contrappunti di anice, refoli balsamici, sbuffi di salsedine. Il sorso è avvolgente, dolce e aromatico, perfettamente equilibrato, con un epilogo sapido e durevole. Roquefort.

t't't't'
MORO DI TESTA 2019
Rosso Igt - Syrah 90%, Nero d'Avola 10%
Alc. 14% | € 42 | Ferm. Acciaio | Mat. Legno 12 mesi
Maialino in agrodolce.

t't't'
CERASUOLO DI VITTORIA 2021
Rosso Docg - Nero d'Avola 60%, Frappato 40%
Alc. 13,5% | € 16 | Bt. 20.000 | Ferm. Acciaio | Mat. Legno 12 mesi
Cannelloni con radicchio e speck.

t't't'
SICILIA NERO D'AVOLA VERSACE 2021
Rosso Doc - Nero d'Avola 100%
Alc. 14% | € 16 | Bt. 120.000 | Ferm. Acciaio | Mat. Legno 10 mesi
Tacchino farcito con castagne.

t't't'
CABERNET SAUVIGNON 2021
Rosso Igt - Cabernet sauvignon 100%
Alc. 14% | € 16 | Bt. 10.000 | Ferm. Acciaio | Mat. Legno 10 mesi
Filetto di bue con salsa di Roquefort.

t't't'
SICILIA GRILLO 2022
Bianco Doc - Grillo 100%
Alc. 13% | € 16 | Bt. 10.000 | Ferm. Acciaio | Mat. Legno 8 mesi
Zuppetta di piselli e vongole.

t't't't'
CERASUOLO DI VITTORIA GIAMBATTISTA VALLI
2011

t't't't'
GIANFRANCO FERRÉ PASSITO
2015 | 2017 | 2019

●○○○

Feudo Arancio
(2001)

Nel cuore delle terre sicane, nel comune di Sambuca di Sicilia, sorge l'azienda, di proprietà del gruppo Mezzacorona. Quasi sulle sponde del suggestivo omonimo lago, è una delle più grandi aziende di Sicilia, una di quelle che hanno aiutato il territorio a uscire dal torpore che lo ha avvolto per decenni. Diverse le linee produttive, con una composita gamma di vini, da vitigni tradizionali e internazionali, di elevato livello qualitativo e aderenza territoriale. Molto curate anche le etichette, che rappresentano perfettamente il calore e la particolarità della terra in cui questi vini nascono.

Contrada Portella Misilbesi - 92017 Sambuca di Sicilia (AG)
T. 0925 579000 | M. visite@feudoarancio.it
www.feudoarancio.it

Viticoltura: Biologica e lotta integrata
Ettari: 700 | **Bottiglie:** 6.000.000 | **Produzione olearia:** Sì
Proprietà: Nosio S.p.A.
Cond. enologica: Maurizio Maurizi
Cond. agronomica: Gianvito Titone
Vendita diretta: Sì | **Visite in azienda:** Sì

t't't'
SICILIA ROSSO CANTODORO 2020
Rosso Doc - Nero d'Avola 70%, Cabernet sauvignon 30%
Alc. 13,5% | € 15 | Bt. 25.000 | Ferm. Legno e Acciaio | Mat. Legno 12 mesi
Rubino compatto. Si presenta con fragranze di prugna matura e amarena sotto spirito, integrati da scorza di arancia essiccata, aromi speziati e ricordi balsamici. Ingresso suadente, trama tannica ben integrata. Lunga estensione con rimbalzi di liquirizia che sottolineano l'attraenza gustativa. Filetto di scottona in sfoglia.

t't't'
HEKATE 2019
Bianco Igt Passito - Moscato d'Alessandria 70%, Grillo 15%, Inzolia 15%
Alc. 12% | € 26 (0,375l) | Bt. 10.000 | Ferm. Acciaio | Mat. Acciaio 8 mesi
Tarte Tatin di mele.

t't't'
SICILIA NERO D'AVOLA QUÉTO 2021
Rosso Doc - Nero d'Avola 100%
Alc. 13,5% | € 16 | Bt. 40.000 | Ferm. Acciaio | Mat. Acciaio 9 mesi
Risotto alla milanese.

t't't'
SICILIA GRILLO QUÉTO 2021
Bianco Doc - Grillo 100%
Alc. 13% | € 15 | Bt. 40.000 | Ferm. Acciaio | Mat. Acciaio 6 mesi
Maltagliati con fiori di zucca e gamberetti.

t't't'
SICILIA NERO D'AVOLA HEDONIS 2020
Rosso Doc - Nero d'Avola 100%
Alc. 14% | € 30 | Bt. 7.000 | Ferm. Legno e Acciaio | Mat. Acciaio 5 mesi e Legno 20 mesi
Faraona al forno.

t't'
SICILIA BIANCO DALILA RISERVA 2021
Bianco Doc - Grillo 70%, Viognier 30%
Alc. 13% | € 14 | Bt. 20.000 | Ferm. Legno e Acciaio | Mat. Acciaio 4 mesi e Legno 8 mesi
Yakitori, spiedini di pollo con zenzero.

t't't'
SICILIA BIANCO DALILA RISERVA
2020

t't't'
SICILIA HEDONIS NERO D'AVOLA
2018

Feudo Disisa
(2000)

Feudo Disisa è una delle aziende che hanno guidato la rinascita della Doc Monreale, piccola denominazione dal nome prestigioso a lungo trascurata. La famiglia Di Lorenzo, da oltre un secolo proprietaria del Feudo, crede fortemente nel territorio e nella sua valorizzazione. Con il pensiero rivolto al passato, nel rispetto della tradizione, e lo sguardo volto al futuro, con le innovazioni tecnologiche, l'azienda prosegue decisa la sua crescita qualitativa, testimoniata dai risultati lusinghieri dei vini degustati, in testa il Granmassenti, primo vino da perricone a raggiungere l'eccellenza.

Contrada Disisa - SP 30, km 6 - Frazione Grisì - 90046 Monreale (PA)
T. 091 6127109 | M. info@vinidisisa.it
www.feudodisisa.it

Viticoltura: Convenzionale e biologica certificata
Ettari: 400 | **Bottiglie:** 250.000 | **Produzione olearia:** Sì
Proprietà: Famiglia Di Lorenzo
Cond. enologica: Tonino Guzzo
Cond. agronomica: Santo Agnello
Vendita diretta: Sì | **Visite in azienda:** Sì

(92,5)
MONREALE PERRICONE GRANMASSENTI 2020
Rosso Doc - Perricone 100%
Alc. 14% | € 18 | Bt. 12.000 | Ferm. Acciaio | Mat. Legno 12 mesi
Rubino fitto e lucente. Variegato corredo che comincia con amarena e ribes nero, note di muschio e resina di pino, tamarindo e cioccolato fondente. Al palato è deciso, caldo, rotondo, animato da un tannino in via di integrazione che caratterizza il finale gradevolmente ammandorlato dagli echi fruttati. Ravioli al sugo di chianina e tartufo nero.

(91,5)
TORNAMIRA 2018
Rosso Igt - Syrah 50%, Cabernet sauvignon 25%, Merlot 25%
Alc. 14,5% | € 24 | Bt. 3.000 | Ferm. Acciaio | Mat. Legno 18 mesi

MONREALE NERO D'AVOLA VUARIA 2019
Rosso Doc - Nero d'Avola 100%
Alc. 14,5% | € 22 | Bt. 3.000 | Ferm. Acciaio | Mat. Legno 18 mesi
Risotto con salsiccia e Taleggio.

SICILIA GRILLO KRYSOS 2019
Bianco Doc Dolce - Grillo 100%
Alc. 15% | € 30 (0,5l) | Bt. 3.000 | Ferm. Acciaio | Mat. Acciaio 8 mesi
Provola di Agerola.

SICILIA SYRAH ROÀNO 2018
Rosso Doc - Syrah 100%
Alc. 14,5% | € 22 | Bt. 3.000 | Ferm. Acciaio | Mat. Legno 18 mesi
Insalata di ceci e pomodorini.

MONREALE CATARRATTO LU BANCU 2022
Bianco Doc - Catarratto 100%
Alc. 13% | € 15 | Bt. 20.000 | Ferm. Acciaio | Mat. Acciaio 8 mesi
Seppie in umido con piselli.

SICILIA CHARDONNAY
2016

MONREALE NERO D'AVOLA VUARIA
2017

Feudo Maccari
(2000)

Oltre ai 60 ettari di vigneti, molti dei quali con più di trent'anni, posti su diversi terreni e altezze a garanzia dell'equilibrio generale, il Feudo comprende una foresteria, alcune abitazioni, la sala degustazione e, naturalmente, la cantina. Particolarmente curato, tra i vitigni coltivati, è il nero d'Avola, allevato ad alberello, che si caratterizza in queste zone per struttura, intensità, rotondità di frutto e capacità di invecchiamento. L'azienda della famiglia Moretti Cuseri si conferma, come si nota dalle degustazioni, un'importante interprete delle potenzialità del vitigno.

SP Noto-Pachino, km 13+500 - Contrada Maccari - 96017 Noto (SR)
T. 0575 477857 - 345 6925843 | M. info@feudomaccari.it
www.feudomaccari.it

Viticoltura: Biologica certificata
Ettari: 60 | **Bottiglie:** 280.000 | **Produzione olearia:** No
Proprietà: Famiglia Moretti Cuseri
Cond. enologica: Staff aziendale
Cond. agronomica: Staff aziendale
Vendita diretta: Sì | **Visite in azienda:** Sì

SICILIA NERO D'AVOLA SAIA 2020
Rosso Doc - Nero d'Avola 100%
Alc. 14,5% | € 24 | Bt. 50.000 | Ferm. Acciaio | Mat. Legno 14 mesi
Carminio dai bagliori amaranto, denso. Profumi decisi di prugna, anche in confettura, annunciano aromi di noce moscata e carruba, cioccolato e tabacco, cenni di grafite. Il sorso è pieno, i tannini serici, l'equilibrio, dinamico e stuzzicante, regala una lunga e piacevole progressione. Cinghiale in umido.

SICILIA NERO D'AVOLA NERÉ 2021
Rosso Doc - Nero d'Avola 100%
Alc. 13,5% | € 13 | Bt. 69.000 | Ferm. Acciaio | Mat. Acciaio 8 mesi
Risotto all'isolana.

SICILIA SYRAH MAHÂRIS 2021
Rosso Doc - Syrah 100%
Alc. 14,5% | € 28 | Bt. 6.700 | Ferm. Acciaio | Mat. Legno 14 mesi
Minestra di lenticchie.

FAMILY AND FRIENDS BIANCO 2021
Bianco Igt - Grillo 100%
Alc. 14,5% | € 25 | Bt. 23.000 | Ferm. Legno | Mat. Legno 7 mesi
Orata all'acqua pazza.

SICILIA GRILLO OLLI 2022
Bianco Doc - Grillo 100%
Alc. 13,5% | € 12 | Bt. 77.000 | Ferm. Acciaio | Mat. Acciaio 5 mesi
Moeche fritte.

ROSÉ DI NERÉ 2022
Rosato Igt - Nero d'Avola 100%
Alc. 13% | € 12 | Bt. 30.000 | Ferm. Acciaio | Mat. Acciaio 5 mesi
Lasagnette con ragù di coniglio e crema di piselli.

SICILIA SYRAH MAHÂRIS
2018

ROSE' DI NERE'
2021

Feudo Montoni
(1469)

Il Feudo è custode del tesoro di biodiversità e dei vitigni autoctoni che, sin dal 1469, la nobile famiglia aragonese degli Abatellis coltivava. La famiglia Sireci continua, da oltre un secolo, l'attento lavoro di conservazione e produzione basato su una filosofia artigiana, al fine di tramandare le caratteristiche tipicità. Solo vitigni autoctoni, nuovi impianti esclusivamente da selezione massale, per propaggine o con innesto di gemme prelevate da vecchie piante madre. Si conferma al vertice il Vrucara 2019, vino che rappresenta la perfetta sintesi della filosofia aziendale.

Contrada Montoni Vecchi - 92022 Cammarata (AG)
T. 091 513106 | M. info@feudomontoni.it
www.feudomontoni.it

Viticoltura: Biologica e biologica certificata
Ettari: 44 | **Bottiglie:** 240.000 | **Produzione olearia:** Sì
Proprietà: Fabio Sireci
Cond. enologica: Fabio Sireci
Cond. agronomica: Fabio Sireci
Vendita diretta: Sì | **Visite in azienda:** Sì

95,5

SICILIA NERO D'AVOLA VRUCARA 2019
Rosso Doc - Nero d'Avola 100%
Alc. 14% | € 27 | Bt. 4.600 | Ferm. Cemento | Mat. Legno 6 mesi
Luccicante manto rosso deciso. Naso ampio, raffinato, espressivo: amarena sotto spirito, confettura di prugna, aromi di pepe nero e cannella, nuance balsamiche, caffè, tabacco. Sorso vellutato, seducente, corpo pieno e gusto energico con trama tannica cesellata. Epilogo tonico e persistente. Pappardelle con sugo di lepre.

92,5

PASSITO BIANCO
Bianco Igt Passito - Grillo 80%, Catarratto 20%
Alc. 12% | € 30 (0,375l) | Bt. 1.800 | Ferm. Cemento | Mat. Legno 7 mesi
Ambra brillante. Esordio di pesca e albicocca disidratata, agrumi canditi, mela cotogna, poi datteri, scie mielate, richiami di nocciola. Suadente e di classe al palato, con asse fresco-sapido e dolcezza in perfetto equilibrio. Tarte Tatin di mele.

CATARRATTO MASSO 2022
Bianco Igt - Catarratto 100%
Alc. 13% | € 12 | Bt. 29.000 | Ferm. Cemento | Mat. Cemento 6 mesi
Tartare di gamberi.

INZOLIA FORNELLI 2022
Bianco Igt - Inzolia 100%
Alc. 13% | € 14 | Bt. 24.000 | Ferm. Cemento | Mat. Cemento 6 mesi
Pesce spada alla griglia.

PERRICONE CORE 2021
Rosso Igt - Perricone 100%
Alc. 13,5% | € 18 | Bt. 26.000 | Ferm. Cemento
Grigliata di carne con salsa barbecue.

SICILIA GRILLO TIMPA 2022
Bianco Doc - Grillo 100%
Alc. 13% | € 14 | Bt. 36.000 | Ferm. Cemento
Linguine agli scampi.

SICILIA NERO D'AVOLA VRUCARA
2018

SICILIA GRILLO TIMPA
2019 | 2021

Feudo Ramaddini
(2003)

Ci troviamo nel suggestivo borgo di Marzamemi, tra Noto e Pachino, zona di elezione di nero d'Avola e moscato dove il vino si produce da secoli, come testimoniano due luoghi simbolo: gli antichi Magazzini del vino che ospitano oggi la cantina Ramaddini e il palmento storico di Rudinì, diventato Ecomuseo del Mediterraneo. L'azienda è impegnata a coniugare tradizione e innovazione preservando in chiave moderna le peculiarità e tipicità dei vitigni autoctoni, puntando nel contempo nella comunicazione del territorio e della cultura enogastronomica con eventi, tour e interessanti degustazioni.

Contrada Lettiera - Frazione Marzamemi - 96018 Pachino (SR)
T. 0931 1847100 | M. info@feudoramaddini.com
www.ramaddini.com

Viticoltura: Biologica
Ettari: 25 | **Bottiglie:** 100.000 | **Produzione olearia:** Sì
Proprietà: Carlo Scollo e Francesco Ristuccia
Cond. enologica: Carlo Roveda
Cond. agronomica: Carlo Scollo
Vendita diretta: Sì | **Visite in azienda:** Sì

NOTO NERO D'AVOLA PATRONO RISERVA 2018
Rosso Doc - Nero d'Avola 100%
Alc. 14% | € 27 | Bt. 7.000 | Ferm. Acciaio | Mat. Acciaio 12 mesi e Legno 12 mesi
Rosso rubino impenetrabile. Corredo odoroso di raffinata fattura: un intrigante intreccio di note balsamiche e tostate accompagna ciliegia e prugna in confettura, grafite e spezie. Il sorso è morbido e caldo, sostenuto da vibrante freschezza e tannini setosi. Lunga risacca dai riverberi fruttati. Manzo brasato con funghi.

NOTO NERO D'AVOLA NOTE NERE 2021
Rosso Doc - Nero d'Avola 100%
Alc. 13,5% | € 15 | Bt. 10.000 | Ferm. Acciaio | Mat. Acciaio 12 mesi e Legno 12 mesi
Gnocchi al ragù.

SICILIA SPUMANTE ROSATO FRISCUR'È BRUT
Rosato Doc Metodo Martinotti - Nero d'Avola 100%
Alc. 12% | € 14 | Bt. 6.000 | Ferm. Acciaio | Mat. Acciaio 2 mesi
3 mesi sui lieviti
Crescentine e salumi.

NOTO MOSCATO PASSITO AL HAMEN 2022
Bianco Doc Passito - Moscato bianco 100%
Alc. 14% | € 24 (0,5l) | Bt. 5.000 | Ferm. Acciaio | Mat. Acciaio 3 mesi
Torta con mandorle e cioccolato.

QUATTROVENTI 2022
Bianco Igt - Chardonnay 65%, Catarratto 35%
Alc. 13% | € 16 | Bt. 10.000 | Ferm. Legno | Mat. Legno 4 mesi
Salmone al timo.

SICILIA GRILLO NASSA 2022
Bianco Doc - Grillo 100%
Alc. 13% | € 15 | Bt. 10.000 | Ferm. Acciaio | Mat. Acciaio 3 mesi
Pesce spada al cartoccio.

NOTO NERO D'AVOLA PATRONO RISERVA
2016

NOTO NERO D'AVOLA NOTE NERE
2020

Feudo Solaria
(1887)

Una famiglia, quella Grasso, che fa parte del mondo del vino dal 1887. Da allora cinque generazioni si sono succedute alla guida di Feudo Solaria, già Cantine Grasso, raggiungendo traguardi sempre più importanti. Oggi Alessio, capofila della quarta generazione, con i figli Tullio e Carmelo, sta lavorando a nuovi ambiziosi progetti come quello di un museo del vino che li veda protagonisti nella salvaguardia e promozione culturale delle antiche tecniche enologiche siciliane. La visita nella moderna cantina è un'occasione da non perdere per degustare la vasta e composita gamma di etichette.

Via Albero,11 - 98057 Milazzo (ME)
T. 090 9281082 | M. info@feudosolaria.com
www.feudosolaria.it

Viticoltura: Biologica certificata
Ettari: 7 | **Bottiglie:** 100.000 | **Produzione olearia:** No
Proprietà: Famiglia Grasso
Cond. enologica: Staff aziendale
Cond. agronomica: Staff aziendale
Vendita diretta: Sì | **Visite in azienda:** No

SICILIA NERO D'AVOLA FOGLIO CINQUANTA 2020
Rosso Doc - Nero d'Avola 100%
Alc. 14% | € 15 | Bt. 3.000 | Ferm. Acciaio | Mat. Acciaio 3 mesi e Legno 6 mesi
Luminosa veste amaranto con sfumature rubino. Naso di frutta matura, ciliegia, prugna e mora di rovo, che si fondono con aromi di spezie dolci e cioccolato. Una briosa freschezza accompagna il lungo sorso, sfoggiando una buona integrazione fra tannini e dotazione alcolica. Carré di maiale alle prugne.

MAMERTINO ROSSO 2021
Rosso Doc - Nero d'Avola 90%, Nocera 10%
Alc. 13,5% | € 12 | Bt. 2.000 | Ferm. Acciaio | Mat. Acciaio 3 mesi e Legno 6 mesi
Guancia di vitello in umido.

MAMERTINO ROSSO SULLERIA RISERVA 2018
Rosso Doc - Nero d'Avola 60%, Syrah 30%, Nocera 10%
Alc. 14% | € 20 | Bt. 3.000 | Ferm. Acciaio | Mat. Acciaio 3 mesi e Legno 12 mesi
Scaloppa di vitello con asparagi trifolati.

SICILIA NERO D'AVOLA SETTE AJE 2021
Rosso Doc - Nero d'Avola 100%
Alc. 13,5% | € 10 | Bt. 3.000 | Ferm. Acciaio | Mat. Acciaio 8 mesi
Bigoli con salsiccia.

SICILIA GRILLO KALSA 2022
Bianco Doc - Grillo 100%
Alc. 12,5% | € 12 | Bt. 2.000 | Ferm. Acciaio | Mat. Acciaio 3 mesi e Legno 3 mesi
Calamari con ripieno di tarassaco e patate.

SICILIA NERO D'AVOLA BALDOVINO 2022
Rosso Doc - Nero d'Avola 100%
Alc. 13% | € 8 | Bt. 5.000 | Ferm. Acciaio | Mat. Acciaio 3 mesi
Grigliata di carne bianca e verdure.

SICILIA NERO D'AVOLA FOGLIO CINQUANTA
2017 | 2018

MAMERTINO ROSSO
2019

Fina Vini
(2005)

Fina vini nasce nel 2005 per iniziativa di Bruno, enologo, autore di meticolosi studi di zonazione volti all'individuazione degli areali idonei alla coltivazione dei vari vitigni. Nei vigneti aziendali, in proprietà o in affitto, sono coltivati in effetti diversi vitigni tradizionali e internazionali dai quali si ricava una gamma di prodotti ampia e variegata. La gestione dell'azienda è oggi condivisa dai tre figli di Bruno, Federica, Sergio e Marco, che proseguono l'opera del fondatore con dedizione ed efficacia, come testimonia il notevole livello qualitativo dei vini degustati.

Contrada Bausa - 91025 Marsala (TP)
T. 0923 733070 | M. info@cantinefina.it
www.cantinefina.it

Viticoltura: Biologica certificata
Ettari: 55 | **Bottiglie:** 1.000.000 | **Produzione olearia:** No
Proprietà: Famiglia Fina
Cond. enologica: Bruno Fina, Sergio Fina
Cond. agronomica: Bruno Fina, Sergio Fina
Vendita diretta: Sì | **Visite in azienda:** Sì

92,5

CARO MAESTRO 2018
Rosso Igt - Cabernet sauvignon 70%, Merlot 25%, Petit verdot 5%
Alc. 14% | € 25 | Bt. 13.000 | Ferm. Acciaio | Mat. Acciaio 4 mesi e Legno 24 mesi
Rubino fitto e lucente. Si annuncia con delicate fragranze floreali seguite da prugna e ciliegia in confettura, echi di chiodi di garofano e vaniglia, cioccolato e liquirizia. In bocca è energico, caldo, cesellato da tannini composti e da una vibrante freschezza. Finale lungo giocato sulla spezia. Agnello al forno con rosmarino.

KIKÉ 2022
Bianco Igt - Traminer aromatico 90%, Sauvignon 10%
Alc. 13% | € 11 | Bt. 120.000 | Ferm. Acciaio | Mat. Acciaio 6 mesi
Verdure in tempura.

FINA PAS DOSÉ 2019
Bianco Igt Metodo Classico - Chardonnay 70%, Pinot nero 30%
Alc. 12,5% | € 25 | Bt. 10.000 | Ferm. Acciaio | 36 mesi sui lieviti
Cocktail di gamberetti.

SICILIA NERO D'AVOLA BAUSA 2017
Rosso Doc - Nero d'Avola 100%
Alc. 14% | € 17 | Bt. 20.000 | Ferm. Legno e Acciaio | Mat. Acciaio 24 mesi e Legno 18 mesi
Costata di manzo alla griglia.

CHARDONNAY 2021
Bianco Igt - Chardonnay 100%
Alc. 13,5% | € 16 | Bt. 13.000 | Ferm. Legno | Mat. Legno 6 mesi
Tortelli di zucca e salvia.

SICILIA NERO D'AVOLA 2022
Rosso Doc - Nero d'Avola 100%
Alc. 13% | € 10 | Bt. 100.000 | Ferm. Acciaio | Mat. Acciaio 3 mesi e Legno 6 mesi
Guanciale di vitello alle erbe aromatiche.

CHARDONNAY
2016 | 2017 | 2018

TAIF
2016 | 2017 | 2019

Firriato
(1978)

Praticare una viticoltura di collina, di montagna e di mare valorizzando la specificità dei vitigni tradizionali di ciascun territorio con responsabilità significa ottenere le più autentiche espressioni delle uve coltivate nei diversi vigneti allocati nell'Isola. Firriato da anni si dedica a questo lavoro dettagliato tra le cinque tenute di collina dell'agro di Trapani e le altre due, una di mare a Favignana e l'altra di montagna sull'Etna. Qui, in contrada Verzella, l'azienda custodisce una "vigna delle meraviglie", una piccola parcella di vigneto prefillossera certificato.

Via Trapani, 4 - 91027 Paceco (TP)
T. 0923 882755 | M. info@firriato.it
www.firriato.it

Viticoltura: Biologica certificata
Ettari: 470 | **Bottiglie:** 4.500.000 | **Produzione olearia:** Sì
Proprietà: Salvatore Di Gaetano e Vinzia Novara
Cond. enologica: Giovanni Manzo, Gabriele Pellegrino
Cond. agronomica: Paolo Errante, Tanino Santangelo
Vendita diretta: Sì | **Visite in azienda:** Sì

SICILIA NERO D'AVOLA HARMONIUM 2018
Rosso Doc - Nero d'Avola 100%
Alc. 14,5% | € 30 | Bt. 35.000 | Ferm. Acciaio | Mat. Acciaio e Legno 12 mesi
Carminio di bella compattezza e luce. Decisi profumi di ciliegia matura e prugna precedono rosa e violetta, aromi di vaniglia e pepe nero, tabacco, soffi balsamici. Pieno, bilanciato da freschezza e tannini domati, avvolge il palato, sinuoso e morbido, chiudendo sapido con richiami fruttati. Parmigiano Reggiano Riserva.

SICILIA PERRICONE RIBECA 2018
Rosso Doc - Perricone 100%
Alc. 14,5% | € 30 | Bt. 18.000 | Ferm. Acciaio | Mat. Legno 12 mesi
Manzo brasato con olive e porri.

SANTAGOSTINO BAGLIO SORIA ROSSO 2018
Rosso Igt - Nero d'Avola 60%, Syrah 40%
Alc. 14% | € 19 | Bt. 110.000 | Ferm. Acciaio | Mat. Legno 8 mesi
Lasagne con scamorza, funghi e zucca.

ETNA ROSSO CAVANERA ROVO DELLE COTURNIE 2020
Rosso Doc - Nerello mascalese 90%, Nerello cappuccio 10%
Alc. 14,5% | € 28 | Bt. 15.000 | Mat. Legno 9 mesi
Filetto di maiale alla senape.

SANTAGOSTINO BAGLIO SORIA BIANCO 2022
Bianco Igt - Catarratto 60%, Chardonnay 40%
Alc. 12,5% | € 17 | Bt. 120.000 | Ferm. Acciaio | Mat. Acciaio 6 mesi
Pollo fritto.

QUATER VITIS ROSSO 2019
Rosso Igt - Perricone, Nero d'Avola, Frappato e Nerello cappuccio 100%
Alc. 13,5% | € 20 | Bt. 75.000 | Ferm. Acciaio | Mat. Legno 10 mesi
Fettuccine al ragù d'agnello.

SICILIA NERO D'AVOLA HARMONIUM
2014

QUATER VITIS ROSSO
2018

Florio
(1833)

Quasi due secoli di storia in cui i Marsala riposano in apparente staticità nelle meravigliose cantine con lo sguardo verso le Isole Egadi. Qui il tempo, lo spazio e l'ossigeno sono elementi vitali che combinati all'estrema qualità delle uve, nelle sapienti mani dell'enologo Tommaso Maggio, riescono a generare preziosi nettari immortali. Affascina la geografia delle varie cantine: Donna Franca, Garibaldi, Florio, Ingham e Woodhouse; l'ambiente climatico di ognuna cambia, vicino al mare la temperatura diminuisce, mentre l'umidità salmastra aumenta, determinando il carattere di ogni Marsala.

Via Vincenzo Florio, 1 - 91025 Marsala (TP)
T. 0923 781111 | M. info@duca.it
www.duca.it

Viticoltura: Convenzionale
Bottiglie: 1.600.000 | **Produzione olearia:** No
Proprietà: ILLVA Saronno Holding
Cond. enologica: Tommaso Maggio
Cond. agronomica: Francesco Pizzo
Vendita diretta: Sì | **Visite in azienda:** Sì

(92,5)
MARSALA VERGINE RISERVA VR03911 2011
Bianco Doc Liquoroso - Grillo 100%
Alc. 19,5% | € 45 | Bt. 2.940 | Ferm. Cemento | Mat. Legno 120 mesi
Brillante color oro. Un ventaglio fresco, agrumato e marino anticipa sentori di ginestra, mandorla, carruba, mallo di noce e datteri. In bocca esprime potenza ed eleganza, contraddistinto da un'accentuata freschezza in equilibrio con un'identitaria vena sapida. Persiste a lungo e appaga. Linguine con bottarga e pomodori secchi.

MARSALA SUPERIORE RISERVA SEMISECCO SR0408 2008
Bianco Doc Liquoroso - Grillo 100%
Alc. 19% | € 54 | Bt. 3.360 | Ferm. Cemento | Mat. Legno 180 mesi
Gorgonzola naturale.

MARSALA VERGINE RISERVA VR1898
1999

MARSALA VERGINE RISERVA VR1003
2003

Funaro
(2003)

Gestita da Tiziana, Clemente e Giacomo, terza generazione di una famiglia di viticoltori, la cantina è sita nella Valle del Belice, con vigneti a Santa Ninfa e Salemi, in un habitat ideale in cui varietà autoctone e internazionali convivono secondo una filosofia vitivinicola imperniata sulla sostenibilità, dando vita a una gamma di prodotti differenziata in varie linee produttive. Lusinghiere le performance dei due nuovi vini presentati quest'anno, il Grillo Collezione Di Famiglia e l'Inzolia La Vecchietta, con quest'ultimo che si colloca al vertice avvicinandosi all'eccellenza.

Contrada Scavi - SS 188 - 91029 Santa Ninfa (TP)
T. 091 6851589 | M. info@funaro.it
www.funaro.it

Viticoltura: Biologica
Ettari: 50 | **Bottiglie:** 250.000 | **Produzione olearia:** Sì
Proprietà: Famiglia Funaro
Cond. enologica: Mattia Filippi, Rosario Aiello
Cond. agronomica: Uva Sapiens
Vendita diretta: Sì | **Visite in azienda:** Sì

LA VECCHIETTA 2021
Bianco Igt - Inzolia 100%
Alc. 12,5% | € 15 | Bt. 952 | Ferm. Acciaio | Mat. Acciaio 6 mesi e Legno 12 mesi
Oro lucente. Deciso ed elegante al naso con l'intreccio di mela renetta e pesca gialla, mandorla e miele, aromi di vaniglia, crema pasticciera, sensazioni balsamiche e minerali. Sorso rotondo animato dalla freschezza e da un'incisiva scia sapida. Lunga chiosa piacevolmente fruttata. Tortelli di branzino con salsa d'astice.

VERDELICIA 2022
Bianco Igt - Chardonnay 100%
Alc. 13,5% | € 8 | Bt. 12.000 | Ferm. Acciaio | Mat. Acciaio 5 mesi
Pollo alle mandorle e curcuma.

SICILIA GRILLO PINZERI 2022
Bianco Doc - Grillo 100%
Alc. 12,5% | € 8 | Bt. 30.000 | Ferm. Acciaio | Mat. Acciaio 6 mesi
Risotto agli asparagi e provola affumicata.

FUNARO EXTRA BRUT 2019
Bianco Igt Metodo Classico - Chardonnay 100%
Alc. 12,5% | € 20 | Bt. 900 | Ferm. Acciaio | Mat. Acciaio 6 mesi
36 mesi sui lieviti
Caesar salad.

SICILIA GRILLO COLLEZIONE DI FAMIGLIA RISERVA 2021
Bianco Doc - Grillo 100%
Alc. 13,5% | € 12 | Bt. 3.243 | Ferm. Acciaio | Mat. Legno 12 mesi
Carciofi alla giudia.

SYRAH 2022
Rosso Igt - Syrah 100%
Alc. 14% | € 7 | Bt. 28.000 | Ferm. Acciaio | Mat. Acciaio 5 mesi
Petto d'anatra alle prugne.

FUNARO BRUT
2014 | 2016 | 2019

FUNARO EXTRA BRUT
2015 | 2016 | 2018

Gambino
(1973)

L'aria fresca di montagna, il respiro del mare e le verdeggianti terrazze che riposano sul fianco nord orientale del vulcano: la cornice ideale per il racconto di una famiglia che arriva sull'Etna cinquant'anni fa, scommettendo su un territorio allora inesplorato e sconosciuto. Dopo i primi investimenti dei genitori, oggi sono alla guida i fratelli Raciti, che continuano a sperimentare puntando sulla qualità dei loro vini, provenienti anche da Riesi, dove l'azienda coltiva grillo e nero d'Avola. Sull'Etna sono stati acquisiti nuovi appezzamenti, dei quali degusteremo prossimamente i frutti.

Contrada Petto Dragone - 95015 Linguaglossa (CT)
T. 389 8525100 | M. info@vinigambino.it
www.vinigambino.it

Viticoltura: Convenzionale
Ettari: 40 | **Bottiglie:** 180.000 | **Produzione olearia:** Sì
Proprietà: Fratelli Raciti
Cond. enologica: Salvatore Rizzuto
Cond. agronomica: Salvatore Giuffrida
Vendita diretta: Sì | **Visite in azienda:** Sì

ETNA SPUMANTE MARIA GAMBINO EXTRA BRUT 2017
Bianco Doc Metodo Classico - Nerello mascalese 100%
Alc. 12,5% | € 28 | Bt. 2.436 | Ferm. Acciaio | Mat. Acciaio 4 mesi
60 mesi sui lieviti
Giallo paglierino, perlage vivace e raffinato. Si presenta con soffi di ginestra e agrumi, guizzi di pan brioche, refoli di salvia e timo, macchia mediterranea, sfondo minerale di pietra focaia. Fresco e cremoso all'assaggio, stuzzica il palato con una sottile scia sapida che accompagna senza indugi. Vellutata di ceci con gamberi croccanti.

ETNA BIANCO TIFEO 2021
Bianco Doc - Carricante 90%, Catarratto 10%
Alc. 12,5% | € 22 | Bt. 19.000 | Ferm. Acciaio | Mat. Acciaio 5 mesi
Filetto di orata allo zenzero.

ETNA ROSSO TIFEO 2019
Rosso Doc - Nerello mascalese 90%, Nerello cappuccio 10%
Alc. 13,5% | € 19 | Bt. 26.000 | Ferm. Acciaio | Mat. Acciaio 12 mesi e Legno 12 mesi
Bigoli con salsiccia.

ALICANT 2018
Rosso Igt - Cabernet sauvignon 100%
Alc. 14% | € 16 | Bt. 21.000 | Ferm. Acciaio | Mat. Acciaio 12 mesi e Legno 12 mesi
Coniglio in porchetta.

SICILIA GRILLO FEU D'O 2022
Bianco Doc - Grillo 100%
Alc. 12,5% | € 12 | Ferm. Acciaio | Mat. Acciaio 6 mesi
Risotto alle ortiche.

ETNA ROSSO PETTO DRAGONE 2019
Rosso Doc - Nerello mascalese 100%
Alc. 13,5% | € 40 | Bt. 8.000 | Ferm. Acciaio | Mat. Acciaio 12 mesi e Legno 12 mesi
Carré di vitello alle erbe aromatiche.

ETNA SPUMANTE BRUT MARIA GAMBINO
2015

SICILIA BIANCO FEU D'O
2021

Giasira
(2005)

L'azienda dei coniugi Boroli, lui piemontese, lei veneta, innamorati della Sicilia, gode di una posizione di assoluta bellezza, incastonata tra le province di Siracusa e Ragusa, tra ulivi e carrubi secolari, mandorli e agrumi, oltre ai vigneti, impreziosita dalla Cava Paradiso, un canyon dove scorre il Torrente Prainito. Qui sono coltivati i vitigni tradizionali, compreso – curioso per la zona – il nerello mascalese, oltre a merlot e chardonnay. In un ambiente così ricco di vegetazione e bellezze naturali le visite in cantina con passeggiata nei vigneti sono vere e proprie esperienze rigeneranti.

Contrada Ritillini - 96019 Rosolini (SR)
T. 379 1161018 | M. info@lagiasira.it
www.lagiasira.it

Viticoltura: Biologica certificata
Ettari: 13 | **Bottiglie:** 65.000 | **Produzione olearia:** Sì
Proprietà: Giovanni Boroli
Cond. enologica: Gianfranco Cordero
Cond. agronomica: Giovanni Covato
Vendita diretta: Sì | **Visite in azienda:** Sì

KERATION 2022
Bianco Igt - Catarratto bianco lucido 100%
Alc. 13,5% | € 18 | Bt. 16.500 | Ferm. Acciaio | Mat. Acciaio 6 mesi
Giallo sole di spiccata lucentezza. Bouquet di fiori di zagara, mango e pesca bianca, note di cedro e mandarino verde con spunti salmastri e di macchia mediterranea. Freschezza e sapidità timbrano il gusto di un vino che entra deciso, avvolge e stuzzica, si congeda lentamente con echi agrumati. Coda di rospo gratinata.

SICILIA GRILLO 2022
Bianco Doc - Grillo 100%
Alc. 13,5% | € 18 | Bt. 11.500 | Ferm. Acciaio | Mat. Acciaio 9 mesi
Riso venere con verdure e crostacei.

MORHUM 2020
Rosso Igt - Nerello mascalese 100%
Alc. 13,5% | € 18 | Bt. 3.500 | Ferm. Acciaio | Mat. Acciaio 9 mesi e Legno 9 mesi
Risotto con le quaglie.

GIASIRA ROSATO 2022
Rosato Igt - Nerello mascalese 100%
Alc. 12,5% | € 15 | Bt. 3.500 | Ferm. Acciaio | Mat. Acciaio 6 mesi
Crostini con burro e salmone.

GIASIRA BIANCO 2022
Bianco Igt - Chardonnay 50%, Moscato bianco 50%
Alc. 13% | € 15 | Bt. 13.000 | Ferm. Acciaio | Mat. Acciaio 6 mesi
Alici a scapece.

SICILIA NERO D'AVOLA 2020
Rosso Doc - Nero d'Avola 100%
Alc. 13% | € 20 | Bt. 6.500 | Ferm. Acciaio | Mat. Acciaio 6 mesi e Legno 12 mesi
Pappardelle al ragù di cinghiale.

MORHUM
2019

GIASIRA ROSSO
2019

Giovinco
(1920)

Dalle colline del Belice al fuoco dell'Etna. La storia aziendale inizia cento anni fa nelle campagne di Sambuca di Sicilia dove, nel corso degli anni, i vigneti sono stati selezionati tra diverse varietà internazionali e autoctone e i vini bianchi si sono distinti grazie al perfetto microclima del territorio. Continua con ottimi riscontri l'avventura sul vulcano, nel territorio di Randazzo, nella prestigiosa contrada San Lorenzo, ma il risultato migliore è raggiunto quest'anno dal nuovo spumante Extra Brut da uve nerello mascalese provenienti non dall'Etna ma dai vigneti di Sambuca.

SP 70 - Contrada Sgarretta - 92017 Sambuca di Sicilia (AG)
T. 345 5948625 | M. giovincoevo@gmail.com

Viticoltura: Biologica
Ettari: 27 | **Bottiglie:** 20.000 | **Produzione olearia:** Sì
Proprietà: Vito Giovinco
Cond. enologica: Vito Giovinco
Cond. agronomica: Vito Giovinco
Vendita diretta: Sì | **Visite in azienda:** Sì

GIOVINCO EXTRA BRUT 2019
Bianco Igt - Nerello mascalese 100%
Alc. 12,5% | € 45 | Bt. 1.000 | Ferm. Acciaio | 40 mesi sui lieviti
Splendente giallo limone impreziosito dal sottile perlage. Fine e articolato spettro con profumi di agrumi e ananas, fiori di zagara e aromi di salvia, ricordi di panificazione e salsedine. In bocca è incisivo, espressivo, generoso, con una freschezza esaltata dalle bollicine. Sapido e agrumato il saluto. Battuto di gamberi rossi di Sicilia.

ETNA BIANCO SAN LORENZO 2022
Bianco Doc - Carricante 60%, Catarratto 40%
Alc. 13% | € 25 | Bt. 4.000 | Ferm. Acciaio | Mat. Acciaio 6 mesi
Spiedo di seppioline ai ferri.

SICILIA NERO D'AVOLA SGARRETTA 2021
Rosso Doc - Nero d'Avola 100%
Alc. 14% | € 15 | Bt. 5.000 | Ferm. Acciaio | Mat. Legno 6 mesi
Involtini di vitello lardellati.

SICILIA GRILLO SGARRETTA 2022
Bianco Doc - Grillo 100%
Alc. 12,5% | € 14 | Bt. 5.000 | Ferm. Legno e Acciaio | Mat. Acciaio 6 mesi
Pennette con pesto alla trapanese.

ETNA ROSATO SAN LORENZO 2022
Rosato Doc - Nerello mascalese 100%
Alc. 12,5% | € 22 | Bt. 2.000 | Ferm. Acciaio | Mat. Acciaio 6 mesi
Pasta, patate e cozze.

ETNA ROSSO SAN LORENZO
2018

ETNA BIANCO SAN LORENZO
2021

Graci
(2004)

Se ci sono vini in grado di raccontare l'Etna e le sue contrade, quelli dell'azienda di Alberto ne fanno sicuramente parte. A Passopisciaro, nel cuore del versante nord, nei vigneti in contrada Arcurìa e nelle vicine Feudo di Mezzo, Muganazzi e Santo Spirito, oltre che in contrada Barbabecchi a 1100 metri, si allevano solamente vitigni autoctoni e si producono vini che vogliono raccontare il territorio e il produttore, giocati sull'eleganza più che sulla potenza, con l'utilizzo di cemento e legno grande allo scopo di valorizzare le peculiarità dei diversi territori e delle singole annate.

Contrada Arcurìa - 95012 Castiglione di Sicilia, loc. Passopisciaro (CT)
T. 348 7016773 | M. info@graci.eu
www.graci.eu

Viticoltura: Biologica certificata
Ettari: 30 | **Bottiglie:** 86.000 | **Produzione olearia:** No
Proprietà: Alberto Aiello Graci
Cond. enologica: Alberto Aiello Graci, Emiliano Falsini
Cond. agronomica: Stefano Dini
Vendita diretta: Sì | **Visite in azienda:** Sì

ETNA ROSSO ARCURÌA 2021
Rosso Doc - Nerello mascalese 100%
Alc. 14,5% | € 45 | Bt. 7.000 | Ferm. Legno | Mat. Legno 18 mesi
Rosso carminio. Eleganti espressioni terziarie e balsamiche iniziano a farsi largo tra la ciliegia e la mora di rovo. Naso che vira sulla maturità con pepe nero e cardamomo. Al gusto è perfettamente bilanciato, con briosa freschezza e tannini vigorosi e ben cesellati. Lunga persistenza fruttata. Risotto alla parmigiana.

ETNA ROSSO 2021
Rosso Doc - Nerello mascalese 100%
Alc. 14% | € 24 | Bt. 35.000 | Ferm. Cemento | Mat. Cemento 18 mesi
Soufflé con pecorino e crema di patate.

ETNA ROSSO FEUDO DI MEZZO 2021
Rosso Doc - Nerello mascalese 95%, Nerello cappuccio 5%
Alc. 14,5% | € 45 | Bt. 1.800 | Ferm. Legno | Mat. Legno 18 mesi
Fagiano arrosto.

ETNA BIANCO ARCURÌA 2021
Bianco Doc - Carricante 100%
Alc. 12% | € 45 | Bt. 5.100 | Ferm. Legno e Cemento
Sformatino di zucca con fonduta di Asiago.

ETNA BIANCO MUGANAZZI 2021
Bianco Doc - Carricante 100%
Alc. 12,5% | € 45 | Bt. 3.800 | Ferm. Legno e Acciaio
Risotto ai frutti di mare.

ETNA BIANCO 2022
Bianco Doc - Carricante 85%, Catarratto 15%
Alc. 12,5% | € 22 | Bt. 28.000 | Ferm. Acciaio | Mat. Acciaio 8 mesi
Pinsa romana con acciughe e capperi.

ETNA ROSSO ARCURÌA
2013 | 2014 | 2018

ETNA BIANCO ARCURÌA
2012

Gulfi
(1996)

La famiglia Catania continua a essere protagonista del panorama vitivinicolo siciliano. L'attenzione al territorio, l'estremo rispetto e la valorizzazione dei vitigni autoctoni fanno sì che l'azienda Gulfi sia portabandiera della naturalità. I loro vigneti si trovano in tre delle zone più vocate dell'isola: nel ragusano a Chiaramonte Gulfi, in Val di Noto a Pachino e sull'Etna a Randazzo. Si conferma a particolare vocazione della cantina per la cura dei cru di nero d'Avola della zona di Pachino, due dei quali svettano nelle degustazioni, con il Bufaleffj ancora in prima fila.

Contrada Patria - 97012 Chiaramonte Gulfi (RG)
T. 0932 921654 | M. info@gulfi.it
www.gulfi.it

Viticoltura: Biologica
Ettari: 40 | **Bottiglie:** 200.000 | **Produzione olearia:** Sì
Proprietà: Famiglia Catania
Cond. enologica: Salvo Foti
Cond. agronomica: Raffaele Catania
Vendita diretta: Sì | **Visite in azienda:** Sì

NEROBUFALEFFJ 2019
Rosso Igt - Nero d'Avola 100%
Alc. 14% | € 46 | Bt. 3.600 | Ferm. Acciaio | Mat. Legno 24 mesi
Manto rubino fitto dai riflessi amaranto. Variegato ventaglio olfattivo con prugna e mora di rovo, presenze di macchia mediterranea, liquirizia e cannella, cioccolato e polvere di caffè. Il sorso è pieno e di carattere, con un trama tannica ben integrata e una lunghezza dai richiami speziati. Pappardelle con sugo di capriolo.

NEROSANLORÈ 2019
Rosso Igt - Nero d'Avola 100%
Alc. 13,5% | € 46 | Bt. 3.600 | Ferm. Acciaio | Mat. Legno 24 mesi
Finanziera.

CARJCANTI 2020
Bianco Igt - Carricante 100%
Alc. 12,5% | € 28 | Bt. 10.000 | Ferm. Acciaio | Mat. Legno 12 mesi
Frittata di erbette.

ETNA ROSSO RESECA 2017
Rosso Doc - Nerello mascalese 100%
Alc. 13% | € 32 | Bt. 3.200 | Ferm. Acciaio | Mat. Legno 24 mesi
Tortino al radicchio e cannellini.

CERASUOLO DI VITTORIA CLASSICO 2019
Rosso Docg - Nero d'Avola 70%, Frappato 30%
Alc. 14% | € 33 | Bt. 3.200 | Ferm. Acciaio | Mat. Legno 12 mesi
Ribollita.

NEROBUFALEFFJ
2016 | 2017 | 2018

NEROSANLORÈ
2014

●○○○

Horus
(2010)

Azienda giovane e dinamica che raccoglie un'eredità familiare, quella della famiglia Giudice, che dal 1974 coltiva viti, ma anche ulivi e mandorle, in quest'area nel territorio classico del Cerasuolo, tra Vittoria e Acate. La produzione, rigorosamente biologica, proviene da vitigni autoctoni e syrah. In auge due vini dai collegamenti particolari. Il primo, un elegante Cerasuolo, ispirato al pittore naif ragusano Giombarresi, del quale riporta un'opera in etichetta, il secondo, Corda Pazza, originale blend di nero d'Avola, frappato e syrah, dedicato all'omonimo saggio di Sciascia sulla Sicilia.

Via Palestro, 536 - 97019 Vittoria (RG)
T. 0932 1838739 | M. info@cantinahorus.com
www.cantinahorus.com

Viticoltura: Biologica certificata
Ettari: 42 | **Bottiglie:** 80.000 | **Produzione olearia:** Sì
Proprietà: Rosario e Martina Francesca Giudice
Cond. enologica: Giuseppe Romano
Cond. agronomica: Staff aziendale
Vendita diretta: Sì | **Visite in azienda:** Sì

CERASUOLO DI VITTORIA CLASSICO PITTORE CONTADINO 2019
Rosso Docg - Frappato 50%, Nero d'Avola 50%
Alc. 13,5% | € 25 | Bt. 13.232 | Ferm. Acciaio | Mat. Acciaio 12 mesi
Cremisi profondo. Ouverture di ciliegia e lampone in confettura che s'intrecciano a petali di rosa rossa e violetta, tra intarsi di pepe nero, liquirizia e tracce balsamiche. Morbido e avvolgente, la vivace spalla acida e la raffinata astringenza caratterizzano la ritmica progressione fruttata. Gnocchi al ragù.

SICILIA ROSSO CORDA PAZZA 2021
Rosso Doc - Frappato 40%, Nero d'Avola 30%, Syrah 30%
Alc. 13% | € 21 | Bt. 6.260 | Ferm. Acciaio | Mat. Acciaio 6 mesi
Spezzatino di manzo.

VITTORIA FRAPPATO SOLE E TERRA 2022
Rosso Doc - Frappato 100%
Alc. 12,5% | € 25 | Bt. 9.740 | Ferm. Acciaio | Mat. Acciaio 3 mesi
Coniglio alla cacciatora.

SICILIA GRILLO SOLE E TERRA 2022
Bianco Doc - Grillo 100%
Alc. 12,5% | € 15 | Bt. 6.492 | Ferm. Legno e Acciaio
Maltagliati con fiori di zucca e gamberetti.

●●●○

Francesco Intorcia Heritage
(1930)

Realtà storica e affermata nel panorama marsalese, custode di tradizione ma allo stesso tempo innovativa. Il progetto Heritage di Francesco Intorcia raccoglie appunto l'eredità storica della vitivinicultura marsalese, tramandandola ai giorni d'oggi con il recupero e la commercializzazione dei vecchi Marsala della cantina di famiglia e con il rilancio del vino perpetuo con il Pre British, ma produce con successo anche vini più "moderni", fortificati e non, come i due Marsala Vintage 2015, che fanno breccia nel cuore e nei palati dei degustatori per classe ed equilibrio.

Via Mazara, 10 - 91025 Marsala (TP)
T. 0923 999133 | M. info@heritagewines.it
www.intorcia.it - www.heritagewines.it

Viticoltura: Convenzionale
Bottiglie: 1.000.000 | **Produzione olearia:** No
Proprietà: Famiglia Intorcia
Cond. enologica: Francesco Intorcia
Cond. agronomica: Francesco Intorcia
Vendita diretta: Sì | **Visite in azienda:** Sì

92,5

MARSALA SUPERIORE ORO VINTAGE RISERVA 2015
Bianco Doc Liquoroso - Grillo 100%
Alc. 18% | € 30 | Bt. 5.000 | Ferm. Legno | Mat. Legno 48 mesi
Ambra brillante. Ampio l'olfatto giocato su profumi di datteri e fichi secchi, frutta disidratata e candita, zafferano e miele di castagno, mandorla tostata e cioccolato bianco. Il sorso è morbido e delicatamente amabile, sorretto da un'elegante freschezza. Sapidità e bellezza nell'allungo. Sachertorte.

MARSALA VERGINE VINTAGE 2015
Bianco Doc Liquoroso - Grillo 100%
Alc. 18% | € 40 | Bt. 3.000 | Mat. Legno 60 mesi
Bitto stravecchio.

PRE BRITISH METODO PERPETUO TRADIZIONALE
Bianco - Grillo 100%
Alc. 15% | € 30 | Bt. 2.000 | Ferm. Acciaio | Mat. Legno 12 mesi
Pollo al curry.

SICILIA GRILLO VIGNEMIE 2022
Bianco Doc - Grillo 100%
Alc. 13,5% | € 16 | Bt. 6.000 | Ferm. Acciaio | Mat. Acciaio 8 mesi
Seppioline ai ferri.

PRE BRITISH METODO PERPETUO TRADIZIONALE
S.A.

MARSALA VERGINE VINTAGE 1980 RISERVA
S.A.

Mandrarossa
(1999)

Mandrarossa nasce nel 1999 da uno studio durato oltre 20 anni, che ha portato a individuare il territorio migliore dove allevare i diversi vitigni. Dalle colline della costa sud occidentale che digradano verso il mare al terreno vulcanico dell'Etna, fino all'isola di Pantelleria, Mandrarossa ricerca l'habitat migliore per far sì che ciascuna cultivar esprima il suo massimo potenziale. Da questo costante studio e dallo sguardo rivolto all'innovazione e alla sperimentazione nascono le eccellenze di quest'azienda, il cui motto è "La Sicilia che non ti aspetti".

SS 115 - 92013 Menfi (AG)
T. 0925 77111 | M. info@mandrarossa.it
www.mandrarossa.it

Viticoltura: Convenzionale e biologica
Ettari: 500 | **Bottiglie:** 500.000 | **Produzione olearia:** Sì
Proprietà: Cooperativa Cantine Settesoli
Cond. enologica: Domenico De Gregorio
Cond. agronomica: Filippo Buttafuoco
Vendita diretta: Sì | **Visite in azienda:** Sì

SICILIA NERO D'AVOLA TERRE DEL SOMMACCO 2019
Rosso Doc - Nero d'Avola 100%
Alc. 14% | € 19 | Bt. 10.000 | Ferm. Acciaio | Mat. Legno 19 mesi e Cemento 8 mesi
Carminio con orlo granato di grande fittezza e vitalità. Fine corredo con l'abbraccio di ciliegia sotto spirito e prugna, aromi di vaniglia e pepe nero, carruba, liquirizia, tabacco. Trama tannica vellutata che dona pregio al sorso. Chiusura ricamata su intreccio di ciliegia e balsamicità. Fegato alla veneziana.

ETNA ROSSO SENTIERO DELLE GERLE 2020
Rosso Doc - Nerello mascalese 100%
Alc. 13,5% | € 14 | Bt. 16.000 | Ferm. Acciaio | Mat. Acciaio 12 mesi e Legno 12 mesi
Zuppa di stoccafisso e patate.

ETNA BIANCO SENTIERO DELLE GERLE 2021
Bianco Doc - Carricante 100%
Alc. 13% | € 14 | Bt. 12.000 | Ferm. Acciaio | Mat. Acciaio 14 mesi
Risotto con gamberi di fiume e piselli.

SICILIA GRECANICO DORATO MANDRAROSSA 2022
Bianco Doc - Grecanico dorato 100%
Alc. 12,5% | € 9 | Bt. 35.000 | Ferm. Acciaio | Mat. Acciaio 3 mesi
Mozzarella di bufala campana.

SICILIA GRILLO BERTOLINO SOPRANO 2020
Bianco Doc - Grillo 100%
Alc. 13% | € 16 | Bt. 10.000 | Ferm. Acciaio | Mat. Legno 11 mesi e Cemento
Guazzetto di scampi.

LARCERA 2022
Bianco Igt - Vermentino 100%
Alc. 12,5% | € 11 | Bt. 20.000 | Ferm. Acciaio | Mat. Acciaio 5 mesi
San Pietro alla siciliana con dadolata di patate.

PASSITO DI PANTELLERIA SERAPIAS MANDRAROSSA
2019 | 2020

CAVADISERPE MANDRAROSSA
2019 | 2020

Marilina
(2001)

Generare vini dalla terra con responsabilità e rispetto è da sempre l'obiettivo della famiglia Paternò, che da oltre vent'anni, tra la salinità data dalla vicinanza al mare, i terreni calcarei, le uve autoctone e il sole dell'est siciliano, s'impegna a produrre vini utilizzando metodi antichi in chiave moderna. Lunghe macerazioni, metodo ancestrale, poche filtrazioni e misurati interventi in cantina fanno emergere la dinamicità delle uve coltivate, che si prestano a risultati sorprendenti al calice. Il moscato passito Pioggia di Stelle è una chiara dimostrazione della versatilità di quest'uva.

Contrada San Lorenzo - 96017 Noto (SR)
T. 0931 1799907 | M. info@cantinamarilina.com
www.cantinamarilina.com

Viticoltura: Biologica certificata
Ettari: 35 | **Bottiglie:** 110.000 | **Produzione olearia:** Sì
Proprietà: Marilina Paternò
Cond. enologica: Angelo Paternò
Cond. agronomica: Angelo Paternò
Vendita diretta: Sì | **Visite in azienda:** Sì

PIOGGIA DI STELLE 2016
Bianco Igt Passito - Moscato bianco 100%
Alc. 14,5% | € 30 (0,5l) | Bt. 1.500 | Ferm. Legno | Mat. Legno 48 mesi
Filigrana ambrata e lucente. Esprime intensi profumi di frutta dolce matura a polpa gialla, datteri, albicocca disidratata, proseguendo con una successione verticale di tracce mielate, agrumi canditi, mandorle e noci tostate. Il sorso è dolce, fresco, persiste con vigore e termina con un richiamo alla mandorla. Millefoglie con crema e scaglie di mandorle tostate.

CECILE 2018
Bianco Igt - Moscato bianco 100%
Alc. 12,5% | € 60 | Bt. 3.000 | Ferm. Legno | Mat. Legno 36 mesi
Rombo al forno con patate e carciofi.

CUÈ 2022
Bianco Igt - Moscato bianco 100%
Alc. 12,5% | € 20 | Bt. 15.000 | Ferm. Cemento | Mat. Cemento 6 mesi
Frittata di piselli, fave e fagiolini.

GOCCE D'AUTUNNO
2017

ELORO PACHINO IL ROSSO DI FEDERICA RISERVA
2014

Maugeri
(2020)

Maugeri nasce dalla determinazione di una famiglia etnea che ritorna nei luoghi di origine a coltivare vigneti e a fare vino. Sita nel versante est del vulcano, nel territorio dell'Etna Bianco Superiore, tra mare e montagna, l'azienda, guidata da Renato, insieme alle figlie Carla, Michela e Paola, ha bruciato le tappe riuscendo, in meno di tre anni, a conquistare mercati e degustatori con tre versioni, diverse e complementari, del bianco più rappresentativo della denominazione. Da segnalare la performance del Catarratto, raro esempio, sull'Etna, di vinificazione in purezza di questo vitigno.

Via Mazzini, 50 - 95010 Milo (CT)
T. 333 5866229 | M. info@cantinamaugeri.it
www.cantinamaugeri.it

Viticoltura: Biologica
Ettari: 7 | **Bottiglie:** 24.000 | **Produzione olearia:** No
Proprietà: Paola Maugeri
Cond. enologica: Emiliano Falsini
Cond. agronomica: Stefano Dini
Vendita diretta: Sì | **Visite in azienda:** Sì

ETNA BIANCO SUPERIORE CONTRADA VOLPARE 2022
Bianco Doc - Carricante 100%
Alc. 12,5% | € 30 | Bt. 10.000 | Ferm. Acciaio | Mat. Acciaio 8 mesi
Paglierino vivo e corrusco. Deciso l'esordio imperniato sul susseguirsi di gelsomino, pesca tabacchiera e scorza di limone, aromi erbacei di timo e salvia, e suggestioni di pietra focaia. Gusto di pregio, animato dalla freschezza e dalla decisa sapidità. Conquista per personalità e chiosa seducente. Rollè di cernia con patate al rosmarino.

ETNA BIANCO SUPERIORE CONTRADA VOLPARE FRONTEBOSCO 2022
Bianco Doc - Carricante 100%
Alc. 12,5% | € 50 | Bt. 3.500 | Ferm. Legno e Acciaio | Mat. Acciaio 4 mesi e Legno 6 mesi
Tiella di riso, patate e cozze.

ETNA BIANCO SUPERIORE CONTRADA PRAINO FRONTEMARE 2022
Bianco Doc - Carricante 100%
Alc. 12,5% | € 50 | Bt. 2.000 | Ferm. Legno | Mat. Legno 6 mesi
Crema di zucca con gamberi croccanti.

CATARRATTO 2022
Bianco Igt - Catarratto 100%
Alc. 12,5% | € 25 | Bt. 3.000 | Ferm. Acciaio | Mat. Acciaio 5 mesi
Insalata di pollo e verdure.

ETNA ROSATO CONTRADA VOLPARE 2022
Rosato Doc - Nerello mascalese 100%
Alc. 13% | € 25 | Bt. 3.500 | Ferm. Legno e Acciaio | Mat. Acciaio 5 mesi e Legno 5 mesi
Hamburger di manzo con Montasio fuso.

ETNA BIANCO SUPERIORE CONTRADA VOLPARE
2021

ETNA BIANCO CONTRADA VOLPARE FRONTEBOSCO
2021

Mecori
(2019)

Una giovane azienda, nata da una tesi di laurea e da un sogno di vita condiviso di Serena Guarrera e Sebastiano Vinci, che è riuscita in poco tempo ad affermarsi. L'idea è quella di creare prodotti di pregio nel totale rispetto della natura e delle peculiarità del territorio, mettendo al centro del lavoro la passione e il cuore, come indica il nome: Mecori, "il mio cuore" in dialetto. L'unico vino al momento prodotto, da uve della contrada Muganazzi, convince i degustatori meritando un posto in Guida. L'azienda produce anche un olio EVO, Monte Etna Dop, da nocellara dell'Etna.

Contrada Muganazzi - Frazione Solicchiata - 95012 Castiglione di Sicilia (CT)
T. 340 9695752 | M. info@mecorietna.it
www.mecorietna.it

Viticoltura: Biologica
Ettari: 2 | **Bottiglie:** 3.000 | **Produzione olearia:** Sì
Proprietà: Sebastiano Vinci e Serena Guarrera
Cond. enologica: Sebastiano Vinci, Serena Guarrera
Cond. agronomica: Sebastiano Vinci, Serena Guarrera
Vendita diretta: Sì | **Visite in azienda:** Sì

ETNA ROSSO CONTRADA MUGANAZZI DUO 2021
Rosso Doc - Nerello mascalese 85%, Nerello cappuccio 15%
Alc. 14% | € 120 | Bt. 3.000 | Ferm. Acciaio | Mat. Acciaio 10 mesi
Rubino luccicante dai riflessi amaranto. Pregevole il profilo, che dona violetta, ciliegia e ribes rosso, sensazioni di origano, pepe nero, liquirizia, scie di sottobosco. Sorso agile, dinamico, suadente, ben bilanciato tra dotazione alcolica e trama tannica. Chiusura appagante che invita al riassaggio. Lasagne alle melanzane.

Morgante
(1998)

A venti chilometri dalla Valle dei Templi, in un panorama incantevole non solo per gli scenari naturali, ma anche per le testimonianze storiche e le tradizioni che lo caratterizzano, sorge una cantina dedita ormai da 25 anni alla coltivazione e vinificazione del nero d'Avola, unico vitigno presente nei vigneti aziendali. Il Don Antonio Riserva, ancora al vertice delle degustazioni, ha rappresentato per anni un modello che ha stimolato gli altri produttori della zona, rendendo l'agro agrigentino una delle zone più vocate per la produzione di vini di qualità dal grande vitigno isolano.

Contrada Racalmare - 92020 Grotte (AG)
T. 0922 945579 | M. info@morgantevini.it
www.morgantevini.it

Viticoltura: Convenzionale
Ettari: 52 | **Bottiglie:** 215.000 | **Produzione olearia:** Sì
Proprietà: Famiglia Morgante
Cond. enologica: Riccardo Cotarella, Giovanni Morgante
Cond. agronomica: Giovanni Morgante
Vendita diretta: Sì | **Visite in azienda:** No

96

SICILIA NERO D'AVOLA DON ANTONIO RISERVA 2020
Rosso Doc - Nero d'Avola 100%
Alc. 15% | € 27 (1,5l) | Bt. 20.000 | Ferm. Acciaio | Mat. Acciaio 4 mesi e Legno 12 mesi
Carminio denso, rilucente. Profumi di marasca e mora di rovo annunciano mirto e liquirizia, cardamomo e pepe nero, memorie minerali di grafite. Sorso materico, pieno, sostenuto da un tannino fitto e setoso nella prolungata e seducente progressione gustativa piacevolmente fruttata. Carré di maiale alle prugne.

SICILIA NERO D'AVOLA 2021
Rosso Doc - Nero d'Avola 100%
Alc. 14,5% | € 10 | Bt. 150.000 | Ferm. Acciaio | Mat. Acciaio 5 mesi e Legno 3 mesi
Costata di manzo alla griglia.

BIANCO DI MORGANTE 2022
Bianco - Nero d'Avola 100%
Alc. 13% | € 10 | Bt. 30.000 | Ferm. Acciaio | Mat. Acciaio 5 mesi
Risotto ai frutti di mare.

SICILIA NERO D'AVOLA ROSÉ DI MORGANTE 2022
Rosato Doc - Nero d'Avola 100%
Alc. 13% | € 10 | Bt. 15.000 | Ferm. Acciaio | Mat. Acciaio 5 mesi
Tartare di tonno.

SICILIA NERO D'AVOLA DON ANTONIO RISERVA
2017

SICILIA NERO D'AVOLA
2020

Murgo
(1860)

Il binomio Metodo Classico - Murgo rappresenta, ormai da anni, una delle certezze enologiche siciliane. È grazie all'intuizione di Michele Scammacca e del padre, il compianto barone Emanuele, che nasce nel 1989 il primo spumante etneo da nerello mascalese, inaugurando una tipologia oggi pienamente affermata. L'azienda, con sede nella tenuta San Michele, oltre che ambasciatrice delle bollicine siciliane, è tra le prime aziende imbottigliatrici di Etna Doc e annovera tra le sue etichette anche vini provenienti dalla tenuta Gelso Bianco nel catanese e dalla Tenuta La Francescana nel Lazio.

Via Zafferana, 13 - 95010 Santa Venerina (CT)
T. 095 950520 | M. info@murgo.it
www.murgo.it

Viticoltura: In conversione al biologico
Ettari: 50 | **Bottiglie:** 450.000 | **Produzione olearia:** Sì
Proprietà: Fratelli Scammacca del Murgo
Cond. enologica: Vito Giovinco
Cond. agronomica: Michele Scammacca del Murgo
Vendita diretta: Sì | **Visite in azienda:** Sì

MURGO EXTRA BRUT 2016
Bianco Igt Metodo Classico - Nerello mascalese 100%
Alc. 12,5% | € 55 | Bt. 2.500 | Ferm. Acciaio | 70 mesi sui lieviti
Brillanti riverberi dorati, fine e duraturo perlage. Fragrante e floreale l'esordio, ginestra e camomilla, pan brioche e nocciola tostata, seguono agrumi e pesca gialla, miele, pietra focaia. Fresco, garbatamente sapido, cremoso, offre un sorso bilanciato e dinamico impreziosito dai richiami agrumati. Risotto alla zucca e astice.

MURGO BRUT ROSÉ 2021
Rosato Igt Metodo Classico - Nerello mascalese 100%
Alc. 12,5% | € 25 | Bt. 40.000 | Ferm. Acciaio | Mat. Acciaio 7 mesi 15 mesi sui lieviti
Cocktail di gamberetti.

CABERNET SAUVIGNON 2017
Rosso Igt - Cabernet sauvignon 100%
Alc. 14,5% | € 25 | Bt. 3.000 | Ferm. Acciaio | Mat. Acciaio 12 mesi e Legno 24 mesi
Cosciotto d'agnello al forno con patate novelle.

ETNA BIANCO TENUTA SAN MICHELE 2021
Bianco Doc - Carricante 60%, Catarratto 30%, altre varietà 10%
Alc. 13,5% | € 30 | Bt. 12.000 | Ferm. Acciaio | Mat. Acciaio 12 mesi e Legno 12 mesi
Risotto al nero di seppia con seppie croccanti.

ETNA BIANCO 2022
Bianco Doc - Carricante 70%, Catarratto 30%
Alc. 12,5% | € 15 | Bt. 80.000 | Ferm. Acciaio | Mat. Acciaio 6 mesi
Linguine con asparagi e calamaretti.

MURGO BRUT 2021
Bianco Igt Metodo Classico - Nerello mascalese 100%
Alc. 12,5% | € 20 | Bt. 140.000 | Ferm. Acciaio | 15 mesi sui lieviti
Mortadella Bologna.

BARONE EMANUELE PAS DOSÉ
2011

MURGO EXTRA BRUT ROSÉ
2015

Oddovini
(2017)

Tenacia e passione sono gli elementi che contraddistinguono Vito Oddo nella sua quotidiana cura della vite. Il rispetto profondo per la propria terra e l'attenzione maniacale in fase di produzione danno un'impronta riconoscibile ai vini prodotti da "varietà alternative", come Vito le definisce. L'enoturismo è parte integrante dell'investimento, con diverse proposte atte a valorizzare non solo il vino, ma tutto il territorio trapanese. Le etichette, firmate dal pittore Alessandro Siviglia, raccontano la Sicilia rivisitando la tradizione cavalleresca e i "pupi" del teatro popolare dell'isola.

Via delle Amazzoni, 44 - 91100 Trapani (TP)
T. 329 8614447 | M. info@oddovini.com
www.oddovini.com

Viticoltura: In conversione al biologico
Ettari: 6 | **Bottiglie:** 8.000 | **Produzione olearia:** No
Proprietà: Vito Oddo
Cond. enologica: Vito Oddo
Cond. agronomica: Vito Oddo
Vendita diretta: Sì | **Visite in azienda:** Sì

GUERRA E PACE BIANCO 2020
Bianco Igt - Vermentino 100%
Alc. 13,5% | € 20 | Bt. 4.000 | Ferm. Acciaio | Mat. Acciaio 6 mesi
Luminoso giallo sole dai bagliori dorati. Fine e deciso al naso, sprigiona fragranze di susina e ananas, sensazioni agrumate, fiori di ginestra, salvia, macchia mediterranea, idrocarburi. Il sorso è pieno, verticale, dinamico, con una fluente vena fresco-sapida che seduce e invita al riassaggio. Frittura di calamari, gamberi e zucchine.

GUERRA E PACE ROSSO 2019
Rosso Igt - Merlot 100%
Alc. 15% | € 30 | Bt. 1.500 | Ferm. Acciaio | Mat. Legno 24 mesi
Costata di cavallo con patate al rosmarino.

Palari
(1990)

Per diversi anni la Doc Faro si è identificata con il nome Palari, grazie all'impegno e alla lungimiranza dell'architetto Geraci che dalle vigne terrazzate ad alberello con vista sullo stretto di Messina ha saputo trarre risultati straordinari. Oggi altri produttori, spinti dall'entusiasmo e dai risultati qualitativi che uve come nocera e nerello mascalese riescono a ottenere in queste terre, stanno valorizzando la denominazione, trainati dal successo del Faro Palari che, comunque, si conferma anche quest'anno al vertice della Doc, affermandosi come uno dei migliori vini isolani.

Contrada Barna - Santo Stefano di Briga - 98137 Messina (ME)
T. 090 630194 | M. info@palari.it
www.palari.it

Viticoltura: Convenzionale
Ettari: 7 | **Bottiglie:** 30.000 | **Produzione olearia:** No
Proprietà: Salvatore Geraci
Cond. enologica: Donato Lanati
Cond. agronomica: Giampiero Geraci
Vendita diretta: No | **Visite in azienda:** Sì

96

FARO PALARI 2018
Rosso Doc - Nerello mascalese 60%, Nerello cappuccio 20%, Nocera 15%, altre varietà 5%
Alc. 14% | € 35 | Bt. 10.000 | Ferm. Legno | Mat. Legno 24 mesi
Carminio di seducente trasparenza. Amarena sotto spirito e mora di rovo s'intrecciano con rosa rossa, aromi di pepe nero e vaniglia, soffi mentolati e salsedine. Palato autorevole e raffinato, ben bilanciato tra tannini e dotazione alcolica, coniuga mirabilmente complessità e garbo. Beccacce allo spiedo.

ROSSO DEL SOPRANO 2019
Rosso Igt - Nerello mascalese 60%, Nerello cappuccio 20%, Nocera 15%, altre varietà 5%
Alc. 13,5% | € 20 | Bt. 11.000 | Ferm. Legno e Acciaio | Mat. Legno 12 mesi
Reale di vitello alla senape antica.

FARO PALARI
2014 | 2015 | 2017

ROSSO DEL SOPRANO
2015 | 2016 | 2018

Palmento Costanzo
(2009)

Siamo alla vigilia della tredicesima vendemmia e l'amore della famiglia Costanzo per il vulcano cresce e si consolida. Alla guida dell'azienda due donne, Valeria Agosta e la figlia Serena, che coltivano i vitigni autoctoni nei 18 ettari divisi tra i versanti nord e sud-ovest, nelle prestigiose contrade Santo Spirito a Passopisciaro e Cavaliere a Santa Maria di Licodia. Con la ristrutturazione del palmento storico e l'avvio dell'attività enoturistica, l'azienda procede spedita verso la valorizzazione del territorio attraverso la comunicazione dei vini che lo raccontano.

Contrada Santo Spirito - Passopisciaro - 95012 Castiglione di Sicilia (CT)
T. 0942 983239 | M. info@palmentocostanzo.com
www.palmentocostanzo.com

Viticoltura: Biologica
Ettari: 18 | **Bottiglie:** 120.000 | **Produzione olearia:** Sì
Proprietà: Serena Costanzo
Cond. enologica: Nicola Centonze
Cond. agronomica: Nicola Gumina
Vendita diretta: Sì | **Visite in azienda:** Sì

(94,5)

ETNA ROSSO PREFILLOSSERA 2020
Rosso Doc - Nerello mascalese 90%, Nerello cappuccio 10%
Alc. 14% | € 110 | Bt. 1.500 | Ferm. Legno | Mat. Legno 24 mesi
Prodotto da viti ultracentenarie, si presenta con un manto rubino luccicante e un ricco e raffinato bouquet: violetta, ciliegia e arancia rossa, cacao, polvere di caffè, malie balsamiche e speziate. Il sorso è imponente ma elegante, il tannino vellutato e integrato. Lungo finale sapido e speziato. Risotto alla milanese con ossobuco.

ETNA ROSSO NERO DI SEI 2020
Rosso Doc - Nerello mascalese 90%, Nerello cappuccio 10%
Alc. 14% | € 30 | Bt. 15.000 | Ferm. Legno | Mat. Legno 24 mesi
Lombata di vitello su letto di cipolline saltate.

ETNA ROSSO CONTRADA SANTO SPIRITO 2020
Rosso Doc - Nerello mascalese 90%, Nerello cappuccio 10%
Alc. 14% | € 50 | Bt. 8.000 | Ferm. Legno | Mat. Legno 24 mesi
Minestra di riso, patate, porri, sedano e speck.

ETNA BIANCO CONTRADA SANTO SPIRITO 2021
Bianco Doc - Carricante 100%
Alc. 12% | € 45 | Bt. 5.000 | Ferm. Legno e Acciaio | Mat. Acciaio 12 mesi e Legno 12 mesi
Ravioli di patate e baccalà.

ETNA BIANCO BIANCO DI SEI 2021
Bianco Doc - Carricante 100%
Alc. 12% | € 28 | Bt. 12.000 | Ferm. Acciaio | Mat. Acciaio 10 mesi
Timballo di riso e gamberi.

ETNA BIANCO MOFETE 2022
Bianco Doc - Carricante 70%, Catarratto 30%
Alc. 12% | € 20 | Bt. 20.000 | Ferm. Acciaio | Mat. Acciaio 4 mesi
Vellutata di patate e porri.

ETNA ROSSO NERO DI SEI
2013 | 2014 | 2015

ETNA ROSSO CONTRADA SANTO SPIRITO
2019

Passopisciaro
(2000)

Il colpo di fulmine per l'Etna è avvenuto nel 2000, quando Andrea Franchetti, acquista la cantina diroccata che diventa Tenuta di Passopisciaro. Con passione e lungimiranza, trasferisce la concezione dei cru di Borgogna nel territorio etneo, creando i vini di contrada, perché "il vino è il mezzo ideale per celebrare tanta bellezza". La sua nobiltà continua, anche dopo la prematura scomparsa, a tramutarsi in forma liquida, territoriale, potente e serica nel contempo. Ne è testimone il vino che porta il suo nome, come sempre al vertice aziendale e tra i migliori vini del vulcano.

Contrada Guardiola - Passopisciaro - 95012 Castiglione di Sicilia (CT)
T. 0942 395449 | M. info@vinifranchetti.com
www.vinifranchetti.com

Viticoltura: Convenzionale
Ettari: 27 | **Bottiglie:** 90.000 | **Produzione olearia:** No
Proprietà: Mario Alberto Benjamin Franchetti
Cond. enologica: Carmelo Cutrufello
Cond. agronomica: Vincenzo Lo Mauro
Vendita diretta: Sì | **Visite in azienda:** Sì

(94)

FRANCHETTI 2021
Rosso Igt - Petit verdot 70%, Cesanese d'Affile 30%
Alc. 15% | € 130 | Bt. 4.000 | Ferm. Acciaio | Mat. Legno 6 mesi e Cemento 12 mesi
Rubino-amaranto impenetrabile. Naso deciso, espressivo: profumi di glicine, mora di rovo e frutti di bosco, aromi di china e liquirizia, menta, cioccolato, Mon Chéri. Bocca piena, rotonda e autorevole, con tannini perfetti ancora protagonisti. Lentissimo il congedo incentrato sulla spezia. Nodini di cinta senese lardellati al forno.

ETNA ROSSO PASSOROSSO 2021
Rosso Doc - Nerello mascalese 100%
Alc. 14,5% | € 27 | Bt. 31.500 | Ferm. Acciaio | Mat. Legno 18 mesi e Cemento 18 mesi
Lepre alla cacciatora.

CONTRADA C 2021
Rosso Igt - Nerello mascalese 100%
Alc. 15% | € 55 | Bt. 4.000 | Ferm. Acciaio | Mat. Legno 18 mesi
Pappardelle al ragù di cinghiale.

CONTRADA PC 2021
Bianco Igt - Chardonnay 100%
Alc. 13% | € 55 | Bt. 6.400 | Ferm. Legno | Mat. Legno 10 mesi
Garganelli con julienne di calamari e ortiche.

CONTRADA R 2021
Rosso Igt - Nerello mascalese 100%
Alc. 14% | € 55 | Bt. 4.600 | Ferm. Acciaio | Mat. Legno 18 mesi
Carré d'agnello al timo e lardo di Colonnata.

PASSOBIANCO 2021
Bianco Igt - Chardonnay 100%
Alc. 13% | € 26 | Bt. 22.200 | Ferm. Acciaio | Mat. Legno 10 mesi e Cemento 10 mesi
Paella.

FRANCHETTI
2016 | 2018 | 2020

ETNA ROSSO PASSOROSSO
2020

Carlo Pellegrino
(1880)

Giunta alla settima generazione, la famiglia Pellegrino continua a gestire l'azienda tramandando la storia dei vini e del territorio trapanese. I vigneti sono diffusi nell'area tra Trapani e Marsala, zone costiere ed entroterra, oltre a quelli di Pantelleria, ospitando ciascuno i vitigni più vocati, che danno origine a una vasta gamma di vini. Un patrimonio vitivinicolo che colloca l'azienda ai vertici quantitativi e qualitativi dell'enografia siciliana, realizzando pienamente il sogno del fondatore, Paolo Pellegrino, che immaginava già nel 1880 un futuro florido per la Sicilia del vino.

Lungomare Battaglia delle Egadi, 10 - 91025 Marsala (TP)
T. 0923 719911 | M. info@carlopellegrino.it
www.carlopellegrino.it

Viticoltura: Convenzionale e biologica certificata
Ettari: 150 | **Bottiglie:** 5.500.000 | **Produzione olearia:** No
Proprietà: Famiglia Pellegrino
Cond. enologica: Enrico Stella, Gaspare Catalano
Cond. agronomica: Nicolò Poma
Vendita diretta: Sì | **Visite in azienda:** Sì

PASSITO DI PANTELLERIA NES 2021
Bianco Doc Passito - Zibibbo 100%
Alc. 14,5% | € 34 (0,5l) | Bt. 14.394 | Ferm. Acciaio | Mat. Acciaio 10 mesi
Ambra lucente. Intensità d'albicocca disidratata, fichi secchi e datteri precedono miele, tè, tabacco biondo, guizzi di cannella e cacao, rinfrescanti stille balsamiche e iodate. Di pregio il sorso, morbido, dolce, vellutato, ben bilanciato dalla freschezza e dalla sapidità marina che caratterizza la chiosa. Zeppole di San Giuseppe.

MARSALA SUPERIORE SEMISECCO 1985 RISERVA
Bianco Doc Liquoroso - Grillo 40%, Catarratto 30%, Inzolia 30%
Alc. 18% | € 21 | Ferm. Legno e Acciaio | Mat. Legno 144 mesi
Gorgonzola naturale.

SICILIA NERO D'AVOLA GAZZEROTTA 2021
Rosso Doc - Nero d'Avola 100%
Alc. 14% | € 14 | Bt. 14.500 | Ferm. Acciaio | Mat. Acciaio 24 mesi e Legno 12 mesi
Rigatoni al ragù bianco di carne.

SICILIA GRILLO SUPERIORE GAZZEROTTA 2021
Bianco Doc - Grillo 100%
Alc. 13,5% | € 19 | Bt. 12.000 | Ferm. Acciaio | Mat. Acciaio 10 mesi
Calamarata con ragù di pesce spada.

RAKALIA 2022
Bianco Igt - Malvasia 100%
Alc. 12,5% | € 14 | Bt. 12.198 | Ferm. Acciaio | Mat. Acciaio 4 mesi
Mozzarella di bufala campana.

JUNCO 2022
Rosso Igt - Frappato 100%
Alc. 12,5% | € 14 | Bt. 19.500 | Ferm. Acciaio | Mat. Acciaio 4 mesi
Cacciucco alla livornese.

PASSITO DI PANTELLERIA NES
2013 | 2014 | 2015

MARSALA VERGINE SOLERAS DRY
S.A.

Pietradolce
(2005)

Sita nel piccolo borgo di Solicchiata, è un'azienda oggi leader nella realtà vitivinicola etnea grazie alla costanza e alla passione dei fratelli Michele e Mario Faro. Da visitare, non solo per l'ospitalità, la cantina, pregevole opera di architettura moderna, perfettamente integrata nel paesaggio locale, realizzata secondo i dettami della bioarchitettura. Arte e artigianalità s'intrecciano per creare ambienti dallo stile contemporaneo, ma al contempo fortemente legati al contesto etneo, proprio come i vini che ogni anno riescono a sorprendere per carattere e identità territoriale.

SS 120 - Solicchiata - 95012 Castiglione di Sicilia (CT)
T. 344 0640839 | M. info@pietradolce.it
www.pietradolce.it

Viticoltura: Biologica
Ettari: 35 | **Bottiglie:** 86.000 | **Produzione olearia:** Sì
Proprietà: Famiglia Faro
Cond. enologica: Carlo Ferrini
Cond. agronomica: Tommaso Morana, Giuseppe Parlavecchio
Vendita diretta: Sì | **Visite in azienda:** Sì

95

ETNA ROSSO BARBAGALLI 2020
Rosso Doc - Nerello mascalese 100%
Alc. 15% | € 250 | Bt. 2.500 | Ferm. Cemento | Mat. Legno 21 mesi
Manto carminio dalle ammalianti trasparenze. Bouquet che apre su malie balsamiche, poi amarena sotto spirito, piccoli frutti di bosco, muschio, timo, alloro, spezie dolci, tabacco. Maestoso il gusto, sorretto da una decisa spalla acida e dal nobile tannino. Epilogo interminabile con frutta e spezie. Manzo brasato con funghi.

ETNA ROSSO CONTRADA SANTO SPIRITO 2021
Rosso Doc - Nerello mascalese 100%
Alc. 15% | € 42 | Bt. 5.000 | Ferm. Cemento | Mat. Legno 14 mesi
Agnolotti al sugo di carne.

ETNA ROSSO FEUDO DI MEZZO 2021
Rosso Doc - Nerello mascalese 100%
Alc. 13% | € 42 | Bt. 2.000 | Ferm. Cemento | Mat. Legno 14 mesi e Cemento 2 mesi
Coniglio in umido alle erbe aromatiche.

ETNA ROSSO CONTRADA RAMPANTE 2021
Rosso Doc - Nerello mascalese 100%
Alc. 14% | € 42 | Bt. 5.000 | Ferm. Cemento | Mat. Acciaio e Legno 14 mesi e Cemento 2 mesi
Cappone ripieno al forno.

ETNA BIANCO ARCHINERI 2022
Bianco Doc - Carricante 100%
Alc. 13% | € 42 | Bt. 5.000 | Ferm. Acciaio | Mat. Acciaio 6 mesi
Risotto ai frutti di mare.

SANT'ANDREA 2020
Bianco Igt - Carricante 100%
Alc. 13,5% | € 250 | Bt. 1.800 | Ferm. Legno | Mat. Legno 12 mesi
Tortelli di zucca e salvia.

ETNA ROSSO BARBAGALLI
2017 | 2018 | 2019

ETNA ROSSO CONTRADA RAMPANTE
2014

Planeta
(1995)

Una storia imprenditoriale di successo che attraversa la Sicilia da est a ovest, in cinque territori e in sette cantine. La mission di Planeta ha come principio il totale rispetto e la tutela dell'ambiente in tutta la sua unicità, dei paesaggi e della cultura, valorizzando le particolarità dei vitigni di ciascun territorio. Un viaggio in Sicilia visto come un continente vitivinicolo, alla ricerca di vitigni, autoctoni e non, dai quali l'azienda produce vini di aderenza territoriale e indiscussa qualità, come ampiamente testimoniato dalle degustazioni.

Contrada Dispensa - 92013 Menfi (AG)
T. 091 327965 | M. planeta@planeta.it
www.planeta.it

Viticoltura: Convenzionale e biologica
Ettari: 379 | **Bottiglie:** 2.500.000 | **Produzione olearia:** Sì
Proprietà: Famiglia Planeta
Cond. enologica: Alessio Planeta
Cond. agronomica: Filippo Riportella
Vendita diretta: Sì | **Visite in azienda:** Sì

MENFI ROSSO BURDESE 2018
Rosso Doc - Cabernet sauvignon 70%, Cabernet franc 30%
Alc. 14% | € 20 | Bt. 34.000 | Ferm. Acciaio | Mat. Legno 14 mesi
Lucente livrea rosso granato. Caleidoscopio olfattivo con note di peperone, prugna e amarena sotto spirito, seguite da aromi di pepe nero e liquirizia con rinfrescanti soffi balsamici. Il sorso è suadente con tannino autorevole e vellutato, solida struttura e lunga chiusura con richiami di frutta e spezie. Carré d'agnello al timo e lardo di Colonnata.

ETNA BIANCO CONTRADA TACCIONE 2021
Bianco Doc - Carricante 100%
Alc. 13% | € 18 | Bt. 72.000 | Ferm. Legno e Acciaio | Mat. Acciaio 5 mesi e Legno 5 mesi
Linguine con asparagi e calamaretti.

PASSITO DI NOTO 2021
Bianco Doc Passito - Moscato bianco 100%
Alc. 12% | € 24 (0,5l) | Bt. 13.000 | Ferm. Acciaio | Mat. Acciaio 4 mesi
Tortino di mele con salsa alla vaniglia.

MENFI SYRAH MAROCCOLI 2019
Rosso Doc - Syrah 100%
Alc. 14% | € 20 | Bt. 30.000 | Ferm. Acciaio | Mat. Legno 14 mesi
Filetto di maiale alla senape.

NOTO ROSSO SANTA CECILIA 2020
Rosso Doc - Nero d'Avola 100%
Alc. 14% | € 27 | Bt. 33.000 | Ferm. Acciaio | Mat. Legno 14 mesi
Tagliata di manzo al rosmarino.

SICILIA MERLOT SITO DELL'ULMO 2018
Rosso Doc - Merlot 100%
Alc. 14,5% | € 20 | Bt. 13.000 | Ferm. Acciaio | Mat. Legno 14 mesi
Tagliere di salumi.

SICILIA MERLOT SITO DELL'ULMO
2015

MENFI SYRAH MAROCCOLI
2017

Poggio di Bortolone
(1878)

Tre secoli di tradizione agricola sono il punto di partenza dell'azienda Poggio di Bortolone. La filosofia produttiva abbraccia il rispetto dell'ambiente e della biodiversità. Nei 60 ettari della tenuta, nel territorio del Cerasuolo di Vittoria Docg, si susseguono colline e fondovalle, dove alle vigne si accompagnano ulivi secolari e seminativi, intramezzati da rigogliose oasi custodi di flora e fauna selvatica. La storica Cantina con annessi antico frantoio a pietra e un mulino ad acqua testimoniano l'esperienza della famiglia Cosenza e rendono uniche le visite con diverse offerte.

Via Bortolone, 19 - Frazione Roccazzo - 97010 Chiaramonte Gulfi (RG)
T. 0932 921161 | M. info@poggiodibortolone.it
www.poggiodibortolone.it

Viticoltura: Lotta integrata
Ettari: 15 | **Bottiglie:** 70.000 | **Produzione olearia:** Sì
Proprietà: Pierluigi Cosenza
Cond. enologica: Giuseppe Romano
Cond. agronomica: Pierluigi Cosenza
Vendita diretta: Sì | **Visite in azienda:** Sì

CERASUOLO DI VITTORIA CLASSICO VIGNA PARA PARA 2020
Rosso Docg - Nero d'Avola 60%, Frappato 40%
Alc. 14% | € 21 | Bt. 5.000 | Ferm. Acciaio | Mat. Acciaio 18 mesi e Legno 12 mesi
Carminio impenetrabile. Bouquet magistrale di ciliegie sotto spirito, fragoline e rose rosse, caffè, sottobosco, allusioni balsamiche e accenni speziati. Sorso deciso e caldo. Vivace freschezza e tannino carezzevole, il finale è accompagnato dalla coerenza dei riverberi olfattivi. Gulasch di manzo alla paprica dolce.

VITTORIA FRAPPATO 2022
Rosso Doc - Frappato 100%
Alc. 13,5% | € 12 | Bt. 20.000 | Ferm. Acciaio | Mat. Acciaio 4 mesi
Calamarata con ragù di pesce spada.

CERASUOLO DI VITTORIA CLASSICO CONTESSA COSTANZA 2021
Rosso Docg - Frappato 50%, Nero d'Avola 50%
Alc. 14% | € 13 | Bt. 7.000 | Ferm. Acciaio | Mat. Acciaio 18 mesi
Risotto con salsiccia e Taleggio.

CERASUOLO DI VITTORIA CLASSICO 2021
Rosso Docg - Nero d'Avola 60%, Frappato 40%
Alc. 14% | € 14 | Bt. 20.000 | Ferm. Acciaio | Mat. Acciaio 18 mesi
Pasta alla Norma.

ADDAMANERA 2022
Rosso Igt - Syrah 70%, Cabernet sauvignon 30%
Alc. 13,5% | € 13 | Bt. 15.000 | Ferm. Acciaio | Mat. Acciaio 6 mesi
Ragusano.

SICILIA ROSATO ROSACHIARA 2022
Rosato Doc - Frappato 50%, Nero d'Avola 50%
Alc. 12,5% | € 12 | Bt. 5.000 | Ferm. Acciaio | Mat. Acciaio 3 mesi
Tataki di tonno al sesamo.

CERASUOLO DI VITTORIA CLASSICO PARA PARA
2016 | 2017 | 2019

CERASUOLO DI VITTORIA CLASSICO CONTESSA COSTANZA
2018 | 2020

Possente
(1982)

Tra le dolci colline di argilla e tufo, incastonata nella Valle del Belice, l'azienda Possente prosegue la produzione di eccellenze vinicole in un contesto di rigorosa biodiversità. I loro vini sintetizzano la storica vocazione agricola dei luoghi di origine, mantenendo una spiccata espressione artigianale e di qualità. Importante l'attenzione che Maria e la sua famiglia dedicano al catarratto, declinato in diverse tipologie di vini preservando tipicità e carattere. Ancora in vetta la versione macerata Cinque Inverni che raccoglie il consenso dei degustatori per grazia e longevità.

Contrada Bifarelle-Pergola - 91020 Salaparuta (TP)
T. 0924 502706 | M. info@possente.it
www.possente.it

Viticoltura: Biologica certificata
Ettari: 37 | **Bottiglie:** 80.000 | **Produzione olearia:** Sì
Proprietà: Famiglia Possente
Cond. enologica: Antonio Possente
Cond. agronomica: Antonio Possente
Vendita diretta: No | **Visite in azienda:** Sì

CINQUE INVERNI 2017
Bianco Igt - Catarratto 100%
Alc. 13% | € 45 | Bt. 1.800 | Ferm. Acciaio | Mat. Legno 38 mesi
Brillante giallo dorato con screziature topazio. Il naso ci racconta di albicocca matura e agrumi canditi, di anice e finocchietto, di miele di zagara, vaniglia e tabacco biondo. Ingresso al palato scorrevole e dinamico con una suadente progressione che sfuma in toni agrumati e aromatici. Pollo alle mandorle e curcuma.

KIMA 2022
Bianco Igt - Catarratto 100%
Alc. 12% | € 16 | Bt. 30.000 | Ferm. Acciaio
Insalata di mare.

SICILIA GRILLO ACINI DI GRILLO 2022
Bianco Doc - Grillo 100%
Alc. 12,5% | € 20 | Bt. 6.600 | Ferm. Acciaio | Mat. Acciaio 4 mesi
Riso venere con verdure e crostacei.

SICILIA GRILLO 2022
Bianco Doc - Grillo 100%
Alc. 12,5% | € 18 | Bt. 6.600 | Ferm. Acciaio | Mat. Acciaio 4 mesi
Orata all'acqua pazza.

ABIR 2022
Bianco Igt - Zibibbo 100%
Alc. 12,5% | € 18 | Bt. 6.600 | Ferm. Acciaio
Impepata di cozze.

SICILIA NERO D'AVOLA ACINI DI NERO 2022
Rosso Doc - Nero d'Avola 50%, Syrah 50%
Alc. 12,5% | € 20 | Bt. 6.600 | Ferm. Acciaio | Mat. Acciaio 3 mesi
Capocollo di Martina Franca.

CINQUE INVERNI
2015

KIMA
2021

Girolamo Russo
(2005)

Dopo l'importante opera di restyling delle etichette, Giuseppe Russo e i suoi collaboratori continuano a perseguire l'idea di un concept aziendale basato sulla coltivazione della vite in regime biologico, secondo la tradizione contadina. La vigna, distesa sul versante settentrionale dell'Etna, è suddivisa in tre distinti poderi in altrettante prestigiose contrade, San Lorenzo, Feudo e Feudo di Mezzo, ciascuna con una propria identità, che si esprime attraverso la complessità e la dinamicità di vini coerenti, dalla chiara impronta produttiva, che si rivelano intriganti all'olfatto e al gusto.

Via Regina Margherita, 78 - Passopisciaro - 95012 Castiglione di Sicilia (CT)
T. 328 3840247 | M. info@girolamorusso.it
www.girolamorusso.it

Viticoltura: Biologica e biologica certificata
Ettari: 20 | **Bottiglie:** 90.000 | **Produzione olearia:** Sì
Proprietà: Giuseppe Russo
Cond. enologica: Giuseppe Russo, Emiliano Falsini
Cond. agronomica: Giuseppe Russo, Stefano Dini
Vendita diretta: Sì | **Visite in azienda:** Sì

(93,5)
ETNA ROSSO SAN LORENZO 2021
Rosso Doc - Nerello mascalese 99%, Nerello cappuccio 1%
Alc. 14% | € 60 | Bt. 4.000 | Ferm. Mastelle di plastica | Mat. Legno 18 mesi
Amaranto splendente. Straordinaria ouverture di ciliegia e fragoline di bosco, macchia mediterranea e tabacco, su un prato di spezie. L'assaggio evidenzia uno squisito equilibrio con tannini in via d'integrazione. Lodevole persistenza che annuncia ottime prospettive di evoluzione. Fettuccine al ragù d'agnello.

(93)
ETNA ROSSO CALDERARA SOTTANA 2021
Rosso Doc - Nerello mascalese 94%, Nerello cappuccio 6%
Alc. 14% | € 60 | Bt. 1.800 | Ferm. Mastelle di plastica | Mat. Legno 18 mesi
Carminio dalle venature granato. Stuzzicanti gli indizi di spezie che si aprono su noce moscata e alloro essiccato in combinazione a ricordi di sottobosco, marasca e grafite. Il sorso è caldo, dalla spiccata personalità; i tannini soffici ma graffianti sostengono una direzione gustativa sensazionale. Cappone ripieno al forno.

ETNA BIANCO NERINA 2022
Bianco Doc - Carricante 75%, altre varietà 25%
Alc. 12% | € 30 | Bt. 10.000 | Ferm. Legno e Acciaio | Mat. Acciaio 6 mesi e Legno 6 mesi
Tagliolini all'astice.

ETNA ROSSO FEUDO DI MEZZO 2021
Rosso Doc - Nerello mascalese 98%, Nerello cappuccio 2%
Alc. 14% | € 60 | Bt. 2.200 | Ferm. Acciaio | Mat. Legno 18 mesi
Cosciotto d'agnello al forno con patate novelle.

ETNA ROSSO 'A RINA 2021
Rosso Doc - Nerello mascalese 90%, Nerello cappuccio 10%
Alc. 14% | € 25 | Bt. 40.000 | Ferm. Acciaio | Mat. Legno 8 mesi e Cemento 4 mesi
Carré di maiale con patate al forno.

ETNA BIANCO SAN LORENZO 2022
Bianco Doc - Carricante 90%, altre varietà 10%
Alc. 12,5% | € 68 | Bt. 1.200 | Ferm. Acciaio | Mat. Legno 6 mesi
Linguine allo scoglio.

ETNA ROSSO FEUDO
2014

ETNA ROSSO SAN LORENZO
2012 | 2016 | 2020

Solidea
(1998)

Pantelleria, l'isola del sole e del vento, autenticamente raccontata dai vini dell'azienda di Giacomo D'Ancona, dedicata alla moglie Solidea. Amore per il territorio e passione, ingegno e tecnica sono alla base di coltivazioni eroiche dove i terrazzamenti permettono di sfruttare anche le estreme pendenze e la coltivazione del grano, inframezzato ai filari di vigna ad alberello, protegge quest'ultima dalla furia del vento di levante. Nei mesi estivi la famiglia D'Ancona ospita gli enoturisti su una terrazza vista mare, tra racconti e degustazioni dei loro vini e delle tipicità pantesche.

Contrada Kaddiuggia - 91017 Pantelleria (TP)
T. 392 0483517 | M. info@solideavini.it
www.solideavini.it

Viticoltura: Convenzionale
Ettari: 5 | **Bottiglie:** 17.000 | **Produzione olearia:** Sì
Proprietà: Giacomo D'Ancona
Cond. enologica: Giacomo D'Ancona
Cond. agronomica: Giacomo D'Ancona
Vendita diretta: Sì | **Visite in azienda:** Sì

PASSITO DI PANTELLERIA 2021
Bianco Doc Passito - Zibibbo 100%
Alc. 14,5% | € 30 (0,5l) | Bt. 8.000 | Ferm. Acciaio | Mat. Acciaio 12 mesi
Ambra di spiccata lucentezza. Raffinato profilo olfattivo con l'abbraccio di albicocca e susina, datteri e fichi secchi, miele, note mentolate, soffi di salsedine. Sorso pieno, rotondo, con morbidezza vellutata e misurata dolcezza. Un'incisiva scia sapida rinfresca il finale piacevolmente fruttato. Crostata alle mandorle e albicocche.

ILIOS 2022
Bianco Igt - Zibibbo 100%
Alc. 13% | € 13 | Bt. 7.000 | Ferm. Acciaio | Mat. Acciaio 6 mesi
Cartoccio di pescatrice agli agrumi.

PASSITO DI PANTELLERIA
2013

MOSCATO DI PANTELLERIA
2016

Stanza Terrena
(2020)

Un progetto giovane e ambizioso che nasce in una delle contrade più prestigiose, Santo Spirito, e in un luogo storico per Passopisciaro e per l'Etna in generale: una masseria nel cui palmento, ancora intatto e visitabile, si vinificava dalla seconda metà dell'Ottocento tutta l'uva della contrada. Giuseppe Grasso, raccogliendo un'eredità familiare risalente agli anni Sessanta, ha portato una ventata di novità sul vulcano: fermentazioni spontanee, lunghe macerazioni, anche carboniche, pochi solfiti aggiunti, nessuna filtrazione. I risultati sono incoraggianti, come confermano le degustazioni.

SS 120, km 192 - Località Passopisciaro - 95012 Castiglione di Sicilia (CT)
T. 329 0325184 | M. info@stanzaterrena.com
www.stanzaterrena.com

Viticoltura: Biologica e lotta integrata
Ettari: 5 | **Bottiglie:** 15.000 | **Produzione olearia:** Sì
Proprietà: Fratelli Grasso
Cond. enologica: Giuseppe Grasso
Cond. agronomica: Giuseppe Grasso
Vendita diretta: Sì | **Visite in azienda:** Sì

ETNA ROSSO VILLA SANTO SPIRITO 2021
Rosso Doc - Nerello mascalese 100%
Alc. 14% | € 40 | Bt. 2.000 | Ferm. Acciaio | Mat. Acciaio 6 mesi e Legno 12 mesi
Rubino fitto, vivace e luminoso. Profuma di fiori e frutta: violetta, ciliegia, sorba, mora di rovo; la roteazione rivela aromi di vaniglia e di tè, sottobosco, cacao, caffè. In bocca è caldo e avvolgente, con un tannino vigoroso ma ben integrato e uno sviluppo gustativo sapido dai richiami fruttati. Zuppa di legumi e cereali.

ETNA ROSSO NASCA 2020
Rosso Doc - Nerello mascalese 100%
Alc. 15% | € 70 | Bt. 900 | Ferm. Legno | Mat. Acciaio 6 mesi e Legno 20 mesi
Coda alla vaccinara.

LA VIE FUILLE
2019

CAMELIE
2020

Famiglia Statella
(2016)

Nasce nel 2016 dall'idea di Calogero Statella e della moglie Rita, nel versante nord dell'Etna, a Castiglione di Sicilia, terra natia dei coniugi. L'intuizione è quella di produrre vino rispecchiando le singolari caratteristiche del terroir etneo. Il primo vigneto fu acquistato in Contrada Pettinociarelle, cui seguì l'acquisto di un vecchio appezzamento in Contrada Pignatuni, nel comune di Randazzo, con ceppi secolari radicati su terreni vulcanici a 760 metri di altezza. Sale al podio proprio quest'etichetta, massima espressione aziendale, che proviene da viti vecchissime, in parte prefilossera.

Via Gullotto Mariano, 34 - Frazione Passopisciaro - 95012 Castiglione di Sicilia (CT)
T. 347 5038974 | M. info@famigliastatella.com
www.famigliastatella.com

Viticoltura: Biologica
Ettari: 1,3 | **Bottiglie:** 10.000 | **Produzione olearia:** No
Proprietà: Calogero e Rita Statella
Cond. enologica: Calogero Statella
Cond. agronomica: Calogero Statella
Vendita diretta: No | **Visite in azienda:** No

92

ETNA ROSSO PIGNATUNI VECCHIE VIGNE 2020
Rosso Doc - Nerello mascalese 90%, Nerello cappuccio 10%
Alc. 14% | € 63 | Bt. 1.000 | Ferm. Acciaio | Mat. Legno 18 mesi
Delicata trasparenza, rubino. Riverberi di rosa canina e viola mammola s'intrecciano a sentori balsamici, rabarbaro e muschio, aromi di cannella e pepe nero, note di tè in chiusura. Ingresso deciso e opulento, con tannini sodi e muscolosi che conferiscono carattere e struttura. Brasato di manzo al vino rosso.

ETNA BIANCO 2022
Bianco Doc - Carricante 85%, Catarratto 15%
Alc. 12,5% | € 24 | Bt. 3.000 | Ferm. Acciaio | Mat. Acciaio 4 mesi
Riso, cozze e zafferano.

ETNA ROSSO PETTINOCIARELLE 2020
Rosso Doc - Nerello mascalese 90%, Nerello cappuccio 10%
Alc. 13,5% | € 36 | Bt. 4.000 | Ferm. Acciaio | Mat. Legno 18 mesi
Agnolotti al piccione con sugo d'arrosto.

ETNA ROSATO 2022
Rosato Doc - Nerello mascalese 80%, Nerello cappuccio 20%
Alc. 13,5% | € 24 | Bt. 2.000 | Ferm. Acciaio | Mat. Acciaio 4 mesi
Lasagnette al ragù di faraona e asparagi.

Tasca d'Almerita
(1830)

Tra tradizione e innovazione, da otto generazioni Tasca è custode della terra siciliana. Negli anni ha creato un viaggio emozionante che attraversa cinque diversi territori: partendo da Mozia e attraversando le dolci colline di Camporeale, passando per le vigne a picco sul mare di Salina e Vulcano e a quelle nell'entroterra di Regaleali, storica dimora, arrivando alle pendici dell'Etna. È diventata, grazie a Sostain, una B Corp certificata, un traguardo che riconosce il grande impegno per lo sviluppo di una viticoltura sostenibile, che si prende cura del pianeta e della comunità.

Tenuta Regaleali - Contrada Regaleali - 90020 Sclafani Bagni (PA)
T. 091 6459711 | M. info@tascadalmerita.it
www.tascadalmerita.it

Viticoltura: Convenzionale ed ecosostenibile
Ettari: 458,3 | **Bottiglie:** 2.335.248 | **Produzione olearia:** Sì
Proprietà: Famiglia Tasca d'Almerita
Cond. enologica: Mario Licari, Stefano Masciarelli, Laura Orsi
Cond. agronomica: Michele Brusaferri, Mario Licari, Alessandro Accardi, Davide Bacchiega
Vendita diretta: Sì | **Visite in azienda:** Sì

96

CONTEA DI SCLAFANI ROSSO DEL CONTE REGALEALI 2018
Rosso Doc - Nero d'Avola 53%, Perricone 47%
Alc. 14% | € 48 | Bt. 30.000 | Ferm. Acciaio | Mat. Legno 18 mesi
Sontuoso manto cremisi. Ampio e raffinato lo spettro, con marasca e mora di rovo in apertura, carruba e liquirizia a lasciare spazio a spezie dolci, tracce mentolate, poi cacao e caffè. Ricco e materico all'assaggio, sfoggia un tannino di razza e una lunga estensione fruttata e speziata. Filetto di vitello alla Rossini.

95

SICILIA CHARDONNAY VIGNA SAN FRANCESCO REGALEALI 2021
Bianco Doc - Chardonnay 100%
Alc. 14% | € 40 | Bt. 29.000 | Ferm. Legno | Mat. Legno 8 mesi
Paglierino luminoso con bagliori dorati. Tripudio di profumi di rosa alba, mango e papaia, guizzi di cedro candito, anice, caramello e vaniglia. Espressivo, tenace e dinamico, beva elegante e leggiadra attraversata da un'onda di energica freschezza finale. San Pietro alla siciliana con dadolata di patate.

ETNA ROSSO SCIARANUOVA TASCANTE 2020
Rosso Doc - Nerello mascalese 100%
Alc. 13% | € 40 | Bt. 5:500 | Ferm. Acciaio | Mat. Legno 12 mesi
Pluma di maialino Bellota con cipolle caramellate.

MONREALE SYRAH LA MONACA SALLIER DE LA TOUR 2020
Rosso Doc - Syrah 100%
Alc. 14,5% | € 24 | Bt. 17.000 | Ferm. Acciaio | Mat. Legno 14 mesi
Costine d'agnello in crosta di noci.

SICILIA SPUMANTE BIANCO ALMERITA BRUT REGALEALI 2019
Bianco Doc Metodo Classico - Chardonnay 100%
Alc. 13% | € 30 | Bt. 38.000 | Ferm. Acciaio | 24 mesi sui lieviti
Frittura di calamari, gamberi e zucchine.

SICILIA GRILLO MOZIA WHITAKER 2022
Bianco Doc - Grillo 100%
Alc. 13,5% | € 23 | Bt. 60.000 | Ferm. Acciaio | Mat. Acciaio 5 mesi
Gamberoni al curry.

SICILIA CABERNET SAUVIGNON VIGNA SAN FRANCESCO REGALEALI
2016 | 2017 | 2019

CONTEA DI SCLAFANI ROSSO DEL CONTE
2013 | 2014 | 2017

Tenuta di Fessina
(2007)

Un palmento del XVII secolo alle pendici dell'Etna incastonato tra i vecchi vigneti che custodisce una ricchezza storica e culturale di pregio. Fessina, nell'areale di Rovittello, presenta un'identità femminile che, nel pieno rispetto delle tradizioni agricole e in sintonia con le moderne tecniche enologiche, ha saputo costruire in pochi anni una realtà di assoluto valore e prestigio. La tenuta coltiva altri vigneti, dalle cui uve sono prodotti i vini bianchi che quest'anno vanno sul podio: Il Musmeci ed Erse a Milo, in contrada Caselle, e A' Puddara a Biancavilla, in contrada Manzuedda.

Via Nazionale SS 120, km 22 - Frazione Rovittello - 95012 Castiglione di Sicilia (CT)
T. 345 8346477 | M. fessina@tenutadifessina.com
www.tenutadifessina.com

Viticoltura: Biologica
Ettari: 15 | **Bottiglie:** 80.000 | **Produzione olearia:** Sì
Proprietà: Lavinia Silva
Cond. enologica: Benedetto Alessandro, Jacopo Maniaci
Cond. agronomica: Jacopo Maniaci
Vendita diretta: Sì | **Visite in azienda:** Sì

ETNA BIANCO CONTRADA CASELLE IL MUSMECI 2020
Bianco Doc - Carricante 100%
Alc. 12,5% | € 80 | Bt. 1.200 | Ferm. Legno | Mat. Legno 24 mesi
Bagliori verdolino impreziosiscono il paglierino. Naso espressivo e articolato con fresia e gardenia, limone e pesca bianca, menta e vaniglia, per chiudere con suggestioni burrose e minerali. Al gusto freschezza e sapidità duettano con la morbidezza, regalando un sorso equilibrato e appagante. Branzino al sale su letto di patate.

ETNA BIANCO ERSE 2022
Bianco Doc - Carricante 100%
Alc. 12,5% | € 22 | Bt. 18.000 | Ferm. Acciaio | Mat. Acciaio 9 mesi
Orata all'acqua pazza.

ETNA BIANCO A' PUDDARA 2021
Bianco Doc - Carricante 100%
Alc. 12,5% | € 45 | Bt. 11.000 | Ferm. Legno | Mat. Legno 12 mesi
Pappardelle con coda di rospo e carciofi.

ETNA ROSSO IL MUSMECI 2019
Rosso Doc - Nerello mascalese 100%
Alc. 13,5% | € 40 | Bt. 6.600 | Ferm. Acciaio | Mat. Legno 24 mesi
Tortelli al Castelmagno.

ETNA ROSSO CONTRADA MOSCAMENTO 1911 ERSE 2020
Rosso Doc - Nerello mascalese 100%
Alc. 13,5% | € 25 | Bt. 3.300 | Ferm. Acciaio | Mat. Legno 24 mesi
Risotto con salsiccia e Taleggio.

ETNA ROSATO ERSE 2022
Rosato Doc - Nerello mascalese 80%, Nerello cappuccio 20%
Alc. 12,5% | € 20 | Bt. 5.000 | Ferm. Acciaio | Mat. Acciaio 9 mesi
Mortadella Bologna.

ETNA BIANCO A' PUDDARA
2014 | 2018

ETNA BIANCO IL MUSMECI
2019

Tenuta Gatti
(2008)

Un'azienda familiare di oltre 200 ettari risalente alla prima metà dell'Ottocento in uno scenario naturale incantevole sui Monti Nebrodi. È quella che Nicolas, tornato dall'Argentina con la moglie e i figli ha deciso di rilanciare. I 15 ettari vitati ospitano i vitigni tradizionali della zona, nocera in primis, e alcuni internazionali, con i quali realizza degli uvaggi particolari. Singolare quello tra nocera e pinot nero, il 44, che svetta nelle degustazioni. Curiosa e simpatica l'etichetta, con il numero 44 sopra a un gatto... sembra evocare una famosa canzone dello Zecchino d'oro.

Contrada Cupranì - 98064 Librizzi (ME)
T. 0941 368173 | M. info@tenutagatti.com
www.tenutagatti.com

Viticoltura: Biologica
Ettari: 15 | **Bottiglie:** 20.000 | **Produzione olearia:** Sì
Proprietà: Nicolas Gatti Russo
Cond. enologica: Federico Curtaz
Cond. agronomica: Federico Curtaz
Vendita diretta: Sì | **Visite in azienda:** Sì

44 2017
Rosso Igt - Pinot nero 60%, Nocera 40%
Alc. 13,5% | € 43 | Bt. 1.250 | Ferm. Acciaio | Mat. Acciaio 12 mesi
Carminio denso e luminoso. Un racconto che comincia dalla ciliegia in confettura, passa alla macchia mediterranea, origano, bacche di ginepro e si chiude sulla balsamicità. Gusto rotondo e succoso, il sorso è stuzzicante, con tannini setosi che supportano la lunga chiusura. Bocconcini di cinghiale con salsa di prugne.

SICÈ 2014
Rosso Igt - Nocera 100%
Alc. 13,5% | € 16 | Bt. 3.500 | Ferm. Acciaio
Filetto di manzo alla Voronoff.

MARTINIANO 2014
Rosso Igt - Nero d'Avola 70%, Cabernet sauvignon 30%
Alc. 14% | € 11 | Bt. 6.200 | Ferm. Acciaio | Mat. Acciaio 3 mesi
Pappardelle con sugo di lepre.

FRANCO 2014
Rosso Igt - Cabernet sauvignon 35%, Merlot 35%, Nocera 30%
Alc. 14% | € 21 | Bt. 3.200 | Mat. Acciaio 36 mesi e Legno 12 mesi
Stinco di maiale al forno in pancetta affumicata.

MAMERTINO BIANCO CATALINA 2019
Bianco Doc - Inzolia 51%, Grillo 49%
Alc. 12,5% | € 11 | Bt. 6.600 | Ferm. Acciaio | Mat. Acciaio 12 mesi
Linguine con bottarga e pomodori secchi.

OLTRE 2016
Rosso Igt - Cabernet sauvignon 95%, Pinot nero 5%
Alc. 14% | € 28 | Bt. 2.000 | Ferm. Acciaio | Mat. Acciaio 12 mesi e Legno 12 mesi
Rigatoni al ragù bianco di carne.

MAMERTINO ROSSO CURPANÈ
2011

CATARRATTO
2017

Tenuta Gorghi Tondi
(2000)

Da quattro generazioni la famiglia Sala, con oggi alla guida Annamaria e Clara, coltiva le uve all'interno della Riserva Lago Preola e Gorghi Tondi, oasi WWF: un ambiente unico e suggestivo, un terroir naturalmente vocato a una viticoltura sostenibile. Evoluzione e famiglia sono le parole chiave di quest'anno, iniziato con il restyling delle etichette premium aziendali e con il nuovo rosso Sorelle Sala, che racconta l'unione simbolica di due personalità e di un'eredità comune e conquista subito la leadership convincendo i nostri degustatori e sfiorando l'eccellenza.

Contrada San Nicola - 91026 Mazara del Vallo (TP)
T. 0923 719741 | M. info@gorghitondi.it
www.gorghitondi.it

Viticoltura: Biologica certificata
Ettari: 115 | **Bottiglie:** 800.000 | **Produzione olearia:** Sì
Proprietà: Annamaria e Clara Sala
Cond. enologica: Michele Scavone, Tonino Guzzo
Cond. agronomica: Salvatore Lamia
Vendita diretta: Sì | **Visite in azienda:** Sì

SICILIA ROSSO SORELLE SALA RISERVA 2020
Rosso Doc - Nero d'Avola 50%, Syrah 35%, Cabernet sauvignon 15%
Alc. 14,5% | € 22 | Bt. 12.500 | Ferm. Acciaio | Mat. Acciaio 5 mesi e Legno 14 mesi
Rosso rubino impenetrabile. Variegato e ampio corredo: prugna e amarena sotto spirito, violetta di bosco, note di peperone, pepe nero e cannella, tabacco, cioccolato al latte. All'assaggio è pieno, polposo, rotondo e ben ritmato da freschezza e tannini carezzevoli. Lungo epilogo dai richiami fruttati. Fiorentina alla brace.

SICILIA GRILLO KHEIRÈ 2021
Bianco Doc - Grillo 100%
Alc. 13% | € 20 | Bt. 6.500 | Ferm. Acciaio | Mat. Acciaio 9 mesi e Legno 8 mesi
Frittura di moscardini.

SICILIA ZIBIBBO RAJAH 2022
Bianco Doc - Zibibbo 100%
Alc. 13% | € 18 | Bt. 12.000 | Ferm. Acciaio | Mat. Acciaio 5 mesi
Spaghetti con vongole e bottarga.

SICILIA FRAPPATO DUMÉ 2022
Rosso Doc - Frappato 100%
Alc. 13% | € 10 | Bt. 10.500 | Ferm. Acciaio | Mat. Acciaio 7 mesi
Crostini al lardo d'Arnad.

SICILIA CATARRATTO MIDOR 2022
Bianco Doc - Catarratto 100%
Alc. 12,5% | € 10 | Bt. 13.500 | Ferm. Acciaio | Mat. Acciaio 5 mesi
Torta salata alle zucchine e origano.

ZILLER 47
S.A.

PALMARÈS BRUT
S.A.

Tenuta Rapitalà
(1977)

La storica Tenuta Rapitalà è stata protagonista della rinascita del vino siciliano negli scorsi decenni ed è anche oggi attrice di spicco del panorama vitivinicolo regionale. I vini prodotti in azienda rispecchiano il territorio in cui nascono, ma con uno stile francese che li rende assolutamente unici. Nei 163 ettari di vigneti tra i 300 e i 600 metri di altezza si allevano vitigni autoctoni e alloctoni in sintonia tra loro. Blend o monovarietali, bianchi, rossi o dolci, i vini della tenuta hanno una caratteristica che li accomuna: raccontano il territorio con un'eleganza straordinaria.

Contrada Rapitalà - 90043 Camporeale (PA)
T. 0924 37233 | M. rapitala@giv.it
www.gruppoitalianovini.it

Viticoltura: Biologica
Ettari: 163 | **Bottiglie:** 600.000 | **Produzione olearia:** No
Proprietà: Gruppo Italiano Vini e Laurent Bernard de la Gatinais
Cond. enologica: Silvio Centonze
Cond. agronomica: Ignazio Arena
Vendita diretta: Sì | **Visite in azienda:** Sì

SICILIA CHARDONNAY CONTE HUGUES 2021
Bianco Doc - Chardonnay 100%
Alc. 14% | € 30 | Bt. 32.000 | Ferm. Legno e Acciaio | Mat. Legno 12 mesi
Paglierino fitto e vivace. Profumi floreali e fruttati, ginestra, pompelmo, pesca bianca e mela limoncella, seguiti da salvia e oliva verde, vaniglia e pepe bianco. Sorso morbido e volumico, animato da sapidità e freschezza agrumata con trama gustativa equilibrata e incessante. Tagliolini al nero di seppia e pomodori ciliegino.

SICILIA CABERNET SAUVIGNON NERO D'AVOLA HUGONIS 2020
Rosso Doc - Cabernet sauvignon 50%, Nero d'Avola 50%
Alc. 14% | € 30 | Bt. 6.000 | Ferm. Acciaio | Mat. Legno 13 mesi
Bollito misto con salse.

SICILIA NERO D'AVOLA ALTO REALE 2022
Rosso Doc - Nero d'Avola 100%
Alc. 13,5% | € 15 | Bt. 110.000 | Ferm. Acciaio | Mat. Acciaio 3 mesi e Legno 3 mesi
Zuppa di legumi e cereali.

ALCAMO CLASSICO VIGNA CASALJ 2022
Bianco Doc - Catarratto 100%
Alc. 12,5% | € 15 | Bt. 10.000 | Ferm. Acciaio | Mat. Legno 3 mesi
Crostini con spuma di mortadella.

SICILIA PINOT NERO NERO D'AVOLA NUHAR 2021
Rosso Doc - Pinot nero 60%, Nero d'Avola 40%
Alc. 13% | € 15 | Bt. 12.000 | Ferm. Acciaio | Mat. Acciaio 18 mesi e Legno 9 mesi
Tortellini in brodo.

SICILIA GRILLO VIVIRI 2022
Bianco Doc - Grillo 100%
Alc. 13,5% | € 11 | Bt. 78.000 | Ferm. Acciaio | Mat. Acciaio 5 mesi
Rotolo di tacchino alle mele ed erbe aromatiche.

CONTE HUGUES
2018 | 2019 | 2020

SICILIA CABERNET SAUVIGNON NERO D'AVOLA HUGONIS
2019

Tenuta Valle delle Ferle
(2016)

Giovane realtà imprenditoriale che da qualche hanno investe nel territorio più vocato alla coltivazione del nero d'avola e del frappato, patria del Cerasuolo di Vittoria. Tra tradizione e innovazione, Claudia e Andrea nel 2023 aumentano la produzione del bianco da uve nere Murgentia e decidono anche di impiantare altri tre ettari di vigna. L'accoglienza enoturistica fa parte dei loro progetti futuri, con l'apertura al pubblico di quattro camere messe a disposizione di chi vuole vivere un'esperienza nei vigneti. In cantiere un particolare spumante da Metodo Classico.

Contrada Valle delle Ferle sn - SP39/I Caltagirone-Niscemi, km 8 - 95041 Caltagirone (CT)
| M. info@valledelleferle.it
www.valledelleferle.it

Viticoltura: Biologica e biologica certificata
Ettari: 10 | **Bottiglie:** 16.000 | **Produzione olearia:** No
Proprietà: Imakara Società Agricola srl
Cond. enologica: Giuseppe Romano, Andrea Marletta
Cond. agronomica: Andrea Marletta
Vendita diretta: Sì | **Visite in azienda:** Sì

CERASUOLO DI VITTORIA 2019
Rosso Docg - Frappato 50%, Nero d'Avola 50%
Alc. 13% | € 22 | Bt. 3.342 | Ferm. Acciaio | Mat. Acciaio 24 mesi
Sipario rubino, sontuoso e lucente. Si apre con danze di arancia sanguinella, cassis, ribes nero e assoli di liquirizia in una rinfrescante atmosfera balsamica. Bocca avvolgente dal tannino perfettamente calibrato, tenace e dinamico, supportato da un'adeguata acidità. Manzo brasato con funghi.

VITTORIA NERO D'AVOLA QALATINO 2019
Rosso Doc - Nero d'Avola 100%
Alc. 13,5% | € 18 | Bt. 2.665 | Ferm. Acciaio | Mat. Acciaio 18 mesi
Agnolotti al sugo di carne.

VITTORIA FRAPPATO 2022
Rosso Doc - Frappato 100%
Alc. 14% | € 18 | Bt. 6.586 | Ferm. Acciaio | Mat. Acciaio 12 mesi
Pizza con bufala e pomodorini.

SICILIA ROSATO 2022
Rosato Igt - Frappato 50%, Nero d'Avola 50%
Alc. 12,5% | € 18 | Bt. 2.577 | Ferm. Acciaio | Mat. Acciaio 6 mesi e Legno 6 mesi
Risotto con piselli e ricotta affumicata.

MURGENTIA BIANCO 2022
Bianco Igt - Frappato 50%, Nero d'Avola 50%
Alc. 12,5% | € 18 | Bt. 10.140 | Ferm. Acciaio | Mat. Acciaio 6 mesi
Fritto di paranza.

CERASUOLO DI VITTORIA
2017

SICILIA ROSATO
2021

Tenute Bosco
(2010)

Dalla lungimiranza e perseveranza di Sofia nasce questa giovane azienda nella zona a nord del vulcano Etna, con vigneti in due contrade, Piano dei Daini a Solicchiata e Santo Spirito a Passopisciaro, a un'altitudine compresa tra i 600 e i 750 metri, impiantati esclusivamente a varietà autoctone. Il rispetto per l'ambiente e per la biodiversità sono fattori chiave nella mission dell'azienda che vanta infatti una produzione certificata biologica con un team di lavoro quasi tutto al femminile. Svetta sul podio il classico Etna Rosso Piano dei Daini da nerello mascalese e cappuccio.

SP 64 - 95012 Castiglione di Sicilia loc. Solicchiata (CT)
| M. info@tenutebosco.com
www.tenutebosco.com

Viticoltura: Biologica certificata
Ettari: 12 | **Bottiglie:** 50.000 | **Produzione olearia:** No
Proprietà: Sofia Ponzini
Cond. enologica: Staff aziendale
Cond. agronomica: Salvatore Giuffrida
Vendita diretta: Sì | **Visite in azienda:** Sì

ETNA ROSSO PIANO DEI DAINI 2021
Rosso Doc - Nerello mascalese 90%, Nerello cappuccio 10%
Alc. 14% | € 20 | Bt. 20.000 | Ferm. Acciaio | Mat. Acciaio 3 mesi e Legno 12 mesi
Carminio con meravigliosa trasparenza. Seduce con profumi di ciliegia, ribes rosso e glicine seguiti da bacche di ginepro, chiodi di garofano e cardamomo, tabacco e spunti balsamici. Beva rotonda e scorrevole, con tannini vibranti che pilotano l'autorevole progressione gustativa. Bracioline di maiale al calvados.

ETNA BIANCO PIANO DEI DAINI 2022
Bianco Doc - Carricante 90%, Catarratto 3%, Grecanico dorato 3%, Inzolia 2%, Minnella bianca 2%
Alc. 13% | € 20 | Bt. 15.000 | Ferm. Acciaio | Mat. Acciaio 6 mesi
Gnocchetti al sugo d'astice.

ETNA ROSATO PIANO DEI DAINI 2022
Rosato Doc - Nerello mascalese 100%
Alc. 13% | € 20 | Bt. 10.000 | Ferm. Acciaio | Mat. Acciaio 6 mesi
Arrosto di pollo ripieno.

ETNA ROSSO PIANO DEI DAINI
2016

ETNA ROSSO VICO
2019

Tenute Lombardo
(2006)

Se la Sicilia è il centro del Mediterraneo, Caltanissetta ne è ancor di più il nucleo. Terreni calcarei, poco piovosi, ventosi e molto caldi: è qui, a un'altitudine che va dai 550 ai 650 metri, che si trovano i 30 ettari di vigneti della famiglia Lombardo. I tre fratelli Salvatore, Gianfranco e Roberto portano avanti l'azienda con i principi e l'amore per la terra che il padre ha loro trasmesso. In evidenza quattro diverse espressioni di nero d'Avola, a dimostrazione della versatilità del grande vitigno e della qualità che riesce a esprimere anche su questi terreni e a queste altitudini.

Contrada Cusatino SS 122 - km 50 - 93100 Caltanissetta (CL)
T. 0934 1935148 | M. info@tenutelombardo.it
www.tenutelombardo.it

Viticoltura: Biologica
Ettari: 30 | **Bottiglie:** 180.000 | **Produzione olearia:** Sì
Proprietà: Famiglia Lombardo
Cond. enologica: Tonino Guzzo, Roberto Lombardo
Cond. agronomica: Gianfranco Lombardo, Salvatore Lombardo
Vendita diretta: Sì | **Visite in azienda:** Sì

SICILIA NERO D'AVOLA NERO D'ALTURA 2020
Rosso Doc - Nero d'Avola 100%
Alc. 14,5% | € 14 | Bt. 29.000 | Ferm. Acciaio | Mat. Acciaio 6 mesi e Legno 12 mesi
Rubino fitto di spiccata vivacità. Sfoggia fragranze di fiori e frutta fresca, rosa e violetta, amarena e mirtilli, erbe aromatiche e grafite chiudono con polvere di cacao. Al sorso nerbo teso e deciso. Riecheggiano i frutti e le note minerali, tannino non esuberante ma incisivo e allungo piacevolmente salino. Stracotto d'asino.

FIORE DI NERO 2022
Rosato Igt - Nero d'Avola 100%
Alc. 12% | € 10 | Bt. 10.500 | Ferm. Acciaio | Mat. Acciaio 3 mesi
Crostini con spuma di mortadella.

SICILIA NERO D'AVOLA EIMÌ 2019
Rosso Doc - Nero d'Avola 100%
Alc. 15% | € 40 | Bt. 4.082 | Ferm. Acciaio | Mat. Acciaio 6 mesi e Legno 18 mesi
Pizzoccheri valtellinesi.

SICILIA NERO D'AVOLA VENDEMMIA TARDIVA PASSADINERO 2019
Rosso Igt Passito - Nero d'Avola 100%
Alc. 13,5% | € 27 (0,5l) | Bt. 1.630 | Ferm. Acciaio | Mat. Acciaio 4 mesi e Legno 12 mesi
Bonèt.

SICILIA GRILLO D'ALTURA 2022
Bianco Doc - Grillo 100%
Alc. 13% | € 14 | Bt. 26.500 | Ferm. Acciaio | Mat. Acciaio 3 mesi
Impepata di cozze.

SUALTEZZA 650 BRUT 2022
Bianco Igt Metodo Martinotti - Catarratto 100%
Alc. 11,5% | € 12 | Bt. 25.000 | Ferm. Acciaio | Mat. Acciaio 4 mesi
2 mesi sui lieviti
Scampi alla griglia.

SICILIA NERO D'AVOLA EIMÌ
2016

SUA ALTEZZA 650 BRUT
2019

Tenute Moganazzi
(2006)

Un'azienda che guarda al futuro, con un forte legame al passato. Siamo sull'Etna in contrada Moganazzi, dove negli anni Cinquanta Michele Pennisi, medico, s'innamora di un vigneto al quale dedica il suo tempo libero. È il figlio Vincenzo che all'inizio del secolo decide di imbottigliare e commercializzare i vini, che prendono il nome del padre, Don Michele. Oggi si arriva ai nipoti, ultima generazione, determinati a mantenere viva la passione della famiglia: produzione sartoriale, poco più di 5.000 bottiglie da viti di ottant'anni ad alberello, cercando qualità e identità territoriale.

Contrada Moganazzi - Passopisciaro - 95012 Castiglione di Sicilia (CT)
T. 333-1188706 | M. tenutamoganazzi@gmail.com
www.tenutamoganazzi.com

Viticoltura: Biologica
Ettari: 8 | **Bottiglie:** 5.000 | **Produzione olearia:** No
Proprietà: Famiglia Pennisi
Cond. enologica: Paolo Caciorgna
Cond. agronomica: Filippo Arena
Vendita diretta: No | **Visite in azienda:** Sì

ETNA ROSSO DON MCHELE 2020
Rosso Doc - Nerello mascalese 100%
Alc. 13% | € 15 | Bt. 2.500 | Ferm. Legno e Acciaio | Mat. Acciaio 9 mesi e Legno 9 mesi
Nuance carminio. Naso intrigante di sottobosco, mora di rovo, chinotto e carruba, seguiti da sbuffi tostati e balsamici, vaniglia e pepe nero. Autorevole e magistrale la gustativa, scandita da una trama tannica fitta e vellutata impreziosita da un'accentuata speziatura finale. Tagliata al pepe verde.

ETNA BIANCO DON MICHELE 2021
Bianco Doc - Carricante 85%, Catarratto 15%
Alc. 12,5% | € 15 | Bt. 2.500 | Ferm. Acciaio | Mat. Acciaio 6 mesi
Risotto al nero di seppia con seppie croccanti.

ETNA ROSSO DON MICHELE 2018
Rosso Doc - Nerello mascalese 90%, Nerello cappuccio 10%
Alc. 13,5% | € 15 | Bt. 2.500 | Ferm. Legno e Acciaio | Mat. Acciaio 9 mesi e Legno 9 mesi
Cosciotto d'agnello al forno con patate novelle.

Tenute Orestiadi

(2008)

L'identità aziendale mette in relazione la viticoltura e l'arte contemporanea, facendo sì che attraverso il racconto dei vini e dei territori si possa percorrere un simbolico viaggio tra la cultura enologica e le culture del Mediterraneo. Il percorso mette in correlazione l'areale di Gibellina e il vulcano Etna attraverso l'azienda La Gelsomina, da qualche anno acquisita da Tenute Orestiadi, esprimendone le diversità ed esaltandone le peculiarità territoriali. Anche quest'anno è il vulcano a prevalere, con lo spumante Etna Rosato Brut che svetta nel giudizio dei degustatori.

Viale Santa Ninfa - 91024 Gibellina (TP)
T. 0924 69124 | M. info@orestiadivini.it
www.tenuteorestiadi.it

Viticoltura: Convenzionale e biologica certificata
Ettari: 140 | **Bottiglie:** 1.000.000 | **Produzione olearia:** Sì
Proprietà: Cantine Ermes
Cond. enologica: Giuseppe Clementi
Cond. agronomica: Daniele Asaro
Vendita diretta: Sì | **Visite in azienda:** Sì

ETNA SPUMANTE ROSATO BRUT LA GELSOMINA
Rosato Doc Metodo Classico - Nerello cappuccio 80%, Nerello mascalese 20%
Alc. 12,5% | € 25 | Bt. 4.000 | Ferm. Acciaio | 30 mesi sui lieviti
Rosa cipria, brillante, dal fine perlage. Naso che esordisce con la delicatezza del glicine e della melagrana, subentrano panificazione, note balsamiche e di macchia mediterranea sorrette da una trama minerale. Sorso vivace, fresco e distintamente sapido, di corpo ed equilibrio, stuzzicante e di godibile lunghezza. Risotto alla zucca.

PETRAMATER BRUT
Bianco Igt Metodo Classico - Carricante 100%
Alc. 12,5% | € 20 | Bt. 6.000 | Ferm. Acciaio | 30 mesi sui lieviti
Crostini al lardo di Colonnata.

SICILIA NERO D'AVOLA DOUAR 2021
Rosso Doc - Nero d'Avola 100%
Alc. 14% | € 14 | Bt. 30.000 | Ferm. Acciaio | Mat. Legno 8 mesi
Roast beef.

MOSCATO PASSITO LA GELSOMINA
Bianco Igt Passito - Moscato 100%
Alc. 12,5% | € 23 (0,5l) | Bt. 3.000 | Ferm. Acciaio | Mat. Acciaio 10 mesi
Strudel di mele.

SICILIA IL BIANCO DI LUDOVICO 2019
Bianco Doc - Catarratto 90%, Chardonnay 10%
Alc. 13% | € 20 | Ferm. Acciaio | Mat. Acciaio 6 mesi e Legno 6 mesi
Ravioli di patate e baccalà.

ETNA BIANCO LA GELSOMINA 2022
Bianco Doc - Carricante 80%, Catarratto 20%
Alc. 12,5% | € 17 | Bt. 13.000 | Ferm. Acciaio | Mat. Acciaio 4 mesi
Seppioline ai ferri.

ETNA ROSSO LA GELSOMINA
2018

SICILIA NERO D'AVOLA IL ROSSO DI LUDOVICO RISERVA
2017

Tenute Tozzi

(2018)

Una storia fatta di amore per la terra e per il vino quella di Virginia Lo Rizzo e della sua famiglia, per il territorio d'origine in Romagna e da cinque anni per le terre nere dell'Etna. Due vigneti ad alberello, pieni di antiche piante anche centenarie, in contrada Moganazzi a Solicchiata, sede della cantina, e in contrada Terremorte a Piedimonte Etneo. Presentato il nuovo cru Etna Rosso Moganazzi, frutto della scelta di valorizzazione delle singole contrade, ma è il bianco I Turrizzi a primeggiare quest'anno, impressionando per la struttura e l'elegante timbro minerale.

Contrada Moganazzi - Frazione Solicchiata - 95012 Castiglione di Sicilia (CT)
T. 0544 0525500 | M. info@tenutetozzi.it
www.tenutetozzi.it

Viticoltura: In conversione al biologico
Ettari: 8 | **Bottiglie:** 35.000 | **Produzione olearia:** Sì
Proprietà: Famiglia Tozzi
Cond. enologica: Paolo Caciorgna
Cond. agronomica: Nicolò Cartillone
Vendita diretta: Sì | **Visite in azienda:** Sì

ETNA BIANCO I TURRIZZI 2020
Bianco Doc - Carricante 95%, altre varietà 5%
Alc. 13% | € 22 | Bt. 5.000 | Ferm. Acciaio | Mat. Acciaio 6 mesi
Orlo verdolino su mantello giallo sole. Fine e variegato l'olfatto. Tanta frutta, limone, pompelmo, pesca tabacchiera, ma anche fiori di ginestra e zagara, miele, pietra focaia. All'assaggio coniuga struttura e classe, scorre animato dalla freschezza e dalla sottile scia sapida che modula il finale. Linguine allo scoglio.

ETNA ROSSO CONTRADA MOGANAZZI 2019
Rosso Doc - Nerello mascalese 100%
Alc. 13,5% | € 32 | Bt. 7.000 | Ferm. Acciaio | Mat. Acciaio 9 mesi e Legno 15 mesi
Guanciale di vitello alle erbe aromatiche.

ETNA ROSSO I TURRIZZI
2019

ETNA BIANCO I TURRIZZI
2019

Terra Costantino
(1978)

L'amore e il rispetto per il territorio della famiglia Costantino è sempre più evidente. Dopo essere stata la prima realtà etnea a ricevere la certificazione in biologico, nel corso del 2023 per l'azienda è arrivata anche la certificazione di sostenibilità Equalitas. Questo impegno si rispecchia perfettamente nei loro vini, che vogliono essere specchio del territorio. Si attende adesso il nuovo vino Etna Bianco Superiore, proveniente dalle vigne di contrada Praino, a Milo, mentre quest'anno si conferma cavallo vincente l'Etna Bianco Contrada Blandano.

Via Giuseppe Garibaldi, 417 - Contrada Blandano - 95029 Viagrande (CT)
T. 095 434288 | M. info@terracostantino.it
www.terracostantino.it

Viticoltura: Biologica certificata
Ettari: 12 | **Bottiglie:** 76.000 | **Produzione olearia:** Sì
Proprietà: Fabio Vincenzo Costantino
Cond. enologica: Luca D'Attoma
Cond. agronomica: Luca D'Attoma
Vendita diretta: Sì | **Visite in azienda:** Sì

ETNA BIANCO CONTRADA BLANDANO 2019
Bianco Doc - Carricante 90%, Catarratto 10%
Alc. 13,5% | € 40 | Bt. 4.000 | Ferm. Acciaio | Mat. Acciaio 10 mesi e Legno 5 mesi
Paglierino luminoso, di ottima fittezza. Profumi dolci di miele e pasticceria inaugurano l'olfatto. A seguire stille agrumate ed erbette aromatiche, pepe bianco e menta. Il sorso è intenso, raffinato, suadente. Persistente con un'acidità incisiva bilanciata dall'importante morbidezza. Faraona ripiena con salsa tartufata.

ETNA ROSSO DE AETNA 2021
Rosso Doc - Nerello mascalese 90%, Nerello cappuccio 10%
Alc. 13,5% | € 20 | Bt. 35.000 | Ferm. Acciaio | Mat. Acciaio 5 mesi e Legno 8 mesi
Torta salata ai broccoli.

ETNA BIANCO DE AETNA 2021
Bianco Doc - Carricante 80%, Catarratto 15%, Minnella bianca 5%
Alc. 13,5% | € 20 | Bt. 25.000 | Ferm. Acciaio | Mat. Acciaio 10 mesi
Piovra arrostita.

RASOLA 2022
Rosso Metodo Ancestrale - Vitigno autoctono 100%
Alc. 13% | € 25 | Bt. 999
Pasta alla Norma.

ETNA ROSATO DE AETNA 2022
Rosato Doc - Nerello mascalese 90%, Nerello cappuccio 10%
Alc. 13% | € 20 | Bt. 8.000 | Ferm. Acciaio | Mat. Acciaio 2 mesi
Polpettine di alici con crema di piselli.

ETNA BIANCO CONTRADA BLANDANO
2017

ETNA ROSSO CONTRADA BLANDANO RISERVA
2017 | 2018

Tornatore
(2014)

Una famiglia che da generazioni ha profonde radici nella viticoltura etnea e che ha mantenuto coerenza e rispetto delle tradizioni. La cantina possiede il vigneto più esteso della zona di produzione della Doc Etna, con terreni in varie contrade, tra cui Calderara, Zottorinoto, Trimarchisa, nel comune di Castiglione di Sicilia, dove coltiva vitigni autoctoni con la produzione di diversi vini Doc, da singola contrada e da assemblaggio. L'azienda, in regime biologico, ha ottenuto la certificazione VIVA, obiettivo aziendale raggiunto per la particolare attenzione alla sostenibilità.

Via Pietramarina, 8/A - Località Verzella - 95012 Castiglione di Sicilia (CT)
T. 095 7131576 | M. info@tornatorewine.com
www.tornatorewine.com

Viticoltura: Biologica
Ettari: 72 | **Bottiglie:** 400.000 | **Produzione olearia:** Sì
Proprietà: Francesco Tornatore
Cond. enologica: Vincenzo Bambina, Angelo Di Grazia
Cond. agronomica: Vincenzo Bambina
Vendita diretta: Sì | **Visite in azienda:** Sì

ETNA ROSSO 2020
Rosso Doc - Nerello mascalese 95%, Nerello cappuccio 5%
Alc. 14% | € 20 | Bt. 100.000 | Ferm. Acciaio | Mat. Legno 6 mesi
Cuore rosso rubino con riflessi granato. Si espande tra fragranze energiche di ciliegia, ribes rosso, malie di glicine, aromi di pepe nero, chiodi di garofano e soffi mentolati. Deciso e avvolgente al palato, sorso vibrante, con tannini scalpitanti ma ben integrati e vigorosa freschezza. Straccetti di vitello al rosmarino.

ETNA BIANCO ZOTTORINOTTO 2020
Bianco Doc - Carricante 100%
Alc. 13% | € 20 | Bt. 5.000 | Ferm. Acciaio | Mat. Legno 8 mesi
Risotto alla pescatora.

ETNA BIANCO 2022
Bianco Doc - Carricante 100%
Alc. 12,5% | € 20 | Bt. 80.000 | Ferm. Acciaio | Mat. Acciaio 4 mesi
Linguine con bottarga e pomodori secchi.

ETNA ROSATO 2021
Rosato Doc - Nerello mascalese 100%
Alc. 12,5% | € 20 | Bt. 6.000 | Ferm. Acciaio | Mat. Acciaio 4 mesi
Rotolo di coniglio con pomodorini ed erbe aromatiche.

ETNA ROSSO TRIMARCHISA
2017

ETNA BIANCO ZOTTORINOTTO
2019

Torre Mora
(2013)

La famiglia Piccini, protagonista d'eccellenza nel mondo del vino in Toscana, ha deciso dieci anni fa di puntare sul territorio siciliano acquisendo, nel versante nord dell'Etna, a Rovittello e Linguaglossa, vigneti impiantati sui tipici terrazzamenti con muretti in pietra lavica – le scalunere – nome tradizionale, dovuto alla somiglianza con un grande scalone, richiamato da alcuni vini dell'azienda. A Torre Mora si può ammirare la dimora storica Villa Vidalba con il tradizionale palmento in pietra lavica, oggi restaurato e adibito a sala degustazioni.

Str. di colleg. tra SS 120 e Str. Reg. Mareneve - Loc. Rovittello - 95012 Castiglione di Sicilia (CT)
T. 392 9331956 | M. info@torremora.it
www.piccini1882.it

Viticoltura: Biologica
Ettari: 13 | **Bottiglie:** 90.000 | **Produzione olearia:** No
Proprietà: Famiglia Piccini
Cond. enologica: Alessandro Barabesi
Cond. agronomica: Alessandro Barabesi
Vendita diretta: Sì | **Visite in azienda:** Sì

ETNA ROSSO CHIUSE VIDALBA 2019
Rosso Doc - Nerello mascalese 85%, Nerello cappuccio 15%
Alc. 13,5% | € 35 | Bt. 6.000 | Ferm. Acciaio | Mat. Legno 18 mesi
Rubino con venature carminio. Ouverture sorprendente, sfoggia un raffinato bouquet di ciliegia, amarena e more selvatiche, petali di rosa e violetta, terra bagnata, delicate note speziate e balsamiche. All'assaggio è morbido, intriso di freschezza con tannini avvolgenti. Chiusura lunga dagli echi fruttati. Cinghiale arrosto con castagne.

ETNA ROSATO SCALUNERA 2022
Rosato Doc - Nerello mascalese 100%
Alc. 12,5% | € 20 | Bt. 15.000 | Ferm. Acciaio | Mat. Acciaio 3 mesi
Filetto di ombrina e radicchio.

ETNA ROSSO SCALUNERA 2020
Rosso Doc - Nerello mascalese 97%, Nerello cappuccio 3%
Alc. 13,5% | € 22 | Bt. 20.000 | Ferm. Acciaio | Mat. Legno 18 mesi
Terrina di coniglio.

ETNA BIANCO SCALUNERA 2022
Bianco Doc - Carricante 100%
Alc. 13% | € 20 | Bt. 15.000 | Ferm. Acciaio | Mat. Acciaio 3 mesi
Frittata di piselli, fave e fagiolini.

ETNA ROSSO CAURU 2022
Rosso Doc - Nerello mascalese 85%, Nerello cappuccio 15%
Alc. 13,5% | € 15 | Bt. 30.000 | Ferm. Acciaio
Lasagnette al ragù di faraona e asparagi.

ETNA ROSSO SCALUNERA
2017

ETNA ROSATO SCALUNERA
2019

Valle dell'Acate
(1981)

Nelle contrade Bidini, Soprano e Sottano, in agro di Ragusa, Valle dell'Acate viene fondata per intraprendenza della famiglia Jacono, dedita da sempre alla viticoltura, sin da quando Vittoria era il centro siciliano più operoso nell'esportazione del vino destinato al mercato francese. Tale vocazione è stata custodita e tramandata nel tempo, da generazioni, con investimenti sia in vigna che nella parte enoturistica. Gaetana Jacono, farmacista e imprenditrice del vino, si occupa a tutto campo dello sviluppo aziendale introducendo in cantina un approccio moderno e un know-how tecnologico.

Contrada Bidini - 97011 Acate (RG)
T. 0932 874166 | M. info@valledellacate.it
www.valledellacate.com

Viticoltura: Biologica certificata
Ettari: 70 | **Bottiglie:** 300.000 | **Produzione olearia:** No
Proprietà: Famiglia Jacono
Cond. enologica: Carlo Casavecchia
Cond. agronomica: Gaetana Jacono
Vendita diretta: Sì | **Visite in azienda:** Sì

CERASUOLO DI VITTORIA CLASSICO IRI DA IRI 2015
Rosso Docg - Nero d'Avola 60%, Frappato 40%
Alc. 13,5% | € 52 | Bt. 3.000 | Ferm. Acciaio | Mat. Legno 36 mesi
Granato corrusco. Esordio con note terziarie, cacao, cannella, scatola di sigari, che svelano viola appassita e confettura di prugna, muschio e grafite, soffi balsamici. Sorso avvolgente. La lunga progressione, modulata dalla trama tannica vellutata, chiude con piacevoli riverberi di frutta e spezie. Fondue bourguignonne.

VITTORIA FRAPPATO IL FRAPPATO 2022
Rosso Doc - Frappato 100%
Alc. 12,5% | € 15 | Bt. 80.000 | Ferm. Acciaio | Mat. Acciaio 6 mesi
Petto di pollo agli asparagi.

CERASUOLO DI VITTORIA CLASSICO 2021
Rosso Docg - Nero d'Avola 60%, Frappato 40%
Alc. 13% | € 16 | Bt. 50.000 | Ferm. Acciaio | Mat. Legno 12 mesi
Risotto con salsiccia e Taleggio.

SICILIA NERO D'AVOLA IL MORO 2020
Rosso Doc - Nero d'Avola 100%
Alc. 13% | € 16 | Bt. 25.000 | Ferm. Acciaio | Mat. Acciaio 7 mesi e Legno 8 mesi
Reale di vitello alla senape antica.

THMBRA 2022
Bianco Igt - Vermentino 100%
Alc. 13% | € 13 | Bt. 6.000 | Ferm. Acciaio | Mat. Acciaio 4 mesi
Guazzetto di fasolari.

SICILIA GRILLO ZAGRA 2022
Bianco Doc - Grillo 100%
Alc. 13% | € 13 | Bt. 25.000 | Ferm. Acciaio | Mat. Acciaio 4 mesi
Risotto alla pescatora.

SICILIA NERO D'AVOLA IL MORO
2015 | 2018 | 2019

SICILIA GRILLO ZAGRA
2018 | 2020 | 2021

Vigneti Zabù
(2010)

Giovane realtà vinicola col cuore in Abruzzo diventata leader tra le aziende esportatrici del Sud Italia con un'idea ben precisa: valorizzare, grazie alle idee, al lavoro e alla professionalità, le realtà enologiche del Meridione, Prima in Puglia e Sardegna, dal 2010 anche in Sicilia, con un'azienda ubicata nell'assolata terra di Sambuca di Sicilia, sulle colline vicino al Lago Arancio, dove si coltivano vitigni autoctoni e internazionali, trasformandoli in vini di grande personalità ed espressione territoriale. Svetta il Grillo Zabù, vitigno simbolo della Sicilia occidentale.

Contrada Anguilla - 92017 Sambuca di Sicilia (AG)
T. 085 9067388 | M. segreteria@fantinigroup.it
www.fantiniwines.it

Viticoltura: Convenzionale
Ettari: 120 | **Bottiglie:** 6.000.000 | **Produzione olearia:** No
Proprietà: Fantini Group
Cond. enologica: Dennis Verdecchia
Cond. agronomica: Dennis Verdecchia
Vendita diretta: No | **Visite in azienda:** No

SICILIA GRILLO ZABÙ 2022
Bianco Doc - Grillo 100%
Alc. 12,5% | € 9 | Bt. 173.333 | Ferm. Acciaio
Lucente veste giallo paglierino. Sprigiona un variegato ventaglio olfattivo con gardenia e mughetto, ananas e pesca bianca, mandorla, basilico, soffi iodati. Dinamicità in bocca dettata da una coinvolgente e persistente freschezza accompagnata da una decisa sapidità che conquista il palato. Tartare di gamberi.

SICILIA NERO D'AVOLA MERLOT CHIANTARI 2022
Rosso Doc - Nero d'Avola 70%, Merlot 30%
Alc. 13% | € 13 | Bt. 20.000 | Ferm. Acciaio | Mat. Acciaio 6 mesi
Roast beef.

SICILIA NERO D'AVOLA IMPARI 2019
Rosso Doc - Nero d'Avola 100%
Alc. 13,5% | € 25 | Bt. 40.000 | Ferm. Acciaio | Mat. Legno 12 mesi
Pappardelle al ragù di cervo.

SICILIA NERO D'AVOLA CHIANTARI 2022
Rosso Doc - Nero d'Avola 100%
Alc. 13% | € 13 | Bt. 20.000 | Ferm. Acciaio | Mat. Acciaio 6 mesi
Cotolette di pollo con melanzane e provola.

IL PASSO 2022
Rosso Igt - Nerello mascalese 100%
Alc. 13% | € 14 | Bt. 86.667 | Ferm. Acciaio | Mat. Acciaio 6 mesi
Risotto ai porcini.

SICILIA GRILLO SENSUALE 2022
Bianco Doc - Grillo 100%
Alc. 12,5% | € 12 | Bt. 6.912 | Ferm. Acciaio
Risotto agli asparagi e frutti di mare.

Vivera
(2003)

La cantina nasce a Linguaglossa, sulle pendici dell'Etna, nel cuore di una storica contrada, Martinella, nel versante nord-est del vulcano. Loredana, insieme al suo staff, presta particolare attenzione a un terreno con viti che affondano le loro radici in uno dei suoli più profondi e ricchi di pietra vulcanica. Ha altre due tenute a Corleone e a Chiaramonte Gulfi, dedicate ai vitigni internazionali. Il lavoro tradizionale in cantina si unisce a idee innovative per garantire sostenibilità ed equilibrio ecologico: una realtà eco-friendly. Svetta sul podio il Rosato da nerello mascalese.

SP 59 IV - Contrada Martinella - 95015 Linguaglossa (CT)
T. 095 643837 | M. info@vivera.it
www.vivera.it

Viticoltura: Biologica
Ettari: 31 | **Bottiglie:** 120.000 | **Produzione olearia:** Sì
Proprietà: Loredana Vivera
Cond. enologica: Irene Vaccaro
Cond. agronomica: Staff aziendale
Vendita diretta: Sì | **Visite in azienda:** Sì

ETNA ROSATO DI MARTINELLA 2022
Rosato Doc - Nerello mascalese 100%
Alc. 12,5% | € 16 | Bt. 4.000 | Ferm. Acciaio | Mat. Acciaio 3 mesi
Vivace e luminoso oro rosa. Suggestioni di rosa canina, pesca tabacchiera, erbe aromatiche, poi note di alchermes e menta selvatica. Suadente ed equilibrato in bocca, sostenuto dalla potente spalla acida e dalla piacevole sapidità, regala una lunga persistenza con dissolvenze di frutta fresca. Fettuccine ai funghi porcini.

ALTROVE 2022
Bianco Igt - Catarratto 41%, Inzolia 36%, Chardonnay 23%
Alc. 13,5% | € 15 | Bt. 30.000 | Ferm. Acciaio | Mat. Acciaio 6 mesi
Spaghetti con mazzancolle e pomodorini.

ETNA ROSSO 2021
Rosso Doc - Nerello mascalese 100%
Alc. 13% | € 18 | Bt. 10.000 | Ferm. Acciaio | Mat. Acciaio 12 mesi
Cosciotto di maiale farcito.

A'MAMI 2020
Bianco Igt - Carricante 50%, Chardonnay 50%
Alc. 13% | € 18 | Bt. 3.300 | Ferm. Acciaio | Mat. Acciaio 24 mesi
Risotto con seppie e burrata.

ETNA BIANCO 2022
Bianco Doc - Carricante 100%
Alc. 13% | € 18 | Bt. 10.000 | Ferm. Acciaio | Mat. Acciaio 4 mesi
Spaghetti con vongole e bottarga.

TERRA DEI SOGNI 2020
Rosso Igt - Cabernet sauvignon 47%, Syrah 30%, Merlot 18%, Petit verdot 5%
Alc. 13% | € 13 | Bt. 20.000 | Ferm. Acciaio | Mat. Acciaio 24 mesi e Legno 24 mesi
Maiale in agrodolce.

ETNA BIANCO SALISIRE
2011

ETNA ROSSO MARTINELLA
2011 | 2016

SARD
EGNA

La terra dei 6.000 nuraghi dove vivono i centenari

Luciano Ferraro

"Siamo sardi, siamo spagnoli, africani, fenici, cartaginesi, romani, arabi, pisani, bizantini, piemontesi. Siamo le ginestre d'oro giallo che spiovono sui sentieri rocciosi come grandi lampade accese, Siamo la solitudine selvaggia, il silenzio immenso e profondo, lo splendore del cielo". Così cento anni fa Grazia Deledda, premio Nobel per la Letteratura, descriveva la Sardegna.

Un'isola, un crocevia. Di natura, di biodiversità e di popoli che hanno lasciato il segno nell'alimentazione, nel modo di costruire le case e persino nelle sfumature della lingua rimaste ancora oggi: il Catalano algherese ad Alghero, il Tabarchino a Carloforte e Calasetta. L'unicità della Sardegna è proprio in questo mosaico di varietà naturale che è anche culturale: colline e pianura, montagne e costa, boschi e miniere, terreni fertili e paludosi, granitici, vulcanici, argillosi. E poi il mare, fonte di commercio e di scambi, mentre la terra è sostentamento alimentare e riparo. 1.800 chilometri di costa: lunghe spiagge di sabbia e poi rocce, falesie calcaree, graniti. I paesaggi e i colori sfumano uno dopo l'altro e nonostante la mano dell'uomo si sia posata pesantemente, sembrano ancora intatti.

"Nell'isola il paesaggio è ancora integro, soprattutto l'entroterra. Ho visto luoghi di una bellezza struggente, paesaggi dove si stagliano siti archeologici millenari, ma ho visto anche zone completamente spopolate. Interi paesi colpiti dall'emigrazione fuori dall'isola, ma anche dall'interno verso la costa. Ormai in Sardegna vivono appena 1,6 milioni di persone, che diventano 7 milioni ad agosto". Vindice Lecis è un giornalista e scrittore di Sassari. Autore di saggi e romanzi storici sulla Sardegna e il Mediterraneo come *Il cacciatore di corsari* (Nutrimenti), *La Conquista* (Condaghes) *Lotta al terrore* (Bordeaux), Lecis conosce a fondo il paesaggio della sua isola. Gli incontri per le presentazioni dei suoi libri lo portano a percorrere, e talvolta a ripercorrere, le strade verso città e paesi dall'entroterra alla costa, da nord a sud dell'isola. Viaggi diventati quasi un diario dove affiorano le trasformazioni del paesaggio e dei suoi abitanti. Lecis ha visto bellezza, ma anche paesi e comunità stravolti in nome di nuovi modelli di sviluppo annunciati, vissuti e poi cancellati. Le miniere dell'Iglesiente, la grande illusione del polo chimico nel Nuorese, ma sopra di tutto c'è il turismo che incide sulla vita dei sardi. Anche di quelli che il mare magari non l'hanno mai visto. "Vedo il pericolo che la Sardegna venga usata come marketing, diventi una specie di Disneyland. Tutto è concentrato sul turismo balneare. A chi interessa andare ad esempio a Orgosolo e passeggiare nei suoi boschi? Oppure vedere i 6mila nuraghi e le Tombe dei Giganti a Santadi? Chi viene per poco tempo non si accorge di quello che accade nella città e nei paesi, dove interi quartieri sono ormai costituiti da seconde case. Il 41% delle abitazioni del nord della Sardegna sono usate solo pochi mesi l'anno. Per il resto dell'anno, diventano città fantasma. Ci sono 218mila posti letto tra alberghi e campeggi. In estate c'è una vera e propria privatizzazione del paesaggio: solo il 17% di questi posti letto è usato tutto l'anno. Pochi mesi e poi non rimane neppure il lavoro".

Vindice Lecis: "L'entroterra è ancora integro. Ho visto luoghi di una bellezza struggente, paesaggi dove si stagliano siti archeologici millenari".

Ma questa è anche l'Isola dei Centenari, soprattutto nella zona dell'Ogliastra. Un mistero che ha fatto diventare l'agricoltura e la pastorizia sarde simbolo di longevità nel mondo. "La pastorizia ancora resiste. Sono 30mila le imprese pastorali, cioè piccolissime

imprese familiari, è la caratteristica delle nostre campagne vedere pastori solitari impegnati a governare un gregge di capre e pecore. Ci sono 3 milioni di capi in tutta la Sardegna e una serie di agenzie che promuovono le produzioni di qualità. Il pecorino romano, ad esempio, è fatto per l'80% in Sardegna, oppure formaggi come il fiore sardo della Barbagia, di grandissima qualità.
Se decliniamo sulla pastorizia e l'agricoltura si perde una parte importante della nostra biodiversità. L'asino dell'Asinara e la capra primitiva, il cavallino della Giara, la pecora nera, una biodiversità eccezionale".
E poi la viticoltura che ha radici antiche e che oggi ha raggiunto livelli di eccellenza. Alcune delle uve, come il cannonau e il carignano, sono state introdotte dagli spagnoli e già nel Settecento erano noti fuori i confini dell'isola anche il vermentino della Gallura, la vernaccia nell'oristanense, la malvasia a Bosa e il girò. Oggi c'è un ricco patrimonio di vitigni sia autoctoni che internazionali con 17 Denominazioni di origine Controllata e una DOCG riconosciuta al Vermentino di Gallura; nella parte settentrionale e centrale dell'isola è concentrata la produzione dei vini bianchi (la Malvasia di Sardegna, il Nasco, il Nuragus, il Semidano, il Torbato, il Vermentino e la Vernaccia di Oristano), mentre quella dei vini rossi è più a sud (il Bovale, il Caddiu, il Cagnulari, il Cannonau, il Carignano, il Girò, il Monica e la Nieddera).
"C'è un forte collegamento tra i viticoltori e il territorio. Per questo consideriamo la viticoltura un settore importante, un impegno che fa bene al territorio e alle sue autenticità. Guardando all'agricoltura si potrebbe intravedere un altro futuro possibile per la Sardegna, non solo legato al turismo. Serve un progetto di sviluppo, ma deve essere lento e si deve coniugare con la salvaguardia del territorio. Certo non sarà facile, ma penso che dopo il fallimento dell'industria pesante in Sardegna si potrebbe pensare a un'industria di trasformazione dei prodotti agricoli, garantendo la biodiversità della Sardegna. Per evitare quello che sta avvenendo nella spopolata Barbagia, dove hanno messo in vendita le case a un euro. Non vogliamo un'isola isolata, ma rispettata".

"La pastorizia ancora resiste. Sono 30 mila le imprese pastorali, cioè piccolissime imprese familiari".

Purtroppo, anche l'entroterra, dopo le coste, comincia a subire i segni di turismo… Uno di questi nemici sono le pale eoliche. Troppe. In alcune zone sui crinali ci sono decine e decine di pale eoliche che sembrano guerrieri come don Chisciotte, enormi. La polemica sulla difesa del paesaggio in questo periodo è questa: "Nell'area sud ci sono una ventina di richieste di concessioni come se si dovesse costruire una colonia energetica in Sardegna, usando libeccio e maestrale. Ora le zone della pastorizia e dell'agricoltura sono minacciate da centinaia di questi giganti".

Highlights

26.709 ETTARI VITATI COMPLESSIVI
14.370 destinati a DOP, 4.769 destinati a IGP, 7.570 destinati a vini generici.

RIPARTIZIONE COLORE
Vini bianchi 32,73%
Vini rossi o rosati 67,27%

684.339 HL DI PRODUZIONE TOTALE
57,01% di vino DOP, 16,99% di vino IGP, 26,00% di vini generici.

LE PROVINCE PIÙ PRODUTTIVE
Sud Sardegna 38,95% sul totale, Sassari 34,55% sul totale, Nuoro 18,63% sul totale

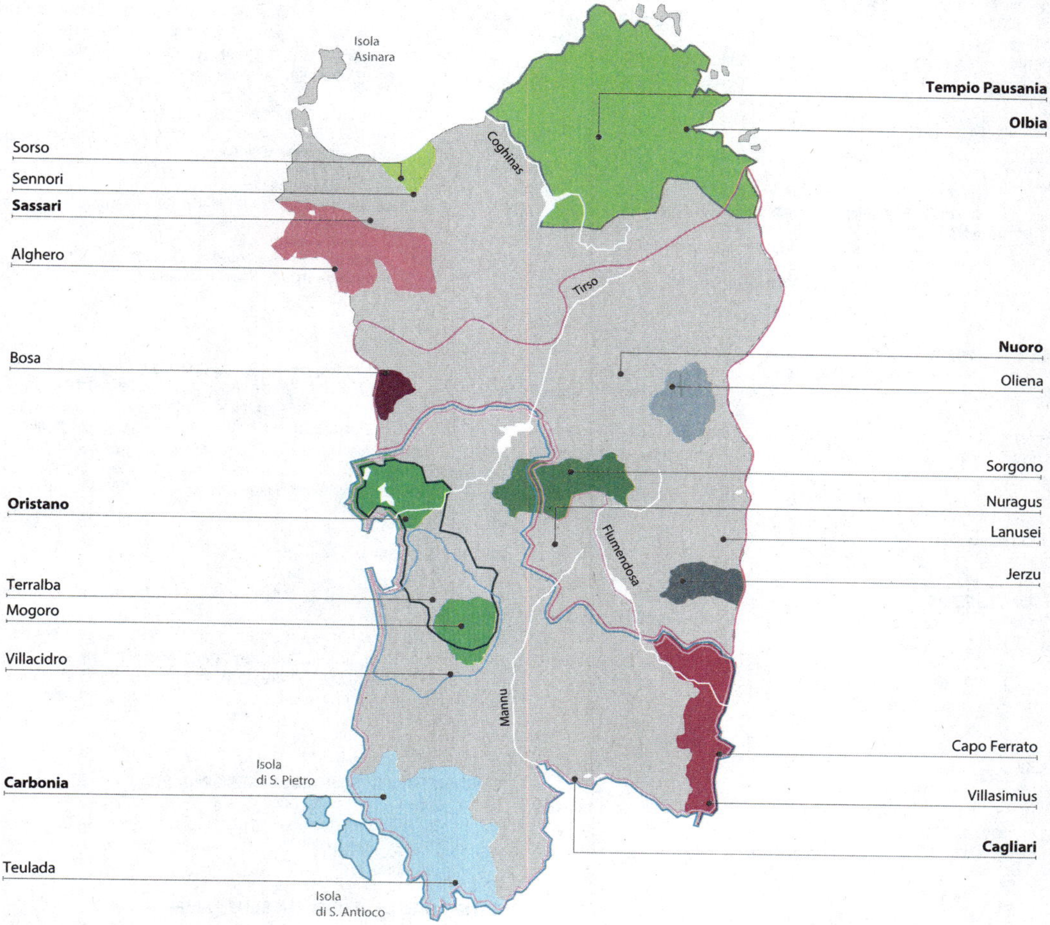

Legenda

- Alghero
- Moscato di Sorso-Sennori
- Vermentino di Gallura DOCG
- Cannonau di Sardegna
- Classico
- Oliena o Nepente di Oliena
- Jerzu
- Capo Ferrato
- Monica di Sardegna
- Moscato di Sardegna
- Tempio Pausania o Tempio o Gallura
- Vermentino di Sardegna
- Sardegna Semidano
- Mogoro
- Malvasia di Bosa
- Mandrolisai
- Cagliari
- Girò di Cagliari
- Nasco di Cagliari
- Nuragus di Cagliari
- Vernaccia di Oristano
- Arborea
- Campidano di Terralba o Terralba
- Carignano del Sulcis

Agripunica
(2002)

Realtà vitivinicola divenuta ormai riferimento del sud-ovest sardo, agisce in un contesto territoriale di grande richiamo per i suggestivi scenari paesaggistici sul mare; ambiente che, con le sue brezze sapide e le sabbie fruttifere, firma negli agri sulcitani veri capolavori di viticoltura e promettenti premesse di future eccellenze enologiche. Ne è pregiato esempio il Barrua, rosso dal carattere internazionale, che nonostante un millesimo instabile, segnato dal forte innalzamento delle temperature medie, conferma inconfutabilmente il suo nobile temperamento, degno del massimo riconoscimento.

Via Giacomo Tachis 14 - 09010 Santadi (SU)
T. 0781 941012 | M. info@agripunica.it
www.agripunica.it

Viticoltura: Convenzionale
Ettari: 70 | **Bottiglie:** 300.000 | **Produzione olearia:** No
Proprietà: Gruppo Cantina Santadi - Gruppo IRR Agricola Finanziaria
Cond. enologica: Giorgio Marone, Riccardo Curreli
Cond. agronomica: Gianni Antioco Poeta
Vendita diretta: No | **Visite in azienda:** Sì

(94,5)

BARRUA 2020
Rosso Igt - Carignano 85%, Cabernet sauvignon 10%, Merlot 5%
Alc. 15% | € 38 | Bt. 120.000 | Ferm. Acciaio | Mat. Acciaio 3 mesi e Legno 18 mesi
Splendido rubino intenso. Ricca palette olfattiva che esordisce con toni fruttati giovanili di cassis, per poi aprirsi in un pot-pourri di erbe aromatiche e una chiosa balsamica di legno di ginepro. Sorso robusto, caldo, dal dinamico equilibrio, seppure siglato da tannini ancora vibranti. Finale lungo e balsamico. Carré di maiale affumicato.

MONTESSU 2021
Rosso Igt - Carignano 60%, Cabernet franc 10%, Cabernet sauvignon 10%, Merlot 10%, Syrah 10%
Alc. 14,5% | € 18 | Bt. 140.000 | Ferm. Acciaio | Mat. Acciaio 3 mesi e Legno 12 mesi
Manzo brasato con funghi.

SAMAS 2022
Bianco Igt - Vermentino 80%, Chardonnay 20%
Alc. 13% | € 13 | Bt. 50.000 | Ferm. Acciaio | Mat. Acciaio 3 mesi e Cemento 3 mesi
Risotto alla granseola.

BARRUA
2017 | 2018 | 2019

MONTESSU
2016 | 2019 | 2020

Argiolas
(1938)

La famiglia Argiolas ha sempre dedicato particolare cura al contesto territoriale nel quale affonda le sue radici. Un legame intimo tra azienda e territorio che neppure la crescita esponenziale del marchio ha incrinato. L'esito virtuoso di tale rapporto trova conferma anche nelle degustazioni: dall'Iselis, che per primo ha aperto la strada alla versione secca del Nasco, all'affidabile Senes, passando per il Cerdeña, sintesi di struttura ed eleganza. Saldi al vertice un Angialis di rara finezza e l'inossidabile Turriga che per il decimo anno, unico vino sardo, conferma il giudizio d'eccellenza.

Via Roma, 28-30 - 09040 Serdiana (SU)
T. 070 740606 | M. info@argiolas.it
www.argiolas.it

Viticoltura: Convenzionale
Ettari: 250 | **Bottiglie:** 2.500.000 | **Produzione olearia:** Sì
Proprietà: Franco e Giuseppe Argiolas
Cond. enologica: Mariano Murru
Cond. agronomica: Francesco Deledda
Vendita diretta: Sì | **Visite in azienda:** Sì

(97)

TURRIGA 2019
Rosso Igt - Cannonau 85%, Bovale 5%, Carignano 5%, Malvasia nera 5%
Alc. 14,5% | € 86 | Bt. 40.000 | Ferm. Acciaio | Mat. Legno 18 mesi
Vivido carminio. Spettro olfattivo imponente per ampiezza, intensità e nitore dei riconoscimenti tra i quali emergono tamarindo, tabacco, legno di liquirizia e grafite. Al palato conferma il proprio carisma centrato su uno straordinario equilibrio, esito di dosato calore, tannini stondati e tonica freschezza. Filetto alla Wellington.

(91)

ANGIALIS 2018
Bianco Igt Dolce - Nasco 100%
Alc. 14,5% | € 31 (0,5l) | Bt. 10.000 | Ferm. Acciaio | Mat. Acciaio 18 mesi e Legno 12 mesi
Luminosa veste dorata. Quadro aromatico di particolare eleganza, sfoggia note di albicocca disidratata, miele di asfodelo, ginger candito, zafferano e un soffio minerale. Sorso di misurata dolcezza, resta in agile equilibrio grazie al solido puntello fresco-sapido che persiste nel lungo finale. Pardulas.

VERMENTINO DI SARDEGNA CERDEÑA 2020
Bianco Doc - Vermentino 100%
Alc. 14,5% | € 41 | Bt. 3.000 | Ferm. Legno | Mat. Acciaio 20 mesi e Legno 10 mesi. Stoccafisso all'anconetana.

CANNONAU DI SARDEGNA SENES RISERVA 2019
Rosso Doc - Cannonau 85%, Carignano 10%, Bovale 5%
Alc. 14,5% | € 23 | Bt. 12.000 | Ferm. Acciaio | Mat. Legno 12 mesi e Cemento 12 mesi. Allodole tartufate in casseruola.

CARIGNANO DEL SULCIS IS SOLINAS RISERVA 2020
Rosso Doc - Carignano 100%
Alc. 14,5% | € 21 | Bt. 25.000 | Ferm. Acciaio | Mat. Legno 12 mesi
Trippa in umido.

NASCO DI CAGLIARI ISELIS 2022
Bianco Doc - Nasco 100%
Alc. 15% | € 15 | Bt. 80.000 | Ferm. Legno e Acciaio | Mat. Acciaio 9 mesi e Legno 7 mesi. Totani ripieni con salsa mediterranea.

TURRIGA
2016 | 2017 | 2018

CANNONAU DI SARDEGNA SENES RISERVA
2018

Atlantis
(2013)

L'azienda di Berchidda mostra una grande volontà di consolidamento nello scenario gallurese, forte di recenti e significativi investimenti in cantina e nel settore della sostenibilità ambientale, con un importante lavoro di controllo dei consumi idrici e dell'energia rinnovabile. L'occhio resta manifestamente rivolto verso una direzione di alta qualità, come dimostrano i due cavalli di battaglia, Clos e Crizia, ottime interpretazione di Vermentino di Gallura. Il primo raggiunge doti di grande eleganza e spessore gustativo.

Via Torino, 3 - 07022 Berchidda (SS)
T. 339 8952020 | M. info@atlantiswine.it
www.atlantiswine.it

Viticoltura: Convenzionale
Ettari: 16 | **Bottiglie:** 70.000 | **Produzione olearia:** Sì
Proprietà: Società Agricola Sannitu srl
Cond. enologica: Francesco Sannitu
Cond. agronomica: Francesco Sannitu
Vendita diretta: Sì | **Visite in azienda:** Sì

VERMENTINO DI GALLURA SUPERIORE CLOS 2021
Bianco Docg - Vermentino 100%
Alc. 13,5% | € 28 | Bt. 6.600 | Ferm. Acciaio | Mat. Acciaio 12 mesi
Paglierino acceso. Percorso olfattivo che gioca fra composite sensazioni fruttate di melone, susina e ventate di macchia mediterranea, con delicate note di pietra focaia e idrocarburo. Assaggio pieno, caldo, di piacevole rotondità unita a una fresca vivacità e a una scia sapida che sostiene un lungo e asciutto finale. Cicale di mare su letto di verdure.

VERMENTINO DI GALLURA SUPERIORE CRIZIA 2022
Bianco Docg - Vermentino 100%
Alc. 13,5% | € 18 | Bt. 50.000 | Ferm. Acciaio | Mat. Acciaio 6 mesi
Risotto agli asparagi e frutti di mare.

ATLANTIS ROSATO 2022
Rosato Igt - Cannonau 50%, Pascale 50%
Alc. 13,5% | € 20 | Bt. 2.000 | Ferm. Acciaio | Mat. Acciaio 6 mesi
Garganelli freschi con gamberi di fiume.

CANNONAU DI SARDEGNA DEMIURGO 2021
Rosso Doc - Cannonau 100%
Alc. 15% | € 26 | Bt. 3.000 | Ferm. Acciaio | Mat. Acciaio 6 mesi
Coniglio al forno con funghi.

SISTO ROSSO 2021
Rosso Igt - altre varietà 100%
Alc. 14% | € 18 | Bt. 5.000 | Ferm. Acciaio | Mat. Acciaio 6 mesi
Gnocchi al ragù.

VERMENTINO DI GALLURA SUPERIORE CLOS
2020

VERMENTINO DI GALLURA SUPERIORE CRIZIA
2021

Audarya
(2014)

Nuovi impianti, innovazione nella gestione del vigneto e potenziamento dell'accoglienza sono le direttrici attraverso le quali questa giovane e dinamica azienda si propone di dare ulteriore slancio al progetto di valorizzazione dei vitigni locali. Obiettivo che già oggi può dirsi centrato, a giudicare dalle ottime prove delle etichette a base nasco, malvasia, nuragus e vermentino. In attesa dell'imminente presentazione di un nuovo vino, complice l'indisponibilità della nuova annata del Nuracada, si è imposto all'attenzione uno splendido Bessìu, versione secca di Nasco che convince sempre più.

Strada Statale 466, km 10,100 - 09040 Serdiana (SU)
T. 070 740437 | M. info@audarya.it
www.audarya.it

Viticoltura: Convenzionale e lotta integrata
Ettari: 50 | **Bottiglie:** 400.000 | **Produzione olearia:** No
Proprietà: Salvatore e Nicoletta Pala
Cond. enologica: Davide Aledda, Vincenzo Mercurio
Cond. agronomica: Salvatore Pala
Vendita diretta: Sì | **Visite in azienda:** Sì

NASCO DI CAGLIARI BESSÌU 2021
Bianco Doc - Nasco 100%
Alc. 14% | € 19 | Bt. 6.800 | Ferm. Acciaio | Mat. Acciaio 8 mesi
Paglierino con riflessi verdolini. Complesso e intrigante, esordisce con note di agrumi e pesca bianca; il seguito propone cenni vegetali di origano fresco e timo, per chiudere con suggestioni iodate. Al palato si fa apprezzare per coerenza gusto-olfattiva, equilibrio e intensità. Finale con echi salini. Ravioli di patate e baccalà.

CAGLIARI MALVASIA ESTISSA 2022
Bianco Doc - Malvasia 100%
Alc. 14% | € 20 | Bt. 5.200 | Ferm. Acciaio | Mat. Cemento 7 mesi
Crostini con burro e salmone.

NURAGUS DI CAGLIARI 2022
Bianco Doc - Nuragus 100%
Alc. 13% | € 11 | Bt. 40.000 | Ferm. Acciaio | Mat. Acciaio 5 mesi
Linguine all'astice.

BISAI 2021
Bianco Igt Passito - Nasco 100%
Alc. 13,5% | € 22 (0,5l) | Bt. 2.000 | Ferm. Acciaio | Mat. Acciaio 10 mesi
Seadas.

VERMENTINO DI SARDEGNA CAMMINERA 2021
Bianco Doc - Vermentino 100%
Alc. 13,5% | € 15 | Bt. 20.000 | Ferm. Acciaio | Mat. Cemento 12 mesi
Spiedo di seppioline ai ferri.

VERMENTINO DI SARDEGNA 2022
Bianco Doc - Vermentino 100%
Alc. 13% | € 11 | Bt. 200.000 | Ferm. Acciaio | Mat. Acciaio 5 mesi
Spaghetti con vongole veraci.

CAGLIARI MALVASIA ESTISSA
2020

BISAI
2017 | 2019

Bentu Luna
(2019)

Forte del valore aggiunto dato dalla diffusa presenza di vigneti antichi e vecchie vigne, che conferisce ai territori del Mandrolisai e del Barigadu un fascino particolare, l'azienda prosegue nel progetto di valorizzazione di questo pregiato contesto vitivinicolo, coniugato con un alto livello qualitativo. Ne sono di esempio la recente acquisizione di vigneti di vernaccia risalenti al 1950 e la particolare cura nelle coltivazioni con metodi tradizionali. I grandi uvaggi del Mandrolisai centrano ancora il bersaglio, con un Mari dalla struttura poderosa e un impianto gustativo di grande finezza.

Via Meriaga, 1 - 09080 Neoneli (OR)
T. 347 0919610 | M. emanuela.flore@bentuluna.com
www.bentuluna.it

Viticoltura: Ecosostenibile
Ettari: 54 | **Bottiglie:** 50.000 | **Produzione olearia:** No
Proprietà: Stella Wines srl
Cond. enologica: Giuseppe Caviola, Emanuela Flore
Cond. agronomica: Giovanni Bigot
Vendita diretta: Sì | **Visite in azienda:** Sì

91

MANDROLISAI MARI 2021
Rosso Doc - Bovale 40%, Cannonau 35%, Monica 25%
Alc. 14,5% | € 25 | Bt. 8.000 | Ferm. Legno e Cemento | Mat. Legno 12 mesi e Cemento 12 mesi
Veste rubino intenso. Fine ed elegante al naso, intriga per la fresca trama di mirtillo e mora, un soffio floreale di geranio, noce moscata e resina di ginepro. Palato ricco, dalla tannicità decisa e una preziosa vivacità, uniti a una buona dose calorica e glicerica. Lungo finale dal riverbero fruttato e speziato. Petto di germano reale al balsamico.

SOBI 2020
Rosso Igt - Bovale 35%, Cannonau 25%, altre varietà 40%
Alc. 13,5% | € 30 | Bt. 15.000 | Ferm. Legno e Cemento | Mat. Legno 12 mesi e Cemento 12 mesi
Faraona arrosto con salsa di frutti di bosco.

BE LUNA 2020
Rosso - Bovale 40%, Cannonau 35%, Monica 25%
Alc. 14% | € 115 | Bt. 1.000 | Ferm. Legno e Cemento | Mat. Legno 12 mesi
Bracioline di maiale al calvados.

CANNONAU DI SARDEGNA SUSU 2020
Rosso Doc - Cannonau 100%
Alc. 14% | € 50 | Bt. 1.000 | Ferm. Legno | Mat. Legno 12 mesi
Montasio stravecchio.

V 2022
Bianco Igt - Vernaccia di Oristano 100%
Alc. 14% | € 30 | Bt. 3.500 | Ferm. Terracotta | Mat. Legno 12 mesi e Terracotta 12 mesi
Filetti di pesce persico al burro e timo.

VERMENTINO DI SARDEGNA UNDA 2022
Bianco Doc - Vermentino 100%
Alc. 13,5% | € 25 | Bt. 25.000 | Ferm. Cemento | Mat. Cemento 7 mesi
Verdure pastellate.

BE LUNA
2019

SUSU
2019

Berritta
(2007)

Già da qualche anno è possibile indicare in etichetta il toponimo Vigna di Oddoene, vero e proprio cru dorgalese sinonimo del Cannonau di qualità. I vigneti aziendali della famiglia Fronteddu insistono quasi interamente su questa straordinaria vallata che da sempre ne connota la produzione. Tra i vini degustati ha brillato un millesimo particolarmente riuscito del classico aziendale Monte Tundu, seguito dal rientrante Don Baddore (un esempio evidente della felice sinergia tra cannonau e syrah) e dal sempre convincente Baillanu, proveniente dal vigneto di Filieri.

Via Kennedy, 108 - 08022 Dorgali (NU)
T. 377 3256459 | M. info@cantinaberritta.it
www.cantinaberritta.it

Viticoltura: Biologica certificata
Ettari: 13 | **Bottiglie:** 35.000 | **Produzione olearia:** Sì
Proprietà: Famiglia Fronteddu
Cond. enologica: Roberto Gariup
Cond. agronomica: Antonio Fronteddu
Vendita diretta: Sì | **Visite in azienda:** Sì

CANNONAU DI SARDEGNA CLASSICO MONTE TUNDU 2020
Rosso Doc - Cannonau 100%
Alc. 14,5% | € 27 | Bt. 2.000 | Ferm. Legno e Acciaio | Mat. Acciaio 8 mesi e Legno 12 mesi
Carminio vivace. In prima battuta sentori di visciola in confettura, bacche di mirto e legno di ginepro, supportati da note pepate e balsamiche. Al gusto sprigiona la potenza dell'imponente struttura e della decisa trama tannica, ingentilita da buona freschezza e saporiti ritorni fruttati che marcano il finale. Cinghiale arrosto con castagne.

DON BADDORE 2021
Rosso Igt - Cannonau 50%, Syrah 50%
Alc. 14,5% | € 20 | Bt. 2.500 | Ferm. Acciaio | Mat. Acciaio 10 mesi e Legno 10 mesi
Involtini di vitello lardellati.

CANNONAU DI SARDEGNA BAILLANU 2020
Rosso Doc - Cannonau 100%
Alc. 15% | € 23 | Bt. 1.350 | Ferm. Acciaio | Mat. Cemento 12 mesi
Ravioli al sugo di chianina e tartufo nero.

CANNONAU DI SARDEGNA NOSTRANU 2021
Rosso Doc - Cannonau 100%
Alc. 14% | € 14 | Bt. 8.000 | Ferm. Acciaio | Mat. Acciaio 8 mesi
Provolone del Monaco.

PANZALE 2022
Bianco Igt - Panzale 100%
Alc. 12,5% | € 19 | Bt. 3.500 | Ferm. Acciaio | Mat. Acciaio 5 mesi
Fiori di zucca ripieni di ricotta e acciughe.

CANNONAU DI SARDEGNA THURCALESU 2021
Rosso Doc - Cannonau 100%
Alc. 15% | € 19 | Bt. 6.000 | Ferm. Acciaio | Mat. Acciaio 10 mesi e Legno 8 mesi
Tagliatelle al ragù.

CANNONAU DI SARDEGNA CLASSICO MONTE TUNDU
2017 | 2019

CANNONAU DI SARDEGNA BAILLANU
2016 | 2019

Binza 'e su Re
(2015)

La terza vendemmia della giovane azienda usinese rende evidente, all'interno di un'apprezzabile continuità produttiva, la ricerca di una propria cifra stilistica capace di distinguerla dalle altre realtà vitivinicole del territorio. Nell'attesa che la gamma si completi con un annunciato nuovo rosso, in un millesimo di certo non facile come il 2021, il Cagnulari Pinta - sempre valido ma apparso più semplice e orientato sul frutto - ha ceduto la scena all'ottimo Vermentino Boese, dai tratti identitari più marcati, capace di esprimere al meglio le potenzialità di questo rinomato toponimo.

Località Tuvaoes - 07049 Usini (SS)
T. 333 1075933 | M. binzaesure@gmail.com
www.binzaesure.com

Viticoltura: Convenzionale
Ettari: 12 | **Bottiglie:** 16.000 | **Produzione olearia:** No
Proprietà: Francesco Manca
Cond. enologica: Dino Dini
Cond. agronomica: Francesco Manca
Vendita diretta: Sì | **Visite in azienda:** Sì

VERMENTINO DI SARDEGNA BOESE VIGNA TRUVAOESE 2021
Bianco Doc - Vermentino 100%
Alc. 14,5% | € 16 | Bt. 4.000 | Ferm. Acciaio | Mat. Acciaio 6 mesi
Paglierino dai riflessi verdolini. Ventaglio olfattivo intenso, complesso e di grande espressività, affidata a eleganti note agrumate, timbri vegetali di maggiorana fresca e floreali di tiglio. Sorso di apprezzabile equilibrio, risultato di una dosata dote alcolica bilanciata da una salutare tensione acido-salina. Rombo al forno con patate e carciofi.

PINTA 2021
Rosso Igt - Cagnulari 100%
Alc. 13,5% | € 16 | Bt. 2.600 | Ferm. Acciaio | Mat. Acciaio 6 mesi
Costata di cavallo con patate al rosmarino.

CANNONAU DI SARDEGNA TUMBARU 2021
Rosso Doc - Cannonau 100%
Alc. 14,5% | € 17 | Bt. 2.700 | Ferm. Acciaio | Mat. Acciaio 6 mesi
Caciocavallo podolico.

PINTA
2019 | 2020

VERMENTINO DI SARDEGNA BOESE VIGNA TRUVAOESE
2019 | 2020

Cantina Alba & Spanedda
(2005)

Grazie a questa azienda gli appassionati del vino hanno potuto conoscere Tissi, piccolo centro a poca distanza da Sassari inserito nella subregione del Coros, areale con grande tradizione vitivinicola incentrata soprattutto sui vitigni vermentino e cagnulari. Proprio dall'autoctono a bacca nera, conosciuto per la sua natura selvatica e difficile da domare, provengono le tre etichette che maggiormente si sono distinte nell'ultima tornata di degustazioni. A prevalere è stato il classico aziendale Dedola, di un'incollatura sul Rombo di Tuono, dedicato a un grande del calcio italiano: Gigi Riva.

Località Sas Funtanas - 07040 Tissi (SS)
T. 333 6001927 | M. albaespanedda@gmail.com
www.albaespanedda.com

Viticoltura: Lotta integrata
Ettari: 6 | **Bottiglie:** 25.000 | **Produzione olearia:** Sì
Proprietà: Sebastiano Alba e Tonino Spanedda
Cond. enologica: Daniele Manca
Cond. agronomica: Gianluca Ventroni
Vendita diretta: Sì | **Visite in azienda:** Sì

DEDOLA 2021
Rosso Igt - Cagnulari 100%
Alc. 15% | € 17 | Bt. 1.800 | Ferm. Acciaio | Mat. Acciaio 4 mesi e Legno 6 mesi
Rubino vivido. Quadro aromatico a tinte scure, con mora di rovo, bacca di mirto, tabacco, liquirizia e pepe nero. Nonostante la struttura potente, il sorso è slanciato e vivace, con tannini ancora palpitanti e un'insinuante salinità salmastra. Bella chiusura, tonificata da una rinfrescante scia balsamica. Pluma di maialino Bellota con cipolle caramellate.

ROMBO DI TUONO 2021
Rosso Igt - Cagnulari 100%
Alc. 15% | € 19 | Bt. 570 | Ferm. Acciaio | Mat. Acciaio 4 mesi e Legno 4 mesi
Lombata di vitello su letto di cipolline saltate.

CAGNULARI 2021
Rosso Igt - Cagnulari 100%
Alc. 14,5% | € 14 | Bt. 1.800 | Ferm. Acciaio | Mat. Acciaio 4 mesi e Legno 4 mesi
Lasagne alla bolognese.

VERMENTINO DI SARDEGNA AKÈSI 2022
Bianco Doc - Vermentino 100%
Alc. 13,5% | € 13 | Bt. 1.244 | Ferm. Acciaio | Mat. Acciaio 4 mesi
Riso venere con verdure e crostacei.

DEDOLA
2020

ROMBO DI TUONO
2019 | 2020

Cantina Carboni

(1990)

Mentre è in fase di completamento la nuova struttura che ospiterà locali per la vinificazione, showroom e sala da degustazione, la giovane azienda della famiglia Carboni ha impiantato nuovi vigneti che entreranno in produzione nei prossimi anni, con scelte mirate nell'individuazione dei vitigni. Quasi pronto per l'imbottigliamento un nuovo vino rosso, frutto della selezione di uve da viti centenarie, chiamato Mas Balente, come omaggio all'origine spagnola del consulente enologico. Seppur ottenuto da un'annata difficile come la 2018, si conferma di alto livello il Mandrolisai Superiore Balente.

Via Umberto, 56 - 08036 Ortueri (NU)
T. 0784 66213 | M. info@vinicarboni.it
www.vinicarboni.it

Viticoltura: Convenzionale
Ettari: 10 | **Bottiglie:** 25.000 | **Produzione olearia:** No
Proprietà: Elisa Carboni
Cond. enologica: Andrés García Blas
Cond. agronomica: Andrés García Blas
Vendita diretta: Sì | **Visite in azienda:** Sì

MANDROLISAI SUPERIORE BALENTE 2018
Rosso Doc - Bovale 34%, Cannonau 33%, Monica 33%
Alc. 15% | € 25 | Bt. 3.500 | Ferm. Acciaio | Mat. Acciaio 12 mesi e Legno 24 mesi
Carminio vivace. Le note iniziali di prugna, mirtillo, ginepro e cacao vengono supportate da sentori di arancia sanguinella e vaniglia. L'assaggio caldo ed energico rilancia le componenti fruttate e balsamiche, su una tessitura tannica decisa e rifinita. Chiusura di ampio respiro su frequenze agrumate e sapide. Tagliata di manzo al rosmarino.

PIN 8 2021
Rosso Igt Passito - Aleatico 100%
Alc. 17% | € 25 (0,375l) | Bt. 800 | Ferm. Acciaio | Mat. Acciaio 12 mesi
Mousse di castagne e cioccolato.

BALENTE 2022
Rosso Igt - Bovale 50%, Cannonau 50%
Alc. 14,5% | € 15 | Bt. 6.000 | Ferm. Acciaio | Mat. Acciaio 3 mesi
Fiore sardo.

HELIOS 2022
Bianco Igt - Nasco 50%, Vermentino 40%, Lacconargiu 10%
Alc. 14% | € 15 | Bt. 6.000 | Ferm. Acciaio | Mat. Acciaio 4 mesi
Risotto al nero di seppia con seppie croccanti.

Cantina del Mandrolisai

(1950)

La Cantina del Mandrolisai vanta una lunga storia produttiva, avendo eseguito la prima vendemmia nel 1952. La sede baricentrica di Sorgono ha favorito la riunione di soci provenienti dei vari comuni del territorio. La base ampelografica è costituita dai vitigni autoctoni muristellu (bovale sardo), cannonau e monica, che convivono spartendosi quasi equamente la superficie vitata e dando vita al tipico uvaggio per la produzione del vino Mandrolisai Doc. I conferitori adottano antiche tecniche di coltivazione con lavorazioni manuali e uso della trazione animale. La linea Kent'annos: una sicurezza!

Corso IV Novembre, 20 - 08038 Sorgono (NU)
T. 0784 60113 | M. info@cantinadelmandrolisai.com
www.cantinadelmandrolisai.com

Viticoltura: Convenzionale e biologica
Ettari: 60 | **Bottiglie:** 120.000 | **Produzione olearia:** No
Proprietà: Cooperativa di produttori
Cond. enologica: Antonio Manca, Giacomo Congiu
Cond. agronomica: Staff aziendale
Vendita diretta: Sì | **Visite in azienda:** Sì

92,5

MANDROLISAI ROSSO SUPERIORE KENT'ANNOS 2020
Rosso Doc - Bovale 40%, Cannonau 25%, Monica 25%, altre varietà 10%
Alc. 15% | € 17 | Bt. 20.000 | Ferm. Acciaio | Mat. Legno 12 mesi e Cemento 6 mesi
Carminio vivace. Fruttato maturo di visciole e more di rovo, poi toni di rosolio, tabacco Golden Virginia e cuoio; chiude con pepe nero, liquirizia e sbuffi fumé. Il gusto, gentile e fruttato, mostra notevole saporosità e tannino elegante, dinamica gustativa agile e freschezza vibrante. Finale appagante e succoso. Stracotto d'asino

MANDROLISAI ROSSO SUPERIORE KENT'ANNOS GOLD 2019
Rosso Doc - Bovale 40%, Cannonau 25%, Monica 25%, altre varietà 10%
Alc. 14,5% | € 28 | Bt. 5.000 | Ferm. Acciaio | Mat. Acciaio 2 mesi e Legno 24 mesi
Gulasch di cervo con patate stufate.

MANDROLISAI ROSSO KENT'ANNOS 2021
Rosso Doc - Bovale 40%, Cannonau 25%, Monica 25%, altre varietà 10%
Alc. 14,5% | € 13 | Bt. 50.000 | Ferm. Acciaio | Mat. Acciaio 3 mesi e Cemento 3 mesi
Stinco di maiale al forno in pancetta affumicata.

OMPHALOS 2021
Rosso Igt - Muristellu 100%
Alc. 13,5% | € 18 | Bt. 8.000 | Ferm. Acciaio | Mat. Acciaio 6 mesi e Legno 6 mesi
Pappardelle al ragù di cinghiale.

MANDROLISAI ROSSO BIO 2022
Rosso Doc - Bovale 40%, Cannonau 25%, Monica 25%, altre varietà 10%
Alc. 15% | € 25 | Bt. 5.000 | Ferm. Acciaio | Mat. Acciaio 6 mesi
Sella di coniglio al tartufo con timballo di patate.

MANDROLISAI ROSSO SUPERIORE KENT'ANNOS
2015

MANDROLISAI ROSSO KENT'ANNOS
2015 | 2016

Cantina del Vermentino Monti
(1956)

Protagonista da circa un settantennio della storia enologica dell'isola, l'azienda non ha bisogno di presentazioni. Un vigneto in perenne crescita per un'ampia produzione sotto la conduzione enologica di Alberto Raccanelli, che ha saputo nel tempo esaltare e reinterpretare la tradizione valorizzando gli autoctoni e, contemporaneamente, introducendo new entry non territoriali, come quelle di prossima uscita sul mercato. Tra le etichette svetta la performance dell'Arakena, simbolo identitario della cantina, seguito da Ruè, convincente interpretazione di un moderno Cannonau riserva.

Via San Paolo, 1 - 07020 Monti (SS)
T. 0789 44012 | M. cantina@vermentinomonti.it
www.vermentinomonti.it

Viticoltura: Convenzionale
Ettari: 600 | **Bottiglie:** 3.000.000 | **Produzione olearia:** No
Proprietà: Cooperativa di produttori
Cond. enologica: Alberto Raccanelli
Cond. agronomica: Alberto Raccanelli
Vendita diretta: Sì | **Visite in azienda:** Sì

(92)

VERMENTINO DI GALLURA SUPERIORE ARAKENA 2021
Bianco Docg - Vermentino 100%
Alc. 13,5% | € 28 | Bt. 50.000 | Ferm. Legno e Acciaio | Mat. Legno 9 mesi
Dorato lucente. All'olfatto sentori di mango, pesca, cedro, elicriso, tiglio e richiami di pepe e cera d'api. Una saporosità intrisa di morbidezze e freschezza tenuemente citrina, che convince al palato per persistenza gustativa. Elegante chiusura di frutti, spezie e note iodate. Seppioline ai ferri.

CANNONAU DI SARDEGNA RUÈ RISERVA 2017
Rosso Doc - Cannonau 100%
Alc. 14,5% | € 35 | Bt. 4.000 | Ferm. Acciaio | Mat. Legno 12 mesi
Terrina di lepre con salsa di prugne.

VERMENTINO DI GALLURA FUNTANALIRAS ORO 2022
Bianco Docg - Vermentino 100%
Alc. 14% | € 16 | Bt. 750.000 | Ferm. Acciaio | Mat. Acciaio 4 mesi
Risotto agli scampi.

VERMENTINO DI GALLURA SUPERIORE AGHILOJA ORO 2022
Bianco Docg - Vermentino 100%
Alc. 14% | € 15 | Bt. 200.000 | Ferm. Acciaio | Mat. Acciaio 4 mesi
Pesce spada alla griglia.

VERMENTINO DI GALLURA SUPERIORE ARAKENA
2019 | 2020

VERMENTINO DI GALLURA FUNTANALIRAS ORO
2018 | 2020 | 2021

Cantina della Vernaccia
(1953)

La Cantina della Vernaccia rappresenta da settant'anni, festeggiati proprio nel 2023, la principale realtà cooperativa vitivinicola dell'Oristanese. Lo stretto legame con il territorio e la sua memoria sono elementi pulsanti che spingono le produzioni enoiche, basate su vitigni tradizionali, verso mercati esteri come il Nord America. In previsione di nuovi impianti sono stati acquisiti quattro ettari che saranno gestiti direttamente dalla Cantina. Nelle degustazioni, in assenza della Vernaccia di Oristano a maturazione ossidativa, emerge il Terresinis, blend di vernaccia e vermentino.

Via Oristano, 6/A - Località Rimedio - 09170 Oristano (OR)
T. 0783 33383 | M. vinovernaccia@tiscali.it
www.cantinadellavernaccia.com

Viticoltura: Convenzionale e biologica
Ettari: 130 | **Bottiglie:** 350.000 | **Produzione olearia:** No
Proprietà: Cooperativa di produttori
Cond. enologica: Roberto Puggioni
Cond. agronomica: Staff aziendale
Vendita diretta: Sì | **Visite in azienda:** Sì

TERRESINIS 2022
Bianco Igt - Vernaccia di Oristano 90%, Vermentino 10%
Alc. 13,5% | € 9 | Bt. 35.000 | Ferm. Acciaio | Mat. Acciaio 5 mesi
Paglierino luminoso. Sentori di fiori di mandorlo, camomilla, note di pompelmo e scorza di cedro, pesca gialla matura e ricordi di mandorle tostate. Al palato è caldo e avvolgente, con rilevanti intensità e dinamicità, supportate dalla trama fresco-sapida e dalla struttura di rilievo. Beva piacevole e appagante. Rombo al forno ai sapori mediterranei.

CANNONAU DI SARDEGNA MAIMONE 2021
Rosso Doc - Cannonau 100%
Alc. 13,5% | € 8 | Bt. 40.000 | Ferm. Acciaio | Mat. Cemento 12 mesi
Bocconcini di cervo al cavolo nero.

VERMENTINO DI SARDEGNA IS ARUTAS 2022
Bianco Doc - Vermentino 100%
Alc. 13% | € 9 | Bt. 25.000 | Ferm. Acciaio | Mat. Acciaio 5 mesi
Ricciola al forno con capperi e pomodori ciliegino.

SEU 2022
Rosato Igt - Nieddera 80%, altre varietà 20%
Alc. 12% | € 7 | Bt. 10.000 | Ferm. Acciaio
Pollo al curry.

VERNACCIA DI ORISTANO JUDIKES RISERVA
2008

VERNACCIA DI ORISTANO SUPERIORE JUIGHISSA
2013

Cantina delle Vigne Piero Mancini
(1989)

Con l'entrata in produzione degli ultimi impianti dei vigneti di vermentino, la cantina dei fratelli Mancini, dopo anni di importanti incrementi delle superfici vitate, si è decisamente orientata al consolidamento delle posizioni di mercato in Italia e nei Paesi extraeuropei, soprattutto per i prodotti da vitigni a bacca bianca, che riscuotono ottimi consensi con la linea di alta gamma. Tra i vini in degustazione ha impressionato il Mancini Primo millesimo 2022, vino di notevole spessore che mostra appieno i caratteri e la profondità del profilo aromatico del Vermentino di Gallura.

Via Madagascar, 17 - Località Cala Saccaia - 07026 Olbia (SS)
T. 0789 50717 | M. piero.mancini@tiscali.it
www.pieromancini.it

Viticoltura: Convenzionale
Ettari: 120 | **Bottiglie:** 1.500.000 | **Produzione olearia:** No
Proprietà: Famiglia Mancini
Cond. enologica: Gianni Gasperi, Nicola Degosciu
Cond. agronomica: Alessandro Mancini
Vendita diretta: Sì | **Visite in azienda:** Sì

VERMENTINO DI GALLURA SUPERIORE MANCINI PRIMO 2022
Bianco Docg - Vermentino 100%
Alc. 14% | € 16 | Bt. 20.000 | Ferm. Legno e Acciaio | Mat. Acciaio 8 mesi e Legno 8 mesi
Lucente paglierino carico. Suadenti sentori di cedro candito e pompelmo rosa, pesca bianca, fiori di acacia, note salmastre-iodate e basilico. Sorso avvolgente, dominato da vibrante freschezza unita a sapidità esplosiva, equilibrato e con corpo pieno, rimarcato da morbidezza glicerica. Vino dall'eccellente nitidezza. Carpaccio di crostacei su mela verde.

VERMENTINO DI GALLURA SUPERIORE CUCAIONE 2022
Bianco Docg - Vermentino 100%
Alc. 13,5% | € 12 | Bt. 500.000 | Ferm. Acciaio | Mat. Acciaio 6 mesi
Salmone al timo.

VERMENTINO DI GALLURA SPUMANTE BRUT ADELASIA
Bianco Docg Metodo Martinotti - Vermentino 100%
Alc. 12% | € 17 | Bt. 15.000 | Ferm. Acciaio
Ceviche di gamberi.

VERMENTINO DI GALLURA SUPERIORE MANCINI PRIMO
2018 | 2020

VERMENTINO DI GALLURA SPUMANTE BRUT ADELASIA
S.A. | S.A. | S.A.

Cantina di Calasetta
(1932)

Prezioso tassello del mosaico enologico isolano, l'azienda opera su un vasto areale che si estende dall'Isola di Sant'Antioco fino alle coste del basso Sulcis e vede nel carignano il protagonista assoluto. Il proficuo lavoro di sensibilizzazione alla qualità, teso a valorizzare le potenzialità del territorio, ha consentito a questa realtà cooperativa di raggiungere obiettivi di notevole pregio. Testimone di questa promessa qualitativa un debuttante 932, esito della selezione dei migliori grappoli di carignano a piede franco, che celebra i novant'anni di questo fruttuoso sodalizio sulcitano.

Via Roma, 134 - 09011 Calasetta (SU)
T. 0781 88413 | M. info@cantinadicalasetta.it
www.cantinadicalasetta.it

Viticoltura: Convenzionale
Ettari: 120 | **Bottiglie:** 450.000 | **Produzione olearia:** No
Proprietà: Cooperativa di produttori
Cond. enologica: Fabio Vitillo
Cond. agronomica: Fabio Vitillo
Vendita diretta: Sì | **Visite in azienda:** Sì

(91)
CARIGNANO DEL SULCIS SUPERIORE 932 2020
Rosso Doc - Carignano 100%
Alc. 15% | € 35 | Bt. 1.700 | Ferm. Acciaio | Mat. Legno 18 mesi
Carminio vivo. Bouquet sostenuto da note di mora in confettura, quindi elegante speziatura, tabacco, legno aromatico, corteccia di china e radice di liquirizia. Sorso importante, teso, dal tannino tenace che non penalizza l'equilibrio complessivo. Fresco a dispetto della nota alcolica. Finale fruttato e balsamico. Bocconcini di cinghiale con salsa di prugne.

CARIGNANO DEL SULCIS DESÈA 2021
Rosso Doc - Carignano 100%
Alc. 14% | € 11 | Bt. 20.000 | Ferm. Acciaio | Mat. Cemento 12 mesi
Coratella di agnello.

VERMENTINO DI SARDEGNA 932 2022
Bianco Doc - Vermentino 100%
Alc. 13,5% | € 19 | Bt. 1.700 | Ferm. Legno e Acciaio | Mat. Legno 6 mesi
Risotto ai finferli.

CARIGNANO DEL SULCIS BRICCO DELLE PIANE RISERVA 2020
Rosso Doc - Carignano 100%
Alc. 14,5% | € 18 | Bt. 10.500 | Ferm. Acciaio | Mat. Legno 12 mesi
Coniglio in porchetta.

CANNONAU DI SARDEGNA DESÀIA 2021
Rosso Doc - Cannonau 100%
Alc. 14,5% | € 11 | Bt. 6.500 | Ferm. Acciaio | Mat. Acciaio 12 mesi
Zuppa toscana con cavolo nero e crostini di pane.

CARIGNANO DEL SULCIS ROSATO DESTÈ 2022
Rosato Doc - Carignano 100%
Alc. 13% | € 11 | Bt. 5.500 | Ferm. Acciaio | Mat. Acciaio 4 mesi
Fritto di paranza.

CARIGNANO DEL SULCIS BRICCO DELLE PIANE RISERVA
2018

VERMENTINO DI SARDEGNA DEMÀ
2020 | 2021

Cantina Dorgali
(1953)

Nel 2023 l'azienda celebra il traguardo dei 70 anni dalla fondazione, con lo sguardo rivolto al futuro, fatto di progetti, investimenti e nuove sinergie con i soci. Occasione di bilanci per questa cooperativa che tra le poste attive può vantare l'efficace ruolo di custode, in terra di Barbagia, del principale vitigno rosso sardo. Il cannonau segna la storia di questa Cantina, dalle etichette più tradizionali alle interpretazioni più moderne della denominazione, sino a quelle che, come l'Hortos, sondano con successo l'esito dell'accostamento a vitigni internazionali.

Via Piemonte, 11 - 08022 Dorgali (NU)
T. 0784 96143 | M. info@cantinadorgali.com
www.cantinadorgali.com

Viticoltura: Convenzionale e lotta integrata
Ettari: 550 | **Bottiglie:** 1.500.000 | **Produzione olearia:** No
Proprietà: Cooperativa di produttori
Cond. enologica: Carlo Mazzuoli, Michele Canzittu
Cond. agronomica: Giampaolo Sanna
Vendita diretta: Sì | **Visite in azienda:** Sì

HORTOS 2017
Rosso Igt - Cannonau 60%, Syrah 40%
Alc. 15% | € 30 | Bt. 4.800 | Ferm. Legno e Acciaio | Mat. Legno 12 mesi
Carminio profondo. Partitura olfattiva orchestrata su frutti rossi, ribes e ciliegie, animati da un soffio etereo. Completano il quadro macchia mediterranea, pepe e un tocco di china. Il sorso, malgrado la struttura, resta agile e in saldo equilibrio tra dote alcolica e spalla fresco-tannica. Lungo congedo fruttato. Brasato di lepre con riduzione di vino rosso.

CANNONAU DI SARDEGNA CLASSICO D53 2020
Rosso Doc - Cannonau 100%
Alc. 15% | € 21 | Bt. 8.000 | Ferm. Legno | Mat. Legno 24 mesi
Carré di maiale alle prugne.

CANNONAU DI SARDEGNA NÙRULE RISERVA 2020
Rosso Doc - Cannonau 100%
Alc. 15% | € 16 | Bt. 8.000 | Ferm. Legno e Acciaio | Mat. Legno 12 mesi
Filetto di manzo in crosta alle erbette.

CANNONAU DI SARDEGNA KENE 2022
Rosso Doc - Cannonau 100%
Alc. 14,5% | € 11 | Bt. 15.000 | Ferm. Acciaio | Mat. Acciaio 5 mesi e Legno 2 mesi
Ribollita.

CANNONAU DI SARDEGNA ROSÉ FILIERI 2022
Rosato Doc - Cannonau 100%
Alc. 13% | € 9 | Bt. 14.000 | Ferm. Acciaio | Mat. Acciaio 2 mesi
Moeche fritte.

VERMENTINO DI SARDEGNA FILINE 2022
Bianco Doc - Vermentino 100%
Alc. 13% | € 10 | Bt. 40.000 | Ferm. Acciaio | Mat. Acciaio 4 mesi
Maltagliati con fiori di zucca e gamberetti.

HORTOS
2013 | 2014 | 2015

CANNONAU DI SARDEGNA CLASSICO D53
2014 | 2017 | 2018

Cantina Iolei
(2015)

Varchiamo il cancello della tenuta e la skyline tracciata dall'arcinoto monte Corrasi abbraccia il vigneto storico, in una scenografia che la famiglia Puddu, da ormai diversi anni, cura meticolosamente. Nonostante la recente costituzione, l'anima è quella di una lunga tradizione familiare, con un forte legame nei confronti del vitigno pincipe di questo territorio, il cannonau, che nell'espressione aziendale ci regala tre interessanti perle enologiche, fra le quali il Iolei 2022, che emerge per carattere e suadenza gustativa.

Via Nuoro, 63/A - 08025 Oliena (NU)
T. 348 8863219 | M. info@iolei.it
www.iolei.it

Viticoltura: Convenzionale
Ettari: 6 | **Bottiglie:** 30.000 | **Produzione olearia:** No
Proprietà: Antonio Puddu
Cond. enologica: Antonio Puddu
Cond. agronomica: Staff aziendale
Vendita diretta: Sì | **Visite in azienda:** Sì

CANNONAU DI SARDEGNA IOLEI 2022
Rosso Doc - Cannonau 100%
Alc. 14% | € 16 | Bt. 20.000 | Ferm. Acciaio | Mat. Acciaio 9 mesi
Gioca nel bicchiere con trasparenze rosso carminio intense. Olfatto finemente punteggiato di frutti rossi, rosa e pepe. Nel sorso si esprime dinamico, vigoroso, dal nerbo tannico deciso e una alcolicità che, insieme alla ricca struttura glicerica, ne controlla gli strali, in una progressiva chiusura dal frutto croccante. Guanciale di manzo al brandy.

CANNONAU DI SARDEGNA NEPENTE DI OLIENA VOSTÈ 2022
Rosso Doc - Cannonau 100%
Alc. 14,5% | € 18 | Bt. 15.000 | Ferm. Acciaio | Mat. Acciaio 9 mesi
Agnolotti al piccione con sugo d'arrosto.

CANNONAU DI SARDEGNA NEPENTE DI OLIENA HÒSPES RISERVA 2020
Rosso Doc - Cannonau 100%
Alc. 14,5% | € 35 | Bt. 1.500 | Ferm. Acciaio | Mat. Acciaio 12 mesi e Legno 12 mesi
Manzo brasato con funghi.

VERMENTINO DI SARDEGNA MAJGA 2022
Bianco Doc - Vermentino 100%
Alc. 13% | € 14 | Bt. 5.000 | Ferm. Acciaio | Mat. Acciaio 6 mesi
Orata all'acqua pazza.

CANNONAU DI SARDEGNA NEPENTE DI OLIENA ROSATO JUNTOS 2022
Rosato Doc - Cannonau 100%
Alc. 12,5% | € 13 | Bt. 3.000 | Ferm. Acciaio | Mat. Acciaio 6 mesi
Pollo fritto.

CANNONAU DI SARDEGNA NEPENTE DI OLIENA HÒSPES RISERVA
2019

CANNONAU DI SARDEGNA IOLEI
2016 | 2021

Cantina Li Duni
(2003)

Calde colline sabbiose della costa nord gallurese ospitano questa tenuta, che vanta come sua cifra stilistica la coltivazione a piede franco di alcuni vigneti. Accanto all'aspetto più prettamente tradizionale non mancano investimenti verso metodologie produttive innovative e sostenibili, tra cui nuovi sistemi meteo di monitoraggio del microclima e soluzioni energetiche da fonti rinnovabili. Il vermentino, vista la peculiarità territoriale, resta fra i vitigni top della gamma, raggiungendo un'ottima espressione qualitativa con il Renabianca 2022.

Località Alza Longa - 07030 Badesi (SS)
T. 079 9144480 | M. info@cantinaliduni.com
www.cantinaliduni.it

Viticoltura: Lotta integrata
Ettari: 21 | **Bottiglie:** 70.000 | **Produzione olearia:** Sì
Proprietà: Serafino Addis, Veronica Vasa, Pietro Vasa, Pietro Giuseppe Oggiano
Cond. enologica: Dino Addis
Cond. agronomica: Matteo Piana
Vendita diretta: Sì | **Visite in azienda:** Sì

VERMENTINO DI GALLURA SUPERIORE RENABIANCA 2022
Bianco Docg - Vermentino 100%
Alc. 14% | € 15 | Bt. 13.330 | Ferm. Acciaio | Mat. Acciaio 7 mesi
Paglierino vivido. Palette olfattiva che esalta erbe aromatiche, pera, mela Golden e un soffio salmastro e iodato. Sorso giocato su contrappunti tra freschezza, sapidità e una giusta inflessione alcolica, che appagano il palato in un finale finemente mentolato. Seppie ripiene su crema di ceci.

VERMENTINO DI GALLURA NOU 2022
Bianco Docg - Vermentino 100%
Alc. 13% | € 10 | Bt. 13.330 | Ferm. Acciaio | Mat. Acciaio 7 mesi
Carpaccio di branzino.

CANNONAU DI SARDEGNA ROSATO MINNAMMENTU 2022
Rosato Doc - Cannonau 100%
Alc. 14% | € 10 | Bt. 5.000 | Ferm. Acciaio | Mat. Acciaio 8 mesi
Tortelli di branzino con salsa d'astice.

VERMENTINO DI SARDEGNA SPUMANTE EXTRA DRY LI JUNCHI 2022
Bianco Doc Metodo Martinotti - Vermentino 100%
Alc. 11,5% | € 13 | Bt. 21.000 | Ferm. Acciaio | 2 mesi sui lieviti
Crescentine e salumi.

LI JUNCHI SPUMANTE EXTRA DRY ROSÉ 2022
Rosato Igt Metodo Martinotti - Cannonau 90%, Sangiovese 5%, Syrah 5%
Alc. 11,5% | € 13 | Bt. 5.000 | Ferm. Acciaio
Tartare di tonno.

VERMENTINO DI GALLURA SUPERIORE NOZZINNÀ
2020

VERMENTINO DI GALLURA SUPERIORE RENABIANCA
2020 | 2021

Cantina Oliena
(1950)

"Non conoscete il Nepente d'Oliena neppure per fama? Ahi, lasso!". Questa frase di Gabriele D'Annunzio campeggia su una parete della Cantina Sociale di Oliena in ricordo della visita del sommo vate al borgo barbaricino nel lontano 1882; per questo a Oliena il vino Cannonau si chiama Nepente. La cooperativa, attiva da oltre settant'anni, consta di un ampio numero di soci conferitori che, sfruttando la naturale vocazione del territorio, si impegnano a tramandare la tradizione vitivinicola per la produzione del Nepente, vino che nel tempo ha deliziato fini assaggiatori come Soldati e Veronelli.

Via Nuoro, 112 - 08025 Oliena (NU)
T. 0784 287509 | M. info@cantinasocialeoliena.it
www.cantinasocialeoliena.it

Viticoltura: Convenzionale
Ettari: 200 | **Bottiglie:** 300.000 | **Produzione olearia:** No
Proprietà: Cooperativa di produttori
Cond. enologica: Daniele Manca
Cond. agronomica: Staff aziendale
Vendita diretta: Sì | **Visite in azienda:** Sì

92

CANNONAU DI SARDEGNA NEPENTE DI OLIENA CLASSICO IRILAI 2018
Rosso Doc - Cannonau 100%
Alc. 15% | € 20 | Bt. 15.000 | Ferm. Acciaio | Mat. Acciaio 12 mesi e Legno 12 mesi e Cemento 12 mesi
Carminio-granato luminoso. Fruttato maturo di visciola e mirtillo, liquirizia nera, tabacco da sigaro, cenni di pepe nero e cannella. Gusto equilibrato con perfetta sinergia tra tannino fine e alcol discreto; grande struttura che si distende grazie al vivace apporto acido-sapido. Lungo il finale. Filetto di maiale lardellato.

CANNONAU DI SARDEGNA NEPENTE DI OLIENA 2021
Rosso Doc - Cannonau 100%
Alc. 14,5% | € 12 | Bt. 250.000 | Ferm. Acciaio | Mat. Acciaio 6 mesi e Cemento 6 mesi
Ravioli di magro con funghi chiodini.

CANNONAU DI SARDEGNA NEPENTE DI OLIENA PASSITO DIONISI 2021
Rosso Doc Passito - Cannonau 100%
Alc. 14,5% | € 28 (0,5l) | Bt. 2.000 | Ferm. Acciaio
Crostata ai frutti di bosco con mandorle e noci.

LOGHERI
Bianco Dolce - Granaccia 100%
Alc. 14,5% | € 28 (0,5l) | Bt. 2.000 | Ferm. Acciaio | Mat. Acciaio 12 mesi
Tarte Tatin di mele.

CORALE 2017
Rosso Igt - Cabernet sauvignon 25%, Cannonau 25%, Montepulciano 25%, Sangiovese 25%
Alc. 15% | € 40 | Bt. 3.000 | Ferm. Acciaio e Terracotta | Mat. Acciaio 12 mesi e Legno 6 mesi e Cemento 12 mesi
Costine d'agnello in crosta di noci.

DOMINA LUNAE 2022
Bianco Igt - Cannonau 100%
Alc. 13,5% | € 13 | Bt. 6.000 | Ferm. Acciaio | Mat. Acciaio 5 mesi
Crespelle con asparagi e ricotta salata.

LOGHERI
S.A.

CANNONAU DI SARDEGNA NEPENTE DI OLIENA
2020

Cantina Pedres
(2002)

Prima apparizione in Vitae per questa azienda che certo nuova non è, potendo vantare una storia produttiva di oltre vent'anni nei quali ha saputo conquistarsi una posizione di rilievo, forte di un'ampia offerta di etichette che incontra un pubblico eterogeneo. Vigne in Gallura, nei comuni di Monti, Telti e Loiri, di cui la metà di proprietà. Non stupisce che sia il vermentino il vitigno più presente e che sia un'etichetta della denominazione gallurese a inaugurare la nuova linea Antonella Collection, con un'interpretazione raffinata e moderna, perfetta sintesi della filosofia aziendale.

Via Mincio, 42 - 07026 Olbia (SS)
T. 0789 595075 | M. info@cantinapedres.it
www.cantinapedres.it

Viticoltura: Convenzionale
Ettari: 80 | **Bottiglie:** 500.000 | **Produzione olearia:** No
Proprietà: Famiglia Mancini
Cond. enologica: Franco Dalla Rosa
Cond. agronomica: Staff aziendale
Vendita diretta: Sì | **Visite in azienda:** Sì

VERMENTINO DI GALLURA ANTONELLA COLLECTION 2020
Bianco Docg - Vermentino 100%
Alc. 13% | € 30 | Bt. 2.666 | Ferm. Acciaio | Mat. Legno 5 mesi
Paglierino luminoso. Apertura in fragranza di albicocca, susina, melone, glicine ed elicriso, con cenni di anice stellato e grafite. Personalità intrigante, dalle rotondità bilanciate da fresca saporosità. Sorso evoluto che regge la tensione gustativa nel finale. Chiusura in sapidità speziata. Pappardelle con funghi porcini.

CAGNULARI ANTONELLA COLLECTION 2020
Rosso Igt - Cagnulari 100%
Alc. 14,5% | € 30 | Bt. 2.700 | Ferm. Legno | Mat. Legno 9 mesi
Stinco di maiale al forno in pancetta affumicata.

MOSCATO DI SARDEGNA SPUMANTE DOLCE GALLURA 2022
Bianco Doc Metodo Martinotti Dolce - Moscato bianco 100%
Alc. 12% | € 13 | Bt. 10.000 | Ferm. Acciaio | Mat. Acciaio 3 mesi
Zeppole di San Giuseppe.

CANNONAU DI SARDEGNA CERASIO 2021
Rosso Doc - Cannonau 100%
Alc. 14,5% | € 13 | Bt. 30.000 | Ferm. Acciaio | Mat. Legno 8 mesi
Lepre in salmì.

VERMENTINO DI GALLURA SUPERIORE THILIBAS 2022
Bianco Docg - Vermentino 100%
Alc. 13,5% | € 13 | Bt. 30.000 | Ferm. Acciaio | Mat. Acciaio 7 mesi e Legno 6 mesi
Vastedda della Valle del Belice.

CANNONAU DI SARDEGNA BRINO ROSÈ 2022
Rosato Doc - Cannonau 100%
Alc. 12,5% | € 8 | Bt. 5.000 | Ferm. Acciaio | Mat. Acciaio 7 mesi
Prosciutto d'oca affumicato.

VERMENTINO DI GALLURA SUPERIORE THILIBAS
2017

Cantina Santadi
(1960)

Che la vocazione di questa cantina sia la valorizzazione del principale vitigno sulcitano è fatto notorio. Non sorprende pertanto che nelle prime sei posizioni si trovino tre etichette di Carignano in diverse declinazioni: dal più immediato e giovanile Grotta Rossa, alla fidata Riserva Rocca Rubia, per terminare con l'alfiere aziendale Terre Brune che, ancora una volta, si impone per temperamento ed eleganza. A insidiarne il primato ci prova il Festa Norìa, vino fortificato a base cannonau, che dal debutto del 2016 si è subito fatto apprezzare come uno dei migliori vini da dessert sardi.

Via Giacomo Tachis, 14 - 09010 Santadi (SU)
T. 0781 950127 | M. info@cantinadisantadi.it
www.cantinadisantadi.it

Viticoltura: Convenzionale
Ettari: 650 | **Bottiglie:** 1.800.000 | **Produzione olearia:** No
Proprietà: Cooperativa di produttori
Cond. enologica: Giorgio Marone, Riccardo Curreli
Cond. agronomica: Gianni Antioco Poeta
Vendita diretta: Sì | **Visite in azienda:** Sì

(94)
CARIGNANO DEL SULCIS SUPERIORE TERRE BRUNE 2019
Rosso Doc - Carignano 95%, Bovale 5%
Alc. 15% | € 50 | Bt. 90.000 | Ferm. Acciaio | Mat. Legno 18 mesi e Cemento 6 mesi
Rosso granato. Ampio ventaglio olfattivo, dispiega frutti neri in confettura, echi mediterranei di alloro e foglia di mirto, cenni di pepe e chiodi di garofano, suggello di corteccia di ginepro. Grande volume gustativo, con tannino imponente arginato dalla solida sponda glicerica. Dilagante finale speziato e balsamico. Piccione ai porcini e tartufo nero.

(92,5)
FESTA NORÌA
Rosso Liquoroso - Cannonau 100%
Alc. 17% | € 35 (0,5l) | Bt. 2.500 | Ferm. Acciaio | Mat. Legno 36 mesi
Granato traslucido con bagliori aranciati. Olfatto ricco con attacco etereo che presto lascia spazio a un accenno floreale di rosa appassita, poi ciliegie e prugne sotto spirito. A chiudere toni speziati di cannella e cardamomo. Sorso dolce e caldo, bilanciato da sorprendente freschezza. Interminabile persistenza. Torta Foresta Nera.

VILLA DI CHIESA 2021
Bianco Igt - Vermentino 60%, Chardonnay 40%
Alc. 14,5% | € 23 | Bt. 15.000 | Ferm. Legno | Mat. Acciaio 2 mesi e Legno 9 mesi. Capitone in umido.

CARIGNANO DEL SULCIS ROCCA RUBIA RISERVA 2020
Rosso Doc - Carignano 100%
Alc. 14,5% | € 20 | Bt. 600.000 | Ferm. Acciaio | Mat. Legno 12 mesi
Faraona ripiena con salsa tartufata.

CARIGNANO DEL SULCIS GROTTA ROSSA 2021
Rosso Doc - Carignano 100%
Alc. 14% | € 9 | Bt. 350.000 | Ferm. Acciaio | Mat. Acciaio 3 mesi e Cemento 10 mesi. Coniglio alla ligure.

CANNONAU DI SARDEGNA NORAS 2020
Rosso Doc - Cannonau 100%
Alc. 15% | € 17 | Bt. 30.000 | Mat. Acciaio 10 mesi e Legno 6 mesi
Formaggio di fossa di Sogliano.

CARIGNANO DEL SULCIS SUPERIORE TERRE BRUNE
2016 | 2017 | 2018

LATINIA
2017

Cantina Tani
(2008)

La sinergia tra le generazioni ha permesso alla famiglia Tani di costruire attraverso i propri vini il racconto appassionato di un territorio ricco di storia e cultura, di paesaggi giocati tra graniti e sugherete. Vermentino in primis ma anche moscato, cannonau e muristellu. Strade diverse nella sperimentazione ma sempre nell'esaltazione degli autoctoni. Sale sul podio il portabandiera dell'azienda, il Taerra, che si attesta saldamente sull'eccellenza, seguito a breve distanza dal seducente rosso Serranu e dal notevole passito di vermentino.

Località Conca Sa Raighina - 07020 Monti (SS)
T. 338 6432055 | M. info@cantinatani.it
www.cantinatani.it

Viticoltura: Lotta integrata
Ettari: 20 | **Bottiglie:** 90.000 | **Produzione olearia:** No
Proprietà: Famiglia Tani
Cond. enologica: Sergio d'Amico
Cond. agronomica: Sergio d'Amico
Vendita diretta: Sì | **Visite in azienda:** Sì

(91)

VERMENTINO DI GALLURA SUPERIORE TAERRA 2022
Bianco Docg - Vermentino 100%
Alc. 14,5% | € 18 | Bt. 35.000 | Ferm. Acciaio | Mat. Acciaio 6 mesi
Dorato lucente. Colpisce grazie a una miscellanea di richiami mediterranei ed esotici di pesca, pera, susina, lime, cedro, salvia e chiusura di grafite. Raffinata trama setosa, in simmetria gustativa con la calibrata fusione tra acidi e sali, non dominante. Sorso intriso di saporosità fruttate e ritorni balsamici. Risotto alla granseola.

SERRANU 2019
Rosso Igt - Cannonau 50%, Muristellu 50%
Alc. 14,5% | € 50 | Bt. 8.000 | Ferm. Acciaio | Mat. Acciaio 12 mesi e Legno 18 mesi
Coratella di agnello.

VERMENTINO DI GALLURA TANI PASSITO 2022
Bianco Docg Passito - Vermentino 100%
Alc. 16,5% | € 25 (0,5l) | Bt. 1.500 | Ferm. Acciaio | Mat. Acciaio 8 mesi
Roquefort.

CANNONAU DI SARDEGNA DONOSU 2022
Rosso Doc - Cannonau 100%
Alc. 14% | € 13 | Bt. 10.000 | Ferm. Acciaio | Mat. Acciaio 6 mesi
Ciauscolo.

VERMENTINO DI GALLURA SUPERIORE MEORU 2022
Bianco Docg - Vermentino 100%
Alc. 14% | € 13 | Bt. 30.000 | Ferm. Acciaio | Mat. Acciaio 6 mesi
Involtini di melanzana con scamorza.

CANNONAU DI SARDEGNA ROSÉ VILÙ 2022
Rosato Doc - Cannonau 100%
Alc. 15% | € 11 | Bt. 5.000 | Ferm. Acciaio | Mat. Acciaio 6 mesi
Calamari con ripieno di tarassaco e patate.

VERMENTINO DI GALLURA SUPERIORE TAERRA
2020 | 2021

SERRANU
2016 | 2017 | 2018

Cantine di Dolianova
(1949)

Concluso il restyling avviato qualche anno fa, forte di una rinnovata immagine, questa dinamica cantina sociale interpreta le aspirazioni di un territorio mantenendosi fedele alla sua storia. In questo quadro registriamo il buon esordio del Falconaro, da carignano, al quale va il merito di non emulare i tratti del più noto sulcitano, e l'affidabilità del Montesicci. Merita menzione particolare la valorizzazione della barbera sarda che, per tenore di acidità e contenuto di polifenoli, può dare vita a vini di carattere e capacità evolutiva; ne è prova tangibile l'eccellente Jù 2019.

SS 387, km 17+150 - Località Sant'Esu - 09041 Dolianova (SU)
T. 070 744101 | M. info@cantinedidolianova.it
www.cantinedidolianova.it

Viticoltura: Convenzionale
Ettari: 1200 | **Bottiglie:** 4.000.000 | **Produzione olearia:** No
Proprietà: Cooperativa di produttori
Cond. enologica: Andrea Deiana
Cond. agronomica: Staff aziendale
Vendita diretta: Sì | **Visite in azienda:** Sì

(92)

JÙ 2019
Rosso Igt - Barbera sarda 80%, Syrah 20%
Alc. 15% | € 50 | Bt. 6.280 | Ferm. Acciaio | Mat. Legno 24 mesi
Rubino profondo. Spettro olfattivo intenso e composito; l'esordio etereo annuncia la trama fruttata di more in confettura, amarene sotto spirito e un ricco ordito di pimento e rabarbaro. Al palato ostenta struttura e calore, arginato da calibrata freschezza e tannini vigorosi. Congedo su echi di frutta e spezie. Bocconcini di cinghiale con salsa di prugne.

NASCO DI CAGLIARI MONTESICCI 2022
Bianco Doc - Nasco 100%
Alc. 14,5% | € 13 | Bt. 18.000 | Ferm. Legno
Culurgiones ogliastrini.

FALCONARO 2021
Rosso Igt - Carignano 100%
Alc. 13,5% | € 13 | Bt. 20.000 | Ferm. Acciaio | Mat. Acciaio 10 mesi
Cosciotto d'agnello al forno con patate novelle.

CANNONAU DI SARDEGNA ANZENAS 2021
Rosso Doc - Cannonau 100%
Alc. 14,5% | € 10 | Bt. 80.000 | Ferm. Acciaio | Mat. Acciaio 12 mesi
Coniglio in umido alle erbe aromatiche.

NURAGUS DI CAGLIARI PERLAS 2022
Bianco Doc - Nuragus 100%
Alc. 13% | € 9 | Bt. 40.000 | Ferm. Acciaio | Mat. Acciaio 5 mesi
Burrata di Andria.

VERMENTINO DI SARDEGNA PRENDAS 2022
Bianco Doc - Vermentino 100%
Alc. 13,5% | € 10 | Bt. 125.000 | Ferm. Acciaio | Mat. Acciaio 5 mesi
Pasta, patate e cozze.

NASCO DI CAGLIARI MONTESICCI
2017 | 2019 | 2021

MOSCATO DI SARDEGNA PASSITO
2015

Cantine Su'entu
(2010)

I terreni calcareo argillosi della Marmilla sono lo scenario su cui sorgono le Cantine Su'entu, giovane azienda agricola che si è subito imposta all'attenzione degli appassionati per la grande qualità dei suoi vini; un obiettivo non certo facile da raggiungere per chi comincia. In realtà la famiglia Pilloni, proprietaria dell'azienda, ha alle spalle una storia produttiva che ha coinvolto diverse generazioni e la costituzione di Su'entu ha rappresentato una sorta di ritorno alla terra. La produzione è impreziosita dal pregevole passito Su'Luci e dall'ottimo Bovale Su'Nico.

SP 48 km 1,8 - Località Nuraxi Pusceddu - 09025 Sanluri (SU)
T. 070 93571206 | M. info@cantinesuentu.com
www.cantinesuentu.com

Viticoltura: Lotta integrata
Ettari: 36 | **Bottiglie:** 300.000 | **Produzione olearia:** Sì
Proprietà: Famiglia Pilloni
Cond. enologica: Alberto Antonini, Gianluca Ventroni
Cond. agronomica: Luca Mercenaro, Gianluca Ventroni
Vendita diretta: Sì | **Visite in azienda:** Sì

SU'LUCI PASSITO 2021
Bianco Igt Passito - Moscato 97%, Nasco 3%
Alc. 13% | € 19 (0,375l) | Bt. 3.000 | Ferm. Acciaio | Mat. Acciaio 6 mesi
Oro brillante. Intensi profumi di albicocca disidratata, miele d'agrumi, zagara, scorze d'arancia candite e cera d'api. Ingresso gustativo dolce e ammaliante; ha grande struttura ed estrazione glicerica, con buona freschezza e sapidità residue. Finale pieno e persistente su dolci note mielose. Blu di capra.

SU'NICO BOVALE 2021
Rosso Igt - Bovale 100%
Alc. 14,5% | € 18 | Bt. 35.000 | Ferm. Acciaio | Mat. Legno 12 mesi
Manzo brasato con olive e porri.

SU'ARO 2022
Bianco Igt - Chardonnay 34%, Moscato bianco 33%, Nasco 33%
Alc. 13,5% | € 11 | Bt. 55.000 | Ferm. Acciaio | Mat. Acciaio 5 mesi
Asparagi di Bassano e uova in camicia.

VERMENTINO DI SARDEGNA SU'IMARI 2022
Bianco Doc - Vermentino 100%
Alc. 13,5% | € 10 | Bt. 70.000 | Ferm. Acciaio | Mat. Acciaio 5 mesi
Battuto di gamberi rossi di Sicilia.

SU'DITERRA BOVALE 2022
Rosso Igt - Bovale 100%
Alc. 14,5% | € 11 | Bt. 26.000 | Ferm. Acciaio | Mat. Acciaio 6 mesi
Carré di maiale al forno con mele renette.

NINA ROSÉ 2022
Rosato Igt - Bovale 95%, Vermentino 5%
Alc. 13,5% | € 11 | Bt. 12.000 | Ferm. Acciaio | Mat. Acciaio 6 mesi
Polpettine di alici con crema di piselli.

SU'LUCI PASSITO
2019

SU'OLTRE
2019

Capichera
(1975)

"We are the custodians" è la frase che campeggia nelle recenti etichette della cantina, appena ridisegnate, a indicare l'inalterato legame con l'entroterra gallurese, anche nella rinnovata conduzione dell'azienda. Gli investimenti vedono nuovi vigneti di uve vermentino, adeguamenti tecnologici nelle linee produttive e ampliamenti, sempre nell'ottica dell'alta qualità, nel cui contesto svettano due dei grandi classici, il VT 2021 e l'Assajé 2021, che incarnano le due facce produttive, quella più aderente alla storia gallurese il primo e quella più contemporanea il secondo.

Strada Arzachena-Sant'Antonio, km 4 - Località Spriddha - 07021 Arzachena (SS)
T. 0789 80800 | M. info@capichera.it
www.capichera.it

Viticoltura: Convenzionale
Ettari: 50 | **Bottiglie:** 300.000 | **Produzione olearia:** No
Proprietà: Famiglia Bonomi
Cond. enologica: Marco Lostia
Cond. agronomica: Salvatore Giacoppo
Vendita diretta: Sì | **Visite in azienda:** Sì

ASSAJÉ 2021 (92)
Rosso Igt - Carignano 100%
Alc. 15% | € 39 | Bt. 20.000 | Ferm. Legno e Acciaio | Mat. Acciaio 8 mesi e Legno 6 mesi
Rubino denso e vivace da cui emergono, in crescendo, accenni di ciliegia, ribes e rosa damascena, incedere di spezie dolci e radice di china. Assaggio potente, caldo e al contempo vivace per tannini decisi e ben integrati che, insieme a una vena fresca, ravvivano il sorso in un lungo finale dai richiami di rabarbaro. Filetto di bue con salsa di Roquefort.

VT 2021 (91)
Bianco Igt - Vermentino 100%
Alc. 14% | € 55 | Bt. 20.000 | Ferm. Acciaio | Mat. Legno 8 mesi
Paglierino dalla viva luminosità. Un invitante soffio di frutti esotici apre il ventaglio olfattivo, arricchito da note di salvia, timo e accenni a una mineralità idrocarburica. Il sorso è vivace, teso e fresco, sostenuto da un'ottima sapidità e da un dosato calore alcolico. Finale lungo, piacevolmente balsamico. Risotto al nero di seppia con seppie croccanti.

VERMENTINO DI GALLURA VIGN'ANGENA 2022
Bianco Docg - Vermentino 100%
Alc. 14% | € 28 | Bt. 60.000 | Ferm. Acciaio | Mat. Acciaio 6 mesi
Triglie in guazzetto.

VERMENTINO DI SARDEGNA LINTÓRI 2022
Bianco Doc - Vermentino 100%
Alc. 13,5% | € 17 | Bt. 120.000 | Ferm. Acciaio | Mat. Acciaio 4 mesi
Insalata di mare.

LIÀNTI 2021
Rosso Igt - Carignano 100%
Alc. 14,5% | € 18 | Bt. 20.000 | Ferm. Legno e Acciaio | Mat. Acciaio 10 mesi e Legno 3 mesi
Costolette di maiale alla brace.

TAMBÉ 2022
Rosato Igt - Carignano 100%
Alc. 13% | € 18 | Bt. 25.000 | Ferm. Acciaio | Mat. Acciaio 4 mesi
Bigoli con le sarde di lago.

VT
2018 | 2020

ASSAJÉ
2015 | 2019 | 2020

Carpante
(2003)

Il compimento del primo ventennio di attività è inevitabilmente occasione di bilanci; e se l'obiettivo dichiarato dell'azienda è sempre stato quello di mostrarsi all'altezza della tradizione vinicola del territorio, il saldo finale non può che dirsi positivo. Produzione nel segno dei due vitigni principali della zona: cagnulari e vermentino; e se in altri anni lo straniero carignano ha rubato la scena agli attori locali, col millesimo 2021 un prestante Cagnulari è apparso più convincente nel riproporre con fierezza i tratti identitari del vitigno usinese per eccellenza.

Via Garibaldi, 151 - 07049 Usini (SS)
T. 392 5019777 | M. antonietta.carpante@gmail.com
www.carpante.it

Viticoltura: Convenzionale
Ettari: 10 | **Bottiglie:** 35.000 | **Produzione olearia:** Sì
Proprietà: Famiglia Careddu
Cond. enologica: Andreino Addis
Cond. agronomica: Staff aziendale
Vendita diretta: Sì | **Visite in azienda:** Sì

CAGNULARI 2021
Rosso Igt - Cagnulari 100%
Alc. 14,5% | € 14 | Bt. 12.000 | Ferm. Acciaio | Mat. Acciaio 6 mesi
Vivace rosso rubino. Approccio olfattivo intenso, diretto, orientato su sentori fruttati freschi di lampone e mora di gelso. Assaggio invitante, di grande piacevolezza, dotato di un dinamico equilibrio fra ingresso morbido, giusto grip tannico e finale di adeguata freschezza e persistenza. Maiale in agrodolce.

CARIGNANO DEL SULCIS CARPANTE 2021
Rosso Doc - Carignano 100%
Alc. 16,5% | € 15 | Bt. 3.500 | Ferm. Acciaio | Mat. Acciaio 6 mesi
Costolette d'agnello alle erbe.

VERMENTINO DI SARDEGNA FRINAS 2021
Bianco Doc - Vermentino 100%
Alc. 13,5% | € 16 | Bt. 4.000 | Ferm. Acciaio | Mat. Acciaio 6 mesi
San Pietro alla siciliana con dadolata di patate.

VERMENTINO DI SARDEGNA LONGHERA 2021
Bianco Doc - Vermentino 100%
Alc. 13,5% | € 12 | Bt. 5.000 | Ferm. Acciaio | Mat. Acciaio 6 mesi
Linguine alla granseola e rosmarino.

CANNONAU DI SARDEGNA ROSATO CIPRIA 2021
Rosato Doc - Cannonau 100%
Alc. 15% | € 16 | Bt. 1.000 | Ferm. Acciaio | Mat. Acciaio 6 mesi
Ravioli di patate e baccalà.

CARPANTE
2019

VERMENTINO DI SARDEGNA FRINAS
2017 | 2018 | 2020

Giovanni Cherchi
(1970)

Vermentino e cagnulari sono indubbiamente i vitigni che connotano in maniera più decisa la viticoltura nel nord-ovest dell'isola, e in particolare nell'areale del Coros e nel suo epicentro Usini. L'azienda di Salvatore Cherchi ha da sempre avuto questo binomio come asse portante, trovando i vertici qualitativi nel Luzzana (rosso in cui il cagnulari incontra il vitigno principe dell'isola, il cannonau) e nel celebrato Vermentino Tuvaoes, che anche quest'anno hanno volato su alti livelli. Piacevoli segnali positivi anche dalla crescita costante delle etichette dedicate al fondatore Billìa.

Località Sa Pala 'e Sa Chessa - 07049 Usini (SS)
T. 079 380273 | M. info@vinicolacherchi.it
www.vinicolacherchi.it

Viticoltura: Convenzionale
Ettari: 30 | **Bottiglie:** 180.000 | **Produzione olearia:** No
Proprietà: Salvatore e Grazia Cherchi
Cond. enologica: Piero Cella
Cond. agronomica: Salvatore Cherchi
Vendita diretta: Sì | **Visite in azienda:** Sì

LUZZANA 2021
Rosso Igt - Cagnulari 50%, Cannonau 50%
Alc. 14,5% | € 21 | Bt. 18.000 | Ferm. Acciaio | Mat. Legno 12 mesi
Rubino lucente. Cassis e bacca di mirto si impongono al primo impatto, seguiti da note di cuoio, china, liquirizia e noce moscata. Austero, caldo e vigoroso al palato, mantiene una mirabile tensione gustativa che ripropone coerentemente richiami fruttati e balsamici, protagonisti anche della lenta dissolvenza. Pappardelle con sugo di lepre.

VERMENTINO DI SARDEGNA TUVAOES 2022
Bianco Doc - Vermentino 100%
Alc. 14% | € 16 | Bt. 60.000 | Ferm. Acciaio | Mat. Acciaio 7 mesi
Polpo alla Luciana.

CAGNULARI 2021
Rosso Igt - Cagnulari 100%
Alc. 13% | € 16 | Bt. 40.000 | Ferm. Acciaio | Mat. Acciaio 8 mesi
Lumache alla bourguignonne.

VERMENTINO DI SARDEGNA BILLIA 2022
Bianco Doc - Vermentino 100%
Alc. 12,5% | € 9 | Bt. 35.000 | Ferm. Acciaio | Mat. Acciaio 7 mesi
Salmone al timo.

BILLIA 2022
Rosso Igt - Cagnulari 100%
Alc. 13,5% | € 9 | Bt. 10.000 | Ferm. Acciaio | Mat. Acciaio 8 mesi
Roast beef.

LUZZANA
2019 | 2020

VERMENTINO DI SARDEGNA TUVAOES
2020

Chessa
(2005)

In continuità con il successo del tastevin 2023, la cantina consolida la sua immagine di vessillo del territorio usinese. In questo contesto, l'attenzione della titolare Giovanna è sempre verso i tradizionali autoctoni che costituiscono la squadra di alfieri enologici. Quest'anno, il testa a testa per una pole position in Guida vede scontrarsi il già premiato Vermentino C'era una Volta versione 2020 e uno strepitoso Cagnulari Igt 2022, giovane, ma già molto espressivo ed equilibrato. Completano il prestigioso roster il classico Vermentino Mattariga e il suadente Moscato Ppassito Kentàles.

Via San Giorgio - 07049 Usini (SS)
T. 328 3747069 | M. info@cantinechessa.it
www.cantinechessa.it

Viticoltura: Lotta integrata
Ettari: 15 | **Bottiglie:** 60.000 | **Produzione olearia:** Sì
Proprietà: Giovanna Chessa
Cond. enologica: Giovanna Chessa
Cond. agronomica: Giovanna Chessa
Vendita diretta: Sì | **Visite in azienda:** Sì

(92)
CAGNULARI 2022
Rosso Igt - Cagnulari 100%
Alc. 14,5% | € 15 | Bt. 28.000 | Ferm. Acciaio | Mat. Acciaio 12 mesi
Carminio fitto. Proposta olfattiva elegante di fragranti note di frutti di bosco, succo di melagrana e pepe rosa. Assaggio voluminoso, con tannini di grande personalità ed espressivo equilibrio su contrasti fra un dosato alcol e una vivacità giovanile, che slanciano il sorso in un lungo finale balsamico e corroborante. Rosticciana.

VERMENTINO DI SARDEGNA C'ERA UNA VOLTA 2020
Bianco Doc - Vermentino 100%
Alc. 15,5% | € 38 | Bt. 1.350 | Ferm. Legno e Acciaio | Mat. Acciaio 28 mesi
Tortelli di branzino con salsa d'astice.

MOSCATO DI SARDEGNA PASSITO KENTÀLES 2021
Bianco Doc Passito - Moscato 100%
Alc. 16% | € 28 (0,5l) | Bt. 2.000 | Ferm. Acciaio | Mat. Acciaio 24 mesi
Millefoglie con crema e scaglie di mandorle tostate.

VERMENTINO DI SARDEGNA MATTARIGA 2022
Bianco Doc - Vermentino 100%
Alc. 14% | € 15 | Bt. 22.000 | Ferm. Acciaio | Mat. Acciaio 7 mesi
Guazzetto di scampi.

LUGHERRA 2019
Rosso Igt - Cagnulari 90%, Cannonau 10%
Alc. 14,5% | € 28 | Bt. 2.000 | Ferm. Acciaio | Mat. Acciaio 28 mesi e Legno 6 mesi
Faraona al forno.

VERMENTINO DI SARDEGNA C'ERA UNA VOLTA
2019

MOSCATO DI SARDEGNA PASSITO KENTÀLES
2016

Attilio Contini
(1898)

A confermare lo storico intreccio con la Vernaccia di Oristano, l'azienda è oggi fra le fondatrici del neonato Consorzio di Tutela con Mauro Contini presidente. Nel volgere sempre una particolare attenzione all'accoglienza, una profonda rivisitazione dell'assetto organizzativo dei locali regala una veste aziendale decisamente rinnovata. A siglare un interessante avvicendamento in Guida con l'assente Vernaccia Antico Gregori, quest'anno troviamo il Barrile 2019, affascinante interpretazione di nieddera, che soffia di poco il primo posto a un Pontis 2021 di grande espressività.

Via Genova, 48/50 - 09072 Cabras (OR)
T. 0783 290806 | M. info@vinicontini.com
www.vinicontini.com

Viticoltura: Convenzionale e biologica certificata
Ettari: 200 | **Bottiglie:** 1.800.000 | **Produzione olearia:** No
Proprietà: Famiglia Contini
Cond. enologica: Piero Cella
Cond. agronomica: Gianfranco Siddu
Vendita diretta: Sì | **Visite in azienda:** Sì

(93)
BARRILE 2019
Rosso Igt - Nieddera 85%, Caddiu 15%
Alc. 14,5% | € 30 | Bt. 6.000 | Ferm. Acciaio | Mat. Legno 18 mesi
Radiosa trama carminio con riflessi granato. Al naso sfilano note di amarena sciroppata, radici di china e liquirizia e un finale di chiodi di garofano. Palato avvolgente ma dalla venatura fresco-tannica decisa a dare equilibrio e spinta dinamica. Lungo finale punteggiato di ricordi di liquirizia e spezie. Arista di maiale con salsa di prugne.

PONTIS 2021
Bianco Igt Dolce - Vernaccia di Oristano 70%, Moscato 30%
Alc. 12,5% | € 19 (0,375l) | Bt. 3.000 | Ferm. Acciaio | Mat. Legno 12 mesi
Mostaccioli.

I GIGANTI ROSSO 2020
Rosso Igt - Nieddera 80%, Caddiu 20%
Alc. 14% | € 22 | Bt. 20.000 | Ferm. Acciaio | Mat. Legno 12 mesi
Filetto al vino rosso e scalogno.

VERNACCIA DI ORISTANO FLOR 2019
Bianco Doc - Vernaccia di Oristano 100%
Alc. 15% | € 15 | Bt. 25.000 | Ferm. Acciaio | Mat. Legno 48 mesi
Pecorino di Pienza.

I GIGANTI BIANCO 2021
Bianco Igt - Vernaccia di Oristano 70%, Vermentino 30%
Alc. 13,5% | € 15 | Bt. 25.000 | Ferm. Acciaio | Mat. Acciaio 4 mesi e Legno 6 mesi
Trenette al pesto, patate e fagiolini.

KARMIS CUVÉE 2022
Bianco Igt - Vernaccia di Oristano 70%, Vermentino 30%
Alc. 13% | € 12 | Bt. 750.000 | Ferm. Acciaio | Mat. Acciaio 5 mesi
Seppioline ai ferri.

VERNACCIA DI ORISTANO ANTICO GREGORI
S.A. | 1976 | 1979

VERNACCIA DI ORISTANO RISERVA
1991 | 1995 | 1997

Antonella Corda
(2010)

In casa Corda il vino è da generazioni risultato di passione e competenza. Alla preparazione tecnica della conduzione enologica si affianca una notevole sensibilità nei confronti del patrimonio naturale aziendale. La combinazione di questi elementi rende le produzioni di Antonella Corda convincenti e decisamente autentiche. Il Vermentino, penalizzato da un'annata segnatamente calda, cede il passo a un Cannonau maggiormente persuasivo. A spiccare sulla quaterna per originalità e verticalità è ancora lo Ziru, mentre si attende il nuovo millesimo di Cannonau Riserva, attualmente in affinamento.

SS 466, km 6,800 - Località Pranu Raimondo - 09040 Serdiana (SU)
T. 328 5911480 | M. info@antonellacorda.it
www.antonellacorda.it

Viticoltura: Biologica
Ettari: 18 | **Bottiglie:** 85.000 | **Produzione olearia:** Sì
Proprietà: Antonella Corda
Cond. enologica: Antonella Corda
Cond. agronomica: Antonella Corda
Vendita diretta: Sì | **Visite in azienda:** Sì

ZIRU 2021
Bianco Igt - Vermentino 100%
Alc. 14% | € 31 | Bt. 2.900 | Ferm. Terracotta | Mat. Terracotta 6 mesi
Paglierino intenso e luminoso. Corredo olfattivo ricco che sfoggia ricami di mela cotogna, zeste di agrume candito, finocchio di mare, salvia e accenni minerali di pietra focaia. Assaggio di indubbia espressività, terso, fresco, di ottimo equilibrio e piacevole finale asciutto, che ripropone temi vegetali. Tiella di riso, patate e cozze.

CANNONAU DI SARDEGNA 2021
Rosso Doc - Cannonau 90%, Syrah 10%
Alc. 14,5% | € 19 | Bt. 30.000 | Ferm. Acciaio | Mat. Acciaio 6 mesi e Legno 6 mesi
Caciocavallo Silano.

VERMENTINO DI SARDEGNA 2022
Bianco Doc - Vermentino 100%
Alc. 14% | € 15 | Bt. 50.000 | Ferm. Acciaio | Mat. Acciaio 6 mesi
Fregola con le arselle.

NURAGUS DI CAGLIARI 2022
Bianco Doc - Nuragus 100%
Alc. 12,5% | € 15 | Bt. 15.330 | Ferm. Acciaio | Mat. Acciaio 6 mesi
Linguine con asparagi e calamaretti.

ZIRU
2020

CANNONAU DI SARDEGNA RISERVA
2019

Ferruccio Deiana
(1997)

Storica realtà vitivinicola del campidano cagliaritano, si presenta quest'anno con una gamma di referenze ampia e di qualità, che copre le principali varietà autoctone territoriali, tra le quali svettano l'eccellente Malvasia, di cui l'azienda si conferma uno dei migliori interpreti, il suadente Nasco e l'esordiente Girò, ottima versione dell'omonimo vitigno locale dal nobile passato. A insidiare il predominio dei vini dolci l'atteso rientro del rosso Ajana, con un millesimo di carattere e indubbio fascino, che rende merito alla determinazione e al costante lavoro della famiglia Deiana.

Via Gialeto, 7 - Località Su Leunaxi - 09060 Settimo San Pietro (CA)
T. 070 749117 | M. info@ferrucciodeiana.it
www.ferrucciodeiana.it

Viticoltura: Convenzionale
Ettari: 120 | **Bottiglie:** 300.000 | **Produzione olearia:** No
Proprietà: Ferruccio Deiana
Cond. enologica: Dario Deiana, Ferruccio Deiana
Cond. agronomica: Staff aziendale
Vendita diretta: Sì | **Visite in azienda:** Sì

92,5
CAGLIARI MALVASIA 2019
Bianco Doc Dolce - Malvasia 100%
Alc. 15,5% | € 14 (0,375l) | Bt. 3.000 | Ferm. Acciaio | Mat. Acciaio 6 mesi e Legno 6 mesi
Fulgido oro con nuance topazio. Bouquet intenso e raffinato dall'incipit floreale di zagara, seguito da mandorla, ginger disidratato e zafferano; leggera sigla vanigliata. Sorso seducente e di grande equilibrio, teso tra la vena fresco-sapida e le note morbide di dosata dolcezza e avvolgenza glicerica. Lungo congedo. Petit four alle mandorle.

91,5
AJANA 2018
Rosso Igt - Cannonau 60%, Carignano 25%, Bovale 15%
Alc. 15% | € 30 | Bt. 6.000 | Ferm. Acciaio | Mat. Acciaio 2 mesi e Legno 18 mesi
Granato profondo. Ampio ventaglio aromatico che esordisce su un fruttato maturo di confettura di more e prugne sotto spirito, seguono tabacco danese, legno di liquirizia e rabarbaro. Sorso opulento, caldo e di gran corpo, equilibrato da un impianto tannico solido e di ottima fattura. Congedo lungo e appagante. Brasato di lepre con riduzione di vino rosso.

OIRAD 2020
Bianco Igt Dolce - Nasco 34%, Malvasia bianca 33%, Moscato bianco 33%
Alc. 14,5% | € 18 (0,5l) | Bt. 10.000 | Ferm. Legno e Acciaio
Mat. Acciaio 4 mesi e Legno 2 mesi. Strudel di mele.

GIRÒ DI CAGLIARI 2020
Rosso Doc Dolce - Girò 100%
Alc. 15,5% | € 14 (0,375l) | Bt. 1.500 | Ferm. Acciaio | Mat. Acciaio 3 mesi e Legno 24 mesi. Semifreddo al mascarpone e uvetta sotto spirito.

CANNONAU DI SARDEGNA SILENO RISERVA 2019
Rosso Doc - Cannonau 100%
Alc. 14,5% | € 13 | Bt. 30.000 | Ferm. Acciaio | Mat. Acciaio 12 mesi e Legno 8 mesi. Bigoli con l'anatra.

PLUMINUS 2020
Bianco Igt - Vermentino 75%, Nasco 25%
Alc. 14,5% | € 24 | Bt. 3.000 | Ferm. Acciaio | Mat. Acciaio 2 mesi e Legno 6 mesi. Pollastra alla birra e cipolle di Tropea.

OIRAD
2015 | 2017 | 2018

VERMENTINO DI SARDEGNA ARVALI
2018 | 2020 | 2021

Famiglia Demelas
(2019)

Debutto in Guida per questa giovane azienda del Mandrolisai che fin dal nome evidenzia la forte connotazione familiare. Diverse generazioni si sono dedicate alla viticoltura, fino alla recente entrata in scena dei giovani fratelli Damiano (con la moglie Roberta) e Lorenzo, che hanno dato alla proprietà la forma attuale. Tra i vini degustati in evidenza il Giuàle (ottenuto dalle vigne più vecchie) che ha prevalso di poco sul "cugino" Domo. Ottime risultanze anche dal Cannonau Giogu e dal sorprendente Frore, ottenuto dalla vinificazione in bianco dei tre vitigni tipici locali a bacca nera.

Località S'Ulimu - 08030 Atzara (NU)
T. 347 0993307 | M. info@famigliademelas.com
www.famigliademelas.com

Viticoltura: Lotta integrata
Ettari: 8 | **Bottiglie:** 17.000 | **Produzione olearia:** No
Proprietà: Roberta Todde e Damiano Demelas
Cond. enologica: Piero Cella
Cond. agronomica: Damiano Demelas
Vendita diretta: Sì | **Visite in azienda:** Sì

MANDROLISAI GIUÀLE 2020
Rosso Doc - Muristellu 45%, Cannonau 25%, Monica 20%, altre varietà 10%
Alc. 14% | € 33 | Bt. 1.800 | Mat. Acciaio 9 mesi e Legno 9 mesi
Carminio denso e vivace. Intenso ed elegante mosaico olfattivo con bacca di mirto, cassis, foglia d'alloro e pepe nero. Al palato si presenta austero e di classe, con vivaci note rinfrescanti e tannini vellutati a disegnare un arco gustativo dinamico e accattivante. Offre una chiusura balsamica e fruttata. Guanciale di vitello alle erbe aromatiche.

MANDROLISAI DOMO 2020
Rosso Doc - Bovale 45%, Cannonau 30%, Monica 20%, Barbera sarda 5%
Alc. 13,5% | € 22 | Bt. 3.800 | Mat. Acciaio 9 mesi
Rigatoni al ragù bianco di carne.

CANNONAU DI SARDEGNA GIOGU 2021
Rosso Doc - Cannonau 100%
Alc. 14% | € 20 | Bt. 3.600 | Ferm. Acciaio | Mat. Acciaio 9 mesi
Toma di Murazzano.

FRORE 2022
Bianco Igt - altre varietà 100%
Alc. 12,5% | € 15 | Bt. 4.500 | Mat. Acciaio 6 mesi
Risotto con piselli e ricotta affumicata.

Fradiles
(2004)

Mandrolisai è di certo una delle denominazioni isolane in maggior crescita, merito di un contesto ambientale di straordinario fascino, di un patrimonio ampelografico ricco e di un gruppo di operatori particolarmente dinamici. Tra questi si è distinta l'azienda Fradiles, alla quale si deve l'iniziativa del nascente Consorzio e il merito di aver riportato l'attenzione su questo areale e sui vini di ottima fattura e rappresentativi delle peculiarità del territorio. Il cru Memorias Creccherie assolve al meglio questo compito dando prova delle enormi potenzialità della denominazione.

Via Sandro Pertini, 2 - Località Creccherie - 08030 Atzara (NU)
T. 333 1761683 | M. info@fradiles.it
www.fradiles.it

Viticoltura: Biologica
Ettari: 13 | **Bottiglie:** 43.000 | **Produzione olearia:** Sì
Proprietà: Paolo Savoldo, Antonio Marras e Ignazio Manca
Cond. enologica: Daniele Manca
Cond. agronomica: Staff aziendale
Vendita diretta: Sì | **Visite in azienda:** Sì

92

MANDROLISAI MEMORIAS CRECCHERIE 2021
Rosso Doc - Bovale 50%, Cannonau 30%, Monica 20%
Alc. 16% | € 40 | Bt. 2.631 | Ferm. Acciaio | Mat. Acciaio 6 mesi e Legno 12 mesi
Granato vivo. Impianto olfattivo ricco, siglato da toni scuri di bacca di mirto e mora di gelso, poi arancia sanguinella, cenni di liquirizia e legno di ginepro in chiusura. Palato vivo, di grande volume, con tannini robusti ma ben integrati nel contesto. Finale asciutto, di netta impronta balsamica e speziata. Capriolo con salsa di ribes rosso.

MANDROLISAI SUPERIORE ANGRARIS 2019
Rosso Doc - Bovale 50%, Cannonau 30%, Monica 20%
Alc. 15,5% | € 45 | Bt. 1.792 | Ferm. Acciaio | Mat. Acciaio 6 mesi e Legno 24 mesi
Tordi in salmì.

ISTENTU 2020
Rosso Igt - Uve tradizionali sarde 70%, Cannonau 20%, altre varietà 10%
Alc. 14,5% | € 28 | Bt. 1.500 | Ferm. Acciaio | Mat. Acciaio 6 mesi e Legno 12 mesi
Filetto di maiale lardellato.

MANDROLISAI SUPERIORE ANTIOGU 2020
Rosso Doc - Bovale 50%, Cannonau 30%, Monica 20%
Alc. 15,5% | € 22 | Bt. 4.000 | Ferm. Acciaio | Mat. Acciaio 6 mesi e Legno 12 mesi
Tacchino farcito con castagne.

MANDROLISAI FRADILES 2021
Rosso Doc - Bovale 40%, Cannonau 30%, Monica 30%
Alc. 15% | € 13 | Bt. 12.000 | Ferm. Acciaio | Mat. Acciaio 6 mesi e Legno 10 mesi
Canestrato pugliese.

BAGADÌU 2021
Rosso Igt - Bovale 95%, altre varietà 5%
Alc. 14,5% | € 17 | Bt. 5.000 | Ferm. Acciaio | Mat. Acciaio 6 mesi e Legno 12 mesi
Capretto allo spiedo.

MANDROLISAI MEMORIAS CRECCHERIE
2020

MANDROLISAI FRADILES
2019 | 2020

Fratelli Serra
(1920)

Azienda sulla scena enologica sarda da diverse generazioni, legata indissolubilmente a uno dei simboli vitivinicoli dell'Isola: la Vernaccia di Oristano. Rispettosa di una tradizione produttiva molto particolare, non trascura di volgere un attento sguardo al mondo della ricerca, per garantire risultati sempre al passo con i tempi per la prima denominazione di origine sarda. Con due smaglianti interpretazioni di questo raro e prezioso vino, la cantina esordisce in Guida, regalandoci esempi di austera eleganza, con la Riserva 2010 che mostra eccellenti doti di finezza.

Via Garibaldi, 25 - 09170 Zeddiani (OR)
T. 0783 418276 | M. vitivinicola.serra@libero.it
www.vernacciaserra.it

Viticoltura: Lotta integrata
Ettari: 14 | **Bottiglie:** 10.000 | **Produzione olearia:** Sì
Proprietà: Gianni Antonio e Albertino Serra
Cond. enologica: Gianni Serra
Cond. agronomica: Gianni Serra
Vendita diretta: Sì | **Visite in azienda:** Sì

94

VERNACCIA DI ORISTANO RISERVA 2010
Bianco Doc - Vernaccia di Oristano 100%
Alc. 17% | € 35 | Bt. 900 | Ferm. Acciaio e Cemento | Mat. Legno 108 mesi e Cemento 12 mesi
Veste brillante dai toni ambra. L'incipit olfattivo apre su sentori di mandorle, spezie dolci, pasticceria al rum e cera d'api, poi datteri e una ventata iodata. Una corrispondenza naso-bocca sorprendente e perfetta regala al palato finezza e una piacevole sensazione materica, che sostiene un finale speziato e tostato. Caviale Beluga.

VERNACCIA DI ORISTANO RISERVA 2011
Bianco Doc - Vernaccia di Oristano 100%
Alc. 17% | € 35 | Bt. 900 | Ferm. Acciaio e Cemento | Mat. Legno 108 mesi e Cemento 12 mesi
Cappesante scottate allo zenzero.

I Garagisti di Sorgono
(2017)

Localizzata nel cuore geografico della Sardegna, questa giovane realtà si conferma anno dopo anno promettente cantina del Mandrolisai. Il segreto è da ricercare nei filari di viti quasi centenarie e in un determinante know-how vitivinicolo, ingredienti che si manifestano in un Parisi di indubbia autenticità. I copiosi residui di graniti bianchi e rosa, nei quali affondano le radici vetusti ceppi rugosi dalla folta chioma, sono un vero museo a cielo aperto. Nei nuovi impianti aziendali è custodito il DNA delle vecchie viti, atto di salvaguardia di questo intimo patrimonio culturale.

Via Emilia, 10 - 08038 Sorgono (NU)
T. 328 8714316 | M. info@garagistidisorgono.com
www.garagistidisorgono.com

Viticoltura: Lotta integrata
Ettari: 10 | **Bottiglie:** 35.000 | **Produzione olearia:** No
Proprietà: Simone Murru e soci
Cond. enologica: Simone Murru
Cond. agronomica: Staff aziendale
Vendita diretta: Sì | **Visite in azienda:** Sì

PARISI 2021
Rosso Igt - Bovale 100%
Alc. 15,5% | € 22 | Bt. 7.000 | Ferm. Acciaio | Mat. Acciaio 4 mesi e Legno 8 mesi
Rubino intenso e vivo. Impatto olfattivo con frutti rossi freschi in evidenza, amarena e ribes, seguiti da un cenno floreale di rosa bulgara. Arricchiscono il bouquet sfumature balsamiche e speziate. Palato immediato e di ottima bevibilità, con esordio fresco e asciutto, cui fa da contrappunto una generosa alcolicità. Stracotto d'asino.

MANDROLISAI URAS 2020
Rosso Doc - Bovale 40%, Cannonau 30%, Monica 30%
Alc. 15% | € 26 | Bt. 5.000 | Ferm. Acciaio | Mat. Acciaio 4 mesi e Legno 6 mesi
Stinco d'agnello al forno.

CANNONAU DI SARDEGNA MANCA 2020
Rosso Doc - Cannonau 100%
Alc. 15% | € 24 | Bt. 8.000 | Ferm. Acciaio | Mat. Acciaio 4 mesi e Legno 8 mesi
Agnolotti al piccione con sugo d'arrosto.

MONICA DI SARDEGNA MURRU 2021
Rosso Doc - Monica 100%
Alc. 13% | € 19 | Bt. 7.000 | Ferm. Acciaio | Mat. Acciaio 12 mesi
Risotto con salsiccia e Taleggio.

MANDROLISAI GARAGE ROSATO 2022
Rosato Doc - Bovale 40%, Cannonau 30%, Monica 30%
Alc. 12,5% | € 15 | Bt. 4.000 | Ferm. Acciaio | Mat. Acciaio 5 mesi
Guazzetto di fasolari.

MANDROLISAI URAS
2019

MANDROLISAI GARAGE ROSSO
2021

Jankara

(2006)

L'avvicendamento nella compagine societaria con l'ingresso di Tara Empson - CEO dell'omonima società che tanto ha fatto per la promozione del vino italiano all'estero - preannuncia rilevanti investimenti tesi a raddoppiare la capacità produttiva di un'azienda che, sul piano qualitativo, ha già dato buona prova di sé. Il vuoto lasciato dall'etichetta più blasonata, 755 MT, ancora in maturazione, è stato egregiamente colmato dal vino gallurese per antonomasia che, non deludendo le aspettative di un'annata che si annunciava ottima, ha mostrato, con eleganza, carattere e attitudine all'evoluzione.

Via Arzachena, 19 - 07030 Sant'Antonio di Gallura (SS)
T. 349 4381296 | M. renato@vinijankara.com
www.vinijankara.com

Viticoltura: Convenzionale
Ettari: 10 | **Bottiglie:** 50.000 | **Produzione olearia:** No
Proprietà: Renato e Angela Spanu, Angelo e Denise Elia, Tara Empson
Cond. enologica: Gianni Menotti
Cond. agronomica: Gianpiero Nieddu
Vendita diretta: Sì | **Visite in azienda:** Sì

VERMENTINO DI GALLURA SUPERIORE JANKARA 2022
Bianco Docg - Vermentino 100%
Alc. 14% | € 18 | Bt. 40.000 | Ferm. Acciaio | Mat. Acciaio 6 mesi
Splendente paglierino tenue. Olfatto intenso e ricercato, con esordio dal timbro floreale di acacia, seguito da suggestioni mediterranee di gariga, melissa e postilla minerale. Sorso composto, esprime senza sbavature morbidezza e spinta fresco-sapida. Tipico finale ammandorlato, di grande persistenza. Scampi alla griglia.

CANNONAU DI SARDEGNA 2020
Rosso Doc - Cannonau 98%, Alicante 2%
Alc. 16% | € 24 | Bt. 4.000 | Ferm. Acciaio | Mat. Legno 12 mesi
Gnocchi al ragù.

LU NIEDDU 2021
Rosso Igt - Caricagiola 20%, Pascale 20%, Barbera sarda 15%, Cabernet franc 15%, Cannonau 15%, Dolcetto 15%
Alc. 14% | € 22 | Bt. 2.500 | Ferm. Acciaio | Mat. Legno 12 mesi
Guancia di vitello in umido.

755 MT
2019 | 2020

CANNONAU DI SARDEGNA
2018

La Contralta

(2019)

In attesa dell'entrata in produzione dei più recenti impianti della tenuta di Palau, l'azienda gallurese porta avanti il lavoro di ricerca sul vermentino con la novità del Passito Le ultime cose, da uve sovramature. Le sperimentazioni proseguiranno con una versione senza solfiti aggiunti, prossima all'imbottigliamento, e una base spumante per la quale è in corso la lavorazione con Metodo Classico. Su tutti, però, primeggia uno straordinario millesimo del Fiore del Sasso, che la spunta sul macerato – e pluripremiato – Al Sol Brilla e sui convincenti rossi a base cannonau e carignano.

SP 66 - Località Enas-Zappallì - 07020 Loiri Porto San Paolo (SS)
T. 349 6806547 | M. info@lacontralta.it
www.lacontralta.com

Viticoltura: Biologica
Ettari: 11 | **Bottiglie:** 30.000 | **Produzione olearia:** No
Proprietà: Società Domo
Cond. enologica: Roberto Gariup
Cond. agronomica: Maurizio Saettini
Vendita diretta: Sì | **Visite in azienda:** Sì

(93)
VERMENTINO DI GALLURA SUPERIORE FIORE DEL SASSO 2021
Bianco Docg - Vermentino 100%
Alc. 14,5% | € 25 | Bt. 12.000 | Ferm. Legno e Acciaio e Terracotta
Mat. Legno 6 mesi
Paglierino con riflessi oro verde. Impatto olfattivo con melone giallo, fieno e rosmarino, poi note iodate, zenzero, scorza di cedro e ricordi fumé. Materico al palato, mantiene un'elegante leggiadria che rende il sorso goloso, dinamico e articolato. Gustosi ritorni fruttati e speziati si distendono nel finale salino. Calamarata con ragù di pesce spada.

CANNONAU DI SARDEGNA L'ORA GRANDE 2021
Rosso Doc - Cannonau 100%
Alc. 14,5% | € 28 | Bt. 4.500 | Ferm. Acciaio | Mat. Acciaio 2 mesi e Legno 8 mesi e Cemento 8 mesi
Pasta, patate e provola.

AL SOL BRILLA 2021
Bianco Igt - Vermentino 100%
Alc. 15,5% | € 35 | Bt. 3.500 | Ferm. Legno e Acciaio | Mat. Acciaio 8 mesi e Legno 12 mesi
Tacchino stufato con peperoni e radicchio.

M'ILLUMINO 2021
Rosso Igt - Carignano 100%
Alc. 15% | € 90 (1,5l) | Bt. 320 | Ferm. Acciaio | Mat. Legno 18 mesi
Grana Padano Riserva.

LE ULTIME COSE 2021
Bianco Igt Passito - Vermentino 100%
Alc. 14,5% | € 28 (0,375l) | Bt. 1.200 | Ferm. Acciaio | Mat. Legno 18 mesi
Sfogliatelle Santa Rosa.

AL SOL BRILLA
2019 | 2020

M'ILLUMINO
2019 | 2020

L'Ariosa
(1926)

La tenuta fa parte di un contesto aziendale ricco di sfaccettature, legato a una solida tradizione produttiva a 360 gradi, tra cui una storica incursione nel mondo dei distillati e liquori. Realtà esordiente in Guida, mostra da subito un ottimo spessore qualitativo. L'ampio assortimento di vini offerti mette in evidenza una predilezione per le più note cultivar isolane e declinate in purezza, fra tutte i vini da vermentino, con Galatea e Arenu, entrambi 2022, e cagnulari, con Sass'Antico 2020, si collocano ai vertici della gamma.

Regione Predda Niedda Sud Strada 15 - 07100 Sassari (SS)
T. 079 261905 | M. distrau@rau.it
www.lariosa.it

Viticoltura: Convenzionale
Ettari: 15 | **Bottiglie:** 100.000 | **Produzione olearia:** No
Proprietà: Famiglia Rau
Cond. enologica: Daniela Manca
Cond. agronomica: Staff aziendale
Vendita diretta: No | **Visite in azienda:** Sì

SASS'ANTICO 2020
Rosso Igt - Cagnulari 100%
Alc. 14% | € 12 | Bt. 20.000 | Ferm. Acciaio | Mat. Acciaio 6 mesi e Legno 12 mesi
Manto carminio vivido. Attacco olfattivo mentolato, mediterraneo, che apre su un fruttato di melograno, ribes, mora di gelso e una nuance di pepe nero, preludio a un sorso fresco, quasi croccante, dal tannino garbato ma deciso e una giusta nota alcolica. Chiusura appagante su una scia fruttata e balsamica. Capretto arrosto alle erbe aromatiche.

VERMENTINO DI SARDEGNA GALATEA 2022
Bianco Doc - Vermentino 100%
Alc. 14% | € 14 | Bt. 12.000 | Ferm. Legno e Acciaio | Mat. Acciaio 6 mesi
Rombo al forno ai sapori mediterranei.

VERMENTINO DI SARDEGNA ARENU 2022
Bianco Doc - Vermentino 100%
Alc. 13,5% | € 10 | Bt. 30.000 | Ferm. Acciaio | Mat. Acciaio 6 mesi
Sauté di cozze.

CANNONAU DI SARDEGNA LLUNES RISERVA 2020
Rosso Doc - Cannonau 100%
Alc. 14% | € 14 | Bt. 8.000 | Ferm. Acciaio | Mat. Acciaio 12 mesi e Legno 12 mesi
Canestrato pugliese.

PEDRASTELLA 2020
Rosso Igt - Carignano 100%
Alc. 14% | € 14 | Bt. 20.000 | Ferm. Acciaio | Mat. Acciaio 6 mesi e Legno 12 mesi
Grigliata di carne con salsa barbecue.

CANNONAU DI SARDEGNA ASSOLO 2021
Rosso Doc - Cannonau 100%
Alc. 14% | € 12 | Bt. 20.000 | Ferm. Acciaio | Mat. Acciaio 6 mesi e Legno 12 mesi
Straccetti di cavallo.

Mesa
(2004)

Completata la conversione al biologico, la proprietà continua a investire negli aspetti agronomici e tecnologici, con occhio rivolto alla sostenibilità del ciclo produttivo, puntando sempre in alto. Il cospicuo palmarès della cantina si arricchisce di due eccellenze, merito della denominazione principe sulcitana, che nella versione Superiore Gavino propone un vino di indubbia personalità e, nella tipologia Passito, un millesimo 2021 di Forte Rosso da ricordare. Doveroso un cenno al Vermentino Galesa, che affascina per freschezza e sapidità in una cornice gustativa di grande souplesse.

Località Su Baroni - 09010 Sant'Anna Arresi (SU)
T. 0781 965057 | M. info@cantinamesa.com
www.cantinamesa.com

Viticoltura: Biologica
Ettari: 74 | **Bottiglie:** 713.000 | **Produzione olearia:** No
Proprietà: Santa Margherita Gruppo Vinicolo
Cond. enologica: Stefano Cova
Cond. agronomica: Staff aziendale
Vendita diretta: Sì | **Visite in azienda:** Sì

95,5

CARIGNANO DEL SULCIS SUPERIORE GAVINO 2020
Rosso Doc - Carignano 100%
Alc. 14,5% | € 38 | Bt. 3.000 | Ferm. Acciaio | Mat. Acciaio 6 mesi e Legno 18 mesi
Rubino con riflessi violacei. Sequenza olfattiva intensa e ricca: apre su toni fruttati di prugna in confettura, cenni floreali di viola, segue un prezioso intreccio di note balsamiche, tabacco e delicata speziatura. Sorso pieno e appagante, decisamente fresco, appena scalpitante nei tannini e dalla grande prospettiva. Lepre alla cacciatora.

94

CARIGNANO DEL SULCIS PASSITO FORTE ROSSO 2021
Rosso Doc Passito - Carignano 100%
Alc. 14,5% | € 28 (0,5l) | Bt. 1.000 | Ferm. Acciaio | Mat. Legno 12 mesi
Rubino profondo. Dote aromatica generosa, variegata ed elegante, con innesco fruttato di mora di rovo e ribes, che anticipa un'esplosione di balsamicità mediterranee di elicriso, bacca di mirto e legno di ginepro. Ingresso morbido, dolce e caldo, che si fa asciutto in chiusura, a vantaggio dell'equilibrio. Bonèt.

GALESA 2021
Bianco Igt - Vermentino 100%
Alc. 14% | € 35 | Bt. 2.500 | Ferm. Legno e Acciaio | Mat. Acciaio 15 mesi
Sushi e sashimi.

CARIGNANO DEL SULCIS BUIO BUIO RISERVA 2020
Rosso Doc - Carignano 100%
Alc. 14,5% | € 27 | Bt. 26.000 | Ferm. Acciaio | Mat. Acciaio 3 mesi e Legno 10 mesi e Cemento 3 mesi
Rosticciana.

VERMENTINO DI SARDEGNA OPALE 2022
Bianco Doc - Vermentino 100%
Alc. 14% | € 22 | Bt. 18.000 | Ferm. Acciaio | Mat. Acciaio 6 mesi
Seppie in umido con piselli.

CARIGNANO DEL SULCIS BUIO 2021
Rosso Doc - Carignano 100%
Alc. 14% | € 13 | Bt. 205.000 | Ferm. Acciaio | Mat. Acciaio 6 mesi
Rotolo di coniglio con pomodorini ed erbe aromatiche.

CARIGNANO DEL SULCIS PASSITO FORTE ROSSO
S.A. | 2012

CARIGNANO DEL SULCIS SUPERIORE GAVINO
2017 | 2019

Mura
(1999)

Azzanidò deriva da un toponimo di origine protosarda a indicare una vallata di singolare bellezza, dove l'azienda Mura è saldamente radicata da più di un ventennio. Tradizione consolidata nella produzione di bianchi e rossi, perseguita negli anni da Marianna Mura, con la valorizzazione degli autoctoni e in particolare del vermentino osando, con ottimi risultati, l'uso sapiente dell'anfora e del legno, come dimostra la conferma dell'eccellente Decennio 2021, superba interpretazione gallurese, seguito a breve dall'ottimo risultato del Sienda.

Località Azzanidò, 1 - 07020 Loiri Porto San Paolo (SS)
T. 0789 41070 | M. vini.mura@tiscali.it
www.vinimura.it

Viticoltura: Biologica
Ettari: 9 | **Bottiglie:** 45.000 | **Produzione olearia:** No
Proprietà: Famiglia Mura
Cond. enologica: Marianna Mura
Cond. agronomica: Salvatore Mura
Vendita diretta: Sì | **Visite in azienda:** Sì

(92)
SIENDA IL DECENNIO 2021
Bianco Igt - Vermentino 100%
Alc. 14% | € 25 | Bt. 2.000 | Ferm. Legno | Mat. Acciaio 6 mesi e Legno 12 mesi
Paglierino caldo. Preziosi sentori di ananas, albicocche, cedro, timo, crème caramel e richiami speziati. L'avvolgente morbidezza è vivacizzata da una freschezza minerale che imbriglia l'importante dotazione calorica. Una sinergia dinamica per un piacevole ricordo e una beva appagante. Piccione ai porcini e tartufo nero.

VERMENTINO DI GALLURA SUPERIORE SIENDA 2022
Bianco Docg - Vermentino 100%
Alc. 14,5% | € 15 | Bt. 6.000 | Ferm. Acciaio | Mat. Acciaio 7 mesi
Pesce spada gratinato.

VERMENTINO DI GALLURA CHEREMI 2022
Bianco Docg - Vermentino 100%
Alc. 13,5% | € 14 | Bt. 12.000 | Ferm. Acciaio | Mat. Acciaio 7 mesi
Crostini con spuma di mortadella.

JARA 2022
Rosato Igt - Bovale 100%
Alc. 13% | € 8 | Bt. 3.300 | Ferm. Acciaio | Mat. Acciaio 5 mesi
Monte Veronese d'allevo.

SIENDA IL DECENNIO
2019

BAJA
2019

Olianas
(2002)

Fertilità dei suoli e salvaguardia dell'ecosistema circostante sono presupposti essenziali per Olianas, azienda che si caratterizza per una singolare etica ambientalista. Precursore del biologico nel panorama vitivinicolo sardo, la cantina ha intrapreso negli ultimi anni un percorso parallelo di ulteriore sensibilizzazione, ispirato in parte ai precetti steineriani, che vede quest'anno l'importante riconoscimento della certificazione biodinamica. Costante la qualità delle produzioni enologiche, testimoni di un territorio salubre e tenace. Ce lo racconta un Perdixi vivo e di carattere.

Località Porruddu - 09055 Gergei (SU)
T. 344 2369837 | M. info@olianas.it
www.olianas.it

Viticoltura: Biologica certificata e biodinamica
Ettari: 23 | **Bottiglie:** 170.000 | **Produzione olearia:** Sì
Proprietà: Famiglie Casadei e Olianas
Cond. enologica: Stefano Casadei
Cond. agronomica: Stefano Casadei
Vendita diretta: Sì | **Visite in azienda:** Sì

PERDIXI 2021
Rosso Igt - Bovale 85%, Carignano 15%
Alc. 14% | € 22 | Bt. 10.000 | Ferm. Terracotta | Mat. Legno 18 mesi
Rosso rubino vivace. Timbro olfattivo fresco e giovanile, con frutti di bosco sul proscenio e delicata speziatura di pepe, noce moscata e chiodi di garofano a far da cornice. Sorso coerente, energico per marcata vena tannica e rinfrescante acidità. Finale dal lungo lascito speziato. Quaglie alla cacciatora.

CANNONAU DI SARDEGNA - LE ANFORE 2021
Rosso Doc - Cannonau 100%
Alc. 14% | € 26 | Bt. 6.000 | Ferm. Terracotta | Mat. Terracotta 6 mesi
Arrosto di tacchino lardellato.

CANNONAU DI SARDEGNA RISERVA 2020
Rosso Doc - Cannonau 100%
Alc. 14% | € 25 | Bt. 5.000 | Ferm. Terracotta | Mat. Legno 20 mesi
Tortelli al Castelmagno.

VERMENTINO DI SARDEGNA 2022
Bianco Doc - Vermentino 100%
Alc. 13,5% | € 14 | Bt. 50.000 | Ferm. Legno e Acciaio | Mat. Acciaio 6 mesi e Legno 6 mesi
Risotto alla zucca.

MIGIU - LE ANFORE 2021
Bianco Igt - Semidano 100%
Alc. 12,5% | € 26 | Bt. 3.000 | Ferm. Terracotta | Mat. Terracotta 6 mesi
Stoccafisso in umido con porcini.

CANNONAU DI SARDEGNA 2022
Rosso Doc - Cannonau 90%, altre varietà 10%
Alc. 14% | € 15 | Bt. 60.000 | Ferm. Acciaio e Terracotta | Mat. Acciaio 7 mesi e Legno 3 mesi
Salame di cinta senese.

PERDIXI
2020

CANNONAU DI SARDEGNA
2019 | 2020 | 2021

Pala
(1950)

La cantina fa parte di quella costellazione di aziende che compongono il firmamento enologico del Parteolla. Tradizione familiare e capacità d'impresa hanno fatto sì che quest'azienda, dopo un percorso di oltre settant'anni, sia arrivata ai giorni nostri con un'offerta produttiva moderna, varia e di buona qualità. Questo dato trova riscontro anche nelle ultime degustazioni, che hanno confermato una mano particolarmente felice per i vini bianchi che, anche quest'anno, occupano le posizioni di vertice, con i due Stellato a insidiare il primato di un elegante Entemari, dal timbro marino.

Via Verdi, 7 - 09040 Serdiana (SU)
T. 070 740284 | M. info@pala.it
www.pala.it

Viticoltura: Lotta integrata
Ettari: 99 | **Bottiglie:** 490.000 | **Produzione olearia:** No
Proprietà: Mario Pala
Cond. enologica: Lorenzo Landi
Cond. agronomica: Mario Pala
Vendita diretta: Sì | **Visite in azienda:** Sì

ENTEMARI 2021
Bianco Igt - Vermentino 50%, Chardonnay 30%, Malvasia di Sardegna 20%
Alc. 14% | € 28 | Bt. 6.600 | Ferm. Acciaio | Mat. Acciaio 12 mesi
Fulgido oro verde. Intenso e complesso, sfoggia sentori di frutta a polpa bianca, melone, zagara, note agrumate, erbe aromatiche e sbuffi iodati in chiusura. Sorso pieno, morbido, bilanciato dal deciso apporto di freschezza e sapidità. Finale persistente con netto lascito salino. Asparagi verdi con uovo croccante e fonduta di Taleggio.

STELLATO 2022
Bianco Igt - Vermentino 100%
Alc. 13,5% | € 24 | Bt. 35.000 | Ferm. Acciaio | Mat. Acciaio 4 mesi
Linguine all'astice.

STELLATO NATURE 2022
Bianco Igt - Vermentino 100%
Alc. 14% | € 52 | Bt. 700 | Ferm. Acciaio | Mat. Acciaio 4 mesi
Paella.

CANNONAU DI SARDEGNA RISERVA 2021
Rosso Doc - Cannonau 100%
Alc. 14% | € 28 | Bt. 20.000 | Ferm. Acciaio | Mat. Legno 18 mesi
Ragusano.

VERMENTINO DI SARDEGNA SOPRASOLE 2022
Bianco Doc - Vermentino 100%
Alc. 13,5% | € 12 | Bt. 120.000 | Ferm. Acciaio | Mat. Acciaio 6 mesi
Piovra arrostita.

S'ARAI 2020
Rosso Igt - Cannonau 40%, Bovale 30%, Carignano 30%
Alc. 14,5% | € 38 | Bt. 6.600 | Ferm. Acciaio | Mat. Legno 14 mesi
Petto d'anatra laccato al miele.

ENTEMARI
2020

ESSENTIJA
2015

Gabriele Palmas
(1973)

Gabriele e Simona, dopo un breve periodo di assenza in Guida, si ripropongono mantenendo il loro spirito intraprendente, alla ricerca del nuovo. Le vigne della tenuta di Arcone ci regalano la novità Solopalmas 2022, Igt bianco con una piccola percentuale di Nasco, frutto di recenti impianti, che già in questa edizione mostra più che buone prospettive di qualità. Ma è nei rossi che la produzione offre due interessanti cavalli di razza, in particolare il Riserva Palmas 2014, un vino di grande pienezza e dal carattere deciso e prorompente.

SS ex 291 Sassari-Alghero, km 12,400 - Località Arcone - 07100 Sassari (SS)
T. 335 6183448 | M. info@gabrielepalmas.it
www.gabrielepalmas.it

Viticoltura: Lotta integrata
Ettari: 15 | **Bottiglie:** 30.000 | **Produzione olearia:** No
Proprietà: Gabriele Palmas
Cond. enologica: Lucien Angei, Gabriele Palmas
Cond. agronomica: Staff aziendale
Vendita diretta: Sì | **Visite in azienda:** Sì

93

ALGHERO PALMAS RISERVA 2014
Rosso Dop - Cabernet sauvignon 100%
Alc. 14,5% | € 60 | Bt. 1.500 | Ferm. Acciaio | Mat. Acciaio 24 mesi e Legno 12 mesi
Luminose venature granato. Al naso regala eleganti fragranze di amarena sotto spirito, radice di china, macis e chiodi di garofano, con uno sfondo di tabacco dolce e cuoio. Entra al palato austero, largo, con un tannino solido, a dispetto degli anni, ma composto. Chiusura in crescendo con lunghi ricordi di tamarindo. Fiorentina alla brace.

CANNONAU DI SARDEGNA 2020
Rosso Dop - Cannonau 100%
Alc. 14% | € 15 | Bt. 5.000 | Ferm. Acciaio | Mat. Acciaio 22 mesi
Nodini di cinta senese lardellati al forno.

SOLOPALMAS 2022
Bianco Igt - Vermentino 85%, Nasco 15%
Alc. 14,5% | € 19 | Bt. 3.000 | Ferm. Acciaio | Mat. Acciaio 9 mesi
Ravioli di pesce con sugo di canestrelli.

VERMENTINO DI SARDEGNA SOLOTREDICI 2022
Bianco Dop - Vermentino 100%
Alc. 14% | € 13 | Bt. 12.000 | Ferm. Acciaio | Mat. Acciaio 9 mesi
Tempura di gamberi.

ALGHERO PALMAS RISERVA
2016

SYRAH
2016 | 2020

Poderi Atha Ruja
(2000)

La Cantina Atha Ruja nasce per realizzare il sogno di un "ritorno alla terra" dei suoi fondatori, Pietro Pittalis e Annita Salis. Le bellissime vigne sono incastonate tra il Golfo di Orosei e le montagne del Gennargentu e godono del loro benefico influsso. L'azienda, sin dalla nascita, persegue obiettivi ben definiti e la filosofia produttiva è sintetizzata in poche parole: viticoltura sostenibile, lavoro e vendemmia manuale, massima attenzione in vinificazione e lunga maturazione dei vini prima dell'immissione sul mercato. Il Kuéntu, con ambizioni di longevità, conferma il suo valore.

Via Emilia, 45 - 08022 Dorgali (NU)
T. 342 7203617 | M. info@viniatharuja.com
www.viniatharuja.com

Viticoltura: Biologica certificata
Ettari: 5 | **Bottiglie:** 25.000 | **Produzione olearia:** Sì
Proprietà: Famiglia Pittalis
Cond. enologica: Marco Bernabei
Cond. agronomica: Marco Bernabei, Pietro Pittalis
Vendita diretta: Sì | **Visite in azienda:** Sì

(91)

CANNONAU DI SARDEGNA KUÉNTU RISERVA 2018
Rosso Doc - Cannonau 100%
Alc. 15,5% | € 33 | Bt. 3.333 | Ferm. Acciaio | Mat. Legno 24 mesi
Carminio cupo. Profuma di ciliegie sotto spirito e more, caffè e tabacco da pipa, cioccolato fondente e liquirizia. Chiude con un ricco sottofondo speziato e refoli d'incenso. Gusto fruttato e saporoso, con tannino raffinato e integrato; gusto agile nonostante la notevole struttura. Finale prolungato e appagante. Cinghiale in umido.

CANNONAU DI SARDEGNA 2020
Rosso Doc - Cannonau 100%
Alc. 15% | € 23 | Bt. 3.330 | Ferm. Acciaio | Mat. Legno 12 mesi
Carré di maiale con patate al forno.

CANNONAU DI SARDEGNA TERRA SORELLA 2021
Rosso Doc - Cannonau 100%
Alc. 15% | € 18 | Bt. 6.800 | Ferm. Acciaio | Mat. Acciaio 6 mesi
Caciocavallo Silano.

VERMENTINO DI SARDEGNA DIORVENE 2021
Bianco Doc - Vermentino 100%
Alc. 13% | € 18 | Bt. 3.333 | Ferm. Acciaio | Mat. Acciaio 6 mesi
Fritto di paranza.

MURISTELLU 2015
Rosso Igt - Bovale 100%
Alc. 15% | € 37 | Bt. 1.333 | Ferm. Acciaio | Mat. Legno 36 mesi
Costata di manzetta con salsa allo zenzero.

TULÙJ 2015
Rosso Igt - Carignano 70%, Cannonau 20%, Bovale 10%
Alc. 15,5% | € 37 | Bt. 1.998 | Ferm. Acciaio | Mat. Legno 36 mesi
Camoscio in umido.

CANNONAU DI SARDEGNA KUÉNTU RISERVA
2016

CANNONAU DI SARDEGNA
2018

Poderi Parpinello
(2009)

In breve tempo la cantina della famiglia Parpinello ha assunto un ruolo da protagonista nel panorama sardo. Il forte impegno per la rinascita del torbato non ha limitato l'operatività in vigna, puntando anche ad altri vitigni tradizionali, con incremento delle superfici destinate al vitigno cagnulari e il rinnovamento di quelle destinate al vermentino. L'azienda diventa più sostenibile, con un impianto fotovoltaico e uno di depurazione delle acque. Più che lusinghieri i risultati in assaggio, con un testa a testa tra il Vermentino Sessantaquattro e il sempre affascinante Torbato Centogemme.

SS 291 Alghero-Sassari - Località Janna de Mare - 07100 Sassari (SS)
T. 346 5915194 | M. info@poderiparpinello.it
www.poderiparpinello.it

Viticoltura: Convenzionale
Ettari: 36 | **Bottiglie:** 200.000 | **Produzione olearia:** No
Proprietà: Famiglia Parpinello
Cond. enologica: Giampaolo Parpinello
Cond. agronomica: Giampaolo Parpinello
Vendita diretta: Sì | **Visite in azienda:** Sì

VERMENTINO DI SARDEGNA SESSANTAQUATTRO 2022
Bianco Doc - Vermentino 100%
Alc. 14% | € 18 | Bt. 10.000 | Ferm. Legno e Acciaio | Mat. Acciaio 5 mesi
Paglierino luminoso. Inizialmente timido al naso, si dispiega con sentori di pesca gialla e melone, note di pompelmo, cedro candito, erbe aromatiche ed echi salmastri. Il sorso è pieno, con attacco fresco e sapidità netta, la vivace dinamicità sostiene un gusto che perdura nel tempo, con chiusura ammandorlata. Risotto con mazzancolle al profumo d'arancia.

ALGHERO TORBATO CENTOGEMME 2022
Bianco Doc - Torbato 100%
Alc. 13,5% | € 18 | Bt. 6.000 | Ferm. Acciaio | Mat. Acciaio 6 mesi
Canapè di pasta sfoglia al formaggio.

CANNONAU DI SARDEGNA RISERVA 2020
Rosso Doc - Cannonau 100%
Alc. 14% | € 21 | Bt. 5.000 | Ferm. Acciaio | Mat. Terracotta 18 mesi
Risotto con salsiccia e Taleggio.

KRESSIA 2022
Rosso Igt - Cagnulari 100%
Alc. 14% | € 22 | Bt. 20.000 | Ferm. Legno e Acciaio | Mat. Acciaio 12 mesi
Guanciale di vitello in umido con patate.

VERMENTINO DI SARDEGNA ALA BLANCA 2022
Bianco Doc - Vermentino 100%
Alc. 13,5% | € 14 | Bt. 40.000 | Ferm. Acciaio
Linguine al sugo di totani e piselli.

CANNONAU DI SARDEGNA SAN COSTANTINO 2021
Rosso Doc - Cannonau 100%
Alc. 14,5% | € 16 | Bt. 20.000 | Ferm. Acciaio | Mat. Acciaio 12 mesi
Pappardelle al ragù di cinghiale.

ALE
2021

ALGHERO TORBATO CENTOGEMME
2021

Quartomoro di Sardegna
(2009)

Nella cantina di Is Bangius ha definitivamente preso forma il progetto di Piero e Luciana, volto a dare una dimensione fortemente autoctona alla loro visione di fare vino. Nella nuova sede, di recente inaugurazione, una razionale distribuzione degli ambienti di produzione e di accoglienza, attorniati dalla storica vigna, consentono di assaporare appieno questa atmosfera e i vini che, con continuo studio e ricerca, Piero ottiene dalle tante uve isolane, le sue "memorie di vite". Fra queste, mostra caratteri di eleganza e potenza un BVL 2021, giustamente meritevole della nostra attenzione.

Località Is Bangius - 09094 Marrubiu (OR)
T. 346 7643522 | M. info@quartomoro.it
www.quartomoro.it

Viticoltura: Convenzionale
Ettari: 11,5 | **Bottiglie:** 65.000 | **Produzione olearia:** No
Proprietà: Piero Cella e Luciana Baso
Cond. enologica: Piero Cella
Cond. agronomica: Piero Cella
Vendita diretta: Sì | **Visite in azienda:** Sì

MEMORIE DI VITE BVL 2021
Rosso Igt - Bovale 100%
Alc. 13% | € 18 | Bt. 4.000 | Ferm. Acciaio | Mat. Legno 6 mesi
Rubino impenetrabile. Effluvi densi di frutti rossi in confettura, arancia sanguinella e violetta evolvono verso note balsamiche di eucalipto e spezie. Il palato è pieno, ricco, dai tannini vigorosi, in piacevole equilibrio con una vena alcolico-glicerica. Si congeda in un succoso e lungo finale fruttato. Pluma di maialino Bellota con cipolle caramellate.

CANNONAU DI SARDEGNA MEMORIE DI VITE CNS 2019
Rosso Doc - Cannonau 100%
Alc. 14% | € 19 | Bt. 4.200 | Ferm. Acciaio | Mat. Legno 6 mesi
Spezzatino di manzo.

ÒRRIU SULLE BUCCE 2022
Bianco Igt - Vernaccia di Oristano 100%
Alc. 13% | € 14 | Bt. 4.000 | Ferm. Acciaio | Mat. Acciaio 4 mesi
Ravioli di patate e baccalà.

VERMENTINO DI SARDEGNA MEMORIE DI VITE VRM 2020
Bianco Doc - Vermentino 100%
Alc. 13% | € 19 | Bt. 3.000 | Ferm. Legno | Mat. Acciaio 12 mesi e Legno 6 mesi
Frittura di canestrelli e calamari.

MONICA DI SARDEGNA MEMORIE DI VITE MNC 2021
Rosso Doc - Monica 100%
Alc. 13% | € 18 | Bt. 1.800 | Ferm. Acciaio | Mat. Acciaio 6 mesi
Pasta alla Norma.

Q QUARTOMORO BRUT
Bianco Metodo Classico - Vermentino 100%
Alc. 12,5% | € 20 | Bt. 7.000 | Ferm. Acciaio | Mat. Acciaio 6 mesi
24 mesi sui lieviti
Tigelle e salumi.

MEMORIE DI VITE BVL
2017

ÒRRIU SULLE BUCCE
2019 | 2020 | 2021

Giuseppe Sedilesu
(2000)

L'azienda è da sempre concentrata a valorizzare il territorio di Mamoiada e il suo vino simbolo: il Cannonau. Una famiglia numerosa che da decenni si occupa della produzione di vino e che ha saputo trasmettere la passione per la vitivinicoltura alle nuove generazioni, dando origine a numerose gemmazioni, sfociate nell'apertura di nuove realtà produttrici di vino a Mamoiada. Il forte legame col territorio, la dedizione al lavoro e la grande passione si manifestano nei vini, che trovano nei Cannonau Ballu Tundu e Mamuthone le migliori espressioni.

Via Vittorio Emanuele II, 64 - 08024 Mamoiada (NU)
T. 0784 56791 | M. enotursedilesu@gmail.com
www.giuseppesedilesu.com

Viticoltura: Biologica certificata
Ettari: 15 | **Bottiglie:** 120.000 | **Produzione olearia:** No
Proprietà: Famiglia Sedilesu
Cond. enologica: Francesco Sedilesu
Cond. agronomica: Salvatore Sedilesu
Vendita diretta: Sì | **Visite in azienda:** Sì

92

CANNONAU DI SARDEGNA BALLU TUNDU RISERVA 2019
Rosso Doc - Cannonau 100%
Alc. 15% | € 29 | Bt. 8.200 | Ferm. Legno | Mat. Legno 12 mesi e Cemento 24 mesi
Carminio profondo. Intensi profumi di frutti scuri in confettura, mirtilli, more di rovo, ciliegie sotto spirito e mirto; seguono spezie e tostature eleganti di pepe nero, tabacco e cacao. Sorso pieno e di grande saporosità, tannino e struttura sono di eccellente fattura. Finale persistente e intensamente fruttato. Capriolo ai porcini.

CANNONAU DI SARDEGNA MAMUTHONE 2021
Rosso Doc - Cannonau 100%
Alc. 14,5% | € 16 | Bt. 70.000 | Ferm. Legno e Acciaio | Mat. Legno 5 mesi e Cemento 12 mesi
Trippa in umido.

PERDA PINTÀ 2021
Bianco Igt - Granazza 100%
Alc. 16% | € 28 | Bt. 3.500 | Ferm. Legno
Sarde in saor.

GRANAZZA 2022
Bianco Igt - Granazza 100%
Alc. 13% | € 18 | Bt. 5.800 | Ferm. Acciaio | Mat. Cemento 10 mesi
Risotto agli asparagi e provola affumicata.

CANNONAU DI SARDEGNA ROSATO ERÈSSIA 2021
Rosato Doc - Cannonau 100%
Alc. 13,5% | € 13 | Bt. 6.900 | Ferm. Acciaio | Mat. Acciaio 10 mesi
Zuppa di stoccafisso e patate.

CANNONAU DI SARDEGNA CARNEVALE RISERVA
2019

CANNONAU DI SARDEGNA MAMUTHONE
2017 | 2019 | 2020

Sella & Mosca
(1899)

L'azienda del gruppo Terra Moretti, che a buon diritto si può definire storica, avendo attraversato ben tre secoli nel suo lungo percorso produttivo, ribadisce a pieno titolo il ruolo di portabandiera della Doc Alghero. Appartengono infatti alla denominazione che fa capo alla città d'impronta catalana quasi tutte le etichette che maggiormente si sono distinte durante le batterie di degustazione. I classici aziendali Anghelu Ruju e Marchese di Villamarina hanno dato vita a un serrato e appassionante confronto diretto, che ha visto il primo prevalere al photo finish.

Località I Piani - 07041 Alghero (SS)
T. 079 997700 | M. visit@sellaemosca.com
www.sellaemosca.com

Viticoltura: Lotta integrata
Ettari: 542 | **Bottiglie:** 4.800.000 | **Produzione olearia:** No
Proprietà: Gruppo Terra Moretti
Cond. enologica: Giovanni Pinna
Cond. agronomica: Giuseppe Mulas
Vendita diretta: Sì | **Visite in azienda:** Sì

(96)
ALGHERO LIQUOROSO ANGHELU RUJU RISERVA 2007
Rosso Doc Liquoroso - Cannonau 100%
Alc. 18,5% | € 40 | Bt. 4.000
Luminoso granato. Imponente palette aromatica con sapa, datteri, fichi secchi, miele di castagno e corteccia di china. L'assaggio dolce, voluminoso e avvolgente, trova un suo baricentro grazie a tannini robusti ed eleganti, uniti alla sapidità, marcatrice del lunghissimo finale con ritorni fruttati e balsamici. Stilton.

(94)
ALGHERO CABERNET MARCHESE DI VILLAMARINA RISERVA 2019
Rosso Doc - Cabernet sauvignon 100%
Alc. 13,5% | € 32 | Bt. 26.000 | Ferm. Acciaio | Mat. Legno 18 mesi e Cemento 18 mesi
Carminio compatto. Elegante olfatto con note vegetali, di amarena in confettura, liquirizia e cacao. Al palato mostra un'agilità invidiabile, grazie alla vivace freschezza che asseconda le lusinghe gliceriche e i tannini materici e setosi. Lungo finale su toni balsamici e tostati. Reale di vitello alla senape antica.

ALGHERO ROSSO TANCA FARRÀ 2019
Rosso Doc - Cabernet sauvignon 50%, Cannonau 50%
Alc. 13,5% | € 17 | Bt. 75.000 | Ferm. Acciaio | Mat. Legno 12 mesi
Hamburger di manzo con Montasio fuso.

ALGHERO TORBATO CATORE 2021
Bianco Doc - Torbato 100%
Alc. 13,5% | € 16 | Bt. 11.000 | Ferm. Legno e Acciaio | Mat. Acciaio 12 mesi e Legno 8 mesi
Terrina di coniglio.

VERMENTINO DI GALLURA SUPERIORE MONTEORO 2022
Bianco Docg - Vermentino 100%
Alc. 14,5% | € 13 | Bt. 80.000 | Ferm. Acciaio | Mat. Acciaio 10 mesi
Lasagne con scamorza, funghi e zucca.

ALGHERO TORBATO SPUMANTE BRUT OSCARÌ 2019
Bianco Doc Metodo Classico - Torbato 100%
Alc. 12,5% | € 16 | Bt. 25.000 | Ferm. Acciaio | 12 mesi sui lieviti
Frittura di rane e verdure croccanti.

ALGHERO TORBATO CATORE
2018 | 2020

ALGHERO TORBATO TERRE BIANCHE CUVÉE 161
2021

Siddùra
(2008)

Il recente restyling dell'organigramma aziendale ha dato ulteriore impulso e positive conferme all'attività di questa giovane ma già affermata cantina gallurese. L'unico Vermentino pronto al momento delle degustazioni, il sempre affidabile Spèra, ha tenuto alte le insegne aziendali, così come le due interessanti etichette Bàcco ed Èstru, capaci di raccontare al meglio le diverse sfaccettature del vitigno carignano. Ma a prevalere su tutti è stato anche quest'anno il Nùali, affascinante vino da dessert ottenuto da uve moscato, dalla presa immediata e dalla beva irresistibile.

Località Siddùra - 07020 Luogosanto (SS)
T. 079 6573027 | M. info@siddura.com
www.siddura.com

Viticoltura: Convenzionale
Ettari: 40 | **Bottiglie:** 300.000 | **Produzione olearia:** No
Proprietà: Nathan Gottesdiener e Massimo Ruggero
Cond. enologica: Dino Dini
Cond. agronomica: Luca Vitaletti
Vendita diretta: Sì | **Visite in azienda:** Sì

(92)
MOSCATO DI SARDEGNA PASSITO NÙALI 2021
Bianco Doc Passito - Moscato bianco 100%
Alc. 12,5% | € 23 (0,375l) | Bt. 7.130 | Ferm. Acciaio | Mat. Acciaio 10 mesi
Luminoso dorato. Impatto quasi ipnotico con sentori di rosa, albicocca disidratata e scorza d'agrumi, poi note di miele e crema chantilly. Assaggio imperniato sulla dolcezza, ricondotto sui binari dell'equilibrio da sapidità salmastra e gustosi contrappunti ammandorlati. Chiusura lenta e coerente, di viva piacevolezza. Petit four alle mandorle.

VERMENTINO DI GALLURA SPÈRA 2022
Bianco Docg - Vermentino 100%
Alc. 14% | € 14 | Bt. 200.000 | Ferm. Acciaio | Mat. Acciaio 6 mesi
Spaghetti con vongole veraci.

BÀCCO 2021
Rosso Igt - Carignano 100%
Alc. 14,5% | € 23 | Bt. 3.000 | Ferm. Acciaio | Mat. Legno 12 mesi
Gulasch di manzo alla paprica dolce.

ÈSTRU 2021
Rosso Igt - Carignano 100%
Alc. 14% | € 14 | Bt. 25.600 | Ferm. Acciaio | Mat. Acciaio 8 mesi
Porchetta di Ariccia.

CANNONAU DI SARDEGNA ROSATO NUDO 2022
Rosato Doc - Cannonau 100%
Alc. 13% | € 18 | Bt. 16.000 | Ferm. Acciaio | Mat. Acciaio 4 mesi
Pizza con bufala e pomodorini.

TÌROS
2017

VERMENTINO DI GALLURA SUPERIORE MAÌA
2019

Tenuta Asinara
(2009)

A dieci anni dai primi imbottigliamenti, l'azienda della famiglia Sassu propone ancora stuzzicanti novità sia nell'incremento della superficie vitata, sia nella creazione o modifica di alcune referenze. Via libera quindi all'esordio del Diffidente Rosé, interessante versione di Cannonau Rosato, e alla nuova composizione dell'Indolente Vintage Grazia che vede chardonnay e sauvignon blanc affiancare l'autoctono vermentino in un blend di grande fascino. In una batteria di altissimo livello, le colonne aziendali rossiste (Hassan e Cayenna) mettono in fila tutte le altre pur validissime etichette.

SS 200 dell'Anglona, km 32 - 07037 Sorso (SS)
T. 079 3402017 | M. info@tenutaasinara.com
www.tenutaasinara.com

Viticoltura: Convenzionale
Ettari: 60 | **Bottiglie:** 300.000 | **Produzione olearia:** No
Proprietà: Roberto Sassu
Cond. enologica: Daniele Giuntini
Cond. agronomica: Daniele Giuntini
Vendita diretta: Sì | **Visite in azienda:** Sì

95

HASSAN 2019
Rosso Igt - Cabernet franc 25%, Cabernet sauvignon 25%, Cannonau 25%, Merlot 25%
Alc. 15% | € 35 | Bt. 6.300 | Ferm. Legno e Acciaio | Mat. Legno 14 mesi
Carminio fitto. Sfumate note vegetali introducono più definiti sentori di amarena, china, cuoio e cannella. Assaggio grintoso, dinamico e appagante. La vivace vena fresco-sapida e i raffinati tannini incanalano la calda struttura nell'alveo di una composta e gustosa bevibilità. Lunga chiusura balsamica. Gulasch di manzo alla paprica dolce.

94

CAYENNA 2017
Rosso Igt - Syrah 35%, Cannonau 20%, Cabernet franc 15%, Cabernet sauvignon 15%, Merlot 15%
Alc. 15% | € 80 | Bt. 3.800 | Ferm. Legno e Acciaio | Mat. Legno 24 mesi
Rubino compatto. More in confettura e spezie dolci occupano il palcoscenico, affiancate da cacao, pepe nero e liquirizia. Palato opulento che bilancia le calde esuberanze con la dorsale tannica e la viva sapidità, che allungano il finale. Brasato di manzo al vino rosso.

VERMENTINO DI SARDEGNA CAYENNA SUBMARINER 2022
Bianco Doc - Vermentino 100%
Alc. 13,5% | € 80 | Bt. 2.000 | Ferm. Legno | Mat. Legno 8 mesi
Catalana di crostacei.

INDOLENTE VINTAGE GRAZIA 2022
Bianco Igt - Chardonnay 70%, Sauvignon 15%, Vermentino 15%
Alc. 13,5% | € 21 | Bt. 5.200 | Ferm. Legno e Acciaio | Mat. Legno 6 mesi
Risotto alla zucca e astice.

HERCULIS 2020
Rosso Igt - Cabernet franc 25%, Cabernet sauvignon 25%, Cannonau 25%, Merlot 25%
Alc. 15% | € 20 | Bt. 18.000 | Ferm. Acciaio | Mat. Legno 12 mesi
Bollito misto con salse.

MOSCATO DI SARDEGNA PASSITO INDOLENTE 2019
Bianco Doc Passito - Moscato 100%
Alc. 16% | € 31 (0,5l) | Bt. 3.000 | Ferm. Legno | Mat. Legno 24 mesi
Tortino di mele con salsa alla vaniglia.

HASSAN
2014 | 2017 | 2018

VERMENTINO DI SARDEGNA CAYENNA SUBMARINER
2021

Tenute Ólbios
(2003)

Con il massimo rispetto per tutto ciò che attiene all'impatto ambientale, il percorso dell'azienda e della sua attiva titolare Daniela segue l'obiettivo, ormai consolidato, di valorizzazione di molti vitigni autoctoni e non. L'occhio di riguardo è per il vermentino, assoluto protagonista della scena territoriale, di cui abbiamo un'ammaliante interpretazione di piena maturità con l'etichetta In Vino Veritas 2013, ma colpisce anche il lato rossista dell'azienda, con un CanGrande. 17 2019 in grande spolvero, espressione convincente di due autoctoni per eccellenza come il muristellu e il cannonau.

Via Loiri, 83 - Località Venafiorita - 07026 Olbia (SS)
T. 0789 641003 | M. info@tenuteolbios.com
www.tenuteolbios.com

Viticoltura: Convenzionale e certificata SQNPI
Ettari: 40 | **Bottiglie:** 80.000 | **Produzione olearia:** No
Proprietà: Daniela Pinna e David Mele
Cond. enologica: Daniela Pinna
Cond. agronomica: Daniela Pinna
Vendita diretta: Sì | **Visite in azienda:** Sì

91

VERMENTINO DI GALLURA IN VINO VERITAS 2013
Bianco Docg - Vermentino 100%
Alc. 14% | € 30 | Bt. 3.800 | Ferm. Legno e Acciaio | Mat. Acciaio 120 mesi e Legno 36 mesi
Dorato luminoso. Complessa partitura odorosa, declinata su sentori di albicocca disidratata, miele di acacia, cannella, accenni di frutta secca e una delicata vena minerale. Sorso asciutto, saporoso, giustamente caldo e di appagante pienezza. Un gradevole finale balsamico e speziato regala persistenza e ricchezza. Riso, cozze e zafferano.

CANGRANDE.17 2019
Rosso Igp - Muristellu 70%, Cannonau 30%
Alc. 13% | € 26 | Bt. 6.500 | Ferm. Acciaio | Mat. Acciaio 18 mesi e Legno 12 mesi
Nodini di cinta senese lardellati al forno.

VERMENTINO DI GALLURA LUPUS IN FABULA VENDEMMIA TARDIVA 2022
Bianco Docg - Vermentino 100%
Alc. 15% | € 27 | Bt. 6.600 | Ferm. Acciaio | Mat. Acciaio 10 mesi
Pesce spada al cartoccio.

VERMENTINO DI GALLURA SUPERIORE LUPUS IN FABULA 2022
Bianco Docg - Vermentino 100%
Alc. 14% | € 21 | Bt. 50.000 | Ferm. Acciaio | Mat. Acciaio 8 mesi
Battuto di gamberi rossi di Sicilia.

CANNONAU DI SARDEGNA CAVÈ ROSÈ DI UNA NOTTE 2021
Rosato Doc - Cannonau 100%
Alc. 13,5% | € 18 | Bt. 3.300 | Ferm. Acciaio | Mat. Acciaio 12 mesi
Vellutata di ceci con gamberi croccanti.

VERMENTINO DI GALLURA SUPERIORE LUPUS IN FABULA VENDEMMIA TARDIVA
2020

NESSUNO
2013 | 2019

Tenute Tondini
(2004)

Dallo zoccolo duro degli autoctoni agli internazionali, l'azienda Tondini, riferimento incontestabile della viticoltura gallurese, investe progressivamente in un'offerta di etichette sempre più ampia e articolata, che spazia dai bianchi con il vermentino declinato nelle tipologie fermo e spumante, al moscato e ai rossi con cannonau, carignano, merlot e cabernet. Performance di ottimo livello anche quest'anno per il Lajcheddu, moderna interpretazione di un raffinato moscato, incalzato dal Vermentino di Gallura Katala, che conferma la consolidata validità del principe dei vitigni locali.

Zona San Leonardo - 07023 Calangianus (SS)
T. 349 4157829 | M. info@tenutetondini.it
www.tenutetondini.it

Viticoltura: Convenzionale
Ettari: 30 | **Bottiglie:** 180.000 | **Produzione olearia:** No
Proprietà: Orlando Tondini
Cond. enologica: Antonio Tondini
Cond. agronomica: Antonio Tondini
Vendita diretta: Sì | **Visite in azienda:** Sì

LAJCHEDDU 2019
Bianco Igt Passito - Moscato 100%
Alc. 14,5% | € 23 (0,5l) | Bt. 3.000 | Ferm. Legno | Mat. Legno 18 mesi
Dorato lucente. All'olfatto colpisce l'elegante ventaglio di zafferano, fichi, elicriso, pepe, note tostate e mielate. Sorso senza cedimenti, esito di una sapidità svettante e di una corroborante freschezza, che trascinano la dolcezza in una dinamica di equilibrati contrasti. Finale di grande persistenza. Zuppa inglese.

VERMENTINO DI GALLURA SUPERIORE KATALA 2021
Bianco Docg - Vermentino 100%
Alc. 14,5% | € 23 | Bt. 15.000 | Ferm. Acciaio | Mat. Acciaio 9 mesi
Bra d'alpeggio.

VERMENTINO DI GALLURA SUPERIORE KARAGNANJ 2022
Bianco Docg - Vermentino 100%
Alc. 14% | € 17 | Bt. 140.000 | Ferm. Acciaio | Mat. Acciaio 7 mesi
Risotto alla milanese con ossobuco.

KARAGNANJ BRUT
Bianco Metodo Classico - Vermentino 100%
Alc. 14% | € 23 | Bt. 16.000 | Ferm. Acciaio | 24 mesi sui lieviti
Plateau royal di crudité.

AMJONIS 2021
Rosso Igt - Carignano 70%, Cabernet sauvignon 15%, Merlot 15%
Alc. 14% | € 15 | Bt. 15.000 | Ferm. Acciaio | Mat. Acciaio 9 mesi
Porchetta di Ariccia.

SIDDAJU 2020
Rosso Igt - Carignano 40%, Cabernet sauvignon 30%, Nebbiolo 30%
Alc. 14,5% | € 28 | Bt. 3.500 | Ferm. Acciaio | Mat. Legno 18 mesi
Stinco di maiale al forno in pancetta affumicata.

LAJCHEDDU
2015 | 2016 | 2018

VERMENTINO DI GALLURA SUPERIORE KARAGNANJ
2019 | 2020

Vigne Surrau
(2001)

Connubio tra cultura vitivinicola, arte e ambiente, questo indiscusso alfiere della Gallura prosegue nel percorso green, grazie a nuove soluzioni sostenibili e arricchendo sempre più l'accoglienza in cantina, con innovative proposte. Ultima in ordine di tempo il progetto "Sentieri di Pietra", una collezione di etichette simbolo di luoghi iconici della Sardegna, disponibili solo per i visitatori. Nell'esprimere il meglio del vitigno principe gallurese, raggiunge vette con grandi capolavori enologici, fra i quali resta saldamente al top della gamma il Montidimola 2021.

Località Chilvagghja - Porto Cervo - 07021 Arzachena (SS)
T. 0789 82933 | M. info@surrau.it
www.vignesurrau.it

Viticoltura: Lotta integrata
Ettari: 74 | **Bottiglie:** 600.000 | **Produzione olearia:** No
Proprietà: Famiglia Demuro
Cond. enologica: Mario Siddi, Giuseppe Caviola
Cond. agronomica: Fabio Isoni
Vendita diretta: Sì | **Visite in azienda:** Sì

VERMENTINO DI GALLURA VENDEMMIA TARDIVA MONTIDIMOLA 2021 (92)
Bianco Docg - Vermentino 100%
Alc. 14% | € 32 | Bt. 12.000 | Ferm. Legno | Mat. Acciaio 3 mesi e Cemento 3 mesi
Ammaliante giallo paglierino. Olfatto dall'esordio esotico, poi pompelmo e frutti a polpa bianca, su un sottofondo di elicriso e una nota idrocarburica. Il palato è ricco, voluminoso, piacevolmente sapido con una netta tensione acida, che accompagna a lungo il sorso con una rinfrescante balsamicità mentolata. Ricciola al forno con capperi e pomodori ciliegino.

VERMENTINO DI GALLURA SUPERIORE SCIALA 2022
Bianco Docg - Vermentino 100%
Alc. 14% | € 21 | Bt. 120.000 | Ferm. Acciaio | Mat. Acciaio 6 mesi
Aragosta in bellavista.

VERMENTINO DI GALLURA BRANU 2022
Bianco Docg - Vermentino 100%
Alc. 14% | € 14 | Bt. 230.000 | Ferm. Acciaio | Mat. Acciaio 4 mesi
Granseola al vapore su misticanza.

CANNONAU DI SARDEGNA PENTIMA RISERVA 2019
Rosso Doc - Cannonau 100%
Alc. 14,5% | € 26 | Bt. 2.600 | Ferm. Legno
Guanciale di vitello alle erbe aromatiche.

SURRAU BRUT
Bianco Metodo Classico - Cannonau 100%
Alc. 12,5% | € 30 | Bt. 6.000 | Ferm. Acciaio | 36 mesi sui lieviti
Cappesante gratinate.

GJOLA 2022
Rosato Igt - Caricagiola 100%
Alc. 13,5% | € 16 | Bt. 20.000 | Ferm. Acciaio | Mat. Acciaio 4 mesi
Tagliolini all'astice.

VERMENTINO DI GALLURA VENDEMMIA TARDIVA MONTIDIMOLA
2019 | 2020

VERMENTINO DI GALLURA SUPERIORE SCIALA
2020

GLI INDICI

Le Regioni

Le Quattro Viti

Lombardia

Veneto

Trentino

Alto Adige

Friuli Venezia Giulia

Liguria

Emilia

Romagna

Toscana

Umbria

Marche

Lazio

Abruzzo

Molise

Campania

Puglia

Sardegna

I vini Cupido

I vini Valore/Prezzo

Valle d'Aosta

Piemonte

Lombardia

Veneto

Toscana

Umbria

Marche

Lazio

Abruzzo

Indice generale dei Produttori

C

D

E

M

N

O

P

Q

R

U

V

W

Z